北京社会科学年鉴

Beijing Social Sciences Yearbook

2019

北京市社会科学界联合会
北京市哲学社会科学规划办公室 编

北京出版集团
北京出版社

图书在版编目(CIP)数据

北京社会科学年鉴. 2019 / 北京市社会科学界联合会，北京市哲学社会科学规划办公室编. — 北京 ：北京出版社，2020. 1

ISBN 978-7-200-15447-4

Ⅰ. ①北… Ⅱ. ①北… ②北… Ⅲ. ①社会科学—北京—2019—年鉴 Ⅳ. ①C121-54

中国版本图书馆 CIP 数据核字(2020)第 011010 号

项目统筹　陶宇辰　宋佩谦
责任编辑　陶宇辰
责任印制　承伯平
封面设计　郭　宇

北京社会科学年鉴　2019
BEIJING SHEHUI KEXUE NIANJIAN 2019
北京市社会科学界联合会
北京市哲学社会科学规划办公室　编
*
北京出版集团
北京出版社　出版
(北京北三环中路 6 号)
邮政编码:100120
网　址:www.bph.com.cn
北京出版集团总发行
北京建宏印刷有限公司印刷
*
787 毫米×1092 毫米　16 开本　70.25 印张　36 页彩插　2300 千字
2020 年 1 月第 1 版　2020 年 1 月第 1 次印刷

ISBN 978-7-200-15447-4
定价:280.00 元

《北京社会科学年鉴》编辑部
地　址:北京市东城区西滨河路 19 号
邮政编码:100011
联系电话:010-64527157
E-mail:nianjian2020@sina.com

《北京社会科学年鉴》编辑委员会名单

编辑说明

一、《北京社会科学年鉴》是一部全面系统记述首都北京哲学社会科学事业发展状况和学术动态的年度资料性文献学术工具书，由北京市社会科学界联合会、北京市哲学社会科学规划办公室（简称市社科联、市社科规划办）主持编纂。

二、本年鉴高举中国特色社会主义伟大旗帜，以马克思列宁主义、毛泽东思想、邓小平理论、“三个代表”重要思想、科学发展观、习近平新时代中国特色社会主义思想为指导，坚持为人民服务、为社会主义服务的方向，坚持百花齐放、百家争鸣的方针，坚持吸取借鉴国内外优秀文化成果，解放思想、实事求是、与时俱进、开拓创新，客观翔实和较全面记述北京地区社会科学领域的基本情况，力求年鉴编纂的科学性、客观性、全面性。

三、本年鉴从2000年创刊起，每年出版一卷。当年的编纂出版记述上一年度北京哲学社会科学事业各方面的发展状况，收录的资料来自在京的党政机关和社会科学教学、研究和科研管理等机构。

四、本年鉴宗旨：体现市社科联、市社科规划办秉持的“学者为本、学术为根、学会为基、繁荣学术、服务首都”宗旨。努力为党和政府科学决策提供社会科学方面的参考，为社会科学工作者从事学术研究及教学提供资料和借鉴，为国内外了解首都北京社会科学领域的现状提供新的有价值的信息，努力促进首都北京哲学社会科学的繁荣发展。

五、本年鉴采用分类编辑法，包括文章和条目，行文力求规范、准确、简练、流畅。全书除文字表述外，配以彩色照片、表格，力求具体、形象、生动地反映首都北京社会科学的发展面貌。

六、本卷年鉴栏目设置为特载、学科综述、科研课题、获奖成果、学术活动、机构、大事记、附录、索引。

七、为更好发挥本年鉴的作用、增进使用便利，在编纂出版纸质版的同时编纂出版电子版（CD-ROM）。

本年鉴在资料收集、编写、出版、发行过程中，得到了有关单位领导、学者、同人的大力支持，谨在此表示衷心感谢！

《北京社会科学年鉴》编辑部

2019年10月

The Editor's Note

October 2019

1. *Beijing Social Sciences Yearbook* is an annual academic reference book of data and documents which, in an all-round and systematic way, records the development of the undertakings of philosophy and social sciences, as well as the concerning academic events in Beijing, the capital of the People's Republic of China. It is compiled under the charge of the Beijing Federation of the Social Sciences Circles and Beijing Planning Office for Philosophy and Social Sciences.

2. In compiling this yearbook, we have raised high the great banner of socialism with Chinese characteristics, followed the guidance of Marxism-Leninism, Mao Zedong Thought, Deng Xiaoping Theory, the important thought of "Three Represents", the Scientific Outlook on Development, and Xi Jinping Thought on Socialism with Chinese Characteristics for a New Era, and adhered to the orientation of serving the people and the cause of socialism, of "letting a hundred flowers blossom and a hundred schools of thought contend", of absorption and reference of the excellent cultural achievements both at home and abroad, and to the principles of emancipating the minds, seeking truth from facts, advancing with the times, and blazing new trails in a pioneering spirit. We have tried to record the fundamental situation of the domains of social sciences in Beijing in an objective, accurate and comparatively comprehensive way. We have also done our utmost to be as scientifically-minded, objective and comprehensive as possible in compiling this yearbook.

3. This yearbook has been compiled and published once a year since its first issue in 2000. Each volume of this yearbook records the development of the undertakings of philosophy and social sciences in the previous year in Beijing. The data and materials contained in this yearbook have been collected from the Party and Government departments in Beijing, and from the institutions which are engaged in the teaching, research and scientific research management of social sciences in Beijing.

4. This yearbook is intended to embody the mission of the Beijing Federation of the Social Sciences Circles and Beijing Planning Office for Philosophy and Social Sciences "taking the scholars, their academics and their associations as the foundation, to promote academic prosperity and do a good service to Beijing". In this yearbook, we strive to provide the Party and Government departments with references in relation to social sciences to facilitate their policy-making, supply the professionals of social sciences with materials and references to facilitate their academic research and teaching, keep people both at home and abroad be informed with the current situation in the domains of social sciences in Beijing, and promote the development and prosperity of philosophy and social sciences in Beijing.

5. This yearbook is compiled by the classification method, including articles and subject entries, and trying to make the wording normative, accurate, concise and smooth. This yearbook presents itself not only in text, but also pictures and diagrams, in an attempt to reflect the development of social sciences in Beijing in a concrete, vivid and lively way.

6. The standing columns in the current volume of this yearbook are Special Reprints, Survey of Various Subjects, Lists of Research Topics, Award-Winning Academic Achievements, Academic Activities, Institutions, Chronicle, Appendix and Index.

7. While *Beijing Social Sciences Yearbook* is compiled and published in paper edition, it is available in CD-ROM format simultaneously, so as to bring it into full play and make it more convenient to use.

We would like to express our sincere thanks to those leaders, scholars and colleagues of concerning institutions for their immense help in the course of data-collection, compilation, publication and distribution of this volume.

The Editorial Department of
Beijing Social Sciences Yearbook

2018年1月19日，北京市习近平新时代中国特色社会主义思想研究中心揭牌成立大会在北京市委举行。

2018年12月26日，北京市委宣传部、北京市习近平新时代中国特色社会主义思想研究中心、北京市社会科学界联合会、北京日报社主办的“首都理论界学习贯彻习近平总书记在庆祝改革开放40周年大会上重要讲话精神座谈会”在北京市委举行。

2018 年 6 月 7 日，北京市委宣传部、北京市习近平新时代中国特色社会主义思想研究中心、北京市中国特色社会主义理论体系研究中心、北京市社会科学界联合会、北京日报社、北京大学、清华大学、中国人民大学、北京师范大学联合主办，北京市习近平新时代中国特色社会主义思想研究中心秘书处、北京师范大学马克思主义学院承办的“2018 年首都当代中国马克思主义论坛”在北京师范大学举行，主题是“不断开辟当代中国马克思主义新境界”。

2018 年 6 月 30 日，北京市委宣传部、北京市习近平新时代中国特色社会主义思想研究中心、北京市社会科学界联合会、北京市哲学社会科学规划办公室联合主办，北京交通大学承办的“第十二届北京中青年社科理论人才‘百人工程’学者论坛”在北京交通大学举办，论坛主题为“续写马克思主义中国化新篇章”。

2018 年 5 月 19 日，2018 · 北京自然科学界和社会科学界联席会议高峰论坛在中国国际展览中心召开。论坛由北京市社会科学界联合会、北京市科学技术协会、北京市贸促会共同主办，主题为“人工智能：技术理性与社会发展”。

2018年6月2日，北京市社会科学界联合会和北京师范大学联合主办、北京文化发展研究院承办的“2018·学术前沿论坛”在北京师范大学举行，主题为“新时代·新使命·新思路——推进全国文化中心建设”。

2018年10月18日，北京、天津、河北三地社会科学界联合会主办，天津市社会科学界联合会承办的以“新时代·新引擎·新突破”为主题的第五届京津冀协同发展研讨会在天津召开。

2018年，北京市委市政府邀请专家学者座谈，分别就“防范化解重大风险”“把城市副中心打造成北京重要一翼”“构建减量发展体制机制”听取意见建议。

2018年4月27日，首都高端智库试点单位工作会议在北京社科活动中心举行。

2018年11月22日，首都高端智库试点单位工作会议暨《首都高端智库试点单位奖励经费实施细则（试行）》宣介会在北京社科活动中心举行。

2018 年 5 月 9 日，北京市委宣传部、北京市社会科学界联合会共同召开“2018 年北京市社会科学普及工作会议”，总结去年、部署今年全市社科普及工作；会议还就开展北京社科普及基地认定工作，加强基地建设，维护阵地意识形态安全作了部署。

2018 年 9 月 17 日，北京市委宣传部、市委社会工委、市科委、市科协、团市委、市地方志办、市社科联、西城区委区政府等单位联合举办的“2018・北京社会科学普及周”开幕式在北京市西城区大观园举行，本届社科普及周以“普及人文社科知识 建设全国文化中心”为主题，持续到 9 月 21 日结束。科普周紧紧围绕党的十九大精神、习近平新时代中国特色社会主义思想、中华优秀传统文化等内容开展了“习近平总书记视察北京重要讲话精神和北京新总规解读”专家讲座、“一城三带”与全国文化中心建设专家谈和“我身边的红墙故事”“奋斗青春 放飞梦想”主题宣讲等活动，举办了十六区社科普及活动展、“我身边的运河故事”征集发布活动精品图片展、北京景观今昔对比展等十二项展览。

2018年，北京市社会科学界联合会紧紧抓住学习宣传贯彻习近平新时代中国特色社会主义思想这条主线，围绕党的十九大、习近平总书记视察北京重要讲话、社会主义核心价值观、中华优秀传统文化、北京文化等重点内容，扎实举办各类讲座。北京周末社区大讲堂全年累计举办讲座450余场，全年资助21家学会举办系列科普讲座214场，资助5家社科普及基地开展社科普及讲座79场。

2018 年 6 月 25 日，北京市社会科学界联合会“社科普及进社区暨机关第一党支部、西河沿社区党委联合党日”活动在西河沿社区举办。

2018 年 10 月 30 日，北京市社会科学界联合会与所属社会组织北京农民工教育促进会走进打工子弟学校——西城区兴华小学，共同举办社科普及进校园活动，向孩子们赠送优秀传统文化图书，邀请社科普及专家作主题讲座。

2018 年 12 月 6 日，北京市社会科学界联合会社科普及进校园活动走进顺义区空港第二小学，邀请社科专家为学校师生做社科普及讲座，并向学校赠送社科普及图书。

庆祝改革开放40周年 | 数字看变化 农村奔小康

京社科 2018-07-24

点加关注 | 有温度、有趣味的人文社科

伴随着改革开放的进行，中国农村面貌发生了天翻地覆的变化，农民收入越来越多，生活质量越来越好，逐渐从贫困走向小康。今天，让我们一起来看看改革开放40周年，农村发展的巨大变化。

数字图解 改革开放 40

改革开放四十周年民生变化系列图解之一

数字看变化 农村奔小康

2018 年，人文之光网围绕主线紧扣热点，全年共更新稿件 1750 余篇，制作社科图表 52 个，H5 动画 12 个，网站影响力不断提升，网页浏览量达 31 万，访客数达 21 万；社科普及微信公众号“京社科”全年推送图文 650 余篇，线上线下有序互动，粉丝量已发展为 6000 多人，图文阅读总数为 12 万 +。

2018 年 7 月 4 日，《中国特色社会主义研究》杂志编辑部和中国人民大学社会学理论与方法研究中心共同举办的“第三届《中国特色社会主义研究》青年社会学者论坛”在北京召开，论坛的主题为“新时代中国社会学的使命与责任”。

2018 年 3 月 1 日，中国社会科学院等单位主办的研究世界社会主义的权威性报告《2017—2018 世界社会主义黄皮书》首发式暨“习近平新时代中国特色社会主义思想与共产党宣言”学术研讨会在北京举办。

2018 年 5 月 29 日，以“中国与俄罗斯：新时代的合作”为主题的中俄智库高端论坛在北京开幕。

2018 年 11 月 2—3 日，中国社会科学院主办的“世界格局、‘一带一路’与构建人类命运共同体——第九届世界社会主义论坛”在北京召开。

2018 年 12 月 26 日，中国社会科学院马克思主义研究学部主办的“改革开放 40 年与马克思主义中国化——庆祝改革开放 40 周年学术研讨会”在北京召开。

2018 年 9 月 30 日，“中国社会科学院学部委员大会”在北京举行。

2018 年 6 月 12 日，“新时代哲学社会科学出版座谈会暨中国社会科学出版社成立 40 周年大会”在北京召开。

2018 年 9 月 18 日，“中国社会科学院大学（研究生院）高等研究院成立大会暨揭牌仪式”在良乡校区举行。

部分高校、科研单位开展的科研、学术活动

北京大学

中国人民大學
RENMIN UNIVERSITY OF CHINA
第七届吴玉章人文社会科学终身成就奖
颁奖典礼

中国人民大學
RENMIN UNIVERSITY OF CHINA
成就与经验：中国改革开放40年

中国人民大学

2018 清华国家形象论坛
Tsinghua National Image Forum
旷伟霖 Kuang Weilin
原中国驻非盟大使和塞拉利昂大使
Former Chinese Ambassador to African Union and Sierra Leone
Fernando Lugris
乌拉圭驻华大使
刁鸣生 Diao Mingsheng
前中国驻贝宁大使、中国驻亚太经社会代表
Leela Mani Paudyal
尼泊尔驻华大使

Asia-Pacific Academic Alliance for Communication and Journalism Associations
2018.10.25
新闻与传播学院
SCHOOL OF JOURNALISM AND COMMUNICATION
宏盟楼

清华大学

北京师范大学

中央民族大学

银行科技创新与发展
致辞嘉宾：王瑶琪
【中央财经大学校长】 【教授】 【博导】
2018
中国金融科技创想峰会
Think for
2018 10 13
2018年中国财政投融资年会
第十届人力资本
资本报告发布会
The 10th International Symposium
China Human Capital Report 2018

中央财经大学

中国国际法学会
对外经济贸易大学
对外经济贸易大学法学院
新时代新使命:推动构建人类命运共同体
中国国际法学会2018年学术年会

对外经济贸易大学庆祝改革开放40周年系列活动暨学术研讨会
宣读获奖者名单
1978-2018
庆祝改革开放40周年系列活动
暨学术研讨会
对外经济贸易大学
2018年11月24日
宣读获奖者名单
万寿论坛
新时代的中国与新型南南合作
主办：金砖国家智库合作中方理事会
承办：对外经济贸易大学

对外经济贸易大学

新媒体时代
与新媒体人
不是所谓新媒体就是最好的
每一类媒体都有自己的核心价值
媒体融合时代与实践实验教
嘉宾席

“人民共和国党报论坛”第十五届（2018）年会

中国传媒大学

中国农业大学

北京科技大学

2018年国际铁路运输法研讨会

2018 CONFERENCE OF INTERNATIONAL RAILWAY TRANSPORT LAW

第六届“运输与时空经济论坛”国际会议

可持续城市交通

Sustainable Urban Transportation

8th International Conference on Logistics, Informatics and Service Sciences (LISS 2018)

5th International Conference on Industrial Economics System and Industrial Security Engineering (IEIS 2018)

August 3-6, 2018, Toronto, Canada, with satellite sessions in Beijing, China Hosted by Beijing Jiaotong University

北京交通大学

欧阳中石先生书法教育思想学术研讨会
首都师范大学
CAPITAL NORMAL UNIVERSITY
新闻中心

首都师范大学
CAPITAL NORMAL UNIVERSITY
新闻中心

当代美育、艺术教育的观念与实践
国际学术会议
INTERNATIONAL CONFERENCE
THE IDEAS AND PRACTICE OF CONTEMPORARY AESTHETIC EDUCATION AND ART EDUCATION
首都师范大学
CAPITAL NORMAL UNIVERSITY
新闻中心

首都师范大学

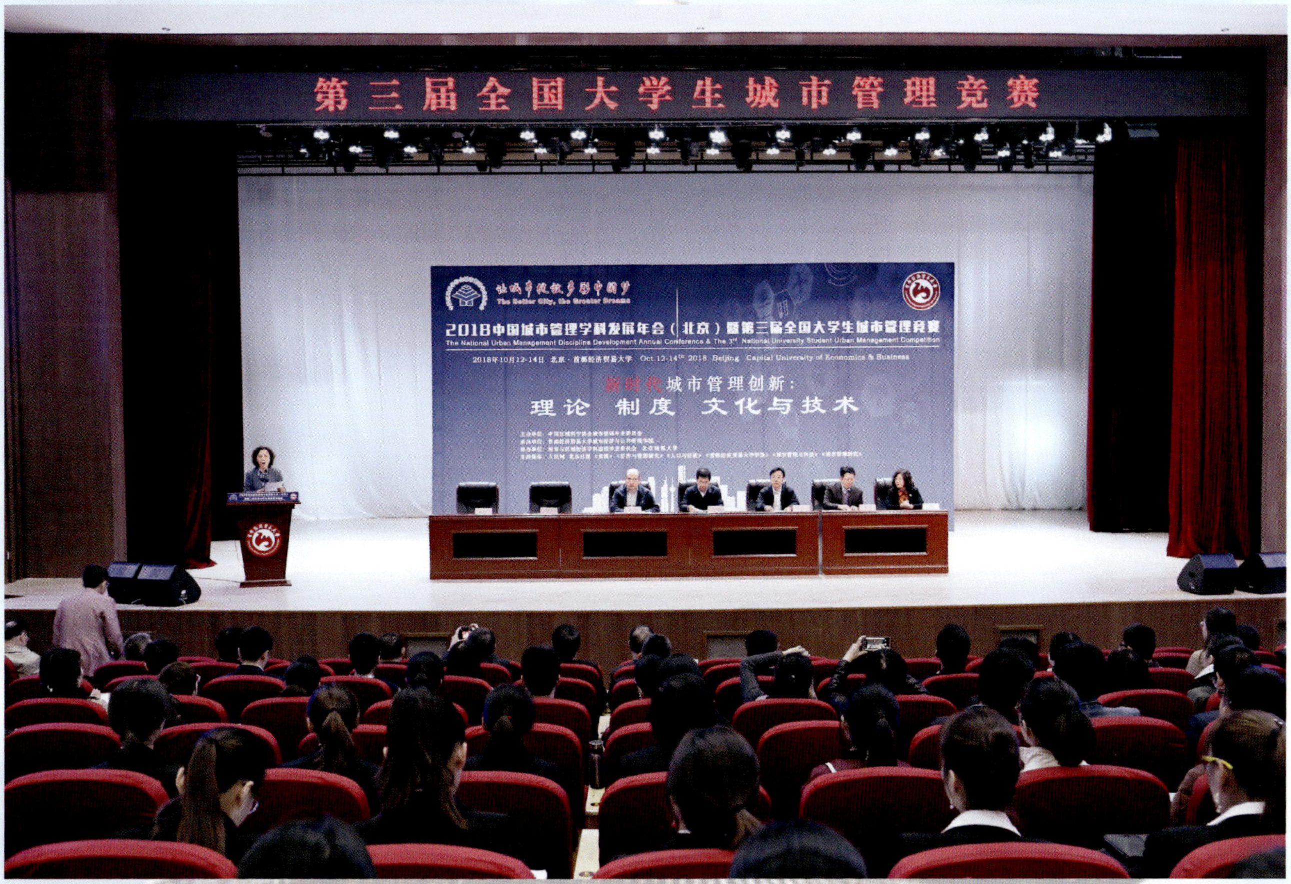

首都经济贸易大学

2018
CHINA NEEQ
制度 创新 成长
谢志华
北京工商大学副校长
投资者保护指数研究中心学术带头人
中国新三板研究院院长

北京工商大学MBA十周年庆典
暨 第三届京津港创业创新 北京工商大学MBA 论坛
—2018年12月22日—
砥礪十年
明德弘商

北京工商大学

思想政治理论课教学传统优势与现代信息技术高度融合
研讨会
改革开放与中国特色社会主义发展道路
2018年学术研讨会

北京工业大学

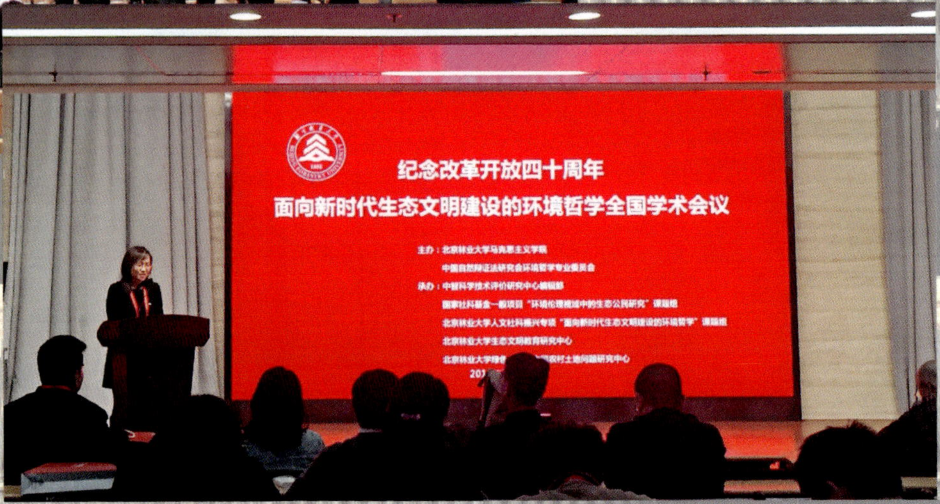

北京林业大学

首都体育学院

“全球国际关系与非西方国际关系理论”国际研讨会
Global IR and Non-Western IR Theory

中国—东盟思想库网络“推进制订中国—东盟战略伙伴关系2030年愿景”特别工作组会
中国·北京 2018年1月26日

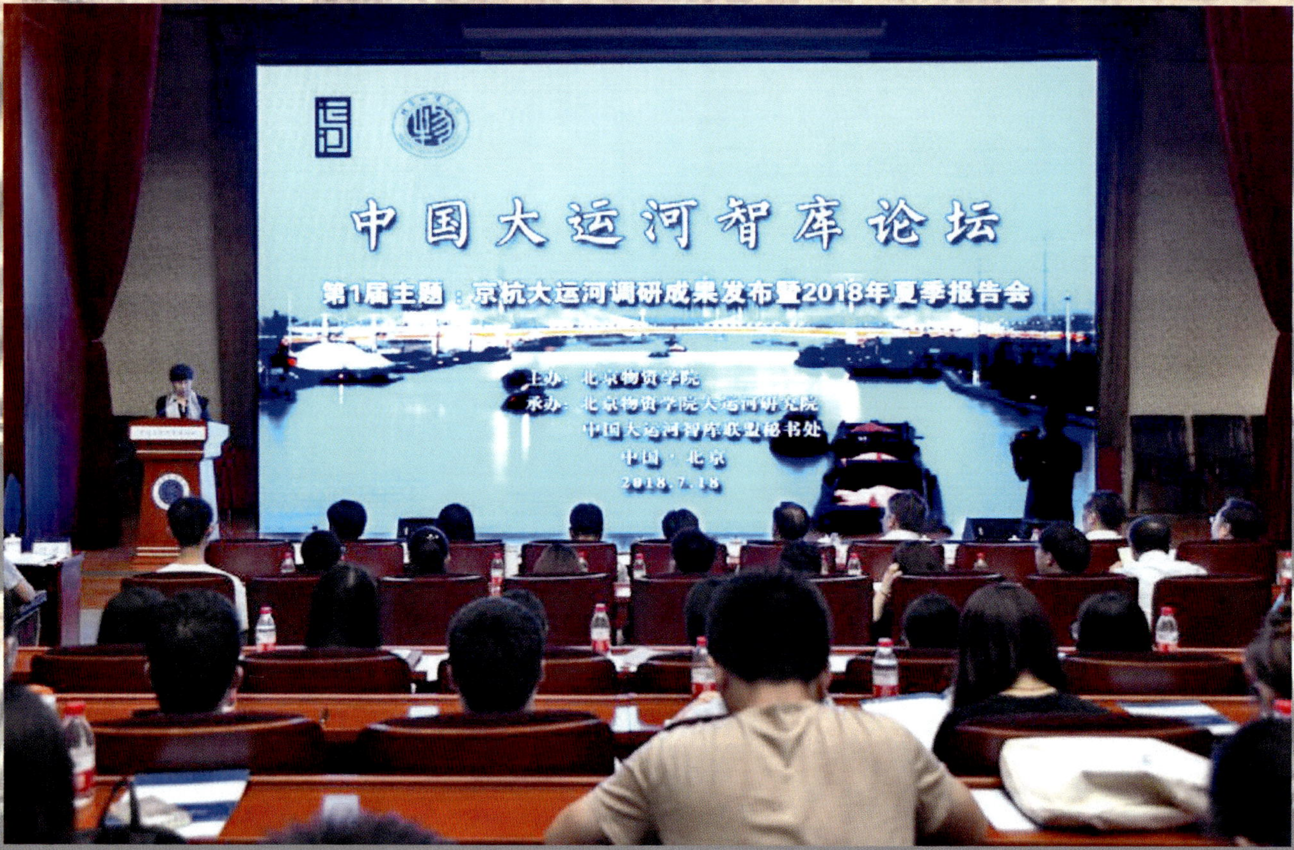
中国大运河智库论坛
第1届主题：京杭大运河调研成果发布暨2018年夏季报告会
主办：北京物资学院
承办：北京物资学院大运河研究院
中国大运河智库联盟秘书处
中国·北京
2018.7.18

2018 抓住机遇 共铸辉煌
SEIZE THE OPPORTUNITY TO CREATE BRILLIANT WIN THE WORLD
第九届中美物流会议暨
第五届中美物流教育与研究论坛
主题：《供应链模式创新与国际化物流人才培养》
2018年4月16日–18日

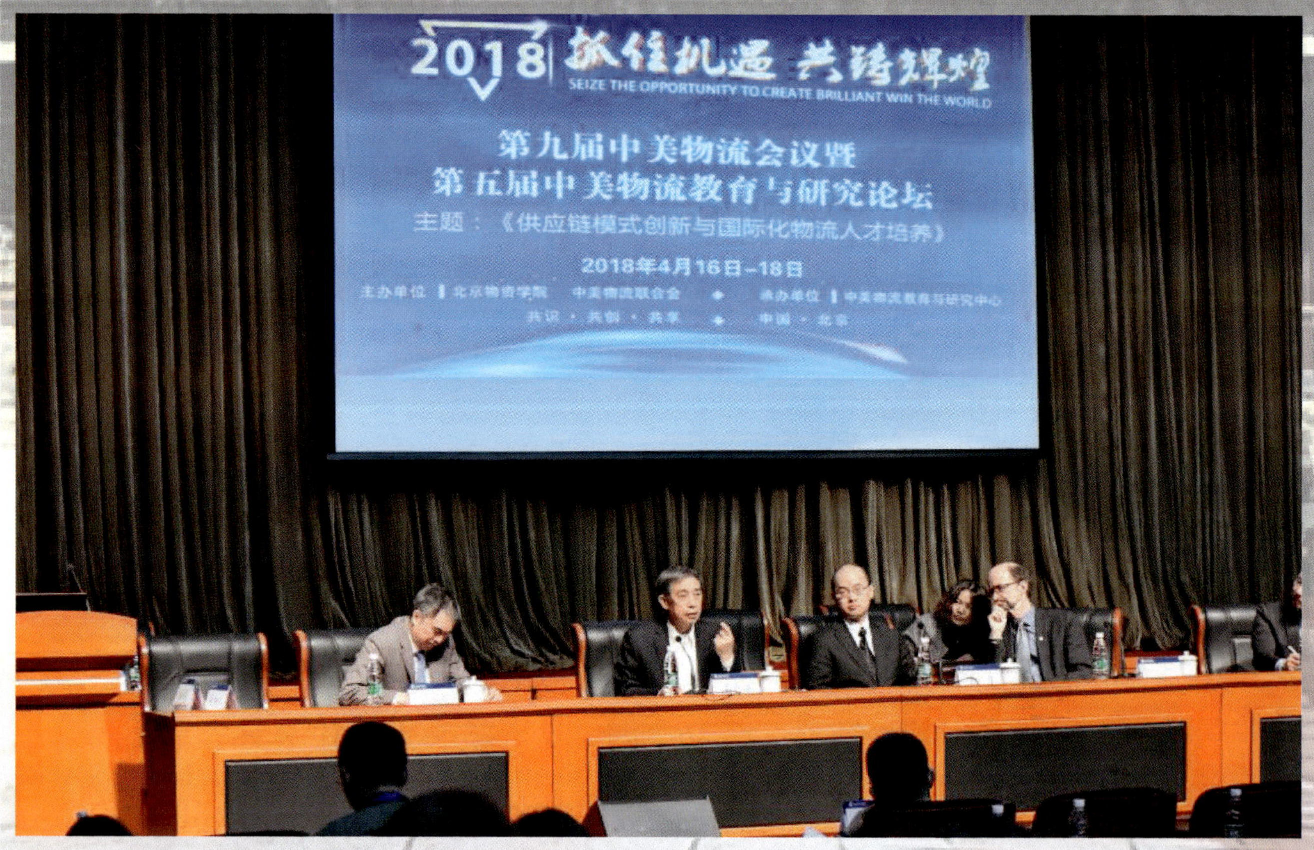

北京物资学院

获奖证书

第八届山鹰杯全国大学生包装结构创新设计大赛

The 8th Shanying Cup National College Contest of Packaging Structure Design

一等奖

获奖作品：草莓自冷链气调包装　　获奖作者：潘怡欣 李姝

获奖学校：北京印刷学院　　指导老师：付亚波 廖大智

证书编号 201808001

教育部高等学校轻工类专业教学指导委员会

二〇一八年八月

北京印刷学院

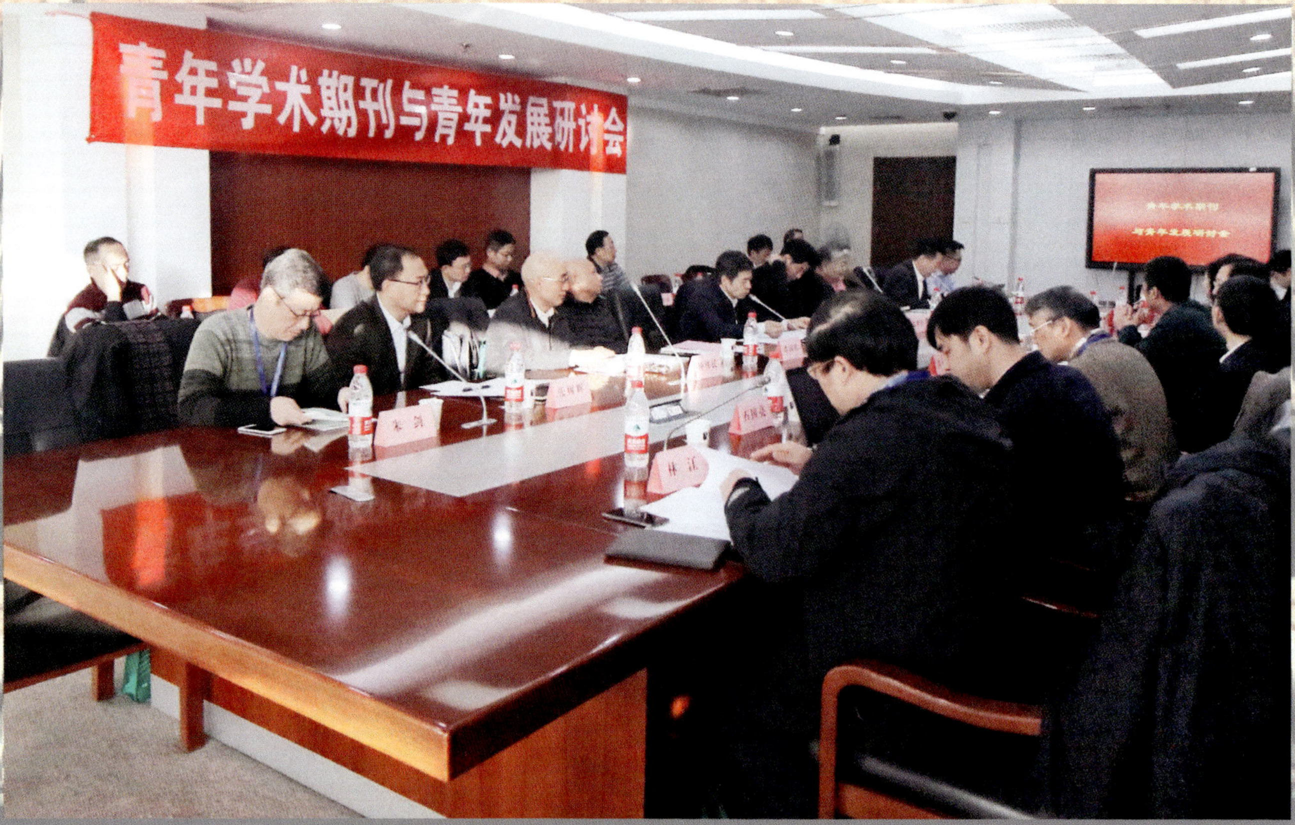
青年学术期刊与青年发展研讨会

第十四届中国青少年发展论坛
改革开放40年与中国青年

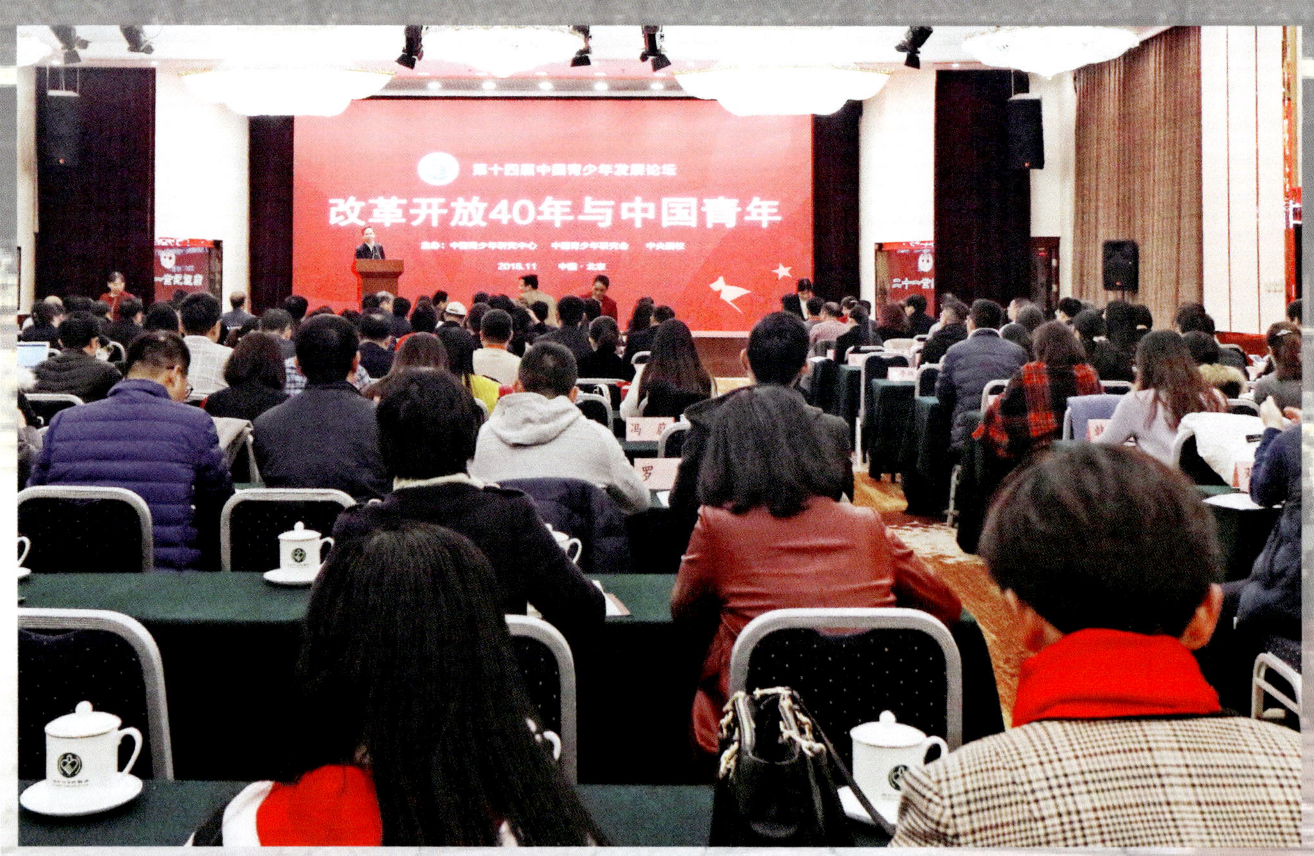

中央团校（中国青年政治学院）

民心相通："一带一路"与和谐劳动关系构建研究成果发布会
暨中国劳动关系学院劳动关系与工会研究中心
与中国人民大学重阳金融研究院战略合作签约仪式
举办单位：
劳动关系与工会研究中心
中国人民大学重阳金融研究院
2018年6月10日
陈郑海

深入学习宣传贯彻习近平总书记
给中国劳动关系学院劳模本科班学员
回信精神座谈会
许 涛
拉加次仁
王玉俊

中国劳动关系学院

纪念改革开放40周年暨京津冀党校学习贯彻习近平新时代中国特色社会主义思想学术研讨会

北京市党校（行政学院）系统学习贯彻习近平新时代中国特色社会主义思想理论研讨会暨科研颁奖会

北京市委党校

一號會議樓
"中外人文精神：对话与诠释"—第三届中国诠释学青年论坛 暨中外人文精神论坛年会
北京·2018.10.27—28

华北地区社科院第三十五届科研管理联席会

北京市社会科学院

京张高铁工程建设项目档案工作联合检查指导会议

2019年全市档案专家人才座谈会

Heidelberg
International Archives Day:

北京市档案局

北京中国抗日战争史研究会

北京改革和发展研究会

北京市中共党史学会

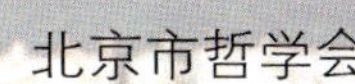

北京市哲学会

北京市逻辑学会

北京市社会科学界联合会所属学会开展各种学术研讨活动

北京三生环境与发展研究院

北京现代产业规划研究院

北京现代中小学网络教育研究院

北京陆学艺社会学发展基金会

北京绿能煤炭经济研究基金会

北京市社会科学界联合会所属民办社科研究机构和基金会开展各种学术研讨活动

目　录

·科研课题·

·获奖成果·

·学术活动·

哲学（含自然辩证法、逻辑学、伦理学、美学）

政治学（含思想政治工作、党建、统战）

经济学

法 学

历史学（含中共历史、中外史、考古）

教育学　心理学

民族学　宗教学

城市科学

Contents
(Abridged)

Special Reprints

Survey of Various Subjects

Lists of Research Topics

·特　　载·

习近平在学习贯彻党的十九大精神研讨班开班式上发表重要讲话强调

以时不我待只争朝夕的精神投入工作
开创新时代中国特色社会主义事业新局面

习近平强调，建设好我们这样的大党，领导好我们这样的大国，中央委员会成员和省部级主要领导干部至关重要，必须提高政治站位、树立历史眼光、强化理论思维、增强大局观念、丰富知识素养、坚持问题导向，从历史和现实相贯通、国际和国内相关联、理论和实际相结合的宽广视角，对一些重大理论和实践问题进行思考和把握，做到坚持和发展中国特色社会主义要一以贯之，推进党的建设新的伟大工程要一以贯之，增强忧患意识、防范风险挑战要一以贯之，以时不我待、只争朝夕的精神投入工作，推动全党全国各族人民把思想统一到党的十九大精神上来，把力量凝聚到实现党的十九大确定的目标任务上来，不断开创新时代中国特色社会主义事业新局面。

李克强主持　栗战书、汪洋、王沪宁、赵乐际、韩正出席

本报北京1月5日电　新进中央委员会的委员、候补委员和省部级主要领导干部学习贯彻习近平新时代中国特色社会主义思想和党的十九大精神研讨班5日上午在中央党校开班。中共中央总书记、国家主席、中央军委主席习近平在开班式上发表重要讲话强调，建设好我们这样的大党，领导好我们这样的大国，中央委员会成员和省部级主要领导干部至关重要，必须提高政治站位、树立历史眼光、强化理论思维、增强大局观念、丰富知识素养、坚持问题导向，从历史和现实相贯通、国际和国内相关联、理论和实际相结合的宽广视角，对一些重大理论和实践问题进行思考和把握，做到坚持和发展中国特色社会主义要一以贯之，推进党的建设新的伟大工程要一以贯之，增强忧患意识、防范风险挑战要一以贯之，以时不我待、只争朝夕的精神投入工作，推动全党全国各族人民把思想统一到党的十九大精神上来，把力量凝聚到实现党的十九大确定的目标任务上来，不断开创新时代中国特色社会主义事业新局面。

开班式由中共中央政治局常委李克强主持，中共中央政治局常委栗战书、汪洋、王沪宁、赵乐际、韩正出席。

习近平在讲话中强调，新时代中国特色社会主义是我们党领导人民进行伟大社会革命的成果，也是我们党领导人民进行伟大社会革命的继续，必须一以贯之进行下去。历史和现实都告诉我们，一场社会革命要取得最终胜利，往往需要一个漫长的历史过程。只

有回看走过的路、比较别人的路、远眺前行的路，弄清楚我们从哪儿来、往哪儿去，很多问题才能看得深、把得准。

习近平强调，中国特色社会主义不是从天上掉下来的，而是在改革开放 40 年的伟大实践中得来的，是在中华人民共和国成立近 70 年的持续探索中得来的，是在我们党领导人民进行伟大社会革命 97 年的实践中得来的，是在近代以来中华民族由衰到盛 170 多年的历史进程中得来的，是对中华文明 5000 多年的传承发展中得来的，是党和人民历经千辛万苦、付出各种代价取得的宝贵成果。得到这个成果极不容易。

习近平指出，科学社会主义在中国的成功，对马克思主义、科学社会主义的意义，对世界社会主义的意义，是十分重大的。党的十九大作出中国特色社会主义进入新时代这个重大政治论断，我们必须认识到，这个新时代是中国特色社会主义新时代，而不是别的什么新时代。党要在新的历史方位上实现新时代党的历史使命，最根本的就是要高举中国特色社会主义伟大旗帜。

习近平强调，不忘初心，牢记使命，就不要忘记我们是共产党人，我们是革命者，不要丧失了革命精神。昨天的成功并不代表着今后能够永远成功，过去的辉煌并不意味着未来可以永远辉煌。时代是出卷人，我们是答卷人，人民是阅卷人。要实现党和国家兴旺发达、长治久安，全党同志必须保持革命精神、革命斗志，勇于把我们党领导人民进行了 97 年的伟大社会革命继续推进下去，决不能因为胜利而骄傲，决不能因为成就而懈怠，决不能因为困难而退缩，努力使中国特色社会主义展现更加强大、更有说服力的真理力量。

习近平指出，要把新时代坚持和发展中国特色社会主义这场伟大社会革命进行好，我们党必须勇于进行自我革命，把党建设得更加坚强有力。勇于自我革命，从严管党治党，是我们党最鲜明的品格，全面从严治党永远在路上。在统揽伟大斗争、伟大工程、伟大事业、伟大梦想中，起决定性作用的是新时代党的建设新的伟大工程。在新时代，我们党必须以党的自我革命来推动党领导人民进行的伟大社会革命，把党建设成为始终走在时代前列、人民衷心拥护、勇于自我革命、经得起各种风浪考验、朝气蓬勃的马克思主义执政党，这既是我们党领导人民进行伟大社会革命的客观要求，也是我们党作为马克思主义政党建设和发展的内在需要。

习近平强调，必须看到，决胜全面建成小康社会的艰巨任务、实现中华民族伟大复兴的历史使命，对我们党提出了前所未有的新挑战新要求，影响党的先进性、弱化党的纯洁性的各种因素具有很强的危险性和破坏性。这决定了新时代党的建设新的伟大工程，既要培元固本，也要开拓创新，既要把住关键重点，也要形成整体态势，特别是要发挥彻底的自我革命精神。

习近平指出，以史为鉴可以知兴替。功成名就时做到居安思危、保持创业初期那种励精图治的精神状态不容易，执掌政权后做到节俭内敛、敬终如始不容易，承平时期严以治吏、防腐戒奢不容易，重大变革关头顺乎潮流、顺应民心不容易。我们党要始终成为时代先锋、民族脊梁，始终成为马克思主义执政党，自身必须始终过硬。

习近平强调，要把我们党建设好，必须抓住“关键少数”。中央委员会成员和省部级主要领导干部必须做到信念过硬，带头做共产主义远大理想和中国特色社会主义共同理想的坚定信仰者和忠实实践者；必须做到政治过硬，牢固树立“四个意识”，在思想政治上讲政治立场、政治方向、政治原则、政治道路，在行动实践上讲维护党中央权威、执行党的政治路线、严格遵守党的政治纪律和政治规矩；必须做到责任过硬，树立正确政绩观，发扬求真务实、真抓实干的作风，以钉钉子精神担当尽责，真正做到对历史和人民负责；必须做到能力过硬，不断掌握新知识、熟悉新领域、开拓新视野，全面提高领导能力和执政水平；必须做到作风过硬，把人民群众放在心中，广泛开展调查研究，在全心全意为人民服务中提升政治站位、提高工作能力，在真心实意向人民学习中拓展工作视野、丰富工作经验、提高理论联系实际的水平，在倾听人民呼声、虚心接受人民监督中自觉进行自我反省、自我批评、自我教育，在服务人民中不断完善自己，持之以恒克服形式主义、官僚主义，久久为功祛除享乐主义和奢靡之风。

习近平指出，领导干部要把践行“三严三实”贯穿于全部工作生活中，养成一种习惯、化为一种境界。要加强道德修养，带头弘扬社会主义核心价值观，明辨是非善恶，追求健康情趣，不断向廉洁自律的高标准看齐，做到心有所戒、行有所止，守住底线、不碰高压线。每个领导干部都应该把洁身自好作为第一关，从小事小节上加强约束、规范自己，坚决反对特权思想、特权现象，习惯在受监督和约束的环境中工作生活，练就过硬的作风。

习近平强调，“备豫不虞，为国常道”。当前，我国正处于一个大有可为的历史机遇期，发展形势总的是好的，但前进道路不可能一帆风顺，越是取得成绩的时候，越是要有如履薄冰的谨慎，越是要有居安思危的忧患，绝不能犯战略性、颠覆性错误。面对波谲云诡的国际形势、复杂敏感的周边环境、艰巨繁重的改革发展稳定任务，我们既要有防范风险的先手，也要有应对和化解风险挑战的高招；既要打好防范和抵御风险的有准备之战，也要打好化险为夷、转危为机的战略主动战。我们要继续进行具有许多新的历史特点的伟大斗争，准备战胜一切艰难险阻，朝着我们党确立的伟大目标奋勇前进。

李克强在主持开班式时指出，习近平总书记十分重要的讲话深刻阐述了坚持和发展中国特色社会主义要一以贯之、推进党的建设新的伟大工程要一以贯之、增强忧患意识防范风险挑战要一以贯之等重大问题，对我们深入理解和贯彻落实党的十九大精神，深入理解和把握习近平新时代中国特色社会主义思想，深入理解和贯彻党中央推进全面从严治党的决策部署，进一步增强新时代坚持和发展中国特色社会主义、实现中华民族伟大复兴中国梦的信心和定力，具有十分重大的指导意义。一定要认真学习、深刻领会、切实贯彻。

中共中央政治局委员、中央书记处书记，是十九届中央委员的其他党和国家领导同志、中央军委委员出席开班式。

新进中央委员会的委员、候补委员，各省区市和新疆生产建设兵团、中央和国家机关有关部门主要负责同志，军队各大单位、中央军委机关各部门主要负责同志参加研讨班。各民主党派中央、全国工商联及有关方面负责同志列席开班式。

（原载《人民日报》2018年1月6日第1版）

十三届全国人大一次会议选举产生新一届国家领导人

习近平全票当选国家主席中央军委主席
栗战书当选全国人大常委会委员长
王岐山当选国家副主席

新当选国家领导人进行宪法宣誓
会议批准国务院机构改革方案

新华社北京3月17日电　十三届全国人大一次会议17日上午选举习近平为中华人民共和国主席、中华人民共和国中央军事委员会主席。

当这一选举结果宣布时，全场爆发出长时间热烈的掌声。

会议还同时选举栗战书为第十三届全国人民代表大会常务委员会委员长，选举王岐山为中华人民共和国副主席。

上午9时，十三届全国人大一次会议第五次全体会议在人民大会堂举行。

习近平、李克强、栗战书、汪洋、王沪宁、赵乐际、韩正等出席会议。

会议应出席代表2980人，出席2970人，缺席10人，出席人数符合法定人数。

会议由大会执行主席、主席团常务主席陈希主持。大会执行主席王东明、许其亮、张轩、娄勤俭、骆惠宁、蒋超良在主席台执行主席席就座。

会议首先表决通过了十三届全国人大一次会议关于国务院机构改革方案的决定，批准了这个方案。大会要求，国务院要坚持党中央集中统一领导，精心组织，周密部署，确保完成国务院机构改革任务。

会议表决通过了十三届全国人大一次会议选举和决定任命的办法。

9时23分，选举正式开始。监票人首先对设置在会场的28个电子票箱、电子选举系统进行了检查。接着，工作人员开始分发选票。4张不同颜色的选举票分发到每一位代表手中。选举票用汉文和7种少数民族文字印制。

随后，代表们开始写票。会场后区设有秘密写票处。

根据选举和决定任命的办法，中华人民共和国主席，中华人民共和国中央军事委员会主席，第十三届全国人民代表大会常务委员会委员长、副委员长、秘书长，中华人民共和国副主席进行等额选举。

9时41分，总监票人、监票人首先投票。之后，代表们开始投票。投票结束后，总监票人报告了发出和收回选票的情况，选举有效。

工作人员宣读计票结果。

计票结果显示，在国家主席、中央军委主席选举中，习近平均获得全部2970张赞成票，全场报以热烈掌声。

主持人宣布：

习近平同志当选为中华人民共和国主席。

习近平起身，向代表们鞠躬致意。全体代表起立，用热烈的掌声向习近平表达敬意。站在身旁的李克强、张德江分别同习近平握手，向他表示祝贺。

当主持人宣布习近平同志当选为中华人民共和国中央军事委员会主席时，会场上再次响起热烈的掌声，习近平又一次起身向代表们鞠躬致意。

随后，主持人依次宣布：

栗战书同志当选为第十三届全国人民代表大会常务委员会委员长。

王岐山同志当选为中华人民共和国副主席。

王晨、曹建明、张春贤、沈跃跃、吉炳轩、艾力更·依明巴海、万鄂湘、陈竺、王东明、白玛赤林、丁仲礼、郝明金、蔡达峰、武维华同志当选为第十三届全国人民代表大会常务委员会副委员长。

杨振武同志当选为第十三届全国人民代表大会常务委员会秘书长。

每一项选举结果宣布时，现场都响起热烈掌声。

在掌声中，新当选的全国人大常委会委员长栗战书起身，向代表们鞠躬致意。随后，他走向习近平，两人亲切握手，习近平向他表示祝贺。栗战书又同十二届全国人大常委会委员长张德江握手，相互致意。张德江也同习近平握手，表示感谢、致以敬意。

在掌声中，新当选的国家副主席王岐山向代表们鞠躬致意。习近平同他亲切握手，向他表示祝贺。

根据十三届全国人大一次会议主席团关于宪法宣誓的组织办法，全体会议各项议程进行完毕后，举行中华人民共和国第十三届全国人民代表大会第一次会议宪法宣誓仪式。

10时49分，中国人民解放军军乐团号手现场奏响宣誓仪式曲。

12名陆海空三军仪仗兵，分两列从会场后方正步行进至主席台前伫立。

全体起立。主席台上，3名礼兵迈着正步护送《中华人民共和国宪法》入场，并将宪法放置于宣誓台上。

在军乐团伴奏下，全场高唱中华人民共和国国歌。

随后，工作人员宣布：现在请中华人民共和国主席、中华人民共和国中央军事委员会主席习近平宣誓。

伴随着主席出场号角，新当选的国家主席、中央军委主席习近平从主席台座席起身，健步走到宣誓台前站立。

主席台后幕正中，国徽高悬，熠熠生辉。现场近3000名全国人大代表共同见证这一神圣时刻。

习近平左手抚按宪法，右手举拳，庄严宣誓。

“我宣誓：忠于中华人民共和国宪法，维护宪法权威，履行法定职责，忠于祖国、忠于人民，恪尽职守、廉洁奉公，接受人民监督，为建设富强民主文明和谐美丽的社会主义现代化强国努力奋斗！”

铿锵有力的宣誓声响彻人民大会堂。

宣誓结束后，习近平向全场鞠躬致意。现场爆发出长时间的热烈掌声。

随后，新当选的全国人大常委会委员长栗战书、新当选的国家副主席王岐山分别进行宪法宣誓，新当选的全国人大常委会副委员长、秘书长进行了集体宣誓。

（原载《人民日报》2018年3月18日第1版）

习近平在北京大学考察时强调

抓住培养社会主义建设者和接班人根本任务 努力建设中国特色世界一流大学

本报北京5月2日电　在五四青年节和北京大学建校120周年校庆日即将来临之际，中共中央总书记、国家主席、中央军委主席习近平来到北京大学考察。习近平代表党中央，向北京大学全体师生员工和海内外校友、向全国各族青年、向全国青年工作者致以节日的问候。他强调，坚持好、发展好中国特色社会主义，把我国建设成为社会主义现代化强国，是一项长期任务，需要一代又一代人接续奋斗。广大青年要成为实现中华民族伟大复兴的生力军，肩负起国家和民族的希望。高校要牢牢抓住培养社会主义建设者和接班人这个根本任务，坚持办学正确政治方向，建设高素质教师队伍，形成高水平人才培养体系，努力建设中国特色世界一流大学。

季春时节，北大校园鲜花盛开，草木葱茏，生机盎然。上午9时许，习近平在中共中央政治局常委、中央书记处书记王沪宁，北京大学党委书记郝平、校长林建华陪同下，首先来到临湖轩，参观“新时代——北京大学近五年成就展”。古色古香的临湖轩里，一块块展板图文并茂，一组组数据清晰直观。习近平认真听取情况介绍，仔细察看北大在文理科学科成就、人才培养、队伍建设、国际交流、社会服务等方面重要成果展示，对北大取得的成绩给予充分肯定。他表示，党的十八大以来，北大继承光荣传统，坚持社会主义办学方向，立德树人成果丰硕，双一流建设成效显著，服务经济社会发展成绩突出，学校发展思路清晰，办学实力和影响力显著增强，看了令人欣慰。他强调，国家发展同大学发展相辅相成。我们要在国家发展进程中办好高等教育，办出世界一流大学，首先要在体现中国特色上下功夫。

临湖轩北侧的小庭院，紧邻未名湖，景色宜人。习近平来到庭院，看望部分资深教授和中青年教师代表，并同他们亲切交谈。他们当中既有邓小南、王缉思、林毅夫、钱乘旦、申丹、杜维明、安乐哲等资深老教授，也有彭锋、渠敬东、余淼杰、蒋朗朗等优秀中青年教师。习近平对他们说，看到各位老教授身体健康、精神矍铄，非常高兴，你们几十年如一日笔耕不辍、悉心育人，为培养党和人民需要的优秀人才作出了积极贡献，我向你们表示敬意。美国籍的汉学大师安乐哲先生，翻译过《论语》《孙子兵法》等中国传统经典，2013年荣获第六届世界儒学大会颁发的“孔子文化奖”。习近平亲切问他来自哪所大学、来中国多长时间、是否适应这里的生活，并希望他更多向国外介绍中国优秀传统文化。总书记还勉励中青年教师向老一辈专家学者学习，继续在教学和科研上用心耕耘。

近年来，北京大学培养和汇聚了一批具有世界领先水平的科学家、科技领军人才和创新团队，科研综合实力、原始创新能力显著增强。在金光生命科学大楼一层大厅，展示了近年来北京大学在理科、工科、医科等领域的科研成果。习近平认真听取关于学校学科建设、人才队伍建设、科研创新能力提升等情况介绍，并仔细察看新一代干细胞技术、碳芯片技术、微型双光子显微成像系统等科研装置和实物模型。习近平对大家说，看了你们的成果展示，我为你们感到骄傲。创新是引领发展的第一动力，是国家综合国力和核心竞争力的最关键因素。重大科技创新成果是国之重器、国之利器，必须牢牢掌握在自己手上，必须依靠自力更生、自主创新。在这个问题上，我们一定要保持清醒。要继续深化科技体制改革，把人、财、物更多向科技创新一线倾斜，努力在关键共性技术、前沿引领技术、现代工程技术、颠覆性技术创新上取得更大突破，抢占科技创新制高点。高校是科技创新体系的重要组成部分，高校科研人员是我国科技创新的重要队伍。要加强学科之间的协同创新，加强对交叉学科群和科技攻关团队的支持，培养造就更多具有国际水平的科技人才和创新团队。

北京大学是马克思主义在中国传播的发源地，近年来成立了全国第一家马克思主义学院，并于今年1月成立了习近平新时代中国特色社会主义思想研究院。习近平来到这里参观“北京大学与马克思主义主题展览”。习近平认真观看展览，深入了解学校开展马克思主义和新时代中国特色社会主义思想教学、研究情况。他强调，高校马克思主义学院就是要坚持“马院姓马，在马言马”的鲜明导向和办学原则，为巩固马克思主义在意识形态领域的指导地位，推动马克思主义进校园、进课堂、进学生头脑，发挥应有作用。

随后，习近平走进国际马克思主义文献中心，察看馆藏马克思主义典籍，询问“马藏工程”进展情况，称赞他们的工作非常有意义。阅览室里，一些中外学生正在就“解读新时代”进行座谈交流。习近平走到他们中间，认真倾听讨论，并同大家互动交流。总书记问大家为什么选择马克思主义专业、学习这个专业有什么体会，同学们兴奋地一一回答。同学们问总书记“您是一个坚定的马克思主义者，您学习马克思主义有什么好的方法”，总书记热情同大家分享了自己的学习经验。他对在场的外国留学生说，要了解中国，就要了解中国的历史、文化、人文思想和发展阶段，特别是要了解当代中国的马克思主义。习近平强调，北京大学是中国最早传播和研究马克思主义的地方，为马克思主义在中国的传播和中国共产党的成立作出了重要贡献。今年是马克思诞辰200周年，也是《共产党宣言》诞生170周年。我们对马克思和《共产党宣言》的最好纪念，就是把党的十九大精神和新时代中国特色社会主义思想这一当代中国马克思主义研究好、宣传好、贯彻好。他勉励大家紧密联系世情国情党情的变化，认真开展新时代中国特色社会主义思想研究，拿出更多有分量有说服力的研究成果。

11时许，习近平来到北京大学英杰交流中心，参加师生座谈会。北京大学党委书记郝平、哲学系教授王博、心理与认知科学学院本科四年级学生宋玺分别发言。习近平认真听取他们的发言，不时插话，现场气氛热烈。

最后，习近平发表了重要讲话。他指出，实现中华民族伟大复兴的中国梦，广大青年生逢其时，也重任在肩。广大青年既是追梦者，也是圆梦人。追梦需要激情和理想，圆梦需要奋斗和奉献。广大青年应该在奋斗中释放青春激情、追逐青春理想，以青春之我、奋斗之我，为民族复兴铺路架桥，为祖国建设添砖加瓦。

习近平强调，坚持好、发展好中国特色社会主义，把我国建设成为社会主义现代化强国，是一项长期任务，需要一代又一代人接续奋斗。教育兴则国家兴，教育强则国家强。今天，党和国家事业发展对高等教育的需要，对科学知识和优秀人才的需要，比以往任何时候都更为迫切。培养社会主义建设者和接班人，是我们党的教育方针，是我国各级各类学校的共同使命。高校只有抓住培养社会主义建设者和接班人这个根本任务才能办好，才能办出中国特色世界一流大学。

习近平提出，办出中国特色世界一流大学、培养社会主义合格建设者和接班人，要抓好三项基础性工作。

第一，坚持办学正确政治方向。我国社会主义教育就是要培养社会主义建设者和接班人。马克思主义是我们立党立国的根本指导思想，也是我国大学最鲜亮的底色。要抓好马克思主义理论教育，深化学生对马克思主义历史必然性和科学真理性、理论意义和现实意义的认识，教育他们学会运用马克思主义立场观点方法观察世界、分析世界，真正搞懂面临的时代课题，深刻把握世界发展走向，认清中国和世界发展大势，让学生深刻感悟马克思主义真理力量，为学生成长成才打下科学思想基础。要坚持不懈培育和弘扬社会主义核心价值观，引导广大师生做社会主义核心价值观的坚定信仰者、积极传播者、模范践行者。要把中国特色社会主义道路自信、理论自信、制度自信、文化自信转化为办好中国特色世界一流大学的自信。

第二，建设高素质教师队伍。建设政治素质过硬、业务能力精湛、育人水平高超的高素质教师队伍是大学建设的基础性工作。要从培养社会主义建设者和接班人的高度，考虑大学师资队伍的素质要求、人员构成、培训体系等。要坚持教育者先受教育，让教师更好担当起学生健康成长指导者和引路人的责任。要抓好师德师风建设，引导教师把教书育人和自我修养结合起来，做到以德立身、以德立学、以德施教。

第三，形成高水平人才培养体系。人才培养体系涉及学科体系、教学体系、教材体系、管理体系等，而贯通其中的是思想政治工作体系。加强党的领导和党的建设，加强思想政治工作体系建设，是形成高水平人才培养体系的重要内容。要坚持党对高校的领导，坚持社会主义办学方向，把我们的特色和优势有效转化为培养社会主义建设者和接班人的能力。要下大气力组建交叉学科群和强有力的科技攻关团队，加强学科之间协同创新，加强对原创性、系统性、引领性研究的支持。要培养造就一大批具有国际水平的战略科技人才、科技领军人才、青年科技人才和高水平创新团队，力争实现前瞻性基础研究、引领性原创成果的重大突破。

习近平强调，当代青年是同新时代共同前进的一代。广大青年既拥有广阔发展空间，也承载着伟大时代使命。每一个青年都应该成为社会主义建设者和接班人，不辱时代使命，不负人民期望。广大青年要忠于祖国、忠于人民，了解中华民族历史，秉承中华文化基因，有民族自豪感和文化自信心，把自己的理想同祖国的前途、把自己的人生同民族的命运紧密联系在一起，扎根人民，奉献国家。要立鸿鹄志、做奋斗者，培养奋斗精神，做到理想坚定，信念执着，不怕困难，勇于开拓，顽强拼搏，永不气馁。要求真学问、练真本领，通过学习知识，掌握事物发展规律，通晓天下道理，丰富学识，增长见识，更好为国争光、为民造福。要知行合一、做实干家，面向实际、深入实践，严谨务实、苦干实干，在新时代干出一番事业。要以社会主义建设者和接班人的使命担当，为全面建成小康社会、全面建设社会主义现代化强国而努力奋斗，让中华民族伟大复兴在我们的奋斗中梦想成真。

习近平离开学校时，道路两旁挤满了师生，大家纷纷向总书记问好，争相同总书记握手，齐声高喊“团结起来、振兴中华”，齐声高唱《歌唱祖国》，习近平满怀深情同大家挥手告别，掌声、问候声和歌声、口号声在校园里久久回荡。

丁薛祥、孙春兰、蔡奇、何立峰及中央和国家机关有关部门负责同志参加有关活动。

（原载《人民日报》2018年5月3日第1版）

纪念马克思诞辰200周年大会在京举行 习近平发表重要讲话

李克强、栗战书、汪洋、赵乐际、韩正、王岐山出席　王沪宁主持

本报北京5月4日电　（记者徐隽）纪念马克思诞辰200周年大会4日上午在北京人民大会堂隆重举行。中共中央总书记、国家主席、中央军委主席习近平在会上发表重要讲话强调，我们纪念马克思，是为了向人类历史上最伟大的思想家致敬，也是为了宣示我们对马克思主义科学真理的坚定信念。马克思主义始终是我们党和国家的指导思想，是我们认识世界、把握规律、追求真理、改造世界的强大思想武器。新时代，中国共产党人仍然要学习马克思，学习和实践马克思主义，高扬马克思主义伟大旗帜，不断从中汲取科学智慧和理论力量，更有定力、更有自信、更有智慧地坚持和发展新时代中国特色社会主义，让马克思、恩格斯设想的人类社会美好前景不断在中国大地上生动展现出来。

李克强、栗战书、汪洋、王沪宁、赵乐际、韩正、王岐山出席大会。

人民大会堂大礼堂气氛庄重热烈。主席台上方悬挂着“纪念马克思诞辰200周年大会”会标，后幕正中是马克思画像和“1818—2018”字标，10面红旗分列两侧。大礼堂二层眺台悬挂标语：紧密团结在以习近平同志为核心的党中央周围，坚持和发展马克思主义，夺取新时代中国特色社会主义伟大胜利！

上午10时，大会开始。全体起立，高唱国歌。

在热烈的掌声中，习近平发表重要讲话。他表示，马克思是全世界无产阶级和劳动人民的革命导师，是马克思主义的主要创始人，是马克思主义政党的缔造者和国际共产主义的开创者，是近代以来最伟大的思想家。马克思的一生，是胸怀崇高理想、为人类解放不懈奋斗的一生，是不畏艰难险阻、为追求真理而勇攀思想高峰的一生，是为推翻旧世界、建立新世界而不息战斗的一生。

习近平强调，马克思给我们留下的最有价值、最具影响力的精神财富，就是以他名字命名的科学理论——马克思主义。这一理论犹如壮丽的日出，照亮了人类探索历史规律和寻求自身解放的道路。马克思的思想理论源于那个时代又超越了那个时代，既是那个时代精神的精华又是整个人类精神的精华。马克思主义是科学的理论，创造性地揭示了人类社会发展规律。马克思主义是人民的理论，第一次创立了人民实现自身解放的思想体系。马克思主义是实践的理论，指引着人民改造世界的行动。马克思主义是不断发展的开放的理论，始终站在时代前沿。一部马克思主义发展史就是马克思、恩格斯以及他们的后继者们不断根据时代、实践、认识发展而发展的历史，是不断吸

收人类历史上一切优秀思想文化成果丰富自己的历史。因此，马克思主义能够永葆其美妙之青春，不断探索时代发展提出的新课题、回应人类社会面临的新挑战。

习近平指出，《共产党宣言》发表170年来，马克思主义在世界上得到广泛传播。在人类思想史上，没有一种思想理论像马克思主义那样对人类产生了如此广泛而深刻的影响。马克思主义极大推进了人类文明进程，至今依然是具有重大国际影响的思想体系和话语体系，马克思至今依然被公认为“千年第一思想家”。

习近平强调，马克思主义不仅深刻改变了世界，也深刻改变了中国。实践证明，马克思主义的命运早已同中国共产党的命运、中国人民的命运、中华民族的命运紧紧连在一起，它的科学性和真理性在中国得到了充分检验，它的人民性和实践性在中国得到了充分贯彻，它的开放性和时代性在中国得到了充分彰显。实践还证明，马克思主义为中国革命、建设、改革提供了强大思想武器，使中国这个古老的东方大国创造了人类历史上前所未有的发展奇迹。历史和人民选择马克思主义是完全正确的，中国共产党把马克思主义写在自己的旗帜上是完全正确的，坚持马克思主义基本原理同中国具体实际相结合、不断推进马克思主义中国化时代化是完全正确的。可以告慰马克思的是，马克思主义指引中国成功走上了全面建设社会主义现代化强国的康庄大道，中国共产党人作为马克思主义的忠诚信奉者、坚定实践者，正在为坚持和发展马克思主义而执着努力。

习近平指出，学习马克思，就要学习和实践马克思主义关于人类社会发展规律的思想，把共产主义远大理想同中国特色社会主义共同理想统一起来、同我们正在做的事情统一起来，坚定中国特色社会主义道路自信、理论自信、制度自信、文化自信，坚守共产党人的理想信念。学习马克思，就要学习和实践马克思主义关于坚守人民立场的思想，坚持全心全意为人民服务的根本宗旨，始终保持同人民群众的血肉联系，团结带领人民共同创造历史伟业。学习马克思，就要学习和实践马克思主义关于生产力和生产关系的思想，勇于全面深化改革，自觉通过调整生产关系激发社会生产力发展活力，自觉通过完善上层建筑适应经济基础发展要求，让中国特色社会主义更加符合规律地向前发展。学习马克思，就要学习和实践马克思主义关于人民民主的思想，坚定不移走中国特色社会主义政治发展道路，充分调动人民的积极性、主动性、创造性，更加切实、更有成效地实施人民民主。学习马克思，就要学习和实践马克思主义关于文化建设的思想，巩固马克思主义在意识形态领域的指导地位，发展社会主义先进文化，加强社会主义精神文明建设，不断铸就中华文化新辉煌。学习马克思，就要学习和实践马克思主义关于社会建设的思想，坚持以人民为中心的发展思想，不断保障和改善民生，促进社会公平正义，让发展成果更多更公平惠及全体人民，朝着实现全体人民共同富裕不断迈进。学习马克思，就要学习和实践马克思主义关于人与自然关系的思想，坚持人与自然和谐共生，动员全社会力量推进生态文明建设，共建美丽中国。学习马克思，就要学习和实践马克思主义关于世界历史的思想，坚持和平发展道路，坚持独立自主的和平外交政策，坚持互利共赢的开放战略，同各国人民一道努力构建人类命运共同体，把世界建设得更加美好。学习马克思，就要学习和实践马克思主义关于马克思主义政党建设的思想，增强政治意识、大局意识、核心意识、看齐意识，持之以恒推进全面从严治党，坚决维护党中央权威和集中统一领导，永远保持共产党人政治本色。

习近平强调，中国共产党是用马克思主义武装起来的政党，马克思主义是中国共产党人理想信念的灵魂。回顾党的奋斗历程可以发现，中国共产党之所以能够历经艰难困苦而不断发展壮大，很重要的一个原因就是我们党始终重视思想建党、理论强党，使全党始终保持统一的思想、坚定的意志、协调的行动、强大的战斗力。当前，改革发展稳定任务之重、矛盾风险挑战之多、治国理政考验之大都是前所未有的。我们要赢得优势、赢得主动、赢得未来，必须不断提高运用马克思主义分析和解决实际问题的能力，不断提高运用科学理论指导我们应对重大挑战、抵御重大风险、克服重大阻力、化解重大矛盾、解决重大问题的能力，以更宽广的视野、更长远的眼光来思考把握未来发展面临的一系列重大问题，不断坚定马克思主义信仰和共产主义理想。

习近平指出，全党同志特别是各级领导干部要更加自觉、更加刻苦地学习马克思列宁主义，学习毛泽东思想、邓小平理论、“三个代表”重要思想、科学发展观，学习新时代中国特色社会主义思想。要深入学、持久学、刻苦学，带着问题学、联系实际学，更好把科学思想理论转化为认识世界、改造世界的强大物质力量。共产党人要把读马克思主义经典、悟马克思主义原理当作一种生活习惯、当作一种精神追求，用经典涵养正气、淬炼思想、升华境界、指导实践。

习近平强调，对待科学的理论必须有科学的态度。理论的生命力在于不断创新，推动马克思主义不断发展是中国共产党人的神圣职责。我们要坚持用马克思主义观察时代、解读时代、引领时代，用鲜活丰富的当代中国实践来推动马克思主义发展，用宽广视野吸收人类创造的一切优秀文明成果，坚持在改革中守正出新、不断超越自己，在开放中博采众长、不断完善自己，不断深化对共产党执政规律、社会主义建设规律、人类社会发展规律的认识，不断开辟当代中国马克思主义、21世纪马克思主义新境界。

王沪宁在主持大会时说，习近平总书记的重要讲话，高屋建瓴，视野宏大，思想深刻，内容丰富，是一篇光辉的马克思主义纲领性文献。我们要认真学习、深入领会，更加紧密地团结在以习近平同志为核心的党中央周围，以更加昂扬的斗志、更加有为的举措，为实现“两个一百年”奋斗目标、实现中华民族伟大复兴的中国梦不懈奋斗。

大会在雄壮的《国际歌》声中结束。

在京中共中央政治局委员、中央书记处书记，全国人大常委会副委员长，国务委员，最高人民法院院长，最高人民检察院检察长，全国政协副主席，以及中央军委委员出席大会。

中央党政军群各部门和北京市主要负责同志，各民主党派中央、全国工商联负责人和无党派人士代表，中央宣传文化单位领导班子成员，参加纪念马克思诞辰200周年理论研讨会、第二届世界马克思主义大会的代表，首都社科理论界和高校马克思主义学院师生代表、基层党员和群众代表，解放军和武警部队官兵代表等约3000人参加大会。

（原载《人民日报》2018年5月5日第1版）

习近平在全国宣传思想工作会议上强调

举旗帜聚民心育新人兴文化展形象
更好完成新形势下宣传思想工作使命任务

王沪宁主持

本报北京8月22日电 （记者张洋）全国宣传思想工作会议21日至22日在北京召开。中共中央总书记、国家主席、中央军委主席习近平出席会议并发表重要讲话。他强调，完成新形势下宣传思想工作的使命任务，必须以新时代中国特色社会主义思想和党的十九大精神为指导，增强“四个意识”、坚定“四个自信”，自觉承担起举旗帜、聚民心、育新人、兴文化、展形象的使命任务，坚持正确政治方向，在基础性、战略性工作上下功夫，在关键处、要害处下功夫，在工作质量和水平上下功夫，推动宣传思想工作不断强起来，促进全体人民在理想信念、价值理念、道德观念上紧紧团结在一起，为服务党和国家事业全局作出更大贡献。

中共中央政治局常委、中央书记处书记王沪宁主持会议。

习近平在讲话中指出，党的十八大以来，我们把宣传思想工作摆在全局工作的重要位置，作出一系列重大决策，实施一系列重大举措。在党中央坚强领导下，宣传思想战线积极作为、开拓进取，党的理论创新全面推进，中国特色社会主义和中国梦深入人心，社会主义核心价值观和中华优秀传统文化广泛弘扬，主流思想舆论不断巩固壮大，文化自信得到彰显，国家文化软实力和中华文化影响力大幅提升，全党全社会思想上的团结统一更加巩固。实践证明，党中央关于宣传思想工作的决策部署是完全正确的，宣传思想战线广大干部是完全值得信赖的。

习近平强调，在实践中，我们不断深化对宣传思想工作的规律性认识，提出了一系列新思想新观点新论断，这就是坚持党对意识形态工作的领导权，坚持思想工作“两个巩固”的根本任务，坚持用新时代中国特色社会主义思想武装全党、教育人民，坚持培育和践行社会主义核心价值观，坚持文化自信是更基础、更广泛、更深厚的自信，是更基本、更深沉、更持久的力量，坚持提高新闻舆论传播力、引导力、影响力、公信力，坚持以人民为中心的创作导向，坚持营造风清气正的网络空间，坚持讲好中国故事、传播好中国声音。这些重要思想，是做好宣传思想工作的根本遵循，必须长期坚持、不断发展。

习近平指出，中国特色社会主义进入新时代，必须把统一思想、凝聚力量作为宣传思想工作的中心环节。当前，我国发展形势总的很好，我们党要团结带领人民实现党的十九大确定的战略目标，夺取中国特色社会主义新胜利，更加需要坚定自信、鼓舞斗志，更加需要同心同德、团结奋斗。我们必须把人民对美好生活的向往作为我们的奋斗目标，既解决实际问题又解决思想问题，更好地强信心、聚民心、暖人心、筑同心。我们必须既积极主动阐释好中国道路、中国特色，又有效维护我国政治安全和文化安全。我们必须坚持以立为本、立破并举，不断增强社会主义意识形态的凝聚力和引领力。我们必须科学认识网络传播规律，提高用网治网水平，使互联网这个最大变量变成事业发展的最大增量。

习近平强调，做好新形势下宣传思想工作，必须自觉承担起举旗帜、聚民心、育新人、兴文化、展形象的使命任务。举旗帜，就是要高举马克思主义、中国特色社会主义的旗帜，坚持不懈用新时代中国特色社会主义思想武装全党、教育人民、推动工作，在学懂弄通做实上下功夫，推动当代中国马克思主义、21世纪马克思主义深入人心、落地生根。聚民心，就是要牢牢把握正确舆论导向，唱响主旋律，壮大正能量，做大做强主流思想舆论，把全党全国人民士气鼓舞起来、精神振奋起来，朝着党中央确定的宏伟目标团结一心向前进。育新人，就是要坚持立德树人、以文化人，建设社会主义精神文明、培育和践行社会主义核心价值观，提高人民思想觉悟、道德水准、文明素养，培养能够担当民族复兴大任的时代新人。兴文化，就是要坚持中国特色社会主义文化发展道路，推动中华优秀传统文化创造性转化、创新性发展，继承革命文化，发展社会主义先进文化，激发全民族文化创新创造活力，建设社会主义文化强国。展形象，就是要推进国际传播能力建设，讲好中国故事、传播好中国声音，向世界展现真实、立体、全面的中国，提高国家文化软实力和中华文化影响力。

习近平指出，建设具有强大凝聚力和引领力的社会主义意识形态，是全党特别是宣传思想战线必须担负起的一个战略任务。要做好做强马克思主义宣传教育工作，特别是要在学懂弄通做实新时代中国特色社会主义思想上下功夫。要把坚定“四个自信”作为建设社会主义意识形态的关键，坚持马克思主义在我国哲学社会科学领域的指导地位，建设具有中国特色、中国风格、中国气派的哲学社会科学。要把握正确舆论导向，提高新闻舆论传播力、引导力、影响力、公信力，巩固壮大主流思想舆论。要加强传播手段和话语方式创新，让党的创新理论“飞入寻常百姓家”。要扎实抓好县级融媒体中心建设，更好引导群众、服务群众。要旗帜鲜明坚持真理，立场坚定批驳谬误。要压实压紧各级党委（党组）责任，做到任务落实不马虎、阵地管理不懈怠、责任追究不含糊。

习近平强调，宣传思想工作是做人的工作的，要把培养担当民族复兴大任的时代新人作为重要职责。重中之重是要以坚定的理想信念筑牢精神之基，坚定对马克思主义的信仰，对社会主义和共产主义的信念，对中国特色社会主义道路、理论、制度、文化的自信。要强化教育引导、实践养成、制度保障，把社会主义核心价值观融入社会发展各方面，引导全体人民自觉践行。要抓住青少年价值观形成和确定的关键时期，引导青少年扣好人生第一粒扣子。要广泛开展先进模范学习宣传活动，营造崇尚英雄、学习英雄、捍卫英雄、关爱英雄的浓厚氛围。要大力弘扬时代新风，加强思想道德建设，深入实施公民道德建设工程，加强和改进思想政治工作，推进新时代文明实践中心建设，不断提升人民思想觉悟、道德水准、文明素养和全社会文明程度。要弘扬新风正气，推进移风易俗，培育文明乡风、良好家风、淳朴民风，焕发乡村文明新气象。

习近平指出，要引导广大文化文艺工作者深入生活、扎根人民，把提高质量作为文艺作品的生命线，用心用情用功抒写伟大时代，不断推出讴歌党、讴歌祖国、讴歌人民、讴歌英雄的精品力作，书写中华民族新史诗。要坚持把社会效益放在首位，引导文艺工作者树立正确的历史观、民族观、国家观、文化观，自觉讲品位、讲格调、讲责任，自觉遵守国家法律法规，加强道德品质修养，坚决抵制低俗庸俗媚俗，用健康向上的文艺作品和做人处事陶冶情操、启迪心智、引领风尚。要推出更多健康优质的网络文艺作品。要推动公共文化服务标准化、均等化，坚持政府主导、社会参与、重心下移、共建共享，完善公共文化服务体系，提高基本公共文化服务的覆盖面和适用性。要推动文化产业高质量发展，健全现代文化产业体系和市场体系，推动各类文化市场主体发展壮大，培育新型文化业态和文化消费模式，以高质量文化供给增强人们的文化获得感、幸福感。要坚定不移将文化体制改革引向深入，不断激发文化创新创造活力。

习近平强调，要不断提升中华文化影响力，把握大势、区分对象、精准施策，主动宣介新时代中国特色社会主义思想，主动讲好中国共产党治国理政的故事、中国人民奋斗圆梦的故事、中国坚持和平发展合作共赢的故事，让世界更好地了解中国。中华优秀传统文化是中华民族的文化根脉，其蕴含的思想观念、人文精神、道德规范，不仅是我们中国人思想和精神的内核，对解决人类问题也有重要价值。要把优秀传统文化的精神标识提炼出来、展示出来，把优秀传统文化中具有当代价值、世界意义的文化精髓提炼出来、展示出来。要完善国际传播工作格局，创新宣传理念、创新运行机制，汇聚更多资源力量。

习近平指出，要加强党对宣传思想工作的全面领导，旗帜鲜明坚持党管宣传、党管意识形态。要以党的政治建设为统领，牢固树立“四个意识”，坚决维护党中央权威和集中统一领导，牢牢把握正确政治方向。要加强作风建设，坚决纠正“四风”特别是形式主义、官僚主义。宣传思想干部要不断掌握新知识、熟悉新领域、开拓新视野，增强本领能力，加强调查研究，不断增强脚力、眼力、脑力、笔力，努力打造一支政治过硬、本领高强、求实创新、能打胜仗的宣传思想工作队伍。

王沪宁在主持会议时表示，习近平总书记的重要讲话，站在新时代党和国家事业发展全局的高度，深刻总结了党的十八大以来党的宣传思想工作的历史性成就和历史性变革，深刻阐述了新形势下党的宣传思想工作的历史方位和使命任务，深刻回答了一系列方向性、根本性、全局性、战略性重大问题，对做好新形势下党的宣传思想工作作出重大部署。讲话总揽全局、视野高远、内涵丰富、思想精深，是指导新形势下党的宣传思想工作的纲领性文献。我们要认真学习领会，把思想和行动统一到讲话精神上来，全力以赴抓好各项任务落实。

中共中央政治局委员、中央宣传部部长黄坤明在总结讲话中指出，要深入学习贯彻习近平新时代中国特色社会主义思想和党的十九大精神，贯彻落实习近平总书记关于宣传思想工作的重要思想，增强“四个意识”、坚定“四个自信”，自觉肩负起新形势下宣传思想工作的使命任务，锐意改革创新，勇于担当作为，奋力开创宣传思想工作新局面，为党和国家事业发展提供坚强思想保证和强大精神力量。

中央网信办、文化和旅游部、人民日报社、中央广播电视总台、北京市、广东省负责同志作交流发言。

部分中共中央政治局委员，中央书记处书记出席会议。

中央宣传思想工作领导小组成员，各省区市和计划单列市、新疆生产建设兵团、中央宣传文化系统各单位，中央和国家机关有关部门、有关人民团体，中管金融企业、部分国有重要骨干企业和高校，军队有关单位负责同志等参加会议。

（原载《人民日报》2018年8月23日第1版）

习近平在全国教育大会上强调

坚持中国特色社会主义教育发展道路
培养德智体美劳全面发展的社会主义建设者和接班人

习近平代表党中央向全国广大教师和教育工作者致以节日的热烈祝贺和诚挚问候
李克强讲话　汪洋、王沪宁、赵乐际、韩正出席

本报北京9月10日电　（记者张烁）全国教育大会10日在北京召开。中共中央总书记、国家主席、中央军委主席习近平出席会议并发表重要讲话。他强调，在党的坚强领导下，全面贯彻党的教育方针，坚持马克思主义指导地位，坚持中国特色社会主义教育发展道路，坚持社会主义办学方向，立足基本国情，遵循教育规律，坚持改革创新，以凝聚人心、完善人格、开发人力、培育人才、造福人民为工作目标，培养德智体美劳全面发展的社会主义建设者和接班人，加快推进教育现代化、建设教育强国、办好人民满意

的教育。

9 月 10 日是我国第三十四个教师节，习近平代表党中央，向全国广大教师和教育工作者致以节日的热烈祝贺和诚挚问候。他强调，长期以来，广大教师贯彻党的教育方针，教书育人，呕心沥血，默默奉献，为国家发展和民族振兴作出了重大贡献。教师是人类灵魂的工程师，是人类文明的传承者，承载着传播知识、传播思想、传播真理，塑造灵魂、塑造生命、塑造新人的时代重任。全党全社会要弘扬尊师重教的社会风尚，努力提高教师政治地位、社会地位、职业地位，让广大教师享有应有的社会声望，在教书育人岗位上为党和人民事业作出新的更大的贡献。

李克强在会上讲话。汪洋、王沪宁、赵乐际、韩正出席会议。

习近平在讲话中指出，党的十九大从新时代坚持和发展中国特色社会主义的战略高度，作出了优先发展教育事业、加快教育现代化、建设教育强国的重大部署。教育是民族振兴、社会进步的重要基石，是功在当代、利在千秋的德政工程，对提高人民综合素质、促进人的全面发展、增强中华民族创新创造活力、实现中华民族伟大复兴具有决定性意义。教育是国之大计、党之大计。

习近平强调，党的十八大以来，我们围绕培养什么人、怎样培养人、为谁培养人这一根本问题，全面加强党对教育工作的领导，坚持立德树人，加强学校思想政治工作，推进教育改革，加快补齐教育短板，教育事业中国特色更加鲜明，教育现代化加速推进，教育方面人民群众获得感明显增强，我国教育的国际影响力加快提升，13 亿多中国人民的思想道德素质和科学文化素质全面提升。

习近平指出，在实践中，我们就教育改革发展提出一系列新理念新思想新观点，主要有以下几个方面，坚持党对教育事业的全面领导，坚持把立德树人作为根本任务，坚持优先发展教育事业，坚持社会主义办学方向，坚持扎根中国大地办教育，坚持以人民为中心发展教育，坚持深化教育改革创新，坚持把服务中华民族伟大复兴作为教育的重要使命，坚持把教师队伍建设作为基础工作。这是我们对我国教育事业规律性认识的深化，来之不易，要始终坚持并不断丰富发展。

习近平强调，新时代新形势，改革开放和社会主义现代化建设、促进人的全面发展和社会全面进步对教育和学习提出了新的更高的要求。我们要抓住机遇、超前布局，以更高远的历史站位、更宽广的国际视野、更深邃的战略眼光，对加快推进教育现代化、建设教育强国作出总体部署和战略设计，坚持把优先发展教育事业作为推动党和国家各项事业发展的重要先手棋，不断使教育同党和国家事业发展要求相适应、同人民群众期待相契合、同我国综合国力和国际地位相匹配。

习近平指出，培养什么人，是教育的首要问题。我国是中国共产党领导的社会主义国家，这就决定了我们的教育必须把培养社会主义建设者和接班人作为根本任务，培养一代又一代拥护中国共产党领导和我国社会主义制度、立志为中国特色社会主义奋斗终生的有用人才。这是教育工作的根本任务，也是教育现代化的方向目标。

习近平强调，要在坚定理想信念上下功夫，教育引导学生树立共产主义远大理想和中国特色社会主义共同理想，增强学生的中国特色社会主义道路自信、理论自信、制度自信、文化自信，立志肩负起民族复兴的时代重任。要在厚植爱国主义情怀上下功夫，让爱国主义精神在学生心中牢牢扎根，教育引导学生热爱和拥护中国共产党，立志听党话、跟党走，立志扎根人民、奉献国家。要在加强品德修养上下功夫，教育引导学生培育和践行社会主义核心价值观，踏踏实实修好品德，成为有大爱大德大情怀的人。要在增长知识见识上下功夫，教育引导学生珍惜学习时光，心无旁骛求知问学，增长见识，丰富学识，沿着求真理、悟道理、明事理的方向前进。要在培养奋斗精神上下功夫，教育引导学生树立高远志向，历练敢于担当、不懈奋斗的精神，具有勇于奋斗的精神状态、乐观向上的人生态度，做到刚健有为、自强不息。要在增强综合素质上下功夫，教育引导学生培养综合能力，培养创新思维。要树立健康第一的教育理念，开齐开足体育课，帮助学生在体育锻炼中享受乐趣、增强体质、健全人格、锤炼意志。要全面加强和改进学校美育，坚持以美育人、以文化人，提高学生审美和人文素养。要在学生中弘扬劳动精神，教育引导学生崇尚劳动、尊重劳动，懂得劳动最光荣、劳动最崇高、劳动最伟大、劳动最美丽的道理，长大后能够辛勤劳动、诚实劳动、创造性劳动。

习近平指出，要努力构建德智体美劳全面培养的教育体系，形成更高水平的人才培养体系。要把立德树人融入思想道德教育、文化知识教育、社会实践教育各环节，贯穿基础教育、职业教育、高等教育各领域，学科体系、教学体系、教材体系、管理体系要围绕这个目标来设计，教师要围绕这个目标来教，学生要围绕这个目标来学。凡是不利于实现这个目标的做法都要坚决改过来。

习近平强调，建设社会主义现代化强国，对教师队伍建设提出新的更高要求，也对全党全社会尊师重教提出新的更高要求。人民教师无上光荣，每个教师都要珍惜这份光荣，爱惜这份职业，严格要求自己，不断完善自己。做老师就要执着于教书育人，有热爱教育的定力、淡泊名利的坚守。随着办学条件不断改善，教育投入要更多向教师倾斜，不断提高教师待遇，让广大教师安心从教、热心从教。对教师队伍中存在的问题，要坚决依法依纪予以严惩。

习近平指出，要深化教育体制改革，健全立德树人落实机制，扭转不科学的教育评价导向，坚决克服唯分数、唯升学、唯文凭、唯论文、唯帽子的顽瘴痼疾，从根本上解决教育评价指挥棒问题。要深化办学体制和教育管理改革，充分激发教育事业发展生机活力。要提升教育服务经济社会发展能力，调整优化高校区域布局、学科结构、专业设置，建立健全学科专业动态调整机制，加快一流大学和一流学科建设，推进产学研协同创新，积极投身实施创新驱动发展战略，着重培养创新型、复合型、应用型人才。要扩大教育开放，同世界一流资源开展高水平合作办学。

习近平强调，加强党对教育工作的全面领导，是办好教育的根本保证。教育部门和各级各类学校的党组织要增强“四个意识”、坚定“四个自信”，坚定不移维护党中央权威和集中统一领导，自觉在政治立场、政治方向、政治原则、政治道路上同党中央保持高度一致。各级党委要把教育改革发展纳入议事日程，党政主要负责同志要熟悉教育、关心教育、研究教育。各级各类学校党组织要把抓好学校党建工作作为办学治校的基本功，把党的教育方针全面贯彻到学校工作各方面。思想政治工作是学校各项工作的生命线，各级党委、各级教育主管部门、学校党组织都必须紧紧抓在手上。要精心培养和组织一支会做思想政治工作的政工队伍，把思想政治工作做在日常、做到个人。

习近平指出，办好教育事业，家庭、学校、政府、社会都有责任。家庭是人生的第一所学校，家长是孩子的第一任老师，要给孩子讲好“人生第一课”，帮助扣好人生第一粒扣子。教育、妇联等部门要统筹协调社会资源支持服务家庭教育。全社会要担负起青少年成长成才的责任。各级党委和政府要为学校办学安全托底，解决学校后顾之忧，维护老师和学校应有的尊严，保护学生生命安全。

李克强在讲话中指出，要认真学习领会和贯彻落实习近平总书记重要讲话精神，以习近平新时代中国特色社会主义思想为指导，准确把握教育事业发展面临的新形势新任务，全面落实教育优先发展战略，在经济社会发展规划上优先安排教育、财政资金投入上优先保障教育、公共资源配置上优先满足教育和人力资源开发需要。坚持改革创新，坚持教育公平，推动教育从规模增长向质量提升转变，促进区域、城乡和各级各类教育均衡发展，以教育现代化支撑国家现代化。要着力补上短板，夯实义务教育这个根基，强化农村特别是贫困地区控辍保学工作，完善城乡统一、重在农村的义务教育经费保障机制，着力改善乡村学校办学条件、提高教学质量，注重运用信息化手段使乡村获得更多优质教育资源，在提速降费、网络建设方面给予特别照顾。把更多教育投入用到加强乡村师资队伍建设上，不折不扣落实现行的补助、奖励和各类保障政策，对符合条件的非在编教师要加快入编、同工同酬。前瞻规划布局城镇学校建设，增强容纳能力，加快实现随迁子女入学待遇同城化。同时，要重视发展学前教育、高中阶段教育和民族教育、特殊教育、继续教育等各类教育。

李克强强调，要增强教育服务创新发展能力，培养更多适应高质量发展的各类人才。优化高校区域布局、学科结构、专业设置，坚持以教学为中心，突出创新意识和实践能力，培养更多创新人才、高素质人才。更加重视、充分发挥高校在强化基础研究和原始创新、突破关键核心技术中的重要作用。大力办好职业院校，坚持面向市场、服务发展、促进就业的办学方向，推进产教融合、校企合作，培养更多高技能人才。提高技术技能人才的社会地位和待遇。

李克强要求，要深化教育领域“放管服”改革，充分释放教育事业发展生机活力。尊重教育发展规律，充分发挥学校办学主体作用，大幅减少各类检查、评估、评价，加强对办学方向、标准、质量的规范引导，为学校潜心治校办学创造良好环境。积极鼓励社会力量依法兴办教育。鼓励各级各类学校与时俱进创新教育理念和人才培养模式，发展“互联网+教育”，完善吸引优秀人才从事教育的体制机制，提升教师社会地位，让尊师重教蔚然成风。

中共中央政治局委员、中央书记处书记，全国人大常委会有关领导同志，国务委员，最高人民法院院长，最高人民检察院检察长，全国政协有关领导同志出席大会。

中央教育工作领导小组成员，各省区市和计划单列市、新疆生产建设兵团，中央和国家机关有关部门、有关人民团体，军队有关单位，部分高校负责同志参加大会。

（原载《人民日报》2018年9月11日第1版）

庆祝改革开放40周年大会在京隆重举行
习近平发表重要讲话

李克强主持　栗战书、汪洋、赵乐际、韩正、王岐山出席　王沪宁宣读表彰决定

本报北京12月18日电　庆祝改革开放40周年大会18日上午在北京人民大会堂隆重举行。中共中央总书记、国家主席、中央军委主席习近平在大会上发表重要讲话。

习近平强调，40年的实践充分证明，党的十一届三中全会以来我们党团结带领全国各族人民开辟的中国特色社会主义道路、理论、制度、文化是完全正确的，形成的党的基本理论、基本路线、基本方略是完全正确的。

习近平强调，40年的实践充分证明，中国发展为广大发展中国家走向现代化提供了成功经验、展现了光明前景，是促进世界和平与发展的强大力量，是中华民族对人类文明进步作出的重大贡献。

习近平强调，40年的实践充分证明，改革开放是党和人民大踏步赶上时代的重要法宝，是坚持和发展中国特色社会主义的必由之路，是决定当代中国命运的关键一招，也是决定实现“两个一百年”奋斗目标、实现中华民族伟大复兴的关键一招。

李克强、栗战书、汪洋、王沪宁、赵乐际、韩正、王岐山出席大会。

人民大会堂雄伟庄严，万人大礼堂灯火辉煌、气氛热烈。主席台上方悬挂着“庆祝改革开放40周年大会”会标，后幕正中是中华人民共和国国徽和“1978—2018”字标，10面红旗分列两侧。

当习近平等领导同志进入会场，全场起立，热烈鼓掌。

10时，李克强宣布庆祝大会开始。全体起立，高唱国歌。

王沪宁宣读《中共中央 国务院关于表彰改革开放杰出贡献人员的决定》。决定指出，党中央、国务院决定，授予于敏等100名同志改革先锋称号，颁授改革先锋奖章；为感谢国际社会对中国改革开放事业的支持和帮助，向阿兰·梅里埃等10名国际友人颁授中国改革友谊奖章。大会宣读了授予改革先锋称号、中国改革友谊奖章人员名单。

在《春天的故事》乐曲声中，习近平等为获得改革先锋称号、中国改革友谊奖章人员代表颁奖。

全体起立，热烈鼓掌，向受表彰人员表示衷心祝贺和崇高敬意。少先队员向他们献上美丽的鲜花。

在热烈的掌声中，习近平发表重要讲话。他强调，我们党作出实行改革开放的历史性决策，是基于对党和国家前途命运的深刻把握，是基于对社会主义革命和建设实践的深刻总结，是基于对时代潮流的深刻洞察，是基于对人民群众期盼和需要的深刻体悟。改革开放是我们党的一次伟大觉醒，正是这个伟大觉醒孕育了我们党从理论到实践的伟大创造。改革开放是中国人民和中华民族发展史上一次伟大革命，正是这个伟大革命推动了中国特色社会主义事业的伟大飞跃。

习近平指出，建立中国共产党、成立中华人民共和国、推进改革开放和中国特色社会主义事业，是五四运动以来我国发生的三大历史性事件，是近代以来实现中华民族伟大复兴的三大里程碑。以毛泽东同志为主要代表的中国共产党人，完成了新民主主义革命，建立了中华人民共和国，为当代中国一切发展进步奠定了根本政治前提和制度基础。以邓小平同志为主要代表的中国共产党人，作出把党和国家工作中心转移到经济建设上来、实行改革开放的历史性决策，成功开创了中国特色社会主义。以江泽民同志为主要代表的中国共产党人，确立了社会主义市场经济体制

的改革目标和基本框架，开创全面改革开放新局面，成功把中国特色社会主义推向了21世纪。以胡锦涛同志为主要代表的中国共产党人，强调坚持以人为本、全面协调可持续发展，推进党的执政能力建设和先进性建设，成功在新的历史起点上坚持和发展了中国特色社会主义。

习近平强调，党的十八大以来，党中央团结带领全党全国各族人民，全面审视国际国内新的形势，通过总结实践、展望未来，深刻回答了新时代坚持和发展什么样的中国特色社会主义、怎样坚持和发展中国特色社会主义这个重大时代课题，形成了新时代中国特色社会主义思想，坚持统筹推进“五位一体”总体布局、协调推进“四个全面”战略布局，坚持稳中求进工作总基调，对党和国家各方面工作提出一系列新理念新思想新战略，推动党和国家事业发生历史性变革、取得历史性成就，中国特色社会主义进入了新时代。

习近平指出，艰难困苦，玉汝于成。40年来，我们解放思想、实事求是，大胆地试、勇敢地改，干出了一片新天地。改革开放40年来，从开启新时期到跨入新世纪，从站上新起点到进入新时代，40年风雨同舟，40年披荆斩棘，40年砥砺奋进，我们党引领人民绘就了一幅波澜壮阔、气势恢宏的历史画卷，谱写了一曲感天动地、气壮山河的奋斗赞歌。

习近平从理论创新、经济建设、政治建设、文化建设、社会建设、生态文明建设、国防和军队建设、祖国统一、外交工作、党的建设等方面总结了改革开放的伟大成就。他强调，40年来取得的成就不是天上掉下来的，更不是别人恩赐施舍的，而是全党全国各族人民用勤劳、智慧、勇气干出来的。我们用几十年时间走完了发达国家几百年走过的工业化历程。在中国人民手中，不可能成为可能。我们为创造了人间奇迹的中国人民感到无比自豪、无比骄傲。

习近平指出，改革开放40年积累的宝贵经验是党和人民弥足珍贵的精神财富，对新时代坚持和发展中国特色社会主义有着极为重要的指导意义，必须倍加珍惜、长期坚持，在实践中不断丰富和发展。一是必须坚持党对一切工作的领导，不断加强和改善党的领导，增强“四个意识”、坚定“四个自信”，坚决维护党中央权威和集中统一领导，确保改革开放这艘航船沿着正确航向破浪前行。二是必须坚持以人民为中心，不断实现人民对美好生活的向往，顺应民心、尊重民意、关注民情、致力民生，让人民共享改革开放成果，激励人民更加自觉地投身改革开放和社会主义现代化建设事业。三是必须坚持马克思主义指导地位，不断推进实践基础上的理论创新，及时回答时代之问、人民之问，不断开辟马克思主义发展新境界。四是必须坚持走中国特色社会主义道路，不断坚持和发展中国特色社会主义，牢牢把握改革开放的前进方向。五是必须坚持完善和发展中国特色社会主义制度，不断发挥和增强我国制度优势，推动中国特色社会主义制度更加成熟更加定型。六是必须坚持以发展为第一要务，不断增强我国综合国力，推动经济社会持续健康发展，为坚持和发展中国特色社会主义、实现中华民族伟大复兴奠定雄厚物质基础。七是必须坚持扩大开放，不断推动共建人类命运共同体，高举和平、发展、合作、共赢的旗帜，维护国际公平正义，倡导国际关系民主化，积极参与全球治理体系改革和建设，促进贸易投资自由化便利化。八是必须坚持全面从严治党，不断提高党的创造力、凝聚力、战斗力，不断增强党的政治领导力、思想引领力、群众组织力、社会号召力，坚决清除一切腐败分子，确保党始终保持同人民群众的血肉联系。九是必须坚持辩证唯物主义和历史唯物主义世界观和方法论，坚持问题导向，正确处理改革发展稳定关系，既鼓励大胆试、大胆闯，又坚持实事求是、善作善成，确保改革开放行稳致远。

习近平强调，我们要全面贯彻新时代党的强军思想，坚持党对军队的绝对领导，坚持走中国特色强军之路，全面深化国防和军队改革，建设一支听党指挥、能打胜仗、作风优良的人民军队，努力建设世界一流军队，为维护国家主权、安全、发展利益，为维护世界和平稳定，为实现中华民族伟大复兴提供坚强后盾。

习近平指出，我们要全面准确贯彻“一国两制”“港人治港”“澳人治澳”高度自治的方针，严格按照宪法和基本法办事，支持和推动香港、澳门更好融入国家发展大局，让香港、澳门同胞同祖国人民共担民族复兴的历史责任、共享祖国繁荣富强的伟大荣光。实现祖国完全统一，是全体中华儿女共同心愿，是中华民族根本利益所在。我们要坚持一个中国原则和“九二共识”，巩固和发展两岸关系和平发展的基础，深化两岸经济文化交流合作，造福两岸同胞。

习近平强调，伟大梦想不是等得来、喊得来的，而是拼出来、干出来的。我们现在所处的，是一个船到中流浪更急、人到半山路更陡的时候，是一个愈进愈难、愈进愈险而又不进则退、非进不可的时候。改革开放已走过千山万水，但仍需跋山涉水，摆在全党全国各族人民面前的使命更光荣、任务更艰巨、挑战更严峻、工作更伟大。在这个千帆竞发、百舸争流的时代，我们绝不能有半点骄傲自满、固步自封，也绝不能有丝毫犹豫不决、徘徊彷徨，必须统揽伟大斗争、伟大工程、伟大事业、伟大梦想，勇立潮头、奋勇搏击。

习近平指出，在近代以来漫长的历史进程中，中国人民经历了太多太多的磨难，付出了太多太多的牺牲，进行了太多太多的拼搏。现在，中国人民和中华民族在历史进程中积累的强大能量已经充分爆发出来了，为实现中华民族伟大复兴提供了势不可挡的磅礴力量。全党全国各族人民要更加紧密地团结在党中央周围，高举中国特色社会主义伟大旗帜，不忘初心，牢记使命，将改革开放进行到底，不断实现人民对美好生活的向往，在新时代创造中华民族新的更大奇迹，创造让世界刮目相看的新的更大奇迹。

李克强在主持大会时说，习近平总书记的重要讲话，深刻总结了改革开放 40 年来党和国家事业取得的伟大成就和宝贵经验，高度赞扬了中国人民为改革开放事业作出的杰出贡献，郑重宣示了改革开放只有进行时没有完成时、改革开放永远在路上、坚定不移将改革进行到底的信心和决心，明确提出了坚定不移全面深化改革、扩大对外开放、不断把新时代改革开放继续推向前进的目标要求。让我们更加紧密地团结在以习近平同志为核心的党中央周围，高举中国特色社会主义伟大旗帜，不忘初心、牢记使命，持续深入推进改革开放，为实现“两个一百年”奋斗目标、建成富强民主文明和谐美丽的社会主义现代化强国、实现中华民族伟大复兴的中国梦，为维护世界和平、促进共同发展、推动构建人类命运共同体而不懈奋斗。

庆祝大会结束后，习近平等会见了受表彰人员及亲属代表，并同大家合影留念。

在京中共中央政治局委员、中央书记处书记，全国人大常委会副委员长，国务委员，最高人民法院院长，最高人民检察院检察长，全国政协副主席以及中央军委委员出席大会。

中央党政军群各部门和北京市主要负责同志，各民主党派中央、全国工商联负责人和无党派人士代表，老党员、老干部代表，改革开放杰出贡献受表彰人员及亲属代表，港澳同胞、台湾同胞、海外侨胞及归侨、侨眷代表，首都各界群众代表，解放军和武警部队官兵代表，各国驻华使节、各国际组织驻华代表和在华工作的外国专家代表等约 3000 人参加大会。

（原载《人民日报》2018 年 12 月 19 日第 1 版）

中共中央国务院关于全面深化新时代教师队伍建设改革的意见

（2018 年 1 月 20 日）

百年大计，教育为本；教育大计，教师为本。为深入贯彻落实党的十九大精神，造就党和人民满意的高素质专业化创新型教师队伍，落实立德树人根本任务，培养德智体美全面发展的社会主义建设者和接班人，全面提升国民素质和人力资源质量，加快教育现代化，建设教育强国，办好人民满意的教育，为决胜全面建成小康社会、夺取新时代中国特色社会主义伟大胜利、实现中华民族伟大复兴的中国梦奠定坚实基础，现就全面深化新时代教师队伍建设改革提出如下意见。

一、坚持兴国必先强师，深刻认识教师队伍建设的重要意义和总体要求

1. 战略意义。教师承担着传播知识、传播思想、传播真理的历史使命，肩负着塑造灵魂、塑造生命、塑造人的时代重任，是教育发展的第一资源，是国家富强、民族振兴、人民幸福的重要基石。党和国家历来高度重视教师工作。党的十八大以来，以习近平同志为核心的党中央将教师队伍建设摆在突出位置，作出一系列重大决策部署，各地区各部门和各级各类学校采取有力措施认真贯彻落实，教师队伍建设取得显著成就。广大教师牢记使命、不忘初衷，爱岗敬业、教书育人，改革创新、服务社会，作出了重要贡献。

当今世界正处在大发展大变革大调整之中，新一轮科技和工业革命正在孕育，新的增长动能不断积聚。中国特色社会主义进入了新时代，开启了全面建设社会主义现代化国家的新征程。我国社会主要矛盾已经转化为人民日益增长的美好生活需要和不平衡不充分的发展之间的矛盾，人民对公平而有质量的教育的向往更加迫切。面对新方位、新征程、新使命，教师队伍建设还不能完全适应。有的地方对教育和教师工作重视不够，在教育事业发展中重硬件轻软件、重外延轻内涵的现象还比较突出，对教师队伍建设的支持力度亟须加大；师范教育体系有所削弱，对师范院校支持不够；有的教师素质能力难以适应新时代人才培养需要，思想政治素质和师德水平需要提升，专业化水平需要提高；教师特别是中小学教师职业吸引力不足，地位待遇有待提高；教师城乡结构、学科结构分布不尽合理，准入、招聘、交流、退出等机制还不够完善，管理体制机制亟须理顺。时代越是向前，知识和人才的重要性就愈发突出，教育和教师的地位和作用就愈发凸显。各级党委和政府要从战略和全局高度充分认识教师工作的极端重要性，把全面加强教师队伍建设作为一项重大政治任务和根本性民生工程切实抓紧抓好。

2. 指导思想。全面贯彻落实党的十九大精神，以习近平新时代中国特色社会主义思想为指导，紧紧围绕统筹推进“五位一体”总体布局和协调推进“四个全面”战略布局，坚持和加强党的全面领导，坚持以人民为中心的发展思想，坚持全面深化改革，牢固树立新发展理念，全面贯彻党的教育方针，坚持社会主义办学方向，落实立德树人根本任务，遵循教育规律和教师成长发展规律，加强师德师风建设，培养高素质教师队伍，倡导全社会尊师重教，形成优秀人才争相从教、教师人人尽展其才、好教师不断涌现的良好局面。

3. 基本原则

——确保方向。坚持党管干部、党管人才，坚持依法治教、依法执教，坚持严格管理监督与激励关怀相结合，充分发挥党委（党组）的领导和把关作用，确保党牢牢掌握教师队伍建设的领导权，保证教师队伍建设正确的政治方向。

——强化保障。坚持教育优先发展战略，把教师工作置于教育事业发展的重点支持战略领域，优先谋划教师工作，优先保障教师工作投入，优先满足教师队伍建设需要。

——突出师德。把提高教师思想政治素质和职业道德水平摆在首要位置，把社会主义核心价值观贯穿教书育人全过程，突出全员全方位全过程师德养成，推动教师成为先进思想文化的传播者、党执政的坚定支持者、学生健康成长的指导者。

——深化改革。抓住关键环节，优化顶层设计，推动实践探索，破解发展瓶颈，把管理体制改革与机制创新作为突破口，把提高教师地位待遇作为真招实招，增强教师职业吸引力。

——分类施策。立足我国国情，借鉴国际经验，根据各级各类教师的不同特点和发展实际，考虑区域、城乡、校际差异，采取有针对性的政策举措，定向发力，重视专业发展，培养一批教师；加大资源供给，补充一批教师；创新体制机制，激活一批教师；优化队伍结构，调配一批教师。

4. 目标任务。经过5年左右努力，教师培养培训体系基本健全，职业发展通道比较畅通，事权人权财权相统一的教师管理体制普遍建立，待遇提升保障机制更加完善，教师职业吸引力明显增强。教师队伍规模、结构、素质能力基本满足各级各类教育发展需要。

到2035年，教师综合素质、专业化水平和创新能力大幅提升，培养造就数以百万计的骨干教师、数以十万计的卓越教师、数以万计的教育家型教师。教师管理体制机制科学高效，实现教师队伍治理体系和治理能力现代化。教师主动适应信息化、人工智能等新技术变革，积极有效开展教育教学。尊师重教蔚然成风，广大教师在岗位上有幸福感、事业上有成就感、社会上有荣誉感，教师成为让人羡慕的职业。

二、着力提升思想政治素质，全面加强师德师风建设

5. 加强教师党支部和党员队伍建设。将全面从严治党要求落实到每个教师党支部和教师党员，把党的政治建设摆在首位，用习近平新时代中国特色社会主义思想武装头脑，充分发挥教师党支部教育管理监督党员和宣传引导凝聚师生的战斗堡垒作用，充分发挥党员教师的先锋模范作用。选优配强教师党支部书记，注重选拔党性强、业务精、有威信、肯奉献的优秀党员教师担任教师党支部书记，实施教师党支部书记“双带头人”培育工程，定期开展教师党支部书记轮训。坚持党的组织生活各项制度，创新方式方法，增强党的组织生活活力。健全主题党日活动制度，加强党员教师日常管理监督。推进“两学一做”学习教育常态化制度化，开展“不忘初心、牢记使命”主题教育，引导党员教师增强政治意识、大局意识、核心意识、看齐意识，自觉爱党护党为党，敬业修德，奉献社会，争做“四有”好教师的示范标杆。重视做好在优秀青年教师、海外留学归国教师中发展党员工作。健全把骨干教师培养成党员，把党员教师培养成教学、科研、管理骨干的“双培养”机制。

配齐建强高等学校思想政治工作队伍和党务工作队伍，完善选拔、培养、激励机制，形成一支专职为主、专兼结合、数量充足、素质优良的工作力量。把从事学生思想政治教育计入高等学校思想政治工作兼职教师的工作量，作为职称评审的重要依据，进一步增强开展思想政治工作的积极性和主动性。

6. 提高思想政治素质。加强理想信念教育，深入学习领会习近平新时代中国特色社会主义思想，引导教师树立正确的历史观、民族观、国家观、文化观，坚定中国特色社会主义道路自信、理论自信、制度自信、文化自信。引导教师准确理解和把握社会主义核心价值观的深刻内涵，增强价值判断、选择、塑造能力，带头践行社会主义核心价值观。引导广大教师充分认识中国教育辉煌成就，扎根中国大地，办好中国教育。

加强中华优秀传统文化和革命文化、社会主义先进文化教育，弘扬爱国主义精神，引导广大教师热爱祖国、奉献祖国。创新教师思想政治工作方式方法，开辟思想政治教育新阵地，利用思想政治教育新载体，强化教师社会实践参与，推动教师充分了解党情、国情、社情、民情，增强思想政治工作的针对性和实效性。要着眼青年教师群体特点，有针对性地加强思想政治教育。落实党的知识分子政策，政治上充分信任，思想上主动引导，工作上创造条件，生活上关心照顾，使思想政治工作接地气、入人心。

7. 弘扬高尚师德。健全师德建设长效机制，推动师德建设常态化长效化，创新师德教育，完善师德规范，引导广大教师以德立身、以德立学、以德施教、以德育德，坚持教书与育人相统一、言传与身教相统一、潜心问道与关注社会相统一、学术自由与学术规范相统一，争做“四有”好教师，全心全意做学生锤炼品格、学习知识、创新思维、奉献祖国的引路人。

实施师德师风建设工程。开展教师宣传国家重大题材作品立项，推出一批让人喜闻乐见、能够产生广泛影响、展现教师时代风貌的影视作品和文学作品，发掘师德典型、讲好师德故事，加强引领，注重感召，弘扬楷模，形成强大正能量。注重加强对教师思想政治素质、师德师风等的监察监督，强化师德考评，体现奖优罚劣，推行师德考核负面清单制度，建立教师个人信用记录，完善诚信承诺和失信惩戒机制，着力解决师德失范、学术不端等问题。

三、大力振兴教师教育，不断提升教师专业素质能力

8. 加大对师范院校支持力度。实施教师教育振兴行动计划，建立以师范院校为主体、高水平非师范院校参与的中国特色师范教育体系，推进地方政府、高等学校、中小学“三位一体”协同育人。研究制定师范院校建设标准和师范类专业办学标准，重点建设一批师范教育基地，整体提升师范院校和师范专业办学水平。鼓励各地结合实际，适时提高师范专业生均拨款标准，提升师范教育保障水平。切实提高生源质量，对符合相关政策规定的，采取到岗退费或公费培养、定向培养等方式，吸引优秀青年踊跃报考师范院校和师范专业。完善教育部直属师范大学师范生公费教育政策，履约任教服务期调整为 6 年。改革招生制度，鼓励部分办学条件好、教学质量高院校的师范专业实行提前批次录取或采取入校后二次选拔方式，选拔有志于从教的优秀学生进入师范专业。加强教师教育学科建设。教育硕士、教育博士授予单位及授权点向师范院校倾斜。强化教师教育师资队伍建设，在专业发展、职称晋升和岗位聘用等方面予以倾斜支持。师范院校评估要体现师范教育特色，确保师范院校坚持以师范教育为主业，严控师范院校更名为非师范院校。开展师范类专业认证，确保教师培养质量。

9. 支持高水平综合大学开展教师教育。创造条件，推动一批有基础的高水平综合大学成立教师教育学院，设立师范专业，积极参与基础教育、职业教育教师培养培训工作。整合优势学科的学术力量，凝聚高水平的教学团队。发挥专业优势，开设厚基础、宽口径、多样化的教师教育课程。创新教师培养形态，突出教师教育特色，重点培养教育硕士，适度培养教育博士，造就学科知识扎实、专业能力突出、教育情怀深厚的高素质复合型教师。

10. 全面提高中小学教师质量，建设一支高素质专业化的教师队伍。提高教师培养层次，提升教师培养质量。推进教师培养供给侧结构性改革，为义务教育学校侧重培养素质全面、业务见长的本科层次教师，为高中阶段教育学校侧重培养专业突出、底蕴深厚的研究生层次教师。大力推动研究生层次教师培养，增加教育硕士招生计划，向中西部地区和农村地区倾斜。根据基础教育改革发展需要，以实践为导向优化教师教育课程体系，强化“钢笔字、毛笔字、粉笔字和普通话”等教学基本功和教学技能训练，师范生教育实践不少于半年。加强紧缺薄弱学科教师、特殊教育教师和民族地区双语教师培养。开展中小学教师全员培训，促进教师终身学习和专业发展。转变培训方式，推动信息技术与教师培训的有机融合，实行线上线下相结合的混合式研修。改进培训内容，紧密结合教育教学一线实际，组织高质量培训，使教师静心钻研教学，切实提升教学水平。推行培训自主选学，实行培训学分管理，建立培训学分银行，搭建教师培训与学历教育衔接的“立交桥”。建立健全地方教师发展机构和专业培训者队伍，依托现有资源，结合各地实际，逐步推进县级教师发展机构建设与改革，实现培训、教研、电教、科研部门有机整合。继续实施教师国培计划。鼓励教师海外研修访学。

加强中小学校长队伍建设，努力造就一支政治过硬、品德高尚、业务精湛、治校有方的校长队伍。面向全体中小学校长，加大培训力度，提升校长办学治校能力，打造高品质学校。实施校长国培计划，重点开展乡村中小学骨干校长培训和名校长研修。支持教师和校长大胆探索，创新教育思想、教育模式、教育方法，形成教学特色和办学风格，营造教育家脱颖而出的制度环境。

11. 全面提高幼儿园教师质量，建设一支高素质善保教的教师队伍。办好一批幼儿师范专科学校和若干所幼儿师范学院，支持师范院校设立学前教育专业，培养热爱学前教育事业，幼儿为本、才艺兼备、擅长保教的高水平幼儿园教师。创新幼儿园教师培养模式，前移培养起点，大力培养初中毕业起点的五年制专科层次幼儿园教师。优化幼儿园教师培养课程体系，突出保教融合，科学开设儿童发展、保育活动、教育活动类课程，强化实践性课程，培养学前教育师范生综合能力。

建立幼儿园教师全员培训制度，切实提升幼儿园教师科学保教能力。加大幼儿园园长、乡村幼儿园教师、普惠性民办幼儿园教师的培训力度。创新幼儿园教师培训模式，依托高等学校和优质幼儿园，重点采取集中培训与跟岗实践相结合的方式培训幼儿园教师。鼓励师范院校与幼儿园协同建立幼儿园教师培养培训基地。

12. 全面提高职业院校教师质量，建设一支高素质双师型的教师队伍。继续实施职业院校教师素质提高计划，引领带动各地建立一支技艺精湛、专兼结合的双师型教师队伍。加强职业技术师范院校建设，支持高水平学校和大中型企业共建双师型教师培养培训基地，建立高等学校、行业企业联合培养双师型教师的机制。切实推进职业院校教师定期到企业实践，不断提升实践教学能力。建立企业经营管理者、技术能手与职业院校管理者、骨干教师相互兼职制度。

13. 全面提高高等学校教师质量，建设一支高素质创新型的教师队伍。着力提高教师专业能力，推进高等教育内涵式发展。搭建校级教师发展平台，组织研修活动，开展教学研究与指导，推进教学改革与创新。加强院系教研室等学习共同体建设，建立完善传帮带机制。全面开展高等学校教师教学能力提升培训，重点面向新入职教师和青年教师，为高等学校培养人才培育生力军。重视各级各类学校辅导员专业发展。结合“一带一路”建设和人文交流机制，有序推动国内外教师双向交流。支持孔子学院教师、援外教师成长发展。

服务创新型国家和人才强国建设、世界一流大学和一流学科建设，实施好千人计划、万人计划、长江学者奖励计划等重大人才项目，着力打造创新团队，培养引进一批具有国际影响力的学科领军人才和青年学术英才。加强高端智库建设，依托人文社会科学重点研究基地等，汇聚培养一大批哲学社会科学名家名师。高等学校高层次人才遴选和培育中要突出教书育人，让科学家同时成为教育家。

四、深化教师管理综合改革，切实理顺体制机制

14. 创新和规范中小学教师编制配备。适应加快推进教育现代化的紧迫需求和城乡教育一体化发展改革的新形势，充分考虑新型城镇化、全面二孩政策及高考改革等带来的新情况，根据教育发展需要，在现有编制总量内，统筹考虑、合理核定教职工编制，盘活事业编制存量，优化编制结构，向教师队伍倾斜，采取多种形式增加教师总量，优先保障教育发展需要。落实城乡统一的中小学教职工编制标准，有条件的地方出台公办幼儿园人员配备规范、特殊教育学校教职工编制标准。创新编制管理，加大教职工编制统筹配置和跨区域调整力度，省级统筹、市域调剂、以县为主，动态调配。编制向乡村小规模学校倾斜，按照班师比与生师比相结合的方式核定。加强和规范中小学教职工编制管理，严禁挤占、挪用、截留编制和有编不补。实行教师编制配备和购买工勤服务相结合，满足教育快速发展需求。

15. 优化义务教育教师资源配置。实行义务教育教师“县管校聘”。深入推进县域内义务教育学校教师、校长交流轮岗，实行教师聘期制、校长任期制管理，推动城镇优秀教师、校长向乡村学校、薄弱学校流动。实行学区（乡镇）内走教制度，地方政府可根据实际给予相应补贴。

逐步扩大农村教师特岗计划实施规模，适时提高特岗教师工资性补助标准。鼓励优秀特岗教师攻读教育硕士。鼓励地方政府和相关院校因地制宜采取定向招生、定向培养、定期服务等方式，为乡村学校及教学点培养“一专多能”教师，优先满足老少边穷地区教师补充需要。实施“银龄讲学计划”，鼓励支持乐于奉献、身体健康的退休优秀教师到乡村和基层学校支教讲学。

16. 完善中小学教师准入和招聘制度。完善教师资格考试政策，逐步将修习教师教育课程、参加教育教学实践作为认定教育教学能力、取得教师资格的必备条件。新入职教师必须取得教师资格。严格教师准入，提高入职标准，重视思想政治素质和业务能力，根据教育行业特点，分区域规划，分类别指导，结合实际，逐步将幼儿园教师学历提升至专科，小学教师学历提升至师范专业专科和非师范专业本科，初中教师学历提升至本科，有条件的地方将普通高中教师学历提升至研究生。建立符合教育行业特点的中小学、幼儿园教师招聘办法，遴选乐教适教善教的优秀人才进入教师队伍。按照中小学校领导人员管理暂行办法，明确任职条件和资格，规范选拔任用工作，激发办学治校活力。

17. 深化中小学教师职称和考核评价制度改革。适当提高中小学中级、高级教师岗位比例，畅通教师职业发展通道。完善符合中小学特点的岗位管理制度，实现职称与教师聘用衔接。将中小学教师到乡村学校、薄弱学校任教 1 年以上的经历作为申报高级教师职称和特级教师的必要条件。推行中小学校长职级制改革，拓展职业发展空间，促进校长队伍专业化建设。

进一步完善职称评价标准，建立符合中小学教师岗位特点的考核评价指标体系，坚持德才兼备、全面考核，突出教育教学实绩，引导教师潜心教书育人。加强聘后管理，激发教师的工作活力。完善相关政策，防止形式主义的考核检查干扰正常教学。不简单用升学率、学生考试成绩等评价教师。实行定期注册制度，建立完善教师退出机制，提升教师队伍整体活力。加强中小学校长考核评价，督促提高素质能力，完善优胜劣汰机制。

18. 健全职业院校教师管理制度。根据职业教育特点，有条件的地方研究制定中等职业学校人员配备规范。完善职业院校教师资格标准，探索将行业企业从业经历作为认定教育教学能力、取得专业课教师资格的必要条件。落实职业院校用人自主权，完善教师招聘办法。推动固定岗和流动岗相结合的职业院校教师人事管理制度改革。支持职业院校专设流动岗位，适应产业发展和参与全球产业竞争需求，大力引进行业企业一流人才，吸引具有创新实践经验的企业家、高科技人才、高技能人才等兼职任教。完善职业院校教师考核评价制度，双师型教师考核评价要充分体现技能水平和专业教学能力。

19. 深化高等学校教师人事制度改革。积极探索实行高等学校人员总量管理。严把高等学校教师选聘入口关，实行思想政治素质和业务能力双重考察。严格教师职业准入，将新入职教师岗前培训和教育实习作为认定教育教学能力、取得高等学校教师资格的必备条件。适应人才培养结构调整需要，优化高等学校教师结构，鼓励高等学校加大聘用具有其他学校学习工作和行业企业工作经历教师的力度。配合外国人永久居留制度改革，健全外籍教师资格认证、服务管理等制度。帮助高等学校青年教师解决住房等困难。

推动高等学校教师职称制度改革，将评审权直接下放至高等学校，由高等学校自主组织职称评审、自主评价、按岗聘任。条件不具备、尚不能独立组织评审的高等学校，可采取联合评审的方式。推行高等学校教师职务聘任制改革，加强聘期考核，准聘与长聘相结合，做到能上能下、能进能出。教育、人力资源社会保障等部门要加强职称评聘事中事后监管。深入推进高等学校教师考核评价制度改革，突出教育教学业绩和师德考核，将教授为本科生上课作为基本制度。坚持正确导向，规范高层次人才合理有序流动。

五、不断提高地位待遇，真正让教师成为令人羡慕的职业

20. 明确教师的特别重要地位。突显教师职业的公共属性，强化教师承担的国家使命和公共教育服务的职责，确立公办中小学教师作为国家公职人员特殊的法律地位，明确中小学教师的权利和义务，强化保障和管理。各级党委和政府要切实负起中小学教师保障责任，提升教师的政治地位、社会地位、职业地位，吸引和稳定优秀人才从教。公办中小学教师要切实履行作为国家公职人员的义务，强化国家责任、政治责任、社会责任和教育责任。

21. 完善中小学教师待遇保障机制。健全中小学教师工资长效联动机制，核定绩效工资总量时统筹考虑当地公务员实际收入水平，确保中小学教师平均工资收入水平不低于或高于当地公务员平均工资收入水平。完善教师收入分配激励机制，有效体现教师工作量和工作绩效，绩效工资分配向班主任和特殊教育教师倾斜。实行中小学校长职级制的地区，根据实际实施相应的校长收入分配办法。

22. 大力提升乡村教师待遇。深入实施乡村教师支持计划，关心乡村教师生活。认真落实艰苦边远地区津贴等政策，全面落实集中连片特困地区乡村教师生活补助政策，依据学校艰苦边远程度实行差别化补助，鼓励有条件的地方提高补助标准，努力惠及更多乡村教师。加强乡村教师周转宿舍建设，按规定将符合条件的教师纳入当地住房保障范围，让乡村教师住有所居。拿出务实举措，帮助乡村青年教师解决困难，关心乡村青年教师工作生活，巩固乡村青年教师队伍。在培训、职称评聘、表彰奖励等方面向乡村青年教师倾斜，优化乡村青年教师发展环境，加快乡村青年教师成长步伐。为乡村教师配备相应设施，丰富精神文化生活。

23. 维护民办学校教师权益。完善学校、个人、政府合理分担的民办学校教师社会保障机制，民办学校应与教师依法签订合同，按时足额支付工资，保障其福利待遇和其他合法权益，并为教师足额缴纳社会保险费和住房公积金。依法保障和落实民办学校教师在业务培训、职务聘任、教龄和工龄计算、表彰奖励、科研立项等方面享有与公办学校教师同等权利。

24. 推进高等学校教师薪酬制度改革。建立体现以增加知识价值为导向的收入分配机制，扩大高等学校收入分配自主权，高等学校在核定的绩效工资总量内自主确定收入分配办法。高等学校教师依法取得的科技成果转化奖励收入，不纳入本单位工资总额基数。完善适应高等学校教学岗位特点的内部激励机制，对专职从事教学的人员，适当提高基础性绩效工资在绩效工资中的比重，加大对教学型名师的岗位激励力度。

25. 提升教师社会地位。加大教师表彰力度。大力宣传教师中的“时代楷模”和“最美教师”。开展国家级教学名师、国家级教学成果奖评选表彰，重点奖励贡献突出的教学一线教师。做好特级教师评选，发挥引领作用。做好乡村学校从教 30 年教师荣誉证书颁发工作。各地要按照国家有关规定，因地制宜开展多种形式的教师表彰奖励活动，并落实相关优待政策。鼓励社会团体、企事业单位、民间组织对教师出资奖励，开展尊师活动，营造尊师重教良好社会风尚。

建设现代学校制度，体现以人为本，突出教师主体地位，落实教师知情权、参与权、表达权、监督权。建立健全教职工代表大会制度，保障教师参与学校决策的民主权利。推行中国特色大学章程，坚持和完善党委领导下的校长负责制，充分发挥教师在高等学校办学治校中的作用。维护教师职业尊严和合法权益，关心教师身心健康，克服职业倦怠，激发工作热情。

六、切实加强党的领导，全力确保政策举措落地见效

26. 强化组织保障。各级党委和政府要满腔热情关心教师，充分信任、紧紧依靠广大教师。要切实加强领导，实行一把手负责制，紧扣广大教师最关心、最直接、最现实的重大问题，找准教师队伍建设的突破口和着力点，坚持发展抓公平、改革抓机制、整体抓质量、安全抓责任、保证抓党建，把教师工作记在心里、扛在肩上、抓在手中，摆上重要议事日程，细化分工，确定路线图、任务书、时间表和责任人。主要负责同志和相关责任人要切实做到实事求是、求真务实，善始善终、善作善成，把准方向、敢于担当，亲力亲为、抓实工作。

各省、自治区、直辖市党委常委会每年至少研究一次教师队伍建设工作。建立教师工作联席会议制度，解决教师队伍建设重大问题。相关部门要制定切实提高教师待遇的具体措施。研究修订教师法。统筹现有资源，壮大全国教师工作力量，培育一批专业机构，专门研究教师队伍建设重大问题，为重大决策提供支撑。

27. 强化经费保障。各级政府要将教师队伍建设作为教育投入重点予以优先保障，完善支出保障机制，确保党和国家关于教师队伍建设重大决策部署落实到位。优化经费投入结构，优先支持教师队伍建设最薄弱、最紧迫的领域，重点用于按规定提高教师待遇保障、提升教师专业素质能力。加大师范教育投入力度。健全以政府投入为主、多渠道筹集教育经费的体制，充分调动社会力量投入教师队伍建设的积极性。制定严格的经费监管制度，规范经费使用，确保资金使用效益。

各级党委和政府要将教师队伍建设列入督查督导

工作重点内容，并将结果作为党政领导班子和有关领导干部综合考核评价、奖惩任免的重要参考，确保各项政策措施全面落实到位，真正取得实效。

（原载《人民日报》2018 年 2 月 1 日第 1 版）

黄坤明在 2018 年度国家社科基金项目评审工作会议上强调

繁荣发展新时代中国特色哲学社会科学

新华社北京 5 月 14 日电　5 月 14 日，2018 年度国家社科基金项目评审工作会议在京召开。中共中央政治局委员、中宣部部长黄坤明出席会议并讲话，强调哲学社会科学战线要坚持以习近平新时代中国特色社会主义思想为指导，牢牢把握正确政治方向和研究导向，积极为党和人民述学立论、为事业发展建言献策，推动新时代中国特色哲学社会科学繁荣发展。

黄坤明强调，新时代繁荣发展中国特色哲学社会科学的最根本保证，就在于习近平新时代中国特色社会主义思想这一当代中国马克思主义的科学指引。要增强“四个意识”，切实把这一思想内化为坚定的政治信念、清醒的理论自觉、高度的文化自信，贯穿到哲学社会科学各领域，体现到学术研究、学科建设、教育教学、队伍建设各方面。

黄坤明强调，要立足中国实践、聚焦中国问题，加强全局性、战略性、前瞻性研究，拿出具有深刻洞见、独特创见、战略远见的研究成果，以学术创新创造推动中国特色社会主义实践的深入发展。要加强党对哲学社会科学工作的全面领导，以提升原创性为根本着力点，以加强重点学科建设为突破口，以推进话语体系建设为重大任务，加快构建具有中国特色、中国风格、中国气派的哲学社会科学。

（原载《人民日报》2018 年 5 月 15 日第 4 版）

·学科综述·

概　　述

本栏目包含2018年度北京地区哲学社会科学16个学科方向的综述文章56篇，研究北京的综述文章8篇。综述作者均为首都哲学社会科学界重要学术机构的知名学者、学科带头人及有较高学术水平的研究人员。这些学科综述文章较为客观地记述并分析了本年度相关研究领域的重点研究方向、科研项目、学术活动、学术观点和学术成果。还收录了《光明日报》载《2018年度中国十大学术热点》和《北京日报》载《2018年理论学术研究观点要览》《2018年理论视野中的十大热点》等文章。

马克思主义

马克思主义经典著作研究

彭萍萍

2018年是马克思诞辰200周年和《共产党宣言》发表170周年，国内开展了一系列纪念活动。5月4日上午，纪念马克思诞辰200周年大会在人民大会堂举行，中共中央总书记、国家主席、中央军委主席习近平出席会议并发表重要讲话。5月4—6日，中央宣传部、中央党校、中央党史和文献研究院、教育部、中国社会科学院、中央军委政治工作部在北京召开纪念马克思诞辰200周年理论研讨会。由中宣部指导、中央党史和文献研究院与中央广播电视总台联合摄制的2集电视纪录片《不朽的马克思》5月3—4日在中央电视台综合频道首播。由中宣部、中央党史和文献研究院、中国文联共同主办的“真理的力量——纪念马克思诞辰200周年主题展览”5月5日开幕。首都哲学社会科学界以马克思诞辰200周年、《共产党宣言》发表170周年为契机，大力推进马克思主义理论研究和建设，不断把学习宣传贯彻习近平新时代中国特色社会主义思想的热潮引向深入。与纪念活动相对应，今年首都哲学社会科学界对于马克思主义经典著作的研究体现新的热点、呈现新的高潮，取得了重要的研究成果。4月27日，中宣部组织召开“《共产党宣言》及其时代意义”座谈会。4月26—27日，由中央党史和文献研究院主办的以“马克思主义文献遗存的发现和收藏”为主题的第二届马克思主义文献典藏国际学术研讨会召开。5月5日，以“马克思主义与人类命运共同体”为主题的第二届世界马克思主义大会在北京大学举行。12 月 8—9 日，中国马克思恩格斯研究会、中央党史和文献研究院第四研究部和西安交通大学联合主办的第十五届全国马克思主义论坛暨中国马克思恩格斯研究会年会在陕西省西安市召开。

2018 年首都学术界关于马克思主义经典著作的研究状况概述如下：

一、关于《共产党宣言》的研究

今年是《共产党宣言》（以下简称《宣言》）发表 170 周年，学界发表了大量纪念性文章。学者们在对文本进行深入研究的基础上，进一步挖掘其思想内涵，特别是结合新时代背景，对其当代价值进行阐述。

1. 关于《宣言》文本

有学者指出，相较于《宣言》研究的其他领域，《宣言》序言和导言的研究迄今尚未得到充分展开，对之需进一步提升。研究《宣言》序言和导言首先需要有一个基本认知，即把序言和导言整体看作独立研究对象，从最基础的统计、鉴别与分类工作做起。具体问题包括：关于《宣言》序言和导言的界定问题，关于序言和导言的研究方法问题，关于马克思恩格斯七篇序言与马克思主义文本体系关系问题，关于马克思恩格斯七篇序言与《宣言》文本关系问题，关于序言和导言的总体数量统计问题，关于序言和导言的地域分布和语言分布问题，关于序言和导言的科学分类问题，关于序言和导言集中关注的《宣言》文本内容问题，关于序言和导言比较集中探讨的理论问题，关于序言和导言所争论的主要议题问题，等等。学者认为，只有在这些基本问题厘清之后，才能深化《宣言》的研究，深化马克思主义本土化研究，深化马克思主义思想史研究。①

针对《宣言》中对“资本逻辑”的描述主导了学术界对资本逻辑“同一性”的阐释这一现象，有学者指出，从马克思的文本来看，一方面资本及其所导致的危机的确成为历史唯物主义研究探讨的基本内容；但另一方面《宣言》也成为《1844 年经济学哲学手稿》与《资本论》及其手稿中倡导回到“劳动”寻求解放逻辑的中介。由此，《宣言》实质上也存在着思考劳动生产的新的角度，它认为劳动应该是面向不同于资本的另一个世界的创造活动。在 170 年后的今天，重读《宣言》还必须拒绝一切“以特殊替代普遍”的颠倒给人们带来的种种误解。②

2. 关于《宣言》的翻译传播

有学者指出，纪念这部人类不朽著作和伟大导师马克思的最好方式之一便是研究《宣言》的传播及影响。学者梳理《宣言》在世界上的翻译传播情况，指出《宣言》的传播以十月革命为界分为两个大的历史阶段，即十月革命前和十月革命后。十月革命前《宣言》的传播，据不完全统计，从 1895 年到 1918 年，欧洲主要文种的《宣言》中，德文重印本已有 55 种，法文 26 种，英文 34 种，意大利文 11 种，丹麦文 6 种，西班牙文 6 种，瑞典文 5 种，罗马尼亚文 4 种，塞尔维亚文 4 种，荷兰文 10 种，波兰文 11 种，芬兰文 6 种，匈牙利文 9 种，捷克文 8 种，保加利亚文 7 种等。十月革命的胜利使社会主义从理论变成现实，开辟了人类历史发展的新纪元，《宣言》的传播也随之进入一个新阶段：即在许多社会主义国家合法而系统地翻译、出版、研究和宣传阶段；同时在其他许多国家也进入翻译和传播的新阶段。20 世纪 90 年代以来，《宣言》在世界各国的新版本层出不穷，且在版式、装订上多有创新。③

另有学者系统总结《宣言》在中国早期传播的特点，指出《宣言》是一个系统科学、逻辑严密的理论体系，正是由于它在中国的传播，促使中国早期马克思主义者逐步确立了共产主义信仰。然而，20 世纪 30 年代以前，《宣言》在中国的早期翻译和传播并不同步，而是经历了一个差序性的、渐进的过程，总体上呈现出递进性翻译与选择性传播、多路径传播与多梯次传播、主观性解读与“中国式”解读、传播与中国化的双重变奏等特点。认识这些特点，不仅有助于我们认识早期知识分子接受马克思主义的心路历程，而且有助于我们在比较中了解早期马克思主义者如何最终确立了自己的信仰。④

3. 关于《宣言》蕴含的思想

学者一致认为，《宣言》是马克思主义奠基之作，它的问世标志着马克思主义作为成熟的科学理论正式诞生了。《宣言》中蕴含的关于人类社会结构及社会运动规律的思想、关于“两个必然”的原理、关于阶级存在和阶级斗争的原理、关于共产主义基本特征的原理、关于人的全面发展的原理、关于经济全球化的思想等都是其科学价值之所在。⑤

有学者分析《宣言》的价值逻辑，指出其理论意义、历史意义和实践意义都是极其巨大的，《宣言》的价值逻辑包含着对资本主义的历史的、辩证的价值否定，对社会主义的科学的、热情的价值肯定，对共产党的领导的价值肯定，对科学社会主义普遍真理的价值肯定，对理论联系实际的方法论的价值肯定等，既阐明了上述问题的真理性，又阐明了上述肯定项的正义性，闪耀着马克思主义高度统一的真、善、美的光芒。《宣言》的价值逻辑在习近平新时代中国特色社会主义思想中得到了多方面的体现，显示出马克思主义旺盛的生命力，也显示出新时代中国特色社会主义思想真理性与道德性的高度统一。[⑥]

有学者重新梳理《宣言》中的思想政治教育思想，指出《宣言》揭示了思想政治教育的实质就是"阶级的教育"。学者认为，在揭示资本主义必然灭亡和社会主义必然胜利的客观规律的过程中，马克思恩格斯揭露了现代资产阶级思想政治教育的阶级实质，揭示了无产阶级思想政治教育的革命性突破以及同以往的根本不同，构成了马克思主义关于思想政治教育最基本的说明。这些核心观点为认识和分析思想政治教育现象提供了基本的方法论。[⑦]

还有学者挖掘《宣言》中的文化思想，指出《宣言》除了具有以上这些振聋发聩的划时代意义之外，还包含丰富的文化思想。它确立了文化发展的历史唯物主义解释原则，揭示了资本主义文化所有的双重属性，阐明了世界历史境遇下文化的发展趋势。《宣言》的公开出版标志着马克思主义文化理论公开问世。[⑧]

有学者强调，逻辑与历史辩证统一的思维方法赋予《宣言》以强大活力和旺盛生命力，展现出马克思主义真理的现实性力量。《宣言》蕴含的基本思想为实践"四个伟大"提供了重要思想资源。《宣言》中的革命思想揭示了进行"伟大斗争"是以"改变世界"为本质指向，《宣言》中的群众史观思想阐明了实现"伟大梦想"是以"群众的活动"为主体力量，《宣言》中的"两个必然"思想揭示了推进"伟大事业"是以"无产阶级的胜利"为理论逻辑，《宣言》中的无产阶级政党思想揭示了建设"伟大工程"是以"消灭私有制"为历史使命，《宣言》中的人的全面发展思想揭示了实践"四个伟大"是以"美好生活"为价值旨归。《宣言》中的科学原理和科学精神的在场和出场，对深化"四个伟大"的思想认识，获得理论新认识，拓宽"四个伟大"实践视野都具有重要的理论价值和实践意义。[⑨]

4. 关于《宣言》的时代价值

学者指出，《宣言》对于中国革命、建设和改革产生深刻影响和重要作用。《宣言》精神的科学内涵包括三个层面的内容：一是基本原理，二是基本观点，三是基本方法。《宣言》的精神真谛如共产主义崇高理想、以人民为中心的价值理念、实事求是精神和与时俱进品格等，是中国共产党人的政治基因。《宣言》精神永远指引并鼓舞中国共产党人为实现千秋伟业即中华民族伟大复兴而努力奋斗。[⑩]

有学者还指出《宣言》揭示的人类社会发展规律，是当代中国共产党人坚定共产主义理想信念的理论基础，《宣言》关于坚守人民立场的思想，是当代中国共产党人不忘初心、牢记使命的行动指南，《宣言》奠定了马克思主义建党学说的理论基础，为全面从严治党提供了重要遵循。[⑪]

也有学者指出，纪念《宣言》的有效方式，就是要研究中国共产党、当代中国马克思主义对《宣言》的坚持和发展。毛泽东思想、邓小平理论、"三个代表"重要思想、科学发展观、习近平新时代中国特色社会主义思想，是对《宣言》的坚持和发展，中国特色社会主义理论体系是对《宣言》加以继承和发展的当代中国马克思主义。这种继承和发展具体体现为"五个始终如一"，即"政治立场"上的始终如一——坚持人民立场始终如一；"基本观点"上的始终如一——坚持历史唯物主义基本原理始终如一；"辩证方法"上的始终如一——坚持唯物辩证法始终如一；"历史使命"上的始终如一——坚持历史使命始终如一；"科学态度"上的始终如一——科学对待马克思主义的态度始终如一。[⑫]

学者们还探讨《宣言》与习近平新时代中国特色社会主义思想的关系，指出，《宣言》的历史是世界历史、社会主义历史和新时代中国特色社会主义发展史。《宣言》第一次系统阐述了马克思恩格斯的社会主义思想，科学回答了为什么和怎么样实现社会主义（共产主义）的基本问题。《宣言》是关于无产阶级解放规律的科学经典，是新时代中国特色社会主义的理论基础和源头活水。《宣言》与新时代中国特色社会主义思想是一种辩证关系，是不忘初心、与时俱进的关系，是理论结合实际的关系，是世界与中国以及中国与世界的关系，是继承和发展的关系。今天与以往任何时候相比，世界和中国都更需要《宣言》的指引，也比任何时候都更需要《宣言》的创新和发展。[⑬]

也有学者指出，《宣言》是新时代中国特色社会主义思想之根。《宣言》是马克思恩格斯向全世界阐述共产主义的观点、目的和意图的第一次公开宣告，阐明了马克思主义的基本原理，明确了科学社会主义的理论基础，提出了科学社会主义的基本理论问题，构建了较为完整的科学社会主义理论体系。习近平新时代中国特色社会主义思想继承和发展了马克思主义，这意味着科学社会主义在21世纪的中国焕发出强大生机。习近平新时代中国特色社会主义思想是马克思主义与新时代中国发展实践相结合的产物，在其理论逻辑构建中蕴含着科学社会主义的基本原则，贯穿着《宣言》的基本思想，彰显着《宣言》的理论价值。《宣言》的基本思想及其价值理念成为新时代中国特色社会主义思想的根本。[14]

还有学者指出，《宣言》是"以人民为中心"思想的理论源头，这体现为五个方面：为"以人民为中心"思想提供了根本的理论基础；为"以人民为中心"思想确立了奋斗纲领；为"以人民为中心"思想的践行指出了最高理想和最终目标；为"以人民为中心"思想指明了实现的步骤；为"以人民为中心"思想提供了战略指导；为"以人民为中心"思想提供了实践指南。纪念《宣言》发表，要不停地学习、不断深刻领悟《宣言》的伟大思想，以从理论源头上深化对21世纪马克思主义、当代中国马克思主义最新成果——习近平新时代中国特色社会主义思想精神实质和丰富内涵的认识和践行。[15]

二、关于《资本论》的研究

学者指出，"马克思"恒久影响力与生命力，部分地可以从马克思的主要著作《资本论》中获得。《资本论》的经典意义在于马克思对唯物辩证法所展现的客观规律的自觉探寻与彻底运用。《资本论》基于唯物辩证法所展现出的那种探询和运用客观规律的自觉意识，对于我们在新时代中国特色社会主义条件下，自觉摸索与遵循中国特色社会主义的建设规律以及人类社会的发展规律，都具有重要的方法论启示及指导意义。[16]

1. 关于《资本论》文本

有学者介绍马克思为《资本论》第3卷所写手稿的总体情况，以及恩格斯在这些手稿的基础上编辑发表《资本论》第3卷的经过。指出，1864—1865年，马克思写下《资本论》第3册"主要手稿"，这部手稿成了《资本论》第3卷的基础。1867—1882年，手稿的写作分为两个时期：1867—1870年，马克思共为第3册写了10份片断手稿；1870—1882年，马克思为第3册写了6份片断手稿。恩格斯晚年克服重重困难，在第3册"主要手稿"的基础上，通过吸收其他片断手稿、补写部分内容、调整章节划分，历时11年多，终于编成了《资本论》第3卷。[17]

为回应学界以"原始积累"问题对"历史与逻辑相统一"之科学方法论的质疑，有学者梳理《资本论》第1卷的逻辑结构，指出第1卷"所谓原始积累"章之所以会引起学界广泛关注与探讨，是因为它不仅是原始资本产生的历史事实问题，而且是资本运动的理论逻辑问题，更关系如何理解马克思《资本论》的科学方法。学者指出，《资本论》的阐述逻辑以资本的产生和发展的现实运动为基础，"历史与逻辑相统一"的叙述方法贯穿于马克思揭示资本内在矛盾运动的始终。以历史辩证法清晰阐明马克思原始积累理论的地位与意义，是深化马克思资本主义批判理论与政治经济学方法论的重要途径。[18]

2. 关于《资本论》蕴含的思想

有学者探讨《资本论》研究对象，指出，第一是资本主义生产方式，第二是资本主义的生产关系和交换关系。对资本主义生产方式的研究，是资本主义生产关系和交换关系研究的前提和基础。而对资本主义生产关系和交换关系的研究，则是《资本论》所要研究的基本的和核心的问题。把二者结合起来就是：《资本论》所要研究的，是以资本主义生产方式为前提以及和它相适应的生产关系和交换关系，或者从整体上来理解的生产关系。[19]

学界有一种观点认为，马克思创作于其晚年最后时期的《人类学笔记》是对马克思唯物史观原有立场的"修正"和"超越"，《资本论》及经济学研究在晚年马克思的学术活动中已"边缘化"或退居次要地位。针对这一论调，学者指出，它不符合晚年马克思学术活动的真实情况。有确凿的证据表明，唯物史观仍是晚年马克思最基本的学术立场，《资本论》及其经济学研究仍在晚年马克思学术活动的基本框架内，他从未放弃《资本论》创作及经济学研究。澄清这些事实，有助于还原马克思思想史的真相，深刻认识马克思思想发展的连贯性，驳斥西方学者炮制的"两个马克思"对立的神话。[20]

针对当前学界流行的将《资本论》视为对于资本主义道德批判的理解方式这一看法，学者提出，《资本论》通过对资本主义生产方式的客观描述而揭示出资本主义所内含的矛盾必然会由于利润率的下降，最终导致这一生产方式存在的不可能性。这其中体现的批判方式是开启于《宣言》而成就于《资本论》的资本主义科学批判方式，比《1844年经济学哲学手稿》中异化论的道德批判方式，更具杀伤力，因而更重要。由此，学者主张要回归《宣言》所开启的资本主义科学批判之路。[21]

3. 关于《资本论》的时代价值及研究趋势

有学者指出，《资本论》所揭示的基本原理和规律，至今依然是我们认识资本主义及其在当代发展的基本遵循。同时，《资本论》在分析资本主义生产关系中所运用的唯物辩证法，同样适用于我们推进新时代中国特色社会主义经济建设和中国特色社会主义政治经济学理论体系的构建。这是《资本论》留给当代的最大的价值。在关注《资本论》对资本主义经济制度和经济关系的研究的过程和结论的同时，必须高度重视《资本论》的方法，概括地说就是唯物辩证法。马克思把唯物辩证法应用到政治经济学中来，运用矛盾分析方法，来研究资本主义经济，揭露资本主义矛盾，揭示无产阶级与资产阶级的根本对立，揭示未来社会的基本特征和生产组织形式。[22]

另有学者指出，近年来《资本论》哲学的研究在国内持续升温，成为学界研究的一大热点。在新的历史起点上，要深化马克思主义哲学研究，需要进一步加强对《资本论》哲学的研究。当前要围绕资本的最新形态以及资本主义当代形式问题，开展与国外马克思主义、国外思潮的深度对话，以资本批判引导历史唯物主义的当代建构。围绕《资本论》，有四个方面的研究值得深入推进：《资本论》及其手稿的文本研究；《资本论》与马克思主义哲学基础理论研究；《资本论》哲学与当代社会现实问题；《资本论》哲学研究的国际视野与前沿问题。通过这些问题的讨论，可以有助于扩展我们的研究视野，深化《资本论》哲学和马克思主义哲学的研究。[23]

还有学者指出，要从多个维度、多个层面“对话《资本论》”，包括我们与作为经典著作的《资本论》进行对话；围绕《资本论》，马克思主义理论学科及相关学科的学者之间展开跨学科对话；以《资本论》为理论中介，理论研究者与其所处的时代进行对话。通过“对话《资本论》”，要不断激活和推进《资本论》对新的时代的开放式再现，实现对话与思想的创造性增殖，由此实现文本文献、思想史、理论问题与现实问题“四位一体”的综合性研究，融政治经济学、哲学与马克思主义理论于一体的整体性阐释。[24]

三、关于《德意志意识形态》的研究

关于《德意志意识形态》的研究，一直是近年学界关注的重要问题。

1. 关于《德意志意识形态》文本

有学者对《德意志意识形态》的编辑方案进行梳理，详尽地考察了MEGA2从“陶伯特方案”到“先行版”直至最新的正式版本收文情况的变化，指出MEGA2《德意志意识形态》卷的变化在于：第一，明确了马克思恩格斯作为《德意志意识形态》作者的主导地位。第二，不再标明是两卷本的著述，而以“对青年黑格尔派哲学的批判”和“对真正的社会主义的批判”来“结构”这部文本。第三，严格按照原始手稿刊印。对于这些变化，学者指出要审慎地评估“影响”，一方面欢迎再现《德意志意识形态》原貌的新版问世，另一方面也应该审慎而客观地看待它给马克思恩格斯思想解释可能带来的影响。[25]

另有学者指出，随着收录了《德意志意识形态》的MEGA2第一部分第5卷的出版，《德意志意识形态》中文版的编译和研究工作成为当前最为紧迫的任务。《德意志意识形态》的编译必须要考虑与其他相关文本的关系、文本写作时间、收录位置、收录版本等问题，以避免产生争议。[26]

2. 关于《德意志意识形态》蕴含的思想

针对国内一些学者认为“高级的哲学直观”是马克思恩格斯的哲学方法，费尔巴哈至多只提出了高于普通直观的“二重性的直观”的观点，有学者提出这并无充分的文本依据，也与《德意志意识形态》中的一些说法相冲突。学者分析，马克思恩格斯在《德意志意识形态》中曾说到三种直观形式：仅仅看到“眼前”的东西的普通直观；看出事物的“真正本质”的“高级的哲学直观”；介于两者之间的“二重性的直观”。而费尔巴哈在《未来哲学原理》中提出，“高级的哲学直观”与“二重性的直观”都是费尔巴哈的感性直观所包含的直观形式，它们与普通的感性直观一起构成费尔巴哈的感性直观的三个层次。尽管马克思恩格斯在批评费尔巴哈感性直观理论时具有了实践唯物主义的新视野，看到了费尔巴哈所看不到的新东西，但不能由此直接把他们所批评的费尔巴哈的“高级的哲学直观”当成他们自己的哲学方法。[27]

还有学者，针对学界在马克思主义意识形态建构理论源头问题上的分歧，指出马克思意识形态理论不是一维的、恒定的，而是多维的、变动的。《德意志意识形态》体现了其早年的意识形态思想。它虽以批判为主线，但也已经存在对意识形态概念哲学存在论和政治社会学双重视域、批判和建构双重维度的

理解。[28]

四、关于《国家与革命》的研究

有学者指出，《国家与革命》对马克思主义国家与民主学说作了系统概括和丰富发展，指导了十月革命的实践。作为无产阶级夺取国家政权和社会主义民主政治建设的理论先导，在马克思主义政治学说史上引发了持续的历史论争，在论争中成为马克思主义国家与民主理论的经典表达之作，新时代重温这部经典著作仍然可以给我们诸多启发。[29]

也有学者指出，列宁在100年前写下的不朽名著《国家与革命》是马克思主义国家学说的代表作。列宁坚持和发展马克思的国家理论，深刻揭示了国家的本质，论证了无产阶级专政的历史必然性及其与剥削阶级专政本质的区别，指出无产阶级专政已不是原来意义的国家，到共产主义社会的高级阶段，国家将自行消亡，人类社会走向共产主义是历史发展的总趋势。列宁国家学说对于中国社会主义政权建设具有重要指导意义。[30]

五、关于《帝国主义论》的研究

1. 关于《帝国主义论》蕴含的思想

学者认为《帝国主义论》是列宁阐述帝国主义理论的经典著作，指出列宁运用马克思唯物史观分析帝国主义问题，剥开了帝国主义的本质，阐释了帝国主义发展趋势及其嬗变，实现了认识与实践、理论与现实的具体的历史的统一。

还有学者指出，列宁帝国主义论是马克思主义在20世纪发展到新的历史阶段的重大标志，这一理论不仅创造性地回答了资本主义发展新阶段——帝国主义阶段无产阶级革命的伟大历史任务，而且批判性地揭露了第一次世界大战期间盛行且对马克思主义发展构成严峻挑战的考茨基机会主义思想的理论错误及其背后的小资产阶级意识形态实质。这一批判有效地克服了马克思主义的发展危机，并在实践中积极推动了世界无产阶级革命运动的发展。[31]

2. 关于《帝国主义论》的时代价值

学者认为《帝国主义论》在新的历史条件下仍然处处彰显着时代价值，为我们继承发展马克思主义树立了榜样，为我们正确认识当代资本主义新变化提供了方法论启示，对社会主义国家的改革开放和现代化建设具有重大的实践指导意义。（1）列宁把人类文明发展趋势与资本主义社会发展阶段创造性地相结合，开阔了我们认识人类文明演进形式的新视野；（2）《帝国主义论》的核心思想对中国融入经济全球化、认清资本主义本质有着重要的借鉴价值；（3）《帝国主义论》继承发展了马克思“两个必然”思想，增强了我们坚定社会主义道路和社会主义必胜的信心；（4）《帝国主义论》运用马克思主义的立场、观点和方法分析、思考问题，为我们坚持与发展马克思主义提供了理论上的指导。[32]

还有学者概括近些年来列宁帝国主义论的研究状况，指出列宁帝国主义论是20世纪初马克思主义发展的重要理论成果之一，对这一理论的深入研究有助于我们认识近代以来世界经济与政治发展的主脉络和新特征。特别是近40年来，随着中国改革开放和世界经济与政治形势的纵深发展，对列宁帝国主义论的研究也不断深化，总体上呈现出辩护、批判和创新三种取向，国内学者侧重于对列宁帝国主义论的核心论断及其当代意义的阐发，西方学者则比较倾向于综合列宁和其他理论家的帝国主义理论来进一步提出新论点和新视角。我们应当进一步深化列宁帝国主义论研究，既要对列宁帝国主义论的相关文本加以深入解读来建构其理论发展的历史脉络，也要关注列宁和同时代不同理论家之间有关帝国主义论述的思想比较来揭示其理论来源和创新的丰富性。[33]

六、关于马克思主义经典著作的研究方法

有学者指出，探讨马克思恩格斯解决臆想与发现的矛盾、设定与发现的矛盾、预见与发现的矛盾，从而实现思想转变、创立和发展唯物主义历史观的过程，为我们提供了一个学习和研究马克思主义经典著作的新视角。这个新视角主要包括三个方面的内容：一是要用发展变化的观点学习和研究马克思主义经典著作，二是要用“从后思索”的方法学习和研究马克思主义经典著作，三是编写马克思主义重要概念和原理的“专题史”有助于深化马克思主义经典著作的学习和研究。[34]

另有学者依据马克思恩格斯的有关论著，对马克思恩格斯的研究方法和叙述方法从多方面进行总结、归纳、概括、阐发，对他们所用的抽象方法、典型研究方法、“从后思索”方法、研究方法和叙述方法及其相互关系做了具体考察，指出在学习马克思主义时，不仅要努力学习和掌握马克思主义的基本立场、观点和方法，坚持理论联系实际的原则等，而且也不能不讲或忽略马克思恩格斯自己归纳总结出来的抽象方法、典型研究方法，“从后思索”方法、研究方法和叙述方法及其相互关系。[35]

也有学者指出，马克思主义发展史研究包括马克

思主义哲学史等研究，在宏观层次上几乎已经穷尽了所有问题，要向前推进，就需要借用物理学的思维方法，向微观层次进军。微观层次研究是一个崭新领域，其中马克思主义传播史研究又是主要阵地。马克思主义传播史研究涉及一个学科群，至少包括马克思学、列宁学、马克思主义学、马克思主义典藏体系研究、马克思主义经典文本系列考据解读、马克思主义在世界的传播、马克思主义在中国的传播等。逐步把这些学科建立起来，不仅有助于马克思主义发展史学科群建设，也有助于整个马克思主义理论学科群的建设。[36]

还有学者指出，今天需要本着科学求实的精神，独立而真诚地去研究马克思，应该特别重视作为学者和思想家的马克思。马克思的治学是富于无私的科学精神的，他自觉地追求理论的完整自洽，不宜对他的主张作碎片化解读。马克思并非主观地、理想主义地构想未来，而是立足于经验的和实证的研究，去发掘研究对象的内在规律性。在马克思的整个思想体系中，方法是第一位的，今天应该运用他的方法重新考察20世纪以来的资本主义和社会主义发展历程，达到规律性的认识。这是发展马克思主义的必要途径。[37]

注：

①蒲国良：《〈共产党宣言〉序言导言研究简论——纪念〈共产党宣言〉发表170周年》，《当代世界与社会主义》，2018年第2期。

②孙亮：《“劳动逻辑”的重构与重读〈共产党宣言〉》，《马克思主义与现实》，2018年第5期。

③杨金海：《〈共产党宣言〉在世界的翻译传播及其影响——纪念〈共产党宣言〉发表170周年》，《中共福建省委党校学报》，2018年第2期。

④王刚：《〈共产党宣言〉在中国早期传播的特点——以〈共产党宣言〉的翻译和传播为视角》，《当代世界与社会主义》，2018年第3期。

⑤靳辉明：《〈共产党宣言〉的理论价值及当代意义》，《马克思主义理论学科研究》，2018年第1期。

⑥邓斌、苏伟：《〈共产党宣言〉的价值逻辑及其在当代中国的体现》，《马克思主义研究》，2018年第10期。

⑦余一凡：《〈共产党宣言〉中的思想政治教育思想探析》，《马克思主义理论学科研究》，2018年第5期。

⑧宁德业：《〈共产党宣言〉的文化思想及其当代价值》，《当代世界与社会主义》，2018年第1期。

⑨张艳涛、吴美川：《〈共产党宣言〉是“四个伟大”的重要思想来源》，《马克思主义研究》，2018年第9期。

⑩严书翰：《〈共产党宣言〉的精神真谛是中国共产党人的政治基因——纪念〈共产党宣言〉发表170周年和马克思诞辰200周年》，《中共福建省委党校学报》，2018年第4期。

⑪陈旭：《〈共产党宣言〉的时代价值》，《人民日报》，2018年5月17日。

⑫韩庆祥：《从“五个始终如一”领悟〈共产党宣言〉》，《光明日报》，2018年4月2日。

⑬胡振良：《开创科学社会主义理论的新境界——从〈共产党宣言〉到习近平新时代中国特色社会主义思想》，《马克思主义与现实》，2018年第3期。

⑭彭萍萍：《〈共产党宣言〉及其当代价值——纪念〈共产党宣言〉发表170周年》，《社会主义研究》，2018年第4期。

⑮谭玉敏、梅荣政：《“以人民为中心”思想的理论源头——纪念〈共产党宣言〉发表170周年》，《红旗文稿》，2018年第4期。

⑯唐正东：《〈资本论〉的经典意义在于自觉运用唯物辩证法》，《中国社会科学报》，2018年4月27日。

⑰张钟朴：《马克思晚年留下的〈资本论〉第3册手稿和恩格斯编辑〈资本论〉第3卷的工作——〈资本论〉创作史研究之八》，《马克思主义与现实》，2018年第3期。

⑱王一成：《历史与逻辑的统一——〈资本论〉第1卷“所谓原始积累”章的地位与意义》，《马克思主义研究》，2018年第9期。

⑲张作云：《马克思〈资本论〉的研究对象及其当代意义》，《当代经济研究》，2018年第2期。

⑳林锋：《“人类学笔记”与历史唯物主义及〈资本论〉的关系——对马克思晚年笔记研究中一个焦点问题的新探讨》，《马克思主义与现实》，2018年第5期。

㉑王南湜：《回归从〈共产党宣言〉到〈资本论〉的资本主义科学批判之路》，《马克思主义与现实》，2018年第3期。

㉒张旭：《〈资本论〉的真理光芒和时代价值》，《经济日报》，2018年5月31日。

㉓丰子义：《当代视野中的〈资本论〉哲学》，《中

国社会科学报》，2018 年 2 月 22 日。

㉔郗戈：《对话〈资本论〉——聚焦点及其时代意义》，《中国社会科学报》，2018 年 5 月 31 日。

㉕聂锦芳：《〈德意志意识形态〉的“庐山真面目”》，《新视野》，2018 年第 3 期。

㉖鲁克俭：《关于〈德意志意识形态〉第二个中文版的编辑出版问题》，《理论视野》，2018 年第 7 期。

㉗舒远招、耿凡：《高级的哲学直观”是马克思恩格斯的哲学方法吗？——对〈德意志意识形态〉中一个重要术语的文本考察》，《马克思主义与现实》，2018 年第 6 期。

㉘唐晓燕：《意识形态建构理论的源与流：从马克思到列宁》，《学术论坛》，2018 年第 4 期。

㉙马蒙、白平浩：《马克思主义国家与民主理论的经典表达——读〈国家与革命〉》，《科学社会主义》，2018 年第 6 期。

㉚陈明凡：《列宁的国家学说及其当代价值——读〈国家与革命〉》，《思想理论教育导刊》，2018 年第 6 期。

㉛朱亚坤：《列宁的帝国主义理论及对考茨基的批判——兼论当今金融垄断资本主义时代》，《马克思主义研究》，2018 年第 3 期。

㉜贾淑品、胡飞霞：《列宁〈帝国主义论〉的哲学逻辑及其当代价值》，《世界社会主义研究》，2018 年第 7 期。

㉝朱亚坤：《近 40 年来国内外学界对列宁帝国主义论的研究述评》，《当代世界与社会主义》，2018 年第 3 期。

㉞赵家祥：《臆想、设定、预见与发现——学习和研究马克思主义经典著作的一种新视角》，《中国延安干部学院学报》，2018 年第 4 期。

㉟赵家祥：《简论马克思恩格斯的研究方法和叙述方法》，《观察与思考》，2018 年第 9 期。

㊱杨金海：《马克思主义发展史学科群建设之思——马克思主义传播史研究视角》，《北京行政学院学报》，2018 年第 1 期。

㊲张光明：《作为学者和思想家的马克思——从马克思的几个治学特点谈起》，《当代世界与社会主义》，2018 年第 2 期。

（作者：彭萍萍，中央党史和文献研究院编审）

马克思主义中国化

毛　胜　唐洲雁

2018 年，北京地区的专家学者继续开展马克思主义中国化与中国化马克思主义的研究，围绕毛泽东思想、中国特色社会主义理论体系，特别是习近平新时代中国特色社会主义思想，进行了较为全面深入的研究探讨，取得了较大的成绩。限于篇幅，这里仅对一年来的新进展作一个简要综述。

一、关于毛泽东思想

1. 关于毛泽东与马克思主义中国化

2018 年是马克思诞辰 200 周年、《共产党宣言》发表 170 周年，首都学者在既往研究的基础上，就毛泽东的马克思主义观特别是他对马克思主义中国化的贡献进行了深入分析和总结。有学者全方位考察《共产党宣言》对毛泽东的影响，指出毛泽东自 1920 年开始接触《共产党宣言》以后，推崇备至，自己研读了一生，也向党内推荐了一生。毛泽东善于把《共产党宣言》等经典著作中的一些深刻道理与中国实际有机结合起来，不仅解决了中国的问题，而且发展了马克思主义。每到党和国家发展的关键时期或者历史的重要节点，他都要认真研读并向党内推荐共同研读《共产党宣言》等马列经典著作。凡遇思想认识和实践探索中的疑难，他都要带着问题去研读，从中找到解决难题的答案或思路。[①]

有学者认为，清算教条主义错误是马克思主义中国化思想发展史上的重大事件。到达陕北后，毛泽东就开始清算教条主义的非马克思主义观，其间经历反复的思想交锋，科学回答了“坚持什么样的马克思主义和怎样坚持马克思主义”这一基本问题，彻底清算了“左”倾教条主义，为马克思主义中国化的历史性飞跃奠定了基础。毛泽东清算教条主义的历史启示我们：清算非马克思主义思想是马克思主义中国化健康发展的重要前提，思想交锋是马克思主义中国化发展的重要路径，领袖主体在马克思主义中国化发展中发挥着主导作用，形成、维护和发挥核心的引领作用至关重要。[②]

有学者以毛泽东的文艺思想为例，专题分析了毛泽东思想是由毛泽东及其战友们提出并发展起来的一种“全球本土化”或“中国化”的马克思主义。认为毛泽东《在延安文艺座谈会上的讲话》是他最有代表性的文艺理论论著。毛泽东思想绝不是对马克思主义教条主义式的照搬，而是将其中一些基本原理与中国具体文学艺术实践相结合，生成一种“全球本土化”或“中国化”的马克思主义文学理论，对全球马克思主义文艺理论作出了重要的贡献。③

2. 关于毛泽东与党的初心使命

首都学者认真学习习近平总书记关于中国共产党人初心和使命的论述，对毛泽东与党的初心使命进行了探讨。有学者认为，从毛泽东为信仰终身追求、初心不改，为人民全心全意、鞠躬尽瘁，为国家和民族深谋远虑、殚精竭虑这几个侧面，就可以管窥他在初心与使命上的坚守与践行。④

有学者分析了毛泽东的成长经历、所受教育和所处社会环境，认为正是这些因素使他很早就有了对穷苦人生活的感知，年少时就产生了让所有的中国人都吃上饭的朴素愿望，立志为大多数中国穷苦人民谋得幸福。为了实现这一目标，毛泽东决定改造中国和世界，打倒剥削和压迫人民的帝国主义和封建主义。他曾真诚地走过“教育救国”的道路，也尝试过建设“新村”，最终选择了马克思主义，并为中国规划了通过新民主主义建立社会主义，由社会主义走上人民幸福和民族振兴之路。毛泽东的这种初心与十九大所概括的中国共产党的初心非常吻合，由此更加表明了近百年来中国共产党的“初心不改”。⑤

有学者从毛泽东抗大讲话看中国共产党人的初心和使命，指出毛泽东评价抗大是“最革命最进步”的，他通过在抗大发表大量讲话，推动做好了抗大学员教职员的思想政治工作。这些讲话，联系抗战的形势和学员教职员的实际，讲教育方针、讲革命精神、讲革命定力、讲牺牲精神、讲行动方法，提供了革命的进步的红色基因。同时，讲话蕴含着方法上的规律性和技巧上的艺术性，即从大局出发、以问题为导向、不背诵政治纲领、善于抓重点、要实事求是。抗大的学员教职员练就了革命性和进步性，担负起了时代赋予他们的历史使命。“最革命最进步”，就是中国共产党人初心和使命的一种时代载体。毛泽东在抗大发表讲话的这一成功范例所提供的思想内核和科学方法，值得我们在新的历史条件下进行借鉴、转化和创新⑥。

3. 关于毛泽东党建思想

首都学者结合习近平总书记关于全面从严治党的论述，对毛泽东党建思想的一些问题进行了研究。有学者认为，毛泽东十分重视党的高级干部队伍建设，对他们提出了一系列有针对性、高于一般干部的要求，其中强调最多的还是政治上的要求，如系统地、实际地学会马克思列宁主义；把维护党的团结作为指导自己言行的标准；严格执行党的纪律；带头坚持民主集中制；克服官僚主义，警惕特殊化、贵族化。⑦

有学者指出，毛泽东加强党的政治建设的基本方略，就是要形塑共产党员成为在政治上“特别的人”。这一“特别的人”的思想，主要包括有机统一的四个基本方面：作为价值立场的集体主义、作为实践指针的群众路线、作为活动要求的实事求是、作为精神风貌的乐观主义。四个方面紧密联系、有机统一于毛泽东加强党员政治建设的思想之中。其实质，就是让共产党员在政治上成为无产阶级人生观指导下具有自我奉献精神和全心全意为人民服务的人。⑧

4. 关于毛泽东与抗日战争

有学者分析了抗日战争时期毛泽东的日本观，指出毛泽东对日本进行了科学认知和分析，为鼓舞中华民族的抗战信心、制定正确的战略策略提供了依据。从毛泽东的分析不难看出，日本是一个带军事封建性的帝国主义国家，具有退步性和野蛮性，所以日本发动侵华战争的目标是要灭亡全中国，变中国为日本的殖民地，而中国唯一的出路就在于全民族抗战；日本是一个强大又虚弱的矛盾体，虽然表面上看军事力量很强大，但又存在着先天不足的缺陷，因此抗日战争是持久战，但最后的胜利是属于中国的；日本帝国主义是要求和平的世界各国人民的公敌，因此要建立抗日民族统一战线并联合国际反法西斯力量及日本国内的进步力量，在三个统一战线基础上合力击败日本帝国主义。⑨

有学者指出，抗日战争时期毛泽东能够敏锐地洞察形势，把握事物发展的方向，胸中始终有大局，把主要精力放在抓战略问题、关键环节上。卢沟桥事变发生后，毛泽东在分析国际和国内形势的基础上，作出“抗战已经开始，准备抗战的阶段已经结束”的准确判断。根据他的判断，中国共产党确定了党的中心任务，推动了国共第二次合作，促进了抗日民族统一战线的形成。面对国民党顽固势力的反共高潮，毛泽东在坚决斗争的同时，从抗日战争的大局出发，从新民主主义国家的前途出发，向党内明确了一系列重要的原则，纠正了一些错误，维护了抗日民族统一战线，使共产党在全国的政治地位空前提高。[10]

还有学者认为，为促成国共合作的抗日民族统一战线，中国共产党在全面抗战爆发后宣告信仰三民主义，并在三民主义的旗帜下进行革命宣传。但以毛泽东为代表的共产党人所认同的三民主义是民族独立、民权自由、民生幸福，区别于国民党的民族独立、民权平等、民生自由的“正统”解释。这种细微而又巨大的话语差异，集中反映了国共两党在意识形态领域中的较量和对中国革命话语权的争夺。通过国共关于三民主义的论战，毛泽东将三民主义解构为真、假三民主义，进而又提出了新、旧三民主义的概念，完成了对三民主义的话语重构。自此，毛泽东开始有意识地放弃三民主义，转而围绕新民主主义建构革命话语，为夺取革命领导权奠定了坚实基础。[11]

5. 关于毛泽东诗词

有学者指出，毛泽东诗词中“我”的形象，有一个从“小我”向“大我”发展演变的过程，展现了毛泽东从一个憧憬革命的热血青年，到投身革命实践熔炉，再到成长为革命领袖的发展历程。毛泽东诗词中“大我”形象的一个鲜明特征是具有高度的自信，这种自信，表现为人生自信、革命自信、建设自信，并最终实现了由个人自信向民族自信的跨越。之所以有这种自信，就毛泽东的思想来说，从不同的角度可以找出多种原因，但回归毛泽东诗词进行分析，要归结于毛泽东诗词中的人民情结。[12]

毛泽东在转战陕北途中创作的五律《张冠道中》《喜闻捷报》两首诗，自收入《毛泽东诗词集》以来陆续有一些毛泽东诗词研究者提出质疑，认为这两首诗同毛泽东的经历、诗风、诗律不合。对此，有学者进行了深入分析，从写作背景、艺术手法等方面解读了两诗，针对质疑者提出的地点不合、史实不合、季节不合、格律不合、风格不合、品位不合等问题，逐一进行了考辨，给种种质疑予以答疑和澄清，论定它们绝非伪作而是毛泽东的真品。[13]

6. 关于毛泽东思想研究的争鸣

有学者指出，一些刊物和网站刊载的所谓“毛罗秘密对话”，不仅子虚乌有，而且同毛泽东当年谈论鲁迅的初衷也是南辕北辙的。第一，罗稷南和毛泽东不是“同乡”，以毛泽东“同乡”和“湖南老友”的身份参加座谈会并提出上述问题，这一说法缺乏证据；第二，毛泽东 1957 年 3 次去上海，5 次同上海各界人士座谈讲话，其中有一次罗稷南的确参加了，但是根据当时参加座谈的其他人的一些回忆文章，没有人说涉及过鲁迅；第三，毛泽东 1957 年的确谈过“鲁迅活着会怎样”的话题，但不是回答别人的提问，而是以自己提问、自己回答的方式说出来的。毛泽东谈论鲁迅的目的，是要破除贯彻“双百方针”的障碍，用毛泽东的话说，就是“把鲁迅搬出来，大家向他学习”。[14]

有学者指出，由于毛泽东与以博古为首的中共临时中央存在矛盾与分歧，所以许多关于长征著述都提到当时博古并不准备让毛泽东随队转移，是经过周恩来的争取毛泽东才走上了长征路；当时干部的去留博古有很大的发言权，但不能说是“博古设阴谋，借蒋介石之手除政敌”；博古是革命者犯错误，与毛泽东是同志而不是敌我，他们之间的分歧不是要不要革命而是如何革命。[15]

还有学者指出，毛泽东思想以其重要的政治和学术价值引起了国内外学者的广泛关注。但是由于毛泽东的特殊政治地位以及国外学者的话语体系转换和地域认知的缺陷，有些国外学者的研究存在着历史虚无主义的倾向。比如，在毛泽东思想与马克思主义的关系问题上，一是把毛泽东思想解读为“唯意识论”，认为毛泽东思想违背了唯物史观；二是把毛泽东思想解读为“乌托邦主义”，把空想社会主义的特征强行加入到毛泽东思想中。在毛泽东思想中农村与城市的关系问题上，片面地把毛泽东看作是农民革命家，把毛泽东领导的中国革命运动看作农民革命，否定了毛泽东思想对马克思主义中农民与工人关系的发展性。[16]

7. 其他专题

除了以上领域的研究成果，首都学者 2018 年对毛泽东思想其他专题的研究也取得新进展。为纪念改革开放 40 周年，第五届中国社会科学院毛泽东思想论坛以“毛泽东思想与改革开放”为主题，在北京召开研讨会。与会专家指出：毛泽东带领中国人民对内进行制度改革、对外反对霸权主义，为中国的社会主义建设和改革开放进行了创造性的探索，为改革开放奠定了思想基础；毛泽东强调把马克思主义和中国实际进行第二次结合，对改革开放作了许多重要的理论思考，是改革开放的理论开拓者；毛泽东切实推动了中国改革与开放的步伐，尽管当时的改革和开放是局部的，但是这一时期奠定了与几个资本主义发达国家交往的基本格局，是改革开放的实践奠基者；毛泽东关于改革开放的思考对我们推进全面深化改革、实现中华民族伟大复兴具有重要意义。[17]

有学者梳理了毛泽东关于尊重和发挥群众首创精神的重要论述，强调这是毛泽东领导中国革命和建设取得胜利的重要法宝。他始终强调人民群众是社会历史实践的主体，在创造历史中起决定性的作用，中国共产党人必须紧紧依靠人民群众推动各项事业发展。为了尊重和发挥群众首创精神，毛泽东要求全党同志必须牢固树立群众观点，坚持人民主体地位；必须放手发动群众，不断壮大人民力量；必须贯彻群众路线，密切党同人民群众的血肉联系。中国特色社会主义进入新时代，我们要紧密结合新的时代条件和实践要求，坚持以人民为中心，充分发挥群众首创精神，把党的群众路线贯彻到治国理政的全部活动中去，依靠人民群众建设社会主义现代化强国，实现中华民族伟大复兴的中国梦。[18]

有学者认为，《孟子》中的志气、道义、民本、智慧、文采都深深地吸引和影响着毛泽东。在志气方面，孟子之尚志、浩然正气、志气的恒与坚、志气的磨砺，都影响和激励着毛泽东。在道义方面，孟子之志于道、道义决定生死、道义决定胜负，也对毛泽东产生了深刻影响。在民本方面，在孟子思想的影响下，毛泽东提出“兵民是胜利之本”的思想，而且孟子的“三宝”与毛泽东的“三宝”亦有相通之处。在智慧方面，孟子对毛泽东大智慧的影响，最突出地表现在“心之官则思”“物之不齐，物之情也”“人有不为也，而后可以有为”三个思想方法上。在文采方面，毛泽东写文章也好，讲话也好，常常将《孟子》章句随手拈来。《孟子》这几方面在毛泽东身上的影响和传承，成为毛泽东思想的优秀传统文化基础之一。[19]

还有不少学者拓宽思路，就一些学术难点问题进行深入探讨，充分体现了理论研究中的学术自觉和宽阔视野。比如，有学者指出《论十大关系》是毛泽东关于社会主义建设思想的代表性著作。《论十大关系》讲话面世后不久即传达至党内高中级干部，后于1965年印发至县、团级以上党委，1975年向全党印发，1976年公开发表。但毛泽东生前一直未同意公开发表《论十大关系》。究其原因，应主要归因于三点：一是讲话提出相对仓促，需要补充完善处较多；二是讲话未经录音，后续整理工作进程缓慢；三是时过境迁，部分观点变动较大。[20]

有学者认为，“从群众中来，到群众中去”的群众路线是中国共产党政治文化的重要组成部分，而毛泽东的农村调查在其形成过程中起着重要作用，有着深刻而重要的历史意涵：它既是中国共产党在革命实践中阐释当时乡村社会危机成因的重要工具，也是实现大众动员的权力技术，更是革命政党以马列主义普遍原理改造中国乡村社会的重要中介机制。毛泽东农村调查的早期思想与实践，实质上构成了作为革命政党的中国共产党有别于无政府主义等其他同时期社会思潮的独特发明：它一方面没有局限于单纯现代国家构建工具的上层逻辑，另一方面，也没有落入到单纯的“社会建构”路径中而陷于民粹主义的桎梏。只有在这个意义上，我们才能理解毛泽东农村调查在将阶级术语转化为具体社会政策时所具有的理论意涵，而农村调查正是在弥合阶级话语与地方社会旧有秩序之间张力的实践中动态生成的历史结果。[21]

二、关于邓小平理论

1. 关于邓小平与改革开放

有学者指出，邓小平在开创改革开放历史新时期和中国特色社会主义道路的过程中，坚持从中国最基本的国情和实际出发，从理论与实践的结合上，对我国改革开放和社会主义现代化建设作出了一系列基本设计。其中，最重要的设计有党和国家基本政治路线设计，现代化发展战略设计，现代化发展的战略重点设计，社会主义初级阶段基本经济制度设计，社会主义经济体制设计，对外开放目标、途径及步骤设计，社会主义民主法治建设的目标、途径设计，社会主义精神文明建设设计，军队现代化建设设计，国际战略和对外政策设计，实行祖国和平统一的方式设计，党的建设的目标和要求设计，等等。[22]

有学者系统总结了邓小平开创改革开放伟业的伟大贡献，包括反对“两个凡是”，支持和领导真理标准问题讨论，推动党的十一届三中全会实现历史转折；主持制定《关于建国以来党的若干历史问题的决议》，完成了党在指导思想上的拨乱反正；提出三个“大政策”；提出改革党和国家领导制度；强调坚持党的基本路线一百年不动摇；强调只有两个文明都搞好，才是有中国特色的社会主义；提出社会主义可以搞市场经济；提出“一国两制”构想；坚持和平与发展是当代世界的两大问题论断；坚持把思想政治建设摆在党的建设首位等十个方面。[23]

还有学者指出，站在新时代回看邓小平开启改革开放的初心与使命，主要有以下内涵：从中华民族的伟大复兴看，改革开放是决定当代中国命运的关键抉择；从科学社会主义的生机活力看，改革开放是坚持和发展中国特色社会主义的必由之路；从人类社会现代化道路的选择看，改革开放拓展了发展中国家走向现代化的途径；从解决我国已经发生转化的社会主要矛盾看，必然要全面深化改革开放；从我国仍处于并将长期处于社会主义初级阶段的基本国情看，发展仍是第一要务。[24]

2. 关于邓小平与中国特色社会主义

有学者指出，邓小平对如何坚持和发展中国特色社会主义制度作出了历史性贡献。其中一个重要思想就是把制度建设同改革相统一，强调通过改革推动和创新制度建设，不断发展完善社会主义制度。他坚信社会主义制度优越性，对社会主义制度充满自信。在改革开放过程中，每当重大历史关口，他都能做到毫不动摇地坚持中国特色社会主义制度，反对错误思潮，旗帜鲜明地表达对社会主义前途的坚定态度和信心，为中国的发展指明方向。同时，他也清醒地认识到社会主义的一些具体制度还存在不完善的地方，需要通过改革革除弊病。他廓清了根本制度、基本制度和具体制度的关系，认为必须长期坚持根本制度和基本制度，不断改革具体制度；廓清了制度和方法之间的关系，冲破了僵化的思维模式，为社会主义市场经济理论打下了坚实基础。[25]

有学者认为邓小平一直对苏共执政进行观察和思考，对其成败得失进行总结和反思。关于苏共执政的经验，他肯定苏共早期的建党思想和原则、坚持实事求是的精神以及对农业和科学技术的重视等。关于苏共执政的教训，他认为主要包括以下方面：在对社会主义的认识上存在严重偏差和失误；在建设社会主义的一些方针、政策上存在严重失误；赫鲁晓夫全盘否定斯大林动摇了苏共执政的思想基础；在国际共运中搞大党主义、大国沙文主义，在对外关系中奉行霸权主义的路线和政策，严重地威胁着世界和平与安宁；戈尔巴乔夫改革的转向诱发并加深了苏联社会的各种矛盾，最终导致苏联解体。邓小平对苏共执政经验教训的总结对当前决胜全面建成小康社会、夺取新时代中国特色社会主义伟大胜利有深刻启示：在什么是社会主义、怎样建设社会主义这个基本的理论问题上一定要解放思想，实事求是；在举什么旗、走什么路这个根本问题上一定要头脑清醒、旗帜鲜明；在对外关系中一定要坚持独立自主的和平外交政策，坚持和平共处五项原则不动摇。[26]

3. 关于邓小平的一些重要论断

有学者指出，经济发展台阶论，是邓小平在20世纪90年代初提出的重要观点，体现了邓小平关于经济发展速度的设想与实践。首先，纵观邓小平经济思想的发展完善历程，可以看到邓小平关于经济发展速度的基本观点是始终一贯的，既要求较高的增长速度，又要讲求发展质量和经济效益，这是邓小平关于经济发展速度的辩证法。其次，经济发展台阶论从20世纪90年代初提出到南方谈话中完善，邓小平从三个层面来思考中国经济发展的宏观问题，在实践基础上作出了规律性总结。最后，邓小平关于经济发展速度的辩证思想，在具体实践中存在一些理解上的偏差，对此邓小平在南方谈话中指出了经济“过热”、重复建设等问题，也曾预见到“发展起来以后的问题不比不发展时少”。当前，新的发展理念与邓小平的经济发展思想也是一脉相承的，并在实践中不断发展。[27]

有学者从邓小平决策建造高能加速器，分析了他对中国高科技领域发展提出的许多重要观点：高科技领域的重大成就关系到国家的国际地位和民族的强大振兴；现代化要从基础研究领域着手；推动国家高科技研究态度要坚定果决；搞好科研工作后勤保障；立足中国实际和条件，在加强学习的同时搞好自主创新等。邓小平“中国必须发展自己的高科技”的战略思想，对当前我国继续走好中国特色自主创新道路提供了借鉴和启示：要对发展高科技特别是掌握关键核心技术与国家强大、民族复兴的内在关系及目标要求有更进一步的清醒认识；要进一步提升对基础科学研究重要性的认识，对高科技领域特别是基础科学领域作出更多战略性超前安排；要早下决心、保持战略定力，狠抓落实、一干到底；要加大科技体制改革力度，进一步营造创造能够鼓动创新的环境和条件；要把自力更生、自主创新摆在更加突出的位置，在关键核心技术上不能有丝毫的依赖心理和天真心态。[28]

与此相关，首都学者还自觉联系实际，就几代领导人的一些相关思想进行了系统研究。比如，有学者指出，在我国互联网从无到有，由弱至强，实现快速发展的过程中，党的几代领导人在不同时期，根据所处时代党和国家工作重心及互联网发展的实际需要，适时提出了一系列关于互联网的观点和论断，推动了我国互联网的进步，形成并丰富发展了中国共产党的互联网思想。邓小平是开启我国互联网之门的关键领导人，他坚持改革开放，为互联网发展营造良好社会氛围；提出“科学技术是第一生产力”，为互联网发展奠定思想基础；倡导普及计算机，为互联网发展创造社会条件。江泽民创立了我国互联网发展与管理的基本思想，他对互联网发展具有专业思考与远见，并以实际行动推动了我国互联网的发展；对国家信息化建设的宏观指导与部署，在实现金融管理电子化、工业化与信息化融合、网络意识形态工作、国防和军队信息化等重要领域，都有很前沿的论述和事功；对互联网发展的战略定位与布局，提出了“积极发展，加强管理，趋利避害，为我所用”的“16字方针”。胡锦涛阐述了新世纪我国互联网发展的新特点新规律，他基于对互联网发展特征的准确把握，提出要推动“三网融合”，发展基于IPv6新通信协议的下一代互联网；强调要“建好用好管好”互联网；重视互联网在社会各领域的功能和应用。习近平开创了我国建设世界网络强国的新纪元，包括提出建设世界网络强国的宏伟目标；推动传统媒体和新兴媒体融合发展；全面提升网络意识形态工作水平；重视互联网安全和依法治理；推进网络空间命运共同体建设。[29]

三、关于习近平新时代中国特色社会主义思想

1. 关于习近平总书记著作和论述摘编

近年来，习近平总书记的一系列著作相继出版，为学习和研究习近平新时代中国特色社会主义思想提供了丰富资料。2018年出版的主要有以下几本：

2018年4月，中央党史和文献研究院编辑的《习近平关于总体国家安全观论述摘编》，由中央文献出版社出版。书中收入450段论述，共分4个专题：坚持总体国家安全观；维护重点领域国家安全；实现共同、综合、合作、可持续安全；走和平发展道路。有学者指出，这些重要论述科学回答了中国这样一个发展中的社会主义大国如何维护和塑造国家安全的基本问题，丰富了总体国家安全观的内涵，阐明了贯彻落实总体国家安全观的基本要求，成功指导了新时代的国家安全工作，创新发展了新时代党的国家安全理论，把我们党对国家安全基本规律的认识提升到新的高度。[30]

2018年8月，中央党史和文献研究院会同国务院扶贫办编辑的《习近平扶贫论述摘编》，由中央文献出版社出版。书中收入242段论述，共分8个专题：决胜脱贫攻坚，共享全面小康；坚持党的领导，强化组织保证；坚持精准方略，提高脱贫实效；坚持加大投入，强化资金支持；坚持社会动员，凝聚各方力量；坚持从严要求，促进真抓实干；坚持群众主体，激发内生动力；携手消除贫困，共建人类命运共同体。有学者指出，该书生动记录了党的十八大以来我国脱贫攻坚的伟大实践，深刻总结了我国脱贫攻坚积累的宝贵经验，系统展现了习近平同志关于扶贫的新理念新思想新战略。认真学习这些重要论述，对于打赢脱贫攻坚战，决胜全面建成小康社会，促进人类减贫事业，共建人类命运共同体，具有十分重要的意义。[31]

2018年10月，中央党史和文献研究院编辑的习近平《论坚持推动构建人类命运共同体》，由中央文献出版社出版。书中收入习近平论述坚持推动构建人类命运共同体的重要文稿85篇。有学者指出，这些重要论述深刻阐述了构建人类命运共同体的时代背景、重大意义、丰富内涵和实现路径等重大问题，是中国共产党人为人类谋和平与发展、为解决人类问题贡献的中国智慧和中国方案的集中体现，对于我们更好统筹国内国际两个大局，牢牢把握服务民族复兴、促进人类进步这条主线，推动构建人类命运共同体，努力开创中国特色大国外交新局面，为全面建成小康社会、进而全面建设社会主义现代化强国创造有利条件，具有十分重要的意义。[32]

2018年12月，中央党史和文献研究院编辑的习近平《论坚持全面深化改革》，由中央文献出版社出版。书中收入习近平论述坚持全面深化改革的重要文稿72篇。坚持全面深化改革，是习近平新时代中国特色社会主义思想的重要组成部分，对于在新时代新起点上继续把全面深化改革推向前进，坚持和完善中国特色社会主义制度，不断推进国家治理体系和治理能力现代化，坚决破除一切不合时宜的思想观念和体制机制弊端，突破利益固化的藩篱，吸收人类文明有益成果，构建系统完备、科学规范、运行有效的制度体系，充分发挥我国社会主义制度优越性，实现“两个一百年”奋斗目标、实现中华民族伟大复兴的中国梦，具有十分重要的指导意义。

此外，中央党史和文献研究院编辑的《十八大以来重要文献选编》下册，2018年5月由中央文献出版社出版。这本书选收习近平文稿34篇，其中13篇是第一次公开发表。中央党史和文献研究院负责人指出，这34篇文稿是这一时期习近平同志具有代表性的重要文献。概括起来有以下几个特点：一是集中反映了这一时期党中央理论和实践创新的主要成果。二是突出反映了这一时期党和国家工作的重点。三是集中反映了这一时期党中央的重大战略安排、重大决策部署和重大纪念活动。[33]

2. 关于习近平新时代中国特色社会主义思想的系统研究

中共十九大把习近平新时代中国特色社会主义思

想确立为中国共产党必须长期坚持的指导思想，实现了中国共产党的指导思想又一次与时俱进。首都学者在学习宣传贯彻习近平新时代中国特色社会主义思想和党的十九大精神的过程中，围绕习近平新时代中国特色社会主义思想的时代背景、实践基础、丰富内涵、实践要求、重大意义，进行了系统深入的研究阐释。

有学者指出，任何科学思想都是对重大时代问题的深度回答。习近平放眼全球视野，深度回答了“人类向何处去”的重大时代之问，深化对人类发展规律的认识；贯通历史与现实，深度回答了“社会主义向何处去”的重大时代之问，深化对社会主义发展规律的认识；立足新的历史方位，深度回答了“当代中国向何处去”的重大时代之问，深化对中国特色社会主义建设规律的认识；面对风险挑战，深度回答了“中国共产党向何处去”的重大时代之问，深化对共产党执政规律的认识。通过对重大时代之问的剖析和回答，创立了习近平新时代中国特色社会主义思想，把21世纪马克思主义推向新高度。[34]

有学者指出，从理论阐释的角度看，这一思想的一个重要特征就在于，它围绕着“新时代坚持和发展什么样的中国特色社会主义、怎样坚持和发展中国特色社会主义”这一重大时代课题，注重从总体上展开对时代精神之中国精华与世界指向的整体把握，从而以主题论、愿景论、格局论、价值论、世界论和方法论等方面的理论建构，为21世纪中国特色社会主义的完善和发展提供了总导航与总支撑。[35]

有学者认为，习近平新时代中国特色社会主义思想的主题是坚持和发展中国特色社会主义，基本问题是“新时代坚持和发展什么样的中国特色社会主义、怎样坚持和发展中国特色社会主义”；“八个明确”深刻揭示和回答了“新时代坚持和发展什么样的中国特色社会主义”；十四个“基本方略”深刻揭示和回答了“新时代怎样坚持和发展中国特色社会主义”；习近平新时代中国特色社会主义思想体现了党性与人民性的有机统一、世界观与方法论的有机统一、继承性与创新性的有机统一、中国立场与世界胸怀的有机统一、顶层规划与重大举措的有机统一；习近平新时代中国特色社会主义思想开辟了马克思主义发展新境界、中国特色社会主义发展新境界、新时代党的建设新境界。[36]

有学者指出，坚持和发展中国特色社会主义，建设社会主义现代化强国，实现国家富强、民族振兴、人民幸福的中华民族伟大复兴的中国梦，是习近平新时代中国特色社会主义思想的总体价值目标。适应我国社会主要矛盾的新变化，在继续推动发展的基础上，着力解决好发展不平衡不充分问题，更好满足人民在经济、政治、文化、社会、生态等方面日益增长的需要，更好推动人的全面发展、社会全面进步，是习近平新时代中国特色社会主义思想的多维价值取向。总体价值目标和多维价值取向，要靠持续发展、深化改革、依法治国以及加强党的领导和党的建设来实现。[37]

有学者总结、提炼出习近平新时代中国特色社会主义思想的八大本质特征：体现鲜明的问题导向；始终坚持马克思主义基本原理；体现中华优秀传统文化精髓；体现实事求是的思想路线；是对国内外社会发展方面经验教训的科学总结；是正确对待世界文明成果的典范；体现科学理论系统性和协调性的统一；是道路自信、理论自信、制度自信、文化自信的集中展现。[38]

3. 关于习近平新时代中国特色社会主义思想的专题研究

在系统研究习近平新时代中国特色社会主义思想的同时，首都学者2018年继续对习近平新时代中国特色社会主义思想进行专题研究。其中，习近平新时代中国特色社会主义经济思想是学者们研究的热点之一，取得了一批成果。比如：有学者认为，习近平新时代中国特色社会主义经济思想萌芽于知青岁月、产生于十八大前的从政实践、并在十八大后面对国内外新形势新变化围绕“为谁发展、如何发展”和“怎样看、怎么干”的探索形成；它主要包括三个有机组成部分：以新发展理念为主要内容、以供给侧改革为发展主线、坚持使市场在资源配置中起决定性作用和更好发挥政府作用；是对马克思主义经济思想、中国特色社会主义理论的继承和发展，是新时代唯物史观的中国化。[39]

有学者指出，习近平新时代中国特色社会主义经济思想是历史与思想、理论与实践逻辑的有机统一：从时代提出的发展命题出发，到提出破解这一命题的新发展理念及相关的“五位一体”总布局，再到贯彻新发展理念和实现“五位一体”的基本方略——建设现代化经济体系；从如何推进现代化经济体系，深化供给侧结构性改革，到怎样推进供给侧结构性改革；从为建设现代化经济体系深化供给侧结构性改革需要创造怎样的宏观经济环境，到为此需要怎样的制度和秩序创新——“四个全面”战略布局和社会主义核心价值观培育；最后回答为什么发展——中国特色社会主义社会发展最终是以人民为中心的发展。以上内容形成了严整科学的逻辑体系。[40]

有学者认为，习近平新时代中国特色社会主义经济思想是中国特色社会主义政治经济学的一种理论形态。其理论总依据是社会主义初级阶段的“发展起来以后”；其实践出发点是中国现代化进程处于关键历史阶段遭逢经济发展新常态的大逻辑；其价值取向是以人民为中心的发展思想；其核心要义是调整政府与市场新关系；其实践路径是全方位落实新发展理念。[41]

有学者概括提出了习近平新时代中国特色社会主义经济思想的“四元框架”，即形成党对经济工作集中统一领导的体制机制，形成以新发展理念为指导的经济政策体系，形成以供给侧结构性改革为主线的经济发展思路和形成稳中求进的经济工作方法论。当前和未来一段时期，抓好我国经济工作的关键就在于要以习近平新时代中国特色社会主义经济思想为指导，推动中国经济从高速增长阶段转向高质量发展阶段。[42]

还有学者指出，习近平关于新时代对外开放的重要论述是习近平新时代中国特色社会主义经济思想的重要组成部分，它的历史性贡献主要是：第一，为中国开放型经济与开放型世界经济的内外联动提供了中国方案。第二，科学总结了以往经济全球化正反两方面的经验教训，提出了推动经济全球化朝着更加开放、包容、普惠、平衡、共赢的方向发展的新理念。第三，阐发了互利共赢、多边机制汇聚利益共同点和谋求最大公约数的政治经济学新观点。第四，揭示了实现中国梦的发展道路必须与人类命运共同体紧密相连的历史必然性。

在政治、文化、社会、生态文明等各方面，学者们也提出了不少有价值的观点。有学者指出，习近平关于新时代中国特色社会主义政治发展的重要论述是对新中国政治发展历程的系统总结，是对十八大以来治国理政实践的深刻提炼，是对社会主义政治发展理论的继承创新。这些重要论述以中国特色社会主义政治发展道路作为根本坚持，阐明了新时代中国特色社会主义政治发展的时代坐标、经济基础、社会主体、总体主题、宏伟目标、系统动力、本质规定、推进路径和评价标准，形成了系统的政治发展理论体系。就其基本特色来看，这些重要论述具有多方面辩证统一的理论特质，集中体现为：坚持中国特色社会主义与全面深化改革的有机统一，坚持强化党的全面领导与调动各方积极性的有机统一，坚持国家有效治理与人民民主的有机统一，坚持问题导向、目标导向与发展战略的有机统一，坚持强化顶层设计与重点推进的有机统一，坚持制度建设与人的全面发展有机统一，坚持核心价值与扬弃吸收其他价值的有机统一。

有学者指出，全面准确把握习近平新时代中国特色社会主义思想关于文化的理论，指导中国特色社会主义文化建设，需要对马克思主义文化基本原理、中华优秀传统思想文化和西方优秀思想文化三方面有一个全面深刻的认识。马克思主义文化基本原理是习近平新时代中国特色社会主义思想关于文化的理论的思想源头，是中国特色社会主义文化的基石和灵魂，奠定了中国特色社会主义文化的理论基础；习近平新时代中国特色社会主义思想关于文化的理论是中国特色社会主义文化的行动指南，规定了中国特色社会主义文化的性质和方向；中华优秀传统思想文化是中国特色社会主义文化的血脉和源泉，代表着中国特色社会主义文化的民族特色和精神标识；西方优秀思想文化资源是中国特色社会主义文化的“他山之石”，有利于中国特色社会主义文化在吸收借鉴中创新发展。[43]

有学者认为，习近平关于新时代中国特色社会主义社会治理的重要论述包括：遵循社会发展规律，坚持以人民为中心；加强和完善社会治理体制，提高社会治理水平；加强国家安全法治保障，提高防范和抵御安全风险能力；加强网络空间建设，培育人民共同的精神家园；加强城市常态化管理，狠抓城市管理顽症治理；从最广大人民根本利益出发，努力实现社会公平正义。

有学者认为从广义上指出，推进生态文明建设需要着眼于社会结构理论的视域，即发展生态生产力、建设生态政治、厚植生态文化、培育生态公民。这四个方面是辩证统一关系：生态生产力是物质基础，生态政治是政治导向，生态文化是文化底蕴，生态公民是主体力量。特别重要的是，从社会结构理论视域谋划与部署生态文明建设路径，是习近平生态文明思想的鲜明特色。从学理上探讨与阐述这一问题，对拓展生态文明建设路径，进而对坚持与发展中国特色社会主义事业，具有重要的现实意义。[44]

首都学者 2018 年还围绕习近平总书记的一系列重要讲话，进行了深入学习和专题研究。比如，有学者认为，强调“革命理想高于天”，把实行中国特色社会主义同坚定共产主义理想信念紧密相联，是习近平新时代中国特色社会主义思想的一大要义。所谓

"革命理想"，就是指共产主义远大理想和中国特色社会主义共同理想的统一；所谓"高于天"，就是指坚定这一理想对于共产党员来说高于一切。在当前复杂艰巨的国际国内斗争面前，我们更要挺起共产党人的精神脊梁，用"革命理想高于天"的精神，去抵御风险、解决矛盾、迎接挑战。[15]

有学者指出，习近平关于如何向世界讲好"构建人类命运共同体"的中国故事，有很多重要论述，概括起来，主要包含三个层面：讲好中华民族自古以来爱好和平的故事，让国际社会明白，中国提出推动构建人类命运共同体，源于中华文明的历史渊源和中华民族的文化基因；讲好中国走和平发展道路的故事，让国际社会相信，中国提出推动构建人类命运共同体，源于中国对自身苦难遭遇和实现发展条件的认知；讲好中国对世界发展历史和现实的认知故事，让国际社会理解，中国提出推动构建人类命运共同体，源于中国对世界发展大势的把握，是为人类社会避免灾祸、增进福祉。[16]

还有学者认为，习近平新时代中国特色社会主义思想用马克思主义的历史唯物主义观察历史现象，分析历史过程，把握历史规律，预见历史趋势。这一思想强调学习和实践马克思主义关于人类社会发展规律的思想，坚信历史潮流奔腾向前，坚信人类历史向着更加美好的未来发展。这一思想站在历史哲学的维度看待中国特色社会主义新时代的本质与特征，站在历史哲学的广度看待经济全球化发展阶段以及中国与世界关系演变的历史进程，站在历史哲学的高度看待人类问题的解决。这一思想鲜明地反对历史虚无主义，重视对历史的学习和对历史经验的总结与运用，重视对历史事件和历史人物的科学评价，善于从不断认识和把握历史规律中找到前进的正确方向和正确道路。[17]

纵观2018年北京地区专家学者关于马克思主义中国化与中国化马克思主义的研究，无论是宏观问题的广泛探讨，还是具体问题的深入分析，均有相当的进展，提出了很多新观点，使本学科呈现出扎扎实实地向前发展的良好态势。我们期待首都学术界在此基础上，深入学习宣传贯彻习近平新时代中国特色社会主义思想和党的十九大精神，在2019年取得更大的成绩。

注：

①杨明伟：《全方位考察〈共产党宣言〉对毛泽东的影响》，《马克思主义研究》，2018年第10期。

②金民卿、张琳琳：《延安时期毛泽东清算教条主义的曲折进程及其当代启示》，《江西师范大学学报》（哲学社会科学版），2018年第5期。

③王宁：《马克思主义文艺思想的"中国化"和全球化——重读毛泽东的〈在延安文艺座谈会上的讲话〉》，《外国语言与文化》，2018年第4期。

④杨明伟：《毛泽东与初心使命》，《学习时报》，2018年7月4日。

⑤张太原：《毛泽东的初心之路》，《党的文献》，2018年第3期。

⑥李雨檬：《"最革命最进步"是怎样炼成的——从毛泽东抗大讲话看中国共产党人的初心和使命》，《党的文献》，2018年第4期。

⑦王颖：《毛泽东在政治上如何要求党的高级干部》，《党的文献》，2018年第3期。

⑧张冠军：《论毛泽东关于加强共产党员政治建设的思想》，《湘潭大学学报》（哲学社会科学版），2018年第6期。

⑨欧阳军喜、张牧云：《抗日战争时期毛泽东的日本观》，《党的文献》，2018年第4期。

⑩邵建斌：《毛泽东观大势、谋大事的领导艺术——以抗日战争时期为例》，《党的文献》，2018年第2期。

⑪李永进：《抗战时期毛泽东对三民主义的话语重构——基于国共争夺中国革命话语权的再考察》，《毛泽东思想研究》，2018年第3期。

⑫樊宪雷：《毛泽东诗词中的大"我"自信形象》，《毛泽东研究》，2018年第4期。

⑬吴正裕：《毛泽东转战陕北所赋〈张冠道中〉〈喜闻捷报〉两诗的解读与考辨》，《毛泽东研究》，2018年第4期。

⑭陈晋：《鲁迅活着会怎样？——罗稷南1957年在上海和毛泽东"秘密对话"质疑》，《世界社会主义研究》，2018年第6期。

⑮罗平汉：《关于博古不让毛泽东随队长征问题的一点探讨》，《安徽史学》，2018年第4期。

⑯孙帅：《国外毛泽东思想研究中的历史虚无主义思潮批判》，《思想教育研究》，2018年第8期。

⑰方正、赵振辉：《毛泽东思想与改革开放——"第五届中国社会科学院毛泽东思想论坛"综述》，《马克思主义研究》，2018年第8期。

⑱毛胜、唐洲雁：《"人民群众有无限的创造力"——学习毛泽东关于尊重和发挥群众首创精神的重要论述》，《东岳论丛》，2018年第12期。

⑲曹应旺:《毛泽东谈孟子》,《党的文献》,2018 年第 1 期。

⑳李桂华、齐鹏飞:《毛泽东生前未公开发表〈论十大关系〉的原因》,《党的文献》,2018 年第 5 期。

㉑孟庆延:《理念、策略与实践:毛泽东早期农村调查的历史社会学考察》,《社会学研究》,2018 年第 4 期。

㉒杨胜群、孔昕:《邓小平对我国社会主义改革开放和现代化建设的若干基本设计及其深远意义》,《党的文献》,2018 年第 6 期。

㉓石仲泉:《邓小平开创改革开放伟业的十大贡献——纪念改革开放 40 周年》,《毛泽东思想研究》,2018 年第 5 期。

㉔刘贵军:《从新时代看邓小平与改革开放的开启》,《北京党史》,2018 年第 6 期。

㉕姜淑萍:《"改革是社会主义制度的自我完善"——对邓小平关于如何坚持和完善中国特色社会主义制度论述的思考》,《党的文献》,2018 年第 3 期。

㉖张曙:《邓小平对苏共执政经验教训的总结鉴戒及其历史意义》,《邓小平研究》,2018 年第 3 期。

㉗周锟:《关于经济发展台阶论的再思考——谈邓小平关于经济发展速度的辩证思想》,《邓小平研究》,2018 年第 4 期。

㉘唐国军:《"中国必须发展自己的高科技"——邓小平决策建造高能加速器的过程与启示》,《邓小平研究》,2018 年第 5 期。

㉙郑保卫、谢建东:《论邓小平、江泽民、胡锦涛、习近平互联网思想的主要观点及理论贡献》,《国际新闻界》,2018 年第 12 期。

㉚闻言:《指导新时代国家安全工作的强大思想武器——学习〈习近平关于总体国家安全观论述摘编〉》,《人民日报》,2018 年 5 月 4 日。

㉛闻言:《坚决打赢脱贫攻坚战,谱写人类反贫困历史新篇章——学习〈习近平扶贫论述摘编〉》,《人民日报》,2018 年 8 月 21 日。

㉜闻言:《坚持推动构建人类命运共同体努力建设一个更加美好的世界——学习习近平〈论坚持推动构建人类命运共同体〉》,《人民日报》,2018 年 10 月 31 日。

㉝《深入学习习近平新时代中国特色社会主义思想和党的十九大精神的重要教材——中共中央党史和文献研究院负责人就〈十八大以来重要文献选编〉下册出版答本报记者问》,《人民日报》,2018 年 5 月 31 日。

㉞金民卿:《重大时代之问的系统回答——习近平新时代中国特色社会主义思想的发生逻辑》,《中国特色社会主义研究》,2018 年第 3 期。

㉟冯鹏志:《试论习近平新时代中国特色社会主义思想的总体建构》,《马克思主义与现实》,2018 年第 6 期。

㊱韩振峰:《习近平新时代中国特色社会主义思想的几个重大问题初探》,《北京交通大学学报》(社会科学版),2018 年第 1 期。

㊲杨信礼:《习近平新时代中国特色社会主义思想的价值观》,《马克思主义哲学论丛》,2018 年第 4 期。

㊳邓纯东:《习近平新时代中国特色社会主义思想的本质特征》,《马克思主义研究》,2018 年第 8 期。

㊴郭冠清:《论习近平新时代中国特色社会主义经济思想》,《上海经济研究》,2018 年第 10 期。

㊵刘伟:《习近平新时代中国特色社会主义经济思想的内在逻辑》,《经济研究》,2018 年第 5 期。

㊶杨英杰:《习近平新时代中国特色社会主义经济思想的科学内涵和历史贡献》,《行政与法》,2018 年第 5 期。

㊷周跃辉:《习近平新时代中国特色社会主义经济思想的理论特征与逻辑框架研究》,《经济社会体制比较》,2018 年第 3 期。

㊸王伟光:《全面准确把握习近平新时代中国特色社会主义思想关于文化的理论》,《马克思主义研究》,2018 年第 1 期。

㊹郝永平、吴江华:《习近平生态文明思想的鲜明特色——社会结构理论视域下的生态文明建设》,《中共中央党校学报》,2018 年第 3 期。

㊺朱佳木:《"革命理想高于天"是习近平新时代中国特色社会主义思想的一大要义》,《思想理论教育导刊》,2018 年第 10 期。

㊻陈扬勇:《如何讲好"构建人类命运共同体"的中国故事——学习习近平总书记关于构建人类命运共同体的重要论述》,《党的文献》,2018 年第 4 期。

㊼辛向阳:《习近平新时代中国特色社会主义思想的历史哲学性》,《学习论坛》,2018 年第 9 期。

(作者:毛胜,中央党史和文献研究院副研究员;唐洲雁,原中央文献研究室研究员)

科学社会主义

李瑞琴

2018年科学社会主义领域的研究，紧密围绕着有重大纪念意义的历史事件展开。一是标志着马克思主义正式诞生的《共产党宣言》发表170周年；二是科学社会主义理论的创始人马克思诞辰200周年；三是中国改革开放走过了整整40年，在科学社会主义指导下的中国特色社会主义也进入了新时代。学界围绕上述重点，对于科学社会主义基本原理与当代世界的发展，展开了广泛而深入的研究，取得了众多研究成果。此外，学界还对科学社会主义与新时代中国特色社会主义的关系，新时代中国特色社会主义的世界意义等重点研究领域，阐述了在当今百年未有之大变局之下，世界社会主义运动发展的现状与前景。

一、科学社会主义基本原理的研究与进展

科学社会主义基本原理的研究，突出了基本理论与当代实际的结合，研究呈现出鲜明的时代特点。

有学者指出，科学社会主义是马克思奉献给人类的思想武器。这一理论科学地阐明了社会主义产生和发展的客观规律，阐明了实现社会主义的物质基础和社会力量，明确了人类解放的根本方向。坚持科学社会主义，必须与国情相结合，与时代同进步，与人民共命运，在解决实际问题中进行新的理论思考和新的理论创造。①文章鲜明指出了坚持和创新科学社会主义理论的当代意义。

有学者认识到，当今世界格局正发生着深刻变革，世界社会主义运动的发展推动了资本主义世界历史发生着深刻的转变。在当代视域下，马克思世界历史理论凸显出三重意蕴：世界历史在时空交互作用中形成的生成意蕴；推动资产阶级向工人阶级的主体转向中的世界历史主体意蕴；在确证共产主义的实现中形成的实践批判意蕴。在这个“世界向何处去”的历史转变的重要关口，深刻挖掘马克思世界历史理论与人类命运共同体思想的共同指向具有重大的理论和现实意义。②

有学者理解，马克思和恩格斯的思想中存在着两种叙事的逻辑：一种是神话逻辑，一种是科学逻辑。在人类社会发展的终极形态的理论上，马克思和恩格斯分别以神话逻辑方式和科学逻辑方式建构了自由王国和共产主义社会高级阶段。自由人和自由王国的理论作为马克思主义理论中个人与社会的终极形态，包含了神话叙事学的因素。与此相反，同样是关于社会终极形态的论述，共产主义社会高级阶段的设置，就是建立在唯物史观和剩余价值发现的基础之上，是科学的逻辑论断。随着马克思和恩格斯日益投入到经济问题，投入到社会化大生产的研究之中，科学逻辑最终成了马克思主义的主导的叙事逻辑，马克思主义成了科学的马克思主义。③

还有学者认为，空想社会主义已经在理论上搭建起社会主义学术框架，即“问题、目标、道路”。马克思、恩格斯把“物”——生产方式和交换方式、生产力和物质利益引入到这一研究范式中，实现了社会主义从空想到科学的发展。今天这个“发展”仍在继续。在当代中国，认识社会主要矛盾，明确共产党人的历史使命，探索现实途径，则是在“问题、目标、道路”上完善和发展中国特色社会主义基本要求。④

有学者介绍了不破哲三对21世纪世界重回马克思主义的若干思考。文章指出，不破哲三作为日本马克思主义研究的著名理论家，一生致力于马克思主义和当代世界的研究。他作为日本共产党的代表性人物高度重视与中国共产党进行学术交流，从2005年起多次参与中日理论会谈。从中我们可以清楚地总结与梳理出不破哲三对于世界重回马克思主义的若干思考，包括马克思主义经济危机理论与世界经济危机、21世纪世界重回马克思主义的展望、中国的社会主义实践是世界重回马克思主义的旗帜等重要研判。不破哲三通过对21世纪世界发展动向的研究，有力证实了世界重回科学社会主义即马克思主义的总体趋势，对于当今世界科学社会主义即马克思主义的发展具有积极的指导和借鉴意义。⑤

有学者关注到，党的十八大以来科学社会主义学科迎来了前所未有的发展机遇期，《社会主义从空想到科学的发展》作为科学社会主义的入门，是把科学社会主义当作科学去研究的起点和方法，通过重新研读这部经典著作，从马克思恩格斯使用科学社会主义概念的本来意义出发，重新梳理恩格斯在论文中提到的关于把社会主义当作科学去研究的任务、内容、重点及不同角度的表达，挖掘这些表达背后的深刻含

义，思考其对界定科学社会主义学科研究对象的启发，并在此基础上尝试进一步说明科学社会主义的研究对象。⑥

关于马克思恩格斯宗教观，也有文章涉及。有学者阐释了马克思恩格斯对19世纪无政府主义宗教观的批判，文章认为，从19世纪中期到20世纪中期这百年当中，罗马天主教会对社会主义思想和运动基本采取批评和抵制的保守立场。这一历史现象的原因是多样复杂的，而其中一个主要的因素是教会长期将巴枯宁派无政府主义观点与马克思主义观点相混淆。这些教会人士不了解马克思和恩格斯在财产权、宗教和家庭婚姻等问题上对巴枯宁的严厉批评，因而也就忽略了教会与社会主义运动之间合作的可能性和可行性。而梳理和批判巴枯宁主义的错误，也是我们透彻理解马克思和恩格斯对宗教等社会问题看法的一个重要前提。⑦

科学无神论是马克思主义的理论前提，是科学社会主义的逻辑起点，是马克思主义理论大厦的基石。宗教有神论的普遍存在和巨大影响，决定了无神论宣传教育是党的意识形态工作的重要内容和基础工程。改革开放以来，无神论宣传教育被严重忽视，成为宗教有神论渗透蔓延的重要原因，导致马克思主义的信仰根基遭受严重侵蚀。重视和加强无神论宣传教育，不仅要设立专门机构、完善体制机制，纠正宗教工作的片面性，而且要加强党的建设和思想政治教育，校正宗教学研究方向。⑧

关于科学社会主义学科建设的研究，有学者认为，科学社会主义基本原理的概括和阐释是当前科学社会主义学术研究和学科建设中的重大问题。认为，科学社会主义基本原理的内容十分丰富，大体可以概括为六个基本方面：社会主义根本目的与核心价值的原理、社会主义历史必然性与历史条件性的原理、无产阶级历史使命与无产阶级政党领导作用的原理、无产阶级革命与无产阶级专政的原理、社会主义社会本质特征与建设规律的原理、共产主义社会基本特征与共产主义远大理想的原理。⑨

科学社会主义基本原理的研究，是一个常说常新的领域。学界尤其突出了基本原理与时代特征相结合的关系上的研究与进展，使得基本理论对实践的指导意义凸显出来，成为研究的一个亮点。

二、《共产党宣言》发表170周年和马克思诞辰200周年

170年前，1848年2月24日，马克思和恩格斯合著的《共产党宣言》在伦敦第一次出版。《共产党宣言》完整而系统地阐述科学社会主义的基本原理。《共产党宣言》的出版标志着马克思主义的诞生，开辟了国际工人运动和社会主义运动的新局面，成为世界无产阶级的锐利思想武器。2018年4月23日，中共中央政治局就《共产党宣言》及其时代意义举行第五次集体学习。习近平总书记强调，学习马克思主义基本理论是共产党人的必修课。我们重温《共产党宣言》，就是要深刻感悟和把握马克思主义真理力量，坚定马克思主义信仰，追溯马克思主义政党保持先进性和纯洁性的理论源头，提高全党运用马克思主义基本原理解决当代中国实际问题的能力和水平，把《共产党宣言》蕴含的科学原理和科学精神运用到统揽伟大斗争、伟大工程、伟大事业、伟大梦想的实践中去，不断谱写新时代坚持和发展中国特色社会主义新篇章。⑩

2018年还有一个重要的纪念日。1818年5月5日，全世界无产阶级和劳动人民的革命导师，马克思主义的主要创始人，马克思主义政党的缔造者和国际共产主义的开创者，近代以来最伟大的思想家马克思诞生于德国特里尔城。2018年5月4日，我国纪念马克思诞辰200周年大会在北京人民大会堂隆重举行。习近平在会上发表重要讲话强调，我们纪念马克思，是为了向人类历史上最伟大的思想家致敬，也是为了宣示我们对马克思主义科学真理的坚定信念。马克思主义始终是我们党和国家的指导思想，是我们认识世界、把握规律、追求真理、改造世界的强大思想武器。新时代，中国共产党人仍然要学习马克思，学习和实践马克思主义，高扬马克思主义伟大旗帜，不断从中汲取科学智慧和理论力量，更有定力、更有自信、更有智慧地坚持和发展新时代中国特色社会主义，让马克思、恩格斯设想的人类社会美好前景不断在中国大地上生动展现出来。⑪

围绕《共产党宣言》发表170周年、马克思诞辰200周年，学习习近平总书记关于“《共产党宣言》及其时代意义”的重要论述、在“纪念马克思诞辰200周年大会”上的重要讲话精神，学界展开了深入研究和探讨。

1.《共产党宣言》发表170周年

有学者指出，《共产党宣言》的意义在于阐明了科学社会主义的基本原则，其核心就是消灭私有制。首先，消灭私有制的目的是为了实现全人类的真正解放。其次，消灭私有制是一个漫长曲折的历史过程，不能犯“左倾”冒进的错误。最后，消灭私有制是我们共

产党人必须理直气壮坚守的基本原则，任何时候都不能拿原则做交易。习近平新时代中国特色社会主义思想之于科学社会主义，是确定性与应变性的辩证统一。因此，新时代坚持《共产党宣言》的原则就是要万众一心地团结在以习近平同志为核心的党中央周围，不折不扣地高举习近平新时代中国特色社会主义思想的旗帜，锲而不舍地推进中国特色社会主义事业。[12]

从《共产党宣言》这篇被誉为马克思主义开篇之作发表的170年来，世界发生了巨大变化，对马克思主义的认识和解读也发生了很大变化。的确，要想“到马克思的著作中去找一些不变的、现成的、永远适用的定义”，是不可能的。但是，马克思主义的世界观和方法论却历久弥坚。马克思主义必将随着时代、实践和科学的发展而不断发展。[13]

有学者认为，所有制的论述是《共产党宣言》的核心内容。研究这部经典著作存在着一种倾向，即把宣言所述的所有制、私有制看作是抽象的、不变的存在，把那个时代能够观察到的所有制关系与当代社会中的所有制关系等同起来。改革开放以来，既存在公有制无条件优越，其他所有制依然可疑的思想倾向，也存在与此截然相反的观点。因此，强调用历史唯物主义的方法观察所有制，历史地具体地分析所有制关系，非常必要；结合科学社会主义实践，研究各类所有制对经济社会的影响，有待突破。[14]

还有学者认为，《共产党宣言》的魅力不仅在于它的思想内容，而且在于它的表现形式，即文体类型和语言风格。《共产党宣言》的使命决定了它的文体类型不能是“教义问答”体，也不应是“理论阐述”体，而是“政治宣告”体。马克思以其独有的才情，用“政治散文诗”的形式完美呈现了这一“政治宣告”体。与此相适应，《共产党宣言》形成了“雄浑有力、浓墨重彩、透彻鲜明、言简意赅”的语言风格。[15]

还有学者指出，《共产党宣言》是系统阐明科学共产主义的第一个纲领性文献，是共产党人最早的旨在变革资产阶级社会的宣言书，也是马克思主义诞生的重要标志。对于我们共产党人和马克思主义者来说，《共产党宣言》是非常重要的传家宝。在《共产党宣言》发表170周年之际，在改革开放的历史进程中，再一次精读《共产党宣言》和深入思考，对于我们全面准确地把握马克思主义基本原理，并运用于中国特色社会主义乃至共产主义伟大事业的实践，具有十分重大的意义。学习《共产党宣言》应当着眼于《共产党宣言》阐明的“至今仍然完全正确的一般原理”，以及马克思的基本思想。[16]

有学者联系中国特色社会主义是科学社会主义基本原则与中国具体国情和实际相结合的结晶，认为，掌握《共产党宣言》阐述的科学社会主义基本原则，是理解、坚持、发展中国特色社会主义的前提。目前有许多反马克思主义思潮干扰着我们学习和掌握科学社会主义、坚持和发展中国特色社会主义，民主社会主义就是其中之一。从意识形态来说，民主社会主义是一股反马克思主义的资产阶级思潮。从社会制度来说，民主社会主义是资本主义的一种模式。从历史作用来说，民主社会主义在资本主义国家里，起着延长资本主义寿命的作用；在社会主义国家里，是从社会主义“过渡”到资本主义的桥梁。社会主义国家搞民主社会主义，必然向资本主义演变。牢牢把握《共产党宣言》阐述的科学社会主义基本原理，澄清理论是非，划清科学社会主义与民主社会主义的界限，是一项重要任务。[17]

还有学者指出，2008年以来，国内学界对于《共产党宣言》的研究又取得了一系列丰富成果。其中，在《共产党宣言》的文本考证、思想论析、当代解读以及这本马克思主义经典著作之于中国的影响等研究主题中，相关的学术成果尤为丰富和具有代表性。它们丰富了我们的有关认知，拓展了我们的研读视野，深化了我们对于经典的理解。但是这一时期的研究仍存在不足，如何更为科学、合理地将《共产党宣言》同现今社会相结合等方面的问题，还有待研究的推进和深入。[18]

另有学者介绍了《共产党宣言》与日本社会主义运动的发展。文章指出，明治维新之后，社会主义思想开始在日本传播，《共产党宣言》也随之被翻译出版。在日本《共产党宣言》早期传播过程中发挥重要作用的是堺利彦和幸德秋水，他们翻译出版了首个日文版《共产党宣言》。二战后《共产党宣言》在日本的传播得到较大发展，冷战后仍有出版发行。日本社会主义运动在发展中经历了曲折。当前日本共产党正在努力进行理论创新，以实现《共产党宣言》基本精神同当前时代和日本实际情况相结合。[19]

研究和学习充分体现了这样一个特点，对《共产党宣言》最好的学习和研究，就是用《共产党宣言》的理论指导当代实践，在实践中创新和发展科学理论。

2. 纪念马克思诞辰200周年

有学者指出，马克思主义是一个多学科的体系结构，其核心是科学社会主义，而科学社会主义的核心，就是对社会主义必然代替资本主义这一历史趋势的科学阐述。当今世界已经发生了深刻的巨大变化，坚持和发展马克思主义，要求我们在马克思主义的指导下，强化理论研究，实现理论创新，做好理论宣传，加强理论武装。这就要求我们理论工作者继续加强在信仰、信念、信赖、信心等四个方面的建设。以此展望，中国社会主义和马克思主义的大发展，必将推动世界社会主义的新振兴和马克思主义的再度辉煌。[20]

马克思的思想历程与革命实践历程深刻影响了19世纪以来世界发展的时代进程，这是人类文明总体发展进步过程中的重大现象，为我们深刻把握人类思想进步的规律性、科学性奠定了重要的时代性前提。马克思主义的时代性实践的展开方式，强有力地推动了世界与中国的发展进程，特别是深刻影响了20—21世纪世界格局，从而空前影响了人类的思想生产、制度生产的总格局，为指向未来的人类进步奠定了重要的历史基础。马克思主义在21世纪的生存方式，更加深刻地影响了资本主义与社会主义之间生命力创造过程的互动关系，从而深刻影响了发展21世纪马克思主义和当代中国马克思主义这一重大时代性命题的历史性出场。[21]

有学者指出，马克思主义是指导我们事业的理论基础，也是每一个共产党人坚不可摧的精神支柱。在马克思诞辰200周年之际，以习近平同志为核心的党中央充分认识和高度重视马克思主义，号召全党要努力学好马克思主义作为共产党人的看家本领。首先，始终要坚定对马克思主义的信仰，坚持共产主义远大理想和中国特色社会主义共同理想的高度统一。其次，掌握好看家本领必须提倡马克思主义学风，坚持问题意识、问题导向，学习马克思主义的基本观点和科学方法，不断推进马克思主义中国化。再次，必须掌握马克思主义思想方法和工作方法，坚持人民为中心的立场，实事求是、一切从实际出发的思想路线，坚持唯物辩证法的科学方法及唯物史观的历史思维方式，准确把握党和国家事业发展大势和历史发展规律，不断推进新时代中国特色社会主义伟大事业向前发展。[22]

还有学者认为，马克思主义是人民的理论，第一次创立了人民实现自身解放的思想体系。马克思是全世界无产阶级和劳动人民的革命导师，投身于人类解放事业，是他“毕生的使命”。只有马克思主义第一次站在人民的立场上探求自由解放的道路。只有马克思主义揭示了人民群众是历史的真正创造者，是推动社会进步的决定性力量。只有马克思主义植根于人民的实践活动，是人民改造世界的最有力思想武器，是人民一切实践活动的指南。[23]

中国共产党人宝贵的精神财富就是马列经典著作。马列经典著作是我们党的理论之源、信仰之本、事业之基。在纪念马克思诞辰200周年之际，学习马列经典对增强马克思主义理论素养、培养科学思维方式、提高理论鉴别力以及深化对习近平新时代中国特色社会主义思想的理解更具有现实意义。党员领导干部要精读马列经典，掌握马克思主义科学思想体系的内核，系统学习经典，廓清本意和界域，把握马克思主义的基本原理。学习马列经典，目的在于运用，贵在解决现实问题，运用其原理研究中国特色社会主义伟大实践，以习近平总书记为学习运用马列经典的典范，自觉以习近平新时代中国特色社会主义思想贯穿的马克思主义科学方法论指导实践、推动工作。[24]

有学者关注了国外纪念马克思诞辰200周年的情况。文章指出，2018年，俄罗斯各地自发隆重纪念马克思诞辰200周年。以俄共为主举办的一系列高规格的国际会议、论坛等是俄罗斯此次纪念活动的重要组成部分。莫斯科大学、俄罗斯科学院等召开了各种规模和类型的国际国内学术研讨会，代表着俄罗斯学界的最高水平。俄罗斯国家杜马、俄罗斯当代历史博物馆等多所重要机构举办了丰富的展览。圣彼得堡、新西伯利亚等许多城市举行了圆桌会议。许多偏远地区的城市如别尔哥罗德、彼尔姆、北极城市雅库茨克等地也组织了各种丰富、庄严的纪念活动。观察当代世界，对比中国的发展，反思苏联剧变悲剧，可以发现，俄罗斯隆重纪念马克思诞辰200周年，有着不同寻常的意义。[25]

在马克思诞辰200周年之际，西方社会兴起的“马克思热”，在英国和德国举办的多种纪念活动，也得到学者关注。一系列有关马克思的出版物和文艺作品面世，体现了马克思在全世界的影响力和艺术家们对马克思所怀的敬意。西方学者重新认识马克思，各国共产党也深切缅怀马克思，充分肯定马克思主义在世界范围内所产生的深刻影响及其现实意义。对于90后，纪念马克思最好的方式就是学习和实践马克思主义，严防资产阶级思想的入侵，坚定马克思主义信仰，夯实马克思主义思想在国家意识形态中的重要作用。[26]

三、科学社会主义当代新形态——新时代中国特色社会主义理论研究

有学者指出，改革开放以来，理论界主要的错误倾向是把中国特色社会主义同科学社会主义基本原则割裂开来、对立起来，忽视甚至否定马克思主义基本原理。当前阐述中国特色社会主义、研究一以贯之坚持和发展中国特色社会主义的时候，迫切需要强调坚持科学社会主义基本原则，这是中国特色社会主义的根本。这是因为，中国特色社会主义是科学社会主义基本原则同当前中国具体实际相结合的结晶。离开了科学社会主义基本原则，中国特色社会主义就失去了根子和源头，就不可能正确理解和建设中国特色社会主义。只有抓住这个本质，中国特色社会主义才能说清楚。[27]

党的十八大以来，习近平站在新时代的历史高度，对中国特色社会主义和科学社会主义及其相互关系等重要问题作出了大量精辟的论述。对此，可以从四个方面进行梳理和阐释：一是中国特色社会主义与科学社会主义的关系，二是中国特色社会主义发展规律即从哪儿来、往哪儿去，三是习近平新时代中国特色社会主义思想对科学社会主义作出的原创性贡献，四是中国共产党一贯重视思想强党、理论建党。在把科学社会主义与中国实际相结合过程中，实现了中华民族从站起来、富起来到强起来的伟大飞跃。习近平的科学社会主义观是科学社会主义中国化的重大成果，是科学社会主义发展史上又一次历史性飞跃。[28]

还有学者研究，中国特色社会主义进入新时代，不仅对世界经济的影响越来越大，对人类政治文明的进步与发展正在作出充满中国智慧的贡献。新时代中国特色社会主义政治实现了“五大跨越”，防止了五大政治风险：跨越了权力交接的断裂陷阱，防止了“码头政治”；跨越了单一票选政治的谬误陷阱，防止了“指头政治”；跨越了民粹主义政治的族群陷阱，防止了“街头政治”；跨越了多党政治的利益陷阱，防止了“拳击政治”；跨越了非理性政治的幽灵陷阱，防止了“无厘头政治”。[29]文章形象生动地阐明了中国进入新时代社会主义的重要实践历程。

还有学者指出，中国一定要而且能够为人类社会作出重要贡献，这是由中国社会主义制度性质、我们党的历史使命以及中华民族实现伟大复兴中国梦所决定的。首先，中国特色社会主义是社会主义而不是其他什么主义。科学社会主义从本质上说是开放的、世界性的，而不是封闭的、地域性的。其次，中国共产党是以马克思主义为行动指南的党。为中国人民谋幸福，为中华民族谋复兴，为世界谋大同，这是中国共产党人的历史使命。再次，我们中华民族历来有自立于世界民族之林的雄心壮志。在实现中华民族伟大复兴中国梦中包含中华民族要为人类社会作出重要贡献的思想，这思想源自于中华优秀传统文化。[30]

还有学者认为，改革开放在改革与开放的互动中推动着中国特色社会主义的新发展，塑造了科学社会主义的新形态。改革开放从制度创新和世界历史进程两个维度重塑了社会主义的民族特色，使中国特色社会主义成为具有摆脱固化并与时俱进的属性以及具有强大现代文明成果吸纳能力的科学社会主义新形态，彰显了科学社会主义的生机和活力。[31]

中国特色社会主义以“第二次革命”的方式，实现了对传统社会主义模式的全面更新和超越，成为现代社会主义的先行者和主要代表。社会主义“从传统到现代”的飞跃性发展，起始于中国特色社会主义的创立，实现于中国特色社会主义进入新时代。所谓从传统到现代之“现代”，不是一般的时间概念上的“现代”，也不仅仅是走出“苏联模式”困境的“现代”，而是现代化意义上的“现代”。[32]

有学者提出，中国特色社会主义，作为科学社会主义中国化的新形态，是马克思主义普遍真理同中国新时期改革开放、现代化建设实践相结合的伟大成就和社会样态。坚持科学社会主义基本原则与中国具体实际和时代特征的统一，自觉地把准中国改革和发展的社会主义方向，这是我国改革开放40年取得辉煌成就的力量源泉和根本经验。从科学社会主义实质和要义看，中国特色社会主义与科学社会主义具有一脉相承的根本一致性；中国特色社会主义作为科学社会主义的新形态，是中国化的科学社会主义、是“初级阶段的社会主义”、是处于人类历史前沿和具有活力的社会主义。[33]

还有学者从“信息革命对社会主义造成的机遇和挑战”这一视角，研究了科学社会主义的前景，文章指出，信息革命是一场以信息和知识的生产和传播为核心的广泛而深刻的变革，开辟了人类社会信息化的进程，使人类由“电气时代”跨入“信息时代”。社会主义国家受高度集中的计划经济体制和粗放型发展战略的影响，在应对信息革命挑战方面存在着严重失误和弊端。从发展趋势看，信息革命必然加深资本主义社会的基本矛盾，为社会主义准备充分的物质技术条件，展现人类解放和社会主义自主发展的光明前景。敏锐抓住信息化发展的历史机遇，自主创新推进网络强国建设，是我们应对信息革命的机遇和挑战，实现社会主义现代化和中华民族伟大复兴的关键抉择和必由之路。[34]

的确，坚持和发展中国特色社会主义，需要正确把握科学社会主义基本原则与中国特色的有机统一。改革开放40年来，中国共产党根据不断变化的世情、国情、党情，接力探索中国特色社会主义，既坚持科学社会主义基本原则，又赋予其鲜明的中国特色。[35]

四、改革开放40周年与科学社会主义的发展

为更加深入地学习贯彻新时代中国特色社会主义思想，中国社会科学院组织近百位专家编写了《新时代中国特色社会主义思想学习丛书》，该丛书分别从哲学、党的建设、全面从严治党、新发展理念、经济、法治、文化、文艺、乡村振兴、生态文明、历史、外交等12个方面，阐释新时代中国特色社会主义思想产生的时代背景、主题主线、主要观点和核心要义，阐明这一重要思想为发展马克思主义作出的重大原创性贡献，分析这一重要思想所蕴含的马克思主义的立场、观点、方法，努力从总体上把握这一重要思想的理论体系和内在逻辑，呈现其当代中国马克思主义、21世纪马克思主义的理论形态及其伟大意义。[36]

中国40年的改革开放，成功开辟中国特色社会主义道路，回答了落后国家如何实现社会主义现代化，最终达到共产主义的时代课题。全面深化改革，既要解放思想、实事求是，坚持社会主义市场经济的改革方向不动摇；又要坚持四项基本原则，坚持中国特色社会主义道路不跑偏，这是能否在全面深化改革的重要领域和关键环节取得决定性胜利的根本所在。必须始终坚持社会主义道路，坚定不移走中国特色社会主义道路；必须始终坚持人民民主专政，巩固人民民主专政的社会主义国体；必须始终坚持和加强党的领导，全面从严治党；必须始终坚持马克思主义，把马克思主义与新的时代和实际相结合；必须认真总结改革开放40年的历史经验，坚持全面深化改革。[37]

有学者指出，中国特色社会主义是改革开放以来党的全部理论和实践的主题。改革开放是坚持和发展中国特色社会主义的必由之路。中国改革开放40年的历程向世人证明，只有改革开放才能发展中国、发展社会主义、发展马克思主义。改革开放的实践探索丰富和发展了科学社会主义，使我们对于社会主义建设规律有了新的认识飞跃和理论突破。改革开放的实践探索使我们认识到，社会主义的发展模式不是单一的，而是多种多样的，关键是要找到适合本国国情的发展道路。[38]

在十月革命影响下，中国共产党人把马克思主义基本原理同中国革命和建设的具体实际结合起来，团结带领人民经过长期奋斗，实现了中华民族从“东亚病夫”到站起来的伟大飞跃。这一伟大飞跃以铁一般的事实证明，只有社会主义才能救中国，只有中国特色社会主义才能发展中国。中国特色社会主义理论和实践的成功，使科学社会主义在中国大地上焕发出勃勃生机。党的十八大以来，以习近平同志为核心的党中央进行艰辛理论探索，形成了习近平新时代中国特色社会主义思想，为科学社会主义理论发展、为马克思主义发展作出新的重大贡献。中国共产党人把马克思主义基本原理同新时代中国具体实际结合起来，团结带领人民进行伟大斗争、建设伟大工程、推进伟大事业、实现伟大梦想，推动党和国家事业取得全方位、开创性历史成就，发生深层次、根本性历史变革，中华民族迎来了从富起来到强起来的伟大飞跃。这一伟大飞跃以铁一般的事实证明，只有坚持和发展中国特色社会主义才能实现中华民族伟大复兴。[39]

有学者研究了“改革开放与社会主义的命运”，指出，改革开放使社会主义运动走出低潮，中国实践的成就、中国道路的成功，使世界上正视和相信马克思主义和社会主义的人多了起来，使世界范围内两种意识形态、两种社会制度的历史演进及其较量，发生了有利于马克思主义、社会主义的深刻转变。可以说，正是由于改革开放，正是由于社会主义在中国取得成功，才使得社会主义同资本主义竞争中的被动局面得到很大程度的扭转，社会主义运动正逐渐走出了低谷，走到新时代。改革开放推动马克思主义不断发展。改革开放为人类实现现代化探索出了社会主义新路。中国基本实现现代化、建成现代化强国意味着人类社会发展史上将出现第一个以社会主义制度实现现代化的国家；意味着到那时，不仅中华民族将以更加昂扬的姿态屹立于世界民族之林，而且社会主义运动将迎来一个高潮，科学社会主义旗帜将高高飘扬。[40]

学者深刻总结，中国特色社会主义是党领导人民历尽千辛万苦、付出巨大代价取得的根本成就，是改革开放以来党的全部理论和实践的主题，包括道路、理论体系、制度、文化“四位一体”构成的丰富内涵。其中，中国特色社会主义道路是实现途径，中国特色社会主义理论体系是行动指南，中国特色社会主义制度是根本保障，中国特色社会主义文化是精神支柱，四者统一于中国特色社会主义伟大实践和历史进程中。实事求是、解放思想、与时俱进、求真务实，在实践中检验真理和发展真理，是中国特色社会主义的精髓。中国共产党之所以能够领导人民在中国这样一个经济文化比较落后的发展中大国，建设、巩固和发展中国特色社会主义，归根到底是因为坚持马克思主义的思想路线，解放思想、实事求是、与时俱进，弘扬求真务实精神。[41]

五、新时代中国特色社会主义的世界意义

习近平新时代中国特色社会主义思想以全新的视野，深化了对共产党执政规律、社会主义建设规律、人类社会发展规律的认识，丰富和发展了国际共产主义运动的指导思想——科学社会主义理论。在习近平新时代中国特色社会主义思想的指导下，中国特色社会主义取得了全方位、开创性的历史成就和深层次、根本性的历史变革，正在铸造新辉煌，并将推动国际共产主义运动开辟新境界。[42]

有学者指出，从国际社会对中共十九大的关注度、论中国对世界的贡献来看，新时代中国特色社会主义呈现出多重视域下的世界意义。中国坚持和平发展道路，力推构建人类命运共同体，其倡议多次被收入联合国决议，中国方案快速进入实践过程；新时代中国特色社会主义以更加开放的姿态推动形成全球化新格局，代表着人类社会发展的大趋势；百年前的十月革命与百年后的中共十九大一脉相承于科学社会主义，新时代中国特色社会主义成为 21 世纪世界社会主义运动的旗帜；中国特色社会主义道路是 21 世纪最具发展潜力和活力的制度模式、现代化方案，为发展中国家树立了榜样；中国在摆脱贫困方面取得了巨大成就，为世界作出巨大贡献；全面从严治党、强力反腐、推进重塑国际反腐秩序，彰显中国对世界的独特贡献。[43]

有学者认为，习近平新时代中国特色社会主义思想，用中国人的世界观方法论批判僵化停滞和改旗易帜的错误思潮，坚持发展中国特色社会主义，形成系统新理念新思想新战略，领军 21 世纪现代社会主义变革的历史潮流，用中华民族五千多年漫长奋斗积淀的文化养分和历史底蕴开拓中国特色社会主义道路，以全面从严治党伟大工程的实践和理论展现了现代社会主义变革的光明前景，让科学社会主义在 21 世纪中国焕发出强大生机活力。[44]

新时代中国特色社会主义的创新，是以马克思主义的共产主义和社会主义为本源，以中国共产党人开创的中国特色社会主义为前提的，马克思主义、共产主义、社会主义、中国特色社会主义和新时代中国特色社会主义有着不可分割的必然联系。中国特色社会主义包括中国特色社会主义道路和中国特色社会主义理论体系，习近平新时代中国特色社会主义思想在总体上紧扣马克思主义的本质，始终关注中国特色社会主义与人的全面发展，始终关注民族复兴的价值支撑，始终关注制度建设。[45]

中国特色社会主义进入新时代，意味着苏东剧变后世界社会主义运动从力量下降、思想彷徨、探索艰难时期开始进入信念重启、目标重建、力量重兴的新时期。习近平新时代中国特色社会主义在引领中国不断走向世界的征程中，必将推进世界社会主义进入新阶段。中国共产党领导、人民当家做主、依法治国相结合，能实现国家政治和社会稳定，能集中力量办大事，中国特色社会主义制度优势，对世界左翼力量有着巨大吸引力。中国特色社会主义、科学社会主义在中国的继承、发展和强盛，必然推动世界社会主义运动向前发展。[46]

新时代中国特色社会主义正在终结发展中国家有独立性无现代化、有现代化无独立性的困境；正在终结苏东剧变以来资本主义的全球性胜利；正在终结“历史终结论”的论断。新时代中国特色社会主义正在终结不平等的经济全球化，使经济全球化向着平等参与、共同享有、互利共赢的方向发展。新时代中国特色社会主义正在终结“共产主义失败论”“马克思主义失败论”，使科学社会主义在 21 世纪的中国焕发出强大生机活力。[47]

还有学者深刻指出，习近平新时代中国特色社会主义思想是 21 世纪马克思主义的科学理论形态，从理论和实践结合上系统回答新时代坚持和发展什么样的中国特色社会主义、怎样坚持和发展中国特色社会主义这个重大时代课题，形成了习近平新时代中国特色社会主义思想，丰富发展了当代中国马克思主义，科学构建了 21 世纪马克思主义的最新理论形态。新时代中国特色社会主义成为 21 世纪世界社会主义走向振兴的中流砥柱。从一定意义上说，中国特色社会主义代表着世界社会主义的未来。这是中国特色社会主义道路自信、理论自信、制度自信、文化自信的集中体现，也是中国共产党对社会主义事业及人类社会发展与文明进步的历史担当。[48]

六、世界社会主义运动研究

2018 年 5 月 5 日，第二届世界马克思主义大会在北京大学召开。大会期间，国内外学者就 21 世纪世界社会主义的前景展开了热烈的讨论，内容涉及金融资本积累危机与21世纪世界社会主义复兴的土壤、发达国家的制度批判和革命运动、第三世界国家对社会主义的探索、中国在21世纪世界社会主义中的地位等问题。国外学者对21世纪世界社会主义的看法，对于我们认识当代世界发展大势、增强坚持社会主义道路的自觉性有重大的意义。[49]

有学者认为，苏东剧变使世界社会主义运动陷入低潮，宣告了苏联模式的覆灭，但并非社会主义的“大失败”与“历史的终结”。经过20多年的变革发展，当前世界社会主义运动正在“低潮中奋进”，谋求复兴。人类社会的发展取向是社会主义，但建设社会主义已没有固定不变的模式。各国共产党将马克思主义与本国实际相结合，探索创新自己的理论主张与实践模式，使世界社会主义运动呈现出多样性和多元化的发展新趋势。[50]

综观近10年来我国学界对十月革命的相关研究，其视野更加开阔、对象更为丰富、分析探究越发深入。由此，十月革命的历史细节和事件全貌更加清晰，十月革命对世界不同地区的影响更为明确，十月革命之于人类命运和文明进程的意义进一步展现。[51]

有学者关注到，根据俄罗斯三大调查机构近年来有关1917年十月革命的舆情数据，可以发现俄罗斯社会经过20多年的转型，民众对十月革命的认知和评价愈加理性。总体而言，与叶利钦时代社会舆论中对十月革命以批判的主基调不同，民众肯定了十月革命对20世纪俄罗斯历史和人类历史的意义，认为它为俄罗斯人民打开了一个新的历史时代，推动了俄罗斯社会经济发展。其背后变化的原因在于普京政府实施了新的历史文化政策和俄罗斯历史学界的研究更加深入、客观。[52]

有学者指出，资本主义的自我调整对科学社会主义的挑战主要体现在六个方面：资本主义政治的自我修复能力、产权的保护、阶级的差异与固化、意识形态的多极化、分配机制调整与生态危机应对。然而，科学技术的进步与资本主义内部阶级之间进一步的分裂，有可能实现科学社会主义的逆向背反，把这些不利条件转化为有利于最终实现科学社会主义的促进因素。[53]

还有学者反思非洲社会主义运动的历史、非洲选择社会主义的原因、非洲社会主义运动失败的原因对于探索今天的非洲发展道路具有重要意义。非洲社会主义失败的外因是资本主义世界体系的结构性制约，重要的内因是非洲落后的国家能力，直接的原因则是非洲社会主义国家在建设中的政策失误。非洲探索自身发展道路的实践必须与加强国家能力建设、推动构建更加公平合理的国际政治经济新秩序以及坚持开放式自主发展联系起来。[54]

总体看来，2018年北京地区科学社会主义研究，内容更广泛，聚焦更专注，研究回答时代之问思路更清晰，创新和发展的意识更强烈，结合时代特点的理论联系实际更有说服力。同时，也存在着一些亟待解决的理论问题有待于深化研究，如新时代中国特色社会主义对于科学社会主义理论的创新点于世界的意义，21世纪的马克思主义于科学社会主义的创新，世界社会主义运动在中国特色社会主义的引领下，所处发展阶段的研究和界定等，一些重要理论和实践问题，还在期待学者作出回答。

注：

①秦刚：《马克思对社会主义的科学论证》，《中共中央党校学报》，2018年第5期。

②韩海涛、李珍珍：《马克思世界历史理论的三重意蕴》，《科学社会主义》，2018年第4期。

③张蝶：《从神话逻辑到科学社会主义——两种马克思主义叙事逻辑的探究》，《教学与研究》，2018年第11期。

④刘海涛：《论社会主义从空想到科学的发展》，《科学社会主义》，2018年第3期。

⑤张杨：《不破哲三对21世纪世界重回马克思主义的若干思考》，《马克思主义研究》，2018年第12期。

⑥赵志强、陈蕾：《关于科学社会主义学科研究对象的思考——读恩格斯〈社会主义从空想到科学的发展〉的启示》，《学理论》，2018年第3期。

⑦彭小瑜：《马克思恩格斯对19世纪无政府主义宗教观的批判》，《中央社会主义学院学报》，2018年第5期。

⑧加润国：《科学无神论是社会主义意识形态的重要基石》，《文化软实力研究》，2018年第6期。

⑨刘建军：《科学社会主义基本原理的理论概括与内涵阐释》，《科学社会主义》，2018年第3期。

⑩《深刻感悟和把握马克思主义真理力量谱写新时代中国特色社会主义新篇章》，《人民日报》，2018年4月25日。

⑪《纪念马克思诞辰200周年大会在京举行 习近平发表重要讲话》，《人民日报》，2018年5月5日。

⑫刘润为：《〈共产党宣言〉的原则与我们的现实

选择》，《文化软实力》，2018 年第 1 期。

⑬石仲泉：《纪念马克思诞辰 200 周年——马克思主义和中国化马克思主义理论》，《天津日报》，2018 年 4 月 23 日。

⑭蔡晓：《从〈共产党宣言〉谈所有制问题》，《学习时报》，2018 年 12 月 20 日。

⑮刘建军：《〈共产党宣言〉的文体类型与语言风格》，《科学社会主义》，2018 年第 2 期。

⑯陈文通：《深刻领会〈共产党宣言〉阐明的一般原理》，《中国浦东干部学院学报》，2018 年第 5 期。

⑰周新城：《认清民主社会主义的本质，划清科学社会主义与民主社会主义的界限——纪念〈共产党宣言〉发表 170 周年》，《毛泽东邓小平理论研究》，2018 年第 9 期。

⑱吴诗尧：《近十年国内〈共产党宣言〉研究综述》，《福州大学学报》（哲学社会科学版），2018 年第 1 期。

⑲吉田阳介：《〈共产党宣言〉与日本社会主义运动的发展》，《福州大学学报》（哲学社会科学版），2018 年第 1 期。

⑳赵曜：《马克思主义是指引全人类解放的科学理论——纪念马克思诞辰 200 周年》，《中共宁波市委党校学报》，2018 年第 2 期。

㉑《思想巨人 伟大旗帜——纪念马克思诞辰 200 周年研讨会在京召开》，《中国社会科学网》，2018 年 4 月 17 日。

㉒王伟光：《把学好马克思主义作为共产党人的看家本领——纪念马克思诞辰 200 周年》，《世界社会主义研究》，2018 年第 5 期。

㉓李瑞琴：《马克思主义是人民的理论》，《光明日报》，2018 年 5 月 28 日。

㉔崔友平：《学习马列经典增强看家本领——纪念马克思诞辰 200 周年》，《中国青年社会科学》，2018 年第 3 期。

㉕李瑞琴：《马克思还活着，比我们想象的要近得多——俄罗斯自发隆重纪念马克思诞辰 200 周年活动》，《文化软实力》，2018 年第 3 期。

㉖朱隽：《“90 后”应该了解的马克思同志——纪念马克思诞辰 200 周年》，《世界社会主义研究》，2018 年第 5 期。

㉗周新城：《坚持科学社会主义基本原则是一以贯之坚持和发展中国特色社会主义的前提——纪念〈共产党宣言〉发表 170 周年》，《文化软实力》，2018 年第 1 期。

㉘严书翰：《科学社会主义中国化的重大成果：习近平的科学社会主义观》，《当代世界与社会主义》，2018 年第 5 期。

㉙辛向阳：《五大跨越：新时代中国特色社会主义的政治优势》，《世界社会主义研究》，2018 年第 7 期。

㉚严书翰：《为解决人类问题作出了中国重要贡献》，《天津日报》，2018 年 10 月 8 日。

㉛孙力、翟桂萍：《改革开放塑造科学社会主义新形态》，《科学社会主义》，2018 年第 6 期。

㉜秦刚、郭强：《社会主义“从传统到现代”的新发展——从社会主义发展进程看中国特色社会主义进入新时代》，《科学社会主义》，2018 年第 1 期。

㉝李崇富：《作为科学社会主义新形态的中国特色社会主义》，《马克思主义研究》，2018 第 10 期。

㉞罗文东：《信息革命对社会主义造成的机遇和挑战》，《科学社会主义》，2018 年第 5 期。

㉟肖贵清、白云翔：《中国特色社会主义是科学社会主义与中国特色的有机统一》，《思想理论教育》，2018 年第 2 期。

㊱王伟光、谢伏瞻主编：《习近平新时代中国特色社会主义思想学习丛书》全套 12 册 ，中国社会科学出版社，2018 年版。

㊲王伟光：《坚持社会主义方向的改革开放永不停步》，《世界社会主义研究》，2018 年第 12 期。

㊳冯俊：《改革开放是坚持和发展中国特色社会主义的必由之路》，《光明日报》，2018 年 11 月 16 日。

㊴吴恩远：《科学社会主义具有强大生机活力》，《人民日报》，2018 年 6 月 8 日。

㊵李文阁：《改革开放与社会主义的命运》，《学习时报》，2018 年 12 月 14 日。

㊶罗文东、陈烨：《深化对中国特色社会主义科学内涵和本质特征的认识》，《中国社会科学院研究生院学报》，2018 年第 3 期。

㊷吕薇洲：《习近平新时代中国特色社会主义思想开辟国际共产主义运动新境界》，《当代世界》，2018 年第 3 期。

㊸李瑞琴：《新时代中国特色社会主义的世界意义——以国际社会论中国对世界的贡献为视角》，《当代世界社会主义问题》，2018 年第 2 期。

㊹奚广庆：《试论新时代中国特色社会主义的世

界历史意义——学习党的十九大报告的几点体会》，《中共宁波市委党校学报》，2018 年第 1 期。

㊺陈勇勤：《共产主义、科学社会主义与新时代中国特色社会主义》，《中共宁波市委党校学报》，2018 年第 1 期。

㊻柴尚金：《中国新时代谱写世界社会主义新篇章》，《当代世界》，2018 年第 2 期。

㊼辛向阳：《五个终结：新时代中国特色社会主义的国际意义》，《科学社会主义》，2018 年第 1 期。

㊽姜辉：《新时代中国特色社会主义对世界社会主义的重大贡献》，《人民日报》，2018 年 5 月 22 日。

㊾宋朝龙：《国外马克思主义学者对 21 世纪世界社会主义前景的展望——第二届世界马克思主义大会专题评析》，《社会主义研究》，2018 年第 5 期。

㊿门晓红、韦堡山、王琨：《多样性多元化的世界社会主义运动》，《科学社会主义》，2018 年第 1 期。

(51)吴诗尧：《近十年国内关于十月革命研究综述》，《内蒙古大学学报》（哲学社会科学版），2018 年第 6 期。

(52)周国长：《近年来俄罗斯社会对 1917 年十月革命的评价》，《科学社会主义》，2018 年第 2 期。

(53)冉昊：《资本主义的自我调整及其对科学社会主义的挑战》，《科学社会主义》，2018 年第 4 期。

(54)马汉智、杨宝荣：《非洲社会主义运动与当代非洲的道路选择》，《科学社会主义》，2018 年第 3 期。

（作者：李瑞琴，中国社会科学院研究员）

国外马克思主义

黄继锋　王　瞻　谢　倩

2018 年适逢马克思诞辰 200 周年，北京地区举办了多场纪念性国际学术会议。2018 年 4 月 23 日中国人民大学举行了“马克思与现时代：纪念马克思诞辰 200 周年国际高端论坛”。来自德国柏林-勃兰登堡科学院 MEGA 工作组成员、柏林 MEGA 编辑促进会成员和来自德国柏林自由大学、德国鲁尔大学、奥地利格拉茨大学等高校的专家学者应邀出席。[①]2018 年 5 月 5 日，第二届世界马克思主义大会在北京大学召开，大会主题是“马克思主义与人类命运共同体”，来自世界五大洲 30 多个国家的 1100 多名国内外学者参会（其中有 120 多位国外学者），就马克思和马克思主义相关的理论和现实问题展开了讨论。国际著名马克思主义学者、第三世界论坛主席萨米尔·阿明、美国纽约城市大学教授大卫·哈维等作了主题发言。[②]这些学术活动，增进了国内外马克思主义学者的相互交流和了解，促进了学术界对国外马克思主义的研究。

2018 年，北京地区学者在国外马克思主义思潮流派、代表人物以及热点问题等方面取得了一系列新的研究成果，现综述如下。

一、关于国外马克思主义思潮流派的研究

本年度对国外马克思主义思潮流派的研究主要集中在对英美马克思主义与传统“西方马克思主义”关系的探讨，以及对生态马克思主义、有机马克思主义、东欧新马克思主义等流派的评析。

（一）对英美马克思主义与“西方马克思主义”关系的研究

在英美马克思主义与“西方马克思主义”关系这一问题上，学界的主流观点是，自 20 世纪 70 年代起，西方资本主义国家的马克思主义研究开始呈现出由西欧大陆向英美转移的趋势，植根于西欧大陆的“西方马克思主义”开始走向衰落，而在英美却不断涌现新的颇具影响的马克思主义流派或理论，并逐渐取代西欧大陆而成为当今西方资本主义国家马克思主义研究的中心地域。在这一观点的影响下，学者们往往侧重于强调英美马克思主义诸流派在当代国外马克思主义理论发展中的突出地位，着眼于这一理论研究阵地“转移”过程中所呈现出的新变化和新特征，而较少对英美马克思主义与“西方马克思主义”之间的关系进行细致的梳理和分析。张秀琴所撰写的《西方马克思主义在当代英美的传播与接受》一文，从思想史的角度对二者的关系展开深入探讨，展示了西方马克思主义在英美的接受与传播情况，并解读其共享的研究主题和研究方法。

张秀琴认为，西方马克思主义传统特别是其文化研究传统，对英美马克思主义的影响十分巨大，英美

马克思主义学者中有很多人是通过西方马克思主义的中介才走进马克思的。西方马克思主义主要在 20 世纪 60 年代以《新左派评论》为媒介传入英国知识界，形成了“新历史主义”的马克思主义历史研究、“文化唯物主义”的马克思主义和“分析马克思主义”的经济学研究三个重要流派。西方马克思主义在美国的传播则一方面主要得力于在 20 世纪 60 年代后马克思恩格斯的著述在美国的公开出版和新左派运动的推介，另一方面归功于“法兰克福学派”在美国作出的巨大贡献。总的来说，受西方马克思主义的影响，当代英美马克思主义的主要议题是文化、历史与经济，其经济学研究渗透于文化与历史中，从而形成了独具特色的政治经济学研究传统。其理论立场也深受欧陆西方马克思主义影响，往往“游移于”人本主义和科学主义之间，力图寻找一条更符合时代精神的英美式“马克思主义道路”。③

（二）对生态马克思主义和有机马克思主义的研究

生态马克思主义近年来引起学者们的持续关注，对其研究也在不断深入。张晓萌、殷逸枫的文章对生态马克思主义构成的路径进行了探讨。文章认为，基于对历史唯物主义的不同理解，生态马克思主义者在理论构建中形成了两条截然不同的路径。其一是以奥康纳为代表的修正路径，将历史唯物主义理解为一种经济决定论，主张对历史唯物主义进行修正，赋予马克思主义以生态内涵。其二是以福斯特为开创者，将历史唯物主义理解为内在包含生态向度的理论，主张回到马克思恩格斯著作中去对历史唯物主义进行生态重释。出现这种差异的原因在于，马克思主义内部始终存在着科学主义和人道主义、实证和思辨之间的张力。如果囿于传统西方马克思主义对历史唯物主义所作的这种二元对立的思维方式，必然会导致历史唯物主义在生态问题上的“失语”。要构建真正的马克思主义生态学，就一定要超越这种二元对立思维方式。④

郇庆治从构建“社会主义生态文明观”的视角对生态马克思主义的理论意义进行阐发，认为生态马克思主义为社会主义生态文明观提供了一种理论视角。郇文认为，生态马克思主义对资本主义社会条件下生态环境危机的成因作了深入分析，即资本主义性质的人与自然关系、社会与自然关系注定了其双重基本矛盾意义上的内源性危机，资本主义的生态危机归根结底是资本主义历史发展中系统性危机的阶段性呈现。生态马克思主义的政治哲学立场为社会主义生态文明观提供了一种激进的社会的或综合性变革的哲学与战略。与经典马克思主义（科学社会主义）相比，生态马克思主义的最大贡献或优点是提供了从马克思主义或社会主义理论视角辩证思考人与自然关系、社会与自然关系的知识积累和自我反思精神。⑤

杨富斌、张莹的文章以有机马克思主义生态正义观为主题，探讨有机马克思主义生态正义观的三个思维转向——由现代实体思维方式向有机思维方式转向，由极端个人主义向共同体主义转向，由征服自然向尊重自然转向。文章指出，探讨和阐释有机马克思主义的生态正义观，对我国当前正在进行的社会主义生态文明建设具有重要意义。从现实意义上说，有机马克思主义生态正义观启示我们要致力于使生态文明建设的成果惠及最广大人民群众，要兼顾城市和农村，兼顾发达地区和落后地区，要致力于小型有机农业共同体。从理论意义上说，有机马克思主义生态正义观启示我们要注重加强哲学思维方式的研究，着力于思维方式的转变，要运用马克思主义的阶级分析方法，协调好各方利益关系，要注意提高全体公民的生态意识。⑥

谢景海从有机马克思主义的经济思想分析入手，指出了有机马克思主义对资本主义经济制度的四个主要批判：对“经济人”假设和利己主义原则的批判，对资本主义经济增长和自由市场的批判，对资本主义的分配和消费制度的批判，对资本主义经济体制导致生态危机的批判。有机马克思主义在批判资本主义经济体制的过程中，也提出了自己的经济构想，其核心原则有四点，即为了共同福祉、有机的生态思维、关注阶级不平等问题及长远的整体的视野。而这些原则正是有机马克思主义经济纲领的核心和宣言，贯穿在有机马克思主义经济构想之中。有机马克思主义的经济思想提出了超越资本主义经济模式，选择为了共同福祉的社会主义生态文明体制。该构想和经典马克思主义经济学、生态社会主义的经济理论既有区别，又有联系，也面临着付诸实施、实现经济转型的现实难题，但其中不乏一些值得重视的思想火花，能够为世界特别是我国生态文明建设提供有益的启示。⑦

（三）对东欧新马克思主义的研究

东欧新马克思主义者由于相近的历史文化背景、理论渊源和现实境遇，在他们从事的学术活动和理论研究中有着相近的价值追求和思想特征，主要体现在以异化批判为核心建构起来的学术研究路向。唐庆的文章着重研究了东欧新马克思主义的需要理论，指出东欧新马克思主义的主要特征是从人的本质走向对人的需要结构进行理论分析与研究，即从马克思关于人的本质的思想出发，逐步转向对人的需要的研究，进而对现存社会展开批判；其批判视域由传统马克思主义的政治经济学批判转向异化的批判；通过对马克思的异化理论的援引和阐发，对现存社会的普遍异化问题的批判，试图建构激进的需要理论，推动需要革命，为社会大众需要的实现创造平等的机会和良好的社会条件。但是东欧新马克思主义对异化理论的过度泛化使用以及把马克思主义人本化，背离了马克思主义的本意，也凸显了其局限性。[⑧]

南斯拉夫实践派著名代表人物弗兰尼茨基是东欧新马克思主义中对社会主义改革探讨最多的理论家。贾雁鹏深入分析了弗兰尼茨基的社会主义改革思想，将弗兰尼茨基的社会主义改革思想分为对社会主义改革必要性的思考、对社会主义改革模式的设计以及对南斯拉夫自治社会主义改革实践的反思三个部分。弗兰尼茨基自治社会主义改革的理论基础是社会主义的人道主义，即马克思主义的人道主义或无产阶级的革命人道主义，它体现在消灭人剥削人的制度、解放全人类和建设自由生产者的联合体的共产主义世界观中。在这一价值观的引领下，弗兰尼茨基把消除异化、实现人的解放和自由看作是社会主义的历史使命。但是弗兰尼茨基的社会改革方案也存在着局限性，最主要的缺陷在于，忽略了生产力水平和经济基础这个发展的根本性前提，脱离了当时南斯拉夫的国情，具有某种幻想的成分。[⑨]

二、关于国外马克思主义热点问题的研究

国外马克思主义的公平正义理论、空间理论、意识形态理论、新自由主义批判理论等是近年来学者们讨论的热点，本年度对这些热点问题的研究仍在继续深入。

（一）对公平正义理论的研究

“塔克-伍德命题”是指一种关于理解马克思正义概念的观点及其论证，这一命题的核心论点是，马克思并不认为资本主义不正义，反对以“不正义”为名谴责或批判资本主义。李义天从“塔克-伍德”命题入手深入讨论了马克思正义概念的双重结构。李文强调，在对马克思正义概念的理解上，塔克和伍德存在明显差异，因此这一命题内部的复杂性、坚固性和启发性仍需认真对待。李文认为，“塔克-伍德命题”的真正症结，不在于它断言马克思拒斥正义概念，也不在于它把正义概念仅仅理解为描述性的，而是在于，它在马克思根据历史唯物论提出的正义观念同这种正义观念在资本主义条件下所具体展开的正义主张之间设定了一种未经反思的排他性关联。为了有效反驳“塔克-伍德命题”进而建立马克思主义伦理学的合法性，一种更好的方案就应该是，在不改变现有的正义观念的前提下，便能证明无产阶级正义主张的可能性。[⑩]

与李文所不同的是，周凡将塔克的“正义之思”与其对马克思哲学和马克思主义的研究联系起来加以考察。通过这种总体性考察，洞悉塔克“正义之思”的政治背景和理论语境，进而能够更好地把握塔克正义观的实质蕴含以及它的当代效应。塔克认为，马克思对道德哲学的批判体现在两个方面，一是生活在功利主义伦理学时代的马克思对功利主义理论作出了深刻的批判，二是马克思对近代欧洲社会的这种以正义为核心价值观的伦理观作出了严厉谴责，两个方面无一不展现了马克思对正义概念的拒斥。周凡指出，塔克的正义观经过艾伦·伍德多少有些缺陷的传承，最终成了20世纪70年代以来几十年间关于正义关系的激烈争论的原始图腾。[⑪]

曹江川通过回顾法国著名思想家卡斯托里亚迪斯的观点，试图发现一种关于马克思正义理论的可能进路。不同于英美学者，卡斯托里亚迪斯追本溯源，试图挖掘马克思在正义问题上和亚里士多德的思想关联，认为马克思在研究分配正义问题时，是沿着亚里士多德在《尼各马可伦理学》中的足迹，并用其中的概念来寻找答案的。正义和平等的关系，算数平等和几何平等，人的需要构成了马克思正义理论的几个维度，为我们思考马克思的正义理论提供了一种启示。[⑫]李旸通过与英国学者肖恩·塞耶斯教授的访谈，就社会主义、正义与历史唯物主义等主题进行了深入的探讨。塞耶斯教授强调，马克思的确有道德和正义理论，且有规范性的正义观念，但他的理论是一种对作为价值现象的正义的分析。马克思是将正义看作一种历史现象，而非基于某种永恒的、绝对的理性原则。[⑬]

（二）对都市空间理论的研究

伴随城市化和全球化发展与20世纪60年代“空间转向”凸显的理论趋势，空间理论成了学术界研究的一个热点。杨生平与李建芳的文章对近年来炙手可热的大卫·哈维的新马克思主义空间理论的研究现状做了总体评述。他们指出，哈维空间理论具有多维性的特征，促成了国内外学者围绕不同问题开展多向度研究的景观。哈维基于马克思主义空间理论的挖掘与创新，实现了历史唯物主义向历史-地理唯物主义的升级，成了新马克思主义典范。通过对哈维空间理论产生、逻辑与理论具体问题的归纳梳理，学者对哈维空间理论开展了多向度的研究，产生了相对丰富的理论成果，但也存在研究文献不充分，研究维度单一化，疏离重要问题与缺乏深度系统研究等不足。⑭

在都市空间理论研究中，差异性是颇为重要的概念——这里的差异性主要指的是都市内部的空间差异性。强乃社的文章强调，在都市空间差异性问题上，列斐伏尔所做的研究是迄今为止最为深刻的，他所主张的这种差异性富有辩证的特性，是和同质性、中心等密切联系的，是都市空间中差异性事物形成的，是辩证的差异。强文认为，当代都市社会，差异处于一种非常复杂的过程中。固然都市内部有差异性，但是外部的差异性和同质化同时进行，都市发展中的空间趋同性也可能增加。我们需要警惕都市的趋同现象自身产生的问题，需要回到传统城市去寻找灵感，在所谓的同质化的农业和工业城市空间中，寻找我们当代和未来都市发展的差异性中的趋同性走向。⑮

（三）对意识形态理论的研究

在理解“理性”与“意识形态”及其历史遭遇问题上，英国学者乔治·拉伦提出了独特且精辟的看法。杨生平指出，面对现代特别是后现代以来非理性主义对理性的攻击，乔治·拉伦通过对理性历史观和非理性主义历史观利弊的辨析，试图在交往理性基础上重建理性历史观并展开意识形态批判。杨文认为，乔治·拉伦这种对理性充满信心并将主观理性与交往理性结合起来重建历史观的做法，及其对马克思意识形态的拓展式研究，将马克思主义意识形态拓展到了种族、性别与第三世界问题研究上，有很强的现实意义。但由于其未能依据客观理性且没有系统历史思想作基础，因而又使其理论显得苍白与零散。⑯

郑飞梳理了马克思、韦伯和卢卡奇三人的意识形态批判思想谱系。马克思把意识形态视为现代社会的“观念副本”，意识形态批判构成了马克思现代性批判的重要维度。马克思不仅奠定了意识形态批判的历史唯物主义之基，而且通过政治经济学批判深入到意识形态的本质之维。韦伯从文化层面补充了马克思关于资本主义兴起过程的分析，提出了社会生活合理化的文化现象问题。卢卡奇把韦伯所说的社会生活领域的合理化原则直接运用于意识形态批判之中，他立足于马克思的问题架构，并采取韦伯的合理化分析这一独特的进路，这对后来的西方马克思主义者产生重要影响。同时，卢卡奇以合理化的视角展开对现代社会生活的全面批判，彰显资本主义形式上的合理性与实质上的非理性，并最终通过黑格尔主义的马克思主义这一形式实现对现代性的超越。⑰

李世涛从意识形态的视角探析了詹姆逊对现代性理论的批判。詹姆逊以意识形态分析为主要方法，从断代、再现、视角、现代性话语及其研究策略等方面分析了现代性的意识形态。詹姆逊通过意识形态批判的视角，为我们展示了现代性理论的建构性、想象性及其对真实的遮蔽、歪曲。在此基础上，詹姆逊提出了正确对待现代性理论的做法：放弃总结、发明和使用现代性概念的努力；以现时本体论的态度对待现代性；用乌托邦的力量来解决现代性的困境。李文认为，詹姆逊立足于意识形态分析，揭示了现代性理论的暧昧和诸多可疑之处，有助于我们破除对现代性理论的迷信，也为我们理解西方现代性理论提供了便捷的、具有参考价值的路径。⑱

（四）对西方左翼学者关于新自由主义的批判研究

陈兴亮分别从实践角度、理论角度、期望角度分析了托马斯·皮凯蒂、蓝尼·艾伯斯坦、丹尼尔·斯特德曼·琼斯、佩里·安德森、伊曼纽尔·沃勒斯坦等国外左翼学者对新自由主义的批判以及针对新自由主义的替代性方案。陈文认为，科学把握国外左翼学者对新自由主义危害的批判，认清新自由主义实践带来的危害，客观解读这些左翼学者给出的建议和替代性方案，对我国意识形态工作有三个方面的重要启示：通过揭露新自由主义意识形态文化的虚伪性，树立中国特色社会主义的文化自信；通过揭露新自由主义意识形态理论的霸权逻辑，增强中国特色社会主义的理论自信；通过反对新自由主义意识形态主导的单极世界，推动构建人类命运共同体。⑲

崔晨以法国马克思主义研究代表人物雅克·比岱为例，介绍了比岱对新自由主义的本质和现状所作出的深刻论断。比岱以哲学视角发掘新自由主义的理论根基，通过构建其“元结构-结构-世界政治”的拓扑哲学体系，对资本主义进行拓扑学式的发掘，对马克思哲学进行元结构的重构与应用，揭示出新自由主义在哲学层面上的本质即是霸权主义结构中的一个特殊阶段，并且这个阶段一定会被更高阶段所超越，在最终阶段会迎来世界范围内的政治解放。崔文认为，比岱的思想显示出当代法国马克思主义对新自由主义批判的彻底性，及其理论自身的激进性和现实性。[20]

三、关于国外马克思主义代表人物的研究

在对代表人物研究方面，既有对传统西方马克思主义代表人物的深度分析，也有对近些年来比较活跃的国外马克思主义者的研究。

（一）对传统西方马克思主义代表人物思想的研究

仰海峰分析了卢卡奇、柯尔施与葛兰西三位传统西方马克思主义学者对马克思主义的批判与接受，指出三人是通过重新倡导马克思主义的黑格尔哲学来源，强调马克思主义的批判的方法论特征、主体创造性的维度，来实现理论与实践的统一，从而形成了不同于第二国际时期“正统马克思主义”的解释路径，这一解释思路直接影响了后来者。卢卡奇、柯尔施与葛兰西对马克思主义哲学批判性的方法论特征的强调，破除了对马克思主义哲学的教条化解读，作出了积极的理论贡献。文章指出，在开放的视野中不断推进马克思主义哲学的研究，应当是我们今天面对国外马克思主义、反思当代资本主义社会及其思潮的基本前提。[21]

陈慧平的文章辩证分析了阿多诺《否定的辩证法》一书中的“同一性”概念的多层内涵，考察“同一性”的悖论，揭示“同一性”的辩证运动。阿多诺将人类文化的僵化、封闭的一面视为“同一性”的大本营，因而试图重构希望，以文化面向自然，在更高层次上向自然回归，升级现有“理性”的版本，迎接“非同一性”形而上学。陈文认为，阿多诺“同一性”概念内在地存在着肯定与否定的悖论，也存在着从“同一性”到“非同一性”的辩证运动。只有通过重新思考阿多诺的“同一性”概念，才能厘清阿多诺复杂的思想脉络，从而更好地面向未来，感受新旧嬗变的张力，为既有语言之外的“鲜活客体”（包括人们尚未认识的“自我”）争取表达权。[22]罗松涛对阿多诺道德哲学中的实践向度展开探讨，指出阿多诺的道德哲学意在探寻“奥斯维辛之后”正确生活的可能性。为此阿多诺提出了通向正确生活的两条路径，它们之间各有侧重又相辅相成：一是思想层面的彻底批判与反思，二是铭记历史，致力于再启蒙的教育。阿多诺所思考的正确生活图景与本雅明经常提及的辩证意象有相通之处，即坚持彻底批判精神的思想者在面对错误生活时产生震惊进而将其悬置，由此确保像奥斯维辛这样的人类灾难永不重现，并由此开启通向正确生活的可能性。[23]

（二）对后马克思主义代表人物思想的研究

张旭通过梳理右翼思想家施米特的主权决断例外状态论与左翼思想家本雅明的弥赛亚的例外状态论，进而分析阿甘本所挑起的施米特与本雅明关于例外状态之争的思想意涵与批判意图，探讨了阿甘本“例外状态”学说对于思想史与政治哲学的贡献与意义。张旭认为，通过重建施米特和本雅明关于例外状态之争的实质内容与论战要点，阿甘本创建了一套自己的关于生命政治的“例外状态”学说，以充分解释现代政治施加在“赤裸生命”之上的“主权权力”的运作机制，打通了贯通政治、法律、生命、神学等诸领域的路径，开创了当今欧美学界最流行的新政治哲学范式。“例外状态”概念不仅对于理解阿甘本的生命政治学说具有至关重要的意义，而且也为重新理解西方政治思想史提供了全新的视角。[24]文晗分析了阿甘本的政治哲学中“潜能”概念，指出这一概念是阿甘本政治哲学的存在论根源，并在此基础上分析阿甘本生命政治理论和例外状态理论与潜能论之间的密切关联。阿甘本的潜能论主要基于亚里士多德的论述，但又存在显著的不同。阿甘本认为，“潜能乃是非潜能”，潜能或非潜能作为整体包含着实现和不实现这两种可能性。阿甘本对于潜能的政治哲学的阐释揭示了一个隐藏在西方思想史上的关键转折，即对现成存在者或者在场之物的贬抑，对纯粹生命或者不可理解的“他者”的肯定，以及对被动性、事实性、被给予性的强调。[25]

（三）对英美马克思主义代表人物思想的研究

张秀琴指出，近30年来，美国马克思思想研究界存在着由过去偏重经验实证分析范式向倚重哲学、特别是辩证法路径的转变。这一点，主要体现于他们基于对《资本论》的解读而掀起的对当代政治经济学批判研究之中。作者认为，借助于对辩证法的重新释义和功能重建，当代美国人本主义辩证法学者实际上掀起的是一场马克思主义辩证法的范式革命，即从传统唯物辩证法范式转向历史具体的辩证法范式。其基本内容包括：强调主—客体互动和多元生成关系的主休总体论；以经济—文化有机体论为视角的新的总体化叙事框架。基于此，当代美国人本主义马克思主义辩证法观不仅带有其鲜明的美国特色、英美式风格，而且也体现了整个传统西方马克思主义所开创和秉承的以强调“总体辩证法”为特征的文化马克思主义传统。通过波斯顿、奥尔曼、詹姆逊、哈维等人为代表的人本主义辩证法学派的论著，使得“辩证

法”这一马克思主义的核心范畴成为当今马克思研究中最活跃的领域之一。[26]

雷晓欢在唯物史观的视域下展开了对英国马克思主义者密里本德的国家理论的研究。密里本德通过研究资本主义国家本质和国家职能之间的关系，构建了国家相对自主性理论，揭示了资本主义国家的阶级本质。雷晓欢认为，密里本德在一定程度上复兴了马克思主义国家理论，重申了阶级政治的重要性。从唯物史观角度，对密里本德国家理论展开研究，对其“工具主义者”身份进行再商榷，有助于更清晰地把握西方马克思主义关于国家理论研究的逻辑理路，加深对于马克思唯物史观国家理论的理解。[27]

注：

①赵宇：《“马克思与现时代：纪念马克思诞辰200周年国际高端论坛”在京举行》，光明网，2018-04-24，http：//share. gmw. cn/theory/2018-04/24/content_ 28472634. htm。

②宋朝龙：《国外马克思主义学者对21世纪世界社会主义前景的展望——第二届世界马克思主义大会专题评析》，《社会主义研究》，2018年第5期。

③张秀琴：《西方马克思主义在当代英美的传播与接受》，《学术界》，2018年第2期。

④张晓萌、殷逸枫：《马克思主义生态学对历史唯物主义的生态重构》，《教学与研究》，2018年第5期。

⑤郇庆治：《社会主义生态文明观阐发的三重视野》，《北京行政学院学报》，2018年第4期。

⑥杨富斌、张莹：《有机马克思主义生态正义观刍议》，《重庆交通大学学报》(社会科学版)，2018年第1期。

⑦谢景海：《有机马克思主义的经济思想探析》，《福建师范大学学报》，2018年第1期。

⑧唐庆：《论东欧新马克思主义的需要理论及其异化批判方法》，《国外社会科学》，2018年第5期。

⑨贾雁鹏：《弗兰尼茨基社会主义改革思想研究》，《学术交流》，2018年第6期。

⑩李义天：《认真对待“塔克-伍德命题”——论马克思正义概念的双重结构》，《中国人民大学学报》，2018年第1期。

⑪周凡：《神话、哲学与正义之蚀——论塔克的马克思主义研究及其当代效应》，《学术交流》，2018年第10期。

⑫曹江川：《马克思主正义理论的一种可能性：从亚里士多德到卡斯托里亚迪斯》，《学术交流》，2018年第10期。

⑬李旸：《社会主义、正义与历史唯物主义——访英国马克思主义哲学家肖恩·塞耶斯教授》，《马克思主义理论学科研究》，2018年第1期。

⑭杨生平、李建芳：《哈维马克思主义空间理论研究述评》，《社会科学动态》，2018年第12期。

⑮强乃社：《列斐伏尔视野中的都市空间差异性》，《华中科技大学学报》，2018年第1期。

⑯杨生平：《作为理性对立面的意识形态———乔治·拉伦意识形态观评析》，《江海学刊》，2018年第1期。

⑰郑飞：《意识形态批判的思想谱系：马克思、韦伯与卢卡奇》，《南京大学学报》，2018年第6期。

⑱李世涛：《詹姆逊现代性理论批判——以意识形态为视角》，《东岳论丛》，2018年第3期。

⑲陈兴亮：《国外左翼学者对新自由主义的批判》，《马克思主义研究》，2018年第7期。

⑳崔晨：《法国当代马克思主义研究对新自由主义理论的批判———以雅克·比岱为例》，《山东社会科学》，2018年第10期。

㉑仰海峰：《国外马克思主义视域中的马克思主义——以卢卡奇、柯尔施与葛兰西为例》，《国外社会科学》，2018年第1期。

㉒陈慧平：《阿多诺“同一性”概念再思考》，《哲学动态》，2018年第2期。

㉓罗松涛：《从思之道德到正确生活——论阿多诺道德哲学的实践维度》，《马克思主义与现实》，2018年第2期。

㉔张旭：《阿甘本论例外状态》，《马克思主义与现实》，2018年第1期。

㉕文晗：《潜能存在论——论阿甘本政治哲学的存在论根源》，《马克思主义与现实》，2018年第2期。

㉖张秀琴：《〈资本论〉与当代政治经济学批判——以英美当代人本主义辩证法学派为例》，《教学与研究》，2018年第1期。

㉗雷晓欢：《唯物史观视域下密里本德国家理论再认识》，《马克思主义哲学论丛》，2018年第3期。

（作者：黄继锋，中国人民大学教授；
王瞻、谢倩，中国人民大学博士生）

哲 学

马克思主义哲学

王 东 王晓红

2018年是非常重要的一年，适逢马克思诞辰200周年，《共产党宣言》发表170周年，中国改革开放40周年。通过对理论界一年来学术研究状况的认真梳理，发现学者们以新时代马克思主义哲学创新为主题，主要探讨了以下六个重大问题：纪念马克思诞辰200周年、《资本论》哲学创新探讨、《德意志意识形态》新探索、改革开放40年与哲学创新、新时代的哲学创新、文化自信的哲学思考。

一、纪念马克思诞辰200周年和新时代马克思主义观

2018年5月4日，纪念马克思诞辰200周年大会，在首都北京人民大会堂隆重举行。习近平总书记发表长篇重要讲话，继1919年李大钊《我的马克思主义观》之后，阐发了中国共产党人新时代的马克思主义观。马克思是全世界无产阶级和劳动人民的革命导师，是马克思主义的主要创始人，是马克思主义政党的缔造者和国际共产主义的开创者，是近代以来最伟大的思想家。2018年是马克思诞辰200周年，马克思给我们留下的最有价值、最具影响力的精神财富，就是以他名字命名的科学理论——马克思主义。这一理论犹如壮丽的日出，照亮了人类探索历史规律和寻求自身解放的道路，也是开创中国特色社会主义的源头活水。

2015年首届世界马克思主义大会的成功举办，开启了马克思主义研究全球协作的新时代。今年正值马克思诞辰200周年，北京大学主办的第二届世界马克思主义大会于2018年5月5—6日在北京举行。本届大会具有特殊而重大的历史意义，来自全球30多个国家的120多位国际学者，中国国内700余位学者参会，以文入会论文数量800余篇。在开幕式上，中央马克思主义理论研究和建设工程咨询委员会主任徐光春和北京大学党委书记郝平发表讲话，中宣部、教育部、中共北京市委等单位领导、中外学者与外国政要等出席活动。在讲话中，徐光春向与会学者阐述了习近平总书记在5月4日纪念马克思诞辰200周年大会上提出的新时代马克思主义观。郝平在讲话中表示，北大是中国最早传播和研究马克思主义的主阵地，在此时此地举行世界马克思主义大会有着非常重要的意义。开辟马克思主义发展的新境界，发展21世纪马克思主义，这一任务不仅应该是中国马克思主义学者的任务，也应该是世界马克思主义学者共同的追求。北京大学光华管理学院名誉院长厉以宁，意大利前总理马西莫·达莱玛，教育部社会科学委员会副主任、北京大学博雅讲席教授顾海良，埃及经济思想家萨米尔·阿明，北京大学新结构经济学研究中心主任林毅夫，美国纽约城市大学教授大卫·哈维，北京大学党委常务副书记、马克思主义学院院长于鸿君等，分别发表主旨演讲。

本次大会以“马克思主义与人类命运共同体”为主题，围绕“纪念马克思诞辰200周年”“马克思主义与人类文明进步”“马克思主义与当代全球合作和治理”“中国改革开放40年与中国道路、中国理论、中国制度和中国文化”“习近平新时代中国特色社会主义思想与当代马克思主义”“《马藏》编纂与研究”“马克思主义与中国哲学社会科学体系建设”等10个议题设置分论坛。大会特别安排了四个高端专场，由中外著名学者分别就“构建人类命运共同体”“中国方案与发展中国家现代化途径”“习近平新时代中国特色社会主义思想与21世纪世界社会主义”“马克思主义研究的世界样态”四个专题进行高峰对话。与会学者认为，马克思主义对社会历史发展的科学分析、宽广的国际视野和世界情怀，为构建人类命运共同体提供了最重要的思想武器。以构建人类命运共同体为核心的当代中国马克思主义理论，回答了“人类社会向何处去”的“时代之问”，是新时代中国马克思主义对人类文明发展作出的重大贡献。①

王东、聂锦芳、鲁克俭负责的马克思学论坛，举行了相应的学术活动。

中央编译出版社推出了纪念马克思诞辰 200 周年特辑，《马克思主义研究文丛》第一辑 13 部，集中展现改革开放 40 年，北京大学、南京大学、吉林大学、武汉大学四座学术重镇，研究马克思哲学的主要成果。其中包括北京学者黄枬森、王东、林锋、鲁克俭、段若非的主要代表作。北大王东教授的主要代表作，题为《马克思十大理论创新》（中央编译出版社 2018 年版），他在自序中点明了该书思想主旨：当代世界与中国面临的时代主题，都是改革创新，以大综合，求大创新。融汇中西马，创造新文化——这是我们这一代人的神圣历史使命。其中，马克思主义创始人的思想，尤其是《资本论》及其三大手稿中的理论创新、哲学创新，则是 21 世纪与当代中国马克思主义理论创新的首要源头活水。改革开放、中国特色社会主义，尤其是习近平新时代中国特色社会主义思想，乃是 21 世纪与当代中国马克思主义理论创新的时代潮头。

在中宣部直接指导下，人民出版社精心组织出版了《共产党宣言》纪念版、《资本论》纪念版及《马克思诞辰 200 周年马克思恩格斯著作特辑》（15 种）。为方便读者了解这些经典原著的写作背景、相关脉络，更好地理解与掌握这些文本，人民出版社还策划出版了《重读〈共产党宣言〉》《重读〈资本论〉》《十五部马克思经典著作导读》等相关辅导读物。还有中共中央宣传部理论局所编、党建读物出版社出版的《马克思主义哲学十讲（党员干部读本）》《世界社会主义五百年（党员干部读本）》；艾四林总主编、民主法制出版社出版的《马克思主义经典著作导读丛书》等。

北京师范大学出版社陆续推出杨耕教授主编的《当代中国马克思主义哲学研究丛书》《当代马克思主义基础理论研究丛书》，高放教授主编的《世界社会主义史》等系列图书；江苏人民出版社出版、赵敦华所著的《马克思哲学要义》；中国人民大学出版社出版的《马克思主义研究译丛·典藏版》，特别是北大聂锦芳教授主持的马克思文本研究系列专著等，推动了马克思主义哲学的基础理论问题和重点难点问题研究。另有面向大众读者通俗易懂、图文并茂的图书，既有对马克思人物生平的全方位展示，也有对马克思主义的时代价值和当代生命力的全面揭示，如韦建桦主编、重庆出版集团出版的《马克思画传》；袁雷、张云飞著，中国人民大学出版社出版的《马克思传：人间的普罗米修斯》；接力出版社出版的面向青少年读者的《〈资本论〉少儿彩绘版》等。

二、《资本论》哲学创新探讨

在改革开放与中国特色社会主义道路的实践创新中，《资本论》哲学创新研究得到新发展。

自 1988 年与孙承叔合作发表《〈资本论〉历史观的哲学沉思》一书后 30 年，北大王东教授又推出 80 万字的学术专著《〈资本论〉中的理论创新与创新理论——中国道路的源头活水》（吉林人民出版社 2018 年版）。王东新著卷首，发表了上海复旦大学孙承叔教授的序言，题为《〈资本论〉研究新成果——王东新著三点理论创新》。王东还在相关论文中，阐明了资本论哲学创新主旨。王东指出，中国道路最大的哲学创新，是为现代化复杂社会系统中的“劳动、资本、国家”三元结构，开创了一条富于时代精神与中国特色的全新道路。这一重大实践创新、理论创新和制度创新的首要源头活水，就是《资本论》中蕴涵的“劳动、资本、国家”三元结构论，正是这个结构的不同系统组合，决定了现代化的三条不同道路。中国创新的最大希望，就是在马克思主义和习近平新时代中国特色社会主义思想指引下，“解放劳动—创新国家—驾驭资本”，从而走出一条以人民为中心的中国特色社会主义现代化新道路——既彻底超越国家主体化的苏联模式的现代化道路，又从根本上超越资本主体化的西方自由主义的现代化道路。[②]

赵敦华发表了新著《马克思哲学要义》。他在新著与相关论文中论及《资本论》哲学时指出，马克思《1844 年经济学哲学手稿》把黑格尔的《哲学百科》理解为概念的扬弃运动，“绝对观念”扬弃全部逻辑范畴的抽象思维形式，必然发展到有物质内容的自然界。马克思用人的实践把握《自然哲学》的概念运动，选择其中重要节点，阐明人的自然存在与自然界社会性之间的辩证关系，不但为唯物史观奠定基础，而且为《资本论》进一步说明生产方式的自然基础提供了辩证法依据。[③]

仰海峰发表了关于马克思《资本论》哲学的专著与论文，认为马克思的思想经历了从生产逻辑向资本逻辑的转变，实现了对黑格尔哲学的超越。这种超越的根本点在于面对市民社会的态度：在黑格尔看来，理性的国家可以解决市民社会的问题，这是一种“修正”式的市民社会批判；而在马克思看来，以资本逻辑为内核的市民社会，不可能解决自身的矛盾，因此必须在新的基础上重建个人自由而全面发展的联合体。[④]

王峰明探讨了《资本论》的自由观问题，指出自由王国不等于共产主义，劳动的自由不同于自由的劳动，自由王国中的自由表现为拥有可以自由支配的时间，即休闲、娱乐和从事科学研究、艺术创造的时间，以便得到自由发展；而必然王国中劳动的自由表现为克服障碍和实现主体的对象化。这两种自由是一切社会都具有的，只是二者在一切剥削制度中都处于分离和对立状态。共产主义实现了劳动时间与自由时间、必然王国与自由王国的统一，不仅改变了必然王国中劳动的人，而且改变了人的劳动，使劳动成为一种自觉调控、锤炼身心和实现自我的过程。这种自由的劳动为共产主义社会所特有，并且以实现劳动的科学化和社会化为前提条件。⑤

三、《德意志意识形态》新探索

自《德意志意识形态》第一卷“费尔巴哈”章的不同版本，特别是国际上的历史考证版相继问世以来，这部经典文本愈益成为学术界马克思主义哲学研究的一个热点。

中国人民大学张秀琴、赵玉兰等人，就此组织了高层次国际学术交流。

侯才结合2017年底出版的《德意志意识形态》“费尔巴哈”章的评析，对该章的主要作者主要论战对象和主题、文本构成以及结构和排序等一系列问题进行了考证、辨析和重释，通过确认由恩格斯所标注的文稿印张数码编序，提出了以文稿印张编序为原则来进行文本重建的新方案，并对《马克思恩格斯全集》中文版第2版《德意志意识形态》卷“费尔巴哈”章的编辑提4点建议。第一，严格按照恩格斯的印张编码来对文本进行编序。第二，将恩格斯的《费尔巴哈》这篇文稿排除于正文文本之外。第三，采取双栏排版。第四，对重要概念、名词和术语的翻译要依据原文进行严格的复核和校订。⑥

安启念考察了《德意志意识形态》费尔巴哈章“边注”的唯物史观价值，指出这些“边注”言简意赅，包含大量重要思想信息：它全面概括了马克思在唯物史观形成过程中的思想历程；从自然科学的角度对人的类本质（即生产劳动活动）作了论证；进而揭示了唯物史观的核心思想。⑦

聂锦芳从文本学研究视角对《德意志意识形态》的编辑方案进行了梳理，详尽地考察了MEGA2从“陶伯特方案”到“先行版”直至最新的正式版本收文情况的变化，指出一方面我们应当欢迎再现《德意志意识形态》原貌的新版问世，但另一方面也应该审慎而客观地看待它给马克思、恩格斯思想解释可能带来的影响。⑧

鲁克俭指出，随着收录了《德意志意识形态》的MEGA2第一部分第5卷的出版，《德意志意识形态》中文版的编译和研究工作成为当前最为紧迫的任务。《德意志意识形态》的编译必须要考虑与其他相关文本的关系、文本写作时间、收录位置、收录版本等问题，以避免产生争议。⑨

四、改革开放与哲学创新

改革开放这场中国的第二次革命，不仅深刻改变了中国，也深刻影响了世界。学者们主要总结了改革开放40年来马克思主义哲学创新的经验、成果以及问题。

王伟光认为，改革开放是与时俱进的马克思主义思想解放运动；是解放和发展社会主义生产力的伟大社会革命；是我们党自我完善、自我革新的伟大自我革命。40年的改革开放，成功开辟中国特色社会主义道路，回答了落后国家如何实现社会主义现代化，最终达到共产主义的时代课题。全面深化改革，既要解放思想、实事求是，坚持社会主义市场经济的改革方向不动摇；又要坚持四项基本原则，坚持中国特色社会主义道路不跑偏，这是能否在全面深化改革的重要领域和关键环节取得决定性胜利的根本所在。必须认真总结改革开放40年的历史经验，坚持全面深化改革。⑩

许全兴指出，在没有经过发达资本主义历史阶段的落后国家建设社会主义，是一个跨世纪的历史难题。应重视从哲学上反思百年社会主义的经验教训。通过社会主义在苏联由胜利到失败的比较和社会主义在苏联的失败与在中国胜利的比较，可以得出如下结论：实事求是思想路线是赢得社会主义胜利、创造中国奇迹的法宝。要重视发扬学哲学、用哲学的好传统。⑪

韩震对改革开放以来历史变迁与理论变革进行了历史哲学的思考，指出哲学思想往往成为社会变革的舆论先导，真理标准大讨论推动我们冲破思想的牢笼，推动我们走出自我封闭。改革的哲学启动了改革的实践，改革的实践检验着改革的哲学，促进了哲学理论的深化与发展。新时代呼唤新理论，我们当下的民族运思应该构建引领民族复兴的新哲学：构建有实践基础有现实内容、有交流互鉴有广泛包容性、有未来追求有高远理想。中国发展的成功是中国人民在中国共产党的领导下，坚持改革开放的自主性，根据唯物史观和人民立场，有序推进改革开放进程的结果，是按照社会发展的规律把握改革开放的节奏，在民族自信的基础上不断创造性学习借鉴的结果。[12]

韩庆祥指出，改革开放充分表明：马克思主义中对中国改革开放最管用最具有价值的最根本的方法，是坚持事实尺度和价值尺度统一，或坚持现实主义和理想主义的统一，这就把马克思主义的根本方法呈现出来了；马克思主义的基本品格，是既不忘初心、又继续前进，既坚守本质、又注重生成，既推进社会革命、又勇于自我革命，这就填补了过去我们理论研究的一个空白；改革开放使我们重新认识了马克思主义的价值，充分认识到中国改革开放以来所取得的实践创新和理论创新，以及所取得的巨大成就，一定意义上既是回归经典马克思主义原有逻辑的结果，也是创新发展马克思主义的结果。[13]

杨河指出，实践是检验真理的唯一标准，这是马克思主义真理观的基本观点。坚持和发展马克思主义真理观，是40年来我国改革开放伟大事业不断从胜利走向新的胜利的一条重要经验。新的时代条件下，满足人民日益增长的美好生活需要，应当继续坚持和发展实践是检验真理唯一标准这一科学认识。以问题为理论创新的基点，不断推进实践基础上的理论创新；用人民的实践检验真理，坚持人民主体地位，尊重人民首创精神，虚心向人民群众学习；以创新为真理发展的动力，在理论创新和实践创新的良性互动中推动中国特色社会主义事业不断取得新胜利。[14]

郝立新指出，改革开放40年，是中国特色社会主义实践创新和理论创新良性互动的40年。实践创新一方面为理论创新提供了实践基础，另一方面又得益于理论创新，铸就了实践中的创新思维。马克思主义所具有的科学性、实践性、与时俱进等特征，构成了其与中国改革开放实践紧密结合并提供指导的内在根据，而广大实践主体的科学态度、实践精神和创新思维是实践创新和理论创新的关键。[15]

张曙光认为，改革开放的中国为拓展发展中国家的现代化路径提供了中国经验，为优化全球治理体系贡献了中国方案，为绘制包容共生的世界文明图景作出了中国贡献，为振兴世界社会主义注入了中国力量，为改写“国强必霸”的西方逻辑提供了中国样本。这是一件具有世界意义的重大历史事件。[16]

五、以构建人类命运共同体为主旨的新时代哲学创新

学界主要对人类命运共同体理念、价值观、国家观、矛盾观、中国道路等问题，进行了哲学创新的探索。

李德顺指出，构建人类命运共同体的意识，体现了人类自我主体意识的一种历史性觉醒。准确把握“人类命运共同体”概念的基础、内涵和外延，需要超越两极对立和国际争霸等旧的意识形态及其思维套路，从理解人类现实主体形态的结构和层次入手，深刻理解“类主体”这一特定主体的存在和意义。正在崛起的中华民族，要以“不缺席、有担当、不争霸”的勇气、智慧和胸怀、担当起对人类光明前途的责任。在新时代，我们应该如何重新深入理解和对待“人”这个真问题。人既是马克思主义的起点，也是马克思主义的终点；在本体论的意义上，现实的人的存在，是以人的“社会存在”为中心的三位一体的存在者；从“本态论”的意义上看，实践是人类特有生命活动的本质形式；人类的生存发展和解放，是马克思主义理论的革命视角；马克思的实践唯物主义，是一套以人为主体，说“人话”的哲学。人工智能本质上是人类智慧发展和人类自我实现的一种形式。因此当人工智能取得长足发展时，看待它与人的关系前景，不应陷入技术主义单线思维的“价值盲区”。机器人发展起来以后怎样对待人，其实是人怎样理解和对待人的问题。不应忽视人在制造机器人时自己应担当的主体权利与责任。当前的主要问题，是我们应该重新理解人的本质和本性，深入反思和校正人类自己的基本价值观念，并尝试建立多元化背景下的人类价值主体思维。[17]

郭建宁指出，中国马克思主义发展史包含传入、传播和中国化三个历史进程。习近平新时代中国特色社会主义思想是马克思主义中国化的最新成果，在新时代推进马克思主义中国化必须注重历史维度、现实维度和时代维度。要以习近平新时代中国特色社会主义思想为指导，在新时代中国特色社会主义伟大实践中，谱写马克思主义中国化的新篇章。[18]

庞元正指出，党的十九大关于我国社会主要矛盾已经发生转变的重大论断，为推进相关问题的研究提出了一系列重大课题。主要矛盾的转变有根本性转变和阶段性转变两种性质不同的情况，而新时代我国社会主要矛盾的转化属于后一种转变。判断社会主要矛盾是否发生转变，不仅要根据主要矛盾两个对立面的自身变化作出判断，而且要根据事物多种矛盾中哪一种矛盾居于支配和主导地位来判断。新时代我国社会主要矛盾的主要方面是不平衡不充分的发展，它决定着我国社会发展的性质和作为发展中国家的国际地位。这一主要矛盾的转化提出了对社会主义初级阶段主要矛盾再认识的任务，根据矛盾的个性和共性的关系，可以把我国社会主义初级阶段的主要矛盾概括为：人民日益增长的对发展的需要同发展还不能在短时期内满足人民的需要之间的矛盾。[19]

六、文化自信的哲学思考

陈先达教授编写的《马克思主义信仰十讲》一书，立足中国现实，以问题为导向，对理论领域和实际工作中大家关注的十个马克思主义信仰重大理论问题做了回答：什么是马克思主义信仰，如何坚定马克思主义信仰，《共产党宣言》的当代价值是什么，马克思主义为何有着旺盛的生命力，为什么说未来属于马克思主义，如何发展21世纪马克思主义，如何理解信仰危机问题与精神家园的重建，文化自信的本质是什么，什么是中国道路，哲学如何回归生活?[20]

陈先达认为，文化自信是新时代的大问题，在当代中国，文化自信的主体是中国共产党和中华民族；文化自信是体悟中国历史和无数经典中包含的作为独特标识的中国精神、中国智慧、中国理念，从物质文化的创造物中发现中华民族的创造力和生命力。文化自信的使命是建立社会主义文化强国。[21]

丰子义指出，伴随当代社会的深刻变化和快速发展，文化问题日益受到学界和社会的普遍关注与高度重视。文化问题之所以日益凸显，主要是由当代社会发展、当代人类文明发展、全球化发展以及国际竞争引发的。众多学者和学派均从不同角度、不同立场对文化问题给予了具体的考察和分析，并提出了相应的主张。按其关注的问题和分析的角度，当代文化研究大致可分为文化批判的路向、文明问题研究的路向、意识形态问题研究的路向、全球性文化问题研究的路向等。在新的历史条件下，文化研究应当自觉担负起时代赋予的重要使命，这就要使文化研究引导社会合理发展、促进人的正常发展、助推全球化健康发展、引领文化自身建设与发展。伴随消费社会的出现、信息网络技术和新型媒体的发展，文化生产日益个性化，表现在：文化主体日益多元化；文化生产日益去中心化；文化结构日益扁平化。文化的个性化发展一方面打破了以往的高度组织化，使文化的潜力得到了充分释放、文化的活力得到了极大激发，从而可以大大焕发文化发展的生机，另一方面也会造成文化生产的碎片化，影响文化的健康发展。[22]

徐春指出，自然生态和经济、政治、文化的互动共存与和谐发展，表明生态文明作为社会文明的一个方面，在现代文明系统中具有基础地位。环境治理需要政府、企业、社会组织和公众多元主体参与，但三者之间尚未形成相互监督、制衡的关系，这是造成环境治理主体间关系协调性失灵的重要原因，因此需要明确不同主体的权责定位并理顺主体之间的关系，形成三者互相制衡、有序竞争的机制，才能有效推动环境治理和生态文明建设。[23]

邹广文指出，伴随着全球化进程的加快，反全球化运动也出现了新的动态和变化，二者相互依存、相互影响、相互转化，他们的理论内核是“全球化”下的人类的普遍交往。随着中国国家实力的不断增加，在国际舞台上的地位不断提高，中国在面临“全球化”和“反全球化”问题时提出了“人类命运共同体”的中国判断。这不仅有助于中国应对时下复杂多变的国际局势，早日实现两个“一百年”的奋斗目标，而且为人类社会的和谐发展提供了中国智慧。[24]

刘军指出，中国改革开放的渐进式发展道路之所以获得成功，在于它从中国的现实出发，遵从一系列约束条件，系统展现了渐进式发展的内在逻辑：正确处理改革的理论与改革的实践的关系；正确处理增量改革与存量改革的关系；正确处理经济改革与政治改革的关系；正确处理改革、发展、稳定的关系。[25]

综上，学界以纪念马克思诞辰200周年和改革开放40周年为契机，立足于新时代中国特色社会主义理论与实践，不断推进马克思主义哲学创新，主要体现在经典文献、基础理论和新时代新主题的确立和深化等几个方面。这些理论创新成果进一步丰富和发展了马克思主义哲学的当代内涵，对中国特色社会主义建设将起到重大的推动作用。

注：

①《第二届世界马克思主义大会在京举行》，《光明日报》，2018年5月5日。

②王东：《中国道路哲学创新的源头活水——〈资本论〉中蕴涵的“劳动、资本、国家”三元结构论》，《武汉大学学报》，2018年第6期；《〈资本论〉中的理论创新与创新理论——中国道路的源头活水》，吉林人民出版社，2018年版。

③赵敦华：《人与自然界的思想价值：马克思对黑格尔〈哲学百科〉的改造吸收》，《社会科学战线》，2018年第5期。

④仰海峰：《马克思的货币哲学》，《吉林大学社会科学学报》，2018年第3期；《市民社会批判：从黑格尔到马克思》，《哲学研究》，2018年第4期。

⑤王峰明：《自由王国、必然王国与人的自

由——〈资本论〉及其手稿中马克思的自由观辨析》，《哲学研究》，2018 年第 8 期；《马克思主义研究》，2018 年第 1 期。

⑥侯才：《〈德意志意识形态〉“费尔巴哈”章的重释与新建——兼评 MEGA2 第一部第五卷〈德意志意识形态〉正式版》，《哲学研究》，2018 年第 9 期；《〈德意志意识形态〉“费尔巴哈”章的释读和编辑》，《理论视野》，2018 年第 8 期。

⑦安启念：《〈德意志意识形态〉费尔巴哈章“边注”的唯物史观价值》，《哲学动态》，2018 年第 3 期。

⑧聂锦芳：《〈德意志意识形态〉的“庐山真面目”》，《新视野》，2018 年第 3 期。

⑨鲁克俭：《关于〈德意志意识形态〉第二个中文版的编辑出版问题》，《理论视野》，2018 年第 7 期。

⑩王伟光：《改革开放是党领导的第二次革命》，《党建研究》，2018 年第 8 期。

⑪许全兴：《百年社会主义哲学反思》，《观察与思考》，2018 年第 1 期。

⑫韩震：《改革开放的历史变迁与理论变革》，《中国社会科学》，2018 年第 11 期；《改革开放的历史哲学思考》，《中国高校社会科学》，2018 年第 5 期。

⑬韩庆祥：《回归逻辑与创新发展——改革开放使我们重新认识马克思主义》，《理论视野》，2018 年第 11 期。

⑭杨河：《坚持和发展对真理标准的科学认识》，《理论导报》，2018 年第 11 期。

⑮郝立新：《改革开放的实践创新与理论创新》，《前线》，2018 年第 12 期。

⑯张曙光：《改革开放的世界贡献》，《学习时报》，2018 年 10 月 3 日。

⑰李德顺：《“人类命运共同体”的主体性》，《党政干部学刊》，2018 年第 5 期；《马克思主义怎样看“人”》，《岭南学刊》，2018 年第 6 期；《人工智能对“人”的警示》，《东南学术》，2018 年第 5 期。

⑱郭建宁：《马克思主义中国化三题》，《求索》，2018 年第 4 期；《马克思主义中国化的新飞跃》，《解放军报》，2018 年 5 月 16 日。

⑲庞元正：《新时代我国社会主要矛盾转化需要深入研究的若干问题》，《哲学研究》，2018 年第 2 期。

⑳陈先达：《马克思主义信仰十讲》，人民出版社，2018 年版。

㉑陈先达：《文化自信的本质与当代意义》，《光明日报》，2018 年 1 月 8 日。

㉒丰子义：《当代文化发展研究的意义与使命》，《中原文化研究》，2018 年第 6 期；《个性化：文化发展的一个新特征》，《北京日报》，2018 年 8 月 27 日。

㉓徐春：《环境治理体系的主体间性问题》，《理论视野》，2018 年第 2 期；《人类文明进入生态化时代》，《社会科学报》，2018 年 8 月 23 日。

㉔邹广文：《论全球化与反全球化的理论向度与中国判断》，《教学与研究》，2018 年第 1 期。

㉕刘军：《中国渐进式发展道路为什么获得成功》，《人民论坛》，2018 年 11 月(上)。

（作者：王东，北京大学教授；
王晓红，中央民族大学讲师）

中国哲学

王威威

2018 年，北京地区的中国哲学研究成果非常丰富，相关的学术活动众多，现从学术会议、学术著作和学术论文三个方面对这一发展状况进行综述。

一、学术会议

本年度所举办的大规模的学术会议较多，会议主题包括各个时段的中国哲学、出土文献与中国哲学、诠释学与中国哲学、中国传统文化现代化以及重要哲学派别的专门研究，反映出学界共同关心的研究领域和热点问题。

世界哲学大会每五年召开一次，中国组委会承办的第二十四届世界哲学大会于 2018 年 8 月 13—20 日在北京召开，来自 120 余个国家和地区的 6000 多名学者及哲学爱好者参加会议。此次大会的主题为“学以成人”，这一主题体现出中国传统哲学的特色，也体现出当今社会的共同关切。大会设有全体会议、专题会议、分组会议等环节，除在全体会议和专题会议中包含中国哲学的议题外，分组会议设有先秦哲学、汉代-清代哲学、现代中国哲学、当代中国哲学、儒家哲学、道家哲学等小组对不同时段、不同派别的中国哲学进行专门的研讨。

出土文献为中国哲学研究提供了新资料，更新了我们既有的诸多认识，因而备受重视。2018 年 11 月 17—18 日，“纪念清华简入藏暨清华大学出土文献研究与保护中心成立十周年国际学术研讨会”在清华大学召开，来自国内外的 120 余位专家学者参加会议。《清华大学藏战国竹简（捌）》在会上发布，黄德宽介绍了此辑成果的主要内容。与会学者就清华简各篇的文字、思想、创作年代、学派归属、与传世文献的关系以及出土文献的研究方法等问题展开了热烈讨论。简帛《老子》四古本及出土道家文献是当前道家哲学研究的热点。11 月 2—3 日，由清华大学哲学系和国家社科基金重大项目“出土简帛《老子》四古本综合研究”课题组主办的“简帛《老子》四古本与出土道家文献”专题学术研讨会在清华大学召开。会议的议题包括早期《老子》文本的演变及其经典化，四古本的文字、文本、文义及其思想变化，四古本与传世本之比较，四古本研究述评，亦涉及其他出土道家文献。

中国有着悠久的经典诠释传统，许多哲学体系的建构以经典诠释的形式完成，而西方诠释学近些年来在中国学术界产生了很大影响，如何借鉴西方诠释学重新考察中国的经典诠释传统，又如何借以创新中国哲学研究范式，是学界关注的重大问题。2018 年 10 月 13—14 日，由中国社会科学院哲学研究所、中国哲学史学会主办的第二届“经史传统与中国哲学”学术研讨会在中国社会科学院召开，来自全国各地的 100 余名学者参加会议。会议的主题为“经典诠释与中国哲学研究范式的创新”，议题包括中国哲学的经典诠释传统、经典诠释对中国哲学史研究的意义、中国的经典诠释与西方诠释学的关系、经典诠释与当代中国哲学建构等。10 月 27—28 日，由中国诠释学专业委员会、北京市社会科学院哲学研究所主办的第三届中国诠释学青年论坛暨中外人文精神论坛年会在北京召开，会议主题为“中外人文精神：对话与诠释”，来自国内高校和科研机构的 30 余名专家学者围绕中西哲学中的经典诠释与人文精神传统、中外人文精神的比较与对话、诠释学视域下的文明互鉴与思想创新等议题展开了讨论。12 月 15 日，由北京师范大学中国哲学研究所与辅仁国学研究所主办的“经典与诠释”学术工作坊在北京师范大学召开，会议议题包括经典诠释与理论建构，经典注疏形式的过去与未来，经典诠释与新经典的形成，经典诠释之述、作关系，经典诠释比较研究等。

文化是一个民族的血脉和灵魂，面对传统文化，我们应回归到文本本身和文本形成的时代，确定其固有的问题意识，梳理出重要思想观念的历史渊源和发展脉络，我们又必须面对现时代的问题，寻求传统文化的现代转化。2018 年 5 月 12—13 日，由华北电力大学国学研究中心和马克思主义学院主办的“传统文化的传承与创新”国际学术研讨会暨华北电力大学国学研究中心成立大会在华北电力大学召开，来自国内外的八十余位专家学者参加会议。会议分设儒家经典与思想的现代诠释、道家核心观念的发展脉络及其现代转化、法家的法治思想及其现代形态、马克思主义中国化的传统文化资源四个论坛，对中华优秀传统文化的创造性转化与创新性发展问题进行探讨。

形成于春秋战国时期的法家思想对中国的历史发展、政治实践和制度建设有着深远影响，但学界关于法家思想一直褒贬不一。2018 年 11 月 3—4 日，由中国人民大学国学院主办的“当代法家研究的新视野”学术研讨会暨中国先秦史学会法家研究会成立仪式在中国人民大学举行，来自中国大陆和台湾的 40 余名学者参加会议。会议的议题包括法家学说兴起的时代背景与思想渊源、先秦法家思想的内涵与特征、法家学说对中国古代政治实践与政治思想的影响、当代法家研究的理论与方法等。

黄老道家是道家的重要分支，在思想界产生了广泛影响，其统治方法曾被应用于实政治实践中。2018 年 11 月 4—5 日，由中国人民大学哲学院主办的“黄老道家的演变历程”专题学术研讨会在中国人民大学召开。与会学者围绕黄老道家的文本与思想，黄老道家的政治实践，“黄”与“老”的关系，黄老道家与法家、阴阳家的关系，黄老道家对儒家学说的影响等议题进行了讨论。

二、学术著作

2018 年北京地区的学者出版了若干重要的著作。这些著作有对中国哲学的宏观考察，亦有微观的剖析，或者利用新的材料，或者使用新的方法，或者选取新的角度，并体现出创建中国哲学新体系的努力。

观念是构成哲学思想的基本要素，对观念含义及其演变的深入研究有利于从整体上把握各种哲学思想体系。在近代中国思想文化变迁中，“自然”和

“人”这两个观念的含义发生了深刻的变化。王中江运用观念史、跨文化对话和比较的方法，从这两个观念在东西方传统中各自的特性出发，探讨了近代中国如何通过东西方传统的融合造就了“自然”和“人”的新观念，并建立了二者关系的新形态，又从近代中国的不同阶段出发，以不同时期的人物为线索，详细说明了二者在近代中国的演变，勾画出了发展的不同谱系。他指出，近代“自然”观念的主要特点是它作为科学、知识、技术的对象而被实体化，“人”作为自然的观察者、研究者和利用者而主体化，人与自然高度分化，这与中国传统的天人观有着突出的差别。有别于此，近代中国也存在着一条通过形而上学和本体论将“自然”和“天”生命化、人文化并由此确立人的意义和价值的建构路线，这是新的意义上的“天人合一”。①

“形而上学”是 metaphysics 的译词，当它用来指称中国哲学中的特定思想时有着不同于西方哲学中的 metaphysics 的独特意义。郑开以“形而上学”概括道家哲学的核心方面和主要特征，从比较哲学的视野出发，梳理了古希腊哲学由物理学（自然哲学）向形而上学（存在论）展开的逻各斯之路，从物理学（自然哲学）、知识论、道德形而上学、审美形而上学、境界形而上学等方面揭示了道家形而上学的主要内容和内在逻辑。他指出，道家的道论是超越物理学的形而上学，道家的知识论以名学为基础并通过“无名”进入形而上学，道家的伦理学、政治社会理论是以自然人性论和无为心性论为核心的、超越伦理规范的道德形而上学，而以心性论为基础的境界形而上学是道家哲学的最终归宿。②

《老子》哲学博大精深，对研究者有着无穷的吸引力。曹峰的《老子永远不老》由一系列关于《老子》及道家研究的论文构成，其中包含了对《老子》具体章节的解读，利用出土文献对《老子》首章的诠释，对老子及道家的生成论、幸福观、谦逊观、贤能观的思考，对“道”与“天道”“无名”与“有名”等问题的考察，对黄帝言与老子思想关系的辨析，对老子政治哲学的总结。全书从不同的视角对《老子》及道家的文本和思想进行研究，在对以上问题的讨论中提出了众多新观点。③

老子之后的道家主要有“老庄”和“黄老”两条发展路线。王中江以老子思想及老子思想到黄老学的发展为研究对象，以出土文献和传世文献相互印证，重点探讨了老子的世界观、黄老学的内在结构及系统，揭示了从老子思想到黄老学所发生的重要变化。他认为，老子建立了一个由“道”与“万物”的三重关系构成的整体性的世界观，这一世界观包含了探寻世界根源的本原论，也提供了以最好治理为目标的政道论。黄老学继承了老子的本原论和政道论，又引入了制度规范，将抽象的执道、执一和无为的原则落实到了统一、普遍、客观、稳定的法律制度上。④

心性问题是中国传统哲学中的重要问题，学界对儒家心性论关注较多，而对道家心性论的研究不足。罗安宪以孔孟老庄为重点，分别探讨了儒家心性论和道家心性论，辨析了心、性、情、命、自然、虚、静、直、孝、敬等概念的内涵，对相关学说进行阐发，并对儒道心性论进行比较，概括出儒道心性论各自的特征和逻辑体系。他提出，道家心性论是由道而性，而心，而情，而命，进而至于修养的系统，突出了人的个体意识和人的自然、自在、自由，儒家心性论则突出人的社会角色和伦理责任。⑤

自中国哲学学科建立起，创建新的哲学体系就成为学者们的追求。杨立华的《一本与生生》围绕理一元论体系的建构来展开，参照《太极图说》的论述次第，一至三章关注本体问题，四至六章讨论心性问题，七至九章着眼于儒家价值的当代阐释和论证，最后一章对理一元论体系建构中的要点进行解释和总结。该书也是以当代汉语和体系化的论述形式对两宋道学的解读，对于本体与生生、理气关系、体用关系、心性关系、德性之知与闻见之知、仁与四德等两宋道学的核心问题，都作出了解析和论证。⑥

传统朱熹思想的研究主要集中于本体论、心性论、功夫论和境界论，赵金刚将哲学与历史打通，试图用“分析的历史哲学”的方法揭示朱熹的天理视域下的历史世界，并从历史哲学的角度重新理解朱熹的思想世界。他认为，“天理”是朱熹处理历史问题的基点，理气关系是朱熹历史观的基础，构成了解释众多问题的基本构架，理势关系是理气关系的延伸和具体化，处理的是历史中“变”与“不变”的问题，尤其是价值与历史变化的关系问题。⑦

三、学术论文

2018 年北京地区学者所发表的论文中有大量值得关注的新成果。学者们尤其关注中国哲学新范式的建构、中国哲学重要观念内涵的演变与思想的发展，“自然”观念得到了集中的讨论；各期儒学仍然是主要的研究领域，关于儒家修养功夫的讨论较多；道家哲学的研究成果非常丰富，道家的政治哲学受到关注，黄老道家成为研究重点。

1. 中国哲学与儒学通论

匡钊探讨了中国古典学研究对于拓展中国哲学史研究的意义。中国古典学以获得关于古代经典的整合性知识为目标，其方法论基础为语文学。古典学所提供的语文学方法可在中国哲学领域内激活经学尤其是乾嘉汉学的思想遗产，亦有助于建立从文本到哲学论辩形式分析的通道。从语文学出发并结合现代语言学，可以获得关于中国哲学论辩形式的新知识。[⑧]

程乐松探讨了中国哲学与汉语哲学的论域问题。他认为，汉语与哲学以学术论域的方式联结，意味着以汉语为学术语言的中国哲学共同体的自觉，这种自觉既是学术性的，更是文化性的。通过澄清两种自觉进路，他得出结论："合法性情结"指向的不是汉语哲学的规范性，而是文化性；汉语哲学要面对的是哲学活动与语言载体的关系问题，哲学活动推动了汉语的动态发展和衍生，而汉语对哲学思考的规范性及其可能性的扩展有着不容忽视的价值。[⑨]

王博对"无极"概念进行了观念史考察，辨析了"无极""皇极"及"太极"的关系。他提出，《洪范》的"皇极"观念以天命、王权和德为中心，为世界确立了至高无上的标准。老子立足于"无"的原则，高扬"自然"的价值，肯定万物的独立存在，否定以某个确定的标准来衡量和规范万物。"无极"概念的提出正是对"皇极"的反对，源自老子对以形名为中心的标准或秩序的反思。从易学中发展而来的"太极"观念，与"皇极"有着密切的关联。[⑩]

刘震从"天"的内涵和属性出发，解析了"天人合一"思潮的兴起与架构。他提出，"天"具有自然性、道德性、博爱性三重属性，自然性强调"天道"的不变性，道德性强调"天道"的善良性，博爱性突出了"天道"的生命性。从这三重属性出发，汉代以来的"天人合一"思想具有"天人同道""天人同德""天人同构"三重维度。当今中国哲学应从"不妄为"和"有作为"两方面阐发"天人合一"的生态智慧。[⑪]

干春松立足于《周易·咸卦》和《礼记·乐记》的解释史，结合宋明儒者的发挥，探讨了"感"对于建立儒家理解论的意义。他认为，《周易》中的"感"是基于自然界的阴阳吸引而产生的"感受性"，《乐记》则强调道德感受的重要性。宇宙和人类、人与人之间的"感"让人们可以互相理解并拥有共同的世界观和价值目标。儒家将人类大同视为终极目标，由"感"出发所建构的人类理解论可成为建构人类共识的桥梁。[⑫]

刘悦笛以"语言分析"的方法，对"情"之深义进行解析，勾勒出了中国儒家"情本哲学"的基本面向。"情"包含"情感"之基本义、"情实"的基础义，和"情性"的境界义。中国的"情本哲学"以儒家为主干，倡导"道始于情"的路径，而"道始于情"具有始于"情实"、始于"情感"、始于"情性"三重哲学意蕴。由此，建基在生活世界的基础上，寻求从"情实""情感"到"情性"之道通为一，可以重构本土化的"情本儒学"或"情本哲学"。[⑬]

2. "自然"观念研究

王中江考察了中国"自然"概念的源流、涵义和特性。道家的"自然"原指万物和人自己造就和成就自己的存在状态及自主性活动方式，在之后的演变中，它被赋予了万物实体及其本性、本体及其本性的意义，它所表示的"本性"又被赋予了道、理、数的含义。同时，道家从道和统治者遵循万物的"自然"和"不干涉"的"无为"中，创造了"非故意""非人为""非主使"的"自然"之义，从自然的这些意义中又衍生出了人的活动的规范、准则、标准、境界等含义。[⑭]

王博以"然"的意义为出发点，探讨了道家"自然"观念的内涵。"然"包含存在和价值两方面的意义，"自然"也应从这两个方面来理解。在存在意义上，"自然"肯定事物自己如此的状态，并要求从事物内部寻找存在根据，由此发展出以无为中心的本原论，并导致对造物者的否定。在价值意义上，"自然"肯定每个事物的意义，要求从事物自身出发来肯定其存在的合理性，由此发展出以无名为中心的政治哲学，主张事物的自我命名。[⑮]

林光华考察了《老子》中"自然"与"欲望"的关系问题。她提出，《老子》认为善恶是后发的，多欲是产生恶的主要原因，"自然"的提出是对"多欲"的应对。《老子》提醒人欲望过多会伤身害性，无法"长生久视"，主张"以道化欲"，又提醒侯王以"无名"治国，而不是依靠政教法令，这是"以朴化名"。[⑯]

罗安宪辨析了庄子哲学中的"自然"。他强调，"自然"是"自己而然"，既没有外在的力量，也排除内在的力量。在庄子哲学中，"自然"是一种社会状态，也是人的存在状态、精神状态及情感状态。这种状态不仅是原初或不造作的真实状态，也是一种真美状态。[17]

曹峰对《文子·自然》篇进行了分析。《文子·自然》虽以"自然"命名，但对"道""无为""因循"的讨论却多于"自然"，说明"自然"必以"道"之"无为"为前提，并通过"因循"来实现，实现了"自然"，便可"天下大治"，这是对《老子》类型自然观的继承和发展。关于《老子》中的"道法自然"，河上公和王弼的解释体现了"道性自然"和"无为"而"自然"两种自然观，《自然》篇为后者提供了资料。[18]

王威威辨析了《吕氏春秋》中"自然"观念的含义。她指出，《吕氏春秋》中的"自然"有两义。一为"自己如此"之义，但《吕氏春秋》的作者主张"或使说"，而否定万物"自然"的可能性。一为"原初状态""本然状态"之义，作者主张通过对欲的节制、调适以及对智谋和诈伪的消除来达到意识的无拘无束和心灵安于自然。[19]

丁四新探讨了严遵《老子指归》中的"无为""自然"概念及其政治哲学。严遵认为"无为"是"道"的根本特性，是治身、治家和治天下的根本原则，"自然"是天地万物的内在本性，是规范形上、形下世界的根本原理，也是性命之理，并在实质意义上提出了"性分"的概念。"无为"和"自然"是严遵政治哲学的基本原则，而阴阳刑德理论和啬道作为"无为""自然"在统治方法上的落实是其政治哲学的特色。[20]

孟庆楠探讨了王弼政治哲学中的"自然"观念。王弼主张君主无为而因顺百姓之自然，百姓自然状态的呈现是政治施为的目标，也是政治秩序的关键，万物自己而然并在相互制约与影响之中形成了秩序。同时，自然也意味着对其自然本性的成就。人的自然之性中包含着欲望，因而不能要求人们无欲，而是不要有超越自然分限的欲望。[21]

3. 先秦两汉儒学

赵法生对春秋时期的威仪观进行了解读。他指出，威仪是经由礼仪实践而呈现的身体气象，威仪使礼身体化、具象化和人格化，也显现出礼乐作为修养工夫的意义。在春秋时期，身心一体的威仪被看作定命的方式，具有超越意义。这样一种身心兼融的中道超越，是不同于外在超越和内在超越的特殊超越方式。[22]

刘丰以"无体之礼"为中心，梳理了先秦礼学思想发展演变的脉络。他提出，孔子认为礼不在于形式，而在于真实的情感，在于对仁德的体认，《礼记》中记录孔子讲"无体之礼"，是儒家礼学思想发展的必然，也是儒家对传统礼学的扬弃。子夏学派主张的"无体之礼"，上承孔子，下启荀子，影响了战国至汉代礼学发展的路径。[23]

李春颖从恻隐之心入手分析了孟子的人性论。恻隐是人的一种基本情感，具有自发性、原初性、主体超越性，而同情是对某些基本情感的抽象和反思。恻隐是一种道德情感，作为人类的特点，具有实存性和普遍性。以人类的情感实存来构建儒家德性体系，是孟子论证人性的基本思路。[24]

王觅泉对孟告论辩中所涉及的仁义内外和人性善恶两个主题进行了考察。仁义内外之辩针对的是道德实践的动机问题，而非道德规范的来源问题。孟子的"仁义内在"是主张仁义应当内在于人心，亦即道德实践应当自律。孟子的性善论只能说明道德规范和道德意识的部分来源，在相对于人性的意义上说"仁义内在"恐难完全成立。[25]

王正考察了先秦儒家的仁礼之辨。仁礼之辨指向的是道德修养和实践是从内在资源出发还是遵从外在资源，其渊源于西周、春秋的礼乐制度和礼义、礼仪之辨。孔子虽然对仁礼有轻重先后的划分，但从理想状态上讲，两者应相辅相成，思孟学派强调仁对礼的先在性和决定性，荀子则更强调礼在道德和政治实践中的价值。[26]

王楷在生命哲学的视域下探讨了荀子的乐论精神。荀子乐论以自然人性论为基础，肯定感性欲望的合理满足对于道德修养的意义。因此，荀子并不以消除感性情欲为目标，而是寻求感性情欲的合理实现。在生命哲学的意义上，道德理性以自然生命力为基础，自然生命力在道德理性的节制下得遂其长，在完整的意义上实现了人的繁荣，这是荀子乐论的精神所在。[27]

孙伟围绕人如何走上道德之路这一问题对荀子和柏拉图的思想进行了比较。柏拉图认为理性是克服欲望的主导力量，而正义就是理性与欲望、激情保持平衡的状态；荀子认为义是人内在的理性能力，需在外在礼仪的辅助下才能克服欲望。在理性的形上本源方面，柏拉图认为善的理念是理性的根源，而达到善的理念的方式是辩证推理；荀子则认为"道"是理性和礼义的根源，人可以通过"虚壹而静"来知"道"。[28]

李祥俊从"修身"观念切入，梳理了《大学》"八条目"的义理结构，考察了"八条目"背后的价值前提。他认为，"八条目"以心物、心身、群己关系贯通人生、社会政治，其价值前提是“物有本末”的家庭本位的等级社会的伦理政治秩序及其相应的道德情感。“八条目”将儒学由讨论实质性的伦理政治秩序及相应的道德情感转向对这一价值前提的认同，标志着儒学在实质性思想层面生命力的衰颓。[29]

4. 道家哲学

郑开从春秋战国时期“德礼体系”向“道法体系”的转变入手探讨了黄老的政治哲学。他认为，“法”本为“礼”的调节、修正和补充，伴随着变法运动，“法”逐渐摆脱“礼”的束缚而具有了独立性。黄老政治哲学强调“法”的意义，将“法”与“道”“德”相联系，赋予“法理”以坚实的理论支撑。道法之间，正是黄老政治哲学所创发的广阔而复杂的思想空间。[30]

陈霞以“道法自然”和“道生法”为重点探讨了黄老对道家的发展。老庄倡导无为而有轻视法律的倾向，使得“无为”难以落实，而黄老将道家的哲理同法家的政治主张结合，提出“道生法”，强调立法的重要性，将法看作衡量是非、曲直、罪与非罪的标准，这是对道家思想的重大补充和发展。而道对于法的优先性克服了法家之法的严苛，与现代法治有相通之处。[31]

周耿从“自化（自正）”过程中道的作用方式切入，探讨了从老子到黄老的政治思想转向。在老子思想中，道的支配性、至上性不仅规范百姓的“自化”，更约束侯王的欲望与权力。黄老学把“理”“法”“名”作为“道”的次生概念，“道”从“无名”走向“有名”，“循理”“循名”“立法”而治更符合现实人性。[32]

任蜜林以老子、杨朱、庄子为例，探讨了早期道家思想中“治身”与“治天下”关系的变化。老子强调“治天下”要以“贵身”为基础，不懂得“贵身”的人没有治理天下的资格。杨朱发挥了老子的“贵身”思想，强调生命的高贵和重要，在杨朱看来，每个人修养好自身，天下就可大治。庄子及其后学对“治天下”比较轻视，认为“治天下”是“治身”的附属品，是不得已而为之的事情。[33]

王威威从先秦思想界对杨朱思想主旨的不同理解入手，考察了杨朱思想在先秦时期的流传和发展情况。先秦思想界关于杨朱思想主旨的理解主要有“为我”“贵己”和“轻物重生”，冲突主要在“为我”和“轻物重生”之间。她认为，杨朱思想本包含这两个方面或者可以有这两种理解，在孟子的时代，流传中的杨朱思想以“为我”为主流，而因为孟子的批评，这一方面愈加凸显而招致更多责难，之后的杨朱后学对杨朱思想主旨重新解释，着力发展和宣扬“轻物重生”思想，改变了流传中的杨朱思想的面貌。[34]

白奚根据“太一”概念在先秦诸子书中的流变情况及其涉及的问题论证了《文子》的成书年代。“太一”在较早的道家文献中是表示终极存在的哲学概念，在《文子》中则主要应用于政治问题，并与最成功的“帝者”相匹配。而且，《文子》中已不存在战国中期以来流行的士人争当王者师友的情况，反映了战国晚期君主专制的强化和士人政治地位的下降。[35]

5. 宋明儒学

向世陵围绕仁的“偏言”与“专言”话题探讨了程朱的仁说。程颐通过对《易传》的阐释，以“生”为纽带，将四德五常联系为一个整体，四德的亨利贞和五常的义礼智信，都来源于乾元或仁的生气流淌。朱熹将“偏言”与“专言”的讨论纳入到“仁者，爱之理，心之德也”的框架中，基于生气流行，“心之德”可以是“爱之理”，仁的至善整体与流行实施中的德目相互发明。[36]

陈来探讨了朱熹《太极解义》的太极本体论和太极本源论的哲学建构。他认为，《太极解义》的哲学建构，开发了周敦颐《太极图说》的本体论和宇宙论意义，将太极动静阴阳论引向了理气哲学，谋求太极与人极的贯通，太极与人性的一致，更以“全体太极”为成圣成贤的新内涵，形成了以太极为中心，集理气、性情、道器、体用为一体的哲学体系。[37]

高海波对朱熹“中和旧说”产生的时间、过程、内容以及“中和旧说”与延平思想及朱熹早期思想的关系进行了讨论。他指出，朱熹接受了延平在日用处下功夫的教导，但对体验未发未能真正契入。延平去世后，朱熹持续探索，产生了“中和旧说”。“中和旧说”的核心关切仍然是未发已发，尤其是未发问题。此时，朱熹体悟到心是流行不息之体，所以认为心是已发，而性是未发，未发已发浑然一体。[38]

田智忠以“未发之中”为切入点，揭示了理学的问题意识变化及其原因。他认为，宋明诸贤的讨论可大致分为直觉和理性两大立场，无论是主张发明本心，还是主张穷理、体仁，都希望其工夫论所指向的是儒学的真实受用。此外，诸贤将“未发之中”视为人人本有的实存，而非完全基于境界论的立场，“复其本然”就具有了与“学以成圣”相同的内涵。[39]

李春颖比较了张九成与朱熹慎独工夫的路径，揭示出二者的分歧所在。朱熹认为慎独是已发之后为善去恶的工夫，戒惧是心存敬畏、主敬存养的工夫；张九成则认为慎独与戒惧都是对天理本心的体认，是直取本体的工夫。这种差异源于理学和心学对本体的不同理解。朱熹的“性即理”是寂然不动的形上本体，张九成的“心即理”是贯穿形上形下、已发未发的本体，因此，朱熹的工夫论中需要心的思维作用，为学与主敬并重，张九成的工夫论中心即本体即工夫。[40]

刘悦笛从“一念发动处”入手，对王阳明的“知行合一”进行了新的诠释。“一念发动处”便是“知”，亦是“行”，这是王阳明“知行合一”的本意。参照西方“意动”动机与“动行”动机的二分法，“一念之动”是“动行”动机。“知行合一”包含了道德的三要素，即观念、意志、情感。“一念发动”中的一念即“观念”，“如何做”则靠意志，观念与意志结合并表现为“直觉”，也是一种“情感”。[41]

马晓英以王阳明为中心，探讨了以《大学》为核心的四书诠释如何影响了阳明心学的发展进程。阳明以对朱熹《大学》新改本及其“格物说”的批评为起点，建立起以良知为本体，以致良知为工夫，以心性合一、心理合一、知行合一和本体工夫合一为导向的心学体系，在其思想展开过程中，他对《大学》的诠释也在不断丰富和深化，。[42]

注：

①王中江：《自然和人：近代中国两个观念的谱系探微》，商务印书馆，2018 年版。

②郑开：《道家形而上学》（增订版），中国人民大学出版社，2018 年版。

③曹峰：《老子永远不老：〈老子〉研究新解》，中国人民大学出版社，2018 年版。

④王中江：《根源、制度和秩序：从老子到黄老》，中国人民大学出版社，2018 年版。

⑤罗安宪：《儒道心性论》，人民出版社，2018 年版。

⑥杨立华：《一本与生生》，生活 · 读书 · 新知三联书店，2018 年版。

⑦赵金刚：《朱熹的历史观：天理视域下的历史世界》，生活 · 读书 · 新知三联书店，2018 年版。

⑧匡钊：《中国古典学与中国哲学“接着讲”》，《深圳大学学报》（人文社会科学版），2018 年第 5 期。

⑨程乐松：《自觉的两种进路——中国哲学与汉语哲学的论域》，《学术月刊》，2018 年第 7 期。

⑩王博：《从无极到皇极》，《北京大学学报》（哲学社会科学版），2018 年第 6 期。

⑪刘震：《重思天人合一思想及其生态价值》，《哲学研究》，2018 年第 6 期。

⑫干春松：《“感”与人类共识的形成——儒家天下观视野下的“人类理解论”》，《哲学研究》，2018 年第 12 期。

⑬刘悦笛：《“情性”、“情实”和“情感”——中国儒家“情本哲学”的基本面向》，《社会科学家》，2018 年第 2 期。

⑭王中江：《中国“自然”概念的源流和特性考论》，《学术月刊》，2018 年第 9 期。

⑮王博：《“然”与“自然”：道家“自然”观念的再研究》，《哲学研究》，2018 年第 10 期。

⑯林光华：《以道化欲，以朴化名——再论〈老子〉之自然及其对恶的克服》，《人文杂志》，2018 年第 3 期。

⑰罗安宪：《存在、状态与“自然”——论庄子哲学中的“自然”》，《现代哲学》，2018 年第 3 期。

⑱曹峰：《〈文子 · 自然〉研究——兼论对“道法自然”的理解》，《现代哲学》，2018 年第 5 期。

⑲王威威：《〈吕氏春秋〉与道家自然观念的发展》，《老子学集刊》第二辑，中国社会科学出版社，2018 年版。

⑳丁四新：《严遵〈老子指归〉的“无为”“自然”概念及其政治哲学》，《哲学研究》，2018 年第 7 期。

㉑孟庆楠：《王弼政治哲学中的“自然”观念浅议》，《中国哲学史》，2018 年第 4 期。

㉒赵法生：《威仪、身体与性命——儒家身心一体的威仪观及其中道超越》，《齐鲁学刊》，2018 年第 2 期。

㉓刘丰：《“无体之礼”：先秦礼学思想的发展与转向》，《东南大学学报》（哲学社会科学版），2018 年第 2 期。

㉔李春颖：《孟子恻隐之心中的情感与德性》，《中国哲学史》，2018 年第 3 期。

㉕王觅泉：《仁义内外与人性善恶——重审孟告之辩的两个主题及其关系》，《中国哲学史》，2018 年第 2 期。

㉖王正：《重思先秦儒家的仁礼之辨》，《现代哲学》，2018 年第 4 期。

㉗王楷：《美善相乐：生命哲学视域下的荀子乐论精神》，《北京师范大学学报》（社会科学版），2018

年第4期。

㉘孙伟：《人如何走向道德之途？——荀子与柏拉图之间的一种可能对话》，《云南大学学报》（社会科学版），2018年第5期。

㉙李祥俊：《〈大学〉“八条目”的义理结构与价值前提》，《安徽师范大学学报》（人文社会科学版），2018年第1期。

㉚郑开：《道法之间：黄老政治哲学的思想空间》，《清华大学学报》（哲学社会科学版），2018年第6期。

㉛陈霞：《从“道法自然”到“道生法”——论黄老对道家的发展》，《海南师范大学学报》（社会科学版），2018年第2期。

㉜周耿：《“自化（自正）”过程中道的作用方式——从老子到黄老的政治思想转向》，《中国道教》，2018年第5期。

㉝任蜜林：《一身与天下：论早期道家“治身”与“治天下”关系的演变》，《河北师范大学学报》（哲学社会科学版），2018年第5期。

㉞王威威：《为我、重生、贵己——先秦思想界对杨朱思想主旨的理解》，《人文杂志》，2018年第3期。

㉟白奚：《〈文子〉的成书年代问题——由“太一”概念引发的思考》，《社会科学》，2018年第8期。

㊱向世陵：《仁的“偏言”与“专言”——程朱仁说的专门话题》，《中国哲学史》，2018年第1期。

㊲陈来：《朱熹〈太极解义〉的哲学建构》，《哲学研究》，2018年第2期。

㊳高海波：《朱熹“中和旧说”探析》，《哲学研究》，2018年第7期。

㊴田智忠：《从“未发无不中”到“未发或有不中”——论理学对“未发之中”的讨论》，《吉林大学社会科学学报》，2018年第2期。

㊵李春颖：《张九成与朱熹慎独工夫的路径及分歧》，《中州学刊》，2018年第8期。

㊶刘悦笛：《从“一念发动处”解王阳明“知行合一”——兼论“意动”与“动行”的道德动机分殊》，《南京社会科学》，2018年第11期。

㊷马晓英：《明代心学的理论建构与〈大学〉诠释——以王阳明为中心》，《中国文化研究》，2018年春之卷。

（作者：王威威，中国政法大学教授）

西方哲学

王玉峰

一、学术活动

2018年4月27日，由北京大学分析哲学研究中心发起，哲学系、外国哲学研究所协办的“北京大学分析哲学青年学者工作坊”在北京大学外哲所举行。本期活动受邀报告人为南京大学的胡星铭副教授，北京大学的李麒麟助理教授担任本次活动的主持人，韩林合教授、叶闯教授、吴天岳副教授、南星助理教授以及首都师范大学的梅剑华副教授等北京地区的学者参加了本次活动。胡星铭做了“Is Knowledge Sufficient for Understanding”的专题报告。在报告中，他指出，在传统观点看来，“理解X为什么发生”就等同于“知道X是由Y引起的”；但反对者认为，“knowing-that”对于“understanding-why”并不充分，理由就在于，“understanding-why”要求某种grasp（抓取/把握），但“knowing-that”并不需要。对于这个争论，胡星铭站在传统立场上，反对反驳者的意见。为此，他探讨了当前文献中关于grasp的两种说明，并认为，假如其中的一个说明是正确的，那么“知道X是由Y引起的”至少就蕴含了关于X为什么发生的初步理解。

2018年6月2—3日，第一届全国中世纪哲学大会在北京大学召开，赵敦华教授和北京大学哲学系主任杨海峰教授致辞。本次会议的主题是“中世纪哲学传统的多样性”。西方的中世纪是一个漫长的历史时期，上承古代晚期，下启近代。晚近的研究益发向我们昭示，这千余年间的哲学思考不仅成就斐然，而且包含着丰富多样的传统。从语言、地域和宗教背景来说，可以看到四个主要的不同传统：西方拉丁传统、拜占庭希腊传统、阿拉伯传统和犹太传统（用阿拉伯语和希伯来语写作）。而每一个传统内部，又活跃着不同的哲学研究风格和流派，例如阿拉伯传统中的爱智学（falsafa）和凯拉姆传统，拉丁传统中的亚里士多德主义与奥古斯丁主义等。如何理解这些不同的哲学传统，理解它们的源流、形成、互动和影响，无疑是今日中世纪哲学研究的重要话题。本次会议共分为10场会议，学者们围绕中世纪哲学的多样性问题展开了探讨。另外，会议期间赵敦华教授还主持召开了“中国中世纪哲学专业委员会（筹）工作会议”，就专业委员会的各种具体工作问题进行了讨论。

2018年6月9日，由中国人民大学哲学院、同济大学哲学系、商务印书馆共同主办的“《海德格尔文集》（30卷）发布会暨海德格尔与未来哲学学术研讨会”在人民大学人文楼召开。商务印书馆总经理于殿利教授和中国人民大学张志伟教授致欢迎辞，孙周兴教授（《海德格尔文集》主编）介绍《文集》总体情况。王庆节教授（《海德格尔文集》主编）也做了致辞。发言嘉宾有北京大学的赵敦华教授，人民大学的冯俊教授等。学者们还就围绕着“海德格尔与未来哲学”做了多场学术报告。其中，孙周兴报告的题目是“海德格尔与人类思想的前景”，张志伟报告的题目是“轴心时代的没落与形而上学的终结”，王庆节的题目是“论海德格尔对康德先验想象力之批判的起点”，吴增定教授做了“根据与建基——简论海德格尔对形而上学的拆解”。学者们讨论了海德格尔与传统哲学的关系，海德格尔对人类未来哲学的启示等问题。

2018年最重要的哲学学术活动就是8月13—20日在北京召开的第24届“世界哲学大会”。这是“世界哲学大会”首次在中国举行，第二次在亚洲举办。本届大会由北京大学主办。世界哲学大会始创于1900年，每5年召开一次，首届大会在法国巴黎举行，是目前世界上规模最大的哲学学术会议。本届大会是世界哲学大会首次以中国哲学思想文化传统作为基础学术架构、以“学以成人”为主题展开的哲学研讨。8月13日，第24届世界哲学大会开幕式在人民大会堂举行，教育部陈宝生部长，北京市教工委书记林克庆，国际哲学团体联合会（FISP）主席Dermot Moran教授，秘书长Luca M. Scarantino教授，北京大学党委书记郝平，北京大学校长林建华等嘉宾出席开幕式。国际哲学团体联合会主席Dermot Moran在致辞中梳理了当代哲学学术发展与人类面临的挑战之间的密切关系，强调了哲学在当代的责任及价值。Dermot Moran表示，第24届世界哲学大会的主题是“学以成人”，恰当地表达了我们对于“学”的承诺，即获取知识，沉思成人的本质，探索我们共同人性的含义。“学以成人”要被理解为如何通过自我改进、自我矫正、自我批评，以及通过共同学习改进人性的方式来成为更好的人。中国举办第24届世界哲学大会的时间尤为重要。我们身处众多全球性危机之中——政治的、经济的、社会的、环境的，以及我们传统、信仰和价值的危机。尽管我们这个时代无与伦比的科技成就，我们却从未有过如此全球性的不安全感和不信任感。世界各地，人与人的关系，人与社会和自然环境的关系以及人与宇宙整体的关系正遭受如此大规模问题的挑战，以至没有任何一个国家、任何一个语言共同体，任何一个知识经济体能够独立面对这些挑战。没有任何组织或者共同体可以孤立生存。我们生活在相互依赖中，生活在哲学家埃德蒙德·胡塞尔所谓的彼此共存中，生活在汉娜·阿伦特所谓的“群体”（in the plural）生命中。儒家传统一直认为成人就意味着在共同体中存在；甚至“仁”这个中文字中就包含有“二”字。现在，我们不可避免地处在一个巨大的全球共同体中，在经济上，在社会上，在政治上，相互勾连和相互依赖。我们是真正的世界大同主义者，是“世界的公民”。“世界公民”（kosmou polites）这个希腊术语来自古希腊哲学家第欧根尼；而它在中国传统的对应概念是“天下”，天下的字面意思是“天底下万物”。天下概念逐渐从一个地缘政治概念演进成为共同人性（即仁）的伦理理想。如果我们打开耳目，敞开心灵，并准备让自己的假设在一个友善和融洽的氛围中获得挑战，那么我们将从彼此那里学习到很多。本届大会共有来自世界121个国家和地区的7000多位哲学家和哲学爱好者注册，就注册代表人数而言，第24届世界哲学大会是有史以来规模最大和最为多样的一届世界大会。北京第24届世界哲学大会设有99个会议分场，学者们围绕“学以成人”这个主题，展开了广泛而深入的讨论，取得了丰硕的成果。

2018年8月17日，“中英美暑期哲学学院30周年纪念座谈会”在中国社会科学院举行。中英美暑期哲学学院是由中国社会科学院哲学所、英国皇家哲学研究所、牛津大学现代中国研究中心联合主办的非营利性学术机构，创办于1988年。1994年，澳大利亚社会科学院和澳大利亚人文科学院加入学院的主办活动，2005年因人事变动而撤出，美国哲学家作为主办方加入学院活动。建院30年来，暑期学院已举办过22期高级研讨班和6期高级读书班，还多次主办国际学术研讨会，出版了一些重要的学术成果。中国社会科学院哲学所副所长、研究员崔唯航，伦敦大学国王学院哲学系教授、中英美暑期哲学学院英方委员会主席 Michael Beaney 出席了座谈会，并分别代表中英美暑期哲学学院主办方致辞。牛津大学现代中国研究中心主任、中英美暑期哲学学院英方委员会前主席 Nichlolas Bunnin 教授专门为座谈会发来了视频致辞。中英美暑期哲学学院中方委员会主席、中国社会科学院哲学所研究员单继刚主持了座谈会。

2018 年 10 月 10 日，AITIA 古希腊论坛系列讲座（第 23 期）在中国人民大学哲学院举行。这次讲座主讲人是首都师范大学的朱清华教授，她报告的题目是“柏拉图的一和多”。本次讲座阐释了在柏拉图不同文本中的“一和多”问题，主要处理了柏拉图“以一摄多”以及“一是多”之间的张力。11 月 14 日，AITIA 古希腊论坛系列讲座（第 24 期）的主讲人是北京大学西方古典学中心的林丽娟助理教授，她报告的题目是“柏拉图在巴格达”。在 8 至 10 世纪巴格达翻译运动当中，柏拉图及其作品主要经由叙利亚基督徒之手翻译介绍进了伊斯兰世界。本次讲座介绍了柏拉图在伊斯兰世界的几种主要流传形式。讲座还以柏拉图的灵魂三分理论为例，展示了伊斯兰世界的柏拉图在何种意义上是一个创新的柏拉图。

2018 年 11 月 26—12 月 7 日，美国波士顿学院政治科学系教授 Christopher J. Kelly（他也是英文标准版《卢梭文集》的主编和译者之一）在中国人民大学围绕“卢梭的政治哲学”这一主题做了 6 场学术报告。11 月 26 日报告的题目是“卢梭论不平等的起源（一）”，11 月 28 日的报告题目是“卢梭论不平等的起源（二）”，11 月 30 日报告的题目是“卢梭论正义的自然情感”，12 月 3 日的报告题目是“卢梭论法律的特性”，12 月 5 日的报告题目是“卢梭的共和主义”，12 月 7 日的报告题目是“卢梭论世界性的人道主义”。

二、古希腊哲学研究

聂敏里教授的论文《亚里士多德的 Dynamis 概念：记陈康先生新发现的一篇论文》[①]通过细致的文史考证，首先说明了陈康先生的一篇旧文《亚里士多德的 Dynamis 概念》被重新发现的前因后果、来龙去脉。在此基础上，通过对陈康先生这篇文章中的多个重要观点的阐述，指出了这篇文章所具有的学术价值，表明这篇文章不仅对于我们理解亚里士多德 Dynamis 概念的多种意义是重要的，而且对于我们理解与 Dynamis 概念有关的亚里士多德多个重要文本之间的思想关联也是重要的。最后聂敏里也对陈康先生从发生学方法处理亚里士多德的哲学思想提出了一些批评。

根据聂敏里的论述，陈康先生 70 年前的这篇旧文是洪汉鼎先生于 2016 年 1 月 11 日亲自复制后交给他的。陈康先生的这篇论文是一篇中文论文，以钢笔写在印有西洋哲学名著编译委员会稿纸字样的 16 开稿纸上，共 52 页，在我们今天发表它之前，从未在任何出版物上刊出。该文当时本来很有可能是投给《哲学评论》的。1947 年，由于时局动荡，中国哲学会停止活动，《哲学评论》在 1947 年 8 月 11 日出版了第十卷第六期后，即不再出版。陈康先生于 1948 年即前往台湾大学哲学系任教，从而最终存留在了编辑手中。从 1946 年开始《哲学评论》的编辑是由贺麟先生负责，因此这篇论文就保存在贺麟先生那里。20 世纪 80 年代初期，齐良骥先生和王太庆先生、朱德生先生、雷永生先生、洪汉鼎先生五人共同计划编辑一套《哲学家短篇论文集》，贺麟先生就把这篇稿子交给了洪汉鼎先生。由于一些意外，该文集未能出版，陈康先生这篇稿子就一直留在洪汉鼎先生那里。聂敏里认为，陈康先生的这篇论文在今天仍然具有重要的学术价值。

该文指出，人们通常不假思索地将它翻译成“潜能”（potentiality），但事实上，“潜能”只是 Dynamis 的一种含义，而且还是它的一个派生的含义，它的更为基本的含义并不是“潜能”，而是“能力”（capacity）。此外，当它用于逻辑学时，它更不能够是指“潜能”，而是指逻辑上的“可能性”（possibility）。另外，它还有一种与上述含义完全不相关的用法，即作为一个纯粹的同名异义词用于数学上，指数学上的“乘方”或“幂次”（power）。陈康先生在论文中详细分析了亚里士多德哲学文本中“Dynamis”的这些不同含义。陈康先生富有洞见地指出逻辑上“可能性”的含义是奠基于形而上学上的“能力”上的。因为“能力”包含了动作的可能与否。陈康先生还敏锐地指出了作为亚里士多德的“潜能”含义与中世纪或然（possibilitas）的区别，他指出，“潜能”概念具有目的性的内涵，作为质料构成了实现这个目的的运动过程的基础，但同时它又有赖于另一个已经实现了的东西亦即形式对它的发动，从而，如果我们加以概括的话，目的性、质料性和受动性，这就是“潜能”这个概念的三个主要内涵。陈康先生认为，这三个内涵恰恰是中世纪经院哲学中的“或然”概念所缺乏的。

陈斯一博士的论文《从需要到分享：亚里士多德论友爱的谱系》[②]一文系统地梳理了亚里士多德的友爱理论。该文从《尼各马可伦理学》第八卷第一章结尾处提到的两位自然哲学家（恩培多克勒和赫拉克利特），关于友爱存在于相似者，还是不相似者之间的争执出发，分析了亚里士多德阐述友爱观念的总体思路。在陈斯一看来，《尼各马可伦理学》第八卷和第九卷的友爱谱系呈现出从不平等的友爱到平等的友爱的上升，而这种上升的内在理路是从不相似之间的相互需要逐渐过渡到相似者之间的共同分享。最终，在有德性的自足者出于“对分享的需要”而相结合的最高的友爱中，赫拉克利特和恩培多克勒关于友爱的哲学洞见合二为一：虽然人性最高的可能实现于相似者的共同分享，但是人类最根本的处境仍然在于不相似者的相互需要。

论文指出，在亚里士多德看来，不平等的友爱又可以分为两种基本形式：家庭友爱（父子、夫妇、兄弟）和男性情爱（所谓的“爱者和被爱者”之间的友爱）。在陈斯一看来，父子、夫妇、兄弟这三种家庭友爱的序列是从极端不平等和不相似的友爱，逐渐过渡到相对平等和相似的友爱，而这种转变的实质是从基于需要的友爱，逐渐过渡到基于分享的友爱。家庭关系和政体的类比在亚里士多德的《政治学》中亦有体现，尤其是三种家庭友爱的性质从不平等、不相似到（相对）平等而相似（也就是从需要到分享）的过渡，和亚里士多德论述政体发展史的总体思路是一致的。

平等的友爱又可以分为三种：基于德性的友爱、基于快乐的友爱、基于利益的友爱。具体说来，基于利益（手段性“偶性”）的友爱、基于快乐（目的性“偶性”）的友爱、基于德性（目的性本性）的友爱，这三种友爱的序列也存在某种连续的过渡和转变。陈斯一认为，与三种不平等的家庭友爱一样，三种平等的友爱之间从低到高的提升也符合从不平等到平等、从不相似到相似、从需要到分享的原则。

文章最后还讨论了亚里士多德的友爱与柏拉图的友爱思想的差异，并且指出哪怕最自足的人也有需要另一个自我的欲望。陈斯一指出，在这个意义上，人性永远无法达到神性的自足，因为即便是最自足的人也无法在自我之中获得人性的全部满足；事实上，恰恰是最自足的自我才暴露出对于另一个自我的最深的需要。自足者之间的德性友爱在最高的程度上满足“朋友是另一个自我”的要求，因而实现了一个自我和另一个自我之最高程度的相似和分享。然而自我毕竟需要“另”一个自我；即便在最完美的德性友爱中，不同自我的差异也仍然揭示出不相似者的相互需要。

三、中世纪哲学史研究

吴天岳的论文《文艺复兴以降的中世纪哲学史研究》[③]比较系统地介绍了文艺复兴以后西方学术界对中世纪哲学史的研究状况。作者指出，自 19 世纪 80 年代以来，中世纪哲学史研究已有长足进展，但在部分地驱散黑暗迷雾的同时，又不断地引入新的误读、曲解甚至新的迷思。其中，哲学史家本人的思想立场，尤其是他们的现实哲学关怀深刻地影响着他们对中世纪哲学的历史叙述。他们往往不加反思地将自己对哲学的先行理解投射到历史中，忽视中世纪历史语境本身的复杂性和丰富性。因此，批判性地考察文艺复兴以来中世纪哲学史编纂的历史，无疑有助于更加审慎也更加开放地构建我们汉语学界自己的西方中世纪哲学史研究，同时，更有效地进入作为现代人的我们和作为他者的中世纪哲学之间微妙的相互构建关系，真正将中世纪哲学研究建设成富有成效的思想对话。

吴天岳还介绍了近来中国学术界对中世纪哲学史研究的贡献。在他看来，过去数十年间，汉语学界的中世纪哲学史专业研究从无到有，稳步发展，呈现出自己的特色。在综合性研究中，赵敦华的《基督教哲学 1500 年》影响深远，它详尽地考察了教父和拉丁中世纪哲学的传承与发展。该书虽然沿用《永恒之父》通谕中“基督教哲学”的提法，但在一个更长的时段中考察这一时期哲学思想的演进，突出了中世纪哲学与古代晚期思想的连续性。而赵敦华和已故的傅乐安先生主编的《西方古典哲学原著选辑 · 中世纪哲学》，则是汉语译介中世纪哲学文献的一个里程碑。该书虽是译著文选，但特色鲜明。它同样突出教父哲学对于中世纪哲学尤其是拉丁传统的哲学的奠基作用。同时在以拉丁世界经院哲学为主体的前提下，强调了中世纪阿拉伯和犹太哲学的贡献，其中既有阿维森纳这样的形而上学家，阿维洛伊这样的理性主义者，也有安萨里这样的宗教思想家。这无疑突破了新经院学派等将中世纪哲学等同于基督教哲学的局限，不再将阿拉伯哲学单纯作为希腊古典传统的中介和经院哲学发展的背景。与此同时，这套文选所涉及的哲学内容，既触及分析学派所关注的形而上学、自然哲学、心灵哲学、伦理学等领域，同时也接纳德法学派所强调的经院外哲学传统，如埃克哈特大师的神秘主义著作。这些都和当下西方世界的流行文选有所区别。

四、意大利文艺复兴时期哲学

吴功青的论文《彼得拉克〈秘密〉中的上帝与自我》[④]一文通过对《秘密》文本的深入分析，探讨了彼得拉克思想中上帝与自我的关系问题。在吴功青看来，在《登旺图山》中，彼特拉克经由奥古斯丁式的“内在转向”，在心灵之中发现了上帝。而在随后写作的《秘密》一书中，作为彼特拉克化身的弗朗切斯科却很少提及上帝的作用。是上帝突然消失了吗？通过细读《秘密》的文本，他否定了这一可能，同时指出：一方面，在《秘密》两个自我的内在对话中，世俗自我所诉求的幸福越来越具有正当性，传统基督教中上帝的意义被严重削弱；另一方面，更为重要的是，面对人性的疾病，《秘密》几乎从未诉诸恩典，而是诉诸自我对自我的治疗。彼特拉克的这一转变，使得自我开始取代上帝，成为人们重新理解世界、他者以及自我的出发点，具有重要的现代意义。

吴功青认为，彼特拉克在《秘密》中对个体自我的塑造，深刻地影响了现代哲学的发展。吉莱斯皮指出，笛卡尔哲学鲜明地体现了个体性的特征。在《谈谈方法》中，笛卡尔宣称他只试图改变自己，意思是希望每个人都通过自身来认识科学的真理。此外，“我思故我在”的道路不仅从个体自我开端，而且属于每一个个体。个体只要遵从他安排的道路，都可以从“我思”认识到“我在”。吉莱斯皮认为，笛卡尔的上述哲学工作正是“始于彼特拉克那里的个体性观念，这种观念在皮科等人的普罗米修斯式的个体主义那里得以完成”。换言之，作为现代哲学的开端，笛卡尔的哲学体系内在地依托于彼特拉克对个体性的发明。彼特拉克对现代哲学的影响，由此可见一斑。不过，在彼特拉克个体自我观念的背后，也蕴含着重重危机。一方面，当自我成为自身的根基时，它意味着支点，意味着主体性和自由；另一方面，它意味着无根基性，意味着不安。而一个没有根基的自我，时刻都有坠入深渊的危险。终其一生，彼特拉克仿佛一个“双面人”，一边极力肯定自我，一边苦苦哀求上帝，在上帝和自我、虔敬（pietas）和人性（humanitas）之间苦苦地挣扎。而彼特拉克之后的思想家，无论是文艺复兴时期的费奇诺、皮科，宗教改革时期的路德、加尔文，还是作为启蒙运动先驱的笛卡尔、霍布斯，都不得不在他开启的上帝与自我的张力结构中继续思考。如何安顿一个矛盾重重的“双面人”、一个不安的自我，是彼特拉克留给文艺复兴和现代哲学的特殊难题。

吴天岳的论文《哲学中的人文主义传统？——文艺复兴人文主义的哲学史反思》[⑤]一文批判性地反思了文艺复兴中的人文主义传统。该文从哲学史的视角审视文艺复兴人文主义运动的哲学成就，进而反思人文主义和哲学思考之间的内在关联。为了在清醒的历史意识中重构和评估历史文本中所包含的哲学问题及其解决方案，该文首先揭示了布克哈特等人以人文主义为现代开端的历史书写迷思；其次，重新呈现人文主义的中世纪根源及其发展历程；然后通过对比斐奇诺和彭波那齐有关灵魂不朽的论证来审视文艺复兴时期并行的人文主义和经院学术，说明究竟哪一种研究实践更能体现真正的哲学精神。最终该文试图论证并不存在来自文艺复兴人文主义的哲学传统，严肃的哲学思考也不需要这人文化的思想传统。

作者提出了这样的问题：哲学中存在人文主义传统吗？他认为，就人文主义作为一场历史运动而言，答案是否定的。文艺复兴人文主义延续的是西方的修辞传统。那么，哲学是一门人文科学吗？该文认为，答案也只能是否定的。这不仅是因为近代人文学科的起源可以追溯到哲学中的人文主义传统这些并不具备真正哲学精神的文艺复兴人文主义者，更重要的是因为对于一门人文学科来说最为根本的主观视角和历史意识本身需要通过哲学来加以界定。只要哲学还有权反思这些根本概念以及其他学科（包括自然科学在内）的基本预设的合法性问题，哲学就只能是自成一类的知识。当然，作者认为，对于这样一个宏大的构想而言，以上对于文艺复兴人文主义的哲学史考察只是一个开端：以修辞辩论取代哲学论证的危险今天依然严峻，捍卫哲学作为一门知识的合法地位仍然是以哲学为业者艰巨但必须完成的任务。

五、近现代哲学

尚新建教授的论文《霍布斯的人性论之人的自然状态》[⑥]从人性论的角度阐述了霍布斯的人的自然状态概念。该文指出，在霍布斯看来，人是一个生命体，“生命只是肢体的一种运动……‘心脏，无非就是‘发条’，‘神经’只是一些‘游丝’而‘关节’不过是一些齿轮”。人就是自然人。正是它们的动作成就了人的自然本性。作为自然人之人性有四要素：体力、经验、理性和激情。拥有这四类要素的人类，最初只是自然存在。由此出发，霍布斯说，人首先是自然的人，而处于自然状态，就会出现每个人反对每个人的战争状态。

该文首先考察了霍布斯的人性论，以及霍布斯对亚里士多德的批评。亚里士多德从两个方面说明人是什么：第一，从生物学角度出发断言人是城邦动物；第二，从目的论来说明城邦与人的本质的关系。霍布斯从一种唯物主义的经验论出发，反对亚里士多德对人性的这种理解。他对于感觉、知觉等持一种机械论观点，而批评和摒弃了亚里士多德的目的论。霍布斯断然否认了人在自然上就是政治的动物，他对于理性的理解也和亚里士多德大相径庭。在霍布斯那里，理性就是一种计算能力，它完全是服务于人的欲望和激情的。

在霍布斯看来，人的自然状态是非政治的状态。自然状态是这样一种状态，由于人的先天因素和能力是平等的，因而人们自然而然会认为，每个人都有达到自己目的的权利。这里霍布斯虽然没有使用诸如欲望、意志等字眼，但是在前面对于人性四要素的探讨中，霍布斯显然已经告诉我们，当人与外部世界相遇时会激起人的欲望，在欲望支配下，人会有所行动。如何行动取决于人的自由意志。也就是说，在人的欲望和意志的支配下，人想获得某种东西并且认为自己有获得这些东西的权利和能力。如果是两个或者更多的人都想获得同样的东西，并且都认为自己有能力、有权利获得它们，但是他们又不能同时获得它，那么你争我斗是不可避免的。霍布斯断言，为争取同样的东西，行使同样的能力和权利，导致的结果是“他们彼此会成为仇敌”。因此，人的自然状态是由人性导致的。

孙向晨教授的论文《生生：在世代之中存在》[⑦]是对海德格尔“向死而在”的一种中国式回应。文章指出，“生生不息”展开的是一个不同于海德格尔“在世界之中存在”的新的生存论结构，可以称之为“在世代之中存在”，这一新结构揭示了海德格尔自身的生存论分析所缺失的诸多面向。在世代之中存在的“我”首先是一个勾连世代，其来有自的“此身”，其源初地面向他人的存在即“亲亲”。它在“孝”中展示出“共世代”的结构，并在“家”中落实这种“承世”的存在，“家”由此而获得了存在论的地位。在世代之中存在的“现身情态”展现了“此在”的“在家之乐”。同时，在世代之中存在使“学”与“教”成为生存论结构中的必然环节，并使“跨世代”的“筹划”成为可能，由“世代”形成的“历史性”因此对此在发生影响。最终，它在祭奠“亲人之死”中延续“共世代”的结构，以“慎终追远”的方式保持生存中超越的维度。

在孙向晨看来，海德格尔批判近代哲学使“自我”从世界中脱离出来，反对把人只看作笛卡尔式的中立观察者，强调此在“在世界之中存在”的特性，以“上手状态”来揭示“此在”与“世界”的关系，并以“操心”（care）来勾勒此在“在世界之中存在”的整体性。但海德格尔关于“在世界之中存在”的论述依然有所遗忘。“此在”固然不能脱离“世”来理解，“此在”同样不能脱离“世代”来理解，“世代性”是一个不容回避的在先结构。“此在”只要存在着，那么除了存在于世界之中，他还存在于世代之中。“在世代之中存在”，就意味着源初地与“他人共在”，那么与“他人”关系的源初样态究竟如何？这种源初经验是如何发生的？在海德格尔那里，是通过“上手状态”来照面“他人”的，在列维纳斯那里是与他人直接“面对面”。在“世代之中存在”，其与“他人”的源初状态既不是靠“用具”来照面，也不是一种与陌生人的关系，而是一种“亲亲”关系，与最亲近人直接照面而形成的亲密关系。在中国文化传统中，特别强调“仁者，人也，亲亲为大”。

文章还指出，“共世代”的关系直接地就体现在“家”（family）中，“家”是一种特殊形态的“共在”。“此在”在“世代之中存在”的整体性就是某种“在家”的感受，是一种温暖，一种“乐”。“在世代之中存在”特别重视“学”。“学”对于此在“在世代之中存在”的接续与跨越有着非凡意义。在世代之中存在，“学”就意味着对前辈经验的效仿和学习。“此在”存在的世代性，从根本上带出“此在”存在的“历史性”。在世代之中存在，逻辑上必然暗含着每一个世代的“开始”与“结束”，更具体的则涉及每一个“此在”的“诞生”与“死亡”。由于没有“在世代之中存在”的视野，海德格尔完全不能理解“他人之死”的问题，尤其是“亲人之死”之于“此在”的重要意义。

雷思温的论文《笛卡尔永恒真理学说悖论的三种解决》[⑧]讨论了笛卡尔永恒真理学说的基本内容，它的内在困难以及三种不同解决方案。论文指出，笛卡尔在1630年提出了“永恒真理的创造”学说，并终身坚持。这一学说指出，形而上学、逻辑学、数学等学科最首要的真理是上帝所创造并保存的，上帝还保证永恒真理的不变性。然而笛卡尔却在同时坚持认为上帝是无限而不可理解的，对其所创造的永恒真理持有完全自由与无分别的态度，这样一来，这些真理的不变性又遭到了威胁。这两个方面构成了笛卡尔永恒真理学说的内在悖论。

该文认为笛卡尔一共进行了三次不同的努力，即诉诸上帝的单纯性与统一性，诉诸上帝的完满性，以及上帝作为自因的学说，来应对上帝的无限性、不可理解性与永恒真理的不变性之间所形成的张力。这说明笛卡尔一方面试图提高上帝相对于人类理智秩序的超越性，另一方面又试图将上帝作为这一秩序的保证者。因此这三种解决就是笛卡尔试图把不可理解的上帝不断重新拉回人类的理智秩序之中的努力。这是笛卡尔不可能完成，但却必须要完成的任务。

总的来看，2018 年中国的西方哲学研究，无论是在古希腊哲学，中世纪哲学，还是近现代哲学各个领域都取得了一些扎实的进展。中国的西方哲学研究在不断进步！

注：

①《云南大学学报》，2018 年第 2 期。

②《海南大学学报》(人文社科版)，2018 年第 3 期。

③《中国社会科学》，2018 年第 1 期。

④《哲学动态》，2018 年第 2 期。

⑤《外国哲学》，2018 年总第 35 辑。

⑥《外国哲学》，2018 年总第 35 辑。

⑦《哲学研究》，2018 年第 9 期。

⑧《世界哲学》，2018 年第 1 期。

（作者：王玉峰，北京市社会科学院副研究员）

科学技术哲学（自然辩证法）

王明玉　张正清　张成岗

一、学会活动

2018 年的学会活动侧重科技哲学的教育与智库建设。针对新一轮的教学改革，自然辩证法领域的学者更加关注工程教育的建制化过程。对于新时代中国特色社会主义的发展，如何从科技战略的角度来建言献策，也是科技哲学界所关注的问题。

2018 年 1 月 13—14 日，《工程哲学》本科生教材编委会第一次会议于清华大学召开。本次会议围绕工程哲学、工程教育等内容进行讨论。本次会议标志中国工程哲学开启本科生工程教育的建制化进程，具有重要意义。[①]

2018 年 7 月 24 日，“新时代自然辩证法与交叉学科智库建设”学术研讨会在中国科技会堂召开。本次会议由中国自然辩证法研究会、中国自然辩证法研究会未来哲学与发展战略专业委员会举办。会议围绕新时代发展智库的意义和形式、自然辩证法的智库特性和功能、交叉学科智库建设中的问题和对策、自然辩证法智库的建制化和发展战略等主题展开。[②]

2018 年 9 月 24 日，“中国自然辩证法智库论坛”第一次会议在北京友谊宾馆举行。本次会议由中国自然辩证法研究会、中国自然辩证法研究会未来哲学与发展战略专业委员会举办。中国科学院自然科学史研究所刘益东研究员作了题为“致毁知识问题及其诊治策略”的主题报告，学者间进行了讨论。[③]

2018 年 10 月 28 日，中国自然辩证法研究会 2018 年学术年会在北京召开。本次年会的主体为“新时代中国自然辩证法的使命”。学者们围绕“自然辩证的历史与实践”“中国改革开放与自然辩证法事业发展”“新时代中国自然辩证法事业的发展”“自然辩证法的教学、教育与普及”等议题进行报告讨论。[④]

二、科学哲学

2018 年，科学哲学主要关注基础的理论问题以及跨学科视野给科学哲学带来的新问题、新方法。科学哲学的研究在今年更为关注中国问题，学者们从各个角度尝试用中国话语方式、中国理论来阐述与解决理论问题。并且加大了与其他人文学科、甚至是自然科学学科的交流深度，以解决新科技革命给社会带来的问题。

采用历史实践视角是马克思科技审度的重要特点。刘大椿认为马克思对科技的审度可被梳理为：在科技史探究下把握科技，以生产实践为“母体”剖析科技，以批判资本“暴力”为目标审视科技，在人类解放的自由愿景中驾驭科技。[⑤]科技审度是马克思政治经济学批判的重要理论准备，其中蕴含着丰富的思想养分。刘大椿认为马克思科技审度的思想精华是分别通过科学技术与生产力、科学技术与异化、科学技术与自由这三个焦点而展开的理论思考，认为科学技术是人与自然关系的中介，科学技术是第一生产力；科学技术异化的根源是“机器的资本主义应用”，科学技术异化是造成对自然奴役的重要角色；科学技术对实现人的全面发展具有重要意义，并且深刻影响着人的自由解放。[⑥]

在科学本土化的同时，自然科学哲学也在不断发展，多位学者在自然科学哲学史中作出贡献。范岱年对新中国成立后的自然科学哲学发展史进行梳理，自然辩证法研究在其中发挥重要贡献。[⑦]而在自然辩证法学科的发展中，许良英先生的贡献是不可遗忘的。[⑧]

科学论思想在中国的科学发展史中具有较大影响，与批判学派的代表人物彭加勒和皮尔逊的思想具有传续关系，如杨诠、胡明复等人。李醒民介绍了杨诠的科学的概念和目的、科学方法和科学精神[⑨]，也介绍了胡明复的科学论思想。[⑩]

科学家往往具有多重身份。刘红晋和杨舰研究发现史温侯是十九世纪下半叶英国派驻中国的外交官。他在领事工作之余发现了大量鸟类和植物新物种，使其成为鸟类和植物学家。史温侯在这两个学科领域和达尔文、约瑟夫·胡克等学者保持经常性联系，这种联系是19世纪中英交流网络的一部分。分解介绍史温侯的多重身份——外交官、鸟类学家和植物学家，发现动、植物研究团体的沟通是相互独立的，即科学家只在自己擅长的领域内和外交官们产生联系。英国科学家和外交人员之间的交流网络以前者为中心：科学家发出指令、获取信息和标本。[⑪]

刘华杰认为博物学看上去似乎“无用”，但对人与自然的和谐相处，以及当代生态文明建设颇有助益，应大力发展。[⑫]科学在本土化的过程中与传统文化相结合。马保玉、王鸿生等人认为发生在民国初年的有关中医科学性问题的争论与当时科学救国运动有着密切的关系。以任鸿隽为代表受到了西方科学系统训练的归国留学生们以科学救国为己任，希望中国尽早摆脱传统走向现代。科学救国运动是学习西方科学的精神、科学的方法、科学的态度等。这就不可避免地与以自然哲学元气、阴阳五行为基础的中国传统哲学发生了冲突，于是作为传统文化精粹的中医是否是科学问题的争论就出现了。[⑬]

整体上看，中国古代的学术文化有“致用”的倾向，“求真”的理念没有得到张扬。王鸿生、王民选等人认为晚清民国时期“致用”依然是主要倾向，但西学东渐给中国文化注入了“求真”的营养，学术文化的独特价值被逐步认识。20世纪中期中国文化的“致用”倾向达到了极致。改革开放以来，中国的学术文化进入在“致用”中“求真”的新阶段。[⑭]

科学哲学往往具有一种理论优先的特性，然而科学实践与科学实验也很重要。陈仕丹、袁江洋通过对罗伯特·波义耳阐述微粒哲学、推进微粒论化学-炼金术的研究，认为“硝石复原”实验具有特殊意义。他论述道，波义耳将“硝石复原”实验引作一个经典实验个案，陈述其融微粒论思考与实验探索于一体的实验哲学框架，批判亚里士多德的“实体形式”概念，揭示微粒论在化学思维上相对于元素要素论的优势。此外，这种思考与探索并不适于用20世纪出现的理论优位的、假说-演绎模式的科学哲学理论来解释。[⑮]

认知科学哲学与具身性思想研究日趋紧密，但科学实践哲学未涌现具身性的相关讨论。张毓芳妃与吴彤认为科学实践解释学的代表人物约瑟夫·劳斯已经拥有了具身思想的萌芽。他意识到海德格尔思想中隐含的身体哲学思想，借鉴了德雷福斯的技能获得模型，着重论述过福柯的“身体的政治解剖学”，也多次提及希伦的知觉解释学。[⑯]科学实验被科学共同体接受的基础，完成着不同的功能，有其各自的重要性。肖显静结合语义分析，明确科学实验“可重复”的三种表现形式及其内涵。科学实验的“可重现”与“可再现”与实验的精确性或可靠性（可信性）有关，科学实验的“可复现”与实验的可靠性（可信性）以及普遍性有关。[⑰]

三、技术哲学与工程哲学

2018年，新兴科技问题仍然是技术哲学与工程哲学关注的重点。大数据、人工智能、人类增强等技术带来了诸多社会问题与人文反思，从技术、工程哲学角度对这些新兴技术现象进行规制，提供新的理解与规范途径，是学者们主要的关注内容。

王伯鲁和宋洁认为海德格尔对技术的反思和批判是向着被遗忘的人的无限可能性展开的，他力图找回人的多样性，并借由“允诺”一词，道出人是自然的守护者，赋予人最高的尊严。[⑱]

数据智能及其算法对人的行为与社会生活的调节作用日益广泛和深远，段伟文认为人们真正应该面对的问题是如何使数据和算法成为人的技术伴侣，探寻通过主体的自我治理之道构建算法时代的生活策略，需要一方面把握基于世界数据化框架的世界制造的历史脉络；另一方面应厘清算法权力内在的政治型构。在此基础上，通过基于主体的能动性的缠斗，可以同时实现主体的自我治理及其对算法权力边界的校勘。[19]

大数据时代中的个性化现象无处不在。董春雨和薛永红发掘各领域个性化行为兴起与繁荣的内在原因，揭示大数据与个性化知识的内在联系，他指明传统知识观缺陷，分析了个性化知识的若干突出特征。从哲学角度探讨了它所引发的当代认识方法的转向问题。[20]

从哲学、演化论及未来学的角度看人工智能的社会影响，人工智能的高度发展将改变人这个物种的属性。刘华杰认为未来社会的良好发展，某种程度上取决于基于算法的人工智能与基于演化适应的智能两者能否协调起来。[21]

大数据技术在社会各个领域得到了广泛的应用，社会治理是其中较为突出的领域。刘永谋认为大数据技术在社会治理的成功应用，很好地推动了以科学理论、技术工具为依托的技术治理的发展。然而，大数据技术在推进技治主义发展的同时亦带来了一些社会风险。如何解决大数据技术治理的种种潜在风险，对社会的稳定发展、大数据技术的有益使用、技治主义的重新建构都具有重要意义。[22]

在知识极易扩散的互联网时代，科技伦理因不能约束所有研发活动而失灵，目前兴起的基因技术伦理、人工智能伦理等尖端科技伦理难以奏效。刘益东认为化解和应对科技危机与科技巨风险，必须大力推进以社会科学与交叉科学崛起为特征的新科学革命、以受控技术崛起为特征的新技术革命、以智库与文创产业崛起为特征的新产业革命及人类社会发展模式大转型。只有这样，才能彻底摆脱修昔底德陷阱，共建人类命运共同体，引领世界的和平发展和永续繁荣。[23]

人工智能的发展所带来的不仅是对技术奇点的狂想，同样也包括对其安全性的日益担忧。这些担忧通常涉及了两种不同的后奇点前景：机器超越人类和机器取代人类。夏永红和李建会认为前者涉及的风险包括尊严风险和道德风险，即机器可能危及人类的优越性，以及可能受到人类的虐待；后者主要涉及生存风险，即人类可能面临机器的生存威胁。通过引入人工智能哲学中的相关讨论，两位学者认为在生成人工智能实现之前，人工智能既不会超越更不会取代人类，尊严风险、伦理风险和生存风险都不太可能存在；在当前人工智能范式下，真正的风险是人工智能的决策风险。[24]

社会对人工智能的关注程度持续升温，李真真和齐昆鹏认为时代表现出了两个方向的延伸：一方面是对使人类的身体及其功能得以延伸的惊喜；另一方面是对其可能给人类的生存带来威胁的恐惧。这种对人工智能的跨越现实与想象两个世界的刻画，不断建构着人工智能的新图景。[25]

工程思维、科学思维、艺术思维是三种不同的思维方式，既有联系又有区别。工程思维的核心是“设计性”与“建造性”，科学思维的核心是“探索性”与“发现性”，艺术思维的核心是“（艺术）想象”与“虚构性”。李伯聪认为在本质上，工程思维是与造物者的造物实践联系在一起的目的导向的造物思维。工程问题可有多种多样的解答。工程思维具有当时当地性、可行性、操作性、程序性、可错性、可靠性、安全性等特征。在思维方式的教育和培养上，工程教育必须以培养学生的工程思维能力为核心任务和基本内容，应该在这个前提下和基础上进行相应的科学思维教育和艺术思维教育，绝不能迷失工程教育中思维教育的正确方向。[26]

关于应该如何认识和处理“对工程和经济的社会学研究”在社会学中的位置问题，经历了曲折的历史进程。李伯聪认为由于经济活动重在通过抽象劳动创造交换价值，而工程活动重在通过具体劳动创造使用价值，这就使得不但需要研究经济社会学问题，而且需要研究工程社会学问题。在中国学者开拓出工程社会学这个新的社会学分支后，工程社会学应该成为社会学领域中国话语的重要表现形式之一。[27]

地球空间双星探测计划是我国第一个由科学目标牵引的空间科学卫星计划，是以我方为主的我国与欧洲航天局合作开展的大科学工程。何江波和王大洲基于一手档案材料与相关文献资料，揭示了地球空间双星探测计划提出的历史背景和具体立项过程，从组织制度、火箭研制、卫星与有效载荷研制、卫星的发射及运行等四个方面描述了其实施过程，从科学数据的接收与处理、保障运行的技术创新两方面展示了其科技成就。最后，从国际合作与协同创新两方面尝试总结了若干历史经验。[28]

四、科学社会学与科技政策

2018 年，科学社会学与科技政策更具国际视野，不论是对科技企业、科技组织还是科技政策的研究，都偏重区域、国际语境。同样跨界的新技术现象，是国家科技战略主要的关注对象，分析新技术在产业、行业与社会中的表现，规避新技术的社会、伦理风险，成了学者们讨论的主题。

STS 领域的研究需要重视关键人物的知识影响。李淑敏和李正风通过对贝尔纳奖获得者进行作者共被引分析，采取多元分析和社会网络分析相结合的方法，绘制 STS 领域的知识图谱。分析结果表明，获奖者在研究内容上存在大量交集，研究主题渗透交叉、依赖较紧密。㉙

樊春良认为 1978 年改革开放以来，对外开放和国际合作很大地促进了中国科学技术的发展。他从科学进步、制度学习和思想引入三个方面探讨了对外开放和国际合作对中国科学发展的促进作用，认为对外开放和国际合作不仅帮助中国科学取得很大的进步，而且带来了新的思想和视野，促进中国科技体制改革、制度建设和政策进展。㉚

胡志强和祝文达通过研究企业权衡产品市场的技术创新先动优势和信息披露成本的 IPO 决策机理及其对同行业企业的影响，认为在产品市场中拥有更大市场份额的企业，因较大技术创新先动优势更有可能上市进行技术创新；竞争对手的技术追赶时间越长，IPO 信息披露成本越低，企业更有可能上市；技术创新能力越强的企业，相比 IPO 信息披露成本的增加，其技术创新先动优势更大而更有可能上市。技术追赶时间满足一定条件时，企业 IPO 技术信息的溢出具有正外部性，进而引致行业内帕累托改进，社会福利增加。㉛

杨萌和尚智丛引入科技公民身份理论，透过分析持续十数年的全民食盐加碘政策争议，理解当代中国社会所不断涌现的由科学技术（研究和运用）所引发的社会争议。科技公民身份理论认为公众拥有知识权利，在科技的治理过程中拥有正当合理作用。两位学者认为面对日益增多的科技争议，政府部门需要转变对公众的认识，正视、尊重和适应这样一个理性、有知、能够挑战官方叙述的有知公民群体的出现；推动科学公民身份教育走入课堂，提高社会成员对科学技术知识作用的批判认知。㉜

在我国发展新的历史起点上，把科技创新摆在更加重要位置，吹响建设世界科技强国的号角。李正风认为新时代是我国发展新的历史方位，也开启了我国建设世界科技强国的新征程。必须深刻认识到科技对国家的作用。㉝

肖广岭通过对中国与美国、日本、德国和 OECD 研发资源的规模、强度与结构的比较，阐述中国相关指标的差距，提出中国要进入创新型国家行列和前列，特别是成为世界科技强国，要重视 OECD 的发展。㉞

当前，全球新一轮科技革命正在孕育兴起。徐治立和霍宇同通过梳理近年国外主要国家创新战略文本认为需要明确中国科技创新政策及战略与国外创新国家相对比的一致性和差别，系统性强化科技人才要素投入，完善协同创新网络，以制造业为核心深化中国科技创新布局应是新科技革命背景下中国科技创新政策发展的重点。㉟

在技术社会学视野中，技术决定论由社会的技术决定命题和技术的自我决定命题构成。黄晓伟和张成岗认为技术决定论历史困境的实质是将技术系统从社会系统中抽离而出的本质主义困境，具体表现为技术工具化假定或技术实体化预设。与境论纲领和早期社会建构论侧重批判技术的自我决定命题，技术编史学与后建构论深入反思了社会的技术决定命题。由此，技术与社会之间的相互建构论立场有助于超越当代对各类技术决定论的迷思。㊱

目前人工智能已经从科学实验阶段进入商业应用阶段，人工智能发展正在迎来爆发的临界点。张成岗认为以现代性为基础构架的技术社会中的主奴、不均衡性、目的与工具的三重逻辑悖逆正持续延展到信息社会中。人工智能是人类社会的重要技术发明，同时存在潜在的社会风险。人工智能使现代技术在“可控”与“失控”两极之间进一步向“失控”偏移；人工智能的认知方面尚未解决算法逻辑基础本身的不确定性问题；人工智能的数据基础面临不可解读及不可追溯性挑战；在伦理规范上面临责任主体缺失及隐私的群体化泄露风险；在人工智能社会应用上，需要应对社会监管挑战，需要应对人工智能替代人类劳动导致的就业冲击。发展人工智能要防止概念炒作和伪人工智能创新，面向未来应当倡导负责任的伦理研究，走向人工智能社会的秩序重构：“善治”与“善智”的相互建构。㊲

信息伦理可以为亟待构建的人工智能伦理规范提供重要理论资源。张正清和张成岗认为信息伦理转化了原有的伦理主体，并用信息化生存代替技术化生存。这种对现代性的重新反思，挑战了传统技术伦理关于人与技术关系的关键性判断。信息伦理对人工智能伦理的贡献在于其对信息化生存、技术身份和自主性的全新解释。面向未来，人工智能在规范上应遵循新的道德主体原则，在实践上应把责任放在首要地位，以适应新的信息现代性社会。[38]

人工智能所引发的一般性伦理与社会问题包括：失业问题、隐私问题、算法偏见、安全问题、机器权利和道德代码等。周程与和鸿鹏主张为了应对人工智能带来的伦理与社会挑战，世界各国和相关国际组织都开始致力于推动人工智能伦理与社会问题的研究，积极建立规范与指南，推动社会各界就人工智能的伦理与社会监管达成共识。[39]

五、学术活动与国际交流

2018年北京地区的学术活动与国际交流仍然保持繁荣态势，各个高校依旧是学术活动与交流的主力军。学术活动与交流的主题更具时效性，更多关注了最新的、现实的科技社会问题，打开了中国问题、国际方案的新路径。

2018年3月28日，第9期科技哲学前沿论坛在中国人民大学举办。法国著名哲学家贝尔纳·斯蒂格勒（Bernard Stiegler）教授与其学生德国吕纳堡大学哲学研究所许煜（Yuk Hui）博士，围绕“斯蒂格勒技术哲学”主题分别进行了一场学术报告。本次报告的主题有“意外的技术——论斯蒂格勒的技术思想”、“阅读之脑、数码之脑、认知与知识（Reading Brains, Digital Brains, Cognition and Knowledge）”[40]

2018年4月20日，清华大学科学哲学与技术哲学沙龙第153期邀请到了Francesco Di Iorio，作题为“世界3和波普尔的方法论个人主义思想（World 3 and Methodological Individualism in Popper’s Thought）”的报告。

2018年4月26日，第10期科技哲学前沿论坛在中国人民大学举办。美国俄亥俄州立大学工程教育系唐潇风助理教授作了题为“契约和表演：电子电气工程师协会（IEEE）伦理章程的诞生及启示”的专题报告，围绕工程伦理、工程伦理教育等内容开展。[41]

2018年5月26日，全国“科学审度与美好生活”学术研讨会在北京召开。本次会议由北京自然辩证法研究会、中国人民大学哲学院和中国人民大学人文社会科学发展研究中心联合举办。本次会议围绕“科学文化与科技革命”“科学技术与美好生活”等专题报告进行汇报讨论。[42]

2018年6月5日，清华大学科学社会学与政策学沙龙第114期邀请到了南洋理工大学的萨夫卡·阿米尔（Sulfikar Amir），作题为“社会技术的恢复力：STS视野下的风险与灾害（Sociotechnical Resilience: An STS Perspective on Risk and Disaster）”的报告，其认为每个基础设施都是社会技术系统，是社会组织和技术/物理配置的混合体。社会技术系统中行动者的地位实践为解决社会技术复原力奠定了基础，人与人之间以及技术背景之间存在的信息关系是解决社会技术复原力的重要方面。

2018年6月20日，第11期科技哲学前沿论坛在中国人民大学举办。南开大学哲学系副教授Francesco Di Iori进行题为“The Unintended Consequences of Human Action（人类行动的意外后果）”的学术报告，本次报告围绕“什么是人类活动的无意识后果？它们为什么会存在？无意识后果为什么对社会科学研究很重要？”三个问题展开，来自清华大学、中国人民大学的近二十名师生出席讲座并参与讨论。[43]

2018年10月13—14日，“第3届西方科学史与科学文化学术研讨会”在中国科学院大学玉泉路校区举行。本次会议共有“科学思想史”“科学社会史”“博物学与生命科学史”“科学文化与科学史理论”等五个会场报告。[44]

2018年10月27日，中国科学技术史学会2018年年度学会会议在清华大学召开。本次会议由中国科学技术史学会主办、清华大学科学史系承办，清华大学校长邱勇出席年会开幕式并致辞。本次年会有四场大会报告及包括数学史、物理学史、天文学史等在内的十五个分会场，共有超过两百名专家学者作论文报告。[45]

2018年11月17日，“为有益的人工智能建构信任”的国际学术研讨会在北京大学举办。本次研讨会成立了“北京大学哲学与人类未来研究中心”（CF-PH），剑桥大学人工智能研究中心主任HuwPrice教授、北京大学哲学系教授赵敦华分别作主题报告。[46]

2018年12月22日，“第4次北京科学传播学论坛”在清华大学举办，本次论坛由中国自然辩证法研究会科学传播与科学教育专业委员会和中国科协-清华大学科技传播与普及研究中心主办。本次论坛的报告有刘兵：“公众科学素养与教育界对核心素养的关注”、刘立：“再谈公民科学素质测评指标体系”等13个科学传播领域的专业报告。[47]

注：

①中国自然辩证法研究会秘书处：中国自然辩证法研究会《工作通讯》，2018年第4期。

②中国自然辩证法研究会秘书处：“新时代自然辩证法与交叉学科智库建设”学术研讨会综述.（2018

-07-31)[2019-07-02]. http://www.chinasdn.org.cn/art/2018/7/31/art_17_1954.html.

③李润虎:"中国自然辩证法智库论坛"第一次会议综述.(2018-09-29)[2019-07-02].http://www.chinasdn.org.cn/art/2018/9/29/art_17_1956.html.

④中国自然辩证法研究会秘书处:中国自然辩证法研究会《工作通讯》,2018年第8期。

⑤刘大椿:《马克思科技审度的历史实践视角》,《江海学刊》,2018年第1期。

⑥刘大椿:《马克思科技审度的三个焦点》,《天津社会科学》,2018年第1期。

⑦范岱年:《建国后关于"自然科学哲学问题"的早期研究》,《自然辩证法研究》,2018年第1期。

⑧刘兵:《许良英与自然辩证法》,《自然辩证法研究》,2018年第9期。

⑨李醒民:《杨诠的科学论思想及其来源》,《社会科学论坛》,第2018年第4期。

⑩李醒民:《胡明复的科学论思想及其导源》,《哲学分析》,第2018年第2期。

⑪刘红晋、杨舰:《19世纪中英科学网络中资金和信息的不对等流动——以史温侯和达尔文、胡克的联系为例》(英文),《自然辩证法通讯》,2018年第5期。

⑫刘华杰:《重启平行于科学的古老博物学》,《社会科学报》,2018年1月18日。

⑬马保玉、王鸿生:《中国哲学与西方科学的碰撞——论中医存废问题的"源"与"因"》,《科学经济社会》,2018年第1期。

⑭王鸿生、王民选:《中国学术文化中的"致用"与"求真"》,《河南社会科学》,2018年第1期。

⑮陈仕丹、袁江洋:《波义耳的"硝石复原"实验与化学微粒论》,《自然辩证法通讯》,2018年第10期。

⑯张毓芳妃、吴彤:《约瑟夫·劳斯的身体观探寻》,《自然辩证法研究》,2018年第7期。

⑰肖显静:《科学实验"可重复"的三种内涵及其作用分析》,《自然辩证法研究》,2018年第7期。

⑱王伯鲁、宋洁:《从追问技术本质到探寻人类救赎之道——海德格尔追问技术思想新解》,《河南社会科学》,2018年第8期。

⑲段伟文:《数据智能的算法权力及其边界校勘》,《探索与争鸣》,2018年第10期。

⑳董春雨、薛永红:《大数据时代个性化知识的认识论价值》,《哲学动态》,2018年第1期。

㉑刘华杰:《基于算法的人工智能与基于演化适应的智能》,《人民论坛》,2018年第1期。

㉒刘永谋、兰立山:《大数据技术与技治主义》,《晋阳学刊》,2018年第2期。

㉓刘益东:《致毁知识与科技伦理失灵:科技危机及其引发的智业革命》,《山东科技大学学报(社会科学版)》,2018年第6期。

㉔夏永红、李建会:《后奇点时代:人工智能会超越并取代人类吗?》,《教学与研究》,2018年第8期。

㉕李真真、齐昆鹏:《人工智能——"以人为本"的设计和创造》,《科技中国》,2018年第3期。

㉖李伯聪:《工程思维的性质和认识史及其对工程教育改革的启示——工程教育哲学笔记之三》,《高等工程教育研究》,2018年第4期。

㉗李伯聪:《对工程的社会学研究:曲折历史、现状和未来——兼及社会学领域的中国话语》,《学海》,2018年第1期。

㉘何江波、王大洲:《我国地球空间双星探测计划的工程史考察》,《工程研究—跨学科视野中的工程》,2018年第4期。

㉙李淑敏、李正风:《STS领域的知识图谱——基于贝尔纳奖获得者共被引分析》,《科学学研究》,2018年第7期。

㉚樊春良:《对外开放和国际合作是如何帮助中国科学进步的》,《科学学与科学技术管理》,2018年第9期。

㉛胡志强、祝文达:《技术创新视角下的企业IPO决策机理》,《求索》,2018年第4期。

㉜杨萌、尚智丛:《科技公民身份视域下的科技争议——以全民食盐加碘政策为例》,《自然辩证法研究》,2018年第2期。

㉝李正风:《深入研究新时代建设世界科技强国的特点与规律》,《科学学研究》,2018年第1期。

㉞肖广岭:《从研发资源看中国怎样才能成为世界科技强国》,《自然辩证法研究》,2018年第9期。

㉟徐治立、霍宇同:《新科技革命背景下国外创新政策发展趋势探析》,《北京航空航天大学学报》(社会科学版),2018年第3期。

㊱黄晓伟、张成岗:《技术决定论的现代性透视:源起、脉络及反思》,《自然辩证法研究》,2018年第11期。

㊲张成岗：《人工智能时代：技术发展、风险挑战与秩序重构》，《南京社会科学》，2018 年第 5 期。

㊳张正清、张成岗：《第四次革命：现代性的终结抑或重构——信息伦理对人工智能伦理的启示》，《武汉大学学报》(哲学社会科学版)，2018 年第 3 期。

㊴周程、和鸿鹏：《人工智能带来的伦理与社会挑战》，《人民论坛》，2018 年第 2 期。

㊵中国自然辩证法研究会秘书处：《中国自然辩证法研究会〈工作通讯〉》，2018 年第 5 期。

㊶中国自然辩证法研究会秘书处：《中国自然辩证法研究会〈工作通讯〉》，2018 年第 6 期。

㊷中国自然辩证法研究会秘书处：《中国自然辩证法研究会〈工作通讯〉》，2018 年第 7 期。

㊸中国自然辩证法研究会秘书处：《中国自然辩证法研究会〈工作通讯〉》，2018 年第 8 期。

㊹佟艺辰、徐雅纯：《第三届西方科学史与科学文化学术研讨会纪要》，(2018-11-01)[2019-07-03]. http://jds.cass.cn/xwkx/xsdt/201811/t20181101_4768383.shtml。

㊺马玺：《中国科学技术史学会 2018 年年度学会会议在清华召开》，(2018-10-27)[2019-07-03]. http://www.dhs.tsinghua.edu.cn/2018/10/27/2640/。

㊻学界动态：《“北京大学哲学与人类未来研究中心”成立 暨“为有益的人工智能建构信任”的国际学术研讨会在京举行》，(2018-11-19)[2019-07-03]. https://www.phil.pku.edu.cn/news.php? newid=30000062756。

㊼科学史系：《第 4 次北京科学传播学论坛》，(2018-12-24)[2019-07-03]. http://www.dhs.tsinghua.edu.cn/2018/12/24/2979/。

（作者：王明玉、张正清，清华大学博士生；
张成岗，清华大学教授）

伦 理 学

陈伟功

一、学术活动概况

2018 年 3 月 17—18 日，清华大学马克思恩格斯文献研究中心、清华大学哲学系与复旦大学哲学学院联合主办了第四届“黑格尔和马克思研讨会”。来自高校和科研机构的 50 多名专家学者围绕“国家和市民社会”主题进行了多角度的研讨。

2018 年 4 月 27 日，由北京师范大学、中国伦理学会网络伦理专业委员会主办的第二届网络伦理论坛在北京师范大学举行。论坛以“新时代美好家庭伦理建设”为议题，各界专家学者围绕当今中国如何建立和谐美好家庭，推动新时代和谐社会的发展进行了研讨。

2018 年 8 月 27 日，由中国社会科学杂志社主办的“政治哲学视域中的公共理性”学术研讨会在北京召开。来自高校和科研机构的专家学者们参加了研讨会，与会学者从公共性、实践性和规范性等方面，探讨了公共理性的内涵及其在政治哲学中的作用与意义。

2018 年 10 月 13—14 日，由北京医学伦理学会主办、首都医科大学附属北京友谊医院和《中国医学伦理学》杂志共同承办的第四届“首都伦理审查能力建设与发展论坛”在北京友谊医院举办。论坛以“统一与融合——医学伦理新挑战新对策”为主题，来自全国各省市医院药物临床试验机构、伦理委员会、临床研究或伦理审查领域的广大医护人员、临床试验负责人、研究者、质量管理人员及北京医学伦理学会委员等相关专家学者 200 余人参加了会议。

2018 年 10 月 15 日，中国科协、教育部、中科院、社科院、工程院、自然科学基金委和北京市政府共同主办的 2018 年全国科学道德和学风建设宣讲教育报告会在人民大会堂举办。全国政协副主席、中国科协主席万钢代表主办单位致辞，教育部党组成员、副部长朱之文主持报告会。来自首都高校、科研院所以及部队院校等 40 余家研究生培养单位的研究生新生近 6000 人现场聆听报告。全国 31 个省（区、市）和 500 余所高校、研究院所设立分会场通过网络视频同步收看了报告会。

2018 年 10 月 26 日上午，由中国人民大学哲学院主办的葛晨虹教授追思会在中国人民大学举行。中国人民大学哲学院教授、博士生导师、中国伦理学会副会长、北京伦理学会会长葛晨虹因病医治无效于 10 月 1 日去世，享年 60 岁。参加追思会的有来自首都和全国各界的近百名专家学者代表。中国人民大学党委书记靳诺，党委常务副书记张建明，党委副书记、纪委书记、伦理学与道德建设研究中心研究员吴付来，中国人民大学哲学院院长郝立新，中国伦理学会会长万俊人，北京伦理学会常务副会长王淑芹等参加追思会并致辞缅怀。专家学者们追思葛晨虹教授为中国伦理学、北京伦理学和中国人民大学伦理学的学科建设发展所作出的突出贡献及其治学为人知行合一的道德实践与高尚品格。

2018 年 11 月 2-4 日，由中国人民大学和韩国高等教育财团联合主办的“国际儒学论坛 · 2018”在中国人民大学举行。本届论坛的主题为“国际学术视野下的儒家思想”。来自中国、韩国、日本、美国、英国等国家以及国内的 120 余位专家学者参加了论坛。本届论坛以文明对话方式，尝试破解儒家思想传播中民族性与国际性的平衡难题，助推儒家思想走向世界，为世界和平发展贡献中国智慧。

2018 年 11 月 3 日，由清华大学习近平新时代中国特色社会主义思想研究院、清华大学高校德育研究中心、中国人民大学伦理学与道德建设研究中心主办，国家社科基金重大项目“马克思主义伦理思想史研究”课题组承办的第四届全国马克思主义伦理学论坛在清华大学举行。本次论坛的主题为“新时代马克思主义伦理学：主题、内容与方法”，来自全国 30 多所高校和科研院所的 50 余名专家学者参加了会议。

2018 年 11 月 3 日，唐凯麟伦理学奖首届评奖新闻发布会在北京举行。著名伦理学家、湖南师范大学唐凯麟教授，人民日报社副总编辑王一彪，中国伦理学会会长、清华大学人文学院院长万俊人教授，湖南师范大学副校长蒋新苗教授以及中国伦理学会的专家学者、北京高校伦理学专业的研究生代表参加了本次会议。

二、主要出版著作

（一）专著

《道德意志论》（沈永福，人民出版社）、《道德与自我意识》（胡真圣，人民出版社）、《对 H. 理查德 · 尼布尔神学与伦理学思想的概要研究》（张和军，光明日报出版社）、《工程伦理引论》（张恒力，中国社会科学出版社）、《捍卫规范性》（李义天，人民出版社）、《纪录片创作伦理》（邹细林，中国传媒大学出版社）、《理由与道德》（徐向东，北京大学出版社）、《全球伦理学导论》（曹兴，时事出版社）、《生态和谐社会伦理范式阐释研究》（周国文，中央编译出版社）、《诗礼传家》（孔德立，商务印书馆）、《义的追寻》（沈敏荣，首都经济贸易大学出版社）、《哲学与人生》（陈先达，中国青年出版社）、《〈哲学笔记〉唯物辩证法》（黄枏森，中央编译出版社）、《中国伦理思想史》（《中国伦理思想史》编写组，高等教育出版社）等。

（二）编著

《传统道德教育读本》（编写组，人民日报出版社）、《工匠精神》（付守永，北京大学出版社）、《好家风带来好政风》（元亨利，中国法制出版社）、《涵养好家风》（张彦，人民出版社）、《立政德》（于建荣、何芹，国家行政学院出版社）、《领导干部要讲政德》（编写组，人民出版社）、《新时代领导干部政德公开课》（王杰、朱康有，中共中央党校出版社）、《中国社会道德发展研究报告》（葛晨虹，陈延斌，中国人民大学出版社）、《伦理学与当代中国文化建设》（葛晨虹，陈寿灿，浙江工商大学出版社）、《忠诚》（辛鸣，中共中央党校出版社）等。

（三）译著

《道德政治》（乔治 · 雷可夫著，张淳、胡红伟译，社会科学文献出版社）、《德性之后》（阿拉斯代尔 · 麦金太尔著，龚群等译，中国社会科学出版社）、《电车难题之谜》（弗朗西丝 · 默纳 · 卡姆等编，常云云译，北京大学出版社）、《功利主义》（斯玛特、伯纳德 · 威廉斯著，劳东燕等译，北京大学出版社）、《环境关怀的伦理学》（罗宾 · 阿特菲尔德著，李小重、雷毅译，科学出版社）、《拒绝粗鲁》（艾利克斯 · J. 派克著，艾博译，中国人民大学出版社）、《伦理学原理》（赫伯特 · 斯宾塞著，尹松波译，中央编译出版社）、《10 个道德悖论》（索尔 · 史密兰斯基著，王习胜译，中国人民大学出版社）、《找回你自己》（大卫 · 西伯里著，杨小虎译，北京大学出版社）、《箴言录》（弗朗索瓦 · 德 · 拉罗什福科著，文爱艺译，北京航空航天大学出版社）等。

三、学术研究概述

（一）基本问题

1. 道德直觉

根据什么标准才能够作出正确的、合理的道德判断，这是伦理学研究的一个根本问题。围绕理性标准和直觉标准问题，学者们进行了研究。有学者从社会直觉主义的“直觉”和“社会”两个层面进行了分析，认为在“直觉”方面，提出理性主义式的个人推理和反思只是在直觉较为模糊或者彼此冲突时，才能发挥作用；在“社会”方面，社会直觉主义认为理性主义式的个人推理和反思不是日常道德认知的主要形态，道德推理和反思更多地发生在跨主体的社会互动中。[①]比如在司法实践中，一个可靠的判决推理需要有“直觉”的价值判断及其推理的支持。即主张将规范的推理奠基于价值的直觉之上，将二者有机地结合起来，真正做到“以事实为依据”，并主张将价值推理的现实必要性与法律规范确定性的理想要求统一，实现“合理的”判决推理。[②]

就直觉问题，有学者还从知觉出发对直觉做了深入的剖析，认为作为一种基本心理机制和心理现象，知觉具有具体性、整体性、分析性和直接性等特征。通过对当下情境事实的直接洞察和整体把握，知觉构成实践思维的起点。在进一步的推理过程中，知觉所提供的事实“激活”行为者的实践目的或欲望倾向，促成具体的行动目标作为实践推理的大前提，帮助行为者发现有效的途径或手段作为小前提。凭借习俗的教化和经验的积累，行为者知觉的迅捷程度将大大提升，以至于呈现为直觉。作为知觉的特殊形态，直觉是实践推理的加速器和强心针。只有当知觉达到直觉的程度，行为者的实践理性才能臻于卓越而堪称实践智慧。[③]

有学者对国外道德判断机制的实证研究做了译介，认为人们对某种行为的道德判断受到了先行对于行为者作出行为时是否自由的直觉判断的影响，并且这个过程表现出了一种非对称性。首先，存在着一种“初始道德判断”，它影响了人们对行为者是否有其他开放性选择的直觉判断。然后，这个直觉判断又会影响人们关于行为者是否是自由行动的直觉判断。最后，这一直觉判断又会影响道德判断，这个过程同样也表现出了一种非对称性。[④]

2. 道德思维

对道德实践中的思维规律进行探讨一直是学者们的研究重点。有学者对在道德评价中的如何评价动机进行了研究，认为动机具有主观性、内隐性的特点，而思想史上“无人为恶”的观念主要是基于动机基础上的个人行为选择与自我评价。对动机的善恶评价还必须有社会评价；同时，我们还需要明确和统一什么是善、善的标准等问题。善是善和善的事物的统一；善的标准具有历史性、阶级性，是相对性和绝对性的统一。[⑤]

关于道德判断，有学者认为，它与行为具有高度的文化敏感性，来自不同文化背景、具有不同文化经历的个体，对于同一道德现象的理解与建构存在显著差异。基于文化心理学的视角，可以从文化间变异、文化内变异和多元文化三个方面梳理和评述不同文化因素如何影响个体的道德判断与行为，进一步探索文化变迁背景下中国人的道德心理和价值体系的演变过程。[⑥]

有学者则对道德思维的逻辑结构进行了研究，认为道德思维的逻辑结构让我们能够在思考道德问题时，首先从对人的本真图景出发，以对人的本质属性、现实需要和价值地位的认知为开端，本着这样一种前提条件，在尊重人的意志自由的基础上来建构和遵循道德规范的内容。[⑦]

3. 人的存在

随着历史的发展，全球化、后工业化意味着人类正在走进一个新阶段。有学者指出，人们应该重新思考社会以及社会治理建构的出发点和前提问题。人的存在可以区分为物理存在、精神存在和道德存在三重内容。从人的道德存在出发去进行理论思考，呈现出来的是一种不同于工业社会的社会以及社会治理建构方向。人的道德存在在后工业社会中将会因为人的共生共在的观念的确立而获得发育和成长的肥沃土壤，反过来，人的道德存在又会成为道德制度得以建构的前提和基础。[⑧]

有学者还对个人同一性问题进行了研究，认为个人同一性是哲学史上极具争议的一个核心概念，贯穿形而上学、心灵哲学、行动哲学和道德哲学的历史，其中的实在主义观点和怀疑主义观点最为突出。两者以个人同一性意指一种心理或者物理实在为前提，前者肯定其事实存在，而后者则质疑其事实存在。根据功能主义的理解，个人同一性意指一个行动者所具有的某种能力，比如理性思考、指认自我或者道德判断能力。而不再意指一个给定的心理或者物理事实。这种转变可以帮助我们克服实在主义和怀疑主义两个路径之间的对立关系，深入研究个人同一性概念在其他层面的实现。[⑨]

4. 个体与社会

以个体为中心还是以社会为中心，对伦理学的理论研究与实践意义有重大的影响。有学者指出，近代以来的社会以及社会治理建构，是基于原子化的个人及其人权进行的。原子化的个人是一种抽象，而人权则是一种假设。通过抽象而获得的原子化个人以及通过假设而设定的人权对于人类文明的贡献是巨大的，造就了一个伟大的工业文明。[10]也有学者认为，人权是人类文明与进步的象征，是国际社会的普遍共识，是人类基本利益与需求的保障。作为一种普遍性的底线原则和行为规范，人权为道德体系和伦理学的建构提供了坚实的论证基础和价值依归。[11]

有学者指出，为了使得生来就主要关心自己的个体，能够过上一种合宜的社会性生活，自然法和道德哲学从人类天性出发，构建了一整套理论体系并提出了一系列有利于维护人类“社会性”的基本原则，这些原则构成了现代市场经济的人文基础和逻辑前提。西方社会历经数百年的工业化进程和现代市场经济的发展完善，且在此之前更有数百年的思想上和理论上的准备，以西方发达经济体为现实背景的现代经济学对现代市场经济人文基础的忽略，本身具有一定的合理性，因为它在很大程度上已经成为一种无须讨论的默识。中国则不同，如果缺乏对现代市场经济人文基础的深入探讨，我们就很难完整地理解现代市场经济。[12]

（二）中国伦理思想

1. 善恶论

道德上的“恶”是中国伦理思想研究中的一个根本问题。有学者对孟子“四端说”中“羞恶之心”之“恶”进行了讨论，认为旧注多读其为 wù，如此则所羞、所恶之内容乃甚含糊而不知其所指，与孟子意旨不相契合。主张此处应读为“羞恶（è）之心”，此“恶”（è）乃所羞之对象。如果说“四端”之“不忍恻隐之心”表现了人心对善的肯定性一面，那么“羞恶之心”或羞耻心则表现了人心对非性之恶的排拒与否定性一面。统合此两者，才能全面把握儒家“性本善”理论的完整内涵。[13]

有学者对儒家为何没有“绝对恶”与“根本恶”这个问题进行了探讨，并以中西比较伦理的“消极情性”为视角，对于中西方论“恶”进行哲学比较。认为“绝对恶”的出场，证明西方思想有将恶加以“本体化”的倾向，而中国从来没有如此的思想取向。就思维方式而言，西方探究“恶”之本源与中国的“向善”而生，分别来自于西方“两个世界”观与中国“一个世界”观。[14]

有学者还研究了《太上感应篇》，认为其中的行善去恶论所包含的传统道德智慧，对我们加强当代道德建设具有重要启发意义，就是要我们用理性自觉、价值信仰和好的制度安排与道德法律化去促进人们行善去恶，这是促进中国社会道德进步的动力与保障机制。[15]

2. 孝道观

孝本是中国文化的一个核心价值观念，学者们从不同角度对此进行了研究。有学者从思想史的角度对孝进行了讨论，认为孟子继承孔子论舜之孝，说“大孝终身慕父母”，同时提示我们将视角从“天子”转回到“人”与“子”这样更根本的身份意识中来，宋儒罗豫章则揭示出“天下无不是底父母”，除了自我身份意识，父母本身的意义也被凸显。其后如朱子、王船山论孝，便无不本于此义。正因为父母“无不是”，孝子才可能由衷地“终身慕父母”并要求“得乎亲”。但所谓“无不是”又并非愚孝，相反，人子须从此出发肯定自己，尽力成就父母之所赐而“践形”。[16]

还有学者从市民社会的角度探讨儒家孝治思想的现代意义，认为《孝经》主张基于人的尊严、遵循人的天性、顺应人民自生自发需求等孝治思想，与现代市民社会自治与理性化的思路一致，可以转化为促进行业及社会自治的重要资源。从黑格尔、涂尔干重视从宗教、道德、习俗等传统资源来实现市民社会自我管理这一思路看，儒家孝治天下的治道思想，同样有助于今天中国市民社会的自治与理性化发展。[17]

有学者则认为，在激变的近代中国，固有的孝道丧失其核心地位，日渐边缘。趋新时人从中西、公私、新旧的新眼光审视孝道，使其从普世价值缩变为中国过去的象征，成为民族国家的障碍。新文化运动前后，孝从核心伦理规范一变为奴隶道德，并与个人人格相对立。习染此风气，新青年改变了对孝道的态度，而这在社会层面产生的影响是具体和深远的。这意味着反传统不仅涉及抽象层面与固有文化的决裂，也意味着生活方式、情感表达与传统深深的决裂。不过，非孝论也遭到不少批评和质疑。[18]

3. 德育观

中华优秀传统文化博大而精深，为建设中国特色社会主义文化提供了丰富的德育资源。有学者指出，中国传统修身文化以人性学说作为理论基础，以严以律己作为主要模式，以道德境界作为理想目标，形成了一个完善的文化体系。在新时代弘扬优秀中国传统修身文化，建设中国特色社会主义文化，要坚守中华文化立场，在实践创造中推动优秀中国传统文化创造性转化、创新性发展，不断铸就中华文化新辉煌。[19]

有学者具体从家风建设方面进行了探讨，认为中华优秀传统家风是一个主要由家训家规家教、家族活动仪式、家族居所环境等多种元素构成的有机统一整体，而家训家规为家族成员的人格养成、道德建构和家族的兴旺和谐提供理念指导与行为规约，家族活动仪式的设计和立意，使家族成员在活动实践的体验中逐步把家族的价值理念和道德规约内化为家族成员的行为遵循家族居所环境中体现的德性意蕴，使家族成员在无形中受到浸润和熏陶。[20]

有学者具体从儒家友道方面进行研究，认为它蕴含深厚的德育意蕴。强调朋友在个人品德的形成与发展中具有不可替代的重要作用，是道德教育有效开展的重要影响因素。以“未有不须友以成”为德育理念；以朋友互相增益和成就彼此的德性与人格，共同推进“道”的弘扬，促进道德理想、社会理想的实现为德育目标；以朋友共同讲议道德学问，互相以善道相责相勉为主要的德育方法。[21]

有学者认为，现代社会与古代社会的最大差别，是在家庭和国家之间出现了一个不是基于血缘纽带的巨大空间即由经济实体、社会团体和公共领域等构成的市民社会。市民社会的自治和理性化是现代社会健康发展的基本条件。古典儒家修、齐、治、平的个人成长设计，由于在家和国之间缺少“社会”这个环节而面临挑战。应当通过对中华传统美德的历史考察，揭示中华传统美德的历史变迁背后所反映的历史和社会需要。[22]

（三）外国伦理思想

1. 自由意志

“伦理学的基础”问题是伦理学的根本内涵，不同的问题意识会导致不同的致思路径。有学者指出，自从巴门尼德区分“真理”与“意见”，追求“真知识”就成了希腊哲学自觉而坚定的努力，以致知识甚至成了伦理学的基础。这种以知识为基础的伦理学在理论上把伦理学的基本问题推进到了获得解决的临界点。但是，由于“自由意志”的缺场，希腊伦理学始终未能突破这个临界点。奥古斯丁在“绝对一元论”视野下，使恶的问题被转换为罪的问题，而罪总是包含着审判与惩罚。对这种审判与惩罚的正当性的追问，使“自由意志”进入思想现场，启动了更替伦理学基础并突破希腊伦理学所达到的临界点的进程。[23]

也有学者进而认为，考察与意志概念相关的行为道德责任，特别是亚里士多德的自愿与不自愿概念，可以发现欲望和理性二元结构是古典希腊道德心理学解释行为道德责任的主要思想资源，而在这样的一个结构中意志概念是缺席的。赖尔与威廉斯等人所代表的极端观点认为，没有意志概念的古希腊道德心理学比有意志概念的现代道德心理学在解释与说明人的行为上可能更为成功。然而，这种观点值得商榷。意志概念不是一个心理官能和心理活动的概念，而是同行为的主体性相关。古典希腊道德心理学在根本上是一种自然主义行为心理学，它所根本缺失的恰恰是行为的道德责任概念。[24]

与自由意志有关，有学者对文艺复兴时期的“介入伦理”进行了讨论，认为文艺复兴主体反对在任何时候将他者完全作为“亟待被施救的”非主体对象看待，而是要在尊重自由意志的基础上完成相对平等的向外介入。文艺复兴时期的“介入伦理”突出强调由力量与能力导致的主体性向他者施加影响的品质。“存在者之间”的本体论对“介入”能力的强调告别了之前中世纪流行的对道德品质的固定看法，转而重视主体自身在具体改变他者与世界走向方面的动态功能。以费奇诺为代表的新柏拉图主义“爱的伦理学”提倡最大幅度地向外“介入”，同时注重保留与维护他者主体性生成的必要自由空间。[25]

2. 道德情感

道德情感对于道德思维与道德行动均具有重要的影响，学者们对此进行了探讨。有学者从道德情感论与道德理性论的分歧谈起，把道德情感界定为德性的重要组成部分，分析其特征，阐明在道德推理的过程中，虽然道德情感看似不在场，但对道德推理产生着深刻的影响。道德情感中的情绪性因素会对道德推理的进行产生一定的冲击，而其中相对稳定的社会性因素会对道德推理产生正向的稳定的作用。道德情感是道德推理的固化，是道德推理成果的体现。道德情感又对道德推理起到动力作用。[26]

有学者具体讨论了迈克尔·斯洛特的“移情”说，认为斯洛特旨在以道德情感主义的方式建构美德理论，因而特别重视“移情”在美德伦理体系中的功能。移情促使行为者实施合乎美德的正确行为，作出合乎美德的恰当评价。然而，移情既不是美德行动或评价的必要条件，也不是它们的充分条件。移情的成功至少还依赖于行为者的优良品质、准确判断以及行为者之间的社会关系。但是，这并不意味着移情的不真实或不可能，也不意味着移情在美德伦理学中毫无价值。从亚里士多德主义的视角看，美德伦理无须排斥移情，而应当将之纳入实践理性的合适环节之中。[27]

学者们还对作为道德情感之具体表现的“爱”在不同领域的涵义进行了分析。有学者比较了康德、黑格尔与克尔凯郭尔的婚姻观并认为，康德的婚姻-契约论的主旨是把性关系纳入法的范畴，以抵消在性关系中把他人之人格物化为手段的倾向，康德婚姻观的合理性在于突出“尊重”；在黑格尔那里，婚姻的本质是“具有权利性质的伦理的爱”，并且强调爱是现代婚姻里“唯一重要的因素”；克尔凯郭尔与黑格尔构成了捍卫伦理生活的同盟，强调婚姻之爱是作为义务的爱，克尔凯郭尔寻求康德与黑格尔之间的合题，美之于婚姻的重要性是：尊重他人为目的本身。[28]

有学者则对古罗马的社会救助伦理经历了从传统的“公民友爱”到基督教的“兄弟之爱”的发展过程进行了梳理并认为，在传统伦理下，人生目的在追求幸福，幸福、美德与善是不可分的。善行意在实现美德，体现的是友爱，遵循对等、互惠、正义的原则。它以城邦及其土地占有制度为基础，以公民为对象。随着这些基础的消失，这种伦理观念及其所依附的善行代救济的救助机制也逐渐被抛弃在基督教的伦理中，人生目的在永生的救赎，信仰与爱不可分割。善行体现的是对神的信仰和爱，以救济贫困为目的。它以所有人为对象，展示的是兄弟之爱，其社会基础是帝国体制。[29]

3. 功利主义

学者们对功利主义的研究取得了一些新的成果。有学者对功利主义的分配方式进行了探讨，认为功利主义与“平等”之间的传统联系主要是平等待人，即在计算整体效用时，每一个体只被视为一个单位而得到考虑。如今分配正义问题的研究扩展了传统平等待人理念的内涵，使其逐渐包含一种平等份额要求。因此，功利主义的分配方式被批评为没有能够实现人与人之间在结果上的平等分配。因此要放弃功利主义传统上所强调的“（整体）效用”概念，转而从“边际效用”概念入手建立功利主义与“平等”之间两种新的联系。[30]关于平等，也有学者认为古希腊罗马的平等观念虽然古老，处于平等观念发展的初始阶段，但它们是现代平等观念的源头，对现代平等观念的形成与发展具有奠基性的意义。[31]

有学者对威廉斯的功利主义理论进行了讨论，认为只要我们认可并尊重以个人筹划或承诺来定义的个人完整性，我们必然会发现功利主义将造成对个人完整性的破坏：对友谊、家庭关系、值得赞赏的倾向乃至人生意义来说，功利主义所采取的后果主义化约的方式或者是对其构成直接的破坏，或者是对其作出扭曲的解释。针对这一批评，功利主义的支持者又提出了种种回应，但是，从威廉斯的观点来看，无论是以压制个人完整性为代价来维护功利主义原则的思路，还是各种调和功利主义与个人完整性冲突的尝试，都不可能成功。[32]

有学者研究了在欧美学界产生广泛影响的格沃斯学派的基本哲学立场，认为虽然格沃斯的道德哲学也认同道德有唯一普遍有效最高原则，但此原则既非纯粹形式的，亦非纯粹经验的，而是兼顾两者的。格沃斯道德哲学的规范性既不是建立在具体的经验善，比如幸福，也不在善的生活或者超验的自由性基础之上，而是建立在我们施为能力的规范性结构之中。因此，格沃斯的道德哲学就同以超验形式主义为特征的康德哲学，以精致计算有用性为特征的功利主义，个人品格塑造为特征的德性伦理学有了根本的区别。[33]

4. 正义理论

罗尔斯全球正义理论的提出，在政治哲学领域引起巨大反响。有学者认为，罗尔斯吸收并改造了康德的定言命令理论，提出了一个“合理而理性的行动者在原初状态中的一致同意”的命题，作为社会正义原则的基础。他认定康德的理论有一些致命的缺陷，并且试图把定言命令的三条公式联合在他的原初状态之中，以便克服这些缺陷。同时，罗尔斯还认为，在关于社会正义原则的慎思中，一些合理的经验性的条件必须得到保留。因此，他用无知之幕取代康德的目的公式，以削弱后者过于严苛的限制。[34]

有学者进而指出，罗尔斯的正义理论内容主要包括两个部分：一是全球正义的理想理论，二是全球正义对现实妥协后的可行性原则，亦即非理想理论。理想理论主要是罗尔斯对完备性理论和理性多元主义问题的回答，而非理想理论则主要是对全球平等主义、世界主义的批判。从哲学基础来看，罗尔斯的全球正义理论是对康德全球正义思想进行了一次当代政治哲学的重铸。从具体内容来看，罗尔斯的全球正义理论在概念界定、对全球贫富差距和全球分配的理解以及协调完备性理论和理性多元之间矛盾等方面都存在问题。[35]

与此相关，学者们对马克思是否追求正义这个问题进行了探讨。有学者认为，对这个问题的相关争论形成了“塔克—伍德命题”及其反对派，但“塔克—伍德命题”存在着理论症结，而尼尔森提出的语境主义则是对其的破解。尼尔森主张历史唯物主义与正义是兼容的，正义有法权正义与人类正义之分，“人类命运共同体”在本质上追求的是人类正义，马克思的人类意义上的正义、自由与平等内在一致，它们作为整体也都是“人类命运共同体”的应有之义。马克思将自由自觉的活动看作人类的类本质，“人类命运共同体”维护人类整体利益，追求人类的尊严和幸福，是对被遮蔽的人类本质的复归。[36]

有学者也指出，构建人类命运共同体，其根本的准则是正义准则。当代世界正义涉及国际正义、普遍正义（全球正义）与环境正义三个层面。国际正义涉及国际交往的正义和经济秩序的正义。民族国家不论大小，其主权权力或权利平等，是处理国际政治事务和经济事务的根本准则。世界正义还有着全球个人层面的正义。在当代世界中，最为重要的是全球所有人口的最基本生存权和最基本生存需要的满足问题。以正义准则对待环境和保护环境，是人类命运共同体在这个星球上赖以生存的条件。[37]

（四）应用伦理学

1. 科技伦理

近年来，纳米技术、基因工程、人工智能等新兴科技迅猛发展，引起了科技界与学术界的广泛关注和讨论。新兴科技为人类的幸福生活提供了可能，但是也将人类带向了不可控的未来。正是因为它关乎人类主体的整全、人的尊严和人在自然界的地位，由此引发学界对生命伦理与法律、生命价值与全人类命运的深度思考和争论。[38]

有学者对人工智能是否会挑战人类社会秩序进而带来伦理问题进行分析，主张应通过完善相关立法、加强对相关技术与产品的管理力度，以及提升群众的认知素养来进行规避。[39]有学者指出，人类必须与人工智能机器人融突和合，才能真正造福人类，为此，需要人生机生，并育并长。类人机器人、克隆人，唯有在不违反伦理道德的前提下，人运机运，共建美好。在人机命运联通、人机一体化中共建人机命运共同体的美好前景。若类人机器人作为公民，就可与人类共造、共享平等权利。人类应以“天地万物木吾一体”的胸怀，“四海之内皆兄弟”的精神，尊重类人机器人的权利，构建互利合作的人机共同体。[40]

有学者认为，未来的伦理学需要将人与智能机器的关系纳入其考虑范围，主要是因为人赖以获得对其他所有自然物的支配优势的智能，将可能被机器超越。关于人机关系的伦理思考，一种思路是倾向于做减法而非做加法，即优先和集中地考虑规范智能机器的手段和限制其能力，而不是考虑如何设定和培养机器对人类友好的价值判断，亦即尽量将智能机器的发展限制在专门化、小型化尤其是尽可能的非暴力的范围之内。[41]

有学者还对汉斯·约纳斯的现代技术批判思想进行了研究，认为约纳斯的现代技术批判，既具有浓重的时代性又承接了马克思以来的社会批判精神。其对传统伦理学理论的诊断与技术时代伦理特征的洞察，构成了责任伦理学的底色。约纳斯的责任伦理学既是“责任”精神在伦理学中的复归，又具有朝向“未来”的向度，通过批判、反思与建构，并以此来直面现代技术的挑战。[42]

2. 信息伦理

与科技伦理主要从“硬件”方面研究有所区别，信息伦理则主要在“软件”方面进行研究。有学者讨论了数据共享的伦理问题，根据人体生物样本数据库的性质、定义、特色、社会价值和概念模型，以及在此领域评价决策的标准，认为其应该包括效用、知情同意、保密、公平可及、透明和共济，并讨论了数据共享引起的关切和影响数据可及的可能障碍，以及如何在保护隐私与数据之间保持平衡，并发挥伦理委员会可能在其中所起的作用。[43]

有学者还认为，随着信息技术的广泛应用，非规模化成为社会主要的发展态势，自主劳动成为社会主要劳动方式，社会需求和技术变革越来越快地成为社会常态。非规模化状态下道德出现新的问题，道德关系从稳定性走向自主性，组织内部道德权威由强盛走向衰落，个体道德理性从社会契约走向去抑制。解决信息技术带来的非规模化道德问题，要以法律、技术等硬性规制确保社会道德底线，以动态媒体矩阵为依托营造社会道德氛围，以微化、互联为导向建设能够引领人类自我实现的信息社会伦理学。[44]

3. 工程伦理

工程伦理是学者们所关注的应用伦理学领域的一个热点问题。有学者研究了美国工程伦理规范的历史，认为美国工程伦理规范经过百余年发展，始终以工程职业自治为目标，围绕个体自主、商业利益、技术效率追求与公众安全和环境保护等利益与价值冲突为主题，形成了工程伦理规范生成、调整与发展的内在动力与运行机制。主张研究美国工程伦理规范发展历程与经验、揭示工程职业自治的文化与制度因素，有利于推进我国工程伦理规范的制定和现代工程职业的形成、培养工程职业精神，推动创新创造发展。[45]

工程伦理教育是工程教育中不可或缺的重要一环，已经成为许多哲学学者、工程教育工作者的共识。有学者通过对 CNKI 和 WOS 数据库中工程伦理教育研究文献关键词的共词分析，梳理了国内外工程伦理教育研究特点与趋势，发现目前国内研究具有“以工程教育改革为动力”“德育与工程伦理教育混淆”“理论研究的分散性”三个特点。并提出三点建议：紧跟国际前沿，致力于本土化研究注重教育实践，大胆尝试创新推进跨学科融合，转变研究范式。[46]有学者认为，道德敏感性作为关于伦理知识、道德意识、伦理论证能力、职业责任的综合体，已成为工程伦理教育中提升工程伦理教学效果和工程类学生职业责任感的重要内容。基于定性方法，结合问卷法、访谈法和数据统计等定量方法对工程类学生道德敏感性进行实证测度，结果表明，工程伦理教学内容与方法相互配合共同提升了工程伦理教学效果，同时道德敏感性也得到了显著提升。[47]

注：

①王觅泉、姚新中：《理性主义道德心理学批判——乔纳森·海特与社会直觉主义》，《学术交流》，2018 年第 11 期。

②陈灼灼、陈伟功：《论实质价值伦理学与司法实践——对哈贝马斯关于价值与规范对立命题的反思》，《贵州警官职业学院学报》，2018 年第 2 期。

③李义天：《知觉为什么重要——基于亚里士多德主义美德伦理学的解释》，《学术月刊》，2018 年第 5 期。

④J. 菲利普斯、J. 诺布、朱兆丰：《道德判断与关于自由的直觉判断》，《当代中国价值观研究》，2018 年第 3 期。

⑤吴西亮、葛晨虹：《论“无人为恶”与动机善》，《齐鲁学刊》，2018 年第 2 期。

⑥胡晓檬、喻丰、彭凯平：《文化如何影响道德？——文化间变异、文化内变异与多元文化的视角》，《心理科学进展》，2018 年第 11 期。

⑦甘绍平：《道德思维的逻辑结构》，《伦理学研究》，2018 年 第 1 期。

⑧张康之：《基于人的三重存在理解人的利己与利他》，《江海学刊》，2018 年第 1 期。

⑨田洁：《个人同一性的实在主义、怀疑主义和功能主义解读》，《江苏社会科学》，2018 年 第 6 期。

⑩张康之：《基于人的三重存在理解人的利己与利他》，《江海学刊》，2018 年 第 1 期。

⑪胡楠：《人权何以能够进入道德语境——“第六届全国人权与伦理学论坛”述要》，《道德与文明》，2018 年第 1 期。

⑫胡怀国：《现代市场经济的人文基础与逻辑前提——基于自然法和道德哲学的政治经济学分析》，《学习与探索》，2018 年第 12 期。

⑬李景林、马晓慧，：《论人性本善及其自我捍卫机》，《哲学动态》，2018 年第 1 期。

⑭刘悦笛：《儒家何以无“绝对恶”与“根本恶”——中西比较伦理的“消极情性”视角》，《探索与争鸣》，2018 年 第 9 期。

⑮肖群忠：《行善去恶论：〈太上感应篇〉的传统道德智慧》，《船山学刊》，2018 年第 1 期。

⑯莫天成：《大孝终身慕父母——孟子论舜之孝以及儒学史上的诠释》，《道德与文明》，2018 年第 1 期。

⑰方朝晖：《孝治与社会自治——以《孝经》为例》，《哲学研究》，2018 年第 11 期。

⑱赵妍杰：《近代中国非孝论反思》，《社会科学研究》，2018 年第 1 期。

⑲曹德本、倪博闻：《弘扬优秀中国传统修身文化 建设中国特色社会主义文化》，《清华大学学报》（哲学社会科学版），2018 年第 2 期。

⑳吴潜涛、刘函池：《中华优秀传统家风的主要表征及其当代转换与发展》，《中国高校社会科学》，2018 年 第 1 期。

㉑揭芳：《论儒家友道的德育意蕴》，《云南社会科学》，2018 年 第 6 期。

㉒高海波：《从中华传统美德的历史发展看传统道德的“创造性转化、创新性发展”》，《中国哲学史》，2018 年 第 4 期。

㉓黄裕生：《“自由意志”的出场与伦理学基础的更替》，《江苏行政学院学报》，2018 年第 1 期。

㉔聂敏里：《意志的缺席——对古典希腊道德心理学的批评》，《哲学研究》，2018 年 第 12 期。

㉕徐艳东：《存在“之间”与“介入”伦理——以意大利文艺复兴为思考范例》，《哲学分析》，2018 年第 6 期。

㉖杨宗元：《略论道德情感在道德推理中的作用》，《伦理学研究》，2018 年第 6 期。

㉗李义天：《移情是美德伦理的充要条件吗——对迈克尔·斯洛特道德情感主义的分析与批评》，

《道德与文明》，2018 年第 2 期。

㉘陆心宇：《论婚姻中尊重与爱的关系——以康德、黑格尔与克尔凯郭尔为参照》，《复旦学报》（社会科学版），2018 年第 5 期。

㉙刘林海：《从“公民友爱”到“兄弟之爱”——古罗马社会救助伦理的发展》，《北京师范大学学报》（社会科学版），2018 年 第 6 期。

㉚李晓冬：《功利主义、平等待人与理性选择》，《自然辩证法通讯》，2018 年第 1 期。

㉛段忠桥：《古希腊罗马时期的平等观念》，《哲学动态》，2018 年 第 10 期。

㉜刘佳宝：《功利主义与个人完整性是否相容——论威廉斯对功利主义的批评》，《华中科技大学学报》（社会科学版），2018 年第 6 期。

㉝王小伟、李建会：《论格沃斯基于辩证必要性的道德哲学》，《北京师范大学学报》（社会科学版），2018 年 第 1 期。

㉞李科政：《罗尔斯原初状态的康德式诠释》，《道德与文明》，2018 年第 1 期。

㉟陈晓：《论罗尔斯全球正义理论》，《理论学刊》，2018 年第 1 期。

㊱李星：《“人类命运共同体”：一种人类正义的新秩序——从“语境主义”化解马克思正义难题引入》，《河南大学学报》（社会科学版），2018 年第 6 期。

㊲龚群：《人类命运共同体及其正义维度》，《哲学分析》，2018 年第 1 期。

㊳韩大元、孙周兴、赵汀阳、何怀宏、王国豫、段伟文：《新生命哲学：新兴科技与开放的伦理建构》，《探索与争鸣》，2018 年第 12 期。

㊴郭建伟、王文卓：《如何规避人工智能带来的伦理问题》，《人民论坛》，2018 年第 31 期。

㊵张立文：《和合人生价值论——以中国传统文化解读机器人》，《伦理学研究》，2018 年第 4 期。

㊶何怀宏：《人物、人际与人机关系——从伦理角度看人工智能》，《探索与争鸣》，2018 年第 7 期。

㊷吴迪：《从“现代技术”批判到“未来责任”伦理——汉斯·约纳斯责任伦理学的理论建构》，《科学经济社会》，2018 年第 4 期。

㊸雷瑞鹏、邱仁宗：《数据共享是道德律令》，《自然辩证法研究》，2018 年第 1 期。

㊹李扬、孙伟平：《非规模化·道德问题·应对策略》，《理论探索》，2018 年 第 6 期。

㊺张恒力、王昊、许沐轩：《美国工程伦理规范的历史进路》，《自然辩证法通讯》，2018 年第 1 期。

㊻罗欣、范春萍：《中外工程伦理教育研究述评——基于 CNKI 和 WOS 数据库文献的共词分析》，《中国科技论坛》，2018 年 第 2 期。

㊼张恒力、许沐轩、王昊：《工程伦理中“道德敏感性”的评价与测度》，《大连理工大学学报》（社会科学版），2018 年 第 1 期。

（作者：陈伟功，北京第二外国语学院讲师）

美 学

孙 焘

本综述第一部分以北京地区主要学术机构为单位，梳理 2018 年度美学研究成果，包括学术会议与活动、学者的论文与著作；第二部分概述北京美学会年会情况。

一、各学术单位的论著成果与学术活动概览

1. 北京大学

（1）学术成果

叶朗《照亮美的光来自心灵——宗白华对中国美学和中国艺术的阐释》[①]指出，宗白华对于中国美学和中国艺术的阐释，对美学基本理论的研究至今仍有重要的启示：第一，美不能离开心灵的创造；第二，中国艺术所呈现的境界不同于西方艺术的物我对立的境界，是物我同一的境界；第三，中国生命哲学启示人们体味人生之情趣，因而成就一种审美的人生。

朱良志继续专注于石涛研究，出版专著《石涛画语录讲记》（中华书局 2018 年 7 月），本书将《石涛画语录》的六种版本加以校对，是利用新发现的资料对《画语录》进行整理的新校勘本。本书除了对原文进行注释外，还在延伸讨论部分对石涛的画学思想进行了深入探讨，有助于从石涛充满玄机的文字中找到解读其画学思想的密码。本书有 16 幅石涛的精美画作，可一窥石涛的画作风格。另外，目录前插页是

苏富比纽约 2017 秋拍的石涛画作真迹，具收藏价值。

朱良志本年度发表文章如下：《张大千临仿石涛及相关作品辨析》（《中国书画》2 月）、《石涛作品的鉴藏》（《收藏》3 月）、《石涛两次接驾相关作品辨析》（《中国书画》4 月）、《石涛与“过巢湖”相关作品研究》（《中国书画》6 月）、《石涛“罗浮图”相关问题研究》（《中国书画》8 月）、《顽石的风流》（《杭州》8 月）、《陶渊明的“存在”之思》［《北京大学学报》（哲学社会科学版）9 月］、《石涛「溪南八景图」诸问题》（《中国书画》10 月）、《作为“非历史”的艺术》（《美术观察》11 月）、《几册石涛款山水小品关联路线图》（《中国书画》12 月）等。

宁晓萌《绘画的历史性：以梅洛-庞蒂中期思想为核心》②，通过将风格揭示为一种奠基与建立，并说明在风格中建立的是一种系统观看的维度，一种等价体系，梅洛·庞蒂揭示出风格概念的历史性意涵。同时风格并非画家个人所能建立，而是在个人-公众的共同建立中实现，所以关于风格的研究必须进入对个人-他人及公众关系的反省中，而绘画的历史性构造也恰恰体现在这种朝向他人与公众的建制中。

彭锋，2018 年的研究工作主要分两个方面：一方面尝试从艺术理论视野做艺术史的研究，或可以称之为新艺术史研究；另一方面探讨中国美学的现代性问题，或新现代性研究。继 2017 年发表《凡·高的鞋踩出一个罗生门》③引起强烈反响之后，2018 年继续就此尝试“新艺术史研究”，包括两篇文章：《〈宫娥〉的再现悖论及其解决》④力图证明它并非像福科津津乐道的那样，处于古典与现代的临界点上。只要考虑到委拉斯凯兹在对着镜子画《宫娥》，《宫娥》画面里的那幅画正是我们看见的《宫娥》，就能表明画家仍然沉湎于对幻觉的制造之中，这幅画体现的是画家制造幻觉的精巧窍门，而不是走出古典世界的思想解放。《重读〈重为华山图序〉》⑤一文纠正了一个屡见不鲜的错误：“苟非识华山之形，我其能图邪?”实为“苟非华山之我余，余其我邪?”之误。此句是王履发现真我的集中概括，意思是：如果不是华山给了我以我，我还会是我吗？在游历华山之前，王履把古人当自我。游历华山之后，王履把自己当自我。

“新现代性研究”力图表明：现代性是一项国际性的工程，是跨文化合作的结果。《欧洲现代美学中的中国因素》⑥提出源于 18 世纪欧洲的现代美学，并非欧洲人的独立发明，其中吸收了许多东方特别是中国美学的因素。对欧洲现代美学中的中国因素的发掘，是近来国际学术界的热门话题，在美学、艺术史和比较文学领域有多项研究成果发表。《现代意境说辨析》⑦证明“意境西来说”是不成立的，究其根源，这种想法是西方中心的现代性在作祟。

2018 年彭锋参加了在北京举办的世界哲学大会，发表了“Mei in the Zhuangzi and Its Relevance to Contemporary Theories of Beauty”（庄子论美及其与当代美的理论的关联）和“Art Criticism in China：Commentary，Criticism，to Criticality”（艺术批评在中国：从评论，批评到批入）。庄子一文已经被 Journal of Aesthetic Education 接受发表。批评一文将收入 Ales Erjavic 主编的文集中。

（2）学术活动

12 月 1 日，“美在意象”学术研讨会。“美在意象”是叶朗先生近年来着力阐述的命题，它既可以沟通中国传统美学与西方当代美学，同时也适用于不同的艺术门类。本次会议邀请了来自全国各地的 30 余位学者，集中讨论了如何把握和阐释“美在意象”，该命题和美学领域各种不同主张的关系以及对美学基本理论建设和当代美学建构的意义等。会议由北京大学艺术学院与北京大学美学与美育中心联合主办。

本年度，由北京大学美学与美育研究中心主办的“美学散步”文化沙龙分别在燕南园 51 号以及燕南园 56 号举办了共计 15 场讲座。

10 月 20 日，北京大学考古文博学院学者林梅村教授主讲《说不尽的祖大寿—加拿大皇家安大略博物馆祖大寿墓调查记》的主题讲座。

10 月 27 日，著名编剧芦苇讲座《漫谈电影编剧》。

11 月 3 日，南京大学人文高等研究院院长周宪教授讲座《美学、艺术学的发展趋势》。

11 月 10 日，中国社会科学院外国文学研究所学者树才先生讲座《译诗之美》。

11 月 17 日，华东师范大学中文系朱志荣教授讲座《论意象创构的瞬间性》。

11 月 29 日，浙江师范大学人文学院张法教授讲座《狮子形象的文化构建，从域外到中国》。

11 月 29 日，中南大学文学院毛宣国教授讲座《“春花”“秋月”抒写与中国文学的美》。

12 月 8 日，中国人民大学国学院袁济喜教授讲座《〈世说新语〉与美学智慧》。

12 月 8 日，北京大学历史学系张帆教授讲座

《元朝统治对中国文化的影响》。

12月15日，中国人民大学文学院院长陈建澜教授讲座《美学与现代问题》。

12月15日，国际中西哲学比较学会的副会长张祥龙教授讲座《现象学视野中的赤子之心—罗近溪心学要义阐释》。

12月22日，深圳大学美学与文艺批评研究院院长高建平教授讲座《描写之辩与从“描”到“写”》。

12月22日，首都师范大学哲学系陈嘉映教授讲座《谈谈转换视角》。

12月29日，北京大学艺术学院彭锋教授讲座《双重性与中国画》。

12月29日，中国人民大学艺术学院丁方教授讲座《最后的晚餐—光的神圣戏剧》。

由北大文科资深教授叶朗发起的“美学散步文化沙龙”广泛邀请科学界、艺术界、文化教育界、媒体界等嘉宾，讨论大家感兴趣的科学的、艺术的、文化的问题，旨在创造一种自由的、轻松的、活跃的学术氛围，激发新的思想，从而引导大学生、进而引导全社会有更高远的精神追求，追求高远的精神生活。

2. 中国人民大学

本年度论文成果及简介如下：

余开亮《钟情与无情的周旋：论魏晋风度的内在矛盾性》[⑧]：重情作为魏晋风度的一大特色，历来受到魏晋思想研究者重视。然而在一些研究者那里，经常将性情与感情的用法混同，而得出一些片面的看法。魏晋风度当受到传统的气感类应哲学观与汉末以来玄学新义的双重影响，前者形成了魏晋士人“钟情”的日常情态，后者则引导了一种“无情”的理想追求。“钟情”与“无情”的周旋反复构筑了魏晋风度的内在矛盾性，呈现了魏晋士人冲突的人生美学。在谈论魏晋美学“情的自觉”时，实有必要对二者进行分疏。

余开亮《郭象哲学与魏晋山水审美经验的嬗变——兼及晋宋之际的“诗运转关”说》[⑨]：魏晋山水审美经验经历了由情感化山水观向玄化山水观的转折过程。郭象哲学正是促使新旧两种山水审美经验进行转换的深层理论依据。郭象的自生独化说阐明了一种性、理自足的物性理论，从而在自然观上昭示了山水独立价值的生成；郭象的物我玄冥观确立了一种新型的物我关系，从而架构了一种人与山水“冥于当下”的观照经验。郭象哲学在东晋玄言诗人那里被具体落实为一种“寓目直观、山水生动之理、审美之境”玄同一体的结构性山水审美经验，而这种山水审美经验则为谢灵运山水诗的正式登场做好了美学准备。

袁济喜《〈中庸〉探赜：心性与审美》[⑩]：《中庸》是诞生于西汉年间的儒家经典，后来成为《四书》中的篇章。这篇经典集中论述了历来阐释甚多的中庸之道。对于中国美学的范式构建影响甚大。其中“温柔敦厚”的诗教以及“自诚明”“自明诚”的审美修养方式深刻启发了中国美学的人格范式与审美标准是今天中国美学研究中的重要课题。

袁济喜《〈周易〉咸卦与六朝涉性文学再探》[⑪]：《周易》咸卦为《周易》下经之首，蕴含着《周易》中的天地阴阳交感而万物化生、男女交感的基本观念。汉代对于咸卦中涉性的内容较为保守，到了六朝时期，经过魏晋易学的重新阐发，咸卦的涉性内容获得自然之道的说明，并影响到文士的文学创作与批评。

牛宏宝、舒志锋《从“先验认识论”到“话语事件”——福柯话语理论对康德先验人类学的批判》[⑫]：福柯话语理论的意图不在于揭示语言的普遍结构，也不仅是凸显陈述“事件性”的方法，而有着更为深层的哲学批判意图。这一意图与康德哲学有着密切的关联。康德哲学的先验性以及主体性的特点，使整个关于现代的思考奠基于先验人类学之上，并使关于启蒙的理解陷入了“认知的历史模式之合法性研究”这一分析程序中。在福柯的文学时期及《词与物》中，他通过文学的僭越与死亡经验来裸露现代认识构型中“人—主体”的“非思—外部”基础。而在《知识考古学》中，拆解先验人类学框架的指向得到进一步的指明，并在方法论层面进行了总结。在这一文本中，福柯构建了一个话语分析的拓扑学模式，立足于话语的事件与历史性质而对其规律性进行了描绘，由此总结出话语的实证性类型。福柯将这一话语分析方法挪移至关于“批判”与“启蒙”的分析中，将康德先验人类学的批判贯彻到启蒙与现代性的思考中。这对我们重新思考康德先验人类学视野的美学具有重要意义。

3. 中国社会科学院

(1) 学术成果

高建平《哪一个哈姆雷特：回到“以意逆志”上来》[⑬]：批评家与作者和普通读者，不是两种不同类型的人，关于文学作品意义的理论，还是要回到常识的立场上来。从作者的意图，到文本的意义，再到读者的意味，具有相关性和连续性。中国古人的“以意逆志”的阅读，试图与作者的意图相沟通，是在心中有作者在场的情况下，对作品所可能具有的意义的选择。

高建平《新时期、新世纪、新时代——改革开放40年与中国文论的三次转向》[14]：第一次转向是“新时期”，突破“文革”期间的思想禁锢，活跃思想，开拓眼界。第二次转向是“新世纪”，发展美学和文艺学的国际对话，成为时代的主流。第三次转向是“新时代”，在“古为今用，洋为中用”的基础上，建立中国文论的话语体系，当下的文论要走“拿来主义”“实践检验”“自主创新”之路。

徐碧辉《论刘纲纪的“实践批判的存在论美学”》[15]：只要中国的现代化进程没有完结，只要人生的价值、意义这类形而上学的问题还存在，只要人还会追问自己活着的目标与意义，实践美学就不会完结。从而，刘纲纪的“实践批判存在论美学”也就会继续发挥独特的价值与影响。

徐碧辉《“艺术是一种生产劳动”：朱光潜后期美学观点的实践维度》[16]：朱光潜指出物质生产劳动与艺术创作和科学研究之间既同根同源，又有着不同的特性，一方面坚持了美学和艺术学的实践基础，另一方面又不把审美和艺术完全等同于物质生产劳动，而是把艺术看成一种“精神生产”，实际上也就是精神实践。

徐碧辉《都市化语境下的审美需要、审美剥夺和审美权利》[17]：审美活动开始就是社会性和文化性的，审美需要一旦被规定和制约，就很有可能在社会历史发展过程中产生审美压抑、审美扭曲、审美剥夺和审美伤害等“负审美”现象。正因如此，在都市化生存成为普遍性生存模式的前提下，审美权利成为一个被提上日程的重要问题。

刘悦笛《中国“生活美学”的物体系——明清趣味与赏物之美》[18]：“物”之维度，是梳理中国古典生活美学的重要层面。明清美学形成了一种围绕“物”的美学体系和独特的“长物”美学传统；“情”的复苏与“物”的丰富，构成了此种“物之体系”（the system of objects）的一体两面，是“物”与“心”的内在勾连之所在，这就为当下的“生活美学”超越实践（生产）美学敞开了方便之门。

李泽厚、刘悦笛《伦理学杂谈——李泽厚、刘悦笛2018年对谈录》[19]：“情本体”并不以情为绝对中心，仍是以理性作为主导的；同时，动物性的“情绪”与人类性的“情感”之间应有根本区分。李泽厚的伦理学的要点在于：其一，伦理与道德之分殊；其二，两德论（“传统宗教性道德”与“现代社会性道德”）；其三，道德要素三分说（观念、意志和情感）。其历史“积淀”乃是由外而内的，“文化心理结构”也不同于“心理文化结构”，人类的未来有赖于广义的教育。

（2）学术讲座

7月11日，梁梅：“茶与箫”，茶与箫都是中国古人修身养性的道具，更多的是借此学会与自己相处。

7月18日，徐碧辉：“在世超越与逍遥适性”，对于日常生活的“审美点化”和“审美升华”的能力，赋予现实的、物质的生活以超越性精神的能力，正是当今这个时代所需要的。

9月5日，王柯平：“柏拉图与庄子”，柏拉图的《会饮篇》和庄子的《大宗师》中的两种不同模式——登梯观美的理路和游心闻道的进程。

10月17日，朱会晖：“反思对康德美学中美与真关系的三种解释”，在“前认识解释”“多认识解释”和“后认识解释”中，“多认识解释”肯定了美对认识的独立性，又肯定了认识在审美活动中的作用，但没有充分区分认识和审美活动，可进一步补充。

4. 北京师范大学[20]

（1）学术成果

刘成纪共发表文章8篇，其中2篇文章被《新华文摘》转载，4篇被《中国人民大学复印报刊资料》转载。主要有以下文章：

《中国古典阐释学的“河图洛书”模式》[21]指出，自西汉以降，《易经》被推为群经之首，相应也使河图洛书成为阐释原型。从中国文明史看，河图洛书作为一种诠释模式，既解释历史也被历史解释，具有本体论和方法论的双重意义。中国文明进程则表现为向这一述史模式不断回溯又不断放大其解释边界的过程。据此，抓住了河图洛书，也就抓住了中国古典阐释学体系的关键，同时也可以借此为中国人文科学的整体进展理出一条纵贯的轴线。

《中国画史中的图、画之辨》[22]指出，在中国画史中，“图”与“画”称谓的歧异，反映了画家既以绘画为业又试图超越自身局限的哲学努力，“以图为画”的自我定位，为艺术作品提供了既兼顾审美又向认知、象征等价值探进的多元取向。进而言之，这种图、画之辨，是现代艺术中关于图像与绘画关系讨论的历史版。

《论中国美学的天下体系》[23]指出，“天下”观念是从中原出发对世界的想象性建构，其地理和时空认知的诗性或审美特性要远远压倒科学性。在天下这一时空架构之内，中国文明的进程基本可描述为诸种审美要素不断被植入其中的过程。中国美学的天下体系，就是自然想象与人文再造的交互形式。体认这一体系的审美特性，将为目前学界关于天下观的讨论提供必要的前提和背景；同时也有助于中国美学研究摆脱现有窠臼，成为与中国文明等量齐观的概念。

《40年中国美学史研究的十个问题》[24]指出，改革开放以来40年在中国美学史领域的学术贡献主要有三点：一是以美学方式实现了对国家历史的完整书写，出现了大批通史性著作；二是实现了西方美学的中国化再造，为美学学科建设提供了中国话语和中国方案；三是借助美学视角揭示了中国文明的本质特性，使美和艺术之于传统中国的价值得到伸张。其间涉及的主要理论问题有：中国美学史的学科自觉问题，美学、中国美学与中国美学史的关系问题，中国美学的中国性与西方性如何兼容，中国美学史的历史发端，中国美学史的历史分期和发展规律，中国美学史的逆向重构和本来面目，中国美学史研究的中心和边界，中国美学与传统国家政治的关系，中华民族美学历史的多元一体性，中国美学史料学的建设。讲清这十个问题，既是对40年来中国美学史研究状况的学术总结，也是对未来研究的理论开启。

刘成纪的文章还有《蔡元培“以美育代宗教说”的历史语境和现代价值》[25]《皮朝纲的禅宗音乐美学研究》[26]《中国老龄化问题的艺术表达》[27]等。

朱会晖发表学术论文3篇。《康德艺术论中形式主义与表现论之间的张力》[28]指出，康德的艺术论在形式主义与表现论之间形成了一种理论的张力，然而，这两方面在康德美学中其实彼此相容、相互补充，其形式主义构成了表现论的真正基础。在美的艺术中，表面上，美以及审美理念服务于理性理念，但对理性理念的表现的根本意义只是激发心灵能力的自由协调。康德美学既凸显了审美与艺术的独立性，又解释了思想内容对审美愉悦的影响，并充分体现了其启蒙立场。

朱会晖的其他文章有《如何理解康德的“理性的事实”》[29]《什么是道德的最好理由——从康德的观点看》[30]还有主持项目基金1项：康德关于理性理念的实在性之思想研究（英文），2018年度教育部哲学社会科学研究后期资助项目。

黄文杰发表《禅之分解与禅宗美学的有机构成》[31]，严春友发表《偶然、突变与约束——罗蒂的偶然论之批判》[32]。

周黄正蜜出版专著《康德共通感理论研究》[33]，通过对康德全部著作（包括手稿和遗著）中此概念各种含义和功能的分析，纵向地整理出三种类型的共通感：逻辑共通感、实践共通感和审美共通感，横向地揭示出三者之间的结构性关联，提炼共通感概念的总全式内涵及其在康德哲学中的体系性功能，突显康德哲学中一直被忽视的、与理性相对的感性和与主体性相对的主体间的维度。此书收入“北大美学研究丛书”系列。

（2）学术活动

2018年度，北京师范大学哲学学院美学研究所共举办了16次活动，包括讲座、新书出版座谈会和特邀课程：

王咸秋副研究员主讲“洛阳地区汉晋北朝时期的陵墓”；

Ulrich Schlösser 教授主讲“康德哲学系列讲座”；

“史前文明的美学建构”暨陈望衡教授新著《文明前的「文明」》出版座谈会；

张法教授主讲“礼制（公共空间）中的艺术作品”；

邓安庆教授主讲“德国哲学名家系列讲座”；

唐浩教授主讲“身体性自我知识是一种感性知识吗?”；

徐碧辉研究员主讲“都市化生存语境下的审美伤害与审美权利”；

Gail Levin 教授主讲“Edward Hopper and Metaphor”；

先刚教授主讲特邀课程“黑格尔《逻辑学》的存在论”；

张颖博士主讲“笛卡尔美学论的前世今生”；

奥特弗利德·赫费教授主讲“作为终极目的的人——道德存在者”；

Colin Macleod 教授主讲“当代实践哲学基本问题”；

先刚教授主讲“黑格尔的逻辑学和精神哲学”；

仲间裕子教授主讲“日本景观艺术与现象学视域中的景观 ——以九鬼周造的‘风流’概念为例”；

张法教授主讲“狮子形象：从域外到中国”；

章启群教授主讲“《庄子》关于世界不可知的五个论证”。

5. 首都师范大学

（1）学术成果

王德胜出版专著《文艺美学如何可能》[34]，该书围绕文艺美学学科建构及其相关问题的讨论已历时数十年，作为一个迄今仍存有争议的学科概念（或学科建构意识），在“不确定”中找寻确定，在“不确定性”中实现理论建构的现实意图，是文艺美学本身具有强烈的学科建构意识而又积极地将美学、文学理论和艺术理论的对象视野综合为自身研究范围的基本体现。

发表论文：王德胜：《当下生活的“审美干预”——从重建美学与生活的关系出发》[35]，王德胜、王倩：《文化张力与现代中国美学理论建构的路径选择——宗白华美学的一种启示》[36]；王德胜、尹一帆：《日本路径与 20 世纪早期中国文艺功能观念的发生》[37]；李圣传发表《问题导向与“强制阐释”之后的文论突围路径》[38]；孙士聪发表《公共阐释与公共性的诗性建构》[39]；李雷发表《从“天才”到“艺术界代理人”》[40]和《公共艺术与乡土文化自信的重建》[41]等。

（2）学术活动

7 月 9—13 日，由首都师范大学美育研究中心与北京大学美学与美育研究中心共同主办的第三期“中国美学暑期高级研修班”在北京香山饭店举行。本期研修班以大力弘扬中华传统美学精神，不断推动美学、艺术理论研究与教学深化，积极促进美学前沿成果交流为宗旨，北京大学哲学系资深教授叶朗、清华大学陈来教授、北京大学朱良志教授，北京大学王一川教授、南京大学周宪教授、首都师范大学王德胜教授、敦煌研究院赵声良研究馆员、北京大学宁晓萌副教授等美学、哲学和艺术理论界的著名学者，围绕当前美学和艺术理论研究的重要问题、冯友兰的“境界说”、知识学美学和方法论美学、中国传统艺术哲学、朱光潜早期美学、现代中国美学理论建构路径、敦煌艺术与唐代文明、基于现象学的艺术史研究进路等专题，做了 8 场高水平的报告。全国各大高校和科研机构的 36 位从事美学、艺术理论教学与研究的教师及科研人员参加了本期研修班。

与本期研修班同时，7 月 14—15 日，首都师范大学美育研究中心与北京大学美学与美育研究中心共同主办了由本期研修班学员与第一、第二期部分学员共同参加的“中国美学暑期研修班学术研讨会”，70 余位青年学者集中围绕中国传统美学、艺术哲学、艺术美学、中西美学比较等展开了交流与研讨。叶朗教授在总结发言中指出，美学、美育以及艺术教育在当今时代有着重要的意义，对人才培养、教育发展、中华文化伟大复兴都非常重要。他希望研修班学员通过学习，既在美学、艺术学理论研究方面得到收获，同时能够认识到理论思维的重要性，加强理论思维锻炼，不断拓宽知识面，注重与追求学术性提升。

11 月 9-11 日，首都师范大学美育研究中心、中国高等教育学会美育专业委员会共同主办“当代美育、艺术教育的观念与实践”国际学术会议。《中国高校社会科学》、《首都师范大学学报》（社会科学版）为会议提供了全方位学术支持。来自北京大学、中国人民大学、北京师范大学、中国社会科学院、浙江大学、山东大学、西南大学、东北大学等国内九十余所高校、科研机构以及俄罗斯、日本、美国、韩国等国家和中国台湾地区的 130 多位专家学者出席了会议开幕式。开幕式由首都师范大学美育研究中心主任王德胜教授主持，首都师范大学党委书记郑萼、中国高教学会美育专业委员会常务副主任彭吉象、教育部高校社会科学发展研究中心副主任杨海英致辞，教育部国家艺术教育委员会主任、北京大学资深教授叶朗做了专题演讲。

2018 年 11 月 30 日，“2018—2022 年教育部高等学校艺术学理论类专业教学指导委员会成立大会暨第一次工作会议”由首都师范大学美育研究中心承办，会议明确了本届艺术学理论类专业教指委的三项主要工作，即聚焦一流专业和专业三级认证工作；聚焦一流课程建设；聚焦艺术类专业卓越拔尖人才的培养。

本年度，首都师范大学美育研究中心举办了 5 场“美育大讲堂”，邀请台湾中华文化艺术基金董事会主席许伯夷、著名导演顾威、中国文艺评论家协会副主席傅谨、中国国家画院院长杨晓阳、著名小提琴家吕思清，分别讲述“创意作品”“顾威的艺术人生”“梅兰芳与中国传统美学”“中华民族的艺术精神”“小提琴分享音乐会”等。

（3）学术获奖

4 月，王德胜主持的《立足优势，强化共享，建设互联网时代“一轴三维”立体化美学课程群》，荣获 2017 年北京市高等教育教学成果奖一等奖。

二、学术组织活动：北京美学会 2018 年会[42]

北京美学会 2018 年会于 12 月 22 日在中央音乐

学院音乐学研究所召开。年会由北京美学会秘书长史红教授主持，宋瑾会长致辞，史红作了年度工作报告。年会主题围绕：1. 美学与互联网；2. 美学与人工智能；3. 美学与大数据；4. 中华美学的新视野与新发展；5. 其他等五个方面展开学术交流与研讨。

中央音乐学院教授宋瑾做了题为《阐释音乐的三种语言：异质性、近质性与同质性》的年会主题发言。宋瑾认为，阐释音乐有三种语言：其一为异质性语言，采用口头和书写的表义性语言来阐释音乐，多见于音乐批评和音乐分析文论；其二为近质性语言，采用文学的表现性语言或美术的视觉语言来阐释音乐，反之亦然，音乐亦可阐释文学和美术作品，出现互文现象；其三为同质性语言，用音乐来阐释音乐的各种方式，多见于表演和改编，具体包括复述（表演、二度创作）、再述（借用、转义）、转述（转换、改编）、引述（引用、有机拼贴、无机拼贴）、恶述（坏乐、bad musicing）等。

中国传媒大学教授张晶做了题为《媒介内在化与情感审美化》的主题发言，指出媒介具有物性，却不能等同于材料，而是一种整体性的符号系统。审美情感的获得，离不开内在化的媒介；媒介在艺术思维中的运行，也是以审美情感作为动力的。

北京师范大学教授、北京美学会副会长刘成纪的《中山鸟柱盆》从中山鸟柱盆说开去，结合自己对于汉代历史和美学的深入研究，对“器以藏礼”“器以载道”等问题作了小中见大的学术阐发。

首都师范大学教授史红做了《美学与大数据》发言，介绍和阐述美学与大数据之间的愈加紧密的关联，并据此展开了多维度的学术思考。

首都师范大学的魏家川的发言是《测不准与云计算：混沌的科学内涵与蝴蝶效应的美学意义》，数据主义崇尚信息自由，同时需要应对简与繁、有序与无序、确定性与不确定性等哲学问题，需要面对混沌与蝴蝶效应等科学问题拓展延伸出来的美学问题。

北方工业大学教授王文革在《诗意：发现与遮蔽》中指出，除了依循前人诗文去寻找诗意，还可以将那些烂熟于心的诗文暂时忘掉，像禅宗所说的“放下”，以便能亲近眼前之景，忠于自己的感觉。

北京印刷学院的龚小凡教授讨论了《后现代艺术的未完成性》，从美学理论的角度反思后现代和后现代艺术，并结合中国美学的发展提出了对于未来的展望。

中国戏曲学院教授王九成从历史的视角梳理了京津冀漫画的发展史，提取出富有意味的艺术史发展规律。

中国艺术研究院研究员李修建提出的《当代中国美学研究的四个成就》分别为：中国传统美学研究走向深入；西方美学研究愈益深化；立足“人类命运共同体”的当下美学理论探索；中外学术交流日益广泛。

另外，还有来自北京电影学院顾征宇的《关于中西绘画形而上空间差异的认识》、朱青君的《审美：面对人体与影像》、中国戏曲学院孙焘的《网络文化中的“现实模仿艺术”》、北京第二外国语学院杨平的《人工智能的美学问题》、中国艺术研究院杨明刚的《中华美学精神的艺文追溯》、中国政法大学张都爱的《从主-客一体的关系视域看邓以蛰中国绘画美学思想的体系性建构》、北京市社科院晏晨的《品与格-以六朝和唐代的研究为中心》、北京青年政治学院彭笑远的《青少年观影审美体验的两种类型》、国防大学军事文化学院金云琴的《互联网时代文化产业发展的美学思考》等。

注：

①叶朗：《照亮美的光来自心灵——宗白华对中国美学和中国艺术的阐释》，《中国文学批评》，2018年第1期。

②宁晓萌：《绘画的历史性：以梅洛-庞蒂中期思想为核心》，《北京大学学报》（哲学社会科学版），2018年第11期。

③彭锋：《凡·高的鞋踩出一个罗生门》，《读书》，2017年第12期。

④彭锋：《〈宫娥〉的再现悖论及其解决》，《读书》，2018年第6期。

⑤彭锋：《重读重为华山图序》，《南京艺术学院学报（美术与设计）》，2018年第2期。

⑥彭锋：《欧洲现代美学中的中国因素》，《美育学刊》，2018年第1期。

⑦彭锋：《现代意境说辨析》，《北京大学学报》（哲学社会科学版），2018年第1期。

⑧余开亮《钟情与无情的周旋：论魏晋风度的内在矛盾性》，《中国文学批评》，2018年第4期。

⑨余开亮：《郭象哲学与魏晋山水审美经验的嬗变——兼及晋宋之际的“诗运转关”说》，《中国人民大学学报》，2018年第5期。

⑩袁济喜：《〈中庸〉探赜：心性与审美》，《郑州大学学报》（哲学社会科学版），2018年第2期。

⑪袁济喜：《〈周易〉咸卦与六朝涉性文学再探》，《中国人民大学学报》，2018 年第 1 期。

⑫牛宏宝、舒志锋：《从"先验认识论"到"话语事件"——福柯话语理论对康德先验人类学的批判》，《首都师范大学学报》(社会科学版)，2018 年第 2 期。

⑬高建平：《哪一个哈姆雷特：回到"以意逆志"上来》，《学术月刊》，2018 年第 1 期。

⑭高建平：《新时期、新世纪、新时代——改革开放 40 年与中国文论的三次转向》，《中国文艺评论》，2018 年 11 期。

⑮徐碧辉：《论刘纲纪的"实践批判的存在论美学"》，《学术研究》，2018 年第 1 期。

⑯徐碧辉：《"艺术是一种生产劳动"：朱光潜后期美学观点的实践维度》，《社会科学辑刊》，2018 年第 3 期。

⑰徐碧辉：《都市化语境下的审美需要、审美剥夺和审美权利》，《探索与争鸣》，2018 年第 9 期。

⑱刘悦笛：《中国"生活美学"的物体系——明清趣味与赏物之美》，《江苏行政学院学报》，2018 年第 4 期。

⑲李泽厚、刘悦笛：《伦理学杂谈——李泽厚、刘悦笛 2018 年对谈录》，《湖南师范大学社会科学学报》，2018 年第 5 期。

⑳邹芒、许多多、陆纪君、路晓纬等同学参与整理本部分资料。

㉑刘成纪：《中国古典阐释学的"河图洛书"模式》，《哲学研究》，2018 年第 3 期。

㉒刘成纪：《中国画史中的图、画之辨》，《文艺研究》，2018 年第 3 期。

㉓刘成纪：《论中国美学的天下体系》，《探索与争鸣》，2018 年第 8 期。

㉔刘成纪：《40 年中国美学史研究的十个问题》，《文艺争鸣》，2018 年第 12 期。

㉕刘成纪：《蔡元培"以美育代宗教说"的历史语境和现代价值》，《美术》，2018 年第 1 期。

㉖刘成纪：《皮朝纲的禅宗音乐美学研究》，《中国社会科学报》，2018 年 7 月 2 日。

㉗刘成纪：《中国老龄化问题的艺术表达》，《中国艺术报》，2018 年 7 月 16 日。

㉘朱会晖：《康德艺术论中形式主义与表现论之间的张力》，《文艺研究》，2018 年第 7 期。

㉙朱会晖：《如何理解康德的"理性的事实"》，《四川师范大学学报》(社会科学版)，2018 年第 2 期。

㉚朱会晖：《什么是道德的最好理由——从康德的观点看》，《哲学动态》，2018 年第 4 期。

㉛黄文杰：《禅之分解与禅宗美学的有机构成》，《美与时代(下)》，2018 年 10 期。

㉜严春友：《偶然、突变与约束——罗蒂的偶然论之批判》，《海南师范大学学报》(社会科学版)，2018 年第 6 期。

㉝周黄正蜜：《康德共通感理论研究》，商务印书馆，2018 年版。

㉞王德胜：《文艺美学如何可能》，南京大学出版社，2018 年 1 月版。

㉟王德胜：《当下生活的"审美干预"——从重建美学与生活的关系出发》，《社会科学辑刊》，2018 年第 1 期。

㊱王德胜、王倩：《文化张力与现代中国美学理论建构的路径选择——宗白华美学的一种启示》，《西北大学学报》，2018 年第 4 期。

㊲王德胜、尹一帆：《日本路径与 20 世纪早期中国文艺功能观念的发生》，《郑州大学学报》，2018 年第 6 期。

㊳李圣传：《问题导向与"强制阐释"之后的文论突围路径》，《文艺评论》，2018 年第 4 期。

㊴孙士聪：《公共阐释与公共性的诗性建构》，《山东社会科学》，2018 年第 5 期。

㊵李雷：《从"天才"到"艺术界代理人"》，《文艺争鸣》，2018 年第 5 期。

㊶李雷：《公共艺术与乡土文化自信的重建》，《贵州大学学报》(艺术版)，2018 年第 1 期。

㊷本年会总结的文字材料来自"美学网"(2019 年 1 月 7 日，作者魏家川)，http://www.51meixue.cn/archives/7000，依本年鉴体例，采用时有删减。

(作者：孙焘，中国戏曲学院讲师)

逻 辑 学

勾嘉奇 郭佳宏

2018年北京地区逻辑学学科的发展概况，我们将分成三部分来进行综述：一是学术活动，二是研究成果，三是教学探讨。研究成果的文献主要来自中国知网（CNKI）收录的北京学者所著的中文文章或者北京学者正式出版的著作，论文选取的重点是中国人民大学书报资料中心《复印报刊资料》中《逻辑学》收录的内容。

一、学术活动

2018年北京地区逻辑学界的学术活动相当活跃，主要表现在以下几个方面：

1. 举办第四届“京津冀逻辑论坛”

2018年6月16日，第四届京津冀逻辑论坛在中国社会科学院哲学研究所举办，会议邀请了京津冀地区及西南大学的多名专家学者进行学术交流。北京师范大学琚凤魁作了“作为道义逻辑的S5”的报告；北京大学刘壮虎作了“不定主体的认知谓词逻辑”的报告；清华大学王路作了“逻辑和逻辑的应用”的报告；河北大学张燕京作了“弗雷格的逻辑分析方法”的报告等。此次会议对于京津冀地区的逻辑交流具有一定的促进作用。

2. 举办“Language and Logic in China”研讨会

2018年7月14—15日，北京师范大学逻辑与认知研究所于北京师范大学前主楼举办了“Language and Logic in China”研讨会。会议主旨是探讨在汉语言环境下人际交流、思维认知、脑活动与逻辑间的联系。14日，北京师范大学卢春明作了“人际间语言交流的脑活动同步机制”的主题报告；中国医学科学院医学信息研究所高东平作了“逻辑、人工智能与医学信息学”的主题报告；北京师范大学张和友作了“算子还是变项：汉语反诘问句的一种分析”的主题报告；清华大学邓盾作了“Antisymmetry in co-referentiality: a case study of a co construction in Mandarin Chinese”的主题报告。15日，清华大学周鹏作了“汉语普通话儿童对逻辑间的解读”的主题报告；中南大学苏怡作了“heterogeneity of language acquisition in Mandarin-exposed children with autism spectrum disorders”的主题报告；湖南大学外国语学院王莹莹作了“Revisit the interpretation of 1-able predicates”的主题报告；德国奥斯纳布吕克大学刘明亚作了“Empirical and theoretical approaches to polarity sensitivity”的主题报告。此次会议，在学科交叉的背景下加强了各学科之间的交流与合作

3. 参与世界哲学大会

2018年8月13—20日，由国际哲学团体联合会主办，在国家会议中心举行了世界哲学大会。大会围绕“学以成人”的主题，着重开拓人的多重维度，并探究人类面临的各种挑战。同时，强调哲学研究的全球化，囊括古往今来不同文化中各类思想家进行哲学思考的多重形式，对哲学以及哲学在当今世界中的任务和作用进行批判性反思。

4. 举办主题为“句子图示”的学术报告

2018年9月27日，清华大学人文学院王路教授在北京师范大学教四楼作了“句子图示”的学术报告，使参会者意识到了逻辑的理论方法在哲学分析中所起的作用，也明确了哲学所讨论的问题与逻辑的联系和不同之处。

5. 举办“学术前沿论坛”

2018年11月24日，北京市社会科学界联合会、北京师范大学主办的2018年学术前沿论坛逻辑学分论坛在北京师范大学京师学堂召开。论坛的主题为“逻辑、语言与智能互动”，涉及方向包括数学、逻辑学、认知科学等方向。参会的10位专家学者分别结合自身研究方向作了主题报告，分别是：中国社会科学院刘新文“图式逻辑中的线性记法、同一性和量化”；中国人民大学张炎“有穷深度的传递逻辑的可有穷公理化问题”；清华大学刘奋荣“图博弈与逻辑设计”；河北大学张燕京“弗雷格的逻辑观与逻辑研究方法”；北京大学陈波“逻辑多元论：是什么和为什么”；南开大学任晓明“中国名辩学中的归纳论辩”；北京师范大学琚凤魁“Multi-Agent Deontic Logic via Future Control”；北京大学钟盛阳“量子状态：一个基于正交关系的分析”；中国政法大学李楷“认知逻辑和概率逻辑的连接——基于洛克式信念的逻辑”；以及中国人民大学程橙“图式逻辑研究”。

二、研究成果

2018年，逻辑学的各个研究领域都有一批新的

研究成果问世。主要表现在以下四个方面：

1. 数理逻辑

周北海、张立英在《样本发散型含糊类的形式刻画》中表明：含糊类是基于样本和相似性得到的类。通过样本和与样本的相似性处理含糊对象是人们在面对含糊性时常用的方法。含糊类有样本收敛和样本发散两大类型，后者应该更为普遍。样本收敛的含糊类也是有核含糊类，可以通过核来处理边界情况。但是因为样本发散含糊类同时也是无核含糊类，所以这个方法不适用于样本发散含糊类。从人们对于含糊对象的实际处理看，除了用正面的样本外，还会用到反面的样本。将这个过程加以抽象，本文引入了负样本以及提出了由正样本和负样本共同处理边界情况的方案。在形式刻画方面，主要是在一阶语言的基础上通过增加正样本谓词、负样本谓词和论题词给出了语言 L^* 及其语义。在 L^* 中可以进一步定义正谓词、负谓词以及中间谓词，通过这些表达式可以对于含糊对象及其性质给出相应的刻画。①

杨武金、程橙在《从带色标的存在图看弗雷格难题的解题思路》中表明，弗雷格难题的解答方案基本上都遵循了这样一条思路：或以某种方式，或引入某些术语来解释 A=A 和 A=B 在认知价值上的区别。从带色标的存在图看弗雷格难题的解题思路，首先，要站在反涵义论的立场上将存在图的同一线作为类似于克里普克的专名，即同一线没有涵义。其次，借用法恩在协同模式理论中引入的“出现”的概念，规定等号连接的是出现，并且给每次出现命名。再次，引入色标这一图式装置，将色标作为模态算子。最后，将“晨星和暮星”问题作为一个应用案例，阐述带色标的存在图是如何为弗雷格难题提供了一个新的解题视角。②

2. 哲学逻辑、逻辑哲学、法律哲学

王洪在《论判例法推理》中表明：英美法的判例制度其运作本质是法官释法与造法，法院通过释法与造法而创制的判例是法律渊源之一。英美法的判例制度其要义不在于法官从先前的判例得到借鉴和指导，而是在于它把判例看作是在某些情况下必须遵循和适用的规则与原则。在英美法的判例制度中，法官在审判案件中受先例的约束，但法官对待先例具有广泛的酌处权。先例原则包括三个方面的含义：一是遵循先例；二是区别先例；三是创制先例与推翻先例。因此，对待先例的推理类型可以概括为：遵循先例的判例法推理、区别先例的判例法推理、创制先例和推翻先例的判例法推理。其推理模式可以概括为：例推模式与类推模式、区别模式、衡平模式与否决模式。而且公开判决理由是通过对话与交流达成共识或多数意见以寻求法律适用统一性或法制统一性的制度性安排。③

杜国平在《伯特兰悖论解析》中表明：伯特兰悖论对概率论的经典原则——无差别原则提出了质疑。通过对伯特兰悖论进行拓展，并构造类伯特兰悖论，可以清晰地展示伯特兰悖论的推理结构，并发现悖论产生的根本原因。伯特兰悖论的构造过程混淆了变量本身的概率和变量相应的函数的概率。与变量相关的不同函数的概率可能是不同的；并且由于函数的不同，各种值的概率都是可能的，具体概率值的多少是由函数的性质决定的。伯特兰悖论严格的推理结构存在不同的前提条件，得出的结论并不会导致矛盾，因此伯特兰悖论不是悖论，它不能对无差别原则形成质疑。④

杨武金在《从批判性思维的观点看公孙龙“白马论”》中提出，公孙龙提出“白马非马”命题，并做了一系列论证。以批判性思维的观点来分析公孙龙的“白马”论，公孙龙在“白马非马”的论证过程中有时存在“推不出”的错误，有时又存在偷换概念的错误，这说明公孙龙的“白马论”在根本上还是诡辩。公孙龙“白马论”的结论即“白马非马”，是为了通过“唯乎其彼此”的正名标准实现其“位其所位”的政治理想，是其正名政治意图的体现。不过，公孙龙在论证过程中总是将论敌的观点作为对照来证明自己的观点，这是符合批判性思维的基本要求的。⑤

陈波在《逻辑多元论：是什么和为什么》中提出，逻辑可以根据是否真实和正确而加以区分，真实且正确的逻辑不止一种，而有许多种。有关逻辑多元论的争论，涉及逻辑与外部世界、与我们对外部世界的认知、与我们用自然语言所进行的推理实践的关系，牵连到逻辑的本体论特征和认识论地位。支持逻辑多元论的论证主要有四个，即诉诸表象的论证、诉诸优点的论证、诉诸解释的论证和诉诸多义的论证；质疑逻辑多元论的论证主要有两类：一是关于逻辑多元论的“坍塌论证”，二是逻辑多元论与意义变化论题之间的复杂关联。关于逻辑多元论有以下三点评论：逻辑多元论并不足够清晰以至不是一个可以严格辩护的立场；逻辑多元论目前的支持性论证太弱，说服力很差；逻辑多元论有很多严重的理论困难需要去克服。[⑥]

同时，陈波在《休谟对可设想性原则的表述和使用》中提出，休谟可能最早表述了“可设想性蕴涵（形而上学的）可能性”的原则，并在他关于因果关系的必然性、自然齐一律、归纳推理的有效性、事实真理的根据、外部事物的存在性等的怀疑论论证中多次使用。其中有些使用是合法的，其论证是有效的；但另外一些使用是不合法的，其带有怀疑论色彩的哲学结论是高度存疑的。追根究底，是因为休谟没有清晰的必然性观念，特别是没有分层次的必然性观念，这导致他对可设想性原则的有些表述有严重问题，他的基于可设想性原则的有些可设想性论证不能成立。[⑦]

陈波在《分析哲学内部的八次大论战》中提出，分析哲学是一个源于弗雷格、摩尔、罗素、维特根斯坦和逻辑实证主义者的不连续的历史传统，其特点是：尊重科学和常识，关注语言，运用现代逻辑，强调精确和清晰的论证，把追求知识和真理的目标看得高于激发灵感、道德提升和精神慰藉等目标，以及自发形成的专业分工。此外，分析哲学家们不断地相互诘难和相互批判，从而导致分析哲学内部发生了多次大论战。本文概述和评论了其中的八次大论战：心理主义和反心理主义的论战，数学基础中三大派的论战，描述论和直接指称论的论战，实在论和反实在论的论战，本质主义和反本质主义的论战，内在论和外在论的论战，关于真理和逻辑真理的论战，逻辑一元论和逻辑多元论的论战，最后阐释了哲学论战的意义：揭示已有理论观点的问题和缺陷；开拓新的思维空间，发展新的理论观点；防止学术领域里的盲从、独断和专制；凸显哲学的追求智慧和真理的本性。[⑧]

陈波在《以审判程序为中心，以证据为依据，以法律为准绳》中表明，在司法审判中，“证据”一词有其松散意义和严格意义。松散意义上的证据是指在法庭上出示的证言（言辞证据）和证物（实物证据），严格意义上的证据是指法官作出司法裁决的依据，它是经过法庭辩论环节而被法庭认可和接受的一组事实性陈述。司法审判属于“社会治理”范畴，有多重目标，例如追求客观真相，维护公平正义，解决争议和纠纷，保护公民权利，维持社会的良序运作。追求真相并不是司法审判的唯一目标，有时候甚至不是其首要目标。司法审判还受到很多其他因素的制约，例如价值论考虑“保护人权”，经济学考虑“成本和效益”，时效性考虑“迟到的正义非正义”，以及诉讼双方可利用的资源，诉讼参与方的认知能力，等等。司法审判应该通过设计周全且得到严格执行的司法程序去保证作为判案依据的证据事实的可靠性，去实现对客观真相以及对公平正义的追求。“以审判程序为中心，以证据为依据，以法律为准绳”应该成为司法审判的指导原则。[⑨]

孔红在《“反面推论”辩谬》中提出，反面推论是法律论证中的一种重要形式，但是关于反面推论学界一直存在着很多似是而非的论述。反面推论究竟属于法律解释方法还是法律推论方法？如果属于推论方法，这一推论过程在逻辑上是有效的吗？克鲁格在《法律逻辑》中将反面推论解释为逻辑有效的推论形式，这种观点影响了一批台湾学者和大陆学者，在一定程度上造成了关于反面推论的前提、模式、原理等问题认识上的混乱。反面推论并不是逻辑有效的推论形式，而是基于法律默认的一种可废止性推论。[⑩]

余俊伟在《三种逻辑理论的哲学背景分析》中提出，三段论、一阶逻辑和现代模态逻辑的技术背后都有相应的哲学理论背景。前两种逻辑形态与各自的哲学是契合的，其哲学基础也是一脉相承的。虽然模态逻辑是一阶逻辑的扩张，前者的形式语义学是后者的膨胀，但是，克里普克的语言哲学突出了亚里士多德的第二实体地位，从而与弗雷格的语言哲学有着根本分歧，与其逻辑技术亦有冲突。这是模态逻辑技术无力澄清诸如本质、实体、意义等重要哲学概念的根源。[⑪]

刘新文《在再论逻辑常项的归约》中提出，逻辑常项的刻画蕴涵着逻辑作为整体的刻画，语义进路和句法进路对逻辑常项的刻画分别遇到了难以解决的问题，而逻辑常项沿着皮尔士传统的归约将为其引入“镜像性”这个性质。这一归约可以追溯到皮尔士1880年的一篇手稿。本文主要研究皮尔士这篇手稿，指出其中建立的推理系统所存在的问题，并在其中发现了对2010年提出的“肖菲克尔（型）算子”的最早表述；在此基础上，结合维特根斯坦在《逻辑哲学论》中的思想，为逻辑常项的镜像性问题给出部分回答，从而试图为逻辑常项问题提出“第三种”进路。[⑫]

3. 认知逻辑、语言逻辑和归纳逻辑

董志铁在《从中国古代名辩学看逻辑与语言的关系》中表明：世界有三大逻辑传统：中国名辩、印度因明、西方逻辑。汉语“逻辑”一词第一次出现，见于严复译《穆勒名学》按语。他将英文 Logic 译成

“逻辑”两个汉字。19 世纪末 20 世纪初，随西方逻辑学的引进及因明研究的复苏，中国名辩学研究取得巨大进展。《荀子》和《墨辩》对逻辑与语言的关系有不少论述。其主要观点是：人是认识的主体，世界是可认知的；运用思维，通过语言表达认识，字、句、章、篇——是语言形式；名、辞、说、辩是逻辑形式；名辩既是思维的过程，也是应用逻辑的过程；语言是皮肤、肌肉，逻辑则是骨架。二者关系密切，互为表里。[13]

刘奋荣在《关于社交网络中主体行为的推理和预测》中提出，社交网络中主体之间的影响可以分为单向和双向两种。新观念、文化元素的扩散是一种单向的影响。受到单向的影响，主体的认知和行为会发生变化，借助逻辑的形式语言和推理能够对行为的发展趋势进行预测。与此不同，双向的影响则引发主体行为模式的反复转换，通过引入新的动态变化规则可以避免此类情形的出现。因此，刘奋荣给出了行为稳定性的几个概念，并讨论了它们对有穷和无穷的社交网络空间的不同意义。[14]

陈波在《客观事实抑或认知建构：罗素和金岳霖论事实》中提出，罗素发展了一种实在主义事实观，其核心论题是：世界包含事实，事实在外部世界中。他通过逻辑分析的原子，如各种“殊相”、谓词和关系，得到原子事实，由众多的原子事实通过否定词和量词的连接，得到负事实、普遍事实和存在事实，由此来说明世界的本体论结构。他把自己的这套学说叫作“逻辑原子主义”。金岳霖或许受到罗素及其哲学的影响，对有关事实的诸多问题做了系统的探讨。他发展了一种认知主义事实观，其核心论题是：事实是被接受和安排了的所与，更明确地说，事实是认知主体在感觉材料基础上所做的一种认知建构，兼具客观性和主观性。这种事实观与罗素的事实观迥然有别，得出了很多与后者截然相反的结论。[15]

而后，陈波在《苏珊·哈克的基础融贯论》中诠释和讨论苏珊·哈克在《证据与探究》一书中提出的认知证成理论——基础融贯论及其学术影响。哈克对各种形式的基础论和融贯论提出了系统性批评，发展和论述了她自己的一种中间型理论——基础融贯论，包括如下两个断言：一个主体的经验是与其经验信念的证成相关联的，但是不需要任何类型的具有特殊地位的经验信念，后者只能通过经验的支持来得到证成，而与其他信念的支持无关；证成不只是单方向的，而是包含着信念之间无处不在的相互支持。基础融贯论既包括证成的因果方面，也包括证成的逻辑或拟逻辑方面；好的证据必须考虑三个维度：支持性、独立安全性和全面性。哈克还提出了对基础融贯论的元证成：它的证成标准是以真理为导向的，旨在揭示和发现真理。哈克的基础融贯论产生了很大的学术影响，被视为当代认识论中有关认知证成的几种主要理论之一，但其确切学术价值尚待未来哲学史的裁定。[16]

同时，陈波在《有关实质真理论的若干问题》中提出，建立实质真理论的工作包括两个方面：一是在实质方法论的基础上对非实质真理论（包括真理紧缩论、静默论和去引号论）进行批判，二是对实质真理进行正面阐述。实质真理论的基本原则包括：真理的内在性、超越性和规范性；“多重”的符合原则以及逻辑性原则。运用实质真理论来说明数学真理，不需要假定一种关于数字个体的柏拉图主义；实质真理论的发展不仅扭转了说谎者悖论与真理论的关系，而且也有助于消除说谎者悖论的消解方案面临的特设性指责。另外，谢尔比较了实质真理论与塔斯基真理论和多元真理论等的差异。[17]

郭佳宏、刘晓晨在《盖梯尔问题与演绎保守性》中提出，盖梯尔问题在现代知识论研究中占据重要地位，通常是指反对传统知识定义的各种反例。我们以文献中受关注的经典结构性盖梯尔问题入手，它们的核心特征是在虚假前提的情况下通过演绎推理作辩护获得真信念。对于经典的结构性盖梯尔反例进行逻辑分析后，文中总结出一个一般性结论，即主体在虚假前提信念的基础上采用有效演绎推论的过程中，如果前提表达的命题严格强于结论那么总会导致盖梯尔情况的出现。这里的根本原因可能在于演绎推理的保守性特质。[18]

王彦晶在《Beyond knowing that：a new generation of epistemic logics》中提出，自辛蒂卡的开创性工作以来，认知逻辑一直是哲学逻辑的一个主要领域。尽管它在理论计算机科学、人工智能和博弈论等领域有着各种成功的应用，但该领域的技术发展主要集中在命题部分，即“知道”的命题模态逻辑上。然而，在日常生活中，知识是通过使用诸如“是否知道”“知道什么”“如何知道”等各种各样的词来表达的。正如辛蒂卡所讨论的那样，这种知识表达更容易被认知逻辑量化。这篇文章再次引起了人们对这个引人入胜但却被忽视的话题的关注。王彦晶首先调查了辛蒂卡等人在量化认知逻辑文献中的所作所为，然后提出了一种新的无量词方法来研究的认知逻辑，同时王彦晶研究了最近关于“是否知道”“知道什么”和“如何知道”的认知逻辑的工作，以演示这种新方法的使用。[19]

蔡曙山等人在《人类认知五层级与民族地区精准扶贫探究》中提出，利用认知科学方法研究民族地区精准扶贫问题，是理解人类心智奥秘与认知模式的新型研究范式。基于认知科学五层级理论，从认知科学的神经层级、心理层级、语言层级、思维层级和文化层级，探究民族地区精准扶贫的有效对策，并剖析其在各个层级上的相互作用与认知方式，对于民族地区脱贫攻坚具有重要的理论意义和现实的应用价值。[20]

邹崇理在《时序逻辑程序语言 XYZ/E 的创新性》中提出，大型软件工具系统 XYZ 是我国软件工程领域发展的一个里程碑，其核心部分 XYZ/E 是基于时序逻辑的程序语言。从创新的视角评价：XYZ/E 是逻辑思想方法和计算机科学特征的融合产物；采用形式语义的方式描述程序的状态转换机制，在传统时态逻辑基础上，增添了更多实用的表达工具；XYZ/E 比通常的动态逻辑，对程序语言动态思想的刻画显得简明直观。XYZ/E 的创新给我们的启示是：往小处说，我们有必要吸取唐雅松院士的成果，按照当今计算机程序语言的实际需求，探索揭示程序动态更新思想的更为直观简明的方式；往大处讲，我们要发扬唐雅松院士的治学精神，强调交叉融合的跨学科思考。[21]

4. 逻辑学史

杨武金在《比较与诠释视野下的墨家逻辑思想探视》中表明，墨家逻辑研究自梁启超、胡适、章太炎以来，比较与诠释一直都是重要的研究方法。墨家逻辑研究应该从三个结合点上来进行：第一，对象逻辑与元逻辑研究相结合；第二，逻辑理论与逻辑应用研究相结合；第三，形式逻辑与非形式逻辑研究相结合。墨家逻辑的最终目标是要“处利害，决嫌疑”，要完成这个任务，最为根本的就是要明是非之分，而为了达成这个主题，还需要察名实之理，明同异之处。明同异之处的关键就是要在推理论证的过程中坚持类同类异原则。正是在这个原则的基础上，墨家提出了故、理、类“三物”逻辑思想。关于具体可以采用什么样的方法来进行论证，墨家总结出来了“譬”“侔”“援”“推”等具体论式。关于如何处理“异法”即具有复杂性问题的方法，墨家提出了“两而勿偏”等权衡是非利害的辩证思维方法，这在本质上与现代逻辑中的道义逻辑等相通。[22]

而在《墨学之荣与衰》一文中，杨武金则认为：墨学是中国先秦时代的墨子及其弟子创立起来的思想学说。墨学在当时具有重要地位，一度成为显学。但是墨学在秦汉之后却很快衰微。墨学得以兴起的根本原因是时代思想发展的需要，而墨学之所以很快衰微的主要原因则是墨学不适应统治阶级的需要，同时扶助弱小的任侠精神不利于墨学思想的传承。[23]

此外，在《墨子节用思想及其当代价值》一文中，杨武金也提出：墨子的节用思想，主要体现在《墨子》一书中的《节用》《节葬》和《非乐》等篇中。节用思想在墨子思想中占有重要地位，在当代具有重要的现实意义和理论价值。[24]

陈波在《吉拉·谢尔的学术背景及其早期研究》中介绍了吉拉·谢尔生平在以色列长大，后来到美国，先后攻读硕士和博士学位，并最终取得加州大学圣地亚哥分校哲学系教授教职。对吉拉·谢尔影响最深的哲学家是康德、蒯因和塔斯基。吉拉·谢尔的第一本书《逻辑的界限：一种广义的视角》是以其博士论文为基础的，在这部著作中，她将同构不变性作为逻辑性的标准，拓展了数理逻辑的范围，发展了一种广义的逻辑观。之后，她花了相当长一段时间，开始发展在哲学方法论、认识论和真理上的思想，为其第二部著作《认知摩擦：论知识、真理和逻辑》的出版做着累积性的工作。在此期间，吉拉·谢尔探索的其他主题包括分枝量化、不确定性和本体论的相对性，以及自由意志。[25]

陈波在《一种新的逻辑哲学》中提出，吉拉·谢尔从基础整体论出发，对逻辑基础问题给出了新的回答。她认为逻辑既奠基于世界，又奠基于心灵。但在《认知摩擦》中，她更强调前者，尤其是逻辑的事实性特征。她进一步澄清了逻辑性标准如何能够容纳二阶逻辑和模态逻辑，以及在基础整体论的视角下逻辑与集合论的关系。她还讨论了逻辑的心理主义，以及汉纳和麦蒂的逻辑观、蒯因的逻辑可修正论题，并对《认知自由》一书的主要内容做了预告。[26]

三、教学探讨

冯艳在《论当代美国大学的逻辑思维教育体系》中表明：逻辑思维能力是指正确、合理思考的能力。当代美国大学非常重视逻辑思维能力教育，并形成了一套严密的逻辑思维教育体系。在当代美国，不仅其大学的哲学系开设了种类繁多的逻辑课程，而且很多大学把逻辑课程列为校通识课程或核心课程。美国大学开设的逻辑类课程主要有三类：逻辑导论类、数理逻辑类、哲学逻辑及其他。美国大学通识教育课程设置有两个突出特点：一是重视写作课教学，二是重视定量推理或探究方式领域的课程教学。美国大学的专业教育重视提升学生的逻辑思维能力，其中一个突出的特点是重视研讨课教学，通常把修习一至两门研讨课作为专业必修要求。重视逻辑思维培养已成为美国教育界共识，它是美国新时代背景下培养创新人才的需要，也是美国各教育学派思想和英德等大学教育理念影响的结果。㉗

杜国平在《逻辑思维能力的测量要素及其题型示例》中提出，逻辑思维能力是科技发展和社会进步的必需能力，对其进行测量和评价是培养逻辑思维能力的

一个重要环节。逻辑思维能力的测量要素包括澄清概念的能力、准确判断的能力、严密推理的能力、合理论证的能力以及辨识谬误的能力，其测试题型有概念辨析、定义判断、类比推理、归纳推理、演绎推理、论证评价和谬误辨识等。基于东方文化的逻辑思维能力测量，需要注意：1. 逻辑思维能力测试是能力测试，而非知识测试；2. 逻辑思维能力测量的目标指向一定要明确；3. 要加强对逻辑思维能力测量的科学研究。㉘

此外，杜国平也在《图形推理测量指标相关性考察》中提出，图形推理测试是一种基于文化公平性的推理能力测试形式。为了提高命题质量，特别是测试题的区分度，进而提高测量效果，课题组使用 3 组共 30 题图形推理测试题对 3 组不同文化层次的六千余名被试进行了测试。通过对测试数据的分析，获得了如下结果：1. 图形推理答案是否精确与测试效果之间存在相关性；2. 图形推理题型的难度和区分度之间存在一定的相关性，不同题型的最大相关点不同；3. 图形推理题型的难度和标准差之间存在相关性。㉙

谷振诣在《批判性写作测试分析》中提出，分析写作测试得出的写作新观念是：写作训练的目标是学生写作的基本功。一是训练创意性写作基本功；二是训练评估性写作基本功。创意性写作指的是就任何一个主题或文体创造出可用的文稿；评估性写作指的是就任何一篇文稿或初稿的好坏写出评估报告或修改意见。基本功的主要意思是合乎标准或规范，尤其是清晰、相关、一致、充分等理性标准。㉚

王建芳在《我国批判性思维教学与研究：问题及反思》中表明，批判性思维教学在我国虽然已有十余年历史，但其教学定位、教学内容和教学理念都还存在一定的争议和问题。反思争议和问题可以确定：批判性思维课程是逻辑导论性课程的拓展和延伸，其研究属于应用逻辑范畴；批判性思维的教学内容（如组合与收敛结构的区分、论证与因果解释的区分等）在一定程度上缺乏清晰性、严谨性，实践中的对立与纷争恰是根源于理论研究的滞后；就教学理念而言，批判性思维应突破逻辑导论课程模式，从封闭走向开放，实现“贴近式”教学。㉛

注：

①《逻辑学研究》，2018 年第 1 期。

②《河北大学学报》（哲学社会科学版），2018 年第 6 期。

③《政法论丛》，2018 年第 3 期。

④《重庆理工大学学报》（社会科学），2018 年第 7 期。

⑤《江淮论坛》，2018 年第 4 期。

⑥《哲学研究》，2018 年第 9 期。

⑦《学术界》，2018 年第 1 期。

⑧《北京大学学报》，2018 年第 2 期。

⑨《中国社会科学文摘》，2018 年第 7 期。

⑩《政法论丛》，2018 年第 5 期。

⑪《哲学动态》，2018 年第 9 期。

⑫《世界哲学》，2018 年第 6 期。

⑬《语言战略研究》，2018 年第 1 期。

⑭《暨南学报》，2018 年第 12 期

⑮《学术月刊》，2018 年第 10 期。

⑯《武汉科技大学学报》，2018 年第 2 期。

⑰《河南社会科学》，2018 年第 7 期。

⑱《北京师范大学学报》（社会科学版），2018 年第 1 期。

⑲《Jaakko Hintikka on knowledge and game theoretical semantics》，499-533.

⑳《吉首大学学报》（社会科学版），2018 年第 3 期。

㉑《重庆理工大学学报》（社会科学），2018 年第 9 期。

㉒《中国人民大学学报》，2018 年第 6 期。

㉓《职大学报》，2018 年第 3 期。

㉔《职大学报》，2018 年第 6 期。

㉕《湖北大学学报》，2018 年第 5 期。

㉖《逻辑学研究》，2018年第2期。

㉗《湖北大学学报》，2018年第5期。

㉘《中国考试》，2018年第9期。

㉙《江淮论坛》，2018年第4期。

㉚《工业和信息化教育》，2018年第5期。

㉛《河南社会科学》，2018年第2期。

（作者单位：勾嘉奇，北京师范大学硕士生；郭佳宏，北京师范大学教授）

宗 教 学

黄夏年

2018年是改革开放40年纪念年，检视改革成果，宗教信仰自由政策的重新贯彻落实，宗教学术研究的百花齐放是改革开放以来在学术界与思想界里的最大成果，现在我国的宗教已经进入了繁荣的时代，宗教研究也在众多的领域取得了不少的成果，特别是进入新世纪以后，宗教学研究已经成为当前人文学科里面的显学之一，正在朝着良性互动的方向发展。中国的宗教学正在走向海外，与国际接轨。没有改革开放，就没有今天的宗教复兴，中国宗教也不可能走向世界。

进入2018年的宗教学研究，“宗教中国化”依然是宗教界与学术界谈论的热点话题。习近平总书记在全国宗教工作会议上指出：“积极引导宗教与社会主义社会相适应，一个重要的任务就是支持我国宗教坚持中国化方向。”[①]对中国化的讨论，激发了学者们的热情。李志雄《马克思主义宗教伦理观：宗教中国化方向的一种指引》[②]，认为马克思主义认为宗教伦理起源于人类的生产实践，其创造主体是没有进行彻底革命实践批判的人，其演变根源在于人类社会历史的曲折发展。其性质折射了人的社会本性，是以超人间的力量的形式来反映人的力量的一种幻想。费尔巴哈那样抽象出“人的类本质”的人，他们所生产的宗教观念，就是再度丧失自身的人的自我意识和自我感觉。马克思主义的宗教起源说，密切关注现实中的、从事物质生产活动的人，密切关注历史变化状态中的人，是对神本主义和人本主义宗教起源说的双重否定，构建出关于人的社会本质的宗教起源说。它包含了宗教伦理起源说，因为它关注的是宗教起源中人的地位和作用。人的地位在宗教形成中先于神的位置，人的作用使宗教观念被生产出来。马克思主义宗教伦理观能超越其他的宗教伦理观来引领宗教中国化方向，以实效和实践来落实宗教中国化进程。

傅丽、黄杰认为强调坚持宗教中国化方向，妥善处理文明间宗教问题，是坚持马克思主义社会历史观、构建人类命运共同体的重要内容。[③]全球化时代，宗教传播是文明间交流的主要内容，而宗教冲突以不同信仰体系为支点，也成为所谓“文明冲突”的主要形式。每一个文化系统都有一个在与其他文化系统的交往中、在传播与吸纳的过程中不断融合自身以保持系统的稳定和延续的问题。中华文明为这一问题提供了“和而不同”的解决方案，也成为当今构建命运共同体的传统性支撑结构。传统的儒释道三教在交流互鉴的历史中，不仅形成了思想内容相互融合的支派和学说，而且在各自发挥社会整合、社会服务和心理调适等社会功能时也形成了交织互补的融通格局。儒家集中在政权和文化的中心区域，道教向中心区域外扩散且对乡村社会持续渗入，佛教由外而内传入填补了文明边缘地带的信仰空缺并形成文明间的缓冲。儒家思想为政治权力提供合法性来源及治国理念，佛教为平民提供精神慰藉，道教为民间信仰提供思想源头。中国在新世纪新时代倡导“一带一路”、建设人类命运共同体，是一种超越文明冲突的中国方案。社会主义核心价值体系和命运共同体观念延续了这种包容性和建构性，坚持我国宗教中国化的方向是其中的重要内容。

黄夏年《宗教的中国化刍议》[④]，认为“宗教的中国化”提示了我们要积极走宗教与社会主义社会相适应的道路，宗教一定要跟上当前世界发展的变换多端的形势，“宗教的中国化”必然要有“宗教的现代化”要求，所以当前我国的宗教走上现代化的道路，是“宗教的中国化”的又一个要求。宗教要讲政治，要为当前国家的发展服务，宗教要积极配合政府与国家的工作，并且努力把自己融入国家之中，努力走爱国爱教的道路，接受政府的领导。政府可以引导宗教界展开“宗教的中国化”的讨论与实践，鼓励中国宗教界在走宗教与社会主义社会道路相适应之路时，为“宗教的中国化”保驾护航。历史证明，中国宗教要发展，一要适应社会的发展，二要有自觉的政治认同，三要宗教与社会相适应，有了这三个根本的认识，宗教才能在中国得到发展，才能完成自己的现代化之转换。

传统宗教的佛教的研究在近年来，受外国研究范式与语境的影响，很多研究在理念与方法以及表述上有很多的变化，王菲菲《元代江南地区僧侣与世俗文士关系的演化与历史转型——以杭州寺院记文与僧人塔铭的书写为视角》[5]，通过杭州寺院记文与僧人塔铭的书写活动，指出元时僧人拥有相对独立且有效的管理系统，士人已经不是直接关切到佛教利益的主要群体。元朝时僧人与士人关系经历千年之久的博弈，从依附发展到相对独立平等的特殊时期。宋代文人凭借社会声望和政治地位甚至成为寺记与塔铭的主要创作群体，后来受到佛教世俗化的影响，撰写记文的初衷由文化传播逐步让位于复杂的社会现实，成为僧人用以提高自身与寺院声望的重要社交手段。周建波《佛教寺院金融与中国金融业的发展》[6]，指出来自印度的佛教寺院金融在南北朝时期兴起并迅速发展，成为中国金融发展史上最早的依靠社会资本放贷的金融“机构”，不仅拓展了中国金融业市场的边界，更极大地推动了中国金融业的进步。后者不仅向寺院金融学习其通过质押、抵押降低借贷风险的技术，还在传统的依靠血缘、皇家律法建立商业信用的基础上，向寺院金融学习其利用宗教信用纽带建立商业信用的新做法，大大提高了竞争优势，推动了宋元明清商品货币经济的大发展。可以说，不谈佛教，一部中国金融史就无从写起。杨曾文《佛教和医药学的考察与思考》，[7]提出了佛教是拥有悠久历史的世界性的宗教，与拥有特有功能的医药属于不同的文化形态 。佛教在中国传播和发展过程中，既传承来自古印度和西域的以经律论三藏为代表的佛教教义体系，也作为文化载体，将包括医药学在内的古印度和西域的很多文化知识传入中国。在佛教典籍中留传至今的对诊断疾病、“四大”与病理的关系、良医责任和诊治步骤、各种医术等的记载，直至今日仍有参考价值。重温历史上那些在弘法的同时以慈悲精神治病救人、为丰富中国医药学作出贡献的 高僧事迹，既可以丰富中国佛教文化史，也可从他们身上得到鼓舞和汲取济世爱民惠生的经验。虽然佛教研究是中国传统的学问，但是仍然有人会在写文章时出错，例如有人指出佛教的境界是“既不是‘一’，也不是‘多’；既不是‘非一’，也不是‘非多’。实际上，这就是中国人所说的‘想入非非’”。[8]这是不懂佛教而乱作猜测，在佛教思维里，“非一非多”不是“想入非非”，而是舍去这一境界，进入空界。

道教是中国人自己创立的宗教，现有的研究已经延伸到西南少数民族地区。历史上属于大传统的道教沿南岭走廊传播，在西南少数民族中经历文化涵化的过程，最终形成融大传统与小传统为一体的茅山教。萧霁虹、吕师《大理巍山神霄西河派科仪》，[9]通过整理研究明代、清朝和民国时期巍山神霄西河派道士传承收藏的传抄本、刻本，认为巍山神霄西河派的科仪方术、常用文检、符箓醮法，以西河派为法脉兼容并包含汲取了不同宗派之精髓，可知巍山西河派在不断发展的过程中也积极兼收并蓄，适应现实需要。廖玲《中国西南少数民族茅山教文化内涵探析》[10]指出西南少数民族茅山教名称的由来，应是唐宋以来茅山道教在江南社会传播影响的结果。可知传承久远的西南少数民族茅山教，是少数民族原始宗教与道教相融摄的教派。茅山教作为少数民族传统宗教，既保存少数民族原始宗教特质，又融摄了神学宗教道教的元素。西南少数民族茅山教的法术，与江南的闾山教关系密切。茅山教流播的核心地区是湘、黔、桂、粤，而川、滇、赣、闽等地是影响边缘地区，由此形成法术特色明显的茅山教文化圈。黄海德、郭瑞科《道教“灵籤”形成时代考略》[11]强调“灵籤”是中国传统文化之中重要的信仰与民俗现象，道教“灵籤”既是道教信仰者膜拜神灵与沟通神人的宗教媒介，又是作为民族宗教的道教传播信仰和教化民众的重要途径和方术。道教灵籤不仅有着十分丰富的历史文化内涵，还具有其特有的外在形式，即将沟通神人的神秘宗教体验转化为意蕴深邃、雅俗共赏并能预测人生、占断祸福的“籤诗”格式，得以在“小传统”的民间社会广为流传。对历史文本、考古发现和道教文献的综合考察结果，似乎表明唐代之时人们关于“籤”的使用方式和表述语言，还存在和流行于人们的日常生活世界之中，未能从世俗的生活世界进至宗教的神圣世界。道教灵籤产生形成在五代时期，这既是宗教演变的自身逻辑，又是符合历史的客观事实。

基督教早在唐代以景教的面目传入中国，但是后来没有传承下来。葛承雍《从出土文献对比景教礼仪吟诵的特色》[12]分析了20世纪初在新疆吐鲁番出土的基督教祷告文本残片，指出既保留了东方教会的礼拜用语，又记录了礼仪吟诵音调及其他识别符号。这些文本主体使用叙利亚语或粟特语、回鹘语双语，表明景教传教士为避免背离原意坚持用古叙利亚语念诵自己的经典，而粟特语在当时各种宗教交流中起着关键沟通作用。吐鲁番基督教文献中的吟诵在举行仪式时不是简单的民间念经口诵，而是经过标识确定音调后的重新传诵。景教传入中国后，举行仪式时并不是简单的民间念经口诵，特别是经回鹘人或其他族裔人进行重新阐释与深化后，对提升信徒的主流观念有着促进作用，刺激教徒在各类宗教信仰的选择演进上更加坚信自己的景教。田海华《后现代圣经诠释：理论之后》[13]认为20世纪可谓圣经批判理论最为繁盛的时代，在历史批判与后现代主义两大理论家族之间，充满了碰撞与激荡。后现代圣经诠释是圣经批判的一种激进演绎。由欧美学者主导的圣经历史批判，经历了诸如读者反映批评、互文性、解构主义、女性主义、后殖民主义等后现代主义的犀利审视与挑战，被重新界定。圣经批判的范围得以延展，在一个文化多元的时代，各种诠释方法之间的对话至关重要。在经历圣经历史批判与后现代诠释理论的洗礼之后，任何对圣经单一化、简单化与约化的论断与解读，都无助于建构圣经批判的新范式。在具有多元宗教文本传统的汉语语境里，更是如此。

王希《理论苏菲学的体系架构和思想内涵》[14]说理论苏菲学作为一套完整的世界观和方法论，它包含了传统意义上的形而上学、宇宙论、人学、心理学（灵魂学）以及伊斯兰教的基本教义问题。这套知识体系既非一般意义上的伊斯兰教义学，也非通常所说的伊斯兰哲学，而是通过直觉领悟和智性活动，并结合精神修炼而获得的一种神圣照明性知识，即所谓的“神圣之学”。也就是本真意义上的神智学或灵知学（理论层面的）。近代以来，整个伊斯兰文明面临现代性的严峻挑战，为应对这场前所未有的时代危机，伊斯兰文明内部出现了各种思潮，提出了各种解决之道。其中，现代世俗主义和原教旨主义可以说代表了两种截然对立的路径，但二者都不约而同地消解了宗教的体验性和内在性。前者视之为所谓的神秘主义和非理性主义而加以简单拒斥，从而走向一种去神圣化的不归之路；后者则以正统自居，将内外兼修的完整宗教生活不断外在化、律法化和政治化，不仅无法应对现代性的挑战，而且使危机进一步深化和加剧。理论苏菲学所代表的思潮选择了一条中间道路，它将最深刻的宗教体验同最深刻的理性思辨结合在一起，或许可为伊斯兰教走出现代性危机提供不可或缺的精神资源和方法手段。

回顾改革开放40年来宗教学研究，前20年是建立学科与培养人才的积聚期，由于学术界人士的努力，伴随着国力与人文科学的繁荣，宗教学研究开始走上良性循环的道路。当前中国已经成为经济大国，大国必须要有大国的宗教学研究，换句话说中国的宗教说一定要走上世界，与国际学术界接轨，而这一接轨的基础，就是中国宗教研究一定要有中国化特点，离开了这一特色，中国宗教研究只能附庸或受制于他人，因此在推动“宗教中国化”的过程中，“宗教学中国化”理应是基础，并且用于指导中国宗教的发展。

注：

①习近平：《发展中国特色社会主义宗教理论全面提高新形势下宗教工作水平》，《人民日报》，2016年4月24日。

②李志雄：《马克思主义宗教伦理观：宗教中国化方向的一种指引》，《世界宗教研究》，2018年第2期。

③傅丽、黄杰：《坚持宗教中国化方向妥善处理文明间宗教关系是构建人类命运共同体的重要内容》《世界宗教研究》，2018年第2期。

④黄夏年：《宗教的中国化刍议》，《南海佛教》，2018年第3期。

⑤王菲菲：《元代江南地区僧侣与世俗文士关系的演化与历史转型——以杭州寺院记文与僧人塔铭的书写为视角》，《世界宗教研究》，2018年第3期。

⑥周健波：《佛教寺院金融与中国金融业的发展》，《世界宗教研究》，2018年第2期。

⑦杨曾文：《佛教和医药学的考察与思考》，《世界宗教研究》，2018年第4期。

⑧何劲松：《文明的交流互鉴与中国佛教绘画的发展历程》，《世界宗教研究》，2018年第4期。

⑨萧霁虹、吕师：《大理魏山神霄西河派科仪》，《世界宗教研究》，2018年第2期。

⑩廖玲：《中国西南少数民族茅山教文化内涵探析》，《世界宗教研究》，2018年第6期。

⑪黄海德、郭瑞科：《道教“灵籤”形成时代考略》，《世界宗教研究》，2018年第4期。

⑫葛承雍：《从出土文献对比景教礼仪吟诵的特

色》,《世界宗教研究》,2018 年第 6 期。

⑬田海华:《后现代圣经诠释:理论之后》,《世界宗教研究》,2018 年第 2 期。

⑭王希:《理论苏菲学的体系架构和思想内涵》,《世界宗教研究》,2018 年第 3 期。

(作者:黄夏年,中国社会科学院编审)

经 济 学

理论经济学

卫兴华 谭 璇

2018 年是马克思诞辰 200 周年,同时也是《共产党宣言》发表 170 周年,理论界围绕对马克思主义理论研究及其当代价值进行了广泛和深入的阐述与探讨。2018 年也是我国改革开放 40 周年,是全面深化改革的重要一年,也是新时代转变经济发展方式、建设现代化经济体系的关键之年。我国学界对改革开放的成就、经验以及未来展望进行了热烈讨论。

一、纪念马克思诞辰两百周年的思考和研究

2018 年 5 月 4 日,习近平总书记在纪念马克思诞辰 200 周年大会上发表了重要讲话。高度评价马克思主义理论揭示了人类社会发展规律的科学性、为人类求解放的人民性、指引改造世界行动的实践性以及不断发展与时俱进的开放性。并提出,在新时代,要坚持把马克思主义基本原理同中国具体实际结合起来,不断推进马克思主义的中国化、时代化。同时,强调坚持辩证唯物主义和历史唯物主义的世界观和方法论,坚持和运用马克思主义的立场、观点、方法,认识和把握规律,不断开辟当代中国马克思主义。[①]

在马克思诞辰两百周年之际,学者们从不同角度围绕马克思主义的继承和发展进行了一系列思考和研究。

谢伏瞻认为,唯物史观的创建、剩余价值的发现、科学社会主义的创立是马克思的伟大发现,马克思主义是人类思想史上的伟大革命,深刻地改变了人类文明发展进程。习近平新时代中国特色社会主义思想是对马克思主义的继承和发展,是科学社会主义、政治经济学以及马克思主义哲学在 21 世纪的发展。[②]

卫兴华强调,马克思主义政治经济学的立场是以人民为中心。马克思关于社会主义要快速发展生产力、实现共同富裕、坚持以人民为中心、建立和发展社会主义公有制的论述,是深化社会主义改革与发展的重要理论指导。习近平新时代中国特色社会主义经济思想是马克思主义政治经济学的中国化、时代化和具体化,深入系统地回答了新时代怎样建设中国特色社会主义的具体问题。[③]

邱海平认为,《资本论》的历史地位体现在其方法论和理论体系的科学性和先进性上:一是运用辩证唯物主义和历史唯物主义将社会经济发展理解为生产力与生产关系、经济基础与上层建筑的矛盾运动的过程,科学地揭示了资本主义的本质和经济运动规律;二是阐明了工人阶级在推动资本主义发展和变革以及人类解放中的重要作用,为工人阶级运动提供了理论支持;三是客观的看待资本主义的历史地位,坚持历史唯物主义。《资本论》以及整个马克思主义理论,为世界人类解放的革命运动和社会主义建设提供了理论武器。在当代学习《资本论》,有助于我们认识和把握客观规律、认清世界经济本质和发展趋势、更好地建设中国特色社会主义。[④]

胡钧和施九青提出,从《共产党宣言》的发表、《资本论》的出版到习近平新时代中国特色社会主义思想的建立和完善的各个阶段,分别标志着科学社会主义理论的诞生、完成和成功。在新时代,坚持中国特色社会主义道路,关键在于要树立共产主义的远大理想。同时,社会主义可以利用市场经济这种手段,充分发挥市场在资源配置中的重要作用,推动生产力的更快发展。面对市场经济考验,为捍卫公有制和社会主义改革方向,要加强市场监管、法制建设和社会主义核心价值观教育,坚持以人民为中心的发展思

想，提高宏观调控的战略定力。[⑤]

二、关于中国特色社会主义进入新时代的讨论

党的十九大报告中作出了中国特色社会主义进入新时代、正处于新的历史方位的科学论断。

韩庆祥和陈曙光对进入新时代的根据做了总的论述。他们认为，中国特色社会主义进入新时代的重要根据是我国改革开放和社会主义现代化建设取得的历史性成就、党和国家事业发生的历史性变革以及社会主要矛盾的转化；根本标志是中华民族迎来了从站起来、富起来到强起来的伟大飞跃，科学社会主义在中国焕发出强大生机活力；主要目标包括夺取中国特色社会主义伟大胜利，全面建成小康社会进而全面建设社会主义现代化强国，实现全体人民共同富裕和中华民族伟大复兴的历史使命，以及走进世界舞台中央并为人类作出更大贡献；行动指南是习近平新时代中国特色社会主义思想。[⑥]

对新时代的几个重要理论问题，学界进行了多角度探讨和研究。

（一）习近平新时代中国特色社会主义经济思想研究

党的十九大报告中提出了“新时代中国特色社会主义思想”这一全新概念。随后，在2017年12月的中央经济工作会议中首次使用了“习近平新时代中国特色社会主义经济思想”。理论界围绕这一思想的科学内涵、内在逻辑和现实意义等进行了一系列的研究和讨论。

韩保江认为，这一思想是十八大以来中国特色社会主义经济建设的最新实践经验总结和理论概括，与马克思主义政治经济学、毛泽东经济思想以及改革开放以来的中国特色社会主义经济建设思想“一脉相承”。[⑦]

秋石提出，十八大以来，围绕新时代社会主义经济发展，党中央提出了一系列新理念、新思想、新战略，逐步形成了习近平新时代中国特色社会主义经济思想。这一思想内涵丰富，逻辑严密，具体包括创造性地提出了党对经济工作的集中统一领导、以人民为中心的发展思想、五大新发展理念、坚持和完善社会主义基本经济制度和分配制度、使市场在资源配置中的决定性作用和更好发挥政府作用、转向高质量发展和建设现代化经济体系、推进供给侧结构性改革、城乡发展一体化、人类命运共同体以及稳中求进工作总基调等内容。这一理论体系进一步深化了对共产党执政规律、社会主义建设规律以及人类社会发展规律的认识，是当代中国的马克思主义政治经济学。[⑧]

刘伟认为，习近平新时代中国特色社会主义经济思想着眼于新时代的发展命题，提出新发展理念及“五位一体”总体布局，具体形成在新发展理念指导下建设现代化经济体系的基本方略，更进一步以供给侧结构性改革为主线，引导出一系列政策、制度的创新。这一思想理论体系的内在逻辑，体现了马克思主义历史逻辑与思想逻辑、理论逻辑与实现逻辑的统一。[⑨]

逄锦聚认为，习近平新时代中国特色社会主义经济思想，强调党对经济工作的统一领导，经济发展要坚持社会主义方向、以人民为中心，并以新发展理念为指导，坚持全面深化改革，在经济发展的同时坚持人与自然和谐相处。[⑩]

洪银兴提出，我国经济进入新常态表现出结构优化和动力转换两个新特征，开始向高质量发展阶段转变。基于对经济新常态这一科学判断，五大新发展理念回答了新时代如何建设中国特色社会主义的重要问题。其中，“共享”理念体现了以人民为中心的发展思想，以及共同富裕的社会主义本质要求；“创新”和“开放”理念回答了新时代中国经济发展的动力来源；“协调”和“绿色”理念强调了产业、区域、城乡协调发展以及可持续发展的重要问题。[⑪]

顾海良认为，社会主要矛盾的转化是习近平新时代中国特色社会主义经济思想的根本特征。这一新的社会主要矛盾提出了新时代中国特色社会主义建设的主要任务。“以人民为中心”是这一思想的核心立场，回答了“为谁发展”的问题。“新发展理念”是这一思想的根本指导，指引“怎样发展”。这一思想涵盖了中国特色社会主义基本经济制度、经济体制以及经济运行的全过程，贯穿现代化经济体系建设的始终。[⑫]

（二）新时代社会主要矛盾转化问题的认识和争鸣

中国特色社会主义进入新时代，我国社会主要矛盾已经发生了变化，由人民日益增长的物质文化需要和落后的社会生产之间的矛盾转化为人民日益增长的美好生活需要和不平衡不充分的发展之间的矛盾。

汪亭友指出，社会主要矛盾的转变有着充分的现实依据。在我国成为世界第二大经济体的过程中，人民物质文化生活水平也在不断提高。我国总体上实现小康，不久将建成全面小康。在此基础上，人民对美好生活的需求范围日益广泛、层次不断提高，涵盖了经济、政治、文化、社会、生态等方方面面。[⑬]

关于新时代社会主要矛盾的内涵，学界还存在许

多不同的解读。特别是对社会主要矛盾中不平衡不充分发展的内涵的解读存在着分歧。

《新时代面对面》一书引用冷溶的解读：发展不平衡，主要指各区域各方面发展不够平衡，制约了全国发展水平提升。发展不充分，主要指一些地方、一些方面还有发展不足的问题。[14]

谢富胜认为，在我国社会生产力总水平显著提高的情况下，发展不平衡不充分成为更加突出的问题。生产发展不充分问题是主要矛盾的主要方面，具体表现为以标准化生产方式为基础的供给结构未跟上需求结构的变化，因而出现低端供给过剩与高端供给不足并存的局面。而城乡区域等发展不平衡问题是长期存在的，需要在解决发展不充分问题的过程中得到解决。[15]

李慎明则从拓展"发展"的内涵出发，认为社会生产指生产力和生产关系两个方面，而"发展"则涉及"五位一体建设"和党的建设的方方面面。发展不平衡，主要体现在经济领域，具体表现为宏观和微观上的收入分配不平衡；而发展的不充分，则体现为其他领域发展的不充分。[16]

郝全洪提出，新时代社会主要矛盾变化涵盖了政治、经济、文化、社会、生态等诸多方面在内的主要矛盾的变化。而在经济方面体现为经济发展主要矛盾的变化，具体来说就是宏观经济总需求和总供给的矛盾由总量不平衡转变为结构不平衡。矛盾的主要方面在供给侧，根源在于供给体系的质量和效率不高。[17]

卫兴华认为，新时代社会主要矛盾的主要方面是"不平衡不充分的发展"。但他不赞同十九大后主流媒体将社会主要矛盾中的"不平衡不充分"解读为区域、城乡、收入等层面的不平衡以及落后地区发展不充分、国内生产力还落后等。他认为这种解读偏离了十九大报告原意。"发展不平衡不充分"是十九大报告中谈到的我国经济社会发展存在的七方面"不足"的首要"不足"，是指相对于美好生活需要而言，质量、档次以及新结构供给还不充分，因而存在供给侧和需求侧新的不平衡。另一方面，"人民日益增长的美好生活的需要"是一个动态的概念：首先，其层次和内涵会不断提高和扩展；其次，根据财富及收入的不同，会呈现出对美好生活需要的不同具体内容，可分为三个层次，包括可实现的、期待性和期盼性的美好生活需要。全面理解和把握新时代社会主要矛盾，应与新时代中国特色社会主义建设"五位一体"的总体布局和新发展思想紧密联系起来。[18]

（三）对建设现代化经济体系的讨论

洪银兴提出，解决发展不平衡不充分的问题、化解新时代社会主要矛盾，主要路径在于新时代社会主义现代化建设。这是逐步实现共同富裕的过程，是对发达国家的赶超过程。现代化经济体系包括四个方面：一是现代化动力体系，科技创新和产业创新并重；二是现代化的领域，包括新型工业化、信息化、城镇化和农业现代化；三是现代化供给体系，强调产业结构和市场配置体系的效率、质量等；四是现代化制度体系，为市场有效运行提供制度保障。[19]

张宇认为，建设现代化经济体系，能够为其他领域的现代化提供有力支撑，使我国在国际竞争中赢得主动。进入新时代，建设现代化经济体系应结合我国基本国情及当前国际国内环境，坚持走自己的路。坚持以新发展理念为指导，依靠创新驱动发展、协调好供求等多方面的关系、处理好经济发展与生态环境保护的关系、构建人类命运共同体以及坚持以人民为中心。[20]

程恩富和柴巧燕在建设现代化经济体系的问题上，批评了他们不赞同的观点，提出了自己的见解。一是反对片面追求 GDP 和政绩的观点，提出现代化经济体系建设的表象是物质和经济，但实质和服务对象是人民，应坚持"以人民为中心的发展思想"。二是反对供给侧结构性改革已基本完成的观点，强调供给侧改革还需在"破"（化解过剩产能）、"立"（培育新动能）、"降"（降低实体经济成本）上下功夫。三是反对优先发展虚拟经济的观点，指出要抓住实体经济建设这个"牛鼻子"。四是反对主张生产关系和制度改革比生产力和技术变革更重要的观点，强调创新对于促进经济发展的重要性。五是反对不必急于改变城市、区域不平衡状况的观点，认为要大力推进乡村振兴战略、促进城乡区域协调发展。[21]

三、改革开放四十周年中国经济发展的成就回顾与展望

十一届三中全会以来，我国逐步推行改革开放，走出一条中国特色社会主义道路。

习近平总书记在庆祝改革开放四十周年大会上的讲话中，高度评价我们党带领人民开辟的中国特色社会主义道路、理论、制度、文化的成就，指出改革开放是决定当代中国命运、实现民族伟大复兴的关键一招。[22]

（一）中国经济改革成就和经验的思考

林毅夫总结了改革开放以来我国经济方面取得的

成就。我国于2009年超过日本成为世界第二大经济体，2010年跨入中上等收入国家行列、并超过德国成为世界第一大出口国，2013年超过美国成为世界第一大货物贸易国。到2017年我国国内生产总值占世界经济比重由1978年的1.8%提高到15%左右，近40年来保持以年均两位数的速度增长。同时，认为我国经济取得巨大成就，关键在于我国坚持走中国特色社会主义道路、坚持改革开放。在推进市场化改革的进程中，利用我国劳动力丰富的比较优势、发展劳动密集型产业；同时利用发展中国家的后发优势，引进消化吸收再创新发达国家的先进技术，实现了技术进步和产业升级。此外，我国采取渐进式改革，避免照搬西方休克疗法和套用西方主流理论，实现了经济社会的快速稳定发展。[23]

刘伟和蔡志洲认为，改革开放以来我国经济社会发展迅速，对促进周边地区乃至世界经济发展作出了突出贡献，但具体来看我国仍然是一个发展中国家。目前我国人均收入已进入中上等收入水平，但从人均GNI以及经济总规模来看仍与高收入国家存在一定的距离。同时，产业结构初步形成第三产业占比最大、第一产业最小的现代国家产业格局，但仍处于工业化进程中、存在就业结构与增加值结构不匹配的问题。此外，从人类发展水平来看，我国人均寿命、受教育水平、人均收入得到明显提升，但仍与发达国家有较大差距。[24]

蔡昉认为中国经济转型符合历史逻辑与理论逻辑的统一。我国农村家庭联产承包责任制改革、城市经济改革的核心企业改革、政府和市场关系的改革、对外开放等措施，是从体制上解决物质资本和人力资本的积累和配置问题的改革实践。中国经济增长的源泉，来自改革开放中所释放的二元经济发展潜力和人口红利，以及计划经济时期积累的人力资本禀赋。[25]

张卓元详细回顾了我国改革开放的历程，认为市场化改革是经济领域改革的主线。中国改革开放从引入市场机制、尊重价值规律开始，经济体制改革的核心问题是处理好政府和市场的关系。[26]

胡乐明认为改革开放在经济方面是一个市场作用不断扩大的历史过程，但并不是市场替代政府的单边过程。中国的市场化改革，并未像新自由主义及国家干预主义那样将政府与市场对立起来，而是将二者都看作是组织和协调经济活动的制度安排。[27]

秋石谈到，改革开放的成功经验，关键一条就是坚持发展社会主义市场经济、不断理顺政府和市场关系。政府和市场的关系处于深化经济体制改革所涉及的市场体系、企业制度等众多方面的核心位置。从十一届三中全会到十九大，如何处理政府和市场关系，一直是改革工作的主线。[28]

（二）在新时代如何继续推进改革开放的讨论

黄泰岩认为，纪念改革开放最重要的现实意义在于回答在新时代是否要继续推进改革开放，以及如何推进改革开放的问题。进入新时代我国生产力水平仍然处于社会主义初级阶段，生产关系还能够继续适应生产力的发展，仍能释放出巨大制度红利。因此，在新时代继续坚持改革开放，可以为实现“两个一百年”奋斗目标、化解社会主要矛盾提供强大动力。改革开放经验的当代价值在于坚持发展是第一要务、坚持以人民为中心、坚持社会主义基本经济制度、坚持社会主义市场经济改革方向、正确处理政府和市场关系、坚持对外开放的基本国策。[29]

刘元春认为，当前中国经济改革面临资源配置效率恶化和制度红利快速递减的问题。改革面临的主要矛盾体现为当前的制度安排和体制建设难以化解发展不平衡不充分问题，过去积累下的资源错配难以通过传统渐进的、自上而下的改革方式解决。在新时代，全面深化改革将过渡到通过上层建筑和社会关系的调整来推进生产关系调整的新阶段。[30]

关于改革中政府与市场的关系问题，一直是理论界讨论的热点。

黄桂田谈到，政府和市场的关系，难以用一个一般化的理论、模型来解释。因而新时代构建中国特色社会主义市场经济，要立足于中国的实际来处理政府和市场的关系，不太可能模仿某种现有的模式。在过去四十年中，政府发挥了重要作用。同时，政府和市场的关系不是一成不变的，在特定的历史阶段，如何处理政府与市场关系，需要学界反思和总结。[31]

刘国光重点讨论了计划和市场关系的辩证关系，强调二者都只是经济手段，认为宏观调控是广义的国家计划调控。要重视市场对激励企业竞争、优化资源配置、推动经济发展的作用，坚定不移地推进社会主义性质的市场取向改革。同时也要看到市场的缺陷和不足，加强国家必要的事前、事中和事后管理。社会主义经济中还存在市场的直接原因是人们物质利益和产权权能分离的差别，因此，社会主义市场经济既受市场价值规律的支配，同时也受“有计划按比例发展规律”的支配。既不能迷信市场，也不能将市场和计划对立起来。在资源配置的调节中，宏观层次由国家调控、中观层次由国家和市场共同调节、微观层次由市场在国家的规制下调节。[32]

卫兴华认为，按照邓小平提出的“三个有利于”标准来判断，改革开放四十年，是我国生产力快速发展、综合国力大幅提高、人民生活水平得到不断满足的四十年。我们取得的成绩是巨大的，但如果总结得失还可以提出一些问题，以有利于在新的历史时期，继续推进改革开放。第一，在现阶段，以公有制为主体、多种所有制经济共同发展的基本经济制度与“三大改造”中消灭一切私有制、搞单一公有制的理论和实践能否统一，是否可以说“三大改造”超越了新民主主义制度；第二，在非公有制经济呈现出“五六七八九”特征的现实情况下，一方面在政策上要继续支持和鼓励其发展、在宣传上不要讲不利于非公有制经济发展的言论，但另一方面要重视公有制为主体在实践中如何体现；第三，现实情况下如何调整收入分配制度以体现社会主义本质；第四，社会主义事业发展中，要考虑什么原因会导致公有制的主体地位被削弱、并且出现贫富分化的趋势。[33]

四、对非公有制经济的发展的讨论

（一）“私营经济离场论”引发的争论

2018年9月，一篇题为《中国私营经济已完成协助公有经济发展的任务，应逐渐离场》的文章在网络上引起广泛关注。文章中的观点被总结为所谓的“私营经济离场论”，引发了各界的讨论。

《人民日报》《经济日报》等刊发文章，率先对这种“私营经济离场论”进行了驳斥。指出，公有制经济和非公有制经济都是我国社会主义市场经济的重要组成部分，都是我国经济社会发展的重要基础。习近平总书记多次强调坚持“两个毫不动摇”。“离场论”试图否定和动摇我国社会主义基本经济制度和社会主义市场经济体制，是逆改革开放潮流、企图开历史倒车的危险想法。[34][35]

关于非公有制经济的重要地位和作用，也是学界讨论的热点问题。

高德步梳理了改革开放以来我国民营经济的发展历程。在立法方面，1988年《中华人民共和国宪法修正案》《中华人民共和国物权法》等法律法规确定了私营经济的合法性，明确规定对公有财产和私有财产给予平等保护，为民营经济发展提供了法律基础和制度保障。同时，政府出台了一系列政策、规定，建立市场经济、打破市场准入门槛，确保权利、机会、规则平等。从党的十一届三中全会以来，逐步确立社会主义基本经济制度和完善社会主义市场经济建设，非公有制经济在党和国家相关法律法规政策的鼓励、支持和引导下不断发展壮大。[36]

韩保江认为，我国生产力发展多层次、不平衡的状况仍然没有变，具体表现为社会化大生产和“非社会化”小生产并存，这要求有不同性质的多元所有制的生产关系与之相适应。同时，从社会需求结构来看，私人产品尤其是居民消费品具有竞争性、排他性和营利性等特征，这类产品更适合由非公有制经济生产和供给，以提高产品的精细化、便利性。[37]

王生升提出，民营经济在稳定增长、促进创新、增加就业、改善民生等方面发挥了重要作用。国有经济与民营经济各有所长、可以优势互补、实现共同发展。建设社会主义现代化经济体系、转变经济增长方式，要更好地发挥民营经济在微观层面的生产和流通中具有较高效率的优势。[38]

（二）关于支持和推进非公有制经济发展的意见

在当前宏观经济形势下，准确认识民营企业在发展中遇到的困难，如何支持和推进对非公有制经济发展的政策，引发了各界的重视。

2018年11月1日，民营企业座谈会在北京召开。习近平总书记在座谈会上指出改革开放四十年来，民营经济对我国经济发展作出了重要贡献，在国家税收、技术创新、就业等方面发挥了重要作用。强调非公有制经济的作用和地位没有变，毫不动摇鼓励、支持、引导非公有制经济发展的方针、政策没有变。同时分析了当前民营经济发展遇到的困难，提出支持民营企业发展壮大的几点意见。[39]

林毅夫认为，为贯彻习近平总书记在民营企业座谈会上提出的重要政策举措，应从以下六个方面着手：一是鼓励和引导企业家树立长期发展的信心；二是继续推动政府职能转变，简政放权，推行行政许可和公共服务标准化；三是切实减轻企业税负；四是深化金融体制改革，解决民营企业融资中的困难；五是建立制度化、常态化政商沟通机制，各级党委和政府有效收集处理民营企业困难；六是创造更加公平的竞争环境。[40]

王一鸣提出，进入新阶段，必须牢牢坚持“两个毫不动摇”，一方面完善产权保护制度，一方面放宽民营企业市场准入。进而废除各种形式的不合理规定和消除歧视民营企业的各种做法，保障民营企业的活力和创造力得到发挥。[41]

关于在当前形势下，怎样对待非公有制经济的发展问题，也有学者提出不同的观点。

李稻葵谈到，中国经济处于转型升级期，民营企业集中在需要转型升级的下游产业，在这个过程中，落后的企业必然会被淘汰。民营企业中经营状况差的企业难以获得银行贷款，面临“融资难”的问题，一方面是由于金融去杠杆搞“一刀切”，一方面也是在市场规律的作用下银行等金融机构追求盈利的结果。培育地方政府融资市场、调整“一刀切”的去杠杆政策，应是金融结构和金融政策的改革重点。应该防止以保护和发展民营经济为借口，来扶持一些本来就该淘汰的企业、保护落后产能。[42]

刘俏提出，化解民营企业融资难问题，需要从深层次分析不同民营企业面临融资难、融资贵的根本原因。民营企业难以获得金融体系的融资资金，有的是由于企业自身规模小、可抵押资产少；而有的则是因为经营模式粗放、盲目追求扩张；更有的则是由于滥用股权质押等方式融资后投资于非主营业务，损害了企业长远发展。纾解民营企业融资困难，应选择基本面良好、只是出现流动性问题的企业优先支持，不搞“一刀切”或“撒胡椒面”。[43]

五、关于构建和发展中国特色社会主义政治经济学理论体系的讨论

进入新时代，理论界围绕中国特色社会主义政治经济学的使命和责任、如何创新和发展中国特色社会主义政治经济学等问题进行了研究和讨论。

黄泰岩指出，对中国特色社会主义政治经济学体系的构建，仍然存在着分歧。在逻辑起点的选择上，有的认为是中国特色社会主义商品，有的主张是社会主义本质。在逻辑主线的选择上，有的认为是社会主义市场经济，有的认为是发展生产力和共同富裕，有的认为是以人民为中心的发展思想，还有的认为是建设现代化经济体系。因此，需要学者经历较长时期的讨论来达成基本共识。[44]

逄锦聚认为，在十九大胜利召开以后，中国特色社会主义政治经济学的主要任务，是在全面阐释十九大精神的基础上，围绕习近平新时代中国特色社会主义思想，对“新时代”的丰富内涵、决定因素、历史必然性、与所处时代的关系、重大理论意义和实践意义及深远影响等加以深刻阐释。构建中国特色社会主义政治经济学应以着力发展和满足人民需要为主线，进一步阐释清楚习近平新时代中国特色社会主义思想的丰富内涵，并将其贯穿于整个理论体系和话语体系的构建中。研究范围应从经济拓宽到社会，从生产力、生产关系、经济基础拓宽到上层建筑各个领域，从而把中国特色社会主义政治经济学建设成为真正为中国特色社会主义发展提供理论基础的科学。[45]

邱海平提出，说明中国特色社会主义的规律性，是中国特色社会主义政治经济学的根本任务，也是最大任务。这一理论体系，应该从当代世界的格局和形势出发，为中国特色社会主义发展和民族复兴提供理论和实践指导。[46]

张占斌和钱路波将中国特色社会主义政治经济学的任务和使命总结为四个方面。首先，在理论意义上，中国特色社会主义政治经济学要体现社会经济发展的一般规律，同时又应超越传统理论框架、应对时代挑战。其次，在时代意义上，要构建自己的话语体系，增强理论自觉和理论自信。再次，在实践意义上，要总结新时代实践经验、揭示经济建设规律、为新时代中国特色社会主义经济建设和向高质量发展阶段转变提供理论指导。最后，在国际意义上，要体现以人民为中心，包含人类共同的价值追求，为世界经济及经济学发展贡献中国方案和中国智慧。[47]

王立胜认为，新时代中国特色社会主义政治经济学是“强起来”时代的政治经济学。在新阶段，研究对象不能仅仅局限于生产关系，要扩大至研究生产力的发展问题、生态问题、国家问题等所有方面。[48]

注：

①习近平：《在马克思诞辰200周年上的讲话》，《新华网》，http：//www. xinhuanet. com/politics/2018-05/04/c_ 1122783997. htm。

②谢伏瞻：《马克思主义是不断发展的理论——纪念马克思诞辰200周年》，《中国社会科学》，2018年第5期。

③卫兴华：《始终坚持和不断发展马克思主义政治经济学——纪念马克思诞辰200周年》，《人民日报》，2018年5月7日。

④邱海平：《资本论》的历史地位和当代价值——纪念马克思诞辰200周年》，《前线》，2018年第6期。

⑤胡钧、施九青：《〈共产党宣言〉〈资本论〉与新时代中国特色社会主义 脉相承——纪念马克思诞辰200周年》，《经济纵横》，2018年第8期。

⑥韩庆祥、陈曙光：《中国特色社会主义新时代的理论阐释》，《中国社会科学》，2018年第1期。

⑦韩保江：《论习近平新时代中国特色社会主义经济思想》，《管理世界》，2018年第1期。

⑧秋石：《新时代中国特色社会主义是科学社会主义发展的新阶段》，《求是杂志》，2018 年第 13 期。

⑨刘伟：《习近平新时代中国特色社会主义经济思想的内在逻辑》，《经济研究》，2018 年第 5 期。

⑩逄锦聚：《引领新时代中国经济发展的科学思想》，《人民日报》，2018 年 7 月 10 日。

⑪洪银兴：《习近平新时代中国特色社会主义经济思想引领经济强国建设》，《红旗文稿》，2018 年第 1 期。

⑫顾海良：《从四个思想特征看习近平新时代中国特色社会主义思想的理论境界》，《中国纪检监察》，2018 年第 12 期。

⑬汪亭友：《如何认识新时代我国社会主要矛盾的转变》，《人民论坛》，2018 年第 4 期。

⑭中宣部理论局：《新时代面对面》，《人民日报》，2018 年 2 月 23 日。

⑮谢富胜：《如何理解中国特色社会主义新时代社会主要矛盾的转化》，《教学与研究》，2018 年第 9 期。

⑯李慎明：《正确认识中国特色社会主义新时代社会主要矛盾》，《红旗文稿》，2018 年第 5 期。

⑰郝全洪：《关于我国经济发展主要矛盾变化的思考——学习习近平新时代中国特色社会主义经济思想》，《教学与研究》，2018 年第 9 期。

⑱卫兴华：《应准确解读我国新时代社会主要矛盾的科学内涵》，《马克思主义研究》，2018 年第 9 期。

⑲洪银兴：《新时代的现代化和现代化经济体系》，《南京社会科学》，2018 年第 2 期。

⑳张宇：《以新发展理念引领现代化经济体系建设》，《人民日报》，2018 年 4 月 14 日。

㉑程恩富、柴巧燕：《现代化经济体系：基本框架与实现战略——学习习近平关于建设现代化经济体系思想》，《经济研究参考》，2018 年第 7 期。

㉒习近平：《在庆祝改革开放 40 周年大会上的讲话》，《新华网》，2018 年 12 月 18 日，http：//www. xinhuanet. com/politics/leaders/2018 - 12/18/c _ 1123872025. htm。

㉓林毅夫：中国经济改革的成就、经验与挑战》，《人民日报》，2018 年 7 月 19 日。

㉔刘伟、蔡志洲：《如何看待中国仍然是一个发展中国家?》，管理世界，2018 年第 9 期。

㉕蔡昉：《中国改革成功经验的逻辑》，《中国社会科学》，2018 年第 1 期。

㉖张卓元：《中国经济四十年市场化改革的回顾》，《经济与管理研究》，2018 年第 3 期。

㉗胡乐明：《政府与市场的"互融共荣"：经济发展的中国经验》，《马克思主义研究》，2018 年第 5 期。

㉘秋石：《论正确处理政府和市场关系》，《求是》，2018 年第 2 期。

㉙黄泰岩：《新时代改革开放的继承与创新》，《辽宁大学学报》(哲学社会科学版)，2018 年第 9 期。

㉚刘元春：《新时期中国经济改革的新思路和新框架》，《政治经济学评论》，2018 年第 1 期。

㉛黄桂田：《正确处理政府与市场的关系，建立有中国特色社会主义市场经济体系》，《政治经济学评论》，2018 年第 1 期。

㉜刘国光：《基于经济手段的视角解析计划与市场的关系》，《福建论坛 · 人文社会科学版》，2018 年第 1 期。

㉝卫兴华：《改革开放 40 年的成就与反思》，《政治经济学评论》，2018 年第 11 期。

㉞平言：《"两个毫不动摇"任何时候都不能偏废经》，《经济日报》，2018 年 9 月 13 日。

㉟李拯：《踏踏实实把民营经济办得更好》，《人民日报》，2018 年 9 月 14 日。

㊱高德步：《中国民营经济的发展历程》，《行政管理改革》，2018 年第 9 期。

㊲韩保江：《"民营经济是我国经济制度的内在要素"》，《光明日报》，2018 年 11 月 8 日。

㊳王生升：《经济发展新时代离不开国有经济和民营经济的共同发展》，《光明日报》，2018 年 2 月 7 日。

㊴习近平：《在民营企业座谈会上的讲话》，《经济日报》，2018 年 11 月 13 日。

㊵林毅夫：《民营经济发展迎来新的春天》，《光明日报》，2018 年 11 月 8 日。

㊶王一鸣：《为民营企业发展创造更好条件》，《光明日报》，2018 年 11 月 13 日。

㊷李稻葵：《不能以保护民营经济为借口来保护落后产能》，《新京报网》，2018 年 11 月 22 日。

㊸刘俏：《以深化改革化解民营企业融资困局》，《人民日报》，2018 年 12 月 10 日。

㊹黄泰岩：《改革开放 40 年中国特色社会主义政治经济学的创新发展》，《光明日报》，2018 年 11 月

27日。

㊺逄锦聚：《新时代新课题与中国特色社会主义政治经济学的新使命》，《经济纵横》，2018年第1期。

㊻邱海平：《对新时代中国经济学定位的思考》，《经济纵横》，2018年第1期。

㊼张占斌、钱路波：《论构建中国特色社会主义政治经济学》，《管理世界》，2018年第7期。

㊽王立胜：《论新时代中国特色社会主义政治经济学》，《马克思主义与现实》，2018年第2期。

（作者：卫兴华，中国人民大学教授；谭璇，中国人民大学博士生）

宏观经济学

陈享光　李振新

2018年我国宏观经济学研究主要集中在全球化再平衡与我国宏观经济态势、经济增长与高质量发展、宏观经济波动与经济周期问题、财政政策及其宏观效应、货币政策规则与货币政策有效性、开放宏观经济的波动与政策协调等问题上。

一、全球化再平衡与我国宏观经济态势

黄鹏等[①]从经济全球化再平衡的宏观层面出发，利用全球贸易分析模型（GTAP）详细研究了中美贸易摩擦对两国以及全球价值链活动的作用机制和影响效应。研究发现，随着中美贸易摩擦程度的升级和范围的扩大，会对我国宏观经济的负面影响产生叠加效应。然而中美贸易摩擦并不会完全阻断中美贸易联系，在全球价值链的贸易缓冲带作用下，中美贸易联系能够得到间接的维系。最后他们建议，为了避免中美贸易摩擦带来的贸易损失及其对我国宏观经济环境恶化的影响，应当加快内部经济结构调整，加强国内自主产权的保护，探索外资引进机制，通过与欧盟、东盟等国家建立自贸区来避免中美贸易摩擦的负面影响。

李成和汤铎铎[②]认为，我国宏观经济面临新的内外部挑战，其一，我国居民部门已成为最主要的国民财富持有者，但是人均财富规模尚小、结构单一且财富集中度高。其二，资产管理等非传统金融业的膨胀和实体经济的收缩，导致金融体系与实体经济日渐脱离。其三，全球化背景下中美贸易摩擦既有我国货币金融实力不足等需求面的因素，还有来自于高端产业竞争等供给面的因素，中美摩擦并不是单一事件，而是在相当长的时间内具有很大程度的不确定性，不仅在短期内对我国经济造成直接影响，而且影响主要在中长期。他们认为，为了应对我国宏观经济面临的挑战，一方面应当立足长远，保持战略定力，深化供给侧结构性改革，促进科技与产业的融合，发挥金融对实体经济的支持；另一方面，要善于利用需求管理政策，熨平短期经济波动，及时阻隔风险蔓延。

陈彦斌等[③]认为2018年我国宏观经济增速基本保持稳定，就业形势总体向好，物价水平基本稳定。然而面对复杂的国内国际环境，我国经济压力依然较大，根据新常态下我国宏观经济主要面临的风险点，他们建议应当加大财政政策的力度，大规模实施减税降负；继续实施稳健中性的货币政策；加强微观审慎监管和宏观审慎监管的配合；将基础性研发作为产业政策的主要任务，促使产业政策向功能性政策转变；完善居民保障和收入分配释放居民消费需求等政策措施，从而最终推动中国经济迈向高质量发展。

欧阳志刚和彭方平[④]利用供给侧和需求侧的双轮驱动模式分解了我国经济增长的长期趋势和相依周期，并探讨供给层和需求侧的相互影响。研究发现，需求层和供给层共同推动我国当前的经济增长，然而目前我国需求侧趋势和供给侧趋势都处于下行阶段，并且供给侧的下降速度更快，这就说明新常态下我国经济处于下行阶段既有来自于供给侧的因素又有需求侧的因素，但供给侧的原因更为重要。因此他们建议，在我国当前的供给层结构性改革中，长期宏观经济政策应着重于供给层的优化完善，同时要协调使用需求层的短期宏观经济政策，通过两种政策的协调搭配，双轮驱动我国经济长期可持续增长。

二、经济增长与高质量发展

徐现祥等[⑤]利用经典的增长核算方程，将经济增长目标和经济发展质量置于统一的经济学理论框架内进行分析。研究发现，在政府管理当局将要素投入作为主要政策工具时，经济增长目标和经济发展质量是不可兼得的，但是当地方政府转变政策工具，将创新驱动发展作为其主要的政策工具时，经济发展质量和

经济增长目标之间能够相互促进。因此他们认为，由于新时代背景下我国社会的主要矛盾转变为人民日益增长的美好生活需要和不平衡不充分的发展之间的矛盾，如果各级地方政府理性地淡化经济增长速度目标，转而强调经济发展质量目标时，中国经济发展能够具备足够的韧性。因此他们建议，当前我国为应对经济下行压力，推动我国经济迈向高质量发展阶段，要尤其注重转变经济发展模式，坚持创新驱动发展战略，进而实现经济高速增长和高质量发展的双重目标，从而终结“中国经济崩溃论”。

李江龙和徐斌文[⑥]利用 2003-2012 年间我国 275 个地级市的数据，采用非径向方向距离函数构造了城市层面的绿色经济增长率指标，从而对资源丰裕程度与绿色经济增长之间的动态关系进行了考察。研究发现：第一，2003-2012 年期间，平均绿色经济增长率比同期地级市的平均实际经济增长率低 4.3 个百分点，资源节约型和环境友好型进程远远滞后于实际经济增长速度，我国亟需推动经济发展向绿色可持续的方向转型。第二，自然资源丰裕度高的城市面临着更低的绿色经济增长水平，这是因为丰富的自然资源分别通过挤出科技研发投入、挤出对外贸易以及提高第二产业比重等途径降低了地区绿色经济增长能力。因此他们建议，要根据地区资源丰裕水平、经济增长以及环境承载力综合制定合理地发展目标，同时应该以绿色经济增长指标取代传统的 GDP 指标，着力推动资源型城市绿色可持续发展。

张宇[⑦]通过控制地方运输成本的变化，重新测算了地方政府对地区经济的保护程度，然后基于我国收入分权与支出分权错配的角度对地方保护与地区经济增长之间的关系进行了研究。结果发现：第一，在不考虑各地区经济竞争的情况下，地方政府的保护主义行为能够在一定程度上促进本地区的经济增长水平。第二，在考虑到各地区的经济博弈后，本地区的保护行为会与其他地区的地方保护程度之间形成联动，相互强化。由于其他地区的地方保护程度对本地区的经济增长产生负面冲击，因此尽管就单个地方政府来看，地方保护是一种占优策略，但是就社会总体来说，地方政府却陷入了囚徒困境，从而降低了社会总体的经济增长水平。因此他们认为，需要确立多元化的经济发展目标体系，通过税制改革化解地方财政收支权力错配带来的财政收支压力，从而降低地方保护程度，促进社会总体经济增长。

刘晓光等[⑧]将金融深化理论与债务—通缩机制纳入统一的分析框架，提出了杠杆率水平与经济增长之间的非线性假说，然后利用全球 179 个国家 1960-2015 年的面板数据对两者之间的非线性关系进行了实证考察。研究发现：第一，杠杆率变化和经济增长与经济衰退之间存在非线性关系，并且这种关系受到发展阶段和债务类型的影响。第二，杠杆率不仅总体上降低了经济增长率，而且总体上提高了发生经济衰退的概率，杠杆率对经济增长率和经济衰退概率的影响效应均存在着紧缩触发机制和临界值增速，外债杠杆率具有类似作用机制和作用结果，但公共杠杆率的影响效应并不显著。第三，高储蓄率和全要素增长率能够缓解杠杆率对经济增长和经济波动的负面效应。最后他们建议，要加强宏观审慎管理，探寻杠杆率与经济增长动态平衡关系的临界值，建立风险预警安保机制，提高杠杆利用效率，保障杠杆形成有效的资本积累和研发创新，从而推动中国长期经济增长。

高琳和高伟华[⑨]构建了表示辖区间竞争强度含义的空间细碎化指标和规模经济含义的人口规模细碎化指标，在分权竞争的框架下实证考察了辖区细碎对城市长期经济增长的影响。研究发现，第一，竞争效应主要通过第二产业的渠道促进经济增长，并且这种效应随时间而产生改变，依次经历了由强至弱，最后到没有影响的变化过程。第二，人口规模细碎化对规模效应的抑制愈来愈强，进而对城市经济增长产生了明显的阻碍。因此他们认为，不仅应当改变政绩考核的激励模式，而且应该调整现行的行政区划体系，减少行政边界对经济边界的分割，削弱或扭转我国地方竞争的不利影响，从而促使长期经济增长更依赖规模效应。

邵宜航[⑩]等将职业阶层因素纳入包含创新的经济增长模型，考察社会分层结构对经济增长的作用机制，然后利用我国省级面板数据进行了实证检验。研究发现：第一，当创新阶层的社会地位低于与其存在激烈人力资源竞争的其他职业阶层时，会降低社会总体的创新水平，从而阻碍长期经济增长水平。第二，职业阶层差异对创新水平的扭曲程度与创新阶层的创新效率正相关，当存在来自其他阶层的激烈竞争时，创新阶层的创新效率越高，越会抑制长期经济增长水平。第三，职业阶层的社会地位和声望差异会导致创新人才向管理阶层流动，这对经济增长的效应如何取决于管理阶层的选考制度是否会强化阶层地位差异观念，如果选考制度会强化这种差异观念，容易引起优秀人才脱离创新阶层，那么这将不利于长期经济增长。

汪锋等[⑪]将反腐政策纳入到内生经济增长条件收

敛框架中，而后采用我国2000-2014年间的省级面板数据，利用动态面板数据差分GMM方法实证考察反腐对我国经济增长的作用机制，同时定量分析腐败、反腐败政策与我国经济增长之间的关系。研究发现：第一，腐败程度高低显著影响反腐与经济增长的关系。腐败程度较低时，反腐能够促进经济增长，然而当腐败问题十分严重时，反腐才有可能会阻碍经济增长。第二，长期实施高强度反腐能够促进长期经济增长。因此作者认为，不应该片面强调腐败会对经济发展起到“润滑剂”作用，而应该利用反腐行动重构中国经济运行的制度环境，积极探寻反腐促进经济增长的最优路径，从而推动中国经济长期可持续的发展。

三、宏观经济波动与经济周期问题

朱军和许志伟[12]将中央政府和地方政府纳入动态随机一般均衡模型（DSGE）中，进而研究财政分权下的地方性公共投资支出及投资竞争对我国短期宏观经济波动的影响。研究发现：第一，财政分权框架下的多级地方政府模型可以解释约64%的经济波动、47%的投资波动以及62%的消费波动。第二，地方性投资政策能够拉动地区经济增长，同时与其他地区的贸易往来能够对邻近地区产生正向的溢出效应。第三，深度的财政分权对中央政府和地方政府财政支出的短期波动效应存在异质性，明显地提高了地方财政支出的波动，同时降低了中央财政支出的波动，然而从长期来看深度财政分权提高了社会总产出和社会福利水平。因此他们建议，应当根据中央和地方政府的不同财政支出效率，合理确定分权和集权的界限，通过两级政府的政策协调提高财政政策调节宏观经济运行的效率。

赵旭杰和郭庆旺[13]利用动态因子模型将代表我国经济周期变动的因素从各省份的城镇就业人数变动和人均工资变动中进行分离，同时还提取了代表经济周期和省级城镇人数以及人均工资变动的协同性因子，进而从劳动力市场的角度研究我国产业内部结构变动对短期宏观经济波动的作用机制。研究发现：第一产业对我国宏观经济波动作用并不显著，第二、第三产业对我国宏观经济波动具有强烈的非对称影响，第二产业对我国宏观经济波动的影响主要通过制造业渠道产生作用。因此他们认为，应因地制宜地制定各地区的产业结构调整计划，实现地区间的优势互补，同时要在产业结构调整进程中忍耐一定程度的宏观经济波动。最后要实施积极的就业政策，促进农村劳动力向第二和第三产业转移。

梅冬州等[14]构建了一个包含金融加速器效应的DSGE模型，同时依据地方政府对土地出让收入的依赖，将地方政府的土地出让收入和财政支出结构纳入一个统一的分析框架，进而讨论房价变动对经济波动的作用机制。研究发现：外部冲击导致的房价波动，能够引起土地价格波动，进而影响到地方政府的财政收入，由于地方政府对地区经济增长和基础设施投资的偏好，这将会导致地方投资和资产价格的波动，金融加速器进一步将这种价格波动和投资波动放大，从而引起地区经济的剧烈波动。因此他们建议，一方面可以通过提取部分土地出让金，建立土地储备基金，提高地区公共服务水平，进而弱化地方土地财政收入与外部冲击和房价波动的联动性。另一方面提高财产税和土地增值税的税收强度，减弱地方政府对土地财政收入的依赖，从而降低我国宏观经济波动。

潘敏和袁歌骋[15]利用全球97个国家1980-2015年的跨国面板数据，实证考察了金融部门去杠杆对宏观经济波动的影响，同时还进一步检验了金融发展水平和金融结构变迁是否会对金融去杠杆与宏观经济波动之间的关系产生影响。研究结果表明：第一，金融去杠杆会明显增大宏观经济波动。第二，金融结构的变迁和以间接融资为主的金融中介的发展不会对宏观经济波动与去杠杆之间的关系产生明显的作用。第三，以直接融资为主的金融市场的发展会明显地抑制金融去杠杆过程中的宏观经济波动效应。因此他们建议，在金融去杠杆过程中，应该创造有利的宏观经济环境，从而有效发挥金融中介的风险分散功能。

郭念枝和村濑英彰[16]依据微观经济主体的最优化行为构建了动态的宏观经济模型，将1998年之后的中国经济增长率、劳动收入份额的波动以及资本在实体经济和虚拟经济之间的错配等问题进行了整合解释。研究发现，劳动力成本的上升引起储蓄对消费的替代和非生产性资产对生产性资本的替代，当实体经济的利润被挤压到一定限值后，会提高非生产性资产的替代速度，进而严重影响资本积累进程导致经济下行。因此他们认为，应当放松我国当前的人口政策，全面放开计划生育政策，增加劳动力供给，降低劳动力成本为社会的可持续发展提供持久动力。同时要提高实体经济的资本收益，抑制非生产性资本的收益，促使资本更多流向实体经济。

林滨等[17]根据1998—2017年中国工业企业数据实证发现，融资约束在不同效率企业之间的异质性，然后通过构建包含金融摩擦和效率异质性的DSGE模型，研究了金融摩擦和资源错配对我国宏观经济波动和经济产出的影响机制。研究发现：第一，金融摩擦使得高效率企业面临更紧的融资约束，从而导致社会经济资源错配，而社会总体资源错配会降低经济总体的全要素生产率。第二，外生技术冲击既可以通过资源错配导致经济产出波动，还可以通过直接影响全要素生产率进而影响到经济产出波动，而外生金融冲击只能通过资源错配途径影响到经济波动。第三，通过对中国宏观经济数据的参数校准，发现金融摩擦费用的下降能够降低外生技术冲击和外生金融冲击对宏观经济波动的影响。因此他们认为，深化金融体制改革，降低企业融资成本，放松对高效率企业的融资约束，能够提高资源配置效率，从而降低中国宏观经济波动，促进经济长期健康可持续增长。

马文涛和马草原[18]从地方政府对微观个体的担保出发，同时将金融分权、分税制改革以及户籍管理制度等因素纳入考察范围，利用动态多区域的 DSGE 模型分析了地方政府担保对地方债务和地区产出波动的影响。他们建议，要平衡好稳增长与防风险之间的关系，采用灵活的宏观政策调控体系，通过对宏观调控机制的完善，提高政策决策的前瞻性。同时要加快财政体制改革，理顺中央与地方的财权和事权关系，增加政府决策的透明度，打破中央对地方的担保以及地方政府对微观个体的担保。最后要弱化地方政府的 GDP 单维度考核指标体系，构建包含经济增长、创新驱动发展等因素的多元化指标体系。

四、财政政策及其宏观效应

朱军等[19]利用 NK-DSGE 模型将政府债务的应对规则如财政压力、财政整顿等因素纳入到金融系统中，进而讨论政府财政政策的宏观经济效应，最后探讨了政府在既定宏观目标下的最优政策选择问题。研究发现：第一，我国扩张性的财政支出政策的宏观经济效应最为显著，然而政府债务规模的增大却抑制了扩张性财政支出政策的有效性，同时财政空间的缩减效应会传导至金融市场，进而对金融资产的定价机制产生扭曲作用。第二，在不利的金融冲击下，财政整顿能够有效减缓政府债务规模过大的宏观经济影响，从而提升政府财政政策的有效性。第三，“宏观审慎双支柱政策+财政整顿政策”组合的政策效果要优于“宏观审慎双支柱政策+货币政策”组合，为了维持金融体系的稳定，为财政整顿政策预留一定的政策空间很有必要。第四，货币政策应对实体经济冲击的政策效果较好，而宏观审慎双支柱政策应对金融体系冲击的政策效果较好，财政整顿政策、货币政策和宏观审慎政策的协调配合能够减弱经济摩擦对经济的扭曲。因此他们建议，应根据金融市场波动合理制定财政整顿政策，将宏观审慎政策作为首要防线，而货币政策则应退居其次，作为宏观审慎政策的后盾，同时要建立完善财政政策的缓冲机制，为财政政策发挥功能预留空间。

饶晓辉[20]认为财政政策的制定与实施之间存在着时间间隔，微观经济主体可能在财政政策实施前获悉政策讯息，从而可能会对财政政策的有效性产生影响。通过将财政政策讯息冲击纳入动态随机一般均衡模型（DSGE），他考察了我国财政政策的宏观经济效应和政策有效性问题。研究结果表明：第一，政府财政政策的宏观影响与信息结构的差异具有显著的相关性，忽视财政政策的讯息冲击，就会难以捕捉到真实的财政政策效应。第二，就财政政策的讯息冲击总体影响来看，政府购买和劳动所得税的讯息冲击提高了经济总体的产出水平。第三，就财政政策讯息冲击的影响结构来看，政府购买和劳动所得税对产出的影响在政策实施前产生了正向偏离，而资本所得税的讯息冲击却产生了负向偏离。

丛树海和张源欣[21]为了理顺我国财政政策宏观效应的周期性特征，引入了多频谱分析方法，利用极大似然小波分解（MODWT）将序列周期性趋势成分中的扩张效应进行了分离，最后通过时变参数的结构向量回归模型（TVP-SVAR）分析我国的财政预算收支政策和宏观经济波动之间的关系。研究发现：我国财政收支政策的变动与经济周期性趋势是逐渐趋同的，财政政策的实施具有明显的顺周期性，我国经济增长速度的单位变化将会导致财政收入同向变化 0.7 个单位，而财政支出同向变化仅 0.05 个单位，财政预算收入的单位变化引起财政支出同向变化 0.9 个单位以上。最后他们建议，要注重通过财政税收体系结构的完善来提高财政政策宏观调节的有效性，从而减弱财政政策与我国宏观经济波动的顺周期性。同时逐步建立跨年度的财政预算稳定调节基金制度，从而提高动态财政预算平衡的效率。

郭长林[22]通过构建一个包含异质性企业、纵向产业结构和分割劳动力市场的动态随机一般均衡模型（DSGE），分析我国传统的扩张性财政政策对就业的总体影响和结构性影响。研究发现：第一，政府大规模的财政扩张政策会减低民营企业的就业水平，随着财政政策效果的日渐显现，企业总体的就业水平会不断下降。第二，企业的要素禀赋、产业结构和分割劳动力市场的供给弹性是财政政策影响就业水平的主要因素。企业的资本密集性程度越高，企业的就业水平越低；产业间的关联性越高，财政政策对就业的负面效应越大；当劳动力市场的供给弹性很低时，财政政策对就业的影响并无显著影响。因此他们认为，应当提高政府的投资效率，避免重复建设带来资源浪费以及通过逐步降低企业生产成本的方式来促进我国劳动力人口就业水平的提高，从而促进我国长期经济的可持续增长。

张杰等[23]将财政自动稳定器嵌入到动态随机一般均衡模型（DSGE）中，进而分析了生产性财政支出政策、税收支付体系、转移支付体系以及财政稳定政策的集成体系对宏观经济稳定的作用机制和有效性问题。研究发现：第一，比例税的缩减能够熨平经济波动，同时增加社会经济福利水平，税收支付体系具有典型的逆周期特征。第二，转移支付具有类似减税的调节功能，并且转移支付的经济稳定效应要优于减税的政策效果。第三，生产性财政支出政策在短期内的经济稳定效果优于财政自动稳定器，然而就长期经济稳定增长来说，生产性财政支出政策一方面会导致过度投资，另一方面对社会福利水平的提升作用并不显著。第四，财政稳定政策的集成体系在防止通缩上的政策效果要优于单一政策的宏观调节效应。因此他们建议，加强个人所得税税基管理，发挥税收对收入分配的调节，提高居民福利水平；优化转移支付结构，促使支出结构更偏向于民生性领域，从而减低生产性财政支出的比重，促进经济长期增长和社会福利水平的稳步提升。

詹新宇等[24]构建了包含财政预算决策过程（即财政规则）的动态随机一般均衡模型，利用该模型分析理性预期、混合预期以及自适应预期视角下的财政预算决策过程对宏观经济调节的有效性问题。他们发现，政府财政预算决策过程中的预期冲击和“超预算”冲击分别贡献了我国产出波动的23.18%和42.65%，同时政府的扩张性财政政策和“超预算”支出的刺激效果在传统的适应性预期情形下效果最弱，而在混合预期下政策效果明显改善，在理性预期下的财政政策效果最优。因此他们认为，我国传统的基数预算类似于适应性预期，而目前我们正处于“基数+零基”的过渡阶段，由于理性预期下的财政政策效果最为显著，因此为了提升政府宏观调控的有效性，应当充分重视理性预期在财政预算决策过程中的作用，根据既有信息和对未来形势的判断，提升我国财政政策的前瞻性和指引性。

吕冰洋和张凯强[25]将中央政府和地方政府的转移支付的支出偏向纳入宏观理论模型，进而考察政府一般性转移支付、生产性转移支付和民生性转移支付对地方政府税收努力的影响机制，并结合中国工业企业数据和中国县级财政数据对理论模型进行了实证检验。研究发现，转移支付对税收努力的影响存在政府支出偏向效应，当上下级政府对生产性支出比较重视时，一般性转移支付的增加能够减低企业实际税率，生产性专项转移支付的增加会促进地方政府提高地区实际税率，而民生性专项转移支付的影响是不确定性的。然而当上下级政府比较重视民生性支出时，得到的却是相反的结论。

五、货币政策规则与货币政策有效性

金春雨等[26]将货币供应量规则、泰勒规则、前瞻性利率规则纳入到动态随机一般均衡模型（DSGE）中，进而分析不同的货币政策规则是否会导致经济系统存在着唯一的最优均衡解，并讨论了不同货币政策规则下的政策空间、福利损失以及政策目标效果。研究发现：第一，不存在最优的货币政策规则促使经济系统实现唯一的均衡，不同发展阶段的政策目标以及外部宏观状况的改变，都会引起货币政策的变化。第二，货币供应量规则的政策空间最小，而且社会福利损失最大，泰勒规则在维持宏观经济稳定方面具有良好的政策效果，而利率前瞻规则对于刺激经济发展的政策效果较好。因此他们认为，中央银行应该根据不同经济发展阶段的政策目标及外部宏观经济状况适当采取泰勒规则或利率前瞻规则，同时要摒弃货币供应量规则。

庄子罐等[27]将预期货币政策冲击和未预期到的货币政策冲击嵌入动态随机一般均衡模型（DSGE），并结合数量型货币政策规则和价格型货币政策规则，采取贝叶斯估计方法对模型进行参数校准，进而分析了货币政策的宏观经济效应。研究发现：第一，包含预期的货币政策冲击对模型的解释力较强，这表明预期货币政策冲击的宏观经济效应更大，如果忽视预期在货币政策调节中的作用，那么很可能会低估实际的货币政策效果。第二，相比于价格型货币政策，我国当前阶段实施的以数量型调控为主的货币政策的宏观调控效果更为有效和持久。第三，无论预期货币政策冲击还是未预期到的货币政策冲击，价格型调控政策还是数量型调控政策下，货币政策冲击对投资的影响都最为显著，而对通货膨胀影响较小。因此他们建议，应当加强货币政策的预期管理，促使公众形成理性预期，现阶段要以数量型货币政策为主，同时辅以价格型货币政策，通过两者协调使用，提高货币政策的有效性。

战明华等[28]构建了一个包括企业、家庭和商业银行的最优决策一般均衡模型，从而重点分析互联网金融发展如何影响我国货币政策银行信贷渠道的作用机理与作用效果问题。他们发现：第一，互联网金融的发展能够减少金融市场上的融资约束，从而减弱了货币政策的银行信贷传导渠道。第二，互联网金融发展主要通过银行资产负债结构、证券市场的流动性约束以及企业融资结构作用于货币政策的银行信贷渠道。最后的实证结果发现，只有银行的负债结构对货币政策银行信贷渠道产生显著的作用，来自于证券市场和企业融资结构的影响并不显著。因此他们建议，货币政策的调整应当适当关注金融市场结构的变化，同时重点关注互联网金融发展对货币政策的间接性影响。

尚玉皇和郑挺国[29]将利率期限结构信息嵌入到混频动态随机一般均衡模型（DSGE）中，从而分析在我国利率市场化的过程中，国债收益率与宏观经济环境的相互影响机制。研究发现，引入国债收益率的混频 DSGE 模型能够有效辨别我国宏观经济的不确定性现象，比如我国货币政策不稳定情形，并且明显地提高了宏观经济分析的时效性。他们认为中央银行在改善货币政策调控体系、研判未来宏观经济形势时，要充分挖掘国债收益率曲线包含的信息，重视利率期限结构信息对宏观经济分析的重要指引作用。

陈彦斌等[30]构建了含有资产泡沫与高债务特征的动态一般均衡模型，进而对衰退式资产泡沫的形成机制及其治理方式进行了理论研究。研究结果表明：第一，衰退型资产泡沫的形成机制明显有别于传统资产泡沫基于乐观预期和信贷扩张的形成机制，而主要依赖于高负债的实体企业“借旧换新”的滚动负债模式，导致实体经济持续低迷和金融资产膨胀。第二，衰退型资产泡沫与传统资产泡沫形成机制的不同，客观上要求政策应对方式的转变，“稳健偏宽松的货币政策+偏紧的宏观审慎政策”组合的政策效果更优。因此他们建议，抑制衰退型资产泡沫要注重金融稳定和实体领域去杠杆相结合，尤其是实体经济的去杠杆进程更为重要。

张龙和金春雨[31]构建了带有随机波动率特征的时变参数因子扩展向量自回归模型（SV-TVP-FA-VAR），利用多维度经济基本面的 1997 年第一季度到 2016 年第四季度的数据，探讨不同类型货币政策对不同政策目标的脉冲响应以及不同货币政策的政策效果问题。研究发现：第一，数量型货币政策在促进公共经济增长和降低物价水平的政策目标下更为有效，价格型货币政策在促进私人经济发展、提高就业水平以及推动金融市场发展等政策目标下更为有效。第二，为了减弱繁荣时期的经济波动，价格型货币政策在抑制公共经济部门波动以及物价波动方面更有效，而数量型货币政策在熨平产出、就业、私人经济和金融市场的波动方面更有效。因此在当前我国主要政策目标为提升就业水平、发展私营经济以及完善金融市场功能的条件下，最优的政策选择应当是逐渐降低基准存贷款利率，实施量化宽松的价格型货币政策。

高然等[32]运用带有符号约束的 SVAR 模型发现，我国影子银行体系的融资规模变动存在逆周期性，进而他们将商业银行的信贷约束机制嵌入到动态随机一般均衡模型中，从而分析了我国影子银行的逆周期性特征。研究发现：我国影子银行体系的信贷波动主要来自于货币政策冲击与存贷比监管冲击，货币政策冲击通过资本充足率约束以及存贷比监管冲击通过存贷比约束共同导致我国影子银行信贷变动的逆周期性。影子银行体系的发展弱化了商业银行信贷渠道，从而严重降低了央行货币政策有效性。因此，应当加强对影子银行融资行为的监管力度，降低其逆周期性特征，从而在一定程度上提高货币政策的实施效果。

郭豫媚和周璇[33]在适应性学习框架下，将中央银行公共信息和公众私人信息纳入到动态随机一般均衡模型（DSGE），从而试图从适应性学习的角度探究央行沟通能否提高货币政策有效性。研究结果表明，央行的公共信息准确度越高，央行沟通越能降低产出和通货膨胀的波动以及福利损失。当央行的公共信息比公众的私人信息更加准确时，央行沟通能够有效促进公众的适应性学习效率，帮助公众形成理性预期，从而提高货币政策有效性。当央行公共信息的准确度低于私人信息时，央行沟通反而会降低货币政策效果。因此他们认为，我国央行应重视货币政策的事前沟通和事后解释，同时要及时披露央行对未来宏观经济形势以及货币政策走势的判断，从而避免公众误读，提高货币政策有效性。

六、开放宏观经济的波动与政策协调

马勇和王芳[34]将金融变量和金融开放因素纳入新凯恩斯 DSGE 模型，进而研究金融开放、宏观经济波动和金融波动之间的微观作用机制。研究发现，金融开

放能够显著地加大金融市场的内在不稳定性，然而并没有证据表明这会影响到宏观经济的稳定性。金融开放一方面能够有效地推动长期经济增长，但是在金融开放过程中却也会严重损害金融市场的稳定性。因此他们建议，我国在坚持逐步扩大金融开放的基本原则下，要注重完善宏观调节手段，实施积极的宏观调控策略，减弱金融开放对金融体系稳定性的不利冲击，同时要积极探索“货币政策+宏观审慎政策”的双支柱政策框架，协调使用两种宏观调控政策，及时地防范和化解系统性金融风险，从而维持宏观经济的稳定。

彭红枫等[35]将资本管制和外汇市场干预引入开放经济的新凯恩斯动态随机一般均衡模型（DSGE），比较政府实施不同汇率干预程度和资本管制手段下的经济福利变化与政策效果，从而分析不同政策组合的宏观经济效应。研究发现，就经济福利水平评价指标来看，完全浮动汇率制度+资本账户开放的政策组合比固定或有管理浮动汇率制更有效，然而在我国当前有管理浮动汇率制度前提下，盲目地降低对汇率市场的干预强度以及放松资本管制反而会损害社会福利水平。因此他们建议，目前我国有必要协调推动汇率市场化改革和资本账户开放进程，维持一定程度的资本管制对于加快汇率市场化改革、提升居民福利是有益的。

陈创练等[36]构建了涵盖货币政策因素和汇率的新菲利普斯曲线，同时采用 TVP-SVAR 模型，实证分析 1992-2017 年间我国通货膨胀波动的时变原因，同时在时变框架下剖析我国不同时期通货膨胀的实际类型和驱动因素。研究发现：第一，央行通胀目标制的利率政策对于抑制通货膨胀是有效的，以数量调控为主的宽松货币政策阻碍了利率政策的持久性，利率政策的长期作用效果微弱，紧缩的价格型货币政策存在明显的通货膨胀抑制效应，但是抑制作用的实际发挥存在着显著的滞后性。第二，我国的通货膨胀具有典型的财政政策“吸收效应”。因此他们认为，应当配合财政政策对通货膨胀实施分阶段、分步骤的调整，央行在不得不实行价格型货币政策治理通货膨胀问题时，要充分注意到利率在物价调控上存在着两个季度的滞后性。最后要逐渐实施放宽人民币日波动区间等汇率制度改革，提高汇率政策对通胀的作用效果。

魏巍贤和张军令[37]将全球贸易分析模型（GTAP-Dyn）进行了改进，从而构建了多区域动态一般均衡模型，以此探究在不同资本管制程度下人民币汇率变动的宏观经济效应。研究结果表明：第一，人民币汇率变动主要通过贸易价格和汇率变动预期两个渠道对我国资本预期收益率产生作用，从而极易导致资本流动减缓和投资水平降低等不利影响。第二，在一定程度上放松资本管制后，我国增长速度仍在下滑，这说明人民币贬值对出口增长的拉动效应有限，同时资本管制的放松速度与 GDP 的下滑幅度成正比。第三，同等资本管制水平下，人民币升值对 GDP 的正面效应明显高于人民币贬值对 GDP 的负面效应。因此他们建议，在人民币国际化进程中应稳步推进资本账户开放，为避免人民币汇率大起大落的负面效应，短期内有必要加强资本跨境管制，探索使用“适当资本管制+宏观审慎管理+汇率灵活性+货币政策国际协调”的宏观调控政策框架，从而实现维持宏观经济稳定。

陈中飞等[38]搜集了全球 116 个国家 1980-2010 年间的大型跨国面板数据，采用有序 Probit 模型对汇率制度选择的国际经验进行了详细研究，最后对我国 1994-2016 年间的实际汇率制度安排进行了定量评价。研究发现：第一，汇率制度选择的国际经验包含五个方面，即自由浮动或偏浮动的管理浮动、对外汇市场的干预应作为兜底政策、外汇管制渐进开放趋势；外汇管制的透明化、维护外汇管制的立法公正和程序正当。第二，我国汇率制度安排具有如下六个特征，即实际单一盯住美元制、依据人民币汇率中间价指导当日汇率运行、限制汇率的日波幅、主动干预国内人民币汇率和境外远期人民币汇率、外汇干预方式不透明、缺乏规范化的外汇干预决策机制和监管制度。因此他们建议，应当改善人民币汇率中间价管理制度，避免央行的窗口指导措施，稳步取消汇率日波幅限制，增加央行外汇干预政策的透明度，取消经常账户下的交易限制，抓住有利时机稳步推进资本账户开放。

汪勇和李雪松[39]构建了一个包含贸易品与非贸易品部门的小型开放经济动态随机一般均衡模型，同时将“资产负债表衰退”与“金融摩擦”机制嵌入到 DSGE 模型中，进而考察世界范围内的利率冲击对我国异质性企业杠杆率的作用机制和效果。研究发现：第一，世界利率下行冲击提升了人民币的升值压力，进而通过贸易条件和要素成本渠道，导致不同贸易类型企业杠杆率的变动；第二，对外开放程度会明显强化利率冲击对国内企业杠杆率的作用效果，然而外汇管制程度的提高能明显弱化这一作用效果；第三，央行以产出与通胀波动为政策目标时，完全浮动汇率制更为可取，然而如果将非金融企业杠杆率纳入政策目标，则有管理的浮动汇率制更有利于国内宏观经济稳定。

赵茜[⑩]通过构建跨国资产配置模型探究资本账户开放对外汇市场风险的作用机制，同时实证考察了汇率市场化改革与资本账户开放对外汇市场风险的交互效应。研究发现：在经济稳定发展阶段，资本账户开放会引起大量海外资金流入国内，从而推动人民币升值，然而汇率市场化改革的同步推进则能够抑制人民币的升值效应，两者的协调配合能够维持汇率市场的均衡，最终熨平外汇市场波动风险。因此作者建议，在逐渐开放资本账户的过程中，应当避免人民币升值风险的过量集聚，及时化解汇率市场风险，同时汇率市场化改革应适应我国当前经济发展阶段的需要，适时推动汇率市场化进程。

注：

①黄鹏、汪建新、孟雪：《经济全球化再平衡与中美贸易摩擦》，《中国工业经济》，2018 年第 10 期。

②李成、汤铎铎：《居民财富、金融监管与贸易摩擦——2018 年中国宏观经济中期报告》，《经济学动态》，2018 年第 8 期。

③中国人民大学中国宏观经济分析与预测课题组、陈彦斌、陈小亮、刘哲希：《结构性去杠杆下的中国宏观经济——2018 年中期中国宏观经济分析与预测》，《经济理论与经济管理》，2018 年第 8 期。

④欧阳志刚、彭方平：《双轮驱动下中国经济增长的共同趋势与相依周期》，《经济研究》，2018 年第 4 期。

⑤徐现祥、李书娟、王贤彬、毕青苗：《中国经济增长目标的选择：以高质量发展终结“崩溃论”》，《世界经济》，2018 年第 10 期。

⑥李江龙、徐斌：《“诅咒”还是“福音”：资源丰裕程度如何影响中国绿色经济增长?》，《经济研究》，2018 年第 9 期。

⑦张宇：《地方保护与经济增长的囚徒困境》，《世界经济》，2018 年第 3 期。

⑧刘晓光、刘元春、王健：《杠杆率、经济增长与衰退》，《中国社会科学》，2018 年第 6 期。

⑨高琳、高伟华：《竞争效应抑或规模效应——辖区细碎对城市长期经济增长的影响》，《管理世界》，2018 年第 12 期。

⑩邵宜航、张朝阳、刘雅南、刘霞辉：《社会分层结构与创新驱动的经济增长》，《经济研究》，2018 年第 5 期。

⑪汪锋、姚树洁、曲光俊：《反腐促进经济可持续稳定增长的理论机制》，《经济研究》，2018 年第 1 期。

⑫朱军、许志伟：《财政分权、地区间竞争与中国经济波动》，《经济研究》，2018 年第 1 期。

⑬赵旭杰、郭庆旺：《产业结构变动与经济周期波动——基于劳动力市场视角的分析与检验》，《管理世界》，2018 年第 3 期。

⑭梅冬州、崔小勇、吴娱：《房价变动、土地财政与中国经济波动》，《经济研究》，2018 年第 1 期。

⑮潘敏、袁歌骋：《金融去杠杆对经济增长和经济波动的影响》，《财贸经济》，2018 年第 6 期。

⑯郭念枝、村濑英彰：《劳动力成本上升、资产泡沫与中国经济波动》，《经济学(季刊)》，2018 年第 3 期。

⑰林滨、王弟海、陈诗一：《企业效率异质性、金融摩擦的资源再分配机制与经济波动》，《金融研究》，2018 年第 8 期。

⑱马文涛、马草原：《政府担保的介入、稳增长的约束与地方政府债务的膨胀陷阱》，《经济研究》，2018 年第 5 期。

⑲朱军、李建强、张淑翠：《财政整顿、“双支柱”政策与最优政策选择》，《中国工业经济》，2018 年第 8 期。

⑳饶晓辉：《财政政策、讯息冲击与中国宏观经济波动》，《经济科学》，2018 年第 6 期。

㉑丛树海、张源欣：《财政政策的顺周期实施效应特征与基本成因》，《财贸经济》，2018 年第 6 期。

㉒郭长林：《财政政策扩张、异质性企业与中国城镇就业》，《经济研究》，2018 年第 5 期。

㉓张杰、庞瑞芝、邓忠奇：《财政自动稳定器有效性测定：来自中国的证据》，《世界经济》，2018 年第 5 期。

㉔詹新宇、许志伟、刘建丰：《预算规则下的财政政策宏观效应——基于多种预期情形下的模拟分析》，《财贸经济》，2018 年第 12 期。

㉕吕冰洋、张凯强：《转移支付和税收努力：政府支出偏向的影响》，《世界经济》，2018 年第 7 期。

㉖金春雨、张龙、贾鹏飞：《货币政策规则、政策空间与政策效果》，《经济研究》，2018 年第 7 期。

㉗庄子罐、贾红静、刘鼎铭：《货币政策的宏观经济效应研究：预期与未预期冲击视角》，《中国工业经济》，2018 年第 7 期。

㉘战明华、张成瑞、沈娟：《互联网金融发展与货币政策的银行信贷渠道传导》，《经济研究》，2018年第4期。

㉙尚玉皇、郑挺国：《基准收益率曲线与宏观经济：基于混频DSGE模型的研究》，《经济研究》，2018年第6期。

㉚陈彦斌、刘哲希、陈伟泽：《经济增速放缓下的资产泡沫研究——基于含有高债务特征的动态一般均衡模型》，《经济研究》，2018年第10期。

㉛张龙、金春雨：《数量型和价格型货币政策工具的有效性对比研究》，《中国工业经济》，2018年第1期。

㉜高然、陈忱、曾辉、龚六堂：《信贷约束、影子银行与货币政策传导》，《经济研究》，2018年第12期。

㉝郭豫媚、周璇：《央行沟通、适应性学习和货币政策有效性》，《经济研究》，2018年第4期。

㉞马勇、王芳：《金融开放、经济波动与金融波动》，《世界经济》，2018年第2期。

㉟彭红枫、肖祖沔、祝小全：《汇率市场化与资本账户开放的路径选择》，《世界经济》，2018年第8期。

㊱陈创练、龙晓旋、姚树洁：《货币政策、汇率波动与通货膨胀的时变成因分析》，《世界经济》，2018年第4期。

㊲魏巍贤、张军令：《人民币汇率变动、跨境资本流动与资本管制——基于多国一般均衡模型的分析》，《国际金融研究》，2018年第10期。

㊳陈中飞、王曦、刘宛昆：《人民币汇率制度改革：基于国际规律的视角》，《国际金融研究》，2018年第12期。

㊴汪勇、李雪松：《世界利率冲击、人民币汇率与企业杠杆率》，《国际金融研究》，2018年第11期。

㊵赵茜：《资本账户开放、汇率市场化改革与外汇市场风险——基于外汇市场压力视角的理论与实证研究》，《国际金融研究》，2018年第7期。

（作者：陈享光，中国人民大学教授；
李振新，中国人民大学博士生）

微观经济学

陈享光 朱仁泽

2018年微观经济学研究主要集中在消费结构、企业融投资、企业创新理论与实践、企业价值、人口结构与政策等问题的研究上。

一、消费结构问题研究

吴昭月与吴柏钧[①]认为“三权分离”有助于提高农业生产效率，增加农民收入。“三权分离”有助于创新农村商贸流通业态；有助于新消费主体兴起；有助于消费需求多元化。随着经济水平的提高和对未来收入的预期，他们逐步转变大件商品集中消费的方式，开始提高消费的档次，注重商品的质量和品牌，消费水平逐步提升，促使农村消费对价格和质量的认识逐渐合理化。

赵周华[②]实证分析了少子化与老龄化对农村消费结构的影响。他认为少子化对农村居民食品消费、交通通讯消费、文化教育娱乐消费、医疗保健消费的影响是正向的，而对农村居民的衣着消费、居住消费、家庭设备消费影响是负向的；老龄化对农村居民食品消费、衣着消费、医疗保健消费的影响是正向的，对居住消费、家庭设备消费、交通通讯消费、教育文化和娱乐消费的影响是负向的；少子化和老龄化对农村居民食品消费、医疗保健消费有正向影响的协同效应，对居住消费、家庭设备消费有负向影响的协同效应。

杨进和罗筱梅[③]用2011——2017年我国商贸流通业及城乡居民消费的相关数据，利用主成分分析法和泰尔指数实证研究了商贸流通业发展对城乡居民消费结构的影响。他们发现商贸流通业发展显著降低了城乡居民消费结构差距，并有效促进了交通通信和衣着项目的消费升级。

袁野等[④]总结了数字经济时代我国信息消费升级特征。他们从产品、载体、用户、环境四个方面进行总结。首先是消费产品的数字化（有数据表明，2017年在我国种类繁多的手机业务中非话费消费的比例已经超过70%）、海量化、全覆盖化、智能化；其次是信息消费载体的智能化、泛在化（平板电脑异军突起，可穿戴设备不断发展）；再次是信息消费用户的普及化、消费时间碎片化、理念升级化、90后新主体崛起；最后是信息消费环境的共建共享化与消费信息资源的风险化。

王林生[5]认为“互联网+”时代社会消费的结构与形式正发生重大变革。其中，电商平台消费模式、“线上+线下”一体化消费模式、垂直传播消费模式、IP产业和IP消费模式、网络直播消费模式、众筹消费模式、文惠卡消费模式等是较为流行的消费模式。随着互联网文化消费在各个领域彰显出的巨大影响力，巨量的互联网文化消费潜力正在被日益培育和挖掘，并且日渐呈现出日常生活化、跨界融合、空间拓展、界限消弭等趋势。

王巧巧等[6]基于“中国家庭金融调查”（CHFS）数据，考察了信用卡支付对消费水平和消费结构的影响。他们发现，信用卡支付显著提高了总消费支出；促进享受型消费支出比重和发展型消费支出比重，进而产生消费结构升级效应。

刘晓喆等[7]认为消费升级与时尚产业的发展是相互促进的关系。他们认为在制定时尚产业政策时，需注重突出资源禀赋、比较优势以及产业特色，注重营造良好的产业发展环境。

樊继达[8]认为阻碍居民消费升级的因素有：1. 供给侧服务业发展滞后使消费产品供给较为单一、消费结构层次较低，这些因素严重制约了消费需求的总量扩大和新消费热点的结构提升；2. 居民收入增长缓慢，使得消费倾向较高的低收入者因消费能力不足而导致宏观消费总需求不足；3. 公共服务供给相对不足抑制居民的消费预期，如教育、医疗、住房保障等；4. 市场信用与消费监管机制不完善引致消费安全问题；5. 居民消费的体制机制有待完善。

二、企业融投资问题研究

刘家树与刘紫舒[9]考察了产学研在企业债权融资的作用。他们基于2010——2016年上市公司的数据，发现企业进行产学研合作能够缓解银行与企业间关于融资的信息不对称问题；对于长期贷款，产学研合作对企业融资促进作用并不明显。

才国伟等[10]发现企业投资依照企业融资和风险管理——企业投资逻辑传导。他们以2003——2013年中国A股上市公司的季度数据和中国31个省市自治区官员变动率数据为样本，发现政策不确定性对企业的债权融资影响为负，而对企业的股权融资不显著。当企业的融资可获得性较大时，政策的不确定性对企业的投资影响不显著。反之，则显著。

樊勇与赵金梅[11]考察企业声誉和政治关系对民营中小企业融资的影响。他们发现在中小企业不同的发展阶段，企业声誉和政治关系对于中小企业的融资作用是不同的。当企业处于发展初期，企业声誉对于企业的融资作用较大；随着企业进一步发展，政治关系的地位越发重要。

徐晓俊与殷明[12]考察了上升的劳动力成本对商贸企业的融资影响。他们以2013——2017年我国上市商贸流通企业为样本，研究了劳动力成本上升对商贸流通企业债务融资的影响。研究发现，劳动力成本的增加会导致企业长期借款的增加，同时也会降低商贸流通企业债务融资水平。

罗雅兰[13]认为现有的风险计量过程中较多依靠个人市场经验及风险偏好设置具有主观性因素较多；而商业银行开发大数据技术具有人才和技术优势、政策优势、数据优势和客户资源优势，是推动大数据技术下风险计量手段进步的重要力量。

邹丽华[14]针对我国大中型民营企业的融资脆弱性进行分析。作者认为，本轮出现流动性危机的涉事民企多为盈利能力和经营规模靠前的大中型民营企业，这些企业的融资困难主要在于前期过度扩张、商业银行风险偏好下降以及融资渠道多元化下流动性风险的跨市场传染。作者建议：多措并举，纾解民企股票质押融资困境；地方政府出面协调向有前景、有市场、有技术但暂时出现流动性困难的民营企业提供融资支持，并建立辖区内重要企业的债务风险预警与处置机制；探索建立金融机构风险分担机制。

孙树强与张新宜[15]认为我国金融领域最主要的矛盾是“宽货币，紧信用”，2018年我国央行通过降准向商业银行释放的流通性约2.15万亿元，但是，这些流通性对于实体经济的支持较为紧张。民营企业的信用状况尤为严峻：银行融资不容乐观；债券融资违约频发；境外融资难度提高；股市和非标融资较难依赖。

闫真宇与邓舒仁[16]以浙江省为例概括了小微企业融资难的原因：1. 企业自身存活率低导致其融资可获得性偏低；2. 金融机构偏好“大企业、大项目”，对小微企业缺乏兴趣；3. 对小微企业的扶持政策尚未落地。他们认为，破解小微企业融资难问题，要着力解决金融机构理念和制度、信息不对称、抵押担保、融资渠道、收益和风险不匹配、小微企业自身、政策支持等问题。

三、企业创新理论与实践问题研究

孔东民等[17]基于微观企业层面，考察了房地产价格与企业创新之间的影响。他们发现，对于高人力资本的企业，房地产价格的上涨导致员工流失率增加，从而抑制了企业创新。

毕金玲等[18]运用倾向得分匹配方法和双重差分模型，研究定向增发对企业创新的影响。他们发现，由于定向增发能够纾解企业的融资困境，进而可以促进企业的创新；而且，这种现象对于非国有公司以及中小板及创业板公司中效果更加明显。

申通远和朱玉杰[19]利用2010——2017年专利和论文的公开数据，通过回归分析，研究企业专利、论文产出与合作对利润率、资产收益率与销售增长率等绩效指标的影响，发现创新合作在短期内降低了企业绩效，在长期则对绩效有更积极的影响。

张根文等[20]评估了新《环境保护法》对企业创新活动的影响研究发现：新法的实施对重污染企业创新活动有负面影响，对中央控股和地方控股企业的创新活动影响显著，但对民营上市公司的影响并不显著；政府补贴的加入能够弱化新法对创新活动的负面影响。

王立勇和范薇[21]运用倾向得分匹配法研究双向贸易对企业的创新影响。研究发现，双向贸易更有利于促进企业创新，对机械电子类企业的影响程度最大。对于一般贸易、加工贸易和混合贸易的贸易类型，双向贸易企业均优于单向贸易企业。

张文菲和金祥义[22]考察了信息披露对企业创新的影响。研究发现，信息披露减少了企业与投资者之间的信息不对称有利于得到银行和投资者的信任，以较低成本获得资金支持，降低企业的融资成本，使企业有更充足的资金支持日常经营和创新活动；并且，信息披露质量越高，其对创新的促进作用越大。相对于国企，信息披露对非国企的创新更加显著，原因在于：国有企业获得更多的政策支持，受到的资金约束较小，因此其信息披露对创新的影响不显著，但是私企面临着剧烈的竞争压力，只有不断创新才能形成自身竞争优势.

王永钦等[23]探讨了僵尸企业对于正常企业创新的挤出效应。研究发现僵尸企业通过加剧资源约束、扭曲信贷配置和损害行业公平竞争降低了同行业的正常企业的专利申请和全要素生产率。基于中国专利申请数据和工业企业数据库的生产数据，经测算得出，行业内僵尸企业占比每提高1%，正常企业的专利申请总数降低1%，发明型专利申请总数降低0.5%，全要素生产率降低2.41%。

王小霞等[24]考察了最低工资对企业创新的影响。他们认为地方政府上调最低工资标准能够直接通过要素替代、创造性破坏、效率工资以及需求创造等渠道刺激制造业企业加快技术创新；另一方面，最低工资标准的不断提高，会淘汰掉行业内部分低附加值、低生产率的企业，从而倒逼企业在现有产能的基础上寻求技术创新，提高生产效率，即最低工资上升会间接地带来产业升级效应。实证结果也证实最低工资对企业创新的正向刺激。

四、公司价值问题研究

曾志远等[25]采用了2009——2017年中国非金融类上市公司的数据检验了基金持股对公司价值的影响。他们发现，基金持股比例的增加显著地提升了上市公司价值，而且这种促进作用随着控股股东持股比例的上升而上升。这种促进作用只在非国有公司表现显著。他们认为我国基金持股的增加对于公司价值的提升作用在于约束了控股股东的侵占行为；而在发达国家，基金持股的增加对于公司价值的提升作用在于加强了对公司管理层的监督。

吴勇等[26]以2007-2015年我国沪深两市A股上市公司的数据为样本，采用倾向得分匹配方法研究董事责任保险购买决策对公司价值的影响。他们发现，购买董事责任保险可以显著提升公司价值。但是，吴勇等认为由于我国尚未对公司责任保险的披露作出统一规范，相关数据还不完善，因此他们对于购买董事责任险显著提升公司价值的必然性持谨慎态度。

许荣与常嘉路[27]以我国上市公司为样本，实证检验了发行公司债对公司价值的影响。他们认为，发行公司债不仅可缓解公司的融资约束而且可以显著降低由代理成本引发的非效率投资，进而提升公司的市场价值。

潘怡麟等[28]通过构建反映集团公司集权程度的指标——职工薪酬集中度，以2007——2015年沪深两市A股上市企业集团为样本，指出集团企业集权程度越高，其资源管理效率越高，过度投资也越多进而损害了公司价值。在高成长性的行业中，集权管理显著地损害了公司价值。

王帅与曾建光[29]基于手工收集的2003——2014年有关上市公司负面传闻的澄清公告数据，采用PSM方法对样本进行配对，实证检验上市公司对股市传闻的澄清行为对公司价值的影响。他们发现，上市公司发布的澄清公示能够显著提升公司价值，这一效果对于治理较差的上市公司更加明显。

涂红与郑淏[30]考察了企业的社会责任对公司价值的影响。企业承担社会责任一方面会产生成本，造成企业经济利益的流出；另一方面也能够为企业建立良好声誉，使企业在与利益相关者交往过程中间接地降低成本，增加销售收入，提升企业价值。企业承担社会责任长期看能够增加企业价值，尤其是对于非国有控股企业以及对于规模越小、负债水平越高、盈利水平越高、轻资产行业的企业同样适用。

姚成[31]考察了人力资本的质量与研发行为对于公司价值的影响。他以金融危机以后的 2013——2015 年的数据为基础，覆盖了半导体、电机机械、通信网络、计算机及周边、化工、生技医疗、汽车七个行业的 1230 家公司。研究发现，员工硕士以上学历比例对公司价值有显著正向影响，研发密集度、研发强度、创新速度对公司价值均有显著正向影响。

王秦与朱建明[32]考察了信息安全对于公司价值的影响。他们选取 2010—2016 年中国发生的信息安全事件作为研究对象，使用事件研究法分析了当事公司异常收益率的变化情况。他们发现信息安全对于当事公司的负面影响集中发生于当天以及第三天，且具有不断扩大的趋势。对此，他们认为公司在加大信息安全投入的同时还须及时做到信息披露以减轻负面影响。

五、人口结构与政策问题研究

李建伟和周灵灵[33]认为自新中国成立以来我国的人口政策经历了由鼓励到限制再到鼓励生育的转变。我国的人口结构呈现少子化与老龄化并存、劳动人口年龄趋于下降的特征。他们认为我国将于 2023 年前后达到人口规模的峰值。

蓝嘉俊等[34]发现家庭内老年人口占比的上升会降低金融市场参与以及风险资产配置比重，而少儿人口占比的上升会提高金融市场参与以及风险资产配置比重。他们认为，成年个体将抚养子女视为一种“投资”行为，他们为了给子女创造良好的环境更愿意奋斗和承担风险；相反，赡养老人是一种“回报”行为，这使成年个体更不愿意承担风险而选择较稳定的工作。他们认为这种影响更多地体现在高收入以及城市地区的家庭而对东、中西部地区的影响无显著差异。

林雷和刘黎明[35]基于北京现状，指出在机构养老方面养老服务存在着供不应求的情况；在社区养老方面，存在着专业化水平低、资金短缺等问题；而居家养老的覆盖范围小，有待进一步规范。他们认为，在着力解决这些养老服务问题的同时还需要适当提高退休年龄。

杨建海等[36]认为政府保障不足、家庭养老弱化、土地保障下降等约束是农村养老困境的原因。他们认为农村养老需以多支柱资源供给为基础。包括建立非缴费性养老金、优化个人账户养老金、创新土地养老机制。

何文炯[37]总结了我国养老保险的成就。我国的养老保险的性质由福利型转变为缴费为主的保险型，覆盖范围由职工扩大到全体国民。但是，他也指出我国当前养老保险的弊端。养老保险制度和政策“各自为政”；多层次的养老保险体系尚未完全成型；养老保险治理落后。作者认为，养老保险作为重大的民生保障制度安排，必然需要加快走向定型，以为社会成员提供更加公平、可靠、有效的老年收入保障。

董克用[38]认为，在我国人口老龄化风险加剧的背景下，养老金体系面临着长期的供需矛盾，最突出的挑战是养老金体系的不平衡，基本养老保险制度一支独大，补充养老金制度进展缓慢。任何单一的养老金体系都难以应对人口老龄化带来的挑战，必须构建符合我国国情的多支柱养老金体系。

李军[39]认为现行的养老金制度主要依赖劳动收入。在劳动收入占总收入难以提高的大趋势下，现行的养老金制度难以维系。他认为这种按照劳动要素贡献的制度设计须要转变为以全要素贡献的养老金来源制度为基础。

方先明等[40]研究了生育政策对养老保险待遇的影响。他们认为，“二孩政策”在短时期能缓解养老保险不充足的困境，而在长期鉴于生育理念的变化，“二孩政策”的作用有限。此外，他们发现养老保险最优替代率与资本收入份额、主观贴现率和社会贴现率呈现正相关关系，与流动性偏好和存活率表现为负相关关系。对此，方先明等认为政府在加大“二孩政策”实施力度的同时还需提高居民工资收入。

注：

①吴昭月、吴柏钧：《“两权分离”到“三权分离”——我国农村消费的新变革》，《商业经济研究》，2018 年第 10 期。

②赵周华：《少子化、老龄化与农村居民消费结构：理论分析与实证检验》，《兰州财经大学学报》，2018 年第 6 期。

③杨进、罗筱梅：《商贸流通业发展对城乡居民消费结构的影响——基于消费升级视角》，《商业经

济研究》，2018 年第 24 期。

④袁野、蒋婷、万晓榆：《数字经济时代我国信息消费升级特征》，《中国电信业》，2018 年第 12 期。

⑤王林生：《互联网文化消费的模式创新及发展趋势》，《深圳大学学报》（人文社会科学版），2018 年第 6 期。

⑥王巧巧、容玲、傅联英：《信用卡支付对消费结构的影响研究：消费升级还是消费降级?》，《上海金融》，2018 年第 11 期。

⑦刘晓喆、熊兴、纪怡：《消费升级与时尚产业发展研究》，《价格理论与实践》，2018 年第 6 期。

⑧樊继达：《新时代居民扩大消费的梗阻及疏解》，《人民论坛·学术前沿》，2019 年第 2 期。

⑨刘家树、刘紫舒：《产学研合作在企业贷款融资中的信号作用——基于上市公司数据实证分析》，《软科学》，2018 年第 10 期。

⑩才国伟、吴华强、徐信忠：《政策不确定性对公司投融资行为的影响研究》，《金融研究》，2018 年第 3 期。

⑪樊勇、赵金梅：《企业声誉、政治关系与民营中小企业融资可得性》，《社会科学家》，2018 年第 12 期。

⑫徐晓俊、殷明：《劳动力成本上升对商贸流通企业融资影响的实证研究》，《商业经济研究》，2018 年第 24 期。

⑬罗雅兰：《大数据技术下我国商贸流通企业融资风险计量分析——基于商业银行视角》，《商业经济研究》，2018 年第 19 期。

⑭邹丽华：《大中型民营企业融资脆弱性问题分析》，《上海金融》，2018 年第 12 期。

⑮孙树强、张新宜：《宽货币、紧信用背后的逻辑及民营企业融资问题浅析》，《清华金融评论》，2018 年第 12 期。

⑯闫真宇、邓舒仁：《小微企业融资模式、存在问题及建议——以浙江为例》，《浙江金融》，2018 年第 12 期。

⑰孔东民、徐东钰、张健：《地区房价与企业创新：人力资本流失还是企业投机》，《金融学季刊》，2018 年第 4 期。

⑱毕金玲、蒋睿、杨雨婷：《定向增发能促进企业创新吗？——来自中国上市公司的经验证据》，《投资研究》，2018 年第 12 期。

⑲申通远、朱玉杰：《企业创新产出与合作特征对绩效的影响》，《投资研究》，2018 年第 12 期。

⑳张根文、邱硕、张王飞：《强化环境规制影响企业研发创新吗——基于新《环境保护法》实施的实证分析》，《广东财经大学学报》，2018 年第 6 期。

㉑王立勇、范薇：《双向贸易更有利于促进企业创新吗?》，《中央财经大学学报》，2018 年第 12 期。

㉒张文菲、金祥义：《信息披露如何影响企业创新：事实与机制——基于深交所上市公司微观数据分析》，《世界经济文汇》，2018 年第 6 期。

㉓王永钦、李蔚、戴芸：《僵尸企业如何影响了企业创新？——来自中国工业企业的证据》，《经济研究》，2018 年第 11 期。

㉔王小霞、蒋殿春、李磊：《最低工资上升会倒逼制造业企业转型升级吗？——基于专利申请数据的经验分析》，《财经研究》，2018 年第 12 期。

㉕曾志远、蔡东玲、武小凯：《“监督管理层”还是“约束大股东”？基金持股对中国上市公司价值的影响》，《金融研究》，2018 年第 12 期。

㉖吴勇、李倩、朱卫东：《董事责任保险能否提升公司价值？——基于公司治理视角的研究》，《中国管理科学》，2018 年第 4 期。

㉗许荣、常嘉路：《公司债发行对公司价值的影响路径研究》，《金融监管研究》，2018 年第 9 期。

㉘潘怡麟、朱凯、陈信元：《决策权配置与公司价值——基于企业集团的经验证据》，《管理世界》，2018 年第 12 期。

㉙王帅、曾建光：《声誉机制、传闻澄清与公司价值》，《中国会计评论》，2018 年第 3 期。

㉚涂红、郑淏：《企业社会责任、所有制与公司价值》，《南开学报》（哲学社会科学版），2018 年第 6 期。

㉛姚成：《人力资本投入、公司价值与研发行为》，《财会通讯》，2018 年第 3 期。

㉜王秦、朱建明：《信息安全事件对公司价值的影响》，《技术经济》，2018 年第 2 期。

㉝李建伟、周灵灵：《中国人口政策与人口结构及其未来发展趋势》，《经济学动态》，2018 年第 12 期。

㉞蓝嘉俊、杜鹏程、吴泓苇：《家庭人口结构与风险资产选择——基于 2013 年 CHFS 的实证研究》，《国际金融研究》，2018 年第 11 期。

㉟林雷、刘黎明：《北京市老年人口结构与养老模式研究》，《社会保障研究》，2018 年第 1 期。

㊱杨建海、王梦娟、赵莉：《农村养老资源的多支柱供给研究》，《学习与实践》，2018 年第 9 期。

㊲何文炯：《改革开放 40 年：中国养老保险回顾与展望》，《教学与研究》，2018 年第 11 期。

㊳董克用：《我国养老金体系的发展历程、现状与改革路径》，《人民论坛·学术前沿》，2018 年第 22 期。

㊴李军：《现行养老金制度系统性缺陷亟需纠偏——建立基于全要素贡献的养老金来源机制》，《探索与争鸣》，2018 年第 3 期。

㊵方先明、赵泽君、孙瑾瑜：《生育政策对养老保险待遇充足性的影响研究》，《中国经济问题》，2018 年第 5 期。

（作者：陈享光，中国人民大学教授；
朱仁泽，中国人民大学博士生）

国际经济学

卫兴华　张满闯

2018 年，学界对中国国际经济热点问题进行了广泛的讨论。本文对中国国际贸易基本情况、“逆全球化”的现象及原因、国际资本流动、对外开放与产业转型升级的关系、扩大开放与经济安全的关系、对按比较优势参与国际分工的不同见解、“一带一路”倡议的意义、首届中国国际进口博览会的意义等问题的研讨进展进行了综述。

一、关于国际贸易基本情况的研讨

国际货币基金组织 2018 年 10 月发布《世界经济展望》报告，将全年的增长率预测值下调至 3.7%，全球经济面临下行风险，贸易保护主义与单边主义抬头。经济的减速及一些新兴经济体政治风险的显现又引起金融的收紧，导致金融市场波动。

安惠侯认为，国际力量对比将延续“东升西降”“南升北降”的趋势，冲击美国独霸的国际格局。新兴市场国家与发展中国家的地位上升，必然会改变世界秩序、重塑全球治理体系。美国不甘心其地位下降，推动“美国优先”、挑起对华贸易摩擦，将破坏世界经济秩序，加重其孤立，中国应沉着应对。①

张旭东、韩洁、王希认为，2018 年中国经济外部环境面临的不确定性增加。我国经济总体平稳，贸易摩擦对我国整体的出口和经济增长影响是可控的。中国对新兴市场和发展中国家以及“一带一路”沿线国家的贸易份额有所扩大，同时我国外贸依存度下降，内需发挥的作用有所增强，经济模式向内需拉动型转型。中国经济面对种种变局，能够变中取胜。②

洪俊杰、商辉认为，中国经过 40 多年的开放型发展，逐渐从世界经济的边缘移向枢纽，在世界经济中的比重越来越高，从注重出口到力求进出口平衡，从吸引外资走向双向开放。但我国经济总体上仍处于价值链的低端，出口产品中简单产品占比很高，还存在缺乏国际规则制定权、全球贸易关键环节与核心技术仍受制于人等问题。中国外部经济环境的恶化给我们敲响了警钟，要求我们必须抓紧时间掌握核心技术，努力提高经济自主性。③

刘卫平认为，美国等发达国家与主要出口国家内部经济持续失衡，使现行国际经济体系极不稳定。发达国家一旦遭遇危机，便会求助贸易保护主义措施，向中国等顺差国转嫁危机。中国经济经过多年的高速发展，在全球经济体系中的影响力逐渐增强，当前美国等国家经济疲软，中国面临的压力也随之增大。国际分工体系的变化给中国产业升级带来巨大的压力，全球主权国家债务危机导致需求降低与热钱对中国金融系统的冲击，大宗商品价格持续上涨增加中国的通胀压力。面临挑战，中国要认真考虑加快经济发展方式转变，加强与非洲、中亚等国的国际合作的战略。④

二、关于“逆全球化”的现象及原因的讨论

2018 年，学界对美国挑起贸易摩擦的真实原因与中国的对策进行了研讨，并探讨了本轮“逆全球化”现象的深层次原因。

（一）中美贸易摩擦与对策的讨论

简新华认为，美国政府挑起和升级中美贸易摩擦的原因并不是贸易赤字的扩大，而是因为中国“威胁”了美国的独霸地位，对此要有清醒的认识。美国对中国无端指责只是为了给它的贸易摩擦行动一个借口，其真正目的是迫使中国放弃社会主义现代化，将中国锁定到全球价值链的低端。对市场进行干预与宏观调控是市场健康发展的内在要求，美国自身也对市

场进行干预与调控，它对中国的指责是双重标准。有差别的关税规则是 WTO 对发展中国家的合理保护，美国不能因为其实力下降就随意修改规则。[⑤]

谢地、张巩回顾了自中美建交以来美国对华贸易政策的变化过程，提出贸易摩擦的根源是生产过剩。驳斥了美国政府对中国政府正常的市场干预的指责，指出美国政府本身就对中美的正常贸易加以干预与审查，我国的社会主义性质也要求政府以社会公平为目标，对经济进行调节，对资源进行合理配置。美国挑起贸易摩擦对解决其国内的生产过剩与就业问题没有帮助。[⑥]

彭波认为，中国多年来就是反倾销、反补贴的最大调查对象。全球贸易环境恶化最大受害者就是中国。当前贸易保护主义盛行的一个原因是重商主义与自由贸易理论中隐含的支持贸易保护主义的结论。只有从全球价值链理论出发，准确判断一国从外贸获取的真正利益，才能打破贸易保护主义的迷思。中国发展到现阶段，应放弃出口导向的发展模式，增加居民消费，以减少贸易摩擦，推动产业升级，维持国际贸易体系的稳定。[⑦]

余振、周冰惠、谢旭斌等人认为，全球贸易链的地位和利益的争夺是贸易摩擦的主因，一国在全球价值链的攀升与参与度的增大分别对贸易摩擦呈现竞争与融合两种效应。随着中国经济的转型，出口的高附加值产品比例逐渐扩大，两种效应也在中美贸易摩擦中有所体现：竞争效应使中美贸易摩擦增多，融合效应使贸易摩擦持续的时间缩短。[⑧]

黄卫平提出，我们要以更开放的姿态来面对当前中美的贸易困境，要坚持在 WTO 框架内与美国谈判。在开放的过程中要注意安全，谨防重蹈苏联、日本、阿根廷等国的覆辙。美国挑起对华贸易摩擦的依据是被夸大的贸易逆差与过低的标准，但贸易顺差使中国资源向美国流出，换回来的却是“白条”式的美国国债，存在对中国不利之处。中美贸易摩擦中，金融方面是美国独霸，我国无法与之抗衡。中国经济对外依存度随着中国经济发展而提升，要求我们在对外开放过程中要考虑对方利益，努力实现双赢的结果。[⑨]

（二）关于“逆全球化”原因的讨论

佟家栋、刘程分析了历史上的两次“逆全球化”过程。指出人们在全球化中获利悬殊的事实是“逆全球化”的原因，“逆全球化”的力量随着一个经济体的不平等程度提高而加深。第二轮全球化使资本的利益诉求在全球得到实现，但全球价值链的转移使发达国家劳动者的利益受到损害，贸易保护主义则维护了这些人的利益，得到人们的拥护。美国“逆全球化”的目的是期望建立更能保护其利益的新秩序，我们正处在第二次“逆全球化”浪潮之中。[⑩]

杨圣明、王茜归纳总结了马克思的世界市场理论，并用其分析了当前的“逆全球化”现象，将其与全球经济危机相联系。发展中国家和发达国家在全球经济体系中地位悬殊，这种不合理的国际经济旧秩序是造成全球经济失衡的原因。资本主义国家在发展的不同阶段利用不同的贸易政策来维护资产阶级的利益。“逆全球化”无法解决危机带来的一系列问题，只有构建互利共赢的国际新秩序才是正确的选择。[⑪]

栾文莲认为，经济全球化一方面极大地发展了生产力，另一方面也造成了贫富分化与失业，培育了“逆全球化”与反全球化的力量。在由金融资本主导的全球化进程中，大部分发展红利被少数跨国垄断金融资本获取，代价却由中下阶层承受，不公平的分配格局造成当下反全球化潮流。“逆全球化”是金融垄断资本主义无法解决其自身危机的反映，它削弱了西方发达国家在经济全球化进程中的地位，显示出资本主义道路衰退的历史必然。只有建立新型全球化才能最终解决资本主义全球化过程中的失衡问题。[⑫]

周强认为，世界经济的发展得益于全球化，但伴随着全球化，不同群体间获益悬殊等问题可能引发全球化本身的危机。总的来说，发达国家广大劳动者在全球化中受损是欧美各国反全球化力量上升的原因。[⑬]

三、关于国际资本流动效应的讨论

国际资本流动包括正常的投资与投机性资本流动，对于前者大多数学者是支持的，认为可促进经济发展，有利于我国产业转型升级。同时要注意防范投机性资本造成的金融风险。

（一）关于引进外资与对外投资及其对经济影响的讨论

屠光绍提出，我国参与世界经济的方式发生了重大变化。过去我们以吸引外国投资和出口低端商品为主，较少出口中高端产品和服务贸易，现在我国出口的产品中，中高端产品逐渐增多；吸引外资手段由提供“超国民待遇”转到改善营商环境上去；对外投资迅速增长，但目前我国对外投资还存在低端重复等问题。应当从明确战略定位，完善管理机制与探索有效方法三个方面促进“引进来”与“走出去”的良性互动。以实体经济、对外投资与金融服务联动结合，创新对外投资方式，提升对外投资质量。[⑮]

张二震、戴翔关注在开放过程中外资的作用，认为外资对我国产业升级与融入全球价值链有重要作用。但由于我国要素价格上涨，而创新动力还不足，加上金融危机后世界各国限制资本外流的措施出台，我国自2012年起出现资本净流出。面对新情况，我国要提高外资利用质量，加大创新力度，培育良好的营商环境，促进我国产业竞争。⑯

李磊、冼国明、包群研究了一国接受国外投资与其对外投资的关系。中国应该继续坚持“引进来”，向外资学习与合作，同时鼓励中国企业“走出去”。要积极参与国际贸易投资规则制定，保护我国利益，促进双向开放与经济发展。⑰

李瑞琴、王汀汀、胡翠认为，外国直接投资对一国企业出口质量升级的影响与企业上下游关联程度有关。从出口企业贸易方式来看，纯加工贸易出口企业受影响较低，其他企业受影响较高；从所有制结构上看，与国内市场关联较弱的国企受影响较小，非国有下游企业受影响较大；从行业角度来看，上游服务业外资会显著提升下游出口企业的产品质量，而制造业的外商投资反而可能降低下游企业出口质量。因此，增大服务业开放程度，同时防范金融及信息领域的风险，改善营商环境，有助于我国产业转型升级。⑰

冼国明、明秀南研究了企业跨国并购与创新的关系，提出企业海外并购之初确实增加了创新，但该效应逐年递减。以申请专利类型衡量，发明专利和授权提升较高，而设计专利改变不明显。海外并购的效应也与参与并购的公司管理水平、母公司与标的公司的行业等因素相关。我国企业在参与国际并购上取得了一定的成效，但还要更加积极地“走出去”，提高自身管理水平，获取更大的利益。⑱

（二）金融开放的同时要注意防控金融风险问题

管涛认为，从2008年至2018年的十年间，国际资本进出我国的状况分几个阶段，2008年初到2013年底，国际资本大体上是净流入的，2014年到2017年大体上是净流出。国际资本大进大出对我国的金融稳定造成了极大困扰。国际货币基金组织也开始逐渐接受对资本流动的必要管理。防范国际资本流动风险，关键在于增加金融体系的健壮性。这就要求推进汇率市场化改革和调整。我国不能放任国际资本流动不加管理，但要增加管理的艺术和技巧，防止管理手段的随意使用。⑲

赵波、陆晓岚认为，我国跨境资本流动自2007年金融危机后更加频繁，国际社会对资本流动的监管态度发生转变，认同必要的资本管理，各国均积极加强了监管与国际监管合作。我国应重点监控短期的投机性套利活动，关注金融机构的外汇产品及持有外汇头寸的公司和居民的交易活动，严审外汇交易的真实性，打击非法资本转移。随着人民币国际化，本币也会成为跨境资本流动的形式，因此应推行本外币跨境流动管理的整合，统一相应的政策法规。⑳

严海波认为，金融自由化与金融开放以来，发达国家投机资本在金融流动缺乏管制的发展中国家快进快出，洗劫其财富，向其转嫁危机，导致发展中国家损失惨重。在金融开放方面，发展中国家要学习发达国家的“金融开放式保护主义”，有选择式地开放金融，防止国际资本短期大规模地流动带来的金融风险。坚持“适度开放”与“有效保护”结合，坚持金融服务实体经济的职能，坚持平等、对等原则，在开放中也要重视经济安全。㉑

何国华、李洁认为，对一国货币的升值预期，会降低实际利率，提升金融资产价格，增加基金部门道德风险，最终使实体部门贷款利率上升。金融风险提高到一定水平时，本币的升值预期反而会导致跨境资本流出。为防止信息不对称的风险，当局应增大宏观经济的透明度，加强对金融机构的引导，建立良好的金融稳定机制，使金融更好地为实体经济服务。㉒

何诚颖、王占海、吕秋红等关注外资在中国人民币市场上利率套息、套汇交易及其对我国金融市场的影响。我国资本市场上长期存在套息交易，2011年、2015年第三季度，都发生过外资做空人民币，引发金融市场动荡的事例。随着中国开放资本账户，中国资本市场的金融监管存在不足，给金融投机提供了空间。我国资本市场上的投机资金规模巨大，且行动迅速，极大影响了我国实体经济与资本市场的稳定。因此要权衡人民币国际化与资本账户开放的时序问题，注意防范投机交易破坏实体经济与金融稳定。㉓

四、关于对外贸易与产业转型升级关系的讨论

苏丹妮、盛斌、邵朝对针对中国企业出口集中在低端，靠低价格竞争的现状，提出可以通过产业积聚来提升出口产品质量，避免对国际产业网络的过度依赖导致的受制于发达国家的状况。这需要政府对企业进行引导，鼓励创新，改变单个企业在全球价值链竞争中的劣势地位。㉔

许和连、成丽红、孙天阳认为，服务外包有利于发展中国家产业转型，但也要防止被固化在全球价值链低端的危险。一国在外包服务网络中与其他节点联系越强，越有利于其提高在价值链上的地位。作为承接方，接受发包国企业的指导、技术扩散效应等都会促进本国企业的服务质量，提升其在国际分工中的地位。[25]

诸竹君、黄先海、余骁认为，一国相对容易实现在全球价值链上的工艺创新升级与产品创新升级，但在功能创新升级和链条升级上常常被发达国家控制，从而被“锁定”到低端。中间品进口质量的提升有助于自主创新与产品出口的质量提升。提高知识产权的保护，推动产品质量提升，实施合理的产业政策等均有助于中国产业升级与创新，提升出口质量。[26]

尚会永认为，一个企业参与国际竞争，必须具备国际竞争力，这与其参与全球价值链的程度相关，因为一个企业的竞争力受其上游供应企业的深刻影响。而下游需求的提高会促使企业提高其产品质量与生产效率。以我国汽车行业为例，由于外资掌握着完善的产业链，虽然随着这些外企有很多零部件生产链迁入，但本土企业无法融入，也就无法显著提高本土汽车工艺水平。[27]

五、关于扩大开放与经济安全关系的讨论

学界认为，在扩大开放的大趋势下，我国经济安全形势更加复杂，对我国经济管理水平提出了更高的要求。经济安全重点在核心技术、能源安全、粮食安全、金融稳定以及抵抗国际垄断控制的能力等方面。学者分别从不同方面分析了我国面临的经济安全问题，讨论了保障我国经济安全的措施。

孔庆江认为，国家经济安全应该是一国经济能够免于或成功抵抗各种冲击而不受重大损害的状态，是以国家的经济能力为保障的。经济安全不能建立在封闭的或是绝对控制的基础上，真正的安全取决于经济细胞即企业的活力，因此应该积极参与竞争，提高本国企业的竞争力。国家经济安全首先取决于该经济自身的可持续性。[28]

江涌认为，经济安全是国家总体安全的基础，事关中国发展战略目标的国家发展利益和安全利益等核心利益，是不能拿来交换的。要识别重大系统性风险、正确理解当今世界、认识到国有经济与意识形态在我国经济安全上的作用。“中兴事件”暴露出我国对西方的过度依赖；在西方寡头垄断的重要产业，如粮食与大宗商品贸易，奉行“自由贸易”被垄断厂商剪羊毛；随着开放扩大，金融系统风险增大；用水安全等关系国计民生的产业被外资掌控都威胁到我国经济安全等。要保证经济安全，不能放弃党的领导，不能放弃经济主权，要守住底线。[29]

王永春、王秀东认为我国粮食安全形势严峻，粮食结构性短缺问题突出，主粮进口率很高。为了粮食安全，我国开始进行国际合作，但由于一些企业对其在国际上承租的土地掠夺性开发，影响了我国农企整体声誉，对此后我国农企“走出去”造成阻碍。中国应该积极参与国际合作，解决粮食安全问题。[30]

江若尘、陈宏军认为，跨国公司对我国的投资一方面对就业、优化产业结构与提高竞争力有作用，另一方面，其垄断阻碍了我国经济持续发展。跨国公司垄断不仅会攫取高额利润，而且会通过对上下游的控制、知识产权垄断、技术壁垒以及信息控制等阻碍我国企业的发展。我国要完善反垄断机制，培育本土跨国企业，构建自主的价值链以减轻垄断的跨国公司对我国信息安全的威胁。[31]

丁德臣分析了美元指数上升和下降的不同阶段对世界其他国家的影响，指出了美元走势背后的政治、军事与外交手段，提醒我们不能仅仅把这个看作经济问题。美国此次为了美元走强，必然利用诸如在中国周边制造事端等手段来打击中国经济。中国应当稳步推进人民币国际化、亚投行、“一带一路”等策略，加强金融安全，消除新自由主义的负面影响，努力争取国际贸易中的定价权，增强中国的经济抵抗力，以保障中国国家经济安全。[32]

董小君接受采访提出，扩大金融开放，有利于金融资源更高效地配置，增强我国金融业竞争力，有助于人民币国际化。但金融开放的扩大会冲击我国金融企业的业务，增大国际金融风险对国内的冲击。金融开放的后果取决于一个国家的控制力，只有在开放的同时注重安全，才能在保证公平的投资环境的同时保障国家的经济安全。实行有效的安全审查、建立灵活的负面清单制度、注意开放的“对等权”的利用，利于保障我国金融的稳定性。[33]

六、应否按比较优势参与国际分工的争论

在一国是否应当依据比较优势发展贸易的问题上，长期存在着两种意见的争论：一种认为落后国家单纯依靠比较优势发展贸易有落入比较优势陷阱的危险，落后国家需要扶植战略性产业，生产资料优先发展的战略有其合理性；另一种则认为一国以比较优势为依据参与国际分工与贸易，才能获得最大利益。

吴杨伟、王胜认为，一些学者提出在贸易中要追求的“竞争优势”实质是以比较优势为基础的。在基于价格与质量的计算中，一个产品具有相对价格优势，也就有了竞争优势；二者都取决于需求；当汇率、关税等条件变化时，两者是同时改变的，因此如果将产品质量与要素的利用因素纳入考虑，竞争优势和比较优势是一致的。注重要素禀赋的“H-O模型”忽视了要素的效率及其他差异，是对比较优势理论的倒退。正确理解比较优势与竞争优势的概念，有利于重视要素效率，在禀赋不足的要素上培育高级优势，真正提升贸易竞争力。[34]

邓宏图、徐宝亮、邹洋认为，中国建国初期的重工业优先增长的战略是国家在工业基础极为薄弱以及面临外部封锁及威胁的条件下实施的，有其必要性。重工业具有较强的外溢效应，是经济发展的基础条件。重工业发展不足会影响社会总产出，但一旦跨过初期的发展门槛，优先发展重工业会降低总产出，这时就要转向比较优势战略。[35]

高冠中认为，比较优势理论是李嘉图的政治经济学的庸俗成分，马克思曾经批评过。林毅夫的潜在比较优势理论把资源禀赋大致相同的收入较高的国家作为追赶标杆，却无法精确评估资源禀赋结构，也不能给出禀赋相似国家的生产多样性的原因，不具有普遍性。其潜在比较优势理论虽有科学成分，但过于强调比较优势会导致发展中国家落入比较优势陷阱。[36]

鲁品越认为，我国对外开放取得了巨大的成就的同时，也产生了许多问题。而这些问题的产生是源于西方主导的不公正、不合理的国际经济秩序和我国自身在改革开放过程中的经验不足。如果一味按比较优势理论参与国际分工，有落入比较优势陷阱的危险。要跳出这个陷阱，就要遵守马克思主义的经济学，以人民为中心，以社会关系分析为基础。不能仅仅把国际收支作为对外贸易的目标，而更要注重培育国家综合国力、提升国民经济的竞争力与抗风险的能力。对外开放效率在深层次上是由国际市场权力结构决定的，这种权力结构又取决于三大因素：科学技术垄断权、国际市场控制权、国际金融霸权。单单依据要素禀赋的比较优势来生产，一旦国际市场发生波动，就容易陷入贫困。中国在对外开放时，不能依据传统的静态比较优势理论来决策，而应当运用发展变化的观点，从全局出发，培育自己的竞争力，提高在国家的经济发展能力，维护我国的经济利益。[37]

在贸易理论上，程恩富提出了知识产权优势理论。他所谓的知识产权优势是指培育和发挥拥有自主知识产权的经济优势。他认为西方的竞争优势理论过于笼统，而他的知识产权优势理论则强调了技术和品牌的核心地位。不仅在技术上，要建立具有自主知识产权的核心技术，而且在低端制造部门，也要建立起具有影响力的民族品牌。知识产权优势是中国产业结构升级的理论基础，只有掌握了技术与品牌，才能真正地实现我国的产业转型升级，增强经济安全。[38]

易先忠、高凌云从本土需求与产品升级的角度出发，提出离开本土需求的产业内分工难以成为增长引擎。不考虑本土需求，单纯讲依据比较优势，参加产品内分工的战略，会使企业失去成长性与产品升级的推动力量。[39]

七、关于“一带一路”倡议的意义和实施问题

习近平总书记于2013年提出“一带一路”倡议，至今已有5年。5年来，中国与相关国家携手合作，启动了一系列重大项目的建设，成立了“一带一路”相关合作组织，举行了数次相关会议。学界一致认为，“一带一路”倡议体现了我国合作共赢的发展理念，是构建新型国际政治经济秩序的有益探索。

姜少敏认为，“一带一路”倡议体现了尊重多元、求同存异、普惠均衡、互惠互利、同舟共济、重视创新的新发展理念。自倡议提出以来，中国与沿线国家通过基础设施建设与技术合作等方式，发挥各自优势，加强产能合作，取得了不少成果。但在“一带一路”的实施过程中，还面临不少内外部的困难与挑战，需要中国加强与传统友好国家和地区的合作的同时拓展与其他国家的政治经济联系。在开放过程中，要注重调查，知己知彼。[40]

杨志、秦臻认为，习近平主席提倡的新发展理念包含广大发展中国家在内的全体人类，新理念的时代命题是如何构建人类命运共同体，而不是狭隘的如何争夺霸权和维护少数国家利益的问题。“一带一路”是通过“共商、共建、共享”来构建人类命运共同体的行动，是需要世界各国通力合作，建立平等国际关系，探索国际合作新机制的好的开端。[41]

马艳、李俊提出，全球化过程中遇到诸多困难与冲突的根本在于如何“逆不平等性”而不是“逆全球化”。“一带一路”通过对弱小国家的基础设施的建设，促进其经济发展，合作共赢而非通过掠夺弱小国家获利，是“逆不平等性”的。在未来“一带一路”发展过程中，在理念上要强化“逆不平等”意识，在战略上要更加明确“逆不平等性”的宗旨，在政策上注重“逆不平等”的制度设计，这样才能更好实现“一带一路”的目标。[42]

李向阳认为，中国提出的“一带一路”倡议是

以发展为导向的区域合作机制，它具有区域公共产品性质，这是其为国际社会认同的基础。决定“一带一路”建设成败的关键在于是否秉承正确的义利观，做到协调长短期目标、协调给予与获取、协调微观和宏观层面的关系。树立正确的义利观，不能为小利而放弃大义，同时注意保证各方利益才能使各方关系健康持续发展。“一带一路”倡议以发展为导向，能够包容不同类型的合作机制，更利于实现共同发展的目标。[43]

门洪华认为，“一带一路”倡议是中国主动推动国际政治经济新秩序构建的行动，也是中国参与国际经济规则重塑，提高中国在国际经济治理体系中地位的重大机遇。“一带一路”倡议在国际社会上也面临一些质疑：一些西方国家，特别是美国不能接受中国影响力的扩大，不能接受中国参与国际经济规则的制定；沿线国家也担忧“一带一路”建设加深其对中国的依赖。中国在推进“一带一路”建设的过程中，应该注重公正、合理、透明的国际经贸投资规则的构建，把握规则的制定权，寻求对开放、包容、合作、共赢的价值认同。[44]

八、中国国际进口博览会是中国主动开放市场的重大宣示和行动

2018年11月，首届中国国际进口博览会在上海成功举办。本届进博会分为企业商业展、国家贸易投资综合展和同步召开的虹桥国际经贸论坛三部分，共吸引了172个国家、地区和国际组织，3617家企业参展，其中含有220多家世界500强和行业龙头企业。学者们认为，中国作为世界第一人口大国，第二进口国与消费国，进口与消费规模在持续扩大，预计未来五年，中国进口规模将超过10万亿美元。

白明认为，扩大进口是中国作为一个贸易大国，在全球实现资源优化配置，实现进出口均衡与可持续发展的必要选择。扩大进口让中国能够充分利用国际分工的优势，也是其他国家难得的机遇，各国互惠互利，共同发展。它的意义不亚于发展出口。进博会的成交额或许不大，但可起到“四两拨千斤”的作用。在中美贸易战的背景下，进博会也有特殊意义。我们应该利用这次进博会，切实解决我国在贸易方面的诸多问题，挖掘新思路。也要注意为不发达国家提供机会。[45]

李拯认为，在世界贸易保护主义泛起的状况下，中国的国际进口博览会展现了中国扩大开放的决心，国际舆论也形容进博会为世界各国的“绝佳机遇”。世界经济不能倒退到孤立状态，随着全球分工的深化，分工扩展到“产品内”，全球经济已经形成一个整体。中国作为世界最大的市场之一，扩大进口是各国难得的机遇，利于中国的高水平开放，也利于各国人民借助中国的快速发展实现其发展。中国将为世界的发展贡献自己的力量。[46]

盛玉雷认为，对跨国公司来说，中国市场的吸引力表面上是巨大的市场规模，更深层次的原因是因为中国人对美好生活的需要的巨大消费潜力。从国家层面上讲，进博会的意义不仅仅是提供一个外国企业进入中国或扩大对华出口的机会，而且是国家间合作发展，实现优势互补的一个包容合作的平台。[47]

注：

①安惠侯：《错综复杂、动荡不安的2018年世界局势》，《北京日报》，2018年12月26日。

②张旭东、韩洁、王希：《“我们对中国经济的前景是乐观的”》，《光明日报》，2018年10月9日。

③洪俊杰、商辉：《中国开放型经济发展四十年回顾与展望》，《管理世界》，2018年第10期。

④刘卫平：《中国经济调整与再平衡：启示、挑战与策略》，《人民论坛·学术前沿》，2018年第2期。

⑤简新华：《驳斥美国对中国的指责，坚持积极稳妥对外开放——纪念中国改革开放40周年》，《政治经济学评论》，2018年第6期。

⑥谢地、张巩：《中美贸易摩擦的政治经济学分析》，《政治经济学评论》，2018年第5期。

⑦彭波：《基于全球价值链的外贸发展新模式》，《国际经济合作》，2018年第9期。

⑧余振、周冰惠、谢旭斌等：《参与全球价值链重构与中美贸易摩擦》，《中国工业经济》，2018年第7期。

⑨黄卫平：《中国对外开放的理论与实践》，《政治经济学评论》，2018年第4期。

⑩佟家栋、刘程：《“逆全球化”的政治经济学分析》，《经济学动态》，2018年第7期。

⑪杨圣明、王茜：《马克思世界市场理论及其现实意义——兼论“逆全球化”思潮的谬误》，《经济研究》，2018年第6期。

⑫栾文莲：《对当前西方国家反全球化与逆全球化的分析评判》，《马克思主义研究》，2018年第4期。

⑬周强：《补偿何时能换来对全球化的支持——嵌入式自由主义、劳动力流动性与开放经济》，《世

界经济与政治》，2018 年第 10 期。

⑭屠光绍：《以创新提高对外投资质量》，《中国金融》，2018 年第 6 期。

⑮张二震、戴翔：《高质量利用外资与产业竞争力提升》，《南开学报》(哲学社会科学版)，2018 年第 5 期。

⑯李磊、冼国明、包群：《“引进来”是否促进了“走出去”？——外商投资对中国企业对外直接投资的影响》，《经济研究》，2018 年第 3 期。

⑰李瑞琴、王汀汀、胡翠：《FDI 与中国企业出口产品质量升级——基于上下游产业关联的微观检验》，《金融研究》，2018 年第 6 期。

⑱冼国明、明秀南：《海外并购与企业创新》，《金融研究》，2018 年第 8 期。

⑲管涛：《危机十年我国跨境资本流动管理回顾与前瞻》，《国际金融》，2018 年第 5 期。

⑳赵波、陆晓岚：《我国跨境资本流动之汇率因素分析及监管建议》，《西南金融》，2018 年第 5 期。

㉑严海波：《金融开放与发展中国家的金融安全》，《现代国际关系》，2018 年第 9 期。

㉒何国华、李洁：《跨境资本流动的国际风险承担渠道效应》，《经济研究》，2018 年第 5 期。

㉓何诚颖、王占海、吕秋红等：《人民币套息交易：市场基础和收益风险特征》，《中国社会科学》，2018 年第 4 期。

㉔苏丹妮、盛斌、邵朝对：《产业集聚与企业出口产品质量升级》，《中国工业经济》，2018 年第 11 期。

㉕许和连、成丽红、孙天阳：《离岸服务外包网络与服务业全球价值链提升》，《世界经济》，2018 年第 6 期。

㉖诸竹君、黄先海、余骁：《进口中间品质量、自主创新与企业出口国内增加值率》，《中国工业经济》，2018 年第 8 期。

㉗尚会永：《供给侧结构性改革应重在培育具有全球竞争力的企业》，《马克思主义研究》，2018 年第 4 期。

㉘孔庆江：《国家经济安全与 WTO 例外规则的应用》，《社会科学辑刊》，2018 年第 5 期。

㉙江涌：《当前中国经济安全态势》，《政治经济学评论》，2018 年第 4 期。

㉚王永春、王秀东：《改革开放 40 年中国粮食安全国际合作发展及展望》，《农业经济问题》，2018 年第 11 期。

㉛江若尘、陈宏军：《关于跨国公司投资对我国经济安全的若干思考》，《科学发展》，2018 年第 5 期。

㉜丁德臣：《美元周期及对中国经济安全的启示》，《宏观经济研究》，2018 年第 7 期。

㉝王璐：《在对外开放中保证经济安全》，《金融时报》，2018 年第 5 期。

㉞吴杨伟、王胜：《再论比较优势与竞争优势》，《经济学家》，2018 年第 11 期。

㉟邓宏图、徐宝亮、邹洋：《中国工业化的经济逻辑：从重工业优先到比较优势战略》，《经济研究》，2018 年第 11 期。

㊱高冠中：《如何正确反思西方经济学——对“林毅夫反思”的反思》，《政治经济学评论》，2018 年第 2 期。

㊲鲁品越：《马克思主义政治经济学对我国开放战略的指导意义——从比较优势分析到市场权力结构分析》，《当代经济研究》，2018 年第 8 期。

㊳程恩富：《改革开放以来新马克思经济学综合学派的若干理论创新》，《政治经济学评论》，2018 年第 6 期。

㊴易先忠、高凌云：《融入全球产品内分工为何不应脱离本土需求》，《世界经济》，2018 年第 6 期。

㊵姜少敏：《“一带一路”倡议——发展经济学新发展观的伟大实践》，《教学与研究》，2018 年第 2 期。

㊶杨志、秦臻：《“一带一路”倡议是马克思主义中国化的伟大创新》，《教学与研究》，2018 年第 1 期。

㊷马艳、李俊：《中国“一带一路”倡议的“逆不平等性”分析》，《教学与研究》，2018 年第 2 期。

㊸李向阳：《“一带一路”：区域主义还是多边主义?》，《世界经济与政治》，2018 年第 3 期。

㊹门洪华：《“一带一路”规则制定权的战略思考》，《世界经济与政治》，2018 年第 7 期。

㊺白明：《从“为何办”与“如何办”看中国国际进口博览会》，《杭州金融研修学院学报》，2018 年第 10 期。

㊻李拯：《历史大势必将浩荡前行》，《人民日报》，2018 年 11 月 6 日。

㊼盛玉雷：《让世界共享“中国机遇”》，《人民日报》，2018 年 11 月 5 日。

（作者：卫兴华，中国人民大学教授；
张满闯，中国人民大学博士生）

宏观经济理论与政策

方　芳　马世冲

2018年是实施“十三五”规划承上启下的关键一年，是全面贯彻党的十九大精神的开局之年。尽管受到中美贸易摩擦等诸多不确定因素影响，经济面临下行压力，但我国经济运行呈总体平稳态势，宏观调控目标较好完成，三大攻坚战开局良好，供给侧结构性改革深入推进。具体来看，高质量发展对经济运行提出更高要求，乡村振兴战略为新时代的“三农”工作指明方向，大众创业、万众创新亟需进一步打造升级版，中美贸易摩擦给经济带来下行压力，精准扶贫在新时期面临新挑战与新发展，全面开放新格局规划了当前和今后一个时期对外开放的路线图。

一、高质量发展：经济发展的新要求及新规划

2018年3月，高质量发展在国务院政府工作报告中被首次提出，意味着中国经济由高速增长阶段转向高质量发展阶段。推动高质量发展，同经济发展新常态的思想相一致，是当前和今后一个时期确定发展思路、制定经济政策、实施宏观调控的根本要求。对于高质量发展，国内学者对其内涵、要求以及发展路径进行了相关研究。

1. 高质量发展的内涵

赵大全认为经济高质量发展是“新常态”论断的时代化、精确化、具体化。“高速度”转向“高质量”，高质量发展成为经济“新常态”：经济发展由高速阶段的平面发展、单维发展转向高质量发展阶段的立体发展、多维发展，其本质是一种包容性发展。经济高质量发展充分体现“五大发展理念”，即创新成为内生动力、协调成为根本特点、绿色成为基本形态、开放成为必由之路、共享成为根本目的。同时，经济高质量发展是一个宏观概念，包括四方面内涵：它最基本的内涵是充分发展；新时代更加强调平衡发展；中华民族伟大复兴的使命要求其具有国际竞争力；社会主义本质决定其要有利于实现人的全面发展。①

李伟认为把握高质量发展的内涵，必须着力处理好五个方面的关系：供给和需求的关系、投入与产出的关系、政府与市场的关系、公平与效率的关系以及国内和国外的关系。总体来看，新时代中国经济的高质量发展，意味着实现高质量的供给，提高商品和服务的供给质量；实现高质量的需求，要以消费升级带动供给体系升级；实现高质量的配置，要打破资源由低效部门向高效部门配置的障碍，提高资源配置效率；实现高质量的投入产出，要用有限的资源创造更多的财富；实现高质量的收入分配，要加快形成更为合理的初次分配和更为公平的再分配；实现高质量的经济循环，要着力缓解经济运行当中存在的突出失衡，确保经济平稳健康可持续运行。②

王一鸣指出可以从微观、中观、宏观三个层面来理解高质量发展的内涵。微观层面主要是指产品和服务的质量，在这些方面，我国与国际先进水平还有很大差距，“中国速度”已享誉世界，尽管做了很多努力，但“中国质量”仍有差距；中观层面主要是指产业的价值链，过去主要是以加工组装为主，现在要提高研发、设计、标准、供应链管理、品牌这些高价值链区段的比重；宏观层面上主要是指国民经济的整体质量和效率，通常用全要素生产率来进行衡量。③

2. 构建评价高质量发展的指标体系

金碚指出尽管经济发展的“高质量”方向，是一个具有相当模糊性的概念表达，其根本性质决定了其量值的不精确特征，但是，模糊性量值并非不可比较，在实际行动上也是完全可以基于对模糊量值的估量而确定努力方向的，努力的结果也是可以进行量化评估的，尽管这种量化评估是难以高度精确的。因此，当进入新时代，转向高质量发展方向，也可以研发一套反映经济发展质量的核算指标，将创新、协调、绿色、开放、共享，以及效率、质量、结构、安全、可持续等因素进行科学量化和指标化，作为高质量发展状况和成就的显示性指标。④

鲁继通在评述高质量发展研究现状的基础上，立足我国高质量发展的内涵特征，重点探讨了高质量发展的理论分析框架和指标体系，并研制出包括微观维度、中观维度、宏观维度等三类、9个二级指标、52个三级指标在内的高质量发展评估系统。由于高质量发展是一项巨型复杂工程，涉及因素众多，且相关理论体系不完善，人们对其认识标准也不统一，所以该指标体系仅是对高质量发展指标体系的初步、阶段性研究，在指标体系构建上仍存在许多问题和欠缺，需

要不断修改和完善。[⑤]

3. 高质量发展的路径及政策建议

冯俏彬认为推动我国经济高质量发展有五条途径：一是加快实现要素的市场化配置，必须通过全面深化改革，破除要素自由流动、优化配置的天花板和形形色色的壁垒，打开经济增长新的成长空间；二是着力加大产权保护力度，市场经济是法治经济，必须建立在产权明晰、合约得到有效执行和保护的基础之上；三是深化社会保障制度改革，加紧推进基本公共服务均等化，经济的高质量增长意味着劳动力流动进一步加快，需要社会保障来提供制度支撑；四是深化“放、管、服”改革，正确处理好政府与市场的关系，真正实现市场配置资源的决定性作用与更好发挥政府作用；五是加快中央地方财政体制改革，正确处理好中央与地方的财政关系。[⑥]

郭春丽等从投入和产出、宏观和微观、供给和需求等角度出发，指出推动高质量发展应当坚持质量第一、效益优先，以供给侧结构性改革为主线，按照“着眼投入产出、兼顾宏观微观、统筹供给需求”的思路，加快推动经济发展质量变革、效率变革和动力变革。具体来讲，首先应当投入和产出同步，推动质量变革，着力培育支撑高质量发展的生产要素，提高产品和服务质量；其次，宏观和微观并重，推动效率变革，补短板以持续改善宏观效率，创造良好环境以推进企业经营效率提高；再次，供给和需求并举，推动动力变革，不断提高经济增长的供给支撑力和需求拉动力，持续优化要素投入结构；最后，尽快建立衡量测度高质量发展的指标体系。[⑦]

二、乡村振兴战略：探索政策体系，谋求乡村发展

2017 年 10 月，习近平总书记在党的十九大报告中首次提出乡村振兴战略，并指出“三农”问题是关系国计民生的根本性问题，是全党工作的重中之重。实施乡村振兴战略，是党的十九大作出的重大决策部署，是决胜全面建成小康社会、全面建设社会主义现代化国家的重大历史任务，是新时代“三农”工作的总抓手。

1. 乡村振兴战略的要求

准确把握中国乡村振兴战略，关系到乡村振兴战略实施的效率。黄祖辉认为要从三个方面把握乡村振兴战略：首先，应当把握好乡村振兴战略与城市化战略的关系，要以党的十九大精神为统领，而在具体的实施中则要从区域新型城镇化战略和乡村差异化发展的实际出发；其次，由于乡村振兴战略“二十字”方针所体现的五大具体目标任务具有相互联系性，所以既要准确把握“二十字”方针的科学内涵，又要把握好这“二十字”方针中五大目标任务的相互关系；最后，应当协调好乡村振兴战略的三条实施路径，即“五个激活”驱动、“五位一体”协同和“五对关系”把控。[⑧]

王巍提出实施乡村振兴战略，需要坚持“度、路、效”三原则的统一。“度”是指农村产业发展应该因时制宜、因地制宜，结合当地的优势资源和自然禀赋，制定差异性的产业发展战略；“路”是指农村产业发展应该走产业融合之路，推进农村一二三产业有机融合，实现生产要素的自由流动，并以产业化为牵引推进农村城镇化；“效”是指农村产业发展应该坚持经济效益与社会效益、生态效益有机统一，以综合效益为导向。[⑨]

2. 乡村振兴面临的问题

卞靖和高钦认为，要确保战略方向始终不偏离、实施政策不落空，必须解决好我国农业面临的三个关键问题。首先，中国农业要素市场化进程较慢，要素质量和配置效率相对较低，亟需加以解决；其次，中国新型农业经营主体活力相对不足，竞争力总体不高；最后，部分政策不当造成了农业农村面临的一些突出问题，应当探索市场化的政策方式，有技巧地把握好政策的尺度。为此，未来需要通过完善市场决定价格机制、加强现代市场监管体系建设、健全农业相关法律法规体系等，真正建立“市场机制有效、微观主体有活力、宏观调控有度”的“三有”经济体制，进而从体制机制上确保这些问题从根源上得到有效解决。[⑩]

赖德胜和陈建伟指出人力资本对于乡村振兴具有重要意义，但是当前我国基层仍然存在一些深层次的问题，制约乡村人力资本的积累和配置。一是乡村教育体系发展改革滞后，适应乡村振兴的人力资本积累难；二是乡村人力资本回报仍然相对偏低，人力资本向乡村配置的难度较大；三是农村市场基础设施不健全，农业信息化建设滞后，人才的配置能力在很大程度上受到农村市场半径的制约；四是乡村社会治理现代化水平有待提升，乡村人才发展制度环境还有待完善。[⑪]

范方志重点分析了乡村振兴在金融监管方面面临的问题。由于城乡二元结构的长期存在，当前农村金融监管存在的问题主要有：刚性监管对金融资源配置形成约束，农村金融监管方式与手段单一，农村基层金融监管力量薄弱，适应农村特点的金融监管体系尚未形成。未来需要从监管目标、监管主体及对象、监管依据、规则等方面构建农村金融差异化监管体系，更要从政策、人才以及资金等方面给农村金融差异化监管政策的实施提供保障。⑫

3. 国外乡村发展的经验借鉴

世界其他国家在特定历史时期和发展阶段的乡村建设经验，对我国实施乡村振兴战略可以提供有益启示。李润平对美国、德国、日本和韩国的乡村发展历程进行了分析，指出这些国家在乡村建设上取得成功的共同点是强化政府顶层设计、加强基础设施建设、注重乡村规划引导、推动城乡融合和工农结合、培育多层次市场主体，以及乡村发展战略符合经济社会发展规律。我国应借鉴其经验，构建合理城乡产业布局、发挥政策保障激励作用、释放农村土地资产功能、培育新型职业农民和乡村振兴带头人、健全农村金融体系。⑬

芦千文和姜长云研究了欧盟及其主要成员国农业农村政策的演变过程，提出欧盟农业农村政策的演变对中国实施乡村振兴战略的启示主要体现为：注重建立城乡平等的发展合作伙伴关系；通过法律法规和规划体系框定农业农村发展的重点；自下而上激发各方参与农业农村发展的积极性；通过增强不同政策之间的互补性，增强政策执行的灵活性、策略性，简化冗余政策、废止过时政策来提高政策实施效率。⑭

曹斌基于实地调研及对日本乡村振兴政策的分析，认为日本推进乡村振兴的背景是城乡居民收入差距扩大，农业人口快速向非农产业转移，进口农产品对国内农业冲击加剧，乡村生态环境破坏日趋严重以及地方政府税收减少。关于乡村振兴，日本先后采取了完善立法、体制、机制和政策工具，扩宽农民增收渠道，改善乡村生活环境，提升乡村福祉水平等措施，有效解决了城乡发展不均衡等问题。借鉴日本的经验，中国实施乡村振兴战略应立足国情，统筹乡村振兴与现代农业发展，通过顶层设计，逐步完善法律体系，以此调整相关的体制、机制。⑮

三、大众创业、万众创新：打造“双创”升级版

自 2014 年 9 月李克强总理提出大众创业、万众创新倡议后，创新创业持续向更大范围、更高层次和更深程度推进，为促进经济增长提供了有力支撑。当前，我国进入高质量发展阶段，对大众创业、万众创新提出了更高的要求。2018 年 9 月，国务院指出应推动创新创业高质量发展、打造“双创”升级版。

1. 创新创业发展现状

邱灵等分析了近年来我国创新创业的发展形势，认为我国不断在创新创业重点领域和关键环节加大改革探索和制度创新，积极推动科技创新与大众创业、万众创新有机结合，有效激发了全社会创新创业潜能，有力地促进了创新创业浪潮向纵深推进。具体来讲，我国近年来创新绩效持续提升，创新引领作用显著增强；企业创新主体地位进一步巩固，创新型企业蓬勃发展；创新创业热潮持续高涨，有力支撑经济社会发展；载体规模持续扩大，推动区域创新创业向纵深发展。虽然我国在创新创业方面有着快速的发展，但目前仍存在着一些突出问题：一是创新实力主要表现为总量规模优势，突破性创新成果少，高精尖领域受制于人的局面尚未改变；二是国内大多数企业以“追赶型”创新、商业模式创新等为主，产业化应用深度不够，产品和服务创新难以满足新需求；三是在培育创新人才和促进创新效率提升方面，创新创业基础支撑不足，制约创新驱动经济社会转型发展；四是创新创业生态环境尚未改善，制度建设仍存在真空地带，创新创业快速发展与传统治理方式缓慢变革的不平衡问题尚未得到根本性改变。⑯

周辉认为，实现创新创业升级发展的制约因素主要包括四个方面：首先，研发与成果市场转化缺乏有序衔接，科技成果产业转化率不高，难以发挥“双创”效果；其次，企业缺乏技术创新竞争力，过度依赖模仿和引进，各类企业间缺乏合作没有形成创新合力；再次，人才培养长期存在体制不健全问题，导致创新激励不足、人才供需结构失衡，人才培养机制有待完善；最后，“双创”生态系统中制度、知识产权、创业环境不完善，创新创业发展缺乏良好的环境助推，缺乏详细的规划和相应的政府扶持计划。⑰

2. “双创”升级版的界定

近年来，创新创业与经济社会发展深度融合，有力地推动了新旧动能转换和经济结构升级、扩大就业和改善民生、实现机会公平和社会纵向流动。但是，“双创”的发展还处于机制探索和发展突破的阶段，仍存在创新创业质量不高、带动就业能力不强和创新创业生态环境不完善等情况。当前，我国经济进入高质量发展阶段，相应地对大众创业、万众创新提出了新的要求，应发展更高质量的“双创”，要促进大众创业、万众创新上水平，形成线上线下结合、产学研用协同、大中小企业融合的创新创业格局，打造“双创”升级版。“双创”升级版的概念提出后，学界掀起了对其内涵与评价的讨论。

林洁如认为，关于“双创”升级版的内涵，可以从以下三个方面来把握。首先，“双创”升级版的范围更广，不仅要巩固近年来快速发展的新业态、新模式，还要向更广阔的领域拓展，同时要推动国内国外、线上线下、大中小企业“双创”的融通发展。其次，“双创”升级版的层次更高，要更加引导、强调基于科技创业、创新驱动的创业，完善创新创业培养体系，推动科技成果高效转化。最后，“双创”升级版的程度更深，要不断优化创新创业的生态环境，加强政府政策创新，建立一体化的政府服务平台，落实重点群体创业、小微企业等税收优惠政策，不断提升政府对“双创”的支撑能力。⑱

曹煦指出打造“双创”升级版，就是要全方位推进创新创业。首先，不论是创新创业范围，还是创新创业主体以及领域，都将向更大范围发展。其次，要从“大水漫灌”式的粗放扶持转变为全过程“精准滴灌”式推进，变要素驱动为创新驱动，做到前、中、后端同时发力，提升创新内涵。再次是要充分发挥市场在资源配置中的决定性作用，以全球化的视角聚集全要素资源，推动“双创”向更深程度发展。他还指出，“双创”开展到现在，也面临着形式大于内容、创新成果商用难等共性问题，激励市场主体在“双创”道路上一步一步走下去，不是靠指令和计划就能实现的，而是要依托一系列改革举措，进一步激发创业热情。当前我国“双创”发展模式正在从以商业模式创新和消费领域创业为主的“双创 1.0”向以技术创新为核心、生产领域创新创业为重点的“双创 2.0”演进，双创的主体、领域、模式和成效等发生新的变化，呈现出一系列新趋势、新特点。从这个意义看，“双创”升级版的提出可谓正当其时，特别是随着新一轮全球技术革命的到来，创业项目如何实现弯道超车甚至是全球领先，创业者、政府、第三方服务机构也都面临着新的挑战。⑲

3. 创新创业的进一步推进

打造“双创”升级版，推动更高质量的万众创新，需要积极推动创新经济，特别是创新产业的发展。王博雅和蔡翼飞认为，作为创新经济核心载体的创新产业是中国经济转型升级、构建经济发展新动能和进行创新型国家建设的有力抓手，然而中国创新产业支持政策体系还存在一些缺陷，不能完全满足创新产业发展的需要。中国创新产业支持政策体系应在以下方面作出调整：一是完善创新产业支持政策体系的顶层设计，二是完善创新产业支持政策体系的激励机制，三是进一步提升对创新产业的政策支持力度，四是进一步优化创新生态系统。⑳

王永钦等从僵尸企业的角度研究了中国企业创新的结构性问题，指出僵尸企业显著降低了正常企业（即非僵尸企业）的专利申请和全要素生产率。在影响机制方面，实证结果发现，僵尸企业对企业创新的挤出效应在资源约束紧的非国有企业、高度依赖外部融资的行业以及高集中度的行业中更为显著，说明僵尸企业通过加剧资源约束、扭曲信贷配置和损害行业公平竞争等渠道影响正常企业的创新能力。因此，解决僵尸企业问题可以降低信贷扭曲，减少资源错配，促使万众创新向着高质量方向进一步推进。㉑

张萃从空间经济学视野切入，探讨了什么样的集聚经济更能激励人们创业。研究表明，不同类型的集聚经济通过不同的机制对创业产生影响，专业化的城市集聚经济可以通过专业化劳动力池、行业内专业化分工和行业内知识溢出对创业产生积极的促进作用；多样化的城市集聚经济可以通过行业间劳动力共享、上下游关联和行业间知识溢出对创业产生积极的促进作用。作为转型经济，我国专业化集聚区现存的问题制约了专业化集聚经济效应的发挥，使得多样化集聚经济而非专业化集聚经济对我国创业企业发展产生可持续的影响。上下游行业关联是多样化外部性促进我国创业的重要渠道，创业需要一个开放的多产业杂居的生态系统，这是政府提升城市创业活力方面应该有所为之处。㉒

四、中美贸易摩擦：理性认识贸易战，主动防范风险

2018 年，中美贸易摩擦频繁发生且呈现不断升级趋势，给我国经济和全球贸易发展带来了严峻的挑战。中美贸易摩擦的妥善处理，需要我们理性看待中美贸易摩擦的起因与影响，进而提出合意的应对措施，国内学界对此展开了广泛的讨论。

1. 中美贸易摩擦的起因

余振等通过三国模型从行业收益角度分析了全球价值链地位以及参与度的提升对贸易摩擦的影响，发现中国参与全球价值链重构对其自身遭遇的贸易摩擦有“催化剂效应”和“润滑剂效应”。一方面，中国与贸易伙伴国在某行业全球价值链分工地位越接近，则中国与该贸易伙伴国发生贸易摩擦的频率越高，体现在相关行业的贸易摩擦数量越多；另一方面，中国某行业的相对全球价值链参与度越高，则该行业的相关贸易摩擦越容易得到解决，体现在贸易摩擦的持续时间越短。这一结论放在中美贸易摩擦的分析中也同样适用，随着中国制造业在全球价值链上的赶超与攀升，中国与美国的贸易摩擦的加剧有着内在的必然性，并且这个摩擦将呈现常态化、长期化、复杂化的趋势。[23]

杨飞等借鉴格罗斯曼和赫尔普曼的保护待售模型并利用2000—2014年反倾销数据实证研究表明，中美技术差距缩小、贸易逆差（或进口渗透率）和利益集团的政治游说是美国对华反倾销的主要影响因素，并且，相比进口渗透率，美国更看重贸易逆差对反倾销的影响。特别是存在利益集团政治游说的情况下，中美技术差距缩小和贸易逆差（或进口渗透率）大幅提高了美国对华反倾销的概率，这表明利益集团的政治游说在美国对华反倾销中起了相当大的作用。除此以外，经济因素对美国反华倾销的影响较小。[24]

王孜弘从体制认定的角度分析了中美贸易摩擦的原因。美国发动对华贸易战的原因，除应对贸易赤字与抑制中国崛起等因素外，更深层次的原因在于其对中国体制的认定，即美国认为中国现行制度与规则存在着对私人资本的抑制。这种抑制体现在三个方面：一是中国模式下的隐形壁垒妨碍外资市场准入，二是中国对知识产权与技术的侵害有损于美资的利益与竞争力，三是中国的政府干预与补贴扭曲了美资所依赖的市场。[25]

2. 中美贸易摩擦的经济影响

李春顶等构建了一个大型一般均衡数值模型系统，以此量化模拟了中美贸易摩擦的经济影响，以及中国应对措施的政策效果。模拟的结果发现，中美相互贸易摩擦会给双方带来损害，且美国不能实现制造业就业的增加，比较而言，中国的受损大于美国。中国应对中美贸易摩擦措施的政策效果比较上，人民币汇率贬值、建设区域全面经济伙伴关系协定（RCEP）和中美达成合作开放等措施最有效，中国进一步对外开放、加入全面而先进的跨太平洋伙伴关系协定（CPTPP）的效果其次，而贸易报复的效果略差。短期内，推动人民币汇率适度贬值、贸易报复和进一步对外开放是较为可行的有效应对路径。[26]

樊海潮和张丽娜讨论了进口中间产品和最终产品关税变化对一国福利水平的影响，指出一国进口最终产品关税下降，该国福利水平发生恶化，进口中间品关税降低，该国福利水平则有所改善。对于中美贸易摩擦来讲，一方面，当美国单方面提高进口中间产品关税时，会恶化其福利水平，进口最终产品关税提高，其福利水平则会改善。另一方面，受中间品贸易的影响，中美两国爆发贸易摩擦后，两国福利水平均会发生恶化；且与美国相比，中国福利水平的恶化程度更为严重。[27]

3. 中美贸易摩擦的应对措施

余振等从全球价值链重构的角度出发，认为我国可以从四个方面应对中美贸易摩擦：第一，冷静对待参与全球价值链重构的“催化剂效应”，在贸易摩擦不可避免的时候采取反制措施，使用WTO规则妥善处理贸易摩擦，建立摩擦预警机制；第二，重视参与全球价值链重构的“润滑剂效应”，进一步减少甚至取消中间品关税，积极实施贸易便利化措施，扩大服务市场开放；第三，通过进一步开放更深层融入世界经济，树立国际化观念，尽可能采用国际经济规则和国际技术标准；第四，主动防范中美贸易摩擦可能引发的风险，采取更具综合性和前瞻性的处置措施。

潘英丽和周兆平分析了中美贸易摩擦的美方战略诉求以及中国自身改革和转型的客观需要，指出降低出口对美欧市场的过度依赖是中国必须作出的长期战略调整。一方面，我国应进行涉外战略转型，借助“一带一路”带动稳健的对外投资，同时推进深植产业的人民币海外使用，涉外经济活动要从“分散扩张型”转向“地域聚焦、双边平衡可续型”发展；另一方面，中国经济需要加快增长动能的切换，进行内部战略转型，促进内部消费需求和消费服务业的平衡发展，实现国内消费—投资平衡型的高质量发展。[28]

五、精准扶贫：新时期扶贫的挑战与途径

2018年是打赢脱贫攻坚战的关键一年，我国能否解决精准扶贫工作中的现存问题、找到深化精准扶贫工作的新举措，对2020年实现全面建成小康社会具有决定性的意义。从这点出发，国内学者对精准扶贫的现状进行了深入分析，并探索了新时期精准扶贫的新路径。

1. 精准扶贫现存的问题

李模弋认为，自从精准扶贫工作在农村地区实施以来，获得了显著的成效，但我们不能被已经取得的这些成果所蒙蔽而沾沾自喜，更应该保持冷静，认识到在精准扶贫工作中还存在着一些亟待解决的问题。农村精准扶贫工作存在的问题可以分为三个方面：首先，在精准识别过程中，我国现行的精准识别的方式方法及具体操作过程中还存在一些问题，体现在群众参与的积极性较低、建档立卡过程中人情关系现象频发和精准识别过程中的瞄准机制不够完善。其次，在精准帮扶过程中，行政部门领导人出于方便、简化等方面的考虑，不能因贫采取不同的帮扶方式，统一采取单一的资金扶贫。最后，在精准管理过程中，扶贫资金的管理存在漏出率高和扶贫效率低下的问题。[29]

王士心和锁罗曼分析了精准扶贫与社会救助融合治理存在的“瓶颈问题”。精准扶贫与社会救助具有相同的目标逻辑和风险逻辑、一定的政策交叉和相同的“衔接点”、公共耦合属性和显著过渡特征，这使得两者具有融合治理的“天然属性”。但当前我国精准扶贫与社会救助的融合治理仍存在一些问题：第一，精准扶贫与社会救助的融合治理在识别对象上存在瓶颈，获取的扶贫对象信息不准确，信息搜集过程工作量大、成本较高，精准识别较为困难；第二，精准扶贫与社会救助的融合治理在政策规划上存在瓶颈，社会救助政策的“碎片化”制约不同部门的高水平合作，社会救助政策的“交叉化”造成了社会保障工作的重复问题；第三，精准扶贫与社会救助的融合治理在标准确定上存在瓶颈，精准扶贫与社会救助在标准上存在的差异，导致中央扶贫标准与地区扶贫标准难以有效衔接；第四，精准扶贫与社会救助的融合治理在信息共享上存在不对称性，这种不对称主要是由于各部门之间的利益博弈产生的。[30]

2. 精准扶贫的新路径

潘锡泉认为，共享金融是农村精准扶贫的一种新视角。共享金融能够有效破解传统“输血式”金融扶贫成本收益倒挂导致金融机构缺乏扶贫内生动力，以及金融扶贫资金供需结构性矛盾导致其无法向纵深跨越的现实困境。在具体实践操作中，我们既要重视金融支持精准扶贫的直接渠道作用，依托政府政策性引导的直接机制来搭建金融精准扶贫的综合金融服务平台，发挥平台金融信息“共享”作用，又要重视金融支持精准扶贫的间接渠道作用，依托于现代信息技术的发展以及互联网金融“去中介化”思维的间接机制，发挥市场的主体作用来实现金融供需双方的直接匹配，降低金融扶贫成本。[31]

骆沙鸣建议应通过大数据助力我国的精准扶贫工作。随着我国精准扶贫战略的深入推进和兜底扶贫工作的展开，应考虑在更有效快捷精准的平台上整合各种扶贫资源和对接兜底扶贫需求，改变因病致贫返贫现象多发、动态预测难、农村低保户与贫困户“两线合一”交叉管理难和信息不对称等制约精准扶贫和兜底扶贫因素。大数据有助于优化和提升政府扶贫治理能力现代化，有助于精准识别、因人施策，精准扶贫、定位管理，精准检测、立体扶贫。利用云端扶贫来监督政策落实效果和贫困户供需匹配度，减少和避免返贫致贫，可以进一步巩固提升扶贫效率和效果。[32]

卢盛峰等分析了转移支付系统对精准扶贫的作用。研究结果表明：首先，来自政府、企业以及居民间的转移性救助资金更多被低收入家户所获得，即中国现行转移支付体系具有较好的“精准扶贫”效果；其次，分类别而言，政府性救助精准扶贫效果相对最好，居民间救助次之，而企业救助精准扶贫的效果较差；最后，分年度以及分转移支付类别的分析发现，救助资金的边际再分配效应在时间和类别上存在较大差异。因此，在精准扶贫工作中，提高资金的贫困瞄准效率尤为重要，同时也要重视政策引导第三部门的再分配参与。[33]

六、全面开放新格局：紧抓“一带一路”，扩大对外开放

2017 年 10 月，习近平总书记在十九大报告中指出要推动形成全面开放新格局，要以“一带一路”建设为重点，坚持引进来和走出去并重，遵循共商共建共享原则，加强创新能力开放合作，形成陆海内外联动、东西双向互济的开放格局。全面开放新格局的提出，明确了新时代的开放战略和开放目标，规划了当前和今后一个时期对外开放的路线图。

1. 全面开放新格局的内涵与意义

赵晋平在总结我国五年来开放成就的基础上，认为中国目前的对外开放水平和适应错综复杂外部环境变化、推进中国社会主义现代化建设的要求相比，还存在较大差距，一些关键领域对外开放进入深水区、具有很大难度、亟待取得新突破。因此，落实“推动形成全面开放新格局”的新要求，关键在“全面”，难在“新格局”，要在最具难度的关键领域取得新突破，这意味着中国未来的对外开放将是全面、高水平和深层次的开放。[34]

就全面开放新格局的时代意义而言，叶辅靖等认为推动形成全面开放新格局是适应引领国际国内经济发展新变局的必然要求。改革开放四十年，我国所处的国际环境正在发生转折性变化，国内经济发展进入新常态，呈现经济增速换挡、结构调整阵痛、新旧动能转换、矛盾风险高发等特征，推动形成全面开放新格局，对于适应引领国内外经济发展新变局具有十分重要的战略意义。具体来看，一是世界经济仍处于深度调整阶段，推动形成全面开放新格局是培育竞争新优势、更好开拓国际空间的必然要求；二是经济全球化陷入低潮，推动形成全面开放新格局是我国推动经济全球化、更好参与全球经济治理的必然要求；三是我国经济发展进入新常态，推动形成全面开放新格局是为经济发展增添新活力的必然要求；四是改革进入攻坚期和深水区，推动形成全面开放新格局是更好发挥开放对改革牵引的必然要求。[35]

2. “一带一路”在新时期的挑战与推进

作为推动形成全面开放新格局的重点，“一带一路”在过去的四年中取得了显著的成就，但同时也面临着新的问题与挑战。进入新时代，如何推进“一带一路”建设，构建全面开放新格局，国内学者进行了大量的研究与探索。

史育龙和卢伟分析了我国“一带一路”建设中对外援助和开发合作遇到的问题。作为重要的经济外交手段，对外援助和开发合作是我国与沿线国家共同推进“一带一路”建设的重要工具。目前，对外援助和开发合作在支撑“一带一路”建设上存在的问题包括三个方面：一是对外援助和开发合作战略重点不清晰，对“一带一路”建设支撑不足；二是对外援助和开发合作定位交叉，各自为战，没有形成整体合力；三是开发性金融在支撑“一带一路”建设上门槛较高，过于追求投资回报。[36]

宋爽和王永中分析了中国对“一带一路”建设金融支持所面对的挑战。“一带一路”倡议提出以来，中国通过银行贷款、投资基金和债券市场等途径为沿线国家提供了规模可观的金融支持，也遇到了许多挑战：第一，中国承担大量的融资压力和风险，“一带一路”倡议虽然旨在推动沿线国家共同发展，但在实施过程中却是中国承担了主要的融资压力和风险；第二，国内民营资本参与程度不高，中国对“一带一路”沿线项目的金融支持仍以官方资本为主；第三，资本市场未能发挥有效作用，中国主要通过银行贷款和股权投资基金向“一带一路”沿线项目提供金融支持，不利于融资风险的疏散；第四，区域分布和行业结构不平衡，中国对“一带一路”项目的金融支持存在比较严重的布局不平衡问题，区域风险和行业风险过于集中。[37]

高国力等认为新时代我国进入高质量发展阶段，切实推进“一带一路”建设同京津冀协同发展、长江经济带发展、粤港澳大湾区建设三大国家重大区域发展战略的对接，对于推动形成全面开放新格局、加快实施区域协调发展战略、促进新时代中国特色社会主义建设，具有重要战略意义。三大国家重大区域发展战略对推进“一带一路”建设起着独特的作用，京津冀协同发展对“一带一路”建设有政策牵引、文化牵引和模式牵引的作用，长江经济带发展为“一带一路”建设提供了通道依托、腹地依托和绿色依托，粤港澳大湾区建设对“一带一路”建设提供了改革开放窗口、全球要素配置和多元包容发展的样板展示。[38]

3. 全面开放新格局的构建

叶辅靖等认为推动形成全面开放新格局的重点在于“五个更好结合”，难点也在如何补齐短板、实现“五个更好结合”。第一，全面开放新格局的构建要坚持引进来与走出去更好结合，难点在如何高水平引进来和高质量走出去；第二，要坚持沿海开放与内陆沿边开放更好结合，难点在如何提升内陆沿边开放水平；第三，坚持制造领域开放与服务领域开放更好结合，难点在如何有效扩大服务业开放；第四，要坚持向发达国家开放与向发展中国家开放更好结合，难点在如何防范化解向发展中国家开放的各种风险；第五，要坚持多边开放与区域开放更好结合，难点在如何与主要发达经济体建立高标准贸易投资协定。

郭周明指出，进入新时代，推动形成全面开放新格局要以“一带一路”建设为重点，不断丰富“一带一路”建设的内涵与外延，在把握好经济发展客观规律的基础上，加快与各国经济发展战略的融合对接，构建政治互信、经济互利的利益共同体，从而在实现区域共赢的同时，全面推动全球经济治理机制的优化，为我国新一轮对外开放开辟空间。推动形成全面开放新格局的战略举措主要有以下五条：一是拓展对外贸易，深化自贸区的建设，发展跨境电商；二是优化区域开放布局，坚持开放型经济发展与促进区域协调发展相结合，打造东中西协调开放、有序发展的格局；三是创新对外投资方式，既考虑到中国与其他国家人民的传统友谊，也要兼顾经济利益，在对外开放的过程中秉持互利互惠的合作原则；四是正确处理开放中政府与市场的关系，这对于优化对外开放区域布局、加强国际产能和装备制造合作、促进引进来和走出去具有重要意义；五是稳步推进人民币国际化，这是打开对外开放格局的重要支点，有利于深化我国金融领域的开放格局[39]

总之，2018年宏观经济形势总体上是平稳的，高质量发展回答了新常态下中国经济何去何从的问题，乡村振兴战略的政策探索为今后的“三农”工作奠定了基础，“双创”升级版的打造促进了新旧动能转换和经济结构升级，中美贸易摩擦带来的风险需要主动加以防范，精准扶贫在新时期更加强调精准，全面开放新格局的构建将对外开放推向更高水平和更深层次。2018 年宏观调控目标的较好完成，保持了经济持续健康发展和社会大局稳定，朝着实现全面建成小康社会的目标迈出了新的步伐，成绩来之不易。

注：

①赵大全：《实现经济高质量发展的思考与建议》，《经济研究参考》，2018 年第 1 期。

②李伟：《中国经济迈向高质量发展新时代》，《中国发展观察》，2018 年第 Z1 期。

③王一鸣：《推动经济高质量发展要坚持问题导向》，《智慧中国》，2018 年第 9 期。

④金碚：《关于“高质量发展”的经济学研究》，《中国工业经济》，2018 年第 4 期。

⑤鲁继通：《我国高质量发展指标体系初探》，《中国经贸导刊》，2018 年第 20 期。

⑥冯俏彬：《推动我国经济高质量发展的五大途径》，《经济研究参考》，2018 年第 30 期。

⑦郭春丽、王蕴、易信、张铭慎：《正确认识和有效推动高质量发展》，《宏观经济管理》，2018 年第 4 期。

⑧黄祖辉：《准确把握中国乡村振兴战略》，《中国农村经济》，2018 年第 4 期。

⑨王巍：《农村农业发展应坚持“度、路、效”的有机统一》，《当代农村财经》，2018 年第 12 期。

⑩卞靖、高钦：《以“三有”经济体制促乡村振兴战略高质量实施》，《宏观经济研究》，2018 年第 9 期。

⑪赖德胜、陈建伟：《人力资本与乡村振兴》，《中国高校社会科学》，2018 年第 6 期。

⑫范方志：《乡村振兴战略背景下农村金融差异化监管体系构建研究》，《中央财经大学学报》，2018 年第 11 期。

⑬李润平：《发达国家推动乡村发展的经验借鉴》，《宏观经济管理》，2018 年第 9 期。

⑭芦千文、姜长云：《欧盟农业农村政策的演变及其对中国实施乡村振兴战略的启示》，《中国农村经济》，2018 年第 10 期。

⑮曹斌：《乡村振兴的日本实践：背景、措施与启示》，《中国农村经济》，2018 年第 8 期。

⑯邱灵、韩祺、姜江：《我国创新创业发展形势及建议》，《宏观经济管理》，2018 年第 5 期。

⑰周辉：《打造“双创”升级版》，《人民论坛》，2018 年第 34 期。

⑱林洁如：《升级版“双创”三大亮点 孕育新动能》，《新产经》，2018 年第 11 期。

⑲曹煦：《“双创 2.0”时代的新趋势》，《中国经济周刊》，2018 年第 42 期。

⑳王博雅、蔡翼飞：《创新产业支持政策体系研究》，《宏观经济研究》，2018 年第 10 期。

㉑王永钦、李蔚、戴芸：《僵尸企业如何影响了企业创新？——来自中国工业企业的证据》，《经济研究》，2018 年第 11 期。

㉒张萃：《什么使城市更有利于创业?》，《经济研究》，2018 年第 4 期。

㉓余振、周冰惠、谢旭斌、王梓楠：《参与全球价值链重构与中美贸易摩擦》，《中国工业经济》，2018 年第 7 期。

㉔杨飞、孙文远、程瑶：《技术赶超是否引发中美贸易摩擦》，《中国工业经济》，2018 年第 10 期。

㉕王孜弘：《体制认定与经贸纠纷——美国对华贸易战的原因分析》，《美国研究》，2018 年第 5 期。

㉖李春顶、何传添、林创伟：《中美贸易摩擦应对政策的效果评估》，《中国工业经济》，2018 年第 10 期。

㉗樊海潮、张丽娜：《中间品贸易与中美贸易摩擦的福利效应：基于理论与量化分析的研究》，《中国工业经济》，2018 年第 9 期。

㉘潘英丽、周兆平：《美国的全球化陷阱、贸易争端诉求与中国的战略应对》，《国际经济评论》，2018 年第 6 期。

㉙李模弋：《加快推进农村精准扶贫工作的有效对策研究》，《中国集体经济》，2018 年第 14 期。

㉚王士心、锁罗曼：《精准扶贫与社会救助的融合治理》，《人民论坛》，2018 年第 32 期。

㉛潘锡泉：《共享金融支持精准扶贫的创新机制研究》，《农村金融研究》，2018 年第 2 期。

㉜骆沙鸣：《大数据助力我国精准扶贫》，《中国经贸导刊》，2018 年第 10 期。

㉝卢盛峰、陈思霞、时良彦：《走向收入平衡增长：中国转移支付系统“精准扶贫”了吗?》，《经济研究》，2018 年第 11 期。

㉞赵晋平：《努力形成更高层次改革开放新格

局》,《商业文化》,2018 年第 26 期。

㉟叶辅靖、李大伟、杨长湧:《推动形成全面开放新格局》,《宏观经济管理》,2018 年第 3 期。

㊱史育龙、卢伟:《“一带一路”建设背景下我国对外援助和开发合作进展、问题及推进策略》,《经济研究参考》,2018 年第 2 期。

㊲宋爽、王永中:《中国对“一带一路”建设金融支持的特征、挑战与对策》,《国际经济评论》,2018 年第 1 期。

㊳高国力、黄征学、张燕:《促进“一带一路”与三大区域发展战略对接》,《宏观经济管理》,2018 年第 8 期。

㊴郭周明:《新时代推动形成全面开放新格局思考》,《中国高校社会科学》,2018 年第 5 期。

(作者:方芳,中国人民大学教授;
马世冲,中国人民大学硕士生)

法学

法理学

冯玉军 周剑威

2018 年,中国法理学界对众多法学理论与实践问题展开了广泛而深入的研究和讨论,北京的法理学者本着务实、创新和探索的精神,对法治理论、党规与国法、法律与科技、法律与社会、法学方法、立法理论与实践、司法理论与实践、传统法理论和法学基础理论等主题进行了深入的研讨,取得了丰硕的研究成果,并发表了一批高质量的学术论文与著作。

一、重要学术研讨会

2018 年度,北京地区召开了一系列重要的学术研讨会,主要包括:

2018 年 4 月 25 日,由北京大学法学院主办的主题讲座“人工智能的问题及挑战”在北京大学举行。讲座主要围绕美国司法实践中人工智能应用的争议、算法的可信度与可解释性、中美人工智能司法应用的对比等三个问题展开了讨论。总体而言,讲座主要从人工智能在刑事领域的应用展开,围绕人工智能的辅助性应用带来的问题进行讨论。

2018 年 5 月 5 日,由中国人民大学法学院、中国人民大学人权研究中心举办的 2018 年度“马克思主义人权理论中国化及其新发展”研讨会在中国人民大学召开。会议围绕马克思主义关于人权的基本理论、马克思主义人权观中国化进程及其最新成果,尤其是新时代中国特色社会主义人权观等议题进行了探讨。与会专家达成以下的基本共识:改革开放以来,马克思主义对建构中国特色社会主义人权理论起到了重大的指引作用。在新时代,马克思主义人权理论中国化也将迈向新境界。坚持以人民为中心的发展思想,作为马克思主义中国化的重要新成果,将会有力地推动中国特色社会主义人权理论、人权制度、人权道路和人权文化的发展与完善。

2018 年 5 月 6 日,由中国人民大学法学院与《法学家》杂志社主办的“构建中国特色法学知识体系和话语体系”学术研讨会在中国人民大学举行。与会学者围绕各自研究领域展开讨论,讨论所涉及的问题既包括中国法学的一些抽象概念与命题,又包括部门法的一些具体问题,但这些讨论都紧紧围绕着如何构建中国特色法学知识体系和话语体系这一基本问题,应该说这是一场具有开放性、包容性、交叉性与创新性的综合学术研讨会,积极响应了党的十九大报告中关于“加快构建中国特色哲学社会科学”“发展中国特色社会主义法治理论”的精神。

2018 年 7 月 1 日,由北京大学法学理论学科、“社科法学连线”、《法律和社会科学》编辑部主办的“法律和社会科学”2018 年年会在北京大学召开。年会的主题为“面向社会科学的中国法学”,与会学者就社科法学的研究方法、问题意识、与其他学科的关系等展开了讨论。

2018 年 9 月 7—8 日,“主权概念的全球史:重新定义主权”讨论会在清华大学举行。会议由来自美国（安东尼·博格斯，布朗大学奴隶制与公正研究中心）、意大利（拉法叶·劳达尼，全球人文和批评理论学会）和中国（汪晖，清华大学人文与社会科学高等研究所）的三方学者联袂召集，22 位来自世界各地的学者围绕“重思主权的法则”“主权的替代概念”“现代主权的意识形态和技术”“当代主权的形式”“新的政治共同体与统治权力”等五个主题单元展开讨论。

2018 年 9 月 29 日，由中国社会科学院国际法研究所主办的“统筹推进依法治国和依规治党”学术研讨会在京举行。与会学者围绕着“依法治国和依规治党的一般原理”“党规和国法的关系”“统筹推进工作的现状与问题”“加强和改进统筹推进工作”等主题展开研讨。

2018 年 10 月 14 日，由北京理工大学法学院和中国人民大学法学院联合主办的第二届“北理—人大”科技+法律高端论坛在北京理工大学召开。论坛围绕“智能科技与法理”“智能科技与公法”“智能科技与私法”等三个专题展开，与会学者就前沿科技发展与未来研发和应用中可能涉及的法律问题进行了研讨。

2018 年 10 月 21 日，由中国社会科学院法学研究所主办，中国社会科学院法学研究所法治宣传教育与公法研究中心、中国民主法制出版社法律应用分社承办的“第十四届中日公法学——法治国家的治理论坛”在中国社科院法学所顺利召开。会议围绕“法治国家的一般理论”“法治国家与宪法”“法治国家与行政法”“法治国家与民主刑法”等主题展开，与会学者探讨了法治国家的基本理论及其与部门法的关系。

2018 年 11 月 16—17 日，由中国社会科学院主办、中国社会科学院法学研究所承办的中国社会科学论坛（2018 年·法治）在京举行。论坛的主题为“深化体制改革与推进全面依法治国：改革开放四十年法治建设的回顾与展望”，会议围绕“法治的新发展”“法治与宪法”“法治与社会法”“法治与立法的完善”等主题展开。这是一次跨学科的国际学术交流活动，对于促进法治的研究具有重要意义。

2018 年 11 月 24 日，由中国刑法学研究会、国家司法文明协同创新中心、吉林大学理论法学研究中心、中国人民大学刑事法律科学研究中心、北京师范大学刑事法律科学研究院共同主办的第十届全国部门法哲学研讨会：“惩罚的哲学——人的价值与刑法的正当性”在中国人民大学举办。研讨会围绕着“法教义学的刑法展开”“正当化理论的法哲学基础”“刑罚论的法哲学分析”等主题展开，与会的专家学者就刑法与法哲学、法理学之间的互动交流问题进行了讨论。

2018 年 11 月 24 日，由中国政法大学主办的“法治体系中的立法”学术研讨会在北京京仪酒店举行。与会学者围绕着“立法体制的宪法框架”“立法的基本原则与方法”“中央与地方的立法问题”“法治理念中的立法权”等主题展开了讨论。

2018 年 12 月 1 日，由《北大法律评论》杂志社主办的“法律与法学中的时间与空间”主题研讨会在北京大学召开。研讨会围绕着“时间与空间的法哲学反思”“从疆域到法庭：多层次的法律时空”“从经济到社会：多领域的法律时空”“基本权利的跨域协调”“时空视角下的刑事程序法与实体法”“宪制中的时间与时刻”等六大主题进行讨论。

2018 年 12 月 23 日，由中国人民大学法律与全球化研究中心、北京大学高等人文研究院世界宗教与普世伦理研究中心、电子科技大学数字文化与传媒研究中心共同主办的主题学术研讨会“捍卫生活世界：技术进步的伦理与法律边界”在中国人民大学举办。研讨会围绕“科技哲学与伦理”“科技进步与法律挑战”等主题展开研讨，哲学界、科技界与法学界的与会专家学者就伦理、法律与技术进步的关系问题发表了各自的看法，并进行了交流。

2018 年 12 月 24 日，由中国社会科学院法学研究所主办的“改革开放四十年法治中国建设的理论与实践”研讨会在京召开。与会嘉宾一致认为，改革开放 40 年来，中国法治建设取得了前所未有的巨大成就。新时代法治中国的建设要以习近平新时代中国特色社会主义思想为指导，深入学习贯彻习近平总书记在庆祝改革开放 40 周年大会上的重要讲话精神，继承弘扬老一辈法学家的精神财富和优秀品质，当好人民的法学家，为建设中国特色社会主义法治体系和法治国家砥砺前行。

二、重要学术著作

本年度，北京市法学学者出版的法理学著述主要有：朱景文著《中国法理学的探索》；张志铭、于浩著《转型中国的法治化治理》；苏力著《大国宪制——历史中国的制度构成》；李林著《中国法治（1978~2018）》；舒国滢、王夏昊、雷磊著《法学方法论》；刘星著《法的历史实践：从康熙到路易十四》；高其才著《中国习惯法论》；冯象著《我是阿尔法：论法与人工智能》；姜明安著《新时代中国特色法治论》；卓泽渊著《法的价值论（第3版）》《中国的法治之路》《法治国家论（第4版）》《法政治学研究（第3版）》；田禾、吕艳滨等著《中国地方法治实践2005—2016》；罗国杰著《传统伦理与现代社会》；刘红婴著《法律语言学》；喻中著：《西方法律经济学批判》。

张文显主编《思想与修辞：法学范畴与法理研究学术研讨会全实录》《法理学（第5版）》《社会法与法治社会建设》《法理复兴之端（第一卷）》；朱景文主编《中国特色社会主义法律体系结构、原则与制度阐释》；冯玉军主编《完善以宪法为核心的中国特色社会主义法律体系研究（上下册）》《中国宗教法治研究报告2016》；高其才主编《当代中国的习惯法世界》；田禾、吕艳滨主编《中国立法与人大制度2002-2016》。

译著主要有：［美］伯尔曼著，贺卫方等译《法律与革命（第一卷）》；［美］琳达·赫什曼著，郭烁译《温柔的正义》；［美］沃格林著，叶颖译《天下时代秩序与历史卷四》。特别值得一提的是，本年度还有高铭暄、张晋藩、王利明、莫纪宏、张明楷、冯玉军等多位学者的中文著作被翻译成外文在国际公开出版，既体现了中国法学理论“走出去”的大趋势，更让外国人更多地了解到中国法律制度及其实践。

三、研究热点与创新

综观2018年度北京法理学界发表的论文，其研究与讨论的热点与创新点主要集中在以下几大方面：

（一）法治

有学者指出，马克思主义基本原理对于当代中国法治发展的启示意义主要体现为：它诠释了当代中国法治发展的历史必然性及其经济社会发展制约性，阐释了当代中国法治“人民性”的基本属性，规定了当代中国法治的平等原则的基本内涵；其“限制国家自由”观与当代中国法治建设的权力制约的基本指向高度契合，其关于法的历史继承性理论有助于正确对待中华传统法律文化，其辩证思维诠释了当代中国法治建设目标设定的多维视角。[①]

有学者强调，在中国法治实践的大背景下，理论界要推进理论创新，其中最根本的是要回答“建设一个什么样的法治国家、怎样建设法治国家”的问题。他以党的十九大报告为指导精神，系统梳理了新时代法治建设的几大问题：新时代法治建设根本目的是实现人民美好生活向往；新时代法治建设总目标是建设法治体系和法治国家；新时代法治建设的重要任务是以良法保善治。[②]

有学者以党的十八届四中全会决定与十九大报告为切入点，概括了中国特色社会主义法治理论的指导思想、本质特征、总体目标和根本价值、基本原则与推进方式，进而指出要寻求在法治体系各个组成部分中贯彻该理论的具体进路。[③]

有学者从历史发展的视角指出，依法治国实践的长期性决定了中国法治理论的发展与创新是一个长期的过程，中国法治理论的未来发展将更加强调改革开放与法治建设的相互促进作用、坚定不移走中国特色社会主义道路、宪法在法治建设中的核心引领作用、法治的人权保障功能、法治对民主的促进作用以及国内法治与国际法治的相互协调。[④]

有学者认为，我国环境司法专门化发展的突出问题是行政驱动之下，决策缺乏客观数据的支撑，引入“量化法治”的方法可以促进环境司法专门化的发展，实现环境治理的科学化。[⑤]

有学者借鉴国际营商环境评估的经验，为我国营商环境评估指明两个面向：其一，在评估技术上，形成对企业经营过程中微观法治环境侧评估；其二，在评估内容上，关照中国国情，直面我国企业在经营过程中遭遇的微观法治难题，并以此为基点，解决中国营商环境问题。[⑥]

有学者强调法教义学与法治的紧密联系，作为方法的法教义学既能促进法的安定性，又有助于融贯法律体系的建构，对于中国法治具有重要意义。因此，中国在法治建设的过程中应形成自己的法教义学体系。[⑦]

有学者认为，哈特以来的分析法学对中国法治建设具有启发意义，具体表现在：培育公民对法律的内在信念、选择我们这个时代法律的基本属性和在法律实践中澄清我们对概念问题的理解等方面。[⑧]

（二）党规与国法

有学者指明，党内法规制度的根本在于“党性”，这不仅是党规的理论定位，而且是思想建党和制度治党的行动指南，因此，坚持党规“姓党”的原则，旗帜鲜明地讲政治，方能在理性精神指引下不断提升制度文明程度，真正让思想建党与制度治党同向发力。[⑨]

有学者对作为社会权力的领导权和作为国家权力

的执政权作出了区分，指出前者是党内权力监督的对象，应当将其纳入一个法治的监督轨道之内，规范领导权的行使，而这种监督具体是通过国家监察体制改革和监察委员会设置来实现的。[10]

有学者尝试以党内法规制度建设的发展状况为实践依据，以国家治理体系为理论前提，对党内法规研究中涉及的基础概念进行辨析。他指出“党的主张”与党规制度体系之间的区别，前者属于政策范畴，而后者则属于规范范畴。[11]

有学者认为，宪法之所以确立中国共产党的领导地位，根本在于中国共产党的领导与人民主体地位是相互依存的。党的领导地位决定了社会主义宪治应该是宪法和党章并存的二元宪治结构，决定了党规与国法并驾齐驱的社会主义法律体系，中国共产党依党内法规管党治党、依据国家法律治国理政、依据党导法规领导国家和社会。[12]

有学者主张，在党章不同章节的统率下，以“内部或外部”“静态或动态”“主要实施机关”为划分标准，将党内法规制度体系划分为四块：党的组织法规制度规范各级各类党组织的职责；党的领导法规制度规范党领导各方面工作时的活动；党的自身建设法规制度规范党的内部建设；党的监督保障法规制度以党的纪律检查委员会为主要实施机关。[13]

（三）法律与科技

有学者认为，政府应对科技风险应当主要采取预防原则而非成本效益分析的原则。这主要因为，成本效益分析本身存在着反事实论证的属性、无法回应价值通约问题等诸多困难，以至于它无法应对科技风险带来的人为的大规模灾难。[14]

有学者意识到，科技革命在五个核心命题上给传统法哲学提出了挑战：法的定义，法的意义与功能，法律暗含的自由与规制，法的演化与法范式，以及法律上人的形象。而他认为，法哲学应当抱有足够的审慎和谦逊态度，充分吸收哲学、社会学和其他领域的前沿成果，特别是后人类思想，为法律新思想与新范式的形成作出贡献。[15]

有学者指出，人工智能对法学的挑战主要是两个方面：其一，人工智能可能将人工具化；其二，人工智能激发了对理性的重新思考。[16]

有学者通过对欧洲《一般数据保护条例》的私法属性的分析指出，保护隐私权益应当更多采取公法风险规制与消费者法保护的框架，而不是寻求一种具有确定性边界的隐私权或个人信息权。因为数据隐私必须放在特定的语境与社群中才能理解，只有结合具体语境与社群中的信息流通，才能准确思考隐私的边界与个人数据流通的合理性，才能对相关权利进行合理的界定。[17]

有学者指出，数据主权一方面是领土主权的延伸，另一方面是数据世界的独立主权，这种双重属性迫使我们对传统主权理论进行反思，中国数据主权政策与法律应该特别关注此种双重属性。[18]

（四）法律与社会

有学者在交往行动理论的分析框架中指出，40 年的改革开放使中国人的生活世界逐步走向理性化，经济作为一个系统被独立出来。与此相适应地，中国法律开始与中国传统道德相分离，法律部门被划分得更加清晰，法学也在不断地朝着独立科学的方向而发展。这些变化都构成了中国法治建设的社会结构条件。[19]

有学者指出，在规则论遭遇理论与实践脱节的困境之后，应当引入“法律事件”作为法律的基本单位，这样既能够克服法律规则论在社会科学分析方面的局限性，也能够超越社会行动理论在分析和处理法律等现代“复杂巨系统”中遇到的方法论困境。[20]

有学者指出，经过 40 年的改革开放，费孝通先生揭示的中国乡土礼治秩序与现代西方工商社会法治秩序冲突的社会现象，如今已发生了实质性的改变，我国已经进入超大规模陌生人群治理的新阶段和新常态，这是理解和分析当代中国法治问题的基本前提。[21]

有学者指出，中国特色乡村治理的体制是自治、法治、德治相结合。要理解该体制的内涵，可从乡村治理的目标、主体、规范、方式、领域等方面思考，形成对中国特色乡村治理体制较为完整的认识，进而推动新时代和实施乡村振兴战略背景下乡村治理实践的展开。[22]

有学者认为，乡规民约是农村自治的重要规范形式，在乡村治理中发挥着重要作用。乡村社会结构转型、行政权的过度指导以及村规民约自身制定实施方面的不足直接影响制约着乡规民约作用的发挥。应从主客观两个层面构建乡规民约作用发挥机制：主观层面应该统一思想、提高认识，客观层面应该提供制度保障，从宏观、中观和微观三个层面合理构建乡规民约作用发挥机制。[23]

有学者强调，公民德性从树立法治观念、参与公共讨论、参与政治事务的方面塑造“好公民”，为法治发展奠定基础，提供动力。中国已经处于法治转型的关键时刻，为了解决政府主导型模式带来的弊端，完成法治的正当性供给，需要发挥并培育公民德性。[24]

（五）法学方法论

法理学在何种意义上是重要的？有学者指出，法理学是关于特定实在法体系背后之一般价值的讨论，是促进实在法体系依照特定价值作出改进的动力来源。[25]还有学者认为，法哲学与部门法的结合点在疑难案件，通过法概念、法学方法和法伦理对司法裁判产生间接影响。[26]

有学者基于19世纪以后德国学说史回答了什么是法教义学的问题。他指出，尽管不同阶段各个学说对法教义和法教义学的理解各有不同、评价褒贬不一，但却可以从中提取出“最大公约数”：法教义是围绕现行实在法展开的一般性权威命题或原理，与此相应的法教义学则具有双重含义，即知识与方法的统一。[27]

有学者对中国本土化法教义学理论发展进行了反思，指出，只有中国法律系统从中国社会整体的结构中分化出来，实现法律的相对自主性，并在法律系统内部形成法教义学与司法判例的功能分化与良性互动，成规模的本土化法教义学理论发展才有可能。[28]

有学者指出，法的定义取决于多维性的正当性标准，而制定法作为现代法中最重要的形式，其形成和运行又是多种因素的产物，因此，法学研究也必然呈现教义学与非教义学互动的结构，也就是说，法学本身就具有内在的交叉性，教义学和非教义学的知识并存，同时两者之间及其各自内部充满论辩性。[29]

有学者系统梳理了欧陆法律方法从古希腊、罗马到近代法律解释学说，再到当代法律论证、法律逻辑等的方向性进程，并指出这是一条起始脱离法律文本、以经验和情感为底色的泛方法，中途围绕法律文本、以理性为基础的严格方法，后又以严格方法为主体，包括各种泛方法、体系呈开放性的道路。[30]

有学者借对图尔敏模型的讨论，指出法律论证本质上是一种多个实践行动者之“主体间的”反思判断活动，一种“说服性论证/论辩”，其最终在于商谈者一方通过论证/论辩、使听众/商谈对方信服，从而达成“理性的共识”。[31]

有学者阐明了法律论证的独特之处在于，它回答的是应然问题，因此，现代数理逻辑的成果不能直接应用于法律规范适用领域，法律规范适用的难题仍然需要逻辑学家建构出更为精致、实用的逻辑操作技术，使司法裁决真正受到法教义学和逻辑的双重检验。[32]

有学者认为，规范缝隙的存在决定了类推的必要性，而重要的是，如何确保类推的合理性。共同体司法经验传统与类推程序相结合的路径或许可以提供帮助，同时，类型化思维也是必要的。[33]

有学者借鉴语言哲学的相关理论来探究法律语言的意义。法律语言因法律的可预测性期待而与日常语言有别，在发生疑义的情况下需要具有权威性的主体，如立法机关以及司法机关作出具有约束力的解释，因此对司法解释也可从其权威性的解释这一角度来理解。[34]

有学者指出，权衡理论的作用在于使得产生于特定前提的论据之间形成理性关系，无论是非理性主义的批评，还是不可通约性的批评都建立在对权衡的误读之上。权衡本身是一种理性的论证过程，只是在运用于个案时需要与具体的实质论据相结合。[35]

有学者认为，在个案裁判中，法官必须根据衡量法则去解决法律方法的冲突，但是，这并不意味着法律方法的抽象位阶是无用的。抽象的优先性关系既可以限制法律解释方法适用者的武断性，也能够克服他们适用的不确定性，从而有助于提高法律解释活动的效率。[36]

有学者认为，德沃金所捍卫的价值一体性命题中的方法论立场否定了元伦理学的存在基础，同时给一般法理学带来了严重挑战。但是，元伦理学在方法论上并不会导向怀疑主义，而且能够帮助一般法理学走出方法论上的困境。将一般法理学视为元规范性探究的一部分，即探究法律思想和讨论如何适应于现实实在的说明性事业，可以捍卫一般法理学的二阶方法论立场。一般法理学的元规范性属性可以突破价值一体性命题的挑战，但仍然需要解决一些新的理论难题。[37]

（六）立法理论与实践

有学者以某某自治州为例探讨了《立法法》修改以来自治州立法权的实施问题，提出，可从廓清一般地方立法权范围、厘清双重立法权选择标准、认清地方政府规章的制度价值以及走出自治州立法人才不足的困境等方面探索解决方案。[38]

有学者认为，法治评估指标体系主要围绕着完备性、科学性、民主性和受监督性四大指标，评估对象分为公众、法学专家、法律执业者，调查方法分为随机抽样和立意调查。完善法治评估指标体系，全面考察我国法律规范体系的实际状况有助于完善法律体系。[39]

有学者借助2015年、2016年的立法公众参与和立法专家参与情况评估的成果，结合对立法参与的理论分析和新《立法法》相关制度的规范梳理，提出了完善立法参与的制度建议。[40]

有学者区分了立法中的法律问题与政策问题，认为，法律问题主要包括立法程序的合法律性、将政策决策表达为法律文本的法律草案起草、维护法制统一；而政策问题涉及实体层面的利益博弈问题与程序层面的立法程序启动问题等。[41]

有学者梳理了全国人大常委会的职能变迁历史，并采用规范分析与比较法的研究方法，阐释了全国人大常委会法工委的法律定位与工作方向。[42]

有学者认为，《立法法》第 13 条在法律层面确认了授权地方改革试点决定所形成的法律修改的试验模式。法律修改的试验模式是以法治引领与保障改革的重要方式，也是完善中国特色社会主义法律体系的现实选择，同时也是协调法治与改革关系的可行途径。授权地方改革试点决定功能的发挥必须依仗相应报告制度的强化与完善。[43]

（七）司法理论与实践

有学者指出，司法裁判争议判决的出现，实质上是因为法官对法外因素的考虑及对社会常理的忽视。只有要求法官必须对当事方提出的法律意见进行有效回应，允许并要求法官为疑难案件形成更为具体的规则，将常理引入司法，才能克服上述弊病，恢复司法的公信力。[44]

有学者认为，法官隐性适用指导性案例规避了说理的负担，但这种隐性适用因其工具主义倾向而与指导性案例的初衷不相符合。指导性案例自身的特质决定其只能以一种看得见的方式被适用，而这需要在观念与制度上的双重努力。[45]

有学者通过对比中国指导性案例制度与普通法系和德国的判例制度，阐释了指导性案例制度的不同之处，并对指导性案例制度进行了模式建构：查找可参照适用的指导性案例、进行相似性判断、运用排除规则进行检验和适用裁判要点。[46]

有学者观察到，在全国六个巡回区设立巡回法庭，使得中央司法权力呈现出非集中化的特点。这种非集中化还体现在，司法权力虽然被认为是中央事权，但目前也只能做到一部分权力由基层向上延伸集中于省级，实现省级统管。六大巡回法庭通过对巡回区内地方各级法院的分片管理，有助于实现巡回区内的司法统一，进而实现全国范围内的司法统一。[47]

（八）传统法理论

有学者认为，中国传统社会的情理司法以现实中的人为司法的逻辑起点，根据具体案件中的个人在不同伦理关系中所具有的身份而适用不同的法律规范、判处不同的罪责。同时，法官也会根据当事人所处的不同生活情境以及当事人之间的情感关系进行自由裁量。以现实中的人为逻辑起点的传统情理司法更注重人际关系的恢复和弱势群体的保护，是古代人文精神的重要体现。从这个意义上说，传统司法中的“情理”恰可以弥补现代法律以行为为中心所造成的对具体个人的遗忘。[48]

有学者认为，传统中国法是礼法结构，而现代中国法是政法结构，二者背后具有各自的哲学基础，即道德哲学与功利哲学，但是从终极意义上讲，都需要回答人的问题。在未来中国法的结构与哲学的改造提升中，需要寻求道德哲学与功利哲学的协调统一，虽然具有艰巨性，但也并非不可能。二者协调的道路应该是，弱化政法结构中政与法的意识形态性和功利性，注入基于普遍人性的人权和基于中国人性情和教养的礼。[49]

有学者主张，德治与法治不仅在抽象意义上具有逻辑上的相容关系，也在历史经验语境下具有理论上的相容关系。一般意义的德治与法治在概念分析维度并无必然矛盾，二者的关系是逻辑上的相容关系。从历史经验的语境看，儒家德治观体现了中国传统德治理念的精 髓，现代德治应继承传统儒家德治思想核心理念并予以建构性诠释。经过建构性诠释的儒家德治观不仅符合形式法治的要求，也足以成为实质法治建设的价值观基础。[50]

有学者阐发了中华民族精神与传统法律之间深刻的内在联系。中华传统法律凝结着中华民族的优秀民族精神，具有本土性、特殊性、典型性。他认为，在中华民族伟大复兴的时代，领悟并复兴中华民族的优秀民族精神，当会增强民族的自信心与自豪感，从而为全面推进依法治国的宏伟目标注入强大的正能量，使中华民族继续傲然自立于世界文明之林。[51]

有学者指出，儒家道德观与大传统诉讼文化气质相通，均根源于农业文明并与之深度契合。从宏观上将不同的文明类型、道德观念和诉讼文化加以对应讨论，对其间所透露的马克斯·韦伯意义上的“选择性亲 和性”加以洞察，可以作为我们做进一步深入研究之前必要的框架性认识。[52]

（九）基础理论

有学者以黑格尔“自在”与“自为”作为分析其法哲学的基本概念工具，阐明了黑格尔国家概念中蕴含人的自由，是人的自由与理性的统一。国家就是主体意志与普遍性之间的统一，就是伦理的整体及其具体的建构，国家是一种现实性，是普遍的精神与意志，是法、伦理、福祉（幸福生活）甚或艺术等其他具体方面的中心，自由在国家中被设置为对象并且被实施，在其中个体具有并享受其自由。同时他反对将黑格尔法哲学解释为集权甚或极权的法哲学。[53]

有学者认为，印度次大陆历史上曾有多次外族入侵，导致文化多次更迭；这与历史中国的“多难兴邦”形成了鲜明对比。他拒绝大而化之的“文化”解释，而是从两大文明的自然地理条件、外来入侵发生的地理位置、入侵刺激的强度和频度等变量给出解说，并试图借此重新理解和界定制度。[54]

有学者指出，既有的关于权利的释义都倾向于用权利的作用、效用来解释权利，但是，它们实际上都不是对权利本体的解释。他认为，权利本体是观念形态的现象，是社会对某行为的赞同性评价意见，这是国家立法确认“某行为是权利”之本源。认识权利现象，必须注意“是”动词的三种不同用法与含义。通过对权利与行为、一般权利与特定权利、权利与利益、权利与个人意志的区别和辨析，才能真正认识权利本体。[55]

有学者认为，尼采虽然很少关注，甚至仅以碎片化的方式论及法律问题，但通过从其相关哲学问题的探讨中获得的智识线索，例如尼采从语言学、谱系学的视角分析和批判西方人权与自然法理论，可以从中归纳出一些尼采关于法律问题的哲学观念，进而整合出一种尼采式的非基础性的、试验性的法哲学。[56]

有学者指出，通过梳理普遍主义、普世主义、世界主义等观念谱系，瞻顾世界法、共同法等理论与实践，通过法理学与比较法的学术对话，能够认识普世性法理、共同性法理与差异性法理的特质与关系。同时他认为，作为一种沟通交往程序与理念，“间性法理”不以统合差异为目标，而是在平等交流中寻求最大程度的法理共识。[57]

注：

①封丽霞：《马克思主义法律理论中国化的当代意义》，《法学研究》，2018 年第 1 期。

②王利明：《新时代中国法治建设的基本问题》，《中国社会科学》，2018 年第 1 期。

③胡明：《用中国特色社会主义法治理论引领法治体系建设》，《中国法学》，2018 年第 3 期。

④陈佑武、李步云：《中国法治理论四十年：发展、创新及前景》，《政治与法律》，2018 年第 12 期。

⑤朱景文、杨欣：《“量化法治”与环境司法专门化的发展》，《山西大学学报》（哲学社会科学版），2018 年第 1 期。

⑥张志铭、王美舒：《中国语境下的营商环境评估》，《中国应用法学》，2018 年第 5 期。

⑦雷磊：《法教义学与法治：法教义学的治理意义》，《法学研究》，2018 年第 5 期。

⑧彭宁：《分析法学方法论及其对中国法治建设的启示》，《哈尔滨工业大学学报》（社会科学版），2018 年第 6 期。

⑨靳澜涛：《党规“姓党”：党内法规的理论定位与实践指南》，《社会科学动态》，2018 年第 9 期。

⑩李广德、王晨光：《党内权力监督法治化的法理论证》，《马克思主义与现实》，2018 年第 1 期。

⑪王伟国：《国家治理体系视角下党内法规研究的基础概念辨析》，《中国法学》，2018 年第 1 期。

⑫柯华庆：《论党的全面领导与依宪治国》，《学术界》，2018 年第 1 期。

⑬屠凯：《论党内法规制度体系的主要部门及其设置标准》，《中共中央党校学报》，2018 年第 1 期。

⑭陈景辉：《捍卫预防原则：科技风险的法律姿态》，《华东政法大学学报》，2018 年第 1 期。

⑮鲁楠：《科技革命、法哲学与后人类境况》，《中国法律评论》，2018 年第 2 期。

⑯陈景辉：《人工智能的法律挑战：应该从哪里开始?》，《比较法研究》，2018 年第 5 期。

⑰丁晓东：《什么是数据权利？——从欧洲〈一般数据保护条例〉看数据隐私的保护》，《华东政法大学学报》，2018 年第 4 期。

⑱翟志勇：《数据主权的兴起及其双重属性》，《中国法律评论》，2018 年第 6 期。

⑲王夏昊：《奠定法治的社会结构条件在中国的初步形成——以交往行动理论为基础》，《中共中央党校学报》，2018 年第 3 期。

⑳泮伟江：《法律是由规则组成的体系吗》，《政治与法律》，2018 年第 12 期。

㉑泮伟江：《超大规模陌生人社会治理：中国社会法治化治理的基本语境》，《民主与科学》，2018 年第 2 期。

㉒高其才、池建华：《改革开放 40 年来中国特色乡村治理体制：历程·特质·展望》，《学术交流》，2018 年第 11 期。

㉓陈寒非、高其才：《乡规民约在乡村治理中的积极作用实证研究》，《清华法学》，2018年第1期。

㉔史彤彪：《公民德性与法治转型》，《华东政法大学学报》，2018年第3期。

㉕陈景辉：《部门法学的教义化及其限度——法理学在何种意义上有助于部门法学》，《中国法律评论》，2018年第3期。

㉖雷磊：《法哲学在何种意义上有助于部门法学》，《中外法学》，2018年第5期。

㉗雷磊：《什么是法教义学？——基于19世纪以后德国学说史的简要考察》，《法制与社会发展》，2018年第4期。

㉘泮伟江：《中国本土化法教义学理论发展的反思与展望》，《法商研究》，2018年第6期。

㉙郑永流：《法律的“交叉”研究和应用的原理》，《中国法学》，2018年第4期。

㉚郑永流：《欧陆法律方法的方向性进程》，《清华法学》，2018年第2期。

㉛舒国滢：《法学实践知识之困与图尔敏论证模型》，《国家检察官学院学报》，2018年第5期。

㉜舒国滢：《逻辑何以解法律论证之困?》，《中国政法大学学报》，2018年第2期。

㉝雷磊：《从经验中“茁生”的法律理性——以魏因瑞伯的类推理论为中心》，《河南大学学报(社会科学版)》，2018年第5期。

㉞舒国滢、陶旭：《论法律解释中的文义》，《湖南师范大学社会科学学报》，2018年第3期。

㉟雷磊：《为权衡理论辩护》，《政法论丛》，2018年第2期。

㊱王夏昊、吴国邦：《论法律解释方法抽象位阶的作用及其逻辑结构》，《烟台大学学报(哲学社会科学版)》，2018年第5期。

㊲郑玉双：《价值一体性命题的法哲学批判：以方法论为中心》，《法制与社会发展》，2018年第2期。

㊳郑毅：《〈立法法〉修改三年来我国自治州立法权的实施问题研究——以XX自治州为例》，《中央民族大学学报(哲学社会科学版)》，2018年第5期。

㊴冯玉军、赵一单：《中国法律规范体系与立法效果再评估》，《江汉大学学报》(社会科学版)，2018年第1期。

㊵冯玉军：《立法参与的制度设计与实施效果评估》，《河北法学》，2018年第3期。

㊶江辉：《论立法区分为法律问题与政策问题》，《清华法学》，2018年第5期。

㊷冯玉军、崔赫：《全国人大常委会法工委立法职能略论》，《地方立法研究》，2018年第1期。

㊸彭浩：《授权地方改革试点决定的性质与功能探析》，《法制与社会发展》，2018年第1期。

㊹李红海：《认真对待事实与将常理引入司法——减少争议判决之司法技术研究》，2018年第5期。

㊺孙海波：《指导性案例的隐性适用及其矫正》，《环球法律评论》，2018年第2期。

㊻雷磊、牛利冉：《指导性案例适用技术的国际比较》，《治理研究》，2018年第1期。

㊼侯猛：《中央司法权力的非集中化——从最高人民法院巡回法庭切入》，《学习与探索》，2018年第5期。

㊽李德嘉：《传统情理司法的逻辑起点及其现代性》，《学习与实践》，2018年第6期。

㊾张中秋：《从礼法到政法——传统与现代中国法的结构与哲学及改造提升》，《法制与社会发展》，2018年第4期。

㊿舒国滢、王重尧：《德治与法治相容关系的理论证成》，《河南师范大学学报(哲学社会科学版)》，2018年第5期。

51张晋藩：《中华民族精神与传统法律》，《比较法研究》，2018年第1期。

52尤陈俊：《儒家道德观对传统中国诉讼文化的影响》，《法学》，2018年第4期。

53王曦：《“自在概念”和“自为概念”作为分析黑格法哲学的概念工具》，《私法》，2018年第2期。

54苏力：《何为制度？因何发生（或未发生）？——从开伯尔山口看长城》，《比较法研究》，2018年第6期。

55张恒山：《论权利本体》，《中国法学》，2018年第6期。

56明辉、李霞：《尼采对西方人权及自然法的批判》，《西南政法大学学报》，2018年第2期。

57李晓辉：《论法理的普遍性：法之“公理”“通理”与“殊理”》，《法制与社会发展》，2018年第3期。

（作者：冯玉军，中国人民大学教授；
周剑威，中国人民大学博士生）

宪 法 学

胡锦光 杨 凡

2018年可谓合宪性审查制度之年，学界对此呼应不可谓不多。是年，有关公民基本权利义务的研究重新回潮，从基本学理的重思到具体权利的新解，均有颇多可观之处。而从制宪权力再探讨到宪定权力再认识，均有不俗的学术成果。在有关宪法效力与实施的研究上，更是角度各异、精彩纷呈，既有历史的深情凝望，也有当下的经验检讨；既有激活制度能动的皇皇之论，也有熔铸学科的对话交流。是以法学界重要学术期刊为观察蓝本，综而述之：

一、法史与学说

（一）社会主义宪法与改革开放

有学者考据了苏俄宪法的中国译介：苏俄宪法最早中译本的译者是张君劢，发表时间是1919年11月15日。此后，有十余种著作收录苏俄宪法全文，援引苏俄宪法条文的文章更是不计其数。苏俄宪法最先在上海、北京、广州和闽南地区传播开来。中国共产党不仅积极传播苏俄宪法，而且认真实践苏维埃制度，并将苏俄宪法的基本制度和基本精神体现于1954年宪法。100年前诞生的苏俄宪法虽然已经成为历史，但其精神永存，在世界宪法史上的地位和影响是不可抹杀的。苏俄宪法开创的社会主义宪法事业，将在中国特色社会主义的伟大实践中继续发扬光大①。

有学者评析了改革开放四十周年以来中国宪法学的发展：在改革开放40年来的不同阶段，面对改革实践中提出的新情况、新问题，宪法学以问题为导向，在正当性与合法性、规范与事实的冲突中坚守学术的专业精神，积极履行学术的社会责任。特别是，改革开放起步的20世纪80年代，中国宪法学面向改革开放的实践，创新基本理论，建构学术话语，提高理论的解释能力，为改革开放的开启提供了丰富的学术资源。②

（二）宪法学说

有学者引介了域外国家法学与国民主权理论：马尔贝格国家法学思想以大革命实定法为依据，确认国民主权原则，论证其相对于君主主权及人民主权的优越性。在此基础上还提炼了“国家拟制法人说”及“单一国家机关理论”等核心观点。马尔贝格国家法学思想对同时期德国国家法学巨擘拉班德、耶利内克的思想进行批判性继承，在欧陆产生重大影响，为法兰西第五共和国制宪设计提供指引，但也引发了众多批评与争议。而在我国法治国家建设的大背景下，马尔贝格国家法学理论对法学意义上国家正当性之证成、国家与国家机关之关系及国家责任制度之完善等议题均有较重大的启发意义。③

或论凯尔森与施密特论战的主要问题意识及当代意义：凯尔森与施密特的论战是一场影响深远的学术论战。凯尔森从纯粹法的规范层级理论视角界定宪法的规范本质与合宪性问题的规范内涵，在此基础上论述建立专门宪法法院是实现合宪性保障的最科学的司法技术机制。施密特从政治宪法概念出发，将宪法界定为确保政治共同体生存自保的政治决断和体现人民统一意志的政治状态，并认为在议会散失国家统一意志形成功能的情况下，高度政治性的宪法争议只能交由人民直选的国家首脑行使才能确保宪法的正当性基础。凯尔森与施密特的宪法概念都排斥个人自由与天赋人权对于宪法的内在规定性与构成性意义，因而偏离了宪法最重要的价值基准。这是我国在借鉴他们宪法的理论时需审慎评估之处。④

二、国家与权力

（一）制宪权力再探讨

有学者认为，制宪权不是无限的，而是必须建立在社会契约的基础上并受其约束。社会契约不是宪法本身，而是作为宪法基础及其存在前提的“元宪法”。这部“元宪法”是人民之间达成的基本契约。它在授权制宪立国的同时，规定了国家的基本目的和功能、国家不得侵犯的基本权利以及国家权力结构与运行程序所必须遵循的基本原则。一部正当制定的宪法建立在“元宪法”基础上，直接吸收了社会契约的基本原则与内涵。这样，宪法本身也就产生了一个等级规范结构，至少分为普通条款和一般修宪程序所不能修改的“契约条款”，进而产生了修宪合宪性及其司法审查等问题。要有效防止制宪权的滥用，不妨借鉴南非的制宪经验，先通过临时宪法规定各方均自愿接受的契约原则，在此基础上再制定永久宪法。⑤

或说“制宪权”之所以成为无法无天、完全失控的权力，制宪主体之所以有权代表“政治统一体”

作出“根本政治决断”，原因均在于它们代表了事实上并不存在的“公意”。卢梭意义上一贯正确的“公意”是方法论整体主义的虚构，却被移花接木用于现实中的制宪和立法过程。在现实世界，“公意”至多是多数人的意志，和少数人的意志一样会作出错误判断，只不过在一定条件下犯错概率更小而已。一旦祛除“公意”一贯正确的光环，制宪权就不过是代表了多数人的意志，“政治统一体”也不可能做到绝对统一，不同意见永远存在并有可能被证明是正确的，“制宪权”“政治统一体”这些指向无限权力的怪兽也就得统统回到潘多拉魔盒里。⑥

（二）国家权力再认识

国家权力的再认识主要集中于国家权力配置的功能主义释读：对权力“分立”或“混合”的形式主义理解，无法解释和规范我国国家权力的配置。我国宪法对民主集中制规定方式从“一律”到“原则”的改变，为国家权力配置的宪法原则开放了新的解释可能性，邓小平、彭真等“宪法工程师”将权力配置的实质标准确定为“权力行使的正确性”。此种功能主义的权力配置原则，强调国家效能和治理能力，要求将各种国家任务的相应职权配置给在组织、结构、程序、人员上具有功能优势的机关，而不再僵化地拘泥于权力的“分合”问题。我国现行宪法隐含此种功能主义的权力配置原理，其例证包括全国人大常委会职权和组织的加强、国家主席的恢复设置和外交权扩展等具体制度变迁。在“功能—机关”的维度，功能主义的权力配置原则可以概括为两项规范教义：第一，以机关结构决定职权归属；第二，因应职权需要调整机关结构。这一规范性原理可以实质性填充民主集中制的内涵，有助于解决有关我国国家机构的众多实践争议，我国国家机构的宪法释义学也可据此基础展开。⑦

又或，形式主义的分权学说，以“保卫自由”为正当性基础，强调国家权力之间边界清晰地分立，反对权力混合。但在实践中却遭遇到挑战。德国战后发展出的“功能适当原则”，在关注个人自由保障的同时，同样重视国家权力行使的“正确性”，主张应将国家职能配置给在组织、结构、程序、人员上具有优势，从而最有可能作出最优决定的机关；同时也不再教条化地强调权力的分立和对抗，国家职能的最优化实现同样构成权力配置方案的正当性基础。功能适当原则修正了传统的分权学说，对于我国优化国家机构设置和职能配置的改革，也具有参考价值。⑧

（三）宪法视域中的党的领导

有学者论述了“党必须在宪法和法律的范围内活动”原则，认为该原则既是《中国共产党章程》的明确规定，也是《中华人民共和国宪法》的基本要求。从党的中央组织到基层组织，从领导干部到每一个党员，都必须在宪法和法律的范围内活动，维护宪法尊严，依照宪法办事，保证宪法的实施。这一原则的基本要义是，党领导人民制定宪法，尊重宪法，在党的活动中模范地遵守宪法，弘扬宪法精神，坚持依宪执政原则，确保党的执政行为的合宪性。在新时代，特别是全面依法治国、全面从严治党的历史进程中，有必要完整、准确地理解并切实落实这一原则。⑨

或论党政机关合署办公的标准：无论是在实践还是在规范依据中，党政机关合署办公的标准目前均不明确。从组织法角度来看，明确该标准，可以实现澄清概念，确立党政机关合署办公独特逻辑、结构，引导组织设置的规范化、法治化三项复合功能。具体来看，党政机关合署办公仍存在设定标准模糊、粗糙和缺乏规范依据的问题，这根源于与国家制度建设相关的权力微观配置和调适仍在进行当中，我国组织机构设置主要受政策调整以及党政机关合署办公实践稀少。有必要推进组织法定在党内法规和国家法律中的双重拓展，同时采用积极方式和消极方式来重构党政机关合署办公的现有标准。⑩

三、中央与地方

（一）央地事权财权

有学者指出，全国人大常委会授权地方改革试点决定因其合法性问题而引发了不少研究者的讨论。参与讨论的研究者们的分歧在于能否将“暂时调整”或“暂时停止”定性为法律修改。《立法法》（2015）第13条在法律层面确认了授权地方改革试点决定所形成的法律修改的试验模式。在全面深化改革与全面推进依法治国的背景下，法律修改的试验模式是以法治引领与保障改革的重要方式，也是完善中国特色社会主义法律体系的现实选择，同时也是协调法治与改革关系的可行途径。授权地方改革试点决定功能的发挥必须依仗相应报告制度的强化与完善。⑪

有学者认为，中央政府通过项目制为基础的专项转移支付，对地方财政支出目的、力度和方式等产生实质性影响，造成地方政府的政策选择的扭曲，也间接导致中央政府政策目标难以实现、地方政府难以设定本地财政政策目标和公共服务面临质量压力。“选择构筑”视角帮助我们看到中央政府的财政权力应根据宪法平衡央地关系的基本原则进行限制和约束，这对央地财政分权的进一步改革也有指导意义。当下的央地财政分权改革，应明确全国人大、地方人大在专项转移支付项目的申请、实施和验收阶段的参与和监督，同时也应由司法机关来介入和解决中央和地方财权的相关冲突。[12]

（二）民族区域自治

学者以为，作为我国民族区域自治制度的基本法，我国《民族区域自治法》在调整中央与民族自治地方关系的过程中虽扮演核心角色，但充其量只发挥了“半部法”的效用。我国《宪法》、《立法法》、《地方各级人民代表大会和地方各级人民政府组织法》、《国务院实施〈中华人民共和国民族区域自治法〉若干规定》以及各民族自治地方制定的自治条例等相关法律规范作为其重要补充，同样在对中央与民族自治地方关系的规制上各自面临困境和局限。应以宪法的深入实施为逻辑前提，以法律解释的加强为重要路径，以法律规范的修改为努力方向，以自治区自治条例的出台为改革抓手，以《中央与地方关系法》的制定为远景目标，最终实现中央与民族自治地方关系的法制建构目标。[13]

或认为，我国学界素有研究者称民族自治地方的自治条例为该地的“小宪法”，这一观念可能对实践中处理自治州自治条例和该州地方性法规的关系产生影响。考虑到民族自治地方自治条例在我国法律体系中的位置，以及现有自治条例的内容，自治州自治条例对当地的地方性法规并无概括的凌驾性。民族自治地方自治条例虽然具有综合性，但实质上是该民族自治地方自治机关的组织法和执行职务的办法。在“城乡建设与管理、环境保护、历史文化保护等方面事项”上，州自治条例如没有向全国人大常委会备案“变通”，则应当适用州地方性法规的规定。在实施成文宪法的单一制国家，宪法渊源的范围不宜随意扩大。因此，称自治条例为某民族自治地方的“小宪法”并无妥当的法律意义。[14]

（三）特区宪治

特区宪治中的具体问题意识更加明确，如说《香港特别行政区基本法》第48（4）条确立的行政命令制度自香港回归以来基本上处于沉睡状态，鲜少实践应用或理论研究。从港督职权或中国内地行政权设置两个路径来追溯其渊源，只能看到些许的印迹或影子，无法探知明确的制度承继关系。从起草过程来看，行政命令制度经历的文本变迁甚少，其争议焦点主要在于范围的界定和权力的限制。从行政长官发布的关于公务员和秘密监察的两次行政命令的实践应用来看，法院通过正面肯定前案、反面否定后案而初步确立了行政命令制度的性质、适用范围与效力，即其为由行政长官发布的，形式上以《基本法》第48（4）条为制定依据，实质上适用于行政机关内部公务人员，具有行政性而非立法性效力的行政管理工具。这与制度设计初衷产生了某种程度的背离和流变，有必要反思目前司法实践对其的界定。[15]

或论香港地区廉政公署调查权的法律控制：作为专门反腐败机构的香港地区廉政公署，经历了从扩权到控权的历史变迁，其承载的价值也从最初以犯罪控制为主导转变为日益注重正当程序。在平衡这两种诉讼价值的过程中，香港地区廉政公署逐渐形成了静态控权与动态控权两种模式。前者基于权力法定原则，通过立法明确界定香港地区廉政公署调查权的适用范围、条件、程序等，在授权的同时实现控权。后者基于权力制衡原理，通过司法权、检控权、犯罪嫌疑人诉讼权利，实现对调查权的动态制约。前者是后者运行的基础，后者是前者发挥效果的保障。而我国国家监察立法可借鉴香港地区廉政公署调查权的控权经验，坚持打击腐败与保障正当程序和人权相结合的目标，确保监察委员会的必要职权，同时强化对监察权的监督、制约，实现对权力运行的静态控制与动态控制。[16]

四、合宪性审查制度

（一）中国原理及一般性制度

学者以为，党的十九大报告明确要求加强宪法实施和监督，推进合宪性审查工作，维护宪法权威。宪法是国家根本法，具有最高的法律效力。其意味着宪法以下的法律文件存在违宪的可能性，需要建立合宪性审查机制，以确保宪法的全面有效实施，保证宪法的权威和尊严。我国依据自己的国情建立了相应的合宪性审查机制，这一机制在现行宪法颁行以后获得了一定程度的推进，但并未达到预期的效果。为了实现国家治理现代化、全面推进依法治国，必须大力推进这一机制。合宪性审查工作是一项系统工程，必须找到缺乏实效性的问题所在，进行顶层设计，整体推进。[17]

又或“作为一种宪法监督方法，‘合宪性审查’的目的是保证法律与宪法相一致，消除任何与宪法相抵触的规范性文件，使下位规范符合上位规范。加强合宪性审查，有助于树立宪法权威和维护宪法尊严、保障公民权利、维护中央权威与国家利益。从世界范围来看，合宪性审查主要有代议机关监督制、普通法院监督制、宪法法院监督制、宪法委员会监督制四种形式。中国可以采用在全国人大设立专门宪法委员会的模式，协助全国人大及其常委会监督宪法的实施、审议违宪争议、拟定争议处理决定。可以设置相对合理的‘宪法案件筛选标准’，如案件筛选机制、合法审查与合宪审查分流机制等，规范和控制合宪性审查，有效降低制度风险。在尊重立法机关的前提下，建立事前审查、立法过程中的合宪性审查模式，是合理的制度选择”。[18]

又或“从我国现行宪法所确立的人民代表大会制度的基本特征和要求出发认为在我国目前全国人大及其常委会享有国家立法权同时又能够修改宪法、解释宪法的体制下，法律的制定主体与法律合宪性审查主体之间具有同一性，因此，采用西方国家‘对立’或‘对抗’式的法律合宪性审查方式与我国党领导立法的政治体制不相吻合。在制度上唯一可行的办法就是充分发挥全国人大及其常委会自身内部监督机制的作用，特别是发挥全国人大宪法和法律委员会在保证法律合宪性方面的作用。在对法律的合宪性审查上只作出‘相一致’或‘不相一致’的审查结论，对于‘不相一致’情形可以采取修改宪法或受审查的法律，或者是解释宪法或受审查的法律的方式进行相应处理，从而保证法律与宪法之间的高度一致性，维护宪法权威和法律自身的正当性”。[19]

或谓“合宪性审查贯彻了法治和民主的两重逻辑，由此合宪性审查在完成法治任务时带有强烈的政治功能。司法审查模式用司法权吸纳合宪性审查，在消解其政治性时让司法权政治化；宪法法院采用集中审查的方式对前者进行改进；法国宪法委员会则是将合宪性审查嵌入政治过程。宪法的司法化让合宪性审查成为重要的制衡性权能，这在法治发达国家有一定的合理性，但也造成很多难题。我国合宪性审查应立足于人民代表大会制度，内涵于全国人大及其常委会的权力，这就要求将其界定为程序性工作机制而非政治制衡性设计，基于此，我国应建立工作型合宪性审查制度。在我国，推进合宪性审查工作要在党的领导、人民当家作主和依法治国三者的有机统一下展开，健全以全国人大常委会行使权力为主的工作机制，使合宪性审查做到‘有案可审、有案必审、审查必严、违宪必究’”。[20]

还有合宪性审查的宪法政策论思考：现行审查体制重在合法性审查，并有吸纳甚或抵消合宪性审查的功能，为此须确立以合宪性审查吸纳和引领合法性审查的新体制。现行审查体制至少存有四种弱点，并且深陷两种悖论，为此有必要设立一个高规格、有权威的宪法委员会专门从事审查工作，就此共有五种设计方案，其中四种可供最优化选择。现行体制曾在策略上自我削弱了应有的内在动力机制，如今有必要确立个案受理反馈与审查程序公开等机制，并相应建立前置性的案件筛选机制，又可考虑形成与司法机关联动的“合宪性审查优先移送”机制。[21]

（二）中国制度及具体领域

其中多有深入合宪性审查具体制度载体的构思，如认为，“2018 年通过的宪法第 44 条修正案将全国人大法律委员会更名为宪法和法律委员会，使其在功能上转变为具有合宪性审查与法律草案审议功能的综合性机关。为了有效衔接相关职权与功能，切实推进宪法监督与实施，更名后的宪法和法律委员会应通过一定的机制，尽快合理分工法律审议与合宪性审查职能，严格区分合宪性审查与合法性审查之间的界限，抓紧建立健全配套的合宪性审查程序与机制”。[22]

或认为，宪法和法律委员会应当成为合宪性审查工作的主要推动者和实际承担者。为此，应当在统一审议法律草案、规范性文件备案审查、协助开展执法检查等监督工作以及选举、宪法解释等工作中，为其配置适当的合宪性审查职权。在行使职权的过程中，宪法和法律委员会需要处理好其与原法律委员会之间的职能关系，并处理好与全国人大及其常委会、其他专门委员会以及法制工作委员会等工作机构之间的关系，同时也要处理好与国务院、人民法院等其他国家机关之间的关系。宪法和法律委员会的合宪性审查职责需要在组织、权力、程序、责任等环节实现制度化和规范化。[23]

或谓“全国人大宪法和法律委员会成立后，推进合宪性审查工作的重心应当转向程序类型的建构。未来由宪法和法律委员会承担的合宪性审查职能，应以规范审查为主要内容，审查对象应扩大至法律，且应以事后审查为主。具体而言，可以设置的程序类型有抽象规范审查、具体规范审查和宪法诉愿三种。抽象规范审查在实践中作用不彰，又有可能成为政治争议的延伸；具体规范审查实现了合宪性审查机关与法院的联动，是比较有效的程序类型；现阶段宪法诉愿的对象应当限定为法规范，而不包括司法裁判。”[24]

或说“法规备案审查是具有中国特色的一项保障

社会主义法制统一性的制度，我国目前形成了五套法规备案审查机制。法规备案审查的功能包括合宪性审查、合法性审查和适当性审查。我国建立了具有中国特色的合宪性审查制度，合宪性审查的主体仅限于全国人大和全国人大常委会，除法规备案审查外，启动合宪性审查程序的主体还包括特定的国家机关提出‘要求’和其他社会主体提出‘建议’。在推进合宪性审查工作过程中，必须厘清法规备案审查与合宪性审查、合宪性审查与合法性审查之间的关系。”[25]

或认为，我国备案审查面临的最大困境就是全方位、全覆盖的制度要求与现实有限的审查能力之间的矛盾。出于制度设计与执行能力相统合的目的，应实现“备案”与“审查”在制度设计上的分离与区别对待，统一关于备案审查的法律规范，还要实行适度的人大与政府横向分权以及中央地方纵向分权，建构一个以权力机关审查为主导、以行政机关审查为重点、以中央审查为统领、以地方审查为必要补充的全方位、立体式备案审查工作机制。为了达到这一目的，除了发挥权力机关的审查主导作用之外，应充分发挥司法机关的辅助审查作用以及公民、企事业组织、社会团体的动力源作用，善于运用高科技手段推动备案审查工作的数字化、智能化与效能化。[26]

（三）个案释读

如认为“现行《土地管理法》对集体土地入市设定了严格限制，长期以来被批评为违反了 1988 年宪法修正案所规定的‘土地的使用权可以依照法律的规定转让’。但征诸该条款产生的背景和历程，不难发现无论是在事实还是规范层面，其历史原旨并不指向使集体土地自由入市成为原则，不自由成为例外。作为立法形成条款，该条款的精神原理在于通过宪法延迟减低决策成本和错误成本，为集体土地管理制度的进一步演化提供框架、划定边界。在此视角下，《土地管理法》确立的农地入市限制并不存在合宪性危机。然而，这不会取消当下改革的必要性。只有深入理解宪法土地转让条款的历史原旨和精神原理，方能避免保守或激进的陷阱，审慎推进改革，实现集体土地管理制度多元目标之平衡。”[27]

或说“我国法院在适用 2003 年《工伤保险条例》的过程中，多次通过合宪性解释的方法扭转了对法条文义的通常理解。国务院在 2010 年修改《工伤保险条例》时充分回应了法院的合宪性解释方案，双方的合力促成了立法的改进。从微观上考察法院对《工伤保险条例》的适用可以发现，法院在进行合宪性解释时不得动摇立法者作出的基础决定，但在此限度内，合宪性解释具有明确宣告规则的性质。只要法条的制定者在法律文本中未明确提出反对意见，法院就可以基于宪法意旨而对法条文义进行扭转。”[28]

五、权利义务的重思

（一）原理重思

如说基本权利竞合理论：“基本权利竞合理论旨在解决应如何保障个人基本权利，并课予国家干预行为以论证负担，在基本权利释义学中占有重要地位。经考察，可以发现德国的理论和实务无意提出一套统一的解决方案，而是倾向于个案解决，尤其在自由权的三阶层审查框架中，其解决时间点和重心由基本权利保护范围阶段逐渐转向基本权利干预阻却违宪事由阶段，即从规范排除转向利益衡量。在缺乏基本权利审查实务的情形下，我国可以经由宪法释义学的发展、形成基本权利价值体系以及个案的实践调和为解决未来可能出现的基本权利竞合问题提供预案。”[29]

又或探讨基本权利对第三人的效力：基本权利是否具有第三人效力的问题与公私法划分没有必然联系。间接第三人效力方法的本质是德国独创的宪法导向性解释。整个法律体系背后的价值基础是超实定法的道德理论，宪法是道德理论实证化的“操作规程”，基本权利规范是操作规程中的“注意事项”，其本质是国家与公民道德关系的先予实证化；法律是道德理论实证化的主要形式表现，它在不违反宪法的前提下规定怎么样的内容依赖于政治过程，其价值源泉是道德价值而不是宪法。基本权利客观价值秩序理论体现了德国法律实证主义思想的桎梏。基本权利保护义务理论存在原理上错误，也代替不了客观价值秩序理论。而以社会主义核心价值观等为代表的超实定法社会主义道德理论才是我国实定法背后的价值秩序。[30]

（二）权利的历史

如其以英美法系为重点，并对比欧陆法系的发展对财产权的历史变迁进行梳理，可以整理出“相对性”与“区分性”两条路径，并剖析出既有法治发达国家财产法绝对——解构——重建的曲折演进线索。“财产权”含义并非一成不变，而是包含以若干必要要素，以与自身时代阶段变化相适应的否定之否定形式扬弃发展。对于财产权的理解，应是一个历史变化的过程，而不是我们在当前时代节点打开国门时所看到的某一个静态片段。为此，在充分理解西方各国既有概念之后，还应把握中国发展中压缩的时代过程，对应建立起“财产权”的多元动态概念，根据纠纷类型的时代差异来分别适用，应对我们正在同时经历着的多个时代阶段之叠代发展。[31]

甚或有对同性婚姻及平权运动的引介，认为 2015 年美国联邦最高法院判定同性婚姻全美合法是世界范围内一个重要的宪法案件，可以放在三重语境当中进行理解。首先，同性婚姻判决可以放在从 20 世纪下半叶开始的同性权利运动的语境当中进行把握。其次，同性婚姻判决以及同性婚姻权利需要放在美国宪法的教义学历史（特别是“实质正当程序”）当中进行理解。此外，同性恋婚姻合法化涉及西方文明的一些基本问题，因此同性婚姻判决须放在西方文明史中进行理解。结合语境和背景，该案的判决一方面是同性平权运动在法律上的巅峰之作，另一方面则存在社会政治和宪法教义的双重争议性。[32]

（三）个人信息保护与言论自由

因应信息化和大数据的发展，论者指出，“社会风险治理是政府利用个人信息最活跃和典型的领域，个人信息除了被用于相关犯罪的侦查，还可以被用于社会安全事件的预测预警、应急决策、个体行为分析、网络舆情管理和应急资源配置等。为了保障信息主体的权利，政府在社会风险治理中利用个人信息的行为应当受到限制，不能套用个人信息保护的一般规则；对政府利用个人信息的规制应当确立聚合利用原则、有区别的法律保留原则、知情原则、适度放宽的比例原则等基本原则。”[33]

或认为保护隐私权益，应当更多采取公法风险规制与消费者法保护的框架，而不是寻求一种具有确定性边界的隐私权或个人信息权。这是因为，数据隐私必须放在特定的语境与社群中才能理解，只有结合具体语境与社群中的信息流通，才能准确思考隐私的边界与个人数据流通的合理性，才能对相关权利进行合理的界定。[34]

或从言论自由制度的本质分析来理解其中的中国特色：中国社会是以中国共产党为政治基础所形成的“人民—中国共产党—社会组织”的社会组织形式，在改革开放之后又借鉴了西方的“个人—私权与市场—社会组织”的组织形式，因此，中国的政治基础具有中国特色。中国的言论自由制度也是在这种政治基础上存在和发展的，具有自己的价值观、制度特征和法律表现。[35]

（四）公民义务的规范分析

亦不乏对公民义务的规范分析，认为“由于宪法学界对现代宪法中来自不同传统、具有不同价值取向的公民义务类型存在混淆，致使公民基本义务概念常常被滥用。而通过对我国宪法中公民基本义务概念的历史梳理，认为应当在‘公民宪法义务’之下，重新界定基本义务的规范内涵，并借助法律保留原则所形成的二阶段具体化模式实现其规范效力。”[36]

六、宪法效力与实施

有学者系统梳理了中国宪法实施的理论逻辑与实践，认为中国宪法实施的原理和机制不同于其他国家宪法，有其特殊的历史逻辑、理论逻辑和实践逻辑。宪法兼具政治性和法律性，既是治国安邦的总章程，也是国家的根本法。整体来看，我国宪法实施通过政治和法律两种方式进行。[37]

还有学者讨论了宪法总纲条款的性质与效力：宪法总纲条款占据了我国宪法的近四分之一，并成为历次修宪的主要对象。宪法总纲条款的最大特征是具有纲领性，即规定了一种国家未来要实现的目标，在德国法上被称为国家目标规定。国家目标规定不同于基本权利，它高度依赖立法的中介与形成。同时，它保护的不是个人利益，而是公共利益。但是，国家目标规定仍然对于国家机关具有法律约束力，对于立法机关来说，国家目标规定赋予其一种立法义务去规定实现国家目标的方式。对于行政机关和司法机关，国家目标规定主要提供了一种解释标准。国家目标规定的规范性体现为两方面，一是作为具体规范的标准和界限，二是作为立法者的行为要求。前者表现为针对立法作为的合宪性审查，即立法违反了国家目标规定；后者表现为针对立法不作为的合宪性审查，即立法没有履行或者没有平等地履行国家目标规定所课予的立法作为义务。[38]

或从宪法修正案看我国修宪方式和程序的完善：修正案方式的长处在于它能保持宪法原文的不变，但它也令宪法含义的确定复杂化了。随着宪法修正案数量的增加，这种缺陷将日益凸显。就我国的宪法修改实践而言，全国人大通过的修正案不便于独立援引，而实践中的修正案在实质上依然是对宪法原文的改动，但修改后公布的原文却未经全国人大表决。在这种情形下，全国人大有必要在通过的宪法修正案正文中阐明宪法全文的公布方式，从而使修改后的宪法全文成为正式的法定文本，这样更有利于维护宪法文本的权威。我国应当制定《宪法修改程序法》，由该法具体规定宪法修改的审议和表决通过程序以及宪法文本的公布程序等事项。[39]

甚至还有学者重思了中国宪法司法化：近年来许多迹象表明，宪法司法化在理论和实践中并未终止，其仍是我国宪法实施的重要备选项。人们对宪法司法化的误解，一是源于该概念的泛化，二是源于对该概念与现行宪法兼容性的过度担忧。要重塑宪法司法化的生命力，就理论而言，应当对已经泛化的宪法司法化概念进行厘清，区分三个层次的宪法司法化；就制度而言，应当对三个层次宪法司法化与现行宪法的兼容性区别对待，即广义宪法司法化与现行宪法不兼容，狭义宪法司法化与现行宪法兼容，中义宪法司法化与现行宪法兼容性最大的阻碍来自最高人民法院的两个文件，但这两个文件可能因涉及行使宪法解释权而存在合宪性问题。[40]

或透过"部门法的宪法化"来重新思考我国宪法的实施力：通过2018年的宪法修改，我国环境宪法的规范体系得到进一步充实。"生态文明"等内容的入宪，体现了"部门法的宪法化"，也回应了环境法的价值诉求。我国环境宪法采用了"国家目标"而非"环境权"的规定方式，但却通过对国家权力课予不同层次的义务，满足了"环境权入宪"的功能期待。我国宪法既有的环境保护的国家目标条款体系，经由宪法序言第7自然段增加的"新发展理念"、"生态文明""和谐美丽"等价值宣示，得到了原则性强化。对环境保护目标的落实，也应与序言"国家根本任务"中的其他国家目标相协调。将"生态文明建设"作为国务院职权，表明生态环保并非严格法律保留事项，但实践仍需要妥当处理立法权与行政权的职责分配。对宪法修改后形成的"环境宪法"的诸规范，必须在宪法与部门法"交互影响"的原理下作出体系融贯的解释。[41]

更有学者探讨了宪法宣誓的中国意义：在规范层面，谈宪法宣誓就是谈宪法忠诚。国家是一个建立在忠诚的道德原则基础上的存在实体，只有在存在的意义上才能真正理解国家的本质，也才能理解政治忠诚的意义。不同的国家形态，其政治忠诚的模式不同，现代立宪国家的政治忠诚集中体现为宪法忠诚。除非宪法成为国家的公民宗教，否则共和国就不具有最有力的精神纽带。宪法宣誓被普遍用于保证宪法忠诚，因为宣誓是一种神圣的言语行为，其神秘的力量和功效蕴藏在誓言的结构之中。宪法宣誓是宪法信仰的一个仪式。我国宪法宣誓制度的实行可视为我国宪法文化的一个突破，意味着权力仰赖人民的赐福，显示了权力温顺的一面。[42]

注：

①韩大元：《苏俄宪法在中国的传播及其当代意义》，《法学研究》，2018年第5期。

②韩大元：《改革开放四十年中国宪法学的回应与贡献——以20世纪八十年代的宪法学研究为中心》，《中外法学》，2018年第5期。

③王蔚：《大革命、国民主权与现代国家建构——马尔贝格的国家法学理论》，《法学评论》(双月刊)，2018年第3期。

④黎敏：《宪法的多种面孔与守护宪法的不同制度模式——凯尔森与施密特论战的主要问题意识及当代意义》，《华东政法大学学报》，2018年第2期。

⑤张千帆：《作为元宪法的社会契约》，《比较法研究》，2018年第4期。

⑥张千帆：《整体主义的陷阱制宪权和公意理论检讨》，《中外法学》，2018年第2期。

⑦张翔：《我国国家权力配置原则的功能主义解释》，《中外法学》，2018年第2期。

⑧张翔：《国家权力配置的功能适当原则——以德国法为中心》，《比较法研究》，2018年第3期。

⑨韩大元：《论党必须在宪法和法律范围内活动原则》，《法学评论》(双月刊)，2018年第5期。

⑩张力：《党政机关合署办公的标准：功能、问题与重构》，《政治与法律》，2018年第8期。

⑪彭浩：《授权地方改革试点决定的性质与功能探析》，《法制与社会发展》(双月刊)，2018年第1期。

⑫郭锐：《央地财政分权的"选择构筑"视角——兼论中央财政权力的宪法约束》，《中外法学》，2018年第2期。

⑬郑毅：《论作为"半部中央与地方关系法"的我国〈民族区域自治法〉——兼论中央与民族自治地方关系的法制建构》，《政治与法律》，2018年第3期。

⑭屠凯：《自治条例并非民族自治地方"小宪法"》，《政治与法律》，2018年第3期。

⑮康玉梅：《〈香港特别行政区基本法〉中的行政命令制度：渊源、流变与反思》，《中外法学》，2018年第4期。

⑯阳平：《论我国香港地区廉政公署调查权的法律控制——兼评〈中华人民共和国监察法(草案)〉》，《政治与法律》，2018年第1期。

⑰胡锦光：《论推进合宪性审查工作的体系化》，《法律科学(西北政法大学学报)》，2018年第2期。

⑱韩大元：《关于推进合宪性审查工作的几点思考》，《法律科学（西北政法大学学报）》，2018年第2期。

⑲莫纪宏：《论法律的合宪性审查机制》，《法学评论（双月刊）》，2018年第6期。

⑳李少文：《合宪性审查的法理基础、制度模式与中国路径》，《比较法研究》，2018年第2期。

㉑林来梵：《合宪性审查的宪法政策论思考》，《法律科学（西北政法大学学报）》，2018年第2期。

㉒韩大元：《从法律委员会到宪法和法律委员会：体制与功能的转型》，《华东政法大学学报》，2018年第4期。

㉓于文豪：《宪法和法律委员会合宪性审查职责的展开》，《中国法学》，2018年第6期。

㉔田伟：《宪法和法律委员会规范合宪性审查的程序类型》，《华东政法大学学报》，2018年第4期。

㉕胡锦光：《论法规备案审查与合宪性审查的关系》，《华东政法大学学报》，2018年第4期。

㉖封丽霞：《制度与能力：备案审查制度的困境与出路》，《政治与法律》，2018年第12期。

㉗彭錞：《〈土地管理法〉合宪性争议再反思——兼论立法形成条款的成因与边界》，《清华法学》，2018年第6期。

㉘杜强强：《论合宪性解释的法律对话功能——以工伤认定为中心》，《法商研究》，2018年第1期。

㉙柳建龙：《论基本权利竞合》，《法学家》，2018年第1期。

㉚黄宇骁：《论宪法基本权利对第三人无效力》，《清华法学》，2018年第3期。

㉛冉昊：《财产权的历史变迁》，《中外法学》，2018年第2期。

㉜刘晗：《美国同性婚姻权裁决的三重语境：平权运动、美国宪法与西方文明》，《中外法学》，2018年第1期。

㉝林鸿潮：《个人信息在社会风险治理中的利用及其限制》，《政治与法律》，2018年第4期。

㉞丁晓东：《什么是数据权利？——从欧洲〈一般数据保护条例〉看数据隐私的保护》，《华东政法大学学报》，2018年第4期。

㉟吴伟光：《从言论自由制度的本质分析来理解其中国特色》，《清华法学》，2018年第3期。

㊱姜秉曦：《我国宪法中公民基本义务的规范分析》，《法学评论（双月刊）》，2018年第2期。

㊲翟国强：《中国宪法实施的理论逻辑与实践发展》，《法学论坛》，2018年第5期。

㊳王锴、刘犇昊：《宪法总纲条款的性质与效力》，《法学论坛》，2018年第3期。

㊴杜强强：《从宪法修正案看我国修宪方式和程序的完善》，《政治与法律》，2018年第6期。

㊵谢宇：《宪法司法化理论与制度生命力的重塑——齐玉苓案批复废止10周年的反思》，《政治与法律》，2018年第7期。

㊶张翔：《环境宪法的新发展及其规范阐释》，《法学家》，2018年第3期。

㊷陈端洪：《权力的圣礼：宪法宣誓的意义》，《中外法学》，2018年第6期。

（作者：胡锦光，中国人民大学教授；
杨凡，天津理工大学讲师）

行政法学

胡锦光　董　妍

2018年，北京市行政法学界围绕着“行政法治四十年”的主题展开了学术讨论，形成了一批主题鲜明、具有一定学术水平的科研成果。北京作为行政法学发展较为繁荣的地区之一，拥有众多优秀的行政法学者，2018年的行政法学研究呈现以下特征：第一，对行政法学基本理论研究的不断深入，对我国行政法治发展四十年作出全面总结；第二，将行政法和其他法学学科结合，出现一部分跨学科研究；第三，更加注重事务性以及对新兴科技领域行政法的研究。

一、行政法基本理论

从1978年到2018年，我国行政法治已经发展了40年，在这40年中，我国的行政法治各项制度逐步完善，有学者对这一过程进行了总结和展望。马怀德教授对行政法治四十年的发展进行了总结，他指出，改革开放40年来，我国的行政法治建设随着时代发展而不断进步，取得了丰硕的成果。时至今日，具有中国特色的行政法学理论体系初步形成，一套较为有效的行政法律制度初步实现了行政权的规范，依法行政的观念和意识也逐渐深入人心。党的十八大以来，全面推进依法治国开启了法治建设的新篇章，依法行政和法治政府建设进一步提速增效。未来的行政法治建设应当及时回应国家治理、社会变迁、新兴科技发展所提出的理论需求，继续完善中国特色行政法学理论体系；应当加强重点领域立法，破解法治政府建设的现实难题，着力推进法律的实施和制度的落实；重点提高各级领导干部的法治意识和法治素养，在全社会形成良好的法治氛围。①

同时，马怀德还特别就行政诉讼法四十年的发展进行了回顾，他认为，改革开放为我国行政诉讼制度的建立和发展提供了历史土壤。以1989年《行政诉讼法》的颁布、2014年《行政诉讼法》的修订等事件为标志，我国行政诉讼制度在短短四十年内经过了萌芽、建立、完善及更新四个阶段，实现了跨越式发展，为维护公民、法人和其他组织的合法权益，促进依法行政和法治政府建设，化解社会矛盾发挥了重要作用。进入新时代，应当以实现国家治理体系和治理能力现代化为导向，推进行政诉讼制度的现代化。在宏观层面，应当优化行政诉讼在权力结构中的地位与配置；在中观层面，应当解决行政诉讼制度的突出问题，进一步提升制度运行实效；在微观层面，应当完善诉讼规则，推进制度设计的精细化。②

比例原则作为行政法中的地方条款，依旧收到了学者的关注。有学者认为，比例原则是公法学说和实践中常见的审查立法和政府行为合理性的方法。近年来，有学者主张将比例原则推广至更为广泛的领域，使之成为“法律帝国基本原则”。但与经济学中的成本收益分析方法相比，比例原则无法全面关照决策者应考虑的各种成本、收益因素，至多构成残缺的成本收益分析，而其机械的四步分析法很容易误导法律人的理性思维。对德国权威学者阿列克西的比例原则理论进行批判性分析，则可揭示出比例原则在学理上存在更深刻的谬误。因此，即使比例原则可用于限制法院审查立法或行政举措时的裁量权，在立法政策选择、行政举措权衡以及法院处理民事纠纷等语境中，比例原则也不应被广泛适用，而经济学的成本收益分析才是更适当的理性思维和决策方法。③

有学者对执法权的配置问题进行了探讨，认为通过对欧洲五国的比较考察可以发现，执行权配置模式与执行制度的正常运作、“执行难”问题的消解之间存在重大关联。除瑞典外，执行“内外分权”是考察对象国家的主流模式或者改革的方向。当然，各国对专业执行人员的定位上有国家公务人员及市场化、社会化的职业人员之区别。为了兑现两到三年“基本解决执行难问题”的承诺，我国除了继续大力加强国家认证及法院执行信息化建设，还应以“终结本次执行程序”为节点实行按阶段内外分权模式。改革的方案是开放的，但道路也许通向市场。④

二、行政行为法

抽象行政行为和具体行政行为的理论一直是行政法学界关注的焦点之一，有学者对行政立法行为和规范性文件的问题进行了探讨，认为行政立法与行政规范性文件的区分是关系到依法行政原理得以实现的一个重要问题。当前我国司法实务所采取的实体区分标准，即以是否创设权利义务来区分行政立法与行政规范性文件的思路，面临着逻辑上的困境。在权利义务的创设与权利义务的具体化之间并不存在一道清晰的界限。基于我国《立法法》所确立的立法制度框架，对行政立法与行政规范性文件的区分，应当坚持程序标准，只要没有经过行政立法程序的规则就是行政规范性文件。行政规范性文件不是法，对司法没有法律上的约束力，无论其规定什么内容都不可能创设权利义务。当然，为了破除行政规范性文件对法院形成的事实约束力，法院应当给予行政规范性文件低于行政立法的尊重，应当将合理性审查纳入行政规范性文件附带审查的范围。⑤同时，该学者从美国的制度出发，对这一问题做了更为深入地探讨，认为美国法院对非立法性规则与立法性规则的区分遵循的是分类审查的逻辑，即根据非立法性规则类型之不同适用不同的区分标准。其中，对解释性规则适用的是法律效力标准，审查的重点在于解释性规则是否超越了其所解释的法律条文的本来含义。对政策声明适用的是拘束力标准，审查的重点在于行政机关在发布该规则时是否表达了拘束行政机关或者公众的意图。美国区分非立法性规则与立法性规则的经验对于我国行政规范性文件司法审查标准、授权立法以及裁量基准等制度的完善具有重要的借鉴意义。⑥

行政行为的概念一直在行政法学中占有十分重要的地位，有学者对于行政事实行为的概念进行了厘定，指出从目前理论和实务来看，关于行政事实行为的判断标准还存在争议和模糊之处。通过对行政事实行为的发源地——德国法的考察，可以发现行政事实行为并非不产生法律效果，而是不直接产生法律效果。也就是说，行政事实行为可能会影响当事人的权利义务，但这并非行政机关的意图所致。直接产生事实效果才是行政事实行为的特征。德国法主要以“是否存在调整（即客观上是否具有法律效力和主观上是否直接产生法律效果）”来作为区分行政处理和行政事实行为的标准，值得我们借鉴。对行政事实行为的界定有助于我们认清行政强制行为、政府信息公开行为、调解行为、行政指导行为、过程性行为以及准法律行为的性质。[7]

有学者以香港行政命令制度为出发点，对行政命令进行了研究，认为《香港特别行政区基本法》第48（4）条确立的行政命令制度自香港回归以来基本上处于沉睡状态，鲜少实践应用或理论研究。从港督职权或中国内地行政权设置两个路径来追溯其渊源，只能看到些许的印迹或影子，无法探知明确的制度承继关系。从起草过程来看，行政命令制度经历的文本变迁甚少，其争议焦点主要在于范围的界定和权力的限制。从行政长官发布的关于公务员和秘密监察的两次行政命令的实践应用来看，法院通过正面肯定前案、反面否定后案而初步确立了行政命令制度的性质、适用范围与效力，即其为由行政长官发布的，形式上以《基本法》第（4804）条为制定依据，实质上适用于行政机关内部公务人员，具有行政性而非立法性效力的行政管理工具。这与制度设计初衷产生了某种程度的背离和流变，有必要反思目前司法实践对其的界定。[8]

在行政许可方面，有学者就一些具体领域的行政许可问题进行了研究。有学者认为，解决撤销律师执业许可制度存在的现实问题，一方面，应当明确撤销律师执业许可不同于律师执业许可的撤回和律师执业证书的注销，更不同于律师执业的行政处罚，其法律性质是司法行政部门行政行为纠错机制；另一方面，司法行政部门应当结合《行政许可法》第69条区分“因行政相对人违法，应当撤销”和“因行政机关违法，可以撤销”两种情形来适用《律师法》第9条，明确撤销律师执业许可程序的启动主体，依法作出撤销律师执业许可决定。此外，还应在《律师法》中增加限制再次申请律师执业许可的期限规定。[9]

2019年4月《政府信息公开条例》进行了修订，在此之前的2018年，大家对信息公开制度尤为关注。有学者对这两年关注度颇高的滥用信息公开申请权问题进行了实证研究，认为尽管我国现行法律规范中尚无“滥用政府信息公开申请权”相关概念的表述，但法院判决已有涉及。法院在解决何为滥用政府信息公开申请权的问题上，虽未给出严格、精准的定义，但间接提出了认定该行为的相关考量特征。但是，这些特征还只是界定该行为的充分不必要条件。判断“滥用政府信息公开申请权”的行为是否成立，可以从主观目的、客观行为、损害后果和因果关系四个构成要件综合考虑。[10]对于之前《条例》在实施过程中较为突出的公共企事业单位信息公开问题，也有学者进行了探讨，指出《政府信息公开条例》修订草案删除原法第37条的“参照适用”规定，将公共企事业单位信息公开交由主管行政部门负责，维持甚至强化其与条例主体部分的差异，呈现“脱条例化”趋势，理由在于认为通过行政管理权而非司法权才是推进相关工作的现实可行方案。然而，10年实践表明：由于责任分配不清、科层压力不够，行政保障面临制度配套不足、考评追责乏力和监督救济缺失的困境；法院则突破限制，探索多样化的审查方式，对公共企事业单位的信息公开活动积极开展监督。因此，可欲且可行的改革方向应是“入条例化”，使公共企事业单位信息公开回归政府信息公开制度的一般原理和基本架构，明确其适用《条例》，并通过设置申诉前置程序引入复议和诉讼救济。[11]

在行政程序方面，有学者探讨了美国在听取公众意见方面的经验，认为行政机关将规则草案公开征求意见后，应当如何回应公众意见，这在我国尚未形成定型制度。《美国联邦行政程序法》对经过“通告—评论”程序的行政规则，仅要求行政机关在考虑公众意见之后，在其最终制定的规则之中对规则依据和目的予以“简明综述”，其并没有明确行政机关是否应当或如何回应公众评论。实践中，美国行政机关对公众评论基本是予以回应的：在评论意见较少的时候会一一回应，但多数时候并非回应每一个评论，而是分类、整理、聚焦重要观点。行政机关的回应会提及重要评论、表明自己立场、说明所持立场的理由以及根据评论意见对拟议规则进行的修改等。行政机关如此详细回应公众评论，最主要推动力来自较为严格的司法审查。行政机关若不能合理回应重要观点，法院有可能裁判其构成“恣意武断和反复无常”，而否认规则效力。这些对我国皆有借鉴意义。[12]

还有学者对具体领域的规制问题进行了探讨。有学者讨论了转基因食品中的裁量问题，指出由于转基因食品风险具有不确定性，对转基因食品的规制很大程度上依赖行政机关的裁量。转基因食品的风险规制应当区分风险评估和风险管理两个阶段。在风险评估阶段，行政裁量主要针对专家选拔和信息公开。为了最大限度查明事实，应该对这一阶段的行政裁量施加明确的规则或基准限制。在风险管理阶段，应该在“风险”要件之外引入“公共利益”要件，以抵抗“风险”科学性对裁量空间的压缩，并对具体情境下的“公共利益”内涵进行要件裁量。在要件裁量的基础上，风险管理机关可以基于经验和政策考量进行效果裁量，对是否作出行为、行为的方式、程序等进行裁量。法院对于要件裁量需要进行全面审查，对于效果裁量则仅适用宽泛的原则和方法进行审查。我国目前对于转基因食品风险事实查明阶段的裁量权限制不足，对于风险管理阶段的裁量权则限制过大。[13]还有学者从其他角度对食品安全监管问题进行了研究，认为行政体制的“大部制”改革，对行政执法的指导思想与实施当然会产生基础性的影响。“三合一”的市场监管部门中实际存在着履行不同种类法律规制要求职责的情形，在前期基层食品安全监管执法实践中已经暴露出一些法律适用方面的问题。从行政法治的视角对“食品安全监管”与“市场监管”的行政目的、法律制度宗旨和法律规制手段进行对比分析，找出“安全监管”与“市场秩序监管”的异同，解决统一行政机构内行为“异质性”的问题，明确市场监管体制整合后坚持依法行政这一基本原则对食品安全监管行为的重要性。[14]在备受关注的网约车领域，有学者在之前的基础上继续进行了探讨，认为在中国，以2016年交通运输部等发布的部门规章以及后续一系列地方网约车实施细则为标志，网约车获得合法地位，但其也面临门槛过高、合法预期不明确、选择性执法等诸多问题。有必要对网约车新政展开分析，对部门规章及地方实施细则的主要内容进行细致检讨，并探讨法律监管制度未来改革和完善的方向与举措。[15]在政权执法领域，有学者指出证券监管立法的宗旨得以实现，需要以证券监管机构的执法为保障。对于证券监管执法的类型及其规范，无论在理论上，还是在实践中，在我国都存在许多值得探讨的地方。本文重点探讨了证券监管执法的基础理论以及对证券行政执法和证券监管措施等行为的规范与制约。[16]还有学者对PPP中政府介入的权力进行了探讨，认为政府介入权主要规定在一些国家的PPP立法和PPP项目标准合同文本中，旨在一定的情况下赋予政府介入和接管PPP项目的权利。对于政府介入权的行使，实践中出现了各种问题和纠纷，恣意介入、侵占式介入、暴力介入等时有发生。合理地构建和规范政府介入权制度既可以保障政府介入权的有效行使，又可以防止权利的滥用。政府介入权是政府监管权、项目中止权、强制接管权和项目终止权，此权利在性质上应是公权。应严格设定政府介入权行使的实体和程序条件，否则极易造成公权的滥用，侵犯社会资本方（项目公司）的私权，动摇社会资本方参与PPP项目的信心，最终损害PPP项目的信誉。政府介入权的行使会产生一定的法律效果，对公私双方、融资机构以及其他相关利益方的权利和义务产生一定的影响。[17]

三、行政救济法

行政救济法最能体现行政法限制公权力，保障公民权利的基本价值取向，因此行政救济法一直是学者颇为关注的领域，2018年，北京学者继续就行政法受案范围、判决适用等问题进行了探讨。

受案范围是伴随着行政法产生而产生的一个问题，行政行为受司法行为的可审查范围关系到司法权、行政权和公民基本权利三方之间的关系。有学者对过程性行为的可诉性进行了探讨，认为德国行政诉讼中对于内部行为的审查标准，采取所谓主观目的或者法规范目的标准，而不以内部行为是否对外客观产生影响为标准；对于行政程序中的中间行为，也在行政程序法中明确予以规定，原则上不能单独作为司法审查的标的，以保障行政机关在行政程序中的主导者地位。这些裁判标准或者法律规定，体现的是司法权审查和干预行政权的边界，司法机关对行政权的自我运行保持充分的尊重，对行政权的监督采取克制的立场，以避免司法权过分干预行政权。这些理念对于更加客观理性地认知行政审判的功能和作用，具有重要的借鉴和参考价值。[18]另有学者探讨了裁量性行为的可审查性，指出在我国，对于行政裁量司法审查的研究主要关注审查强度与审查标准，而忽视了裁量的可审查性这一前置问题。而在司法审查最为活跃的美国，该问题一直处于争鸣之中，与我国形成鲜明反差。通过梳理美国行政裁量可审查性的变迁历史，以及相应的学术争议，可以发现：扩大裁量的司法审查范围并非应然趋势，裁量能否接受司法审查取决于立法、行政和司法三方的互动。[19]

有学者针对最高人民法院发布的陆红霞案，对行政诉讼权利保护的必要性进行了探讨，认为在行政诉讼中，权利保护必要性，又被称作狭义诉的利益，是指原告请求法院以裁判的方式保护其权利的必要性或实效性。对于缺乏权利保护必要性的起诉，我国法院一般裁定驳回。鉴于司法资源有限、当事人有平等利用司法制度的权利，法院以原告实施诉讼的利益为判断基础，斟酌被告应诉负担、其他人利用诉讼制度可能性等因素选择给有保护必要的权利提供救济，具有正当性。权利保护必要性就是在确定有实益、有效率、适时、正当的权利救济契机。在无益、低效、不适时、放弃权利保护、滥用诉权等情形下，一般会认为缺乏权利保护的必要性。权利保护必要性也可能因嗣后的原因而消灭。但因为权利保护必要性的判断可能伤及诉权，法院应当开庭审查，提供权利防卫的机会，在适用时应当遵守补充性、有限性、说理性等限制。[20]

在诉讼当事人方面，有学者对复议机关作为共同被告的实效性进行了研究，认为新《行政诉讼法》规定的“复议机关作共同被告”制度是否促进了行政复议制度实效性的提升，是一个重要但有争议的问题。体现制度改革成功与否的标准从成效角度说包括复议直接纠错率、复议再诉率、复议案件数量等，从成本角度说包括改革本身的成本和改革所带来的成本。基于对现有数据以及访谈材料的综合比对并排除其他假设后，可以判断，在理性选择机制的作用下，复议机关作共同被告制度取得了较好的效果。与功能目标相似但复议机关不用作共同被告的其他方案相比，该制度总体成本更低，相对更符合我国当前的国情。[21]

在行政诉讼的判决方面，有学者对变更判决适用的条件进行了探讨，指出行政诉讼中，变更判决是撤销并责令重作判决的例外。相对于撤销并责令重作，变更判决具有效率上的优势，避免了当事人因为行政机关不重作或者乱重作而遭受“二次伤害”。变更判决由法院来直接改变行政行为的内容也具有破坏司法权与行政权之间的权力分工的危险。因此，变更判决的适用必须谨慎。从国外的情况来看，变更判决被限制在“行政机关没有裁量和判断余地或者裁量权收缩为零”的情形，在这种情形下法院变更行政行为可以很好地平衡诉讼效率和权力分工之间的紧张关系。从2016年以来我国法院的83个变更判决的案例中可以发现，我国法院对于行政处罚明显不当和行政行为对款额的确认确有错误的判断标准还存在不统一和非理性的问题，未来可以通过加强裁量基准的建设与利用诉讼调解来提高当事人对变更的接受度这两项措施加以完善。[22]另有学者对确认判决在我国的定位进行了讨论，认为我国行政诉讼法上的确认判决是行为诉讼中的判决，而非法律关系的一般确认诉讼的判决。只有确认事实行为违法判决和确认无效判决具有独立性，其他的确认行为违法判决、确认不作为违法判决均为撤销诉讼、课予义务诉讼的衍生品。撤销判决、履行判决不仅具有确认违法的功能，还能施以直接有效的救济，应当优先发挥撤销判决、履行判决的功能，只有无法作出撤销判决、履行判决时，才有发挥确认违法判决作用的空间。鉴于行政活动存在多样性，我国应增加新的判决种类，以期实现权利的无漏洞实效性救济。[23]

行政诉讼的起诉期限在行政法中一直是一个不太受关注的话题，2018年北京学者在此领域中也出现了佳作，有学者指出行政诉讼起诉期限延误制度体现着诉权保障与司法对行政活动谦抑、尊让的价值权衡。新《行政诉讼法》第48条进一步完善了行政诉讼起诉期限延误制度，增设了起诉期限扣除情形。起诉期限扣除程序应当以申请而启动，申请要件包括耽误事由客观存在、法定起诉期限已经过、两者间存在因果关系、障碍消除后十日内提出。关于起诉期限扣除或延长申请的审查与认定，法院应以立案受理通知书的形式予以支持，以裁定驳回起诉的方式予以否定。起诉期限扣除情形中，法院只能对申请是否成立作出审查与认定；起诉期限延长情形中，法院既可就是否成立作出审查与认定，亦可基于一定标准对延长期限作出裁量。对于当事人在延误情形上的“错误申请”，法院应当给予一定的释明和指导。[24]

还有学者对反向行政诉讼进行了探讨，认为反向行政诉讼，是根据《行政诉讼法》的规定在某些特殊类型的行政案件中将诉讼程序的启动权赋予行政机关，在结构和形式意义上由行政机关起诉相对人的制度。反向行政诉讼在相对人违反行政协议、行政机关申请法院强制执行、行政机关的债权保障等领域显现出其难以替代的优势，符合行政机关角色转变的要求，符合权利救济、司法最终解决、诉权平等的理念，有充足的域外经验支持。反向行政诉讼虽然是“官告民”，但依然遵循行政诉讼的宗旨和目的，只是在受案范围、起诉资格、举证责任、判决类型等方面有相应改变，是一种在坚守行政诉讼固有理念前提下的理论和制度创新。[25]

总体而言，2018年北京学者在行政法学研究中取得了较为丰硕的成果，对部分理论在现有基础上进行更为深入的探讨，特别是2018年的研究整体突出了实证性，除了具有较为深厚的理论基础之外，还对制度在实践中的运行情况进行了考察，并在此基础上将实践回溯至理论研究，对理论进行检验和更为深入的探讨，这一研究趋势对促进我国行政法治发展，特别是解决我国行政法治中的实际问题具有十分重要的意义。但是，我们也注意到，在2018年北京学者的研究中，对于行政组织法的研究相对较少，这也给未来的研究预留了空间。

注：

①马怀德、孔祥稳：《中国行政法治四十年：成就、经验与展望》，《法学》，2018年第9期。

②马怀德、孔祥稳：《改革开放四十年行政诉讼的成就与展望》，《中外法学》，2018年第5期。

③戴昕、张永健：《比例原则还是成本收益分析法学方法的批判性重构》，《中外法学》，2018年第6期。

④陈杭平：《比较法视野下的执行权配置模式研究——以解决“执行难”问题为中心》，《法学家》，2018年第2期。

⑤王留一：《论行政立法与行政规范性文件的区分标准》，《政治与法律》，2018年第6期。

⑥王留一：《美国非立法性规则与立法性规则的区分标准及其启示》，《河北法学》，2018年第3期。

⑦王锴：《论行政事实行为的界定》，《法学家》，2018年第4期。.

⑧康玉梅：《“一国两制”下香港特别行政区的国民教育与国家认同》，《环球法律评论》，2018年第2期。

⑨袁钢：《撤销律师执业许可问题研究》，《行政法学研究》，2018年第6期。

⑩于文豪、吕富生：《何为滥用政府信息公开申请权——以既有裁判文书为对象的分析》，《行政法学研究》，2018年第5期。

⑪彭錞：《公共企事业单位信息公开：现实、理想与路径》，《中国法学》，2018年第6期。

⑫沈岿：《行政机关如何回应公众意见？——美国行政规则制定的经验》，《环球法律评论》，2018年第3期。

⑬曹炜：《转基因食品风险规制中的行政裁量》，《清华法学》，2018年第2期。

⑭冀玮：《机构整合背景下的食品安全监管法律适用——基于行政法治视角的比较分析》，《行政法学研究》，2018年第3期。

⑮王静：《中国网约车新政的变革方向》，《行政法学研究》，2018年第4期。

⑯李东方：《证券监管执法类型及其规范研究》，《行政法学研究》，2018年第6期。

⑰邢钢：《PPP项目中政府介入权法律问题研究》，《比较法研究》，2018年第2期。

⑱龙非：《德国行政诉讼中内部行为、程序行为的可诉性——管窥司法审查的边界》，《行政法学研究》，2018年第2期。

⑲蔡培如：《美国行政裁量可审查性原则的变迁》，《行政法学研究》，2018年第1期。

⑳王贵松：《论行政诉讼的权利保护必要性》，《法制与社会发展》，2018年第1期。

㉑俞祺：《复议机关作共同被告制度实效考》，《中国法学》，2018年第6期。

㉒王锴：《行政诉讼中变更判决的适用条件——基于理论和案例的考察》，《政治与法律》，2018年第9期。

㉓王贵松：《论我国行政诉讼确认判决的定位》，《政治与法律》，2018年第9期。

㉔范伟：《论行政诉讼中的起诉期限延误——兼评〈行政诉讼法〉第48条》，《行政法学研究》，2018年第2期。

㉕解志勇、闫映全：《反向行政诉讼：全域性控权与实质性解决争议的新思路》，《比较法研究》，2018年第3期。

（作者：胡锦光，中国人民大学教授；
董妍，天津大学副教授）

刑 法 学

韩玉胜 史丹如 张学永

2018年度，北京地区的刑事法学专家，继续对我国的刑法学理论进行了深入研究，也对我国的刑事司法实践发挥着推进作用。本年度内，全国发生了多起影响较大的正当防卫的典型案例，引发了学界对于正当防卫问题进一步讨论的热情和反思。学者和专家们对于预防性刑法观、过失犯的预见可能性问题、犯罪与惩罚体系、刑法解释等刑法总论的理论，以及具体的黑恶势力犯罪、财产犯罪、受贿犯罪、环境犯罪等问题都进行了深入研究。此外，针对跨国性的有组织犯罪惩治与预防、中外刑法基础理论比较研究、刑罚的哲学观等为主题的研讨会和学术论坛交流活动，为北京地区乃至我国刑事法学的创新发展提供了持续的推动力。

一、重要论著

本年度内，北京地区的专家学者们又陆续出版了一些产生了较大影响的专著和译著，其中有：高铭暄、傅跃建（整理）著《我与刑法七十年》（北京大学出版社），张明楷编著《刑法的私塾（之二）》（北京大学出版社），陈兴良著《走向哲学的刑法学》（北京大学出版社）、《走向教义的刑法学》（北京大学出版社）、《走向规范的刑法学》（北京大学出版社）、《刑法的致知》（北京大学出版社），梁根林著《刑法总论问题论要》（北京大学出版社），刘仁文著《证券期货犯罪的刑法规制与完善》（社会科学文献出版社）、《立体刑法学》（中国社会科学出版社）、《刑法修正评估与立法科学化》（社会科学文献出版社），于志刚著《虚拟空间中的刑法理论（第二版）》（社会科学文献出版社），王世洲著《追寻刑法理想》（北京大学出版社），郭自力著《英美刑法》（北京大学出版社），王平著《刑罚执行现代化：观念、制度与技术》（北京大学出版社），张远煌著《企业家犯罪分析与刑事风险防控报告 2017 卷》（北京大学出版社），陈志军著《刑法中的立功制度研究》（中国政法大学出版社），王秀梅著《美国死刑制度与经典案例解析》（北京大学出版社），喻海松著《网络犯罪二十讲》（法律出版社），王剑波、章政著《犯罪动机与死刑适用》（中国政法大学出版社），周维明著《刑法解释学中的前理解与方法选择》（知识产权出版社），山口厚［日］著、付力庆译《刑法总论（第 3 版）》（中国人民大学出版社），佐伯仁志［日］著、丁胜明译《制裁论》（北京大学出版社），松宫孝明［日］著、王昭武等译《刑法各论讲义（第 4 版）》（中国人民大学出版社），安东尼·达夫［英］著、王志远等译《刑罚·沟通与社群》（中国政法大学出版社），等等。另外，还有数百篇刑法学领域的学术论文公开发表。

二、研究的热点与创新

（一）刑法总论相关问题研究

在历年的刑法学发展中，都有众多学者对刑法总论中的相关问题进行深入的理论探讨。本年度内，也不乏正当防卫、犯罪论体系、刑罚体系等重大的刑法总论问题得以重点关注和研究。

1. 正当防卫研究

本年度，由于昆山、涞源等正当防卫案件典型案件引起公众的广泛关注，刑法理论界和实务界对正当防卫的研究进入一个新的阶段。围绕着正当防卫的正当化原理、司法适用、防卫必要性和防卫限度的判断等问题，有多篇学术价值极高的论文发表，并进行了深入细致的探讨。

对于正当防卫的正当化原理，有学者对德国“个人保全原理”和“法确证原理”的二元论进行了批判，认为正当防卫的正当化根据在于优越利益保护原理，即防卫人的利益保护优先于不法侵害人的利益保护。在进行利益衡量时，如果仅将防卫行为造成的损害和不法侵害造成的损害相比较，是一种常识性错误，和防卫行为造成的损害比较的对象，应该是不法侵害所造成的损害、危险以及不法侵害人为对抗防卫行为所实施的进一步不法侵害所造成的损害、危险，并充分考虑防卫人利益的保护的优越地位。①有学者对我国实务界较为普遍接受的“法益衡量说”进行了分析，认为“法益衡量说”对正当防卫的正当化根据定位失当，应予以调整。同时认为，我国关于正当防卫制度的立法和司法出现了严重分化，司法实践中对正当防卫的认定出现异化，将正当防卫的成立要件朝向否定的方向理解和界定。刑法系统的功能应定位于给予社会公众一个稳定的规范性期待，司法裁判的功能也应从纠纷解决向规范评价转向。②

针对我国正当防卫的立法内容和司法实践，有学者认为，我国关于正当防卫的立法是全世界最有利于防卫人的立法，而司法对于正当防卫问题则过于保守甚至沦为“僵尸”条款。在正当防卫司法裁判过程中，应树立有利于防卫人的理念，因为不法侵害人是法律和防卫人的共同敌人。③有学者对我国的正当防卫立法内容给予了高度评价，指出我国刑法第 20 条第三款关于特殊防卫权的规定属于提示性的注意规定，并进一步认为，我国公安机关和检察机关都有权直接认定正当防卫，而不需要都推进到法院去认定正当防卫。④

对于防卫限度问题，有学者认为，正当防卫是正对不正的关系，是抗击侵略而不是公平竞赛的拳击赛，因此应从有利于防卫人的角度整体上去判断防卫限度。⑤有学者认为，防卫行为是可以有不同的独立行为的组合，不能将不同的独立行为综合在一起进行综合判断，而应将相对独立的防卫行为及与其相关的各种情况结合起来进行综合判断，因此昆山正当防卫案实际应认定为防卫过当。[⑥]

2. 我国刑法体系发展的研究

有学者对我国刑法法源的发展变化进行了系统研究，认为我国刑法法源已经成为一个具有成文法典、放眼国际甚至全球的复杂体系，并且为了应对局势的发展变化和各种挑战，我国的刑法体系应当进一步改革，确立多元化立法的思路，即坚持以刑法典为主体，改进完善刑法修正案模式，并以单行刑法和附属刑法为补充的刑法法源体系。[⑦]

有学者对我国刑法四十年来的发展变化进行了系统研究，提出了我国刑法的现代化与理论重构的思考。认为，我国刑法近几十年的发展进步是显而易见的，刑法典的体系化和逻辑性不断增强，人权保障的理念也得到了更好的重视和贯彻，但是我国刑法的发展过于依赖法律移植的路径，放眼未来，我们应当在借鉴国外理论的同时，确立自己的哲学方法论，结合我国的文化传统，吸收社会学、政治学等其他学科的相关知识，锻造中国刑法的独立品格和精神气质。[⑧]

有学者认为，我国当前的刑法学为过渡型刑法学，和理想状态的成熟型刑法学相比，还存在诸多缺陷。但是，过渡型刑法学相较于以苏联刑法学为样板的起步型刑法学，还是具有明显的进步性。过渡型刑法学的主要贡献在于，积极推进刑法教义学的发展，在体系性思考方面取得了长足的进步，并初步形成了学派论争的局面。过渡型刑法学的进一步发展需要我们保持开放的态度，接受法哲学、法社会学等理论研究的方法论，对外坚持国际视野，做好比较研究，对内坚持刑事一体化的理念，加强学科之间的交流融通，学者尤其需要保持谦逊、成熟的心态，取长补短，则过渡型刑法学的发展前景就值得期待。[⑨]

3. 犯罪与预防问题研究

有学者对犯罪化问题进行深入探讨，认为犯罪化问题实际上也就是惩罚体系的完善问题，并对我国现有的惩罚体系优化提出了建议，认为我国应保持行政处罚与刑罚二元的惩罚体系，并应将所有剥夺人身自由的处罚纳入刑法调整的范围，体现刑罚处罚的严厉性及将行为人与社会共同体隔离的负面评价。但是，还应注意行政处罚和刑罚的衔接，适度限缩刑罚的范围，选择合理的犯罪化路径，避免大规模犯罪化情况的出现，从而确保惩罚体系的合理性，并兼顾人权保护的宪法诉求。[⑩]

有学者对预防性刑法观进行了教义学思考，认为，预防性刑法观是刑法顺应社会发展、积极预防社会风险的自然结果。《刑法修正案（九）》进一步凸显了预防性刑法的理念，其中适度的犯罪化、危险犯的增设、刑罚干预的提前等趋势体现了积极刑法立法观的初步显现。[⑪]对于我国刑法的修正模式，有学者为当前的刑法修正案模式辨正，认为，虽然因为“解法典化”思潮的影响，我国当前的刑法修正案模式受到质疑，而单行刑法和附属刑法的多元立法模式受到部分推崇，但是我国当前的刑法修正案模式具有合理性，契合我国的法典化传统，保持了刑事立法的严谨，既有稳定性，又兼顾灵活性，维护了刑法体系的统一，有利于司法统一适用和公众的学习认知，应予以坚持。[⑫]

4. 刑法解释与指导司法实践研究

对于刑法解释，有学者主张功能主义的刑法解释论，认为，目的理性刑法体系的兴起为刑事政策和刑罚体系的关系研究提供新的思考进路。目的理性体系从合目的性的角度运用刑事政策，功能主义刑法解释论为刑事政策进入刑法体系架起了桥梁。运用功能主义刑法解释论，可以使刑事政策为刑法解释提供指导。功能主义刑法解释论认为，刑事政策目的性思考的价值判断和传统刑法教义学规则所奉行的形式逻辑之间是相互补充和相互制约的关系，功能主义刑法解释论突破了传统解释方法的局限，并非单纯的方法论，而且可以构成刑法的实体。[⑬]

有学者对我国当前的刑法指导案例的功能进行了理论研究，并进一步总结了我国目前刑法指导案例的五种裁判要点功能：一是司法规则的创制功能，即指导性案例可以比司法解释更具体、细微地创制规则；二是条文含义的解释功能，即可以更明确地解释刑法条文的含义；三是法律规定的释疑功能，即当对法律规定的理解出现不同观点时予以明确；四是刑事政策的宣示功能，即为具体案件中的裁量标准提供政策指导；五是刑罚制度的示范功能，即为新的刑罚制度的适用提供指导，实现刑罚的制度创新的目的。[⑭]

有学者结合当前关于死刑案件的指导案例，探讨案例指导制度对于故意伤人罪死刑裁量的影响。认为，虽然有人质疑最高法院发布的关于故意杀人死刑适用的两个指导案例，但总体而言对其积极意义应予以肯定。指导案例的实践价值在于，对实践中的一些死刑案件裁量进行纠偏，转变部分下级法院过度迁就被害人亲属态度、"就高"判处死刑立即执行的做法，而应坚持根据案件的客观危害和行为人主观恶性进行刑罚裁量，考虑对具有从宽情节的被告人判处死缓限制减刑而非死刑立即执行。[15]

5. 其他总论理论研究

对于过失犯中的预见可能性问题，有学者进行了反思并认为，我国传统的过失犯构造以结果的预见可能性为中心，与故意犯的构造出于统一的模式。但是，由于过失犯和故意犯的归责结构具有重大不同，因此原有的过失犯的构造体系存在重大的逻辑缺陷，应当予以转向。对于过失犯的归责，一方面应从主观归责向客观归责转变，另一方面应从结果本位向行为本位转变，以实现风险社会对刑法归责的功能期待。[16]

对于具体的方法错误（即具体的打击错误）的法律性质认定，有学者对法定符合说和具体符合说进行了对比，并认为法定符合说的结论比较妥当。由于德国刑法学界对具体的方法错误的处理采具体符合说的观点，而日本刑法学界则采法定符合说的观点，我国对两种不同的观点都有学者分别赞同，并因此产生了一些争论。认为，由于德国刑法学理论关于未遂犯采主观未遂犯论的观点，因此其具体符合说只是符合其理论体系的自然结论，而该结论和客观未遂犯论难以适应和融合，客观未遂犯论采用法定符合说比较妥当。[17]

（二）刑法各类重点犯罪研究

本年度内，不少专家学者对我国当前的一些特殊类型和具体的犯罪作了重点研究。

1. 黑恶势力犯罪研究

预防和惩治黑恶势力犯罪已经成为近期司法机关的重要任务，有学者对恶势力及其相关犯罪进行了细致研究并认为，与具有明确法律规定的黑社会性质组织犯罪不同，恶势力犯罪特征是在司法实践打击相关犯罪的过程中逐渐摸索出来，进而通过司法解释等规范性文件加以明确的，并且随着实践的发展，对于恶势力犯罪的认定标准有相应的细微调整。只有准确把握恶势力犯罪的基本特征，才能将此类犯罪与普通共同犯罪相区别，从而更好地规制此类犯罪。恶势力犯罪的特征主要有如下几个方面：一是有固定的纠集者经常纠集他人共同实施犯罪；二是具有组织性且以暴力、胁迫或其他手段多次实施违法犯罪活动；三是由于有组织多次实施违法犯罪活动，为非作恶，欺压百姓，扰乱经济、社会生活秩序，在一定区域或行业内造成恶劣社会影响；四是已经具有黑社会性质组织雏形的特征或具有发展成为黑社会性质组织的极大可能性。

有学者认为，非法控制特征是黑社会性质组织的本质特征，准确把握黑社会性质组织的非法控制特征是区分黑社会性质组织犯罪和恶势力团伙犯罪、集团犯罪和单位犯罪等其他有关犯罪的关键。非法控制的核心是支配，具有非法控制特征的具体表现是形成对他人的功能性支配、行为性支配或意思支配，在相当程度上形成对社会秩序和合法管控权的冲击。[18]

2. 财产型犯罪研究

财产型犯罪是我国司法实践中比较多发的常见犯罪，相关行为的性质也容易引发争议。对于财产犯罪的保护法益，有学者进行了深入研究并认为，我国传统理论认为财产犯罪侵害的法益为财物所有权，但是国外的相关理论，诸如日本刑法理论中关于财产型犯罪"侵犯本权说"和"侵犯占有说"的对立也逐渐为我国学者所关注，理论和实践中对于财产犯罪侵犯法益的认识存在分歧，尚未达成一致意见。当前我国司法实践中，关于财产型犯罪所保护法益的有"财物转移视角"和"财产损失视角"等学说，虽基本能够实现个案公正，但并未形成一个共通的理论基础。相对而言，立足于"财产损失视角"的"法律—经济财产说"比较契合我国的立法实践，也比较符合法秩序统一原则，但尚有存在处罚漏洞等值得进一步反思的问题。[19]另有学者认为对于我国刑法中的财产概念，"经济财产说"总体上比较具有合理性，从理论的角度考察，违法判断的相对性可以为经济财产说提供较为充分的理论支撑；从司法实践分析，经济财产说也得到了我国司法实务部门的印证。特殊物品对于特定的被害人的"情感价值"可以理解为一种经济价值，使得经济财产说得到了更好的修正。[20]

有学者对财产犯罪的客观归责问题进行了研究。认为，部分论者认为客观归责理论只适用于部分犯罪的观点有失妥当，不具有说服力。传统因果关系理论主要关注事实判断，而客观归责理论则是在存在因果关系的前提下一种规范判断的归责评价。除了适用于侵犯人身的犯罪，客观归责理论同样可以适用于财产犯罪。我国的司法实践也并不排斥客观归责的方法论，对财产犯罪中适用客观归责理论，可以保障结论的妥当性和说理的充分性。[21]

对于盗窃罪数额犯的未遂问题，有学者进行了系统研究，虽然理论界对盗窃罪的数额犯是否存在未遂尚未达成一致意见，但是未遂犯也是一种结果犯，即能够引起某种侵害法益威胁的结果。据此，我国刑法中规定的三种盗窃罪数额犯都存在未遂犯的可能。行为人针对数额较大的财物实施盗窃，造成了较大财物被盗的危险，但未实际窃取数额较大的财物，可以构成（数额较大的）盗窃罪的未遂犯；行为人针对数额（特别）巨大财物进行盗窃，但是结果只是盗窃到数额较大的财物的情况，属于想象竞合，应当择一重处断。[22]

对于敲诈勒索行为和合理行使财产性权利行为的区分，有学者进行了研究并认为，公民检举、揭发违法犯罪行为的权利不是财产性权利，如果以此为由索取财物原则上都构成敲诈勒索行为，只有在被害人主动提出支付财物等少数情况下才可以出罪。而行为人在行使正当财产权利的过程中，只要其诉求在权利覆盖的范围之内，则不可能构成敲诈勒索罪，而超出权利覆盖的部分如果附加了不正当的逼迫手段，则可能构成敲诈勒索行为。对于行使虚假的权利胁迫获取财物的，则在敲诈勒索罪之外，还应追究可能存在的诈骗等其他犯罪。[23]

恶意透支型信用卡诈骗案件也是实践中较为常见的一种犯罪，有学者对此进行了实证研究。认为，此类行为具有行为主体集中、作案手法固定、挽回损失率高等特点，作为一种较为典型的轻微刑事案件，恶意透支型信用卡诈骗罪本应得到快速处理，但是由于司法实践中对于证据标准的把握不够统一，法律适用也存在一定争议，该类案件常常久拖不决，影响诉讼效率和司法公正，嫌疑人合法权益保障也不够充分。应加强侦查机关和司法机关的协调配合，统一认识，提升办案效率。[24]

3. 其他犯罪研究

在当前的网络信息时代，网络服务提供者的刑事责任问题日益受到刑法学者们的关注。有学者对此问题进行了深入的专门研究并认为，虚拟空间与技术特性为妥当界定网络服务提供者的刑事责任带来了严峻的挑战。刑法学者应当为《刑法修正案（九）》新增的网络服务提供者的刑事责任条款作出刑法教义学的角度，合理界定相关主体的责任边界。具体而言，《刑法》第 287 条之一规定的拒不履行信息网络安全管理义务罪，针对是网络服务提供者对自己发布信息行为的刑事责任，对为上述行为提供帮助者应以第 287 条之二规定的帮助信息网络犯罪活动罪论处，否则会造成第 287 条之二的规定虚置并与第 287 条之一产生繁复的竞合问题。帮助信息网络犯罪活动罪的归责依据应抛开中立的帮助犯理论，而求诸网络服务提供者对所传输涉罪信息的特殊认知这一主观不法。[25]

对于受贿犯罪的保护法益，我国刑法学界经历不同认识阶段。有学者对此问题进行了梳理研究，认为受贿犯罪的保护法益不能一概而论。普通受贿、斡旋受贿与利用影响力受贿罪的法益不同，应该分别阐释。具体而言，普通受贿罪的侵害法益是国家工作人员职务行为的不可收买性；加重的普通受贿罪的保护法益则可能还包括国家工作人员职务行为的公正性；斡旋受贿的保护法益是被斡旋的国家工作人员职务行为的公正性，以及国家工作人员的职权或地位所形成的便利条件的不可收买性；利用影响力受贿罪的保护法益是国家工作人员职务行为的公正性，以及国民对国家工作人员职务行为不可收买性的信赖。[26]

有学者结合刑法中的“口袋罪名”对罪刑法定原则进行了深入思考并认为，罪刑法定原则不仅是刑法原则，而且在很多国家是一种宪法原则，是反对罪刑擅断的法治成果。罪刑法定原则以限制刑罚权、保障人权为目的，是刑事司法必须遵循的铁则，也是我国迈向法治国家的关键步骤。罪刑法定原则要求我们应慎重适用刑法中“口袋罪名”，比如醉驾致人死亡案件的处理，实践中存在定性和处罚的分歧，应当予以反思，比如通过立法解释、司法解释等途径，解决法律适用的明确性问题，确保罪刑法定原则的实现。[27]

三、重要学术交流活动

1. 2018 年 1 月 16 日，“新时代中国刑事法制展望”学术研讨会在中国人民大学举行，理论和实务界的专家学者参加研讨会，回顾了前辈刑法学家为我国刑事法制建设作出的卓越贡献，展望了新时代刑法研究的未来趋势等。

2. 2018 年 6 月 25 日，中德俄刑法基础理论比较研究研讨会在中国人民大学举行，专家学者就“中德俄刑法学的哲学基础比较”“中德俄刑法学的基本方法论比较”“中德俄刑法学的前瞻”等问题进行交流探讨。

3. 2018 年 9 月 20 日至 21 日，“东亚刑事司法论坛——跨国有组织犯罪的惩治与预防”研讨会在中国人民大学举行，来自中国人民大学刑事法律科学研究中心、日本一桥大学法学研究所、韩国刑事政策研究院、蒙古国立大学法学院等国内外的专家学者参加了会议，并进行了学术交流。

4. 2018 年 11 月 23—24 日，第十届全国部门法哲学研讨会在中国人民大学举行。来自中国人民大学刑事法律科学研究中心、中国刑法学研究会、国家司法文明协同创新中心、吉林大学理论法学研究中心、北京师范大学刑事法律科学研究院的专家学者参加了会议，并围绕着“惩罚的哲学——人的价值与刑法的正当性”的会议主题进行了探讨和交流。

注：

①张明楷：《正当防卫的原理及其运用——对二元论的批判性考察》，《环球法律评论》，2018 年第 2 期。

②劳东燕：《正当防卫的异化与刑法系统的功能》，《法学家》，2018 年第 5 期。

③阮齐林：《发挥正当防卫作用、鼓励公民反抗不法侵害》，《法律适用》，2018 年第 20 期。

④张明楷：《正当防卫与防卫过当的司法认定》，《法律适用》，2018 年第 20 期。

⑤车浩：《正当防卫是抗击侵略不是拳击赛》，《中国检察官》，2018 年第 9 期(下)。

⑥冯军：《漫谈防卫过当的认定规则——以昆山砍人案为素材》，《法律适用》，2018 年第 20 期。

⑦卢建平：《刑法法源与刑事立法模式》，《环球法律评论》，2018 年第 6 期。

⑧时延安、王熠珏：《中国刑法的现代化与理论建构——对四十年的历史回顾与反思》，《中国刑事法杂志》，2018 年第 3 期。

⑨周光权：《过渡型刑法学的主要贡献与发展前景》，《法学家》，2018 年第 6 期。

⑩时延安：《犯罪化与惩罚体系的完善》，《中国社会科学》，2018 年第 10 期。

⑪高铭暄、孙道萃：《预防性刑法观及其教义学思考》，《中国法学》，2018 年第 1 期。

⑫高铭暄、郭玮：《我国刑法修正模式辨正》，《法学杂志》，2018 年第 12 期。

⑬劳东燕：《功能主义刑法解释论的方法与立场》，《政法论坛》，2018 年第 2 期。

⑭陈兴良：《刑法指导案例裁判要点功能研究》，《环球法律评论》，2018 年第 3 期。

⑮付立庆：《案例指导制度与故意杀人罪的死刑裁量》，《环球法律评论》，2018 年第 3 期。

⑯劳东燕：《过失犯中预见可能性理论的反思与重构》，《中外法学》，2018 年第 2 期。

⑰张明楷：《再论具体的方法错误》，《中外法学》，2018 年第 4 期。

⑱周光权：《黑社会性质组织非法控制特征的认定——兼及黑社会性质组织与恶势力团伙的区分》，《中国刑事法杂志》，2018 年第 3 期。

⑲黎宏、王琦：《财产犯罪保护法益的实务选择》，《国家检察官学院学报》，2018 年第 2 期。

⑳付立庆：《论刑法中的财产概念》，《中国人民大学学报》，2018 年第 2 期。

㉑周光权：《客观归责论在财产犯罪案件中的运用》，《比较法研究》，2018 年第 3 期。

㉒黎宏：《论盗窃罪数额犯的未遂》，《环球法律评论》，2018 年第 1 期。

㉓蔡桂生：《合理行使权利与敲诈勒索罪的区分》，《国家检察官学院学报》，2018 年第 2 期。

㉔田宏杰：《恶意透支型信用卡诈骗案实证分析》，《法学杂志》，2018 年第 12 期。

㉕王莹：《网络信息犯罪归责模式研究》，《中外法学》，2018 年第 5 期。

㉖张明楷：《受贿犯罪的保护法益》，《法学研究》，2018 年第 1 期。

㉗戴玉忠：《健全落实罪刑法定原则的思考——以醉驾致人死亡案件适用刑法“口袋罪名”为切入点》，《法学杂志》，2018 年第 10 期。

（作者：韩玉胜，中国人民大学教授；
史丹如，中国人民公安大学副教授；
张学永，中国人民公安大学讲师）

民商法学

林　嘉　姚　辉　王　琦

2018 年，北京地区的民商法学研究蓬勃发展，百家争鸣。民商法学者对基础理论以及民法典编纂、证券法修改等热点问题展开深入研究，取得了一系列丰硕的学术成果。此外，以民商法学基本理论、法律适用等为主题的学术交流、研讨活动，也推动着北京地区乃至全国的民商法学的发展与创新。

一、重要学术活动

2018 年 11 月 28 日，“第三届中法民法典研讨会”在中国人民大学举办。本次研讨会由中国法学会民法学研究会、中国人民大学民商事法律科学研究中心、法语国家法制研究中心主办。与会学者立足实践、深耕理论，就民法典的相关问题贡献了精彩的学术创见，为民法典下一步的编纂工作提供了十分有益的思想资源与理论支持。

2018 年 11 月 10 日，“第八届两岸民商法前沿论坛”在北京召开。本届研讨会由北京航空航天大学法学院与台湾政治大学法学院联合举办。本届论坛的主题为“民商法新趋势与民法典各分编一审稿评析”。与会专家学者围绕民法典分则的编纂推进，以及与当下民商法发展新趋势有关的重难点问题进行探讨。

2018 年 10 月 12 日，中国民法典担保物权立法研讨会在中国人民大学举行。本次研讨会由中国人民大学法学院、中国法学会民法学研究会等单位共同举办。本次会议围绕中国民法典担保物权立法中的重大争议问题，分三个单元、十三个论题展开研讨。

2018 年 9 月 8 日至 9 日，“乡村振兴与土地法制的完善”研讨会在中国人民大学举行。本次研讨会由中国土地法制与乡村振兴战略会议联盟主办。本次会议围绕土地管理法、农村土地承包法修正和中国民法典编纂中的重大争议问题展开了研讨。

2018 年 5 月 29 日，以“中国民法人格权法四十年”为主题的研讨会在中国人民大学召开。本次研讨会由中国人民大学民商事法律科学研究中心、中国法学会民法学研究会、中国人民大学法学院主办。本次研讨会对改革开放四十年人格权法理论、立法、司法发展进行了总结和讨论。

2018 年 4 月 21 日，“人工智能与未来法治论坛”在中国人民大学举行。本次研讨会由中国人民大学法学院、中国电子技术标准化研究院主办。本次大会围绕人工智能发展的伦理、立法和治理的热门话题、人工智能的核心技术以及备受关注的法律和前沿科技的交叉融合问题进行了交流和探讨。

二、重要学术著作

2018 年，各位学者在深入研究相关热点、前沿问题的过程中，著书立说，出版了一批重要的学术著作，主要有：王利明著《民法总则研究（第 3 版）》（中国人民大学出版社），王利明著《债法总则研究（第 2 版）》（中国人民大学出版社），王利明著《人格权法研究（第 3 版）》（中国人民大学出版社），杨立新著《民法总则（第 2 版）》（法律出版社），杨立新著《编纂我国民法典重大问题研究》（法律出版社），杨立新著《中国侵权责任法研究》（中国人民大学出版社），杨立新著《网络交易民法规制》（法律出版社），姚辉主编：《民法总则基本理论研究》（中国人民大学出版社），梁慧星著《民法总则讲义》（法律出版社），孙宪忠著《中国物权法总论（第 4 版）》（法律出版社），韩世远著：《合同法总论（第 4 版）》（法律出版社），尹田著：《民法典总则之理论与立法研究（第 2 版）》（法律出版社），李永军著《民法总论（第 4 版）》（中国政法大学出版社），赵旭东主编：《公司法（第 3 版）》（中国政法大学出版社），龙卫球、王文杰主编：《两岸民商法前沿（第 7 辑）》（中国法制出版社），朱虎著《规制法与侵权法》（中国人民大学出版社），熊丙万著《私法的基础：从个人主义走向合作主义》（中国法制出版社），等等。

三、研究动态及学术观点

（一）民法学

1. 民法典编纂

2018 年，北京地区的民法学者对改革开放以来的民事立法发展历程、民法典编纂的制度设计以及民法典的重要意义等有关问题进行深入研讨，产生了一系列优秀研究成果。

有学者认为，改革开放 40 年来民事立法的主要成就是形成了基本齐备的民事法律制度，构建了适应市场经济需要的法律体系。新时代我国要制定出一部立足我国国情、面向 21 世纪的、科学的民法典。[①]有学者认为，新世纪民法学有必要树立更加明确、精细的效率意识，对民事法律规则的行为激励效应和社会经济效果开展更直接的讨论和更精细的评估。[②]有学者指出，民法典的体系效益主要体现为拓展法律的调整范围，保障法律自治、自洽和自足，最终强化法律的拘束力和安定性。[③]

有学者认为，我国正在制定的民法典也需要与时俱进，积极回应人工智能时代的各种挑战，在有效规范人工智能技术的同时，也为新兴技术的发育预留必要的制度空间。[④]有学者认为，在民法典各分编进行编纂的过程中，寻找到最低限度的讨论共识都是展开有效讨论的基础和前提。[⑤]有学者认为，政治因素不仅是决定一国编纂民法典的根本动因，还对民法典的精神特质、基本原则和核心制度具有重要影响。[⑥]

2. 民法总则

2018 年，北京地区的民法学者结合《民法总则》的具体条文，对于理论和实践中的诸多问题展开了讨论。

对于《民法总则》的重要意义，有学者认为，《民法总则》作为民法典编纂的开篇之作，展现了其时代精神和中国特色，为民法典各分编的编纂工作奠定了坚实基础。[⑦]有学者指出，《民法总则》的制定完成，标志着《民法通则》完成了历史任务，标志着中国当代民法实现了历史性跨越。[⑧]

对于民法法源，有学者指出，私法法源的社会理论基础是进化论理性主义与自生自发秩序，私法因包含阐明与未阐明两种正当行为规则而具有开放性特质。[⑨]我国民法总则第 10 条规定了“法律—习惯”二位阶法源体系。该体系会造成大陆法系实证法根本矛盾无法克服、法官不得拒绝裁判无法实现、民事诉讼目的无法达致的弊端。[⑩]有学者认为，在民法典编纂的视域下，司法解释系属《民法总则》法源条款中的习惯法，应当继续发挥其辅助立法、引导司法的功能，同时宜适时对司法解释作出整理与归并。[⑪]

对于民法的基本原则，有学者认为，民法基本原则可分为旨在实践个体性价值的基本原则与旨在实践社会性价值的基本原则两大板块。其中，权益保护、形式平等、消极自由、形式公平等具有融贯性的个体性基本原则，构成民法上最稳固、坚硬的部分，应严予坚守；诚实信用、合法、公序良俗、环保等社会性基本原则，具有弹性与灵活性，以使民法能适应社会变迁之需要。[⑫]

对于民事主体制度，有学者认为，以利益的归属方为标准，可以将非营利目的划分为公益、互益与自益。[⑬]有学者认为，非法人组织作为民事主体需要满足以下要件：有特别法对于具体组织类型的规定；不具有法人资格，但是经登记或批准；具有一定的组织性；具有主体独立性。[⑭]

对于法律行为制度，有学者认为，中国未来民法典应当在总则中抽象规定法律行为或意思表示解释规则，无须区分法律行为解释与意思表示解释。[⑮]有学者认为，决议行为与合同行为的法律效力存在两项区分原则：一是决议行为与表决权人表决行为效力瑕疵的区分原则；二是团体内部决议行为与外部合同行为效力瑕疵的区分原则。[⑯]有学者认为，决议行为的民法哲学基础在于程序正义，其根本特征在于根据程序正义的要求采取多数决的意思表示形成机制。[⑰]

对于民法上的期间制度，有学者认为，为平衡表意人的撤销权，须为撤销权行使设置期间限制，并且仍须细致平衡由期间设置所带来的各种附带性利益关系。[⑱]有学者认为，检验期间的对象为不真正义务，其不同于诉讼时效和除斥期间，也不同于权利失效，应为民法上的独立的时间制度。[⑲]

此外，有学者认为，《民法总则》对自然人出生和死亡时间配置民事法律事实推定规范，对自然人住所配置民事法律事实拟制规范。[⑳]

3. 人格权法

2018 年，随着《民法典人格权编（草案）》的发布，北京地区的民法学者对于人格权法独立成编的重大意义、人格权编的具体条文等展开了研讨。

对于人格权法独立成编的重大意义，有学者指出，将人格权在民法典中单独成编是落实中共十九大报告精神的具体体现，也是我国民法典体系顺应时代需求而进行的重大创新，对于新时代全面保障个人人格尊严、保障人民体面生活具有重要意义。[㉑]有学者认为，民法典设立人格权编是民法典体系的重大发展和创新。《人格权编（草案）》是对我国长期以来的立法经验、司法实践以及学理研究的务实总结。[㉒]

对于人格权法独立成编的必要性，有学者认为，如果在侵权责任编集中规定人格权，将产生体系违反现象，并不符合科学立法的精神。应当在使人格权独立成编的前提下，有效衔接人格权编与侵权责任编。[㉓]有学者认为，人格权不仅具有消极防御的属性，也日益具有积极利用的特征。只有通过强化人格权立法，并在民法典中独立成编地规范人格权，才能充分回应社会需求，建立科学的、面向未来的人格权制度。[㉔]有学者认为，在民法典编纂中，通过“简单列举人格权类型+侵权责任方式”不能有效保护人格权，而已经颁布的《民法总则》虽然对人格权作出了规定，但十分简略，必须通过人格权编加以细化。只有使人格权独立成编，才有利于完善民法典的体系，强化对人格权的保护。[㉕]

对于具体人格权，有学者认为，《民法总则》第 109 条规定了人身自由和人格尊严，使这两个宪法规定的公民基本权利发生了权利性质的转化，由公权利转变为私权利。[㉖]有学者认为，《民法总则》规定的个人信息是指个人身份信息，与隐私权保护的私人隐私信息有明确的界限，应当认定《民法总则》第 111 条规定的个人信息，就是规定的自然人享有的具体人格权之一，即个人信息权。[㉗]有学者认为，在网络信息服务领域，业已存在的普遍免费模式削弱了对用户个人信息的保护，也削减了网络服务提供者的相应义务，需要引入个别付费模式加以矫正和补充。[28]有学者认为，中国个人信息保护法的立法，需要化解“个人对个人信息保护和企业对个人信息利用”“权利保护法和行政管理法”“国内法律和国际法律”这三大矛盾。[29]

此外，有学者认为，人格权立法存在如下趋势：人格权保护具有明显的宪法维度；法官和司法判例在人格权保护中发挥不可替代的重要作用；人格权立法仍然存在不断强化的趋势；身体权、隐私权和个人信息在当代具有越来越重要的价值；一般人格权制度有其独特的制度语境，不宜简单照搬。[30]

4. 物权法

2018 年 8 月，十三届全国人大常委会第五次会议审议了《民法典各分编（草案）》。随着民法典编纂工作的推进，北京地区的民法学者对民法典物权编的修改完善积极献言献策，产生了一批具有影响力的学术成果。

（1）物权法总论

有学者认为，我国正在制定的民法典物权编应当以问题为导向，在现行《物权法》的基础上，坚持“小修小补”模式。[31]有学者认为，当前民法典分则立法应于物权编创设居住权制度，不仅可以更好地解决弱势群体的住房问题，而且可以更好地体现所有权人的意志。[32]

（2）用益物权

对于农地“三权分置”改革，有学者认为，承包地“三权”分置在法律上应体现为以下结构：集体在农村土地所有权之上为承包农户设定土地承包经营权，承包农户在其土地承包经营权之上为其他经营主体设定土地经营权。土地承包经营权应纯化为具有身份性质的财产权，土地经营权应定性为物权化的债权。[33]土地承包经营权的再分离不应在法律上表达为土地承包权和土地经营权的分置，而应体现为在土地承包经营权上设定土地经营权这一权利负担。[34]

有学者认为，为反映新一轮农村土地制度改革的成果，应将土地承包经营权、土地经营权和宅基地使用权明定为担保财产。[35]有学者认为，承包地流转方式不同，产生的法律效果也不同。承包地的转让与互换导致土地承包经营权主体的改变，不发生是否设定土地经营权问题，自可在土地承包经营权章中作出规定，但现行法上对于转让的限制性规定中，除了明确受让人为本集体经济组织的其他农户之外，其余均应删除。[36]

有学者认为，《物权法》的地役权规范应予完善，应将地役权改称不动产役权；在核心特质上，不动产役权的主体物化，即权利人与需役不动产权利人保持一致，我国规范应据此调整。在登记效力上，应将登记作为不动产役权的设立要件。[37]

（3）担保物权

有学者认为，本次民法典编纂，在担保物权的主类型上应增加让与担保，在亚类型上应增加营业质权。就章节体系安排而言，中国民法典在维系目前的结构之下增加让与担保权一章。[38]有学者认为，共同保证、共同抵押以及混合共同担保三种担保类型具有同质性，可以构建统一的共同担保规则。[39]有学者认为，未来民法典不宜将让与担保作为一项典型担保予以承认，而应继续根据契约规范主义来处理实践纠纷。[40]

对于物权登记，有学者认为，登记机关对动产登记申请仅负形式审查责任。依据《物权法》和《担保法》，无法得出动产抵押登记机关需负实质审查责任的结论。[41]有学者认为，不动产登记行为是一种旨在实现而且能够发生民法上重要效果的行政行为，民法典物权编应当对登记机构的权力加以控制。[42]

对于抵押权，有学者认为，我国《物权法》规定的浮动抵押制度不仅是大陆法系吸收英美法系制度的成果，也是民法商法化的典型，具有自己的特点。[43]有学者认为，抵押物价值恢复请求权的目的是在抵押物价值已经减少时，为抵押权人提供救济。其性质宜界定为抵押合同的法定债权，其具体效力应区分债务人抵押与第三人抵押。[44]

对于流质契约，有学者认为，流质契约本属当事人意思自治的体现，法律不应过多干涉。但为实现当事人之间的给付均衡，应对担保物权人课以强制性的清算义务。[45]

5. 债权法

（1）债法总论

有学者认为，我国民法典分则编纂中未设债法总则编，而是采用了“参照适用”合同编规定以替代债法总则的立法思路。“参照”实为准用，在法学方法论性质上属于“授权式类推适用”。这一参照，会使得实质上的债总规则对非合同之债丧失强制适用效力，而变为由法官在个案中自主判断是否发生类推。[46]

（2）合同法总论

对于合同的解释，有学者认为，合同解释的对象主要是合同条款，包括合同用语，无论是清晰、明确的用语还是模糊、不明确的用语，均为合同解释的对象，只是二者所适用的法律规定不同，产生的法律后果也有差异。[47]有学者认为，解释单独行为所探求的只是该行为人的意思，在有相对人的场合采客观主义，在无相对人的场合采主观主义。在解释属于契约类型的合同时，须同时关注各方当事人的目的。在解释决议行为时，须确定全体决议人的共同目的。[48]有学者认为，补充合同漏洞，首先由当事人以协议为之。协议不成时，由裁判者寻觅合适的强制性规定、任意性规定、倡导性规定予以填补。[49]

对于合同中的意思表示，有学者认为，合同书上盖章的意义在于表示该书面形式的意思表示系公章或合同专用章显示的主体所为，不宜无条件地断言合同书上盖章的意义在于确认当事人通过书面形式作出的意思表示的真实性。[50]有学者认为，意向书、备忘录依当事人的意思可有本约、预约和无积极的法律约束力的文件三种类型，《法释（2012）8号》仅仅注意到一种，因而合同编不应一刀切地吸收该种解释，而应视意思表示的具体情形而定。[51]

对于互联网与人工智能对合同的影响，有学者认为，通过互联网进行意思表示，在本质上与通常的线下意思表示并无二致，也要求到达相对人支配范围并为其可能知道。[52]有学者认为，如果没有足够的法律资源去规范人工智能产品各方的权利义务，就有可能导致社会重大的混乱。通过合同将使用人、服务商、中间商等各自的权利义务固定下来，日后才不容易产生争议。[53]

对于违约责任，有学者认为，就本质和分工而言，风险负担与违约责任在出发点、着眼点、目的及功能方面不同，应分属两项法律制度。[54]有学者认为，违约金酌减的构成要件无法具体化，更宜将相关考量因素动态系统化。[55]

此外，有学者认为，先签合同和后续合同可能仅因缔约行为而单纯外观结合，相互之间不具有依存关系，互不影响各自的权利义务。此种合同联立应分别适用各自的合同规范。[56]有学者认为，我国民法典合同编应当进一步明确法定解除权的主体，完善法定解除的条件，细化合同解除的规则，明确合同解除的效力，以更好地适应市场交易和司法实践发展的需要。[57]

（3）合同法分论。

对于《民法典合同编（草案）》，有学者认为，在草案规定的五种法定优先购买权中，房屋承租人的优先购买权、职务技术成果完成人的优先购买权、委托开发合同中委托人的优先购买权和合作开发合同中当事人的优先购买权，已为《民法典物权编（草案）》规定的按份共有人的优先购买权所涵盖，并无存在必要，应当从草案中删除。[58]有学者认为，我国正在制定的民法典合同编应当将物业服务合同作为独立的有名合同加以规定，明确界定物业服务合同的主体，妥当协调建筑物区分所有权和物业服务合同两个制度之间的关系。[59]

有学者认为，我国多重买卖的实际履行顺序规则主要由三条司法解释构成。其不仅适用条件严苛，脱离司法实践，而且与传统民法理论和现行民法规范均存在严重矛盾，应当及时修订。[60]有学者指出，最高人民法院的有关判决创设最终受让人对最初转让人的中间省略登记请求权，在公法和私法方面会带来很多负面后果。[61]有学者认为，房地产开发企业未取得商品房预售许可证明，订立商品房预售合同的，该合同并非办理批准手续才生效的合同，而是属于违反了管理性强制性规定的合同，其效力不受违法性影响。[62]

6. 侵权责任法

（1）侵权责任法总论

有学者认为，民法典分则的侵权责任编的立法工作应在现行《侵权责任法》的基础上展开，同时也要顾及民法典的体系化要求。[63]有学者认为，我国民法典侵权责任编应当尽可能强化规范意义，作出比较细致、具有可操作性的规定。在我国《侵权责任法》修订编入民法典时，诸多具体的规则都需要完善。[64]有学者认为，债权侵权责任制度已臻新境。知悉规则作为债权侵权责任的正当性基础，不仅是债权侵权责任理论基础的哲学来源，也是债权侵权责任主观过错的判断标准。[65]

（2）侵权责任法分论

有学者认为，在我国民法典侵权责任编立法中，应当设专章集中规定产品责任制度，并对现有的产品责任制度予以完善。[66]有学者认为，机动车交通事故加害人不明，不宜适用共同危险行为规则承担连带责任。[67]有学者认为，《侵权责任法》第81条规定动物园饲养动物损害责任，适用过错推定原则。值此修订《侵权责任法》为民法侵权责任编之际，应当对此进行修改，规定同样适用无过错责任原则。[68]

7. 婚姻家庭继承法

有学者认为，民法典婚姻家庭编应当在延续现有救济框架的基础上，依托家事审判制度的改革，重新构建以夫妻财产分割为主，以离婚经济补偿为辅，以经济帮助为兜底的离婚救济体系。[69]有学者认为，遗产债务清偿问题的制度根源在于我国继承法上限定继承、概括继承与直接继承三者的失败结合。继承法应通过增设遗产管理人、废除直接继承等措施保护遗产债权人利益，并借鉴企业破产清算制度建立遗产清算规则。[70]

（二）商法学

1. 商法总论

有学者认为，追随和服务市场经济发展是中国商法的初心和使命；改革与创新是商法四十年发展的永恒主题；主体法、行为法和监管法的融合是中国商事法律的基本构成；对境外商法的兼收并蓄和国际化是中国商法发展的重要路径。[71]

有学者认为，为实现商事法律规范的系统化、体系化与科学化，“民法典+商法通则+单行特别商事法”的立法体例应该成为创新型立法模式选择。[72]有学者认为，中国之所以需要独立的《商法通则》/《商法典》是因为实践的需求。民商混合的思维带来了极大不便，影响了商事关系的优化调整，甚至影响了法院的妥当裁判，损害了商人的交易预期。[73]有学者认为，虽然民法的基本原则可以适用于商法领域，但由于经济活动的高速发展与日新月异，商法领域也需要自己独立的规制体系与概念界定，做到妥善地与民法进行对接，同时保留自身特色。[74]

对于商主体，有学者认为，我国商事主体的构成不仅应保留商人概念，而且应承认实际参与商事关系的非商人的商事主体地位。[75]有学者认为，商个人在民生发展中意义重大，目前立法规范供给严重不足，根本障碍在于立法内容和立法模式两方面。[76]

此外，有学者认为，商事信用是商事活动的根基。商事主体是商事信用制度化的集中体现，是信用主体在商事交易领域的表现形式。[77]有学者认为，法官的审判活动通常而言是一个演绎推理的过程，商事指导性案例的特殊性也表现在“三段论”的推理过程中。[78]

2. 公司法

有学者认为，现代公司治理体现了强烈的宪制色彩，公司治理犹如国家治理，无论是公司治理的实际运作还是公司治理的理论解说，都与国家治理及其宪制思想具有相通性。[79]

有学者认为，股东并非控制决议合法的适格主体。以股东作为原告，难以发挥维护决议适法的功能，且具有滥诉的风险。[80]有学者认为，将股东会决议撤销诉讼纳入形成之诉，盖出于体系融通的考虑，除此之外缺乏必要的理论支撑。宜通过运用诉的合并方式一次性地解决纠纷，在一案中对股东会决议效力与其他请求一并处理。[81]

有学者指出，判定“实质性剥夺”股东知情权的公司意思的效力，离不开公司组织法上的两个共识与一个司法政策立场。[82]有学者认为，股权对外转让关乎转让股东与其他股东之间的互信关系，故公司法赋予其他股东同意的权利，但此种同意并非为公司内部决策制度。在公司章程未有规定时，不得要求转让股东以股东会决议的方式获得其他股东的同意。[83]

有学者认为，中国董事选任活动中提名人与候选人之间的利益输送问题的解决不应采用结果导向而单纯依赖于董事信义义务、决议效力判断等规则做事后处理，应转为制度导向而将规制手段前置。[84]

3. 证券法

对于内幕交易行为的规制，有学者认为，在内幕交易事实认定中，要克服自由裁量的滥用，就要在明确推定规则适用的主体、内容、条件等前提下，采用有限制、可反驳的推定，同时要从规则制定、调查权限规范以及事后监督等方面对证监会自由裁量权的行使进行程序上的控制。[85]有学者认为，《证券法》在内幕交易领域引入惩罚性赔偿制度是必要的，这有利于对违法违规者形成威慑压力，减少内幕交易等违法违规行为，增强投资者对我国资本市场的信心，助力我国证券市场法治化的进程。[86]

对于“新三板”市场，有学者认为，中国新三板市场中的“合格投资者”制度应朝着“理性投资者”制度方向进行改革，既要考察投资者的风险承受能力，又要考察其风险认知能力。[87]有学者认为，我国现行《证券法》遵循了“主板逻辑”和“公开发行逻辑”，而新三板市场不是主板，难以适用《证券法》，甚至一旦适用了《证券法》的某些条款，可能会阻碍新三板市场的正常发展。[88]

有学者认为，由投资顾问服务所产生的法律责任应由运营者承担。智能投顾的出现，并未改变投资者与投资顾问服务机构之间的法律关系，智能投顾运营者作为投资顾问服务机构仍应履行忠实义务与勤勉义务。[89]

有学者认为，我国资本市场中的上市公司收购绝大多数采协议收购方式，但现行协议收购的制度建构零散不成体系，也未能依据协议收购的内在机理建立科学的信息披露规制措施，从而给资本市场并购监管造成很大的困境。[90]

有学者认为，应当在《期货法》价格操纵的具体条款中规定市场力量型操纵的相关规则，在《期货法》和《证券法》中以一般条款的形式规定价格关联型操纵的相关规则，并通过监管细则把规制范围进一步扩展到一般性的相关市场之间的价格关联型操纵情形。[91]

4. 票据法

有学者认为，票据的公示催告制度虽有一定的功用，但也有明显的弊端，主要表现为公示程度不足，而且禁止公示催告期间转让票据，严重妨碍票据功能的实现。最为有效的路径当是舍弃公示催告，以失票诉讼制度取代之。[92]

5. 保险法

有学者认为，“禁止诉追保费”的真正理由乃是“不得强制保险”，民法上的依据则是不完全债权理论。“禁止诉追保费规则”应扩大适用于所有保险。[93]有学者认为，《保险法》第 62 条“被保险人的家庭成员或其组成人员”的表述并不清晰，应对存在密切经济利益的“组成人员”范围进行限缩。[94]

6. 破产法

有学者指出，债转股与债转股的实施方式是不应混淆的概念。上市公司以股票清偿债务不是债转股的典型形态，其基本性质是以可流通证券清偿债务。[95]有学者认为，公司重整中，自治的出资人委员会享有沟通协调权、参与谈判权、调查监督权、任免工作人员权，其成员应满足一定资质，对全体出资人承担信义义务。[96]有学者认为，有必要对破产程序终结后的民事权利救济作限度扩张，明确破产程序终结后的债权申报、建立管理人恢复制度和破产分配财产预留制度，健全追责制度。[97]

7. 信托法

有学者认为，“信托财产确定性”特指信托设立之时的确定性。信托有效成立之后，受托人运用信托财产和第三人进行交易所取得的财产根据信托财产物上代位性成为信托财产，不在“信托财产确定性”要求的射程之内。[98]有学者认为，金融信托“刚性兑付”不但打破了风险与收益的平衡理论，与信托财产独立性与合同公平原则相背离，还大大阻碍了信托业的整体运行，应当予以规制。[99]有学者认为，收益权信托作为常见的信托业务，其引起的裁判争议具有典型的分析价值。[100]

注：

①王利明：《回顾与展望：中国民法立法四十年》，《法学》，2018 年第 6 期。

②熊丙万：《中国民法学的效率意识》，《中国法学》，2018 年第 5 期。

③谢鸿飞：《民法典的外部体系效益及其扩张》，《环球法律评论》，2018 年第 2 期。

④王利明：《人工智能时代对民法学的新挑战》，《东方法学》，2018 年第 3 期。

⑤王轶：《当前民法典编纂争议问题的讨论方法》，《北京航空航天大学学报(社会科学版)》，2018 年第 1 期。

⑥戴孟勇：《论政治因素对编纂民法典的影响》，《云南社会科学》，2018 年第 1 期。

⑦王轶、关淑芳：《论民法总则的基本立场》，《国家行政学院学报》，2018 年第 1 期。

⑧杨立新：《从民法通则到民法总则：中国当代民法的历史性跨越》，《中国社会科学》，2018 年第 2 期。

⑨汪洋：《私法多元法源的观念、历史与中国实践：《民法总则》第 10 条的理论构造及司法适用》，《中外法学》，2018 年第 1 期。

⑩于飞：《民法总则法源条款的缺失与补充》，《法学研究》，2018 年第 1 期。

⑪姚辉、焦清扬：《民法典时代司法解释的重新定位——以隐私权的规范为例证》，《现代法学》，2018 年第 5 期。

⑫易军：《民法基本原则的意义脉络》，《法学研究》，2018 年第 6 期。

⑬张新宝、汪渝森：《论“为其他非营利目的”成立的法人》，《法学评论》，2018 年第 4 期。

⑭张新宝、汪榆森：《〈民法总则〉规定的“非法人组织”基本问题研讨》，《比较法研究》，2018 年第 3 期。

⑮耿林：《中国民法典中法律行为解释规则的构建》，《云南社会科学》，2018 年第 1 期。

⑯王雷：《论我国民法典中决议行为与合同行为的区分》，《法商研究》，2018 年第 5 期。

⑰王雷：《〈民法总则〉中决议行为法律制度的力量与弱点》，《当代法学》，2018 年第 5 期。

⑱耿林：《论民法总则的撤销期间》，《华东政法大学学报》，2018 年第 5 期。

⑲崔建远：《论检验期间》，《现代法学》，2018

年第4期。

⑳王雷:《〈民法总则〉中证据规范的解释与适用》,《法学家》,2018年第6期。

㉑王利明:《民法人格权编(草案室内稿)的亮点及改进思路》,《中国政法大学学报》,2018年第4期。

㉒石佳友:《守成与创新的务实结合:〈中华人民共和国民法人格权编草案〉〉评析》,《比较法研究》,2018年第2期。

㉓王利明:《论人格权编与侵权责任编的区分与衔接》,《比较法研究》,2018年第2期。

㉔王利明:《人格权的属性:从消极防御到积极利用》,《中外法学》,2018年第4期。

㉕王利明:《使人格权在民法典中独立成编》,《当代法学》,2018年第3期。

㉖杨立新:《人身自由与人格尊严:从公权利到私权利的转变》,《现代法学》,2018年第3期。

㉗《个人信息:法益抑或民事权利——对〈民法总则〉第111条规定的"个人信息"之解读》,《法学论坛》,2018年第1期。

㉘张新宝:《"普遍免费+个别付费":个人信息保护的一个新思维》,《比较法研究》,2018年第5期。

㉙张新宝:《我国个人信息保护法立法主要矛盾研讨》,《吉林大学社会科学学报》,2018年第5期。

㉚石佳友:《人格权立法的历史演进及其趋势》,《中国政法大学学报》,2018年第4期。

㉛王利明:《我国民法典物权编的修改与完善》,《清华法学》,2018年第2期。

㉜申卫星:《从"居住有其屋"到"住有所居"——我国民法典分则创设居住权制度的立法构想》,《现代法学》,2018年第2期。

㉝高圣平:《承包地三权分置的法律表达》,《中国法学》,2018年第4期。

㉞高圣平:《论农村土地权利结构的重构——以〈农村土地承包法〉的修改为中心》,《法学》,2018年第2期。

㉟高圣平:《民法典担保物权制度修正研究——以〈民法典各分编(草案)〉为分析对象》,《江西社会科学》,2018年第10期。

㊱高圣平:《论承包地流转的法律表达——以我国〈农村土地承包法〉的修改为中心》,《政治与法律》,2018年第8期。

㊲常鹏翱:《回归传统:我国地役权规范的完善之道》,《清华法学》,2018年第5期。

㊳高圣平:《民法典担保物权法编纂:问题与展望》,《清华法学》,2018年第2期。

㊴汪洋:《共同担保中的推定规则与意思自治空间》,《环球法律评论》,2018年第5期。

㊵姚辉、李付雷:《"理性他者"的依归——让与担保实践争议探源与启示》,《中国人民大学学报》,2018年第6期。

㊶高圣平:《动产抵押登记的审查责任——基于裁判分歧的分析和展开》,《法学评论》,2018年第1期。

㊷尹飞:《不动产登记行为的性质及其展开——兼论民法典编纂中不动产登记制度的完善》,《清华法学》,2018年第2期。

㊸钟维:《民法典编纂背景下我国浮动抵押制度的释评与完善》,《广东社会科学》,2018年第4期。

㊹谢鸿飞:《抵押物价值恢复请求权的体系化展开——兼及抵押权保全的立法论》,《比较法研究》,2018年第4期。

㊺高圣平:《论流质契约的相对禁止》,《政法论丛》,2018年第1期。

㊻于飞:《合同法总则替代债法总则立法思路的问题及弥补——从"参照适用"的方法论性质切入》,《苏州大学学报(法学版)》,2018年第2期。

㊼崔建远:《合同解释的对象及其确定》,《华东政法大学学报》,2018年第5期。

㊽崔建远:《合同解释辨》,《财经法学》,2018年第4期。

㊾崔建远:《论合同漏洞及其补充》,《中外法学》,2018年第6期。

㊿崔建远:《合同解释语境中的印章及其意义》,《清华法学》,2018年第4期。

51崔建远:《买卖合同的成立及其认定》,《法学杂志》,2018年第3期。

52王洪亮:《电子合同订立新规则的评析与构建》,《法学杂志》,2018年第4期。

53管晓峰:《人工智能与合同及人格权的关系》,《法学杂志》,2018年第9期。

54崔建远:《风险负担规则之完善》,《中州学刊》,2018年第3期。

55王雷:《违约金酌减中的利益动态衡量》,《暨南学报(哲学社会科学版)》,2018年第11期。

㊺崔建远：《先签合同与后续合同的关系及其解释》，《法学研究》，2018 年第 4 期。

㊼王利明：《合同编解除制度的完善》，《法学杂志》，2018 年第 3 期。

㊽戴孟勇：《论〈民法典合同编（草案）〉中法定优先购买权的取舍》，《东方法学》，2018 年第 4 期。

㊾王利明：《物业服务合同立法若干问题探讨》，《财经法学》，2018 年第 3 期。

⑥冀放：《多重买卖实际履行顺序研究——评我国相关司法解释之规定》，《法学杂志》，2018 年第 12 期。

⑥戴孟勇：《不动产链条式交易中的中间省略登记——嘉德利公司诉秦龙公司、空后广州办等国有土地使用权转让合同纠纷案评释》，《交大法学》，2018 年第 1 期。

⑥王轶：《论商品房预售许可证明对合同效力的影响》，《比较法研究》，2018 年第 1 期。

⑥李昊：《对民法典侵权责任编的审视与建言》，《法治研究》，2018 年第 5 期。

⑥周友军：《我国〈侵权责任法〉修订入典的初步构想》，《政治与法律》，2018 年第 5 期。

⑥杨立新、李怡雯：《债权侵权责任认定中的知悉规则与过错要件——（2017）最高法民终 181 号民事判决书释评》，《法律适用》，2018 年第 19 期。

⑥周友军：《民法典编纂中产品责任制度的完善》，《法学评论》，2018 年第 2 期。

⑥杨立新、李怡雯：《机动车交通事故加害人不明不宜适用共同危险行为规则——兼论机动车交通事故责任不适用高空抛物责任规则》，《国家检察官学院学报》，2018 年第 6 期。

⑥杨立新：《修订侵权责任编应对动物园动物损害责任归责原则进行调整》，《河南财经政法大学学报》，2018 年第 2 期。

⑥孙若军：《离婚救济制度立法研究》，《法学家》，2018 年第 6 期。

⑦汪洋：《遗产债务的类型与清偿顺序》，《法学》，2018 年第 12 期。

⑦赵旭东：《改革开放与中国商法的发展》，《法学》，2018 年第 8 期。

⑦李建伟：《民商合一立法体例的中国模式》，《社会科学研究》，2018 年第 3 期。

⑦蒋大兴：《〈商法通则〉/〈商法典〉的可能空间？——再论商法与民法规范内容的差异性》，《比较法研究》，2018 年第 5 期。

⑦叶林：《〈民法总则〉背景下的商法前景》，《北京航空航天大学学报》（社会科学版），2018 年第 1 期。

⑦施天涛：《商人概念的继受与商主体的二元结构》，《政法论坛》，2018 年第 3 期。

⑦李建伟：《民法典编纂背景下商个人制度结构的立法表达》，《政法论坛》，2018 年第 6 期。

⑦赵磊：《商事信用：商法的内在逻辑与体系化根本》，《中国法学》，2018 年第 5 期。

⑦赵磊：《商事指导性案例的规范意义》，《政法论坛》，2018 年第 2 期。

⑦施天涛：《公司治理中的宪制主义》，《中国法律评论》，2018 年第 4 期。

⑧王湘淳：《股东会决议撤销诉讼：功能重校与规则再造》，《法学论坛》，2018 年第 1 期。

⑧王湘淳：《股东会决议撤销诉讼之二次诉讼困局研究》，《海南大学学报》（人文社会科学版），2018 年第 3 期。

⑧李建伟：《“实质性剥夺”股东知情权的公司意思效力研究——〈公司法解释四〉第 9 条的法教义学分析及展开》，《中外法学》，2018 年第 5 期。

⑧王湘淳：《股权对外转让限制规则：阐释与再造——〈中华人民共和国公司法〉第七十一条之研究》，《大连理工大学学报》（社会科学版），2018 年第 6 期。

⑧薛前强：《论股东资助和补偿董事选举的法律规制——兼议我国防范董事选任利益输送的前置性变革》，《政治与法律》，2018 年第 9 期。

⑧陈洁：《内幕交易事实认定中自由裁量权的适用及其规制——以内幕交易“知悉”要件的推定为视角》，《清华法学》，2018 年第 6 期。

⑧邢会强：《内幕交易惩罚性赔偿制度的构造原理与现实选择》，《中国社会科学》，2018 年第 4 期。

⑧邢会强：《新三板市场的合格投资者制度及相关制度改革》，《环球法律评论》，2018 年第 6 期。

⑧邢会强：《新三板市场的法律适用与“新三板监管法”的制定》，《现代法学》，2018 年第 1 期。

⑧郑佳宁：《论智能投顾运营者的民事责任——以信义义务为中心的展开》，《法学杂志》，2018 年第 10 期。

⑨陈洁：《上市公司协议收购信息披露的逻辑与规范》，《法学》，2018 年第 3 期。

⑪钟维：《跨市场操纵的行为模式与法律规制》，《法学家》，2018 年第 3 期。

⑫邢海宝：《票据公示催告的限缩与转向》，《法学》，2018 年第 5 期。

⑬梁鹏：《论“禁止诉追保费规则”之适用范围——关于《中华人民共和国保险法》第 38 条之扩张适用》，《中国社会科学院研究生院学报》，2018 年第 1 期。

⑭钱思雯：《论保险代位权限制对象中“组成人员”的界定》，《保险研究》，2018 年第 2 期。

⑮王欣新：《再论破产重整程序中的债转股问题——兼对韩长印教授文章的回应》，《法学》，2018 年第 12 期。

⑯张钦昱：《公司重整中出资人权益的保护——以出资人委员会为视角》，《政治与法律》，2018 年第 11 期。

⑰王邦习：《破产程序终结后民事权利救济的现实考量与破解路径——基于 222 个案例的实证分析》，《政法论坛》，2018 年第 6 期。

⑱赵廉慧：《信托财产确定性和信托的效力——简评世欣荣和诉长安信托案》，《交大法学》，2018 年第 2 期。

⑲魏婷婷：《金融信托“刚性兑付”风险的法律控制》，《法学杂志》，2018 年第 2 期。

⑳李磊：《收益权信托中信托财产的特殊性及其解决思路研究》，《商业研究》，2018 年第 4 期。

（作者：林嘉、姚辉，中国人民大学教授；王琦，中国人民大学博士生）

诉讼法学

陈卫东　汤维建　刘计划　张明哲　郭丰璐

一、刑事诉讼法学

2018 年，北京刑事诉讼法学界围绕刑事诉讼法修改、司法改革、检察权重构、侦查权变革等问题展开深入研究，并取得了丰硕成果。

（一）研究概况

1. 代表著作

本年度学者们的代表著作有：卞建林、陈卫东等著《新刑事诉讼法实施问题研究》（中国法制出版社），陈光中等著《司法改革问题研究》（法律出版社），陈瑞华著《司法体制改革导论》（法律出版社），陈卫东著《中国刑事诉讼权能的变革与发展》（中国人民大学出版社）；陈永生著《刑事冤案研究》（北京大学出版社）；程雷著《秘密侦查的中国问题研究》（中国检察出版社）；李学军、朱梦妮等著《意见证据制度研究》（中国人民大学出版社）；时延安、刘计划主编《大案省视：前行的中国刑事法制》（中国言实出版社）；杨宇冠著《监察法与刑事诉讼法衔接问题研究》（中国政法大学出版社），等等。

2. 学术会议

本年度召开的学术活动主要有：3 月 10 日，由中国人民大学刑事法律科学研究中心、日本一桥大学大学院法学研究科主办，中国人民大学诉讼制度与司法改革研究中心承办的“东亚刑事司法改革的现状与课题学术研讨会”在京召开，中、日两国学者就中日刑事诉讼法的发展、刑事庭审证据调查的完善、控辩协商机制的确立、律师辩护制度的发展和技术侦查手段的提升等问题进行了深入交流和探讨。5 月 22 日，由中国政法大学诉讼法学研究院与中国政法大学刑事司法学院刑诉法研究所联合举办的《中华人民共和国刑事诉讼修正案（草案）》研讨会在京召开，多名专家学者针对《中华人民共和国刑事诉讼法修正案（草案）》的体例设置、条文内容等问题表达了自己的观点和见解。6 月 3 日，中国人民大学刑事法律科学研究中心、中国人民大学诉讼制度与司法改革研究中心主办的“刑事诉讼法（修正草案）研讨会”在京召开，本次会议主要围绕《刑事诉讼法（修正草案）》关于认罪认罚从宽制度、《刑事诉讼法》与《监察法》衔接、缺席审判制度的新增规定展开了热烈而深入的探讨。6 月 16 日，由中国人民大学刑事法律科学研究中心与中国政法大学国家法律援助研究院联合主办的“捕诉合一 V. 捕诉分离”学术研讨会在京召开，与会专家学者和实务人员就捕诉合一的利弊问题进行了讨论。7 月 28—29 日，中国政法大学诉讼法学研究院、中国刑事诉讼法学研究会、中国政法大学刑事司法学院主办的中、日、韩“以审判为中心的诉讼制度改革”学术研讨会在京举行，参会专家、学者分别就中、日、韩三国推进以审判为中心的诉讼制度改革中的难点问题展开交流和探讨。10 月 27 日，由中国政法大学国家法律援助研究院与北京市尚权律师事务所联合主办的“第十二届尚权刑事辩护论坛——刑事辩护全覆盖与法律援助”在京举行，受邀嘉宾就刑事辩护的理论与实务问题展开探讨。11 月 25 日，由中国政法大学刑事司法学院主办，中国政法大学刑事司法学院犯罪学研究所承办的“少年犯罪与少年司法的多学科对话”研讨会在京举办，专家学者和实务人员从多学科的角度对少年犯罪与少年司法问题展开沟通。12 月 1 日，由中国犯罪学学会、中国人民大学刑事法律科学研究中心、腾讯公司安全管理部共同主办的“2018 互联网刑事法制高峰论坛”在京举行，参会专家、学者围绕“网络风险与法律治理”的主题进行了理论研讨和实务交流。12 月 4 日，由中国政法大学刑事司法学院主办、刑事诉讼法学研究所承办的第三期“法大刑事一体化”学术沙龙在京举办，与会人员围绕“刑事一体化视野下的认罪认罚从宽制度”“刑事缺席审判制度”“《刑事诉讼法》与《监察法》衔接”三个部分展开学术交流。

（二）热点与创新

1. 关于刑事诉讼法修改

2018 年 10 月 26 日，第十三届全国人民代表大会常务委员会第六次会议表决通过了《全国人民代表大会常务委员会关于修改〈中华人民共和国刑事诉讼法〉的决定》。与前两次全面修改相比，2018 年修改《刑事诉讼法》是一次部分性的、有限的、应急性的修改，主要是为应对司法改革的迫切需要。[①]本次修改主要涉及以下几方面内容：

（1）完善与监察法的衔接机制

监察体制改革是对中国政治体制、政治权力、政治关系的重大调整，是事关全局的重大政治体制改革。[②]2018 年 3 月 20 日，第十三届全国人大一次会议表决通过了《监察法》。《监察法》在于宪有据的前提下，明确了监察机关的性质、职责、地位与工作原则等内容，其中规定保障当事人合法权益是其重要亮点，并且体现了以审判为中心的精神。但在律师介入、留置后通知亲属等问题上存在不足，有待进一步完善。[③]

而本次修法涉及监察体制的内容主要包括：其一，调整人民检察院的侦查职权；其二，明确监察调查与审查起诉、留置与刑事诉讼强制措施的衔接；其三，修改关于侦查期间辩护律师会见、指定居所监视居住、技术侦查措施等规定中有关贪污贿赂犯罪的内容以及“侦查”的定义。[④]关于职务犯罪监察证据在刑事诉讼中的适用问题，本次修法并未提及，有学者认为应从《监察法》第 33 条出发，运用法律解释方法，明确监察证据在刑事诉讼中的使用资格，理清监察取证程序应遵循的实体规范，界定非法监察证据的认定与排除范围。[⑤]另外，职务犯罪监察调查程序终结后，面临与检察机关审查起诉衔接的问题，应构建相应的刑事立案程序予以解决，明确检察机关对职务犯罪案件公诉权的独立性。[⑥]

（2）建立刑事缺席审判制度

刑事缺席审判制度的确立是多元价值平衡后的理性选择，其合理性、正当性表现在：在被告人放弃出席法庭权利的情况下，缺席审判体现了对被告人诉讼主体地位的尊重；刑事缺席审判有助于节约诉讼成本，提高诉讼效率；有利于严厉打击腐败犯罪等重大犯罪。[⑦]当然，对于《刑事诉讼法》中具体制度设计而言，尚需进一步研判归案缺席审判罪犯的异议权、法定代理人出庭权放弃的有效性问题。在未来，学界应当注重缺席审判制度相关的基础理论研究，为中国特色刑事缺席审判制度的构建与完善奠定坚实的基础。[⑧]

（3）完善认罪认罚从宽制度和增加速裁程序

此次修法将认罪认罚从宽制度吸收进《刑事诉讼法》，这不仅为司法机关提供了新的工作机制，为犯罪嫌疑人、被告人提供了更大范围、更深层次参与刑事诉讼的机会，更在理念层面树立起刑事司法应当尊重犯罪嫌疑人、被告人主体地位的现代司法观念。[⑨]在完善认罪认罚从宽制度方面，有学者提出，应坚持认罪认罚自愿性的基础地位并强化审查机制，突出量刑协商的关键意义并完善协商程序，规范法院庭审方式等以避免庭审完全流于形式。[⑩]也有论者强调，认罪认罚协商应当以量刑为限，不得涉及定罪问题。在具体操作时，应赋予有量刑建议权的检察机关协商启动权，保障法官中立行使协商认定权，同时充分保证当事人的协商参与权。[⑪]另外，有学者从比较法研究的角度出发，指出德国刑事协商制度具有理论和制度层面的借鉴意义，未来应进一步厘清“实体从宽”“程序从简”的正当性基础，明确认罪认罚从宽制度中参与主体之角色。[⑫]

刑事速裁程序对于建立多元化的刑事诉讼程序和推进以审判为中心的刑事诉讼制度改革具有重大意义。[⑬]因此，速裁程序入法既是对速裁程序试点和认罪认罚从宽制度试点工作经验的总结，同时反映了我国刑事司法实践的现实需求。[14]值得注意的是，根据学者的相关实证研究，对于检察环节刑事速裁程序的启动和审查期限、值班律师的阅卷权以及被告人的上诉权等问题，仍需法律、司法解释予以明确。[15]

2. 关于司法改革

改革开放40年来，我国的司法改革渐次展开，逐步从程序改革发展到制度、工作机制改革，再到体制改革。[16]近年来，司法改革试点进入“活跃期”，更呈现出从自发分散试点到整体规划授权试点的变化。[17]应当说，刑事诉讼的理论发展、制度进步很大程度上得益于司法改革的顺利推行。

（1）关于法官员额制改革

法官员额制改革属于司法管理体制改革的具体措施之一。有学者指出，法官员额制改革的推行带来了案多人少、诉讼效率下降、办案法官不堪重负等问题。改革者应认真反思司法行政管理体制的变革，讨论入额法官审判团队的科学构建，思考合议制适用范围的合理限制，并将案件的集中审理以及法官职业保障的完善等问题，纳入进一步改革的课题之中。[18]

（2）关于人民陪审员制度改革

2018年4月27日，第十三届全国人大常委会第二次会议通过了《人民陪审员法》，该法可谓是人民陪审员制度改革的成果汇编。有学者认为，人民陪审员法的颁布实施具有下述重要价值：其一，有利于整合人民陪审员制度的政治功能和司法功能；其二，有利于调和司法专业化与大众化之间的矛盾；其三，有利于推动公民以理性方式有序参与司法。[19]值得注意的是，虽然陪审立法已经完成，但并非陪审制改革的终点。该法主要对陪审的适用范围、人民陪审员的条件、任期、产生与抽选方式以及合议庭中人民陪审员的人数与比例等问题进行了规范和细化，但这些规定仍然存在进一步探讨的必要。[20]在今后的实施过程中，应着力落实对人民陪审员权利的保障，强化对人民陪审员的管理，谨防审判长对人民陪审员的过度干预。[21]

（3）关于值班律师制度改革

学界关于值班律师的定位尚未形成共识，主要包括以下两种观点：第一，值班律师属于辩护人。理由在于当下值班律师抽象的“提供法律帮助”的定位抑或具体的几项职责，与《刑事诉讼法》规定的辩护人及其辩护职责并无本质区别。未来应当建立具有中国特色的值班律师制度，使值班律师成为与委托律师、狭义的法律援助律师共同实现刑事案件律师辩护全覆盖的第三支重要力量。[22]第二，值班律师属于特殊的法律援助律师。虽然值班律师与法律援助律师在诉讼权利和职责上存在明显差别，但是，两者基本属性相同，均属于国家为当事人提供免费法律援助服务的方式。[23]另外，在现代法律援助制度中，值班律师制度旨在弥补传统法律援助形式的不足，而非取代传统的法律援助服务方式。我国应合理配置值班律师制度，形成多层次、全方位的法律援助制度。[24]

毋庸置疑，值班律师的有效参与是保障犯罪嫌疑人、被告人认罪认罚自愿性的关键。但由于立法规范的不明确，实践层面上值班律师法律帮助并没有发挥应有的作用，存在虚化现象。[25]对此有学者提出，关于值班律师数量少、经费保障不到位、大量看守所没有派驻值班律师、值班律师信息没有跨区域共享等问题，均属于外部环境问题，很难通过刑事诉讼制度自身的改革与完善来解决。但是值班律师作用有限、提供法律帮助流于形式的问题，可以通过相关制度的调整来予以改善。[26]

3. 关于检察权重构

（1）关于检察机关的法律权能

2018年是人民监察制度恢复重建四十周年。关于检察机关的职能，有学者认为，检察机关主要行使诉讼职能、监督职能和司法审查职能。其诉讼职能主要体现在提起刑事公诉和提起公益诉讼这两个方面，其监督职能则不再包括传统意义上的“刑事法律监督权”，而主要保留了“行政监督”与“诉讼监督”这两种形态。[27]也有学者指出，根据2018年修订的《人民检察院组织法》，检察机关的法律监督职权进一步得到拓展：一方面，法律监督的范围延伸至民事诉讼、行政诉讼领域；另一方面，赋予检察机关提起公益诉讼的职权。[28]

（2）关于监察体制改革后检察权的发展

随着国家监察体制改革的推行、职务犯罪侦查部门的转隶，检察机关又一次被推向重大改革的当口。[29]有学者提出，坚持和发展中国特色社会主义检察制度，必须坚持检察机关的宪法定位；通过调整检察机关的侦查权、赋予检察监督以硬的约束力、赋予监督中的调查核实权以及必要措施，来增强监督刚性；通过提请合宪性审查、拓展司法审查和行政检察，来逐步拓展检察职能，从而使中国特色社会主义检察制度在新时代得到巩固和发展。[30]

（3）关于检察机关内设机构改革

2018年6月15日，最高人民检察院内设机构改革拉开帷幕。由此，选择“捕诉合一”还是“捕诉分离”引发了北京刑事诉讼法学界的热烈探讨。所谓捕诉合一，就是将批捕的部门和起诉的部门合并，批捕权和起诉权由同一检察官或者检察官办案组行使。[31]学界支持捕诉合一的理由主要包括：其一，捕诉分离的机制难以满足司法实践需要，存在交叉职权的问题，且不利于缩短侦查期限，导致犯罪嫌疑人、被告人羁押期偏长；其二，捕诉合一可以提高工作效率，防止捕诉工作脱节；其三，捕诉合一有利于检察机关引导侦查和实施监督；[32]其四，捕诉合一可以精简检察机关内部业务环节，实现部门业务的整合，有利于激活刑事诉讼机制内的制约作用。[33]

学界赞同捕诉分离的理由主要包括：第一，批捕权与公诉权性质不同；第二，捕诉合一使公诉部门吸纳了侦查监督部门，从而削弱了侦查监督职能；第三，捕诉合一可能使公诉质量降低，不利于检察机关职能履行中的专业化要求；第四，捕诉合一可能使辩护效果大打折扣，从而使冤错案件发生的可能性大大增加。[34]

4. 关于侦查权变革

（1）关于公安体制改革

在公安体制改革方面，有学者提出，应当将公安机关的去地方化、去行政化、权力合理配置、特殊行政处罚权的存废等问题，视为公安体制改革的重大课题。唯有在公安体制改革方面取得实质性的突破，整个司法体制改革的推行才能取得实效，那些制约我国司法体制的深层问题才能得到解决。[35]另外，有必要对公安机关的法律职能进行重新定位，具体包括：在公安机关治安维护与刑事侦查职能之间，建立常规化的衔接机制；在公安机关的治安处罚程序中引入带有“官告民”色彩的事先司法审查机制；公安机关的刑事侦查应当受到法院的司法审查和检察机关的指导；在审判中心主义改革深入推进的背景下，应当对公安机关行使侦查权的方式进行全面变革。[36]

（2）关于大数据侦查

大数据侦查对一些基本权利和法律价值构成挑战，因此有必要对其进行法律控制。然而，传统的法律规范对大数据侦查的法律属性界定模糊，区分数据内容与元数据具有局限性，侦查启动门槛虚置，已然犯罪与未然犯罪界限模糊。因此，对大数据侦查进行法律控制，可采取侦查规范和数据规范的双重路径。[37]另外，有学者认为，应当以信息革命引发的“权力—权利”二元互动关系变革为出发点，寻求犯罪控制与保障人权两项刑事司法基本价值之间的新平衡点。[38]

5. 其他

关于羁押必要性审查制度，有论者提出，羁押必要性审查的制度性质是对逮捕适用条件的持续、定期审查，具有司法权属性，对羁押必要性审查应进行诉讼化改造并将建议权改为决定权；同时，应更新对侦查保密原则的传统认识，向辩方开示与逮捕适用条件有关的证据，以便辩方有效参与羁押必要性审查程序。[39]在逮捕制度改革方面，有学者指出，面对短期内难以通过修法对逮捕制度进行根本变革的复杂情势，逮捕制度再改革应超越过度依赖立法式刑事司法改革的思维定式，运用法释义学思维，对逮捕三要件进行阶层化重构，建构以社会危险性为核心的证明对象体系，并重新厘定证明标准。[40]关于酌定不起诉制度，有学者强调，在中国，酌定不起诉制度远未“物尽其用”。理清酌定不起诉与相应刑法条文之关系，对于提升该制度在诉讼经济及人权保障方面的作用意义重大。[41]

二、民事诉讼法学

2018 年民事诉讼法学研究成果更多体现出实务性、时代性、宏观性，也更多体现出理论研究对实践具体问题的指导性。本次综述引用均为北京地区学者的代表性研究成果，以小见大，简单描绘 2018 年我国民事诉讼法学研究情况。

（一）重要学术会议与活动

2018 年 1 月 9 日，最高人民法院司改办裁判文书说理改革研讨会在北京召开。与会代表就积极推动裁判文书说理改革，切实提高裁判文书说理质量，让法官愿说理、敢说理、会说理，体现中国司法智慧提升司法公信力发表了意见。同时就《最高人民法院关于人民法院裁判文书说理若干问题的意见》提出修改建议。5 月 6 日，中国人民大学法学院与《法学家》杂志社主办的“构建中国特色法学知识体系和话语体系”学术研讨会在北京召开。在民事诉讼法学主题部分，与会专家指出，民诉法学界构建中国特色的法学知识体系是一个真实的话题，需要在中国语境下建立学科体系。就家事诉讼程序，学者指出当下民诉法学存在“两重”“两轻”的问题：重财产轻身份，重诉讼轻非讼。而家事诉讼的价值取向和功能不同于财产性诉讼，要求专业化、社会化、人性化，因此要加强家事诉讼的研究。7 月 20 日，由北京市破产法学会主办、北京市第一中级人民法院协办的京津冀法院破产审判研讨会在北京召开。本次研讨会专题研讨环节分为执转破机制建设、完善破产重整制度及管理人制度健全完善三个主题。与会嘉宾围绕主题进行研讨，认为要解决产业深层次矛盾、优化社会资源配置，以疏解北京非首都功能为“牛鼻子”推动京津冀协同发展，破产审判是极为重要的法治途径，京津冀三地破产审判面临的任务要求是相近的，许多问题在区域内也具有共性，应当加强沟通协作，共同推进区域破产审判水平提升。9月17日，《北京金融纠纷多元化调解机制研究报告》专家论证会在北京市金融工作局召开。与会专家围绕金融纠纷多元化调解机制的目的、价值取向、上位法依据、主要内容、责任、重点解决的问题等展开讨论，认为多元化调解机制研究成果全面务实、具有极强的针对性和可操作性，能够极大地补充当前金融诉前调解的空白领域。同时在机制设置的地方特色、调解机制的宣传推广、诉调对接的形式设定等方面提出了切实可行的意见建议。10月27日，由北京市食品药品安全法治研究会主办，中国政法大学民商经济法学院经济法研究所承办的“食品药品领域检察机关公益诉讼的理论与实践研讨会”在中国政法大学召开。与会代表就“激活公益诉讼，优化消费环境”“北京行政公益诉讼工作情况介绍与思考”“检察机关提起行政公益诉讼的优势与困难”“检察机关在食药安全领域提起民事公益诉讼可否提起损害赔偿之诉”“食药品安全民事公益诉讼的实证问题”“检察机关行政诉讼案源瓶颈及解决路径”“食药领域检察机关行政公益诉讼的指导意见”“推动公益制度完善，为提振消费信心努力前行”等检察机关公益诉讼的理论与实践问题进行了研究和探讨。11月10—11日，第九届中国破产法论坛暨改革开放四十周年纪念研讨会在北京举办，与会嘉宾围绕破产法实施状况与综合改革建议、重整制度的实践与完善、管理人制度的实践与完善、债务人财产制度的实践与完善以及跨境破产与破产审判信息化建设等五大议题展开研讨，并指出，在40年来改革开放政策的指引下，在计划经济体制向市场经济体制转化过程中，我国已经逐渐建立了市场化的企业破产制度。11月17日，互联网法院案件审理问题研讨会在清华大学召开。会议由清华大学法学院纠纷解决研究中心主办，中国法学会法治研究所、中国平安保险（集团）股份有限公司、北京清律律师事务所协办。与会代表探讨了互联网法院的管辖、互联网法院案件审理中的证据与流程、互联网法院案件审理中的诉讼规则等疑难问题。对于互联网法院案件审理的完善发展、提升我国网络司法治理能力具有重要意义。12月16日，由北京市消费者权益保护法学会主办的“消费者权益保护组织与公益诉讼相关问题”学术研讨会在北京召开。本次会议的主题为“消费者权益保护组织与公益诉讼相关问题”，与会专家围绕“消费者权益保护及公益诉讼现状”和“消费者权益保护及公益诉讼发展”等主题进行了研讨交流，并对此次会议主题总结为“整体评估、理论反思、协同执法、有限司法”。

（二）研究的热点问题

1. 检察公益诉讼

经过两年的试点期，检察机关提起公益诉讼制度于2017年7月在修改后的民事诉讼法和行政诉讼法中得以确立。经过近两年的实践，检察机关提起的公益诉讼案件数量显著增长，由此带来了对检察公益诉讼理论研究的丰富土壤，同时检察机关提起公益诉讼也进入制度塑造的“深水区”，检察机关提起公益诉讼在制度塑造过程中所相继产生的一系列争论问题目前又展现在检法面前。[12]在如何宏观地构建检察公益诉讼体系的问题上，有学者提出，首先需要准确把控检察机关提起公益诉讼的理论制高点和制度话语权。应参考刑事诉讼中的公诉人，确立检察机关在公益诉讼中的公诉人身份。同时，需要对检察机关提起公益诉讼注入刚性元素，优化检察机关提起公益诉讼的社会环境，按照“多方协力、有机联系”的原则，构建提起公益诉讼的外部衔接机制和内部衔接机制，建构民事公益诉讼、行政公益诉讼和刑事公益诉讼之间的合力公诉机制，稳步扩大检察公益诉讼的适用范围。[13]

在检察公益诉讼案件的实践规则研究上，有学者从诉的利益角度，对《关于检察公益诉讼案件适用法律若干问题的解释》第19、21、24条进行了点评，认为在检察机关的全部诉讼请求已经获得全部实现的情形下，人民法院没有必要对公益诉讼案件（继续）进行实体审理。但是，在检察行政公益诉讼的情形下，检察机关丧失请求被告纠正违法行为或依法履行职责的利益，并不当然意味着其同时丧失请求法院对被告的违法行政行为进行确认的利益。为了及时救济遭受损害或威胁的社会公共利益，引导被告尽早纠正违法行为或依法履行职责，应当根据被告纠正违法行为或依法履行职责的时间，设计不完全相同的规则。[14]

作为一种较新制度，检察建议展现出广阔的适应性与强大的生命力。不仅应在具体实践中继续探索检察建议的适用规律，有学者提出，在制度的宏观规范上，应从拓展检察权能范围，促进检察权运行模式转型，提升检察权威和检察公信力的角度全面理解检察建议制度的重要作用，进行检察建议的规范化改革。结合地方改革经验，坚持理念、体制、机制与形式的创新，扭转检察建议适用过程中重刚性监督轻柔性监督，重制发轻效果，重诉讼中的检察建议轻非诉讼性检察建议，重实体轻程序，重具体性建议轻制度性建议的倾向；同时将检察建议单一性生成模式改变为综合性生成模式，通过检察建议的机制创新促进检察权威的内在生成，明晰划分各种检察建议的类型以加强检察建议专业化、精细化、规范化建设，推进治理型检察建议的实践运用，促进检察建议的实际操作意义。[45]

2. 强制执行

作为最高法院承诺化解“执行难”问题的关键时间节点，强制执行程序成为2018年民诉法学术研究中的重点领域。结合中共中央《关于全面推进依法治国若干重大问题的决定》中明确提出的“完善司法体制，推动实行审判权和执行权相分离的体制改革试点”要求，有学者重点关注了“审执分离”问题中的执行权配置模式问题。其指出通过对比较法考察发现，执行权配置模式与执行制度的正常运作、“执行难”问题的消解之间存在重大关联。而执行权的重新配置，具体来说即向法院外分权来解构“执行难”“执行乱”问题，也来到历史的关口，以此审视“推动实行审判权和执行权相分离的体制改革试点”这一决策，能更清楚地看到其中蕴含的历史契机。执行权“外分”不仅是将民事执行的负担与责任从法院剥离，更是通过对法院限权、分权，从根源上防止因执行权滥用而引发的执行难问题。[46]

案外人执行异议之诉，作为我国强制执行制度中对案外人重要的程序保障制度，历来为学者所重点研究，而“足以排除强制执行的民事权益”的类型则是案外人执行异议中应当重点关注的问题。有学者提出，当前我国法律及司法解释未对案外人执行异议之诉中“足以排除强制执行的民事权益”的类型做列举式规定，仅有总体性概括，给法院执行程序的进行造成很大困扰，增加了申请执行人、被执行人与案外人之间权利义务关系的不确定性，同时司法实务界关于案外人执行异议之诉中“足以排除强制执行的民事权益”的实践做法存有差异，应予以明晰和统一。通过对案外人执行异议之诉中“足以排除强制执行的民事权益”进行类型化分析，建议明确所有权、用益物权、债权、租赁权等实体权益可作为“足以排除强制执行的民事权益”。[47]同时有学者提出，案外人异议之诉本质上是审查案外人对执行标的是否享有某种民事权益，以及该民事权益能否对抗申请执行人执行债权发生的基础权利的诉讼。案外人对执行标的享有的民事权益是否足以排除强制执行，应根据该民事权益的实体法性质和效力进行判断。在两种典型的虚假登记财产的执行活动中，因我国基于法律行为的物权变动原则上采债权形式主义，有限责任公司股东身份的确定需同时符合形式要件和实质要件，故虚假登记权利人对执行标的仅享有债权。根据债的相对性并综合斟酌相关因素，该债权原则上不足以排除强制执行。但基于借名买房的借名人生存权之保障、申请执行人恶意申请执行显名股东的股权，该债权足以排除强制执行。[48]

“执行和解”制度为我国所特有的民事执行案件中的纠纷解决方式，在化解执行难问题上有着广阔的应用潜力，司法实践中被广泛应用。然而伴随着“执行和解”的高结案率，执行当事人不履行或不完全履行和解协议的现象屡见不鲜。有学者针对“执行和解”制度的运行情况，通过对历史维度考察，认为“执行和解”制度来源于1982年《民事诉讼法（试行）》起草者对原有执行“说服教育”原则的创造性变通。通过与域外的对照比较，执行和解的制度功能主要在于化简未经有效过滤而输入执行程序的社会“过度复杂性”，受“半结构化、低制度化”的状况所限，其复杂性化简功能具有内在局限性，既难以克服高反悔率的现象，还导致复杂性的不减反增。因此应以“主要效力”理论为根据，以当事人的意思表示为基点，建构一般执行和解协议与特殊执行和解协议的分类，形成可应对各种和解、违约类型的多元救济模式，以更完整、相对也更复杂的执行和解制度规范结构，来提升其复杂性化简功能。[49]

3. 司法改革

自2013年开启的本轮司法改革已经过近六个年头，相关制度的构建已经初步成型，司改成果业已初步呈现。在此基础上，对司法改革的具体成果及其所体现的发展规律进行分析总结成为民事诉讼法学界的重要任务。就司法改革过程中的信息化建设方面，有学者认为，十八大以来的司法改革的一个重要特征，是以顶层设计的方式切入一些微观层面的具体问题。不过以信息化建设为代表的技术手段成为司法改革的重要推动力量却是在改革实施过程中才逐渐显现出来。结合当前信息化和大数据飞速发展背景，司法改革迎来了机遇也遭遇了挑战。总结本轮司法改革经验，信息化建设可以有效地提升司法管理的质量和效率，使得过程管理，全程留痕成为现实。通过信息化建设，将有效缓解“执行难”、涉案财物管理等长期困扰法、检系统工作的难题。同时智慧法院还能够让当事人亲身体会到司法服务质量的改善、亲眼见证到公平正义实现的每一个细节，真正做到“接近正义”或“接近司法”。然而面对中国这样一个地域面积广袤、人口基数庞大且流动性强的复杂社会，司法大数据等新技术手段与已有的制度程序、工作机制以及与司法人员配置之间必然要经历一个磨合过程，其中所蕴含的风险和挑战不可忽视。对于信息化革新带来的风险，我们应采取公正、效率、成本等三个维度来作为衡量司法改革制度运行的重要“参数”或指标。[50]

本次司法改革的另一项重要任务即十八届三中全会提出“推进审判公开”要求。为此最高人民法院出台了多项司法解释和规范性文件，借助信息技术，统一入口平台，规范、有序地推进司法公开。有学者通过考察自2018年9月1日起施行的《最高人民法院关于人民法院通过互联网公开审判流程信息的规定》（以下简称《规定》），认为公开审判流程信息的功能有四大方面。从国家角度可以为国家权力，尤其是司法权的规范性和正当性提供保障。对社会公众来说，审判流程信息公开是大众参与了解司法过程的重要途径，能够让人民群众在不亲自参与诉讼情况下，依然感到司法系统的公平正义，增加获得感。对当事人来说，审判流程信息公开有助于确保当事人的诉讼权利和实体权利。对法院来说，审判流程信息公开有助于提高个案审判的审判效率和审判质量。而我国采用的网上公开方法，则是对公开效率价值与参与价值的强化。同时我国的司法公开建设体现出公开对象二元化、公开平台统一化和公开内容实质化这三大核心特点，无论是公开的对象，还是公开的平台和公开的内容，《规定》所确立的审判流程信息网上公开制度都确实能够实现国家、社会公众、法院、当事人等不同的主体对效率价值和参与价值的追求，满足各方主体的利益诉求，因而具有十分光明的适用前景。[51]

4. 改革开放40周年与民事诉讼制度发展

伴随着改革开放40周年，民事诉讼法学也经历了巨大的变革。如何在此背景下观察解读民事诉讼法学在这40年来的不断变化，总结归纳其中规律，反思展望民事诉讼法学的变革发展的历史经验与今后趋势，学者们提出了自己的观点。

有学者提出，总览改革开放40年民事诉讼（司法）制度的发展，可区分为两大阶段。第一阶段为民事审判方式改革，即20世纪80年代至90年代中后期强化当事人举证责任，强化庭审功能，强化审判公开等改革措施，以及20世纪90年代中后期至21世纪初建立证据交换、举证时限等制度。第二阶段起始于21世纪初至今，民事司法改革全面拓展阶段，建立了案件受理、非讼衔接、公益诉讼等重要制度，完善了民事执行、家事审判、智能司法领域建设。通过梳理民事司法改革成果，可以发现民事诉讼制度的变迁在我国存在两条彼此相关，但又不完全重合的主线，即《民事诉讼法》文本的变迁和民事司法改革的变迁。这种复线交织的变迁模式是我国独特的制度变迁模式，这与我国特殊的社会结构有密切的关系，也与改革在我国发展方式上的特殊性有直接的关联。就民事司法改革与《民事诉讼法》文本的变迁联系而言：一方面，民事司法改革的任务和目标之一是落实《民事诉讼法》的规定，推动《民事诉讼法》的具体实施成为民事司法改革的一条主线；另一方面，民事司法改革又与《民事诉讼法》保持着互为扩展的关系。具体而言《民事诉讼法》其中比较典型地反映了我国立法的一贯指导思想和理念，即规定简约且有原则，这样的立法模式为民事司法改革提供了操作空间。我国在民事司法改革中的另一大特点是，在改革试点和形成相应的规则方面，我国的司法裁判机关从倡导改革的那天起，司法领域中的各种改革就从来没有停止过。法院甚至扮演了改革“排头兵”的角色，始终处于改革的前沿。民事审判方式的改革最集中地体现了我国司法裁判机关对改革的热情和态度。就民事司法改革而言，法院甚至比立法机构更具有条件。[52]

有学者从法学作品的角度，集中观察了改革开放以来中国民事诉讼法学的研究对象与研究方法之间的相互关系，同时分析了中国民事诉讼法律发展状况是如何限定或拓展其研究方法的选择与发展方向，而法学方法的运用和发展水平又如何支持、塑造或局限了中国民事诉讼法的现状。以研究对象作为分类，集中讨论了以民事诉讼法规范为研究对象的注释法学、规范法学与法教义学，研究对象多元交叉的比较法学，以司法行为和法律现象为主要研究对象的社科法学。以相应研究方法中的代表学者和代表作品为基础，分析了不同民事诉讼法学研究方法的贡献与缺陷，最终得出改革开放 40 年以来，民事诉讼法学各种研究方法既非顺序登场或轮流表演，亦非成对出现或此消彼长，而是交错出现、相互纠缠，在竞争共生的状态下相辅相成的研究状态。[53]

5. 家事诉讼

家事诉讼作为民事诉讼制度中的特别程序，更多以其非讼程序特性被学者们所研究。然而有学者提出，家庭作为最基本、最重要的社会群，具有家庭名分的天然性、家庭名分的优先性、名分交往的法外性等特点，被视为具有高度人身属性的私人领域，该领域严格区别于公法和政治领域，法律不得随意干预。同时，基于家庭领域产生的家事纠纷，具有纠纷内容伦理性、解纷过程的伦理性以及解决依据伦理性的特点。特别是实体法的缺位与局限，导致法官只能以柔性规则来介入家事纠纷解决，缺少程序运行的标准性与强制性。同时家事纠纷的内容聚焦在如何修正或者解构既存的亲缘关系，纠纷主体通常以情感为对话内容，而不细究对方享有权利和履行义务的情况。因此其程序特征具有非司法性、层次性以及程序主体的扩大化、证据及证明程序的边缘化的特点。因此，构建家事程序也应当寻找与之匹配的非司法路径，将个体置于家庭中，才真正契合纠纷解决的家事内核。[54]

结语

2018 年是刑事诉讼法学发展的一个关键节点。针对司法改革的新趋势、司法实践的新问题，学者们从规范分析、理论探讨、实证研究等多个角度积极为刑事诉讼的完善和发展建言献策，成果累累。2018 年对于民事诉讼法学界也是不寻常的一年。期间民事诉讼法学的研究，不仅需要总结改革开放 40 周年以来民事诉讼制度发展经验与教训，亦要为全面解决执行难问题的时间节点的到来提供强大理论支持，同时也要回应近年来民事诉讼制度实践中出现的新情况、新问题。

注：

①樊崇义：《2018 年〈刑事诉讼法〉最新修改解读》，《中国法律评论》，2018 年第 6 期。

②陈光中、曾新华：《中国刑事诉讼法立法四十年》，《法学》，2018 年第 7 期。

③陈光中、兰哲：《监察制度改革的重大成就与完善期待》，《行政法学研究》，2018 年第 4 期。

④卞建林：《聚焦刑事诉讼法再修改重点问题》，《人民法院报》，2018 年 10 月 31 日。

⑤陈卫东、聂友伦：《职务犯罪监察证据若干问题研究——以〈监察法〉第 33 条为中心》，《中国人民大学学报》，2018 年第 4 期。

⑥陈卫东：《职务犯罪监察调查程序若干问题研究》，《政治与法律》，2018 年第 1 期。

⑦肖沛权：《价值平衡下刑事缺席审判制度的适用》，《法学杂志》，2018 年第 8 期。

⑧陈卫东：《论中国特色刑事缺席审判制度》，《中国刑事法杂志》，2018 年第 3 期。

⑨李奋飞：《刑诉法修改：承前启后的程序法变革》，《检察日报》，2018 年 12 月 28 日。

⑩樊崇义：《认罪认罚从宽协商程序的独立地位和保障机制》，《国家检察官学院学报》，2018 年第 1 期。

⑪刘计划、孔祥承：《论认罪认罚从宽制度的建构——基于理论与实践的双重展开》，《烟台大学学报》(哲学社会科学版)，2018 年第 2 期。

⑫卞建林、谢澍：《职权主义诉讼模式中的认罪认罚从宽——以中德刑事司法理论与实践为线索》，《比较法研究》，2018 年第 3 期。

⑬李本森：《刑事速裁程序试点研究报告——基于 18 个试点城市的调查问卷分析》，《法学家》，2018 年第 1 期。

⑭熊秋红：《刑事速裁程序立法兼顾现实性与正当性》，《检察日报》，2018 年 11 月 9 日。

⑮北京市朝阳区人民检察院课题组：《刑事速裁程序的实践解读与理性思考》，《中国检察官》，2018 年第 12 期。

⑯陈卫东：《改革开放四十年中国司法改革的回顾与展望》，《中外法学》，2018 年第 6 期。

⑰何挺：《司法改革试点再认识：与实验研究方法的比较与启示》，《中国法学》，2018 年第 4 期。

⑱陈瑞华：《法官员额制改革的理论反思》，《法学家》，2018 年第 3 期。

⑲汪海燕、陶文婷：《人民陪审员制度的价值与完善》，《中国应用法学》，2018 年第 4 期。

⑳刘计划：《陪审制改革中的几个问题》，《法律适用》，2018 年第 15 期。

㉑陈卫东：《人民陪审员法的价值评析与实施展望》，《人民司法(应用)》，2018 年第 22 期。

㉒顾永忠：《追根溯源：再论值班律师的应然定位》，《法学杂志》，2018 年第 9 期。

㉓樊崇义：《值班律师制度的本土叙事：回顾、

定位与完善》,《法学杂志》,2018 年第 9 期。

㉔吴宏耀:《我国值班律师制度的法律定位及其制度构建》,《法学杂志》,2018 年第 9 期。

㉕郑未媚:《认罪认罚从宽背景下的法律援助值班律师制度》,《政法学刊》,2018 年第 2 期。

㉖国家检察官学院刑事检察教研部课题组:《检察机关认罪认罚从宽制度改革试点实施情况观察》,《国家检察官学院学报》,2018 年第 6 期。

㉗陈瑞华:《论检察机关的法律职能》,《政法论坛》,2018 年第 1 期。

㉘孙谦:《新时代检察机关法律监督的理念、原则与职能(下)——写在新修订的人民检察院组织法颁布之际》,《检察日报》,2018 年 11 月 4 日。

㉙魏晓娜:《依法治国语境下检察机关的性质与职权》,《中国法学》,2018 年第 1 期。

㉚朱孝清:《国家监察体制改革后检察制度的巩固与发展》,《法学研究》,2018 年第 4 期。

㉛邓思清:《捕诉合一是中国司法体制下的合理选择》,《检察日报》,2018 年 6 月 6 日。

㉜郭烁:《捕诉调整:“世易时移”的检察机制再选择》,《东方法学》,2018 年第 4 期。

㉝张建伟:《“捕诉合一”的改革是一项危险的抉择?——检察机关“捕诉合一”之利弊分析》,《中国刑事法杂志》,2018 年第 4 期。

㉞张建伟:《“捕诉合一”:职能整合之功能分析》,《人民检察》,2018 年第 14 期。

㉟陈瑞华:《公安体制改革的基本课题》,《中国法律评论》,2018 年第 3 期。

㊱陈瑞华:《公安职能的重新定位问题》,《苏州大学学报》(哲学社会科学版),2018 年第 4 期。

㊲程雷:《大数据侦查的法律控制》,《中国社会科学》,2018 年第 11 期。

㊳裴炜:《个人信息大数据与刑事正当程序的冲突及其调和》,《法学研究》,2018 年第 2 期。

㊴陈卫东:《羁押必要性审查制度试点研究报告》,《法学研究》,2018 年第 2 期。

㊵李训虎:《逮捕制度再改革的法释义学解读》,《法学研究》,2018 年第 3 期。

㊶郭烁:《酌定不起诉制度的再考查》,《中国法学》,2018 年第 3 期。

㊷汤维建:《检察机关提起公益诉讼进入制度塑造的“深水区”》,《人民检察》,2018 年第 19 期。

㊸汤维建:《检察机关提起公益诉讼的制度优化》,《人民检察》,2018 年第 11 期。

㊹黄忠顺:《论诉的利益理论在公益诉讼制度中的运用——兼评〈关于检察公益诉讼案件适用法律若干问题的解释〉第 19、21、24 条》,《浙江工商大学学报》,2018 年第 4 期。

㊺汤维建:《检察建议规范化改革展望》,《人民检察》,2018 年第 16 期。

㊻陈杭平:《比较法视野下的执行权配置模式研究——以解决“执行难”问题为中心》,《法学家》,2018 年第 2 期。

㊼汤维建、陈爱飞:《“足以排除强制执行民事权益”的类型化分析》,《苏州大学学报(哲学社会科学版)》,2018 年第 2 期。

㊽肖建国、庄诗岳:《论案外人异议之诉中足以排除强制执行的民事权益——以虚假登记财产的执行为中心》,《法律适用》,2018 年第 15 期。

㊾陈杭平:《论民事‘执行和解’制度——以复杂性化简为视角》,《中外法学》,2018 年第 5 期。

㊿王亚新:《信息化浪潮中的司法改革:机遇与挑战》,《法治现代化研究》,2018 年第 2 期。

51刘哲玮:《审判流程信息网上公开的功能与结构》,《法律适用》,2018 年第 17 期。

52张卫平:《改革开放四十年民事司法改革的变迁》,《中国法律评论》,2018 年第 5 期。

53傅郁林:《改革开放四十年中国民事诉讼法学的发展——从研究对象与研究方法相互塑造的角度观察》,《中外法学》,2018 年第 6 期。

54许尚豪:《让个体回归家庭——家事程序的非司法路径研究》,《政治与法律》,2018 年第 11 期。

(作者:陈卫东、汤维建、刘计划,中国人民大学教授;张明哲、郭丰璐,中国人民大学博士生)

经济法学

吴宏伟　董笃笃

一、2018 年中国经济法立法之简要梳理

（一）颁布或修订的法律

《中华人民共和国进出口商品检验法》根据 2018 年 4 月 27 日第十三届全国人民代表大会常务委员会第二次会议《关于修改〈中华人民共和国国境卫生检疫法〉等六部法律的决定》第三次修正，根据 2018 年 12 月 29 日第十三届全国人民代表大会常务委员会第七次会议《关于修改〈中华人民共和国产品质量法〉等五部法律的决定》第四次修正。

《中华人民共和国个人所得税法》根据 2018 年 8 月 31 日第十三届全国人民代表大会常务委员会第五次会议《关于修改〈中华人民共和国个人所得税法〉的决定》第七次修正，自 2019 年 1 月 1 日起施行。

《中华人民共和国电子商务法》由中华人民共和国第十三届全国人民代表大会常务委员会第五次会议于 2018 年 8 月 31 日通过，自 2019 年 1 月 1 日起施行。

《中华人民共和国公司法》根据 2018 年 10 月 26 日第十三届全国人民代表大会常务委员会第六次会议《关于修改〈中华人民共和国公司法〉的决定》第四次修正，自公布之日起施行。

《中华人民共和国计量法》根据 2018 年 10 月 26 日第十三届全国人民代表大会常务委员会第六次会议《关于修改〈中华人民共和国野生动物保护法〉等十五部法律的决定》第五次修正。

《中华人民共和国环境保护税法》根据 2018 年 10 月 26 日第十三届全国人民代表大会常务委员会第六次会议《关于修改〈中华人民共和国野生动物保护法〉等十五部法律的决定》修正。

《中华人民共和国循环经济促进法》根据 2018 年 10 月 26 日第十三届全国人民代表大会常务委员会第六次会议《关于修改〈中华人民共和国野生动物保护法〉等十五部法律的决定》修正。

《中华人民共和国农产品质量安全法》根据 2018 年 10 月 26 日第十三届全国人民代表大会常务委员会第六次会议《关于修改〈中华人民共和国野生动物保护法〉等十五部法律的决定》修正。

《中华人民共和国船舶吨税法》根据 2018 年 10 月 26 日第十三届全国人民代表大会常务委员会第六次会议《关于修改〈中华人民共和国野生动物保护法〉等十五部法律的决定》修正。

《中华人民共和国广告法》根据 2018 年 10 月 26 日第十三届全国人民代表大会常务委员会第六次会议《关于修改〈中华人民共和国野生动物保护法〉等十五部法律的决定》修正。

《中华人民共和国节约能源法》根据 2018 年 10 月 26 日第十三届全国人民代表大会常务委员会第六次会议《关于修改〈中华人民共和国野生动物保护法〉等十五部法律的决定》第二次修正。

《中华人民共和国耕地占用税法》由第十三届全国人民代表大会常务委员会第七次会议于 2018 年 12 月 29 日通过，自 2019 年 9 月 1 日起施行。

《中华人民共和国车辆购置税法》由第十三届全国人民代表大会常务委员会第七次会议于 2018 年 12 月 29 日通过，自 2019 年 7 月 1 日起施行。

《中华人民共和国环境噪声污染防治法》根据 2018 年 12 月 29 日第十三届全国人民代表大会常务委员会第七次会议《关于修改〈中华人民共和国劳动法〉等七部法律的决定》修正。

《中华人民共和国环境影响评价法》根据 2018 年 12 月 29 日第十三届全国人民代表大会常务委员会第七次会议《关于修改〈中华人民共和国劳动法〉等七部法律的决定》第二次修正。

《中华人民共和国劳动法》根据 2018 年 12 月 29 日第十三届全国人民代表大会常务委员会第七次会议《关于修改〈中华人民共和国劳动法〉等七部法律的决定》第二次修正。

《中华人民共和国食品安全法》根据 2018 年 12 月 29 日第十三届全国人民代表大会常务委员会第七次会议《关于修改〈中华人民共和国产品质量法〉等五部法律的决定》修正。

《中华人民共和国预算法》根据 2018 年 12 月 29 日第十三届全国人民代表大会常务委员会第七次会议《关于修改〈中华人民共和国产品质量法〉等五部法律的决定》第二次修正。

《中华人民共和国产品质量法》根据 2018 年 12

月29日第十三届全国人民代表大会常务委员会第七次会议《关于修改〈中华人民共和国产品质量法〉等五部法律的决定》第三次修正。

《中华人民共和国企业所得税法》根据2018年12月29日第十三届全国人民代表大会常务委员会第七次会议《关于修改〈中华人民共和国电力法〉等四部法律的决定》第二次修正。

《中华人民共和国社会保险法》根据2018年12月29日第十三届全国人民代表大会常务委员会第七次会议《关于修改〈中华人民共和国社会保险法〉的决定》修正。

（二）全国人大议事

2018年2月24日第十二届全国人民代表大会常务委员会第三十三次会议通过《关于延长授权国务院在实施股票发行注册制改革中调整适用〈中华人民共和国证券法〉有关规定期限的决定》。

2018年3月20日第十三届全国人民代表大会第一次会议通过《关于2017年国民经济和社会发展计划执行情况与2018年国民经济和社会发展计划的决议》《关于2017年中央和地方预算执行情况与2018年中央和地方预算的决议》。

2018年4月27日第十三届全国人民代表大会常务委员会第二次会议通过《关于设立上海金融法院的决定》。

2018年10月26日第十三届全国人民代表大会常务委员会第六次会议通过《关于专利等知识产权案件诉讼程序若干问题的决定》。

2018年10月26日第十三届全国人民代表大会常务委员会第六次会议通过《关于延长授权国务院在部分地方开展药品上市许可持有人制度试点期限的决定》。

2018年12月29日第十三届全国人民代表大会常务委员会第七次会议通过《关于授权国务院提前下达部分新增地方政府债务限额的决定》。

（三）颁布的行政法规

《快递暂行条例》经2018年2月7日国务院第198次常务会议通过，自2018年5月1日起施行。

2018年3月19日《国务院关于修改和废止部分行政法规的决定》修改《中华人民共和国计量法实施细则》《中华人民共和国森林法实施条例》《中华人民共和国人民币管理条例》《物业管理条例》《防治船舶污染海洋环境管理条例》《中华人民共和国招标投标法实施条例》，废止1988年6月25日发布的《中华人民共和国私营企业暂行条例》、2000年3月20日发布的《中华人民共和国水污染防治法实施细则》。

《人力资源市场暂行条例》经2018年5月2日国务院第7次常务会议通过，自2018年10月1日起施行。

《专利代理条例》经2018年9月6日国务院第23次常务会议修订通过，自2019年3月1日起施行。

《个人所得税法实施条例》经2018年12月18日中华人民共和国国务院令第707号第四次修订，自2019年1月1日起施行。

（四）国务院规范性文件

2018年01月09日，国务院关于在自由贸易试验区暂时调整有关行政法规、国务院文件和经国务院批准的部门规章规定的决定（国发〔2017〕57号）。

2018年01月26日，国务院关于加强质量认证体系建设促进全面质量管理的意见（国发〔2018〕3号）。

2018年05月23日，国务院关于做好自由贸易试验区第四批改革试点经验复制推广工作的通知（国发〔2018〕12号）。

2018年05月24日，国务院关于印发进一步深化中国（广东）自由贸易试验区改革开放方案的通知（国发〔2018〕13号）。

2018年05月24日，国务院关于印发进一步深化中国（天津）自由贸易试验区改革开放方案的通知（国发〔2018〕14号）。

2018年05月24日，国务院关于印发进一步深化中国（福建）自由贸易试验区改革开放方案的通知（国发〔2018〕15号）。

2018年06月13日，国务院关于建立企业职工基本养老保险基金中央调剂制度的通知（国发〔2018〕18号）。

2018年07月30日，国务院关于推进国有资本投资、运营公司改革试点的实施意见（国发〔2018〕23号）。

2018年08月15日，国务院关于在上海市浦东新区暂时调整实施有关行政法规规定的决定（国发〔2018〕29号）。

2018年11月23日，国务院关于支持自由贸易试验区深化改革创新若干措施的通知（国发〔2018〕38号）。

2018年12月22日，国务院关于印发个人所得税专项附加扣除暂行办法的通知（国发〔2018〕41号）。

二、学术研讨活动

2018年3月6日，中国人民大学法学院“经济法前沿讲座”第60期在明德法学楼举行，中国人民大学法学院徐孟洲教授应邀做了题为“建设现代化经济体系中的经济法基本理论问题”的演讲，中国人民大学法学院史际春教授、中国社会科学院法学研究所经济法室主任席月民教授、中国农业大学人文与发展学院葛敏教授、北京大学法学院叶姗教授、北京师范大学中国社会管理研究院副院长赵秋雁教授、北京市经济法学会李业顺副秘书长等人应邀出席本次活动并做了点评。

2018年4月18日，第466期民商法前沿论坛暨第8期安通论坛“资管计划的结构、功能与法律性质——从券商系资管计划切入”在中国人民大学明德法学楼举行。北京大学法学院刘燕教授发表了主题报告，中国人民大学法学院叶林教授、清华大学法学院汤欣教授、北京大学法学院楼建波副教授、中国政法大学民商经济法学院赵廉慧副教授、中国人民大学法学院邢海宝教授等出席论坛并参与讨论。

2018年5月15日，第2期中国人民大学经济法博士生沙龙暨第9期MRLC沙龙“经济法总论对金融法研究的意义与进路”在中国人民大学明德法学楼举行。对外经济贸易大学法学院冯辉副教授发表主题报告，中国人民大学法学院孟雁北教授、姚海放副教授，北京交通大学法学院郑翔副教授出席沙龙并参与讨论，本次沙龙由孟雁北教授主持。

2018年6月9日，北京大学金融法研究中心在法学院举办2018年春季论坛——“资产管理业务监管：国际经验与中国道路”。此次论坛共吸引了来自监管部门、司法系统、金融机构、高等院校、律师事务所等社会各界人士180余人参加，与会嘉宾结合中国人民银行等部门于2018年4月27日颁布实施的《关于规范金融机构资产管理业务的指导意见》和中国资管业务的理论与实践展开了研讨，其间既有思想交锋，更有观点和建议共识。

2018年6月10日，以“互联网不正当竞争认定的实践挑战”为主题的学术研讨会在中国人民大学法学院举行。本次学术研讨会作为MRLC研讨会的第7期，由中国人民大学法学院、北京市经济法学会和中韩市场暨规制法研究中心（MRLC）联合主办，旨在针对新《反不正当竞争法》第十二条规定的互联网不正当竞争行为，分析探讨其在实践中面临的挑战。

2018年6月12日，“第二届北大企业法总论坛”在北京大学法学院召开。本届论坛由北京大学法学院和最高人民法院执行局主办，北京大学中国企业法律风险管理研究中心承办。来自实务前沿的企业法总、律师、仲裁员、行政管理部门（国资委、银保监会、国家市场监督管理总局等）工作人员以及知名学者共七十余人参加本次论坛。本次论坛针对《最高人民法院关于股权强制执行若干问题的规定（征求意见稿）》进行逐条讨论，从不同角度就普遍关注的股权强制执行司法解释提出意见和建议。

2018年10月22日，第3期中国人民大学经济法博士生沙龙暨第10期MRLC沙龙“电子商务纠纷解决与智能合约法律问题”在中国人民大学明德法学楼举办。本次沙龙由中国人民大学法学院、北京市经济法学会、中韩市场暨规制法研究中心（MRLC）、中国人民大学金融科技与互联网安全研究中心主办，北京师范大学法学院薛虹教授发表主题报告，中国人民大学法学院孟雁北教授、熊丙万副教授，南开大学金融学院张美慧助理教授出席沙龙并参与讨论，本次沙龙由中国人民大学法学院经济法专业博士生黄尹旭主持。

2018年10月23日，北大经济法论坛第十一期之学术讲座“税收争议和税务律师——法律视角下的财税行业”，在北京大学举办。

2018年10月28日，第32期“北大竞争法论坛”在北京大学法学院举办，本次讲座主题为“人工智能时代不正当竞争”。

2018年11月12日，北大经济法论坛第十二期之学术讲座“不动产税制的构建及不动产市场之宏观调控”，于北京大学第三教学楼举办。本次讲座由台湾大学法学院终身特聘教授黄茂荣教授主讲，北京大学经济法研究所所长张守文教授作为讲座的点评嘉宾。

2018年11月16日，由中国人民大学法学院主办、中国生物多样性保护与绿色发展基金会协办的“环境法教学与人才培养研讨会”在中国人民大学明德法学楼举办。本次教学研讨会以“实践教学与生态文明法治建设”为主题，共设环境法教学方法的创新、环境法实践教学经验的分享、环境法教学理论与人才培养模式的探讨、环境法课程设计的创新四个研讨单元，旨在就环境法教学方法、教材建设、人才培养以及如何助力我国生态文明建设的人才储备等进行研讨。会上，20余位来自北京大学、清华大学、中国人民大学、中国政法大学、武汉大学、天津大学等各高校环境法学科的教师进行了主题发言，50余位参会人参与了相关主题讨论。会议还吸引了法律出版社、中国人民大学出版社等教学出版机构的资深编辑参与。

2018年11月19日，中国人民大学法学院第99届教授沙龙在明德法学楼举行。本次沙龙由史际春教授主讲，刘俊海教授担任主持人，主题为“税法的多重目标和非税制约因素——从个税改革以及无论怎样减税民企都感觉税负在加重谈起”。中国人民大学法学院张世明教授、杨东教授、姚辉教授、石佳友教授、莫于川教授、韩立余教授、李艳芳教授、王宗玉副教授、姚海放副教授、王宗玉副教授、张吉豫副教授、娜鹤雅助理教授、闫芳副书记、张永老师和法学院博士生、硕士生、本科生以及校外媒体共计50余人参与沙龙活动。

2018年11月30日，北大经济法论坛第十三期学术讲座之“租税秩序罚问题的探讨”在北京大学法学院举办。本次讲座由北京大学经济法研究所和北京大学税法研究中心联合主办，北京大学税法研究中心主任叶姗教授主持。主讲人为东吴大学法律学系陈清秀教授，北京大学经济法研究所所长张守文教授、北京大学法学院张智勇副教授担任与谈嘉宾。

2018年12月12日，北大经济法论坛第十四期之学术讲座“资管产品征税中的疑难问题及未来研究方向”，在北京大学法学院举办。本次讲座由北京大学经济法研究所、北京大学税法研究中心和北京大学公司财务与法律研究中心联合主办，税法研究中心主任叶姗教授主持。主讲人为中汇税务集团全国技术总监、合伙人赵国庆博士，公司财务与法律研究中心主任刘燕教授、金融法研究中心副主任彭冰教授担任与谈嘉宾，经济法研究所所长张守文教授对讲座进行了总结。

三、经济法学术研究的基本情况

（一）关于经济法基础理论的研究

认识和解决社会主要矛盾是制定法律的科学前提。党的十九大对新时代我国社会主要矛盾作出了科学判断和准确表述。经济法的理念适应社会主要矛盾的变化：以消费者为中心是经济法理念的核心要素，平衡协调是新发展理念在经济法理念中的体现，社会责任本位是经济法理念的强制性要素。满足消费者需要是党和国家工作根本宗旨在经济法中的体现，是实现发展经济的最终目的与内在要求。经济法通过具体制度实现维护消费者权益的宗旨，该宗旨与社会主要矛盾变化相适应。经济法平衡协调理论对破解社会主要矛盾具有理论优势：解决社会主要矛盾必须解决发展不平衡不充分问题，协调是经济法调整方法或基本功能。经济法中的发展规划法发挥解决社会主要矛盾的独特作用，财税法对解决社会主要矛盾有特殊功效，金融法对解决社会主要矛盾具有杠杆作用，竞争法对解决社会主要矛盾发挥基础性作用，消费者权益保护法、产品质量法和价格法直接为满足人民美好生活的需要服务。可见，经济法对解决社会主要矛盾具有制度优势。①

经济法与劳动法的关系、经济法在法律分类中所处的位置等，均是经济法在最初发展阶段被广泛思考的问题，对于推进对经济法的认知大有启益，迄今反思这一问题仍然是经济法学理论研究不容忽视的关键所在。民国时期学者就继受德日学说，将经济法作为社会法的组成部分，由此廓清民法、行政法与经济法之间的关系，证成经济法作为部门法存在的合法性。社会法所谓的“社会”，自始就有“部分社会说”和“全体社会说”两种认知取向。目前，经济法学界关于经济法属性的争论，仍然与这种社会观有关。在实现社会实质公平方面，经济法的积极平等观与社会法的消极平等观相互协调。所谓社会本位的法律，不过是权利本位法律的调整。其基础还是权利，仅是有目的地予以限制而已。其法律的目的虽转向增进社会大众的生活，但着手处仍是在保护个人权利。②

中国的经济法治在整个法治体系中日益重要，但存在突出的“刚性不足”问题，并由此形成了“柔性法治”的特色。对“柔性法治”的认识需一分为二，应正视其在经济和法治等领域的积极作用和消极影响，从而扬长避短，适度增强法治的刚性，这是中国经济法治的改进方向。中国未来的经济法治应当宽严结合、刚柔并济，以充分保障各类市场主体的经济自由，并使其通过公平竞争而各得其所；同时，还应统分结合，激励相容，以切实保障各类公共物品的供给，实现整个经济和社会的良性运行和协调发展。③

中国40年的改革开放，对现代经济法制度的生成具有直接影响，对此有必要着重从现代化的维度，在“现代化—改革开放—经济法”的分析框架下展开研究。正是基于对现代化目标的追求，国家才不断进行改革开放，推进“制度的现代化”，并使现代经济法得以生成，因此，实现现代化既是推进改革开放与经济法生成的共同前提和连接点，也是改革开放与经济法生成的目标和媒介。从现代化的维度反思改革开放过程中经济法制度生成的逻辑，有助于理解构建现代经济法制度的必要性，以及经济法推进国家治理现代化的功能和特殊重要性，也有助于丰富经济法的发生论，推进相关的“发展理论”的研究。[④]

中国的经济改革和对外开放分别引发了大规模的制度变迁，其中经济法的制度变迁尤其值得关注。基于“改革开放—制度变迁—经济法”的分析框架，从分配关系和涉外关系调整的视角，可以发现我国的经济改革带来了从“分配—产权型”转为“产权—分配型”的制度变革，形成了从“以政策为主”向“以法律为主”、从“短期促进”向“短期促进与长期保障相融合”的制度变迁；同时，经济法在推进对外开放、融入更多国际通例的过程中，其所调整的涉外经济管理关系也渐变为涉外经济调制关系。经济法制度的成长与中国的法制建设和法治发展密不可分，只有不断融入法治理念和法治精神，并在政策性与法定性、确定性与变易性、统一性与分散性的平衡中实现自身的健康成长，经济法才能在制度变迁中更好地推进改革开放和国家治理的现代化。[⑤]

体制改革与经济法的关联十分密切，对此有必要基于“历史—系统”的分析框架，一方面从历史维度揭示体制改革对经济法理论和制度的重要影响，另一方面从系统维度对体制改革与经济法分别进行“结构—功能”分析，以发现两者之间的内在关联，揭示经济法中的“体制法”对于体制改革的特殊重要性。“经济体制—经济管理体制—经济调制体制”的变革，是我国改革开放的核心内容，将这“三类体制”的改革作为经济法研究的重要对象，有助于解释中国经济法产生和发展的内在逻辑，揭示经济法理论演变和制度变迁的重要动因，从而丰富和发展经济法的诸多理论。此外，体制改革是国家实现现代化的重要路径，研究其与经济法的关联性尤其有助于解决“法治与发展”的诸多问题，推动“发展法学”的深入研究。[⑥]

中国经济法在改革开放和法制建设中应运而生，经由 40 年发展，在理念、体系、规则及实效诸方面取得了长足进步。其勃兴和发展的基本经验是：秉持开放精神，遵循社会主义市场经济改革方向；针对现实需要，高度回应实践；按照经济规律，力求科学合理，坚持平衡协调。中国经济法当前存在的主要问题有：经济法理念不够牢固，执行力和权威性尚显薄弱，立法及其实施的协调性、参与性和博弈性有待加强。新时代中国经济法的进一步发展，需要与时俱进，确立中国经济法应然之整体、实质公平正义和公私融合的理念，探索并加强民主、参与和有序博弈，注重经常性法规梳理，完善法律实施。[⑦]

建设现代化经济体系须臾不能脱离法律制度，其中经济法尤为重要。基于“现代化—经济体系—经济法”的理论框架，运用“结构—功能”分析的方法，可以发现：经济体系的复杂结构由多个层面的诸多要素构成，需要经济法的有力支撑；经济体系走向现代化过程中的结构优化，需要经济法的促进和保障。因此，经济法对于经济体系的现代化不可或缺，应弥补实践中忽视经济法相关功能的缺失。此外，还应将公共经济纳入经济体系，全面推进私人经济与公共经济等多重二元结构的优化，并在法治框架下建设现代化经济体系，这既有助于实现国家治理的现代化以及整体现代化，又有助于拓展经济法的发展理论和法治理论，深化发展法学的研究。[⑧]

（二）关于经济法主体制度研究

1. 关于经济法主体基础理论的研究

法人制度的价值在于解决非自然人参加法律关系时的人格和能力问题，目的是适应社会经济政治发展的需要，使越来越多以非自然人名义从事活动的主体合法化，达到“铁打的军营流水的兵”之效果，从而突破自然人的局限。法人制度都是具体的，依任何法律或法律部门成立的法人，当然可以依法参加各法律部门的法律关系。不同法律部门对法人的关注和调整各有侧重，法人制度无须“顶层”的框架或规则，不必在部门法中规定法人的条件和一般规则。法人是否营利主要为税法所关注，而与法人的事业及其经营性、公益性无必然联系，不应将其作为法人之法律调整基准。[⑨]

2. 关于破产法的研究

市场化债转股的法律性质既是破产法上的债务清偿，也是公司法上的债权出资投资行为。债转股与债转股的实施方式是不应混淆的概念。上市公司以股票清偿债务不是债转股的典型形态，其基本性质是以可流通证券清偿债务。债转股事项的表决不适用债权人会议少数服从多数原则，破产法解决的是债务清偿问题，债转股的投资行为性质决定其应遵循自愿原则，不允许强迫不同意者进行债转股。债转股方案对债权人应当比直接清算、现金清偿更有利。债转股并非必须所有拟转股债权人都参加才能实施，少数债权人不参加债转股不会阻碍其目的的实现。作为债务清偿行为，在所转股权经过工商登记变更后，该项债务即完成清偿。债务人因重整计划不能执行等原因转入破产清算程序时，已通过转股方式完成清偿的债权不得再恢复为破产债权。作为投资行为，在所转股权经过工商登记变更后，依法不得再恢复为债权，不得以抽逃债权出资的方式，破坏资本充实原则。完成转股后还可以恢复债权的主张，将彻底破坏重整企业的资本（产）信用。[10]

在航运企业破产案件中，可能出现破产法、海商法与海事诉讼特别程序法等法律适用上的冲突。鉴于破产时航运企业的特殊性不能构成海事法律在破产案件中独立于破产法适用的理由，所以在发生法律冲突时，破产法作为特别法原则上应当优先适用，尤其是在解决程序问题时。海商法关于船舶优先权等实体性问题的规定，在破产法无相反规定的情况下应予以承认。对船员工资债权应当依据是否属于债务人企业职工、船舶是否属于债务人财产、船舶优先权能否保证债权清偿等情况依法予以清偿。在重整程序中的债权人会议上，根据案情需要，船舶优先权人可以根据其债权的不同性质与清偿顺位、对债权的不同调整方案等，分设不同的表决组别，不限于破产法中已列示的组别。在破产程序中，船舶优先权不需要通过法院扣押产生优先权的船舶行使。在管理人和债权人会议审查无异议的情况下，船舶优先权人申报、行使优先债权可以不通过诉讼或仲裁程序。[11]

（三）关于宏观调控法的研究

1. 关于财政法与税收法的研究

经过近四十年的发展，我国财税法学在理论研究、制度构成、学科建设等方面都取得了较大突破，基本形成了以公共财产法为学科属性，以领域法学为研究方法，以推动国家法治进程为学科目标的综合化、多元性和立体化的学科特点。四十年的发展历程表明，我国财税法学在突破部门法障碍和学科藩篱后，已成为一门研究对象丰实、相对独立且具备自身研究范式的新兴法学学科，同时，财税法学的学科发展与我国财税体制改革紧密联系、相互促进，极大地推动了我国的财税法治建设。此外，我国财税法学的发展经验亦体现以“问题导向”作为理论创新的实践基础，并为新兴学科的成长繁荣提供立足点与突破口。[12]

我国的烟叶税制经历了从“烟叶收入税”到“烟叶收购税”的演变，这是国家整体税制改革的一个缩影；无论是具体的烟叶税制变革还是整体的税制改革，都要体现合法性与合理性、公平性与效率性的要求，这“四项要求”与税法基本原则是内在一致的，是衡量税制优劣的重要标尺。依据上述要求，在完善烟叶税立法的过程中，应关注税种存续的必要性、立法宗旨的界定、课税要素的明确、相关制度的协调等具有普遍意义的共通性问题，这些问题的解决必须在法治的框架下展开，否则，仅在形式上把所有的税收暂行条例都上升为税收法律，也只是税收法定原则在形式上的“落实”，但其真正的精髓却可能“落空”，因而难以真正推进税收法治的进步。[13]

破产法主要立足于社会利益，以公平清理债权债务、保护债权人和债务人的合法权益为己任；税法侧重于国家利益，以规范税收征缴行为和保障国家财政收入、保护纳税人合法权益为目标。系统解决两法之间的冲突，从法理念层面分析，破产程序宜界定为课税特区，征税权力应谨慎介入并作必要调适，实现破产法与税法规则的互认；税收债权宜定性为破产债权，征税机关的民事诉讼主体资格应得到破产法的承认，“公权力行政”与“私经济行政”之区分原理可做理论依据；税收优先权规则在破产程序中的运用，既要解决解释论上的“税收”界定问题，也要关注立法论上的权益冲突平衡问题；征税权力在破产程序中的实体法与程序法层面的限缩，体现了破产法的特殊性与税法之人文性。[14]

一个规范的增值税制度应覆盖所有商品和服务，然而，金融服务的增值额因难被准确计算，如何对其课征增值税便成为增值税法设计中的经典技术难题。在增值税法发展的早期，各国选择的是免征增值税的处理方法；后随金融产品的不断创新，面对其可观的经营收益，很多国家试图改良传统的增值税免税规则、对显性金融服务征收增值税、对隐性金融服务另行征收其他税种。作为世界上第一个宣布对金融服务全面征收增值税的大国，我国的增值税课征规则的创制呈现出试错、证成和微调的发展脉络。除明示的免税项目外，其他金融服务分成四个子目，按照较低标准税率或简易计税方法征收增值税，只是这一课征规则仍待进一步改进，轻免课税措施适当与否应以税收负担能否公平分配为衡量标准。[15]

2. 关于金融法的研究

金融法是通过金融立法表现出来的。金融立法的基本内容，一般包括金融机构组织法、金融监管法、金融调控法和互联网金融法。改革开放以来的四十年，中国金融立法经历了起步、快速发展、调整与平稳发展和高质量精细化发展四个阶段，把金融立法置于金融体制改革的全过程，国家运用金融法律、法规引导、促进、巩固和保障金融改革的不断发展并取得了巨大成就。坚持金融立法为经济与金融改革服务、为金融业对外开放服务、为完善宏观调控服务是改革开放四十年来中国金融立法的经验和主要特点。新时代的金融立法要以习近平新时代中国特色社会主义思想为指导、坚持科学、民主、依法立法原则，有力促进金融改革开放，保障金融服务实体经济发展。⑯

科技驱动的金融创新所内含的技术风险、操作风险，甚至诱发系统性风险之可能，迫使监管者必须予以有力回应。然而，监管技术匮乏、监管法律滞后和监管理念守旧等问题，以审慎监管、功能监管、行为监管等为核心构建的传统监管体系和法规无法有效应对去中介、去中心化的金融交易现状。因此，必须在审慎监管、行为监管等传统金融监管维度之外增之以科技维度，形塑双维监管体系，从而更好地应对金融科技所内含的风险及其引发的监管挑战。科技维度的监管致力于依靠大数据、云计算、人工智能、区块链等技术构建科技驱动型监管体系。其以数据驱动监管为核心，构筑起分布式的平等监管、智能化的实时监管、试点性的监管沙盒为核心的金融监管体系，突破传统金融监管的固有困局，创新监管方式，保护金融消费者，维护金融稳定。⑰

上市公司并购重组日趋活跃，并非全是正常商业利益驱动的结果。从纯净市场角度出发，监管部门有责任去除不合商业理性的并购行为。若资本市场有其预设的功能目的和服务方向，则证监会可通过对并购交易之规制，增加非理性并购的成本，使并购交易为实体经济融资发展服务。理性并购是一项商业决策，有其正常的交易结构和节奏。证监会可在并购交易所属业态、并购频次、并购融资渠道及规模、并购方式、并购退出渠道等方面对非理性交易予以规制。同业并购是最理性的商业并购形式，却背离有关制度理性，亟须检讨同业并购限制、禁止的规制逻辑是否仍有其存续价值；遏制非理性并购还需要限制并购频次，让并购保持合理节奏；完全以自有资金进行的并购交易，通常不会发生“忽悠式”重组，但融资并购乃并购之常态，证监会对并购融资之鼓励又在一定程度上促成了并购活跃及非理性并购。在IPO严管时代，借壳、买壳式并购交易符合中国商业实践需求，却因存在与IPO竞争的内生局限而受到证监会严格规制，因借壳、买壳主体多为实体企业，这种规制还可能影响实体经济发展。根据并购者退出企业的时间长短不同，分别设计不同的所得税率，遏制短期的投机型并购交易，鼓励长期的投资型并购交易，是沉淀并购投资、支持并购交易“脱虚向实”的又一举措。⑱

自2013年起，P2P网络借贷急遽扩张，历经多个P2P网络借贷平台“跑路”事件之后，迎来一轮以P2P网络借贷为代表的互联网金融集中整治与规范过程。目前P2P网络借贷的整治规范工作重点是验收备案、信息披露和资金存款。从网贷平台的商业逻辑和过往运营情况以及投资者借款意愿等角度分析，上述整治规范措施并未对症下药。问题的关键仍在于P2P网络借贷的定位，即在信息中介的理想情景下进行的定性与实践操作存在不小的差距。欲健康发展P2P网络借贷、规范平台行为、保护投资者利益，还应重返定性问题的思考，考虑信用中介的定位。辨明直接金融和间接金融的不同原理，考虑P2P网络借贷从事次级债业务的实质，才能合乎逻辑地厘清出借人、借款人及平台的关系，制定符合商业逻辑和基本法理的管制规则，以促使其规范发展。考察中国P2P网贷发展及监管的历程，可为“国家治理体系和治理能力现代化”研究提供很好的实例。⑲

（四）关于反不正当竞争法和反垄断法的研究

我国产业政策的改革方向是竞争友好型产业政策。公平竞争审查契合我国产业政策改革的目标，对产业政策措施进行竞争评估，将产业政策措施对竞争的损害降至最低，是产业政策改革的重要措施之一。我国在确立了公平竞争审查进路的基础上，借助于反垄断法的有效实施这一助推力量，遵循比例原则所要求的分析框架进行产业政策公平竞争审查，即分析产业政策目的是否具有正当性，产业政策措施是否可实现产业政策目的、是否对市场竞争损害最小，产业政策目的与竞争损害之间是否达到利益均衡。产业政策公平竞争审查可以预防和减少行政垄断行为，有效抑制产业政策的负面效应，将产业政策对市场竞争的影响维持在必要的、合理的、适度的范围。⑳

我国垄断行业规制行为具有存在的必要性，但同时也亟需推进规制改革工作。在我国垄断行业规制改革过程中，构建和实施公平竞争审查制度可以预防垄断行业不当规制行为与行政垄断行为的产生，可以确保垄断行业规制措施对市场竞争的影响是有界限的、适度的、必要的、合理的，可以实现竞争政策与其他经济政策的有机融合，而比例原则也可以成为我国垄断行业实施公平竞争审查制度的分析工具。㉑

内生并服务于现代市场经济体制的反垄断法，与经济学存在着天然联系。作为反垄断法实施的逻辑前提，法律解释必然离不开经济学分析的指引。但从反垄断法角度出发，经济学分析并非仅限于经济学所流行的建模或公式的构造与运用，而是应强调法律之本，更应从整体上理解和把握文本解释的理念与路径：从宏观层面上来说，要求国家积极营造有利于确保竞争自由的秩序政策和法治框架，以发挥竞争在资源配置中的主导作用；从微观层面上来说，则要求执法机构基于经济学分析合理解释文本规范的内涵和法律意义，并将垄断问题涵摄于文本规范之中，以打击垄断、保护市场竞争。就我国反垄断法解释现状来看，需进一步将经济学分析融入反垄断法解释之中，但应把握好合理的“度”，以优化解释质量、保证反垄断法有效实施，从而维护市场竞争、提高经济运行效率。㉒

注：

①徐孟洲：《经济法如何适应中国社会主要矛盾之变》，《经济法论丛》，2018 年第 1 期。

②张世明：《经济法作为社会法的属性讨论》，《人大法律评论》，2018 年第 1 期。

③张守文：《中国经济法治的问题及其改进方向》，《法制与社会发展》，2018 年第 2 期。

④张守文：《现代化、改革开放与经济法的生成》，《法学论坛》，2018 年第 4 期。

⑤张守文：《改革开放与中国经济法的制度变迁》，《法学》，2018 年第 8 期。

⑥张守文：《体制改革与经济法的关联性考察》，《北京大学学报》(哲学社会科学版)，2018 年第 5 期。

⑦史际春：《改革开放 40 年：从懵懂到自觉的中国经济法》，《东方法学》，2018 年第 6 期。

⑧张守文：《现代化经济体系建设的经济法补缺》，《现代法学》，2018 年第 6 期。

⑨史际春、胡丽文：《论法人》，《法学家》，2018 年第 3 期。

⑩王欣新：《再论破产重整程序中的债转股问题——兼对韩长印教授文章的回应》，《法学》，2018 年第 12 期。

⑪王欣新：《谈航运企业破产时的法律适用》，《法律适用》，2018 年第 21 期。

⑫刘剑文：《学科突起与方法转型：中国财税法学变迁四十年》，《清华法学》，2018 年第 4 期。

⑬张守文：《税制改革与税收立法的完善——以烟叶税为例》，《法学杂志》，2018 年第 2 期。

⑭徐阳光：《破产程序中的税法问题研究》，《中国法学》，2018 年第 2 期。

⑮叶姗：《金融服务增值税课征规则何以创制》，《法学》，2018 年第 7 期。

⑯徐孟洲：《金融立法：保障金融服务实体经济——改革开放四十年中国金融立法的回顾与展望》，《地方立法研究》，2018 年第 6 期。

⑰杨东：《监管科技：金融科技的监管挑战与维度建构》，《中国社会科学》，2018 年第 5 期。

⑱蒋大兴：《金融“脱实向虚”之规制逻辑——以上市公司并购重组规制为例》，《现代法学》，2018 年第 5 期。

⑲姚海放：《治标和治本：互联网金融监管法律制度新动向的审思》，《政治与法律》，2018 年第 12 期。

⑳孟雁北：《产业政策公平竞争审查论》，《法学家》，2018 年第 2 期。

㉑孟雁北：《我国垄断行业规制行为之公平竞争审查问题研究》，《价格理论与实践》，2018 年第 11 期。

㉒金善明：《反垄断法解释中经济学分析的限度》，《环球法律评论》，2018 年第 6 期。

（作者：吴宏伟，中国人民大学教授；
董笃笃，华东政法大学博士）

环境与自然资源法学

周 珂 高晨笑

2018 年北京地区环境资源法学研究的热点涵盖了环境法学科建设、民法典“绿色原则”、环境法基本理论、环境立法研究、环境行政执法研究、环境司法研究等六个领域。2018 年北京地区环境资源法学研究，一方面聚焦理论前沿，紧跟时代步伐，回应了生态法治实践的迫切需求；另一方面，环境法学自身的研究范式不断发展，体现出了方法论上的自觉。整体上看，2018 年北京市环境资源法学研究在相关立法、执法、司法等方面呈现出不断深入和细化的趋势。

一、重要学术活动

2018 年 4 月 18 日，由清华大学法学院环境资源能源法学研究中心主办的“清华环境与能源法论坛之环境法学与刑法学的对话”，在清华大学明理楼举办，来自最高院、生态环境部以及全国各大高校的 20 余位专家学者围绕着环境法学与刑法学对话这一主题，展开了研究与交流。

2018 年 9 月 28 日，由中国人民大学法学院主办，彭真民主法制思想研究与教育基金、中国政法大学绿色发展战略研究院、中国生物多样性保护与绿色发展基金会、北京市中伦律师事务所协办的环境司法理论研究基地 2018 年年会，在中国人民大学明德法学楼举行。最高人民法院环资庭、北京市第四中级人民法院环资庭、中国生物多样性保护与绿色发展基金会、彭真民主法制思想研究与教育基金、中国人民大学、中伦律师事务所、社科院法学所、北京市第二中级人民法院的约 20 多位专家学者围绕着提高环境司法审判效率、健全环境诉讼责任承担方式等主题展开了研讨。

2018 年 11 月 3 日，由北京市法学会环境资源法学研究会、中国农业大学主办，中国农业大学人文与发展学院、首都经济贸易大学环境与经济法治研究中心协办的北京市法学会环境资源法学研究会 2018 年学术年会，在北京西郊宾馆会议中心召开。来自驻京各大高校、相关政府机关等的 80 余位专家、学者就“乡村振兴与生态法治”的主题，以及“美丽乡村法治建设研究、生态法治研究、生态法治国际化研究”三个专题展开了学术交流与讨论。

2018 年 11 月 16 日，由中国人民大学法学院主办、中国生物多样性保护与绿色发展基金会协办的环境法教学与人才培养研讨会，在中国人民大学明德法学楼举办。来自全国多所高校的 50 余位专家学者，围绕着“实践教学与生态文明法治建设”的主题，以及“环境法教学方法的创新”“环境法实践教学经验的分享”“环境法教学理论与人才培养模式的探讨”“环境法课程设计的创新”等四个研讨单元展开了讨论。

2018 年 12 月 7—9 日，由中国环境科学学会环境法学分会、中国政法大学绿色发展战略研究院主办，中国政法大学民商经济法学院环境资源法研究所承办的“生态文明法治理论与实务研讨会暨中国环境科学学会环境法学分会第三次会员代表大会”，在中国政法大学昌平校区举行。来自全国各高校、研究所的 140 多位专家学者、律师以及学生参加了此次学术活动。与会人员围绕“生态文明法治基本理论”“环境资源法制理论”“生态文明法治实务”“环境法实践教学”四个主题展开交流。

二、环境法学科建设

有学者就环境法的独立部门法地位问题，对环境法学科建设问题进行了讨论，指出，应当按照“主客观相统一”的部门法划分理论来认识环境法的独立部门法地位。环境法所具有的独特的四种调整对象以及公共性与公益性等四种区别于其他部门法的特征，是环境法作为独立法律部门的客观条件。法学界和社会对于环境法作为一个独立的法律部门的共识是环境法作为独立法律部门的主观条件。作为独立法律部门的环境法应当由环境与资源保护基本法、综合性环境与资源保护法、污染防治法、自然保护或者生态保护法、自然资源保护法、应对不确定环境风险立法等部分组成。环境资源法在法律目的、调整手段和救济方式等方面与行政法不同；在欲解决的问题、调整的法律关系、追求的价值等方面与经济法不同，因而将环境法分割为行政法和经济法的观点是不正确的。[①]

有的学者采取了历史考察的视角，在对我国环境法与环境法学科发展历程梳理和反思的基础上，提出了环境法存着轮廓难以描绘、范围难以确定、保护法益尚未形成等问题。就环境法和环境法学科发展的方向，该学者指出，环境法不仅填补了传统法在某些领域中的空白，还为传统法提供了审视自身的新视角，这是环境法在方法论上的贡献，是应当继续发扬的独特优点。环境法对传统法的修正和调整不是问题的全部，在这一过程，还要推进“作为人类的人”理念的实现，以实现手段与目的的协调，这是范式的优化。以多学科合作应对作为方法，发挥传统法学中的合理成分解决环境问题，这是环境法学研究的任务。在环境法学的研究中存在学术研究与法治实践“两张皮”的现象，应对这一问题，需要回归法学传统的方法与手段，具体来说就是要推进具体范畴研究的进步，补齐短板。[②]

还有学者指出，环境法要回归法律理性、法律思维、法学方法和法律语言。以高度的科技关联性和广泛的权利冲突作为环境法的标识，从法律关系的角度认识环境法现象，将环境权作为环境法的基石范畴，重构法律体系理论。环境法的任务在于使被传统法律所忽视的人与自然关系进入法律所考虑的范围，这表明环境法与传统法律之间不是取代关系，而是在继承的基础上，不断发展的样态。落实环境与发展综合决策理念和发挥民法典“绿色原则”的价值协调功能，是实现环境法与传统法律之间协调沟通的重要支点。③

三、民法典“绿色原则”

有学者指出，民法典积极回应环境问题既是现代民法自身发展的趋势，也是解决环境问题的必然要求。民法典可以依托自身的制度功能巧妙地回应这一问题。我国民法典第9条“绿色原则”性质上是民法限制性的基本原则，它为民法引入了新的理念、价值与伦理观念，具有沟通个人经济利益与生态公共利益的功能。为了实现这一功能，必须通过具体法律制度改革与创设，将之贯彻到民法典各项具体制度之中。在物权编中，应当在物权行使原则、相邻关系、地役权、资源利用权、生态环境及其重要要素的“公共财产”地位等方面加以贯彻。在合同编中，应当主要在合同效力规制、环境保护附随义务、情势变更、合同解释等合同一般制度，以及环境容量使用权、资源利用权、环境服务等合同的类型化两方面加以落实完善。在侵权编中，应当在环境侵权原因行为、环境侵权救济范围以及环境公益诉讼和生态损害赔偿制度的衔接等方面加以落实完善。④

有学者指出，民法绿色原则是生态文明建设的重要举措，发挥着重要功能。然而由于民法自身的特点，民法手段不能解决一切生态环境保护问题。忽视这一原理，一味奢求民法典对生态环境问题的全覆盖，不仅难以实现预期目的，更将贬损民法法典化的价值。以“普通法—特别法”的模式理解民法和环境法的关系才是正确的思路，这就产生了民法法典化对环境法体系化的要求。同时，环境与自然资源的分离立法和分散立法，导致了我国环境法体系化不足和基本原则性规范缺失的问题，难以适应生态文明建设的需求。这是环境法法典化的内生动力。为了实现民法与环境法的调试，在方法上，环境法典应当采取“适当法典化”的路径，使法典和单行法之间保持足够的张力；在内容上，民法典应当在人格权、自然资源物权、相邻关系、合同自由、环境侵权等方面进行完善，而环境法典则应当在可持续发展基本原则及基本制度、特别民事规范、公权力运行机制等方面加强与民法典的衔接。⑤

还有学者指出，民法典总则确立了绿色原则，但如何发挥民法环境保护功能还是一个值得研究的问题。传统民法对环境和自然资源的生态价值缺乏认识，缺乏适当的产权制度，存在着生态环境资源与民法上的物难以等同，非经济的生态价值被忽视，所有权过于绝对等问题。对此，国外民法典的应对可以分成两类，一类是增加具体的特别民事规范；另一类是在民法中增加生态环境保护理念，并配合以相应具体制度。我国民法典同样存在着这种需求，应当健全自然资源所有权和用益物权制度，完善自然资源开发利用的市场化机制，构建公共利益保护的私法操作机制。因此，实现民法典的生态环境保护功能，一是要通过自然资源权属为核心的民法制度体系发挥其间接保护的作用；二是充分发挥绿色原则这一限制性的法律原则的作用。⑥

四、环境法学基础理论

对于环境法基本原则，有学者在历史梳理、学理分析和比较法研究的基础上对保护优先原则的内涵提出了新的看法。法律原则是规制和价值的交汇点，因此应当利用文意和体系的方式分别对其进行认识。从文意的角度进行分析，保护优先原则是指对环境的保护活动优先于利用行为。从规范整体性上看，保护优先原则强调环境利益居于优越地位，以实现可持续发展。由此可见，环境优先原则是对经济发展与环境保护二者关系的进一步认识。环境优先原则根据环境利益受保护的程度，可以分别体现为恢复、维持、提升质量的保护行为以及合理利用的或禁止利用的保护行为。保护优先原则的实施效果可以通过对以上行为的评价实现。⑦

对于宪法环境权的问题，有学者指出，环境权为相关环境法律制度和将良好环境纳入国家积极给付，提供了法理基础。环境权不仅为人在环境中生存的要求提供了正当性基础，还能在界定其与传统权利边界的方面发挥作用。从含义上看，环境权应当在“environmental rights”的意义上使用，这样既可以赋予自然一定的主体地位，又不会破坏传统法学理论。宪法上的环境权具有独立的人权属性。因此，环境权保护自然环境的生态属性，与生存权和健康权虽有重叠之处，但它们之间存在着本质的不同。环境权入宪的必要性，一是，以国家义务模式实现环境保护的做法，偏离了权利本位的立场，不仅造成了公民各项环境权利的正当性基础缺失问题，还使国家义务的基础被抽走；二是，在生态文明建设的背景下，环境权入宪乃是生态文明建设的应有之义。[8]

环境法与自然资源法之间的关系是环境法学的基本问题。有学者指出，从法发生学的角度上看，环境法的诞生远远晚于自然资源法，二者系对立隔离的关系。二者对立隔离的原因在于环境法中产权制度的缺乏。这种对立所造成的法治困境，在生态损害救济治理方面尤为明显。二者的融合的必要性在于，根据整体性主义的理论，环境法与自然资源法虽各具不同的规范目的，但二者调整相同的客体，只有推动二者融合才能实现对生态整体利益的保护。二者的融合是民事侵权制度无法实现的，必须寻找生态文明建设的本土资源。二者融合的关键在于实现生态价值的财产法表达方式，而环境容量资源则是适格的媒介。环境容量所具备的可感知性、可确定性和相对的独立性与可支配性属性使其满足一定物权客体的特征，具备物权化的可能。[9]

对自然资源相关权利的问题，有学者指出，现行立法与当下学术研究的关注点主要集中在自然资源利用的权利上，主要方式手段是根据自然资源的利用方式进行类型化。但由于不同自然资源有不同的自然属性，利用方式千差万别，这一方法难以实现类型化的目的。正确的方向是以权利内容而非权利对象为根据进行类型化的研究，具体来讲可以将自然资源的相关权利分为自然资源载体使用权和自然资源产品取得权两类。其中，自然资源产品取得权解决的是自然财富何以成为人造财富的问题，与解决人造财产流转和归属的物权制度不同，因而其运行和创设值得进一步研究。在创设上，私法路径满足了多重法律调整机制共同调整的要求、顺应了国家生态文明体制改革的方向、也符合现行法的定位。在内容上，自然资源产品取得权的权能包括分离与取得权能、占有权能、可转让性等内容。在行使上，由于自然资源的生态价值和外部性，自然资源产品取得权的行使应当受到较一般民事权利而言更加严格的限制。[10]

五、环境立法

对于环评制度改革的问题，有学者指出，我国环评制度在理论维度、实践维度和立法维度都有展开，但从结果上看，环评制度并没有在根本上实现优化决策、改善环境质量的制度目的。究其原因，一是现行环评制度重心在于项目环评，而导致环评失灵；二是战略环评的缺失对我国环境与发展综合决策机制和循环管理模式的运行产生了消极影响。环境影响评价制度存在两个范式，一是“个体—工具”范式，二是“系统—商谈”范式。在两种范式比较的基础上，结合我国的相关法治实践和外国实施经验，应当依据“系统—商谈”范式，将战略环评引入我国相关立法。在此基础上，指出《水污染防治法》应当在水污染防治战略环评与项目环评的良性互动机制、战略环评具体规则和程序，单个战略环评基础上的公众参与与监督机制等方面加以完善。[11]

对于生态（环境）损害预防制度的问题，有学者指出，在当下生态损害赔偿制度改革不断推进的同时，不能忽视对生态（环境）损害预防制度的构建。生态（环境）损害预防的义务人不仅限于生态（环境）的加害人。首先，潜在威胁生态（环境）的企事业单位负有预防生态（环境）损害发生的义务，立法可以通过具体列举与一般预防义务条款配合的方式，对其进行区分管理。其次，从事具有生态（环境）损害高风险活动的企事业单位造成损害之后，应当负担生态（环境）损害风险的报告和通告义务，立法应当对报告通告程序以及事故现场主要人员的义务加以完善。最后，当损害扩大时，负有保护生态（环境）行政管理职责的政府机构也应承担一定的义务，相应的立法应当将责令相关责任人提供信息、指导相关责任人实施预防措施等权责赋予相关政府主管部门。[12]

对于环境损害的惩罚性赔偿问题，有学者指出，惩罚性赔偿源自普通法系国家，我国在法律移植的过程中，已将其引入了消费者权益保护等领域中。在环境保护领域中引入惩罚性赔偿制度的合理性在于：市场经济下环境损害行为的正当性不复存在、我国混合受继的立法可以容纳与英美法同质性的惩罚性赔偿、环境侵权负外部性内部化的需要等三个方面。在立法形式上，可以先由司法解释创设，待时机成熟后再上升为法律。在构成要件方面，由于惩罚性赔偿的严厉性，构成要件要求应当更加严格。具体来说，主观上要求具有恶意，行为要求具有违法性，损害结果要求达到严重损害的程度，在因果关系上要求“相当的证明标准”。在金额计算方面，既要保持制度的谦抑性，又要保证制度功能的发挥，因此宜采用补偿性赔偿若干倍数的方式确定金额。并且，为了保证制度的灵活性，应当留下裁量的空间。[13]

对于气候变化立法问题，有学者指出，气候变化在科学、政策和立法、国际合作等方面的不确定性，以及我国在发展和竞争力方面的复杂性，造成了在气候变化问题上，科学理性和民主理性的断裂。解决这一问题，需要将成本收益核算理念引入气候变法立法之中。具体来说，有三方面的原因共同决定了是否要立法以及如何立法的问题：一是，在为了应对气候不确定性而赋予公共行政机关广泛裁量权时，必须通过相应的立法保证公共行政的正当性；二是，立法程序和法律语言为调和科学理性与民主理性提供了场所和可能；三是，低碳发展战略和应对碳泄漏风险的立法内生动力。具体的路径应当是在坚持专门立法的同时，充分利用大气污染防治法的现有制度，将迫切的治理雾霾问题，同不确定性和复杂性的气候变化应对问题相结合，实现前端治理与协同控制。⑭

对于气候变化问题，还有学者指出，尽管各国和学界对于相关概念仍存在着一定分歧，但是对《联合国气候变化框架公约》中适应性的紧迫性是存在共识的。在应对气候变化立法中，发达国家把减缓作为优先原则，而发展中国家大多把适应作为优先原则。我国应对气候变化的现状和能力决定了我国应当将适应放在优先地位。我国应当在国情的基础上，完善健全相关适应气候变化立法的指导思想、立法宗旨和立法目的。在此基础上，作者提出了中国适应气候变化立法的七个基本原则，列举了立法规制的重点领域，以及规划制度、基金制度、保险制度、技术的研发支持制度、生态环境脆弱性及气候变化风险评估与适应性报告制度等适应气候变化的一些关键制度。⑮

六、环境行政

有学者指出，在我国环境监管中存在着规范执行偏离的现象。所谓规范偏离是执法效果偏离规范目的的现象。对于这一现象，站在规范主义和功能主义的立场上存在着不同的看法，而后者提供了一种更具启发性的思路。规范执行偏离，一方面存在着改善监管效果、创新执法手段、发现规范漏洞等正面效果；另一面也必然地存在着监管失灵和个案不公正的问题。因此对规范执行偏离存在着进一步调整的必要，力求扩大其积极影响，并将其消极作用限制在可接受的范围内。规范执行偏离再调整要通过制度化的方式实现，而其正面效果得以发挥的关键在于行政机关的能动作用。具体来说应当调整政策性文件，制定更加具体的规制和标准，丰富执法手段，引入风险基准监督的理念。除此之外，还要积极发挥依靠政治系统和通过官僚科层制发挥作用的监督机制的作用。⑯

对于我国转基因食品风险规制中的行政裁量问题，有学者指出，国家有义务对其中的风险进行规制。但由于在这一问题上科学理性和社会理性的冲突，使得立法机关一般授权行政机关，依靠行政裁量的法律技术，对这一问题进行规制。转基因食品风险评估性质上属于事实查明，故而应当在专家选任和增加透明度两方面对行政机关加以限制，以控制减少不应存在而实际存在的裁量空间。转基因风险管理性质上属于法律适用的环节，其中包括要件裁量和效果裁量两方面的内容。为了法治、政策和个案公正的实现，应当赋予行政机关适当的裁量空间。我国转基因食品风险规制存在着风险评估中行政裁量空间过大而风险管理中行政裁量过窄的问题。为此，一是要健全相关专家的选拔标准和程序以及相应的风险评估信息公开程序；二是要增加授权性调控，赋予行政机关在规制措施取舍与选择上更大的灵活性。⑰

对于环境报告制度两年来的实施情况，有学者指出，虽然存在一些问题，但整体上这一制度正在向着好的方向发展。从不同层级政府的表现上看，中央政府做得较好，省级政府有好有坏，市级政府有待加强。从内容上看，报告的主体在不断增加，具体报告人多为环保机关负责人，报告内容逐渐规范，报告时间体现了年度的界限。环境报告制度现存的主要问题包括：环境报告形式不明晰，环境报告公开不充分，政府工作的主动性仍有待提高，地方人大缺乏对政府的督办机制，法律责任欠缺等。其原因在于，立法调研不充分，部分领导环保法治意识淡薄，环境报告制度尚无程序规范等几个方面。对此应当从对人大负责的法律责任体系的构建，直接政府领导的法律责任的设定，报告综合性的增强，人大监督常态化机制建设的强化，环境报告信息发布机制的健全等方面进行完善。⑱

对于可再生能源开发利用，有学者指出，主要存在着激励性措施和规制性措施两种规制路径。激励性措施具体包括价格调控、税收优惠、财政补贴三种具体措施。这三种措施，在发挥促进再生能源开发利用上都有各自的优势，需要根据客观条件具体选择。规制性措施可以有效地弥补激励性措施市场失灵的问题，主要包括能源规划、标识与标准、过程控制、评价考核等四种措施。如何科学地把握调控力度以避免对市场的过分干预是规制性措施所面临的问题。总体上讲，激励性措施应当关注不同措施之间的互补；规制性措施则应更加重视效应叠加效果。⑲

针对生态部通报的六起污染案件及其调查处理的情况，有学者指出，这六件案件发生的根源在于“绿水青山就是金山银山”理念的缺乏。环境执法力度虽比过去有很大加强，但是仍应保持高压态势打击环境违法。同时，也要重视环境公益诉讼的作用，用多样化的手段遏制环境违法。所谓环境执法影响经济发展的说法，不过是对部分企业追求非法利益的开脱，这六件案件无一不证明严格环境执法是有利于公众的长久利益的，是有益于生态文明建设的。[20]

七、环境司法

在绿色司法方面，有学者指出，绿色司法源自绿色发展这一现代环境司法理念，服务于绿色经济和绿色发展。为了推动绿色司法，有两个问题必须得到妥善解决：一是，以能动司法的理念协调环境立法和环境司法的关系，缩小环境立法和环境司法之间的差距，弥补环境立法在应对科学上不确定性和多元价值冲突方面的劣势；二是，以环境正义修正传统司法与绿色司法的关系，克服民事司法理念支配下，环境司法有效解决环境问题的困难。环境司法能动性是绿色发展的客观要求。传统诉讼制度以诉辩双方平等为基本制度假设，但这一假设并不适应于环境问题的现实，因而建构于其上的诉讼制度难以满足解决环境问题的要求。从本质上看，这是由环境正义与法律正义关联又区别的关系所决定的。我国环境司法能动性的实现的路径主要有三：一是积极与环境立法联动，补足环境立法应对科学上不确定性的不足，利用制度的方式积极促成不同利益之间的协调；二是加强与环境行政的联动，破除诸如立案难、鉴定难等消极司法的潜在诱因；三是要妥善处理能动司法与司法谦抑性的关系。[21]

立足于中国特色社会主义进入新时代的背景，有学者指出，我国环境司法也面临着新的问题与机遇。新时代我国社会主要矛盾在环境领域体现在生态环境保护地区上的不平衡、国际分工对我国生态环境的消极影响、人们对于良好生态环境的需求未得到满足、以及生态环境保护意识不强、法制不健全、生态投入不足等方面。十九大报告对生态文明建设的新论断包括生态伦理、协同发展观、科学政绩观、公平正义观等。新时代环境资源司法面临着环保理念如何落实，诉讼制度如何协调，法律条文如何解释等问题。新时代环境资源司法要以专业化、精细化和个案公平作为目标。应当以环境司法专门化，环境资源审判普通化，立法科学化和司法活动规范化为主要抓手，推进环境资源司法，回应社会主义新时代的时代要求。[22]

对于检察机关在涉海“公益维护”诉讼中的主体地位问题，有学者指出，诉的利益决定诉的类型，诉讼类型又决定诉讼主体的种类。自然资源国家所有权和行政机关自然资源管理权实质上的差异决定了在海洋自然资源损失诉讼中，国家系以司法形式，实现两种不同的目的，故所谓的涉海“公益维护”诉讼实际上包括海洋自然资源损害赔偿诉讼和海洋生态（环境）损害诉讼两类不同性质的诉讼。相应地，检察机关在其中也便存在着不同的法律地位。具体来说，海洋自然资源损害赔偿诉讼中存在“主从二元结构”，即由于需要救济的是海洋自然资源财产权利，依法行使海洋环境行政监督管理职权的行政部门排他地具有原告资格。当相关行政部门怠于行使诉权时，检察机关可以基于法律监督机关的地位提起诉讼。相对地，海洋生态（环境）损害赔偿诉讼中则存在着多元起诉主体结构，由于海洋自然资源具有经济利益与生态（环境）利益的双重价值，相关部门在利益代表方面不具有排他性。[23]

对于生态环境损害赔偿诉讼与关联诉讼的关系问题上，有学者在对相关判决研究的基础上提出其协调的路径。一是，在证据收集方面，由于证据收集的主体多样，相关证明标准和程序不同，最终往往会影响证明责任的承担。因此，应当制定相应的规制，协调不同生态损害权利人尽早介入，健全公权力机关证据保全和联合办案的制度。二是，基于同一损害往往存在着不同性质的诉讼，不同诉讼的性质又决定了其管辖和证明标准上的差异，这进一步增加了司法机关矛盾判决的风险。对于这一问题可以通过指定管辖和生态环境损害赔偿诉讼先于刑事诉讼进行的方式解决。三是，生态环境损害赔偿和行政罚款、刑事罚金虽然性质不同，但是在功能上存在重叠部分，应当在分别计算、民事赔偿优先的基础上，创立相应的抵扣制度。四是，生态环境损害赔偿诉讼的前置磋商制度使其起诉的时间延后，相关损害赔偿人只能以共同原告的身份参与到环境公益诉讼之中。这造成了两种不同性质诉讼制度的混淆，故应当限定只有具备生态环境损害赔偿诉讼原告资格的赔偿的人或组织等不作为时，环保组织才可以提起相应的环境民事公益诉讼。[24]

有学者指出，环境行政公益诉讼前置程序是我国司法改革的前沿。环境行政公益诉讼前置程序的理论基础在于公众参与和有限监督理论、环境权理论、环保主体互动保障理论、成本效益分析理论。我国环境行政公益诉讼前置程序的必要性在于，健全环境公共利益行政救济手段，强化公众参与和公益保障，构建环境多元环保主体良性互动的模式。环境行政公益诉讼前置程序的设置应当以公众参与原则、协作互动原则、公平与效益统一原则等为基本原则，其基本制度应当包括环保组织诉前通知程序、环保组织提起行政复议程序、检察机关诉前检察建议程序等内容。㉕

作为环境司法活动的延伸，有学者指出，生态损害赔偿资金管理和使用对生态损害赔偿制度规范目的的实现有着重要意义。但是，其管理制度尚不健全，存在着管理主体不明、管理程序不清等问题。相关法律实践难以保证生态损害赔偿资金公益维护特性所决定的公共性、专业性和专门性要求。环境公益诉讼的理论基础在于公共信托理论，而生态损害赔偿资金管理制度可以采用非意定信托的理论进行建构。生态损害赔偿资金的形成基于前者，而生态损害赔偿资金的管理制度基于后者。㉖

注：

①李艳芳：《论生态文明建设与环境法的独立部门法地位》，《清华法学》，2018 年第 5 期。

②汪劲：《环境法学的中国现象：由来与前程——源自环境法和法学学科发展史的考察》，《清华法学》，2018 年第 5 期。

③吕忠梅：《环境法回归　路在何方？——关于环境法与传统部门法关系的再思考》，《清华法学》，2018 年第 5 期。

④吕忠梅、竺效、巩固、刘长兴、刘超：《“绿色原则”在民法典中的贯彻论纲》，《中国法学》，2018 年第 1 期。

⑤吕忠梅、窦海阳：《民法典“绿色化”与环境法典的调适》，《中外法学》，2018 年第 4 期。

⑥吕忠梅：《中国民法典的“绿色”需求及功能实现》，《法律科学》(西北政法大学学报)，2018 年第 6 期。

⑦王社坤、苗振华：《环境保护优先原则内涵探析》，《中国矿业大学学报》(社会科学版)，2018 年第 1 期。

⑧吕忠梅：《环境权入宪的理路与设想》，《法学杂志》，2018 年第 1 期。

⑨邓海峰：《环境法与自然资源法关系新探》，《清华法学》，2018 年第 5 期。

⑩王社坤：《自然资源产品取得权构造论》，《法学评论》，2018 年第 4 期。

⑪周珂、史一舒：《论环评改革的要素转型与范式选择——兼论《水污染防治法》相关制度的完善》，《中国生态文明》，2018 年第 4 期。

⑫竺效：《论生态(环境)损害的日常性预防》，《中国地质大学学报》(社会科学版)，2018 年第 2 期。

⑬周珂、王玉楠：《环境损害的惩罚性赔偿研究》，《人民法治》，2018 年第 4 期。

⑭李艳芳、田时雨：《不确定性与复杂性背景下气候变化风险规制立法》，《吉林大学社会科学学报》，2018 年第 2 期。

⑮曹明德：《完善中国气候变化适应性立法的思考》，《中州学刊》，2018 年第 8 期。

⑯曹炜：《环境监管中的“规范执行偏离效应”研究》，《中国法学》，2018 年第 6 期。

⑰曹炜：《转基因食品风险规制中的行政裁量》，《清华法学》，2018 年第 2 期。

⑱冷罗生：《新环保法实施中环境报告制度的困境与突破》，《东北大学学报》(社会科学版)，2018 年第 6 期。

⑲于文轩：《论可再生能源效率促进的工具选择》，《暨南学报》(哲学社会科学版)，2018 年第 12 期。

⑳王灿发：《通过严格的环境执法促进经济发展转型是一项长期而艰巨的任务》，《中国环保产业》，2018 年第 5 期。

㉑周珂、曾媛媛：《论司法能动性在环境司法审判中的应用》，《环境保护》，2018 年第 14 期。

㉒吕忠梅：《新时代中国环境资源司法面临的新机遇新挑战》，《环境保护》，2018 年第 1 期。

㉓竺效、梁晓敏：《论检察机关在涉海“公益维护”诉讼中的主体地位》，《浙江工商大学学报》，2018 年第 5 期。

㉔汪劲：《论生态环境损害赔偿诉讼与关联诉讼衔接规则的建立——以德司达公司案和生态环境损害赔偿相关判例为鉴》，《环境保护》，2018 年第 5 期。

㉕高桂林、刘燚：《我国环境行政公益诉讼前置程序研究》，《广西社会科学》，2018 年第 1 期。

㉖竺效、蒙禹诺：《论生态损害赔偿资金的信托管理模式——以环境公益维护为视角》，《暨南学报》(哲学社会科学版)，2018 年第 5 期。

(作者：周珂，中国人民大学教授；
高晨笑，中国人民大学博士生)

国际法学

张文亮

2018 年，北京地区国际法学者在国际法领域的研究紧紧围绕国内外有关的国际法律制度，回应现实问题，为我国的国际法实践建言献策，丰富了我国的国际法研究体系。具体来说，国际法学者的研究领域广泛，主要涉及“一带一路”、WTO、涉外法律适用、海洋法、国际贸易、人权、国际商事仲裁和投资仲裁等领域。从总体上来说，这些研究成果十分丰富，并在很大程度上引领了我国国际法学的研究。

一、有关的国际法会议

2018 年 12 月 2 日，由北京国际法学会主办、中国社会科学院国际法研究所承办的“构建人类命运共同体与国际法”学术研讨会暨北京国际法学会 2018 年学术年会在北京举行。来自北京国际法学会、北京大学、清华大学、中国人民大学、中国政法大学、北京理工大学、对外经济贸易大学、首都经济贸易大学、北京外国语大学、北京交通大学、北京航空航天大学、中央财经大学、国家检察官学院、外交学院、北方工业大学、中山大学和中国社会科学院国际法研究所等高校和科研院所的专家学者，以及外交部和商务部等单位的领导和专家近百人参加了此次盛会。会议围绕中国改革开放 40 周年的国内外大形势，探讨国际法的发展面临的新问题和新动向，中国应有的解决方案及应对思路。相关的学术讨论，按照国际公法、国际私法和国际经济法三个专题，每个专题两个单元进行分组研讨。

二、“一带一路”

随着“一带一路”倡议的持续推进，国内外学者主要结合国际规则和国际法治对“一带一路”议题进行了探讨。有学者认为“一带一路”倡议自觉地适应了非中心化的国际法规则发展趋势，并对国际合作提出了新的要求和挑战，通过国家层面公法性的安排推动私法主体的积极参与，进一步在微观层面上扩充了国际合作的内涵；同时，在多边性框架下进行更多的双边性经济交往，也对一带一路国家的国际商业一体化规则和争端解决规则的创新提出了挑战。国家层面应进一步协调，提供更多的国际公共产品，其应既符合一般框架又具有丰富的双边或有限多边特点。这些规则的出现也会给金砖国家的合作提供积极的参考。从法律规则影响的终极意义上讲，“一带一路”对新规则的推动将是本初意义上的“万民法”式的，从公法层面拓展，惠及私法层面的所有主体，因而具有长久的新活力。[①]

有学者指出，“一带一路”是中国倡导的全球治理模式的新探索，在国际法治建设方面有着重要意义。在当今多边贸易体制遭遇困难的情况下，“一带一路”倡议应承担起多边体制发展的重任，在贸易和投资规则的制订方面作出示范。TPP 是适应当代国际经济发展的一整套新的规则体系，并且在多样性国家之间达成了一致，因此具有重要的借鉴意义。中国应全面深入地研究这套规则，并且在此基础上为“一带一路”实体规则指明方向，为多边体制提供示范。此外，在争端解决机制方面，中国应在国家间争端和企业与国家间投资争端等方面作出更为全面的设计，为“一带一路”的推进提供制度保障。[②]

有学者提出，国家间给予法院判决相互承认与执行，不仅有助于实现当事人权益，也有利于国家间在政治、经济、司法领域的全方位合作，但基于其中的主权平等问题，需要在合作中附加一些审查条件，例如条约关系、互惠原则、社会公共利益等。“一带一路”倡议同时也为沿线国家间法院判决的承认与执行注入了新的要求，中国理应调整思路并提供应对战略，就目前可行性路径来看，双边司法协助条约中规定相互承认与执行法院判决最为现实。[③]

三、WTO

有关世界贸易组织（WTO）的研究一直是我国国际法学者研究的重要领域，学界主要从 WTO 裁决执行、上诉机制、经济贸易、国家安全等角度对 WTO 进行了深入研究。WTO《关于争端解决规则与程序的谅解》规定，在立即执行争端解决机构作出的裁决不可行的情况下，败诉成员方可以被赋予一个执行的合理期限。通过仲裁方式确定合理期限，与《关于争端解决规则与程序的谅解》规定的其他两种确定合理期限的方式即单方提议和双方协商相比，具有很大的不确定性。有学者详细考察了 WTO 裁决执行实践中有关合理期限仲裁认定的可获得的全部实证资料，结合已有的研究成果，阐释了合理期限仲裁认定实践背后的法理。从合理期限仲裁的起源上看，WTO对合理期限进行仲裁认定的制度设计是建立在英美法律有关合理期限的概念上。随着合理期限仲裁案件数量的增多，仲裁实践进一步澄清和严格了有关合理期限的规定，对促使成员迅速执行裁决发挥了重要作用。④

有学者指出，网络安全属于国家安全，应属于WTO国家安全范畴。在满足相应条件的情形下，网络安全可构成限制贸易的国家安全例外。当网络战的规模和后果达到一定程度，其有可能造成GATT 1994第21（b）（iii）条的“战时或国际关系中的其他紧急情况”的情势。在此种极端情形下，被攻击国为了维护国家安全可以实施贸易限制措施，但必须符合“必需性测试”的要求。一国在和平时期受到网络攻击一般难以主张WTO国家安全例外实施贸易限制。WTO国家安全例外条款能为一国的网络安全审查制度提供的依据仅限于拒绝披露特定信息，但被诉方还必须充分论证网络安全审查是为了国家安全目标。⑤

有学者提到，WTO上诉机制在解决国际争端和解释国际条约等方面取得了引人瞩目的成就。从上诉机构成员的组成、来源和工作方式等方面考察，上诉机构作出高质量裁决报告的原因，包括人员的高素质、负责任等主观原因以及秘书得力、遵循先例等客观原因。上诉机构在理论和实践层面也存在一定问题，包括上诉机构成员的知识背景、遴选的政治考虑和连任的制度设计等。作为当今世界唯一的解决国家间争端的上诉机制，WTO上诉机构在国际法治方面起到了示范作用，但是在理论和制度方面都有待完善。⑥

有学者从单边贸易措施入手，认为WTO的多边贸易体制运行并没有终止贸易强国美国诉诸单边贸易措施的时代。本来国际法规制单边贸易措施的漏洞，可借由WTO的多边贸易制度的设计、特别是争端解决机制这个自足的法律体系予以弥补，但WTO专家小组/上诉机构的报告在重申多边贸易制度固有的宗旨和纪律的同时，为单边贸易措施的适法性留下了空间。如果WTO各成员方不希望多边贸易体制仍然处于美国单边贸易措施的永久威胁之下，就应采取措施确保WTO成员免遭单边贸易措施的损害。⑦

还有学者以中欧紧固件争端和光伏争端为例，讨论WTO争端解决机制的作用，认为从成本、效益和价值观等角度分析，“法律途径”和“政治手段”作为解决国家间争端方法各有利弊，但是作为“法律途径”，WTO争端解决程序具有稳定性和根本性的优势。WTO争端解决机制在维护多边贸易体制的稳定性和可预见性方面发挥了重要作用，推动了“国际法治”的发展，应该成为解决国际贸易争端的主要方式。⑧有学者通过梳理台湾现行经贸立法与台湾入世承诺之间的诸多差距，认为台湾的现行作法违反了其应承担的WTO义务。两岸经贸的非正常化，其本质特征是台湾经贸立法对大陆的“弱WTO待遇”，其严重后果是大陆在两岸贸易中长期处于巨额逆差的地位。在两岸协商谈判停滞的新情势下，借助WTO规则促使台湾当局承认九二共识，不仅不违反“一个中国”原则，而且台湾亦难以抗辩，不失为实现两岸经贸正常化的新思路。⑨

四、涉外法律适用

就国际私法的涉外法律适用问题，国内学者结合我国国际私法的发展与相关的司法实践展开了有益讨论。主要是从实证角度分析涉外夫妻财产关系的准据法的司法适用；从理论和实践的层面探讨外国法的查明制度和涉外侵权法律适用问题；亦有着眼于国际私法理论，讨论国际私法秩序和国际私法学的危机与变革。有学者基于对48份公开裁判文书的分析，讨论了《涉外民事关系法律适用法》第24条的司法应用。法院在确定涉外夫妻财产关系的准据法时，出现适用物权冲突规范、夫妻财产关系冲突规范、离婚冲突规范之间的混同现象。实证研究表明，应在理论上承认夫妻财产关系的身份属性，明确夫妻财产关系冲突规范的适用范围，进一步细化夫妻财产关系的法律适用规则。⑩

有学者以历史的视角分析开放的社会与国际私法秩序；解释在民族国家法律差异性以及相互依存性的背景下，国际私法方法作为解决法律冲突唯一方法的重要性；最后结合中国实践中所存在的问题，提出中国在推动国际私法秩序发展上应重视国际私法的基础性价值，积极参与统一国际私法规则的制定，同时提升中国司法在解释这些规则上的影响力。积极参与国际规则的制定和大量的涉外法律事务，需要大量具备国际私法基础性知识的法律人才。而国外仲裁十案九败则要求中国加强国际私法在法学本科教育上的基础性地位。⑪有学者谈论了中国国际私法学的危机与变革。中国国际私法学存在着严重的学术危机：一是教材过剩，学术创新力不足；二是高水平学术论文的发表缺乏竞争力，在激烈竞争的中国法学界处于日益边缘化的角色；三是在大规模立法不复存在的情况下，

"立法中心主义"的研究范式需要改变；四是中国国际私法学者的国际学术话语能力薄弱。危机的过程也是国际私法重现生机的过程。危机下的中国国际私法学应进行自我变革，培养学者自身和国际私法学术共同体的竞争力。具体来说：一是要从"立法中心主义"向以"司法中心主义"为主的多元研究范式转换；二是结合中国作为一个大国所力图塑造或推动的国际私法秩序，来探索未来世界结构中中国国际私法所可以描绘的理想图景；三是增强中国国际私法学者的国际学术话语能力，以加强中国作为世界大国的国际地位。⑫

外国法查明制度是国际民商事审判中的一项重要制度，有学者认为实践中外国法查明领域却表现出某种机械和功利倾向，背离了制度初衷，也偏离了国际私法的基本理念原则。党的十九大报告提出推动形成全面开放新格局，实现开放创新、包容互惠的发展利益。全面开放创新格局下完善外国法查明制度，需要国际本位理念引领和支撑，以国际私法的本体利益为基础，兼顾程序利益和程序规范的适用，同时还应统筹国内利益保护和国际秩序协调，以及平衡当事人的处分权与司法干预权，实现当事人对法律适用的正当期望。在这方面，我国现行的外国法查明制度应本着上述理念和原则进一步完善。⑬有学者指出外国法查明制度的实施状况并不理想，中国法院所审理的绝大多数案件均依中国国内法裁判。造成外国法查明条款运转失灵的成因是多方面的，但适用外国法将增加诉讼成本的说法无法立足。除依赖当事人提供外国法或根据专家意见确定外国法内容外，国内外还有其他多元化的查明方法。在"一带一路"战略推进的过程中，借助平台达成区域性查明外国法的合作机制，殊为必要。⑭

就涉外侵权法律问题，有学者从侵权一般冲突规则的解释切入，对涉外侵权法律选择中的"侵权行为地"进行了界定。对侵权一般冲突规则中的"侵权行为地"仅能做常态化的界定，其他特殊侵权类型对"侵权行为地"的界定如有特别的利益或政策考量，宜另行拟定侵权特别冲突规则抑或通过例外条款矫正常态化界定可能产生的不当后果。故从法体系的运作视角来看，对侵权一般冲突规则中的"侵权行为地"做单义化解释抑或复义化的有利于受害人的解释之时，立法上还需要设置侵权特别冲突规则及例外条款作为补充。⑮有学者基于93份裁判文书的实证分析，讨论了我国涉外一般侵权法律适用的现状、特点及改进建议。我国涉外一般侵权案件呈逐年递增的趋势；涉外一般侵权法律适用规则存在扩大化适用的现象，法院未正确处理特殊侵权规则与一般侵权规则、特别法与一般法之间的关系，导致法律适用错误；裁判文书说理不充分，法律推理过程错误。其原因在于：一方面，缺乏选法理由，直接援引法条作出裁判；另一方面，说理过于简单，法律推理混乱，如存在适用第44条中不存在的系属公式、未审查当事人是否达成选法合意、未对"经常居所地"进行认定等问题。因此，我国应细化涉外一般侵权法律适用规则、充分发挥指导性案例的作用、加强司法职业保障制度，并构建多元化涉外纠纷解决机制。⑯

五、海洋法

全球海洋法治的宪章——《联合国海洋法公约》将世界海洋区域按不同法律地位和管辖制度划分为内水、群岛水域、领海、毗连区、专属经济区、大陆架、公海和国际海底区域（专称为"区域"）。其中，公海和"区域"的法律地位与内水、群岛水域、领海、毗连区、专属经济区和大陆架等海域不同，即任何国家均无权对其提出主权主张，其向所有国家开放，且只用于和平目的，属于国家管辖范围以外的海域。有学者阐述了人类共同继承财产原则的提出和确立过程，从不同角度论述该原则在国际海底区域法律制度的适用和发展；我国应在阐释、适用和发展人类共同继承财产原则，参与深海治理和深海国际规则构建以及规章制定和制度设计等方面谋取长远利益。⑰

有学者讨论了"克罗地亚/斯洛文尼亚仲裁案"中的海洋划界问题，"克罗地亚/斯洛文尼亚仲裁案"法庭基于当事各方在独立前的官方行为划分了它们在皮兰湾内的内水边界，并适用"等距离/特殊情况规则"划分了它们彼此间的领海边界。另外，仲裁庭本着公允及善良原则裁决了斯洛文尼亚与公海的连接问题。仲裁庭在克罗地亚领海内划出了一个"连接区"并规定了以交通自由为核心的特殊制度，但仲裁庭对法律的解释和适用存在一些缺陷。⑱有学者分析了"查戈斯群岛咨询意见案"的管辖权问题，规定联合国国际法院咨询管辖权的《国际法院规约》第65条并没有明确要求取得争端相关国家的同意，这与诉讼管辖权存在不同。但实践中存在滥用法院咨询管辖权规避国家同意原则，解决国家之间争端的可能性。争端相关国家的同意不会影响法院咨询管辖权的确立，但会影响法院决定是否应当发表咨询意见的自由裁量权。在行使自由裁量权时，法院会考虑多方面的因素，包括：争端的起源和范围，发表咨询意见是否会影响到当事方的立场以及咨询意见的法律效力等。已有的实践表明，法院更强调对联合国活动的参与，否认相关国家的立场能够阻止其发表咨询意见。因此，法院很可能会坚持对“查戈斯群岛咨询意见案”行使管辖权，但该案的特殊事实需要法院作进一步的分析和解释。[19]

有学者以加纳/科特迪瓦海域划界案为素材，分析了划界前争议水域油气开发的国家责任问题：对划界前油气开发活动的国家责任的判定取决于对行为违法性的判定，这特别涉及《联合国海洋法公约》第83条第3款的解释。在加纳和科特迪瓦间海域划界争端案中，国际海洋法法庭特别分庭对于科特迪瓦所提对方单方开发活动违反其主权权利的主张，判定只要单方开发活动是在双方可以善意主张的重叠区域内，则该主张在法律上不能成立。这宣告了所谓“吸管效应”论的破产。但是，在对上述违反主权权利和违反《公约》第83条第3款下“尽一切努力”这两个义务的责任主张的判断上，主观要素仍然具有重要意义。对于前者，分庭在义务构成中引入“知道或应当知道”这一要素；对于后者，白珍铉法官个别意见中提示的在两国关系框架下考虑包括单方开发活动的性质、实施时间及地点等相关因素的评估方法，具有重要的启示意义。[20]有学者指出，根据《联合国海洋法公约》的规定，法人和自然人在国际海底区域承包项目必须获得公约缔约国的担保，而担保国仅对由自身过错造成的国际海底区域活动损害承担责任，这种状况存在责任缺口。国家在某些特殊危险性损害上承担无过失责任已经成为习惯法规则，国家对重大环境损害实际承担无过失责任有成为习惯法的趋势，通过这两种途径可以填补责任缺口，却可能会与《联合国海洋法公约》第139条第2款的担保国责任规定相矛盾。不过，国际海底管理局未来的“区域”开发规章可能会超越第139条第2款的规定，使国家承担无过失责任。第139条第2款可能会随着国际法规则的发展而演进，我国作为担保国和潜在受害国，应积极参与并引导这一进程。[21]

六、国际贸易

在中美贸易战的大背景下，有学者认为，中美贸易战是一场“国际法之战”，涉及众多WTO规则和“国际法基本原则”。中美贸易战也是一场对国际法的挑战，不仅考验着双方是否遵守规则，也考验着规则的弹性。在这场贸易战中，WTO规则和国际法是平衡器和冷却剂，是约束力和边界线。贸易战是对法律的挑战，同时也彰显了法律的重要性。[22]“关税战”是主战场，而“法律战”是辅战场。加征关税立竿见影，而法律诉讼旷日持久。通过成立国际组织，履行写明权利与义务的条约，通过法律程序解决争端，才能实现和平共赢，长治久安，也才是人类相处之道。相信中美贸易战也能提供这样的教训或经验。[23]

2018年7月6日，美国基于301调查结果采取的加征关税措施正式实施，该措施引起了国际社会的严重关注，普遍认为以WTO规则为代表的多边主义受到了美国单边主义的严重威胁。有学者从国家基本关系的定位开始，在分析国内法与国际法关系的基础上，依次探讨单边主义和多边主义碰撞的内在基础、规则原因及利益失衡后的规则再平衡，指出单边主义与多边主义的碰撞将伴随国家的存在而存在这一前景及多边体制广大成员应秉持的“法治”立场。[24]有学者指出301、201、232、337等条款作为美国贸易政策工具由来已久，是美国维护自身贸易霸主地位的有力武器。因此中国缩减贸易顺差并不能解决中美贸易摩擦，而应坚持多边贸易机制，维护自身系统性利益；扩大开放，建立合作制度；提升贸易政策合规性，为“中国制造2025”铺路。[25]

近年来，各国纷纷转而通过区域贸易协定实现区域内的竞争政策合作，并取得了一定成果。有学者通过对区域贸易协定中竞争章节的内容规定、实践运用、现有缺陷的研究，提出伴随着区域贸易协定竞争议题的不断推进发展以及我国投资贸易持续增长的现实需要，通过签订竞争章节确立具体规范，规制跨国反竞争行为，维护我国对外贸易与投资的合法权益，理应成为我国竞争政策国际协调下一阶段的建设重点。[26]有学者指出，WTO成立二十年来取得了很大成就，但是在推动新回合谈判，特别是在国际贸易新领域制定新规则方面却举步维艰。全球化的快速发展，要求WTO提升贸易规则水平，同时致力于统一投资规则。在此方面，TPP规则以其先进性和代表性提供了有益的借鉴。WTO成员可以考虑以TPP文本为基础，制定贸易和投资规则融合的规则体系，并进而将WTO升级为“世界贸易与投资组织”，而在此过程中，中国可以发挥更加积极的作用。[27]

七、人权

1948年，《世界人权宣言》诞生，人类迎来了人权的时代。《世界人权宣言》是多元文化融通的范本，其中融入了中国元素。《世界人权宣言》将人的尊严和价值作为理念核心，对现代性危险所造成的后果进行了经验性反思，并采取不具有约束力的宣言性规范形式凝聚全球共识。在《世界人权宣言》颁布70周年之际，我国人权研究领域的专家学者在新时代背景下重读《世界人权宣言》。以张彭春为核心的中国代表团对《世界人权宣言》作出了历史性的卓越贡献，其中最重要的是在《宣言》第1条中列入了关于“良心”的表述，体现了中国儒家“仁”的思想。有学者指出，在构建人类命运共同体成为国际社会共识的世界背景下，加强不同文明交流互鉴、促进各国人权交流合作，可以并且已经成为全球人权文化融通与包容的重要思想基础，而中华文明则是其中重要的中国元素。有必要通过不断挖掘各国和各民族的人权思想并加以整合，对普遍的人权文化作出符合本国国情的解释。同时，还应当积极推进跨文明的整合，在国际人权领域达成符合各自文化背景的共识，并通过思想的沟通、交流和包容获得彼此之间的理解。㉘

《残疾人权利公约》于2008年5月3日正式生效。有学者回顾了该公约起草的社会背景，对其基本理念和核心条款进行再解读，指出《残疾人权利公约》的序言明确确认了残疾人权利的价值及其基础，确立了残疾人权利保障的指导思想和基本原则。我国主动按照公约要求，通过立法、行政措施及其他适当措施积极履行公约；近年来通过加强对残疾人的法律援助、加强办理残疾人案件的司法责任等方式，不断积极推动对残疾人的司法保护。㉙有学者以“国际人权法上的健康权”为中心，旨在厘清健康权所具有的规范内涵和法律构造，回应健康权立法过程中的争议。在此基础上，进一步分析健康权立法在中国的意义和价值。具体而言，学者首先从国际人权法的角度梳理健康权的历史脉络，分析健康权的规范建构过程，界定其内涵和外延；其次立足于我国《基本医疗卫生法》的起草，研究健康权在我国卫生立法中的正当性和必要性，并提出具体的立法建议。㉚

有学者以《保护移徙工人及其家庭成员国际公约》为视角，研究了移徙工人人权保护的困境及对策。国际移徙主要发生在“南北”之间。移徙工人对世界经济的包容性增长和可持续发展作出了重要贡献，但他们的人权经常受到侵犯。而近几年频发的极端恐怖袭击和大规模难民潮所引发的发达国家严重排外情绪和政策，更是使移徙工人遭遇前所未有的人权危机。《保护所有移徙工人及其家庭成员权利国际公约》是联合国专门保护移徙工人人权的重要公约，但因作为移徙工人主要就业国的发达国家均未批准该公约，该公约的机制形同虚设。作为移徙工人主要来源国的发展中国家应加强合作，推动发达国家承担人权保护责任。充分保护移徙工人的人权，使其在全球财富增长中得以体面和有尊严地劳动，得到其所创造财富的合理份额，不仅有利于维持经济增长，更是维护公平正义、促进社会进步和人类可持续发展要求使然。㉛

有学者研究了基本人权保护的“对世性”与非公约难民的“补充性保护”，指出1951年《关于难民地位的公约》及其1967年议定书以“四要件”为条件对“难民”定义进行了限制。对于不满足“四要件”，但确实需要保护的人，学界和实践中产生了“补充性保护”的理论，认为对其提供保护不仅是道义上的选择，更是法律上的义务。“补充性保护”是国际法上“不推回”原则发展的结果，但在经济权利和社会权利领域应当受一定的限制。“不推回”原则的发展和“补充性保护”的产生以人权的“对世性”为依据之一。联合国国际法院将“对世义务”的产生和发展限定在基础性、不可减损的人权范围内，“对世义务”也可以成为对“补充性保护”在经济、社会权利领域适用的限制。只有当经济权利、社会权利的失衡可能影响到其他基本性人权的实现时，才产生“补充性保护”的义务。㉜

八、国际商事仲裁和投资仲裁

随着国际民商事交往的纵深发展，相关的国际民商事争议解决成为题中之意，我国学者在国际商事仲裁和投资仲裁的研究亦不断深入。这些研究主要包括国际商事仲裁的第三方资助、保全措施、仲裁协议准据法的确定；仲裁裁决的国籍问题、程序规则问题、司法审查等问题。

国际商事仲裁裁决的国籍标志着其法律效力的来源。从理论界和各国实践来看，以地域标准作为国际商事仲裁裁决的国籍已经成为主流。而我国长期的实践和理论中都以仲裁机构为标准来判断国际商事仲裁裁决的国籍；但同时，我国是《纽约公约》的成员国，公约主要采取地域标准。因此，无论我国的学术界还是司法实践中，双重标准的存在都引起了很多问题和争论。有学者主要针对这些问题，进行分析并提出采取单一的地域标准，各类商事仲裁裁决分别由相应的司法审查机制或承认与执行法律机制进行审查或者监督，以解决国籍认定上的困境。㉝有学者提到，国际商事仲裁应当具有一国国籍，仲裁裁决的国籍标志着其法律效力的来源并将仲裁地作为判断仲裁裁决的籍属标准。但理论界对国籍是否应当成为国际商事仲裁裁决的必备属性仍有争论。随着“一带一路”倡议的深入推进，中国仲裁国际化的改革势在必行，但由于立法上缺失仲裁地的法律概念，导致司法实践中存在国际商事仲裁裁决的国籍认定标准混乱，以及外国仲裁机构在中国进行仲裁裁决的国籍难以认定等问题，这将不利于法院对仲裁司法审查以及对仲裁裁决的承认与执行，中国应尽快通过修改《仲裁法》《民事诉讼法》等相关法律，明确仲裁地概念，从而解决此类问题。[34]

仲裁争议各方的程序自治权、仲裁庭的程序自由裁量权原则贯穿了国际商事仲裁程序这一主题，作为基础原则二者之间是否有效力或适用上的先后顺序、书证开示原则作为一项特殊的证据规则的正当性依据问题亟待解决。有学者通过逐步探讨书证开示规则下两项原则的运用与互动，得出结论仲裁庭的程序裁量权须受制于当事人的程序自治，其中，程序自治原则为书证开示的正当性提供了第一位的基础，而仲裁庭的程序裁量作为程序自治的补充为书证开示提供了第二位的基础。[35]美国联邦最高法院对“BG公司诉阿根廷”案的审理及其裁决引发了关于国际投资仲裁裁决的司法审查是否应该有别于国际商事仲裁裁决司法审查的争论。有学者认为国际投资仲裁裁决司法审查的“商事化”并不可取，因为国际投资条约中的投资者—东道国仲裁条款不同于商事仲裁协议，国际投资仲裁的价值取向不同于商事仲裁。对于我国来说，从宏观上要明确立场，即积极推动国际投资仲裁的“去商事化”；从微观上，我国法院和缔约机关也要在司法和条约商签谈判中贯彻国际投资仲裁的“去商事化”并进行相应的应对。[36]

国际投资与国际商事仲裁中的第三方资助是近年来的一个热点话题。有学者指出，所谓第三方资助，简单地讲就是非仲裁程序的当事人对仲裁程序的当事人，一般是申请人提供资金资助，使其能够启动并顺利完成仲裁程序，并从胜诉裁决中获取收益的一种投资模式。虽然提供资助的第三方并非仲裁程序的当事人，但是由于它对申请人提供了资金支持，资本的逐利性将不可避免地驱使其对仲裁程序进行干预，从而对仲裁程序产生一些不利影响。因此，很多国家在认可第三方资助合法性的同时，也对其进行一定的规制。本文在分析第三方资助对仲裁程序可能产生的影响的基础上，比较了有关国家的立法与实践，提出中国大陆为了构建世界仲裁中心，在立法尚不成熟之前，可以通过仲裁机构制定指引，为当事人利用第三方资助提供指南，从而尽可能避免不必要的争议。待时机成熟时，可以通过立法对诸如资助方资本充足率等问题作出明确规定，以促进第三方资助市场的良性发展。[37]有学者认为在缺乏有效规制情形下，第三方出资可能对仲裁程序产生消极影响。当前，中国内地仲裁事业快速发展，争议解决融资市场需求巨大。在肯定第三方出资机制具有合法性的同时，中国内地应当鼓励该机制在企业重整及破产清算、“一带一路”投资保障、险种开发及险资应用等领域适用，并参考域外立法例与商事仲裁国际理事会相关报告建议，对第三方出资者的经营资格、资金来源、强制披露、有限干预等问题加以规范，确保当事人权益与仲裁程序的有序进行。[38]

保全措施是国际商事仲裁制度的重要组成部分，其对保障仲裁程序的顺利进行及保证仲裁裁决的最终执行具有重要作用。有学者指出，中国法律规定仲裁保全措施的决定权是国家司法机关的专有权力，当事人所选择的仲裁机构及仲裁庭无权决定是否可以采取一定的保全措施。法院专属决定权模式不仅导致当事人获得保全措施救济的可能性减少及申请效率下降，而且可能时常导致仲裁地与裁决执行地之间的法律冲突。这一问题新近出现了变化与发展，少数中国仲裁机构尝试通过创新仲裁规则获得一定条件下的保全措施决定权以缓解冲突。中国法律应当适时赋予仲裁庭保全措施决定权，并扩大保全措施种类完善申请条件，以弥补法律存在的漏洞。[39]有学者以新方法的视角探讨确定仲裁协议实质有效性的准据法，新方法为了追求安定性与一致性，瑞士法中显明式的“有效化”原则、英国法中隐秘的“有效化”原则、法国法中跨国实体法原则、美国法中国际最低标准，不同程度地体现了对传统方法的突破。中国法关于仲裁协议实质有效性准据法的确定方法符合《纽约公约》的立法目的，但过于细致地规定传统方法不利于跟随国际商事仲裁实践的变迁。建议将《涉外民事关系法律适用法》第18条修改为一个开放且显明式的“有效化”原则条款。同时，为了保证必要的法律稳定性，不建议引入跨国法方法。[40]

九、其他

有学者深入研究了个人数据保护立法，指出个人数据保护立法旨在为相关数据主体引入合理的法律体系，实现个人数据的基本权利保障与合理适用之间的有机平衡。从宏观上来说，个人数据保护的立法推进须以数据保护理念的培育和生成为前提，不同主体之间理念的差别影响着相关法律体系的宏观架构和总体方向。从微观角度而言，个人数据保护立法的关键在于架构完善的立法体系，这要求采取适宜的立法模式，确立个人数据保护与其他权利之间的层级结构以及个人数据保护中权利义务关系的平衡架构。我国有关个人数据保护的法律体系已具雏形，在此基础上，合理地架构相关的法律规则体系极为关键，这主要取决于体系性和统一性立法，而在处理个人数据权利保护与其他相关的权利方面，价值取向的定位是关键，保持这些权利之间架构的适度平衡是我国目前立法应秉持的理念。[41]

有学者回溯风险行政的内在意蕴并辅以成本收益之方法探寻我国气候变化立法这一现实问题，指出在当前气候变化国际合作的不确定性与国内主要矛盾转化的复杂性背景下，我国总体上需要坚持以柔性立法应对气候变化这一立场，而在主张专门立法的同时，也可通过大气污染防治法以前端治理与协同控制的制度设计实现温室气体减排。[42]

领事认证是外交或领事人员证明公文书上签字和盖章真实性的一种活动。有学者指出，领事认证的多少能够反映一国跨国民众交往的密切程度和国际贸易的力度，然而，领事认证手续的复杂程度也直接影响着跨国人员交往和国际贸易的效率。为推动公文书的全球自由流动，国际社会从 20 世纪 50 年代就开始摒弃领事认证，建立了“一步式”附加证明书及电子证明书程序。欧盟和世界贸易组织更是在一些领域取消了认证的程序。中国仍然坚守传统的领事认证，不仅耗费大量的外交资源，而且非常不利于民众往来和国际贸易。中国应尽量促进公文书的全球流动，简化或取消领事认证要求；在加入《海牙取消认证公约》上持积极的态度。[43]

注：

①李居迁：《“一带一路”与国际法规则新方向》，《法学杂志》，2018 年 第 11 期。

②杨国华：《“一带一路”与国际法治》，《法学杂志》，2018 年 第 11 期。

③刘力：《“一带一路”国家间法院判决承认与执行的理据与规则》，《法律适用》，2018 年第 5 期。

④孔庆江、王艺琳：《WTO 裁决执行中的合理期限仲裁》，《国际法研究》，2018 第 6 期。

⑤谭观福：《WTO 国家安全例外视角下的网络安全》，《中国高校社会科学》，2018 年第 2 期。

⑥杨国华：《WTO 上诉机构的产生与运作研究》，《现代法学》，2018 年第 2 期。

⑦孔庆江：《WTO 与单边贸易措施适法性分析》，《国际经济法学刊》，2018 年第 3 期。

⑧杨国华：《论 WTO 争端解决机制的作用——以中欧紧固件争端和光伏争端为例》，《北方法学》，2018 年第 5 期。

⑨徐俊：《台湾对大陆经贸立法“弱 WTO 待遇”特征研究》，《首都经济贸易大学学报》，2018 年第 3 期。

⑩宋连斌、陈曦：《〈涉外民事关系法律适用法〉第 24 条的司法应用——基于 48 份公开裁判文书的分析》，《国际法研究》，2018 年第 1 期。

⑪何其生：《国际私法秩序与国际私法的基础性价值》，《清华法学》，2018 年第 1 期。

⑫何其生：《中国国际私法学的危机与变革》，《政法论坛》，2018 年第 5 期。

⑬王克玉：《全面开放新格局下外国法查证的国际本位理念与规则再塑》，《法学评论》，2018 年第 1 期。

⑭张建：《涉外民商事审判中的外国法查明问题研究》，《盛京法律评论》，2017 年第 2 期。

⑮林强：《涉外侵权法律选择中的“侵权行为地”界定——从侵权一般冲突规则的解释切入》，《现代法学》，2018 年第 4 期。

⑯宋连斌、张溪瑨：《我国涉外一般侵权法律适用的现状、特点及改进建议——基于 93 份裁判文书的实证分析》，《江西社会科学》，2018 年第 2 期。

⑰李汉玉：《人类共同继承财产原则在国际海底区域法律制度的适用和发展》，《海洋开发与管理》，2018 年第 4 期。

⑱高健军：《“克罗地亚/斯洛文尼亚仲裁案”中的海洋划界问题》，《边界与海洋研究》，2018 年第 3 期。

⑲宋岩：《国家同意原则对国际法院行使咨询管辖权的限制——兼论“查戈斯群岛咨询意见案”的管辖权问题》，《国际法研究》，2018 年 第 1 期。

⑳张新军：《划界前争议水域油气开发的国家责任问题——以加纳/科特迪瓦海域划界案为素材》，《国际法研究》，2018 年第 3 期。

㉑魏妩媚：《国际海底区域担保国责任的可能发

展及其对中国的启示》，《当代法学》，2018 年第 2 期。

㉒杨国华：《中美贸易战中的国际法》，《武大国际法评论》，2018 年第 3 期。

㉓杨国华：《中美贸易战背景下的 WTO 诉讼》，《中国法律评论》，2018 年 第 5 期。

㉔韩立余：《当代单边主义与多边主义的碰撞及其发展前景》，《国际经济法学刊》，2018 年第 4 期。

㉕孔庆江、刘禹：《特朗普政府的“公平贸易”政策及其应对》，《太平洋学报》，2018 年第 10 期。

㉖闻韬：《区域贸易协定中的竞争章节研究》，《法学论坛》，2018 年第 4 期。

㉗杨国华：《论世界贸易与投资组织的构建》，《武大国际法评论》，2018 年第 1 期。

㉘朱力宇：《〈世界人权宣言〉是多元文化融通的范本》，《现代法学》，2018 年第 5 期。

㉙黎建飞：《〈残疾人权利公约〉的背景回顾与再解读》，《人权》，2018 年第 6 期。

㉚饶浩：《论国际人权法上的健康权与〈基本医疗卫生法〉的起草》，《人权研究》，2018 年第 0 期。

㉛张爱宁：《移徙工人人权保护的困境及对策——〈保护移徙工人及其家庭成员国际公约〉的视角》，《人权》，2018 年第 2 期。

㉜孙旭：《基本人权保护的“对世性”与非公约难民的“补充性保护”》，《人权》，2018 年第 5 期。

㉝李剑桥：《国际商事仲裁裁决的国籍问题》，《人民司法》，2013 年第 17 期。

㉞祁壮：《论国际商事仲裁裁决的国籍属性》，《江西社会科学》，2018 年第 9 期。

㉟杨昆波：《国际商事仲裁中书证开示规则的正当性探究——基于两项程序基本原则的互动》，《北京仲裁》，2017 年第 4 期。

㊱肖芳：《国际投资仲裁裁决司法审查的“商事化”及反思——以美国联邦最高法院“BG 公司诉阿根廷”案裁决为例》，《法学评论》，2018 年第 3 期。

㊲覃华平：《国际仲裁中的第三方资助：问题与规制》，《中国政法大学学报》，2018 年第 1 期。

㊳侯鹏：《商事仲裁中的第三方出资及其规制》，《国际法研究》，2018 年第 5 期。

㊴李贤森：《中国国际商事仲裁中保全措施决定权分配的疑难问题与新近发展》，《武汉理工大学学报》，2018 年第 6 期。

㊵文稳、陈卫佐：《仲裁协议实质有效性准据法的确定：新方法的视角》，《青海社会科学》，2018 年第 3 期。

㊶张文亮：《个人数据保护立法的要义与进路》，《江西社会科学》，2018 年第 6 期。

㊷李艳芳、田时雨：《不确定性与复杂性背景下气候变化风险规制立法》，《吉林大学社会科学学报》，2018 年第 2 期。

㊸何其生：《领事认证制度的发展与中国公文书的全球流动》，《华东政法大学学报》，2018 年第 1 期。

（作者：张文亮，中国人民大学副教授）

法律史学

赵晓耕　王云霞　范依畴　张　蕊

2018 年中国法律史学研究综述

一、重要学术会议

（一）中国历史上的传统法治学术研讨会

2018 年 6 月 16—17 日，由国际儒学联合会和中国政法大学联合主办的“中国历史上的传统法治学术研讨会”在北京召开。出席会议的专家和学者来自北京大学、清华大学、人民大学、山东大学、中国政法大学、中国社会科学院、西南政法大学、北京外国语大学、山西大学等全国各地高校，部分中国政法大学的博士生、硕士生旁听了会议。

张晋藩教授等分别作了题为《中国历史上的传统法治综论》《超越儒法之争——礼法传统中的现代法治价值》《“德治”“法治”与中华法系》的大会主题发言。随后，与会专家学者围绕“中国历史上的传统法治思想、法治制度与法治体系的建构”“中国历史上如何处理法治与德治的相互关系”“中国传统法治与西方法治的不同特点”“中国历史上的传统法治可以为当今中国的‘依法治国’‘以德治国’提供哪些有益的启示和借鉴”等议题展开交流和学术研讨。

在会议总结中，国际儒学联合会会长滕文生指出：中国古代形成了一个独立的、系统的、完整的法治文化体系，其最显著的特点就是德主刑辅、礼法之治，我们一定要重视这一特点。我们既要对中国传统法治文化有自信，同时需要对西方法治文化精华加以吸收和借鉴，二者不能偏废，特别是不能顾此失彼、重西轻中、数典忘祖。他强调：学习、借鉴中国传统法治文化和西方法治文化，必须以马克思主义为指导，同时要拓宽视野，除了中国古代和西方的法治文化要研究，对新中国成立后的法治建设和思想成果也要重视。特别是要基于我国今天的现实情况和实际需要，对蕴含其中的思想智慧、实践经验进行梳理、概括、挖掘，并经过创造性转化、创新性发展，为今天全面依法治国的实践服务。

（二）北京市法学会中国法律文化研究会年会

2018 年 6 月 30 日，由北京市法学会中国法律文化研究会主办，清华大学法学院近代法研究中心承办的 2018 年北京市法学会中国法律文化研究会年会在清华大学法学院举行。本次年会的主题为“沈家本与中国近代法治”，来自中国政法大学、最高人民法院、中国人民大学、清华大学、中国社会科学院法学研究所、国家法官学院、北京师范大学、中央民族大学、中央财经大学、华中科技大学、商务印书馆、检察日报社等单位的 40 余位专家学者出席会议。中国政法大学沈厚铎教授以“沈家本的家国情怀与法律救国理想的形成”为题，从沈家本的日记、诗歌出发，阐释了法律人沈家本家国情怀的思想脉络与形成历程。最高人民法院蔡小雪法官围绕“我为什么要写《修律大臣沈家本》”一题，介绍了沈家本法律思想的现代意义，认为有必要让修律大臣沈家本及清末修律被更多人所了解。北京市法学会中国法律文化研究会名誉会长武树臣教授演讲题目为“中华法系的存与亡”，他指出法律近代化摒弃了伦理主义精神，但最根深蒂固的传统价值观没有改变。中国社会科学院法学研究所孙家红副研究员演讲题目为“无法完成的使命：沈家本与晚清法律改革的百年省思”，他认为晚清法律改革的目标不仅仅在于建立法律体系，更高目标是法律传统的形成，而其所涉及的目标不可能全部实现，如何再造新的法律传统仍然是尚待完成的使命。在自由交流环节，诸多专家学者围绕会议主题进行自由评议和开放讨论，发言人分别予以了回应。

（三）第三届近代法律与社会转型学术研讨会

2018 年 11 月 2—4 日，中国政法大学历史研究所主办的“多元视域下的近世法律与中国社会”暨第三届近代法律与社会转型学术研讨会在北京举办。来自北京大学、中国社会科学院、中国人民大学、中央民族大学、复旦大学、陕西师范大学及中国政法大学等十六所高校和科研机构的 30 余位学者参加了本次学术研讨会，与会学者从史学、法学、社会学等多学科的视野出发，就相关内容及所涉及的史料、方法进行了交流。北京大学赵世瑜教授和深圳大学张小也教授分别以“文献的变身与‘法史’是什么”和“区域社会史与法制史”为题，做了大会主题发言。两位教授分别从回到文献的“原生态”与区域社会史研究路径的不同视角对法史进行了重新解读。大会的小组发言共分为六场，学者们分别从族群史与法律史、地方档案与法史研究、基层社会的法律实践、中西文化比较视野下的法史研究、区域社会史与法律史、近现代法制改革等不同视域，阐释了近世中国法律与社会转型议题。

（四）当代法家研究的新视野学术研讨会

2018 年 11 月 3—4 日，由中国人民大学国学院主办的“当代法家研究的新视野”学术研讨会暨中国先秦史学会法家研究会成立仪式在北京召开。来自中国社会科学院、北京大学、北京师范大学、东北师范大学、台湾大学等高校和研究机构的 40 余位学者与会。会议从文献学、思想史、政治史等角度探讨了法家思想的人性论、君主观、政治观、研究方法论等问题，展示了法家思想研究的学术前沿和最新成果。

二、重要学术著作简介

在法律史学专著方面，北京法律史学诸位同仁本年度取得了丰硕的成果。

中国政法大学终身教授张晋藩先生已年近 90 岁，仍笔耕不辍，在本年度出版了四本新书，分别为《中国传统法律文化十二讲》，《鉴古明今：传统法文化的现实意义》，《中华法系论辑（1980-2016）》，《中国古代民事诉讼制度》。

《中国传统法律文化十二讲》①一书以专题的形式从多个不同的角度对中国传统法律文化进行了宏观的论述。描述了中国古代以民为本的法律文化、中华民族精神与法律文化、中国古代礼法结合的法律文化、中国古代德法共治的法律文化、中国古代重公权的法律文化、中国古代固有民法与法律文化、中国古代的司法文化、中国古代的监察法文化、中国古代法律文化的历史地位和借鉴价值等，分析了中国传统法律的结构体系，阐述了中国古代社会普遍的法律价值理念以及对中国特色社会主义法治国家建设的借鉴意义。

《鉴古明今：传统法文化的现实意义》[②]一书由六篇长论文组成，着眼于发掘构建中国特色社会主义法治理论体系的历史基因，总结出中华法文化中历久弥新且可资世鉴的六个方面的优秀传统，分别就治国要略、良法善治、司法文明、法律宣传等关键问题细致铺陈。全书始终贯穿"鉴古明今"的宗旨，如以德法共治的治国要略对中华法文化中优秀资源进行总结与论述，以古代监察体系与监察法的梳理为国家监察体制改革提供法文化支持，并将中国古代的立法、司法、法律宣传相结合以发挥法文化的史鉴价值。

《中华法系论辑（1980-2016）》[③]一书汇集了张晋藩先生有关中华法系研究的主要著作，对于推动中国法律制度的本土化，具有重大意义。作者在书中指出中华法文化不仅是博大精深的中华传统文化的重要组成部分，而且在世界法律文化发展史上也占有相当重要的地位，是中华民族对于世界法文化宝库的伟大贡献。中华法系是中华法文化的一种表达形式，中华法系的特质和价值都渊源于中华法文化。考察中华法系的特点，要从本国国情出发，抽象出其特殊性，亦即中华民族所独有的特质。中华法系是在中国特定的历史条件下形成的，是中华法文化的特殊性及世界影响的集中体现，显示了中华民族的伟大创造力和中华法制文明的深厚底蕴。

《中国古代民事诉讼制度》[④]一书详细梳理了自先秦时期至清朝末年，中国民事法律及诉讼制度的发展演进，打破学界长久以来"中国古代只有刑法，而无民法"的误解。该书在特定的历史背景下讲述法律制度，参考历史文献，引用大量史料中记载的案例，分析深入浅出，语言流畅易懂，对于了解中国古代民事法律及诉讼相关制度有极大帮助，具有很大的历史文化价值。

中国社会科学院荣誉学部委员杨一凡先生编写了《古代珍稀法律典籍新编》[⑤]系列丛书，共计30册，该套丛书受国家出版基金项目资助，主要收入两汉至清乾隆朝法律典籍珍本32种，文献版本稀见，其中有抄本13种，元刻本1种，明刻本8种，清顺治至乾隆刻本10种。在这些文献中，有孤本18种。这些收录文献均系中国古代颁行的法律及法律诠释经典，记载了大量为其他书籍未载的法律制度，具有已出版的其他类似图书不能代替的史料价值。因清乾隆朝以前的法律典籍存世者屈指可数，这些文献为研究中国古代法律制度提供了一大批新的资料。

杨一凡先生还出版了《中国律学文献》[⑥]第五辑，共14册，该书收入中国古代律学文献16种，按照内容划分，其中汉代1种，明代7种，清代8种。在这些文献中，有12种系从境外复制而来，其中8种为我国大陆所不藏，有重要的版本和史料价值。每一种文献附有文献简介，主要介绍作者、版本、内容及意义价值等，以便使用者全面了解文献信息，方便使用。杨一凡先生在序言中指出，在中国古代，围绕律和律典的制定、诠释、实施及如何处理律与其他法律形式的关系等，形成了以博大精深的中华文化为基础、注重实用、与古代社会法律制度发展进程相适应的律学。其内容涉及律学理论、应用律学、比较律学、律学史、古律辑佚和考证诸方面。要想科学地阐述中国法律史，必须重视古代律学研究。

中国政法大学法律史学研究院张中秋教授《法与理：中国传统法理及其当代价值研究》[⑦]一书是探讨中国传统法理及其当代价值的新作，该书收录了作者在有关该领域所做的最新研究。这些成果一方面呈现出作者各自独特的视角、问题、材料和方法；一方面又体现出作者对中国传统法理的独到理解和探讨。全书或概括或具体地呈现了中国传统法理对当代中国法学与法治建设的意义。

清华大学法学院聂鑫教授《近代中国的司法》[⑧]一书对近代中国的司法展开全面系统的研究。作者指出：晚清以来，近代中国受欧美影响，废除了传统的中央三法司与地方行政长官兼理司法制度，建立了现代的司法制度。经历约半个世纪的发展，民国在司法体制建设方面取得一定成绩，通过制度选择与制度创新，在有的领域甚至走到了世界的前列。表面上看，1949年之后中国大陆的司法体制与近代中国相较已改弦易张，新旧体制泾渭分明；但实际上今天司法改革所面临的问题亦为民国司法的核心问题，例如独立的行政审判机关、最高司法机关抽象的规范解释权、司法行政权的特殊安排等等。

国家行政学院焦利教授《清代监察法及其效能分析》[⑨]一书从监察体制、监察运行机制、监察范围、监察官选拔与管理等各个方面分析了清代监察机制的法律化运作。作者指出：清代前期，其监察法执行的效果十分明显，对于提高行政效率、惩奸举贤、察吏安民、维持清代近三百年的统治，发挥了积极作用。但是，作为专制制度的产物，清代监察法有其固有的局限性，尤其是在乾纲独断的专制主义极端发展的清朝，监察法的实施、监察机构职能的发挥、监察成效的大小，无不与君主之意志、党争之消长，以及监察官的个人能力品行有着直接的关系。清代后期，官场腐败不堪，法律规定与法律实践严重脱节，监察法几成具文。其中缘由，令人深思。

中国政法大学法律史学研究院顾元教授《服制命案、干分嫁娶与清代衡平司法》[10]一书重点选取清代司法文化中若干独特的面相作为研究专题，以服制命案、婚姻禁忌、幕学名著、自然天道等问题为切入点，以其与衡平司法的关系为面，以点带面，史论结合，阐释帝制中国立法、司法及其与国家、社会之间的互动关系。全书各部分有独立的问题意识及理论方法取向，但在整体上具有内在统一的研究旨趣，即以“衡平”作为基本理论进路，探讨传统司法的价值特征及其现代适应性，并凸显一定的学术自主性和本土意识。

中国社会科学院法学所王帅一副研究员《明月清风：明清时代的人、契约与国家》[11]一书以中国传统社会中的契约为切入点，把传统社会中普通人的行为作为研究对象，并尽可能摆脱使用现代民法的框架来看待传统契约，力图将传统契约置于传统文化的背景之中，还原当时的具体情况。作者试图通过讨论传统中国社会中人们订立契约的法律行为，以及影响契约运行的各种因素，以人为中心来思考人与契约的关系，并借此分析契约行为中蕴含的文化因素及其文化属性。

中国社会科学院近代史研究所李在全副研究员《变动时代的法律职业者：中国现代司法官个体与群体（1906-1928）》[12]一书以1906—1928年掌控中央政权的清政府和民国北京政府的司法官为研究对象，将其置于“变动时代”中加以观察，尤其关注政治变动对法律职业者之影响。全书分别从中国现代司法官产生的“旧”路径与“新”知识，清末制度变革与司法官群体组合，清末法界领袖沈家本在民国元年的经历与感受，辛亥鼎革后司法官群体的分流与重组，民国北京政府时期法律界的交游网络与内外生态，时代环境变动与法律职业者个体选择等方面展开论述。

国家保密局政策法规司法制处处长，北京大学近代法研究所兼职研究员张群的《西方保密法制札记》[13]一书梳理了西方保密法制体系的发展脉络和各阶段特点。该书介绍了西方保密理论的历史发展和主要观点，着重探讨西方思想家对保密利弊得失的观察与思考；介绍西方保密法制的历史沿革、主要特点、基本概念和主要制度，并选录美国、德国、日本等国家一些著名司法案例，结合相关制度和学说进行分析。此外，该书还从比较法角度，对理论界和实务界关注较多的国家秘密的司法认定问题进行了探讨。鉴于当前，相对于信息公开，中国学者对于保密法研究明显欠缺，该书的出版可供保密实务和理论研究参考。

三、本年度学科研究重点问题

2018年北京地区中国法律史学科研究的热点问题，总结起来，主要有以下几个方面：

（一）关于传统法律文化的研究

本年度，北京学者在传统法律文化领域的研究成果颇多。有学者从宏观上探讨了中华民族的精神与传统法律的关系，指出中华民族精神是中华民族的脊梁，与传统法律之间存在着深刻的内在联系。中华传统法律凝结着中华民族的优秀民族精神，具有本土性、特殊性、典型性。在中华民族伟大复兴的时代，领悟并复兴中华民族的优秀民族精神，当会增强民族的自信心与自豪感，从而为全面推进依法治国的宏伟目标注入强大的正能量，使中华民族继续傲然自立于世界文明之林。[14]该学者还对中国传统法文化的历史地位与史鉴价值进行了探讨，指出中国传统法律文化体系完整、内容丰富、特色鲜明且绵延数千年而未中断，不仅为中华文明的发展与进步提供了智力支持，也为中华民族的复兴保留了珍贵的文化资源和治国理政的经验。中国传统法文化的史鉴价值主要表现在：肃清法律工具主义的影响，坚定树立法律权威主义的观念；善法与良法相结合，才能发挥“奉法者强则国强”的作用；严格执法不仅使司法具有权威，而且会增强百姓对法律的信任感，等等。[15]也有学者依据传统中国法律的代表《唐律疏议》，参照霍菲尔德的法律关系理论，对传统中国的法律关系进行了分类，并依据其重要性和特色进行排序，发现在传统中国存在着权力—责任、义务—权利、责任—权利、特权—无权利、豁免权—无资格、狭义的权利—义务六对法律关系；再依据这六对法律关系所涉及的领域分别加以说明和例证，呈现出一幅传统中国法律关系的整体面貌及其内部构造的图像。[16]该学者还对中国传统法律正义观进行了研究，指出中国传统法律正义观的基本内涵是适宜、恰当、正当、应当、公平、合理之类，以及在当时与此相通的纲常礼教；其原则是等者同等、不等者不等、等与不等辩证变动的有机统一，其等与不等、变与不变的正当性都在于合理；这是中国人固有的法律正义观，概括起来可以称之为动态的合理正义观。这种正义观的价值蕴含与追求，从法哲学上说，分而言之是求真、求善、求和，总而言之是真、善、美的有机统一；从法理和立法、司法层面上说，是天理、国法、人情或者说情、理、法的统一。[17]还有学者探讨了儒家道德观对传统中国诉讼文化的影响，他指儒家道德观对传统中国诉讼文化影响深远。儒家道德观体系中有三个主要的伦理准则——克己、忠恕与中庸——与传统诉讼文化气质相通，其对传统中国诉讼文化的气质模塑途径，最主要的则有两条：儒吏们的理讼实践；以儒家道德观为底色的家法族规的潜移默化[18]。此外，还有学者分别对中国古代的正义体系问题[19]、传统中国民事诉讼的价值取向[20]、中国古代司法监察的现代意义[21]等问题进行了探讨。

（二）关于中国古代法律史的研究

本年度，在古代法律史研究领域，有学者对传统中国的司法理念及其实践进行了探讨，指出传统中国的司法理念是“平”，亦即等者同等、不等者不等的动态的合理正义观。为了将“平”的司法理念落到实处，传统中国一是进行体现“平”的制度建设，一是追求“平”的司法实践[22]。有学者研究了秦代的史官，指出史官是古代官僚体制的重要组成部分。秦史官人数众多、官称繁杂，可谓一种职位系统，且因对官文书和行政文字的熟稔而广泛介入实际政务，并进而成为秦官僚体制的基础。然而，这种史官形象并不是久已有之，而是与上古时代的史官有着明显的差异，差异的逐渐形成则与先秦时代的国家形态及与之相伴随的各种文化要素的变迁密切相关。因此，对秦史官的基本状况及其历史来源的追溯可谓观察中国古代历史风貌的一个良好视角[23]。有学者对清律中的“盗贼窝主”罪进行了探讨，指出传统律典处罚的“共犯罪者”是指共同实行犯罪之人，《大清律例》的“贼盗”篇亦是如此。强窃盗律原本仅处罚实行上盗者，但考虑到那些并不一定实行上盗的窝主的危害性可能并不亚于实行者，甚至可以说窝主实乃盗贼之根源所在，故特定律例亦将窝主纳入处罚范围，并根据其特殊性设以细致的处罚规则。这一立法模式将重实行与靖盗源结合起来，体现出传统时代以实践为导向、不刻意追求理想化完备理论体系的立法思维，值得当代反思与借鉴[24]。还有学者对明清律例在日本明治维新前后的遭际及其启示进行了探究，他指出明清时期的律例在日本明治维新前，对日本立法尤其是藩法有着重要影响。维新之后的明治初期刑法全面移植了明清律例，不过很快就渐行渐远，到明治十三年，则完全移植了西方法。其中的原因，在于文化、法律和政治上，幕府末年和明治初年的日本与中国趋于“同质”，但是随着全球的近代化发展和中国的衰弱，“同质”转向“异质”，最终导致日本脱离中华法系[25]。此外，还有学者分别对清代的监察制度[26]、明代的厂卫与法司[27]、西汉末期的法制[28]等问题进行了研究。

（三）关于中国近代法律史的研究

在近代法律史研究领域，本年度有学者对近代中国法学学术团体进行了考证，他指出法学学术团体，在近代中国法学领域扮演着舆论工具与宣传媒介的重要角色。这些学术团体面对国家的危局和西方法学学术的引介，以其具有的作用及功能，承担起“救时济世”和“昌明法学”的时代使命。民国时期的法学学术团体，几乎都怀抱“合力求知”与“合群救国”的意旨，追求民族、国家不亡以及法律民族化和建立“中国新法系”的精髓和灵魂，成为建立中国现代法学体系和“依法治国”进程中不可缺少的生力军[29]。

有学者对晚清民法典的制定进行了研究，指出在清末修律期间制定的《大清民律草案》在制定过程中，进行了舆论宣传，开展了民事习惯法调查，但由于时间匆促，一些重要的民事习惯法并未融入草案当中。这部民律草案以西方民法为依据，与中国的固有民法进行了必要的整合，虽不尽如人意，但它是中国民事立法史的开篇之作，它所提供的经验与史鉴意义值得重视[30]。有学者对民国初期选举诉讼中的“法官造法”现象进行了探讨，指出民国初年，由于国会立法成绩有限，在司法与执法过程中存在很多法律漏洞；作为司法机关的大理院不得不通过抽象的判决例和解释例来进行“司法续造”。针对选举诉讼这一高度政治化的案件类型，大理院准用民事诉讼程序，通过行使终审权与司法解释权规范诉讼程序、澄清选举规则。在此过程中，大理院顶住国会、行政机关与地方割据势力的压力，在兼顾人民的诉讼权利与选举制度公正有效的同时，努力落实国家选举法制的统一[31]。此外，还有学者分别对近代司法运行[32]、晚晴就地正法之制[33]、近代中国治外法权的概念[34]等问题进行了研究。

（四）关于法律思想史的研究

在法律思想史研究领域，有学者对古代中国的德法共治进行了专文探讨，他从中国法制历史的实际出发，结合儒、法两家关于德治与法治的学说，介绍了以德化民的历史功用；同时，阐述了管仲“以法治国”的提出和法家法治学说的发展历程，指出法治工具论的价值取向及其局限性。此外还着重介绍德法互补、共治的发展进程，以周初“明德慎罚”为德法共治的发端，以两汉“德主刑辅”为德法共治的发展阶段，以唐代“德礼为政教之本、刑罚为政教之用”为德法共治的定型阶段，借以说明德法共治的阶段性和一贯性，进而论证德法互补、共治是历史发展必然性的规律，从而为建设社会主义的法治强国提供借鉴[35]。有学者对清律中“家人共盗”的法思想源流进行探讨，指出在儒家的治国平天下理想及方案中，教化是其重要部分。以《大清律例》为代表的传统律典因深受儒家影响，将这一理念容纳进来，并在有关“家人共盗”问题的律例中集中展现，在赋予尊长对卑幼的专制之权时，亦给他们附加教化之责——“养不教，父之过”的“连坐”责任。在儒家看来，推行教化的理想方式是礼乐（而非刑政）。礼乐源自人心、顺应人性，能在较大程度上发挥预防犯罪、维护社会秩序的效用。历代王朝在将这一理念转化为法律制度并运用于实践之中时，片面强调百姓中家长的责任，忽略“为民父母”的统治者所应同样负有的（甚至更大的）责任，在一定程度上反映出君主推诿自身责任的心理[36]。还有学者分别撰文就先秦法家思想的现代性[37]、荀子的礼法学说[38]等问题进行了相关的研究。

2018年外国法律史学研究综述

一、学术会议和活动

2018年度北京地区外国法律史学界举办的学术会议：

“比较法学与跨文明对话”学术研讨会

清华大学法学院、中国法学会比较法学研究会、北京市法学会比较法学研究会、《清华法学》编辑部、《比较法研究》编辑部及清华大学法学院法律全球化研究中心联合举办的“比较法学与跨文明对话”学术研讨会于2018年10月13日在北京召开。本次会议为纪念改革开放40周年，回顾并总结40年来中国比较法学取得的成就，展望中国比较法学未来发展方向。来自清华大学、北京大学、中国社科院、中国政法大学等高校和科研院所的学者参加了会议，围绕比较法与多元法律传统、比较法与科技革命、中国传统法文化的创造性转换、比较法与全球法律治理、全球化时代的部门法研究、跨学科视野中的比较法学等主题展开讨论。

二、重要学术著作

（一）教材类

《比较法学导论》[39]一书作为比较法学教材和基础理论著作，立足于基本问题研究，从历史文化传统、社会时代背景、各民族国家法律的异同及其历史文化的深层次原因，全面、系统地阐释当今世界几个主要法系的生成、演变及发展。作者兼具开阔的视野和中国的问题意识，对世界共同法的形成及中国法律的发展趋势进行了独到的分析和讨论。

《外国法制史》[40]一书于2018年再次修订出版，全书分为古代、中世纪的法律制度和近现代法律制度两篇，上篇按照东西方国家的地理划分介绍了从古代到中世纪各国各地区法律的发展脉络，下篇则按照英美法系、大陆法系、俄罗斯和欧盟法的体例对各国法律的发展历史和内容特点进行了全面的阐释。作为本科生教材，该书内容全面、细节丰富，有助于学生构建外国法制史学科的知识框架与体系。

（二）专著类

本年度北京地区出版的专著主要着眼于较为宏观的历史发展进程，围绕法的国际化、非洲的宪法发展等问题展开全景式分析，同时也有学者以法律人物为切入点，对其法律思想进行微观研究。何佳馨和李明倩等学者所著《法的国际化与本土化》[41]一书是何勤华教授主编的《法律文明史》丛书之一，该书主要论述了国际法的形成与发展过程，从东盟法、欧盟法和WTO法三个法域，描述世界各国法律统一化和全球化的现象及趋势，以及各国家各民族在移植域外法律和传承本土元素时所坚守和秉持的本土化特色。

张怀印所著《非洲宪制的历史与变革研究》[42]是一部非洲近百年宪法发展史的专题研究，全面反映了非洲百年以来政治制度的变迁，以及宪法的发展转变和确立的过程。该书以非洲宪制三次变革经历的时间线索串联起非洲宪法不同时期的内容、特点与实践，最后对非洲国家宪法变革的重要因素、经验教训及存在的问题进行了详细的探讨。该书充实了我国对非洲国家法律制度与法律史的研究内容。

冀明武所著《培根宪法思想研究》[43]一书从宪法思想的角度对培根法律思想做了一次较为全面的梳理。通过对英国法律发展史上的这位代表性人物宪法思想的阐释，剖析了法律人物的思想表达与国家制度及其法律传统之间的相互影响与相辅相成的关系。全书围绕培根宪法思想的塑造、法哲学基础和主要内容展开论述，并对其法律思想进行了整体性评价，使读者能够较为清晰地了解培根宪法思想的发展脉络。

（三）译著类

本年度北京地区出版的译著类作品体现出厚重的历史感，既有罗马法的经典译著，也有对宗教法的比较性译著，还有著作对历史法学代表人物亨利·梅因的思想带来了新的解读。朱塞佩·格罗索教授著、黄风译《罗马法史》[44]一书是20世纪意大利和欧洲罗马法学研究领域中的一部经典著作，于2018年出版校订版。该书梳理了罗马法从起源到东罗马帝国法典编纂的漫长发展史，体现了作者法律学识的全面性以及把公法问题融合在统一体系之中的精湛能力，有助于读者深入学习罗马公法和罗马私法，理解其在民法法典化和民主宪制中所起的重要作用。

马克斯·卡泽尔和罗尔夫·克努特尔著、田士永译《罗马私法》[45]一书是罗马私法的教科书。该书作者之一马克斯·卡泽尔以简洁清晰的语言呈现出国际上罗马法研究的状况，并且通过援引古代法律渊源和现代研究的例证进行了阐释。另一作者罗尔夫·克努特尔，在该书新版时增加了据以说明法律规则或者法律问题的解决方案的理由，并加入对于各项法律制度在罗马法复兴以后的发展的评论。该书是研究罗马法历史与现代发展的重要参考文献。

王永宝译《奥斯曼帝国民法典》[46]是土耳其奥斯曼帝国于1877年颁布的一部享誉伊斯兰世界长达百年的民法典。该法典产生于民族国家兴起与法律近代化的19世纪后期，是伊斯兰世界首次以欧洲近代法——《法国民法典》的模式编纂的一部典范民法典，也是指导民事诉讼和审判程序的基本法。总体而言，该法典是了解伊斯兰法律体系的基本读物。

隋嘉滨、黄宗英译《七国宗教法制的基础与前沿》[47]是“西方法律与宗教学术论丛”的第五本，由国际知名法学家小约翰·威特组织选编而成。该书包括了对七个西方国家在宗教问题上的立法情况和立法思想的阐释，旨在对这七个具有普通法传统的国家如何应对新形势下的宗教问题进行比较立法研究，有助于我国在比较法学、宗教自由以及普通法国家的文化等领域开展深入研究。

卡鲁娜·曼特娜著、何俊毅译《帝国的辩解：亨利·梅因与自由帝国主义的终结》[48]一书集中讨论了梅因的法律理论、政治实践与19世纪帝国主义话语间的互动关系。通过把梅因的思想放置在自由主义思潮和英帝国殖民的“印度经验”语境中，作者阐释了梅因对“传统—现代”“普世性—本土性”的思考，是如何推动现代人类学、社会学的发展，以及如何影响帝国主义意识形态的转型。

（四）文集类

何勤华教授主编《外国法制史研究（第20卷）》[49]收录了全国外国法制史研究会第三十届年会的优秀会议论文，主题为“法律、贸易、文化——探寻中西法律文化交流的轨迹”。文集论文围绕“一带一路”沿线法域的法律史相关主题展开研究，为沿线国家的法律交往提供学术支撑。

高鸿钧教授主编的《中国比较法学：比较法学的教育与研究（2017年卷）》[50]一书主要针对比较法学的教育与研究这一主题展开，全书共分为“比较法教育专题”、特稿“栉风沐雨，玉汝于成——由嵘教授回忆北京大学法律史学科建设访谈录”“研究会资助项目专题”和“比较法研究论文”四编。收录的文章多为近一年来中国比较法学者有关比较法文化的代表性研究成果，充分反映了比较法学在中国的发展动态和学术水平。

三、研究热点问题

本年度北京地区外国法律史学者发表的学术论文涉及领域较为广泛，运用了一定的新材料、新观点，拓宽了该领域的研究视野。

（一）古代、中世纪法研究

本年度学者在古代、中世纪法研究领域关注的热点问题主要集中在罗马习惯法、注释法学以及中世纪商人法等主题。这些主题也是研究古代、中世纪西方法的基础和重点问题。有学者以习惯法为核心，梳理了习惯法在罗马法发展不同阶段所具有的变化的含义，进而揭示了习惯法在罗马法中从多元的表现形式逐渐转变为狭隘的地方性概念的过程。[51]有学者以罗马法复兴时期的重要人物伊尔内留斯为中心，通过对不同时期法律史学者对其形象塑造的历次建构与解构，力求还原这一人物的真实历史，并分析了学者们对其历史地位不同认知背后的原因与意义。[52]有学者探讨了西方学界对注释法学特质的错误认知及其原因，通过阐释《优士丁尼新律》的三个版本的传播历史，批判割裂注释法学与东方拜占庭历史联系的错误观点，还原了注释法学发展具有连续性的历史过程。[53]有学者[54]研究了中世纪西欧行商的发展历史，在此基础上商人法与商事法庭得以普及，并对其中具有代表性的泥足法庭进行了分析，认为其快速有效的审理方式有助于中世纪商人利益的维护和商业贸易的发展。

（二）英美法系研究

英美宪法、司法制度与制定法等主题历来是英美法系研究的重点问题，本年度学者围绕这些主题，分别从某一侧面展开具体论述。有学者[55]通过梳理二战后英国研究《大宪章》的学说史，认为这一研究呈现出法律史、政治史和教会史并行的研究路径，反映了当时学者对《大宪章》研究具有了更为充分、深入和多样化的研究手段与思路，并再次对《大宪章》中的历史叙事进行解读，认为其叙事的核心一直是限制权力。有学者[56]则通过对《新英国宪法》一书进行评论，分析了书中对英国宪法在20世纪后期所处国内政治环境重大变化的阐述，并对书中提出的不成文宪法向成文宪法转变的观点及原因进行了阐释，指出该书直面英国宪法传统中的弊端，对于英国不成文宪法的反思具有启发性。有学者[57]对17世纪后英国普通法院逐渐独立于王权的历史过程进行了较为详细的剖析，认为英国司法权独立的最大特点在于其与“议会主权”原则紧密结合，与美国基于“权力分立”原则的司法独立模式存在显著区别。除了对英国法律史进行研究外，有的学者[58]还聚焦于美国民法法典化的历史潮流，分析了1857—1952年美国从《纽约州民法典》的起草到《统一商法典》的颁行这段时间内，著名法学家对民法典制定所持有的不同态度和实践，认为虽然制定法典不易，但法学家们长期以来形成的思想和理论，推动了美国法学的发展，塑造了美国法律的特性。

（三）大陆法系、俄罗斯法研究

本年度北京地区学者在大陆法系研究领域侧重于部门法制度史研究，而近年来对于俄罗斯法领域的研究日益增多，成为英美法与大陆法研究之外的新兴领域。在大陆法系研究中，有学者[59]对意大利近现代的家庭法按照三个发展阶段进行爬梳，详细论述了各阶段家庭法的特点、重要事件与社会功能。在此基础上，结合我国婚姻家庭法的历史进程和民法典编纂的历史背景，预测了我国法律的走向和应当发挥的功能。在俄罗斯法研究中，有学者[60]对苏维埃社会主义法系的兴衰展开较为深入的研究，分析其作为独立法系的特殊要素，并对这一法系在当时的影响和后果进行了反思。有的学者[61]则对俄罗斯在法治转型进程中的法律自治问题进行探讨，分析了其特殊的历史背景和吸收移植外来法律的过程，指出在20余年间俄罗斯已形成其独特且自成体系的法律体系及法律职业共同体，但是仍需要继续完善。

（四）西方法律思想史研究

对西方法律思想史的研究或从问题入手，围绕某一问题讨论各种思想的阐发；或从人物入手，围绕某一流派及其代表人物的思想学说进行梳理。在本年度的研究中，有学者[62]以官员守法问题为核心，对从古至今西方代表性学者关于这一问题的思考与学说进行了阐述，进而探讨了官员守法对我国建设法治国家的重要意义。有学者[63]对二战后德国评价法学的代表人物及其各自的学说特点进行了深入广泛的讨论，指出利益法学和评价法学之间存在密切联系，评价法学的学说理论呈现出多元化丰富化和试图解决实践问题的特征，同时促进了法教义学和法学方法论的发展。

注：

①张晋藩：《中国传统法律文化十二讲》，高等教育出版社，2018年版。

②张晋藩：《鉴古明今：传统法文化的现实意义》，中国政法大学出版社，2018年版。

③张晋藩：《中华法系论辑（1980—2016）》，中国政法大学出版社，2018年版。

④张晋藩：《中国古代民事诉讼制度》，中国法制出版社，2018年版。

⑤杨一凡编：《古代珍稀法律典籍新编》（30册），中国民主法制出版社，2018年版。

⑥杨一凡编：《中国律学文献》第五辑（14册），社会科学文献出版社，2018年版。

⑦张中秋：《法与理：中国传统法理及其当代价值研究》，中国政法大学出版社，2018年版。

⑧聂鑫：《近代中国的司法》，商务印书馆，2018年版。

⑨焦利：《清代监察法及其效能分析》，法律出版社，2018年版。

⑩顾元：《服制命案、干分嫁娶与清代衡平司法》，法律出版社，2018年版。

⑪王帅一：《明月清风：明清时代的人、契约与国家》，社科文献出版社，2018年版。

⑫李在全：《变动时代的法律职业者：中国现代司法官个体与群体（1906-1928）》，社科文献出版社，2018年版。

⑬张群：《西方保密法制札记》，金城出版社，2018年版。

⑭张晋藩：《中华民族精神与传统法律》，《比较法研究》，2018年第1期。

⑮张晋藩：《中国传统法文化的历史地位与史鉴

价值》，《法学杂志》，2018年第1期。

⑯张中秋：《论传统中国的法律关系》，《政法论坛》，2018年第2期。

⑰张中秋：《中国传统法律正义观研究》，《清华法学》，2018年第3期。

⑱尤陈俊：《儒家道德观对传统中国诉讼文化的影响》，《法学》，2018年第3期。

⑲黄宗智：《中国的正义体系的过去、现在与未来》，《开放时代》，2018年第2期。

⑳柴荣、李竹：《传统中国民事诉讼的价值取向与实现路径："息讼"与"教化"》，《政法论丛》，2018年第2期。

㉑李青：《中国古代司法监察的现代意义》，《政法论坛》，2018年第4期。

㉒张中秋、潘萍：《传统中国的司法理念及其实践》，《法学》，2018年第1期。

㉓朱腾：《职位、文书与国家——秦官僚制中的史官研究》，《现代法学》，2018年第2期。

㉔谢晶：《重实行与靖盗源——清律"盗贼窝主"立法原理及当代启示》，《法商研究》，2018年第1期。

㉕陈煜：《明清律例在日本明治维新前后的遭际及其启示》，《华东政法大学学报》，2018年第2期。

㉖陈光中、杨芹：《中国古代监察法律的历史演变——以清代"台规"为重点的考察》，《甘肃社会科学》，2018年第5期。

㉗赵晓耕、时晨：《平衡与牵制：明代厂卫与法司的关系》，《甘肃社会科学》，2018年第5期。

㉘徐世虹：《西汉末期法制新识——以张勋主守盗案牍为对象》，《历史研究》，2018年第5期。

㉙王灏：《近代中国法学学术团体考证》，《法学研究》，2018年第3期。

㉚张晋藩：《晚清制定民法典的始末及史鉴意义》，《法律科学》，2018年第4期。

㉛聂鑫：《民初选举诉讼中的"法官造法"》，《中外法学》，2018年第3期。

㉜高旭晨：《近代司法运行及其展开》，《现代法学》，2018年第6期。

㉝娜鹤雅：《晚清中央与地方关系下的就地正法之制》，《清史研究》，2018年第1期。

㉞高汉成：《中国近代"治外法权"概念的词汇史考察》，《厦门大学学报》，2018年第5期。

㉟张晋藩：《论中国古代的德法共治》，《中国法学》，2018年第2期。

㊱谢晶：《清律"家人共盗"的法思想源流》，《法学研究》，2018年第2期。

㊲喻中：《法家的现代性及其理解方式》，《山东大学学报》，2018年第1期。

㊳喻中：《荀子的礼法学说》，《烟台大学学报》，2018年第5期。

㊴米健：《比较法学导论》，商务印书馆，2018年版。

㊵曾尔恕：《外国法制史》(第3版)，中国政法大学出版社，2018年版。

㊶何佳馨、李明倩等：《法的国际化与本土化》(《法律文明史》第16卷)，商务印书馆，2018年版。

㊷张怀印：《非洲宪制的历史与变革研究》，中国政法大学出版社，2018年版。

㊸冀明武：《培根宪法思想研究》，法律出版社，2018年版。

㊹[意]朱塞佩·格罗索著，黄风译：《罗马法史》(2018年校订版)，中国政法大学出版社，2018年版。

㊺[德]马克斯·卡泽尔，[德]罗尔夫·克努特尔著，田士永译：《罗马私法》，法律出版社，2018年版。

㊻王永宝译：《奥斯曼帝国民法典》，商务印书馆，2018年版。

㊼[美]小约翰·威特著，隋嘉滨、黄宗英译：《七国宗教法制的基础与前沿》，中国民主法制出版社，2018年版。

㊽[美]卡鲁娜·曼特娜著，何俊毅译：《帝国的辩解：亨利·梅因与自由帝国主义的终结》，华东师范大学出版社，2018年版。

㊾何勤华：《外国法制史研究：法律、贸易、文化》(第20卷)，法律出版社，2018年版。

㊿高鸿钧：《中国比较法学：比较法学的教育与研究(2017年卷)》，中国政法大学出版社，2018年版。

(51)余成峰：《罗马史上"习惯法"的源起与流变——一个法律思想史角度的考察》，《比较法研究》，2018年第3期。

(52)高仰光：《建构与解构之间的法学发生史——以伊尔内留斯学案为视角》，《法学家》，2018第3期。

(53)高仰光：《注释法学的"拜占庭血统"与"波伦

那气质”——以〈优士丁尼新律〉三个版本的传播史为中心》，《中国人民大学学报》，2018 年第 6 期。

54徐浩：《中世纪西欧商人法及商事法庭新探》，《史学月刊》，2018 年第 10 期。

55王栋：《法治叙事的确立：二战后的〈大宪章〉研究》，《政治思想史》，2018 年第 3 期。

56吴园林：《英国不成文宪法的反思与重构——评波格丹诺著〈新英国宪法〉》，《河北大学学报(哲学社会科学版)》，2018 年第 5 期。

57邵政达：《革命与司法：17 世纪英国普通法法院的独立》，《世界历史》，2018 年第 4 期。

58明　辉：《美国“民法典”的历史命运(1857-1952)——思想史的考察》，《清华法学》，2018 年第 1 期。

59罗冠男：《近现代意大利家庭法的发展阶段与借鉴——从与中国比较的角度》，《政法论坛》，2018 年第 6 期。

60王志华：《苏维埃社会主义法系的兴衰》，《北方法学》，2018 年第 2 期。

61刘洪岩：《昂扬而凝重的话题：俄罗斯法治转型进程中的法律自治》，《北方法学》，2018 年第 2 期。

62史彤彪：《官员守法的西方思想源流考》，《学术界》，2018 年第 5 期。

63舒国滢：《战后德国评价法学的理论面貌》，《比较法研究》，2018 年第 4 期。

（作者：赵晓耕、王云霞，中国人民大学教授；
范依畴，中央民族大学副教授；
张蕊，中国人民大学博士生）

政　治　学

政　治　学

王续添　高亚林

2018 年政治学综述

2018 年北京地区政治学研究成果巨丰。在基础理论领域，为纪念改革开放 40 周年，对中国政治学学科建设问题进行了总结与展望，因近几年西方民主的危机而对民主理论进行反思与创新，国家理论与治理理论仍是重要研究话题；在中国政治和比较政治学领域，政治学理论、政治制度，研究方法等都有进一步的研究；在政治思想史领域，学者们对古今中外的政治思想宝库进行挖掘，以期对我国政治发展作出贡献。

一、政治学基础理论

1. 政治学学科建设

2018 年是改革开放 40 周年，在这特殊的年份里，北京地区多场学术会议和诸多政治学者纷纷对中国政治学的发展进行回顾与展望，回顾中国政治学的发展历程与规律，总结问题与经验，同时展望中国政治学的发展前景，为面对现实问题和迎接新时代的挑战，完善和发展中国政治学而出谋划策。

为纪念中国政治学发展 40 周年，2018 年 8 月 30 日，北京大学政治学研究中心与西华师范大学政治与行政学院联合举办了“中国政治学发展 40 年”全国学术研讨会。2018 年 12 月 1 日，由中国政治学会主办、中国社会科学院大学（研究生院）管理学院承办的“改革开放四十年中国政治学与政治建设学术研讨会”在京召开。会议内容主要包括改革开放四十年的理论贡献与经验启示，改革开放四十年中国政治建设的创新、发展与走向，改革开放四十年中国政治学研究的省思等。[1]

北京学者也就改革开放以来中国政治学的发展问题发表了很多研究成果。随着国务院关于《统筹推进世界一流大学和一流学科建设总体方案》的实施，政治学又迎来了一次发展契机。为推动中国政治学走向世界一流，学界应该在学科建设目标、学科价值定位、学科文化建构、学科人才培养等方面思考、交流以达至共识。[②]改革开放以来，我国政治学者面对我国改革发展中政治领域的相关问题，着力进行自主研究，探索建构自己的理论体系。[③]有学者指出，中国政治学之新，是因为中国共产党能够兼收并蓄四种思想资源，这四种思想资源就是马克思主义、传统文化、西方政治和中国共产党自己的革命传统。中共研究是建构新政治学的抓手。研究中国新政治学要注意几个问题，一是使命型政党和国家的关系，二是政治继承问题，三是中国权力结构的变化，四是集权和放权的交替运用。[④]

在回顾改革开放以来中国政治学取得丰硕成果的同时，也有学者对政治学研究西方化与本土化的问题进行反思。因为当代中国政治学有舶来的性质，探索适合中国的政治学概念、话语和理论是中国政治学者努力探索的方向。改革开放以来，中国政治学有很多外来政治学概念的翻译引介，而中国本土原创概念较少，译介及其本土化过程中有很多问题。我们要在翻译引介国际通行政治学概念的同时，结合中国现实需求，推进政治学概念的本土化。[⑤]中国政治学近年来对话语自主性的诉求强化了一种中西二元对立结构，我们不应一味排斥外来政治学话语，而应加强自我理解与反思，以人为本，在中西的对话交流中完善和发展中国政治学的话语体系与理论体系。[⑥]还要挣脱批判与抗争的心态，克服过于务实的弊端，凸显中国政治学知识话语体系的现代特质。[⑦]但也有学者认为目前中国政治学的理论建构同中国的实践与理论需求间不均衡，要求中国政治学理论发展跟上中国崛起的步伐，在经世致用的维度上建构中国理论，有效应对中国问题。[⑧]中国政治学研究者要具有更高的学术站位与通达眼光，超越古今中西对峙的羁绊、挣脱工具化思维，提升政治洞察力和知识整合能力。[⑨]创新和发展中国特色社会主义政治学应该做到继承与创新的统一、本土化与国际化的统一、理想主义与现实主义的统一、理论建设与具体实践的统一、政治学自身的创新发展与其他相近学科创新发展的相互关照、科学处理政治问题与学术问题。[⑩]

政治学学科的发展不应是孤立的，政治与历史、地理等很多学科都有共通之处，政治地理学就是拓展政治研究的很好范例。一个全球性大国的崛起必然伴随着全球性的思考，而在政治实践中又必须在地理上展现对全球地缘政治秩序的思考。中国的地缘政治学不能沦为战术，缺乏历史意识和文明意识，而要把握自然与历史、不变与可变之间的辩证法，中国思想复兴，要结合普遍主义哲学思考与人类命运的全球空间视野，在大格局中构建中国政治学。[⑪]

2. 国家理论

20世纪中期以来，伴随“回归国家”理论的兴起，国家理论成为政治学研究的重要领域。2018年11月23—24日中国人民大学举办了人大政治学论坛2018暨“现代国家的历史与理论”学术研讨会，会议围绕古代国家与现代国家、现代国家的历史与理论、现代国家建构、比较视域下的现代国家等领域展开讨论，取得丰硕成果。

古今中外的学术成果中，有很多国家理论资源。有学者研究了我国先秦诸子的国家学说，也有学者研究了亨廷顿的国家学说，为我们研究国家理论作出贡献。我国的国家理论起源甚早，先秦诸子的国家理论就是现在我们研究国家理论的重要遗产，先秦诸子的国家学说对国家起源及其存在的必要性、国家权力的配置、国家职能与国家存在的目的等核心问题都有涉及。认为国家存在的目的是“治”的需要，支持“集权”模式，由国家掌控或垄断稀缺资源，全面掌控经济、社会和文化等活动。这些重要思想遗产为我国国家理论的发展提供养分。[⑫]亨廷顿的“作为制度的国家理论”也是国家理论中的重要贡献，对亨廷顿来说，国家就是不断变化的经济社会条件下不变的政治要素，政党制度、官僚制度、军政制度都是国家的顶梁柱，国家的有效性和正当性是一个政治共同体治乱兴衰的关键所在，重要的不是国家是否“现代”，而是国家的实然构成。[⑬]

除了国家起源、目的、构建、现代化等内容，国家正义和国家正当性也成为学者的重要研究内容。国家正义是国家正当性的必要条件。而国家正义至少要满足两点要求，一是尊重人们的基本自由和权利，二是要平等尊重人们的基本自由和权利，这也构成国家正当性的前提条件。[⑭]

国家理论作为比较政治学的核心理论之一，在比较视野下看国家理论，也是重要的研究视角。有学者梳理介绍了不同理论视角下的国家概念和国家类型。国家理论的发展，经历了从社会中心论主导到“找回国家”运动的国家中心论，再到国家—社会关系的再平衡的过程。还从国家建构视角讨论了不同地区现代国家的形成及其相应的理论解释，并对国家理论的研究作了一些方法论上的讨论。[⑮]

3. 民主理论

近年来西方民主政治不断受到挑战，民粹主义的兴起、民粹主义与民族主义的关系、自由民主的危机，以及互联网的兴起对民主政治的影响等，都是我国政治学者研究的内容。

西方民粹主义话语政治的内在逻辑是确立“人民”对“其他人”的二元世界观。西方深受民粹主义挑战的困扰，执政精英要从民粹主义的反抗中思考其道义性和必然性，反思自身制度的漏洞和政策的失误，进而将所谓威胁性的东西化解为制度正常运作的积极条件。[16]人们往往混淆了民粹主义与民族主义。有学者认为民粹主义的主体是“人民”，民族主义的主体是“民族”，两者主体边界的重合度成了两者的衔接。并以匈牙利民族民粹主义政党尤比克党为例，探讨了“人民”与“民族”间的关联赋予了右翼民粹主义政治合法性，也给予民族主义在全球化时代的回归以合理性。我们要密切关注和深入分析民粹主义与民族主义叠加的政治走向、发展趋势以及对整个欧洲乃至全球政治的影响。[17]理解民粹主义，特别是民主与民粹的区别，要突破经济层面的“利益”维度，突出“政治”维度，民粹主义不仅仅一种利益表达。民主指向一种开放、多元的政治生活，而民粹则指向封闭的、否定内在分化的政治生活。[18]

西方民粹主义的兴起以及一系列民主事件的发生，让学者反思民主理论的范式。佛阿和芒克提出了民主解固的新命题，反对民主巩固后不再有民主危机的命题。民主化是动态发展的过程，民主巩固与解固都是民主化的某个阶段。西方现行的自由民主制度并非历史发展的终点，它依旧会面临自身的特定缺陷所导致的政治危机。[19]有学者指出当代自由式民主陷入了“乌克兰困境”，一方面，许多民主国家的公众对民主政府产生了信心危机；另一方面，民主又表现出相当的韧性。摆脱这一困境的方法之一是从民主浪漫主义走向民主现实主义，把民主理解为一种艰巨的、缓慢的、参差的、演进的和有条件的政治体系。[20]世界之乱昭示着西式民主一元论的破产，民主政治研究具有鲜明的政治性，必须坚持正确的立场和方向。我们坚定政治自信，构建升级版的民主研究和阐释路径。[21]

对西方民主问题的解释有多种，而以互联网为代表的数字媒体技术的影响并未引起关注。有学者在检视网络协商的相关实践和研究的基础上，指出网络作为一个潜在的新兴公共领域，亟须协商民主的规范和引导。[22]社会组织是否真正有助于协商民主的建构与建设，在国外社会科学领域引起了热烈的讨论。形成“增促论”“条件论”“场域论”三种论调。其实社会组织与协商民主之间的关系建构与建设，没有放之四海而皆准的普适化模式，每个国家只有根据不同历史时期的不同需要因地制宜、因时制宜，才能取得切实的成效。[23]

近年来学界热议的贤能政治，不同于中国古代和西方的贤能政治。它自立为民主政治的替代性选择，是与民主政治比肩的政治模式。但贤能政治在实践上既无法离开民主政治单独存在，也无法取代民主政治。这启示我们从时代背景来把握贤能政治的讨论，在批判和吸收的问题上力戒偏激。[24]中产阶层民主化的推动者还是国家的依附者？有学者分析了埃及中产阶层的政治抗争行为和民主倾向，指出埃及的中产阶层在参与反政府抗争运动过程中似乎呈现一种“浅尝辄止”的特征，埃及中产阶层无法成为民主化的主导力量。[25]

4. 治理理论

多中心协同治理模式源于对治理理论与实践的提炼和升华，它将治理理论所蕴含的对治理主体及治理主体之间关系的要求具体化，使治理理论能够更明确清晰地在实践中得以运用。[26]国家治理最为核心的问题是处理好国家与社会的关系。马克思、恩格斯揭示了在特定的生产关系中国家与社会关系的复杂性，要实现自由人的联合体，超越国家与社会的二元对立。这启示我们不要盲目套用西方自由主义治理理论，培育社会治理的能力，树立多层次多领域全面治理的理念。发挥国家的治理主体地位，使政党、政府和社会在治理中形成良性互动关系。[27]

随着互联网逐步渗透到经济和社会生活中，网络空间治理问题日益受到关注。网络空间全球治理的“中国方案”需要国际社会的协同配合，各国应同舟共济，共同致力于构建联合国框架下的网络空间全球治理模式。[28]主导互联网全球治理的仍然是民间组织而非国家政府或政府间组织。经过近十年的努力，国家主导的互联网治理方案始终没有获得接受，中国重新致力于通过现有治理框架下的核心机构实现在互联网全球治理中的影响力。[29]人工智能带来的社会进步也内在地需要全新的治理理念和治理形式。AI 精准治理必须坚持创新、适度、平衡和多元四大原则，建构由政府、市场和社会组织等多元主体携手合作、共同参与的多层次、多样化的新型治理模式。[30]

学术界普遍认为，群体性事件若处置不当，可能威胁到中国社会的政治稳定。有学者通过分析近十年群体性事件的相关统计数据发现，一些结构性与制度性安排，使得中国群体性事件对政治稳定的影响十分有限。[31]中国民众对环境议题和环境权益日益关注，邻避事件日趋增长，许多邻避事件兼具维权和泄愤两种性质。我们尤其应该重视邻避事件的泄愤性质及其背后折射出来的社会心理。只要地方政府处理得当，邻避冲突可能成为地方政府完善环境治理的催化剂。[32]

5. 国外理论引介

互联网与政治参与之间关系复杂。关于国外互联网政治参与的演进脉络研究指出，互联网政治参与研究发文量不断上升，且该议题研究经历了以单一国家为主到遍及全球各大洲的发展过程。研究国外互联网政治参与研究可为国内研究提供参考与借鉴。[33]

二、中国政治

改革开放四十年来，中国经济、政治、社会等诸领域都发生了巨大的变化。中国的政治建设，政治制度及社会治理，政党政治与统一战线建设等方面都取得了较大进展。

1. 改革开放四十年中国政治建设

改革开放中政治发展一直是中国经济发展与社会进步的重要支撑。当代中国政治发展的实践进程表明，我国已形成了经济社会发展与政治发展的良性互动，而中国共产党的领导是关键因素。这启示我们政治团结和政治活力相统一，党的领导和权力分工制约相统一。[34]始终保持国家与社会协调有序、良性互动的平衡，包括经济上政府与市场的平衡，思想文化上“一元”与“多样”的平衡，是改革开放取得成功的重要逻辑。[35]以往人们习惯于从民众需求出发来分析政治发展，发展路径是“启蒙运动—民主自由—民主运动和民主革命=政治发展”。新的政治发展理论要求从政府效能（政府回应能力）出发来分析政治发展，补充分析的思路是“政府回应-制度供给-政府创新=政治发展”。中国40年的发展实则是中国治理改革创新的结果，推动中国发展40年的核心要素，关键还在改革创新。[36]

现代化与民主发展，是近代以来世界大多数国家面临的两大主题。二者存在耦合关系，不可能单兵突进，民主发展是在现代化进程中展开，且从属于、服务于现代化建设。改革开放40年来的实践告诉我们，民主发展必须从现代化实际出发，坚持走中国特色的民主发展道路。[37]改革开放40年来，中国正处于现代化后半程多种变化的叠加期，新时代中国政治制度化的首要任务是完成多元和开放社会条件下的新的政治整合。理解当代中国政治发展要增加三个维度，即时间维度、空间维度和风险维度。[38]

西方学者一直对中国的政治发展保持着研究热度，改革开放以来，西方学者对中国的研究发生了转变，如从发展视角转向了治理视角，且聚焦关注改革开放以来更加开放的政治—社会结构和多元化的社会阶层，在发展前景上，更多西方学者开始预测中国政治将稳步保持现状。中国政治发展经验和理论完善对世界具有重要意义。[39]

2. 理论工具与分析路径

改革进程中，我国新的政治形态和政治概念已现端倪，有学者用建构性政治来概括当代政治的特征及其发展趋势。建构性政治认为政治并不是社会的一个构成部分或者局部领域，而是社会历史发展的基本组织方式和基本推动力量。中国道路具有建构性特征，政治国家对社会的整体进步发挥着根本的建构性作用。[40]渐进性制度变迁理论是历史制度主义发展的一个新方向。历史制度主义能够适用于中国，但其自身也有一些理论缺陷，中国学者在研究中国问题时应辩证地看待而应用历史制度主义。[41]有学者研究表明，互联网“去政治化”对政治制度的代表性、公平性和回应性评价发挥着负向影响，长此以往会影响公众参与公共治理的模式偏好和国家治理的良好运行。[42]

政治学研究中，田野实验、抽样调查、大数据等多种研究方法不断被挖掘与应用。有学者梳理了国外运用田野实验方法进行政治学研究的主流文献，讨论其在中国政治学中的应用。尽管田野研究有一定局限性和缺点，但田野实验立足于现实社会，将自然真实的人和环境纳入研究过程，揭示了社会现象要素间的因果关系，不仅丰富了政治理论及方法，而且为政府决策提供借鉴和引导。[43]政治学抽样调查在近些年取得了显著的进展，尤其是在概念操作化、抽样、调查执行和数据分析的因果推断方面。在未来5到10年，抽样调查方法在政治学研究中会有更广泛的应用，对政治学问题开展更为全面、深入、严谨的研究。[44]尽管大数据方法存在一些局限，学术界仍然在将“数据驱动”与“理论驱动”相融合，日益强化着其实现因果推论的方法论价值。[45]以计量为导向的因果识别、实验设计等导致了对于历史知识积累的轻视。但掌握研究对象的历史与细节知识，本身并不与因果识别相矛盾。[46]

3. 宏观研究与基本制度

改革开放40年中，我国人大制度建设已经获得了很大发展。在新时代还要与时俱进，为国家治理现代化奠定更为坚实的制度和法制基础。[47]新时代人民代表大会制度发展与完善具有新课题，要发展完善人民代表大会制度的内涵与外延，发展与完善人民代表大会制度支柱体系（立法机关、工作机关和代表机关），还要净化选举政治生态。[48]

《中华人民共和国监察法》在第十三届全国人民代表大会第一次会议上获得通过。国家监察委员会成立并不意味着国家监察体制改革彻底完成，因为工作效率高、工作结果有效的“高效”改革目标还没有完全实现。要实现目标，建议设立监察官职业体系、推进派驻机构和乡镇监督机构改革、加强体制外力量运用、建立第三方评估机制等。[49]国家监察体制改革试点成败关键点在于人的因素。国家监察体制改革试点的实践过程、方法和策略有其独特性，丰富了试点方法，拓展了试点领域，其实践策略为中国改革提供了经验借鉴。[50]国家监察体制改革和体系建设的法理创新包括有效克服改革前锋与法律规定相冲突的法理创新；为国家监察体制改革而进行立法保证的法理创新；内蕴了重大而深刻的国家学说创新的法理创新；以国家监察法为基本法的监察法体系的全域性法理创新。[51]

有学者梳理了新中国成立以来的权力监督，指出国家监察体制改革的本质是权力监督改革，从建党之初的纪委到新中国成立之初的纪委、监察部、检察院“三驾马车”，再到改革开放之后纪委与监察合署办公、检察院设立反贪局等都表明中国权力监督的制度发展逻辑是多重线索的，党、政、法的权力监督逻辑也从独自运行逐渐过渡为部分重合、交集合作、再到统一于党的反腐败顶层设计之中的发展逻辑。2017年开始试点的国家监察委员会在此基础上进行了全新整合。[52]在新时代，要以国家监察体制改革为契机，把党内监督与人民监督结合起来，构建在党中央指挥下“党委统一领导、纪委组织协调、机关监督全面、民主监督完善、司法监督强化、群众舆论监督有序”的中国特色社会主义监督体系，这是增强反腐败监督合力和提高监督效率的必然选择。[53]整合监督力量是完善我国权力监督体系的必然要求，也是我国新一轮监察体制改革的主要任务。监察体制改革采用了两种整合方式：机构合并和平台协调。深化监察体制改革应该同时推进机构合并和平台协调两方面的工作。[54]

学界在研究中国人大协商的未来着力点应当放在以下五个方面，构建中国特色人大协商研究理论；关注人大协商的实践，注重规范分析与实证分析相结合；加强对人大协商实践效用的研究，注重理论与实践的结合；推动人大协商研究中的交叉融合；注重研究中的规范性。[55]有学者研究了县级人大代表候选人提名过程中普通选民的参与行为和态度，指出选民在提名阶段的参与率比较低，地区或选区间选民对提名程序的参与存在较大差异；选举组织者比较强调代表的描述性代表的功能，而选民更多强调实质性代表功能；基层有关部门主要采取非程序化的酝酿协商方式确定正式候选人，而普通选民更希望通过预选等程序化机制来表达诉求。[56]要充分发挥地方人大专门委员会的功能，除了要适时地修改和完善有关法律规定，还要健全专门委员会的组织结构、优化专门委员会的人员结构、理顺专门委员会的关系结构。[57]

有学者指出，理解中央与地方关系调整的四个维度是立法权、财权、事权和人事权。我国在力求“充分发挥中央地方两个积极性”的探索过程中形成基本特点：一是渐进式的集（分）权（政策调整的适应性），二是有选择的集（分）权（不同政策的异质性），三是差异化的集（分）权（政策工具的多样性）。[58]

4. 政党政治与统一战线

改革开放新的历史时期，中国新型政党制度展示了中国特色社会主义民主政治的独特优势。在理论创新、制度建设、实践拓展等方面，为推进人类政治文明的中国路径和中国贡献。[59]当西方政党制度出现了很多严峻问题时，中国新型政党制度显示了治理的有效性和决策的科学性。[60]新型政党制度理论创新涉及群众路线、政治安排、统一战线、民主过程等四个基本维度。[61]我国新型政党制度发展取得很多成就，但在发展过程中也面临很多问题，如环境变化带来的实践难题，理论研究滞后于实践，制度机制也有待进一步完善。要加强制度建设，提升制度效能，坚定制度自信。[62]官僚主义是现代政治与国家治理的顽疾，反官僚主义是一个长期和艰巨的历史任务，是多种方式的兼治和综治。历史上中国共产党已探索出反官僚主义的多种方式和途径，如教育、监督、规制和领导，力求达到标本兼治和综合治理。[63]政党监督和政协监督是两种既相互联系又相互区别的民主监督形式，正是这种联系和区别使得有必要加强二者互动增强监督效能，应该充分发挥政党监督和政协监督的作用、提升监督能力、完善监督制度、形成监督体系以提升监督效能。[64]

各民主党派要想与中国共产党长期共存，实现长期参政、科学参政，就需要以能力建设和作风建设为重点，全面推进参政党的各项建设。如增强政治把握能力、参政议政能力、组织领导能力、合作共事能力、解决自身问题能力等。[65]政党关系状况是政治生态状况的重要表征，政党关系和谐与政治生态优化相辅相成，要以党际关系民主化推动政治生态优化。[66]

习近平对新时代中国特色社会主义政党协商的内容、形式、特征和主体责任进行了科学论述，提出政党协商是社会主义协商民主的首要形式，是非竞争性新型政党制度的充分体现，能够有效提高中国共产党的执政能力，实现国家治理体系现代化，创造了一种新型的民主实现形式，为世界其他国家政党政治提供了“中国方案”。[67]推进人民政协协商民主制度化就是要把协商民主贯穿政治协商、民主监督和参政议政全过程。[68]有学者分析协商民主在推进基层社会治理中存在的问题，提出应从政府、公众、社会、机制等方面进一步完善协商民主形式，统筹推进基层社会治理。[69]

5. 社会治理与政策

有学者认为中国改革开放获得成功的根本原因之一是中国成功地进行了以治理改革为主体内容的政治改革。改革开放40年来中国在推进国家治理现代化方面取得的重大进步，形成了中国特色的国家治理模式。[70]中国国家治理模式，主要表现为双重的组织结构、价值结构、效率结构等特征。中国的国家治理变革，最终确立了较为系统完整的以中国共产党为中心的国家治理形态，形成我国治理形态的基本特点和最大特色。[71]从“治理”到“政府治理”是中国学者从理论上对政府角色重新定位的初步思考，从“治理”到“治理评估”是从实践出发对政府职能转变的具体考察，进而再到“国家治理”概念的提出，是治理研究在中国本土化的系统成果。[72]新常态下我国治理模式转型的主要举措包括：一是从“政府主导”转向“政府引导”；二是切实加强民主参与，完善官员的激励机制；三是推进中央地方关系调整，形成“权责明确、法治调节”的中央地方治理模式。[73]“大数据驱动的政府治理能力”依托于治理理论和实践的发展，结合了互联网技术革命，是一种互联网和海量数据支撑的、涵盖了更广泛内涵的政府治理能力，概括了政府治理能力建设在大数据时代所呈现出的新发展、新动态和新前景。[74]

有学者思考国家与乡村社会关系，提出要鼓励和允许各地根据自身的条件，采取不同的、适合本地情况的治理结构，适度下放乡镇和行政村设置和管理权限，尽量减少体制层面的一刀切。[75]基层社区良性自治的决定性因素是紧密的共同利益而非更小的自治单元。与群众的共同利益保持紧密一致时最好的基层社区治理方式，紧密利益共同体自治可能会成为基层社区居民自治的另一更优路径。[76]有学者为了明确当今乡村治理转型的历史基础和现实发展条件，将传统以至于现当代的乡村治理秩序概括为“官民共治”。[77]中国社会团体发展较快并获得更多的自主权，有学者发现在政府政策制定过程中，逐渐形成了一种有限制的多元化政策参与模式。[78]

如何加强大陆对台话语主导权的建构是新时代非常必要的任务。有学者分析了长期以来大陆未形成对台话语主导权的主要原因，并提出大陆建构对台话语主导权的基本思路，学术话语上，着力建构大陆自己的概念、理论、分析框架和方法论体系；政策话语上，要通过修正旧论述来建构新论述；大众话语上，要着力打造和使用涵盖两岸元素的论述；打造一批进行理论创新和话语建设的研究团队；坚持问题导向，增强话语对两岸分歧的解释力；强化话语的利益基础。[79]有学者观察台湾选举指出，对执政当局的失望，必然会在相当程度上影响民众的信任值，民心思变是因为民生凋敝。[80]

三、比较政治研究

1. 研究路径与方法

近年兴起的比较区域研究面对区域研究和学科之争的强化，从学科基础、方法和视野等方面积极探索区域研究和学科融合。[81]以“第三波民主化”浪潮为分界点，研究历程可分为“政治发展”和“民主化”两个阶段。“政治发展”理论研究发展中国家如何实现现代化，“民主化”理论研究非民主政体国家的民主转型和民主巩固。考虑两者之间的联系，使政治发展与民主化结合，是比较政治学研究应进一步注意的方向。[82]

2. 比较政治制度

如何设计制度是政治学不可避免的问题。有学者对比分析了以柏拉图等为代表的“可以设计派”和以哈耶克和波普尔等为代表的“不能设计派”。在再次对话哈耶克的基础上，提出了处于两派中间的“谦恭而自信的中道制度设计观”，简要分析了研究有限制度设计的必要性，并探讨了有限制度设计的基本特征。[83]与历史中国的“多难兴邦”相比，印度的多难却未能兴邦。有学者从两大文明的自然地理条件、外来入侵发生的地理位置、入侵刺激的强度和频度等变量给出解说，并认为有必要从功能主义的视角来界定制度，即为有效回应社会组织生活中的常规问题而发生的、人们和机构必须普遍遵守或通过分别遵守协同生效的规则、原则和程序。[84]

有学者比较了逆全球化压力下国家反应的异同，指出一个国家的选举制度越加符合多数主义原则其国内越可能发生逆全球化运动。反之，一个国家的选举制度越加符合比例代表原则，其国内越不可能发生逆全球化运动。[85]有学者梳理了国外社会组织协商的发展现状和特点，对比我国社会组织协商，指出我国缺乏专业的协商组织，一般性社会组织也缺乏协商的自主意识，且较少关注公共事务，协商能力较弱，协商形式也比较陈旧，当然，我国的社会组织协商也具有制度化的独特优势。[86]

3. 政党政治

现代政治世界是一个政党林立的世界。有学者重点关注美国学者关于本国两党制的研究历程，试图根据不同时期美国学者的政党研究及其对本领域研究的反思，对他们的问题意识、研究方法及研究中存在的问题进行回顾，指出中国要从西方政党研究中吸取经验教训，避免重蹈覆辙。[87]2016 年美国总统大选吸引了全世界的注意力。特朗普的当选，背后有深刻的历史与现实原因。有学者从政党政治——尤其是两党制——的角度来反思。民主政治运作的核心内容是人民对政治决策的真实参与，选举则是参与的重要方式，也是民意表达的一种直接方式，但当政党政治控制了选举的程序与规则，全面的民意便无法得到真实的表达，民主也将为政党政治所挟持。[88]

近年来，现代政党政治似乎难以应对时局变化所带来的新挑战。有学者通过对现代政党政治的跨国和历史比较，廓清了现代政党的历史起源、不同类型及其衰落的根源，进而指出：中国共产党同时是国家的缔造者和建设者，唯有从“政党国家化”的角度，方能理解共产党不同于西方政党的特殊性所在。[89]

4. 国别研究

二战后美国保守主义的发展可以归结为“破”和“立”两个方面。“破”即要摆脱无法适应社会发展需要的旧保守主义原则的束缚，打破罗斯福新政以来自由主义势力长期把持美国政坛的局面；“立”即要提出一套能够在新时代为大众接受的政治纲领，寻找新的政治基地、政治载体和基层支持者，重新规划美国的政治格局。这也就是美国保守主义势力在 20 世纪 40—70 年代面临的主要任务。[90]有学者梳理了美国民主输出战略的发展与演变，建国初期美国的民主输出战略是强制输出；二战结束后初期对日本和德国的民主输出实施和平改造战略；冷战时期美国的民主输出战略是和平演变；冷战结束后美国的民主输出战略是多管齐下。[91]2008 年的美国总统大选首次在总统选举宣传中使用社交媒体，社交媒体是否对选民的投票行为有影响，有学者研究发现主动使用社交媒体进行政治参与的选民更可能投票给选举候选人，而被动使用社交媒体进行政治活动的选民，与不使用社交媒体的选民无二。[92]

2017 年 4 月 24 日，马来西亚吉兰丹州苏丹穆罕默德五世在马来西亚国家皇宫举行登基典礼。马来西亚国家元首制度可以归为君主立宪制，但其最高元首作为特定族群特权守护者和宗教领袖的特殊身份、选举轮任的产生方式则是一般君主立宪制下的国家元首所没有的，可称为“选举轮任的马来伊斯兰君主立宪制”。这一独具特色的国家元首制度使其在变迁的环境中能够保持相对的稳定性和强大的适应性。[93]

四、政治哲学与思想史

1. 古典与近代西方政治思想史

马基雅维利的党争理论看上去似乎有很多前后不一致，但这也恰恰是我们理解马基雅维利思想复杂性的线索。我们往往忽略了他论述的多层次性、关键的概念分类和辩证的逻辑。有学者试图从罗马式党争与佛罗伦萨式党争、然性与野心、贵族与平民这三对关键概念入手，来揭示马基雅维利党争理论的丰富内涵以及对我们理解现代政党观念形成所具有的启发意义。[94]代议制或直接民主之间取舍的关键，事关主权权力的基本性质、政治自由与私人自由间的平衡、共同体中公共利益和特殊利益之间的协调等更为根本的问题和困难。卢梭清晰地指出了公共政治生活的必要性，贡斯当关于个人自由和独立性的分析意味现代社会需要对私人领域有起码的保护。就代表机制而言，我们需要仔细审视我们面对的可能性，而非在卢梭和贡斯当所创造的二元理论框架之间进行所谓“调和”[95]

2. 现当代西方政治思想史

政治的出现是社会集团之间差异化发展到一定程度的结果，政治就有维护甚至强化差异的作用。但任何稳定的政治秩序又都需要在人的平等与差异之间寻求某种平衡。近代的自由—平等主义政治的基本特点是力图保证政治的平等与政治之外的差异并行不悖。

我们需要超越自由—平等主义基本的政治框架，并且适当增加一些差异性的安排。[96]

在密尔和斯宾塞的深度诠释下，自由的本原不再是抽象的天赋权利，而是现实的功利考量。以严复为代表的近代思想家认定自由是英国之所以繁荣富强的根源，但当他试图让自由思想承负救亡图存的重任时，却又陷入中西两种异质政治文化传统对冲引发的矛盾和悖论中。自由内涵由政治到经济，从个人到社会的转变，彰显着新秩序下个体对群己权界的适度调适与现实反思，我们应反思自然权利，回到实然的具体语境中，秩序、权威、宗教虽未将自由理想掀翻，却也成为自由思想传统不可或缺的重要元素。[97]希尔·斯泰纳（Hillel Steiner）是当代左派自由至上主义的重要代表人物。他的哲学研究围绕自由、权利、正义这些基本概念展开，主张在保障每个人的平等的自由的基础上，以土地税和遗产税来调节财富分配的不均。2017年6月，有学者专程拜访斯泰纳教授，就自由、平等、税收以及分配正义等问题向其进行了请教。总结而言，左派自由至上主义的基本观点就是要确立一系列的税收政策和再分配政策，这些政策尊重人们的自我所有权，使每个人能获得自我所有权所隐含的平等的自由。但是，他们的理论只讨论法律所要求的是什么，而不关心人们在没有法律的强制下自愿做什么，或者应该做什么。[98]

3. 古代中国政治思想

“天下主义”是中华各家之基本价值观，追求超乎国家观念、超越国家疆界、构建世界制度，“以天下观天下”，而非“以国家观天下”。《周礼·天官冢宰》《礼记·王制》《荀子·王制》都记载有超乎国家观念的“天下政制”。中华祖先的“政制方案”与欧西祖先有着根本的不同，欧西先哲基于“国家政制”而立论，患有“规模恐惧症”。当今世界“民族主义”与“国家主义”已趋极端，参鉴中华“天下政制”及其价值观，对政治思想、理论与实践的发展将具有重要意义。[99]

二程兄弟置身于道义与权势之间的政治义理信念与政治哲学思考，是以追求实现儒家“善治”为目的，希望以治道与治法相辅互济为用来实现天下的优良治理。我们可将其称之为道义政治论或政治义理学。二程政治思考和论说的重心意在提升和扩展统治者治理天下国家的能力。[100]北宋统治者将提高官员俸禄视为防止腐败的一项重要措施，通过提高官员待遇、用法令规范俸禄制度养其清正廉洁之风。虽宋朝“厚禄养廉”的构想最终没有完全实现，但北宋大部分时期，名臣辈出，吏治循良，政治环境良好。可见“厚禄养廉”的确曾产生了非常积极而正面的影响。[101]

4. 近现代中国政治思想

20世纪的思想史上影响最大的莫过于自由主义和社会主义。自由主义和社会主义具有先天的相通性。胡适借鉴和吸纳自由主义的立场，他主张对这两种思潮作一种价值上的融合，达成自由主义和社会主义的重叠共识，以打造出适合中国之需的“自由社会主义”或“新自由主义”。[102]

儒家民主主义者主张反思儒家政治领袖的角色，但这并不意味着现代儒家必须摈弃传统儒家视野下的领袖观。陈祖为和陈永政在论证儒家强调领导力胜过制度这一观点上并无过错，但我们还应该重视那些儒家所依赖的用来培养和选拔贤德领袖的制度。儒家从未认为政治的运转可单独依赖于启发型的领袖，优秀领导力的运作依赖于一系列背景制度的支撑和推进。慈继伟认为儒家在深层次上是非民主的，但这一观点却恰恰能够帮助我们解释，为什么儒家必须向民主演进。儒家民主仍然需要政治领袖来扮演那些能够承继传统儒家领袖精神的角色，现代儒家需要通过拥抱人本民主，而不是民本威权主义，来解决传统儒学中的张力。[103]黄宗羲与《明夷待访录》一直是中国政治思想史研究中的重要论题。从平等、同意以及政治参与三个维度，可以为黄宗羲政治思想的“民主性”问题建立新的理解架构，我们应视之为可与现代政治互为参照的资源。[104]

立国时刻蕴含了革命与更化两个有机衔接的阶段。政治更化着眼于立国构造中政治精英群体的养成，以此影响立国精神与政治权力再分配，体现出兼顾政治信念与宪制结构的治体论意识，避免全盘复古的激进变法冲动，也避免将政治转型急切聚焦于政体制度的大规模改变，这是我们理解中国政治变迁的关键维度。在现代语境下，我们既需要溯本追源，也需损益时势来形成对于“更化”的新诠释。[105]中国的崛起是21世纪最重要的地缘政治事件，也是重要的文明史事件。我们用儒法传统来勾画作为一个回应者的传统中国。中国的兴起并不是西方式的民族—国家的崛起，而是中国文明—国家在新的高度与广度上的复兴。只有上升到比较文明的高度，只有把“历史终结”论的普世主义理论话语还原为现代西方有限的历史经验与理论经验，近代以来中西冲突的历史才会得到重新理解，“返本开新”的理论自觉才能再次回到我们的视野。[106]

刘泽华主编的完稿于 2012 年的《中国政治思想通史》以编撰者数十年学术积累为基础，将刘泽华关于中国政治思想史主旨的王权主义定位与各时期政治思想主题有机结合，以高度凝练出的问题意识，引领各分卷的内容厘定、体例安排、方法选择和叙事风格，实现了对中国政治思想史研究对象、研究方法、编撰体例和叙事方式的全面创新，是中国政治思想史学科的百年典范。[107]

注：

①柴宝勇、李硕：《“改革开放四十年中国政治学与政治建设”学术研讨会综述》，《政治学研究》，2018 年第 6 期。

②张桂林：《中国政治学走向世界一流的若干思考》，《政治学研究》，2018 年第 4 期。

③杨光斌：《立足自身实践完善发展中国政治学》，《人民日报》，2018 年 12 月 10 日。

④黄嘉树：《新政治学的思想资源与主要议题》，《中国政治学》，2018 年第 1 期。

⑤王艳、李月军：《改革开放以来政治学概念译介及其本土化问题探析》，《观察与思考》，2018 年第 4 期。

⑥陈华文：《政治理论及其条件：本土关怀与学术话语的权力和理性维度》，《天津社会科学》，2018 年第 4 期。

⑦黄璇：《超越务实与抗争：中国政治学的现代建构》，《天津社会科学》，2018 年第 4 期。

⑧林毅：《西方化反思与本土化创新：中国政治学发展的当代内涵》，《政治学研究》，2018 年第 2 期。

⑨任剑涛：《为原创校准：政治学研究的学术站位与通达眼光》，《天津社会科学》，2018 年第 4 期。

⑩李猛、郑慧：《推动新时代中国特色社会主义政治学创新发展的思考》，《社会科学研究》，2018 年第 2 期。

⑪强世功：《陆地与海洋——“空间革命”与世界历史的“麦金德时代”》，《开放时代》，2018 年第 6 期。

⑫杨阳：《中国传统国家理论的奠基——先秦诸子的国家学说》，《政治学研究》，2018 年第 1 期。

⑬欧树军：《作为制度的国家：亨廷顿政治视野的整体性考察》，《学术月刊》，2018 年第 9 期。

⑭杨伟清：《国家正当性与国家正义》，《云南大学学报》（社会科学版），2018 年第 1 期。

⑮张长东：《比较政治学视角下的国家理论发展》，《北大政治学评论》，2018 年第 1 期。

⑯林红：《西方民粹主义的话语政治及其面临的批判》，《政治学研究》，2018 年第 4 期。

⑰张莉：《民族主义与民粹主义：意识形态的构建还是政治策略的选择——以匈牙利民族民粹主义政党尤比克党为例》，《国外社会科学》，2018 年第 2 期。

⑱段德敏：《民粹主义的“政治”之维》，《学海》，2018 年第 4 期。

⑲褚向磊、苏毓淞：《民主解固——西方自由民主制的危机》，《国外理论动态》，2018 年第 5 期。

⑳刘瑜：《当代自由式民主的危机与韧性——从民主浪漫主义到民主现实主义》，《探索与争鸣》，2018 年第 7 期。

㉑张树华：《论新民主观与全面政治发展》，《政治学研究》，2018 年第 2 期。

㉒聂智琪：《互联网时代的民主重构：基于协商民主的视角》，《国外理论动态》，2018 年第 2 期。

㉓康晓强：《社会组织一定促进协商民主吗？——对国外文献的评述和批判性考察》，《马克思主义与现实》，2018 年第 1 期。

㉔王长江：《再评“贤能政治”》，《北大政治学评论》，2018 年第 2 期。

㉕郑心遥、彭宗超：《被“挤压”的中产阶层是民主化的主导力量吗？——埃及经验》，《学海》，2018 年第 4 期。

㉖熊光清：《多中心协同治理何以重要——回归治理的本义》，《政党研究》，2018 年第 5 期。

㉗王代月：《马克思主义与自由主义在国家治理观上的实质分歧》，《马克思主义研究》，2018 年第 6 期。

㉘李传军：《国家战略视角下的网络空间全球治理》，《广东行政学院学报》，2018 年第 3 期。

㉙张萌萌：《互联网全球治理体系与中国参与的机构路径》，《哈尔滨工业大学学报（社会科学版）》，2018 年第 5 期。

㉚庞金友：《AI 治理：人工智能时代的秩序困境与治理原则》，《人民论坛 · 学术前沿》，2018 年第 10 期。

㉛余艳红：《群体性事件与政治稳定：一项基于风险模型的新解释》，《哈尔滨工业大学学报（社会科

学版)》，2018 年第 3 期。

㉜郑旭涛：《邻避事件的性质与演变机制——基于近十年典型案例的研究》，《天津行政学院学报》，2018 年第 3 期。

㉝曲甜：《国外互联网政治参与研究：时空扩展、学科分化与阶段演进》，《国外社会科学》，2018 年第 4 期。

㉞郭静：《政治发展的实践演进与理论逻辑——改革开放 40 年来的中国政治发展》，《政治学研究》，2018 年第 6 期。

㉟王炳权：《改革开放进程中国家与社会关系的“平衡逻辑”》，《人民论坛》，2018 年第 33 期。

㊱燕继荣：《中国改革的普遍意义——40 年中国政治发展的再认识》，《社会科学文摘》，2018 年第 11 期。

㊲周少来、张君：《现代化进程中的民主发展——中国特色社会主义民主政治发展 40 年》，《政治学研究》，2018 年第 6 期。

㊳杨雪冬：《理解改革开放以来中国政治变化的三重维度》，《中央社会主义学院学报》，2018 年第 5 期。

㊴谢光远：《西方学者眼中改革开放以来中国政治的发展》，《国外理论动态》，2018 年第 9 期。

㊵罗骞：《建构性政治与中国道路的建构性特征》，《中国人民大学学报》，2018 年第 4 期。

㊶马得勇：《历史制度主义的渐进性制度变迁理论——兼论其在中国的适用性》，《经济社会体制比较》，2018 年第 5 期。

㊷孟天广、宁晶：《互联网“去政治化”的政治后果——基于广义倾向值匹配的实证研究》，《探索》，2018 年第 3 期。

㊸韩冬临：《田野实验：概念、方法与政治学研究》，《国外社会科学》，2018 年第 1 期。

㊹严洁：《政治学研究中的抽样调查：难点、问题与方法创新》，《政治学研究》，2018 年第 3 期。

㊺孟天广：《政治科学视角下的大数据方法与因果推论》，《政治学研究》，2018 年第 3 期。

㊻马啸：《基于历史的因果识别设计在政治学研究中的应用》，《公共管理评论》，2018 年第 2 期。

㊼韩旭：《国家治理视野中的根本政治制度——改革开放 40 年来人民代表大会制度的发展逻辑》，《政治学研究》，2018 年第 6 期。

㊽时和兴：《新时代人民代表大会制度的发展与完善》，《中央社会主义学院学报》，2018 年第 3 期。

㊾蒋来用：《实现“高效”目标：打造国家监察体制改革“升级版”》，《河南社会科学》，2018 年第 7 期。

㊿庄德水：《国家监察体制改革试点的实践策略及其应用分析》，《理论探索》，2018 年第 4 期。

51邱霈恩：《国家监察体制改革和体系建设的法理创新探略》，《中共中央党校学报》，2018 年第 4 期。

52李莉：《国家监察体制改革视域下的制度设计变迁——新中国成立以来权力监督的历史梳理》，《当代世界与社会主义》，2018 年第 3 期。

53吴建雄：《国家监察体制改革与新时代中国特色社会主义监督体系构建》，《统一战线学研究》，2018 年第 1 期。

54徐法寅：《机构合并和平台协调——监察体制改革中监督力量的整合路径》，《河南社会科学》，2018 年第 7 期。

55陈黎：《人大协商研究综述》，《人大研究》，2018 年第 4 期。

56孙龙、雷弢：《县级人大代表候选人提名过程中的选民参与》，《北京航空航天大学学报(社会科学版)》，2018 年第 3 期。

57黄小钫：《地方人大专门委员会制度的三维结构》，《人大研究》，2018 年第 9 期。

58朱旭峰、吴冠生：《中国特色的央地关系：演变与特点》，《治理研究》，2018 年第 2 期。

59张献生：《改革开放四十年中国新型政党制度的发展》，《江苏省社会主义学院学报》，2018 年第 3 期。

60周淑真：《论我国新型政党制度的独特优势——基于内涵要义、演进逻辑与结构关系的分析》，《人民论坛·学术前沿》，2018 年第 7 期。

61董亚炜：《新型政党制度理论创新基本维度——基于民主政治的比较研究》，《统一战线学研究》，2018 年第 6 期。

62张毅：《改革开放以来我国新型政党制度的发展成就、面临问题和完善路径》，《广西社会主义学院学报》，2018 年第 4 期。

63王续添、周思勤：《中国共产党反官僚主义的历史经验论析》，《教学与研究》，2018 年第 5 期。

64张毅：《政党监督与政协监督互动关系探析》，《天津市社会主义学院学报》，2018 年第 2 期。

⑥⑤李方圆、路运占：《新时代加强中国特色社会主义参政党能力建设的主要内容和实现路径》，《天津市社会主义学院学报》，2018 年第 3 期。

⑥⑥王彩玲：《政党关系与政治生态的系统重构》，《中国人民大学学报》，2018 年第 5 期。

⑥⑦聂月岩、侯辰龙：《习近平关于中国特色社会主义政党协商的重要论述》，《治理现代化研究》，2018 年第 6 期。

⑥⑧杨东曙、刘学军：《人民政协协商民主制度化的基本依据——基于人民政协职能演变的思考》，《科学社会主义》，2018 年第 2 期。

⑥⑨宋菊芳、韩志磊：《协商民主与基层社会治理》，《中国政协理论研究》，2018 年第 1 期。

⑦⓪俞可平：《中国的治理改革（1978—2018）》，《武汉大学学报》（哲学社会科学版），2018 年第 3 期。

⑦①白智立、刘娟：《当代中国国家治理模式及改革》，《中央社会主义学院学报》，2018 年第 4 期。

⑦②彭莹莹、燕继荣：《从治理到国家治理：治理研究的中国化》，《治理研究》，2018 年第 2 期。

⑦③宣晓伟：《新常态下我国治理模式的转型》，《中州学刊》，2018 年第 1 期。

⑦④孟天广、张小劲：《大数据驱动与政府治理能力提升——理论框架与模式创新》，《北京航空航天大学学报》（社会科学版），2018 年第 1 期。

⑦⑤景跃进《中国农村基层治理的逻辑转换——国家与乡村社会关系的再思考》，《治理研究》，2018 年第 1 期。

⑦⑥卢宪英：《紧密利益共同体自治：基层社区治理的另一种思路》，《中国农村观察》，2018 年第 6 期。

⑦⑦周庆智：《官民共治：关于乡村治理秩序的一个概括》，《甘肃社会科学》，2018 年第 2 期。

⑦⑧张长东、马诗琦：《中国社会团体自主性与政策倡议积极性》，《政治学研究》，2018 年第 5 期。

⑦⑨王英津：《论大陆对台话语主导权的建构：意义与思路》，《统一战线学研究》，2018 年第 4 期。

⑧⓪林红：《看台湾选举：民心思变缘于民生凋敝》，《人民日报》，2018 年 11 月 28 日。

⑧①程多闻：《区域研究与学科之间的争论与融合》，《国际观察》，2018 年第 6 期。

⑧②戴长征、李宏佳：《从“政治发展”到“民主化”——比较政治学视域下的区域研究》，《社会科学研究》，2018 年第 3 期。

⑧③杨立华：《有限制度设计：一种中道制度设计观》，《北大政治学评论》，2018 年第 2 期。

⑧④苏力：《何为制度？因何发生（或未发生）？——从开伯尔山口看长城》，《比较法研究》，2018 年第 6 期。

⑧⑤周强：《逆全球化压力下国家反应的异同——从政治制度角度的分析》，《教学与研究》，2018 年第 10 期。

⑧⑥谈火生、周洁玲：《国外社会组织协商的特点及其启示》，《国外理论动态》，2018 年第 2 期。

⑧⑦孙竞超：《美国政党研究历程：美国学者的视角》，《国外理论动态》，2018 年第 10 期。

⑧⑧王希：《两党制与美国总统选举的“无选择困境”》，《史学理论研究》，2018 年第 2 期。

⑧⑨王绍光：《政党政治的跨国历史比较》，《文化纵横》，2018 年第 4 期。

⑨⓪金海：《第二次世界大战之后美国保守主义的发展》，《史学理论研究》，2018 年第 2 期。

⑨①熊光清：《美国民主输出战略的发展与演变》，《人民论坛》，2018 年第 27 期。

⑨②岳春颖、王大鹏、严洁：《社交媒体时代的选民投票行为研究——以美国 2012 年与 2016 年总统选举为例》，《北大政治学评论》，2018 年第 2 期。

⑨③张孝芳：《马来西亚国家元首制度：历史制度主义的分析》，《东南亚研究》，2018 年第 2 期。

⑨④霍伟岸、谈火生：《马基雅维利论党争》，《学海》，2018 年第 3 期。

⑨⑤段德敏、陈耕：《自由的两个面相与作为权威的政治代表——卢梭与贡斯当的分歧及其当代意义》，《华中科技大学学报》，2018 年第 5 期。

⑨⑥唐士其：《政治中的差异与平等》，《政治学研究》，2018 年第 2 期。

⑨⑦庞金友：《19 世纪后期自由观念的嬗变与传播：基于中英对比的视角》，《中国政法大学学报》，2018 年第 4 期。

⑨⑧李石：《源自个人选择的正义——访谈左派自由至上主义代表人物希尔·斯泰纳教授》，《国外理论动态》，2018 年第 12 期。

⑨⑨张耀南、钱爽：《中华“天下政制”及其当代价值》，《北京行政学院学报》，2018 年第 6 期。

①⓪⓪林存光、王法强：《义理、权势与政治——二程兄弟的政治哲学论纲》，《政治思想史》，2018 年第 3 期。

⑩屈超立:《北宋"厚禄养廉"与政治风气转变》,《人民论坛》,2018 年第 34 期。

⑩梁晨:《胡适关于"自由社会主义"的探索》,《江西社会科学》,2018 年第 1 期。

⑩安靖如、田旭:《儒家领袖与儒家民主》,《文史哲》,2018 年第 3 期。

⑩顾家宁:《儒学与民主关系的再思考——以黄宗羲政治思想之"民主性"问题为中心》,《政治思想史》,2018 年第 4 期。

⑩任锋:《革命与更化:立国时刻的治体重构》,《云南大学学报》(社会科学版),2018 年第 3 期。

⑩张广生:《从文明比较重新理解中国发展道路的时与势》,《中央社会主义学院学报》,2018 年第 6 期。

⑩杨阳:《中国政治思想史学科的百年典范——评刘泽华总主编的〈中国政治思想通史〉》,《政治学研究》,2018 年第 5 期。

2017 年政治学综述

2017 年北京地区政治学研究取得丰硕成果。在基础理论领域,政治学学科建设问题更加突出,国家理论得到深入探讨,随着西方自由民主问题的暴露,开始对民主理论进行反思与建构;在中国政治和比较政治学领域,对中西政治与理论发展都进行了深入研究;在政治哲学与思想史领域,古今中外的政治思想、政治制度研究也有新的收获。

一、政治学基础理论

1. 中国政治学学科建设

工业革命开启了现代性世界政治,18、19 世纪西方国家开启帝国主义、殖民主义进程,19 世纪出现了种族主义,即白人优越论。20 世纪的自由主义民主普世价值论的实质依然是以一种文明取代其他文明。中国的崛起将形成从中国出发的世界政治体系,建构自主性中国社会科学。中国社会科学需要以"从中国出发的世界政治体系"为起点,建构一套反映新的过程性结构和现状性结构的学说。[①]习近平总书记 2016 年 5 月 17 日在哲学社会科学工作座谈会上讲话之后,建构中国特色的哲学社会科学学科体系、学术体系和话语体系开始成为哲学社会科学各学科的研讨热点。有学者归结为三种关系,一是话语目的层面上的解释力和话语权的关系,二是话语资源层面上的本土化与西方化的关系,三是话语体系层面上的逻辑性和实证性的关系。[②]西方的挑战与中国的回应构成了整个中国现代历史的处境,仅参照现代西方民族—国家与威斯特伐利亚体系的有限经验与理论并不足以解释中国的转变。要上升到比较文明的高度,以当代中国"文明—国家"重建的理论自觉来理解近代以来中西冲突的历史,中国的崛起是 21 世纪最重要的地缘政治事件,也是最重要的文明史事件。中国曲折地维护了多元一体的政治统一,中国对自己发展道路的探索出"中国模式"——中国的兴起并不是西方式的民族—国家的崛起,而是中国文明—国家在新的高度与广度上的复兴。[③]

现代政治学自诞生之初内部就存在不同学科传统之间的相互影响和竞争。欧洲传统和美国传统之间的分合与竞争对未来中国政治学的学科发展具有重要的启示:一是要注意保持不同分支学科、不同研究方法之间的平衡,二是要超越方法论崇拜,回到问题本身,以"问题驱动"而非"方法驱动"或"理论驱动"来展开研究。[④]中国的政治学要以当代政治实践为主要研究对象,使用现场观察法、比较研究法、典型调查法,从以研究"知识"为主转变为以研究"问题"为主,更多地采用实证性与经验性的研究方法,在研究和解决具体问题中发现规律,归纳与提炼理论,按照新思路,采取新方法,可以大力推进和发展当代中国的政治科学,促使政治学对中国的发展与进步作出更大贡献。[⑤]

2. 研究方法与路径

技术政治研究的主要内容是以信息技术为代表的科学技术的发展对现行的政治制度和政治过程有何影响。现有的技术政治研究集中在政治沟通、政治传播、政治参与等微观领域,研究方法以个案研究、网络分析和大数据研究为主。未来对科技政治的研究可以尝试从国家、社会、企业、公民四者的关系出发,将微观与宏观、定量分析与定性分析相结合,并拓展研究议题。[⑥]政治学研究方法的前沿发展正在经历探究因果关系的变革。实验政治学是政治学新兴学科,在探究因果关系的效应(方向)与机制(过程)两个维度均具有独特优势。实验政治学在中国的发展及应用不仅有助于推动政治科学方法论的普及和规范化,而且促进政治学经验理论的创新和积累,更重要的是为挖掘"实验主义"中国改革的独特政治实践提供有力工具。[⑦]

3. 国家理论

西方政治理论的开创者柏拉图，提出了国家建构的三种方案：最优的哲学王统治、政治家技艺治国、依法治理的国家形态。其中对政治家技艺与国家治理关系方面研究较少。现代国家建构进程尚处于活性状态时，政治家能有什么作为呢？有学者将立国技艺分为建国技艺与治国技艺两个方面来寻找答案，认为在疏离建国理想状态与落定依法治国目标之间，国家必须依靠政治家技艺走出悬而未决状态，步入规范治理境地。[⑧]人能群，国亦能群，“超国家政治共同体”缘于民族国家生存发展的内在需求和强烈意志，是国与国之间结成的“有机生命体”。超国家政治共同体有其内在的生成逻辑，民族国家对于“确定性、安全性和归属感”的渴望，对于自身“完美性”的期待，对于“共同利益”的追求，构成了超国家政治共同体的创生动力。超国家政治共同体是一个矛盾统一体，只有当团结与分离、秩序与自主、安全与自由、共赢与利己、界内与界外之间的矛盾张力达到平衡态时，共同体才是善的，共同体生活才是值得过的。[⑨]

冷战结束后，国内外学者开始了对国家失效问题的研究。但原因研究较少。具有权威的强制性组织的成功和失效与国家的组织力量的强弱有着密切的联系。有学者分析苏联——俄罗斯第一共和国，认为国家失效的直接原因是“国家制度力量”与“国家非制度力量”之间的对抗和妥协，以及国家根本权力持有者的政治失控。所以，在选择国家的治理模式之时应该首先考虑如何获得权力的基础，如何将分散在旧制度和旧社会力量手中的权力整合进新的国家制度，同时避免形成新的非制度力量，这对于有效防止国家失效的发生极为关键。[⑩]探究现代国家失败的原因，寻找防范国家失败的策略，是当代西方国家失败理论的核心议题。分析路径有权力路径、权威路径、政治信任的角度、制度经济学的方法等。所有国家都有遭遇失败的可能，政治权力是决定当代国家成败的重要因素，经济全球化对当代国家是把双刃剑，制度不是万能的，但包容性制度确实是经济长期、持续和稳定发展的必要条件。[⑪]

4. 民主理论

“民主”被标榜为西方“普世价值”的核心要素之一。在话语传播中，西方民主似乎掌握了话语霸权，对中国民主进行西化、分化、弱化、丑化，妄图使中国陷入“民主普世化”“民主选举化”“民主美国化”“民主泛化”等传播误区中。为了争夺民主的话语权，必须拷问这些传播误区，建构中国民主的话语体系。[⑫]民主化范式内含着经济发展、精英政治、民族国家建构、民主巩固及其与民主化关系等四大命题。然而，理论与现实的张力反映出该范式存在“线性发展观”和“政体二元论”两大内在局限。所以要建立一种政体类型的连续谱意识，即形成一个包括专制、威权、混合型、民主以及尚未出现的可能更有利于实现人类普遍价值的政体在内的政体谱系。[⑬]学者在反思第三波民主化之际，选举、民主与威权三者的关系以及既有政体分类得到了令人瞩目的重构。[⑭]抽签这一古老民主形式在 21 世纪重生。随着学者对代议民主危机的反思，抽签理论从边缘进入主流。进入 21 世纪后，抽签试验遍布各国的最引人注目的两种形式为“商议式民调”和“公民大会”，其中中国就是试点“商议式民调”最多的国家。对于抽签这一民主利器的最终成效，我们将拭目以待。[⑮]

民粹主义是一种最早起源于 19 世纪中期后来逐渐向全球扩散蔓延的社会思潮。它打着为平民谋利益的旗号，迎合民众的心理诉求，提出某种改造社会的方案。要正确对待群众诉求和舆论，必须站在马克思主义的立场上，对民粹主义的理论和现实进行辨析。[⑯]民粹主义在任何一个时代的发生与蔓延，有其深刻的经济、政治与文化根源。有学者发觉了民粹主义与新自由主义的尖锐对立，新自由主义在经济上主张以自由化、私有化和市场化为核心的政策，新自由主义在传统价值与民族文化方面带来了巨大的改变，而正是文化价值上的变迁激化了身份政治和其他单一议题政治，使得保守的右翼民粹主义得以萌生。新自由主义崇尚自由民主价值，在政治上建立了一整套代议民主制度，但是，这套政治制度在全球化的浪潮中暴露出严重的缺陷，主流政党面临代表性危机，民众对政治日益疏离、反感。[⑰]西方民主本身的民粹化，包括民主制度、主流政治意识形态和政治文化的民粹化。民主内含着民粹主义的基因，即平等主义与个体主义，因而具有向民粹发展的内在趋向。[⑱]民意（公众意见）是政治学、社会学、传播学和心理学等诸多学科共同关注的问题，民意是以个体为基础的整体民众在诸多领域和政策议题上的态度的一种笼统表达。政治学中，如何对待民意是个重要的问题，民意在道德意义上的正当性盖过了公众是否总是正确之类的问题，民意被视为社会皮肤，在政治学学科触角下应得到更为全面和客观的检视。[⑲]

基于对代表制和民主关系的最新理解，我们有必要进一步挖掘两者之间的内在逻辑关联。有学者发现在代议制民主过程中，“代表制”应当优先于“民主”，因为民主是否能够充分发展往往要受到代表制的局限，代表制左右了民主发展的进程，而且从内在逻辑上说代表制可能是包含了民主这个特殊矛盾的普遍性矛盾。[20]为了既能把握各种代表模式的共性，又能关照代表在政治实践中的复杂性，有学者尝试从结构—功能维度入手理解代表制。代表制有整合、吸纳、表达和呈现四大功能，各功能得以发挥的程度共同构成代表制的代表性，四重代表性的合理搭配共同支撑代表制的正当性。政治代表有两大力量源泉：“代表力”和“约束力”，二者之间的关系也比较复杂。[21]

党导民主制建立在一个代表公意的德性政党领导基础上，是一种现代德性民主政治。党导民主是引导式、融合式和金字塔式民主。党导民主制对领导党既有能力上的要求也有德性上的要求。在现实政治运行中，党导民主制有沦为党主制甚至专制的危险。为了避免这样的后果，党导民主制必须立宪和践行法治。[22]

随着新技术革命的兴起，网络成为一种重要的组织机制，引发了军事、政治、经济、社会、文化生活的巨大变化。对于新技术革命究竟会如何影响人类政治生活，一种浪漫主义的想象不可小觑。网络空间的确在孕育着某种“新政治科学”，这让网络政治成为一块大有可为的学术领地。[23]

5. 治理理论

推进国家治理现代化需要在理论和实践两个方面有所创新，国家治理的水平取决于制度供给能力和制度执行能力。[24]合作的社会需要合作的话语，合作性话语是形成合作社会的关键因素，是合作治理的基础。话语的合作性转向不但是推动合作行动、合作治理、合作社会形成的内在动力，而且是推动全球治理形成的首要因素。目前而言，应用话语的合作性来建构合作治理模式依然任重道远。[25]

6. 国外理论引介

为什么一些国家比另一些国家暴力冲突水平高得多？有学者聚焦于政治宽容这个因素，以印尼为例，解释多族群社会转型暴力水平的差异。认为政治宽容水平高的地方，暴力冲突水平低，反之则否。[26]

二、中国政治

1. 理论工具与分析路径

历史方位一般意义上指时间进程和空间分布结合而构成的特定方向和位置，它是时空交汇的坐标系。在国家战略意义上，历史方位主要体现为一个国家发展所处的当下形势和历史走向。我们要充分认识历史方位的战略意义，完整把握历史方位的深刻含义，正确理解新时代国家治理关系的变迁。[27]中国政治发展要向国家治理现代化推进，亦即完成主权、治权、民权三方面统一性整合的任务。要把国家目标建立在基本人性需要的基础上，建立有限的适度规模的强政府，充分用好市场和社会这两只手，培养有序的社会自治，让体制更具有开放性，激活代表民意的正式制度。[28]

中国民主政治建设取得了重要成果，总结经验就是，保障人民权利与集中国家权力相统一，以协商民主为主要方向，在经济社会发展中逐步扩大人民权利，采取问题推动和试点推进策略。[29]

2. 宏观研究与基本制度

人大主导立法是我国宪法的基本原则和立法体制的核心要义。当前，在思想认识上对人大主导立法还存在诸多误区，要对“人大主导立法”从概念内涵、主体和对象上进行科学界定，并在此基础之上提出实现人大主导立法的若干路径，进行理论纠偏。[30]

选举的民主性主要体现在8个方面，选举权利分配正义、选举程序正义、选举自由、选举公开、公平竞争、秘密投票、多数决和选举人能够罢免当选人。其中任何一个方面有问题，都会在一定程度损害选举的民主性，使选举偏离甚至背离民主。[31]会次和会期制度作为一项程序性制度，其完善与否直接关系到地方人大常委会会议的质量和实效，进而影响地方国家权力机关法定职权的正常行使。为此，需要正确认识、把握会次和会期制度的民主价值，加强会次和会期制度的法律制度建设，逐步推进人大常委会组成人员专职化，不断提升人大常委会会议工作的法治化水平，保证地方国家权力机关充分履行职责。[32]

国家监察体制的建立，致力于通过从行政监察向国家监察转变，实现监察体制的整合；通过从单一监察向复合监察转变，实现监察关系的重构；通过从惯性监察向规制监察转变，实现监察手段的优化，全方位突破了原有体制的弊端，理顺了监察要素、系统、环境的关系，构建起全域立体监察模式，是创新党统一领导下的无缝隙权力监督体系和反腐控制网络的力举。[33]

地方政府驻京办事机构是中央集权体制下联系、沟通中央与地方间关系的特殊政治机构。地方政府驻京办事机构及其相关制度体系是由中央与地方关系决定、又反过来对其产生影响和制约的一种表象结构。在任何一种中央与地方关系框架内，都无法回避两种能动性或曰“两个积极性”的问题，即在中央拥有能动性或积极性的同时，地方也具有与其特定的治理空间内政治的、经济的、社会的、文化的因素相联系的能动性与积极性。有学者认为我们可以将地方政府驻京办事机构视作地方能动性的一种标杆，当其组织机构不断膨胀，其行动能力不断加强时，即可以断言这一时期地方政府的能动性、进而是地方的能动性也在不断加强。[34]

目前我国基层人大代表直接选举中的选区划分制度，重描述性代表而轻实质性代表，强调职业代表而非地域代表，采取事先指定机制来保证特定党派和群体的结构比例。有学者从选区划分和选区制度建设出发，提出建议健全和完善基层人大代表直选制度。[35]

3. 政党政治与统一战线

求同存异、求同消异、求同求异，构成了同和异矛盾运动的基本方式，也构成了正确处理一致性和多样性关系的基本实践方式。在同和异的矛盾运动中，对异必须具体分析、区别对待、辩证思考。否则，就没有同的形成和巩固，就没有统一战线职能作用的充分有效发挥。正确对待异是处理一致性和多样性关系的精髓。中国共产党建立统一战线，从根本上讲就是维护、实现和发展最广大人民群众的利益。同和异的关系实际上就是整体利益与个体利益、共同利益与具体利益、长远利益与眼前利益的对立统一。我们正确处理一致性和多样性关系，使统一战线工作真正建立在科学的基础之上。[36]

协商民主是我国人民民主的重要形式，推进协商民主广泛、多层、制度化发展，构建程序合理、环节完整的协商民主体系，是我国社会主义协商民主制度建设的重要目标。深入推进基层协商民主，重点要加强基层组织建设。[37]必须站在我国已进入现代化中期这个新的历史起点上，遵循中国 共产党的领导、人民当家做主和依法治国有机统一的原则，坚持社会主义和现代化的正确方向，按照民主化、法律化要求，着力推进人民政协协商民主与人民代表大会选举民主，加强协商民主文化建设。[38]

4. 社会治理与政策

社会治理的核心在于发挥政府机制（法治）和社会机制（自治）双重作用，实现社会行为多主体的“协同治理”。国家治理的水平取决于制度供给能力和制度执行能力，国家治理的状况取决于法治和自治，国家治理的重要任务就是提升法治化和社会化的水平。[39]随着大量社会组织的产生，学界对政府和社会组织的关系性质是多元主义的还是国家法团主义乃至非制度化的附庸庇护关系展开了激烈的争论。有学者基于北京大学公民社会研究中心的三省市社会组织调查数据，分析发现有近十分之一的社会组织能成功影响政府政策，但政策影响更多是通过政府主动咨询以及社会组织自身资源而产生的，法团主义和多元主义假设得到了支持，接近社会法团主义模式。[40]

在中国语境下，城乡差别与差序格局是政治信任的鲜明特性，但将城乡社会结构差异纳入差序政治信任的研究较少。有些学者利用 2015 年中国城乡社会治理调查数据对中国的差序政治信任进行城乡比较研究，发现城乡变量与差序政治信任存在强相关性。[41]家族是古代中国的基本伦理单元，具有血缘流转与权力交接两个主要功能，并体现出鲜明的排他性特征。相较于以制度填补真空的现代做法，古代中国的“家族”通过前期的自发聚集和后期的法定组织这两类形式，逐渐演变为地域性的自治组织“宗族”，在政治层级结构意义上考察宗族，在政治文化意义上考察宗法，对理解作为政治集体的家族如何共同行动具有一定意义。[42]

“上访”与“上访管控”目前已成为农村基层社会稳定中的主要博弈，但也由此陷入了愈上访、愈管控，愈管控、愈上访的博弈困境。只有通过结构性深化改革，建构乡村自治的组织体系，充实乡镇政府的治理能力，健全基层公正司法的制度保障，推动“自治负责、分散压力”的多元协同治理体系，才能筑牢民主法治社会的基层制度基础。[43]当前，网络社会治理与中国社会稳定、国家安全的关系日益密切，已经成为国家治理体系和治理能力现代化建设所须关注的重要议题。中国的网络社会应逐步建立多元互动、共治共享的治理新格局，必须综合运用多种网络社会治理手段，积极加强网络舆论的正面引导，有效推动网络社会治理的国际合作，从而不断提高网络社会的治理能力。[44]

两岸开启民间交流大门 30 年来，对国家统一模式的探索持续深化。有学者认为，大陆对台战略的路径，也从交流开启前的“招安型统一”，转向“融合型统一”。[45]“中华民国”问题是两岸关系发展中最敏感、最棘手的问题，两岸的核心争议在于，大陆方面坚持认为“中华民国”已于 1949 年被推翻，而台湾方面则坚持认为“中华民国”在台湾地区依然存在，并要求大陆方面要正视这一事实。有学者认为，“中华民国”问题并非纯粹的学术理论问题，而是政治问题，故需要政治解决。[46]

三、比较政治

1. 研究路径与方法论

比较政治学对差异性的重视和区域研究对地方性知识的强调存在着契合之处。在推进两个领域互鉴与融合的过程中，要注意处理好中国政治经验与外国理论之间的关系以及在战略需求与智识兴趣之间达成平衡。[47]理论范式作为解释社会政治事实时所形成的框架结构，其理论范畴集中体现着社会科学的抽象性，其因果机制凸显了解释进路的多重可能性。社会中心论和国家中心论分别以“社会”和“国家”为理论内核来探究社会事实中的因果关联，开放出“由社会解释国家”和“由国家解释社会”两种相互对应的知识进路。以此为范例分析不同范式的差异和同一范式之多重进路，能够使我们形成理论范式的认知自觉，从而更好地理解既有的理论，进而创生出新的知识。[48]

2. 政党研究

近年来，西欧政党政治乱象丛生的根本问题就是欧洲传统政党政治陷入多个两难困境。无论是传统左翼社会党，还是右翼保守党，政党经历长时期生存危机后，在找寻出路的诸多尝试中越来越举步维艰。当政党在日益激烈的竞争中力求生存时，面临整合及利益表达、议题设置、确保政府负责任等政治功能的减退。如何既维持生存又不牺牲作为代议民主体制基础的功能，令西欧的传统政党陷于在生存及履行自身政治功能两者间的两难困境。[49]近年来，以美国为代表的西方国家政党政治正在发生着重大变化。旧的政党体系衰落导致传统的左、右翼政党一蹶不振，执政党脱离现实社会和下层民众，政党之间的对立对抗导致政治衰败，是当今以美国为代表的西方国家政党政治发生重大变化的原因和内在逻辑。从世界范围内讲，现在正是政党政治的重大转折期，这要求人们认真研究在党派和选民的短期利益与国家社会的长远利益之间、在党派和选民的特殊利益与国家社会的普遍利益之间如何拿捏分寸，互相妥协，来重构社会政治治理机制，使政党政治发挥其应有的功能和作用。[50]近年来的欧美国家大选中，长期难入政治主流的左右翼极端政党群体性崛起，从体制外闯入体制内，“黑天鹅”现象频现。西方多党博弈与制衡，多以裹胁民意、绑架国家利益、加速国家政治极化和社会分裂为代价。“解铃还须系铃人”，西方民主“失灵”和“特朗普现象”的答案只能从西方多党民主怪圈中求解，西方代议制民主的弊端到了该清除的时候了。[51]

欧洲各国政党的党内监督机制是在其各自的政治文化背景下演化而成的，其中有一些成功的经验也有问题，尤其是在其运用政治纪律追求政治一致性的过程中存在政治风险，其或隐或现的政党腐败问题与人们对政党作为民主制度的要素的一些追求或期望并不吻合。[52]

政党社会学可以分为“社会中的政党”与“政党中的社会”两种研究路径。前者关注政党—社会关系，比如政党的社会基础和社会功能；后者关注政党内部构成的“小社会”，即政党内部的组织结构和机制。政党社会学传统的复兴，需要社会学家关注政党与身份群体的互动关系以及政党在其中所发生的组织变迁。[53]

3. 国别研究

2016 年美国总统大选的“特朗普现象”引人注目，选举结果初看起来似乎出人意料。其背后的基本价值观念的分离与冲突，可能是一个起根本和持久作用的原因。有学者追溯美国历史中的观念，分析《独立宣言》文本所概述的美国价值观呈现出复杂的两重性，这一冲突聚焦在独立自由与平等福利，以及传统信仰义务与个人选择自由之间。至于今后这种冲突会呈现何种走向，将受到美国特殊情况和世界潮流的影响。[54]

苏联政治学是反映苏联政治发展变迁的一个重要参照系。对西方学者研究苏联政治学的作品与过程进行分析，既有利于对苏联政治研究提供更多理论模型的参考，也有利于对苏联政治思想与政治制度研究提供方法论上的借鉴。苏联解体至今已逾 25 年，这一事件从根本上改变了俄罗斯的政治制度、政治思想与政治价值，并且它的影响还远未结束。[55]

四、政治哲学与思想史

1. 古典与近代西方政治思想史

马基雅维里的政治思想充满着明显的悖论，在他关于理想国家、政治主体和伦理道德的主要观点之中有集中体现。这些悖论深刻地反映了天国与尘世、人性与兽性、传统与近代、理想与现实之间的张力和矛盾。马基雅维里有两份遗产，一份是积极的遗产，顺应人类社会的进步潮流，包括崇尚人类理性，倡导民主共和，维护政治自由，增进公共利益和弘扬爱国主义；另一份是消极的遗产，偏离人类理性和文明的主流，包括贪婪自私、不择手段、言而无信、欺诈陷害、暴力专制、投机钻营、残酷无情。远离“马基雅维里主义”消极遗产，弘扬积极遗产，是人类政治发展和文明进步的唯一正道。[56]

在卓越中演进民主，是古代雅典民主的一个典型特征。在近200年的历史演进中，追求卓越的政治精英与追求平等的民众共同推动了雅典民主的发展，它其实是历史自然演进的产物，顺应了时代发展的趋势。卓越与民主既可以互相促进，同时也有一种内在的紧张。在漫长的雅典民主实践中，卓越与民主能够协调发展，希腊民族性格中的中道精神、尊重法律以及重德性、轻物质的幸福观，也功不可没。[57]

2. 现当代西方政治思想史

当代功利主义是20世纪中叶新兴的政治哲学流派。有学者着力分析当代功利主义主要流派及其相互关系，试图为阐发和揭示当代功利主义演进逻辑和基本轨迹提供基础。指出当代功利主义有着很强的理论适应性，可以同其他习俗、规范、价值理念等有机融合，但当代功利主义已经丧失了传统功利主义的政治批判性，成为现有资本主义制度的辩护者，当代功利主义还具有根本的本体论和认识论缺陷，第一，当代功利主义理论缺乏主观与客观的辩证统一分析；第二，当代功利主义理论缺乏相对性与绝对性的辩证统一分析；第三，当代功利主义理论缺乏当前性与历史发展性的辩证统一分析。[58]学界普遍认为功利原则与平等原则相矛盾，其实，20世纪70年代以来，功利主义开始就此问题进行论析，已经形成比较系统的平等观。功利主义平等理论的基础要素是利益，同等程度关心每个人的利益及其实现，即相同利益相同对待，无论这个利益是谁的。当代功利主义仍有很多缺陷，其平等观缺乏对于社会平等的主观性与客观性、社会平等的个人性与集体性有机联系、社会平等的相对性与绝对性、平等的当前性与历史发展性的辩证统一分析。[59]作为一个政治学概念的“平等”，它指的是人们享有同等的人格、基础资源、基本权利、重要能力和社会地位。“公平”则是一个程序和过程的概念，就是按照相同的原则分配公共权利和社会资源，并且根据相同的原则处理事情和进行评价。“正义”本质上是一个应然的概念。有学者指出“平等”是人类最基本的权利，“公平”是社会制度的首要原则，而“正义”则是人类社会之首善。[60]

人们普遍认为权威与自由是相反对的，但从规范角度来看，权威的必要性并非来自于人的智力或道德上的缺陷，而是体现着人对共同善有不断追求的能力。权威被否定得越充分的地方，民粹主义和极权主义也越有可能生长，权威体现着人的自由，而非自由的反面；自由的反面是专制，而不是权威。[61]作为自由至上主义者，诺奇克的国家学说和分配正义的资格理论都基于其对“自由”概念的推崇，然而，在具体的论证中诺奇克不是以“自愿”曲解“自由”，就是用“自由”曲解“自愿”，从根本上混淆了“自由”与“自愿”两个概念。[62]

西方政治思想史上有一个清晰可辨的反党争思想传统，柏拉图、亚里士多德、霍布斯和麦迪逊是这一传统中的关键人物。对党争及其克服的思考在柏拉图、亚里士多德、霍布斯和麦迪逊的政治思想中都占据了核心的地位，对此做一番梳理和比较，可以给我们提供理解他们各自政治哲学要旨的一把钥匙。无论是古典思想家还是现代思想家，在思考党争问题时都具有一元论和多元论这样两个典型的思路。从柏拉图到麦迪逊的反党争思想对于我们理解民主与政党的关系，以及民主决策的认识论基础，民主巩固的社会基础，民主弊端的人性基础等重要问题，都深具启发意义。[63]

3. 古代中国政治思想

商周时期，产生于巫术背景下的“受命于天”的王权合法性观念，仍带有原始思维特征。但它在“受命于天”的外壳下，已蕴含着对受命者政治责任的预设。[64]近世儒家提出“以法为治”，他们熟用的“法”“法度”等概念涵盖了礼乐政刑、纪纲法度。依据治人与治法的关系，近世儒家更新了对于政治类型的理论概括，承认“以法为治”“以法为定”的客观性，从礼法与共治双重主体意义上强调治人的积极性，警惕“任法”模式的偏颇。这种法度中心、礼法本位的儒家治道论，追求一种优良的法治型态，为我们重新理解中华法系的法治资源提供了重要视角，有助于我们思考当今法治。[65]“民惟邦本，本固邦宁”，是中国古代国家治理的重心，也是治国理政最重要的历史经验总结。为了巩固国本，历代统治者实行了一系列重民、爱民、富民、养民、教民的政策和措施。对于今天的国家建设具有借鉴意义。[66]

传统的先秦儒家研究中强调仪式背后的抽象道德伦理精神，并使前者依附于后者以获得道德意义，但儒家礼仪形式本身就具有某种独立的道德意义却鲜有提及。先秦儒家的道德体系中存在着一种独立的仪式性道德，但并不以此否定抽象伦理的存在和意义，仪式道德与抽象伦理是并存而相融的。[67]

中国古代政治思想中虽然不存在类似西方正义的概念，但仍然通过“仁”“礼”“义”三项原则的相互支撑形成了一套解决人与人之间“分”与“和”的关系的基本框架。与西方主流思想不同的是，中国传统思想并不把正义作为最高的政治追求，真正的理想社会是超越了正义原则的“大同”之世。[68]

4. 近现代中国政治思想

政体简化论是20世纪初中国特定历史环境形成的产物。晚清中国思想家引进西方政体学说并非仅仅着眼于吸收知识，而更多的是为了服务于政治变革。深受时代环境影响的政体学说不可避免地带有简化倾向，重构后的政体论更应呈现中西互相参照的局面，构建平等的对话空间，既用西方政体学说来检视中国传统政治中的君权滥用现象，同时也用中国传统政道来补益西方政体理论。总之，中西方文明政治经验的开放式互动是全球化时代政治发展的题中之意。[69]民国初期，康有为意识到共和政体已成定局，因此，他将共和制与君主制混合而提出并倡导虚君共和制：这一方面延续了其一贯的政体选择立场，另一方面顺应了政治大势，不至于被时代抛弃。康有为致力于打通传统政制与现代政体的阻隔，让中国走上一条波澜不惊的政治转型道路。但缺乏引导政治现实的能量，根本的问题在于，国情并不是政体选择的唯一根据；当下的政治博弈，才是政体抉择的强大动力。[70]

人们普遍认为权威与自由是相反对的，自由即是权威的反面，对自由的追求必然要求质疑甚至摧毁权威。然而在理论上我们尤其应该重新思考自由与权威之间的关系。实际上权威在现代社会被否定的过程也是民粹主义、极权主义的可能性增长的过程。从规范角度来看，权威的必要性并非来自于人的智力或道德上的缺陷，恰恰相反，它体现着人对共同善有不断追求的能力。就任何共同体都需依赖的共同善的实现和共同行动而言，权威都起到展现和记录的两种功能：它展现了共同善在某时某刻的具体形式，使人们总是朝着一个共同的目标；另一方面，它又记录着这一具体形式的偶然、任意的性质，或者共同善内容的无穷多可能性。正是因为多种地方性权威的存在，权力的绝对化才有可能被有限遏止。我们可以说，权威体现着人的自由，而非自由的反面；自由的反面是专制，而不是权威。现代社会不是权威太多，而是权威太少。权威和专制不同，前者以人们的自由和同意为前提，后者则源自暴力和压迫。[71]准确理解并推进社会公正，成为事关基本制度安排与重要政策制定的重大议题。进一步看，现代意义上的社会公正，实际上是由普惠性公正和差异性公正构成的有机整体，两者相辅相成，共同构成了社会公正的基本内容。[72]

注：

①杨光斌：《论世界政治体系——兼论建构自主性中国社会科学的起点》，《政治学研究》，2017年第1期。

②张桂林：《逻辑要义、历史努力与认知前提：建构中国特色政治学话语体系》，《政治学研究》，2017年第5期。

③张广生：《“文明-国家”的自觉：中国道路与中国政治话语建构》，《浙江社会科学》，2017年第2期。

④谈火生：《政治学的学科传统之争与中国政治学的未来》，《教学与研究》，2017年第5期。

⑤房宁：《中国政治学研究应倡导管用的方法》，《北京日报》，2017年11月6日。

⑥黎娟娟：《技术政治的研究进展及未来展望》，《国外理论动态》，2017年第9期。

⑦孟天广：《从因果效应到因果机制：实验政治学的中国路径》，《探索》，2017年第5期。

⑧任剑涛：《在悬而未决之际：现代国家建构技艺的理论》，《学术月刊》，2017年第10期。

⑨陈曙光：《超国家政治共同体：何谓与何为》，《政治学研究》，2017年第5期。

⑩戴长征、程盈琪：《国家失效的逻辑——基于苏联—俄罗斯第一共和国案例的分析》，《江苏行政学院学报》，2017年第2期。

⑪庞金友：《当代西方国家失败理论的路径与逻辑》，《政治学研究》，2017年第5期。

⑫孙培军：《从普世价值批判的角度看西方民主话语在中国的传播误区》，《国外理论动态》，2017年第11期。

⑬袁超、张长东：《民主化范式的四大命题及其批判——从政治衰败研究的视角切入》，《上海行政学院学报》，2017年第4期。

⑭景跃进：《“选举”何以成为“威权”的修饰词——选举概念的重构及新政体分类》，《探索与证明》，2017年第5期。

⑮王绍光：《西方民主一个新动向：抽签的理论与实践》，《武汉大学学报(哲学社会科学版)》，2017年第4期。

⑯程恩富、张奕阳：《民粹主义的理论与现实辨析》，《教学与研究》，2017年第11期。

⑰林红：《当代民粹主义的两极化趋势及其制度根源》，《国际政治研究》，2017年第1期。

⑱丛日云：《从精英民主、大众民主到民粹化民主——论西方民主的民粹化趋向》，《探索与争鸣》，2017 年第 9 期。

⑲王丽萍：《认知民意：政治学学科触角下的社会皮肤》，《天津社会科学》，2017 年第 2 期。

⑳冉昊：《代表制与民主：理论逻辑与历史实践的优先序之争》，《中共浙江省委党校学报》，2017 年第 6 期。

㉑欧树军：《代表与民主的新盟约》，《国外理论动态》，2017 年第 11 期。

㉒柯华庆：《党导民主制：正当性与价值》，《学术界》，2017 年第 5 期。

㉓陈雪飞：《网络政治的知识图景：评〈数字民主的迷思〉》，《公共行政评论》，2017 年第 6 期。

㉔燕继荣：《国家治理现代化的重要任务》，《人民论坛》，2017 年第 7 期。

㉕谢新水：《论话语的合作性转向及其治理价值的凸显》，《首都师范大学学报》（社会科学版），2017 年第 3 期。

㉖刘瑜：《民主转型与政治暴力冲突的起落：以印尼为例》，《学海》，2017 年第 2 期。

㉗时和兴：《深入理解国家发展新的历史方位》，《行政管理改革》，2017 年第 11 期。

㉘燕继荣：《从国家治理现代化推进中国政治发展》，《中央社会主义学院学报》，2017 年第 3 期。

㉙房宁：《民主的中国模式》，《中央社会主义学院学报》，2017 年第 4 期。

㉚封丽霞：《人大主导立法之辨析》，《中共中央党校学报》，2017 年第 5 期。

㉛袁达毅：《论选举的民主性——人大代表直接选举的民主性分析》，《武陵学刊》，2017 年第 6 期。

㉜黄小钫：《我国省级人大常委会会次和 会期制度研究——基于北京市的分析》，《教学与研究》，2017 年第 10 期。

㉝石亚军、卜令全、陈自立：《国家监察体制：全域立体监察模式的构建》，《中国行政管理》，2017 年第 3 期。

㉞刘良：《中国古代地方政府驻京办事机构的变迁研究》，《武汉大学学报》（人文科学版），2017 年第 5 期。

㉟孙龙：《关于县级人大代表直选中选区划分制度的考察与分析》，《新视野》，2017 年第 5 期。

㊱张献生：《求同存异　求同消异　求同求异——正确处理一致性和多样性关系的基本实践方式》，《统一战线研究》，2017 年第 2 期。

㊲陈家刚《基层协商民主的实践路径与前景》，《河南社会科学》，2017 年第 8 期。

㊳刘学军：《推进人民政协协商民主制度化的若干重要问题》，《中央社会主义学院学报》，2017 年第 3 期。

㊴燕继荣：《社会变迁与社会治理——社会治理的理论解释》，《北京大学学报》（哲学社会科学版），2017 年第 5 期。

㊵张长东：《社会组织与政策协商：多元主义与法团主义之辩》，《浙江学刊》，2017 年第 1 期。

㊶张小劲、陈波、苏毓淞：《差序政治信任的城乡比较——基于 2015 年中国城乡社会治理调查数据的实证研究》，《湘潭大学学报》（哲学社会科学版），2017 年第 6 期。

㊷朱小略、侯芳君：《略论宗法结构对家族（间）行为与乡里自治的同构性影响》，《政治学研究》，2017 年第 5 期。

㊸周少来：《“上访管控困境”与农村基层治理结构转型》，《江苏师范大学学报》（哲学社会科学版），2017 年第 4 期。

㊹熊光清：《网络社会的兴起与治理变革：中国的问题与出路》，《学习与探索》，2017 年第 9 期。

㊺黄嘉树：《论“和平统一”之路径转换》，《台湾研究》，2017 年第 6 期。

㊻王英津：《论 1949 年以来的“中华民国”问题》，《学海》，2017 年第 1 期。

㊼程多闻：《比较政治学和区域研究在中国的发展：互鉴与融合》，《国际关系研究》，2017 年第 2 期。

㊽曹胜：《社会中心论的范式特质与多重进路——以国家中心论为比较对象》，《学海》，2017 年第 5 期。

㊾史志钦、赖雪仪：《西欧国家政党政治的多重两难困境》，《当代世界与社会主义》，2017 年第 2 期。

㊿周淑真：《从美国现状看西方国家政党政治的新变化、新特点》，《当代世界与社会主义》，2017 年第 2 期。

(51)柴尚金：《西方国家政党政治新变化与发展趋势》，《当代世界与社会主义》，2017 年第 2 期。

(52)林德山：《欧洲政党党内纪律监督制度探析》，《国外理论动态》，2017 年第 3 期。

⑬张汉:《“社会中的政党”与“政党中的社会”:政党社会学的历史传统与研究路径》,《经济社会体制比较》,2017年第4期。

⑭何怀宏:《美国大选背后的价值冲突》(上、下),《探索与争鸣》,2017年第2、3期。

⑮费海汀:《西方学界视角中的苏联政治学(20世纪50~80年代)》,《俄罗斯东欧中亚研究》,2017年第6期。

⑯俞可平:《马基雅维里悖论解析》,《北京大学学报(哲学社会科学版)》,2017年第6期。

⑰何怀宏:《在卓越中演进民主——对古代雅典民主的一种价值论思考(上)(下)》,《武汉大学学报》(人文科学版),2017年第5、6期。

⑱刘舒杨、王浦劬:《当代功利主义主要流派论析》,《中共福建省委党校学报》,2017年第11期。

⑲王浦劬、刘舒杨:《当代功利主义平等观论析》,《政治学研究》,2017年第6期。

⑳俞可平:《重新思考平等、公平和正义》,《学术月刊》,2017年第4期。

㉑段德敏:《权威作为自由的前提?——从规范角度思考政治权威》,《复旦学报》(社会科学版),2017年第4期。

㉒李石:《论诺奇克对“自由”与“自愿”的混淆》,《哲学动态》,2017年第8期。

㉓霍伟岸:《党争及其克服——从柏拉图到麦迪逊》,《学术月刊》,2017年第2期。

㉔杨阳:《“受命于天”与中国古代施政观念的形成——商周时期政治思想述论》,《政治学研究》,2017年第4期。

㉕任锋:《“以法为治”与近世儒家的治道传统》,《文史哲》,2017年第4期。

㉖张晋藩:《中国古代国家治理的重心——“民惟邦本,本固邦宁”》,《国家行政学院学报》,2017年第4期。

㉗刘九勇、江荣海:《论古礼仪式本身作为先秦儒家道德的一种形态》,《河南师范大学学报》(哲学社会科学版),2017年第1期。

㉘唐士其:《正义原则的功能及其在中国传统思想中的实现——一个比较研究的案例》,《政治思想史》,2017年第1期。

㉙张舒:《近代中国思想中的政体简化论与古史叙事》,《学海》,2017年第3期。

㉚任剑涛:《政体选择的国情依托:康有为共和政体论解读》,《政治学研究》,2017年第3期。

㉛段德敏:《权威作为自由的前提?——从规范角度思考政治权威》,《复旦学报》(社会科学版),2017年第4期。

㉜吴忠民:《普惠性公正与差异性公正的平衡发展逻辑》,《中国社会科学》,2017年第9期。

(作者:王续添,中国人民大学教授;高亚林,中国人民大学博士生)

社 会 学

社 会 学

奂平清 欧阳文娇

改革开放为社会学在中国的恢复重建与发展提供了重要契机。为纪念改革开放40周年,社会学者系统、全面地总结中国社会转型、社会建设及社会治理的成就和经验,积极回应新时代社会发展中的重大理论与现实问题,在社会学理论、社会学史与社会学方法,社会政策、社会保障与社会工作,社会分层与流动,社会心态与社会心理,城乡发展与农村社会学,政治社会学,教育社会学,经济社会学,组织社会学,网络社会学,性别、家庭研究,健康与老龄化研究,环境社会学,历史社会学与空间社会学等分支研究领域,都取得了丰硕的成果。

一、社会学理论、社会学史与社会学方法

构建社会学的中国话语体系是社会学者探索的重要话题,其中一个方面就是社会学本土化。有学者指

出，中国社会学本土化发展有其学科内在的原因，同时也与改革开放事业、与注重实地社会调查的风格、与对中国现代化的探索均密不可分。[①]也有学者认为，从议题、应用和范式等角度而言，中国社会学已经相当本土化，社会学本土化是个伪问题。[②]有学者指出，中国特色社会学话语体系须超越西方化与本土化，以推动和引领世界社会学发展为目标，增强回应当代世界与中国实践重大议题的能力，提升中国社会学的话语影响力。[③]社会学在中国化过程中需要走出去，与世界分享中国社会学的研究发展，这是建构中国社会学的话语权的重要方面。[④]

关于马克思主义社会学的讨论也是近年中国社会学的热点话题。2018 年 4 月，由中国人民大学社会学理论与方法研究中心等学术机构主办的"马克思主义社会学的历史发展与实践创新——纪念马克思诞辰 200 周年"学术研讨会在北京召开，与会学者围绕如何继承和发扬马克思在社会学领域留下的遗产等议题开展了讨论。

有研究者指出，以李大钊、瞿秋白、李达等人为代表的马克思主义社会学派是 20 世纪上半叶中国社会学的重要流派，马克思主义社会学思想在当时的传播不是纯粹的学术景观，而是作为认识和改造中国社会的思想武器而发挥作用的，其传播过程也带有明显的中国特点。[⑤]有分析指出，中国社会建设的实践与理论需要，是马克思主义社会学发展的重要契机；此外，中国社会科学（包括社会学）发展面临的困境之一是受各种思潮的影响与冲击，缺乏自洽的总体性理论体系，缺乏以对话和合作为基础的学术积累，推动马克思主义社会学的发展，将有助于突破这种困境。[⑥]

当代社会学的研究离不开从古典社会学中持续汲取养分。在涂尔干逝世 100 周年之际，有学者分析了涂尔干的社会责任、学术执着等方面的品质；[⑦]有学者讨论了涂尔干社会学思想的理性主义性质及其道德科学色彩；[⑧]有学者梳理了《自杀论》对现代社会道德危机的分析，突出涂尔干在危机时代重建道德秩序的努力；[⑨]有研究者指出，涂尔干所定义的三种自杀类型实际上是不同道德状态的极端表达，社会学则是某种现代道德人格的表达。[⑩]有学者探讨了涂尔干视自杀为"总体社会事实"的观念，凸显涂尔干对现代人生存状况的悲悯情怀。[⑪]有学者结合历史背景，分析了涂尔干及其弟子们的思考和研究路径：面对四分五裂的欧洲及世界，他们力图从社会规范秩序的性质入手，探求宗教生活的基础性意义，进而对世界诸文明及其历史进行比较研究。[⑫]

对于韦伯的学术思想也有较多讨论。有学者基于韦伯《科学作为天职》的演讲，重新讨论了每个人应如何承担自己的价值立场的问题。[⑬]韦伯关于学术与政治的思想表明，学术能使人明确自身的价值立场及其实践后果，从而培养自我清明和求真务实的品质；韦伯还告诫我们要警惕主观理想潜藏的暴力性，认清实践的复杂性和悖谬性，将信念与清醒的现实责任感结合起来。[⑭]

有学者及其研究团队深入讨论了群学概念体系并致力于建构群学命题体系，认为群学既有与西方社会学"相合"的研究对象和研究领域，也有以经验证实理论的研究视角和方法，群学必将在 21 世纪世界性百家争鸣中"浴火重生"。[⑮]

在社会学研究方法方面，有学者认为韦伯倡导的理解社会学对于将实证性量化研究和诠释性质化研究结合起来有重要启示。[⑯]有学者认为，作为质性研究方法的案例分析，其目标不是讲故事，而是产出知识，系统地展现因果机制和过程。[⑰]有学者还提出"作为方法的故事社会学"分析框架。[⑱]有学者倡导"田野工作的想象力"，将真实的观察与想象的再现紧密结合在一起。[⑲]

关于社会学研究与大数据、计算社会科学相结合的问题，有学者建议要加强政府和大型高科技公司与高校和科研机构的合作，积极开发大数据应用的合适工具，建立大数据实证社会科学的媒介和平台，改进使用大数据的实证研究的方法，以推动大数据实证社会科学的发展。[⑳]有研究者从大数据、理论与预测模型三者之间的关系讨论了如何开展社会学理论导引的大数据研究。[㉑]

二、社会转型、社会建设和社会治理研究

社会学者在纪念改革开放 40 周年、全面总结我国现代化社会转型、社会建设和社会治理的成就和经验，取得了丰富的成果。

关于中国的现代化转型，有学者指出，较早进入现代化的国家都是通过资本主义制度实现现代化的，"中国特色社会主义现代化"概念既适用于描述改革开放以来的中国社会主义现代化过程，也适用于描述改革开放前的中国社会主义现代化过程，两者各有其历史必然性和历史肯定性。[㉒]有学者认为，改革开放以来中国的现代化建设之所以取得巨大成就，就在于中国改变了以往外在拉动型的现代化建设模式，开启并逐渐形成了自觉内生型的现代化建设模式，自觉内生型现代化建设是真正意义上的现代化建设。[23]有学者指出，中国特色社会主义新时代的高质量发展不仅有经济学属性，也有社会学属性，高质量发展就是要解决人民日益增长的美好生活需要和不平衡不充分的发展之间的矛盾。[24]在迈向社会主义现代化强国的征程中，迫切需要加强社会主义现代化理论研究，以指导解决发展中所面临的挑战与问题。[25]

在社会建设研究方面，学术会议和研究成果都较多。2018年11月，由中国社会科学院社会学研究所等机构联合举办的“纪念改革开放40周年暨社会建设学术研讨会”召开，与会学者总结了中国改革开放40年社会建设的实践与经验。

有学者认为，坚持以人民为中心发展思想、更好满足人民美好生活需要，是解决新时代我国社会主要矛盾的客观要求，也是社会建设的核心。当前要正视民生资源供需矛盾尖锐、民生事业发展体制机制不完善等事实，着力解决基本民生领域存在的主要短板现象，是更好满足人民美好生活的前提。[26]有学者认为，改革开放以来我国民生建设的基本经验是在改革动力方面实现了改善民生与经济发展的良性循环，在制度改革方面实现了增量改革与存量改革的有机统一，在治理方面实现了民生改善与国家治理的良性互动。[27]

关于社会治理与社会建设之间的关系，有学者认为社会治理属于社会建设的范畴，社会建设目标高于社会治理。社会治理是推进社会建设的重要方略，是手段与目的之间的关系，社会治理是为了建设“社会现代化”。[28]有学者指出，复杂社会的治理之道，应该是坚持对象与方法相一致的原则，以复杂逻辑应对复杂社会；在治理策略上，要尊重多元、承认多样，要特殊性与普遍性相统一、多样性和一致性相统一；在治理方法上，要因地制宜，不搞“一刀切”。[29]

三、社会政策、社会保障与社会工作

有学者回顾了改革开放40年来中国社会政策的发展及其对社会建设的促进作用，认为中国的社会政策经历了从含混、从属到相对清晰的发展过程，由经济型社会政策转向补缺型社会政策，2012年之后社会政策进入科学化、制度化阶段。社会政策对社会建设的贡献表现在促进政治认同、解决弱势群体的基本生活困难等方面，也表现在增强城乡居民的共同体意识和社会参与意识。当前需要进一步理顺经济发展与社会建设间的关系，整合各种建设力量，更加全面科学地发展社会政策，充分发挥其对社会建设的作用。[30]

关于反贫困社会政策及其实践，有学者提出农村反贫困社会政策的PCG双层场域模型分析框架。[31]有学者讨论了社会工作在扶贫上的作用，认为社会工作可以精准介入对贫困户和贫困村的精准识别、精准帮扶、精准管理和精准考核的整个过程。[32]

在社会工作学科及理论方面，有学者对我国20世纪以来的社会工作的发展作了阶段划分，指出我国社会工作的发展不是直线型的，而是在涨落中发展更稳定的符合中国实际的社会工作模式。[33]有学者指出，为反身实践的社会科学模式是社会工作理论实践和专业能力发展的新思路和新方向。[34]有学者认为，农村社会工作不仅应融合与借鉴专业社会工作知识，发展一种内生性和本土性的社会工作，还应尝试构建一种农村社会工作的介入性策略框架，形成多重性的社会问题防御和应对机制。[35]

四、社会分层与社会流动

对于改革开放40年来中国整体社会结构的变化特征，有学者认为主要体现为以下方面：一是社会分层结构朝向现代社会分层机制变迁，具有重要的社会进步意义，符合国家治理体系现代化；二是中等收入阶层在不断壮大，朝向“橄榄型”社会结构变迁；三是社会结构的演变也表现为收入差距、财产差距、贫富差距的变化；四是由于人口众多，中国走向现代社会结构是一个比较缓慢的过程，城乡差异、户籍差异、地区差异、阻碍社会流动的体制机制障碍、资源资本的垄断性过强等因素，都会阻碍社会结构变迁。需要根据党的十九大报告所强调的，要“破除妨碍劳动力、人才社会性流动的体制机制弊端，使人人都有通过辛勤劳动实现自身发展的机会”。[36]

在中等收入阶层或群体研究方面，有学者分析了构成中产阶层的四大群体并分析了进入中产阶层的教育渠道、专业技术证书渠道和市场渠道。[37]此外，应突破现有体制和政策的束缚，建立起面向“新生代白领”的公租房、保障房等公共制度，帮助其向城市中产阶层转化。[38]有学者指出，针对不同地区、不同人群中等收入群体的不同发展状况，我国宜采取“精准扩中”的政策思路，中等收入群体的壮大不仅需要“扩中”还需要“调结构”，促进中等收入群体由目前的倒丁字形向金字塔型演变，进一步形成理想的纺锤形社会结构。[39]有分析认为，中国已率先进入“白领社会”，这对于人们的生活福利和整个社会的消费文化都有重要影响。[40]另有研究发现，网络时代青年群体出现了趣群化的发展趋势。[41]

关于中国社会是流动的还是阶层固化的争论中，

有学者分析指出，中国社会阶层流动富于活力与弹性，向上流动的空间始终畅通。[42]有学者高度重视农民工的就业和生活问题，建议保持农民工收入和福利随经济发展逐年增长，发挥"单位"和"生活网"等能把农民工组织起来的力量，制定农民工市民化的长远规划和实施步骤，形成支持和赞誉农民工的社会舆论。[43]关于流动人口，有研究发现我国省际流动人口失业型态以结构性失业表现居多，其成因与个人能力及区域发展背景密切相关。[44]

关于社会分化与社会整合的治理之道，有学者认为，中国社会组织分化正在改变基层社会利益组织化的格局，主要反映为体制内外趋异。系统扩大对差异性社会类别的制度整合度，是新时代社会治理重要方面。[45]有研究者利用相关数据，分析了1949—2008年中国公共话语中有关社会结构的话语定义的变迁模式及其影响机制，发现改革开放以来由官方意识形态建构的"阶级"话语在社会分层的话语体系中逐渐消退，而以公众为面向的"阶层"话语在公共话语中的重要性不断提升。[46]有分析也指出，逐渐淡化"阶级"而突出"阶层"，是改革开放以来我国阶级阶层政策的一个重大转变，这一政策转变的内在逻辑是党在公有制成为占主导地位的所有制形式、生产资料占有不存在根本对立的历史条件下坚持和发展马克思主义的结果，既符合社会主义建设的现实需要，也具有充分的理论依据。这对调整阶级阶层关系、促进社会整合、推动构建共建共享的现代社会治理格局具有重要意义。[47]

五、社会心态与社会心理

关于中国社会转型过程中社会心态的变迁，有学者利用相关数据分析发现，2005—2015年间中国人的社会态度并未出现极化现象，整体呈现出一致性的变化趋向。在自我认知层面，幸福感提升明显且群体间差异缩小，在情感性评价方面，社会公德感和政府满意度在提高，在行为倾向层面，公众的政治参与和行为开放性也都有所提升。[48]有学者利用GSS2008数据分析发现，我国居民的经济不公平感比较高，其主要的影响因素是教育和社会资本因素。[49]有分析认为，随着互联网的快速发展，网络媒介的使用对主观公平感产生了复杂的影响，网络媒介使用者因从网络中获取更多的社会不平等信息而提升了感知社会不平等的程度，从而降低了其社会公平感；另一方面，网络媒介使用者也通过向下比较而降低了相对剥夺感，从而提升了个人公平感。[50]

有学者利用2017年社会心态调查数据建构的主观社会阶层形成过程模型分析表明，主观社会阶层的形成过程源于与他人在收入、受教育机会、职业和居住条件等方面所进行的社会比较，社会比较一方面通过生活满意度的中介作用影响主观社会阶层，一方面与社会公平感相互作用影响主观社会阶层。数据分析表明，当前中国民众的主观社会阶层偏低，需要通过提升社会各领域公平性、减少相对剥夺感、增加生活满意度以改变主观社会阶层格局。[51]

在社会心理服务方面，有学者倡导要扩展社会心理学传统的学科边界，以社会心理学整合心理学的学科资源，来为社会治理服务。[52]有学者指出，社会转型时期需要中国特色的心理健康服务、社会心理服务和社会心态培育，这是中国经济社会协调发展的"间接生产力"。[53]

六、城乡发展与农村社会学研究

关于中国城乡发展和城镇化道路的经验与问题，社会学者做了回顾与总结。有学者指出，中国城镇化与"渐进型"改革开放紧密联系，表现出从工业城镇化、土地城镇化到人口城镇化的阶段性，三个阶段形成明显的"接力"发展的格局。政府与企业、中央与地方、国家与农民三对关系分别主导了三个阶段。当前的"新型城镇化"正是国家力量进行干预、对流动农民群体和贫困人口实施全面扶持、实现全面协调发展的战略。[54]有分析认为，在中国城镇化快速发展中，呈现出大城市的"过密化"和中小城镇的"空心化"并存的两极化格局。[55]

有实地研究发现，在新世纪以来快速城市化进程中，农户家庭为儿子结婚经历了从在农村"盖大屋"到"进城买楼"的变化过程，这种婚房进城反映出城市化及城乡关系的一些独特形态：以无数个微观家庭的代际关系为纽带，农村与农业"贴补着"城市化的进程；婚房进城也与农村父母期待子孙离开农村、实现非农就业的愿望不谋而合。[56]有学者批评学界长期以"城乡二元对立"视角讨论中国农民进城问题的偏差，提出将"入城农民"与"农村"的"两栖"联系概括为"以家庭为单位的'人身—家庭'在乡村—城市空间上的撑开"，从"场所"的重叠或延伸性重新理解中国农村的"空心"现象。[57]

对于改革开放以来农村变迁，有学者分析了我国农村的分化性发展与张力性整合，认为促进农村经济社会的协调发展和城乡一体化，使农村分化与整合相适应，是当前和未来的重要任务。[58]有学者对新世纪以来中国社会学界延续李景汉定县调查所取得的成果做了梳理与分析，认为这些调查与研究有明确的理论自觉意识，对于中国特色乡村发展道路、乡村研究的理论命题、乡村研究的方法，以及农村社会学学科建设都有着深刻的反思，对农村社会学学科发展和乡村振兴实践具有重要意义。[59]

有学者通过农村土地流转案例，分析了农村土地流转实践中资本、政府和农户三方的行动策略，认为农村土地属性高度复杂，既有权属关系问题，也有社会边界问题。农村土地流转不仅要明确权属关系，更要解决土地流转后的乡村产业和社会整合问题。[60]有研究者讨论了乡村产业与本地城镇化之间的关系，认为乡村产业的发展使得农村家庭在兼营农业的同时，在本地非农就业与外出务工之间灵活选择，形成了基于家庭生命周期的“外出—回流”机制，也进一步改变了城乡格局，为“就地城镇化”提供了基础。[61]有研究发现，贫困地区产业扶贫政策的取向一般是在农业生产层面对小农逻辑进行改造，即从“为生存而生产”向“为市场而生产”转型，但在实践中往往陷入“动员—失败—再动员”的困境，国家在“改造农民”和“驾驭市场”上面临双重困境，其主要原因在于政策定位和聚焦不合理。[62]有分析指出，在中国经济社会结构已发生重大转变的条件下，那种认为农业和农民问题的出路仍在于小农经济的主张，与实际不符，也难以从根本上化解“三农”困境。[63]

关于新时代的乡村振兴，有学者认为要对乡村振兴战略进行学理性解释和储备性策略研究，乡村社会学一个重点任务就是要以学科范式系统地理解乡村振兴战略。[64]有学者指出，实施乡村振兴与推进农业农村现代化是新时代解决“三农”问题的基本方针政策。中国特色农业农村现代化道路要以粮食安全为核心、以农户为主体，由农民因地制宜自主选择。[65]有学者认为，要实现乡村振兴，除了经济的转型升级，还需要进行社会基础建设，包括形成适应农村“可行能力”的产业结构，以加强集体经济、合作经济为基础的“再组织化”，以及农村居民现代国民素质的提高。[66]有研究者通过个案研究，分析了乡村产业在乡村振兴中的作用，认为乡土社会为乡村产业提供了存在与发展的社会基础，实施乡村振兴战略，要理顺乡土的社会基础，充分利用乡土社会资源，激发乡村社会内生性动力。[67]有学者指出，乡村产业兴旺要多业并举，避免产业单一化，要始终体现农民主体地位，通过组织创新把农民有效组织起来，真正让农民成为发展主体和受益主体。[68]有学者认为，精准扶贫是乡村振兴的前提条件和重要构成部分。实施精准扶贫战略要进行系统化的制度创新和制度建设，形成一套长效机制。[69]有学者从文化转型的视角思考乡村振兴，强调通过乡村振兴重建乡村共同体。[70]

七、政治社会学

有研究者对我国国家治理中的政府官员空间流动做了系统性分析，分析了政府官员层级分流的基本趋向、条块权力结构、块上流动形成的地方性人事网络结构等诸方面的状况。[71]有学者分析了国家信访制的发展阶段及不同历史时期的特征和取向，认为从总体趋势上看，信访制度在结构上不断丰满的同时，功能上却在不断衰退，这也是当前信访制度面临的主要困境。[72]

有分析认为，中国的社会变革之所以避免了巨大的社会动荡，主要不是依靠正式制度的变更，而是依靠能够避免正面冲突的“名实分离”的基层实践：中国特有的组织结构和文化传统，有利于使不同群体形成广泛的互赖关系，借以互换或共享资源，降低了大范围冲突的聚集联合；社会中广泛存在的非正式渠道也促进了商谈和私下利益联盟的产生，成为变革所依赖的社会支撑资源。这种基础性结构关系作为社会变革的稳定器，促进了非正式政治整合的发生。西方的转型理论将变革和体制设定为对立且无法发生适应性改变的相互破坏关系，中国社会变革的经验为政治社会学的转型理论提供了补充性解释。[73]

有研究指出，受某些政治观念的长期影响，学者们普遍认为随着近代国家的建构和当代国家对乡村的治理，中国乡土社会的乡绅已消失殆尽，因此对乡村精英的研究遮蔽了具体时空下的实况。从近 60 余年来地方乡村领导和社会秩序的民族志研究来看，乡绅经历了从乡绅到中农的变化，到 21 世纪在自然村社会中仍在隐然延续。国家通过政治/组织路线，对血缘/地缘的村落社会进行重新编织的基础上，自然村/村民小组及其领导人对于基层政治生活和社区维系有着重要作用。[74]

八、教育社会学

有研究者利用中国教育追踪调查数据分析了初中生学业表现的变化及影响因素，发现整体社会经济地位更高、生源水平更好、物质设施更完备的学校能更有效地提高学生的学业水平；而学校在当地社区的排名、学校整体师资水平以及学校部分管理措施则对改善学生学业表现没有显著作用。此外，学校难以弥补不同基础的学生在学业方面的固有差距。[75]有研究者利用首都大学生成长追踪调查数据考察了家庭阶层背景对大学生教育成就获得的影响，发现精英阶层子女更可能成为学生干部，英语能力也更高，但学业成绩更差。一方面是因为他们没有投入足够时间与精力，另一方面则是因为文化资本的作用是有条件的，只有在考核与评价体系主观化、非标准化的情况下有效。此外，文化资本在其他资源的配合下能够发挥更大作用，故而精英阶层子女更受益于文化资本。[76]

有研究者利用相关数据分析了影响学生高等教育就学地选择的因素，发现父母的影响最高，其次是亲友社会网络，市场介入程度的影响不高；在选择就学城市上，教育质量和发达程度最受重视；在选择学校上，学校排名和专业排名最受看重。[77]有研究者基于历时调查数据，分析了大学生毕业意向的影响因素，发现学业表现、家庭背景和宏观环境对大学生升学意愿均有显著影响，家庭背景的优势主要体现在对选择深造尤其是留学的作用会随着学业表现提高而增强，在毕业规划方面宏观环境起着重要作用。研究也表明“大学教育后”教育机会分配体现的仍是一种社会再生产逻辑。[78]

有研究者利用1990年和2000年人口普查数据，对照分析了中专与普通高中两类教育机会获得过程中的家庭背景影响的变化，发现中专教育在劳动力市场中的回报出现持续锐减时，该类教育的阶层不平等也趋于相对缓和，但与此同时普通高中教育领域的不平等在增强。[79]有研究者梳理了近20年来对职业教育的社会学研究，将这些研究划分为人力资本投资理论框架、青年亚文化和阶层再生产视角、制度主义框架三种视角，指出这些研究主要关注“合格”技能劳动力培养，研究职业教育与国家、市场、社会的互动关系，但没有把职业学校作为一个超越组织的“社会性”和“人格性”教育团体，探究其在现代化转型中的“重建”问题。[80]

九、经济社会学

在经济社会学理论研究方面，有学者探讨了经济社会学与行为地理学在研究视角上的亲和性，认为二者在目标追求、环境变量对个人效用的影响以及对个体内化之心智结构的假设方面具有一致性、相似性和同构性。借助基于这两个学科的“社会—地理人”效用函数，可探讨诸多经济社会学问题。[81]有学者指出，在海量信息供应的条件下，信息供应的有限性和预期判断对象的确定性都发生了根本性变化，西方经济社会学的有限理性论和直觉判断论面临尖锐挑战。在此条件下，感性选择研究有着极其重要的学术价值和现实意义。[82]从消费层面来看，当代人类的日常消费行为发生了从追求使用价值到注重符号价值的转变，符号价值消费是形象消费，理性选择理论难以解释这种选择行为，深入研究由感性意识活动支配的感性选择，有助于理解符号价值消费行为。[83]

有学者从社会学的视角分析了金融资本主义的崛起及其影响，认为金融资本主义的全球化扩张使其力量超越了民族国家的范围，政府、企业、家庭和个人等行为主体都日益受到金融市场的指引和重塑，导致“社会生活金融化”，金融市场与社会脱嵌的趋势日益明显，侵蚀着国家、工会、市民社会等力量，加剧了发达资本主义国家的就业危机、贫富分化和结构性的不平等。[84]

关于社会网络和社会资本理论中弱关系与强关系命题的争论，有学者结合相关数据分析认为，强、弱关系或许只是表象，使强、弱关系发生作用的不是关系强、弱本身，而是关系人在社会特征属性上的同质性程度。[85]有研究者结合相关数据，从关系嵌入与结构嵌入的视角，分析了中国风险投资（Venture Capital）机构的联合投资行为，发现其行为选择强调长期社会关系和声望，共同投资的经历越多、越稳定，他们之间的关系距离越近、共同朋友越多、越占据优势网络位置，将来联合投资的可能性越高。[86]

有学者分析了创新风险、影响及其治理问题，认为如果防范不当，创新风险可能会导致创新动力不足、创新社会接受度下降和创新环境恶化等后果。应加强创新的社会治理，大力倡导负责任的研究与创新，为创新营造良好的社会环境，引导创新朝向满足人民对幸福美好生活的需求，实现更加充分、平衡、可持续的发展。[87]

十、组织社会学

在组织社会学方面，有研究者对25年来中国私营企业调查及数据使用状况做了梳理和分析，认为这一调查数据是国内外各界了解和研究改革开放以来中国企业和企业家成长的主要数据。[88]有学者分析了美式“股东导向型”公司治理制度在中国传播的阶段及其动机驱动机制，讨论了如何反思西方新自由主义企业制度、构建具有中国特色的现代企业制度。[89]

有学者讨论了社会组织与社区治理的关系，构建了“外部环境—供求匹配—治理水平”的分析框架，分析导致社会组织与社区治理的供求匹配不足的环境因素和应对方式。[90]有研究者通过某小额信贷组织移植“格莱珉”模式失败的案例，建构了关于制度移植成败的解释框架，认为“文化排异性”高和社会整合度低会增加制度移植失败的可能性，特定社区在这两个变量上的不同组合会导致不同的制度移植结果。[91]

我国社会组织从业人员流动频繁和流失严重成为社会组织健康发展的主要制约因素。有学者对北京社会组织的调查表明，年龄、人职匹配度和职业声望感知对社会组织从业青年的职业流动意愿具有显著影响。降低社会组织从业青年的职业流动意愿，需要在招聘时加强人职匹配测评，有效激励新入职的年轻从业者，提高社会公众的认可度。[92]

十一、网络社会学

社会学者密切关注网络时代的相关理论与现实问题。有学者认为，中国网络社会已经大规模崛起，网络社会的交往行为、经验基础和群体形式都呈现出与传统社会不同的方式和特点，网络社会具备了充实的空间内容和崭新的空间关系，网络社会的发展也给社会治理带来严峻挑战。[93]社会生活网络化引起的一个重要变化就是经验双层化：以前经验通常被理解为在特定局部场所的身体经历，在大规模网络化的条件下，一种新形式的身体不在场的网络经验——“传递经验”不断地广泛生成，并成为影响局部经验或在场经验的新经验。[94]在网络社会快速崛起和城市社会空前扩张的新形势下，中国网民在植根传统的网络群体分化中，通过集体表象形成了空间区隔。我们要借鉴古典社会学和当代社会关于集体表象和空间变迁的思想，对中国网络社会的集体表象和空间关系作出事实考察与理论概括。[95]

有学者探讨了移动互联网如何影响人们的日常生活乃至情感体验，认为互联网技术本身不会直接改变人的情感，而是通过一系列空间机制发挥作用：移动互联网促进了空间叠合、行动者—目标距离的缩短、空间感虚化，使人粘在“网”上，并滋生了沉溺、厌倦等情感体验。[96]有学者以青年网络游戏(网游)玩家为例分析互联网时代资本主义的赢利模式，发现游戏制造者/资本的最终目标是让玩家们把时间消耗到游戏中，这种占有人们时间的赢利模式改变着人们的时间观和时间秩序。[97]

十二、性别、家庭研究

在性别研究方面，有学者分析了中国性别研究的语境的变化，强调建构开放、多元和包容的性别研究中国话语。[98]有学者研究了城镇已婚女性的劳动参与的影响因素，认为女性的劳动参与受制度、劳动力市场机会结构和性别角色观念的影响。[99]还有学者分析了城市居民的出行方式的性别差异。[100]

有研究发现，在教育市场化背景下，母亲在家庭儿女教育方面职责在增长并呈现出一种“经纪人化”的新特征。[101]有研究者从母职的角度审视中国儿童的抚育问题，也揭示出“为人母之艰”的困境。[102]有研究分析了包买制生产组织形式与“嵌于家庭”的已婚女性的劳动力供给的相互匹配性。[103]

有学者认为，现今空间的不共域性、时间的不共时性和心理的不共情性以及日益提升的职场要求和家庭责任，使得人们(尤其是女性)难以平衡家庭与工作之间的关系，这也是新时代家庭面临的新问题。需要通过完善婴幼儿托育服务体系，倡导自然育儿模式，缓解育儿焦虑，推动工作与家庭关系趋向平衡。[104]有研究者强调要构建一种行政性、志愿性和专业性融合的婚姻家庭社会工作，帮助妇女处理好家庭和工作的关系。[105]

十三、健康与老龄化研究

有研究者利用历年人口普查数据考察了影响人口预期寿命地区差异的社会经济因素，认为经济发展水平和增长速度、收入不平等程度以及教育和卫生基础资源状况是导致不同地区人口预期寿命差异的重要因素。[106]有研究者利用中国家庭追踪调查2010年和2012年数据，从自评健康、身体健康、心理健康等方面比较了流动、留守与城乡本地四类儿童健康状况的发展变化，认为流动对儿童健康有促进作用，留守对儿童发展没有显著的负向影响；地区之间存在显著差异，东部地区儿童在体质上相对较好，在心理健康方面却相对较弱，而中西部儿童正好相反。当前需要通过家庭、社区与社会共同努力，促进全体儿童健康的均衡发展。[107]

关于老年人健康，有学者以心脑血管疾病和慢性呼吸系统疾病为例，探讨了社会经济地位对中老年人慢性疾病的影响。[108]有学者根据病痛老龄化的问题，提出加快发展精准医疗、健全生命周期护理体系、推动医疗卫生体制和医疗资源公平化以实现健康老龄化的对策建议。[109]也有学者分析了经济可行能力下降、健康防控意识淡薄、医疗卫生资源不足、不健康的卫生生活习惯等影响农村老年贫困人口的健康风险。[110]有学者分析了中国老年人的照料需求模式及其影响因素，发现虽然以家庭为主的传统照料模式依然是老年人照料需求模式的主体，但其他社会化照料模式已被部分老年人所接纳。[111]

十四、环境社会学

随着中国特色社会主义建设事业进入新时代，生态环境治理受到空前重视。有学者分析认为，改革开放以来经历了从开发环境到保护环境的转变，环境因素在新的意义上被结合进社会建设进程，并推动着社会自身的深刻转变，正在迈向绿色社会。建设绿色社会是形势所逼、规律所在、民生所需，也是一个艰难的长期过程。[112]

有分析认为，我国垃圾治理建设进程经历了部分处理、无害化建设和循环产业建设三个相互交织的历史阶段。垃圾治理面临着三重困境：一是治理体系的建立滞后于垃圾的大规模产生，二是被政府视为有效途径的垃圾焚烧技术遭遇居民和环保组织的激烈反对，三是汇聚各方共识的居民垃圾分类推进困难。[113]有分析指出，发展环保产业成为平衡经济发展与环境保护的重要着力点，环境保护与经济发展之间的内在张力促使国家、市场、社会寻求建构一个良性的联动机制，市场与社会力量将成为影响未来环保产业转型升级的关键性因素。[114]

有研究者对美国环境运动发展的分析认为，不同层次的环境威胁是引发环境运动的直接导火索，不同时期国家与社会之间的价值观及利益的竞争与对抗是影响环境运动发展演进的内在主轴。我国的环境治理改革，不仅要重视政府治理能力的提升，更要充分保障社会多元主体的参与权及其环境利益。[115]有分析指出，西方环境社会学的环境流动理论范式将全球网络化引起的解域化物质性流动作为核心分析单位，关注全球化的环境后果及其治理。这一范式有助于消弭中国主流社会学与环境研究的长期隔阂，也有助于国内研究者将全球化或网络化思维纳入新时期的环境社会学研究。[116]

有研究者通过相关案例研究，认为草场共用机制决定了村庄集体才是生态系统服务的提供者，而一刀切地给牧民个体发补贴的政策，最终将导致公地悲剧的产生。草原生态补偿应针对村庄集体，把当地社会生态系统看作一个整体，促进系统和谐运行。[117]有分析认为，中国传统的农民生产生活行为遵循“生存理性”，也建立了生产—生活系统的循环，各类生活垃圾得到了有效处理；随着改革开放与市场经济制度的建立，农民生产生活行为开始遵循“经济理性”，垃圾处置行为趋向“经济理性化”，传统的生产—生活循环断裂，环境污染日益严重。从“生存理性”到“经济理性”的转变本质上是一种文化的改变，迫切需要实现从“经济理性”到“生态理性”的跨越。[118]

十五、历史社会学与空间社会学

历史社会学也是近年来的研究热点。有学者对历史社会学的定位、研究进展和研究方法做了讨论，分析了历史社会学研究的“空疏化”与“碎片化”双重困境及努力的方向。[119]有学者对历史社会学的性质及研究传统进行分析的基础上，尝试勾勒作为总体视域的历史社会学的古典根源与现代路径，讨论了其本土形态和研究的可能路径。[120]有学者讨论了历史社会学本土化的发展路径与理论创新范式，并结合对“革命与国家建设”“帝国治理与官僚体系”“教育与阶层再生产”等话题的讨论，探讨了本土性架构过程中的理论自觉与方法自觉问题。[121]

有研究者认为，微观比较历史分析法有助于重建社会学与历史学的对话平台，推进中国革命史研究。[122]有学者研究了以毛泽东为首要领袖的红四军在1927—1930年苏维埃革命实践中“伴着发展”的战略思想，认为这一战略把军事革命与社会革命结合在一起，实现了从“地方军事化”到“军事地方化”的跨越，形成了一种独特的军队—地方关系。[123]有研究者以毛泽东从大革命时期到苏区时期从事的主要农村调查实践与文本为考察对象，在社会思潮史、地域社会史等多重视角下，将毛泽东农村调查思想及其实践理解为一种在革命实践中产生的重要政治传统，认为它既是中国共产党在革命实践中阐释当时乡村社会危机成因的重要工具，也是实现大众动员的权力技术，更是革命政党以马列主义普遍原则改造中国乡村社会的重要中介机制。[124]有研究者分析了中国共产党早期革命中“富农问题”作为革命动力机制的内在逻辑与社会过程。[125]

有学者以阿来的相关长篇小说为基础，分析了康区历史上空间与时间的转变历程。在空间感上，康区经历了从古代的四方四国模式收缩为晚期帝国及近现代时期的汉藏二元模式，再到当代的一元模式；康区的时间经历了从循环的宗教时间转变为中原王朝的政治时间，再到现代线性时间，经历了不断规训的过程。阿来的作品也暗含了空间里的中介与时间上的超越等另类时空发展模式。这一过程及结果既是康区的经验事实，也是历史叙事的功效。[126]

还有学者指出，时空社会学是从时间和空间特别是社会时空的特性和视角出发，运用时空分析方法，研究社会的结构和过程的分支社会学。对于全球化时代的时空特性，发展中国家与发达国家的看法有分歧，亟需时空社会学回应解释。[127]中国的崛起过程召唤从时间性和空间性角度对其加以理论解释，要求时空社会学为中国特色社会主义提供描述和分析的基础性框架；同时，中国社会学话语体系的构建也必须倚重于时空转换。[128]

有研究者以相关案例研究讨论了国家级新区空间的重构过程与机制，分析了制度空间、主体行为与空间重构的关系，发现在发展初期地方政府借助制度空间条件，通过空间规模扩张、空间开发垄断和空间场所营销等“理性”行为，实现了对空间开发的主导和操纵；随着建成环境的不断完善及地方政府的制度实践，企业“趋利性”投资促进了空间转型和土地升值；原农村居民的“服从配合”和空间让渡助推了空间重构，而不断壮大的富裕群体和中产阶层通过空间消费，逐渐成为空间重构的积极参与者和受益者。[129]有研究者基于2010年全国第六次人口普查数据，分析了北京社会空间重构的特征和社会空间分异演化趋势及机制，认为个体差异、家庭差异和地区差异构成了城市社会空间分异过程，行政力量、市场力量和社会力量交互作用，推动着城市社会空间结构持续演化。[130]

注：

①李强：《改革开放40年与中国社会学的本土化、发展及创新》，《社会科学战线》，2018年第6期。

②谢宇：《走出中国社会学本土化讨论的误区》，《社会学研究》，2018年2期。

③洪大用：《超越西方化与本土化——新时代中国社会学话语体系建设的实质与方向》，《社会学研究》，2018年第1期。

④张翼：《社会学的中国化、话语权与话语体系建设》，《江苏社会科学》，2018年第2期。

⑤冯波：《20世纪上半叶马克思主义社会学在中国的传播特点》，《观察与思考》，2018年第7期。

⑥奂平清：《新时代中国社会学的理论自觉》，《西北师大学报》（社会科学版），2018年第6期。

⑦杨善华：《涂尔干的为学与为人》，《学海》，2018年第2期。

⑧苏国勋：《涂尔干社会学思想的理性主义性质》，《学海》，2018年第2期。

⑨王楠：《涂尔干的〈自杀论〉与现代社会的道德危机》，《学海》，2018年第2期。

⑩孙飞宇：《个体的自我保存与社会学的现代道德人格属性：〈自杀论〉中的双重结构》，《社会》，2018年第6期。

⑪赵立玮：《自杀作为总体社会事实》，《学海》，2018年第2期。

⑫渠敬东：《涂尔干：作为文明研究的社会理论》，《学海》，2018年第2期。

⑬田耕：《科学与指向价值的行动：韦伯〈科学作为天职〉一百年》，《社会》，2018年第2期。

⑭王楠：《价值理想的认识与实践：马克斯·韦伯的伦理教育》，《社会》，2018年第6期。

⑮景天魁：《论群学复兴——从严复“心结”说起》，《社会学研究》，2018年第5期。

⑯谢立中：《实证性量化研究和诠释性质化研究的联结：来自韦伯的启示》，《武汉大学学报》（哲学社会科学版），2018年第5期。

⑰张静：《案例分析的目标：从故事到知识》，《中国社会科学》，2018年第8期。

⑱黄盈盈：《作为方法的故事社会学——从性故事的讲述看“叙述”的陷阱与可能》，《开放时代》，2018年第5期。

⑲应星：《“田野工作的想象力”：在科学与艺术之间——以〈大河移民上访的故事〉为例》，《社会》，2018年第1期。

⑳李强、何晓斌：《中国实证社会科学的演进及使用大数据研究之现状与挑战》，《学术界》，2018年第5期。

㉑罗家德、刘济帆等：《论社会学理论导引的大数据研究——大数据、理论与预测模型的三角对话》，《社会学研究》，2018年第5期。

㉒谢立中：《论中国特色社会主义现代化》，《学习与探索》，2018年第10期。

㉓吴忠民：《中国现代化建设模式的转变——从外在拉动型现代化到自觉内生型现代化》，《江海学刊》，2018年第5期。

㉔宋国恺：《新时代高质量发展的社会学研究》，《中国特色社会主义研究》，2018年第5期。

㉕宋国恺：《中国特色社会主义现代化重大理论研究迫在眉睫——研究意义、关系、主题及展望》，《北京工业大学学报》（社会科学版），2018年第2期。

㉖洪大用、王道勇、黄家亮：《补短板、促民生，更好满足人民美好生活需要》，《社会建设》，2018年第5期。

㉗王道勇：《改革开放以来我国民生建设的基本经验》，《中国特色社会主义研究》，2018年第5期。

㉘宋国恺：《论社会治理是社会建设的重要方略——兼论"社会建设就是建设社会现代化"》，《探索》，2018 年第 1 期。

㉙景天魁：《探索复杂社会的治理之道》，《领导决策信息》，2018 年第 6 期。

㉚王思斌：《改革开放以来我国社会政策的发展及其社会建设意涵》，《社会》，2018 年第 6 期。

㉛李迎生、徐向文：《发展型福利视野下中国反贫困社会政策的改革创新——基于一个本土化分析框架》，《社会科学》，2018 年第 2 期。

㉜李迎生、郭燕：《推动社会工作精准介入反贫困实践》，《中国人民大学学报》，2018 年第 5 期。

㉝王思斌、秦小峰：《时段理论和结构-建构视角下的中国社会工作发展》，《江苏社会科学》，2018 年第 6 期。

㉞郭伟和：《迈向反身性实践的社会工作实务理论——当前社会工作理论界的若干争论及其超越》，《学海》，2018 年第 1 期。

㉟卫小将、何芸：《应变、检视、构建：农村社会工作发展路径与介入策略》，《新视野》，2018 年第 6 期。

㊱李强：《改革开放 40 周年中国社会分层结构之变迁》，《社会》，2018 年第 6 期。

㊲李强：《社会分层、中产阶层与中等收入群体》，《中央社会主义学院学报》，2018 年第 4 期。

㊳李强、丁辉文：《"新生代白领"进入中产阶层的体制机制障碍——某特大城市高科技园区白领阶层案例研究》，《河北学刊》，2018 年第 5 期。

㊴李春玲：《中等收入群体的增长趋势与构成变化》，《北京工业大学学报》（社会科学版），2018 年第 2 期；李春玲：《中等收入群体的构成特征与新时代"精准扩中"策略》，《统一战线学研究》，2018 年第 1 期。

㊵朱迪：《白领、中产与消费——当代中产阶层的职业结构与生活状况》，《北京工业大学学报》（社会科学版），2018 年第 3 期。

㊶田丰：《趣群化还是阶层化：网络时代的青年群体演变路径分析及讨论》，《青年探索》，2018 年第 5 期。

㊷赵旭东：《向上流动的空间始终畅通　中国社会阶层流动的活力与弹性》，《人民论坛》，2018 年第 20 期。

㊸李培林：《改革开放 40 年农民工流动的社会治理经验》，《社会》，2018 年第 6 期。

㊹陆杰华、陈怡臻：《影响我国省际流动人口失业主要因素的实证分析——基于 2015 年全国流动人口动态监测数据的验证》，《南方人口》，2018 年第 6 期。

㊺张静、董彦峰：《组织分化、政治整合与新时代的社会治理》，《文化纵横》，2018 年第 4 期。

㊻柳建坤等：《公共话语中的社会分层关注度——基于书籍大数据的实证分析（1949－2008）》，《社会学研究》，2018 年第 4 期。

㊼冯仕政、朱展仪：《当代中国阶级阶层政策的转变与社会治理》，《江苏行政学院学报》，2018 年第 3 期。

㊽李路路、王鹏：《转型中国的社会态度变迁（2005—2015）》，《中国社会科学》，2018 年第 3 期。

㊾王媛杰、王延涛：《我国居民经济公平感研究》，《当代经济》，2018 年第 15 期。

㊿朱斌、李路路、苗大雷：《网络媒介与主观公平感：悖论及解释》，《中国人民大学学报》，2018 年第 6 期。

51高文珺：《基于社会比较的主观社会阶层过程模型》，《湖南师范大学社会科学学报》，2018 年第 4 期。

52王俊秀：《社会心理学如何响应社会心理服务体系建设》，《心理技术与应用》，2018 年第 10 期。

53俞国良：《社会转型：社会心理服务与社会心态培育》，《河北学刊》，2018 年第 2 期；俞国良：《社会转型：心理健康服务与社会心理服务》，《黑龙江社会科学》，2018 年第 4 期。

54周飞舟、吴柳材等：《从工业城镇化、土地城镇化到人口城镇化：中国特色城镇化道路的社会学考察》，《社会发展研究》，2018 年第 1 期。

55陈心颖、陆杰华：《空间经济学视角下城镇结构失衡及其均衡化路径选择》，《东南学术》，2018 年第 4 期。

56白美妃：《从婚房进城看中国城市化的逻辑》，《文化纵横》，2018 年第 1 期。

57朱晓阳：《"乡-城两栖"与中国二元社会的变革》，《文化纵横》，2018 年第 4 期。

58王思斌：《我国农村的分化性发展与张力性整合——近四十年我国社会变迁的一个透视》，《北京大学学报》（哲学社会科学版），2018 年第 5 期。

59黄家亮：《"定县再调查"与农村社会学的理论

自觉》，《西北师大学报》(社会科学版)，2018年第6期。

⑥0陆益龙、张龙：《农村土地流转中优先权的实践建构——对河北定州一农地流转案例的分析》，《南京农业大学学报》(社会科学版)，2018年第6期。

⑥1付伟：《城镇化进程中的乡村产业与家庭经营——以S市域调研为例》，《社会发展研究》，2018年第1期。

⑥2王春光、单丽卿：《农村产业发展中的"小农境地"与国家困局——基于西部某贫困村产业扶贫实践的社会学分析》，《中国农业大学学报》(社会科学版)，2018年第3期。

⑥3奂平清：《论小农经济和"三农"困境的突破口——兼评"小农立场"》，《学术研究》，2018年第5期。

⑥4樊平：《以科学范式理解乡村振兴战略》，《中国农业大学学报》(社会科学版)，2018年第3期。

⑥5陆益龙：《乡村振兴中的农业农村现代化问题》，《中国农业大学学报》(社会科学版)，2018年第3期。

⑥6王思斌：《社会生态视角下乡村振兴发展的社会学分析——兼论乡村振兴的社会基础建设》，《北京大学学报》(哲学社会科学版)，2018年第2期。

⑥7付伟：《城乡融合发展进程中的乡村产业及其社会基础——以浙江省L市偏远乡村来料加工为例》，《中国社会科学》，2018年第6期。

⑥8朱启臻：《关于乡村产业兴旺问题的探讨》，《行政管理改革》，2018年第8期。

⑥9陆益龙：《乡村振兴中精准扶贫的长效机制》，《甘肃社会科学》，2018年第4期。

⑦0赵旭东：《乡村何以振兴？——自然与文化对立与交互作用的维度》，《中国农业大学学报》(社会科学版)，2018年第3期。

⑦1周雪光、艾云等：《中国地方政府官员的空间流动：层级分流模式与经验证据》，《社会》，2018年第3期。

⑦2冯仕政：《中国信访制度的历史变迁》，《社会发展研究》，2018年第2期。

⑦3张静：《社会变革与政治社会学——中国经验为转型理论提供了什么》，《浙江社会科学》，2018年第9期。

⑦4朱晓阳：《从乡绅到中农》，《中国农业大学学报》(社会科学版)，2018年第1期。

⑦5谢桂华、张阳阳：《点石成金的学校？——对学校"加工能力"的探讨》，《社会学研究》，2018年第3期。

⑦6朱斌：《文化再生产还是文化流动？——中国大学生的教育成就获得不平等研究》，《社会学研究》，2018年第1期。

⑦7李强、孙亚梅：《去哪上大学？——高等教育就学地选择的影响因素研究》，《清华大学教育研究》，2018年第6期。

⑦8闵尊涛、陈云松、王修晓：《大学生毕业意向的影响机制及变迁趋势：基于十年历时调查数据的实证考察》，《社会》，2018年第5期。

⑦9刘精明、张丽：《教育的职场价值与教育不平等——中专与普通高中之教育机会不平等变化的对比研究》，《清华大学教育研究》，2018年第1期。

⑧0王雅静：《中国技能劳动力培养及其职业学校重建——社会学的理论框架和方法》，《教育学术月刊》，2018年第4期。

⑧1刘世定、户雅琦、李贵才：《经济社会学与行为地理学：亲和性与互补性》，《社会学评论》，2018年第5期。

⑧2刘少杰：《海量信息供应下的预期判断与选择行为》，《中国人民大学学报》，2018年第1期。

⑧3刘少杰：《符号价值消费的现实基础与感性选择》，《探索与争鸣》，2018年第9期。

⑧4杨典、欧阳璇宇：《金融资本主义的崛起及其影响——对资本主义新形态的社会学分析》，《中国社会科学》，2018年第12期。

⑧5邱泽奇、乔天宇：《强弱关系，还是关系人的特征同质性?》，《社会学评论》，2018年第1期。

⑧6罗家德、曹立坤等：《嵌入性如何影响VC间的联合投资》，《江苏社会科学》，2018年第4期。

⑧7赵延东：《重视创新风险　推动可持续创新》，《中国社会科学评价》，2018年第4期。

⑧8陈光金、吕鹏等：《中国私营企业调查25周年：现状与展望》，《南开管理评论》，2018年第6期。

⑧9杨典：《金融全球化与"股东导向型"公司治理制度的跨国传播：对中国公司治理改革的社会学分析》，《社会》，2018年第2期。

⑨0向静林：《结构分化：当代中国社区治理中的社会组织》，《浙江社会科学》，2018年第7期。

⑨1程士强：《制度移植何以失败？——以陆村小

额信贷组织移植“格莱珉”模式为例》,《社会学研究》,2018 年第 4 期。

⑨②孙力强、李国武:《社会组织从业青年的职业流动意愿及其影响因素——基于北京市的调查研究》,《中国青年研究》,2018 年第 9 期。

⑨③刘少杰:《中国网络社会的发展历程与时空扩展》,《江苏社会科学》,2018 年第 6 期。

⑨④刘少杰:《传递经验的地位提升、社会作用与尖锐挑战》,《江海学刊》,2018 年第 5 期。

⑨⑤刘少杰:《中国网络社会的集体表象与空间区隔》,《江苏行政学院学报》,2018 年第 1 期。

⑨⑥王建民:《网络约束的空间机制——移动互联网如何影响我们的情感体验》,《江苏社会科学》,2018 年第 6 期。

⑨⑦佟新、申超:《互联网时代资本主义的赢利模式与时间秩序的变化-以网络游戏为例的研究》,《江苏社会科学》,2018 年第 1 期。

⑨⑧吴小英:《性别研究的中国语境:从议题到话语之争》,《妇女研究论丛》,2018 年第 5 期。

⑨⑨刘爱玉:《制度、机会结构与性别观念:城镇已婚女性的劳动参与何以可能》,《妇女研究论丛》,2018 年第 6 期。

⑩⓪佟新、王雅静:《城市居民出行方式的性别比较研究》,《山西师大学报》(社会科学版),2018 年第 3 期。

⑩①杨可:《母职的经纪人化——教育市场化背景下的母职变迁》,《妇女研究论丛》,2018 年第 2 期。

⑩②施芸卿:《当妈为何越来越难——社会变迁视角下的“母亲”》,《文化纵横》,2018 年第 5 期。

⑩③白美妃:《“客厅工厂”与“妈妈工人”——鲁东山县缝纫加工点的民族志研究》,《广西民族大学学报》(哲学社会科学版),2018 年第 1 期。

⑩④杨菊华:《边界与跨界:工作—家庭关系模式的变革》,《探索与争鸣》,2018 年第 10 期。

⑩⑤卫小将:《妇女与婚姻家庭社会工作的检视与建构》,《妇女研究论丛》,2018 年第 5 期。

⑩⑥齐亚强、李琳:《中国预期寿命变动的地区差异及其社会经济影响因素:1981—2010》,《中国卫生政策研究》,2018 年第 8 期。

⑩⑦赵如婧、周皓:《儿童健康发展的比较研究》,《青年研究》,2018 年第 1 期。

⑩⑧李建新、夏翠翠:《社会经济地位对中老年人口慢性疾病患病的影响分析——以心脑血管疾病和慢性呼吸系统疾病为例》,《人口学刊》,2018 年第 3 期。

⑩⑨李建新、夏翠翠:《健康老龄化还是病痛老龄化——健康中国战略视角下老年人口的慢性病问题》,《探索与争鸣》,2018 年第 10 期。

⑪⓪孙文中、刁鹏飞:《生命历程与累积劣势:农村老年贫困人口的健康风险研究》,《学术探索》,2018 年第 12 期。

⑪①陆杰华、张莉:《中国老年人的照料需求模式及其影响因素研究——基于中国老年社会追踪调查数据的验证》,《人口学刊》,2018 年第 2 期。

⑪②洪大用:《绿色社会的兴起》,《社会》,2018 年第 6 期。

⑪③张劼颖、王晓毅:《废弃物治理的三重困境:一个社会学视角的环境问题分析》,《湖南社会科学》,2018 年第 5 期。

⑪④胡溢轩:《中国环保产业的发展脉络与政策演变——基于国家、市场、社会三维视角》,《中国地质大学学报》(社会科学版),2018 年第 1 期。

⑪⑤胡溢轩:《美国环境运动的发展脉络与演进逻辑》,《南京工业大学学报》(社会科学版),2018 年第 5 期。

⑪⑥范叶超:《环境流动:全球化时代的环境社会学议程》,《社会学评论》,2018 年第 1 期。

⑪⑦范明明、张倩:《生态补偿补给谁?——基于尺度问题反思草原生态保护补助奖励政策》,《学海》,2018 年第 4 期。

⑪⑧蒋培:《从生存理性到经济理性:农民垃圾处置行为的演变及其环境后果》,《鄱阳湖学刊》,2018 年第 5 期。

⑪⑨应星:《略述历史社会学在中国的初兴》,《学海》,2018 年第 3 期。

⑫⓪孟庆延:《古典根源与现代路径:作为总体视域的历史社会学》,《广东社会科学》,2018 年第 6 期。

⑫①严飞、曾丰又:《历史社会学的本土自觉:革命、国家治理与教育再生产》,《学海》,2018 年第 3 期。

⑫②应星:《从宏观比较历史分析到微观比较历史分析——拓展中国革命史研究的一点思考》,《江苏社会科学》,2018 年第 3 期。

⑫③应星:《从“地方军事化”到“军事地方化”——以红四军“伴着发展”战略的渊源流变为中心》,《开

放时代》，2018 年第 5 期。

㉔孟庆延：《理念、策略与实践：毛泽东早期农村调查的历史社会学考察》，《社会学研究》，2018 年第 4 期。

㉕孟庆延：《政党、政治与政策：论共产党早期革命中"富农问题"的多重逻辑》，《社会》，2018 年第 5 期。

㉖郑少雄：《康区的历史与可能性：基于阿来四部长篇小说的历史人类学分析》，《社会》，2018 年第 2 期。

㉗景天魁：《"时空重塑"：时空社会学的旨趣》，《北京日报》，2018 年 6 月 11 日。

㉘景天魁：《时空社会学在中国的兴起》，《西北师大学报》(社会科学版)，2018 年第 2 期。

㉙晁恒、李贵才、王烁：《制度空间下国家级新区空间重构过程与机制——以重庆两江新区为例》，《城市发展研究》，2018 年第 6 期。

㉚冯健、钟奕纯：《北京社会空间重构(2000－2010)》，《地理学报》，2018 年第 4 期。

(作者：奂平清，中国人民大学副教授；欧阳文娇，中国人民大学硕士生)

民 族 学

民 族 学

祁进玉　郭　跃　陈晓璐

2018 年民族学研究在学科建设、基本理论与研究方法等方面得到进一步发展，其分支学科的学科教学与科学研究方面也取得了显著的进步。近年来，我国的民族学与人类学学科发展呈现出如下趋势：一是民族学分支学科呈现出较强的学科交叉、跨学科研究趋势，新兴交叉学科在不同的研究领域取得了丰硕成果；二是民族学、人类学学科整合研究趋势得到加强，民族学与其他学科在理论方法等方面相互借鉴；三是在应用性研究方面得到进一步重视，注重现实研究，注重研究与相关产业的结合，积极为社区或乡村发展提供学术支撑。

在全球化背景下，我国民族学研究坚持重视对周边国家和地区的政治、经济、文化、宗教以及跨境民族研究及认同等相关议题的研究；重点关注民族地区生态文明建设与文化生态、环境与社区发展，注重特色民族村寨的建设；重点研究全球化发展与"一带一路"倡议实施中，不同族群间文化交流、人口流动和族群互动等情况；关注城市少数民族的发展与权益保障，就少数民族人口流动与社会适应、弱势群体权益保护等议题进行了深入的讨论。高校和相关科研院所加大了对世界民族和海外民族志研究相关领域的科研经费投入和人才引进，重视对周边国家与世界民族研究的跨学科整合研究与学术交流，并在相关研究领域取得了初步的进展。本研究重点从民族学、人类学学科建设和基本理论与方法研究；民族主义、民族理论与民族政策研究；民族地区发展与和谐社会建设；民族学应用研究；全球化与边疆社会研究；分支民族学、人类学学科发展；世界民族研究；重要学术会议、学科学术交流活动等八个方面分别加以概述。

一、民族学、人类学学科建设、基本理论与方法研究

2018 年，学术界加强对民族学中国学派的相关理论及其实践进行经验总结与梳理。杨圣敏、郝时远、王延中等人从不同研究视角对中国民族学发展历程进行总结与思考，对比中国民族学、人类学与欧洲民族学、人类学发展之间的不同脉络，重点探讨民族学学科的定位及发展，回顾了中国民族学学派的发展并进行未来展望。[①]杨圣敏指出，前辈学者对民族学界作出了巨大的贡献，至今仍对我们的研究有深刻的意义。同时，我们还须进行反思，了解过去的不足和缺陷，吸取教训，超越自我，走进国际学术界的前沿。[②]

民族学、人类学学科的发展不能固步自封，要不断和相关学科进行交流和借鉴，王铭铭根据费孝通对现实问题进行研究的主张，回顾了费先生关于乡土、民族、世界等诸多话题的研究以及对推动乡土工业和小城镇化的热情，高度评价了费先生在多元和跨国文明的“民族史”的诠释、西方中国人类学研究介绍的尝试。[③]麻国庆也指出，费先生的学术与应用构成了总体性“费孝通问题”。在此前提下，他总结了近年来青年学者从社会治理、知识谱系、思想史、心态史等角度开展的研究，指出这些研究为拓展民族学、人类学研究领域，丰富相关研究手段，推动中国民族学学派的建设都做了积极的贡献。[④]

民族学的研究要面向现实、面向当下，张继焦提出我国当下有许多重大现实问题亟待民族学作出回答，这为民族学研究提供了广阔空间和不竭动力，民族学研究者应把握机遇，努力构建新时代中国特色民族学。[⑤]中国民族学学派的建立研究不仅仅需要中国学者的努力，也要积极参与世界交流、加强世界对话。杨圣敏、王铭铭、朱晓阳等学者与英国学者大卫·帕金展开对话，从人类学的视角探讨当代世界危机的实质，结合中国经验和世界各地的案例，从细微处探讨社会变迁中问题出现的根源和应对措施，探讨世界文化多样性在应对危机中的意义。[⑥]

二、民族主义、民族理论研究、民族政策研究

改革开放40年来，中国特色社会主义民族理论与政策的相关研究和实践取得了极大的发展。金炳镐等人指出，新时代以习近平为核心的党中央赋予中国特色社会主义民族理论新内涵。中国特色社会主义民族理论，以马克思主义民族理论为理论来源，以毛泽东中国特色民族理论为理论基础，凝聚了改革开放以来历届党中央领导集体的政治智慧，是完整的理论体系，是改革开放四十年来中国民族理论发展的最大成果，是改革开放四十年来指引我国民族工作胜利向前的指导理论。[⑦]

民族国家的不同类型，决定了处理国内民族问题的不同路径和不同方向。有研究者认为，中国从历史到现实都是一个统一的多民族国家，如何认识历史国情和现实国情，是近代以来如何建构现代国家的主要争议焦点。这一争论延续至今，并成为改革开放40年间民族研究的主要议题，因此对于统一多民族的国家治理、民族政策和未来方向，具有重要且关键的意义和价值。[⑧]也有研究者以坚持和完善民族区域自治制度为主线，围绕2014年中央民族工作会议和党的十九大报告精神，论述了习近平新时代中国特色社会主义思想在民族事务工作领域的“理论分析和政策指导”，并就铸牢中华民族共同体意识的政治和现实意义，从统筹国内外两个大局的视角对新时代广义的民族工作思路进行了讨论。[⑨]

关于中华民族共同体意识作为时下学界探讨的热点，既有研究已经从横向、纵向、差序和以点带面的思维角度展开了相当有价值的思考。青觉等人从共同体与共同体意识这对概念入手来把握中华民族共同体意识的概念内涵，进而从构成要素的维度审视中华民族共同体意识的丰富内容与铸牢中华民族共同体意识的实践逻辑。[⑩]马戎提到近来我国的“民族”话语基调发生了历史性转变，重心从强调“民族平等”“民族区域自治”向“中华民族共同体”“各民族交往交流交融”转移，这种转移具有重大的历史意义。[⑪]王延中在《中华民族共同体建设的宁夏实践探索及启示》中梳理了宁夏各民族交往交流交融的实践经验，并对建设中华民族共同体、加强各民族的交往交流交融提出了若干建议及发展领域。[⑫]

有研究者探讨了中华民族共同体建设的思想渊源，认为传统“华夷一统”思想作为中华民族共同体意识生成的源流，并分析指出，回顾中华民族共同体建设的思想渊源，汲取历史发展中的思想资源，有益于对中华民族共同体建设道路的继续探索。[⑬]

作为一种思潮和政治运动，民族主义在反蒙昧宗教主义、封建专制主义、帝国殖民主义的过程中曾发挥出极大的积极作用。但民族主义也天生具有两种极端化倾向：毫无限制进行扩张的“泛民族主义”，不断具象排外的“民族分离主义”。这两种极端民族主义思潮不时兴风作浪，搅乱政局，撕裂社会，因而须予以遏制。严庆等人提出，在全球化视野下，民族国家的稳定性出现动摇，民族国家在处理全球性问题时显得捉襟见肘、力不从心。同时，民族国家并非人类“历史的终结”，一些区域已经将一只脚踏进了“后民族时代”。因此，要尝试超越极端民族主义。[⑭]王云芳提出，从理论逻辑来看，民族化世界主义兼顾普遍性与特殊性，既尊重差异，又试图平衡国家的内外责任。从现实策略看，民族化世界主义体现为差异化、多元化的文明模式，呈现出兼顾性与分配性的特质。民族化世界主义关注差异性与普世性、多元化与一元化的平衡，有利于推动全球分配正义，其最终落脚点仍在于求同存异、共商共享，通过沟通和交流克服无政府状态和集体行为的逻辑，最终有利于世界主义理

想的实现。[15]

三、民族地区发展与和谐社会建设

近年来民族学研究中更加重视对现实问题的研究，社会变迁与文化适应、民族地区脱贫攻坚与精准扶贫、乡村振兴与兴边富民等相关领域的研究是学术界聚焦的重点。

在国家形态上，现代中国并不是典型的民族国家，立国的根基也并非彻底的社会契约论式的现代政治哲学原理，而是混合了文明传统与20世纪国家政治实践的结果。对于现代中国来说，民族问题实际上仍可被视为中华文明传统与现代性文化碰撞之后的一种后果，亦在今日语境下包含着对现代性危机的应对。因此，关凯提出如果仅仅从民族、族群和民族主义理论视野出发，并不能完整解释当代中国的多样性与民族政治的现实，而是需要将文明传统、现代性及二者之间的互动关系作为变量代入对于当代中国民族问题的分析之中，从而发现隐藏在民族政治背后的历史、社会与文化决定因素，推动中国民族社会的发展[16]。

改革开放40年来，带领牧区农牧民全面建成小康社会和实现社会主义现代化一直是各级党委政府开展工作中的头等大事。西藏阿里地区改则县是全国生产生活和工作条件最为艰苦的地区之一，改则县在人地资源矛盾突出、传统游牧生产效率低下、牧民市场化意识和参与市场能力薄弱等背景中探索出了旨在实现牧业现代化的集体经济合作社“六统一”模式。有研究者认为，“六统一”模式改善了畜牧业生产抵御风险的机制，提高了牧民收入水平和参与市场的能力，增强了牧区社会治理能力和治理体系。[17]在民族地区的发展转型中，随着生计方式的变迁，居民的宗教信仰也发生了一定的变化。有研究者指出“宗教—世俗”的连续传统往往交织在一起，两者处于一种相互依赖的状态。当传统意义上的世俗生活受到现代性的冲击而发生变迁时，游牧民传统的生计与认知都在因场域的变化而主动或被动地作出全新的适应。从实地调查分析发现，与宗教世俗化并行不悖的，是一种类似文化自觉意识相伴而生的宗教意识的复兴。即地方宗教及其信众如何在现代性的冲击下，在信息化与自媒体的时代背景下接续与融合了现代科技与先进理念的方式使民族宗教文化知识得以传播、宗教信仰得以传承，并继续构筑与形塑宗教—世俗生活之间的密切联系。[18]

四、民族学应用研究

文化认同是一个重要的文化分析概念。在对文化认同进行研究的过程中，民族艺术是一个重要途径。有研究者指出在民间音乐实践中，认同的建构和表达受到多种现实存在的场景性因素的影响。湖北苗族大都是明清时期由贵州、湖南等省迁徙而来，是湖北省境内两个主要自治民族之一。湖北苗族研究主要经历了奠基起步、初步发展和沉寂发展三个阶段，研究内容主要涉及苗族族源、民族史志资料收集与整理、民族认同、民族教育、文化保护与发展、信仰与仪式等。回顾和总结改革开放40年来湖北苗族研究的主要成就，对推进湖北苗族历史与文化研究有重要理论价值和现实意义。[19]

新疆到河南南阳从事和田玉贸易的维吾尔族群体从早期自发分散居住于市场周边，到2017年统一迁入政府规划修建的公租房集中居住，发展为独立管理的民族社区。刘东旭、孙嫱指出该社区虽然在区位上与其他社区相对隔离，但却保持了过去以市场为中心的居住格局。这种围市而居的社区以相互嵌入性的生计关系为基础，是玉石市场在当地的社会性延伸。流动维吾尔族以这种方式整体性地嵌入当地社会，也是探索促进民族间交往交流交融的互嵌式社区的有益尝试[20]。

四川省凉山彝族自治州木里藏族自治县是我国仅有的两个藏族自治县之一，县内生活着藏族、彝族等21个世居民族。苏发祥分析了近年来木里藏族自治县民族关系和谐、经济发展且宗教和顺的主要原因是社会稳定，提出木里藏族自治县在社会治理方面采取的主要举措有：充分发挥藏传佛教寺院及宗教人士在社会治理中的作用；通过实施精准扶贫项目实现社会治理的目标；将妥善安置水电移民视为社会治理的重要抓手，这些经验对其他藏区的社会治理有借鉴意义[21]。

五、全球化与边疆社会研究

边疆研究在今日多学科视野下已经取得了快速的发展，边疆学也日益引起学界重视，有研究者以域外研究中国边疆的原著为对象进行文本分析，从中辨析民族志、区域史、历史主义、修正派历史、社会史和情报分析研究等方法的长短得失。由此，也对目前边疆研究提出更高要求，不断更新已有的研究成果，借鉴可取的研究思路，突破边疆研究历史的“定论”，用创新的、前沿的研究方法对边疆进行更广泛深入的探索，并指出在边疆研究中应结合我国边疆历史发展的具体情形，对国外研究要进行主动回应和批判性反思。[22]在中国边疆研究不断向前推进的基础上，有研究者对 2017 年中国边疆研究进行了回顾和分析，指出在这种新的时代背景下，2017 年的中国边疆研究在各个领域得到进一步推进，在回应“一带一路”重大命题的基础上，对“边疆学”及其相关理论问题进行了针对性的探索，并就跨学科方法运用、区域研究以及国外边疆研究等相关问题展开研讨，经由相关研究机构的参与以及学术会议的组织，在某些方面正在凝聚共识，形成诸多相关研究成果，为后续的进一步研究提供了必要的学术基础与可能。[23]

作为一个国境线漫长、跨国民族众多的国家，中国的发展离不开边疆社会的稳定与发展。有学者从边疆治理与发展的视角出发，指出边疆社会治理既关系到国内边疆社会的稳定、繁荣与发展，也关系到国际社会地缘政治秩序稳定、经济贸易的发展前景和边境军事安全。国内关于边疆社会治理问题的研究往往致力于民族关系和谐的总结，宗教文化差异的探讨，忽略了边疆是一个有实体内容的范畴，缺少从边疆现实存在的客观地理、人文、经济综合角度展开的边疆社会治理研究。在“一带一路”倡议的背景下，从边疆经济学的视角阐述边疆经济发展与边疆社会治理的关系，有助于思考边疆经济社会发展的困境及其成因，是中国边疆学发展的突破点。[24]中国的边疆地区也是一个多民族交融和共同发展之地，不同民族之间的交融、互助和共生是边疆地区社会发展的主旋律。有学者对延边某村朝鲜族与汉族之间的土地流转进行研究，得出该村朝、汉两民族的资源交换呈现互惠关系，进而形成一种互惠经济。在互惠经济的作用下，近几年社区主体开始回流、社区中两民族间交往逐渐增多，促进了多民族社区的发展。该村的人口流动——资源互惠——多民族社区发展，是在全球化背景下，在当代中国社会转型和市场经济作用下形成的一种良性互动模式。这种互动模式使河村朝、汉两民族成为“发展的受益者”。[25]

在中国与周边各国的贸易往来中，边境口岸扮演了非常重要的角色。中国的边境口岸众多，在不同的历史时段和地区呈现出各自独特的样貌。在“一带一路”倡议的推进中，中国边境口岸和边境城镇的发展也将迎来新的契机。有研究者提出中国陆路边境口岸城镇“双核心”发展理念，即利用经济文化相互作用机理，将口岸城镇打造成经济中心和文化中心，通过经济文化“双核”驱动、协调发展，探索新型发展路径。提出加强文化软实力建设，构建特色鲜明文化开放中心，壮大专业化产业集群，打造实力边境经济中心，推进经济文化协调一体，拉动强劲双核驱动引擎的口岸城镇“双核心”发展的路径依赖。[26]也有研究者从人类学的视角出发，通过对霍尔果斯改革开放以来不同时期、不同区域的 4 座国门及其道路的田野调查研究证明，经济、政治、社会、文化等边界的不同内涵通由市政开发与经济功能分化得以整合，进而与领土边界叠合而成一条更为完整、统一的边界。在这一过程中，边界不断经历移动、消失、再生、分化甚至超越领土约束，而人类学视野下国家边界所具有的多主体性、过程性与制度性等特征在日常生活中不断实践与展演。[27]

六、分支民族学、人类学学科发展

随着民族学、人类学与其他学科不断交流和互动，拓展出很多的分支学科，不同的分支学科采用交叉的研究方法，针对民族地区和民族群体的发展进行了大量研究，对于理解民族和认识民族地区的发展提供了独特的视角。

1. 社会人类学研究

社会人类学对于礼与仪式的研究有助于认识日常社会生活和加深对社会结构的理解，因为研究所侧重的仪式过程激活了人在社会交往和互动中的实践主体性。通过吴柳财对《礼记 · 曲礼》的社会人类学解读可以发现，人的日常生活具有社会结构与时间性这些基本要素，礼制结构内含复杂的人伦结构与天人关系，以及丰富的时间体验。礼所体现的情感与意义是社会生活之神圣感的源泉，礼仪就是将人和社会带入这种境界的手段与过程。这种尝试性的解读意在将传统礼仪纳入社会学的研究范围[28]。

表征既可以是心理的，也可以是公共的，是用另外一个事物来代表最初始的呈现时的人的存在状况。人们借助表征将缺场/虚拟之物经由个体认知加工而呈现出来，从而发生了一系列公共表征——心理表征——公共表征的转化。身体之发之所以作为一种“魔”的表征，既是缘于其自身的特性，也是缘于个体认知对它的接受力。赵旭东提出这种在不断转化的过程中，“魔”（表征）经由转喻与隐喻的发生机制在个体认知的加工与社会情境的形塑下而呈现多元意义，另据其“外在化的情景适应性”和“内在化的认知结构的适应性”而有着不同程度的“易感染性”。多元的认知态度与行为选择的背后都是个体利用表征对内在/外部的“无序”所作出的反应与调适。[29]

2. 历史人类学研究

自西方“民族史学”（ethnohistory）这种学术现象出

现以来，国外学界在有关其学理价值、学科属性、研究范畴、研究方法等一系列问题上一直存在争论，也取得了一定的共识。20世纪90年代，西方学界的一些知名学者开始对“民族史学”的发展历程进行总结、评述与反思。刘海涛主要基于一手英文文献材料，尝试对此进行系统集中揭示，以促进国内学界对西方“民族史学”的全面深入理解，为加快建构中国特色民族史学、历史人类学等相关学科体系提供借鉴。[30]

环绕中国的边疆除东部沿海外都是异于内地的少数民族区域，在历史上各朝代都存在如何治理边疆少数民族地区的问题。吴楚克、马欣回顾了历史，希望通过对盟旗制历史的认识，了解边疆政治制度的特殊性和历史作用，解释清代蒙古地区盟旗制的产生、存在、变化与作用，以便“古为今用”。[31]

3. 语言人类学研究

民族文化传承与保护是近年来民族学人类学研究的重点议题。民族语言文字作为民族文化传统精髓的标志性象征符号，是民族文化内涵的本真性象征物，理应有效传承。民族语言文字也是一个民族群体自身历史、文化命脉得以存续、发展的极为重要的载体，是民族文化传承与创新的基础。有研究者从族际接触与语言变迁、同源词比较研究、土族语新创文字及其前景进行分析和论述，重在探讨民族文化传统及其传承的可持续性问题。[32]

在对民族语言的保护和传承中，双语教育是一个重要的手段和途径。有研究者指出，通过多种渠道将少数民族语言文化研究纳入主流社会的语言学习体系；通过“内地办学”和教师交流培训逐步推动东西部教育均衡发展，建议中央实施激励政策稳定边疆民族地区教师队伍；建议有一定规模西部少数民族学龄儿童的东部城市考虑这些学生的教育问题；建议在内地大学少数民族毕业生的就业问题上跳出“建设家乡”的传统思路，鼓励一部分学习专业更适宜在内地就业的毕业生在内地就业与生活，逐步改变历史造成的“分族聚居”的传统居住和工作格局。[33]

4. 法人类学研究

20世纪以来，中国法律人类学先后经历了结构功能论、马克思主义民族学、社区变迁论、文化实践论等若干研究范式的尝试与转换，但大多忽略了法律活动中行动者的主体性。而对于法学研究来说，往往只专注法律条文或契约条款的社会背景和语义学分析以及对权利和责任的追究，遗忘了法律活动中人这个行动的主体。杜抱朴、杜靖通过选取互动—生成理论来展现法律活动中人的主体性和科学合同的确立，分析在法律场景中，人如何理解、如何思考、如何选择、如何行动、如何操弄、如何表演、并最终如何生成他所期乎的目标，并希望这个观察视角能引起法人类学界的注意。[34]

5. 教育人类学研究

学业成就对少数民族学生参与祖国现代化事业与拓展个人发展机会有着重要影响，也是21世纪国家民族教育政策关注的重点之一。少数民族与汉族学生学业成就差异，通常存在“文化差异”与“结构性因素”两种解释路径。以来自于藏族家庭的孩子为例，其高考成绩明显低于来自汉族家庭的孩子；相比社会阶层、城乡等结构性因素，家庭的民族身份与藏族大学生高考分数之间有显著关联。家庭民族身份反映了学生家庭的民族(相关的)文化特征，通过显性(比如汉藏语言能力)和隐性(比如对现代学校教育的认知)等多种路径，对子女的学业成就产生影响。因此，有学者提出今后在发展少数民族教育事业和少数民族高端人才培养方面，需要关注民族文化差异的影响。应加强藏族学生掌握国家通用语言能力，提高他们数理化学科的成绩，提升少数民族学生的高考成绩和拓展他们的就业空间。[35]

在民族地区的发展和和谐社会的建设中，民族教育始终是重中之重。改革开放40年来，内地民族班(校)政策的发展大体呈现出以效率优先为中心的“理念—政策”演进逻辑，以社会本位为中心的“环境—政策”演进逻辑和以政府主导为中心的“行动—政策”演进逻辑。有研究者指出，内地民族班(校)政策要树立“质量与效率兼顾”的政策理念，创设“个体与社会共显”的政策环境，采取“政府与多方协调”的政策行动，助力边疆民族地区实现跨越式发展。[36]在民族地区的教育中，有研究者指出推进民族地区学前教育信息化建设是“互联网+”背景下的选择和趋势，随着互联网通信技术的普及以及国家政策的引导，互联网上丰富的优质教育资源和突破时空限制的学习形式为民族地区推进学前教育信息化建设带来了前所未有的机遇。同时也因为缺乏必要的基础设施和信息化资源支撑，缺乏有效的管理和高素质的教师，给民族地区学前教育信息化建设带来了挑战。未来应政府、企业、社会多方合作，进一步加强民族地区学前教育信息化基础设施建设，保证民族地区学前教育信息化建设有效推进。[37]

喜饶尼玛总结了中央民族大学的藏学研究事业在

改革开放以来的发展经验，培养和造就了不少汉族、藏族以及其他的少数民族学生，为贯彻党的民族政策，宣传党的各项方针政策，维护祖国统一、反对民族分裂、加强民族团结、巩固祖国的西南边疆，为建设文明、进步、团结、繁荣的新西藏作出了重要贡献[38]。

6. 生态人类学研究

游牧民族的社会转型与草原生态之间的关系问题也是近年来学者们探讨的重要内容。作为生态系统来说，人、文化、社会是一个完整的体系，是一个非常宏观的生态体系，所以人的行为、文化理念、社会结构、甚至政策因素、管理体制等等都会对生态造成很大的影响。有研究者指出在政策决策过程中应重视民族传统文化的作用，并寻求传统知识体系与现代科学的最佳结合点，才能在定居过程中，逐渐实现环境、生计与人文三者之间的协调统一，并强调作为政策接受主体的游牧民并不是被动的接受者，而是具有主动性和主体性的民族群体。[39]

7. 艺术人类学研究

在学术研究中，尤其是在人类学研究中，作为专业知识生产者的研究者与所研究群体的关系在民族志表述危机的反思之后成为一个值得关注的话题，而在地文化精英在知识生产中的地位与学术角色也已经引起了学术界的关注。王建民通过与一位塔吉克族文化学者交往的追忆，讨论了人类学知识的生产过程，说明本土知识分子在关于一个族群或者地方的人类学知识生产中的价值和作用，探讨了双方如何在互动中相互影响，共同促进人类学和民族文化知识的扩展和变化等相关问题[40]。

民族民间音乐与文化认同的关系需要更多地从艺术实践中去发现和认识，并以在当代现实场景中的哈萨克族阿肯阿依特斯和图瓦卡基拉音乐实践为个案，说明民间音乐在面临各种不同场景时所表达出的多重的、变化的文化认同，强调对于民族音乐与认同的关系的理解和讨论应当放置在田野的场景中，从不同族群的音乐人和民间艺人的音乐实践的细节出发去考察和描述。[41]除了音乐等艺术形式之外，影像也是反映地方社会发展转型和文化变迁的重要形式，具有特殊的研究价值。有学者研究了纪录片《珠峰史诗》的拍摄背景和内容，认为《珠峰史诗》是迄今存世最早的一部有关西藏自然景观与人文风俗的影片。囿于20世纪早期流行于欧洲的西方文化中心主义观念，这部影片在描绘藏族生活时带有猎奇与俯视的“东方主义”视角，但影像本身的纪实性，却能让我们反思藏族社会近百年来的变迁，以及传统宗教信仰的延续之道。其影像民族志的史料性并未因年代久远而黯淡，反而更富于跨学科研究的文献价值。[42]

8. 体质人类学研究

探讨农耕民族与游牧民族之间的相互交融和融合，对揭示中华民族的形成和发展过程极具重要意义。目前，通过历史文献与人群体质特征的研究，已为了解华北地区东周以降人群的混合和交流提供了丰富的研究线索，但在民族交融过程中生存方式的转变及对人群健康的影响，尚缺乏细致研究。朱思媚等人以北京延庆西屯村墓地汉魏时期的人骨为对象，对其开展C、N稳定同位素分析，并紧密结合体质人类学研究成果及历史文献，揭示自汉至北朝期间先民生存方式的变迁及对人群健康状况的影响。研究结果表明：先民食物中包含大量的C4类，反映了粟黍农作物的种植业在先民的生存方式中占有重要地位；自汉至北朝，先民的$\delta13C$值明显升高，这可能与民族融合进程中统治阶级对农业经济的重视和多项利农措施的实施密切相关；而北朝时期人群死亡高峰的推后及女性平均身高的增高，则可能与农业经济的发展改善人群的营养健康相关。这种研究通过人骨的稳定同位素分析与人骨体质特征的有机结合，为揭示我国民族间的融合进程中人群生存方式的变迁及健康状况提供了新的研究视角。[43]

9. 应用人类学研究及其他

刘诗谣等从医学人类学视角探讨凤凰县在社会结构变迁的背景下，民间医疗、自然医疗、现代医疗三种医疗体系的发展变化。指出在凤凰县，上述三种医疗体系是互动和共存的。虽然现代医疗已经占据主导地位，但民间医疗和自然医疗并未消亡，它们与现代医疗互相补充，满足当地居民不同层次的医疗需求。对于凤凰县居民来说，他们对不同医疗模式的选择，既是考虑到不同病情、病症以及疗效，又受到了当地地理条件、社会文化和经济因素的影响。[44]

20世纪30年代，著名的霍桑实验开启了工商人类学研究的先河，之后人类学者一直在该领域不断探索，直到2003年工商人类学学科地位确立。近年来，工商人类学在中国初步发展，但人类学对工商实践的关注却源于传入之初。现阶段在学者们的推动下，通过组织学术会议，推进应用性的实证研究，为日后工商人类学在中国的发展奠定了基础。总体而言，我国工商人类学还处于学科起步阶段，虽然已经取得了一些研究成果，但是仍须加强学科理论建设和学科体系建设，积极和其他学科互动，开展有人类学特色的应用性研究。[45]

七、世界民族研究

现代世界正在发生一种深刻的转型，即体现在经济、政治、社会以及文化诸方面上的转型，人们从自己对周边的观察以及在世界各地的旅行之中注意到了这种转型的发生。有研究者指出，中国的人类学家也越来越多地走出中国到海外去看世界，通过实地的田野研究去描记和呈现不同层面的世界变化和转型。[46]中国提出的“一带一路”倡议普遍受到沿线国家的欢迎。同时，“一带一路”建设也正面临着沿线国外民族主义的威胁。有学者研究指出，以俾路支为代表的巴基斯坦地方民族主义曾多次引发暴力冲突事件，对中巴经济走廊建设构成了一定威胁。巴基斯坦地方民族主义的产生，既有历史问题的积累，也有现实问题的新增；既有大国博弈的国际因素，也有政治经济的国内因素。我们从理论上正确认识和把握巴基斯坦地方民族主义、从实践中切实维护我国在巴基斯坦海外安全利益，均具有重要意义。[47]

在中国与其他国家交往互动的历史进程中，华人华侨对联系中国与世界也起到了不可忽视的作用。有研究者以晋江籍华侨华人为研究对象，探讨了他们在“一带一路”建设中将发挥的作用。论文指出，晋江籍华侨华人具有人数众多、社团林立、经济实力较为雄厚和精英荟萃等优势。充分发挥他们的作用，可以真实塑造中国的国家形象，推动中国与居住国的良性互动。讨论华侨华人在“一带一路”建设中发挥的作用，对推动中国与其他国家之间的互动、招商引资、推动中国企业走出国门、传播中华文化等具有重要意义。[48]也有研究者对坦桑尼亚的华人家族进行了研究。20世纪20年代以来，一部分华工和华商开始在坦桑尼亚定居，并逐渐形成一定规模的家族，70年代以后，这些华人大多去世，其后裔陆续迁离了坦桑尼亚。通过梳理坦桑尼亚华人在该国定居、发展，最终迁离的过程，认为正是华人始终秉持的家族观念和庞大的家族亲属网络激发和支持他们通过代际迁移，最终实现了再次移民的目标。尽管家族成员移民后看似离散而流落世界各地，但脱地的亲属网络将他们紧密相连，华人家族实际上是“离而不散”。[49]

在对以资本主义为核心的世界体系的抗争过程中，包括墨西哥在内的拉美国家倡导文化多样性，积极推动非物质文化遗产保护，并将其视为改变资本主义体系的中心地位、重建全球社会的政治工具。有研究者认为，墨西哥的非物质文化遗产保护更多体现在认识论层面上对遗产群体文化认同与自觉的培养，在传承策略上更依赖于传承社群的自我参与，而非一种表现为权力介入、自上而下的机械传承，这对我国非物质文化遗产保护有着重要的借鉴意义。[50]有研究者通过对泰国城市中产阶层的修行实践进行考察，展示在新自由主义的语境下信仰者如何通过灵性体验来回应政治转型中的问题。探讨用“灵性经济”的概念来解释在全球资本主义的发展过程中，个体的宗教实践如何与更大的经济转型过程结合起来。[51]

俄罗斯族问题是波罗的海三国社会转型和社会发展过程中不得不面对的一个棘手问题，本质上反映了民族认同与国家认同之间的背离。有学者指出，独立近30年来，在国内政党、俄罗斯及欧盟等国际组织的多方博弈下，波罗的海三国对俄罗斯族的政策发生了很大变化。但这些政策不仅未能妥善解决俄罗斯族问题，反而进一步增强了俄罗斯族的民族认同。从长远看，波罗的海三国若能继续保持经济的平稳增长、积极推进互动式的社会融合政策、重新放宽语言政策、解决俄罗斯族的国籍问题，并在这些政策基础上淡化民族认同，构建基于公民身份的整体性国家认同，俄罗斯族问题才有可能得到妥善解决。[52]

八、重要学术会议、学术交流活动

2018年10月13日，以“回顾与展望：改革开放四十年的中国人类学与民族学”为主题的第九届中国人类学民族学学科负责人联席会暨二十一世纪人类学讲坛（第五届）学术会议在北京召开。会议由中国人类学民族学研究会主办，中国人民大学人类学研究所、中国人民大学国家发展战略研究院联合承办。国家民委民族理论政策研究室副主任、中国人类学民族学研究会秘书长张谋，中国人民大学社会与人口学院党委书记兼副院长宋健，中国人民大学人类学研究所首任所长庄孔韶、广西民族大学教授徐杰舜、云南民族大学教授和少英、《中国人民大学学报》副主编、编审武京闽、中国人民大学人类学研究所所长赵旭东先后在开幕式上致辞。来自全国的人类学、民族学学科负责人和专家学者分别就人类学和民族学学科建设、中国社会的研究、少数民族和民族地区的研究、跨文化和跨边界的研究、分支研究及研究的新方向等理论和实践的维度，探讨了人类学、民族学在中国的发展历史、现状及未来的展望，介绍了人类学、民族学研究的新议题、新领域及新成果，表述了人类学、民族学的学科魅力及生命力，其外延广阔，伴随研究主题的拓宽，人类学、民族学发展前景光明。[53]

2018 年 10 月 13 日，“边疆发展中国论坛 2018”国际学术会议在中央民族大学开幕。这次论坛由中央民族大学和国家民委国际交流司联合主办。来自 24 个国家的 160 多名专家学者与会，围绕“人类命运共同体：共生、共建、共享”主题，共同交流探讨和分享边疆发展领域的最新研究成果。来自阿富汗、巴基斯坦、老挝、希腊、澳大利亚、伊朗、蒙古国、越南、塔吉克斯坦、泰国、厄瓜多尔等国家和政府的 20 名代表出席了开幕式。中央民族大学教授杨圣敏、中国社会科学院学部委员郝时远、中国社会科学院学部委员邢广程、国务院扶贫办全国扶贫宣传教育中心研究员黄承伟和美国波士顿大学教授葛百彦（Brian. J. Grim）进行了主旨发言。在主旨发言后，“边疆发展中国论坛 2018”分“生态 · 史地”“社会 · 文化”“扶贫 · 脱贫”与“发展 · 治理”四个分论坛，同时进行共 20 场的专题研讨。110 多名学者围绕边疆发展稳定和构建人类命运共同体进行研讨。[54]

2018 年 6 月 23—24 日，中央民族大学民族学与社会学学院、世界民族学人类学研究中心举办了“全球相遇：跨国流动视角下的中国与世界”国际学术研讨会。中央民族大学校长黄泰岩教授和参会代表西班牙马德里自治大学 Gladys Nieto 教授在开幕式上致辞。美国罗切斯特大学 Thomas Gibson 教授、奥地利维也纳大学 Adams Bodomo 教授和加州大学洛杉矶分校周敏教授进行了主旨发言。来自海内外的 80 多位专家学者就在华外国人、海外中国企业、跨国流动、移民与家庭策略、非洲与中国、拉美华人社会等主题进行了发言和讨论。全球化作为当代世界最为重要的时代语境已进入到一个全新的发展阶段，以民族学、人类学为代表的中国海外研究正在积极参与、探讨并不断开发对于全球化的解读与思考，同时内含深厚的理论本土化与学科实践。一方面，对于“海外中国人”与“在华外国人”的关注已经超越了现代民族国家的简单限定，成其为一类重要的世界性议题；另一方面，全球流动的视野下使得在中国理解世界与在世界理解中国的观察视角得以美好“相遇”。

注：

①王延中、祁进玉主编：《民族学如何进步》，社会科学文献出版社，2018 年版。

②杨圣敏：《中国民族学社会学界 69 年前的反思及其当代意义》，《民族研究》，2018 年第 1 期。

③王铭铭：《费孝通（英文版〈社会理论百科全书〉词条）》，《西北民族研究》，2018 年第 3 期。

④麻国庆：《“费孝通问题”：民族志的政治经济学》，《中华读书报》，2018 年 7 月 4 日。

⑤张继焦：《民族学研究应关注现实问题》，《贵州民族报》，2018 年 5 月 29 日。

⑥王铭铭、朱晓阳、大卫 · 帕金、杨圣敏等：《人类学与当代世界的危机》，《探索与争鸣》，2018 年第 11 期。

⑦金炳镐、代丽宏：《改革开放 40 年中国民族理论发展》，《中央民族大学学报》（哲学社会科学版），2018 年第 6 期。

⑧陈建樾：《民族国家：认识、分类、治理及其争议——改革开放四十年来讨论的背景与前景》，《中央社会主义学院学报》，2018 年第 1 期。

⑨郝时远：《改革开放四十年民族事务的实践与讨论》，《中央社会主义学院学报》，2018 年第 4 期。

⑩青觉、徐欣顺：《中华民族共同体意识：概念内涵、要素分析与实践逻辑》，《民族研究》，2018 年第 6 期。

⑪马戎：《习近平同志近期讲话指引我国民族工作的方向》，《中央社会主义学院学报》，2018 年第 3 期。

⑫王延中：《中华民族共同体建设的宁夏时间探索及启示》，《宁夏社会科学》，2018 年第 1 期。

⑬乌小花：《中华民族共同体意识的演进与深化》，《贵州省党校学报》，2018 年第 6 期。

⑭严庆、平维彬：《超越极端民族主义》，《中央民族大学学报》（哲学社会科学版），2018 年第 3 期。

⑮王云芳：《民族化世界主义：理论、现实与未来》，《国际政治研究》，2018 年第 6 期。

⑯关凯：《传统与现代：民族政治的中国语境》，《西南民族大学学报》（人文社科版），2018 年第 1 期。

⑰王延中：《新时代西藏高原牧业县的现代化探索——来自阿里地区改则县“六统一”的实践经验》，《中国藏学》，2018 年第 4 期。

⑱祁进玉、央金拉姆：《定居牧民的宗教生活与社会适应性调查研究——以青海省果洛藏族自治州大武镇为例》，《青海民族研究》，2018 年 2 期。

⑲王希辉、杨鹏：《湖北苗族研究四十年》，《黑龙江民族丛刊》，2018 年第 6 期。

⑳刘东旭、孙嫱：《围市而居：南阳流动维吾尔族的社区建设》，《中央民族大学学报》（哲学社会科

学版)，2018年第6期。

㉑苏发祥、王妍、格桑翁姆：《四川木里藏族自治县社会治理调查》，《北方民族大学学报》(哲学社会科学版)，2018年第1期。

㉒吴楚克、卢俊达：《21世纪以来国外中国边疆研究重要文本分析》，《云南大学学报》(哲学社会科学版)，2018年第2期。

㉓袁剑、王宇晗：《2017年的中国边疆研究：理念、互动与开拓》，《中国图书评论》，2018年第1期。

㉔吴楚克：《现代社会分工背景下的边疆经济与边疆社会治理》，《北华大学学报》(社会科学版)，2018年第3期。

㉕任国英、席婷婷：《人口流动、资源互惠与多民族社区发展——延边T市河村的实地研究》，《中央民族大学学报》(哲学社会科学版)，2018年第1期。

㉖张丽君、于倩：《中国陆路边境口岸城镇"双核心"发展路径——以新疆霍尔果斯为例》，《开发研究》，2018年第6期。

㉗赵萱：《国门与道路：边界的分、整合与超越——基于新疆霍尔果斯口岸的人类学研究》，《云南民族大学学报》(哲学社会科学版)，2018年第4期。

㉘吴柳财：《日常生活的结构与意义〈礼记·曲礼〉的社会学研究》，《社会》，2018年第1期。

㉙赵旭东、张文潇：《魔发之"魔"：从身体之发看表征的转换与文化逻辑》，《广西民族大学学报》(哲学社会科学版)，2018年第2期。

㉚刘海涛：《评述、反思与整合：西方学界当代"民族史学"观》，《中央民族大学学报》(哲学社会科学版)，2018年第6期。

㉛吴楚克、马欣：《盟旗制的历史作用和现代意义》，《中国边疆学》，2018年第1期。

㉜祁进玉、乔志良：《回顾与思考：民族文化有效传承、保护与发展——兼论关于土族语新创文字的讨论》，《中央民族大学学报》(哲学社会科学版)，2018年第1期。

㉝马戎：《关于藏区和新疆加强双语教育和提高整体教学质量的思考》，《中央社会主义学院学报》，2018年第1期。

㉞杜抱朴、杜靖：《一项激活历史主体性的法人类学研究——以中国西北科学考察团合同拟立为例》，《湖北民族学院学报》(哲学社会科学版)，2018年第4期。

㉟陈彬莉、陈进：《家庭的民族特征与藏族大学生的高中学业成就》，《思想战线》，2018年第5期。

㊱苏德、薛寒：《改革开放40年我国内地民族班(校)政策的演变逻辑与时代走向》，《民族教育研究》，2018年第6期。

㊲史大胜、曹鑫莉、董美娟：《"互联网+"背景下民族地区学前教育信息化建设的机遇、挑战及应对策略》，《中国电化教育》，2018年第5期。

㊳喜饶尼玛：《不忘初心，知行合一——改革开放以来中央民族大学藏学人才培养与研究管窥》，《中国藏学》，2018年S1期。

㊴麻国庆：《游牧民族的社会转型与草原生态——张昆著〈根在草原：东乌珠穆沁旗定居牧民的生计选择与草原情结〉序言》，《青海民族研究》，2018年第4期。

㊵王建民、曹静：《本土知识分子与人类学知识生产——由怀念老友引发的思考》，《西北民族研究》，2018年第2期。

㊶王建民：《民族民间音乐与多重认同的场景性表达》，《中国音乐》，2018年第3期。

㊷朱靖江：《珠峰史诗：登山悲剧、影像奇观及其余波》，《中国藏学》，2018年第4期。

㊸朱思媚、周亚威、朱泓、丁利娜、胡耀武：《华北民族融合进程中人群生存方式及对健康的影响——以北京延庆西屯村墓地为例》，《人类学学报》，2018年第37卷(网络版)。

㊹刘诗谣、刘小珉：《医学人类学视角下的凤凰县医疗体系研究》，《医学与哲学》，2018年第6期。

㊺郭静：《中国工商人类学研究的回顾与展望》，《湖北民族学院学报》(哲学社会科学版)，2018年第1期。

㊻赵旭东：《中心重构与他者观照(下)——基于中国人类学世界观的考察》，《探索与争鸣》，2018年第12期。

㊼程多杰、金炳镐：《"一带一路"建设面临的国外民族主义威胁及对策分析——以俾路支为代表的巴基斯坦地方民族主义为例》，《黑龙江民族丛刊》，2018年第5期。

㊽曾少聪：《晋江籍华侨华人与"一带一路"建设》，《八桂侨刊》，2018年第1期。

㊾刘东旭：《坦桑尼亚早期华人家族的形成与离

散》,《世界民族》, 2018 年第 6 期。

㊿张青仁:《社会动员、民族志方法及全球社会的重建——墨西哥非物质文化遗产保护的经验与启示》,《民族文学研究》, 2018 年第 3 期。

51龚浩群:《灵性政治:新自由主义语境下泰国城市中产阶层的修行实践》,《中央民族大学学报》, 2018 年第 4 期。

52陈凤:《波罗的海三国的俄罗斯族政策演变分析》,《当代世界与社会主义》, 2018 年第 3 期。

53刘谦:《回顾与展望:改革开放四十年的中国人类学与民族学》,《原生态民族文化学刊》, 2018 年第 4 期。

54https://mp.weixin.qq.com/s/cNVBqzuNmt5kzj50K79bZQ, 2019 年 6 月 26 日。

(作者:祁进玉,中央民族大学教授;
郭跃、陈晓璐,中央民族大学博士生)

教 育 学

教 育 学

劳凯声　陈　冲　刘晓鑫　王　申　张秋霞　李　硕　陈　强

一、教育学学科性质以及研究方法论

(一) 教育学元研究

2018 年教育学学科性质研究突出,研究目的主要是重新构建教育学学科概念体系。学科的独立性有赖于学科知识的专业性和学术性,学科的首要功能是理论知识的生产和独特体系的建构。[①]当前我国教育学的一些基本概念,如“教育”“教学”“课程”等,已经随着教育事业的普及而成为日常用语,导致本学科基本概念泛化,从而使教育学中专业理论与非专业陈述混杂。[②]针对教育学概念体系极不平衡的衍生状况,加强教育学基本概念和术语体系研究和建设,是教育学科学化发展的一项带有基础性和根本性的任务。[③]另外应重新定义教育、学习、学校、教师等核心概念,在此基础上创制出对中国教育实践的原创性理论解释。[④]同时,在教育知识体系发展成熟之前,推动教育学术发展需要处理好教育学术中的几对矛盾关系,将理论与实践统一、科学与人文结合、历史与现实联系、国际与本土融汇,有助于开拓教育学术新局面,更好地服务和推动教育事业。[⑤]最后教育学科建设需要优秀的人才作为基础,挖掘教育学科高层次人才成长规律成为教育学科建设新的突破点。[⑥]

教育学学科本土化研究逐渐成为重要趋势,教育学中国化已经慢慢转变为“中国教育学”的价值取向。[⑦]中国教育学科是中国近代西学东渐的产物,1920 年北京高等师范学校开设教育研究科,选择性译介国外教育学论著,精细化设置本土化课程并以实践为导向丰富了当时教育学科研究理论,是中国教育学科建设的早期探索。[⑧]现今“中国教育学”的研究成果表现为凝练中国特色、推出中国原创、形成中国体系和提升中国影响。[⑨]这需要研究主体以清晰的话语意识,回归中国教育学话语创生的文化之源,在“话语的教化”中积累话语创新的力量。[⑩]在中国教育学形成和发展中,教育名家顾明远先生以马克思辩证历史唯物主义为指导,形成了独特的教育学科建设思想,包括:教育学的实践目的论、人本对象论、哲社属性论、开放视角与方法论、时代发展论、教育学的多维建制论六部分,对当下中国的教育研究和教育学的学科发展都具有重要的指导和启发意义[⑪]。

加强教育学学科研究的规范性、科学性,问题式教育研究面临着实用化风险,应对这种风险,需加强对具有深入性和普遍性的教育问题进行原理研究。[⑫]提升教育学研究的规范性、科学性,目标并非“教育学的科学化”,而是形成以教育学的科学逻辑为基石的“教育科学”,突破原有“科学”的内涵和外延边界,形成自己的科学边界,构建独属于“教育科学”的科学范式。[⑬]

（二）教育研究方法论

随着新时期教育学科的转型，应该重新认识教育研究方法论，审视新兴的质性研究范式，不可拘泥于实证主义研究范式，倡导教育研究范式的多元化。有学者指出抽象的教育系统才是教育学的研究对象，教育研究方法论应是创生教育系统知识体系的方法体系[14]。另外有学者认为教育研究方法论的重探应从概念研究、历史研究和比较研究三条路径展开。分别从方法论的系统性、历史发展以及本土化三个层面具体构建新时代教育研究方法论的变革，确立未来教育学发展的理论发展突破口。[15]实证主义范式是当前教育研究所倡导的研究范式，但是教育学作为一门人文社会科学，在实证研究中其人文性、价值性不可或缺，否则可能造成“去思想”“去价值”“去人文”等风险。另外还有学者进一步指出实证主义在教育研究领域并不是理所当然的主导行动纲领，它只是在21世纪教育研究的范式战争中一个备受争议的范式。不应该只埋首聚焦于实证研究取向，更应具备多元范式的视野与胸襟。[16]质性研究范式也逐渐成为一种新兴的研究范式，但其中存在着一些误解和误用，质性研究并不只是资料收集工具手段；也并非基于个人经验的思辨；更不是简单的资料归纳；亦不适用量化评估标准。[17]当前中国教育学的范式变革，要寻求不同范式的通约性和互补性，以实现多元范式的共存共融。[18]

二、研究热点

（一）改革开放四十年教育发展研究

改革开放四十年来，国家的教育事业取得了举世瞩目的成就。教育的战略地位从战略重点转向优先发展，教育发展的重心从规模普及转向质量提升，教育的功能从社会本位逐步转向以人为本，教育发展模式从照搬模仿转向自主探索，教育信息化发展从无到有、由弱到强。[19]在学前教育领域，多元办学格局基本形成，公办园的定位和作用不断变化，民办园从公办园补充的边缘地位已经成为发挥重要力量的学前教育机构主体，公民合作办学前教育模式逐渐普遍。[20]义务教育阶段，我国用25年时间全面完成普及九年义务教育的壮举，解决了“穷国办大教育”的世界性难题，义务教育总体发展水平正逐步接近世界中等发达国家水平。[21]高等教育规模不断扩大，教育质量显著提高，高等教育体制改革卓有成效，国际化水平进一步提升。[22]研究生教育建立了具有中国特色的学位制度，实现了立足国内培养高层次人才的目标，建立了完整的研究生培养体系，构建了符合中国国情的研究生教育质量保障体系，扩大了我国研究生教育国际影响力。[23]

（二）民办教育分类管理

新《民办教育促进法》实行后，民办教育的分类管理一直是研究的聚焦点。民办教育具有公共性，公共性是民办教育分类管理的价值基础，它决定民办学校分类规范的标准，而公共性差异又为民办学校分类规范提供分析基础。[24]当前民办教育分类管理的过程中出现一定的问题：从执行层面看，中央层面积极推动加快顶层设计、地方政府通过“压力传导”和“激励诱导”方式加快配套政策的制定、民办学校举办者通过“策略性行动”争取自身利益。从制度层面看，民办教育分类管理制度化存在“制度丛的牵制”“结构功能的失衡”“政策价值的偏离”。针对这些问题，应理顺分类管理政策与相关“制度丛”，整合强致性制度变迁与诱致性制度变迁，明确分类管理的价值理念与利益相关者的角色定位。[25]在民办教育分类管理的背景下，民办教育税收制度的改革应当契合国家对民办学校进行区分的二元化格局，彰显民办教育的公益性，制定更加精细化、科学化的民办教育税收制度体系。应当坚持“科学分类”“彰显公益”的原则，制定专门针对民办教育的税收政策性文件，突破改革难点。[26]

（三）劳动教育

2018年9月10日全国教育大会上，习近平总书记再一次强调劳动教育，要加强劳动教育，在学生中弘扬劳动精神，引导学生崇尚劳动、尊重劳动。在全面发展中加强劳动教育已经多年不提了，总书记这次提出来具有重大意义。[27]劳动教育顺应了时代发展的要求，回应和解决了时代提出的问题；进一步丰富了新时代我国教育的培养目标；匡正了社会中不尊重劳动的不良社会风气；深刻地贯穿了马克思人的全面发展思想，为培养新时代合格的德智体美劳全面发展的社会主义建设者和接班人开辟了新路径。[28]劳动教育的本质在于培养劳动价值观。[29]在形成正确劳动价值观中，要让“劳动最光荣、劳动最崇高、劳动最伟大、劳动最美丽”的观念深入人心。[30]但当前劳动教育存在一些突出问题：学校劳动教育弱化；劳动教育被异化；家庭教育中劳动教育也没有受到应有的重视。造成这些问题的原因主要是应试教育的严重影响和对劳动教育的错误理解。加强和改进劳动教育要充分认识劳动教育的重要意义，认真落实劳动教育的本质目标，努力建构劳动教育的新形态，形成全社会加强劳动教育新风尚。[31]劳动教育课程设计应注意在劳动教育课程目标中融入学生发展核心素养，以培养学生的核心素养为最终目标；关注劳动教育课程的教学内容，聚焦核心素养的培育；利用劳动情境，开展问题解决取向的劳动教育教学方式。[32]

（四）教育法规制定与修订

2018 年十三届全国人大立法规划要求制定《学前教育法》，修订《职业教育法》《教师法》《学位条例》，继续研究《家庭教育法》，围绕这一系列相关法律的制定、修订和讨论形成了研究热点。

近年来我国学前教育取得了明显发展，但其仍然是教育体系中最薄弱的环节。这与我国尚未有《学前教育法》、缺乏对深层次关键性问题作出明确法律规定密切相关。因此，迫切需要对学前教育进行立法规范。学前教育立法的理念包括：公益与普惠、政府主导、改革与创新、公平与均衡。[33]

《中华人民共和国学位条例》作为新中国第一部教育类法律，以立法形式构建了中国特色的学位制度，为国家教育法治化和现代化建设、学位管理与研究生教育事业可持续发展、高层次人才培养和国际教育交流与合作作出了积极贡献。[34]

三、教育改革与发展

我国社会各个领域改革全面进入攻坚期与深水区。在深化教育综合改革上，要坚定不移加快重点领域和关键环节的改革，为推进教育现代化奠定基础。有研究者认为，教育改革“深水区”之深，深在是自身主体框架基本确立之后的改革，是教育追求高质量发展之后的改革。[35]“深水区”的改革，要定位在健全立德树人落实机制、深化办学体制和教育管理改革、提升教育服务经济社会发展的能力和扩大教育开放等方面。

（一）落实教育优先发展战略

党的十九大报告指出“我国经济已由高速增长阶段转向高质量发展阶段”，并首次对以高质量发展为核心目标、建设现代化经济体系作了战略安排，教育必须回答好新时代命题。[36]在落实教育优先发展战略和优化资源配置上，要推动各地各部门落实优先发展教育的责任，完善教育经费投入机制，做到在经济社会发展规划上优先安排教育发展、财政资金投入上优先保障教育投入、公共资源配置上优先满足教育和人力资源开发需要；要进一步调整优化教育经费支出结构，持续加大教育教学改革投入，全面提高教育经费使用效益。[37]教育经费投入改革应以制度规范政府教育投入，规范非义务教育学费收入，强化民办教育和社会捐赠激励。[38]要把教育优先发展作为供给侧结构性改革的首要战略重点推进；加大力度发展精英型高水平大学；加大力度推进大众化普及性高等教育的实践性应用型转型；加速推进高等教育与地区经济发展的协同。[39]

（二）促进教育现代化、法治化、信息化发展

新时代新生态，制度化、体系化、规范化的学校教育系统及其功能发生革命性变化，呼唤全新的教育制度与教育治理机制。[40]教育法治建设应进一步强化教育法治的价值理念，并从立法、执法、司法、守法等环节加以落实，全面推进教育法治的现代化。[41]在提升中小学法治教育方面，教育系统应积极落实“把法治教育纳入国民教育体系”的要求，将青少年法治教育作为落实立德树人任务的重要抓手，充分发挥学校作为法治教育主阵地的组织与功能优势；中小学法治教育既涉及法治理念定位与法治环境营造等宏观内容，也离不开教师队伍、课程教学以及监督评价等微观议题。[42]当前，我国已经成为国际公认的互联网使用大国，政府“以促进教育发展为核心，加快实现互联网普及全国教育领域”为发展政策，“互联网+教育”在当前既成为学术各界的理论焦点问题，也成为促进教育改革与发展的实践问题。[43]

四、家庭教育和学前教育

（一）家庭教育

研究者对家庭教育的研究主要集中在家庭教育理论、家长教育观念以及家庭教育和经济的关系等三个方面。在家庭教育理论方面，有学者从家庭宗族文化的角度梳理了中国传统家庭的基本特征和内容，将中国传统文化和社会主义核心价值观统一于家庭建设之中。[44]在家长教育观念方面，有学者从校外教育的视角出发，梳理家长教育观念存在误区的表象，提出转变家长教育观念的策略，以更好地促进家庭教育和校外教育的有机结合。[45]还有学者从中西比较的视角，比较了《道德经》和《爱弥儿》中家庭教育中的“自然之道”，提出家长应当转变自己的教育观念，以“自然之道”审视自己的教育行为，不再压抑和束缚孩子的个性自由。[46]在家庭教育与经济之间的关系方面，通过发展教育实现脱贫是治本之计，有学者从家庭教育与贫困陷阱的角度构建了一个代际交叠模型，从家庭代际传递的角度分析教育投资与脱贫的关系。[47]还有学者探析教育支出负担代际传递，分析得出阶层固化、高等教育、农村区域和家庭贫困会引发

教育支出负担代际传递。[48]

（二）学前教育

研究者对学前教育领域的研究集中在学前教育理论、学前教育政策以及学前教育师资等三个方面。在学前教育理论方面，有学者认为，目前学前教育仍然是整个教育体系中最薄弱的环节，普及、优质和均衡应是新时代学前教育发展的核心主题。[49]还有学者认为目前学前教育存在问题是多种因素相互影响的结果，学前教育要坚持“幼儿第一”的理念，使其成为教育的中心。[50]在学前教育政策方面，有学者分析了当前普惠性学前教育政策面临的瓶颈，提出应该建立健全体制机制，为普惠性学前教育发展提供条件保障。[51]从全面“二孩”政策出发，有学者对城乡学前教育资源进行了分析，[52]也有学者认为面对“全面二孩”政策落地后的新需求，学前教育发展仍然存在着严峻的问题与现实困境。[53]在学前教育师资方面，有学者分析了我国学前教育师资培养体系的变革、困境与优化。[54]有学者认为北京地区已有幼儿师资无论从数量还是质量上都难以满足未来在园幼儿的需要。[55]也有学者提出幼儿园园长的重要性，认为应努力探索高素质专业化幼儿园园长队伍建设的有效路径。[56]

五、义务教育与高中教育

在义务教育以及高中教育两个领域，研究者们主要就政府与基础教育、促进义务教育均衡发展、高中教育资源与高考改革三方面进行了讨论。

（一）政府管理及其改革

义务教育领域，政府与人民之间形成了相互监督关系，因此有研究者以北京的调查数据为基础，构建了由政府职责、学校管理、师资队伍和教育效果四个维度、26项指标组成的地方政府义务教育工作满意度测评指标体系。[57]也有学者提出在基础教育行政管理中还存在政府越位、缺位和错位严重，利益相关者参与管理不够等问题，并主张推进教育行政改革。[58]此外，为促进我国义务教育发展，有的学者指出有必要引入介于政府和学校之间的非营利性社会组织作为第三方，政府在制定政策和推进工作时应将第三方纳入考量，第三方可利用自己的专业优势积极分担政府在义务教育均衡发展实践领域的职责。[59]

（二）义务教育公平与质量

近年来我国高度重视基础教育资源的公平配置，但仍然难以达到公众要求，重要原因之一在于缺乏能准确评估教育资源配置差异的量化指标体系。因此有的学者以北京市西城区基础教育为研究对象构建了一套测度教育资源配置差异的公平指数，并提出研究和建立教育资源公平配置制度是从根本上解决基础教育资源配置失衡的保障。[60]在政府投入方面，有学者认为县城义务教育学校大班额现象严重，拥挤效应的负面作用凸显，不论是扩容还是疏解，都需要大量的资源投入，重点需要解决教育用地、教师数量、教育投入问题。[61]

有学者提出应将质量均衡作为义务教育均衡发展最重要的评价指标，并通过加大市级政府对教育经费和教师配置的统筹力度，放宽非户籍流动儿童就学限制，以促进北京市区县间义务教育均衡发展。[62]还有学者提出公平与质量呈现显著的线性相关关系，这启示我们要走出教育公平与质量零和博弈的认识误区，促进其协同发展；学校要加强管理改进，促进教育层级衔接和家校合作；政府要推进城乡教师交流，提升农村师资力量。[63]

（三）高中教育资源与高考改革

有学者通过分析精英大学的生源，发现来自地级市高中、县级区域高中的人数相对较少，优质高中教育资源在省内的各地区间分布不平衡。因此省级政府应对落后地市和县级区域给予重点倾斜，精英大学在招生政策方面也应加大向县级中学的倾斜力度等。[64]同时，新高考制度改革给农村高中带来更大压力，有学者提出应该落实基层就业优惠政策，加大农村地区高考改革政策宣传力度，引入社会服务提升农村生源在“新高考”中的竞争力等对策。[65]

六、高等教育

高等教育领域，研究者主要对“互联网+”与高等教育、“双一流”大学建设、高等教育教学模式改革与质量评价三方面进行了研究。

（一）“互联网+”与高等教育

在“互联网+”时代背景下，在线教育揭开了教育大变革的序幕，互联网技术的发展将重塑高等教育，有学者提出应该全面认识互联网技术在教育变革中的推动作用，积极利用优质互联网资源，并通过推动教师转型发展以应对未来的课程教学变革。[66]远程教育符合当前我国经济社会发展对教育在发展规模的需求，对提升我国教育生态系统的生态承载力具有重要意义。[67]有学者提出要重视对“互联网+”认识上的差异，互联网技术本身不是教育，信息技术也不是万能的，同时互联网技术能否对教育发展产生革命性影响，还取决于制度层面是否有质的突破。[68]

（二）“双一流”大学建设与大学自主办学

2015 年 10 月，国务院印发《统筹推进世界一流大学和一流学科建设总体方案》，提出了我国建设高等教育强国的目标，建设世界一流大学和一流学科的重大战略部署。有学者提出应该在科学构建中国特色世界一流大学、一流学科的前提下，对中国大学进行客观分类和特征化，进而科学构建具有中国特色的、与世界接轨的“双一流”战略评估标准。[69]还有学者认为，我国要借鉴美国研究型大学教育学科发展经验，注重跨学科研究，构建学科生态群；要扎根本土打造特色，发挥服务功能，以适应“双一流”建设。[70]对于地方高校来讲，也应该抓住建设“双一流”的机遇，力求建设有特色的学科群，科研与地方产业紧密结合，人才培养与地方经济社会发展需求相联系。[71]

关于大学自主办学，有学者提出为解决我国大学自主程度不高的问题，需要平衡大学与政府关系、完善大学内部治理体系。[72]全国人大及其常委会应加强法律解释，明确法定办学自主权的范围及其限度。[73]有学者在治理理论的视角下提出，应该在“双一流”背景下重构我国政府与大学的关系，这样有利于落实大学办学自主权，实现大学办学主体多元化，完善大学制度建设，实现大学办学合作参与，优化大学办学资源配置，实现大学办学去中心化。[74]

（三）高等教育教学模式改革与质量评价

现代大学面临的一个突出问题是如何整合科研与教学两种基本活动，有学者提出“科教融合、学术育人”，将教师高水平的科研成果转化为课堂教学内容，采用“教师讲授—师生研讨—学生探究”的“三步推进研究性教学”模式，提升教学质量和学习效果。[75]

质量评价方面，有学者提出我国高等教育教学评价存在持续性研究不够、挖掘研究的深度和广度不够、作者间及发文机构间的合作不够三方面的问题。[76]对大学的质量评价以大数据为依托可以收集更多的数据材料作为评价的依据，但与此同时，增加了搜集有效信息的难度。因此有学者提出高等学校质量评价应常态化地收集数据、多样化地应用数据、制度化地管理数据。[77]在思想政治教育质量评价方面，需处理好质量标准与评价体系如何确定、质量评价内容与如何科学开展评价、质量评价的作用与如何定位质量评价三组关系。[78]也有学者认为，目前高校思想政治教育评价已经卓有成效，在未来一段时间内，高校思想政治教育评价指标体系的构建将不断完善，逐渐走向科学化、规范化。[79]

七、职业教育

职业教育领域的研究主要集中在职业教育课程改革探索，职业教育办学模式、职业教育的问题与评价等三个方面。

（一）职业教育课程改革的探索

研究者对课程改革的探索主要集中在职业教育课程的基础理论、职业教育课程模式改革、职业教育课程改革的未来走向三个方面。在职业教育课程的基础理论方面，有学者认为我国职业教育课程改革的研究和实践始终围绕着优化理论与实践学习的关系展开，职教课程发展经历了三个阶段：理论与实践并行的课程、理论服务于实践的课程、理论实践一体化课程。[80]还有学者认为职业教育课程总体上呈现面向职业活动的“双载体”特征，提出了课相新概念，阐释了课相与职业教育分级标准的关系。[81]在职业教育课程模式改革方面，有学者提出课程设计应基于学生自身认知的学习情境，从动态调整能力、情感培养能力两个维度展开。[82]还有学者以课程作为实践案例，主要对现代职业教育体系下课程教学进行思考与探索研究。[83]在职业教育课程改革未来走向方面，有的学者认为高职教育要敏锐捕捉劳动力市场的发展变化，并对未来发展作出预测，面向未来培养高端技术技能型人才。[84]

（二）职业教育办学模式

产教融合和校企合作都是职业教育的办学模式，在产教融合方面，有学者认为，我国产教融合存在一些现实问题，深化产教融合可以从推进校企利益融合、制度融合、文化融合、技术融合、资源融合、人员融合六个方面开展。[85]有学者认为政府应继续承担起制度创新的主要责任，在后续政策体系的完善过程中做到有序推进。[86]有学者从优化教育和产业结构协调发展、创新产教融合发展新模式、深化“工学结合、校企合作”育人模式、完善校企合作管理和运行机制等方面介绍了北京高职院校“产教融合”发展的实践探索。[87]在校企合作方面，有学者以高职校企合作为基础全面阐述了职业教育三大目标、企业发展初、中、高目标之间与德育的关系，最终确定宏观、中观、微观的培养目标。[88]有学者通过实证研究发现：现代学徒制试点城市的高校平均参与的高成本合作数量更多，表明区域内的政府协调有助于降低校企合作的交易成本，促成产教深度融合。[89]还有学者从人才培养模式的改革、“双师型”队伍建设、教育教学改革、实训基地建设及学生综合素质提升五个方面对促进高职教育内涵发展进行了初步探讨。[90]

（三）职业教育的问题与评价

职业教育存在的问题，有学者认为因现行政策制度不利于职业教育发展，故与普通教育相比，职业教育的吸引力有待进一步增强。[91]还有学者从教育“偏差”谈起，揭示教育“爱”的本质及其对深化职业教育的意义，阐述职业教育推行“扬长教育”模式的必要性以及未来面临的挑战。[92]职业教育的评价体系，政府层面，有学者提出政府评价要“聚焦”，要关注“关键”领域和“重要”问题，评价要“基于科学性基础、以理服人”；企业层面，有学者认为应该明确定位参与评估企业的资质，建立先进的评估管理机制，明晰企业参与示范校内涵建设与评估的途径；社会层面，有的学者认为就业不是职业教育的终点，未来的职业教育要避免和克服这一倾向，必须把握职业教育的三大特征：规范性特征、目的性特征以及环境性特征。[93]

八、课程与教学

课程与教学领域，在长期反复的理论争鸣中逐步形成了若干共识，提出、完善和丰富了有中国特色的发展性教学论等，取得了重要学术成就，展现出了未来发展的巨大空间[94]。教材作为知识的具体化与传播的载体，必然会受到知识变革的影响，基于知识变革的视角对教材建设进行检讨，进而为新时代中小学教材建设提供有益的启示。[95]

（一）课程、教材研究的回顾与展望

未来的课程改革，应有宽松的政策，让每一所学校的每一位教师都能发自内心从事改革，把每一天的课程实践看作自觉的改革实验的一部分，让课程改革真正为学生的健康发展服务。[96]教科书的多样化、立体化探索一直“在路上”，从未止步，教科书制度日益完善、教材观明显转变、教科书质量稳步提升、教科书多样化初见成效、开启了教材综合化的探索、教科书编写和研究队伍得到壮大。[97]新时代中小学教材建设要把握方向性，以党的教育方针政策为指导，传播社会主义意识形态，承担起培养社会主义现代化建设者和接班人的重任。[98]

（二）综合实践活动课程研究

综合实践活动课程的核心是推进“教育与生产劳动相结合”的生动实践，要强调知行合一，将价值体认作为重要课程目标，让每一个活动都与生产劳动、社会实践紧密结合。[99]国家、地方和学校三级主体在课程建设中各司职责，国家统筹重在明确总体要求、基本目标和核心内容等；综合实践活动课程的社会性强，要争取全社会的支持和保障，单靠某所学校的力量是难以做到的。[100]在将地方文化作为综合实践活动课程内容方面，要将地方文化作为课程内容校本建构的重要原料和精神营养。[101]

（三）“互联网+”背景下的课程与教学论研究

“互联网+”、人工智能促使教学的育人价值凸显，教学要素发生结构性变革，带动教学思维转变，需要以关爱、人道、平等为核心概念的教学伦理重构师生关系。[102]要构建虚实融合智慧学伴关系，构建面向个性化学习的智能适应学习生态系统，创设协作学习的公共关系文化共生语境。[103]中小学人工智能课程的建构，需要基于基础教育规律和学生身心发展需要，以培养更好地适应人工智能时代的人为基本取向，整体架构课程目标、内容层级及其教学体系。[104]要理清“互联网+”背景下课程与教学的层次，将“互联网+”、人工智能等融入课程与教学研究体系中去。[105]以人工智能为镜，教师要理性自觉，强化自身教育洞察力；辩证综合，穷究教育世界之义理；德性自证，扎根本土反思性实践。[106]

九、德育研究

德育的使命在于提升个体生命质量和社会文明水平。没有社会担当，就不可能有真正的德育研究内在热情。[107]在改革开放40周年之际，研究者们在整体回顾、实践反思的基础上，以期构建新时代德育体系。

（一）德育40年回顾

学者们对改革开放40年来我国中小学德育工作的历史变迁进行了回顾，发现德育目标，由单纯的政治考量向教育实践自身逻辑回归；德育内容，从过度政治化、理想化、成人化要求向学生现实生活和探索周遭社会过渡；德育实施，从直接的宣传教育向“润物细无声”的因素熏陶转变；德育课程教学、劳动教育和社会实践、学校文化建设等均在学校德育中发挥着不同程度的作用。[108]有学者对德育理论的研究主题进行了梳理，通过研究主题的概括呈现德育研究取得的成就。[109]有学者对德育领域代表性人物的德育思想进行了总结，如有学者认为鲁洁德育思想体系以实践为中心，确立“人—道德—道德教育”的思维逻辑，讲求整体、历史地审视道德教育。[110]

（二）德育实践反思

在德育实践中，有学者从情感教育的视角观照教育教学中蕴藏的德育契机与资源，认为教师的师生观、对师生关系的理解以及师生之间真实的交往等都渗透着德育机会，是教师在学校教育更大范围内育人的重要途径。[111]学者们将目光聚焦在德育工作的重点——价值观教育上，指出价值观教育的生活复杂性，并提出面向生活复杂性的有效价值观教育框架。[112]学者们对德育教材、德育课程改革也进行了深刻的反思，认为应以学习活动为核心建构小学《道德与法治》教材，[113]要关注儿童经验，德育教材应“接童气”；[114]在全球共同利益理念之下对新的中小学德育课程改革进行思考与研究，强调了全球化背景之下的民族性坚守[115]。

（三）德育体系构建

学者们关注学校德育体系的发展与变革，反映了他们对学校德育复杂性、系统性和长期性的认识。德育体系的重构，需要超出现有学校德育体系来考察教育全局、国家全局和人类全局，以期提升德育工作的实效性。有学者提出我国德育体系将进入“五个德育”新境界，即合格公民、道德德育、成长德育、合力德育、制度德育。[116]

十、教师发展与教师教育

教师是教育的第一资源，[117]2018 年，全国教育大会的召开及指导教师队伍建设的纲领性文件《中共中央国务院关于全面深化新时代教师队伍建设改革的意见》（以下简称《意见》）的出台，对新时代教师队伍建设作出了顶层设计。统筹规划新时代教师队伍建设成为学者们关注的焦点，注重加强教师教育学科建设、启动实施教师教育振兴行动计划，科学开展师范类专业认证等。[118]关注教师职业道德，完善教师绩效、工资制度和保障机制等，探索教师发展与教师教育振兴的有效路径，是全面贯彻“四有”好老师、加强师德师风建设、建设教育强国的战略举措。[119]

（一）教师队伍建设

师德师风建设。有学者对学术性师德进行了内涵分析和路径探索，指出要追寻学术性师德的教育伦理之道，在“知识”与“美德”间架起桥梁。[120]有学者围绕高校师德师风建设应着眼于“四个统一”展开论述，[121]强调新形势下建立健全师德建设长效机制的重要意义，[122]针对阻碍高校师德建设的因素，提出建立法德合一型的高校师德建设模式。[123]还有学者认为在合作时代，基于对话关系的师生关系将带来教师职业道德的变化和重构，需要学校、教师、家长、学生间建构一种信任关系，才能发展、提升教师职业道德。[124]

教师薪酬改革与绩效评价。大国如何励“良师”是学者们关注的焦点问题[125]，教师收入水平和保障机制，既有现实必要性也有重要政策含义[126]。有学者基于公平理论的视角，对中小学教师薪酬满意度影响因素进行了实证研究，[127]有学者指出中小学教师绩效工资的地区“生活成本补偿”功能还没有在制度上体现出来，[128]有学者在研究了我国义务教育教师工资水平的基础上提出提高标准、建立定期调整机制等政策建议。[129]有学者对教师三维绩效的内涵进行分析，提出构建校本化、动态化、循环式的中小学教师绩效评价操作机制。有学者研究了普通中学青年教师专业发展绩效，提出促进青年教师专业成长的建议，[130]

（二）教师专业化发展

国外经验借鉴。研究者发现国际教师教育存在共通性，日本师范教育遵循“大学培养”和“开放式”两大原则，对教师专业核心素养研究突出“关爱小学生”和“提高课堂教学能力”。[131]美国教师教育研究的知名学者格兰特将多元文化教育的理念融入教师教育，提出了教师不应仅作为知识传授者而同时应该也是文化传统和观念的传递者。[132]芬兰从国家、大学、学院三个层面建立职前教师教育质量保障制度[133]，并将专业、自治与责任内化入教师教育，加快在教师教育中发展 ICT 技能，以导师制作为支持新教师成长的主要方式[134]。

国内实践探索。有学者基于知识社会学视角，对过去半个世纪教师实践性知识研究进行梳理，对教师实践性知识研究的复杂谱系的描绘，对理解教师专业化的历史地图具有启示意义。[135]有学者提出常识取向、科学取向与哲学取向的三种教师教育路径有机融通与整合才能构成完整的教师专业发展图景。[136]有学者针对 U-S 教师教育共同体建设过程中大学教师和中小学教师之间的文化冲突现象，提出在客观承认两者文化冲突的基础上，各取所长，共同理解，系共同体文化融合并创生的可行之路。[137]

（三）教师教育的发展与振兴

教师教育学科建设。加强教师教育学科建设，是师范院校提升教师教育专业化水平，匡正教师教育弱化之谬，主体性参与现代教师教育体系建设，回应国家、区域对一流教师重大需求的必然选择。[138]对于落实《意见》而言，教师教育学科建设既是手段又是目标，没有教师教育学科建设就不可能实现这些目标。[139]

教师教育改革与振兴。有学者认为师范类专业认证能够促使高校提高教师教育质量、优化教师教育结构、改善师范生学习体验，形成以学生为中心的教师教育体系，深入推进教师教育改革。[140]有学者从政策分析视角对教师教育振兴行动计划进行阐释，并提出确保落地见效的保障举措。[141]

十一、会议纪要

（一）基础教育

1. 2018 年 1 月 9 日，以“守正创新、引领未来”为主题的“2018 北京大学基础教育论坛暨北京大学基础教育研究中心成立仪式”在北京大学英杰交流中心举行。

2. 2018 年 7 月 1 日，首届“大学—中学圆桌论坛”在北京大学举办。本次论坛在大学通识教育联盟的倡导下，由北京大学教务部与北京大学教育学院共同主办，致力于推动大学与中学之间的理性对话，共同探索中国教育之道。

3. 2018 年 12 月 8 日，由首都师范大学主办的首都教育论坛在首都师范大学附属中学举行。本次论坛主题为“未来学校：价值、模式与创新路径”，围绕“未来学校的价值与组织”“未来学校的课程与教学”“未来学校中的人与学习”“未来学校之未来思考”等议题，对未来学校的价值、模式与创新路径进行了对话和讨论。

（二）高等教育

1. 2018 年 6 月 10 日全国首届“硕士研究生教育发展与学位授权审核”学术研讨会，在北京师范大学图书馆召开。

2. 2018 年 7 月 12—14 日，由清华大学全球学校与学生发展评价研究中心与清华大学教育研究院共同举办的“面向新时代的高等教育评价”国际会议在清华大学举行，与会专家学者共同探讨和交流高等教育评价的现状与未来。

3. 2018 年 11 月 10 日，“2018 年全国教育政策与法律研究前沿博士生论坛”在北京师范大学英东学术会堂召开。本届论坛以“面向今天与未来的教育政策与法律研究”为主题，旨在增进全国高校间的学科交流与合作，为全国教育政策与法律学科博士研究生搭建有特色、有质量的学术交流平台。

4. 2018 年 12 月 15 日，由中国高等教育学会和北京大学教育学院联合主办的“一流大学治理结构和人才战略”专题研讨会在北京大学召开。

（三）其他

1. 2018 年 1 月 3 日，首都师范大学首都教育政策与法律研究院与国家教育发展研究中心“新时代：教育面临的新机遇，新挑战——资本市场与教育市场化运作的利弊审视”学术沙龙，在金龙潭大酒店第一会议室召开。与会教育理论研究者、政策制定者、教育投资者、民办教育机构运营者等从不同视角对资本市场与教育市场化运作的利弊得失进行反思与探讨。

2. 2018 年 5 月 12 日，清华大学未来教育与评价研究院与清华大学教育研究院共同举办的第二届未来教育论坛在清华大学举行。论坛以“未来世界，未来学习”为主题，对未来教育发展方向和范式变革，创新型人才培养和识别，中文国际教育、中文能力等级考试等话题进行探讨。

3. 2018 年 7 月 13—14 日，第八届国际工程教育学术工作坊在清华大学举行。本届工作坊的主题为“面向‘工业 4.0’与‘中国制造 2025’的硕士层次工程教育的挑战”。

4. 2018 年 10 月 10—12 日在首都师范大学举行第四届现象学教育学国际学术研讨会，会议主题为“现象学教育学的时代际遇：自识与反思”，旨在重新审视与反思现象学教育学的发展历程，现象学教育学对教育领域的影响，以及从跨文化、跨学科的视角展望现象学教育学的未来发展。

5. 2018 年 10 月 27 日，由北京教育法治研究基地首都师范大学基地、中国教育学会教育政策与法律研究分会、教育部教育发展研究中心共同主办的全国教育政策与法律研究分会 2018 年年会在北京紫玉饭店紫霞园会议室举行。本次会议的主题是“民办教育的分类管理：规范、调适与发展”。

6. 由中国教育学会教育经济学分会和北京师范大学主办的“2018 年中国教育经济学学术年会”，于 2018 年 11 月 2—4 日在北京京都信苑饭店举行。会议主题为“教育发展与经济发展：改革开放 40 年回顾与展望”。

7. 2018 年 11 月 21 日，以“新时代中国国际教育发展趋势”为主题的首届国际教育学术论坛在北京师范大学召开。围绕“国际教育”的本质和内涵、我国“国际教育”发展近况、所面临的挑战以及未来设想等内容展开对话与研讨。

注：

①项贤明：《论教育学的术语和概念体系》，《教育研究》，2018 年第 2 期。

②陈桂生：《教育学究竟是怎么一回事——略议教育学的基本概念》，《教育学报》，2018 年第 1 期。

③项贤明：《论教育学的术语和概念体系》，《教育研究》，2018 年第 2 期。

④谭维智：《教育学核心概念的嬗变与重构——基于新时代中国特色教育学话语体系建构的思考》，《教育研究》，2018 年第 11 期。

⑤陈晓宇：《论我国教育学术中的矛盾关系》，《北京大学学报》(哲学社会科学版)，2018 年第 6 期。

⑥宋晓欣、马陆亭、赵世奎：《教育学科高层次人才成长规律探究——以 22 位长江学者为例》，《中国高教研究》，2018 年第 3 期。

⑦李政涛：《教育学的边界与教育科学的未来——走向独特且独立的“教育科学”》，《教育研究》，2018 年第 4 期。

⑧李媛、沈一心：《北高师教育研究科与中国教育学科建设的早期探索》，《高教探索》，2018 年第 4 期。

⑨李政涛：《走向世界的中国教育学：目标、挑战与展望》，《教育研究》，2018 年第 9 期。

⑩孙元涛：《论中国教育学的学术自觉与话语体系建构》，《教育研究》，2018 年第 12 期。

⑪朱旭东、李育球：《顾明远先生的教育学科建设思想初探》，《教育学报》，2018 年第 4 期。

⑫余清臣：《教育研究的问题意识：实用化风险及其应对》，《国家教育行政学院学报》，2018 年第 5 期。

⑬李政涛：《教育学的边界与教育科学的未来——走向独特且独立的“教育科学”》，《教育研究》，2018 年第 4 期。

⑭杨开城、李波、董艳：《论教育学研究方法论》，《中国电化教育》，2018 年第 1 期。

⑮刘燕楠：《教育研究方法论变革：历史突破与理论创新》，《教育研究》，2018 年第 5 期。

⑯曾荣光、罗云、叶菊艳：《寻找实证研究的意义：比较—历史视域中的实证主义之争》，《北京大学教育评论》，2018 年第 3 期。

⑰宋萑：《质性研究的范式属性辨》，《全球教育展望》，2018 年第 6 期。

⑱李均：《论实证主义范式及其对教育学的意义》，《教育研究》，2018 年第 7 期。

⑲钟秉林：《改革开放 40 年——教育迈向新时代》，《中国教育学刊》，2018 年第 12 期。

⑳袁秋红：《改革开放 40 年我国学前教育办学体制改革的历程与方向》，《河北师范大学学报(教育科学版)》，2018 年第 6 期。

㉑宋乃庆、罗士琰、王晓杰：《义务教育改革与发展 40 年的中国模式》，《南京社会科学》，2018 年第 9 期。

㉒刘宝存、肖军：《改革开放 40 年高等教育的成就与展望》，《河北师范大学学报》(教育科学版)，2018 年第 5 期。

㉓王战军、乔刚：《改革开放 40 年中国研究生教育的成就与展望》，《学位与研究生教育》，2018 年第 12 期。

㉔余雅风：《公共性：民办学校立法分类规范的分析基础》，《教育研究》，2018 年第 3 期。

㉕李曼、王磊：《民办教育分类管理如何制度化：基于新制度主义视角》，《教育与经济》，2018 年第 6 期。

㉖申素平、贾楠：《二分格局基础上民办教育税收制度之完善》，《清华大学教育研究》，2018 年第 5 期。

㉗顾明远：《新时代教育发展的指导思想——学习习近平总书记在全国教育大会上的讲话》，《中国教育学刊》，2018 年第 10 期。

㉘戴文宪：《新时代强化劳动教育的时代价值》，《工会博览》，2018 年第 28 期。

㉙胡君进、檀传宝：《马克思主义的劳动价值观与劳动教育观——经典文献的研析》，《教育研究》，2018 第 5 期。

㉚刘向兵：《新时代高校劳动教育的新内涵与新要求——基于习近平关于劳动的重要论述的探析》，《中国高教研究》，2018 年第 11 期。

㉛檀传宝：《加强和改进劳动教育是当务之急——当前我国劳动教育存在的问题、原因及对策》，《人民教育》，2018 年第 20 期。

㉜葛晶、程文华、崔宝发：《实施核心素养引领下的劳动教育课程的必要性及教学建议》，《北京农业职业学院学报》，2018 年第 1 期。

㉝庞丽娟、王红蕾、贺红芳：《关于我国学前教育立法的思考》，《教育发展研究》，2018 年第 23 期。

㉞王顶明：《〈学位条例〉修订过程中需明确的几个问题》，《中国高等教育》，2018 第 22 期。

㉟邓友超：《深化教育体制改革重在抓落实、见实效》，《教育研究》，2018 年第 9 期

㊱刘骥：《科技变革与新型劳动力需求：教育如何有效应对》，《教育经济评论》，2018 年第 2 期。

㊲曾天山：《奋力谱写中国特色社会主义教育现代化新篇章》，《教育研究》，2018 年第 9 期。

㊳王善迈、赵婧：《教育经费投入体制的改革与展望——纪念改革开放40周年》，《教育研究》，2018年第8期。

㊴杜育红、赵冉：《教育在经济增长中的作用：要素积累、效率提升抑或资本互补?》，《教育研究》，2018年第5期。

㊵范国睿、孙闻泽：《改革开放40年教育体制机制改革的历史与逻辑分析》，《教育研究》，2018年第7期。

㊶申素平、周航、郝盼盼：《开放40年我国教育法治建设的回顾与展望》，《教育研究》，2018年第8期。

㊷余雅风、吴会会：《深化依法治国实践亟须提升中小学法治教育实效》，《中国教育学刊》，2018年第3期。

㊸张彦通、张妍：《“互联网+教育”的本质与内涵》，《国家教育行政学院学报》，2018年第1期。

㊹朱红、孙远君：《家庭、家教、家风”之理论溯源》，《青少年研究与实践》，2018年第1期。

㊺王晓艳：《校外教育中转变家长教育观念的策略初探》，《中国校外教育》，2018年第3期。

㊻贾萧竹：《家庭教育中的“自然之道”——从〈道德经〉和〈爱弥儿〉看中西方教育的文化共性》，《教育理论与实践》，2018年第38期。

㊼史志乐、张琦：《教育何以使脱贫成为可能？——基于家庭贫困陷阱的分析》，《农村经济》，2018年第10期。

㊽吴晓昊：《贫困家庭教育支出负担代际传递影响因素探析》，《学校党建与思想教育》，2018年第21期。

㊾霍力岩、胡恒波、沙莉、马赫：《普及、优质和均衡应是新时代学前教育发展的核心主题》，《人民教育》，2018年第7期。

㊿郭法奇：《重新认识幼儿教育：一些基本问题的思考》，《河北师范大学学报》(教育科学版)，2018年第20期。

51袁秋红：《普惠性学前教育政策的瓶颈与方向》，《教育评论》，2018年第5期。

52洪秀敏、姜丽云：《“全面二孩”政策下学前教育发展的问题——基于二期学前教育三年行动计划的调查与分析》，《北京师范大学学报》(社会科学版)，2018年第5期。

53李玲、黄宸、李汉东：《“全面二孩”政策下城乡学前教育资源需求分析》，《教育研究》，2018年第3期。

54袁秋红：《我国学前教育师资培养体系：变革、困境与优化》，《当代教育论坛》，2018年第2期。

55洪秀敏、马群：《“十三五”时期北京市幼儿园师资需求问题研究》，《教育科学研究》，2018年第2期。

56洪秀敏，朱文婷，刘鹏，缴润凯：《新时代幼儿园园长专业素养的调查与思考》，《教育学报》，2018年第5期。

57赵丽娟、王玥：《地方政府义务教育工作满意度评价指标体系构建研究——以北京市为例》，《上海教育科研》，2018年第12期。

58褚宏启：《我国基础教育行政改革40年回顾与未来展望》，《中小学管理》，2018年第11期。

59石书奇、郑玉飞：《第三方助力义务教育均衡发展的可能、困境与出路》，《当代教育科学》，2018年第2期。

60王少峰：《基础教育资源配置公平指数构建及实证研究——以北京市西城区小学教育为例》，《经济社会体制比较》，2018年第1期。

61褚宏启、褚昭伟：《我国县城义务教育公共服务的拥挤效应与有效供给》，《教育发展研究》，2018年第10期。

62袁连生、何婷婷：《2006—2015年北京市义务教育区县均衡进展研究》，《教育学报》，2018年第2期。

63王树涛、毛亚庆：《我国义务教育阶段公平有质量学校教育的区域均衡研究》，《现代教育管理》，2018年第2期。

64郭丛斌、王家齐：《我国精英大学的生源究竟在何方——以A大学和B大学2013级生源为例》，《教育研究》，2018年第12期。

65蒋承、刘霄、戴君华、金文旺：《当前农村高中教育的发展瓶颈与应对策略》，《中国教育学刊》，2018年第1期。

66尚俊杰、张优良：《“互联网+”与高校课程教学变革》，《高等教育研究》，2018年第5期。

67陈丽、沈欣忆、万芳怡、郑勤华：《“互联网+”时代的远程教育质量观定位》，《中国电化教育》，2018年第1期。

68张优良、尚俊杰：《“互联网+”与中国高等教育变革前景》，《现代远程教育研究》，2018年第1期。

69冯用军、赵雪：《中国“双一流”战略：概念框架、分类特征和评估标准》，《现代教育管理》，2018年第1期。

⑦周文辉、勾悦、李明磊：《教育学科如何适应“双一流”建设——基于中美研究型大学教育学科建设比较研究》，《研究生教育研究》，2018 年第 1 期。

⑪杨登才、刘畅、李杰：《“双一流”背景下地方高校发展路径探析》，《中国高校科技》，2018 年第 4 期。

⑫湛中乐、尹婷：《论大学自治——兼析〈高等教育法〉中的“自主办学”》，《陕西师范大学学报》（哲学社会科学版），2018 年第 1 期。

⑬姚金菊：《高等学校自主办学的法律分析》，《湖南师范大学教育科学学报》，2018 年第 4 期。

⑭刘宝存、段世飞：《“双一流”背景下我国政府与大学关系重构探究——基于治理理论视角》，《河北师范大学学报》（教育科学版），2018 年第 1 期。

⑮周光礼、周详、秦惠民、刘振天：《科教融合　学术育人——以高水平科研支撑高质量本科教学的行动框架》，《中国高教研究》，2018 年第 8 期。

⑯朱英、郑晓齐、马小燕：《国内高等教育教学评价研究的文献计量分析》，《高教探索》，2018 年第 8 期。

⑰马星、王楠：《基于大数据的高校教学质量评价体系构建》，《清华大学教育研究》，2018 年第 2 期。

⑱冯刚：《改革开放以来高校思想政治教育质量评价的回顾与思考》，《教学与研究》，2018 年第 3 期。

⑲严帅：《思想政治教育质量评价研究的新特点与新趋势》，《思想教育研究》，2018 年第 2 期。

⑳赵志群：《我国职业教育课程模式的发展》，《职教论坛》，2018 年第 1 期。

㉑孙善学：《职业教育课程论研究》，《中国人民大学教育学刊》，2018 年第 4 期。

㉒龚雯、贾俊良、刘华刚：《基于具身认知的职业教育课程学习情境设计新解》，《中国职业技术教育》，2018 年第 20 期。

㉓杨爱敏：《现代职业教育体系的课程教学思考与实践——以中等职业教育层次〈计算机应用基础〉课程为例》，《福建电脑》，2018 年第 34 期。

㉔张胜华：《构建面向未来的高职通识教育课程体系》，《教育教学论坛》，2018 年第 35 期。

㉕李永生、牛增辉：《论产教融合及其深化内容》，《北京教育（高教）》，2018 年第 5 期。

㉖霍丽娟：《深化产教融合政策的多源流分析：匹配、耦合和发展》，《职业技术教育》，2018 年 39 期。

㉗孙毅颖：《高职教育产教融合发展的策略与探索》，《北京教育（高教）》，2018 年 5 期。

㉘武雪周、刘瑾：《高职校企合作协同育人德育问题探究》，《北京财贸职业学院学报》，2018 年第 34 期。

㉙杨钋、岳铮男；《技能形成中校企深度合作的影响因素分析——基于现代学徒制试点的实证研究》，《职业教育研究》，2018 年第 5 期。

㉚郭彤、关文怡、张凡建：《产教融合，校企合作，促进高职教育内涵发展》，《山东畜牧兽医》，2018 年 39 期。

㉛周鑫、高洁：《我国职业教育吸引力存在的问题及应对措施》，《继续教育研究》，2018 第 7 期。

㉜王成荣：《对教育本质及相关问题的认识》，《北京财贸职业学院学报》，2018 年第 34 期。

㉝和震、谢珍珍：《就业不是职业教育的终点：职业教育的经济决定论驳析》，《中国高教研究》，2018 年第 10 期。

㉞王本陆：《教学基本理论研究四十年的进展与成就》，《教育学报》，2018 年第 3 期。

㉟靳玉乐、张善超：《教材建设 40 年：只是变革的检讨与展望》，《课程·教材·教法》，2018 年第 6 期。

㊱郭华：《中国课程改革四十年》，《湖南师范大学教育科学学报》，2018 年第 6 期。

㊲石鸥、张学鹏：《改革开放 40 年教科书建设再论》，《教育学报》，2018 年第 2 期。

㊳靳玉乐、张善超：《教材建设 40 年：只是变革的检讨与展望》，《课程·教材·教法》，2018 年第 6 期。

㊴黄琼：《综合实践活动课程的核心立意与实施策略》，《中国教育学刊》，2018 年第 2 期。

⑩柳夕浪：《正确把握“四个关系”，着力推动课程形态变革——〈中小学综合实践活动课程指导纲要〉解读》，《课程·教材·教法》，2018 年第 11 期。

⑩李臣之、纪海吉、张利纯：《综合实践活动课程内容校本建构：地方文化融入视角》，《课程·教材·教法》，2018 年第 11 期。

⑩高建波、苏丹兰：《“互联网+”背景下课程与教学论建构——第七届教学论常务理事会学术研讨会综述》，《课程·教材·教法》，2018 年第 9 期。

⑩李海峰、王炜：《“互联网+”时代的师生关系构建探析》，《中国教育学刊》，2018 年第 7 期。

⑩④王本陆、千京龙、卢亿雷、张春莉:《简论中小学人工智能课程的建构》,《教育研究与实验》,2018年第4期。

⑩⑤高建波、苏丹兰:《“互联网+”背景下课程与教学论建构——第七届教学论常务理事会学术研讨会综述》,《课程·教材·教法》,2018年第9期。

⑩⑥李栋:《人工智能时代教师专业发展特质的新定位》,《中国教育学刊》,2018年第9期。

⑩⑦檀传宝:《德育是一门困难而伟大的学问》,《人民教育》,2018年第12期。

⑩⑧檀传宝、陈国清:《探索与回归:中小学德育40年历程回顾》,《中小学管理》,2018年第12期。

⑩⑨戚万学、唐爱民、韩笑:《改革开放40年德育理论研究的主题及进展》,《教育研究》,2018年第10期。

⑪⓪侯洁、王澍:《高扬人的实践本性:鲁洁德育思想管窥》,《教育学报》,2018年第6期。

⑪①朱小蔓、王平:《从情感教育视角看教师如何育人——对落实〈中小学德育工作指南〉的思考》,《中国教育学刊》,2018年第3期。

⑪②余清臣、高洁:《面向生活复杂性的价值观教育——基于生活世界多维二重性结构的探讨》,《教育研究》,2018年第9期。

⑪③高德胜:《以学习活动为核心建构小学〈道德与法治〉教材》,《中国教育学刊》,2018年第1期。

⑪④高德胜:《“接童气”与儿童经验的生长——论小学道德与法治教材对儿童经验的处理》,《课程.教材.教法》,2018年第8期。

⑪⑤易连云:《全球共同利益视域下的中小学德育课程改革思考》,《教育学报》,2018年第1期。

⑪⑥杜时忠:《我国学校德育体系将进入“五个德育”新境界》,《人民教育》,2018年22期。

⑪⑦赵德成:《回顾与展望:中小学教师管理40年》,《中小学管理》,2018年第11期。

⑪⑧王定华:《用奋进之笔谱写新时代教师队伍建设新篇章》,《教育科学研究》,2018年第2期。

⑪⑨黄伟:《育才必先育师》,《中小学管理》,2018年第10期。

⑫⓪曹周天:《追寻学术性师德的教育伦理之道》,《中国教育学刊》,2018年第5期。

⑫①杨胜才:《高校师德师风建设应着眼于“四个统一”》,《学校党建与思想教育》,2018年第2期。

⑫②张建红:《新形势下高校师德建设长效机制探析》,《思想理论教育导刊》,2018年第4期。

⑫③刘嘉:《阻碍高校师德建设的因素有哪些》,《人民论坛》,2018年24期。

⑫④李有增:《基于对话型师生关系的教师职业道德建构》,《中国高等教育》,2018年第21期。

⑫⑤宁本涛:《大国如何励“良师”:教师绩效工资的成效与改进》,《中小学管理》,2018年第10期。

⑫⑥杜屏:《完善中小学教师工资制度和保障机制,推进高素质教师队伍建设》,《华东师范大学学报》(教育科学版),2018年第4期。

⑫⑦杜屏、谢瑶:《中小学教师薪酬满意度影响因素实证研究——基于公平理论的视角》,《华中师范大学学报》(人文社会科学版),2018年第2期。

⑫⑧曾晓东、张露匀、周惠:《中小学教师工资制度的改革进展及面对问题》,《教师发展研究》,2018年第1期。

⑫⑨蔡雪、薛海平:《工资改革提高了我国义务教育教师工资水平吗》,《教育科学研究》,2018年第9期。

⑬⓪周逸先:《普通中学青年教师专业发展绩效研究——基于对北京市部分青年教师的问卷调查》,《教师教育研究》,2018年第1期。

⑬①夏鹏翔、刘慧:《当代日本教师教育评价研究及启示》,《课程·教材·教法》,2018年第1期。

⑬②王筱蕾:《格兰特多元文化教师教育思想探略》,《民族教育研究》,2018年第3期。

⑬③李玲、周钧:《芬兰之前教师教育质量保障制度研究》,《比较教育研究》,2018年第10期。

⑬④王阿习、宋佳宸、牛双红、宋灵青:《互联网时代的芬兰教师专业发展:从学科教师到新型学校社区的设计者——访芬兰赫尔辛基大学教师教育专家Hannele Niemi教授》,《中国电化教育》,2018年第1期。

⑬⑤魏戈、陈向明:《教师实践性知识研究的创生和发展》,《华东师范大学学报》,2018年第6期。

⑬⑥蔡春、卓进、麻健:《教师的哲学诉求——兼论教师教育的路径问题》,《教育研究》,2018年第3期。

⑬⑦卓进、蔡春:《论U-S教师教育共同体的文化冲突》,《教育学术月刊》,2018年第3期。

⑬⑧朱旭东、赵英:《“双一流”建设逻辑中师范院校教师教育学科建设》,《教育发展研究》,2018年第9期。

⑬⑨朱旭东:《加快教师教育学科建设,促进教师队伍建设全面深化改革》,《华东师范大学学报》(教

育科学版)，2018 年第 4 期。

⑭⓪胡万山：《师范类专业认证背景下教师教育改革的意义与路径》，《黑龙江高教研究》，2018 年第 7 期。

⑭①王定华：《关于实施教师教育振兴行动计划的政策与思考》，《国家教育行政学院学报》，2018 年第 6 期。

（作者：劳凯声，首都师范大学教授；
陈冲、刘晓鑫、王申，首都师范大学博士生；
张秋霞、李硕、陈强，首都师范大学硕士生）

心 理 学

心 理 学

梁竹苑 李 纾 李云箫 符佳慧 吴小菊 陈俊芳 赵 宁

2018 年心理学各个领域研究成果颇丰，研究者们在致力于心理学理论研究的同时，关注社会热点问题，用心理学的方法解决现实问题。推动了心理学的实践服务。

一、学术会议

2018 年 1 月 9 日，中国心理学会在京召开“全国社会心理健康服务机构调查项目启动大会”，组织按照《关于加强心理健康服务的指导意见》开展辖区社会心理健康服务机构调查工作。国家卫计委疾控局、中国心理学会及各省市自治区心理学会、零点数据公司等机构负责人和专家参加会议。该项目的实施对全面准确地掌握我国社会心理健康服务机构现状、建立规范的社会心理服务体系提供有力支持。

2018 年 5 月 8 日，“心理援助 2018 国际研讨会暨汶川地震灾后心理援助十周年纪念大会”在京召开。会议由中国科学院心理研究所和中国心理学会主办，卫健委、民政部、中科院、基金会、民办非企业、社会企业、境外非政府组织代表等逾 200 人参加此次会议。大会总结了 5 · 12 汶川地震十年以来我国开展心理援助及心理创伤研究之经验，并整合了国际上该领域的最新进展，为进一步推动我国心理援助的专业化、标准化和系统化作出了贡献。

2018 年 9 月 15 日，由中国社会心理学会主办、北京大学临床心理中心等协办的首届中国婚姻家庭心理健康高峰论坛在京举行，来自大陆、香港、台湾的近 500 名专业人员和感兴趣人士参加了会议。论坛以“和谐中国，幸福家庭”为主题进行了报告和晚间对话。该论坛建立了婚姻家庭心理健康产业的专业平台，推进了婚姻家庭心理健康研究与实践更好地服务社会与大众。

2018 年 11 月 1—2 日，由中国心理学会文化心理学专业委员会主办的中国心理学会文化心理学专业委员会 2018 学术年会暨文化心理学高峰论坛在中国人民大学召开。大会以“多元视角的文化心理学：对话与融合”为主题，邀请了 30 多位国内外文化心理学、社会学和人类学领域专家进行了 17 个主题报告和 1 个圆桌论坛发言，对如何运用文化心理学研究的成果为民族复兴和社会发展做贡献进行了交流和讨论。

2018 年 11 月 2 日，中国心理学会第十二届二次全国会员代表大会在中国科学院心理所召开，出席本次大会的代表共 231 人。会议期间进行了学会换届选举并听取了各项工作报告，最终选举产生中国科学院心理研究所韩布新研究员为候任理事长，北京大学苏彦捷教授为候任副理事长。

2018 年 11 月 2—4 日，由中国心理学会主办的第二十一届全国心理学学术会议在北京国际会议中心举行。大会围绕主题“新时代 · 心理学”开展了 6 场中外著名心理学家特邀报告，2 场论坛，47 场专题报告，123 场博硕研究生论坛，81 场口头报告，4 场分组展贴报告。来自高校、科研院所和社会应用机构的 2000 余名代表参加了大会，共计交流学术论文 1360 篇。

2018 年 12 月 23 日，《心理学学科发展报告 2018—2019》编撰工作会议在中国科学院心理研究所召开。围绕本期“心理学与人工智能”主题，会议确定了综合报告的四个主题和六个专题报告，之后各报告撰写代表对各自的内容和撰写计划进行了汇报。

二、学术研究

（一）人格与社会心理学

1. 中国人人格

为了探讨黑暗人格的性别差异及其对关系满意度的跨性别一致性，一项研究采用马基雅维利主义人格量表、精神病态人格、自恋人格、大五人格以及关系满意度量表进行了测评。结果表明黑暗人格存在性别差异，同时关系满意度存在部分跨性别一致性：男性在黑暗人格上的得分均显著高于女性，且男性和女性的马基雅维利主义和精神病态显著负向预测了关系满意度。有研究探讨了内隐人格观对承诺升级的影响以及期望在其中的中介作用，结果发现：个体越倾向渐变论则更多地产生承诺升级行为；成功期望在内隐人格观与承诺升级的关系中起完全中介作用。[①]

2. 道德与亲社会行为

随着网络使用的普及，网络欺负日益成为普遍的社会公共问题，尤其在青少年群体中易引发广泛危害。研究发现，线下受欺负程度可以显著正向预测网络欺负的程度，道德推脱在其中起到正向中介作用；且该中介作用受到自尊的调节：随着自尊的增强，在线下越受欺负的青少年就越会通过道德推脱合理化其攻击行为，从而在网上作出更多对于他人的欺负行为。[②]

通过分析少儿时期父母关爱与服刑人员敌对人格特质及个人公正世界信念之间的关系，研究人员发现，少儿时期父母关爱的匮乏，助长敌对人格特质的形成，对个人公正世界信念产生不利影响，且该机制与暴力犯罪类型存在显著关联[③]。研究者亦考察了志愿者服务经历与退出意向的关系，发现志愿者服务经历是降低退出意向的重要因素，而基本心理需要满足是其重要的内在中介机制，且同伴规范对这一中介作用的后半路径起调节作用[④]。

3. 人际关系与社会行为

社会行为的核心单位之一是团队或文化。一项关于应急救援团队的个体与团队情境意识的研究表明，团队情境意识不是个体情境意识的简单相加：个体情境意识之间的差异越大，团队情境意识就越高；且团队网络密度较大或较小时，结构洞对共享情境意识和团队情境意识的关系分别起正向或负向调节的作用[⑤]。自愿移居假说认为自愿拓疆运动能够促进个体主义的地区文化。一项针对自愿拓疆运动地区（深圳）和对照地区（襄樊）的研究结果表明，深圳作为正在进行中的自愿拓疆地区，已经形成了与对照地区相比更偏向个体主义的地区文化，自愿移居假说也适用于源文化是集体主义的东方文化[⑥]。

另外一些研究关注社会互动的影响因素。如热情优先和自我监控。热情优先是社会知觉的基本规律。研究结果发现，高低阶层在对他人的印象评定中使用的热情特质词均比能力特质词多，但低阶层多的程度更高。低阶层认为热情特质词比能力特质词在描述自我时更重要，而高阶层则认为能力特质词比热情特质词在描述自我时更重要[⑦]。自我监控是与人际互动密切相关的人格特质。研究结果表明，在个体层面，个体自我监控水平促进群体成员对该个体的积极情感，并进而间接促进其在群体中的地位获取（个体地位和友谊网络中心度）；在群体层面，群体自我监控水平促进群体成员间的凝聚力，并进而间接促进群体在合作中的绩效表现。此外，个体自我监控水平对他人积极情感的影响存在时间效应，具体而言，其正向效应随着群体发展得到一定程度的增强[⑧]。

4. 行为决策

行为决策领域的研究主要关注了风险决策的特征。如一项研究认为，自尊对风险决策的影响主要体现在动机和认知过程：高自尊水平者在动机过程中更多表现出对损失的规避，在认知过程中更多地考虑维持之前的决策选择。他们发现初中生对损失不敏感，自尊水平和性别对决策的动机过程的影响存在交互作用：男生无论自尊高低对收益都较为关注，女生中高自尊者更加关注收益[⑨]。另外，实验者使用杯子任务研究了诈骗犯和男性普通人的风险决策特点，结果发现，诈骗犯在做决策时更倾向于冒险，在杯子任务中存在决策功能缺陷，这种缺陷可能与他们的冒险性和对价值预期值变化的敏感性不足有关。这说明诈骗犯面对收益与损失时表现与普通人不同[⑩]。

行为决策中的助推研究在提升民众的健康、财富、幸福等方面具有“以小拨大”的作用[⑪]。为填补中国器官供需不平衡导致的严重缺口，研究者借鉴行为经济学手段中的默认选项、选项架构等心理学效应，发现决定退出制度和反应模式等行为经济学手段可以有效助推中国器官捐献行为。政府和相关机构可考虑采取如下措施提高中国的志愿器官捐献水平：或改现行的“决定参加”为“决定退出”的器官捐献制度；或在现行的“决定参加”器官捐献制度下，在器官捐献登记表中采用拒绝反应模式，并按对外观影响大小升序排列捐献器官种类[12]。

（二）临床与心理咨询

1. 心理健康与心理疾患

青少年的心理健康是我国学者关注的重点之一。一项研究探讨了高校国家助学贷款政策出台以来，我国贫困大学生心理健康状况的变迁。该研究采用 SCL-90 量表对 106 篇论文进行了横断历史元分析，结果表明：贫困大学生整体心理健康的状况在缓慢提升；与中部地区相比，东部和西部地区贫困大学生心理健康水平 18 年来提高更明显；虽然不同性别贫困大学生各因子历年变化差异并不明显，但女生抑郁和精神病两方面改善略快。此外，普通元分析结果表明总体上贫困男大学生比女大学生心理健康状况要好[13]。

创伤后应激障碍（PTSD）也是研究热点之一。有研究对汶川地震 8.5 年后的极重灾区的 2291 名青少年进行问卷调查，考察其创伤后应激障碍（PTSD）、抑郁、创伤后成长（PTG）和生活满意度等身心反应的现状及其共存形态。结果发现：（1）地震发生 8.5 年后 4.75%的青少年有明显的 PTSD 症状，29.98%的青少年有明显的抑郁症状，其中女生、少数民族学生、高年级学生的症状水平更高；（2）青少年的 PTSD 与抑郁呈显著正相关、与生活满意度呈显著负相关、与 PTG 相关不显著，抑郁与 PTG 和生活满意度呈显著负相关，PTG 与生活满意度呈显著正相关；（3）青少年的 PTSD、抑郁、PTG 和生活满意度之间具有共存的形态，具体表现为成长组、低症状组、症状—成长共存组、中等症状共病组和高度症状共病组等 5 种类别[14]。为考察我国失独父母创伤后应激障碍（PTSD）的症状特征及预测因素，一项研究采用失独父母自身和孩子有关的基本信息问卷，创伤后应激检查量表平民版（PCL-C），对中国的 463 名失独父母进行调查。结果表明失独父母的 PTSD 症状得分在自身性别、家庭所在地及家庭收入状况上存在显著差异；将所有因素纳入回归方程后发现：最能预测失独父母 PTSD 症状的因素包括：性别、家庭所在地、年龄[15]。

此外，一项研究探讨了青少年焦虑与抑郁是否有共同的遗传基础。此研究以北京双生子研究数据库中年龄 11~17 岁的 714 对同性别双生子为对象，采用自评问卷测量青少年的抑郁和焦虑症状。结果表明青少年的焦虑与抑郁主要由共同的遗传基础解释[16]。一项研究探讨了基于“最弱连接”的认知易感因素能否预测不同类别日常应激事件的发生，验证抑郁的应激激发模型在中国大学生中的应用。此研究采用认知方式问卷、流调中心抑郁量表、学生日常生活和学业应激事件量表对 811 名大学生进行测量，并采用多层线性模型进行分析。结果表明基于“最弱连接”的认知易感因素可预测日常应激事件的发生，抑郁的应激激发模型适用于中国大学生[17]。躯体变形障碍在大学生群体中具有较高的发病率，在其发展过程中，社交焦虑是重要的预测因素。研究者探究外表拒绝敏感性在社交焦虑与躯体变形障碍之间的中介作用。结果发现，个体的社交焦虑可直接影响躯体变形障碍，也可通过提高外表拒绝敏感性间接影响[18]。

2. 咨询

在心理咨询领域，一项研究采用社会关系模型探究团体咨询过程中成员相互共情的变异来源及影响因素。此研究收集了 53 名成员，10 个团体的数据，考察共情能力、共情动机、情绪表达性、自我表露、相似性与相互共情的关系。结果表明成员的共情水平及被共情水平受自身因素影响。相似性是相互共情中重要的有利影响因素[19]。为了对比接纳承诺疗法（ACT）与认知行为疗法（CBT）对老年人焦虑抑郁的团体辅导效果，同时探讨 ACT 改善焦虑抑郁的心理机制。该研究以北京 25 名老年人为研究对象，发现在抑郁水平上 CBT 疗法效果优于 ACT 疗法；在正念、焦虑、心理灵活性水平上 ACT 疗法效果优于 CBT 疗法；以心理灵活性为心理机制的 ACT 疗法较 CBT 疗法更能提高个体的心理灵活性[20]。

（三）发展与教育

1. 认知与学习

在儿童视知觉中，研究发现 2~6 年级发展性阅读障碍儿童存在视觉注意广度缺陷，并呈现出在小学高年龄阶段更严重的趋势。在阅读障碍儿童中，视觉注意广度对汉语流畅阅读的显著预测作用随发展增强，而对于正常阅读者，视觉注意广度仅显著预测低年龄段学生的句子朗读流畅阅读能力[21]。

在儿童自我参照中，研究发现 3~5 岁儿童普遍存在自我参照效应，但测验方法会影响该效应的表现年龄；自我源判断能力的发展早于他人，3~5 岁之间他人源判断能力在持续提高[22]。

在儿童学习能力发展中，研究发现 4 岁、5 岁、6 岁三个年龄段儿童都能区分日文和汉字，5 岁左右儿童这种能力达到成熟。4 岁儿童不能区分汉字和韩文，直到 6 岁，辨别汉字和韩文的能力也没有发展成熟。三个年龄段儿童都能意识到假字符合正字法规则，但拒绝非字的能力在学前期尚未发展成熟，儿童在学前期不具备部件位置意识：6岁儿童更容易拒绝上下部件位置颠倒的非字[23]。另外，有研究考察小学生近似数量系统敏锐度的发展，发现随着年龄增长，小学生的近似数量系统敏锐度逐渐提高；近似数量系统敏锐度和抑制控制均能显著正向预测小学生的数学能力；抑制控制在小学生近似数量系统敏锐度与数学能力的关系中起部分中介作用[24]。

2. 家庭影响

家庭关系是我国教育心理学的研究传统热点。在家庭对子女学习影响方面，研究发现父母教育期望负向预测子女的学业倦怠；家长投入在家长教育期望与学业倦怠之间起部分中介作用；家庭功能在家长投入与学业倦怠的关系中起到调节作用，只有家庭功能良好时，家长投入才能显著降低子女的学业倦怠水平[25]。另外，有研究发现家庭阅读环境（HLE）和电子屏幕使用时间在社会经济地位（SES）和幼儿词汇理解间起重要作用。SES、HLE各维度与词汇理解呈显著正相关；电子屏幕使用时间与SES、HLE各维度和词汇理解呈显著负相关；HLE和电子屏幕使用时间分别在SES和母亲受教育水平与幼儿词汇理解间起链式中介作用[26]。

父母的经济人信念会影响自身信任和其子女信任。经济人信念认为人是自私的与理性的，研究发现父母和儿童在投资博弈中均表现出了一定水平的信任，父母的经济人信念能够预测其在投资博弈中的信任水平；父母的经济人信念能够预测男孩在投资博弈中的投资额，主要表现为父亲的经济人信念能够负向预测男孩的投资额[27]。幼儿的选择性信任和信念修正受到母亲证言与已有信念冲突程度的影响。当母亲的证言与幼儿已有信念冲突时，中国幼儿可以区分不同程度的冲突情境，并且可以根据冲突的程度进行选择性信任和信念修正[28]。

家庭教育可能也存在负面作用。如父母心理控制与儿童与青少年心理状态与行为之间存在相互关系。研究发现从初一到初三，父母心理控制呈现先略有上升后明显下降的趋势，抑郁和焦虑呈相对稳定但略有下降的趋势。青少年抑郁和焦虑能够正向预测父母心理控制，青少年抑郁和焦虑水平越高，父母心理控制越严重[29]。另外，在青少年问题行为上，研究发现在预测外化问题时，父亲和母亲心理控制的主效应均显著，同时父亲心理控制与儿童消极情绪性的交互作用也显著。高消极情绪性的学前儿童更易受高父亲心理控制的不利影响，也更易受低父亲心理控制的有利影响；在预测内化问题时，父亲和母亲心理控制的主效应及其与儿童消极情绪性的交互作用均不显著，说明无论是对高消极情绪性还是低消极情绪性儿童，父母心理控制对其内化问题的影响相对较弱[30]。为考察青少年精神质、父母监控及同伴行为问题对外化行为问题的影响机制。一项研究采用家长教养问卷、同伴问题行为自评问卷、Achenbach青少年自评量表、艾森克人格问卷，对全国7个城市的青少年进行调查，结果表明父母监控既直接影响也通过监管不良同伴交往间接影响青少年外化行为问题，青少年精神质在其中起调节作用[31]。

3. 同伴影响

儿童同伴类型会影响其攻击类型的发展。有研究探讨两种同伴地位（社会喜好和社会支配）对三种攻击类型（身体、言语和关系攻击）发展的影响，发现社会喜好负向、社会支配正向预测个体半年后的三类攻击行为，男生的社会喜好对关系攻击的预测作用强于女生；班级规范还能调节社会支配对攻击行为的影响，在言语攻击规范高的班级中，社会支配对个体言语攻击的正向预测作用更强[32]。儿童执行功能及儿童外化问题会对同伴接纳和同伴拒绝产生影响。研究发现抑制控制、工作记忆和注意转移一年后儿童的同伴拒绝显著负相关与同伴接纳显著正相关；抑制控制能显著地直接影响或通过儿童外化问题行为间接影响一年后儿童的同伴拒绝；虽然工作记忆不能显著预测一年后的同伴拒绝，但它能通过外化问题行为间接影响儿童同伴拒绝[33]。

资源分配模式的传递效应表现在学龄前儿童中。资源分配模式的传递效应当他人对个体进行资源上的自私、公平或慷慨分配后，个体倾向于以同样的分配方式对待第三个无关个体。研究发现学龄前儿童会传递自私和慷慨分配模式，心理理论和共情更强的学龄前儿童更有可能传递慷慨分配模式[34]。

4. 老年心理

生命意义感通过控制感缓解焦虑、提升幸福感影响老年人的心理健康。生命意义感与社会支持、控制感、幸福感均显著正相关，与焦虑显著负相关。生命意义感和社会支持的交互项显著正向预测控制感，并且这一调节作用通过控制感的中介作用预测焦虑和幸福感。对于高社会支持水平的个体，生命意义感通过提升控制感而缓解焦虑、促进幸福感；而对于低社会支持水平的个体，上述中介作用不成立[35]。

抑制不足理论被证实可以用来解释老年人的舌尖现象。抑制不足理论认为老年人抑制能力不足，易受干扰信息的影响，阻碍对目标词的检索，故比年轻人有更多舌尖现象。有研究通过操纵抑制通达子功能，发现相比于无干扰条件，干扰条件下舌尖现象年龄差异变得更大；通过操纵抑制删除子功能，发现不激活干扰条件下舌尖现象年龄差异不显著，而激活干扰条件下舌尖现象年龄差异显著。因此，说明通达和删除功能不足是老年人舌尖现象增多的重要原因[36]。

5. 流动儿童与留守儿童

亲子关系和朋友支持会对流动儿童的心理状况及行为产生影响。有研究在压力背景下探讨亲子关系和朋友支持对流动儿童不同情绪适应（孤独感、社交焦虑）和行为适应结果（问题行为、亲社会行为）的保护作用，发现流动儿童与父母和朋友的紧密情感联结能够缓解压力事件对其情绪和行为适应的消极作用：父母是缓解行为适应问题的保护因素，朋友是缓解情绪适应问题的保护因素；积极行为适应能够同时获益于父母和朋友支持[37]。另外，也有研究探讨流动儿童的亲子依恋与城市适应的关系，发现亲子依恋可以直接影响城市适应，也可以通过心理韧性的中介作用间接影响城市适应[38]。

流动家庭的母亲控制策略与幼儿顺从行为有关系。有研究对流动家庭的母亲及其 3 岁幼儿进行评估，发现流动家庭母亲使用的强制性控制多于城市母亲，温和控制略少于城市母亲。流动家庭母亲的强制性控制正向预测男孩的合作性顺从，负向预测其不顺从；流动家庭母亲的强制性控制负向预测女孩的合作性顺从[39]。

父母关爱对农村留守儿童抑郁有重要的影响。有研究对四年级和七年级农村儿童进行 2、5 年追踪调查。发现与非留守儿童相比，前后测中单、双留守儿童报告的父母关爱均较少、抑郁均较高；双留守儿童的后测抑郁显著高于前测；在控制性别对抑郁的作用，及控制后测父母关爱对后测抑郁、自尊、神经质的作用后，前测父母关爱与前测友谊质量交互项对后测自尊与神经质的预测作用均显著，随着友谊质量的提高，父母关爱对自尊、神经质的延时影响增大，后测自尊与神经质的中介效应随之增强；该调节效应仅发生在初中留守儿童中[40]。

（四）组织行为与人力资源

1. 工作绩效

有研究探讨了工作超载对工作满意度的影响以及职场精神力、家庭支持在其关系中的调节效应。结果显示，工作超载会降低工作满意度，而职场精神力和家庭支持则可以提高工作满意度；职场精神力可以缓减工作超载对内在工作满意度的负面效应，家庭支持会扩大工作超载对外在工作满意度的负向效应[41]。

通过考察工作场所排斥对员工组织公民行为的负向影响，并探究物品线索在其中的调节作用，研究人员发现，工作场所排斥对员工的组织公民行为有消极影响，物品线索能够调节工作场所排斥与组织公民行为的关系[42]。

授权型领导行为契合了组织扁平化的时代背景，受到理论界与实践界的追捧。研究发现，授权型领导行为与任务绩效存在倒 U 型关系；授权型领导行为正向影响员工自我决定感；员工自我决定感与任务绩效存在倒 U 型关系；授权型领导行为通过自我决定感的曲线路径间接对任务绩效产生影响[43]。另一项关于领导与下属之间关系的研究显示，当下属的追随特质契合领导的追随原型（成为领导的“意中人”）后，下属既可能因为工作负担的增多而付出心理代价，出现高情绪枯竭、低情感承诺和低工作满意度；又可能因为自我效能的增强而收获工作幸福，表现为高工作满意度。以上结果能为管理员工幸福感提供一定的实践指导[44]。

基于工作要求—资源模型，有研究将领导—成员交换与辱虐管理作为工作资源，辱虐管理作为影响领导—成员交换是否可以被视为工作资源的情境因素，挑战性压力源作为工作要求，检验了领导—成员交换、辱虐管理对挑战性压力源与员工创新行为关系的三维调节作用，验证了工作要求—资源模型在解释挑战性压力源与创新行为之间关系的有效性，说明资源在挑战性压力源激发员工创新行为中扮演重要角色[45]。

2. 消费心理

一项探讨权力感与补偿消费之间关系的研究指出，对于高特质权力者，状态权力感越低，对地位相关产品的出价水平越高；对于低特质权力者，状态权力感对补偿消费没有显著影响，而大选择集不能有效修复低权力状态[46]。

模糊产品展示是指能够引发消费者模糊视觉感受的产品展示方式。研究发现模糊产品展示对产品态度的影响呈现倒 U 型。相比于低模糊度的产品展示，中等模糊度的产品展示能够激发更高水平的柔软度感知，进而提升产品质量评价，最终导致产品态度更积极[47]。

（五）情绪、认知和脑神经科学

1. 情绪

情绪的调节和训练是情绪领域的研究核心。如，研究者利用事件相关电位技术考察道德评价对疼痛共情早期（N1、P2、N2）和晚期成分（P3）的不一致影响。结果发现，高道德故事启动下的疼痛图片比非疼痛图片诱发了更大P3波幅。与低道德主人公相比，被试仅对高道德主人公产生了显著的认知共情[48]。研究者应用元分析技术考察共情与性别之间的关系并发现，共情概念偏向情绪方面的问卷更容易出现性别差异；从发展阶段来看，青春期个体的共情总分、情绪共情得分与性别之间的关系最强[49]。此外，研究者设计了一种新型情绪性双维n-back训练，并验证了利用手机APP搭载训练任务的适用性：相较于控制组，使用基于APP的短期双维n-back训练，使个体在视空间工作记忆任务、活动记忆任务、数字转换任务、Stroop任务上的成绩进步更大，表明训练可以提高个体工作记忆的容量和中央执行功能[50]。

在老年人的研究中，研究者采用问卷法对60岁以上的老年夫妻进行间隔两年的重复测量，考察夫妻间负性事件的认知性情绪调节策略及婚姻满意度的关系。研究发现，接受、灾难化、沉思和理性分析策略的使用能显著正向预测抑郁和焦虑情绪。交叉滞后分析显示：前期的婚姻满意度可以预测随后两年间他责、沉思策略的使用，婚姻满意度越高的个体在随后两年中会更少使用他责和沉思策略，而前期的认知性情绪调节策略对两年后的婚姻满意度无显著预测作用[51]。

2. 感知觉

感知觉领域主要关注感知觉通道对其他认知任务影响。如，发现与传统识字教学法相比，多重感觉通道训练法对听写落后儿童的教学效果具有一定的优势。研究者发现，对两组听写落后儿童，两种教学方法在认读正确率的教学效果上差异不显著；但多重感觉通道训练组的听写落后儿童有着显著更低的错字比率[52]。研究者采用原型变异任务探索了特征的呈现方式对类别学习中规则和相似性知识获得的影响，结果发现，听觉-视觉条件下习得规则的人数多于习得相似性的人数；而在视觉-听觉和视觉-视觉条件下不存在显著差异；且三种条件下习得规则的正确率均高于习得相似性时。这说明特征的呈现方式影响对规则和相似性特征的习得，在听觉通道呈现规则时，被试更倾向基于规则分类[53]。

3. 注意与记忆

在注意领域，研究者利用新近发展的虚拟现实技术，模拟早期人类生存的丛林环境，让被试以完全浸入式的方式来搜索丛林草地中的威胁性刺激（蛇、蜘蛛），结果发现被试搜索威胁性刺激确实比非威胁性刺激（蘑菇、花、松鼠、蝉）要快。三维空间数据显示，被试确认威胁性刺激的空间距离要显著远于非威胁性刺激[54]。在探讨多巴胺基因对注意网络调控的研究中，研究者利用对影像遗传学研究的元分析发现，背侧和腹侧注意网络的主要脑区均有较大的基因调控效应，且腹侧网络的效应值显著大于背侧网络，表明多巴胺系统基因在全脑范围内调控注意网络，且对腹侧网络的调控作用强于背侧网络[55]。此外，研究者采用双任务范式，考察了精神运动警觉性任务（Psychomotor Vigilance Task，PVT）不同指标是否能反映不同任务水平引起的疲劳状态的变化。结果发现，PVT任务的最快10%反应时能够反映不同任务水平条件下的疲劳状态变化，注意忽视频次指标能够反映简单任务条件下的疲劳状态变化，平均反应时指标的时间主效应和任务主效应都可能是反映精神疲劳状态和任务负荷情况的综合指标，但PVT任务的最慢10%反应时指标可能主要体现了任务负荷状态的变化[56]。

在记忆领域，研究者对比了鄂伦春族和汉族高中生，以探讨生态环境和生产方式对视空间工作记忆能力的影响。结果表明，鄂伦春族学生在4个视空间工作记忆任务上的表现均显著好于汉族学生，材料呈现的结构、数量和路径均不影响鄂伦春族学生在视空间工作记忆能力上的优势[57]。空间记忆的行为表现具有右侧化优势，但这种优势受到情境的影响。研究者通过让被试学习完一幅模拟地图中物体位置关系后进行相对位置判断任务，结果发现了空间行为反应右侧化优势；但让被试在威胁情境中完成相同任务时，右侧化优势消失。这表明类别性空间记忆的行为表现具有右侧化优势，且具有情境不稳定性[58]。另外，研究者使用情绪图片作为背景任务刺激考察了积极情绪和消极情绪对时间性和事件性前瞻记忆的影响。结果发现，背景任务中不同的情绪刺激会对个体完成背景任务的速度产生影响，而对前瞻记忆任务的执行不会产生影响[59]。

4. 语言与思维

在语音方面，为了解心理词典中语音与汉字的联结情况以及从音到形的加工机制，研究者计算了基于语料库统计的“音-形”激活概率（某个音节激活其对应汉字的概率），并通过听写实验验证这种激活概率是否反映实际加工中的激活情况。结果证明“音-形”激活概率越高的汉字被激活的概率和强度越高，并且有明显的优势字效应，该统计概率具有可独立于其他影响因素的预测功能[60]。

语义是语言领域的热点之一。如，研究者考察了空间语言标记——“内/外”对汉语亲属词语义加工中亲属关系性质容器隐喻的影响。研究表明，与亲属关系性质容器隐喻不一致的空间语言标记干扰汉语亲属词的语义加工，空间语言标记的作用比亲属关系性质容器隐喻更强。在汉语亲属词的语义加工中存在着序列分解的加工方式，被试先加工首字，再加工整词。汉语亲属词的语义加工中包含着语义加工与具身经验激活的相互作用[61]。语义关系可影响其他认知任务。如研究者采用颜色相似性判断、颜色分类和颜色再认任务，考察了汉语母语者对“红—紫”色块和“蓝—绿”色块的认知。结果表明，语用关系不影响汉语母语者的颜色相似性判断，却影响颜色分类和颜色再认。与“蓝—绿”色块比，汉语母语者在包含记忆成分任务中对“红—紫”色块具有认知劣势。由语用关系引起的颜色感应在颜色认知中起着重要调节作用，记忆编码在此过程中起着直接作用[62]。研究者采用线索化范式考察了语义关联对注意捕获的影响。结果表明，语义关联的注意捕获符合关联性的无意注意定向假说，刺激的捕获能力受当前的注意控制定式调节；由语义概念激活的知觉表征在调节空间注意分配上与其自身相比形式相同，但程度有所下降；知觉特征水平的注意控制定势能够激活与其相应的语义概念，使其吸引注意并调节空间注意分配；知觉表征和语义概念的激活可能是双向的，激活后在指导注意转移上表现出相同的特性[63]。

在思维领域，研究者考察了建构主义教学与元思维之间的关系。研究结果显示：仅考虑一级认知压力时，建构主义教学能正向预测两种元思维，一级认知压力在建构主义教学与两种元思维间皆起部分中介作用；仅考虑二级认知压力时，其在建构主义教学与两种元思维间皆起完全中介作用；同时加入两种认知压力时，仅二级认知压力的中介作用显著[64]。

（六）心理统计与测评

1. 测量方法

一般来说，社会称许性反应由两个成分组成：自我欺骗（无意识地夸大反应）和印象管理（有意识地歪曲作答）。一项研究采用实验研究范式和 Mixed Rasch Model，探讨二者在 BIDR 印象管理量表上的得分及作答模式差异。结果发现，当发生印象管理时，量表分数高于仅发生自我欺骗时的分数，且被试倾向选择极端反应。进而采用 logistic 回归对量表分数划定分界线，将高于分数线的被试认定为故意作假者，低于分界线的被试认定为仅发生了自我欺骗，没有故意作假[65]。

一项研究开发了两种新的适用于多级评分项目的多维计算机化自适应测验（PMCAT）的选题策略——修正的连续熵（RCEM）和修正的后验期望 KL 信息（MKB）方法，并与以往 PMCAT 的选题策略进行了对比研究。Monte Carlo 实验结果表明：两种新开发的选题策略比原方法估计精度更高，并且 RCEM 方法在所有选题策略中曝光率最低。新开发的选题策略具有较理想的估计精度和曝光控制效果，为 PMCAT 在实践中的应用提供了新的方法支持[66]。

2. 统计模型

孙小坚、康春花和曾平飞等人采用等级反应多水平侧面模型探讨了评分者人数和项目个数对被试能力估计准确性的影响。模拟研究的结果表明：（1）随着项目个数的增加，估计值与真值之间的相关也不断增加；（2）评分者人数和项目个数在平均绝对偏差（MAB）和误差均方根（RMSE）上的主效应均显著，两者间的交互效应也显著；（3）简单效应分析发现，当项目较少时，3 个评分者条件下的能力估计准确性最好；随着项目个数的增加，4 个评分者的估计误差迅速下降，且表现变为最好[67]。

一项研究提出了一种干预研究的新方法：群组发展模型（group-based trajectory model，GBTM）。这是一种用于研究群体异质性的新方法，旨在识别群体内遵循不同发展轨迹的亚组，并描绘亚组成员特征。这一模型为干预研究提供了新的研究视角，群组发展模型不仅可以探讨干预是否引起分组比例变化，也关注干预对个体的发展轨迹的影响，并评估干预对不同轨迹组的效果差异[68]。

注：

①欧阳林依、许燕、高树青：《内隐人格观对承诺升级的影响——成功期望的中介效应》，《心理学探新》，2018 年第 5 期。

②王建发、刘娟、王芳：《线下受害者到线上欺负者的转化：道德推脱的中介作用及高自尊对此效应

的加强》，《心理学探新》，2018 年第 5 期。

③毕向阳、王孟成：《父母关爱与服刑人员敌对特质及个人公正世界信念的关系》，《中国临床心理学杂志》，2018 年第 1 期。

④郑爽、张骊凡、席雨、曹仕涛、姚梅林：《志愿者服务经历与退出意向的关系：基本心理需要满足和同伴规范的作用》，《中国临床心理学杂志》，2018 年第 6 期。

⑤姜卉、王玉婷：《应急救援团队的个体与团队情境意识：社会网络关系的调节作用》，《心理科学》，2018 年第 6 期。

⑥骆诚、任孝鹏：《正在进行中的自愿拓疆运动与个体主义：来自多种文化任务分析的证据》，《心理科学进展》，2018 年第 11 期。

⑦韦庆旺、李木子、陈晓晨：《社会阶层与社会知觉：热情和能力哪个更重要?》，《心理学报》，2018 年第 2 期。

⑧胡琼晶、路西、张志学：《群体背景下的自我监控：对个体地位获取和群体任务绩效的积极效应》，《心理学报》，2018 年第 10 期。

⑨刘笑笑、辛涛、林喆、刘彦楼、孙小坚：《初中生风险决策表现的认知建模分析：：自尊及性别的影响》，《心理学探新》，2018 年第 8 期。

⑩张峰、周航、刘金婷、赵刚、赵海霞、侯雪松、杨波：《诈骗犯在风险情境下面对收益与损失的决策特点》，《中国临床心理学杂志》，2018 年第 3 期。

⑪何贵兵、李纾、梁竹苑：《以小拨大：行为决策助推社会发展》，《心理学报》，2018 年第 8 期。

⑫黄元娜、宋星云、邵洋、李纾、梁竹苑：《以小拨大：默认选项和反应模式效应助推中国器官捐献登记》，《心理学报》，2018 年第 8 期。

⑬张梅、孙冬青、辛自强、黄四林：《我国贫困大学生心理健康变迁的横断历史研究：1998~2015》，《心理学发展与教育》，2018 年第 5 期。

⑭伍新春、王文超、周宵、陈秋燕、林崇德：《汶川地震 8.5 年后青少年身心状况研究》，《心理学发展与教育》，2018 年第 1 期。

⑮宋潮、李婉君、蒙晓晖、邢怡伦、符仲芳、王建平：《失独父母创伤后应激障碍的症状结构、特征及预测因素》，《心理学报》，2018 年第 12 期。

⑯宋潮、李婉君、蒙晓晖、邢怡伦、符仲芳、王建平：《失独父母创伤后应激障碍的症状结构、特征及预测因素》，《心理学报》，2018 年第 12 期。

⑰李爽、何路宽、肖晶、宋娜：《“最弱连接”因素对日常应激的预测作用：基于抑郁应激激发模型》，《中国临床心理学杂志》，2018 年第 5 期。

⑱陈云祥、邓衍鹤、刘翔平：《大学生社交焦虑对躯体变形障碍的影响：外表拒绝敏感性的中介作用》，《心理科学》，2018 年第 6 期。

⑲邵瑾、樊富珉、鲁小华、许育光：《团体咨询成员相互共情的影响因素——基于社会关系模型》，《中国临床心理学杂志》，2018 年第 3 期。

⑳赵颖、金美慧、曹静、白晓宇、王分分、龙红、祝卓宏：《认知行为治疗和接纳承诺疗法对老年人焦虑抑郁的影响》，2018 年第 2 期。

㉑刘涵隆、赵婧：《汉语发展性阅读障碍儿童视觉注意广度的发展及其对阅读流畅性的作用》，《心理发展与教育》，2018 年第 5 期。

㉒王海旭、刘明慧、叶宇坤、隋洁：《“我的”最重要：儿童自我源判断能力的发展早于他人》，《心理发展与教育》，2018 年第 6 期。

㉓刘宇飞、钱怡、宋耀武、毕鸿燕：《4~6 岁汉语儿童正字法意识的萌芽与发展》，《心理发展与教育》，2018 年第 1 期。

㉔牛玉柏、张丽芬、肖帅、曹贤才：《小学生近似数量系统敏锐度的发展趋势及其与数学能力的关系：抑制控制的中介作用》，《心理科学》，2018 年第 2 期。

㉕李若璇、朱文龙、刘红瑞、姚梅林：《家长教育期望对学业倦怠的影响：家长投入的中介及家庭功能的调节》，《心理发展与教育》，2018 年第 4 期。

㉖卢珊、郭文婷、李亚庆、姜霁航、王争艳、邢晓沛：《家庭社会经济地位对幼儿词汇理解的影响：多重中介效应分析》，《心理科学》，2018 年第 6 期。

㉗刘国芳：《父母的经济人信念对自身信任及儿童信任的影响》，《心理发展与教育》，2018 年第 1 期。

㉘李婷玉、刘黎、李宜霖、朱莉琪：《冲突情境下幼儿的选择性信任和信念修正》，《心理学报》，2018 年第 12 期。

㉙孙丽萍、田微微、边玉芳：《父母心理控制的发展趋势及青少年抑郁、焦虑的影响：一项三年追踪研究》，《中国临床心理学杂志》，2018 年第 4 期。

㉚高鑫、丁碧蕾、冯姝慧、邢淑芬：《父母心理控制和儿童消极情绪性对学前儿童问题行为的共同作

用："素质-压力"还是"差别易感性"》，《心理发展与教育》，2018 年第 1 期。

㉛谭立华、郭菲、陈祉妍：《青少年精神质对父母监控、同伴行为问题影响外化行为的调节作用》，《中华行为医学与脑科学杂志》，2018 年第 9 期。

㉜张云运、牛丽丽、任萍、秦幸娜：《同伴地位对青少年早期不同类型攻击行为发展的影响：性别与班级规范的调节作用》，《心理发展与教育》，2018 年第 1 期。

㉝刘新蕊、邢晓沛、张轶男：《学前儿童执行功能与同伴关系：外化问题行为的中介作用》，《中国临床心理学杂志》，2018 年第 3 期。

㉞谢东杰、路浩、苏彦捷：《学龄前儿童分配模式的传递效应：心理理论和共情的作用》，《心理学报》，2018 年第 9 期。

㉟苗淼、朱菡、甘怡群：《临退休个体生命意义感对于心理健康的影响：有中介的调节模型》，《中国临床心理学杂志》，2018 年第 2 期。

㊱彭华茂、毛晓飞：《抑制对老年人舌尖现象的影响》，《心理学报》，2018 年第 10 期。

㊲王晖、熊昱可、刘霞：《亲子关系和朋友支持对流动儿童情绪和行为适应的保护作用》，《心理发展与教育》，2018 年第 5 期。

㊳王中会、蔺秀云：《流动儿童的亲子依恋与其城市适应的关系：心理韧性的中介作用》，《心理发展与教育》，2018 年第 3 期。

㊴武萌、陈欣银、张莹、卢珊、王争艳：《流动和城市家庭中母亲的控制策略与幼儿顺从行为》，《心理学报》，2018 年第 5 期。

㊵范兴华、方晓义、黄月胜、陈锋菊、余思：《父母关爱对农村留守儿童抑郁的影响机制：追踪研究》，《心理学报》，2018 年第 9 期。

㊶柯江林、王娟：《工作超载对工作满意度的影响效应及其调节变量》，《中国临床心理学杂志》，2018 年第 5 期。

㊷王鲁晓、刘晓君、蒋奖：《工作场所排斥、物品线索与组织公民行为》，《中国临床心理学杂志》，2018 年第 4 期。

㊸尹奎、邢璐、汪佳：《授权型领导行为对员工任务绩效的非线性影响机制》，《心理科学》，2018 年第 3 期。

㊹彭坚、王震：《做上司的"意中人"：负担还是赋能？追随原型-特质匹配的双刃剑效应》，《心理学报》，2018 年第 2 期。

㊺孙健敏、陈乐妮、尹奎：《挑战性压力源与员工创新行为：领导-成员交换与辱虐管理的作用》，《心理学报》，2018 年第 4 期。

㊻陈婕、李信、刘彤、陈毅文：《权力感对补偿消费的影响及其修复方式探究》，《中国临床心理学杂志》，2018 年第 5 期。

㊼李巧、刘凤军：《模糊产品展示对产品态度的影响机制》，《心理学报》，2018 年第 3 期。

㊽李想、黄煜、罗禹、李红、时勘：《好人更值得怜悯？道德评价影响疼痛共情的 ERP 研究》，《中国临床心理学杂志》，2018 年第 1 期。

㊾颜志强、苏彦捷：《共情的性别差异：来自元分析的证据》，《心理发展与教育》，2018 年第 2 期。

㊿潘东旎、王道湍、李雪冰：《基于手机 APP 的双维 n-back 训练的认知与情绪效益》，《心理学报》，2018 年第 10 期。

51叶婉青、李晓彤、王大华：《老年人对夫妻间负性事件的认知性情绪调节策略及其与婚姻满意度的关系：交叉滞后分析》，《心理学报》，2018 年第 4 期。

52阮怡君、齐春婷、刘翔平：《多重感觉通道训练对听写落后儿童的教学》，《中国临床心理学杂志》，2018 年第 4 期。

53吴洁、付秋芳、周晓燕、孙洵伟：《特征的呈现方式对类别学习中规则和相似性知识获得的影响》，《心理科学》，2018 年第 5 期。

54袁小钧、崔晓霞、曹正操、阚红、王晓、汪亚珉：《虚拟仿真场景中威胁性视觉刺激搜索的注意偏向效应》，《心理学报》，2018 年第 6 期。

55陈晨、张英、刘嘉、胡思源：《多巴胺系统基因对注意网络的调控作用》，《心理科学》，2018 年第 1 期。

56张英、陈晨、刘振华、胡思源：《精神运动警觉性任务在不同知觉负荷下的疲劳状态监测》，《心理学探新》，2018 年第 4 期。

57王婷、关宇霞、关红英、张积家：《鄂伦春族的视空间工作记忆能力优势：生态环境和生产方式的影响》，《心理学报》，2018 年第 10 期。

58刘传军、蔡倩、陈幼平：《类别性空间记忆右侧化优势及其受威胁情境的影响》，《心理学探新》，2018 年第 5 期。

59尹杰、刘培朵、杨波、黄希庭：《情绪刺激对前瞻记忆的影响》,《心理学探新》,2018年第2期。

㊵李梅秀、Daniel S. Worlton、邢红兵:《基于语料库统计的"音-形"激活概率及加工机制》,《心理学探新》,2018年第1期。

㊶汪新筱、江珊、张积家:《空间语言标记影响亲属关系的容器隐喻》,《心理学报》,2018年第9期。

㊷张积家、陈栩茜、尤宁、王斌:《颜色词的语用关系影响颜色认知》,《心理学报》,2018年第4期。

㊸王慧媛、隋洁、张明:《语义关联的注意捕获——来自线索化范式的证据》,《心理学报》,2018年第10期。

㊹池丽萍、宗正、辛自强、陈英和:《建构主义教学与元思维的关系:认知压力的解释》,《心理发展与教育》,2018年第2期。

㊺任岩、潘逸沁、骆方:《基于印象管理量表的反应模式筛查故意作假者》,《心理学探新》,2018年第3期。

㊻韩雨婷、高旭亮、汪大勋、蔡艳、涂冬波:《多级评分项目的多维CAT选题策略开发》,《心理科学》,2018年第6期。

㊼孙小坚、康春花、曾平飞、辛涛:《建构反应题中能力估计准确性的影响因素:评分者人数和项目个数的交互作用》,《心理学探新》,2018年第1期。

㊽吕浥尘、赵然:《群组发展模型——干预研究的新方法》,《心理学探新》,2018年第1期。

(作者:梁竹苑、李纾,中国科学院心理研究所副研究员、研究员;
李云箫、符佳慧、吴小菊、陈俊芳、赵宁,中国科学院大学、中国科学院心理研究所硕士生)

历 史 学

史学理论及史学史

汪高鑫 马新月

2018年,北京地区的史学工作者在史学理论与史学史的研究方面做了大量的工作,取得了显著的学术成果。学者们继承了以往的研究传统,对旧有的研究领域进行了深入的探索;同时也注重开拓新的研究领域、采用新的研究视角和方法,积极回应当下史学研究的热点问题。现将本年度研究情况综述如下:

一、改革开放40年史学理论与史学史研究

2018年是中国改革开放40周年,中国史学界对这40年来历史学研究的发展历程和学术成就作了总结和评述。其中,关于史学理论与史学史的总结与评述,北京地区的学者取得了不少成果。

在2018年,北京地区的高校和研究机构多次举办学术会议,总结改革开放40年史学理论与史学史的研究成果和学科发展情况。7月14日,中国社会科学院史学理论研究中心召开了以"改革开放40年以来中国的史学理论研究"为主题的2018年度工作会议;12月15—16日,北京师范大学召开"2018年史学理论与史学史学术研讨会",会议的主题为改革开放40年来中外史学理论与史学史的成就与面临的问题。在这些会议研讨过程中,许多北京地区的学者发表了重要观点。此外,2018年北京地区学者还就史学理论与史学史的相关具体问题参加了讨论,主要有以下几个方面:

1. 史学理论与史学史学科发展与学术体系建设

有学者全面论述了改革开放40年来史学理论学科的建设与发展历程。学者认为,改革开放对中国历史学研究的重要影响之一就是产生了独立的史学理论学科。伴随着改革开放所带来的思想解放运动,史学工作者以全新的视角深入思考史学理论的相关问题,并且开始关注史学理论的学科建设,对诸如唯物史观与史学理论、历史理论与史学理论等概念进行了辨析。在这40年间,史学理论学科的教材编写、学科

研讨平台、人才培养等方面都有了显著的发展，逐步建立起以历史认识理论、史学方法论、史学评价理论为核心的史学理论学术研究体系，以及立足于中国史学学术传统的史学理论话语体系。[①]有的学者强调，改革开放40年中国史学理论研究的快速发展，源于它立足中国、直面现实、始终与时代同行的学术发展特点。学者认为，这种具有民族性、时代性的学术发展具体表现为三个方面：其一，自觉高扬马克思主义的理论旗帜，结合中外历史研究的具体实践，展开了对马克思主义唯物史观的思想内涵和理论价值的深入探究，其中涉及马克思主义历史认识论、历史规律的实践性、社会发展的决定性和选择性、历史发展的主体和创造者等重大理论问题。其二，积累了丰硕的原创性成果，在中国通史撰述思想、世界史的“整体历史观理论”、现当代历史研究理论等方面都有许多重要的学术成果问世。其三，构建起具有中国特色的史学理论新形态，即坚持以唯物史观为理论指导，继承和弘扬中国传统史学的优良传统，汲取一切人类文明的优秀成果，以打造中国特色的史学理论研究体系和学术话语体系。[②]

2. 中西史学理论与史学史研究的成就与不足

关于中国史学理论与史学史，有学者从自身的研究经验出发，回顾和总结了这40年来取得的成绩。学者指出，在这40年中，史学理论与史学史的理论认识和学术研究分别经历了“两次重要跨越”。在理论认识方面，第一次跨越是从教条主义、形式主义的影响下走出来，重新全面理解并在史学研究中努力运用马克思主义；第二次跨越是逐渐认识到马克思主义史学在中国产生和发展的意义，并且以马克思主义史学中国化作为史学研究工作的历史使命。在学术研究方面，第一次跨越是从断代史学史研究到贯通史学史研究的跨越，第二次跨越是从史学史研究向史学理论研究的跨越。同时提出中国史学理论与史学史研究应当深入挖掘和研究史学遗产，梳理史学遗产中的重要史学概念和观念；继承中国马克思主义史学的理论成就，吸收西方史学的积极成果，立足中国史学发展背景，构建中国特色的史学学术体系和话语体系。[③]有学者指出，改革开放40年来，史学界对中国史学遗产的创造性阐释取得了丰硕的成果。这40年来，马克思主义唯物史观的科学指导，以及坚守中华文化立场、立足当代中国现实的研究理念是创造性阐释中国古典史学名著的关键。并以《国语》《史记》《汉书》等中国古代史学经典著作为例，提出进一步挖掘中国古典史学文化遗产还要关注的几项重要问题，如这些史学经典名著的撰述如何推动中国史学由奠基到走向成熟，这些史书体裁的创立和发展反映出史家怎样的历史认识等。[④]

关于西方史学理论与史学史，有学者总结了改革开放40年中国学者对西方史学研究的成绩与不足。学者指出，这40年来，西方史学史的研究取得了许多成绩，主要表现为以下几个方面：第一，建立了完整的人才培养体系，培养出大量西方史学史的研究者。第二，形成了复旦大学、中国社会科学院世界历史研究所等西方史学的研究重镇。第三，出版了一批重要的史学史研究著作。第四，形成了有关西方史学史的一定的研究方法。第五，对西方史学的前沿发展有较为全面和及时的了解。但中国学者对西方史学的研究也存在不足，如对西方史学的理论评鉴能力和理论批判力都有待提高，缺乏理论深究式的研究成果；对西方史学研究背后的意识形态分辨力也亟待增强。[⑤]

3. 历史学研究中的理论问题反思

关于历史学研究的碎片化问题。不少学者都在文章中表示这是改革开放以来，尤其是近年来历史学各研究领域中较为普遍的问题。有学者指出，与改革开放前相比，这40年来中国史的研究内容由历史的主干转向支流，研究者的关注点由宏大历史问题转向具体问题。这样的研究趋向一方面反映出历史学研究领域的扩大和内容的丰富，但同时也导致史学研究碎片化的问题逐渐凸显出来。碎片化的外在表现主要是选题的狭小，选题缺乏与历史研究相匹配的意义，而且研究者将对细微问题的考据视为历史学研究的全部和最终目的，这样的价值取向和研究状态使得其研究的观点和结论往往“以要素代替全体”。[⑥]有学者指出，碎片化的历史研究以经验研究为主，研究者容易陷入细微问题的考据而难以走出来，研究缺乏整体化。强调历史学各研究领域要加强联系，提高研究的会通意识，实现史学的实证研究与理论研究的会通，古代史学理论与近现代史学理论的会通，中国史学理论与西方史学理论的会通。[⑦]

关于借鉴和回应西方史学研究的新理论与新方法。有学者认为，改革开放40年来中国历史学受到西方社会科学的强烈影响，改变了自身发展的格局，盲目遵循西方理论引导的弊端日益凸显，中西概念以及相关知识的辨析与讨论呈现两极对立的态势。其一，史学研究遵从西方社会科学的“规范化”与坚持自身文化特性的“本土化”之间存在两难选择。

其二，关于史料运用和文本解读，西方史学所强调的对新史料的发掘与中国传统史学文献的文本解读之间存在矛盾。其三，关于历史解释，一方面西方史学研究提出大量的中国社会发展理论与范式，另一方面中国社会和思想文化也有自身发展的历史语境，所谓历史解释的“化约论”与“语境论”之间的关系也成为研究路径选择的关键问题。[8]有学者阐述了 40 年来中国近代史研究所关注的主要理论问题，其中有不少是对西方史学研究理论和方法的回应，如对“中国中心观”的反思与批评、后现代思潮对史学研究之影响等。学者认为，中国的历史学研究在吸收、运用西方史学理论时，必须保持理论主体意识，要对西方理论的适应限度有必要的反思，提炼出真正切合中国历史的理论架构。[9]还有学者在总结改革开放 40 年的明清史研究时论及中国史学界对美国“新清史”研究观点的争论。学者指出，“新清史”的讨论在近年来异常热烈，中美史学界在这一问题上争论的焦点在于清军入关之后的统治是否“汉化”。“新清史”强调的是清朝统治满洲特性，认为明清历史发展具有断裂性的特点；而国内坚持清朝“汉化”立场的学者则强调明清历史发展的连续性。学者认为，这些争论中既有大量的非学术因素，也存在一定的误解，对于清朝统治的汉化特点和自身民族特性之间的关系还有待进一步研究，但无论如何，学界对这一问题的探讨对于认识 19 世纪中叶以降的断裂和连续性问题必将有所启示。[10]

二、马克思主义史学研究

2018 年，马克思主义史学是史学理论与史学史学科研究的热点之一。北京地区学者主要围绕马克思主义史学理论、中国马克思主义史学的具体实践等问题进行了充分的研究。

1. 马克思主义史学理论研究

有学者从整体上论述了马克思主义历史观的理论来源、思想特点和现实价值。学者指出，德国古典哲学是马克思主义历史观的主要理论来源，马克思主义历史观是在批判黑格尔唯心主义的历史哲学中逐渐形成的。马克思主义历史观的核心内容包括以下几点：第一，社会的本质是物质性，实践是社会存在和发展的方式；第二，人是历史的主体；第三，人类历史发展具有一般规律，历史规律参与并制约着人的活动；第四，历史发展的一般规律与物质生产、人自身生产以及精神生产有着密切的关系；第五，社会经济形态的发展与自然的历史进程是相似的。此外，学者还表明，马克思主义历史观不是封闭的体系，而是随着时代发展不断深化和扩展的与时俱进的历史理论。[11]

更多学者针对马克思主义史学某些具体的理论问题进行研究。有学者梳理了社会进化论与中国马克思主义历史哲学观念产生和演进的关系，提出早期的马克思主义者在历史主体论、历史动力论、历史过程论和历史规律论等多个方面的认识都深受社会进化论的影响，马克思主义历史哲学观念是在不断扬弃进化史观的基础上递嬗的。[12]有学者深入剖析了马克思的西欧封建社会形态理论的历史、内涵、适用范围以及与其他社会形态的关系。学者指出，马克思拓宽了封建主义的内涵，第一个从社会形态的角度研究了广义的封建主义。马克思的西欧封建社会形态理论诞生于唯物史观的创立时期，在资本主义政治经济学的研究中得以深化。马克思通过对比西欧与非西欧国家和地区的前资本主义社会形态，明确了西欧封建社会形态的内涵，即农奴制、保护关系、贵族土地所有制、领主司法权和政治统治权高度分散等，并且指出，这种封建社会形态理论只适用于西欧以及幕府统治时期的日本。[13]有学者阐发了马克思和恩格斯的历史合力思想，并且重新检视了 20 世纪 80 年代中国学界关于历史合力论的争鸣。学者认为，恩格斯的历史合力思想是在一定前提下提出的，即认为现实生活中的生产与再生产是历史发展的决定性因素；而恩格斯的历史合力论同样承认非决定性因素对历史发展的作用，反对教条化、简单化的经济决定论，即以经济因素作为历史发展的唯一决定因素。[14]

2. 中国马克思主义史学的具体实践研究

一方面，学者们对中国马克思主义史学的发展特点以及具体的研究内容作了总结和评述。有学者评论称，当代中国马克思主义史学的基本品质是时代性与民族性的统一，即一方面顺应时代发展，以时代所提出的重大问题为史学研究的导向；另一方面立足于中国社会历史的实际，充分继承优秀的史学传统，彰显史学研究的民族特性。[15]有学者强调要坚持运用马克思主义唯物史观指导中国古代史学研究。学者认为，改革开放以来中国历史学界对唯物史观的理解和运用经历了三个阶段，分别是对唯物史观理论的反思和争鸣，在多元史学研究格局中的唯物史观探索，以及构建中国史学话语体系中的唯物史观；在这三个学术发展阶段中，中国古代史的研究取得了辉煌的成就。学者同时也指出，当前中国古代史存在着忽视理论研究和宏观研究，以及历史虚无主义和史学研究过分碎片化等问题，这些问题也使得唯物史观面临着严峻的挑战。[16]还有学者论述了中国马克思主义史学历史教育的相关问题，指出近代以来，以李大钊的《史学要论》和翦伯赞的《历史哲学教程》为代表的马克思主义史学著作体现出重视历史教育的学术特点。学者认为，中国马克思主义史学历史教育注重阐释、遵循历史发展的规律，形成了以爱国主义为核心的思想内涵，并且以维护民族团结和国家统一，建设“民族化”的历史科学为重要任务。[17]

另一方面，学者们具体论述了中国近代以来一些马克思主义史家的治学特点和学术贡献。有学者撰文总结了蔡和森对中国马克思主义史学的理论贡献，肯定蔡和森撰写的《社会进化史》全面阐释了马克思主义唯物史观，注重将马克思主义基本原理与中国实际相结合，对中国的社会性质、革命性质、革命任务、阶级状况等理论问题都作了深入的探究，为当时正处于萌生阶段的马克思主义史学奠定了坚实的理论基础。[18]有学者论述了吴玉章历史研究的特点及其在马克思主义史学上的地位。认为吴玉章为寻求救国道路而从事马克思主义史学研究，以解决重大现实问题作为历史研究的价值取向，这样的治学特点和研究路径使得吴玉章在中国马克思主义史学发展中有着较高的学术地位。肯定吴玉章较早地运用马克思主义唯物史观对中国历史与中国革命史作了系统研究，为中国马克思主义史学的发展作了开拓性的贡献。[19]有学者从马克思主义史学的观点出发，对汪篯的经济史研究作了评述。学者表示，在新中国成立后的“十七年”史学发展时期，汪篯深受马克思主义史学思想的影响，研究方向由之前的政治史转向经济史，在封建土地所有制、古史分期、亚细亚社会性质等相关问题上都有论述。汪篯的经济史研究体现出他对唯物史观以及历史唯物主义方法论深入思考和充分运用，马克思主义史学思想成为他学术成长过程中的重要理论源泉。[20]

三、历史编纂学研究

2018年，北京地区学者在中外历史编纂学方面发表了大量的研究成果。学者们论述了中国历史编纂学的学科建设和学术发展特点，肯定了探究史家历史编纂思想对于推进中国历史编纂学研究的重要作用。

1. 史书体裁、体例编纂特点研究

首先，关于史书体裁的探讨。有学者论述了东汉史家荀悦《汉纪》对编年体断代史体制的创立。指出《汉纪》的内容虽然完全取自于《汉书》，但体裁形式和叙述方法是荀悦新创，他以《汉书》的本纪为纲领，依照年月日顺序将列传、志、表中的内容进行剪裁和重新撰写，从而做到“贯通上下、叙述简洁、条理清晰”。荀悦《汉纪》的编纂，重振了编年史体裁的声势，由此开启了魏晋南北朝近400年纪传、编年二体“角力争先”的新局面。[21]有学者探讨了中国古代编年体佛教通史的撰述，指出编年体佛教通史的内容详略、纪年方式、叙史技巧等，直接受传统编年体史书，尤其是《资治通鉴》的影响。同时编年体佛教史书的编纂也体现出佛教史自身的特色，以佛教史事为重点，兼重世俗史事，发挥编年体所长以总览佛教在中央集权政治统治下的兴衰变迁。[22]有学者论述了明代史家黄佐《翰林记》的编纂以及唐宋以来翰林志编纂的历史谱系。学者指出，《翰林记》各条目之下按编年记事，因而对翰林各项制度的建置时间记载较为明确。肯定《翰林记》接续了唐宋以来翰林志的编纂，在编纂体例和内容上都已趋于成熟。[23]还有学者评述了梁启超“新综合体”史书体裁设想，认为“新综合体”打通了传统的纪传体和纪事本末体，用纪事本末体的“因事命篇”“起讫自如”的优点弥补了纪传体“大势难贯”的缺陷，同时又保持了纪传体宏量广阔、诸体互补的优点。认为梁启超的“新综合体”设想是中国历史编纂学发展达到成熟的标志性成果，也是中华文化注重包容、和谐、革新的文化基因的体现。[24]

其次，关于史书体例的探讨。有学者论述了《汉书·元后传》的编纂特点。认为班固在《汉书》中为元后单独列传，而不将之放入后妃类传，是要借元后一生事迹概述西汉后期外戚势力膨胀导致王朝衰亡的历史趋势。《汉书·元后传》体现出班固观察的深刻性、记述的提纲挈领和编纂体例的创造性，这为后代史家叙述和评论西汉后期政治史提供了依据。[25]有学者探讨了《三国志·魏书》人物合传的编纂原则与史论特点。学者认为，陈寿在《三国志·魏书》中的史论兼采“人物品评”与“官职叙赞”，导致后世史家对其合传编纂原则莫衷一是，这种杂糅人物品性和官职的编纂特点是受魏晋时期“举状”文本特点的影响，与西晋取士“才性合同”的原则相呼应。同时指出陈寿通过人物合传的历史编纂，也为汉魏、魏晋禅代之际的人物建立了正面的历史形象。[26]

2. 史家历史编纂学成就研究

有学者论述了梁启超历史编纂的学术成就和思想特点。学者总结了梁启超在历史编纂学上的主要成就：创造性地改造和发展了纪事本末体，从而撰成《戊戌政变记》；在计划撰著《中国通史》的过程中，改造传统纪传体体裁，探索“新综合体”的历史编纂；撰写《清史商例初稿》，为北洋时期的清史编纂工作设计了方案。[27]指出革命性与继承性在梁启超历史编纂学思想中都有强烈的体现。一方面，梁启超主张历史编纂应当反映救亡图存的时代需要，激烈批判旧史学的历史编纂以帝王将相为中心等弊端，如他在《新史学》中指出旧史之“四弊二病”；另一方面，梁启超又强调应当对传统历史编纂学的精华大力继承和弘扬，他的《清代学术概论》《中国历史研究法》《中国历史研究法补编》均对中国传统历史编纂学的优良遗产作了总结和阐释。[28]

学者们关注到近现代史家的通史编纂情况。有学者从学术史的角度对吕思勉的通史撰述作了评述。指出与20世纪其他撰述通史的史家相比，吕思勉是其中少数几个以一己之力著成中国通史的学者。他将通史撰述作为主要学术事业进行经营，在数十年的学术生涯中，大部分的精力都用于中国通史的写作。吕思勉的通史撰述体现出他对中国历史发展综合性的贯通理解，而这种综合性、贯通性的撰述特点得益于他在传统史学上深厚的学术积淀，以及长期的各类专门史研究。[29]有学者论述了白寿彝《中国通史》编纂中的民族和疆域问题。认为白寿彝对中国历史上的民族和疆域问题进行的系统研究，为其主编的《中国通史》奠定了理论基础。白寿彝将中国历史的民族理论概括为“四类范型，一个趋势”，“四类范型”指各民族内部的统一、地区性的多民族的统一、全国性的多民族的统一、社会主义中华人民共和国的多民族统一这四种统一范式；“一个趋势”指统一是中国历史上民族关系发展的主流趋势。关于疆域问题，白寿彝认为应以中华人民共和国的疆域作为编写中国通史的地理范围，并且对皇朝史观在疆域问题上的各种表现形式进行了分析和批评。学者指出，白寿彝《中国通史》对民族和疆域问题的探讨是建立中国通史编纂话语体系的重要内容，反映出中国史学家对自己民族历史的爱护和自信。[30]

3. 历史叙事与历史书写研究

一是关于中国史学的历史叙事与历史书写。有学者系统论述了唐代所修《周书》的历史叙事特点，指出《周书》的历史叙事视野广阔，着眼于“周室定三分之业”的历史格局，于错综复杂的形势中描述出历史的全局；文字表述繁简得当，善于运用“互见法”；长于战争与重大场面的描述，通过描写历史人物来反映特定历史时代的重要事件。而且，《周书》还具有“善叙事理”的特点，其历史叙事中寄寓着史家深厚的历史思想内涵。[31]不少学者还考察了史家对历史人物形象的书写与构建。有学者论述了司马迁在《史记》中对汉文帝的形象建构。认为《史记·孝文本纪》中的汉文帝俭朴、宽容、仁德的形象，一方面是由汉文帝带有强烈的“罪己”色彩的诏令书写风格决定的，这些特殊风格的诏令是《史记·孝文本纪》的史料来源；另一方面，司马迁建构汉文帝圣德之君的形象，是试图以“春秋笔法”对汉武帝的统治政策进行微文刺讥。[32]有学者总结了唐宋两代史家对唐代宦官历史书写的特点。唐代宦官与文臣紧张而疏远的关系影响了士大夫对宦官群体的第一重历史书写。而宋仁宗逐渐任用宦官作为腹心亲信以加强皇权，宋代史家重新改写唐代宦官历史，以期通过前车之鉴来规谏皇帝。加之当时史学春秋笔法的盛行，宋代史家进一步丑化和批判唐代宦官，进而完成了唐代宦官的第二重历史书写。唐代宦官的历史书写经历了多重累积，每一重累积都是史实、文本与意识的碰撞与重构。[33]有学者论述了明末清初史家计六奇的历史书写与政治认同。学者认为，计六奇在高度赞扬明末诸多忠于明朝的文臣武将的同时，也表现出对清朝鲜明的政治认同，并在此基础上，通过《明季北略》《明季南略》等史书的撰述，揭示了明亡清兴的历史必然性。[34]

二是关于西方史学的历史叙事与历史书写。有学者论述了弗拉维乌斯·约瑟夫斯《犹太战记》的双重历史叙事。学者指出，一方面，约瑟夫斯借鉴希腊罗马史学，模仿波利比乌斯，通过“犹太战争”叙事，肯定“罗马帝国”统治的合理性，试图以此唤起罗马社会对于犹太民族的同情与谅解。另一方面，他又承袭犹太史学传统，把“犹太战争”诠释为上帝对犹太民族的惩罚，从而将其“犹太战争”叙事成功地融入到了犹太人的历史叙事中。[35]有学者关注了波桑尼阿斯的《希腊纪行》对罗马帝国的历史书写问题，并透过其历史书写考察波桑尼阿斯的文化记忆特征。学者指出，波桑尼阿斯一方面对罗马帝国时期希腊地区的文物制度和历史掌故大多视而不见或全盘否定，将这些内容排除在“自由希腊”的文化记忆之外；另一方面，他又建构了古希腊历史与现实中罗马元首亲希腊政策的紧密联系，使得其文化记忆具有重要的现实意义。波桑尼阿斯的这种文化记忆结构反映出古希腊精英历史观的接合性特征，即肯定罗马帝国的亲希腊政策，希望以此保留希腊文明的独立身份和历史传统。[36]

四、史学思想研究

史学思想是史学理论与史学史研究中的重要内容。2018 年，北京地区的学者在中外史学思想研究方面做了大量的工作，取得了丰硕的成果。

1. 中国史学思想研究

在中国史学思想研究方面，最具代表性的成果是吴怀祺主编的 16 卷本《中国史学思想会通》的出版。该系列著作系统反映了中国史学思想的发展，撰述者既从纵向上梳理了不同历史阶段史学思想的发展趋势和特点，又从横向上针对史学思想的核心问题进行专题式的深入研究，彰显了中国史学的会通之义，展现了中国史学思想的民族特性。[37]除了从整体上把握中国史学思想的发展脉络和思想特点，学者们还发表了许多论著探讨中国史学思想的具体问题。

首先，关于中国古代史学思想。第一，中国古代史学观念。有学者梳理了“史义”从孔子作《春秋》之义到史家对历史盛衰的认识、对天理的阐释以及史家各自的撰史意旨等内涵的丰富、嬗变的过程。[38]有学者论述了中国古代“良史”观的发展，认为“良史”观经历了从对个体良史的具体评论到对史家群体的综合表述，再到从主客体的统一协调看待“良史”的发展过程。[39]还有学者强调，“信史”观念在中国古代史学发展中具有重要意义。这一观念发端于《春秋公羊传》，为后世许多史家所继承，成为评判中国古代史家修养的重要标准，也是中国古代史学思想的优秀遗产。[40]第二，中国古代史家史学思想的内涵与特点。有学者论及司马迁天人思想形成的历史文化背景，指出司马迁“究天人之际”的思想产生有两方面原因：一方面，自先秦以来“史”就被认为具有交通人神的能力，所以把握天命而体察人事就是司马迁作为史家的职责所在；另一方面，在天人感应学说流行的汉代，天人关系也是当时人们普遍关心的问题。[41]有学者探究了刘歆的五德终始学说对班固史学思想的影响，指出班固继承了刘歆五德相生说宣扬的“汉为尧后”以及以“五德”言正统的思想，为刘邦建汉提供了合法依据，并且确定了历代正史以“五德”言正闰的做法。[42]有学者评述了刘知幾史学批评中的理性主义精神，认为刘知幾用“理”的尺度评论史实和史料采择，以理性的态度探讨历史盛衰；排除个人情感，理性地评价前代史家和史著。但刘知幾的史学批评没有触及名教，且以名教作为根本批评原则；在天人关系问题上，也采取模糊的、回避的态度。[43]有学者论述了朱熹历史观的思想特点，从历史哲学的角度分析了朱熹历史观中的理气关系、理势关系、王霸义利之辨、三代汉唐历史分期以及对本朝史的相关论说。作者指出，理气关系是朱熹历史观的思想基础，是他解释一切历史问题的出发点；理势关系是在此基础上的延伸问题，体现出他对历史的变与不变以及变化规律的认识；而王霸义利观与三代汉唐论都反映的是理在历史发展中的意义，是朱熹以天理为评判标准对具体历史事实的分析。[44]还有学者由戴震的《诗〈生民〉解》一文分析其疑古思想的特点及其史学地位，指出戴震从《诗经》的文本出发，发现《诗经》对商周始祖只言其母，不言其父，由此质疑《帝系》《史记·五帝本纪》等后世文献中帝喾为商周之祖的说法。认为戴震能够打破旧说，在一定程度上影响了近代以后古史研究的发展。[45]

其次，关于中国近现代史学思想。第一，从整体上评述中国近现代史家的治学理念和方法。有学者论述了朱希祖的历史学科建设思想，指出朱希祖将历史学视为社会科学，并且强调政治、经济、法律、社会诸学与历史学的密切关系；重视历史学研究的基础课程和工具性课程，注重对学生的自主研究能力的培养，强调设立史学会对历史学科建设的重要性。[46]有学者探究了蔡尚思思想史研究中“化合古今中外人我”的史学研究新方法与新理论，指出这一方法具体表现为三个方面：一是贯通古今中外；二是大规模地挖掘和整理中国数千年以来的思想材料，从而对中国的思想文化形成深切的认识；三是对古今中外的思想学说取其精华，纠正其荒谬，以自成一家思想。[47]有学者论述了林甘泉先生史学研究的理论与方法，指出林甘泉先生秉持马克思主义社会形态理论，以理论辨析和实证研究相结合的方式考察中国社会形态分期以及社会经济史的发展；注重探讨中国古代国家的政治体制和权力与经济发展的关系、政治文化与学术思想的关系；强调马克思主义理论应与中国历史实际相结合，“建设有中国气派的史学理论体系”，并且要理性看待中外史学思潮的交流和碰撞。[48]第二，对中国近现代史家具体研究领域思想观念进行探究。有学者从学术史的角度考察了傅斯年的近代史料学思想，认为其近代史料学思想的形成经历了从传统金石学和经学向近代史学转变的过程，具体表现为传统金石学向近代考古学的转化，经学考证之求道诉求向求真精神的转化，以及载道之经传向记事之史料的转化。[49]有学者分析了顾颉刚沿革地理研究与其“古史辨”思想的关系。认为顾颉刚在20世纪30年代对中国古代地理的考证，并不能说明他由“疑古”转向“建设”与“释古”，这只是他辨伪视角和方法的调整，其目的是以沿革地理的研究作为其辨伪的手段，利用客观可靠的古代地理知识拆解传统古史说与客观上古史之间的关联，进一步论证其战国、秦、汉造伪说。[50]

2. 西方史学思想研究

首先，关于西方古代史学思想。学者们主要探究了古典史家的史学精神，着重论述了史家对史学求真与致用的功能的认识。有学者考察了罗马帝国时期希腊史家阿里安的《亚历山大远征记》史学求真意识与致用思想。指出阿里安在史料的选择和处理上具有自觉的求真意识，但这并不是为了考辨史料的真伪以撰成信史，而是为了证明他对历史传统的了解；而且，阿里安的历史撰述具有古为今用的目的，希望通过对亚历山大事迹的记述与评价为后世统治者提供行事方式和道德理念上的借鉴。[51]有学者探讨了古罗马史家狄奥多鲁斯对史学功能的认识，认为狄奥多鲁斯的史学功能论在继承前辈史家的基础上又有新的发展：强调史学的致用性，注重史学在道德审判与劝诫上的功能；首次提出“历史可以增强语言表达的力量”，从而使史学的功能更加丰富。指出狄奥多鲁斯对史学功能的认识超越了具体的历史事件和著作，而上升到整个人类历史和史学发展的高度，体现出西方古代史学功能论的深化。[52]

其次，关于西方近现代的史学思想。第一，近现代西方史家历史哲学的思想特点。有学者剖析了黑格尔与兰克的历史认识论之辩，指出黑格尔是从哲学的理论和概念出发研究和书写历史，兰克则对哲学先验式的历史研究提出质疑，而主张从史料或史实出发还原历史的真实面貌。认为两人的历史哲学观点虽然针锋相对，但在史学实践中又不可避免地走向其理论原则的反面：黑格尔在以宏观理论解释世界历史进程的同时又注重各民族历史文化的具体史实，而兰克的世界史写作同样不只是对史实的还原，也存在着与黑格尔历史哲学一样的宏观理论构建。[53]有学者探讨了克罗齐的历史哲学思想对真历史和假历史的辨析。克罗齐认为假历史（修辞性历史、诗歌性历史、语文文献学历史）是偏离了历史是精神或思想的历史，他批驳了假历史的观点，同时又把假历史作为真历史的必经之路。学者认为，克罗齐批评假历史却并非要消灭假历史，而是强调它们是客观存在的，是真历史的精神发展的消极或辩证阶段，真假历史最终是辩证统一的。[54]第二，现当代西方史学的发展潮流。有学者对后现代主义史学产生背景、主要观点和学术影响作了整体上的评述。指出随着西方发达国家“后工业化社会”的到来，后现代主义思潮兴起并且在学术界蔓延发展，20世纪70年代，后现代主义开始进入历史学界。后现代主义史学是对现代主义史学的反思和挑战，它否认了历史学的客观性和真实性，反对“大叙述”史学；将史学与文学相提并论，夸大历史语言的局限性，反对文本的确定意义。后现代主义史学虽然在史料鉴别和判断上有一定的正面影响，但它对历史学客观性的否定则使史学研究陷入了虚无主义。[55]有学者探讨了史家安克斯密特的历史经验理论，指出安克斯密特将对历史经验的探讨与“乡愁”经验相联系，并且认为这种经验存在着过去与现在的差异，因而不能被历史学家所叙述。[56]学者还考察了约恩·吕森、海登·怀特以及安克斯密特的史学理论中的“创伤”问题，指出三位史家对西方历史上创伤性事件的解说冲击了西方历史学学科化以来的学术传统，“创伤”问题是把握当代西方史学理论，进而审视中国史学的一个重要线索。[57]有学者论述了西方现代史学研究中历史时间观念的形成与发展。指出历史时间在理性化、科学化和全球化的过程中逐渐被规制为单一线性的时间体系，这种时间体系成为西方现代历史认识与书写以及史学专业化的基础。而此后的史家对这种一元论式的时间观念多有反思和批评，美国后现代主义理论家伊丽莎白·厄尔玛斯就是在这种反思中提出了“节奏时间”观念，强调历史发展的多维度、异质性和多线并存的特点。[58]

注：

①邹兆辰：《改革开放40年来的中国史学理论研究》，《史学史研究》，2018年第3期。

②于沛：《与时代同行：中国史学理论研究40年》，《陕西师范大学学报（哲学社会科学版）》，2018年第6期。

③瞿林东：《我这40年——关于理论认识和学术研究的回顾》，《2018年史学理论与史学史学术研讨会论文集》。

④陈其泰：《创造性阐释古典史学名著的若干思考》，《史学理论与史学史学刊》，2018年第2期。

⑤吴英：《对当前西方史学研究的几点反思》，《中国社会科学报》，2018年5月7日。

⑥李红岩：《中国史学 40 年：样态、潜流、走向》，《中华读书报》，2018 年 12 月 5 日。

⑦廉敏：《史学理论研究要放得出去，也要收得回来》，参考董欣洁《改革开放 40 年以来中国的史学理论研究——中国社会科学院史学理论研究中心召开 2018 年度工作会议》，中国社会科学网，2018 年 8 月 17 日，http：//www. cssn. cn/mkszy/mkszy_ zk/201808/t20180817_ 4544920. shtml。

⑧杨念群：《改革开放 40 年中国历史学若干沉思》，《天津社会科学》，2018 年第 3 期。

⑨赵庆云：《改革开放 40 年来中国近代史理论方法评述》，张海鹏主编：《中国历史学 40 年（1978－2018）》，中国社会科学出版社，2018 年。

⑩赵世瑜：《改革开放 40 年来的明清史研究》，《中国史研究动态》，2018 年第 1 期。

⑪于沛：《马克思主义历史观：文本、意义与现代价值》，《史学理论研究》，2018 年第 1 期。

⑫谢辉元：《社会进化论与马克思主义历史哲学观念的递嬗》，《人文杂志》，2018 年第 5 期。

⑬徐浩：《简论马克思的西欧封建社会形态理论》，《史学理论研究》，2018 年第 1 期。

⑭李红岩：《历史合力论再检视》，《史学理论研究》，2018 年第 2 期。

⑮左玉河：《时代性与民族性的统一：当代中国马克思主义史学的基本品质》，《史学月刊》，2018 年第 8 期。

⑯卜宪群：《用马克思主义唯物史观指导中国古代史研究——写给〈中国史研究动态〉纪念改革开放 40 年中国古代史研究专刊》，《中国史研究动态》，2018 年第 1 期。

⑰朱露川：《试论马克思主义史学历史教育的几个问题》，《廊坊师范学院学报》（社会科学版），2018 年第 4 期。

⑱张杰：《蔡和森对中国马克思主义史学的奠基性理论贡献》，《史学理论研究》，2018 年第 3 期。

⑲车桂林：《吴玉章历史研究的特点及其在马克思主义史学上的地位》，《河北民族师范学院学报》，2018 年第 2 期。

⑳张雨：《马克思主义史学视野下汪篯先生的经济史研究》，《唐宋历史评论》第四辑，社会科学文献出版社，2018 年。

㉑陈其泰：《汉纪：编年体断代史体制的创立》，《江海学刊》，2018 年第 5 期。

㉒郭琳：《论中国古代编年体佛教通史的撰述》，《史学史研究》，2018 年第 1 期。

㉓石鹏：《黄佐翰林记的编纂及其价值——兼论翰林志发展的历史谱系》，《史学史研究》，2018 年第 4 期。

㉔陈其泰：《新综合体：梁启超把历史写活了》，《北京日报》，2018 年 9 月 10 日。

㉕陈其泰：《〈汉书·元后传〉：西汉后期政治危机的集中写照》，《求是学刊》，2018 年第 6 期。

㉖曲柄睿：《〈三国志·魏书〉史论与人物合传》，《史学史研究》，2018 年第 4 期。

㉗陈其泰：《梁启超历史编纂成就的时代特色》，《北京行政学院学报》，2018 年第 4 期。

㉘陈其泰：《梁启超历史编纂思想的革命性与继承性》，《史学史研究》，2018 年第 2 期。

㉙马勇：《从学术史视角看吕思勉的通史写作》，《史学史研究》，2018 年第 1 期。

㉚周文玖：《民族、疆域问题与中国通史编纂——论白寿彝主编〈中国通史〉之特色》，《史学史研究》，2018 年第 1 期。

㉛朱露川：《唐修〈周书〉历史叙事初探》，《河北学刊》，2018 年第 3 期。

㉜余建平：《制造汉文帝——司马迁〈史记〉文本与汉文帝的形象建构》，《唐都学刊》，2018 年第 6 期。

㉝李瑞华：《层累构造下的唐代宦官历史书写》，《史学理论与史学史学刊》，2018 年第 1 期。

㉞刘文鹏、屈成：《“天开皇清”：计六奇的历史书写与政治认同》，《学习与探索》，2018 年第 6 期。

㉟付杰：《〈犹太战记〉的双重历史叙事》，《史学理论与史学史学刊》，2018 年第 2 期。

㊱吕厚量：《波桑尼阿斯的文化记忆与〈希腊纪行〉中的罗马帝国》，《史学理论研究》，2018 年第 4 期。

㊲吴怀祺主编，汪高鑫、向燕南、周少川副主编：《中国史学思想会通》，福建人民出版社，2018 年版。

㊳廉敏：《史“义”考略——试论中国古代史学中“史义”概念的流传及表现》，《文史哲》，2018 年第 2 期。

㊴胡楚清：《试论中国古代“良史”观的发展》，《历史教学问题》，2018 年第 4 期。

㊵陈其泰：《有信史然后有良史》，《北京日报》，

2018年4月2日。

㊶王子今：《千秋太史公司马迁的史学与人类学》，书海出版社，2018年版。

㊷汪高鑫：《刘歆五德终始说与班固史学》，《河北学刊》，2018年第6期。

㊸周文玖：《刘知幾史学批评中的理性主义精神》，《史学理论与史学史学刊》，2018年第2期。

㊹赵金刚：《朱熹的历史观天理视域下的历史世界》，生活·读书·新知三联书店，2018年版。

㊺李锐：《由〈诗《生民》解〉论戴震的疑古及史学地位》，《人文论丛》，2018年第2期。

㊻周文玖：《朱希祖的历史学科建设思想》，《历史教学问题》，2018年第2期。

㊼杨艳秋：《蔡尚思"化合古今中外人我"的新方法新思想》，《中国史研究》，2018年第2期。

㊽卜宪群：《林甘泉史学研究的理论与方法》，《学术界》，2018年第11期。

㊾吴路伟：《经史嬗递：傅斯年史料学思想的学术史考察》，《济南大学学报》（社会科学版），2018年第1期。

㊿李政君：《顾颉刚的沿革地理研究与"古史辨"关联问题发覆》，《史学史研究》，2018年第2期。

51崔丽娜：《求真与致用：阿里安的〈亚历山大远征记〉》，《史学史研究》，2018年第2期。

52余春江：《继承与发扬：狄奥多鲁斯对史学功能的认识》，《史学理论与史学史学刊》，2018年第2期。

53景德祥：《黑格尔与兰克历史认识论之辩》，《江海学刊》，2018年第4期。

54王利红：《克罗齐的"真历史"与"假历史"——一份病理学分析》，《历史教学问题》，2018年第5期。

55杨共乐：《史林探径》，北京师范大学出版社，2018年版。

56苏萌：《历史经验与"乡愁"——论安克斯密特的后现代历史经验理论》，《史学理论研究》，2018年第1期。

57苏萌：《当代西方史学理论中的"创伤"问题——以吕森、怀特和安克斯密特为中心》，《史学理论与史学史学刊》，2018年第2期。

58邓京力、李鹏超：《历史时间与厄尔玛斯的"节奏时间"观念》，《史学月刊》，2018年第11期。

（作者：汪高鑫，北京师范大学教授；
马新月，北京师范大学博士生）

中国古代史

仝卫敏　宋文汐

一、主要学术交流活动

2018年度北京中国古代史学界组织举办了多次学术会议，且有不少会议采取工作坊的形式，集中对某个主题开展深入对话。

1月6日，为追思刘浦江教授逝世三周年，北京大学中国古代史研究中心组织民族史研究的理论、视野与史料批判学术工作坊，聚焦中国历史的内亚性与内亚历史的独立性。五位青年学者报告各自的研究成果，由与会专家点评互动。1月20日，以"出土文献、传世文本与理论思考"为主题的第三届幽州学学术研讨会在中央民族大学举行，来自中国社会科学院、北京石刻艺术博物馆、日本明治大学、东京大学等国内外高校、科研院所的30余位学者，以"幽州学"为中心，对幽州地区的边郡家族、佛教寺庙、墓志搜集与整理、胡人族属与身世、边地节度使等议题进行讨论，并对"幽州学"的未来发展提出建议。7月21-23日，由首都师范大学历史学院、台湾中正大学历史系及北京师范大学历史学院联合主办的第六届"汉化胡化洋化：多元文化的碰撞与交融"国际学术研讨会在京召开，来自日本、台湾地区以及大陆的40多位专家紧扣"汉化·胡化·洋化：多元文化的碰撞与交融"主题，从民族史、中外关系史、文化史、社会史、经济史、历史文献学、考古学等角度展开探讨。9月15日，由故宫博物院主办的明清史学术研讨会在故宫内建福宫敬胜斋召开，明清史学界40余名专家学者参加，分专题讨论了明清政治、经济、思想文化、民族、宫廷等议题。9月21-22日，由首都师范大学历史学院、中国社会科学院简帛研究中心共同举办的"第三届简帛学的理论与实践学术研讨会"在京举办，与会学者就简帛学研究的理论加以反思和总结，同时针对新出秦简与吴简展开专题研讨。9 月 21 日-23 日，由北京大学研究生院主办、北京大学历史学系与中国古代史研究中心承办的“黉门对话”专家主题论坛——“西周王朝与封国”前沿学术论坛在北大召开，来自美国、德国、香港地区及国内多家机构的学者们围绕新近出土的周代考古新发现及其与西周王朝、地方封国之关系这一主题进行研讨。12 月 8 日，“秦汉制度的生命周期”励耘史学工作坊在京召开，来自首都高校及其他机构的 20 多位学者分别就十二时辰制、皇帝制、辟除制、吏治、九卿制、民爵制等秦汉时期的重要制度发表看法。12 月 29 日，由北京师范大学历史学院和中国社科院历史所先秦史研究室联合主办的“周代国家与社会”学术研讨会在北京师范大学举行，来自京津地区的 10 位青年学者针对周代国家与宗族问题展开切磋。

二、出土材料的整理与研究

甲骨卜辞领域，有学者着重考察了殷墟花园庄东地甲骨中一个在王畿地区与商王室关系密切的氏族生活面貌。该氏族着力加强与商王室的关系，其中花东卜辞第 15 片，记载为迎接商王武丁之妻妇好而做周密准备之事，连细节都反复贞问；第 11 片则反映了商代击鼓惊吓野兽使之陷于网阱的狩猎方法；而第 300、455 片卜骨则集中揭示了商代贵族驾车驱驰游玩之举。[①]甲骨文“干”字，旧说多以为是“伐”字省体。有学者对此加以辨析，认为“干”字初文，本指人体之躯干。在卜辞中，“干”多用来指称属于某一氏族的下级武士；周代金彝铭中作盾牌之形的字并非“干”字的本源，倒写的“屰”，因有迎击之义，常被借为“干”；甲骨文“岸”乃“干”的孳乳字，许多与“岸”相关的卜辞材料含义也得以合理疏通。[②]

金文领域，吴振烽先生主编的《商周青铜器铭文暨图像集成续编》因收录新见公私收藏有铭器物千余件而备受关注。有学者对宗人四器逐一分析器形特征及铭文中的人物关系，断定宗人作为小宗宗子，属于伯戈父、叔安父这支大宗的宗族分支。大宗为小宗作礼器可能重在出资或体现在名义上，明确器物是由大宗主持并管理的行为，而礼器及铭文的铸作则由受器之小宗具体施行。[③]还有学者对西周中期前段的水器周晋盘、盉铭文重新考释，结合盘盉作为盥洗器的功能及铭文的上下文义，推断做器的目的在于讲居丧期间关于沐浴的礼俗。[④]青铜器器形作为断代的核心要素一直为金文研究者所重，有学者结合新出青铜器考察了西周青铜器演变过程中的“超前”现象，其中早期粢盛器瑚作为器类超前的代表，而申鼎和利鼎则作为形制超前的典型。这种现象提醒研究者不能机械照搬考古类型学的“普遍规律”，还应考虑到“特殊情况”发生的概率，开展综合的断代研究。[⑤]还有学者结合传世文献记载，辨析虎簋盖、师虎簋、申鼎等铜器铭文中的“密叔”当为甘肃灵台姬姓密氏，而非姞密氏，其身份当为共王时代密康公的祖辈或父辈；并据此推测出这三件器物的年代。[⑥]

简帛研究方面，清华简依然是关注热点。春秋战国之际的文献史料颇多疏漏，有学者根据《系年》有关战国初年重要史事的记载，结合传世文献重新勾勒出这些重大史事发生的背景、发生顺序：三晋在战国初年的军事斗争中基本处于优势，东克田齐，南向两次大败荆楚，并将楚国的势力遏制在黄池、峪关至宜阳一带。为了对抗三晋，齐、楚两国分别修建长城。[⑦]还有学者对《祭公之顾命》篇中的人物关系进行了深入分析，指出其中的三公指毕桓、井利与毛班，周穆王、祭公谋父及三公都是姬姓，从辈分上讲，祭公为祖辈，穆王与三公同辈。祭公由于年高德劭而备受尊重。[⑧]

本年度北大藏秦汉简牍整理工作取得新的进展，战国秦汉时期的田亩、田租问题，一直是古史研究中的重点问题，有学者比较了北大秦简《田书》和其他簿书的特点，指出《田书》具有数字式、叙述性的特征，但实用性不明显；其中“取程”意即某地区某一类农田应缴纳地租的标准，其适用范围仅限于所在县、县以下，且不同作物、不同田亩，程亦有差别。[⑨]还有学者仔细比对北大汉简《赵正书》等出土文献，发现贾谊的《过秦》篇所述史事当另有根据，且与《史记》记载多有抵牾。而司马迁在《秦始皇本纪》和《陈涉世家》篇末“太史公曰”大段引用《过秦》篇却未加考辨删削，在《贾生列传》中也未见表彰，这一反常之处，既有《诗》、《书》等古代经典的影响，又反映出司马迁本人的遭遇与心态进而导致《史记》写作中的个人化因素。[⑩]

其他竹简亦有人关注，湖南益阳兔子山遗址出土的两方汉代木牍所记张勋主守盗案牍，对认识西汉末期的法制状况不无裨益：在举劾之制、赃值等级、刑罚等级、刑罚适用、执行与赔偿等方面，可窥汉律的传承；当时县郡对死刑以下案件具有审判权；随着爵制的严密，有爵者在刑罚优待方面的实施情况也日渐复杂化。[⑪]

宋辽夏金元史方向，对于黑水城出土文书的研究也在持续。黑水城遗址出土的两件西夏文书仪是宋辽夏金时期仅存的原件，有学者对其中一件保存比较完整的书仪作出翻译和诠释，认为这是一件表状笺启类书仪，为西凉府签判梁德殊备用，其形式与内容都与中原地区书仪一脉相承，反映出西夏地区在星占术、诗歌文学等方面与中原的联系。同时，该学者还探讨了西夏西凉府签判一职，对西夏职官作出了补充。⑫此外，黑水城文书中的西夏文佛经也引起学界关注，有学者释读了西夏文《显扬圣教论·成瑜伽品第九》的部分草书内容，并尝试探索西夏文草书和楷书的转写，也有助于了解西夏译玄奘所传“法相唯识”类经典的传承情况。⑬还有学者对出土草书写本《药师琉璃光七佛本愿功德经》进行解读，发现该份永平皇帝时期的译本与出土的仁宗时期楷书写本佛经残卷，并非通常认为的初译本与校译本的关系，草书写本更加完善，也更符合汉文佛经的原貌。⑭

三、传统研究领域的新进展

在传统研究领域的各个断代方向，北京地区的古史学者们也取得诸多突破。

1. 政治史研究

先秦史方向，尧舜禹禅让素来为后世艳羡，而启、益之争则是由禅让到世袭的转折点。近年来随着出土竹简屡现与禅让有关的材料，禅让学说在战国时期曾盛极一时。有学者对此进一步阐释，认为将禅让理解为远古时期君长推选的一种方式来理解是正确的，以此为背景会发现尧（华夏）、舜（东夷）、禹（华夏）、皋陶和伯益（东夷）之间的禅让其实是华夏和东夷的轮流执政；而启、益之争则是夷夏势力失衡下的冲突导致轮流执政方式的终结。战国儒家将启、益之争曲解为“尚贤”，反映了“不在其位”的士阶层对以“和平演变”方式获取权力的强烈期盼。⑮中国古代王朝体制何以延续千年而不绝，中外学者从多个角度尝试解答。以色列汉学家尤锐教授认为早在中央集权制建立之前，大一统王朝的合法性就已经被春秋战国时期的思想家所构造。他从战国思想家集中论述的君权、卿权、民权三个议题入手，认为王权的衰微及诸侯国君权的坍塌，刺激了人们重新追寻强大的君权。君权至上，是战国思想家的共识。而如何塑造君权，诸子也给出了不同的解决方案，支持君主世袭继承制的思想在战国晚期取得最终胜利。⑯还有学者从制度史的角度重新审视了魏晋南北朝时期北方族群对中国制度史的多重影响，他们在一定程度上影响了传统政治体制的形态与方向——即强化专制集权和激活已有的官僚体制。北系由少数民族建立的王朝扮演了“矫枉过正”的分力，将南系王朝的崇尚玄谈、弱化君权的趋势扭转了过来。⑰

秦汉魏晋南北朝隋唐史方向，以往学界关于乡论的研究主要在于揭示其表现形态及其与六朝社会政治的关系，有学者从长时段角度分析了先秦至汉魏乡论的演变及其与国家秩序之间的关系，认为西周贵族制下的国人议政是乡论的萌芽，春秋战国时期乡论在国家政治秩序中发挥一定作用。两汉时期特别是东汉政府对乡论高度重视，且以儒家思想改造之，采取多种方式将其纳入国家秩序，并与察举制结合，使乡论与国家主流意识形态相统一，产生积极的历史作用；当乡论失控时，则会演变为与中央集权相抗衡的力量。⑱一般认为汉代的选官制度——察举与辟除各自独立、互不相关，有学者撰文认为两者之间关系紧密：在东汉顺帝改制前，举孝廉的标准多在辟除四科的基础上修改而成；改制后，举孝廉的标准更加细化。而辟除制的若干选官原则也被拓展至举秀才制度中。凡此皆表明辟除制是汉代选官制度的基础，而察举制则是后续衍生出来的。⑲“素族”一词指代士族尤其是高门士族，前人的研究主要集中于其含义，有学者通过分析晋宋之际高门士族处境的变迁及其采取的应对策略，进而考察了“素族”一词在南朝流行且特指高门士族的原因。⑳唐代科举制形成了常举、科目选和制举三大类科目体系，其中宏词科的真正功能鲜有提及。有学者深入梳理宏词科考试的内容、考官的选任，并着重分析了此科及第与及第进士者释褐的关系，以及其仕途前景，宏词科在唐后期铨选中地位日益凸显，并对宋代词科考试有重要影响。㉑

宋辽金元史领域，有学者考察了北宋统一战争中的战略，提出先发制取荆湖的战略不仅促进了统一全国的进程，也为北宋建国初期黄河中下游地区社会经济恢复提供了援助。㉒还有学者探讨宋代荐举制度的利弊得失，认为宋代荐举逐渐形成了一套制度完备、运行严密的铨选机制，但随着选拔标准逐渐资历化，该制度渐渐失去了考核官员能力和绩效的功能而走向僵化，甚至沦为党派斗争的工具。㉓还有学者系统梳理辽朝的郎君名号和名目，以考察辽代贵族子弟的选官方式和北方民族政权“家天下”的政治特色。㉔并重新讨论了学界对本班郎君等关键概念的认识，且对辽朝郎君入仕后的具体迁转路径做了初步探讨。㉕另有学者分类考察金代的史官设置，发现其兼具传统性与时代、民族特性——修史机构胡汉合一，史官群体由各民族构成，而女真人最为接近皇权核心。[26]

明清史研究领域，对档案的关注和利用成果丰富。有学者利用文献、文书梳理明代官文书“白牌”的出现与变化过程，指出这种凭证在清代以后逐渐被信票、宪牌、火牌、火票等取代。[27]还有学者深入分析中国第一历史档案馆所藏新见康熙帝7件汉文朱笔谕旨，指出清代宦官制度既有封建宦官制度的典型性，又带有满洲传统社会主奴关系的特征，皇帝对太监欺压与倚用并存。[28]清王朝在北疆治理中，以“施恩于喀尔喀，使之防备朔方”为政策导向而采取的一系列举措，被学界视为中国历代治理边疆的成功典范。但有学者研究认为，清廷的兵役制度违背了所谓的“恩惠”之策，高压政策实为外蒙走向分离的重要因素。[29]另有学者将视角投注于清代司道府官员的考核问题，利用档案史料，梳理考核制度的变迁，从而展现清廷不断探索、发展、完善对地方中高层官员的管理制度的过程。[30]咸丰十年，为镇压太平天国运动，清廷向八省委任了九位督办团练大臣，但由于其与地方官员之间不断的事权之争，这一策略被最终放弃。有学者以浙江、河南和山东的情况为关注点，探究事权之争的前因后果和影响，加深了对咸同时期的官绅关系、清政府的社会控制及其与太平天国运动对抗的走势的认识。[31]

2. 经济史研究

魏晋南北朝隋唐史方向，有学者从备受学界重视的唐代《天圣令·关市令》等令文出发，细致比较了唐宋时期时估制度的实践，发现两者存在显著的差异：唐代由“市司”来管理市场，并以旬末为时估的基本原则；而宋代前期并无专门的机构，而由诸行于旬休日制定下旬物价，次日申报州司。造成这种差异的原因在于唐宋政府财务运作，特别是支付方式的不同。[32]

宋元明史方向，宋朝对于财政收入项目或名目之专款、税目等，常称“窠名”，有学者从财政收入和专款“窠名”的角度，对宋时的苛捐杂税加以考述，补充了相关研究的不足。[33]还有学者重点考察西夏与周边政权的贸易往来情况，认为西北地区以畜牧业为主的地理环境决定了其对外贸易的经济需求为换取基本生活资料，而西夏统治者外交策略灵活，主要贸易对象经历了宋、辽到金、西域的变化，其统治下的“丝绸之路”的作用也由小转大。[34]还有学者对宋以降的偷漏税行为，以及历代的惩处措施进行总结，指出国家既要建立并不断完善财税制度，又要加强税收监管，同时还要避免与民争利。[35]

清史领域，有学者对清代关税和财政问题做了大量研究。有学者从长时段角度对清代关税数据做完整统计分析，总结了清代的关税征收特征，指出清代关税的变化，是引领中国传统财政体制由农业型财政向工商业型财政转变的关键因素。[36]也有学者分别考察了乾隆朝、嘉庆道光朝、咸丰同治朝的财政问题，先通过深入的数据分析，认为乾隆时期的关税达到清代前期关税征收的顶点，而其征收主体仍是国内贸易。[37]接着指出嘉道时期的财政收支仍属传统财政体制范畴，清廷对全国财政的控制能力已降至极低水平，财政危机已经初步形成。[38]到咸同时期，以厘金为代表的地方财政兴起，财政体系内生性地开始了近代化的转型。[39]还有学者结合金融学的理论方法，分析清代抄产档案建立的官员家产数据，发现官员家产非法性程度越高，其持有土地的比重越低，金融商业资产的比重越高。[40]

3. 思想文化史研究

先秦史方向，鬼、魂观念是中国传统思想文化的有机组成部分，有学者全面梳理了传世文献及出土材料的相关记载，指出唐、虞、夏、商、周五代皆将死去者称为“鬼”，而“鬼”字最早见于甲骨卜辞，是对祭尸礼的“尸”的形象摹画，春秋时期尸礼渐废而鬼事兴。春秋战国之际才出现“魂魄”等说法，直到战国晚期，魂的观念才摆脱物质性因素的束缚。鬼魂观念的出现，是上古时代人类认识史的一个飞跃，它超越人自身与外部世界的界限，在一定程度上丰富了人们的精神文化，深化了人们对彼岸世界的思考。[41]

宋辽夏金元史方向，有学者提出虽然孟子的“亚圣”名号形成于南宋后期，但是孟子思想在宋仁宗以后对宋代社会就有着重要影响，宋代践行孟子仁政的三项重要内容可以总结为：均贫富、制恒产，济贫乏，“谨庠序之教，申之以孝悌之义”。[42]辽代墓葬中，真容偶像是常见的一种葬俗，盛行于辽代晚期的汉人墓葬中。有学者分析真容偶像的分布情况和图像特征，指出此类文物遗存是佛教文化与丧葬文化交流的产物和见证，体现了佛教对辽代丧葬习俗的影响。[43]还有学者提出元代文献中广泛出现多语文合璧的书写形式，这一特点深刻影响了明清王朝番汉合璧文书、碑刻、牌符、辞书模式的出现，并对朝鲜王朝和西亚多语文本形式编纂辞典也有一定的影响。[44]一般认为，元代蒙古妇女守节是受到汉文化的深刻影响。有学者考察《元史》所载蒙古节妇的具体事例，结合同时代蒙古、波斯文献以及外国人游记收录的相关内容，指出这些记载是在理学发展的影响下，明朝政府出于巩固政权、推行风教等目的，加工、重塑后列入《元史》中以加强文化认同的，与蒙古妇女的汉文化水平并无直接关系。[45]

明清史领域，鉴于学界对武英殿修书处的成立时间存在较大分歧，有学者利用最新发掘的档案，考证武英殿修书处成立于康熙十九年十一月，否定了雍正七年铸给“武英殿修书处图记”等同于武英殿修书处正式成立的通常看法。[46]还有学者根据《四库》底本《鹖冠子》书前保留的乾隆亲笔题诗及馆臣所撰简明提要，推断乾隆御题《四库》书诗应该都是军机大臣代拟的，确证乾隆诗有代笔之作。[47]另有学者总结《四库全书》的文献价值和文化意义，建议为其申报《世界记忆名录》。[48]再有学者对雍正时期，鄂尔泰治理苗疆的思想演变进行梳理，认为其在黔东南始终坚持“剿抚”并行，只是根据具体政策实施者与苗众反应的不同而有所侧重。[49]还有学者通过剖析乾隆八年《盛京赋》的创作、传播与阅读过程，考察乾隆时代文化传播对建构政治文化的意义。[50]由于学界对清代汉学的家法观念仍缺少系统论述，有学者梳理清代汉学家法的本源，分析清代今、古文家的家法观念，指出古文家注重区分汉、宋，侧重小学方法或经说师承；而今文家倾向于区分今、古文经，以“三统”“三世”说为家法的核心。[51]

4. 社会史研究

先秦史方向，有学者对周代亲属称谓中的伯、仲、叔、季排行问题进行深入考证，指出同父异母的兄弟排行已打破嫡庶之别，嫡庶共排行不仅出现在王侯之家，也存在于士阶层家族中，且从西周早期及以前一直延续到春秋时期；“孟”作为庶长子的称谓出现得较晚，它在排行称谓中区分出嫡庶，是宗法制度深化发展的结果。[52]受材料限制，以往关于先秦政治联姻的探讨主要集中于春秋战国时期，近年来新出大量与婚姻相关的西周有铭青铜器，为探讨西周时期政治联姻情况提供新的契机。有学者以《史记·十二诸侯年表》中记载的十三国为线索，分国别梳理了新出铜器铭文中的联姻情况，认为囿于“同姓不婚”的原则，姬姓国的联姻对象多为异姓，西周早期以姜、姒为多，其次是姞姓及其他异姓诸侯国；而异姓诸侯国的主要联姻对象则为姬姓国，包括周王室。此外，姬姓诸侯还多与王朝卿士或世家大族通婚。而秦、楚两国则一直游离于中原之外，直到西周晚期和春秋早年这种局面才有所改变。上述联姻从侧面反映出周王朝统治策略和重心所在。[53]

秦汉魏晋南北朝隋唐史方向，有学者从历史、地理及文献与建筑等视角对西汉长安城的甲第分布、甲第使用者身份、性质及修建时间做了全面的分析，指出从高祖六年一直到西汉末年，一直有甲第修建，使用者主要是王侯将相阶层，且多在未央宫东北方向及长安城北等地，这些甲第在性质上系国家赐予或营造，是身份地位的象征，所有权归国家，并可改赐他人。[54]天一阁抄《天圣令》残本附有唐《医疾令》佚文，涉及唐太医署“女医”之制，有学者结合传世文史，辨析了唐代“女医”及其所揭示的社会性别观念，认为其选取教习之法遵从唐制，从官户子女及官奴婢中选拔；有别于官府方术之学从平民男子中自愿选拔，女医身份低于官府其他方术生，在整个官方医事体系中处于附属地位；“无夫无男女”“别所安置”“按文口授”也仅限于女医的限制及教学方式。[55]

宋元明清史方向，有学者深入反思了历史人类学研究的方法论，认为此前提出的概念中，结构过程是研究对象，礼仪标识是研究的切入点，而逆推顺述是一种特定的研究方式或技术。[56]还有学者预测比较视野下的华北研究或将成为今后数年内区域社会史研究新的增长点，将为未来社会史发展带来新的契机。[57]另有学者从解构历史文本入手，梳理以地方志书为主的历史文献中关于坊巷的记载，重新思考唐宋间城市坊制的演进，提出相关研究应该摆脱以“坊”为中心来构建两宋时期城区布局的传统思路，回归以巷陌构成长条街区的历史现实。[58]还有学者以族谱、族田、祠堂为切入点，对元代家族的发展情况做粗略梳理，认为北方地区因长期受战乱等因素影响，聚族而居的家族组织发展缓慢且受到一定限制，而江南地区受外力冲击较小，家族组织的发展进程保持了原有的发展势头。[59]社会舆论是民情民意的表达，历代统治者对此都十分重视，有学者指出明代初期即设立了允许臣民建言献策的建言制度，中期以后相关制度逐渐被废置，到了后期，关乎政治、社会的公共舆论日益发达。[60]有学者钩稽山阴几位吴氏家族成员的履历，借以审视明清易代之际世家大族经历鼎革并维持兴盛的具体情形及特点，并从侧面展现明朝经营辽东的困难、清承明制的表现方式及清廷塑造国家形象的手段和特点。[61]

5. 民族史研究

本年度民族史领域成果颇丰。

辽金西夏史领域，有学者对 10—13 世纪，宋、金等大国角逐时的西夏和高丽进行比较，发现二者在中原大国中的地位相近，而西夏较重于高丽。[62]还有学者着力于对辽代中京道的研究，不仅对中京道内几座城址的地望和性质进行了讨论，[63]还从人口构成与经济形态的角度对中京道进行了区域划分。[64]有学者对存世西夏文献中明确提及回鹘的资料加以考察和翻译，展现了西夏与回鹘既交流密切，又偶有争斗的复杂关系。[65]

元明清方向，针对《元史·道童传》对传主的家世及其早期任职情况语焉不详的情况，有学者发掘元明时期的碑刻和地方志资料，对传主道童的出身、族别、宦迹等问题进行考述，从而对《元史·道童传》的相关内容做了补正。[66]还有学者使用多民族语言考辨清代史籍中常见的“乌拉齐”一词，指出其含义有二：其一源自蒙古语，指驿站养马、支应差役之人；其二出自满语，指散居在黑龙江下游，后被编入八旗的“使鹿部落”人丁，并对这一部分“乌拉齐”人的源流，以及他们在旗下的组织形态进行考述。从小问题入手，反映亚洲内陆各民族间复杂的关系，以及清朝统一多民族国家的历史变迁。[67]汇宗寺是康熙年间漠南蒙古地区规模最大的藏传佛教寺院和活动中心，寺院的御制碑以满蒙汉藏四体文字镌刻，内容记载了“多伦会盟”以及汇宗寺的相关情况，具有重要的学术研究价值。有学者新近发现该碑刻的满文和蒙古文底本，从而为多语种文本的比较和研究提供了有力的前提条件。[68]有学者回溯明末至清初云南主盐区黑、白、琅三井盐课提举司在云南建立并逐步完备的过程，厘清在社会变迁中提举司的行政归属与职能划分情况，进而考察国家制度下地方如何进行实际运作与管理。[69]鉴于林丹汗逝世是标志着大蒙古国最终灭亡的一个重要历史节点，但对其逝世地点却众说纷纭的情况，有学者考证明代蒙古人从黄河河套迤西穿越明境进入青海主要有两条线路，而从林丹汗选择的线路推断，其逝世地点大草滩应在清代永固城所辖范围，即今甘肃省民乐县永固镇一带地方。[70]

6. 中西交通史

随着我国“一带一路”倡议的提出，有关丝绸之路及中西交通交通史的研究成为北京地区古史学界关注的热点领域。

嚈哒是古代生活在欧亚大陆的游牧民族，与辽东鲜卑族源相同，属于东胡族。有学者梳理新疆阿尔泰山一带的嚈哒文化遗迹及北燕太平七年冯素弗墓出土的马镫相关考古资料，指出柔然使者将中亚玻璃器传入北燕之后，北燕投桃报李，将鲜卑人发明的铁马镫、镂空圈足青铜鍑等赠与柔然可汗。圭形柄铁马镫在中亚草原的最初传播，与嚈哒人在阿尔泰山的活动直接有关。[71]古代中国本不产狮子，有学者全面爬梳了传世文献及考古发掘中狮子从丝绸之路东传而来的相关记载，推断狮形艺术品先于狮子传入中国，自汉代丝绸之路开辟后，西域国家不断进贡狮子至中原汉地，并被创造出形式多样的狮形艺术，狮子意象融入了印度、波斯及中土等多元文化元素。[72]

四、北京地方史研究

本年度北京史的研究包含多个方面。有学者对 1972 年后英房和后桃园元代遗址出土的文物进行细致研究，认为该元代建筑遗存正是《析津志》所载，由元初昭瑞宫扩建而成的西太乙宫遗址。[73]另有学者重点研究元代沟通上都和大都间的道路中的一条军报秘路——四海冶路，认为其虽重要但隐秘，因此少见于传统史料中。[74]

近年来北京市提出“长城文化带、运河文化带、西山文化带”的建设方案后，作为西山文化带中重要组成部分的“三山五园”景观遗址成为许多学者的关注对象。有学者梳理了“三山五园”这一说法的历史渊源、内容变迁，及历史功能转变。[75]还有的学者着力分析清代皇帝从圆明园回宫的主要缘由，指出清代紫禁城的功能主要是大祀、大典、大朝和大宴，而清中期以后，一些重大典礼和活动也移至御园中举行，圆明园和紫禁城可谓同是清王朝的统治中心。[76]也有学者着眼于康熙帝与畅春园的关系，指出畅春园的建成和运转，开启了此后清朝君主“居园理政”的模式。[77]

此外，关于水系的研究也成果丰富。清代的北运河是漕运河道的北段，张家湾是其上最重要的码头之一。有学者详述嘉庆年间张家湾改道的现象，并对官方的认知和解决措施加以考察，审视河道变迁对人类社会的影响。[78]永定河也引起学界关注，有学者考察了清代永定河下游及西淀地区河淤地农业、村镇发展与环境的关系。[79]

注：

①晁福林：《花东氏族二三事》，《中原文化研究》，2018 年第 2 期。

②晁福林：《甲骨文“干”字说——关于商代低级武士的一个考察》，《中国文化研究》，2018年第1期。

③朱凤瀚：《宗人诸器考——兼及再论西周贵族家族作器制度》，《青铜器与金文》（第二辑），上海古籍出版社，2018年版。

④董珊：《周晋盘盉与先秦丧礼中的沐浴》，《青铜器与金文》（第二辑），上海古籍出版社，2018年版。

⑤韩巍：《西周青铜器演变过程中的“超前”现象——新出青铜器的启示》，《青铜器与金文》（第二辑），上海古籍出版社，2018年版。

⑥黄国辉：《再论“虎簋盖”和“师虎簋”的年代问题》，《史学理论与史学史学刊》，2018年第2期。

⑦杨博：《清华竹书〈系年〉所记战国早期战事之勾勒》，《宁波大学学报》（人文科学版），2018年第3期。

⑧刘梦扬：《〈祭公之顾命〉中的人物关系》，《中国社会科学报》，2018年6月25日。

⑨杨博：《“簿籍”与“取程”：北大藏秦简〈田书〉性质再探》，《农业考古》，2018年第4期。

⑩陈侃理：《司马迁与〈过秦篇〉》，《岭南学报》（复刊第10辑），上海古籍出版社，2018年版。

⑪徐世虹：《西汉末期法制新识——以张勋主守盗案牍为对象》，《历史研究》，2018年第5期。

⑫史金波：《俄藏No.6990a西夏书仪考》，《中华文史论丛》，2018年第1期。

⑬王龙：《西夏文草书〈显扬圣教论·成瑜伽品第九〉考补》，《西夏学》，2018年第1期。

⑭麻晓芳：《西夏文〈药师琉璃光七佛本愿功德经〉的草书译本》，《宁夏社会科学》，2018年第2期。

⑮孙庆伟：《启、益之争与禅让的实质》，《中原文化研究》，2018年第1期。

⑯罗新慧：《战国思想与中国古代大一统王朝——以色列汉学家尤锐教授的思想史解读》，《史学史研究》，2018年第4期。

⑰阎步克：《族群互动与“南北朝”现象：一个体制问题的政治学思考》，《思想战线》，2018年第3期。

⑱卜宪群：《乡论与秩序：先秦至汉魏乡里舆论与国家关系的历史考察》，《中国社会科学》，2018年第12期。

⑲张欣：《论汉代辟除制与察举制之关系》，《河南师范大学学报》（哲学社会科学版），2018年第4期。

⑳黄承炳：《再释南朝“素族”——以晋宋之际高门士族的变化为中心》，《魏晋南北朝隋唐史资料》第三十七辑，上海古籍出版社，2018年版。

㉑金滢坤：《士林华选：唐代博学宏词科研究》，《历史研究》，2018年第1期。

㉒安北江：《宋初战略地缘政治研究——以平定荆湖为中心》，《理论月刊》，2018年第11期。

㉓游彪：《宋代荐举制度的利弊得失》，《人民论坛》，2018年第24期。

㉔乐日乐：《辽朝郎君考述》，《辽金历史与考古》，科学出版社，2018年版。

㉕乐日乐：《辽朝郎君再考述》，《内蒙古民族大学学报》（社会科学版），2018年第3期。

㉖牛润珍、高珊：《金代史官考》，《史学史研究》，2018年第2期。

㉗阿风：《明代的“白牌”》，《安徽史学》，2018年第4期。

㉘杨珍：《从新见康熙朱谕看清前期皇权与太监的关系》，《历史档案》，2018年第2期。

㉙宝音朝克图：《清朝对漠北喀尔喀统治政策的失误及其影响——以兵役制度为中心》，《云南师范大学学报》（哲学社会科学版），2018年第5期。

㉚常越男：《论清代司道府官员的考核》，《历史档案》，2018年第3期。

㉛崔岷：《咸同之际“督办团练大臣”与地方官员的“事权”之争》，《历史研究》，2018年第2期。

㉜张亦冰：《唐宋时估制度的相关令文与制度实践——兼论〈天圣令·关市令〉宋10条的复原》，《中国经济史研究》，2017年第1期。

㉝王曾瑜：《宋朝系省、封桩与无额上供钱物述略》，《中国经济史研究》，2018年第6期。

㉞张映晖：《西夏与周边政权的贸易往来》，《西夏研究》，2018年第3期。

㉟彭勇：《中国古代对偷漏税的防范与惩治》，《人民论坛》，2018年第28期。

㊱倪玉平：《清代关税的长期表现》，《清华大学学报》（哲学社会科学版），2018年第3期。

㊲倪玉平：《论乾隆时期的关税征收》，《学术月刊》，2018年第9期。

㊳倪玉平：《试论清朝嘉道时期的财政收支》，《江汉论坛》，2018年第2期。

㊴倪玉平：《试论清代财政体系的近代转型》，《中国经济史研究》，2018 年第 4 期。

㊵林展、云妍：《“不可露出宽裕之象”：财产合法性与清代官员家产结构》，《北京大学学报》（哲学社会科学版），2018 年第 4 期。

㊶晁福林：《先秦时期鬼、魂观念的起源及特点》，《历史研究》，2018 年第 3 期。

㊷李华瑞：《宋代践行孟子的仁政思想》，《中国社会科学报》，2018 年 2 月 23 日。

㊸于博：《从真容偶像看佛教对辽代丧葬习俗的影响》，《北方文物》，2018 年第 2 期。

㊹乌云高娃：《元代多语文合璧书写形式及其对明清的影响》，《中国史研究动态》，2018 年第 5 期。

㊺肖超宇：《民族融合与历史书写：〈元史〉蒙古列女形象“汉化”问题刍论》，《史学集刊》，2018 年第 2 期。

㊻项旋：《清代武英殿修书处成立时间考略》，《历史档案》，2018 年第 3 期。

㊼张升：《乾隆御题〈四库〉书诗代作问题初探——以“题〈鹖冠子〉”诗为中心的考察》，《故宫学刊》，2018 年第 1 期。

㊽黄爱平：《〈四库全书〉的文献价值与世界记忆遗产》，《四库学》，2018 年第 2 期。

㊾张姗：《论雍正时期鄂尔泰苗疆治理思想的演变——以黔东南为例》，《中国边疆史地研究》，2018 年第 2 期。

㊿张一弛：《御制〈盛京赋〉与清代政治文化——以〈盛京赋〉的发布、传播与阅读为中心》，《清史研究》，2018 年第 1 期。

51罗检秋：《清代汉学的家法观念辨析》，《中国史研究》，2018 年第 2 期。

52黄国辉：《略论周代家族中兄弟排行的原则问题》，《史学史研究》，2018 年第 4 期。

53刘丽：《从政治联姻看西周王朝统治——以〈史记·十二诸侯年表〉所见诸国为中心》，《史学月刊》，2018 年第 10 期。

54王培华、戴国庆：《西汉长安的甲第》，《北京师范大学学报》，2018 年第 5 期。

55楼劲：《释唐令“女医”条及其所蕴之社会性别观》，《魏晋南北朝隋唐史资料》第三十七辑，上海古籍出版社，2018 年版。

56赵世瑜：《结构过程·礼仪标识·逆推顺述——中国历史人类学研究的三个概念》，《清华大学学报》（哲学社会科学版），2018 年第 1 期。

57邱源媛：《华南与内亚的对话——兼论明清区域社会史发展新动向》，《中国史研究动态》，2018 年第 5 期。

58包伟民：《说“坊”——唐宋城市制度演变与地方志书的“书写”》，《文史哲》，2018 年第 1 期。

59刘晓：《元代家族发展略论——以族谱、族田与祠堂为中心》，《中央民族大学学报》（哲学社会科学版），2018 年第 3 期。

60张兆裕：《从建言到舆论——明代民情表达方式的变化》，《山东社会科学》，2018 年第 9 期。

61杨海英：《山阴世家与明清易代》，《历史研究》，2018 年第 4 期。

62史金波：《西夏、高丽与宋辽金关系比较刍议》，《史学集刊》，2018 年第 3 期。

63任冠：《考古学视角下的辽中京道建置考补》，《故宫博物院院刊》，2018 年第 2 期。

64任冠：《辽代中京道的人口构成与经济形态》，《河南社会科学》，2018 年第 6 期。

65王龙：《西夏文献中的回鹘——丝绸之路背景下西夏与回鹘关系补证》，《宁夏社会科学》，2018 年第 1 期。

66尚衍斌、封渊：《民族交融与文本书写——以道童事迹及〈元史·道童传〉为案例》，《民族研究》，2018 年第 3 期。

67张建：《释“乌拉齐”》，《历史研究》，2018 年第 6 期。

68吴元丰：《汇宗寺满蒙汉三体碑刻文本比较》，《满语研究》，2018 年第 2 期。

69张柏惠：《明清易代与国家制度下的地方运作——论清初云南的黑、白、琅井盐课提举司》，《中国边疆史地研究》，2018 年第 1 期。

70达力扎布：《察哈尔林丹汗病逝之“大草滩”考》，《民族研究》，2018 年第 5 期。

71林梅村、马丽亚·艾海提：《嚈哒的兴起与铁马镫初传中亚》，《历史研究》，2018 年第 2 期。

72石云涛：《汉唐间狮子入贡与狮文化》，《武汉科技大学学报》（社会科学版），2018 年第 2 期。

73林梅村：《元大都西太乙宫考——北京西城区后英房和后桃园元代遗址出土文物研究》，《博物院》，2018 年第 6 期。

74杨程斌：《延庆元代四海冶路初探》，《北京文博文丛》，2018 年第 1 期。

⑮肖瑞宁：《“三山五园”的历史变迁》，《北京档案》，2018年第9期。

⑯何瑜：《清代圆明园与紫禁城关系考辨》，《历史档案》，2018年第4期。

⑰颜军：《畅春园与康熙帝的“居园理政”》，《中国文化报》，2018年8月24日。

⑱赵珍：《清代北运河漕运与张家湾改道》，《史学月刊》，2018年第3期。

⑲王培华、戴国庆：《清代永定河下游与白洋淀的农业及其环境效应》，《中国农史》，2018年第2期。

（作者：全卫敏，北京师范大学副研究馆员；宋文汐，北京师范大学博士生）

中国近现代史

王 纯 张 皓

2018年度的研究，既有一些通史著作问世，又对许多热点问题深入剖析，学者们更加注重史料的挖掘、视角的转变、学科的综合。

一、政治

政治史的研究，可分四个专题：晚清政治、民国政治、共产党政治和国民党政治。

1. 晚清政治

太平天国、甲午战争、戊戌变法等历来是晚清政治史的重大专题。

夏春涛在《太平天国与晚清社会》[①]一书中，尝试从社会层面探究太平天国时期的政治、军事、经济及洪秀全等人的思想。贾小叶分析了《马关条约》后清朝官员的反割台呼声，他指出割让台湾最终造成的是人心流失。[②]马忠文研究了甲午至庚子时期荣禄与李鸿章权力的升降。[③]

2018年是戊戌变法120周年。贾小叶透过《中外日报》不同时期观点的转变，研究了戊戌变法后的政局变动与知识界的反应。[④]黄元蔚是维新志士康广仁的女婿，马忠文通过查阅黄元蔚家书，对1913－1916年前后的北京政局及康、梁等人的活动进行了考察[⑤]。崔志海分析了美国驻华公使对戊戌变法的观察，他认为这种观察虽带个人色彩，但在不少方面揭示了戊戌变法与清朝最后10余年政局之间的历史连续性[⑥]。

马勇对比新旧史料，指出义和团运动时期清廷的宣战不是真的宣战，而是一种外交姿态[⑦]。过去一般著述认为袁世凯正式提出清帝退位的时间为1912年1月16日。桑兵先生在《袁世凯〈请速定大计折〉与清帝退位》中，“重判”或“改判”为1911年12月25、26日间。侯宜杰认为确定袁世凯上奏清帝退位的时间，应以《袁内阁请速定大计折》为主要根据，分析奏折中两处至为关键的叙述，上奏时间仍为1912年1月16日，而非1911年12月25、26日间[⑧]。

2. 民国政治

李细珠新著《新政、立宪与革命——清末民初政治转型研究》[⑨]出版，为观察晚清中央与地方的微妙关系及晚清政治改革所体现的中国政治近代化提供了一个新视角。马勇分析了武昌起义爆发后不同群体对国家体制的选择：一部分立宪党人和新军将领希望实现君主立宪；另一部分人，特别是革命党人，认为共和是中国的唯一出路[⑩]。

1913年“宋教仁遇刺案”是民国史上的一桩悬案，不断有学者寻找刺杀宋教仁的幕后凶手。尚小明在《宋案重审》[⑪]一书中提出“宋案”的幕后主使是时任国务总理兼内务总长赵秉钧的秘书洪述祖。“宋案”是由调查欢迎国会团、操弄宪法起草、低价购买公债及刺杀宋教仁等多个情节次第演进的复杂案件，他将各个情节间的关系揭示出来，解开了宋案的一系列谜团。他还在另一篇文章中专门考察了洪述祖其人[⑫]。他又研究了二次革命中欧阳武的角色变换及动因[⑬]。

长期以来北伐史的研究，多从南方立论。近年来，不少学者从南北地域、文化、舆情等角度进行研究。比如李在全以居京湘人黄尊三日记为基础，展现了一位涵括南北、新旧等复杂因素的微观人物对北伐的观感[⑭]。潘晓霞考察了北伐前后上海商业储蓄银行总经理陈光甫的三次转向。陈光甫的几度转向，更多还是在商言商的本能[⑮]。

3. 共产党政治

工人运动的研究朝着更加细化的方向发展。比如王建伟、李在全研究了北京长辛店工人运动[16]。孙会修考察大革命结束后莫斯科中山大学学生在华工中的活动[17]，以及邓小平在莫斯科中山大学的成长[18]。国共关系方面，金冲及的《联合与斗争——毛泽东、蒋介石与抗战中的国共关系》[19]出版。作者对第二次国共合作的形成、发展直至抗战胜利的全过程进行了阐述。

此外还有很多具体问题，如殷露露的《加伦与南昌起义若干史事探微》，指出大革命时期来华的苏联将领加伦与南昌起义有密切的关系[20]。王海光以《论十大关系》形成过程中的三个文本为依据，梳理了该文本形成、演变及经典化的过程[21]。张皓考察了1949年5月的解放上海之战[22]。于化民对中华人民共和国成立前中共对向社会主义过渡的预计和准备进行了分析[23]。黄道炫从总体上指出研究中共历史要注重意识形态的分析[24]。

4. 国民党政治

1935年，蒋介石政府在争议声中任命孔子第77代孙孔德成为大成至圣先师奉祀官，借以实施社会教化。李俊领指出，国民政府的做法更多是秉持实用立场，成效微弱[25]。金以林分析了抗战期间国民党的党化教育，这种教育的目的只是要求师生们信奉三民主义，做国民党的忠实臣民[26]。

二、经济

关于近代经济史的研究，清末民初和新中国成立后的经济是学界关注的热点。研究成果多从个案出发，用数据说话，直观且细化。

1. 清末民初时期的经济发展

李鸿章于同治十一年（1872年）创办轮船招商局，向来被视为洋务运动从“求强”转向兼顾“求富”的标志。对此，以往大都拘泥于经济史视角，没有注意到这一事件的发生依托复杂的社会脉络。朱浒从政治经济史、社会经济史等视角，再次分析了轮船招生局的创办[27]。

20世纪80年代末以来，台湾岛内的经济史研究夸大日据时期台湾经济发展的成效。程朝云对此进行了辩驳，明确提出不能高估日本殖民统治对台湾经济发展的作用[28]。

2. 新中国成立后的经济情况

2018年是改革开放40周年。12月18日上午10时在人民大会堂举行改革开放40周年庆祝大会。中共中央总书记、国家主席、中央军委主席习近平同志发表重要讲话。历史学界围绕改革开放的研究也硕果累累。

中共党史学界向改革开放40周年献礼作品“中国改革开放40年丛书”[29]（共7册）由中共党史出版社出版发行。该丛书按照经济、政治、文化、社会、生态文明、外交和执政党建设7个专题，全方位、多视角解读了中国改革开放40年的历史进程，总结了中国共产党领导改革开放的历史经验。

郑大华总结了改革开放40年来的中国近代思想史研究，提出今后的研究要继续加强本学科的学科意识、理论建设[30]。李细珠分析了改革开放40年来晚清政治史研究的基本路向。改革开放以来40年，既是晚清政治史研究的繁荣期，也是遭遇进一步发展困境和面临新的挑战的时期[31]。石仲泉撰写了《邓小平开创改革开放伟业的十大贡献——纪念改革开放40周年》[32]、《伟大的改革开放：从邓小平到习近平——纪念改革开放40周年》[33]两篇文章，高度评价了邓小平及习近平主席对改革开放所作出的重要贡献。

三、思想文化与社会生活

1. 思想文化

中国近代思想史的研究大体集中在两个方面：一是重要人物，如康有为、梁启超、孙中山等；一是重大思想变革，如民族主义、马克思主义等。

汤志钧、汤仁泽主编的《梁启超全集》[34]出版发行。本书是目前规模最大、最全面的梁启超著作，里面刊录了梁启超许多未发表的文字。马勇分析了梁启超思想变化的心路历程、外在因素[35]。欧阳哲生在《康有为的未来意识与社会想象》中提出康的大胆想象与保守思想的矛盾是时代困惑的映射[36]。张海鹏研究了孙中山的民生主义，认为其唯心色彩明显[37]。郑大华分析了晚年孙中山与共产党在“民族自决权”上的异同[38]。耿云志研究了胡适的婚姻与家庭[39]，并通过胡适与许怡荪的通信分析了胡适与陈独秀政治思想的分歧[40]。

民族主义是近代最主要的社会思潮之一，它与中国近代相始终，并贯穿于其他各种思潮之中。郑大华所著《中国近代思想脉络中的民族主义》[41]，厘清了民族主义在近代中国的形成、发展和高涨的过程，以及与此过程相适应的民族主义的理论建构过程。他还就九一八事变后的中国学术界服务于民族复兴[42]，以及抗战时期毛泽东提出的“文艺的民族形式”问题进行了分析[43]。黄道炫也考察了抗日战争时期中国民众的民族意识，认为探讨中国民众的民族意识不能忽略本国历史背景[44]。李珊以上海五洲大药房总经理的英文秘书邵芾棠为例，考察了国民革命时期国人的民族意识[45]。

2018年5月4日上午，纪念马克思诞辰200周年大会在北京人民大会堂隆重举行。中共中央总书记、国家主席、中央军委主席习近平在会上发表重要讲话。关于马克思主义的研究成果也非常丰富，比如陈少卿的《留法勤工俭学群体接受马克思主义过程再探》[46]，石仲泉的《马克思主义是发展的科学理论——纪念马克思诞辰200周年》[47]等。

此外，张海荣探究了清末中国的教育结构和教育状况[48]。赵妍杰研究了清末民初的家庭革命[49]。马勇分析了民国时期对儒学的认识和批判[50]。欧阳哲生以梁漱溟的《中国文化要义》为文本，探讨了中国文化的特殊性[51]。马勇考察了大后方教授们的思想变化[52]。郑师渠的论文集《近代知识阶级新论》[53]出版，内容涉及近代知识阶级的自我认识、从“五卅”到“三一八”的中国知识界等问题。

2. 社会生活

社会史研究的成果让中国近代史显得更加生动和丰富，它透过不同阶层、不同视角向我们展现了近代化的多个面相。

朱浒分析了晚清筹赈义演的兴起及其意义[54]。李在全在《变动时代的法律职业者：中国现代司法官个体与群体（1906—1928）》[55]一书中，将司法官群体置于“变动时代”中加以观察，尤其关注政治变动（如政体改革、政权更迭等）对司法官群体的影响。魏兵兵撰文《娱乐政治：京剧与民国前期上海精英阶层的形塑》，文章认为民国前期上海新兴的城市精英热衷于京剧娱乐活动，是为了塑造在地方社会中的领导地位[56]。张德明的《基督教与华北社会研究（1927—1937）》（上、下）出版[57]。本书利用中外教会档案、图书、报刊及地方史志资料，还原了1927-1937年基督教在华北的活动。吴敏超研究了二战前后的华侨妇女儿童到达新西兰落地生根的问题[58]。赵庆云研究了20世纪50年代中国大陆与台湾当局对新西兰华侨的争夺[59]。

四、外交

自鸦片战争叩开中国的国门，中国近代的历史便与诸多国家联系在了一起。因此，近代外交的发展一直是牵动国家和民族命运的重大问题。具体可分为中日关系、中苏关系、中美关系等。

1. 中日关系

中日关系主要集中于清末和抗日战争两个时期。

臧运祜围绕《马关条约》从宏观上论述了近代中日关系[60]。徐志民认为中国史学界要重视并加强对近代日本海军史的研究[61]。此外他还探讨了甲午战争后中国人赴日留学问题[62]。薛铁群对日俄战争后的中日东三省电信交涉进行了研究[63]。

关于抗战史的研究，一项大事是徐勇、臧运祜主编的《日本侵华决策史料丛编》[64]出版。该史料丛编由中日两国的37名学者历时八年合作完成，共分四编十七个专题四十六卷册，是迄今国内篇幅最大、相关史料收录最完整的日本侵华决策类专题史料汇集。

就热点问题而言，华北事变、七七事变、中共敌后战场及国民党正面战场等成果丰硕。比如张皓探讨了1935年胡恩溥、白逾桓被暗杀一事，指出日本人策划这件事的目的是将华北的有关机关、人员和军队赶走[65]。他和朴泓燕还分析了蒋介石对华北事变的处置[66]。关于七七事变的研究，张皓进行了回顾与前瞻[67]，并撰文探讨了日伪论证的七七事变所谓的“正当性”[68]。

中共与抗日战争，有王士花的《抗战时期中共在山东的交通工作》[69]，黄道炫的《建立新社会：抗战时期中共的权力下探与社会形塑》[70]，卢毅的《八路军韩城东渡决策述略》[71]，罗平汉的《陕甘宁边区试行土地公债征购地主土地述论》[72]，吴敏超的《浙东抗日根据地统战工作再研究》[73]，田武雄的《时差与西安事变时间之谜》[74]等。国民党与抗日战争，有臧运祜的《蒋介石与1935年上半年的中日亲善——以蒋氏日记为中心的考察》[75]，李学通的《抗战时期玉门油矿开发中的政治权力》[76]等。

一些学者还注意细节问题的纠误、考察。比如网上一些关于关东军的论断有误，这是因为缺乏对日俄战争的认识。高士华便从日俄战争入手分析了日本关东军到达中国东北始末[77]。侯中军以杨光泩及世界电讯社为中心考察了九一八事变后中国的抗战外宣（1931—1938）[78]。张展分析了日军对华持久战战略[79]，这也启发我们可以从多角度继续深化抗战史的研究。

2. 中苏关系

抗战初期，苏联派空军志愿队来华作战，这是中苏关系史上的大事。陈开科在研究中发现有几个问题需要讲清楚，比如志愿队虽隶属于中国航空委员会的领导，但其在华军事行动亦受到苏联军方的严密遥控，而且这些志愿军是从中国政府领取薪酬的[80]。他还提出俄国史学家在利用中文史料方面比较欠缺，其研究成果客观性尚存局限[81]。

其他对外关系，如候中军撰写了《一战期间的中国外交——“一战百年启示录”之一》，分析了中国政府从中立到参战的过程[82]。在《论七七事变与英国的最初因应》[83]中，他又分析了七七事变后英国与美国的多次沟通。周斌的《列强对一九二七年广州起义的因应》[84]，认为虽然中共没有骚扰外国人的行动，但英、美、日等列强还是帮助国民党镇压起义，他们对中共存有偏见。刘萍在《“白尔丁号事件”与法国在华治外法权的废除》[85]中明确表示中国政府处理“白尔丁号事件”的过程，是一次主权宣示行动。张皓在《解放战争后期中共对美国可能出兵之注意和应对》[86]中考察了中共对美国可能的军事干涉进行的估计和部署。

五、民族史

关于民族史的研究，西藏问题是重中之重。而对于西藏问题的研究，又涉及了中国与英国、美国等国关系。

1917-1918 年发生的康藏冲突是西藏历史上的重要事件。张皓依托档案资料对这一问题进行了剖析，他指出表面上这场冲突是川藏两军争夺康地，实质上是英国政府企图将这片区域囊括进“内藏”以制造西藏“自治”[87]。1949 年，美国政府选派汤姆斯父子入藏“探险”。入藏之后，他们竭力鼓吹西藏是“独立国”。张皓认为汤姆斯父子入藏，是美国在新中国成立前采取干涉西藏问题的重大举措，企图阻挠中国共产党顺利解决西藏问题[88]。此外，他提出应该继续整理和编选晚清至民国时期英美涉藏档案文献，以推进西藏历史的研究[89]。

关于西藏问题的研究，还有张永攀的《1896 年中英“藏哲边界”交涉与勘界研究》[90]，张双智的《1921 年陆兴祺〈解决藏事说贴〉与藏事会议》[91]等论文。

除了专题研究，今年陆续出版了一些关于中国近现代史的通史著作，比如张海鹏的《简明中国近代史读本》[92]，用通俗化的笔墨，全景式地呈现了中国近代百余年的历程。

注：

①夏春涛：《太平天国与晚清社会》，北京师范大学出版社，2018 年版。

②贾小叶：《弃“未失之地”“天下人心皆去”——光绪乙未年朝野官绅反割台的核心诉求》，《史学月刊》，2018 年第 3 期。

③马忠文：《甲午至庚子时期的荣禄与李鸿章》，《聊城大学学报》（社会科学版），2018 年第 6 期。

④贾小叶：《〈中外日报〉与戊戌己亥政局》，《安徽大学学报》（哲学社会科学版），2018 年第 2 期。

⑤马忠文：《黄元蔚家书所见康梁活动史迹》，《北京师范大学学报》（社会科学版），2018 年第 4 期。

⑥崔志海：《美国驻华公使对戊戌变法的观察》，《史林》，2018 年第 4 期。

⑦马勇：《所谓“宣战诏书”：缘起、逻辑与诉求》，《安徽大学学报》（哲学社会科学版），2018 年第 5 期。

⑧候宜杰：《〈袁内阁请速定大计折〉上奏问题商榷》，《近代史研究》，2018 年第 6 期。

⑨李细珠：《新政、立宪与革命——清末民初政治转型研究》，北京师范大学出版社，2018 年版。

⑩马勇：《从孙中山到袁世凯：民初乱局的一个解释》，《文史天地》，2018 年第 2 期。

⑪尚小明：《宋案重审》，社会科学文献出版社，2018 年版。

⑫尚小明：《清末洪述祖历史考》，《安庆师范大学学报》（社会科学版），2018 年第 2 期。

⑬尚小明：《从江西护军使、讨袁都督到“止戈和尚”——二次革命中欧阳武的角色变换及背后动因》，《历史教学》，2018 年第 3 期。

⑭李在全：《北伐前后的微观体验——以居京湘人黄尊三为例》，《近代史研究》，2018 年第 1 期。

⑮潘晓霞：《北伐前后陈光甫的三次转向》，《史学月刊》，2018 年第 4 期。

⑯王建伟、李在全：《寻找革命之基础——中国共产党创建史中的长辛店工人运动》，《北京党史》，2018 年第 3 期。

⑰孙会修：《工运训练与工人革命：大革命结束后莫斯科中山大学学生在华工中的活动》，《中共党史研究》，2018 年第 2 期。

⑱孙会修：《组织熔铸与个人努力：邓小平在莫斯科中山大学的成长》，《党的文献》，2018 年第 6 期。

⑲金冲及：《联合与斗争——毛泽东、蒋介石与抗战中的国共关系》，生活 · 读书 · 新知三联书店，2018 年版。

⑳殷露露：《加伦与南昌起义若干史事探微》，《中共党史研究》，2018 年第 10 期。

㉑王海光：《〈论十大关系〉文本的形成与演变及其经典化》，《中共党史研究》，2018 年第 3 期。

㉒张皓：《“要文打，不要武打”：1949年5月解放上海之战》，《中国浦东干部学院学报》，2018年第1期。

㉓于化民：《中华人民共和国成立前中共对向社会主义过渡之预筹》，《史学月刊》，2018年第1期。

㉔黄道炫：《政治文化视野下的心灵史》，《中共党史研究》，2018年第11期。

㉕李俊领：《“文治”与圣裔：国民政府对孔德成的借助及其困境》，《抗日战争研究》，2018年第2期。

㉖金以林：《抗战期间国民党党化教育小议》，《南京大学学报》（哲学人文科学社会科学），2018年第1期。

㉗朱浒：《“求富”的契机：李鸿章与轮船招商局创办再研究》，《中国人民大学学报》，2018年第4期。

㉘程朝云：《不能高估日本殖民统治对台湾经济发展的作用——驳“殖民统治有益论”》，《近代史研究》，2018年第4期。

㉙靳诺、杨凤城主编：《中国改革开放40年丛书（全7卷）》，中共党史出版社，2018年版。

㉚郑大华：《改革开放40年来的中国近代思想史研究》，《广东社会科学》，2018年第6期。

㉛李细珠：《改革开放40年来晚清政治史研究的基本路向》，《广东社会科学》，2018年第4期。

㉜石仲泉：《邓小平开创改革开放伟业的十大贡献——纪念改革开放40周年》，《毛泽东思想研究》，2018年第5期。

㉝石仲泉：《伟大的改革开放：从邓小平到习近平——纪念改革开放40周年》，《井冈山干部学院学报》，2018年第5期。

㉞汤志钧、汤仁泽主编：《梁启超全集》，中国人民大学出版社，2018年版。

㉟马勇：《“流质善变”：梁启超思想之本质》，《淮北师范大学学报》（哲学社会科学版），2018年第1期。

㊱欧阳哲生：《康有为的未来意识与社会想象》，《中国高校社会科学》，2018年第6期。

㊲张海鹏：《孙中山民生主义理论体系的内在矛盾——兼议孙中山阶级观点问题》，《历史研究》，2018年第1期。

㊳郑大华：《论晚年孙中山与中国共产党在“民族自决权”上的同与异》，《学术研究》，2018年第9期。

㊴耿云志：《胡适先生的婚姻与家庭》，《江淮文史》，2018年第2期。

㊵耿云志：《〈新青年〉同人分裂过程中的一个重要细节》，《广东社会科学》，2018年第5期。

㊶郑大华：《中国近代思想脉络中的民族主义》，社会科学文献出版社，2018年版。

㊷郑大华：《学术研究如何服务于民族复兴——九一八事变后的中国学术界》，《史学月刊》，2018年第10期。

㊸郑大华：《论抗战时期“文艺的民族形式”的提出及其讨论》，《中国文化研究》，2018年第2期。

㊹黄道炫：《战时中国民众的民族意识》，《史学月刊》，2018年第5期。

㊺李珊：《〈北华捷报〉上的中国投书人——国民革命时期民族主义的对外表达》，《近代史研究》，2018年第4期。

㊻陈少卿：《留法勤工俭学群体接受马克思主义过程再探》，《中共党史研究》，2018年第7期。

㊼石仲泉：《马克思主义是发展的科学理论——纪念马克思诞辰200周年》，《中国浦东干部学院学报》，2018年第2期。

㊽张海荣：《清末三次教育统计图表与“学部三折”》，《近代史研究》，2018年第2期。

㊾赵妍杰：《为国破家：近代中国家庭革命论反思》，《近代史研究》，2018年第3期。

㊿马勇：《民国儒学之华丽转身》，《社会科学文摘》，2018年第9期。

51欧阳哲生：《文化认同·文化反省·文化自觉——以梁漱溟著〈中国文化要义〉为文本的探讨》，《清华大学学报》（哲学社会科学版），2018年第1期。

52马勇：《尴尬风流：大后方的教授们》，《文史天地》，2018年第5期。

53郑师渠：《近代知识阶级新论》，人民出版社，2018年版。

54朱浒：《晚清筹赈义演的兴起及其意义》，《史学月刊》，2018年第8期。

55李在全：《变动时代的法律职业者：中国现代司法官个体与群体（1906－1928）》，社会科学文献出版社，2018年版。

56魏兵兵：《娱乐政治：京剧与民国前期上海精英阶层的形塑》，《近代史研究》，2018年第5期。

57张德明：《基督教与华北社会研究（1927－

1937)》，花木兰文化事业有限公司，2018 年版。

(58)吴敏超：《从临时难民到落地生根：二战前后的新西兰华侨女性》，《近代史研究》，2018 年第 6 期。

(59)赵庆云：《1950 年代中国大陆与台湾当局对新西兰华侨的争夺》，《史学月刊》，2018 年第 6 期。

(60)臧运祜：《〈马关条约〉与近代中日关系》，《湖南师范大学社会科学学报》，2018 年第 1 期。

(61)徐志民：《近代日本海军史研究——来自中国学界的认知》，《福建论坛》(人文社会科学版)，2018 年第 9 期。

(62)徐志民：《明治维新与赴日留学》，《华中师范大学学报(人文社会科学版)》，2018 年第 4 期。

(63)薛铁群：《日俄战争后的中日东三省电信交涉》，《近代史研究》，2018 年第 1 期。

(64)徐勇、臧运祜主编：《日本侵华决策史料丛编》，社会科学文献出版社，2018 年版。

(65)张皓：《日本"天津军的谋略"：1935 年胡白事件之探析》，《安徽史学》，2018 年第 2 期。

(66)张皓、朴泓燕：《从胡白事件到〈何梅协定〉：蒋介石对华北事变的处置》，《抗日战争研究》，2018 年第 2 期。

(67)张皓：《关于七七事变研究的回顾与前瞻》，《中共党史研究》，2018 年第 7 期。

(68)张皓：《发动全面侵华战争与建设"新日本"：日伪论制造七七事变的必然性》，《江苏师范大学学报》(哲学社会科学版)，2018 年第 4 期。

(69)王士花：《抗战时期中共在山东的交通工作》，《史学月刊》，2018 年第 12 期。

(70)黄道炫：《建立新社会：抗战时期中共的权力下探与社会形塑》，《抗日战争研究》，2018 年第 4 期。

(71)卢毅：《八路军韩城东渡决策述略》，《中共党史研究》，2018 年第 12 期。

(72)罗平汉：《陕甘宁边区试行土地公债征购地主土地述论》，《中共党史研究》，2018 年第 6 期。

(73)吴敏超：《浙东抗日根据地统战工作再研究》，《中共党史研究》，2018 年第 9 期。

(74)田武雄：《时差与西安事变时间之谜》，《中共党史研究》，2018 年第 5 期。

(75)臧运祜：《蒋介石与 1935 年上半年的中日亲善——以蒋氏日记为中心的考察》，《民国档案》，2018 年第 1 期。

(76)李学通：《抗战时期玉门油矿开发中的政治权力》，《民国档案》，2018 年第 3 期。

(77)高士华：《日本关东军是怎么来到中国东北的?》，《抗日战争研究》，2018 年第 3 期。

(78)侯中军：《九一八事变后中国的抗战外宣(1931—1938)——以杨光泩及世界电讯社为中心的考察》，《民国档案》，2018 年第 2 期。

(79)张展：《全面侵华时期日军的对华持久战战略》，《抗日战争研究》，2018 年第 3 期。

(80)陈开科：《档案里的历史真相：苏联空军志愿队的几个问题》，《俄罗斯东欧中亚研究》，2018 年第 3 期。

(81)陈开科：《俄国史学中的苏联空军援华志愿队问题》，《俄罗斯学刊》，2018 年第 3 期。

(82)侯中军：《一战期间的中国外交——"一战百年启示录"之一》，《博览群书》，2018 年第 12 期。

(83)侯中军：《论七七事变与英国的最初因应》，《近代史研究》，2018 年第 2 期。

(84)周斌：《列强对一九二七年广州起义的因应》，《中共党史研究》，2018 年第 11 期。

(85)刘萍：《"白尔丁号事件"与法国在华治外法权的废除》，《近代史研究》，2018 年第 2 期。

(86)张皓：《解放战争后期中共对美国可能出兵之注意和应对》，《社会科学》，2018 年第 4 期。

(87)张皓：《英国政府与 1917 至 1918 年之康藏冲突》，《人文杂志》，2018 年第 7 期。

(88)张皓：《汤姆斯父子入藏：美国插手中国西藏问题的开始》，《中国边疆史地研究》，2018 年第 4 期。

(89)张皓：《晚清至民国时期英美涉藏档案之史学价值及编选》，《青海民族研究》，2018 年第 4 期。

(90)张永攀：《1896 年中英"藏哲边界"交涉与勘界研究》，《中国边疆史地研究》，2018 年第 4 期。

(91)张双智：《1921 年陆兴祺〈解决藏事说贴〉与藏事会议》，《青海民族研究》，2018 年第 4 期。

(92)张海鹏：《简明中国近代史读本》，中国社会科学出版社，2018 年版。

（作者：王纯，中国人民大学附属中学教师；张皓，北京师范大学教授）

中国共产党历史

王炳林 张亚东

2018年是改革开放40周年，周恩来同志诞辰120周年，刘少奇同志诞辰120周年，王震同志诞辰110周年，北京地区中共党史研究继续呈现出活跃态势，研究内容更为广泛，研究成果更为丰富，举办了各种规模的座谈会、纪念会和学术研讨会，推动着中共党史研究不断发展。

一、重要学术活动和学术著作

（一）主要学术活动

1. 庆祝改革开放40周年大会

2018年12月18日，庆祝改革开放40周年大会在北京人民大会堂举行。中共中央总书记、国家主席、中央军委主席习近平出席大会并发表重要讲话。习近平从理论创新、经济建设、政治建设、文化建设、社会建设、生态文明建设、国防和军队建设、祖国统一、外交工作、党的建设等方面深刻总结了改革开放以来党和国家所取得的伟大成就和宝贵经验，强调指出：40年的实践充分证明，党的十一届三中全会以来我们党团结带领全国各族人民开辟的中国特色社会主义道路、理论、制度、文化是完全正确的，形成的党的基本理论、基本路线、基本方略是完全正确的；40年的实践充分证明，中国发展为广大发展中国家走向现代化提供了成功经验、展现了光明前景，是促进世界和平与发展的强大力量，是中华民族对人类文明进步作出的重大贡献；40年的实践充分证明，改革开放是党和人民大踏步赶上时代的重要法宝，是坚持和发展中国特色社会主义的必由之路，是决定当代中国命运的关键一招，也是决定实现“两个一百年”奋斗目标、实现中华民族伟大复兴的关键一招。习近平指出，全党全国各族人民要更加紧密地团结在党中央周围，高举中国特色社会主义伟大旗帜，不忘初心，牢记使命，将改革开放进行到底，不断实现人民对美好生活的向往，在新时代创造中华民族新的更大奇迹，创造让世界刮目相看的新的更大奇迹。

2. 纪念周恩来同志诞辰120周年座谈会

2018年3月1日，纪念周恩来同志诞辰120周年座谈会在北京人民大会堂召开。中共中央总书记、国家主席、中央军委主席习近平发表重要讲话。习近平指出，周恩来同志是近代以来中华民族的一颗璀璨巨星，是中国共产党人的一面不朽旗帜，在为中国人民谋幸福、为中华民族谋复兴、为人类进步事业而奋斗的光辉一生中建立的卓著功勋、展现的崇高风范，深深铭刻在中国各族人民心中，也深深铭刻在全世界追求和平与正义的人们心中。习近平回顾了周恩来同志半个多世纪不懈奋斗的人生历程，强调指出在中国共产党历史上，周恩来同志是不忘初心、坚守信仰的杰出楷模，是对党忠诚、维护大局的杰出楷模，是热爱人民、勤政为民的杰出楷模，是自我革命、永远奋斗的杰出楷模，是勇于担当、鞠躬尽瘁的杰出楷模，是严于律己、清正廉洁的杰出楷模，全党全国人民要学习他的崇高精神、高尚品德、伟大风范，在新时代坚持和发展中国特色社会主义征程上奋勇前进。

3. 纪念刘少奇同志诞辰120周年座谈会

2018年11月23日，纪念刘少奇同志诞辰120周年座谈会在北京人民大会堂召开。中共中央总书记、国家主席、中央军委主席习近平发表重要讲话。习近平指出，刘少奇同志是伟大的马克思主义者，伟大的无产阶级革命家、政治家、理论家，党和国家主要领导人之一，中华人民共和国开国元勋，是党的第一代中央领导集体的重要成员。习近平在讲话中回顾了刘少奇为中国革命和建设无私奉献的光辉一生，指出刘少奇同志是不忘初心、对党忠诚的光辉榜样，是坚持真理、实事求是的光辉榜样，是敢于担当、勇于创造的光辉榜样，是勤于学习、知行合一的光辉榜样，是心系人民、廉洁奉公的光辉榜样，号召全党全国人民学习他的崇高品德和精神风范，为决胜全面建成小康社会、夺取新时代中国特色社会主义伟大胜利、实现中华民族伟大复兴的中国梦而努力奋斗。

4. 纪念中国人民抗日战争暨世界反法西斯战争胜利73周年座谈会

2018年9月3日，由中央宣传部、中央统战部、中央党史和文献研究院、中央军委政治工作部联合举办的纪念中国人民抗日战争暨世界反法西斯战争胜利73周年座谈会在北京举行。参加过抗日战争的老战士和老同志代表、抗战烈士遗属代表，中央党政军群有关部门负责同志，各民主党派中央、全国工商联负责人和无党派人士代表，为中国人民抗日战争胜利作出贡献的国际友人或其遗属代表，首都各界群众代表等约200人参加座谈会。有关部门负责同志和抗战老战士、青年学生代表先后发言，阐释中国人民抗日战争暨世界反法西斯战争胜利的意义，表达铭记历史、缅怀先烈、珍爱和平、开创未来的决心和信心。与会代表表示，要以习近平新时代中国特色社会主义思想为指引，弘扬伟大的抗战精神，不忘初心、牢记使命，为实现“两个一百年”奋斗目标、实现中华民族伟大复兴中国梦，为推进人类和平与发展事业不懈奋斗。

5. 纪念周恩来同志诞辰120周年学术座谈会

2018年3月10日，中华人民共和国国史学会在北京召开纪念周恩来同志诞辰120周年学术座谈会。国史学会的相关领导、顾问，部分老一辈党和国家领导人的后人，以及中央机关、科研机构、高等院校的工作人员和学者等共约六十余人参加座谈会。与会代表围绕着周恩来的生平风范、重要贡献、思想理论、崇高精神等方面进行了主题发言和深入讨论。与会代表一致赞同，在新的时代要继续加强研究、学习和宣传周恩来精神，继承和发扬周恩来精神，克服各种困难、考验，把周恩来等老一辈革命家开创的伟大事业进行到底。

6. 纪念王震同志诞辰110周年学术座谈会

2018年4月11日，中华人民共和国国史学会和黑龙江省农垦总局在北京举行纪念王震同志诞辰110周年学术座谈会。中央机关的部分领导、科研机构的专家学者，开国元勋和高级将领的后人，以及王震同志生前战斗过、工作过的地方和部门代表，家乡亲属和生前身边工作人员等共计90余人参见座谈会。在回顾王震六十多年革命生涯的基础上，与会代表从革命战争、屯垦戍边、铁路和黄金工业建设、改革开放、国史工作等方面阐述了王震同志的重大贡献，提出要以老一辈革命家为榜样，不忘初心，坚定信念，为决胜全面建成小康社会、实现中华民族伟大复兴而继续奋斗。

7. 中国改革开放四十年国际学术研讨会

2018年7月29日，由中国人民大学马克思主义学院、中共党史党建研究院主办的“中国共产党与中国道路”——中国改革开放四十年国际学术研讨会在北京召开。来自中央统战部、中国社会科学院、中央党史和文献研究院、中央党校、北京大学、中国人民大学、北京师范大学、美国加州大学伯克利分校、美国杜兰大学、日本横滨市立大学等国内外高校和科研机构的80余名专家学者参会。会议围绕着改革开放以来的中国政治发展、中国经济、中国社会、中国文化和执政党建设这五个主题展开了深入探讨，高度肯定了这个伟大变革。与会学者回顾近年来中国改革开放史研究取得的进展，认为当前在视角选取和史料运用、经济史研究、社会建设研究等方面存在不足，普遍赞同应当加强理论与方法的创新，加强历史与理论、宏观与微观、自上而下与自下而上视角相结合的研究，从而推动中国改革开放史研究深化发展。①

8. 纪念刘少奇同志诞辰120周年学术座谈会

2018年11月17日，由中华人民共和国国史学会主办的纪念刘少奇同志诞辰120周年学术座谈会在北京召开。中央国家机关、部队的部分领导，高校和科研机构的专家学者，老一辈党和国家领导人的后人，以及刘少奇家乡有关部门代表等共约60余人与会。与会代表围绕着刘少奇的青少年之路、刘少奇与军事工作、刘少奇与工人运动、刘少奇与新中国经济建设、刘少奇晚年的党员队伍建设思想等方面进行了主题发言和热烈讨论，强调通过研究、学习和宣传革命先辈的伟大精神和高尚品格，来铭记光辉历史、传承红色基因，在新的起点上把革命先辈开创的伟大事业不断推向前进。

9. 庆祝改革开放40周年理论研讨会

2018年12月23—24日，中央宣传部、中央改革办、中央党校（国家行政学院）、中央党史和文献研究院、国家发展改革委、教育部、商务部、中国社会科学院、中央军委政治工作部在北京召开庆祝改革开放40周年理论研讨会。中共中央政治局常委、中央书记处书记王沪宁出席会议并讲话。他表示，要认真学习贯彻习近平总书记在庆祝改革开放40周年大会上的重要讲话精神，加强对改革开放成功实践和宝贵经验的研究阐释，为将改革开放进行到底、夺取新时代中国特色社会主义伟大胜利提供理论支撑。这次理论研讨会，是庆祝改革开放40周年活动的一项重要内容。研讨会期间，代表们围绕学习习近平总书记重要讲话进行了充分交流，深化了对党的十一届三中全会重大意义和深远影响的认识，深化了对改革开放40年光辉历程、伟大成就、宝贵经验、实践启示的认识，深化了对高举改革开放旗帜、把新时代改革开放引向深入的认识，进一步明确了理论工作者的历史责任。王沪宁表示，新时代要继续将改革开放胜利推向前进，必须深入学习领会习近平总书记关于改革开放的重要论述，把思想和行动统一到党中央重大决策部署上来。理论界要强化责任感和使命感，增强“四个意识”、坚定“四个自信”、做到“两个维护”，潜心钻研、严谨治学、勇攀高峰，在服务党和国家事业发展中展现新作为。要在学习研究宣传习近平新时代中国特色社会主义思想上取得新进展，在研究总结改革开放和社会主义现代化建设实践经验上取得新进展，在深入回答新时代改革开放重大问题上取得新进展，在加快构建中国特色哲学社会科学上取得新进展，以理论创造的新成果推动改革开放事业实现新发展。中央和国家机关有关部门、地方、企业负责同志和专家学者20人作了大会发言。研讨会主办单位负责同志、专家学者代表和部分理论研究机构、地方党委宣传部负责同志等，共约300人参加会议。

（二）重要学术著作

1.《中共党史人物传》第88、89卷出版

中共党史人物研究会编纂的《中共党史人物传》，是我国第一部大型现代革命人物传记丛书，也是改革开放以来党史人物研究的标志性成果，在海内外学术界广受赞誉。2018年初，第88、89卷由中国人民大学出版社出版，其中第88卷记叙了习仲勋、阿沛阿旺晋美、薛迅、王世泰、顾大椿、刘寅的生平事迹，第89卷收录了彭真、赛福鼎·艾则孜、张友渔、武胡景、王维舟、康永和的生平经历，真实地展现了他们波澜壮阔的人生和为党为人民抛头颅洒热血的情怀。这两部书确为生动的党史研究教材，无论对于研究党史还是教育后人都具有重要的学术和社会价值。

2.《中国改革开放40年丛书》出版

中国人民大学中共党史党建研究院组织编写，靳诺、杨凤城担任主编的《中国改革开放40年丛书》，由中共党史出版社出版。这套丛书以权威史料为基础，从经济、政治、文化、社会、生态文明、外交和执政党建设七个专题，全方位、立体化地阐述了中国改革开放40年的光辉历程、主要成就和历史经验。丛书注重历史叙述与理论分析的结合，兼具学术性与通俗性，是一套了解和研究改革开放40年辉煌历史的代表性著作。

3.《民族复兴和中国共产党：从站起来、富起来到强起来》出版

李君如撰写的《民族复兴和中国共产党》，由中国方正出版社出版。本书以习近平提出的“一个民族、一个国家，必须知道自己是谁，是从哪里来的，要到哪里去”为切入点，深刻阐述了中国共产党领导人民发展社会主义、实现民族伟大复兴的97年实践历程，是对新时代中国特色社会主义思想进行的纵深解读，体现了习近平提出的大历史观、大党史观。本书以演讲稿的形式呈现，语言平白流畅，融理论分析和历史叙事为一体，为广大党员干部学习、研究党史提供了重要参考。

4.《张闻天画传：1900-1976》出版

由张闻天选集传记组编撰、程中原执笔的《张闻天画传：1900-1976》，由人民出版社出版。张闻天不仅担任过党的重要领导职务，也是一位杰出的无产阶级革命家和理论家，为中国共产党思想理论建设作出过重要贡献，因此本书属于《中共大理论家画传系列》丛书。本书全面详细记述了张闻天的生平事迹，尤其选取了174幅珍贵历史照片、手迹和书影等，极具史料价值，且可读性较强，是本年度党史人物研究的代表性成果之一。

5.《历史大潮话陈云》出版

迟爱萍撰写的《历史大潮话陈云》，由人民出版社出版。本书分为总论和专论两大部分，总论有五个专题，从总体上分析和评价了陈云的历史功绩，专论选取了十五个专题，细致阐述了陈云在党史中一些重大历史决策和事件中的活动、思想、精神品质和历史作用。本书是作者25年陈云研究的心血力作，史叙有依，论从史出，观点鲜明，且语言精练平实，可谓本年度又一部党史人物研究的重要著述。

6.《革命与节日》出版

韩晓莉撰写的《革命与节日》，由社会科学文献出版社出版。节日是中华民族的重要民俗，是社会生活的整体体现。本书独辟蹊径，从社会文化史的角度入手，对1937年至1949年间华北根据地的节日文化生活进行细致考察，分析了中共在社会基层延续旧传统、创造新节日的各种举措，并以此为切入点开展社会动员和社会治理的基本过程，展现出节日生活背后的传统与现代、官方与民众之间的关系变化，具有较高的学术价值。

7.《改革开放以来北京高校党建史》出版

姚小玲、刘佳合著的《改革开放以来北京高校党建史》，由人民出版社出版。本书以改革开放以来北京高校党建的历史进程为研究对象，综合运用历史学、政治学、社会学、党建学、马克思主义理论等多学科的研究方法，较为全面地呈现出改革开放以来北京高校党建的历史图景和基本经验，可以为当前高校党建工作提供重要参考。

二、重要学术观点

（一）改革开放专题研究

2018 年是改革开放 40 周年，改革开放研究取得了丰硕成果。

关于改革开放的历史意义，一般认为这是一场新的伟大革命。为什么称之为“新的伟大革命”，有学者认为可以从生产力、生产关系、经济基础和上层建筑四个方面来理解。具体来说，改革开放极大解放和发展了生产力，为社会前进和发展奠定了最坚实的物质基础；有力促进了生产关系的深刻变革，激发了人民群众的劳动积极性和创造财富的积极性；强力推动了上层建筑的完善，为党和国家兴旺发达、长治久安提供了更加可靠的制度保障；奋力打开国门，成功实现了从封闭半封闭到全方位开放的历史转折。这四个方面的深刻改变，可以说正是中国改革开放作为“新的伟大革命”地位的重要标志。[②]

关于改革开放成功的根本原因，学界展开了热烈讨论。有学者研究指出，坚持党的领导是中国改革开放成功的关键和根本，主要表现为党的领导人锐意改革，40 年来党不仅坚持正确改革方向，而且顺应时代潮流和世界发展大势谋划改革，善抓重点推动改革，还形成了一支拥有改革精神的干部队伍。[③]有学者则从历史唯物主义的视角出发，认为党的基本路线集中体现了马克思主义基本原理与中国具体实践和时代特征的科学统一，是对唯物史观的创造性发展，可谓中国改革开放成功的关键所在。[④]

党的十一届三中全会是实行改革开放、开辟中国特色社会主义道路的起点。有学者对十一届三中全会召开前后党的理论变化历程进行了细致考证和分析，指出改革开放由来的关键就在于陈云和邓小平先后提出了“向后看”和“向前看”两个重要口号。陈云提出了“向后看”，导致中央工作会议的主题发生重大变化，邓小平提出了“向后看是为了向前看”，从而为实现历史转折廓清了道路，其《解放思想，实事求是，团结一致向前看》的讲话则成为开辟中国特色社会主义道路的宣言书。[⑤]

经济体制改革一直是改革开放研究的重要领域。针对所谓“改革没有蓝图和路线图，完全由实践主导改革走向，走一步看一步”的传统观点，党史学界出现了不同意见。有学者对 1979 年到 1980 年，由中共中央高层主导、国务院财政经济委员会组织的大规模经济问题调查研究进行了深入探讨，厘清了这一工作的历史脉络及作用，指出“摸着石头过河”和总体规划实际上并不矛盾，二者相结合的探索模式乃是中国改革有序推进的重要保障和基本经验，因而不能简单地认为中国改革开放缺乏总体规划，属于“无序作业”。[⑥]还有学者对 20 世纪 80 年代和 90 年代经济体制改革进行了比较研究，认为这两个时期呈现出明显不同的改革思路。其中 80 年代主要坚持的是放权让利的改革思路，从而推动微观经济快速市场化，但也造成了宏观经济剧烈波动。经过上一时期的探索和反复，90 年代经济体制改革的思路转向宏观经济改革和制度创设，开始进入微观改革与宏观改革相配套的阶段。总体而言，分税制改革在改革思路的转换中实际上发挥了“中心环节”的作用。[⑦]

文化体制改革也是改革开放研究的重要方面。有学者对改革开放以来的文化体制改革进行了全面梳理，认为大致可以分为探索、全面展开和全面深化三个阶段，在构建现代文化市场体系、现代公共文化服务体系、中华优秀文化传承体系和对外文化交流体系等方面都取得了显著成就。近 40 年的文化体制改革也积累了一些基本经验，可以总结为：坚持解放和发展文化生产力的辩证统一，坚持文化发展战略和经济社会发展全局的辩证统一，坚持文化强国战略和世界文明发展趋势的辩证统一，坚持文化理论创新和文化实践创新的辩证统一。[⑧]

（二）党史人物专题研究

1. 关于毛泽东的相关研究

高级干部在党和国家事业发展中担负着重要职责，用习近平总书记的话说就是“关键少数中的关键少数”。有学者对毛泽东的高级干部队伍建设思想进行了深入考察，指出毛泽东对高级干部强调最多的还是政治上的要求，如系统地、实际地学会马克思列宁主义，把维护党的团结作为指导自己言行的标准，严格执行党的纪律，带头坚持民主集中制，克服官僚主义，警惕特殊化、贵族化等。这些政治要求是毛泽东在管党治党中积累的有益经验，也对新的历史条件下加强高级干部队伍建设具有重要启示意义。[⑨]

青年毛泽东是毛泽东研究中的热点问题。有学者综合运用多种材料，细致探讨了新村主义、工读互助思潮对青年毛泽东的影响，以及毛泽东转向共产主义的历史过程。五四运动时期，正是受周作人等的影响，毛泽东开始对新村主义产生兴趣，并在接触王光祈创办工读互助团的相关活动后，曾向往在岳麓山也组建一个工读同志会，但“事无成议”。1920 年毛泽东又在上海试验了工读生活，但也在思考改造湖南，而且频繁接触陈独秀，所以在活动失败后就很快转向共产主义了。[10]

毛泽东领导地位的确立过程是党史学界长期以来关注的热点问题之一。有学者指出，通道会议对于毛泽东党内领导地位的确立具有重要意义。通道会议前，毛泽东虽然在党内和军队中也曾担任领导职务，但在中共中央基本没有话语权。正是在1934年12月召开的通道会议上，毛泽东提出转兵贵州的建议，不仅为其后黎平会议甚至遵义会议的召开准备了必要条件，而且毛泽东的意见得到中央领导层多数人的支持，更为遵义会议上他进入中央领导核心迈出了重要的一步。[11]

有学者关注了抗战时期毛泽东对日本的认知问题。抗战时期，毛泽东科学运用马克思主义的基本观点和方法，并参考大量调查研究工作，对日本进行科学分析，形成了三方面的主要认识及策略：首先，日本是一个带军事封建性的帝国主义国家，具有野蛮性，其目标就是要灭亡全中国，所以中国唯一的出路就在于全民族抗战并坚决抗战到底；其次，日本是一个强大又虚弱的矛盾体，虽然表面上军事力量强大，但又存在着先天不足的弱点，因此抗日战争将是持久战，但最后的胜利又必属于中国；最后，日本帝国主义是要求和平的世界各国人民的公敌，因而要建立抗日民族统一战线并联合国际反法西斯力量及日本国内的进步力量，在三个统一战线基础上合力击败日本帝国主义。[12]

关于毛泽东生前未同意公开发表《论十大关系》的原因，学术界众说纷纭。有学者在考察《论十大关系》形成和传播的基础上，提出了毛泽东不同意公开发表的三个主要原因：一是《论十大关系》的提出相对突然和仓促，未经毛泽东充分的思考与讨论，需要补充完善的内容相对较多；二是《论十大关系》讲话未经现场录音，后续整理完善的难度较大；三是时过境迁，毛泽东的部分观点变动较大。受上述三个因素影响，毛泽东对《论十大关系》文章本身“不大满意”，所以生前始终没有同意将其公开发表。[13]

2. 关于周恩来的相关研究

在我国协商民主制度的构建中，周恩来曾扮演过重要角色。有学者对1949年新政协筹备期间周恩来的民主协商理论及实践进行了深入研究。在召集会议的过程中，周恩来不仅以平等的态度充分尊重民主人士，最大可能实现“人民大团结”，体现了民主的广泛性，而且明确党的领导地位和共同建设新民主主义新中国的目标，为实现民主提供了政治基础。在此基础上，周恩来还对协商内容和程序进行了系统总结，并主持起草《共同纲领》，形成了各党派各团体合作的基础。此外，周恩来还总结经验，对民主协商理论进行了初步归纳，包括事前充分酝酿，坚持原则前提下的妥协和变通，允许充分表达不同意见等，都是党对民主实现形式的重要探索。[14]

有学者关注到了周恩来在朝鲜战争谈判中的重要作用，指出这场战争的胜利离不开周恩来等人在谈判桌上的较量。周恩来作为朝鲜停战谈判的领导者，不仅承担着大量具体工作，更是显示出了高超的谈判艺术，例如：在谈判时机的选择上，他根据战场形势作出了冷静清晰的判断；在谈判人选的斟酌上，他选择了经验丰富的李克农，并给以策略、技巧方面的指导；在谈判过程中，他能将原则性和灵活性相结合，对于坚持、让步、变通的策略运用匠心独具，同时又注意协调与苏、朝两方的关系，最终推动了停战协定的签字。[15]

3. 关于邓小平的相关研究

有学者研究指出，邓小平作为“中国社会主义改革开放和现代化建设的总设计师”，在开创历史新时期的过程中作出了一系列基本设计，形成了他对改革开放和现代化建设发展的“基本思路”。其中最重要的基本设计涉及十二个方面，分别是：党和国家基本政治路线设计，现代化发展战略设计，现代化发展的战略重点设计，社会主义初级阶段基本经济制度设计，社会主义经济体制设计，对外开放目标、途径及步骤设计，社会主义民主法治建设的目标、途径设计，社会主义精神文明建设设计，军队现代化建设设计，国际战略和对外政策设计，实行祖国和平统一的方式设计，党的建设的目标和要求设计，等等。这些基本设计具有长远的指导意义，体现了邓小平作为总设计师的历史地位和历史贡献。[16]

还有学者从农村改革史研究的视角出发，关注到了1980年5月邓小平“关于农村政策问题”的谈话。通过对谈话的来源、传达及其内容的细致分析、考辨、探究，研究者指出这篇谈话实际上是围绕农村改革争议正酣的背景下的产物，也是邓小平关于包产到户思想演变的一个合理结果。邓小平谈话的传达、贯彻在党内产生了重要影响，不仅促进了地方的农村改革实践，也推动了中央关于包产、包干到户政策的突破。[17]

（三）新中国对外关系专题研究

有学者对1945年至1978年中日关系的演进过程

和新中国对日政策的形成过程进行了梳理分析，认为33年的中日关系经历了四个阶段，分别是1945至1952年的“真空”期，1952年至1961年的民间交往阶段，1962年至1971年的“半民半官”阶段，以及1972年至1978年的全面正常化阶段。具体而言，战后中日关系的“真空”期阻碍了两国关系的正常化，直到50年代中方实行“民间先行、以民促官”，从而推动两国关系走向突破，中日人民友好渐成潮流；60年代进入“半民半官”阶段后，通过“渐进的和积累的方式”中日关系不断改善，中国政府形成了完整、长期的对日方针；70年代初在中美关系正常化的冲击下，中日关系正常化陡然加速，并采取首先恢复邦交，然后签订和平友好条约的“两步走”方式，全面实行正常化。纵观这段历史，中国领导人始终是以宽广的胸怀和向前看的眼光来处理中日关系的，两国关系正常化来之不易，值得后人珍视。[18]

中美军事交流是观察中美关系、冷战局势的重要视角，近年来开始引起学界的关注，有学者对卡特政府时期中美军备技术交流的基本情况进行了细致考察和分析。卡特政府时期，中美政治关系开始解冻，美苏战略形势也发生了深刻变化，中—美—苏大三角关系逐步形成。一方面，为实现联华制苏的战略目标，美国开始放宽对华出口管制，逐步允许对华出售军备技术，促进中美防务合作不断深化；另一方面，中国加快了对外军备技术引进的步伐，不断推动国防现代化建设，在“积极引进，有限购买”原则的基础上展开对美军备技术交流工作，同时还努力推进军备技术的国产化。总体来看，当时中美军备技术交流具有动因多元、过程复杂、程度有限的特点，但也为后来中美在其他领域的交流合作奠定良好基础。[19]

台湾问题是中美关系的核心问题，有学者研究指出，中美两国建交前后40多年来的斗争，始终是围绕着一个中国原则进行的。中美两国围绕一个中国原则40多年的斗争，大致可以分为四个阶段：第一阶段是新中国成立前后至1972年上海《联合公报》发表前夕，中美两国斗争焦点主要围绕着台湾的归属问题展开；第二阶段是1972年上海《联合公报》发表至1989年前，中美两国主要围绕着台湾地位与售台武器展开斗争；第三个阶段是1989年至2000年，中美两国主要围绕着“李登辉访美”和“两国论”问题展开斗争；第四个阶段是进入新世纪以来，中美两国实际上主要围绕着是否坚持一个中国原则底线问题进行斗争。[20]

有学者分析了中共十八大以来中俄关系的基本情况，并对今后的发展趋向进行了展望。十八大以来，中俄关系进入了全面深化阶段，主要表现在政治和战略互信水平前所未有、经贸合作稳步推进、国际战略协作日趋紧密、人文交流全面开花结果四个方面。六年来，中俄关系呈现出以下几个特点：元首交往对中俄关系发挥着顶层设计和战略引领作用，中俄关系支点多元化，中俄关系具有全面性、战略性、非针对性、非意识形态化特点，中俄关系在务实合作中进一步发展。展望未来，中俄全面战略协作伙伴关系将会继续深化发展，进一步深化政治和战略互信，拓展务实合作，加强人文交流与合作，强化国际战略协作，从而努力携手构建人类命运共同体。[21]

注：

①董佳：《在总结经验中推进全面深化改革——中国改革开放四十年国际学术研讨会综述》，《中国教育报》，2018年8月30日。

②黄一兵：《改革开放是一场新的伟大革命》，《教学与研究》，2018年第12期。

③沈传亮：《中国改革开放成功的根本原因与宝贵经验》，《教学与研究》，2018年第12期。

④张星星：《改革开放以来党的基本路线与马克思主义唯物史观的科学统一》，《党的文献》，2018年第6期。

⑤龙平平、刘贵军：《中共十一届三中全会上的“向后看”与“向前看”——中国特色社会主义道路探源》，《中共党史研究》，2018年第12期。

⑥文世芳：《一九七九年至一九八〇年的经济问题调查研究与改革总体规划》，《中共党史研究》，2018年第12期。

⑦闫茂旭：《分税制改革与中国经济体制改革思路的转换》，《中共党史研究》，2018年第12期。

⑧刘仓：《中国文化体制改革探析》，《当代中国史研究》，2018年第4期。

⑨王颖：《毛泽东在政治上如何要求党的高级干部》，《党的文献》，2018年第3期。

⑩胡为雄：《青年毛泽东与新村主义工读互助运动及其转向》，《理论视野》，2018年第5期。

⑪罗平汉：《通道会议与毛泽东党内领导地位的确立》，《中共中央党校学报》，2018年第1期。

⑫欧阳军喜、张牧云：《抗日战争时期毛泽东的日本观》，《党的文献》，2018年第4期。

⑬李桂华、齐鹏飞：《毛泽东生前未公开发表

〈论十大关系〉的原因》,《党的文献》,2018年第5期。

⑭胡晓青:《新政协筹备期间周恩来对民主协商的思考和探索》,《党的文献》,2018年第4期。

⑮唐蕊:《略论周恩来的谈判艺术——以抗美援朝战争停战谈判为例》,《党的文献》,2018年第3期。

⑯杨胜群、孔昕:《邓小平对我国社会主义改革开放和现代化建设的若干基本设计及其深远意义》,《党的文献》,2018年第6期。

⑰张学兵:《邓小平"关于农村政策问题"谈话的几点研究》,《中共党史研究》,2018年第10期。

⑱章百家:《长期积累,见机而作——新中国对日政策与中日关系正常化》,《中共党史研究》,2018年第10期。

⑲王东、梁凯钦:《卡特政府时期中美军备技术交流述论》,《中共党史研究》,2018年第2期。

⑳祝志男:《中美两国围绕一个中国原则斗争的历史考察》,《思想理论教育导刊》,2018年第11期。

㉑石善涛:《中共十八大以来中俄关系的回顾与展望》,《当代中国史研究》,2018年第3期。

(作者:王炳林,北京师范大学教授;
张亚东,中国农业大学讲师)

外国史学理论与史学史、世界古代中世纪史

刘　博　刘林海

2018年,北京地区高校及科研机构的历史工作者在外国史学理论与史学史、世界古代中世纪史领域共发表论著近百种,兹略述如下。

一、外国史学理论与史学史

于沛指出,历史是被阐释的历史。历史学的特点是,历史实际、历史文献、历史认识者相对独立又密切关联,缺一不可。历史认识具有阐释性,对历史真理的认识和判断都离不开历史阐释。"强制阐释"和"公共阐释"等新概念的提出,加速了中国历史阐释学的构建进程。如何以唯物史观为理论指导,构建中国历史学科的理论体系和话语系统是亟须解决的任务。[①]朱孝远指出,阐释分为个人、公共和公理三个层次。个人阐释要成为公共阐释需要符合实际,要以材料为基础。个人阐释如果没变成公共阐释,则其对社会的影响有限。公共阐释会激发社会运动,甚至社会改革。公理阐释具有规律性,具有普遍指导意义。[②]吴英指出,存在两种正义观点。一种认为,马克思追溯正义观念产生的因果决定因素是生产方式,并对抽象的正义评判持否定态度。另一种观点认为,马克思持有某种分配正义观念。这种分配正义观念是马克思对未来社会的正义观念,并据此谴责资本主义的分配正义观念。正义问题研究离不开唯物史观的指导。[③]李桂芝指出,当前史学理论与史学史研究中的前沿问题表现在唯物史观与马克思主义史学研究、外国史学思潮与史学理论研究、中外史学家与史学思想、中国史学理论研究等方面,面临史学理论研究不受重视、史学研究碎片化、史学研究缺乏现实关怀等问题。[④]

王晴佳指出,需要以全球的眼光平等对待世界各地文明的历史意识,摒弃将书写的历史作为史学史研究的唯一对象的偏见。史学史研究应具有时代感和批判意识,以促进历史学的进步。[⑤]荆玲玲指出,西方全球史学者书写中国尽管视角不尽相同,但都突出中国在世界历史上的地位和作用,阐述中华文明的贡献。中国的崛起使得全球史学者再次认识和思考中国在全球化进程中的作用,是反欧洲中心论的重要依据。重经济轻文化是全球史对中国书写的一个特点。[⑥]刘文明指出,西方的"帝国"概念源自古代罗马,成为一种"帝国理念",历经中世纪神圣罗马帝国,再到大英帝国。这个概念已成为帝国文化遗产而传承至今。部分西方学者忽视西方"帝国"概念的历史性及其文化独特性,把"帝国"抽象为一种普遍性的国家形态或类型,造成对"帝国概念"的滥用。Empire不应译为"帝国",也不宜用它来分析中国史,应用中国本土概念讲述中国历史,构建本国历史解释话语体系。[⑦]

钱乘旦指出,二战以来史学领域不断涌现出新流派、新方法、新学说和新理论。史学研究的领域越来越拓展,研究方向也越趋复杂。但史学依旧是史学,有着边界,需要严格依照真实材料,需要从史料出

发，以史料为依据。[8]孟广林指出，“整体史”学术理论与“碎片化”研究并存是目前历史研究的特征。随着“史学革命”的进行，政治史研究面临“整体史”的宏大叙事与微观史学的“碎片化”夹击，但也开启了研究范式更新的趋势。解构以往历史研究所建构的“政治神话”，充分借鉴新史学的成果，建构“新政治史”的解释模式，是政治史研究的新趋势。[9]张旭鹏指出，长时段理论的回归要求人们从更大视角和更大的时间跨度去研究观念或思想的历史，而洛夫乔伊的观念史能为当前思想史研究提供理论支持和写作灵感。观念史正迎来新的回归与发展。[10]钟孜指出，格尔茨的阐释人类学对娜塔莉·戴维斯有重要影响，体现在戴维斯的历史想象方面。戴维斯对格尔茨理论和方法的批判性吸收，帮助她回应了从“社会”到“文化”转变中的挑战，推动了她进行超越新文化史的尝试。[11]

苏萌指出，在当代西方史学理论中，“创伤”成为现代主义、后现代主义和“后—后现代主义”共同关注的问题。“创伤”也成为把握西方史学理论，审视中国史学的一个重要线索。约恩·吕森、海登·怀特和弗拉克·安克斯密特对集体层面创伤或创伤性事件的界说基本一致，创伤或创伤性事件对学科化以来的传统西方史学形成了冲击。[12]安克斯密特通过与“乡愁”经验相联系，阐述了“后现代历史经验”理论。安氏的历史经验理论与人们的通常理解有很大差异，并与个体主义捆绑在一起，这也是其历史经验受到反对和抨击的原因。应持一种开放的心态看待安氏的理论。[13]马瑞克·塔姆、顾晓伟指出，引入实用主义是为了阐明真理和客观性在历史学科中的作用。历史学并不需要一种新的真理论，但有必要借用理论术语来分析历史研究中真理概念是如何被理解和使用的。真理指历史编撰学意义上的一个认识论术语，而客观性指根植于特定的同时代科学共同体中的一种认知美德。[14]

张一博指出，册子本的发明是书籍史上一次最重要和最持久的革命。它不仅改变了书籍的形式，也对信息传播、历史书写中的史料观产生了重要影响。尤西比乌斯在册子本的接受过程中发挥了重要作用。[15]张炜指出，近几十年以来，中国学术界对西方书籍史的经典著作进行翻译和介绍，并引发了中国书籍史研究者对本国书籍史传统研究方式的反思，将西方书籍史理论方法运用到研究之中。这种做法存在生搬硬套西方理论概念等弊端，造成理论与实际相脱节。应实现中国书籍史研究本土化，提出本国书籍史的问题，提出解决和阐明问题的概念和方法。[16]

景德祥指出，黑格尔和兰克曾就历史认识论进行过激烈的思想交锋。黑格尔主张从理论或概念出发研究与书写历史，属哲学学派；而兰克认为应从史料或史实出发研究与书写历史，被称为历史主义学派。在具体实践中，两人都不自觉走向自我原则的反面。从理论出发研究历史，既无法避免，也值得提倡。但是不能将理论强加于历史事实，而应赋予后者对前者以最终检验者的角色。[17]许平指出，梳理并分析 19—20 世纪法国史学界关于法国革命历史叙事的脉络，有利于我们了解法国革命历史著述中的学术传承，也有助于理解革命的历史叙事与历史现实之间的联系，认识意识形态化的历史阐释在现实历史中的作用。[18]刘祥指出，西方的人权史研究兴起于 20 世纪 90 年代，主要受到国际局势和史学研究趋势的影响，其中人权、人权革命是重点，还关注人权与国际、区域和国家层面的关系，并重新审视人权史，提出了许多颠覆性看法。人权与国内及国际议题关系的研究有待深入。[19]

晏绍祥指出，改革开放以来，中国世界古代史研究大致可分为两个时期，前 20 年为恢复和巩固时期，后 20 年世界古代史研究逐步进入繁荣时期。改革开放之初，世界古代史研究从“文革”造成的破坏中逐步恢复。各大学历史系普遍恢复设置世界古代史教研室，其中林志纯、周谷城、吴于廑等人作出突出贡献。70 年代末 80 年代初，学者翻译出版了一批古典作家著作，还编译了一些资料集，在很多领域多有研究，涌现了大量成果，提出了许多重要观点和问题，奠定了基础。近 20 年来，中国学者在世界古代史研究中取得了重要成果。资料不断积累，古代史料和现代著作的翻译出版不断增加，研究者素质不断提升，中国世界古代史研究整体学术水平迅速提高。虽然取得了许多成就，但是仍然存在很多不足与问题，与发达国家仍有一定差距。[20]

二、古代史

郭子林指出，新王国时期，国王对前辈国王的神庙石料和浮雕铭文的再用和篡改是一种常见现象。阿蒙霍特普二世孟图神庙区建筑中阿蒙圣舟堂的石块便被阿蒙霍特普三世所再用。阿蒙霍特普二世的圣舟堂的建筑样式为列柱式，浮雕场景为连续的祭祀仪式，仪式场面的根本目的在于宣扬君权神授。[21]古埃及王权的形成时间应提前。物质和文化积淀为公元前 4000 年之后的古埃及的社会和王权奠定了基础。涅迦达文化Ⅰ和Ⅱ时期，社会复杂化推动了王权的形成和发展。涅迦达文化Ⅲ时期的征服战争和献祭仪式等社会因素对王权有巩固作用。[22]《图特摩斯一世加冕敕令》将王权的多个因素融入其中，宣扬王权的神圣性和合法性，以强化对库什地区的王权统治。[23]

刘健指出，卢维语是古代安纳托利亚和叙利亚地区的一种语言，采用楔文与象形两种形式书写。两种书写形式虽然在词汇、语法特征等方面有许多相似之处，但在适用范围、书写范围、文献内容和结构等方面存在差异。卢维语象形文字使用材料具有广泛性，主要在新赫梯时期使用，象形文字文献超越了楔形文字的分布范围。这些对赫梯和同期古代西亚研究都有重要意义。[24]国洪更指出，古巴比伦王国正义的实质是社会秩序。弘扬正义是汉穆拉比制定《汉穆拉比法典》的目标，《法典》是实现正义的手段。但是《法典》具有虚幻的特点，可操作性不强，无法真正达到目的。[25]

齐虹、徐晓旭指出，古典时代，曼提尼亚与泰该亚两个城邦经历了从对立到合作，再从合作到对立的关系转变。双方在不同时期对斯巴达的政策也不同。随着斯巴达威胁减弱，两个城邦之间矛盾再次突显，阿卡狄亚同盟分裂。[26]阿卡狄亚地区盛行多神崇拜，泛阿卡狄亚性质的神主要有吕凯昂的宙斯、潘神和戴斯波伊娜。这三位阿卡狄亚神共同构成了泛阿卡狄亚宗教崇拜体系，也成为阿卡狄亚族群认同与地区文化的标识。[27]张爱礼指出，德尔斐近邻同盟与希腊古典时代的城邦政治保持着一种互动关系，既为城邦间的政治博弈提供了舞台，也使得城邦同盟的内部结构发生变动。到公元前4世纪平衡被打破，同盟成为大邦控制小邦的政治工具。[28]徐晓旭指出，为应对罗马帝国主义的威胁，马其顿人和希腊人团结合作在一起。马其顿人由不同于希腊人的族群变成了希腊的一个次族群。这种新身份得到了马其顿人、希腊人和外族人的一致认可。尽管如此，马其顿认同并没有被希腊认同所完全遮蔽。马其顿人依然能拥有自己的国王，其身份认同依然处于建构的动态之中。[29]

李永斌指出，希腊作家记载了一些关于希腊文明与古代东方文明交流互动的情况，古典时代后期的一些演说家和政治家选择无视这种交流，鼓吹希腊文明优越论。近代早期，古史研究中有一些人强调古希腊文明独特性，刻意回避古代东方对希腊的影响。19世纪以来，学者开始关注希腊文明中的东方因素，但有过分强调的倾向。考古发现引发了学者对“大传统与大鸿沟”和沟通“大鸿沟”的思考。这种变化揭示了希腊史研究经历了从以文献为基础到以考古为基础，再到文献与考古相结合的转变。[30]

王大庆指出，古代希腊人热衷于各种比赛活动，发展出完备的赛会制度，还对社会中的竞争现象进行了深入思考。古代中国的思想家十分关注社会的竞争，发展出“不争”和“崇让”的观念。“尚争”和“崇让”成为古代希腊和中国的竞争观念的主要倾向。[31]姜南指出，在轴心期，中国社会的被统治者有小人、野人、庶民和奴隶等，希腊社会的被统治者为奴隶，他们都深受统治者的剥削、压迫，遭受苦难。中国的孔子、孟子、墨子等发展出以同情为内核的仁政思想，希腊的苏格拉底、柏拉图、亚里士多德等人却对被统治者的困难抱之以欣赏、享受的态度。这两种态度对中国与西方的历史发展有着深远的影响。[32]

杨共乐指出，6世纪以前，没有人见到或提到所谓的希罗多德墓志铭，现存的古典文献中也无法找到希罗多德墓志铭真伪的线索和证据，此墓志铭为后人所伪造。[33]钱乘旦指出，要搞清楚“修昔底德陷阱”，必须要了解其中的历史知识。修昔底德对雅典和斯巴达矛盾的客观陈述，成为后世历史学家的理解依据。然而，雅典并非新崛起的大国，斯巴达也不是当时的霸主，伯罗奔尼撒战争也不是大国关系的“铁律”。“陷阱”论带有很强的意识形态色彩，是一个杜撰的理论。[34]

刘林海指出，古罗马的社会救助伦理经历了从传统的“公民友爱”到基督教的“兄弟之爱”的演变。在传统伦理观念之下，人生目的在于追求幸福，幸福、美德与善密不可分。善意在实现美德，体现着友爱，遵循对等、互惠、正义的原则。这种体制的基础是城邦及其土地占有制。但随着这些基础的消失，这种伦理观及其救助机制被抛弃。在基督教的伦理中，人生目的在于永生的救赎，信仰与爱不可分割。善行体现在对神的信仰和爱，并以救济贫困为目的。它以所有人为对象，展示出“兄弟之爱”。这种伦理及其救助体制超越了城邦意识的束缚，顺应了罗马帝国发展需要，成了主导机制。[35]

吕厚量指出，色诺芬的《居鲁士的教育》中居鲁士的完美形象是色诺芬在若干历史人物言谈举止的基础上提炼整合而成。居鲁士的英雄人物是色诺芬为四分五裂、道德败坏的希腊世界量身定做的乌托邦式治理模式实践的使命。[36]波桑尼阿斯的《希腊纪行》给读者一种独特的文化记忆。波桑尼阿斯对罗马帝国时期希腊地区的文物制度与历史掌故普遍采取视而不见或全盘否定的态度，并将相关元素排除于“自由希腊”的文化记忆之外。但是他又自觉构建希腊历史与罗马诸元首亲希腊政策的紧密联系。波桑尼阿斯独具一格的文化记忆结构反映出古希腊知识精英历史观念中的结合性特征，也体现出 2 世纪罗马帝国亲希腊政策的成功。[37]付杰指出，弗拉维乌斯·约瑟夫斯借鉴希腊罗马史学，仿效波利比乌斯的撰写体例。他还借鉴犹太史学传统，将“犹太战争”解释为上帝对犹太民族的惩罚。[38]崔丽娜指出，阿里安的《亚历山大远征记》体现出求真意识。这部著作具有古为今用的目的，为当时及后世提供行事指南和道德借鉴，也体现出罗马帝国晚期史学与传记结合的趋势。[39]王遥指出，阿米阿努斯崇拜朱里亚努斯采用曲笔，而中世纪教会史家谴责朱里亚努斯，却忽略了阿米阿努斯。吉本在《罗马帝国衰亡史》中对之予以校正。[40]倪腾达指出，从事古代文献翻译工作的西方古典学精英逐渐形成了一个学术圈。这些精英们通力合作，历时百年编译了洛布古典丛书，对世界古典学具有不可替代的作用。[41]

三、中世纪史

马克垚指出，西罗马帝国晚期，西欧的农业和工商业都呈现出衰落和下降的趋势，城市衰败，分裂在所难免。蛮族人与罗马人在文化和心理上依然存有鸿沟。西罗马帝国的灭亡并不具有奴隶制向封建制过渡的典型意义，要在破除“东方主义”的基础上重新认识这个问题。罗马帝国断裂了，不是转型。[42]李隆国指出，查理曼加冕称帝，在如何选择帝号，如何获得合法性方面面临重大挑战。加洛林帝国实际演变为神圣罗马帝国，复兴的西罗马帝国是基督教化进程中的一个独特阶段。[43]黄艳红指出，图贝尔和博纳西等将乔治·杜比的“千年之变”发展成为西欧封建社会生成与演变的解释模式。西欧封建变革的关键时期为 10 世纪至 11 世纪中期，加洛林国家解体、公共权力转变为领主私人统治权而产生了封建制度。在封建化带来的暴力和混乱中，传统社会关系被重构并塑造出新的社会阶层。20 世纪末这种模式受到批判，被认为是一种误读，历史并没有断裂，变革派误解了历史。[44]彭小瑜指出，当代许多学者笔下的欧洲史不是国别和地区史的总和，而是对欧洲整体上的统一性的讲述。这种局面是以统治阶级对分散的城市、庄园和贵族领地进行有效控制为基础的，是由欧洲文明自身的特点所决定的。欧洲文明在中世纪的最主要成就是建立了统一的语言、文化、思想和道德价值观体系，形成宗教的同一性和统一性，普遍承认罗马教宗的领导地位。封建制和王国的统一之间形成和谐、促进关系，社会治理重心下移及代议制使封建政治制度化。[45]

徐浩指出，中世纪欧洲的社会结构由两级向三级转变，即乡绅、中产阶级、低收入者。中世纪晚期，中产阶级拥有更多的土地和住宅不动产和生产、生活耐用品。“黑死病”前，欧洲劳动力剩余导致工资劳动者收入增长缓慢。“黑死病”之后，大多数工资劳动者的收入仍超过国家规定的最高工资。同时，15 世纪是雇工的“黄金时代”，工资劳动者饮食结构发生显著变化。[46]朱孝远指出，1450—1525 年，德国南部的地方领主强制推行了租佃制、农奴制的“双轨制”，对农民进行双重剥削。这种“双轨制”并非新旧体制的转化，而是地方领主剥削农民的新手段，严重破坏了农村秩序和农业生产，造成农民逐渐沦落为农奴，成为引发德国农民战争的主要原因，并影响着德国农民战争的性质。[47]刘程指出，中世纪盛期欧洲社会的物质积累促进了商品交换和流通，导致了“领主—农民”二元结构和庄园经济解体。“黑死病”之后，社会结构再调整，市场交换成为常态，国际市场体系得到优化重组，建立起大宗贸易体系，对当时及后世有重要意义。[48]

姜启舟指出，诺曼征服之后，英格兰城镇的房产市场较农村的土地市场发展快，水平亦高。这种状况与城市特权、习俗和惯例有关。随着对城市不动产的确权，市民获得了城市不动产的买卖权、租赁权与遗赠权等核心产权，为城镇房产市场兴起与发展奠定了产权基础。[49]王超华指出，中世纪英格兰遗嘱包含表达虔诚和分配遗产两个方面的内容，具有精神和物质双重功能。遗嘱包含丰富的时代信息，涉及宗教观念、家庭结构、继承制度、社会流动等问题，对经济史、社会史、教会史等研究都具有重要意义。[50]黄春高指出，从法律叙事来看，英格兰公簿租地农的兴起与发展历程，是从庄园法庭走向王室法庭。从历史叙事来看，这一历程则是前后两个阶段社会经济变迁结果的直接体现，更是领主意愿与庄园习惯所代表的领主与农民角力的体现。应该将法律叙事与历史叙事相结合，以展示英国公簿租地农的真实境况。[51]焦兴涛指出，“新君主制”特指 16 世纪英国的专制王权，区别于中世纪受到法律、议会限制的封建王权。西方史学界“新君主制”研究的总趋势是冲破“辉格解释模式”，重视对政治史实际的探索与把握。[52]张炜指出，11世纪以来，威斯敏斯特大教堂和威斯敏斯特宫成为英王加冕仪式的重要场地。宗教改革时期，礼拜堂的功能也发生了变化。这些变化是国家政治生活连续性的体现，也是特定时期英格兰国家内外政策及社会思潮的转变。仪式空间的变化成为了解和认识中世纪英国政治文化演化的重要窗口。[53]王静指出，中世纪英格兰牛津大学和剑桥大学学生费用包括学习费用和生活费用。中世纪英格兰社会采取多种方式保障学生正常日常生活，满足学生的温饱要求。[54]金德宁指出，中古英格兰的中书省卷轴涉及政治、经济、外交、文化等各方面，对了解当时英格兰的社会状况具有重要价值。[55]20世纪中期以来，马克法兰提出的变态封建主义概念成为中古英格兰史学领域中的重要史学范式。变态封建主义强调“随扈关系”“货币支付”等物质关系，具有简单化、碎片化倾向。[56]

周程祎指出，帕纳约蒂斯·察马里克斯的《重访真正的卡西安：6世纪的修道生活、希腊教化与奥利金主义》和《一位新发现的希腊教父：被马赛的约翰·卡西安遮蔽的撒巴特的卡西安》引起学者们的反驳和批判。察马里克斯的著作是圣徒版的“马丁·盖尔归来”。[57]王东阳指出，“公会议运动”以“公会议至上主义”思想为指导，以结束天主教会分裂为目标，并付诸实践。它主张教会事务由公会议处理，约束教皇权力，从新的角度解释了公权力的来源与公权力的制约等问题。[58]

杜佳峰指出，萨沃纳罗拉鼓励佛罗伦萨人参与共和国事务，重构人民与共和政治的联系。这条道路在宗教改革时代成为近代欧洲共和政治的新潮流。学术界对萨沃纳罗拉的以往研究忽视了其现实有效性。[59]周施廷指出，宗教改革前，中世纪的大学教育由于没有考虑民众需要而引起人们的反感。适合民众需要的大学教育得到新教改革家和民众的广泛支持。维滕贝格大学是新型大学教育的经验和样板，是德意志教育由中世纪向近代转型的标志之一。[60]陈天一、高铁军指出，印刷媒介作为历史的组成元素，其产生、发展及作用都是历史的产物，这在德国宗教改革时期的表现尤为突出。[61]

注：

①于沛：《历史真理的认识和判断——从历史认识的阐释性谈起》，《中国社会科学评价》，2018年第1期。

②朱孝远：《宗教改革史研究中的公共阐释学》，《历史研究》，2018年第1期。

③吴英：《研究正义问题离不开唯物史观的指导》，《毛泽东邓小平理论研究》，2018年第5期。

④李桂芝：《当前史学理论与史学史研究中的前沿问题》，《史学理论研究》，2018年第1期。

⑤王晴佳：《我们应该怎样研究史学史？——格奥尔格·伊格尔斯先生去世之际的反思》，《史学史研究》，2018年第1期。

⑥荆玲玲：《西方全球史中的中国书写：学术史视角的思考》，《全球史评论》，2018年第2期。

⑦刘文明：《“帝国”概念在西方和中国：历史渊源和当代争鸣》，《全球史评论》，2018年第2期。

⑧钱乘旦：《史学终究是史学——当代史学趋势漫谈》，《探索与争鸣》，2018年第5期。

⑨孟广林：《政治史研究的新趋势：在“整体史”与“碎片化”之间探索新路》，《探索与争鸣》，2018年第5期。

⑩张旭鹏：《观念史的过去与未来：价值与批判》，《武汉大学学报》（哲学社会科学版），2018年第2期。

⑪钟孜：《新文化史、阐释人类学与历史想象——试论格尔茨对娜塔莉·戴维斯的影响及其蜕变》，《史学理论研究》，2018年第1期。

⑫苏萌：《当代西方史学理论中的“创伤”问题——以吕森、怀特和安克斯密特为中心》，《史学理论与史学史学刊》，2018年第2期。

⑬苏萌：《历史经验与“乡愁”——论安克斯密特的后现代历史经验理论》，《史学理论研究》，2018年第1期。

⑭马瑞克·塔姆、顾晓伟：《历史书写中的真理、客观性和证据》，《天津社会科学》，2018年第4期。

⑮张一博：《书籍的革命——尤西比乌斯与册子本的兴起》，《历史教学问题》，2018年第4期。

⑯张炜：《西方书籍史理论与21世纪以来中国的书籍史研究》，《晋阳学刊》，2018年第1期。

⑰景德祥：《黑格尔与兰克历史认识论之辩》，《江海学刊》，2018年第4期。

⑱许平：《历史叙事与历史现实——关于法国革命的历史书写》，《辽宁大学学报》（哲学社会科学版），2018年第5期。

⑲刘祥：《西方史学界的人权史研究述评》，《世界历史》，2018年第1期。

⑳晏绍祥：《改革开放以来的世界古代史研究》，

《世界历史》，2018 年第 4 期。

㉑郭子林：《阿蒙霍特普二世阿蒙圣舟堂的类比重构和解读》，《中东研究》，2018 年第 1 期。

㉒郭子林：《古埃及王权成因探析》，《陕西师范大学学报》（哲学社会科学版），2018 年第 6 期。

㉓郭子林：《从文本到王权：〈图特摩斯一世加冕敕令〉的释读与解析》，《史学集刊》，2018 年第 2 期。

㉔刘健：《卢维语象形文字文献基本特点探析》，《社会科学研究》，2018 年第 4 期；《卢维语象形文字文献的分类》，《古代文明》，2018 年第 1 期。

㉕国洪更：《〈汉穆拉比法典〉与正义》，《东北师大学报（哲学社会科学版）》，2018 年第 4 期。

㉖齐虹、徐晓旭：《阿卡狄亚的"双城记"：古典时代的曼提尼亚与泰该亚》，《史学集刊》，2018 年第 4 期。

㉗齐虹、徐晓旭：《泛阿卡狄亚神祇崇拜》，《古代文明》，2018 年第 2 期。

㉘张爱礼：《从德尔斐近邻同盟看希腊城邦的政治博弈》，《北京师范大学学报》（社会科学版），2018 年第 2 期。

㉙徐晓旭：《希腊化时代马其顿人的身份认同》，《郑州大学学报》（哲学社会科学版），2018 年第 3 期。

㉚李永斌：《古风时代早期希腊与东方的文明交流图景》，《历史研究》，2018 年第 6 期。

㉛王大庆：《试比较古代希腊与中国的竞争观念》，《史学月刊》，2018 年第 12 期。

㉜姜南：《轴心期中国与希腊思想家对被统治者苦难的态度比较》，《天津师范大学学报》（社会科学版），2018 年第 1 期。

㉝杨共乐：《希罗多德墓志铭真伪辨析》，《北京师范大学学报》（社会科学版），2018 年第 2 期。

㉞钱乘旦：《拨开"修昔底德陷阱"迷雾》，《新华日报》，2018 年 7 月 24 日。

㉟刘林海：《从"公民友爱"到"兄弟之爱"——古罗马社会救助伦理的发展》，《北京师范大学学报》（社会科学版），2018 年第 6 期。

㊱吕厚量：《色诺芬著作〈居鲁士的教育〉的性质与素材来源》，《政治思想史》，2018 年第 2 期。

㊲吕厚量：《波桑尼阿斯的文化记忆与〈希腊纪行〉中的罗马帝国》，《史学理论研究》，2018 年第 4 期。

㊳付杰：《〈犹太战记〉的双重历史叙事》，《史学理论与史学史学刊》，2018 年第 2 期。

㊴崔丽娜：《求真与致用：阿里安的〈亚历山大远征记〉》，《史学史研究》，2018 年第 2 期。

㊵王遥：《历史细节的直书与曲笔——关于乔治主教被杀时间的追索》，《世界宗教研究》，2018 年第 5 期。

㊶倪腾达：《西方古典文献译者群研究——以洛布古典丛书为中心》，《史学史研究》，2018 年第 1 期。

㊷马克垚：《"西欧奴隶制向封建制过渡"的再认识》，《经济社会史评论》，2018 年第 3 期。

㊸李隆国：《查理曼称帝与神圣罗马帝国的形塑》，《史学集刊》，2018 年第 3 期。

㊹黄艳红：《千年之变：一种西欧封建社会解释的兴衰》，《史学理论研究》，2018 年第 2 期。

㊺彭小瑜：《被忽略的那个中世纪欧洲》，《文汇报》，2018 年 11 月 16 日。

㊻徐浩：《中世纪欧洲中产阶级的收入与消费水平初探》，《史学集刊》，2018 年第 3 期；《中世纪欧洲工资劳动者收入与饮食消费水平的变化》，《中国人民大学学报》，2018 年第 4 期。

㊼朱孝远：《"双轨制"与德国农民战争爆发的原因和性质》，《贵州社会科学》，2018 年第 1 期。

㊽刘程：《北欧贸易区成型溯源——中世纪大宗贸易视角》，《商业研究》，2018 年第 1 期。

㊾姜启舟：《中世纪英格兰城镇房产市场的产权分析》，《经济社会史评论》，2018 年第 1 期。

㊿王超华：《中世纪英格兰的遗嘱及其史料价值》，《古代文明》，2018 年第 3 期。

51黄春高：《法律叙事还是历史叙事：14—16 世纪英国公簿租地农的兴起与发展》，《历史研究》，2018 年第 4 期。

52焦兴涛：《西方史学界对英国"新君主制"的历史解读》，《人文杂志》，2018 年第 9 期。

53张炜：《威斯敏斯特建筑群与中世纪英王加冕礼》，《经济社会史评论》，2018 年第 3 期。

54王静：《中世纪英格兰大学生日常费用与保障探析——以牛津大学和剑桥大学为例》，《中国人民大学教育学刊》，2018 年第 3 期。

55金德宁：《中世纪英格兰王室档案的认识与利用——以十三世纪的中书省卷轴为例》，《古代文明》，2018 年第 1 期。

56金德宁：《西方史学界对"变态封建主义"及其

历史影响的诠释》，《史林》，2018 年第 2 期。

(57)周程祎：《“消失”的圣徒》，《文汇报》，2018 年 6 月 8 日。

(58)王东阳：《14、15 世纪天主教公会议至上主义的思想内涵》，《广西社会科学》，2018 年第 4 期。

(59)杜佳峰：《论萨沃纳罗拉对佛罗伦萨共和政治改革的积极作用》，《西华师范大学学报(哲学社会科学版)》，2018 年第 1 期。

(60)周施廷：《宗教改革时期德国维滕贝格大学的医学教育》，《历史教学》，2018 年第 8 期。

(61)陈天一、高铁军：《社会历史对印刷媒介的影响——以德国宗教改革时期为例》，《现代出版》，2018 年第 2 期。

（作者：刘博，北京市朝阳外国语学校教师；
刘林海，北京师范大学教授）

世界近现代史

郭家宏　郑绍健

2018 年北京地区世界近现代史成就显著，在地区国别史、全球史、医疗社会史、环境史等方面都有突破。

一、美国史研究

王希认为 2016 年美国大选中，在其他的竞争者皆通过两党制和党内初选的实践被“刷”下去的情况下，总统选举成为一种对未来四年的国家政治与政策做一种“非黑即白”的选择，这构成了美国总统选举制度的一种事实上的“无选择困境”。①何芊指出，在 1773 年到 1775 年北美殖民地激进派糅合了帝国危机以来的各类反抗话语，彻底否认了英国议会对殖民地的管辖权，为殖民地人由反叛而独立提供了意识形态化的正义性支撑。②贾秀涛考察了塔夫脱赢得 1908 年大选的“菲律宾因素”及其当政的系列实际行动，认为 19 世纪末 20 世纪初盛行于美国的“文明观念”对塔夫脱产生了一定影响。③刘京认为美国杜鲁门政府的临时委员会实现了其“咨询”使命，在美国政府核政策的出台上起到推波助澜的作用。④金海指出在美洲大陆的扩张、海上贸易自由、在欧洲的冲突中保持中立和对欧洲均势的重视是杰斐逊外交思想的四根支柱，它们构成了日后美国外交政策发展的基本框架。⑤他还认为，二战后，美国的保守主义出现了两个方面新的发展，一方面是要摆脱无法适应社会发展需要的旧的保守主义原则的束缚，以及打破罗斯福新政以来自由主义势力长期把持美国政坛的局面；同时要提出一套能够在新时代为大众接受的政治纲领，寻找新的政治基地、政治载体和基层支持者，重新规划美国的政治格局。⑥张红菊认为，美国联邦个人所得税制度及其改革在一定程度上刺激了美国经济的扩张，发挥了经济“自动稳定器”作用，但也带来了负面影响，没有起到缩小贫富差距的作用。⑦何黎萍指出美国进步主义时期妇女参与社会改革的特点是“参与广泛、成效显著、仍存局限”。⑧安然、陈至清指出斯托克利·卡迈克尔的“黑人权力”思想除了存在严重的内在缺陷，是民权运动特定阶段的产物，理论上追求突破的激进化尝试最终在体制的调适能力和思想弹性面前落败。⑨张大鹏指出，1919 年成立的“美国军团”及其“百分之百美国主义”本身所带有的狭隘的、保守的和强制性的价值取向给美国政治和美国公民文化的发展造成长久影响，并留下一系列充满争议的历史遗产。⑩于展认为，20 世纪 60 年代席卷美国的民权运动通过举办非暴力讲习班、召开大众会议等方法，既极大地改变了黑人民众的思想，也改变了公共舆论，唤起了白人公众的良知觉醒，削弱了根深蒂固的种族主义，从而深深改变了整个社会的文化心理。⑪他认为，甘地的非暴力思想在美国的早期传播经历了从译介到小规模试验这一跨国移植的过程。这些译介和试验活动为后来大规模的非暴力民权运动的发生奠定了基础。⑫他还认为，美国历史学家克莱伯恩·卡森详细阐述了“学生非暴力协调委员会”的发展演变，并在实证和个案研究基础上，对民权运动总体模式加以归纳，提出“以群体为中心的领导”的黑人自由斗争模式，是后来“漫长的民权运动”研究模式的先驱。⑬张国琨认为，1794 年在费城出现了第一个黑人循道派文本和第一个由黑人建立的循道派主教制教会，以此为标志的黑人循道派的兴起，这是黑人参与循道派的发展以及全球范围内一系列事件发生连锁反应影响的结果。⑭周钢认为骑马牧人、马背奴隶和白人牛仔都是美国西部牧区的早期开发者，是美国西部的牛仔先驱。[15]邓超指出，从18世纪末到19世纪末，美国先后出现了三种主要的社会主义潮流，美国早期社会主义的成败并非全是美国内部因素导致的结果，外部世界的影响尤其是与欧洲社会主义的关系对其发展有着直接影响。[16]薛冰清认为，近年来学者们充分借鉴帝国史、大西洋史、西部史、跨国史和全球史等路径，提出了革命时代等富有新意的命题，开拓了流散群体研究等新领域。[17]翟韬指出，21世纪以来，美国冷战宣传史研究出现"超越冷战史"的趋势，这一学术趋势从一个侧面反映了历史研究中"长时段"的回归和对外宣传史研究视角的更新;[18]他还认为学术界在大力提倡冷战"国际史"的同时，也应该重视冷战"国家史"的方面。[19]李桂芝指出，20世纪90年代末以后，美国的妇女与社会性别史研究出现全球化转向的趋势；同时在对其他国家的相关研究产生影响的同时，也不可避免地受到域外学术思想、理论和研究人员的影响。[20]

二、英国史研究

钱乘旦认为，布莱尔以"新工党"为口号，以"第三条道路"为政纲，承诺将英国带向美好的未来，但"新工党"只意味着取消工党的"社会主义"色彩，标志着工党向保守党靠拢，"布莱尔时代"其实是又一次"共识政治"。[21]金海指出，美国独立战争前后，英国商人阶层虽然反对政府对殖民地的高压政策并且主张母国与殖民地之间保持和平关系，但这些反应主要是在经济利益推动之下的权宜之计，这种情况，兼与英国商人阶层在英国政坛上缺乏足够的代表力量，共同限制了英国商人阶层在影响政府政策方面的效果。[22]他还认为，英属大西洋世界的奴隶制度是在全球联系日益密切的过程中形成的，它不仅包括了大批黑人人口的跨地区流动，而且也包括了不同地区劳动制度、社会和经济特征以及文化观念的相互影响和相互碰撞。[23]郭家宏、许若潇指出，从19世纪30年代起迅速发展的英国友谊会医疗救助体系经历了从传统医疗官救助体系到友谊会医疗机构救助体系的发展过程。这一体系给工人阶级及其家庭提供了健康方面的保障，为英国福利国家的建设提供了历史经验，但是也存在一些缺陷。[24]王广坤认为，在19世纪，英国内科医生的身份认同经历了从绅士到科学家认同的转变。这是医学教育发展与广大民众诊疗预期提高的必然结果，为现代英国惠及全民的国家医疗服务体系的建立奠定了基础，也为之后建设福利国家准备了条件。[25]他还指出，19世纪后期以来，英国火葬文明既继承了维多利亚时代民众对于死亡意义的精神体悟，沿用了19世纪英国传统花园式墓葬文化，又强化了针对个体死亡的传统民俗信仰，并通过火葬场公共空间的建构，升华了葬礼的情感慰藉，为世界丧葬文明的发展作出了极大贡献。[26]赵秀荣认为，近代早期英国教会和政府对自杀行为的谴责、惩罚表明，近代早期的英国社会仍然是一个躯体的社会，在这个社会体系中，人的身体（尸体）成为政治和文化活动集中的主要焦点。[27]梅雪芹认为狄更斯的《鲑鱼》一文论及其所处时代英国的鲑鱼物种濒临灭绝的现象，代表时人对这一现象的关注，以及关于这一现象产生的基本认识，为后世留下了珍贵的时代记忆。[28]姜南认为，亚当·斯密系统地提出了以同情为核心的社会道德理论，亚当·斯密一面大讲同情，另一面却对劳动者的苦难毫无同情，其根本原因是他对资本主义市场经济、对资本主义具有强烈的信心和信仰。[29]杭聪从"权力转移的非计划性""殖民统治具有虚伪性""严重破坏殖民地文明进程"等方面对英国"文明使命论"及其变种"文明冲突论"进行了批评和反驳。[30]孙莹认为，提倡特惠思想的经济—历史学派同张伯伦及其领导的关税运动之间建立了重要的联系。历史学派为关税改革运动提供了合理性论证，一定程度上影响了张伯伦本人帝国特惠思想的形成；张伯伦为历史学派提供宣传平台，在很大程度上影响了这种思想的发展。[31]

三、法国史研究

高毅认为重农主义学说的形成实际上离不开中国文化的启示和影响，古典政治经济学因此也有了一个法国流派。重农主义不仅涵育过法国大革命的激进民主气质，而且还通过法国大革命影响并将继续影响现代世界的发展进程。[32]许平指出19世纪法国史学家们不仅用阶级分析的方法解释历史，重视历史发展的连续性，而且强调历史学家在历史叙事中的作用，20世纪中叶以后，与相对和谐的时代精神相契合，对革命的历史叙述发生变化，历史叙事的意识形态化终结。[33]庞冠群认为16、17世纪，官职买卖制度逐渐在法国形成并在司法界盛行，司法界的买官制使绝对君主制具有了更稳固的根基，同时它又赋予穿袍贵族一定独立性，从而制约了绝对王权的发展。[34]蒋洪生认为，始于20世纪60年代初期的法国毛主义运动，在1968年五月风暴期间经受了试炼。在长达半个多世纪的时间里，存在着自发主义、行动主义和工人主义色彩，而存在的问题主要是经验主义和教条主义问题。[35]刘梦佳关注了第三共和国与殖民扩张之间的密切关系，指出殖民派与反殖民派在众议院于1885年就殖民问题展开的激烈的辩论中，殖民派取得了最终的胜利，对国家威望和民族利益的渴求战胜了对原则的坚持，自此之后共和国转向了全面殖民的时代。[36]江天岳认为，1855年法军配合清军发动的“北门之战”是法国海军在近代中国的第一场热战。战后双方的照会往来，亦可视为清廷与西方列强的高级军官间首次旨在谋求“合作”而非“对抗”的直接记录，而这一“合作”成为日后清廷大规模“借师助剿”的前奏，也是法兰西第二帝国全球扩张政策在东方的缩影。[37]

四、德国史研究

孙立新、陈瑜认为，无论在道义上还是在国际法上，英、美空军对德国城市的大轰炸导致的战争过失都应当受到谴责，其受害者完全有权申诉其所遭遇的不幸和痛苦。但是不能把反法西斯同盟国的过失与纳粹德国的犯罪行为相提并论，更不应当借此使纳粹罪行相对化、淡化，甚至否认希特勒和纳粹党的邪恶本质。[38]景德祥认为，相关历史文本的考察显示，黑格尔与兰克在历史认识论领域激烈的思想交锋，黑格尔代表着从理论或概念出发研究与书写历史的哲学学派，而兰克则代表着从史料或史实出发研究与书写历史的历史主义学派，两者之间存在着十分尖锐的对立，各自都在坚持理论或史实在历史研究与书写中的主导权。但在具体的史学实践中，两人也都有不自觉地走向自我原则的反面的表现。[39]徐健通过剖析弗里德里希二世的性格、态度及其治国术，考察普鲁士开明体制下君权与官僚制度、等级议会及司法机构之间的权力关系，以及开明专制时期普鲁士经济政策和国家建设的特点。弗里德里希二世的开明统治以国家利益和人民福祉为目标，依靠制度规范、法制建设，一定程度上体现了“政治和谐”，并由此影响了普鲁士的政治文化。[40]王超认为，施密特政府巩固了前任政府在德国政策上开创的新局面，继续贯彻“以接近求转变”的迂回策略。通过一系列措施，施密特政府有效抑制了民主德国的民族分裂主义政策，其德国政策理念和实践也为随后上台的联盟党科尔政府所吸收和借鉴。[41]王宏波认为，十一月革命的爆发是对以往德国工人运动道路的巨大突破。它是在一战中德国国内外诸多因素的综合作用下发生的，由此德国政治制度发生根本性变革，部分克服了议会斗争道路的局限。[42]胡晓琛指出，在纳粹党的构想中，“宣传”主要是一种公开煽动民众情绪的短时媒体手段，“政治与世界观培训”则是一种作用时段较长、主要针对纳粹党党员干部的特殊意识形态控制工具，其为宣传活动奠定认识基础，从而使纳粹党通过党员干部实现对德国民众的精神控制。[43]张弢、何雪冰、蔡志楠研究了德国史学界对洪堡与德国现代大学史之关系的解构以及相关思考，德语学界的历史学家们展开了针对洪堡以及柏林大学早期校史的质疑与批判，层层解构了洪堡在德国现代大学史中的地位与作用。在梳理和反思解构的内容与过程之后会发现，德国学者反复纠结于洪堡神话，乃是对德国大学前景的担忧所致。[44]

五、俄罗斯东欧史研究

张建华认为，分别成书于18、19世纪的《从彼得堡到莫斯科旅行记》与《猎人笔记》两部小说都对俄国的农奴制进行了批判，拉吉舍夫以旗手的姿态首先冲破了农奴制度的禁忌；而屠格涅夫则通过自己对农民的深入了解，在农民渐将觉醒、农奴制度处于崩溃的前夜，发现了俄国人民解放的希望。[45]他认为1921年2月8日克鲁泡特金之死及随后在中国出现的声势浩大的悼念活动将克氏的无政府主义学说在中国的影响推向顶峰，并引领中国社会之潮流，成为当时中国社会中一种炫目的“政治现象”。这也使得中国早期马克思主义者更加审慎地思考无政府主义与马克思主义的汇通与区别，并最终作出抛弃无政府主义的抉择。[46]张建华、陈娅指出，发生于1981—1987年的“科里亚金事件”的发展和演变深受东西方冷战和苏联国内政治形势变化的制约，从勃列日涅夫时期的苏联政府针对国内和国际批评之声的强硬态度，到戈尔巴乔夫时期的态度转变和事件解决，既反映了外交政策的“转向”、国内政治社会危机加剧和苏联综合国力的“陡降”，也暗示着苏联霸权主义国家形象的晦暗。[47]张建华指出，民族问题仍然是当代俄罗斯政府与社会亟待解决和谨慎处理的问题，问题的关键在于如何解决日益提高的民族自我诉求与国家层面社会发展目标之间的矛盾，其具体体现为“民族认同”与“公民认同”、“民族进程”与“国家进程”的矛盾与错位。[48]他还认为，从俄罗斯帝国、苏联到俄罗斯联邦的三百多年时间里，俄罗斯的国家形象几经变幻，其塑造过程也带有明显的时代特点。[49]张建华指出，20世纪五六十年代的留苏学人以其个性化视角，对苏联政治、经济、文化和社会进行了全方位的感知，他们其亲身经历和思想激荡后形成的深刻认知，建构起更加直观和真实的“苏联形象”，并且通过各种渠道将这种“苏联形象”传递到国内，在沟通中苏民间关系中扮演着极其重要和特殊的角色。[50]他指出，始建于1954年的莫斯科餐厅开业至今经历了由“政治符号”向“文化符号”的转变。它见证了半个世纪以来中苏关系的变迁，见证了当代中国社会的变化以及北京人私人领域和个人情感的变化，其作为一个常见又特殊的“公共空间”，在曾经的中苏交往和政治活动中起了重要作用。[51]张丹指出，苏联的零售商业信贷诞生于1923年，随国家经济发展方针的调整历经两度兴衰，它的命运沉浮，是苏联近七十年经济走势的一个缩影。纵览零售商业信贷发挥作用的两个时期，始终受到消费品的生产及创新能力无法充分满足群众需求的困扰。[52]王丰、刘明认为，苏联妇女在卫国战争中表现出的突出特征主要体现在参与人数多，涉及行业广，具有广泛性和自觉性特征，同时也表现出了高度的爱国主义精神。[53]王晓菊研究了苏联剧变之后波兰的人口状况和移民趋势，指出波兰的人口数量徘徊波动并略有增长这一表象背后潜伏着人口危机，鼓励生育、吸引移民，从而刺激人口增长这一发展目标应成为波兰政府的一项长期而重要的国策。[54]

六、日本史研究

宋成有指出，明治维新近代化基本国策源自开港后的三次幕末改革。但是在改革总纲、对待不平等条约的态度和建立中央集权体制等方面，明治维新又不同于幕末改革。其原因在于倒幕运动与维新运动存在着国际背景、近代化进程和人脉机缘上的历史逻辑。[55]他认为，从日本资本主义近代化的全过程来看，幕末改革迈出先期探索的第一步。维新期间，前十年的欧化改革决定性地将日本引向资本主义道路，同时也产生了财政困难、社会动荡和政府危机等问题；在后十年改革中，维新官僚及时纠正失误，全面调整近代化政策，走出困境并最终使资本主义在日本扎下根。政策调整成为决定维新成败的关键。[56]武寅指出，1868年日本爆发的明治维新给世界带来了巨大的震撼，一是日本成功地走出了殖民地化危机，创造了东亚近代史上的奇迹；二是日本选择的战争模式给亚洲和世界带来了巨大的灾难。[57]她认为，一直以来，日本以成为地域大国，乃至世界大国为目标。基于中日两国的实力对比，日本在不同时期制定了不同的对华政策，但是，日本的大国目标是排他的，尤其凸显于新世纪出现的零和式对抗。[58]张艳茹认为，以岩仓具视为首的宫中势力的国体论及相关政治行动直接影响了立宪原则的选择。受此影响，《大日本帝国宪法》制定过程中，一直存在如何将主权在君的国体与以限制君权为目的的近代资本主义性质的立宪政体结合起来的问题，最终导致宪法中对君权规定的暧昧性，这也成为后来历次国体论争的源头。[59]王新生认为，安倍晋三长期执政的原因包括各种利益集团的组织规模及其政治动员能力的降低、后工业化社会年轻一代具有“反知性主义”特征的价值观、泡沫经济崩溃后实施的一系列政治、行政改革所导致的首相以及首相官邸的权力强化等。诸多“安倍经济学”基础上的政策实施及其效果，以及在野党的弱化，也是安倍长期执政的重要因素。[60]汤重南从宏观的历史视野出发回顾了中日关系，提出了对中日关系所存问题的认识、解决方法和对保证两国关系稳定、健康发展的建议，也对未来“世界中的中日关系”发展前景进行了展望。[61]文春美指出，1908年满铁“历史地理调查部”吸纳东洋史学者研究“满洲”与朝鲜的历史地理，出版了一系列调查报告和研究专著，构筑了一整套完整的殖民主义理论体系和东亚历史叙事方法，试图从史学角度证明“满鲜一体”，为日本在中国东北地区和朝鲜半岛的殖民统治提供“合法”的历史依据。[62]陈奉林指出，日本的东亚史研究较早地确立了自己的研究框架、视角与方法，强调东亚社会的整体性、差异性和内部结构，适应了世界形势发展的趋势，研究视野与关注领域不断扩大，形成比较严密成熟的研究体系。日本学者运用历史学、经济学、社会学和民族学等多学科理论，实现了多领域的融合与贯通。他们强调区域史研究的社会功能，把与现实有直接关联的历史问题纳入研究范围。[63]陈伟认为原敬以“时势论”和“实力论”的政治理念为基础，通过访美考察，形成对美认识，这种认识对于原敬的日美关系认识产生重要影响，原敬的日美协调外交构想作为其对美外交政策的思想基础，促使原敬内阁成立后确立以日美协调为核心的外交政策。[64]刘赫宇认为，“干岔子岛事件”使部分日本军方人士误判形势，自认有能力在远东地区同苏军作战，为此后日军张鼓峰、诺门坎战败埋下隐患。[65]张跃斌指出，从短期来看，日本借助二战后美国对其施加的诸方面影响取得了极大的成功；但是从长期来看，日本因此失去了自己的独立性。美国对战后日本历史的各种操控和影响，其本质是保证日本按照美国设定的轨道前行，保证美国的各种利益。[66]燕红忠、许晨认为，金银本位制的实施与争论是近代日本在我国东北地区推行货币政策的集中体现，货币本位之争表现为金融资本家通过经济手段争夺贸易、金融主导权的目标，与产业资本及侨民中小资本希望以政治军事行动迅速获取殖民地目标的冲突，也反映了采取直接殖民化还是间接殖民化的政策对立。[67]谷惠萍、张雨轩认为，《元寇》作为日本军歌史上最有名的作品之一，影响深远。是日本“元寇”题材民族主义文艺创作的先声，也是民间右翼、军乐队队员、社会大众等各界积极“协力”侵略战争的重要史证。[68]史桂芳认为，“战争广告”实际起到了在物质和精神两个方面协助政府战争政策的作用，其既是“举国一致”战争体制的产物，又为强化战争体制推波助澜。太平洋战争爆发后的“战争广告”，反映了战争体制下日本社会的“一般”状态，折射出“产业报国”、践行“臣民之道”的一个侧面。[69]

七、国际关系史研究

王新生指出，国际政治学多以历史上的外交或国际关系作为研究对象，尽管受后现代主义的影响，外交史研究逐渐势弱，而且受社会史影响较重，但国际政治学理论与历史研究的合作却日趋密切。[70]王宇昕认为，华北伪政权出笼后，美国政府虽不承认其具有合法性，但也不想因此激化与日本的矛盾，因此在日本强行接管海关问题上做了一定的妥协，并因美国国内的要求而撤离侨民。其关注焦点和应对措施是立足于本国全球战略利益的。[71]解永春认为，以陆军部和外交部为主的英国相关部门虽然基本上认定《田中奏折》是伪造的，但随着日本对华侵略的不断加深，英国人也越来越相信至少其中部分内容具有相当高的真实性。[72]他认为，英美在应对九一八事变中的“西蒙-史汀生迷思”这个概念本身是被人为构建出来的。英国确实在诸如“不承认照会”的问题上拒绝了美国的提议，这背后暴露的是英美在此问题上利益的龃龉。[73]李尧星、杜津威认为，日德青岛战争极大挫伤了袁世凯和北京政府的影响力，打乱了中国对一战的既定计划，改变了列强在华势力格局，加深了中日两国间的矛盾。同时也刺激国民意识迎来新觉醒。[74]何玉、蒋耘中认为，跟北美的保钓示威游行活动相比，欧洲保钓运动呈现出“星星之火”的状态，但是通过示威游行、自发编辑杂志等各种活动，彼此之间互相支援，向各方发出自己的声音，并且在运动期间不断进行反思，对国民党当局和社会主义新中国都重新有所认识。[75]昝涛认为，泛突厥主义、伊斯兰和现代性，共同影响了当代中国与土耳其的互相认知，使得二者的关系陷入一种微妙的境地中。这一切的根源在于双方的互相认知都带有强烈的“自我中心主义”的色彩。[76]杨晟子认为，德国参战并非出于某种具体的意外，而是由于长期的外部关系经营与国家安全管理的失误所致。在回顾一战之时，应该看到一战动因的总体“意外”性质，特别关注技术因素导致的、广泛深刻的不确定性。[77]王道、许海云指出，1941年8月的大西洋会议之后，美国确立“护航制度”以保卫大西洋上的盟国商船免遭德国潜艇的袭击，“格利尔号事件”以及随之而来的一系列美德海军冲突使得两国在北大西洋进行了一场“未宣布的战争”，以罗斯福为代表的美国高层主战派巧妙地利用美德海军冲突推动遏制纳粹政权的国家大战略，使美国旗帜鲜明地成为反法西斯战争的主力军。[78]王道认为，《1939年中立法》的最终落幕，是罗斯福为代表的美国战时内阁实行的以“护航制”为核心的“西半球防御计划”的产物，德国“潜艇战”给美国大西洋舰队造成的巨大损失令美国人逐渐放弃了偏安美洲乃至隔岸观火的保守暧昧态度，《中立法》的废除是美国最终成为反法西斯战争中坚力量的关键环节。[79]吴征宇通过分析《克劳备忘录》这一历史文本，揭示导致一战前英德两国逐步走向对抗的内在机理，阐明其对当今中美关系的三点启示。[80]曾晨宇、许海云认为北约在冷战结束之后先后提出的建构欧洲安全秩序的一系列设想及其实践取得一定进展，但并未摆脱单边主义思维的制约、在政策与实践中存在诸多错位等诸多问题，未来欧洲安全秩序建构从长期看会由乱生治，其有序与合理之处将凸显，并将呈现条块化与多层次结构，其外向型横向联系将会进一步加强。[81]陈奉林认为，在大航海时代，欧洲国家建立的海洋贸易扩张体制与中国王朝建立的朝贡贸易体制是两种截然不同的体制，矛盾与冲突在所难免，各自对东方的影响也是不同的。从外交史的角度看，16世纪初马六甲王国的沦陷可视为东方近代外交史的开端。[82]

八、亚洲史研究

张茂钰认为，当西方率先跨入现代工业文明，积极开拓世界市场时，亚洲社会则未能完成社会结构的现代转型，“循环的”亚洲历史与“演进的”世界历史形成鲜明对比，并导致亚洲社会在西方列强的殖民入侵下以被动姿态走向开放。由此论证了资本主义全球扩张的二重性使命。[83]徐建新认为，琉球（冲绳）社会历史上经历了两次国家认同。第一次在琉球王国时期形成并完成。第二次发生在19世纪后期日本的武力吞并和琉球王国的灭亡以后至今。当代冲绳社会的国家认同问题极为复杂，混合了历史因素与现实因素、社会内部因素与国际关系因素。[84]张源指出，日韩“慰安妇”问题首先受日韩两国国内政治环境的影响；其次，美国因素是“慰安妇”问题最大的外部影响因素；最后，安倍再度执政后，“慰安妇”问题成为他开展“历史战”的“试金石”，“慰安妇”问题已与安全问题联系起来，将成为影响东亚地区安全的重要问题。[85]王晴锋认为，印度共产主义运动史中的特伦甘纳武装起义的爆发、发展与衰落受到苏中意识形态、农民的生存处境、印共长期以来的组织动员工作以及印共党内的路线之争影响，尽管最终在苏联压力下停止活动，但保留了印度革命的火种，并为后来积累了重要的革命经验。[86]昝涛指出，在埃尔多安时代，正发党作为一个政治伊斯兰力量长期执政，借助政权的力量不断“试水”世俗主义；在正发党的控制下，土耳其宗教事务部日趋“伊斯兰化”，但从土耳其现代史的长时段视野来看，这体现的是政治伊斯兰在土耳其的历史延续性，既有的政教关系尚未发生实质性的改变。[87]陈鹏指出，近代中国人的土耳其洲属观经历了数次变化，建构与想象因评判标准的不同、观察视角的差别，以及与实际情况的背离，不时呈现某些逻辑困境和现实矛盾，反衬出“欧洲说”仍存在一定的合理性。[88]晚清时期，中国知识阶层笔下的土耳其并非与中国并列对等，而是经常呈现出强弱分明的不对称关系，这显然是国人根据各自的立场和需要，截取中土关系的某些侧面，加以工具化解读的结果。[89]近代中国人的土耳其观，不仅限于一般论者所言的“同病相怜”或“引以为鉴”，有洞见者更将土国动态与自身内政外交联动考察，并逐渐揭示出两国在诸多领域存在切实的利害关系，从而将土耳其视为拓展国际交往合作新空间、谋求自身国家安全和利益的重要凭据。[90]姚惠娜考察了自奥斯曼帝国晚期，英国、约旦、埃及和以色列等外来统治者统治时期，再到巴勒斯坦民族权力机构建立后巴勒斯坦地方治理的发展过程。[91]

九、非洲史研究

毕健康认为，从19世纪初到20世纪70年代中期，埃及在殖民和反殖民斗争中经历了三拨以工业化为核心的现代化进程，最终埃及工业化失败，拖累埃及社会现代化，两极分化严重。但20世纪埃及现代化之成败与伊斯兰教没有直接关系。[92]杭聪认为，非洲的教育是社会经济发展和政治模式综合作用的产物，大众教育和帝国主义者的“文明使命论”联系，精英教育同非殖民化计划联系。非洲人不满实际技能教育受到限制的、种族歧视的教育计划，使得帝国主义者的计划落空。[93]

十、拉丁美洲史研究

王晓秋指出，傅云龙在拉美之行中留下的调研报告、游记和记游诗是近代中国人对拉丁美洲国家的地理、历史、社会、文化较早且较详细的真实记载和具体介绍，其拉美之行可谓中拉文明在19世纪的一次历史性的相遇与互鉴，在中国与拉丁美洲交流史上具有开拓性意义。[94]王文仙认为，20世纪后半期以来墨西哥历届政府推行选举制度改革，名为拓宽反对党的参政空间，意在改革政党体制，维护革命制度党执政合法性，巩固政党的统治权力。选举制度改革追求“变中求保，保中求变”，顺应时代潮流，选举范围不断扩大，突出了自由竞争性，合法性不断增强。[95]

十一、环境史研究

梅雪芹认为，环境史创新的认识在历史研究范畴内可概括为：择自然为题，拜自然为师，量自然之力，以自然为镜，为自然代言。综合起来即以人与自然互动关系史为对象的环境史研究，归根结底，就是要做好如何对待自然这篇大文章。[96]唐纳德·沃斯特认为，实现生态文明要求我们生活的主要目标超越经济增长与对无尽丰饶的追求；要求公众对科学的广泛尊重，对科学研究的大量经济投入，以及允许所有科学家拥有探寻新发现，并令之对所有人开放的真正自由；讲述构建生态文明所意味的必须是创造一种对待地球的新伦理，一种可以适用于全世界的新伦理。[97]侯深认为，在环境进化的基础之上书写城市环境史，需要从三个层面上展开。首先，城市环境史的研究必须被置于对城市产生影响，也同时受其影响的广阔的整体生态系统的进化之中；其次，必须看到城市生态系统的多元性、层叠性与交替性；再次，在思想维度上探寻城市时代不同人群对文化与自然之间关系的思考。[98]宋云伟、安昱瑄认为，19世纪中后期，澳大利亚人围绕森林功能和环剥树皮进行了大讨论，从中很多人认可了森林的环境保护功能，但同时环剥树皮行为反而变本加厉。这种矛盾的现象是保护森林和经济利益取向两种趋势激烈交锋的体现，追求经济利益、实力雄厚的牧场主阶层最终占了上风，法律法规的缺失和当时有限的科学水平也是导致环剥树皮活动肆虐的重要因素。[99]乔瑜研究了澳大利亚灌溉叙事由进步灌溉向呈现多样化面貌的演变，澳大利亚的灌溉叙事处理的是独具特色的自然环境与经济发展之间的关系，以及与之相关的种族文化融合、国家认同等一系列问题。灌溉叙事所呈现的对立是漫长历史时期不断演进的结果，这种“对立”表达了澳大利亚人环境认知中的矛盾与利益纷争。[100]贾珺、考舸指出，第一次世界大战期间，老鼠问题伴随西线堑壕战始终，人鼠关系也发生了演变：首先，堑壕工程赶走田鼠引来家鼠，鼠患更加严重；其后，军人用各种办法捕鼠，但多方因素造成捕灭成效有限；最终，军人选择与鼠相安，老鼠甚至成了西线堑壕战的一个文化符号。[101]陈林博回顾了美国、加拿大“鲑鱼大战”的缘起、博弈和缔约过程，认为只有在相对完善的资源保护制度基础之上，公平分配才有立足之地，这也是维护社会公平、实现可持续发展的必然要求。[102]

注：

①王希：《两党制与美国总统选举的“无选择困境”》，《史学理论研究》，2018 年第 2 期。

②何芊：《从主权之争看美国独立的缘起》，《历史教学》，2018 年第 6 期。

③贾秀涛：《“文明观念”：塔夫脱与美菲殖民关系（1909—1913）》，《哈尔滨师范大学社会科学学报》，2018 年第 5 期。

④刘京：《推波助澜：临时委员会与杜鲁门政府的国际核决策》，《历史教学（下半月刊）》，2018 年第 4 期。

⑤金海：《杰斐逊的外交思想与其对美国根本利益的界定》，《安徽史学》，2018 年第 1 期。

⑥金海：《第二次世界大战之后美国保守主义的发展》，《史学理论研究》，2018 年第 2 期。

⑦张红菊：《二战后美国联邦个人所得税制度演变的特点及影响》，《当代世界》，2018 年第 12 期。

⑧何黎萍：《参与广泛、成效显著、仍存局限》，《中国社会科学报》，2018 年 6 月 11 日。

⑨安然、陈至清：《激进主义的突围与挫败——斯托克利·卡迈克尔的“黑人权力”思想探析》，《学习与探索》，2018 年第 9 期。

⑩张大鹏：《美国军团与二十世纪初的“百分之百美国主义”》，《历史研究》，2018 年第 2 期。

⑪于展：《民权运动与美国社会文化心理的变迁》，《世界近现代史研究》，2018 年第 1 期。

⑫于展：《甘地的非暴力思想在美国的早期传播》，《四川大学学报》（哲学社会科学版），2018 年第 6 期。

⑬于展：《克莱伯恩·卡森的美国民权运动研究探析》，《史学理论研究》，2018 年第 3 期。

⑭张国琨：《1793 年费城黄热病与黑人循道派的兴起》，《全球史评论》，2018 年第 2 期。

⑮周钢：《美国西部的牛仔先驱》，《史学月刊》，2018 年第 1 期。

⑯邓超：《美国早期社会主义史新探》，《当代世界与社会主义》，2018 年第 3 期。

⑰薛冰清：《美国革命史研究中时空维度的扩展及其意义》，《世界历史》，2018 年第 6 期。

⑱翟韬：《超越冷战史：美国冷战宣传研究的新趋势》，《历史研究》，2018 年第 5 期。

⑲翟韬：《“文化转向”与美国冷战宣传史研究的兴起和嬗变》，《世界历史》，2018 年第 3 期。

⑳李桂芝：《全球视野下的美国妇女与社会性别史研究》，《史学理论研究》，2018 年第 3 期。

㉑钱乘旦：《评布莱尔执政》，《北京大学学报》（哲学社会科学版），2018 年第 3 期。

㉒金海：《美国独立战争前后英国商人阶层对殖民地问题的反应》，《史学集刊》，2018 年第 1 期。

㉓金海：《十七至十八世纪英属大西洋世界的奴隶制度与废奴运动》，《北京社会科学》，2018 年第 9 期。

㉔郭家宏、许若潇：《19 世纪英国“友谊会”医疗救助体系探析》，《学术研究》，2018 年第 12 期。

㉕王广坤：《19 世纪英国内科医生身份认同的转变及影响》，《学术研究》，2018 年第 12 期。

㉖王广坤：《卫生下葬与情感升华：现代英国火葬文明的形成及其意义》，《世界历史》，2018 年第 5 期。

㉗赵秀荣：《近代早期英国对自杀者的惩罚》，《史学月刊》，2018 年第 4 期。

㉘梅雪芹：《“鲑鱼告急”：对查尔斯·狄更斯〈鲑鱼〉的环境史思考》，《全球史评论》，2018 年第 1 期。

㉙姜南：《亚当·斯密的“同情”理论及其与人民的对立》，《世界社会主义研究》，2018 年第 11 期。

㉚杭聪：《驳西方学者的英帝国“文明使命论”》，《中国社会科学报》，2018 年 7 月 24 日。

㉛孙莹：《历史学派帝国特惠思想和张伯伦关税改革运动》，《学海》，2018 年第 2 期。

㉜高毅：《现代民族国家建设运动中的重农学派和中国文化》，《历史教学（下半月刊）》，2018 年第

6 期。

㉝许平：《历史叙事与历史现实——关于法国革命的历史书写》，《辽宁大学学报》(哲学社会科学版)，2018 年第 5 期。

㉞庞冠群：《法国绝对君主制下的司法界买官制问题再探讨》，《求是学刊》，2018 年第 1 期。

㉟蒋洪生：《法国的毛主义运动：五月风暴及其后》，《文艺理论与批评》，2018 年第 6 期。

㊱刘梦佳：《法兰西第三共和国的殖民转向——从 1885 年关于殖民问题的议会辩论谈起》，《史学集刊》，2018 年第 4 期。

㊲江天岳：《法国海军与上海小刀会起义的失败——以法方新档案史料为中心的研究》，《世界历史》，2018 年第 2 期。

㊳孙立新、陈瑜：《二战期间同盟国空军对德国城市的大轰炸及其历史书写与争论》，《武汉大学学报》(哲学社会科学版)，2018 年第 5 期。

㊴景德祥：《黑格尔与兰克历史认识论之辩》，《江海学刊》，2018 年第 4 期。

㊵徐健：《"和谐政治"：弗里德里希二世及 18 世纪普鲁士的开明专制》，《求是学刊》，2018 年第 1 期。

㊶王超：《论施密特政府的德国政策》，《河南师范大学学报》(哲学社会科学版)，2018 年第 6 期。

㊷王宏波：《从德国十一月革命看近代德国工人运动的道路选择》，《当代世界与社会主义》，2018 年第 6 期。

㊸胡晓琛：《"政治与世界观培训"与第三帝国的意识形态统治——以纳粹党培训总局为中心》，《世界历史》，2018 年第 3 期。

㊹张弢、何雪冰、蔡志楠：《洪堡神话的终结？——德国史学界对洪堡与德国现代大学史之关系的解构以及相关思考》，《德国研究》，2018 年第 3 期。

㊺张建华：《化笔为刀：拉吉舍夫和屠格涅夫对俄国农奴制的批判——〈从彼得堡到莫斯科旅行记〉与〈猎人笔记〉的比较》，《黑河学院学报》，2018 年第 9 期。

㊻张建华：《克鲁泡特金思想在 20 世纪 20 年代中国的影响》，《当代世界社会主义问题》，2018 年第 4 期。

㊼张建华、陈娅：《苏联科里亚金事件始末》，《当代世界社会主义问题》，2018 年第 1 期。

㊽张建华：《"民族认同"抑或"公民认同"：苏联的教训与当代俄罗斯的经验》，《国外社会科学》，2018 年第 5 期。

㊾张建华：《俄罗斯国家形象的塑造》，《同舟共进》，2018 年第 1 期。

㊿张建华：《20 世纪五六十年代的留苏学人及其视野中的"苏联形象"》，《华人华侨历史研究》，2018 年第 1 期。

(51)张建华：《北京"老莫餐厅"：公共空间的苏联形象与中苏关系变迁的映像》，《俄罗斯学刊》，2018 年第 4 期。

(52)张丹：《苏联零售商业信贷兴衰探析》，《俄罗斯学刊》，2018 年第 5 期。

(53)王丰、刘明：《苏联妇女在卫国战争中的作用及其表现特征》，《延安大学学报(社会科学版)》，2018 年第 5 期。

(54)王晓菊：《苏东剧变后波兰的人口状况及移民趋势》，《俄罗斯东欧中亚研究》，2018 年第 4 期。

(55)宋成有：《从幕末改革到明治维新：连续性与变异性的互动》，《日本问题研究》，2018 年第 4 期。

(56)宋成有：《明治维新若干问题的再思考》，《日本学刊》，2018 年第 3 期。

(57)武寅：《明治维新给世界双重震撼》，《南开日本研究》，2018 年第 00 期。

(58)武寅：《日本对华政策与中日关系》，《外国问题研究》，2018 年第 1 期。

(59)张艳茹：《近代日本宫中势力的国体论与立宪中的君权定位——以岩仓具视为中心考察》，《日本问题研究》，2018 年第 1 期。

(60)王新生：《安倍长期执政的原因探析：社会变迁、制度设计、"安倍经济学"》，《日本学刊》，2018 年第 3 期。

(61)汤重南：《全球视野下的中日关系》，《江海学刊》，2018 年第 5 期。

(62)文春美：《满铁"历史地理调查部"与"满鲜史观"》，《史学理论研究》，2018 年第 3 期。

(63)陈奉林：《日本的东亚史研究及其启示》，《世界历史》，2018 年第 1 期。

(64)陈伟：《原敬的日美协调外交构想》，《日本问题研究》，2018 年第 3 期。

(65)刘赫宇：《"干岔子岛事件"：日本政府的认识及应对——以日方外交档案为考查》，《东北农业大学学报》(社会科学版)，2018 年第 1 期。

⑥⑥张跃斌：《论美国对战后日本历史的影响》，《晋阳学刊》，2018 年第 3 期。

⑥⑦燕红忠、许晨：《日本不同殖民集团对我国东北货币本位政策之争（1906—1933）》，《历史研究》，2018 年第 5 期。

⑥⑧谷惠萍、张雨轩：《日本军队歌曲〈元寇〉与甲午战争日军精神动员》，《抗日战争研究》，2018 年第 1 期。

⑥⑨史桂芳：《和着战争的节拍——从商业广告看日本的战争体制与战争狂热》，《安徽史学》，2018 年第 3 期。

⑦⓪王新生：《历史研究与国际政治学》，《国际政治研究》，2018 年第 5 期。

⑦①王宇昕：《美国政府对华北伪政权出笼的关注及应对》，《日本侵华南京大屠杀研究》，2018 年第 2 期。

⑦②解永春：《英国档案中的〈田中奏折〉》，《抗日战争研究》，2018 年第 3 期。

⑦③解永春：《英美在应对九一八事变中的“西蒙-史汀生迷思”》，《“九一八”研究》，2018 年第 00 期。

⑦④李尧星、杜津威：《日德青岛战争历史影响再思考》，《中共青岛市委党校．青岛行政学院学报》，2018 年第 1 期。

⑦⑤何玉、蒋耘中：《20 世纪 70 年代欧洲保钓运动概述》，《清华大学学报》（哲学社会科学版），2018 年第 4 期。

⑦⑥昝涛：《历史与想象：中国和土耳其之间的思想联系》，《文化纵横》，2018 年第 1 期。

⑦⑦杨晟子：《战争的意外性：对一战缘起和进程的反思》，《新视野》，2018 年第 5 期。

⑦⑧王道、许海云：《论二战中叶美国与纳粹德国的“不宣而战”》，《上海师范大学学报》（哲学社会科学版），2018 年第 1 期。

⑦⑨王道：《暧昧终结：论 1941 年美德海军冲突与〈中立法〉的修订》，《历史教学（下半月刊）》，2018 年第 2 期。

⑧⓪吴征宇：《〈克劳备忘录〉、“再平衡”与中美关系》，《江海学刊》，2018 年第 1 期。

⑧①曾晨宇、许海云：《冷战结束后欧洲安全秩序建构中的北约角色》，《国际展望》，2018 年第 3 期。

⑧②陈奉林：《从东方外交史角度看马六甲王国沦陷的影响》，《太平洋学报》，2018 年第 11 期。

⑧③张茂钰：《殖民主义与亚洲社会的解体——以英国对印度和中国的侵略为例》，《马克思主义哲学论丛》，2018 年第 11 期。

⑧④徐建新：《东亚国际关系背景下琉球（冲绳）的国家认同》，《外国问题研究》，2018 年第 1 期。

⑧⑤张源：《日韩“慰安妇”问题的历史演变及其原因分析》，《当代韩国》，2018 年第 2 期。

⑧⑥王晴锋：《特伦甘纳运动及其内外影响因素》，《内蒙古民族大学学报》（社会科学版），2018 年第 4 期。

⑧⑦昝涛：《延续与变迁：当代土耳其的政教关系》，《西亚非洲》，2018 年第 2 期。

⑧⑧陈鹏：《近代中国人的土耳其洲属观》，《史学月刊》，2018 年第 12 期。

⑧⑨陈鹏：《不只是“病夫”：土耳其在晚清中国的形象再探》，《河北学刊》，2018 年第 6 期。

⑨⓪陈鹏：《近代中国人土耳其观的再认识》，《近代史研究》，2018 年第 1 期。

⑨①姚惠娜：《巴勒斯坦的地方治理：历史与现实》，《杭州师范大学学报》（社会科学版），2018 年第 2 期。

⑨②毕健康：《伊斯兰教与埃及现代化悖论》，《中央社会主义学院学报》，2018 年第 5 期。

⑨③杭聪：《帝国主义、社会控制和英属非洲的非殖民化教育》，《郑州航空工业管理学院学报》（社会科学版），2018 年第 5 期。

⑨④王晓秋：《19 世纪中拉文明的一次相遇与互鉴——清朝海外游历使傅云龙的拉丁美洲之行》，《拉丁美洲研究》，2018 年第 1 期。

⑨⑤王文仙：《浅析墨西哥选举制度改革历程及其影响》，《拉丁美洲研究》，2018 年第 2 期。

⑨⑥梅雪芹：《从关注“一条鱼”谈环境史的创新》，《史学月刊》，2018 年第 3 期。

⑨⑦唐纳德·沃斯特撰，侯深译：《谁之自然：生态文明中的科学与传统》，《经济社会史评论》，2018 年第 2 期。

⑨⑧侯深：《错综的轨迹：在自然中重写城市史》，《史学月刊》，2018 年第 3 期。

⑨⑨宋云伟、安昱瑄：《19 世纪中后期澳大利亚居民的森林观与有关环剥树皮的争论》，《世界历史》，2018 年第 6 期。

⑩⓪乔瑜：《澳大利亚灌溉叙事的演变及原因》，《世界历史》，2018 年第 6 期。

⑩①贾珺、考舸：《“一战”西线堑壕中的人鼠关

系》,《北京师范大学学报》(社会科学版),2018年第2期。

⑩陈林博:《美加“鲑鱼大战”:缘起、博弈和缔约》,《世界历史》,2018年第4期。

(作者:郭家宏,北京师范大学教授;郑绍健,北京师范大学硕士生)

考古学

考古学

张天宇　高崇文

2018年,北京地区各科研单位及高校陆续发表了一系列新的考古资料和研究成果,在众多研究领域中均取得了重要进展。现综述如下:

一、重要学术活动

2019年3月29日,由中国文物报社和中国考古学会主办的2018年度“全国十大考古新发现”评选结果揭晓,入选项目是:1. 广东英德青塘遗址;2. 湖北沙洋县城河新石器时代遗址;3. 陕西延安芦山峁新石器时代遗址;4. 新疆尼勒克吉仁台沟口遗址;5. 山西闻喜酒务头商代墓地;6. 陕西澄城刘家洼东周遗址;7. 江苏张家港黄泗浦遗址;8. 河北张家口太子城金代城址;9. 重庆合川钓鱼城范家堰南宋衙署遗址;10. 辽宁庄河海域甲午沉舰遗址(经远舰)水下考古调查。[①]

2019年1月10日,由中国社会科学院主办、中国社会科学院考古研究所和考古杂志社承办的“中国社会科学院考古学论坛·2018年中国考古新发现”在北京举行。论坛评选出广东英德市青塘遗址、湖北沙洋县城河新石器时代遗址、陕西延安市芦山峁新石器时代遗址、陕西澄城县刘家洼东周遗址、四川渠县城坝遗址、河北张家口太子城金代城址等6个考古项目为2018年度中国六大考古新发现。另外,6项入围项目分别是西藏申扎县尼阿底旧石器时代遗址、山西襄汾县陶寺北两周墓地、甘肃宁县石家东周墓地、新疆奇台县石城子遗址、江苏张江港市黄泗浦遗址、辽宁医巫闾山辽代帝陵,以及一个国外考古新发现:洪都拉斯玛雅文明科潘遗址8N-11号贵族居址。[②]

二、综合研究

利用科技手段研究中国古代冶金技术的发展是科技考古的热门话题,2018年有多位学者发表了对古代冶铁遗存的研究成果。张周瑜、陈建立等对中国古代生铁冶炼中的磷进行了探讨,通过分析山东章丘东平陵、河南鲁山望城岗和黄楝树等三处冶铁遗址的炉渣和积铁样品,揭示了各遗址存在的冶炼技术,并对古代生铁、块炼铁、炒钢冶炼过程与不同遗物中金属铁的浮凸组织、磷共晶组织的形成机理及磷的转移过程进行较为深入的分析,深化了对磷在冶炼过程中的作用的认识,并为判断古代冶铁操作提供了参考。[③]李延祥等对邯郸市峰峰矿区西炉上冶铁遗址进行了现场考察和科学分析,通过对炉渣残留物的检测确认该遗址大规模使用了以煤为燃料的高炉冶炼生铁技术,并且煤非常有可能是先行烧制成焦炭再作为燃料用于生铁冶炼的。[④]

实验考古已逐渐成为考古学研究的一个重要分支,正在中国考古学界蓬勃发展。翟少冬根据试验结果从岩石学的角度分析了石料对石器微痕形态的影响,认为微痕的形态和石料的致密程度、矿物成分、矿物颗粒大小、胶结物的性质等因素密切相关,提出有必要针对不同的石料进行控制试验以观察同一种石料作用于不同加工对象时产生的微痕形态并建立微痕数据库。[⑤]

田野考古教学是考古学人才培养的重中之重,也是中国考古学不断向前发展的动力。常怀颖、孙庆伟对北京大学60年来的田野考古教学传统进行了系统回顾,分析了北大考古学科如何将田野考古工地锻造为重大科研的前沿阵地和人才培养的摇篮,从而为构建考古学的“中国学派”奠定了坚实的人才基础。[⑥]

三、石器时代考古发现与研究

2018年，北京大学考古文博学院与郑州市文物考古研究院共同发表了一系列旧石器时代遗址发掘简报，包括河南登封东施、[⑦]西施东区，[⑧]新密李家沟遗址南区、[⑨]北区，[⑩]新郑赵庄，[⑪]郑州老奶奶庙遗址第2地点[⑫]等遗址。针对以上发掘工作，研究者进行了动物考古、埋藏学及古环境的研究。何嘉宁等对郑州老奶奶庙第3地点动物化石进行了拼合及人工痕迹的研究，得到的拼合组对理解该遗址人类行为和埋藏改造有所帮助，同时辨识出在北方旧石器遗址中较为罕见的能反映人类对石料缺乏的适应的证据。[⑬]张俊娜等通过对李家沟遗址地貌结构的考察和沉积物的分析，对李家沟古人类的生存环境进行了初步的探讨，认为李家沟和裴李岗时期气候稳定湿润，但区域间歇性的断层活动引发了多次古地震，给古人类的生存带来了一定的负面影响。[⑭]王幼平等发掘者总结到，这些工作确立了旧石器时代中、晚期文化发展的序列，发现了现代人在中原地区出现与发展的多重证据，同时填补了该地区旧、新石器时代过渡与农业起源研究的空白。[⑮]

研究者对石器时代手工业制品的研究也有所推进。陈宥成、曲彤丽等研究了石叶技术的相关问题，认为石叶的形态特点显示出其与小石叶和细石叶技术上的亲缘关系，作为一种“剥片思想”，石叶技术包含着多样性和包容性，在旧石器时代晚期实现了全球化发展。[⑯]他们在对郑州老奶奶庙遗址的石核进行了类型学研究后，认为这些石核的几何组织形式是在有计划的操作程式下剥片的结果而非偶然产生的，这显示出老奶奶庙遗址石器工业向系统性剥片发展的趋势。[⑰]对旧石器时代骨角器的研究显示出旧大陆东西方在骨角器的丰富程度及对原材料的使用上存在差异，这表明当地人群的文化选择有所不同，这种选择塑造了人群的生计和行为模式。[⑱]

新石器时代的生活和埋葬习俗依然是学者关注的重点。陈星灿等人对河南偃师灰嘴遗址中房址地面及陶器残留物进行分析后总结出仰韶文化中大房子的功能是与宴饮传统有关的。[⑲]冯宝、魏坚通过对内蒙古中南部地区仰韶早中期阶段石虎山类型文化采集到的动植物遗存样品进行分析，探讨了该遗存人群的生业模式。[⑳]张弛等对郑州八里岗遗址仰韶文化多人二次合葬墓M13的葬仪进行了研究，认为其中埋葬的百余人的死亡时间差在200年以上，至少来自3个母系血统，群体的继嗣系统应为父系，随葬的猪下颌骨来自数百年的收藏，人骨的搜集应是聚落中施行合葬仪式的结果。[㉑]邱振威等在对河南郑州索河、须水河和枯河流域进行田野考古调查时针对一般聚落进行了植物遗存分析，对龙山文化晚期至二里冈文化上层时期的谷物变化进行了总结，并指出变化背后的农业管理等社会原因。[㉒]

四、夏商周时期考古发现与研究

2018年，安阳殷墟考古发掘已走过了90周年的风雨历程，学界举行了隆重的纪念活动，发表了一系列新的考古资料及研究文章。中国社会科学院考古研究所安阳工作队发表了殷墟刘家庄北地铅锭贮藏坑及44号墓的简报，对于研究商代铸铜规模、铸铜工艺、商代铸铜工业的生产组织与管理、青铜器和铭文的研究等领域具有重要意义。[㉓]唐际根等对殷墟考古九十年进行了学术史的回顾，指出中文学术界选取殷墟进行发掘既有传统金石学影响的原因，更是现代西方田野考古传入中国的结果，在中国所有考古遗址中，殷墟的发掘开始时间早、持续时间长，见证了中国考古学的诞生与发展。[㉔]李志鹏则对殷墟动物考古的学术史进行了梳理、总结，提出殷墟动物考古是整个中国考古学强调科学方法和多学科研究的“殷墟传统”的一部分，并对殷墟动物考古的未来发展方向提出了展望。[㉕]何毓灵总结了殷墟近十年在道路、手工业、家族墓地、实验考古以及传统殷墟外围考古发掘取得的新成果。[㉖]另外，牛世山总结了洹北商城到殷墟商邑的城市规划与建设的变迁及殷墟陶器的发现与研究；[㉗]杜金鹏对殷墟宫殿区玉石手工业遗存进行了探讨；[㉘]岳洪彬从殷墟王陵和水井深度的比较出发讨论了商代的“黄泉观念”；[㉙]刘煜论述了殷墟青铜器的分铸技术；[㉚]朱凤瀚通过对墓葬打破关系及出土铜器、骨器、玉器等器物的形式分析对殷墟西北冈大墓进行了新的排序；[㉛]王祁等对殷墟刘家庄北地、大司空村及新安庄等三个遗址点出土的植物遗存进行了浮选，指出该结果可以代表晚商时期商文化圈内的农作物结构，而与非商文化圈有较大的差异。[㉜]以上研究是对殷墟考古、也是对中国近代以来科学考古学的阶段性总结，对今后考古工作的开展具有重要意义。

对夏商周典型遗址的发掘与研究依旧是学者关注的重点。何努通过对陶寺宫城城墙基础夯土样品密实度的分析，认为陶寺城墙基槽里的填土与夯土的主要建筑工程学意义在于以换土的方式层层阻隔地表水和地下水对湿陷性黄土地基的浸入，从而全部消除地基黄土的湿陷性，以保障地表以上墙体的安全与稳固。[33]李宏飞以陶器群特征为基础，并以商系文化的分期标尺进行交叉断代，对四处典型遗址的二里头文化第四期晚段遗存的年代下限进行了探讨。[34]社科院考古所发表了河南新砦遗址王嘴西地的发掘简报，为新砦遗址的年代和布局研究提供了重要的资料。[35]张海等通过地质考古勘探和典型剖面的沉积物分析等科技手段，揭示出商代盘龙城聚落主要分布于由网纹红土构成的低丘岗地和河湖相沉积物构成的临湖滩地两个主要的地貌单元上，初步表明盘龙城聚落的发展与地貌演化存在着密切关系。[36]雷兴山等对周原遗址黄堆墓地的墓地范围与堆积状况进行了研究，认为这是一处单纯的墓地，可分为多个墓区，然后对墓地进行了分区并辨析了族群结构，提出判定殷遗民的几条新标准，并对墓地对应的居址区进行了推测。[37]

夏商周考古的一些重大问题也得到了学者们新的讨论。孙庆伟的新书《鼏宅禹迹》在 2018 年掀起了夏文化探索的新高潮。该书持旗帜鲜明的“信古”立场，是对“夏代信史”的考古学重建，采用“历史语境下的考古学”研究方法，既从传世文献的角度详细考察了夏代的王世、积年、都邑、族氏和重大史事，又用“文化比较法”重点对黄河中下游地区的龙山时代诸遗存和二里头文化进行了详细梳理和科学细致的分析，认为夏文化应该包括河南龙山文化晚期和二里头文化的一至四期，并通过对夏代社会结构的研究，对相关考古学文化的属性作出了新的判断，从而更为准确细致地理解了夏文化的内涵。[38]曹大志对商代的“族徽”进行了全面的梳理，认为这些“族徽”应是职官的标志，并依此重新建构了商代的社会。[39]苗霞通过对商代考古资料中的多套间地面或半地穴式建筑居址的梳理讨论了商代的婚姻制度，认为以殷墟为代表的商代社会中占大多数的一般平民无论男女都有较明显的独立性，婚姻制度上应实行较为松散的一夫一妻制，成年女性和未成年孩子是家庭中较稳定的成员，成年男性则游离于家庭和社会之间。[40]冯时通过对貉子卣铭文的重新释读，建立了作为行礼地点的苑囿离宫之阙与牢礼等的联系，考证了卣铭所述内容关乎西周聘礼而与以往所认识的田猎无涉。[41]高崇文对夏商周都城的建制进行了辨析，认为夏商西周都城是以神权为中心的设计理念，还处于初期国家形态阶段，而东周时期的都城则是集权制政体下的设计理念，突出政权所在“大朝”建中立极的绝对权威，反映出东周时期各诸侯大国已步入成熟的国家形态，集权制的政治体制逐渐确立。[42]

夏商周边缘地区的文化也得到了学者们的关注。徐良高辨析了“巴国”“巴文化”“巴地文化”的异同，通过分析相关文献记载，推测巴国源于周初的分封，早期位于今陕南安康一带，后来迫于压力而向西南发展，再后来联合秦、楚灭庸，政治势力和文化影响获得较大发展。[43]李水城利用宣汉罗家坝遗址的考古收获将以往嘉陵江流域的考古发现串联起来，证实了这是分布于川东地区有着极大共性的一支考古学文化综合体，并指出该文化的源头可追溯到陕西南部的仰韶文化晚期，继而沿着嘉陵江流域一路向南发展进入三峡地区并最终发展为巴文化。[44]中国人民大学历史学院考古文博系等发表了对墩那高速尼勒克县境内的古墓葬抢救性考古发掘的简报，墓葬中出土的两件阿凡纳谢沃文化类型的陶罐是伊犁河谷首次发现此类型的文物，为我们研究伊犁河谷地区铜石并用时代的考古学文化积累了新的资料。[45]

运用科技手段研究商周青铜器是冶金考古和青铜器研究跨学科结合的新亮点。张吉等对河南省桐柏县文物管理所藏钟鼓堂等地出土春秋青铜器及五里墩商代铜爵进行了检测分析，指出前者通过参考合金成分与铅同位素比值可以细化其年代认识，后者则补充了二里岗上层阶段高放射性成因铅料在豫南鄂北地区的应用实例。[46]

五、汉唐时期考古发现与研究

2018 年，中古时期城市考古方面又发表了一批新的材料和研究成果。中国社会科学院考古研究所汉长安城工作队公布了西安市汉长安城遗址直城门大街的试掘简报，为进一步了解该大街的宽度、路面结构及使用沿革情况提供了帮助。[47]在此基础上，刘振东对汉长安城城门遗址进行了梳理，指出城门建筑能够体现出都城所具有的礼仪性、威严性、安全性和时代性。[48]中国社会科学院考古研究所邺城考古队等发表了河北临漳县邺城遗址核桃园 5 号建筑基址的发掘简报，为探讨北朝时期佛寺平面布局、建造技术以及砖瓦类手工业生产与管理制度等问题提供了重要的基础资料。[49]

北京多家高校及科研单位参与了江西南昌海昏侯刘贺墓出土遗物的整理与研究。中国人民大学历史学院考古文博系对海昏侯墓出土的青铜食器、酒器、水器、乐器、生活用器、度量衡器、兵器、车马器、工具等进行了整理，指出该墓完整的器物种类为西汉铜器的定名、功用、器用制度等方面的研究及西汉铜器随葬制度的探讨提供了重要资料。[50]北京师范大学历史学院参与了海昏侯墓出土的漆木饮食用器、生活用器、兵器、乐器等的整理，指出这批漆木器制作工艺精湛、种类繁多、数量巨大，为研究汉代漆器发展史提供了重要资料。[51]北京大学出土文献研究所参与了海昏侯墓出土简牍的整理，指出竹简可分为书籍简和公文书牍两种，对于研究儒家学说及其经典的演变、昭宣时期的思想学术图景具有重要价值，同时也为研究该时期的诸侯王、列侯制度提供了新的资料。[52]基于以上新资料，学者对海昏侯墓的研究掀起了新的高潮，拓宽了研究的视野。孙华对海昏侯刘贺墓墓园的地面遗迹进行了研究，探讨了墓地与居邑的关系、墓园规模和形态、墓园园门及其朝向、墓园门阙数量及位置、墓园内墓位安排、墓葬封土形态、墓园祠寝祭祀设施等问题。[53]曹斌对海昏侯墓铜器定名和器用问题进行了讨论，认为这批铜器从时代上可分为四组，其中的三组乐器可三面悬挂，乐器组合体现了诸侯之礼。[54]

对墓葬的研究依旧是汉唐考古的重点。韦正等在江苏镇江东晋画像砖墓简报认识的基础上，补充了若干重要实例，发现六朝时期今镇江地区自成文化圈，镇江东晋画像砖墓是观察汉晋文化嬗变之迹的典型材料。[55]莫阳以襄阳南朝画像砖墓为研究对象，以视觉分析的研究方法讨论了墓葬的营建特点，并指出画像砖的垒砌与墓葬中图像的布局是直接相关的。[56]沈睿文对太原金胜村唐墓进行了新的研究，认为金胜村唐墓为信仰袄教的粟特胡墓地，墓主人品位多在从五品以下，入唐粟特裔存在天葬的行为，并且粟特裔无棺葬的葬俗影响了该地区被胡化的包括汉族在内的其他民族。[57]卢亚辉对西安西郊陕棉十厂唐代壁画墓的墓主身份进行了探讨，发现根据出土的属于唐元功臣墓葬的丧葬元素来看，其墓主的身份只可能属于唐元功臣、龙武军或内常侍中的一员。[58]郭晓涛对晚唐五代的李茂贞墓出土经幢文字进行了分析比对，确定墓中所出经幢残片分别属于2件陶经幢的个体，墓葬中出土梵、汉合写的石经幢上的汉文部分内容应分别来自《佛顶尊胜陀罗尼经》和《大悲心陀罗尼经》真言部分。[59]

科技手段在对历史时期遗物的研究中发挥着越来越重要的作用。张予南、崔剑锋等利用体式显微镜、金相显微镜及扫描电镜-能谱对17面浙江安吉上马山及山东临淄汉代铜镜进行了取样观察和检测，并对二者进行了比较分析，其结果对研究不同环境中高锡青铜基体的微观及宏观腐蚀情况有参考价值。[60]刘薇等利用光学金相显微镜、扫描电子显微镜和能谱仪分析了汉阳陵帝陵东侧从葬坑出土的一件铜铁复合车马器，并研究了其制作工艺，推断此器应为车马器中起固定作用的小物件并有装饰作用。[61]

六、宋元明清时期考古发现与研究

北京市文物研究所发表了一系列北京地区明清时期遗存考古发掘的简报。北京市通州区西集镇明清墓葬和昌平区朱辛庄明清墓葬的发掘简报，为了解当地的丧葬习俗及研究该地区社会发展状况提供了实物资料。[62]圆明园大宫门区域的发掘简报对于了解和认识大宫门区域的供水、排水等具体情况非常重要，弥补了文献、图像资料的不足。[63]长春园海晏堂蓄水楼遗址的发掘简报明确了海晏堂蓄水楼建筑工程做法，印证了史料中关于清代建筑技术的一些记载，加深了对清代建筑材料烧造工艺的认识。[64]

对瓷器的研究仍然是宋元明清时期考古的重点课题。北京大学考古文博学院、景德镇市陶瓷考古研究所等单位对景德镇市浮梁县兰田村柏树下窑址进行了调查试掘，证实了窑址年代自晚唐到五代，是一处大量生产碗、盘、罐等日用瓷的民间窑场，产品种类主要是青绿釉、青灰釉和白釉瓷器，再次证明了这三类器物是同时生产的，表明了景德镇早期窑业生产所受影响来源的多样性。[65]林梅村对张弘略墓与定兴窖藏出土的元代宫廷酒器进行了研究，认为其年代不晚于1328年，元青花所用钴料来自伊朗卡尚地区钴矿，最初由苏木都剌国（今印度尼西亚苏门答腊）使臣或商人贩运至江西景德镇，故称“苏麻离青”。[66]钟燕娣、秦大树以2014年御窑遗址出土的新材料为中心，对比分析了正德前后期御窑彩瓷的面貌和特点，认为正德彩瓷鲜明的时代特点和独特的艺术风格是在后期才逐渐成熟和完善的，其生产发生的阶段性变化与正德皇帝当政时期的政治政策、宫廷背景、时代背景、皇帝个人的品味和偏好等因素相关。[67]

元明清时期的城市考古研究显示了考古学古为今用的特点。武廷海等对元大都的中轴线进行了研究，根据文献记载并结合实地探勘与古图比对，基本锁定了元大都中心台的具体位置，确定了城市中轴线的方向，为积极推进中轴线申遗工作及保护传统中轴线和加强老城整体保护提供了历史的基础。[68]

科技检测是历史时期文物保护的重要手段。窦金海等使用光学显微镜等设备对圆明园出土的部分黄色琉璃瓦釉黄中泛红现象进行了分析，发现了琉璃瓦的变色机理。[69]

七、中外文化交流考古发现与研究

丝绸之路是目前社会关注的热点，考古学者则通过研究描绘出古代丝绸之路上的种种情况。韩建业研究了在丝绸之路之前的彩陶之路，认为“彩陶之路”跨越铜石并用时代、青铜时代和早期铁器时代各个阶段，是早期中西文化交流的首要通道，是丝绸之路的主要前身，对早期中西方文明的形成和发展都产生过重要影响。[70]

古代宗教的传播是中外文化交流的重要方式之一，考古学者通过研究墓葬及寺院庙宇等遗存对古代宗教的研究作出了贡献。陈凌对中国境内中古祆教徒的葬俗进行了研究，讨论了祆教徒葬俗与发现的纳骨器及其形制等问题，对其反映的中外文化交流情况进行了总结。[71]李崇峰对中印佛教石窟寺外观进行了探讨，认为唐时长安与洛阳大型佛寺受天竺寺院影响，同时进行了中国化的改造，敦煌等地唐五代以降流行的大型木结构窟前殿堂建筑则应是受到中原北方地区文化中心同类建筑影响而出现的。[72]魏正中等对龟兹石窟寺院中的连通建筑进行了分析，指出石窟寺院是一处经过精心规划且功能完备的宗教聚落，连通建筑的存在使得寺院内不同单元之间实现了实际的或者象征性的联结，并且这一概念可沿用至其他佛教寺院。[73]

八、外国考古发现与研究

中国学者对外国考古发掘的遗迹或博物馆藏文物提出了新的理解方式。李新伟对洪都拉斯科潘遗址贵族居址“墨西哥纪年”符号和交叉火炬雕刻进行了初步解读，并讨论了北侧建筑的功能和此贵族家庭的地位。[74]巫新华通过对塔吉克斯坦国家博物馆藏六尊圆雕祭司小像的讨论，从它们分别持握“巴尔萨姆枝”的不同数目着手，根据文献记载的内容，运用“数”“历法”“神祇”之间存在对应关系的研究方法对其进行了瑣罗亚斯德教文化含义的深度探究。[75]

注：

①贾昌明：《2018 年度全国十大考古新发现揭晓》，《中国文物报》，2019 年 4 月 2 日。

②《2018 年六大考古新发现揭晓》，《光明日报》，2019 年 1 月 10 日。

③《浅析中国古代生铁冶炼中的磷》，《南方文物》，2018 年第 3 期。

④《邯郸西炉上冶铁遗址初步考察研究》，《有色金属（冶炼部分）》，2018 年第 9 期。

⑤《浅谈石料对石器微痕形态的影响》，《南方文物》，2018 年第 3 期。

⑥《北京大学田野考古教学传统探寻》，《北京大学教育评论》，2018 年第 3 期。

⑦《2013 年河南登封东施旧石器晚期遗址发掘简报》，《中原文物》，2018 年第 6 期。

⑧《2017 年河南登封西施东区旧石器晚期遗址发掘简报》，《中原文物》，2018 年第 6 期。

⑨《河南新密李家沟遗址南区 2010 年发掘简报》，《中原文物》，2018 年第 6 期。

⑩《河南新密李家沟遗址北区 2010 年发掘简报》，《中原文物》，2018 年第 6 期。

⑪《河南新郑赵庄旧石器时代遗址发掘简报》，《中原文物》，2018 年第 6 期。

⑫《2015 年郑州老奶奶庙遗址第 2 地点发掘简报》，《中原文物》，2018 年第 6 期。

⑬《郑州老奶奶庙第 3 地点动物遗存研究报告》，《中原文物》，2018 年第 6 期。

⑭《河南新密李家沟遗址古环境分析》，《中原文物》，2018 年第 6 期。

⑮《从现代人出现到农业起源——郑州地区旧石器时代考古新进展》，《中原文物》，2018 年第 6 期。

⑯《“石叶技术”相关问题的讨论》，《考古》，2018 年第 10 期。

⑰《郑州老奶奶庙遗址石核类型学初步研究》，《人类学学报》，2018 年 6 月 19 日（知网单篇优先发表）。

⑱《试论早期骨角器的起源与发展》，《考古》，2018 年第 3 期。

⑲《仰韶文化大房子与宴饮传统：河南偃师灰嘴遗址 F1 地面和陶器残留物分析》，《中原文物》，2018 年第 1 期。

⑳《石虎山类型生业模式初探》，《农业考古》，2018 年第 6 期。

㉑《邓州八里岗遗址仰韶文化多人二次合葬墓 M13 葬仪研究》，《考古》，2018 年第 2 期。

㉒《河南郑州索、须、枯河流域植物遗存初步分析》，《华夏考古》，2018 年第 5 期。

㉓《河南安阳市殷墟刘家庄北地铅锭贮藏坑发掘简报》《河南安阳市殷墟刘家庄北地 44 号墓的发掘》，《考古》，2018 年第 10 期。

㉔《殷墟考古九十年回眸：从“大邑商”到世界文化遗产》，《考古》，2018 年第 10 期。

㉕《殷墟动物考古90年》，《中原文物》，2018年第5期。

㉖《殷墟近十年发掘的收获与思考》，《中原文物》，2018年第5期。

㉗《从洹北商城到殷墟商邑：城市规划与建设的嬗变》，《中原文物》，2018年第5期；《殷墟考古90年——陶器的发现与研究》，《南方文物》，2018年第3期。

㉘《殷墟宫殿区玉石手工业遗存探讨》，《中原文物》，2018年第5期。

㉙《再论商代的“黄泉观念”——从殷墟王陵和水井深度的比较得来的启示》，《中原文物》，2018年第5期。

㉚《试论殷墟青铜器的分铸技术》，《中原文物》，2018年第5期。

㉛《殷墟西北冈大墓年代序列再探讨》，《考古学报》，2018年第4期。

㉜《安阳殷墟刘家庄北地、大司空村、新安庄三个遗址点出土晚商植物遗存研究》，《南方文物》，2018年第3期。

㉝《湿陷性黄土地基：陶寺城墙建筑技术的关键问题》，《华夏考古》，2018年第6期。

㉞《二里头文化第四期晚段遗存年代下限的探讨》，《考古》，2018年第11期。

㉟《河南新密市新砦遗址王嘴西地发掘简报》，《考古》，2018年第3期。

㊱《商代盘龙城聚落地貌演变的初步研究》，《江汉考古》，2018年第5期。

㊲《周原遗址黄堆墓地分析》，《古代文明》，2018年第12卷。

㊳《鼏宅禹迹：夏代信史的考古学重建》，生活·读书·新知三联书店，2018年版。

㊴《“族徽”内涵与商代的国家结构》，《古代文明》，2018年第12卷。

㊵《从考古资料看商代的婚姻制度》，《中原文物》，2018年第5期。

㊶《貉子卣铭文与西周聘礼》，《南方文物》，2018年第3期。

㊷《从夏商周都城建制谈集权制的产生》，《中原文化研究》，2018年第3期。

㊸《周之南土：巴国与巴文化刍议》，《四川文物》，2018年第4期。

㊹《罗家坝遗址史前考古学文化源流蠡测》，《四川文物》，2018年第3期。

㊺《新疆伊犁州墩那高速尼勒克段考古收获及初步认识》，《西域研究》，2018年第3期。

㊻《河南省桐柏县文物管理所藏商周青铜器的检测分析》，《南方文物》，2018年第3期。

㊼《西安市汉长安城遗址直城门大街试掘简报》，《考古》，2018年第11期。

㊽《汉长安城城门遗址考古发现与研究》，《华夏考古》，2018年第6期。

㊾《河北临漳县邺城遗址核桃园5号建筑基址发掘简报》，《考古》，2018年第12期。

㊿《江西南昌西汉海昏侯刘贺墓出土铜器》，《文物》，2018年第11期。

51《江西南昌西汉海昏侯刘贺墓出土漆木器》，《文物》，2018年第11期。

52《江西南昌西汉海昏侯刘贺墓出土简牍》，《文物》，2018年第11期。

53《海昏侯刘贺墓墓园遗迹刍议》，《江西师范大学学报》(哲学社会科学版)，2018年第1期。

54《西汉海昏侯刘贺墓铜器定名和器用问题初论》，《文物》，2018年第11期。

55《江苏镇江东晋画像砖墓的渊源和意义补论》，《东南文化》，2018年第6期。

56《试论襄阳南朝画像砖墓的营建及图像布局》，《考古与文物》，2018年第6期。

57《太原金胜村唐墓再研究》，《丝绸之路研究集刊》第二辑，2018年。

58《论西安西郊陕棉十厂唐壁画墓M7墓主身份》，《文博学刊》，2018年第3期。

59《晚唐五代李茂贞墓出土经幢研究》，《四川文物》，2018年第6期。

60《汉代铜镜显微组织腐蚀现象的比较分析——以安吉上马山及临淄出土为例》，《文物保护与考古科学》，2018年第3期。

61《陕西咸阳汉阳陵出土铜铁复合器分析研究》，《中国文物科学研究》，2018年第4期。

62《北京市通州区西集镇明清墓葬发掘简报》《北京市昌平区朱辛庄明清墓葬发掘简报》，《北京文博丛刊》，2018年第3期。

63《2013—2015年圆明园大宫门区域考古发掘的主要收获和初步研究》，《中国园林》，2018年第10期。

64《长春园海晏堂蓄水楼遗址考古发掘简报》，

《北京文博论丛》，2018 年第 2 期。

⑥⑤《景德镇市兰田村柏树下窑址调查与试掘》，《华夏考古》，2018 年第 4 期。

⑥⑥《张弘略墓与定兴窖藏出土元代宫廷酒器——兼论浮梁磁局创烧元青花之年代》，《文物》，2018 年第 12 期。

⑥⑦《明正德御窑彩瓷生产的阶段性及相关问题探讨——以 2014 年御窑遗址出土的新资料为中心》，《华夏考古》，2018 年第 4 期。

⑥⑧《元大都城市中轴线研究——兼论中心台与独树将军的位置》，《城市规划》，2018 年第 10 期。

⑥⑨《圆明园琉璃瓦片状云母氧化铁的形成机理》，《中国科学院大学学报》，2018 年第 4 期。

⑦⓪《再论丝绸之路前的彩陶之路》，《文博学刊》，2018 年第 1 期。

⑦①《中国境内中古祆教徒葬俗考论（之一）》，《古代文明》，2018 年第 12 卷。

⑦②《因岩结构与邻岩构宇——中印石窟寺外观初探》，《石窟寺研究》，2018 年第八辑。

⑦③《龟兹石窟寺院中的连通建筑》，《敦煌研究》，2018 年第 2 期。

⑦④《洪都拉斯科潘遗址 8N-11 号贵族居址“墨西哥纪年”和交叉火炬雕刻》，《考古》，2018 年第 10 期。

⑦⑤《塔吉克斯坦国家博物馆藏“神官小像”文化探新》，《世界宗教文化》，2018 年第 6 期。

（作者：张天宇，北京大学博士生；
高崇文，北京大学教授）

语　言　学

中国语言学

余德江　鲁方昕　王春茵　何治春　陈晓蓓　陈保亚

一、语音

语音感知与声学分析相结合的方法已被广泛运用到二语习得的研究中，以此梳理母语和目标语中相异音位的习得难度序列及其影响因素，并对听、说水平加以评估比较。辅音的感知同化尚存不少难点、疑点。邓丹[1]在对汉语、韩语、日语塞音进行声学对比的基础上，结合感知实验，逐一考察了发声类型、VOT、后接元音起点音高等影响塞音感知同化的因素，得出结论：汉语母语者对日语塞音的同化比例整体高于韩语塞音，其中发声类型的作用最大，VOT 次之，元音起点音高的影响最小。邓丹[2]还基于汉韩塞擦音和擦音感知同化分析，比较研究了韩国学习者对汉语 [ts, ts^h, s]、[tɕ, tɕ^h, ɕ]、[tʂ, tʂ^h, ʂ] 三组塞擦音和擦音的习得，发现相似音段的习得受到语音相似度和语言普遍性两个因素的制约。

除了以上对音质音位习得的探究，声调、语调、重音等非音质音位学习的过程和机制也备受关注。所举实例中外语作为目标语或母语的研究占多数，王红斌[3]观察了韩语母语者习得汉语时，学习时长与识别普通话四声时的脑偏侧化之间的关系。李智强、林茂灿[4]根据汉语语调和声调的依存关系、英汉语调的相似性以及声调产生的生理机制和音系特征，以英语母语者学习汉语为例，讨论了语调模型在语音教学中的实践方法。纪晓丽、张辉[5]等运用实验语音学手段考察了中国学习者对英语语调的感知，并与英语母语者对句尾边界调、音节重音的感知方式做比较，指出中国学习者对语调感知的难点不是语音维度的感知而是语义维度的加工，在语调形式与意义的关联上存在困难；但随着英语水平的提高，学习者会逐渐形成构式整体的加工方式。也有些以少数民族语或方言母语者学习普通话为例，谢梦雅、杨吉春、刘彬[6]对东干族学生汉语声调偏误的实验研究表明，其调域偏误较窄且多于调型偏误。赵昊、刘亚丽[7]总结了合肥、无锡、广州三个方言区普通话声韵母的发声偏误类型。

更普遍意义上的语音感知与偏误标注有了方法论的前进。曹冲、解焱陆、张劲松[8]通过元音连续统的样本合成、感知听辨实验，研究了不同共振峰元音对声调感知的影响。魏星、王玮[9]等根据汉语发音特征，建构了发音偏误自动标注系统，可在有限时间内为识别系统提供更多可靠的标注语料。

随着理论和技术的进步，我们对各种声学特征及其参数模型有了更深入的认识，也在这个过程中不断修正和完善已有的概念。张慧丽、段海凤、陈保亚[10]围绕腭音和腭化音在语音特征、定义、分类和表征方案等方面的分歧进行再讨论，基于主动发音器官模型，将腭音类表征为舌冠和舌体的组合活动。胡会娟、石锋[11]对北京普通话四级元音及其变体进行声学实验和统计分析得出，在介音相同的条件下，韵尾［±前］区别特征不同的四级元音（/a/或/ə/）变体间前后维差异都很显著，且差异程度明显大于高低维；而韵尾［±前］区别特征相同的四级元音变体间的差异没有固定的规律。韵尾相同、介音不同的四级元音（/a/或/ə/）变体随各自的韵尾分布于相应的元音系列，变体间的差异主要表现在前后维。覃远雄[12]以桂北土语两种方言为例，认为声调不限于音高，而气音和紧音等非线性成分也被视为声调的特征。

音乐及口传文化与语音关系密切，常配合实验语音学方法对特殊的发声态、声学与韵律等特征量化描写。高孜、孔悦[13]从汉语歌曲中的“倒字”现象出发，研究音程、时长对语流中汉字声调感知的影响。宁威林、刘亚丽[14]采录佛寺诵读音声，提取和分析韵律学参数，把其韵律特征总结为：后接平调延续了调子循环的特点；语调平稳，旋律单一固定，发音平和，节奏由缓慢到略快。

汉语普通话语音研究也引入了有创新性的视角与算法。对超音段特征的量化尝试较多，张微、解焱陆、张劲松[15]提出了一个用连续数值量化汉语连续语流中每个音节韵律强度的计算模型，并通过分析基于声学参数算出的韵律强度值与基于听感标注的重音指数之间的关系、韵律强度值与词性之间的关系以及音节在焦点与非焦点条件下韵律强度值的差异，初步验证了该模型的有效性。程洲[16]分析了《现代汉语词典》中三音节词语的声音形式，从节律结构、轻声现象和声调三方面进行了归纳。高永安[17]指出，变调可以成为声调标记以衡量其稳定性，而标记声调可能是汉语声调格局变化的引导者。在韵母上，崔叶子、王韫佳[18]使用韵离合指数对同韵辙内韵母押韵的亲疏关系进行量化，对一七、梭波、中东等韵辙内部小类的划分展开讨论，为韵类划分提供了新的思路。

二、现代汉语语法、语义

本年度句法语义领域既有对经典问题的梳理及重新分析，也有对新现象的思考和对新理论的拓展。认知语言学是本年度句法语义理论最多产的领域，研究主题主要包括了构式、转喻以及认知语义。袁毓林[19]梳理了语言学中关于转喻的一些概念以及现象，认为“他（的佣人）是日本女人”这类结构最好使用转喻的视角来分析，而不是更常见的省略视角，并且强调语言研究不能“无视转喻这头在屋里走来走去的大象”。袁毓林[20]从转喻的角度讨论了离合词的形成，作者不认为离合词形成于缩略，即“帮了他的忙”是由“帮忙了他的帮忙”缩略而形成，而是认为述宾短语是本体，离合词是喻体，二者之间是转喻关系。

施春宏、李聪[21]分析了一种日常生活中常用的构式“来+NP”，比如“你来前锋”“他来关羽，你来张飞”，指出这种构式的形成是以转喻为基础的，NP的功用角色或施成角色起到了重要的作用，同时这种构式也要求NP不能是基本范畴。此外，作者说明了构式的解析需要将其放到多重关系的结构化模型中。张璐[22]讨论了汉语中“一价认知名词+是”构式（比如“重点是”“关键是”），指出“一价认知名词+是”的结构不仅逐渐凝固，“形式-意义”的不可预测性逐渐增强，而且功能上多数已经变成了话语标记。

在认知语义学研究中，崔希亮[23]总结出了汉语中事件分析中的八种对立，认为自然语言只能展示真实世界中的事件的一部分，语言中所展现的部分是人与事件互动的结果，上述的八种对立反映了语言在描述事件上的差异，这一分析思路与Talmy类似。

对于现代汉语研究中的经典问题及热门问题，本年度也有诸多讨论。储泽祥[24]讨论了近来较为热门的重叠问题，指出在汉语中，构词重叠与构形重叠具有互斥性，这二者是互补的。以名词与动词为例，名词可以构词重叠（比如“爸爸”），则没有构形重叠（比如“脸脸”）；而动词可以构形重叠（比如“走走”），但这些结构都不能成词。范晓蕾[25]分析了“差点儿没”的结构，认为先前研究中用于解释这一现象的“企望说”“色彩说”等都有一定程度的问题。进而提出了“预期说”。

刘丹青[26]再次讨论了汉语中主语与话题的差异，认为话题具有有定或类指、主题判断、属性谓语、非施事等特征，而主语则具有无定（可以是无定）、非主题判断、事件谓语、施事等特征。这两者是对立的，汉语中既有主语又有话题，而且这个话题不同于一般语篇分析中的话题，而是语法化程度较高的话题。唐正大[27]从一个特别的角度分析了汉语中的话题，他讨论了汉语中的话题性修饰语，比如“狗灵敏的嗅觉，山下沁人心脾的香味”。这些结构中前一个修饰语一般表示方所、领有者或者框架事件，不加“的”，而后一个修饰语一般是形容词或者关系小句，要加“的”。作者认为前一个修饰语是话题性质的，而这种结构在汉语中较晚出现，是由汉语中话题-述题这一显赫库藏扩张而来。

一些学者通过汉语与印欧语的比较，认为汉语语法的研究不应完全照搬西方语言学的术语。如果直接将汉语置于这些研究框架中，可能需要处理更多的例外。沈家煊[28]分别分析了近来汉语语法研究中较为热门的五类概念，分别是施格型、中动式、事件结构、关系从句、话题凸显，认为从汉语的事实出发，这些概念都不太符合汉语自身的实际，而是研究者将西方的语言学术语比附到汉语中的结果。同时，作者继续延伸了先前的研究，认为汉语中没有等同于西方语言的“主语”，汉语中的主谓结构只是逻辑上的命题。刘探宙[29]分析了汉语中“松散同位”的现象，比如“江一，我的一个朋友”，这与传统汉语语法研究重视的“紧密同位”有一定的差别，指出这种现象本质上是独立零句，与前后文形成流水句，这种解读可能更适合汉语的语法体系。张伯江[30]分析了汉语中的非论元成分，比如宾语位置上的“我吃出了，你说的那两种馅儿”，总结了主语以及宾语位置出现的各种类型的非论元成分以及修饰语中的非论元成分（比如“灯光开得最亮的演员”）。说明了汉语可能没有如西方语言中典型的论元关系，而更多是“并置式的说明关系”。

分析论元关系的还有施春宏[31]，他讨论了另一种特殊论元，即“影子论元”。这里的“影子论元”主要指在一般语境中不出现而语义中蕴含的论元，比如“他骑得太快”中蕴含了“骑”的受事，一般指“马”。作者认为这种现象与构式压制以及物性结构相关，在这里，动词与其宾语在一般语境中是互相预设的，即作者所谓的“求职—招聘”机制。

在类型学领域，刘丹青[32]继续扩展库藏类型学的研究范围，提出了寄生范畴的概念，所谓寄生范畴，指一种语义范畴限制了某一范畴的使用，这一语义范畴在该范畴中得到了隐形表达，这一语义范畴被称作寄生范畴。

三、汉语方言

方言的连调研究方面。陈保亚、张婷[33]根据兰银官话的调查材料，从理论上讨论了单字调调查的缺陷，主张找到最大对立环境。因为“对立”才是确立音位的首要原则。在调查中，单字调有很大的便捷性，能让我们快速确立声调的基本分布模式，但是这种便捷不应该成为一种研究方法，只记录单字调可能会漏掉一些语音对立。同样，付康[34]也报告了甘肃临夏方言单字调只有两个声调，认为原来的上、去二声已经合并了。沈丹萍[35]对乐亭县的变调进行了描写，乐亭方言非重叠词在阴平、上声和去声后都会出现轻声，但同普通话一样，轻声的具体调值有差异。含有轻声的词的前字调变调模式同正常双字组中前字的变调模式有差异。更有意思的是，原来合为一类的调类，在轻声变调中却又分别开来，即仅靠前字今调值，已经不能完全区别出古调类了。这表明陈保亚、张婷的最大对立环境，不仅体现在正常的声调中，还体现在轻声变调模式中，特别是轻声调值上。吴永焕[36]讨论了郓城方言状态词中的变调行为。覃远雄讨论了桂北土话两个方言气声和紧音这两个成分作为声调特征的案例。

分区与音韵讨论方面。李蓝[37]主张区分“方言分区”和“方言分区讨论”，认为“根据可信的语言材料，提出明确的分区条件和分区方法，画出分区图”才能叫作“方言分区”，其他的都只能“分区讨论”。马冬梅[38]讨论了晋语蟹摄开一二等、合一二三四等的在晋语中的分合演变情况。晋语的蟹开一和蟹合一不分，核心晋语则蟹摄一等与蟹摄合口三四等合流，边缘区更甚，在核心晋语的基础上蟹摄一等、二等、蟹摄合口三四等也一并合并了。麦耘[39]认为湘南、粤北土话和粤西方言中“並定”二母读不送气，而其他塞音读送气是由于帮端母变为内爆音而留下了［p］和［t］两个空挡，並、定填补空挡引发“拉链式”音变。倪志佳[40]报告了通泰方言卷舌音向舌尖前音扩散演变的趋势，这种扩散在地理分布上是不连续的，且不同地区之间的扩散也存在差异。黄晓东[41]报告了浙皖赣边界的一个带官话、吴语、徽语特点的方言岛，通过同周围方言的特征比较，作者主张在系属上应归入官话。沈明、秋谷裕幸[42]选取了三个音韵特征，展现了晋西和陕北 19 市县的吕梁片晋语在这些特征上呈现出的连续分布状态。黄晓东[43]讨论了清东陵方言岛，认为该方言中清入归上的字比北京多，并非早期北京话的存古特征，而是受周围蓟县等保唐片方言影响的结果。

此外，单点音系报告方面有黄晓东[44]的《浙江海盐方言音系》，邓婕[45]的《湖南泸溪"李家田"乡话音系》，罗常培[46]等的《半个多世纪前的休宁方言音系》，刘祥柏、陈丽[47]《安徽芜湖六郎方言语音系统》，徐睿渊[48]《福建长泰方言同音字汇》。

词汇方面，项梦冰[49]考察了汉语方言中"寻、找"等字的分布情况。孙玉文[50]考证出黄冈话表示"脱壳工具"的［li］本字为"擂"。

方言语法方面。孙竞[51]认为安徽凤台官话方言语气词"来"可以充当事态助词、进行体标记、持续体标记、已然体标记。龙国富[52]根据口语材料讨论了北京口语中的连词"只要是、就算是、虽说是"的跨层构式语法化。唐正大[53]对关中方言"VP 呀、VP 得咧、VP 呢"结构中的句末助词的"时间指形式"和"情态"这两项寄生功能进行了讨论。辛亚宁、汪化云[54]结合鄂东南黄冈方言，分析了鄂西北地区表示"听便/任凭"义的"叫他/你莫"的词汇化和语法化过程。李桂兰、吴福祥[55]主张江西吉水方言趋向动词连谓结构"去+LOC+VP"被重新分析为处所动词连谓结构，但为什么会出现这样的"重新分析"，作者没有解释。林少芳、盛益民[56]分析了福建福清方言的"敨"从处所动词到判断动词的演变路径。根据闽东的材料，作者认为"处所"的含义来自"粘着"义，认为福清"敨"的判断动词用法是在闽东的基础上进一步语义创新的结果。胡方[57]从词根、语源、基本语义、句法特点等方面对宁波方言的指示词进行了描写，认为宁波方言现在仍保持二分指示系统，"堂"表近指，"该"表远指，但实际上"该"最早出现，并且早期只是一个中性指示词，宁波方言的二分系统是后起的。赵日新[58]评述了前人关于北京话并列连词 hàn、hài 的来源，提出其是"还有"语音弱化的结果。

四、古汉语

文字音韵训诂研究方面。新材料的整理出版为古汉语研究带来了新的视野。宋镇豪编著出版的《符凯栋藏殷墟甲骨》[59]整理著录有字甲骨 118 片，无字甲骨 3 片，其中有不少为新见内容，为殷商历法、祭祀以及甲骨文字等方面的研究提供了新的材料。李学勤主编出版的《清华大学藏战国竹简（捌）》[60]收录清华大学藏战国竹简 100 余枚，包括《摄命》《邦家之政》《邦家处位》《治邦之道》《心是谓中》《天下之道》《八气五味五祀五行之属》《虞夏殷周之治》等八篇竹书。胡敕瑞[61][62]结合出土文献分别讨论了"市无贰价"和《吴越春秋》中的两个疑误，指出"市无贰价"之"贰"本来是"欺诳"之义，后来被误解为"两个"，误解的原因是由"贰""二"错误替换所致；"小子敢悉考绩"中的"悉"当是"述"字形误，"述考绩"当释为循修父考功绩；"冠挂不顾"中的"挂"当读如"倾"，"冠挂不顾"当释为帽子歪斜而无暇顾及。黄德宽[63]通过构形分析，考定新出战国楚简中从水从禾的字为楚文字"湛"字，也即文献中"埋沈"之"沈"的专用字，认为其构形模式与甲骨文"湛"字一脉相承，并据此解读新出上博简、清华简和其他楚简中使用该字的有关材料，进而揭示该字在楚简中的各种用法及其形义关系的发展演变。黄德宽[64]通过研究安徽大学藏战国楚简《诗经》所见异文，纠正了传世本《诗经》一些长期被误释误读的字词，解决了一些古文字考释的疑难问题，揭示了简本《诗经》异文对《诗经》学、古文字学和文献学研究的重要价值。

有意识地结合文字音韵训诂进行研究成为趋势。李守奎、王永昌[65]从古文字学角度观察，指出段玉裁为解决有些形声字的表音偏旁与其古音不合而提出的音近合韵说所涉及的例证大部分是假形声字，另有一部分来源复杂、变化曲折的形声字，因此古音之间的关系需要谨慎对待。孟蓬生[66]结合上古音系统中谈鱼歌相通的情况，讨论吴国金文中"诸樊"之"诸"的构形问题。李守奎[67]将古文字研究与训诂研究结合起来，或根据出土古文字材料纠正《国语》故训中的疏误，或根据旧注帮助释读古文字，加深了对语言文字和传世文献成书过程的理解。

句法语义研究方面。个案研究成果颇丰。李明[68]梳理了副词"本"及其相应的复音词"本来"等的演变顺序，指出语气副词用法的"本"仍带有一定的时间意味，说明所谓语言系统的三个主要功能的概念功能和人际功能往往纠合在一起。黄易青[69]根据表达语气相同、涵盖的语法单位相同、出现文献互补，以及语音差异符合上古时地演变规律等标准，推定上古诗歌语气助词"只""些""斯""思""止"是上古同一语气词"兮"在不同时地的变体，而"兮"又是"呵"的变体。姜南、吴福祥[70]关注"为"的功能扩展，指出中古以后，"为"因大量翻译原典梵语的 be 动词而发生功能扩展，不仅其后可带陈述性的谓词谓语，而且可以帮助构成被动态、疑问句和加强语气等，表现出鲜明完整的助动词属性，为其进一步向语气副词和选择连词演变奠定了重要的句法语义基础。

类型学视角下的历时研究成为亮点。陈前瑞[71]在类型学的概念框架下重新审视古代汉语中“曾”的语气副词和时间副词两种用法之间的语义演变关系，指出语气副词的非典型用法和时间副词早期的典型用法具有一定的相似性，推测时间副词是基于用例的相似性从语气副词演化而来。陈前瑞、王继红[72]依据时体类型学的概念系统，穷尽分析《左传》中“矣”的多功能性，统计了完成体、现在状态、将来时三个功能的下位用法，以丰富时体意义的分析层次。张美兰[73][74]通过对比《官话指南》及其粤语沪语改写本，对汉语官话和方言的反复问句、施受关系之表达的历史层次与地理分布进行了进一步的讨论，认为这类语言同义结构的共时平面变异，是历时演变在不同层次、不同阶段上的反映。徐式婧[75]从类型学和跨语言研究视角出发，系统地考察了上古至现代汉语时期因果关系表达方式的发展，提出了因果构式的历时发展整体存在“并列构式>次级并列构式>主从构式”的演变规律，这种演变规律既反映了类型学共性，也体现了汉语的个性特征。

学术活动方面。2018 年 7 月 3—5 日，“第四届文献语言学国际学术论坛暨青年论坛”在北京语言大学召开。论坛由北京文献语言与文化传承研究基地/北京语言大学文献语言学研究所主办，与会专家学者围绕文献语言学的理论与方法、基于出土文献传世文献的语言文字研究、古代方言学文献的整理与研究等议题展开讨论，会议获奖论文刊登在《文献语言学》（第七辑）[76]上。

2018 年 10 月 20—21 日，“中国语言学会历史语言学分会首届学术研讨会”在首都师范大学召开。会议由中国语言学会历史语言学分会、中国社会科学院语言研究所、首都师范大学共同主办，首都师范大学文学院承办，与会专家学者从历史语言学的理论、方法、材料等各个方面，对汉语通语、方言、中国少数民族语言的语音、词汇、语法的历时演变等内容展开讨论。[77]

五、民族语

民族语语源关系的讨论仍然持续。吴安其[78]找出了不少有语音对应关系的词，认为早期侗台语和汉语原本应是相近的语言或方言，战国、两汉时期它们已分布在不同区域，关系不是很密切，侗台语的古汉语借词并不是很多。张会叶[79]从核心词比较的角度讨论了海南回辉话的系属问题。陈保亚、余德江[80]总结了汉藏语源关系研究的几种方法，给出了一个基本的汉藏语谱系树。语源关系的讨论整体上还受限于具体语言的深入研究，所以这幅拼图的可靠性还有待提升。

在民族语言的具体描写方面，这一年取得了不少实绩。

藏缅语方面。施向东[81]根据清代乾隆年间编撰成书的梵—藏—满—汉对音工具书《同文韵统》，对清初藏语的面貌进行了讨论。李子鹤[82]通过建立纳西语六个方言点之间的语音对应，为原始纳西语构拟了前冠音 * C1-、* C2-和介音 * -r-。唐留芳[83]报告称，福贡傈僳语的松紧元音实际上是发声态的区别，松元音是气化元音，紧元音是常态元音。闻静[84]对浪速语的工具格助词的多种功能及其语法化路径进行了描写。黄阳、吴福祥[85]对扎坝语趋向前缀进行了描写，并讨论了其语法化过程。尹蔚彬[86]对夏尔巴话词汇构造及特点进行了比较细致的描写。李蕾、陈前瑞[87]对白语大理方言的时体标记［xɯ^{55}］的多功能进行了比较深入的描写，并构拟了其演变路径。瞿霭堂、劲松[88]对藏语多动词谓语句的性质、功能等进行了详细的描写。林幼菁[89]对茶堡嘉戎语大藏方言的音系进行了描写，并说明了主要的音系变化规律。

侗台语方面。李锦芳、黄海暑[90]介绍了云南宁蒗壮语的语音特点，并通过与相关语言的比较，分析其语音系统主要的变异现象及形成原因。李芳[91]对泰语语气词 nâ 进行了描写，认为 nâ 在陈述句和疑问句句末以及陈述句句中停顿处的功能存在一致性，即都有指示兼限止的功能，其所指示的信息类别和限止的具体表现由句类或句子结构的特征决定。戴红亮[92]对傣语转写巴利语［ɔn］韵的变异情况进行了分析，给出了其变异条件。

具体语言的充分描写，是进行语言比较研究、语言接触研究等进一步的基础。相信今后会有更多全面、深入的具体语言描写论著问世。

除上述各领域的研究之外，2018 年还有一些比较有价值的专著和论文集出版。例如何大安、姚玉敏、孙景涛、陈忠敏编写的《汉语与汉藏语前沿研究——丁邦新先生八秩寿庆论文集》[93]，陆宗达、王宁《训诂方法论》[94]《古汉语词义答问》[95]等。由北京大学中国语言学研究中心组织开展的清末民初北京话研究项目的成果陆续出版，例如刘云[96]《早期北京话语法演变专题研究》等，该系列丛书规模庞大、材料充分，是清末民初北京话研究的集大成成果。

注：

①邓丹：《跨语言塞音的感知同化研究——兼论发声类型、VOT、音高在塞音感知同化中的作用》，《语言科学》，2018 年第 17 期。

②邓丹：《韩国学习者对汉语舌冠塞擦音和擦音的产出与感知研究》，《世界汉语教学》，2018 年第 1 期。

③王红斌：《韩国汉语习得者普通话声调感知能力的发展》，《宁波大学学报》(教育科学版)，2018 年第 1 期。

④李智强、林茂灿：《对外汉语声调和语调教学中的语音学问题》，《国际汉语教学研究》，2018 年第 3 期。

⑤纪晓丽、张辉、李爱军、龚箭：《不同水平学习者对英语语调感知的实证研究》，《外语教学与研究》，2018 年第 3 期。

⑥谢梦雅、杨吉春、刘彬：《东干族留学生汉语声调偏误实验研究》，《海外华文教育》，2018 年第 3 期。

⑦赵昊：《南方地区方言普通话声韵母的发声偏误分析》，《中国声学学会 2018 年全国声学大会论文集 K 语言声学与语音信号处理》，中国声学学会，2018 年 11 月。

⑧曹冲、解焱陆、张劲松：《不同共振峰分布下元音对声调感知的影响》，《清华大学学报》(自然科学版)，2018 年第 4 期。

⑨魏星、王玮、陈静萍、解焱陆、张劲松：《基于发音特征的汉语发音偏误自动标注》，《北京大学学报》(自然科学版)，2018 年第 2 期。

⑩张慧丽、段海凤、陈保亚：《腭音与腭化音》，《语言研究》，2018 年第 1 期。

⑪胡会娟、石锋：《北京普通话四级元音的统计分析》，《中国语音学报》，2018 年第 00 期。

⑫覃远雄：《两种作为声调的非线性成分——以桂北土话两个方言为例》，《方言》，2018 年第 4 期。

⑬高齐：《汉语歌曲中的"倒字"现象：音程与时长对语流中汉字声调感知的影响》，《中国心理学会第二十一届全国心理学学术会议摘要集》，中国心理学会，2018 年 11 月。

⑭宁威林、刘亚丽：《诵读音声的采录与韵律特征分析》，《中国传媒大学学报》(自然科学版)，2018 年第 1 期。

⑮张微、解焱陆、张劲松：《汉语语音韵律强度的量化计算方法》，《南京师范大学文学院学报》，2018 年第 4 期。

⑯程洲：《〈现代汉语词典〉中三音节词语的声音形式分析》，《现代语文》，2018 年第 4 期。

⑰高永安：《从声调标记到标记声调》，《语言研究》，2018 年第 4 期。

⑱崔叶子、王韫佳：《北京现代歌谣押韵的定量分析——以一七、梭波和中东辙为例》，《中国语音学报》，2018 年第 00 期。

⑲袁毓林：《汉语中的概念转喻及其语法学后果》，《语言教学与研究》，2018 年第 1 期。

⑳袁毓林：《从形式转喻看离合词分开使用的句法性质》，《当代语言学》，2018 年第 4 期。

㉑施春宏、李聪：《"来+NP"的构式特征及其能产性》，《当代修辞学》，2018 年第 6 期。

㉒张璐：《"N(一价认知)+是"凝固型构式语用现象及其来源探析》，《中国语文》，2018 年第 1 期。

㉓崔希亮：《事件分析中的八种对立》，《世界汉语教学》，2018 年第 2 期。

㉔储泽祥：《汉语构词重叠与构形重叠的互补分布原则》，《世界汉语教学》，2018 年第 2 期。

㉕范晓蕾：《再说"差一点"》，《中国语文》，2018 年第 2 期。

㉖刘丹青：《制约话题结构的诸参项——谓语类型、判断类型及指称和角色》，《当代语言学》，2018 年第 1 期。

㉗唐正大：《汉语名词性短语内部的话题性修饰语》，《当代语言学》，2018 年第 2 期。

㉘沈家煊：《比附"主谓结构"引起的问题》，《外国语》，2018 年第 6 期。

㉙刘探宙：《"松散同位"在汉语中的语法性质》，《语言教学与研究》，2018 年第 2 期。

㉚张伯江：《现代汉语的非论元性句法成分》，《世界汉语教学》，2018 年第 4 期。

㉛施春宏：《影子论元的句法效应及其认知解释》，《汉语学习》，2018 年第 1 期。

㉜刘丹青：《寄生范畴：源于语法库藏限制条件的语义范畴》，《中国语文》，2018 年第 6 期。

㉝陈保亚、张婷：《对立的充分性和最大对立环境——从兰银官话的四声调说起》，《中国语文》，2018 年第 6 期。

㉞付康：《甘肃临夏城区也是两声调方言》，《方言》，2018 年第 2 期。

㉟沈丹萍：《河北乐亭方言的连续变调和轻声》，《方言》，2018 年第 4 期。

㊱吴永焕：《山东郓城方言状态词末音节的变调》，《中国语文》，2018 年第 2 期。

㊲李蓝：《方言分区的历史与方法平议》，《语言战略研究》，2018 年第 2 期。

㊳马冬梅：《晋语蟹摄的演变特征》，《语言科学》，2018 年第 3 期。

㊴麦耘：《对"並定不送气"的高一二演化音法学解释》，《语言研究集刊》，2018 年第 3 期。

㊵倪志佳：《江苏如皋东南边境方言的卷舌音声母》，《方言》，2018 年第 2 期。

㊶黄晓东：《浙江开化华埠土官话的予以你特点及其系属》，《语言研究集刊》，2018 年第 1 期。

㊷沈明、秋谷裕幸：《吕梁片晋语的过渡性特征》，《中国语文》，2018 年第 4 期。

㊸黄晓东：《清东陵方言语音特点及其在北京话史研究中的意义》，《吉林大学社会科学学报》，2018 年第 2 期。

㊹黄晓东：《浙江海盐方言音系》，《方言》，2018 年第 2 期。

㊺邓婕：《湖南泸溪（李家田）乡话音系》，《方言》，2018 年第 4 期。

㊻罗常培、邵荣芬（调查）、张洁（整理）：《半个多世纪前的休宁方言音系》，《方言》，2018 年第 2 期。

㊼刘祥柏、陈丽：《安琥芜湖六郎方言语音系统》，《方言》，2018 年第 3 期。

㊽徐睿渊：《福建长泰方言同音字汇》，《方言》，2018 年第 3 期。

㊾项梦冰：《汉语方言里的寻找义动词》，《语言研究集刊》，2018 年第 2 期。

㊿孙玉文：《湖北黄冈话的"擂子"》，《励耘学刊》，2018 年第 1 期。

51孙竞：《安徽凤台官话方言语气词"来"的时体用法》，《方言》，2018 年第 2 期。

52龙国富：《跨层构式语法化与句法创新——北京话连词"只要是、就算是、虽说是"历史演变》，《玉溪师范学院学报》，2018 年第 2 期。

53唐正大：《关中方言的将来时时间指称形式——兼谈时体情态的共生与限制》，《方言》，2018 年第 2 期。

54辛亚宁、汪化云：《鄂西北方言的"叫他/你莫"》，《中国语言文字研究》，2018 年第 1 期。

55李桂兰、吴福祥：《江西吉水方言"去"的多功能用法及其演变》，《方言》，2018 年第 2 期。

56林少芳、盛益民：《从处所动词到判断动词的演变——以闽语福清话的"敨"为例》，《方言》，2018 年第 6 期。

57胡方：《宁波方言的指示词》，《当代语言学》，2018 年第 4 期。

58赵日新：《北京话并列连词 hàn、hài 的来源》，《方言》，2018 年第 1 期。

59宋镇豪编著：《符凯栋藏殷墟甲骨》，上海古籍出版社，2018 年版。

60清华大学出土文献研究与保护中心编，李学勤主编：《清华大学藏战国竹简 8》，中西书局，2018 年 11 月版。

61胡敕瑞：《一个被误解的成语"市无贰价"》，《中国语文》，2018 年第 6 期。

62胡敕瑞：《〈吴越春秋〉"悉考绩""冠挂不顾"解》，《古汉语研究》，2018 年第 2 期。

63黄德宽：《释新出战国楚简中的"湛"字》，《中山大学学报》（社会科学版），2018 年第 1 期。

64黄德宽：《略论新出战国楚简〈诗经〉异文及其价值》，《安徽大学学报》（哲学社会科学版），2018 年第 2 期。

65李守奎、王永昌：《段玉裁古谐声偏旁分部互用说的文字学观察——兼论汉字中的"假形声字"》，《吉林大学社会科学学报》，2018 年第 1 期。

66孟蓬生：《吴国金文中"诸樊"之"诸"的构形与古音问题》，《吉林大学社会科学学报》，2018 年第 1 期。

67李守奎：《〈国语〉故训与古文字》，《汉字汉语研究》，2018 年第 2 期。

68李明：《副词"本"的演变》，《古汉语研究》，2018 年第 3 期。

69黄易青：《上古诗歌语气助词"只、些、斯、思、止"的词源》，《北京师范大学学报》（社会科学版），2018 年第 1 期。

70姜南、吴福祥：《汉译佛经中"为"的系词用法与语义复制》，《中国语文》，2018 年第 2 期。

71陈前瑞：《试论"曾"的反预期与经历义的演变关系》，《汉字汉语研究》，2018 年第 2 期。

⑫陈前瑞、王继红:《〈左传〉中"矣"的多功能性的量化分析》,《中国语文》,2018年第5期。

⑬张美兰:《反复问句结构的历时演变与南北类型关联制约——以〈官话指南〉及其沪语粤语改写本为例》,《语言研究》,2018年第3期。

⑭张美兰:《施受关系之表达与南北类型特征制约——以〈官话指南〉及其沪语粤语译本为例》,《学术交流》,2018年第2期。

⑮徐式婧:《汉语因果构式子图式间的竞争及其演变规律》,《语言教学与研究》,2018年第2期。

⑯华学诚主编:《文献语言学》,中华书局,2019年3月版。

⑰王照南、李子鹤:《中国语言学会历史语言学分会首届学术研讨会在首都师范大学召开》,《古汉语研究》,2018年第4期。

⑱吴安其:《侗台语与汉语的历史关系》,《民族语文》,2018年第1期。

⑲张会叶:《谱系分类的主要依据——以回辉话为例》,《民族语文》,2018年第1期。

⑳陈保亚、余德江:《汉藏语和澳台语的核心谱系结构——基于考古文化的词聚有阶分析》,《贵州民族大学学报》(哲学社会科学版),2018年第1期。

㉑施向东:《〈同文韵统〉所见清初藏语概貌》,《民族语文》,2018年第1期。

㉒李子鹤:《原始纳西语的前冠音和~＊-r-介音》,《民族语文》,2018年第1期。

㉓唐留芳:《福贡傈僳语的松紧元音》,《民族语文》,2018年第2期。

㉔闻静:《浪速语工具格助词的多功能性及语法化路径》,《民族语文》,2018年第3期。

㉕黄阳、吴福祥:《扎坝语趋向前缀的语法化》,《民族语文》,2018年第4期。

㉖尹蔚彬:《夏尔巴话词汇构造及特点》,《民族语文》,2018年第4期。

㉗李蕾、陈前瑞:《白语大理方言 xɯ(55)的多功能性研究》,《民族语文》,2018年第4期。

㉘瞿霭堂、劲松:《藏语多动词谓语句的认知基础和模块化》,《民族语文》,2018年第5期。

㉙林幼菁:《茶堡嘉戎语大藏方言的音系分析——兼论方言特殊元音比较》,《民族语文》,2018年第6期。

㉚李锦芳、黄海暑:《云南宁蒗壮语语音特点及其变异》,《民族语文》,2018年第3期。

㉛李芳:《泰语语气词 na 的分布差异以及功能一致性》,《民族语文》,2018年第3期。

㉜戴红亮:《傣语转写巴利语 ɔn 韵变异分析》,《民族语文》,2018年第4期。

㉝何大安、姚玉敏、孙景涛、陈忠敏编:《汉语与汉藏语前沿研究——丁邦新先生八秩寿庆论文集》,社会科学文献出版社,2018年12月版。

㉞陆宗达、王宁:《训诂方法论》,中华书局,2018年1月版。

㉟陆宗达、王宁:《古汉语词义答问》,中华书局,2018年1月版。

㊱刘云:《早期北京话语法演变专题研究》,北京大学出版社,2018年11月版。

(作者:余德江、鲁方昕、王春茵、何治春、陈晓蓓,北京大学硕士生;陈保亚,北京大学教授)

英语语言学

王逢鑫

构建人类命运共同体和参与全球治理需要充分发挥语言的作用。李宇明[①]指出:1)我们要掌握全世界200多种重要的语言,与世界人民"通事"和"通心"。2)我们要构建话语体系,获取国际话语权。3)针对语言冲突、语言濒危、一语独大、信息边缘化等全球语言生活治理问题,我们要推进语言智能的国际发展和语言资源的全球共建共享。为发挥语言在全球治理中的作用,我们必须加强语言学学科建设,倡导语言学由结构研究转向话语研究,制定科学的国家语言规划。

语言哲学思想深深影响着语言学家们对语言的研究与处理。俞琳、李福印[②]在已有文献的基础上,从 Leonard Talmy 对语言和认知关系的认识、焦点/背景理论在深层结构和表层表达的应用,以及类型学二分法的不足与句法学理论的修正这三个层面再次探讨了Talmy的语言哲学思想，旨在指出Talmy认知语义学的理念在整个认知语言学哲学框架背景下的差异，并指出与以往研究中认为“认知语言学和生成语言学针锋相对”的理念并不适用于当今语言学家的观点不同，俞琳、李福印认为认知语言学和生成语言学彼此之间是可以兼容和互补的。

贾红霞、李福印[③]采用文献计量法，借助文献检索系统Note Express3.2梳理了近15年（2001—2015）Web of Science收录的认知语言学论文中语料库方法的应用情况。发现：1）语料库方法主要应用于隐喻、转喻、语言本体及语言习得领域。基于语料库的研究明显多于语料库驱动的研究。2）热点话题隐喻与转喻主要包括隐喻与语篇、视觉与情感隐喻、隐喻转喻翻译等。语料库主要用来提取隐喻转喻表达。3）语料库方法在提供频次信息、突出搭配及提供型式等方面贡献突出。贾红霞、李福印指出不足在于某些研究目前无法或很难通过语料库方法进行，并且选取语料的主观性及所选语料的代表性和适切性影响研究结果。未来研究需重视构式搭配分析等方法的使用以及语料库方法与其他实证方法有机结合这一发展趋势。

受限语言是Firth基于语境理论提出的一种语言的微观分析视角或路径。他从整体语言中根据语境划分出一系列子类，旨在准确描写特定语境的文本中特征性的意义表述方式，将语言研究具体化、微观化。受限语言说于20世纪50年代提出，在当时并未受到广泛关注。但随着语言研究向纵深推进，对语言的微观处理成为必然。受限语言说的重要性和合理性逐渐显现。张磊[④]指出近年来，语料库语言学领域新兴的局部语法研究使受限语言说重新成为语言研究的关注热点。

系统功能语法中的“选择”被视为意义表达的核心机制，但学界对其阐释不足。王文峰、张敬源[⑤]对“选择”概念进行系统梳理后发现：1）“选择”有系统选项、选择过程和选择结果等多重含义；2）该思想发源于对语言单位之间的纵聚合关系的描写；3）“选择”建构起语言系统和语言实例之间的桥梁，是意义潜势进行示例化的过程。对“选择”思想的阐释有助于语言本体以及语言产出过程等方面的研究。

语境隐喻是继语法隐喻之后系统功能语言学领域关注的另一类宏观隐喻现象。Martin将语境隐喻看作一种语类象征，是通过隐喻化使用语域变量来“象征一个具有互补性的语类”。他虽然提出了语境隐喻概念，但没有解释语境隐喻的映射机制。高彦梅[⑥]以生物学领域的变态发育现象为例，展示一致式语类与隐喻式语类之间的映射机制及偏离现象。语境隐喻映射过程不仅涉及语类构成阶段的偏离，而且会出现语域偏离和语义偏离。隐喻化的新语类不仅表达一致式语类所赋予的语义内容，而且会保留自身语类的语义系统，同时衍生更多的意义。语境隐喻广泛应用于不同教育阶段，是知识传播的适用性调配手段。

有关言语行为理论的过往研究多偏重施事行为，对取效行为几无论及。向明友[⑦]研究备受青睐的施事行为是否尚存讨论空间，备受冷落的取效行为是否确有关注价值。向明友依循Halliday的言语交际观，以给予和求取为参数，在Austin言语行为理论框架内尝试把施事行为区分为：求取式言语行为、主动给予式言语行为和回应性给予式言语行为三类，并增补言语取效准则，以消减过往研究的繁杂，规避人们对取效行为的误解。

对话句法理论是美国认知功能语言学领域的最新理论成果。该理论重点关注话段之间由音素、词、构式等成分构成的组合和聚合关联，揭示话段之间近似性激活的认知过程。该理论目前尚处初创阶段，尚未关注共鸣结构的语义功能及其对话题延续和对话发展的影响。高彦梅[⑧]将Hasan的衔接和谐理论中的“功能关系”概念引入对话共鸣研究，探索对话发展过程中表层共鸣成分与深层功能关系之间的互动，展示两种理论在解释对话发展过程中的互补性。

语法化、词汇化与构式语法相结合是当前历史语言学、构式语法学说共同关注的问题。随着构式语法研究方法引入语法化研究领域，语法化研究因此有了新的进展，产生了构式化的概念及其理论。龙国富、陈光[⑨]认为构式化理论突出表现在以下四个方面：1）“构式”与“构式化”概念的确立；2）构式化基本特征的归纳；3）构式化类型的划分；4）“构式化语境”概念的提出

“形式和意义的配对”，并非构式的本质特点，这是任何事物都具有的共性。构式必须是一个结构体，语素是最小的音义结合体，其音和义之间只有象征关系，没有内在的结构性的组成关系，所以不能视为构式。把语素也看作构式，将会使构式的形式“不同质”。学界还存在着新兴的“构式主义”与传统的“原子主义”之争。陆俭明、吴海波[⑩]认为：“构式主义”更符合实际的语言生活，并指出：构式语法理论

引导人们关注构式的整体性，关注语句结构背后的认知机制，这很有理论意义和实用价值。不过鉴于构式理论尚未表现出明显的方法论价值，目前尚不宜对此理论作过高的评价。

赵燚、向明友[11]以*Web of Science* 1986—2015年发表的核心期刊论文为研究对象，借助文献计量学可视化工具CiteSpace Ⅲ绘制共被引文献及关键词—学科聚类图谱，尝试厘清关联理论研究脉络并研判其前沿。研究发现：30年来关联理论及其相关研究围绕本体和应用两条主线蓬勃发展，并以心理学、神经科学、病理学、信息和计算机科学为特征渐成跨学科前沿，提升该理论体系的科学性，继而推动语用学在微观和宏观层面上的发展。

计算话语学是随着人工智能的不断发展而提出的概念，是用可计算的形式抽象描写出话语意义的操作模型，它涉及话语分析、认知语言学和自然语言处理等领域，是人工智能研究的重要课题，也是话语语言学发展的必然要求。计算话语学研究的内容包括针对话语概念意义求解的主题计算和针对人际意义求解的话语评价计算。李佐文、严玲[12]认为：话语计算可通过基于规则的方法、基于语料库统计的方法、基于神经网络的方法和基于语义关系的知识图谱等方法实现。

随着计算机、录音机、录像机、智能手机等多种先进科学设备的使用，也包括各种软件和平台的操作，多模态研究在国内外已成为一门显学。与此同时，语言学界、符号学界、传播学界、教育界等对多模态的认识和评价虽然肯定的多，但也有不少负面意见，特别表现在碎片化的问题上。胡壮麟[13]从时间碎片化、阅读碎片化、学习碎片化、知识碎片化、信息碎片化、智能碎片化这六个方面论述碎片化既有负面性，也有正面性，后者是主要的，是时代的产物。我们要以辩证唯物主义的对立统一观点正确处理和防治碎片化的负面性，建立碎片化和整合/融合的互补关系，正确认识多模态的碎片化时代，让碎片化为人类社会的健康发展服务。

情感研究历史悠久。西方近代在达尔文的影响下，跨学科情感研究成果丰富，研究方法和分析模型层出不穷。张舍茹、顾曰国[14]简要回顾了脸部表情研究法、诱发事件分析法与结果反推法、实验法以及人工智能、情感机器人与情感计算，并在此基础上探讨用移动设备研究情感变化的方法及其分析模型。志愿者每隔一小时用移动设备自录音录像，记录当下情感。前后有22位大学生、研究生志愿者参加。采录到的语料构成了由转写文字、语音流和视频流三类数据组成的多模态专门用途语料库。张舍茹、顾曰国根据多模态语料库语言学原理勾画了语料处理的概念建模、数据建模和操作实施评估三阶段法。

韩宝成[15]在考察儿童母语习得机理的基础上，结合基于使用的语言习得观，提出外语学习的语句习得假说。语句是表达交际意图最基本的语言运用单位，总是出现在特定的语境中，因而外语学习应和母语学习一样，以语句为单位在使用中一句句学习。语句习得假说为研究外语学习者如何建立语言知识体系、提高语言运用水平提供了新的切入点。

对语用能力作出描述是当代语言能力等级量表不可或缺的内容。韩宝成、黄永亮[16]在评述CEFR和CLB关于语用能力界定和描述基础上，通过对语用能力含义的考察，依据中国英语能力等级量表理论框架，提出：1）从话语意图的理解和表达界定语用能力；2）语用能力由语用理解能力和语用表达能力组成；3）语言知识，包括语用知识，是语用理解和表达的基础；4）语用表达的效果取决于表达的得体程度。

"信任"为交往中的核心概念和人际语用学的重要维度，在语用学理论中却未得到应有重视。姚晓东、秦亚勋[17]在探析语用学经典论题的基础上指出：基于理性的合作思想体现着交际参与者之间的合作期待与信任，经典语用学理论也对话语主体提出了可信性要求。研究发现：信任概念内嵌于日常会话的一般规律，与社群规约和集体意向性相关，体现着社区特定的交往秩序和伦理要求。交际风险的存在并未削弱、排除合作期待和会话信任。这一发现可为重新认识语用学经典论题提供参照，在拓宽语用学研究视野的同时，为人际语用学的"关系研究"提供新的增长点。

作为一种客观测定语言结构间吸引/排斥程度的方法，搭配构式分析自提出以来，获得了广泛应用。房印杰[18]挖掘该方法的理论/方法论基础，梳理三种共现词分析及其使用范畴，阐述搭配构式分析的新发展：在研究范畴上，该方法开始向二语习得、历时语言学、篇章分析、对比语言学等层面拓展；在研究方法上，开始转向基于义项；在统计算法上，它体现出更大的开放性。

王立非、金钰珏[19]以SSCI来源期刊2006—2017年发表的商务语用论文为语料，采用定量与定性的分析方法，对国外商务语用研究热点与进展进行考察。研究发现：过去12年1）国外语用学论文发表总体呈上升的趋势；2）期刊类别分布较不平衡；3）研究热点主要集中在会话分析、礼貌原则等30个话题；4）会话分析、礼貌原则、言语行为理论、面子理论、跨文化交际理论等涉及较多；5）商务语用研究以实证研究为主，以定性研究为多，计算机辅助的方法应用呈上升趋势。

史兴松、万文菁[20]采用定量内容分析法，对比分析2007—2017年国内外商务英语研究方法。结果表明：1）研究设计阶段，国内外均重视商务英语教育研究，国外比国内更注重商务英语话语研究；国内外研究的学科背景均以语言学为主，但国外研究的跨学科性强于国内；国外研究涉及的商务体裁更加丰富，对口头、网络等交际实践话语的关注度远高于国内。2）数据收集阶段，国内外均以非概率抽样为主，国外研究更多使用问卷、访谈和观察等数据收集方法。3）数据分析阶段，混合法和定性法是国外研究的主流方法；而国内偏向定量法；在具体分析方法上，国内研究者对语料库分析工具的运用较为充分。4）信效度检验方面，国内外研究均有不足。

王立非、李炤坤[21]以互文性为理论框架，运用语料库与定量统计方法，对比分析中美500强上市企业年报文本的互文性特征，试图发现年报互文性特征与企业绩效之间的相关性。研究发现：1）中美总裁致辞在文本特征层面存在差异。中文总裁致辞篇幅较短，少用被动结构和第一人称单复数代词。2）中美年报总裁致辞在互文性特征层面存在共性，均使用直接引语；披露绩效信息存在显著差异，但披露前瞻性信息未见显著差异。两类年报存在语块重复，直接引语的数量与侧重点不同。

江进林[22]采用内容分析法，对2006—2017年我国14种外语类主要期刊发表的外语测试实证研究论文进行梳理，探究国内外语测试实证研究的整体趋势、内容和特点。研究结果显示：外语测试实证研究论文的发文量呈波动式发展趋势；超过一半的研究关注大规模测试，研究主题不仅涵盖效度、构念、反拨效应、人工评分、试题/任务/试卷、认知因素、情感因素、考生表现等经典主题，也包括机考和网考、自动评分、课堂评估、社会因素、等级量表、测评素养、认知诊断测试等新兴话题；研究具有对象广泛、内容多元、方法综合的特点，但研究的均衡性、系统性、前沿性有待提升。

文秋芳、孙旻和张伶俐[23]历时3年跟踪考察了两所不同类型高校139名英语和德语专业学生的思辨技能发展状况。研究使用自主研制的标准化思辨技能量具，在受试本科学习的前3年实施4次测评。研究结果显示：1）学生思辨技能整体呈现进步趋势，经历了“上升—持平—上升”的发展阶段；2）英语和德语专业学生的思辨技能在各阶段无明显差异；3）思辨技能初始水平不同学生的思辨技能发展轨迹总体相近，但局部存在差异。

濮实[24]研究基于对中英两国高校外语教育专业19名中国硕士生的访谈，收集他们硕士论文文献述评章节撰写过程的数据，探讨学术写作语境中元思辨能力的构成要素，并结合案例阐释各要素的内涵。研究发现：元思辨能力包含行为目的、角色定位和知识观三个要素。行为目的体现在个人发展认知层面；角色定位和知识观体现在写作任务管理层面。研究对思辨能力的培养和探究具有启示意义。

出国出境交流是外语专业学生国际化培养工作的重要组成部分，但如何将留学与整个培养过程有机融合在一起，不同时期和不同高校有不同的操作方式。宁琦、彭丽虹[25]以北京大学外国语学院学生2011—2015年的留学数据为基础，通过调查问卷和学生留学总结报告，对外语专业学生出国出境交流效果进行分析。从学习效果角度看，通过海外课堂学习和社会生活经历，学生的专业技能获得提升，研究视野得到扩展，责任感增强，发展预期更加明确，国际适应能力和交流能力显著提高。从管理方式看，行前的充分准备工作和交流期间的及时信息沟通与指导是保证留学活动顺利进行的有效手段。

魏兴、吴莎和张文霞[26]以我国21个省市287名人力资源部门的招聘者为调查对象，采用问卷调查和深入访谈的方式，考察分析了职场英语能力现状与需求。调查结果表明：1）超过半数招聘者对员工整体英语水平的评价不高；2）多数单位的整体英语使用频率较高，单位招聘一般主要关注英语交流能力，对具体英语技能的需求则因单位类型、业务特点而异；3）多数单位会对在岗员工提供英语培训，但不同类型单位的培训侧重的英语技能有所不同。

司显柱、庞玉厚[27]指出评价系统是一个关于人际意义的赋值系统，它关注话语如何通过评价型词汇语法资源表达各种态度和情感。作为人际意义的组成部分，评价意义如何成功地从源语文本转换到目的语文本是翻译过程中不可忽视的重要因素。它是评判翻译质量的重要参数。根据评价理论，实现评价意义的词汇语法资源包括三个系统，即态度系统、介入系统和级差系统。

在沟通中国与世界、助推中国走向世界、参与全球治理的过程中，我国的外语教育应服务国家发展战略，明确学科定位，加强结构调整，实现自我革新，构建具有中国特色的外语教育体系。然而，学界对外语教育的学科属性仍不明晰，对其独立学科地位仍然存疑，对相关问题尚缺深入探讨。王文斌、李民[28]提出：为因应国家战略和社会发展需求，我们该实施分科统合、专业调整和学科优化，在厘清外语教育研究与应用语言学、教育语言学、外语课程与教学论等学科关系的基础上，明确其学科归属，构建外语教育学的独立学科地位。

韩宝成[29]从学科教学论视角详细阐述了整体外语教学的核心理念，提出：1）整体内容观：基础外语教育应以人文通识内容为依托，完整体现语言及语言教育本质，服务学生全面发展；2）整体学习观：外语学习是以意义建构为核心并融合多种知识、能力和素养于一体的“学养”发展过程，是学生知、情、行整合转化的过程；3）整体教学观：外语教学要“整体输入”“整体输出”，以“对话”为代表的整体互动性学习活动为支撑，提高“整进整出”效果。

周树春[30]从中国目前不断提升的国际地位和进一步明晰的国家战略对外语教育提出的新要求入手，探讨外语教育战略新路向，认为增强大国自觉和坚持战略意识是确立新型大国外语战略的内在要求和重要基础，提出从维护国家语言安全和适应大国地位出发，需要进一步把提升文化自信有效贯穿到外语教学的全过程和各方面；同时，在经济全球化进程不断深化和信息技术迅猛发展的背景下，与时俱进地为外语教学注入更多的时代内涵。

国别语言政策研究是新兴学科语言政策与规划研究的重要组成部分，是了解其他国家语情和民情不可或缺的路径。语言政策研究在引领世界从单语主义向多语主义发展、从消灭方言土语转向保护语言生态等方面发挥了十分积极的作用。国别语言政策研究的发展取决于学科导向、研究队伍建设、成果发表等。戴曼纯[31]认为；当前的利好因素将促进学科发展，充分发挥其学术价值和实用价值，增强其服务国家建设的作用。

当前，国别与区域研究已成为外语学科以及其他学科重点开拓的一个重要学术阵地。考虑到美国的重要性、影响力，以及深层次研究美国的现实需要，在外国语言文学学科框架下提倡美国学学科建设是时代需求。王波[32]提出：推介和普及美国学概念不是为了弘扬美国文化价值观，而是为了深度解读和认识美国，系统考察文化因素对相应美国历史与现实议题的作用范式与影响途径；同时，积极拓展外语学科内涵，使美国学成为新时代外语学科建设的重要内容，助力其服务国家对外战略需求。

“文化组学”是通过对海量数据的定量分析来揭示人类文化及其演变趋势的研究。它被视为大数据背景下进行人文计算的有效方法，推进了“数字人文”的发展。“文化组学”研究起始于《科学》和《自然》杂志，主要应用领域包括语言演变、文化研究、情感分析、未来预测等方面。邵斌、王文斌[33]认为：国内学界对该领域的关注，有助于把握大数据时代人文科学研究的新趋势。

黄必康[34]重读中国西方语言文化大师李赋宁先生的论著，提出李赋宁先生外语教学思想中有以下几条重要的原则：1）外语教育家也应是博古通今的人文学者及外语教学理论的实践者；2）外语学习者必须首先有本族语的文化自信，在学好本族语言和本族文化的基础上方能有效地形成外语技能和外语思维能力；3）语言是一个有机的系统，学习外语要自上而下，建立系统的观念和学习视野；4）用分析和综合的方法进行大量的外语阅读是学好外语的关键，也是锻炼扎实的外语写作能力的先决条件；5）充分注重笔头练习，使外语的能力准确地落实到写作中去；6）良好的翻译能力是一种掌握“语言炼金炉”的能力，表现在译者吃透原文后能够综合应用优美地道的母语传达原文的思想、意境和气韵。在外语学习日趋数字信息化，人工智能与机器翻译都有长足进步的今天，李赋宁先生的这些外语教学思想对我国的外语学习仍具有根本的实践指导意义。

注：

①李宇明：《语言在全球治理中的重要作用》，《外语界》，2018 年第 5 期。

②俞琳、李福印：《殊途同归：再论 Leonard Talmy 的语言哲学思想》，《语言学研究》，2018 年第 2 期。

③贾红霞、李福印：《基于语料库方法的认知语言学研究：文献计量学视角》，《语言学研究》，2018 年第 1 期。

④张磊：《重谈受限语言：对局部语法理论根源

的解析》，《语言学研究》，2018 年第 2 期。

⑤王文峰、张敬源：《系统功能语言学的"选择"思想》，《现代外语》，2018 年第 1 期。

⑥高彦梅：《语境隐喻中的映射与偏离》，《中国外语》，2018 年第 2 期。

⑦向明友：《言语行为理论评注》，《现代外语》，2018 年第 4 期。

⑧高彦梅：《对话共鸣与衔接和谐》，《现代外语》，2018 年第 3 期。

⑨龙国富、陈光：《试论构式化的概念及其理论发展》，《外语研究》，2018 年第 2 期。

⑩陆俭明、吴海波：《构式语法理论研究中需要澄清的一些问题》，《外语研究》，2018 年第 2 期。

⑪赵燚、向明友：《关联理论研究前沿探析》，《现代外语》，2018 年第 1 期。

⑫李佐文、严玲：《什么是计算话语学》，《山东外语教学》，2018 年第 6 期。

⑬胡壮麟：《多模态的碎片化时代》，《外语研究》，2018 年第 5 期。

⑭张舍茹、顾曰国：《用移动设备研究大学生情感变化：方法及其分析模型》，《外语电化教学》，2018 年第 1 期。

⑮韩宝成：《外语学习的语句习得假说》，《外语界》，2018 年第 1 期。

⑯韩宝成、黄永亮：《中国英语能力等级量表的研制——语用能力的界定与描述》，《现代外语》，2018 年第 1 期。

⑰姚晓东、秦亚勋：《交往中的合作期待与信任》，《现代外语》，2018 年第 3 期。

⑱房印杰：《搭配构式分析——应用与发展》，《现代外语》，2018 年第 3 期。

⑲王立非、金钰珏：《国外商务语用研究新进展的可视化分析》，《山东外语教学》，2018 年第 5 期。

⑳史兴松、万文菁：《国内外商务英语研究方法探析(2007—2017)》，《外语界》，2018 年第 2 期。

㉑王立非、李炤坤：《中美商务语篇互文性多维对比研究》，《外语教学理论与实践》，2018 年第 3 期。

㉒江进林：《我国外语测试实证研究：回顾与展望——基于外语类主要期刊的统计分析(2006—2017)》，《外语界》，2018 年第 2 期。

㉓文秋芳、孙旻、张伶俐：《外语专业大学生思辨技能发展趋势跟踪研究》，《外语界》，2018 年第 6 期。

㉔濮实：《学术写作中元思辨能力的构成要素研究》，《外语界》，2018 年第 6 期。

㉕宁琦、彭丽虹：《外语专业学生国际化培养的实践与思考——北京大学外国语学院学生留学情况调查》，《外语教学与研究》，2018 年第 3 期。

㉖魏兴、吴莎、张文霞：《中国职场领域英语能力现状与需求的调查分析》，《外语界》，2018 年第 1 期。

㉗司显柱、庞玉厚：《评价理论、态度系统与语篇翻译》，《中国外语》，2018 年第 1 期。

㉘王文斌、李民：《外语教育属于什么学科？——外语教育学构建的必要性及相关问题探析》，《外语教学》，2018 年第 1 期。

㉙韩宝成：《整体外语教学的理念》，《外语教学与研究》，2018 年第 4 期。

㉚周树春：《民族复兴历史进程中的外语教育战略新路向》，《中国外语》，2018 年第 1 期。

㉛戴曼纯：《国别语言政策研究的意义及制约因素》，《外语教学》，2018 年第 3 期。

㉜王波：《试论美国学在外国语言文学学科中的地位》，《外语研究》，2018 年第 6 期。

㉝邵斌、王文斌：《文化组学：大数据时代的人类文化研究》，《外语教学理论与实践》，2018 年第 2 期。

㉞黄必康：《重温李赋宁先生外语教学思想》，《山东外语教学》，2018 年第 4 期。

（作者：王逢鑫，北京大学教授）

外国语言学（英语除外）

鲍 红

一、语言学

李洪儒以结构主义语言层级观为理论背景，以俄语相关现象为分析对象，证实语言中心论和言语自我中心性。在此基础上，分析俄语各层级语言中心论和言语自我中心性的表达方式和特点。研究发现：第一，语言人类中心论和言语自我中心性以主观意义为存在方式；第二，主观意义就是人在相应语言现象中的存在方式；第三，研究主观意义是整合语言学与语言哲学的理想着力点。作者还从整体论研究方法出发，从词汇意义的结构、语用要素与交际要素、词的语义结构与义子的现实化三个方面入手，揭示相应语言现象及其运作机制中的主观性。研究表明学术界有关词汇意义的有些结论未必合适，有必要重新研究；词语的世界实际上不是世界，而是人认知现实世界的方式，属于人的意识世界。[①]维果茨基的“文化—历史心理学”可谓世界闻名，但现有研究成果无法展现出该理论的全部理论内涵和思想价值。赵爱国尝试从符号学视域对其作出些许分析。研究表明，“文化—历史心理学”的符号学意义集中体现在维果茨基对心理符号和艺术符号的独特理解和解释方面：前者聚焦“人的活动论”中思维与言语关系的审视，揭示了“内部言语”的发生学机制；后者主要对艺术心理学的研究对象、取向、方法和手法等基本学理做了具有符号学性质的界说、定位、解释和描写等。[②]对两种语言学理论进行的对比研究，其学术思想的梳理、辨析以及对比分析无疑是不可或缺的重要方面。姜宏和徐颖对比了俄罗斯功能语法理论与西方系统功能语言学的学术思想及互补性。作为功能主义语言学的两大流派，俄罗斯的Бондарко功能语法理论和西方Halliday的系统功能语言学有着各自的核心学术思想，它们是两大理论对当代语言学研究和发展作出的重要贡献。同属一种研究范式的功能语法理论和系统功能语言学，就其学术思想而言，有许多相通之处，但由于生成背景和学理渊源不同，二者又显现出鲜明的个性和特色。对它们各自的优点和缺陷进行比照性分析可以达成相互借鉴、共同完善之目的，进而为具体语言研究包括为汉语的研究找到更加科学合理的方法论。[③]季明举探究了K·阿克萨科夫的斯拉夫主义语言哲学思想，指出其所关注的对象是词，将词作为民族精神的内在现象（内在形式）来看待，强调词的民族生命图景，认为词身上灌注着诗性的民族意识。思想（理念）和词共存共生，都受到内在民族精神机制的强有力驱动。K. 阿克萨科夫的语言哲学反对西方理性主义语言学对语言的普遍性、形式化以及工具化的理解，将语言视作一种有机的“生命现象”，阐述语言的民族生命图景、语言的内在形成机制、语言与民族自我意识、语言与民族生活等斯拉夫主义语言哲学问题，从而确定了其在俄罗斯民族语文史上不可或缺的卓越历史地位。[④]语言作为一种特殊的社会现象时刻与社会处于共变之中。刘彦晶以近十年俄罗斯年度词语为研究对象，从社会语言学视角出发，探究俄罗斯语言和社会的共变规律。经研究得出：近十年俄罗斯社会生活中最受关注的领域依次是政治、经济、民生、文化、科技、环境，各领域的年度词语折射出相应领域十年间的发展特点，并构成了俄罗斯的社会图景；社会对语言的影响则主要表现为新词的增加和构词方式的多样化。[⑤]

二、语法学与语义学

左少兴结合自己多年教学实践经验，在古俄语读本材料筛选上，紧扣住与现代俄语和俄罗斯文学的渊源关系，选取了能反映古俄语状况及俄罗斯文学史上的宗教性的作品，并从文字、语音、语法（主要是词形变化等）、缩简词以及古俄语文献中的古斯拉夫语成分等方面来襄助理解。在编选方式和体例上仿效中国的《古文观止》和现代俄语教科书，在有限的时间和空间范围内提供尽可能多的、必要的古俄语知识和信息。[⑥]于鑫分析了俄语形容词和名词定语的异同。形容词定语与名词定语可具有同义关系，许多情况下能相互替代，但它们的意义和修辞色彩有着细微差别，导致它们的使用范围并不完全相同。总体来看，名词定语强调两事物之间的关系，语义更为具体；形容词定语强调事物的特征，突出整体的概念，而没有两个事物的清晰形象。在翻译实践中，汉语N_1（的）N_2形式的定中词组应根据具体语境，在明确其内部语义关系的基础上，将N_1分别译为形容词定语、不带前置词的名词定语和带前置词的名词定语。[⑦]

человек//люди 是俄语中一对典型的异根交替形式。王梓通过对这对形式的语素构成、构词能力、句法功能进行共时分析，结合历时角度对异根交替形成过程的探讨，得出以下结论：человек//люди 异根交替的根源在于两组词形变化表的局部缺省和重新组合，其形成与发展具有深刻的语言理据性，反映在现实的历史发生过程中，并可由相关形态学规则和认知规律加以说明。通过分析这对异根交替形式，能够为语言学习和不规则形式的研究提供借鉴与启示。[⑧] 杜桂枝以俄语动词为例，详细分析语义配价、支配模式和题元结构各自的存在特点、转换形式及其对应关系，以揭示词汇语法学研究的深层语言机制，提供语言整合性描写的多维度视角。动词语义配价是纯词汇语义层面的概念，配价成分是保证词汇语义自足的要素；动词支配模式是词汇的句法性能在语义—结构交叉层面的体现，是语义配价向句子题元解构过渡的中间环节；题元是句子层面的概念和术语，指构成句子必需的建构元素，这些元素一定是由语义的配价成分转换而来，对应表层句法结构中的最小称名模式。动词在这三个层级上完成词汇语义向句法性能和深层结构的投射和转换，是对词汇语法学理论最好的印证，是语言体系整合性描写原则的完美体现。[⑨] 固定比喻是熟语的表现形式之一，其同义性因受其结构特点的制约而具有一定的特殊性。王丽雯选取了“人物外貌”语义场中的约 430 个固定比喻，并对其同义关系进行了分析，归纳了定义固定比喻同义性的标准。分别研究了单义、多义固定比喻同义性的特点及常见的问题，提出了应当结合语境从语用学的角度来观察固定比喻的同义性。[⑩]

三、计算语言学与语篇学

张禄彭、易绵竹、孙爽和薛恩奎收集俄罗斯计算语言学学术会议全部论文建成论文语料库，分多字段记录论文信息构成论文数据库。统计论文分布情况，发现俄学术界的国际化倾向。统计分析作者分布情况，梳理出 57 位最具有研究价值的俄罗斯学者。统计单位机构分布情况，观察重点单位活跃度的演变历程。统计全部论文语料，高频词和关键词反映出俄学术界着重关注的子领域或问题。在全文统计分析的基础上，讨论俄罗斯计算语言学的特点和趋势，阐述其与莫斯科语义学派的渊源、文科与理工科的融合、国际化趋势。[⑪] 新闻话语是以说服为首要目的的言语交际活动，论证是实现说服的代表性言语交际策略。徐美玲利用近年来所收集的俄罗斯媒体关于“一带一路”倡议的新闻报道，自建了一个小型语料库，在此语料库基础上，从言语交际视角出发，运用实例分析法，深入剖析“一带一路”相关新闻话语中心论证言语交际策略的主要实施方法及其相应语言表达手段。[⑫] 批评话语分析是一种以系统功能语言学为主要理论依据的语篇分析方法。许婷婷以俄罗斯主要政党对十月革命一百周年的新闻报道组建语料库，运用批评话语分析中的费尔克劳话语三维模式解读语料库文本背后的政党意识形态，找出各政党对十月革命评价的共性与差异。[⑬] 对话与独白是言语交际的两种形式，俄罗斯著名的语言学家谢尔巴认为，独白在很大程度上是人工的语言形式，语言的真实存在仅体现在对话中。对话研究在俄国语言学界源起甚早，具有自身独特的特点和深厚的研究传统。张洁以俄国 20 世纪以来的著名语言学家、对话分析学者什维多娃、阿鲁玖诺娃和帕杜切娃在三个不同时期的代表性著作为基础，分析俄语对话研究的传统与发展，展现俄语对话研究的特点与成果，以期深化国内语言学界对对话语言使用的认识。[⑭] 赵婷廷分析了博加特廖夫及其民间文学研究。博加特廖夫是 20 世纪俄罗斯著名的民间文艺学家，他从语言学角度，探究民间文学的结构和功能，发表了诸多颇有见地的研究成果。博加特廖夫主张在田野调查的基础上进行民间文学研究，他于民间文学中的功能—结构主义研究法有首创之功，为民间文学的功能研究奠定了基础，并率先将民间戏剧纳入民间文学研究体系。对民间戏剧的本质和功能作出了深入分析。同时，他主张绘制民俗地图，更直观地展现相邻地区的民俗事象的内在关系。[⑮]

四、俄汉对比研究

周民权强调指出俄汉身势语的社会性别定型是客观存在的普遍现象，具有不尽相同的民族特点、历史渊源、社会习俗、文化理念、思维方式、非口头表达习惯等，主要体现于动作语言、空间语言、触摸语言以及面具语言。希冀通过对其进行对比研究，有助于掌握男女两性使用俄汉身势语的基本规则，为国内俄汉语教学提供可资借鉴的语用实例。[⑯] 张志军和杨茗以俄罗斯科学院语言意识自由联想实验为蓝本，通过发放调查问卷的方式对分别来自俄罗斯、中国的三所综合性大学的学生进行观念词 судьба/“命运”自由联想实验，通过对其联想场的对比分析，可以挖掘两种语言中观念词的异同，了解并阐释俄、汉两个民族的文化、价值观、宗教信仰等方面的差异，同时又可以为进一步建构语言文化场提供重要的客观依据。[⑰]

副动词是俄语文学语篇的典型语言现象，是俄汉互译过程中的“语言真空项”。刘淼以契诃夫小说原文及其三个汉译本为语料，用语料库驱动的方法对译自副动词短语的翻译语言特征进行了多层面的描写。研究表明，副动词短语在文学语篇中分布较为密集，译文在句子结构上存在整合倾向，译文缺少能够准确表达其语法意义的词汇语法手段，主动词与副动词之间的语义关系在译文中被模糊化。[18]靳铭吉从汉语语言现象和理论出发，对俄汉语同类语言现象进行了一次分析尝试，客观描述了汉俄语副词+形容词在组合关系上发生的变化，即从最初的汉语程度副词不能与状态形容词、绝对性质形容词和定量形容词搭配，俄语程度副词不能与关系形容词搭配，发展到近年来以上限制被不断突破，呈现出新的样态和发展趋势的新局面。作者深入剖析了这种变化产生的内外原因，并对汉俄语之间在这一问题上存在的差异作出解释。[19]陈洁、刘慧和杨丽提出语序可以分为语法、语义、语用三种类型，并对汉俄语义语序进行对比研究，指明汉俄两种语言共性语义语序规律是：1. 心理重轻律；2. 时空有序律；3. 逻辑因果律；4. 认知象似律；5. 文化成因律；6. 科学排序律。汉、俄语在表达同一语义内容时，有时因为构词组句等差异而遵循不同的语义语序原则。另外，汉语表达“句内松、句外紧”，句外制约句内；而俄语表达是“句内紧，句外松”，这时常导致俄汉翻译中语句顺序的移位达意。作者们旨在诠释汉、俄语在表示同一意义时为何采用相同或不同，特别是不同的语序原则。[20]语法化是人类语言发展过程中普遍存在的一种现象，受到了国内外语言研究者的广泛关注。成为语言学研究的重要课题。对于俄汉语语法化共时和历史研究来说，语法化现象的探讨具有特殊的意义和价值。黄雅婷从认知语义的角度对俄汉语空间语义范畴语法化路径、认知机制和语法化程度进行对比分析。空间语义范畴具有跨语言的相似性，俄汉两种语言尽管在句法、形态结构等方面有很大差异，但语法化路径有很多共同之处。两种语言都有相同的语法化路径和认知机制，差别主要体现在语法化程度上。俄语属屈折语，其空间语义范畴语法化程度更高于汉语，这是由汉语是孤立语的本质属性决定的。[21]亲属关系隐喻常见于中俄政治话语，孙福庆以俄国学者 А. П. Чудинов 的隐喻模式化理论为基础，结合话语分析的方法，从认知和文化视角分析俄汉语亲属关系政治隐喻的异同。以大家庭、夫妻关系和兄弟关系隐喻框架为切入点，结合社会语境和文化语境分析相应的政治隐喻的认知机制和语用意义。亲属关系政治隐喻研究有助于我们深入理解该主题下政治隐喻运作的思维机制以及背后所暗含的意识形态。[22]

五、语言文化学

刘宏集合多年来对语言文化、心理语言学、认知语言学和跨文化交际学相关问题的研究，对俄语语言与文化研究领域内的多个问题进行了详尽的阐述。指出语言国情学分化出语言文化学和跨文化交际学两个趋势；语言个性问题是当代语言教学法的核心问题之一；对语言世界图景进行再现和阐释是语言文化学的基本任务；文化观念是构成语言世界图景的基本单位，是语言文化学研究的核心问题，是语言个性在语言认知层面的内容、文化空间是构成语言世界图景的基本单位，是语言文化学研究的核心问题，是语言个性在语言认知层面的内容；文化空间是其自身的文化观念体系，先例现象是民族文化空间的核心，是语言个性在交际层面的核心内容；民族社会文化常规范型反映民族认识世界的过程和特殊的认知结果，是民族语言意识的重要内容。交际的过程就是语言文化意义单位被不断识别和联想的过程，是语言意识相互碰撞的过程；而语言意识是民族心理语言学、语言文化学和认知语言学的共同研究对象，是跨学科的概念，能够促进外语教学中对认知过程的描写并提高教学质量与效果。[23]目前学术界对有关俄罗斯民族性格的研究大都基于国情学或国情文化学角度。赵春晶从话语视角，以话语理论为基础，通过对俄罗斯人话语的分析，结合其他学科的相关理论，综合研究了俄罗斯的民族性格和行为方式，归纳了宗教性、团契性、极端矛盾性、情绪化、尚武和忍耐性等俄罗斯民族性格的主要特点，并着重分析了遗传、地理自然环境、宗教、社会文化等因素对俄罗斯民族性格形成的影响机制。宗教是伴随着俄罗斯民族的整个发展历史的，是对俄罗斯民族性格产生影响的最主要因素，其尚武性格不仅表现在对于战争的热衷，还表现为勇敢顽强的意志品质和对于英雄的崇拜等方面。团契性最典型的表现是俄罗斯的村社制度、集体农庄和凝集力上、是俄罗斯民族性格的典型特点。在整个俄罗斯民族的发展过程中起到了至关重要的作用，促进了俄罗斯文化的发展。[24]语言与文化研究是当代俄罗斯语言学中思想最活跃、成果最丰富、参与者众多、影响广泛的研究方向之一。李向东通过梳理各理论流派之间的错综关系，阐释对文化对话、空缺现象、民族文化空间、语言个性等概念的理解与新认识，揭示当代俄罗斯语言与文化研究以人类中心范式为主导、学科交叉、探寻语言与文化的中介单位，突出双向研究视角等基本特征，探讨全球化背景下语言与文化研究的发展趋势。[25]张冰和 H. A. 沙莫伊洛夫梳理阐释俄罗斯东方学的发展进程，以期揭示其悠久的发展历史和独特的发展内涵。历史上形成的俄罗斯东方学是门综合性的跨文化研究的基础应用学科，特指俄罗斯对亚非各国，以及地理上属于欧洲大陆的一些地区（鞑靼斯坦共和国、卡尔梅克共和国）等，进行的历史、语言、文学、艺术、哲学、经济、法律、社会学、政治学、心理学、国际关系等各方面的基础应用研究，是俄罗斯学术研究的重要组成。[26]《新时代俄罗斯学研究》围绕着“俄罗斯学前沿理论”“俄罗斯学在中国及其他国家的构建与发展”“俄罗斯文化关键词及其国情研究”等议题进行了深入的探讨。中国提出“一带一路”倡议，俄罗斯提出大欧亚伙伴关系的构想，中俄合作进入新阶段，俄罗斯学的发展在整个过程中将具有极其重要的作用。[27]俄罗斯科学院远东研究所多位汉学家从不同角度描绘了俄罗斯汉学在后苏联时代至今的新的发现。涉及主要问题包括：中俄政治体系、法律、经济现状和经济改革的对比；俄罗斯学者眼中的中国哲学传统、文化和教育特点；中国的发展模式和现代化问题等。学者们用历史的观点，通过对文献的汇总和评述，展示了俄罗斯对当代中国的深刻认识，可作为我国了解现当代俄罗斯汉学的发展现状的重要参考资料。[28]洛特曼以文化文本的空间共性为基础，提出了文化模型的构建，并认为艺术文本是对各种类型文化模型的完美模拟。黄西萌从这一角度出发对希什金长篇小说《爱神草》中的文化模型所进行解析，能够让读者更为深入地理解该作品中关于爱与永恒的主题思想。同时，这种文本解析方法对阅读和理解其他俄罗斯当代文学作品也颇有裨益。[29]刘玉宝和陈娟研究了基于平行语料库的《生死疲劳》俄译本中国文化负载翻译策略与方法。文化负载词是一个国家文化特色与个性在语言中的集中体现，在文化翻译中有着举足轻重的地位。文化负载词的翻译既要求译者准确理解其丰富的文化内涵，又要求译者恰如其分地运用译入国语言将之传达给读者。莫言的《生死疲劳》是一部中国文化内涵丰富、民族性格鲜明的小说，富含大量的中华文化负载词。无疑，对《生死疲劳》中的中国文化负载词合理有效的翻译将有助于对外传播中国文化。[30]冈察洛夫在长篇小说《奥勃洛莫夫》中塑造的“奥勃洛莫夫性格”是一种典型的俄罗斯民族性格。对于该性格的讨论与解读不应仅仅停留在以杜勃罗留波夫观点为代表的社会政治视角上，而应与自然地理视角以及以洛斯基等人的观点为代表的宗教文化视角相结合，从而更加深入立体地解析出奥勃洛莫夫性格的四个构成层次：追求彼岸式的完美；敏感于世的缺陷；重精神而轻物质，重目的而轻手段；懒惰无为，耽于幻想。这种解析对于探究奥勃洛莫夫人物形象和俄罗斯民族性格提供了一种更为开阔的研究思路。[31]《礼仪俄语》按赠礼的艺术、做客礼仪、说话的艺术、餐桌礼仪、如何相识，打招呼礼仪、赴约须知、鲜花礼仪、打电话礼仪、网络交际礼仪等 13 个专题编写，旨在帮助俄语专业的学生掌握基本的礼仪知识和行为规范。[32]

六、翻译理论与实践

杨仕章探究了文化翻译学建构问题。基于翻译本体的文化翻译研究由于受到指向翻译学外部研究的西方翻译研究文化转向的冲击，其学科层面的建设与发展遭到了迟滞。在翻译学研究回归翻译主体的背景下，建构立足翻译主体的文化翻译学既是翻译学发展的需求，又是对翻译实践操作层面的积极响应，更是对翻译本体认识不断深化的必然结果。在澄清学科定位的基础上，文化翻译学的建构还需要明确学科名称的科学内涵，揭示学科研究对象这一建构基石，确立学科基本架构等。科学地建构文化翻译学将为文化翻译研究翻开新的一页，对于充实翻译学研究、进一步筑牢翻译学根基具有重要价值。语用适应是翻译语用学的基本课题之一。就通常意义上的翻译而言，俄罗斯翻译学界所研究的语用适应仅指向源语，目标在于传达源文语用意义，实现语用等值，因而只反映出语用适应的单指向性。作者通过实证研究，分析《红楼梦》亲属称谓系统中社会地位称谓的俄译情形，指出语用适应还存在另一指向性——指向译语，即放弃源文的语用意义而遵从译语的语用规约，从而揭示翻译语用适应具有双指向性的特点。语用适应双指向性的理据性可通过语用学综观下的语言适应论得以阐明。[33]翻译研究在引进与反思之后开始走向创新。学术创新的根本在于术语创新，术语创新实为概念创新。有了明确的概念，才可能有准确的判断和严谨的推理，才能做好外语文章。曾婷和黄忠廉以“翻译生态学”与“生态翻译学”之比较为例，探讨翻译学新术语定制的逻辑化问题，窥斑知豹，以利翻译研究的创新。[34]毛志文在系统总结苏俄翻译家关于翻译模式研究的基础之上，着重论述了卡扎科娃的心理符号学模式。这一模式从心理符号学的角度描述了翻译的过程，不仅更深入地揭示了翻译的本质和内涵，而且使我们更好地认清翻译转换的过程和规律，拓展了翻译研究的新视野。此外，这一理论模式对于我们研究翻译语符化的任意性和理据性、探究翻译单位等都具有重要意义。[35]随着我国旅游业的蓬勃发展，旅游翻译实践与研究与日俱增。仅从旅游翻译的角度出发，多数研究还停留在具体的翻译技巧、误译分析等微观层面。朴哲浩、郑艳和王利霞从相对宏观的角度，探讨了诸如译者模式、翻译策略、研究方法等旅游翻译研究相关的一些基本理论问题。[36]

七、俄语教学

从亚平从认知行为和心理角度来论述和探讨图式与口译、口译中的图式网络系统、口译教学中图式网络系统的建构。图式是人脑中已有的知识经验的网络，是个体的认知基础。在口译过程中，图式网络系统是译者已有的认知结构或知识结构，由类别不一的图式所构成。口译图式不仅具有鲜明的语用特点，而且还对于获取和掌握新知识具有积极的作用。在教学中，通过图式意识的培养和图式动态化的具体应用，可以有效地提高口译能力。[37]吴哲分析了“一带一路”背景下俄语 MTI 口译人才培养的模块化。在“一带一路”稳步推进的大背景下，俄语翻译人才的市场需求日益扩大，高端俄语口译人才供不应求。为适应社会发展和国家战略需要，现有的高校俄语 MTI 口译人才培养方式应进行及时调整。教学模块、实践模块、自训模块是俄语 MTI 口译方向人才培养的主要组成部分，其中每一个模块对于提高俄语口译人才的培养质量都举足轻重。[38]张俊翔和 И. В. 普利罗洛娃刍议了俄罗斯学的学科理念在俄语专业本科教学中的体现。俄罗斯学的研究旨在通过跨学科、跨领域的交叉与融通形成对作为国家和民族存在的俄罗斯的整体看法，其学科理念与中国高校俄语专业本科教学改革的总体思路相吻合。要在俄语专业本科教学中体现俄罗斯学的学科理念，必须调整课程设置，重视语言类课程内容的人文价值，革新教学手段，优化教学过程。[39]李文新和高凤兰基于自建中国高校俄语专业学习者笔语语料库，采用定量和定性分析相结合的方法，仿照 Altenberg 的词块结构分类，探究中国高校俄语专业学习者写作中的词块结构类型及运用情况，根据俄语学习者的词块运用的特点进行教学反思，提出相应的教学建议。[40]黄彩玉和谢红宇以俄罗斯学生汉语话语标记习得和使用情况为基础，从社会距离和心理距离两个角度探讨话语标记习得的文化迁移模式。努力营造和利用目的语环境，给予学生足量可理解的输入，才能在话语标记学习过程中缩小学习者与目的语群体的社会距离。留学生对于话语标记的使用多采取消极规避的交际策略，主要原因是汉文化语境衍生出多元语用功能和文化内涵，留学生难以克服母语思维习惯和表达方式。[41]贺莉运用语块语用能力调查问卷结合结构性访谈，对吉林省 5 所高校 245 名俄语专业学习者的语用能力进行调查发现：学生在俄汉互译过程中对俄语文化词汇理解情况一般，对表示动物、植物、颜色等语块的象征意义理解有偏差，在言语行为知识层面表现较差。作者进一步分析语用失误的原因，探讨中俄在地理环境、宗教信仰、思维方式、心理意象等方面的认知差异，并在此基础上对俄语专业语用教学及语用能力测试提出参考性的建议。[42]

注：

①李洪儒：《论语言的人类中心论与言语的自我中心性》，《外语学刊》，2018 年第 1 期；《词汇意义结构与主观性表达》，《中国俄语教学》，2018 年第 1 期。

②赵爱国：《符号学视域的维果茨基“文化—历史心理学”理论评略》，《中国俄语教学》，2018 年第 2 期。

③姜宏、徐颖：《俄罗斯功能语法理论与西方系统功能语言学的学术思想对比及互补性》，《中国俄语教学》，2018 年第 3 期。

④季明举：《“词的诗学”——K. 阿克萨科夫的斯拉夫主义语言哲学思想》，《中国俄语教学》，2018 年第 4 期。

⑤刘彦晶：《社会语言学视角下的俄罗斯年度词语研究》，《中国俄语教学》，2018 年第 4 期。

⑥左少兴：《古俄语简编》，北京大学出版社，2018 年 1 月版。

⑦于鑫：《俄语形容词定语与名词定语的对比——兼论汉语定中词组的俄译》，《中国俄语教学》，2018 年第 3 期。

⑧王梓：《论 человек 与 люди 的异根交替》，《中国俄语教学》，2018 年第 4 期。

⑨杜桂枝：《再论动词语义配价、支配模式与句子题元结构》，《中国俄语教学》，2018 年第 3 期。

⑩王丽雯：《谈俄语固定比喻的同义现象》，《中国俄语教学》，2018 年第 1 期。

⑪张禄彭、易绵竹、孙爽、薛恩奎：《新世纪俄罗斯计算语言学态势定量统计分析》，《中国俄语教学》，2018 年第 2 期。

⑫徐美玲：《俄罗斯新闻话语的论证言语交际策略》，《外语学刊》，2018 年第 6 期。

⑬许婷婷：《俄罗斯政党对十月革命评价研究——基于语料库的批评话语分析》，《中国俄语教学》，2018 年第 2 期。

⑭张洁：《俄语对话研究的传统与特点》，《中国俄语教学》，2018 年第 2 期。

⑮赵婷廷：《博加特廖夫及其民间文学研究》，《中国俄语教学》，2018 年第 3 期。

⑯周民权：《俄汉身势语中的社会性别定型对比研究》，《中国俄语教学》，2018 年第 1 期。

⑰张志军、杨茗：《基于自由联想实验的俄汉观念词 судьба/“命运”对比分析》，《中国俄语教学》，2018 年第 2 期。

⑱刘淼：《基于俄汉平行语料库的文字翻译语言特征考察——以译自副动词短语的翻译语言为例》，《中国俄语教学》，2018 年第 2 期。

⑲靳铭吉：《论汉俄语程度副词+形容词组合的发展变化》，《中国俄语教学》，2018 年第 4 期。

⑳陈洁、刘慧、杨丽：《汉俄语义语序对比与翻译转换》，《中国俄语教学》，2018 年第 4 期。

㉑黄雅婷：《俄汉空间语义范畴语法化对比研究》，《中国俄语教学》，2018 年第 2 期。

㉒孙福庆：《俄汉语亲属关系政治隐喻对比研究》，《解放军外国语学院学报》，2018 年第 1 期。

㉓刘宏：《俄语语言文化与跨文化交际》，外语教学与研究出版社，2018 年 9 月版。

㉔赵春晶：《从话语视角透视俄罗斯民族性格》，中央民族大学出版社，2018 年 6 月版。

㉕李向东：《当代俄罗斯语言与文化研究现状与发展趋势》，《解放军外国语学院学报》，2018 年第 4 期。

㉖张冰、Н. А. 沙莫伊洛夫：《俄罗斯东方学的发展历程》，《中国俄语教学》，2018 年第 3 期。

㉗王加兴主编：《新时代俄罗斯学研究——俄罗斯学国际研讨会论文集》，外语教学与研究出版社，2018 年 12 月版。

㉘Н. Л. 玛玛耶娃主编：《俄罗斯汉学的基本方向及其问题》，北京大学出版社，2018 年 3 月版。

㉙黄西荫：《洛特曼文化模型理论下的新文本解析——细读希什金长篇小说〈爱神草〉》，《中国俄语教学》，2018 年第 1 期。

㉚刘玉宝、陈娟：《基于平行语料库的〈生死疲劳〉俄译本中国文化负载词翻译策略与方法研究》，《中国俄语教学》，2018 年第 1 期。

㉛刘雅悦：《尘世与彼岸的抉择——再解“奥勃洛莫夫性格”》，《中国俄语教学》，2018 年第 3 期。

㉜张金忠主编：《礼仪俄语》，北京大学出版社，2018 年 7 月版。

㉝杨仕章：《文化翻译学建构探索》，《中国俄语教学》，2018 年第 1 期；《论翻译语用适应的双指向性》，《外语教学》，2018 年第 3 期。

㉞曾婷、黄忠廉：《翻译研究创新术语逻辑化问题——以“翻译生态学”VS“生态翻译学”为例》，《外语教学》，2018 年第 4 期。

㉟毛志文：《卡扎科娃的心理符号学翻译模式思维探析》，《中国俄语教学》，2018 年第 4 期。

㊱朴哲浩、郑艳、王利霞：《关于旅游翻译研究的几点思考》，《中国俄语教学》，2018 年第 4 期。

㊲丛亚平：《图式网络系统的建构与口译教学》，《中国俄语教学》，2018 年第 1 期。

㊳吴哲：《“一带一路”背景下俄语 MTI 口译人才培养模块化研究》，《中国俄语教学》，2018 年第 4 期。

㊴张俊翔、И. В. 普列奥罗娃：《刍议俄罗斯学的学科理念在俄语专业本科教学中的体现》，《中国俄语教学》，2018 年第 1 期。

㊵李文新、高凤兰：《基于语料库的俄语学习者词块分类特征分析及教学反思》，《中国俄语教学》，2018 年第 4 期。

㊶黄彩玉、谢红宇：《母语为俄语的学习者对汉语话语标记习得的文化迁移模式》，《外语学刊》，2018 年第 4 期。

㊷贺莉：《俄语学习者语块语用能力现状调查及语用失误的认知分析》，《外语学刊》，2018 年第 3 期。

（作者：鲍红，北京大学副教授）

文 学

文 艺 学

陈 加 吴子林

一、学术活动概况

2018年10月20日，由北京师范大学文艺学研究中心主办的第二届“文艺学新问题与文论教学”学术研讨会在北京邮电大学举行。会上，来自全国各地的老中青三代学者共聚一堂，就文艺学教学与研究的一些具体问题展开了发言和讨论，对文艺学学科建设、中西文论关系、理论与生活的关系等诸多问题提出了许多极具启发性又颇具现实意义的新看法和新观点。本次会议中，学者们结合文论教学现象形成问题意识，进行具体思考，使该研讨会形成了认真务实的总体风格。

12月1日上午，为了纪念教育部“长江学者奖励计划”实施20周年，“新时代中国语言文学的创新与发展”长江学者论坛在北京师范大学英东学术会堂开幕。该论坛邀请到来自全国36所高校，长江学者特聘教授、讲座教授、青年学者70余人，涉及汉语言文字学、语言学与应用语言学、文艺学、古代文学、古典文献学、中国现当代文学、比较文学与世界文学、中国少数民族语言文学等各二级学科。在为期三天的讨论中，各位专家学者围绕中国语言文学学科的发展与创新等重大时代命题，交流研讨，对于推动新时代中文学科的创新发展有着积极的作用。

12月24日，由中国作协主办的首都文学界庆祝改革开放40年座谈会在京举行。首都文学界的作家、评论家代表，中国作协各单位、各部门主要负责人，中国作协在京团体会员单位负责同志，鲁迅文学院高研班学员参加了座谈会。会议总结了改革开放40年来中国文学的成就和经验，对认真学习贯彻习近平新时代中国特色社会主义思想和习近平总书记关于文艺工作的重要论述，为推动中国文学的更大繁荣做了全面阐述。

二、主要出版著作

专著：

时胜勋《现代中国文论话语》（光明日报出版社）以回溯历史语境、回应理论现实的研究态度从多个维度梳理了19世纪末到20世纪中期的现代中国文论话语，交织于现代中国文论发展中的现代、西学、维新与传统等多元话语体系及其影响作了详细的考辨，基本呈现了现代中国文论发展的历史过程，凸显出现代中国文论知识生产的复杂性、丰富性和多元性，激活并沟通了现代中国文论话语中的古、今、中、西四重因素，有助于人们深入了解现代中国文论，并可启迪当代中国文论的建构。

戴锦华《隐形书写：90年代中国文化研究》（北京大学出版社）为20世纪90年代中国社会精神文化生活绘制了一幅文化地形图，并努力从纷繁复杂的精神文化现象中探析中国当代文化的形成原因、本质特征与发展方向。作者结合了自己的学术洞见与切身经历，以怀旧的情愫开启对昔日置身的文化世界的反思，以事后的眼光看清曾经的迷障，同时也为当下和未来的中国文化提供了一份审视之后的记忆。

陈晓明《无法终结的现代性：中国文学的当代境遇》（北京大学出版社）由作者的系列论文汇集而成，集中展示了作者近年来对中国文学的关注与思考。作者认为，中国当代文学虽经历了20世纪80年代后期的后现代思潮冲击，但并未朝向后现代发展，现代性的审美意识和表现方式依然占据主导地位。因此，作者指出，当代中国文学中的“现代性”实乃“未竟的事业”，而且，21世纪初的中国文学更深入地走向了乡土叙事，这呈现出中国文学与世界文学之间的复杂关系。该书为正确认识和评价中国当代文学提供了一个极好的思考维度。

李杨《文学史写作中的现代性问题》（北京大学出版社）以知识考古的视角讨论了文学史写作在现代学术体系中所处的地位，分析了文学史写作的建构性特征。作者重点关注了“文学史”与“历史”、“文学史”与“制度”的关系，提出了“反文学史”命题，并特别探讨了“左翼文学”的“现代性”，同时还涉及了对中国现当代文学研究中的一些特殊议题，如文学性、个人性、日常生活等。该书高屋建瓴，有着广阔的历史视野与政治认知，是理解我国现当代文学史建构的一面镜子。

赵勇《赵树理的幽灵——在公共性、文学性与在地性之间》（中国人民大学出版社）是一部专题论集，全书又分为两辑：第一辑为赵树理研究，第二辑为山西当代作家评论。在第一辑中，作者特别点出了赵树理的三重身份，并从可说性文本、文艺传播观、文学语言观等层面对赵树理其人其文进行重新解读。在第二辑中，作者对 10 余位山西作家加以评述，指出他们在不同程度上都承袭着赵树理的文学传统，并从公共性、文学性和在地性等方面呈现出当代山西作家的创作面貌。

刘小枫《现代性社会理论绪论》《现代性与现代中国》（华东师范大学出版社）两书由 20 年前出版的《现代性社会理论绪论：现代性与现代中国》（上海三联书店［增订本］，1998 年版）分辟而出，实为该书的重版。在此次重版中，作者调整了原作的结构，对原作内容加以修订，以图更清晰地点明主旨、凸显问题意识。虽是旧作，重版仍然学术意义重大，对于透彻理解中国的现代性问题颇有助益。

汪民安《生命是一种充满强度的运动》（商务印书馆）是作者近年来在哲学、艺术、文学和文化等方面的学术随笔集。该书涉猎广泛，文章风格如散文，有感而发，颇多卓见。全书分为 5 部分——同代人、绘画、福柯、艺术何为、友谊与潜能，但仅是一个大致的归类，并没有一个明确的主旨，具有“散点”的特征。总体而言，该书显示了作者富有深度的学术思考。

钱中文、祁志祥的《钱中文、祁志祥八十年代文艺美学通信》（上海教育出版社）辑录了钱中文与祁志祥两位学者在 20 世纪 80 年代的学术通信，当时的钱中文在学界已有声名，而祁志祥则是一个身处基层的青年乡村教师。求学若渴，作为无名晚辈的祁志祥问学于钱中文，而钱中文亦不烦拨冗、悉心回复。如今祁志祥也已成为一位著名学者，二人昔日通信满透学界中人守望扶持的脉脉温情。作为学术通信，该书也不乏文献意义和学术价值。

编著：

陈奇佳主编《超越暴力——叙事的潜能》（人民出版社）是中国人民大学科学研究基金项目“西方马克思主义的悲剧学说”的阶段性成果之一，该文集翻译、辑录了西方学人（如勒内·基拉尔等）涉及“叙事与暴力”的关系问题的 7 篇文章，致思于“文化意义上的叙事现象如何传达暴力性的精神意涵，以及作为文化现象的叙事是否可能自然具有一种克服（超越）暴力的形式功能”。该文集分为三组文章，第一组为《暴力与话语》《“冲突”在法律权力和叙事意义之间的认知维度》《反对者和他者的叙事：为叙事抗辩》，呈现出叙事理论对现代司法理论的重大影响；第二组为《从摹仿的欲望到魔鬼的替身》《作为宗教基础的牺牲机制》《零点：遭遇虚无的黑暗空虚》，主要讨论了人类群体生活中的自然暴力与祛自然暴力机制；第三组为《冲突、自治和“上帝之死”：弥赛亚与悲剧的“困境”》，讨论了西方政治的神学基础与悲剧体验在精神上的关联性。

徐敏、汪民安主编的《物质文化与当代日常生活变迁》（北京大学出版社）聚焦于一切满足人类生存和发展需要的物质产品，指出这些物质产品实则承载着不同的文化功能和精神属性，对当代人的日常生活起着举足轻重的影响，并有力地主导着社会的历史变迁。该书别开生面，是目前我国物质文化研究和批判的前沿成果，可资拓宽当代文化研究的视野。

党圣元、韩春虎、刘瑞弘主编的《当代中国马克思主义文论研究的理论创新——全国马列文论研究会第 34 届年会论文集》（中国社会科学出版社）收录了 2017 年 10 月 13—15 日于辽宁丹东召开的全国马列文论研究会第 34 届年会暨“当代马克思主义文论研究的理论创新”学术研讨会会议论文。该论文集中的文章根据“立足中国、借鉴国外、挖掘历史、把握当代、关怀人类、面向未来”的思路，为创建富有中国特色、中国风格、中国气派的 21 世纪中国马克思主义文论话语体系作出了成果丰硕的努力和尝试。

三、学术研究概况

2018 年时值我国改革开放 40 周年，又是马克思诞辰 200 周年，《共产党宣言》发表 170 周年。围绕这一重要的时间节点，在马克思主义文论、文学基本理论、古代文论、西方文论和中西美学等方面，文艺理论界开辟了新的论域，推出了诸多有分量的研究成果，显示了多维视野中文艺学的勃勃生机与活力，但“破”中待“立”，提出了亟待解决的一些问题。兹择北京地区文艺学研究其要予以评述。

（一）马克思主义文论研究

刘方喜指出，习近平创新性发展了马克思主义社会理论和中华优秀传统文化以“和”为理念的“家—国—天下”的三层结构论：在“家”层面提出重视家庭和睦、家风建设等问题，在“国”层面提出构建“中华民族命运共同体”，在“天下”层面提出构建“人类命运共同体”，其基本理论内涵体现了“五位一体”总体布局等理念由国家而世界的拓展；从社会价值论看，又体现了“五大发展新理念”尤其“共享”理念等由内而外的拓展，为我们超越西方建立在社会达尔文主义过度竞争、过度逐利基础上的文明冲突论，在顺应全球发展进步大势中推进新时代中国特色社会主义文化战略学建构，提供了理论遵循和价值制高点。①

谁是马克思主义文学批评的真正奠基者？通过剖析国内外研究马克思、恩格斯本人的文学言论的三种观点（意见说、连贯说、体系说），张永清指出，马克思、恩格斯才是马克思主义文学批评的真正奠基者，我们应以马克思主义文学批评的“初始形态”来称谓马克思、恩格斯本人的文学活动和文学批评；这“初始形态”以历史唯物主义为思想内核，以具体的文学批评实践为血肉，虽然并非完备的理论体系，但已然彰显马克思主义文学理论的轮廓。②

在东亚无产阶级运动史上，中日韩三国关系密切。金艳通过对20世纪上半叶发生的“文艺大众化”论争进行分析和横向比较，发现与日本、韩国相比，中国的“文艺大众化”论争，其范围、参与度以及涉及的角度、方面都更加广泛；而日本、韩国的“文艺大众化”论争，由于迅速的“布尔什维克化”，未能进一步深入；不过，中日韩三国“文艺大众化”的理论都没能在文学创作中得到充分的实践。③

由于现实品格的自我遗忘而至“自我放逐”，当代马克思主义文学批评面临“被边缘化”“不及物”“休眠化”“失语化”“理论化”“娱乐化”等种种遭际；为此，孙士聪呼吁强化新时代马克思主义文学批评的现实品格，指出在文学实践面前故步自封与现实化相对立的狭隘“学术化”，既割裂了文学批评与马克思主义的内在统一性，也使文学批评退缩为疏离于文学现实的“文学研究”。马克思主义文学批评批判种种“非现实化”，“文学的马克思主义”为其当代形式。回到马克思关于“向现实本身去寻求思想”的深刻思考，立足社会主要矛盾发生重大变化的新时代语境，重铸马克思主义文学批评的现实品格，恰当其时。④

2018年党的十九大报告作出了中国特色社会主义进入新时代等重大政治论断。如何铸就中华民族伟大复兴时代的文艺高峰，成为人们热议的话题。王一川指出，文艺高峰作为一个理论命题，它首先是一个由国家最高领导人推动的国家构想，有助于增强文艺界创作杰出作品的自觉，推进国民文化自信建设。其次，我国文艺高峰的实现需要“一种民族而世界的开阔深厚的扎实建构”。细致分析了马克思主义经典作家和中西文艺史上有关文艺高峰的论述之后，王一川认为，建设新时代的文艺高峰需要营造以下条件：国家体制和管理上的自由环境、艺术家和相关社会各界的思维方式的自由、艺术家的社会使命感、对本土传统和全球文化有取舍的汲取、优秀的文艺批评家。⑤

（二）文学基本理论研究

申丹研究发现，在不少叙事作品中，存在双重叙事运动，即在情节发展背后，还存在一股齐头并进、贯穿文本始终的叙事暗流——“隐性进程”（covert progression）；这一明一暗、并列前行的两种叙事运动互为对照，互为排斥，互为补充。通过对西方文学诸多名家名篇的分析，申丹在宏观层次解答了以下重要问题：情节发展与隐性进程之间存在哪些不同种类的互动关系？它们会以哪些不同方式影响读者阐释，改变作者、叙述者和读者之间的互动？发掘双重叙事动力对理解经典作品的内涵有何意义？究竟有哪些原因造成经典作品的双重叙事运动长期以来被忽略？⑥

诸多文艺理论研究成果不仅影响力没有超出汉语学界，甚至连文艺理论界都没能超出；它们只是栖身于图书馆、办公室的书架上，其中的思想在互联网、艺术、电影、电视、建筑、文学创作、电子游戏、视觉艺术、政治思想等诸多领域近乎喑哑无声，怎么可能建立起理论与创造实践之间富有成效的联系？高建平提出，当下我们最重要的工作是要克服理论脱离实际之风，倡导理论与创作、理论与批评的结合，包括美学研究与文论研究的结合，针对文学实践中出现的文艺与人民、文艺与市场、文艺与科技之间的关系，以及文艺批评提出的新问题，进行切实的理论探索，形成文论研究的深度发展，以推动文学艺术的繁荣，提高全民族的审美水平。⑦

21世纪初以来，有所谓“反本质主义”论争，在该论争中，学界从多个维度反思了长期以来关于“文学”性质的理解和文学理论的建构。刘卓认为“反本质主义”论争源于陶东风的《大学文艺学的学科反思》（2001年）一文，并以论证中陶东风的观点为研究中心，仔细梳理了“本质主义”/“反本质主义”一系列理论话语的产生过程和思想背景。她发现陶东风的思想资源主要有伊格尔顿、罗蒂和利奥塔，其倡导自由、多元、地方性、民族性的“反本质主义”的确有助于破除普遍主义、原教旨主义等迷思，厘清了文艺学研究的思路。然而，“反本质主义”论争具有“后现代主义”的病症，无法为政治、文化上的多元主义提供坚实的学理基础，我国文艺学的当务之急是重构马克思主义的理论视野。⑧

金永兵指出，我们当下正处于“后文化”时代。在这个“后文化”时代中，审美自律性被解构了，审美主体、审美理想等都面临着消失的险境，甚至审美都已被纳入了资本逻辑之中，无力对现实进行反思和批判。审美话语如果要不使自己的理论脱离当代现实文艺实践，沦为空谈，就必须重建与现实生活和文化艺术生产之间的密切联系。当代的文艺理论面临着对文艺实践现状“失语”的困境，唯一的出路就是深入地去认识并理解现实。⑨当下文学理论研究走向了稳健与成熟，但仍需注意三个方面：其一，“审美派”与“文化派”的和谐共存；其二，坚持以文本研究为中心，从文本研究中生发出理论建构；其三，通过对我国古往今来的文学经验加以理论概括、升华，提炼出中国文论的“标识性概念”。⑩

“逻辑是我们这个时代的哲学的独特标志。”⑪在西方，“转喻”作用占主导地位，并以理性的、因果的抽象思维形式表现出来，述学文体多为“演绎”型；而“隐喻”活动则支配了中国的关联方式，并以诗性的、类推的非形式化方式表现出来，述学文体多为“隐喻”型。置身文化断层的时代，中国传统的“隐喻”型言说已然被置换为西式的“演绎”型言说，即注重逻辑思维的归纳性、演绎性言说。吴子林指出，文艺理论思维与言说方式的革新刻不容缓，其可能路径是融合中西方思维模式，创构“隐喻”型与“演绎”型合而为一“毕达哥拉斯文体”，创构“毕达哥拉斯文体”的内在机制，则是“以美启真”，即始于“负的方法”（“悟证”或“体认”），终于“正的方法”（“逻辑分析的方法”或“形式主义的方法”），从“论证”走向“证悟”（运用逻辑、辨析、论证的方法诠释、发展“悟证”之所得），以轻驭重，最终走出同质化、言不及物之“语言的牢笼”。⑫“毕达哥拉斯文体”的创构，将促使我们从“生活世界”出发，直接面对实事本身，融合中西文化智慧，在“生活世界”高悬的画布上描绘所洞察的意义，治愈以多种样态呈现的“时代病”，使中国文艺理论研究真正走向中西会通的创造境域。

（三）古代文论研究

“以意逆志”语出《孟子·万章上》，徐楠提出，孟子语境下的“意”是“浩然之气”所涵养出的人格正“意”，“志”乃是作诗人关乎政教之“志”；孟子的“以意逆志”和今日所说的“回归作者意图”存在差异。后世学者理解“以意逆志”之内涵时，预设了种种条件，如孟子的“知人论世”、刘勰的“博观”和朱熹的“虚心”，这些条件均存在学理破绽。其实文学作品不一定有明确的作者意图，作为一种心理状态它无法准确还原，而读者前见不可避免。不过，无论古人对“逆志”普遍有效性的追求是否合理，再现真相的执着信念，会令其重视再现真相的条件问题。⑬

中国传统有无自身阐释体系？刘成纪认为，中国古典阐释学虽然涉及古代经典的方方面面，但以儒家经学为主导。自西汉以降《易经》被推为群经之首，相应也使“河图洛书”成为阐释原型。作为原型图像，“河图洛书”追求整体、主从、一元、连续，对重新认识中国古典阐释学的解释原则和体系架构具有重要价值。作为一种诠释模式，“河图洛书”既解释历史也被历史解释，具有本体论和方法论的双重意义。中国文明进程则表现为向这一述史模式不断回溯又不断放大其解释边界的过程。据此，抓住了“河图洛书”，也就抓住了中国古典阐释学体系的关键，同时也可以借此为中国人文科学的整体进展理出一条纵贯的轴线。⑭

如何整理极其丰富的古代文体思想呢？贾奋然融合福柯、维特根斯坦、余英时等人的理论成果，提出有两个相互关联的基本维度：其一，重返中国文体和文体思想的自身谱系和内在理路，在文史哲贯通的学术视野中，将特定文体思想观念还原为特殊“事件”，揭示其发生演化的内在文化基因和外在诸多条件，重建文体思想的具体、生动、完整的历史形态；其二，将文体思想史视为历史性的事件序列，以重要“事件”为链条进行回溯性、后展性研究，阐发事件序列相依、承接、断裂、悖立关系，探寻思想史演化的思维路径，依照事件的关联性和普遍性连贯统合成整体性的文体思想史演化脉络。贾奋然指出，在历史研究与逻辑演绎双重维度的交织中，重建具体的历史文化语境，进行古今中西的对话，是建构古代文体思想史的可行路径。⑮

彭锋将近年来“意境说”论争中出现的“意境

说”概括为“正统说”“西来说”“突变说”“渐变说”四种学说，并分别予以批评。在他看来，意境是中国传统绘画和诗歌特有的艺术特征，中国现代意境理论并没有离开这种艺术特征，有些意境理论借助西方美学的概念来说明这种特征，可以被视为意境理论的发展。由于吸收了西方现代美学的某些思想和方法，现代意境理论较传统意境理论显得更加丰满，更有条理和体系化。[16]

罗钢从“意境说”与西方美学的关系、“意境说”与中国传统思想的关系两个层面，回应了彭锋的观点。首先，彭锋对论争中的“意境”说分为四说是混乱的，其中存在不少交叉重叠，比较牵强；这种话语分类其实是话语控制的一种策略，即通过对“正统说”“西来说”“突变说”的批评、否定，肯定其所持的“渐变说”，将反对者的观点以“现代意境说”加以掩盖和收编，而抹杀了论争的实质。其次，对彭锋所谓的“西来说”以及现代意境说主体思想源于中国传统美学等做了辩证的分析，指出其在捍卫“意境”说时诉诸西方解释学理论，不仅曲解了解释学，其观点也经不起“解释传统”的检验。[17]

党圣元运用西方现代诠释学的“视界融合”理论，分析了目前学界在古代文论研究中“食洋不化”的缺陷，倡导回到古代文论研究的学术史、文学史和价值论的具体历史语境，发掘古代文论的理论内涵，并打破当代文论的“西方中心主义”，使古今文论展开对话，在彼此文化视界的融合之中阐发出古代文论的当代价值。他指出，传统文论对于现代的文学实践缺乏解释力，但却能作为理论资源、文化根脉开阔当代中国文论研究者的人文思想情怀和理论视野、历史意识，并在全球语境中彰显人类文学思想的丰富性。[18]

（四）西方文论研究

陈奇佳对伊格尔顿的悲剧观念做了锐利的剖析，指出其核心在于对资本主义自由观念的批评：伊格尔顿不赞同威廉斯的“自由悲剧”观点，认为“自由”本身的逻辑就无法自洽，并不能带来人的自由解放；“魔性”观念意在警惕社会精神的平庸化；“他者”是自由理论所内蕴的与主体相对的存在，意味着个人与个人之见的隔膜；作为悲剧的主角，“替罪羊”在现代的表现形象就是穷人。陈奇佳认为，伊格尔顿的悲剧观念虽然并不完善，但对现代悲剧理论作出了重要拓展，有力地回击了所谓的“悲剧消亡论”的诸多论调，针对当代精神文化实际为现代悲剧艺术展示了多种可能的新进路。[19]

生命政治问题是当下意识形态研究的热点问题，阿甘本的生命政治理论以例外状态、赤裸生命为核心关键词，建构起了围绕国家主权、个体生命、法秩序以及奥斯维辛集中营的重新阐释。成红舞的研究揭示了福柯对于阿甘本的影响：福柯对现代生命政治的科学技术、医学技术与人口组织控制的关注发展了现代权力的技术控制一面，阿甘本则从福柯晚年对生命政治权力的分类中看到了国家主权权力仍然显性地存在于当下的生命政治当中，并随时可以悬置法律秩序，因此对个体生命的控制将由技术控制转向例外状态的强制力控制，从而产生了赤裸生命。阿甘本延伸化发展了福柯的生命政治，使得现代生命政治理论出现了多面向、多元化及其现实批判性等鲜明特点。[20]

作为俄国形式主义文论的代表人物，雅各布森最先提出“文学性”范畴。冯巍回溯了“文学性”这一诗学范畴的语言学渊源：雅各布森认为语言具有一种动态共时的结构，有六种功能，诗性功能是其中之一；“文学性”并不是仅仅等同于“诗性”，而是“诗性功能”在语言的多功能结构中占据“主导”的、语言六大功能同时都具备并彼此相生互动的语言艺术的特质。重思雅各布森的“文学性”范畴，有助于我们重新认识“什么是文学性”，乃至“什么是文学”。[21]

林精华考辨了文学理论学科的发祥史，指出现代文学理论学科的建立与发达和“冷战”有着直接的渊源关系，西方文论的创制与成熟实乃以美国为首的西方世界在当时国际政治斗争中所采取的一个隐微谋略。资本主义与社会主义之间的全面意识形态对抗决定了双方文学理论领域的思想对抗，为了应对苏联强大的反映论文艺学，以美国为首的西方世界吸纳、转化各种历史上的思想遗产和资源，建立起一系列“显示出人文学科中追求价值中立、表述客观和对所在社会的批评精神”的文学理论，并取得巨大的成功。苏联反映论文艺学因其自身学理缺陷早在苏联解体之前便消退，西方文论则在苏联解体之后证明了自己的合法性。林精华还强调，中国当代的文论建设“首先需要我们正视作为学说的文学理论和作为学科的文学理论及其与冷战相关的历史”。[22]

刘庆研究了赫尔德戏剧理论对莎士比亚的解读，并以之与莱辛的戏剧观相比较，他发现赫尔德“狂飙突进”的戏剧理论有着张扬德意志民族精神的现实目的，而实现这一现实目的的策略是以戏剧表达德意志的激情与自由。赫尔德与莱辛的戏剧观差异明显，对戏剧的启蒙作用也态度有别，莱辛倾向于陶冶人们的同情心、展开公民道德教育并营造理想的社会文化，赫尔德则力图灌输“民族精神”和“个人自由”。因此，“赫尔德在莎士比亚身上试图找到的启蒙并非道德启蒙，而是激情启蒙，是对公民的自由意志的启蒙”，而这与莎士比亚戏剧实际上所隐含的“世界历史观”和古典哲学精神是相悖的。㉓

“复调小说”定义于巴赫金，含着与“复调音乐”的喻指关系。钱浩对复调音乐的特征进行了考察，发现“复调小说”与复调音乐实则存在许多差别，诸如交锋与和谐、多元与一元、对峙与模仿、未完成性与完满收束以及时代背景不同等方面，而近代音乐中的“多调音乐”则与“复调小说”更为切近。他认为，“复调小说”的本质特征在于“对话性”，将“复调小说”称为与“独白型小说”相对应的“对话型小说”或许更为恰当，但“复调小说”这一名称已深入人心，故而也无改作之必要。钱浩还指出，昆德拉所理解的“复调小说”并不同于巴赫金的本义，我国最早可视为复调小说的文学作品乃是《楚辞·渔父》。㉔

（五）中国美学研究

章启群提出，“《庄子》美学”是个悖论，它之所以难以成立原因有三：其一，《庄子》中作为世界本体的“道”与美丑无关；其二，《庄子》在认识论上持怀疑论态度，消解了美丑判断；其三，从伦理学价值论来看，《庄子》关注养生全性，而拒绝追求“五音”“五色”“五味”等美好事物。考察《庄子》文本中“美”和“大美”的词义，它们并不具备美学意涵，仅仅从这些个别词汇立论，再把《庄子》的一些个别、零星的句子串联起来，来论证《庄子》美学，这在方法论上就走向了只见树木，不见森林的歧途。尽管如此，章启群《庄子》对于中国艺术形态和精神还是产生了深远影响。㉕

刘成纪研究了蔡元培“以美育代宗教说”的历史语境及其现代价值。从清末民初的历史看，蔡元培之所以提倡以美育代替宗教，除了宗教与封建专制及迷信具有天然的共生关系外，还在于两者之间存在类似性。蔡元培的贡献在于：一方面将“纯粹之美育”从宗教中剥离出来，另一方面则成功保留了美育之于人类精神的神圣价值。同时，蔡元培反宗教并不必然意味着反传统。相反，他正是通过对孔教的批判，将真正意义上的中国传统纳入了现代美育体系之中。据此，理解蔡元培“以美育代宗教说”的现代价值，两个长期被忽视的维度也就彰显了出来：一是他赋予了美感神圣性，二是他使中国传统美育具有了现代性。㉖

张郁乎梳理了朱光潜美学思想的发展历程，发现朱光潜前期的美学思想有一个突破康德—克罗齐美学的过程。朱光潜在《克罗齐哲学述评》中修正了之前他在《文艺心理学》对克罗齐的误会，并发现了克罗齐美学中的错误根源——混淆了一般意义上的直觉（知觉）和艺术的直觉（想象）。朱光潜通过深入的学理研究，发现了康德—克罗齐唯心主义美学的缺陷，这种求真务实的学风，值得我们学习。㉗

李春青指出，在人类历史上，占主导地位的审美趣味总是与在文化上占主导地位的知识阶层紧密关联。如果不算上古时期的巫觋、部落酋长或祭司，广义的知识分子经历了“贵族知识分子”“传统知识分子”“现代知识分子”等阶段，今天则处于向着“大众知识分子”转换的过程之中。不同身份的知识分子代表着不同的审美趣味：贵族的、传统的以及现代知识分子都是社会精英阶层，代表着一种排斥与区隔社会大众的审美趣味；“大众知识分子”则是社会大众的一员，他们对社会大众的审美趣味有着深刻的“了解之同情”，他们与社会大众其他成员唯一不同的是专业上的特殊造诣，而这正是他们介入大众审美文化的主要资本。他们通过努力可以成为大众文化的“批评者”“中介者”与“对话者”。㉘

王德胜从重建美学与生活的关系出发，探讨了当下生活的“审美干预”问题。王德胜指出，当下生活的各种事实、包括审美活动总是动态发生的，美学关于对象的认知活动及其具体认知应该是生动具体的生活感知及其感知形态；当下生活及其认知活动的共时性关系，决定了美学只有具体地回到当下生活，具体经历生活的当下展开，才能真正感知和发现生活存在，也才可能真正显现美学自身的存在。作为“审美干预”的美学权力的实现，需要重新将自身实践前景置于当下生活“可感性”塑造的具体认知之中——不是把生活当下的经验加以概念化甄别，而是从外部指令“内转”为生活当下的直接感受，通过生活且在生活中进行具体认知，突出人的当下生活“可感性”的认知形式，这必将成为美学在今天有效行使日常生活“审美干预”的基本要素。㉙

注：

①刘方喜：《论人类命运共同体与共享理念的文化战略学意义》，《学术论坛》，2018 年第 3 期。

②张永清：《马克思主义批评理论的初始形态——试论马克思恩格斯1844—1895年的批评理论》，《中国人民大学学报》，2018年第2期。

③金艳：《从中日韩“文艺大众化”论争看马克思主义文艺理论的本土化》，《文学评论》，2018年第5期。

④孙士聪：《新时代马克思主义文学批评的现实品格》，《文学评论》，2018年第3期。

⑤王一川：《中外文艺高峰观及其当代启示》，《文艺争鸣》，2018年第6期。

⑥申丹：《叙事的双重动力：不同互动关系以及被忽略的原因》，《北京大学学报》，2018年第2期。

⑦高建平：《新时期、新世纪、新时代——改革开放40年与中国文论的发展》，《文艺争鸣》，2018年第12期。

⑧刘卓：《试析“反本质主义”论证中的意识形态困境》，《中国文学批评》，2018年第2期。

⑨金永兵：《“后文化”时代审美还能诗意地批判与拯救现实吗?》，《当代文坛》，2018年第4期。

⑩李春青：《文学理论亟待突破的三个问题》，《中国文艺评论》，2018年第5期。

⑪[芬]冯·赖特：《知识之树》，陈波等译，生活·读书·新知三联书店，2003年版。

⑫吴子林：《“走出语言”：从“论证”到“证悟”——创构“毕达哥拉斯文体”的内在机制》，《清华大学学报》(哲学社会科学版)，2018年第5期。

⑬徐楠：《“以意逆志”在古代文论语境中的下及相关问题——以考察古人为落实该法而预设之条件为中心》，《河北学刊》，2018年第3期。

⑭刘成纪：《中国古典阐释学的“河图洛书”模式》，《哲学研究》，2018年第3期。

⑮贾奋然：《中国古代文体思想史研究的双重维度》，《文化与诗学》，2017年第2辑，华东师范大学出版社，2018年7月版。

⑯彭锋：《现代意境辨析》，《北京大学学报》，2018年第1期。

⑰罗钢：《关于“意境说”的若干问题》，《清华大学学报》(哲学社会科学版)，2018年第5期。

⑱党圣元：《重回原点：再论传统文论诠释中的视界融合问题》，《云南师范大学学报》(哲学社会科学版)，2018年第1期。

⑲陈奇佳：《自由之病：伊格尔顿的悲剧观念》，《文学评论》，2018年第4期。

⑳成红舞：《阿甘本思想探源之一种：福柯对阿甘本的影响》，《文化与诗学》，2017年第1辑，华东师范大学出版社，2018年3月版。

㉑冯巍：《回到雅各布森：关于“文学性”范畴的语言学溯源》，《文艺理论研究》，2018年第3期。

㉒林精华：《文学理论的国际政治学：作为学说和学科的西方文论》，《文艺理论研究》，2018年第6期。

㉓冯庆：《莎士比亚的“世界历史”——赫尔德的“狂飙突进”剧论与激进启蒙》，《文艺理论研究》，2018年第6期。

㉔钱浩：《复调小说与复调音乐》，《文艺理论研究》，2018年第4期。

㉕章启群：《作为悖论的“〈庄子〉美学”》，《文艺争鸣》，2018年第2期。

㉖刘成纪：《蔡元培“以美育代宗教说”的历史语境和现代价值》，《美术》，2018年第1期。

㉗张郁乎：《朱光潜前期对康德-克罗齐美学的批评——从〈文艺心理学〉到〈克罗齐哲学述评〉》，《中国文学批评》，2018年第2期。

㉘李春青：《论大众知识分子与审美——兼谈当下文学理论建构的主体依据问题》，《河南社会科学》，2018年第10期。

㉙王德胜：《当下生活的“审美干预”——从重建美学与生活的关系出发》，《社会科学辑刊》，2018年第1期。

（作者：陈加，中国社会科学院硕士生；
吴子林，中国社会科学院研究员）

先秦两汉文学

罗姝鸥　常　森

2018年度，北京地区先秦两汉文学研究的主要成果集中在以下几方面：第一，出土文献之相关研究；第二，作家作品之相关研究；第三，文学史之相关研究；第四，学术史、思想史、文化史之相关研究；第五，其他方面之研究以及通信。

一、出土文献相关研究

清华简所见《赤鹄之集汤之屋》以夏商之际的历史为背景，涉及伊尹与夏桀、商汤的关系，一些情节带有神话色彩。李炳海拿这篇故事对比传世文献中同类题材的历史传说，发现它全面颠覆了传世文献带给我们的一系列认知，诸如商汤仁君之形象，汤尹圣君贤臣遇合之主题，崇汤抑桀之取向，以及天帝至高无上有绝对权威之观念等。李炳海还讨论了《赤鹄》中的重要角色巫乌以及越文化跟《赤鹄》的关系，以为巫乌的原型就是越地传说的冶鸟，乃越祝之祖；越文化之鸟耕传说，反映了越地先民与鸟类的亲和关系；越地巫术以禽类为载体，鸡占是越人信禨的明证。越地先民以大禹为祖先，视夏族为自己的部族归属，对于夏、商之际的改朝换代，他们的心理天平偏向夏桀一方。除此之外，越地朴野的民风决定了《赤鹄》一文的俗文学特征。《赤鹄》写定时，越文化尚未充分融入楚文化，所以不能把这篇故事归入楚文化系列。①

收录于《清华大学藏战国竹简》第三辑的《诗经》类文献《芮良夫毖》，共有二十八支简，经整理者拼接缀连后仍有七支残缺，总计缺文近四十字。高中华、姚小鸥二人从《诗》《书》用语惯例出发，结合《芮良夫毖》全篇辞例以及上下文意，提出了补缀部分缺文的意见。②

《安徽大学藏战国竹简》整理和研究团队近期则推出了一批文章，介绍“安大简”的若干基本情况，并且发布了一些研究成果。其中《诗经》异文材料涉及《诗经》文献学研究的若干重要问题，引起了姚小鸥注意，特撰文一篇，与徐在国商榷《诗经》的异文问题。徐在国有《〈诗·周南·葛覃〉“是刈是濩”解》一文，认为今本《毛诗》该篇中的“濩”为借字，而安大简中的“穫”为正字。姚小鸥考察了《诗经》“是A是B”句式，结合中国古代纺织史的情况，论断《毛传》以“煮”训“濩”乃先秦旧义，并无不当，徐氏所论实为误解。姚小鸥强调，“传本《诗经》历经汉代以下经师校理，汇合了古代学者研究的精华，在出土文献《诗经》的整理中，必须充分利用其成果”。③

二、作家作品相关研究

“烽火戏诸侯”故事的主人公褒姒一直被认为是导致西周灭亡的罪魁祸首。马银琴考察了史料中的褒姒故事及两周之际的史事，弄清楚了“褒姒灭周”论的形成过程，并在此基础上探讨了《诗经·小雅·正月》诗旨的演变。她认为“褒姒灭周”不过是一场出于政治斗争需要的政治讹言而已。西周末年周幽王黜申后及太子而嬖爱褒姒，实际上是姬姜婚姻联盟破裂后周王室对以申侯为中心的姜、戎政治联盟的打击。太子宜臼奔西申，在申侯支持下自称“天王”，则是申侯对周幽王权威的直接挑战，同时也拉开了“周二王并立”的历史序幕。在这场斗争中，褒姒只不过是周幽王打击申侯势力的工具而已。但作为工具的褒姒却不可避免地成为朝臣抨击的目标。《国语·郑语》所记史伯对褒姒的妖魔化，是“褒姒灭周”这一政治“讹言”的直接源头。在“周二王并立”的背景下，作为“讹言”的“褒姒灭周”论出自史官之口，从根本上动摇了幽王政权的合法性，因而《正月》诗人才会对“讹言”的“亦孔之将”忧心不已。而作为“褒姒灭周”论的受益者，周平王的胜出使得这个“讹言”被认定为“真实”的历史。于是，这首旨在警诫幽王君臣当心“讹言”乱政的《正月》，最终被解释成了“知其必灭周”的政治预言。④

《庄子》研究方面，常森认为，迄今为止，几乎对《庄子》“卮言”的所有解释都不符合《庄子》的实际；《庄子》三言中的“卮言”应该是“危言”之讹误。拨乱反正，则《庄子》对三言的所有表述都可以得到合理解释，而且这些解释既符合《庄子》的观念与实践，又契合它置身其中的历史语境。《庄子》“言无言”的观念体系和实践一方面回应了超越性的道，一方面回应了具有强烈自主性、封闭性和排他性的受众，其宗旨是使危言、重言与寓言三者有机融合，相与为一。它一方面控制和减少危言亦即庄语的使用频次，一方面又高度重视和仰赖危言对文本的定性、定向作用及其连属衍生文本的结构性功能；它一方面以寓言、重言作输送言说意指的主要载体，一方面又警示此举的外溢效应。总而言之，《庄子》之“言无言”是一个相当成熟和精密的体系化的设计。⑤

于雪棠考察了《庄子》外篇中《在宥》一篇的篇题之意以及该篇的文本形态，以为“在”者存也，其义为让天下保持其固有的存在状态；“宥”之意并非“宽”，其核心内涵当为“容”。而“在”“宥”二字并提合观，意思是，顺应天下自然的存在状态，以保存其固有的性与德。于雪棠认为，“词义辨析离不开对文本整体意旨的把握，历代解释的差异，不只是词义的不同，还体现了儒道两种视角的分异与会通，林希逸和王夫之的阐释尤其具有代表性。‘自在’‘自得’二词是解说的关键”；郭象以“自在”解“在”，其义与“自得”有异，但其内在理路是统一的，即都强调客观存在状态与物本来的德性，可谓深得本义，后代解庄者赋予“自在”“自得”不同的内涵，比如林希逸由庄子之“自得”出发，王夫之采用孟子之义生发，殊途同归，而均导向心灵状态。于文进而从考察《在宥》与《老子》思想的关联切入，认为《在宥》全篇各章所论都围绕无为这一中心展开，并无他篇文字窜入，也不存在文本淆乱的问题。⑥

班固《典引》以“典”为名，接续《尧典》为文，萧统《文选》将其归于“符命”一体，蔡丹君则认为它更接近两汉交替期以来的拟经体。蔡丹君全面考察了《典引》隐括训典以阐释汉德的文体实践，总结了其中所蕴“五经含文”的文章学思想，并剖析了《典引》与《尚书》经义的关联，她一方面列举《典引》中“不台”“光被”二语所涉及的两组异文，剖析其所承袭的今文《尚书》学背景，一方面又从《典引》的行文，分析其对《尚书》经义的隐括。认为班固这种隐括《尚书》经义来作《典引》，以绍续《尧典》、“拟训典而行文”的创作行为，蕴含了一定的文体学、文章学思想，这些思想与两汉交替期王莽、扬雄等人所生发的“五经含文”的文章认识以及文体革新紧密相关。王莽、扬雄在他们的诸多创作中，颇为侧重于隐括五经尤其是《尚书》经义，开启了拟训典而为文的路径，催生了以拟经为主要特点的新文体的产生。⑦

一个与汉乐府有关的衍生性论说是，檀作文考察了李白《将进酒》“将”字的读音以及该诗与乐府传统的关系。檀文认为，从诗词对仗修辞用例及乐府旧题传统两方面考察，李白《将进酒》之“将”字当读为“jiāng”，是“将要”之义，而非“请”“愿”之义。檀文指出，乐府旧题《将进酒》本于《诗经·小雅》“燕乐嘉宾”的传统，在进酒娱宾的同时，亦申醉酒败德之训；而郭茂倩《乐府诗集》“将进酒”解题及逯钦立《先秦汉魏晋南北朝诗》“将进酒”古辞释义对此皆有误解。檀文还对比了敦煌残卷2567、《河岳英灵集》及宋蜀本《李太白文集》中的《将进酒》文本，发现其文本形态呈现出一个不断升级修改的过程。文章认为，“在这篇作品产生的时候，李白根本就没想过要写成乐府旧题《将进酒》。只是在修改的过程中，文本上添进了‘进酒君莫停’（或‘将进酒，杯莫停’），题目由《惜樽空》变成了《将进酒》”；“李白用乐府旧题‘前有一樽酒行’‘独酌谣’‘行路难’的牢骚满腹、饮酒忘忧的传统替代了‘将进酒’劝戒不可濡首荒志、醉酒败德的传统”，而由于它空前的艺术成就及感染力，成了后世《将进酒》创作的范本，开创了一个新的传统，形成了乐府文学史上典型的“别子为宗”现象。⑧

三、文学史相关研究

书写是几千年中华文明得以传承不断的重要方式。赵敏俐系统论述了甲骨文、金文和典册文三种中国早期文献的书写形态及其特性，指出由于书写工具、书写方式的不同，三种书写形态的分工与发展也各不相同。甲骨文和金文以实物传承的方式，向后人展示了中华民族早期书写技术和制度文化建设所能达到的高度，但它们都属于具有神圣色彩的特殊书写，在中华精神文明传承过程中影响有限，典册文才是承载历史事实与文化精神双重记忆的重要形态。然而中国早期典册文献中的相关记载存在着文化上的分层，时间越久便与后世越隔膜，神话的色彩越浓厚便越不易被后世所理解。而这些记载于先秦典册文献中的早期神话同样是可贵的历史资料，在一定程度上也可以称得上是研究中国早期历史的“信史”。因此我们需要充分认识三种书写形态特点，对早期典册文献进行分层研究，使与甲骨文、金文书写互补，使与当代丰富的考古学成果相互发明、相互印证，进而从中华文明的物质考古深入精神考古，开创早期文明史研究的新局面。⑨

程苏东从另一个层面论及早期的“书写”。以往多从风骚影响、战国私学发展等方面论及士人文学传统的缘起，程苏东系统梳理了早期“书写者”与“书写形式”的特点，发掘了早期《春秋》学对于士人文学传统的影响。以战国至汉初公羊学为代表的早期《春秋》学建立起了一种基于“私人性书写”的文本阐释体系，这不仅使“作者”的形象得以确立，“书写”也被重新赋予了更加丰富的文化内涵，成为士人“救弊”

“传道”以及“显名”的重要手段。与根植于宫廷文化传统的职务性、程式化书写不同，这种私人“著述”强调个人价值的独立呈现，倡导个人化的书写风格，而读者也需要通过对这些个人化书写方式的把握，来体会书写者的言外之意。从早期文学发展的整体视域来看，围绕《春秋》展开的一系列阅读与阐释方法的革新成了孕育早期文学理论的温床，在文本的功能、形式与接受等多个层面都深刻影响了士人文学传统的建立，值得引起文学史研究者的关注。[10]

对赋的起源以及赋文体的形成，学界向有源于楚辞、源于六诗、源于纵横家文、源于诸子等不同说法，且论者常常由骚体赋、大赋、小赋等汉赋类别追溯赋体之起源，进而又从时间上骚体赋出现最早，得出骚体渐渐影响大赋产生的看法。傅刚认为，“研究者不应该以汉代产生的这些不同类型的赋作为依据，事实上这些不同类型的赋，是在赋发展的过程中逐渐融入，最后形成的”，“应该从前往后看，看赋在一开始是怎么定体的，其后又是怎样开始发展的，发展过程中逐渐增加了哪些文体，最后又是怎么样完成定型的”。在此观点基础上，傅文辨析历史材料，讨论了赋体起源及形成过程。他认为，在赋文体建立的过程中，楚辞至武帝朝方由刘安、朱买臣等人传播至北方，其对赋体的影响实则是很晚的。而早期“赋”乃赋、歌、谣、讴、谚等各种说唱文体的总称，至秦发展为杂赋，流行于西北地区。荀子五赋即其入秦后受秦杂赋影响而成。汉朝建都秦地以后，士人渐受杂赋影响。至游士事诸侯而骋才作文，将流行于楚地的辞和汉初以来未衰竭的纵横家文，与秦以来在北方流行的杂赋结合起来，遂建立起“大赋”这种新型文体。北大汉简《反淫》实为枚乘《七发》的前稿。[11]

马庆洲从“序”入手论及汉赋。汉赋的结构一般分为三部分，即序、本部、乱(或称颂、系、重讯、歌)。历代收录汉赋较多的各类文学总集对这些“序”的处理有较大出入，并不一致。有的收录，视为赋的一部分；有的则不收，如张溥辑《百三家集》将一些包括《文选》都视为“序”的文字排除在外；有的于标题下特意标出“有序”，有的则不作标注。马文系统梳理了各总集中所收录的49篇标有“序”及“并序”字样的汉赋，发现这些“序”并非都出于赋作者，有的是引用史书的记载，有的系后人增补。而后世纂辑的文学总集，颇有不少都将这些“序”作为整篇赋作的一部分来看待，这使得赋的本来面目变得模糊不清，也导致后人对汉赋结构的理解出现偏差。[12]

徐建委、李炳海就文学研究方法论方面的问题进行了讨论。徐建委反思了中国文学史研究中存在的一些习惯性做法的适用性和有效性。这些“惯例方法”包括清晰年代的预设、进化和线性思维、文本内在统一性的假设、文本是作者自我表达的载体和作者全知的假定等。他认为这些方法极易造成许多整体性问题，甚至让整个研究领域陷入底层垮塌的泥潭，“最终使得许多战国秦汉文学的研究变成了一种虚幻的镜像学术”。[13]国学经典的文学解读既要持守民族本位，又要会通中西。李炳海从文学的本质以及对美的认识、对文体的界定等几个方面，谈了关于持守民族本位原则的看法。“物相杂，故曰文”是中国古代对文学本质的基本认识和理解，这与近现代西方学者对文学本质所做的概括有相通之处，因此，文学理论著作及教材的书写完全可以用本土传统理念加以表述；中国古代与审美密切相关的词语，美、秀、艳、丽等，都取象于生命的形态及活动，渗透着生命意识，与古代西方对美的解释呈现鲜明的差异，中西会通任重道远；中国古代文体的界定，可以通过对文体名称文字构形的辨析得以实现，而这在拼音文字中是无法做到的，所以，象形文字是持守民族本位的依托，我们可以采用有异于西方的研究方式。[14]

四、学术史、思想史、文化史相关研究

学术史方面，徐建委从文本生成角度，论述了早期儒家对“季札观乐”等故事的建构，常森剖释了“思无邪”作为一个《诗经》学话语在内涵上的历时性演变，程苏东谈及《华阳国志》中所载三条经学史相关信息，鲁洪生、李春华则梳理了当代《周礼》“六诗”中赋、比、兴本义的研究。

《春秋》鲁襄公二十九年夏，记有“阍弑吴子余祭”与“吴子使札来聘”两事。若余祭被弑，则同一年季札不可能有出聘之行，两条记录中间显然存在龃龉。徐建委比对《左传》《史记》的相关记载，发现矛盾之处更为明显。参考苏州博物馆藏余眛剑铭文，徐文认为，《春秋》所记“阍弑吴子余祭”一条乃是错简，并由此判断《左传》中季札、余祭等材料应为后人补述。季札观乐的故事不会早于公元前403年，此时距鲁襄公二十九年(前544年)已140多年。季札的故事在战国秦汉时代的文献中颇为常见，其中皆渗透出孔门倡导的价值观念。类似季札、比干、柳下惠等历史人物在故事中渐变成一种符号，这应当视为一种文化现象来解读，必须关注其建构性和意识形态性；“后人对先秦历史的许多‘历史感觉’，多来自这类充满了现场感的故事，而它们多数都是早期儒家所创制的。或者可以认为战国初年儒家学者们所编纂的故事，塑造了我们对早期历史的认知与想象的主色调”。[15]

孔子以《诗·鲁颂·駉》篇的“思无邪(yǔ)”一语概论《诗三百》，使它成为极为重要的《诗经》学话语。常森指出，孔子之本意是形容《诗》之蕴藏既富且广、无所不包，由上海博物馆所藏战国楚竹书《诗论》以及相关传世文献可以证明；“思无邪”在这个层面上成了孔子《诗经》学形态模式的表征。但嗣后孔子本意迅速流失，自战国中后期至汉代，“思无邪(xié)”作为《诗经》学话语的意义完成了第一次转换，被用来指涉《诗》在“写作”的思维取向上不背离正确价值。这一转换，呈现在湖北荆门郭店村新出的早期儒典以及相关传世文献中。由是“思无邪”又以其新指向，成了汉唐《诗经》学形态模式的表征。朱熹在《诗经》学史上的重大意义是在相当程度上解放了诗歌文本，而文本自身意义的凸显，跟汉唐经学家对“思无邪”的认定形成了强烈冲突。于是朱熹将孔子以“思无邪”概论《诗三百》的意旨解释为读《诗》使人思无邪，以消解这种冲突。“思无邪”于是又以一种新指向，成了朱熹或者宋代《诗经》学形态模式的表征。作为《诗经》学话语，“思无邪”的意涵发生了数次重大转换，近今学者尚缺乏清醒的认识。[16]

《华阳国志》是东晋士人常璩所撰的一部地方文献，其在西南地区社会风俗史、方言史、民族史、文学史等方面的研究价值，早已受到相关领域学者的关注，但在经学史研究领域，该书的价值仍未得到重视。程苏东从其中辑得三条与西汉经学相关信息：其一，《华阳国志》载张宽等文翁所遣蜀生曾被武帝征为博士，这为五经博士初任人选问题的探讨提供了新视角。其二，《华阳国志》载张宽“始作《春秋章句》”，结合其曾为武帝博士之身份，则《汉书·艺文志》所载“《公羊章句》三十八篇”之编定或肇自张宽。其三，《华阳国志》载巴郡胥君安“《左传》不祖圣人”之说，为《左传》的西汉传播情况的研究提供了新的参照。[17]

《周礼》“六诗”与《毛诗序》“六义”都没有解释赋、比、兴的含义，古今许多学者尝试从不同的角度对“六诗”及赋、比、兴的本义进行考辨。鲁洪生、李春华全面调研了1949年以后学界对《周礼》“六诗”中赋、比、兴本义的研究。按观点出现的时间顺序，分别从六诗皆体说、六种作用说、六种用诗方法说、六种教诗方法说、六种演述方法说、宗教观念内容向艺术形式积淀说、赋比兴源于宗教仪式说等几方面，作了梳理。[18]

思想史方面，常森首先基于传世文献与新出土文献两重证据，探讨了《大学》格物致知学说的本意；其次围绕战国时期儒墨道诸家都涉及的重要范畴“故”，呈现了一段鲜为人知的思想史轨迹；又次结合新出土及传世文献，对郭店战国楚墓《语丛三》简六十四至七十二所录的书写形式和内容作了论析；再次，根据新出土早期儒典，挖掘了孟子四端说的起源。程苏东论述了《洪范五行论》的灾异思想特质。杨传召、赵敏俐探讨了孟子“武德”思想。方铭考察了中国传统价值观中“和”与“和谐”思想以及“民主”观念。

常森指出，《大学》格物致知说乃儒术之核心，其本义汉代已经遗失，后儒议论纷纷，大抵只是自我建构，接近元典本义者甚少。探究其中原因，则不能不重视此说历史语境的湮灭。借助传世儒典(包括《大学》自身文本)以及新见早期儒家文献(比如承载孔子《诗经》学体系上博《诗论》、承载子思五行学说体系的长沙马王堆汉墓及郭店战国楚墓之《五行》等)，格致学说的历史语境得以基本复原，其本义由此得以彰显：所谓格物致知，简单言之即主体主动接物探究之，并获得关乎修齐治平、安身立命之知。同时特别值得注意的是，《诗论》和《五行》更包含格致说极丰富和具体的实践，甚至包括格物致知的诸多具体模式。成立早期儒典的格物致知观念及其模式十分朴素，使之玄虚化的显然是睽违元典本义、师心立说的后儒。[19]

常森又指出，“故”是战国儒家心性学说的重要范畴，跟“性”范畴相对或者相关，它最早隐含在上博《诗论》所记孔子以性为生命本然特质和存在的论说中。在新出属于孔门弟子至子思子时代的早期儒典《眚(性)自命出》《眚(性)(情)论》《五行》等以及传世《孟子》里面，“性”“故”关系被直接或间接地展开，且随时代之推进而有所变化，形成了思想学术发展的一条主线。《墨经》与《庄子·达生》篇的有关论说是该主线的旁衍，它们只有从上述历史语境中才可以合理地解释。[20]

常森指出，旁行书写本来是古代一个重要传统。《墨子·经上》《经下》早前即采取这种书写体式，但《道藏》本《墨子》已经抹杀了它的痕迹，以至于后世学者虽然付出了极大的努力，却仍未得其原貌。出土文献中，采取这种书写体式者不少。郭店《语丛三》简六十四至七十二所录可能较早而值得注意。仔细排列和耙梳这一部分简文，可知其中“亡（毋）意亡（毋）古（固），亡（毋）义（我）亡（毋）必”一语，具有鲜明的独立性，其余文字则大抵围绕“天”“命”“名”“勿（物）”“眚（性）”“生”“【民目文】（文）”等范畴展开，是关乎儒家天人观念、性命学说以及正名理念的早期重要文献。[21]

常森还指出，单就传世文献来看，孟子四端说堪称前无古人、石破天惊的创造，几乎所有对思想史有所了解的学人对此说的开创性都无异议，然而现在出土文献告诉我们，这种“认识”只是一种想象，与历史的真相相距甚远。载录子思五行学说的《五行》从多个层面上论述了仁之端、义之端、礼之端，由此三端到《孟子》的仁、义、礼、智四端，主要是量的增益而非质的飞跃，其间思想史承接前行的轨迹不可漠视，更不可抹杀。[22]

“和谐”与“民主”是社会主义核心价值观的重要内容，方铭探讨了中国传统价值观中“和”与“和谐”思想以及“民主”概念。和谐、和协、谐和、协和等与“和”有关的合成词，其基本意义均来自“和”，“谐”“协”都有“和”的意思。孔子强调以德治国，领导人能以天下为已任，吃苦在前，享受在后，后世所谓“乐以天下，忧以天下”“先天下之忧而忧，后天下之乐而乐”，即是德治的必然结果。和谐建立在社会公平的基础上，以实现善为目标，一切制度的设立应追求和谐。但和谐不是为了调和，也不是丧失底线的顺世。和谐是要追求人与人、人与社会、人与自然的友好相处，不同民族、不同种族、不同国家之间的和谐，应坚持以人为本。和谐不仅是中国的传统价值，也是人类所共同关注的价值。[23]“民主”是社会主义核心价值观的重要内容，也是中国传统文化所追求的目标。孔子所倡导的大同世界的理论，确认了天下者天下人之天下也的理念，即是民主的基础。《左传》中的“民之主也”，立论于只有能为民做主、为民请命、全心全意为人民服务的人才可以成为民之主，实际与现代“民主”概念的实质一样。中国古代的民主政治文化根植于“民为贵”的认识，民主虽然是近代西方政治文明的重要成果，而中国人远在唐尧虞舜时期，就已经有民主的成功实践。[24]

杨传召、赵敏俐对孟子“武德”思想及其现代价值进行了研究，认为孟子的武德思想以“仁者无敌”为中心，强调仁压倒暴力的绝对力量，将武力纳入道德规范之中，是对孔子武德思想的继承与发展，代表了儒家“武德”观念中趋于理想化的面相，这使得孟子武德思想为后世个人与集体追求武德理想构筑了文化基础。[25]

春秋末期以来，五行与阴阳理论逐渐出现了兼容汇通的趋势。这一趋势在阴阳、五行、时月令、星占、日书等文献中都有所体现，最终呈现为《吕氏春秋·十二纪》《礼记·月令》等文献中所见的以“阴阳”为内核，以“五行”为框架的经典叙述模式。在此背景下，程苏东全面分析了《洪范五行论》的文本形态及内容，将其置于战国秦汉以来五行、时月令文献中进行考察，发现它在大量利用时月令文献中所见戒忌、灾应的基础上，在自身五行宜忌的具体设定和叙述方式之中，有意避免时月令文献所呈现出的归本阴阳、依时刑德等传统观念，试图建立一种以儒家“德教”“尊君”“重民”等政教观念为基础，并适应汉帝国政治结构的新型灾应体系，使汉代五行灾异学说进入了一个新的阶段。[26]

此外，扬之水介绍了先秦金银器及其相关文化意义。金银器作为一种陆续出现了近千年的艺术语汇，直到被春秋中后期兴起的金属工艺体系所吸纳，方快速成为流行色。冶炼技术的迅猛发展、经济实力的快速壮大与大小诸侯国的政治诉求互为因果。战国时代，思想上百家争鸣，政治上群雄并起，此际“礼”的权威性并没有丧失，却是在以“物色”营造新秩序的风潮下，很快被世俗化了。庄严凝重的青铜礼器不再具有神圣意味，追求错嵌工艺的光影斑斓遂成时尚，作为彰显贵盛的“礼”外之“色”，东周时代的金银器于是在不同地区、不同政权中以不同的风格呈露“色相”，以此炫耀财富和权力。[27]

五、其他方面研究

傅刚考辨了现有《春秋经传集解》宋本及其版本优劣。现在所知《春秋经传集解》宋版主要有兴国军学本、江阴郡刻本、抚州公使库本、临川郡江公亮跋刊本、蜀刻大字本等。这几种经注本产生的时代较早，较接近杜预《春秋左传注》的原貌，对研究《春秋左传》具有重要的版本价值。傅刚仔细比勘诸本文字，认为“兴国军学本与抚州公使库本、江阴郡本、临川郡江公亮跋刊本似非同一版本系统，诸经注本多与金泽文库卷子本同，兴国军学本往往有异，而这些相异之处却显示出兴国军学本珍贵的版本价值”；江阴郡本和抚州公使库本虽有一些优于兴国军学本的地方，但总的看来，仍然以兴国军学本为优。[28]孙明君介绍了《老子》的版本情况，讨论了老子哲学中"愚"的概念和愚朴人格的特点。[29]赵敏俐在乐府学年会上发表了讲话。他从乐府歌诗的概念、乐府学会和乐府学及乐府歌诗的学科归属问题、乐府歌诗的研究方法和目标，以及它们对当代文化建设的意义等几个方面，提出了自己的思考与看法。[30]

注：

①李炳海：《清华简〈赤鹄〉的越文化属性》，《吉林大学社会科学学报》，2018 年第 4 期。

②高中华、姚小鸥：《清华简〈芮良夫毖〉缺文试补》，《文献》，2018 年第 3 期。

③姚小鸥：《安大简〈诗经·葛覃〉篇"穫"字的训释问题》，《中州学刊》，2018 年第 2 期。

④马银琴：《"褒姒灭周"故事与〈诗经·小雅·正月〉的性质》，《北京大学学报》（哲学社会科学版），2018 年第 6 期。

⑤常森：《论〈庄子〉"卮言"乃"危言"之讹——兼谈庄派学人"言无言"的理论设计和实践》，《安徽大学学报》（哲学社会科学版），2018 年第 5 期；中国人民大学书报资料中心《中国古代、近代文学研究》，2019 年第 2 期。

⑥于雪棠：《儒道两种视角的〈在宥〉阐释——兼及文本问题》，《社会科学辑刊》，2018 年第 5 期。

⑦蔡丹君：《班固〈典引〉的文体创新与文章学思想》，《中山大学学报》（社会科学版），2018 年第 1 期。

⑧檀作文：《乐府旧题〈将进酒〉"将"字的读音及其新旧传统》，《中国文化》，2018 年第 1 期。

⑨赵敏俐：《中国早期书写的三种形态》，《中国社会科学》，2018 年第 2 期。

⑩程苏东：《书写文化的新变与士人文学传统的兴起——以〈春秋〉及其早期阐释为中心》，《中国社会科学》，2018 年第 6 期。

⑪傅刚：《论赋的起源与赋文体的成立》，《北京大学学报》（哲学社会科学版），2018 年第 5 期。

⑫马庆洲：《汉赋"序"考辨》，《清华大学学报》，2018 年第 3 期。

⑬徐建委：《试论战国秦汉文学研究中的惯例方法及其相关问题》，《中国人民大学学报》，2018 年第 5 期。

⑭李炳海：《持守民族本位与会通中西的结合——国学经典文学解读刍议》，《辽宁师范大学学报》（社会科学版），2018 年第 1 期。

⑮徐建委：《季札观乐诸问题辩证——兼论早期儒家对先秦知识的塑造》，《文学评论》，2018 年第 5 期。

⑯常森：《"思无邪"作为〈诗经〉学话语及其意义转换》，《文学评论》，2018 年第 3 期；中国人民大学书报资料中心《中国古代、近代文学研究》，2018 年第 8 期；上海社会科学院主办《社会科学文摘》，2018 年第 8 期。

⑰程苏东：《〈华阳国志〉所见西汉经学史料辑考》，《斯文》（第二辑），社会科学文献出版社，2018 年 1 月。

⑱鲁洪生、李春华：《当代对〈周礼〉"六诗"赋、比、兴本义的研究》，《诗经研究丛刊》（第三十辑），学苑出版社，2018 年 7 月。

⑲常森：《文本解读与历史语境：〈大学〉格致学说本义探析》，《先秦诸子研究论文集》，凤凰出版社，2018 年 11 月。

⑳常森：《儒墨道心性学说中的"故"以及相关论说：从一句话进入的思想史》，《中国典籍与文化》，2018 年第 2 期。

㉑常森：《〈语丛三〉简六十四至七十二的书写体式与〈墨子·经上〉、〈经下〉：兼析〈语丛三〉简六十四至七十二之内容》，《斯文》第三辑，社会科学文献出版社，2018 年 8 月。

㉒常森：《孟子四端说探源》，《文史知识》，2018 年第 2 期。

㉓方铭：《协和万邦与和谐价值观的中国传统文化基础考释》，《西北民族研究》，2018 年第 2 期。

㉔方铭：《民主价值观的中国传统文化基础考源》，《中国文化研究》，2018 年冬之卷。

㉕杨传召、赵敏俐：《孟子武德思想及其现代价值》，《齐鲁学刊》，2018 年第 6 期。

㉖程苏东：《〈洪范五行传〉灾异思想析论——以战国秦汉五行及时月令文献为背景》，《苏州大学学报》（哲学社会科学版），2018 年第 6 期。

㉗扬之水：《闪烁在史书边缘的记忆——先秦金银器知见录》，《湖南省博物馆馆刊》（第十四辑），岳麓书社，2018 年。

㉘傅刚：《〈春秋经传集解〉经注本宋版略说》，《中国典籍与文化》，2018 年第 4 期。

㉙孙明君：《〈老子〉版本说略》，《中华读书报》，2018 年 2 月 7 日；孙明君：《老子与愚朴人格》，《光

明日报》，2018 年 8 月 20 日。

㉚赵敏俐：《关于乐府歌诗研究的几点思考》，《乐府学》（第十七辑），社会科学文献出版社，2018 年 8 月。

（作者：常森，北京大学教授；罗姝鸥，北京大学博士生）

魏晋南北朝隋唐五代文学

马自力 赵 秀 马 希 李 伟

2018 年，北京地区的魏晋南北朝隋唐五代文学研究在良好的学术氛围中展开。1 月 18 日，由北京师范大学文学院和中国社会科学院《文学遗产》编辑部联合举办的北京地区“第二届中国古代小说研究前沿问题中青年学者座谈会”在北京师范大学召开。来自本市十余所高等院校、科研单位和出版机构的二十余位中青年小说学者出席了座谈会，就“如何突破古代小说研究的困境”“探索古代小说研究的新材料、新领域”“古代小说研究专项问题的深入研讨”等问题进行了讨论，对中国古代小说研究产生了积极的影响。[①]

3 月 24 日，“实物 · 图像 · 文本：早期中国文本研究的多维思考与探索学术研讨会”暨第七次“周秦汉唐读书会”在北京召开，共计二十一位学者参加会议，提交论文十一篇，讨论了“汉魏六朝文学文本的异文类型：抄刻、校勘、修改、编录与文体的多重作用”等问题。[②]

4 月 7 日，由首都师范大学文学院主办的第五次“杜甫读书会”在京召开。来自全国高校和科研机构的十八位学者出席了会议。学者们充分表达了自己的学术观点，如文学院院长马自力教授在开幕致辞中强调，文本解读不言而喻具有重要价值，但对其层次应做深入阐发，同时指出“文本细读需要脚踏实地，但同时不应忘记仰望星空，提出一些更宏观一点的重大问题，这也是文本解读的题内之意”。中国社会科学院文学研究所所长刘跃进研究员介绍了“杜甫读书会”的缘起，指出“杜甫的文学思想、杜甫与六朝文学的关系，是我们今后可以更多关注的问题”。[③]

8 月 3—5 日，由“中国《文选》学研究会”和北京大学中文系主办，北京大学中国古代诗歌研究中心、东亚古典研究会参办的“中国《文选》学研究会第十三届年会暨‘百年《选》学：回顾与展望’国际学术研讨会”在北京大学召开。来自中国、美国、日本和新加坡共六十余所高校、研究单位及出版机构的约一百二十名代表回顾了现代“《文选》学”研究的历史并展望其未来。[④]

10 月 31 日，《文学遗产》编辑部邀请部分中青年学者，在中国社会科学院文学研究所召开了以“贯彻十九大精神，总结四十年成就”为主题的“古代文学研究中青年学者座谈会”，共有十五位学者出席会议并发言。学者们总结了四十年来古代文学研究的巨大成就和宝贵经验，对当下古代文学研究中存在的一些问题展开思考，并结合各自的学术专长提出了后续研究的建议。[⑤]

此外，2018 年北京地区学者科研立项引人瞩目，如北京师范大学康震主持的“中国古代都城文化与古代文学及相关文献研究”、清华大学刘石主持的“基于大数据技术的古代文学经典文本分析与研究”、北京语言大学张廷银主持的“历代方志所见文学文献整理研究”等国家社科基金重大项目以及首都师范大学踪凡主持的“历代赋集序跋辑录、整理与研究”等国家社科基金一般项目等均在本年度立项。这些科研项目能为我们提供新的研究思路和方法，并在日后取得更多的研究成果。

2018 年北京地区的魏晋南北朝隋唐五代文学研究呈现出一些新的特点：①分体文学研究方面，诗歌研究仍然是重点，而散文、小说、赋等其他文体的研究成果比较薄弱；②在作家作品研究方面，陶渊明、王维、杜甫、白居易等重大作家的研究成果较为突出；③文学与其他学科的交叉研究方兴未艾，新的思路和方法逐步呈现；④《文心雕龙》相关范畴及思想的研究依然占据文学理论探讨的主阵地；⑤古代文学文献研究稳步推进，学者反思类文章增多，文化责任感增强。

一、以诗歌为主的各体文学研究

中国古代文体研究的深入更能接近文学史的原本面貌。就本年度的研究而言，诗歌研究成果颇丰，其他文体的研究则相对薄弱。

1. 诗歌研究

诗歌艺术研究一直是诗歌研究的重点。陶文鹏的《唐宋诗词艺术研究》[6]一书分为上篇和下篇。上篇包括9篇文章，主要是关于唐宋诗词综合性研究，就晋至唐诗人表现自然美的方法、唐代绝句的艺术、宋代山水诗的会话意趣、宋诗的荒寒意境、唐宋词的戏剧性、宋词绘影绘声的艺术等进行专题探讨，如《传神肖貌诗画交融——论唐诗对唐代人物画的借鉴吸收》等。下篇包括17篇文章，就孟浩然、杜甫、李白、陆游等诗人词人的诗词艺术特色展开专题研究，如《论孟浩然的诗歌美学观》《论李贺诗歌的色彩表现艺术》《苏轼山水诗的谐趣、奇趣和理趣》等。本书关于唐宋诗词艺术的综合性和专题性研究，对于唐宋文学艺术研究具有重要的价值和意义。

诗歌体式研究是近几年研究的热点。葛晓音《〈箧中集〉诗人和顾况的另类古调》[7]主要分析了《箧中集》诗人和顾况的部分五七言古诗，认为这些诗都是在效法汉魏的同时对古诗传统声调的逆反，是中唐前期古诗奇变的特征之一，并分析了其深层原因。另一篇论文通过对古诗体式的分析，指出中唐尚奇诗风是多种表现因素综合而成的创作现象，思路变异的产生既有古诗体式的原因，也有中唐神仙想象的社会心理基础。[8]

谢思炜以《文选》五言诗、《唐诗三百首》等为研究对象，讨论了魏晋南北朝至唐代诗歌词语的演变。[9]赵敏俐从对称音组和非对称音组、声音组合等方面论述了中国早期诗歌体式生成原理。[10]张一南的《唐代早期山东士族的古体诗》[11]一文从山东士族这一特定人群出发，探讨其与古体诗的密切关系，对诗歌体式研究具有启发意义。

本年度诗歌类型研究当推《山水有清音：古代山水田园诗鉴要》[12]一书，本书是北京大学葛晓音教授的古代山水田园诗赏析文集。详细解读了从陶渊明开创田园诗起，至宋代苏轼止，共25位田园诗人的55首诗歌，对我们阅读和理解山水田园诗具有重要的启发意义。马昕《中国古代咏史诗中的比较思维》认为中国古代咏史诗存在以比较思维实现议论翻新的现象，指出比较思维作为一种思维手段，在中国古代咏史诗的创作中具有特殊的地位[13]。

诗歌注释是帮助读者理解诗意的重要手段，对诗歌传播发展也非常重要，故而近年来诗歌注释问题也颇受学者关注。陈斐《近年来诗歌注释存在的问题——〈以唐诗三体家法汇注汇评补注〉过程中发现的诸家疏误为例》[14]一文对注释中出现的典故使用不当、估词未切、错解地名等问题进行一一分析、纠正。唐诗研究者早就关注诗词中的玉门关意象，但尚缺乏深入研究和分析。石玉涛从诗歌的意象出发，得出以下结论：唐代之前玉门关已经成为诗歌中喜用的意象，唐人继承了这一文学传统，频繁地使用这一意象，赋予了玉门关更丰富的文化意蕴，表达了壮烈的家国情怀，将历史的沧桑和个人的情感留在了不朽的字里行间，成为中国文化史上一个具有独特意义的永恒意象。[15]钱志熙对风骚的体制精神略作分析，并列举前人学习风骚的经验，指出中国古典诗歌以抒情为主的民族艺术性格，是在风骚中奠定的，对我们进行诗歌创作提供了很大的帮助。[16]

乐府研究方面，赵敏俐《关于乐府歌诗研究的几点思考》[17]一文主要论述了几个与乐府相关的问题，如乐府歌诗的概念问题等。韩宁从字源来考察“啭”题乐府的音乐文学形态。[18]韩宁的《乐府〈穆护砂〉曲调文本探源》是对乐府曲调文本的研究。[19]何江波从歌辞来源着手研究《乐府诗集》的文献问题。[20]

2. 其他文体研究

相对于诗歌来说，本年度学者关注其他文体诸如赋、散文等不多。在赋体研究方面，傅刚的《论赋的起源和赋文体的成立》[21]一文通过对历史材料的梳理厘清了楚辞与赋文体形成的关系，认为汉大赋的形成是经过由南入北的辞赋家如枚乘等人的努力，以楚辞体与北方流传的以铺叙风物为特征的杂赋结合起来形成的。

散文研究方面，郭英德从散文的“文体”特性、散文的“体格”与“法度”、散文的“正变”与“文格”三个方面，梳理《四库全书总目提要》对散文文体的论述，并强调散文应有其独特的“文体”特性。[22]陈才智通过考辨比较韩愈、白居易的同题散文《与陈给事书》，在创作时心理等的异同。[23]他还以白居易的《养竹记》为例，分析了其对竹文学传统的创新。[24]

词研究方面，董希平、吴亚琦对孙艳红教授的《唐宋词的女性化特征演变史》一书给予了较高的评价，认为此书打破了词史研究大而全的传统视角，从词本体的女性化特征入手完成了一部全新的唐宋词发展演变史。该书创新而又不脱离传统，以一流词人为纲、兼及二三流词人领起全书，以女性化特征的书写贯穿全书，给读者还原一个真实鲜活的词史全貌。独辟蹊径、敏锐善察的女性视角，是该书的又一特色。

扎实的文献考辨与严密的量化统计相结合，保证了该书在内容上的专业性和严谨性。该书在研究观念、方法上的尝试，对词学研究乃至古代文学研究领域产生了较大影响，这种影响会随着时间的推移更加深远。[25]李飞跃的《传统词谱学向现代词体学的转型——林大椿及其〈词式〉考论》一文对林大椿及其作品《词式》进行探究，认为《词式》是兼具传统规范性、现代实用性与古今通约性于一体的权威填词用书，此书在充分尊重词的音乐特性与历史传统的基础上，为后来填词者建立了新的格律规范，维护了词体的独特性与独立性。李飞跃还在另一篇论文提到用辩证法角度看待词学问题，指出对当下的词学研究，应该自觉超越单一标准的研究，以文本为基础、以文艺为本体、以文化为场域，将文学史、学术史与比较文学结合起来，将历史、逻辑与实践统一起来，致力于在一个更大的系统中求取新的确定性，不断进行命题的重释、价值的重估与知识的重构。[26]

二、作家作品研究

本年度的作家研究的重点是陶渊明、白居易、杜甫；作品研究论文数量不多，涉及《文选》《玉台新咏》《世说新语》等。

1. 以陶、白、杜为主的作家研究

“陶渊明是集诗人、历史家和哲学家于一身的文化巨人”[27]。故而陶渊明研究是经久不衰的热点。范子烨指出，就我国学术界的陶渊明研究而言，目前已经呈现出“三线布局”的态势：一线研究，是关于直接研究陶渊明及其作品的研究；二线研究，是关于陶渊明的影响研究；三线研究，是研究的研究，即关于陶渊明研究史的研究。[28]张廷银就平民化问题立论，通过作品分析，探讨了陶渊明的平民品格，认为陶渊明的魅力在于其人其诗均表达了基本的人性之爱与人性之美，从而成为永恒的文学典范。这篇文章即属于陶渊明研究中的“一线研究”。[29]

陈才智对白居易的研究可以说是涉及方方面面。与往年不同的是，本年度他关注更多的是白居易和其他诗人之间的联系，以及白居易对当代的影响。首先他通过向前代先贤追和的形式，展现了从晋代陶渊明的形影神释，到唐代白居易的身心问答，再到宋代苏东坡的物我相忘的心灵对话，认为这种对话构筑起了中国文人范式的三块重要基石，中国文人思想也随之经历了起、转、合的三个阶段。[30]其次，他先从白居易的咏香诗入手，讨论诗人与香道、香道与诗情、诗艺与香韵的不解之缘，而后探究了白居易对香道文化的独特贡献，最后落实到白居易的当代价值，即知足保和的人生观念、闲静适世的志趣选择以及和光同尘的哲学思想。[31]此外，陈才智还关注白居易研究现状，意在拓展白居易研究的范围和空间。如他在《元白研究学术档案》[32]一书中介绍了近百年来元白研究的主要作家作品，较为全面、系统地展示了元白研究的概貌。此外，谢思炜的《白居易诗选》[33]，共选注白居易的各体诗歌作品二百余首，注释参考了前人的研究成果，对作品涉及的唐代历史事件、人物活动、制度习俗、社会思想以及经史成语、典故等均加以说明，可作为读者了解白居易其人其诗的入门读物。

以葛晓音和刘跃进为代表的杜甫研究稳步进行。葛晓音从历代诗论评价杜诗艺术的重点问题和争议焦点出发，论述了杜甫“诗史”的叙述艺术，“诗圣”的艺术形象，五古、七古、歌行、五律、五排及五绝、七绝等各体诗歌的艺术成就，并阐发了杜诗艺术在荟萃前人基础上的多种创新变化的原理，以及杜甫对诗歌体式的建设和发展所作出的重大贡献。[34]刘跃进对杜甫的创作经历进行了深入研究，认为杜甫最重要的文学思想是坚守文学传统，开创崭新局面。文学史之所以选择杜甫，正是历史的选择。[35]由刘跃进主编的《杜甫与秦陇文化论集》[36]一书包含两部分内容：一是关于杜甫在秦州和同谷期间诗歌创作的讨论，以及杜甫与秦陇文化相互生发的关系；二是关于杜甫精神、杜诗文本文献、杜诗学影响及域外杜甫研究。这本论文集虽所论细微，但都能有所发明，对杜甫研究不无裨益。杜晓勤认为杜甫的政治悲剧不仅是人生悲剧，还是文化悲剧，对其文化史意义进行了深入思考。[37]

关于其他作家研究，陈铁民利用相关史料，对《王卓碑》作了可信性辨析，断定王维当为蒲州猗氏人。[38]陈才智肯定了王维的当代价值：“其知足保和的人生观念，风流蕴藉的品性格调，闲静适世的志趣选择，亦如其秀逸典雅的诗歌艺术，正显现出夺目的当代价值。”[39]侯文华运用丰富的史料辨析了李白在《月下独酌》中的真情。[40]詹福瑞认为李白诗歌鲜明地表现出追求生命快乐的态度，填补了学界对李白快乐主义生命观研究的空白。[41]

2. 作品研究

袁济喜从创作与接受的互动关系出发探讨了《文选》未收录赵壹《刺世疾邪赋》的原因。[42]傅刚梳理了《玉台新咏》的编纂与刊刻，确定最符合徐陵原貌的版本，并充分肯定了《玉台新咏》在文学史上的重要价值。[43]张廷银开宗明义，在以往学者将《世说新语》作为志人小说和了解魏晋文人心态的史料的基础上，提出了重视《世说新语》"文学篇"的文学史意义、关注其文学史和批评史价值的新视角。[44]范子烨通过对《世说新语·排调》中晋人言语游戏"嘲戏"的探究，探讨了这一嘲戏风尚所蕴藏着自由的精神，旷达的气度，言语的机锋，思想的智慧，也包含着悖理的谬说与可笑的荒唐，揭示了魏晋士林的特殊风尚和魏晋士人的个性特征。[45]另外，张廷银和陈斐对《唐诗三体师法》的成书背景、选录内容及流传情况等进行了考察，是历代唐诗选本整理与研究的重要成果。[46]

三、文学理论研究

魏晋南北朝隋唐五代是中国文学理论与批评实践发展的重要阶段，这一阶段的文学理论研究一直是学界关注的重点。2018 年北京地区学者的研究主要集中在文学理论概念辨析和文学理论作品的研究上。

1. 文学理论概念辨析

理论概念探析方面，党圣元的几篇论文值得注意。他的《回到原点：再论传统文论诠释中的视界融合问题》[47]一文就中国古代文论研究中的"视界融合"问题进行了深入细致的分析，主张回到原点，并指出，疏浚古今文论之间文化根脉的传承与统序关系，传统文论之于当代中国文论的资源价值才会不断地释放出来。这篇文章对于探究古代文论对现代文化自信建设中所发挥的作用具有较大参考价值。党圣元的另一篇文章，则从比较的视角分析中国体性论与西方风格论之间的关系，在古今视界融合的基础上，通过语境还原和语义分析，结合具体的文学创作和批评现象进行体认与解析，从"气"与"文气"的概念出发，探讨"文气论"对魏晋文学精神的影响。[48]

王秀臣从"对立诗论"视角出发，结合初唐儒家经典文献《毛诗正义》中的有关阐释，从另一个侧面展现了"对立诗论"的理论本质，是对传统诗学文献的重要补充，是初唐"对立诗论"的重要组成部分，对后世诗论产生了重要影响。[49]

唐代诗学是古代文学理论的重要组成部分，钱志熙的《论唐代格式、复古两派诗论的形成及其渊源流变》[50]一文在前人有关唐代诗学流派之论的基础上，进一步概括出格式派和复古派的各自的发展脉络、诗史观与诗史建构，对诗论派系和诗论范畴做了更为清晰的勾勒。陈才智从介于文学总体与作家个体之间的文学流派角度入手，谈中国传统文化中诗歌流派的理论性建构，突出了"流派"范畴在诗歌史研究的核心地位。[51]

徐晓、袁济喜通过文艺心理学的视角对建安文人感伤主题诗文创作的个人心理动机和社会外部动机加以分析，能够更好地系统地考察感伤心理的发生制，并对建安感伤主题文学的表现特征获得全新的理解。[52]

2. 古代文论专著研究

刘勰的《文心雕龙》作为中国古代第一部有严密体系的文学理论著作，一直是学界研究的重点。陶礼天关于《文心雕龙》文学地理批评思想的论文值得关注。论文的上篇主要论述了《文心雕龙》文学地理批评问题提出的依据、研究方法和基本内容之要点，分析《文心雕龙》有关文学与地理的一般关系论的主要理论内涵与思想基础问题；下篇对上篇提出的《文心雕龙》文学地理批评论题进行深入考论，具体研究《文心雕龙》有关作家、作品及读者与地理关系的批评论。[53]他的《略论〈文心雕龙创作论〉的学术范式意义》[54]是书评性质的论文，通过分析得出《文心雕龙创作论》对中国古代文论研究所展现出的学术范式意义，这体现在全书的学术追求与理念、理论视点、诠释方法与原则等多个方面，其历次版本之修订亦为古代文论研究提供学术史上的思考与启示。

陈允锋从刘勰的问题意识及其解决方法角度切入，分析《辨骚》之"辨"所涵括之内容，并探究其思想渊源。主要涉及三个方面：一是辨"师范屈宋"之正途，救"效骚命篇"之讹势；二是辨楚骚参酌古今、自铸伟辞之特质，明其渊源所自，作为执正驭奇、通变创新之轨则；三是辨汉世楚骚品评之偏颇，以"四同四异"力驳"褒贬任声，抑扬过实"之论，为客观、合理地评价楚骚之双重特性，奠定了必要的认识基础。[55]

四、文学与其他学科的交叉研究

文学交叉型研究突破了从作家到作品或从作品到作家的单向研究模式，将文学放到它与更广阔复杂的政治、经济、文化乃至整个人类生存状态的关系中去探讨，给文学研究提供了无限的开拓空间。

1. 文学与宗教的关系研究

在文学与宗教的关系方面，有两部作品值得关注。谢思炜再版的《禅宗与中国文学》[56]一书围绕禅宗与文学的主题，以王维、杜甫、韩愈、白居易等为典型，结合历代诗话等古代文学理论批评著作，论析了禅宗思想在世俗生活及文人创作中的广泛渗透及其对唐宋以来文学发展的深刻影响。作者运用禅宗等理论，在更深的层次上揭示了两者作为人类精神现象的内在意义和联系。全书论证严密，新见迭出，对了解禅宗史、文学史都极有帮助。党圣元《党圣元李继凯说中国古代道士的生活》[57]一书，在道教发生发展的宏观背景下，对道士角色的诞生、道士的宗教信仰、道士的修炼方式，以及道士的衣食住行、戒律清规、法事活动等进行一番较为系统的考察，完整地表述了道教和道士在中国的发展历程和影响，澄清了许多流传千年的讹误，考证了丰富的道教文化。这两本著作从具体的问题出发，重新考察或深入研究文学史上的重大问题，给我们观察这些问题提供了一个新的视角。

2. 文学与文化的关系研究

左汉林《朝圣：重走杜甫之路》[58]一书从文化地理学的角度，介绍了杜甫行踪及相关文学景观。该书以杜甫生平经历为序，采用文字和图片的形式，考察和描述了与杜甫有关的上百处文学遗迹和文学景观，详细描述了杜甫一生的行踪。李春青围绕“乌托邦”“主流意识形态”“文人趣味”等关键词，研究了士人阶层的人格结构、社会理想与人生理想，探讨了这个阶层的人格冲突与心理焦虑，揭示了中国古代主流文化与士人阶层人格结构、文化心态之间的紧密联系，视角独特，论述精辟。[59]孙明君《南北朝贵族文学研究》[60]一书围绕当时呈现出世族文学、宫廷文学等多种形式的贵族文学创作，剖析了贵族文学产生的社会和文化原因、贵族文学的特点、贵族文学与文学本身发展潮流的关系等问题，对南北朝时期的贵族文学进行了比较深入的分析，并对南北朝文学家共 19 人的生平事迹进行了全面考证。

值得一提的是石云涛从器物视角研究丝绸之路与中外文化交流史的最新成果。其《安石榴的引进与石榴文化探源》[61]一文，考证了石榴从域外移植中土并推广的过程，探讨了石榴树跨文化视野下的民俗学意义，以及一种外来物种如何转化为中国文化意象的历程。《汉唐间狮子入贡与狮文化》[62]一文，通过梳理汉唐间狮子入贡以及狮子文化在中土衍化生成的过程，探讨了狮子意象的多元文化元素及其成为中外文化交流载体的历程。《域外器物的输入与中古社会》[63]一文则探讨了魏晋南北朝时期域外器物的传入与使用情况，从文化交流与互动的角度看，外来器物的传入具有丰富的文化意义。

3. 文学与音乐的关系研究

文学与音乐自古相辅相成，音乐制度和音乐形式对文学创作也具有一定的影响。许继起考察了曹魏两晋十六国时期宫廷女乐的管理、功能和来源，探讨了魏晋宫廷女乐对贵族蓄伎之风产生的意义和影响，对揭示魏晋时期的乐府文学创作、发展及传播具有重要的意义。[64]韩宁认为“哮”与其他乐府题名一样，有其特有的来源、唱法和曲调特征，继而探讨了“哮”题乐府的音乐文学形态。[65]范子烨从世界性的大格局和音乐人类学的大视野，梳理了马头琴这一新兴乐器从多元到一元的发展历程，堪称文学与音乐艺术关系研究的成功探索。[66]

4. 文学与其他学科的关系研究

文学与其他学科的交叉研究，方法多样，视角新颖，参与学者广泛，取得的成绩也较为突出。蔡丹君论文衡史，考察了鲜卑贵族与北魏洛阳文学风气形成的过程。[67]石云涛运用诗史互证的方法，梳理了通过海上丝绸之路传入中国的舶来品转化为文学意象在唐诗中得到吟咏的过程。[68]周剑之从叙事视角出发思考咏史诗事境的生成，以诗、史之间强大而深广的互文性为基础，为探寻咏史诗研究之新方法作了初步尝试。[69]另外，谢思炜通过探讨汉语诗歌中的语法、句法歧义句，整理了语言学与诗学批评关于歧义问题的讨论。从研究方法的角度来看，这是文学与语言学交叉研究的一次成功的尝试。[70]

五、古代文学文献研究与学者反思

古代文学的研究以文献研究为基础，做好文献研究是提高文学研究的前提。而古代文学研究不仅需要基础研究也需要学者不断地梳理与反思，这样才能使学术研究永葆生机。

1. 文献整理

袁行霈《陶渊明集笺注》[71]一书以毛氏汲古阁藏宋刻《陶渊明集》十卷本为底本，参校宋元诸本及总集、类书，笺注重于史实、本事、名物、地理、人物，并单列评析一项，于诗文作意，发隐抉微。末附历代和陶诗六种及年谱简编、作品系年，语词、人名、篇名索引三种，是陶集注本中的集成之作。傅刚《〈玉台新咏〉与南朝文学》[72]一书采取宏观研究与微观分析相结合的方式，上编探究了《玉台新咏》的编纂与南朝文风演变之间的逻辑关系，揭示了《玉台新咏》的文学价值与文献价值；下编为《玉台新咏校笺》，作者广采博引，精校众本，将诸家校笺合为一处，又能采真削繁，多出己见。此书校勘精细，笺释得体，堪称古籍校笺的典范之作。杜晓勤对日本京都大学图书馆藏明黄用中注《骆丞集》十卷本进行了详尽的考证，使读者不仅对此书的版刻特点有了更准确全面的了解，而且经过与其他骆集版本的多方比勘，更加认识到此本独特的文献价值，认为“此书系今日可考之最早的骆宾王集注本”。[73]

本年度既有文学文献的研究，亦有相关的思考，这些思考富有启示意义。如左东岭在《易代之际诗学研究的文献问题》[74]中提出，易代之际的作家归属存在争议，其诗文作品的整理也需要采取独特的编纂方式，同时必须对现存作品进行全面的整理与考辨，以保证研究文献的可靠性。

2. 学者反思

2018 年正值改革开放 40 周年，关于改革开放以来古代文学研究的总结和反思是本年度学界关注的热点话题。北京地区的诸多学者，包括研究魏晋南北朝隋唐五代文学的学者，都积极参与了讨论，以不同文字样式表达出来。徐正英认为中国古代文学，取得了独立于世界之林的辉煌成就。这不只是表现为“大文学”作品数量众多、体裁丰富、水平高超、经典化程度强，更表现为其富于民族特色和中国气派，代表了远早于并且完全不同于西方思维方式和话语体系的东方精神生产。[75]左东岭认为中国古代文学研究已走向成熟，但成熟并不意味着不存在问题，比如大量平庸而缺乏新意的成果的存在，文献整理的缺乏深度与重复劳动等，这些都亟待学界加以认真对待，从而使古代文学研究取得更大的发展。[76]刘跃进回顾了过去的学术研究工作，认为改革开放 40 年来，中国文学研究方向明确，取得了多方面的成绩。同时他提出在坚持为人民做学问的前提下，学术工作者达成以下共识：第一，坚持学术研究的原创性与时代性，始终把理论研究作为提升研究水准的根本方法；第二，坚持学术研究的系统性与专业性，始终把文献研究作为夯实研究基础的重要手段；第三，坚持学术研究的继承性和民族性，始终把普及工作作为推广研究成果的重要途径。[77]这些文章，既是对改革开放 40 年来古代文学这一学科成长发展的回顾与反思，也对新时代古代文学研究具有启发和推进意义。

注：

①张梦笔：《“第二届中国古代小说研究前沿问题中青年学者座谈会”综述》，《文学遗产》，2018 年第 3 期。

②吴枞：《“实物·图像·文本：早期中国文本研究的多维思考与探索学术研讨会”暨第七次“周秦汉唐读书会”召开》，《文学遗产》，2018 年第 4 期。

③曾祥波：《第五次“杜甫读书会”综述》，《杜甫研究学刊》，2018 年第 2 期。

④高薇：《“中国〈文选〉学研究会第十三届年会暨‘百年〈选〉学：回顾与展望’国际学术研讨会”召开》，《文学遗产》，2018 年第 6 期。

⑤孙少华：《理熟须嬗变，复归启新知——改革开放四十年古代文学研究座谈会综述》，《文学遗产》，2019 年第 1 期。

⑥陶文鹏：《唐宋诗词艺术研究》，社会科学文献出版社，2018 年版。

⑦葛晓音：《〈箧中集〉诗人和顾况的另类古调》，《清华大学学报》(哲学社会科学版)，2018 年第 6 期。

⑧葛晓音：《神仙想象的变异》，《北京大学学报》(哲学社会科学版)，2018 年第 2 期。

⑨谢思炜：《魏晋南北朝至唐代诗歌词语的演变——以〈文选〉五言诗、〈唐诗三百首〉等为对象》，《社会科学战线》，2018 年第 5 期。

⑩赵敏俐：《中国早期诗歌体式生成原理》，《文学评论》，2017 年第 6 期。

⑪张一南：《唐代早期山东士族的古体诗》，《南京大学学报》，2018 年第 1 期。

⑫葛晓音：《山水有清音：古代山水田园诗鉴要》，北京出版社，2018 年版。

⑬马昕：《中国古代咏史诗中的比较思维》，《中山大学学报》(社会科学版)，2018 年第 3 期。

⑭陈斐：《近年来诗歌注释存在的问题——〈以唐诗三体家法汇注汇评补注〉过程中发现的诸家疏误为例》，《文艺研究》，2018 年第 8 期。

⑮石云涛：《唐诗中的玉门关意象》，《河南教育学院学报》(哲学社会科学版)，2018 年第 5 期。

⑯钱志熙：《略谈诗词创作取法风骚的问题》，《心潮诗词评论》，2018 年第 8 期。

⑰赵敏俐：《关于乐府歌诗研究的几点思考》，《乐府学》，2018 年第 1 期。

⑱韩宁：《论“啭”题乐府的音乐文学形态》，《中国韵文学刊》，2018 年第 3 期。

⑲韩宁：《乐府〈穆护砂〉曲调文本探源》，《民族文学研究》，2018 年第 1 期。

⑳何江波：《〈乐府诗集〉歌辞本诸歌录考》，《文学遗产》，2018 年第 5 期。

㉑傅刚：《论赋的起源和赋文体的成立》，《北京大学学报》(哲学社会科学版)，2018 年第 5 期。

㉒郭英德：《〈四库全书总目〉论散文的文体形态

特征》，《中山大学学报》（社会科学版），2018 年第 4 期。

㉓陈才智：《韩愈、白居易〈与陈给事书〉考辨》，《文学遗产》，2018 年第 4 期。

㉔陈才智：《从比德于竹到养竹之德——白居易〈养竹记〉对寓意于竹文学传统的创新》，《文史知识》，2018 年第 7 期。

㉕董希平、吴亚琦：《词学研究的新维度　词史编撰的新视角——〈唐宋词的女性化特征演变史〉的方法论意义》，《中国韵文学刊》，2018 年第 1 期。

㉖李飞跃：《传统词谱学向现代词体学的转型——林大椿及其〈词式〉考论》，《社会科学战线》，2018 年第 12 期。

㉗范子烨：《陶渊明：永恒话题与多元解读》，《铜仁学院学报》，2018 年第 4 期。

㉘范子烨：《关于陶渊明的"三线研究"》，《铜仁学院学报》，2018 年第 1 期。

㉙张廷银：《如何理解陶渊明的平民品格》，《铜仁学院学报》，2018 年第 4 期。

㉚陈才智：《在形影神与身心意之间——苏轼之于陶渊明、白居易》，《浙江大学学报》（人文社会科学版），2018 年第 2 期。

㉛陈才智：《一瓶秋水一炉香——白居易对香道文化的独特贡献》，《宝鸡文理学院学报》，2018 年第 2 期。

㉜陈才智：《元白研究学术档案》，武汉大学出版社，2018 年版。

㉝谢思炜：《白居易诗选》，中华书局，2018 年版。

㉞葛晓音：《杜诗艺术与辨体》，北京大学出版社，2018 年版。

㉟刘跃进：《文学史为什么选择杜甫》，《杜甫研究学刊》，2018 年第 1 期。

㊱刘跃进：《杜甫与秦陇文化论集》，中国社会科学出版社，2018 年版。

㊲杜晓勤：《杜甫的政治悲剧及其文化史意义》，《华南师范大学学报》（社会科学版），2018 年第 2 期。

㊳陈铁民：《王维为蒲州猗氏人考》，《文学遗产》，2018 年第 2 期。

㊴陈才智：《历史选择了王维——王志清〈盛世读王维〉序》，《博览群书》，2018 年第 8 期。

㊵侯文华：《〈月下独酌〉（其一）"无情"释疑》，《语文建设》，2018 年第 15 期。

㊶詹福瑞：《"人生得意须尽欢"——试论李白的快乐主义生命观》，《文艺研究》，2018 年第 8 期。

㊷袁济喜：《〈文选〉不录赵壹〈刺世疾邪赋〉探研》，《中国文学研究》，2018 年第 2 期。

㊸傅刚：《正本清源——〈玉台新咏〉的编纂和刊刻》，《读书》，2018 年第 7 期。

㊹张廷银：《〈世说新语〉"文学篇"文学史意义新论》，《社会科学战线》，2018 年第 7 期。

㊺范子烨：《智慧与幽默：从〈世说新语〉看晋人的嘲戏风尚》，《学术交流》，2018 年第 7 期。

㊻张廷银、陈斐：《才情双绝抵清新，中晚唐诗最可人——〈唐诗三体家法〉述要》，《古典文学知识》，2018 年第 3 期。

㊼党圣元、朱忠元：《体性与风格》，《江海学刊》，2018 年第 1 期。

㊽党圣元：《"气"与建安文学》，《贵州社会科学》，2018 年第 5 期。

㊾王秀臣：《初唐"对立诗论"——〈毛诗正义〉论诗、乐之"情"》，《杜甫研究学刊》，2018 年第 1 期。

㊿钱志熙：《论唐代格式、复古两派诗论的形成及其渊源流变》，《中国高校社会科学》，2018 年第 5 期。

51陈才智：《中国传统文化中诗歌流派范畴的理论性建构》，《河北大学学报》（哲学社会科学版），2018 年第 2 期。

52徐晓、袁济喜：《建安文人感伤主题诗文创作的心理建构与表现特点》，《河北大学学报》（哲学社会科学版），2018 年第 2 期。

53陶礼天：《〈文心雕龙〉文学地理批评思想初探》，《首都师范大学学报》（社会科学版），2018 年第 5 期。

54陶礼天、赵红梅：《略论〈文心雕龙创作论〉的学术范式意义》，《徐州工程学院学报》（社会科学版），2018 年第 2 期。

55陈允锋：《〈文心雕龙·辨骚〉之"辨"义及其思想渊源》，《中国社会科学院研究生院学报》，2018 年第 2 期。

56谢思炜：《禅宗与中国文学》，人民文学出版社，2018 年版。

57党圣元、李继凯：《党圣元、李继凯说 中国古代道士的生活》，万卷出版公司，2018 年版。

58左汉林：《朝圣：重走杜甫之路（插图本）》，东方出版社，2018 年版。

(59)李春青：《乌托邦与诗——中国古代士人文化与文学价值观》，北京师范大学出版社，2018 年版。

(60)孙明君：《南北朝贵族文学研究》，商务印书馆，2018 年版。

(61)石云涛：《安石榴的引进与石榴文化探源》，《社会科学战线》，2018 年第 2 期。

(62)石云涛：《汉唐间狮子入贡与狮文化》，《武汉科技大学学报》(社会科学版)，2018 年第 2 期。

(63)石云涛：《域外器物的输入与中古社会》，《中国高校社会科学》，2018 年第 6 期。

(64)许继起：《论曹魏两晋时期的宫廷女乐》，《中国社会科学院研究生院学报》，2018 年第 6 期。

(65)韩宁：《论"啭"题乐府的音乐文学形态》，《中国韵文学刊》，2018 年第 3 期。

(66)范子烨、苗艳：《弓弦初音与龙马精神：马头琴的前世今生》，《中国艺术时空》，2018 年第 4 期。

(67)蔡丹君：《鲜卑贵族与北魏洛阳文学风气的形成》，《民族文学研究》，2018 年第 2 期。

(68)石云涛：《唐诗咏海上丝路舶来品》，《中国文化研究》，2018 年秋之卷。

(69)周剑之：《诗与史的互文：咏史诗事境的生成》，《文艺研究》，2018 年第 12 期。

(70)谢思炜：《汉语诗歌歧义句探析》，《武汉科技大学学报》(社会科学版)，2018 年第 3 期。

(71)袁行霈：《陶渊明集笺注》，中华书局，2018 年版。

(72)傅刚：《〈玉台新咏〉与南北朝文学》，中华书局，2018 年版。

(73)杜晓勤：《黄用中注〈新刻注释骆丞集〉十卷本考》，《文学遗产》，2018 年第 3 期。

(74)左东岭：《易代之际诗学研究的文献问题》，《文献》(双月刊)，2018 年第 4 期。

(75)徐正英：《出土文献"大文学"研究与坚定文化自信》，《文学遗产》，2018 年第 4 期。

(76)左东岭：《走向成熟的中国古代文学研究》，《文学遗产》，2019 年第 2 期。

(77)刘跃进：《中国文学研究 40 年思潮》，《武汉大学学报》(哲学社会科学版)，2018 年第 1 期。

(作者：马自力，首都师范大学教授；
赵秀、马希，首都师范大学博士生；
李伟，北京科技大学编审)

宋元明清文学

孙大海　李鹏飞

一、诗词文的研究

2018 年的诗歌研究整体较为平稳。在对文献利用及研究方法的思考中，左东岭关注到易代之际诗学研究的文献问题，他认为易代之际的诗学文献较之承平时期具有自己的特点与难点：一是诗歌作品的散佚，使研究者无法找到诗人的全部作品或者重要作品，从而影响对其诗学思想与诗歌整体特征的把握与评价。二是真伪混杂，必须进行认真的辨析与甄别，方可保证研究的可靠性。三是易代之际的作家归属存在争议，其诗文作品的整理也需要采取独特的编纂方式，同时必须对现存作品进行全面的整理与考辨，以保证研究文献的可靠性。①

诗歌理论方面，周剑之基于咏史诗事境的生成探讨了诗与史的互文问题。她认为叙事性是咏史诗的一种基本属性，咏史诗所构筑的诗境实为一种事境，事境分析是对咏史诗进行全新阐释的可行途径。咏史诗事境的生成，以诗、史之间强大而深广的互文性为基础。诗、史的同质互文能为咏史诗事境的形成提供必要支持，异质互文则使咏史诗有别于历史记载、真正构筑自己的独特事境。古代咏史诗对诗、史互文性的充分利用，可以极大限度地实现叙事性的激活和衍生，生成咏史诗的诗歌事境，构筑咏史诗独到的表达方式。②

在具体诗人及诗歌流派、类型的研究中，谷中兰聚焦到范成大的园林书写，指出范成大心怀归园情结，卜筑石湖园林是对其内心愿景的实践与自足，并在其中寄予历史感怀及对园物的独特观照。自我催归心理的形成与书写凸显了其建构园林意义的成因及主动性特征。在范成大笔下，石湖别业的物质实体最终被弱化，"壶中天地"的界限被打破，私人物质空间呈现出隐形化倾向，园林情结的自我开解扩大并深化了精神表达，形成对自我的精神超越。园居时期的文学书写活动，承载着范成大于进退之间对理想人格的追求塑造，对个人精神风貌的自我建构。[③]

辛晓娟集中探讨了汪元量的歌体创作，认为汪元量以诗为歌，以歌者自居的创作心态，深刻影响到《湖州歌》《越州歌》等作品的艺术风格，使其呈现出与其他文人纪事诗不同的面貌。考察其音乐、篇制、叙事、艺术风格、体制源流以及艺术魅力的成因，可知《湖州歌》《越州歌》《醉歌》等七绝联章的出现，不仅是宋代纪事诗发展的结果，也是乐府联章发展的结果，《湖州歌》创作本质上是乐府联章创作，并受《宫词》百首的影响。[④]

王培友关注到两宋理学诗，他认为，两宋理学家的理学实践和诗学实践，都是作为统摄道德实践主体、社会实践主体和诗学实践主体于一身的理学家的文化实践活动。[⑤]基于这一认识，王培友对两宋理学诗的生成、数量等进行了考察。并从理学家诗论、理学诗选本诗评和理学家的理学诗书写等层面，论证了在宋代文化史上两宋理学家的理学基本范畴，具备诗学表达的历史客观存在性。以此为切入点，可以立足理学诸范畴的发育、传播及流变，来探讨其在两宋诗人诗学观念及诗歌创作实践的呈现问题，拓展和深化相关研究。[⑥]

白一瑾的研究继续围绕清初京城诗坛展开，其《吴伟业与清初京城诗坛》一文指出，吴伟业仕清后在京期间，其文学创作与文人交际活动，都较为频繁密集。吴氏入京后虽然无意于仕途进取，但频繁与朝中南籍贰臣、在京南籍文人、京城诗坛新秀展开交际唱和，参与京城文化活动。在京期间，也是吴伟业叙事诗创作的高峰期之一，而吴氏在历经鼎革后的怀旧心态、失节的愧悔心态，皆对其叙事诗创作产生较大影响。[⑦]《“遗民门客”纪映钟与清初京城诗坛》一文认为，纪映钟以南京遗民领袖之身份，入清廷大僚龚鼎孳之幕十余年，参与其政事和文坛事务的处理，并多次参与龚氏救援遗民人士的行动，实系沟通龚氏与遗民士人群体的桥梁。而纪映钟入幕后，亦能持守志节，保持遗民身份，有别于一般的清客之流。[⑧]

晚清名士高心夔经历奇特，其诗歌在晚清诗坛也独具一格，但是学界对其人其诗的研究还有不少误解和不够充分之处。张剑据高心夔手稿《佩韦室日记》指出，高心夔对自我形象的塑造，包含了“狷谅易怒”“尚义勇为”“读书高才”三个方面；再结合其《陶堂志微录》，可发现他与王闿运在诗学观念和诗歌创作上都大异其趣，把高心夔归入湖湘诗派是自汪国垣开始的一个误解。[⑨]

同时，张剑也强调了近代日记文献的整理与利用问题。他认为中国近代日记文献留存丰富，其叙录、整理、研究虽取得了一定成果，但在总体上还缺乏系统性和深入性的探讨，有必要写出一部具有学术导航和学术深度的“中国近代日记文献叙录”，并精心选择一批学术价值高、流传稀少以及数据库难以识别的稿钞本日记，做有难度和深度的整理，同时进行较为先进的数据库建设，在此基础上多角度、多方位地探讨揭示近代日记文献的丰富价值和文化意义。[⑩]

比较而言，词的研究，本年度又趋于冷淡。诸葛忆兵考察了刘辰翁艳情词的创作状况。他指出，在辛派词人笔下，艳情词完全边缘化，刘辰翁的创作即颇具代表性。刘辰翁比较纯粹的艳情词只有十二首，约占全部传今词作的百分之三，数量之少，在辛派词人中独一无二。刘辰翁词中最为常见的一种抒情手段，是通过离别相思之诉说，隐约表达自己对故国的思恋之情。这也是宋末遗民词人对艳情本色题材的一种共同改造。此外，刘辰翁改造了诸多艳情词题材，使其皆成为亡国哀苦愁思的载体。如咏花、七夕、送春等。凡此种种，出之以比兴寄托手法，这是宋代艳情词的典型变调。所谓“风会所趋，不期然而然者”。[⑪]

李芳结合顾太清的生平与创作经历，探讨了晚清“男中成容若，女中太清春”一说的形成与确立过程。她认为，顾太清生前与文坛交集不多，文学作品流传不广，这既有顾太清特殊身份与经历的客观原因，也是出于她的自主性选择。顾太清对文学功能的理解与对交游的掌控，让她区别于一般的闺阁女性作者。顾太清生前的声名主要得自她的婚姻和逸事，能诗词只是闺秀才女的点缀。光绪二十六年前后，顾太清的诗词手稿流出府外，她的词作被发掘、整理，并得到晚清诸位词学大家的推崇，由此确立了词学史中“女中太清春”的地位。[⑫]

2018 年 8 月份，由中国古代散文学会、北京师范大学文学院主办的“中国古代散文国际学术研讨会暨第十二届中国古代散文学会年会”在珠海召开。在这个背景下，本年度的散文研究也显得颇具活力。其中，郭英德的研究成果最为突出。他注意到《四库全书总目》在语体与文体的双重含意上，将“散文”与“韵语”“散文”与“骈体”对举，并强调散文应有其独特的“文体”特性。《四库全书总目》以经术作为散文之本原，确定不移地“根柢经术”，这是确保散文“体格”高尚、质性醇正的重要因素；同时，散文还应讲求严谨的“法度”，才能“极文章之能事”。“散体之变骈体”原本只是“文章正变”，而“文质彬彬”的审美境界才是“古文”和“骈体”潜在相通的“神理”，“典重”“醇雅”“浑成”则是“古文”和“骈体”共同追求的“文格”。⑬

郭英德还发现，崇祯元年至八年，张溥等编订时文选本《国表》，先后推出四集，连同《国表小品》，构成《国表》系列书籍。无论是从选录的人数、篇数来看，还是从传播的广度、深度来看，这一系列书籍都足以作为士子“社稿”的典范，引导我们走进明末士子时文选评和声名传播的历史现场，审视他们的文化活动与文化风貌。深入考察张溥等《国表》系列书籍的选评者、选评标准与传播效应的基本特征，能从一个侧面展现明末士子的时文选评活动及其社会文化功能。⑭

郭英德同时从“真—伪判断”的理路，考察了阮元“文章之学”的提出方式、阐释路径、文化内涵和意义指向，进而揭示了阮元“文章之学”作为一种“文化建构”的人文学说的内在特征和历史内涵。他指出，阮元从“事当求其始”入手，严格区别“文”与“言”、“文”与“笔”、“文”与“古文”等概念，认定以比偶为核心、兼融声韵和辞采的“骈体文”为“文之正体”，以此重建符合“孔子之道”的“文统”，与桐城“文统”分庭抗礼。阮元对“文章之学”的提倡，具有以“持汉学、宋学之平”的学术姿态，挽救汉学流变颓势的时代意义，是中国文学思想史不可或移的重要一席。⑮

此外，裴云龙探讨了北宋六家散文经典系统的建构意义。他认为，这一整体系统在“欧苏”“欧曾”“三苏”等相对微观的经典体系基础之上被综合形成。六家散文的经典系统不仅包含文章学的示范意义，同时也具有儒学文化维度的思想内涵，代表了理学思想产生前儒学发展的传统形态和范式。1127—1279年的评论者大多通过这一经典化的建构过程，以理学的思维和视角对六家散文所代表的传统儒学形态加以审视和反思，这也为后世的文学批评史观念带来深远影响。⑯

张德建谈到了正文体与明代重建思想秩序的关系。他指出，明代的正文体大致经历了三个阶段，从最初对科举制度的自信到强调端正士习，再到强调正文体、斥异端，正文体逐渐成为重要论题。正文体有着明确的目标和任务：崇正学、黜异端、正风格。其重心则从单纯的强调正学，逐渐向大一统下的“圣真”“王制”论发展，试图造就一个无所不在的严密“权力”网络。正文体的理论基础有四：文风与道德人格的培养；文风与士风关系紧密；文体与选拔人才标准；行政管理中的实用实效观。但正文体并不只是国家行为，官方与士人很容易达成态度取向上的一致，形成社会共识。⑰

刘尊举强调了徐渭在明代中后期散文文体演变过程中的重要作用。他认为，阳明心学影响下的“真我”观是徐渭文体创新的理论基础，强烈的自我宣泄的创作动机是其内在的驱动力。其古文创作的“破体”现象，是明代中后期文体观念渐趋松动的重要标志。“摆落姿态”、独存“本色”是徐渭小品文最核心的风格特征，也是他对晚明散文体貌最重要的贡献。⑱

都轶伦重新审视了公安派的思想与文学特点，指出“性灵”并非公安派重点阐论的核心观念，“真”才是公安派之思想观念、文学创作、行为实践等各方面始终围绕的中心，也是其“性灵”的最终旨归。求真在激发新意的同时，又导向了思想与行为的纵欲与贵我，这成为公安派求真思想与实践的标志性特点。公安派对待个体欲望、国事世情等方面的态度是一贯的，他们主要关注个体生命本身，后期虽有反思，但前后延承的成分大于转变。是否纵欲与贵我，构成了公安派与李贽思想取向的重要差异。三袁只是部分借用了李贽思想作为可以发挥的思想资源，且存在误用之处。⑲

赵伯陶关注到当下清代骈文研究中很少提及的蒲松龄骈文作品。他强调，在蒲松龄传世文集中，骈文所占比重很大，举凡碑记、序跋、题词、代拟公文、书启、婚书、杂文乃至拟表、拟判等文类中，皆可以寻觅到骈文的踪影，有一些得意之作，还被收录于《聊斋志异》的篇章中。考察蒲松龄的骈文写作，能够关联到《聊斋志异》创作以及清代骈文兴盛等诸多问题，具有一定的学术意义。⑳

二、小说的研究

本年度的小说研究，成果依然十分丰硕。理论研究方面，刘勇强指出，小说知识学可以作为古代小说研究的维度之一。从知识角度审视中国古代小说符合小说起源和小说家对小说知识性文体特性及功能的确立。小说家的知识结构与水平反映创作主体性。知识在小说艺术世界构建中发挥着重要作用。小说家的知识偏好、文本的知识侧重是小说题材类型的一个决定因素或标识。小说知识功能与娱乐、纪实、劝惩功能往往相互作用、合力呈现。知识对叙事和小说接受也有制约。由于知识之于小说有着整体性、本体性的意义，小说知识学的研究思路有可能成为古代小说原创性理论研究的出发点和着力点。[21]

段江丽从历时性角度梳理了中国古代“小说”概念的四重内涵：先秦时期，“小说”是一个词语；两汉之际，“小说”是一种学术流派、学术思想；魏晋至清末民初，“小说”指经史子集之外的庞杂文类；宋元明清，在小说作为庞杂文类概念的同时，还衍生出另一种内涵，指一种与传统诗歌、戏剧并列的文学文体。其中，前三种内涵均与文体无关，第四种含义则已经是一种明确的文体概念，而且与现代小说概念高度重合。晚清林纾等人选择以“小说”一词来作为西方 fiction、novel 两个词汇的译词应该与中国古代“小说”概念的第四种内涵有直接的关联，至少可以说是第四种内涵的合理延伸。[22]

叶楚炎关注到明清通俗小说中的“弃夫”叙事，他认为“弃夫”叙事主要可以分为两类，一类叙述“秋胡妻”式的故事，另一类则讲述“朱买臣妻”式的故事。出于侠义之心而弃夫的秋胡妻们会获得小说作者的赞美，但对于这样的故事，小说作者却极少提及，这或许更能体现作者对于弃夫一事的真实态度。这种态度深切地影响了朱买臣妻类故事的写作。无论具体的形态怎样，此类弃夫故事基本上都可以看作朱买臣妻故事的复刻与翻版，因此小说的架构极为稳固。而发生变化的通常都是那些打着“弃夫”名目，最终却实现夫妻团圆的并不纯正的“弃夫”作品。对于小说作者而言，向“朱买臣妻”故事靠拢，维护既有的经典架构才是写作的终极目的，因为唯有这样的故事才能纾解他们在现实中的恐惧。[23]

王昕以志怪中的西洋元素为线索，探讨了著书者之笔与清代志怪的衍化问题。她指出，早在“反迷信”一类的近现代话语出现之前，志怪就开始了自身的解体过程。清代“著书者之笔”是以诠释为特点的志怪，立言性和知识性导致传统知识谱系中志怪话语方式的解体。“西洋”作为新的“殊方异物”，为梳理志怪的衍化提供了知识性线索。自《山海经》始，志怪就成为中国古人阐释和接受异域风物的方式与框架。清代小说对西洋的“志怪”包括因袭与阐释两条路径：用传统的志怪话语叙述新见闻，使之成为“熟悉”的怪异模式；“著书者之笔”的“释怪”与“寄所欲言”，使怪异成为考据、议论的对象，志怪成为“释怪”。两种衍化殊途同归，隐含着志怪解体的必然性。清代西洋元素渗入志怪题材，虽没有形成系统连贯的类型与主题，但其体现的志怪“无怪化”倾向，却是观察这一文体性质及其走向必然解体的重要线索。[24]

李小龙围绕古代小说命名的研究，本年度也成果颇丰。其《〈聊斋志异〉异名、异称的嬗递及其意义》一文认为，《聊斋志异》有“异史”的异名，高珩序首句原文为“史而曰异”，可为此名的佐证。作者最后定名为《聊斋志异》，从“异史”到“志异”，标示着蒲松龄从寄寓孤愤到搜奇记异的变化。这一变化也延伸到读者的接受中，其书名简称也以“聊斋”代替了“志异”，进一步掩盖了作者寓于其中的寄托。在“聊斋”成为鬼狐故事共名之后，接受者继续消解了隐含于“聊”字中的反讽，重建起消费性的“闲聊”之阐释。这一命名的潜移历程折射出《聊斋志异》在创作与接受之维意味深长的错位。[25]

清人陈尚古著录、茅坤第三子茅镳所作《祁禹传》，一直被认为是一部失传的百回巨著。但李小龙通过文献考辨，以及破解作者利用姓名所设之隐谜发现，《祁禹传》其实并未佚失，而是改名为《天缘奇遇》，并被收入明代通俗类书之中。此书创作原型当为作者长兄茅翁积，故创作时间应在万历十年茅翁积瘐死狱中后不久。其创作命意亦源于长兄放浪声伎从而被人构诬以死的悲剧，作品表层的艳遇书写之下，凸显的是茅家试图摆脱茅翁积事件评价窘境的姿态；而其纵情声色的描写对晚明小说产生了巨大影响，也曲折地反映了晚明社会中欲望与伦常之间的冲突。[26]

李小龙还注意到明代艳情小说以“史”“缘”二字命名的现象。他指出说话四家中的小说从话本逐渐走向章回，其间的环节是明末的艳情小说。艳情小说命名多以“史”字为体制性后缀，这或当源于最早的两部艳情作品《浪史》及《绣榻野史》，但更可能源于时代更早、影响更大的《如意君传》——它很可能袭自《浓情快史》，若果如此，则不但“史”字出于此，艳情小说多以四字命名的惯例抑或出于此。除以“史”字命名外，明末艳情小说也多以“缘”字命名，这又可能与明代丽情小说《天缘奇遇》之类作品的命名有关。总之，由这两种命名惯例亦可看出，明代艳情小说既源于宫闱秘事，并以“史”来标榜；又源于展现私人情感生活的丽情小说，并以“缘”来昭示。[27]

李小龙继而探讨了《金瓶梅》式命名的转移与衰落问题。他认为，《金瓶梅》不但开创了世情小说的潮流，也重置了世情小说的命名体制，使之从此前的演义体与传、记体独立出来。其续书《玉娇李》继承了这一体制，而《玉娇梨》一书通过对《玉娇李》的仿拟将这一体制嫁接到明末清初的才子佳人小说之中，使这一集名式书名成为这一时期小说命名的流行风气。《林兰香》正是在此种风气影响下产生的。然而，才子佳人小说中也开始出现对此命名不满的作品，直到《红楼梦》出现，又再一次重置了世情小说命名的体制。不过，《金瓶梅》式书名从晚清到当下仍有影响。[28]

李小龙也考察了西方小说书名中译的问题。他指出，西方小说译入中国之初，译者往往会为译作改拟一个中国式书名以规避读者的文体不适，林译小说即其代表。此后，随着中国读者对西方小说文体的接纳，书名的翻译逐渐从“汉化”回归“欧化”，但一些已然经典化的译名则成为早期“汉化”译名的遗存。而当下仍有一些“欧化”译名因使用了人名、地名等专有名词或源自诗句而与当下读者的接受参差，最终被译者策略性改拟。还原西方小说从“汉化”到“欧化”的译名演化，亦可看到中国小说观念的“欧化”历程。[29]

傅承洲关注到作家身后刊刻与章回小说的原本问题。由于章回小说在作家身后刊刻非常普遍，这类小说在传抄和刊刻过程中被后人多次修改，已非作家所作小说原貌。既然如此，那么后人鉴赏和分析就没有必要迷信抄本和古本，可以择善而从。但如果用这类小说文本研究作家的思想，就必须特别慎重，要确保据以立论的文字出自该作家之手。[30]

傅承洲又以《镜花缘》为中心，考察了学者的章回小说创作。在《镜花缘》中，作者李汝珍借人物之口宣讲自己的学术观点，借小说传播知识和技艺。学者的博学多闻为李汝珍虚构情节、塑造形象提供了便利的条件和丰富的资源。李汝珍借人物之口发表对现实的认识，刻画人物、叙述故事，体现出强烈的批判精神。[31]

傅承洲还具体分析了《三国演义》中刘备这一人物形象，认为其“不真实”的原因具体表现在三个方面：小说为了表现刘备的仁慈长厚，写他在夺取他人地盘时犹豫不决；为了表现刘备对朋友有情有义，写他对家人近乎冷酷无情；为了表现刘备的知人善任，将他写成了诸葛亮的牵线木偶。这些又都与《三国志演义》将人物性格绝对化的方法有直接关系。[32]

此外，傅承洲对吴组缃先生生前讲义的整理工作亦已完成，《吴组缃小说课》一书于2019年1月份出版。该书包含了吴组缃先生研究古代小说的诸多真知灼见，其中“《聊斋志异》讲稿”部分尤为精细，吴先生关于《聊斋志异》故事题材来源及蒲松龄生平思想等方面的辨析，具有极大的参考价值。[33]

本年度《聊斋志异》研究的另一项重要成果，是马振方的专著《〈聊斋志异〉面面观》。该书作为“大家小书”系列的一种，也是作者基于多年《聊斋志异》研究的深入浅出之作。该书围绕《聊斋志异》产生的时代背景、蒲松龄一生所历仕宦、坐馆以及与官僚士绅各色人等的交往展开，较为全面地介绍了《聊斋志异》的思想与艺术成就。[34]

在《水浒传》的研究中，作者和时代问题，一向存在争议。程毅中通过对比《水浒传》文本与现存的宋元小说家话本，发现二者有着较为密切的联系。鉴于《水浒传》中保留着许多宋元话本的元素，程毅中也提出了“《水浒传》是世代累积型的话本小说”这一观点。[35]

王昕关注到《水浒传》中的“忠义”冲突，她认为《水浒传》中的“忠”与“义”本质上是两个相背离的道德维度，代表了宋明以来社会所特有的两种伦理道德的冲突。《水浒传》“忠义”悲剧的本质是平民伦理的“义”与国家伦理的“忠”之间冲突与对抗，因而具有超越文本主题的深广的价值和意义。[36]

《儒林外史》的研究依旧延续着前几年的热度。叶楚炎在人物原型的调查上又有新的收获，其《权勿用原型为全祖望考》一文，否定了金和跋语中是镜为权勿用原型的说法，并通过人物关系、姓氏、行迹、性情等各个方面的考察和对照指出，权勿用的原型人物应当就是在诸多领域都卓有建树的浙东学者全祖望。吴敬梓巧妙地借用了全祖望毁誉交加的言传现实，塑造了权勿用这一经典的小说形象。[37]

郑志良曾判断《修洁堂初稿》成书于乾隆十八年，在吴敬梓去世之前，进而推断，萧云仙故事、汤镇台故事、第五十六回“幽榜”都是《儒林外史》固有的内容。叶楚炎“对乾隆十八年”这一时间点有不同看法。郑志良《〈修洁堂初稿〉成书时间考——再谈〈儒林外史〉的原貌问题》一文，对叶楚炎提出的反证逐一辩证，认为将《修洁堂初稿》的成书时间定于乾隆十八年是有充足理由的，并再次强调《儒林外史》全书五十六回均出自吴敬梓之手。[38]

李鹏飞一直主张《儒林外史》全书为五十六回，从《儒林外史》全书主题思想、艺术风格、具体艺术技巧以及艺术思维方式的整体性、连贯性与缜密性来看，《儒林外史》五十六回乃是一个有机的整体，且应同出于吴敬梓之手。从对新发现的《儒林外史题辞》的进一步解读，以及《儒林外史》跟吴敬梓其他诗文的密切联系等旁证来看，《儒林外史》五十六回也应该是一个整体，且同出于吴敬梓之手。也就是说，被前辈学者怀疑的萧云仙、汤镇台、郭孝子故事都应出自吴敬梓之手，并非他人窜入。[39]

刘紫云以《儒林外史》服饰描写中的头衣为研究对象，认为吴敬梓是以明代服制礼仪为蓝本描写士林衣冠服饰；人物头衣是否与身份相符，成为吴敬梓观察士人群体言行出处的切入点之一。与头衣密切相关的两类小说情节，表现了科举制度下鱼龙混杂的士林圈和壁垒森严的士人内部分层。此外，作为吴敬梓"春秋笔法"的一部分，有关头衣的细节还被整合到小说家对儒礼议题的思考中，呈现出体系化的艺术效果。[40]

2018 年 9 月份，由中国红楼梦学会、中国儒林外史学会主办的"经典对话：《红楼梦》与《儒林外史》学术研讨会"在中国人民大学召开。本次会议出现了一批《儒林外史》与《红楼梦》比较研究的文章，其中主要成果皆刊于 2018 年第 6 辑的《红楼梦学刊》上。

井玉贵指出，《儒林外史》与《红楼梦》同时诞生于"康乾盛世"，同出于落寞的世家子弟之手，这决定了两部巨著必然存在多方面的精神联系。两部巨著的作者对时代和人生的深入骨髓的思考，使其作品不可避免地染有浓厚的伤感虚无色彩，同时却也使他们更加认识到生活中积极力量之珍贵，那便是贵族世家的仁厚情怀与平民阶层的质朴强韧。吴敬梓和曹雪芹没有走向彻底的虚无而陷入沉沦，既是历史的必然也是历史的幸运。[41]

詹颂认为，《红楼梦》与《儒林外史》都显示出对才女命运的深切关注。《儒林外史》直面才女们的现实困境，《红楼梦》亦如是，但大观园中才女的诗书风雅还寄托了作者超功利的诗意生活理想。两书中才女形象既与传统有千丝万缕的联系，又对传统有重大突破。曹公写活了"高门钜族的精魂"，吴公笔下的才女形象则颇有时代特色与现实针对性。二公皆为中国文学中的才女谱系增添了光彩夺目的新人物。[42]

彭利芝注意到，《儒林外史》中"祭泰伯祠"与《红楼梦》中除夕"祭宗祠"，都是明清章回小说中的"绝大典制文字"。"祭泰伯祠"以亲历者的满怀虔敬之心记录，吴敬梓以此践行古礼古乐，推行其礼仪教化思想；"祭宗祠"采用宝琴的视角叙事，客观描绘中透着疏离感，曹雪芹以此表达对传统祭祀仪式教化功能的质疑。"祭泰伯祠"与"祭宗祠"，并非史家笔墨，乃小说家浓墨重彩描绘的大事件、大场面，在深化小说主题上发挥了重要作用。[43]

叶楚炎则发现，在吴敬梓和曹雪芹看似互不相干的交游圈之间，有一个颇为重要的人物——张宾鹤。他的友朋包括曹雪芹的密友敦敏、敦诚，也包括和曹雪芹可能存在交游的明义、明仁，以及与《红楼梦》早期传播关系密切的弘晓、永忠等。另一方面，张宾鹤不仅与吴敬梓的知交好友金兆燕、程廷祚等人有交游，还与小说里的原型人物如王昆霞、闵华、袁枚等人有交往。经由张宾鹤的勾连，两个交游圈得以连为一体，也可让我们从士人交游这一特殊的角度去探讨《红楼梦》《儒林外史》两部经典名著的写作与传播。[44]

李小龙则强调了《红楼梦》与《儒林外史》在艺术表现上的歧异，比如空间维度上，前者写景多用套语，而后者则多如实描写；时间维度上，前者多以节日为情节骨架，而后者则一以平凡时日贯穿；在精神维度上，前者多用诗词雅化情节中的生活，而后者则干脆避开诗词出现的可能性。对这些歧异的探讨让我们看到解读二书意旨需要有不同的立场，《红楼梦》是一部诗人之作，作者更希望通过诗意化的情感去把握笔下的世界；《儒林外史》则是一部文人之作，作者更愿意用世俗化的眼光去观察笔下的世界。[45]

在《红楼梦》的专书研究中，段江丽的"红学三书"于 2019 年 1 月份出版。三部著作是段江丽多年《红楼梦》研究成果的系统总结。《红学研究论辩》包括《红楼梦》作者的考辨、版本源流的考证、内容和主题的解析、比较文学研究中的《红楼梦》、对红学史的反思，还有一些对红学家本身的研究。其中涉及很多红学领域的关键问题，作者通过详细的论证和翔实的文献考辨，得出了较为扎实可靠的结论。[46]《红楼人物家庭角色论》从中国独特的家庭、家族观等角度，对《红楼梦》中贾府这一大家族的各种人物进行了分析。作者的讨论贴近文本，又切合历史情境，对人物的评价也显得公允、客观。[47]《红楼梦文本与传播影响》分为上下两篇。上篇侧重文本阐释，下篇侧重传播层面，诸如以心理学方法分析贾宝玉性格、探讨早期脂批的阐释学意义等内容都颇具启发性。[48]

本年度的《红楼梦》研究中，戏曲描写仍然为论者所重。顾春芳对“元妃省亲”所点的四出戏（《一捧雪》【豪宴】、《长生殿》【乞巧】、《邯郸梦》【仙缘】、《牡丹亭》【离魂】）展开了细读，并从戏曲传奇和小说互文关系的角度，深入考察了戏曲剧情、矛盾冲突、戏剧人物以及戏曲曲文对《红楼梦》小说叙事的影响，进一步论证明清传奇如何深刻地影响了《红楼梦》小说的叙事与意蕴。[49]

李玫指出，林黛玉读《西厢记》、听《牡丹亭》曲的情节，对揭示林黛玉的心理、性格与她身世处境的关系至为重要。林黛玉说《西厢记》“果然有趣”，之后又斥之为“淫词艳曲”，显示了林黛玉在内心情感、审美感受和道德观念之间的矛盾，也与明清两代对《西厢记》普遍的社会评价相关。听《牡丹亭》曲，林黛玉先是由衷赞赏，随后“心痛神痴，眼中落泪”，其原因是《牡丹亭》曲触及了她如影随形的“身世之伤”。[50]

詹颂认为，“听曲文宝玉悟禅机”是《红楼梦》中最富哲学与宗教意蕴的章节之一。宝玉因受生活事件的刺激与庄禅思想的触发而听曲悟禅，他的偈与曲子亦情亦禅，由情悟禅。黛钗皆反对宝玉参禅，二人联手，使得宝玉把自己寻求解脱的篇章轻轻揭过，但庄禅思想已在他心中扎了根。在中国文学史上，此节第一次写出了俗世少年因烦恼而求解脱的心路历程，展现了其精神求索尚处于在路上的不确定性和未完成态，别开生面，亦自有其现实基础。[51]

围绕《红楼梦》主题、叙事等方面的研究，亦有创获。李鹏飞指出，历史退化论和末世论在中国古代有悠久的渊源，这对明清小说的社会与历史观有很大影响。《红楼梦》对贾家家族发展趋势的描写就带有退化论和末世论的色彩，在小说的具体情节中，也处处表现了这两种观念。此外，《红楼梦》中的这两种观念还跟康乾时代的历史背景有关。[52]

李萌昀讨论了《红楼梦》中重复叙事的类型、功能与意义生成。小说内部的重复叙事有着不同的文体特征与文化属性，却又被小说家艺术性地组织为一个整体，互相对话又互相竞争。《红楼梦》和章回小说的文体学意义值得进行深入研究。[53]

夏薇通过对“冲喜”和“荒亲”等婚姻行为的研究，以及对宝钗的信件和伴随着一系列人物死亡的整个议婚、结亲、成婚过程的分析，论证了“冲喜”婚姻使得人物性格前后一致、丰满完整，更好地诠释了黛死钗嫁的悲剧结局。[54]此外，夏薇本年度还翻译了浦安迪《〈红楼梦〉的原型与寓意》一书，对浦安迪的红学研究起到很大的推广与介绍作用。

曹立波、李红艳探讨了《红楼梦》人物身世缺憾的艺术内涵。她们认为，书中写红楼女子的身世缺憾，意在渲染“千红一窟（哭）”与“万艳同杯（悲）”的人生悲剧，共性之中不乏个性特征。小说中诸多男子的身世缺憾，很大程度上源于并导致其家庭教育的缺失，使得贾府呈现出“一代不如一代”的家运走势。孤儿寡母的形象，更是集中体现了作者在此类情节中的情感意蕴。[55]

曹立波对于《红楼梦》的版本研究，亦有推进。她细致比较了北京师范大学图书馆藏程乙本，以及绍兴市文物管理局的“蘭藏”程乙本，并根据缺页现象、补摆异体字，以及天头漏油墨等证据，推定二者应为乾隆五十七年萃文书屋《绣像红楼梦》的初印版本。相较而言，津图本、浙图本等本上存在再度调补木活字的痕迹，构成“重订”程乙本的特征。上图本兼有程甲和程乙特征，亦存在某些独立性，称其为程丙本相对准确。[56]同时，曹立波还指出，现知的《红楼梦》程乙本中，北师本、人大本、中国书店本、津图本等版本的收售、庋藏、整理、出版等，与琉璃厂的书肆或出版社密不可分。[57]

此外，胡晴通过调查曹寅《楝亭集》发现，集中部分诗作与《红楼梦》存在众多细节上的勾连和印证。由此可以感受到曹寅及其家族文化审美生活的日常点滴，与《红楼梦》中诸多情节构思及内在趣味的呼应，更能说明《红楼梦》中的相应内容并非凭空而来，家族的历史、家族的记忆是曹雪芹的依托。[58]

王燕注意到，1819年英国《评论季刊》一篇匿名书评，援引了德庇时节译的一段《红楼梦》。王燕考证书评作者为巴罗，并在分析译文的基础上，研究了德庇时英译《红楼梦》时所用的中文底本及其翻译策略。她还结合中西语境，探讨了德庇时英译《红楼梦》的历史接受与文化影响。[59]

本年度小说文献研究方面，潘建国介绍了现藏于芜湖市图书馆的阿英旧藏海内孤本小说《人月圆》。此书系20世纪50年代购自安徽屯溪古籍书店，惜仅残存“上卷”第八回至第十五回，其版式、字体、纸张呈现出清初刻本的特征，又曾著录于朝鲜时期尹德熙《小说经览者》书目，故推定其为清前期刻本。小说讲述了一个发生在会稽的世情故事，包含着豪奴欺主、淫僧占妇、书生遭陷等习见的情节桥段。虽难称佳作，但也具有一定的学术文献价值。[60]

朱萍、杨元丽对李清《女世说》的成书过程与版本差异进行了考察。李清《女世说》辑录初衷为完成伯父李长敷遗愿。顺治九年前后，《女世说》四卷成书，经陆敏树校订，刻印行世。康熙十五年或其后，五卷本《女世说》付印，卷五为《女世说补》，含《女世说一续》至《女世说六续》。《女世说》模仿《世说新语》体例，行文风格统一，篇幅匀称精致，故事来源至少与 242 种书籍相关，将历代女子才智、际遇等分门别类归纳辑录，是观察、反思中国历代各阶层女性生活的一个窗口。[61]

此外，邱华栋、张青松出版了《金瓶梅版本图鉴》一书，对于梳理、介绍《金瓶梅》的版本流变，起到了一定作用。

三、戏曲的研究

近年来，随着《古本戏曲丛刊》《稀见明代戏曲丛刊》等基础文献整理工作的推进，戏曲研究的文献材料已较为可观。在此基础上，本年度的戏曲研究出现了一批围绕新文献的调查成果，理论研究亦有推进。

廖可斌系统阐述了《稀见明代戏曲丛刊》的文献学价值。他指出，《稀见明代戏曲丛刊》收录《六十种曲》《盛明杂剧》《孤本元明杂剧》《古本戏曲丛刊》等未收的稀见明代戏曲 79 种，其中至少有 28 种剧本是海内孤本或某种版本的唯一存本，其他剧本也都是比较稀见的作品；另收录了 175 种明代戏曲的佚曲。该书为明代戏曲研究提供了宝贵资料，有助于我们更完整准确地认识明代戏曲的面貌，对研究明代特别是明代中后期人们的社会生活和思想感情，考察明代中后期戏曲体制和表现方式的发展演变，具有重要意义。[62]

廖可斌还以《稀见明代戏曲丛刊》部分剧本为例，指出了晚明戏曲“戏剧化”的倾向，具体表现为：曲文明显减少，对白大大增加；曲、白更加情景化，更具表演性；更加重视运用科诨；追求戏曲结构有机化、合理化；越来越重视舞台设计等。由此可见明末清初苏州剧作家群和李渔的戏曲理论和戏曲创作取得重要突破不是孤立、偶然的现象，而是当时戏曲艺术总体发展趋势下的必然结果。[63]

麻永玲调查发现，《古本戏曲丛刊》三集之“金瓶梅”乃抄手混抄《金瓶梅》传奇和《双飞石》传奇内容而成，并非一本传奇。应将其中的《东昌将略》等 14 出独立成本，冠以《双飞石》剧名。《古本戏曲丛刊》所收《金瓶梅》传奇是现存佚名《金瓶梅》传奇中的一种，尚无确切证据判断其属何人所作。《古本戏曲丛刊》所收《双飞石》传奇保留下水浒人物王英的“短脚虎”诨号和脚色“武”扮的部分扮相，该记录较少见。相关考察为《双飞石》传奇的辑佚和《古本戏曲丛刊》的编校工作提供一点参考，亦助探究《金瓶梅》《水浒传》小说的传播路径。[64]

也是园旧藏古今杂剧是 20 世纪最为重要的元明戏曲文献发现，发现者之一郑振铎曾撰有《跋脉望馆钞校本古今杂剧》，记录了发现及购藏的过程，本无可补之处。但是，潘建国在检阅诸多相关当事人之日记、书札、题跋等史料后，却发现：郑跋不仅遗漏了若干重要细节，而且还有反常的误记，甚至在某些基本史实上也与他人所录存在明显出入。潘建国运用相关资料，分别就《古今杂剧》之散出、转售、竞购、签约、取书、借印、归藏等环节始末，重加梳理和探考，并剖析了郑跋遗漏或误记背后耐人寻味的背景及原因。[65]

“人弃我取”是郑振铎先生藏书活动中始终坚持的藏书原则之一，在这一原则的指导下，郑振铎先生以其敏锐的学术眼光收藏了大量的戏曲、小说类书籍，并以此为基础，在戏曲研究方面取得了卓越的成就。张鸿声、董晨通过分析和梳理郑振铎先生在戏文研究、杂剧研究、杂剧理论研究、书目文献编纂等方面的成果，深入探寻了西谛藏书与郑振铎先生戏曲研究之间的密切关系。[66]

在戏曲理论、戏曲史研究方面，刘小梅考察了口语文化视角下诸宫调文化形态的演进。她认为，说唱诸宫调发生和发展在宋代商业繁荣、文化下渗的大背景下，成长在市民文化日渐勃兴的轨迹中。现存的三种诸宫调，《刘知远》是民间文化初步崛起、步入勾栏的产物；《董西厢》是文人文化下渗勾栏的产物；《天宝遗事》则是高度成熟的、综合性的勾栏商业的产物，它们基本可以代表诸宫调发展过程的三个阶段中的三种文化形态。这三种诸宫调文化形态的演进，表明金元之际文艺领域已经出现重大变异：文学语言开始变化，源于口语文学的虚构叙事文学逐渐转化为文学的主干，市民意识逐渐侵入并占据了主导地位。[67]

刘小梅还探讨了前期南戏社会心理的独立性。唐五代以来中原地区几经战乱，东南沿海地区却保持了基本的安定。江南经济的丰饶富庶，给民间社火活动提供了坚实的基础。这种自发、自足的完全民间状态使得前期南戏在具备了强大的社会生命力的同时，也具有相对独立、甚至能够与社会主流意识分庭抗礼的“草根意识”。前期南戏在社会伦理上具有自己鲜明的独立性，分别表现为思想意识的非主流性、市民化与世俗化以及浓重的宿命思想等三个特征。[68]

朱万曙强调，在明代戏曲评点中，从李卓吾开始的诸多评点者理性而自觉地以“真实”作为批评标准，重视“事真”“人真”“境真”。同时，他们还对“真实”的内涵进行了扩展，认为要真实地表现生活中的人情物理，能够“传神”。汤显祖《牡丹亭》问世后，更引起评点家们对真实和艺术美关系的思考，认识到“假”中有“真”“愈幻愈灵，愈虚愈实”等艺术规律。与此同时，评点批评家们还进一步从真实的观念出发，提出了“化境”的概念，丰富了真实论。[69]

明代中后期开始，折子戏成为明清传奇在戏曲舞台上流传的主要形式。因此，长期以来广大受众接受知晓的，是那些在舞台上经常演出的折子戏，而原作反而鲜有人知。折子戏所表达的主题，所突显的人物及其对人物的态度和评价，与原作往往不一致。李玫以明代剧作家汪廷讷《狮吼记》中折子戏在明清两代，直至现当代的流传情况为例，分析舞台流行的《狮吼记》折子戏《梳妆》《跪池》等与《狮吼记》原作在思想观念方面的差异。进而说明，一部传奇中哪些折子戏能够在舞台持续上演，是长期、集体的选择。选择机制的背后，是与传奇作者的观念意识、与社会传统观念不甚相同的大众意识。[70]

吴真发现，嘉靖时调《庄子叹骷髅》引领了晚明各类“庄子叹骷髅”主题文学的兴起和流行。明万历十二年至崇祯六年的五十年之间，以庄子叹骷髅为主题的文学体裁计有：北曲时调、民间宗教宝卷、道情、道经附录、徽州滚调、文人改编道情、文人杂剧传奇、拟话本小说。文体和文本的多样性充分证明此类主题跨越“俗文学与雅文学”“世俗与宗教”的文本流动性，体现了晚明宗教文学的活力。庄子叹骷髅一类警愚醒世文学的流行，折射出人们身处“末世”的焦虑与失控感，也是文学和宗教对于横流之人欲、堕落之世风的反省与棒喝。[71]

王永恩梳理了明代北杂剧演出与北曲演唱的状况。进入明代以后，由元代延续下来的北杂剧演出与北曲的演唱仍然持续了较长一段时间。明初，北杂剧的演出仍然很频繁，但从事北杂剧创作的人数较之元代已大大减少，新创作的剧目也相应地减少了很多，明初的杂剧演出主要还是以元代的剧目为主，这种情况为北杂剧的衰微埋下了伏笔。随着时间的推移，南曲得到了较大的发展，逐渐可以和北杂剧并雄，北杂剧的生存受到了挑战。但直到万历年间，北杂剧的演出才逐渐退出历史舞台。[72]

清中期著名剧作家唐英对花部戏情有独钟，曾将多部花部戏改编为昆剧。王永恩调查发现，唐英在改编中吸取了花部戏在情节结构、人物塑造和情感表达上的优点，使他创作的昆剧呈现出了新的面貌。尽管唐英创作的目的是为挽救昆剧的颓势，但他创作的作品却没有产生预料中的影响，究其原因，唐英改编作品中浓重的说教意味和过于雅化的特点使得作品重新陷入了以往昆剧创作的窠臼。[73]

吴新苗认为，今人梳理古代戏曲表演理论文献，容易忽略清代中后期出现的大量戏曲史料。这些包括梨园花谱、报刊戏曲史料和梨园专集在内的丰富史料并非戏曲理论著作，但其中多为伶人艺事与舞台生活方面的内容，也蕴含了丰富的表演理论资源。这些表演理论的内容，在元明及清前期表演理论基础上有所发展，提出了那个时代一些重要的理论问题，并对民国时期戏曲表演理论的繁荣起到重要影响。[74]

吴新苗还考察了私寓与清代北京戏曲商业化的互动现象。梨园私寓，是在戏曲商业化背景下产生的商业娱乐场所，另一方面，它又通过参与演剧、培养明星偶像演员等方式，推动了北京戏曲商业化进程。私寓因与文人群体交往密切，也常常站在精英文化的立场，对茶园演剧的商业化有所制衡。私寓坚持传承昆曲以及对京剧的雅化，就是这种制衡的重要表现。将私寓放到都市戏曲商业化的进程中去认识，有助于人们理解私寓的性质和功能，并重新审视其戏曲史意义。[75]

清宫戏的研究中，梁宪华对故宫博物院所藏清宫戏本进行了系统介绍。故宫博物院图书馆藏清宫戏本11491册，大都是清宫遗存，至今保存完好。清宫戏本包括有：月令承应戏、万寿戏、喜庆戏、连台本大戏、乱弹戏等。故宫博物院图书馆收藏的清宫戏本，是研究清宫戏曲宝贵的文化遗产，也是研究清宫戏台、演出服饰、切末道具及演职人员、演剧内容等的第一手资料；同时故宫还保存有不少明末清初的民间时剧，及其他戏曲著作中不曾著录的珍稀善本和孤本。清宫戏本及其档案史料不仅是清代宫廷演剧的历史实证，同时也折射出清代宫廷盛衰史。清代戏曲艺术是清代帝后生活的缩影，保存下来的戏本具有重要的文献价值，在中国戏剧史上也占有重要的地位，也是研究清代宫廷史的第一手资料。[76]

梁宪华还结合故宫博物院藏《福禄寿灯》戏本的版本、情节内容、演出场所、表演特点，介绍了清宫灯戏的基本状况。清宫灯戏，是清宫上元节和皇帝、皇太后万寿节庆典演出的重要戏剧之一。承应灯戏，康熙、乾隆时期达到鼎盛，随着国力的衰落，清宫灯戏的规模相对缩小。至清末光绪时期慈禧当政后，清宫又恢复了灯戏的表演活动，每年上元节和慈禧太后万寿节，都要准备隆重的灯戏表演。[77]

清宫节令戏的演出十分繁盛，其大规模的创作是在乾隆时期，反映了康乾盛世的政治导向。薛晓金将节令戏放在满汉文化交融的背景之中，从颂赞与祈福、仪式性与娱乐性、驯化与同化等三个方面考察节令戏的文化意义。[78]在众多清宫节令戏中，元旦节戏种类最为丰富，演出规模也最为庞大。薛晓金又从元旦节俗、元旦节戏戏目、节戏承应等三个方面考察清宫元旦节戏的创作、演出及其文化意义。[79]

四、小结

虽然2018年词的研究受限于研究者规模，较去年的提振又有所回落，但整体来看，本年度宋元明清文学的研究氛围还是十分活跃的，研究成果也十分可观。除了戏曲研究中系统的文献整理，其他领域的新文献研究延续了去年的瓶颈趋势，理论研究与经典作家、作品的研究，仍然是本年度的重心。各领域的学者在研究视野、角度、方法上也进行了很多有益的思考与尝试。尤其值得一提的是，学术会议激发新思路、新角度的现象，在本年度小说、散文的研究中体现得十分明显。这种亮点，或许也能为未来其他领域研究活力的激发，提供一种可贵经验。

注：

①左东岭：《易代之际诗学研究的文献问题》，《文献》，2018 年第 4 期。

②周剑之：《诗与史的互文：咏史诗事境的生成》，《文艺研究》，2018 年第 12 期。

③谷中兰：《园林情结的自足与自解——范成大园林书写与精神超越》，《文学遗产》，2019 年第 3 期。

④辛晓娟：《汪元量的歌体创作》，《文学遗产》，2019 年第 2 期。

⑤王培友：《论两宋理学范畴的诗学表达问题之历史客观存在》，《北方论丛》，2018 年第 6 期。

⑥王培友：《论两宋理学诗的历史客观存在及其诗作留存数量问题》，《中国文化研究》，2019 年春之卷。

⑦白一瑾：《吴伟业与清初京城诗坛》，《苏州大学学报》(哲学社会科学版)，2018 年第 4 期。

⑧白一瑾：《“遗民门客”纪映钟与清初京城诗坛》，《中国韵文学刊》，2018 年第 3 期。

⑨张剑：《高心夔自画像及其与湖湘诗派之关系——以〈佩韦室日记〉为中心》，《苏州大学学报》(哲学社会科学版)，2019 年第 1 期。

⑩张剑：《中国近代日记文献研究的现状与未来》，《国学学刊》，2018 年第 4 期。

⑪诸葛忆兵：《刘辰翁艳情词论略》，《词学》，第四十辑。

⑫李芳：《“女中太清春”一说的形成与确立》，《文学遗产》，2019 年第 2 期。

⑬郭英德：《〈四库全书总目〉论散文的文体形态特征》，《中山大学学报》(社会科学版)，2018 年第 4 期。

⑭郭英德：《明末士子的时文选评与声名传播——以张溥等〈国表〉系列书籍为中心》，《中南大学学报》(社会科学版)，2018 年第 5 期。

⑮郭英德：《“以经术、文章主持风会”——阮元“文章之学”新诠》，《文学评论》，2018 年第 6 期。

⑯裴云龙：《理学思维的儒学史审视——北宋六家散文经典系统的建构意义》，《中国社会科学院研究生院学报》，2019 年第 1 期。

⑰张德建：《正文体与明代的思想秩序重建》，《文学遗产》，2019 年第 1 期。

⑱刘尊举：《真我·破体·摆落姿态：徐渭散文的文体创格》，《文学遗产》，2019 年第 1 期。

⑲都轶伦：《重审公安派之思想与文学——“真”及其导向阐论》，《文学评论》，2019 年第 2 期。

⑳赵伯陶：《蒲松龄的骈文刍议》，《明清文学与文献》，第七辑。

㉑刘勇强：《小说知识学：古代小说研究的一个维度》，《文艺研究》，2018 年第 6 期。

㉒段江丽：《中国古代“小说”概念的四重内涵》，《文学遗产》，2018 年第 6 期。

㉓叶楚炎：《故事新编与经典复刻：明清通俗小说中的“弃夫”叙事》，《中国古代小说戏剧研究》，第

十四辑。

㉔王昕：《著书者之笔与清代志怪的衍化——以志怪中西洋元素为分析线索》，《河北学刊》，2018年第5期。

㉕李小龙：《〈聊斋志异〉异名、异称的嬗递及其意义》，《文学遗产》，2018年第5期。

㉖李小龙：《〈祁禹传〉之谜——文本流传、作者身份及创作命意考论》，《北京师范大学学报》（社会科学版），2018年第6期。

㉗李小龙：《明代艳情小说以“史”“缘”二字命名试析》，《明清小说研究》，2018年第4期。

㉘李小龙：《〈金瓶梅〉式命名的转移与衰落》，《中国古代小说戏剧研究》，第十四辑。

㉙李小龙：《从汉化到欧化——西方小说书名中译策略演化例考》，《北京社会科学》，2018年第12期。

㉚傅承洲：《作家身后刊刻与章回小说的原本问题》，《明清小说研究》，2018年第3期。

㉛傅承洲：《论学者的章回小说创作——以〈镜花缘〉为中心》，《南京大学学报》（哲学·人文科学·社会科学），2019年第1期。

㉜傅承洲：《刘备形象为何不真实》，《盐城师范学院学报》（人文社会科学版），2018年第4期。

㉝吴组缃：《吴组缃小说课》，人民文学出版社，2019年版。

㉞马振方：《〈聊斋志异〉面面观》，北京出版社，2019年版。

㉟程毅中：《〈水浒传〉与宋元话本》，《文学遗产》，2019年第3期。

㊱王昕：《论〈水浒传〉的“忠义”冲突及其近代意义》，《中国人民大学学报》，2019年第2期。

㊲叶楚炎：《权勿用原型为全祖望考》，《清华大学学报》（哲学社会科学版），2018年第4期。

㊳郑志良：《〈修洁堂初稿〉成书时间考——再谈〈儒林外史〉的原貌问题》，《江淮论坛》，2018年第4期。

㊴李鹏飞：《对〈儒林外史〉原貌问题的重新检讨——对萧云仙、汤镇台、郭孝子故事出自吴敬梓之手的进一步论证》，《中华文史论丛》，2018年第4期。

㊵刘紫云：《儒林“衣冠”与细节描写的体系化——以〈儒林外史〉为中心》，《文艺理论研究》，2018年第4期。

㊶井玉贵：《贵族世家的衰颓与平民情结的生成——管窥〈儒林外史〉与〈红楼梦〉的精神联系》，《红楼梦学刊》，2018年第6辑。

㊷詹颂：《〈红楼梦〉与〈儒林外史〉中才女形象的现实基础与文化意蕴》，《红楼梦学刊》，2018年第6辑。

㊸：《祭祀仪式与文学书写——以“祭泰伯祠”与“祭宗祠”为例》，《红楼梦学刊》，2018年第6辑。

㊹叶楚炎：《张宾鹤与〈红楼梦〉〈儒林外史〉关系考论——兼及士人交游映射下的小说写作与传播》，《红楼梦学刊》，2018年第6辑。

㊺李小龙：《醉与醒——〈红楼梦〉与〈儒林外史〉之异及其意旨探析》，《红楼梦学刊》，2018年第6辑。

㊻段江丽：《红学研究论辩》，辽宁人民出版社，2019年版。

㊼段江丽：《红楼人物家庭角色论》，辽宁人民出版社，2019年版。

㊽段江丽：《红楼梦文本与传播影响》，辽宁人民出版社，2019年版。

㊾顾春芳：《细读〈红楼梦〉“省亲四曲”》，《红楼梦学刊》，2019年第1辑。

㊿李玫：《“原来戏上也有好文章”——林黛玉与〈西厢记〉〈牡丹亭〉》，《红楼梦学刊》，2019年第1辑。

51詹颂：《宝玉的烦恼与文字禅——〈红楼梦〉第二十二回“听曲文宝玉悟禅机”解析》，《曹雪芹研究》，2018年第3期。

52李鹏飞：《历史退化论、末世论与〈红楼梦〉中的末世图景》，《红楼梦学刊》，2019年第1辑。

53李萌昀：《章回小说与重复叙事——以〈红楼梦〉为中心》，《红楼梦学刊》，2018年第6辑。

54夏薇：《薛宝钗与“冲喜”——明清小说中女性的日常生活》，《红楼梦学刊》，2019年第1辑。

55曹立波、李红艳：《〈红楼梦〉人物身世缺憾的艺术内涵》，《红楼梦学刊》，2019年第1辑。

56曹立波：《北师大藏程乙本及乾隆壬子初刊图版考溯——兼谈绍兴蘭藏本、津图本等程乙本的印行次序》，《北京师范大学学报》（社会科学版），2018年第6期。

57曹立波、王丽敏：《〈红楼梦〉程乙本的流传与北京琉璃厂》，《红楼梦学刊》，2019年第3辑。

58胡晴：《由〈楝亭集〉中诗作看曹家文化传承及

其对〈红楼梦〉创作的影响》，《红楼梦学刊》，2018年第4辑。

(59)王燕：《德庇时英译〈红楼梦〉研究——从约翰·巴罗书评谈起》，《红楼梦学刊》，2018年第5辑。

(60)潘建国：《阿英藏清前期刊本〈人月圆〉小说考略》，《明清小说研究》，2019年第2期。

(61)朱萍、杨元丽：《李清〈女世说〉成书与版本考论》，《中国古代小说戏剧研究》，第十四辑。

(62)廖可斌：《〈稀见明代戏曲丛刊〉的文献学价值》，《戏曲与俗文学研究》，第六辑。

(63)廖可斌：《晚明戏曲的"戏剧化"倾向——以部分稀见剧本为例》，《文学遗产》，2018年第4期。

(64)麻永玲：《〈古本戏曲丛刊〉所收"金瓶梅"考》，《古籍整理研究学刊》，2018年第5期。

(65)潘建国：《也是园古今杂剧发现及购藏始末新考》，《文学遗产》，2019年第1期。

(66)张鸿声、董晨：《西谛藏书与郑振铎的戏曲研究》，《中国语言文学研究》，2019年春之卷。

(67)刘小梅：《论口语文化视角下诸宫调文化形态的演进——以〈刘知远〉〈董西厢〉和〈天宝遗事〉为例》，《民族艺术研究》，2018年第4期。

(68)刘小梅：《论前期南戏社会心理的独立性》，《中国戏曲学院学报》，2019年第1期。

(69)朱万曙：《明代戏曲评点中的真实论——兼谈评点作为文学思想研究资源问题》，《中南大学学报》（社会科学版），2018年第4期。

(70)李玫：《论明清流行的折子戏对传奇原作主题的改变——以明代汪廷讷〈狮吼记〉为例》，《铜仁学院学报》，2018年第10期。

(71)吴真：《晚明"庄子叹骷髅"主题文学流变考》，《文学遗产》，2019年第2期。

(72)王永恩：《无可奈何花落去——论明初北杂剧的演出与北曲的演唱》，《新世纪剧坛》，2018年第6期。

(73)王永恩：《接纳与俯视——论唐英对花部剧目的重写》，《中国戏曲学院学报》，2018年第3期。

(74)吴新苗：《清代中后期戏曲表演理论的演进》，《戏曲研究》，第一、七辑。

(75)吴新苗：《私寓与清代北京戏曲商业化的互动》，《中国古代小说戏剧研究》，第十四辑。

(76)梁宪华：《故宫博物院藏清宫戏本述论》，《江南大学学报》（人文社会科学版），2019年第2期。

(77)梁宪华：《浅析故宫博物院藏〈福禄寿灯〉戏本》，《沈阳故宫博物院院刊》，第二十辑。

(78)薛晓金：《满汉文化交融中的清宫节令戏》，《中国戏曲学院学报》，2018年第3期。

(79)薛晓金：《清宫元旦节戏研究》，《四川戏剧》，2018年第5期。

（作者：孙大海，北京大学博士生；
李鹏飞，北京大学副教授）

中国现代文学

苏　晗

2018年，中国现代文学学科发展稳中求变，延续了近年来“历史化”的研究趋势，引入跨学科视角，“史”的维度愈加丰富；同时，更多研究者将大环境的勾勒与小场景的深描两套笔法相套合，通过具体的作家、作品，尝试触及20世纪重大历史问题，显示出的新健的方法论活力。这一点，在北京地区体现得格外明显。本年度，重要的纪念日包括《狂人日记》发表一百周年、穆旦诞辰一百周年、西南联大建校八十周年等，以此为契机，鲁迅研究、现代文学文化、新诗史等领域均取得了丰硕的研究成果。

一、鲁迅研究

2018年是《狂人日记》发表一百周年，《文学评论》《文艺争鸣》《鲁迅研究月刊》等刊物相继组编了研究特辑，集中展示了鲁迅研究的新进展，突出表现为：爬梳史料还原鲁迅写作的历史细节与观念背景；通过文本细读打通写作的内外空间；《狂人日记》思想内涵的再阐释。

孙郁和邓小燕的论文分别从金石考古和中医药学的角度，考察鲁迅的早年经验对其观念构成、价值判断的影响。孙郁认为，不同于传统的金石家，鲁迅更关注历史资料深处的人文性，尤其是潜藏在古代资料背后精神自新的历史。他面对古代遗存所秉持的现代知识人的价值立场，使他从中提炼出现代艺术的底色，在晚年转向了对现代木刻的提倡。[1]邓小燕则征引近代中医史，指出鲁迅早年常常现“身”说法，引自身的治病经验彻底否定中医的有效性，到1929年之后转向“废医存药”，只是不同语境下批评策略的不同，而非立场的改变。这也显示出鲁迅批判态度的彻底性。②

如果说以上几位的研究，是将作家自身的生命轨迹向历史外扩，提炼出一条贯通的思想线索，那么，另外一些学者则通过描绘某个特定的时代瞬间，从整体的社会语境中向内考辨作家的文化选择。季剑青借由对晚清翻译史的讨论，描绘了鲁迅白话文写作的“前史”阶段。他敏锐地把握到从清末到20世纪20年代，鲁迅反复思考的关键词：“心声”。鲁迅早期的翻译作品不同程度上忽视了心理描写，而采用对话和叙述构建文本，与传统小说更为亲近。直到周氏兄弟提出“直译”，才得以将“心声”落实为具体的语言形式。论文认为，鲁迅翻译《谩》《默》，使他由发抒自我“心声”转向通过白话文写作，创造人与人之间交流的可能。因此，“心声”如何表达不仅涉及在现代小说诞生的特殊时期，文言和白话之间的纠缠与矛盾，也包含了深厚的思想史意义：“声”的传达，同时是孤独个体对他人生命的探索与召唤，与“心声”更为切近的白话小说，也就必然成为鲁迅把握他人精神世界的书写方式。③

构建起一个更为生动具体的观念场景，从广义的文化史角度考察作家论著的动机、方法，某种程度上，是将“偶像”鲁迅相对化了。20世纪20年代，众多现代政党陆续成立，经受过个性主义洗礼的“五四”知识人必须考虑如何处理自身与政党组织的关系。鲁迅、吴稚晖、胡适、周作人等作出了不同的选择。熊权的论文从鲁迅对吴稚晖的批判切入，讨论在无政府主义、三民主义、共产主义多种话语的争锋中，新文化同人的分化与鲁迅的“左转”问题。在“清党事件”中，吴稚晖的“借主义杀人”使鲁迅看清了国民政府不过假“革命”之名，行杀戮之实。熊权通过纷繁的历史细节，将鲁迅放在“网状”的左翼文学图景考察，阐明了鲁迅“左转”的内在动力。④此外，从传播媒介和文献校勘入手，也是切入现代文化史的有效途径。张丽华将《随感录》的写作与刊载放在社会文化的版图中，重点讨论了印刷文化如何影响了文本的生产、改动，由此提出文献校勘对于现代文学研究的方法论价值。⑤

在文本细读方面，几位青年学者或抓住时代变动的重大转捩点，将之与作家生活史相勾连；或利用日记、县志等多种材料，还原创作的微观语境，提供了非常精彩的解读范例。邢程对《祝福》《起死》的解读是其中突出的代表。他综合运用多种材料，试图还原鲁迅创作《祝福》时隐微的心理情绪。由此提出：祥林嫂死于一套人间关系与社会秩序在其生活中的彻底坍塌，而这或许是鲁迅在“兄弟失和”后对于自身处境的投射与象征。⑥邢程将《故事新编》与《呐喊》相勾连，认为作为末篇的《起死》遥遥指向了鲁迅十数年前初登文坛的状况，是作者在20世纪30年代对于新文化“启蒙”话语的批判性反思。庄子“常人化”的特质或许暗示了启蒙者从启蒙高位“回到人间”的主旨；庄子、骷髅、大司命之间关系的重新安排，也是作者对知识者自家位置的反照。⑦此外，刘彬对《长明灯》的解读也颇具新意。他将小说作为鲁迅思想转折的征象：在1925年前后特殊的历史状态中，鲁迅再次采用将觉醒个人与愚昧庸众对立的结构，分别以“吹灯”与“防火”象征“启蒙”与“革命”，对知识分子践行思想启蒙与社会革命的可行性展开了双重质疑，并照见他日后靠近革命时保留怀疑的心态。⑧在杂文研究方面，仲济强试图对鲁迅杂文背后的主体形象做一总体的勾勒。他认为，鲁迅杂文借鉴章太炎的名家论式与梁启超式的纵横论锋，呈现出一个具有“理性的诚实”的、生成性的现代书写主体。这种理性的诚实同样会演变到对自身的怀疑，即意识到自我的有限性，这也是鲁迅杂文中反思视角的来源。⑨

历史视野的扩展与重构、文本阐释的详备与深入，都为研究者们重新定位《狂人日记》及鲁迅的创作提供了必要的积累。研究者对“吃人/救人”等主题进行了重新赋值。从“狂人”出发，鲁迅塑造了包括夏瑜（《药》）、N先生（《头发的故事》）、吕纬甫（《在酒楼上》）、疯子（《长明灯》）、魏连殳（《孤独者》）及范爱农（《范爱农》）在内的一个“非常人”的系列。许多研究者认为，“狂人”系列反映了鲁迅这一代人共同的处境与思考。⑩董炳月注意到，《狂人日记》与鲁迅其他小说、杂文保持着多方面的互文关系。他搜集整理了鲁迅在不同阶段对于“吃人/救人”主题的阐释，考察背后具体的现实针对性。具体来说，在鲁迅那里，“吃人/救人”并非某个固定的、结论性的判断，而会随着社会历史状况的变动演变出不同的形态。作家对这一主题的不断阐释，赋予它彻底的革命性，也使《狂人日记》深刻地参与到中国现代文化的建设当中，获得了思想史的独特价值。[11]

将周氏兄弟对读，也是许多研究者选择的重读思路。在两者的互相映照下，我们能更全面地理解20世纪知识分子独特的精神史。陈平原认为周氏兄弟开辟了现代散文的两大路径："杂文"和"小品"。他抓住"思乡的蛊惑"和"生活之艺术"两大主题，论述了周氏兄弟为人为文的异同。[12]张平则讨论了1949年之后周作人散文中的"鲁迅"形象。他认为，周作人的叙述流连于"鲁迅"的"周边"，强调其"凡人"一面，以自己的方式"放逐"了左翼"鲁迅"。这背后，其实是以他自己的"中庸"理想为支撑的。在新中国成立后的语境中，这种看似平淡的叙述暗藏了相当激进的政治态度。[13]

二、四十年代文学研究

近年来，越来越多的研究者进入20世纪40年代文学研究的领域，取得了丰厚成果。2018年10月27—28日，由中央民族大学、西南交通大学、《学术月刊》杂志共同举办的第二届"国家想象、地方经验与文学形式"研讨会在北京中协宾馆举行。这次会议集中展现了近年来四十年代研究出现的新热点，包括：抗战文学中的"建国"问题、"地方经验"与多民族叙事、作家的迁徙与文学区域互动等。其中，尤其值得注意的是沦陷区文学的研究。或因资料缺乏，且难以找到一个具有整体性与穿透力的认识框架，长期以来，沦陷区文学是20世纪40年代文学研究中相对薄弱的方面。当我们重审20世纪40年代文学版图，试图还原一个更加丰富、有机的文学生态，沦陷区研究的不足就格外令人遗憾。有幸的是，近年来多学科视角的加入、新资料的发掘，有力地填补了这一研究空白。在这次会议上，沦陷区文学研究也成为最引人注目的板块。张泉以二十余年的研究经验为基础，从地缘政治的角度提出与殖民语境相关的四个维度，尝试在国内外语境的交界处重新定位沦陷区文学的历史位置：一是日据时期殖民地台湾/满洲国/"新中国"三种殖民地模式间的共时殖民体制差异；二是中国全国抗战时期国统区/共产党抗日民主根据地/沦陷区三大区划间的共时体制差异；三是日本侵华七七事变造成的中国近现代文学史中的战前/战时/战后三个阶段的历时转换；四是世界范围内的体制殖民/新殖民/后殖民三个殖民阶段历时演化维度。后两个维度，意在将中国文学环境的变化与动荡的20世纪全球史关联起来，构建考察沦陷区文学乃至40年代文学经验的综合性视野；前两个维度，则充分考虑到了中国内部的区域性差异，这不仅影响了中国文学的整体版图，也在作家创作的变化中留下微观的印记。会议中，陈言、刘晓丽、彭雨新、袁一丹分别就周作人与新民印书馆、伪满洲时期女作家杨絮、袁犀与中日文学、沦陷北平中的晚清经验为话题发表论文。总体来看，随着东亚视野的引入，近年来的沦陷区文学研究正逐渐朝向深细、详备的方向发展，展现出可喜的面貌。

解放区文学作为战时文学中特殊的组成部分，常常被视为新文学与当代文学之间承上启下的阶段。自20世纪90年代以来，解放区文学研究主要从以下两个方面打开：通过文学制度的勾连，勾勒解放区文学的生长轨迹；将解放区放置于战时文学的整体版图中，横向比较不同区域间或同或异的时代感觉与文化实践。相较而言，张旭东的思考由当下语境出发，反观《在延安文艺座谈会上的讲话》这一"活着的历史文献"的理论可能性，因此带有极强的现实针对性，更近于广义上的文化批评。他提取出"革命机器"与"普遍的启蒙"作为《讲话》关键词：首先，文艺内在于"革命机器"的政治逻辑和战争逻辑，文艺自身的特殊性乃至自律性是在政治主体性的内部得到整理与规定的；其次，经由"普遍的启蒙"，确立了文艺所具有的广义的教育功能。得益于这两大特征，文艺才能够承担起自身的文化政治使命。由此，张旭东重新提出文艺的社会伦理、实践价值等问题。他认为，引入延安文艺实践的资源，将为我们在国家—社会关系中重建文艺的一般关系提供契机。[14]

本年度的丁玲研究也出现了一些新的质素：研究者跃出既有的"文学"理解，潜入作家发展的内在脉络，考察"文艺"如何嵌入社会革命的具体实践当中，研究视野也从中心作家，扩展到了参与社会文化活动的各个阶层。贺桂梅以丁玲在不同历史时期关于瞿秋白、王剑虹的文学书写为线索（包括《在黑暗中》《韦护》《我所认识的瞿秋白同志》等文本），细致讨论了丁玲与无政府主义思想的关系、为何选择文学道路、为何"左转"等关键问题。她将丁玲在20世纪中国革命历史中荣衰毁誉、大起大落的生命历程总结为一种"自我战斗"的实践哲学。即，"在革命的斗争实践中，在与'艰苦'展开搏斗的生活经历中，不断地磨砺自身，不断地认知外在世界，并通过实践转化成自我的构成部分，以塑造新我。"[15]相较于贺桂梅通过特定的线索，勾勒丁玲漫长的"人格生长史"，何吉贤抓住了20世纪40—20世纪50年代这一特定的历史瞬间，讨论丁玲在陕北、河北的经历。新中国成立前后，丁玲作为知识分子“改造的典型”受到褒扬。何吉贤细致爬梳了丁玲进入延安、参与建设工作的具体历程，其中经验困苦，涉及自我、知识分子与工农群众、创作与具体的革命工作、知识与实践等诸多关系的转变。这种改造是在战争、流动的背景下进行的，也将作家有机地组织到社会革命当中。[16]此外，孙慈珊[17]、唐小林[18]分别就丁玲前期小说中的乡村和革命文本中的诗化书写，提出了别有新意的阐释。

2018 年是西南联合大学建校 80 周年，相关史料的出版、纪念活动的陆续开展，为战时大后方文学研究提供了新的契机。刘大先在中国现当代文学的整体图景中，提取出作为方法与问题的“边地”概念。抗战爆发后，随着知识分子的西迁，“边地”进入想象中国的文学叙事当中。这一认识，与中国边政学的发展也是同步的。这种从“边地”想象“中国”的思路，也影响到当代文学的创作：沈从文、汪曾祺的地方书写，成为新世纪以后“寻根文学”的思想先导。由此，刘大先再次提出当代文学应激活边地的文化活力，重铸整体性的文化自觉。[19]刘大先试图使用某种抽象的共同特质概括 20 世纪 40 年代大后方文学的独特质素，展现出高超的文学史塑形能力。相较而言，由具体对象展开的讨论，则显得更为深透，更能还原大后方文学现场的丰富层次。抗战爆发后，沈从文由湘入滇，在家乡沅陵小住了三个月。借此机会，他对湘西的近代历史有了更深切的了解，南下昆明后，便开始着手“重写湘西”的写作计划。姜涛抓住了这一特殊的战时经历，将其作为沈从文 20 世纪 40 年代一系列文学探索的起点：沈从文将小说、游记、报告、政论等多种形式杂糅，以容纳对战时社会及其积弊的分析，扩大抒情小说的历史包容性。《芸庐纪事》正是一篇具有相当代表性的作品。通过细致的文本分析，姜涛认为，“综合而不能”的困境与沈从文在 20 世纪 40 年代“动”与“思”的位置大有关系，如何在主体内部克服个我与历史的矛盾，也就成为一个不断延宕的“问题结构”。[20]此外，顾甦泳和秦雅萌关注到汪曾祺在 20 世纪 40 年代的小说创作。顾甦泳将汪曾祺的转变概括为“纳蕤思的成长”，即从 30 年代中国现代派诗人酷爱的充满自恋情结的形象，转向纪德意义上的沉思冥想的纳蕤思。[21]秦雅萌以汪曾祺 20 世纪 40 年代故乡题材小说中的“物象”为考察对象。在小说中大量出现的乡村物质性风俗、民间技艺，营造出一个类似于“文化记忆场”的时空体。[22]

三、新诗研究

在现代文学研究版图中，新诗研究常常被划归相对独立的研究范畴。文体间阅读、阐释方法的差异固然是原因之一，但或许更与新时期以来某种既定的研究范式有关。近年来的新诗研究则呈现出与社会文化研究相综合趋势，尤其是通过勾勒新诗产生及发展的具体时刻，将其放置在整体语境中考察。这种转变并不意味着以往以“文本”为中心的研究方式已经失效，恰恰相反，如何在作品与意识、无意识资源的联动中，建立多层次的文本理解，与其他类型的思想文化实践构成对话，逐渐成为研究者们努力的方向。

今年是穆旦诞辰一百周年。9 月 18—19 日，由中国人民大学文学院主办的“纪念穆旦诞辰百年学术研讨会”在中国人民大学人文楼举行。会议分为五场，与会者们就穆旦诗歌的语言意识、现代主义资源与民族气质、诗歌翻译等问题展开讨论。会后，相关论文以专辑形式，发表于《文艺争鸣》杂志 2018 年第 11 期。王家新在“现代性”脉络中提出“重读穆旦”的话题。这不仅是指穆旦吸收的现代主义资源，更指向穆旦诗歌中锐意求新的语言意识，乃至深重的民族忧患感和现实批判性。[23]姜涛则将穆旦与袁水拍进行对读：在战争语境中，两位诗人不约而同地提到鲁迅。不论是穆旦借由“鲁迅的杂文”而形成的、向新闻和事件打开的写作方式，还是袁水拍由“鲁迅先生的轻松诗”展开来的对诗歌讽刺性、通俗性的新发现，都显示出一种鲜明的新闻感性。这篇文章将诗歌形式的创制放置在更加广阔的文化、媒介视野中，为我们提供了新的认识坐标。[24]

长期以来，延安时期是新诗研究中的薄弱环节。今年，路杨和刘璐的论文径直进入这一研究荒区，结出了新的成果。路杨将艾青长诗《吴满有》放置在延安文艺生产体制中考察。40 年代中期，陕甘宁边区兴起了书写“劳动模范”的潮流，不同的艺术门类都表现出“泛报告文学”的倾向。创作实践与政治实践内在地关联起来，一种新的展现“典型”的文艺形式因此诞生，艾青的长诗《吴满有》正是其中之一。长诗诞生于活生生的社会关联之中。诗歌的创作过程，伴随着诗人与吴满有、与其他农民的反复沟通；诗歌将农民素朴的日常对话引入诗歌，既创生出一种有声音、有行动的农民主体，也内含着对“五四”以来新文学体制的改造，从而以形式实践的方式，提供了一种针对政治实践的生产性和能动性。[25]如果说路杨是将《吴满有》作为延安文艺实践的代表作横向的考察，那么，刘璐则更加关注诗人在自身创作生命中的纵向推演。她提取出“工作伦理”作为关键词，认为何其芳在1937—1942年的创作，显示了诗人在抗战初期以独特的方式重新理解历史经验。在新的“工作伦理”的推动和促进下，何其芳的诗歌不断开展出联结群众的新面貌，然而，他对延安的文化逻辑理解存在一定的偏差，因此反复陷入苦恼矛盾之中。[26]

近年来，一些青年学者对郭沫若的研究颇引人注目。郭沫若写于1929年、以辛亥革命前后的四川的历史变化为背景的自传《反正前后》，是一部十分特殊的作品。李斌将其概括为“论说体”，认为郭沫若自觉将对辛亥革命前后中国社会性质和中国革命的分析放在首位，其实借自传的形式，表达了自己对近代社会与革命的认识，是郭沫若流亡日本后思想发展的最新体现。[27]在《郭沫若1945年对苏联的观察与思考》一文中，李斌以郭氏游记《苏联纪行》为中心，考察在二战即将结束的特殊关头，包括郭沫若在内的左翼知识分子的思想状态。经历过二战，中国与苏联都发生了翻天覆地的变化，这也极大影响了两者之间的关系。郭沫若的苏联之行，某种程度上也记录了两个大国复杂的人事变迁。[28]此外，李斌的专著《女神之光：郭沫若传》也在今年顺利出版。这本传记综合利用日记、书信、档案等多种史料，着重客观呈现，淡化主观判断，展现出扎实谨严的学术气质。[29]

此外，随着新材料的发现，一些以往被忽略的作家也逐渐进入研究者的视野，构成新诗研究中相当有活力的一个方面。刘梦苇是二十年代诗坛公认的优秀诗人之一，因英年早逝，诗集未及出版，作品也大多流失。长期以来，解志熙带领学生们致力于搜集刘梦苇遗作，相关成果以“刘梦苇研究”专辑形式发表于《中国现代文学丛刊》2018年第3期。

四、文学史观讨论

陈平原教授的新书《作为一种思想操练的五四》在今年出版[30]，5月25日，北京大学人文社会科学研究院与北京大学中文系合作主办了专题学术论坛。2018年是“五四”运动99周年，此次研讨会作为五四百年纪念的“前奏”，也是一代学人对自身研究历程颇具诚意的回望，具有相当的学科史意义。

陈平原教授首先发表了主题引言《为何必须不断地与五四对话》。“五四”作为二十世纪中国历史的“关键时刻”，对其后思想、社会的发展都产生了巨大影响。陈平原认为，不断地与“五四”对话，可以训练思想、培养历史感、面对日益纷繁复杂的世界——这也是研究者自己参与当代中国历史的方式。然而，激活“五四传统”并不简单，采取怎样的态度回应时代命题，也是研究者应当考虑的问题。其后，吴晓东在发言中将陈平原的“五四”叙述概括为三大特征。一是“长时段的历史视野”，即，将“晚清”到“五四”作为历史整体加以研究，将“五四”后的一百年作为系统清理的对象，同时在中国未来三五百年的视野里定位“五四”的意义；二是对于当代中国的现实感与介入性；三是大局观念，借鉴中国文化传统加深对“五四”的理解，同时把思想、文化、教育作为一个整体分析。贺桂梅则抓住了“思想操练”这一关键词，注意到陈平原“五四”论述背后的情怀所在：在变动不居的时代，应寻求怎样的“知识分子主体”？她认为陈平原的论述通过凸显“五四”所开启的中国现代性的正面价值，其实回应了日益盛行的文化保守主义论述——他最终找到了一种半自律性的文化政治空间，这也是知识分子在当下最为理想的社会位置。2018年第9期的《文艺争鸣》以“评论小辑”的形式整理发布了这次会议的讨论成果，除上文提及的发言者之外，还包括欧阳哲生、杨联芬、孔庆东、杨早、程凯、张丽华、季剑青、袁一丹等人对陈平原教授新书的评论文章。

2017年10月16—23日，应北京大学中文系邀请，美国哈佛大学东亚系王德威教授出任第五届“胡适人文讲座”主讲人，发表了题为“现代中国文论刍议”的系列演讲。之后，相关讨论及座谈会记录整理后刊于《文艺争鸣》2018年第10期。王德威教授有关“抒情传统”“被压抑的现代性”的论述曾深刻影响了中国现代文学的研究面貌，因此，此次讨论不仅是对王德威教授演讲的回应，更是十余年来文学史观的反思与整理。

讨论大致上围绕“启蒙”“革命”和“抒情”三个关键词展开。大多数参与者都注意到，王德威教授有意调整“抒情”与“启蒙”“革命”相对立的二元结构，试图将其发展为互相联动的“三角”关系。在海外汉学中，最早以“抒情”定位中国文学的是陈世骧。陈国球指出陈世骧的“抒情传统论”诞生于他20世纪40年代赴美后面对的特殊历史状况。从《文赋》中的“抒情精神”出发，陈世骧对鲁迅的《摩罗诗力说》也做了“抒情式”的解读。通过梳理陈氏“抒情传统”的现实针对性，陈国球指出“抒情”本身即潜藏着政治与诗学的互相感应，具有动与静的两面性，与王德威的“抒情”论构成对话。[31]姜涛以沈从文20世纪50年代的“土改”书写为例，认为“有情”（特定的主体状态）与“事功”（客观的历史实践）并不完全处于天平的两端。他将伦理性的向度加入“有情”当中，进一步打开了“抒情传统”的论述空间：“有情”不仅指向文学性的创作，也指向社会关系的重造。换句话说，它不仅是一种抒情装置，也是一种认识装置，可以穿透乃至包容“事功”，实现主体内外的综合。[32]路杨将王德威论述思路的调整，总结为由某种凝固的文学“传统”转变为更具开放性的“批判的界面”。她提出，这种调整既能撬动以“理论”和“批评”为代表的西方学术体制，与西方“情动”（affect）的当代理论构成对话，又能兼容20世纪不同阵营的中国知识分子，尽可能地包容中国革命的历史经验。然而，路杨认为王德威的“抒情”论述仍带有抽象与本质化的色彩。以王氏有关沈从文的论述为例，路杨指出“抽象的抒情”只是沈从文在特定情形下抵达的“暂时的结论”，其中既寄托了以文学把握现实的期许，也包含了文学者面对现实的无力感受。王德威将其作为定论，其实忽略了沈从文不同阶段的历史针对性，缩减了历史的复杂层次。[33]李松睿认为王德威将“革命”“抒情”塑造为压迫/反抗二元对立结构，造成了某种单一的历史想象。这种理解，与20世纪80年代以来，大陆学界对激进主义思潮的反思是同构的。[34]

在新文学百年的关头，中国现代文学研究也进入愈加稳健、成熟的发展阶段。从本年度的发展态势来看，研究范式的转换、阐释角度的更新，依然是现代文学研究中最有活力的方面。这不仅体现在具体问题的推进中，更指向研究者们对文学史、学科史的整理与反思。通过各自领域的研究，尝试与20世纪、乃至当下历史构成对话，也是今年现代文学研究突出的特点。借用贺桂梅老师的说法，此种“半自律性”品格，或许将有利于实现现代文学研究在社会情怀与学科主体规范之间的平衡与综合。

注：

①孙郁：《鲁迅：在金石、考古之趣的背后》，《文学评论》，2018年第2期。

②邓小燕：《鲁迅中医批判策略的形成与演变》，《中国现代文学研究丛刊》，2018年第11期。

③季剑青：《“声”之探求：鲁迅白话写作的起源》，《文学评论》，2018年第3期。

④熊权：《左翼文学发生语境下的鲁迅批判吴稚晖问题》，《文学评论》，2018年第3期。

⑤张丽华：《通向文化史的现代文本文献学——以鲁迅〈随感录〉〈新青年〉刊本与北新书局〈热风〉本的校读为例》，《文学评论》，2018年第1期。

⑥邢程：《旧历年、团圆、仪式及其他——再读〈祝福〉》，《文学评论》，2018年第2期。

⑦邢程：《启蒙寓言——鲁迅〈起死〉的一种读法》，《鲁迅研究月刊》，2018年第4期。

⑧刘彬：《从“吹灯”到“放火”——重读鲁迅〈长明灯〉》，《文学评论》，2018年第3期。

⑨仲济强：《热烈情绪与冷酷文章：鲁迅杂感文的名家论式与纵横声色》，《中国现代文学研究丛刊》，2018年第1期。

⑩张洁宇：《鲁迅那代人的醒和怕——重读〈狂人日记〉》，《文艺争鸣》，2018年第7期；张钊贻：《〈狂人日记〉寓意的历史意义及其历史的超越性》，《文艺争鸣》，2018年第7期。

⑪董炳月：《论鲁迅对〈狂人日记〉的阐释——兼谈〈呐喊〉的互文性》，《文学评论》，2018年第5期。

⑫陈平原：《“思乡的蛊惑”与“生活之艺术”——周氏兄弟与现代中国散文》，《中国现代文学研究丛刊》，2018年第1期。

⑬张平：《论1949年后周作人散文中的“鲁迅”形象》，《中国现代文学研究丛刊》，2018年第1期。

⑭张旭东：《“革命机器”与“普遍的启蒙”——〈在延安文艺座谈会上的讲话〉的历史语境及政治哲学内涵再思考》，《中国现代文学研究丛刊》，2018年第4期。

⑮贺桂梅：《丁玲主体辩证法的生成：以瞿秋白、王剑虹书写为线索》，《中国现代文学研究丛刊》，2018年第5期。

⑯何吉贤：《“流动”的主体和知识分子改造的“典型”——1940—1950年代转变之际的丁玲》，《中国现代文学研究丛刊》，2018年第4期。

⑰孙慈珊：《丁玲前期小说中的乡村风景书写（1927—1936）》，《中国现代文学研究丛刊》，2018年第12期。

⑱唐小林：《革命文本与诗化书写——论丁玲的〈夜〉》，《中国现代文学研究丛刊》，2018年第12期。

⑲刘大先：《“边地”作为方法与问题》，《文学评论》，2018年第2期。

⑳姜涛：《“重写湘西”与沈从文40年代的文学困境——以〈芸庐纪事〉为中心的讨论》，《文学评

论》，2018 年第 4 期。

㉑顾甦泳：《纳蕤思的成长——论汪曾祺 40 年代的生命情境书写》，《中国现代文学研究丛刊》，2018 年第 5 期。

㉒秦雅萌：《“物象之内”：论 40 年代汪曾祺的故乡书写》，《中国现代文学研究丛刊》，2018 年第 5 期。

㉓王家新：《“生命也跳动在严酷的冬天”——重读诗人穆旦》，《文艺争鸣》，2018 年第 11 期。

㉔姜涛：《“是你们教会我鲁迅的杂文”——由穆旦说到袁水拍》，《文艺争鸣》，2018 年第 11 期。

㉕路杨：《作为生产的文艺与农民主体的创生——以艾青长诗〈吴满有〉为中心》，《文学评论》，2018 年第 6 期。

㉖刘璐：《何其芳的“工作伦理”与文学转向——以 1937 年—1942 年何其芳的经历和写作为中心》，《文学评论》，2018 年第 4 期。

㉗李斌：《〈反正前后〉：作为“论说体”的自传》，《中国现代文学研究丛刊》，2018 年第 8 期。

㉘李斌：《郭沫若 1945 年对苏联的观察与思考》，《文艺理论与批评》，2018 年第 4 期。

㉙李斌：《女神之光：郭沫若传》，作家出版社，2018 年版。

㉚陈平原：《作为一种思想操练的五四》，北京大学出版社，2018 年版。

㉛陈国球：《抒情与革命：陈世骧论文学之光与摩罗诗力》，《文艺争鸣》，2018 年第 10 期。

㉜姜涛：《“有情”的位置：再读沈从文的“土改书信”》，《文艺争鸣》，2018 年第 10 期。

㉝路杨：《作为一种批评界面的“抒情”》，《文艺争鸣》，2018 年第 10 期。

㉞李松睿：《整体研究图景与单一化的历史想象——谈王德威的抒情传统论述》，《文艺争鸣》，2018 年第 10 期。

（作者：苏晗，北京大学博士生）

中国当代文学

邵燕君　项　蕾　许　婷

2018 年的当代文学研究，相比此前出现了以下趋势：20 世纪 50—20 世纪 70 年代文学研究相对稳定；适逢改革开放四十周年，20 世纪 80—20 世纪 90 年代文学研究浮现出一批在四十年文学视野下展开的成果；2018 年的新世纪文学研究在对有较大影响力的新作品进行批评外，“对非虚构”等概念也有所讨论；文化研究引入了新资源与新理论，对影视文化关注较多，网络文学研究则加强了对二次元文化和中国网络文学海外传播研究的关注；当代文学史与文学批评领域里主要聚焦于对批评方法的反思；台湾与海外文学研究有所增加。

一、20 世纪 50—20 世纪 70 年代文学研究

2018 年北京地区的 20 世纪 50—20 世纪 70 年代文学研究依旧继承了此前对经典作家和经典作品的“再解读”思路，延续了对历史材料、名词概念和生产机制的重视。

在研究者对经典作家和经典作品进行的“再解读”中，赵树理、柳青等人尤其受到关注。洪子诚在《文学史中的柳青和赵树理（1949—1970）》[①]一文中，将柳青和赵树理这两个经常被放在一起比较的作家进行对比，从他们背后同大于异的“作家群”，到他们在不同时期文学史位置的错动，从其作品与社会主义现实主义的关系及其本人对这个概念的态度，到他们在“文革”里的经历和其各自对社会身份的选择等，揭开文学“一体化”进程中“人民文艺”结构内部的多样选择。

贺桂梅则重读了柳青的《创业史》，她摆脱了将政治理论和文学创作二元对立的研究框架，对这部“深谙马克思主义唯物论与辩证法精髓的小说”进行了学理性的探讨。她回溯了柳青笔下“思想、感情、行动”三者统一的总体性文学世界的形成过程，从作品文本与社会现实的关联和文学世界与叙事形式的构建两方面进行细读，发现使这两者有机结合的作者对“对象化”理论的有意识实践。同时，经由《创业史》的限度，她指出了社会主义现实主义背后政治实践与文学实践等同的阶段性本质。[②]贺桂梅还对丁玲对瞿秋白、王剑虹的文学书写（包括《韦护》《在黑暗中》《我所认识的瞿秋白同志》等）文本进行了新的解读。她越过丁玲主体二元性的对抗张力本身，直接去寻找这个问题的产生源头，追溯“作家丁玲”“革命家/政治家丁玲”的诞生之初，还原丁玲集革命、主体与文学于一体的独特辩证法生命哲学的成型之路。③

解志熙也写作了关于柳青《创业史》的文章。他从个人阅读感受切入，将新批评对《创业史》的重评斥为另一种政治批评。他从作品的互助合作叙事中挖掘出没有得到足够发现的真实性，联系中国“人穷志不短”的贫苦农民形象，将小说本身定性为“天真且善的创业故事”和“‘人的文学’的转进”。他赞扬《创业史》拥有“抒情的写实主义”的叙事风范，是写实主义在中国当代文学中的继承和发展。④

赵勇则出版了关于赵树理的专题论集《赵树理的幽灵：在公共性、文学性与在地性之间》⑤。本书分为两辑，第一辑为赵树理研究，第二辑为山西当下作家论笔。第一辑主要关注了赵树理在文学生活内外三重身份的认同、撕裂和缝合，可说性文本的成败得失，文学传播观和文学语言观等问题，另外还经汪曾祺、本雅明的视角对赵树理及其作品展开重新解读。作者在第二辑中采用论笔形式，谈及赵瑜、聂尔、鲁顺民等山西作家，从公共性、文学性和在地性切入，一方面描摹他们文字背后赵树理的影子，另一方面对如今山西作家的创作现状进行了呈现并展望。该论著的自序⑥、第一辑中“与董大中先生的通信”⑦和后记⑧，也于本年独立发表。

2018年，时值穆旦诞辰一百周年，《文艺争鸣》于11月刊发纪念专辑，王家新、张桃洲、姚丹、姜涛等分别发表文章。王家新的研究贯穿穆旦一生，且兼顾其诗歌与译作，从他早期对语言革新和现实艺术两者平衡的追求中把握其现代性，从他晚年完成自我辨认、返归和在语言生命上达到的成熟中寻找现代传统在他身上沉淀下来的部分。⑨姚丹则受到施特劳斯关于“压抑”的观点的启发，作出了穆旦在1949年后对翻译与创作区别对待——翻译是包含“隐晦教诲”的“直白写作”，而创作是以隐晦写隐晦的判断。姚丹在“直白写作”的层面观测穆旦的生活处境与美学向度，在“隐晦教诲”的层面察觉到他埋于其中的讽刺和非英雄化，并通过穆旦华丽、光滑的语言策略，推断出他为自己译作拟想的读者，即拥有“未来性”的未来中国的“敏感的年轻人”。⑩

研究者们对文学场域外的内容也颇为关心。体现在材料上，有姜涛的《“有情”的位置：再读沈从文的“土改书信”》⑪。他尤为关注沈从文在20世纪50年代土改期间的书信，将沈从文在新中国成立初期的一系列困惑、挣扎与思考视为一个具有症候性的精神个案，将其与赵树理、柳青其人其作进行对比，由此求索“有情”的政治性，试图在20世纪中国革命内部寻得“抒情传统”的位置。此外还有张柠的《新中国文学生产机制的建构和完成——五六十年代中国文学报刊管理考》⑫。本文指向的是中国当代文学研究中经典的生产机制问题，张柠从《文艺报》《人民文学》《说说唱唱》等重要刊物出发，观察新中国是如何通过对文学报刊实施控制从而构建全新生产与传播机制的。

体现在对象上的，可见于洪子诚与王风关于“样板”的通信。在通信中，《读作品记》里把“协和语”写作“协和误”的错误得到纠正。在此之余，王风追溯了“样板”一词的词源，罗列出它以不同语义出现在不同领域中的材料。洪子诚则借此强调了学者眼中此类不言自明的概念的形成过程，称其是当代文学研究的新的方向。⑬

二、20世纪80—20世纪90年代文学研究

2018年北京地区的20世纪80—20世纪90年代文学研究仍然显露出对乡土叙事、现代性等议题的青睐。除此之外，本年恰逢改革开放四十周年，学界产生了一批以此为前提的，从四十年文学出发的分析成果。

陈晓明即着眼于乡土叙事和现代性的议题。本年度中，他的研究对象包括雪漠、陈忠实和贾平凹三位作者，研究内容涉及西部的现代性、乡村的激进现代性等。对于雪漠小说，陈晓明认为西部区别于所谓“主流”的特异条件和传统能为开辟中国文学多样性提供丰沛的异质性经验，如原生态、非理性和宗教化。同时，在中国当代文学中，乡土的本真经验和地域特色一直为革命元素所侵占和挤压，然而西部浓烈的“前现代”色彩恰能与现代主义和谐相融，这与拉美魔幻现实主义有着类似之处。⑭在阐释陈忠实的《白鹿原》时，陈晓明引入了本雅明和阿多诺的“自然史”观念，在证明《白鹿原》大地归属性充足的情况下，通过分析频密的死亡事件及其寓意、主题、功能，确认了由现代性与自然史联结而成的史诗性，也确认了该文本对现实主义传统历史叙事的重塑。⑮同样是将目光落在20世纪90年代的乡土中国叙事上，陈晓明在研究贾平凹时主要抓住了风格的“土”与手法的“狠”这两个关键，并穿透它们抓住了作者本人对激进现代性的悲情反思和消极态度。⑯

2018年是改革开放四十周年。在本年度，不少研究者受此感召写作了一些文章。白烨在《新时期文学的开路先锋——陈荒煤与新时期文学》[17]一文中回忆了革命文艺家陈荒煤一生的经历与贡献，在《走向〈白鹿原〉的重要过渡——略论陈忠实的中篇小说创作》[18]一文中强调了改革开放带来的思潮激荡、观念冲撞和精神涅槃对陈忠实创作生涯的重要影响。程光炜在《四十年来文学形式探索漫谈》[19]一文中介绍了在改革开放的思想解放和鼓励创新后，文学形式的全方位、多层级探索；在《在改革开放的大视野中看路遥》[20]一文中简述了改革开放如何的诞育了路遥这样的作者和《人生》《平凡的世界》这样的作品，突出了路遥笔下奋斗主题的价值和他的作品经历四十年沉淀依然屹立的可贵。

除上述关于乡土叙事和现代性议题、改革开放四十周年的成果外，洪子诚对诗人的“手艺”这一具体名词的概念与意蕴进行了辨析。他逐一论诗人们对待“手艺”的态度及其根源，从文学观念重社会功能而轻语言技巧时的轻慢，到此种情况改变及其背后技艺地位的悄然上升，再到如今诗人们因恐惧于专业化潮流致使诗歌衰败和平庸的抵触情绪，以“手艺”一词清晰地折射出 20 世纪 90 年代中国诗歌的发展和观念的变迁。[21]

陶东风进行了两种“文革”书写的类型对比。他将《布礼》《蝴蝶》《大墙下的红玉兰》与《干校六记》《上海生死劫》对照，[22]觅得来自革命组织内部的王蒙和丛维熙的笔法桎梏与思想限度，以及来自革命组织外部的杨绛和郑念不同的知识资源与有所节制的情感，并与伤痕文学进行对话。[23]

在“文革”后，在改革开放的思想解放之中，受到“新启蒙”话语范式影响的儿童文学开始转型，畅销童书成了当时社会梦想的浓缩。张国龙和吴军校以商业成绩和文学表现俱佳的童书为研究对象，在《小灵通漫游未来》中窥见科学的需求，在《365 夜》系列和《黑猫警长》《唐老鸭的故事》中窥见时代对“个体的人”的美好想象。[24]

此外，针对具体作家作品的梳理研究，以及研究者与作者、译者等之间的交流对话亦不鲜见。如程光炜对“余华三部曲”的评价[25]、对张炜《古船》的主人公的形象分析[26]等，如张清华与莫言之间的对话《在限制的刀锋上舞蹈——莫言访谈》[27]等。

三、新世纪文学研究

2018 年恰逢改革开放四十周年，中国特色社会主义进入了新时代，习近平总书记在全国宣传思想工作会议上的重要讲话，把“兴文化”作为新形势下宣传思想工作的重大使命任务，明确提出了“书写中华民族新史诗”的要求。新世纪文学研究也由此作出了回应。白烨认为，在文艺创作领域，现实题材尤其重要，这一题材中写出“中华民族新史诗”更为要紧。[28]同时，白烨指出，文艺工作者在理论批评和文艺创作中应当着力突显“中华性”与“民族性”。[29]

小说与历史，成了新世纪文学重要议题。徐刚认为，小说的历史叙事往往会使得小说陷入具有典型意义的修辞俗套之中。这种俗套主要体现在三个方面，一是故事人物的选取，近期的历史题材长篇小说大多以女性作为小说的第一主人公，如方方的《软埋》、严歌苓的《芳华》等。二是历史叙事背后的情绪捕捉，历史的抒情性抑或缅怀与凭吊恰恰是叙事文本的关节所在，如格非的《望春风》、李凤群的《大风》中乡土这一空间。三是启蒙叙事以来的略显陈腐的自由主义轮廓。徐刚指出，当下的历史叙述者们应当打破惯性的束缚，在叙事的俗套之外有新创建。[30]

杨庆祥将李亚的长篇新作《花好月圆》放置于历史小说的坐标里进行阅读和解释。他认为，这一作品最大的独创性于叙述历史的方式，即“第一人称+口述史”的双重结合，使得叙述的“亲历性”和“疏离性”协调起来，历史的复杂形态也由此得以构建。同时，杨庆祥指出，《花好月圆》更接近中国古典的说部，而非“五四”以来的现代小说，它讲述的是小人物的人生，更是来自民间的述说。[31]

旷新年指出 21 世纪的作家已经丧失了一定的虚构的能力。在今天，现实生活远比小说家的想象力更加丰富、夸张，小说家已经成沦为了现实拙劣的模仿者。由此，今天的纯文学走向了所谓的“非虚构写作”。但旷新年认为，“非虚构写作”事实上并没有任何真正面对现实的能力与勇气，只是一种自我欺骗式的表演。[32]杨庆祥则认为“虚构写作”在现实参与上的萎软无力才是“非虚构写作”出现的直接原因。但“非虚构写作”的有效性仅仅限于文学方面，而非社会学方面。“虚构”也好，“非虚构”也罢，都只是作者本人在既定“世界”之内进行经验的描述和想象的组合。语言本身就决定了作者对于世界的描述只是一种折射。[33]

经典作家贾平凹的新作《山本》引发了学界的一系列讨论。吴义勤、王金胜认为，《山本》以涡镇为叙事聚焦和省思历史的视点，直面现代历史的原初情境，借山水画的艺术手法，建构出了真正属己的意义世界和美学境界，[34]同时对抒情话语进行了再创造。[35]鲁太光则认为《山本》在价值观、情感表达以及艺术形式等方面存在一定的问题。[36]

此外，师力斌认为石一枫的中篇小说《地球之眼》抓住了当下中国发展中的一个核心问题，即物质与精神的冲突，经济与道德的冲突。《地球之眼》对精神问题的讨论已经超越了一般问题小说的框架，也超越民族国家的界限，它是在全球资本主义生产体系里，重新解构人与人的关系，重新定义阶级的关系，重新思考人的道德问题，这或许预示了小说的一种新趋势。[37]

四、大众文化研究与网络文学研究

陶东风认为，本土化的大众文化理论和方法的建构，需要对当代中国大众文化的历史语境与发生现场进行发生学的研究。邓丽君流行歌曲之所以能在某一时期和某一范围内产生巨大影响，除了要考虑其本身的审美素质，更应当考虑接受者的所处环境。回顾80年代大陆对以邓丽君为代表的流行音乐的评判，正是这种大环境使得这些流行歌曲在当时的青年受众那里具有了强烈的文化抵抗意义。陶东风指出，只有回到历史现场，在当时的文化权力格局中去定位大众文化，勘定其特殊的社会文化功能，才能够避免对西方文化批判理论的机械套用，真正使用好理论资源。[38]

随着近年来影视行业的不断发展，学界对电影文化展开了不少讨论。陈旭光指出，电影与文学有着密切关系，文学对于电影甚至有一种始源性的意义。由于文学的强大、悠久和深厚，电影的后进、现代甚或后现代，两者间的“话语权”之争在所难免。而在当下的网络时代，电影新力量不断崛起，文学也在不断扩容。[39]杨庆祥则将电影与小说理解为并列的关系。他指出，近年来的电影与现实的距离问题不在于过远，而在于过近，以《西虹市首富》为例，电影的内在价值观与现实中的主流价值观太过一致，但其内容却不足以解构这种价值观，电影也由此失败。[40]龚自强则认为电影《我不是药神》的成功恰恰源自其对于现实生活的真实反映，龚自强指出，批判现实并不意味着要在极端的意义上诉说痛苦，表达批判，批判现实可能只是直陈现实而已，给予现实以最接近真实的呈现可能反响更好。[41]

理论方面，胡疆锋对亨利·詹金斯的《文本盗猎者》进行了介绍，他指出，詹金斯把媒体粉丝文化界定为一种广泛而多样的亚文化，它对传统文化、主导文化、大众文化构成了抵抗，其基本构想和路径在当下仍然具有强烈的现实意义。[42]胡疆锋对后亚文化转向理论也进行了一些译介工作，后亚文化转向带来了新的分析工具和概念方法，但它同样引起了一系列引人关注的批评，这类批评否认后亚文化理论是一种可行的青年研究方法。[43]

王玉王则从亚文化内部，提出了“二次元存在主义”。她指出，在“二次元”世界中，一种不是以正义手段实现正义的新的英雄形象正在崛起。“二次元存在主义”的流行，一方面是源自当下社会意义系统崩溃所造成的主体自我确证的困境。另一方面则源于ACGN及中国网络文学作品自身的媒介特性所提示的对世界的认知方式，其中，电子游戏所造成的影响是根本性的。[44]

车致新则对有关“人工智能”的大众文化文本进行了分析梳理。他指出，人工智能已经成为当代大众文化生产的“象征秩序”链条中的一环，以人工智能为代表的技术革新带来了一系列全新的理论境遇。有关人工智能的大众文化文本大体可分为三类，一是“人工智能威胁论”；二是机器人的“身份政治”确认；三是将人工智能作为“他者”，人类在新技术的遭遇中重新提出种种“自反性”的问题。以上三种论述方向都早已隐含在图灵对人机“模仿游戏”的构想之中。[45]

2018年恰逢网络文学二十周年，邵燕君、肖映萱、吉云飞回顾2017年网络文学，指出当今时代是一个多重媒介融合的时代，所有人都是“融合媒介人”。“媒介融合”与“世代更迭”在2017年呈现出极为显著的特征，也将会在未来几年内成为观察网络文学发展趋势的重要纬度。[46]邵燕君以媒介革命为前提，借用福柯“异托邦”理论，进一步分析了中国网络文学以“爽”为中心的快感模式。相对于传统文学的“寓教于乐”思维定式，网络文学的“爽”文学观是异质的存在，不同于“娱乐至死”的“恶托邦”，它是基于网络的民主性而产生的，是区别于精英化的传统文学的、“参与性”的呈现。她以“子宫”和“培养皿”为比喻，对网络文学在心理建设和文化建构方面的积极功能进行了分析与讨论。[47]

在媒介革命的视野下，邵燕君同时对中国网络文学的海外传播进行了观察与分析。她指出，中国网络文学原创出了一套根植于网络性和粉丝经济的生产机制，并随其海外传播规模逐渐扩大，开始进入某种程度上的“文化反哺”阶段。中国网络文学海外传播主要依靠“趣缘社群”的粉丝渠道。同时，中国网络文学之所以能"弯道超车"，主要借助的是媒介革命的力量。中国网络文学反哺的不仅仅是类型小说，更是携带着先进媒介能量的原创性生产机制。[48]

龚自强则指出，中国网络文学正在一步步走向禁锢，总体上看远未实现人们的预期。他认为，在一定程度上，目前成熟的网络文学作品大都可以视作通俗文学的现代版本，这使得网络文学的革命性潜能不断消损。在未来，自文学或许能够成为中国网络文学最后的力量之源。[49]

五、当代文学史与文学批评研究

龚自强认为，某种程度上，中国当代文学史的时间跨度和定性归属早已超过最初附着于共和国之上的社会主义文学想象。中国当代文学饱受国人质疑与打击，他指出，大众对当代文学的偏见与 20 世纪 90 年代以来社会建制的衰落有必然联系，当代文学自身也存在不少问题，需要不断自我革新。1979 年后的当代文学看似摆脱了此前政治与革命强加的叙述逻辑，却依旧无法自行展开一个圆满的叙事逻辑。当代文学不断重复着断裂式的故事，这种断裂状况的存在也已然成为当代文学的事实。这种断裂体现了当代文学在艰难文学环境中时刻追求创新的渴望、尝试及其或喜或悲的最终命运。龚自强指出，从中国文学历史的宏观视野看，现当代文学无疑属于过渡时期的文学。当代文学距离真正完成现代转型，尚有一段距离。[50]

孟庆澍指出，进入 20 世纪 90 年代之后的中国现当代文学史研究，约略可分为四脉：王瑶式的文学史研究；启蒙主义的文学史研究；走向文化研究的文学史研究；"再政治化"的文学史研究。这些研究范式各有所长，但也存在着不足。为避免因意识形态干涉而对同一对象产生多种结论的情况，孟庆澍认为可以引入一些社会科学的研究方法，拓展"材料"的来源。"拟民族志"的田野调查方式便是其中一种。文学史写作同样存在着叙述和裁剪的情况，"在历史化"则是一种新的思路，帮助学者尽可能地回到历史的现场。[51]

就文学批评领域，邵燕君指出，网络时代以"专业性"为核心的专家结构受到了巨大挑战。专业研究者最不可替代的价值仍然是专业性，但这不再是他们的天然身份特权，而是一种需要重新建立影响力的专业能力。她认为，在未来的流行文化研究中，"粉丝"也是基本的入场资格。[52]李云雷则指出，自五四以来，中国的文学批评形通过与文学作品的互动，以及批评之间的争鸣、辩论，已经形成了一个重要的思想空间。这一空间既指向具体的审美问题，同时也指向思想问题与社会问题。"新时代"需要重建文学批评重新开始对当代问题的揭示与精神上的探索，要重建文学批评的中国视野与思想力度。[53]

唐伟认为，当前的文学批评大多被文学史所挟持。裹挟历史意识的文学批评使得批评具有一定真实客观性；但另一方面，批评家很有可能因为希望进入历史，而倾向选择迎合既有文学史的口味。学界文学史研究地位明显高于文学批评，不少学者为抢占山头，对一些泛文学现象或准文学群体的强行命名。唐伟认为，批评的第一要义在于对文本缜密的分析与精到的拆解。对当代批评界而言，经典意识的过分强烈的背后实际上是一种"现代性"的焦虑。想达到文学史、文学理论、文学批评三者的完美统一，无疑要以三者的细分为必要前提。学院批评家应当对文学史意向保持足够的警惕，要有全局意识，将文学批评从文学创作、文学史意向的桎梏中解放出来，尽可能做到完全充分的内部自律。[54]

六、台湾与海外文学研究

2018 年北京地区的台湾文学研究主要有黄岚对林海音《城南旧事》的分析解读。张岚将《城南旧事》与同为回忆老北京童年生活的张之路的《吉祥时光》两相对比，基于回忆作为经验生活和虚拟世界中介的特性，穿透彼此相异的作者人生经历、文本情感基调和北京文化元素，触及它们背后知识分子对传统文化的态度差异和感情变迁。[55]在基于前者深受五四精神影响、后者实为文化寻根的判断下，黄岚对两部作品中父亲形象的文化意蕴进行了探索。[56]

2018 年北京地区的海外文学研究则有旷新年的《〈1984〉的另一种阅读经验》[57]。在最初阅读《1984》时，旷新年没有接触到那些称其反苏反共的宣传，因此得以单纯凭借个人经验对它进行理解。这使他早早地意识到中国文化界将现代派视为"文学的现代化"的过分乐观，把握到现代主义实为"工业文明重压下痛苦的喘息与呻吟"的本质。通过回顾冷战、西班牙内战、纪德访苏等事件，通过分析"反乌托邦三部曲"的另一重接受角度，旷新年将"反乌托邦"的核心概括为讲述人的物化和对现代性的反思。同时，在美苏的颠倒镜像中，旷新年抓取到极权主义，将它与乌托邦间的真正关系厘清。如今，站在新时代的岔路口上，旷新年表示应当将奥威尔及其作品《1984》从意识形态阅读中解救出来，恢复他左翼作家和社会主义者的身份。

注：

①洪子诚：《文学史中的柳青和赵树理(1949—1970)》，《文艺争鸣》，2018年第1期。

②贺桂梅：《“总体性世界”的文学书写：重读〈创业史〉》，《文艺争鸣》，2018年第1期。

③贺桂梅：《丁玲主体辩证法的生成：以瞿秋白、王剑虹书写为线索》，《中国现代文学研究丛刊》，2018年第5期。

④解志熙：《一卷难忘唯此书——〈创业史〉第一部叙事的真善美问题》，《文艺争鸣》，2018年第4期。

⑤赵勇：《赵树理的幽灵：在公共性、文学性与在地性之间》，中国人民大学出版社，2018年版。

⑥赵勇：《十年一读赵树理》，《文艺争鸣》，2018年第5期。

⑦赵勇、董大中：《关于赵树理与〈“锻炼锻炼”〉的通信》，《中国文学研究》，2018年第4期。

⑧赵勇：《赵树理的幽灵》，《扬子江评论》，2018年第6期。

⑨王家新：《“生命也跳动在严酷的冬天”——重读诗人穆旦》，《文艺争鸣》，2018年第11期。

⑩姚丹：《“压抑”与“写作”——穆旦翻译的诗歌史意义》，《文艺争鸣》，2018年第11期。

⑪姜涛：《“有情”的位置：再读沈从文的“土改书信”》，《文艺争鸣》，2018年第10期。

⑫张柠：《中国政法大学学报》，2018年第6期。

⑬王风、洪子诚：《关于“样板戏”的“样板”一词的通信》，《现代中文学刊》，2018年第2期。

⑭陈晓明：《西部的现代性——论雪漠小说》，《扬子江评论》，2018年第1期。

⑮陈晓明：《乡村自然史与激进现代性——〈白鹿原〉与“90年代”的历史源起》，《学术月刊》，2018年第5期。

⑯陈晓明：《“土”与“狠”的美学——论贾平凹叙述历史的方法》，《文学评论》，2018年第6期。

⑰白烨：《新时期文学的开路先锋——陈荒煤与新时期文学》，《文艺报》，2018年5月21日。

⑱白烨：《走向〈白鹿原〉的重要过渡— 略论陈忠实的中篇小说创作》，《文艺报》，2018年1月22日。

⑲程光炜：《四十年来文学形式探索漫谈》，《文艺报》，2018年11月30日。

⑳程光炜：《在改革开放中看路遥》，《文艺报》，2018年12月14日。

㉑洪子诚：《诗人的“手艺”概念》，《文艺争鸣》，2018年第3期。

㉒陶东风：《内外有别：“文革”书写的两种类型(上)》，《上海文化》，2018年第4期。

㉓陶东风：《内外有别：“文革”书写的两种类型(下)》，《上海文化》，2018年第6期。

㉔张国龙、吴军校：《对未来的镜像式想象与人的重建——以中国80年代的畅销童书为例》，《中国图书评论》，2018年第7期。

㉕程光炜：《论余华的三部曲——〈在细雨中呼喊〉〈活着〉〈许三观卖血记〉》，《中国现代文学研究丛刊》，2018年第7期。

㉖程光炜：《张炜〈古船〉的主人公》，《文艺争鸣》，2018年第11期。

㉗张清华：《在限制的刀锋上舞蹈——莫言访谈》，《小说评论》，2018年第2期。

㉘白烨：《新时代呼唤新史诗》，《学习时报》，2018年12月7日。

㉙白烨：《书写新时代的中国故事》，《中国文学批评》，2018年第1期。

㉚徐刚：《历史之名，或小说的俗套》，《文艺批评》，2018年第1期。

㉛杨庆祥：《真史料自在民间》，《中国出版传媒商报》，2018年10月23日。

㉜旷新年：《王者荣耀时代的文学空间》，《文艺评论》，2018年第4期。

㉝杨庆祥：《非虚构写作能走多远》，《文艺报》，2018年7月30日。

㉞吴义勤、王金胜：《历史叙事与写意山水——〈山本〉论之一》，《当代作家评论》，2018年第4期。

㉟吴义勤、王金胜：《历史叙事与写意山水——〈山本〉论之一》，《文艺争鸣》，2018年第6期。

㊱鲁太光：《价值观的虚无与形式的缺憾——论贾平凹的长篇小说〈山本〉》，《文艺研究》，2018年第12期。

㊲师力斌：《安小男的性格悲剧和小说新趋势——读石一枫小说〈地球之眼〉》，《新文学评论》，2018年第3期。

㊳陶东风：《回到发生现场与中国大众文化研究的本土化——以邓丽君流行歌曲为个案的研究》，《学术研究》，2018年第5期。

㊴陈旭光：《文学、电影及新力量导演散论》，

《文艺争鸣》，2018 年第 10 期。

㊵杨庆祥：《小说与电影的互动生成》，《文艺争鸣》，2018 年第 10 期。

㊶龚自强：《电影如何批判现实——兼〈我不是药神〉给国产电影的启示》，《艺术评论》，2018 年第 8 期。

㊷胡疆锋：《〈文本盗猎者〉：磨砺当代文化的试金石》，《书屋》，2018 年第 5 期。

㊸安迪 · 贝内特、胡疆锋：《后亚文化转向：十年后的一些反思》，《文化研究》，2018 年第 1 期。

㊹王玉王：《"选择服从"与"选择相信"——"二次元存在主义"的内涵与实践》，《文艺理论与批评》，2018 年第 4 期。

㊺车致新：《仿游戏——大众文化中的"人工智能"》，《上海艺术评论》，2018 年第 6 期。

㊻邵燕君、肖映萱、吉云飞：《2017 年网络文学："媒介融合"与"世代更迭"》，《文艺报》，2018 年 1 月 29 日。

㊼邵燕君：《从乌托邦到异托邦——网络文学"爽文学观"对精英文学观的"他者化"》，《上海市华文创意写作中心专题资料汇编》，2018 年 10 月。

㊽邵燕君、吉云飞、肖映萱：《媒介革命视野下的中国网络文学海外传播》，《文艺理论与批评》，2018 年第 2 期。

㊾龚自强：《网络文学再思考》，《湖南工业大学学报》（社会科学版），2018 年第 5 期。

㊿龚自强：《如何认识中国当代文学》，《当代作家评论》，2018 年第 5 期。

51孟庆澍：《"拟民族志"与"再历史化"——文学史研究二题》，《文艺评论》，2018 年第 5 期。

52邵燕君：《我的文学观》，《当代作家评论》，2018 年第 1 期。

53李云雷：《文学批评要回到初心》，《文艺报》，2018 年 5 月 25 日。

54唐伟：《被文学史劫持的文学批评——论学院批评的文学史意向》，《南方论坛》，2018 年第 2 期。

55黄岚：《解读回忆的诗学——〈城南旧事〉与〈吉祥时光〉的创作比较》，《四川文理学院学报》，2018 年第 1 期。

56黄岚：《童年追忆中的父亲形象之文化意蕴——〈城南旧事〉与〈吉祥时光〉的父亲形象辨析》，《北京青年研究》，2018 年第 1 期。

57旷新年：《〈1984〉的另一种阅读经验》，《文艺理论与批评》，2018 年第 1 期。

（作者：邵燕君，北京大学研究员；
项蕾，北京大学博士生；
许婷，北京大学硕士生）

东方文学

魏丽明　阎鼓润

由《东方文化集成》编委会、北京大学东方文学研究中心、北京大学东方学研究院主办的"东方文化的传承与发展暨《东方文化集成》二十年学术研讨会"于 2018 年 6 月 1 日在北京大学举行。与会专家学者就"东方文化的传承与发展""东方文化与'一带一路'"，以及《东方文化集成》大型学术丛书 20 年来所取得的成果进行了讨论和交流。

2018 年 6 月 9 日，"泰戈尔与当今世界"国际研讨会在北京大学开幕。来自印度、孟加拉国、日本、法国、美国及中国社科院、中央党校、北京大学、兰州大学、天津师范大学等国内多所高校的专家学者和艺术家研讨泰戈尔"亚洲命运共同体""世界大同"理念与当代"人类命运共同体"思想的深层联系。

2018 年 6 月 10 日，中国朝鲜—韩国文学研究会 2018 年年会在北京召开。本次会议以"改革开放 40 周年中韩文学对话：人类命运共同体语境下的朝鲜—韩国文学研究"为主题，邀请来自 38 所高校的 84 位专家学者出席此次会议，围绕新形势下的中韩文学研究课题进行了研讨。

2018 年 6 月 28—29 日，北京大学区域与国别研究院博雅工作坊"古典阿拉伯语历史与文学书写研讨会"在北京大学举办。来自国内外高校的古典阿拉伯文本专家、学者与会。与会学者回顾了中阿文化、文学、文明的交流历程，有学者特别提出中国目前的阿拉伯典籍翻译工作涉及历史、地理、医学、文学、哲学甚至农业等多个领域，但对诗歌、苏非文学等的翻译有待加强。

2018年7月9—20日，北京大学东方文学研究中心、外国语学院联合举办了主题为“‘一带一路’上的东方文学”的暑期学校，来自全国40余所高校和科研机构的百余名学员参加。本届暑期学校侧重于“一带一路”倡议与本学科前沿领域的跨学科综合研究，将“一带一路”倡议引入东方文学的学术视野，与历史学、宗教学、民俗学、社会学、文艺批评等人文社科多学科相结合，融入东方文学的教学与研究中来，在“一带一路”倡议的新时代，探索东方文学的新趋势和新发展，探讨研究生培养质量提高的方法和途径。暑期学校期间还举办了“全国东方学与东方文学青年学者论坛”。

2018年9月20日，中国社会科学院外国文学研究所东方文学研究室召开“‘一带一路’背景下的东方文学（二）”学术研讨会，与会者紧扣议题，对“一带一路”沿线东方国家的三大区域文学展开学术探讨。此次研讨会采取了报告、讨论及会后交流等多种形式，实现了促进学术交流、拓宽学术视野的初衷和目的。

2018年10月20日，北京外国语大学主办“别求新声：非洲文学研究的新问题与新思路”圆桌会议。来自全国各高校的近50名非洲文学研究领域的学者以及相关媒体和出版社代表参加了会议。此次会议设立了“立场与方法”“议题与对象”和“博士生论坛”三个板块。此次会议体现了非洲文学领域学者在自身学术身份建构上的探索思路，开始关注自身作为研究主体的学术立场，并试图建构中国语境下的非洲文学理论体系。

2018年11月16日，北京大学外国语学院与北京大学非洲研究中心联合举办“非洲文学与文化研究圆桌探讨会”。本次圆桌会议总结并展望了非洲语言文学与文化学科的学科建设历史和人才培养模式，希望激活非洲语言文学与文化研究的新议题。会议期间首发了《中国非洲研究评论》（2016年，总第六辑）（非洲文学专刊）。该书收集整理了大陆16所高校非洲文学研究和教学的基本状况，以及20余篇非洲文学专题论文和调研报告，是对我国非洲文学研究领域的一次重要梳理和总结。

2018年12月22日，北京大学外国语学院亚非系主办，中国社会科学院外国文学研究所和山东师范大学文学院共同协办的“从东方文学到亚非文学——学科史和学科建设专题”研讨会在北京大学召开。与会学者围绕东方文学学科史和学科建设的相关问题展开交流和讨论，并对亚非语言文学学科建设的历史和实践、外国文学课程中的亚非文学教学历程加以回顾与反思，与会学者强调亚非文学教学在比较文学与世界文学学科体系构建过程中的重要作用。

一、综合类

东方总体文学领域。《1958—1966：东方文学学科之起步——以北京师范大学为中心》[①]一书再现了1958年北京师范大学在全国大学中文系（文学院）率先创立东方文学学科（包括编写教学大纲和讲义）的历程，并用历史的眼光审视这个过程及其结果。作者结合自己参与学科建设和编写相关教材的经历，并把当年编写的教材和21世纪的同类教材加以比较，论证当年所取得的成绩及其不足，希望后来者从中汲取经验和教训。《东方语言文化论丛（第37卷）》[②]汇集了来自全国各高校从事东方语言文学教学与研究的专家学者的相关论文，论文集内容涵盖东方语言的语法句法研究、语言演变研究、语言文化研究、小语种文学翻译研究等诸多论题。

《神奇的丝路民间故事》[③]系列丛书出版，涵盖了东南亚、南亚、中亚、西亚“一带一路”等沿线13个国家，包括泰国、阿拉伯、柬埔寨、菲律宾、伊朗、印度尼西亚、缅甸、越南、巴基斯坦、老挝、马来西亚等国的经典民间故事。《对“他者化”的反思——评〈东方文艺创作的他者化倾向〉兼谈东方文化的自我认识与表达》[④]一文认为该著作梳理了“他者化”这一现当代东方文学艺术创作中的普遍现象，并对这一现象进行了系统的梳理和深入的探讨，深入挖掘了其产生的内在社会文化根源。对“他者化”现象的反思，有助于东方文化的自我认识与表达，进而增强文化自信，重建东方话语系统。《当代西方文论“黄金标准”视野中的东方学者》一文对《诺顿理论与批评选集》加以研读，[⑤]梳理了入选的四位当代东方学者（阿拉伯的阿多尼斯、日本的柄谷行人、中国的李泽厚和印度的纳拉辛哈亚）的理论文本的学术精要。作者认为，当代西方学界将理论视野拓展到传统非西方领域是一个重大文艺美学现象。这说明21世纪以来欧美学者破除西方中心主义屏蔽世界的努力，也意味着异质文艺思想彼此激荡互补的增殖空间。《“亚非语言文学学科？非洲在哪里？”——北大外国语学院非洲语言文学方向的建设和发展》[⑥]一文从北京大学亚非语言文学学科建设视野出发，简述有关东方（亚非）文学学科建设的理论建构和学术实践，回顾了非洲语言文学学科在北大的建设和实践历程。本文作者认为非洲语言文学归属亚非语言文学二级学科。本文“回顾学科建设的历史，总结理论建构和学术实践现状，介绍研究成果和学科规划，提供了东方研究重要方向的翔实材料，具有促进学科发展的积极意义”。[⑦]

二、东亚文学研究

本年度日本总体文学相关著作丰硕。《战后日本文学史》[⑧]分别论述战后日本小说、诗歌、戏剧等不同体裁的发展，为读者阐释和解读了不同流派的作家和作品，从历史唯物主义的视角切入，坚持了文学评论的思想标准和艺术标准。《战后日本文化语境中的“池田鲁迅”研究》[⑨]一书提出了“池田鲁迅”这一学术概念。该书系统地阐述了池田大作在接受与传播鲁迅过程中对其思想的认识和价值的实践。《日本教科书中的“军国美谈文学”研究（1894—1945）》[⑩]采用实证主义研究方法，注重原始史料的解读与分析，认真查阅日本近代国定教科书中出现的“军国美谈人物”的传记、新闻报道及相关的著作和论文，揭示了收录在教科书中的具有代表性的“军国美谈文学”作品的真实性及其影响。《日本文学研究：日本文学研究会杭州年会论文集》[⑪]涉猎古典文学、现当代文学、民间文学、文学史及文学理论等多个领域。《日本现代文学研究》[⑫]深入梳理战后日本主要作家的重要作品并加以原典解读和文本分析，对大江健三郎、开高健、井上靖、仓桥由美子、河野多惠子、大庭美奈子等作家作品加以深入点评。《日本文学的文化意境》[⑬]从日本文化的历史渊源切入，展现日本文学与日本社会生活的多维关系。《日本文学中的女性书写与生态观照》[⑭]从女性文学和生态文学的视角切入，对日本文学加以多维角度的研究。《日本女性文学的多角度解读》[⑮]主要围绕日本女性文学创作的主题表达和价值取向，按照历史发展脉络将日本现代女性作家及其作品置于当代日本社会的大背景中，对异质文化背景下的文学尤其是女性文学加以阐释与体认。《作家呐喊与文学记忆——2017 年日本文坛回顾》[⑯]一文梳理了 2017 年日本文坛的现象与成果。《日本海洋文学研究现状及展望》[⑰]对中日两国有关日本海洋文学的研究现状加以梳理，并展望了该领域未来的研究方向。

日本古代文学和民间文学。《论记纪人皇时代的神话传说与中国思想》[⑱]一文深入分析人皇时代里的父子、兄弟、夫妻、君臣之间的悲剧与赞歌，试图探讨日本人皇时代神话传说的精神内涵及其对中国思想的受容情况。《〈古事记〉八千矛神神语歌中“阿多々弖”一语辨义》[⑲]一文对《古事记》的古写本加以考察并分析诸多注释本，得出此处的借音假名应为“蓼蓝（アタタテ）”的结论。《中国 2000 年以降日本古代叙事文学研究综述》[⑳]一文作者认为，2000 年至 2016 年，我国的日本古代叙事文学研究取得了长足的发展，影响关系研究、受容研究、东亚视域、跨学科跨文化研究从整体上看是基本趋势，其中佛教与文学、女性文学、战争和文学、志怪传奇、近世文学研究为研究热点；也存在忽视先行研究、方法论意识薄弱等问题。

日本现当代文学。《战后川端康成文学活动的政治维度探析》[㉑]通过对战后川端康成文学活动的部分考察，将“政治”这一概念置于不可视的、无意识的框架中，切近战后川端文学的实质，为全面认识川端文学提供一个可行且有效的视角。《论〈埃勒克特拉——中上健次的生涯〉的创作特征》[㉒]一文从传主指称的设置、修辞性叙事手段的运用、文学批评功能的实现等角度切入，深入分析新世纪日本作家传记的创作特征及其在文学史上的创新意义。《历史阴影下的文学与肖像画——论村上春树的〈刺杀骑士团长〉》[㉓]一文指出《刺杀骑士团长》中延续了《奇鸟行状录》之后对于日本历史和战争记忆的忧思，同时也再次运用“洞”的隐喻来表达当代日本人为抵抗消费社会的异化所进行的精神求索，作者强调不应忽视作品对绘画艺术的本体论和再现理论所进行的自觉反思。《之于“个人”的拟古典志怪小说——平野启一郎〈一月物语〉解析》[㉔]一文认为作家力求在重复中实现超越，这与他后来提出的“分人主义”思想密切相关，读者还需从与小说通篇互文的庄周梦蝶“齐物我”的角度做思考。《东北亚外语研究》开设了“冲绳文学文化研究”专题，其中《论冲绳作家大城贞俊“集团自决”题材创作》[㉕]以冲绳作家大城贞俊创作的以“集团自决”为题材的作品为主，分析这一题材创作与其他作家作品的关联，分析不同作家群体对“集团自决”的不同认识。《论〈行走在和平街上〉中的战争体验言说与主题叙事》[㉖]认为冲绳战的记述和文学呈现多以军队为中心，取贞俊的文学创作意在解构这种程式化记忆并挖掘被遮蔽、排挤的个体战争体验与记忆，通过战争体验言说和创伤叙事、历史叙事等主题叙事，实现传承战争记忆和重新追究天皇战争责任的创作目的。《对“明治一代”的追责与“大正一代”的诉求》[27]一文作者认为“大正一代”对“明治一代”的讨伐实则指向了对战后文学领导权的争夺，但是罪责追讨最终落实到了暧昧的“良心问题”。

朝韩文学出版了两本专著。《韩国古典小说世界》[28]探讨了韩国古典小说的概念、形成、子体裁与类型、作者与读者、主题与母题、作品构成原理、世界观、标记形式与流通方式、与相邻体裁的关联、批评情况以及现代意义等议题。《伪满时期“满洲”朝鲜人文学研究》[29]一书按“离乡和思乡、扎根和融合、对峙和斗争、妥协和逃避”四类主题对伪满时期“满洲”朝鲜人文学加以分类研究，力图推进这一时期文学的主题研究向纵深方向发展。《朴婉绪小说汉译研究》[30]探讨韩国著名女性作家朴婉绪小说的汉译现状、译者策略与方法、抗议性等议题。《性别、身份和文本》[31]一书选择楚姬、姜静一堂、云楚堂、金锦园四位女作家为研究对象，从性别与文学文本的关系入手，对她们创作的文本和读者、批评家等参与再生产的女性文献等一系列问题加以探讨。

朝韩古代文学。《15世纪朝鲜崔溥〈漂海录〉中的山东形象》[32]通过对文本的深度解读，分析15世纪末朝鲜人眼中的山东形象，试图考察山东在域外形象的变迁。《从〈春香传〉到〈春香〉——一个朝鲜族文学文本的“跨国别重述”及意义分析》[33]一文指出作家“跨国别重述”和文化想象的思想资源与中国的当代问题和西方女性主义密切相关。《论朝鲜朝奇大升性理学思想观照下的文学观》[34]着重探析了奇大升的性理学思想、文学观的核心范畴及其审美意识。《论李氏朝鲜王朝时期女性文学的发展全文替换》[35]从创作群体的变化、创作意识的发展、作品主题的多元化等方面梳理李氏朝鲜王朝时期女性文学的发展历程。

朝韩近现代文学。《欲望·交感·生命——韩国生态诗歌的思想内涵与审美特质》[36]一文考察了崔胜镐、郑玄宗、金芝河三位诗人的生态思想及其共性与差异性，有助于学界了解韩国当代生态诗歌的整体风貌。《幻想与惩罚：论现代韩人上海游记中的女性书写》[37]从性欲望、爱情与女性的社会角色三个层面出发，分析韩人在上海租界所形成的女性观，指出殖民地知识分子对女性的双重期望和其现代性认知的内在分裂与异化。《论二战后韩国的戏剧》[38]一文展示了新世代剧作家们作品主题的多样性与创新、探索和实验的精神，指出西方戏剧和戏剧理论极大地促进了韩国戏剧的发展。《韩国现代小说在中国——翻译出版现状、问题及解决方案》[39]考察了韩国现代小说在中国的翻译出版现状，总结了排名前十位的作家和作品类型特点以及主要译者的情况。《一夜成名的背后：韩国文学新人选拔机制述评》[40]梳理并评析了当代韩国文学制度在文学新人的推出和文学推广等方面所起到的积极作用。

三、南亚文学研究

印度文学界出版了《中印佛教文学比较研究》。[41]该书以比较文学的思路和方法研究佛教文学在中印两国的起源与发展，在梳理中印文学传统中的佛教文学的基础上，从影响与接受、主题学、文类学、诗学等诸多方面对中印佛教文学加以比较研究。

《女性·历史·多语言：2017年印度文学年度奖项综述》[42]一文总结了2017年印度文坛对女性题材与历史问题作品、非虚构性作品、弱势语言文学作品加以特别关注的趋势。《泰戈尔〈格比尔百咏〉对印度神秘主义思想史的建构》[43]认为泰戈尔对格比尔诗歌的翻译实际上是他以自己的神秘主义思想对格比尔诗歌的重新解读，该译作应被视为泰戈尔诗歌创作和宗教思想的有机组成部分。《爱神颂诗：极度世俗与极度神性的融合——印度古典艳情诗的双重解读》[44]从印度历史文化的语境入手，从爱欲与爱神、爱欲与苦行、世俗即神性三个方面探讨艳情诗世俗与神性交融的文化隐喻。《对印度古典文论运用于当代后殖民文学批评中的思考》[45]一文对《当代印度英语小说中的表演和述行性》一书加以点评，认为亚历山德鲁提出了限定在印度古典文论范畴内的“表演”和从语言学中借用来的“述行性”两个概念并认为这两个概念在印度古典文论和文学作品中占有的合理影响范围还需仔细斟酌。《东西方的世界主义：希腊、中国与印度》[46]一文作者认为世界公民、世界主义等概念包含了人类在物质和精神生活中试图脱离和超越原生性的地理局限和观念束缚的努力。印度印地语文学三位作家（艾格耶、纳姆尔·维玛和凯达纳斯·辛）的遭遇表明世界主义作为一个复杂的概念，在后殖民时代的印度文学中有着其自身独特的功能和局限。

四、东南亚文学

《东南亚戏剧概观》[47]一书分四个部分介绍了东南亚戏剧的文化背景、起源、主要类型、表演传统、剧团和传承；西方文化影响下的东南亚戏剧在殖民地和后殖民地时期的戏剧发展和现状；华语戏剧的发展史、主要特征、发展趋势，以及华语戏曲和华语话剧的概况；东南亚各国戏剧的历史、传统与现状。作者认为东南亚各国的戏剧受到传统与现代的双重影响和作用，活跃在舞台上的戏剧形式既有承载深厚文化底蕴的传统戏剧，也不乏西方戏剧影响下的现代戏剧作品。

越南文学。《南方来信：越南现代文学在中国的译介和传播》[48]一文追溯了主要以拉丁化国语为文学语言的越南现代文学在中国的译介和传播，并认为越南现代文学以至“全球南方文学”中译的兴盛和沉寂都具有深刻的文化政治意涵，表征着中国的世界意识和身份认同的变迁。《元朝时期的安南诗人群体》[49]一文认为安南诗人群体与元朝使臣的唱和是中越文化交流的见证，是东亚“汉文化圈”的重要组成部分。

缅甸文学。《20 世纪的缅甸翻译文学》[50]一文回顾了上千年的缅甸文学史，进而分析 20 世纪以后缅甸文学的新发展。作者认为 20 世纪的缅甸翻译文学起到了一个承前启后的过渡作用。

印度尼西亚文学。《印尼女作家阿尤·乌塔米笔下的历史与现实》[51]一文认为乌塔米创作的一系列小说作品清晰地描绘出一幅幅“新秩序”时期的社会历史画卷，深刻批判了改革时代的印尼社会现实。

华人文学。《新加坡作家谢裕民笔下的历史书写》[52]一文认为谢裕民的作品分为早期的都市书写和近期的历史寻根两个阶段，他的创作与新加坡建国历史形成文史互证的关系，彰显了新加坡知识分子的文学精神。

五、中亚、西亚及北非文学

阿拉伯文学。《乱世之中的人文关怀——2017 年阿拉伯文学》[53]指出“革命”已成为近年来作家思考的固定主题之一，其创作手法和思想深度也逐步提升；作家们依旧关注国家和民族的前途命运，他们的思考体现了文学自始至终担当的使命和对人类命运与情感的深切关照。《阿拉伯旅美文学对多元文化的借鉴和融会》[54]深度分析旅美文学对不同文化成果与文学作品的接受，尤其是融汇多元文化的特点，强调其对阿拉伯文学复兴运动的推动作用。《从阿多尼斯的诗歌管窥“一带一路文学”新范式的未来》结合具体文本，分析叙利亚诗人阿多尼斯的诗歌创作与“一带一路文学”的关系，并认为这种研究范式的建立对我国比较文学和跨文化研究具有重大意义。《黎巴嫩戏剧的发展与流变》[55]梳理黎巴嫩近现代史及其戏剧的发展脉络，重点介绍部分经典剧作家、作品和剧团，分析黎巴嫩戏剧的独特性与复杂性。

土耳其文学。《空间视角下〈雪〉中的人物身份研究》[56]从空间视角出发研究《雪》中人物身份以及土耳其民族身份的建构，重点分析极端的宗教分子和狭隘的世俗势力思想和行为并认为只有自由的民主人士才是土耳其民族身份的建构者。《用“爱”书写东西方文化的人：土耳其作家马里奥·莱维访谈录》[57]全面介绍作家莱维的创作理念和创作手法，并分析其作品中的东西方文化特点。本文作者认为莱维对土耳其历史和少数族裔的书写体现了他对土耳其文学发展的展望。

波斯文学。《此味与彼味——中国与波斯古典诗学味论例说》[58]一文通过考察众多例证，发现中波诗学味论的共性与差异。作者认为，中国古典诗学有用味道来评价诗歌的传统，而以味论诗的传统也可见于高度发达的波斯语古典诗歌。虽然在伊朗（波斯）没有形成关于这一传统的理论体系或诗论专著，但用甜味、咸味、滋味以及芳香味来评论诗歌的现象大量存在于波斯古诗中。

希伯来文学。《圣经文学研究（第 16 辑）》[59]一书出版，分为“马克思主义与圣经研究”和“多样性圣经批评”两个栏目。《东方还是西方：关于希伯来文学学科的定位》[60]一文指出，希伯来文学应该是以语言为界定依据的学科，但在中国，这门学科的归属尚不十分明确。近 140 年历史的希伯来文学学科归属成为学界争论的焦点，可以看出沿用以往的东西方文学概念划分某种语言文学归属的局限，东西方文学的概念与分野有待开拓或细化。《论希伯来巨人神话体系——形象、母题及其意识形态观念》[61]一文认为，希伯来巨人神话体系是以色列民族关于罪恶起源、公义观念以及神学、哲学思辨的复合载体，其传说具有发端的神秘性、文学形象的鲜明性和哲学思辨维度上的深刻性等特点。《历史真实与文学虚构——〈犹滴传〉的叙事结构与意义》[62]结合作品的希腊化时代语境，认为作者乃是将历史元素有意错置重构，隐喻当下发生之事。有助于理解第二圣殿时期希伯来文学从希伯来文化到基督教文化传统的嬗变的特定意义。《〈圣经〉智慧观嬗变研究》[63]通过比较发现两约智慧观的嬗变：两约都认为智慧属于上帝之灵，人的智慧是上帝所赐，但《旧约》还肯定了人的后天努力和民间世俗智慧，而《新约》只强调上帝智慧；两约中智慧的内涵有不同，分类、分级也有不同；两约都认为智慧为首，是无价之宝，贵为生命，但《旧约》多肯定智慧的现世价值，而《新约》多肯定智慧的来世价值。

六、撒哈拉以南非洲文学

北京大学非洲研究中心编辑出版了论文集《中国非洲研究评论·非洲文学专辑》。该论文集展示了中国非洲文学研究发展的历史与现状，20余所院校及研究机构分别介绍了各自的非洲文学研究简况。其中，《阿契贝研究、后殖民理论与非洲文学研究的解域》[64]尝试对后殖民时代的非洲文学加以定义。分析了阿契贝独特的成长环境对于其后殖民思想形成的影响，指出作家通过改写和挪用帝国语言等策略达到了对殖民话语的消解和颠覆的效果，分析了阿契贝后殖民思想对于非洲文学身份的启发，指出只有通过从非洲文化本体的角度出发进行文学创作，才能发出非洲的声音，重建后殖民非洲的文学身份。《“日常的政治”：非洲文学研究与大众文化的视角》[65]旨在梳理近几十年来非洲大众文化研究的起源与发展、非洲文学研究的若干方法论以及这一学科与非洲文学研究的交集等问题，试图为中国语境下的非洲文学研究提供一种参照。《非洲文学中的文化身份困惑与重构》[66]一文指出，对本土文化的反思和强调，对殖民文化的抵制和接受，两者的冲突构成了非洲文学对文化身份认同的困惑，而黑人性、泛非主义、非洲中心主义等思想为非洲文学重构文化身份提供了理论武器。《西化文学形式背后的民族性——论豪萨语早期五部现代小说》[67]深入探讨豪萨语小说起源时期产生的作品与豪萨传统口头文学、用阿贾米书写的文学之间的承继关系，以审视豪萨语文学在殖民统治时期的现代转型。此外还包括《图图奥拉〈棕榈酒鬼〉的发生学研究》[68]《我们为什么要研究非洲本土语言文学?》[69]《后殖民生态书写：重读阿契贝的〈瓦解〉》[70]《〈艾克沙修的圣母〉中的语象叙事与新南非语境下的历史建构》[71]《戈迪默长篇小说中家庭伦理的缺失与重建》[72]《非洲文学的彼岸情结》[73]《浅析奥孙-奥索博神树林的复兴》[74]等多篇学术论文。

非洲总体文学。《近百年来非洲文学在中国翻译出版的特征与困境探析》[75]一文指出，我国对非洲文学的翻译和引入近百年之久，但无论是作品数量，还是翻译出版的持续性、自觉性和主动性等都呈现较为零散、单一和薄弱的总体特点。非洲文学中国化的现状既是由非洲文学本身的语言多元和文学现状所决定，也受到中国文学翻译界对其观念的理解所局限。非洲文学在造成中国文化语境中对世界文学版图重要单元认知遮蔽的同时，也为中国文化与“第三世界”文学的翻译出版交流提供了一个未来可深入开垦的文学资源。《黑人精神：非洲文学的伦理》[76]一文的作者认为，黑人精神作为非洲文学的伦理，已经成为一种强大的精神力量，在引领非洲黑人从事文学创作、加强非洲黑人民族自信、反对种族歧视和争取民族平等方面发挥重要作用，影响力超越了文学领域，渗透到社会的各个领域，变成了非洲黑人新的伦理传统。《“黑人性”运动的文学思考》[77]一文深入分析了“黑人性”运动，指出其不仅在唤醒黑人意识、反对殖民压迫、争取社会解放的斗争中起到了至关重要的作用，同样也在文学上对后来的非洲法语文学与安的列斯法语文学立下了奠基之功，很大程度上影响了今日黑人法语文学的整体面貌，实际上参与了黑非洲文化身份的构建。

非洲区域文学。《抗争、独立与超越——论非洲葡语文学的嬗变》[78]一文全面呈现安哥拉、佛得角、莫桑比克、几内亚比绍、圣多美和普林西比五个非洲国家葡语文学的基本面貌，并且试图达成以下目标：纵向上依时间顺序作出清晰的脉络梳理；横向上强调非洲葡语文学的独特之处；以部分重点作家、作品为例说明了非洲葡语国家文学的新焦点、新变化。非洲作家文学方面，《戈迪默〈朱赖的族人〉中空间景观的政治隐喻》[79]一文作者认为随着时空的变迁，戈迪默的作品中主体与他者之间的关系也发生了变化，时空的变化隐含着主仆易位、文化错位和殖民者与土著人角色身份等微妙变化，是南非阶级关系及其殖民统治瓦解的政治隐喻，与南非民主与反民主斗争的政治进程息息相关。《异化思想之于戈迪默后期文本批评的意义》[80]一文以异化思想为主要切入点，认为纳丁·戈迪默后期文学批评形成一种新的思考维度即人性和人道主义；异化分析法提供一种新的批评方法；异化的东方主义为其文学批评开拓了文化研究的新批评视角。

从上文综述可以看出，2018年北京学界东方文学研究主要有以下几个特点：第一，青年学者比例增加，带来了新的研究领域与研究方向；第二，各国文学和各学科之间的发展不均衡现象进一步好转，对边缘区域文学的关注从无到有，由浅入深；尤其难得的是，非洲文学研究在北京高校和相关研究机构中发展迅速，研究队伍日渐壮大，成为外国文学研究领域一支重要力量；第三，跨国别、跨区域的整体研究与比较研究互动的态势愈发明显。本年度学界从总体文学研究拓展研究领域，非洲文学学科建设和人才培养取得可喜的成绩。学界拓展研究视野、高校加大学科建设力度对于进一步完善东方文学学科建设无疑具有积极的促进意义。

注：

①何乃英：中国社会科学出版社，2018 年。

②信息工程大学洛阳外国语学院亚洲研究中心，世界图书出版公司，2018 年。

③姜永仁等：安徽文艺出版社，2018 年。

④侯传文、程烜：《北方工业大学学报》，2018 年第 4 期。

⑤麦永雄：《外国文学动态》，2018 年第 3 期。

⑥魏丽明：《东方丛刊》，2018 年第 2 期。

⑦《东方丛刊》(刊首语)，2018 年第 2 期。

⑧李德纯：人民文学出版社，2018 年。

⑨卓光平：中国社会科学出版社，2018 年。

⑩周萍萍：学苑出版社，2018 年。

⑪魏大海等：青岛出版社，2018 年。

⑫李先瑞：上海交通大学出版社，2018 年。

⑬王姗姗：中国纺织出版社，2018 年。

⑭杨柏宏：九州出版社，2018 年。

⑮金玲：中国农业出版社，2018 年。

⑯陈世华：《外国文学动态研究》，2018 年第 4 期。

⑰邱雅芬：《外国文学动态研究》，2018 年第 5 期。

⑱刘文星：《东北亚外语研究》，2018 年第 2 期。

⑲占才成：《东北亚外语研究》，2018 年第 3 期

⑳蒋义乔：《东北亚外语研究》，2018 年第 2 期。

㉑王新新：《外国文学》，2018 年第 4 期。

㉒王奕红：《当代外国文学》，2018 年第 2 期。

㉓但汉松：《当代外国文学》，2018 年第 4 期。

㉔郭晓丽：《外国文学动态研究》，2018 年第 5 期。

㉕关立丹：《东北亚外语研究》，2018 年第 2 期。

㉖杨洪俊：《东北亚外语研究》，2018 年第 2 期。

㉗王升远：《外国文学评论》，2018 年第 3 期。

㉘李相泽：社会科学文献出版社，2018 年。

㉙夏艳：中国社会科学出版社，2018 年。

㉚杨磊：北京大学出版社，2018 年。

㉛俞士玲：中华书局，2018 年。

㉜范淑杰：《世界文学评论(高教版)》，2018 年第 2 期。

㉝王光东：《中国比较文学》，2018 年第 3 期。

㉞权美花：《东疆学刊》，2018 年第 4 期。

㉟郑冬梅、陈翘楚：《韩国语教学与研究》，2018 年第 4 期。

㊱邵薇：《当代外国文学》，2018 年第 3 期。

㊲崔昌竻、陈华艳：《中国比较文学》，2018 年第 3 期。

㊳刘霞：《东亚评论》，2018 年第 1 期。

㊴文丽华：《当代韩国》，2018 年第 4 期。

㊵崔昌竻、夏文佳：《当代韩国》，2018 年第 1 期。

㊶侯传文等：中华书局，2018 年。

㊷曾琼：《外国文学动态研究》，2018 年第 1 期。

㊸张亥煜：《国外文学》，2018 年第 1 期。

㊹张远：《国外文学》，2018 年第 3 期。

㊺黄怡婷：《外国文学》，2018 年第 3 期。

㊻屈维蒂、林家钊：《深圳大学学报(人文社会科学版)》，2018 年第 1 期。

㊼毛小雨、方宁主编：北京时代华文书局，2018 年。

㊽李广益：《开放时代》，2018 年第 2 期。

㊾张建伟：《世界文学评论(高教版)》，2018 年第 2 期。

㊿王春林：《兰州教育学院学报》，2018 年第 08 期。

(51)周启宇：《当代外国文学》，2018 年第 1 期。

(52)黄晓燕：《外国文学研究》，2018 年第 6 期。

(53)尤梅：《外国文学动态研究》，2018 年第 4 期。

(54)林哲：《北方工业大学学报》，2018 年第 4 期。

(55)任宏智：《当代外国文学》，2018 年第 1 期。

(56)许克琪：《当代外国文学》，2018 年第 4 期。

(57)胡筋：《外国文学动态研究》，2018 年第 6 期。

(58)刘英军：《国外文学》，2018 年第 1 期。

(59)梁工主编：宗教文化出版社，2018 年。

(60)钟志清：《山东社会科学》，2018 年第 2 期。

(61)张若一：《古代文明》，2018 年第 2 期。

(62)王立新、屈闻明：《外国文学研究》，2018 年第 4 期。

(63)杨建：《外国文学研究》，2018 年第 4 期。

(64)姚峰、严思琪：《中国非洲研究评论 · 非洲文学专辑》，社科文献出版社，2018 年。

(65)程莹：《中国非洲研究评论 · 非洲文学专辑》，社科文献出版社，2018 年。

(66)汪琳：《中国非洲研究评论 · 非洲文学专辑》，社科文献出版社，2018 年。

⑥⑦孙晓萌：《中国非洲研究评论·非洲文学专辑》，社科文献出版社，2018年。

⑥⑧姜舒译：《中国非洲研究评论·非洲文学专辑》，社科文献出版社，2018年。

⑥⑨李金剑：《中国非洲研究评论·非洲文学专辑》，社科文献出版社，2018年。

⑦⓪杜志卿、徐雅欣：《中国非洲研究评论·非洲文学专辑》，社科文献出版社，2018年。

⑦①张丽芳：《中国非洲研究评论·非洲文学专辑》，社科文献出版社，2018年。

⑦②胡忠青：《中国非洲研究评论·非洲文学专辑》，社科文献出版社，2018年。

⑦③赵白生：《中国非洲研究评论·非洲文学专辑》，社科文献出版社，2018年。

⑦④邓哲远：《中国非洲研究评论·非洲文学专辑》，社科文献出版社，2018年。

⑦⑤邓耘：《出版发行研究》，2018年第3期。

⑦⑥聂珍钊：《华中科技大学学报(社会科学版)》，2018年第4期。

⑦⑦施雪莹：《当代外国文学》，2018年第1期。

⑦⑧王渊：《外国文学动态研究》，2018年第5期。

⑦⑨李美芹、姜志强：《外国语文研究》，2018年第5期。

⑧⓪刘洁：《世界文学评论(高教版)》，2018年第2期。

（作者：魏丽明，北京大学教授；
阎鼓润，北京大学硕士生）

西方文学（不含英美）

吕精一　喻天舒

2018年北京学者的西方文学（不含英美）研究主要有以下三个特点：一是注重文学的跨学科研究。一些重要的作家本身就有着“多重面相”，通过引入哲学、人类学、政治学等其他学科的研究视角，相关研究得以突破旧框架、开拓新视野；二是借着2018年世界马克思主义大会在北京大学召开的东风，文学研究领域中的马克思主义文学理论研究的热度也大大提升；三是经典作家依旧保有极高的关注度，学者对歌德、卡夫卡等经典作家的研究继续取得引人注目的学术成果。下面从西方古典文学研究、德语文学研究、法语文学研究、西班牙语文学研究、意大利语文学研究、文学理论研究六个方面，对2018年北京学者的西方文学研究状况进行综述。

一、西方古典文学研究

自古典时期以来，围绕荷马史诗的作者身份以及作品的创作形成年代等一系列问题，在西方学术界形成了许多讨论。宁宝剑的文章[①]梳理了古希腊时期“荷马问题”的产生以及后来的发展。文章首先回顾了荷马史诗逐步获得民间及官方认可的传播过程，并将重点放在荷马史诗获得普遍认可之后所受到的质疑上。文章指出，古希腊的“荷马问题”主要围绕荷马史诗文本的内部矛盾展开，无论是其关注的重点还是解决的方式，都与现代意义上的“荷马问题”有着根本的不同。

曾艳兵文章[②]的主题是对西方文学源头的考辨。文章肯定了古希腊文学对西方文学的精神品格和基本走向所起的决定性作用，并在时序上详细梳理了初期古希腊文明发展的脉络。文章认为，古希腊具有宗教性质的颂歌以及神话才应该是西方文学的真正源头，但由于未能流传，今人只能依托于作为世俗文学代表的荷马史诗来认识古希腊文明。文章最后指出，只有将目光放在整体的文学传统中“沿波讨源”，才能对源头有更深层次的理解。

陈斯一的文章[③]回应了以詹姆斯·A·诺托普洛斯为代表的一派主张以口头诗学对荷马史诗进行批评研究的意见。文章针对以口头诗学理论为基点所进行的荷马史诗的解读结论，从荷马史诗的原创性和统一性两方面予以驳斥，并对荷马史诗独具的、为其他适用于口头诗学研究的英雄诗系所不具有的文体意义上的悲剧性特征予以强有力的论证，并在此基础上肯定了依托于亚里士多德《诗学》传统的经典批评方式的有效性。

陈戎女的文章[④]以荷马史诗《伊利亚特》卷16作为研究对象。文章将本卷描写的核心人物帕特罗克洛斯代替阿基琉斯出战阵亡的情节作为理解史诗主题的重要线索，重点关注了史诗中英雄人物的语言与情感表达。文章认为，披上史诗主角阿基琉斯的铠甲的帕特罗克洛斯象征主角的另一重自我，其行动与选择也与主角本人息息相关。史诗对两位英雄情谊的描写使得《伊利亚特》的价值超越了传统意义上的战争史诗的范畴，丰富了其所要表达的价值的维度。

喻天舒的文章[5]以古希腊悲剧作家索福克勒斯的《俄狄浦斯王》作为研究对象，并辅之以对古希腊“斯芬克斯之谜”流变的分析以及对作品所处历史语境的梳理，对古希腊的“诗教”观念进行了多维度的诠释。文章着重分析了《俄狄浦斯王》一剧背后透露出的对“人”本身的思考和关于人性的辨析，深刻地揭示了索福克勒斯的创作动机。

刘小枫的文章[6]对古希腊语中“作诗”一词作了考辨。在对希腊语“作诗”一词的用法与出处进行细致辨析的基础上，将重点放在对柏拉图哲学体系中“作诗”一词含义的考察上，结合具体的时代背景，尤其以当时哲学家与智术师的斗争为线索，对“欲求美的作诗”与“制作”进行了严格的区分。文章指出，“作诗”是苏格拉底实施教育和对抗智术师的修辞学的重要手段。

赵山花的文章[7]以古希腊喜剧作家阿里斯托芬的作品作为考察对象，对其作品中出现的老年角色进行了详尽的分析。文章分别从城邦生活、家庭生活的角度结合文本探讨了古希腊老年人在戏剧中的刻板形象，并通过这些角色在戏剧中的境遇探讨了古希腊社会中老年人的社会形象与生存状态。

时霄的文章[8]以贺拉斯《书简》第一卷作为研究对象，探讨贺拉斯作品中表现出“中庸”特质。文章追溯了“中庸”观念的古希腊渊源，并从贺拉斯作品体现出的“折中”主义出发，梳理了贺拉斯的哲学观、创作观及其在对待斯多亚派与伊壁鸠鲁派哲学时的灵活态度与开放思考。在此基础上，文章驳斥了部分传统古典主义学者对贺拉斯“沉滞平庸”的评价，阐明了贺拉斯作品中“中庸”特质的复杂性与多元性。

黄珊珊的文章[9]以贺拉斯《诗艺》中提出的“合式”原则作为研究对象。文章分别从作品架构、故事情节、戏剧人物和语言风格四个方面全面地分析总结了“合式”原则的美学要求以及适用范围。文章追溯了贺拉斯美学思想的希腊渊源以及其对当时与后世所发生的深远影响。文章指出，贺拉斯文艺创作理念在今天依旧具有借鉴意义与参考价值，值得当代的文艺工作者研究学习。

二、德语文学研究

《尼伯龙根之歌》是著名的中世纪史诗，史敏岳的文章[10]从一个特殊的切入点即《尼伯龙根之歌》对隼（德文为 Falke，然而现通行译本多译为鹰）的描写展开，探讨了鹰隼在欧洲中世纪宫廷文化中的象征意义，梳理了隼在中世纪所代表的多重含义发展及其流变，并着重区分了鹰和隼这两种易被现代人所混淆的猛禽在当时所代表的各自独特的文化意蕴及其背后的隐微差异。

谷裕的文章[11]通过对歌德《浮士德》中包含极强政治指涉性且具有相对独立性的第四幕第三场的解读，展示出了神圣罗马帝国作为政治实体或区域组织形式所表现出的多元共生的复杂性。文章一方面捕捉到了《浮士德》文学意义上的多重价值，另一方面也将歌德本人处于复杂变动时代的个体经历与政治理想之间的张力呈现了出来。

歌德的《威廉·迈斯特的学习时代》堪称德语修养小说的巅峰之作。远思的文章[12]以歌德在这部长篇小说中塑造的神秘意大利少女——“迷娘”作为主要考察对象，探讨了迷娘形象的变化过程和成因。文章认为，歌德的意大利之旅对小说人物和情节的变化产生了极大的影响，迷娘的形象由于歌德本人对意大利理解的深入而变得丰满，并在现实理解的基础上寄托了审美的想象，使得“迷娘”成了歌德“意大利情结”的人格化象征。

莱辛是德国文学启蒙运动时期的领军人物。卢白羽的文章[13]梳理了中国学界自20世纪以来对莱辛作品的研究脉络。对不同时代中国莱辛研究的重点问题进行了回顾，并对各个时期莱辛文学作品的翻译情况和文学理论的研究状况进行了总结。文章指出，21世纪以来，德语学界对莱辛的关注已不再局限于文学领域，对其作为启蒙运动的代表人物的神学和政治学主张的研究也日渐兴盛起来。文章最后呼吁学界应加强吸收国外晚近的学术成果，使莱辛的思想资源走出德语学界，成为学术界的共同精神财富。

王淑骄的文章[14]聚焦于德国18世纪启蒙运动时期的另一领军人物赫尔德所倡议关注的文化民族主义与民间文学之间的关系问题。文章追溯了赫尔德文化民族主义思想的形成发展过程，着重阐释了民间创作在赫尔德文化理念中所处的关键地位以及包括收集整理民歌在内的赫尔德为践行其理念所做的实际工作对后来欧洲各国浪漫派文学观念的影响，并探讨了关注民族传统对实现民族精神复兴的重要作用。

让·保尔是德国18世纪著名的幽默小说作家。其专论艺术幽默的理论著作《美学预备学校》对德国幽默艺术的发展有着巨大的影响。赵蕾莲的文章[15]对让·保尔的幽默诗学进行了深入考察。文章回顾了让·保尔在德国的接受情况，并分章节对《美学预备学校》的主要观点进行分析与述评。文章一方面论证了让·保尔的幽默诗学理论在德语文学中无可替代的开创性作用，一方面对其与浪漫派文艺理论之间的共性与差异进行了归纳整理。

罗威的文章[16]以德国剧作家路德维希·蒂克的早期戏剧《颠倒的世界》作为研究对象。文章以古典派与浪漫派在美学要求上的冲突为线索，结合具体文本详细分析了蒂克戏剧创作对传统艺术理论的突破。文章着重探讨了《颠倒的世界》中的反思结构，认为蒂克戏剧对舞台与现实界限的突破体现出了康德—施莱格尔意义上的“先验性”。

岳子涵的文章[17]考察了德国作家E.T.A.霍夫曼的小说《沙人》中的爱情话语，并以此为基础结合具体时代背景对爱情话语的转变进行了分析。文章认为，霍夫曼的创作实际上所要表达的是浪漫派怀有持久关注的旧主题，即在“理想爱情”与现实世界之间的冲突中丧失了自身主体性的人本身。

杨宏芹的文章[18]以19世纪德国唯美主义诗人斯特凡·格奥尔格为研究对象。文章结合具体的作品着重分析了格奥尔格的诗学理念和美学追求，并分别从其对尼采、席勒、费希特的思想资源的吸收和超越出发，从更广泛的角度探讨了19世纪德国知识精英对现实政治的反应与思考及其对今天的学习借鉴意义。

吴晓樵的文章[19]通过对德国19世纪现实主义作家特奥多尔·冯塔纳的小说《马蒂尔德·墨琳》文本细节的把握梳理，论证了作品中的男女主人公分别与普鲁士国王腓特烈三世和法国神话中的梅露西娜间的对应关系。文章在对作品原文中存在的诸多隐喻和双关语进行分析后指出，冯塔纳的这部作品突破了传统意义上现实主义的范畴，是一部充满隐喻色彩且极具现代意识的映射小说。

刘萌的文章[20]以冯塔纳的历史小说《沙赫·冯·乌特诺》作为研究对象，重点关注这部爱情悲剧背后所隐含的政治表达。文章揭示了冯塔纳对平行结构的巧妙设计，认为作家通过挖掘作品的潜文本将主人公的个人经历与普鲁士国家命运联系在一起，揭露批判了普鲁士民族性格的弱点并从更普泛的角度对普鲁士的现实政治危机进行了反思。

罗伯特·穆齐尔是20世纪奥地利现代主义文学的重要代表人物，曾悦的文章[21]以其代表作《学生托乐思的迷惘》为考察对象，敏锐地捕捉到了作为故事发生时代背景的19、20世纪之交强烈的“世纪末”情结，与之伴生的虚无感与无聊情绪同主人公行动之间的关联，并分别从道德、理性、语言的危机三个方面分析了主人公的思想挣扎与内在转向。文章还将主人公托乐思的生活作为当时整个资产阶级生活的预言，认为穆齐尔的写作实质上“预言”了整个资产阶级的道德空虚与精神颓败。

胡秋冉与邱淑君的文章[22]关注了卡夫卡《变形记》中家庭权力关系的变化。文章对《变形记》中主人公的父亲、母亲与妹妹的言语及行动逐一进行解读，从中勾勒出了关于主人公一家内部权力关系网络中各个家庭成员等级关系的“变形记”。在此基础上，文章将重点放在对家庭权力关系与亲情之间存在的巨大张力的考察上，并据此对卡夫卡作品的复杂性进行了深入的探讨。

薄一荻的文章[23]重点关注20世纪德国荒诞剧代表人物沃尔夫冈·希尔德斯海默对“图兰朵”的改编。文章梳理了希尔德斯海默的荒诞剧创作理念以及三稿“图兰朵”戏剧的创作与改编过程，将重点放在希尔德斯海默创作理念与创作实践的互相影响之上，结合文本的细节对其三稿“图兰朵”戏剧中荒诞性色彩的变化进行了阐释，并将“图兰朵”戏剧放在希尔德斯海默整体创作生涯中进行考察，论证了其在主题选取上对于古典资源的青睐。

胡蔚的文章[24]讨论的是奥地利犹太裔小说家斯蒂芬·茨威格流亡巴西期间完成的自传《昨日世界——一个欧洲人的回忆》。文章在关注茨威格自传中的怀旧情绪以及对欧洲文化认同的塑造的同时，还将茨威格的作品放在流亡文学中“表现主义之争”的文化背景下进行考察，以茨威格的作品作为“主动记忆诗学”的代表，与作为“非意愿性回忆”代表的瓦尔特·本雅明的《一九零零年前后的柏林童年》进行了对比和评述。

李昌珂与景菁的文章[25]从正反两个角度探讨了阿尔弗雷德·德布林的第一部长篇小说《王伦三跳》对中国文化元素的使用。文章一方面肯定了作者对细节的把握以及对道家思想资源的重视，另一方面也指出，作品因过度执着于展示异国色彩而使得部分中国元素的运用没能很好地服务于作品的主体架构，导致部分情节结构涣散。文章还从对德国文学题材拓展的意义以及对文化交流与沟通的促进等维度出发对这部作品的价值予以肯定性评价。

《魔山》是托马斯·曼的代表作。黄燎宇的文章[26]以故事发生的地点——疗养院为着眼点，结合细致的文本分析及相关历史材料佐证，对托马斯·曼作品的科学和史学价值予以揭示。并对托马斯·曼在其作品中将专业医学知识有效转化为文学语言的特征予以有力的阐发。

赵海燕的文章[27]关注《魔山》中的一个重要主题——死亡。文章全面且详尽地分析了《魔山》中出现的诸多与死亡相关的事件并在此基础上揭示了因这些事件而促成的小说主人公汉斯·卡斯托普在思想上的转变与成长。

王盛爽的文章[28]主要关注20世纪德国著名作家泽巴尔德的小说《眩晕》与卡夫卡笔下的“猎人格拉库斯”的关系。文章详细论述了泽巴尔德对卡夫卡故事的重写机制，并着重考察了泽巴尔德叙述中眩晕感的生成与作为普遍生存困境的眩晕状态的关系以及记忆的错置与混乱与世界的偶然性的联系，并从中展示出救赎的力量与希望。

三、法语文学研究

张慧与张燕楠的文章[29]以中世纪骑士文学中的母题——爱情与死亡作为研究对象，着重对比考察了《罗兰之歌》和普罗旺斯抒情诗中的“殉情”“殉道”等因素。文章认为，从《罗兰之歌》到普罗旺斯抒情诗，诗歌中宗教功能的被置换是骑士文学从传统走向现代的重要标志，它使得人们认知的骑士形象从豪勇善战的基督战士逐渐转化为痴情有礼的君子，大大丰富了骑士精神的内涵。从这种转化中还可以窥见一丝与旧的时代精神迥然有别的新的时代风貌。

贺方婴的文章[30]从莫里哀的喜剧《伪君子》出发，探讨喜剧在法国政治转型时期的历史意义与政治意涵。文章结合文本分析，着重讨论了《伪君子》中体现出来的君权与教权的冲突以及新生资产者的伪善。文章随后从卢梭改写莫里哀喜剧背后的动机展开延申讨论，赞同卢梭所表达的由启蒙思潮所引发的普通人的德性败坏及其对共同体道德秩序瓦解的忧虑。

王斯秧的文章[31]主要梳理了中国学界对法国作家司汤达的研究译介的脉络。文章对《红与黑》自20世纪50年代以来的中国接受史进行了详细的分析，探讨了特殊时期的审美要求对文学接受的复杂影响。文章同时指出，中国的司汤达研究中，一些相对《红与黑》而言更冷门的作品还有待进一步研究，此外，应注重国外司汤达研究的最新动向，突破传统研究视角，达成跨学科协作，以期在整体的历史关系中认识司汤达的作品。

邵楠的文章[32]主要关注法国作家谢阁兰作品中的医生形象与作者自身的从医经历之间的关系，文章以作家本人对自己医生身份的态度变化为线索，梳理作家身份认同对其美学理念的影响。文章重点考察了谢阁兰不同时期作品中对医生形象的叙述笔调的变化，并以此为基础，分析了作家本人对自身文人与医生双重身份从排斥到接纳的过程，讨论了谢阁兰的“多异美学”追求与其对自我身份的整合之间的关系。

张洪亮的文章[33]以法国诗人纪尧姆·阿波利奈尔与美国诗人E·E·卡明斯的图像诗为研究对象，着重探究了立体主义绘画思潮对二者创作的影响。文章详细分析了立体主义绘画的主要特征及与两位诗人的创作实践之间的关系。在此基础上，文章从更广阔的诗与画的关系视角，对阿波利奈尔与卡明斯打破传统诗画“阅读”—“观看”模式的壁垒以及文学先锋派的文学实验与俄尔甫斯立体主义之间的相互影响进行了细致的探究。

田妮娜的文章[34]以法国“新小说”运动的代表人物之一米歇尔·布托为研究对象。对布托文学创作的几个主要特点进行了精到的评述。文章结合具体文本，详细阐释了布托作品所具有的不同于传统小说封闭时空观的开放性观念，以及他对重建文字艺术与视觉艺术之间互动之可能的努力探索。

四、西班牙语文学研究

范晔的文章[35]以伊拉斯谟主义在西班牙的发展流变为线索，通过对塞万提斯小说《堂吉诃德》的细节解读，揭示作家思想中不为人知的伊拉斯谟主义来源。文章从伊拉斯谟的《基督骑士手册》《论基督教君主的教育》《对话录》等作品出发，对比了《堂吉诃德》中的相关细节，具体论证了《堂吉诃德》一书语言风格和思想内涵上明显的伊拉斯谟主义痕迹。文章还将思想史中的伊拉斯谟主义与文学史中的《堂吉诃德》进行了有效的整合。

穆宏燕的文章[36]以博尔赫斯发表于20世纪60年代的诗集《诗人》为切入点，探讨伊斯兰文化元素——尤其是苏菲神秘主义对博尔赫斯的影响。文章首先追溯了古希腊时期的“诗人”与“作诗”的词源学流变，厘清了古希腊哲学中“诗人”与“创造者”的异同；随后将重点放在对伊斯兰苏菲哲学中“诗歌神授”观念的介绍分析上。文章通过对两种不同思想体系的比较以及结合博尔赫斯在创作实践中所暴露出的诗学倾向，判定苏菲主义对博尔赫斯诗学观念存在影响。

奥拉西奥·基罗加是活跃于20世纪初期的乌拉圭著名短篇小说家，其于1917年问世的短篇小说集《爱情、疯狂和死亡的故事》是他享有盛誉的作品集，蔡忠庭[37]以收录于这部小说集中的《被砍头的母鸡》作为研究对象，探究小说对“死亡”主题的处理。文章首先从作者的个人经历出发揭示了死亡体验与作者个人成长之间的关系，此外还探讨了基罗加对包括爱伦·坡、莫泊桑等短篇小说大师的同类型题材的借鉴和吸收。文章还运用叙事学理论分析了作者对“死亡”主题的表现技法。

瓦特尔·罗哈斯·佩雷斯是当代拉美十分活跃的生态批评研究专家，同时也是一位小说家。孟夏韵的文章[38]以其小说《爱在里奈阿别哈》作为研究对象，从生态批评的角度对其创作进行解读。文章从乡村城市二元对立、外来资本入侵、传统生活秩序瓦解等拉美生态文学所关注的经典问题出发对小说进行分析，并发掘出罗哈斯作品中不同于传统经典生态小说的“地球与外太空”的主题，而是通过引入非人生物提供了一种观察地球生态的另类视角。文章同时还指出，相比而言，佩雷斯作品并不以其艺术性而见长，其主要作用还是意图唤醒人们对生态危机的警惕感，其生态教育意义远大于审美艺术价值。

五、意大利语文学研究

梁云详与马若凡的文章[39]通过对但丁《神曲·地狱篇》中对佛罗伦萨城的描写，以文学材料为切入点，对但丁个人的政治理念和神学思考进行了深入的阐发。文章同时兼顾了但丁对古典资源的传承和基督教思想的接受两条线索。在重视其创作文学性的基础上，深入发掘了其作品的哲学意蕴和政治学内涵，体现了这部作品的多元性和复杂性。

马晓路的文章[40]着眼于欧洲文学传统对薄伽丘《十日谈》中女性形象塑造的影响，以及在此基础上，欧洲传统文学中的爱情观对薄伽丘在《十日谈》中树立爱情观的影响。文章主要考察了薄伽丘对包括“温柔的新体”诗派、现实主义市民诗派、古希腊罗马文学和西方中世纪宗教文学在内的一系列文学资源的吸纳和改造，并将这些文学资源中的女性形象巧妙地融为一体，从自身主体性出发，赋之以文艺复兴时代人文主义的特质。这使得薄伽丘笔下的女性形象更加地多元也更加地生动。

潘源文的文章[41]从德·桑蒂斯的《意大利文学史》对马基雅维利主义的阐释出发，探讨了文学在建构民族国家、树立民族主体意识时的影响与作用。文章指出，德·桑蒂斯厘清了马基雅维利主义与马基雅维利本人思想之间的关系。文章主张从意大利民族思想史的角度重新解读马基雅维利，将马基雅维利的主张——建立统一的意大利国家实体、将对国家的认同置于对宗教的认同之上——与其时代诉求相结合，理解其对强化当时意大利的民族认同感所起到的至关重要的作用。

彭倩的文章[42]运用创伤叙事理论，对纳粹大屠杀幸存者、意大利犹太裔作家普里莫·莱维的回忆录进行了周详的分析。文章认为，普里莫·莱维回忆录采用的“历史现在时”反时序叙述，意在降低创伤对个体生活的冲击以期重构意识的连续性，而回忆录对“水手”意向的重复运用，一方面显示出古典资源在莱维身上的积淀，另一方面也是莱维创伤记忆的重要特征和贯穿其整个叙述结构的重要的具体创伤经验的具现。文章最后引用贝尔波利提的评价，将莱维的写作视为理解人类悲剧的最好方式。

六、文学理论研究

郑春光的文章[43]梳理了自传文学三次范式的转向，并对其发展脉络进行了翔实的论证和细致的整理，文章认为，自传文学始终保持着极强的开放性和吸纳性，能够不断突破现有的边界并与其所处的文化、社会环境形成良好的互动。文章同时对东方源远流长的自传体系也给予了积极的评价，提出要树立自传文学研究中的民族主体意识，以非西方的视角推动世界自传史的编撰研究。

王炳均的文章[44]考察了“游戏”话语自西方古典时代至今的时代流变。文章力图还原“游戏”这一概念的历史语境，着眼于探讨各个时代“游戏”观念与其文化价值体系之间的联系，对社会学、心理学、哲学、文化人类学等不同学术领域不同视域下有关“游戏”的探讨也做了精当的整理。此外，文章又从阿尔尼姆的《完整上帝公爵和半个上帝歌手》到霍夫曼的《玩家运气》再到施尼策勒的《朝暮中的赌博游戏》中，勾勒出一条文学中的“游戏”话语线索。

哈罗德·布鲁姆是美国当代著名的文学批评家，在其代表作《影响的焦虑》中，布鲁姆提出的具有开创性的“误读”理论曾经在批评界引发巨大的反响。崔国清的文章[45]马克思主义文艺批评的视角，对布鲁姆的误读理论进行了考察和反思。文章以马克思主义的“文学生产”作为理论依据，对文学审美性和意识形态的关系进行了深入的探讨。

王向远的文章[46]从比较文化的视域出发对多种描述东西方关系的理论进行了比较和整理。文章秉持反对西方中心主义、反对传统东西二元对立模式的基本立场，分别对沃勒斯坦、阿布—卢格霍德、柄谷行人等理论家的观点进行了详细的评述并对柄谷行人的“资本—民族—国家”三元构造以及建立在共同审美趣味基础上的“世界共和国”理念表达了理解和赞同。

聂锦芳的文章[47]讨论的是马克思青少年时代所创作的幽默小说《斯考尔皮昂和费利克斯》。文章对这部长期以来被相关领域的专家学者所忽略的作品在马克思思想发展形成中所处的地位与这部作品本身的艺术价值加以阐发，发掘出这部作品在表达方式上所体现出的现代主义倾向。

陈众议与高照成的文章[48]主要关注在全球化时代，世界文学理念与资本主导的世界文学市场的关系问题。文章以何塞·奥尔特加·伊·加赛特的理论为例，探讨了西方的文化精英主义与大众文艺观念的冲突。文章立场鲜明地批判了由西方资本主导下的文学市场所形成的审美价值取向并对世界文学未来的发展方向表达了担忧，并呼吁要对跨国资本主义对民族文化经典所构成的威胁时刻保持警惕。

申丹的文章[49]以叙事作品的双重叙事动力作为研究对象。文章详细分析了卡夫卡·曼斯菲尔德、爱伦·坡等诸多名家的多部作品，从中梳理出了互为补充与互为颠覆的两大类型的双重叙事关系。文章认为，只有突破传统批评视角的束缚，才能展现作品的多重价值和丰富含义。而只要双重叙事动力理论得到充分的发展与运用，就一定能够开拓出文学阐释的新天地。

金永兵与朱兆斌的文章[50]回顾了自改革开放以来中国马克思主义文论的发展成果并对当代中国马克思主义文论的发展方向提出了前瞻性的建议。文章既从全球视野审视了马克思主义文论包括西方马克思主义文论的发展，并将重点放在马克思主义文论的当代性建设上，强调要秉持中国立场，摆脱西方话语霸权，强化“中国意识”，坚持立足本土，重夺主流学术话语阵地。

注：

①宁宝剑：《简论古希腊的“荷马”问题》，《廊坊师范学院学报》（社会科学版），2018 年第 1 期。

②曾艳兵：《西方文学源头考辨》，《外国文学研究》，2018 年第 6 期。

③陈斯一：《论荷马史诗与“口头诗学”》，《浙江学刊》，2018 年第 2 期。

④陈戎女：《替身之死：解读〈伊利亚特〉卷十六》，《国外文学》，2018 年第 1 期。

⑤喻天舒：《从〈俄狄浦斯王〉看古希腊悲剧的“诗教”》，《诗教与诗学》，人民出版社，2018 年 12 月。

⑥刘小枫：《古希腊语的“作诗”词源小辨》，《外国文学》，2018 年第 6 期。

⑦赵山花：《古希腊剧作家阿里斯托芬笔下的老人生存状态解读》，《戏剧之家》，2018 年第 14 期。

⑧时霄：《贺拉斯的“中庸”与〈书简〉卷一》，《国外文学》，2018 年第 1 期。

⑨黄珊珊：《浅析贺拉斯〈诗艺〉中的“合式”原则》，《海外英语》，2018 年第 11 期。

⑩史敏岳：《从史诗〈尼伯龙人之歌〉看鹰隼在中世纪欧洲宫廷文化中的意涵》，《外国语言与文化》，2018 年第 4 期。

⑪谷裕：《歌德与神圣罗马帝国——〈浮士德〉第四幕第三场解读》，《同济大学学报》（社会科学版），2018 年第 4 期。

⑫远思：《从〈戏剧使命〉到〈学习时代〉——“迷娘”形象变化探析》，《外国语文研究》，2018 年第 3 期。

⑬卢白羽：《莱辛研究在中国》，《同济大学学报》（社会科学版），2018 年第 2 期。

⑭王淑骄：《赫尔德：“民族”的理论建构与民间文学的价值》，《重庆交通大学学报》（社会科学版），2018 年第 6 期。

⑮赵蕾莲：《让·保尔〈美学预备学校〉中的幽默诗学》，《同济大学学报》（社会科学版），2018 年第 4 期。

⑯罗威：《蒂克戏剧〈颠倒的世界〉中的反思结构》，《德语人文研究》，2018 年第 1 期。

⑰岳子涵：《E. T. A. 霍夫曼小说〈沙人〉中的爱情话语与交流媒介》，《德语人文研究》，2018 年第 1 期。

⑱杨宏芹：《德意志文化传统中的斯特凡·格奥尔格》，《杭州师范大学学报》（社会科学版），2018 年第 6 期。

⑲吴晓樵：《隐蔽与袒露——论特奥多尔·冯塔纳的小说〈马蒂尔德·墨琳〉》，《外国文学评论》，2018 年第 4 期。

⑳刘莼:《私人空间与政治空间的交融——论冯塔纳历史小说〈沙赫·冯·乌特诺〉中"危险的政治性"》,《解放军外国语学院学报》,2018年第4期。

㉑曾悦:《〈学生托乐思的迷惘〉中的"世纪末"情绪及危机意识》,《浙江外国语学院学报》,2018年第1期。

㉒胡秋冉、邱淑君:《论〈变形记〉中家庭权力网的动态平衡》,《重庆三峡学院学报》,2018年第4期。

㉓薄一荻:《希尔德斯海默的荒诞剧之路——以三次"图兰朵"改编为例》,《安徽文学》,2018年第11期。

㉔胡蔚:《流亡者的记忆诗学——以斯蒂芬·茨威格自传为例》,《同济大学学报》(社会科学版),2018年第2期。

㉕李昌珂、景菁:《有那么一部"中国小说"——论德布林〈王伦三跳〉》,《河北师范大学学报》(哲学社会科学版),2018年第3期。

㉖黄燎宇:《一部载入史册的疗养院小说——从〈魔山〉看历史书记官托马斯·曼》,《同济大学学报》(社会科学版),2018年第2期。

㉗赵海燕:《向死而生——〈魔山〉中汉斯·卡斯托普的死亡变奏曲》,《语言教育》,2018年第2期。

㉘王盛爽:《眩晕与救赎——卡夫卡"猎人格拉库斯"在泽巴尔德〈眩晕〉中的衍生》,《当代外国文学》,2018年第4期。

㉙张慧、张燕楠:《爱与死的诗学:中古骑士文学的精神嬗变》,《文艺争鸣》,2018年第6期。

㉚贺方婴:《莫里哀的"伪君子"与卢梭式的启蒙——近代法国两次国家转型时期的诗学问题》,《国外文学》,2018年第4期。

㉛王斯秧:《司汤达在中国的"红"与"白"》,《法语国家与地区研究》,2018年第2期。

㉜邵楠:《论谢阁兰作品中的医生形象及其对自我双重身份的反思》,《外国文学》,2018年第3期。

㉝张洪亮:《阿波利奈尔与卡明斯图像诗对比研究》,《北京航空航天大学学报》(社会科学版),2018年第10期。

㉞田妮娜:《米歇尔·布托的文学创作特征述评》,《法语国家与地区研究》,2018年第4期。

㉟范晔:《从鹿特丹到拉曼却:〈堂吉诃德〉中的伊拉斯莫"幽灵"》,《外国文学评论》,2018年第2期。

㊱穆宏燕:《模仿者、制作者与创造者——再论博尔赫斯对伊斯兰文化元素的妙用》,《回族研究》,2018年第2期。

㊲蔡忠庭:《〈被砍头的母鸡〉的"死亡"叙事策略》,《甘肃广播电视大学学报》,2018年第2期。

㊳孟夏韵:《从生态批评走向生态创作——评罗哈斯·佩雷斯的生态教育小说〈爱在里奈阿别哈〉》,《名作欣赏》,2018年第27期。

㊴梁云祥、马若凡:《地上之城的企望——从佛罗伦萨看但丁的世俗政体观》,《山东社会科学》,2018年第1期。

㊵马晓路:《〈十日谈〉中薄伽丘的人文主义爱情观》,《世界文学评论》,2018年第2期。

㊶潘源文:《马基雅维利与复兴运动中民族国家的建构——以德·桑蒂斯〈意大利文学史〉为视角》,《科教文汇》,2018年第11期。

㊷彭倩:《闪回与重复——论普里默·莱维大屠杀回忆录的创伤叙事》,《河南科技大学学报》(社会科学版),2018年第4期。

㊸郑春光:《自传研究范式的转向》,《学术探索》,2018年第12期。

㊹王炳均:《游戏话语的历史转换》,《外国文学》,2018年第6期。

㊺崔国清:《马克思主义艺术生产视域下的误读理论》,2018年第4期。

㊱王向远:《"世界体系"理论中的"东方—西方"》,《国际比较文学》,2018年第3期。

㊲聂锦芳:《作为文学"现代派"的马克思:叙述、思维与思想——早期作品〈斯考尔皮昂和费利克斯解读〉》,《学术界》,2018年第6期。

㊽陈众议、高照成:《消费主义与"世界文学"》,《吉首大学学报》,2018年第1期。

㊾申丹:《叙事的双重动力:不同互动关系以及被忽略的原因》,《北京大学学报》(哲学社会科学版),2018年第2期。

㊿金永兵、朱兆斌:《"回到马克思"与当代性建设——改革开放40年中国马克思主义文论研究的回顾与反思》,《安徽大学学报》(哲学社会科学版),2018年第6期。

(作者:吕精一,北京大学硕士生;
喻天舒,北京大学教授)

英语文学

丁林棚

2018 年，北京学者在英语文学研究领域取得了丰硕成果，文学批评锦上添花，进一步和文化研究、生态学、文化地理学等发生学科的交叉，形成了跨学科的研究图景，这也直接推动了文学理论的建构和深化。可喜的是，英语文学批评和理论不仅在传统领域内得到了深化，而且越来越显示出中国学者的主体性，有多篇论文研究了北美英语文学中的中国元素和中国形象，这为拓宽文学研究的思路，确立中国学术自主作出了表率，取得了令人瞩目的成绩。纵观本年度的研究，有以下几个显著特征：（1）对英美文学，尤其是经典作家和作品的研究持续深入（如莎士比亚、奥斯丁、狄更斯），且当代作家作品（如石黑一雄、麦克尤恩、莱辛）的研究群则成为重头戏等；（2）美国文学研究的兴趣范围主要集中在当代文学，尤其对后现代主义作品的研究十分密集；（3）其他英语国别文学方面（如加拿大文学、爱尔兰文学）的研究也得到了继续深入，体现出更广的范围和更为多元的研究视角；（4）文学研究的方法和视角更为广泛，包括了文化、文学、社会、历史、文本主题分析等多元视角。鉴于相关研究论文的范围和数量之大，我们无法一一论及，仅对代表性学术成果作出重点归纳和总结。

一、英国与爱尔兰文学

十四行诗在 16 世纪和 17 世纪的英国蔚然成风，然而到了 18 世纪早期，却成了陈腐老套的诗体，成为展现性爱、感情和矫揉造作的一种文学体裁。进入 18 世纪下半叶后，诗歌和哲学氛围又有了很大的变化，时人崇尚感伤主义，强调的是感情和情绪，随之而来的是十四行诗的复兴。18 世纪以降，十四行诗几乎总是与感情或感性相关联，与理性相对立。赵元对这种指责进行了研究，论文认为，这种指责不仅说明“韵”和“理”这两个词的含义在文艺复兴时期发生了重大改变，更反映了该时期新旧文艺思想的并存和更替。论文对韵与理两个概念进行了词汇词源考察，指出它们在词义上关系非常密切，二者指向的是同一个概念。英文里的 reason 一词源自拉丁文 ratio，其基本含义是数与数的关系或比例，更为重要的是，这种关于数字比例的概念在毕达哥拉斯和柏拉图的学说中是一个关键性概念，虽然其影响力在后世逐渐衰减，但是我们仍然能够从文艺复兴时期的文学批评中觉察到它的存在和所起到的作用。论文接着追溯了亚里士多德的《诗学》在伊丽莎白一世时期的文学批评中起着举足轻重的作用，论述了诗歌作为模仿艺术的作用及其引起的关于诗歌功用的争论。因此，在文艺复兴时期的文学批评话语中常常出现十四行诗的身影，从对十四行诗或褒或贬的态度变化中可以看出当时的诗人和诗歌理论家在一些诗歌批评的关键术语的理解上发生了分歧，诗歌的形式特征正逐渐失去它们原有的重要表意功能。在文艺复兴时期“为诗辩护”的大讨论中，十四行诗也总是作为抒情诗的代表站在风口浪尖。文艺复兴时期十四行诗的命运起伏不仅反映了文学趣味和美学风尚的改变，也反映了一种意识形态层面的变化，从文艺复兴时期的十四行诗作品当中也能窥见这种变化趋势。论文最后通过几个例子证明了这一论点，并作出结论，认为从历史发展的角度来看，十四行诗形式的意义对于诗歌整体意义的释读所起到的作用愈益减小，十四行诗创制之初所处的那种重视数字比例关系和数字象征意义的理想主义世界观逐渐为注重伦理关系和真情实感的现实主义世界观所取代。文艺复兴时期十四行诗的命运起伏和文艺思想的流变都与此意识形态层面的变化密切相关。[①]

塞缪尔·约翰逊的《诗人传》中有一些篇章采用由作家生平、人物素描和作品评介所组成的三元一体结构。批评者在评价约翰逊的文学传记成就时，常要论及《诗人传》这种写作模式，这三者相互映射、相互阐释，赋予了整篇传记某种统一性。然而，大多数学者倾向于对这种模式作抽象论述或笼统概括而未能结合具体文本加以阐释。如何在约翰逊的具体篇章中检视生平记述、性格建构与诗歌批评之间的关系，解剖隐含在三者之间的文理脉络，翔实评价约翰逊谋篇布局的能力，就成为需要进一步考虑和深化论述的问题。叶丽贤的论文针对这些问题进行了探讨。论文通过案例分析，结合相关的评论历史，通过阐释作品细节指出，约翰逊在《诗人传》中丰富和发展了由作家生平、人物素描和作品评介组成的以人物素描为核心的三元一体结构，而《蒲柏传》是其中最为典型的一篇。在这篇传记中，约翰逊塑造和呈现了蒲柏的核心性格“明慎”及其双重表现。无论是拣选传主的生平信息，还是检视蒲柏诗歌的“优美”风貌，他都试图揭示它们与诗人性格相对应之处。例如，在处理“人物素描”时，约翰逊往往会突出传主的某一种心性，将其蕴含在丰富的细节中，既可以让人物显得形象丰满，同时又可避免在写法上重蹈前人庞杂无章、琐细碎乱的覆辙。《诗人传》中所采用的模式有其独特的优势，也能解决18世纪英国文学传记书写中存在的一些问题。这种三元结构两头长中间短，各个部分相对独立，各司其职。作家生平负责追溯传主的文学写作生涯以及相关的社会活动，作品评介侧重于介绍、评析和鉴赏诗人的作品，甚至展开对某个批评议题的讨论，而人物素描则专门窥探传主的家居生活以及内心世界，刻画诗人的日常习惯、行为癖性、心智模式或才华属性。这样的设计让读者从作家的外部境遇和生平事实入手，再进入他隐秘的生活空间与心灵向度，再走入他所创造的文本世界中，符合传记读者的认知顺序。约翰逊在保持三元结构各部分功能相对独立的同时，用一条线索贯穿传记始终，让各部分相互渗透、交融和阐发，使整篇文学传记成为浑然一体的结构。论文指出，约翰逊所借鉴和完善的这种三元一体结构，对18世纪英国文学传记书写具有重要的革新意义。②

《拉赛拉斯》是塞缪尔·约翰逊个人最爱的作品之一，也是他所写的唯一一部小说。这部小说聚焦“幸福”“人生选择”这两个具有公共性的普世命题。约翰逊在这部可谓自传的小说中阐述了自己在社会共识及道德关怀方面的思考。他的观点启发了广大读者，促使读者从自身的认知角度参与相关命题的讨论，在由此而生的公众舆论中，“文学公共领域”得以成形。可以说，《拉赛拉斯》为我们提供了一个解读文学公共领域与公共性互动关系、了解约翰逊如何将个人思考提炼为社会共识、建构公共性的理想文本，而这一过程也正是18世纪启蒙思想得以传播的主要途径。胡振明的论文指出，约翰逊对“幸福”“人生选择”命题的阐述呈现了幸福的丰富性，人生选择的多样性，揭示了融于生活的哲学追寻，广大读者能在《拉赛拉斯》一书中找到自己现有状态，以及对应的思想探求。这部小说虽是约翰逊个人之作，但它是为天下人而写，将何为幸福、人生如何选择这贯穿人类一生的思考向读者娓娓道来。约翰逊在自己的诗歌与散文中也是不断叩问“幸福”“人生选择”这类具有人文与道德关怀的命题，相关思考在《拉赛拉斯》中得到更为全面与系统的论述。在约翰逊等人的努力下，读者阅读启蒙进步思想作品，积极参与公众舆论，成就文学公共领域，进而参与建构社会公共性。其结果就是，越来越多的民众意识到一种共同责任，“公共精神”成为18世纪政治话语的核心理念。约翰逊的《拉赛拉斯》既对源于现实生活的个体幸福与人生选择进行归纳与梳理，又对意在彼岸世界的永恒幸福与道德旨归予以概述与期许。在这部短小精悍的小说中，约翰逊用一个平等的叙事视角引领读者领略人生命题涉及的方方面面。读者在阅读中，认可并接受了约翰逊丰沛的人文关怀，这成为了解自我本体、他者与社会的思想依托。可以说，约翰逊在以《拉赛拉斯》为依托的语言实践话语中，将自己具有公共性特点的作品发展成文学公共领域的实施载体，这一过程为我们了解18世纪文学公共领域与公共性的互动提供了有益借鉴。③

威廉斯认为20世纪斯威夫特批评的最大贡献是不再把斯威夫特等同于格列佛、《木桶的故事》的作者、卑微的建议者或者其他斯威夫特虚构出来的作者。然而，对于要不要把格列佛视为小说人物，并与其他讽刺散文中的虚构作者区别开来，却存在争议，有商榷之处。龚璇认为，《格列佛游记》对叙述者—人物视角的运用技法巧妙，叙述者格列佛对人物格列佛视角的有效控制使《格列佛游记》的整体性远远超过“梅尼普斯式讽刺”《木桶的故事》。《格列佛游记》在形式上更接近18世纪游记小说。论文中指出，格列佛对失明的焦虑让我们关注斯威夫特对“肉眼”和“心眼”的区分。斯威夫特把生理眼光从理性认知的视觉修辞中剥离出来，否定视觉相对于其他感官的优越性，质疑“眼见为实”的真实性，借此破坏殖民话语自我合法化的基础并揭露了英国游记对爱尔兰“生蛮”的他者化叙述。在斯威夫特看来，“客观”叙述下掩盖的冷漠与殖民者对殖民地人民苦难的“视而不见”都是“人性弱点”的体现，更是一种“道德败坏”。④

乔治·爱略特在其代表作《米德尔马契》中塑造了罗莎蒙德这位集美貌、才艺和优雅于一身的女性形象，然而她却是一个引发读者公愤的人物。《米德尔马契》以作者严谨的笔触和遍及文本的同情心为其特色，何以会被冠以“敌意塑造”之指控？王淑芳的论文对这一问题进行了探究，通过对文本和相关历史背景的分析，认为罗莎蒙德是爱略特所秉持的人生实验写作主张的结果，是美貌与肤浅的淑女教育相遇所产生的高度符号化的致命女性。论文指出，在罗莎蒙德的塑造上，爱略特给这个美女附加了许多负面的品质，从而使罗莎蒙德成为最受敌意的女性。罗莎蒙德所受到的敌意很大程度上是因其所负载的负面品质所致。然而，在爱略特作品中这些负面品质与美貌和优雅相伴而生、不可分割，所以其承载者罗莎蒙德不可避免地成为以道德教育为己任的作者敌视的对象。作者的这种观点导致她把罗莎蒙德作为一个文化符号进行处理，所以罗莎蒙德的敌意塑造可能并不是源于作者主观上的故意，而是作者的艺术手法所致。对罗莎蒙德的另一种解释是，罗莎蒙德具有进化论观点下理想女性的特点，是斯宾塞所倡导的女性观的体现。爱略特通过塑造罗莎蒙德这个人物及其符合自然界择偶标准的婚姻遭遇不幸的现实还击斯宾塞把进化论观点庸俗地用于人类社会的作法，表明自己在女性问题上的立场。论文进一步分析指出，爱略特通过罗莎蒙德这个人物说明，斯宾塞所倡导的种种女性特征并不能保证女性真正具有母性。那些特征只是外在的表象，与女性的内心世界没有丝毫联系。忽视女性内心世界的择偶标准有可能流于浅薄，纵使它有当时最时髦的进化论支持。爱略特对于罗莎蒙德的敌意塑造某种程度上可以视为对斯宾塞以进化论为依托的女性观的回击。与其说爱略特对美貌女性罗莎蒙德进行了敌意塑造，不如说作者睿智地预见了美貌与技巧性的淑女教育相遇所产生的最具有破坏性的结果。⑤

19 世纪英国文学作品中，鸦片是一个颇为常见的意象，服用鸦片的文人也不在少数。国内近年研究者不但将目光投向鸦片，而且也聚焦于勃朗特的《简·爱》和《维莱特》，讨论这位维多利亚时期女作家与鸦片、与浪漫派诗人乃至与帝国主义、殖民主义和鸦片战争的关系。然而，鸦片对于 19 世纪的英国人来说是商品、药品还是毒品？瘾君子柯尔律治与德·昆西对待鸦片和帝国，是同气相求，还是大有分别？周颖在阅读相关文本、传记与批评后，尝试从另一个角度来回答上述问题并给出具有补充意义的理解。论文发现，一直到 19 世纪六七十年代，鸦片都是医学实践中最有价值的药品之一。不但医学权威课本推荐使用，且真正运用于日常医学实践。鸦片除镇痛外，还有娱乐功效。它能麻醉神经，减缓压力。但是，极乐体验需要付出极痛的代价，长期服用鸦片会摧毁人的免疫力，损害大脑中枢神经。如此一来，鸦片就从药品转变为毒品。两者界限并不分明，很多人是为了缓解病痛才服用鸦片，逐渐上瘾而欲罢不能，柯尔律治与德·昆西皆属此类。夏洛蒂·勃朗特的家乡霍沃斯是处于约克郡和兰开夏郡群山中的小镇。而曼彻斯特及其附近的工业区是鸦片重灾区，包括离霍沃斯仅有 4 英里、勃朗特姐妹时常走去借书的基斯利。反观夏洛蒂，《简·爱》中提到的黑色药水和《维莱特》中出现的鸦片均是为了起到镇定与催眠的作用。不过，如果说鸦片是柯尔律治一度依赖的灵感源泉，是终生激发德·昆西想象的催化剂，对于夏洛蒂，则只是一个戏剧化手段，一个推动情节发展的道具，而且是她有意模糊、淡化的道具。她作为鸦片吸食者的家人，曾深受其苦。她本人及其作品，同鸦片和鸦片战争也没有特殊、刻意、紧密的关联。因此，作者认为，我们不应当将一个上下文情境中含义中性的药品赋予过多的道德、政治与意识形态的内涵。⑥

奥斯丁以其独特的艺术创造和思想贡献在英语文学史中占据重要的一席之地。20 世纪下半叶，奥斯丁的影响持续扩大，相关论著汗牛充栋，简直可以方驾莎士比亚，比肩狄更斯。奥斯丁不仅是第一个被学院化的英美小说家，还是流行文化中的大众偶像，英美等国均出现了所谓的“奥斯丁狂热”。龚龑针对这种现象进行了探讨，她的论文关注奥斯丁经典化的初始阶段（1870—1920 年），并专门探究它的外在知识条件。论文认为，奥斯丁传记的撰写、批评共识的构筑和规范小说版本的编辑，是这位淑女作家经典化的三个最重要的外在知识条件。例如，20 世纪初，奥斯丁批评逐渐发展到一个较高的水平。植物学家兼学者法乐（Reginald Farrer）在 1917 年奥斯丁忌辰 100 周年之际在《评论季刊》上发表了一篇标志性的文章，专论奥斯丁的写作技巧，高度赞扬奥斯丁是个具有高度自觉意识的艺术家，有些断语在奥斯丁批评史上极具影响力。在这，在整个 19 世纪，英国文学，尤其通俗小说，基本上是中产阶级妇女和劳动阶级的读物。著名学者之间的争论，同样有助于提高奥斯丁的文学地位，查普曼的著名文章《奥斯丁：答加罗德先生》是对加罗德的驳斥之作，经常被各类奥斯丁文选收入。到了 20 世纪 20 年代，英国的文学研究者和艺术批评家基本达成了共识：奥斯丁的确是一个重要的小说家。查普曼等绅士学者以研究古典作家的方法来整理流行小说家的文本，这在英美文学史中尚属首次。他们的校订和笺注，不仅有效地影响了早期读者的理解，也极大拓展了小说文本的语义空间，为奥斯丁的入典创造了不可或缺的外在知识条件、历史深度以及远未过时的思想意义。总之，作品和作家的经典化是一个文学、艺术、经济等因素交互作用、多元生成、历时演进的动态过程。如果将经典化研究比作知识考古学，应该对各种文学批评话语的形成过程进行不懈的批判性探索，应该将那些看似零散的论述和英美社会的整体结构及其运作原则联系起来。[7]

伊恩·麦克尤恩的作品在中国有着巨大的影响，他出版于2001年的小说《赎罪》广受读者好评，并入围当年布克奖，作者本人也被誉为英国“国民作家”。多数评论将该小说归为后现代作品，研究其中的后现代策略及结尾的独特技法、解构叙事、读者阅读策略等，部分研究则强调小说主体部分的现实主义属性，提出小说属于历史小说，是现实主义主体之后附加了一个后现代元小说结尾，或者是“介于历史小说与历史编纂元小说（编史元小说）之间”，体现了后现代创作向现实主义的回归。梁晓晖针对这一争论展开了详细的探讨，他认为对《赎罪》的归类不同，对其元小说结尾评论也不相同：将其归入后现代小说者，多认为结尾是点睛之笔；而将其归入现实主义小说者，则认为结尾只是画蛇添足之举。《赎罪》在表层情节上符合哈钦的后现代编史元小说定义，但与编史元小说代表作《法国中尉的女人》的深层结构相比，《赎罪》却有本质区别。首先，两部作品可能因世界结构不同，从而编史元小说元素所依存的世界层次也不同；其次，二者可能因世界各层次间的互动方式不同，从而编史元小说元素的呈现方式也不同。究其动因，以《法国中尉的女人》为代表的典型编史元小说意欲暴露历史书写的语言建构本质，而《赎罪》则在后现代风潮回落的世纪之交，以编史元小说的创作元素反思后现代创作本身，集中探讨了文学创作的伦理价值这一命题。《赎罪》在情节上符合编史元小说定义，但在内部结构尤其是结构纹理上已发生根本转变。《赎罪》既通过多重视角展现单一视角的不足，承认人的认知限度，也倡导人们应尽力克服自身局限去考量事物的全貌，履行作家的伦理责任。它再一次将历史真实与人为虚构间的动态关系推向小说创作的未来前景，表面上似乎回归了现实主义，实际上传承了后现代编史元小说的衣钵。[8]

陈世丹从后现代主义伦理的视角出发，探讨了戴维·洛奇的小说《好工作》的伦理观念。论文首先总结了后现代伦理的特征。论文指出，后现代西方伦理学解构、批判了现代性和现代西方伦理学，主张革除现代性对权威、中心和等级的维护，强调承认差异，尊重他者，主张多元性和包容性，担负对他者的绝对责任。为了深刻表现后现代伦理思想，后现代主义作家用与后现代伦理主张一致的后现代伦理的叙事手法，消除作者的叙述权威和文本中的叙述中心，采用多角度观察、多叙述者和多声音（或复调）的叙事手法，揭示后现代社会中伦理关系和道德秩序的变化及其引发的各种问题、导致的不同结果，为后现代人类文明进步提供经验和教诲。作为英国后现代主义小说家的代表人物，戴维·洛奇在其小说《好工作》中将后现代伦理的互文叙事手法与社会批评相结合，读者可通过互文文本找出话语的渊源，并能够更好地把文本作为组成社会话语的交响之音来欣赏。这篇论文认为，洛奇的后现代伦理互文叙事形式主要由平行结构、戏谑模仿和直接引用三种手法构成。文学作品不是众多性格和命运构成一个统一的客观世界，在作者统一的意识支配下层层展开，平行文本对洛奇来说具有各种声音，能够让各种思想观念同时迸发并充分享有申诉的权利和自由。后现代主义文学用戏仿这一技巧对历史事件和人物，对日常生活中的某些现象，对古典文学名著中的题材、内容、形式和风格进行夸张的、扭曲变形、嘲弄模仿，使其变得荒唐和滑稽可笑，从而达到对传统、对历史和现实的价值和意义以及过去的文学范式进行批判、讽刺和否定的目的。洛奇在《好工作》中戏仿19世纪维多利亚时代工业题材小说，使其表现20世纪后工业题材的小说与19世纪维多利亚时代工业题材小说构成互文叙事。在《好工作》中，洛奇自我消解叙述的中心，通过19世纪维多利亚时代的工业小说，例如狄更斯的《艰难时世》、迪斯累里的《西比尔》和盖斯凯尔的《南方与北方》文本的直接引用，与自己讲述的故事交织在一起，使对其他文本的直接引用成为本叙事的有机组成部分，借用19世纪小说文本表现批判20世纪资本主义工业的主题。洛奇通过后现代伦理的叙事手法，将关于文学理论专业知识的讨论与紧张离奇的故事情节、高雅与通俗、严肃与戏谑、传奇与现实交织在一起。[9]

石黑一雄与日本的关系被评论界反复强化，尤其围绕其早期两部日本题材小说《远山淡影》和《浮世画家》中关于日本以及日本性的表征。石黑一雄的日裔身份经常使他的小说笼罩着一种神秘的东方色彩，他的写作也常用日本美学进行解码。西方评论界把石黑一雄包装成一个东方他者，将他的种族身份与美学方法加以糅合，读者经由他可以获取一些神秘的日本文化和情怀的内涵。相当多评论家把石黑一雄的写作与日本美学联系起来，把他低调的叙事风格与日本作家自我压抑的修辞相提并论，并在他的小说中发现了鲜明的“日本能指”。日本早期评论家恰恰相反，他们放大石黑一雄缺乏“局内人”知识的缺陷。针对评论界对石黑一雄早期作品中日本元素的争议，郑佰青的论文从小说对日本地理的想象性图绘、跨语言和跨文化转化过程中的“重新导入”、以及对日本艺术家战争责任的反思三个方面来探讨石黑一雄与想象的日本和日本性的关系，以此来质疑西方学界对其小说中关于日本和日本性的假设，并由此揭示出小说的非日本书写性质。论文指出，石黑一雄从日语背景迁移到英语背景的过程中逐渐失去了自我的日本性，而英国性或世界性特征得以加强。因此他早期撰写的日本题材小说尽管是以日本为写作背景，但文本内已丧失了典型的日本性；他更多的是从西方的视角而不是局内人的视角来远距离地审视他者日本/异域东方。一方面，这增强了作品中关于日本与日本性的想象色彩和虚构本质，体现在文本内疏离的地理想象，以及小说在跨语言和跨文化转化中所引发的意义与形式的转移和变形；另一方面，这也使石黑一雄以一种局外人的超然态度来客观审视日本历史的黑暗面，使小说以想象的方式参与到日本艺术家战争责任这样具有争议性的历史话题的讨论。诸多因素的累加凸显了石黑一雄早期日本题材小说的非日本书写本质。相较于石黑一雄后期的作品，日本题材小说只是他文学创作的开端，其后他大胆进入了一个文化背景更多元化、主题更普遍化的领域。[10]

作为当代英国最著名的女作家多丽丝·莱辛的作品广受关注，然而20世纪80年代初，莱辛回归现实主义题材的标志性作品《好人恐怖分子》在国内外却少有研究者涉及。造成这一现象的原因是，莱辛退回现实主义小说写作是其在科幻领域尝试失败后的无奈之举，因此《好人恐怖分子》的价值和意义无论从女性主义还是现实主义层面都比不上她的其他代表作。廖望的论文认为，这一判断是片面的，《好人恐怖分子》恰恰是深受20世纪60年代各种思潮影响的莱辛在尘埃落定后的反思，也是她对阶级、性别、文化差异的思考往前推进一大步的表现。论文运用空间批评及文化地理学的理论，从空间外部矛盾、空间内部冲突和空间变动三个方面梳理莱辛在《好人恐怖分子》中对众多空间意象进行的等级体系建构，以揭示莱辛如何通过空间的张力与冲突体现权力关系的张力与冲突，并引入空间变量探讨社会改造和女性平等的可能。小说是作者推进其阶级、性别、文化差异的思考的表现。这种思考表现为文本所建构的严密的整体空间、独立空间、个体空间等级体系，以及不同空间之间冲突、矛盾、变动等关系。莱辛试图通过空间的表征探讨空间意象的本质，即其代表的不同群体性别、阶级、文化之间的权力关系的张力与冲突。同时，莱辛在创作中首次在既有空间等级体系内加入“空间改造”这一变量，在小说中测试了社会改造和性别平等的可能性，也暗示了弥合分歧的希望渺茫。[11]

金冰在论文中梳理了批评界针对达尔文进化论的两种完全不同的解读方式，探讨达尔文理论自身所包含的悖论性和矛盾性，并以英国作家拜厄特的“新维多利亚小说”《占有》为例，将《占有》中的进化叙事置于19世纪科学与宗教的张力关系中进行考察，分析“枝蔓缠绕的河岸”等进化意象的双重性，分析拜厄特如何通过对达尔文主题的立体化重构，为我们呈现一个“去魅”与“复魅”并存的达尔文式世界。论文认为，拜厄特以文学的方式，揭示出达尔文式科学世俗主义所具有的“世俗魅力”，将“科学的达尔文”与“浪漫的达尔文”相融合，从而呼应了乔治·莱文等文化学者对双面达尔文的解读。[12]

詹姆斯·乔伊斯是西方现代主义文学的开拓者之一，他的作品有着举足轻重的地位，相关研究蔚为可观，对他作品中的爱尔兰民族性的研究也是一大焦点。吴庆军独辟蹊径，考察了这一主题，并提出乔伊斯作品中的非本质主义民族观。他的论文指出，乔伊斯深受现代主义叙事和后现代思潮的影响，这些影响赋予了乔伊斯民族认同的解构思想，形成了其重要的非本质主义民族认同观。一方面，20世纪初西方各种主义和先锋思想纷纷涌现，乔伊斯在文学创作中受到了现代主义哲学、艺术和叙事的影响，他擅长从现代主义叙事、现代性和城市书写等视角展现爱尔兰民族认同，在创作中他很少展现英爱政治冲突。凯尔特文化和浓郁的乡村田园往往也不会成为他的创作背景，其小说的文化维度和叙事艺术展现出民族认同的非本质主义特征，形成了乔伊斯独特的民族认同观。另一方面，乔伊斯对欧洲文明的谙熟以及他旅居欧洲大陆的经历促使他在创作中能够超越爱尔兰自身，从而获得更为广阔的视角，特别是从他者文化的视角重新审视爱尔兰民族文化。论文认为，非本质主义民族认同不关注政治、战争和民族起义等本质要素，而注重文化、艺术和语言等要素在民族认同中的建构作用。乔伊斯主要从灵显叙事、城市表征和多元文化等多维度建构小说中的非本质主义民族认同。在故事层面，乔伊斯忽略了典型的民族英雄和民族情绪的宣泄，而是通过灵显叙事中的反英雄展现民族认同的“缺失”；在空间书写上，乔伊斯通过城市中随处隐现的英国殖民统治的“图腾”，表征爱尔兰民族认同的“消解”；在话语与文化层面，乔伊斯从不列颠“他者”文化和多元文化呈现爱尔兰民族认同的“杂糅”。乔伊斯非本质主义民族认同的核心思想是解构传统民族认同的“逻各斯”，实则是爱尔兰民族认同一种“缺席的”在场。⑬

二、北美英语文学

爱默生在《先验论者》一文中专门将其唯心论称为先验论，并解释说有一类并非来自经验而经验却有赖于此而认知的先验形式，是康德的术语。张世耘对二者的思想关联进行了阐述，论文指出，虽然爱默生了解康德是通过间接途径，但他的用词和表述显示他对相关概念的理解和康德对两个术语的区分是一致的：前者是先于经验（并非来源于经验）的先天形式条件和根本要素，并运用于经验对象，使经验得以成为经验，而并非独立于经验世界之外；后者相对经验世界则是完全超越或超离的。前者先于经验且运用于经验；而后者则超离一切可能经验之外，从而无法运用于经验。爱默生的先验论思想主要源于德国古典哲学，尤其是康德先验哲学。尽管他的思想与康德发端的先验哲学多有差异，但他从康德知识论出发，另辟蹊径，以求心灵解读自然蕴含的普遍必然知识——自然和道德法则。从知识论角度看，爱默生的自然观重新引出心物二元问题，将康德先验知识论中普遍必然的心灵先天综合力所统一起来的主客体转化为个体心灵解读自然象征意义的直觉感悟实践历程，由此获得普遍必然道德知识。这篇论文着重分析爱默生知识论中的经验论因素，试图说明他的自然观将经验实在论与唯心论结合，以失去理论系统性为代价，形成了他独特的、逻辑关系不甚连贯一致的唯心知识论。⑭

在《人与游戏》一书中，法国社会学家卡约影射了美国作家埃德加·爱伦·坡在《被盗的信》中提及的“猜玻璃球单双数”的游戏（亦即“猜测对手掌心里持有的玻璃球数量是奇数还是偶数”），并将其定性为“运气游戏”，用博弈论的术语来说，则是“不完全信息”的零和（zero-sum）游戏——他赢意味着我输，彼此之间的收益之和为零。这一非合作型游戏使博弈双方完全依赖“天命”，进而导致游戏的结局充满不确定性。于雷的论文指出，这一不确定性就“运气游戏”而言恰恰强化了一种以机械感为特质的宿命论，而坡也由此颇为青睐诸多融合公平精神、更具“民主”气息的竞技游戏，在文学隐喻层面上则是通过作者与（理想）读者之间的“合作”博弈，使坡的创作哲学在机械逻辑与诗性直觉之间呈现出独特的游戏姿态——规则当中的自由。坡的作品中的游戏游戏是在某一固定时空中进行的自愿活动或事业，依照自觉接受并完全遵从的规则，有其自身的目标，并伴以紧张、愉悦的感受和有别于平常生活的意识。论文认为，爱伦·坡小说中富含的游戏元素常见于情节、语言乃至于创作哲学等诸多层面。论文以荷兰文化史学家赫伊津哈和法国社会学家罗杰·卡约的游戏学说为理论观照，首先梳理整合坡在作品中尤为热衷描述的博弈游戏，分析它们围绕作者与（理想）读者的关联所体现的叙事学模型；其次，聚焦于19世纪30年代曾引发广泛关注的“梅伊策尔的象棋游戏机”，一方面探讨那一机械装置与坡的创作哲学之间发生的隐喻性契合，另一方面围绕坡对此发明的关注，分析其“揭秘”的创作动机与杜宾的博弈美学之间存在的有机关联；最后，论文立足于文学与哲学就“语言游戏”所产生的对话可能，探求“游戏规则”对坡的创作所施予的语义增殖功效。⑮

19世纪以来的英国社会，在政治和经济上均有重大的变化和发展，而与之相应的则是文化和宗教方面的巨大变迁。传统的文化力量和建制化的宗教，呈现出不同的组织形式和活动形态。在现代性的语境中，重新寻找并建立从个人到社会的道德基础，是19世纪英国知识文化界所面对的关键性问题之一。当个体自由的观念成为现代伦理的核心价值观之后，从新教传统中衍生出的道德或“良心”问题，一直是19世纪英美文化人的一个关注点。亨利·詹姆斯，作为一位横跨英美世界的重要作家和文化人，其写作也可以看作这一传统的一个重要部分。他一直追问以下问题：该如何面对现代社会的诸多质疑和挑战？如何建构一个“民族的良心”？如何构建一个国家能够共同认可并维系的价值体系？毛亮的论文以《专使》为切入点，对人性中“审美”与“道德”两个核心追求之间的联结和冲突作出了思考。论文指出，在这部作品中，詹姆斯试图超越传统与现代、审美与道德、欧洲与美国等的二元对立；他从普遍人性的高度，洞析了现代西方文化与社会的危机，同时也在想象一个未来的、理想的社会和文化的可能图景。詹姆斯的伦理关怀，在当时英国和欧陆社会中宗教的式微和个体的主体性意识据主导地位的背景下，试图从人性的本来出发去构建一个新道德和新文化。这也使他与同时代的许多知识分子一样，成为社会和民族的“良心”。例如，论文认为，“自由”与“良心”这两个概念，固然在小说中形成一对矛盾，然而，詹姆斯认为“自由”的本质是“个体意识”，“良心”（conscience）与“意识”（consciousness）也不是对立的两极。从词源上看，道德与自由的共同基础，都是自我对于人性或外部世界准确的知识（scientia）。《专使》中詹姆斯对新英格兰道德教条的批评，并不是对道德本身的排斥，而是因为教条化的道德说教体现了一种对人性和社会既不真实也不完整的认识。[16]

代显梅则对詹姆斯作品的越界进行了研究。越界是一种打破规则或者超越界限的行为，虽然自古以来伟大的艺术家和思想家都是越界的实践者，但是直到20世纪它才成为一个正式的学术话题。文学创作中的越界就是作家能超越一切既定观念的限制，获得思想的解放。越界与自由是孪生兄弟，是产生伟大艺术品的前提，这是詹姆斯早在1884年的论文《小说的艺术》中反复强调的要旨。论文指出，詹姆斯的越界主要表现在他成功地突破了文学批评、文学创作、文化身份、性别意识的限制。詹姆斯前瞻性的现代文学批评思想，他在浪漫主义、现实主义、自然主义和现代主义等文学流派之间的自由穿行，他超然的世界主义者的姿态，他的雌雄同体的文学书写，他伟大的小说艺术成就启发我们：“边界”既是天然的屏障，更是人为的划分，对于一个勇于创新的艺术家而言，这些限制不会成为他们思想的障碍，只能成为衡量他们艺术高度的参照。[17]

囚掳叙事为北美殖民地极为流行的文学体裁，也是北美的第一种本土文学形式。自从新英格兰地区的白人女性玛丽·罗兰森的《关于玛丽·罗兰森夫人被俘以及被释的叙事》于1682年发表之后，相继有几百部囚掳叙事出版，一直持续到19世纪。这种文学体裁对于北美殖民地的意识形态建构起到了重要作用，成为美国领土扩张的文本辩护及文明的白人殖民者与嗜血的印第安野蛮人的二元对立话语的助推者，而这种二元对立的话语在很长的一段时期内是美国历史、文化和文学的共同话语特点。金莉的论文对这一特殊的叙事作出了总结和梳理，论文指出，囚掳叙事在不同的历史时期，分别将信奉天主教的法国人和镇压北美殖民者独立运动的英国人纳入反印第安人的宣传矛头所指，服务于北美大陆白人定居者从英属殖民者到美国人的身份转变。囚掳叙事展现了白人殖民者如何看待自己和自己的文化以及如何建构他者，业已成为美国历史遗产和边疆神话的组成部分。文章阐述了囚掳叙事的根源、叙事形式、创作根源、作者身份、历史演变，并总结了其历史意义，进行了反思。印第安囚掳叙事对于白人定居者如何建构种族和民族身份具有深远的含义，在有意和无意之间导致了将土著人种妖魔化的反印第安人种族逻辑。[18]

金莉在另外一篇论文中关注了20世纪美国哈莱姆文艺复兴的著名作家佐拉·尼尔·赫斯顿（Zora Neale Hurston，1891—1960）的一部遗作。这是赫斯顿创作于1931年的作品，但直到2018年5月才以《奴隶收容所：最后一批“黑人货物”的故事》为名得以出版。这部基于赫斯顿对被最后一艘运奴船贩卖到美国的非洲人柯萨拉的系列采访的作品，通过柯萨拉的方言口述和赫斯顿的记述的方式写成，不仅在叙事手段上独树一帜，也从新的维度再次审视了奴隶贸易和奴隶制，成为真正意义上穿越时空的历史对话。作品的出版不仅充实了赫斯顿的文学遗产，也对理解一直被种族问题所困扰的美国具有重要的历史和现实意义。从体裁上来看，《奴隶收容所》可被归为奴隶叙事。传统奴隶叙事一般分为两种方式写成，一种来自逃亡奴隶本人，另一种叙事来自那些没有读写能力的人，这类叙事则采用当事人口述由别人代笔的方式，柯萨拉的叙事就属于这一类。《奴隶收容所》既是一部历史文献，也是一部震撼人心的文学作品，它揭开了一段尘封的历史，为美国历史上那段黑暗的时期添加了一个重要的脚注，具有深刻的历史意义。[19]

《失窃的纯真》是美国2008年出版的一部自传体小说，荣登《纽约时报》畅销书榜单。作者艾丽莎·沃尔从第一人称视角讲述了她在摩门教原教旨主义社区悲惨的家庭和婚姻遭遇等。与其他小说一样，《失窃的纯真》揭示了摩门教一夫多妻制给妇女儿童造成的婚姻、家庭及社会悲剧。小说提及了众多人物，而大多是假名，以保护当事人，以此寓示摩门教一夫多妻婚姻混乱景观，抨击伦理关系的异化。我国国内对此类小说研究甚少，蒋栋元的论文基于伦理学和宗教学，聚焦于摩门教社会，特别是女性群体和未成年群体，从三维伦理视角——婚姻伦理、家庭伦理和宗教伦理对小说进行了解读。论文指出，摩门教社区固化的金字塔社会结构等级森严，教会居于顶端，以神的名义控制着人们的思想和行为。尽管早已公开宣布废除，但根据神的“启示”，暗地里仍然实行与美国婚姻法背道而驰的神所“配置”的“永恒婚姻”——一夫多妻制，导致伦理生态恶化，造成了严重的性别创伤、家庭创伤、儿童创伤和宗教创伤，使人们失去质朴纯真的本性，陷入婚姻、家庭和宗教的三维伦理困境。例如，论文认为，家庭伦理是伦理系统的一个重要方面，然而基督教教义崇尚不平等的夫妻伦理关系，男尊女卑观念根深蒂固。作为“罪恶之本”和“地狱之门”的女性被贴上卑贱和邪恶标签，物化为男人的附属和私有财产而非平等的伴侣，妻子被认为是丈夫的财产，其伦理身份诉求得不到认可，没有身份感、归属感和存在感。在作品中，教会标榜的爱的伦理观念被否定，传统家庭伦理关系被扭曲。女性无法表达对爱的诉求与伦理身份的追寻，男性承担不起家庭的伦理责任，父母破坏了既定的伦理规约。在以神的名义下，家庭成员之间的亲情纽带被切断，家庭伦理被撕裂，代际伦理陷入窘境。论文结尾指出，善恶是人类伦理的基础，失去公平正义和仁爱之心，伦理就会异化。在教会眼里，放弃信仰、叛教、不悔罪、亵渎神灵、怀疑神的启示、质疑教会权威等行为违背教义教规，破坏宗教秩序，应受谴责。而在民众看来，教会褊狭虚伪、独断、报复，推崇多妻制，与正规教义教规相冲突，背离了宗教伦理。小说中讲述的婚姻、家庭和宗教生活是美国基要派社区的缩影。教会以神的名义扼杀人性、束缚自由、践踏道德文明，伦理道德遭到破坏，伦理秩序失衡。婚姻伦理、家庭伦理和宗教伦理因果相连，而根源在于宗教伦理。错误的宗教伦理观造就了婚姻伦理的悲剧，从而使家庭伦理陷入深渊。这些无解的伦理结缠绕在摩门教徒的心头，无法根除。[20]

玛丽莲·罗宾逊是美国当代经典作家之一，她的作品数量虽不多却具有当代小说中非常罕见的精神力量。《基列家书》为罗宾逊代表作“基列三部曲”的第一部，探究的正是精神与信仰的问题。小说一出版就好评如潮，斩获多项大奖，包括2005年第89届普利策奖。李靓的论文以记忆理论为视角，考察小说中个体记忆如何推动叙事者参与对历史的讲述、对集体文化记忆的反思与修正并最终重建自我身份认同。论文揭示在阐释作者对历史、宗教及传统的文学表达时，记忆所体现的思想和艺术价值。论文认为，在《基列家书》中，个体记忆不仅使代际间情感与传统的断裂得以弥合，还帮助叙事者反思集体文化记忆中的遗忘与压抑，并修正其核心内容：废奴传统和宗教传统。个体记忆使叙事者在历史语境中审视废奴传统的变迁，对它所代表的集体认同的演变进行反思，促使叙事者的身份认同逐渐形成；个体记忆还激活叙事者的宗教认同和感知力，使其看到改善宗教现状的希望，最终推动叙事者完成自我认同的建构，困扰其多年的认同危机也随之消失。论文对小说进行了细致的解读，例如，作者认为作为美国价值观的体现，美国人信仰的比喻，棒球常常与崇尚平等、自由的美国梦相连，强调比赛中虽然人与人不同，但一切都是公平的。棒球比赛与纪念碑、公开演说、大规模的纪念仪式类似，是人们共同的记忆场，它在即定规则的框架下进行，理应是对比赛所代表的平等观念的践行，以此确认和强化社会的集体认同，构建共同文化记忆、强化公民的认同感和归属感，是一种典型的象征意义体系。论文还解读了身份认同和宗教传统的重构。例如，食物的隐喻将日常经验与宗教体验相结合，它的可触、可闻、可感是如此的鲜活，与刻板的宗教形成了鲜明的对照。饼干的意象呼应圣餐的典故，隐喻父子、代与代之间精神上的给予与滋养。宗教中的施与受充满神圣感，是宗教传统延续的象征，也是宗教所能给予教民最宝贵的财富。当爱米斯为杰克祝福时，他将宗教的含义拓展开来，使之成为一种崇尚平等和包容精神的人文关怀，它是爱米斯新的自我认同的核心内容，也契合了罗宾逊带有人文主义色彩的宗教观。这一新认识是对基列镇集体记忆与认同的修正，也表明他已建立新的身份认同。[21]

《塞姆勒先生的行星》是美国犹太小说家索尔·贝娄的重要小说之一，评论界主要关注贝娄小说在美国文学中的主题和社会意义，但很少关注其中国形象。尚秀玲和田俊武对这部小说中的所涉及中国人、中国体制以及中国历史和器物进行细致的解读。论文借助比较文学形象学的理论，分析作品里的三种关于中国的形象，揭示这种关于中国集体想象背后的深层次原因。论文认为，小说主人公塞姆勒在审视中国人形象时，无形中折射出他本人心中难以感受和表述的东西。第二次世界大战粉碎了他人类博爱的梦想，将他抛向野蛮、残暴与死亡的境地。磨难彻底颠覆了塞姆勒的世界观，使他认为现代人的本性就是癫狂、暴力、罪恶、纵欲和荒唐。正是在这种时空混乱的维度中，“中国人形象”进入了塞姆勒的视野。例如，从小说中读者们大致可以了解作家贝娄心目中的中国人形象，他们群体庞大，擅长数学运算，严格遵从礼节，盲从革命，缺乏独创性。塞姆勒将中国、俄国和美国并列在一起，并将它们标记为少数人握有生杀大权的国家，这一集体形象反射出作家贝娄本人对这些国家的心理认知。论文指出，贝娄的小说《塞姆勒先生的行星》中的中国意象背后有着犹太美国人关于中国的集体想象。在犹太美国人的心中，中国是一个矛盾的、复杂的他者。尽管作家本人无法避开美国犹太人关于中国的偏见性集体想象，在有关中国的书写中夹带偏见，但是他总体上能够以冷静客观的笔触书写他那个时代的广义人文问题，反思历史，希望人类向着理性、文明、进步的方向发展。[22]

陈美玲（Marilyn Chin，1955—）是当代美国文坛一位重要的华裔美国诗人。其诗作品《乌龟汤》意义纵横交错、文本层层叠加，然而，利用互文性的视角让我们看到的只是中西文化的各层前文本对此文本有形、有限的影响，却无法让我们看到在书写和解读的过程中各层文本之间相互作用之后产生的无形、无穷的新意。陆薇的论文认为，我们应该避开互文性给人带来的“期待视域”，用“覆写”这个以“求异”为目的的隐喻尝试对这首短诗进行重新解读。作为文学批评的两个重要概念，“互文性”和“覆写性”常被当作同义词，因为二者所追寻的都是一文本与他文本之间的关系。然而，在“求同”和“求异”这两点上两者还是有一些本质的差别：互文关注的是以文本受其前文本意义牵制的衍生意义，而覆写关注的则更多是一文本与他文本偶然相遇之后所产生的新意。正是由于这个差别，“覆写性”将给流散文学研究带来一些新的研究视角和思路，帮助其走出目前面临的研究瓶颈。论文指出，陈美玲的短诗《乌龟汤》为例论述上述观点提供了一个很好的范例。例如，陈美玲的诗《乌龟汤》正是一个有着明显“覆写”特征的文本。在诗中我们看到上述提到的几层文本共存于这个文本空间。第一层文本就来自诗的标题“乌龟汤”。在深受西方文化浸染的女儿眼中，乌龟不可食用，因此在这个意义上母亲的行为不可接受。事实上，标题本身（“乌龟汤”／“甲鱼汤”）的开放性就预示了多个所指的并存。这是诗中的一个东方主义的底层隐形文本。诗的第二层文本同样也是一个底层的隐形文本，是被女儿的文本激活之后重现出来的中国传统文化文本。在这层文本中，乌龟是长寿的象征，历史的象征。在这个意义上母亲的做法也同样不可接受。女儿对母亲做法的质疑就来自上述两层文本。这两层文本原已被母亲建立在“生存哲学”上的实用主义文本掩盖了起来，但在女儿的质疑之下，它们又各自浮现出来，进行相互对话。从上述角度对这首诗的分析显示，在文学研究中我们需要的是“熟悉的陌生感”——既从互文性入手寻求熟悉的传统，又从覆写性出发寻求不同文本相遇后产生的新意。文学研究应不断挣脱已经固化的研究方法的束缚，保持自身“去常规化”的能力，将“同”与“异”的发现互相补充、相互完善。只有当文学与陌生的他者（无论是学科的还是文化的）不期相遇、在碰撞中产生意义的时候，文学的无限生命力才能得以延续。[23]

摄影元素在当代美国文学中占据着重要的位置。当代美国小说中的摄影描写，在反映当代美国人现实生活的同时，更具有隐匿的意义，那就是映射当代美国人的隐秘内心世界。这些摄影描写，将摄影机镜头后的人物对于未知与陌生事物的好奇，凝视家庭相册时对于家庭温暖的回忆和留恋，以及他们遭遇人际交往障碍，不得不将情感转移到照片剪贴簿时那种深切的孤独感、障碍感和偏执一一展现在世人面前。它就像是一盏烛照心灵的灯火，照亮了那些埋藏在当代美国人内心深处的隐秘感受。邵泽鹏的论文专门论述了美国文学中的摄影主题，阐释了多部小说中的相关意象，例如德里罗的长篇小说《地下世界》，也论及了桑塔格、德里罗、罗斯等当代美国作家的长篇小说。在这些作品中，读者既可以看到作为一门模仿性技术/艺术，摄影之镜是怎样反映了当代美国人的现实生活；更可以看到作为一种独特的技术/艺术，摄影之光是如何映射出当代美国人的隐秘内心世界。又如，论文分析了尤金尼德斯的长篇小说《中性》，其核心情节围绕对主人公身体所属性别的探讨展开，而肖像照片（尤其是裸体照片）又是一种最为直观的性别证明资料，因此在这部长篇小说中，照片、影片与人的身体、色情的联系尤为紧密。简而言之，当代美国文学中的摄影描写就像是一盏烛照心灵的灯火，照亮了那些埋藏在人们内心深处的隐秘感受。[24]

加拿大当代作家玛格丽特·阿特伍德在其小说《羚羊与秧鸡》中对后人类未来作出了描绘，通过聚焦人与非人的边界地带，探讨了语言对人性的决定性作用，为从语言哲学视角检视人性与文明本质提供了独特的文本基础。丁林棚的论文认为，这部作品通过科幻故事的表象呈现出三个重要的深层语言哲学议题：小说首先凸显了语言和言语的双重属性，借用主人公的语言无能刻画出人与非人的语言临界状况；其次，通过详细描写新生人类的语言游戏暗指能指的不间断延异和对不在场的召唤和操控；第三，能指符号进一步指向符号象征体系和话语网络的建构，并最终指向艺术、人文等元素。这三个层次的思考对探索人性本质作出了深层、立体的尝试。《羚羊与秧鸡》所涉及的人类学、哲学和语言学思想为审视语言在人类主体构建中的作用以及对后人类状况进行理论管窥提供了不可或缺的思考素材。论文指出，阿特伍德通过“雪人”向“怪兽”的堕落故事探讨了人与非人的界限，借助主人公的语言困境凸显了语言对人性的实质构建。小说中“秧鸡人”的语言生成状况印证了能指的指意过程和对主体的构建作用。作为语言指涉工具，能指构建出复杂的符号体系及话语网络，诸如宗教、艺术、音乐等都是人类主体构建的文化符号系统。通过这个警示性故事，阿特伍德暗示，人的存在就是语言的存在，丧失了语言，一味追求物质和技术理性，只会导致人性的没落。的确，小说结尾秧鸡人运用语言能指在他们的文化中划出了一片符号空间，从而创造了自我，继承了人性，使他们回到了人类的家庭。虽然他们体内或许萌动着后人类、超人类乃至超级人的基因，但他们会依然服从于语言和意义产生机制的统治，因为这些已经早已绘制在了他们的脑中。无论人类何去何从，语言和文化定义了人的本质，而作为语言的符号体系，人文、艺术等话语系统必将在后人类时代发挥重要作用。[25]

三、文学理论

文学中的现实主义是一个多世纪以来西方文学批评界争议最多的话题，对现实主义的概念也出现了多种不同的解释，出现了形形色色的现实主义，如19世纪英国维多利亚时代的传统现实主义（中国和苏联学者称其为批判现实主义）、苏联文学中的“社会主义现实主义”、以詹姆斯和伍尔夫为代表的“心理现实主义”、愤怒青年派的“激进现实主义”（kitchen-sink）或“新现实主义”、魔幻现实主义，还有论者将乔伊斯的《尤利西斯》视为神话现实主义，也有学者提出“后现代现实主义”，再如诺贝尔文学奖评委会特意为莫言的现实主义小说创造的一个新词，即“幻觉现实主义”。

究竟何为现实主义？现代小说家究竟要反映怎样的现实？以何种方式表现真实？王雅华的论文试图对这类问题进行了探讨。首先，现实主义这一术语本身就具有丰富的含义。现实主义主要是指一种文学创作的方法和手段，现实主义诗学是关于这种文学创作技法和形式的理论。现实主义在文学和生活中都具有两栖性，它既是表示历史时代的术语，也是代表风格或文体的术语，还是指特定时代即19世纪的小说模式。令人遗憾的是，后来出现了将现实主义与自然主义相混淆的趋势，因而现实主义常常被歪曲为低级的，与更早期描绘下等生活的虚构故事，以表现肉欲和物质的动机为主的作品。其次，论文指出novel和fiction虽然都可翻译成“小说”，但是在英语和法语中novel一词的原意就是“新颖”或“新奇”，而fiction则指虚构作品。可见，18世纪小说是作为一种新的文学形式而兴起的，并且这种新型体裁最突出的特点就是反映个体经验或个人主义思想。因此，真正意义上的小说及其概念直到18世纪才充分确立，它与此前的浪漫传奇和虚构故事有着根本的区别。卢卡契将19世纪现实主义作品视为理想化的典型模式，主要还是从普世价值、文学理论及认识论的角度去考量的。第三，论文发现，文学现实主义往往被视作理想主义的反义词，它和哲学现实主义有着根本的区别，体现了不同的现实观。文学现实主义只是狭义的美学概念，或是一种传统的创作理念，指对自然和现实世界进行真实的再现或描写。因此，文学现实主义与理想主义或浪漫主义的想象是对立的，它力图摒弃浪漫主义的创作成规和方式。论文引用瓦特在《小说的兴起》中的定义指出，小说的现实主义并不在于它表现的是什么生活，而是在于它用什么方式来表现生活。但是，若把文学现实主义只看作一种方法论，还有失公允。现实主义文学的内容、主题与其表现形式是息息相关的，因此，文学现实主义不应该仅仅是创作方式和惯例，抑或是一套话语模式，它还包含一代人独特的文化、历史，以及被视为一般的社会和心理的人物类型。总之，小说叙述的故事是否真实发生过并不重要，而重要的是叙述的真实，而非历史的真实。所谓叙述的真实，就是指通过某种叙事手段和视角很好地呈现人类经验的内在和外在的图像，揭示生活的本质。可以说，无论是经典的现实主义，还是现代主义和后现代主义小说，都是建立在根深蒂固的亚里士多德模仿论之上的写实主义小说，只是侧重点和把握现实的视角和方法不同而已。模仿是现实主义文学的根基，它不仅仅是对现实的复制和再现，它还包括虚构以及作家在创作过程中对虚构行为的自觉反思。虚构建构于真实的生活基础之上，真实也是在虚构中呈现。所以现代小说不是非虚即实、非实即虚，而是虚实相间。论文在结论中认为，现实主义的概念是宽广的、开放的、不断演进的。传统现实主义主张按照生活的本来面貌反映生活，但是小说不仅仅要忠实于生活的表象，更要忠实于生活的本质。只有超越经典现实主义方法论的框架和时代的局限，现代小说才能全方位地表现真实，揭示现实的本质。㉖

英美文学批评界用“利维斯式的批评”来指代弗·雷·利维斯及其追随者所推崇的文学批评，然而利维斯本人则称之为“实践中的批评”。这种批评范式从孕育、成熟到鼎盛直至式微的发展历程是20世纪英美文学批评史上浓墨重彩的一笔，亦是剑桥英文的有机组成部分，其影响绵延至今。利维斯的文学批评从滥觞伊始就受到学术界的密切关注和持续重视，然而专门以“实践中的批评”作为角度的研究却相对较少。熊净雅的论文追溯了实践中的批评的主要理论渊源，指出其乃是对瑞恰慈“实用批评”的扬弃，一方面继承了后者以文本为核心的分析批评方法，另一方面摒弃了后者将文学批评科学化的做法，因而在瑞恰慈语义批评之外开辟了剑桥批评传统的另一条发展脉络。同时，论文也辨析并阐释了“实践中的批评”的核心内涵，指出“具体”原则、“评判和分析”“第三领域”以及问答式批评思路等是其具有代表性的批评原则。论文还考察了“实践中的批评”既根植于灵活的文本细察，又强调社会维度和文化影响的批评实践，因此“实践中的批评”亦是“鲜活的”批评。在一定意义上，“实践中的批评”是以文本为基础的“反理论”的批评，利维斯也曾一度被贴上“保守的精英主义批评家”的标签。但是，随着西方文学批评在“理论之后”审美转向的出现，探究利维斯“实践中的批评”的渊源及内涵对于坚持人文理想、恪守道德准则和传承文化传统的追求不是毫无意义的。㉗

20世纪80年代以来，随着达尔文传记产业的兴起，达尔文思想遗产的当代意义及其文化诠释成为文化研究领域的新热点。文学与文化研究、经济学、心理学等诸领域掀起新一轮达尔文热潮。这股热潮显然契合了近年来日益受到学界关注的文学跨学科整合研究趋势。正是在这样一种跨学科融通研究的大语境视野下，达尔文主义文学研究应运而生，其中最具代表性的两种研究路径分别是以吉莲·比尔与乔治·莱文等后现代文化学者所倡导的达尔文主义范式研究以及以约瑟夫卡·罗尔为代表的文学达尔文主义与进化论文学批评思潮，而两者之间的分歧与论争无疑成为当代达尔文主义文学研究的重要议题。金冰的论文在分别梳理与论述两种不同流派基本理论观点及论证方法的基础上，运用伦理选择及伦理教诲等文学伦理学批评范式，对两种流派之争展开分析，尝试对达尔文主义文学研究进行全方位的解读与批判性体察。等文则将进化论批评范式应用于中国经典作品解读。论文发现，进化论文学批评已经成为国内外学界高度关注的热点课题。但是，进化论文学批评的最大挑战在于，我们是否可以将人类生命史的基本目标：生存、成长和繁衍与特定作品中构成文学意义的最细腻的主题、语气与风格联系起来。如果可以，这种联系应以何种方式进行？进化论文学批评与后现代范式理论的分歧正是围绕这一核心议题展开。论文着重论述了文学达尔文主义对后现代范式的论战。以乔纳森·格林伯格、乔治·莱文等为代表的后现代文学批评家对进化论批评的生物还原论立场进行批判。他们指出，进化论批评家运用不成熟的自然主义机械论对文学和人性进行肢解，消解人性价值，用所谓的“普遍人性”说消除达尔文主义的阐释潜能，这种本质主义方法论与达尔文理论对偶然性、差异性、多样性、不可预测性的强调背道而驰。在文学伦理学批评视域下，通过进化论文学批评与后现代语言、文化理论之争，我们得以从生命伦理层面重新审视存在、人性等命题在进化论语境中所引发的全新思考和讨论，从而进一步揭示达尔文理论在文学批评领域的阐释潜能，既凸显科学话语与文学话语相互渗透与交融的必要性，又对科学中心主义的机械论倾向及其对生命伦理价值的遮蔽予以警示。㉘

1976年，福柯在法兰西公学院进行了研究，主讲的题目是《必须保卫社会》，探讨的是社会死亡命题。同年让·鲍德里亚在后现代经典之作《象征交换与死亡》中以特有的诡异笔法、颠覆一切的思想锋芒、气势恢宏的气度切入社会死亡命题。从对社会死亡现象的探究，尤其是对文化和社会边界的理论思考来看，《象征交换与死亡》不仅与福柯的《必须保卫社会》在时间、主题和内容上具有相似性和可通约性，而且在方法论上与福柯形成互文借鉴和对照关系。陶家俊专门论述了二者之间的联系与差别。这篇论文指出，福柯和鲍德里亚对社会死亡现象展开了批判，也留下了他们思想裂变的印迹。这为我们揭示当代西方批评理论隐匿的认知和伦理盲点、局限和悖论提供了一个聚焦点。论文分别从三个层面阐述并比较分析福柯与鲍德里亚的思想：一是排除死亡的生物权力；二是死亡缺席后的生命空间；三是福柯与鲍德里亚理论的比较。福柯与鲍德里亚存在以下共同点：一是对生命与死亡之关系的探究都是他们的理论重心，二是两者都详尽分析了与现代性对死亡的排斥同胎孪生的生物/医学技术，三是他们都将生命与死亡之间的搏杀与现代性渊薮中繁殖出的种族主义联系起来。他们之间的区别也非常明显。福柯将生命与西方社会中个体的快感和民族—国家共同体内人口的调节联系起来，在上述两个层面建构生物权力理论。鲍德里亚着重分析生命与死亡的分离。生命在社会空间的独白，死亡的销声匿迹，形成盘亘在现代性废墟上愈演愈烈的生命安全产业。生物/医学科技繁殖的是令人眼花缭乱的生命安全措施、技术和机构。福柯的生物权力空间中，种族他者被彻底排斥，被隔离在生物权力技术的城墙之外。权力的全部内容就是有效地管理生命。鲍德里亚让生命独占舞台，让生命的利爪撕裂、捣毁死人的肉身和墓地，将死亡隔离在监狱、殡仪馆、医院中。同时他又强行把死亡、把死亡征兆的象征交换逻辑重新供奉在舞台的中心，让其燃烧人们僵硬的肌体、麻木的灵魂、消退的激情、枯竭的想象。如果说福柯彻底划清了与死亡的界线，那么鲍德里亚则用死亡为生不如死的生命招魂，祈祷象征交换逻辑产生的循环回返之力能撼动现代性这块磐石，惊醒我们这些迷失在生命幻境里的梦中人。㉙

注：

①赵元：《十四行诗与文艺复兴时期文艺思想的嬗变》，《国外文学》，2018 年第 1 期。

②叶丽贤：《约翰逊〈诗人传〉的三元结构及其革新意义》，《国外文学》，2018 年第 1 期。

③胡振明：《〈拉赛拉斯〉：文学公共领域与公共性》，《外国文学研究》，2018 年第 2 期。

④龚璇：《〈格列佛游记〉中的视觉隐喻与爱尔兰问题》，《国外文学》，2018 年第 2 期。

⑤王淑芳：《论爱略特对罗莎蒙德的“敌意塑造”》，《国外文学》，2018 年第 2 期。

⑥周颖：《夏洛蒂·勃朗特与鸦片》，《国外文学》，2018 年第 2 期。

⑦龚龑：《简·奥斯丁经典化的知识条件》，《国外文学》，2018 年第 1 期。

⑧梁晓晖：《现实主义抑或后现代主义？——〈赎罪〉的编史元小说元素探析》，《外国文学》，2018 年第 1 期。

⑨陈世丹：《戴维·洛奇小说〈好工作〉中后现代伦理的叙事手法》，《国外文学》，2018 年第 3 期。

⑩郑佰青：《想象的日本——石黑一雄早期日本题材小说的非日本书写》，《当代外国文学》，2018 年第 4 期。

⑪廖望：《多丽丝·莱辛〈好人恐怖分子〉的空间体系建构》，《当代外国文学》，2018 年第 4 期。

⑫金冰：《进化叙事的“去魅”与“复魅”——兼论拜厄特笔下进化意象与主题的双重性》，《外国文学》，2018 年第 9 期。

⑬吴庆军：《乔伊斯小说非本质主义民族认同的多维度建构》，《国外文学》，2018 年第 1 期。

⑭张世耘：《爱默生论自然与心灵：知识论再解读》，《外国文学》，2018 年第 5 期。

⑮于雷：《坡与游戏》，《外国文学》，2018 年第 6 期。

⑯毛亮：《“良心”与“自由”：亨利·詹姆斯的〈专使〉》，《外国文学研究》，2018 年第 4 期。

⑰代显梅：《亨利·詹姆斯的越界》，《外国文学》，2018 年第 3 期。

⑱金莉：《囚掳叙事》，《外国文学》，2018 年第 4 期。

⑲金莉：《穿越时空的历史对话——评赫斯顿的遗作〈奴隶收容所：最后一批“黑人货物”的故事〉》，《当代外国文学》，2018 年第 3 期。

⑳蒋栋元：《〈失窃的纯真〉：“以神的名义”谱写的伦理哀歌》，《国外文学》，2018 年第 2 期。

㉑李靓：《自坟墓中回望人生——论〈基列家书〉中的记忆书写》，《国外文学》，2018 年第 1 期。

㉒尚秀玲、田俊武：《试论索尔·贝娄〈塞姆勒先生的行星〉中的中国形象》，《当代外国文学》，2018 年第 2 期。

㉓陆薇：《多重文本间的“互文”与“覆写”——以陈美玲的诗〈乌龟汤〉为例》，《外国文学研究》，2018 年第 6 期。

㉔邵泽鹏：《隐匿的意义：当代美国文学中的摄影描写》，《外国文学》，2018 年第 5 期。

㉕丁林棚：《后人类的警示：〈羚羊与秧鸡〉中的语言哲学》，《外国文学研究》，2018 年第 3 期。

㉖王雅华：《西方文学中现实主义的含义及其嬗变》，《国外文学》，2018 年第 1 期。

㉗熊净雅：《利维斯“实践中的批评”之渊源与内涵》，《国外文学》，2018 年第 3 期。

㉘金冰：《进化论文学批评与文学伦理学视域下的理论之争》，《外国文学研究》，2018 年第 6 期。

㉙陶家俊：《现代性的生死断裂——1976 年福柯与鲍德里亚视野中的生死边界》，《外国文学研究》，2018 年第 5 期。

（作者：丁林棚，北京大学副教授）

俄罗斯文学

赵桂莲　刘雅悦

2018 年的俄罗斯文学研究论著共 140 余篇（部），对于 19 世纪之后的经典文学、白银时代文学、苏联时期文论、当代文学以及俄罗斯文论和文学史等研究领域均有着力，而对于 19 世纪之前的文学鲜有专门的研究。

一、古代及古典文学研究

对于古代文学的研究成果较少。刁在飞[①]对俄罗斯民间口头文学进行了选编和翻译，编译者将民间文学看作俄罗斯文学的源头，认为其中蕴含的批判精神与俄国 19 世纪的批判现实主义文学一脉相承。刘旭[②]的研究聚焦俄国旧礼仪派的书籍文化，追溯古罗斯东正教信仰中书籍作为奠基世界观的原始文本所蕴含的神圣本质，并由此论证 17 世纪教会分裂以来，旧礼仪派为古罗斯文学的珍存和传播所作出的重大文化贡献。该研究值得特别关注的正是旧礼仪派文化与俄罗斯文学的关系。

对于 19 世纪文学的研究成果较为集中和丰富，其中不少研究视角新颖，可圈可点。曾思艺、李霞[③]运用比较文学中影响研究的方法，分析了普希金的诗歌对于 20 世纪中国新诗所产生的影响。孔朝晖[④]依据哈贝马斯的“公共领域”思想，对普希金创办的《现代人》杂志进行研究。研究者认为自 19 世纪 30 年代至 60 年代，《现代人》作为重要的公共领域，开创了帝俄时代的现代批评空间，并奠定了整整一代俄罗斯人的思想体系。张晖[⑤]另辟蹊径，借用萨义德的东方主义理论，阐析了普希金的《巴赫奇萨拉伊的喷泉》等一系列以沙俄的“东方疆域”为素材的文学文本，尤其是其中涉及的迪利亚拉-比克奇的传说。研究者继而在文化史的背景下将这一传说与中国同时代的香妃传说进行类比，发现无论是俄罗斯文化中的“东方主义”，还是中国文化中的“西方主义”，都较之欧美的东方学传统，少了些政治优越感和主客体二元对立，多了份包容与流动的互动关系。该研究结论对于展开中俄文化深层次比较具有启迪意义。

在屠格涅夫诞辰 200 周年（1818—2018）之际，北京学界涌现出十几篇围绕屠格涅夫的研究成果，《俄罗斯文艺》第 2 期还特设了纪念专栏。这些成果大致从两种研究视角出发。第一种研究视角是通过剖析屠格涅夫的具体作品，对其思想和后继影响进行阐释和把握。弗谢·巴格诺[⑥]从屠格涅夫的一篇演讲《哈姆雷特与堂吉诃德》入手，论述了屠格涅夫对于堂吉诃德精神的推崇。巴格诺指出，屠格涅夫借助堂吉诃德的形象，对自己心目中俄罗斯知识分子所应有的精神品质作出了独特的诠释。这种精神品质，便是对真理的永恒信仰，以及为实现光明的理念、担负崇高的使命所作出的坚定、甚至冲动的自我牺牲。这种堂吉诃德精神不仅是屠格涅夫塑造英萨罗夫、巴扎罗夫等人物的价值标尺，更是俄罗斯知识分子所表述的“俄罗斯思想”的重要组成部分。谢·尼科尔斯基[⑦]把《猎人笔记》的主题分为十组，分别揭示每一组人物的典型特征。研究者将屠格涅夫的这部洞察了 1861 年改革前俄国农奴心灵百态的作品，誉为俄罗斯灵魂的百科全书。阿·波尔沙科娃[⑧]关注《贵族之家》《父与子》等作品中的乡村主题和家园原型，认为屠格涅夫对家园原型褒贬相宜的折中处理，令他处于西方派与斯拉夫派之争的制衡地位。其笔下的“诗意贵族家园”也对 20 世纪众多乡土文学中的乡愁情结影响深远。龙瑜宬[⑨]对屠格涅夫写于农奴制改革后的小说《烟》进行分析，认为曾自称为“地道的、习性难改的西方主义者”的屠格涅夫，在大改革时期的俄罗斯与西方、本土与异域间经历了社会和个人思想中的重重矛盾和无所适从，并由此导致了其在小说创作中的书写失控。张玉伟[⑩]运用普罗普的故事形态学原理，探究了《烟》《春潮》《死后》这三部小说中屠格涅夫的爱情观从崇高信仰到神秘感知、最终到悲观接受的动态演变。第二种研究视角是关注屠格涅夫与其同时代人的思想碰撞与交流。瓦·卢金娜[⑪]考据了屠格涅夫在青年时期与斯坦科维奇小组成员的结交，尤其是其与赫尔岑积极的思想接触、相似的对于时局的看法和世界观。这使得二人均在自己的青少年时期便立下了为人民教育和解放事业作出力所能及之贡献的“汉尼拔誓言”，并终生忠于这一誓言。朱建刚的两篇文章[12]分别聚焦卡特科夫和斯特拉霍夫在19世纪60年代至80年代与屠格涅夫的思想论争，这些论争围绕《父与子》等一系列作品展开。无论是走向政治保守主义立场的卡特科夫，还是强调根基派思想的斯特拉霍夫，都与屠格涅夫的思想愈发互不相容。这也从侧面反映出19世纪后半叶俄国知识分子的阵营分化过程。金美玲[13]发现了屠格涅夫与托尔斯泰二人分分合合的关系背后对于艺术和作家使命的不同理解。屠格涅夫希望托尔斯泰能够将其才华倾注于艺术创作，而托尔斯泰则始终无法满足于做一个纯粹的艺术家。

对于陀思妥耶夫斯基和列夫·托尔斯泰的研究兴趣不减。谢·阿·齐巴利尼克[14]关注了陀思妥耶夫斯基较为冷门的中篇小说《斯捷潘奇科沃村及其居民们》。研究者指出，陀氏在小说中对法国空想社会主义者和彼得拉舍夫斯基党人的思想进行了影射和戏拟，而这折射出作家在19世纪50年代末对自己早年空想社会主义乌托邦思想的反思。马千铃[15]则关注了陀氏在晚年创作的短篇幻想小说《一个荒唐人的梦》。作家在晚年并没有摆脱构建乌托邦的尝试，而是将自己的社会理想、宗教理想、世界图景理想集中表达于小说主人公的梦境中，为自己一生对于基督真理的寻找、对于黄金时代的向往作出了“最高意义上的现实主义”的点题。张冬梅[16]从文学叙事与电影叙事相结合的视角分析了《罪与罚》。顾晓燕[17]探究了《群魔》与加缪的散文、小说和戏剧之间复杂的互文性。万海松[18]认为《死屋手记》构建了陀思妥耶夫斯基根基主义思想的基本框架和核心要素。《死屋手记》中频繁出现的“不幸的人”这一关键词有着深刻的宗教含义，传达了作家对于东正教聚合性的独特诠释和体验，表明了东正教精神与作家根基主义思想的关系。该研究者的另外两篇文章[19]也均围绕陀氏的根基主义思想展开。杨正[20]针对陀思妥耶夫斯基的“普世共鸣性”理念进行分析。这 陀氏在《论普希金》的演讲中所归纳和提出的理念，成为加速俄罗斯文化和民族意识发展的催化剂，并在列昂季耶夫、索洛维约夫等后世俄罗斯思想家那里得到了回响。俞航的两篇综述文章[21]梳理了21世纪欧美学界对于陀思妥耶夫斯基的研究成果，这些成果主要分布在宗教思想研究（如天主教与东正教、圣像学）、跨学科研究（如伦理学、政治学、性别研究）、文本细读与叙述学的作品新研究等领域。

托尔斯泰的文学作品和哲学思想均受到了学者们较为深入的关注。顾宏哲[22]发现《战争与和平》的经典化实则在当时的俄国经历了一个复杂的接受与传播过程。该巨著在问世之初因其文体和主题问题，曾引起过激烈的争论，得益于屠格涅夫和列宁等人的评价，《战争与和平》的经典地位才逐步确立。宋德发、袁娜[23]认为，托尔斯泰在《战争与和平》的前半部分和后半部分对拿破仑的形象采用了不同的塑造手法，即前“复调”后“独白”，先站在“小说家”立场，后转为“俄国人”立场。李天昀[24]通过探讨《安娜·卡列尼娜》中的神人与人神问题，认为托尔斯泰对于基督问题的思考没有为东正教教义做辩护，而是将耶稣理解为一位伟大的道德哲学家。徐凤林[25]对比了托尔斯泰的“不以暴力抗恶”学说和伊万·伊里因的“强力抗恶论”，认为此两种观点的针锋相对体现了两位思想家对人性、生命、道德、爱的不同理解。托尔斯泰作为一位情感丰富细腻的文学家，其非对抗伦理学是一种最高纲领的道德学说，即作为人类最高道德理想的应有之物；而伊里因是一位冷静深沉的法学家和哲学家，其强力抗恶道德观也更具有社会现实性和政治现实性。王志耕[26]追溯了20世纪初托尔斯泰的思想对于中国革命运动的影响，认为托氏思想中的无政府主义、道德完善、人民性等学说，在不同程度上转变成了为中国革命所用的思想。

此外，侯丹[27]在果戈理的艺术创作中注意到了彼得堡与罗马这两座城市的二维对立，在《彼得堡故事》等作品中，彼得堡的鬼魅幻影代表整个19世纪现代文明，而罗马崇高真实的美代表果戈理的精神故乡和理想世界。刘雅悦[28]对冈察洛夫笔下的“奥勃洛莫夫性格”分别从社会政治、自然地理、宗教文化三个视角进行解读，认为奥勃洛莫夫的懒惰源于其追求彼岸式的完美、重精神而轻物质、重目的而轻手段等心智特点。付美艳[29]从口语化风格、歌谣性特征和形象化手法三个方面，分析了涅克拉索夫诗歌语言的民间特色。徐乐的专著《契诃夫的创作与俄国思想的现代意义》[30]将契诃夫的文学作品放置于19、20世纪之交的俄国思想的大背景中考察，深入阐述了俄国文学与俄国思想的内在关系。该研究者认为，正是俄国文学所固有的人民性、伦理性、批判性和强烈的人道主义色彩，使得俄国人民即使在历史动荡、国力衰退的时代依然可以保持文化自信。

二、20—21 世纪文学研究

对白银时代文学、俄侨文学的研究视角和方法较为多样，但个别研究有“硬套理论”之嫌，需要引起足够的重视。

武晓霞[31]运用法国哲学家拉康所提出的“镜像学说”以及塔尔图学派所发展的镜像符号学，归纳了梅列日科夫斯基《基督与反基督》三部曲中“镜子”所承担的反射和双倍成像、加深、无限等七个功能，认为这增添了小说的神秘与魅力。初金一[32]将诗学语义学与历史分析的方法相结合，通过分析帕斯捷尔纳克的诗歌《心灵》在 1915 年的版本，认为诗人的早期创作具有句法和语义含混的技巧，而其对“心灵”的概念和诗歌创作之本质的理解，是从新康德主义的抽象概念“自由的主体性”中演绎出的。于晓利[33]从作品主题、语言形式、文化传统三个层面点明了贯穿于茨维塔耶娃诗歌世界的“日常生活与存在的矛盾”这一主题。冯玉芝[34]将蒲宁的《托尔斯泰的解脱》誉为“形而上学的传记”，指出蒲宁在体裁、主题、叙事模式等诸方面揭示了托尔斯泰对人类灵魂思索的全部意义与内涵，建构了托尔斯泰所独有的精神特征和形式。张玉伟[35]关注了另一位俄侨作家扎伊采夫的传记作品《屠格涅夫的一生》，发现扎伊采夫围绕爱情主题对屠格涅夫的生活、创作、信仰、神秘主义思想和死亡问题进行描写，在揭示屠格涅夫心灵轨迹的同时也表达出传记作家自己的生活哲理思想。我国学界对于巴黎俄侨作家加伊托·加兹达诺夫的研究不多，杜荣近年来致力于此，其最新一篇文章[36]讨论了加兹达诺夫小说的叙事互文性。作家的《朝圣者》《佛的归来》等小说中，俄罗斯民族传统与世界文化相互渗透，凸显了神秘剧的、宗教仪式的、无理性的、神话的和哲学的互文特征，这也是加兹达诺夫被称为“令人费解的、至今仍未被猜透的作家”的原因所在。M. M. 戈鲁布科夫[37]的文章颇具思想深度与厚重感，延续了其 2002 年的专著《二十世纪的俄罗斯文学：分裂之后》中围绕俄国“文学与革命”问题、从民族世界观的深层基础上出发的研究思路。该研究者借助勃洛克的《十二个》、米·布尔加科夫的《狗心》等作品，对比了自白银时代起在俄国文坛形成的两种对于革命观的阐释，而这种革命观的基石，建立在“或者——要全部，或者——全不要”的最高纲领主义的民族性格上。勃洛克坚信大众能够从旧世界的混沌中迎来新世界的和谐，而布尔加科夫对勃洛克这种乌托邦性质的阐释进行反驳，断言野蛮大众的能量恐不会用于建造，而是用于摧毁。值得注意的是，马雅可夫斯基在《臭虫》里的观点介于前两者之间，他批判群氓可能造成的危险后果，却将群氓的形成归因于不彻底的革命、亦即劳动阶级向小市民的蜕化。

作为苏联早期文学团体“谢拉皮翁兄弟”中的代表作家之一、早逝的列夫·隆茨鲜受重视。而任曙碧、赵晓彬[38]聚焦隆茨 1924 年创作的反乌托邦戏剧《真理城》的文章填补了这一空白，作者将该作与扎米亚京的小说《我们》相比较，发现隆茨将反乌托邦体裁、圣经情节、意大利假面具等手法运用到自己的作品中，形成了新的实验戏剧，对扎米亚京的创作手法进行了继承与创新。王树福[39]探讨了巴别尔小说主题中的一系列悖论：暴力与人性、文明与野蛮、欲望与苦难等，认为这种悖论叙事融合了现实主义和现代主义的诗学理念，消弭了严肃文学与通俗小说的文学范畴。王晓宇[40]借助原型批评理论，剖析了国内学界较少关注到的普拉东诺夫的短篇小说《波图丹河》，揭示了小说主人公与斯拉夫多神教、基督教和诺斯替教三种文化原型的关联。侯玮红[41]从创作初衷、创作的真实性、作品的普及性三个方面论证了肖洛霍夫作品自始至终所具备的人民性。孙磊的两篇文章[42]论述了《日瓦戈医生》的全知视角、戏剧式外视角、人物内视角的三重叙述视角及其审美功能，阐析了作家汲取现代主义小说手法的“节点式”空间叙事结构。王志耕、樊倩蓉[43]认为索尔仁尼琴对于人的终极存在的关怀使其成为陀思妥耶夫斯基传统的忠实继承者，小说《癌病房》对无辜受难命题的诠释，对人性之救赎的探讨，也都是借助于陀思妥耶夫斯基的时空叙事模式来展示的。

对于俄罗斯当代文学的研究成果主要涉及了女性文学、作品个案研究、作家访谈、当代戏剧等方面。陈方[44]以乌利茨卡娅 20 世纪 90 年代以来的长篇小说为分析对象，探讨其创作中“家庭中心论”的思想，这一思想在当代俄罗斯文坛弱化家庭功能的总体语境下具有独特的建构性意义。刘娟[45]提出了当代俄罗斯女性文学研究的一种新视角——语言文化学，认为这种研究视角可以把文学作品作为文化符号进行探讨，通过对语言单位的研究透视作品的文化内涵。胡学星的文章[46]与俄罗斯女作家斯拉夫尼科娃的小说《2017》相关，指出神话、现实、虚拟未来三大时空体并存于该作的叙事之中，小说借此点明传统价值观遭受严重冲击的后果，引发人们对民族未来和文化选择的思考。王宗琥[47]评析了弗拉基米尔·索罗金的近作《碲钉国》，揭示了作家多元乌托邦的美学理想和狂欢化的艺术思维。该作家在2017年出版的另一部新作《熊掌山》受到了段丽君[48]的关注，“书籍”与“阅读”成为其分析小说的切入点，研究者发现索罗金通过将二者异化，营造出一个反乌托邦的未来世界，从而对人类追逐技术发展可能带来的文化衰退作出预警。朱涛[49]针对维克多·佩列文的近作《S. N. U. F. F》是否为反乌托邦小说作出讨论，得出的结论为，这部小说没有拘泥于传统的反乌托邦小说叙事框架，而是吸收了乌托邦与反乌托邦两种文体的合理内核，描绘了既美好又可怖的未来世界图景，创造出一种被评论家称作“严格、残酷的现实主义”的复杂文体。徐曼琳[50]推介了俄罗斯当代诗人马克西姆·阿梅林的诗集《冰冷的颂诗》。颂诗是特列季亚科夫斯基、罗蒙诺索夫、杰尔查文等十八世纪的诗人们格外青睐的体裁，阿梅林的诗歌对古希腊—罗马传统和十八世纪俄罗斯古典诗歌传统进行了致敬与继承，被研究者誉为“当今俄罗斯诗坛的一股清流”。牧阿珍的文章和张煦的文章[51]分别整理了对安德烈·安季平和尤里·波利亚科夫的访谈内容。安季平强调了故乡西伯利亚对于其创作所起到的关键作用，并坦言其作品中始终弥漫的忧郁情绪来自对俄罗斯农村的消亡的担忧，苏联解体后“农民的悲剧”这一主题一直真切地存在于作家的生活中；波利亚科夫就俄罗斯后现代主义文学提出了自己的看法，认为后现代主义不可避免地存在美学和社会层面的局限性，而下一种融合了后现代主义的现实主义、亦即“后现实主义”的兴起势必会对读者的阅读习惯和新经典体系的形成产生影响。宋胤男[52]从剧本的重塑、结局的表达、艺术手法的运用等方面梳理了泽姆梁斯基、罗佐夫斯基等当代戏剧导演对于《钦差大臣》的重新阐释。桂晓[53]对比了当代俄罗斯“新戏剧”的两大主要阵营——维尔巴基姆戏剧与乌拉尔戏剧，发现尽管两大阵营在主题和人物、时空艺术、作者立场等方面有不同的表现，但二者在突出文献的重要性而否定剧本的神圣性等方面表现相同，这共同体现了当代俄罗斯文学艺术创作中的“新纪实”思潮。

三、文论及文学史研究

俄罗斯文论研究值得肯定的成就一是对已有研究的突破，主要体现在批判意识得以加强；二是填补了某些领域的研究空白。文学史的研究和建构方面更是成果喜人。

杨旭[54]的专著《重新审视俄罗斯白银时代的文学批评理论》在其博士论文的基础上整合增补，系统介绍了别尔嘉耶夫、谢·布尔加科夫、梅列日科夫斯基等一大批白银时代的文学批评理论家，将他们的宗教文学批评观作为主要研究对象，勾勒出白银时代文学批评思想的内涵和特点。吴晓都[55]指出，列宁关于“艺术属于人民”的论断既是对马克思主义文艺人民性思想的继承，也是来源于以普希金、托尔斯泰和车尔尼雪夫斯基为代表的俄罗斯民族文学遗产；既是文艺批评的重要标准，也是文艺政策上的鲜明宗旨和具体措施，它对于我们今天的社会主义文艺创作和艺术批评仍极具启示。王志耕[56]以充分的论据为托洛茨基的艺术思想正名，认为仅仅将之称作“纯粹的政治观点”是一种误读，作为批评家的托洛茨基实则受到了俄罗斯传统文化中的人学观的深刻影响。托洛茨基在文学批评中所使用的“全人类经验”等概念，映射出其艺术思想的内核：艺术不是与某个特定阶级的人相关，而是与新时代的新的人相关，其最终目的还是为了创造文明人类的美好生活。

《俄罗斯文艺》第1期以“苏联文艺学重读”为主题刊发了一系列文章[57]。程正民提纲挈领地总结了20世纪俄罗斯诗学从一元到多元、从对立到对话的总体发展趋势，梳理了从社会学诗学到形式主义诗学、历史诗学等流派的发展线索，并在最后就自己所从事的研究项目“20世纪俄罗斯诗学流派研究”提出了突出流派意识、问题意识、历史意识的研究原则。孙伟达的综述文章列举了赫拉普钦科的马克思主义历史诗学在中外的研究现状，简述了这一历史诗学的理论建构。石然强调苏联文论并非被意识形态所禁锢的“死板一块”，而是取得了多样的成果，形成了清晰的谱系，如艺术社会学派、审美自然派、社会美学派、综合系统派、语言学及符号学派等。李国德的研究拓宽了对于普罗普学术思想渊源的探寻，将普罗普的故事学思想与歌德的有机整体论思想联系起来，认为将自然科学和艺术思维完美结合的有机整体论，影响了普罗普对民间神奇故事的结构研究，特别是著名的“普罗普公式”的形成。此外，赵婷廷[58]对同时期的侨民民间文艺学家博加特廖夫的学术思路进行了评介：他主张在田野调查的基础上进行民间文学研究，首创了民间文学中的功能—结构主义研究法，并在研究民间戏剧、绘制民俗地图等方面成就斐然。

巴赫金的文艺理论仍是学界所聚焦的研究热点。凌建侯[59]以颇为宽广的视野分别从理论内部的概念创新、理论外部的学术影响、理论体系向哲学等跨界学科的开放这三个视角，总结和评述了巴赫金小说理论的学术功绩，其尤其肯定巴赫金诗学研究与哲学求索的珠联璧合为后继人文研究跨学科、跨文化时代的来临所作出的预见。赵心竹[60]根据俄罗斯于 2012 年出版的新《巴赫金文集》中关于教育小说的补充内容，重新探讨巴赫金教育小说理论，发现巴赫金以梳理教育小说为基础，逐步构建起一个完整的人类学诗学与文学人类学的宏大理论框架，集中探讨“人”的问题。孙磊的文章和李正荣的文章[61]均着眼狂欢化理论，前者将其作为西方文论的关键词之一，分别将该理论与拉伯雷、果戈理、陀思妥耶夫斯基的创作相联系，从而对狂欢化的理论内涵进行了概括性的介绍；后者视角独特，将巴赫金提出狂欢化理论的学位论文《现实主义历史中的弗朗索瓦·拉伯雷》在 1946 年 11 月 15 日的答辩过程本身，当作巴赫金理论框架下的分析样本，认为彼时的答辩现场即是一场苏联文论家们多样性、复杂性言语体裁的狂欢。之前被较少加以专门性研究的巴赫金时空体理论受到了关注：薛亘华的两篇文章[62]对时空体理论的内涵和价值作出了肯定性的阐析和评价；而瓦·利涅茨基[63]则用解构主义的方法审视时空体理论，认定巴赫金理论中的时空体实则是缺乏时间的空间，且巴赫金对于同一文本中不同时空体关系的仓促总结与自己理论体系的其他论点相互龃龉。

萧净宇[64]将施佩特与巴赫金的符号学理论进行比较研究，揭示了施佩特对于巴赫金符号观的影响以及巴赫金对施佩特的超越，尤其是巴赫金对结构主义符号学的扬弃和向文化符号学的转向。王新朋、王永祥[65]从诗性功能思想、言语交际理论和形式论三个方面分析了施佩特与雅各布森理论的异同。傅星寰[66]将俄罗斯文学城市文本中的“莫斯科文本”作为符号学分析的客体，考察这一文本的代码系统，发现其作为一个开放的符号学系统，尽管表现出某种结构上的松散，但依然形成了一系列颇有共性的集合文本，即超文本系统。王泽宇[67]同样遵循“地域文本研究”的思路，以侨民作家什梅廖夫的小说《死者的太阳》为例考察了多元神话主题和文化符号相交织的“克里米亚文本”。

围绕文学史这一领域正在进行的研究项目和已获得的学术成果较多。2018 年 4 月 21 日，2017 年国家社科基金重大招标项目“多卷本俄国文学通史”开题会[68]在北京裕龙大酒店举行，北京市哲学社会科学规划办公室负责人、该课题立项单位首都师范大学社科处、外语学院负责人，来自北京、上海等地的专家学者及课题组成员等出席。会议就俄国文学史及其书写展开了深入讨论。该课题组首席专家刘文飞的文章[69]梳理了自古罗斯至当代俄罗斯俄国文学与俄罗斯民族意识的深厚渊源，指出正是二者间长期而积极的相互作用，构建了俄罗斯民族“文学的想象共同体”，并促成了俄国文化中的“文学中心主义现象”。该课题组成员林精华的两篇长文[70]关注了长期被文学史家所忽略的俄罗斯大众文学。林精华旁征博引、令人信服地论证，自冷战时代构建起的西方大众文化理论不适用于阐释俄罗斯大众文学，只有把俄罗斯文学之生产、流通和消费机制的问题放置在俄罗斯城市化进程的历史背景下才有可能正确地认识俄罗斯大众文学的历史实质。以这种方法，该研究者梳理了自彼得大帝推进城市化和世俗化的 18 世纪至后苏联时期曾在俄罗斯城市中流行和畅销、却不被文学史家所认可、因而未能经典化的俄罗斯大众文学的基本面貌和境遇，并进一步提出了俄国东正教改革与西方基督教世俗化的差异、俄罗斯民族身份认同和以传统信仰为核心的民间文化对大众文学的影响、俄罗斯大众文学的精英意识与审美诉求等在研究俄罗斯大众文学过程中需要注意的理论问题。2016 年社会科学基金重大项目“苏联科学院《俄国文学史》翻译与研究”的阶段性成果、汪介之主编的论文集《民族精神生活的艺术呈现：俄罗斯文学与文学史研究》[71]也于 2018 年出版，文集收录了 30 余篇论文，展示了课题研究的部分学术基础、进展状况和最新思考。汪介之[72]另撰专文勾画了自 18 世纪中期起俄罗斯学界建构《俄国文学史》的学术历程和发展轨迹，并简要评述了其间出现的若干代表性著作。此外，曾思艺的专著《俄罗斯诗歌研究》[73]分为俄国古典诗歌研究、俄国唯美主义诗歌研究、普希金诗歌研究、丘特切夫诗歌研究、俄国现代派诗歌研究、俄国诗歌纵横谈六个部分，既是一部系统而全面的俄罗斯诗歌史，又涉及中国对俄国诗歌的译介、俄国诗歌对中国诗歌的影响等比较研究，极大地丰富了俄罗斯诗歌研究的内容维度。李建军的大部头著作《重估俄苏文学》[74]分上、下两卷，从精神气质与伟大传统、文本解读与经验开掘、文学批评和理念建构、观念异变与路向转换、接续传统与克服异化五个方面较为完整地考察了 19 世纪以来俄苏文学的发展演变历程，可谓既有重新考量俄苏文学史的视野广度，又有重新评估俄罗斯作家写作经验和作品价值的思想深度。

注：

①刁在飞：《俄罗斯人民口头诗文创作集锦》，人民出版社，2018年版。

②《俄罗斯旧礼仪派的书籍文化》，《俄语学习》，2018年第6期。

③《普希金与20世纪中国新诗》，《俄罗斯文艺》，2018年第3期。

④《普希金〈现代人〉杂志的时代意义》，《俄罗斯文艺》，2018年第1期。

⑤《东方主义的东方界限——文化史背景下的迪利亚拉-比克奇与香妃传说比较分析》，《中国俄语教学》，2018年第4期。

⑥《屠格涅夫的演讲〈哈姆雷特与堂吉诃德〉与俄罗斯的堂吉诃德精神》，《俄罗斯文艺》，2018年第2期。

⑦《屠格涅夫——"俄罗斯灵魂百科全书"的作者》，《俄罗斯文艺》，2018年第2期。

⑧《屠格涅夫作品中的家园原型》，《俄罗斯文艺》，2018年第2期。

⑨《〈烟〉：旅行中的俄罗斯人》，《外国文学》，2018年第4期。

⑩《从〈烟〉〈春潮〉和〈死后〉的图式看屠格涅夫晚期爱情观的演变》，《外文研究》，2018年第4期。

⑪《赫尔岑与屠格涅夫的"汉尼拔誓言"：神话与现实》，《俄罗斯文艺》，2018年第2期。

⑫《政治的批评与批评的政治——论卡特科夫与屠格涅夫》，《俄罗斯文艺》，2018年第2期；《斯特拉霍夫论屠格涅夫》，《中国俄语教学》，2018年第3期。

⑬《再论屠格涅夫与托尔斯泰之交》，《俄罗斯文艺》，2018年第2期。

⑭《作为隐微戏拟的〈斯捷潘奇科沃村及其居民们〉——陀思妥耶夫斯基和法国空想社会主义传统》，《俄罗斯文艺》，2018年第3期。

⑮《在幻想与现实中追求理想的思想家陀思妥耶夫斯基——以小说〈一个荒唐人的梦〉为个案研究》，《俄罗斯文艺》，2018年第3期。

⑯《电影叙事学视角下的〈罪与罚〉》，《俄罗斯文艺》，2018年第3期。

⑰《加缪对〈群魔〉的互文性阅读》，《外国文学》，2018年第3期。

⑱《〈死屋手记〉中"不幸的人"与东正教认同感》，《外国文学研究》，2018年第2期。

⑲《论陀思妥耶夫斯基根基主义思想萌芽期与发展期的原创性》，《外国文学》，2018年第1期；《作为"第三条道路"的俄国根基派刍议——以费·陀思妥耶夫斯基为中心》，《俄罗斯东欧中亚研究》，2018年第3期。

⑳《论陀思妥耶夫斯基的"普世共鸣性"理念》，《俄罗斯文艺》，2018年第3期。

㉑《21世纪英美斯拉夫学界陀思妥耶夫斯基宗教思想研究》，《俄罗斯文艺》，2018年第1期；《新世纪英美斯拉夫学界陀思妥耶夫斯基研究成果述评》，《外国文学动态研究》，2018年第2期。

㉒《〈战争与和平〉在俄罗斯的接受与传播》，《俄罗斯文艺》，2018年第3期。

㉓《论〈战争与和平〉中的拿破仑》，《俄罗斯文艺》，2018年第3期。

㉔《托尔斯泰的神人与人神问题——〈安娜·卡列尼娜〉第5部第11章中的基督问题》，《俄罗斯文艺》，2018年第3期。

㉕《非暴力伦理学与强力抗恶之辩》，《学术交流》，2018年第5期。

㉖《列夫·托尔斯泰与中国革命》，《清华大学学报》(哲学社会科学版)，2018年第1期。

㉗《从"彼得堡"与"罗马"的双城之争看果戈理的理想世界》，《学习与探索》，2018年第11期。

㉘《尘世与彼岸的抉择——再解"奥勃洛莫夫性格"》，《中国俄语教学》，2018年第3期。

㉙《涅克拉索夫诗歌语言的民间特色》，《俄罗斯文艺》，2018年第3期。

㉚徐乐：《契诃夫的创作与俄国思想的现代意义》，中国社会科学出版社，2018年版。

㉛《论〈基督与反基督〉三部曲的镜像符号学系统》，《俄罗斯文艺》，2018年第1期。

㉜《帕斯捷尔纳克的〈心灵〉1915年版本分析》，《俄罗斯文艺》，2018年第4期。

㉝《茨维塔耶娃诗学世界的统一性——从作品主题、语言形式、文化传统层面的分析》，《俄罗斯文艺》，2018年第3期。

㉞《形而上学的传记——论蒲宁〈托尔斯泰的解脱〉》，《中国俄语教学》，2018年第2期。

㉟《评扎伊采夫的文艺传记〈屠格涅夫的一生〉》，《俄罗斯文艺》，2018年第2期。

㊱《加兹达诺夫小说的叙事互文性》，《解放军外

国语学院学报》，2018年第2期。

㊲《路开始的地方——1920年代文学中的革命观（亚·勃洛克、米·布尔加科夫、弗·马雅可夫斯基）》，《中国俄语教学》，2018年第4期。

㊳《〈真理城〉与〈我们〉——20年代俄罗斯反乌托邦文学的双子座》，《俄罗斯文艺》，2018年第4期。

㊴《冲突与融汇：巴别尔小说主题的悖论性》，《中国俄语教学》，2018年第1期。

㊵《普拉东诺夫创作的神话-原型解读——以短篇小说〈波图丹河〉为例》，《解放军外国语学院学报》，2018年第6期。

㊶《“彼时彼地，我和我的人民在一起”——论肖洛霍夫创作的人民性》，《北方论丛》，2018年第1期。

㊷《论〈日瓦戈医生〉的叙述视角及其审美功能》，《中国俄语教学》，2018年第2期；《论〈日瓦戈医生〉“节点式”的空间叙事结构》，《国外文学》，2018年第4期。

㊸《索尔仁尼琴〈癌病房〉中的陀思妥耶夫斯基传统》，《俄罗斯文艺》，2018年第3期。

㊹《乌利茨卡娅长篇小说中的“家庭中心论”》，《外国文学研究》，2018年第3期。

㊺《语言文化学——当代俄罗斯女性文学研究的新视角》，《俄罗斯文艺》，2018年第3期。

㊻《〈2017〉：斯拉夫尼科娃基于时空体的叙事策略》，《外国文学》，2018年第1期。

㊼《用碎布头拼接而成的花被罩——评索罗金的新作〈碲钉国〉》，《俄罗斯文艺》，2018年第4期。

㊽《“后古登堡时代”的“书籍”与“阅读”——简析索罗金的小说〈熊掌山〉》，《俄罗斯文艺》，2018年第2期。

㊾《乌托邦抑或反乌托邦——论维·佩列文小说〈S. N. U. F. F〉的文体之争》，《俄罗斯文艺》，2018年第1期。

㊿《连接古典与现代的诗人——马克西姆·阿梅林》，《世界文学》，2018年第6期。

51《来自西伯利亚乡土的苦涩诗意——安德烈·安季平专访》，《世界文学》，2018年第3期；《“闭合的后现代主义与开放的现实主义”——俄罗斯著名作家波利亚科夫访谈》，《外国文学动态研究》，2018年第3期。

52《〈钦差大臣〉的当代戏剧舞台阐释》，《外国文学动态研究》，2018年第1期。

53《当代俄罗斯维尔巴基姆戏剧与乌拉尔戏剧的纪实性》，《俄罗斯文艺》，2018年第3期。

54杨旭：《重新审视俄罗斯白银时代的文学批评理论》，中国社会出版社，2018年版。

55《文艺人民性原则：列宁的阐释与创新》，《外国文学动态研究》，2018年第5期。

56《托洛茨基艺术思想中的人学观》，《北方工业大学学报》，2018年第4期。

57程正民：《从一元到多元，从对立到对话——20世纪俄罗斯诗学发展趋势》；孙伟达：《赫拉普钦科马克思主义历史诗学研究文献述评》；李国德：《论歌德对普罗普故事结构研究的影响》；石然：《当代苏联文艺意识形态学说的谱系类型新论》等。

58《博加特廖夫及其民间文学研究》，《中国俄语教学》，2018年第3期。

59《诗学的形态与哲学的诉求——巴赫金小说理论的学术功绩》，《江西社会科学》，2018年第10期。

60《巴赫金教育小说理论新探》，《俄罗斯文艺》，2018年第4期。

61《狂欢化》，《外国文学》，2018年第3期；《从苏联文艺学言语体裁的深处——“狂欢化”理论的优胜纪略》，《俄罗斯文艺》，2018年第1期。

62《巴赫金时空体理论的内涵》，《俄罗斯文艺》，2018年第4期；《巴赫金时空体理论的学术价值重议》，《新疆大学学报》（哲学·人文社会科学版），2018年第2期。

63《时空体的时间错位》，《俄罗斯文艺》，2018年第4期。

64《符号学视域中的巴赫金与施佩特：继承与超越》，《俄罗斯文艺》，2018年第2期。

65《施佩特和雅各布森学术渊源之对比研究》，《俄罗斯文艺》，2018年第2期。

66《俄罗斯文学“莫斯科文本”的代码系统研究》，《俄罗斯文艺》，2018年第2期。

67《〈死者的太阳〉：什梅廖夫的克里米亚文本》，《俄罗斯文艺》，2018年第4期。

68王静、张曦、刘文飞记录整理：《“多卷本俄国文学通史”开题会纪要》，《俄罗斯文艺》，2018年第4期。

69《俄国文学和俄罗斯民族意识》，《外国文学》，2018年第5期。

70《西方理论与俄罗斯大众文学事实之矛盾》，

《国外社会科学》，2018 年第 4 期；《俄罗斯文学是如何生产出来的：认识大众文学在俄国之方法论问题》，《俄罗斯文艺》，2018 年第 4 期。

⑦汪介之主编：《民族精神生活的艺术呈现：俄罗斯文学与文学史研究》，中国社会科学出版社，2018 年版。

⑦《俄罗斯-苏联学界俄国文学史建构的学术历程》，《俄罗斯文艺》，2018 年第 1 期。

⑦曾思艺：《俄罗斯诗歌研究》，北京大学出版社，2018 年版。

⑦李建军：《重估俄苏文学》，二十一世纪出版社，2018 年版。

（作者：赵桂莲，北京大学教授；
刘雅悦，北京大学博士生）

管 理 学

工商管理学

高 杰 邓荣霖

一、企业管理

2018 年，北京学者围绕创新管理、公司治理、组织管理方面研究取得了新进展，现综述如下：

（一）创新管理

关于创新管理。有的学者通过研究发现，基于优势的心理氛围对创新自我效能感、创新意愿均具有正向影响，但对员工创新行为不存在直接影响；创新自我效能感和创新意愿均中介基于优势的心理氛围对员工创新行为产生影响；基于优势的心理氛围还通过创新自我效能感和创新意愿的链式中介对员工创新行为产生影响[①]。有的学者提出，对于技术密集型行业，创新绩效存在周期效应，公司增加前期创新投入会提升当期企业绩效，当期绩效的提升促使管理层放缓创新步伐，造成未来一期绩效下降，进而再次增加创新投入；对于资本密集型行业，创新投入只在当期显著提高绩效，而绩效的提升也会促进未来创新投入的强度；对于劳动密集型行业，创新投入同样依赖于公司前期良好的收益，而创新投入对公司当期和未来的绩效却没有显著影响[②]。有的学者以 2000—2014 年中国 A 股上市公司为样本研究发现，多个大股东的存在会抑制企业创新。当其他大股东的数量越多、相对于控股股东的持股比例越高时，对创新的负向作用越大；多个大股东会导致公司风险承担能力下降，对创新失败的容忍度降低，从而为多个大股东股权结构安排所导致的“过度监督”提供了较为充分的证据支持[③]。有的学者认为，华为成功的关键在于敏锐地捕捉到了市场环境和制度环境变化，在环境压力下主动作出创新举措，并通过对华为 4 个重要发展阶段进行分析，对其他企业如何借鉴华为这一创新模式进行探讨[④]。

（二）公司治理

关于公司治理。有的学者通过对股东知情权的立法及行使过程中存在问题的阐述，通过法理分析，在完善公司治理方面提出保护股东法定知情权的实践路径[⑤]。有的学者基于新兴资本市场的公司治理特征，以 2003—2015 年中国上市民营企业为样本，实证检验了实际控制人性别对其利益侵占行为的影响，发现相比男性实际控制人，女性实际控制人更少地侵占中小股东利益。除了女性实际控制人外，其他女性董事和女性 CEO 并不能影响实际控制人的利益侵占行为。在内外部治理较弱的公司中，实际控制人性别对其利益侵占行为的影响更加明显[⑥]。有的学者以 102 家中央企业的经验数据探索了中国大型国有企业集团控制体系的类型及其与集团战略发展之间的关系，发现通过人格化机制间的替代或互补关系促进了众多国有企业集团的战略发展，战略类制度这一非人格化机制对人格化机制发挥作用并形成有益补充。多种控制机制的组合构成了具有结果等效性的控制体系构建路径，支撑着集团的战略发展[⑦]。有的学者基于港交所主板上市公司 2011—2015 年 5 年的数据对高管照片披露进行统计和检验，结果表明，在控制其他因素的情况下，公司业绩正向影响高管照片的自愿披露水平[⑧]。

有的学者采用计算机语言技术针对 2002—2013 年我国上市公司年报文本进行分析得出，依赖社会关系获取资源的企业（关系型企业）对外公开的年报信息披露质量显著低于其他企业。股权分置改革在一定程度上缓解了这一问题。采用双重差分模型，对比关系型企业与其他企业信息披露质量差异在股权分置改革前后的变化。结果显示，关系型企业的信息披露质量相比其他上市公司在股权分置改革后有了显著的提升[⑨]。

（三）组织管理

关于组织管理。有的学者提出，正念不仅能正向预测组织情境下个体生理与心理的健康状态，而且还能预测员工良好的工作表现，并从组织管理领域的角度回顾了正念研究的发展现状，探讨了正念的操作性定义和测量方式，考察了正念与其相关变量间的关系[⑩]。有的学者提出，团队和谐型创新激情具有 3 个特征：团队成员具有共享身份、自主地形成创新动机，并将创新内化为团队共享身份的重要组成部分。还以创造力和创新的要素模型为整体框架，提出了一个受到调节的中介模型：变革型领导力与团队的和谐型创新激情正相关；当团队反思程度较高时，团队的和谐型创新激情与团队创新之间的正向关系更强，变革型领导力与团队创新的间接正向关系也更强[⑪]。有的学者通过研究发现，劳动保护弱化了高学历员工对企业创新产出的促进作用，这种弱化作用主要集中在非发明专利的申请数和有效专利数。通过分组分析发现，劳动保护对高学历员工创新产出的弱化效果在民营企业和最低工资标准高的地区更为显著。最低工资标准的强制提高显著地降低了高学历员工对企业创新产出的促进作用[⑫]。有的学者通过开放式问卷调查、对 67 位经理的结构化访谈、对 10 位优秀企业家的二手资料研究，识别出文化领导力最关键的 12 个维度：明确理念、宣传灌输、阐释明理、树立榜样、率先垂范、关怀员工、勇于担当、坚持不懈、任人唯贤、奖惩分明、感召鼓舞和营造氛围。通过一家集团企业的两轮问卷调查获得的 513 份有效数据进行因子分析和回归分析，检验了文化领导力对员工、对企业价值观的内化程度和组织认同的影响[⑬]。

二、会计与财务管理

2018 年，北京地区的专家学者主要围绕会计信息质量与盈余管理、内部控制与审计、资本市场、会计理论等问题进行了深入的研究和探讨。

关于会计信息质量与盈余管理。有的学者提出，在货币政策趋紧时，民营上市企业的银行贷款减少，而其中会计信息质量更高的企业所受到的冲击更小。而会计信息质量较低的民营上市公司在货币政策趋紧时，更多使用了商业信用进行融资，以缓解自身面临的融资约束。这种通过替代性融资来缓减货币政策冲击的能力仅存在于企业竞争地位较高的公司[⑭]。有的学者采用案例研究方法，揭示并描绘出厦华电子在巨大的业绩压力下，同步运用自利性业绩归因与盈余管理，实现业绩信息披露操控的脉络和全景。案例公司首先通过盈余管理手段达到业绩扭亏目标，再利用自利性业绩归因来掩蔽盈余管理，同时将公司业绩改善引向成本控制和研发投入等方面的管理绩效，诱导投资者对企业未来发展前景产生乐观预期。两种操纵手段的复合式运用对上市公司业绩信息质量产生了叠加的损害效果[⑮]。有的学者提出，退市制度变革没有显著影响公司应计盈余管理行为，但显著抑制了其真实盈余管理行为，主要是降低了公司生产操控和费用操控行为；从退市细化指标看，净利润仍是上市公司触及的主要退市指标，是影响公司盈余管理行为的主要因素，新增退市指标尚未发挥显著影响作用。退市新规对真实盈余管理治理效应显著，但对应计盈余管理的制度制约和诱导作用同时存在，导致治理效应不显著[⑯]。

关于内部控制与审计。有的学者从基本国情、经济环境变化、内控制度执行力和世界经济新格局四个方面论证了中国特色内部控制规范体系改革的必要性，提出以企业需要为价值导向，坚持符合中国特色的基本原则，以重建和调整相结合的方式建设企业内部控制规范新体系的基本思路[⑰]。有的学者认为，当存在客户与审计师向下的不匹配时，不匹配程度每增加一个标准单位，客户审计收费及操控性应计利润的绝对值分别降低 3.1%和提高 0.7%；当存在客户与审计师向上的不匹配时，不匹配程度每增加一个标准单位，客户审计收费及操控性应计利润的绝对值分别提高 4.5%和降低 0.4%[⑱]。有的学者通过研究发现，存在内部控制缺陷的企业与不存在内部控制缺陷的企业相比，前者有较高的融资约束，并且随着企业内部控制缺陷程度的增加，企业将面临更高的融资约束；审计师出具非标内部控制审计意见与企业融资约束成正相关作用。在审计师出具了非标内部控制审计意见的传导作用下，内部控制缺陷与融资约束之间的正相关作用进一步增加[⑲]。有的学者提出，审计投入与审计质量和审计收费都存在正相关关系，表明审计投入的增加能够提高审计质量，也能够带来审计费用的提高。审计投入对审计质量的影响程度在不同会计师事务所之间不存在显著的差异，但审计投入增加所带来的审计收费的提升效应，在国际“四大”和国内“十大”会计师事务所比在国内小所更明显。同时，审计投入的产出效应在不同股权性质及不同规模的公司中也存在差异[20]。

关于资本市场。有的学者提出，资本市场开放有助于提高股票价格的信息含量，降低股价同步性，从而增强价格对资源配置的引导作用，提高资本市场的运行效率。“沪港通”促进资本市场效率的潜在途径是通过知情交易直接促进公司特质信息纳入股票价格中或通过优化公司治理机制间接地作用于股价信息含量[21]。有的学者检验了壳价值含量如何影响上市公司行为，发现壳价值含量越高的上市公司越倾向于采取消极的财务政策，如减少投资和融资水平，更不愿意进行现金分红。因此壳价值降低了企业的生产效率，进而减少了资本市场资源配置的有效性[22]。有的学者利用中国资本市场2010年启动卖空机制的准自然实验，构造双重差分模型检验得到，放松卖空管制提升企业投资效率，具体来看抑制企业过度投资、缓解投资不足；大股东持股比例较高和面临市场卖空压力更大样本，放松卖空管制提升企业投资效率更为显著[23]。

关于会计理论。2018年8月在黑龙江举办了“纪念改革开放四十年：历史回顾与思考暨中国会计学会第十届会计史学术研讨会”，会议对企业会计规范建设、行政事业单位会计规范建设、行业会计规范建设和其他特殊会计与审计规范进行了回顾，并从政府经济管理职能、政治环境和国际会计改革与国家经济体制改革三个方面分析了会计规范发展的驱动因素[24]。2018年6月在北方民族大学举办了“中国会计学会会计基础理论专业委员会2018年学术研讨会”，会议的主题是“会计基础理论体系与创新”，主要涉及会计基础理论、会计学边界、会计概念框架、会计准则、收益列报、环境责任与环境信息披露、会计学科改革与发展等领域[25]。2018年10月在西南财经大学举办了“中国会计学会金融会计专业委员会2018年学术年会”，会议主要围绕三个方面：（1）金融工具会计准则研究：主要包括保险会计准则研究、资产证券化与资产转移会计准则研究、银行业审慎监管规则研究；（2）信息传递与企业金融资产配置行为研究：主要包括中国证券市场中的信息传递研究和工商企业的金融资产配置行为研究；（3）金融市场运行研究：主要包括总盈余与总回报之间的负向关系研究、公司权益融资成本的影响因素研究、审计师声誉对企业发展的影响研究和高科技企业研发投入的影响机理研究[26]。

三、技术经济与管理

技术经济理论与方法创新、产业经济和企业经济、区域经济与循环经济、低碳经济和绿色发展是2018年北京地区专家学者在技术经济与管理领域较为关注的热点问题。

关于技术经济理论与方法创新。有的学者通过ANP（Analytic Hierarchy Process，网络分析法）方法对企业物流成本和社会物流成本的影响因素进行分析，提出对于企业而言：（1）要控制企业内部可控因素；（2）要控制企业外部的影响因素；（3）减少企业不可控因素对企业的冲击。社会物流成本的控制要政府、行业和企业共同承担，要首先考虑长期的趋势性因素的规划，再考虑中短期因素的布局[27]。有的学者采用DEA（Data Envelopment Analysis，数据包络分析）方法构建BCC模型和Malmquist指数模型，提出我国金融体系对文化产业的服务效率偏低，与DEA有效水平还有很大差距，纯技术效率和规模效率双因素都有拖累，且以规模效率因素为主[28]。有的学者构建电池集中充电中心选址的评价指标体系，建立直觉模糊评价矩阵，并定义新的记分函数，将直觉模糊评价矩阵转化为实数评价矩阵；考虑到决策者的非理性行为，引入改进的前景理论，构建改进的前景决策矩阵；建立综合考虑主、客观因素的优化定权模型；结合改进的前景决策矩阵及准则权重提出基于改进前景理论的直觉模糊多准则决策方法等[29]。有的学者以科技资源配置研究文献为分析对象，以“规模—结构—质量—态势”多维分析框架为指导，研究发现：（1）从整体进展来看，规模发展前景可期、结构多元格局明显、质量提升仍有空间、研究态势日趋明朗；（2）从阶段特征来看，科技资源配置研究的阶段特征鲜明、差异显著，科技体制改革对各阶段研究发挥了不同的影响作用，实现了“改革引领研究、研究支撑改革、改革研究相辅相成”的跃迁[30]。

关于产业经济和企业经济。有的学者提出，中国物流业与金融业的协调性经历了从不协调到勉强协调再到协调的变化过程，且近几年基本呈现出协调发展的状态；在反映物流业的发展指标中，社会物流总额和物流业固定资产投资是影响中国物流业与金融业协调发展的关键因素；在反映金融业的发展指标中，M2 货币供给量以及金融业增加值是影响中国物流业与金融业协调发展的关键因素[31]。有的学者认为，企业专利活动显著影响了未来一期风险投资可能性、投资金额与企业估值，且这种关系仅在首轮融资中存在；风险资本专利信号敏感度在国内私有风险投资、公司风险投资以及知识产权保护水平较高的区域中表现更为明显；风险资本专利信号敏感度与其退出内部收益率正相关[32]。有的学者通过研究发现，受扭曲的政商关系的影响，地方政府的产业政策是无效的；中央政府有效的产业政策不是简单的疏导性的，必须包含支付给企业与地方政府的信息租金；中央政府产业政策的有效性取决于产业前景与企业的资产专用性程度，不同产业的预期前景差异越大，企业的资产专用性程度越高，产业政策越趋于无效[33]。

关于区域经济与循环经济。有的学者基于节能供给曲线方法，以 58 项节能技术为基础，研究 2016—2030 年京津冀地区钢铁行业节能潜力及其协同效益，发现：（1）58 项技术累计节能潜力为 41.64 亿吉焦，CO_2、SO_2、NO_x 和 PM2.5 的协同减排潜力分别为 4.02 亿吨、159.60 万吨、99.10 万吨和 6.72 万吨，协同节水潜力为 5.31 亿立方米，成本为 695.17 亿美元；（2）轧钢工序的节能潜力最大；（3）考虑技术的协同效益，能够提高技术的成本有效性，从而促进节能技术推广[34]。有的学者从产业兴旺、生态宜居、乡风文明、治理有效、生活富裕 5 个方面，筛选出 15 个三级指标和 44 个四级指标，构建出乡村振兴评价指标体系，并运用该评价指标体系对 11 个省份的 35 个乡村进行了实证评价分析[35]。有的学者研究发现：（1）重点产业政策容易引发资源空间配置扭曲。在空间分布上，重点产业政策导致相关产业的地理熵指数增加 21%；（2）地区间竞争是导致重点产业政策引发资源空间配置扭曲的重要原因。地区竞争越激烈，地方保护主义越强，空间扭曲越严重，且重点产业政策引发的资源空间配置扭曲存在显著的政治周期性；（3）资源空间配置扭曲是导致产能过剩的一个重要原因，但提高市场化程度、扩大对外开放水平有利于减弱政府竞争的影响，进而减弱重点产业政策对资源空间配置的扭曲。[36]

关于低碳经济和绿色发展。有的学者根据当前中国工业绿色发展存在的问题提出政策建议：（1）坚定绿色发展理念不动摇；（2）坚持技术创新、体制改革和市场需求的协同拉动；（3）加快能源转型，从源头上解决生态环境问题；（4）加快发展循环经济，做好工业布局；（5）逐步提升环境标准，加大节能环保产业的投入；（6）优化产业结构，促进产业转型升级；（7）采取措施解决工业绿色发展的“三个悖论”[37]。有的学者提出，生物质发电经济成本高于燃煤发电，但每 kwh 燃煤发电的碳足迹是生物质发电的 6.05 倍，在仅考虑市场经济成本条件下，传统能源发电具有明显优势，但纳入环境效益和低碳经济因素，生物质发电则更有潜力。从生命周期阶段来看，两者 90%以上碳足迹均来源于生产阶段，在此阶段如何寻求碳减排有效途径对企业低碳目标的实现有重要意义[38]。有的学者基于已有环境效益测算方法，提出了电网项目环境效益函数。综合考虑了环境效益、经济效益、社会效益以及资金约束，构建电网投资组合项目模型，通过遗传算法对模型进行优化求解，可得到最优的电网项目投资组合方案[39]。

四、旅游管理

旅游业发展、旅游特色小镇、目的地形象塑造以及国家公园旅游是 2018 年北京地区专家学者在旅游管理领域较为关注的热点问题。

关于旅游业发展。2018《旅游学刊》中国旅游研究年会于 10 月 20—21 日在北京召开。会议围绕“新时代中国旅游发展战略”，重点研讨了新时代旅游供给与旅游地管理、旅游综合效益评估与区域协调发展、乡村旅游助推乡村振兴、文化旅游与文化自信、国家公园与绿色发展、优质旅游等理论与实践相交融的富有中国特色的前沿问题[40]。有的学者从旅游产业体系内容的现代化、旅游产业结构的优化、旅游增长要素的现代化与协同化、旅游产业链跨界化与国际化布局和防止旅游产业虚拟化陷阱 5 个方面提出了现代旅游产业体系建设建议[41]。有的学者提出发展旅游产业政策意见：（1）旅游业有较长的产业链，各环节之间应有协调发展的关系；（2）旅游业是一个需求方规模经济产业，随着游客量的增加，整个地区的旅游业收益将呈现加速增长的态势；（3）旅游业是个外部性很强的经济产业，能优化当地生态环境、促进文化保护传承并带动欠发达地区发展；（4）旅游业是综合性产业，要做好各方面政策集成的文章，就是要把旅游的需求与现有的政策体系、政策方向结合起来寻求突破[42]。

关于旅游特色小镇。有的学者提出，旅游特色小镇的发展过程中，要做到传统文化与时代需求相结合，尊重文化沿袭和尊重经济规律相结合，尊重资源保护和尊重利益结构相结合。要处理好小镇究竟是怀念的意象生产还是客观的地方呈现，小镇的价值究竟是重建已经消逝的文化景象与生活空间还是彰显顽强延续的传统的生命和恣意生长的当代创意的无限张力等问题[43]。有的学者提出，下一步旅游小镇的发展应注意四个方面的问题：分类发展、特色发展、适度聚集发展和协调发展[44]。有的学者认为，我国旅游特色小镇建设大致可以分为六种类型：景区配套型、古镇改造型、仿造古镇型、专业市场依托型、度假区配套型以及人造主题型。并提出旅游特色小镇规划建设的WREATH（花环）模式：Walkable（步行化）、Recreations（体验化）、Environment（环境美化）、Attractions（景区化）、Theme（主题化）、Healthy（健康化）[45]。有的学者认为，欧洲特色小镇的发展对我们有三点启示：其一，科学规划城镇体系；其二，我国当前所推动的特色小镇建设与欧洲自然形成的特色小镇存在一定差异；其三，特色小镇建设应避免一哄而上和急于求成。有关部门应尽快制定相应的分区、分类、分阶段建设标准和考核体系，对已公布的两批403个全国特色小城镇、96个全国运动休闲特色小镇以及大量正在建设中的特色小镇项目进行系统评估，对其产业内容、盈利模式和运营管理等进行综合分析，统一实行宽进严定、动态淘汰的管理制度[46]。

关于目的地形象塑造。有的学者从认知形象、情感形象两个方面对基于社交图片元数据的北京在线旅游形象进行了研究，发现在认知形象方面，除了北京较为知名的景点外，传统外国人聚集区域已成为北京新的城市形象名片；而在情感形象方面，“令人愉快的”（pleasant）和“兴奋的”（exciting）是北京展现给游客的主要情感形象[47]。有的学者提出，当前信息化时代目的地形象的新特征与形象管理面临的新问题：持续涌现的海量目的地形象创建个体与目的地感知形象信息；目的地形象信息在多渠道多角色间多方向传播；网络的开放性以及信息的快速传播，使目的地形象的不同“声音”容易被无限放大。应加大网络渠道信息的营销与管理力度，建立多渠道合作，提高官方目的地形象信息的信誉度，最大程度缩小目的地投射形象与感知形象差距[48]。有的学者认为，移动互联浪潮中的旅游目的地形象塑造重点需要：第一，积极借助移动互联新媒体开展形象营销；第二，创新型方案可以使旅游目的地迅速成名；第三，加强旅游市场监管，规避负面信息影响[49]。有的学者提出，目前大部分的旅游形象推广工作还处在单向直线的发展模式，虽已一定程度上考虑了受众的反馈，但却难以体现旅游形象传播中的双向与互动特征，特别是未能建立受众的反馈渠道。要尽快完善旅游形象推广绩效的评估与反馈机制，打造反应迅速、运作高效的旅游形象推广联动系统[50]。

关于国家公园旅游。有的学者提出，在国家公园及其周边区域的特色小镇，开展国家公园体制保障的、以事业属性为主的国家公园旅游，构建国家公园产品品牌增值体系，才能够实现国家公园保护第一和全民公益性的目标；才能够带动区域的绿色发展，使各利益相关者形成保护生态系统的合力；才能够在这一区域使得生态文明制度配套落地，最终全面实现“保护为主、全民公益性优先”[51]。有的学者认为，在国家公园内开展生态旅游活动符合重视和保护原始自然景观、野生动植物以及独特地域文化的理念，正因如此，国家公园具备生态旅游的吸引力来源和物质基础。国外国家公园内游憩活动及管理已经形成一系列理论体系和技术成果，可供国内建设和管理国家公园借鉴，包括：市场细分理论、环境影响评价制度、游憩机会谱、可接受的改变极限、游客影响管理模式、游客行为管理过程、旅游管理优化模型和游客体验与资源保护管理[52]。有的学者提出，我国国家公园建设处于试点期，设施建设刚刚起步，有必要从5方面来实现设施生态化，防止“建设性破坏”，促进中国特色国家公园体制建设目标的实现：一是科学选址与规划设计；二是生态建设与低碳管理；三是研发与应用生态技术；四是监测评价资源环境影响；五是提高利益相关者生态认识[53]。

注：

①丁贺、林新奇、徐洋洋：《基于优势的心理氛围对创新行为的影响机制研究》，《南开管理评论》，2018年第1期。

②尹美群、盛磊、李文博：《高管激励、创新投入与公司绩效——基于内生性视角的分行业实证研究》，《南开管理评论》，2018年第1期。

③朱冰、张晓亮、郑晓佳：《多个大股东与企业创新》，《管理世界》，2018年第7期。

④刘平青、吴岸泽：《关于对华为企业创新发展的认识和思考》，《管理世界》，2018年第12期。

⑤郑勇：《完善公司治理视角下的股东法定知情权保护——兼论〈公司法司法解释（四）〉第九条》，《管理世界》，2018年第2期。

⑥马云飙、石贝贝、蔡欣妮：《实际控制人性别

的公司治理效应研究》,《管理世界》,2018 年第 7 期。

⑦王璁、王凤彬:《大型国有企业集团总部对成员单位控制体系的构型研究——基于 102 家中央企业的定性比较分析》,《南开管理评论》,2018 年第 6 期。

⑧高锦萍、高丽、范静、龙思:《业绩好的上市公司更愿意披露高管先天特质信息吗?》,《管理世界》,2018 年第 11 期。

⑨任宏达、王琨:《社会关系与企业信息披露质量——基于中国上市公司年报的文本分析》,《南开管理评论》,2018 年第 5 期。

⑩郑晓明、倪丹:《组织管理中正念研究述评》,《管理评论》,2018 年第 10 期。

⑪魏昕、张志学:《团队的和谐型创新激情:前因、结果及边界条件》,《管理世界》,2018 年第 7 期。

⑫王珏、祝继高:《劳动保护能促进企业高学历员工的创新吗?》,《管理世界》,2018 年第 3 期。

⑬曲庆、富萍萍、康飞、赵锴:《文化领导力:内涵界定及有效性初探》,《南开管理评论》,2018 年第 1 期。

⑭黎来芳、张伟华、陆琪睿:《会计信息质量对民营企业债务融资方式的影响研究——基于货币政策的视角》,《会计研究》,2018 年第 4 期。

⑮孙蔓莉、肖芸、申世宏:《业绩归因与盈余管理的"复合式"操纵研究——以厦华电子为例》,《会计研究》,2018 年第 6 期。

⑯许文静、苏立、吕鹏、郝洪:《退市制度变革对上市公司盈余管理行为影响》,《会计研究》,2018 年第 6 期。

⑰宋建波、苏子豪、王德宏:《中国特色内部控制规范体系建设的思考》,《会计研究》,2018 年第 9 期。

⑱董沛武、程璐、乔凯:《客户关系是否影响审计收费与审计质量》,《管理世界》,2018 年第 8 期。

⑲顾奋玲、解角羊:《内部控制缺陷、审计师意见与企业融资约束——基于中国 A 股主板上市公司的经验数据》,《会计研究》,2018 年第 12 期。

⑳李伟、韩晓梅、吴联生:《审计投入的产出效应》,《会计研究》,2018 年第 3 期。

㉑钟覃琳、陆正飞:《资本市场开放能提高股价信息含量吗?——基于"沪港通"效应的实证检验》,《管理世界》,2018 年第 1 期。

㉒屈源育、沈涛、吴卫星:《上市公司壳价值与资源配置效率》,《会计研究》,2018 年第 3 期。

㉓王仲兵、王攀娜:《放松卖空管制与企业投资效率——来自中国资本市场的经验证据》,《会计研究》,2018 年第 9 期。

㉔李百兴、付磊、陈敏:《改革开放四十年会计回顾与思考——中国会计学会第十届会计史学术研讨会综述》,《会计研究》,2018 年第 9 期。

㉕李志坚、尹春洋、杨保军、耿建新:《会计基础理论体系与创新——中国会计学会会计基础理论专业委员会 2018 年学术研讨会综述》,《会计研究》,2018 年第 12 期。

㉖马永强、巩亚林、陈磊、周华:《新时代金融会计理论创新与发展——中国会计学会金融会计专业委员会 2018 年学术年会综述》,《会计研究》,2018 年第 10 期。

㉗李守林、赵瑞、陈丽华:《基于 ANP 的物流成本影响因素研究分析》,《工业技术经济》,2018 年第 6 期。

㉘朱尔茜、刘嘉玮:《基于 DEA 方法的文化金融服务体系效率研究》,《管理世界》,2018 年第 11 期。

㉙高建伟、郭奉佳、张儒昊:《基于直觉模糊数的电动汽车集中充电中心选址决策研究》,《工业技术经济》,2018 年第 12 期。

㉚高军、岳未祯、索玮岚:《科技资源配置研究进展及阶段性政策影响》,《管理评论》,2018 年第 12 期。

㉛张建军、赵启兰:《基于典型相关分析和耦合协调度的中国物流业与金融业协调发展研究》,《工业技术经济》,2018 年第 8 期。

㉜徐向阳、陆海天、孟为:《风险投资与企业创新:基于风险资本专利信号敏感度的视角》,《管理评论》,2018 年第 10 期。

㉝侯方宇、杨瑞龙:《新型政商关系、产业政策与投资"潮涌现象"治理》,《中国工业技术》,2018 年第 5 期。

㉞任明、徐向阳:《京津冀地区钢铁行业能效提升潜力和环境协同效益》,《工业技术经济》,2018 年第 8 期。

㉟张挺、李闽榕、徐艳梅:《乡村振兴评价指标体系构建与实证研究》,《管理世界》,2018 年第 8 期。

㊱杨继东、罗路宝：《产业政策、地区竞争与资源空间配置扭曲》，《中国工业经济》，2018年第12期。

㊲史丹：《绿色发展与全球工业化的新阶段：中国的进展与比较》，《中国工业经济》，2018年第10期。

㊳王斯一、张彩虹、米锋：《资源价值流视角下发电企业碳足迹与经济成本评价——燃煤发电与生物质发电比较研究》，《工业技术经济》，2018年第12期。

㊴蒋建勋、袁圆：《考虑环境效益的电网项目投资组合优化研究》，《工业技术经济》，2018年第9期。

㊵刘鲁、孙佼佼、王臻真：《新时代中国旅游发展战略——2018〈旅游学刊〉中国旅游研究年会会议综述》，《旅游学刊》，2018年第11期。

㊶李柏文：《新时代旅游产业体系的特征与建设》，《旅游学刊》，2018年第10期。

㊷王成志：《新时代我国发展优质旅游的必然性与关键问题研究》，《旅游学刊》，2018年第10期。

㊸厉新建、傅林峰、时姗姗、宋昌耀：《旅游特色小镇的内生发展与路径》，《旅游学刊》，2018年第6期。

㊹曾博伟：《旅游小镇：逻辑与方向》，《旅游学刊》，2018年第6期。

㊺刘家明：《旅游特色小镇创新发展的WREATH模式与实践》，《旅游学刊》，2018年第5期。

㊻宋瑞：《欧洲特色小镇的发展与启示》，《旅游学刊》，2018年第6期。

㊼邓宁、钟栎娜、李宏：《基于UGC图片元数据的目的地形象感知——以北京为例》，《旅游学刊》，2018年第1期。

㊽季少军：《信息化时代目的地形象的话语权之争》，《旅游学刊》，2018年第4期。

㊾赵丽丽、张金山：《移动互联新时代的旅游目的地形象塑造》，《旅游学刊》，2018年第3期。

㊿蒋依依：《以国家形象与旅游形象有机融合促进入境旅游持续发展》，《旅游学刊》，2018年第11期。

51苏红巧、苏杨：《国家公园不是旅游景区，但应该发展国家公园旅游》，《旅游学刊》，2018年第8期。

52张玉钧、薛冰洁：《国家公园开展生态旅游和游憩活动的适宜性探讨》，《旅游学刊》，2018年第8期。

53钟林生：《设施生态化：国家公园绿色发展重要保障》，《旅游学刊》，2018年第8期。

（作者：高杰，国家能源集团党校党建研究部副主任；邓荣霖，中国人民大学教授）

公共行政学

孙彩红　高　雅

2018年既是中国改革开放40周年，又是十九大开局之年，也是进入新时代全面建成小康社会的关键时期，我国整个社会持续发生着全面深刻变化，各种新事物不断涌现，对当前推进国家治理体系和治理能力现代化提出更高要求。这些变化在行政学研究领域也有所体现，对北京地区2018年度行政学领域核心期刊文章整理分析，研究主要集中在政府机构改革、“放管服”改革与信息化建设、加强公共服务和市场监管职能、公务员管理制度等领域。

一、重要学术研究活动和主要专著

2018年度的重要学术活动围绕着政府治理、政务服务、社会组织以及对政府改革40年的总结研讨等。同时，也有一些关于这些专题研究的专著类成果。

（一）主要学术研讨活动

对本年度一些科研机构的重要学术活动，按照时间顺序做一简述。

6月15—17日，由中国人民大学公共管理学院主办的第九届中美公共管理国际学术研讨会在京举行。会议主题“迈向善治的公共政策”，来自多个国家的专家学者聚焦世界各国关于治理转型和公共政策创新的经验教训展开讨论，为政策实践出谋划策。

7月10—11日，国家机关事务管理局组织召开“机关事务理论创新研讨会”，专家学者和一些地方管理部门人士进行多维度研讨，推进机关事务工作高质量发展，推进新时代机关事务工作改革创新发展。

11 月 3 日，北京大学政府管理学院召开首届“治理现代化论坛”，主题是“全球化时代的多元治理”，从多学科视角，就治理现代化的基本理论、普遍规律和发展趋势进行研讨，为国家治理、社会治理和互联网治理的实践提供参考。

11 月 18 日，中国人民大学公共管理学院举办“改革开放 40 年：中国式治理论坛”，专家学者围绕体制改革与制度逻辑、地方政府治理、城市治理、数字管理等总结探讨改革开放 40 年中国特色的改革和治理经验。

12 月 21 日，清华大学国家治理研究院和公共管理学院联合主办“2018 年中国数字政府论坛”，专家学者围绕政府数字化转型与未来政府创新、政府数据共享开放与治理、“放管服”改革与互联网+政务服务等主题进行研讨。

12 月 21 日，首届社会组织与公共治理高峰论坛在中国社会科学院举行。来自全国知名高校和研究机构专家学者围绕社会组织参与社会治理、参与公共服务，参与全球治理等内容探讨，为社会组织更好参与公共治理贡献智慧。

12 月 23 日，中国行政体制改革研究会举办了第七届中国行政改革论坛，主题为“新时代新征程：中国行政改革四十年回顾与前瞻”，专家学者系统总结了行政改革的宝贵经验，为未来改革指明了方向。

（二）重要研究性专著成果

本年度专著类研究成果围绕着政府改革实践，有的着重于做法经验总结，有的着重于理论与逻辑分析，下面把一些具有代表性的成果进行简述。

一是关于政府改革与公共服务职能的继续研究。对行政体制改革的研究一直是重要领域。例如，《深化行政体制改革的探索：第三辑》[①]，主要包括行政管理体制改革中的职能转变、职责配置、审批制度改革、机构编制改革等领域的理论与实践问题研究。对行政管理改革 40 年总结性研究，代表性的是《从管理走向治理：中国行政体制改革 40 年》[②]，对行政体制改革脉络与重大方面、中央与地方事务划分与责权配置等重大问题进行了总结性阐释。宏观层面对政府公共服务的研究，比如，《基本公共服务均衡化与政府行为优化》一书[③]，主要从社会公平角度，研究了中国基本公共服务均衡化现状、发展过程、存在问题及形成原因。北京市的公共服务发展的总结分析继续以蓝皮书形式出现，《北京公共服务发展报告：2017—2018》[④]，主要运用定量与定性相结合的方法，从科技教育文化、社会保障、基础设施、公共安全与环境保护等领域，对北京市公共服务各领域发展现状、问题成因进行了深入分析，提出了对策建议。

二是对政府与社会资本和 PPP 运作模式的研究。本年度这一主题研究是比较多的，而其中又以实务性研究居多。比如，《PPP 模式构建与运作实务》[⑤]一书，系统阐述了 PPP 的理论内涵、秩序架构、运作流程，重点剖析了 PPP 项目融资模式安排与财务测算、风险分担与收益分配、项目评估与监管等，对中国 PPP 模式的发展实践进行了反思。有的是具体案例研究，《PPP 运作重点难点与典型案例解读》[⑥]，就分析了交通运输、市政工程、环境保护、社会事业、特色小镇等诸多领域的 PPP 案例分析，总结了经验教训。还有，清华大学 PPP 研究中心关于一些发达国家政府与社会资本合作的 PPP 实践经验的分析总结，是以一套丛书形式出版的[⑦]。这也是目前比较系统性介绍国外做法的成果，对中国在这一领域的实践具有一定参考意义。

三是注重对政府改革逻辑与制度分析的研究。有的是宏观层面的制度分析，例如，《政府职能转变的制度逻辑：基于交易成本政治学视角》[⑧]，以交易成本政治学作为基本研究视角，追踪了不同领域政府职能转变过程，认为政府改革在本质上是政府对职能边界进行选择性重塑的过程，政府职能转移，是在资源获取、维持稳定、降低管理成本等因素中进行权衡，争取效益最大化的过程。有的从地方层面进行逻辑分析，《地方治理的逻辑》[⑨]是以多年地方政府改革创新和制度变化为基础，分析了当代中国地方治理的变化过程、主要特点、内在机理以及演进方向。这些理论逻辑分析性研究，对政府治理领域的研究深化和理论建构具有一定意义。还有的是个案性质研究，例如，《北京城市副中心行政管理体制创新研究》[⑩]，对城市副中心和 16 区的现状分析，对这种特殊性质的区域行政体制改革的创新设计，依托大数据和云平台，实现智慧、诚信、共治和高效的服务型政府新模式。

二、主要研究议题的重要观点综述

本年度北京地区的行政学研究动态总结，主要是通过检索行政学领域核心期刊，抓取研究的主要议题和主要观点。下面对四个主要议题进行简要综述。

（一）对政府机构改革的研究

2018 年是党和国家机构改革的关键一年，也是地方机构改革落实的重要时期。中央出台了一系列关于深化改革的重要文件，包括《中共中央关于深化党和国家机构改革的决定》《深化党和国家机构改革方案》。学界关于机构改革领域的研究从历史经验和现实研究两个角度展开。

1. 对政府机构改革的总结性研究

在历史经验层面，主要是针对国家和地方行政机构改革的回顾和经验性总结。较多学者将改革开放以来的改革历程划分为三个阶段。例如，有的学者认为，“改革开放以前机构改革以权力收放为导向，改革开放以后又经历了以职能转变为导向的机构改革和当前以治理现代化为导向的机构改革两个阶段”。⑪有的学者对20世纪80年代至今七次机构改革划分的三个阶段是，1980年至2000年改革、2000年至2010年逐步建立适应市场经济的新的机构框架和体制机制、2013年至今构建适应新时代要求的党和国家机构和职能设置，总结改革取得的重大成就。⑫与此不同，有些学者按照中国特色社会主义理论发展脉络，将改革开放以来历次机构改革划分为四个阶段，机构改革经验包括“建设人民满意的服务型政府、建设现代政府治理体系、建立权力分解制约机制以及创新行政管理方式”。⑬

2. 对政府机构改革存在问题的分析

有些学者在总结以往历次行政机构改革成就的基础上也提出改革存在的一些不足。例如，“有些领域改革相对滞后、进度参差不齐，层级部门关系优化调整不到位，党政关系改革联动性不足以及机构编制法制化滞后等”。⑭还有的学者认为，我国改革开放以来的七次政府机构改革虽然有重大成就，“但是改革工具侧重精简而不是职能调适，改革内容属于任务型而忽略组织结构完整性，改革动因缺乏内外因变化的回应性”。⑮可见，学界对于机构改革依然存在的问题这一层面，看法是具有一些共性的，包括法制化滞后、整体性协调性不足等，并依此作为进一步深化改革的对策思考。

3. 对当前党和国家机构改革的现实研究

在现实研究层面，主要表现为围绕2018年国家和地方政府机构改革展开的一系列研究。有的学者从基础概念出发，着重阐述了此次机构改革方案中的党和国家机构、党中央机构、国务院机构以及重新组建、整合组建，合署办公、合并设立等概念，认为“这些概念的厘清有助于更好地了解2018年党和国家机构改革的举措”。⑯然而，更多的学者是将研究重点放在实践中如何深化此次政府机构改革以推动国家治理体系和治理能力现代化。对此，有些学者进行了较为宏观的研究，指出“要形成党总揽全局、协调各方的领导体系，职责明确、依法行政的政府治理体系，中国特色、世界一流的武装力量体系，联系广泛、服务群众的群团工作体系”⑰，这一研究覆盖了机构改革方案中几个重大领域的举措。有的学者则是从具体层面，聚焦职能设置，提出“在改革过程中机构职能设置要坚持全面贯穿党的领导，各级各类机构要坚持以人民为中心，秉持优化协同高效和系统性原则，还要保证机构运行和职能履行依法依规”。⑱

地方行政机构改革是2018年政府机构改革的重要任务。也有学者针对地方政府机构改革展开研究。有学者针对公认的地方政府机构设置上下一般粗、权责不对应等问题，提出对策思考，包括“深化地方行政执法体制改革、推进市县政府重点领域大部制改革、精干高效的基层政权组织结构以及理顺开发区和高新区的管理体制机制、推进事业单位分类改革”⑲等层面的工作。总的来看，这一类研究多数属于对策性的思考，学理性不是太强。

（二）“放管服”改革与政务服务的研究

关于全面深化推进简政放权改革，本年度中央政府对“放管服”改革又有一些新的举措，这也成为行政学界关注的热点问题，主要是对放管服改革的措施和政府信息化建设等方面展开研究。

1. 对“放管服”改革的研究

这个主题的研究多数是针对当前放管服改革中存在的问题提出对策建议和路径等。比如，在市场起决定性作用阶段的放管服改革，要提高实体经济吸引力和竞争力，就要“深化行政审批制度、商事制度以及清税减费等制度改革，创新监管方式，提高公共服务效率、优化公共服务环境等”⑳。也有一些学者认为要通过行政审批制度改革来简政放权、进一步释放市场活力，解决越位和过度审批问题，推进审批领域的标准化和法治化。还有学者针对当前放管服改革存在实质性效果低、改革的社会获得感不足以及政策实施技术困境等问题，从治理角度，在政府秩序、行政秩序和心理秩序层面提出“要提高改革获得感，就要走向权利治理、多元参与和平等自愿、心理协调的整体治理”。㉑

2. 政府信息化与政务服务的研究

互联网、物联网和大数据发展为政府治理创新提供了重要工具和崭新治理理念。有些学者认为，

"政务信息化战略能引领治理现代化潮流，解决资源共享难、互联互通难、业务协同难这三大痛点"[22]，通过构建国家大数据中心、跨部门跨地区协同治理平台实现数据共享、大系统共治，打造公共服务新模式等。另有学者提出，大数据技术能够优化政府履行市场调节、市场监管和公共服务等职能，同时还可以增强数据真实性、通过开放数据创造新的生产力。[23]

"互联网+政务"是大数据与政府创新治理结合的重要表现。如何利用互联网和信息技术来优化政府的政务服务，也是学术界研究的一个主要问题。对此，有学者认为，"互联网+政务"能够从宏观上重塑政府管理机制，中观层面建立"整体政府"运作模式，从微观层面增强人民群众获得感。[24]有些学者通过对2017年度全国省级府网上政务服务能力进行全面评估，结果认为，当前省级政府网络政务服务平台体系初步形成、优化网上政务深化了行政审批制度改革，但仍存在一些突出问题，"线上线下服务有待整合、网上政务覆盖度和精细度不足、政务服务系统的信息共享和业务协同仍有待深化等"[25]。还有些学者则是针对信息孤岛和信息壁垒问题，提出要建立政务信息系统整合共享的内容管理和技术保障机制，推进政府数据共享交换平台和全国政府数据共享网站的分类和适度开放，制定全口径广覆盖的政务信息系统建设和运维备案制度。更为深入的研究是，有些学者强调在这一平台建设中，"还要注意各级政府在数据大平台的建设中的职责分配，以及通过开放数据引入社会力量共建大数据平台"。[26]总体上看，这种大数据平台的建设要以公众需求为导向，注重数据的分析应用以及结果的评价机制。

此外，顺应互联网与政府治理相结合的潮流，建立数据治理机构、数据开放治理机制是重要举措。有些研究是关于地方政府数据治理机构的设置以及职能模式等[27]；有的则是分析了建立中国政府数据开放的四个协同机制，包括政策协同、主体协同、客体协同、方法与技术协同[28]。这些研究都为推动政府利用大数据创新治理的具体实践提供了参考路径。

（三）政府公共服务供给与市场监管的研究

这一领域主要是对政府的公共服务职能与市场监管职能方面的研究，属于政府的具体职能领域的研究。

1. 关于政府公共服务供给的研究

学界关于公共服务领域的研究较多集中在公共服务供给以及政府、市场和社会供给主体之间的关系上。

有些研究是从政府与市场关系角度，结合我国当前公共服务供给现状分析，认为"确保政府提供公共服务更加符合公平正义，就必须将政府提供的公共服务主要面向中低收入人群，而高收入群体享受的高端优质的教育、医疗等服务应交给市场进行供给"[29]。还有些研究是关于在公共服务供给机制中引入社会资本，因为单纯依靠政府无法提供最优化的公共服务，"引入社会资本参与公共服务供给的PPP模式就成为制度供给创新的必由之路"。[30]除了完善公共服务的供给，政府与社会资本合作的模式，"条件是需要明确政府与社会资本各自的职责、构建合理有序的保障机制、加强项目监管、完善风险—利益分配机制"。[31]总之，大部分学者认为，政府与社会资本合作的模式在公共服务供给领域还是具有普遍意义和价值的，既可以确保政府承担公共服务、维护社会公平的职能，又利于发挥市场和社会配置资源、提高供给效益的作用。

本年度还有一些具体领域公共服务供给的研究。比如，关于医疗公共服务问题，有些学者实证分析了我国优质医疗服务供给不足问题，医疗机构等级体制和分级评价机制以及服务购买者集中去享受更高质量的医疗机构服务等因素，导致了医疗市场资源配置扭曲。[32]在解决路径上，与前面所述的政府与社会资本合作共同提供公共服务的路径有所相似，需要改变医疗供给结构，引入社会力量办医在一定程度上促进公共医疗资源的优化配置。还有些学者是对省级医疗服务供给的数据分析，结果发现"民营医疗服务比重增加，医疗供给结构变化，确实能够有效提高医疗供给能力，改善区域医疗供给效率"[33]。为此认为，促进多元化办医改革有利于提高医疗公共服务能力。但是，对政府之外的医疗供给主体的监管是必须要配套同时解决好的一个问题，否则，损害的是患者公众的利益。

2. 对政府的市场监管研究

与互联网结合产生的新业态持续发展，对政府的市场监管职能提出了新的挑战、要求和任务。本年度学术界对政府监管的研究主要表现在对互联网经济、共享经济带来的新兴行业的监管，例如政府对共享单车、网约车和网络订餐这些新业态的监管。

关于共享交通工具这一领域的监管研究。对于网约车监管，有的学者是从监管政策角度分析，认为"网约车的监管政策出台会受到出租车的抵制、公共交通的互补和挤出以及交通状况等多个因素不同程度的影响”[34]。对于如何加强网约车的监管，具有共性的观点认为，要提高准入门槛，解决监管政策流于形式的问题。关于自行车领域，对共享单车的市场监管问题，有些观点认为，当前问题主要体现为“当前共享单车监管的价格规制和信用制度不够完善，行业标准出台滞后导致政策缺少参照，缺少对消费者行为的规制、政企合作保障机制缺失、政府作为管理主体监管态度不统一”。[35]更为具体的还有以北京市等地为例进行研究，指出共享单车用户的信息管理方面存在监管漏洞，用户个人信息保护措施缺失。[36]

关于其他共享经济领域的监管问题研究。例如，有些学者以网络订餐为例，认为该行业监管存在监管理念落后、管理主体多头、监管低效、管理方式单一的问题，在智慧监管理论的基础上提出涵盖政府、行业企业、社会力量和保障机制四个维度的“大监管体系框架”[37]，转变监管理念、扩展监管主体、优化监管手段和保障监管效果。从已有研究成果来看，对于互联网带来的新业态，传统的监管理念和方式还难以适应要求，监管困境大多体现在行业准入门槛设置不合理、监管制度不完善和政策出台滞后方面，这对于政府的市场监管职能履行都是一种挑战与新要求。

（四）公务员制度和管理领域的研究

本年度关于公务员管理与制度的研究，主要涉及《公务员法》修订方面、公务员分类管理与职务职级并行问题、公务员队伍中存在的问题。

1. 关于公务员法实施与修改问题的探讨

对于修改公务员法所具有的重大意义，是基本上达成共识的。关于修订中的问题有不同看法。有些学者通过历史回顾与现实结合，肯定了《公务员法》实施取得的进步，但仍存在一些矛盾问题，“公务员范围扩大与专业化管理之间有矛盾、分类管理实施困难、制度激励不完善、严格管理的制度化体系不健全等”。[38]以《公务员法》修订草案为分析对象，有的学者从分类管理机制、择优纳新更新机制、正向激励保障机制以及健全严格监督机制四个层面分析了此次修订草案的重要内容和完善之处。[39]有些则是从更为具体的层面，认为在公务员法修订当中，还需要建立灵活的激励与救济机制。

2. 关于职务职级并行和分类管理的研究

职务职级并行改革主要是针对基层公务员的改革，也是解决基层公务员管理中存在的一个共性问题。对此，有学者认为，由于官本位、中庸思想和平均主义观念以及实践中管理制度实施乏力的影响，“基层公务员职级晋升机制依旧存在晋升缺乏连续性、天花板现象以及负向性激励缺乏的问题”[40]，需要进一步完善职级方面的晋升通道。对于职级制度的改革，将职级序列代替非领导职务，职务、职级、级别共同作为公务员管理的基础，还需要完善职级制度的配套机制建设。公务员分类管理制度，有的学者分析了分类管理效果不明显的原因，“分类制度本身和我国地方现实差异所导致的复杂性，在实施和操作层面会存在分类管理权配置、配套财政体制和薪酬政策等方面的问题”[41]。综上所述，要推进职级制度和分类管理制度、完善当前公务员管理制度还要从观念和制度两方面发力。

3. 对公务员队伍中存在问题的研究

这方面的研究主要集中在公务员不作为、消极作为等方面的问题。比如，一些比较类似的观点认为，目前公务员中存在着懒政、怠政、庸政等问题。有的是从客观方面分析了这些不作为的原因，包括容错纠错机制和激励机制不能及时配套、网络舆论环境的影响。基层干部产生倦怠现象源于个人期望与现实间的剧烈冲突、工作和心理压力大、形式主义严重以及程序烦琐、缺乏激励和晋升机制。有的研究则是运用问卷调查和统计模型量化方法，从公务员个人的主观层面分析公务员行为原因，结果发现“个人公共服务动机、工作重塑、职业认知和认同是影响行为的重要因素，要从这些方面入手提高公务员工作的积极性”。[42]可见，对于公务员队伍中存在的一些消极行为，应该从主观动机、职业认同与客观的制度包括正向激励、完善考评制度、容错纠错机制以及负向约束与监督问责制度的完善有机结合起来，加强公务员队伍的管理，增强公务员的积极性主动性创造性。

此外，因2018年是中国改革开放40周年，有些对政府改革的整体性总结性研究。例如，有的学者分析了40年来我国政府治理改革的契机和动力，改革成就主要是“强化以人民为中心的主导价值、以发展和变革为导向、亲市场的政府治理、分工协同的整体性治理、民主参与和依法而治”。[43]也有学者认为，“新时代行政改革还要做到坚持党的领导、政府职能转变和整合、统筹中央与地方、合理设置地方职能机构以及完善相关法规制度”。[44]本年度还有一些对预算绩效管理等方面的研究，因为成果较少就不再作为主要研究领域进行分析。

三、对本年度研究状况的简要评价

总体来看，本年度的行政学研究成果还是比较丰富的，在研究内容和研究方法上体现了以下一些主要特点。

一是在研究上与时代背景紧密结合，突出体现就是对中国改革开放40年来的政府改革的发展与实践经验的总结，并在此基础上提出对未来进一步改革发展的展望。1978年至2018年是我国政府管理不断变革、不断发展的40年，在这一期间取得的改革成就是今后深化改革的坚实基础和经验指导。行政学界的总结研究中主要有总体的行政改革、政府机构改革、公务员管理和人事制度等方面的历时性研究，针对以往改革中存在的一些问题，提出了一系列改革举措。

二是能抓住当前政府管理中的重点热点问题，把理论研究与国家政策紧密结合起来。比如，当前的放管服改革一直是近些年政府改革中的重点与热点问题，学者们能够抓住这些重要现实问题展开研究，包括与大数据发展密切相关的政府信息化建设和政务服务的研究，都是比较明显的体现。又如，《公务员法》修订，公务员分类管理、职务与职级并行等改革的热点问题，也成为本年度行政学研究的一个主要领域。学界对公务员和管理的研究不仅有宏观制度层面的，也有微观个人动机层面的，体现出了这些研究对于公务员法律法规和管理制度改革与完善的一定参考意义。

三是研究方法多数是以定性研究为主，由于对于理论概念的准确量化存在一定难度，定量研究数量较少。这表明利用定量研究来增强研究的创新性的空间还比较大，例如，在政府的市场监管领域，实证研究监管政策出台影响因素具有一定的创新性。而这一类的研究成果还很少，所以定量研究以及实证研究应当进一步发展。

注：

①黄文平主编，国家行政学院出版社，2018年版。

②周天勇、翁士洪著，上海人民出版社，2018年版。

③杨冠琼等著，经济管理出版社，2018年版。

④施昌奎主编，社会科学文献出版社，2018年版。

⑤徐玉德著，北京大学出版社，2018年版。

⑥曹珊著，法律出版社，2018年版。

⑦王天义、杨斌主编：《日本政府和社会资本合作(PPP)研究》《加拿大政府和社会资本合作(PPP)研究》《澳大利亚政府和社会资本合作(PPP)研究》，清华大学出版社，2018年版。

⑧蔡长昆著，社会科学文献出版社，2018年版。

⑨杨雪冬著，社会科学文献出版社，2018年版。

⑩施昌奎、杨浩著，红旗出版社，2018年版。

⑪黄小勇：《机构改革的历程及其内在逻辑》，《行政管理改革》，2018年第5期。

⑫左然等：《40年来我国机构改革的经验和启示》，《中国行政管理》，2018年第9期。

⑬高小平、陈宝胜：《改革开放以来政府机构改革的理性历程》，《学海》，2018年第3期。

⑭沈荣华：《我国政府机构改革40年的启示和新趋向》，《行政管理改革》，2018年第10期。

⑮唐任伍等：《中国政府机构改革：元问题、元动力与元治理》，《中国行政管理》，2018年第11期。

⑯许耀桐：《党和国家机构改革：若干重要概念术语解析》，《上海行政学院学报》，2018年第5期。

⑰宋世明：《深化党和国家机构改革》，《行政管理改革》，2018年第5期。

⑱石亚军：《深化党和国家机构改革是一场彰显四个着力的深刻变革》，《中国行政管理》，2018年第5期。

⑲张克：《合理设置地方机构的路径选择》，《行政管理改革》，2018年第11期。

⑳李军鹏：《十九大后深化放管服改革的目标、任务与对策》，《行政论坛》，2018年第2期。

㉑毛寿龙等：《政府"放管服"改革及其"获得感"的秩序维度》，《江苏行政学院学报》，2018年第1期。

㉒汪玉凯：《用政务信息化促进国家治理体系和治理能力现代化》，《党政研究》，2018年第1期。

㉓江小涓：《大数据时代的政府管理与服务：提升能力及应对挑战》，《中国行政管理》，2018年第9期。

㉔翟云：《重塑政府治理模式：以"互联网+政务服务"为中心》，《国家行政学院学报》，2018年第6期。

㉕王益民：《2018年省级政府网上政务服务发展现状与趋势分析》，《行政管理改革》，2018年第8期。

㉖张晓、鲍静：《数字政府即平台：英国政府数字化转型战略研究及其启示》，《中国行政管理》，2018年第3期。

㉗黄璜、孙学智：《中国地方政府数据治理机构的初步研究：现状与模式》，《中国行政管理》，2018年第12期。

㉘宋魏巍：《中国政府数据开放协同机制研究》，《南京社会科学》，2018年第2期。

㉙张琦：《公共服务中政府与市场的关系》，《学术研究》，2018年第8期。

㉚欧纯智、贾康：《公共服务供给方式及其优化选择的框架式分析》，《学术论坛》，2018年第4期。

㉛郭威、王丹：《基于PPP模式的公共服务完善：作用、障碍与路径》，《华东师范大学学报》，2018年第6期。

㉜彭聪、许坤：《优质医疗服务供给不足的机制分析》，《吉首大学学报》，2018年第3期。

㉝丁姿、龚璞、杨永恒：《我国医疗服务供给结构与效率研究》，《公共行政评论》，2018年第6期。

㉞马亮等：《既得利益、多重动机与分享经济治理》，《甘肃行政学院学报》，2018年第5期。

㉟程波辉等：《共享单车的政府规制：一个分析框架》，《学术研究》，2018年第11期。

㊱樊裕：《共享单车地方法律规制的改进和完善——以北京等九地市规范性文件为例》，《行政管理改革》，2018年第10期。

㊲刘鹏、李文韬：《网络订餐食品安全监管：基于智慧监管理论的视角》，《华中师范大学学报》，2018年第1期。

㊳胡威、蓝志勇：《中华人民共和国公务员法十年回顾、思考与展望》，《南京社会科学》，2018年第1期。

㊴宋世明：《中国公务员管理的四大机制演进》，《行政管理改革》，2018年第12期。

㊵张智：《基层公务员职务与职级并行制度下的晋升机制探究》，《领导科学》，2018年第30期。

㊶孙柏瑛：《中国语境下公务员分类管理改革的目标及其实现途径》，《行政论坛》，2018年第3期。

㊷于海波、安然：《新形势下公务员缓解工作倦怠的二元路径》，《中国行政管理》，2018年第9期。

㊸张成福：《政府治理创新与政府治理的新典范：中国政府改革40年》，《国家行政学院学报》，2018年第2期。

㊹马宝成、安森东：《中国行政体制改革40年：主要成就和未来展望》，《行政管理改革》，2018年第10期。

（作者：孙彩红，中国社会科学院副研究员；
高雅，中国社会科学院硕士生）

新闻传播学

新闻传播学

郭庆光 曹国东

一、马克思主义新闻观研究

2018年是马克思诞辰200周年，习近平出席纪念马克思诞辰200周年大会并发表重要讲话，深刻缅怀马克思的伟大人格和历史功绩，重温马克思的崇高精神和光辉思想。习近平指出"共产党人要把读马克思主义经典、悟马克思主义原理当作一种生活习惯、当作一种精神追求，用经典涵养正气、淬炼思想、升华境界、指导实践。"[①]习近平的相关论述成为新时期学习和研究马克思主义及马克思主义新闻观的方向指引和根本遵循。以此为契机，新闻学界纷纷召开马克思主义新闻观各类会议和培训，马克思主义新闻观著作不断问世，新闻传播类学术期刊也都先后开设"马克思主义新闻观"专栏，这一年可谓国内马克思主义新闻观研究取得长足进步之年。

《马克思主义新闻观百科全书》由中国人民大学出版社2018年7月出版，该书编著历时8年，分为理论思想、观点术语、人物活动、论著文件、媒体组织、历史事件六个部分，全书157万字，575个词条，历史插图600多幅。这本著作完整梳理了马克思主义新闻观的基本内容和框架结构，为马克思主义新闻观的深入研究提供了翔实的研究素材，该书也成为新时期马克思主义新闻观研究的集大成之作。

相关研究同时对马克思主义新闻观进行历史回溯，有学者总结了马克思主义新闻观的五种思想渊源"即世界交往体系、现代传播的时空观、报刊的内在规律、有机的报刊运动（新闻真实是一个过程）、党报立场与人民性"。[②]有文章论述马克思报刊活动的历史地位，认为马克思通过长达半个世纪的报刊活动实践所形成的新闻思想，以及所开创的无产阶级报刊的优良传统，为马克思主义新闻观的形成奠定了理论基石，同时也为马克思主义新闻观的继承与发展开拓了前进道路。[③]

有学者梳理了毛泽东、邓小平、江泽民、胡锦涛和习近平等几代中国共产党领导人丰富创新马克思主义新闻观的历史进程及其理论贡献，认为正是一代代中国共产党人所作的创造性工作，才使马克思主义新闻观在中国得以不断传承、巩固和壮大。[④]

特别是习近平关于新闻舆论工作的重要论述成为新时期马克思主义新闻观创新发展的最新成果。有学者归纳了习近平关于新闻舆论工作重要论述的三大理论来源，即马克思、恩格斯、列宁和中国共产党历代领导人关于新闻舆论的思想以及中国革命、建设和改革的伟大实践，在此基础上，习近平创造性形成了党性原则论、舆论引导论、媒体融合论、新闻创新论、国际传播论、职业素养论的一系列新论断、新阐述、新理论。[⑤]

二、新闻学研究

2018年是中国新闻学创建百年，也是改革开放40年以来中国特色新闻学体系得以形成的历史节点。一方面，有学者从学科史的角度梳理中国新闻学论著的百年进展，提出有必要编制百年中国新闻学总目以完善学科史，建设数字化文献数据库以构建学科文献史，利用大数据技术以整理百年专题史或个案史。[⑥]另一方面有学者认为中国特色社会主义新闻理论已经初步形成体系，其理论来源可借鉴和吸收中国的新闻传播实践、中国新闻思想史、中国特色新闻理论、西方新闻学、传播学和舆论学的学术资源。[⑦]

新闻学中的一些本体性问题得到关注。有系列文章集中探讨新闻规律，认为不断认识持续变化的新闻现象特征，逐步揭示始终在变化、变革的新闻规律正是新闻学研究的主要诉求。[⑧]研究者以传播主体为个案，认为从民众个体为主导、到职业媒体为主导、再到职业媒体和非职业共存的传播主体演变中，反映出人类对新闻自由不断追逐和提升的过程。新闻媒介体制则是由新闻观念、新闻管理和新闻媒介组织及成员构成的"同心圆"，其中观念是灵魂，管理是保障，组织及成员则是主体，共同规范着新闻业的发展。[⑨]

新闻学研究也出现一些新的面向，随着媒体生存环境的变化，有研究开始关注新闻业的整体意义，包括两个层次的研究：一是新闻业对于新闻从业者的意义。二是新闻业在社会脉络里的意义。前者侧重于探讨新闻从业者如何理解职业共同体，有研究者用"液态的连接"来描述传媒业变革中新闻从业人员的职业状态，新闻从业者努力在不断变动的职业身份中关照公共生活，同时表达了对行业不确定性以及重塑行业稳定性和安全感的想象。[⑩]后一种研究取向则注重于阐释新闻业在社会中的位置，"即新闻业作为一种话语制度和文化实践究竟能在社会中扮演何种角色、发挥何种作用、体现何种功能、提供何种价值"[⑪]，可通过新闻职业话语研究为切入口，从新闻从业者围绕新闻业生存与发展的自我言说和阐释中，来找寻新闻权威的根基以及新闻业在社会中的整体形象。

新闻业务方面，自2018年8月习近平在全国宣传思想工作工作会议上指出"要扎实抓好县级融媒体中心建设"的指导思想以来，县级媒体融合成为主要研究议题，相关研究成果纷纷聚焦"县级融媒体该如何建设"的问题，试图在体制、技术、内容、人员等领域纳言献策。

三、传播学研究

2018年正值传播学引入中国40周年，"反思传播学"成为核心议题。《国际新闻界》2018年第2期推出"反思传播学"专辑，收录国内外学者共19篇反思性文章，对中国传播学研究的成效提供适时的评估和反思。有文章指出当前学界对传播研究的反思主要集中在学科地位、研究范式和重建路径三个层面，特别是学科性与跨学科性的二元冲突，导致学科领域的碎片化、核心知识的乏善化以及学科地位的边缘化。[⑫]

如何重构传播学？国内外学者侧重点各有不同。国外学者和中国香港的学者多表现出"多元""对话""元理论"的研究特质，"数字文化"研究也成为重要转向。[⑬]中国大陆学者则重点论述"传播学本土化"，首先肯定传播学对我国经济和社会发挥的积极作用，然后提倡从新媒介所创造的新社会本体[⑭]和坚守自己的文化主体性[15]中，不断校标学术取向。还有部分大陆学者意图从“媒介”“身体”等概念出发来拓展传播学的研究空间。

关于“媒介”和“身体”的研究得到更多的回应。“媒介”的概念被重新界定，媒介不再是一种中介化的工具，而被重新界定为容纳人、技术、权力、资本、文化等不同要素的“行动场域”。[16]来源于欧洲的“媒介化”理论被深度解读，该理论超越“媒介—文本—受众”的传播过程，认为个人和机构都需要适应媒介的规则和逻辑。传播中的“身体”被重新发现。[17]麦克卢汉不仅把身体视为媒介/技术诞生的创造性来源，还把身体当作媒介/技术的定位场所。[18]新媒介环境下的“身体”也从意识主体和身体—主体向智能主体演变，传播与多种身体形式、多重在场方式发生复杂关系。所以传播研究必得回归身体世界，才能重建传播与人类存在的根本性关联。[19]

反思视域下，一些经典的传播理论或方法也得以重释。有实证研究检测“第三层议程设置”来中国语境中的存在，结果表明媒介议程与公众隐性议程形成高匹配度，证实新层级议程设置的有效性。[20]传播政治学的“受众观”也更强调“积极受众”，其“受众劳工论”在数字化背景下也存在一定批判的局限性。[21]近期比较盛行的民族志传播研究也存在重方法、轻理论的研究倾向，还需要超越媒介中心主义、引入历史维度和回归学术脉络以开拓研究领域。[22]

四、新闻传播史研究

在历史研究中，本年度除有大部头新闻史问世外，无论是新闻史还是传播史，思想史、观念史、文化史成为主潮。

大部头新闻史著作先后出版。2018年4月，《中国新闻事业编年史》（第二版）出版，全书340万字记述了从公元713年到2016年超过1300年的中国新闻事业史。2018年9月，历经26年、国内40多位学者通力合作的《中国地区比较新闻史》终于面世，全书记录了自1822年至2000年的中国所有省、市、自治区（包括港、澳、台）的地区新闻史。该书弥补了新闻史以往的不足，是一项极具开创意义的学术工程。

除此之外，新闻史研究较多关注于新闻观念史和报刊阅读史的研究。有研究者分析了19世纪中文外刊中“益闻”与“风闻”两种新闻观念，前者以传教载道为目的，注重新闻真实和新闻伦理；后者则以报业生存为目标，主张有闻必录而不重视新闻真实。这两种新闻观念共同成为国人自办报刊中理解新闻观念的源头。[23]有学者阐述晚清电报对帝制中国晚期管文书书写体系与权力合法性的重塑，从手写体的身体“在场”到“手”与“身”剥离的“电奏”新文体的出现，不仅改变了君臣关系，也促成了皇权“灵晕”的分解与散落。[24]也有文章考察清末革命报刊的阅读史，革命报刊对官绅、革命者、新式知识分子以及普通民众带来不同阅读体验，正是革命报刊创造狂喜与绝望不同阅读心态的媒体价值所在。[25]

传播史与新闻史有着明显的研究分野，“忽视”“遮蔽”“超越”成为研究的主要标识，研究者们试图深掘传播思想史，以突破固有的历史言说。研究者致力于重新发现传播理论家的思想或观点，美国主流传播学对赖特·米尔斯“文化机器”与民主社会批判理论的忽视导致截然不同的传播想象，[26]约翰·杜威的传播思想是承接19世纪公众自由理论和20世纪媒介效果理论的重要节点，[27]爱弥尔S. 涂尔干以“集体意识”和“集体监控”为核心概念的“公共舆论”得以重新论述，[28]边沁则认为公共舆论是在选举制度之外确保统治者对被统治者负责的最重要的手段，[29]甚至法兰克福学派也曾从事传媒媒介、传播内容、舆论、市场调查等相关的经验主义研究，再次证明经验研究和批判研究之间可以存在一定弥合。[30]也有学者从整体上概述了20世纪上半叶美国大众传播知识社会学的两个流派，以社会“团结”为诉求的芝加哥学派和以客观性为目标的哥伦比亚学派共同造就了不同学术想象。[31]

五、广播电视研究

改革开放四十年来，中国广播电视研究的学术历程可划分为探索期、觉醒期、独立与成型期和多元与繁荣期四个阶段。第一阶段（1978—1982）积极探索“自己走路”，广播电视理论与实践开始尊重自身传播规律，批判广播电视的“工具论”。第二阶段（1983—1991）随着新闻改革的深入，全国性的广播电视学术团体成立，学术刊物、论文、著作纷纷涌现，广播电视开始成为独立学科体系。第三阶段（1992—2000）广播电视学作为独立学科成为“新闻学与传播学”隶属的二级学科，广播电视学术研究迎来发展黄金期，理论创新与争鸣意识增强。第四阶段（2001—2018）在教育部公布的普通高等教育本科专业目录里，正式将“广播电视新闻学”调整为“广播电视学”，以发挥其学科优势来应对媒体变革，研究视野日益多维，研究格局基本形成。[32]

有文章梳理中国电视 60 年发展史，发现电视媒体逐步回归传播本位，电视报道出现明显的人格化趋势，重时效、重交流、重视觉、重现场的电视新闻报道特色愈发浓厚，报道内容体现出民生关怀和舆论监督的媒体诉求，电视与新媒体融合使重社交、重参与和重互动成为电视新闻报道的新特点。[33]

随着视频接收终端的多元化，跨屏传播已然盛行，如何进行跨屏传播评估也引发思考。无论是电视收视率还是网络点击量评估都不能满足跨屏传播的评估体系，依托大数据所研发的各类评估模型还存在缺乏统一设计、数据垄断、数据造假等问题。人工智能则可以实现对数值、文本、图片、视频等结构化和非结构化数据的分析和评估，有利于解决跨屏传播评估的技术困境。[34]

六、新媒体研究

人工智能在新闻生产中的应用及其引发的传媒生态变革同样备受瞩目。一场新的内容革命正在发生并持续，由智能技术提供新底层技术的内容生产 2.0（智能化生产和人机协同），以算法为关联落点的内容分发 2.0（公共、族群和个体三重匹配），消费与生产一体化的内容消费 2.0（个性化和社交化）全面升级。平台集中化及平台生态成为未来平衡内容生产、分发和消费的关键力量。[35]

人工智能使传媒业面临新的价值危机。新闻推荐系统的主流算法都存在一定设计缺陷和伦理风险，基于内容的推荐致使信息茧房的出现，基于协同过滤的推荐使用户阅读行为失控，基于时序流行度的推荐有可能诱发“黄色新闻潮”。[36]算法和社交相融合的智能化社交分发模式可能有助于抵消新风险，但新型算法也面临新问题，该算法下的兴趣加权会加剧“虚拟环境”和客观现实的错位，关系加权难以平衡社交关系的复杂性，互动指标加权同样会引发“黄色新闻潮”，混合型算法则降低算法透明性，技术权力可能出现“再封建化”。[37]

用户隐私如何保护？有研究者提出对用户隐私采取“分级保护”，可根据性别、年龄、职业差异对不同隐私主体进行分级保护，数字时代 30 多种“敏感数据”可替代法律意义上的“隐私”成为新的保护客体，隐私保护手段可包括法律保护、行业自律和自我防范，其中自我防范意识是重中之重，提升用户的隐私保护素养迫在眉睫。[38]

同时也要警惕网络中介在制定和执行用户条款中产生的“私权力”。网络空间由公共机构（政府立法机构）、网络中介（技术公司和商业公司）和用户共同构成，用户希望获得更多自主权，公权力期望加强网络治理，网络中介则在三方博弈中意图利益最大化。但在实践中网络中介并不愿意承担互联网治理的主要责任，公共机构和用户间的“社会契约”被网络中介篡改为用户条款式的“私人契约”，如何规范“私权力”成为网络空间传播法的核心问题。我国传播法在法律制度方面应把合同法、竞争法等纳入视野，还应从软法、社会伦理、网络化治理等多角度分析相关问题，以应对这一现实难题。[39]

七、传媒经济研究

智能化技术驱动下，打造平台媒体依然是传统媒体的主要出路，特别是那些能够转型为深耕某个垂直领域、有在地性优势的“垂直型平台媒体”将占有很大的市场机会，这成为传统媒体转型的着力点之一。[40]平台型媒体与内容型媒体的区分，也致使媒体内容生产的供给侧和需求侧发生变化。编辑分发、社交分发和算法分发三足鼎立，而算法分发的精准性和低成本使其成为大势所趋。用户的社交化使内容的品牌传播更加注重关系和情感，用户内容选择渠道的多样化也使内容的个性化传播显得十分必要。[41]

传媒业的经济支持也成了关注点。有文章分析 1949 年以来中国媒体经济体制的变迁，认为在当前在新闻利润下滑、职能单一、媒体公益属性越发强化的形势下，媒体的主要经济来源由传统的广告与多元经营转变为财政补贴和多元经营为主，后者成为新时期媒体赖以生存的经济基础。[42]一些报业上市公司的盈利模式中，网络游戏、动漫产业、数字内容服务等新型互联网盈利方式成为新的增长点。[43]渠道产品化、介质产品化和场景产品化使媒介自身也变成了一种产品，媒介不仅可以生产内容也可以生产媒介，媒介和其他商品一样成为可以交换的物体。[44]

回顾我国数字广告 20 年发展史，互联网企业和数字广告代理商是数字广告制度化进程的主要推动者，并完成从展示技术、竞价搜索技术、定向技术到程序化交易技术的技术创新驱动。随着数字广告份额的持续上涨以及广告主对数字广告的日益青睐，未来广告主将成为推动数字广告发展的关键力量，技术的深度融合也将使数字广告更为“精准与互动”，数字广告市场前景可期。[45]

八、新闻传播教育研究

百年新闻教育中，燕京大学新闻系因其特色教育理念和人才培养模式而独树一帜，有学者以现存 160

篇燕京大学新闻系学生毕业论文为分析对象，重点呈现了燕大新闻教育在专业主体性、响应社会变革和平衡中西新闻教育中的探索和实践，燕大新闻教育理念与实践可总结为：以习得专业知识、技能和养成职业精神来形塑新闻专业自主性；以开设前沿课程、培养教师业务能力、加强与新闻业界合作、创办系刊和建构实践教学体系（实习、见习、调研等）来响应报界之需和社会变革，并推行跨学科联合培养以增强新闻教育的人文素养；以中外融通的眼光和精英主义立场来弥合中西新闻教育模式。时至今日，此番举动仍有启迪。[46]

但总体而言，这一领域研究旨趣表现出更多的现实关怀。有文章关照新闻业界学界人才流动的“偏向性”，由于思维方式、评价体系、缺少交往等因素导致新闻业界学界“人才供给—资源反哺”机制不畅，业界流往学界的人才通路受阻，亟待启动媒体精英吸纳计划，形成从“业界到学界”人才流动的路径依赖，以充实新闻教育师资队伍。[47]近些年“双师制”“双向互聘”、校企共建等模式助益于学界业界融合，但成效一般，止步不前的原因还在于缺乏常态化的制度设计。类似困境也存在于新闻传播教育所倡导的文理融合的人才培养理念中，相较于计算机、信息科学、心理学等其他学科，新闻传播学缺乏足够的学科优势，很难开展真正的跨学科融合与培养，需要更有指导性的学科规划和实践来应对新闻传播教育面临的现实困境。[48]

他山之石，可以攻玉。针对传统新闻传播教育与媒体实际脱节的问题，美国北卡罗来纳大学教堂山分校作出了有价值的探索，全方位改革融媒体课程、多手段建设融媒体师资、实时调整教学方案、鼓励浸入式教学、打造媒体创业者和领导者等系列创新措施，为我们提供了新闻传播教育改革的现实样本。[49]台湾地区的新闻传播教育也正在走出偏重职业技能训练的“密苏里模式”，数字技术和新媒体教育得到不断强化，与新闻传播专业化相关的通识教育、学术发展与学科自主日益成为一种普遍性的要求。[50]

注：

①习近平：《在纪念马克思诞辰200周年大会上的讲话》，新华网，http：//www. xinhuanet. com/politics/leaders/2018-05/04/c_ 1122783997. htm。

②陈力丹：《继承和发展马克思的新闻传播思想》，《新闻与传播研究》，2018年第6期。

③郑保卫：《论马克思报刊活动的历史地位——纪念马克思诞辰200周年》，《现代传播》，2018年第4期。

④郑保卫：《马克思主义新闻观中国化的历史进程及其理论贡献》，《新闻与传播研究》，2018年第2期。

⑤沈正赋：《习近平关于新闻舆论工作重要论述：逻辑起点·发展脉络·理论内核》，《现代传播》，2018年第11期。

⑥黄春平：《中国新闻学论著整理研究的百年进展与反思——基于学科发展的视角》，《国际新闻界》，2018年第12期。

⑦雷跃捷：《建设中国特色新闻学的命题、资源、路径与方法》，《现代传播》，2018年第10期。

⑧杨保军：《新闻规律论论纲》，《国际新闻界》，2018年第10期。

⑨秦汉：《新闻媒介体制：要素、内涵与特征》，2018年第7期。

⑩周睿鸣、徐煜、李先知：《液态的连接：理解职业共同体——对百余位中国新闻从业者的深度访谈》，《新闻与传播研究》，2018年第7期。

⑪白红义：《边界、权威与合法性：中国语境下的新闻职业话语研究》，《新闻与传播研究》，2018年第8期。

⑫龙强、吴飞：《认同危机与范式之惑：传播研究反思之反思》，《国际新闻界》，2018年第2期。

⑬潘忠党：《走向反思、多元、对谈的传播学》，《国际新闻界》，2018年第2期。

⑭单波：《从新体用观的角度建构中国传播学的反思性》，《国际新闻界》，2018年第2期。

⑮吴予敏：《“重构中国传播学”的时代场景和学术取向》，《国际新闻界》，2018年第2期。

⑯钱佳湧：《“行动的场域”：“媒介”意义的非现代阐释》，《新闻与传播研究》，2018年第3期。

⑰刘海龙：《传播中的身体问题与传播研究的未来》，《国际新闻界》，2018年第2期。

⑱刘婷、张卓：《身体—媒介/技术：麦克卢汉思想被忽视的维度》，《新闻与传播研究》，2018年第5期。

⑲孙玮：《交流者的身体：传播与在场——意识主体、身体—主体、智能主体的演变》，《国际新闻界》，2018年第12期。

⑳蒋俏蕾、程杨：《第三层次议程设置：萨德事件中媒体与公众的议程网络》，《国际新闻界》，2018

年第 9 期。

㉑蔡润芳：《“积极受众”的价值生产——论传播政治经济学“受众观”与 Web2.0“受众劳动论”之争》，《国际新闻界》，2018 年第 3 期。

㉒沙垚：《民族志传播研究的问题与反思》，《国际新闻界》，2018 年第 6 期。

㉓操瑞青：《“益闻”与“风闻”：19 世纪中文报刊的两种新闻观》，《国际新闻界》，2018 年第 11 期。

㉔孙藜：《书写与密码：晚清皇朝“灵晕”的离散》，《新闻与传播研究》，2018 年第 9 期。

㉕蒋建国：《清末革命思潮与报刊读者的阅读心态》，《新闻与传播研究》，2018 年第 2 期。

㉖秦艺丹：《超越“人际影响”：米尔斯的迪凯特研究与传播想像》，《国际新闻界》，2018 年第 8 期。

㉗许加彪：《作为经验共享的传播：知识思想史视角下杜威传播观再解读》，《新闻与传播研究》，2018 年第 8 期。

㉘方振武、吴潇阳：《公共舆论与社会团结——爱弥尔·涂尔干的“公共舆论”思想》，《新闻与传播研究》，2018 年第 4 期。

㉙徐蓉蓉：《被忽视的先驱——边沁功利主义舆论思想阐释》，《国际新闻界》，2018 年第 12 期。

㉚连水兴：《被遮蔽的存在：论法兰克福学派的经验性传播研究》，《新闻与传播研究》，2018 年第 3 期。

㉛王颖吉：《客观或团结：美国大众传播知识社会学的两种类型》，《国际新闻界》，2018 年第 7 期。

㉜欧阳宏生、唐希牧：《改革开放四十年：中国广播电视学术研究的历史进程》，《现代传播》，2018 年第 8 期。

㉝高贵武、江灏锋、胡蝶：《拓展与回归：中国电视新闻报道的实践革新与观念演进》，《国际新闻界》，2018 年第 11 期。

㉞吴殿义、周艳：《视频内容跨屏传播评估的产品及其发展》，《现代传播》，2018 年第 2 期。

㉟彭兰：《智能时代的新内容革命》，《国际新闻界》，2018 年第 6 期。

㊱陈昌凤、师文：《个性化新闻推荐算法的技术解读与价值探讨》，《中国编辑》，2018 年第 10 期。

㊲师文、陈昌凤：《社交分发与算法分发融合：信息传播新规则及其价值挑战》，《当代传播》，2018 年第 6 期。

㊳王敏：《大数据时代如何有效保护个人隐私？——一种基于传播伦理的分级路径》，《新闻与传播研究》，2018 年第 11 期。

㊴张小强：《互联网的网络化治理：用户权利的契约化与网络中介私权力依赖》，《新闻与传播研究》，2018 年第 7 期。

㊵喻国明：《智库与创新：互联网发展“下半场”的机遇》，《新闻与写作》，2018 年第 6 期。

㊶喻国明：《内容生产的供给侧与需求侧：趋势与变化》，《新闻与写作》，2018 年第 11 期。

㊷陈国权：《谁为媒体提供经济支持？——1949 年以来中国媒体经济体制变迁与趋势》，《新闻与传播研究》，2018 年第 10 期。

㊸禹建强、马思源：《从利润权重解析报业上市公司盈利模式的转变——以浙报传媒、博瑞传播、华闻传媒、纽约时报（2012—2016 年）为例》，《国际新闻界》，2018 年第 5 期。

㊹栾轶玫、刘宏：《渠道、介质与场景：媒介产品化的进路》，《现代传播》，2018 年第 11 期。

㊺邓敏：《中国数字广告产业二十年：基于“组织—技术”逻辑的制度化进程》，《国际新闻界》，2018 年第 6 期。

㊻胡百精、王雪驹：《专业自主性、回应社会与中西平衡：燕京大学新闻教育的面向》，《新闻与传播研究》，2018 年第 12 期。

㊼曹林：《从媒体精英辞职去向看新闻业界学界流动障碍》，《新闻与传播研究》，2018 年第 6 期。

㊽刘明洋、袁晓川：《融通之道：解读新媒体环境下新闻传播教育的两大趋势》，《国际新闻界》，2018 年第 9 期。

㊾林渊渊：《融媒时代北卡罗来纳大学的新闻课程与教学》，《国际新闻界》，2018 年第 9 期。

㊿殷琦：《走出“密苏里模式”：台湾地区新闻传播教育的专业化趋向》，《现代传播》，2018 年第 6 期。

（作者：郭庆光，中国人民大学教授；
曹国东，中国人民大学博士生）

军 事 学

军 事 学

昝瑞礼

2018年，在马克思诞辰200周年，周恩来诞辰120周年之际，我们迎来了建党97周年，建军91周年，新中国成立69周年，改革开放40周年。2018年是落实十九大精神的开局之年，是全面实施改革强军战略的关键之年，也是军队调整改革向纵深展开的大考之年。回顾这一不平凡的年份，国防和军队建设迎来了可喜的新进展。

一、国防和军队建设成就喜人

2018年是令世界瞩目的中国年。这一年，人民军队深入贯彻习近平关于强军的重要论述，强化练兵备战鲜明导向，提高军事训练实战化水平，国防实力和人民群众的安全感持续增强；这一年，国防和军队改革向纵深推进，在主要领域迈出历史性步伐、实现历史性突破、取得历史性成就。

陈尧、李永飞、代宗锋、练伟、唐鑫阳、李佳豪、张添柱、熊湘平、徐鹏、赖文湧在《2018年全军和武警部队开展主题教育亮点回眸》中认为，在主题教育中，有六大亮点：①突出政治整训，坚定看齐追随。火箭军某基地——强固忠诚底色，培育政治上的明白人。②聚焦备战打仗，纠治和平积弊。东部战区海军某潜艇支队——保持战斗状态，锤炼新时代打赢能力。③坚定信心信念，拥护支持改革。第77集团军——敲准思想鼓点，教育贯穿改革全过程。④弘扬光荣传统，永葆初心本色。武警湖南总队——搭建红色矩阵，营造浸润式教育环境。⑤坚持以文化人，浓厚强军氛围。第73集团军某旅——打造强军文化，聚起奋进的军营风尚。⑥创新形式方法，改进学风教风。中部战区空军地导某旅——创办多维课堂，让政治教育落地有声。①

千羽守望在《2018年中国武器盘点，10年前这些装备都是奢望》中认为，2018年对于中国军工业来说是个不平凡的年份，在此期间许多先进武器如同“井喷”一般涌入公众视野：一是坦克登陆舰搭载的电磁炮；二是首艘国产航母002型与“辽宁舰”以及海试中的055型驱逐舰；三是东风-26反舰弹道导弹，进行高原测试的15式轻型坦克；四是FTC-2000G战斗教练机矢量版歼-10B战机1034号歼-10B战机，开启弹舱的歼-20战斗机，卫星拍摄的运-20U型加油机。②

韩军强、常乾、陈建飞在《热血沸腾！中国军队2018年震撼瞬间》一文中回望2018，全军各部队聚焦战场新变化，纵深开展演习训练；我军国际军事合作高潮迭起，与30多个国家举行近40场联演联训；国防和军队改革向纵深推进，人民军队在强军路上阔步前行。1月中央军委举行开训动员大会；4月南海大阅兵；5月国产航母首次出海试验，航母舰载机夜间起降；6月火箭军“天剑”系列演习；7—8月国际军事比赛-2018；9月陆军“百连万人”新条令比武，“东方-2018”战略演习，陆航部队行动演练；10月“锋刃-2018”国际狙击手射击竞赛；11月2018中国航展；12月中国海军护航十周年。③

王卫星在《推进中国军事科学时代创新》中认为，我国“天宫”“蛟龙”“天眼”“墨子”等重大科技取得举世瞩目成果，一条至关重要的经验就是军地一体攻关、军民融合发展。军事科学研究必须适应当今世界范围内先进技术来源正由传统的军方和大型国防科工企业，向民间和新兴小微企业扩展的趋势，加速构建国家主导、需求牵引、市场运作相统一的新时代军民融合深度发展格局，为中国军事科学的时代创新助推加力。④邓孟、记者谢芳、李悦、李鹏在《第四届军民融合发展高技术装备成果展在京举行》中认为，本届展览以着力打造军民融合“国家品牌”，引领推动战略基础领域自主可控建设和军民融合创新发展。据主办方领导介绍，本届展览通过VR/AR、3D模型、实物及人机交互演示等形式，集中展示近年来战略基础性领域军民融合发展取得的最新成果。展区主要设综合区、先进材料区、先进制造区、新能源区、自主可控区、信息发布区和中大型实装区，共展出302家单位、1349项展品，重点展示基础材料、战略材料和前沿材料，3D打印、发动机、工业制造，新型储能、发电、能量控制管理，北斗系统和办公信息系统等技术和产品，以及全军武器装备采购信息网。[5]杨军安、杨亦文、程荣在《构筑“地下长城”的幕后英雄——探寻军事科学院国防工程研究院设计团队创新发展之路》中认为，军事科学院国防工程研究院是从事全军国防工程和全国人防工程科研论证、勘察设计、技术审查等任务的重点科研单位。他们先后承担和参与了新中国第一个重要防护工程、第一条军用水下隧道等国家级重点工程的技术咨询和保障任务，累计完成重点工程勘察设计项目2400余项、科研论证课题600余项，获国家、军队和部委级优秀设计科研成果奖210余项，为我国国防和军队建设发展作出了重要贡献。[6]

蔡琳琳在《新时代中国军队展现大国担当——2018中国军队开展国际军事合作回顾》中认为，从北京香山论坛发出中国军队声音，到首届中非防务安全论坛凝聚中非普遍共识；从楚戈尔大草原中俄两军合帐练兵，到南海海域中国与东盟10国舰艇编队联合演练；从长城脚下响彻天际的“和平号角”，到珠海上空震耳欲聋的战机轰鸣，一场场国际军事合作活动，让新时代的人民军队一次次置身于聚光灯下，展现了大国军队的责任与担当。一是“朋友圈”越来越大——构建全方位、宽领域、多层次的国际军事合作新格局；二是“实战味”越来越浓——注重在联演联训联赛中提升战斗力；三是话语权越来越强——在多边外交平台发出响亮中国声音；四是影响力越来越广——向世界提供更多公共安全产品。[7]

国防部在《2018中国军事外交十大亮点》中认为，2018中国军事外交有以下十大亮点：1. 上合组织防务合作迈上新台阶；2. 北京香山论坛开新局；3. 首次参加俄军战略演习；4. 中美两军关系积极发挥两国关系稳定器作用；5. 中国—东盟防务安全合作成果丰硕；6. “和平列车-2018”医疗队临危受命紧急驰援；7. 国际军事比赛再创佳绩；8. 首届中非防务安全论坛助力中非合作；9. 上合组织各国军乐团联袂奏响“和平号角”；10. 中国海军护航10年。自2008年12月26日起，中国海军开始派编队赴亚丁湾、索马里海域护航，10年间共为近1200批约6600艘中外船舶护航，解救、接护和救助遇险船舶60余艘，持续保持着被护船舶和编队自身“两个百分之百安全”的纪录。[8]

二、一流军队建设研究新进展

习近平同志在十九大报告中对新时代国防和军队建设发出了动员令，明确提出建设成为世界一流军队目标。庆祝中国人民解放军建军91周年《求是》评论员发表了题为《在习近平强军思想指引下奋力全面建成世界一流军队》一文。军事科学时代创新，应紧紧围绕建设世界一流军队这一总目标，加强战略设计和路线规划，确保将人民军队建设成一支对党绝对忠诚、常备多能、精干高效，既能维稳控局遏制战争，又能应对危机打赢战争；既能有效维护国家安全发展利益，又能有效履行大国国际责任的世界一流军队。

曹益民在《把握建设世界一流军队科学内涵》化中指出，建设世界一流军队，需要遵循军队建设普遍规律，根植新时代人民军队发展的实践沃土，从中国特色国防和军队建设实际出发，确立中国军事发展在世界军事领域竞争博弈中的科学定位。一是发展世界一流的作战理论，二是培育世界一流的人才群体，三是拥有世界一流的武器装备，四是具有世界一流的法治管理，五是锻造世界一流的战斗力，六是形成世界一流的创新能力。[9]

曹二刚、朱洪杰在《深刻理解全面建成世界一流军队的要求》中认为，全面建成世界一流军队的关键：一是一流军队要靠科学的军事理论来指导，二是一流军队要靠强大的科技实力来支撑，三是一流军队要靠严明的作风纪律来保证，四是一流军队要靠过硬的打赢能力来检验，五是世界一流军队是要靠奋斗才能出来。[10]

王道伟、张红梅在《以哲学思维助力一流军队建设》中认为，建设世界一流军队，需要从一切不合时宜的思维定式、固有模式、路径依赖中解放出来，以全新的思维方式进行战略谋划、综合推进。用新技术、新理论、新方法引领军事领域新变革，以思想认识的新飞跃开拓全面建成世界一流军队新局面。一是以创新思维构建开拓式建设模式，二是以发展思维设计成长型建设目标，三是以比较思维建立可塑性建设规划，四是以系统思维确立体系化建设方法。[11]

刘建伟、赵雷等在《大师傅，如何书写军营“新师说”》中认为，世界一流军队由世界一流军人组成，世界一流军人靠世界一流素质支撑。人才综合素质越高，强军兴军的基础就越牢；高素质新型军事人才越多，打赢未来战争的把握就越大。面对国防和军队改革的深入推进，强军兴军新局面的开创，师父带徒弟的好传统，很有必要在军营各个岗位发扬光大，并不断通过创新赋予新的内涵。如此这般，“大师父”才能带出“好徒弟”，才能在改革强军的时代考卷上答出“好成绩”。[12]

三、“传承红色基因、担当强军重任”主题教育研究新进展

曲宝林、周鑫在《新时代政治建军的一项战略任务——深入学习贯彻习主席关于传承红色基因的重要论述》中认为，必须把传承红色基因摆在重要位置，作为新时代政治建军的战略任务和基础工程抓紧抓好。一是深刻认识传承红色基因的时代意蕴。红色基因，集中体现我党我军性质宗旨本色，蕴含着鲜明的政治立场、坚定的信仰信念、先进的制胜之道、崇高的革命精神、优良的作风纪律，是人民军队从胜利走向胜利的传家法宝。我们要全面学习理解，着力把握其精神实质和时代特征，在定位上赋予新高度，在实践中激发新动力，在方法举措上拓展新路径；二是准确把握传承红色基因的着力重点。锻造维护核心、听党指挥的绝对忠诚，坚定社会主义、共产主义的理想信念，强化勇于改革、敢于突破的创新意识，培育一不怕苦、二不怕死的战斗精神，严明高度自觉、令行禁止的革命纪律，巩固爱民为民、军民团结的特有优势；三是积极探索传承红色基因的方法途径，传承红色基因是新时代政治建军的重大任务，我们要在激活传统资源中传承红色基因，在强化教育引导中传承红色基因，在文化感染熏陶中传承红色基因。[13]

陆正声在《扎实推进红色基因代代传工程》中认为，扎实推进红色基因代代传工程：一是强化科学理论武装举旗铸魂。推进红色基因代代传工程，最根本的是深入学习马克思主义理论特别是习近平新时代中国特色社会主义思想，深扎红色基因的根子。传承红色基因，必须用马克思主义真理武装头脑，培塑“革命理想高于天”的坚定信念。必须把对党忠诚作为基本要求，锻造维护核心、听党指挥的绝对忠诚，必须大力弘扬理论联系实际的优良学风，坚持真学实做、知行合一；二是深化党史军史教育厚植底色。党史军史是一代一代共产党人和革命军人用智慧、汗水、鲜血甚至生命书写的，无论过去、现在、还是将来，都是极其宝贵的红色资源。要做到学史明史强固红色根基，编史研史赓续红色家谱，传史用史培塑红色传人；三是打造强军文化熏陶激励。先进军事文化是人民军队的精神血脉，是建设一流军队最深厚最持久的力量，当前，打造强军文化，必须创建特色文化品牌，丰富拓展载体平台，建强文化骨干队伍；四是融入强军兴军实践砥砺升华。传承红色基因重在践行、贵在养成，必须贯穿到部队建设各领域全过程，落实到政治建军、改革强军、科技兴军、依法治军和备战打仗、军民融合等各方面，使红色基因永葆活力、彰显威力。[14]

四、思想建军政治强军研究新进展

乘东在《牢固确立习近平强军思想在国防和军队建设中的指导地位》中认为，党的十九大鲜明提出习近平强军思想，强调确立习近平强军思想在国防和军队建设中的指导地位。这为实现党在新时代的强军目标、全面建成世界一流军队，明确了根本引领和科学指南。[15]在新时代国防和军队建设中，如何确立习近平强军思想的指导地位呢？吴杰明在《牢固确立习近平强军思想在国防和军队建设中的指导地位》中认为，一是要深刻认识习近平强军思想在我们国防和军队建设中的重要地位、巨大价值，这是前提；二是要深刻把握习近平强军思想本身是一个完整的科学体系，要认真地、扎实地、原原本本地、深入透彻地学习领会，掌握它的科学内涵，掌握它的精神实质，掌握它的实践要求；三是要牢固确立习近平强军思想体现在国防和军队建设各个方面、所有的领域全过程。指导地位的体现归根到底要体现在行动上。这样才能说习近平强军思想指导地位是真正确立起来，它的巨大威力才能够充分地展示出来。[16]

李悦在《习近平强军思想的理论要义》中认为，“习近平强军思想”的核心要义可以概括为“十个明确”。一是强军使命，明确强国必须强军，巩固国防和强大人民军队是新时代坚持和发展中国特色社会主义、实现中华民族伟大复兴的战略支撑；二是强军目标，明确党在新时代的强军目标是建设一支听党指挥、能打胜仗、作风优良的人民军队，必须同国家现代化进程相一致，力争到2035年基本实现国防和军队现代化，到21世纪中叶把人民军队全面建成世界一流军队；三是强军之魂，明确党对军队绝对领导是人民军队建军之本、强军之魂，必须全面贯彻党领导军队的一系列根本原则和制度，确保部队绝对忠诚、绝对纯洁、绝对可靠；四是强军之要，明确军队是要准备打仗的，必须聚焦能打仗、打胜仗，创新发展军事战略指导，构建中国特色现代作战体系，全面提高新时代备战打仗能力，有效塑造态势、管控危机、遏制战争、打赢战争；五是强军之基，明确作风优良是我军鲜明特色和政治优势，必须加强作风建设、纪律建设，坚定不移正风肃纪、反腐惩恶，大力弘扬我党我军光荣传统和优良作风，永葆人民军队性质、宗旨、本色；六是强军布局，明确推进强军事业必须坚持政治建军、改革强军、科技兴军、依法治军，更加注重聚焦实战、更加注重创新驱动、更加注重体系建设、更加注重集约高效、更加注重军民融合，全面提高革命化、现代化、正规化水平；七是强军关键，明确改革是强军的必由之路，必须推进军队组织形态现代化，构建中国特色现代军事力量体系，完善中国特色社会主义军事制度；八是强军动力，明确创新是引领发展的第一动力，必须坚持向科技创新要战斗力，统筹推进军事理论、技术、组织、管理、文化等各方面创新，建设创新型人民军队；九是强军保障。明确现代化军队必须构建中国特色军事法治体系，推动治军方式根本性转变，提高国防和军队建设法治化水平；十是强军路径。明确军民融合发展是兴国之举、强军之策，必须坚持发展和安全兼顾、富国和强军统一，形成全要素、多领域、高效益军民融合深度发展格局，构建一体化的国家战略体系和能力。⑰

五、军事文化研究新进展

千百年来，人类文明向前迈进的步伐，从来没有真正摆脱过战争的阴影。通过那些刀光剑影、血雨腥风的创伤与印痕，历史一再告诫后来的人们：战争法则其实从来不是刀枪下的屈服，最终是文化的征服；只有文化的强大，才能真正实现军队强大和民族自立。进入新时代的中国军队，强军事业呼唤强军文化。

漆锡在《肩负起新时代强军文化建设的使命担当》中认为，肩负起新时代强军文化建设的使命担当，一是要科学把握先进军事文化是人民军队的精神血脉，是建设一流军队最深厚最持久的力量；二是要科学把握红色基因就是我军军事文化的根脉和底色；三是要把握以习近平强军重要论述为引领的强军文化就是先进军事文化的核心内容和时代要求，发展先进军事文化更是不能丢失红色基因这个根脉和底色；四是要打造强军文化，巩固部队思想文化阵地，坚定官兵革命意志、升华官兵思想境界、纯洁官兵道德情操，引导他们努力成长为有灵魂、有本事、有血性、有品德的新一代革命军人；五是要科学把握政治工作要把打造强军文化作为一项重要任务，大力加强先进军事文化建设，在培养“四有”新一代革命军人中发挥重要作用；六是先进军事文化，先进就先进在敢于走在时代前列、引领时代新风；七是强军文化，强就强在敢于与不良风气、糟粕文化作斗争。⑱

张曙光在《构建健康的军事网络文化“生态环境”》中认为，新时代，呼唤健康鲜活的军事网络文化，应顺应时代发展大势，注入活性“因子”，营造军事网络文化热力磁场；提升价值“内核”，培育军事网络文化健康肌体；培植文化“种苗”，打造军事网络文化人才群落。⑲

蔡渭滨在《关于发展强军文化的几点思考》一文中认为，强军文化作为中国文化的重要组成部分，不仅深刻影响决定着军队建设的道路和方向，也深刻影响着整个民族文化心理和时代文化精神。建设和发展强军文化，必须紧跟时代步伐、紧扣强军实践、紧贴官兵实际，持续为强国强军事业提供精神力量。1、将目光凝聚在中华民族伟大复兴的制高点上。文化是一个民族兴盛的根脉，是一支军队强大的灵魂，打造强军文化，必须始终将目光凝聚在中华民族伟大复兴的制高点上，持续滋养中国心、塑造民族魂、集聚强国志；2、以实现党在新时代的强军目标为指向。强军文化是沿着革命先辈铸就的精神血脉，它是以实现党在新时代的强军目标为核心指向的文化内涵和形态，是引领部队前进方向的精神旗帜；3、以培养新时代革命军人为根本价值。成就强军事业，首在立人，以文化力量培养新时代革命军人，是强军文化支撑强军事业的根本价值所在，我们要打造强军文化，巩固部队思想文化阵地，坚定官兵革命意志、升华官兵思想境界、纯洁官兵道德情操，引导他们努力成长为有灵魂、有本事、有血性、有品德的新一代革命军人。⑳

孙鑫、夏董财在《强军这五年，金一南等8位文化名家的“强军文化论”有啥看点》中认为，著名学者金一南认为灵魂赋予尊严，血性赢得光荣；灵魂与血性永远是军人的脊梁、胜利的刀锋！如今，年轻人正在担当重任，如何形成养育灵魂、培育血性的机制体制，如何真正把有灵魂、有本事、有血性、有品德的人选上来，提上去，既是今天军队建设与发展的当务之急，更是未来军队建设与发展的长远之计。著名作家王树增提出强军梦想的实现，离不开文化血脉的滋养。读懂了长征，就会知道人类精神中的不屈与顽强是何等的伟大，就会知道生命为什么历经苦难与艰险依然能够拥有快乐和自信，就会知道当一个人把个体的命运和民族的命运联系起来时，天地将会多么广阔，生命将会何等光荣。《孙子兵法》研究会理事李炳彦提出开拓未来，固然要借助历史给我们筑起的舞台，但目标是走向未来。我们不能从博物馆里取出古人的剑同现代敌人作战，而是要“熔化”古人的剑铸造新的武器。我们需要汲取西方的探索精神和不断追求新手段的意志，站在军事变革的前沿，着眼先进战斗力的发展方向，创造新时代的强军理论。著名作家柳建伟提出一个国家只有文化的崛起，才是真正的崛起，只有文化的复兴，才是真正的复兴。文艺强则文化强，古今中外，这都是规律。没有诗经、楚辞、汉赋、唐诗、宋词这些伟大的文艺作品，中华文化是不能称作伟大的文化的。因此，讨论强军文化，必须讨论军事文艺的创作。打造强军文化，必须重点打造强军文艺。著名作家徐贵祥提出中华民族是一个崇尚英雄的民族。更多的时候，英雄不是存放在凌烟阁上的牌位和封神榜上的名册，而是行走在原野和河流山川之间的风，而是传送在书斋和村头集市的雨，以书面或口头的形式携带传播，以潜移和默化的形式生根开花，成为中国性格的重要特征。英雄是国家形象的代表，是民族精神的代言人。任何时候，我们都不能淡忘英雄，抹黑英雄更是对历史的背叛！著名文艺评论家汪守德提出民族崛起需要中国军人挺直的脊梁，强军事业需要中国精神凝聚起强大力量。中国军队和中国军人在奋斗追求的强军路上，当以不断超越的创新意识和进取精神，以坚韧不拔的意志与毅力，克服重重艰难险阻，创造更辉煌的业绩，以对新的精神高度的攀登，为中国精神输送更加崭新的血液，使其所具有的时代内涵得到更大的丰富和拓展。著名军旅作家张西南提出那些穿越历史而经久不衰的经典战歌，多是民族在生死存亡之秋、苍生涂炭之际发出的怒吼与心声。不能遗忘那些曾裹着硝烟、浸满了血、跳动着无数生命的旋律，让历史的回声永远在我们心中激荡，才能真正谱写出新时代的强军乐章。著名剧作家唐栋提出我军官兵在先辈们用鲜血和生命铸就的一座座精神丰碑面前，在血与火的冶炼下铸就的先进军事文化的“红色基因”中，形成了具有红色特质的文化人格，这就是美！无论是在有硝烟或没有硝烟的战场上，他们具有这样一种文化人格，一定会在灵魂搏击的终极较量中凯旋。[21]

六、建设创新型人民军队研究新进展

习主席在党的十九大报告中指出：“树立科技是核心战斗力的思想，推进重大技术创新、自主创新，加强军事人才培养体系建设，建设创新型人民军队。”这一重要论述，体现了对新一轮科技革命、产业革命、军事革命发展趋势的科学研判，体现了对战争制胜规律、科技创新规律的准确把握，为我们紧紧抓住新时代科技兴军这一强大引擎，坚持自主创新战略基点，努力建设创新型人民军队，指明了前进方向、提供了根本遵循。

龚耘在《建设创新型人民军队的必由之路》中认为，建设创新型人民军队必须抓住科技兴军这个核心关键，深化前沿科学探索，加强科技展望和技术预见，提高自主创新能力，掌握一批具有自主知识产权的核心关键技术，积极开展高新技术武器装备研制，努力抢占军事竞争战略制高点。[22]

李炳彦在《探索创新型人民军队建设规律》中认为，建设创新型人民军队是时代赋予的历史命题，一流军队有着鲜明的时代特征和丰富的内涵，一流军队首先应当是创新型军队。建设创新型人民军队，是建设世界一流军队的前提，也是建设创新型国家的战略支撑。一个国家的强盛，不仅取决于它拥有的物质财富的多少，更取决于国家的创新力和维护国家利益的能力；一支军队的强弱，不仅取决于它现有的装备水平和兵员数量，更取决于军事创新能力和这种能力持续发挥的程度。新军事变革是一个持续的军事创新过程，信息化军队、智能化军队，本质上都是创新型军队。创新型军队总是在积极引领军事变革的潮流，而不是待变革的大潮来临时，被动地去适应。[23]

七、中国军事科学新时代的创新研究新进展

王卫星在《推进中国军事科学时代创新》中认为，时代是思想之母，创新是时代之声，世界军事发展正由信息化向智能化时代迈进，中国军事科学也酝酿着重大突破，奋力推进中国军事科学的时代创新，是军事科研工作者肩负的历史责任。一要立足解决新的时代课题，推进军事科学时代创新，二要立足当今世界大变局，解决好如何加强国际战略运筹、促进世界和平发展的时代课题，三要立足国家由大向强，解决好如何支撑我国走进世界舞台中央的时代课题，四要立足智能化发展趋势，解决好在军事上如何实现由跟跑并跑向并跑领跑转变的时代课题，五要聚焦理技融合发展方式，推进军事科学时代创新，六要着眼引领强军实践，推进军事科学时代创新。军事科学的发展取决于关键领域的重大突破。推进军事科学时代创新，必须植根强军兴军和军事斗争的伟大实践，着眼履行新时代军队使命任务，全面推进国防和军队现代化，抓住那些具有决定性影响、基础性作用和连锁性效应的枢纽关节领域，持续聚力发力，力争实现突破。一要科学设计规划世界一流军队建设目标，二要推动构建支撑民族复兴目标的军事能力。三要确保我军强军胜战成功经验代代相传。[24]

张红梅在《从技术的原点上寻找灵感》中认为，世界军事发展史表明，卓越的军事理论创新能力，是把握军事变革主动权的重要前提。当今时代是科技制胜的时代，创新军事理论必须从技术的原点上寻找灵感，洞察强敌技术上的“阿喀琉斯之踵”，才能构建具有我军特色、符合现代战争制胜规律的先进军事理论体系。一是要在“理论牵引、技术推动”辩证统一中促进军事理论创新，二是要科学认识到军事理论往往是根据时代形势的变化、科技的革新而创新的，三是要科学认识到先进的军事理论完全可以早于相应的作战手段而出现，四是推动军事理论创新，必须掌握科学的思维方式，五是要适应军事理论与军事科技日益融合的特点规律，实现精确研究与模糊研究相结合、定量研究与定性研究相统一，为军事理论创新提供科技支撑。[25]

八、军事教育研究新进展

倪海、徐有、李晓亮在《军委机关有关部门专家解读我军军事职业教育》中认为，大力发展具有我军特色的军事职业教育，是党中央、中央军委的重要战略决策，与全体军队人员的切身利益息息相关。如何理解军事职业教育——面向全军官兵的在岗继续教育；开展军事职业教育的目的是什么——全面提高官兵履职能力和职业素养；军事职业教育对象是谁——军队现役官兵和文职人员。[26]

钧训轩在《着力健全“三位一体”新型军事人才培养体系》中认为，要进一步走军队院校教育、部队训练实践、军事职业教育三位一体的人才培养路子，提高军事人才培养质量。一是准确把握三位一体新型军事人才培养体系的坐标方位；二是深入理解三位一体新型军事人才培养体系的本质内涵，建好用好三位一体新型军事人才培养体系，必须把内涵要义研究透、逻辑关系理清楚、内在规律把握准；三是紧紧抓住三位一体新型军事人才培养体系的建设重点，建好用好三位一体新型军事人才培养体系，需要抓住主要矛盾、扭住关键环节，以重点突破带动整体跃升；四是充分发挥三位一体新型军事人才培养体系的整体效能，建好用好三位一体新型军事人才培养体系，亟待释放人才培养体系效能，激发内在动力、保持生机活力，军队院校教育是人才培养主渠道，重在固本强基。部队训练实践是人才培养大课堂，重在转化运用，军事职业教育是人才培养大平台，重在补充拓展，军队院校教育、部队训练实践、军事职业教育，作为人才培养的“三驾马车”，既彼此联系、相互贯通，又功能各异、各有侧重，三者有机统一于培养高素质新型军事人才的生动实践。[27]

九、战争研究新进展

随着大数据在军事领域的高效开发和全面运用，战争将步入大数据时代。在未来战场上，“除了上帝，任何人都必须用数据说话”，只有具备大数据优势的一方，才能有效掌控数据——这一关键战略资源，从而在战场上立于不败之地。毫无疑问，打赢未来信息化战争，大数据已成为军队必备的能力。

李瑞景在《从叙利亚战场看未来战争模样》中认为，未来战争的模样：一是“混合战争”成为常态；二是“战争无人化”趋势凸显；三是“电磁作战”水平领先；四是“特种作战”频谱不断拓展。[28]

石纯民、董建敏在《地下空间：未来战争的关键战场》中认为，古往今来，国因城而在，守国必先守城，城破国亡、城乱国衰已成历史铁律。随着人类社会城市化进程的推进，地下空间将是未来城市作战的重心，预计到2050年全球约有63亿人生活在城市，城市人口爆炸性增长与地表面积的有限性矛盾不断上升，使得人类被迫向地下要空间，让城市地下空间协同开发利用已成为未来城市发展趋势，而人类生存方式决定了作战方式，地下空间天然的作战优势，使得城市作战体系正向地下空间拓展，城市作战方式由地上为主向地上地下协同作战转变，随着地下空间在城市作战中的地位日益提升，它被认为是继陆、海、空、天、电、网之后，人类战争的新战场。[29]

游光荣在《人工智能将深刻改变战争面貌》中认为，在智能化战争中，无生命智能体、机器人战斗员在智能化战争中的作用凸显，用于信息支援、指挥控制、效果评估、后勤保障的“云端大脑”“数字参谋”“虚拟仓储”等人工智能作战力量将在未来战争中发挥越来越重要的作用，智能机器和智能武器将成为未来战场的主力军；“人对人”的战争将向“机器自主作战”的战争拓展；智能化的蜂群消耗战、跨域机动战、认知控制战将成为基本作战类型；人机分散部署、自主协同、集中能量攻防作战，成为跨域融合、全域作战的基本准则；“观察—判断—决策—行动”链路大大缩短，作战节奏更加快捷、行动更加精准、效率更高；通过持续的对抗演习对人工智能系统和各类无人化作战平台的升级训练，将成为战斗力提升的重要方式。智能将超越火力、机动力和信息力，成为决定战争胜负的最关键因素。随之而来的是，战场控制权的内涵将需要重新界定，国际军备谈判将增加新主题，威慑理论的教科书也将改写。[30]

陈航辉在《人工智能：如何颠覆未来战争》中认为，当前，世界正处于智能革命的前夜，人类社会正从“互联网+”时代迈入“智能+”时代。近年来，在大数据、新型算法和超级计算的推动下，人工智能正在改变乃至颠覆所触及的每一个行业，战争亦不例外，从水下潜航器到无人机集群，从预测性维修软件到智能决策助手，人工智能正以前所未有的广度与深度影响着战争的不同领域，推动着新一轮军事变革，战争形态和面貌正悄然被改变。可以预见，今后随着越来越多的智能化武器系统投入战场，战场上的作战反应时间将越来越短，交战行动将空前激烈，并最终超出人类的理解和应对能力。[31]

陈航辉、王寒寒在《特朗普缘何钟情“太空军”》中认为，美国总统特朗普下令要求国防部开始筹建太空军，并使用“隔离但平等”形容未来太空军与空军的关系，这意味着特朗普希望将太空军打造成美军的第六个军种。激进改革原因何在？太空是美军联合作战的新兴领域，也是美军非对称性优势的重要来源。据统计，美军90%的军事通信、100%的导航定位、100%的气象信息和近90%的战略情报来自太空系统。不夸张地讲，没有可靠的太空支援，美军的精确制导弹药、远程无人侦察机、全球指挥控制系统等信息化武器装备都将失灵，美军将退回到机械化战争时代。一旦太空作战力量独立成军，将至少带来三大好处：一是获得更大的预算分配权，二获得更高的协调决策权，三获得独立的人事安排权。[32]

注：

①陈尧、李永飞、代宗锋、练伟、唐鑫阳、李佳豪、张添柱、熊湘平、徐鹏、赖文湧：《2018年全军和武警部队开展主题教育亮点回眸》，《人民网》，2018年12月24日。

②千羽守望：《2018年中国武器盘点，10年前这些装备都是奢望》，《新浪网》，2018年12月30日。

③韩军强、常乾、陈建飞：《热血沸腾！中国军队2018年震撼瞬间》，《中国军视网》，2018年12月29日。

④王卫星：《推进中国军事科学时代创新》，《学习时报》，2018年3月28日。

⑤邓孟、记者谢芳、李悦、李鹏：《第四届军民融合发展高技术装备成果展在京举行》，《央广军事》，2018年10月12日。

⑥杨军安、杨亦文、程荣：《构筑“地下长城”的幕后英雄——探寻军事科学院国防工程研究院设计团队创新发展之路》，《解放军报》，2018年1月31日

⑦蔡琳琳：《2018中国军队开展国际军事合作回顾》，《解放军报》，2018年12月20日。

⑧国防部：《2018中国军事外交十大亮点》，《新华网》，2018年12月20日。

⑨曹益民：《把握建设世界一流军队科学内涵》，《解放军报》，2018年1月16日。

⑩曹二刚、朱洪杰：《深刻理解全面建成世界一流军队的要求》，《解放军报》，2018年2月9日。

⑪王道伟、张红梅：《以哲学思维助力一流军队建设》，《解放军报》，2018年7月5日。

⑫刘建伟、赵雷等在《大师傅，如何书写军营“新师说”》，《中国军网》，2018年5月29日。

⑬曲宝林、周鑫：《新时代政治建军的一项战略任务——深入学习贯彻习主席关于传承红色基因的重要论述》，《中国军网》，2018年7月10日。

⑭陆正声：《扎实推进红色基因代代传工程》，《解放军报》，2018年7月23日。

⑮乘东：《牢固确立习近平强军思想在国防和军队建设中的指导地位》，《中国纪检监察报》，2018年4月10日。

⑯吴杰明：《牢固确立习近平强军思想在国防和军队建设中的指导地位》，《解放军报》，2018年1月12日。

⑰李悦：《习近平强军思想的理论要义》，《求是》，2018年第15期。

⑱漆锡：《肩负起新时代强军文化建设的使命担当》，《人民网》，2018年10月30日。

⑲张曙光：《构建健康的军事网络文化“生态环境”》，《军事记者》，2018年第6期。

⑳蔡渭滨：《关于发展强军文化的几点思考》，《光明日报》，2018年09月15日。

㉑孙鑫、夏董财：《强军这五年，金一南等8位文化名家的“强军文化论”有啥看点》，《中国军网》，2018年3月11日。

㉒龚耘：《建设创新型人民军队的必由之路》，《中国社会科学》，2018年11月22日。

㉓李炳彦：《探索创新型人民军队建设规律》，《解放军报》，2018年8月2日。

㉔王卫星：《推进中国军事科学时代创新》，《学习时报》，2018 年 3 月 28 日。

㉕张红梅：《从技术的原点上寻找灵感》，《光明日报》，2018 年 07 月 21 日。

㉖倪海、徐有、李晓亮：《军委机关有关部门专家解读我军军事职业教育》，《解放军报》，2018 年 3 月 1 日。

㉗钧训轩：《着力健全“三位一体”新型军事人才培养体系》，《解放军报》，2018 年 2 月 28 日。

㉘李瑞景：《从叙利亚战场看未来战争模样》，《军事网络》，2018 年 2 月 8 日。

㉙石纯民、董建敏：《地下空间：未来战争的关键战场》，《中国国防报》，2018 年 10 月 18 日。

㉚游光荣：《人工智能将深刻改变战争面貌》，《解放军报》，2018 年 10 月 17 日。

㉛陈航辉：《人工智能：如何颠覆未来战争》，《中国军网》，2018 年 1 月 2 日。

㉜陈航辉、王寒寒：《特朗普缘何钟情“太空军”》，《解放军报》，2018 年 7 月 5 日。

（作者：昝瑞礼，国防大学研究员）

北京研究

北京市习近平新时代中国特色社会主义思想研究中心 2018 年工作概述

秘书处

2017 年 12 月 14 日，经党中央批准，包括北京市在内的 10 家习近平新时代中国特色社会主义思想研究机构成立，这是深入学习宣传贯彻习近平新时代中国特色社会主义思想和党的十九大精神的重大举措。自成立以来，北京市委高度重视，按照高起点、高规格、高标准、高水平的要求，在做实、做强、做优上着力，努力构建一流的运行机制、打造一流的研究团队、推出一流的研究成果、形成一流的传播影响，切实加强北京市习近平新时代中国特色社会主义思想研究中心（以下简称“北京研究中心”）建设，组建了 100 多人的研究队伍，在全市建设 19 家研究基地，组织专家在中央“三报一刊”上发表文章 122 篇，在全国 10 家机构中名列第一。北京研究中心及其各研究基地的成立和发展，在首都理论界树起了鲜明的旗帜，在理论界发出了强有力的“北京声音”。

一、举全市之力，高标准高质量建设北京研究中心

北京作为首都，各方面工作都具有指向性，市委反复强调“看北京首先要从政治上看”，在研究宣传阐释习近平新时代中国特色社会主义思想这一首要政治任务上，北京必须交出一份让党中央满意的答卷，发出与首都地位相称的“北京声音”。

1. 市委将研究中心建设列入重要议程

一是市委书记蔡奇同志作出批示。习近平新时代中国特色社会主义思想研究机构成立会议召开后，蔡奇 2017 年 12 月 15 日就在《人民日报》上批示要求抓好这项工作，并多次过问北京研究中心建设情况，多次提出明确要求。二是市委常委会专题研究并列入重点工作任务。2017 年 12 月 27 日，蔡奇主持市委常委会专题研究审议北京研究中心建设方案，要求充分发挥首都哲学社会科学学科和人才优势，紧密结合北京实际，努力建设具有重要影响力的习近平新时代中国特色社会主义思想理论研究中心、宣传阐释中心、传播交流中心。同时，将北京研究中心建设工作列入 2018 年市委常委会重点工作任务。三是在市委全会上进行汇报。2018 年 12 月 28 日，蔡奇在市委十二届七次全会上，将北京研究中心 2018 年工作情况作为市委工作报告内容向全会报告。

2. 构建强有力的组织领导体制

在中宣部和市委领导下，建立起一套组织有力、运转高效的领导体制和运行机制。北京研究中心由市委常委、宣传部部长杜飞进同志任主任，一年来，杜飞进同志亲自谋划、亲自指挥相关工作，并带头在中

央媒体发表北京研究中心署名文章。市委宣传部常务副部长，市委教工委常务副书记，市社科联党组书记任常务副主任；相关社科单位和首都高校的有关负责人任副主任；市委宣传部理论处处长任秘书长。日常工作由市委宣传部理论处和市社科联共同负责。市社科联中国特色社会主义理论研究部编制内在岗工作人员7人，专职承担北京研究中心秘书处日常工作；并提供专用办公场地约350平方米，为北京研究中心建设提供业务支撑和基础保障。经过一年的努力，北京研究中心已经逐步推动形成市委统一领导、市委宣传部统筹协调，市委教育工委、市教委、市委党校、市社科单位协同，市社科联负责具体落实，相关社科单位和首都高校分工协作的“全市一盘棋”大格局，初步建立起适应新形势、新任务、新要求的组织领导机制。

3. 全面创新工作运行机制

2017年12月27日市委常委会专题研究通过的北京研究中心建设方案，是北京研究中心建设发展的具体遵循，依照这一方案，重点建立以下五个方面机制。一是重大课题“双立项”机制。建立北京研究中心年度研究课题与北京社科基金课题“双立项”，充分发挥社科基金导向作用，引导首都社科理论界专家学者深入开展党的创新理论研究阐释，营造学习理论、研究理论、解读理论的浓厚氛围；同时明确研究中心课题不同于一般性学术研究课题的基本要求和成果产出的绩效目标，制定了课题成果规范和管理细则，切实加强课题全过程管理。二是季度联席会议机制。北京研究中心每季度最后一个月召开研究基地主任联席会议，学习传达中央最新精神，交流通报各基地工作开展情况和经验做法，研究部署下一季度重点工作；研究中心秘书处工作人员建立起与研究基地联络员的经常性联系，重点工作随时部署落实、随时督促检查，工作一体性协同性不断增强，研究基地成为北京研究中心重要的学科支撑和人才支撑。三是选题策划和交流培训机制。聚焦重大主题、提升成果质量，每两周组织中心特聘专家召开选题策划研究座谈会，研究提出重点写作方向，策划写作选题，研讨写作思路，指导19家基地和专家学者做好研究阐释工作。做好专家学者与报刊媒体有效沟通对接的桥梁纽带；定期组织理论研究阐释和理论文章写作培训活动，邀请中央媒体理论部负责同志和知名专家学者讲授有关选题方向，在增强理论成果影响力的同时，进一步提升人才队伍研究能力。四是调研走访和督导机制。结合19家研究基地建设实际，研究中心领导亲自带队到研究基地逐个走访调研，与研究基地负责人和有关专家学者面对面交流，帮助研究基地找准特色优势，明确研究方向和重点，细化工作思路和建设方案，解决建设中面临的瓶颈和问题，确保每家基地都形成各自特色，形成真正的研究能力。五是考核激励机制。制定印发《北京市习近平新时代中国特色社会主义思想研究中心研究基地考核要点》，将研究基地建设作为市委交办的重要政治任务，工作完成情况作为研究基地所在单位意识形态工作责任制督查的重要内容，并与所在单位承担社科基金项目数量、申报市社科优秀成果奖数量等重要科研评价指标直接挂钩。调整科研评价导向，支持科研人员围绕党的创新理论开展研究，最大限度调动科研人员积极性。

二、聚焦重大主题，精心组织重点理论文章

1. 圆满完成中央交办重大任务

一是精心组织专家完成中宣部理论局交办的“《共产党宣言》的国际影响与历史贡献”“马克思主义在世界上的广泛传播和深刻影响”等重点约稿任务。二是精心组织完成中宣部马克思诞辰200周年理论研讨会论文推荐任务，北京市推荐的“马克思主义的政治性与学术性”“马克思主义中国化的历史进程与基本经验”“《共产党宣言》的国际影响和历史贡献”等3篇论文入选。三是精心组织完成中宣部改革开放40周年理论研讨会推荐论文工作，北京市推荐的“我们的改革开放是有方向、有立场、有原则的”“建设现代化经济体系的时代意义和理论价值”“坚持创新引领 谱写新时代中华民族伟大复兴新篇章——改革开放40年中关村创新发展的经验和启示”等3篇论文入选，在全国各省市中入选文章数量第一。

2. 全力做好在中央“三报一刊”上发表理论文章工作

2018年以来，紧紧围绕学习贯彻习近平新时代中国特色社会主义思想和党的十九大精神，围绕庆祝改革开放40周年、纪念马克思诞辰200周年和《共产党宣言》发表170周年等重大时间节点，紧紧围绕宪法修正案发布、深化党和国家机构改革、全国教育工作会议、全国宣传思想工作会议、中美经贸摩擦等重要主题，组织专家撰写和发表一系列研究阐释和宣传解读文章。全年共在《人民日报》《求是》《光明日报》《经济日报》上发表理论文章122篇，在全国10家研究机构中名列第一。在研究中心发表的全部122篇文章中，超过50%是在理论版面头条等位置发表，产生了较大的社会影响力。比如，《人民日报》

6月4日刊发的《深刻认识坚持和加强党的全面领导》，7月5日刊发的《习近平新时代中国特色社会主义经济思想的理论贡献》，12月25日刊发的《在新时代继续把改革开放推向前进》；《求是》杂志第16期刊发的《写好现代化经济体系建设这篇大文章》，第20期刊发的《当群众诉求的哨声响起》；《光明日报》5月8日刊发的《马克思主义何以能推动中国发展进步》，7月16日刊发的《新时代改革开放的鲜明特征》，10月30日刊发的《全面深化改革的历史经验和实践智慧》；《经济日报》5月3日刊发的《从马克思的科学社会主义到新时代中国特色社会主义》，10月25日刊发的《推动“全面对抗”有违时代潮流》等文章，在理论界和社会上产生较大反响。

3. 策划推出《改革开放　关键一招》等多种形式理论成果

在中宣部理论局和市委宣传部的领导下，北京研究中心会同北京广播电视台积极组织专家参与通俗理论电视节目《改革开放　关键一招》摄制工作，该片在央视新闻频道首日开播即取得了央视组收视排名第三的成绩；北京卫视开播后，收视率连续3天获得晚间同时段栏目全国第一。节目还在优酷、腾讯、爱奇艺等视频网站同步上线，“共青团中央”“紫光阁”“光明日报”等百余家央级微博大号发布节目短视频，全网视频点击量突破4600万，网友阅读讨论量突破1.2亿，在社会各界尤其是青年群体中产生了广泛的影响。同时，以重大课题研究为基础，策划《新时代　新思想　新前沿》理论研究文库，已确定首批8种入库著作，并有序推进著作编撰工作。

三、积极搭建平台，点面结合广泛开展研究活动

1. 系列研讨活动贯穿全年

自年初以来，北京研究中心就紧紧围绕重大时间节点组织开展系列研讨活动，凝聚了首都理论界一大批著名专家学者，推出了一批重要研究成果。例如：5月8日，在市委举办首都理论界学习贯彻习近平总书记在纪念马克思诞辰200周年大会上重要讲话精神座谈会；6月7日，在北京师范大学举办主题为“不断开辟当代中国马克思主义新境界”的“2018首都当代中国马克思主义论坛”；7月1日，在北京交通大学举办以“续写马克思主义中国化新篇章”为主题的学术论坛；9月6日，在首都师范大学举办改革开放40年与习近平新时代中国特色社会主义思想创新理论研讨会；11月25日，在中国政法大学举办“法治中国论坛：改革开放40周年与中国法治建设”研讨活动；12月26日，在市委举办首都理论界学习贯彻习近平总书记在庆祝改革开放40周年大会上重要讲话精神座谈会；12月30日，在首都经济贸易大学举办“改革开放的逻辑：中国道路的思考与展望”研讨活动。这一系列研讨活动的举办，在推动习近平新时代中国特色社会主义思想研究上发挥了重要的示范带动作用。

2. 学术交流活动全面铺开

注重发挥课题研究的平台作用，以70项年度课题为牵引，借助课题开题和研究讨论的契机，先后组织召开几十场不同规模的研讨会，其中多数研讨会的到会专家在相关研究领域具有重要影响力，在推动课题研究的同时，有效促进了研究中心活动形式和内容更加丰富。同时积极开展专家学者国情调研考察活动，赴雄安新区、天津滨海新区调研活动2次，京内调研活动3次，进一步增强理论工作的针对性和实效性。

四、加强组织策划，扎实推进理论研究工作

1. 积极承担中央重大研究任务

一是积极推进“三重大”课题研究。认真组织落实“习近平新时代中国特色社会主义思想对发展马克思主义的原创性贡献研究”重大课题任务，在北京研究中心秘书处统筹协调下，首都师范大学动员全校研究力量具体组织实施，同时有效借助首都地区各大研究机构和高校的著名学者，先后6次主持召开课题研究推进会，2次召开习近平新时代中国特色社会主义思想研讨会。2018年课题组已在《人民日报》《光明日报》《经济日报》发表理论文章6篇。二是完成中宣部理论局委托的专项研究任务。年底承担了理论局委托的通俗理论读物调研任务，组织首都师范大学研究基地、北京市社科院研究基地等单位在全市范围内进行了广泛调研，形成调研报告。

2. 精心组织开展重大基础研究

北京研究中心2018年度研究项目与社科基金项目“双立项”机制，极大调动了全市各高校和科研机构专家学者的积极性，课题申报较踊跃，最终立项70项课题，其中重大课题20项、重点课题24项、一般课题26项，既有“习近平新时代中国特色社会主义思想的科学体系研究”“习近平新时代中国特色社会主义思想的重大时代课题研究”等基础性、战略性研究，又覆盖了经济、政治、法治、科技、文化、教育、民生、民族、社会、生态文明、国家安全、国防和军队、外交、党的建设等各个方面，同时系统研究习近平总书记关于首都建设的重要思想，梳理总结在习近平新时代中国特色社会主义思想指导下首都进行的一系列新探索、新实践，多学科、多领域、多视角对习近平新时代中国特色社会主义思想及其涉及的一系列重大理论和现实问题进行深入研究，以理论专著、研究报告和重点理论文章、学术论文的形式推出多个系列研究成果，初步形成了研究中心工作的理论支撑体系。

五、统筹全市资源，努力凝聚一流研究队伍

立足全市理论工作大局，打破区域、部门、行业限制，最大限度整合首都地区理论研究资源，以吸引凝聚培养一流人才为目标，着力打造政治意识强、理论水平高的多元开放的研究队伍。

1. 建设多元化的研究队伍

一是特聘专家队伍，由在央属研究单位退休的高水平专家学者组成，年龄在70岁以下，具有深厚的学术功底，理论研究经验丰富，成果产出能力强，目前在聘专家4人，以专职研究人员身份承接重要任务，培育研究团队；二是学术顾问队伍，由央属研究单位高层次专家、学术界泰斗和理论媒体负责同志组成，目前共聘任19人，在把握研究方向、策划重大事项、深化理论研究、推动成果产出等方面作出了积极贡献；三是特约研究员队伍，由处于研究生命鼎盛时期的学科带头人和学术骨干组成，普遍为活跃在理论界前沿的佼佼者，目前共聘任117人，并随着工作开展不断调整充实，通过撰写理论文章、参加项目评审、出席研讨活动、提出咨询建议等方式积极发挥作用；四是研究基地研究员队伍，由各研究基地首席专家及其核心团队组成，同时在研究基地主管单位统筹下，辐射到本单位各学科、各领域的理论人才，目前核心层研究人员超过200人，辐射范围超过1000人，成为研究中心四支队伍中潜力最大、能量最大的队伍，已经发挥并将继续发挥重要作用。

2. 建设跨学科的学术团队

在研究队伍遴选上，坚持以马克思主义理论学科为重点、全面覆盖哲学社会科学各学科、各领域的原则，首都地区主要高校马克思主义学院的知名专家均以特约研究员或研究基地研究员的身份加入研究队伍，同时还吸纳了哲学、文学、历史学、经济学、政治学、法学、社会学、教育学、新闻传播学等各学科研究力量，特别是发挥好19家研究基地各自研究专长，最大限度团结凝聚各相关学科知名专家，初步形成了学科体系较为完整的研究队伍。队伍注重发挥老专家的引领作用和中年理论骨干的中坚作用，同时把研究基地作为培育新人的重要平台，培养带动青年理论人才投身首都理论工作，积极研究宣传阐释习近平新时代中国特色社会主义思想，初步形成了较为合理的年龄梯次结构。

3. 凝聚高精尖人才政策

制定印发《“首都当代中国马克思主义理论人才”计划实施办法》，计划对首都地区研究宣传阐释习近平新时代中国特色社会主义思想方面具有较大影响力、作出重要贡献的专家学者，认定身份、给予资助，每两年评选一次，总人数控制在100名以内，逐步造就一批成就突出、影响广泛的理论人才，引领和带动习近平新时代中国特色社会主义思想研究宣传阐释工作。出台《北京市研究阐释习近平新时代中国特色社会主义思想优秀博士学位论文评选奖励办法》，引导首都高校青年学生投身习近平新时代中国特色社会主义思想研究热潮，为首都当代马克思主义理论研究储备人才。

六、强化辐射作用，努力扩大北京研究中心的社会影响

北京研究中心2018年在中央“三报一刊”发表理论文章122篇，做到了工作日平均2天可在“三报一刊”读到1篇北京研究中心文章；特别是6月以来，根据理论局对文章署名的要求，从讲政治的大局出发坚决部署落实署名要求，保证了北京研究中心在中央主要媒体的“高亮相率”，提升了北京研究中心在全国大平台上的影响力，也与其他研究机构一同擦亮了这一重要理论平台的品牌。同时，研究中心通过组织课题研究、研讨活动、学术交流等不同形式的活动，通过不断发现和凝聚首都地区社科理论人才，影响力已拓展到首都地区50余家高校和社科研究机构，也逐渐向各区和实际工作部门延伸，越来越多的专家学者、社科理论工作者和实际工作部门同志了解到北京研究中心工作，支持北京研究中心工作，研究中心社会影响提升明显。

在研究中心建设过程中，依托北京高校中国特色社会主义理论研究协同创新中心和其他实力较强的高校、社科研究机构，挂牌建设的首批19家研究基地，在研究中心统一部署下开展了一系列卓有成效的工作。经过近一年时间的建设，绝大部分基地建立起主管单位党委负责同志担任基地主任的组织领导体系，动员了由知名专家包括外聘专家组成的研究团队，确定了研究方向和研究计划，出台了研究基地建设相关办法，调整了科研评价办法等相关制度，有的基地还专门安排办公经费和用房，设立专职负责同志和联系人，为基地工作提供基础保障。基于这样的工作基础，各基地工作初见成效，研究中心立项的 70 项年度研究课题，有 55 项由研究基地承担，接近总量的 80%；研究中心 2018 年在中央“三报一刊”发表的理论成果中，由研究基地组织的成果超过 60%，各研究基地还组织开展了一系列学术研讨活动，完成了一系列重点工作任务。从更长远的角度看，北京市研究中心的建设，为引领首都高校和专家学者的理论研究方向，推进习近平新时代中国特色社会主义思想进课堂、进教材、进头脑，不断巩固马克思主义在意识形态领域的指导地位发挥了重要作用。

（市社科联、市社科规划办理论研究部供稿）

北京经济

孟　斌　李若倩

2018 年，全市人民在党中央、国务院和市委、市政府的坚强领导下，认真学习贯彻习近平新时代中国特色社会主义思想和党的十九大精神，坚持“稳中求进”工作总基调，坚持以供给侧结构性改革为主线，全面对标对表高质量发展要求，深入落实首都城市战略定位，大力推动京津冀协同发展，扎实推进疏功能、稳增长、促改革、调结构、惠民生、防风险各项工作，经济社会保持平稳健康发展。围绕“北京经济”，学者们展开一系列学术研究，取得了丰硕的科研成果。

一、重要学术会议简介

1. 2018 年“把握新时代全国文化中心建设的新使命与新思路”学术前沿论坛

由北京市社会科学联合会和北京师范大学联合主办、北京文化发展研究院承办的“2018 学术前沿论坛”，于 2018 年 6 月 2 日在北京师范大学京师学堂举行。论坛以“新时代 · 新使命 · 新思路——推进全国文化中心建设”为主题，多学科、多角度聚焦新时代全国文化中心建设的重大理论、现实问题，研讨如何坚定文化自信，更好发挥北京文化凝聚荟萃、辐射带动、创新引领、展示交流和服务保障功能，彰显中华文化魅力，推动北京朝着世界文化名城、世界文脉标志的目标迈进，为全面建成社会主义现代化强国和实现中华民族伟大复兴中国梦作出更大贡献，为实现全面建成小康社会贡献首都社科界的智慧和力量。北京市委宣传部常务副部长赵卫东、北京市社科联党组书记张淼、北京师范大学副校长郝芳华等领导出席论坛，来自北京大学、北京师范大学、南京大学、北京社会科学院、北京国际城市发展研究院等单位的专家学者、各学会代表、师生代表近 400 人参加论坛。论坛开幕式上，赵卫东在致辞中指出，坚持和强化北京作为全国文化中心的核心功能，是以习近平总书记为核心的党中央着眼于世界和全国作出的重要战略定位。党的十八大以来，北京市紧紧围绕“四个中心”的城市战略定位，统筹各方力量扎实推进全国文化中心建设，首都文化建设开创了全新的局面。

2. 第四届“经济与历史”学术研讨会暨纪念改革开放 40 周年专题研讨会

2018 年 6 月 9 日，第四届“经济与历史”学术研讨会暨纪念改革开放 40 周年专题研讨会在中国人民大学召开。本次会议由中国人民大学经济学院主办，中国特色社会主义经济建设协同创新中心、中国演化经济学年会、中国经济史学会外国经济史专业委员会、中国经济改革与发展研究院、中国科技史学会科技进步与经济发展社会发展专业委员会联合协办。参加讨论的来宾还包括来自北京大学、清华大学、中国科学院、中国社会科学院、武汉大学、中央财经大学、首都经贸大学等高校和研究院所的学者们。正值改革开放 40 周年之际，会议讨论主要围绕着中国经济的历史经验与发展成就与问题，从技术、企业、政策与中国现代化道路的视角，进一步探索中国发展的经验和可能性，并将经济史与经济思想史学科的发展，与现实经济社会发展相结合，进一步探讨中国特色的经济发展道路和经济学学科体系建设与创新。

3. 2018 中国产业经济研究学术年会

由电子工业出版社华信研究院、中国电子信息行业联合会和中国社会科学院大学联合主办，中国社会科学院大学经济学院承办，《产业经济评论》杂志和《中国社会科学院研究生院学报》协办的“2018 中国产业经济研究学术年会”2018年12月8—9日在中国社会科学院大学举办，来自全国工业和信息化领域科研机构及相关高校关注产业经济研究的专家学者等200多人参加了会议。电子工业出版社总编辑兼华信研究院院长刘九如、中国社会科学院大学副校长林维、工业和信息化部政策法规司司长梁志锋、华夏幸福基业股份有限公司副总裁顾强、中国社会科学评价研究院院长荆林波等领导和专家围绕国家和地区产业政策的评估与调整，技术创新、产业升级促进高质量发展，国有企业改革与民营经济转型，人工智能与数字经济发展、贸易战背景下的制造业走向、“一带一路”与产业机遇，以及各个研究机构的产业经济学术研究成果和理论创新展开研讨交流。

二、重要学术论著简介

1. 北京文化创意产业发展论著

《北京文化（创意）产业发展重点和难点与对策研究报告》（赵玉忠，中国戏剧出版社）①为北京市哲学社会科学“十一五”规划项目《北京市文化创意产业发展的重点和难点与对策研究》专著成果。本书分上下两篇。上篇“产业研究报告”共设四章：文化（创意）产业的理论述评，北京文化（创意）产业发展的优势与重点、劣势与难点和趋势与对策。下篇“重点行业研究报告”共设十章：系统阐述了北京出版业、文物美术业、花卉业、演出业、娱乐业、旅游业、广播影视业、网络业、广告业和民办教育培训业的经营现状、存在问题和发展趋势与对策，并附录了相关行业的主要经济数据，以及对文化行政部门和从业人员具有的应用价值。

《北京文化创意产业发展报告（2018）》（张京成、沈晓平、刘光宇、王国华，社会科学文献出版社）②以北京文化创意产业的整体发展、区域动态、政策效应、文创走出去、京津冀联动等为基本内容，研究了2017年北京文化创意产业的总体运行发展，分析了国家文化产业创新实验区、11个区以及中关村的文化和科技融合示范基地等区域的发展情况，讨论了北京文化创意产业的政策效应、空间集聚、乡村创意旅游发展、文化走出去、京津冀影视基地联动发展、社会资本投资文创产业、文化科技融合等问题。

《北京市海淀区文化创意产业经济发展研究》（狄浩林，经济日报出版社）③从三个方面系统阐述了研究海淀区文化创意产业经济发展的基本思路，对海淀区文化创意产业经济发展的历程、相关影响因素、核心监测指标等进行了详尽的分析，并结合统计局数据和问卷调查数据，对海淀区文化创意产业经济发展进行实证研究。

2. 创新产业发展论著

国际金融危机以后，全球经济面临新一轮产业结构调整，世界上很多国家，特别是发达国家纷纷加大对新能源、生物医药、信息、节能环保等战略领域的投入，新一轮技术革命和产业革命正在孕育中。我国高度重视培育战略性新兴产业，将发展战略性新兴产业作为加快转变经济增长方式和产业结构调整升级的重要途径。加快培育和发展战略性新兴产业对推进我国现代化建设具有非常重要的战略意义。《战略性新兴产业创新驱动发展研究——以北京市生物医药产业为例》（乔晗，科学出版社）④从创新驱动的视角探讨战略性新兴产业的发展，分别从发展现状、发展评价、发展路径和发展周期四个方面进行研究，提出战略性新兴产业创新驱动四要素螺旋模型，并对北京市生物医药企业实地调研，通过典型案例验证四要素螺旋模型。在此基础上，对我国战略性新兴产业的平稳较快发展提供政策建议与理论参考。

《京津冀金融协同发展与创新研究》（陈尊厚、刘宾、杨伟坤，人民出版社）⑤旨在对京津冀协同发展中的河北金融创新问题进行深入系统研究，以期在京津冀协同发展的大背景下，通过对京津冀金融创新进行实证研究，发现区域金融市场一体化存在的问题。从加强区域金融监管协调及创新，完善三地金融办沟通协调机制，为三地金融机构提供“直通车”服务；推动监管的行为、资质互认；协同防范和化解区域重大金融风险，扩大区域票据交换的覆盖范围，支持支付工具创新等方面加速实现河北金融创新。

3. 农村经济及农业发展论著

《北京市发展农业文化创意产业机制与模式研究》（蒋和平、刘学瑜、蒋黎，经济科学出版社）⑥由中国农科院农业经济与发展研究所现代农业学科首席科学家蒋和平教授率领的研究团队，以《北京市发展农业文化创意产业机制与模式研究》为题向北京市自然科学基金委员会申报了项目，经过专家评审，该项目获得立项资助。本书在项目研究成果的基础上，对北京发展农业文化创意产业的内涵、特征、运行机理与模式展开研究，并提出加快北京农业文化创意产业发展的政策建议。

农村集体产权制度创新是深化农村改革的重要内容，是实现新型城镇化战略的关键步骤。随着我国城乡一体化的推进，无论是制度变革的内生需求推动，还是宏观上的政策设计，农村集体产权制度创新与调整已成为一个无法回避的现实，加强对这个问题的研究紧迫而必然。在这一背景下，《农村集体产权制度的创新过程解析与发展路径研究：以北京市为例》（郭强，经济管理出版社）[⑦]从制度经济学的前沿理论出发，对农村集体产权制度的创新过程进行系统的研究，构建一个城市化背景下农村集体产权制度创新的理论体系。

《北京绿色农业金融发展机制研究》（张伟，中国金融出版社）[⑧]以构建促进北京绿色农业可持续发展的金融机制为目标，从北京市绿色农业发展的金融支持需求出发，分析北京绿色农业产业发展的融资困境及根源，剖析供应链金融克服农村中小企业（农户）融资困境的机理；紧密结合当前北京绿色农业供应链的实践，设计北京供应链金融模式，并提出北京绿色农业供应链金融发展的制度和政策支持建议。

4. 旅游业发展论著

《首都文化与科技商务旅游融合发展研究》（李建盛、陈镭、王林生，知识产权出版社）[⑨]探讨首都文化与科技商务旅游一体化融合发展的政策与机制、资源优势、机遇挑战，存在问题以及战略措施和基本路径，视野开阔，系统深入，理论探讨与实践考察、学术探讨与实践应用、案例分析与模式建构、问题意识与对策路径相结合，对于推动城市文化与相关领域融合创新发展具有重要的学术价值和实践意义，更有助于以文化融合创新发展推动首都城市发展转型。

《北京旅游发展报告（2018）》（北京旅游学会，社会科学文献出版社）[⑩]是北京旅游绿皮书自 2012 年以来的第 7 本，既是北京旅游学会的学术结晶，更是北京旅游学界、业界的集体成果。作为以服务社会、政府、业界为己任的智库平台，北京旅游学会近年来立足北京、放眼全国，在旅游理论研究、学术交流和创新探索方面做了大量卓有成效的工作，《北京旅游绿皮书》无疑是最好的例证。它为北京旅游业持续健康发展提供了许多有价值的新理论、活思想、大智慧。

《京津冀旅游“枢纽—目的地”协同发展“一带一路”背景下京津冀旅游一体化战略研究》（邹统钎，旅游教育出版社）[⑪]从旅游交通、旅游企业、旅游公共服务以及大型节事合作出发，通过实地调研、国内外比较研究、评价体系构建、旅游经济分析等方法，在分析京津冀旅游产业发展现状的基础上，以明确各自战略定位为抓手，实现“京津冀旅游协同发展第 1 次工作会议”上提出的旅游组织一体化、旅游管理一体化、旅游市场一体化、旅游协调一体化“四个一体化”发展目标，形成客源共享、资源共用的旅游协同发展局面，三地作为整体打造国际化旅游目的地，协同针对“一带一路”营销并合作向沿线开展资本与管理输出，融入“一带一路”旅游建设进程。

5. 京津冀协同发展论著

《聚焦京津冀协同发展》（赵弘，北京出版社）[⑫]对应五大发展理念中的“协调”，聚焦京津冀协同发展这一国家重大战略，系统分析了京津冀协同发展的历史方位与战略布局、总体构想与愿景展望、进展与主要成效，并重点从疏解北京非首都功能、构建京津冀世界级城市群、建设北京城市副中心和雄安新区、在三大重点领域率先突破、完善协同发展制度保障、借鉴世界级城市群成功经验等角度进行深度阐释，分析京津冀协同发展所面临的困难，并提出相应的解决方案。

《京津冀高等教育与产业协同发展模式及对策——基于产业链视角的研究》（张喜才，中央编译出版社）[⑬]通过产业链和产业集群视角来研究京津冀高等教育协同发展的模式和对策，将产业发展和高等教育合作结合起来，通过产业链来促进高等院校合作，通过高校协同促进产业链分工和产业集群发展。课题将进一步丰富区域高等教育一体化理论，为促进京津冀一体化发展提供政策建议。高校作为区域经济创新发展的重要智力载体，在推进区域经济社会发展过程中具有重要示范作用。区域高等教育的一体化是区域经济一体化发展战略的内在要求。在京津冀一体化的战略大背景下，京津冀高等教育协同发展问题作为京津冀协同发展战略的重要部分同样得到教育行政部门和教育理论界的关注。高等教育肩负着高素质高层次人才培养的主要责任，承担着推进科学进步、科技创新的职责。对于京津冀协同发展具有更长远的推动力和更广泛的辐射力，在一体化建设进程中发挥着重要且不可替代的作用。

《促进京津冀区域协同发展的地方财政合作研究》（王丽，人民出版社）[⑭]以京津冀区域为研究对象，沿着“理论分析—现实考察—实证检验—对策研究”的技术路线，对京津冀区域协同发展中的地方财政合作进行了系统性的研究。即通过对京津冀区域协同发展背景下地方政府从竞争走向合作的脉络进行梳理和系统论证，探寻地方财政合作对于区域协同发展的促进性作用机理，现实考察京津冀区域协同发展与地方财政合作的进程现状，空间实证检验地方财政合作对区域协同发展的促进性，进而依托于理论与实证结果的匹配性，以协调京津冀区域内各辖区间地方利益关系为出发点，针对京津冀区域协同发展中地方财政合作困境，探索地方财政合作的制度化路径构建，以促进辖区间良好互动关系的形成，督促京津冀各辖区间合作的规范、持久和长效，进而实现深度的京津冀区域协同发展。

6. 其他方面论著

《北京养老产业蓝皮书：北京居家养老发展报告（2018）》（陆杰华、周明明，社会科学文献出版社）[15]再次将重点聚焦北京市从居家养老服务体系建设的概念提出推进试点的1.0版到其现阶段巩固、调整、充实和提高的2.0版，全方位总结和展示迄今为止北京市居家养老服务体系建设所取得的重要标志性成绩，客观、系统梳理和查找其存在的主要不足，并从操作、前瞻层面提出新时代北京居家养老服务体系建设2.0版的思路及其路径。

中国在经济步入新常态，结构持续调整优化的背景下，对外文化贸易的繁荣发展愈益成为结构优化的新动能，改革创新的重要着力点。2014年3月，院印发《关于加快发展对外文化贸易的意见》（以下简称《意见》），将促进对外文化贸易提升到战略层面，并不断更加强劲的政策推动力，为新时期中国对外文化贸易指明了前进的方向，注入新的发展内涵。《首都文化贸易发展报告（2018）》（李嘉珊，社会科学文献出版社）[16]就当前北京对外文化贸易热点以及亟待解决的难题做深入专题分析，归纳发展特点、研判发展趋势的同时形成具有前瞻性、预测性的咨询报告和对策建议，为北京对外文化贸易实践提供有益参考和咨政意见，进而为国家文化贸易发展提供智力支持。

《北京服装产业发展研究报告（品牌篇）》（宁俊，中国纺织出版社）[17]从世界服装品牌发展演变、我国服装品牌发展历程、北京服装品牌发展历程、北京本土服装品牌个案解读、品牌发展趋势等板块入手，重点研究近十年北京服装产业的发展状况。

三、北京经济研究

1. 产业研究

第一，产业结构、产业关联、产业发展等相关问题研究。邓丽姝认为雄安新区与北京的产业融合将有效促进京津冀实现更高层次的产业协同。从高层次推进产业分工合作、实质性推进产业协同创新、协同拓展产业开放发展新局面、创新产业协同发展模式等方面分析了雄安新区与北京产业融合发展的战略思路。并提出了北京与雄安新区产业融合发展的政策保障[18]。2018年5月28日，《中国经营报》曝光了北京丰台区大红门多家已关闭市场存在隐蔽招商问题，部分外迁商户“回流”，新的批发业态重新抬头，向首都非核心功能疏解工作提出了挑战。刘海静结合北京市目前正在开展的“疏解整治促提升”工作，以城市总体规划定位为立足点，通过发展路径梳理、规模经济分析和政策趋势研判等理论方法，对北京大红门地区服装批发市场及其上下游产业链运营情况、河北部分地区服装产业发展情况等进行了综合调研分析，并从调研结果出发，深入分析现状，倒推问题产生的深层次原因，通过综合分析归纳，从产业转移视角提出针对性解决方案和实施保障政策，为推进该地区的进一步疏解提出可行性建议[19]。

第二，文化创意产业。在全球化进程中，文化及创意产业在全球城市产业结构调整和升级的背景下迅速发展起来，成为发达地区城市推动经济发展的原动力和塑造城市形象的重要途径。李志祺和赵城从多角度对文化及创意产业发展历程进行了回顾和梳理，并结合北京近年来的发展历程，对文化创意产业的空间变迁进行了分析，以期为未来文化产业提升提供支撑基础[20]。产业融合是信息化社会中的产业创新，是我国培育新动能、发展新产业的重要途径。张弘和昝杨杨以北京文化创意产业为例，通过建立产业融合的动力机制模型，采用北京市2010—2016年数据，运用灰色关联法定量分析每个动力因素的影响程度。研究发现，技术创新、政府政策、市场需求与企业间竞争合作的确是推动北京文化创意产业融合的动力因素，技术创新和政府政策是最重要的动因，而市场需求与企业间竞争合作的推动作用有待提高[21]。

第三，制造业。高辰和申玉铭基于北京市2004年、2008年、2013年经济普查数据，采用区位基尼系数、产业地理集中度等产业集聚测度方法，结合ArcGIS空间分析技术，以街道为空间单元，刻画北京市制造业空间格局及演变特征。研究表明，北京市制造业基本退出首都核心区，向通州区、大兴区和昌平区扩散，并在郊区产业园内形成新的集聚区；制造业主要分布在空港街道、胜利街道、仁和地区办事处、旺泉街道、东湖街道和果园街道等；不同产业特性的制造业呈现不同的演变趋势；北京市制造业空间格局演变是交通通达性、土地制度、城市空间规划、产业政策和开发区建设等因素共同作用的结果[22]。北京市域制造业在结构调整的同时也在不断发生空间格局的变动。在京津冀协同发展战略的推进下，北京非首都功能疏解不断加速，将进一步加剧北京制造业产业结构的调整，进而影响空间格局的演化。刘霄泉、孙铁山和李国平利用2008年和2013年北京市经济普查数据中街道、镇乡的制造业大类的就业数据，从街乡的尺度，分析探讨北京市域内制造业的空间演化特征与趋势。研究显示，2008—2013年北京市制造业的产业结构和空间结构均趋向集聚，增长产业是制造业空间集聚的主导力量，在引导制造业空间进一步集聚的同时，形成了明晰的空间分异，增长产业更加趋向于在专门化程度更高的地区集聚[23]。

第四，现代服务业。消费结构影响产业结构，在城镇化的大背景下，农村消费对地区产业结构也会有不同的影响。程豪对北京市农村居民消费结构、现代服务业以及两者之间关系进行了研究。运用2004—2015年消费和现代服务业数据进行描述分析，采用逐步回归分析法和格兰杰因果分析，对两者关系进行实证研究。研究表明北京市农村居民消费结构有待升级，现代服务业发展迅速，但是农村消费结构滞后于现代服务业发展，这与农村地区的公共服务和消费环境以及教育有关。据此提出要重点对农村地区加强政策支持，提高公共服务水平，合理对服务业进行布局等建议[24]。

第五，商业。由于互联网飞速发展与城市现代化不断推进，造成了经济时代的极大变迁。人们的购物模式随之发生了变革，消费者对实物的物质需求转向对购物环境的精神需求，这就为商业空间的发展迎来了新的契机。艺术与商业空间的相互交汇，是艺术与社会经济、城市文化相互融合的重要方式之一，也是日常大众接触艺术的重要契机，更是传统与现代艺术文化回归社会生活的重要依托。郭玉格通过对北京朝阳大悦城、北京侨福芳草地、南锣鼓巷等实地调研，分析与总结出公共艺术在北京商业空间的应用类型与应用价值以及所面临的困境[25]。轨道交通的建设不仅有利于缓解城市交通压力，同时带了巨大的城市发展机遇，围绕轨道交通站点展开综合开发，逐步形成了城市新的区域中心。商业综合体是轨道交通综合开发的重要形式，彭琰通过实地调研及问卷调查等方法，对北京的轨道交通商业综合体步行系统的设计情况进行了考察，提出了轨道交通商业综合体步行系统的设计原则，并在步行系统整体设计、道路流线、立体连接及续建可能等方面提出相应的设计策略[26]。

第六，流通业。首都的发展目标是到2030年基本建成国际一流的和谐宜居之都，决定了流通力成为北京经济发展的重要牵引力，首都商贸流通业在促进生产、引导消费等方面的作用越来越突出，然而首都城乡商贸流通业发展不均衡的问题一直比较明显，城乡间流通业发展的差距导致城乡居民消费二元结构非常突出。李丽和胡紫容通过实证分析表明，首都商贸流通业发展整体上缓解了城乡居民消费二元化，且主要从消费刺激渠道发挥作用，收入渠道反而扩大了城乡居民消费差距[27]。徐海峰通过构建“新型城镇化、流通业与旅游业系统”评价指标体系和系统耦合互动模型，以北京为例进行实证研究，选取2005—2015年时间序列数据为样本，研究三个子系统协同发展的耦合强度与协调等级，并分析其时序演变规律和协同发展类型，主要研究结论为北京“新型城镇化、流通业与旅游业系统”存在显著的协同发展关系。当前，北京三个子系统之间耦合交互作用显著，各子系统均处于较高发展水平且协同一致，系统实现了优质协调[28]。

第七，农村、农业发展研究。北京城市总体规划中明确指出，在北京城市空间结构中，昌平区是承接中心城区适宜功能、服务保障首都功能的重点地区，观光休闲农业在北京城市总体发展规划中的地位至关重要。张淼等选取昌平区作为案例，通过对昌平区观光休闲农业进行实地调研，分析发展现状和存在的问题，因地制宜地提出加强宏观引导、科学合理地规划休闲观光农业的布局、树立品牌意识、加强专业化人才培养与引进等对策，以期在北京城市总体规划定位的背景下为昌平区发展观光休闲农业提供参考和借鉴[29]。乡村旅游融合了农业与旅游业，深刻体现了产业融合的概念，加快了旅游业发展和农业产业升级，带动了农民增收，推动了乡村经济快速发展。北京乡村旅游存在用地机制不健全、从业人员素质不高、产品开发深度不够、产业链条较短等问题。许萍等基于产业融合视角提出，应从完善基础设施建设、提高服务水平、丰富旅游活动、提高产业附加值等方面解决存在的问题，进而推动北京乡村旅游持续健康发展[30]。

2. 经济稳定增长影响因素研究

王丽芳基于1996—2016年北京研发投入与地区生产总值的统计数据进行协整检验，结果表明北京研发投入与经济增长之间存在长期动态均衡关系，且两个变量具有单向因果关系。最后提出北京应进一步完善创新体系建设促进地区经济高质量发展和优化研发投入结构提高地区经济发展水平的发展建议[31]。乔晶主要将研究对象聚焦在北京市各地区的房地产投资上，按照房地产投资规模，从微观角度上，分析不同的房地产投资规模对其经济增长的影响。按照所选取的规模指标，将北京市16个行政地区的面板数据代入软件进行聚类分析，把这些地区划分为房地产投资规模较高、中等、较低三大类。结合所构建模型引入变量，对模型进行单位根检验、协整检验、豪斯曼检验，最终确定模型的形式并进行数据回归，通过回归结果，探究不同房地产投资规模对经济增长的影响。研究表明，北京市房地产投资与经济增长之间存在着长期且稳定的关系；不同地区房地产投资对经济增长影响效果不同；房地产投资规模越高的地区，房地产投资对经济增长的促进效果越大[32]。

3. 经济发展水平及可持续发展研究

随着首都北京经济的快速发展，其带来的城市压力和可持续发展问题也越来越严重。人口的涌入使得北京面临人口压力、环境承载力的巨大挑战。最近，北京市出台了疏解非首都功能，控制人口的相关政策。张晗选取人均GDP前80位的国家首都的数据，通过首都面积、人口和人口密度三个指标利用聚类分析进行数据分析，从而得到目前北京人口问题在国际上处于何等水平，距离经济发展较完善的国家之间存在着何等差距，并且为促进北京市经济发展提出人口问题的相关建议[33]。随着经济社会快速发展，火灾频繁发生，损失危害触目惊心，火灾已经成为威胁人民实现美好需要的重大隐患。北京作为我国政治、文化、国际交往中心，消防安全工作尤为重要，如何调整城市消防投入的规模和结构以实现政府财政资金和资源的有效配置，使得城市消防投入最经济最科学，对于北京的消防管理有着重要的意义。刘国胜运用模糊层次分析法对北京的火灾风险等级进行了总体评价，随后通过对近年来北京经济发展与消防安全的数据关系，建立了北京市GDP与火灾损失的关系。还通过建立实证分析模型对北京各区经济发展与消防安全的关系进行了深入分析，并根据分析结果有针对性地提出有效的管理建议[34]。

4. 经济发展对策研究

创新驱动发展作为我国新时代构建现代化经济体系的战略支撑，有着丰富的理论内涵与实践支撑。高菲和王峥基于创新驱动发展理论与当前中国经济发展最新态势，构建我国创新驱动发展的一般模式。在此基础上全面剖析北京创新驱动发展的动因和态势，提出北京创新驱动发展的路径方向与战略举措[35]。建设现代化经济体系，是以习近平总书记为核心的党中央着眼于建设社会主义现代化强国目标、顺应社会主义新时代特点而作出的重要战略部署。党的十九大报告系统阐述了我国建设现代化经济体系的战略意义、战略目标、发展路径和重要举措。杨松在分析北京建设现代化经济体系面临的形势和战略目标的基础上，提出了以“疏解整治促提升”为抓手、重塑北京现代化经济体系，着力构建创新引领、协同发展的产业体系，大力发展新经济形态、培育经济发展新动能等战略路径[36]。

注：

①赵玉忠：《北京文化（创意）产业发展重点和难点与对策研究报告》，中国戏剧出版社，2018年版。

②张京成、沈晓平、刘光宇、王国华：《北京文化创意产业发展报告（2018）》，社会科学文献出版社，2018年版。

③狄浩林：《北京市海淀区文化创意产业经济发展研究》，经济日报出版社，2018年版。

④乔晗：《战略性新兴产业创新驱动发展研究——以北京市生物医药产业为例》，科学出版社，2018年版。

⑤陈尊厚、刘宾、杨伟坤：《京津冀金融协同发展与创新研究》，人民出版社，2018年版。

⑥蒋和平、刘学瑜、蒋黎：《北京市发展农业文化创意产业机制与模式研究》，经济科学出版社，2018年版。

⑦郭强：《农村集体产权制度的创新过程解析与发展路径研究：以北京市为例》，经济管理出版社，2018年版。

⑧张伟：《北京绿色农业金融发展机制研究》，中国金融出版社，2018年版。

⑨李建盛、陈镭、王林生：《首都文化与科技商务旅游融合发展研究》，知识产权出版社，2018年版。

⑩北京旅游学会：《北京旅游发展报告（2018）》，社会科学文献出版社，2018年版。

⑪邹统钎：《京津冀旅游“枢纽—目的地”协同发展“一带一路”背景下京津冀旅游一体化战略研究》，旅游教育出版社，2018年版。

⑫赵弘：《聚焦京津冀协同发展》，北京出版社，2018年版。

⑬张喜才：《京津冀高等教育与产业协同发展模

式及对策——基于产业链视角的研究》，中央编译出版社，2018 年版。

⑭王丽：《促进京津冀区域协同发展的地方财政合作研究》，人民出版社，2018 年版。

⑮陆杰华、周明明：《北京居家养老发展报告(2018)》，社会科学文献出版社，2018 年版。

⑯李嘉珊：《首都文化贸易发展报告(2018)》，社会科学文献出版社，2018 年版。

⑰宁俊：《北京服装产业发展研究报告(品牌篇)》，中国纺织出版社，2018 年版。

⑱邓丽姝：《推动雄安新区与北京产业融合发展的战略思考》，《中国经贸导刊》(理论版)，2018 年第 8 期。

⑲刘海静：《非首都功能疏解视角下的北京大红门地区服装批发产业转移及回流问题研究》，《北京规划建设》，2018 年第 6 期。

⑳李志祺、赵城：《新时代北京文化创意产业发展空间的策略演变》，《创新创业理论研究与实践》，2018 年第 8 期。

㉑张弘、昝杨杨：《文化创意产业的融合机制研究——以北京市为例》，《企业经济》，2018 年第 6 期。

㉒高辰、申玉铭：《北京市制造业空间格局及演变分析》，《地域研究与开发》，2018 年第 5 期。

㉓刘霄泉、孙铁山、李国平：《北京市域制造业的空间演化特征》，《地理研究》，2018 年第 8 期。

㉔程豪：《北京农村消费结构与现代服务业发展关系实证研究》，《时代经贸》，2018 年第 31 期。

㉕郭玉格：《公共艺术在北京商业空间的应用研究》，《北方工业大学》，2018 年。

㉖彭琰：《北京轨道交通商业综合体步行系统设计策略研究》，《建材与装饰》，2018 年第 12 期。

㉗李丽、胡紫容：《首都商贸流通业发展对城乡居民消费二元化的影响研究》，《商业经济研究》，2018 年第 19 期。

㉘徐海峰：《系统耦合视角下北京新型城镇化、流通业与旅游业协同发展分析》，《商业经济研究》，2018 年第 16 期。

㉙张淼、胡宝贵、刘超、张海洋：《北京城市总体规划背景下昌平区观光休闲农业发展研究》，《农业科技管理》，2018 年第 4 期。

㉚许萍、郑金龙、孟蕊、赵海燕：《基于产业融合的北京乡村旅游发展思路》，《农业展望》，2018 年第 5 期。

㉛王丽芳：《北京研发投入与经济增长的协整分析》，《科技创新导报》，2018 年第 23 期。

㉜乔晶：《北京市房地产投资与经济增长的区域性研究》，《首都经济贸易大学》，2018 年。

㉝张晗：《经济发展过程中的首都人口问题——基于聚类分析对北京市与其他国家首都人口的比较研究》，《现代商业》，2018 年第 15 期。

㉞刘国胜：《北京经济发展与消防安全关系研究》，《首都经济贸易大学》，2018 年。

㉟高菲、王峥：《北京市创新驱动发展的动因、态势与路径》，《经济与管理》，2018 年第 5 期。

㊱杨松：《北京建设现代化经济体系路径研究》，《前线》，2018 年第 7 期。

（作者：孟斌，北京联合大学教授；
李若倩，首都师范大学硕士生）

北京历史与文化

张　勃　张玉琦　袁瑜晗　杨　佳

加强全国文化中心建设，是北京落实首都城市战略定位，凸显北京历史文化的整体价值、强化“首都风范、古都风韵、时代风貌”的城市特色、加快建设国际一流和谐宜居之都、坚定文化自信、推动社会主义文化繁荣兴盛的重大战略举措。北京推进全国文化中心建设对学术研究产生了重要影响，一方面，北京文化研究形成明显的热点，著作和文章明显增加；另一方面，也促进了当下北京历史和文化研究的应用转向。现将本年度的学术活动与研究情况综述如下：

一、重要学术会议

（一）第三届京台学者共研会·京台地方学分论坛

“京台地方学分论坛”由北京市级社科研究基地北京学研究基地和京台文化交流研究中心联合主办，于 2018 年 6 月 24 日在北京联合大学应用文理学院召开。各学术机构的知名专家以及来自北京、台湾、内蒙古、福建、山西、陕西等地的地方学和地方文化专家学者70余人出席研讨会，分论坛的研讨主题为“京台地方学研究互鉴与地方文化交流展望”，与会专家学者围绕京台地方学与地方文化研究现状与前瞻、地方文化传承与认同、地方文学、地方戏剧、民间信仰、文化创意、文化遗产保护、地方学服务地方发展实践等方面展开研讨和交流。本次研讨会有助于推动两岸地方学研究的繁荣，推动台海两岸各地地方特色文化的保护与传承，为丰富中华民族文化中国的地方文化宝库发挥了积极作用。

（二）“近代北京史研究的新起点”学术研讨会

2018年7月20日，由北京市社会科学院历史研究所、中国人民大学民国史研究所主办的“‘近代北京史研究的新起点’学术研讨会开幕式暨《北京史学》新闻发布会”在北京卧佛山庄召开。来自中共中央党校、中国社科院近代史研究所、北京大学、清华大学、北京师范大学等学术机构的学者共60余人参加了会议。与会专家提交论文涉及近代北京的政治变革、城市景观、空间结构、经济兴衰、文化生态、城乡互动、民间信仰、社会治理、城市书写与记忆等广泛议题。会议上，专家围绕如何看待近代北京史研究的现状与前景，如何跨越既有的城市史研究范式，在充分考虑北京城市特性的基础上，探寻一条更加符合北京实际的解释框架与思考路径等问题进行了研讨。

（三）北京学研究与全国文化中心建设——第二十次北京学学术年会

2018年9月15—16日，北京学研究基地联合首都博物馆、北京联合大学学报编辑部、北京史研究会、北京地理学会举办了“北京学研究与全国文化中心建设——第二十次北京学学术年会暨北京学研究所成立20周年纪念会”。本次会议共收到文章41篇，包括学术论文28篇，“我与北京学”征文13篇。国内外数十家单位的100多位领导、专家、学者、地方文化工作者参与会议。会议以“北京学与全国文化中心建设”为主题，与会学者就北京学与其他地方学的关系及未来发展，北京全国文化中心建设的路径，北京古都文化的内涵与精髓、三个文化带保护与发展等展开了讨论，对于探索地方学服务文化建设的北京经验，为北京全国文化中心建设提供智力支持具有积极意义。

（四）2018年学术前沿论坛北京史研究会专场

2018年10月9日，由北京市社会科学界联合会、北京史研究会主办的2018年学术前沿论坛北京史研究会专场在当代中国研究所举行。来自北京市社科联、首都博物馆、首都图书馆、北京史研究会的60余位领导专家参加论坛。与会人员就论坛的主题：“三个文化带”建设与中华文化传承创新展开了研讨，北京史研究会会长、北京市哲学社会科学规划办公室原副主任李建平研究员阐释了“三个文化带”对全国文化中心建设的意义，强调“三个文化带”建设要坚持保护好、传承好、利用好的“三好”原则。另有学者指出，“三个文化带”所包含的历史文化内容与北京城市发展和北京文化形成有着因果传导关系，“三个文化带”的历史演变，构成了北京历史发展的基本脉络，“三个文化带”的丰富文化内涵是北京历史文化形成的重要基础。

（五）第十三届中国北京国际文化创意产业博览会“三个文化带保护、传承与利用”论坛

2018年10月25—27日，由北京市地方志编纂委员会办公室、中国国际贸易促进委员会北京分会、北京市发展和改革委员会、北京市旅游发展委员会等多家单位联合主办的“三个文化带保护、传承与利用”论坛在北京市方志馆召开。第十三届文博会首次组织三个文化带保护、传承与利用论坛，即大运河文化带论坛、长城文化带论坛、西山—永定河文化带论坛。在“大运河文化带保护、传承与利用”分论坛上，国内外专家围绕中国大运河发展基本脉络及历史作用、北京运河及漕运体系的历史演变、历史上的大运河与通州的关系、北京水系的冬天轮转等方面发表了主题演讲。在“长城文化带保护、传承与利用”分论坛上，数位研究和产业领域的专家介绍了长城的文化遗产价值、国内长城现存及保护情况、国外长城保护利用有关经验、北京长城文化带建设情况等方面的内容。在“西山—永定河文化带保护、传承与利用”分论坛上，与会专家介绍了西山永定河文化带景观保护发展、西山永定河生态可持续发展、永定河与北京城的起源和发展、西山永定河文化带红色文化内涵、西山永定河文化带非物质文化遗产的保护与利用等内容。本次论坛，深入挖掘了“三个文化带”丰富的历史文化内涵，为“三个文化带”保护、传承和利用提供了专业指导和解决方案，进一步促进了相关规划的实施，推动沿线区域全面发展。

（六）“三山五园文脉传承与创新发展”学术研讨会暨第五届北京三山五园研究院学术论坛

2018年12月21日，“三山五园文脉传承与创新

发展”学术研讨会暨第五届北京三山五园研究院学术论坛在北京联合大学应用文理学院召开。本次研讨会由北京联合大学、中共海淀区委宣传部联合主办，百余位专家代表及研究生参与会议。会议围绕三山五园与京西文脉传承、三山五园历史文化内涵发掘与全国文化中心建设、全球视域下的三山五园文化形象与文化传播等问题展开讨论。有专家指出，在文化科技融合发展的当下，三山五园重点地区与中关村国家级自主创新示范区紧密相邻，让三山五园历史文化元素插上中关村自主创新的翅膀，必将提升三山五园历史文化保护与发展层次，推动先进科学技术创新应用于历史文化保护传承与展示传播，并在全国起到示范作用。此次研讨会召开的同时，还推出了“西山文脉主题成果展”。

二、北京历史资料搜集与整理

在专题资料整理方面，2018 年取得一些成绩。《燕京岁时记（外六种）》辑录了七种明清以来记载京师地区岁时风俗的文献。[①]《归国华侨史料丛书——北京篇》收录了归国华侨故事。[②]《北京魅力：古人笔下的北京》收集了与北京有关的风光景致、人物剪影、诗歌情怀、民生百态、历史云烟各方面的古诗文。[③]北京历史档案馆主编的《北京历史档案》共两辑，第一辑为“西山—永定河生态环境治理”专辑，第二辑分为“西山·教育”“西山·皇家”“西山·宗教”三部分。这些史料对研究西山历史文化以及永定河的治理具有重要意义。[④]北京市政协文史和学习委员会汇编了出版了《北京文史资料第 82 辑》，共收录 33 篇文章，分为抗战忆事、往事回眸、梨园漫话、人物春秋、旧京琐记等 5 个模块，文章紧密结合了文史和时政热点。《北京文史资料第 83 辑》收入文章 16 篇，分成“往事回眸”“艺坛春秋”“南水北调”“旧京琐忆”“遗产保护”五个部分。[⑤]

三、北京历史研究

《北京史学》正式创刊是本年度北京历史研究方面的一个重要事件。该刊是北京社会科学院历史所《北京史学论丛》（2012 年起出版 6 辑）的升级版，涵盖北京史相关研究的各个方面，并非严格限定在地方史或区域史领域。[⑥]

本年度北京历史研究方面的力作较多，王岗、靳宝主编《北京军事史》是北京专史集成丛书的一种，该书在北京历史发展的大框架下，以历代战争为主线，兼及军事制度和军事技术，是对北京军事史系统的研究。[⑦]佟洵主编《北京伊斯兰教史》是对北京地区伊斯兰教和伊斯兰教文化发展进行全面审视深入探讨的最新成果。[⑧]胡雪峰主编《元代北京汉藏佛教研究》对元代北京地区汉藏佛教的发展进行研究。[⑨]曲英杰《燕地古城考》以《汉书·地理志》为准，对今北京、天津及河北北部、辽宁西南部地区所置 134 座郡（王国都）县（侯国）城的地理方位、形制布局、初始风貌及沿革变迁等予以考述。[⑩]孙冬虎、吴文涛、高福美的《古都北京人地关系变迁》系统阐述了历史上的北京成为首都或陪都之后对城市本身、周边地区乃至我国其他省份在人口、资源、环境、社会等方面的影响。[⑪]孙琼《晚清西方人士笔下的北京与中西文化交流研究》发掘并翻译了大量英文文献资料，挖掘其历史文化思想价值，并结合同时期的中文典籍对西文著述中的史实进行相应的考证、分类、聚群、检验，还原历史细节。[⑫]王冰冰《变迁：北京城的远去与再生》探讨了北京城市和建筑发展的现象、内因和策略。[⑬]蔡青《北京铭文城砖研究：明清城砖铭文的历史信息与多元文化价值》研究了明清时期北京城砖铭文特有的历史信息与多元文化价值，是一部关于北京城市历史文化的专著。[⑭]项飙《跨越边界的社区：北京“浙江村”的生活史》时隔 20 年后修订再版，除对前版内容进行补充订定外，于新增序言部分特别回顾了“浙江村”和中国社会自 2000 年以来的变化，对“正规化”及“分割—攫取模式”进行了分析阐述。[⑮]

除著述外，还有不少论文，其中关于清代民国时期北京的研究较为突出，张安民探讨了北京作为清朝都城，在促进多民族国家的形成与本土文化融合以及中外文化交流和首都经济的繁荣发挥着重要的作用。[⑯]郭宇昕通过研究清代官僚体系中顺天府尹体制的变化考察清代政治的运转，探索清代京畿地区的治理经验与国都治理体制的路径。[⑰]王旭讨论了清末直隶省地方自治与基层行政体制与近代转型。[⑱]周增光围绕隆裕之丧，揭露了民初政治文化转型未匹配政治变革的步调。[⑲]徐鹏认为北平市扩界的困难，既是近代中国市制推行中“切块设市”导致的后遗症，也和近代国人对市制的理解、政局的不稳有关。[⑳]安劭凡分析了张东荪在北平和谈中发挥的重要作用。[㉑]邱仲麟通过对旅行住宿问题的考察，通过北京指南书旅住宿信息的近代化历程，发现旅馆记载由北洋时期的全面性在 1927 年转向个别性，诉求对象也从大众转向中上层。[㉒]王煦通过史料数据的调查认为民国京郊地区在教育、信仰和家庭观念中呈现新旧交替和新旧杂糅的特征。[23]王丽媛将20世纪30年代北平城市不同空间区域的大学生生活归类为三种主风格即：北大附近“拉丁区”自由开放的追求学术之风，清华、燕京在西郊封闭校园的规律集体风格，以及西南城区私立一般性学生的散漫无序之风。这些不同的风格不仅是学生们的选择，也是区域环境和校园文化对他们的塑造。[24]

此外，王春政从石景山古城军事功能的弱化发现，石景山古城、元上都、元大都之间存在严谨的几何联系，由此提出一种可证伪的元大都规划模型，即元大都各层城垣依次递进旋转使宫城中轴线严格指向元上都。[25]郭岩、杨昌明以明清北京牛街为例，分析宗教建筑佛寺和清真寺的总体分布、修建命名、布局形式、社会功能四个方面。以历史微观区域内比较建筑文化的视角，“以小见大”，体现中国古代佛教和伊斯兰教的和谐发展关系，印证了当代中国佛伊二教的和谐发展是与历史一脉相承；以及“坚持我国宗教中国化方向”。[26]张勃探讨了不同历史时期寺庙在北京居民休闲中的重要作用，提出寺庙要积极融入时代，服务于首都建设和民众美好生活。[27]

四、北京文化研究

2018年北京文化研究掀起一个热潮，出版了数种丛书，其中“京华通览系列丛书”五十余本，以通俗平实的语言和丰富的图片，详细介绍北京的风土人情、名胜古迹以及城市建设规划，分别为姚安《天坛》，王岩《长城艺文录》《北京长城概览》《北京的城市规划》《北京的遗址墓葬》，王家桓《故宫概览》《北京的桥》《北京四合院》，胡汉生《明十三陵》，定界《图解故宫》，于虹《北京建置概说》《北京灾害史略》，武裁军《北京皇家坛庙》，定界《图解颐和园》，杨良志、杨家毅《走读大运河》，潘惠楼《北京的饮食》《北京的民俗》《北京史略》，李东明《古北口》，郗志群《南锣鼓巷》，张超《圆明园》，袁长平《香山静宜园》，尹钧科、吴文涛《永定河与北京》，王洪新《北海》，云亦《大运河艺文录》《北京的水》，郑珺《长安街》，郭炜《大运河与通州古城》，谭烈飞《北京的古典园林》，刘仲孝《天桥》，孙连庆《张家湾》，刘岳《西单》，张宝章《三山五园》《建筑世家样式雷》《畅春园》《玉泉山静明园》，董拯民《周口店遗址》，李明新《卧佛寺樱桃沟》，扬帆《会馆》，宋卫忠《北京的城墙与城门纵览》，华宁《平安大街》，李桂清《琉璃河》，王之鸿《王府井》，李国棣、李慕禅《南口》，王红《老字号》，师昌璞《斋堂》，徐伟佳、张杰《朝阜路》，盖建中《中山公园》，贾福林《太庙》，武光《八达岭长城》，翟小菊《颐和园》，罗保平《前门大栅栏》，王锦、徐建功《北京中关村》，刘文江《上方山》，吴云起《北京的道路》，马建农《琉璃厂》等。[28]又“当代北京史话”丛书包括郭京宁《当代北京圆明园史话》，郭欣《当代北京中轴线史话》等，[29]盛锡珊著“北京梦华录”丛书包括《市井风俗》《古都风貌》《商号店铺》《京城百业》。[30]系列丛书的出版，反映了北京文化研究与科学普及的热度。

此外，本年度北京文化方面的专著还有冯凌等《北京文化旅游与文化影响传播》，[31]刘铁梁《中国民俗文化志·北京·丰台区卷》[32]，卫才华《北京隆福寺商业民俗志》[33]，袁志鸿《北京东岳庙志》[34]，郭玲、唐晓敏《北京礼俗文化》[35]，袁碧荣《北京特色古刹的文化》，[36]吴梦麟、陈辉《北京“三山五园”石刻文化》，[37]甫玉龙《北京的院落》[38]，王雪莲《北京西山八大水院》[39]，北京大学聚落研究小组、北京建筑大学ADA研究中心《北京杂院》[40]，王丹《北京味道》，[41]刘凤云等《人文之蕴——北京城的空间记忆》，[42]唐帼丽《博物北京》[43]，朱祖希、袁家方《京畿重地北京》[44]，陆波《北京的隐秘角落》[45]，李健《北京城市影像志》[46]，李弘《京华心影：老地图中的帝都北京》《京华遗韵：版画中的帝都北京》[47]，张卉妍《老北京趣闻与传说》[48]，冯蒸《余音回响：老北京俗语民谣述闻》[49]等。

北京历史文化名城保护研究是文化研究的重点，主要包括以下方面。

（一）北京历史文化名城内涵挖掘和整体保护

张勃挖掘古都文化的精髓，将其概括为恢宏壮丽的帝京气象、灿然荟萃的文物古迹、系统完备的礼乐制度、厚德载物的包容气度和万国之表的首善追求。[50]刘凤云认为北京的人文是一座永远挖不完的宝藏，其活力就在于它承载了深厚的人文底蕴。[51]晏晨论述了北京要在城市发展中更好地保护名城文化遗产和传承名城历史文化。[52]陈贤颖就北京作为历史文化名城提出五点发展建议。[53]

（二）中轴线研究

自2012年北京中轴线被列入中国申报世界遗产预备清单，相关申遗工作正在推进，学界对于中轴线的关注度与日俱增。王建伟强调中轴线是构建明清北京城市骨架的重要基准线，在传统城市空间和功能秩序上起着统领与布局作用，是古都的脊梁与灵魂所在。当代北京中轴线既是历史轴线，又是发展轴线。[53]同时通过对中轴线变迁的梳理，认为中轴线的完整性遭到肢解，使得北京这一帝都结束皇权唯我独尊的时代，开启走向现代化的最初步伐。[55]他认为中轴线在世俗性社会机制的调节作用越来越强，从而使得北京也展示出更加多样而丰富的城市面孔。[56]章永俊通过对中轴线的梳理，提出传统中轴线额保护发展建议。[57]高福美深入探讨了北京中轴线的文化内涵。[58]朱祖希认为北京中轴线是都城文化的集大成者，活现着中华文化的魂魄，流绵着时代特有的神韵。[59]阙维民则认为"北京中轴线"项目有悖于世界遗产精神的可信性、均衡性、真实性与完整性，建议将其从世界遗产预备名录中撤回。[60]

（三）历史文化街区与传统村落的研究

陈静勇《北京地理色彩研究（老城历史文化街区色彩卷）》以色彩地理学理论视角为主线，探讨自然地理、社会人文、城市人工等多学科因素综合作用下的历史文化名城地理色彩事理（学）理论与实践脉络。[61]龚子璐通过对北京老城区微更新案例进行调查，提出要进一步推广北京历史文化街区的微更新模式。[62]陈明玉、石炀、边兰春以实地踏勘与调查为基础，归纳并分析现阶段北京旧城历史街区改造项目中主要的资金利用方式，通过效益评估、对比研究等方法，提出保护资金的优先使用方向在于精准化使用，即精准化改善和精准化管理两个方面。[63]钱毅等结合目前北京市老城城市遗产整体保护的理念，分析了大栅栏城市遗产承载的历史文化价值，认为大栅栏城市遗产的整体保护需要应用历史性城镇景观的保护方法。[64]李阿琳以北京大栅栏这个居住型历史街区的院落调整为例，讨论了原住民参与遗产保护的政策在执行中的难点所在。[65]李远芳等人通过文献研究、问卷调查等研究方法对北京南锣鼓巷保护与开发过程中的优缺点进行了研究，并且提出了创新化的改进策略。[66]孙希磊等从朝阜路的历史源流出发，梳理文脉特征，挖掘精神内涵，从"时空隧道""文化多元""文脉传承"等视角，提出保护、传播与展示历史街区文化内涵的相关理念与实施路径。[67]时少华等借鉴网络治理理论中罗茨的政策网络治理理论框架，以北京国子监历史文化街区为例，确定历史文化街区参与的网络结构及其特征，并结合国子监历史文化街区保护参与的实际进行研究提出建议。[68]刘康宁等探究模式口历史文化街区保护与更新，有针对性地提出更新改造规划，有效地指导更新改造的实施。[69]韩振华在调研基础上，对北京传统村落认定和分布情况、保护和发展现状及存在问题进行了深入分析，并提出了以京西传统村落群为重点，加强传统村落保护和发展的政策建议。[70]

（四）三个文化带研究

三个文化带是北京推进全国文化中心建设的重要抓手，也成为研究的热点，并产生诸多成果。胡九龙通过比较分析三个文化带的影响力，认为在全国文化中心的统领下，三个文化带与北京老城共同构成一座世界文化名城。[71]王淑娇梳理了三个文化带的建设与利用现状，探讨了三个文化带建设利用中存在的问题，进一步对三个文化带的建设与利用情况提出建议与对策。[72]郑文涛等人强调以战略思维把握北京文化带建设的重要性，以辩证思维把握北京文化带建设的规律性，以系统思维把握北京文化带建设的整体性，以精准思维把握北京文化带建设的时效性。[73]

在长城文化带方面，北京长城文化带丛书《长城踞北》是本年度的重要著作，本系列丛书共七本，分别为《综合卷》《昌平卷》《门头沟卷》《平谷卷》《密云卷》《延庆卷》《怀柔卷》，由北京市政协教文卫体委员会牵头汇集北京国际城市发展研究院长城学会及北京市昌平、平谷、门头沟、密云、延庆、怀柔六区政协的相关专家进行编写。对各区长城的历史沿革残存遗迹进行了细致梳理，对历代有关长城碑铭诗赋文物古迹进行了深入解读，是集历史文献实地考核调研论证为一体的文史专辑。[74]

在西山文化带研究方面，孙震对通过探究西山文化带建设的现状以及存在的问题，对颐和园在西山文化带中的作用进行分析，提炼出颐和园在西山文化带中的定位，并结合"全局旅游"概念，提出颐和园在西山文化带建设中面临的问题，根据问题提出对策。[75]李彦冰挖掘了西山红色文化的政治价值，强调西山红色文化是中国特色社会主义文化的有机构成部分，是北京全国文化中心建设的重要资源以及国内外民众认同中国的重要载体之一。[76]沈安杨选取北京西郊佛寺园林为整体研究对象，根据史料辨析其历史沿革，归纳统计现存佛寺的情况，并在此基础上分类和总结其基本特征，掌握北京西郊佛寺园林这一典型园林整体的现状，以利于更好地保护发展，为今后的进一步研究夯实基础。[77]三山五园是西山文化带的重要组成部分，也是学者十分关注的对象。王萌通过三山五园文化遗产数字化的保护和利用的优势，分析其利用情况。[78]肖瑞宁梳理了三山五园的历史变迁，[79]李睿等研究了三山五园的起始为畅春园。[80]

运河文化带研究方面，孙威等人探究了北京大运河面临的现实问题，通过国外运河治理的经验的启示提出北京运河文化带发展的建议。[81]成志芬等采用SPSS描述统计分析和相关分析法，对通州古运河上的三个码头、大运河（北京段）的三个因运河而生的传统村落上马头村、皇木厂村、崔家楼村为案例进行研究，认为区位影响居民对运河文化的认知，应采取差别化措施加强运河文化的空间表达和加强居民对运河文化的传承。[82]吴涛提出要打造大运河文化带景观带。[83]房宁通过根据北京运河文化带存在的实际问题，提出相应保护开发建议。[84]万金红等人认为水文化是北京文化的灵与魂，通过对北京水文化遗产保存情况梳理发现北京水文化遗产表现出“一体两翼”的空间格局。[85]申爱萍论述了大运河历经两千余年的持续发展与演变，京杭大运河直到今天仍发挥着重要的交通、运输、行洪、灌溉、输水等作用，是大运河沿线地区不可缺少的重要交通运输方式。[86]孙冬虎论述了北京大运河文化带的历史特征与当代意义并提出大运河文化带研究需要规范求实。[87]

（五）非物质文化遗产研究

本年度的相关研究成果有石美玉《北京传统技艺类非物质文化遗产旅游活化与消费者参与研究》[88]和耿波《地方认同视野中的北京非物质文化遗产研究》。[89]近些年，北京市文学艺术界联合会持续出版“非物质文化遗产丛书”，2018年又出版杨金凤《西山八大处传说》《古道磨石口传说》，陈海兰《密云蝴蝶会》，李苍彦、林泓魁《彩塑京剧脸谱》，隋世国《临清潭腿》，厉宝华《花丝镶嵌》，北京凤凰岭自然风景公园《凤凰岭传说》等。[90]北京非物质文化遗产保护中心则组织编写出版了“北京非物资文化遗产传承人口述史“系列，包括高伟毅编写的《北京非物质文化遗产传承人口述史》、王延娜整理的《北京皮影戏·路宝刚》《琉璃烧制技艺·蒋建国》《金漆镶嵌髹饰技艺·柏德元》，胡美玲、王延娜整理的《古字画装裱修复技艺·王辛敬、李淑珍》，[91]张冠玉整理的《京西太平鼓·高洪伟》，卢媛媛整理的《“八达岭长城传说”·池尚明》，张珑整理的《北京花丝镶嵌制作技艺·程淑美》，高源整理的《京绣·刘秀花》，阴海燕整理的《象牙雕刻·李春珂》等。[92]此外还出版有《北京非物质文化遗产图典》[93]《北京市西城区非物质文化遗产项目代表性传承人图典》[94]等。

注：

①王碧滢、张勃：《燕京岁时记(外六种)》，北京出版社，2018年版。

②陈浩琦：《归国华侨史料丛书——北京篇》，中国华侨出版社，2018年版。

③戈兆一、韩雅青选编：《北京魅力：古人笔下的北京》，商务印书馆，2018年版。

④北京市档案馆主编：《西山永定河生态环境治理》，2018年6月；《人文西山》，2019年1月。

⑤北京市政协文史和学习委员会主编：《北京文史资料：第82辑》《北京文史资料：第83辑》，北京出版社，2018年。

⑥北京市社会科学院历史研究所编：《北京史学：总第7辑》，社会科学文献出版社。

⑦王岗、靳宝主编：《北京军事史：北京专史集成》，人民出版社，2018年8月版。

⑧佟洵主编：《北京伊斯兰教史》，宗教文化出版社，2018年11月版。

⑨胡雪峰主编：《元代北京汉藏佛教研究》，宗教文化出版社，2018年2月版。

⑩曲英杰：《燕地古城考》，北京：社会科学文献出版社，2018年11月版。

⑪孙冬虎、吴文涛、高福美：《古都北京人地关系变迁》，中国社会科学出版社，2018年10月版。

⑫孙琼：《晚清西方人士笔下的北京与中西文化交流研究》，北京出版社，2018年版。

⑬王冰冰：《变迁：北京城的远去与再生》，机械工业出版社，2018年6月版。

⑭蔡青：《北京铭文城砖研究：明清城砖铭文的历史信息与多元文化价值》，金城出版社，2018年版。

⑮项飙：《跨越边界的社区：北京“浙江村”的生活史》，生活·读书·新知三联书店，2018年版。

⑯张安民：《古都鼎盛——清北京》，《前线》，2018年第4期。

⑰郭宇昕：《清代顺天府尹体制的转变》，《北京史学》，2018年春季刊。

⑱王旭：《清末直隶省地方自治实践与基层行政体制的近代转型》，《北京史学》，2018年春季刊。

⑲周增光：《隆裕之丧与民初政治文化转型》，《北京史学》，2018年春季刊。

⑳徐鹏：《政区调整与北平划界纠纷(1928—1932)》，《北京史学》，2018年春季刊。

㉑安劭凡：《第一功？张东荪在北平和谈中的作用再分析》，《北京史学》，2018 年春季刊。

㉒邱仲麟：《从会馆、店寓到饭店、公寓——北京指南书旅住宿信息的近代化历程》，《北京史学》，2018 年春季刊。

㉓王煦：《民国时期北京郊区民众文化观念变迁——以社会调查史料为基础》，《北京史学》，2018 年春季刊。

㉔王丽媛：《区域集聚与多元共存——20 世纪 30 年代北平各大学的空间分布与文化风格》，《北京史学》，2018 年春节刊。

㉕王春政：《元大都考古重大参考：石景山古城军事功能弱化之管窥》，《军事历史》，2018 年第 1 期。

㉖郭岩、杨昌明：《明清北京牛街佛教和伊斯兰教宗教建筑文化比较研究》，《世界宗教文化》，2018 年第 5 期。

㉗张勃：《寺庙与北京居民的休闲生活》，《北京联合大学学报》(人文社会科学版)，2018 年第 1 期。

㉘均为北京出版社，2018 年版。

㉙均为首都师范大学出版社，2018 年版。

㉚均为故宫出版社，2018 年版。

㉛冯凌、杜蕊、杨蕾、梁晶：《北京文化旅游与文化影响传播》，旅游教育出版社，2018 年版。

㉜刘铁梁主编，北京市文学艺术界联合会编：《中国民俗文化志·北京·丰台区卷》，北京出版社，2018 年版。

㉝卫才华：《北京隆福寺商业民俗志》，商务印书馆，2018 年版。

㉞袁志鸿主编：《北京东岳庙志》，宗教文化出版社，2018 年版。

㉟郭玲、唐晓敏主编：《北京礼俗文化》，中国人民大学出版社，2018 年版。

㊱北京大学聚落研究小组、北京建筑大学 ADA 研究中心：《北京杂院》，中国电力出版社，2018 年版。

㊲吴梦麟、陈辉：《北京“三山五园”石刻文化》，北京燕山出版社，2018 年版。

㊳甫玉龙主编：《北京的院落》，经济科学出版社，2018 年版。

㊴王雪莲编著：《北京西山八大水院》，中国人民大学出版社，2018 年版。

㊵袁碧荣编：《北京特色古刹的文化》，中国人民大学出版社，2018 年版。

㊶王丹：《北京味道》，中国人民大学出版社，2018 年版。

㊷刘凤云、江晓成、张一弛：《人文之蕴——北京城的空间记忆》，中国人民大学出版社，2018 年版。

㊸唐帼丽主编：《博物北京》，经济科学出版社，2018 年版。

㊹朱祖希、袁家方编著：《京畿重地北京 .6》，中国旅游出版社，2018 年版。

㊺陆波：《北京的隐秘角落》，社会科学文献出版社，2018 年版。

㊻李健主编：《北京城市影像志》，北京出版社，2018 年版。

㊼均为中信出版社，2018 年版。

㊽张卉妍：《老北京趣闻与传说》，中国华侨出版社，2018 年版。

㊾冯蒸编著：《余音回响：老北京俗语民谣述闻》，商务印书馆，2018 年版。

㊿张勃：《北京古都文化的精髓》，《人民论坛》，2018 年第 18 期。

51刘凤云：《北京古都的人文之蕴》，《北京日报》，2018 年 2 月 5 日。

52晏晨：《北京：名城保护期待新视野》，《中国文化报》，2018 年 7 月 4 日。

53陈贤颖：《北京市历史文化名城建设的五点建议》，《人文天下》，2018 年第 18 期

54王建伟：《当代北京中轴线：从“历史轴”到“发展轴”》，《前线》，2018 年第 11 期。

55王建伟：《从“神圣性”到“世俗性”：北京中轴线的传承与发展》，《前线》，2018 年第 12 期。

56王建伟：《民国北京中轴线的历史变迁》，《北京档案》，2018 年第 10 期。

57章永俊：《北京中轴线的传承与发展》，《前线》，2018 年第 12 期。

58高福美：《北京脊梁：明中轴线的文化魅力》，《前线》，2018 年第 8 期。

59朱祖希：《象天设都法天而治——论北京中轴线的文化渊源》，《北京日报》，2018 年 5 月 28 日。

60阙维民：《“北京中轴线”项目申遗有悖于世界遗产精神》，《中国历史地理论丛》，2018 年第 4 期。

61陈静勇：《北京地理色彩研究(老城历史文化街区色彩卷)》，中国建筑工业出版社，2018 年版。

⑫龚子璐：《北京老城历史文化街区微更新规划应对策略》，《共享与品质——2018 年中国城市规划年会论文集》，2018 年 11 月 24 日。

⑬陈明玉、石炀、边兰春：《北京历史文化街区更新中资金优先使用方向研究》，《北京规划建设》，2018 年第 2 期。

⑭钱毅、段晓婷、秦子葳、骆凯：《北京大栅栏城市遗产的整体保护与历史街区的振兴》，《遗产与保护研究》，2018 年第 4 期。

⑮李阿琳：《原住居民参与遗产保护的实践与反思——以北京大栅栏地段院落调整为例》，《建筑遗产》，2018 年第 2 期。

⑯李远芳等：《传统历史文化街区的保护与开发——以北京南锣鼓巷为例》，《度假旅游》，2018 年第 9 期。

⑰孙希磊等：《北京朝阜路历史文化内涵保护传承研究》，《北京建筑大学学报》，2018 年第 1 期。

⑱时少华等：《政策网络视角下历史文化街区保护的参与网络治理研究——以北京国子监历史文化街区为例》，《北京联合大学学报》(社会科学版)，2018 年第 2 期。

⑲刘康宁、薛杨：《历史文化街区保护与更新规划设计导则编制研究——以北京模式口历史文化街区为例》，《共享与品质——2018 年中国城市规划年会论文集》，2018 年 11 月 24 日。

⑳韩振华：《北京传统村落保护和发展问题研究》，《农业部管理干部学院学报》，2018 年第 2 期。

㉑胡九龙：《北京三个文化带影响力比较分析》，《前线》，2018 年第 10 期。

㉒王淑娇：《北京“三个文化带建设与利用”》，《城乡建设》，2018 年第 19 期。

㉓北京市习近平新时代中国特色社会主义思想研究中心(郑文涛执笔)：《以科学思维方法引领北京文化带建设》，《前线》，2018 年第 8 期。

㉔北京市政协教文卫体委员会等：《北京长城文化带丛书——长城踞北》，北京出版社，2018 年版。

㉕孙震：《西山文化带建设背景下的颐和园保护与发展》，《北京园林协会会议论文集》。

㉖李彦冰：《北京西山红色文化的政治价值》，《前线》，2018 年第 2 期。

㉗沈安杨：《北京西郊佛寺园林历史与特征浅析》，《建筑与文化》，2018 年第 12 期。

㉘王萌：《北京三山五园地区文化遗产的数字化保护、利用与传播》，《首都博物馆论丛》，2018 年。

㉙肖瑞宁：《三山五园的历史变迁》，《北京档案》，2018 年第 9 期。

㉚李睿、赵连稳：《三山五园的起始畅春园》，《北京观察》，2018 年第 6 期。

㉛孙威等：《北京运河文化带保护发展的国际经验借鉴研究》，《中国名城》，2018 年第 4 期。

㉜成志芬等：《大运河(北京段)传统村落居民对运河文化的认知及认同研究》，《北京联合大学学报(人文社会科学版)》，2018 年第 2 期。

㉝吴涛：《打造大运河文化带景观带》，《北京观察》，2018 年第 9 期。

㉞房宁：《大运河是富含北京历史文化的大课堂》，《北京日报》，2017 年 8 月 7 日。

㉟万金宏等：《用千年水文化助力文化中心建设》，《前线》，2018 年第 1 期。

㊱申爱萍：《京杭大运河通州溯源》，《人民交通》，2018 年第 7 期。

㊲孙冬虎：《北京大运河文化带的历史特征与当代意义》，《北京日报》，2018 年 5 月 28 日。

㊳石美玉：《北京传统技艺类非物质文化遗产旅游活化与消费者参与研究》，北京：中国旅游出版社，2018 年版。

㊴耿波：《地方认同视野中的北京非物质文化遗产研究》，首都师范大学出版社，2018 年版。

㊵均为北京美术摄影出版社，2018 年版。

㊶均为首都师范大学出版社，2018 年版。

㊷均为知识产权出版社，2018 年版。

㊸北京非物质文化遗产保护中心、北京汉声文化创意有限公司编著：《北京非物质文化遗产图典》，北京美术摄影出版社，2018 年版。

㊹北京市西城区非物质文化遗产保护中心编：《北京市西城区非物质文化遗产项目代表性传承人图典》，中国商务出版社，2018 年版。

(作者：张勃，北京联合大学教授；
张玉琦、袁瑜晗、杨佳，北京联合大学硕士生)

人文北京

金元浦　王林生

一、习近平关于新时代中国特色社会主义文化的重要论述研究走向纵深

习近平新时代中国特色社会主义思想是根据时代的深刻变革、深度调整，深入实践马克思主义中国化的最新成果。习近平关于文化的重要论述是习近平新时代中国特色社会主义思想的重要组成部分，众多论者从不同角度，对习近平关于文化的重要论述进行了分析阐释。这些分析不仅阐明了习近平关于新时代中国特色社会主义文化重要论述的内涵特征和时代价值，而且与具体的文化应用相联系，将习近平关于新时代中国特色社会主义文化重要论述的研究与实践推向深入。

第一，习近平关于新时代中国特色社会主义文化重要论述的重要内涵。

党的十八大以来，党中央多次强调文化自信的重要性。文化自信根植于五千年的文化传统，习近平明确指出："优秀传统文化是一个国家、一个民族传承和发展的根本，如果丢掉了，就隔断了精神命脉。我们要善于把弘扬优秀传统文化和发展现实文化有机统一起来，紧密结合起来，在继承中发展，在发展中继承。"[①]这表明中国特色社会主义文化发展和建设离不开五千年的中华文化的发展进程。黄杰认为，在复杂现代性下实现中华文化的全面复兴需要坚定有五千年文化传统涵养的文化自信，指出"文化自信是更基础、更广泛、更深厚的自信，是更基本、更深沉、更持久的力量"，[②]只有坚持传统，植根于中国传统文化的创造性转化才能实现文化的创造性发展。汤庆慧从文化共同体的角度阐释了继承、弘扬和发展传统优秀文化的重要性，认为"中国优秀传统文化中蕴含着丰富的精神基因，润物细无声般融入习近平关于文化的重要论述中，推进世界文化多样性的进程，为文化共同体的构建提供了深厚的文化底蕴"。与黄杰、汤庆慧关注中国传统文化对文化自信的支撑不同，钟天娥更为强调当代文化实践对文化自信的支撑，认为习近平关于新时代中国特色社会主义文化自信重要论述的形成与改革开放以来当代实践密不可分，指出"改革开放以来社会主义文化建设取得的突出成就，构成关于文化自信重要论述形成的实践基础""改革开放以来中国特色社会主义文化建设理论的创新发展，构成关于文化自信重要论述形成的理论基础""党的十八大以来习近平总书记关于文化自信的一系列重要阐述，构成关于文化自信重要论述形成的直接来源"。

与以上两种从较为微观的角度审视习近平新时代中国特色社会主义文化重要论述不同，祁述裕对习近平关于新时代中国特色社会主义文化重要论述的认识则更为宏观。祁述裕在讨论文化自信时，认为坚定文化自信是建设社会主义文化强国的保证，且具有三大文化优势的支撑，即"源自于中华民族五千多年文明历史所孕育的中华优秀传统文化，熔铸于党领导人民在革命建设、改革中创造的革命文化和社会主义先进文化，植根于中国特色社会主义伟大实践"，[③]它们共同构筑了中国精神、中国价值、中国力量。

第二，习近平关于新时代中国特色社会主义文化重要论述的时代价值。

黄书进认为，习近平关于新时代中国特色社会主义文化的重要论述牢牢把握和立足我国国情新变化新方位的现实基础，准确把握我国不同发展阶段的新变化新特点，是对中国特色社会主义进入新时代历史方位的深刻认识。[④]在新的历史方位中解读新的思想理论，对新历史条件下认识文化建设与现实实践的关系具有诸多意义。张颐武认为，习近平关于新时代中国特色社会主义文化的重要论述不仅包含着和其他国家共同发展、共同奋斗的目标和愿景，也包含着对中国发展的期许，体现了文化自觉和文化自信的统一。[⑤]许亮指出，习近平关于文化自信的重要论述发展了马克思主义文化理论，它的时代价值深刻体现在"培育践行社会主义核心价值观、弘扬发展当代中国精神提供了文化动力"等方面，为发展中国特色社会主义文化、提高国家文化软实力、建设社会主义现代化强国提供了理论指导。

如果说以上论者是在宏观层面，对习近平关于新时代中国特色社会主义文化重要论述进行的解读，那么在微观层面，金元浦、范周等关注了习近平关于新时代中国特色社会主义文化重要论述对文化生产的影响。金元浦指出，新的思想理论密切把握文化发展的转型期，把单纯的经济为中心，文化为仆从（经济搭

台，文化唱戏）的形态，转变到现在党和国家提出的经济文化化、文化经济化，经济文化一体化的战略思想上来，认识到文化体制改革在当前文化发展方式转变中的重要意义。[⑥]范周认为，习近平关于新时代中国特色社会主义文化重要论述直面矛盾、分析问题，认为“对文化产品的需求和文化产品不能满足人民需求之间的矛盾会越来越凸显。所以，在文化领域中也面临着发展不平衡与不充分的问题，供给侧结构性改革迫在眉睫。”[⑦]

第三，习近平关于新时代中国特色社会主义文化重要论述的当代应用。

习近平关于新时代中国特色社会主义文化的重要论述是指导当代文化建设的重要指南，围绕这些重要论述诸多文化行业和领域已有重大实践。在文化艺术领域，“以人民为中心”是习近平关于文艺的重要论述的核心内涵，范玉刚认为，习近平关于文艺的重要论述倡导“以人民为中心的创作导向”，重申了文艺的人民性价值取向，重新定位了文艺发展的人民性坐标，丰富了马克思主义文论的功能论、价值论和批评论，为新时代中国马克思主义文论话语体系建构提供了思想指南。王列生认为，“以人民为中心”是习近平新时代中国特色社会主义思想的基本价值取向，文艺的人民本体论命题重心由此呈现为：人民作为文艺存在的意义本源、人民作为文艺存在的利益主体以及人民作为文艺存在的现实动力。在文化遗产保护领域，余池明认为，“要像爱惜自己的生命一样保护好城市历史文化遗产”构成了习近平关于新时代中国特色社会主义文化重要论述的核心，体现在“保护优先，防止建设性破坏”“把古城保护、建设和利用有机结合起来”“活化和合理利用”“创新性转化，服务当代”。在表演艺术领域，邓佑玲关注了舞蹈高等教育对文化自信的践行情况，指出践行习近平“文化自信”理论，构建中国特色舞蹈学学科建设的重点工作体现在以下五个方面：一是要着力研究习近平新时代中国特色社会主义思想给舞蹈高等教育事业提出的新命题；二是研究中国舞蹈学的学科定位问题；三是系统研究中国特色舞蹈文化的科学内涵，即中国特色舞蹈文化的内涵、层次、构成、框架和体系；中国特色舞蹈文化的来源、历史和脉络；中国特色舞蹈文化在人类舞蹈文化中的地位、作用和前景；四是分析中国舞蹈文化的传承现状及其面临的主要问题；五是科学研究中国民族舞蹈文化的理想和前景问题。[⑧]

应予承认，习近平关于新时代中国特色社会主义文化重要论述的内涵和外延是在不断丰富和拓展的，这就要求我们在践行、宣传和解释习近平关于新时代中国特色社会主义文化重要论述的同时，必须及时总结和提炼最新的文化成果，丰富和完善习近平中国特色社会主义思想理论体系的文化理论体系。

二、5G 时代文化发展面临的机遇与挑战

5G 作为下一代移动互联网连接技术，在智能终端设备上的传输速度比目前的 4G 技术更为快捷、更为稳定，是未来数字经济发展的重要引擎。新的技术为文化的生产和传播提供了新的载体，这也就必然要求文化在内容和形式上进行相应的变化，即文化在 5G 时代面临机遇和挑战。

从文化发展的机遇来看，5G 与 4G 相比对文化产生的影响可能更为深刻。金元浦指出，

在以 5G 为背景的“加速度”时代，5G 带来的数字技术创新，将促使文化生产要素在创新过程中实现优化组合，为文化产业赋予更多的新内涵，使各种业态出现融合趋势。[⑨]在融合发展中，5G 不仅仅是改变生活，更重要的是能够改变产业、改变社会。张云勇认为，远程驾驶、远程医疗、远程教学、智能家居、智能制造等都会在 5G 时代获得较大发展，“一些现在可能还没有想象出来的混搭、跨界、融合的新业态，未来可能在商业领域有很大的规模。”[⑩]随着 5G 与文化的结合，文化产品的数量与种类会不断丰富，能为文化的发展带来许多积极的变化，“音乐、动漫、影视、游戏、演艺等传统业态的数字化程度将不断加深，具有可视化、交互性、沉浸式等特性的数字创意产品和服务将不断涌现”。[⑪]因此，5G 时代的文化变革会对今后人们的日常生活体验产生多元而深远的影响。

从文化面临的挑战来看，5G 对文化发展的多方面冲击或转变也是不容忽视的。尤其是利用新技术和新载体实现文化的转型创新发展，是文化建设存在的迫切问题。从宏观层面来说，这种挑战首先源自 5G 改变了固有的文化生态，而文化行业要适应新的文化生态，必须要对自我的构成要素进行重新配置。陈汝东指出：“5G 时代赋能数字化市场转型与发展的根本途径最终还得依靠市场。市场需求是 5G 时代发展的最终动能。因此，如何培育 5G 时代的市场，如何发挥市场的主导作用，是实现数字化信息生产与消费转型的关键。”[⑫]而张云勇指出，5G 对人才、知识产权、监管等都提出了更高的挑战。[⑬]李超则关注商业模式的变革，认为“链接媒介和服务终端归属权的变化，

引发的商业模式革命。"[14]指出通信速度提升到一定程度就会改变用户的需求和关注点，进而产生新的商业运营模式，这会对现有的产业造成一定的冲击。新闻通讯是5G技术的重要载体，随着5G与媒体融合进程的加快，5G环境下新媒体用户的行为特征将发生显著的变化。匡文波认为，5G技术改变了新闻的生产与传播方式，也重置了用户的阅读习惯和行为偏好，5G技术条件下"媒体环境将发生很大的改变，信息传播所需的时间被无限压缩，高清视频的比重将大幅提升，虚拟现实等新型传播形式将更多地出现"，[15]这要求媒体必须适应新环境的传统特征。

与以上论者关注文化行业本身的视角不同，还有一些论者对5G时代的网络安全给予了高度关注。史安斌指出，5G通信技术加快了人类社会传输和处理数据的速度，人类传播进入物联网时代，但"物联网'万物互联'的这种属性，也易使网络攻击具有前所未有的'连锁效应'，呈现出'愈连接愈脆弱'的特征"。[16]这种网络攻击源自黑客和恶意代码，它们对移动办公安全、敏感数据，乃至国家基础设施都带来致命的影响，因此，5G网络的安全管理和态势感知平台建设在未来网络安全的维护中将扮演着十分重要的角色。[17]

就北京的文化发展而言，随着移动、联通布局5G网络，首都正式迈入5G时代。2018年，亚洲规模最大、最具影响力的信息通信盛会在北京开幕，会议致力于引领、跨界、融合，聚焦5G对社会生活的影响。2018年中关村以"发掘孵化5G创新应用，打造'双创'新引擎"为主题的5G创新应用大赛，作为国内首个搭建测试环境的5G大赛，取得了广泛关注和显著成效。2019年初《北京市5G产业发展行动方案（2019年—2022年）》的公布，意味着北京将集中优势力量在5G关键元器件等技术薄弱环节补齐短板，在行业应用方面率先形成应用案例，加快网络建设并在全国率先实现5G热点覆盖。作为首批试点城市，北京率先开展5G试验，涵盖组网测试、应用孵化、业务宣传等多种试验场景，在自动驾驶、大视频、智慧物流、无人机等领域积极布局，[18]为文化科技的融合创新发展提供了契机。陈少峰认为，目前文化科技融合的趋势日益明显，生产和消费方式发生了巨大变化，因此，"随着5G的试商用，传输成本大大降低，'平台+技术+内容+垂直运作'将形成文化产业的新生态，产生巨大的商机。"[19]所以在这种背景下，首都文化企业如果要在全国发挥引领示范效应，必须打破固有的"思维定式"，提前布局，打通线上与线下，整合技术与内容，融合传统和现代，实现新的跨越式发展。

可以说，5G对文化发展的影响才刚刚显露，5G技术的发展现状、未来业务分析、构建云网融合的体系以及智能化网络等各方面的变革将随着5G技术在社会的深入渗透和扩散而向纵深开展。

三、数字经济背景下文化产业发展的新趋势

数字经济是一个由信息和商务活动都数字化所构成的全新的社会经济文化系统，在这个系统中，传统产业与之进行的深度融合，不仅推动了传统产业的转型升级、提质增效，也培育和发展了新的经济形态。2018年，第十三届中国IDC产业年度大典在北京开幕，大会以"赋能企业数字化转型"为主题，探讨数字经济时代企业数字化转型中的新技术、新实践、新趋势。文化产业是与数字经济联系较为紧密的产业类别，尤其是2016年数字创意产业首次纳入国家战略性新兴产业发展规划以来，文化产业与科技的跨界融合趋势进一步凸显。

第一，文化产品的数字化内容含量日益提高。传统文化产业大多注重内容的开发，但在数字经济时代，文化与数字科技的融合是一种深度融合。这种融合将呈现为文化发展的"新常态"，新常态下数字文化产业表现出爆发式增长的态势。范玉刚指出："数字文化产业愈益成为文化产业的新动能，'跨界创意融合'的驱动作用日益明显，在与相关产业融合发展中推动了中国经济实现转型升级，为中国经济发展走出'工业化'迈向'后工业化'阶段发挥了引擎功能。"[20]在融合发展中，文化产品的内容品质得以提升。陈少峰认为："通过技术增强文化内容的表现力、感染力、传播力，通过文化为科技手段提供内容支撑，实现两者的良性互动。"[21]这种良性互动不仅是一种理念，更是一种实践。张奎、张春河指出："融合发展本质上是文化产业寻求价值链的提升、重塑和协同，传统的文化产业通过融入新技术、新模式、新要素等推动整个价值链向高端转移。"[22]因此，从总体上来说，文化与科技的融合有助于文化产业的提质增效和文化消费的升级。田新翠、赵彦云指出："互联网技术的产生，催生了许多新的文化消费形态，比如：数字影音、网络游戏、数字阅读、动漫等新形态。新的消费形态衍生出新的文化现象，比如：通过微信、微博等社交平台进行人际沟通与交流，社区评论跟帖、打赏等新的文化传播新的文化产品。"[23]这些文化产品在物联网、云计算、移动互联网等新一代信息技术的推动下，实现了与消费者文化需求的高效对接，爆发出旺盛的产业活力。

第二，文化产品的数字化营销模式不断丰富。数字经济时代，文化产品在大数据等技术的支撑下，涌现出越来越多的营销模式和消费模式。张振翼、陈洪等人认为，在“硬件铺路、内容为王”的原则下，越来越多的企业以软硬兼施为手段，不断创新数字创意硬件设备，日益丰富数字文化创意内容和形式。[24]文化产品多样的内容与形式，促进了文化营销和消费的选择性，王林生从对“消费降级”的批判性质疑为突破口，梳理了当前电商平台消费模式、“线上+线下”一体化消费模式、垂直传播消费模式、IP 产业和 IP 消费模式、网络直播消费模式、众筹消费模式、文惠卡消费模式，重新配置了传统消费模式的生产关系，展现了文化产业与互联网的深度融合。[25]与此同时，需要高度关注的是，在所有的营销消费中，社交网络营销的重要性正日益得到人们的关注，人们对产品的消费与产品本身具有的社交功能存在着巨大的关系，如影视剧中弹幕的流行、消费者对美团外卖评论的关注等，都彰显出数字时代生产、营销与消费之间的界限正在被打破。

第三，保护大数据是文化发展的重要支撑。版权保护历来是文化产业发展过程中亟待解决的难点和痛点，而数字文化产业的发展更离不开版权的强力支撑。2018 年联合国成立全球资产数字加密委员会，2018 年欧盟生效的《通用数据保护条例》，推进了世界对数据版权的保护进程。2018 年北京市印发的《关于推进文化创意产业创新发展的意见》对数字创意产业的相关产权问题尤为关注。根据这一文件，刘蕾指出，加快数字创意产业的发展，需要对前沿技术和核心技术、专利积累与技术标准、专利运营、科研机构与数字创意企业开展知识产权合作和转移转化等方面进行拓展推进。[26]同时，我们还必须认识到，在一切文化产品都在探索数字化进程的时代，数字在数字经济时代已成为核心资源，意娜指出：“数据也是商品之一，数据不仅是大平台可以获利的工具，有时候甚至是‘有价无市’的平台私有财产，外人无从获得，甚至平台内部跨部门也不能获知相关数据，只能依靠平台有选择地公开披露数据进行推测。”[27]因此，在这种情况下，通过市场机制打破数据平台之间的壁垒，促进数据共享，成为保护性利用大数据促进产业健康发展可选择的途径。

四、全国文化中心建设致力于解决新问题

全国文化中心是首都的“四个中心”之一，作为首都重要的城市战略定位，在“建设一个什么样的首都，怎样建设首都”的过程中，发挥着决定性的影响。随着全国文化中心建设逐步走向深入，在文化的引领下，以北京问题为导向，加快首都城市趋向高质量发展，以及加快疏解首都非核心功能进程。

第一，强化文化创新的问题意识。全国文化中心是北京文化发展建设的出发点和落脚点，而推进全国文化中心建设需要不断转变首都文化发展观念。厉新建、胡晓芬指出，“北京既应该是优秀文化的‘传承者’，也应该是全国文化创新的‘引领者’，更应该是未来文化遗产的‘创造者’。”[28]“传承者”“引领者”“创造者”既是北京承担的责任使命，更代表着发展的高度，也只有在文化建设中达到一定的高度，才能进一步彰显北京作为全国文化中心所具有的示范意义。马良伟等看到北京与巴黎、洛杉矶、纽约、东京等城市相比仍存在一些差距，提出在推进全国文化中心建设时，应“注重保持先进性、特色性、多元性，如此才能很好地弘扬中华文明并引领时代潮流。”[29]而为实现这一目标，马良伟等提出要从提高设施空间品质、强化北京城市文化特色、创造特色文化产品、健全文化机制等层面入手，不断革新文化发展理念，推动城市文化发展。郭万超结合“一带一路”倡议，认为文化传播应强化与时俱进的特色，提出从倡导命运共同体的文化引领、建立“一带一路”对外文化传播专门委员会、开展全球北京城市形象全球民意调查、建立“一带一路”国际人才培养基地等方面，跟新文化发展理念，提升传播效力。[30]

第二，探索文化产业高质量发展的路径。2018 年习近平在全国宣传思想工作会议中指出文化产业应在供给侧结构性改革的宏观背景下，适应新时代的发展变化，实现文化产业的高质量发展。金元浦总结了文化产业 40 年来的发展历程，指出在新时代“我国文化产业将从粗放的铺摊子式的发展模式向高质量、高层次、精细化发展模式转变”，[31]这一转变为北京乃至全国文化产业的发展确立了新坐标。蔡俊在系统梳理北京文化产业年度发展的基础上，认为文化创意产业总体保持平稳运行，并从聚焦功能定位、发挥信息资源优势、发挥文博资源优势等角度，对推动文创功能区提质增效、促进产业优化发展提出了相关对策建议。[32]同时，对文化产业高质量发展存在的问题也有

其他论者进行不同角度的梳理，李夏卿在分析北京文化产业当前存在的问题和优势的基础上，从补齐短板、发挥优势、形成合力三方面提出了相应的政策建议，以提升文化旅游吸引力、进一步挖掘文化消费潜力、实现京津冀文化产业协同发展等举措。[33]文化政策与文化产业的高质量发展关系密切，魏鹏举从改革开放40年文化管理制度演变的视角，分析了文化产业与文化政策的联动效应，认为“随着近年来文化市场实践和管理体制机制改革的不断深化，较为彻底的、符合现代市场发展要求的市场化改革思路逐渐形成”，[34]这为文化的高质量发展奠定了市场基础。与魏鹏举关注文化政策的角度不同，还有一些论者关注金融对文化产业带来的发展变化。彭宇认为，文化产业是轻资产，“唯有得到资本市场的重资产加持，才能实现轻重平衡，比翼齐飞。”[35]其他论者则指出“投贷奖”政策、间接融资、设立文创板、成立文化产业专营机构、成立北京文化企业上市培育基地、筹备组建市文化发展基金等金融措施，为北京构建“高精尖”的文化产业经济结构提供强有力支撑。[36]

第三，彰显城市文化的特色化。城市文化特色是一个城市发展的显著标识，尤其在快速全球化和城市化的进程中，城市文化的同质化现象较为突出，因此构建富有特色的城市文化是大都市文化建设的重要内容。对城市特色文化的研究，集中体现在以下几个方面。一是，以“文化舒适物”为视角的分析。吴军、张娇等以“文化舒适物”为理论支点，详细分析了北京地方文化舒适物的空间分布与存在的问题，提出北京城市文化建设应通过注重文化舒适物空间布局的多样性和公正性，界定文化参与中的政府、市场和社会的边界，培育市民文化参与的主体性，注重单个文化舒适物的消费带动作用，以及加强社会主义核心价值观、主流意识形态的引领作用等路径进行建设。[37]二是，以城市更新为视角的分析。吴承忠在分析北京的城市文化时，以北京的33片旧城历史街区为对象，认为古都历史风貌是北京城市文化的特色所在，指出为更好地保护首都旧城的历史街区，应着力加强加强法制建设、制定合理的规划、提高历史街区的管理水平等。[38]郭志强、吕斌以“南锣鼓巷”为对象，直面历史街区保护中存在的问题，并从“管控范围”与“管控机制”相结合的角度，加强历史街区风貌的管控。[39]厉奇宇等以天桥为对象，从人口、功能、交通、风貌空间等方面深入探究街区病灶，并试图发掘表象背后的本质问题所在，并对天桥参与中轴线申遗提出相关建议。[40]三是，以冬奥会及其遗产为视角的分析。随着冬奥会的临近，北京开展了富有成效的与冬奥相关的研究与实践，尤其是《北京2022年冬奥会和冬残奥会遗产战略计划》的发布与实施，引发冬奥对区域社会经济发展影响的研究。杨宏霏等分析了2022年冬奥会对延庆能源、建筑旅游业、生态环境、交通等行业带来的机遇。[41]与以上两位论者不同，赵继敏从城市形象传播与塑造的角度指出这一媒介事件对京张打造城市品牌、制作宣传作品、拓展传播渠道具有积极意义。[42]四是，以“三个文化带”为视角的分析。三个文化带涉及北京整体的城市空间布局，胡九龙认为三个文化带与老城是一个生命共同体，既有区别又有联系，其所蕴含的区域意义、国家意义和世界意义，有助于彰显北京文化的多样性和丰富性。[43]而王淑娇同样认识到三个文化带对传承北京城市文脉、构建城市景观格局、提高城市文化实力和影响力具有积极意义，但更侧重存在的问题分析，认为“三个文化带”在修缮与利用中存在缺乏统一的部署、规范与行动，文物利用不足、文化内涵有待进一步挖掘，资源统筹度还不够等问题，并从机制创新、分类保护和统筹规划的角度提出了相关对策建议。[44]

从整体来说，北京文化的发展与实践在新的时代面临着新的理念与问题。新问题是随着新文化实践的深入而不断展现出的，这不仅需要新的实践者和研究者以新的发展思路应对新的挑战，也需要理论研究者根据变化了实践和探索出的路径，总结概括新的发展理念，丰富和发展文化体系的建构。

注：

①习近平：《习近平谈治国理政(第二卷)》，外文出版社，2017年版。

②黄杰：《习近平文化观及其时代价值》，《当代中国价值观研究》，2018年第3期。

③祁述裕、陈蕾：《坚定文化自信推动社会主义文化繁荣兴盛》，《湖南社会科学》，2018年第3期。

④黄书进：《习近平治国理政的立场观点方法》，《前线》，2018年第7期。

⑤张颐武：《中国人的“民族自豪感”坚韧干净》，《中国政协》，2018年第16期。

⑥金元浦：《做好顶层设计转变文化发展方式》，《中国国情国力》，2018年第12期。

⑦范周：《文化自信的战略思考》，《人文天下》，2018年第1期。

⑧邓佑玲：《以习近平文化自信理论指导中国舞蹈学科理论建设的思考》，《北京舞蹈学院学报》，2018年第1期。

⑨刘坤：《5G与文化产业会碰撞出怎样的火花》，《光明日报》，2019年3月5日。

⑩腾讯网，网址 https：//new. qq. com/omn/20190314/20190314A14U1400。

⑪刘坤：《5G与文化产业会碰撞出怎样的火花》，《光明日报》，2019年3月5日。

⑫陈汝东：《5G时代下数字市场将如何转型发展》，《人民论坛》，2019年第11期。

⑬腾讯网，网址 https：//new. qq. com/omn/20190314/20190314A14U1400。

⑭李超：《5G时代商业模式变革趋势研究》，《互联网经济》，2018年第12期。

⑮匡文波、江倩岚：《5G时代的媒体用户变化研究》，《新闻与写作》，2018年第11期。

⑯史安斌：《5G时代的物联网安全》，《智慧中国》，2019年第4期。

⑰魏可源：《5G时代如何应对网络安全挑战》，《计算机与网络》，2018年第44期。

⑱蒋雅丽：《北京联通5G基站试点全面启动 首都正式迈入5G时代》，《通信世界》，2018年第23期。

⑲刘坤：《5G与文化产业会碰撞出怎样的火花》，《光明日报》，2019年3月5日。

⑳范玉刚：《新时代数字文化产业的发展趋势、问题与未来瞩望》，《中原文化研究》，2019年第7期。

㉑陈少峰、李源：《文化产业发展的八个未来导向》，《北京联合大学学报》（人文社会科学版），2018年第2期。

㉒张奎、张春河：《“文化+互联网”语境下我国文化产业融合发展路径探究》，《出版广角》，2019第10期。

㉓田新翠、赵彦云：《大数据背景下文化产业拉动经济增长的机理研究》，《经济师》，2018年第4期。

㉔张振翼、陈洪、张静等：《数字创意产业：内容是核心动力 没有硬件的内容是纸上谈兵》，《中国战略新兴产业》，2018年第33期。

㉕王林生：《互联网文化消费的模式创新及发展趋势》，《深圳大学学报》（人文社会科学版），2018年第6期。

㉖刘蕾：《加快构筑北京数字创意产业专利防护网络》，《中国发展观察》，2018年第21期。

㉗意娜：《数字时代大平台的文化政策与伦理关切》，《清华大学学报》（哲学社会科学版），2019年第2期。

㉘厉新建、胡晓芬：《北京建设全国文化中心的理念问题》，《中国青年报》，2018年9月12日。

㉙马良伟等：《关于全国文化中心建设的建议》，《北京人大》，2018年第7期。

㉚郭万超、王丽：《北京加强“一带一路”对外文化传播路径研究》，《科技智囊》，2018年第4期。

㉛金元浦：《我国文化产业发展的历史进程与未来趋向》，《人民日报》，2018年9月16日。

㉜蔡俊：《文化创意产业发展质量稳步提升 助力首都经济优化升级》，《北京人大》，2018年第3期。

㉝李夏卿：《新时代北京文化产业发展的思考》，《领导科学论坛》，2018年第15期。

㉞魏鹏举：《40年来文化管理制度的演变脉络》，《人民论坛》，2018年第34期。

㉟彭宇：《北京商报社常务副总编辑、副社长彭宇：金融是文化产业的活水》，《中外企业文化》，2018年第10期。

㊱《金融赋能 全国文化中心建设提速》，《中外企业文化》，2018年第10期。

㊲吴军、张娇：《北京文化参与的特点、挑战与政策思考——基于文化舒适物的实证分析》，《文化软实力研究》，2018第6期。

㊳朱永杰、韩光辉、吴承忠：《北京旧城历史街区保护现状与对策研究》，《城市发展研究》，2018年第5期。

㊴郭志强、吕斌：《历史文化街区有机更新中的风貌管控——以北京南锣鼓巷为例》，《商业经济研究》，2018年第24期。

㊵厉奇宇、高洁、柳文傲等：《从天桥“街区诊断”看北京老城更新的现实问题》，《中国城市规划学会会议论文集》，2018中国城市规划年会。

㊶杨宏霏、杨姝婧、贺露等：《2022年冬奥会对北京延庆经济影响力的预测分析》，《现代营销》（下旬刊），2019年第3期。

㊷赵继敏：《2022冬奥会北京-张家口城市形象传播策略》，《青年记者》，2019年4月16日。

㊸胡九龙：《北京三大文化带影响力比较分析》，《前线》，2018 年第 10 期。

㊹王淑娇：《北京"三个文化带"建设与利用》，《城乡建设》，2018 年第 19 期。

（作者：金元浦，中国人民大学教授；王林生，北京市社会科学院副研究员）

北京环境建设

陈　剑　毛雪峰

一、重要的学术观点

2018 年 6 月 3 日，《北京日报》客户端发表题为"'减量发展'：首都开启高质量发展的新航标"的文章。文章认为，"减量发展"是有效应对与化解生态环境风险、助力生态文明建设的重大战略手段。文章提出，"减量发展"本质在于：尽可能减少消耗不可再生资源、传统粗放的生产要素和一般的自然资源的基础上构建新的发展模式。对于北京来说，一是城市规模巨大且人居环境退化需要"精简"，二是城市功能密集且结构失衡需要"减负"，三是城镇空间庞大且蔓延无序需要"紧缩"。文章认为，北京当务之急在于贯彻落实新一轮城市总体规划、实现非首都功能疏解。文章提出，北京要落实"减量发展"，一是建立目标管理评估机制，二是减量实施倒逼机制，三是创新规划管理机制，从而形成"规模约束、功能优化、空间提升"三位一体的高质量发展模式。

2018 年 4 月 8 日，《中国绿色时报》刊登署名邓乃平的文章"北京市：扩大绿色生态空间，实现更高质量发展"。文章认为，当前首都园林绿化面临的主要问题，一是生态系统建设，全市森林绿地资源总量不足，生态系统完整性、连通性不够，与国际城市存在较大绿量落差；二是绿色空间格局，资源分布不均衡、结构不合理；三是发展质量，山区森林资源中幼林多、纯林多，70%处于亚健康状态；平原森林整体性、连通性不够，生物多样性不丰富；城市绿化存在过度园林化倾向，植物配置结构不尽合理，绿地生态功能发挥不充分，缺乏一定规模的城市森林；四是养护管理，专业化、精细化、机械化程度不够。文章同时提出，首都园林绿化应注意以下几个方面：一是突出人与自然和谐共生、山水林田湖草是一个生命共同体等新的发展理念，以专业方法、系统思维推进生态建设；二是突出成片连网、互联互通，提升生态系统质量和稳定性；三是突出城市森林理念，注重生态系统的完整性、科学性、生物多样性。

针对首都园林绿化话题，2018 年 7 月 9 日，"建筑网"刊登题为"北京城市绿地浅谈"的文章。文章认为，目前北京在城市规划、管理和建设中，普遍存在以工程条件、资金条件为由任意改变地形地貌，破坏气候、土壤、水文循环条件的现象，造成了轻视对自然资源条件特别是潜在条件的利用和发掘的结果，总体规划缺乏对自然生态环境资源的承载力的研究，城市生态系统缺乏对外部条件变化的缓冲力和回弹性。文章同时提出，必须引用生态理论，顺应自然环境的循环规律，对气候、大气、水文、地形、土壤等合理安排，在充分研究自然环境资源及其承载力的基础上，以单位资金的投入获得最大城市生态效益为目标进行规划，建立功能效益高、物能消耗低的城市生态系统。

针对园林绿化话题，北京林业大学沈国舫院士提出如下观点：生态修复需要深入研究植被演变历史，通过"生态补偿"等途径，处理好经济发展与保护生态的关系；"树种乡土化"不能绝对化，应在因地制宜的基础上加以合理的搭配；提高景观美化的水平，绿地尽量森林化、重点地区园林化，乔灌草结合，中西结合；规划时应优先采用低用水量植被，在树种的选择上可考虑桑树，开发其饲料原料潜力，实现产业化发展。

"美丽乡村建设"是实现绿色北京的重要内容。针对北京市美丽乡村建设，不同领域的专家学者有不同的观点，民革北京市委员王宏崑从基础建设的角度提出观点。他认为，部分农村地区基础设施存在薄弱环节，主要表现为：保障不充分，民生设施建设滞后；配置不合理，项目建设脱离实际；管护不到位，重建轻管现象突出。针对上述问题，他提出，应加大财政保障力度，加快构建"政府+企业+村集体+农民个体"多元投资建设和运维模式，按照"缺什么、补什么"的原则，加大民生基础设施投入力度，科学合理规划实施，加强后期运维管护。

针对美丽乡村建设的话题，中国农业大学冈于明教授从建筑垃圾处理的角度提出看法。他认为，目前北京市农村建筑垃圾处理工作存在三方面的问题：一是从农村基础设施建设到建筑垃圾治理缺少统筹规划，垃圾的产生和治理混乱；二是本市建筑垃圾处理相关法规不健全；三是全市建筑垃圾治理能力普遍不足。针对以上问题，他提出，应把农村建筑垃圾治理纳入“提升农村人居环境、推进美丽乡村建设”三年专项行动规划中，建立农村乡镇建筑垃圾处理机制和治理服务体系，完善农村建筑垃圾治理的制度、法规和政策体系，在垃圾处理费用和对农民的补贴政策等方面推动优惠政策落地。

北京工业大学教授蔡勉从发展的内生动力角度发表看法。她认为，北京农村建设存在以下问题：一是农村集体经济组织发展存在政策障碍；二是农村集体产权制度改革后“三资”利用效率有待进一步提升；农村专业人才缺乏；三是农民思想观念保守。为此，她提出应加大对集体经济组织的政策扶持力度，提升“三资”利用效率，多渠道盘活集体资产和资源，同时加大人才队伍建设加快提高村干部综合素质，促进农民思想转变，提升参与度。

针对“内生动力”的说法，民盟北京市委王昌海发表意见，他认为，北京美丽乡村建设，不应只停留在传统的吃农家饭、住农家屋和观光采摘等基本形态中，应重视发展生态休闲产业，做大做强乡村旅游产业，挖掘北京乡村人文内涵，用核心文化不可复制的差异性塑造当地旅游品牌。他认为，现在乡村旅游年轻人参与经营较少，要在当地政策支持的基础上，激发乡村发展活力，培养年轻村民内生动力，让一部分年轻人回乡参与经营，提升年轻村民的归属感。

北京林业大学教授张继晓从卫生角度出发，他认为，在当前美丽乡村建设中，“厕所、污水、垃圾”三个方面存在明显短板。他提出应重视“厕所、污水、垃圾”的治理。九三学社北京市委吴宜夏提出，在美丽乡村建设过程中，应重视四个方面：一是认识乡村尤其是北京乡村的价值内涵；二是防止平均主义，防止在美丽乡村规划工作中标准“一刀切”；三是防止把规划、建设、运营各自孤立起来；四是防止“大干快上”，对乡村振兴有足够的耐心。

湿地和水源涵养保护是衡量城市生态保护的重要指标。北京湿地如何保护？生态环境部殷培红认为，目前北京市的湿地保护标准不完善，需要出台相关标准，做好规划。她认为，湿地保护首先需要规范的考核评价体系，明确开发程度与自然环境承载力的关系；其次需要对生态环境整合进行专题性研究，使生态资源真正发挥经济和环境的双重效应。针对这个话题，北京市农林科学院武菊英认为，湿地开发最重要的是从动物、植物到水体着手，要循环起来保护，减少人为破坏，同时不要忽略原著居民在生物循环系统中的作用。

针对湿地保护和利用话题，北京林业大学尹伟伦院士认为，应加强湿地规划设计与生物多样性建设理念，把森林和湿地两大生态系统与城市整体生态系统紧密结合起来，将两个生态系统的生物多样性有机结合，为森林和湿地的宏观布局和整体功能的发挥增力。他提出，应通过涵养水源促进森林、湿地的保护和建设，通过污水回收资源化利用、雨水收集与林地灌溉、精准节水灌溉等手段实现节水利用；同时注重森林营造与种苗产业同步协调发展，营建生产力与平原造林需苗量相适应的苗圃；遵循森林生态系统经营理论，编制森林经营规划及方案。

针对北京的水源涵养话题，2018 年 5 月 11 日，《中国政协杂志》刊登署名卢晓光的文章“建设好首都水源涵养功能区和生态环境支撑区”。文章认为，张家口是首都的水源地和风沙通道，肩负着保水源和阻挡风沙的重任。应确保“两区”建设必需的生态用地空间，支持张家口大幅度核减基本农田保有量，为退耕还林还草腾出必需的生态用地空间；支持张家口建设国家草原公园和国家牧场，建立市场化生态补偿机制；在京津冀协同发展基金中设立“两区”建设专项基金，支持张家口在京津冀协同发展和国家产业布局中优先发展高端高新产业、承接非首都功能转移，在重大项目布局中给予“两区”建设倾斜支持。

城市森林是北京环境建设的重要内容，也是北京生态环境的重要保障。针对这个话题，2018 年 4 月举办的《第七届北京森林论坛》上，与会专家进行了深入探讨，从不同领域提出观点和看法。针对植物选择与城市森林建设问题，有专家认为：应重视松柏类资源在北京生态建设中的作用，考虑草本植物在百万亩造林绿化中的作用。依据植物习性，突出乡土植物应用，强调物种多样性，打造近自然的森林植物景观，构建地域特色鲜明、群落结构稳定的城市森林生态系统。

针对生态系统思维与城市森林建设问题，有专家认为，城市森林的营造应以服务于民为出发点，充分考虑森林的可达性，重视生态系统的构建，使其能够自我稳定、自我循环；应加强土壤的管理与经营，提高生态系统弹性；造林绿化过程中为候鸟迁徙留存足够的滩涂和食源场所，保障动物食源的持续性；根据动物的习性构建城市绿网，吸引更多小型、久居、有益、悦民的动物在城市森林中生存和繁殖，提高生物多样性。

针对绿色福祉与城市森林问题，有专家认为，城市森林福祉的实现是动态的过程，配套制度应跟上。应在造林绿化深度利用的分化与探索、造林绿化地块功能差异化发展探索、配套管理制度和政策的配套探索等基础上确立管理制度、合作制度、分类制度、总体发展战略、宏观环境的营造。

二、论坛和研讨会

2018 年 1 月 10 日，北京蔬菜学会、中国农业科学院蔬菜花卉研究所在湖北大厦举办“北京现代蔬菜遗传育种研讨会”。论坛主要研讨蔬菜遗传育种对蔬菜产业绿色发展的支撑作用。与会专家分别围绕“辣椒雄性不育相关基因研究进展”“南瓜遗传育种研究进展及展望”“京津冀地区甘蓝区域布局及品种选育”“大白菜的祖先演化和叶球等重要农艺性状解析”等议题进行研讨。

2018 年 1 月 18 日，北京林学会在贵州大厦举办“北京绿色木材政策建议交流会”。与会专家围绕如何推进北京市大型国际体育赛事和文化活动场馆建设中践行绿色消费理念、实施政府绿色木材采购政策等议题进行研讨，与会专家提出如下建议：完善政府绿色采购法律制度、将森林认证产品纳入政府采购绿色产品清单；完善政府绿色采购监督机制、加强各政府部门之间的合作；加大宣传力度、推动绿色木材政府采购领域的国际合作与交流等。

2018 年 4 月 8 日，北京林学会、北京市科学技术协会等单位在北京共同举办“第七届北京森林论坛”。论坛主题：“建城市森林、享绿色福祉”。园林植物、森林生态、草业等方面的专家学者就“植物选择应用与城市森林”“生态系统思维与城市森林”“绿色福祉与城市森林”三个议题开展研讨，与会专家认为，应实现人与自然和谐共生和山水林田湖草系统治理，突出乡土、长寿、抗逆、食源等各类树种科学配置，在核心区和中心城区构建更高质量的城市森林生态体系，构建新型绿色产业，把森林资源转变成绿色资本，实现造林绿化与乡村振兴、生态美与百姓富的有机统一。

2018 年 9 月 17 日，北京土壤学会举办“轮作休耕与耕地质量保护学术研讨会”。中国热带农业科学院研究员徐明岗、中国农业科学院研究员曹卫东分别做了“农田土壤有机质提升及化肥替代率的原理与技术”“我国绿肥生产科研回顾与展望”学术报告。与会专家就有机肥料施用对土壤 pH 和肥力提升的影响、土壤有机质维持及化肥替代技术、绿肥实用化技术等内容进行了探讨与交流。

2019 年 11 月 28 日，北京市科学技术协会、中国科学报社等单位共同举办专题决策咨询会议。会议主题：“大城市病治理国际经验借鉴与首都治理策略”。与会专家围绕大城市病治理与国际经验、北京非首都功能疏解与“高精尖”产业布局、京津冀合作与区域协同创新等议题进行研讨。北京市社会科学院副院长赵弘研究员提出“都市圈发展规律”的概念，他认为，都市圈建设是提高大城市承载能力和运行效率、防范城市病的重要空间战略。他提出，都市圈要以中心城市为核心，带动周边相邻的区域、经济比较密切的城镇，形成经济社会高度一体化的区域经济体。

2018 年 11 月 30 日，北京市通州区科学技术协会、北京生态修复与环境保护联合体等单位共同举办“智慧城市与生态园林沙龙”。与会专家围绕智慧城市、智慧园区和生态园林等问题进行讨论。与会专家认为，目前我国污染地块管理存在风险评估保守、修复技术导则不完善、修复过程评估和优化等相关技术导则缺失等问题。针对这种现状，专家提出，应开展土壤污染防治相关标准研究，引入动态实时、精准的污染地块调查方法体系；建立基于多证据、层次化的精细风险评估体系和符合地块特点的动态适应性绿色可持续修复体系；建立全过程预警预防体系，包括正处于立项、项目建设、生产、退役拆除等阶段和退役遗留或再利用的地块。

2018 年 12 月 14 日，北京蔬菜学会、中国农业科学院蔬菜花卉研究所共同举办“蔬菜产品质量安全主要影响因素研讨会”。会议对蔬菜产品中农药残留超标、重金属污染、病原微生物及环境污染所造成的质量安全等问题进行了探讨。与会专家认为，关注蔬菜产品质量安全应从关注检测结果转移到关注蔬菜产品的全生产和全流通环节，探明影响蔬菜产品质量安全的主要因素、环节及影响范围，才能为蔬菜的安全生产和流通提供科学有效的技术支撑。

三、重要课题项目

《门头沟区生态保护红线区生态监管技术集成与

示范》，北京市科委科技计划绿色通道项目。项目以门头沟区为示范，提出对于生态红线保护区生态功能提升具有重要作用的关键生态修复技术，制定门头沟区关键生态修复技术集成手册，为类似区域生态修复技术的推广提供借鉴。项目首次建立集分区生态监测、生态功能评估、生态资产核算、生态修复技术集成查询于一体的门头沟区生态保护红线区生态监管平台。项目成果完善了生态监测的方法与指标体系，为北京市红线监管及平台建设提供了参考，为类似地区生态监测提供了方法借鉴。

《生态系统服务权衡空间分布模式与驱动机制研究》，国家自然科学基金项目。该项目以地跨京、津、冀三省（市）的潮白河流域为研究区，对粮食生产、水源涵养、娱乐休闲三种生态系统服务进行评估，分析流域内不同区域生态系统服务变化及其权衡关系的时空格局，探讨不同利益主体需求对生态系统服务权衡的驱动机制。项目研究为明晰“利益主体需求—生态系统演变—生态系统服务响应—生态系统服务权衡”这一主线关键环节的作用关系提供案例和证据，为制定京津冀地区生态保护政策提供学术依据。

《绿色公共建筑环境与节能设计关键技术研究和应用》，北京市建筑设计研究院有限公司、清华大学等单位共同实施。项目历时15年，建立了以绿色公共建筑环境改善和节能为目标的设计新方法，研发了相应的支撑关键技术。相关成果在北京及全国直接推广应用约5000万平方米，间接应用约1.4亿平方米。项目研发的设计新方法和新工具在全国4个大型甲级设计院得到应用，经反馈设计效率提高30%以上。

《饮用水源总氮污染防控与修复关键技术及应用》，北京大学籍国东教授团队牵头研发。项目建立了氮转化功能微生物群组耦合脱氮机制，研发了水源地低碳氮比分散污水SAOD脱氮及功能微生物群组调控技术，形成生物生态耦合云平台远程运维调控整装工艺，解决了水源地低碳氮比分散污水高效脱总氮及长效运维难题；创建了北京市水源地含氮有机物降解调控模型，研发了水陆交错带完整生态链控氮及含氮有机物生物激活治理技术、水源水体土著脱氮菌群富集培殖及固定生物床脱氮技术，解决了水源水体脱总氮修复关键技术难题。成果为国家南水北调和村镇饮用水源水质安全保障提供技术支撑。

《长爪沙鼠、裸鼹鼠等资源动物种群标准化及疾病模型机制研究》（2015BAI09B00），国家科技支撑计划项目，首都医科大学承担。该项目包含6个子课题。课题培育了具有中国特色的实验动物和疾病动物模型资源，如长爪沙鼠糖尿病和脑缺血模型，裸鼹鼠、东方田鼠、喜马拉雅旱獭种群，以及四带无须鲃、鲫、诸氏鲻虾虎等群体，果蝇新品系扩大至2万余株。项目的完成，有助于提高我国实验动物资源生物学特性及标准化研究水平，加快糖尿病等重大疾病发病机制研究进程，具有较高的经济和社会效益。

《设施高产番茄新品种创制与高效栽培技术示范》，北京市农林科学院、中国农科院蔬菜花卉研究所共同实施。课题结合我国番茄育种实际，建立了包括26项重要农艺性状的简明化、规范化、标准化的番茄种质资源鉴评技术，对番茄抗病、单果重、果实品质等优异性状进行分子标记开发，获得了抗病分子标记共27个、番茄果重相关分子标记11个、番茄品质类相关分子标记26个。项目制定了番茄封闭式循环槽培和液流弓背式管道培高产高效生产技术地方标准2个。研发集成新型无土栽培系统，建立标准化高产示范基地2个，在北京、青海、甘肃、新疆等地区进行了推广，取得良好的效果。

四、政策建议

生物安全管控是世界各国都非常重视的工作，针对2019年在延庆举办的“2019中国北京世界园艺博览会”生物安全管控工作，北京植物病理学会提出如下建议：（一）关注世园会潜在的外来物种及检疫风险，组织“北京世界园艺博览会生物安全管控”立项专家评估会，研究防控工作方案。（二）启动世园会外来物种及有害生物监测工作，成立项目组和专家组，建立专业机构与北京世界园艺博览会事务协调局的联系沟通渠道，获得世园会展示植物的来源地信息及园艺植物清单，以供评估生物安全风险及生产风险；组织本底生物调查，获取原产地病虫害发生及检疫情况，针对展示植物可能携带的有害生物开展识别鉴定技术的应用培训；开展引种风险评估、疫情监测、检疫处理等监管工作，建立外来物种及传带的植物病毒、细菌、线虫等相关有害生物的防控预案和管理对策。（三）加强分类指导，统筹推进，对有关企业开展引种、繁育、销售等商业行为加强监管、监测，堵住商业行为导致有害生物扩散。

地下空间的管理是北京市防灾减灾的短板，近年来多次发生火灾。针对这种情况，北京减灾协会提出以下建议：（一）运用物联网技术，对全市所有存在火灾风险的地下空间安装火情与烟雾监测及火灾自动报警系统，并与互联网衔接以进行实时监控。（二）参考森林与草原火险监测预警的做法，研发城市火险天气指数并由相关部门实时发布，提供消防部门与各级行政部门参考。（三）加强对规划非居住用途地下空间的整治与管理，严禁混用为储存区或作业区；非居住用途地下空间不得进行可燃材料装修、引入燃气、使用明火；严格控制规划可用于居住地下空间的居住人员数量。（四）加快城乡接合部非首都功能业态的疏解进程，建立健全消防管理长效机制，职工具备相应资质才能上岗，定期检查安全操作规程执行情况。（五）加强地下空间使用单位的管理，追究管理不善甚至渎职的责任。

针对京张铁路遗址的管理，中国铁道科学研究院老科技工作者协会提出将其改建为铁路遗址公园，建议如下：（一）利用京张铁路的历史风貌，存留百年之久的铁路各种设施，建成一座体现工业文明的铁路遗址公园，为学子们提供良好的环境空间，成为爱国主义教育基地。（二）在学院南路至北五环之间的京张铁路沿线保留部分铁路设备和器材，修建铁路博物馆，引导下一代对铁路运输业的热爱，引导更多的青年投身铁路运输事业。（三）建设贯穿南北的铁路绿色走廊，以西直门京张铁路老车站为起点与北五环内的郊野公园相连，种植多种观赏植物，穿插渲染陈列的铁路设备与各种历史文物，形成四季有花、全年常青的带状公园。

针对北京冬奥会对“冷”资源的综合利用和管理问题，北京制冷学会提出如下建议：（一）成立技术专家组，落实专业技术标准，为新建、改建的冰雪运动场馆采购设备时应注重节能性，加强液氨等载冷剂使用与储存行为的规范性和安全监管，推动利用大数据监测节能状况。（二）将制冷和制热结合起来，将制冷产生的热用于制热，实现冷热资源联动，建立燃料、电能、风能等资源的综合利用方案。（三）提升制冷设备的国产化率，降低设备购置成本；在冬奥会结束之后，可通过转移、分拆的方式应用于小型冰雪场馆，作为常规制冷设备等用途，走可持续使用模式。（四）对设备操作人员集中培训，保障人员的专业技能达到应有的水平。（五）采用全链条食品温度与品质的实时感知和监控，将冷链装备技术引入冬奥会的食品冷链系统中，发展食品的溯源技术和信息化技术，实现奥运食品的全程冷链和可追溯，提高食品安全性能。

针对近几年北京暴雨强度、灾害影响和危害增大的趋势，北京气象学会、北京减灾协会提出加强夏季灾害性天气预报准确率的建议：（一）改进硬件条件，科学合理规划。气象部门和规划部门在规划探空站建设时尽可能地改进硬件条件，科学合理地规划探空站，在适当的条件下缩小探空站距离，改善观测条件，提高观测精确性。（二）吸取欧美经验，提升卫星资料的同化应用，加强基于观测资料的要素种类、空间覆盖率与对观测资料的同化技术开发研究。（三）加强大数据在预测业务中的应用。（四）提高短时 0—12 小时天气预报能力和临近天气预报（0—2 小时）能力，努力提高“小时雨”强预报水平。（五）加强预报员业务交流，推进新技术交流、共享与应用。

北京市科委调研宣传部认为，首都水利发展目前存在以下主要问题：一是城市化进程相适应的防洪体系有待加强；二是城市水源供需矛盾日益尖锐；三是城市水环境污染日趋严重，生态环境受到严重破坏。针对上述问题，他们提出如下对策建议：（一）建设卫星、微波、光缆骨干通信网，完善防洪减灾计算机网络系统、综合数据库及地理信息系统，建立城市防洪决策支持系统及防洪指挥系统。（二）提高永定河防洪标准，建议开挖永定河卢沟桥以下河滩，修建永定河滞洪水库，总库容 4389 万立方米，与卢沟桥分洪枢纽联合运用。（三）利用西郊采砂石坑及河湖，建设西郊蓄洪回灌工程，拦蓄玉渊潭上游西部洪水，削减进城洪水。（四）挖掘本地水资源潜力，在市区修建截渗系统工程增加雨洪入渗；在平原区控制雨洪入渗；在山区拦蓄利用雨洪。（五）明确城市水环境发展目标，市区由内城河湖开始向市区周边及市区外围水系扩展，进行河湖水环境的综合治理，以大流域为骨干，以小流域为单元，治理大中型水库上游的水土流失。

参考文献：

北京市人民政府、北京市发展和改革委员会、首都科技网、北京环保保护监测中心、北京市环保局等相关网站、百度网站新闻栏目、《中国环境报》等资料。

（作者：陈剑，中国经济体制改革研究会研究员；
毛雪峰，北京改革和发展研究会经济师）

北京科技创新

陈　剑　毛雪峰

一、有关科技创新的重要观点

2018年北京科创中心建设重点项目和任务完成率96%。针对北京科创中心建设话题，不同领域的专家学者从各自的角度出发，提出观点和看法。北京市政协港澳台侨工作顾问毛大庆从传统产业升级改造角度发表看法。他认为，所谓创新，除新兴产业的颠覆式创新外，传统产业通过技术革新提质量降成本的产能升级，同样是提高企业竞争力的重要创新。他提出，市政府可通过产业基金的方式，将创新机制和产业资源引入传统产业，为更多传统产业引入科技基因和创新理念；同时通过政策刺激、资金补贴等多种手段，将具有创新力的科技主体或技术持有者引入传统产业。

中关村知识产权战略研究院院长马一德教授从知识产权保护角度发表观点。他认为，知识产权已经不再是单纯的法律问题，保护知识产权是为了更好营造营商环境，而这种营商环境对科技成果的转化、企业家的成长、科技软实力的提高都将发挥巨大作用。他认为，科技创新中心工作既要营造好的外部环境，又要营造良好的营商环境，市政府应加大对知识产权的保护和运用，建立更完善、更开放，跟国际接轨的知识产权维权机制或者维权中心，为企业的成果真正转化为生产力，为企业走出去、全球化提供良好的助推力。

360企业安全集团董事长齐向东从核心技术创新角度发表看法。他认为，北京未来科技中心的模式，不是技术应用的创新，而是核心技术的创新，是技术本身向纵向加深的创新。他认为，“人工智能、大数据、物联网、网络安全”四个核心技术如果定位成为建成国家未来科技创新中心的核心方向，北京的优势就能够得到充分发挥。他提出，北京科技创新中心的构建，重点应围绕着龙头企业出台相应的政策，吸引中小企业参加，形成创新中心；在“人工智能、大数据、物联网、网络安全”四个领域里，每年通过评估和评审，在每个领域找到10家龙头企业，经过几年的建设，形成上百个由龙头企业引领的科技创新中心群，共同支撑起北京新时代科技创新的大厦。

农工党北京市委于鲁明结合卫生健康事业发展提出观点。他认为，应当把科技创新放在卫生与健康事业的核心位置，以国家临床医学研究中心建设为契机，不断完善国家医学科技创新体系，形成一批具有全球影响力的研究成果，提升全国整体医疗服务能力和科研创新水平；在全国层面进行顶层设计，加快推动医学科技创新协同工作体系建设，将此纳入全国科技创新中心建设领导小组统筹，建设发改、财政、科技、卫生健康、北京市政府等多部门协同的管理体系，打造集中统筹、共商共议的一体化协同管理模式。

北京华夏国际人才研究院院长陶庆华从人才建设角度谈科创中心建设。他认为，“三城一区”应当从人才流动、分配制度、金融信贷、国籍户籍管理等方面配套改革，因地制宜施政施策；深化外籍人才出入境制度改革、创新外籍人才发展支持政策、健全外籍人才管理制度，对诺奖得主等顶尖人才，实施一人一策的引才机制。他提出，应向更需要海外高层次人才的地区和行业，如北京海淀核心区、通州区、怀柔区和科创中心建设相关机构等，加大倾斜力度，增加特聘岗位名额；从城市功能发育、商业活力、政府服务等多个维度，评价各区创新创业生态环境和营商环境，让每个区看到并补足自己的短板。

针对上述人才建设话题，2018年3月3日，网易财经刊登联想集团CEO杨元庆的文章，文章提出如下四个观点：一是北京应加大海外高端人才引进力度，将北京打造成为全球人才集聚高地；二是推动资本双向流动，将北京打造成为全球科技金融创新中心；三是加强国际科技交流合作，将北京打造成为国际科技交流中心；四是聚焦国际竞争焦点，将北京打造成全球人工智能新高地。

北京市政协委员何存从政府引导的角度发表观点。她认为，在科技创新领域，在产业变革的过程中，创业企业才是真正创新的主体。政策和金融部门应进一步整合现有资源，建立政府和市场双轮驱动的金融资源配置机制，促进政府、银行担保等融资服务机构、企业及相关中介机构的良性互动，建立长效、高效的政策引导机制和金融服务机制。她提出，突破传统的财政资金支持新兴产业的模式，创新财政手段的运用，借力市场化的激励与约束机制，发挥政府资金的杠杆导向作用，为新兴产业发展创造公正透明的外部环境。

北京市政协委员孙子强认为，北京对企业的服务保障水平需要进一步精细化，建立“企业吹哨、服务报到”的机制，推进服务型政府和保姆式产业园区建设。他提出，政府应设立科技园区服务机构，解决科技企业的项目审批、工商、税务、银行、人力资源服务等共性服务问题；加强并优化科技创新项目和人才的评估机制，组建专项产业小组，对专项人才和拟落地的产业给予科学公正的评估，避免遗漏优秀人才和项目，更要避免庸才插队和不合格企业落地。

针对上述话题，龙信数据首席数据分析师屈庆超认为，应围绕科创企业全生命周期建立精准服务体系，政府支持小企业的产业政策应该是普惠的，尤其应以优化营商环境降低企业税费为主；针对大企业则要一企一策，特别是对未来具有保障国家安全和掌握产业核心技术的龙头企业应重点扶持。对此，学术界有专家进一步提出，政府应加快制定创新型企业培育壮大计划、北京市新兴行业登记指导目录等，形成高精尖企业登记注册正面清单，支持一批行业领军企业、独角兽企业和隐形冠军企业发展壮大；加大对集成电路龙头企业尤其是芯片企业的大力支持；研究编制北京市高精尖产业项目优选清单。

关于北京科技创新中的创业生态，2018 年 11 月 26 日，《北京日报》发表署名为王峥、裴秋亚的文章，《进一步优化创业生态》。文章认为，首都在创业生态系统中存在着技术链运行低效、资金流循环不畅、产业链创新不足等问题。文章提出，北京应该从三方面进一步优化创业生态：一是构建以创新为核心的能量流动系统；二是完善以资金闭合流动为抓手的物质循环系统；三是优化以区域合作为基础的开放生态系统。

围绕首都创业生态，北京协同创新研究院院长王荖祥提出相近的观点，他认为，北京市应当构建包括基础研究、应用开发、产业发展、示范应用四个层次和科学技术产业一体化的创新组织系统。完善创新链，快速整合最新科技成果，及时响应市场需求开展先进技术研发，形成专门性、持续性、积累性和规模性创新的技术工厂。

二、重要学术会议

2018 年 4 月 26 日，北京科学技术开发交流中心在顺义召开“油用牡丹综合利用产业化研讨会”。与会专家围绕油用牡丹油品的综合利用、营养效用、种植关键技术及产品药用及经济价值等议题进行讨论。此外，与会专家还就北京现阶段的整体发展及存在短板、森林生态现状、农业生产保障、湿地生态建设等情况进行了讨论。认为，油用牡丹是一种防风固沙、适宜温暖干燥条件下种植的作物，不但有很好的观赏价值，同时具有良好生态效益和经济价值，能够带动新兴产业发展，建议继续进行探索发展，多方面支持促进其市场开发。

2018 年 6 月 22 日，北京市自然科学基金对外合作交流活动基金项目资助的“第二届电气化交通前沿技术论坛”在清华大学举办。会议围绕电气化交通的未来技术发展趋势、产业发展前景和布局、关键技术研究等方面进行研讨。与会专家认为，在能源转型的大背景下，应加快推进电气化交通核心技术的研究和产业化，特别是对动力电池及氢能技术、宽禁带半导体芯片技术及变流器技术、电气化交通的充电及供电接入技术等技术和关键装备的研究，加速推进相关核心技术的突破和自主知识产权化。专家提出，政府可牵头对电气化交通车辆的补贴及扶持政策等进行研究，制定适合首都地区的电气化交通发展政策，解决首都地区的拥堵和环境污染问题，发展具有高创新性的电动汽车和轨道交通装备产业，支持北京科技创新中心建设。

2018 年 8 月 10 日，北京无人机与航空应用服务产业技术创新联盟等单位在北京世纪金源大饭店举办“北京无人机产业发展现状及趋势研讨会”。会议围绕无人机产业发展现状、产业发展的机遇和挑战、无人机技术与产业的发展趋势等方面进行研讨。针对北京市无人机产业发展状况，与会专家认为，应重点推动中高端无人机核心技术研发，构建无人机低空网络，加大无人机与新兴信息技术融合，加强无人机智能化、协同化创新，引导无人机向行业应用的深层服务拓展，搭建无人机共性技术研发平台和测试验证服务平台，通过开展行业认证等有序规范无人机产业，有效拓展军民融合路径。

2018 年 11 月 9 日，北京未来科学城氢能技术协同创新平台、北京科技协作中心等单位，在北京未来科学城举办“首届北京未来科学城氢能与燃料电池技术发展大会”。会议以“加强协同创新，推动国内氢能与燃料电池技术自主化发展”为主题，围绕氢能核心关键技术和北京优势技术领域，着重开展了固液态储运氢技术、液氢技术、中高温燃料电池技术三个细分领域技术交流，探索技术多场景应用。集中展示了13家氢能平台成员单位取得的阶段性科研成果，为自主技术和专业服务更好地支撑国内氢能和燃料电池规模化示范应用和产业发展提供了良好的机会。

2018年11月14日，中国科学技术部、北京市人民政府在北京国家会议中心共同举办“2018中国（北京）跨国技术转移大会（北京）”，会议由北京市科学技术委员会承办。会议主题：“开放创新，共赢未来”。大会立足“三城一区”主平台，围绕“技术转移要素整合（要素）、重点国家地区合作（国别）、高精尖产业发展（领域）”三条主线，举办“跨国技术转移与区域创新合作圆桌论坛”“国际创新资本论坛”以及国别和领域论坛等11场平行专场活动。会上启动了中英创新行动计划、发布了北京智源行动计划。本次大会首次引进全球领先学术出版机构细胞出版社并开展合作，将细胞出版社衔接的全球领先科技创新资源引入大会，推动搭建国际科技合作创新资源库，为国内学术科研机构与企业搭建与世界顶级学术期刊对话交流的平台。

2018年11月17日，北京市科学技术委员会、北京市卫生健康委员会等单位在北京共同举办“第九届重大疾病防治科技创新高峰论坛”。论坛以“医药协同助力健康科技北京”为主题，围绕国内外医学领域研究热点、发展趋势及最新政策解读展开交流讨论。本次论坛搭建了医疗卫生健康领域高端学术平台，汇聚国内外顶尖专家为北京医学研究发展建言献策。来自国内医疗机构、高校院所、企业代表600余人参加会议。大会亮点：加强协同转化；提高临床研究与试验水平；推动新兴技术助力医疗健康行业发展；多角度宣传北京市科委医疗卫生领域科技布局与成果。

2018年11月29日，北京科技咨询中心、北京气象学会等单位共同举办“城市安全与科技冬奥”决策咨询沙龙。会议围绕“城市安全与科技冬奥”主题进行研讨。与会专家分析介绍了冬奥会可能面临的气象环境灾害，提出应当建立联动减灾和个性化减灾机制，同时应突出风险的预警和冬奥会现场的灾害服务，提出“安全冬奥”的理念，利用好2008年夏奥会保留的奥运会文化遗产更好地为2022年冬奥会服务。消防专家李进提出：应从加快推进场馆和基础设施建设，统筹做好场馆运行保障，加强无障碍环境建设，努力打造科技冬奥等12个方面推进筹办工作。

2018年12月10日，北京量子信息科学研究院、清华大学物理系等单位在清华大学召开“量子信息与物理学前沿学术研讨会”。会议主旨：促进北京量子信息科学研究的发展，提升北京量子信息科学研究院的国际影响力，力促北京建成具有全球影响力的科技创新中心。与会专家围绕量子信息科技发展所面临的主要挑战与瓶颈、未来发展趋势及应用前景等进行讨论。与会者认为，北京市正在加快建设具有全球影响力的科技创新中心，应以“三城一区”为主平台，深化科技体制改革，打造北京经济发展新高地。

三、重要课题和项目

《动物疫苗产业升级有力保障健康养殖和食品安全》，北京市科委课题。课题构建了合成肽疫苗、基因工程重组亚单位疫苗的研发平台，完成了牛口蹄疫O型、A型二价合成肽疫苗、猪圆环2型合成肽疫苗、猪圆环2型病毒重组亚单位疫苗3个亚单位疫苗新药申报所需要的全部临床前研究试验。完成了合成肽疫苗及诊断试剂盒的生产工艺，通过农业部兽药GMP认证。建立了符合我国兽用疫苗GMP要求的合成肽疫苗生产线，本动物攻毒保护率可达到国际标准。

《天然食用色素微生物发酵安全生产技术研究与产品开发》，北京市科委支持，北京工商大学、北京工业大学共同实施。课题综合运用组学技术、代谢工程技术、高密度发酵技术以及高效精制技术，选育出1株产靛蓝色素工程菌株和2株遗传特性稳定、性能优良的高产红曲色素菌株，构建了红曲色素合成过程中有害物质——桔霉素的合成代谢关键酶基因敲除工程菌株，阻断了桔霉素的生物合成途径。建立食品中桔霉素检测方法1套，用于首都食品安全风险监测。课题围绕当前重要天然食用色素潜在风险控制和新资源挖掘，开发出高品质、高安全性的天然食用色素产品，实现了重要天然食用色素的产业化生产示范，对保障北京市食品质量与餐饮安全具有重要意义。

《传统发酵食品生产过程中生物胺控制关键技术研究与应用》，北京市科委支持，北京工商大学等单位实施。课题调查和检测了我国市售黄酒、奶酪、发酵肉制品和发酵豆制品4类共计42种典型传统发酵食品中生物胺含量范围，为传统发酵食品生物胺限量标准的制定提供参考依据。针对新鲜奶酪和发酵酸奶制品，制定《发酵乳内部控制标准》和《发酵乳生物胺风险监控计划》企业标准2项，并在不同企业进行了推广。

《食源性兴奋剂类药物多组分检测方法保障冬奥食品安全》，北京市科委支持，北京市食品安全监控和风险评估中心、中国计量科学研究院等单位实施。课题扩增违禁药物的控制范围，研究并建立基于液质联用技术的动物源性食品中 63 种食源性兴奋剂类药物的快速前处理方法和多组分同步检测方法；建立基于同位素质谱技术的内源性蛋白同化激素来源鉴别技术体系，可实现动物源性食品中孕酮、睾酮、氢化可的松等激素残留来源的鉴别；获得氢化可的松、睾酮、甲基睾酮、孕酮、雌二醇等 5 种内源性激素的本底值。课题为制定相应的法律法规和执法监督部门的监管提供了数据支持。

《食品安全未知成份鉴定平台构建及不明危害物质检定评估技术体系研究与应用》，北京市食品安全监控和风险评估中心主持，中国检验检疫科学研究院、中国原子能科学研究院等多家单位共同实施。课题建立了化学性、放射性、生物性不明物质鉴定和应急评估关键技术，构建了集快速鉴别、精准确证、科学评估于一体的国际领先的食品安全未知成分鉴定平台；研发了适用于食品中不明添加物鉴定的 8 项前处理技术；编撰完成了放射性污染高风险食品评估和食源性放射性核素内照射剂量评估报告。项目成果提升了北京市食品安全检测技术水平和监测能力以及首都食品质量安全保障水平。

《零度以上人工造雪和储雪一体化技术研究》，北京市科技计划课题，北京大学张信荣教授团队承担。课题研发出高效、低耗、人工雪压实密 500~680kg/m^3 的零度以上人工造雪设备与系统，示范样机造雪量 2~3m^3/h，并在延庆石京龙滑雪场建成中试示范工程。课题组采用国际领先的天然环保型工质 CO_2 作为制冷媒介，研发出人工造雪参数条件下的 CO_2 工质制冷热力学循环系统，优化了制冷系统内部的换热部件与管路结构以及控制方案。研发出室内用新型雪炮，制造出品质更佳、适用于赛道最上层、运动员最佳比赛体验的人工雪，并实现造雪、储雪一体化。该项研究成果，可根据北京冬奥组委雪务实际需求，将造雪量扩大到 80~150m^3/h，满足实际应用。

《自旋电子学 1Mb 随机存储器》，北京市科委支持的重点科技计划项目，北京航空航天大学牵头实施。课题围绕存储容量为 1Mb 的自旋电子学随机存取存储器（STT-MRAM）的研制，设计并制备了高性能的磁性隧道结存储器件，搭建了完整的器件仿真、制备及测试整体平台，开发了可与传统 CMOS 工艺兼容的磁隧道结制备技术，完成了 1Mb 存储器集成电路的设计、仿真和 CMOS 电路部分流片工作，完成了宇航级应用测试。课题部分成果发表于国际顶级期刊 *Nature Communications*；围绕国产 STT-MRAM 存储器研制，产生多项高质量发明专利，其中部分技术已实现成果转化。

四、政策建议

“三城一区”是北京建设全国科技创新中心的主平台，针对市政府关于“三城一区”建设发展情况，北京市人大教科文卫体委员会提出四点意见和建议：一是坚持开门搞规划，协同打造宜业宜居的创新空间；二是深化改革强化服务，进一步释放创新主体的活力；三是促进成果转化落地，把科技优势转化为发展优势；四是强化政策集成与宣传，营造通透稳定的政策环境。

承接北京科技成果转化是打通京津产业动脉、推动天津向创新驱动转型的重要动力。针对这个话题，“南开经济调查网”于 2018 年 1 月 4 日刊登南开大学博士后王庆芳的文章，文章针对京津两地合作，承接北京科技成果转化提出如下建议：（一）立足于京津协同创新共同体建设，超前谋划京津科技研发转化布局，用好“政府+市场”两只手。（二）以产业链布局创新链，以创新链支撑产业链，构建承接科技成果转化的新机制。（三）找准承接转化的着力点和有效形式，构建多渠道、多层次、高效率的科技成果转化承接体系。（四）把握优质科技资源流动性强的特点，将外引与共享结合起来，用足用活京津两地的人才和优质科技资源。

北京市科委调研宣传部从京津冀科技信息资源共享角度提出政策建议。他们认为，京津冀科技信息资源共享存在以下主要问题：一是已有的科技信息资源数据无法实现共享，二是科技信息资源数据统计体系尚待完善，三是京津冀科技信息资源共享平台缺失，四是缺乏统一的京津冀区域信息资源共享协调机构。针对上述问题，他们提出如下建议：（一）依托京津冀三地科技情报机构初步构建京津冀“3+11”（即北京、天津、河北三地以及河北省的 11 个地级市）科技信息资源共享组织体系。（二）建立涵盖科技机构、科技专家、科技项目、科技成果、科技基础设施等诸多方面的京津冀科技信息资源分类清单。（三）将京津冀科技信息资源数据分为宏观数据、中观数据和微观数据，建立科技信息资源分类分级共享机制。（四）推行政府运作模式、市场运作模式和社会运作模式相结合的多种模式，建立无偿共享和有偿共享依存互动的运行模式。（五）利用大数据和云计算技术，建立以用户为导向、各创新主体充分参与的开放式共建共享平台。（六）建立由各地政府部门、情报机构、科研机构、企业等各方主体参与的京津冀科技信息资源共享联席会议制度，及时解决共享过程中出现的各种问题。

针对科技与金融产业融合发展问题，民建北京市委司马红提出如下建议：（一）加强中关村和金融街之间的协同，加强科技监管手段，推进科技与金融产业的融合渗透、相互赋能。（二）加强统筹设计，完善金融科技行业发展环境，由科技与金融主管部门牵头，组成专题小组研究制订金融科技产业发展规划，为国家出台金融科技领域相关政策提供先行试点。（三）学习英国“监管沙盒”先进经验，建设金融科技创新实验区，适当放松监管约束，激发创新活力。（四）结合北京正在开展的“疏整促”专项行动，把实验区建在动物园批发市场腾退完成的北展地区。（五）设立金融科技发展专项引导基金，引导社会资源投向拥有原始创新和硬科技的金融科技企业。（六）搭建适合金融科技的专业化融资平台，为金融科技中小企业路演、融资提供一站式全方位服务。

关于怀柔科学城建设话题，北京自然辩证法研究会提出以下政策建议：（一）明确战略定位：建设成为开放之城、共享之城；统筹考虑与雄安新区、中关村科学城、未来科学城的关系；确立“以科学家为本”的规划定位，将怀柔科学城的规划定位为全国的“首席创新区”。（二）创新管理机制：以创新人才为核心，创新人才管理机制；创新属地管理机制，统筹规划好中科院与地方企业的合作关系，将怀柔科学城打造成创业人才和技术的孵化器。（三）激发产业活力：选择主导产业，培育和发展战略性、先导性产业和科技服务业；规划产业服务体系，提供链条完整、功能完善、合作便捷的产业服务体系；规划建设凝聚全球自由职业者的创新平台。（四）理顺院地关系：处理好与当地居民的关系；引进普通大学；规划一座集科学技术传播、科技旅游、休闲观光等功能为一体的科技公园。

针对怀柔科学城大科学装置建设和运行成本高昂等问题，全国政协委员刘忠范和李景虹、王元青等委员联名提案。提案如下：大科学装置建设和维护投入巨大，需慎之又慎，在目前的国情国力下，应当由国家规划，把握好“度”；涉及国家有限的科技经费分配问题，不能单纯从科学和技术角度论证立项的必要性和可行性，更需要政治性的决策；大科学装置建设应与国家科技评价体制改革同步进行，让科学家们回归科学精神；在政府管理层面，应高度重视科学研究的软环境建设，营造创新性的文化环境和文化土壤，摒弃当前过于急功近利的“数字化”评价机制，让大科学装置真正产生与其巨大投入相称的原创性科学成果和变革性技术突破。

关于上述话题，中科院高能物理研究所研究员张新民提出建议：北京市应与中科院和央属高校等科研机构联合，进一步加强怀柔科学城的大科学装置建设，在此基础上，围绕物质科学、宇宙起源与演化、地球系统等领域，组织以我为主的国际大科学计划。

2018年5月25日，“央广网”刊登题为“提升农村人居环境，推进美丽乡村建设”的文章，认为，北京市现有的医疗资源大都集中在市区，乡村医疗资源相对不足，存在群众看病难问题。文章提出如下建议：重新明确乡村卫生服务机构定位，引入“互联网+医疗健康”体系；通过网络将个人信息及健康数据档案实时上传至农村健康数据中心，将病患的基础健康数据通过互联网转入北京市大型“医联体”或有条件合作的专业医院中，由专业医生针对村民健康情况提出建议后，以互联网APP作为传输通道传送回村民个人手中，再由其自主判断下一步的处理方式；建立农村健康数据中心，管理村民健康数据，村民个人通过“区块链”的数据存储模型保护数据的提取与应用。

针对“互联网+”与农村话题，崔保东提出如下建议：进一步加快“互联网+传统农业”的深度融合，推动电商交易平台向农村、农民延伸覆盖；注重区域品牌建设，延长产业链条；加强规划指导，利用和整合民宿资源，推广“分时度假”的乡村旅游新模式，培育多业态融合发展的民宿产品；探索“共享农场”建设，与旅游、养老、文化等产业进行深度融合，建立健全“共享农庄”标准体系，打造具有北京特色的“共享农庄”品牌。

参考文献：

北京市人民政府、北京市发展和改革委员会、首都科技网、北京市科学技术委员会、北京科学学研究中心等网站、百度网站新闻栏目、《科学时报》及其他相关资料。

（作者：陈剑，中国经济体制改革研究会研究员；
毛雪峰，北京改革和发展研究会经济师）

北京城市建设和管理

孟　斌　陈　喆

党的十八大以来，习近平总书记四次视察北京，五次对北京发表重要讲话，深刻阐述了“建设一个什么样的首都，怎样建设首都”这个重大时代课题，对首都规划建设工作作出了许多重要指示，为做好新时代首都工作提供了根本遵循。面对新形势新任务，学者们旨在为新时期下北京的发展提供学术支撑，在相关方面开展了大量研究。

一、重要学术会议简介

1. 撤县设市与新型城镇化学术论坛

2018 年 1 月 13 日，为了推进我国新型城镇化健康发展，为我国新时期的撤县设市工作提供决策参考，由中国行政区划与区域发展促进会主办，中国科学院地理科学与资源研究所承办的行政区划学术论坛在地理资源所举办。来自中科院、社科院、中国人民大学、国家行政学院、国家发改委国土经济研究所等全国 40 多所高校和研究机构的 100 余名行政区划专家和学者参加了学术论坛。

本次会议是在贯彻落实党的十九大报告精神，加强国家治理体系建设和治理能力现代化背景下召开的，与会专家认为，在推进新型城镇化建设过程中，应该高度重视撤县设市对于优化中小城市空间布局、促进就地城镇化过程中发挥的重要支撑作用，同时要加强评估论证，稳妥有序地推进撤县设市，助力我国的城镇化的持续健康发展。

2. 资源热点问题研讨会

2018 年 3 月 25 日，中国自然资源学会七届八次常务理事扩大会议暨资源热点问题研讨会在北京举行。会议针对当前“点沙成土”“那曲种树”和“藏水入疆”等重大资源开发和生态环境的热点问题进行了学术交流和讨论，与会代表围绕主题报告进行了讨论。他们认为，党的十八大特别是十九大和 2018 年“两会”以来，党中央对我国经济社会发展作出的重大判断，提出的一系列重大的发展战略，特别是把生态文明建设提高到前所未有的历史高度，以及习近平总书记近年来对我国资源开发和生态环境建设提出的一系列的重要科学论断，反复强调保护资源、保护生态环境等，为我国未来经济社会持续发展指明了方向，我们应该认真学习，严格践行。

3. “中国国情与发展”论坛

2018 年 12 月 10 日，“中国国情与发展”论坛成立大会暨首届论坛年会在北京会议中心举行。论坛由中国科学院学部工作局、中国科学院地理科学与资源研究所联合主办，中国地理学会协办，以生态文明建设和实施可持续发展战略为基本宗旨，服务于建设世界强国和实现“两个一百年”国家目标；以探讨新时代国情与发展的关系为主线，客观分析我国国情，科学评估发展态势，服务国家宏观决策。本次论坛年会的主题是“长江大保护与长江经济带的可持续发展”，遵照习近平总书记共抓大保护、不搞大开发、绿色发展和生态优先的指示，会议就推动长江大保护与长江经济带可持续发展进行研讨。

4. 中国城市运营论坛

2018 年 10 月 26 日，由中信改革发展研究基金会和国家知识产权局运营公共服务平台联合指导、中国城市运营联盟主办的 2018 中国城市运营论坛在北京举行，论坛以“AI+城市运营：探索智慧城市运营创新之路”为主题，探讨新型智慧城市创新发展的新思路、新理论、新方法，来自政、产、学、研界的近 300 名嘉宾出席了论坛。中国智慧城市运营联盟正式发起成立，从理论到实践为中国新型智慧城市建设全面赋能。

二、重要学术论著简介

1. 智慧城市论著

党的十九大报告提出要建设科技强国、质量强国、航天强国、网络强国、交通强国、数字中国、智慧社会。不断成长中的“数字中国”正以前所未有的面貌呈现在世人面前。智慧城市是“数字中国”的重要载体，历经 10 余年发展，智慧城市已成为世界各国城市转型升级的重要途径。

智慧城市是当今世界发达国家推进战略性新兴产业和城市信息化进程中的前沿理念和探索实践，是我国新一轮城市发展与转型的客观要求，也是提升城市品质和竞争力的必然途径。《钱学森智库纵论智慧城市》（薛惠锋，顾升高，康熙曈等，科学出版社）①运用钱学森系统工程方法理论，将系统思维方式和现代科技综合集成技术手段紧密结合，充分考虑各层次、各领域要素，构建了智慧城市系统“十智”模型，结合应用天空地一体化感知与传输等航天先进技术，从体系、方法、技术、应用层面论述了智慧城市这一复杂巨系统，从全局视角对智慧城市建设涉及的各个方面统筹设计。

《智慧城市论坛 No.3》（刘治彦、李春华、丛晓男，社会科学文献出版社）[②]探明智慧城市是现代信息技术革命的产物，对城市经济发展、社会组织、生态环境和空间形态等具有深远影响，代表了城市未来发展的必然趋势。但是当前，智慧城市建设仍处于探索阶段，对其内涵、构建体系、推动模式及模拟方法论等问题，不同学者的观点存在很大差异，同时，由于智慧城市应用的广泛性，在数据采集与存储、应用平台开发等领域，也呈现出多元发展的格局。因此在这种情况下，本书旨在构建一个让不同观点相互碰撞的舞台。

2. 生态城市论著

生态城市是社会、经济、文化和自然高度协同和谐的复合生态系统，其内部的物质循环、能量流动和信息传递构成环环相扣、协同共生的网络，具有实现物质循环再生、能力充分利用、信息反馈调节、经济高效、社会和谐、人与自然协同共生的机能。建设紧凑、低碳、经济、和谐的生态城市是我国今后发展的基本目标，为此，学者们进行了大量的调查和研究，出版了大量相关主题的论著报告。

《生态城市绿皮书：中国生态城市建设发展报告（2018）》（刘举科、孙伟平、胡文臻、王伟光、张广智、陆大道、李景源、张有明、曾刚、高天鹏、常国华、钱国权，社会科学文献出版社）[③]本书运用大数据技术，建立动态评价模型，对国内284个地级及以上城市进行了全面考核与健康指数评价；对地方政府生态城市建设投入产出效果进行了科学评价与排名，评选出了生态城市特色发展100强；有针对性地进行“分类评价，分类指导，分类建设，分步实施”，指出了各个城市绿色发展的年度建设重点和难点。在案例研究基础上，继续发布了“双十事件”，对国家生态安全战略、城乡一体化建设等核心问题进行了深入探讨，提出了对策建议。

《中国低碳生态城市发展报告（2018中国城市科学研究系列报告）》（中国城市科学研究会，中国建筑工业出版社）[④]以“人人共享的城市”为主题，从城市安全、公正、健康、便利、韧性、可持续等方面出发，介绍了2017年中国低碳生态城市技术、方法以及实践发展，并展望2018年。结合时代需要，更加突出建设包容、安全、有抵御灾害能力和可持续的城市和人类住区，人人平等使用和享有城市和住区。

3. 健康城市论著

健康城市应该是一个不断开发、发展自然和社会环境，并不断扩大社会资源，使人们在享受生命和充分发挥潜能方面能够互相支持的城市。建设健康城市，是面对城市化问题给人类健康带来挑战而倡导的一项全球性行动战略，如今已成为研究的热点之一。

《健康城市蓝皮书：中国健康城市建设研究报告2018》（王鸿春、盛继洪，社会科学文献出版社）[⑤]分为总报告、健康环境篇、健康社会篇、健康服务篇、健康文化篇、健康产业篇、健康人群篇、案例篇、国外借鉴篇八个部分，重点分析在实施健康中国战略的背景下，健康城市建设面临的新机遇与新挑战，旨在为党和国家落实健康中国战略、制定健康城市政策、开展健康城市建设，以及社会各界参与健康城市领域的研究与实践提供有益的理论指导和经验参照。

《健康城市蓝皮书：北京健康城市建设研究报告（2018）》（王鸿春、曹义恒，社会科学文献出版社）[⑥]力求通过翔实的数据分析，针对北京健康城市建设过程中存在的一些城市病治理问题展开调查研究，以重点突出问题，分析问题原因并提出有针对性的对策建议。全书由总报告、健康环境篇、健康社会篇、健康服务篇、健康文化篇、健康产业篇、健康人群篇七个部分组成。所有报告均基于北京市相关职能部门的权威数据，组织研创力量进行总结分析，具有很强的学术理论价值和决策参考作用。

4. 特色小镇论著

《中国特色小镇规划理论与实践》（温锋华，社会科学文献出版社）[⑦]坚持理论与实践结合的原则，首先对特色小镇的有关基础理论进行了系统梳理和总结，并对特色小镇规划的工作内容、成果要求和技术路线进行总结，最后落实到北京、广东、云南、湖南等省（市）的具体案例实践，让读者通俗易懂的了解各类特色小镇规划的成果体系和内容特色。一方面我国增强城乡规划建设与管理尤其是特色小镇规划建设管理的实践指导，另一方面依据案例的实践进行理论总结与提升，进一步充实我国城乡规划的理论体系。

《特色小镇蓝皮书：特色小镇智慧运营报告（2018）》（陈劲、于飞、谢俊、李圣权，社会科学文献出版社）[⑧]系统研究了特色小镇的发展模式，结合智慧城市的建设经验提出中国特色小镇智慧架构的标准，并选取人工智能小镇和玉皇山南基金小镇作为专题案例进行研究，以期为中国在打造小城镇和大中小城市相结合的智慧城市群方面贡献自己的智慧。

三、北京城市发展战略相关研究

1. 京津冀协同发展

党的十九大报告和今年的政府工作报告都强调以疏解北京非首都功能为“牛鼻子”推进京津冀协同发展，《北京城市总体规划（2016 年—2035 年）》专门用一章来阐述“深入推进京津冀协同发展，建设以首都为核心的世界级城市群”。

自 2014 年 2 月 26 日，习近平总书记视察北京，开启了京津冀协同发展的序幕以来，国家层面不断加强京津冀协同发展的顶层设计和统筹协调机制。2018 年，京津冀协同发展进入新阶段之际，赵弘等对四年来对京津冀协同发展取得的主要成就进行了梳理总结，主要体现在北京城市副中心与河北雄安新区加快建设，深刻影响区域空间格局；“疏”“控”双管齐下，非首都功能疏解取得阶段性成果；围绕协同发展的迫切需求，三大重点领域率先实现新突破；以资源流动和协同创新平台建设为主要抓手，推进京津冀协同创新共同体建设；以全面创新改革试验为引领，积极探索体制机制改革与政策创新等 5 个方面。同时，也围绕未来深化协同发展的重点领域提出若干建议，例如加快推进“两翼”建设，进一步优化京津冀城市群的空间布局；加快补齐两大短板，推动交通一体化与公共服务一体化等。

2014 年 2 月以来，围绕落实京津冀协同发展国家重大战略，京津冀三地教育系统积极行动，在推进京津冀教育协同发展方面取得积极进展。桑锦龙立足实践调研和相关研究成果，深入分析近四年来京津冀教育协同发展的主要进展、存在的主要问题及应对策略，对于进一步在京津冀协同发展大局中找准教育的定位，深化京津冀教育协同发展具有重要意义。研究表明：京津冀教育协同发展的进展主要体现在推进教育协同发展的意识不断增强、非首都功能疏解工作取得积极进展、级各类教育的校际合作交流日益频繁、教育协同发展研究持续增多；尽管近四年来京津冀教育协同发展取得了积极进展，但也出现了一些亟待解决的突出问题，例如“高关注度、低共识度”“有片段、无整章”“重发展、轻改革”“外部呼声高、内部动力不足”等；必须从推进教育治理体系和治理能力现代化的战略高度，积极推进京津冀教育协同发展的战略谋划和系统实施。[9]

2. 北京都市圈空间可持续发展战略

都市圈是大城市发展到一定阶段后，与邻近地区产生一体化倾向而形成的。李伟，伍毅敏从调查东京、纽约等都市圈的发展历程入手，借助城市经济学和区域经济学理论，探寻大都市圈发展规律和经验教训，提出北京都市圈空间可持续发展战略，即大都市圈的长轴半径稳定在 50 公里附近有其客观规律性，北京都市圈未来的长轴半径也可能稳定在 50 公里左右；都市圈尺度的单中心、中心城区尺度的多中心是符合经济发展规律的，北京和其他世界城市都符合这一结构，外围新城建设应循序渐进。[10]

四、北京城市建设研究

1. 城市副中心建设

北京城市副中心是我国首都可持续发展的产物。李文化，李媛等以法国巴黎和里昂在城市发展新区规划建设为例，梳理总结法国城市规划建设实践对北京城市副中心建设的启示，研究表明：应充分吸收借鉴法国在重要功能节点规划、基础设施项目建设、地下综合开发利用和区域整体开发模式的先进经验，把副中心建设成让人留恋和向往的美好家园，具体需从以下几个方面着手进行，做好规划引领，突出生态智慧宜居建设；关注重大项目，发挥示范工程带动作用；加强整体设计，地上地下一体化建设；整体统筹推进，充分运用区域开发新模式；拓展投融资渠道，加大政府和企业合作力度；深化审批改革，加大事中和事后监管。[11]张鹏飞，王玉海，刘学敏等基于北京市 2012—2016 年各区的人口与 GDP 数据，运用地理集中度、不一致指数、空间相关性指数和分形理论等方法探究北京城市副中心的建设效应，研究表明：整体来看，北京城市副中心在承接非首都功能方面初见成效，人口集聚的经济导向性明显，但人口集中度与经济集中度的变化存在差异；通州区构建了“一带、一轴、多组团”的空间结构，保障了人口和经济的稳步集聚，但南北差异较大，辐射带动作用有待加强；北京城市副中心在京津冀地区协同发展中发挥了重要作用，它与雄安新区作为京津冀协同发展的“两翼”，构建了京津冀地区“一核、双城、两翼、三轴、四区、多节点”新的空间格局，加强了京津对河北省各市区的辐射带动作用。[12]刘吉光，刘长玉，周建军等以北京市城市副中心发展建设为依托，系统梳理城市交通管理再发展过程中存在的问题及解决对策，认为对既有卫星城进行改造，转型升级承接城市拓展功能是大城市发展的关键模式之一，该模式下的交通设施建设及管理模式均面临着由卫星城区域模式向城市级模式转变的难题，在此情况下，北京城市副中心采取的闭环交通管理模式、绿色交通发展理念、交通一体化发展等一系列核心手段为国内其他区域交通管理系统发展提供了借鉴和参考。2018 年，北京城市副中心行政办公区将迎来首批政府机关入驻，标志着北京城市副中心建设和发展步入一个新的阶段。⑬

王学勤，唐鑫，杨松等则从政策层面上认为北京城市副中心建设是习近平新时代中国特色社会主义思想在京华大地的生动实践，规划和建设北京城市副中心是在习近平新时代中国特色社会主义思想指导下作出的重大战略决策，要以习近平首都建设思想为指导，推进北京城市副中心建设迈上新台阶。⑭

2. 国际体育中心城市建设

伴随着城市文明的进步与发展，国际体育中心城市已经成为推动社会、经济、文化和生态环境全面发展的时代命题。如起源于 18 世纪中叶英国工业革命开启的第一轮全球化进程中的国际体育中心城市不仅是在经济全球化和体育科技信息化背景下产生的一类对全球体育事务具有重大影响的体育城市集合体，而且是具有世界性体育产业生产与服务要素和配置功能和世界体育经济全球化的收益城市和有力推动力量的体育生态化发展的城市。目前国际体育中心城市建设成为多数国家和国际社会组织促进城市建设的共识。

张卫星，王颖，孔垂辉等运用文献资料和专家访谈等研究方法，在分析回顾北京国际体育中心城市建设发展历程及调查北京建设国际体育中心城市存在差距的基础上，通过对筹办冬奥会促进北京国际体育中心城市建设效应的研究，认为筹办冬奥会对提升北京国际体育中心城市建设的影响力、国际体育中心城市文化建设的竞争力、城市体育生活化社区建设质量和服务功能具有一定的影响效应。陈思宇采用文献资料法、实地调查法、专家访谈法和归纳分析法等，对国内外关于冬奥会与世界体育城市建设的相关研究进行回顾，对世界体育城市、国际体育中心城市概念进行界定，并提出了 2022 年冬奥会推动北京建成一流国际体育中心城市的一系列策略：构建城市体育公共服务综合信息平台；加快全民健身与全民健康的深度融合；构建体育场馆的多功能运行模式；构建城市体育生活化和谐社区指标体系；加快冰雪旅游产业公共服务人才的培养。⑮李娜娜借助 2022 年冬奥会成功申办的重要战略期，运用文献资料法、访谈法、问卷调查法、实地考察法、逻辑分析法和数理统计法进行整理分析，认为 2008 年北京奥运会后北京已经有了国际体育中心城市的雏形。但由于受地域、气候等条件的影响，我国冬季项目薄弱，极大限制了城市冬季项目的发展，这也成了制约北京国际体育中心城市发展的重要因素。2022 年北京联合张家口冬奥会的申办成功给北京国际体育中心城市建设带来战略机遇，自冬奥会申办以来，我国大力发展冬季项目，并且初见成效。努力筹办好 2022 年冬奥会已上升为国家战略，在此基础上北京市兴建冰雪体育设施、普及冰雪运动，发展冰雪旅游、加强人才培养、提高环境质量、提升冰雪城市形象对进一步促进北京完全建成国际体育中心城市起到重要作用。⑯

3. 海绵城市建设

2017 年 12 月 4 日，北京市人民政府办公厅发布了《关于推进海绵城市建设的实施意见》（以下简称《意见》），《意见》中明确提出了海绵城市建设的总体要求，即通过海绵城市建设，综合采取“渗、滞、蓄、净、用、排”等措施，最大限度地减少城市开发建设对生态环境的影响，将 70%的降雨就地消纳和利用，到 2020 年，北京城市建成区 20%以上的面积达到目标要求；《意见》特别提出，在北京全市范围内开展“海绵校园”“海绵厂区”“海绵园区”等创建工作，每年要选择一到两个区域作为市级海绵城市建设试点，推动形成一批可推广、可复制的示范项目，而各区要参照市级试点模式，每年选择一到两个区级海绵城市建设试点，开展示范建设，2020 年底前，还将探索建立雨水排放费征收制度；2017 年 7 月，北京市园林绿化局专门制订了《北京市园林绿化应对气候变化“十三五”行动计划》，计划中就推进“海绵城市”园林绿化建设要求：以建设“海绵城市”为总目标，发挥园林绿化行业优势，重点开展集雨型绿地建设，开展植物材料覆盖、节水植物品种选育、节水植物配置等园林绿化水资源综合管理技术研究、应用及示范，量化园林绿化用水定额，建立节水抗旱标准体系，缓解生态环境需水压力，发挥城市森林生态涵养功能，使节水型园林绿化工程节水达到 30%。⑰

朱平平，魏泽崧，汪霞等从城市住区雨水利用的角度探讨北京城市住区中海绵城市建设最佳模式与建设程序，研究表明：北京在海绵住区雨水利用的实践上，水文方面，低影响开发“源头控制”的想法已经逐步替换了“末端治理”的想法，缓解了城市雨洪灾害的风险性；住区规划建设方面，雨水利用的建设实践使得住区内部的各类水系要素形成一个紧密系统，在功能上和空间布局上呈现相互渗透的特点。海绵城市低影响开发理念对居住区内的场地利用，建筑设计中的各要素的分布以及城市空间利用都产生了积极影响。因此，城市中海绵住区的建设将有利于城市有限的水资源实现高效、集约的利用。[18]

4. 城市绿道建设

绿道，这一被国内外广泛认同的建设理念，目前在首都绿化建设中备受关注。国外绿道的规划建设已有一百多年的历史，国内的绿道建设近几年亦在如火如荼地推进。北京作为国家首都、国际城市、文化名城和宜居城市，在构建有中国特色的世界城市的进程中，推进绿进体系的边设，对改善首都生态环境，提高居民生活品质，促使市民充分享受北京公园环、绿隔、平原造林等绿化成果，促进经济发展方式转变，显得必要而紧迫。

2012 年初，北京绿道的规划和建设准备着手进行，同时在绿地建设较好的海淀区进行绿道建设的先期探索和示范。在对海淀区多个区域进行多次现场考察后，确定西北四环路和五环路之间建设较为成熟的区域作为北京第一条市级绿道建设的基底。在对区域进一步考察和史料研究后，最终确定绿道的准确范围，同时确定绿道的名称为海淀三山五园区绿道。麻广睿通过海淀三山五园区绿道地设计和建设过程，总结出北京城市建成区的绿道建设中可推广的经验，为下一步北京城区的绿道建设提供可以参考应用的方式和方法。具体方法包括：绿道的基本功能及其特殊性；绿道在整体规划中的定位以及各个部分的建设等级的确定；绿道的选线过程中需要考虑的条件、制约因素和选定流程；绿道道路在新建和借道的不同条件下的设计方式；绿道周边植被的设计要点，绿道节点与接驳、休闲等功能结合的方式等。[19]

五、北京城市管理研究

1. 精细化管理

习近平总书记针对超大型城市治理指出，管理应该“像绣花一样精细”。这为城市治理提供了重要的指导思想和发展路径。

王锦辉等从国家战略和北京市实际出发，梳理了首都城市发展的历史、现状和特点，研究表明：当前北京在城市精细化管理方面存在的问题集中体现在基层管理之中，具体体现在管理理念仍显粗放；管理标准仍显模糊；管理体制仍有不畅；动员机制仍有不足等方面。除此以外，其深层思考了城市在精细化管理方面存在的问题，提出一系列有针对性的对策建议：转变思想观念，树立系统思维，是首都实现精细化管理的前提；完善标准体系，推进网格化城市管理体系建设，是首都实现精细化管理的基础；创新管理模式，深化城市管理体制改革，是首都实现精细化管理的关键；动员群众参与，形成良性机制，是首都实现精细化管理的保障。北京城市发展的历史阶段决定了北京从生产型城市向生态宜居城市的转型，北京进入精细化管理的新时代。[20]汤文仙在研判构成北京城市精细化管理的五大要素分别是一体化的整体治理、扁平化的组织机制、顺畅化的管理流程、智慧化的管理手段、科学化的绩效考核的基础上，提出了进一步完善北京城市精细化管理首先需要正确处理主体——公众与政府、纵向——决策与执行、横向——统筹与合作等突出问题，以及可以从职能梳理、流程再造、组织重构这几个角度来进一步完善精细化管理。[21]

孙新军从回顾 2017 年和展望 2018 年首都城市精细化管理工作两个角度出发，认为 2017 年是实施“十三五”规划的重要一年，也是首都城市管理工作跨入新时代的第一年。站在新的起点上，首都城市管理系统坚持以习近平总书记两次视察北京重要讲话和对北京工作的一系列重要指示精神为根本遵循，圆满完成了年度各项目标任务，城市精细化管理水平实现新的提升；与此同时，2018 年是贯彻党的十九大精神的开局之年，是改革开放 40 周年，是决胜全面建成小康社会、实施“十三五”规划承上启下的关键一年，也是落实城市总体规划、建设国际一流的和谐宜居之都的重要一年。做好 2018 年首都城市管理工作，总的要求是：全面深入学习贯彻党的十九大精神，以习近平新时代中国特色社会主义思想为指引，坚持稳中求进工作总基调，坚持高质量发展的要求，不断提升城市精细化管理水平，为全面建成小康社会和国际一流的和谐宜居之都提供优良的城市运行和环境保障。[22]

2. “城市病”治理

作为国际都市而世界瞩目的北京，并没有像其迅猛的发展势头一样同时完善发展过程中其他方面的连贯性。激增的人流、物流，和没有跟上发展步伐的道路系统、市政设施，导致了交通拥堵、房屋拥挤、绿地不足等各种“城市病”。简单机械地扩大城市规模与道路宽度是行不通的，归根究底是必须对城市进行有机疏散。

赵雪莹，崔明川等以沙里宁“有机疏散”理论分析解决北京“大城市病”问题，研究表明：自“梁陈方案”建议未被采纳，已过去了五十多年，北京真的像梁思成预言的那般出了问题，由此说明，有机疏散理论指导北京城市规划是真实正确的，分解疏散各大中心外迁是可行且要尽快实施的，尝试运用“有机疏散”的理论解决或缓解北京城区的各种问题，这才是从根本上进行“中医调养”。现在北京已经开始有意地按照有机疏散的模式来调整城市发展步伐，例如在新一轮总体规划中提出要构建“一核一主一副、两轴多点一区”的城市空间格局，尽可能少出现因时代进步而现状滞后的失衡现象，取而代之的是多区域环绕多中心的均衡发展、良性循环。[23]

3. 城市流动人口治理

改革开放以来，伴随着城镇化进程与社会结构变迁，人逐步由“单位人”转为“流动人”。北京市的首都地位、各种就业机会、相对较高的薪资收入等对北方区域流动人口形成巨大拉力，吸引了大量北方流动人口向北京聚集。然而，规模庞大、高速增长的流动人口为北京市带来大量劳动力和经济产能的同时，也产生了诸如交通拥堵、空气污染、自然资源紧缺等的大城市病。流动人口问题长期得不到解决，预示着政府行政管理的失灵。

贾丽娟以“第三部门理论”“社会融合与社会排斥理论”“公共治理理论”为理论基础，以社会组织的视角研究流动人口的管理问题，通过对北京市流动人口现状和问题进行解析，对北京市流动人口管理历程及效果进行梳理和分析，得出政府在流动人口管理方面存在先天弱势，如服务意识弱、缺乏灵活性、时效性差等，而社会组织却能与政府形成优势互补之势。[24]

张巍方另辟蹊径，认为对于北京市流动人口的社会管理而言，利用大数据进行分析具有巨大的优势，就人口迁移及趋势预测而言，通过大数据分析和人工智能算法，能够把握流动人口发展的最新状况、特点以及面临的新问题和新形势，可以摸清流动人口问题底数，明晰流动人口发展的情况；就北京市流动人口治理而言，利用大数据和云服务能够促进城市的发展，通过城市中的巨量、来源广泛数据信息资源为支撑，在不断强化对这些资源进行分析和整合的基础上，提炼出具备某些功能的信息，来辅助流动人口治理的管理。[25]

注：

①薛惠锋、顾升高、康熙瞳等：《钱学森智库纵论智慧城市》，科学出版社，2018 年版。

②刘治彦、李春华、丛晓男：《智慧城市论坛 No. 3》，社会科学文献出版社，2018 年版。

③刘举科、孙伟平、胡文臻：《生态城市绿皮书：中国生态城市建设发展报告(2018)》，社会科学文献出版社，2018 年版。

④中国城市科学研究会：《中国低碳生态城市发展报告(2018 中国城市科学研究系列报告)》，中国建筑工业出版社，2018 年版。

⑤王鸿春、盛继洪：《健康城市蓝皮书：中国健康城市建设研究报告 2018》，社会科学文献出版社，2018 年版。

⑥王鸿春、曹义恒：《健康城市蓝皮书：北京健康城市建设研究报告(2018)》，社会科学文献出版社，2018 年版。

⑦温锋华：《中国特色小镇规划理论与实践》，社会科学文献出版社，2018 年版。

⑧陈劲：《特色小镇蓝皮书：特色小镇智慧运营报告(2018)》，社会科学文献出版社，2018 年版。

⑨桑锦龙：《推进京津冀教育协同发展的战略谋划和系统实施》，《前线》，2018 年第 1 期。

⑩李伟、伍毅敏：《以世界城市为鉴，论北京都市圈空间发展战略》，《北京规划建设》，2018 年第 1 期。

⑪李文化、李媛：《法国城市规划建设实践对北京城市副中心建设启示》，《投资北京》，2018 年第 1 期。

⑫张鹏飞、王玉海、刘学敏：《北京城市副中心建设效应分析》，《城市发展研究》，2018 年第 9 期。

⑬刘吉光、刘长玉、周建军：《北京城市副中心交通管理实践与思考》，《交通工程》，2018 年第 5 期。

⑭北京市社会科学院课题组、王学勤、杨奎、唐鑫、齐心、杨松：《以习近平首都建设思想为指导推进北京城市副中心建设》，《前线》，2018 年第 1 期。

⑮张卫星、王颖、孔垂辉：《筹办冬奥会促进北京国际体育中心城市建设效应及发展策略研究》，《北京体育大学学报》，2018 年第 5 期。

⑯李娜娜：《2022 年冬奥会促进北京国际体育中心城市建设研究》，首都体育学院，2018.

⑰黄建华、何建勇：《北京将开展市、区海绵城

市建设试点2020年北京城市建成区中20%的面积达到海绵城市建设标准》，《绿化与生活》，2018年第2期。

⑱朱平平、魏泽崧、汪霞：《海绵城市建设在北京城市住区的实践探索》，《北京规划建设》，2018年第2期。

⑲麻广睿：《北京城市建成区的绿道建设探索和实践——以海淀三山五园区绿道为例》，[A]. 北京园林学会、北京市园林绿化局、北京市公园管理中心. 2017北京园林绿化建设与发展[C]. 北京园林学会、北京市园林绿化局、北京市公园管理中心：北京园林学会，2018：8.

⑳中共北京市委党史研究室课题组、王锦辉：《像绣花一样"绣北京"——超大型城市如何实现精治》，《前线》，2018年第5期。

㉑汤文仙：《完善北京城市精细化管理体制机制的战略思考》，《北京城市学院学报》，2018年第1期。

㉒孙新军：《以习近平新时代中国特色社会主义思想为指引，稳步推进首都城市精细化管理水平实现新提升》，《城市管理与科技》，2018年第1期。

㉓赵雪莹、崔明川：《有机调理，良性疏散——以沙里宁"有机疏散"理论解答北京"大城市病"问题》，《建筑与文化》，2018年第6期。

㉔贾丽娟：《北京市流动人口管理研究》，首都经济贸易大学，2018。

㉕张巍方：《大数据时代北京市流动人口治理研究》，首都经济贸易大学，2018

（作者：孟斌，北京联合大学教授；
陈喆，首都师范大学硕士生）

2018年北京社科基金项目成果综述

肖　龙

2018年是贯彻党的十九大精神的开局之年，是改革开放40周年。在市委的正确领导和市委宣传部的精心指导下，北京社科规划工作以学习宣传阐释习近平新时代中国特色社会主义思想和党的十九大精神为统领，坚持"精细化管理、精准化服务"的工作要求，下大力气提升北京社科基金项目课题指南编制与立项工作水平，提升项目全过程管理能力和水平，提升首都高端智库与研究基地建设管理水平，在各项工作中严格落实意识形态工作责任制，不断推进各项工作持续、深入发展。

一、2018年北京社科基金结项项目基本情况

2018年，市社科规划办进一步加强项目中后期管理，采取多项举措提升课题按期完成率和研究成果质量。对2016年立项的在研年度项目进行中期检查，通过检查摸清"家底"、发现问题、"对症下药"。进一步完善成果集中鉴定的组织实施方式，严格执行双向匿名和专家回避制度，从严把好意识形态关和学术质量关。在结项审核中，以成果鉴定等级为基础，综合考量项目研究计划落实情况、成果应用转化情况以及鉴定组织工作规范性等因素，确定项目最终结项等级，确保项目"含金量"。针对课题研究和项目管理中出现的新问题、新矛盾，发布《关于进一步加强北京市社会科学基金项目中后期管理工作的通知》，围绕加强成果应用转化情况收集、统计和报送，完善应用类研究项目结项条件等问题作出进一步规定。以《北京市社会科学基金项目中后期管理细则》《北京市社会科学基金项目成果规范细则》两个新修订文件实施为契机，加强对科研管理人员的业务指导和培训，推动项目管理工作进一步制度化、规范化、精细化。全年共有471项北京社科基金项目完成研究任务，通过鉴定验收办理了结项手续。其中优秀等级46项，良好等级140项，优良率约占结项总数40%；合格等级264项，占结项总数56%；符合条件免于鉴定21项，占结项总数4%。从最终成果形式看，以研究报告形式结项的357项，占75.8%；以专著形式结项的75项，占15.9%；以论文集形式结项的39项，占8.3%。从应用转化看，有24项成果得到省部级以上领导批示36人次，34项成果被相关实际部门参考采纳，37项成果获各级各类奖项，20项成果被北京社科基金项目《成果要报》采用，出版专著近70部，发表学术论文或理论文章1500余篇。

2018年结项项目中，数量最多的为经济·管理学科207项，研究内容主要涉及京津冀城市群跨区域交通规划、京津冀生态涵养区发展、京津冀一体化背

景下北京产业转移与发展、非首都功能疏解、城市副中心建设、全国科技创新中心建设、“一带一路”海外旅游产业投资风险、北京产业升级与空间格局优化、基于大数据的交通拥堵治理、城市轨道交通网络时空优化、新能源汽车鼓励消费政策效果、互联网金融治理、“老字号”品牌营销、创业生态、就业增长、城乡居民消费等；语言·文学·艺术学科57项，研究内容主要涉及文化创意产业投融资机制、涉外旅游话语体系创新、交互式微电影创作与传播、留学生跨文化适应、老旧社区人文景观环境建设、传统服饰数字化保护、当代艺术的国际化与本土化、设计伦理、梅兰芳生前文献收集与整理、汉语儿童第二语言习得、京剧艺术、小剧场话剧、北京话的来源与演变等；科社·党建·政治学学科44项，研究内容主要涉及中国特色社会主义制度体系、马克思主义在当代中国的发展、“中国梦”的实现问题、社会主义核心价值观传播方式、战略机遇期意识形态安全、互联网舆论场域与文化领导权、网络时代群众路线创新、领导干部改进工作作风长效机制、廉政建设评价指标体系、高校网络思想政治教育工作创新、移动互联网对大学生思想行为影响、中国特色新型智库发展模式等；法学学科35项，研究内容主要涉及党规与法律的协调机制、现代社会大规模侵权责任、互联网金融的监管与司法、社会稳定风险评估的法律机制、城市空间开发利用法律问题、旅游业规范化与消费者保护、食品安全法律对策、涉罪未成年人权利保护、小微企业知识产权战略、移动医疗APP产业发展法律问题、法治与德治、专家辅助人制度等；综合学科32项，研究内容主要涉及“一带一路”背景下对外文化贸易战略、北京文化符号的认定与传播、移动互联网时代政府形象传播、突发公共事件在自媒体中的传播、网络实名制、中医药文化科普传播、中国海外形象、农村生态文明传播策略、乡村医患关系、高校艺术教育与学生人文素质提升等；社会学学科28项，研究内容主要涉及社会公共服务评价指标与评估机制、突发事件网络舆情可视化研究、居民符号消费模式、新生代农民工与市民的双向社会距离、流动人口非正规就业、农村社区治理机制创新、政府购买社区养老服务的运作模式、失能老人社会照料服务制度建设、慢性病干预策略、养老保险体系的长寿风险管理等；教育学学科25项，研究内容主要涉及首都高等教育发展、城乡学校一体化管理改革、基础教育信息化发展水平评估、区县义务教育资源配置及优化途径、小学舞蹈教育改革实践、青年科技创新人才成长机制、高校教师教学学术发展策略、高素质幼儿教师培养模式、大学生学业倦怠干预策略、多元文化经验对创造性的促进效应等；历史学学科19项，研究内容主要涉及中国传统治国方略、中国古代应急准备文化演进、隋唐五代基本史料编年考证、北京地区辽代矿冶遗址、清末民国北京中医外科史、民国北京文化生态、西方驻京外交官群体与清代后期中外文化交流等；城市学学科12项，研究内容主要涉及城市空间公平问题、交通可达性对城市空间扩展的影响、人口空间分布影响因素与格局优化、地下综合交通枢纽防恐应急策略、大型购物场所的空间景观与消费文化、古都风貌保护、“中轴线与朝阜路”文化内涵挖掘与传播利用、北京地区住宅外墙保温现状及节能对策等；哲学学科12项，研究内容主要涉及社会主义核心价值观践行规律、思想史视域中的意识形态、生态文明的生命原则、社会心态视角下诚信价值与信任修复、儒学的核心价值与当代中国道德的重建、现象学语境中的移情等。

二、2018年北京社科基金结项项目成果概述

2018年度结项的项目均能坚持正确政治导向，用马克思主义的立场、观点和方法开展研究工作。广大专家学者以人民为中心，与时代同步伐，积极从改革发展实践中挖掘新材料、发现新问题、提出新观点、构建新理论，努力推出具有较高理论水平和学术价值的优秀成果，积极发挥服务党和政府决策、服务经济社会发展的思想库智囊团作用，体现了崇尚精品、严谨治学的优秀学风，展现了新时期首都哲学社会科学研究的风貌。

（一）中国特色社会主义理论研究

中国人民大学秦宣教授承担的“中国特色社会主义制度体系研究”，从历史学视角梳理中国特色社会主义制度的形成发展过程，通过比较研究分析中国特色社会主义制度的优势，从理论与实践结合的层面上分析建设中国特色社会主义制度所面临的机遇与挑战，立足实践提出坚持和完善中国特色社会主义制度的对策建议，形成一系列具有创新性的理论观点；中国人民大学张雷声教授承担的“马克思主义基本原理在当代中国的发展”，分析唯物史观、剩余价值理论、共产主义学说的融会贯通，提出社会主义基本经济制度“一主多元”对马克思关于所有制基本原理的运用及创新，提出在经济全球化发展中马克思主义政治经济学面临的重要课题，提出当代中国马克思主义经

济学研究必须有“以人民为中心”的研究立场，从不同层面分析中国特色社会主义是马克思主义科学社会主义理论逻辑与当代中国社会发展历史逻辑辩证统一的问题，概括提炼了中国共产党的一系列创新性理论成果；国家行政学院刘恩东副研究员承担的“后冷战时期美国民主输出运行机制与我国战略机遇期意识形态安全研究”（项目承担单位为中共北京市委讲师团），以案例实证分析为特色，阐明美国民主输出对我国意识形态安全和民主政治建设的威胁与挑战，结合构建和谐世界、推动国际关系民主化的总目标，提出在战略机遇期维护我国意识形态安全的路径选择，构建和平发展视域下中国特色社会主义价值体系和民主政治模式的发展战略，具有重要理论价值和实践意义；中国青年政治学院王建敏教授承担的“国家治理中法治与德治相结合研究”，系统探讨法治与德治相结合的理论基础，梳理“法治”与“德治”的历史沿革，比较国内外法治与德治相结合治国模式，结合新中国成立以来法制建设中正反两方面的经验，特别是结合当前我国法治与德治进行中的实际，探讨法治与德治优势互补、协调互动，为推进国家治理体系和国家治理能力现代化提供服务的内在机制和实现路径等。

（二）重大理论和现实问题研究

首都医科大学吕兆丰教授承担的“基于信任理论的首都国际化大都市医患关系研究”，以一般信任理论为基础，从卫生政策学、卫生管理学、卫生法学、医学伦理学、医学教育学等多学科视角，回答首都国际化大都市这个特殊制度环境背景下，医患信任的现状、问题及影响因素，分析医患信任对医患关系的影响机制及影响程度，探寻重构和谐医患关系的路径与策略，可为提升医患信任、构建和谐医患关系提供参考借鉴；外交学院凌胜利副教授承担的“亚洲新安全观与周边命运共同体的构建”，牢牢抓住周边命运共同体构建的核心环节——周边安全共同体构建，对周边安全共同体构建存在的问题和推进路径进行深入分析，对中国在周边安全共同体构建中的角色和作用进行重点探讨，对中国的周边安全战略构建进行建设性探讨，所提出的“双重协调”周边安全战略等观点具有创新性，能够为我国外交决策发挥参考咨询作用；北京交通大学施惠玲教授承担的“新时期政治传播中意识形态的作用与变化研究”，选取政治传播与意识形态互动关系的视角，着力于从政治传播的分析框架来审视新时期意识形态的变化、特点和作用，并据此提出具有针对性的策略建议，以推动我国主流意识形态传播效力的提高和功能的加强，同时也为正在兴起的政治传播研究提供具有“本土化”意义的问题论域，为新时代中国特色社会主义思想及其传播研究提供理论上的支持；中国政法大学林鸿潮教授承担的“社会稳定风险评估的法律机制研究”，在法治视野下系统研究公共项目社会稳定风险评估的制度构建，明确社会稳定风险评估是一种“民主决策”机制，围绕这一认识构建起一套关于社会稳定风险评估的新理论，提出社会稳定风险评估立法的十条建议，对于深化对社会稳定风险评估性质的认识、完善现行制度和实践、指导社会稳定风险评估地方立法工作具有重要意义；北京大学郇庆治教授承担的“生态文明建设试点示范区实践的哲学研究”，把对我国生态文明建设试点示范区的理论思考概括为战略维度、空间维度和政治维度的三维理论框架，通过案例分析对这种三维理论框架进行经验性验证，有助于进一步明确生态文明建设试点示范区生态建设实践对其他地区的参考价值，深化生态哲学、生态社会主义理论研究，丰富和拓展马克思主义理论研究内容；北京健康城市建设促进会王鸿春研究员承担的“健康城市建设的中国经验与发展路径研究”，分析国外健康城市建设 30 多年来的发展历程，概括出我国健康城市建设的六大“中国经验”，在此基础上针对健康城市建设目前存在的问题和困难，较为系统地提出健康城市建设的路径，是对中国健康城市建设理论与实践的重要探索和阶段总结，对传播健康城市理念、推广有效建设模式、推动有中国特色的健康城市理论体系形成具有积极促进作用等。

（三）京津冀协同发展研究

首都经济贸易大学叶堂林教授承担的“首都发展研究报告 2017——京津冀协同发展新形势与新进展”，构建发展、协同、生态文明、人口发展和企业发展等五大指数，运用该指标体系对京津冀协同发展的进展进行测度与评价，针对目前京津冀协同发展中存在的主要问题，提出建立协同发展的制度框架体系和区域协调机制、完善功能及产业疏解的跨区域配套政策、完善多元化的生态补偿机制、打造中国参与国际竞争的世界级产业集群、加强公共服务领域的社会政策对接等对策建议；北京科技大学朱晓宁副教授承担的“京津冀地区城镇化进程与循环经济协同发展研究”，对比研究 2006—2015 年间京津冀地区城镇化和循环经济协同发展的基本情况，通过系统发展与协调模型以及耦合模型等对京津冀地区城镇化和循环经济建模分析，通过三角模糊TOPSIS方法对京津冀地区城镇化与循环经济协同发展进行评价，指出京津冀地区城镇化与循环经济发展中存在的问题，为京津冀地区城镇化与循环经济发展提出一系列具有可行性的建议与措施；北京工业大学李云燕教授承担的“京津冀地区PM2.5污染控制政府绩效评估模式的构建”，综合考虑京津冀地区雾霾治理现状与未来工作部署，将财务状况、客户维护、内部管理、发展潜能引申到政府绩效领域，从发展质量、公众服务、政府管理和发展潜力四个维度构建京津冀地区大气污染控制政府绩效评估指标体系，测度京津冀地区的大气污染控制政府绩效管理水平，量化考察政府大气环保工作效果；北京交通大学马路副教授承担的“京津冀城市群跨区域交通规划管理体制与协调机制研究”，重点分析京津冀城市群交通一体化规划管理体制和协调机制面临的问题和未来发展趋势，从国外城市群发展经验出发，探讨其对京津冀城市群建设发展的指导意义，构建包括各部门主要职责、建立常态化联席会议制度、成立交通规划委员会等内容的京津冀交通规划管理体制机制，可为京津冀交通一体化战略在具体实施过程中提供交通政策支持；北京联合大学何勤教授承担的“京津冀化解产能过剩中企业劳资冲突风险的治理研究”，对2013—2016年期间京津冀化解产能过剩48家企业及998个员工开展调查，对京津冀化解产能过剩中企业劳动关系现状、劳动关系风险预警理论及实证进行系统研究，提出京津冀化解产能过剩中劳资冲突风险的治理对策并进行实验检验，可为人力资源与社会保障部门了解京津冀产能过剩中劳动关系现状及风险提供基础数据和较为全面的分析，为政府主管部门制定相关政策提供决策依据；中央财经大学鞠雪楠助理研究员承担的“基于大数据的京津冀劳动力转移及产业升级研究”，从大数据视角对京津冀一体化政策下区域间的职位、产业以及工资水平进行系统的描述性统计，从区位环境视角探讨京津冀一体化过程中劳动力流动的影响因素，应用京津冀一体化进程中三地的实证数据，采用泰尔指数测度行业间工资差距，并利用固定效应模型探讨产业结构与就业结构偏差度对该差距的影响，具有较好的实践应用价值等。

（四）首都改革发展稳定问题研究

中国科学院大学吕晨副教授承担的“基于ESDA的北京市人口空间分布影响因素与格局优化研究”，通过新技术手段获取更详尽和实时的研究数据，对北京市人口集聚疏散现状数据进行空间挖掘，分析北京人口增长最快的热点地区和人口空间分布的格局特征，探讨典型自然因素和经济社会因素对人口空间分布的影响，在计算各单元的综合承载力基础上，构建人口优化模型并计算人口密度优化方案，具有创新性和应用价值；中国人民大学杨凡副教授承担的“北京市流动人口非正规就业状况研究”，调查非正规就业流动人口生活、就业、社会融入等方面的基本状况和特点，比较流动人口正规就业和非正规就业群体在收入、社会融合和距离意愿方面的差异，概括流动人口非正规就业群体在发展中出现的问题和对公共服务的需求，结合现有政策体系的不足、非正规就业群体的问题和需求，为促进北京非正规就业群体规范发展提出针对性和可操作性公共服务管理政策措施；北京第二外国语学院陈倩副教授承担的“突发事件背景下城市旅游形象的测评与提升研究”，在“突发事件”背景下，以城市形象为研究对象，研究突发事件对城市形象的影响，通过调研对突发事件背景下城市形象进行实际测评，挖掘突发事件对旅游者心理风险感知的影响、对旅游城市的形象感知的影响，研究不同政府修复策略下突发事件对城市形象的影响是否会有所差异等问题，为旅游城市的旅游产业发展提供科学依据和理论支撑；国家教育行政学院胡锐军研究员承担的“北京市社会冲突事件发展趋势及对策研究”，重点就拆迁小区、涉环工程项目区、教育划片争议区、患者密集医院、进京人员上访常驻地带以及地铁站、公园等人员密集区进行实情了解，同时围绕北京城乡接合部外来人口聚集区、环京交叉地带等矛盾冲突及安全事故多发地带进行实地摸底，就北京社会冲突事件的时代背景、基本特征、发展趋势、主要根源、主要问题等相关内容进行系统研究，在此基础上探讨北京社会冲突治理的有效路径；北京科技大学邢朝国副教授承担的“新生代农民工与北京市民的双向社会距离研究”，探讨群际间主观社会距离的作用机制，对两代农民工的社会形象进行量化测量并展开代际比较，基于社区居住视角提出“社区邻避效应”概念，通过调查对北京市民对新生代农民工的社区邻避效应进行测量，系统探讨社区邻避效应的影响因素，为缩短北京市民与农民工之间的主观社会距离、提升北京居民与外来人口的融合度、促进农民工的城市社会融入提出政策建议；北京交通大学路日亮教授承担的“建设‘美丽北京’，培育理性生态人研究”，从大气污染、水污染、固体废物污染、其他污染等方面剖析北京目前环境污染存在的问题，从人口压力、产业结构、制度因素、科技原因、基础设施、资源条件、能源结构、国民素质等方面剖析造成北京环境污染的主要原因，针对存在问题，分别从经济、政治、文化、社会、生态等方面提出建设美丽北京的针对性对策建议；中国社会科学院农村发展研究所王昌海副研究员承担的“城镇化背景下北京城市湿地生态补偿机制研究”，将湿地生态补偿的生态特征与经济特征相结合，从制度层面对北京湿地保护中的问题进行系统梳理与分析，以湿地生态补偿原则为指导，以生态补偿主体为基准，分析其相应的补偿客体、方式、标准、模式，进而构建北京湿地生态补偿机制的分析框架，以弥补单纯生态理论、生态系统方法在湿地保护研究中的不足；北京建筑大学张大玉教授承担的“北京城市建设中的古都风貌保护对策研究”，以城市政治社会变迁为背景，对北京老城范围内的历史文化遗产及世界文化遗产、文物保护单位、历史文化街区、历史建筑和工业遗产、传统民俗以及非物质文化遗产进行深入调研，在分析现状、梳理问题的基础上，以老城风貌为重点，围绕“该怎样保、该怎样用、该怎样建”这一问题，构建“加强保护”和“建设利用”二者有机协调的体制机制；北京工商大学张景云教授承担的“北京‘老字号’品牌营销创新案例研究”，从企业和消费者两个层面开展调查研究，对各类北京老字号品牌的顾客接触度和满意情况、餐饮老字号标准化、老字号创新的动因和障碍等开展实证研究，对老字号近年来的创新经营战略路径进行梳理和归纳，并从服务标准化与顾客满意、品牌激活、传统元素时尚化、文化距离、心理距离以及公司外交等方面入手开展案例研究，对北京老字号从“字号”向“品牌”经营转化进行探索等。

（五）其他热点难点问题研究

清华大学刘新传教授承担的“北京网民舆情风险感知与矛盾化解研究”，基于社会网络等相关理论，采取跨学科研究视角，建构“主体—风险—情景”的理论框架，以网民为具体研究对象，探究其面对风险信息在网络拟态环境与现实环境中的认知、态度与行为的差异，并对导致这种差异的主要原因进行分析，在总结网络舆情风险信息流动规律和剖析近年来国内外典型案例的基础上，为网络舆情应对与社会管理提出有效建议；北京科技大学宋伟副教授承担的“北京市廉政建设评价指标体系创新研究”，构建包含腐败状况、反腐败工作绩效、腐败风险等维度的北京市廉政建设评价指标体系，可对人们对腐败程度的主观感受和亲身经历，各领域、各社会主体对反腐败的重视程度和各项工作落实情况，现有制度的有效性以及各部门工作作风、廉洁意识等进行考察，对于丰富廉政评价理论、创新廉政评价方法具有重要理论意义，可为北京市廉政评价实践和反腐败工作发展提供参考借鉴；北京邮电大学贾云鹏副教授承担的“互联网时代的交互式微电影创作与传播研究”，综合运用文献研究法、模型试验法、实践研究法等多种研究方法，提出新的“矛盾坐标”概念，将现阶段已有的交互式电影及可能实现的交互式电影统一在一个坐标轴里，以交互式短片和虚拟现实微电影为对象，分析其特殊的艺术构成、技术构成及传播模式，在交互接口设计、叙事模式、虚拟影像搭建与全景实拍等方面进行理论梳理和创新实践；中国人民大学马勇教授承担的“金融周期、金融波动与宏观政策应对”，遵循“基础分析—扩展分析—应用分析”的基本思路，立足于危机后宏观经济和金融学的最新理论发展趋势和建模方法，对金融周期、金融波动和宏观经济之间的内生性关联关系这一前沿和热点进行深入研究，在此基础上构建有利于同时实现金融稳定和宏观经济稳定的经济金融政策体系框架；北京市社会科学院韩忠亮研究员承担的“中国内生经济转型理论研究”，基于内生制度变迁理论构建研究国家结构变化对经济制度影响的模型，提出中国内生制度变迁理论，构建中国转型和经济增长理论体系及分析中国制度变迁的新范式，对未来中国经济转型的战略实施和具体实践，如“五年计划”的制订、国家长期发展规划的设计等具有参考价值；中国人民大学彭新武教授承担的“中国传统治国方略研究”，在系统阐述中国传统“治道”理论和管理模式基础上，全面反思中国传统“治道”的基本特质和历史局限，重点揭示中国传统专制体制和“全能治理”管理模式的内涵、特征及深层弊端，以及中国历史之所以陷入“治乱相循”的历史惰性，是从跨学科角度对中国传统“治道”思想的一次系统阐发，具有重要理论意义和实践价值；首都师范大学邓京力教授承担的“近二十年西方史学理论研究与历史书写”，以马克思主义史学理论审视近二十年来西方史学理论研究及其对历史书写所产生的影响，同时结合当代中西方史学的发展对后现代史学理论在史学实践层面的有效性进行考察，从国内马克思主义史学发展的需要出发，对当前西方史学理论试图超越现代与后现代的局限、融合双方有利于推进历史书写的因素进行综合的理论研究，尤其重视那些有利于构建二十一世纪历史学科发展正当性的理论与实践成果；清华大学张美莲助理研究员承担的“国家治理现代化背景下我国公共部门危机学习的诱发因素及过程机理研究”，从回顾国外相关研究出发，重点关注地方政府危机学习的障碍因素、现状特征、学习过程、面临挑战、现实困境及其化解路径等问题，综合运用调查走访、案例研究和文本分析等研究方法从多个方面呈现当前中国地方政府危机学习图景，为实践中政府有关部门整合资源、优化危机学习机制、改进危机学习行动以及提升危机学习能力提供指导与借鉴等。

此外，广大课题组崇尚精品、严谨治学，在基础理论研究方面推出具有原创性、开拓性和思想内涵的高水平成果。如中国戏曲学院傅谨教授承担的“梅兰芳生前文献搜集、整理与《梅兰芳全集》编纂”，从文字资料方面较为系统、全面地反映梅兰芳的生平经历、艺术思想、道德观念与对历史社会的认识，可为梅兰芳艺术及生平研究提供重要的史实及论述依据，为梅兰芳研究的发展与扩充提供较为完备的史论基础，同时也能为戏曲演艺界提供可资借鉴的梅兰芳艺术实践经验，对于传承戏曲艺术具有积极促进作用；中国政法大学林乾教授承担的“清代官民冲突研究”，全面利用清代国家级档案，特别是朱批奏折和录副奏折，在还原事件真相的同时重点揭示冲突的根源与问题所在，以及清廷多视角的应对措施，在“冲突—法律”的基本架构下，以乾嘉时期社会变迁为背景，重点对清代官民冲突的各种类型进行研究，并聚焦到以闹漕、抗漕为主的对清代漕运体系的冲击方面，具有重要学术价值和实践意义；外交学院王春晓副教授承担的“万历、乾隆内廷承应戏曲比较研究”，将明代万历时期和清代乾隆时期这两个各自皇朝宫廷戏曲巅峰阶段的承应戏曲编演作为研究对象，以承应戏曲编演为核心，通过文献的梳理、统计、比较，对两个时期内廷戏曲的功能、演出机构、演出场合、演出方式等体制特征和内廷承应戏曲的职能分列、剧目情况等进行细致比较，对明清时期内廷承应戏曲发展规律进行分析，对宫廷戏曲的独特价值进行挖掘，具有较高学术价值和文献价值；中国政法大学臧小戈副教授承担的“北京传统雕漆文化传承研究”，围绕传统雕漆的兴盛时期——元、明、清以及民国，系统展开对北京传统雕漆文化传承历史的梳理，以“形、色、质”为主体内容对北京传统雕漆代表性技艺的文化传承价值进行挖掘，在对传统雕漆意会性学习特征与制作流程进行剖析的基础上，从文化标识发展、代表技艺发展、造物情怀发展以及公共文化发展等角度，研究指向未来的北京传统雕漆文化传承与发展；中国人民大学孟宪实教授承担的“隋唐五代基本史料编年考证”，创新性地对史料进行重新编排，打破原有分类体系，按照时间线索进行编排，从而使分派到各类别中的同样史料自然集中于同一时期之下，为学界提供了一整套隋唐五代史料编年系统，具有较高学术价值等。

（作者：肖龙，市社科联、市社科规划办成果转化部副主任）

附：

2018年度中国十大学术热点

光明日报理论部　学术月刊编辑部　中国人民大学书报资料中心

热点1　习近平新时代中国特色社会主义经济思想研究

入选理由：2017年12月18日至20日举行的中央经济工作会议，总结和阐述了习近平新时代中国特色社会主义经济思想。习近平新时代中国特色社会主义经济思想是习近平新时代中国特色社会主义思想的重要组成部分，是党的十八大以来推动我国经济发展实践的理论结晶，是中国特色社会主义政治经济学的最新成果，是党和国家十分宝贵的精神财富，必须长期坚持、不断丰富发展。2018年，学术理论界聚焦这一重要主题，主要从习近平新时代中国特色社会主义经济思想的丰富内涵、历史基础、实践根源、理论逻辑以及方法论等维度展开研究，在阐释正确处理有效市场与有为政府关系，贯彻落实新发展理念，推进供给侧结构性改革，建设现代化经济体系，打好“三大攻坚战”，促进区域协调发展，保障和改善民生，毫不动摇巩固和发展公有制经济，毫不动摇鼓励、支持、引导非公有制经济发展等方面取得诸多高质量研究成果。

专家点评：习近平新时代中国特色社会主义经济思想立足于我国国情和党的十八大以来改革开放新实践，具有强烈的实践性；直面现实，深入研究当前世界经济和我国经济面临的新情况新问题，具有强烈的时代性；依循科学方法论，揭示新时代经济关系的新特点，提炼和总结经济发展的规律性成果，具有鲜明的科学性。新发展理念是习近平新时代中国特色社会主义经济思想的主要内容，以新发展理念为指导，我们党初步形成了新时代推进我国经济持续健康发展的一套制度体制框架。坚持党对经济工作的集中统一领导和坚持以人民为中心的发展思想，是习近平新时代中国特色社会主义经济思想的本质特征和核心立场。经济发展新常态、经济体制机制改革和供给侧结构性改革，是习近平新时代中国特色社会主义经济思想关于经济改革和发展的理论支柱。坚持问题导向和坚持正确工作策略，是习近平新时代中国特色社会主义经济思想的根本方法。在全面建成小康社会关键之年，广大理论工作者要在上述方面认真钻研，把习近平新时代中国特色社会主义经济思想研究推向深入。

（点评人：教育部社会科学委员会副主任委员、北京大学教授顾海良）

热点 2　马克思主义与当代社会

入选理由：2018 年是马克思诞辰 200 周年、《共产党宣言》发表 170 周年，有关马克思思想、马克思主义的研究掀起热潮，并主要围绕以下方面展开：1. 对马克思思想、马克思主义和经典著作的阐述。学者们从《共产党宣言》《德意志意识形态》等经典著作的研究阐释出发，致力于运用马克思主义的辩证唯物主义和历史唯物主义的科学世界观和方法论，分析和解决世界多极化、经济全球化、社会信息化、文化多样化深入发展带来的各种问题。2. 马克思主义中国化研究。习近平新时代中国特色社会主义思想是马克思主义中国化最新成果。2018 年，学者们系统阐释了习近平新时代中国特色社会主义思想的重大意义、科学体系、丰富内涵、精神实质、实践要求，围绕“八个明确”和“十四个坚持”，系统研究了习近平新时代中国特色社会主义思想的主体内容。3. 对国外马克思主义的研究。如对阿多诺、阿尔都塞、列斐伏尔、大卫·哈维等西方马克思主义者思想及其价值的研究。

专家点评：2018 年，全球范围内不少地方的人们都在讲述马克思的故事，讨论马克思的学说。在人类思想史上，没有一种思想理论像马克思主义那样对人类产生了如此广泛而深刻的影响。马克思主义不仅深刻改变了世界，也深刻改变了中国。特别是改革开放的伟大实践雄辩证明，马克思主义是我们立党立国的根本指导思想，是全国各族人民团结奋斗的共同理论基础。习近平总书记在纪念马克思诞辰 200 周年大会上的重要讲话，是当代中国共产党人坚持和发展马克思主义的宣言书，是在新时代继续推进马克思主义中国化的行动纲领，是一篇闪耀着马克思主义真理光芒的光辉文献，值得我们认真学习研究。习近平新时代中国特色社会主义思想是当代中国马克思主义、21 世纪马克思主义；在当今中国，坚持习近平新时代中国特色社会主义思想，就是真正坚持马克思主义。

（点评人：中国人民大学马克思主义学院教授秦宣）

热点 3　改革开放 40 年：经验总结、理论创新与学科发展

入选理由：党的十一届三中全会作出了实行改革开放的历史性决策。改革开放孕育了我们党从理论到实践的伟大创造，推动了中国特色社会主义事业的伟大飞跃。在改革开放 40 周年之际进行历史回顾，既是深化对改革开放规律性认识的客观要求，也是将新时代改革开放进行到底的现实需要。立足改革开放 40 年来的巨大成就，学术理论界从经验总结、理论创新、学科发展等层面进行了大量富有成效的研究。例如，从经济建设、政治建设、文化建设、社会建设、生态文明建设等角度对改革开放实践进行学理阐释；论证了中国特色社会主义从创立、发展到不断完善的光辉进程；哲学、历史学、文学、政治学、经济学、法学、社会学等不同学科领域对各自发展历程进行了系统梳理，对构建中国特色哲学社会科学进行展望。

专家点评：2018 年，学术理论界对改革开放进行了多学科、多视角、多维度的经验总结，从理论范式到价值指向、从实践逻辑到战略部署、从历史主体到政治保证等，都取得了突破性进展。改革开放的历史也是一部理论创新的历史。社会主义初级阶段理论、社会主义市场经济理论、社会主义协商民主、社会主义生态文明、国家治理体系和治理能力现代化、人类命运共同体等一系列理论创新极大地推动了改革开放实践创新。改革开放的伟大实践为学术繁荣提供了强大动力和广阔空间。2018 年，学者们以改革开放为研究样本，运用马克思主义立场观点方法，从各自知识体系和研究方法出发，促进不同学科融合互动，发展具有重要现实意义的新兴学科和交叉学科，为走出西方学术窠臼，建构中国自己的学科体系、学术体系、话语体系作出贡献。

（点评人：中共中央党校教授辛鸣）

热点 4　高质量发展下的现代化经济体系构建

入选理由：中国经济发展进入新常态，最为重要的标志就是由高速增长阶段转向高质量发展阶段，而决定中国经济顺利实现高质量发展的关键因素，就是必须加快建设现代化经济体系，尤为需要着力加快建设实体经济、科技创新、现代金融、人力资源协同发展的产业体系，着力构建市场机制有效、微观主体有活力、宏观调控有度的经济体制。2018 年，学术理论界围绕现代化经济体系的内涵、目标任务和特征进行了研讨，并从建设创新引领、协同发展的产业体系，建设统一开放、竞争有序的市场体系，建设体现效率、促进公平的收入分配体系，建设彰显优势、协调联动的城乡区域发展体系，建设资源节约、环境友好的绿色发展体系，建设多元平衡、安全高效的全面开放体系，建设充分发挥市场作用、更好发挥政府作用的经济体制等角度，阐述了构建现代化经济体系的方向和路径。

专家点评：建设现代化经济体系既是一个重大理论命题，也是一个重大实践课题，集中体现了转变发展方式、优化经济结构、新旧动能转换等问题，极大激发了学者们的研究热情。目前，学者们的研究已深入现代化经济体系的科学内涵、理论基础、重大实践价值等方面，今后还需从以下方面加以系统性阐述和突破：1. 进一步阐明高质量发展和现代化经济体系之间的内在逻辑关系；2. 将研究重点聚焦到建设现代化经济体系过程中可能遭遇到的体制机制障碍，科学探寻背后的复杂动因和内在形成机制，为进一步改革开放提供有效理论支撑；3. 继续深入研究建设现代化经济体系的六大任务的协同关系以及可行路径，有效促进理论到实践、实践到政策的转化。

（点评人：中国人民大学中国经济改革与发展研究院教授张杰）

热点 5　乡村振兴战略研究

入选理由：乡村振兴战略是党中央在我国经济发展进入新常态，社会主要矛盾发生转化的背景下，提出的一项关乎党和国家事业发展全局的重大战略决策。2018 年，学术理论界从多学科角度对乡村振兴战略进行了研究和解读，较典型的有：政治经济学认为，乡村振兴战略的理论依据是马克思主义城乡社会发展关系理论，实施乡村振兴战略是中国特色社会主义进入新时代的必然选择；社会学认为，乡村振兴战略是对经典议题“乡土中国”的回归与超越，是对近代以来社会学家围绕组织农民、文化教育等进行乡村建设的再创造；政治学主要从基层治理视角，探讨如何通过国家能力建设、基层治理体制再造等落实乡村振兴战略；管理学主要从农村公共产品与公共服务供给、乡村社会生态系统与可持续发展的治理路径等角度进行探讨。

专家点评：党的十九大提出实施乡村振兴战略，对于决胜全面建成小康社会、实现中华民族伟大复兴具有深远意义。乡村振兴战略一经提出，立刻成为社会各界关注的焦点，引发学术理论界不同学科学者参与探讨，重点包括以下议题：1. 乡村振兴战略的价值定位、理论逻辑、实施路径；2. 乡村振兴的历史经验；3. 农村产业振兴在农业农村现代化中的地位；4. 乡村空间重构和美丽乡村建设；5. 乡村文明、农民主体地位和乡村社会建设；6. 农村公共产品与公共服务体制机制；7. 乡村社会生态系统、可持续发展和生态文明建设；8. 增加农民收入、缩小城乡差距与脱贫致富。作为一个问题导向的领域，乡村振兴的政策体系构建还需完善，制度供给研究尚有待深化。

（点评人：中国人民大学经济学院教授刘守英）

热点 6　国家监察体制改革与刑事诉讼制度的衔接

入选理由：深化国家监察体制改革，是推进国家治理体系和治理能力现代化的战略举措，为深入开展反腐败工作提供了重要保障。十三届全国人大一次会议通过的《中华人民共和国监察法》，将职务犯罪侦查权由检察机关转移到监察机关，改变了原有刑事诉讼架构，在学术理论界引发热烈讨论。国家监察机关依法行使的监察权，是一种新的、独立的国家权力。2018 年刑事诉讼法的修改，对监察与刑事诉讼之间的程序性机制作出衔接性规定，增加了监察机关的调查权和调查程序的有关规定。学术理论界的相关研究主要关注以下方面：监察调查权的性质及其与侦查权的关系；监察机关留置措施与刑事强制措施的衔接；对监察证据的程序控制；被调查人的权利保障和救济；等等。

专家点评：关于国家监察体制改革的探讨，其中一个突出热点问题，就是如何做好监察权与检察权之间的衔接。从我国司法制度设计而言，检察机关对公诉案件的起诉权是宪法赋予的专有职权。因而，监察机关将涉嫌职务犯罪案件移送检察机关后，检察机关有权依法独立审查后决定是否提起公诉。虽然 2018 年刑事诉讼法的修改对监察与刑事诉讼之间的程序性机制作出了衔接性规定，但仍有不少问题需要在理论与实践中加以解决。同样，在监察法实施过程中，监察机关同检察机关之间在行使职权方面也会因制度衔接而产生一些新的问题。因此，从理论上明确监察权和检察权的性质，厘清权力的边界，提出相应对策和解决方案，对于进一步保障和规范监察权和检察权的运行，推进反腐倡廉工作依法有序开展，具有重要的理论意义和实践价值。

（点评人：上海社会科学院法学研究所研究员殷啸虎）

热点 7　海洋史研究的拓展

入选理由：伴随“一带一路”建设的推进、我国海洋事业的发展和周边海洋形势的日趋复杂，海洋史研究日渐兴盛。2018 年，这一研究领域彰显出广阔学术发展前景和空间。主要表现在：1. 学科整合为海洋史学科注入新活力。有些研究充分借鉴其他学科研究理论、方法和内容，如将海洋史与全球史结合的学术范例相继涌现，拓展了海洋史研究深度和广度。2. 现实关怀为海洋史研究开拓新空间。海洋史研究跳出了以往过度关注中外关系史的旧模式，从国际地缘政治视角对海洋经济、海洋管辖权、海洋开发、海疆治理等多领域进行了深入探索。3. 史料发掘为海洋史研究带来新材料。学者们充分挖掘利用中外官方档案、民间资料、新闻报道等史料，其中海洋生物迁徙、海洋文化变迁、海洋社会群体兴衰、海洋与人类关系等相关资料为进一步深化研究拓展了新方向。

专家点评：海洋史研究在中国兴起至今约 20 年，其间，各种研究成果持续累积，专业研究机构陆续建立，研究材料和视角方法不断扩展更新。海洋史的研究对象包罗万象，涉及地理、环境、资源、经济、外交、军事、科技、交通等方方面面要素，是一个跨学科合作的领域。同时，海洋史研究还具有丰富现实意义，对中国经济可持续发展和推动“一带一路”建设具有显著价值。今天，我国的海洋史研究还处于起步阶段，理论架构和话语体系尚不完善，具体研究尚显零散。但随着现实需求的不断增强，研究队伍的不断壮大，新视野新方法的不断引进，新技术新材料的不断发掘，海洋史研究将会越来越活跃，成果也将越来越丰富。

（点评人：上海师范大学人文学院教授洪庆明）

热点 8　新时代教师队伍建设研究

入选理由：2018 年，学术理论界从不同维度和层面针对教师队伍建设和教师教育改革与发展问题进行了广泛深入的研究与探讨。主要集中在：1. 运用实证研究方法，对中小学教师绩效工资与薪酬待遇制度进行反思，并提出有效完善教师收入分配激励机制的建议。2. 关注各教育阶段教师的心理状态和职业发展，从心理学研究视角入手，对教师的角色认同、职业压力、自我效能感等进行分析，关注教师心理健康状态与教育教学质量的关系。3. 关注教师职前培养与师资队伍培训，聚焦教师教育体系改革，提出从制度层面加强教师资格证书获取与教师专业教育的衔接，建立与之相匹配的教师教育机构认可制度，提高我国各级教师教育教学质量的建议。4. 关注青年教师、新任教师、乡村教师、女性教师的专业成长与职业发展。

专家点评：2018 年，中共中央国务院印发了《关于全面深化新时代教师队伍建设改革的意见》，这是新中国成立以来第一次以党中央名义专门印发加强教师队伍建设的文件。在这年召开的全国教育大会上，习近平总书记指出，坚持把教师队伍建设作为基础工作。历经多年深挖厚掘，教师队伍建设研究呈现出持续、快速的累积性特征。从关键词看，研究涉及教育领域宏观微观、内部外部的方方面面；从研究方法看，理论研究与实证研究齐头并进、相互为用，许多新的专业性很强的工具得到较快引入和较好运用；从引文统计看，研究所依靠的学科资源更加丰富多样，教育学、心理学、社会学、经济学、统计学、政治学、信息技术等众多学科进入研究视野并得到富有成效的运用。

（点评人：华东师范大学课程与教学研究所研究员，《华东师范大学学报（教育科学版）》主编杨九诠）

热点 9　算法主导下信息传播的社会影响与挑战

入选理由：当前，基于智能算法对用户提供个性化信息服务已成为网站或资讯类 APP 的基本配置。算法不仅重塑了新闻实践的传播规则，也在一定程度上改变了人们的认知和行为模式。2018 年，学术理论界对算法主导下信息传播的社会影响与挑战的探讨，主要沿着以下四条线索展开：1. 算法主导信息分发的社会风险和规制研究，关注算法在社会共识、民主政治、伦理道德方面可能引发的负面影响。2. 算法技术对传媒业态的影响，对新闻生产、传播实践的重塑。3. 通过分析各种算法的类型、系统架构、各项要素权重，揭露算法技术客观中立的虚伪性。4. 强调智能型算法的价值观。从算法研究出发，学术理论界重新审视人与技术之间的关系，探讨技术更迭背后的复杂逻辑，主张构筑以人为本的人工智能型算法发展的战略，通过社会各方的全方位参与，为沉浸式产品植入必要的干预机制，确保其朝着有益于个人和社会的方向发展。

专家点评：互联网、大数据、人工智能是建设现代化经济体系的重要内容。伴随科技界的人工智能热，在信息传播方面，合成智能系统的机器学习、神经网络、大数据、认知系统及相关算法，都已经运用于信息传播。智能算法大大提高了信息生产、管理、分发等方面的工作效率，是注意力经济中的一个优化解决工具。2018 年，学术理论界敏锐捕捉到这个热点问题，结合智能算法对现有秩序和规制的挑战、对业务和产业的创新，研究扩展到制度与结构层面、传媒专业理念与实践层面，探讨新技术对信息、社会、人三者之间的关系革新，并深入算法技术的内在机制之中，研究算法技术的工具性特质与价值观之间的冲突与互动关系，为算法植入价值观提供合理方案。

（点评人：清华大学新闻与传播学院教授、常务副院长陈昌凤）

热点 10 大数据视域下数字人文研究

入选理由：数字人文是一个由人文知识、计算机网络基础设施、数据分析与可视化技术、算法模型等多方面技术和知识融合发展形成的新兴跨学科研究领域，代表了一种数字时代的新型知识生产范式。2018 年，学术理论界对该领域的研究主要集中在以下方面：1. 从数字人文发展及其内涵演化出发，梳理了人文学科研究范式的坚守与变革。2. 数字人文研究在人文学科各领域的实践，如历史学领域的大规模史料数据化处理和地理信息系统（GIS）时空可视化高级应用，考古领域的图像分析、色彩还原和数字重建，文学领域的文献库建设与文本挖掘，语言学领域的多模态语料库构建与统计分析等。3. 对数字人文的学科前景、专业设置、课程体系、教学资源等的系统研究。4. 数字人文成为高校图书馆支撑和参与学术研究的新兴路径。

专家点评：2018 年，伴随数字中国理念的兴起和哈佛大学中国历代人物传记资料库（CBDB）的示范效应，数字人文研究进一步受到中国人文学界的关注，包括历史学、文学、语言学、图书情报学、艺术学等多个学科的学者都加大了数字人文研究力度，催生了众多领域导向性专题数据库建设与探索性研究项目，这些项目是当代技术条件下的“典籍编撰”活动，也是人文研究在未来数字空间中延续繁荣的基础。需要注意的是，数字人文研究在利用文本挖掘、社会网络分析、数据可视化等新技术新方法开展学术研究的同时，不能忽略传统人文研究对人、价值观以及个案研究的悠久传统。如何借助新的数据资源和数字基础设施研究传统人文问题，同时逐渐吸纳跨学科、开放性、交叉性和计算型研究思维，还需要学界持续大胆探索。

（点评人：武汉大学信息管理学院教授、信息资源中心副主任王晓光）

（原载《光明日报》2019 年 1 月 11 日第 11 版）

2018 年理论学术研究观点要览（上）

马克思主义哲学篇

研究阐释习近平新时代中国特色社会主义思想

发展当代中国马克思主义和21世纪马克思主义

党的十九大把习近平新时代中国特色社会主义思想确立为党必须长期坚持的指导思想，实现了党的指导思想的又一次与时俱进。学者认为，习近平新时代中国特色社会主义思想博大精深、内容丰富，在整体上把马克思主义和科学社会主义推向新的发展阶段，开辟了马克思主义新境界。有学者认为，习近平新时代中国特色社会主义思想，坚持和运用辩证唯物主义和历史唯物主义，强调树立战略思维、创新思维、辩证思维、历史思维、底线思维，丰富和发展了马克思主义哲学；提出新发展理念、供给侧结构性改革、加快构建开放型经济新体制、建设现代化经济体系等一系列新理念新思想新战略，谱写了马克思主义政治经济学新篇章；坚持科学社会主义基本原则，发展了中国特色社会主义道路、理论、制度、文化，使科学社会主义在21世纪中国焕发出强大生机活力，是马克思主义中国化最新成果，极大丰富和发展了中国特色社会主义理论体系。

纪念马克思诞辰200周年

高扬马克思主义伟大旗帜

2018年是马克思诞辰200周年，《共产党宣言》发表170周年。学者们认为，我们纪念马克思，是为了向人类历史上最伟大的思想家致敬，也是为了宣示我们对马克思主义科学真理的坚定信念。马克思主义是科学的理论、人民的理论、实践的理论、不断发展的理论，在人类思想史上没有一种思想理论像马克思主义那样对人类产生了如此广泛而深刻的影响。有学者提出，马克思主义为中国革命、建设、改革提供了强大思想武器，使中国这个古老的东方大国创造了人类历史上前所未有的发展奇迹。新时代，中国共产党人仍然要坚持用马克思主义观察时代、解读时代、引领时代，用鲜活丰富的当代中国实践来推动马克思主义发展，让马克思、恩格斯设想的人类社会美好前景不断在中国大地上生动展现出来。

科学总结改革开放的成功实践

坚持和发展中国特色社会主义

2018年是改革开放40周年。学者们认为，改革开放40年的根本成就是中国特色社会主义。有学者认为，改革开放的主题就是中国特色社会主义，总结改革开放必须站在中国特色社会主义的角度，始终不忘中国特色社会主义这个根本成就，更好地坚持和发展中国特色社会主义，否则就会背离改革开放的正确方向。有学者认为，改革开放40年的根本经验归结到一点，就是坚持把马克思主义基本原理同中国具体实际相结合的原则。有学者指出，改革开放40年中国成功开辟出一条中国特色社会主义道路，走出一条不同于西方发达资本主义国家的现代化新路，为世界上广大发展中国家提供了快速发展的全新选择，给其他社会主义国家以极大的鼓舞和希望。中国改革开放的成功实践表明，西方的道路不是世界的普遍道路，通向现代化的道路不止一条。学者们认为，纪念改革开放40周年，必须坚持改革开放积累的宝贵经验，以习近平新时代中国特色社会主义思想为指导，在新的历史条件下推进改革开放新的伟大革命。

“美国优先”是想建立美国主导的单极世界

新时代中美关系的竞争本质是制度竞争

有学者提出，“美国优先”的实质是美国霸权，是美国不愿承担更多的国际责任，其最终目标是要建立由美国主导的单极世界，维护正在式微的美国霸权。但这种单边主义做法，不见得能够实现其“美国再次伟大”的承诺，甚至可能带来相反的结果。有学者认为，美国单方面对中国挑起贸易战的真正原因，首先是利益敲诈；其次是战略遏制；最后是模式打压。有学者认为，美国不仅针对中国，而且四处出击，以美国为首的西方阵营正在分裂，美国内部政治也在面临分裂与极化。有学者认为，进入新时代以后，中美力量对比已发生了完全不同且有利于中国的变化。新时代中美关系的竞争本质是制度竞争，必然充满社会主义与资本主义的斗争，我们必须进行具有许多新的历史特点的伟大斗争。

（作者李建国为中国社会科学院马克思主义研究院研究员）

经济学篇

中国转向高质量发展阶段

“消费降级”说是个伪命题

中国改革开放40周年，经济增长已经由高速度向高质量转变，杠杆率高速上升的阶段已经过去，提升经济增长质量成为发展的首要目标。随着消费增速放缓，有学者提出了“需求不足”“消费疲软”的判断，“消费降级”说引起了学术界的争议。有学者认为，今年以来社会消费品零售总额增速与往年同期相比明显放缓，这是“消费疲软”和“消费降级”的表现。有学者认为“消费降级”说是个伪命题，因为消费本身是刚性增长的，居民收入增长也在保持较快增长，我国经济发展到现在这个阶段，总体来讲消费结构升级的步伐只会加快，不会停下来，这是发展的大势。有学者认为，把个别商品的热销作为判断消费降级或升级的依据，是不科学、不严谨的，消费变化反映的是总体消费水平和发展趋势，不是通过研究个别商品销售状况就能得出结论的。

走实体经济振兴之路

为民营企业适时纾困

民营企业生存问题已成为当今中国必须面对的一个难题。有学者认为，民企危机已经到来，民企违约事件频发，主体多为民营上市公司，尤其是依靠股权质押、债券发行、非标滚动融资大幅扩张的企业。有学者认为，宏观监管环境趋严，随着资管新规等一系列政策相继落地，表外融资的通道被大大收紧，而前期盲目扩张、加杠杆的一些企业在这时更容易遭遇流动性危机，风险难免相继暴露。一些学者呼吁政府支持民营和小微企业发展，解决由于货币政策传导机制不畅、释放的流动性并未真正传导到实体经济的矛盾，要求政府打通信用传导机制、解决民企融资难题。有学者提出政府应引导金融部门支持实体经济，为民企纾困。但是，也有学者认为，由于前期金融去杠杆过猛叠加经济下行期金融机构风险偏好下降，我们应该在这场纾困民企运动中保持冷静，既要认识到解决民企融资问题的根本出路还是要靠市场，更要对我们当前所面临的困境有一个清晰的判断：究竟是短期问题还是长期问题？这直接决定着政府的救助手段是一种短期应急措施还是长期的制度性改变。如果用短期手段作用于长期性问题，将会无果而终；如果将长期性手段用于周期性问题，周期过后可能出现新的风险。

推动经济高质量发展

更注重生态文明建设

有学者认为，中国目前的首要任务是发展生产力，生态环境的保护在某种程度上会制约经济发展的速度。也有学者认为，从长远来看，生态文明和经济发展并非不可调和的矛盾。对经济发展中不断壮大的产业而言，生态文明建设是主要目标，也是关键出路。有学者认为，要将生态优势和区位优势转化为发展核心优势，推动经济高质量发展要全面推动绿色发展。我国经济已由高速增长阶段转向高质量发展阶段，高质量发展就是遵循新发展理念的发展。必须树立和践行“绿水青山就是金山银山”的理念，贯彻创新、协调、绿色、开放、共享的新发展理念。还有学者认为，今后要把发展重点放在生态文明建设上，要以“生态空间”支撑“发展空间”、优化“生活空间”，生态文明建设是高质量发展的重要保障，也是发展的平衡性和协调性的重要保障。

从“去杠杆”到“稳杠杆”

政策指向与效果需要关注

有学者认为，中国的杠杆率是结构性问题，高杠杆仍是高风险的最大来源，在中长期仍应保持有序去杠杆的政策定力。有学者认为，在完成一个时期的“去杠杆”任务后，“稳杠杆”实际上是“去杠杆”的拓展和延续，当前稳的是金融杠杆，去的是国企杠杆。居民杠杆要不要去，至今仍有争议。有学者认为，我国监管部门推出了信贷紧缩政策等降杠杆措施，导致了表外利息的急速上升，切断了杠杆率本就不高的民营企业的资金链，打乱了市场正常的去杠杆节奏，引起了信用紧缩的恶性循环。高杠杆国企的资金供给却没有受到明显影响，市场出现了劣币驱逐良币的现象。有学者认为，从宏观上看，去杠杆的主体是国有企业和地方政府。从金融市场看，去杠杆压力集中在民营企业和低评级的融资平台。政策指向与政策效果之间存在的偏离值得关注。

（作者孙咏梅为中国人民大学中国经济改革与发展研究院副教授）

政治学篇

民心是最大的政治

协商民主地位重要

习近平总书记多次提到民心是最大的政治。有研究者指出，“以人民为中心”的思想逐步形成和完善，是习近平新时代中国特色社会主义思想中关于政治方面的精髓。习近平新时代中国特色社会主义思想的特质是人民性。坚持把人民立场作为根本政治立场、坚持以人民为中心的发展思想、坚持人民情怀的执政本色、坚持人民至上的价值旨归，体现了习近平新时代中国特色社会主义思想鲜明的人民性理论品格。

有学者在研究了习近平新时代中国特色社会主义思想中关于政治发展的内容后指出，习近平新时代中国特色社会主义思想中关于政治发展的内容是新时代中国共产党领导人民有效治理国家的根本指南，是中华民族伟大复兴新的航程的政治航标，是走向政治文明和国家治理现代化的中国政治智慧的结晶，其内容丰富、体系完备，具有民族性、人民性、科学性、时代性和实践性的基本特征。

有学者指出，协商民主在习近平新时代中国特色社会主义思想中占有重要地位。通过理性对话、讨论和协商解决政治生活当中存在的问题和分歧，是现代政治的本质特征。

探索中国改革开放获得成功原因

中国特色国家治理模式逐步完善

2018 年是中国改革开放 40 周年，许多政治学研究者从国家治理的角度探讨了中国现代化奇迹的原因。有学者认为改革开放不仅极大地改变了中国历史的发展进程，也在相当程度上改变了世界历史的发展进程。中国改革开放获得巨大成功的根本原因之一，便是中国成功地进行了以治理改革为主体内容的政治改革，这些改革包括党的建设、基层民主、协商民主、政治监督、行政改革、公共政策、公共服务和社会治理等重要改革。

改革开放 40 年，是中国现代化发展最为顺利、发展成就最为显著的时期，这一时期中国政治也取得了巨大的发展。有学者指出，40 年改革开放，中国政治发展的进步主要体现为包括治理理念、治理体系、治理政策、治理行为创新在内的国家治理变革。中国谋求未来发展还要靠创新，这种创新包括知识创新、技术创新、管理创新等多项内容，其最终归宿为制度创新。

改革开放 40 年，中国在推进国家治理现代化方面取得了长足进步。有学者指出，一种中国特色的国家治理模式已经形成。中国治理模式的特征主要包括以党组织为主导的多元治理结构、增量改革、十分重视协商民主、强调稳定压倒一切。

深化国家监察体制的改革

惩治和预防腐败能力增强

深化国家监察体制改革是以习近平同志为核心的党中央作出的重大决策部署，是事关全局的重大政治体制改革，是推进国家治理体系和治理能力现代化的重大举措。惩治和预防腐败的能力是国家治理能力的重要组成部分，随着 2018 年 3 月 20 日第十三届全国人民代表大会第一次会议通过《中华人民共和国监察法》，这种能力必将更为增强。有学者指出，十九大之后，中国逐渐形成了决策、执行和监察三位一体的制度体系，既有科学决策，又有执行层面的制度建设，更有监督制度。

有学者指出，习近平总书记改善国家治理的一大支柱是反腐败。习近平总书记致力于“把权力关进制度的笼子里”，致力于厘清“政府与市场”的边界，在提高执政能力的同时，探索了一个马克思主义政党的自身建设问题，为马克思主义政党的不断完善提供了一整套认识论与方法论的指引。

持续的反腐败行动形成强烈的震慑效应，必将大大提升一个国家或地区的廉洁水平。有研究者以某省为案例，通过数据分析，论证了近五年来反腐败斗争所取得的巨大成效：社会公众的廉洁感知指数评分呈现先降后升趋势，反腐败满意指数和反腐败信心指数评分则持续上升。

（作者张宁为北京大学国家治理研究院副研究员）

伦理学篇

把握新时代机遇

彰显新伦理精神

中国特色社会主义进入新时代，是我国发展新的历史方位，也赋予了中国伦理学新的历史使命。伦理学视域下的新时代，不只是一个客观实际的描述概念，还蕴含着深刻的伦理价值，体现为强国、利民、自信、担当、共享等。有学者指出，当代中国特色社会主义伦理学的时代使命是增强中国特色社会主义的价值自信、价值主导力和价值影响力。为实现这一使命，伦理学研究者必须积极把握新时代机遇，明确伦理学新问题，迎接伦理学新挑战，构建一种适应社会全面转型发展的伦理大思路，完善中国特色社会主义伦理道德规范体系，提供中国伦理精神和中国伦理价值，构建具有中国特色、中国气派、中国风格的伦理学。对于具体的路径选择，有学者认为应该采取宏大叙事与专业研究相反相济、指导思想与文化立场互补融通、政治引领与道德共识相辅相成的方式实现意识形态与学科逻辑的辩证统一。有学者则认为要从四个方面着力：在重大问题上敢于发声、善于发声、正确发声；立足当今社会生活实践进行开创性研究；积极探索新的研究方法和手段；推动话语体系创新发展。

挖掘儒家道德文化
助力当代社会发展

儒家道德文化历经几千年的历史实践检验，在解决当代社会伦理问题方面具有重要的借鉴意义。有学者指出，儒家道德文化的价值主要体现在两个方面：作为几千年来影响中国人道德生活最有力量的本土理论资源，儒家伦理理应融入当代伦理学研究与应用之中；借鉴儒家的思维方式，为研究和解决当今社会伦理问题提供可能进路。基于此，有学者认为，在“和”的思想下，儒家道德文化强调个人修养，以及个人对共同体的合作与责任意识。“仁”是儒家普遍伦理的出发点，由“仁”延伸出“孝悌”的概念，在社会文化中形成了“亲亲—仁民—爱物”的伦理取向，同时注重自然环境、社会环境以及精神环境之间的相互依存，有利于应对现代社会的文化弊端，为人类可持续的文明发展提供精神动力。也有学者认为，应充分挖掘儒家道德文化资源，全面提供公民的道德意识和道德素养。

探索农业伦理新问题
实现美丽乡村新发展

近年来，作为破解“三农”问题的主要维度之一，乡村的治理、建设和发展成为农业伦理学研究的重要议题。随着乡村振兴战略的大力推进，乡村建设取得了重要进展，但也存在不少问题。有学者指出，城乡二元结构及其所局限的农耕文明是美丽乡村建设的主要障碍。建设美丽乡村，亟须拓展新时代的伦理容量，重构农业和乡村、城市耦合共生的伦理基础。有学者认为，乡村振兴战略的实施需要理性的治理目标指引，但当前乡村社会转型过程中，经济增长目标的宰制性地位导致乡村治理目标中经济指标的决定性、经济评价的优先性及人际关系的功利化等问题。在乡村治理目标建构及实践中，应当首先确立以农民为本的发展伦理：农业的“美好生活”，是确定乡村发展目标的价值指引；农业的主体性及其发挥，是实现乡村发展的伦理根基；农民的全面发展，是对乡村发展进行道德评价的根本原则。关于乡村治理的具体途径，有学者认为应借助于乡村文化，充分发挥其道德治理功能，坚持自治、法治、德治相结合的原则，增强农民获得感、幸福感和满足感，实现美丽乡村新发展。

坚守人工智能发展宗旨
造福人类全面自由发展

人工智能的迅速发展给人们的生产生活带来极大便利，同时也带来一系列伦理问题与社会挑战。有学者认为，这其中既有诸如失业问题、隐私问题、算法偏见、机器权利等“近忧”，也有人们对具有自我意识的超人工智能的出现可能危害到人类存在的“远虑”。而面对人工智能的近忧远虑，学界普遍认为，人工智能的发展应当以人类价值为基础，以造福人类全面自由发展为目标，维护人类的根本利益，促进社会的健康发展。在具体操作上，有学者指出，必须给人工智能一颗“良芯（良心）”，使人工智能拥有“良芯”，使之成为道德的人工智能或道德的机器，而人工智能研发者和应用者则应具有“良心”，使人工智能的设计合乎道德，避免恶意设计，并确保人工智能的善用，使之造福人类社会。有学者认为还要对人工智能机器带来的伦理挑战和“技术性风险”采取法律规制、技术监管、伦理建模、程序正义等综合策略选择。

叩问生命科学技术
维护人类根本尊严

生命科学技术的发展日新月异，有力地推动了人类社会的发展，但一些技术也引发了诸多伦理问题。其中，尤以基因编辑技术与增强技术聚讼纷纭。对于基因编辑技术，支持者主要认为人类胚胎基因编辑有利于探究生命奥秘和促进人类健康，具有科学及道德合理性，应当“全面开放”。而反对者则认为，人类胚胎基因编辑突破了不可逾越的伦理“红线”，应当“全面禁止”，理由主要有：改写人类进化方式；存在严重技术风险；违背后代自决权；导致人类社会新的不平等；损害人类的“基因完整性”与“人种完整性”。面对这样的伦理论争，有学者提出“有限开放”的解决路径，即实现人类胚胎基因编辑的差异性发展，使之“弃恶扬善”，同时，构筑立体的人类胚胎基因编辑监管体系，以维护人类共同体与人的尊严的价值。而增强技术，按照目的的不同可以分为生理增强、认知增强、道德增强和复合增强。有学者指出，随着这种技术日益深入身体内部，不断地建构和重塑人本身，挑战着传统二元对立的概念，如身体与心灵、自然与人工、生命和非生命。支持者认为增强技术将使人成为强大的超人类；反对者则认为人终将成为弗兰肯斯坦式的怪兽。有学者认为，不论是有关哪种增强的伦理论争，都围绕着人类的自主性与平等性这两项重要的伦理原则而展开。自由或自主性根源于一种不可支配的、不可回溯的基点，若这种基点受到干扰与损害，则人的自主性、自由选择能力也就从根本上受到了限制与制约。

（作者龙倩为北京市委党校讲师，郭清香为中国人民大学伦理学与道德建设研究中心副教授）

（原载《北京日报》2019 年 1 月 7 日第 13 版）

2018 年理论学术研究观点要览（下）

党史学篇

以改革开放 40 周年为契机

拓宽改革开放史研究视角

2018 年时值改革开放 40 周年，党史学界对如何深化改革开放史研究给予了高度关注，从多个方面进行了探讨。主要观点有：将改革开放史的研究放在全球史观的视野之下，借鉴全球史研究的理念与方法，扩展改革开放史的研究视域；改革开放是中国社会发生深刻变革的时期，同时也是国民心态发生巨大变化的年代，因此可以将心态史学研究方法引入研究中；建议从哲学、环境史等视角，推进改革开放史学的研究。还有学者认为，中国 40 年改革开放史可分为三个阶段，或叫三期改革。第一期改革从 1978 年到 1992 年；第二期改革从 1992 年到 2012 年；2013 年以来进入第三期改革。这三个阶段无论在改革的议题、方式还是内外环境，都呈现出明显的阶段性特征。

有学者从改革开放本身出发，认为“老题”亦可新做，比如将共产主义理想信念的坚守与践行相结合，改革开放要在实现共产主义奋斗目标的指引下进行；又比如，从中国特色社会主义道路的开辟和发展着眼，讲明改革开放是社会主义制度下的改革开放；还比如，在整体研究的基础上注重区域性研究，探析地方如何贯彻中央决策部署，如何充分发挥中央和地方的积极性。还有学者认为，进一步深化改革开放史研究需要创设和建构“改革开放学”，指出改革开放史的研究对象、内容与其他学术体系有明确的界限。

以纪念重要人物诞辰为契机

不断深化重要人物思想研究

2018 年，以纪念党史重要人物的诞辰为契机，学界对毛泽东、周恩来、刘少奇等给予了广泛的关注。

2018 年是毛泽东诞辰 125 周年，也是《论持久战》发表 80 周年，有学者认为，毛泽东当时写《论持久战》主要不是为讨论中国要不要或者该不该打持久战的问题，而是着力说明中国的抗日战争需要历经战略防御、战略相持、战略反攻三阶段并最终取得胜利，来阐明“我们共产党人”的主张，也是为了向党内轻视游击战略思想的同志说明游击战在抗日战争中的战略意义。

有学者对周恩来精神进行了研究，认为周恩来精神是中国共产党精神的一面旗帜，主要体现在周恩来是共产党精神的重要培育者、践行者以及体现者。有学者对深入研究和弘扬周恩来精神进行了阐述，认为要深化周恩来生平事迹、历史功绩、思想、思想方法和工作方法研究、精神风范研究，汲取伟人智慧，树立共产党人学习榜样。

刘少奇的《论共产党员的修养》对加强党的建设具有重大的现实意义。有学者认为，纠正党内的非无产阶级思想、党内政治路线上的分歧、违反民主集中制的现象、理论薄弱、党内的错误斗争中的态度和方式等是刘少奇写《论共产党员的修养》的根本原因；还有学者认为刘少奇写《论共产党员的修养》是因为党内存在党的队伍不纯和宗派主义等问题，是为了解决党员从思想上入党的问题。

“他者”角度拓宽苏区史研究路径

收集民间史料深化苏维埃史研究

有学者认为，苏区历史是国共激烈对垒交锋的历史，应该运用整体史的视野来研究苏区史，可以将苏区与国统区进行比较研究，从国民党这一“他者”的角度深化苏区史研究，丰富苏区史研究的史料基础，以突破当前苏区史研究的瓶颈，提出新的学术观点。

有学者从挖掘新史料的角度阐述了如何深化研究中华苏维埃史，认为根据目前苏区史研究与史料整理的现状，应该充分利用苏区史本身所具有的“民间”特色，全面收集与整理民间史料，将研究的目光投向乡村社会，利用民众的记忆来还原“历史现场”，这是当前深化与创新苏区史研究的重要方法；也有学者认为目前学术界对于中央苏区新史料的拓展仍处于薄弱阶段，需要开展实地调查研究，对中央苏区史料进行专题收集与研究，运用大数据平台，创建中央苏区史料数据库等。

多渠道收集文献资料

多角度研究知青历史

有学者认为，科学的知青史研究要基于对历史背景的准确把握，要尊重权威的分析和结论；要正确处理当时的认知与当下认知的关系，避免以研究的名义改写历史；在不断发掘知青史史料的同时要深化理论研究，不能就知青谈知青。有学者指出，知青集体回忆录是研究知青史较为可靠的文献资料，当前最受关注的知青回忆录是石肖岩主编的《北大荒风云录》。当下知青集体写回忆录处于高潮时期，原因是知青们已到退休年龄，有时间和精力，学界也应重视收集整理这些珍贵的知青史料。

从方法论的角度出发，有学者指出，深化知青史研究需要跳出知青的范围，不要仅局限于知青，要从多个层面发掘史料。农民作为知青的接纳方在近些年的知青史研究当中被忽略，因此从知青叙事转向农民叙事，在现有的史料当中发掘农民的声音，从农民和农村的视角推进相关研究不失为一个好视角。

个案研究反映国共关系演变

抗战史研究进一步细化深化

有学者以八路军驻洛阳办事处的演变作为考察对象，对抗战相持阶段的国共关系进行了研究。指出，八路军驻洛阳办事处作为抗战时期中共设在国统区的一个公开办事机构，在国共合作中具有统战和交涉的重要作用，其演变过程从侧面反映出当时国共关系的演变。有学者对全国抗战爆发前上海民间防空建设进行了探究，指出，上海吸取了“一·二八”战事的教训，在南京政府的指导下开展了民间防空建设，并在组织施工、经费筹集、防空宣传、防空计划制订、灯火管制与防毒措施等方面取得了一定效果；由于防空业自身的特殊性，目前相关研究比较少，有必要对抗战时期的防空建设进行深入研究。

［作者王倩为中共中央党校（国家行政学院）党史部硕士研究生；王毅为中共中央党校（国家行政学院）党史部副教授］

文化学篇

文化旅游融合已成趋势

助力文化发展创新升级

2018年，我国继续深化文化体制改革，将文化部和国家旅游局合并，成立新的文化和旅游部。关于这次体制改革的意义，有学者指出，近年来文化与旅游不断融合，文化事业、文化产业、旅游业等各项行业交叉的趋势进一步明显，文化普查、文化保护、文化生产、文化市场、文化消费等领域各类文化主体之间的相互配合协调进一步增强，这为体制改革奠定了现实基础。文旅融合已经成为现实发展的方向，推动文化部和国家旅游局合并符合转型升级的需求变化，有助于加快资源合理整合，有效发挥管理职能，减少条块分割带来的种种弊端。

学者认为，要充分把握文化旅游和旅游文化的内涵，文化与旅游的融合，不仅要求旅游业能满足吃住行游购娱的功能，而且要发挥文化旅游业在传播国家形象、传承民族文化、承担公共教育和提高公民素质方面的作用。这就需要在协调配置文化资源和旅游资源的基础上加强品牌建设，构建具有中国文化精神的独立IP，创新文化发展方式。有学者认为，在乡村振兴战略的驱动下，传统乡村是文化旅游融合发展的核心空间，在部分中西部地区，文化旅游业已经成为支撑区域经济社会发展的战略性龙头产业或支柱产业，在缩小城乡发展差距方面作用明显。

强化全国文化中心核心功能

发挥中华文化核心载体作用

近年来，首都文化建设成为关注和研究热点。学者认为，加快全国文化中心建设，关键是要坚持首都城市战略定位，强化全国文化中心核心功能，落实北京城市总体规划，坚持以人民为中心的发展思想，全面促进首都文化繁荣发展。

新时代为北京全国文化中心建设提供了新的历史起点。有论者指出，北京有责任也有能力建设国家文化中心，使之成为国家文化新形象，发挥中华文化的核心载体作用。在“一带一路”倡议下，北京需要积极开拓外部文化发展空间，发挥北京在“一带一路”建设中的引领带动作用。北京的文物、戏曲、电影、电视、艺术品等文化产品或创意衍生品，在推动文化“走出去”过程中应赋予更多的意义，不断加大改革力度，在文化政策、文化平台、发展机制、文化品牌、文化人才等各个领域深化探索，以更实举措提高改革发展成效。

文化创意发展进入“E时代”

积极适应创新2.0发展趋势

有学者指出，文化创意的发展进入到“E 时代”，大数据在文化产业高质量发展中发挥着关键性的作用。以大数据为基础的科技促成了数字文化经济和数字创意经济的勃兴，数字技术支撑的文化产业面临着多屏互动的全媒体运营和全产业链整合的大繁荣，从整体上推动了文化产业的共享和融合，呈现出“高端创意、跨界融合、模式创新、场景体验”的新特征。

有学者指出，文化产业的高质量发展适应文化产业结构性改革的需要，是知识社会创新 2.0 推动下的互联网形态演进的必然产物，预示着文化产业未来发展的方向和路径。目前，我国文化产业的发展推动了文化产业提质增效的进程。文化产业提质增效需要构建创新生态系统，它既需要有相对完整的创新生态系统构成要素，又需要构建创新生态系统的循环共生机制。关于进一步激发市场活力，有学者从市场准入的层面强调了市场开放的重要性，认为推动形成全面开放新格局、激发文化产业活力和加快我国文化企业走出去步伐，才能将文化产业打造成社会经济发展的新动能。

传媒影视乱象制约行业发展

规范产业发展秩序势在必行

学者指出，视频主播低龄化、影视内容涉黄涉暴涉假、艺人逃税漏税、天价酬薪、伪 PPP 项目充斥市场等不良现象，影响到文化生产的整体品质，破坏文化行业健康生态。针对这些乱象，有学者指出，应以更高标准来引领文化的发展，坚持把社会效益放在首位，坚决反对唯票房、唯收视率、唯点击率等不良倾向。这既需要完善网络安全法等相关法律法规，明确直播平台违法行为标准和违法处罚标准，又要加强影视行业征信体系建设，强化行业协会组织管理能力，健全经纪公司、经纪人管理机制，加强对从业人员的教育监督。在治理文化 PPP 乱象中，需要政府和市场共同培育挖掘社会需求稳定、具有可经营性、能够实现按效付费、公共属性较强的文化项目，规范 PPP 的投入机制，确保文化项目物有所值和财政可承受性。

（作者王林生为北京市社会科学院文化研究所副研究员；金元浦为中国人民大学国家发展与战略研究院教授）

法学篇

聚焦宪法的修改

推进合宪性审查

2018 年 3 月 11 日，第十三届全国人民代表大会第一次会议表决通过了《中华人民共和国宪法修正案》，这是现行宪法历时 14 年之后的又一次修改，也是现行宪法历史上第五次修改，“宪法修改”成为宪法学研究的热点问题之一。有学者指出，此次宪法修正案第 44 条将“法律委员会”改为“宪法和法律委员会”，将党的十九大报告提出的“加强宪法实施和监督，推进合宪性审查工作，维护宪法权威”真正落到了实处。“合宪性审查”当之无愧地成为 2018 年宪法学研究的重要关切。合宪性审查的概念、功能、主体、筛选程序、启动程序，以及整个制度设计和模式构造，都亟待研究。

网络空间不是“法外之地”

互联网产业呼唤法理依据

学者指出，信息革命已经将人类带入了一个新的历史阶段，网络空间已经成为与陆、海、空、天同等重要的人类活动新疆域，“这块‘新疆域’不是‘法外之地’，同样要讲法治”。国家需要法学研究提供必要的立法建议和制度设计，以实现对互联网产业的有效监管；互联网产业呼唤法学研究提供适应其发展规律的法理依据和法律规则，以确保产业发展健康合规；社会公众期盼法学研究提供减低信息社会风险的对策建议，以规制信息社会出现的新问题。

学者还指出，2018 年我国法学研究紧跟大数据、人工智能、云计算、区块链、物联网等技术发展步伐，围绕“网络犯罪”“网络安全”“言论自由”“网络虚拟财产”“个人信息保护”“P2P 网络借贷”“网络直播”“版权保护”“大数据”“人工智能”等关键词探讨传统法律在网络空间的适应性与不足、互联网产业发展与治理、互联网平台责任、网络时代的政府管理职能等问题，引导网络空间建立规则意识，推动网络空间治理法治化。

“人类命运共同体”对国际法影响深远

中美贸易摩擦激活国际法研究热点

学者认为，修订的宪法序言中增加了“坚持和平发展道路”“坚持互利共赢开放战略”和“推动构建人类命运共同体”等三项与外交政策相关的内容，这为国际法研究注入了新活力。有学者指出，“国际社会”“国际共同体”和“人类命运共同体”三个概念之间的关系及发展脉络，“人类命运共同体”理念对国际法的发展影响深远。此外，国际法问题也是当前研究的一大热点，如知识产权保护、技术转让、长臂管辖、数字跨境等。

“心中有问题，眼中无学科”

法学实证研究日益受重视

学者认为，信息技术给人类生活、生产和生产力发展带来了重大变革，科技发展与社会越来越紧密地结合在一起。在新技术革命的冲击和影响下，我国在金融、科技、文化、教育等各个方面都发生了巨大变化，但是由于既有制度与规则的不足，这些领域的冲突与纠纷也不断出现，这些现实问题涉及的需要调整的社会关系已经不是仅仅依靠某单一学科就能解决的了。

2018年，以问题为导向的法学研究对研究对象从多个维度进行研究，特别是人工智能、知识产权、经济法等领域的学科交叉研究尤为明显，使得法学研究的研究范式、研究方法、思维模式等趋向于多学科的交叉、整合与互补。有学者指出，“心中有问题，眼中无学科”成为法学研究新趋势，重视经验的法学实证研究日益受到学者重视。

人工智能应用广泛

法学研究面向未来

学者认为，人工智能的应用领域越来越广泛，无人驾驶、机器人快递、智慧交通等已悄无声息地融入了人类社会，我们的生产和生活方式受到了极为深刻的影响。然而，由此引发的相关社会问题给传统伦理道德及法律制度带来了新的挑战。法学研究的前瞻性决定其不仅要关照当下，更要面向未来，2018年法学研究围绕“人工智能与法律主体”“人工智能与致害责任”“人工智能与知识产权”等问题给予了理论回应。无人驾驶、无人机、人工智能生成品的知识产权，都成为既有科技感又有理论性的法学问题。

（作者支振锋为中国社会科学院法学研究所研究员；刘晶晶为中国社会科学院上海研究院博士生）

新闻传播学篇

重视党性论、导向论等重要论述

关注马克思主义新闻观的新发展

学者认为，习近平总书记关于新闻舆论工作的重要论述包括新闻工作定位论、党性论、导向论、使命论、规律论、融合论、创新论、人才论，以及国际传播能力和话语体系建设论、互联网空间治理体系论等众多内容，形成了体系化的理论成果，成为马克思主义新闻观在新时代的新发展。

此外，还有学者对习近平总书记的网络强国战略表述进行了总结，认为习近平总书记以一系列战略性、前瞻性、创造性的观点，深刻阐述了新时代发展利用互联网的目标愿景、核心任务、总体布局和发展方向、发展方式、发展动力、外部条件、政治保证等基本问题，是运用马克思主义基本原理进行中国特色社会主义建设方略谋划的成功探索。

超越“科层”和“市场”

鉴别“新闻专业主义”

有学者认为，“新闻专业主义”一直以来是一个未经深入挖掘、研究就被随意使用的概念。“新闻专业主义”没有本质，只是一堆碎片，是流动的意识形态景观，以往关于“新闻专业主义”的讨论甚至包括争论大多只是盲人摸象般地探测到了它的某一侧重点，并且将这一侧重点看成了整体与客观的存在而已。

还有学者结合中国语境展开了批判，分析了中国宏观环境与“新闻专业主义”的相异性质，指出现有的“新闻专业主义”理念并不适用于描述中国语境与新闻实践。

中国传播学发展要理论祛魅

关注新媒体和新的学术取向

有学者认为，中国传播学在学科化进程中尽管在学术队伍、学术成果与学术理念上有相当大的巨变，但当前传播研究中依然存在功利主义倾向过强与学科意识形态保守乃至自我封闭的病疾。中国传播学发展要走出循环，走向进化，就必须关注当下新媒体传播涌现出的许多新问题。

学者认为，当前传播学研究的基础性工作就是理论祛魅，以文化持有者的内部视角理解传播学理论诞生的社会经验与知识脉络，辨析那些产生于西方社会和文化中的理论、思想能否帮助我们理解、解释和预测非西方社会。

有学者认为，改革开放40年来中国传播学的发展经历了“引进”“采纳”“对话”和“重构”四个关键阶段，中国传播学并非学术殖民化的结果，而是和改革开放的时代潮流并行不悖，未来传播学领域的媒介学、公共性、城市和乡村传播研究等新的学术取向值得关注。如果要超越西方传播学的逻辑框架，我们须更多地关注中华民族在漫长历史上的交流实践以及在交流实践过程中形成的观念和心态结构这类中心问题。

传统媒体采取供给侧改革谋划转型

智能化技术促使传媒内容全面升级

当下中国互联网开始快速进入智能驱动新时代，一个全新的媒体智能化的“智媒”时代已经来临。有学者认为，智能驱动下的互联网媒体已经成为主导并且开始布局国际市场，深陷困境的传统媒体采取供给侧改革等措施降低成本、积极谋划转型。

有学者认为，智能化技术正在进入传媒内容行业，并促使内容生产、分发、消费等全面升级，其主要表现为：以智能化驱动的内容生产 2.0，以算法为核心的内容分发 2.0，个性化与社交化交织、消费与生产一体的内容消费 2.0。智能时代生产、分发与消费三者之间的界限日益模糊，它们将相互渗透、相互驱动。而集成了内容生产、分发与消费的平台，也在逐步构建全新的内容生态。这些共同推动了一场新内容革命。而这样一场革命最核心的驱动力量是智能技术。

（作者黄春平为深圳大学传播学院副院长、教授）

（原载《北京日报》2019 年 1 月 7 日第 15 版）

2018 年理论视野中的热点问题

■宪法修正案：更好发挥宪法的规范、引领、推动、保障作用

2018 年 3 月 11 日，第十三届全国人民代表大会第一次会议经投票表决，通过了《中华人民共和国宪法修正案》。

学者认为，宪法修正案全面体现了自上一次修宪以来党和人民在中国特色社会主义建设和改革实践中取得的重大理论创新、实践创新、制度创新的成果，体现了我们党依宪执政、依宪治国的理念。

有学者指出，宪法修正案亮点纷呈，其中最重要的亮点有以下几个方面：其一，将习近平新时代中国特色社会主义思想写入宪法序言，确立习近平新时代中国特色社会主义思想在国家政治和社会生活中的指导地位。其二，在宪法总纲中增写“中国共产党领导是中国特色社会主义最本质的特征”，进一步强调“党的领导”。其三，宪法单设一节，专门规定监察委员会的性质、地位、组织、职权，以及监察委员会依法独立行使职权原则，与审判机关、检察机关、执法部门互相配合、互相制约的原则等。其四，修改第七十九条关于国家主席任职期限方面的规定。这是在全面总结党和国家长期历史经验的基础上，从全局和战略高度完善党和国家领导体制的重大举措，体现了中国特色社会主义政治优势和制度优势。

有学者认为，宪法修正案把习近平新时代中国特色社会主义思想载入国家根本法，体现党和国家事业发展的新成就、新经验、新要求，必将更好地发挥我国宪法的规范、引领、推动、保障作用，为新时代全面推进依法治国，建设中国特色社会主义法治强国提供有力宪法保障。

■庆祝改革开放 40 周年大会：伟大改革开放精神成为中国人民最鲜明的精神标识

2018 年 12 月 18 日，习近平总书记在庆祝改革开放 40 周年大会上发表重要讲话，回顾了改革开放 40 年的光辉历程，列举了改革开放十个方面的伟大成就，特别是深刻总结了改革开放的九条宝贵经验，并强调这些经验是党和人民弥足珍贵的精神财富。这篇讲话是新时代改革开放再出发的宣言书、动员令。

对于习近平总书记讲话指出的“改革开放是我们党的一次伟大觉醒”，有学者指出，伟大觉醒的性质是中国共产党的自我觉醒，其标志是恢复实事求是的思想路线，伟大觉醒的成就是推动改革开放的伟大创造。

有学者认为，讲话第一次明确提出了“伟大改革开放精神”的概念，这是对改革开放在精神层面宝贵经验的科学总结，也是新时代理论和实践的一个重要创新。中国典型的精神类型，在革命时期可以集中概括为革命精神，建设时期可以集中概括为建设精神、创业精神，改革开放时期可以集中概括为改革精神、时代精神。应深入研究和大力弘扬伟大改革开放精神，充分发挥改革创新精神的作用，最大限度增强社会的动力和活力。

对于习近平总书记在讲话中指出的“改革开放极大改变了中国的面貌、中华民族的面貌、中国人民的面貌、中国共产党的面貌”，有学者认为，改革开放对于中华民族形象建构产生了深远影响。改革开放在塑造国家形象、人民形象、中国共产党形象的同时，建构了中华民族新形象，在强化中华民族变革、开放形象的同时，为中华民族形象注入了创新、富裕、包容、担当等新内涵。民族形象是一种软实力，中华民族新形象的建构，为进一步推动改革开放提供了强有力支撑。

有学者指出，站在更高起点上谋划和推进改革，要瞄准全面建成小康社会，形成更高层次开放新格局，乘势而上开启全面建设社会主义现代化国家新征程。

■党和国家机构改革：进一步突出党的全面领导和提升党的领导力

2018 年 3 月 1 日，党的十九届三中全会审议通过《中共中央关于深化党和国家机构改革的决定》，国家治理体系和治理能力现代化开启变革新征程。

有学者认为，这次机构改革亮点主要体现在三个方面：一是突出党的全面领导。通过这次机构改革中的合并、归类、重组，对党的体系进行重大改革。二是优化政府机构设置和职能配置。从政府层面上来讲，一共突出了六个重点改革事项，即宏观调控、市场监管、社会管理、公共服务、生态环境保护和提高效率。三是统筹党政军群机构改革。完善党政机构布局，深化人大、政协和司法机构改革，深化群团组织改革，推进社会组织改革等。

有学者认为，深化党和国家机构改革，内容是“机构改革”，实质是“领导体制和机制改革”，本质是通过建构一个现代化国家治理体系来确保党的领导力提升。在深化党和国家机构改革中完善坚持党的全面领导制度，就是通过建立健全党对重大工作的领导体制机制，优化党中央决策议事协调机构，加强和优化党对深化改革、依法治国以及教育、科技、网信、外交、审计等各方面工作的领导，这在党和国家治理体系中具有纲举目张的统领作用。学者认为，所有这些改革举措，说到底都是直接确保党的政治领导力、思想引领力得到进一步提升，从而为党的群众组织力、社会号召力进一步提升奠定必要的政治上层建筑基础。

有学者认为，新一轮机构改革更加注重优化党和国家机构设置和职能配置，反映了我们对于当代世界主流改革趋向“整体政府”理念的吸收。另外这次机构改革新组建了应急管理部、退役军人事务部、国家国际发展合作署等部门，符合学界和人民群众一直以来的呼吁，反映了机构改革紧盯世界强国的标杆。

■民营经济：在变革与发展中找到新定位新方向

2018 年 11 月 1 日，习近平总书记在民营企业座谈会上发表重要讲话，讲话突出问题导向，积极回应社会关切，就坚持基本经济制度的一系列重大理论和实践问题作出深刻阐释，提出支持民营经济发展壮大的 6 个方面政策举措，表明党中央毫不动摇鼓励、支持、引导非公有制经济发展的坚定决心和鲜明态度，为民营经济健康发展注入强大信心和动力。

习近平总书记指出：“民营企业和民营企业家是推进供给侧结构性改革、推动高质量发展、建设现代化经济体系的重要主体。”学者认为，作为现代化经济体系中激发微观经济活力的主阵地，民营经济要把握时代脉搏，立足于融入现代化经济体系去谋求高质量的发展，在变革与发展中找到自己的新定位和新方向。

有学者指出，落实好支持民营经济发展的政策措施，消除各种针对民营企业的经济歧视，根据发达国家市场经济实践的经验，需要逐步推动产业政策向竞争政策过渡，推进形成公平正义取向的普惠制政策。这是给民营企业安心求发展的真正定心丸。

有学者认为，激发民营经济活力，还需要文化积淀的嬗变为经济行为和制度安排提供合理的道德支持，民营企业家要解放思想、放下包袱、创新理念、调整模式，集中精力分析面临的困难，坚守实业，做精企业，承担起更大的国家使命和责任，创造更大的社会价值。

■中美贸易战：保持战略定力和战略耐力

中美经贸关系一直是中美两个大国关系的“压舱石”和“稳定器”。但是 2018 年以来，美国采取单边主义措施，挑起贸易战，导致中美之间贸易摩擦和争端不断升级。2018 年 3 月，美国炮制出所谓 301 调查报告。7 月 6 日，美国不顾多方面反对，对中国 340 亿美元输美产品加征 25% 关税。8 月 23 日，美国对另外 160 亿美元中国输美产品加征关税。中国政府为维护正当权益，及时采取了相应的反制措施。

学者认为，美方发动贸易战的主要原因有三点：一是利益敲诈。通过贸易战或发动贸易战的威胁，迫使贸易伙伴开放市场、让渡经济利益。二是战略遏制。随着中国经济快速发展和综合国力上升，美国对华认知与情绪全面转向，把中国定义为美国长期的“战略竞争对手”。三是模式打压。美国在发动贸易战时施展出舆论战、关税战、科技战等组合拳，究其动机，就是要通过舆论战把中国发展模式污名化，通过关税战、科技战等逼迫中国改变原有发展模式。

妥善应对中美贸易摩擦，事关我国改革发展稳定大局。学者认为，必须在以习近平同志为核心的党中央坚强领导下，保持战略定力和战略耐力，首先我们既要丢掉幻想，坚定应战；又要保持理性，努力维护大局稳定。要充分认识中美贸易摩擦的复杂性，坚持“有理、有利、有节”，坚持“不愿打、不怕打、必要时不得不打”的原则立场。其次是综合施策，妥善应对短期冲击。如做好出口受阻企业的救助工作、采取有效措施鼓励企业调整进口结构、做好稳就业、稳金融、稳外贸、稳外资、稳投资、稳预期工作。再次是保持战略定力，做好自己的事情。应对美国挑起贸易战的行为，关键是不受对方干扰，保持战略定力，避免犯颠覆性错误。履行与自身实力和发展阶段相适应的大国责任，秉持人类命运共同体理念，为建设一个持久和平、普遍安全、共同繁荣、开放包容、清洁美丽的世界作出新贡献。

■首届中国国际进口博览会：为构建人类命运共同体提供国际公共产品

2018 年 11 月 5 日至 10 日，首届中国国际进口博览会在上海举行，中国国家主席习近平出席开幕式并举行相关活动。这是国际贸易发展史上一大创举，此次博览会吸引了 130 多个国家和地区的 3000 多家企业参与，有超过 5000 件展品在此次博览会上展出。

有学者认为，当前世界经济深度调整，经济全球化遇到波折，不稳定因素依然较多，贸易保护主义给发展中国家开放发展造成负面影响。如何深度参与国际分工，通过扩大出口拉动经济增长，促进工业化和城镇化进程，是有关国家面临的新课题。国际社会对拓展中国市场、搭乘中国发展“快车”的愿望更加强烈，对参与“一带一路”建设热情日益高涨。中国经济已由高速增长阶段转向高质量发展阶段，经济结构加快调整，对优质、特色商品和服务的需求更加旺盛。在这样的大背景下，举办以进口为专题的中国国际进口博览会，既符合中国自身发展需要，也符合世界共同发展需要。

有学者认为，中国作为一个发展中国家，举办以进口为主题的博览会，这是首创，在全世界恐怕也是唯一的专题性博览会。举办进口博览会，是以习近平同志为核心的党中央着眼于推进新一轮高水平对外开放作出的一项重大决策，是支持经济全球化和贸易自由化的实际行动，是中国为构建人类命运共同体提供的国际公共产品，充分体现了新时代中国对外开放的信心和决心。

■个税法第七次修正：税制更加公平，有利于构建以消费拉动为主的现代经济体系

2018 年 10 月 1 日，新的《中华人民共和国个人所得税法》开始实施。这一轮个税改革涉及范围广、亮点多，堪称 1994 年以来改革力度最大的一次，也是百姓获益最大的一次改革，被业内视为对现有个人所得税制的一次根本性改革。

个税改革中最受人关注的举措是个人所得税起征点的提高，此次个税起征点由原来的每月 3500 元提高到每月 5000 元（每年 6 万元），无疑是进行了一次大幅调整。在改革措施中还包括对于子女教育支出、继续教育支出、大病医疗支出、住房贷款利息和住房租金等专项附加扣除。学者认为，专项附加扣除考虑了个人负担的差异性，更符合个人所得税基本原理，有利于税制公平。

有学者认为，个税改革有助于塑造收入橄榄型社会。无论是免税额提高、专项扣除增加，还是税率级次的调整，都有减税的效果。当然，对于高收入者来说可能因为征管的加强而实际纳税增加。但总体上有助于扩大中产阶层的规模，塑造收入橄榄型社会。学者认为，个人所得税法改革，是为了促进收入分配更加合理和有序，促进社会公平正义。个税法第七次修正体现了以民为本的理念，标志着我国个税将由传统税制向现代税制转变。综合所得，是改革的关键所在；专项扣除和反避税，有利于税制公平。在不远的将来，新一轮个税改革将惠及更多中等以下收入群体，无疑将有利于构建以消费拉动为主的现代经济体系。

■基因编辑婴儿事件：是阿里巴巴的山洞，还是潘多拉的盒子

2018 年 11 月 26 日，来自深圳的科学家贺建奎宣布，他们团队创造的一对名为露露和娜娜的基因编辑婴儿于 11 月在中国健康诞生。这对双胞胎的一个基因经过修改，使她们出生后就能天然抵抗艾滋病，这是世界首例免疫艾滋病的基因编辑婴儿。此消息一出，骤然间便引起全球哗然，大量质疑指向其背后的伦理问题。国家卫健委回应：立即要求调查，依法依规处理。

有学者指出，基因编辑婴儿事件引起了科学界对于其可能带来的伦理后果的广泛担忧。对于科技上的创新应该支持，毕竟这是人类文明走向明天的方式。不过，也正因为科技中所蕴含的巨大能量，让它可能成为一把杀伤力巨大的“双刃剑”。所以，在面对科技的突破时，不能不保持足够的敬畏。科学的意义，永远在于展现其天使的一面而非魔鬼的一面，在于为人所用，而非让人类自毁长城。这不是反科学的态度，恰恰是科学的自爱。否则，打开的可能就不是阿里巴巴的山洞，而是潘多拉的盒子。

有学者认为，任何时代科学技术都有双重性，既造福人类，又损害人类。科学技术给人的尊严带来了一种不确定性。我们所追求的宪法和社会发展之间，特别是与技术发展之间存在着冲突，而这种冲突将带来日益严峻的整体性变革。最令人忧虑的是，科技系统和经济系统在相互结合以后，出于经济利益的追逐而使矛盾日益激化升级。一些公司在实现自身利益最大化的过程中，未必充分考虑人的隐私和人的尊严问题。在不断涌现的科技面前，或者新的科学技术面前，如何始终确保人类主体性人格的自由发展？面对这种风险，法治应该如何应对？这确实是值得研究的一个重要的宪法课题，必须寻求宪法共识，用宪法的价值来保障一个国家科技的健康发展。

■重庆公交车坠江事件：文明不仅是一种美德，更是一根安全带

2018 年 10 月 28 日，位于重庆的万州长江二桥上，一辆载客的公交车在与一辆小轿车发生撞击后，从近 40 米高的桥面坠入长江，造成包括司机与乘客在内十余人遇难。事故原因系乘客与司机激烈争执、互殴致车辆失控所致。该事件引起社会各界的普遍关注和深入思考。

学者认为，从此次坠江事故的起因以及今年舆论场上反复热炒的高铁占座等事件来看，规则意识的淡漠是最基本肇因，相关当事人的行为未能体现出足够的法治思维和规则意识。有观点认为，“在现代化进程中，生产力的指数式增长，使危险和潜在威胁的释放达到了一个我们前所未知的程度。”社会成员的过激行为，极有可能造成重大安全隐患，攻击公交车驾驶员明显就是一种危害公共安全的行为。因此，这件事对公众来说也算是一次安全教育，在公共场合，切不可放任戾气，对规则、对自己以及他者的权益需要充满敬畏。

有学者指出，许多制度与伦理看似约束着你我的手脚，但却十分必要。我们必须建设法治社会、强调规则意识，因为这是陌生人社会最简单的“红绿灯”，是全社会收获稳定预期的基本保证。文明不仅是一种美德，也是一根保证社会长期稳定发展的安全带。

有学者认为，在重庆公交车坠江事件中，女乘客丧失理智毫无法律底线，公交车司机无视安全操作规范，乘客只顾冷漠围观、无动于衷。社会公共安全水平和社会公共道德素养是一对孪生姐妹，一味道德上的呼吁并不会引起社会对规则的普遍尊重，对规则和文明的捍卫更需要建立与之相配套的法律法规去保驾护航。

■明星“阴阳合同”事件：法律面前没有“明星”

2018 年 5 月 28 日，央视前主持人崔永元在微博上爆料某演员签订了“阴阳合同”。几个月后，江苏省税务部门对某演员及其名下公司的 4 类逃避纳税行为分别处以 0.5 倍至 4 倍罚款，共计 8.84 亿元人民币。同时，中央宣传部、文化和旅游部、国家税务总局等部门联合印发《通知》，要求加强对影视行业天价片酬、“阴阳合同”、偷逃税等问题的治理，控制不合理片酬，推进依法纳税，促进影视业健康发展。

有学者指出，所谓“阴阳合同”不是合理避税，而是违法的行为。首先，因人性的弱点加上税法知识不足，导致纳税人有意无意地违反税法的问题，值得引起进一步重视。其次，从演艺界明星到一般纳税人，作“阴阳合同”的情况屡见不鲜。在收入普遍增加而税收调节感受也在增加的情况下，各行各业的人士都有可能受到偷漏税诱惑。因此，对“阴阳合同”的围观就不能止于看热闹，而应引起大家反思。最后，管理部门在尽职严格执法的同时，还应从积极引导、生动宣传、服务纳税人的角度来举一反三，引导社会公众更加熟悉和尊重税法，征纳双方更规范和自觉地依法治税、依法纳税。这也是社会进步、国民素质提高所必须认可的一个基本取向。在大数据支持下，各种收入来源越来越多地存有可查的电子痕迹，所有个人收入未来将按照个人身份证号码即个人纳税号码记录归类，税务机关能够更快、更全面地查清纳税人的真实情况，铤而走险式逃税被发现的概率将大大提高。纳税人与其心存侥幸，不如更自觉地顺应税法要求，及时足额完税。这是对个人长远利益的保护，也是我国纳税机关和纳税人建立更和谐关系的必要基础条件之一。

■滴滴顺风车事件：各社会主体应共同达成维护公共安全的共识，把风险拒之门外

2018 年 5 月 5 日晚，某航空公司空姐李某执行完航班后，在郑州航空港区搭乘滴滴顺风车前往市区，结果惨遭司机杀害。时隔三个月，滴滴再出重大事故，温州女乘客赵某在乘坐滴滴顺风车时被司机钟某杀害。在两起事件中，滴滴存在着安全管理机构不健全、客服应急处置效能低下，与有关部门的联动机制不健全等问题，负有不可推卸的责任。

有学者指出，虽然在规范层面要区分网约车和顺风车，把前者作为运营行为，把后者作为中介行为，但实际上顺风车公司也收取了一定的费用，只是比例上有一定差异，所以从本质上仍然是一种经营行为。即便目前把它定位为信息服务的中介，公司仍然需要对信息的真实性、准确性以及危险信息的有效识别和传输承担一定的法律责任。顺风车本来是一种非营利性质的互惠行为，但目前有些人、有些平台让顺风车变了味道。像滴滴这些企业靠着激进的业务策略和资本的力量大行其道之时，不应偏离法治轨道。

有学者认为，如果从经营行为的角度进行行业管理的话，整个管理层级就要提高，准入门槛、同步管理都会更严格，可能效果会更好一点。应参照网约车提高顺风车的行业准入门槛，提高管理标准，这样既杜绝了安全风险，又提高了行业内部的规范运作水平，这是治本之策。

有学者指出，随着各种新业态新经济形式的迅速崛起和壮大，互联网企业必须承担起相应的社会责任，监管部门需要建立健全必要的管控体系。只有各社会主体共同达成维护公共安全的共识，担负起肩头的责任和应尽的义务，才能把风险拒之门外。

（本版文字整理：夏鸣涛　袁　昕）

（原载《北京日报》2019 年 1 月 7 日第 13 版）

·科研课题·

概　述

本栏目记述2018年度12个国家级社会科学研究申报公告、课题指南、招标选题、立项结果，4个教育部（北京地区）立项结果，9个北京市级单位在人文社会科学研究领域通过评审获准立项的课题、开展的学术活动及“三报一刊”发表的部分文章，这些课题涉及20多个学科及众多研究领域，包括重大项目、重点项目、一般项目、青年项目、后期资助项目等；记述北京地区部分高校、科研单位承担的国家级、省部级社会科学研究项目及部分院校校级社会科学研究项目等内容，以及这些课题的项目名称、承担部门、负责人、项目分类、类别、预期成果形式及计划完成时间等内容。这些信息反映了北京社会科学研究的概貌及2018年度社会科学研究的重点和特点。

国家社会科学基金项目
2018年度课题指南

说明

一、申报国家社科基金项目的指导思想是，高举中国特色社会主义伟大旗帜，全面贯彻党的十九大精神，以马克思列宁主义、毛泽东思想、邓小平理论、“三个代表”重要思想、科学发展观、习近平新时代中国特色社会主义思想为指导，坚持解放思想、实事求是、与时俱进，坚持以重大现实问题为主攻方向，坚持基础研究和应用研究并重，发挥国家社科基金示范引导作用，加快构建中国特色哲学社会科学，为党和国家工作大局服务，为繁荣发展哲学社会科学服务。

二、《国家社科基金项目2018年度课题指南》围绕深入研究阐释党的十九大精神和习近平新时代中国特色社会主义思想，在相关学科中拟定了一批重要选题，申请人可根据自己的研究专长选择申报。

三、申报国家社科基金项目，要体现鲜明的问题导向和创新意识，着力推出体现国家水准的研究成果。基础研究要密切跟踪国内外学术发展和学科建设的前沿和动态，着力推进学科体系、学术体系、话语体系建设和创新，力求具有原创性、开拓性和较高的学术思想价值；应用研究要围绕经济社会发展中的全局性、战略性和前瞻性的重大理论与实践问题，力求具有现实性、针对性和较强的决策参考价值。

四、课题申请人须具备下列条件：遵守中华人民共和国宪法和法律；具有独立开展研究和组织开展研究的能力，能够承担实质性研究工作；具有副高级以上（含）专业技术职称（职务），或者具有博士学位。不具有副高级以上（含）专业技术职称（职务）或者博士学位的，可以申请青年项目，但必须有两名具有正高级专业技术职称（职务）的同行专家书面推荐。青年项目申请人和课题组成员的年龄均不超过35周岁（1983年3月5日后出生）。课题组成员或推荐人须征得本人同意并签字确认，否则视为违规申报。申请人可以根据研究的实际需要，吸收境外研究人员作为课题组成员参与申请。全日制在读研究生不能申请，具备申报条件的在职博士生（博士后）从所在工作单位申请。

五、课题申请单位须符合以下条件：在相关领域具有较雄厚的学术资源和研究实力；设有科研管理职能部门；能够提供开展研究的必要条件并承诺信誉保证。以兼职人员身份从所兼职单位申报国家社科基金项目的，兼职单位须审核兼职人员正式聘用关系的真实性，承担项目管理职责并承诺信誉保证。

六、课题申报范围涉及23个学科，须按照《国家社科基金项目申报数据代码表》填写《国家社科基金项目申请书》（以下简称《申请书》）。跨学科研究课题要以“靠近优先”原则，选择一个为主学科申报。教育学、艺术学和军事学等三个单列学科的申报分别由全国教育科学规划办、全国艺术科学规划办、全军社科规划办另行组织。

七、《国家社科基金项目2018年度课题指南》条目分为具体条目（带＊号）和方向性条目两类。具体条目的申报，可选择不同的研究角度、方法和侧重点，也可对条目的文字表述作出适当修改。方向性条目只规定研究范围和方向，申请人要据此自行设计具体题目。只要符合《课题指南》的指导思想和基本要求，各学科均鼓励申请人根据研究兴趣和学术积累申报自选课题（包括重点课题）。自选课题与按《课题指南》申报的选题在评审程序、评审标准、立项指标、资助强度等方面同样对待。无论是按《课题指南》拟定的选题还是自选课题，课题名称的表述应科学、严谨、规范、简明，一般不加副标题。

八、2018年度国家社科基金项目继续实行限额申报，限额指标另行下达。各地社科规划办、在京委托管理机构和申请单位要着力提高申报质量，适当控制申报数量，特别是要减少同类选题重复申报。

九、申报课题的资助额度为：重点项目35万元，一般项目和青年项目20万~22万元。申请人应按照《国家社科基金管理办法》和《国家社会科学基金项目资金管理办法》（均可从我办网站下载）的要求，根据实际需要编制科学合理的经费预算。

十、国家社科基金项目的完成时限，基础理论研究一般为3~5年，应用对策研究一般为2~3年。

十一、为避免一题多报、交叉申请和重复立项，确保申请人有足够的时间和精力从事课题研究，2018年度国家社科基金项目申请作如下限定：（1）课题负责人同年度只能申报一个国家社科基金项目，且不能作为课题组成员参与其他国家社科基金项目的申请；课题组成员同年度最多参与两个国家社科基金项目申请；在研国家级项目的课题组成员最多参与一个国家社科基金项目申请。（2）在研的国家社科基金项目、国家自然科学基金项目及其他国家级科研项目的负责人不能申请新的国家社科基金项目（结项证书标注日期在2018年3月5日之前的可以申请）。（3）申请国家自然科学基金项目及其他国家级科研项目的负责人同年度不能申请国家社科基金项目，其课题组成员也不能作为负责人以内容相同或相近选题申请国家社科基金项目。（4）申请教育部人文社会科学研究一般项目的负责人同年度不能申请国家社科基金项目。（5）凡在内容上与在研或已结项的各级各类项目有较大关联的申请课题，须在《申请书》中详细说明所申请项目与已承担项目的联系和区别，否则视为重复申请；不得以内容基本相同或相近的同一成果申请多家基金项目结项。（6）凡以博士学位论文或博士后出站报告为基础申报国家社科基金项目，须在《申请书》中注明所申请项目与学位论文（出站报告）的联系和区别，申请鉴定结项时须提交学位论文（出站报告）原件。（7）不得以已出版的内容基本相同的研究成果申请国家社科基金项目。（8）凡以国家社科基金项目名义发表阶段性成果或最终成果，不得同时标注多家基金项目资助字样。

十二、申报课题须按照《国家社科基金项目申请书》和《国家社会科学基金项目课题论证活页》（以下简称《活页》）要求，如实填写材料，并保证没有知识产权争议。凡存在弄虚作假、抄袭剽窃等行为的，一经发现查实，取消三年申报资格；如获立项即予撤项并通报批评。为保证申报评审的公正性和严肃性，评审会议召开前申报单位或个人不得以任何名义走访、咨询学科评审组专家或邀请学科评审组专家进行申报辅导。凡行贿评审专家者，一经查实将予通报批评；如获立项即予撤项，五年内不得申报国家社科基金项目。凡在国家社科基金项目申报和评审中发现严重违规违纪行为的，除按规定进行处理外，均列入不良科研信用记录。

十三、申报课题全部实行同行专家通讯初评，初评采用《活页》匿名方式，《活页》论证字数不超过七千字，要按《活页》中规定的方式列出前期相关研究成果。

十四、课题负责人在项目执行期间要遵守相关承诺，履行约定义务，按期完成研究任务；获准立项的《申请书》视为具有约束力的资助合同文本。最终成果实行匿名通讯鉴定，鉴定等级予以公布。除特殊情况外，最终研究成果须先鉴定、后出版，擅自出版者视为自行终止资助协议。

十五、项目申报材料从我办网站下载，或向受理单位索取。《申请书》经所在单位审查盖章后，报送本省（区、市）社科规划办或在京委托管理机构。

十六、各地社科规划办、在京委托管理机构和基层科研管理部门要加强对申报工作的组织和指导，严格审核申报资格、前期研究成果的真实性、课题组的研究实力和必备条件等，签署明确意见。

十七、各省（区、市）社科规划办受理当地的课题申报，新疆生产建设兵团社科规划办受理兵团的课题申报，中国社会科学院科研局受理本院的课题申报，中央党校科研部受理中央国家机关及在京直属单位的课题申报，教育部社科司受理中央各部委所属在京普通高等院校的课题申报，全军社科规划办受理军队系统（含地方军队院校）的课题申报。全国社科规划办不直接受理个人申报。

十八、各地社科规划办、在京委托管理机构和基层科研管理部门要按规定做好申报数据录入、打印报表、纸本《申请书》与《活页》及电子版《申请书》（WORD 文件格式）的汇总报送等工作。各地社科规划办、在京委托管理机构要按申报单位和申请人分类汇总后，将电子版《申请书》统一刻录成光盘，随同纸质版申请材料一同报送我办。

十九、课题申报时间为 2017 年 12 月 21 日至 2018 年 3 月 5 日。各省（区、市）和新疆生产建设兵团社科规划办、在京委托管理机构须于 2018 年 3 月 12 日前，将汇总并认真校对后的《申请书》中“数据表”数据发至我办邮箱（npopss@vip.163.com），并确保电子数据和《申请书》中“数据表”一致；3 月 15 日前将纸质版《申请书》和《活页》、电子版《申请书》光盘、统计表报送至我办，逾期不予受理。

马克思主义·科学社会主义

1. 习近平新时代中国特色社会主义思想形成过程研究

2. 习近平新时代中国特色社会主义思想的历史地位和精神实质研究

3. 习近平新时代中国特色社会主义思想的理论创新与当代价值研究

4. 习近平新时代中国特色社会主义思想的科学内涵和实践意义研究

5. 习近平新时代中国特色社会主义思想的宣传教育研究

6. 习近平新时代观研究

7. 习近平总书记关于以人民为中心的重要论述研究

8. 习近平总书记关于人类命运共同体的重要论述研究

9. 习近平总书记关于全球治理的重要论述研究

10. 习近平总书记国家安全观研究

11. 习近平总书记关于意识形态工作的重要论述研究

12. 习近平总书记关于网络意识形态安全的重要论述研究

13. 习近平总书记关于高校思想政治工作的重要论述研究

14. 习近平总书记关于青年的重要论述研究

15. 习近平总书记强军思想研究

16. 习近平总书记关于坚持“一国两制”、推进祖国统一的重要论述研究

17. 习近平总书记关于港澳台海外统战工作的重要论述研究

18. 中国特色社会主义进入新时代的重大意义研究

19. 中国特色社会主义历史方位的演变及其规律研究

20. 新时代中国特色社会主义的基本特征研究

21. 新时代坚持和发展中国特色社会主义基本方略研究

22. 党的基本理论、基本路线、基本方略三者关系研究

23. 新时代“四个伟大”内在逻辑与重要意义研究

24. 新时代中国特色社会主义实践中坚持以人民为中心的发展思想与路径研究

25. 新时代我国社会主要矛盾变化研究

26. 新时代全面深化改革研究

27. 新时代全面依法治国研究

28. 新时代中国特色社会主义乡村振兴战略研究

29. 新时代中国共产党人的理想信念建设研究
30. 中国共产党人的初心和使命研究
31. 新时代推进党的建设新的伟大工程研究
32. 新时代意识形态工作研究
33. 新时代高校思想政治教育改革创新研究
34. 新时代巩固和发展爱国统一战线研究
35. 新时代中国特色社会主义妇女理论研究
36. 新时代农村青年思想政治教育研究
37. 全面建设社会主义现代化国家研究
38. 社会主要矛盾变化与我国基本国情关系研究
39. 我国社会主要矛盾变化对党和国家工作的新要求研究
40. 人民当家作主制度体系建构研究
41. 中华民族共同体意识研究
42. 党内法规宣传教育实效性研究
43. 建设社会主义现代化国家进程中的妇女发展道路研究
44. 马克思主义基本原理方法论研究
45. 马克思主义经典作家社会发展阶段理论研究
46. 马克思主义经典作家无产阶级政党建设思想研究
47. 马克思主义经典作家文化观研究
48. 马克思主义诞生 170 年来的发展历程及经验研究
49. 马克思主义全球化思想研究
50. 马克思主义中国化发展历程及历史经验研究
51. 马克思主义生态文明观与美丽中国建设研究
52. 马克思主义妇女观中国化研究
53. 马克思资本观研究
54. 《共产党宣言》与马克思主义生命力研究
55. 21 世纪马克思主义基本问题研究
56. 列宁探索新制度思想史（1917—1923）
57. 列宁社会主义建设思想研究
58. 列宁对错误社会思潮的批判研究
59. 毛泽东思想与中国特色社会主义理论体系研究
60. 毛泽东关于社会矛盾思想研究
61. 毛泽东文艺思想研究
62. 毛泽东军队政治工作思想研究
63. 邓小平“三步走”战略思想及其启示研究
64. 邓小平对改革开放的历史性贡献研究
65. 改革开放四十年伟大成就研究
66. 改革开放四十年的历程、成就和经验研究
67. 十八大以来党的理论创新、实践创新、制度创新研究
68. 国家治理体系和治理能力现代化研究
69. 中国特色社会主义理论体系形成与发展研究
70. 中国特色社会主义政治发展道路研究
71. 中国特色社会主义文化发展战略研究
72. 十八大以来马克思主义理论学科建设新进展研究
73. 构建中国特色哲学社会科学话语体系研究
74. 创新型国家建设研究
75. 坚持依法治国和以德治国相结合的历史经验研究
76. 社会主义协商民主制度研究
77. 意识形态工作领导权、管理权、话语权研究
78. 网络意识形态新情况及应对策略研究
79. 大数据时代高校思想政治教育模式创新研究
80. 改革开放四十年社会意识形态治理经验研究
81. 当前社会思潮传播的新特点和有效引导研究
82. 新世纪以来国外流行社会思潮新特点研究
83. 新兴社会群体思想观念状况研究
84. 社会主义核心价值观与中华优秀传统文化的辩证关系研究
85. 推进社会公德、职业道德、家庭美德、个人品德建设研究
86. 家风家训与社会主义核心价值观培育研究
87. 红色文化传承与发展研究
88. 中华文化国际传播能力建设研究
89. 中外价值观教育比较研究
90. 国外中国特色社会主义研究评析
91. 海外华文学校发展演变及影响研究
92. 当代世界社会主义发展态势研究
93. 当代国外马克思主义“重建历史唯物主义”的理论观点评析
94. 21 世纪国外共产党和工人运动新动向研究

党史 · 党建

1. 习近平新时代中国特色社会主义思想创立的历史考察
2. 习近平总书记关于党史、国史的重要论述研究
3. 习近平总书记关于大力弘扬“红船精神”等革命精神的重要论述研究
4. 习近平新时代中国特色社会主义思想中加强党的全面领导思想研究

5. 习近平新时代中国特色社会主义思想中全面从严治党思想研究

6. 习近平总书记关于党内法规制度建设的重要论述研究

7. 新时代中国特色社会主义的由来及历史地位研究

8. 新时代中国共产党的历史使命研究

9. 新时代党的建设总要求研究

10. 党的建设新的伟大工程在“四个伟大”中的决定性作用研究

11. 党的基本理论、基本路线、基本方略形成发展研究

12. “不忘初心、牢记使命、永远奋斗”精神研究

13. 中国共产党强化“四个意识”及其经验研究

14. 牢固树立核心意识、坚决维护党的领导核心研究

15. 毫不动摇坚持和完善党的领导、毫不动摇把党建设得更加坚强有力研究

16. 十八大以来党和国家事业取得的历史性成就和发生的历史性变革研究

17. 十八大以来全面从严治党和反腐败斗争实践经验研究

18. 中国共产党领导中国人民实现从站起来、富起来到强起来的伟大飞跃研究

19. 中国共产党增强政治领导力、思想引领力、群众组织力、社会号召力研究

20. 中国共产党增强自我净化、自我完善、自我革新、自我提高能力研究

21. 中国共产党增强党内政治生活的政治性、时代性、原则性、战斗性研究

22. 十九大党章修正案的新变化、新特点研究

23. 中国共产党与中华民族伟大复兴奋斗史研究

24. 中国共产党指导思想创新史研究

25. 中国共产党管党治党历程及经验研究

26. 中国共产党思想政治工作的优良传统与成功经验研究

27. 中国共产党与革命性锻造研究

28. 中国共产党创建史研究

29. 不断提高中国共产党建设质量研究

30. 以政治建设为统领全面加强党的各方面建设研究

31. 坚决维护党中央权威和集中统一领导研究

32. 加强和改善党对国家政权机关领导的制度机制研究

33. 构建党统一指挥、全面覆盖、权威高效的监督体系研究

34. 国家治理现代化背景下党的执政能力建设研究

35. 全面从严治党永远在路上研究

36. 全面从严治党与党的执政安全研究

37. 把制度建设贯穿中国共产党各方面建设研究

38. 思想建党和制度治党同向发力问题研究

39. 以建设马克思主义学习型政党推动建设学习大国研究

40. “两学一做”学习教育常态化制度化研究

41. 党章和党内准则条例法规研究

42. 党章主要修改内容制度化具体化研究

43. 加强和完善中国共产党纪律检查制度研究

44. 健全党和国家监督体系研究

45. 加强党的巡视工作和巡察工作研究

46. 巩固不敢腐、促进不能腐、强化不想腐研究

47. 加强中国共产党与各民主党派的合作研究

48. 加强政党协商研究

49. 加强中国共产党各类基层组织建设研究

50. 新时代党内法规制度建设内涵研究

51. 党内法规发展史研究

52. 党内法规文化研究

53. 党内法规制度在新时代中国特色社会主义中的定位和作用研究

54. 党内法规制度建设政策协调机制研究

55. 依规治党在加强党的全面领导和全面从严治党中的功能作用研究

56. 党内法规制度执行力建设研究

57. 国有企业党委（党组）领导作用的实现方式与保障机制研究

58. 党内法规人才培养选拔机制研究

59. 社会主要矛盾变化对党内法规制度建设的新要求研究

60. 共产国际、联共（布）与中国革命的关系研究

61. 马克思主义经典作家党的建设学说研究

62. 中共党史研究的理论与方法研究

63. 中共党史中的重大会议和重大决策研究

64. 中共党史中的重大事件和重要任务研究

65. 党的建设学科建设与研究方法创新

66. 中华人民共和国建国史研究
67. 改革开放专题史研究
68. 中国共产党领导中国社会主义现代化建设历程研究
69. 中国共产党长期执政能力建设研究
70. 中国共产党执政规律研究
71. 中国共产党政治建设研究
72. 中国共产党思想建设研究
73. 中国共产党组织建设研究
74. 中国共产党作风建设研究
75. 中国共产党纪律建设研究
76. 中国共产党党内政治文化研究
77. 中国共产党提高运用法治思维和法治方式能力研究
78. 中国共产党反腐机制研究
79. 中国共产党领导经济工作制度研究
80. 中国共产党领导中国特色社会主义民主政治建设史研究
81. 中国共产党领导中国特色社会主义文化建设史研究
82. 中国共产党领导中国特色社会主义社会建设史研究
83. 中国共产党领导中国特色社会主义生态文明建设史研究
84. 中国共产党领导意识形态工作史研究
85. 中国共产党领导新闻舆论工作史研究
86. 中国共产党革命精神研究
87. 中国共产党处理中国同周边国家关系史研究
88. 中国共产党处理中国同大国关系史研究
89. 中国共产党处理中国同发展中国家关系史研究
90. 中国共产党处理中国同联合国等国际组织关系史研究
91. 中国共产党在国际上处理和发展党际关系的历史经验研究
92. 中国发展道路和发展历程的国际比较研究
93. 中国共产党领导下的工人运动研究
94. 中国共产党领导下的妇女解放运动研究
95. 中国共产党领导下的青年运动研究
96. 中国共产党巩固边疆发展边疆的奋斗历程研究
97. 中国共产党民主革命时期的各个历史阶段、各个革命区域、各条革命战线研究
98. 五四运动研究
99. 革命根据地史研究（分专题）
100. 改革开放 40 年党的妇女工作经验研究
101. 中国共产党历史文献和当代文献编纂与利用研究
102. 中共党史研究中的历史虚无主义批判研究
103. 社会组织党建研究
104. 加强中国共产党领导的群团组织建设研究
105. 中国共产党与其他国家政党的国际比较研究

哲学

1. 习近平新时代中国特色社会主义思想的哲学研究
2. 习近平总书记治国理政的思维方法研究
3. 习近平总书记关于创新的重要论述的哲学研究
4. 习近平总书记中华文化观研究
5. 习近平总书记民生观研究
6. “五位一体”总体布局的哲学研究
7. “四个全面”战略布局的哲学研究
8. 中国特色社会主义的历史逻辑、理论逻辑、实践逻辑研究
9. 以人民为中心的发展思想研究
10. 新时代社会主要矛盾研究
11. 新时代中国特色社会主义公平正义问题研究
12. 社会主义协商民主的哲学研究
13. 新发展理念的哲学研究
14. 人与自然生命共同体的哲学研究
15. 人类命运共同体的哲学研究
16. “一带一路”建设的哲学研究
17. 美丽中国建设的哲学研究
18. 社会主义核心价值观基本理论研究
19. 中华文化传播与国家文化软实力提升研究
20. 改革开放四十年中国哲学的发展历程和理论反思研究
21. 马克思主义哲学经典著作研究
22. 马克思主义哲学基本理论研究
23. 马克思主义哲学史专题研究
24. 马克思主义经济哲学研究
25. 马克思主义政治哲学研究
26. 马克思主义文化哲学研究
27. 马克思主义社会哲学研究
28. 马克思主义价值哲学研究

29. 马克思主义科技哲学研究
30. 马克思主义人学研究
31. 当代中国马克思主义哲学研究
32. 唯物史观与中国道路研究
33. 国外马克思主义前沿问题的哲学研究
34. 中国传统哲学的基础理论问题研究
35. 中国传统哲学文献整理与诠释研究
36. 中国传统哲学的理论创新研究
37. 中国哲学方法论研究
38. 中国哲学断代史研究
39. 中国哲学史人物、流派研究
40. 中国哲学的精神内涵与文化自信建设研究
41. 中国传统社会治理思想研究
42. 中国传统宗教哲学研究
43. 中国传统文化中的核心价值观研究
44. 中国生态哲学研究
45. 中国哲学海外传播研究
46. 近代以来中国价值观变迁研究
47. 中外哲学交流与比较研究
48. 西方哲学的基础理论问题研究
49. 西方哲学经典著作编译研究
50. 西方哲学断代史研究
51. 现代西方哲学专题研究
52. 外国哲学国别研究
53. 西方形而上学研究
54. 西方认识论研究
55. 西方政治哲学研究
56. 西方语言哲学研究
57. 西方宗教哲学研究
58. 东方哲学专题研究
59. 意识与心灵哲学专题研究
60. 实验哲学研究
61. 马克思主义伦理思想研究
62. 伦理学基础理论与前沿问题研究
63. 中国伦理思想史研究
64. 国外伦理思想史研究
65. 中外伦理思想比较研究
66. 应用伦理学理论与前沿问题研究
67. 道德哲学理论的创新性研究
68. 生命科学技术的伦理学研究
69. 当代科学技术发展的伦理问题研究
70. 思想道德建设专题研究（含社会公德、职业道德、家庭美德、个人品德）
71. 中华传统美德的传承、弘扬和现代转化研究
72. 美学原理基本问题研究
73. 中国美学断代史研究
74. 中国美学史基本问题研究
75. 中国当代美学前沿问题研究
76. 中国古代艺术观念研究
77. 西方美学史研究
78. 当代西方美学专题研究
79. 当代审美和艺术教育研究
80. 科学史基础问题的哲学研究
81. 当代科学前沿问题的哲学研究
82. 当代科学哲学的新范式研究
83. 科学哲学的历史研究
84. 人工智能的相关哲学问题研究
85. 大数据背景下的哲学研究
86. 认知科学的哲学研究
87. 复杂性问题的哲学研究
88. 科学社会学研究
89. 当代规范性理论的哲学研究
90. 著名科学家的哲学思想研究
91. 中国传统哲学与科学之关系研究
92. 中国古代逻辑研究
93. 西方逻辑哲学前沿问题研究
94. 数理逻辑基础问题研究
95. 语言逻辑研究
96. 哲学逻辑及其应用研究
97. 非经典逻辑研究
98. 逻辑、计算机、脑科学跨学科研究

理论经济

1. 习近平新时代中国特色社会主义经济思想研究
2. 坚持稳中求进工作总基调研究
3. 坚持新发展理念研究
4. 新时代我国社会主要矛盾研究
5. 适应把握引领经济发展新常态研究
6. 习近平总书记生态文明建设思想研究
7. 习近平总书记关于反贫困与共同富裕的重要论述研究
8. 中国智慧、中国方案与构建人类命运共同体研究
9. 建设现代化经济体系的理论基础和指标体系研究
10. 发展和繁荣中国特色社会主义政治经济学与

借鉴西方经济学有益成果研究

11. 我国改革开放四十年的经济理论和历史经验研究

12. 构建市场机制有效、微观主体有活力、宏观调控有度的经济体制研究

13. 创新和完善宏观调控研究

14. 激发各类市场主体活力研究

15. 我国经济发展不充分不平衡问题研究

16. 供给侧结构性改革的基本理论研究

17. 新时代绿色发展的可行路径研究

18. 全面小康社会到现代化强国的发展路径研究

19. 全面深化改革与完善社会主义市场经济体制研究

20. 全面深化改革与培养经济增长新动能研究

21. 全面开放新格局研究

22. 创新型国家建设中的政府与市场关系研究

23. 政府和市场在经济结构调整中的关系研究

24. 重构新型政商关系研究

25. 我国财政政策、货币政策、产业政策、区域政策的综合协调机制研究

26. 我国供给侧结构性改革与需求管理政策的协调配合研究

27. 从高速增长转向高质量发展的内涵和机制研究

28. 新技术革命与中国经济跨越式发展研究

29. 我国经济发展的新产业、新业态、新模式研究

30. 供给体系质量提升途径研究

31. 我国经济长期增长趋势和国际赶超前景研究

32. 我国经济持续稳定发展的投资—储蓄—增长机制研究

33. 我国经济周期波动的国际耦合机制研究

34. 我国大规模宏观经济计量模型的构建和运用研究

35. 我国财政政策逆周期调节机制和周期预算平衡制度研究

36. 建立全面规范、公开透明、标准科学、约束有力的预算制度研究

37. 我国金融风险、金融波动和金融周期研究

38. 金融服务于实体经济发展问题研究

39. 经济发展中储蓄率演变规律研究

40. 双支柱调控框架下货币政策与宏观审慎政策协调机制研究

41. 国际贸易新模式与贸易强国战略研究

42. 人民币国际化战略研究

43. 发挥投资对经济增长关键性作用研究

44. 发挥消费对经济发展基础性作用研究

45. 我国家庭消费行为研究

46. 要素价格市场化改革研究

47. 供给侧结构性改革背景下产业政策对产业升级的有效性研究

48. 产业政策与产业结构调整优化研究

49. 经济发展中产融结合问题研究

50. 国有资本做强做优做大与国有企业布局优化研究

51. 国有资本经营体制与国有资产监管体制研究

52. 国有企业分类改革与发展混合所有制研究

53. 国有企业自主创新理论和案例研究

54. 企业制度的历史演化研究

55. 工业企业创新和先进制造业发展问题研究

56. 我国劳动力市场结构变迁研究

57. 研发投入、教育制度、社会环境对科技创新和技术进步影响研究

58. 网络化社会中的创新激励研究

59. 转型社会中的声誉问题研究

60. 地区经济发展不平衡与经济转型的机遇与挑战研究

61. 中国经济空间格局演化研究

62. 中国城市群发展战略研究

63. 城市群结构与演变趋势研究

64. 新时代中国经济转型中的城镇体系研究

65. 城镇化与乡村振兴战略研究

66. 深化农村土地制度改革研究

67. 土地制度供给侧结构性改革研究

68. 农村劳动力转移与城乡一体化发展研究

69. 城乡经济不平衡的内在逻辑与对策研究

70. 隐性贫困测度与精准扶贫政策研究

71. 我国脱贫和减贫政策的设计与评估研究

72. 反贫困政策中的行为干预研究

73. 我国居民劳动收入和财产性收入渠道研究

74. “一带一路”倡议实施问题研究

75. 全球金融危机冲击下的国际经济政策协调研究

76. 后危机时期的世界经济发展趋势和结构演化研究

77. 后危机时期的国际资本流动管制政策研究

78. 反危机宏观经济政策调整和退出的国际影响研究

79. 美国资本主义经济重大结构变迁研究

80. 美国特朗普政府减税政策的国际影响研究

81. 社会主义政治经济学说史研究

82. 中国特色社会主义政治经济学学科体系研究

83. 中国特色社会主义政治经济学的思想史意义研究

84. 深化改革开放与发展马克思主义政治经济学研究

85. 马克思主义城市理论研究

86. 行为经济学和实验经济学前沿进展研究

87. 凯恩斯主义复兴研究

88. 国外产业政策理论和实践比较研究

89. 国际金融危机以来西方经济学的争论和发展研究

90. 中国经济发展中政府与市场关系的特殊性、经济基础和理论依据研究

91. 重构中央与地方财政关系研究

92. 按劳分配与按要素分配的机制和体制问题研究

93. 收入分配制度与居民消费增长机制研究

94. 中国产权制度、政府行为与企业创新行为研究

95. 现代金融体系的组织和结构研究

96. 我国生产率影响因素和增长趋势研究

97. 鼓励民营经济发展问题研究

98. 企业家精神与创新创业问题研究

99. 区域协调发展机制问题研究

100. 产业集群可持续发展机制研究

101. 参与人有限理性与公共服务均等化研究

应用经济

1. 我国到2035年基本实现社会主义现代化经济指标体系研究

2. 新时代人民群众多样化多层次多方面需求研究

3. 新时代扩大中等收入群体对策研究

4. 实现要素自由流动和市场化配置研究

5. 高质量发展阶段的内涵、任务与战略研究

6. 推动高质量发展突破性问题研究

7. 推动经济发展质量变革、效率变革、动力变革研究

8. 经济发展质量变革重点和路径研究

9. 提高我国供给体系质量对策研究

10. 建立权责清晰、财力协调、区域均衡的中央和地方财政关系研究

11. 加快建设实体经济、科技创新、现代金融、人力资源协同发展的产业体系研究

12. 规范推进政府投资与政府和社会资本合作模式（PPP）研究

13. 宏观调控有度的积极财政政策优化研究

14. 中央、省、市、县各级政府事权一览表和相应财政支出责任明细单的设计研究

15. 创新驱动战略的实施机制研究

16. 激励和保护创新的机制和政策研究

17. 国家创新驱动发展战略中的金融支持体系研究

18. 金融市场开放环境下的国家金融安全研究

19. 健全财政、货币、产业、区域等经济政策协调机制研究

20. 健全货币政策和宏观审慎政策双支柱调控框架研究

21. 发挥投资对优化供给结构的关键性作用研究

22. 中外地方政府债务风险管理与处置比较研究

23. 深化农村信用社改革与健全农村金融体系研究

24. 建立防范处置非法集资等违法违规金融活动长效机制研究

25. 大数据时代科技与金融融合及风险管控研究

26. 健全系统性金融风险预警、防控与应急处置机制研究

27. 我国房地产税制改革方案及其模拟研究

28. 加快建设多主体供给、多渠道保障、租购并举的住房制度研究

29. 世界级制造业集群培育机制研究

30. 实行高水平的贸易和投资自由化便利化政策研究

31. 我国跨境电子商务发展政策研究

32. 中国企业走出去的监管体系研究

33. “一带一路”背景下中国对外投资安全与效益研究

34. 加快企业资源配置国际化与风险规避研究

35. 培育对外贸易新业态新模式研究

36. 新形势下入境旅游发展研究

37. 完善产权制度、实现产权有效激励研究

38. 强化知识产权创造、保护、运用研究

39. 激发和保护企业家精神的制度环境研究
40. 进一步支持民营企业发展政策研究
41. 新形势下国有企业员工持股改革研究
42. 改革国有资本授权经营体制研究
43. 新科技革命背景下促进信息化与工业化深度融合研究
44. 互联网、大数据、人工智能与实体经济深度融合研究
45. 人工智能等新技术发展对就业和收入分配影响研究
46. 建立更加有效的区域协调发展新机制研究
47. 不同主体功能区差异化绩效评价制度研究
48. 以城市群为主体构建大中小城市和小城镇协调发展的城镇格局研究
49. 建立城乡融合发展体制机制问题研究
50. 坚持农业农村优先发展研究
51. 农村集体建设用地产权制度研究
52. 土地承包期延长 30 年的影响研究
53. 壮大农民集体经济的途径和模式研究
54. 粮食收储制度改革研究
55. 乡村旅游可持续发展研究
56. 构建现代农业产业体系、生产体系、经营体系研究
57. 保障农产品质量安全问题研究
58. 如期打赢脱贫攻坚战的难点问题及对策研究
59. 2020 年后中国相对贫困问题研究
60. 我国参与远洋渔业资源永续利用问题研究
61. 我国能源转型与发展战略问题研究
62. 新能源发展补贴政策研究
63. 推进长江经济带可持续发展研究
64. 完善国有自然资源资产管理研究
65. 建立市场化、多元化生态补偿机制研究
66. 建立以国家公园为主体的自然保护地体系研究
67. 建立健全绿色低碳循环发展的经济体系研究
68. 新时代绿色发展的制度框架与路径选择研究
69. 打好污染防治攻坚战研究
70. 土壤污染管控和修复制度研究
71. 城市生活垃圾强制分类的保障机制研究
72. 改革妨碍劳动力、人才社会性流动的体制机制研究
73. 促进我国就业质量提升研究
74. 促进生产性服务业发展问题研究
75. 我国中高端消费发展趋势与对策研究
76. 促进收入分配更加合理有序的政策研究
77. 发挥社会保障制度的再分配功能研究
78. 加快完善社会主义市场经济体制研究
79. 现代化经济体系内涵与建设路径研究
80. 发展实体经济与金融创新研究
81. 现代化金融监管体系研究
82. 我国对外开放转型研究
83. 建设自由贸易港研究
84. 构建现代物流体系研究
85. 产业升级与迈向价值链中高端研究
86. 人工智能时代现代服务业发展研究
87. 城市精细化治理问题研究
88. 履行政府收入再分配调节职能研究
89. 缩小收入分配差距研究
90. 地方税体系建设中的难点及对策研究
91. 地方隐性债务问题研究
92. 乡村振兴战略研究
93. 深化农村集体产权制度改革研究
94. 树立社会主义生态文明观研究
95. 建立健全最严格的环境保护制度研究
96. 建立多元参与的环境治理体系研究
97. 城乡环境协同治理研究
98. 国家公园与自然资源管理研究
99. 资源环境审计创新研究

统计学

1. 国家治理能力的统计测度方法及其评价研究
2. 不平衡不充分发展的统计测度研究
3. 空间发展不平衡与区域协调发展的统计研究
4. 人民群众获得感的统计测度方法研究
5. 国民经济核算体系的延伸模型与应用研究
6. 地区生产总值统一核算的理论与方法研究
7. 我国经济发展新动能的统计测度研究
8. “一带一路”国家、“金砖五国”产业结构比较统计研究
9. 新时代产业升级的统计监测研究
10. 新经济统计制度方法研究
11. 科技资源配置及优化的统计测度方法研究
12. 名录库调查、普查和抽样调查结合应用研究
13. 中外政府统计数据发布比较研究
14. 国际比较项目非基准年购买力平价推算方法研究
15. 电商时代 CPI 测度方法研究

16. 基于多数据源的消费者信心指数编制与评价研究

17. 基于复杂网络技术的服务业统计问题研究

18. 中国多产业动态随机一般均衡模型（DSGE）构建及结构调整研究

19. 基于混合 Copula 模型的人民币汇率研究及应用

20. 我国金融发展与实体经济的非线性关系研究

21. 我国电子商务发展水平的统计测度及其效应研究

22. 我国义务教育均衡发展的统计测度方法研究

23. 流动人口社会融入的统计评价研究

24. 因子分析新理论及其拓展研究

25. 基于面板数据的多元统计方法研究

26. 贝叶斯面板数据协整模型及应用研究

27. 非结构化数据统计方法与应用研究

28. 大数据背景下抽样推断新方法研究

29. 基于网络结构的高维数据降维及应用研究

30. 统计方法在古陶瓷鉴定中的应用研究

31. 新中国统计学发展史研究

32. 改革开放四十年中国统计科研、统计教育与统计实践研究

33. 中国政府统计调查方法体系研究（通过对政府统计调查方法体系进行功能定位和内在逻辑等顶层设计的研究，应对政府职能转变、经济全球化和大数据理论发展）

34. 统计数据质量问题研究（以全国、地方、部门统计为考察对象，重点研究各类数据质量分析评价方法，从核算方法、工作流程等方面提出建议）

35. 大数据统计理论与方法问题研究（围绕大数据统计分析中存在的核心问题，研究大数据统计分析的新理论和新方法，提出支撑大数据应用的计算模式与算法）

36. 基于大数据人工智能背景的统计理论方法创新及应用研究（结合数据科学、大数据理论和人工智能科学前沿，研究和探索统计视角下的理论创新、方法与应用创新，开拓统计发展新方向）

37. 基于部门大数据的统计监测研究（研究日益增长的部门大数据与主要宏观经济统计指标之间的关系，进行宏观经济预测与监测）

38. 大数据背景下国民经济核算新方法研究

39. 经济发展质量统计测评研究

40. 我国现代化建设进程及“中国制造 2025”统计监测方法研究

41. 我国社会经济发展不平衡不充分的统计测度方法研究及应用（通过构建统计指标体系与模型，测度社会经济发展不平衡不充分的状况，提出化解新时代社会主要矛盾的政策建议）

42. 绿色金融统计评价与监测研究（利用统计理论、方法和模型，评价分析绿色金融发展的阶段规律，并监测评估我国的发展进程）

43. 大数据背景下系统性金融风险的统计预警方法研究（在互联网大数据下，针对金融市场波动性和环境不稳定性等问题，开展系统性金融风险的量化、预警与应用研究）

44. 基于大数据分析的稳健统计推断理论、应用与评价研究（围绕大数据分析处理的核心难点问题，建立大数据稳健可靠的统计分析新理论和新方法，发展支撑大数据应用的稳健统计算法）

45. 福利测度的理论与方法研究（对福利测度的理论与方法进行系统梳理，提出能准确测度福利的科学思路和可操作性方案）

46. 健康中国统计监测与评价研究（建立一套系统、科学、国际可比的健康中国统计指标体系，对健康中国的建设进程进行监测评估）

47. 环境治理绩效的统计测度理论与方法研究（依据环境经济学的相关理论，采用统计方法对环境治理绩效进行科学测度和分析，并提出相关政策建议）

48. 文物断源断代的统计分析研究（借助于聚类分析、随机森林、支持向量机、粗糙集等方法，对文物断源断代进行统计分析，以提升文物的内涵价值）

49. 整数值时间序列建模及其应用研究

50. 贝叶斯空间统计理论及应用研究

政治学

1. 习近平关于新时代中国特色社会主义的重要论述对马克思主义政治学说的丰富和发展研究

2. 习近平关于新时代中国特色社会主义政治的重要论述对社会主义初级阶段政治理论的继承和发展研究

3. 习近平新时代中国特色社会主义思想对我国政治学话语体系建构的指导意义研究

4. 习近平关于新时代中国特色社会主义民主政治的重要论述研究

5. 习近平关于新时代政治建设的重要论述及其战略和方略研究

6. 习近平关于新时代人民政协的重要论述研究

7. 习近平关于新时代全面加强党的领导的重要论述研究

8. 习近平总书记关于治国理政重要论述与新时代中国特色社会主义政治发展研究

9. 习近平总书记关于深化政治体制改革的重要论述研究

10. 中国特色社会主义政治发展道路的历史、理论、实践逻辑研究

11. 中国特色社会主义最本质特征和中国特色社会主义制度最大优势的政治学理论研究

12. 中国特色社会主义民主的理论优势、制度优势和文化优势研究

13. 中国特色社会主义参政党建设研究

14. 新时代中国特色社会主义民主政治建设的总目标、总任务、总体布局和战略布局研究

15. 新时代中国特色社会主义民主政治建设的发展方向、发展方式、发展动力、战略步骤、外部条件、政治保证研究

16. 新时代党团结带领人民进行伟大斗争的新的历史特点和战略策略研究

17. 新时代实现党的领导、人民民主和依法治国有机统一的制度建设研究

18. 新时代党的政治建设的理论和制度安排研究

19. 新时代中国特色社会主义民主政治的本质特征、制度优势和发展方向研究

20. 新时代增强政治意识、大局意识、核心意识、看齐意识的政治机制创新研究

21. 新时代坚持和实现党对政治体制改革的集中统一领导研究

22. 新时代人民在民主、法治、公平、正义、安全、环境等方面的要求的实证研究

23. 新时代人民的获得感、幸福感、安全感研究

24. 新时代国家监察制度及其有效运行机制建设研究

25. 新时代我国社会组织参与基层协商治理机制研究

26. 新时代爱国统一战线理论与制度建设研究

27. 新时代人民政协界别设置研究

28. 新时代政治伦理、职业道德和公民道德养成的政治途径研究

29. 新时代政府推动企业家精神培育的机制研究

30. 新时代基层民主建设的新特点新要求及其实现机制研究

31. 基于中国特色社会主义新时代社会主要矛盾变化的中国政治发展研究

32. 中国共产党本质属性、根本宗旨和中国特色社会主义政治发展道路的关系研究

33. 保持中国共产党人初心和使命的制度建设研究

34. 深入贯彻以人民为中心的发展思想的政治途径研究

35. 不断促进人的全面发展、全体人民共同富裕的政策机制研究

36. 完善坚持党的领导的体制机制研究

37. 增强党的政治领导力、思想引领力、群众组织力、社会号召力的政治机制研究

38. 进一步完善党的领导体制和领导方式的路径研究

39. 发展积极健康的党内政治文化的政治途径研究

40. 全面净化党内政治生态的机制优化研究

41. 严明党的政治纪律和政治规矩、层层落实管党治党政治责任的制度建设研究

42. 推进依法治国和依规治党有机统一研究

43. 坚决防止党内形成利益集团的制度建设研究

44. 提升基层党组织的组织力、强化基层党组织政治功能的途径研究

45. 健全中国特色社会主义协商民主制度研究

46. 人民政协协商民主理论与实践创新研究

47. 人民政协文化史研究

48. 人民政协民主监督在健全党和国家监督体系中的地位与作用研究

49. 增强党的领导干部执政本领的政策和机制研究

50. 党的领导干部执政本领评估指标体系研究

51. 完善干部考核评价机制、建立激励机制和容错纠错机制研究

52. 提高全民族法治素养的政治机制研究

53. 推动中华优秀传统政治文化创造性转化和创新性发展研究

54. 继承和弘扬中国共产党革命文化的政治机制研究

55. 实行最严格的生态环境保护制度的政治责任研究

56. 资源型地区经济转型发展中的政府职能和责

任研究

57. 全面实施政府绩效管理的路径研究

58. 提升政府质量与优化政府管理机制研究

59. 健全政府对金融市场的监管体系研究

60. 用制度体系保证人民当家作主的理论、战略和路径研究

61. 新时代改进党的领导方式和执政方式研究

62. 构建决策科学、执行坚决、监督有力的权力运行机制研究

63. 推动协商民主广泛、多层、制度化发展研究

64. 科学配置党政部门及内设机构权力和职责研究

65. 职能相近地方党政机关合并或合署运行模式研究

66. 中华民族共同体的基本内涵和培育机制研究

67. 深入推进事业单位政事分开、事企分开、管办分离改革研究

68. 构建亲清新型政商关系研究

69. 发展中国特色社会主义政治文化研究

70. 落实意识形态工作责任制研究

71. 当代中国政治核心价值的理论研究与实证分析

72. 完善政府向社会力量购买公共服务的机制研究

73. 完善公共文化服务体系研究

74. 政府文化产业政策研究

75. 履行好政府再分配调节职能、加快推进基本公共服务均等化研究

76. 健全自治、法治、德治相结合的乡村治理体系研究

77. 加快农业转移人口市民化进程的公共政策研究

78. 边疆民族地区共建共治共享的社会治理格局研究

79. 精准扶贫的政治机制和责任机制研究

80. 打造共建共治共享的社会治理格局研究

81. 加快社会治安防控体系建设研究

82. 强化和完善社会组织在社会治理中的积极作用研究

83. 总体国家安全与政治安全的理念和实施机制建设研究

84. 总体国家安全观视角下境外社会组织规范化管理研究

85. 推动工会、共青团、妇联等群团组织增强政治性、先进性、群众性的机制研究

86. 新时代推进“一国两制”理论与实践研究

87. 维护中央对香港、澳门特别行政区全面管治权和保障特别行政区高度自治权有机结合的政治理论和实施机制研究

88. 增强香港、澳门同胞的国家意识和爱国精神的实施机制研究

89. 香港中产专业人士统战工作研究

90. 祖国和平统一与中华民族伟大复兴研究

91. 台湾社会阶层研究

92. 两岸民间关系发展的政治功能研究

93. 常住大陆台胞群体研究

94. 海外侨胞的民族、文化认同研究

95. 中国特色社会主义比较政治学科建立、建设和发展研究

96. 中国特色行政管理学科发展历史和相关理论研究

97. 中国特色公共政策学科体系建设理论与方法研究

98. 政治制度与国家治理关系研究

99. 政府治理现代化的指标体系研究

100. 大数据时代国家治理方式研究

101. 政治生态基本理论问题研究

102. 民主政治广泛、真实和有效性比较研究

103. 网络政治意识形态传播规律研究

104. 加快构建中国特色政治学学科体系、学术体系和话语体系研究

105. 当代中国政治哲学建构的价值前提、思想资源和实现路径研究

106. 近代以来我国政治学科发展历史研究

107. 中国历史上的治国理政经验研究

108. 中国传统社会权力监察制度研究

109. 中国古代治理经验得失研究

110. 秦汉时期国家体系建构的意识形态与制度架构研究

111. 中国近代政治制度变迁研究

112. 清末民初现代国家构建研究

113. 近代中西文化论争与中国政治文化的转变研究

114. 20世纪以来中国国家对乡土社会的整合研究

115. 世界各国民主多样性的理论、实践和评估

标准研究

116. 西方宪政理论与制度的本质和缺陷的理论研究与制度分析

117. 主要资本主义国家政治制度的未来走向研究

118. 西方福利国家理论前沿追踪研究

119. 当代西方功利主义政治哲学研究

120. 西方政治思潮跟踪研究

121. 西方政治话语体系研究

122. 全球地方治理发展模式比较研究

法学

1. 习近平总书记关于法治的重要论述研究

2. 中国特色社会主义法治理论体系的建构研究

3. 新时代中国特色社会主义法治思想研究

4. 新形势下创新中国特色社会主义法学话语体系的理论路径研究

5. 法治社会建设的落实机制研究

6. 实施网络强国战略的法律问题研究

7. 网络信息化时代法理学转型研究

8. 公民法治意识的实证研究

9. 法律解释制度研究

10. 我国司法信息化的现状与法理研究

11. 民国司法审判中的传统法律元素研究

12. 中华法文化的话语体系研究

13. 中世纪欧洲教会法的历史作用研究

14. 我国人民代表大会及其常委会决定权研究

15. 宗教工作法治化问题研究

16. 推进合宪性审查工作研究

17. 宪法法律至上的法治理念研究

18. 立法的科学化、民主化研究

19. 检察机关提起行政公益诉讼研究

20. 对监察委员会的外部监督体系研究

21. 完善我国国家机构组织法研究

22. 当事人选择行政纠纷解决途径的影响因素之实证研究

23. 信用惩戒的行政法研究

24. 金融犯罪的立法与司法研究

25. 恐怖主义犯罪的立法与司法研究

26. 医疗刑法研究

27. 刑法中的因果关系与客观归责研究

28. 刑事一体化研究方法及其具体适用研究

29. 全面依法治国进程中的妇女权益保障机制研究

30. 司法改革与未成年人司法制度完善研究

31. 性别因素对未成年人犯罪及其防治的影响研究

32. 附带民事公益诉讼制度研究

33. 刑事证据体系研究

34. 事实认定原则与方法研究

35. 司法鉴定标准化研究

36. 对仲裁的司法监督研究

37. 民刑、民行交叉关系诉讼研究

38. 诉权学说史研究

39. 正当当事人制度的理论与实践研究

40. 农村土地法律制度研究

41. 土地确权中的妇女权益保障研究

42. 网络环境民事权利保护研究

43. 新技术发展带来的民法问题研究

44. 共享经济的民法问题研究

45. 人工智能的民法问题研究

46. 民事习惯研究

47. 民法典修订与妇女权益保护研究

48. 票据法完善研究

49. 我国商事担保制度的立法完善研究

50. 新型农村经营主体制度研究

51. 公司资本制度改善后的债权人保障研究

52. 电子商务经营模式的合法性研究

53. 网络直播的知识产权问题研究

54. 版权技术措施制度研究

55. 药品专利制度研究

56. 新时代背景下政府和社会资本合作模式（PPP）法律问题研究

57. 新经济背景下金融风险与监管法律问题研究

58. 深化国有企业改革的法律问题研究

59. 供给侧结构性改革的法律问题研究

60. 国有资产管理体制的改革与完善研究

61. 全面确立竞争政策基础性地位研究

62. 全面落实公平竞争审查制度研究

63. 反垄断法的修改与完善研究

64. 大数据运用的监管法律问题研究

65. 企业年金制度改革法律问题研究

66. 环境司法中预防性责任方式研究

67. 生态环境损害赔偿制度改革研究

68. “一带一路”倡议与国际投资规则创新研究

69. “一带一路”倡议与国际争端解决机制创新研究

70. 海外利益保护法研究

71. 领事保护立法研究

72. 援外管理立法研究

73. 经济全球化升级与 WTO 法改革的中国方案研究

74. 美国法院对中国企业被告行使管辖权的判例研究

75. 中国自由贸易试验区战略与“一带一路”建设互动关系研究

76. 南海仲裁案后的南海问题研究

77. 新时代依宪治国理论与实践研究

78. 中国政法传统的历史社会逻辑研究

79. 中国古代法治与德治关系研究

80. 宪法与国际法关系研究

81. 政府合同立法研究

82. 重大行政决策程序研究

83. 刑法典完善研究

84. 网络犯罪的立法与司法研究

85. 新时代刑事司法改革理论研究

86. 司法改革配套保障制度研究

87. 司法改革成效评估研究

88. 律师法修改研究

89. 诉的基本理论及应用研究

90. 新时期中国特色社会主义民法基本理论研究

91. 民法典（分则）立法研究

92. 商法基本原则与理念研究

93. 商事监管制度研究

94. 知识产权全球治理体系变革与中国应对方略研究

95. 国家创新政策的知识产权法律转换机制研究

96. 新时代经济法基础理论研究的创新研究

97. 建立现代财税制度的理论研究

98. 共享经济与经济法理论发展与制度完善研究

99. 生态文明体制改革法律问题研究

100. “人类命运共同体”理论与国际法发展研究

101. “逆全球化”的国际法应对研究

102. “一带一路”倡议与国际贸易法律制度创新研究

103. 新时代中国国际法理论与实践研究

社会学

1. 习近平关于新时代发展的重要论述研究

2. 新时代中国马克思主义社会学的理论与现实问题研究

3. 新时代中国特色社会主义现代化道路的社会学研究

4. 新时代中国特色社会主义的社会结构特征与变迁趋势研究

5. 新时代中国社会主要矛盾的社会学研究

6. 新时代“美好生活需要”的社会学研究

7. 新时代中国区域社会发展差异与平衡问题研究

8. 新时代中国社会学学科体系、学术体系、话语体系建设研究

9. 新时代橄榄型社会结构发展与中等收入群体研究

10. 新时代中国社会阶层、收入分配与平衡发展研究

11. 新时代劳动就业体系和就业质量的社会学研究

12. 新时代中国社会政策基本理论研究

13. 新时代生态文明建设理论与实践的社会学研究

14. 新时代中国超大城市治理的社会学研究

15. 新时代服务型政府建设的社会学研究

16. 新时代社会心态的社会学研究

17. 新时代公共产品供给的体制机制研究

18. 新时代中国教育平等问题研究

19. 新时代文化消费的社会学研究

20. 新时代中国工业发展与产业转型的社会学研究

21. 新时代中国社会组织发展研究

22. 新时代民族地区社会转型的社会学研究

23. 新时代城乡基层社区治理的社会学研究

24. 新时代农村新乡贤文化研究

25. 新时代中国乡村振兴战略与实践的社会学研究

26. 新时代城镇化背景下的农村社会空间变迁研究

27. 总体国家安全观与新时代社会安全体系建设研究

28. 橄榄型社会结构形成与跨越“中等收入陷阱”研究

29. 社会评估的非经济综合指标体系研究

30. 使用大数据方法开展社会政策评估的探索性研究

31. 社会变迁视角下的基层权力监督研究

32. 中国基层政府社区社会工作研究

33. 基层政商关系的实践逻辑研究

34. 社会组织融入基层社区治理结构的机制研究

35. 社会组织参与全球治理的机制研究

36. 国际非政府组织管理的社会学研究

37. 基层协商民主中的居民参与机制研究

38. 中国基层社会治理精细化理论与实践模式研究

39. 社会力量参与社会治理路径与机制问题研究

40. 网络群体的形成与运行机制研究

41. 大数据时代流动人口管理研究

42. 新时代背景下公众的生活心态及其引导研究

43. 城镇居民社会建设获得感的理论内涵及其评价研究

44. 新乡贤参与农村社区治理路径和方式研究

45. 生计方式变迁与乡土中国文化连续性研究

46. 历史社会学视野下的地权冲突与控制机制研究

47. 农村土地确权和分置对乡村社会变迁的影响研究

48. 新型农村社区的空间重构与治理创新研究

49. 电子商务时代的农村社区发展研究

50. 农村互助养老研究

51. 当前民生需要与发展不平衡不充分状况及对策研究

52. 我国现行教育政策与相关法律法规对两性平等发展的影响研究

53. 妇女社会地位的评价指标体系研究

54. 0~3 岁儿童养育和照料的社会化研究

55. 中国社会学史研究

56. 历史社会学研究

57. 政治社会学研究

58. 全球化新趋势与当代中国社会学研究

59. 当代中国社会的口述史研究

60. 民族志的理论与方法研究

61. 社会时空理论与方法研究

62. 民族社会学与社会人类学发展研究

63. 海洋社会学的基本理论与应用研究

64. 中国社会学本土化思想资源研究

65. 大数据背景下的社会研究方法研究

66. 社会学研究中的学术伦理、学术规范和学术评价研究

67. 共建共治共享的社会治理格局研究

68. 社会治理现代化的理论基础与创新路径研究

69. 我国社会政策体系建构的社会文化基础研究

70. “一带一路”沿线城市发展模式比较研究

71. “一带一路”沿线国家比较社会学研究

72. 生态文明制度建设的实践评估研究

73. 宗教社会学理论中国化与本土化知识体系建构研究

74. 住房保障制度与实践的国际比较社会学研究

75. 健康中国战略背景下社会心理服务体系构建研究

76. 健康中国建设与新型社会服务体系研究

77. 医疗卫生制度与改革的国际比较社会学研究

78. 技术变革与社会变迁研究

79. 新中国工业发展史的社会学研究

80. “机器换人”时代的劳动社会学研究

81. 企业家精神的社会学研究

82. 中国社会转型时期的家庭变迁与家庭社会学研究

83. 中国社会工作本土化理论体系与实践模式研究

84. 区域和国别社会治理历史与经验的比较社会学研究

85. 人类命运共同体的社会学研究

86. 新时代公益慈善事业发展研究

87. 新时代“弱有所扶”制度建设研究

88. 贫困理论、反贫困经验与评估的社会学研究

89. 农村精准扶贫可持续性的条件、体制和机制研究

90. 农村土地制度改革与乡村社会治理研究

91. 城镇贫困与反贫困问题的社会学研究

92. 人口老龄化与养老体系建设研究

93. 儿童和青年社会学研究

94. 生育价值观的变迁及其政策应对研究

95. 家庭政策理论和实践的国际比较社会学研究

96. 犯罪社会学的理论与实证研究

97. 在华外国人群体与行为的社会学研究

98. 西方社会理论新发展研究

人口学

1. 马克思主义人口理论本土化和中国人口发展道路研究

2. 中国特色社会主义人口理论研究

3. 新时代人口发展战略研究

4. 我国人口发展的治理体系和治理能力研究

5. 城市体系与人口聚集研究
6. 人口负增长的经济影响研究
7. 特大城市人口问题研究
8. 我国实施健康中国战略与健康老龄化问题研究
9. 中国流动老年人口问题研究
10. 我国少数民族人口研究
11. 边疆地区人口发展研究
12. 大数据与人口学研究的新方法
13. 当代中国人口婚姻模式及变动趋势研究
14. 中国生育变动及趋势研究
15. 与生育政策配套衔接的相关经济社会政策研究
16. 人口普查内容与调查方法研究
17. 中国生育率转变与家庭结构变迁研究
18. 生育政策与经济社会发展政策衔接研究
19. 21世纪以来多孩生育状况与变动趋势研究
20. 公共政策和公共服务对生育决策的影响研究
21. 低生育率与家庭人力资本投资行为研究
22. 中国妇女队列生育水平及变动趋势研究
23. 全面两孩政策与妇女发展研究
24. 当代家庭结构变化与家庭关系研究
25. 女性家庭责任与就业关系研究
26. 性别比失衡地区青年婚姻问题研究
27. 构建养老孝老敬老政策体系和社会环境研究
28. 我国长期照护需求评估与试点模式比较研究
29. 独生子女父母异地养老研究
30. 我国人口发展与民族地区发展研究
31. 贫困地区人口发展与精准扶贫研究
32. 中国劳动参与率变化及影响因素研究
33. 人工智能时代劳动力供求研究
34. 农村劳动力状况与变动趋势研究
35. 农业转移人口市民化研究
36. “一带一路”倡议下跨境人口流动研究
37. 农村劳动力回迁研究
38. 京津冀协同发展背景下人口变动趋势研究
39. 国家出生登记和死亡登记制度研究
40. 中国分区域死亡模式及其变动趋势研究
41. 婴儿死亡率与婴儿死亡数据质量研究

民族学

1. 习近平新时代中国特色社会主义思想与民族工作研究
2. 中国共产党民族政策的初心与使命研究
3. 新的历史方位与推进民族工作创新研究
4. 新时代“历史交汇期”的西部大开发新格局研究
5. 我国社会主要矛盾变化与各民族共同发展研究
6. 发展不平衡不充分与西部地区全面建成小康社会研究
7. “四个自信”与坚持和完善民族区域自治制度研究
8. 铸牢中华民族共同体意识与民族团结研究
9. 改革开放四十年的民族工作研究
10. 改革开放四十年中国民族理论的发展研究
11. 改革开放以来少数民族妇女社会地位变化研究
12. 新时代中国特色民族学学科建设研究
13. 当代中国民族学对哲学社会科学的支撑作用研究
14. 中华民族形成与发展的民族学学理研究
15. 贯彻落实民族区域自治法与全面依法治国研究（根据2014年中央民族工作会议关于“要把宪法和民族区域自治法的规定落实好，加强对规范和完善民族区域自治法的规定落实好”的要求设计课题）
16. 全面建成小康社会中的区域、族别发展差距研究（以全国平均水平为指标的区域或族别个案研究）
17. 民族区域自治地方“历史交汇期”的扶贫攻坚研究
18. “历史交汇期”与扭转东西部发展差距扩大问题研究（对未来5年“历史交汇期”有效改变东西部发展差距继续扩大态势的分析和对策研究）
19. 中华民族伟大复兴“第一阶段”西部地区愿景研究（2020—2035年，对“基本实现社会主义现代化”条件下的西部地区进行前瞻性研究）
20. 全面贯彻党的民族政策与各民族交往交流交融研究（对“全面贯彻”和“交往交流交融”内涵的理论和实践研究）
21. 深化民族团结进步教育与依法保障民族团结研究（以“深化”和“依法保障”为中心进行理论和实证研究）
22. 推动边境地区深度融入“一带一路”建设研究（根据边疆地区在“一带一路”建设中的定位，以陆路口岸建设对边境地区经济文化、社会生活、边民交往为重点）

23. “三区三州”深度贫困地区脱贫攻坚研究（根据中办、国办《关于支持深度贫困地区脱贫攻坚的实施意见》，以西藏、四省藏区、南疆四地州和四川凉山州、云南怒江州、甘肃临夏州为对象，选择地州、县域或若干乡镇为研究对象）

24. 集中连片特困地区稳定脱贫的措施与保障研究（以区域、州县、乡镇、村寨为研究单元）

25. 城市民族工作典型经验实证研究（省级市或若干地级市）

26. 乡村振兴战略与少数民族特色村寨建设研究

27. 社会主义核心价值观与文化多样的“家底”研究

28. 少数民族特需产品与非物质文化保护研究

29. 少数民族地区革命文化传承与发展研究

30. 20 世纪 50 年代民族工作口述史研究（以各民族亲历亲为人士为对象、收集相关文献资料进行研究）

31. 族别文化认同与中华文化认同的辩证关系研究（以文化认同理论和实证进行研究）

32. 少数民族优秀传统文化创造性转化的路径与实证研究（以优秀传统文化实现现代转化的形式、内容、传播力、认同感、升华为中华文化为研究思路）

33. 兴边富民行动与边疆建设新格局研究［根据国家《兴边富民行动“十三五”规划》实施范围选择边境县域（团场）作为研究对象］

34. “边民为本”与边民扶持政策研究

35. 沿边村寨建设与守土固边研究

36. 鼓励和扶持边民抵边居住生产研究

37. 固边睦邻建设与边民互动中的国家意识研究

38. “边疆万里数字文化长廊”实施情况调查研究（以某一边疆省、自治区为例）

39. 中国古代民族史志研究

40. 中国少数民族历史文献收集整理研究

41. 中国近代社会转型中的民族观研究

42. 海峡两岸中华文化认同的历史底蕴与现实发展研究

43. 台湾学界中华民族研究的历史与现状

44. 台湾学界中国民族史研究

45. 台湾政党轮替与“原住民”政策研究

46. 西方国家地区—民族分离主义运动研究（国别或地区）

47. 欧盟成员国重返民族—国家的思潮与行动研究（综合、国别）

48. 西欧国家多元文化主义政策“失败论”研究（综合、国别）

49. 美国种族关系中的“文化负资产”与“政治正确”研究

50. 西方国家民粹主义与民族主义研究（综合、国别）

51. 西方多党制中的民族主义政党与分离主义研究（综合、国别）

国际问题研究

1. 习近平总书记外交思想研究

2. 习近平新时代中国特色社会主义思想国际影响研究

3. 世界大发展、大变革、大调整的时代特征与发展大趋势研究（2020、2035、2050）

4. 中国实现“两个一百年”奋斗目标的国际战略环境研究

5. 中国特色大国外交思想研究

6. 和平共处五项原则与建设相互尊重、公平正义、合作共赢的新型国际关系研究

7. 各国人民同心协力构建人类命运共同体研究

8. 共商共建共享的全球治理观研究

9. 建设持久和平、普遍安全、共同繁荣、开放包容、清洁美丽的世界研究

10. 实现相互尊重、平等协商，坚决摒弃冷战思维和强权政治，走对话而不对抗、结伴而不结盟的国与国交往新路研究

11. 按照亲诚惠容理念和与邻为善、以邻为伴周边外交方针深化同周边国家关系研究

12. 秉持正确义利观和真实亲诚理念同发展中国家团结合作研究

13. 未来 5 年中国周边安全风险评估与防范研究

14. 中国发展经验与“一带一路”建设研究

15. “一带一路”倡议实施中的重点与难点研究

16. “一带一路”倡议与对外开放研究

17. 扩大同各国的利益交汇点研究

18. 中国积极参与全球治理体系改革和建设研究

19. 推动落实相互尊重、公平正义、合作共赢的新型国际关系研究

20. 在对外关系领域促进民心相通举措研究

21. 国际伙伴关系典范研究

22. 国际治理案例集与知识库建设

23. 全球主要智库的作用及对我国的启示研究

24. 网络安全现状及解决前景研究

25. 本世纪以来国际地区热点综合分析研究
26. 关于扩大发展中国家在国际事务中的代表性和发言权的路径和方法研究
27. 大科学计划、大科学工程与国际关系研究
28. 发达国家绿色经济政策研究
29. 当代世界的“中国观”研究
30. 中国社会组织国际化道路研究
31. 人工智能与国际关系相关问题研究
32. 国际太空竞争与竞争规制研究
33. 中国参与极地治理体系的法律问题研究
34. 美国对华“软战略”研究
35. 美国印太战略研究
36. 美国利益集团在对华外交政策制定中的作用研究（以定量分析为主要研究方法）
37. 中印边界争议研究
38. 欧盟数据经济战略研究
39. 新国家安全观指导下构建中国与南亚东南亚国家非传统安全合作机制研究
40. 东南亚安全机制研究
41. 日本外交战略与中日关系研究
42. 冷战后日本右翼势力的谱系构成与思想构造研究
43. 印日自由走廊进展及对我国的影响研究
44. 构建西南地区陆海内外联动、东西双向互济的开放格局研究
45. 中俄共建“北极蓝色经济通道”的路径和方案研究
46. 非西方国家在国际格局变化中的地位作用研究
47.《联合国海洋法公约》未规定事项的法律依据问题研究
48. 国际海洋法律秩序的反思与重构研究
49. 南海相关问题研究
50. 领海冲突与维权的国际典型案例比较研究
51. 我国管辖海域司法管辖的进展、挑战及应对研究
52. 我国与周边海洋国家渔业争端与执法研究
53. 构建雅鲁藏布江流域跨境水争端管控机制的法律问题研究
54. 国际反腐败理论与合作研究
55. 恐怖主义持续蔓延原因分析研究
56. 马克思主义国际关系理论研究
57. 马克思主义所指明的历史时代与当今世界正处于大发展大变革大调整时期研究
58. 新形势下列宁帝国主义论研究
59. 新形势下毛泽东“三个世界划分”理论当代意义研究
60. 世界面临的不稳定性不确定性问题研究
61. 国际关系理论中的话语体系研究
62. 国际组织研究（政府间组织和非政府间组织）
63. 凝聚世界维护和平力量、切实阻止较大战争爆发研究
64. 世界多极化趋势相关问题研究
65. 新形势下西方政治思潮研究
66. 经济全球化与中国担当的相关问题研究
67. 逆全球化的动力相关问题研究
68. 海外中国学研究（选择区域或国别为研究对象）
69. 文化多样化与文化霸权博弈研究
70. 全球治理体系的构成及作用研究
71. 全球治理背景下性别平等话语体系研究
72. 发展中国家在全球治理体系中的位置和作用研究
73. 中国与大国或邻国关系中的不稳定性问题研究
74. 世界经济面临的不稳定性问题研究
75. 世界经济格局演化的趋势研究
76. 非传统安全、综合安全和集体安全研究
77. 全球网络安全研究
78. 推进大国协调和合作的机制研究
79. 国际金融体系改革研究
80. 西方国家在金融危机之后的制度反思研究
81. 各主要国家马克思主义和左翼思潮研究
82. 各主要国家共产党现状及发展趋势研究
83. 发达国家领土整治的经验教训研究
84. 中国对外援助与国际援助体系创新研究
85. 构建中国周边战略信任网络研究
86. 新中国周边战略与外交研究
87. 世界范围贫富分化的分布状况及发展趋势研究
88. 世界主要国家侨务政策比较研究
89. 世界宗教格局变化及中国应对战略研究
90.“颜色革命”战略与对策研究
91. 美国的全球及主要大国战略研究
92. 美元和欧元两大货币体系研究

中国历史

1. 马克思主义与中国道路选择研究

2. 马克思主义社会形态理论与中国历史发展进程研究

3. 马克思主义史学发展史研究

4. 中国特色社会主义道路的历史理论基础研究

5. 中华民族观念的形成与各民族交往交融史研究

6. 甲骨考释与甲骨学学科建设研究

7. 新出土文献和新发现文献的整理与研究

8. 东亚简牍学研究

9. 海上丝绸之路与中外关系史研究

10. 古代丝绸之路的历史价值研究

11. 中国历代环境变迁研究

12. 中国古代海洋理论体系的构建研究

13. 中国古代社会群体、国家治理与社会秩序研究

14. 中国历代户籍制度变迁研究（探讨、分析中国历代户籍概念、判断标准、著录内容、典藏机构等的发展变迁，以及户籍制度与政治、经济之间存在的互动关系）

15. 中国古代区域社会研究（以民间文献为主，结合田野调查和档案资料，研究古代区域社会的家族组织、民间信仰等社会结构，探讨区域社会的内在运行机制，以及地方行政与基层社会的演变）

16. 中国古代边疆治理研究

17. 中国古代养老制度研究（以传世文献为基础，结合近年来出土的简牍、文物等新资料，对古代养老制度、思想、文化进行深入探讨，对古代尊老价值观在后世及韩国、日本、越南等域外地区的传播、影响作全面研究，并为应对当今老龄化社会问题提供有益借鉴）

18. 中国古代民众生计研究（考察中国古代民众生计的社会史意义。包括：民众如何在非农活动获得社交空间，以及其中形成的人际关系的意义；王权与民众的互动关系，特别是法律制度与经济发展的冲突与协调）

19. 中国古代学校教育研究（考察中国古代学校教育的地域性和民族性，探讨学校教育内容及方式的演变历程，理学对学校教育的影响与实践等）

20. 中国古代选吏制度研究

21. 中国古代宗教传播与文化认同（以宗教文献和世俗史料的排比考订为基础，考察宗教传播与中国传统礼俗的冲突与调适）

22. 中国古代经学与思想史、政治史关系研究

23. 中国古代经济地理研究

24. 中国古代碑刻整理与研究

25. 突厥汗国史料的整理与突厥汗国史研究

26. 蒙文医学文献汉译与整理

27. 明清时期国家治理研究

28. 明清御史制度研究

29. 明清宗藩关系问题研究

30. 明清以来基层社会管理研究（以明清文书档案为中心，通过实证研究，说明国家权力主导之下明清基层社会管理的理论与实践的变化）

31. 明清华北区域社会研究

32. 明清时期民间文献研究

33. 清代中国北方水资源环境研究

34. 清代官修书籍研究

35. 清代经学史研究

36. 清代西学研究

37. 清代边疆问题与边疆治理研究

38. 英国涉南海档案文献整理与应用研究

39. 清代“藏哲（锡金）边界”研究

40. 近代边疆与边防政策研究

41. 近代海疆与海防政策研究

42. 近代民族国家建构与边疆民族地区的治理转型研究

43. 近代以来中国环境思想变迁研究

44. 近代中国海洋认知的演变研究

45. 中国近代新兴社会阶级与阶层研究

46. 中国近代社会阶层演化研究（从职业分化的角度来理解阶层群体，讨论政治变动下的阶层流动，深入传统阶层演进的分析，强化新兴阶层和中间阶层的探讨，增进对近代社会结构变迁的深入理解）

47. 中国近代新兴传媒研究

48. 近代中国与大国关系研究

49. 近代中国与周边国家关系研究

50. 近代日本在华调查研究

51. 近代社会转型研究

52. 近代制度史研究

53. 中国人民抗日战争史专题研究

54. 中国人民抗日战争与中华民族复兴研究

55. 台湾历史与两岸关系研究

56. 民国时期社会经济量化研究

57. 民国时期税收史研究（加强对税种、税率、

税改的研究，突出税制改革与国家财政、经济发展、民众生活和社会治理等关系的研究）

58. 中国近代学术流派研究（梳理近代中国人文社会各学科的不同学术流派形成、演变及其相互关系的历史，对各派的学术主张与建树、联系与品评等问题进行研究）

59. 中国近代文化自省与自信研究

60. 近代中国宗教和外来宗教本土化研究（加强近代中国宗教人口、人才、财产、规模的统计分析，深化对宗教地理、宗教群体和宗教政策，以及外来宗教本土化与中国社会的关系研究）

61. 新中国治国理政历史经验研究

62. 中国改革开放40年历史研究

63. 中国特色社会主义政治发展道路的历史经验研究

64. 改革开放以来高速增长阶段向高质量发展阶段转变的史学视角研究

65. 改革开放以来国有经济改革及其在经济发展中的作用研究

66. 当代中国社会结构演变与正确处理人民内部矛盾历史经验研究

67. 中国特色社会主义文化发展史研究

68. “和平统一、一国两制”方针的理论和实践及其历史经验研究

世界历史

1. 人类文明发展史视域下的人类命运共同体研究

2. 国际共运发展的经验教训与中国特色社会主义的源流研究

3. 霍布斯鲍姆的历史思想研究

4. 中世纪英国刑法研究

5. 11—12世纪拜占庭帝国社会转型研究

6. 国家构建视域下的欧洲公共卫生改革研究

7. 各国城镇化时期的乡村治理研究

8. 国外国民教育的发展历程研究

9. 战后美国对外文化战略研究

10. 近年来俄罗斯学界对苏联模式的新评价研究

11. 东盟国家对华交往史研究

12. 世界史前史研究最新成果综述

13. 外国史学史研究（涵盖欧美以外的国家和地区的历史编纂学史，特别是非洲、阿拉伯世界的史学史等以往研究较为薄弱的领域）

14. 西方从思辨的、分析的到叙述主义的历史哲学研究（重点关注西方的历史哲学的演变过程和特点，将史学理论与历史哲学联系起来，从中总结出西方史学发展规律）

15. 人类历史上的文化交流研究（重点研究人类历史进程中的不同文化思想之间的国际流通与交流）

16. 世界历史的民族、宗教与国家治理研究

17. “一带一路”沿线国家关系史研究

18. 古代社会史研究

19. 古代城邦史研究

20. 非洲史专题研究

21. 拉丁美洲史专题研究

22. 西亚史专题研究

23. 战后日本史研究

24. 东盟国家国别史研究

25. 国际关系史专题研究

26. 生态环境史研究

27. 各国国民教育的历史教育研究

28. 罗马帝国与“蛮族”的交往互动研究

29. 11—13世纪西欧人文主义思想研究

30. 欧洲国家分离主义的历史考察

考古学

1. 新时代文化遗产保护、利用的理论与方法研究

2. 重要考古遗址发掘资料的整理与研究

3. 国内外遗址保护与利用的案例研究

4. 基于考古学的大遗址保护研究

5. 国家考古遗址公园建设中的考古资料价值挖掘与研究

6. 历史类博物馆展陈中考古资料的价值研究

7. 出土文字资料的考古学研究

8. 高校考古文博教育与研究

9. 考古学理论研究

10. 考古学史研究

11. 东亚地区旧石器时代早期遗存与人类起源研究

12. 旧石器时代中、晚期考古学文化研究

13. 旧、新石器时代过渡阶段遗存研究

14. 新石器时代聚落研究

15. 各区域间文化交流与互动研究

16. 中国古代文明的考古学研究

17. 古代文化交流的考古学研究

18. 古代丝绸之路（陆路、海路）的考古学研究

19. 古代中国都城研究

20. 古代城镇与社会的考古学研究
21. 古代生业的考古学研究
22. 古代农业的考古学研究
23. 古代手工业生产与技术研究
24. 古代人类活动与环境关系的考古学研究
25. 古代墓葬研究
26. 古代水利遗存研究
27. 古代建筑遗存的考古学研究
28. 古代宗教遗存的考古学研究
29. 古代民族考古学研究
30. 古代艺术考古学研究
31. 古代族群研究
32. 边疆考古学研究
33. 外国考古学研究
34. 中国与其他世界文明的考古学比较研究
35. 多元一体的古代中国形成的考古学研究
36. 自然科学技术在考古学中的应用研究
37. 考古年代学研究

宗教学

1. 习近平新时代中国特色社会主义思想中的宗教观研究
2. 习近平总书记关于宗教工作“关键在导”的重要论述研究
3. 坚持我国宗教的中国化方向、积极引导宗教与社会主义社会相适应的理论与实践研究
4. 中国共产党宗教观历史演进研究
5. 我国宗教中国化的历史与现状研究
6. 贯彻党的宗教工作基本方针的理论与实践研究
7. 新修订《宗教事务条例》与我国宗教治理现状研究
8. 合力建设人类命运共同体进程中的宗教问题研究
9. “一带一路”建设与中外宗教问题研究
10. 马克思主义宗教观的中国化发展研究
11. 马克思主义无神论思想体系研究
12. 中国特色宗教学体系研究
13. 当代中国经济社会发展中的宗教问题研究
14. 中外无神论的历史与现状研究
15. 中华优秀传统文化与中国宗教关系研究
16. 中华文明起源及发展中的宗教信仰研究
17. 中国少数民族地区宗教信仰的历史与现状研究
18. 当代中国农村建设与宗教关系研究
19. 宗教制度改革和宗教组织结构与当代社会适应研究
20. 宗教与互联网世界关系研究
21. 世界宗教历史与现状研究
22. 宗教经典文献整理翻译研究
23. 国外宗教学历史与现状研究
24. 佛教史学典籍与思想研究
25. 佛教因明与西方逻辑比较研究
26. 大乘佛教经典与思想研究
27. 中国南传佛教发展研究
28. 海外佛教研究
29. 藏传佛教历史与现状研究
30. 区域性道教发展研究
31. 道教经典及思想研究
32. 生命道教及道教文化特点研究
33. 中国民间信仰与传统地域文化研究
34. 边疆民族地区宗教治理研究
35. 基督教思想文化历史与现状研究
36. 当代国际天主教与中梵关系研究
37. 中国基督教历史与现状研究
38. 中国基督教神学建设研究
39. 国内外东正教研究
40. “传教士汉学”研究
41. 国内外伊斯兰教历史与现状研究
42. 伊斯兰教经典与思想研究
43. 中国伊斯兰教发展研究
44. 防范和打击宗教极端活动的相关政策举措研究
45. 抵制境外政治势力利用宗教进行渗透的策略研究

中国文学

1. 习近平关于新时代中国特色社会主义文艺的重要论述研究
2. 习近平总书记关于“以人民为中心”文艺的重要论述研究
3. 马列文艺论著经典意义和当代价值研究
4. 当代中国文艺理论批评与新时代中国特色社会主义核心价值体系构建研究
5. 中国古代文学共同体与文学阐释的公共性问题研究
6. 经学思维对古代文论的影响研究
7. 当代文学的“史料学”建设研究

8. 全球媒介革命视野下的中国网络文学发生、发展及国际传播研究

9. 文化地理与当代中国诗歌的生长研究

10. 中国大陆文学研究与境外、国外中国文学研究的学术交流史研究

11. 中国近代学术与文学关系研究

12. 中国近代西风东渐背景下文学的新旧转型问题研究

13. 蒙古地区汉文学传播文本研究及资料集成

14. 中国蒙古民俗研究百年史文献研究与数据库建设

15. 马克思主义文论中国化的发展历程和经典文本研究

16. 文化自信与新时代中国马克思主义文论创新性发展研究

17. 中国现当代文学研究、文学史书写中重大意识形态问题辨析

18. 中国现代文学的民族意识与国家理念研究

19. 中国现当代文学在世界主要语言中的传播与接受研究

20. 现代作家的年谱、行迹考证与数据库建设

21. 新时期文学四十年研究

22. 中国当代作家的经典化研究

23. 当代重要作家的“再批评”研究

24. 新时期以来的城市文学创作与文学批评研究(1977—2017)

25. 中国传统文论与现代文学批评研究

26. 中国近代文学思潮流派研究

27. 中国近代分体文学研究

28. 历代文学总集、别集的编撰与刊刻研究

29. 出土文献与古代文论研究新进展

30. 古代文论与中华文化精神研究

31. 古代文论话语生成机制研究

32. 丝绸之路视域下的汉唐文学与文化文献整理研究

33. 中国古代诗歌体式研究

34. 古代文学经典化研究

35. 多民族文学融合研究

36. 古代文学学科研究

37. 礼乐文化制度与中国古代文学研究

38. 易代之际文学创作与文学观念研究

39. 各民族文学与主流文学关系研究

40. 中国少数民族史诗学术史资料整理与研究

41. 新时代西南民族地区乡风民俗体系构建研究

42. 世界文学中的中国形象研究

43. 中外生态文明与绿色写作研究

外国文学

1. 希腊化时期的欧洲文学转型研究

2. 文艺复兴运动时期西方文学的东方因缘研究

3. 中国文学在17、18世纪欧洲的传播研究

4. 19世纪批判现实主义作家研究

5. 19世纪英国城乡文学关系研究

6. 19世纪美国文学中的东西部关系研究

7. 美国女性环境写作的左翼思想研究

8. “两德”统一后的文学关系研究

9. 苏联解体以后的文艺理论研究

10. 俄罗斯新现实主义研究

11. 南欧福利社会崩塌以后的文学研究

12. 21世纪日本文学研究

13. 文化自信与外国文学研究

14. 20世纪中叶以来的外国文学重要现象研究

15. 中国周边国家当代文学研究（具体到国别，针对一国深入研究，避免几个国家一起泛泛而论）

16. 当代西方马克思主义文论研究

17. 外国文学与国民教育研究

18. 西方语文学与文学经典研究

19. 外国文学经典作家、作品研究

20. 外国文学理论流派、思潮及重要批评家研究

21. 欧美国家的文学政策与国家意识形态研究

22. “冷战”时期西方文学与亚非拉文学研究

23. 20世纪中晚期以来西方重要理论争鸣研究

24. 国外重要文学期刊研究

25. 亚非拉国别文学史

26. 当代欧美文论研究

27. 外国文学教科书研究

28. 外国儿童文学研究

29. 外国科幻文学研究

30. 外国传记文学研究

31. 外国网络文学研究

32. 外国文学书籍史研究

语言学

1. 习近平总书记语言风格研究

2. 新时代国家语言能力建设研究

3. 中国语言资源保护的理论、方法与技术研究

4. 基于中国语言的语言学理论创新研究

5. 汉语方言的分省全覆盖调查研究

6. 面向脑科学、人工智能的语言神经机制研究
7. 汉语语音史、词汇史、语法史研究
8. 中外比较视角下的汉语演变诱因与机制研究
9. 汉语演变的深度个案研究
10. 中国著名语言学家学术思想研究
11. 晚清以来汉语通语发展史研究
12. 近代汉语语法和方言语法对比研究
13. 汉语发展中的语言接触研究
14. 基于中国语言事实的认知语言学研究
15. 儿童语言发展研究
16. 汉语语体演变研究
17. 汉语新诗韵律研究
18. 汉语修辞学研究
19. 中国传统语文学（文字、音韵、训诂）的继承与创新研究
20. 基于互联网的汉语大规模动态流通语料库建设与研究
21. 计算语言学研究
22. 网络时代语言特点与语言文明研究
23. 人工智能语言的开发与应用研究
24. 语料库语言学研究
25. 机助语言调查技术系统研究
26. 异形词研究与《第一批异形词整理表》的修订
27. 语言资源的开发应用研究
28. 汉语方言差异和历史层次研究
29. 分省语言特征地图集研究
30. 区域方言（如京津冀、长三角、珠三角地区等）调查研究
31. 出土文献语料库建设与上古汉语研究
32. 汉语与汉字的关系研究
33. 汉字发展的理论研究
34. 基于出土文献的汉字断代研究
35. 汉字域外传播研究
36. 汉语的二语习得实验研究
37. 面向汉语国际教学的语音、语法、词汇研究
38. 汉语国际教育的理论和实践研究
39. 双语学习的加工、控制的神经机制研究
40. 老龄化与语言蚀失的大数据及临床研究
41. 语言障碍人群的语言机制与语言能力提升研究
42. 语言能力的心理学、神经语言学研究
43. 中国语境下的外语学习研究
44. 中国特色外语教学理论创新研究
45. 新时代外语教材体系与教师发展研究
46. 汉外语言对比研究
47. 大数据时代的翻译研究
48. 非通用外语语种双语词典编纂研究
49. 复合型国际化外语人才培养的理论与实践研究
50. 非物质文化遗产（口头文化）中的语言文字研究
51. 少数民族语言语音声学图谱研究与数据库建设
52. 地方志等历史文献所记录的民族语言资料整理与研究
53. 民族古文字文献字符的识别与编码研究
54. 语言与方言身份识别和分类标准研究
55. 民族语言地理信息系统研究
56. 民族语言规范标准的一般原则与方法研究
57. 民族语文罗马化（拉丁化）史研究
58. 民族语言词典编纂和词典学研究

新闻学与传播学

1. 习近平总书记关于新闻舆论的重要论述研究
2. 习近平总书记关于新闻出版的重要论述研究
3. “中国梦”的新媒体传播效果研究
4. 新时代中国特色社会主义新闻观念结构与演进研究
5. 新时代中国大众传媒的传播力、引导力、公信力研究
6. 新时代网络舆情的大数据技术应用与研究
7. 新时代中国环境传播研究
8. 新时代中国国际传播能力建设研究
9. 新时代中国传媒行业自律研究
10. 马克思主义新闻观视域下的媒体生存方式研究
11. 十九大后舆论新走势与新格局研究
12. 建构“文化自信”与中国出版“走出去”战略的实践研究
13. 人类命运共同体理念与全球传播秩序重建研究
14. 构建全球网络安全共同体研究
15. 国家治理与新闻生态研究
16. 重大时政新闻的发布方略研究
17. 中国价值观国际传播符号、主体与话语体系研究

18. “一带一路”对外传播话语体系建构研究

19. 信息传播在构建人类命运共同体中的作用及路径研究

20. 改革开放四十年的集体记忆研究

21. 改革开放四十周年纪念专题文献的出版活动研究

22. 新世纪以来中国城市形象片研究

23. 百年中国新闻传播教育史研究

24. 全球史视野中的互联网史论研究

25. 中国传统文化海外传播研究

26. 基于孔子学院平台的跨文化传播理论与实践研究

27. 融媒体背景下媒体体制与机制研究

28. 属地管理原则下传媒管理机制研究

29. 国际传播秩序变迁及治理研究

30. 新技术影像与社会再生产研究

31. 直播形态及其作用研究

32. 媒介新变迁与新消费主义研究

33. 生态传播与危机治理研究

34. 重大政治议题在青年社群中的多元话语建构研究

35. 我国重特大安全事故的新闻传播机制研究

36. 中国互联网的分类、分层、分级治理机制研究

37. 网络舆情治理的符号化路径、方法与策略研究

38. 中国特色网络素养教育、倡导及行动干预研究

39. 网民媒介素质研究

40. 手机信息传播“圈子”文化研究

41. 纪实影像研究

42. 网言网语与新闻文风话语表达研究

43. 新媒体传播的法制化研究

44. 国内外网络管理法律法规的对比研究

45. 网上正能量传播激励机制研究

46. 数字媒体时代新闻符号与传播范式研究

47. 新媒体背景下生态文明传播策划与效果研究

48. 美国政治选举中的新媒体政治广告研究

49. 人工智能对新闻生产流程的重构研究

50. 新媒体创新的动力机制及实证测评研究

51. 网络搜索中立规制研究

52. 移动传播时代的新闻视听语言变迁研究

53. 社会责任视角下的网络意见领袖传播效能评价研究

54. 社交媒体环境中机器用户的集群效应研究

55. 新媒体时代记者角色与功能研究

56. “新闻民工”现象研究

57. 女性媒体工作者的职业发展研究

58. 大众传媒与女性受众研究

59. 互联网信息传播能量酝酿机制和辐射方式研究

60. 新一代信息技术对新闻传播业运行方式的影响研究

61. 网络信息传播对新型社会关系建构的影响研究

62. 新媒体技术对媒介发展的影响研究

63. 中国近现代古籍出版与文化传承研究

64. 中国近现代阅读史与阅读方法研究

65. 我国编辑出版学科知识结构及演化动态研究

66. 基于用户个性化需求的精准出版服务研究

67. 产业融合视域下学术及专业出版单位对其用户群体的创新型服务研究

68. 媒介融合视域下出版产业核心竞争力研究

69. 媒介融合视域下网络版权的授权及运营机制研究

70. 移动互联网背景下政治类出版物的传播效果研究

71. 数字时代发达国家出版业管理机制变迁与演进研究

72. 媒介融合视域下编辑出版学学科增长点研究

73. 网络出版与传播的基础理论研究

74. 我国学术期刊的国际影响力研究

75. 图书开放获取政策机制研究

76. 关于主题出版的历史、现状和趋势研究

77. 我国图书国际影响力研究

78. 19世纪在华传教士创办报刊文化传播研究

图书馆·情报与文献学

1. 新时代中国特色社会主义图书情报事业发展战略研究

2. 总体国家安全观下的情报学学科及事业发展研究

3. “一带一路”国家文献资源战略保障体系研究

4. 数字图书馆平衡性充分性发展战略研究

5. 创新驱动的中国特色新型智库知识服务发展机制研究

6. 全面小康社会视野下健康信息的组织与利用

模式研究

7. 图书馆元数据战略研究

8. 图书馆统计标准研究

9. 公共图书馆公共文化服务标准化均等化建设现状与路径探索研究

10. 图书馆推动全民阅读战略的对策与措施研究

11. 图书馆驱动小微企业科技创新运行模式研究

12. 情报学的学科建设与术语规范化研究

13. 我国“五计学”融合研究与图书情报学的方法创新研究

14. 军民融合战略下情报学理论体系的创新与发展研究

15. 中华文化知识表达体系自动构建研究

16. 科学数据管理前沿理论研究

17. 科学数据集的自组织模式和质量评价研究

18. 科研人员在线社交网络信息行为及对策研究

19. 学习型搜索中用户交互行为与学习体验关系研究

20. 互联网知识付费业态下的图书馆知识服务优化对策研究

21. 虚拟学术社区中科研人员合作机制研究

22. 社交媒体环境下政府应急管理信息的采集与归档标准体系研究

23. 公共档案馆馆藏档案著作权及其在档案开发中的授权模式研究

24. 党政机关、企事业单位电子文件单套制管理研究

25. 一站式办公系统中跨机构电子文件管理研究

26. 海峡两岸档案学教育比较研究

27. 书院藏书研究

28. 旧志序跋所载有关旧志纂刊与流通问题研究

29. 濒危少数民族档案文献遗产风险评估与预警机制研究

30. 新时代图书馆阅读推广理论与方法研究（新时代对于文化传承弘扬和创新驱动发展有更高要求，同时数字时代读者阅读习惯或和信息行为也在随着“互联网+”的发展不断深入，图书馆需要依据新时代的新使命和新蓝图，从更平衡更充分视野奠定阅读推广更深厚的理论基础，从更高效更个性角度寻求更适宜的知识传播方式，从更适宜更快捷方面创新文化传承服务推进策略，从而创造新型阅读推广方法）

31. 全面建成小康社会与公共图书馆社会职能研究（进一步调整明晰图书馆社会职能，发挥优势，促进图书馆事业发展，为决胜全面小康社会建设作出贡献）

32. 适应“新时代”的图书馆知识服务研究（主要包括新时代知识服务开展、新时代知识服务模式转变等）

33. 改革开放以来我国图书馆发展研究

34. 图书馆学学科体系的演变与发展研究（主要围绕国内外图书馆学学科体系构成、不同时期特征、演化路径、未来发展趋势等方面进行研究）

35. 图书馆学情报学方法论研究（探讨图书馆学情报学研究方法整体性基础理论，如本体论、价值论、发展论、认识论等，不是对具体方法的研究）

36. 图书馆学情报学期刊发展研究（分析图书馆学情报学领域学术期刊现状，从保持刊物固有特质、提高刊物学术定位、创新刊物时代属性等方面探讨学术期刊如何适应新形势，走出独具特色的发展道路）

37. 面向公共数字文化的全民核心素养理论体系建构与提升策略研究（以公共数字文化服务为视角，重点研究从以学校为核心的素养教育理论向以全民为核心的素养教育体系转变的机制、构建方式和实施策略等）

38. 图书馆文化精准扶贫研究

39. 图书馆法制建设研究（研究《公共图书馆法》及《公共文化服务保障法》视野下的图书馆法制建设，分析这些法律法规的制度架构与实施效果，进而完善图书馆法制体系）

40. 智慧社会与信息环境建设研究（主要包括智慧社会建设中信息资源开放服务、共享与信息公平，图书情报服务创新与转型环境等方面的研究）

41. 京津冀一体化背景下的图书馆建设研究（主要包括各类型图书馆在资源共建共享、服务联盟、地方文献、人才培养等方面的研究）

42. 图书馆服务的理论、方法与管理创新研究

43. 图书馆数字化服务标准化研究

44. 阅读行为研究（通过研究新技术背景下、新经济环境下的阅读行为，分析图书馆的发展趋势和服务政策，及跨行业合作策略）

45. 图书馆未成年人服务的理论与方法研究（研究全民阅读背景下，我国图书馆未成年人服务的理论与方法，特别要关注低幼儿童和特殊儿童服务问题）

46. 图书馆服务网点的空间设计与智能化再造研究

47. 能动型学习空间研究

48. 信息组织理论与方法研究

49. 大数据环境下信息源的发展与信息获取的理论与方法研究（研究信息源和信息获取的新理论、新方法，特别是大数据环境下信息源的新发展、新变化带来的新问题）

50. 学术出版创新与出版发行业融合发展研究（主要包括研究数字出版及其在文化建设中的应用，基于知识链的学术出版服务创新，数据驱动的传统出版发行行业融合发展等）

51. 古典文献学研究

52. 古代中外文化交流中的文献整理与文人关系研究

53. 面向国家发展与安全决策的情报服务创新研究

54. 城镇化进程中新市民信息行为与服务研究

55. 面向应急管理的情报工程理论与应用研究（主要包括大数据背景下的应急管理数据资源、工具方法、专家智慧等情报工程化理论方法、实现机制、策略对策等）

56. 人工智能背景下的社会信息化深入发展研究（主要围绕人工智能给图情实践及理论研究带来的互联、融合、更新、重塑、深化、拓展等影响进行相关研究）

57. 新形势下竞争情报的理论与方法研究

58. 图像语义前沿理论研究

59. 研究数据管理（RDM）研究

60. 关于深度学习的网络知识发现研究

61. 面向疾病治疗的多源信息融合技术方法与实证研究（研究利用不同来源数据对疾病进行综合干预的技术方法，并基于多角度临床研究数据开展实证研究）

62. 数字环境下图书馆用户画像研究（个性化信息服务正在从用户建模向用户画像发展。本研究方向主要研究在大数据环境下，用户画像需求的内涵、特征、表现等）

63. 信息行为中的情感体验研究

64. 公平竞争视角下大数据交易关键问题与供需匹配规则研究

65. “互联网+”时代的档案潜在用户研究（主要围绕对档案潜在用户的概念、类别、特征、转化意义、可能性、必然性及转化路径、模型等进行研究）

66. 大数据时代档案数据管理研究

67. “一带一路”档案文献资源管理与开发研究（主要包括“一带一路”跨境项目档案的管理政策、制度、标准、管理机制，以及具有历史文化联系的档案文献的合作研究与开发等方面）

68. 社会记忆视角下的档案资源价值发现、开发与传播研究

69. 数字化、智能化环境中档案业务转型与创新研究

70. 新技术环境下档案资源的大众化传播研究

71. 国家档案馆公共服务能力评估体系研究

72. 非公档案资源建设与管理研究（包括非公企业、社会组织以及个人建档的理论基础、范围、方法以及政策引导等）

73. 文件、档案管理领域新技术应用探索研究（包括大数据、云计算、区块链、人工智能等新技术在文件与档案管理领域的应用价值、适用范围、应用方法等方面的探索）

74. 企业档案管理体制与模式创新研究

75. 口述历史与档案学教育研究

体育学

1. 习近平总书记关于体育的重要论述研究

2. 新时代中国特色社会主义体育强国建设基本内涵和实现路径研究

3. 新时代我国体育社会组织改革研究

4. 新时代我国运动项目协会改革研究

5. 新时代我国社会主要矛盾的转化与体育供给侧结构性改革研究

6. 新时代体育公共服务体系建设研究

7. 人民美好生活需要与体育公共服务体系建设研究

8. “两个一百年”奋斗目标实现与我国体育事业改革研究

9. 中国特色社会主义理论对中国体育发展的影响研究

10. 党的十八大以来我国体育成就与经验研究

11. 改革开放以来中国体育成功经验与教训研究

12. 我国体育治理能力现代化机制研究

13. 政府体育主管部门“放、管、服”研究

14. 建设冰雪强国的指标体系研究

15. 北京冬奥会举办的综合效益研究

16. 北京冬奥会冰雪运动项目发展策略研究

17. 北京冬奥会推动青少年冰雪运动发展研究

18. 2022 年冬奥会借鉴 2008 年北京奥运会成功经验研究

19. 2020 年奥运会新增运动项目备战的关键问题研究

20. 我国竞技体育跨界跨项选材机制体制研究

21. 体育赛事综合治理研究

22. 我国竞技体育科研攻关与科技服务成效向全民健身转移的机制研究

23. 基层体育社会组织在社会治理中的作用研究

24. “一带一路”倡议与体育文化建设研究

25. “一带一路”背景下体育文化国际传播研究

26. 实现“健康中国 2030”目标的学校体育改革研究

27. “校园足球”的中期审视和未来发展研究

28. 体育健康教育体系研究

29. 体育的本质研究

30. 我国体育文化国际传播能力研究

31. 体育特色小镇建设的国际经验与中国路径研究

32. 精准扶贫与振兴农村体育发展研究

33. 马拉松（路跑）在中国兴起的若干问题研究

34. 国外经典体育著作译介研究

35. 国际体育组织中国话语权研究

36. 国际反兴奋剂研究及中国措施研究

37. 体育哲学理论与美学实践研究

38. 体育人类学理论体系构建研究

39. 中国传统武术的哲学思想研究

40. 我国公民体育文化素养研究

41. 公共体育空间研究

42. 公民体育权利研究

43. 体育特色文献资源建设研究

44. 运动休闲城市理论与实践研究

45. 智慧体育理论与实践研究

46. 科技助力奥运研究

47. 青少年足球训练体系建设研究

48. 奥运项目、非奥项目和民族传统项目协调发展研究

49. 中外体育后备人才多种培养模式研究

50. 退役优秀运动员自主创业研究

51. 民族传统体育非物质文化遗产研究

52. 全面建成小康社会与我国残疾人体育权益研究

53. 全民健身与全民健康融合研究

54. “运动处方”数据库的建设与应用研究

55. 我国居民体育消费的实证研究

56. 推动体育大数据开发与产业化研究

57. 深化公共体育资源优化配置改革研究

58. 足球改革绩效评估与改进策略研究

59. 体育赛事全媒体版权研究

60. 体育“共享经济”研究

61. 体育资本市场投融资研究

62. 体育市场的规范与监管研究

63. 区域体育产业发展战略研究

64. 户外运动资源的开发与利用研究

65. 体育产业与相关产业融合发展研究

66. 经营性体育健身场所税费政策研究

67. 体育特色小镇发展模式与分类建设研究

68. 粤港澳地区体育联动发展研究

69. 体育回归教育本原研究

70. 社会主义核心价值观与青少年体育行为研究

71. 体育教师教育国际比较研究

72. 校园足球深入推进与存在问题研究

73. 新时代我国乡村中小学体育教师发展研究

74. 体育教育与心理发展研究

75. 学校体育与学生核心素养研究

76. 青少年体育素养评价研究

77. 社会、学校、家庭对青少年体育的影响研究

78. 青少年体育营地建设与发展研究

79. 体育与国防建设研究

80. 体育与提高军队战斗力建设研究

管理学

1. 新中国企业管理发展史研究

2. 新时代我国现代服务业发展研究

3. 新时代中国培育世界一流企业研究

4. 新时代完善文化管理体制与文化企业管理创新研究

5. 新时代深化混合所有制企业改革研究

6. 质量强国战略理论和实践问题研究

7. 质量管理对经济转型升级贡献研究

8. 构建新时代质量安全治理体系研究

9. 混合所有制公司治理研究

10. 提升全要素生产率与高质量发展研究

11. 新时代深化机构和行政体制改革研究

12. 政府公信力提升研究

13. 政府与社会资本合作模式（PPP）的规范运作研究

14. 智能化背景下财务管理理论与方法研究

15. 财务会计与宏观经济政策相互作用机制研究

16. 非盈利组织会计与财务管理规范化问题研究

17. 做强做优做大国有资本与国有资本授权体制研究

18. 人工智能发展背景下企业战略管理变革研究

19. 中国企业推行战略型财务管理研究

20. 中国企业社会责任问题研究

21. 中国企业的平台化理论与经验研究

22. 中国制造业企业服务化问题研究

23. 企业经营中的经济价值与社会价值统一研究

24. “一带一路”与中国企业的跨文化组织管理研究

25. 网络时代旅游企业管理创新研究

26. 中小微企业发展研究

27. 中国生产者责任延伸机制设计与模式创新研究

28. 工匠精神、劳模精神与企业家精神的关系研究

29. 基于企业家创新精神的中国软实力提升研究

30. 战略科技人才的培养战略研究

31. 高端海归人才引进成效的后评价机制研究

32. 企业产品迭代升级模式下的员工技能延展研究

33. 国际产能合作的商务管理冲突和应对策略研究

34. 国家自主创新示范区的理论与实践研究

35. 现代化经济体系中的重大风险防范与化解机制研究

36. 众创空间培育机制及发展策略研究

37. 网络大国到网络强国的战略与政策研究

38. 网络综合治理体系研究

39. 互联网与实体经济深度融合的人力资源开发研究

40. “互联网+”与企业核心竞争力构建研究

41. 互联网时代的品牌建设研究

42. 互联网和大数据对企业治理的影响研究

43. 大数据时代的全渠道营销研究

44. 基于人工智能与大数据的员工心理与行为研究

45. 人工智能装备对劳动形态的互补与替代效应研究

46. 绿色经济与低碳供应链发展研究

47. 新时代生态环境监管体制改革研究

48. 促进我国生态文明建设的体制机制研究

49. 生态环境监管体制改革研究

50. 我国生态安全保障制度与政策研究

51. 流域环境综合治理的协同机制研究

52. 国土空间开发保护制度研究

53. 耕地草原森林河流湖泊休养生息制度研究

54. 中华水文化资源研究及其数据库建设

55. 城乡一体化战略和政策研究

56. 完善农村生态建设与环境保护管理体制研究

57. 农村绿色发展的外溢效应评价方法与补偿政策研究

58. 农业面源污染治理的路径与支持政策研究

59. 边疆地区稳定与发展研究

60. 深度贫困地区的精准脱贫研究

61. 健康中国战略的理论和实践研究

62. 我国老龄产业与健康管理研究

63. 中国特色新型智库建设研究

64. 国防和军队建设法治化研究

65. 军民融合发展战略研究

66. 退役军人权益保障研究

67. 国家治理体系和治理能力现代化的标准及评价体系研究

68. 数字中国治理结构研究

69. 服务型政府建设研究

70. 实体经济、科技创新、现代金融与人力资源的协同研究

71. 新时代资本市场会计与财务问题研究

72. 新时代中国特色社会主义企业管理理论研究

73. 现代化经济体系与现代金融研究

74. 中国传统文化与我国企业管理模式研究

75. “一带一路”倡议与中国企业国际化战略研究

76. 美丽中国建设研究

77. “一带一路”与绿色治理研究

78. 绿色供应链创新理论与中国实践研究

79. 特色小镇研究

80. 消费升级战略研究

81. “一带一路”旅游品牌共商共建共享机制研究

82. 制造强国建设背景下的质量管理问题研究

83. 共享经济下的组织形态与组织行为研究

84. 数字经济与现代企业理论重构研究

85. 数字经济和智能经济与对我国就业模式的影响研究

86. 分享经济促进社会福利提升的机制及公共政策创新研究

87. 电子商务规划发展与风险规避研究

88. 电子政务中的信息安全研究

89. 虚拟社会组织管理研究

90. 大城市与超大城市公共安全管理研究

91. 提升获得感、幸福感、安全感的社会保障体系建设研究

92. 基层风险治理体系研究

93. 新时代公共卫生政策研究

94. 新时代公共服务体系管理研究

95. 新时代文化艺术管理研究

96. 中国特色社会主义军事制度研究

（全国哲学社会科学规划办公室供稿）

2018 年度国家社会科学基金项目立项课题（北京地区）

一、马列·科社

重点项目

序号	项目名称	负责人	工作单位	预期成果	完成时间
1	马克思主义经典作家无产阶级政党建设思想研究	张荣臣	中共中央党校（国家行政学院）	专著	2022. 12
2	习近平新时代中国特色社会主义生态文明思想研究	郇庆治	北京大学	专著	2021. 06
3	新时代背景下中华优秀传统文化的继承与创新研究	王　易	中国人民大学	专著	2021. 09
4	习近平总书记关于全球治理与国际法治的重要论述研究	卫　灵	中国政法大学	研究报告、其他	2021. 12

一般项目

序号	项目名称	负责人	工作单位	预期成果	完成时间
1	中国共产党人的初心和使命研究	黄相怀	中共中央党校（国家行政学院）	研究报告	2019. 12
2	家风家训与社会主义核心价值观培育研究	洪　明	中国青少年研究中心	专著、论文集	2020. 12
3	葛兰西社会主义思想的时代解析	潘西华	中国社会科学院马克思主义研究院	专著	2021. 02
4	21 世纪后马克思主义意识形态理论逻辑范式的激进转向及对我国的启示	赵　伟	北京交通大学	专著	2021. 03
5	中国特色社会主义制度公信力提升研究	陈洪玲	北京理工大学	专著	2021. 12
6	新时代中国特色社会主义制度价值研究	宋朝龙	北京大学	专著	2021. 12
7	新时代国家治理现代化基本理论研究	刘俊杰	中共中央党校（国家行政学院）	专著	2020. 09
8	空间视域下马克思恩格斯的生态观研究	刘　燕	中国社会科学院马克思主义研究院	专著	2021. 06
9	国外共产党党内法规建设与政党治理法治化研究	靳呈伟	中共中央党史和文献研究院	专著	2022. 06

续表

序号	项目名称	负责人	工作单位	预期成果	完成时间
10	中国共产党基层组织弱化虚化边缘化问题调查与解决路径研究	张润枝	北京师范大学	论文集、研究报告	2021.06
11	习近平关于金融安全治理的重要论述与当代金融监管实践研究	祁敬宇	首都经济贸易大学	研究报告	2020.12
12	习近平总书记国家安全观视域下的中国大数据安全战略构建研究	王海滨	对外经济贸易大学	论文集、研究报告	2021.08
13	习近平关于网络意识形态建设的重要论述研究	张　瑜	清华大学	专著	2021.12
14	习近平总书记关于网络意识形态安全的重要论述研究	蒋　丽	中国人民大学	专著、论文集	2023.09
15	民族情怀与国际视野双重维度下新时代爱国主义教育创新研究	刘树宏	中央民族大学	专著	2021.12
16	网络宗教对大学生的影响及对策研究	邢国忠	北京师范大学	研究报告	2021.07
17	新时代思想政治教育整体性发展创新研究	张毅翔	北京理工大学	专著、论文集	2022.12

青年项目

序号	项目名称	负责人	工作单位	预期成果	完成时间
1	国外《资本论》研究新进展	李连波	中国社会科学院经济研究所	研究报告	2021.12
2	毛泽东构建新民主主义革命话语的历史经验和现实启示研究	李永进	北京理工大学	论文集	2022.12
3	中国共产党早期留学生学习与传播马克思主义的历程和经验研究	刘思妗	中共中央党史和文献研究院	专著、研究报告	2021.08
4	中华传统家风家训涵养新时代青年价值观研究	韩文乾	首都师范大学	论文集、研究报告	2020.12
5	海外中国特色社会主义研究评析	孙　帅	中国社会科学院大学	专著	2022.12
6	新时代我国社会主要矛盾变化与劳动关系演变研究	肖　潇	北京师范大学	研究报告	2021.06
7	构建共享发展制度保障体系研究	王　丹	北京师范大学	专著、论文集	2021.06
8	社会主要矛盾变化新要求下共享发展及其实现机制研究	魏志奇	中国地质大学（北京）	专著、论文集	2021.12
9	新时代社会主义意识形态话语权生成逻辑及建构研究	张传泉	北京邮电大学	专著	2022.12
10	自媒体时代中国主流意识形态的传播机制及策略研究	安　娜	北京交通大学	专著	2020.06
11	习近平总书记关于网络空间治理的重要论述及其实践路径研究	张文君	中共北京市委党校	专著	2021.12
12	中德诚信价值观教育比较研究	向　征	中国社会科学院大学	专著	2020.12

二、党史·党建

重点项目

序号	项目名称	负责人	工作单位	预期成果	完成时间
1	新时代加强地方党内法规建设研究	周悦丽	中共北京市委党校	专著	2021. 12

一般项目

序号	项目名称	负责人	工作单位	预期成果	完成时间
1	新时代全面从严治党与党的执政安全研究	马振清	北京师范大学	专著	2021. 06
2	习近平关于新时代坚持“一国两制”和推进祖国统一的重要论述研究	齐鹏飞	中国人民大学	专著、研究报告	2022. 12
3	中国共产党科技赶超思想研究(1949—1966)	刘　洋	中国科学院大学	专著	2021. 12
4	中国共产党指导思想创新史研究	张喜德	中共中央党校（国家行政学院）	专著	2022. 12
5	习近平关于坚持和加强党的全面领导的重要论述理论创新研究	张国玉	中共中央党校（国家行政学院）	研究报告	2020. 06
6	加强和改善党对国家政权机关领导的制度机制研究	张　弛	中共中央党校（国家行政学院）	专著、研究报告	2021. 06
7	冷战时期中国对亚非国家统一战线政策研究	李潜虞	外交学院	专著、其他	2021. 12
8	改革开放以来中朝关系的演变与前景研究	董　洁	中共中央党校（国家行政学院）	研究报告	2021. 07

青年项目

序号	项目名称	负责人	工作单位	预期成果	完成时间
1	思想建党和制度治党同向发力研究	潘春玲	中国农业大学	研究报告	2020. 12
2	中国共产党“党性”观念史研究	吴文珑	中共中央党校（国家行政学院）	专著	2021. 06
3	以建设马克思主义学习型政党推动建设学习大国研究	韩小南	北方工业大学	研究报告	2020. 07
4	新时代乡镇干部工作价值观研究	曾　荣	中共北京市委党校	研究报告	2022. 06
5	延安时期中国共产党干部教育与实践研究	张忠山	中国社会科学院当代中国研究所	专著、论文集	2021. 02
6	中共革命经验对共产国际理论影响研究（1921—1943）	周家彬	中国人民大学	论文集	2021. 12

三、哲学

重点项目

序号	项目名称	负责人	工作单位	预期成果	完成时间
1	大数据个性化知识的本体论意义与认识论价值研究	董春雨	北京师范大学	专著、论文集	2021. 06

续表

序号	项目名称	负责人	工作单位	预期成果	完成时间
2	20世纪俄国社会哲学研究	徐凤林	北京大学	专著、论文集	2023.09
3	当代西方哲学中的“政治现实主义”流派研究	陈德中	中国社会科学院哲学研究所	专著、研究报告	2022.08

一般项目

序号	项目名称	负责人	工作单位	预期成果	完成时间
1	书写当代中国马克思主义哲学研究的学术史（1978—2018）	王海锋	中国社会科学院中国社会科学杂志社	专著	2022.06
2	文化学学科体系建构研究	林　坚	中国人民大学	专著、研究报告	2021.09
3	治理循环研究	程广云	首都师范大学	专著、论文集	2021.06
4	默会知识的知识论研究	谭　笑	首都师范大学	专著	2021.12
5	基于工程伦理规范的工匠精神及其重塑研究	张恒力	北京工业大学	论文集、研究报告	2021.06
6	人类心智进化的哲学研究	刘晓青	中共中央党校（国家行政学院）	专著	2022.12
7	历史唯物主义视野中的资本逻辑与生态危机研究	孙要良	中共中央党校（国家行政学院）	专著、研究报告	2021.12
8	《易传》与秦汉学术流变研究	刘　震	中国政法大学	专著	2021.12
9	早期道家的天下观研究	王威威	中国政法大学	专著	2021.06
10	儒家核心价值观研究	李祥俊	北京师范大学	专著	2021.12
11	王阳明思想在西方的翻译、传播与影响研究	曹雷雨	北京师范大学	论文集	2022.09
12	现代新儒学话语研究	陈　鹏	首都师范大学	专著	2023.06
13	笛卡尔永恒真理学说研究	雷思温	中国人民大学	专著	2022.09
14	卢梭语言哲学文献的翻译与研究	汪　炜	中国社会科学院哲学研究所	专著、译著	2022.12
15	福柯的知识考古学研究	汤明洁	中国社会科学院哲学研究所	专著、论文集	2020.06
16	意大利文艺复兴与转型伦理研究	徐艳东	中国社会科学院哲学研究所	专著	2022.12
17	“一带一路”建设中企业社会责任研究	曹凤月	中国劳动关系学院	专著	2021.08
18	基于新时代“美好生活需要”的城市设计伦理研究	秦红岭	北京建筑大学	专著	2021.09
19	生命科学前瞻性伦理问题及中国语境下的原则与规范研究	黄小茹	中国科学院科技战略咨询研究院	专著	2021.06
20	老龄健康公平问题研究	刘喜珍	北方工业大学	专著	2022.03
21	“一带一路”视域下中国漆艺文化的传播、交流与复兴研究	邓志敏	北京林业大学	研究报告	2021.07
22	当代德国美学前沿理论研究	杨　震	北京市社会科学院	专著	2021.12
23	艺术符号学的本土化与自主创新研究	安　静	中央民族大学	专著	2021.06

青年项目

序号	项目名称	负责人	工作单位	预期成果	完成时间
1	马克思与吉登斯的社会哲学比较研究	莫小丽	北京理工大学	专著、研究报告	2023.12
2	政治哲学视域中的黑格尔与马克思关系研究	任劭婷	中国人民大学	专著、其他	2021.09
3	互联网价值论研究	王小伟	中国人民大学	专著	2021.12
4	朱熹理学中“气”的思想研究	赵金刚	中国社会科学院哲学研究所	专著	2022.09
5	东亚四书学诠释研究	张　捷	中国社会科学院哲学研究所	专著	2021.06
6	儒学转型视野中的黄宗羲思想研究	顾家宁	北京航空航天大学	专著	2021.06
7	晚明五教对话视域下的儒学显题化研究	王　硕	清华大学	专著	2022.12
8	色诺芬四部苏格拉底作品的译注与研究	彭　磊	中国人民大学	专著、译著	2023.09
9	亚里士多德《自然诸短篇》译注与研究	黄传根	对外经济贸易大学	译著、论文集	2021.12
10	PHRONESIS 的实践效应转化及其内在构成性研究	袁　程	首都师范大学	专著	2022.12
11	神经科学中的伦理问题研究	寇楠楠	首都医科大学	专著	2022.12
12	国家主义理论研究	陈华文	中国人民大学	专著	2023.09

四、经济理论

重点项目

序号	项目名称	负责人	工作单位	预期成果	完成时间
1	全球经济通史	高德步	中国人民大学	专著	2021.12
2	马克思主义视域下全球价值链中风险的社会放大及其防控研究	宋宪萍	北京理工大学	论文集、研究报告	2022.12
3	综合集成模拟实验平台的设计与构建研究	万相昱	中国社会科学院数量经济与技术经济研究所	专著、电脑软件	2020.12
4	就业扶贫的机制、效应与政策研究	李长安	对外经济贸易大学	论文集、研究报告	2021.05
5	乡村振兴战略下返乡劳动力创业质量研究	王　轶	北京工商大学	论文集	2020.07

一般项目

序号	项目名称	负责人	工作单位	预期成果	完成时间
1	近代中国的外商股票市场研究	朱海城	中国社会科学院经济研究所	专著	2021.12
2	新中国国防工业发展演变及其对产业结构的影响研究（1949—2019）	申晓勇	北京理工大学	专著	2021.12
3	十九世纪末二十世纪初东亚区域内的经济思想传播研究	刘群艺	北京大学	专著	2020.12
4	思想史视角的行为经济学及其当代意义研究	周业安	中国人民大学	专著	2021.09

续表

序号	项目名称	负责人	工作单位	预期成果	完成时间
5	我国经济中长期增长趋势和国际赶超前景研究（2020—2050）	武　鹏	中国社会科学院经济研究所	论文集、研究报告	2021. 06
6	基于产业结构优化的土地供给结构化设计与动态管理研究	张　璋	北京联合大学	专著	2020. 12
7	京津冀人口、产业绿色发展视域下的跨区域水资源环境协同治理机制研究	曾雪婷	首都经济贸易大学	专著	2020. 12
8	空间异质视角下我国绿色发展的可行路径与配套政策研究	俞　海	生态环境部环境与经济政策研究中心	研究报告	2021. 06
9	现实版全球化理论悖论与“一带一路”的创新发展研究	李曦辉	中央民族大学	论文集、研究报告	2022. 06
10	人民币汇率波动、融资约束对中国企业出口的影响研究	李　杰	中央财经大学	论文集	2020. 09
11	中国经济新时代与全球货币体系新格局下人民币国际化战略研究	林　楠	中国社会科学院金融研究所	论文集、研究报告	2020. 06
12	中国企业海外并购的生产率效应研究	孙文莉	北京外国语大学	论文集	2020. 12
13	“一带一路”沿线国家贸易便利化合作的理论逻辑与实现路径研究	李海莲	对外经济贸易大学	专著、论文集	2020. 12
14	“营改增”后增值税收入分享机制优化研究	汪　彤	中央民族大学	研究报告	2020. 12
15	新结构经济学视角下我国跨越中等收入陷阱的路径研究	赵秋运	北京大学	论文集	2020. 12
16	教育阻断贫困代际传递的政策设计与评估研究	闫　坤	中国社会科学院农村发展研究所	专著、论文集	2021. 05
17	制造业升级对我国就业和收入分配格局的影响研究	宋　锦	中国社会科学院世界经济与政治研究所	专著	2021. 07

青年项目

序号	项目名称	负责人	工作单位	预期成果	完成时间
1	近代中国银行业与钱业的比较研究	孙　睿	中国人民大学	专著	2023. 09
2	中国近代区域性货币市场与信用机制研究（1840—1935）	许　晨	中央民族大学	专著	2022. 06
3	比较视野下的明斯基经济不稳定性思想研究	李黎力	中国人民大学	专著、译著	2023. 09
4	习近平新时代中国特色社会主义经济思想的逻辑框架研究	周跃辉	中共中央党校（国家行政学院）	专著	2020. 07
5	高质量发展阶段下创造性劳动理论对经济增长的作用研究	郭斐然	求是杂志社	研究报告	2021. 06
6	剩余价值转移及其世界经济发展不平衡效应研究	王智强	首都师范大学	专著	2021. 07
7	人工智能背景下规模报酬递增的经济增长新动能构建研究	章潇萌	首都经济贸易大学	专著、论文集	2021. 06
8	土地财政与地方政府债务风险研究	路　乾	中央财经大学	专著、研究报告	2020. 09

续表

序号	项目名称	负责人	工作单位	预期成果	完成时间
9	政府干预、资源错配与全要素生产率研究	张钟文	清华大学	论文集	2020.06
10	区块链交易中的信任问题研究	张延龙	中国社会科学院农村发展研究所	专著	2021.05
11	金融周期框架下信用扩张的宏观结构效应与风险防范机制研究	袁梦怡	首都经济贸易大学	研究报告	2021.06
12	人工智能、资本深化、技能溢价与区域不平衡研究	胡安俊	中国社会科学院数量经济与技术经济研究所	研究报告	2020.06
13	新时代我国服务业外资准入负面清单管理路径优化研究	季剑军	国家发展和改革委员会对外经济研究所	研究报告	2021.06
14	基于空间经济理论的土地利用格局与我国区域收入不平衡的研究	王　健	中国农业大学	专著、研究报告	2021.06
15	生命周期视角下最低生活保障制度的全面影响与改革路径研究	宋　扬	中国人民大学	论文集、研究报告	2021.09

五、应用经济

重点项目

序号	项目名称	负责人	工作单位	预期成果	完成时间
1	新时代中国绿色发展的内生动力与长效机制研究	韩　晶	北京师范大学	论文集、研究报告	2020.12

一般项目

序号	项目名称	负责人	工作单位	预期成果	完成时间
1	推动经济发展质量变革、效率变革、动力变革研究	牛　犁	国家信息中心	专著、论文集	2020.12
2	基于代理理论的信息不对称与政府补助效率研究	宋建波	中国人民大学	专著	2021.09
3	连续并购行为的绩效持续性与管理层能力异质效应研究	翟进步	中央财经大学	论文集、研究报告	2021.12
4	中国情境下创新创业活动促进创新驱动发展的有效性评价研究	王海燕	中国科学院大学	专著	2021.06
5	基于产业链视角的中国工业系统生态效率评价与路径优化研究	张江雪	北京师范大学	专著	2021.08
6	家庭结构变迁的收入分配效应研究	邓曲恒	中国社会科学院经济研究所	论文集	2021.06
7	劳动者素质提升与产业优化升级的协同路径研究	张　勇	中国劳动关系学院	专著、论文集	2020.12
8	风险视角下的我国城镇居民家庭贫困脆弱性研究	祝　伟	对外经济贸易大学	论文集	2021.06
9	气候适应型城市多目标协同治理模式与路径研究	郑　艳	中国社会科学院城市发展与环境研究所	研究报告、论文集	2021.06
10	全球价值链视角下中国装备制造业转型升级与绿色发展耦合研究	冯　烽	中国社会科学院数量经济与技术经济研究所	研究报告	2020.06

续表

序号	项目名称	负责人	工作单位	预期成果	完成时间
11	中央企业走出去监管体系研究	郑东华	国务院国有资产监督管理委员会研究中心	专著、研究报告	2019.12
12	肉牛养殖废弃物资源化利用模式选择、利益分配与政策设计研究	王玉斌	中国农业大学	论文集、研究报告	2021.06
13	金融扶贫长效机制研究	赵尚梅	北京航空航天大学	论文集、研究报告	2021.12
14	我国高速铁路建设项目经济评价体系重构研究	陈佩虹	北京交通大学	论文集、研究报告	2020.12
15	中国零售业数字化转型研究	刘向东	中国人民大学	论文集	2023.09
16	我国企业在“一带一路”沿线国家对外农业投资的区位选择与对策研究	杨东群	中国农业科学院农业经济与发展研究所	研究报告	2020.12
17	中国企业走出去的母国逆向宏观风险与监管体系研究	徐　杰	中共中央党校（国家行政学院）	论文集、研究报告	2020.06
18	发挥社会保障制度的再分配功能研究	谢远涛	对外经济贸易大学	专著	2020.12
19	财税政策推动供给体系质量提升研究	李　明	对外经济贸易大学	论文集	2021.06
20	中国房地产税制改革方案及模拟研究	曲卫东	中国人民大学	专著、研究报告	2021.09
21	我国经济“去杠杆”背景下的家庭负债与金融风险研究	孙艳梅	对外经济贸易大学	研究报告	2021.06
22	双支柱调控框架下货币政策与宏观审慎政策协调机制研究	李建强	中国人民银行	专著、研究报告	2021.12
23	大数据时代科技与金融融合及风险管控研究	李广子	中国社会科学院金融研究所	论文集、研究报告	2021.12
24	低收入群体网络借贷风险识别、评估与防范研究	马郑玮	中国石油大学（北京）	研究报告	2021.06
25	“一带一路”对外投资项目保险模式及实施路径研究	王雅婷	首都经济贸易大学	研究报告	2020.12
26	中国保险服务价格指数编制方法研究	周　桦	中央财经大学	论文集	2021.12

青年项目

序号	项目名称	负责人	工作单位	预期成果	完成时间
1	京津冀水环境生态补偿机制研究	刘雅玲	生态环境部环境规划院	研究报告	2020.12
2	人工智能对就业和收入分配的影响研究	惠　炜	中央财经大学	研究报告、论文集	2021.12
3	劳动力市场新变化对就业脱贫的影响及路径优化研究	张彬斌	中国社会科学院财经战略研究院	论文集、研究报告	2020.02
4	我国城乡居民的食品可持续消费行为研究	全世文	中国社会科学院农村发展研究所	研究报告	2021.06
5	绿色发展理念下多元参与的环境治理体系研究	张彩云	中国社会科学院经济研究所	研究报告	2020.12

续表

序号	项目名称	负责人	工作单位	预期成果	完成时间
6	政府创新补贴与企业创新质量提升研究	彭红星	北京工商大学	专著	2021.06
7	新时代我国农地流转租金形成机理及影响因素研究	李登旺	中国社会科学院农村发展研究所	论文集、研究报告	2020.12
8	粮食收储制度市场化改革研究	武舜臣	清华大学	研究报告	2021.06
9	“一带一路”背景下推进中国对外文化贸易发展的路径研究	曾燕萍	国际关系学院	研究报告	2020.12
10	自由贸易港建设中的政策创新与市场风险防控问题研究	李　猛	清华大学	专著、研究报告	2020.03
11	大数据背景下基于深度学习理论的非线性资产定价模型研究	潘水洋	北京大学	论文集	2020.12
12	系统性风险防控视角下中国股票市场反操纵机制研究	李梦雨	北京工商大学	研究报告	2021.06
13	创新创业背景下区块链金融对实体经济的支持及风险防控机制研究	杨龙光	首都经济贸易大学	研究报告	2020.12
14	中国金融杠杆周期与金融风险的形成机制及对策研究	张方波	中国社会科学院财经战略研究院	研究报告、专著	2020.12
15	保险系统性风险的形成演变、外溢效应及审慎监管研究	王向楠	中国社会科学院金融研究所	专著、研究报告	2020.12
16	社会保险费征管体制改革的最优路径与效果评估	刘柏惠	中国社会科学院财经战略研究院	研究报告	2020.12

六、统计学

重点项目

序号	项目名称	负责人	工作单位	预期成果	完成时间
1	我国军工上市公司信息披露、创新行为与投资效率的理论分析与统计研究	李慧云	北京理工大学	研究报告	2021.12
2	基于深度学习的司法案件繁简分流效率模型研究	王　星	中国人民大学	专著	2021.09
3	基于不同类型国际资本流动视角的金融危机统计测定研究	石峻驿	北京师范大学	论文集、研究报告	2021.05

一般项目

序号	项目名称	负责人	工作单位	预期成果	完成时间
1	环境治理绩效的评估体系与实施机制研究	郭冬梅	中央财经大学	专著、论文集	2021.06
2	分享经济的统计测度研究	李静萍	中国人民大学	专著	2021.09
3	我国共享经济统计监测研究	万东华	国家统计局	专著、研究报告	2021.12

续表

序号	项目名称	负责人	工作单位	预期成果	完成时间
4	中国居民家庭收入分配动态格局的统计测度与评价研究	孙永强	中央民族大学	论文集、研究报告	2021.06
5	基于大数据的共享经济核算方法研究	刘延平	中国传媒大学	论文集、研究报告	2021.12

青年项目

序号	项目名称	负责人	工作单位	预期成果	完成时间
1	时空维协调价格指数：理论、实证与应用研究	胡雪梅	国家统计局国际统计信息中心	论文集、研究报告	2021.12
2	基于小域估计的民族地区贫困和不平衡发展程度测度研究	于力超	中央民族大学	论文集、研究报告	2021.12

七、政治学

重点项目

序号	项目名称	负责人	工作单位	预期成果	完成时间
1	新时代人民对社会公平正义要求的实证研究	麻宝斌	首都经济贸易大学	研究报告	2021.06
2	党内法规制度建设与党的执政安全研究	陈家刚	中共中央党史和文献研究院	专著、研究报告	2021.06
3	群团组织增强政治性、先进性、群众性的机制研究	褚松燕	中共中央党校（国家行政学院）	研究报告	2020.08

一般项目

序号	项目名称	负责人	工作单位	预期成果	完成时间
1	新时代中国“两岸四地”青年认同问题研究	王建敏	中国共产主义青年团中央团校	研究报告	2021.12
2	中国国家观的近代转变研究	张春林	中国政法大学	专著	2021.06
3	民族地区公民参与社会治理有序性的路径研究	周晓丽	中央民族大学	专著	2020.12
4	民族地区困境儿童福利可及性与制度建设研究	金红磊	中央民族大学	专著	2020.12
5	总体国家安全观下我国驻外使领馆安全保障体系研究	靳高风	中国人民公安大学	研究报告	2021.06
6	基于中观研究范式的集体领导制理论与实践创新实证研究	吴新辉	中国政法大学	专著、研究报告	2020.12
7	领导干部执政本领评估体系与开发机制研究	肖鸣政	北京大学	研究报告、专著	2021.06
8	“一带一路”过程中政策、规则、标准“三位一体”软联通研究	孙迎春	中共中央党校（国家行政学院）	研究报告	2020.07
9	改革开放四十年重大制度变迁的问题导向与改革方案文本的关系研究	李　明	中共中央党校（国家行政学院）	研究报告	2020.09

续表

序号	项目名称	负责人	工作单位	预期成果	完成时间
10	新时代人民需求变化实证研究	韩冬临	中国人民大学	论文集、研究报告	2023. 09
11	跨部门合作视角下社会服务的社区下沉机制与基层社会治理创新研究	张　毅	对外经济贸易大学	论文集	2021. 09
12	中国推行党政机关办公用房租金制的理论、模式和路径研究	张　帆	首都经济贸易大学	专著	2021. 06

青年项目

序号	项目名称	负责人	工作单位	预期成果	完成时间
1	我国新时代反腐败斗争中的利益集团问题研究	王尘子	中共北京市委党校	专著	2022. 12
2	重大涉警舆情事件网络意识形态引导研究	李小波	中国人民公安大学	论文集、研究报告	2021. 06
3	公投型分离运动在全球范围内的兴起、挑战与应对研究	庄吟茜	对外经济贸易大学	专著	2021. 12
4	明清之际以来的两种“公”的观念及其对近现代中国政治思潮的影响研究	刘九勇	中国社会科学院政治学研究所	专著	2021. 12
5	基层人大代表选举中的“代二代”现象研究	张　茜	对外经济贸易大学	专著、其他	2021. 12
6	社会民主的基础理论与实证测量研究	王　衡	中国人民大学	专著	2022. 12
7	条块差异视角下我国纵向创新扩散机制及其组织形式研究	陈思丞	清华大学	论文集、研究报告	2021. 06
8	公共服务动机与我国干部管理制度研究	杨晓曦	中共北京市委党校	专著	2021. 07
9	中国互联网信息服务的分类与多元协同治理模式研究	魏　娜	清华大学	研究报告	2021. 06

八、法学

重点项目

序号	项目名称	负责人	工作单位	预期成果	完成时间
1	对监察委员会的监督与制约体系研究	解志勇	中国政法大学	论文集、研究报告	2020. 12
2	《未成年人司法法》立法建议稿	孙　谦	最高人民检察院	专著、研究报告	2021. 07
3	金融犯罪的立法与司法研究	王　新	北京大学	专著	2022. 03
4	民法典分则立法的内在与外在体系研究	李永军	中国政法大学	专著、研究报告	2020. 11
5	网络环境下民事权利的侵权法保护研究	程　啸	清华大学	专著	2020. 12
6	养老保险立法研究	郑尚元	清华大学	研究报告	2021. 12
7	经济全球化升级与 WTO 法改革的中国方案研究	陈卫东	对外经济贸易大学	专著	2021. 07

一般项目

序号	项目名称	负责人	工作单位	预期成果	完成时间
1	党领导立法的制度格局研究	侯 猛	中国人民大学	论文集	2022. 06
2	新时代超大规模陌生人社会治理中法治化问题研究	泮伟江	北京航空航天大学	专著	2023. 03
3	公文碑与中国古代行政权研究	李雪梅	中国政法大学	专著	2021. 12
4	清代新疆地区的法律与秩序研究	宋 玲	中央民族大学	专著	2022. 12
5	沈家本新研究	陈新宇	清华大学	论文集	2022. 12
6	中国法律史研究的范式问题与方法论反思	尤陈俊	中国人民大学	专著	2023. 09
7	国际体系与国际法视野下的中国宪法变革路径研究	章永乐	北京大学	专著	2022. 06
8	推进合宪性审查工作的混合宪制原理研究	王 旭	中国人民大学	专著	2020. 09
9	互联网行政许可设定的法律问题研究	林 华	中国政法大学	研究报告	2021. 07
10	中国跨行政区划人民法院设置及案件管辖问题研究	杨 奕	最高人民法院	专著、研究报告	2021. 03
11	正当当事人制度的理论与实践研究	肖建华	中国政法大学	专著	2021. 12
12	认罪认罚从宽制度中的协议破裂与程序反转研究	马明亮	中国人民公安大学	专著	2021. 05
13	讯问/询问取证方法的国际发展及其在我国的本土化应用研究	刘 涛	中国人民公安大学	译著、研究报告	2021. 12
14	司法改革与未成年人司法制度完善研究	王雪梅	中国社会科学院法学研究所	专著、其他	2021. 03
15	构建中国特色反腐败国际追逃追赃长效机制研究	廖 明	北京师范大学	专著	2021. 06
16	恐怖主义犯罪的立法与司法研究	郭世杰	国际关系学院	专著	2020. 12
17	信息刑法时代信息犯罪归责与治理模式研究	王 莹	中国人民大学	论文集	2023. 03
18	民法典编纂中请求权基础的体系构建研究	吴香香	中国政法大学	专著	2021. 12
19	长期性合同研究	宁红丽	对外经济贸易大学	研究报告	2020. 10
20	物权冲突规范立法配置问题研究	赵秀梅	北京理工大学	专著	2020. 12
21	公司资本制度再造与债权人利益保护研究	朱慈蕴	清华大学	专著	2019. 11
22	有限公司股东的清算义务人地位研究	梁上上	清华大学	论文集	2019. 12
23	电子化背景下票据法完善问题研究	吕来明	北京工商大学	研究报告	2021. 06
24	基于大数据的金融监管法律制度研究	赵承寿	北京联合大学	专著、研究报告	2020. 12
25	竞争政策视野下的互联网平台规制研究	戴 龙	中国政法大学	专著、研究报告	2021. 08
26	远程医疗的民法问题研究	刘炫麟	中国政法大学	专著	2022. 12

续表

序号	项目名称	负责人	工作单位	预期成果	完成时间
27	儿童本位的亲子关系立法研究	薛宁兰	中国社会科学院法学研究所	论文集、研究报告	2020. 03
28	多元协作参与下动态平衡的劳动关系协商协调体系研究	姜　颖	中国劳动关系学院	专著	2020. 12
29	大数据背景下的个人信息保护与企业数据权属研究	丁晓东	中国人民大学	专著	2020. 12
30	应对国际贸易知识产权制度变革的中国方案研究	张　娜	首都经济贸易大学	论文集、研究报告	2021. 06

青年项目

序号	项目名称	负责人	工作单位	预期成果	完成时间
1	乡村振兴战略下乡贤治村问题的法律对策研究	陈寒非	首都经济贸易大学	专著	2021. 06
2	国家监察权与其他监督权协调衔接法律制度研究	朱智毅	中国农业大学	论文集、研究报告	2021. 12
3	国际裁决的合宪性问题研究	孙南翔	中国社会科学院国际法研究所	专著、研究报告	2020. 12
4	内部行政程序的法律规制研究	覃　慧	清华大学	专著、论文集	2022. 08
5	行政法视野下互联网新业态试验性规制研究	张效羽	中共中央党校（国家行政学院）	专著、研究报告	2021. 07
6	我国民事诉讼标的识别的诉讼法进路研究	曹志勋	北京大学	专著	2023. 06
7	人工智能时代的刑法前瞻与应对研究	孙道萃	北京师范大学	专著	2020. 12
8	国家大数据战略下数据交易的合同法问题研究	武　腾	中央财经大学	专著、论文集	2020. 12
9	气候治理的“逆全球化”态势与国际法应对研究	冯　帅	清华大学	专著、论文集	2021. 06
10	自贸区纠纷解决机制创新与临时仲裁的制度构建研究	陈　磊	首都经济贸易大学	专著	2021. 12

九、社会学

重点项目

序号	项目名称	负责人	工作单位	预期成果	完成时间
1	“新生代”中国私营企业主的构成、态度与行动研究	吕　鹏	中国社会科学院社会学研究所	论文集	2020. 12
2	教育能否有助于破解农村学生社会流动的困境研究	李　荷	中国人民大学	专著	2021. 06
3	毒品社会性成瘾的民族志研究	兰林友	中央民族大学	专著	2020. 12
4	影视人类学的理论反思与应用实践研究	富晓星	中国人民大学	论文集	2023. 08

一般项目

序号	项目名称	负责人	工作单位	预期成果	完成时间
1	“燕京学派”的乡村社会转型研究理论与方法探析	杨清媚	中国政法大学	研究报告	2021.02
2	18—19世纪英国政治社会学与社会治理研究	王　楠	中国政法大学	论文集、研究报告	2021.12
3	社区治理中的协商民主机制研究	谈小燕	中共北京市委党校	研究报告	2021.06
4	全面小康视角下中国农村可持续性扶贫机制研究	姚建平	华北电力大学	专著、研究报告	2021.12
5	深度贫困地区精准扶贫长效机制研究	袁金辉	中共中央党校（国家行政学院）	研究报告、其他	2020.06
6	深度贫困户精准识别与精准脱贫措施研究	赵　康	北京社会管理职业学院	论文集、研究报告	2020.06
7	西方环境社会学理论新进展研究	柴　玲	中央民族大学	研究报告	2022.12
8	在健康社会决定因素框架下构建我国儿童健康行为测量指标体系	周华珍	中国社会科学院大学	专著、研究报告	2021.12
9	互联网发展背景下中产阶层消费模式研究	朱　迪	中国社会科学院社会学研究所	研究报告	2021.03
10	“郝建秀小组”研究	游正林	中国政法大学	专著	2020.12
11	互联网平台经济中的服务业用工模式研究	梁　萌	北京建筑大学	研究报告	2021.05
12	农业转型与西部农村公共产品供给机制的社会学研究	荀丽丽	中国社会科学院社会学研究所	研究报告	2020.12
13	中央群团改革背景下的工会改革路径研究	闻效仪	中国劳动关系学院	专著、研究报告	2021.12
14	稀缺感影响亲社会行为的心理机制研究	廖江群	清华大学	论文集、研究报告	2021.12
15	不同家庭结构父亲参与和合作养育对儿童社会情绪行为的影响研究	郭　菲	中国科学院心理研究所	研究报告、其他	2021.06
16	我国居民公共服务“获得感”理论内涵及其评价研究	尹栾玉	北京师范大学	专著、研究报告	2021.06
17	生态科技微系统中电子游戏对儿童心理健康的影响与干预研究	刘肖岑	首都师范大学	论文集、研究报告	2020.12
18	扶贫项目评估	张有春	中国人民大学	研究报告	2023.09
19	四川藏区乡村社会治理特殊性的人类学研究	郑少雄	中国社会科学院社会学研究所	研究报告	2021.06
20	我国城市残障儿童及家庭服务困境识别与社会工作介入研究	何　欣	中国人民大学	研究报告、其他	2021.09
21	中国社会工作服务机构管理者领导力实践模式研究与本土化理论建构研究	张　欢	北京师范大学	论文集、研究报告	2020.12
22	中国社会工作循证实践发展的条件与机制研究	陈伟杰	中华女子学院	研究报告	2020.12
23	人口老龄化与中国特色城市社区养老服务体系建设研究	赵一红	中国社会科学院大学	论文集、研究报告	2020.12

青年项目

序号	项目名称	负责人	工作单位	预期成果	完成时间
1	建国以来内蒙古农村医疗组织变迁研究	阿拉坦	中央民族大学	论文集	2020. 12
2	以西方社会思潮本土化为线索的民国时期的家庭社会学研究	杭苏红	中国社会科学院社会学研究所	研究报告	2021. 12
3	社会治安综合治理体制的转变与优化研究	卜清平	中国人民大学	研究报告	2020. 12
4	当代中国农家子弟的阶层旅行与文化生产研究	程　猛	清华大学	专著、论文集	2021. 07
5	使用大数据方法开展社会政策评估的探索性研究	易成岐	国家信息中心	研究报告、论文集	2020. 12
6	网络创新社区中知识重混的影响因素和作用机制研究	谭　娟	北京工商大学	研究报告	2020. 06
7	农村精神贫困问题及其治理研究	刘　欣	北京师范大学	研究报告、其他	2020. 06
8	招聘视角下大学生就业过程不平等研究	刘　浩	北京科技大学	专著	2022. 12
9	网络欺凌行为及其影响机制研究	丁欣放	首都医科大学	研究报告	2021. 12
10	供需结构性耦合视角下我国多层次长期照护保障体系评估及改革思路研究	关　博	国家发展和改革委员会社会发展研究所	专著、研究报告	2021. 06
11	健康老龄化战略背景下整合型老年健康服务模式探索	陈海萍	北京大学	论文集、研究报告	2021. 07
12	社会医疗保险“新卑斯麦”改革模式的国际比较研究	赵　斌	中国劳动保障科学研究院	专著、研究报告	2021. 06
13	医疗卫生制度与改革的国际比较研究	梁金刚	中国社会科学院大学	专著、研究报告	2020. 06

十、人口学

重点项目

序号	项目名称	负责人	工作单位	预期成果	完成时间
1	中国妇女生育模式变动及其影响因素研究	杨　凡	中国人民大学	研究报告	2023. 09

一般项目

序号	项目名称	负责人	工作单位	预期成果	完成时间
1	京津冀协同发展背景下区域人口与产业协调发展格局及其趋势研究	刘　洁	北京联合大学	研究报告	2020. 12
2	人口结构转变的经济影响及其替代因素研究	王　颖	北京师范大学	论文集	2021. 06
3	新时代农业转移人口特征与市民化路径研究	齐明珠	首都经济贸易大学	论文集、研究报告	2021. 06
4	新时代中国老龄化社会治理现代化研究	王永梅	首都经济贸易大学	研究报告	2021. 06

续表

序号	项目名称	负责人	工作单位	预期成果	完成时间
5	城乡独居老人养老方式选择与变化研究	王　磊	中国社会科学院人口与劳动经济研究所	研究报告	2021.06
6	当代中国家庭转变对人力资本发展的影响研究	牛建林	中国社会科学院人口与劳动经济研究所	研究报告	2021.12
7	现代职业模式对妇女生育力的影响及对策研究	俞文兰	国家卫生健康委员会	专著、研究报告	2021.06
8	我国跨界民族人口生育水平的比较研究	徐世英	中央民族大学	专著、研究报告	2020.12

青年项目

序号	项目名称	负责人	工作单位	预期成果	完成时间
1	全人群、全生命周期视角下的生命早期事件对人口残疾的长期影响研究	郭　超	北京大学	专著、研究报告	2019.12
2	积极老龄化背景下中国老年人社会参与模式研究	谢立黎	中国人民大学	研究报告	2021.09
3	中国妇女队列生育水平及变动趋势研究	张现苓	中央财经大学	研究报告	2021.09
4	民族地区精准扶贫与人口发展互动机制的实证研究	郑　嘉	中央民族大学	论文集、研究报告	2020.12

十一、民族学

重点项目

序号	项目名称	负责人	工作单位	预期成果	完成时间
1	改革开放四十年中国民族理论发展研究	金炳镐	中央民族大学	专著	2021.06

一般项目

序号	项目名称	负责人	工作单位	预期成果	完成时间
1	对口援疆基层援助类型调查与差异化动态治理研究	何修良	中央民族大学	研究报告	2021.06
2	中国共产党民族政策的初心与使命在红军长征中实践研究	周竞红	中国社会科学院民族学与人类学研究所	专著	2020.12
3	南北朝时期国家认同与中华意识研究	彭丰文	中国社会科学院民族学与人类学研究所	专著	2023.06
4	元代畏兀儿家族及其文化变迁研究	尚衍斌	中央民族大学	专著、论文集	2022.06
5	16—17世纪蒙藏关系藏文文献整理与研究	哈斯朝鲁	中央民族大学	研究报告	2021.06
6	驻藏大臣制度研究	曾国庆	中央民族大学	专著	2021.12
7	少数民族地区命运共同体的建构研究	张　曦	中央民族大学	论文集	2020.12

续表

序号	项目名称	负责人	工作单位	预期成果	完成时间
8	当代中国经济社会发展中的少数民族萨满教信仰研究	宋小飞	中国社会科学院民族学与人类学研究所	研究报告	2020. 12
9	缅甸克钦“民族分离主义”研究（1947—2017）	严　赛	中央民族大学	研究报告、其他	2022. 06
10	西方多党制在应对地区—民族分离主义问题上的困境与挑战研究	庄晨燕	中央民族大学	研究报告	2021. 12

青年项目

序号	项目名称	负责人	工作单位	预期成果	拟完成时间
1	梅棹忠夫内蒙古调查资料的整理与研究	苏日娜	中央民族大学	专著	2021. 06
2	海峡两岸岩画比较研究与文化认同	张嘉馨	中央民族大学	专著、研究报告	2022. 05
3	墨西哥新自由主义民族政策及其实践困境研究	张青仁	中央民族大学	研究报告	2022. 06

十二、国际问题研究

重点项目

序号	项目名称	负责人	工作单位	预期成果	完成时间
1	习近平首脑外交与中国特色大国外交构建研究	张　颖	北京外国语大学	专著	2022. 06
2	世界社会主义发展的现状、主要问题与基本趋势研究	汪亭友	中国人民大学	研究报告	2023. 09
3	印太战略视域下南海问题新态势与我国应对策略研究	任远喆	外交学院	论文集、研究报告	2021. 08
4	未来 5—10 年中国周边安全的风险评估与防范研究	张　洁	中国社会科学院亚太与全球战略研究院	专著、研究报告	2020. 06
5	全球主要智库的作用及对我国的启示研究	王莉丽	中国人民大学	研究报告、其他	2021. 09

一般项目

序号	项目名称	负责人	工作单位	预期成果	完成时间
1	后危机时期欧元区金融体系改革及其启示研究	胡　琨	中国社会科学院欧洲研究所	专著、研究报告	2021. 06
2	特朗普执政后美国对华贸易摩擦的新形式与潜在政策工具研究	杨荣珍	对外经济贸易大学	专著、论文集	2020. 12
3	秉持正确义利观深化与发展中国家团结合作研究	罗建波	中共中央党校（国家行政学院）	专著	2020. 06
4	新时代中国能源外交战略研究	许勤华	中国人民大学	专著、研究报告	2021. 09
5	新形势下全球经济治理改革困境及中国方案研究	徐秀军	中国社会科学院世界经济与政治研究所	研究报告	2020. 12

续表

序号	项目名称	负责人	工作单位	预期成果	完成时间
6	“中间地带”理论视角下的里海地区地缘政治研究	王鸣野	中国石油大学（北京）	专著	2021. 09
7	金砖国家参与全球治理体系改革和建设研究	王　磊	北京师范大学	专著、研究报告	2020. 12
8	日本改宪动向及其对中日关系影响研究	邱　静	中国人民大学	专著	2023. 09
9	新中国援越抗法顾问团档案整理和研究（1950—1954）	成晓河	中国人民大学	专著	2023. 09
10	中国国际话语权的生成机制与构建战略研究	冯　峰	对外经济贸易大学	论文集、研究报告	2020. 12
11	当代美国的“中国观”及其历史成因研究	唐　磊	中国社会科学院信息情报研究院	专著、研究报告	2021. 03
12	美国对非政策研究	刘中伟	中国社会科学院西亚非洲研究所	专著	2020. 06
13	欧盟的创新系统模式及对我国的借鉴研究	孙　艳	中国社会科学院欧洲研究所	研究报告	2020. 12
14	“一带一路”建设下日本对华战略调整及中国的应对研究	孟晓旭	国际关系学院	论文集、研究报告	2021. 03
15	西方国家在金融危机之后的制度反思研究	魏南枝	中国社会科学院美国研究所	论文集、研究报告	2020. 12
16	全球关键信息基础设施网络安全保护体系比较与启示建议	陈红松	北京科技大学	论文集、研究报告	2021. 06
17	网络安全国际规范与我国战略选择研究	赵瑞琦	中国传媒大学	专著、论文集	2020. 12
18	“一带一路”倡议实施中的科技创新开放合作重点与难点研究	赵新力	中国科学技术交流中心	专著、研究报告	2020. 06
19	“一带一路”在东南亚促进民心相通的路径与举措研究	周方冶	中国社会科学院亚太与全球战略研究院	专著	2020. 12
20	美国中国学百年流变及其影响研究（1900—2000）	侯且岸	中共北京市委党校	专著	2022. 12
21	中东欧国家的“中国观”构建研究	鞠维伟	中国社会科学院欧洲研究所	研究报告	2020. 05

青年项目

序号	项目名称	负责人	工作单位	预期成果	完成时间
1	“修昔底德陷阱”问题研究	李隽旸	中国社会科学院世界经济与政治研究所	专著	2021. 02
2	“多速欧洲”与中东欧国家的欧洲化进程研究	鞠　豪	中国社会科学院俄罗斯东欧中亚研究所	专著	2021. 08
3	“印太战略”框架下美印关系发展新趋势、影响与我国对策研究	邱昌情	对外经济贸易大学	论文集、研究报告	2021. 12
4	日本印太战略研究	朱清秀	中国社会科学院日本研究所	专著、研究报告	2021. 06
5	俄罗斯央地关系治理及对中俄关系的影响研究	宋　博	中国人民大学	专著、研究报告	2020. 06

续表

序号	项目名称	负责人	工作单位	预期成果	完成时间
6	基于大数据平台驱动的我国难民政策创新及周边难民危机预警机制建立研究	史小今	清华大学	论文集、研究报告	2021.09
7	美国印太战略背景下的大国海上战略互动及对中国周边海洋安全的影响研究	王晓文	北京语言大学	专著	2021.06
8	新中国周边安全战略与中美关系研究（1977—1989）	樊　超	外交学院	专著	2023.03

十三、中国历史

重点项目

序号	项目名称	负责人	工作单位	预期成果	完成时间
1	明清华北乡村经济研究及清华馆藏民间文书数据库建设	仲伟民	清华大学	论文集、其他	2022.12
2	四川成都天回镇汉墓出土医简与《黄帝内经》比较研究	顾　漫	中国中医科学院中国医史文献研究所	专著、研究报告	2021.06
3	隋唐五代城市社会各阶层研究	宁　欣	北京师范大学	专著、其他	2022.12
4	西夏文明史研究	李华瑞	首都师范大学	专著	2022.12
5	“二十一条”与近代中日关系研究	臧运祜	北京大学	专著	2022.12
6	20世纪中国的政权鼎革与司法人员变动研究（1906—1956）	李在全	中国社会科学院近代史研究所	专著	2022.06
7	顾维钧抗战外交档案的整理与研究	侯中军	中国社会科学院近代史研究所	专著、其他	2022.12

一般项目

序号	项目名称	负责人	工作单位	预期成果	完成时间
1	无名组卜辞合集	刘义峰	中国社会科学院历史研究所	专著、工具书	2022.12
2	祖先崇拜与商周社会研究	罗新慧	北京师范大学	专著	2022.01
3	汉魏辟除制度研究	张　欣	中国社会科学院历史研究所	专著	2022.06
4	唐后期河朔军镇胡汉员属本土化现象研究	李鸿宾	中央民族大学	专著	2022.06
5	明代州县军户的制度设计与群体身份变迁研究	彭　勇	中央民族大学	专著	2021.10
6	明清时代六谕诠释史研究	陈时龙	中国社会科学院历史研究所	专著	2022.12
7	清代“藏哲（锡金）边界”研究	张永攀	中国社会科学院中国边疆研究所	专著	2020.12
8	蒋经国与国民党大陆政策研究（1972—1988）	汪小平	中国社会科学院近代史研究所	专著、研究报告	2022.03
9	抗日战争时期侵华日军特务机关研究	宋芳芳	北京航空航天大学	专著	2021.12
10	近代中国金融风潮中的非常与日常研究	潘晓霞	中国社会科学院近代史研究所	专著	2021.12

续表

序号	项目名称	负责人	工作单位	预期成果	完成时间
11	美台农业合作与农复会研究（1948—1979）	程朝云	中国社会科学院近代史研究所	专著	2021.12
12	军机处与晚清国家治理研究	刘文鹏	中国人民大学	专著	2022.12
13	近代藏族社会生活史研究	央　珍	中央民族大学	专著、论文集	2023.06
14	民国边疆民族区域政治史研究	彭武麟	中央民族大学	专著、其他	2021.12
15	汉地佛造像理论史研究	马宗洁	中国国家博物馆	专著、工具书	2023.08
16	高丽国王朝、世子入质及元丽文化交流研究	乌云高娃	中国社会科学院历史研究所	专著	2022.12
17	中韩关系史研究（1894—1919）	王元周	北京大学	论文集	2021.06
18	中国“医学六经”传承史	王育林	北京中医药大学	专著	2022.07

青年项目

序号	项目名称	负责人	工作单位	预期成果	完成时间
1	肩水金关汉简通关文书整理与研究	郭伟涛	清华大学	论文集	2023.08
2	北魏礼制变迁研究	刘　凯	中国社会科学院历史研究所	专著、研究报告	2021.12
3	北宋三司财政管理体制研究	张亦冰	中国人民大学	专著	2022.12
4	清代田赋积欠与治理研究	李光伟	中国人民大学	专著	2021.07
5	新中国参与全球健康治理的历史经验研究	苏静静	北京大学	专著	2022.04
6	近代中国的旗人民族认同研究	周增光	中国政法大学	专著	2022.12
7	台湾地区“修宪”与政治转型研究（1990—2005）	翟金懿	中国人民公安大学	专著	2020.12
8	中共早期留苏学生群体研究	孙会修	北京师范大学	专著	2020.12
9	晚清以来祁连山—河西走廊水环境演化与社会变迁研究	张景平	清华大学	专著	2020.12
10	新出战国竹简地理史料的整理与研究	魏　栋	清华大学	专著	2022.06
11	唐元之间丝绸之路天山廊道的转型与发展研究	付　马	北京大学	专著	2021.06

十四、世界历史

重点项目

序号	项目名称	负责人	工作单位	预期成果	完成时间
1	“一战”西线战地环境与老兵记忆研究	贾　珺	北京师范大学	专著、译著	2023.03

一般项目

序号	项目名称	负责人	工作单位	预期成果	完成时间
1	德国大学的历史变迁研究	张　弢	清华大学	专著	2023.08

续表

序号	项目名称	负责人	工作单位	预期成果	完成时间
2	以《海上医宗》为核心的中越医学交流史研究	肖永芝	中国中医科学院中国医史文献研究所	研究报告、其他	2020.12
3	美国太平洋商业扩张与太平洋国家身份建构研究（1783—1900）	王　华	中国社会科学院大学	专著	2022.06
4	古代基督教神学与基督教史学的建构研究	刘林海	北京师范大学	专著	2022.06
5	加洛林王朝后期的政治与政治思想研究	李隆国	北京大学	专著	2020.12
6	从传统向现代社会转型的日本养老问题嬗变和启示	江新兴	北京第二外国语学院	研究报告	2020.12
7	家庭财产继承与近代早期英国社会转型研究	陈志坚	首都师范大学	专著	2021.12
8	19世纪末至今中美金融关系研究	张红菊	中国社会科学院世界历史研究所	专著	2022.06
9	东方国家整体崛起趋势下的外交史研究	陈奉林	北京师范大学	专著	2021.12

青年项目

序号	项目名称	负责人	工作单位	预期成果	完成时间
1	早期美国的“公民”概念与公民身份建构研究（1763—1870）	邵　声	中共中央党校（国家行政学院）	专著	2021.12
2	赫梯节日中的国家治理和社会秩序研究	蒋家瑜	首都师范大学	专著	2021.12
3	澳大利亚殖民地时期的农业发展与环境变迁研究（1788—1901）	乔　瑜	首都师范大学	专著	2022.12
4	“解冻思潮”背景下苏联文化政策转型与列宁格勒地区戏剧管理研究（1953—1964）	庄　宇	北京大学	专著	2021.12
5	中国驻印军蓝姆伽整训基地与中印关系史研究的新路径	曹　寅	清华大学	专著	2022.01

十五、考古学

重点项目

序号	项目名称	负责人	工作单位	预期成果	完成时间
1	二里头遗址宫殿区考古发掘报告（2010—2017）	赵海涛	中国社会科学院考古研究所	研究报告	2020.12

一般项目

序号	项目名称	负责人	工作单位	预期成果	完成时间
1	淅川坑南遗址发掘资料的整理与研究	赵静芳	中国科学院大学	研究报告	2021.12
2	关中地区战国时期冶铁技术研究	陈坤龙	北京科技大学	研究报告、其他	2021.06

续表

序号	项目名称	负责人	工作单位	预期成果	完成时间
3	西周早中期青铜器矿料来源的铅同位素考古研究	崔剑锋	北京大学	研究报告	2021.12
4	甘肃南石窟寺的三维重建与虚拟展示	刘建国	中国社会科学院考古研究所	研究报告、其他	2019.12
5	隋唐洛阳城空间体系研究	霍宏伟	中国国家博物馆	专著、研究报告	2020.12
6	云南师宗县大园子墓地发掘资料的整理与研究	杨　勇	中国社会科学院考古研究所	研究报告	2022.06
7	中国墓葬人群与古代印第安人头骨体质特征的对比分析	戴成萍	中央民族大学	论文集、研究报告	2021.06

青年项目

序号	项目名称	负责人	工作单位	预期成果	完成时间
1	淮河中下游新石器时代中期稻作农业与人类适应研究	邱振威	中国国家博物馆	研究报告、其他	2021.08
2	古丝路贸易背景下河西走廊先秦"绿松石之路"的建构与实证研究	张登毅	北京联合大学	论文集	2020.12
3	商周都邑制陶作坊研究	王　迪	中国社会科学院考古研究所	专著、论文集	2022.12
4	高昌石窟寺内容总录	夏立栋	中国社会科学院考古研究所	专著、工具书	2022.03
5	隋唐宋元时期瓦作遗存的建筑考古学研究	王子奇	中国社会科学院考古研究所	论文集、研究报告	2021.12
6	中原地区石窟崖面与窟前建筑研究	彭明浩	北京大学	研究报告	2021.12

十六、宗教学

重点项目

序号	项目名称	负责人	工作单位	预期成果	拟完成时间
1	习近平关于我国宗教坚持中国化方向的重要论述研究	宫玉宽	中央民族大学	专著	2022.07
2	藏传佛教宗派历史与教理研究	尕藏加	中国社会科学院世界宗教研究所	专著	2021.05
3	海外藏传佛教的历史、现状与发展趋势研究	杜永彬	中国藏学研究中心	论文集、研究报告	2021.12

一般项目

序号	项目名称	负责人	工作单位	预期成果	完成时间
1	当代中国都市佛教与基督教民间发展形态研究	曹南来	中国人民大学	论文集、研究报告	2021.09
2	藏传佛教中国化的历史和现状研究	孙悟湖	中央民族大学	专著、其他	2022.06
3	奥古斯丁哲学汉传文献整理与研究	周伟驰	中国社会科学院世界宗教研究所	专著	2021.06
4	缅甸佛教徒—穆斯林冲突及其对"一带一路"建设的影响研究	王阳林	中央民族大学	论文集、研究报告	2021.07
5	清代诗文集中的道教资料汇纂与研究	尹志华	中央民族大学	专著、论文集	2022.12

续表

序号	项目名称	负责人	工作单位	预期成果	完成时间
6	东北亚文化圈农耕文明视域下的中韩萨满教比较研究	王　伟	中国社会科学院世界宗教研究所	专著、研究报告	2020. 12
7	新时代宗教工作贯彻“导”的重要思想研究	张训谋	国家宗教事务局宗教研究中心	论文集、研究报告	2020. 12

青年项目

序号	项目名称	负责人	工作单位	预期成果	完成时间
1	《首楞严三昧经》梵、藏、汉、于阗四语文本整理、翻译与研究	李　灿	北京外国语大学	专著	2022. 06
2	西夏佛典选译和西夏佛教史研究	王　龙	中国社会科学院世界宗教研究所	专著	2022. 12
3	柬埔寨佛教图像整理与研究	李　颖	北京外国语大学	专著	2022. 06
4	敦煌道经的整理研究	张　鹏	中国社会科学院世界宗教研究所	专著	2022. 03

十七、中国文学

重点项目

序号	项目名称	负责人	工作单位	预期成果	完成时间
1	元代文学地图数字分析平台	刘京臣	中国社会科学院文学研究所	电脑软件	2021. 06
2	《甲骨文字编》修订与增补	李宗焜	北京大学	专著、工具书	2021. 07
3	文化政治视域中的延安文艺研究	李　杨	北京大学	专著、论文集	2023. 03
4	全球媒介革命视野下的中国网络文学发生、发展及国际传播研究	邵燕君	北京大学	专著	2022. 06
5	彝族古籍善本史诗文献翻译与研究	朱崇先	中央民族大学	专著、译著	2022. 05

一般项目

序号	项目名称	负责人	工作单位	预期成果	完成时间
1	“文化研究”的中国化研究	孟登迎	中国社会科学院大学	专著、论文集	2022. 06
2	听觉文化研究的话语建构研究	王　敦	中国人民大学	专著	2023. 09
3	西方文论的非再现转向研究	吕　黎	北京师范大学	译著，论文集	2022. 12
4	基于空间与移民视角的新时期北京城市文学研究（1977—2017）	郑以然	首都师范大学	专著、研究报告	2020. 12
5	《尚书》经典化研究	赵　培	中国社会科学院文学研究所	专著、论文集	2022. 02
6	“乌台诗案”牵连人员研究	王秀林	中央民族大学	专著	2021. 03
7	比较视野下的唐宋女侠故事文化研究	高慧芳	北京大学	专著、研究报告	2021. 06
8	乐署与宋词演唱研究	董希平	中国传媒大学	专著	2021. 07
9	《红楼梦》清代刻本海外流布与影响研究	曹立波	中央民族大学	专著	2021. 12
10	《昇平宝筏》与清代宫廷戏曲演进研究	张净秋	首都医科大学	专著	2022. 12

续表

序号	项目名称	负责人	工作单位	预期成果	完成时间
11	十九世纪《三国演义》的英译与传播研究	王　燕	中国人民大学	专著	2023.09
12	《伊川击壤集》校笺	郭　鹏	北京语言大学	其他、论文集	2021.06
13	历代赋集序跋辑录、整理与研究	踪训国（踪凡）	首都师范大学	专著	2021.12
14	日本《史记》学文献汇编与研究	杨海峥	北京大学	专著、其他	2022.12
15	科幻小说在中国的译介及影响研究（1949—2017）	姚利芬	中国科普研究所	专著、研究报告	2020.12
16	现当代散文的体类概念系统研究	黄开发	北京师范大学	专著	2022.08
17	百年华人作家的文化中国情怀研究	沈庆利	北京师范大学	专著	2022.12
18	文学地理学视域下新时期以来的北京书写研究	王德领	北京联合大学	专著	2022.12
19	文类升降与现代小说概念的形成研究（1872—1922）	张丽华	北京大学	专著	2022.12
20	中国当代文学期刊目录分类编纂及数据库建设（1949—1989）	杨庆祥	中国人民大学	专著、工具书	2023.09
21	遗产旅游与中国神话资源的创造性转化研究	杨利慧	北京师范大学	专著	2023.07
22	川滇地区东巴史诗的搜集整理研究	杨杰宏	中国社会科学院民族文学研究所	专著	2021.12
23	卡尔梅克韵文体民间文学资料集成与比较研究	旦布尔加甫	中国社会科学院民族文学研究所	专著	2021.12
24	满—通古斯语族史诗研究	高荷红	中国社会科学院民族文学研究所	专著	2021.12

青年项目

序号	项目名称	负责人	工作单位	预期成果	完成时间
1	“怨”与中国文论的批判精神研究	袁　劲	中国社会科学院外国文学研究所	专著、研究报告	2020.12
2	理学语境中诗的话语力量以及朱子诗的美学境界赏析	刘思宇	北京师范大学	论文集	2022.12
3	甲申年（1644）文学研究	朱　雯	首都师范大学	专著	2021.07
4	书籍文化视野下的明代书序文研究	王润英	中国社会科学院文学研究所	专著	2021.06
5	元明时期唐宋八大家散文经典化研究	裴云龙	中国社会科学院文学研究所	专著、研究报告	2021.09
6	简帛文献与中国早期文体研究	陈民镇	清华大学	专著	2021.05
7	日本德川时期的中国《春秋》学研究	张德恒	中国社会科学院社会科学文献出版社	专著、论文集	2021.06
8	先秦口头文学的生成及文本呈现研究	魏　玮	中国政法大学	专著	2022.11
9	汉语欧化与“五四”新体白话文学的生成研究	宋声泉	北京邮电大学	专著	2022.06
10	蒙汉说唱文学关系研究	好比斯嘎拉图	中央民族大学	专著	2021.06

十八、外国文学

重点项目

序号	项目名称	负责人	工作单位	预期成果	完成时间
1	文学达尔文主义与进化论批评思潮研究	金　冰	对外经济贸易大学	专著、论文集	2022. 12

一般项目

序号	项目名称	负责人	工作单位	预期成果	完成时间
1	“世界文学新建构”中“反世界文学”观念研究	陈李萍	北京第二外国语学院	专著	2021. 12
2	华美协进社与中国现代文学之关系研究	陈　倩	中国人民大学	专著	2023. 09
3	20 世纪中后期日本诗论研究	金雪梅	首都师范大学	专著、论文集	2022. 07
4	印度布克奖小说研究	尹　晶	北京科技大学	专著	2023. 06
5	屠格涅夫文学创作的艺术价值研究	王立业	北京外国语大学	专著	2022. 07
6	道家思想对厄苏拉·勒奎恩文学创作的影响研究	李学萍	北京语言大学	专著、论文集	2022. 03
7	美国当代小说家唐·德里罗研究	史岩林	北京工商大学	专著	2021. 06
8	纳博科夫小说的科学思想与诗学建构研究	吴　娟	北京理工大学	专著、论文集	2022. 06
9	狄更斯小说中的城市“褐色景观”研究	马军红	北京第二外国语学院	专著	2020. 12
10	《爱丁堡评论》与现代苏格兰文学问题研究（1802—1929）	宋　达	中央民族大学	专著、译著	2022. 06
11	赫尔曼黑塞文学文化评论研究	马　剑	北京大学	专著	2022. 09
12	让·艾什诺兹视觉叙事研究	孙圣英	国际关系学院	专著	2020. 12
13	古代晚期圣徒文学研究	张　欣	北京师范大学	专著	2022. 08
14	文化冷战视域下的拉美文学与中国研究	魏　然	中国社会科学院外国文学研究所	专著	2021. 06

青年项目

序号	项目名称	负责人	工作单位	预期成果	完成时间
1	阿甘本与西方语文学研究	赵　倞	中国人民大学	专著	2023. 09
2	晚清日语译才培养机制与中国翻译文学近代化进程关系研究	汪帅东	北京科技大学	专著	2020. 12
3	梵语戏剧家跋娑作品研究	张　远	中国社会科学院外国文学研究所	专著、译著	2022. 12
4	茨维塔耶娃长诗创作与民间文学关系研究	李　莎	中国人民大学	专著	2023. 09
5	约翰·厄普代克长篇小说叙事研究	任菊秀	首都经济贸易大学	专著	2021. 12

续表

序号	项目名称	负责人	工作单位	预期成果	完成时间
6	19世纪美国哥特文学与杂志文学市场研究	李宛霖	北京大学	专著	2022.12
7	卡尔维诺的文学创作与批评思想研究	许金菁	北京外国语大学	专著	2023.12
8	20世纪60年代以来的尼日利亚戏剧转型研究	程 莹	北京大学	专著	2022.06

十九、语言学

重点项目

序号	项目名称	负责人	工作单位	预期成果	完成时间
1	英汉时空性特质差异与英汉二语习得的关系研究	王文斌	北京外国语大学	论文集	2021.12
2	提升我国对外新闻话语翻译与传播效果的多学科研究	司显柱	北京第二外国语学院	专著	2022.12
3	《高等学校外语类专业本科教学质量国家标准》阐释与应用研究	孙有中	北京外国语大学	专著、研究报告	2021.12
4	新时代"英语+法律"复合型外语人才培养体系构建与应用研究	张法连	中国政法大学	专著、研究报告	2021.03
5	大型中英连线口译语料库共享平台的创建与应用研究	张 威	北京外国语大学	电脑软件、论文集	2021.12

一般项目

序号	项目名称	负责人	工作单位	预期成果	完成时间
1	经济学语言转向的根源和影响研究	蔡 辉	中央财经大学	专著	2021.06
2	新时代中国特色政治话语的对外翻译和国际传播研究	赵 晶	北京科技大学	专著	2021.08
3	我国古代佛经翻译思想及翻译方法论研究	武光军	北京第二外国语学院	专著	2021.12
4	基于宜兴方言的新构式语法理论研究	胡旭辉	北京大学	专著	2022.12
5	闽南方言介词的语义演变研究	陈伟蓉	中国社会科学院语言研究所	专著	2021.12
6	新时代国家语言能力建设研究	魏 晖	教育部语言文字应用研究所	研究报告、专著	2020.12
7	二语语调习得过程及训练研究	王 蓓	中央民族大学	研究报告、其他	2021.12
8	老年人阅读推理的认知老化机制研究	范 琳	北京外国语大学	专著	2022.06
9	文化外译战略背景下高端翻译人才培养的国际经验与中国路径研究	仕 文	北京外国语大学	专著	2022.12
10	新时代大学英语课程"线上线下"混合式教学模式研究	张殿恩	北京联合大学	专著	2020.12
11	汉语水平考试与欧洲语言共同参考框架连接研究	罗 莲	中央民族大学	研究报告	2020.12

续表

序号	项目名称	负责人	工作单位	预期成果	完成时间
12	基于口语测试语料挖掘的汉语习得与测试研究	赵琪凤	北京语言大学	论文集、研究报告	2022. 07
13	面向汉语作为第二语言习得的语音量子理论研究	解焱陆	北京语言大学	专著、论文集	2021. 12
14	基于语料库平台的字书俗字整理与研究	李建廷	中国社会科学院社会科学文献出版社	专著	2022. 03
15	古汉语语义类推现象及相关问题研究	宋亚云	北京大学	研究报告	2022. 12
16	汉语史视域下楼兰汉文简纸文书词汇研究	路志英	中国人民大学	专著	2022. 12
17	满汉双语比较下的《清文指要》语言接触与变异研究	张美兰	清华大学	专著	2021. 12
18	基于梵汉对勘的中古译经语法研究	姜　南	中国社会科学院语言研究所	专著、研究报告	2020. 12
19	基于汉语趋向动词的事件融合原则研究	李福印	北京航空航天大学	专著	2021. 06
20	类型学视角下汉语条件句历时演变的动因与机制研究	徐式婧	北京语言大学	论文集、研究报告	2021. 03
21	动词基本语义特征—过程范畴、完结范畴的类型学研究	玄　玥	北京语言大学	专著、研究报告	2021. 06
22	基于“行、知、言”三域理论的北京话虚词功能及其演变研究	史金生	首都师范大学	论文集	2022. 07
23	现代汉语新闻语篇复杂结构研究	娄开阳	中央民族大学	专著	2021. 07
24	汉语派生词发展史	杨　贺	中国人民大学	专著	2023. 09
25	基于大规模语言调查的普通话轻声词规范和轻声词认知机制研究	朱宏一	北京语言大学	专著	2023. 05
26	基于生理模型的语音量子理论研究	吴西愉	北京大学	专著、论文集	2021. 09
27	西夏文佛典文献语法研究	麻晓芳	中国社会科学院语言研究所	专著、论文集	2021. 12
28	阿美语方言研究	郑仲桦	中央民族大学	专著、论文集	2021. 06
29	布依语方言地理学研究	周国炎	中央民族大学	专著、工具书	2022. 05
30	基于大规模自建语料库的日本近现代文学作品中爱情隐喻模式系统性研究	韩　涛	北京外国语大学	专著	2022. 12
31	俄语词类间的过渡现象研究	周海燕	北京大学	专著	2023. 12
32	面向人工智能的汉俄翻译质量评估研究	刘　淼	北京大学	专著	2022. 12

青年项目

序号	项目名称	负责人	工作单位	预期成果	完成时间
1	“方言—普通话”双语环境下的婴幼儿声调习得机制研究	曹梦雪	北京师范大学	研究报告	2021. 12
2	汉语特色词类与句法成分交互的认知神经机制研究	罗颖艺	中国社会科学院语言研究所	研究报告、论文集	2021. 12

续表

序号	项目名称	负责人	工作单位	预期成果	完成时间
3	培养跨文化交际情感能力的外语教学模式研究	郑　萱	北京大学	专著	2021.12
4	东南亚国家华文教育动态数据库建设	曾小燕	中央民族大学	研究报告、其他	2021.12
5	面向汉语国际教育的智能测试技术研究	胡韧奋	北京师范大学	论文集、电脑软件	2020.12
6	汉语话题延续与转换机制及其计算模型研究	卢达威	中国人民大学	论文集、电脑软件	2023.09
7	吴越文字资料整理研究	马晓稳	清华大学	专著	2021.12
8	相邻语言单位的语义负载与语法化研究	张　亮	中国社会科学院语言研究所	专著	2021.06
9	汉语的两种特殊“带宾被动句”及被动句的信息焦点选择与语义力度调节研究	毕罗莎	首都师范大学	专著、论文集	2022.07

二十、新闻学与传播学

重点项目

序号	项目名称	负责人	工作单位	预期成果	完成时间
1	移动互联网背景下主流媒体新闻视听传播变革研究	曾祥敏	中国传媒大学	论文集、专著	2021.09
2	新技术影像与社会再生产研究	殷　强	中国人民大学	专著、论文集	2021.09

一般项目

序号	项目名称	负责人	工作单位	预期成果	完成时间
1	习近平关于新闻舆论的重要论述研究	雷跃捷	中国传媒大学	专著、研究报告	2021.05
2	后真相语境下西方媒体事实核查机制研究	张海华	北京语言大学	专著、研究报告	2020.12
3	面向融合传播的新闻内容生产机制研究	唐　铮	中国人民大学	论文集、研究报告	2021.09
4	算法推送环境下新闻生产流程重构研究	王　斌	中国人民大学	研究报告	2023.09
5	新一代信息技术对新闻传播的运行方式影响研究	张　锐	北京电影学院	专著、研究报告	2019.12
6	数字时代网络出版管理机制研究	宋嘉庚	北京印刷学院	研究报告、其他	2021.07
7	美国读者对中国人文社科图书的阅读和接受研究	孙万军	北京印刷学院	专著、研究报告	2021.12
8	大数据背景下的新时代中国特色视听媒体收视体系研究	孔　彬	国家广播电视总局广播电视规划院	专著、研究报告	2020.06
9	乡村振兴视角下新媒体与乡村治理关系研究	李红艳	中国农业大学	研究报告	2021.12
10	网络社会资本对我国新型医患关系建构的影响研究	周　敏	北京师范大学	研究报告	2021.06

续表

序号	项目名称	负责人	工作单位	预期成果	完成时间
11	新时代环境生态文明传播策划与效果研究	戴　佳	清华大学	论文集	2020. 12
12	民国时期中医古籍出版与文化传承研究	赵　艳	北京中医药大学	专著	2023. 03
13	中国广告 40 年研究	丁俊杰	中国传媒大学	专著、研究报告	2020. 06
14	网络时代信息传播在构建人类命运共同体中的作用及路径研究	卢　嘉	清华大学	论文集	2021. 12
15	《网络安全法》后移动应用程序APP 个人信息保护研究	付　涛	对外经济贸易大学	论文集	2020. 12

青年项目

序号	项目名称	负责人	工作单位	预期成果	完成时间
1	新时代政务新媒体传播机制与效果研究	贾哲敏	北京航空航天大学	论文集	2021. 12
2	新时代中国特色社会主义新闻观念结构与演进研究	涂凌波	中国传媒大学	专著、论文集	2021. 06
3	海外华语电视的本土内容生产与中华传统文化传播创新研究	梁悦悦	中央民族大学	研究报告	2021. 06
4	“一带一路”对外传播话语体系建构研究	王璟璇	国家信息中心	研究报告、论文集	2020. 07
5	新时代中国特色新闻学视域下的乡村实践研究	沙　垚	中国社会科学院新闻与传播研究所	专著	2021. 12
6	智能算法时代的计算广告学理论构建和应用创新研究	刘庆振	北京信息科技大学	专著	2020. 12
7	社会责任视角下的网络意见领袖传播效能评价研究	吴惠凡	北京联合大学	研究报告、其他	2021. 06
8	中国网络视听新媒体治理体系的演化规律与效果实证研究	张　琛	中国社会科学院社会科学文献出版社	研究报告	2020. 06

二十一、图书馆、情报与文献学

重点项目

序号	项目名称	负责人	工作单位	预期成果	完成时间
1	民国时期革命历史文献整理与研究	马　静	中国国家图书馆	研究报告	2019. 12
2	创新驱动的中国特色新型智库知识服务发展机制研究	申　静	北京大学	专著、论文集	2022. 05

一般项目

序号	项目名称	负责人	工作单位	预期成果	完成时间
1	数字中国背景下数字贫困消减行动研究	闫　慧	中国人民大学	研究报告	2021. 12
2	高校图书馆吸引专业志愿服务的制度基础及管理机制研究	王　琼	北京师范大学	论文集、其他	2021. 10

续表

序号	项目名称	负责人	工作单位	预期成果	完成时间
3	我国公共文化服务机构的著作权问题及其对策研究	杨利华	中国政法大学	专著、研究报告	2020.12
4	多源异构数据融合的图书馆用户画像研究	杨代庆	中国科学技术信息研究所	研究报告	2020.11
5	藏文古籍写本序跋辑录与文献学研究	史桂玲	中国民族图书馆	工具书、专著	2021.06
6	总体国家安全观视域下的科技情报服务创新研究	李　辉	北京市科学技术情报研究所	研究报告	2020.12
7	全球OA科技期刊出版大数据监测模型研究	黄金霞	中国科学院文献情报中心	研究报告、论文集	2020.06
8	基于科学与技术交叉模型的创新前沿识别方法与应用研究	唐小利	北京协和医学院	专著、研究报告	2020.12
9	学习型搜索中用户交互行为与学习效果关系研究	刘　畅	北京大学	研究报告	2020.12
10	非物质文化遗产档案资源建设政策引导策略研究	王巧玲	北京联合大学	研究报告	2021.06
11	基于国家认同视域的家族档案研究	张全海	中国人民大学	专著	2022.06

青年项目

序号	项目名称	负责人	工作单位	预期成果	完成时间
1	公共图书馆低幼儿童服务理论、模式与保障研究	张　丽	北京语言大学	研究报告	2021.06
2	基于语义增强的医学学术出版创新融合研究	孙月萍	北京协和医学院	研究报告、电脑软件	2020.12
3	大数据环境下多源信息语义互联研究	付　苓	首都图书馆	研究报告	2021.06
4	基于图模型的农业领域多源知识迁移研究	吴　蕾	中国农业科学院农业信息研究所	研究报告、其他	2020.12
5	基于云计算的政府网站网页在线归档与开发利用研究	黄新平	清华大学	专著、电脑软件	2021.01
6	面向社会记忆构建的档案资源检索研究	房小可	北京联合大学	论文集、研究报告	2021.06

二十二、体育学

重点项目

序号	项目名称	负责人	工作单位	预期成果	完成时间
1	新时代我国体育社会组织改革研究	黄亚玲	北京体育大学	专著	2020.12
2	我国体育产业与相关产业融合度及融合效应研究	王　莉	北京体育大学	研究报告、其他	2021.09
3	运动处方师培训认证应用体系构建研究	祝　莉	国家体育总局体育科学研究所	专著、研究报告	2020.04

一般项目

序号	项目名称	负责人	工作单位	预期成果	完成时间
1	新时代体育和港澳居民国家认同建构路径研究	王理万	中国政法大学	专著	2020. 12
2	全球治理观视域下体育赛事综合治理研究	韩新君	北京工业大学	论文集、研究报告	2022. 06
3	我国学校体育、家庭体育和社区体育融合模式构建及实现机制研究	钱娅艳	北京科技大学	研究报告	2021. 08
4	基于社会生态理论的学前儿童体质健康促进模式研究	周志雄	首都体育学院	研究报告	2020. 12
5	北京高校服务 2022 年冬奥会的路径和方法研究	何仲恺	北京大学	研究报告	2021. 03
6	我国和欧洲部分竞技体育强国后备人才培养模式的比较研究	武文强	北京体育大学	论文集、研究报告	2020. 06

青年项目

序号	项目名称	负责人	工作单位	预期成果	完成时间
1	运动休闲特色小镇建设的国际经验与中国方案研究	张　雷	国家体育总局体育科学研究所	论文集、研究报告	2020. 03
2	体育产业与相关产业融合发展中的府际关系研究	许焰妮	北京体育大学	研究报告	2021. 06
3	我国青少年足球发展的资源配置优化研究	刘天彪	北京师范大学	论文集、研究报告	2021. 05

二十三、管理学

重点项目

序号	项目名称	负责人	工作单位	预期成果	完成时间
1	互联网平台型企业社会责任问题研究	肖红军	中国社会科学院工业经济研究所	专著、研究报告	2021. 12
2	新时代技能人才工匠精神研究	叶　龙	北京交通大学	论文集、研究报告	2020. 12
3	促进能源转型的能源体制革命理论框架与实现机制研究	朱　彤	中国社会科学院工业经济研究所	专著	2020. 03
4	国家创新型试点城市的政府创新治理研究	章文光	北京师范大学	专著、研究报告	2021. 04

一般项目

序号	项目名称	负责人	工作单位	预期成果	完成时间
1	基于大数据的超大城市多主体协同处置突发事件机理研究	赵　欢	北京第二外国语学院	论文集、研究报告	2020. 12
2	组织即兴视角下的创业企业成长战略研究	张　晗	首都经济贸易大学	研究报告	2021. 06
3	互联网情境下科技创业者社会关系网络与融资绩效关系研究	王泽宇	中国社会科学院经济研究所	论文集、研究报告	2021. 06

续表

序号	项目名称	负责人	工作单位	预期成果	完成时间
4	基于生态工程参与的贫困人口创业驱动机理与实现路径研究	陈建成	北京林业大学	论文集、研究报告	2021.06
5	政府公信力的影响机制、评价维度及提升对策研究	吴晶妹	中国人民大学	论文集、研究报告	2021.09
6	大数据背景下金融与科技融合机理及风险管控研究	田秀娟	对外经济贸易大学	研究报告	2021.12
7	实体企业业绩承诺与金融风险的机制、后果与防控研究	张继德	北京工商大学	研究报告	2021.06
8	上市公司并购重组“高溢价高业绩承诺”的动因及经济后果研究	索玲玲	北京联合大学	研究报告、其他	2020.12
9	基于同群效应的企业创新投资行为传导机理研究	马春爱	中国石油大学（北京）	研究报告	2021.12
10	基于价值链理论的企业质量成本管理与分担机制研究	李百兴	首都经济贸易大学	研究报告	2021.06
11	共享经济下的企业资源贡献行为及企业间协同机制研究	孙永波	北京工商大学	研究报告	2021.06
12	基于社会—商业双重属性的网约车平台治理研究	葛建新	中央财经大学	论文集、研究报告	2021.06
13	新时代背景下跨层次公司社会网络对双元创新的影响研究	刘亭立	北京工业大学	专著、论文集	2021.07
14	面向消费升级的新零售商业模式创新研究	刘文纲	北京工商大学	研究报告	2021.06
15	战略科技人才素质结构与培养战略研究	陈小平	首都经济贸易大学	研究报告	2020.12
16	科研团队即兴能力开发与创新绩效提升研究	何　辉	北京工商大学	研究报告	2021.06
17	“互联网+”背景下旅游共享经济发展路径及其风险管控研究	任朝旺	中国社会科学院大学	专著	2021.12
18	高质量发展背景下旅游企业开放式创新的实现机制与政策保障研究	李　彬	北京第二外国语学院	论文集、研究报告	2021.06
19	基于循环经济视角的畜禽养殖废弃物治理模式与支持政策研究	乔　娟	中国农业大学	研究报告	2021.08
20	新时代农村绿色发展的外溢效应测度及补偿政策研究	巩前文	北京林业大学	研究报告	2021.06
21	建立以国家公园为主体的中国自然保护地体系研究	庄优波	清华大学	研究报告、论文集	2020.12
22	信息政策对居民节水行为影响的追踪研究	孙　彦	中国科学院心理研究所	论文集、研究报告	2021.12
23	城市生活垃圾强制分类管理与主体行为协同机理研究	崔铁宁	北京工业大学	研究报告	2020.12
24	我国长期护理保险体系建设研究	张盈华	中国社会科学院社会发展战略研究院	论文集、研究报告	2020.12

续表

序号	项目名称	负责人	工作单位	预期成果	完成时间
25	区块链技术驱动下的网络综合治理体系构建研究	毛典辉	北京工商大学	论文集	2021. 06
26	网络综合治理体系的战略建构及运行机制研究	孙　宇	北京师范大学	研究报告	2021. 09
27	新时代中国特色新型智库体制机制创新研究	伍　聪	中国人民大学	专著、论文集	2021. 06
28	复合型邻避补偿政策设计及运行机制研究	刘　冰	北京师范大学	论文集、研究报告	2020. 12
29	新能源汽车和燃油汽车竞争视角下城市配送车辆的通行政策研究	高咏玲	中央财经大学	专著	2020. 12
30	基于抗逆力视角的特大和超大城市公共安全治理研究	董泽宇	中共中央党校（国家行政学院）	研究报告	2020. 09
31	京津冀协同发展的阶段效果评价研究	叶振宇	中国社会科学院工业经济研究所	研究报告	2020. 06
32	艺术社会学视域下的中国艺术中介机制研究	王子琪	首都经济贸易大学	专著	2020. 09

青年项目

序号	项目名称	负责人	工作单位	预期成果	完成时间
1	互联网与展览业深度融合的商业模式创新研究	刘林艳	北京第二外国语学院	论文集、研究报告	2021. 06
2	空间正义视角下的文明旅游语义解构、学术批判与路径设计研究	李创新	中国旅游研究院	专著、研究报告	2021. 06
3	城市居民参与“互联网+”再生资源回收的驱动机制研究	刘婷婷	北京工业大学	论文集、研究报告	2021. 06
4	社会资本视角下公众参与社会治理的场域、意愿与路径研究	南　锐	中国矿业大学（北京）	研究报告	2021. 01
5	新时代深化机构改革与职能转变的关系研究	高　红	中国政法大学	其他	2020. 10
6	政府微信公众号互动效果的影响因素实证研究	邓　喆	清华大学	论文集、研究报告	2021. 07
7	产业分工视角下大城市群协同发展问题研究	汪　彬	中共中央党校（国家行政学院）	论文集、研究报告	2020. 06
8	中国城市群生态环境治理效率评价及提升策略研究	杨　浩	北京市社会科学院	研究报告	2020. 07

（全国哲学社会科学规划办公室供稿）

教育部办公厅关于做好全国教育科学“十三五”规划 2018年度课题组织申报工作的通知

教办厅函〔2017〕62号

各省、自治区、直辖市教育厅（教委）、教育科学研究院（所）、教育科学规划领导小组办公室，新疆生产建设兵团教育局，中央军委训练管理部院校局、全军军事教育科学规划办公室，部属各高等学校，部内各司局、各直属单位：

为深入贯彻落实党的十九大精神以及《国家中长期教育改革和发展规划纲要（2010—2020年）》，经全国教育科学规划领导小组批准，决定于2018年1月3日—3月5日开展2018年度全国教育科学规划课题申报工作。本年度只设国家重大招标和重点课题指南，其他类别课题不设指南，由申请人自拟课题名称申报。同年度申请国家自然科学基金、国家社科基金、教育部人文社会科学及其他国家级科研项目的负责人不能申报全国教育科学规划课题。课题组织申报办法详见附件。

教育部办公厅

2017年12月30日

（全国教育科学规划领导小组办公室供稿）

2018年度全国教育科学规划国家重大和重点招标课题指南

重大招标课题

1. 习近平关于新时代中国特色社会主义教育的重要论述研究
2. 建设教育强国的国际经验与中国路径研究
3. 教材建设中创新性发展中华优秀传统文化研究
4. 振兴乡村战略中的农村教育现代化研究
5. 适应老龄社会的教育体系完善研究

重点课题

6. 新时代我国教育主要矛盾变化的特点和对策研究
7. 改革开放40年教育改革发展的回顾与反思
8. “十三五”期间学龄人口变动和基础教育资源配置规划研究
9. 我国学前教育立法研究
10. 中西部地区普及高中阶段教育的攻坚策略研究
11. 职业教育精准扶贫实施以及民众精准脱贫获得感评价研究
12. 加快“双一流”建设的理论创新与实践路径研究
13. 创新驱动战略视角下高校科技成果转化的体制与机制改革研究
14. 我国研究生培养质量指数研究
15. 深度贫困地区教育扶贫教育脱贫政策措施研究
16. 中国教育评估监测制度研究
17. “一带一路”沿线关键土著语言文化通识课程体系建设研究
18. 健康中国背景下健康学校建设指标体系研究
19. 家校合作的国际经验与本土化实践研究
20. 中华人民共和国教育学史研究

（全国教育科学规划领导小组办公室供稿）

全国教育科学“十三五”规划 2018 年度课题组织申报办法

一、申报教育科学规划课题的指导思想是，高举中国特色社会主义伟大旗帜，全面贯彻党的十九大精神，以马克思列宁主义、毛泽东思想、邓小平理论、“三个代表”重要思想、科学发展观、习近平新时代中国特色社会主义思想为指导，以《国家中长期教育改革和发展规划纲要（2010—2020 年）》的重大理论和现实问题为主攻方向，解放思想，实事求是，大力推进新时代理论创新、制度创新和方法创新，发挥全国教育科学规划课题的示范引导作用，推动教育科学为教育事业发展服务、为教育强国建设服务。

二、申报全国教育科学规划课题，要体现鲜明的问题导向和创新意识，着力推出体现国家水准的研究成果。基础研究要密切跟踪国内外学术发展和学科建设的前沿和动态，着力推进学科体系、学术体系、话语体系建设和创新，力求具有原创性、开拓性和较高的学术思想价值；应用研究要围绕教育发展中的全局性、战略性和前瞻性的重大理论与实践问题，力求具有现实性、针对性和较强的决策参考价值。

三、课题申请人须具备下列条件：遵守《中华人民共和国宪法》和法律；具有独立开展研究和组织开展研究的能力，能够承担实质性研究工作；国家重大和重点课题申请人须具有正高级专业技术职务或厅局级以上领导职务，能够担负起课题研究实际组织者和指导者的责任；国家一般课题申请人需具有副高级以上专业技术职务或博士学位；申请国家青年、教育部重点和青年专项课题需具有副高级以上专业技术职务或博士学位，不具备的须由两名具有正高级专业技术职务的同行专家书面推荐。青年项目申请人和课题组成员的年龄均不超过 35 周岁（1983 年 3 月 5 日之后出生）。课题组成员或推荐人须征得本人同意并签字确认，否则视为违规申报。申请人可以根据研究的实际需要，吸收境外研究人员作为课题组成员参与申请。在读的全日制研究生不能申请，具备申报条件的在职博士生（博士后）从所在工作单位申请。

四、课题申请单位必须符合以下条件：在相关领域具有较雄厚的学术资源和研究实力；设有科研管理的职能部门；能够提供开展研究工作的必要条件并承诺信誉保证。以兼职人员身份从所兼职单位申报全国教育科学规划课题的，兼职单位须审核兼职人员正式聘用关系的真实性，承担项目管理职责并承诺信誉保证。

五、本年度拟设国家重大和重点（含重大和重点的委托项目）课题若干，对教育发展中出现的一些重大问题快速作出反应，为党和政府高层科学决策及时提供政策建议。委托课题的研究内容及课题承担者由全国教育科学规划领导小组领导确定。

六、本年度增设国家社科基金教育学西部项目。该项目用于资助在西部地区工作的教育研究人员，重点围绕西部教育改革和发展中的重大理论和现实问题开展研究，更好地服务西部教育和社会发展。西部项目设国家一般和国家青年课题，共 30 项左右，与年度项目一同申报评审，申报时无须单独注明为西部项目，资助强度和要求与国家一般和国家青年相同，其立项及管理办法按哲社办要求执行。

七、本年度只设国家重大招标和重点课题指南，其他类别课题不设指南。申报重大招标和重点课题的，其名称须与指南保持一致，不得自行更改或添加副标题；重大招标课题需参加现场答辩，不参加答辩视为自动放弃。流标的重大和重点课题，可以通过委托形式进行研究。其他类别课题由申请人自拟课题名称，鼓励开展反映国家需要和国际趋势的前瞻性、创新性课题研究，不支持以编译著作、编写教材、编写丛书、编写工具书为直接目的的课题研究。自拟课题名称的表述应科学、严谨、规范、简明，一般不加副标题。

八、全国教育科学规划涉及 14 个学科。依照《申请书》列出的学科分类代码填写相应学科，跨学科课题根据“尽量靠近”原则选定一类学科进行申报。国防军事教育课题申报评审工作由全军军事教育科学规划办公室负责另行组织。

九、本年度全国教育科学规划课题继续实行限额申报，限额指标另行下达。各省级教育科学规划领导小组办公室、教育部直属高校和部内司局、直属单位要着力把关提高申报质量，适当控制申报数量，特别是要减少同类选题重复申报。

十、申报课题的资助额度为：国家社科基金教育学重大招标课题为50万元、国家重点课题为35万元、国家一般课题为20万元，国家青年基金课题为20万元；西部项目20万元；教育部重点课题为3万元、教育部青年专项为2万元。申请人要根据《全国教育科学规划课题成果鉴定结题细则》和《国家社会科学基金项目资金管理办法》的要求，确定申报课题类别，并根据实际需要编制合理科学的经费预算。

十一、全国教育科学规划课题的完成时限，国家重大、重点招标课题原则上要求在2年内完成；其他类别课题在1~3年完成。最长年限不超过5年。

十二、为避免一题多报、交叉申请和重复立项，确保申请人有足够的时间和精力从事课题研究，对课题申请作如下限定：（1）课题负责人同年度只能申报一个全国教育科学规划课题，且不能作为课题组成员参与全国教育科学规划课题的申请；课题组成员同年度最多参与两个全国教育科学规划课题申请。在研国家级项目的课题组成员最多参与一个全国教育科学规划项目申请。（2）在研的国家社科基金项目、国家自然科学基金项目、全国教育科学规划课题、教育部人文社会科学课题及其他国家级科研项目的负责人不能申请新的全国教育科学规划课题（结题证书标注日期在2018年3月5日之前的可以申请，需附证明)。(3）申请国家自然科学基金项目、国家社科基金项目、教育部人文社会科学课题及其他国家级科研项目的负责人同年度不能申请全国教育科学规划课题，其课题组成员也不能作为负责人以内容相同或相近选题申请全国教育科学规划课题。（4）国家重大课题投标者的要求与国家社科基金重大项目投标者的要求相同。（5）凡在内容上与在研或已结项的各级各类项目有较大关联的申请课题，须在《申请书》中详细说明所申请项目与已承担项目的联系和区别，否则视为重复申请；不得以内容基本相同或相近的同一成果申请多家基金项目结项。（6）凡以博士学位论文或博士后出站报告为基础申报全国教育科学规划课题，须在《申请书》中注明所申请项目与学位论文（出站报告）的联系和区别，申请鉴定结项时须提交学位论文（出站报告）原件。（7）不得以已出版的内容基本相同的研究成果申请全国教育科学规划课题。(8）凡以全国教育科学规划课题名义发表阶段性成果或最终成果，不得同时标注多家基金项目资助字样。

十三、申请人应如实填写申请材料，并保证没有知识产权争议。凡存在弄虚作假、抄袭剽窃等行为的，一经发现查实，取消5年申报资格；如获立项即予撤项并通报批评。为保证申报评审的公正性和严肃性，评审会议召开前申报单位或个人不得以任何名义走访、咨询学科评审组专家或邀请学科评审组专家进行申报辅导。凡行贿评审专家者，一经查实将予通报批评；如获立项即予撤项，5年内不得申报全国教育科学规划课题。凡在课题申报和评审中发现严重违规违纪行为的，除按规定进行处理外，均被列入不良科研信用记录。

十四、课题实行同行专家通讯评审初评和专家会议集中复评方式。中小学和幼儿园申请人申报课题，实行单列单评，并给予一定比例的立项数量倾斜。

十五、课题负责人在项目执行期间要遵守相关承诺，履行约定义务，按期完成研究任务；获准立项的《全国教育科学规划课题申请书》视为具有约束力的资助合同文本。最终成果实行结题鉴定制度，鉴定等级予以公示。除特殊情况外，国家社科基金项目的最终研究成果须先鉴定、后出版，擅自出版者视为自行终止资助协议。

十六、全国教育科学规划课题申报采用三级审核管理制度。第一级为“申报者所在单位”（如学校、院系、科研院所等)，第二级为“省部级管理部门”（含各省级教育规划办、教育部直属高校和直属单位)，第三级为“全国教育科学规划领导小组办公室”（以下简称全规办)。各级管理机构要加强对课题申报工作的组织和指导，严格审核申报资格、前期研究成果的真实性、课题组的研究实力和必备条件等，签署明确意见。各级科研管理部门不得收取任何申报评审费用。全规办不直接受理个人申报。

十七、项目申报材料从全规办网站（http：//onsgep.moe.edu.cn）下载。申请书文本须经所在单位审查盖章后，报送至省部级管理部门，最后由省部级管理部门审核盖章后报全规办。

十八、申请书文本要求统一用计算机填写、A3纸双面印制、中缝装订。报送全规办的纸质材料包括：（1）审查合格的国家重大和重点招标课题《投标书》一式6份（原件1份，复印件5份)；其他类别课题《申请书》一式2份（原件1份，复印件1份)，活页5份。（2）加盖公章的用统一表格制作的申报数据汇总表。同时报送上述材料的电子版到指定邮箱。

十九、申报时间为2018年1月3日起至3月5日止，逾期不予受理。办公室咨询电话：010—62003471，62003307；各省规划办和教育部直属高校、直属单位报送材料的电子邮箱：qgb@moe.edu.cn；邮政编码：100088；地址：北京市海淀区北三环中路46号全国教育科学规划领导小组办公室。

（全国教育科学规划领导小组办公室供稿）

全国教育科学“十三五”规划2018年度课题立项结果（北京地区）

课题批准号	课题类别	课题名称	姓名	工作单位
VAA180001	国家重大	习近平关于新时代中国特色社会主义教育的重要论述研究	顾明远	北京师范大学
VFA180003	国家重大	教材建设中创新性发展中华优秀传统文化研究	田慧生	教育部基础教育课程教材发展中心
AAA180009	国家重点	加快“双一流”建设的理论创新与实践路径研究	赵婷婷	北京航空航天大学
AIA180011	国家重点	我国研究生培养质量指数研究	黄宝印	教育部学位与研究生教育发展中心
BAA180023	国家一般	民办学校分类规范的法律制度研究	余雅风	北京师范大学
BMA180035	国家一般	东部地区中学生族际互动态度与民族团结教育对策研究	常永才	中央民族大学
BGA180056	国家一般	教育政策评估的国际比较研究	王　蕊	教育部教育发展研究中心
BGA180059	国家一般	中小学教师激励政策的合力效果研究	侯龙龙	北京师范大学
BFA180061	国家一般	新时代乡村教师队伍建设政策创新研究	蒋园园	国家教育行政学院
BFA180062	国家一般	“双一流”建设视角下的高等教育财政资源优化配置研究	徐孝民	中国矿业大学（北京）
BFA180067	国家一般	新高考背景下高中生综合素质评价研究	杨玉春	北京师范大学
BFA180071	国家一般	高等教育法治的国际比较与最新发展	申素平	中国人民大学
BBA180075	国家一般	中学生英语学习困难的脑机制研究	姚　茹	中国教育科学研究院
BCA180084	国家一般	混合教学的理论体系建构及实证研究	韩锡斌	清华大学
BCA180085	国家一般	大学教学现代化的战略愿景与理论创新研究	李　芒	北京师范大学
BEA180111	国家一般	从生产社会到消费社会：新时期劳动教育理论体系建构研究	班建武	北京师范大学
BHA180123	国家一般	为学好而教：新时代课堂教学规范的系统建设	王永红	北京教育学院
BHA180141	国家一般	中国基础教育质量评估监测工具标准规范研究	游　森	中国教育学会
BHA180149	国家一般	基于核心素养的新高考命题研究	陈志国	北京教育考试院
BHA180157	国家一般	中学生合作问题解决中认知互动与社会互动及其关系的实证研究	曹一鸣	北京师范大学
BIA180164	国家一般	高等学校聚合课程研究	沈庶英	北京语言大学
BIA180178	国家一般	我国世界一流学科建设评估指数研究	孙继红	中国教育科学研究院
BIA180199	国家一般	西方大学治理模式的两大法治传统和思想基础	胡　娟	中国人民大学

续表

课题批准号	课题类别	课题名称	姓名	工作单位
BIA180201	国家一般	中国特色大学治理准则研究	王绽蕊	北京工业大学
BLA180218	国家一般	学生身体活动全方位监测系统及评价标准的研究	刘静民	清华大学
BHA180231	国家一般	小学立德树人成志育人模式实践研究	窦桂梅	清华大学附属小学
CDA180241	国家青年	中小学校长“教育国际化领导力”界定与测评研究	王晓宁	中国教育科学研究院
CMA180244	国家青年	深度贫困民族地区教育脱贫政策措施研究：以“三区三州”为例	沈　沫	教育部民族教育发展中心
CFA180251	国家青年	我国高等教育层次结构集聚实证研究	高文豪	中国人民公安大学
CEA180262	国家青年	STEM 教育创新与实践：中小学机器人课程建设的研究	王学男	中国教育科学研究院
CHA180266	国家青年	教育神经科学视域下学生问题解决能力发展研究	郭　衎	北京师范大学
CIA180276	国家青年	民办高校营利抑或非营利路径选择的调查研究	杨　程	国家教育行政学院
CLA180279	国家青年	基于慕课的高校体育课混合式教学模式创建与实证研究	冯雪松	北京大学
DDA180300	教育部重点	美国公立研究型大学与区域经济互动机制研究	桂　敏	北京教育科学研究院
DCA180323	教育部重点	基于大数据高阶思维发展诊断的精准教学干预研究	姜玉莲	北京开放大学东城分校
DJA180338	教育部重点	基于社会资本理论的贫困地区职业教育精准扶贫机制研究	房风文	教育部职业技术教育中心研究所
DJA180339	教育部重点	职教“教练型”师资队伍建设的多元耦合联动机制研究	佛朝晖	国家教育行政学院
DHA180368	教育部重点	基于中小学生阅读素养提升的混合式学习研究	李万峰	北京市通州区教师研修中心
DIA180388	教育部重点	全球背景下跨境高等教育学生跨文化适应性研究	孙　曦	北京农学院
DIA180395	教育部重点	美国公立研究型大学教师双轨聘任制研究	杨红霞	国家教育行政学院
DLA180404	教育部重点	“高素质专业化创新型”视野下卓越体育教师专业标准构建与培养方略	潘建芬	北京教育学院
DHA180422	教育部重点	基于学业改进的小学个性化诊断与反馈实践研究	汤卫红	清华大学附属小学
DCA180431	教育部重点	区域新课程网络教学平台助推学习方式变革的研究	蒙广平	北京市顺义区第一中学
DBA180441	教育部重点	中学生涯指导课程的实践探索与效果评价	陆丽萍	中国人民大学附属中学
DHA180443	教育部重点	依托区位优势构建 TOP AIR 翼向天开全景课程的实践研究	刘秀清	北京市顺义区李桥中心小学校
EAA180449	教育部青年	优质高中“指标到校”政策执行效果实证研究	高　政	国家教育行政学院
EMA180451	教育部青年	民族地区义务教育语文教科书统用的适切性研究	向　瑞	人民教育出版社
EOA180454	教育部青年	高考改革回忆录	张思思	北京大学
EFA180459	教育部青年	教育部直属高校双一流建设经费绩效评价研究	刘　琳	北京化工大学
EBA180461	教育部青年	审美教育对小学生利他行为的影响机制研究	王婷婷	中国教育科学研究院
ECA180466	教育部青年	利用云教室促进边远贫困地区远程高等教育均衡发展研究	吴淑苹	国家开放大学
EJA180471	教育部青年	职业教育第三方评估中利益主体的角色与行为机制研究	汤　霓	教育部职业技术教育中心研究所
EHA180480	教育部青年	形式与功能：中美芬数学课堂关键教学行为比较研究	于国文	北京师范大学
EHA180485	教育部青年	我国基础教育质量影响因素模型验证研究	刘　浩	北京师范大学

续表

课题批准号	课题类别	课题名称	姓名	工作单位
EHA180508	教育部青年	生物学科核心素养导向下的基于科学史经典实验及最新科技文献的探究式教学研究	文可佳	北京市十一学校
EBA180509	教育部青年	小学校园欺凌行为和事件的预防研究	刘丽君	北京市海淀区玉泉小学

（全国教育科学规划领导小组办公室供稿）

2018 年度国家社会科学基金艺术学项目申报公告

经文化部和全国艺术科学规划领导小组批准，《2018 年度国家社会科学基金艺术学项目课题指南》（以下简称《课题指南》）现予发布，全国艺术科学规划领导小组办公室开始受理 2018 年度国家社会科学基金艺术学项目申报。现将申报工作有关事项公告如下：

一、申报 2018 年度国家社会科学基金艺术学项目的指导思想是：高举中国特色社会主义伟大旗帜，全面贯彻党的十九大精神，以马克思列宁主义、毛泽东思想、邓小平理论、“三个代表”重要思想、科学发展观、习近平新时代中国特色社会主义思想为指导，坚持以重大现实问题为主攻方向，坚持基础研究和应用研究并重，发挥国家社会科学基金示范引导作用，加快构建中国特色艺术学体系，推动文化艺术研究为党和国家工作大局服务，为繁荣发展哲学社会科学服务。

二、申报国家社会科学基金艺术学项目，要体现鲜明的问题导向和创新意识，着力推出体现国家水准的研究成果。基础研究要密切跟踪国内外学术发展和学科建设的前沿和动态，着力推进学科体系、学术体系、话语体系建设和创新，力求具有原创性、开拓性和较高的学术思想价值；应用研究要围绕经济社会发展中的全局性、战略性和前瞻性的重大理论与实践问题，力求具有现实性、针对性和较强的决策参考价值。除重要的基础研究外，鼓励以高水平的论文和研究报告作为最终研究成果。对边远贫困地区和少数民族地区特别是西部地区艺术研究给予一定倾斜。

三、申请人须具备下列条件：遵守《中华人民共和国宪法》和法律；具有独立开展研究和组织开展研究的能力，能够承担实质性研究工作；具有副高级（含）以上专业技术职称（职务），或者具有博士学位。不具有副高级（含）以上专业技术职称（职务）或者博士学位的，可以申请青年项目，但必须有两名具有正高级专业技术职称（职务）的同行专家书面推荐。青年项目申请人和课题组成员的年龄均不超过 35 周岁（1983 年 3 月 15 日后出生）。

国家社会科学基金艺术学重点项目的申请者，须是完成过省、部级以上同专业研究课题的负责人（需在申报材料中提供完成过的省、部级以上同专业研究课题的证明材料）；一般项目的申请者，须在与申报项目相关研究领域的重要期刊发表相关研究论文至少 3 篇或有主持完成的相关研究专著（须在申报材料中注明出版或发表的题目、时间及期刊或出版社名称等主要信息）。

申请人填报课题组成员或推荐人有关信息资料前，必须征得本人同意，否则视为违规申报。申请人可以根据研究的实际需要，吸收境外研究人员作为课题组成员参与申请。全日制研究生不能申请，具备申报条件的在职博士生（博士后）从所在工作单位申请。

文化部机关工作人员不能申请或者参与申请国家社会科学基金艺术学项目。

四、申请单位须符合以下条件：在相关领域具有较雄厚的学术资源和研究实力；设有科研管理职能部门；能够提供开展研究的必要条件并承诺信誉保证。以兼职人员身份从所兼职单位申报国家社会科学基金艺术学项目的，兼职单位须审核兼职人员正式聘用关系的真实性，承担项目管理职责并承担信誉保证。

五、《课题指南》条目分范围性条目和具体题目两类。范围性条目只规定研究范围和方向，申请人要据此自行设计具体题目，没有明确的研究对象和问题指向的申请不予受理和立项；依据具体题目申报的课题，应选择不同的研究角度、方法和侧重点，题目的文字表述可做适当修改。只要符合《课题指南》的指导思想和基本要求，各学科均鼓励申请人根据研究兴趣和学术积累申报自选课题（包括重点课题）。自选课题与按《课题指南》申报的课题在评审程序、评审标准、立项指标、资助强度等方面同样对待。无论是按《课题指南》拟定的课题还是自选课题，课题名称的表述应科学、严谨、规范、简明，一般不加副标题。跨学科研究课题要以“靠近优先”原则，选择一个主要的学科进行申报。

为进一步突出重点，针对我国艺术学各学科理论体系建设中的薄弱环节、我国文化建设中亟待研究回答的重大理论与实践问题，《课题指南》确定了若干优先研究方向（以＊标注），优先研究方向的申报课题一经获准立项，可根据研究工作的实际需求，适度放宽资助额度。

六、本年度国家社会科学基金艺术学项目设置重点项目、一般项目、青年项目、西部项目（注：西部项目不专门申报，从西部地区研究人员申报的项目中评审产生）。

项目资助额度参考标准为：重点项目 35 万元，一般项目、青年项目、西部项目 20 万元。最终确定的资助额度在适当范围内上下浮动，申请人应按照《国家社会科学基金项目资金管理办法》的要求，根据实际需要编制科学合理的经费预算。

国家社会科学基金艺术学项目的完成时限，自批准立项之日起计算，基础理论研究一般为 3 至 5 年，应用对策研究一般为 2 至 3 年。

七、为确保申请人有足够的时间和精力从事课题研究，2018 年度国家社会科学基金艺术学项目申请做如下限定：（1）课题负责人同年度只能申报一个国家社会科学基金艺术学项目，且不能作为课题组成员参与其他国家社会科学基金艺术学项目的申请；课题组成员同年度最多参与两个国家社会科学基金艺术学项目申请。（2）在研的国家社会科学基金项目、国家自然科学基金项目、教育部人文社会科学研究项目、文化部文化艺术研究项目及其他国家级科研项目的负责人不能申请新的国家社会科学基金艺术学项目（结项证书标注日期在 2018 年 3 月 15 日之前的可以申请）。（3）申请国家社会科学基金项目、国家自然科学基金项目及其他国家级科研项目的负责人同年度不能申请国家社会科学基金艺术学项目，其课题组成员也不能作为负责人以内容相同或相近选题申请国家社会科学基金艺术学项目。（4）申请教育部人文社会科学研究项目的负责人同年度不能申请国家社会科学基金艺术学项目。（5）凡在内容上与在研或已结项的各级各类项目有较大关联的申请课题，须在申请时注明所申请项目与已承担项目的联系和区别，否则视为重复申请；不得以内容基本相同或相近的同一成果申请多家基金项目结项。（6）凡以博士学位论文或博士后出站报告为基础申报国家社会科学基金艺术学项目，须在申请时注明所申请项目与学位论文（出站报告）的联系和区别，申请鉴定结项时提交学位论文（出站报告）原件。（7）不得以已出版的内容基本相同的研究成果申请国家社会科学基金艺术学项目。（8）凡以国家社会科学基金艺术学项目名义发表阶段性成果或最终成果，不得同时标注多家基金项目资助字样。

八、2018 年度国家社会科学基金艺术学项目实行网上申报。请申请人登录全国艺术科学规划项目申报管理系统（系统路径为：文化部网站主页→在线办事→办事大厅→全国艺术科学规划项目申报管理系统），按照有关说明注册账号并提交申报材料。

申请人要如实填写申报材料，保证申报内容的真实性且不涉及知识产权争议。凡发现弄虚作假等违规申报者，经查实后，取消 3 年内申报资格，如获立项即作撤销处理并通报批评。凡在国家社会科学基金艺术学项目申报和评审中发现违规违纪行为的，除按规定进行处理外，均将列入不良科研信用记录。

九、所有申报项目将通过资格审查、同行专家通讯初评和复评等程序。资格审查和评审工作严格按照《全国艺术科学规划项目管理办法》及本通知的规定进行。同行专家通讯初评采用《活页》匿名方式，《活页》论证字数不超过 4000 字，不得出现申请人、课题组成员姓名及所在单位名称等有关信息，否则不予评审。项目评审坚持公平、公正原则，保证质量，宁缺毋滥。评审结果报全国艺术科学规划领导小组审批后公示。

十、如课题获准立项，申请人填写立项通知书回执后，申报系统形成的《申报书》即成为有约束力的资助合同文本。项目负责人在项目执行期间要遵守相关承诺，履行约定义务，按期完成研究任务。最终成果实行匿名通讯鉴定。除特殊情况外，计划出版的成果须先鉴定、后出版，擅自出版者视为自行终止资助协议。

十一、2018 年度国家社会科学基金艺术学项目实行3级申报制度。各单位科研管理部门作为初级管理单位，要做好申报组织及申报材料的审核把关工作，根据本通知及有关规定严格审核《申报书》的所有栏目内容，特别是严格审核申报资格、前期研究成果的真实性、课题组的研究实力和必备条件等，签署明确意见，承担信誉保证。

除北京市外的各省（区、市）艺术科学规划领导小组办公室或文化厅（局）艺术科研管理部门作为中级管理单位，受理本行政区划内的课题申报。中级管理单位要加强组织和指导，认真审核，严格把关，努力提高申报质量。要认真负责地做好账号管理、项目审核提交、名单报送等工作，确保网上申报按期完成。

全国艺术科学规划领导小组办公室委托中国艺术科技研究所承担在京单位的课题申报及各地申报材料的受理工作。全国艺术科学规划领导小组办公室不直接受理申报。

十二、课题申报相关文件材料，包括《2018年度国家社会科学基金艺术学项目课题指南》《国家社会科学基金项目资金管理办法》《全国艺术科学规划项目管理办法》《全国艺术科学规划历年立项课题汇编》等，可在文化部网站或申报系统主页上查询、下载。

十三、申请人及所在单位网上申报和提交时间截至2018年3月15日，逾期系统关闭不予受理。申报单位完成本级资格审查及项目提交后，要同时将系统生成的本单位项目汇总表打印盖章后报送至中级管理单位（在京单位直接报送至中国艺术科技研究所）；中级管理单位网上受理和提交时间截至2018年3月25日，中级管理单位完成本级资格审查及项目提交后，要同时将系统生成的本地区项目汇总表打印盖章后报送至中国艺术科技研究所。

邮寄地址：北京市东城区雍和宫大街戏楼胡同1号中国艺术科技研究所基础研究部，邮政编码：100007

联系人：杨俊

电　话：010-87930724

特此公告。

附件：2018年度国家社会科学基金艺术学项目课题指南

全国艺术科学规划领导小组办公室

2018年1月8日

（全国艺术科学规划领导小组办公室供稿）

2018年度国家社会科学基金艺术学项目课题指南

艺术基础理论

习近平关于新时代中国特色社会主义文化的重要论述研究*

习近平总书记关于"以人民为中心"文艺的重要论述研究*

马克思主义艺术理论中国化研究*

新时代艺术的新使命新境界

中国艺术创造性转化与创新性发展研究

艺术学理论现状与发展研究

中国少数民族艺术理论研究

中国传统艺术观念研究

中国传统艺术体系研究

中国现代艺术体系研究

文化自信与新时代文艺

中外艺术比较研究*

中外民间艺术比较研究

外来艺术样式中国化研究*

中国艺术史（含断代、专题、区域）研究

中国艺术批评史（含断代、专题）研究

流行艺术的生态与传播研究

外国艺术理论经典研究

艺术学跨学科研究

当代中国艺术的伦理问题研究*

戏剧（含戏曲、话剧、歌剧、音乐剧、曲艺、木偶、皮影）

中国少数民族戏剧研究

中国戏剧艺术家研究

戏剧作家作品研究

戏剧舞台美术研究
戏剧表演艺术研究
戏剧导演艺术研究
戏曲音乐研究*
戏曲文献文物研究
各剧种史论研究
地方戏曲与地域文化研究
中国歌剧研究
音乐剧研究
中国话剧史论研究
中国戏剧批评史论研究*
戏剧创作、传播研究
戏剧受众与文化影响研究
戏剧产业与市场研究*
戏剧管理研究
地方曲种研究
曲艺文献研究*
曲艺演唱与伴奏研究
曲艺创作与表演研究
曲艺发展与传播研究
木偶戏、皮影戏史论研究
木偶戏、皮影戏传承与创新研究
中国儿童戏剧史*
中国儿童戏剧的发展现状及策略研究
新媒体技术与戏剧艺术创新发展研究
景观剧研究

电影、广播电视及新媒体艺术

新时代中国影视创作理论与美学研究*
"一带一路"背景下中外影视合作与交流研究
影视如何讲好中国故事研究*
电影学、广播电视学的学科现状与前沿问题研究
中国电影、电视剧创作现状与传播方式研究
中国影视动画创作研究
外国电影艺术创作及理论研究
外国电视剧艺术创作及理论研究
中国电影发展专业史、专题史研究
中国电影艺术家研究
中国类型电影、电视剧研究*
电影、电视技术与艺术互动研究
电影、广播、电视艺术批评研究
"互联网+"发展模式对电影创作及产业的影响研究
中国影视产业历史与现状研究
中国影视、动漫、新媒体艺术与产业国际影响力研究
网络电影、网络剧与网络综艺现状及发展研究*
影视观众心理研究
中外电影院线建设与影院运营模式比较研究
国际电影市场的大数据研究
中国纪录片现状与发展研究
当代中国娱乐节目的文化价值导向及传播研究
媒介融合环境下的广播艺术发展研究
新媒体艺术创作现状研究
中国艺术电影创作与市场发展研究
中国影视人才培养现状及发展研究

音乐

中华优秀传统音乐文化的传承与创新研究*
中华优秀传统音乐文化的人才培养研究*
革命音乐文化研究*
中国校歌文化研究
丝绸之路外文音乐文献整理与研究
音乐学的学科现状与前沿问题研究
中外音乐文化比较研究
中外音乐表演理论与实践研究
中华音乐文化海外传播、传承研究
音乐批评的理论研究
中国音乐断代史专题史研究
中国近现代音乐史研究
中国音乐史学史研究
中国音乐学术史研究
中国音乐美学史研究
中国音乐口述史研究
中国古代音乐文献研究
区域音乐研究
民族声乐研究
民族器乐研究
音乐基础技术理论研究
现当代作曲技术理论研究
中国当代歌剧音乐创作研究
中国当代流行音乐创作的民族化研究
20世纪中国音乐家研究
中国当代音乐作品与作曲家研究
舞蹈（舞剧）音乐研究
电影音乐研究
音乐社会学研究
音乐生态研究

音乐传播研究
音乐科技研究
音乐产业研究
西方音乐研究
音乐的功能性研究

舞蹈

舞蹈基础理论研究*
舞蹈应用理论研究*
舞蹈史学研究
中国舞蹈文化研究
“一带一路”乐舞文化研究
“非遗”舞蹈研究
区域舞蹈研究
中国民族舞蹈研究
中国舞蹈创作研究*
中国舞蹈表演研究
中国舞剧研究*
新兴舞蹈组织和舞蹈人才研究
舞蹈著作权研究
群众舞蹈研究
外国舞蹈研究
中外舞蹈比较研究
中外舞蹈交流研究
舞蹈交叉学科研究
舞蹈与新媒体研究
舞谱研究
中国杂技基础理论研究*
中国杂技艺术史研究
当代杂技创作研究
中外杂技交流研究

美术

美术交流与人类命运共同体建构研究*
当代美术研究
革命题材美术作品研究*
世界视野中的中国美术研究
中国区域性民族性民间美术研究
中国现实主义美术研究*
中国美术史断代、专题研究
中国美术史学史研究
中国古代书论画论研究
中国传统绘画色彩研究
中国近现代绘画研究
中国雕塑史断代、专题研究
中国传统建筑研究
现当代书法研究
摄影艺术研究
绘本创作研究
中外美术交流与比较研究
外国美术研究
中国当代美术批评理论研究
西方现代美术批评理论研究
美术馆研究*
数字化博物馆、美术馆和图书馆发展趋势研究
中国民营美术馆现状调查与研究
中国当代艺术海外传播研究
中国艺术品流散海外情况的调查与研究
中外艺术品市场政策法规比较研究
中外艺术基金会以及艺术品收藏机制研究
美术策展人培养机制研究

设计艺术

中国艺术设计产业发展研究*
设计推动新农村建设策略与方法研究*
基于新技术的文化产品设计研究*
基于传统技艺的创新设计研究*
中国传统纹样的当代运用研究
中国古代器物文化研究
中国传统营造的文化价值研究
中国传统服装服饰研究
中国设计思想及设计理论研究
艺术设计新思潮研究
中国当代工业设计理念与方法研究
城市公共环境景观设计研究
室内设计理论与实践研究
中外工艺美术史及专题研究
中国艺术设计史及专题研究
中国设计哲学、伦理学理论研究
工艺美术批评理论研究
艺术设计批评理论研究

综合

国家文化管理体制改革与创新研究
增强中华文化认同的机制和路径研究*
新时代中华文化走出去的策略研究
大运河文化带文化资源富集型城市发展战略研究
国有艺术院团管理运营机制研究
国有文化企业社会效益评价考核体系研究
促进数字创意产业发展的政策研究*

文化文物单位文化创意产品开发体制机制研究*
文化市场管理理论和政策研究
公共文化服务体系建设研究
乡村振兴战略中的文化建设研究*
非物质文化遗产保护与传承的可持续发展研究
中华民族优秀传统文化传承研究
传统艺术成果的知识产权问题研究
艺术产品的产权交易研究
中国大众文化消费研究*
民营艺术表演团体现状调查与研究
“互联网+传统文化”产业链创新模式研究
区域特色文化产业发展研究
网络文化对生活方式的影响研究
舞台艺术传播体系研究
优秀艺术作品海内外传播平台建设研究
对外文化交流项目绩效评估研究
对外文化贸易研究
非物质文化遗产保护的海外经验和经典案例研究
世界各国文化法律、文化政策比较研究
世界文化思潮及文化热点问题研究

（全国艺术科学规划领导小组办公室供稿）

2018年度国家社会科学基金艺术学重大项目招标公告

经文化部和全国艺术科学规划领导小组批准，2018年度国家社会科学基金艺术学重大项目面向全国公开招标。现将有关事项公告如下：

一、招标单位

全国艺术科学规划领导小组办公室。

二、招标对象

主要包括文化艺术研究领域重点研究机构、高等院校以及社科研究机构等。投标要以单位名义进行，多单位联合投标须确定一个责任单位。鼓励跨地区、跨单位联合投标，鼓励理论工作部门与实际工作部门合作开展研究。

三、招标工作总体要求

高举中国特色社会主义伟大旗帜，全面贯彻党的十九大精神，以马克思列宁主义、毛泽东思想、邓小平理论、“三个代表”重要思想、科学发展观、习近平新时代中国特色社会主义思想为指导，坚持以重大现实问题为主攻方向，坚持基础研究和应用研究并重，发挥国家社会科学基金示范引导作用，加快构建中国特色艺术学体系，推动文化艺术研究为党和国家工作大局服务，为繁荣发展哲学社会科学服务。

四、招标数量和资助额度

2018年度共发布27个重大项目招标选题，每个招标选题原则上只确定1项中标课题。资助额度根据研究的实际需要确定，一般为每项60万~80万元。

五、投标资格要求

（一）投标责任单位须具备下列条件：

1. 在文化艺术研究领域具有较强的科研力量和深厚的学术积累。

2. 设有专门负责科研管理工作的职能部门。

3. 能够为开展重大项目研究工作提供良好条件。

（二）投标课题组须具备下列条件：

1. 遵守《中华人民共和国宪法》和法律，遵守国家社会科学基金各项管理规定；在相关研究领域具有深厚的学术造诣和丰富的科研经验，社会责任感强，学风优良；首席专家具有正高级专业技术职称或厅局级（含）以上领导职务，能够承担实质性研究工作并担负科研组织指导职责；每个投标课题组的首席专家只能为一人。

2. 在研的国家社会科学基金重大项目、马克思主义理论研究和建设工程重大项目、教育部哲学社会科学重大攻关项目、国家出版基金项目及其他国家级重大科研项目的课题负责人，不能作为首席专家参加本次投标。申请教育部哲学社会科学研究重大课题攻关项目及其他国家级科研重大项目的首席专家同年度不能投标国家社会科学基金艺术学重大项目。

3. 首席专家只能投标一个项目，且不能作为子课题负责人或课题组成员参与本次投标的其他课题。子课题负责人须具有副高级（含）以上职称，在本批次招标中只能参与一个投标课题。课题组成员最多参与两个投标课题。

4. 文化部机关工作人员不能申请或者参与申请国家社会科学基金艺术学重大项目。

六、投标课题要求

1. 投标课题组须按 2018 年度发布的招标选题投标，自选课题不予受理。《投标书》文本要简洁、规范、清晰，不加附件。

2. 投标课题要突出研究重点，体现有限目标，课题设计不宜过于宽泛，避免大而全，子课题数量一般不超过 5 个。大型文献典籍整理、丛书编纂、数据库建设等规模较大的课题，可根据实际需要设定子课题数量。每个子课题只能确定一名负责人。

3. 投标课题组要熟知国内外相关领域研究前沿和动态，除必要的学术史梳理外，应着重对同类课题研究状况和他人研究成果作出分析评价，阐明投标课题的价值和意义。

4. 投标课题组要具备扎实的研究基础和丰富的相关前期研究成果。《投标书》要重点介绍首席专家近年来在相关研究领域的学术积累和学术贡献、同行评价和社会影响等方面情况。

5. 投标课题组要树立鲜明的问题意识和创新意识，在框架设计、研究思路、主要内容、基本观点、研究方法等方面，体现创新的学术思想、独到的学术见解和可能取得的突破。

6. 项目完成时间根据研究工作的实际需要确定，一般应在 3~5 年完成。

7. 预期研究成果的规模和数量应科学合理，确保质量和学术水准，多出精品力作，避免重复出版；最终成果为大型文献典籍整理、多卷本专著、系列丛书等形式的，应注意编纂体例的科学性和统一性。最终成果为学术专题数据库的，要以公益使用、开放共享为目标，避免重复建设。

七、投标纪律要求

1. 投标单位和首席专家要加强审查把关，切实把好政治方向关和学术质量关。各地中级管理单位要从课题设计、课题论证、首席专家、前期研究成果、科研团队和责任单位等方面进行详细审查，合格者予以上报。

2. 投标课题组要弘扬严谨、求实、创新、诚信的优良学风，自觉坚持公平竞争的原则，严格遵守国家社会科学基金项目管理规定。凡有弄虚作假、抄袭剽窃、违规违纪等行为的，一经查实，即取消参评资格；如获中标，一律撤项，5 年内不得申报国家社会科学基金项目。

3. 投标课题组拟定子课题负责人和课题组成员前必须征得本人同意，子课题负责人须在《投标书》上签字，否则视为违规申报。如获中标，子课题负责人一般不得变更。

4. 投标课题组可提出 2 名以内建议回避评审专家，全国艺术科学规划领导小组办公室将根据评审工作的实际情况予以考虑。

八、申报程序和时间安排

1. 除北京市外的各省（区、市）艺术科学规划领导小组办公室或文化厅（局）艺术科研管理部门作为中级管理单位，受理并审核本行政区划内的投标课题申报并汇总、报送。全国艺术科学规划领导小组办公室委托中国艺术科技研究所承担在京单位的投标课题申报及各地申报材料的受理及分类汇总工作。全国艺术科学规划领导小组办公室不直接受理申报。

2. 《招标公告》《投标书》《投标材料汇总表》等相关材料可登录文化部网站查阅、下载（路径：文化部网站主页→部内司局→文化科技司）。《投标书》一律用计算机填写、A3 纸双面印制中缝装订，经投标单位审核盖章，由各地中级管理单位审核汇总后，于 2018 年 3 月 15 日前统一报送至中国艺术科技研究所，逾期不予受理。

各地报送的材料包括：（1）审查合格的纸质《投标书》一式 8 份，其中 1 份原件（请在封面上标明）、7 份复印件；（2）每项《投标书》的电子文本 1 份（请用 word 文件格式制作）；（3）《投标材料汇总表》1 份（请严格按照表格样式用 excel 文件格式制作）。《投标书》和《投标材料汇总表》电子表格请通过电子邮件发至全国艺术科学规划领导小组办公室（邮箱：ysghb809@ 163. com）。

3. 全国艺术科学规划领导小组办公室对《投标书》进行资格审查，并组织专家对通过资格审查的投标课题进行评审，提出建议中标课题名单。

4. 建议中标课题名单经全国艺术科学规划领导小组审批后，在文化部及全国哲学社会科学规划办公室网站上公示 7 天，公示结果报全国艺术科学规划领导小组审批后下达立项通知书。

邮寄地址：北京市东城区雍和宫大街戏楼胡同 1 号中国艺术科技研究所基础研究部，邮政编码：100007

联系人：杨　俊

电话：010-87930724

特此公告。

附件：1. 2018年度国家社会科学基金艺术学重大项目招标选题

2. 2018年度国家社会科学基金艺术学重大项目投标书（略）

3. 2018年度国家社会科学基金艺术学重大项目投标材料汇总表（略）

全国艺术科学规划领导小组办公室

2018年1月8日

（全国艺术科学规划领导小组办公室供稿）

2018年度国家社会科学基金艺术学重大项目招标选题

1. 习近平关于新时代中国特色社会主义文化的重要论述研究
2. 新时代中国特色社会主义文艺发展趋势研究
3. 文艺发展史与文艺高峰研究
4. 当代中国艺术体系研究
5. 数字时代的文艺评论研究
6. 戏曲人才培养体系研究
7. 戏曲现代戏创作研究
8. 当代欧美戏剧理论前沿问题研究
9. 梅兰芳表演艺术体系及相关文献收集整理与研究
10. 新中国成立70周年中国戏曲史（省区卷）
11. 中国数字新媒体艺术创新研究
12. 影视剧与游戏融合发展及审美趋向研究
13. 中国电影学派理论体系构建研究
14. 20世纪中国音乐学术史研究
15. 中国现当代作曲理论体系形成与发展研究
16. 新时代中国民族歌剧创作研究
17. 现实题材舞蹈创作研究
18. 中国杂技形态衍变研究
19. 中国百年雕塑研究
20. 中国近现代绘画研究
21. 东方设计学理论建构研究
22. 中华民族服饰文化研究
23. 文化自信与“国家形象”研究
24. “一带一路”文化产业带研究
25. 中国非物质文化遗产数字传播研究
26. 大数据时代高维艺术理论与实践研究
27. 乡村振兴战略中的文化建设研究

（全国艺术科学规划领导小组办公室供稿）

2018年度国家社会科学基金艺术学重大项目（北京地区）

批准号	项目名称	责任单位	首席专家
18ZD02	文艺发展史与文艺高峰研究	北京大学	王一川
18ZD03	当代中国艺术体系研究	中国艺术研究院	李新风
18ZD04	戏曲人才培养体系研究	中国戏曲学院	冉常建
18ZD07	梅兰芳表演艺术体系及相关文献收集整理与研究	中国艺术研究院	刘　祯
18ZD12	中国数字新媒体艺术创新研究	北京师范大学	冯应谦
18ZD13	影视剧与游戏融合发展及审美趋向研究	北京大学	陈旭光

续表

批准号	项目名称	责任单位	首席专家
18ZD14	中国电影学派理论体系构建研究	北京电影学院	刘　军
18ZD17	现实题材舞蹈创作研究	中国舞蹈家协会	冯双白
18ZD18	中国百年雕塑研究	中国美术馆	吴为山
18ZD20	中华民族服饰文化研究	北京服装学院	孙　机
18ZD21	文化自信与“国家形象”研究	清华大学	范　红

（全国艺术科学规划领导小组办公室供稿）

2018 年度国家社会科学基金艺术学项目（北京地区）

批准号	项目名称	项目类别	负责人	责任单位
18BA011	南欧与西亚文化对南北朝隋唐艺术的影响	一般项目	李静杰	清华大学
18BA013	新时代中国民众视觉艺术素养研究	一般项目	赵凤民	中国传媒大学
18BB031	中国现代戏剧批评话语体系形成史	一般项目	周靖波	中国传媒大学
18BC033	中国故事的影像生产	一般项目	陈晓云	北京师范大学
18BC034	中国剧本数据库构建及大数据智能剧本创作系统研究	一般项目	李春芳	中国传媒大学
18BC035	电影创作展现弘扬中华美学精神的路径与方法研究	一般项目	林　琳	中国艺术研究院
18BC038	形态·基因·模式：网生内容发展动力及趋势研究	一般项目	卜彦芳	中国传媒大学
18BC041	中国民族志电影史	一般项目	朱靖江	中央民族大学
18BC042	影视如何讲好中国故事：建构中国故事的影像修辞系统	一般项目	张小琴	清华大学
18BC046	全球视域下印度宝莱坞电影的类型创作与海外传播研究	一般项目	谭　政	中国文联电影艺术中心
18BC047	中美电影院线运营管理模式比较研究	一般项目	吴曼芳	北京电影学院
18BC048	公共事件网络视频传播中的社会情绪管理机制研究	一般项目	许　莉	北京工商大学
18BD052	音乐家罗忠镕研究	一般项目	吴春福	首都师范大学
18BD058	海昏侯刘贺墓出土乐器的音乐考古学研究	一般项目	王清雷	中国艺术研究院
18BD064	中俄手风琴音乐比较研究	一般项目	高　洁	首都师范大学
18BD068	丝绸之路上十个代表性乐种外文文献整理及其音乐文化研究	一般项目	王先艳	中国音乐学院

续表

批准号	项目名称	项目类别	负责人	责任单位
18BD069	纳西族东巴音乐文化研究	一般项目	和云峰	中央音乐学院
18BD076	基于国家艺术基金视野的音乐传播研究	一般项目	刘立明	国家艺术基金管理中心
18BE082	影响当代中国舞蹈发展因素与新时代舞蹈发展策略研究	一般项目	王　欣	北京舞蹈学院
18BF089	傅抱石与中国故实画传统	一般项目	张　鹏	首都师范大学
18BF091	宋夏美术交流与中原风格的传播	一般项目	邵　军	中国传媒大学
18BF093	印刷的图像：明代徽州版画研究	一般项目	李啸非	北京印刷学院
18BF096	东南亚南传佛教壁画研究	一般项目	安　佳	北京服装学院
18BF097	20 世纪西方摄影理论研究	一般项目	王保国	中国艺术研究院
18BF100	明遗民绘画的图像叙事研究	一般项目	付阳华	中国人民大学
18BF101	齐白石年谱长编	一般项目	吕　晓	北京画院
18BG111	艺术设计新思潮研究	一般项目	曹小鸥	中国艺术研究院
18BG119	技术哲学视域下的设计新思潮研究	一般项目	张　黎	北京信息科技大学
18BG120	藏族传统制陶文化研究	一般项目	邱耿钰	清华大学
18BG124	明清外销瓷与海上丝绸之路的文化交流	一般项目	滕晓铂	北京印刷学院
18BG143	俄罗斯皇宫典藏中国瓷器研究	一般项目	多丽梅	故宫博物院
18BH145	手工艺传承人群的高校创新培养模式研究	一般项目	杨佩璋	清华大学
18BH146	国有文化企业社会效益评价考核体系研究	一般项目	周正兵	中央财经大学
18BH150	非遗陶瓷手工艺法国传承范例研究	一般项目	杜一雄	中国政法大学
18BH158	公共艺术政策助推“城市文化复兴”价值研究	一般项目	王　中	中央美术学院
18BH163	促进数字创意产业发展的政策研究	一般项目	刘江红	中国传媒大学
18CD178	现当代中国民族乐器发展思潮研究	青年项目	高　舒	中国艺术研究院
18CE182	20 世纪舞蹈人类学理论范式研究	青年项目	刘　柳	中央民族大学
18CF185	文艺复兴透视的视觉范式研究	青年项目	彭　筠	中央美术学院
18CF187	跨文化视野下的“中国文艺复兴”——20 世纪上半叶留学艺术家绘画研究	青年项目	杨　肖	中国艺术研究院
18CG191	当代中国玉雕艺术创造性转化与创新性发展研究	青年项目	康　悦	中国艺术研究院
18CG196	明代金银器史	青年项目	张燕芬	故宫博物院
18CG202	20 世纪玻璃艺术现代性研究	青年项目	李　静	清华大学
18CH206	乡村振兴战略中的文化建设路径研究	青年项目	齐　骥	中国传媒大学
18CH209	基层文化组织员社区治理能力建设研究	青年项目	杨　楠	北京戏曲艺术职业学院

（全国艺术科学规划领导小组办公室供稿）

2018 年度教育部在京高校国家社会科学基金重大项目

序号	项目批准号	项目名称	首席专家	责任单位	备注
1	18ZDA003	习近平生态文明思想研究	郇庆治	北京大学	
2	18ZDA012	中国共产党百年民生思想发展史	唐任伍	北京师范大学	
3	18ZDA013	中国本土化哲学社会科学体系的建构：文献资料收集、整理与研究（1919—1949）	王海军	中国人民大学	
4	18ZDA016	国外学界《资本论》研究的最新进展	张秀琴	中国人民大学	
5	18ZDA018	当代俄罗斯哲学研究	张百春	北京师范大学	
6	18ZDA020	近现代中国价值观念史	张曙光	北京师范大学	
7	18ZDA029	个人同一性研究的当代发展	费多益	中国政法大学	
8	18ZDA046	新时代绿色发展绩效评估与美丽中国建设道路研究	钱　易	清华大学	
9	18ZDA056	新时代加强中国中小微企业国际竞争力的模式与路径研究	林汉川	对外经济贸易大学	
10	18ZDA071	标准推动“一带一路”沿线国家互联互通的战略与实施路径研究	杨杭军	对外经济贸易大学	
11	18ZDA073	基于马克思劳动价值论的会计宏观价值指数的编制与分析	王化成	中国人民大学	
12	18ZDA074	我国粮食生产的水资源时空匹配及优化路径研究	穆月英	中国农业大学	
13	18ZDA076	我国军队经营性资产管理体制改革重大问题研究	张东江	北京理工大学	
14	18ZDA080	中国农村家庭数据库建设及其应用研究	李　实	北京师范大学	
15	18ZDA082	新时代非户籍人口市民化的系统解决方案研究	叶裕民	中国人民大学	
16	18ZDA086	共享经济下构建我国分级医疗体系研究	张润彤	北京交通大学	
17	18ZDA091	数字普惠金融的创新、风险与监管研究	黄益平	北京大学	
18	18ZDA097	新时代下地方政府债务风险的新特征与监管研究	毛　捷	对外经济贸易大学	
19	18ZDA107	我国碳排放权交易体系的评估与完善研究	段茂盛	清华大学	
20	18ZDA110	基于大数据的智能化社会治理监测、评估与应对策略研究	孟天广	清华大学	
21	18ZDA112	中国特色政府监管理论体系与应用研究	刘　鹏	中国人民大学	
22	18ZDA114	基于市场导向的创新体系中政府作用边界、机制及优化	章文光	北京师范大学	
23	18ZDA115	基于市场导向的创新体系中政府作用边界、机制及优化	陈　玲	清华大学	

续表

序号	项目批准号	项目名称	首席专家	责任单位	备注
24	18ZDA123	国际统计标准测度问题挖掘与中国参与的方法论基础研究	邱 东	北京师范大学	
25	18ZDA124	大数据背景下我国新经济新动能统计监测与评价研究	许宪春	清华大学	
26	18ZDA135	中国特色国家监察理论构建、制度创新与实践运行研究	解志勇	中国政法大学	
27	18ZDA136	大数据法制立法方案研究	邢会强	中央财经大学	
28	18ZDA140	我国社会法的概念、原则、理论与实践	林 嘉	中国人民大学	
29	18ZDA141	民法典编纂的内部与外部体系研究	李永军	中国政法大学	
30	18ZDA143	人格权保护立法研究	王利明	中国人民大学	
31	18ZDA146	大数据时代个人数据保护与数据权利体系研究	程 啸	清华大学	
32	18ZDA149	互联网经济的法治保障研究	申卫星	清华大学	
33	18ZDA167	深化基层矛盾纠纷化解共建共治机制及其风险预判研究	陆益龙	中国人民大学	
34	18ZDA168	民生保障视角下农村地权结构调整的社会学研究	郑雄飞	北京师范大学	
35	18ZDA172	欧亚视野下的早期中国文明化进程研究	韩建业	中国人民大学	
36	18ZDA198	胡适年谱新编	欧阳哲生	北京大学	
37	18ZDA209	俄国东方学研究及其数据库建设	王 奇	清华大学	
38	18ZDA231	“宗教中国化”的基础理论建构	张志刚	北京大学	
39	18ZDA237	中国古代都城文化与古代文学及相关文献研究	康 震	北京师范大学	
40	18ZDA238	基于大数据技术的古代文学经典文本分析与研究	刘 石	清华大学	
41	18ZDA258	历代方志所见文学文献整理研究	张廷银	北京语言大学	
42	18ZDA268	中国神话资源的创造性转化与当代神话学的体系建构	杨利慧	北京师范大学	
43	18ZDA269	东北人口较少民族口头文学抢救性整理与研究	汪立珍	中央民族大学	
44	18ZDA272	中国阿尔泰语系诸民族民间文学比较研究	毕 桪	中央民族大学	
45	18ZDA274	伊犁河流域厄鲁特人民间所藏托忒文文献搜集整理与研究	叶尔达	中央民族大学	
46	18ZDA275	马克思主义文学理论关键词及当代意义研究	金永兵	北京大学	
47	18ZDA281	京津冀文脉谱系与“大京派”文学建构研究	刘 勇	北京师范大学	
48	18ZDA285	北美汉学发展与汉籍收藏的关系研究	杨海峥	北京大学	
49	18ZDA286	印度古典梵语文艺学重要文献翻译与研究	湛 如	北京大学	
50	18ZDA295	基于“互联网+”的国际汉语教学资源与智慧教育平台研究	王治敏	北京语言大学	

续表

序号	项目批准号	项目名称	首席专家	责任单位	备注
51	18ZDA299	河西走廊民族语言的跨学科研究	苗东霞	中央民族大学	
52	18ZDA304	楚文字综合整理与楚文字学的构建	李守奎	清华大学	
53	18ZDA307	智能时代的信息价值观引领研究	陈昌凤	清华大学	
54	18ZDA309	大数据驱动的社交网络舆情主题图谱构建及调控策略研究	梁　循	中国人民大学	
55	18ZDA317	中国特色网络内容治理体系及监管模式研究	谢新洲	北京大学	
56	18ZDA320	冷战后全球主流媒体意识形态演变与人类命运共同体理念引领国际舆论对策研究	孙有中	北京外国语大学	
57	18ZDA321	中医药文化国际传播认同体系研究	李希光	清华大学	
58	18ZDA332	人类命运共同体建构的社会文化心理机制研究	刘　力	北京师范大学	
59	18ZDA337	我国普惠性学前教育公共服务体系建设的路径和机制研究	刘　焱	北京师范大学	
60	18ZDA339	面向全球孔子学院的中国概况教学创新研究及其数字课程建设	郭　鹏	北京语言大学	
61	18VSJ041	区域—要素统筹：新时代国土空间开发保护制度研究	林　坚	北京大学	研究阐释党的十九大精神国家社科基金专项
62	18VSJ015	分两步走全面建设社会主义现代化国家的新目标研究	宋旭光	北京师范大学	研究阐释党的十九大精神国家社科基金专项
63	18VSJ044	构建新型国际关系的思想内涵与实现路径研究	戴长征	对外经济贸易大学	研究阐释党的十九大精神国家社科基金专项
64	18VSJ064	健全自治、法治、德治相结合的乡村治理体系研究	高其才	清华大学	研究阐释党的十九大精神国家社科基金专项
65	18VSJ081	结合时代要求继承创新中华优秀传统文化中的核心理念研究	戴木才	清华大学	研究阐释党的十九大精神国家社科基金专项
66	18VSJ099	实现“脱真贫”“真脱贫”跟踪评估研究	左　停	中国农业大学	研究阐释党的十九大精神国家社科基金专项
67	18VSJ006	习近平社会主义生态文明观研究	张云飞	中国人民大学	研究阐释党的十九大精神国家社科基金专项
68	18VSJ021	乡村振兴战略核心机制研究	周　立	中国人民大学	研究阐释党的十九大精神国家社科基金专项
69	18VSJ022	新时代我国区域协调发展战略的理论深化与实践创新研究	孙久文	中国人民大学	研究阐释党的十九大精神国家社科基金专项
70	18VSJ048	新时代中国推动建设开放型世界经济研究	黄卫平	中国人民大学	研究阐释党的十九大精神国家社科基金专项
71	18VSJ061	农地三权分置的实践探索与法律表达	高圣平	中国人民大学	研究阐释党的十九大精神国家社科基金专项
72	18VSJ062	实现小农户和现代农业发展有机衔接研究	孔祥智	中国人民大学	研究阐释党的十九大精神国家社科基金专项
73	18VSJ097	新时代我国城乡住房制度变革与创新	吕　萍	中国人民大学	研究阐释党的十九大精神国家社科基金专项

续表

序号	项目批准号	项目名称	首席专家	责任单位	备注
74	18VSJ100	市场化、多元化的生态补偿：理论、方法与机制创新	吴　健	中国人民大学	研究阐释党的十九大精神国家社科基金专项
75	18VSJ002	构建人类命运共同体基础理论研究	刘贞晔	中国政法大学	研究阐释党的十九大精神国家社科基金专项
76	18VSJ028	深化机构和行政体制改革的法治化研究	应松年	中国政法大学	研究阐释党的十九大精神国家社科基金专项
77	18VSJ042	全面推进国防和军队建设法治化研究	丛文胜	中国政法大学	研究阐释党的十九大精神国家社科基金专项
78	18VSJ050	“一带一路”国际合作机制框架设计	孔庆江	中国政法大学	研究阐释党的十九大精神国家社科基金专项
79	18VSJ079	深化司法体制改革研究	杨宇冠	中国政法大学	研究阐释党的十九大精神国家社科基金专项
80	18VSJ083	推进诚信建设法制化研究	于　飞	中国政法大学	研究阐释党的十九大精神国家社科基金专项
81	18VSJ080	中国特色现代文化产业体系和市场体系研究	魏鹏举	中央财经大学	研究阐释党的十九大精神国家社科基金专项
82	18VSJ092	中华民族共同体意识研究	青　觉	中央民族大学	研究阐释党的十九大精神国家社科基金专项

（高校社科管理中心供稿）

2018年度教育部人文社会科学研究一般项目（北京地区）

序号	项目批准号	项目名称	申请人	学校名称	项目类别	学科门类
1	19YJC760150	沉浸式交互技术下的中国水墨动画意境创作与艺术感知研究	张凤全	北方工业大学	青年基金项目	艺术学
2	19YJA630127	创新券提升中小微企业创新能力的协同机制及优化路径研究	周　霞	北方工业大学	规划基金项目	管理学
3	19YJC710106	境外宗教渗透与高校意识形态安全工作研究	张晓晨	北方工业大学	青年基金项目	马克思主义/思想政治教育
4	19YJA890022	“健康中国2030”视域下学生体力活动指南开发——基于大数据分析和定性研究	宋　逸	北京大学	规划基金项目	体育科学
5	19YJA740031	阿拉伯政治冲突的符号化与媒介化趋向研究	廉超群	北京大学	规划基金项目	语言学
6	19YJC880119	大学“三维融通”创新型学习环境的要素构成、过程模型及效果评估研究	余　继	北京大学	青年基金项目	教育学
7	19YJC790053	高铁、结构转型与经济增长的政策效应评估：基于新结构经济学的视角	柯　潇	北京大学	青年基金项目	经济学
8	19YJC630210	决策中断对消费者选择的折中效应影响的研究：内在机制、边界条件和应对策略	张成虎	北京大学	青年基金项目	管理学

续表

序号	项目批准号	项目名称	申请人	学校名称	项目类别	学科门类
9	19YJC720003	马克思哲学的普遍性—特殊性问题研究	陈广思	北京大学	青年基金项目	哲学
10	19YJC760108	南宋时期的木构建筑形制与屋木画研究	王书林	北京大学	青年基金项目	艺术学
11	19YJC630219	社会资本视角下的互联网金融平台用户还款行为研究	张晓丹	北京大学	青年基金项目	管理学
12	19YJC752030	印度"早期现代"黑天文学研究	王　靖	北京大学	青年基金项目	外国文学
13	19YJC770022	中国抗生素药物社会史研究（1941—1978）	李彦昌	北京大学	青年基金项目	历史学
14	19YJC751043	中国现代文学中的"个体"形象与现实主义的边界研究	王　钦	北京大学	青年基金项目	中国文学
15	19YJA630104	中庸思维对女性领导者应对角色冲突的影响及效果：基于角色理论视角的多方法研究	尹　俊	北京大学	规划基金项目	管理学
16	19YJC840064	子女人力资本对于老年人健康的反哺效应研究	周　羿	北京大学	青年基金项目	社会学
17	19YJC730010	"五位一体"总布局文化建设背景下北京城宗教建筑的空间分布规律研究	张　旭	北京第二外国语学院	青年基金项目	宗教学
18	19YJC790012	基于截断数据的操作风险分段建模方法与集成度量模式研究	陈　倩	北京第二外国语学院	青年基金项目	经济学
19	19YJC790208	新型城镇化进程中农民工留城创业行为机理、约束条件与支持政策研究	朱志胜	北京第二外国语学院	青年基金项目	经济学
20	19YJC760161	日本当代动画导演创作风格研究	张　愉	北京电影学院	青年基金项目	艺术学
21	19YJC760092	我国电影行业的失范与规范问题研究	孙俨斌	北京电影学院	青年基金项目	艺术学
22	19YJC760014	敦煌唐代供养人像服饰图案研究	崔　岩	北京服装学院	青年基金项目	艺术学
23	19YJCZH075	基于演化博弈的互联网广告流量欺诈的治理研究	雷　蕾	北京工商大学	青年基金项目	交叉学科/综合研究
24	19YJC790077	我国高校教师过度劳动问题的理论与实践研究	刘贝妮	北京工商大学	青年基金项目	经济学
25	19YJAZH092	中美经贸摩擦中的话语博弈与中国话语权提升策略研究	王　擎	北京工商大学	规划基金项目	交叉学科/综合研究
26	19YJC630129	混合所有制改革背景下集团化管理与国企创新研究	钱　婷	北京工业大学	青年基金项目	管理学
27	19YJC790036	教育财政投入对家庭教育支出决策的影响研究：微观机理与实证检验	何宗樾	北京工业大学	青年基金项目	经济学
28	19YJCGJW014	贸易强国建设背景下我国绿色贸易发展战略及政策研究	邢李志	北京工业大学	青年基金项目	国际问题研究

续表

序号	项目批准号	项目名称	申请人	学校名称	项目类别	学科门类
29	19YJA910001	乡村振兴战略下我国城乡发展不平衡的统计测度与演化趋势研究	艾小青	北京工业大学	规划基金项目	统计学
30	19YJC710039	新时代党的意识形态凝聚力和引领力提升研究	刘　锋	北京工业大学	青年基金项目	马克思主义/思想政治教育
31	19YJA880044	“双一流”高校建设成效评价研究	马永红	北京航空航天大学	规划基金项目	教育学
32	19YJC790197	创新投入策略、区域关联与经济增长研究	赵雨涵	北京航空航天大学	青年基金项目	经济学
33	19YJA820051	数据主权研究	翟志勇	北京航空航天大学	规划基金项目	法学
34	19YJA630004	“双一流”建设战略导向下高等教育经费绩效评价与提升研究	查道林	北京化工大学	规划基金项目	管理学
35	19YJC840002	社交机器人社会存在对老年人心理健康的影响机理研究	陈　娜	北京化工大学	青年基金项目	社会学
36	19YJC820048	网络空间自卫权行使的国际法规制研究	邵　怿	北京化工大学	青年基金项目	法学
37	19YJC820077	我国上市公司重整中行政权介入实证及路径研究	赵惠妙	北京化工大学	青年基金项目	法学
38	19YJC630217	新时代增强中小企业数字能力的模式与推进机制研究	张思雪	北京化工大学	青年基金项目	管理学
39	19YJC630148	基于多源数据的不确定路网环境下潮汐车道布局优化方法研究	孙　煦	北京建筑大学	青年基金项目	管理学
40	19YJC840067	基于人口规模及空间分布信息的城市公共资源优化配置研究	邹　艳	北京建筑大学	青年基金项目	社会学
41	19YJC890019	健身跑者对跑步风险认知与应对行为的调查及对策研究	胡德刚	北京建筑大学	青年基金项目	体育科学
42	19YJA820058	“互联网+”背景下新型道路交通现象法律问题研究	郑　翔	北京交通大学	规划基金项目	法学
43	19YJC630081	城市交通出行行为的影响因素研究——基于共享经济的视角	李　梦	北京交通大学	青年基金项目	管理学
44	19YJA760064	国际前沿美学视野下的中国电影视觉造型创新研究	王丽君	北京交通大学	规划基金项目	艺术学
45	19YJC860040	互联网时代的媒体估值：现状、困境与模型构造研究	王　田	北京交通大学	青年基金项目	新闻学与传播学
46	19YJCZH181	基于大数据视角的中国古代书画家源流分析研究	王　征	北京交通大学	青年基金项目	交叉学科/综合研究
47	19YJC630043	考虑用户使用习惯的城市充电桩布局优化文本挖掘和仿真模型研究	宫大庆	北京交通大学	青年基金项目	管理学
48	19YJC710114	习近平总书记关于青年社会责任的重要论述研究	郑士鹏	北京交通大学	青年基金项目	马克思主义/思想政治教育
49	19YJAZH032	虚拟现实技术对建筑设计思维与教学的影响机制与应用研究	胡映东	北京交通大学	规划基金项目	交叉学科/综合研究

续表

序号	项目批准号	项目名称	申请人	学校名称	项目类别	学科门类
50	19YJAZH026	装配式建筑工程量清单与 BIM 的计价信息协同及扩展研究	郭婧娟	北京交通大学	规划基金项目	交叉学科/综合研究
51	19YJC760078	VR 电影空间的用户体验设计方法研究	裴　磊	北京科技大学	青年基金项目	艺术学
52	19YJA790032	关键审计事项披露的资本市场政策效应研究	胡志颖	北京科技大学	规划基金项目	经济学
53	19YJC710094	海外中国学研究成果用于高校思政课教学资源的路径研究	于国辉	北京科技大学	青年基金项目	马克思主义/思想政治教育
54	19YJC752028	拉美文学的中国形象研究	覃　琳	北京科技大学	青年基金项目	外国文学
55	19YJC770032	清代官方多语文合璧书写及其政治文化意义研究	强光美	北京科技大学	青年基金项目	历史学
56	19YJA790029	校园经历对人力资本和劳动力市场表现的影响研究	胡　枫	北京科技大学	规划基金项目	经济学
57	19YJC710110	新时代大学生思想政治教育获得感及其提升研究	赵　静	北京科技大学	青年基金项目	马克思主义/思想政治教育
58	19YJC760144	家具榫卯机巧艺术及数字化研究	于德华	北京理工大学	青年基金项目	艺术学
59	19YJA880094	我国地方学前教育公共财政投入的公平与效应研究	周　玲	北京理工大学	规划基金项目	教育学
60	19YJC710102	延安时期中共对外话语的传递研究	张　虹	北京理工大学	青年基金项目	马克思主义/思想政治教育
61	19YJC760020	中国传统木结构营造与当代智造再设计研究	付久强	北京理工大学	青年基金项目	艺术学
62	19YJCZH211	基于社会网络的知识产权质押贷款信任模型与实验检验研究	严鸿雁	北京联合大学	青年基金项目	交叉学科/综合研究
63	19YJC880097	民国儿童福利制度研究	吴媛媛	北京联合大学	青年基金项目	教育学
64	19YJA760058	数字复制时代的舞蹈美学辩证研究	汤旭梅	北京联合大学	规划基金项目	艺术学
65	19YJC760042	基于参与式绘图法和手机信令大数据的历史名园文化服务权衡—协同研究	李方正	北京林业大学	青年基金项目	艺术学
66	19YJC630055	南方集体林区林权结构、经营行为与农户福祉研究	侯一蕾	北京林业大学	青年基金项目	管理学
67	19YJA790101	农村贫困地区创业行为扩散机理与引导机制研究	薛永基	北京林业大学	规划基金项目	经济学
68	19YJC760102	遗址与图画——圆明园园林遗址区复原创作研究与实践	王丹丹	北京林业大学	青年基金项目	艺术学
69	19YJC710024	1927—1937 年唯物史观论研究	金　梦	北京师范大学	青年基金项目	马克思主义/思想政治教育
70	19YJC770053	从动员到扎根：中共冀鲁豫根据地乡村文化治理的历史考察和经验研究	吴起民	北京师范大学	青年基金项目	历史学

续表

序号	项目批准号	项目名称	申请人	学校名称	项目类别	学科门类
71	19YJC850012	从张毅到陈遐龄：川边镇守使治理康区之研究	裴儒弟	北京师范大学	青年基金项目	民族学与文化学
72	19YJC880141	多源数据驱动的协作学习活动设计方法及优化策略的实证研究	郑兰琴	北京师范大学	青年基金项目	教育学
73	19YJC880133	法国创建世界一流高校的治理改革研究：以高校联盟为例	张梦琦	北京师范大学	青年基金项目	教育学
74	19YJA880009	高中数学核心素养理论框架的实证及实践研究	郭玉峰	北京师范大学	规划基金项目	教育学
75	19YJA740027	汉语故事的篇章语法研究	李晋霞	北京师范大学	规划基金项目	语言学
76	19YJC720051	美作为从自然到自由的过渡——《判断力批判》体系建构作用研究	周黄正蜜	北京师范大学	青年基金项目	哲学
77	19YJA770023	明清士大夫“书籍之交”研究	张　升	北京师范大学	规划基金项目	历史学
78	19YJC710116	世界历史视域下的马克思共同体理论与人类命运共同体研究	周　阳	北京师范大学	青年基金项目	马克思主义/思想政治教育
79	19YJA630082	事件特征如何影响失败学习：基于社会认知神经科学视角的研究	王文周	北京师范大学	规划基金项目	管理学
80	19YJC890030	数据驱动的高校体育智慧教学平台的构建和应用研究	马运超	北京师范大学	青年基金项目	体育科学
81	19YJA190011	学校生态视角下的校园欺凌监测框架与诊断模型研究——基于全国大样本数据的实证研究	张云运	北京师范大学	规划基金项目	心理学
82	19YJA740035	语言文化学视角下的当代俄罗斯女性文学研究	刘　娟	北京师范大学	规划基金项目	语言学
83	19YJC790006	制造业服务化与价值链升级：基于中国微观企业数据的经验研究	陈超凡	北京师范大学	青年基金项目	经济学
84	19YJC770023	中西比较视野下古希腊的世界观念研究	李　渊	北京师范大学	青年基金项目	历史学
85	19YJC190026	自主支持型教学环境对学生学业成绩的影响机制研究：自我决定理论的视角	张丹慧	北京师范大学	青年基金项目	心理学
86	19YJA890009	足球运动员运动决策能力的脑机制研究	郎　健	北京师范大学	规划基金项目	体育科学
87	19YJA790052	国企混改进程中高管薪酬差距监管与激励机制研究	梁　峰	北京石油化工学院	规划基金项目	经济学
88	19YJAZH007	德语大众剧的艺术传承与历史演变研究	陈　燕	北京体育大学	规划基金项目	交叉学科/综合研究
89	19YJC890064	基于移动互联网技术的网球教学系统模型建构研究	赵　月	北京体育大学	青年基金项目	体育科学
90	19YJA890039	精准扶贫背景下寒地农民体质健康促进研究	章碧玉	北京体育大学	规划基金项目	体育科学
91	19YJC751009	元代交通与诗歌研究	黄二宁	北京体育大学	青年基金项目	中国文学

续表

序号	项目批准号	项目名称	申请人	学校名称	项目类别	学科门类
92	19YJA890026	中国传统武术的哲学思想研究	武　冬	北京体育大学	规划基金项目	体育科学
93	19YJA860003	“人类命运共同体”理念国际传播的话语策略研究	高金萍	北京外国语大学	规划基金项目	新闻学与传播学
94	19YJCZH271	当代德国影视中的华人影像和中国叙事研究	周海霞	北京外国语大学	青年基金项目	交叉学科/综合研究
95	19YJC810003	非洲政治领导人的留学经历与对外政策倾向研究	郭凤林	北京外国语大学	青年基金项目	政治学
96	19YJC730004	海上丝绸之路女神信仰研究：以东南亚为例	霍　然	北京外国语大学	青年基金项目	宗教学
97	19YJC740127	汉语学习者在词汇层面和连续语流中声调和音段信息的加工模式研究	邹　婷	北京外国语大学	青年基金项目	语言学
98	19YJA740065	基于历时语料库的汉语问候语演变研究	夏登山	北京外国语大学	规划基金项目	语言学
99	19YJC740109	意汉双向平行语料库的构建与研究	余丹妮	北京外国语大学	青年基金项目	语言学
100	19YJC790189	央行审慎政策、宏观杠杆率调整与中国经济波动研究	赵成珍	北京物资学院	青年基金项目	经济学
101	19YJC870002	基于深度学习的多源医学数据融合模式研究	陈松景	北京协和医学院	青年基金项目	图书馆、情报与文献学
102	19YJC630047	环境绩效测度的网络数据包络分析方法与应用研究	郭传银	北京信息科技大学	青年基金项目	管理学
103	19YJA860004	中国共产党出版史研究（1921—1949）	高杨文	北京印刷学院	规划基金项目	新闻学与传播学
104	19YJC630120	多重异质条件下政府科技经费投入对产业网络创新绩效的影响机制与优化路径研究	马晓飞	北京邮电大学	青年基金项目	管理学
105	19YJA630025	高管职业经历与企业创新研究：作用机理、影响因素与价值效应	何　瑛	北京邮电大学	规划基金项目	管理学
106	19YJA630020	公司信用信息的披露特征及经济后果研究——基于年报文本分析的视角	高锦萍	北京邮电大学	规划基金项目	管理学
107	19YJC720033	胡塞尔与萨特想象理论比较研究	温　雪	北京邮电大学	青年基金项目	哲学
108	19YJCZH084	基于机器学习的中国工尺谱自动翻译研究	李荣锋	北京邮电大学	青年基金项目	交叉学科/综合研究
109	19YJCZH046	约翰·洛克“中国笔记”手稿研究	韩　凌	北京邮电大学	青年基金项目	交叉学科/综合研究
110	19YJC740099	百年汉语文白语码择用规范谱系研究	徐欣路	北京语言大学	青年基金项目	语言学
111	19YJCZH230	基于语文教材的文本可读性评价方法研究及应用	于　东	北京语言大学	青年基金项目	交叉学科/综合研究
112	19YJAZH106	人工耳蜗植入儿童的大脑可塑性及其对言语和阅读发展的影响研究	张林军	北京语言大学	规划基金项目	交叉学科/综合研究
113	19YJCZH012	唐代丝绸之路上的外来绘画研究	陈　晶	北京语言大学	青年基金项目	交叉学科/综合研究
114	19YJC752007	20世纪早期在华法文报刊中的现代中国形象研究	郭彦娜	对外经济贸易大学	青年基金项目	外国文学

续表

序号	项目批准号	项目名称	申请人	学校名称	项目类别	学科门类
115	19YJC740089	“一带一路”沿线国家意大利的语言政策与规划研究	吴 菡	对外经济贸易大学	青年基金项目	语言学
116	19YJC790013	非参数条件分位数模型理论及其应用研究	陈悉榕	对外经济贸易大学	青年基金项目	经济学
117	19YJC790136	港口预防气候变化及相关灾害的投资决策研究：内部结构、港口间竞争与合作的影响	王 焜	对外经济贸易大学	青年基金项目	经济学
118	19YJC630061	合作型谏言策略的量表及其产生与影响机制研究	贾荣雯	对外经济贸易大学	青年基金项目	管理学
119	19YJC740043	基于清代满汉平行语料库的早期北京话满语干扰特征研究	刘 云	对外经济贸易大学	青年基金项目	语言学
120	19YJC630107	基于双重异构信息的多阶段交互式复杂大群体决策模型研究	刘小月	对外经济贸易大学	青年基金项目	管理学
121	19YJA790089	技术进步对岗位创造、收入不平等的影响研究：基于职位数据和 DSGE 的分析与预测	巫 强	对外经济贸易大学	规划基金项目	经济学
122	19YJC790153	开发区的技术创新效应评估及其作用机制研究：基于专利指标的考察	吴 敏	对外经济贸易大学	青年基金项目	经济学
123	19YJC630137	考虑在险价值（value-at-risk）的企业运营与金融对冲策略研究	任 龙	对外经济贸易大学	青年基金项目	管理学
124	19YJC710037	马克思主义文献学视域下的人类命运共同体思想起源研究	梁 爽	对外经济贸易大学	青年基金项目	马克思主义/思想政治教育
125	19YJC630232	企业投融资期限结构错配的经济后果研究——基于企业风险视角的分析	钟 凯	对外经济贸易大学	青年基金项目	管理学
126	19YJC790061	人力资本扩张对制造业企业出口产品质量的影响机制及实证研究	李 静	对外经济贸易大学	青年基金项目	经济学
127	19YJC790096	推进中国与“一带一路”沿线国家服务贸易发展的路径研究——基于总值和增加值视角	牛 华	对外经济贸易大学	青年基金项目	经济学
128	19YJC790010	我国民营中小企业嵌入“一带一路”产业链的模式与政策支撑研究	陈 廉	对外经济贸易大学	青年基金项目	经济学
129	19YJA810010	新时代下公务员职务与职级并行制度实施效果实证研究：跨地区、跨部门、跨类别比较	吕维霞	对外经济贸易大学	规划基金项目	政治学
130	19YJA740012	学术语篇整合策略与影响因素研究	冯海颖	对外经济贸易大学	规划基金项目	语言学
131	19YJAZH101	京津冀区域多中心格局的政策效应与演变前景研究	杨 卡	国际关系学院	规划基金项目	交叉学科/综合研究
132	19YJC752032	金·斯坦利·罗宾逊的生态乌托邦诗学研究	王 珊	华北电力大学	青年基金项目	外国文学
133	19YJA710038	习近平总书记关于新时代青年担当的重要论述研究	魏彤儒	华北电力大学	规划基金项目	马克思主义/思想政治教育
134	19YJCZH162	新媒体时代美国电子报的中国文化与形象的传播与变异研究	王苗苗	华北电力大学	青年基金项目	交叉学科/综合研究

续表

序号	项目批准号	项目名称	申请人	学校名称	项目类别	学科门类
135	19YJC630175	“人工智能+”视角下我国智能制造产业集群形成与发展机理及政策研究	王雅薇	清华大学	青年基金项目	管理学
136	19YJA880093	“双一流”建设高校全球人才管理战略研究：一项聚焦外国学生学者的跨学科研究	钟　周	清华大学	规划基金项目	教育学
137	19YJCZH239	“一带一路”背景下的国际医疗旅游开发的准入与评价体系研究	张　丹	清华大学	青年基金项目	交叉学科/综合研究
138	19YJC751013	敦煌写本、宋刻本所见唐人的别集编撰思想与实践研究	李成晴	清华大学	青年基金项目	中国文学
139	19YJC630213	基于区块链技术的公益慈善创新模式研究：组织结构、功能与影响因素分析	张　楠	清华大学	青年基金项目	管理学
140	19YJA840019	历史社会学的本土化发展与创新研究	严　飞	清华大学	规划基金项目	社会学
141	19YJA760007	宋辽金工艺美术史料库研究	陈彦姝	清华大学	规划基金项目	艺术学
142	19YJC760071	形象、物品、时空：中国当代雕塑创作中的具象语言研究	罗　幻	清华大学	青年基金项目	艺术学
143	19YJA760004	振兴中国传统工艺的目标、标准与策略研究	陈岸瑛	清华大学	规划基金项目	艺术学
144	19YJA760077	中国传统蓝染工艺研究	杨建军	清华大学	规划基金项目	艺术学
145	19YJA760096	中国经典动画装饰美学的传承与创新研究	祝　卉	清华大学	规划基金项目	艺术学
146	19YJC630123	工作场所不文明行为的实施、效仿与激化研究：文化价值观的影响	毛畅果	首都经济贸易大学	青年基金项目	管理学
147	19YJAZH005	基于复杂网络和机器学习的金融市场风险管控研究	陈　炜	首都经济贸易大学	规划基金项目	交叉学科/综合研究
148	19YJA630074	京津冀一体化视域下北京绿色发展的空间治理体系研究	王德起	首都经济贸易大学	规划基金项目	管理学
149	19YJC820061	类型与构造：资产管理人的信义义务研究	徐化耿	首都经济贸易大学	青年基金项目	法学
150	19YJC840012	民国时期农村社会经济调查的整理与研究	傅春晖	首都经济贸易大学	青年基金项目	社会学
151	19YJA790092	我国城市群政策的驱动路径及绩效评估研究	吴　康	首都经济贸易大学	规划基金项目	经济学
152	19YJC790026	中国经济增长路径上的动态环保税、污染防治补贴及生态补偿机制研究	范庆泉	首都经济贸易大学	青年基金项目	经济学
153	19YJC840063	暴力社会学的理论框架与核心议题研究	周锦章	首都师范大学	青年基金项目	社会学
154	19YJA820008	符合法律的宪法解释及其实践研究	杜强强	首都师范大学	规划基金项目	法学

续表

序号	项目批准号	项目名称	申请人	学校名称	项目类别	学科门类
155	19YJA880060	改革开放40年我国教科书话语体系的演变与发展研究	王攀峰	首都师范大学	规划基金项目	教育学
156	19YJA710036	马克思的社会关系思想与历史唯物主义发展研究	王洪波	首都师范大学	规划基金项目	马克思主义/思想政治教育
157	19YJC760088	西方早期音乐中数理比例创作技术的衍变及当代实践研究	宋　戚	首都师范大学	青年基金项目	艺术学
158	19YJA880023	小学教师德育素养的结构要素与培育机制研究	李　敏	首都师范大学	规划基金项目	教育学
159	19YJC740069	语料库局部语法视域下的中美英语新闻语篇对比研究	隋　忻	首都师范大学	青年基金项目	语言学
160	19YJA751013	元代乐府诗整理与研究	郭　丽	首都师范大学	规划基金项目	中国文学
161	19YJCZH040	20世纪中国糖尿病史研究	谷晓阳	首都医科大学	青年基金项目	交叉学科/综合研究
162	19YJC840059	基于临终病人与家属互动体验和需求的家庭关怀方案的构建与可行性研究	岳　鹏	首都医科大学	青年基金项目	社会学
163	19YJCGJW001	联合国《2030年可持续发展议程》下全球非传统安全治理研究	董　亮	外交学院	青年基金项目	国际问题研究
164	19YJA770001	中国民主党派报刊史研究	艾红红	中国传媒大学	规划基金项目	历史学
165	19YJC710066	大学生政治观现状及对策分析	陶　塑	中国地质大学（北京）	青年基金项目	马克思主义/思想政治教育
166	19YJC770027	晚清美国驻华领事制度研究	刘　芳	中国地质大学（北京）	青年基金项目	历史学
167	19YJAZH130	明末外销青花瓷的产地研究	朱　剑	中国科学院大学	规划基金项目	交叉学科/综合研究
168	19YJCZH087	煤矿行业作业人员冒险行为的生理指标变化规律研究	李祥春	中国矿业大学（北京）	青年基金项目	交叉学科/综合研究
169	19YJC710005	新时代中国共产党网络意识形态话语传播策略研究	曾庆桃	中国矿业大学（北京）	青年基金项目	马克思主义/思想政治教育
170	19YJC820060	"三权分置"下宅基地权利结构的重构研究	肖　鹏	中国农业大学	青年基金项目	法学
171	19YJC840031	美国农村社会学的兴衰史研究及其对中国农村研究的借鉴意义	马学军	中国农业大学	青年基金项目	社会学
172	19YJC630231	品牌农产品消费者口碑传播机制研究——基于Agent建模与仿真	郑小平	中国农业大学	青年基金项目	管理学
173	19YJC710017	新中国成立以来发展观与五年计（规）划互动关系研究	范　鹏	中国农业大学	青年基金项目	马克思主义/思想政治教育
174	19YJA790125	出口质量升级的影响因素研究：龙头效应还是基础条件	赵　勇	中国人民大学	规划基金项目	经济学
175	19YJC840066	当代中国代际流动模式变迁及其影响因素研究	朱　斌	中国人民大学	青年基金项目	社会学

续表

序号	项目批准号	项目名称	申请人	学校名称	项目类别	学科门类
176	19YJA710035	改革开放 40 年中国大陆畅销书出版与社会思潮传播研究	孙利军	中国人民大学	规划基金项目	马克思主义/思想政治教育
177	19YJC860034	老年人微信健康信息的使用模式及其对健康行为的影响研究	潘曙雅	中国人民大学	青年基金项目	新闻学与传播学
178	19YJA751039	乾嘉笔记叙录与整理研究	王　昕	中国人民大学	规划基金项目	中国文学
179	19YJA770007	清代缙绅录研究	阚红柳	中国人民大学	规划基金项目	历史学
180	19YJC752018	日本《改造》杂志及其中国叙事研究（1919—1944）	刘　妍	中国人民大学	青年基金项目	外国文学
181	19YJC630028	我国光伏补贴政策效果评估研究：基于准实验设计	董长贵	中国人民大学	青年基金项目	管理学
182	19YJC790193	学前教育对儿童认知与非认知能力的短期和长期影响研究	赵丽秋	中国人民大学	青年基金项目	经济学
183	19YJC710001	在家庭中培育和践行社会主义核心价值观研究——传统家训教化资源的当代启示	安丽梅	中国人民大学	青年基金项目	马克思主义/思想政治教育
184	19YJA751047	中国现代女性主义理论思潮与文献整理研究（1900—1949）	杨联芬	中国人民大学	规划基金项目	中国文学
185	19YJC710002	新时代思想政治教育文化环境研究	白　洁	中国人民公安大学	青年基金项目	马克思主义/思想政治教育
186	19YJA751008	《朝花夕拾》研究	丁　文	中国社会科学院大学	规划基金项目	中国文学
187	19YJA820014	共同犯罪本质的规范理解研究	何庆仁	中国社会科学院大学	规划基金项目	法学
188	19YJC760034	后电影语境下奇观影像的话语构建与价值审视研究	黄媛媛	中国社会科学院大学	青年基金项目	艺术学
189	19YJA860001	社交媒体使用对我国未成年人的负面影响及对策研究	杜　涛	中国社会科学院大学	规划基金项目	新闻学与传播学
190	19YJCGJW006	世界贸易组织（WTO）裁判机构的困境与中国方案研究	李晓玲	中国社会科学院大学	青年基金项目	国际问题研究
191	19YJC630143	制度逻辑、文化资源与组织身份重塑：基于故宫的纵向案例研究	苏雪梅	中国社会科学院大学	青年基金项目	管理学
192	19YJCZH106	规模与环境友好双导向下海洋油气开发激励机制设计与政策研究	刘明明	中国石油大学（北京）	青年基金项目	交叉学科/综合研究
193	19YJC630006	我国跨行业耦合共生的节能减排路径模拟、潜力评估及政策研究	曹　馨	中国石油大学（北京）	青年基金项目	管理学
194	19YJCZH003	习近平总书记"一带一路"系列重要讲话中的集体认同话语建构研究	曾蕊蕊	中国石油大学（北京）	青年基金项目	交叉学科/综合研究
195	19YJC840023	新型城镇化背景下中国农村信仰转型发生与发展机制研究	刘　力	中国石油大学（北京）	青年基金项目	社会学
196	19YJC720022	《王制》学史研究	吕明烜	中国政法大学	青年基金项目	哲学

续表

序号	项目批准号	项目名称	申请人	学校名称	项目类别	学科门类
197	19YJA820024	法律近代化视角下的冤案纠正：中华民国大理院非常上诉判决例研究	李　超	中国政法大学	规划基金项目	法学
198	19YJCZH282	反腐新形势下国家监察对象范围与相关法律问题研究	宗婷婷	中国政法大学	青年基金项目	交叉学科/综合研究
199	19YJC740006	基于学习者写作语料库的“动词—论元构式”研究	丁　韬	中国政法大学	青年基金项目	语言学
200	19YJA710026	马克思的“经济—阶级”自由理论与分析方法研究	罗朝慧	中国政法大学	规划基金项目	马克思主义/思想政治教育
201	19YJA790046	民营企业社会网络构建与化解海外投资风险研究	李　泳	中国政法大学	规划基金项目	经济学
202	19YJA820057	数据财产私法规制体系的重塑研究	郑佳宁	中国政法大学	规划基金项目	法学
203	19YJA820050	司法鉴定标准化统一问题及解决路径研究	袁　丽	中国政法大学	规划基金项目	法学
204	19YJC820071	文以载政：中国古代诗文所见治国理政要略及其当代价值研究	张京凯	中国政法大学	青年基金项目	法学
205	19YJA820060	我国合宪性审查基准的类型化研究	周青风	中国政法大学	规划基金项目	法学
206	19YJA820056	刑事诉讼中儿童证人研究	赵珊珊	中国政法大学	规划基金项目	法学
207	19YJC820029	刑事证据信息化管理的理论与方法研究	李小恺	中国政法大学	青年基金项目	法学
208	19YJA820041	行政强制执行体制改革研究	王青斌	中国政法大学	规划基金项目	法学
209	19YJA820038	中国古代请托犯罪的国家治理研究	孙　旭	中国政法大学	规划基金项目	法学
210	19YJC630207	家族企业传承失败问题研究	于晓东	中央财经大学	青年基金项目	管理学
211	19YJA72040002	“其他情况均同律”的形式刻画及其推理研究	张立英	中央财经大学	规划基金项目	逻辑学
212	19YJCZH154	城市更新视角下棚户区改造的时空演化、内在机理及引导策略研究	王　昊	中央财经大学	青年基金项目	交叉学科/综合研究
213	19YJA630008	城乡居民基本医保制度并轨的福利效应及政策优化研究	陈　华	中央财经大学	规划基金项目	管理学
214	19YJC710023	传统乡规民约的思想政治教育资源及新时代转化研究	简臻锐	中央财经大学	青年基金项目	马克思主义/思想政治教育
215	19YJA790068	大股东股权质押的行为、动机与风险研究	祁怀锦	中央财经大学	规划基金项目	经济学
216	19YJC790150	个税递延型商业养老保险产品的政策效应和潜在风险的量化分析研究	韦　晓	中央财经大学	青年基金项目	经济学
217	19YJC790196	互动式信息披露的行为特征及其影响因素：基于深交所和上交所网络互动平台的研究	赵　杨	中央财经大学	青年基金项目	经济学
218	19YJC790072	基于机器学习的内部控制缺陷预测模型研究：模型构建与应用	林东杰	中央财经大学	青年基金项目	经济学

续表

序号	项目批准号	项目名称	申请人	学校名称	项目类别	学科门类
219	19YJC630005	基于序参量识别的政府投资基金绩效评价指标体系研究	曹堂哲	中央财经大学	青年基金项目	管理学
220	19YJA630022	绩效管理视域下基于心理契约修正模型的并购文化整合路径研究	郭建鸾	中央财经大学	规划基金项目	管理学
221	19YJC630162	经济发展方式转变背景下的财政政策与企业创新模式研究	王百强	中央财经大学	青年基金项目	管理学
222	19YJCZH178	面向多源社交媒体的青年用户性格预测及风险预警研究	王友卫	中央财经大学	青年基金项目	交叉学科/综合研究
223	19YJAZH058	全球气候融资治理格局的演化与中国应对研究	刘　倩	中央财经大学	规划基金项目	交叉学科/综合研究
224	19YJA790004	时间序列分数单积与体制转换混杂模型的设定检验及应用研究	邓　露	中央财经大学	规划基金项目	经济学
225	19YJCZH253	网络突发事件中负性偏向效应的传递及消解策略研究	张　梅	中央财经大学	青年基金项目	交叉学科/综合研究
226	19YJA710011	习近平总书记关于网络强国的重要论述研究	胡树祥	中央财经大学	规划基金项目	马克思主义/思想政治教育
227	19YJA840016	乡村振兴背景下的城乡连续统建构研究	王积超	中央财经大学	规划基金项目	社会学
228	19YJA752012	战时日本女性作家的中国叙事与战争思想研究	李　炜	中央财经大学	规划基金项目	外国文学
229	19YJC630092	中国会计年度起讫日期的国际接轨路径研究	李　哲	中央财经大学	青年基金项目	管理学
230	19YJC752014	“跨语际小说”理论建构与身份认同研究	雷　静	中央民族大学	青年基金项目	外国文学
231	19YJC760005	当代藏族风格合唱作品分析、指挥艺术处理及教学运用研究	曾雅兰	中央民族大学	青年基金项目	艺术学
232	19YJC880012	德国应用型大学创新化项目模式推动人才培养机制研究	陈志伟	中央民族大学	青年基金项目	教育学
233	19YJCGAT004	基于产业链分工和产业融合测度分析的两岸产业合作研究	时保国	中央民族大学	青年基金项目	港澳台问题研究
234	19YJC850006	极化发展背景下民族间发展差距变化及其治理研究	卢小平	中央民族大学	青年基金项目	民族学与文化学
235	19YJCZH249	民国时期外国文学与国民教育关系研究	张　珂	中央民族大学	青年基金项目	交叉学科/综合研究
236	19YJC840053	生命历程视角下早期不幸生活经历影响居民健康不平等的中介机制及干预研究	杨　磊	中央民族大学	青年基金项目	社会学
237	19YJA760030	审美现代性视野中的西方音乐观念研究	李晓冬	中央音乐学院	规划基金项目	艺术学

（高校社科管理中心供稿）

2018年度教育部哲学社会科学研究重大课题攻关项目（北京地区）

序号	项目批准号	课题名称	首席专家	单位
1	18JZD006	习近平总书记关于教育的重要论述研究	薛二勇	北京师范大学
2	18JZD009	坚持和加强党的全面领导研究	张世飞	中国人民大学
3	18JZD011	新中国成立以来我国乡村治理体系建设历史经验研究	仝志辉	中国人民大学
4	18JZD012	新时代中华文化“走出去”策略研究	史安斌	清华大学
5	18JZD017	世界主要国家教材建设研究	李　芒	北京师范大学
6	18JZD018	汉语国际教育视野下的中国文化教材与数据库建设研究	于小植	北京语言大学
7	18JZD021	中华诗词的语言艺术原理及其历史生成机制研究	韩经太	北京语言大学
8	18JZD023	我国古代治国理念研究	彭新武	中国人民大学
9	18JZD024	近代救灾法律文献整理与研究	赵晓华	中国政法大学
10	18JZD029	建设现代化经济体系的路径与策略研究	张　辉	北京大学
11	18JZD030	乡村振兴战略实施路径研究	张利庠	中国人民大学
12	18JZD032	构建清洁低碳、安全高效的能源体系政策与机制研究	牛东晓	华北电力大学
13	18JZD040	中美网络空间治理比较研究	易继明	北京大学
14	18JZD041	铸牢中华民族共同体意识研究	王　军	中央民族大学
15	18JZD048	深化“放管服”改革促进营商环境持续优化研究	聂辉华	中国人民大学
16	18JZD054	健全民族团结进步教育常态化机制研究	严　庆	中央民族大学
17	18JZD055	新时代加强教师队伍师德师风建设研究	孟繁华	首都师范大学

（高校社科管理中心供稿）

2018年度教育部哲学社会科学研究后期资助项目（北京地区）

序号	项目批准号	学校	项目名称	项目负责人	学科门类	项目类别
1	18JHQ001	中国人民大学	习近平总书记关于党建的重要论述研究	张世飞	马克思主义/思想政治教育	重大项目
2	18JHQ003	中国人民大学	中国现代女性主义理论译介整理与研究（1917—1949）	杨联芬	中国文学	重大项目
3	18JHQ004	北京航空航天大学	美国20世纪小说中的旅行叙事研究	田俊武	外国文学	重大项目
4	18JHQ005	中国人民大学	后现代档案学理论研究	徐拥军	图书馆、情报与文献学	重大项目
5	18JHQ007	首都师范大学	北魏社会经济制度研究	张金龙	历史学	重大项目

续表

序号	项目批准号	学校	项目名称	项目负责人	学科门类	项目类别
6	18JHQ009	北京工商大学	区域经济协调发展战略视角的金融服务实体经济研究	杨德勇	经济学	重大项目
7	18JHQ010	中央财经大学	中国非金融企业杠杆率的分化与结构性去杠杆研究	谭小芬	经济学	重大项目
8	18JHQ018	中国社会科学院大学	新时代社会公德状况跟踪调查及建设机制研究（2006—2016）	王维国	马克思主义/思想政治教育	一般项目
9	18JHQ023	中国政法大学	理性行动——康德实践哲学研究	宫　睿	哲学	一般项目
10	18JHQ025	北京师范大学	康德关于理性理念的实在性之思想研究（英文）	朱会晖	哲学	一般项目
11	18JHQ031	清华大学	唐集诗题校证	李成晴	中国文学	一般项目
12	18JHQ041	北京理工大学	纳博科夫小说的诗性科学与文化反思研究	吴　娟	外国文学	一般项目
13	18JHQ042	中国传媒大学	当代美国纪录片研究	赵　曦	新闻学与传播学	一般项目
14	18JHQ047	对外经济贸易大学	商务话语跨学科实证研究方法	王立非	语言学	一般项目
15	18JHQ050	北京外国语大学	丝绸之路沙漠绿洲路的变迁研究	石云涛	历史学	一般项目
16	18JHQ053	北京大学	《高昌故城——古代丝绸之路上的木构建筑遗存》翻译	魏正中	考古学	一般项目
17	18JHQ056	北京师范大学	中国货物贸易进口价格问题研究	魏　浩	经济学	一般项目
18	18JHQ057	北京物资学院	地方政府债券发行中的政府会计功能优化研究	张　军	经济学	一般项目
19	18JHQ061	中国人民大学	国民生活时间分配研究	王琪延	统计学	一般项目
20	18JHQ064	中国政法大学	日本东洋法制史学史初编	赵　晶	法学	一般项目
21	18JHQ067	中国政法大学	中国民法开山之作《大清民律草案》（详注版）德译与法史、法学术语研究	王　强	法学	一般项目
22	18JHQ068	北京航空航天大学	轻罪刑事立法的反思与改革——以轻罪刑事政策为视角的一体化研究	郑丽萍	法学	一般项目
23	18JHQ074	华北电力大学	互助型社会养老：模式考察与理论研究	刘妮娜	社会学	一般项目
24	18JHQ077	北京语言大学	转型时期的俄罗斯大众文化研究	管玉红	民族学与文化学	一般项目
25	18JHQ078	北京科技大学	技术创新的科技金融支持研究	寇明婷	管理学	一般项目
26	18JHQ089	对外经济贸易大学	中国高端人才流动与集聚问题研究	黄海刚	教育学	一般项目
27	18JHQ090	北京理工大学	军民合育大学生军官人才的军队心理适应：理论结构与动力机制研究	张建卫	教育学	一般项目
28	18JHQ094	北京大学	中国电影与中国美学精神研究	顾春芳	艺术学	一般项目
29	18JHQ098	中央美术学院	丹青史诗与中国形象：“改革开放40年”主题性美术创作文献研究	马　刚	艺术学	一般项目

（高校社科管理中心供稿）

2018年度北京市社会科学基金项目

序号	项目编号	项目名称	项目负责人	项目类别	科研信誉保证单位	备注
1	18ZDA01	中俄民法典编纂比较研究	王志华	重大项目	中国政法大学	
2	18ZDA02	组织管理系统视角下的京津冀新能源汽车产业协同创新模式与实施策略研究	侯光明	重大项目	北京理工大学	
3	18ZDA03	京津冀优质教育资源共享的体制机制研究	薛二勇	重大项目	北京师范大学	
4	18ZDA04	京津冀地区生态补偿标准与实施机制研究	魏巍贤	重大项目	对外经济贸易大学	
5	18ZDA05	长城文化带研究	马保春	重大项目	首都师范大学	
6	18ZDA06	新时代北京人口调控与城市可持续发展	童玉芬	重大项目	首都经济贸易大学	
7	18ZDA07	汉语国际教育视野下的京味文化传播研究及数据库建设	李春雨	重大项目	北京师范大学	
8	18ZDA08	文化传承与北京古都文化资源的挖掘与利用	侯文军	重大项目	北京邮电大学	
9	18ZDA09	动态匹配视角下人工智能对北京市就业的影响与应对研究	何　勤	重大项目	北京联合大学	
10	18ZDA10	京津冀基本公共服务协同发展研究	孙玉栋	重大项目	中国人民大学	
11	18ZDA11	马克思与怀特海思想的共通性研究	张秀华	重大项目	中国政法大学	
12	18ZDL12	习近平新时代中国特色社会主义思想的科学体系研究	韩庆祥	重大项目	前线杂志社	与市习中心联合立项项目①
13	18ZDL13	习近平新时代中国特色社会主义思想的重大时代课题研究	颜晓峰	重大项目	前线杂志社	与市习中心联合立项项目①
14	18ZDL14	以人民为中心的人民观研究	田海平	重大项目	北京师范大学	与市习中心联合立项项目①
15	18ZDL15	新时代我国科技创新的理论和实践研究	陈　劲	重大项目	清华大学	与市习中心联合立项项目①
16	18ZDL16	推动形成全面开放新格局研究	文　君	重大项目	对外经济贸易大学	与市习中心联合立项项目①
17	18ZDL17	新时代中国特色社会主义民主政治发展与创新研究	贾立政	重大项目	人民日报社人民论坛杂志社	与市习中心联合立项项目①
18	18ZDL18	新时代中国特色社会主义法治体系建设的理论和实践研究	高浣月	重大项目	中国政法大学	与市习中心联合立项项目①
19	18ZDL19	习近平关于新闻舆论工作的重要论述研究	高晓虹	重大项目	中国传媒大学	与市习中心联合立项项目①
20	18ZDL20	习近平关于意识形态工作的重要论述研究	陆绍阳	重大项目	北京大学	与市习中心联合立项项目①

续表

序号	项目编号	项目名称	项目负责人	项目类别	科研信誉保证单位	备注
21	18ZDL21	新时代我国精准扶贫、精准脱贫的理论和实践研究	郑风田	重大项目	中国人民大学	与市习中心联合立项项目①
22	18ZDL22	新时代我国教育改革发展的理论和实践研究	黄建军	重大项目	北京师范大学	与市习中心联合立项项目①
23	18ZDL23	坚持人与自然和谐共生研究	杨峻岭	重大项目	中国地质大学（北京）	与市习中心联合立项项目①
24	18ZDL24	习近平治国理政的强军战略	公方彬	重大项目	前线杂志社	与市习中心联合立项项目①
25	18ZDL25	坚持和加强党的全面领导研究	朱家梅	重大项目	中央财经大学	与市习中心联合立项项目①
26	18ZDL26	贯彻新发展理念、建设现代化经济体系研究	方凤玲	重大项目	中国石油大学（北京）	与市习中心联合立项项目①
27	18ZDL27	供给侧改革背景下激发企业活力的法治保障机制研究	张世君	重大项目	首都经济贸易大学	与市习中心联合立项项目①
28	18ZDL28	铸牢中华民族共同体意识研究	张京泽	重大项目	中央民族大学	与市习中心联合立项项目①
29	18ZDL29	人类命运共同体理念的中西方文化比较哲学研究	李永辉	重大项目	北京外国语大学	与市习中心联合立项项目①
30	18ZDL30	健全党和国家监督体系研究	任建明	重大项目	北京航空航天大学	与市习中心联合立项项目①
31	18ZDL31	习近平关于新时代首都建设的重要论述研究	杨　奎	重大项目	北京市社会科学院	与市习中心联合立项项目①
32	18FXA001	风险预警背景下北京市严重精神障碍发病报告制度研究	李筱永	重点项目	首都医科大学	
33	18FXA002	担保合同、担保权利设立与担保法体系建构研究	王伟伟	重点项目	北京市社会科学院	
34	18FXA003	北京防范恐怖袭击重点目标的潜在涉恐风险评估及预警	吴绍忠	重点项目	中国人民公安大学	
35	18FXA004	政治哲学视域下民法上公权力之控制研究	易　军	重点项目	中国政法大学	
36	18FXB005	北京市共有产权房制度研究	傅　强	一般项目	中共北京市委党校	
37	18FXB006	投资者—东道国投资仲裁中的审查强度问题与北京市对外投资企业利益保护	陈若鸿	一般项目	北京外国语大学	
38	18FXB007	中央金融监管与区域金融监管协调机制基础理论研究	李爱君	一般项目	中国政法大学	
39	18FXB008	商品流通市场安全高效可持续运行的法律保障机制研究	李惠阳	一般项目	北京物资学院	
40	18FXB009	京津冀农地金融精准扶贫的法律障碍及克服	李　蕊	一般项目	中国政法大学	
41	18FXB010	中国传统法律文化中的治理规范研究	马　岭	一般项目	中国社会科学院大学	

续表

序号	项目编号	项目名称	项目负责人	项目类别	科研信誉保证单位	备注
42	18FXB011	新时代我国人口老龄化战略的法律保障机制研究	王显勇	一般项目	中国政法大学	
43	18FXB012	北京市土地“确权确股（利）”方式的立法规制与司法救济	魏　华	一般项目	北京林业大学	
44	18FXB013	反垄断经营者集中审查中附条件制度研究	张晨颖	一般项目	清华大学	
45	18FXB014	环境案件中的刑行交叉疑难问题研究	张　苏	一般项目	北京市社会科学院	
46	18FXC015	北京市民办教育分类管理的政府职能研究	安丽娜	青年项目	首都师范大学	
47	18FXC016	竞争政策视角下北京市实施公平竞争审查制度的研究	蔡婧萌	青年项目	北京化工大学	
48	18FXC017	对虚假仲裁的查处与规制	胡思博	青年项目	中国政法大学	
49	18FXC018	派出所法律实施与北京基层治理法治化	姬艳涛	青年项目	中国人民公安大学	
50	18FXC019	首都人工智能发展中的民事责任研究	刘　丽	青年项目	对外经济贸易大学	
51	18FXC020	“准共同诉讼”类型研究——以北京地区机动车交通事故审判实务为中心	卢　佩	青年项目	对外经济贸易大学	
52	18FXC021	现代财政制度下房地产税制改革与立法研究	乔博娟	青年项目	北京航空航天大学	
53	18FXC022	国际知识产权保护制度与北京创新文化建设研究	佘力焓	青年项目	中国政法大学	
54	18FXC023	北京法院类案检索机制与统一裁判尺度问题研究	孙海波	青年项目	中国政法大学	
55	18FXC024	北京市智慧城市建设的法制保障研究	陶　盈	青年项目	首都经济贸易大学	
56	18FXC025	人工智能时代的刑事归责理论研究	王　钢	青年项目	清华大学	
57	18FXC026	京津冀区域横向生态补偿法律机制研究	张　晏	青年项目	北京理工大学	
58	18FXB027	北京市高校科技成果转化法律保障机制研究	王素娟	一般项目	北方工业大学	与市教委联合立项项目②
59	18GLA001	北京老旧小区治理研究	陈建国	重点项目	华北电力大学	
60	18GLA002	首都地区医养结合型老年人服务设施体系建构与规划研究	陈　喆	重点项目	北京工业大学	
61	18GLA003	北京市国有企业推动构建“高精尖”经济结构的路径研究	范合君	重点项目	首都经济贸易大学	
62	18GLA004	基于城乡融合视角的北京郊区农业众筹：理论探讨及实施路径	鞠荣华	重点项目	中国农业大学	
63	18GLA005	来源地理论视角下提升北京文化品牌国际竞争力的路径与对策研究	刘文静	重点项目	清华大学	
64	18GLA006	基于社会网络分析的北京市食品生产企业食品安全行为与监管研究	刘永胜	重点项目	北京物资学院	
65	18GLA007	北京市医疗机构上下联动作用机制研究	张　柠	重点项目	首都医科大学	
66	18GLA008	京津冀创新驱动发展的路径及策略研究	张文松	重点项目	北京交通大学	

续表

序号	项目编号	项目名称	项目负责人	项目类别	科研信誉保证单位	备注
67	18GLA009	基于大数据技术提升首都物流服务品质的策略研究	周　丽	重点项目	北京物资学院	
68	18GLB010	电商环境下京津冀小微企业供应链融资信任机制与信用评价体系研究	徐　鲲	一般项目	北京联合大学	
69	18GLB011	北京农业科技企业技术轨道形成及其对创新模式演化的影响研究	李　萍	一般项目	北京农学院	
70	18GLB012	京津冀水资源会计核算体系构建与运行机制研究	陈　波	一般项目	北京物资学院	
71	18GLB013	北京市政给排水基础设施增量优化和管理机制研究	陈　韬	一般项目	北京建筑大学	
72	18GLB014	基于“首都生态涵养发展区”功能定位的门头沟区矿业废弃地再利用优化与调控	程琳琳	一般项目	中国矿业大学（北京）	
73	18GLB015	混合所有制改革背景下北京市国企并购重组绩效提升研究	董丽萍	一般项目	北京物资学院	
74	18GLB016	面向高科技企业产品创新的产品架构成长机制研究	顾元勋	一般项目	北京交通大学	
75	18GLB017	京津冀高科技中小企业信用评级研究	何平林	一般项目	华北电力大学	
76	18GLB018	文化惠民导向的档案馆公共服务策略研究	黄霄羽	一般项目	中国人民大学	
77	18GLB019	京津冀协同发展下水资源优化配置与保障战略研究	嵇　灵	一般项目	北京工业大学	
78	18GLB020	京津冀协同应对事故灾难的应急联动机制与政策研究	景永平	一般项目	北京石油化工学院	
79	18GLB021	基于知识图谱的北京公共危机事件风险预警研究	雷　擎	一般项目	对外经济贸易大学	
80	18GLB022	京津冀生鲜农产品协同物流模式研究	李　锋	一般项目	北京物资学院	
81	18GLB023	基于多方效益博弈的北京市综合能源系统发展策略研究	李金超	一般项目	华北电力大学	
82	18GLB024	北京非物质文化遗产旅游体验价值评价及活化利用研究	李丽娟	一般项目	北京林业大学	
83	18GLB025	考虑京津冀地区居民用电行为偏好互异性的智慧用电引导策略研究	李　莉	一般项目	北京信息科技大学	
84	18GLB026	超大城市社区治理能力现代化成熟度评价及提升路径研究	李玉龙	一般项目	中央财经大学	
85	18GLB027	京津冀高科技中小企业信用评级体系构建及应用效果研究	刘　婷	一般项目	北京工商大学	
86	18GLB028	北京核心信息技术产业培育研究	马丽仪	一般项目	北京联合大学	
87	18GLB029	基于协同发展视角的京津冀地区净碳排放总量控制研究	任继勤	一般项目	北京化工大学	
88	18GLB030	京津冀创新驱动发展的路径及策略研究	田　华	一般项目	北京邮电大学	
89	18GLB031	基于首都舆情大数据的公众对政府信任分析和精准引导研究	万　岩	一般项目	北京邮电大学	

续表

序号	项目编号	项目名称	项目负责人	项目类别	科研信誉保证单位	备注
90	18GLB032	互联网时代北京市生活性服务业发展策略研究	王　慧	一般项目	北京信息科技大学	
91	18GLB033	北京市食品安全监管体系建设	王可山	一般项目	北京物资学院	
92	18GLB034	新形势下北京市区域综合能源系统集成优化方法与管理体系研究	王永利	一般项目	华北电力大学	
93	18GLB035	北京民营企业党建的公司治理效应：理论分析与实证检验	徐　斌	一般项目	中央财经大学	
94	18GLB036	基于深度学习的集群式供应链突发事件风险预警预报研究	薛　红	一般项目	北京工商大学	
95	18GLB037	基于协同理论的京津冀地区旅游合作模式与机制研究	殷　平	一般项目	北京交通大学	
96	18GLB038	社会网络媒体、投资者情绪与非效率投资	尹美群	一般项目	北京第二外国语学院	
97	18GLB039	工作资源情景下医务人员工作沉浸与反馈环境的关系研究	于丽玲	一般项目	首都医科大学	
98	18GLB040	北京市零售业线上线下渠道间互动的动力与治理机制研究	张磊楠	一般项目	对外经济贸易大学	
99	18GLB041	京津冀现代农产品冷链物流需求及发展模式研究	张喜才	一般项目	北京物资学院	
100	18GLB042	北京农村地区电能替代效果评估及政策研究	张兴平	一般项目	华北电力大学	
101	18GLB043	北京疏解腾退空间合理利用研究	赵华甫	一般项目	中国地质大学（北京）	
102	18GLB044	北京市家庭医生式服务考核评价体系研究	赵　静	一般项目	北京中医药大学	
103	18GLB045	京津冀农村人居环境协同治理研究	赵　霞	一般项目	中国农业大学	
104	18GLB046	北京市儿童健康保障体系的构建与完善路程研究	庄　琦	一般项目	中国社会科学院大学	
105	18GLC047	薪酬管制制度下京津冀地区国有企业高管薪酬与绩效研究	褚洪生	青年项目	对外经济贸易大学	
106	18GLC048	京津冀种植业源污染治理路径与防控对策	串丽敏	青年项目	北京农林科学院	
107	18GLC049	北京市创业投资引导基金的投资机制与配置效应研究	崔　婧	青年项目	北京联合大学	
108	18GLC050	北京古都文化资源挖掘与传承研究——以金中都为例	范文静	青年项目	北京印刷学院	
109	18GLC051	供给侧结构性改革与北京市养老金—养老服务供需平衡研究	郭　磊	青年项目	中国社会科学院大学	
110	18GLC052	北京市公立医院财政分类补偿机制研究	洪学智	青年项目	北京中医药大学	
111	18GLC053	服务工程视角下北京老旧小区居家适老化改造现状调查	侯磊娟	青年项目	北京市科学技术研究院	
112	18GLC054	京津冀协同推进林业绿色减贫路径及模式研究	侯一蕾	青年项目	北京林业大学	

续表

序号	项目编号	项目名称	项目负责人	项目类别	科研信誉保证单位	备注
113	18GLC055	北京市积分落户新政对高学历外来人口生活预期的影响机制研究	胡　磊	青年项目	首都经济贸易大学	
114	18GLC056	基于国家科创中心"三城一区"布局的北京科技人才集聚度研究	霍丽霞	青年项目	北京建筑大学	
115	18GLC057	整体性治理视域下京津冀协同发展评估及影响因素研究	蒋敏娟	青年项目	中国社会科学院大学	
116	18GLC058	京津冀园区综合能源体多能协同机制设计及政策分析模型研究	鞠立伟	青年项目	中国石油大学（北京）	
117	18GLC059	应对人口老龄化推动老城区老旧小区适老化改造研究	孔祥利	青年项目	中共北京市委党校	
118	18GLC060	京津冀社会经济发展对森林破碎化的影响与协同管理对策	李凌超	青年项目	北京林业大学	
119	18GLC061	众创思维下的北京市工业设计企业的创新模式研究	李英姿	青年项目	北京科技大学	
120	18GLC062	大数据驱动的首都反恐情报决策机制研究	李勇男	青年项目	中国人民公安大学	
121	18GLC063	以患者为中心的医患共同决策模式研究——以首都基层卫生服务机构的慢性病管理为例	梁海伦	青年项目	中国人民大学	
122	18GLC064	京津冀"互联网+制造业"融合与创新能力关系及策略研究	廖赣丽	青年项目	北京信息科技大学	
123	18GLC065	北京大兴国际机场京津冀物流协同枢纽系统构建研究	刘　硕	青年项目	北京印刷学院	
124	18GLC066	区块链与物联网环境下的农产品信息溯源体系研究：以京津冀为例	刘同娟	青年项目	北京物资学院	
125	18GLC067	北京农村抵押品替代机制创新的风险防范研究	毛　飞	青年项目	中国人民大学	
126	18GLC068	腾退疏解背景下北京工业建筑遗存综合性再利用策略与管控导则研究	孟璠磊	青年项目	北京建筑大学	
127	18GLC069	首都突发事件中基于社会情绪演变的政府回应机制与认同构建研究	庞　宇	青年项目	中共北京市委党校	
128	18GLC070	首都水利基础设施韧性评价及其强化策略研究	双　晴	青年项目	北京交通大学	
129	18GLC071	企业网络搜寻及其在创新网络中的作用机理研究	孙永磊	青年项目	北京化工大学	
130	18GLC072	北京市社区社会组织培育协同机制创新研究	田　舒	青年项目	北京化工大学	
131	18GLC073	"区办市管"模式下远程智力输出的医疗质量同质化效果评价	王　宾	青年项目	首都医科大学	
132	18GLC074	京津冀突发事件协同应对应急资源保障体系优化设计	王　晶	青年项目	北京工商大学	
133	18GLC075	北京市第一书记参与乡村治理有效的路径研究	王军强	青年项目	北京农学院	
134	18GLC076	基于企业主个体特征的北京市非公企业环境治理投入研究	王　凯	青年项目	首都经济贸易大学	

续表

序号	项目编号	项目名称	项目负责人	项目类别	科研信誉保证单位	备注
135	18GLC077	北京市科技创新政策对企业创新产出和创新质量的影响研究	王砚羽	青年项目	北京邮电大学	
136	18GLC078	北京城市物流装卸货停车位需求分析及策略研究	魏文超	青年项目	北京交通大学	
137	18GLC079	京津冀地区企业碳信息披露与媒体舆情监督机制研究	魏　紫	青年项目	中央财经大学	
138	18GLC080	基于用户画像的北京市 B2C 共享出行产业发展对策研究	许　研	青年项目	北方工业大学	
139	18GLC081	京津冀高科技企业开放式创新模式及效果研究	杨叶飞	青年项目	北京交通大学	
140	18GLC082	面向京津冀产业互动升级的知识产权管理系统跨区域协同研究	杨早立	青年项目	北京工业大学	
141	18GLC083	京津冀农业协同发展的实现形式研究	张佳书	青年项目	北京航空航天大学	
142	18GLC084	北京市新能源汽车动力电池回收模式优选与政策创新研究	张　奇	青年项目	中国石油大学（北京）	
143	18GLC085	电商环境下北京市农产品流通体系优化研究	赵　川	青年项目	北京工商大学	
144	18GLB086	北京种业企业并购整合风险管理研究	侯军岐	一般项目	北京信息科技大学	与市教委联合立项项目②
145	18GLB087	时尚消费的符号价值与服装品牌营销模式构建研究	白玉苓	一般项目	北京服装学院	与市教委联合立项项目②
146	18GLB088	基于协同管理理论的首都农村基层慢性病管理模式研究——怀柔区为例	杨　佳	一般项目	首都医科大学	与市教委联合立项项目②
147	18GLB089	全球视域下在线信息素养教育的比较研究	王　莲	一般项目	首都师范大学	与市教委联合立项项目②
148	18GLB090	“健康中国”战略下服务业顾客—员工互动对员工健康的影响研究	雷　铭	一般项目	北京第二外国语学院	与市教委联合立项项目②
149	18GLB091	京津冀城市群物流业服务创新能力提升研究	刘　艳	一般项目	北京物资学院	与市教委联合立项项目②
150	18GLB092	基于时空可达性的需求响应型定制公交网络规划研究	尚华艳	一般项目	首都经济贸易大学	与市教委联合立项项目②
151	18GLB093	基于“共识—行动”协作框架的京津冀养老服务协作治理网络实证研究	潘　娜	一般项目	首都经济贸易大学	与市教委联合立项项目②
152	18GLB094	北京 KIBS 创新生态系统演化路径与创新　绩效评价研究——基于可持续发展的视角	王　莹	一般项目	北京信息科技大学	与市教委联合立项项目②
153	18JYA001	京津冀协同背景下的“一核”与“两翼”教育发展定位与资源配置机制研究	高　兵	重点项目	北京教育科学研究院	
154	18JYA002	北京高层次人才集聚与高精尖产业发展的协同效应研究	黄海刚	重点项目	对外经济贸易大学	
155	18JYA003	构建与“四个中心”相适应的高中分类发展体系	张　熙	重点项目	北京教育科学研究院	

续表

序号	项目编号	项目名称	项目负责人	项目类别	科研信誉保证单位	备注
156	18JYA004	京津冀优质教师资源共享的现状及改进策略研究	蔡永红	重点项目	北京师范大学	
157	18JYB005	京津冀产教融合的职业教育资源共享路径研究	夏　磊	一般项目	北京电子科技职业学院	
158	18JYB006	北京市学前教育质量评价研究	包海芹	一般项目	北京理工大学	
159	18JYB007	改革开放 40 年中国外语教育政策发展研究	曹　迪	一般项目	首都师范大学	
160	18JYB008	北京市新手教师道德学习的支持模式研究	傅淳华	一般项目	中央民族大学	
161	18JYB009	人工智能背景下教师功能空间研究	傅树京	一般项目	首都师范大学	
162	18JYB010	基础教育阶段学校购买课程服务研究	黄晓玲	一般项目	北京教育科学研究院	
163	18JYB011	京津冀市民创业教育模式研究	李继梅	一般项目	北京开放大学	
164	18JYB012	北京市中小学校园欺凌筛查指标与关键影响因素预警研究	任　萍	一般项目	北京师范大学	
165	18JYB013	调节聚焦与创造性关系的前因环境变量及中介机制研究	汪　玲	一般项目	首都师范大学	
166	18JYB014	“一带一路”倡议背景下首都职业教育服务企业“走出去”的路径探索	文　雯	一般项目	清华大学	
167	18JYB015	基于大数据的远程云端计算机实验体系的研究	吴　磊	一般项目	北方工业大学	
168	18JYB016	首都高校共建孔子学院本土化模式研究	邢清清	一般项目	北京理工大学	
169	18JYB017	首都高校支持学校改进 20 年发展历程与实践创新案例研究	杨朝晖	一般项目	首都师范大学	
170	18JYB018	京津冀中小学文化融合与联动发展研究	张祥兰	一般项目	北京教育学院	
171	18JYC019	北京市少数民族志愿者多语人才库建设	曹红梅	青年项目	中央民族大学	
172	18JYC020	基于社区营造视域的京津冀留守儿童补偿教育制度研究	陈　静	青年项目	华北电力大学	
173	18JYC021	大学生理想信念教育与生涯发展研究	崔　盛	青年项目	中国人民大学	
174	18JYC022	非洲留学生汉语学习动机及其认同发展研究	李　燕	青年项目	北方工业大学	
175	18JYC023	自尊缓冲贫穷对北京市流动儿童身体健康的负面影响	卢焕华	青年项目	中国地质大学（北京）	
176	18JYC024	博士生的国际流动经历及其收益研究	沈文钦	青年项目	北京大学	
177	18JYC025	首都地区课外负担与课外补习教育质量监测研究	王立东	青年项目	北京师范大学	
178	18JYC026	“四个中心”建设背景下首都高等教育空间结构调整研究	王　铭	青年项目	北京教育科学研究院	
179	18JYC027	北京市学前教育专业学生共情能力现状及干预研究	吴　南	青年项目	北京联合大学	

续表

序号	项目编号	项目名称	项目负责人	项目类别	科研信誉保证单位	备注
180	18JYC028	供给侧改革视角下首都中小学体育教师专业发展路径研究	燕 凌	青年项目	首都体育学院	
181	18JYC029	北京市儿童社会情感技能的追踪测量及教育投资的因果效应研究	周金燕	青年项目	北京师范大学	
182	18JYB030	教科书话语分析的理论建构与方法应用	王攀峰	一般项目	首都师范大学	与市教委联合立项项目②
183	18JYB031	数字化时代教科书发展研究	张增田	一般项目	首都师范大学	与市教委联合立项项目②
184	18JYB032	跨文化传播视野下儿童图画书的文化教育功能研究	刘晓晔	一般项目	首都师范大学	与市教委联合立项项目②
185	18JYB033	改革开放40年北京市中小学课程建设与教学改进研究	陈文新	一般项目	首都师范大学	与市教委联合立项项目②
186	18JYB034	基于幼儿学习品质视角的亲职者胜任能力研究	李 静	一般项目	北京教育学院	与市教委联合立项项目②
187	18JYB035	年龄和互动模式对离异家庭中个体心理状况的影响研究	熊明瑞	一般项目	北京工业大学	与市教委联合立项项目②
188	18KDA001	网络意识形态新情况及应对策略研究	段海超	重点项目	北京化工大学	
189	18KDA002	新世纪以来国外流行社会思潮研究	韩海涛	重点项目	中国人民大学	
190	18KDA003	北京红色设计资源挖掘及其精神传承	张晓新	重点项目	北京印刷学院	
191	18KDB004	京津冀农村基层党组织组织力提升研究	陈东琼	一般项目	中国农业大学	
192	18KDB005	大数据时代网络舆情的社会治理研究	潘建红	一般项目	北京科技大学	
193	18KDB006	马克思需要理论视域下新时代社会主要矛盾转化研究	袁富民	一般项目	北京化工大学	
194	18KDB007	习近平总书记经济建设重要论述的理论范式研究	张 勇	一般项目	中共北京市委党校	
195	18KDC008	十八大以来全面从严治党思想的逻辑架构研究	陈顺伟	青年项目	北京化工大学	
196	18KDC009	国际化背景下基于IE矩阵的高校出国（境）师生党建工作研究	韩天炜	青年项目	北京联合大学	
197	18KDC010	改革开放40年干部队伍建设研究	江 文	青年项目	中共北京市委党校	
198	18KDC011	改革开放40年中国农村基层党组织建设的历程与经验研究	李桂华	青年项目	中国农业大学	
199	18KDC012	“文化领导权”视域下新时代意识形态建设路径研究	李 京	青年项目	北京理工大学	
200	18KDC013	“微信朋友圈”场域中大学生身份认同问题研究	刘金丽	青年项目	北京物资学院	
201	18KDC014	习近平新时代中国特色社会主义思想在宣传思想工作方面的论述研究	陶蕾韬	青年项目	北京交通大学	
202	18KDC015	欧洲激进左翼政党的意识形态研究	王聪聪	青年项目	北京航空航天大学	
203	18KDC016	国际金融危机以来新自由主义思潮的新发展研究	王 娜	青年项目	中国农业大学	
204	18KDC017	习近平新时代中国特色社会主义思想在乡村振兴方面的论述研究	徐宏潇	青年项目	北京航空航天大学	

续表

序号	项目编号	项目名称	项目负责人	项目类别	科研信誉保证单位	备注
205	18KDC018	习近平新时代中国特色社会主义思想在文化自信方面的论述研究	许　亮	青年项目	北京建筑大学	
206	18KDC019	大数据时代首都网络意识形态舆情科学治理的路径研究	张　静	青年项目	北京邮电大学	
207	18KDC020	提升社会主义核心价值观的国际话语权研究	张明霞	青年项目	外交学院	
208	18KDC021	习近平新时代中国特色社会主义思想在社会公正方面的论述研究	赵　洁	青年项目	北京航空航天大学	
209	18KDAL022	习近平新时代中国特色社会主义思想的政治哲学逻辑研究	邹吉忠	重点项目	中央民族大学	与市习中心联合立项项目①
210	18KDAL023	习近平关于马克思主义的重要论述研究	刘长军	重点项目	中国青年政治学院	与市习中心联合立项项目①
211	18KDAL025	坚持制度治党、依规治党与推进党内治理法治化研究	周悦丽	重点项目	中共北京市委党校	与市习中心联合立项项目①
212	18KDAL026	推进以科技创新为核心的全面创新研究	刘　立	重点项目	清华大学	与市习中心联合立项项目①
213	18KDAL027	中国特色社会主义程序法治研究	汤维建	重点项目	中国人民大学	与市习中心联合立项项目①
214	18KDAL028	习近平关于文化建设的重要论述研究	臧峰宇	重点项目	前线杂志社	与市习中心联合立项项目①
215	18KDAL029	新时代传承和弘扬中华美学精神研究	张　晶	重点项目	中国传媒大学	与市习中心联合立项项目①
216	18KDAL030	国际大局视野中的新时代文艺工作研究	胡燕春	重点项目	首都师范大学	与市习中心联合立项项目①
217	18KDAL031	习近平关于网络强国的重要论述研究	谢玉进	重点项目	中央财经大学	与市习中心联合立项项目①
218	18KDAL032	坚持在发展中保障和改善民生研究	唐任伍	重点项目	北京师范大学	与市习中心联合立项项目①
219	18KDAL033	新时代共同富裕的时代内涵和实现路径研究	杜保友	重点项目	中共北京市委党校	与市习中心联合立项项目①
220	18KDAL034	新时代中国教育改革发展理论融入思想政治工作研究	赵长禄	重点项目	北京理工大学	与市习中心联合立项项目①
221	18KDAL035	习近平关于新时代中国青年和青年工作的重要论述研究	韩宪洲	重点项目	北京联合大学	与市习中心联合立项项目①
222	18KDAL036	新时代开展青年教育与培养时代新人研究	冯　培	重点项目	首都经济贸易大学	与市习中心联合立项项目①
223	18KDAL037	习近平生态文明思想研究	路日亮	重点项目	北京交通大学	与市习中心联合立项项目①
224	18KDAL038	习近平生态文明思想的理论体系和实践方略研究	白瑞雪	重点项目	北京师范大学	与市习中心联合立项项目①
225	18KDAL039	习近平新时代中国特色社会主义外交思想的历史逻辑与文明基础研究	苏　浩	重点项目	外交学院	与市习中心联合立项项目①
226	18KDAL040	新时代中国经济外交战略研究	王志民	重点项目	对外经济贸易大学	与市习中心联合立项项目①

续表

序号	项目编号	项目名称	项目负责人	项目类别	科研信誉保证单位	备注
227	18KDAL041	基于“媒体记忆”大数据的新时代我国社会主要矛盾变化研究（2003—2018）	王建红	重点项目	华北电力大学	与市习中心联合立项项目①
228	18KDAL042	深化供给侧结构性改革的税收政策研究	何　辉	重点项目	首都经济贸易大学	与市习中心联合立项项目①
229	18KDAL043	新时代防范系统性金融风险研究	胡继晔	重点项目	中国政法大学	与市习中心联合立项项目①
230	18KDAL044	健全宪法监督体系和机制研究	王　锴	重点项目	北京航空航天大学	与市习中心联合立项项目①
231	18KDAL045	新时代电视文艺提升社会主义意识形态凝聚力引领力的路径研究	杜　彩	重点项目	中国传媒大学	与市习中心联合立项项目①
232	18KDBL046	习近平新时代中国特色社会主义思想生成逻辑研究	刘洪森	一般项目	北京师范大学	与市习中心联合立项项目①
233	18KDBL047	习近平新时代中国特色社会主义思想的哲学基础及其大众化研究	孙　利	一般项目	北京理工大学	与市习中心联合立项项目①
234	18KDBL048	习近平关于新时代的重要论述研究	李宏伟	一般项目	首都师范大学	与市习中心联合立项项目①
235	18KDBL049	以人民为中心的发展哲学研究	田　田	一般项目	中国劳动关系学院	与市习中心联合立项项目①
236	18KDBL050	习近平关于全面从严治党重要论述的历史逻辑和理论创新研究	郑文涛	一般项目	首都师范大学	与市习中心联合立项项目①
237	18KDBL051	依规依纪从严治党研究	赵淑梅	一般项目	中国人民大学	与市习中心联合立项项目①
238	18KDBL052	习近平新时代中国特色社会主义经济思想的理论内涵和现实意义研究	张　新	一般项目	清华大学	与市习中心联合立项项目①
239	18KDBL053	新时代中国政治文化建构与传播研究	万　蓉	一般项目	中国政法大学	与市习中心联合立项项目①
240	18KDBL054	新时代意识形态工作研究	许　海	一般项目	前线杂志社	与市习中心联合立项项目①
241	18KDBL055	网络主流意识形态新情况及应对策略研究	郭媛媛	一般项目	首都经济贸易大学	与市习中心联合立项项目①
242	18KDBL056	新时代文化建设视域下加强和改进高校思想政治教育研究	祝和军	一般项目	北京外国语大学	与市习中心联合立项项目①
243	18KDBL057	习近平关于劳模精神的重要论述研究	彭维锋	一般项目	中国劳动关系学院	与市习中心联合立项项目①
244	18KDBL058	历史虚无主义批判理论与话语体系建构研究	史　敏	一般项目	北京工业大学	与市习中心联合立项项目①
245	18KDBL059	新时代网络空间治理的实践创新研究	付晓光	一般项目	中国传媒大学	与市习中心联合立项项目①
246	18KDBL060	习近平关于中国传统文化的重要论述研究	王　韡	一般项目	中国传媒大学	与市习中心联合立项项目①
247	18KDBL061	新时代脱贫攻坚的成就和经验研究	张春敏	一般项目	中央民族大学	与市习中心联合立项项目①
248	18KDBL062	新时代生态文明建设的观念与制度保障研究	李　劲	一般项目	中共北京市委党校	与市习中心联合立项项目①

续表

序号	项目编号	项目名称	项目负责人	项目类别	科研信誉保证单位	备注
249	18KDBL063	生态文明责任观的理论意涵与实践向度研究	邬晓燕	一般项目	北京交通大学	与市习中心联合立项项目①
250	18KDBL064	总体国家安全指数构建研究	侯　娜	一般项目	中央财经大学	与市习中心联合立项项目①
251	18KDBL065	世界创新演变趋势视角下的新时代创新型国家建设研究	高　洁	一般项目	北京化工大学	与市习中心联合立项项目①
252	18KDBL066	习近平新时代中国特色社会主义思想宣传教育研究	梁家峰	一般项目	中共北京市委讲师团	与市习中心联合立项项目①
253	18KDBL067	高校习近平新时代中国特色社会主义思想宣传教育研究	王宇航	一般项目	对外经济贸易大学	与市习中心联合立项项目①
254	18KDBL068	新时代中国共产党制度建设和创新研究	宫玉涛	一般项目	中央民族大学	与市习中心联合立项项目①
255	18KDBL069	审计监督对健全党和国家监督体系的作用机制研究	顾　煜	一般项目	北京物资学院	与市习中心联合立项项目①
256	18KDBL070	中国共产党巡视巡察监督制度的创新与改革研究	李　莉	一般项目	中国政法大学	与市习中心联合立项项目①
257	18KDBL071	新时代青年教育和青年工作改革研究	高　超	一般项目	北京师范大学	与市习中心联合立项项目①
258	18KDBL072	新时代文艺批评的精神品质与价值导向研究	李小贝	一般项目	北京联合大学	与市习中心联合立项项目①
259	18KDB073	“三全育人”思想政治工作体系贯通高水平人才培养体系研究	过　勇	一般项目	清华大学	与市委教育工委联合立项项目③
260	18KDB074	“00后”大学生思想和行为特点与引导对策研究	沈千帆	一般项目	北京工业大学	与市委教育工委联合立项项目③
261	18KDB075	坚持“四个相统一”，创新教师思想政治工作体系	胡少诚	一般项目	北京大学	与市委教育工委联合立项项目③
262	18KDB076	新时代北京高校青年教师主流意识形态认同研究	吴　惠	一般项目	北京石油化工学院	与市委教育工委联合立项项目③
263	18KDB077	高校意识形态工作责任制落实情况考核指标体系研究	臧　勇	一般项目	北京科技大学	与市委教育工委联合立项项目③
264	18KDB078	艺术院校思想政治理论课与专业教育的协同融合机制研究	吴　武	一般项目	中国音乐学院	与市委教育工委联合立项项目③
265	18KDB079	思政理论课社会实践教学模式对学生“获得感”的影响研究	檀传宝	一般项目	北京师范大学	与市委教育工委联合立项项目③
266	18KDB080	新时代大学生成长需求与思政课教学供给侧改革研究	王鲁娜	一般项目	北京工商大学	与市委教育工委联合立项项目③
267	18KDB081	北京高校党委教师工作部建设及运行状况调查研究	山红红	一般项目	中国石油大学（北京）	与市委教育工委联合立项项目③
268	18KDB082	新时代高校学生公寓思想政治工作创新机制研究	王洪元	一般项目	北京林业大学	与市委教育工委联合立项项目③
269	18KDB083	新时代高校教师思想理论教育难点问题破解路径研究	赵　旻	一般项目	中央音乐学院	与市委教育工委联合立项项目③
270	18KDB084	基于大数据的学生心理困惑引导策略研究	董卓宁	一般项目	北京航空航天大学	与市委教育工委联合立项项目③

续表

序号	项目编号	项目名称	项目负责人	项目类别	科研信誉保证单位	备注
271	18KDB085	移动互联背景下“00后”大学生思想和行为特点与引导策略研究	张　严	一般项目	北京第二外国语学院	与市委教育工委联合立项项目③
272	18KDB086	习近平立德树人系列重要论述研究	蓝晓霞	一般项目	北京交通大学	与市委教育工委联合立项项目③
273	18LJA001	“双支柱”调控框架的理论与实证研究	马　勇	重点项目	中国人民大学	
274	18LJB002	我国经济较发达地区农村宅基地“三权分置”产权改革研究	程世勇	一般项目	首都师范大学	
275	18LJB003	“一带一路”下北京企业对外直接投资策略选择研究	潘素昆	一般项目	北方工业大学	
276	18LJB004	雄安新区资源环境承载力评价指标体系构建研究	王　秦	一般项目	北京联合大学	
277	18LJB005	京津冀地区异质化产业体系低碳化发展模式研究	张旭路	一般项目	对外经济贸易大学	
278	18LJC006	多目标下京津冀能源行业与环境优化模型与调控策略研究	陈　聪	青年项目	北京科技大学	
279	18LJC007	北京市土地供给侧结构性改革与产业转型升级研究	杨继东	青年项目	中国人民大学	
280	18LJC008	京津冀协同推进的环京津贫困带生态扶贫路径与模式研究	周晓华	青年项目	国际关系学院	
281	18LSA001	北京中轴线世界遗产价值阐释与北京老城文物保护单位保护与利用策略	吕　舟	重点项目	清华大学	
282	18LSB002	清代考据学与中医经典继承创新关联研究	黄作阵	一般项目	北京中医药大学	
283	18LSB003	日本青木文库庋藏民国北京多媒体文献的整理与研究	牛贯杰	一般项目	中国人民大学	
284	18LSB004	清代京津冀水资源利用与治理的协同规制研究	王培华	一般项目	北京师范大学	
285	18LSB005	近卫内阁与日本侵华战争研究	殷志强	一般项目	首都师范大学	
286	18LSC006	北京传统村落木构古建筑健康识别与保护传承研究	常丽红	青年项目	北京农学院	
287	18LSC007	旧大陆视野下京津冀史前细石器遗存谱系研究	陈宥成	青年项目	首都师范大学	
288	18LSC008	改革开放40年北京社会福利建设的历史考察与基本经验研究	李小尉	青年项目	北京师范大学	
289	18LSC009	北京中轴线的城市历史景观眺望系统研究	刘祎绯	青年项目	北京林业大学	
290	18LSC010	大运河文化带与城市副中心文化建设研究	王洪见	青年项目	北京财贸职业学院	
291	18LSC011	北京民国医药卫生类档案整理与研究	熊益亮	青年项目	北京中医药大学	
292	18LSC012	民国北京女性婚姻诉讼档案整理与研究	张蓓蓓	青年项目	中国政法大学	
293	18LSB013	医学社会学视野下的近现代医院建筑演进研究——以北京地区为例	郝晓赛	一般项目	北京建筑大学	与市教委联合立项项目②

续表

序号	项目编号	项目名称	项目负责人	项目类别	科研信誉保证单位	备注
294	18SRA001	能人返乡参与北京乡村振兴研究	陈　锋	重点项目	北京工业大学	
295	18SRA002	中国北方冰雪运动历史研究	张小军	重点项目	清华大学	
296	18SRB003	大数据视野下的原居安老持续照护设施体系构建及规划布局研究	卜德清	一般项目	北方工业大学	
297	18SRB004	北京市养老机构临终关怀服务治理与发展研究	陈　雷	一般项目	华北电力大学	
298	18SRB005	残疾人家庭医生式服务团队工作模式探索研究	丁　兰	一般项目	首都医科大学	
299	18SRB006	北京萧太后河流域文化遗产保护与利用研究	龚浩群	一般项目	中央民族大学	
300	18SRB007	社会治理创新视域下北京社区基金会发展模式与培育策略研究	黄家亮	一般项目	中国人民大学	
301	18SRB008	北京市老年人长期照护服务体系建设研究	李　晓	一般项目	北京工业大学	
302	18SRB009	北京市老年慢性病患者社会网络现状及基于社会网络的自我管理干预模式研究	刘　宇	一般项目	北京中医药大学	
303	18SRB010	北京市流动人口与市民之间的群际网络及其健康影响研究	王文卿	一般项目	北京理工大学	
304	18SRB011	北京市“医养结合”试点现状与政策建议研究	赵晓芳	一般项目	北京社会管理职业学院	
305	18SRB012	基于IMOI模型的家庭医生签约服务团队绩效评估指标构建及实证研究	赵亚利	一般项目	首都医科大学	
306	18SRC013	面向超大型居住区的北京市社会治理重心下移机制研究	程士强	青年项目	中央财经大学	
307	18SRC014	宏中观视角下北京中心城区老旧小区适老化改造研究	刘佳燕	青年项目	清华大学	
308	18SRC015	北京市城乡互助型居家社区养老运行机制研究	刘妮娜	青年项目	华北电力大学	
309	18SRC016	基于生产性城市景观的北京中心城区既有社区有机更新研究	刘　烨	青年项目	北京建筑大学	
310	18SRC017	平衡与发展视角下北京市家庭养老支持政策体系研究	王　雯	青年项目	北京工商大学	
311	18SRC018	社会空间视域下城乡“过渡型”村区社会治理问题研究	魏钦恭	青年项目	中国人民大学	
312	18SRC019	文化自觉视角下传统商业性历史街区的文化空间构成与认同研究	向岚麟	青年项目	北京林业大学	
313	18SRC020	“空间—社会”有机更新视角下的北京老城棚户区改造研究	营立成	青年项目	中共北京市委党校	
314	18SRC021	基于“街道单元”提升城市韧性与居民福祉的北京中心城区生态基础设施优化模式研究	袁　琳	青年项目	清华大学	

续表

序号	项目编号	项目名称	项目负责人	项目类别	科研信誉保证单位	备注
315	18SRC022	北京市老旧小区老年人居住环境与适老化改造路径研究	张航空	青年项目	首都经济贸易大学	
316	18SRC023	北京城市家庭参与隔代抚养的祖辈养老服务需求及对策研究	郑佳然	青年项目	北京理工大学	
317	18SRC024	基于高时空分辨率人口模型的北京城市公共资源优化配置研究	邹　艳	青年项目	北京建筑大学	
318	18SRB025	京津冀地区流动儿童家庭外迁的整合模式研究	冯　跃	一般项目	首都师范大学	与市教委联合立项项目②
319	18WXA001	早期美国女性文学与共和国话语建构	金　莉	重点项目	北京外国语大学	
320	18WXA002	后殖民主义、世界主义与中国文学的世界性研究	生安锋	重点项目	清华大学	
321	18WXB003	韩国近代作家的北京体验文学研究	崔玉山	一般项目	对外经济贸易大学	
322	18WXB004	北京中轴线城市空间叙事与文化功能研究	陈　镭	一般项目	北京市社会科学院	
323	18WXB005	《乐府续集·元代卷》编纂及研究	郭　丽	一般项目	首都师范大学	
324	18WXB006	两汉国家祀典与诗赋关系之研究	曲利丽	一般项目	北京语言大学	
325	18WXB007	生态文明价值导向下的美国自然文学研究	石海毓	一般项目	首都经济贸易大学	
326	18WXB008	跨文化视角下英语世界民国知识分子形象研究	郑　澈	一般项目	北京第二外国语学院	
327	18WXB009	城市与女性：美国犹太小说的异托邦	郑　丽	一般项目	北京航空航天大学	
328	18WXC010	从《中华大帝国史》看晚明中西文化的交融与碰撞	高　博	青年项目	北京大学	
329	18WXC011	清代北京八旗士人文学书写与文化认同研究	李桔松	青年项目	北京教育学院	
330	18WXC012	新历史主义与当代中国文论话语转型研究	李圣传	青年项目	首都师范大学	
331	18WXC013	讲述中国故事的方式：从京味小说到新世纪北京书写	孙海燕	青年项目	北京师范大学	
332	18WXC014	北京旗人报史（1900—1949）	王鸿莉	青年项目	北京市社会科学院	
333	18WXB015	全国文化中心视域下北京民间阅读组织研究	司新丽	一般项目	首都经济贸易大学	与市教委联合立项项目②
334	18XCA001	改革开放40周年首都地区新闻从业人员职业权威研究	陈　阳	重点项目	中国人民大学	
335	18XCA002	北京冬奥会国际传播与新媒体传播体系研究——策略设计与渠道选择	胡百精	重点项目	中国人民大学	
336	18XCA003	首都网络舆情传播中的议程互动研究	苏林森	重点项目	北京交通大学	
337	18XCA004	当前社会思潮传播的新特点和有效引导研究	张慧瑜	重点项目	北京大学	
338	18XCB005	京津冀协同发展中基于大数据的交通舆情研究	陈　杰	一般项目	北京交通大学	
339	18XCB006	北京地区“中华老字号”品牌激活研究	丛　珩	一般项目	北京工商大学	

续表

序号	项目编号	项目名称	项目负责人	项目类别	科研信誉保证单位	备注
340	18XCB007	“互联网+”环境下网络健康信息信任机制及服务研究	李世娟	一般项目	北京大学	
341	18XCB008	互联网环境下北京公共文化资源的合作共享机制及其效能研究	刘胜枝	一般项目	北京邮电大学	
342	18XCB009	算法分发背景下首都移动公共新闻信息供给质量优化研究	王佳航	一般项目	中国政法大学	
343	18XCC010	北京疏解整治过程中主流话语权构建研究	聂书江	青年项目	中国政法大学	
344	18XCC011	异构社交网络传播模型及其上北京影响力最大化问题研究	塔　娜	青年项目	中国人民大学	
345	18YJA001	北京儿童公共服务供给的财政缺口与保障机制研究	蔡秀云	重点项目	首都经济贸易大学	
346	18YJA002	京津冀农民合作社减贫绩效及协同政策研究	冯开文	重点项目	中国农业大学	
347	18YJA003	基于生态位的京津冀城市群协同度模型及其应用研究	李剑玲	重点项目	北京联合大学	
348	18YJA004	基于“艺术城市”概念的大运河文化带（通州段）文化传承保护与产业发展研究	刘　彤	重点项目	北京印刷学院	
349	18YJA005	基于时间分配视角的首都居民生活变迁研究	徐　玲	重点项目	北京工商大学	
350	18YJB006	京津冀共享发展效果评价及对策研究	陈梦根	一般项目	北京师范大学	
351	18YJB007	复杂网络视角下首都金融系统性风险防控研究	陈　炜	一般项目	首都经济贸易大学	
352	18YJB008	京津冀农业协同发展下的北京净菜供给研究	洪　岚	一般项目	北京物资学院	
353	18YJB009	北京国际交往中心建设与“一带一路”倡议协同发展研究	刘　波	一般项目	北京市社会科学院	
354	18YJB010	北京市产业疏解与对外经济辐射的协同效应研究	刘崇献	一般项目	北京物资学院	
355	18YJB011	北京市公益林保险产品创新与运行模式优化	秦　涛	一般项目	北京林业大学	
356	18YJB012	全球价值链嵌入对京津冀产业转移的影响与升级路径研究	闫云凤	一般项目	首都经济贸易大学	
357	18YJB013	中微观视角下北京高精尖产业科技资源配置效率研究	尹夏楠	一般项目	北京联合大学	
358	18YJB014	北京市政基础设施系统协调性测度及优化策略研究	苑德宇	一般项目	对外经济贸易大学	
359	18YJC015	支持北京市高精尖结构建设的财税政策研究	陈　宇	青年项目	中央财经大学	
360	18YJC016	京津冀大气污染源解析、防治效果评价及区域联防补偿机制研究	范庆泉	青年项目	首都经济贸易大学	
361	18YJC017	京津冀一体化，财政协同及其福利效应研究	韩玉桃	青年项目	对外经济贸易大学	

续表

序号	项目编号	项目名称	项目负责人	项目类别	科研信誉保证单位	备注
362	18YJC018	北京市政府债务规模测算、结构分析与空间溢出效应研究	黄春元	青年项目	首都经济贸易大学	
363	18YJC019	全球资源整合、创新网络嵌入路径与北京企业海外并购知识溢出	李　飞	青年项目	北京邮电大学	
364	18YJC020	人工智能对北京市就业的影响与应对措施研究	李雅楠	青年项目	首都经济贸易大学	
365	18YJC021	京津冀银行业对外开放：发展趋势、经济效应和提升策略	廉永辉	青年项目	首都经济贸易大学	
366	18YJC022	“健康中国”战略下北京公立医院医生过度劳动问题研究	刘璐宁	青年项目	北京财贸职业学院	
367	18YJC023	京津冀协同发展中的金融一体化机制研究	齐　明	青年项目	中国石油大学（北京）	
368	18YJC024	北京市“新医改”对居民就医行为的影响	王天宇	青年项目	中国人民大学	
369	18YJC025	北京市社区居家养老风险评估及相关护理保险策略研究	吴　越	青年项目	中央财经大学	
370	18YJC026	北京市科技服务业发展的影响因素及经济关联性研究	西桂权	青年项目	北京市科学技术研究院	
371	18YJC027	京津冀绿色金融协同发展的经济效应和提升机制研究	张　琳	青年项目	北京工商大学	
372	18YJC028	北京市 FDI 对企业全球价值链升级的“天花板”效应研究	张鹏杨	青年项目	北京工业大学	
373	18YJC029	京津冀普惠金融协同发展降低财富逆转移的路径分析及规模测度	周　超	青年项目	中国劳动关系学院	
374	18YJB030	北京市疏解腾退空间的合理利用研究	郭馨梅	一般项目	北京工商大学	与市教委联合立项项目②
375	18YJB031	北京城市休闲水平的统计测评研究	黄羽翼	一般项目	北京物资学院	与市教委联合立项项目②
376	18YTA001	北京适老宜居城市环境建设评价指标研究	宫晓东	重点项目	北京理工大学	
377	18YTA002	区域视野下北京传统村落价值评估与保护体系研究	赵之枫	重点项目	北京工业大学	
378	18YTA003	北京冬奥会反兴奋剂法律体系及防控机制研究	邹新娴	重点项目	北京体育大学	
379	18YTB004	2022 年冬奥会借鉴往届冬奥会成功经验研究	曹淼孙	一般项目	首都体育学院	
380	18YTB005	《甲骨文数字化艺术设计与传播推广》体系研究	陈　楠	一般项目	清华大学	
381	18YTB006	北京老城有机更新背景下社区营造途径的探索	郭　巍	一般项目	北京林业大学	
382	18YTB007	传统戏曲伦理观在新时代电影中的传承与更新研究	何　亮	一般项目	北京电影学院	
383	18YTB008	北京冬奥会竞赛专业技术人才培训体系研究	胡　斌	一般项目	北京体育大学	

续表

序号	项目编号	项目名称	项目负责人	项目类别	科研信誉保证单位	备注
384	18YTB009	中国古典舞“手舞”与“足蹈”的文化阐释	胡　伟	一般项目	首都师范大学	
385	18YTB010	SOLOMO 模式下的北京环境保护公众参与移动平台的设计创新与实践研究	李　健	一般项目	北京林业大学	
386	18YTB011	基于社会生态学模型的青少年身体活动学校干预策略及应用研究	刘静民	一般项目	清华大学	
387	18YTB012	冬奥背景下北京市青少年冰雪运动发展研究	刘平江	一般项目	首都体育学院	
388	18YTB013	中国传统柿漆染工艺研究	杨建军	一般项目	清华大学	
389	18YTB014	老城区保护背景下北京地铁公共艺术文化景观研究	杨　晓	一般项目	北京建筑大学	
390	18YTB015	京剧批评的发生与确立	周靖波	一般项目	中国传媒大学	
391	18YTC016	北京市重点文化精华区建筑色彩数据库构建及其保护策略研究	安　平	青年项目	北方工业大学	
392	18YTC017	基于增强现实的互动装置艺术在北京历史街区公共空间中的应用研究	曹凯中	青年项目	中国传媒大学	
393	18YTC018	华氏琵琶谱研究	程雨雨	青年项目	中国音乐学院	
394	18YTC019	雄安新区设立背景下白洋淀聚落空间形态与保护策略研究	贺　鼎	青年项目	北京建筑大学	
395	18YTC020	宜居理念导向下北京老城区历史文化传承与文化空间重构研究	李　勤	青年项目	北京建筑大学	
396	18YTC021	改革开放 40 年中国舞蹈高等教育改革发展研究	李晓唱	青年项目	北京舞蹈学院	
397	18YTC022	促进大学生积极情绪效益的运动干预研究	李鑫楠	青年项目	北京工商大学	
398	18YTC023	数字化发展视域下北京濒危手工艺保护机制及创新发展研究	吕林雪	青年项目	北京联合大学	
399	18YTC024	京味文创产品 IP 转化研究	庞　涛	青年项目	华北电力大学	
400	18YTC025	榫卯工艺活性传承研究	乔　宇	青年项目	北方工业大学	
401	18YTC026	近现代典型中式服装结构研究及设计创新	邵新艳	青年项目	北京服装学院	
402	18YTC027	北京电影市场违法问题与监管机制研究	孙俨斌	青年项目	北京电影学院	
403	18YTC028	2022 北京冬奥会奥林匹克教育理念与干预研究	孙湛宁	青年项目	北京体育大学	
404	18YTC029	古丝绸之路“五方狮子舞”重建研究	王　锦	青年项目	首都体育学院	
405	18YTC030	基于 VR 电影手法的“北京长城文化带”展示研究	王圣华	青年项目	北京信息科技大学	
406	18YTC031	戏曲舞蹈语言学的体系构建研究	王　熙	青年项目	北京师范大学	
407	18YTC032	北京冬奥会推动青少年冰球运动发展研究	王晓亮	青年项目	北京体育大学	
408	18YTC033	当代北京南锣鼓巷历史街区建筑叙事文化的传承与应用	温　馨	青年项目	北京电影学院	

续表

序号	项目编号	项目名称	项目负责人	项目类别	科研信誉保证单位	备注
409	18YTC034	新型城市公共厕所设计中用户行为模型的研究	郗小超	青年项目	北京邮电大学	
410	18YTC035	以“价值”为导向的北京冬奥会遗产利用研究	姚轶峰	青年项目	北京交通大学	
411	18YTC036	宋代舞蹈表演空间考论	尹　航	青年项目	北京舞蹈学院	
412	18YTC037	基于社会化媒体视域下北京市突发公共事件的传播规律与控制策略研究	袁　媛	青年项目	北京师范大学	
413	18YTC038	新媒体技术下的京剧艺术表达与审美感知研究	张凤全	青年项目	北方工业大学	
414	18YTC039	公共文化服务视域下的参与式艺术博物馆研究	张瀚予	青年项目	中央美术学院	
415	18YTC040	面向北京市B2C型共享汽车服务系统设计的限定性研究	赵　颖	青年项目	北京印刷学院	
416	18YTC041	北京居家养老居住类型及设计策略研究	朱　婕	青年项目	北京林业大学	
417	18YTC042	洛克菲勒基金会全球“百个韧性城市”对北京市建设韧性城市的启示	祝明建	青年项目	北京交通大学	
418	18YTB043	人工智能技术在文创产品设计中的知识挖掘与应用方法研究	刘　键	一般项目	北京工业大学	与市教委联合立项项目②
419	18YTB044	京西古村落艺术价值的挖掘及开发途径研究	赵　晖	一般项目	北京农学院	与市教委联合立项项目②
420	18YTB045	当代中国声乐学派的构建及流播研究	杨曙光	一般项目	中国音乐学院	与市教委联合立项项目②
421	18YTB046	北京地区戏曲剧种多声部形式研究	李　楠	一般项目	中国戏曲学院	与市教委联合立项项目②
422	18YTB047	“文化北京”与博物馆影像公共教育	李　彬	一般项目	北京电影学院	与市教委联合立项项目②
423	18YTB048	京津冀一体化背景下京绣传承谱系研究	滕雪梅	一般项目	北京联合大学	与市教委联合立项项目②
424	18YTB049	中国传统泥塑艺术的数字化再现与应用研究	刘正宏	一般项目	北京电子科技职业学院	与市教委联合立项项目②
425	18YYA001	中英双语者语音习得的统计学习规律之反拨优势效应	官　群	重点项目	北京科技大学	
426	18YYB002	北京高校学术英语教师的专业发展研究	高　原	一般项目	中国科学院大学	
427	18YYB003	面向时间维度的古代汉语开放型语料库的研究与建设	皇甫伟	一般项目	北京科技大学	
428	18YYB004	基于“建构—整合”理论的英汉语篇推理对比研究	李　芳	一般项目	北京第二外国语学院	
429	18YYB005	上古汉语农业词汇史研究	李润生	一般项目	北京语言大学	
430	18YYB006	北京特色文化衣食住行语词英译研究	卢明玉	一般项目	北京交通大学	
431	18YYB007	改革开放四十年北京高校翻译教育发展研究	覃俐俐	一般项目	中央民族大学	

续表

序号	项目编号	项目名称	项目负责人	项目类别	科研信誉保证单位	备注
432	18YYB008	北京地区主要佛教寺庙公示语翻译研究	王秋生	一般项目	北京语言大学	
433	18YYB009	北京市语言景观中的日语使用现状调查及规范性研究	熊仁芳	一般项目	北京第二外国语学院	
434	18YYB010	从分析到建构：基于语料库的《习近平谈治国理政》英译批评话语分析研究	徐方富	一般项目	中国石油大学（北京）	
435	18YYB011	语用学视角下的汉语口语格式研究	郑贵友	一般项目	北京语言大学	
436	18YYC012	蒙古语元音和谐律的音理研究	宝　音	青年项目	北京语言大学	
437	18YYC013	学前儿童语言发展评价	陈　傲	青年项目	北京语言大学	
438	18YYC014	近代中国语文转向期的北京话颜色词发展演变研究（1840—1949）	戴新月	青年项目	首都经济贸易大学	
439	18YYC015	基于语料库的中德“一带一路”话语对比研究	葛囡囡	青年项目	北京外国语大学	
440	18YYC016	现代汉字构形系统的复杂网络研究	黄　伟	青年项目	北京语言大学	
441	18YYC017	甲骨背面刻辞的整理与研究	李爱辉	青年项目	首都师范大学	
442	18YYC018	认知互动视角下汉英日主题结构的跨语言研究	李银美	青年项目	北方工业大学	
443	18YYC019	感知体验视角下的动量词语义内隐学习研究	刘　洋	青年项目	北京理工大学	
444	18YYC020	京津冀新出墓志文本汉字职用研究	徐秀兵	青年项目	北京语言大学	
445	18YYC021	中国文化“走出去”背景下《伤寒论》英译之功能视角比较研究	张存玉	青年项目	北京中医药大学	
446	18YYC022	现代汉语语气词互动能力框架研究	郑家平	青年项目	北京语言大学	
447	18YYB023	文化自信背景下国家安全与北京汉语国际教育课程融合研究	朱　麟	一般项目	北京第二外国语学院	与市教委联合立项项目②
448	18YYB024	新文化运动时期马克思主义在中国的译介传播	方　红	一般项目	首都师范大学	与市教委联合立项项目②
449	18ZGA001	基于定量分析的“一带一路”沿线国家对中国外交政策跟从研究	查　雯	重点项目	外交学院	
450	18ZGB002	“一带一路”背景下越南涉华舆情与北京企业海外利益保护研究	聂　槟	一般项目	对外经济贸易大学	
451	18ZGB003	“一带一路”基础设施建设的国际贸易效应研究	胡再勇	一般项目	外交学院	
452	18ZGB004	中华优秀戏曲文化资源融入新时代高校思想政治教育研究	吉　蓓	一般项目	中国戏曲学院	
453	18ZGB005	京津冀大气污染协同治理研究	任丙强	一般项目	北京航空航天大学	
454	18ZGB006	京津冀协同共享发展中的工人获得感与制度支持研究	赵祖平	一般项目	中国劳动关系学院	
455	18ZGC007	公平正义视域下北京市租购并举住房保障制度体系研究	董晓倩	青年项目	北京化工大学	

续表

序号	项目编号	项目名称	项目负责人	项目类别	科研信誉保证单位	备注
456	18ZGC008	新时代提升首都国际形象的城市外交话语战略研究	贺　刚	青年项目	外交学院	
457	18ZGC009	“一带一路”背景下北京建设国际组织（机构）驻地研究	郦　莉	青年项目	外交学院	
458	18ZGC010	人工智能时代北京市“智慧反恐”体系构建的路径研究	柳思思	青年项目	北京第二外国语学院	
459	18ZGC011	北京市共享经济监管困境及其治理创新研究	宋心然	青年项目	首都经济贸易大学	
460	18ZGC012	健全党和国家监督体系研究：以信息透明与反官员履历造假为例	杨　一	青年项目	北京大学	
461	18ZGC013	英国脱欧后的中英关系研究	张　飚	青年项目	中国政法大学	
462	18ZGC014	中非合作论坛峰会的机制化问题研究	赵晨光	青年项目	外交学院	
463	18ZGB015	习近平关于政治生态建设的重要论述研究	李东明	一般项目	首都师范大学	与市教委联合立项项目②
464	18ZXA001	MEGA^2 版《德意志意识形态》专题研究	赵玉兰	重点项目	中国人民大学	
465	18ZXB002	社会—文化视域中的逻辑经验主义衰落观问题研究	崔　凡	一般项目	华北电力大学	
466	18ZXB003	道德动机问题研究	解本远	一般项目	首都师范大学	
467	18ZXB004	当代意向性指称理论重大前沿问题研究	王建芳	一般项目	中国政法大学	
468	18ZXB005	荀子的礼乐修养观及其心性论基础	王　楷	一般项目	北京师范大学	
469	18ZXB006	《弘明集》的论证理论和实例研究	张立英	一般项目	中央财经大学	
470	18ZXC007	政治经济学批判视域中人的存在方式研究	黄志军	青年项目	首都师范大学	
471	18ZXC008	道金斯“扩展的表型”进化思想研究	刘　利	青年项目	北方工业大学	
472	18ZXC009	人的尊严与脆弱性	王福玲	青年项目	中国人民大学	
473	18ZXC010	德性的“多”与“一”：柏拉图《普罗泰戈拉篇》的伦理学研究	王江伟	青年项目	北京航空航天大学	
474	18ZXC011	国家治理中的价值冲突与政治情感体认研究	谢惠媛	青年项目	北京航空航天大学	
475	18ZXC012	人机智能融合中的知觉与行动哲学实验研究	薛少华	青年项目	北京理工大学	
476	18ZXC013	模态非良基演算研究	俞珺华	青年项目	清华大学	
477	18ZXC014	斯宾诺莎的认识论研究：与笛卡尔认识论的关系和其系统困难	张伟特	青年项目	清华大学	

*：①与市习中心联合立项项目：与北京市习近平新时代中国特色社会主义思想研究中心联合立项项目。
②与市教委联合立项项目：与北京市教育委员会联合立项项目。
③与市委教育工委联合立项项目：与北京市委教育工作委员会联合立项项目。

（市社科联、市社科规划办供稿）

2018 年度北京市社会科学基金研究基地项目

序号	项目编号	项目名称	项目类别	项目负责人	科研信誉保证单位	研究基地名称	备注
1	18JDFXB001	北京市行政执法方式创新与变革研究	一般项目	王青斌	中国政法大学	法治政府研究基地	
2	18JDFXB002	完善北京司法救助体系研究	一般项目	袁　钢	中国政法大学	法治政府研究基地	
3	18JDFXB003	第三方立法评估制度研究	一般项目	王柏荣	北京联合大学	北京政治文明建设研究基地	
4	18JDFXB004	税务行政复议与行政诉讼衔接问题研究	一般项目	孙昊哲	首都经济贸易大学	国家税收法律研究基地	
5	18JDFXA005	首都基本医疗卫生立法问题研究	重点项目	刘兰秋	首都医科大学	首都卫生管理与政策研究基地	
6	18JDFXB006	科技创新的法律保障研究	一般项目	毕洪海	北京航空航天大学	北京科技创新中心研究基地	
7	18JDFXA007	中国法治政府年度发展报告（2019）	重点项目	郝　倩	中国政法大学	法治政府研究基地	
8	18JDGLB001	补贴退坡背景下北京市新能源汽车产业发展与政策效应研究	一般项目	何　琳	北京交通大学	北京交通发展研究基地	
9	18JDGLB002	北京市政府购买学前教育服务模式创新的现实诉求和推进路径研究	一般项目	赵国钦	中央财经大学	北京财经研究基地	
10	18JDGLB003	基于合作治理的北京市文化类事业单位分类改革研究	一般项目	李文钊	中国人民大学	人文北京研究基地	
11	18JDGLB004	出版企业社会责任成本研究	一般项目	何志勇	北京印刷学院	北京文化安全研究基地	
12	18JDGLB005	供给侧改革视角下北京公共文化产品服务有效供给研究	一般项目	蔡春霞	北京印刷学院	北京文化安全研究基地	
13	18JDGLA006	托管模式下北京市优质医疗资源下沉效果研究	重点项目	辛有清	首都医科大学	首都卫生管理与政策研究基地	
14	18JDGLB007	智慧医疗服务用户持续采纳行为动态演化机理及社会效应研究	一般项目	阮　媛	首都医科大学	首都卫生管理与政策研究基地	
15	18JDGLB008	超大城市公共卫生安全韧性评价与提升策略研究：以北京为例	一般项目	吴洪涛	清华大学	应急管理研究基地	
16	18JDGLA009	风险感知、政策认知与低碳政策公众支持度研究	重点项目	范世炜	清华大学	应急管理研究基地	

续表

序号	项目编号	项目名称	项目类别	项目负责人	科研信誉保证单位	研究基地名称	备注
17	18JDGLB010	首都社区治安治理机制研究	一般项目	戴　锐	中国人民公安大学	首都社会安全研究基地	
18	18JDGLA011	京津冀旅游用地空间格局演变与影响机制	重点项目	厉新建	北京第二外国语学院	北京旅游发展研究基地	
19	18JDGLB012	“五位一体”框架下2022冬奥会对北京的影响研究	一般项目	许忠伟	北京第二外国语学院	北京旅游发展研究基地	自筹
20	18JDGLB013	多国别人群对于北京旅游意象与多空间折叠表达：大数据的解读	一般项目	钟栎娜	北京第二外国语学院	北京旅游发展研究基地	
21	18JDGLA014	全国文化中心建设的文化与旅游融合机制研究	重点项目	邹统钎	北京第二外国语学院	北京旅游发展研究基地	
22	18JDGLB015	旅游发展下北京传统村落文化保护传承与发展研究	一般项目	唐承财	北京第二外国语学院	北京旅游发展研究基地	
23	18JDGLB016	北京公共文化产品设计驱动型创新管理机制研究	一般项目	陶金元	北京联合大学	京台文化交流研究中心	
24	18JDGLA017	北京市医药分开综合改革实施对北京医药物流产业的影响研究	重点项目	张润彤	北京交通大学	北京物流信息化研究基地	
25	18JDGLA018	基于文本和仿真分析的北京市公共充电桩布局优化研究	重点项目	刘世峰	北京交通大学	北京物流信息化研究基地	
26	18JDGLB019	北京市突发公共事件智慧应急物流联动体系研究	一般项目	常　丹	北京交通大学	北京物流信息化研究基地	
27	18JDGLB020	公众网络参与公共决策的机制及其有效性研究	一般项目	王天梅	中央财经大学	首都互联网经济发展研究基地	
28	18JDGLB021	社会化媒体虚假信息的特征识别、传播路径与治理策略研究	一般项目	刘　倩	中央财经大学	首都互联网经济发展研究基地	
29	18JDGLB022	分享经济下个人征信体系构建与信用信息共建共享机制研究	一般项目	张　巍	中央财经大学	首都互联网经济发展研究基地	
30	18JDGLA023	新零售时代北京零售企业商业模式创新路径研究	重点项目	刘文纲	北京工商大学	首都流通业研究基地	
31	18JDGLB024	北京物流企业“营改增”实施效果实证研究	一般项目	许海晏	北京物资学院	北京现代物流研究基地	
32	18JDGLB025	基于大数据技术的北京市中小物流企业信用评级研究	一般项目	刘若阳	北京物资学院	北京现代物流研究基地	

续表

序号	项目编号	项目名称	项目类别	项目负责人	科研信誉保证单位	研究基地名称	备注
33	18JDGLB026	基于区块链的物流业务新模式的研究	一般项目	丁　毅	北京物资学院	北京现代物流研究基地	
34	18JDGLA027	世界级城市群视域下京津冀产业结构调整、污染防治与生态协同发展研究	重点项目	陆小成	北京市社会科学院	北京世界城市研究基地	
35	18JDGLB028	基于 Lens 指标的高校知识流动绩效研究	一般项目	方　勇	北京化工大学	北京知识产权研究基地	
36	18JDGLB029	北京居民服装绿色消费认知、态度与行为研究	一般项目	宁　俊	北京服装学院	首都服饰文化与服装产业研究基地	
37	18JDGLB030	基于团队领导行为视角的知识工作团队知识共享机制研究	一般项目	尹洁林	北京信息科技大学	北京市知识管理研究基地	
38	18JDGLB031	知识溢出视角下创新型产业集群创新绩效研究	一般项目	杨颖梅	北京信息科技大学	北京市知识管理研究基地	
39	18JDGLB032	北京市科技型创业团队成员知识分享的促发机制与提升策略研究	一般项目	郭钟泽	北京信息科技大学	北京市知识管理研究基地	
40	18JDGLB033	全球加氢站建设与运营及其对北京低碳交通发展的启示	一般项目	葛泽慧	北京科技大学	北京企业低碳运营战略研究基地	
41	18JDGLB034	基于居民行为的北京城市生活垃圾能源化潜力研究	一般项目	王　琛	北京科技大学	北京企业低碳运营战略研究基地	自筹
42	18JDGLA035	精准扶贫背景下北京周边地区光伏扶贫模式及效应研究	重点项目	姚建平	华北电力大学	北京能源发展研究基地	
43	18JDGLB036	京津冀采暖电能替代的联合补贴机制研究	一般项目	王　辉	华北电力大学	北京能源发展研究基地	
44	18JDGLB037	京津冀促进清洁能源消纳的区域电力市场机制研究	一般项目	黄　辉	华北电力大学	北京能源发展研究基地	自筹
45	18JDGLB038	基于随机交通网络的大兴新区居民绿色出行行为引导研究	一般项目	张　远	北京石油化工学院	北京现代产业新区发展研究基地	
46	18JDGLB039	“互联网+”背景下城市客运交通绿色发展路径研究	一般项目	余碧莹	北京理工大学	北京经济社会可持续发展研究基地	
47	18JDGLB040	基于同伴效应的北京虚拟健康社区可持续发展研究	一般项目	尹秋菊	北京理工大学	北京经济社会可持续发展研究基地	
48	18JDGLB041	科技金融、创新绩效与北京现代制造业发展水平影响机制研究	一般项目	胡　锋	北京工业大学	北京现代制造业发展研究基地	

续表

序号	项目编号	项目名称	项目类别	项目负责人	科研信誉保证单位	研究基地名称	备注
49	18JDGLA042	促进北京高端制造业跨界融合发展的技术并购路径研究	重点项目	王宛秋	北京工业大学	北京现代制造业发展研究基地	
50	18JDGLB043	北京市上市公司跨国并购的经济后果研究	一般项目	王 珏	对外经济贸易大学	北京企业国际化经营研究基地	
51	18JDGLA044	北京提升跨境贸易营商环境的模式与路径研究	重点项目	崔鑫生	对外经济贸易大学	北京企业国际化经营研究基地	
52	18JDGLB045	北京初创企业海外融资结构与创新绩效	一般项目	许晓娟	对外经济贸易大学	北京企业国际化经营研究基地	
53	18JDGLB046	食物偏好对成年居民超重肥胖的影响研究	一般项目	郑志浩	中国农业大学	北京食品安全政策与战略研究基地	
54	18JDGLA047	北京市北部山区造林工程绩效研究	重点项目	刘笑冰	北京农学院	北京新农村建设研究基地	
55	18JDGLA048	北京健康城市建设研究报告（2019）	重点项目	王鸿春	北京健康城市建设促进会	北京健康城市建设研究中心	
56	18JDGLA049	中国企业海外发展报告2019	重点项目	张新民	对外经济贸易大学	北京企业国际化经营研究基地	
57	18JDGLA050	中国城市管理报告2019	重点项目	刘承水	北京城市学院	首都城市环境建设研究基地	
58	18JDGLA051	平安北京建设发展报告2019	重点项目	王建新	中国人民公安大学	首都社会安全研究基地	
59	18JDJYA001	我国终身教育理论与政策发展研究——教育政策借鉴理论的视角	重点项目	黄先开	北京开放大学	首都终身教育研究基地	
60	18JDJYB002	北京市成人高校教师发展支持体系构建研究	一般项目	常红梅	北京开放大学	首都终身教育研究基地	
61	18JDJYA003	“双一流”建设背景下北京高校教师薪酬改革与激励机制研究	重点项目	胡咏梅	北京师范大学	首都教育经济研究基地	
62	18JDJYB004	北京市义务教育阶段学生非认知能力的发展现状、影响因素及提升对策研究	一般项目	郑 磊	北京师范大学	首都教育经济研究基地	
63	18JDJYB005	《悉尼协议》框架下首都高职高专院校工程专业认证的现状及对策研究	一般项目	齐书宇	北京工业大学	首都工程教育发展研究基地	
64	18JDJYB006	绿色理念融入高校工程教育的机制与路径研究	一般项目	金保华	北京工业大学	首都工程教育发展研究基地	
65	18JDJYB007	首都地区工科博士生产学研联合培养的模式及国际比较研究	一般项目	刘贤伟	北京工业大学	首都工程教育发展研究基地	
66	18JDJYB008	北京“双一流”高校社会科学领域教师学术成果的国际影响力评价及提升研究	一般项目	刘 扬	北京航空航天大学	首都高等教育发展研究基地	

续表

序号	项目编号	项目名称	项目类别	项目负责人	科研信誉保证单位	研究基地名称	备注
67	18JDJYB009	改革开放 40 年北京基础教育课程教材的发展：成就、不足与对策	一般项目	石　鸥	首都师范大学	北京基础教育研究基地	
68	18JDJYB010	公立中小学治理创新研究	一般项目	王寰安	首都师范大学	北京基础教育研究基地	
69	18JDJYB011	在京留学生成为中华文化传播主体的路径研究	一般项目	于　淼	北京第二外国语学院	首都对外文化贸易研究基地	自筹
70	18JDLJB001	基于城市多维空间结构优化的北京城市治理路径研究	一般项目	李姗姗	中央财经大学	北京财经研究基地	
71	18JDLSB001	三山五园海外文献的挖掘与历史学研究	一般项目	尹　凌	北京联合大学	北京学研究基地	
72	18JDLSB002	北京全国文化中心建设评价指标体系研究	一般项目	逯燕玲	北京联合大学	北京学研究基地	
73	18JDLSB003	北京社会文化变迁研究（1900—1949）	一般项目	张昭军	北京师范大学	北京文化发展研究基地	
74	18JDLSB004	元代以来北京地方志中医药文化资源整理和利用研究	一般项目	孙灵芝	北京中医药大学	北京中医药文化研究基地	
75	18JDLSB005	晚清民国京畿地区女学研究	一般项目	杨剑利	中国人民大学	人文北京研究基地	
76	18JDKDA001	新媒体视域下首都市民社会主义核心价值观网络认同的新特点、新趋势与建构思维研究	重点项目	陈界亭	北京市社会科学院	北京马克思主义理论研究与传播基地	
77	18JDKDA002	党内基层治理问题研究	重点项目	刘汉峰	中共北京市委党校	北京党建研究基地	
78	18JDKDB003	新时代首都社会治理视域下党的社会性功能建构研究	一般项目	王雪竹	中共北京市委党校	北京党建研究基地	
79	18JDKDB004	新时代高校意识形态安全建设研究	一般项目	王永凤	北京交通大学	首都大学生思想政治教育研究基地	
80	18JDKDB005	新时代中国网络意识形态安全研究	一般项目	安　娜	北京交通大学	首都大学生思想政治教育研究基地	
81	18JDKDB006	新时代理论传播智库建设研究	一般项目	李志东	中共北京市委讲师团	马克思主义大众化研究基地	
82	18JDKDA007	北京市宣传系统纪检监察派驻监督模式创新研究	重点项目	过　勇	清华大学	北京廉政建设研究基地	
83	18JDKDB008	北京市监督执纪“四种形态”运行机制创新研究	一般项目	潘春玲	清华大学	北京廉政建设研究基地	
84	18JDKDB009	北京市监察体制改革实践创新研究	一般项目	周　磊	清华大学	北京廉政建设研究基地	

续表

序号	项目编号	项目名称	项目类别	项目负责人	科研信誉保证单位	研究基地名称	备注
85	18JDKDB010	基于身份认同视角的高校学生党员思想政治教育研究	一般项目	陈　萌	北京航空航天大学	首都高校党建研究基地	
86	18JDKDB011	中国共产党处理中央和地方关系的历史经验研究（1949—1954）：以北京市为中心	一般项目	李坤睿	中国人民大学	马克思主义研究基地	
87	18JDKDB012	以马克思主义虚拟资本理论研究现代化经济体系中的实体经济与虚拟经济	一般项目	马慎萧	中国人民大学	马克思主义研究基地	
88	18JDKDB013	中国特色社会主义与中国精神	一般项目	宇文利	北京大学	中国化马克思主义发展研究基地	
89	18JDSRB001	公众参与导向的北京老城居住环境改善策略研究	一般项目	谌　丽	北京联合大学	北京学研究基地	
90	18JDSRB002	老旧小区治理模式比较研究	一般项目	张　燕	首都社会经济发展研究所	北京决策研究基地	
91	18JDSRA003	新时代北京城市治理体系与治理能力现代化研究	重点项目	谭日辉	北京市社会科学院	北京社区研究基地	
92	18JDSRB004	基于GIS的北京大型社区公共设施空间布局及优化对策研究	一般项目	穆松林	北京市社会科学院	北京社区研究基地	
93	18JDSRB005	北京市基层社区治理模式研究——基于不同社区类型的实证研究	一般项目	谈小燕	中共北京市委党校	北京人口与社会发展研究中心	
94	18JDSRB006	基于老年人口分布特征的北京市养老设施空间布局优化研究	一般项目	闫　萍	中共北京市委党校	北京人口与社会发展研究中心	
95	18JDSRB007	北京市老年人养老意愿、养老需求及政策应对	一般项目	陶　涛	中国人民大学	北京社会建设研究基地	
96	18JDSRB008	社会组织参与北京社区垃圾分类治理的机制研究	一般项目	邢宇宙	北京工业大学	北京社会管理研究基地	
97	18JDSRB009	北京社会体制改革40年历史考察与经验研究	一般项目	李晓婷	北京工业大学	北京社会管理研究基地	
98	18JDSRA010	北京人口发展研究报告（2019）	重点项目	马小红	中共北京市委党校	北京人口与社会发展研究中心	
99	18JDWXB001	大众文化语境下文学经典阅读与青少年成长	一般项目	张靖华	北京青年政治学院	北京青少年教育与发展研究基地	
100	18JDXCB001	北京创新文化的建设路径和传播策略研究	一般项目	金　韶	北京联合大学	北京学研究基地	自筹

续表

序号	项目编号	项目名称	项目类别	项目负责人	科研信誉保证单位	研究基地名称	备注
101	18JDXCB002	民间外交中与文化他者的跨文化沟通策略研究——以在京留学生的跨文化经历为例	一般项目	刘　杨	北京外国语大学	北京中外文化交流研究基地	
102	18JDXCA003	国际视野下北京传媒产业转型与发展——基于影视 IP 开发与运营的研究	重点项目	郎劲松	中国传媒大学	首都传媒经济研究基地	
103	18JDXCB004	“智媒”时代首都智慧城市沟通机制研究	一般项目	邵华冬	中国传媒大学	首都传媒经济研究基地	
104	18JDXCB005	内容生态视角下首都自媒体产业运营与管理研究	一般项目	马　涛	中国传媒大学	首都传媒经济研究基地	
105	18JDXCB006	全国文化中心建设中的网络舆论环境研究	一般项目	宋　凯	中国传媒大学	首都传媒经济研究基地	
106	18JDXCB007	北京地区图书出版社社会效益评价体系研究	一般项目	李德升	北京印刷学院	北京出版产业与文化研究基地	
107	18JDXCA008	北京红色出版文化资源挖掘及其精神凝练	重点项目	崔恒勇	北京印刷学院	北京出版产业与文化研究基地	
108	18JDXCB009	“走出去”背景下北京文化在英国的传播效果及其对策研究	一般项目	梁　虹	北京第二外国语学院	北京对外文化传播研究基地	自筹
109	18JDXCB010	北京非物质文化遗产的娱教化保护与传承研究	一般项目	加小双	中国人民大学	人文北京研究基地	
110	18JDXCB011	美国游客认知视角下的北京国际形象研究	一般项目	张　爽	北京第二外国语学院	北京对外文化传播研究基地	
111	18JDXCB012	以冬奥会为契机建构与传播北京共生性国际形象话语	一般项目	王　磊	北京第二外国语学院	北京对外文化传播研究基地	
112	18JDYTB001	首都文化建设视野中的北京原创动画电影剧作研究	一般项目	陈文颖	北京师范大学	北京文化发展研究基地	
113	18JDYTB002	我国马拉松赛事的经济影响评估与“利用”策略研究	一般项目	邢晓燕	首都体育学院	北京体育赛事管理与营销研究基地	
114	18JDYTB003	新时代加强现实题材影视创作研究	一般项目	程　樯	北京电影学院	北京影视艺术研究基地	
115	18JDYTB004	数字电影时代中国电影学派民族性影像创作研究	一般项目	陈雅舟	北京电影学院	北京影视艺术研究基地	
116	18JDYTB005	当代舞蹈审美范式研究	一般项目	许　锐	北京舞蹈学院	民族舞蹈文化研究基地	
117	18JDYTA006	京津冀地区舞蹈高等教育协同发展研究	重点项目	郭　磊	北京舞蹈学院	民族舞蹈文化研究基地	

续表

序号	项目编号	项目名称	项目类别	项目负责人	科研信誉保证单位	研究基地名称	备注
118	18JDYTA007	“视觉文化”视角下的京剧舞台美术创新研究	重点项目	李　威	中国戏曲学院	北京戏曲文化传承与发展研究基地	
119	18JDYTA008	2022年北京冬奥会文献遗产的保护与传承	重点项目	徐拥军	中国人民大学	人文北京研究基地	
120	18JDYTB009	1876—1997年京津冀地区本土皮革制品品牌研究	一般项目	李雪梅	北京服装学院	首都服饰文化与服装产业研究基地	
121	18JDYTB010	全国文化中心建设下的景泰蓝工艺活态传承研究	一般项目	杨　柳	北京第二外国语学院	首都对外文化贸易研究基地	
122	18JDYTB011	虚拟游戏审美经验与青少年审美能力培育研究	一般项目	王　静	北京青年政治学院	北京青少年教育与发展研究基地	
123	18JDYJB001	消费规律演变与CBD商业发展模式创新——基于大数据的分析	一般项目	汪　洋	首都经济贸易大学	CBD发展研究基地	
124	18JDYJB002	疏解非首都功能背景下，CBD金融功能的再定位与发展研究	一般项目	周　晔	首都经济贸易大学	CBD发展研究基地	
125	18JDYJB003	基于交通公平的北京市公共交通服务均等化研究	一般项目	佟　琼	北京交通大学	北京交通发展研究基地	
126	18JDYJA004	区域价值链视角下京津冀产业升级研究	重点项目	卜　伟	北京交通大学	北京产业安全与发展研究基地	
127	18JDYJB005	北京市文创产业对经济增长的贡献测度及发展研究	一般项目	张　娜	北京交通大学	北京产业安全与发展研究基地	
128	18JDYJB006	区域协同视角下首都文化产业与旅游业融合发展研究	一般项目	陈怡宁	北京交通大学	北京产业安全与发展研究基地	
129	18JDYJB007	教育扩展与我国城镇居民收入差距的演变研究	一般项目	孟大虎	北京师范大学	首都教育经济研究基地	
130	18JDYJB008	“互联网+”背景下的税收征管模式研究	一般项目	丁　芸	首都经济贸易大学	国家税收法律研究基地	
131	18JDYJB009	国家治理现代化视角下的税收公共决策机制研究	一般项目	曹静韬	首都经济贸易大学	国家税收法律研究基地	
132	18JDYJB010	北京高质量发展的理论探讨与测度分析研究	一般项目	章　浩	首都经济贸易大学	北京市经济社会发展政策研究基地	
133	18JDYJB011	京津冀基本公共服务存量差异测度及增量调整研究	一般项目	李林君	首都经济贸易大学	北京市经济社会发展政策研究基地	
134	18JDYJA012	北京支持雄安新区高端服务业发展研究	重点项目	孙玉秀	中共北京市委党校	北京市高端服务业发展研究基地	

续表

序号	项目编号	项目名称	项目类别	项目负责人	科研信誉保证单位	研究基地名称	备注
135	18JDYJA013	供给侧结构性改革、功能疏解与北京都市圈优化发展路径研究	重点项目	张　辉	北京大学	中国都市经济研究基地	
136	18JDYJA014	建设新时代首都特色现代化统计调查体系研究	重点项目	蒋力歌	北京市统计局	北京市经济社会数据分析与监测评价研究基地	自筹
137	18JDYJA015	共享经济统计监测体系研究	重点项目	郑　新	北京市统计局	北京市经济社会数据分析与监测评价研究基地	自筹
138	18JDYJA016	首都高质量发展视角下的科技金融体系建设研究	重点项目	王卉彤	中央财经大学	北京财经研究基地	
139	18JDYJB017	文化产业影响北京城市经济发展的机制、效果和对策研究	一般项目	罗荣华	北京印刷学院	北京文化安全研究基地	
140	18JDYJB018	中国主题图书开拓全球市场路径研究	一般项目	孙俊新	北京第二外国语学院	首都对外文化贸易研究基地	
141	18JDYJB019	中国影视出口一带一路国家的路径研究	一般项目	罗立彬	北京第二外国语学院	首都对外文化贸易研究基地	
142	18JDYJA020	京津冀承接台资北移问题研究	重点项目	徐　枫	北京联合大学	京台文化交流研究中心	
143	18JDYJB021	区域异质性视角下京津冀绿色增长评价与实现路径研究	一般项目	王晓岭	北京科技大学	北京企业低碳运营战略研究基地	
144	18JDYJB022	环境规制与产业转移的耦合效应对京津冀地区能源效率的影响机理研究	一般项目	赵红丽	北京石油化工学院	北京现代产业新区发展研究基地	
145	18JDYJA023	京津冀发展报告（2019）——打造创新驱动经济增长新引擎	重点项目	叶堂林	首都经济贸易大学	北京市经济社会发展政策研究基地	
146	18JDYJA024	中央商务区产业蓝皮书（2019）——以高水平开放推动区域发展	重点项目	蒋三庚	首都经济贸易大学	CBD 发展研究基地	
147	18JDYJA025	中国城市交通绿色发展指数研究报告（2019）	重点项目	林晓言	北京交通大学	北京交通发展研究基地	
148	18JDYJA026	首都文化贸易发展报告 2019	重点项目	李嘉珊	北京第二外国语学院	首都对外文化贸易研究基地	
149	18JDYYA001	北京文化对外交流话语体系和国际话语权建构研究	重点项目	王馥芳	北京外国语大学	北京中外文化交流研究基地	
150	18JDYYB002	3500 常用字历史演变研究	一般项目	陈双新	北京语言大学	北京文献语言与文化传承研究基地	

续表

序号	项目编号	项目名称	项目类别	项目负责人	科研信誉保证单位	研究基地名称	备注
151	18JDYYB003	晚清在华西方人对北京话的学习与研究（1800—1911）	一般项目	张咏梅	北京语言大学	北京文献语言与文化传承研究基地	
152	18JDYYB004	北京大学藏汉简《仓颉篇》与《说文》比较研究	一般项目	魏德胜	北京语言大学	北京文献语言与文化传承研究基地	
153	18JDYYA005	句法复杂度和文本类型相关性语料库实证研究	重点项目	方称宇	北京航空航天大学	语言战略与政策研究基地	
154	18JDZXB001	空间转向：历史唯物主义的一种可能性重释？	一般项目	沈江平	中国人民大学	马克思主义研究基地	
155	18JDZGB001	北京市政协协商民主的实践探索研究	一般项目	章　林	北京联合大学	北京政治文明建设研究基地	
156	18JDZGB002	北京市国际组织人才战略研究	一般项目	牛仲君	外交学院	北京对外交流与外事管理研究基地	
157	18JDZGA003	北京文化“一带一路”国际传播战略路径研究	重点项目	张耀军	北京第二外国语学院	北京对外文化传播研究基地	

（市社科联、市社科规划办供稿）

北京市教育委员会2019年度社会科学计划重点项目批准立项项目

项目编号	项目名称	负责人	承担单位	研究类别	成果形式	启动时间	完成时间	合作单位
SZ201910005001	人工智能技术在文创产品设计中的知识挖掘与应用方法研究	刘　键	北京工业大学	综合研究	论文	2019.01	2021.12	清华大学
SZ201910005002	年龄和互动模式对离异家庭中个体心理状况的影响研究	熊明瑞	北京工业大学	综合研究	论文	2019.01	2021.12	中国科学院心理研究所
SZ201910009003	北京市高校科技成果转化法律保障机制研究	王素娟	北方工业大学	综合研究	研究报告	2019.01	2021.12	北京知识产权运营管理有限责任公司
SZ201910011004	北京市疏解腾退空间的合理利用研究	郭馨梅	北京工商大学	应用研究	研究报告	2019.01	2021.12	无
SZ201910012005	时尚消费的符号价值与服装品牌营销模式构建研究	白玉苓	北京服装学院	应用研究	研究报告	2019.01	2021.12	无
SZ201910016006	医学社会学视野下的近现代医院建筑演进研究——以北京地区为例	郝晓赛	北京建筑大学	基础研究	专著、论文	2019.01	2021.12	中国医学科学院北京协和医院，北京大学人民医院

续表

项目编号	项目名称	负责人	承担单位	研究类别	成果形式	启动时间	完成时间	合作单位
SZ201910020007	京西古村落艺术价值的挖掘及开发途径研究	赵　晖	北京农学院	基础研究	专著	2019.01	2021.12	山东师范大学美术学院
SZ201910025008	基于协同管理理论的首都农村基层慢性病管理模式研究——怀柔区为例	杨　佳	首都医科大学	综合研究	研究报告	2019.01	2021.12	北京市怀柔区卫生与计划生育委员会
SZ201910028009	全球视域下在线信息素养教育的比较研究	王　莲	首都师范大学	综合研究	论文	2019.01	2021.12	无
SZ201910028010	新文化运动时期马克思主义在中国的译介传播	方　红	首都师范大学	基础研究	专著	2019.01	2021.12	无
SZ201910028011	习近平关于政治生态建设的重要论述研究	李东明	首都师范大学	基础研究	研究报告	2019.01	2020.12	中国矿业大学，兰州交通大学
SZ201910028012	京津冀地区流动儿童家庭外迁的整合模式研究	冯　跃	首都师范大学	综合研究	研究报告	2019.01	2021.06	河北大学政法学院社会学系，新公民计划
SZ201910028013	改革开放40年北京市中小学课程建设与教学改进研究	陈文新	首都师范大学	综合研究	专著	2019.01	2022.01	北京师范大学，人民教育出版社，北京景山学校，北京中关村第一小学
SZ201910028014	跨文化传播视野下儿童图画书的文化教育功能研究	刘晓晔	首都师范大学	基础研究	论文	2019.01	2021.12	北京语言大学，北京教育学院朝阳分院，北京教育学院初等教育学院
SZ201910028015	教科书话语分析的理论建构与方法应用	王攀峰	首都师范大学	基础研究	论文	2019.01	2021.12	人民教育出版社，北京师范大学教育学院
SZ201910028016	数字化时代教科书发展研究	张增田	首都师范大学	综合研究	论文	2019.01	2022.01	北京工商大学，人民教育出版社
SZ201910031017	“健康中国”战略下服务业顾客—员工互动对员工健康的影响研究	雷　铭	北京第二外国语学院	应用研究	研究报告	2019.01	2021.12	无
SZ201910031018	文化自信背景下国家安全与北京汉语国际教育课程融合研究	朱　麟	北京第二外国语学院	综合研究	专著	2019.01	2021.06	无

续表

项目编号	项目名称	负责人	承担单位	研究类别	成果形式	启动时间	完成时间	合作单位
SZ201910037019	京津冀城市群物流业服务创新能力提升研究	刘　艳	北京物资学院	应用研究	专著	2019. 01	2021. 12	北京工商大学，中国物流与采购联合会
SZ201910037020	北京城市休闲水平的统计测评研究	黄羽翼	北京物资学院	应用研究	专著	2019. 01	2021. 01	无
SZ201910038021	基于时空可达性的需求响应型定制公交网络规划研究	尚华艳	首都经济贸易大学	应用研究	研究报告、论文	2019. 01	2021. 12	无
SZ201910038022	基于“共识—行动”协作框架的京津冀养老服务协作治理网络实证研究	潘　娜	首都经济贸易大学	应用研究	研究报告、论文	2019. 01	2021. 10	天津科技大学，华北理工大学
SZ201910038023	全国文化中心视域下北京民间阅读组织研究	司新丽	首都经济贸易大学	综合研究	研究报告、论文	2019. 01	2021. 12	无
SZ201910046024	当代中国声乐学派的构建及流播研究	杨曙光	中国音乐学院	综合研究	专著	2019. 01	2021. 12	无
SZ201910049025	北京地区戏曲剧种多声部形式研究	李　楠	中国戏曲学院	综合研究	专著	2019. 03	2021. 12	无
SZ201910050026	“文化北京”与博物馆影像公共教育	李　彬	北京电影学院	应用研究	研究报告、论文	2019. 01	2020. 06	无
SZ201910858027	中国传统泥塑艺术的数字化再现与应用研究	刘正宏	北京电子科技职业学院	应用研究	论文、专利	2019. 01	2021. 12	陕西凤翔县锦伟民俗文化传承有限公司，北京汉唐双起翔文化传播有限公司，山东高密聂家庄泥塑传习所
SZ201911232028	北京种业企业并购整合风险管理研究	侯军岐	北京信息科技大学	应用研究	专著、论文	2019. 01	2021. 12	扬州大学，西北农林科技大学
SZ201911232029	北京 KIBS 创新生态系统演化路径与创新绩效评价研究　基于可持续发展的视角	王　莹	北京信息科技大学	应用研究	研究报告、论文	2019. 01	2021. 12	无
SZ201911417030	京津冀一体化背景下京绣传承谱系研究	滕雪梅	北京联合大学	基础研究	专著	2019. 02	2021. 12	北京市非物质文化遗产保护中心，河北省非物质文化遗产保护中心

续表

项目编号	项目名称	负责人	承担单位	研究类别	成果形式	启动时间	完成时间	合作单位
SZ201950061031	基于幼儿学习品质视角的亲职者胜任能力研究	李　静	北京教育学院	应用研究	研究报告	2019.01	2021.08	首都师范大学，新中街东棉花联盟园，顺义区学前科

*北京市教育委员会2018年评出的2019年度社会科学计划批准立项重点项目。

（北京市教育委员会技术与研究生工作处供稿）

北京市教育委员会2019年度社会科学计划一般项目批准立项项目

项目编号	项目名称	承担单位	研究类别	负责人	成果形式	完成时间
SM201910005001	京津冀城市群的品牌整合建构与国际传播策略研究	北京工业大学	应用研究	冯若谷	研究报告	2021.12
SM201910005002	基于语料库的中外大学生英语写作语篇连贯认知的对比研究	北京工业大学	基础应用研究	蒋春丽	研究报告、论文	2020.12
SM201910005003	北京地区文化创意旅游纪念品体系研究	北京工业大学	基础研究	李红超	研究报告、论文	2020.12
SM201910005004	可持续发展融入高等工程教育的模式、效果及国际比较研究	北京工业大学	基础应用研究	刘贤伟	研究报告、论文	2020.12
SM201910005005	“双一流”背景下首都高校优势学科发展现状及对策研究	北京工业大学	应用研究	宋　微	研究报告、论文	2020.12
SM201910005006	京津冀协同发展背景下高校来华留学生在华就业现状及对策研究	北京工业大学	应用研究	吴　丹	研究报告、论文	2020.12
SM201910005007	系统生态理论视角下研究生专业认同与其导师关系的相关性研究	北京工业大学	应用研究	赵嘉路	论文	2021.12
SM201910005008	基于城市绿道视角的北京城市慢行空间系统景观设计研究	北京工业大学	应用研究	赵　玮	论文、设计作品	2020.12
SM201910005009	基于双一流建设多学科融合的新媒体交互艺术研究	北京工业大学	应用研究	周宏伟	研究报告、论文	2020.12
SM201910005010	习近平新时代中国特色社会主义思想宣传教育的文本路径研究	北京工业大学	基础应用研究	陈艳飞	研究报告、论文	2020.12
SM201910005011	新时代党的意识形态建设研究	北京工业大学	基础研究	刘　锋	研究报告、论文	2020.12
SM201910005012	北京高校学科团队科研质量评价及断裂带角度的提升策略研究	北京工业大学	基础研究	綦　萌	研究报告、论文	2021.12
SM201910009001	北京现代文学遗迹研究	北方工业大学	基础研究	冯　雷	专著	2021.12
SM201910009002	英汉主题结构的认知模式研究	北方工业大学	基础研究	李银美	研究报告、论文	2021.12
SM201910009003	人工智能与北京广告业的融合创新研究	北方工业大学	基础应用研究	刘　菁	研究报告、论文	2021.12
SM201910009004	新时代马克思主义传播特殊规律研究	北方工业大学	基础研究	何海兵	研究报告、论文	2021.12

续表

项目编号	项目名称	承担单位	研究类别	负责人	成果形式	完成时间
SM201910009005	北京科技金融与企业创新绩效的耦合协调研究	北方工业大学	应用研究	李洪梅	研究报告、论文	2021.12
SM201910009006	北京市监察体制深化改革中的纪法协调问题研究	北方工业大学	基础研究	邵 晖	研究报告、论文	2021.12
SM201910009007	互联网背景下北京高技术企业顾客契合的驱动因素及结果效应	北方工业大学	基础研究	涂剑波	研究报告、论文	2021.12
SM201910009008	京西山地村落适应性景观调查与数据库建立	北方工业大学	基础研究	张 晋	研究报告、论文	2021.12
SM201910009009	北京市创新券提升中小微企业创新能力的路径研究	北方工业大学	应用研究	周 霞	研究报告、论文	2021.12
SM201910011001	"中国故事"在儿童绘本创作中的创新应用研究	北京工商大学	应用研究	何思倩	论文	2020.12
SM201910011002	运动对不同焦虑水平个体执行功能影响的实验研究	北京工商大学	基础应用研究	李鑫楠	论文	2020.12
SM201910011003	新媒体条件下马克思主义大众化研究	北京工商大学	基础研究	班高杰	研究报告、论文	2020.12
SM201910011004	促进京津冀人口合理分布的财政机制研究	北京工商大学	应用研究	贾建宇	研究报告、论文	2020.12
SM201910011005	减税政策对北京市企业的财务效应研究	北京工商大学	基础应用研究	鲁 昱	研究报告、论文	2020.12
SM201910011006	北京地区"科技型中小企业技术创新基金"政策效应研究	北京工商大学	应用研究	彭红星	研究报告、论文	2020.12
SM201910011007	北京市众创空间平台组织模式和双创生态优化路径研究	北京工商大学	应用研究	谭 娟	研究报告、论文	2020.12
SM201910011008	平衡与发展视角下北京市家庭养老支持政策体系研究	北京工商大学	基础应用研究	王 雯	研究报告、论文	2020.12
SM201910011009	大数据视角下京津冀区域金融风险预警体系研究	北京工商大学	基础研究	王晓珂	研究报告、论文	2020.12
SM201910011010	刑事诉讼法解释论	北京工商大学	基础研究	王迎龙	研究报告、论文	2020.12
SM201910011011	利用外资引导京津冀农业转移人口合理分布的机制研究	北京工商大学	应用研究	武 岩	研究报告、论文	2020.12
SM201910012001	非遗"京绣"图案传承与创新设计在现代服装中的应用	北京服装学院	应用研究	丁雅琼	研究报告、论文	2019.12
SM201910012002	民族服饰博物馆馆藏元代冠服修复保护与研究	北京服装学院	基础研究	贾 汀	研究报告、论文	2020.12
SM201910012003	清代以降中华服饰文化的近现代转型研究	北京服装学院	基础研究	宋 炀	研究报告、论文	2019.12
SM201910012004	"一带一路"背景下的中国服饰文化译介研究	北京服装学院	基础应用研究	肖海燕	论文、教材	2022.12
SM201910015001	知识付费背景下新闻传播学科教学改革创新路径研究	北京印刷学院	应用研究	张 聪	研究报告、论文	2020.12

续表

项目编号	项目名称	承担单位	研究类别	负责人	成果形式	完成时间
SM201910015002	新技术影像与北京城市形象构建研究	北京印刷学院	应用研究	张　为	研究报告、论文	2020. 12
SM201910015003	媒体融合背景下我国传统出版企业转型升级与保障政策研究	北京印刷学院	应用研究	华宇虹	研究报告、论文	2020. 12
SM201910015004	实体书店的跨界融合模式研究	北京印刷学院	应用研究	谢　巍	研究报告、论文	2020. 12
SM201910016001	北京城市文化外宣语篇交际功能研究	北京建筑大学	基础研究	窦文娜	研究报告、论文	2020. 12
SM201910017001	文化生态视角下北京新机场拆迁村落非物质文化遗产的保护与传承研究	北京石油化工学院	基础应用研究	李淑敏	研究报告、论文	2021. 12
SM201910017002	全渠道视角下北京市食品流通风险识别及管控机制研究	北京石油化工学院	应用研究	邱　莹	研究报告、论文	2021. 12
SM201910017003	关联社会保障待遇标准、待遇梯度及调整机制研究	北京石油化工学院	应用研究	王国洪	研究报告、论文	2021. 12
SM201910020001	京郊传统村落乡土建筑及环境肌理保护研究	北京农学院	基础研究	常丽红	研究报告、论文	2021. 12
SM201910020002	生育政策调整后北京农村家庭生育意愿研究	北京农学院	基础研究	胡新萍	研究报告、论文	2021. 12
SM201910020003	"沪港通"背景下双重上市公司股票价格发现与联动性研究	北京农学院	应用研究	李　媛	研究报告、论文	2021. 12
SM201910020004	北京市第一书记参与乡村治理的机制研究	北京农学院	应用研究	王军强	研究报告、论文	2021. 12
SM201910025001	北京高校大学生死亡教育研究	首都医科大学	基础研究	寇楠楠	研究报告	2021. 12
SM201910025002	20 世纪中国糖尿病诊断标准变迁研究	首都医科大学	基础研究	谷晓阳	研究报告、论文	2021. 12
SM201910025003	北京构建长期护理保险制度的法律问题研究	首都医科大学	基础应用研究	孟彦辰	研究报告、论文	2021. 12
SM201910025004	北京市二类疫苗接种损害救济研究	首都医科大学	应用研究	乔　宁	研究报告、论文	2021. 12
SM201910025005	医保视角下慢性病费用相关问题研究	首都医科大学	应用研究	吴妮娜	研究报告、论文	2021. 12
SM201910028001	国家利益视角下中国外语教育政策研究	首都师范大学	基础研究	曹　迪	论文	2021. 12
SM201910028002	高校女性教育的调查及发展策略研究	首都师范大学	基础研究	丁怡萌	研究报告、论文	2019. 12
SM201910028003	《乐府续集·辽金卷》编纂及研究	首都师范大学	基础研究	郭　丽	论文	2021. 12
SM201910028004	中国古典舞的文化重建与文化输出	首都师范大学	基础研究	胡　伟	专著	2021. 12
SM201910028005	中国古代谶纬信息地理分布研究	首都师范大学	基础研究	邝向雄	研究报告	2021. 12
SM201910028006	当代公共艺术生产场域研究	首都师范大学	基础应用研究	李　雷	研究报告	2021. 12
SM201910028007	北京地区 0-3 岁托幼服务社区化的行动研究	首都师范大学	应用研究	刘　莉	研究报告、论文	2021. 12
SM201910028008	北京市儿童阅读发展的家庭影响因素：基于家庭投资模型的实证研究	首都师范大学	基础应用研究	苏萌萌	研究报告、论文	2021. 12

续表

项目编号	项目名称	承担单位	研究类别	负责人	成果形式	完成时间
SM201910028009	超语言技能模式在中小学英语教学中的应用研究	首都师范大学	应用研究	孙　森	研究报告、论文	2021.12
SM201910028010	殷墟甲骨残文的整理与研究	首都师范大学	基础研究	王　红	研究报告	2021.12
SM201910028011	北京市中小学组织结构创新研究	首都师范大学	基础应用研究	王寰安	研究报告	2020.12
SM201910028012	全民阅读新时代下绘本分级阅读理论与实践研究	首都师范大学	基础应用研究	王　蕾	研究报告、社科普及读物	2021.12
SM201910028013	系统功能语言学视角下的网络新闻外宣日译策略研究	首都师范大学	基础应用研究	王珍珍	研究报告、论文	2021.12
SM201910028014	北京市中小学教师实践性知识的发展现状与优化路径研究	首都师范大学	应用研究	魏　戈	专著、研究报告、论文	2021.12
SM201910028015	数字媒体介入下的博物馆展示设计研究	首都师范大学	应用研究	温京博	论文	2021.12
SM201910028016	中国基本养老金待遇水平差异研究	首都师范大学	基础应用研究	刘桂莲	研究报告、论文	2020.12
SM201910028017	大数据背景下全球高端智库“一带一路”研究主题与情感倾向分析	首都师范大学	应用研究	王　洁	研究报告、论文	2020.12
SM201910028018	中国共产党文艺思想发展史研究(1921-2017)	首都师范大学	基础研究	赵　亮	研究报告、论文	2021.12
SM201910029001	改革开放40年专业舞蹈教育的多元化发展研究	首都体育学院	应用研究	王梓霏	研究报告、论文	2020.12
SM201910029002	马拉松赛事电视报道的研究	首都体育学院	应用研究	张宏伟	研究报告、论文	2021.12
SM201910031001	修辞学视角下新时代北京城市形象的话语构建及传播研究	北京第二外国语学院	基础应用研究	刘光婷	论文	2020.12
SM201910031002	对中国企业对外直接投资进入、经营和退出的国内金融支持手段研究	北京第二外国语学院	应用研究	倪晓宁	研究报告、论文	2020.12
SM201910031003	北京居民对国际大型赛事期望与感知变化研究——基于2008奥运会与2022冬奥会	北京第二外国语学院	应用研究	许忠伟	研究报告、论文	2020.12
SM201910037001	北京市国企分类分层推进混合所有制改革路径及绩效研究	北京物资学院	应用研究	董丽萍	研究报告、论文	2020.12
SM201910037002	基于文本挖掘的京津冀企业信用评价方法的优化与实证研究	北京物资学院	应用研究	韩　嵩	研究报告、论文	2020.12
SM201910037003	新零售时代北京市零售业转型创新实践及效果研究	北京物资学院	应用研究	黄雨婷	研究报告、论文	2020.12
SM201910037004	京津冀生鲜农产品协同物流视角下的技术创新、环境规制和经济效益关系研究	北京物资学院	应用研究	李　锋	研究报告、论文	2021.12
SM201910037005	政府引导基金对社会资本带动与优化配置效应的研究	北京物资学院	应用研究	马婷婷	研究报告、论文	2021.12
SM201910037006	北京地区普惠金融发展现状及其福利效应研究	北京物资学院	应用研究	吴　锟	研究报告、论文	2020.12

续表

项目编号	项目名称	承担单位	研究类别	负责人	成果形式	完成时间
SM201910037007	基于碳交易的京津冀低碳供应链减排模式及成本分摊策略	北京物资学院	应用研究	于晓辉	研究报告、论文	2020.12
SM201910038001	体育社会组织发展的制度框架与路径选择	首都经济贸易大学	基础研究	杨　华	研究报告	2020.12
SM201910038002	北京市救灾物资储备优化策略研究	首都经济贸易大学	应用研究	白鹏飞	研究报告、论文	2020.12
SM201910038003	北京现代化产业体系构建与高精尖产业耦合发展机制研究	首都经济贸易大学	应用研究	范合君	研究报告、论文	2020.12
SM201910038004	区块链技术嵌入下北京市互联网企业商业模式创新路径研究	首都经济贸易大学	应用研究	关　鑫	研究报告、论文	2021.12
SM201910038005	政府引导基金中财政资金的杠杆效应及退出机制研究	首都经济贸易大学	基础应用研究	黄芳娜	研究报告、论文	2020.12
SM201910038006	北京市城市公用事业监管的政策网络研究	首都经济贸易大学	基础研究	黄衔鸣	研究报告、论文	2021.12
SM201910038007	北京16区基本公共服务存量差异动态跟踪研究	首都经济贸易大学	基础应用研究	李林君	研究报告、论文	2020.12
SM201910038008	企业特征与产品定位对客户接触策略的适用性影响	首都经济贸易大学	基础研究	李　研	研究报告、论文	2020.12
SM201910038009	非首都功能疏解下集体产业用地统筹利用研究	首都经济贸易大学	应用研究	王建强	研究报告、论文	2020.12
SM201910038010	面向大数据环境的网络舆情知识库自动构建技术研究	首都经济贸易大学	应用研究	王　汀	研究报告、论文	2021.12
SM201910038011	北京市民生活垃圾分类行为形成机制及治理研究	首都经济贸易大学	应用研究	武永春	研究报告、论文	2021.12
SM201910038012	北京市政府跨期预算决策的时间偏好动态分析	首都经济贸易大学	应用研究	张　莉	研究报告、论文	2020.12
SM201910038013	新时代国家监察体制下腐败治理实现机制研究	首都经济贸易大学	应用研究	张　瑶	研究报告、论文	2021.12
SM201910049001	京剧刀马旦身段与表演心理研究	中国戏曲学院	基础应用研究	林永娜	研究报告、论文	2021.12
SM201910049002	中国传统戏曲服装演变轨迹研究	中国戏曲学院	基础应用研究	张　靖	研究报告、论文	2020.12
SM201910046001	刘德海琵琶创作研究	中国音乐学院	基础研究	葛　詠	研究报告	2020.12
SM201910046002	北京市演出产业发展新趋势研究	中国音乐学院	基础应用研究	司　思	研究报告、论文	2020.12
SM201910046003	北京社区音乐研究	中国音乐学院	基础研究	夏侯晓昱	论文	2022.12
SM201910051001	先秦乐舞思想研究	北京舞蹈学院	基础研究	杜　乐	研究报告、论文	2020.12
SM201910051002	新时代高等院校素质教育芭蕾形体训练研究	北京舞蹈学院	应用研究	胡　晓	研究报告、论文	2020.12
SM201910051003	国际文化交流视野下的中国古典舞教材传播	北京舞蹈学院	基础应用研究	金　浩	研究报告、论文	2019.12
SM201910051004	艺术学视域下的舞蹈观念更新大讨论	北京舞蹈学院	基础研究	任文惠	研究报告、论文	2020.12
SM201910051005	先秦至唐代经学史上的舞蹈思想研究	北京舞蹈学院	基础研究	吴海清	研究报告、论文	2020.12

续表

项目编号	项目名称	承担单位	研究类别	负责人	成果形式	完成时间
SM201910050001	基于虚拟现实影像的交互界面设计与发展研究	北京电影学院	基础应用研究	刘梦雅	研究报告、论文	2021.12
SM201910050002	基于知识地图的《电影素养教育》微课程设计与开发	北京电影学院	基础应用研究	沈　娟	研究报告、论文	2020.12
SM201910050003	《电影产业促进法》的违法行为判定和执法问题研究	北京电影学院	基础应用研究	孙俨斌	研究报告、论文	2020.12
SM201910050004	格鲁吉亚电影史	北京电影学院	基础研究	王　垚	研究报告、论文	2021.12
SM201910050005	影视服装材料设计应用与处理工艺	北京电影学院	基础应用研究	王　展	研究报告、论文	2021.12
SM201911417001	新时代文艺批评的新使命研究	北京联合大学	基础研究	李小贝	研究报告、论文	2021.12
SM201911417002	基于计算机学习的聋人大学生元认知能力的研究	北京联合大学	应用研究	穆艳玲	研究报告、论文	2021.12
SM201911417003	以北京非遗为主题的服装创意设计与实践	北京联合大学	基础应用研究	谭　融	研究报告、论文	2021.12
SM201911417004	首都网络意识形态传播中意见领袖的作用机制研究	北京联合大学	应用研究	吴惠凡	研究报告、论文	2021.12
SM201911417005	京津冀协同治理视角下的环境绩效评价研究	北京联合大学	应用研究	陈俊荣	研究报告、论文	2021.12
SM201911417006	社会网络视角下北京市创业投资引导基金的投资运行机制研究	北京联合大学	基础应用研究	崔　婧	研究报告、论文	2021.12
SM201911417007	京津冀基础设施 PPP 投融资模式研究	北京联合大学	基础应用研究	刘立国	研究报告、论文	2021.12
SM201911417008	互联网+情境下北京市智慧养老模式与经济效应研究	北京联合大学	基础应用研究	赵　进	研究报告、论文	2021.12
SM201911232001	北京高校官微平台公共话语与大学品牌形象构建研究	北京信息科技大学	应用研究	张　敏	研究报告、论文	2020.12
SM201911232002	北京城市形象广告的自媒体分享传播模式研究	北京信息科技大学	基础应用研究	张　笑	研究报告、论文	2020.12
SM201911232003	基于深度学习和 LDA 的多特征新闻话题发现模型的研究	北京信息科技大学	基础应用研究	车　蕾	研究报告、论文	2020.12
SM201911232004	基于大数据的北京市知识型人才工作投入的影响因素与提升策略研究	北京信息科技大学	应用研究	郭钟泽	研究报告、论文	2020.12
SM201911232005	数字时代北京城市品牌战略影响要素识别及传播机理研究	北京信息科技大学	应用研究	王宗水	研究报告、论文	2020.12
SM201911232006	“天才恶魔”：科研人员创造力的“阴暗面”研究	北京信息科技大学	基础研究	张　娜	研究报告、论文	2020.12
SM201951638001	当代通州作家视野下运河文化传承研究	北京财贸职业学院	应用研究	宋秋云	研究报告、论文	2019.12
SM201951638002	首都城市定位下的商业品牌竞争力研究	北京财贸职业学院	应用研究	王春娟	专著、论文	2021.12
SM201911626001	北京市高职生积极心理品质培养研究	北京青年政治学院	基础应用研究	董　辉	研究报告、论文	2020.12
SM201911626002	改革开放以来俄罗斯文学在华译介传播研究	北京青年政治学院	基础应用研究	贾一村	研究报告、论文	2020.12

续表

项目编号	项目名称	承担单位	研究类别	负责人	成果形式	完成时间
SM201911626003	目的语环境下的留学生汉语学习动机动态变化研究	北京青年政治学院	应用研究	朴美玉	研究报告、论文	2020.12
SM201911626004	网络直播中青年行为分析及应对策略研究	北京青年政治学院	应用研究	张前程	研究报告、论文	2020.12
SM201910853001	信息技术与高职公共基础课教学深度融合的研究	北京工业职业技术学院	应用研究	孙　川	研究报告、论文	2020.12
SM201910853002	职业教育质量监测体系研究	北京工业职业技术学院	基础应用研究	王军红	研究报告、论文	2020.12
SM201910858001	基于“互联网+”背景下的青少年动漫创作方向研究	北京电子科技职业学院	基础应用研究	窦　巍	研究报告、论文	2020.12
SM201910858002	现代材料设计语境下的传统珠绣装饰工艺研究	北京电子科技职业学院	应用研究	鄞　蔚	研究报告、论文	2020.12
SM201910858003	基于互联网+的北京市汽车服务高技能人才培养方向研究	北京电子科技职业学院	应用研究	李　杰	研究报告、论文	2020.12
SM201912448001	新常态下京郊合作社品牌提升路径研究	北京农业职业学院	应用研究	李伟伟	研究报告、论文	2020.12
SM201951160001	学习者需求导向的在线学习支持服务体系构建研究	北京开放大学	基础应用研究	王秀凤	研究报告、论文	2020.12
SM201950061001	北京市幼儿教师教育发展研究	北京教育学院	基础应用研究	刘胡权	研究报告、论文	2021.12
SM201950061002	中学生英语阅读投入的发展和评价研究	北京教育学院	应用研究	张金秀	研究报告、论文	2020.12
SM201914075001	北京“四个中心”城市功能定位下的高职院校专业规划及其发展研究	北京劳动保障职业学院	基础应用研究	王江涛	研究报告、论文	2020.12
SM201914019001	首都高校国家安全教育创新研究——基于反恐防暴教育视角	北京警察学院	应用研究	宋　森	研究报告、论文	2019.12

* 北京市教育委员会 2018 年评出的 2019 年度社会科学计划批准立项一般项目。

（北京市教育委员会技术与研究生工作处供稿）

2018 年度北京市人大常委会调查研究课题

2018 年度北京市人大常委会主任、副主任重点调研课题

序号	题目	主持人	责任部门	负责人
1	新时代加强和改进北京人大工作若干重要问题研究	李　伟	研究室	崔新建
2	关于实施乡村振兴战略的调研	刘　伟	农村办公室	金树东
3	★“营改增”对北京市经济影响的分析及解决路径研究	庞丽娟		
4	★关于通州设计之都新平台和雄安数创小镇建设的研究	闫傲霜		
5	★关于建设高水平无障碍公共环境调研	闫傲霜		

续表

序号	题目	主持人	责任部门	负责人
6	关于加强和完善市区转移支付监督，推进地方财政事权与支出责任划分改革的调研	李颖津	财政经济办公室	张伯旭
7	代表工作机制研究	张 清	代表联络室	马曙光
8	关于消防条例贯彻实施情况的调研	侯君舒	内务司法办公室	陈 永

注：带★号题目为民主党派主委课题，由市委统战部统筹安排。

2018 年度北京市人大常委会重点调研课题

序号	题目	责任部门	负责人
1	市委第五次人大工作会议相关立法问题研究	法制办公室	王荣梅
2	关于计划审查监督地方立法研究	财政经济办公室	张伯旭
3	★关于《北京市促进科技成果转化条例》立项论证的调研	教科文卫体办公室	刘玉芳
4	★北京市生态保护红线地方立法研究	城建环保办公室	郝志兰
5	发挥侨力为北京全国科技创新中心建设服务情况的调研	民宗侨办公室	孙 杰

注：带★号题目为法规立项论证项目。

2018 年度北京市人大专门委员会及常委会工作机构调研课题

序号	题目	申报部门	负责人
1	关于我市异常信访行为的分析调研	办公厅	董立柱
2	北京市预防未成年人犯罪工作情况调研	内务司法办公室	李正斌
3	关于加强财经委员会自身建设的调研	财政经济办公室	张伯旭
4	关于本市安全生产情况的调研	财政经济办公室	路海滨
5	本市中医药立法情况的调研	教科文卫体办公室	丛骆骆
6	关于制定节水地方性法规的调研	农村办公室	金树东
7	关于新形势下本市外事工作情况的调研	民宗侨办公室	孙 杰
8	关于发挥派驻职责，推动驻在单位夯实管党治党政治责任路径的积极探索	驻机关纪检监察组	周立军

（北京市人大常委会研究室王柏林供稿）

2018 年度北京市调查研究重点课题

题 目	主持人	预期成果
一、市级领导调研课题		
把城市副中心打造成北京重要一翼	蔡 奇	研究报告
城市复兴视角下的街区更新问题研究	蔡 奇	研究报告
改善营商环境研究	陈吉宁	研究报告

续表

题　目	主持人	预期成果
运用大数据，提升首都城市精细化管理水平	陈吉宁	研究报告
新时代加强和改进北京人大工作若干重要问题研究	李　伟	研究报告
关于健全完善政协组织党的建设体制机制的调研	吉　林	研究报告
推进形成三个全覆盖权力监督格局，精准研判和把握政治生态	张硕辅	研究报告
关于全面加强新时代首都政法系统党的建设的调研	张延昆	研究报告
关于新时代北京市深化依法治国实践的调研	张延昆	研究报告
关于“不同群体社会服务供给不均引发矛盾”对首都安全影响及对策的调研	张延昆	研究报告
高等教育思想政治工作难点攻关计划相关问题研究	林克庆	研究报告
市属高校服务“四个中心”功能建设有关问题研究	林克庆	研究报告
以首善标准奋力推进全国文化中心建设的对策研究	杜飞进	研究报告
打造新时代高素质专业化干部队伍问题研究	魏小东	研究报告
首都社区党的建设与治理体系建设问题研究	魏小东	研究报告
以提升组织力为重点，加强机关基层党组织建设	崔述强	研究报告
市直机关干部职工平稳、节俭搬迁通州副中心调研	崔述强	研究报告
新形势下高校党外知识分子思想政治工作研究	齐　静	研究报告
新媒体从业人员统战工作研究	齐　静	研究报告
依托大型民营企业党委开展统战工作研究—以京东集团为例	齐　静	研究报告
关于做好首都人民防空工作的几点思考	姜　勇	研究报告
实施乡村振兴战略，促进城乡融合发展的调研报告	刘　伟	研究报告
关于加强和完善市区转移支付监督，推进地方财政事权与支出责任划分改革的调研报告	李颖津	研究报告
代表工作机制研究	张　清	研究报告
关于消防条例贯彻实施情况的调研报告	侯君舒	研究报告
北京冬奥会促进区域可持续发展研究——以延庆区、首钢园区为例	张建东	研究报告
关于朝阳区王四营一绿建设调研	隋振江	研究报告
坚持教育均衡发展，在幼有所育、学有所教上取得新进展	王　宁	研究报告
规范和提升京郊民宿，打造特色京郊游	王　宁	研究报告
北京市金融产业布局和协调优化	殷　勇	研究报告
强化统筹、充分发挥农村各类实用人才在推进乡村振兴中的基础作用	卢　彦	研究报告
以综合执法监管为重点，进一步提升本市重型柴油车精细化治理水平	杨　斌	研究报告
发展现代园艺产业，支持农民创业致富	王　红	研究报告
关于加强政协委员联系群众的调研	杨艺文	研究报告
关于加快建设符合新时代要求的首都现代化经济体系的调研	程　红	研究报告
关于强化街道在城市治理中的基础地位、构建具有首都特点的超大城市治理体系若干问题的思考与建议	李　伟	研究报告
关于深化医疗体制改革、推进专科医联体建设的调研	牛青山	研究报告
关于促进新首钢地区发展的政策建议	林抚生	研究报告
北京民营经济高质量发展对策研究	燕　瑛	研究报告
建设国际商事纠纷解决中心有关问题研究	杨万明	研究报告

续表

题 目	主持人	预期成果
检察机关参与超大城市社会治理创新问题研究	敬大力	研究报告
二、各民主党派市委主委调研课题		
进一步培育“乡风文明”，助推首都“美丽乡村”建设	王　红	研究报告
关于进一步提升冬奥会卫生医疗保障水平的调研	王　红	研究报告
关于北京中轴线传统风貌保护、传承与利用的研究	程　红	研究报告
金融支持北京高精尖产业发展的调研	任学良	研究报告
营改增对北京市企业税收负担的分析	庞丽娟	研究报告
美丽乡村建设中医疗卫生服务能力的现状、问题及对策研究	于鲁明	研究报告
京津冀交通运输特征及污染排放综合控制对策	于鲁明	研究报告
关于通州设计之都新平台和雄安数创小镇建设的研究	闫傲霜	研究报告
关于建设更高水平无障碍城市的调研	闫傲霜	研究报告
实施“企业研发代工”新型产学研合作，推动北京科创中心建设	刘忠范	研究报告
关于建立“两岸文化交流基地”，促进全国文化中心建设的政策建议	陈　军	研究报告
三、部委办、各区调研课题		
加强首都意识形态阵地管理研究	赵卫东	研究报告
台胞台生在京创业就业政策落实情况的调研	黄塞溪	研究报告
深化本市党和国家机构改革研究	李世新	研究报告
北京市基层社会治理能力现代化研究	宋贵伦	研究报告
提升机关党组织组织力研究	吕和顺	研究报告
高等学校内部控制审计研究	刘宇辉	研究报告
坚持和完善院（系）党政联席会议制度研究	郑吉春	研究报告
首都职工综合素质建设调研	郑默杰	研究报告
第二次北京青年群众大调研	熊　卓	研究报告
街道乡镇基层团组织建设专题调研	熊　卓	研究报告
家长的家庭教育能力素质现状及对策研究	蔡淑敏	研究报告
礼让斑马线专项行动研究	滕盛萍	研究报告
推动本市高质量发展的政策措施和指标体系研究	谈绪祥	研究报告
关于本市激发和保护企业家精神的政策研究	谈绪祥	研究报告
健全自治、法治、德治相结合的乡村治理体系研究	李志军	研究报告
加快高精尖产业在“三城一区”聚集，推动首都产业实现跨越式发展	王　刚	研究报告
宗教工作三级网络两级责任制落实情况调研	钟百利	研究报告
基于北京超大城市治理体系的规划治理改革研究	张　维	研究报告
北京市存量建设用地更新规划实施政策研究	张　维	研究报告
关于构建首都城市运行管理精治共治法治体系的研究	孙新军	研究报告
交通承载能力作为城市发展约束条件的政策机制研究	李先忠	研究报告
新时期北京商务发展研究	闫立刚	研究报告
旅游业助力“一城三带”建设研究	宋　宇	研究报告

续表

题　目	主持人	预期成果
紧密型医联体建设研究	雷海潮	研究报告
公立医院薪酬制度改革研究	雷海潮	研究报告
推动市属企业高质量发展的调查研究	张贵林	研究报告
新一轮国资国企改革重点难点问题研究	张贵林	研究报告
依法行政中跨部门协同问题研究——整体政府视野下的首都法治政府建设	李富莹	研究报告
北京市推进依法分类处理信访诉求工作中的难点问题及主要对策	申泽宝	研究报告
繁荣发展首都网络文化助力全国文化中心建设研究	佟力强	研究报告
坚持总体国家安全观　做好新时代首都安全工作的思考	王小洪	研究报告
新时代养老服务发展中政府、市场、社会的关系与边界研究	李万钧	研究报告
北京市公共法律服务体系建设研究	苗　林	研究报告
治本安全观视野下深化监狱体制改革研究	苗　林	研究报告
关于推进城市副中心建设的财政政策研究	吴素芳	研究报告
关于加快推进北京市多层次养老保障体系建设研究	徐　熙	研究报告
京津冀地区交通运输结构优化及污染减排对策研究	方　力、周扬胜	研究报告
北京市挥发性有机物污染控制对策研究	方　力、李晓华	研究报告
北京市水资源精细化管理	潘安君	研究报告
挖掘首都文化内涵　北京创新文化研究	陈　冬	研究报告
政府投资监管体系研究	马兰霞	研究报告
交通疏导政策落实情况研究	马兰霞	研究报告
关于优化首都营商环境促进地方税源建设的思考	王文杰	研究报告
关于提高开办企业效率优化首都营商环境的调研报告	冀　岩	研究报告
北京市质量状况分析研究（2017 年—2018 年）	苗立峰	研究报告
北京市乡镇、街道（园区）安全生产检查队规范化建设调研	张树森	研究报告
关于推进安全生产社会化的思考和实践探索	张树森	研究报告
首都新闻出版广播影视“走出去”对策研究	杨　烁	研究报告
影视出版“精品创作”若干问题研究	杨　烁	研究报告
长城保护对区域性经济发展的引领作用	舒小峰	研究报告
北京市青少年冰雪运动发展情况研究	赵　文	研究报告
北京高质量发展指标体系研究	蒋力歌	研究报告
建设新时代首都特色现代化统计调查体系研究	蒋力歌	研究报告
关于探索建立集体林场发展模式问题研究	邓乃平	研究报告
关于推动首都金融业高质量发展研究	霍学文	研究报告
北京与世界主要创新城市专利状况对比研究	汪　洪	研究报告
北京市畜牧业供给侧结构性改革问题调研	马丽英	研究报告
农业机械化在推进首都现代农业供给侧结构性改革中的作用研究	李全录	研究报告
借鉴供港标准、供港模式，构建食用农产品首都标准、北京品牌体系	徐志军	研究报告
腾退地下空间利用研究	郭　援、田志华	研究报告

续表

题　目	主持人	预期成果
首都单建式人防工程引入PPP模式打造城市地下综合服务体（“民防+新能源”）	郭　援、王　玉	研究报告
雄安新区中关村科技园建设模式和合作机制研究	翟立新	研究报告
中关村示范区一区多园考核评价指标体系与分析研究	翟立新	研究报告
关于降低“四个密度”，提升核心区发展品质的研究	张家明	研究报告
关于培育发展社会组织，创新社会治理的研究	张家明	研究报告
社会主要矛盾变化在西城区的具体表现及解决策略研究	卢映川	研究报告
关于运用大数据提升城市治理水平的实践与思考	王少峰	研究报告
朝阳区关于加强党建引领推进“街乡吹哨、部门报到”工作研究	王　灏	研究报告
海淀区构建新型城市形态研究	于　军	研究报告
中关村科学城创新生态体系建设研究	戴彬彬	研究报告
关于石景山区层层压实全面从严治党主题责任研究	于长辉	研究报告
关于对标国际一流加快构建我区高精尖经济结构的研究	陈之常	研究报告
实施乡村振兴战略助力低收入帮扶攻坚战	张力兵	研究报告
关于门头沟区深入推进“放管服”改革大力优化营商环境的研究	付兆庚	研究报告
以特色小镇建设为重点　全力推动国家新型城镇化综合试点建设	郭延红	研究报告
城市副中心社会治理问题研究	曾赞荣	研究报告
智慧城市产业研究	赵　磊	研究报告
顺义区提升腾退及闲置空间综合利用效率研究	高　朋	研究报告
促进顺义“一区”承接“三城”创新成果的机制研究	孙军民	研究报告
关于昌平区构建“高精尖”经济结构的思考	王合生	研究报告
宅基地改革与美丽乡村建设政策研究	周立云	研究报告
关于怀柔区实施乡村振兴战略的思考	常　卫	研究报告
关于推进怀柔科学城建设的研究与思考	卢宇国	研究报告
以农业供给侧结构性改革为主线培育密云乡村发展新动能的实践与思考	潘临珠	研究报告
转型发展中延庆区社会治理的理念与实践	穆　鹏	研究报告

（北京市委研究室冀淑萍供稿）

2018年度北京市习近平新时代中国特色社会主义思想研究中心立项课题

序号	项目名称	项目类别	项目负责人	科研信誉保证单位
1	习近平新时代中国特色社会主义思想的科学体系研究	重大项目	韩庆祥	前线杂志社
2	习近平新时代中国特色社会主义思想的重大时代课题研究	重大项目	颜晓峰	前线杂志社
3	以人民为中心的人民观研究	重大项目	田海平	北京师范大学
4	新时代我国科技创新的理论和实践研究	重大项目	陈　劲	清华大学

续表

序号	项目名称	项目类别	项目负责人	科研信誉保证单位
5	推动形成全面开放新格局研究	重大项目	文　君	对外经济贸易大学
6	新时代中国特色社会主义民主政治发展与创新研究	重大项目	贾立政	人民日报社 人民论坛杂志社
7	新时代中国特色社会主义法治体系建设的理论和实践研究	重大项目	高浣月	中国政法大学
8	习近平关于新闻舆论工作的重要论述研究	重大项目	高晓虹	中国传媒大学
9	习近平关于意识形态工作的重要论述研究	重大项目	陆绍阳	北京大学
10	新时代我国精准扶贫、精准脱贫的理论和实践研究	重大项目	郑风田	中国人民大学
11	新时代我国教育改革发展的理论和实践研究	重大项目	黄建军	北京师范大学
12	坚持人与自然和谐共生研究	重大项目	杨峻岭	中国地质大学（北京）
13	习近平治国理政的强军战略	重大项目	公方彬	前线杂志社
14	坚持和加强党的全面领导研究	重大项目	朱家梅	中央财经大学
15	贯彻新发展理念、建设现代化经济体系研究	重大项目	方凤玲	中国石油大学（北京）
16	供给侧改革背景下激发企业活力的法治保障机制研究	重大项目	张世君	首都经济贸易大学
17	铸牢中华民族共同体意识研究	重大项目	张京泽	中央民族大学
18	人类命运共同体理念的中西方文化比较哲学研究	重大项目	李永辉	北京外国语大学
19	健全党和国家监督体系研究	重大项目	任建明	北京航空航天大学
20	习近平关于新时代首都建设的重要论述研究	重大项目	杨　奎	北京市社会科学院
21	习近平新时代中国特色社会主义思想的政治哲学逻辑研究	重点项目	邹吉忠	中央民族大学
22	习近平关于马克思主义的重要论述研究	重点项目	刘长军	中国青年政治学院
23	坚持制度治党、依规治党与推进党内治理法治化研究	重点项目	周悦丽	中共北京市委党校
24	推进以科技创新为核心的全面创新研究	重点项目	刘　立	清华大学
25	中国特色社会主义程序法治研究	重点项目	汤维建	中国人民大学
26	习近平关于文化建设的重要论述研究	重点项目	臧峰宇	前线杂志社
27	新时代传承和弘扬中华美学精神研究	重点项目	张　晶	中国传媒大学
28	国际大局视野中的新时代文艺工作研究	重点项目	胡燕春	首都师范大学
29	习近平关于网络强国的重要论述研究	重点项目	谢玉进	中央财经大学
30	坚持在发展中保障和改善民生研究	重点项目	唐任伍	北京师范大学
31	新时代共同富裕的时代内涵和实现路径研究	重点项目	杜保友	中共北京市委党校
32	新时代中国教育改革发展理论融入思想政治工作研究	重点项目	赵长禄	北京理工大学
33	习近平关于新时代中国青年和青年工作的重要论述研究	重点项目	韩宪洲	北京联合大学
34	新时代开展青年教育与培养时代新人研究	重点项目	冯　培	首都经济贸易大学
35	习近平生态文明思想研究	重点项目	路日亮	北京交通大学
36	习近平生态文明思想的理论体系和实践方略研究	重点项目	白瑞雪	北京师范大学
37	习近平新时代中国特色社会主义外交思想的历史逻辑与文明基础研究	重点项目	苏　浩	外交学院
38	新时代中国经济外交战略研究	重点项目	王志民	对外经济贸易大学
39	基于“媒体记忆”大数据的新时代我国社会主要矛盾变化研究（2003—2018）	重点项目	王建红	华北电力大学

续表

序号	项目名称	项目类别	项目负责人	科研信誉保证单位
40	深化供给侧结构性改革的税收政策研究	重点项目	何 辉	首都经济贸易大学
41	新时代防范系统性金融风险研究	重点项目	胡继晔	中国政法大学
42	健全宪法监督体系和机制研究	重点项目	王 锴	北京航空航天大学
43	新时代电视文艺提升社会主义意识形态凝聚力引领力的路径研究	重点项目	杜 彩	中国传媒大学
44	习近平新时代中国特色社会主义思想生成逻辑研究	一般项目	刘洪森	北京师范大学
45	习近平新时代中国特色社会主义思想的哲学基础研究	一般项目	孙 利	北京理工大学
46	习近平关于新时代的重要论述研究	一般项目	李宏伟	首都师范大学
47	以人民为中心的发展哲学研究	一般项目	田 田	中国劳动关系学院
48	习近平关于全面从严治党重要论述的历史逻辑和理论创新研究	一般项目	郑文涛	首都师范大学
49	依规依纪从严治党研究	一般项目	赵淑梅	中国人民大学
50	习近平新时代中国特色社会主义经济思想的理论内涵和现实意义研究	一般项目	张 新	清华大学
51	新时代中国政治文化建构与传播研究	一般项目	万 蓉	中国政法大学
52	新时代意识形态工作研究	一般项目	许 海	前线杂志社
53	网络主流意识形态新情况及应对策略研究	一般项目	郭媛媛	首都经济贸易大学
54	新时代文化建设视域下加强和改进高校思想政治教育研究	一般项目	祝和军	北京外国语大学
55	习近平关于劳模精神的重要论述研究	一般项目	彭维锋	中国劳动关系学院
56	历史虚无主义批判理论与话语体系建构研究	一般项目	史 敏	北京工业大学
57	新时代网络空间治理的实践创新研究	一般项目	付晓光	中国传媒大学
58	习近平关于中国传统文化的重要论述研究	一般项目	王 韡	中国传媒大学
59	新时代脱贫攻坚的成就和经验研究	一般项目	张春敏	中央民族大学
60	新时代生态文明建设的观念与制度保障研究	一般项目	李 劲	中共北京市委党校
61	生态文明责任观的理论意涵与实践向度研究	一般项目	邬晓燕	北京交通大学
62	总体国家安全指数构建研究	一般项目	侯 娜	中央财经大学
63	世界创新演变趋势视角下的新时代创新型国家建设研究	一般项目	高 洁	北京化工大学
64	习近平新时代中国特色社会主义思想宣传教育研究	一般项目	梁家峰	中共北京市委讲师团
65	高校习近平新时代中国特色社会主义思想宣传教育研究	一般项目	王宇航	对外经济贸易大学
66	新时代中国共产党制度建设和创新研究	一般项目	宫玉涛	中央民族大学
67	审计监督对健全党和国家监督体系的作用机制研究	一般项目	顾 煜	北京物资学院
68	中国共产党巡视巡察监督制度的创新与改革研究	一般项目	李 莉	中国政法大学
69	新时代青年教育和青年工作改革研究	一般项目	高 超	北京师范大学
70	新时代文艺批评的精神品质与价值导向研究	一般项目	李小贝	北京联合大学

（市社科联、市社科规划办理论研究部供稿）

2018 年度北京市习近平新时代中国特色社会主义思想研究中心“三报一刊”发表文章情况

序号	文章题目	发表报刊	发表时间/期次	执笔人
1	继承弘扬立党为公忠诚为民的奉献精神	《光明日报》	2018 年 1 月 24 日	杨　奎
2	从中国梦到新时代：治国理政指导思想一脉相承	《光明日报》	2018 年 2 月 1 日	刘金程
3	高举起民族复兴的思想旗帜	《人民日报》	2018 年 2 月 1 日	杜飞进
4	光荣的使命　神圣的责任	《光明日报》	2018 年 2 月 5 日	杜飞进
5	靠大学习增长新本领	《求是》	2018 年第 4 期	杨德山
6	将“四个意识”贯穿党的政治建设全过程	《光明日报》	2018 年 3 月 2 日	孙　英
7	全面依法治国的伟大实践	《经济日报》	2018 年 3 月 11 日	莫纪宏
8	中国智慧推动国际合作	《人民日报》	2018 年 3 月 13 日	张志洲
9	深入研究中国特色社会主义政治经济学新课题	《经济日报》	2018 年 3 月 23 日	卫兴华
10	勇于自我革命是应对执政考验的密钥	《人民日报》	2018 年 3 月 25 日	姚　桓
11	深入认识和积极应对市场经济考验	《人民日报》	2018 年 4 月 8 日	白暴力　王胜利
12	应对考验于社会主义市场经济发展全过程	《人民日报》	2018 年 4 月 8 日	张　旭
13	依法构建中国特色国家监察制度	《光明日报》	2018 年 4 月 18 日	江　伟
14	以永不懈怠的精神状态开创事业新局面	《人民日报》	2018 年 4 月 22 日	韩　震
15	不忘初心　繁荣文艺	《人民日报》	2018 年 4 月 24 日	仲呈祥
16	我国仍是世界最大发展中国家	《人民日报》	2018 年 4 月 30 日	韩　震
17	谱写社会主义文化繁荣兴盛新篇章的根本指引	《求是》	2018 年第 9 期	杜飞进
18	从马克思的科学社会主义到新时代中国特色社会主义	《经济日报》	2018 年 5 月 3 日	卫兴华
19	接好历史的接力棒	《人民日报》	2018 年 5 月 5 日	蒋金锵
20	始终坚持和不断发展马克思主义政治经济学	《人民日报》	2018 年 5 月 7 日	卫兴华
21	马克思主义何以能推动中国发展进步	《光明日报》	2018 年 5 月 8 日	韩　震
22	科学分析和准确认识我国社会主要矛盾	《经济日报》	2018 年 5 月 10 日	邹广文　沈丹丹
23	马克思主义在世界上的广泛传播和深刻影响	《光明日报》	2018 年 5 月 14 日	柴尚金
24	高校思想政治理论课教师的三重使命	《光明日报》	2018 年 5 月 18 日	邹吉忠
25	掌握马克思主义立场、观点和方法的重要读本	《光明日报》	2018 年 5 月 18 日	杨增崇
26	准确把握全面深化改革进入新阶段的新要求	《光明日报》	2018 年 5 月 23 日	张　森　李翠玲
27	《共产党宣言》的国际影响与历史贡献	《人民日报》	2018 年 5 月 28 日	杨金海
28	拓展全新视野	《求是》	2018 年第 11 期	郭建宁
29	坚决捍卫中国特色社会主义宪法	《求是》	2018 年第 11 期	马一德
30	深刻认识坚持和加强党的全面领导	《人民日报》	2018 年 6 月 4 日	戴焰军
31	中国共产党对我国社会主要矛盾的认识过程	《光明日报》	2018 年 6 月 6 日	韩振峰
32	世界社会主义运动的重要篇章	《光明日报》	2018 年 6 月 7 日	林建华

续表

序号	文章题目	发表报刊	发表时间/期次	执笔人
33	深入理解我国经济转向高质量发展	《人民日报》	2018年6月7日	汪同三
34	“和合”理念是中华民族一贯的文化追求	《光明日报》	2018年6月15日	陈欣雨
35	马克思主义何以改变人类历史发展进程	《光明日报》	2018年6月15日	韩　震
36	对世界社会主义发展和人类进步具有深远意义的创新理论	《经济日报》	2018年6月21日	林建华
37	降杠杆不单指降低资产负债率	《经济日报》	2018年6月22日	崔也光　齐　英
38	现代化经济体系全面体现新发展理念	《人民日报》	2018年6月24日	赵昌文
39	在与时俱进中坚持和发展中国特色社会主义	《人民日报》	2018年6月25日	杜飞进
40	以全面开放新格局铸就中华民族的伟大复兴	《光明日报》	2018年7月2日	韩　震
41	正确理解马克思主义的理论属性	《光明日报》	2018年7月3日	高　峰
42	改革开放的中国经验和历史启示	《光明日报》	2018年7月5日	胡玉萍
43	习近平新时代中国特色社会主义经济思想的理论贡献	《人民日报》	2018年7月5日	张雷声
44	全面推进社会主义核心价值观与法治的一体化建设	《光明日报》	2018年7月6日	王淑芹
45	立德树人：高水平人才培养体系建设的核心	《光明日报》	2018年7月12日	马抗美
46	新思想开辟马克思主义新境界	《人民日报》	2018年7月12日	杨金海
47	“新时代”的历史坐标与根本依据	《经济日报》	2018年7月12日	戴木才
48	用好推动高质量发展的辩证法	《经济日报》	2018年7月12日	郑文涛
49	新时代改革开放的鲜明特征	《光明日报》	2018年7月16日	伍义林
50	在持续深化改革中丰富社会建设的中国经验	《求是》	2018年第14期	洪大用
51	深刻认识坚守人民立场的科学内涵	《人民日报》	2018年7月19日	李明圣
52	文化自信与传统文化的当代价值	《经济日报》	2018年7月19日	张　晶
53	面向新时代　践行新思想——论新时代中国文艺的历史使命	《人民日报》	2018年7月24日	仲呈祥
54	把“红船精神”贯穿到实现中华民族伟大复兴中国梦全过程	《光明日报》	2018年7月26日	韩振峰
55	深化依法治国实践的时代要求	《光明日报》	2018年7月26日	马一德
56	解放思想重在坚持问题导向	《人民日报》	2018年7月31日	邵景均
57	以人民为中心把握首都发展要义	《光明日报》	2018年8月1日	陆小成
58	坚守以人民为中心的根本立场	《经济日报》	2018年8月2日	马一德
59	以习近平生态文明思想引领绿色大学建设	《光明日报》	2018年8月6日	曹国永
60	实施乡村振兴战略是新时代做好“三农”工作的总抓手	《光明日报》	2018年8月6日	李　伟
61	做好党的新闻舆论工作的根本遵循	《光明日报》	2018年8月7日	陈作平
62	以“四个自信”推进全面依法治国	《人民日报》	2018年8月9日	马一德
63	坚持对话协商　推动构建人类命运共同体	《光明日报》	2018年8月10日	杨守涛
64	以习近平文艺思想为指导，推动中国电影教育向世界一流迈进	《光明日报》	2018年8月14日	侯光明
65	“云物移大智”，技术迭代下的高等教育现代化	《光明日报》	2018年8月14日	郑　波

续表

序号	文章题目	发表报刊	发表时间/期次	执笔人
66	写好现代化经济体系建设这篇大文章	《求是》	2018 年第 16 期	王生升
67	改革开放推进马克思主义中国化的历史进程	《求是》	2018 年第 16 期	肖贵清
68	深入落实立德树人根本任务	《光明日报》	2018 年 8 月 21 日	蓝晓霞
69	全面依法治国的深刻革命性	《光明日报》	2018 年 8 月 21 日	张真理
70	“红船精神”：全面从严治党精神动力之源	《光明日报》	2018 年 8 月 22 日	郑文涛
71	创新发展的知识产权制度供给	《光明日报》	2018 年 8 月 29 日	付继存　冯晓青
72	践行新时代党的组织路线　把党锻造得更加坚强有力	《光明日报》	2018 年 8 月 31 日	杨　奎
73	新时代“兴文化”的使命任务	《光明日报》	2018 年 8 月 31 日	刘　瑾　刘　波
74	厚植民意基础　铺筑情感桥梁	《光明日报》	2018 年 9 月 6 日	郑　萼
75	主动参与国家大事　热情展现青年担当	《光明日报》	2018 年 9 月 7 日	赵庆杰
76	培养担当民族复兴大任的新时代青年	《光明日报》	2018 年 9 月 10 日	郑　建
77	增强学习本领　主动走向未来	《光明日报》	2018 年 9 月 11 日	侯衍社
78	着力加强党的长期执政能力建设	《光明日报》	2018 年 9 月 13 日	邵景均
79	把提高权利意识和发扬奉献精神结合起来	《人民日报》	2018 年 9 月 14 日	王理万
80	以优秀传统文化滋养为政素养	《人民日报》	2018 年 9 月 18 日	黄延敏　王树祥
81	我国基本经济制度的确立和完善	《人民日报》	2018 年 9 月 19 日	卫兴华
82	改革开放 40 年的几点宝贵经验	《经济日报》	2018 年 9 月 20 日	韩振峰
83	新时代马克思主义科技观的创新发展	《光明日报》	2018 年 9 月 21 日	李东松
84	美国对华贸易逆差的宏观分析	《人民日报》	2018 年 9 月 28 日	林兆木
85	加快培育具有全球竞争力的一流企业	《经济日报》	2018 年 10 月 11 日	尚会永　刘　峰
86	传承“红船精神”营造培育创新人才的良好氛围	《光明日报》	2018 年 10 月 11 日	师英杰
87	新发展理念揭示高质量发展之路	《人民日报》	2018 年 10 月 12 日	陶文昭
88	新发展理念指引我国经济强起来	《人民日报》	2018 年 10 月 12 日	白暴力　方凤玲
89	以消除贫困抵御极端思想和恐怖主义	《人民日报》	2018 年 10 月 15 日	武文扬
90	加快金融理论创新　积极应对人口老龄化	《经济日报》	2018 年 10 月 18 日	胡继晔
91	夯实中华民族伟大复兴的基础工程	《经济日报》	2018 年 10 月 18 日	胡玉萍
92	外国学者对逆全球化的担忧和批评	《人民日报》	2018 年 10 月 22 日	杨靖旼　杨雪冬
93	把握意识形态工作的正确方向	《光明日报》	2018 年 10 月 22 日	杨生平
94	精准扶贫的分类管理与精准扶贫不同方式的应用	《光明日报》	2018 年 10 月 22 日	陈明生
95	高质量推动京津冀协同发展	《人民日报》	2018 年 10 月 24 日	杨　松
96	我国科技体制改革的经验与启示	《人民日报》	2018 年 10 月 25 日	汪克强
97	肩负宣传思想工作“守正创新”的使命担当	《经济日报》	2018 年 10 月 25 日	徐　芳
98	推动“全面对抗”有违时代潮流	《经济日报》	2018 年 10 月 25 日	李　文　王尘子
99	人文交流让开放发展行稳致远	《人民日报》	2018 年 10 月 30 日	王宇航
100	全面深化改革的历史经验和实践智慧	《光明日报》	2018 年 10 月 30 日	冯秀军
101	以内涵式发展推动“双一流”建设	《光明日报》	2018 年 10 月 30 日	黄建军
102	马克思主义思想理论博大精深常学常新	《人民日报》	2018 年 10 月 31 日	蒋金锵

续表

序号	文章题目	发表报刊	发表时间/期次	执笔人
103	为坚持和发展中国特色社会主义提供强大动力	《经济日报》	2018年11月1日	林建华
104	不断增强社会主义意识形态凝聚力和引领力	《光明日报》	2018年11月1日	李翠玲
105	论当前形势下的稳中求进	《人民日报》	2018年11月7日	汪同三
106	提高制造业服务化水平	《人民日报》	2018年11月7日	田 丰
107	用中国话语阐述21世纪马克思主义	《经济日报》	2018年11月8日	颜晓峰
108	大力支持民营企业发展壮大	《人民日报》	2018年11月14日	柳学信 张宇霖
109	推动共建“一带一路”走深走实	《人民日报》	2018年11月15日	王志民
110	中国制度有中华文明滋养	《人民日报》	2018年11月16日	韩 震
111	坚持规则导向 推进全球治理	《光明日报》	2018年11月20日	周悦丽
112	城市治理如何科学化、精细化、智能化	《经济日报》	2018年11月22日	黄江松
113	协商民主在实践中积累宝贵经验	《人民日报》	2018年11月25日	张 峰
114	培养担当民族复兴大任的时代新人	《人民日报》	2018年11月27日	冯 培
115	发扬自我革命精神是推进党的事业发展的重要法宝	《光明日报》	2018年11月28日	韩振峰
116	发挥协商民主独特优势 推进城市基层社会治理	《光明日报》	2018年11月28日	丁 云
117	努力构建德智体美劳全面培养的教育体系	《人民日报》	2018年11月29日	曹国永
118	发挥创新在新旧动能转换中的重大作用	《经济日报》	2018年11月29日	邱兆祥 向晓建
119	从纪律处分条例看党的纪律建设	《光明日报》	2018年12月4日	杨云成
120	“红船精神”与新时代革命文化传承	《光明日报》	2018年12月7日	臧峰宇
121	党建引领基层治理的理论逻辑	《光明日报》	2018年12月7日	曾业松 郑 寰
122	“一带一路”是中国与世界的互利共赢之路	《经济日报》	2018年12月7日	柴尚金
123	逐梦40年：在文艺中触摸时代脉搏	《光明日报》	2018年12月13日	仲呈祥
124	推动国有企业改革发展要把握三个关键	《经济日报》	2018年12月14日	文 君
125	用正确方法推进全面深化改革	《人民日报》	2018年12月17日	张晓林
126	提升对网络舆论引导的规律性认识	《光明日报》	2018年12月19日	赵淑萍 冷 爽 涂凌波
127	加强城市基层党组织建设 打通社会治理的神经末梢	《光明日报》	2018年12月20日	谈小燕 李晓壮
128	围绕“一带一路”建设 发展跨境高等教育	《经济日报》	2018年12月20日	曹国永
129	组织动员妇女走在时代前列建功立业	《光明日报》	2018年12月21日	闫 萍
130	建设现代化区域发展体系	《人民日报》	2018年12月21日	杨开忠
131	改革开放让中国走向强起来	《人民日报》	2018年12月23日	胡九龙
132	当群众诉求的“哨声”响起	《求是》	2018年第24期	章建伟 李 琰
133	在新时代继续把改革开放推向前进	《人民日报》	2018年12月25日	韩 震
134	党的领导是改革开放成功的根本保证	《人民日报》	2018年12月27日	贾立政
135	深刻认识中国改革开放的理论意蕴	《经济日报》	2018年12月27日	郭万超

（市社科联、市社科规划办理论研究部供稿）

2018 年度北京市社会科学界联合会立项项目

2018 年度青年社科人才资助项目

序号	项目名称	负责人	所在单位
2018QNRC01	习近平新时代中国特色社会主义思想国际意义	张忠胜	中央财经大学
2018QNRC02	中国共产党法治观生长的历史与逻辑研究	金若山	中共北京市委党校
2018QNRC03	北京乡村旅游发展刘易斯拐点及应对研究	王　欣	北京第二外国语学院
2018QNRC04	结构性改革下我国建筑能耗趋势、驱动及实证	那　威	北京建筑大学
2018QNRC05	京津冀企业协同创新模式的效果研究	杨叶飞	北京交通大学
2018QNRC06	北京文化创意产业“走出去”研究	佟　东	北京印刷学院
2018QNRC07	智媒时代新闻创新与首都媒体智能化转型研究	张淑玲	对外经济贸易大学
2018QNRC08	改革开放以来我国新闻媒介体制发展规律研究	秦　汉	对外经济贸易大学
2018QNRC09	基于疏解非首都核心功能的北京人口优化研究	王灏晨	国家信息中心
2018QNRC10	国际奥委会《新遗产框架》的北京冬奥会对策研究	胡孝乾	清华大学
2018QNRC11	京津冀产业空间结构演化与政策模拟研究	贺小丹	首都经济贸易大学
2018QNRC12	改革开放 40 年基础教育课程改革变迁研究	魏　戈	首都师范大学
2018QNRC13	中国共产党文献日译本中的汉日同形词研究	刘　健	首都师范大学
2018QNRC14	全面“二孩”政策对北京城乡居民基本医疗保险财政负担的影响研究	朱俊利	首都医科大学
2018QNRC15	北京市基层治理执法机制改革研究	岳　琨	中共北京市委党校
2018QNRC16	韧性城市视角下北京市基层公共安全风险治理研究	庞　宇	中共北京市委党校
2018QNRC17	北京城市副中心城市形象塑造与传播研究	王润珏	中国传媒大学
2018QNRC18	北京市流动人口多维贫困的社会风险预警防控研究	郭君平	中国农业科学院
2018QNRC19	“龙头效应”与京津冀地区出口质量升级研究	赵　勇	中国人民大学
2018QNRC20	改革开放以来创业成功者的社会来源研究	朱　斌	中国人民大学
2018QNRC21	改革开放四十年食品安全监管的升级与转型	李　响	中国政法大学
2018QNRC22	外国人来京就业管控机制的优化路径研究	李伯轩	中国政法大学
2018QNRC23	二十世纪初日本文人的北京书写	李　蕊	中央财经大学
2018QNRC24	出口退税与北京市出口产品结构研究	耿　纯	中央财经大学

（市社科联、市社科规划办学术活动部供稿）

2018 · 学术前沿论坛（学会专场）资助名单

序号	学会名称	分论坛主题
1	北京市哲学会	改革开放 40 年与当代中国哲学发展
2	北京市历史学会	改革开放 40 周年：历史学的理论与实践

续表

序号	学会名称	分论坛主题
3	北京市科学社会主义学会、北京市政治学行政学学会	改革开放与习近平新时代中国特色社会主义思想研究
4	北京市社会学学会	改革开放四十年特大城市社会治理经验与瞻望
5	北京市人口学会	改革开放40周年：北京市人口发展回顾与展望
6	北京市国际共运史学会	世界社会主义进程中的新时代中国特色社会主义——纪念马克思诞辰200周年暨《共产党宣言》发表170周年
7	北京市成人教育学会	首都成人教育事业改革与发展40年
8	北京外国经济学说研究会	经济结构调整升级对经济增长的影响
9	北京区域经济学会	京津冀产业发展和中小企业融资问题
10	北京市逻辑学会	逻辑、语言与智能互动
11	北京市语言学会	语言与人工智能
12	北京东方生命文化研究所	科学、技术与生命文化
13	北京市文艺学会	北京“三个文化带”历史资源利用与城市文化空间建设
14	北京史研究会	“三个文化带”建设与中华文化传承创新
15	北京中华文化促进会	全国文化中心建设背景下的中医药文化传承与发展
16	北京华夏人口与社会发展研究所	推进社区居家养老服务与营建长寿文化

（市社科联、市社科规划办学术活动部供稿）

部分高校及科研单位承担国家或省部级人文社会科学研究项目及院校级社会科学研究项目

北京大学

2018年度承担国家级、省部级社会科学研究项目

序号	项目名称	负责人	承担部门	项目分类、类别	预期成果形式	计划完成时间
1	习近平生态文明思想研究	郇庆治	马克思主义学院	国家社会科学基金、重大项目	专著	2021.12
2	数字普惠金融的创新、风险与监管研究	黄益平	国家发展研究院	国家社会科学基金、重大项目	专著、论文集、研究报告	2022.12
3	胡适年谱新编	欧阳哲生	历史学系	国家社会科学基金、重大项目	专著	2023.12
4	“宗教中国化”的基础理论建构	张志刚	哲学系	国家社会科学基金、重大项目	专著、资料集、研究报告	2023.12
5	马克思主义文学理论关键词及当代意义研究	金永兵	中文系	国家社会科学基金、重大项目	专著、论文集	2023.12
6	北美汉学发展与汉籍收藏的关系研究	杨海峥	中文系	国家社会科学基金、重大项目	专著、论文集	2022.12

续表

序号	项目名称	负责人	承担部门	项目分类、类别	预期成果形式	计划完成时间
7	印度古典梵语文艺学重要文献翻译与研究	湛　如	外国语学院	国家社会科学基金、重大项目	专著和译著	2023.12
8	中国特色网络内容治理体系及监管模式研究	谢新洲	新媒体研究院	国家社会科学基金、重大项目	专著、研究报告	2023.08
9	中国近代日记文献叙录、整理与研究	张　剑	中文系	国家社会科学基金、重大项目	专著	2020.12
10	新时代中国特色政治学基本理论问题研究	王浦劬	政府管理学院	国家社会科学基金、重大研究专项	专著	2020.12
11	提高社会治理社会化、法治化、智能化、专业化水平研究：基于指标体系构建和绩效评估的问题诊断和对策分析	杨立华	政府管理学院	国家社会科学基金、重大研究专项	专著、研究报告	2020.12
12	应对全球非传统安全威胁研究	查道炯	国际关系学院	国家社会科学基金、重大研究专项	研究报告	2020.08
13	引导美欧国家参与“一带一路”建设研究	张　辉	经济学院	国家社会科学基金、重大研究专项	专著、论文集、研究报告	2020.09
14	新形势下化解群体性事件的新机制新手段研究	燕继荣	政府管理学院	国家社会科学基金、重大研究专项	专著、研究报告	2020.06
15	世界主要国家现代化历程与中国未来30年现代化趋势	林毅夫	国家发展研究院	国家社会科学基金、重大研究专项	专著	2020.12
16	未来30年中美战略博弈情景预判	王缉思	国际关系学院	国家社会科学基金、重大研究专项	专著	2020.12
17	习近平新时代中国特色社会主义经济思想研究	顾海良	习近平新时代中国特色社会主义思想研究院	国家社会科学基金、重大研究专项	专著	2020.12
18	习近平新时代中国特色社会主义思想的历史地位研究	闫志民	马克思主义学院	国家社会科学基金、重大研究专项（马工程）	专著	2021.10
19	文艺发展史与文艺高峰研究	王一川	艺术学院	国家社会科学基金艺术学、重大项目	专著	2022.05
20	影视剧与游戏融合发展及审美趋向研究	陈旭光	艺术学院	国家社会科学基金艺术学、重大项目	专著、论文集、研究报告	2021.05
21	建设现代化经济体系的路径与策略研究	张　辉	经济学院	教育部哲学社会科学研究、重大课题攻关项目	专著、论文	2022.01
22	中美网络空间治理比较研究	易继明	法学院	教育部哲学社会科学研究、重大课题攻关项目	专著、论文	2022.01
23	党的创新理论引领贯穿哲学知识体系研究	仰海峰	哲学系	教育部重大专项	研究报告	2020.12

续表

序号	项目名称	负责人	承担部门	项目分类、类别	预期成果形式	计划完成时间
24	党的创新理论引领贯穿考古学知识体系研究	孙庆伟	考古文博学院	教育部重大专项	研究报告	2020.12
25	党的创新理论引领贯穿世界史知识体系研究	钱乘旦	历史学系	教育部重大专项	研究报告	2020.12
26	人类命运共同体的基本问题与基本理论研究	于鸿君	习近平新时代中国特色社会主义思想研究院	教育部重大专项	专著、研究报告	2020.12
27	习近平总书记对马克思主义的原创性贡献研究	孙熙国	习近平新时代中国特色社会主义思想研究院	教育部重大专项	论文、研究报告	2020.12
28	习近平新时代中国特色社会主义生态文明思想研究	郇庆治	马克思主义学院	国家社会科学基金、重点项目	专著	2021.06
29	20世纪俄国社会哲学研究	徐凤林	哲学系	国家社会科学基金、重点项目	专著、论文集	2023.09
30	金融犯罪的立法与司法研究	王　新	法学院	国家社会科学基金、重点项目	专著	2022.03
31	“二十一条”与近代中日关系研究	臧运祜	历史学系	国家社会科学基金、重点项目	专著	2022.12
32	《甲骨文字编》修订与增补	李宗焜	中国语言文学系	国家社会科学基金、重点项目	专著、工具书	2021.07
33	文化政治视域中的延安文艺研究	李　杨	中国语言文学系	国家社会科学基金、重点项目	专著、论文集	2023.03
34	创新驱动的中国特色新型智库知识服务发展机制研究	申　静	信息管理系	国家社会科学基金、重点项目	专著、论文集	2022.05
35	全球媒介革命视野下的中国网络文学发生、发展及国际传播研究	邵燕君	中国语言文学系	国家社会科学基金、重点项目	专著	2022.06
36	领导干部执政本领评估体系与开发机制研究	肖鸣政	政府管理学院	国家社会科学基金、一般项目	研究报告、专著	2021.06
37	中韩关系史研究（1894—1919）	王元周	历史学系	国家社会科学基金、一般项目	论文集	2021.06
38	北京高校服务2022年冬奥会的路径和方法研究	何仲恺	体育教研部	国家社会科学基金、一般项目	研究报告	2021.03
39	日本《史记》学文献汇编与研究	杨海峥	中国语言文学系	国家社会科学基金、一般项目	专著、其他	2022.12
40	十九世纪末二十世纪初东亚区域内的经济思想传播研究	刘群艺	经济学院	国家社会科学基金、一般项目	专著	2020.12
41	党领导立法的制度格局研究	侯　猛	法学院	国家社会科学基金、一般项目	论文集	2022.06

续表

序号	项目名称	负责人	承担部门	项目分类、类别	预期成果形式	计划完成时间
42	加洛林王朝后期的政治与政治思想研究	李隆国	历史学系	国家社会科学基金、一般项目	专著	2020.12
43	国际体系与国际法视野下的中国宪法变革路径研究	章永乐	法学院	国家社会科学基金、一般项目	专著	2022.06
44	西周早中期青铜器矿料来源的铅同位素考古研究	崔剑锋	考古文博学院	国家社会科学基金、一般项目	研究报告	2021.12
45	赫尔曼·黑塞文学文化评论研究	马　剑	外国语学院	国家社会科学基金、一般项目	专著	2022.09
46	古汉语语义类推现象及相关问题研究	宋亚云	中国语言文学系	国家社会科学基金、一般项目	研究报告	2022.12
47	俄语词类间的过渡现象研究	周海燕	外国语学院	国家社会科学基金、一般项目	专著	2023.12
48	学习型搜索中用户交互行为与学习效果关系研究	刘　畅	信息管理系	国家社会科学基金、一般项目	研究报告	2020.12
49	文类升降与现代小说概念的形成研究（1872—1922）	张丽华	中国语言文学系	国家社会科学基金、一般项目	专著	2022.12
50	基于宜兴方言的新购式语法理论研究	胡旭辉	外国语学院	国家社会科学基金、一般项目	专著	2022.12
51	新时代中国特色社会主义制度价值研究	宋朝龙	马克思主义学院	国家社会科学基金、一般项目	专著	2021.12
52	基于生理模型的语音量子理论研究	吴西愉	中国语言文学系	国家社会科学基金、一般项目	专著、论文集	2021.09
53	比较视野下的唐宋女侠故事文化研究	高慧芳	统战部	国家社会科学基金、一般项目	专著、研究报告	2021.06
54	日本渠道马克思主义文献的汉译、传播和接受研究（1901—1949）	李爱军	马克思主义学院	国家社会科学基金、一般项目	专著	2022.12
55	新结构经济学视角下我国跨越中等收入陷阱的路径研究	赵秋运	国发院	国家社会科学基金、一般项目	论文集	2020.12
56	培养跨文化交际情感能力的外语教学模式研究	郑　萱	外国语学院	国家社会科学基金、青年项目	专著	2021.12
57	我国民事诉讼标的识别的诉讼法进路研究	曹志勋	法学院	国家社会科学基金、青年项目	专著	2023.06
58	“解冻思潮”背景下苏联文化政策转型与列宁格勒地区戏剧管理研究（1953—1964）	庄　宇	历史学系	国家社会科学基金、青年项目	专著	2021.12
59	19世纪美国哥特文学与杂志文学市场研究	李宛霖	外国语学院	国家社会科学基金、青年项目	专著	2022.12
60	20世纪60年代以来的尼日利亚戏剧转型研究	程　莹	外国语学院	国家社会科学基金、青年项目	专著	2022.06

续表

序号	项目名称	负责人	承担部门	项目分类、类别	预期成果形式	计划完成时间
61	中原地区石窟崖面与窟前建筑研究	彭明浩	考古文博学院	国家社会科学基金、青年项目	研究报告	2021. 12
62	新中国参与全球健康治理的历史经验研究	苏静静	医学人文学院	国家社会科学基金、青年项目	专著	2022. 04
63	全人群、全生命周期视角下的生命早期事件对人口残疾的长期影响研究	郭　超	人口所	国家社会科学基金、青年项目	专著、研究报告	2019. 12
64	马克思与吉登斯的社会哲学比较研究	莫小丽	哲学系	国家社会科学基金、青年项目	论文集、研究报告	2023. 12
65	大数据背景下基于深度学习理论的非线性资产定价模型研究	潘水洋	经济学院	国家社会科学基金、青年项目	论文集	2020. 12
66	健康老龄化战略背景下整合型老年健康服务模式探索	陈海萍	社会学系	国家社会科学基金、青年项目	论文集、研究报告	2021. 07
67	唐元之间丝绸之路天山廊道的转型与发展研究	付　马	历史系	国家社会科学基金、青年项目	专著	2021. 06
68	基于《华夷译语》等注音文献整理的中古蒙古语至现代蒙古语喀尔喀方言的语音演变研究	袁　琳	外国语学院	国家社会科学基金、冷门绝学专项	专著	2023. 06
69	菲律宾马拉瑙族英雄史诗《达冉根》翻译与研究	史　阳	外国语学院	国家社会科学基金、冷门绝学专项	专著、研究报告	2022. 12
70	中国—伊朗医学交流史研究	时　光	外国语学院	国家社会科学基金、冷门绝学专项	专著	2022. 12
71	中医在朝鲜半岛本土化的历史与现状研究	陈　琦	医学人文学院	国家社会科学基金、冷门绝学专项	专著	2023. 06
72	区域-要素统筹：新时代国土空间开发保护制度研究	林　坚	城环学院	国家社会科学基金党的十九大精神专项	专著	2020. 12
73	中国的收入分配差距：现状、原因及对策	赵晓军	经济学院	国家社会科学基金、后期资助项目	专著	2018. 09
74	游走在战争边缘的美台尴尬同盟（1961—1968）	陈长伟	国际关系学院	国家社会科学基金、后期资助项目	专著	2019. 12
75	缅甸通史	李　谋	外国语学院	国家社会科学基金、后期资助项目	专著	2018. 04
76	徐楼青铜器科技研究	胡　钢	考古文博学院	国家社会科学基金、后期资助项目	专著	2019. 12
77	晚商时期的黄土丘陵：贸易网络和社会变迁	曹大志	考古文博学院	国家社会科学基金、后期资助项目	专著	2018. 10
78	同情默应与心性体会：汤用彤与现代佛教学术研究	杨　浩	哲学系	国家社会科学基金、后期资助项目	专著	2019. 12

续表

序号	项目名称	负责人	承担部门	项目分类、类别	预期成果形式	计划完成时间
79	国家修辞·话语·传播研究	陈汝东	新闻传播学院	国家社会科学基金、后期资助项目	专著	2018.10
80	经济增长与结构演进：中国新时期以来的经验	谢世清	经济学院	国家社会科学基金、学术外译项目	专著	2019.12
81	基于慕课的高校体育课混合式教学模式创建与实证研究	冯雪松	教务部	国家社会科学基金、教育学年度项目（青年课题）	专著	2020.08
82	汉语词典释义的理论与方法研究	王恩旭	中文系	教育部、年度项目	论文	2021.06
83	精准医学公平问题研究	丛亚丽	医学人文学院	教育部、年度项目	论文、咨询报告	2020.07
84	居民幸福感、信任与家庭金融资产选择问题研究	崔　巍	经济学院	教育部、年度项目	论文	2021.08
85	教会与国家：阿奎那政治哲学	惠　慧	哲学系	教育部、年度项目	论文	2021.03
86	历史量化数据库框架下中国地方政府创新可持续性研究	刘　青	政府管理学院	教育部、年度项目	著作、论文、数据检索库	2021.06
87	新型城镇化视角下的人口再流动与城市群空间重构——以珠三角和京津冀为例	刘　涛	城环学院	教育部、年度项目	论文、咨询报告	2021.08
88	追踪调查样本流失模式及维护策略探索性研究	孙　妍	调查中心	教育部、年度项目	论文	2020.12
89	鲁迅“自叙”研究	邢　程	中文系	教育部、年度项目	著作、论文	2021.03
90	学生体质健康测试第三方实施的制度安排与路径选择	张　戈	体育教研所	教育部、年度项目	著作、论文	2020.12
91	健康教育：形态、模型与路径分析	张　锐	体育教研所	教育部、年度项目	论文、咨询报告	2020.03
92	博弈论视角下的新型师生关系：学生成绩和评教分数双重膨胀研究	赵　颖	政策研究室	教育部、年度项目	论文、咨询报告	2020.12
93	健康风险冲击性下大病保险制度对农民的健康扶贫效应及机制研究	周新发	经济学院	教育部、年度项目	论文、咨询报告	2020.12
94	长期照护保险筹资机制的可持续性评估及政策优化研究	陈　鹤	公共卫生学院	教育部、年度项目	论文、咨询报告、电子出版物、数据库	2020.12
95	学校预防儿童性侵犯教育准备情况评价	陈晶琦	公共卫生学院	教育部、年度项目	论文	2019.12

续表

序号	项目名称	负责人	承担部门	项目分类、类别	预期成果形式	计划完成时间
96	发展不平衡不充分背景下城市 PPP 模式适宜性评价研究	程 哲	经济学院	教育部、年度项目	论文、咨询报告	2021.03
97	《高昌故城——古代丝绸之路上的木构建筑遗存》翻译	魏正中	考古文博学院	教育部、后期资助项目	著作	2020.09
98	中国电影与中国美学精神研究	顾春芳	艺术学院	教育部、后期资助项目	著作	2019.10
99	当前社会思潮传播的新特点和有效引导研究	张慧瑜	新闻传播学院	北京市社会科学基金、重点项目	系列论文	2020.07
100	互联网+环境下网络健康信息信任机制及服务研究	李世娟	信息管理系	北京市社会科学基金、一般项目	研究报告	2020.07
101	博士生的国际流动经历及其收益研究	沈文钦	教育学院	北京市社会科学基金、青年项目	系列论文	2021.06
102	从《中华大帝国史》看晚明中西文化的交融与碰撞	高 博	外国语学院	北京市社会科学基金、青年项目	专著	2022.08
103	健全党和国家监督体系研究：以信息透明与反官员履历造假为例	杨 一	政府管理学院	北京市社会科学基金、青年项目	系列论文	2021.07
104	中国与东亚各国的文学和文化交流	陈岗龙	东方文学研究中心	教育部人文社会科学研究、重点研究基地重大项目	论文、专著	2020.12
105	中国与西亚北非的文学艺术交流	林丰民	东方文学研究中心	教育部人文社会科学研究、重点研究基地重大项目	论文集、研究报告、内参报告	2020.12
106	中国与东南亚的文学与文化交流	吴杰伟	东方文学研究中心	教育部人文社会科学研究、重点研究基地重大项目	研究报告、论文、专著	2020.12
107	长江中下游青铜文化带的形成与发展	徐天进	中国考古学研究中心	教育部人文社会科学研究、重点研究基地重大项目	论文、专著、考古报告	2020.12
108	现代汉语共同语历史研究	郭 锐	中国语言学研究中心	教育部人文社会科学研究、重点研究基地重大项目	论文或专著	2020.12
109	基于上古汉语语义知识库的历史语法与词汇研究	胡敕瑞	中国语言学研究中心	教育部人文社会科学研究、重点研究基地重大项目	论文、专著、语料库	2020.12
110	汉语意合语法框架下的词汇语义知识表示及其计算系统研究	袁毓林	中国语言学研究中心	教育部人文社会科学研究、重点研究基地重大项目	系统、专著	2020.12

续表

序号	项目名称	负责人	承担部门	项目分类、类别	预期成果形式	计划完成时间
111	供给侧结构性改革、功能疏解与北京都市圈优化发展路径研究	张　辉	中国化马克思主义发展研究基地	北京市社会科学基金、研究基地项目	研究报告	2019.12
112	中国特色社会主义与中国精神	宇文利	中国都市经济研究基地	北京市社会科学基金、研究基地项目	研究报告、论文集	2020.09

（北京大学社会科学部供稿）

中国人民大学

2018年度承担国家级、省部级社会科学研究项目

序号	项目名称	负责人	承担部门	项目分类、类别	预期成果形式	计划完成时间
1	我国社会法的概念、原则、理论与实践	林　嘉	法学院	国家社会科学基金、重大项目	专著、论文集、研究报告	2022.08
2	人格权保护立法研究	王利明	法学院	国家社会科学基金、重大项目	专著、论文集	2021.08
3	健康中国建设的管理体制与治理机制研究	王虎峰	公共管理学院	国家社会科学基金、重大项目	专著	2020.12
4	中国特色政府监管理论体系与应用研究	刘　鹏	公共管理学院	国家社会科学基金、重大项目	专著、论文集、研究报告	2023.12
5	新时代非户籍人口市民化的系统解决方案研究	叶裕民	公共管理学院	国家社会科学基金、重大项目	专著、研究报告	2021.08
6	元代北方地区遗存金石碑刻汇录（子课题）	魏　坚	历史学院	国家社会科学基金、重大项目	专著	2019.12
7	欧亚视野下的早期中国文明化进程研究	韩建业	历史学院	国家社会科学基金、重大项目	专著、论文集	2023.12
8	国外学界《资本论》研究的最新进展	张秀琴	马克思主义学院	国家社会科学基金、重大项目	论文、专著	2023.09
9	中国本土化哲学社会科学体系的建构：文献资料收集、整理与研究（1919—1949）	王海军	马克思主义学院	国家社会科学基金、重大项目	专著、资料集	2022.12
10	基于马克思劳动价值论的会计宏观价值指数的编制与分析	王化成	商学院	国家社会科学基金、重大项目	专著、论文集、研究报告	2023.12
11	深化基层矛盾纠纷化解共建共治机制及其风险预判研究	陆益龙	社会与人口学院	国家社会科学基金、重大项目	专著、论文集等	2023.12
12	大数据驱动的社交网络舆情主题图谱构建及调控策略研究	梁　循	信息学院	国家社会科学基金、重大项目	专著、论文集、电脑软件	2022.12
13	农地三权分置的实践探索与法律表达	高圣平	法学院	国家社会科学基金、专项项目	研究报告	2018.12
14	新时代我国城乡住房制度变革与创新	吕　萍	公共管理学院	国家社会科学基金、专项项目	研究报告	2019.12

续表

序号	项目名称	负责人	承担部门	项目分类、类别	预期成果形式	计划完成时间
15	全球化发展趋势与逆全球化思潮应对研究	田 野	国际关系学院	国家社会科学基金、专项项目	研究报告	2021.08
16	现代化进程中的民主参与与政治制度创新研究	杨光斌	国际关系学院	国家社会科学基金、专项项目	研究报告	2020.12
17	未来30年西方主要国家发展趋势预测	王义桅	国际关系学院	国家社会科学基金、专项项目	研究报告	2020.12
18	推动绿色“一带一路”建设研究	许勤华	国际关系学院	国家社会科学基金、专项项目	研究报告	2021.08
19	市场化、多元化的生态补偿：理论、方法与机制创新	吴 健	环境学院	国家社会科学基金、专项项目	研究报告	2019.12
20	到2035年中国经济发展潜能与新动能分析	刘 伟	经济学院	国家社会科学基金、专项项目	研究报告	2020.12
21	新时代中国推动建设开放型世界经济研究	黄卫平	经济学院	国家社会科学基金、专项项目	研究报告	2019.12
22	习近平社会主义生态文明观研究	张云飞	马克思主义学院	国家社会科学基金、专项项目	研究报告	2019.12
23	乡村振兴战略核心机制研究	周 立	农业与农村发展学院	国家社会科学基金、专项项目	研究报告	2019.12
24	实现小农户和现代农业发展有机衔接研究	孔祥智	农业与农村发展学院	国家社会科学基金、专项项目	研究报告	2019.12
25	社会阶层深刻变化对党的执政基础和国家治理的影响及应对	李路路	社会与人口学院	国家社会科学基金、专项项目	研究报告	2020.12
26	新时代我国区域协调发展战略的理论深化与实践创新研究	孙久文	应用经济学院	国家社会科学基金、专项项目	研究报告	2019.12
27	全球经济通史	高德步	经济学院	国家社会科学基金、重点项目	专著	2021.12
28	世界社会主义发展的现状、主要问题与基本趋势研究	汪亭友	马克思主义学院	国家社会科学基金、重点项目	研究报告	2023.09
29	新时代背景下中华优秀传统文化的继承与创新研究	王 易	马克思主义学院	国家社会科学基金、重点项目	专著	2021.09
30	教育能否有助于破解农村学生社会流动的困境研究	李 荷	社会与人口学院	国家社会科学基金、重点项目	专著	2021.06
31	中国妇女生育模式变动及其影响因素研究	杨 凡	社会与人口学院	国家社会科学基金、重点项目	研究报告	2023.09
32	影视人类学的理论反思与应用实践研究	富晓星	社会与人口学院	国家社会科学基金、重点项目	论文集	2023.08
33	藏族传统体育文化记忆、表达与传承机制研究	王智慧	体育部	国家社会科学基金、重点项目	研究报告、数据库	2023.09
34	基于深度学习的司法案件繁简分流效率模型研究	王 星	统计学院	国家社会科学基金、重点项目	专著	2021.09
35	全球主要智库的作用及对我国的启示研究	王莉丽	新闻学院	国家社会科学基金、重点项目	研究报告、其他	2021.09

续表

序号	项目名称	负责人	承担部门	项目分类、类别	预期成果形式	计划完成时间
36	新技术影像与社会再生产研究	殷　强	新闻学院	国家社会科学基金、重点项目	专著、论文集	2021. 09
37	政府公信力的影响机制、评价维度及提升对策研究	吴晶妹	财政金融学院	国家社会科学基金、一般项目	论文集、研究报告	2021. 09
38	推进合宪性审查工作的混合宪制原理研究	王　旭	法学院	国家社会科学基金、一般项目	专著	2020. 09
39	大数据背景下的个人信息保护与企业数据权属研究	丁晓东	法学院	国家社会科学基金、一般项目	专著	2020. 12
40	信息刑法时代信息犯罪归责与治理模式研究	王　莹	法学院	国家社会科学基金、一般项目	论文集	2023. 03
41	中国法律史研究的范式问题与方法论反思	尤陈俊	法学院	国家社会科学基金、一般项目	专著	2023. 09
42	中国房地产税制改革方案及模拟研究	曲卫东	公共管理学院	国家社会科学基金、一般项目	专著、研究报告	2021. 09
43	新中国援越抗法顾问团档案整理和研究（1950—1954）	成晓河	国际关系学院	国家社会科学基金、一般项目	专著	2023. 09
44	日本改宪动向及其对中日关系影响研究	邱　静	国际关系学院	国家社会科学基金、一般项目	专著	2023. 09
45	新时代中国能源外交战略研究	许勤华	国际关系学院	国家社会科学基金、一般项目	专著、研究报告	2021. 09
46	新时代人民需求变化实证研究	韩冬临	国际关系学院	国家社会科学基金、一般项目	论文集、研究报告	2023. 09
47	新时代中国特色新型智库体制机制创新研究	伍　聪	国家发展与战略研究院	国家社会科学基金、一般项目	专著、论文集	2021. 06
48	基于马克思主义政治经济学视角的全球价值链理论研究	丁　涛	经济学院	国家社会科学基金、一般项目	专著、论文集	2021. 12
49	思想史视角的行为经济学及其当代意义研究	周业安	经济学院	国家社会科学基金、一般项目	专著	2021. 09
50	习近平关于新时代坚持"一国两制"和推进祖国统一的重要论述研究	齐鹏飞	马克思主义学院	国家社会科学基金、一般项目	专著、研究报告	2022. 12
51	习近平总书记关于网络意识形态安全的重要论述研究	蒋　丽	马克思主义学院	国家社会科学基金、一般项目	专著、论文集	2023. 09
52	军机处与晚清国家治理研究	刘文鹏	清史所	国家社会科学基金、一般项目	专著	2022. 12
53	基于代理理论的信息不对称与政府补助效率研究	宋建波	商学院	国家社会科学基金、青年项目	专著	2021. 09
54	中国零售业数字化转型研究	刘向东	商学院	国家社会科学基金、青年项目	论文集	2023. 09
55	扶贫项目评估	张有春	社会与人口学院	国家社会科学基金、青年项目	研究报告	2023. 09
56	我国城市残障儿童及家庭服务困境识别与社会工作介入研究	何　欣	社会与人口学院	国家社会科学基金、青年项目	研究报告、其他	2021. 09

续表

序号	项目名称	负责人	承担部门	项目分类、类别	预期成果形式	计划完成时间
57	分享经济的统计测度研究	李静萍	统计学院	国家社会科学基金、青年项目	专著	2021.09
58	汉语史视域下楼兰汉文简纸文书词汇研究	路志英	文学院	国家社会科学基金、青年项目	专著	2022.12
59	中国当代文学期刊目录分类编纂及数据库建设（1949—1989）	杨庆祥	文学院	国家社会科学基金、青年项目	专著、工具书	2023.09
60	十九世纪《三国演义》的英译与传播研究	王　燕	文学院	国家社会科学基金、青年项目	专著	2023.09
61	华美协进社与中国现代文学之关系研究	陈　倩	文学院	国家社会科学基金、特别委托项目	专著	2023.09
62	听觉文化研究的话语建构研究	王　敦	文学院	国家社会科学基金、特别委托项目	专著	2023.09
63	汉语派生词发展史	杨　贺	文学院	国家社会科学基金、后期资助项目	专著	2023.09
64	算法推送环境下新闻生产流程重构研究	王　斌	新闻学院	国家社会科学基金、后期资助项目	研究报告	2023.09
65	面向融合传播的新闻内容生产机制研究	唐　铮	新闻学院	国家社会科学基金、后期资助项目	论文集、研究报告	2021.09
66	数字中国背景下数字贫困消减行动研究	闫　慧	信息资源管理学院	国家社会科学基金、后期资助项目	研究报告	2021.12
67	基于国家认同视域的家族档案研究	张全海	信息资源管理学院	国家社会科学基金、后期资助项目	专著	2022.06
68	文化学学科体系建构研究	林　坚	学术期刊社	国家社会科学基金、中华学术外译项目	专著、研究报告	2021.09
69	当代中国都市佛教与基督教民间发展形态研究	曹南来	哲学院	国家社会科学基金、专项项目	论文集、研究报告	2021.09
70	笛卡尔永恒真理学说研究	雷思温	哲学院	国家社会科学基金、专项项目	专著	2022.09
71	从比较哲学的角度探究先秦思想中的“是非”	马　琳	哲学院	国家社会科学基金、中华学术外译项目	专著	2020.12
72	国家主义理论研究	陈华文	国际关系学院	国家社会科学基金、青年项目	专著	2023.09
73	社会治安综合治理体制的转变与优化研究	卜清平	国家发展与战略研究院	国家社会科学基金、青年项目	研究报告	2020.12
74	俄罗斯央地关系治理及对中俄关系的影响研究	宋　博	国家发展与战略研究院	国家社会科学基金、青年项目	专著、研究报告	2020.06
75	生命周期视角下最低生活保障制度的全面影响与改革路径研究	宋　扬	经济学院	国家社会科学基金、青年项目	论文集、研究报告	2021.09
76	近代中国银行业与钱业的比较研究	孙　睿	经济学院	国家社会科学基金、青年项目	专著	2023.09

续表

序号	项目名称	负责人	承担部门	项目分类、类别	预期成果形式	计划完成时间
77	比较视野下的明斯基经济不稳定性思想研究	李黎力	经济学院	国家社会科学基金、青年项目	专著、译著	2023.09
78	清代田赋积欠与治理研究	李光伟	历史学院	国家社会科学基金、青年项目	专著	2021.07
79	北宋三司财政管理体制研究	张亦冰	历史学院	国家社会科学基金、青年项目	专著	2022.12
80	社会民主的基础理论与实证测量研究	王　衡	马克思主义学院	国家社会科学基金、青年项目	专著	2022.12
81	中共革命经验对共产国际理论影响研究（1921—1943）	周家彬	马克思主义学院	国家社会科学基金、青年项目	论文集	2021.12
82	政治哲学视域中的黑格尔与马克思关系研究	任劭婷	马克思主义学院	国家社会科学基金、青年项目	专著、其他	2021.09
83	积极老龄化背景下中国老年人社会参与模式研究	谢立黎	社会与人口学院	国家社会科学基金、青年项目	研究报告	2021.09
84	茨维塔耶娃长诗创作与民间文学关系研究	李　莎	外国语学院	国家社会科学基金、青年项目	专著	2023.09
85	先秦口头文学的生成及文本呈现研究	魏　玮	文学院	国家社会科学基金、青年项目	专著	2022.11
86	阿甘本与西方语文学研究	赵　倞	文学院	国家社会科学基金、青年项目	专著	2023.09
87	汉语话题延续与转换机制及其计算模型研究	卢达威	文学院	国家社会科学基金、青年项目	论文集、电脑软件	2023.09
88	色诺芬四部苏格拉底作品的译注与研究	彭　磊	文学院	国家社会科学基金、青年项目	专著、译著	2023.09
89	互联网价值论研究	王小伟	哲学院	国家社会科学基金、青年项目	论文	2021.12
90	宏观金融研究中的潜在变量模型的统计推断方法及其应用	李　勇	汉青高级经济与金融研究院	国家社会科学基金、青年项目	论文	2021.12
91	金融监管的经济分析	马　勇	财政金融学院	国家社会科学基金、后期资助项目	专著	2019.03
92	商品金融化的逻辑	张成思	财政金融学院	国家社会科学基金、后期资助项目	专著	2019.12
93	农民退休权及其保障研究	涂永前	劳动人事学院	国家社会科学基金、后期资助项目	专著	2019.10
94	天地之间：天文分野的历史学研究	邱靖嘉	历史学院	国家社会科学基金、后期资助项目	专著	2019.12
95	从“新史学”到“新汉学”——清末民初史学发展历程研究	姜　萌	历史学院	国家社会科学基金、后期资助项目	专著	2019.05
96	牧区草地资源的可持续管理：制度、政策与市场	谭淑豪	农业与农村发展学院	国家社会科学基金、后期资助项目	专著	2019.06

续表

序号	项目名称	负责人	承担部门	项目分类、类别	预期成果形式	计划完成时间
97	新时代我国家庭消费持续增长的动力机制研究	石明明	商学院	国家社会科学基金、后期资助项目	专著	2020.09
98	莎士比亚《李尔王》与现代思想的兴起	娄　林	文学院	国家社会科学基金、后期资助项目	专著	2019.12
99	居民采取雾霾防护措施的影响因素研究：基于调查和实验方法的实证分析	龚亚珍	环境学院	国家自然科学基金、重点项目	论文	2021.12
100	跨模态大数据实时交互式分析	文继荣	信息学院	国家自然科学基金、面上项目	论文	2023.12
101	随机实地实验和行为经济学	陆方文	经济学院	国家自然科学基金、优秀青年科学基金项目	论文	2021.12
102	铁基和低维关联电子体系	雷和畅	物理学系	国家自然科学基金、优秀青年科学基金项目	论文	2021.12
103	基于qPlus原子力显微学的单分子物理化学测量技术	程志海	物理学系	国家自然科学基金、优秀青年科学基金项目	论文	2019.12
104	收益可预测性、资本利得税与资产组合选择问题研究	徐　靖	财政金融学院	国家自然科学基金、青年科学基金项目	论文	2021.12
105	不完美信息环境下的信息不确定性风险在经济周期和资产定价中的理论与实证研究	梁　墨	财政金融学院	国家自然科学基金、青年科学基金项目	论文	2021.12
106	非线性空间面板数据模型研究	雷敬华	财政金融学院	国家自然科学基金、青年科学基金项目	论文	2021.12
107	以患者为中心视角下基于数据挖掘的慢性病精准预防与管理模型构建	梁海伦	公共管理学院	国家自然科学基金、青年科学基金项目	论文	2021.12
108	资产收益率的广义不对称相关性：基于信息熵的统计检验和对股票定价影响的实证研究	吴　轲	汉青经济与金融高级研究院	国家自然科学基金、青年科学基金项目	论文	2021.12
109	新型Cu基核壳分子筛催化剂研制及净化柴油车尾气NOx性能研究	张　涛	环境学院	国家自然科学基金、青年科学基金项目	论文	2021.12
110	“易地教育扶贫”的理论与路径研究	潘昆峰	教育学院	国家自然科学基金、青年科学基金项目	论文	2021.12
111	农业生产对气候变化的适应能力研究	杨三思	科研处	国家自然科学基金、青年科学基金项目	论文	2021.12

续表

序号	项目名称	负责人	承担部门	项目分类、类别	预期成果形式	计划完成时间
112	从“组型”到“构型”：基于成员认知风格视角解决团队创新悖论	赵　锴	劳动人事学院	国家自然科学基金、青年科学基金项目	论文	2021. 12
113	高等教育扩张对大学生就业和收入影响的区间识别研究	陈　轩	劳动人事学院	国家自然科学基金、青年科学基金项目	论文	2021. 12
114	清代水灾社会影响的区域关联与对比分析	萧凌波	历史学院	国家自然科学基金、青年科学基金项目	论文	2020. 12
115	创业团队共享型领导对团队创新的动态影响：基于互联网创业企业的追踪研究	祝金龙	商学院	国家自然科学基金、青年科学基金项目	论文	2021. 12
116	并购、品牌与多市场交互研究：基于消费者视角	楚燕来	商学院	国家自然科学基金、青年科学基金项目	论文	2021. 12
117	面向集成架构的不规则负载划分及优化关键技术研究	张　峰	数据工程与知识工程教育部重点实验室	国家自然科学基金、青年科学基金项目	论文	2021. 12
118	函数型数据分析的积分算子估计——几何降秩模型	贺诗源	统计与大数据研究院	国家自然科学基金、青年科学基金项目	论文	2021. 12
119	非参数模型中的低秩和稀疏结构	何珂俊	统计与大数据研究院	国家自然科学基金、青年科学基金项目	论文	2021. 12
120	协变量自适应试验设计及统计推断	马　维	统计与大数据研究院	国家自然科学基金、青年科学基金项目	论文	2021. 12
121	时空感知的异构社交网络传播模型研究	塔　娜	新闻学院	国家自然科学基金、青年科学基金项目	论文	2021. 12
122	基于自然语言处理的安全漏洞静态检测方法研究	黄建军	信息学院	国家自然科学基金、青年科学基金项目	论文	2021. 12
123	基于动态商业网络的企业创新能力研究	张文平	信息学院	国家自然科学基金、青年科学基金项目	论文	2021. 12
124	信念、投资者卖出行为与处置效应	汪昌云	财政金融学院	国家自然科学基金、面上项目	论文	2022. 12
125	中国实业部门投融资行为的影响机制研究	张成思	财政金融学院	国家自然科学基金、面上项目	论文	2022. 12

续表

序号	项目名称	负责人	承担部门	项目分类、类别	预期成果形式	计划完成时间
126	政治周期、制度摩擦与中国政策的间断性：基于1992-2016年的中国预算变迁数据的实证研究	李文钊	公共管理学院	国家自然科学基金、面上项目	论文	2022.12
127	货币政策冲击下的住房市场情绪波动和房价溢出效应研究——基于媒体大数据情绪指数的分析	黄燕芬	公共管理学院	国家自然科学基金、面上项目	论文	2022.12
128	京津冀地区农村集体建设用地转型：时空规律、农户响应及优化调控	张正峰	公共管理学院	国家自然科学基金、面上项目	论文	2022.12
129	房地产调控效果的空间异质性：理论框架及基于中国256城市大数据的实证研究	余华义	公共管理学院	国家自然科学基金、面上项目	论文	2022.12
130	中国经济转型中的“改革拖延症”及其治理机制研究：基于行为公共经济学的视角	刘瑞明	国家发展与战略研究院	国家自然科学基金、面上项目	论文	2022.12
131	异质企业环境下税收的超额负担研究	尹　恒	国家发展与战略研究院	国家自然科学基金、面上项目	论文	2022.12
132	活体微电极抗蛋白吸附的研究	张美宁	化学系	国家自然科学基金、面上项目	论文	2022.12
133	手性1，2，3-三唑卡宾过渡金属催化剂的合成与应用研究	陈自立	化学系	国家自然科学基金、面上项目	论文	2022.12
134	中国乳制品行业“公司+农户”最优合作边界的理论与实证研究	喻志军	继续教育学院	国家自然科学基金、面上项目	论文	2022.12
135	中国高铁发展对于劳动力市场的影响：实证框架、应用拓展与政策含义	韩　军	劳动人事学院	国家自然科学基金、面上项目	论文	2022.12
136	清代极端气候事件的影响与适应案例分析	萧凌波	历史学院	国家自然科学基金、面上项目	论文	2021.12
137	中国氮磷物质流动耦合的动态网络分析和模拟	陈敏鹏	农业与农村发展学院	国家自然科学基金、面上项目	论文	2019.12
138	基于异质企业贸易模型研究中国多产品企业的国际化行为	易靖韬	商学院	国家自然科学基金、面上项目	论文	2022.12
139	企业战略选择对创新模式的影响机理及其经济后果研究	袁蓉丽	商学院	国家自然科学基金、面上项目	论文	2022.12
140	数字化商业环境下创业企业的“最优区分”问题研究	郭　海	商学院	国家自然科学基金、面上项目	论文	2022.12
141	基于互联网的产业生态对供应链金融模式与效率的影响研究	宋　华	商学院	国家自然科学基金、面上项目	论文	2022.12

续表

序号	项目名称	负责人	承担部门	项目分类、类别	预期成果形式	计划完成时间
142	财务报告舞弊的劳动力市场后果研究	叶康涛	商学院	国家自然科学基金、面上项目	论文	2022.12
143	上市公司社会关系与创新信息定价	伊志宏	商学院	国家自然科学基金、面上项目	论文	2022.12
144	不同场景下面向无人零售终端的供应链资源整合优化研究	姚建明	商学院	国家自然科学基金、面上项目	论文	2022.12
145	社会拥挤对消费者决策模式及产品偏好的影响机制研究	丁　瑛	商学院	国家自然科学基金、面上项目	论文	2022.12
146	企业 APP 作用机理研究：促销策略、消费者使用和线下购买行为的关系	王　霞	商学院	国家自然科学基金、面上项目	论文	2022.12
147	基于动态多层网络的企业信用风险研究	吴武清	商学院	国家自然科学基金、面上项目	论文	2022.12
148	复杂背景图像中文字关键词匹配技术研究	李锡荣	数据工程与知识工程教育部重点实验室	国家自然科学基金、面上项目	论文	2021.12
149	耗散系统的多辛几何算法	苏红玲	数学学院	国家自然科学基金、面上项目	论文	2022.12
150	高阶高维张量回归的优化理论与算法	张春华	数学学院	国家自然科学基金、面上项目	论文	2021.12
151	基于非结构化数据的个人信用评价	张　波	统计学院	国家自然科学基金、面上项目	论文	2022.12
152	截面相依数据的处理效应估计与推断：理论与应用	艾春荣	统计与大数据研究院	国家自然科学基金、面上项目	论文	2022.12
153	铁基超导材料的离子液体氢化研究	袁轩一	物理学系	国家自然科学基金、面上项目	论文	2022.12
154	氮（氧）化物长余辉发光材料的非平衡制备及其机理研究	夏天龙	物理学系	国家自然科学基金、面上项目	论文	2022.12
155	LnSb/LnBi 极大磁阻材料的磁输运及拓扑特性研究	贺荣强	物理学系	国家自然科学基金、面上项目	论文	2022.12
156	多体局域化中的若干问题	程志海	物理学系	国家自然科学基金、面上项目	论文	2022.12
157	二维层状材料原子尺度缺陷与微纳米尺度电学性质间的关联研究	邢　采	物理学系	国家自然科学基金、面上项目	论文	2020.12
158	风险决策中末期效应的内在机制及应用研究	窦志成	心理学系	国家自然科学基金、面上项目	论文	2022.12
159	基于深度学习的个性化搜索技术研究	赵　鑫	信息学院	国家自然科学基金、面上项目	论文	2022.12
160	低强度超声波强化低浓度污水厌氧生物处理作用机制研究	张光明	环境学院	国家自然科学基金、地区科学基金项目	论文	2022.12

续表

序号	项目名称	负责人	承担部门	项目分类、类别	预期成果形式	计划完成时间
161	中加绿色化学双边研讨会	王亚培	化学系	国家自然科学基金、国际合作与交流项目	论文	2018.12
162	易地扶贫搬迁的社会经济与环境影响评估	仇焕广	农业与农村发展学院	国家自然科学基金、国际合作与交流项目	论文	2023.12
163	具有强层间耦合的二维层状材料的研究	季　威	物理学系	国家自然科学基金、国际合作与交流项目	论文	2021.12
164	发展型偏微分方程组的奇异极限	欧耀彬	信息学院	国家自然科学基金、国际合作与交流项目	论文	2020.09
165	函数空间实变理论及其应用(1)	杨云雁	信息学院	国家自然科学基金、国际合作与交流项目	论文	2020.12
166	函数空间实变理论及其应用(2)	刘丽光	信息学院	国家自然科学基金、国际合作与交流项目	论文	2020.12
167	聚合物近红外光热转换（杰青）	王亚培	化学系	国家自然科学基金、国家杰出青年科学基金	论文	2023.12
168	漏洞相关数据集中的知识发现及在漏洞检测中的应用	梁　彬	信息学院	国家自然科学基金、联合基金项目	论文	2022.12
169	深度学习支持的政府治理大数据分析与预测关键技术研究	许　伟	信息学院	国家自然科学基金、联合基金项目	论文	2021.12
170	政府治理大数据行为知识图谱关键技术研究	陈跃国	信息学院	国家自然科学基金、联合基金项目	论文	2021.12
171	基于大数据的政府治理综合示范应用	杨孟辉	信息资源管理学院	国家自然科学基金、联合基金项目	论文	2021.12
172	高时效、可扩展的大数据计算模型、优化技术与系统	陈　红	信息学院	国家重点研发计划课题	论文	2021.04
173	深化“放管服”改革促进营商环境持续优化研究	聂辉华	经济学院	教育部哲学社会科学研究、重大课题攻关项目	论文	2021.12
174	坚持和加强党的全面领导研究	张世飞	马克思主义学院	教育部哲学社会科学研究、重大课题攻关项目	论文	2021.12
175	乡村振兴战略实施路径研究	张利庠	农业与农村发展学院	教育部哲学社会科学研究、重大课题攻关项目	论文	2021.12
176	新中国成立以来我国乡村治理体系建设历史经验研究	仝志辉	农业与农村发展学院	教育部哲学社会科学研究、重大课题攻关项目	论文	2021.12

续表

序号	项目名称	负责人	承担部门	项目分类、类别	预期成果形式	计划完成时间
177	我国古代治国理念研究	彭新武	哲学院	教育部哲学社会科学研究、重大课题攻关项目	论文	2021. 12
178	中国民法典评注	杨立新	法学院	教育部人文社会科学研究、基地重大项目	研究报告	2020. 12
179	产业结构演化视角下的中国生态文明与绿色发展研究	林　岗	经济学院	教育部人文社会科学研究、基地重大项目	专著	2020. 12
180	“十三五”时期中国宏观调控体系的改革与转型问题研究	陈彦斌	经济学院	教育部人文社会科学研究、基地重大项目	论文集	2020. 12
181	清代满汉关系视野下的国家治理研究	杨念群	清史所	教育部人文社会科学研究、基地重大项目	论文集	2020. 12
182	中国少数民族人口与边疆发展研究	段成荣	社会与人口学院	教育部人文社会科学研究、基地重大项目	其他（系列论文）	2020. 12
183	经济金融化的核心特征和微观形成机理研究	罗　煜	财政金融学院	教育部人文社会科学研究、青年基金项目	论文	2021. 12
184	机构投资者调研与盈余管理：理论机理与实证研究	徐星美	国际学院	教育部人文社会科学研究、青年基金项目	论文	2021. 12
185	结构性减税对企业杠杆率的影响	邹静娴	国家发展与战略研究院	教育部人文社会科学研究、青年基金项目	论文	2021. 12
186	组织中工作重塑的作用机制：一项跨层追踪研究	王　桢	劳动人事学院	教育部人文社会科学研究、青年基金项目	论文	2021. 12
187	延迟退休对我国就业、经济增长和社会福利的影响机制及定量测算	刘相波	劳动人事学院	教育部人文社会科学研究、青年基金项目	论文	2021. 12
188	早期国家的商周模式研究	曹　斌	历史学院	教育部人文社会科学研究、青年基金项目	论文	2021. 12
189	数字创意企业共享型领导的影响因素及效能机制	祝金龙	商学院	教育部人文社会科学研究、青年基金项目	论文	2021. 12
190	欧美早期电影的知觉范式研究	陈　涛	文学院	教育部人文社会科学研究、青年基金项目	论文	2021. 12

续表

序号	项目名称	负责人	承担部门	项目分类、类别	预期成果形式	计划完成时间
191	商业模式创新视角下平台型媒体的建构路径研究	黄　淼	新闻学院	教育部人文社会科学研究、青年基金项目	论文	2021. 12
192	基于异构信息网络构建与特征提取的高校专利转化推荐研究	杜　玮	信息学院	教育部人文社会科学研究、青年基金项目	论文	2021. 12
193	农村失能老人照护状况调查、成本测算与综合治理体系研究	胡宏伟	公共管理学院	教育部人文社会科学研究、规划基金项目	论文	2021. 12
194	城镇非正规经济空间结构形成机理与治理研究	张　磊	公共管理学院	教育部人文社会科学研究、规划基金项目	论文	2021. 12
195	国际政治的不确定性对中国对外直接投资的影响研究	韩彩珍	国际关系学院	教育部人文社会科学研究、规划基金项目	论文	2021. 12
196	地方偏袒主义的遏制与高校招生质量提升研究：理论与中国的经验证据	刘瑞明	国家发展与战略研究院	教育部人文社会科学研究、规划基金项目	论文	2021. 12
197	在有效实现农民集体土地所有制基础上推进企业农地流转合约稳定与扩张研究	辛　毅	农业与农村发展学院	教育部人文社会科学研究、规划基金项目	论文	2021. 12
198	消费者财务受限感对亲社会行为的促进作用及其心理机制	蒋　晶	商学院	教育部人文社会科学研究、规划基金项目	论文	2021. 12
199	日本当代学者“帝国史”书写及其史观研究	钱昕怡	外国语学院	教育部人文社会科学研究、规划基金项目	论文	2021. 12
200	积极情绪影响创造力的双通道模型及其干预研究	刘聪慧	心理学系	教育部人文社会科学研究、规划基金项目	论文	2021. 12
201	用户在线品牌选择动态预测模型的实证研究	钱明辉	信息资源管理学院	教育部人文社会科学研究、规划基金项目	论文	2021. 12
202	音乐表演艺术学科交叉融合模式与人才培养路径研究	张　放	艺术学院	教育部人文社会科学研究、规划基金项目	论文	2021. 12
203	产业政策与新兴行业产能过剩——以风电行业为例	宋　枫	应用经济学院	教育部人文社会科学研究、规划基金项目	论文	2021. 12
204	京津冀基本公共服务协同发展研究	孙玉栋	公共管理学院	北京市社会科学基金、重大项目	专著	2021. 07
205	“双支柱”调控框架的理论与实证研究	马　勇	财政金融学院	北京市社会科学基金、重点项目	系列论文	2020. 12
206	新世纪以来国外流行社会思潮研究	韩海涛	马克思主义学院	北京市社会科学基金、重点项目	专著	2022. 05

续表

序号	项目名称	负责人	承担部门	项目分类、类别	预期成果形式	计划完成时间
207	MEGA2 版《德意志意识形态》专题研究	赵玉兰	马克思主义学院	北京市社会科学基金、重点项目	系列论文	2022.06
208	北京冬奥会国际传播与新媒体传播体系研究——策略设计与渠道选择	胡百精	新闻学院	北京市社会科学基金、重点项目	研究报告	2020.09
209	改革开放 40 周年首都地区新闻从业人员职业权威研究	陈　阳	新闻学院	北京市社会科学基金、重点项目	系列论文	2020.12
210	日本青木文库庋藏民国北京多媒体文献的整理与研究	牛贯杰	历史学院	北京市社会科学基金、一般项目	专著	2020.10
211	社会治理创新视域下北京社区基金会发展模式与培育策略研究	黄家亮	社会与人口学院	北京市社会科学基金、一般项目	研究报告	2020.07
212	文化惠民导向的档案馆公共服务策略研究	黄霄羽	信息资源管理学院	北京市社会科学基金、一般项目	系列论文	2021.07
213	以患者为中心的医患共同决策模式研究——以首都基层卫生服务机构的慢性病管理为例	梁海伦	公共管理学院	北京市社会科学基金、青年项目	系列论文	2021.06
214	社会空间视域下城乡“过渡型”村区社会治理问题研究	魏钦恭	国家发展与战略研究院	北京市社会科学基金、青年项目	研究报告	2021.06
215	大学生理想信念教育与生涯发展研究	崔　盛	教育学院	北京市社会科学基金、青年项目	研究报告	2020.12
216	北京市土地供给侧结构性改革与产业转型升级研究	杨继东	经济学院	北京市社会科学基金、青年项目	系列论文	2021.07
217	北京市“新医改”对居民就医行为的影响	王天宇	劳动人事学院	北京市社会科学基金、青年项目	系列论文	2021.07
218	北京农村抵押品替代机制创新的风险防范研究	毛　飞	农业与农村发展学院	北京市社会科学基金、青年项目	研究报告	2021.07
219	异构社交网络传播模型及其上北京影响力最大化问题研究	塔　娜	新闻学院	北京市社会科学基金、青年项目	系列论文	2021.06
220	人的尊严与脆弱性	王福玲	哲学院	北京市社会科学基金、青年项目	系列论文	2022.07
221	基于合作治理的北京市文化类事业单位分类改革研究	李文钊	公共管理学院	北京市社会科学基金研究基地、一般项目	论文集	2020.07
222	晚清民国京畿地区女学研究	杨剑利	历史学院	北京市社会科学基金研究基地、一般项目	专著	2021.12
223	空间转向：历史唯物主义的一种可能性重释？	沈江平	马克思主义学院	北京市社会科学基金研究基地、一般项目	论文集	2021.06

续表

序号	项目名称	负责人	承担部门	项目分类、类别	预期成果形式	计划完成时间
224	以马克思主义虚拟资本理论研究现代化经济体系中的实体经济与虚拟经济	马慎萧	马克思主义学院	北京市社会科学基金研究基地、一般项目	其他（系列论文）	2021.07
225	中国共产党处理中央和地方关系的历史经验研究（1949—1954）：以北京市为中心	李坤睿	马克思主义学院	北京市社会科学基金研究基地、一般项目	论文集	2021.06
226	北京市老年人养老意愿、养老需求及政策应对	陶　涛	社会与人口学院	北京市社会科学基金研究基地、一般项目	研究报告	2020.12
227	北京非物质文化遗产的娱教化保护与传承研究	加小双	信息资源管理学院	北京市社会科学基金研究基地、一般项目	研究报告	2020.07
228	2022年北京冬奥会文献遗产的保护与传承	徐拥军	信息资源管理学院	北京市社会科学基金研究基地、重点项目	研究报告	2021.07
229	非首都核心功能疏解的用地保障研究	严金明	公共管理学院	北京市科委项目	论文	2018.12
230	大数据共享融合关键技术研究及政务治理验证	卢　卫	数据工程与知识工程教育部重点实验室	北京市科委项目	论文	2019.12
231	融合听觉信息的语言理解技术研究及应用验证	金　琴	信息学院	北京市科委项目	论文	2019.12
232	互联网环境下北京养老服务创新模式研究：边界跨越的视角	左美云	信息学院	北京市自然科学基金、面上项目	论文	2020.12

（中国人民大学科研处李素萍供稿）

清华大学

2018年度承担国家级、省部级社会科学研究项目

序号	项目名称	负责人	承担部门	项目分类、类别
1	智能时代的信息价值观引领研究	陈昌凤	新闻与传播学院	国家社会科学基金、重大项目
2	网络与数字时代增强中华文化全球影响力的实现途径研究	江小涓	公共管理学院	国家社会科学基金、重大项目
3	基于大数据技术的古代文学经典文本分析与研究	刘　石	人文学院	国家社会科学基金、重大项目
4	俄国东方学研究及其数据库建设	王　奇	人文学院	国家社会科学基金、重大项目
5	楚文字综合整理与楚文字学的构建	李守奎	人文学院	国家社会科学基金、重大项目
6	我国碳排放权交易体系的评估与完善研究	段茂盛	核研院	国家社会科学基金、重大项目
7	基于市场导向的创新体系中政府作用边界、机制及优化	陈　玲	公共管理学院	国家社会科学基金、重大项目

续表

序号	项目名称	负责人	承担部门	项目分类、类别
8	中医药文化国际传播认同体系研究	李希光	新闻与传播学院	国家社会科学基金、重大项目
9	互联网经济的法治保障研究	申卫星	法学院	国家社会科学基金、重大项目
10	大数据背景下我国新经济新动能统计监测与评价研究	许宪春	经济管理学院	国家社会科学基金、重大项目
11	新时代绿色发展绩效评估与美丽中国建设道路研究	钱　易	环境学院	国家社会科学基金、重大项目
12	大数据时代个人数据保护与数据权利体系研究	程　啸	法学院	国家社会科学基金、重大项目
13	基于大数据的智能化社会治理监测、评估与应对策略研究	孟天广	社会科学学院	国家社会科学基金、重大项目
14	文化自信与“国家形象”研究	范　红	新闻与传播学院	国家社会科学基金、重大项目（艺术学）
15	新时代中华文化走出去策略研究	史安斌	新闻与传播学院	教育部人文社会科学研究、重大课题攻关项目
16	总体国家安全观研究	薛　澜	公共管理学院	中宣部、国社科规划办，马工程重大项目
17	健全自治、法治、德治相结合的乡村治理体系研究	高其才	法学院	国家社会科学基金、专项项目（十九大）
18	结合时代要求继承创新中华优秀传统文化中的核心理念研究	戴木才	马克思主义学院	国家社会科学基金、专项项目（十九大）
19	周边核安全风险防范与应对策略研究	童节娟	核研院	国家社会科学基金、专项项目（智库）
20	妥善处置中美经贸摩擦风险研究	鞠建东	五道口金融学院	国家社会科学基金、专项项目（智库）
21	新时期深化科技体制改革，提升国家创新体系整体效能的思路、路径与对策研究	梁　正	公共管理学院	国家社会科学基金、专项项目（智库）
22	引导美欧国家参与“一带一路”建设对策和展望研究	李　彬	社会科学学院	国家社会科学基金、专项项目（智库）
23	“一带一路”建设面临的主要风险及应对研究	张成岗	社会科学学院	国家社会科学基金、专项项目（智库）
24	公民文明行为法律保障体系建设研究	吴　俊	马克思主义学院	国家社会科学基金、专项项目（法治）
25	新时代中国特色社会学基本理论问题研究	李　强	社会科学学院	国家社会科学基金、专项项目
26	形而上学研究	王　路	人文学院	国家社会科学基金、专项项目（绝学）
27	敦煌写本、宋刻本所见中古文集的“唐宋变革”	李成晴	人文学院	国家社会科学基金、专项项目（绝学）
28	印度佛教根本说一切有部《律事》的梵语写本和藏语译本研究	吴　娟	人文学院	国家社会科学基金、专项项目（绝学）
29	《通典》边疆史地文献的史料来源及疏误集证	顾　涛	人文学院	国家社会科学基金、专项项目（绝学）
30	中国传统文化现代化研究	陈　来	人文学院	国家社会科学基金、专项项目（第二个百年）

续表

序号	项目名称	负责人	承担部门	项目分类、类别
31	中国崛起与国际秩序的变革	阎学通	社会科学学院	国家社会科学基金、专项项目（第二个百年）
32	世界百年未有之大变局及时代主题分析	李稻葵	经济管理学院	国家社会科学基金、专项项目（第二个百年）
33	新技术发展对社会结构和社会治理的影响及应对	薛　澜	公共管理学院	国家社会科学基金、专项项目（第二个百年）
34	未来30年中美战略博弈情景预判	傅　莹	社会科学学院	国家社会科学基金、专项项目（第二个百年）
35	高等学校高层次人才发展若干重大问题研究	王希勤	人事处	教育部重大委托项目
36	中国特色社会主义道路、理论、制度和文化的原创价值	肖贵清	马克思主义学院	教育部、重大专项项目（知识体系）
37	习近平新时代中国特色社会主义思想的核心概念、重大判断、思想精髓	艾四林	马克思主义学院	教育部、重大专项项目（知识体系）
38	明清华北乡村经济研究及清华馆藏民间文书数据库建设	仲伟民	人文学院	国家社会科学基金、年度项目
39	养老保险立法研究	郑尚元	法学院	国家社会科学基金、年度项目
40	网络环境下民事权利的侵权法保护研究	程　啸	法学院	国家社会科学基金、年度项目
41	建立以国家公园为主体的中国自然保护地体系研究	庄优波	建筑学院	国家社会科学基金、年度项目
42	网络时代信息传播在构建人类命运共同体中的作用及路径研究	卢　嘉	新闻与传播学院	国家社会科学基金、年度项目
43	新时代环境生态文明传播策划与效果研究	戴　佳	新闻与传播学院	国家社会科学基金、年度项目
44	满汉双语比较下的《清文指要》语言接触与变异研究	张美兰	人文学院	国家社会科学基金、年度项目
45	德国大学的历史变迁研究	张　弢	人文学院	国家社会科学基金、年度项目
46	稀缺感影响亲社会行为的心理机制研究	廖江群	社会科学学院	国家社会科学基金、年度项目
47	有限公司股东的清算义务人地位研究	梁上上	法学院	国家社会科学基金、年度项目
48	公司资本制度再造与债权人利益保护研究	朱慈蕴	法学院	国家社会科学基金、年度项目
49	沈家本新研究	陈新宇	法学院	国家社会科学基金、年度项目
50	习近平关于网络意识形态建设的重要论述研究	张　瑜	马克思主义学院	国家社会科学基金、年度项目
51	政府微信公众号互动效果的影响因素实证研究	邓　喆	学生处	国家社会科学基金、年度项目
52	基于云计算的政府网站网页在线归档与开发利用研究	黄新平	公共管理学院	国家社会科学基金、年度项目
53	吴越文字资料整理研究	马晓稳	人文学院	国家社会科学基金、年度项目
54	晚清日语译才培养机制与中国翻译文学近代化进程关系研究	汪帅东	新闻与传播学院	国家社会科学基金、年度项目
55	简帛文献与中国早期文体研究	陈民镇	人文学院	国家社会科学基金、年度项目
56	甲申年（1644）文学研究	朱　雯	人文学院	国家社会科学基金、年度项目
57	中国驻印军蓝姆伽整训基地与中印关系史研究的新路径	曹　寅	人文学院	国家社会科学基金、年度项目

续表

序号	项目名称	负责人	承担部门	项目分类、类别
58	晚清以来祁连山—河西走廊水环境演化与社会变迁研究	张景平	水利系	国家社会科学基金、年度项目
59	肩水金关汉简通关文书整理与研究	郭伟涛	人文学院	国家社会科学基金、年度项目
60	新出战国竹简地理史料的整理与研究	魏　栋	人文学院	国家社会科学基金、年度项目
61	基于大数据平台驱动的我国难民政策创新及周边难民危机预警机制建立研究	史小今	社会科学学院	国家社会科学基金、年度项目
62	当代中国农家子弟的阶层旅行与文化生产研究	程　猛	公共管理学院	国家社会科学基金、年度项目
63	气候治理的“逆全球化”态势与国际法应对研究	冯　帅	法学院	国家社会科学基金、年度项目
64	内部行政程序的法律规制研究	覃　慧	法学院	国家社会科学基金、年度项目
65	中国互联网信息服务的分类与多元协同治理模式研究	魏　娜	公共管理学院	国家社会科学基金、年度项目
66	条块差异视角下我国纵向创新扩散机制及其组织形式研究	陈思丞	公共管理学院	国家社会科学基金、年度项目
67	粮食收储制度市场化改革研究	武舜臣	公共管理学院	国家社会科学基金、年度项目
68	自由贸易港建设中的政策创新与市场风险防控问题研究	李　猛	社会科学学院	国家社会科学基金、年度项目
69	中国近代疏浚业发展史	龚　宁	社会科学学院	国家社会科学基金、年度项目
70	政府干预、资源错配与全要素生产率研究	张钟文	经济管理学院	国家社会科学基金、年度项目
71	思想建党和制度治党同向发力研究	潘春玲	公共管理学院	国家社会科学基金、年度项目
72	删简决策与协商执行：转型期政策过程的适应性改革	赵　静	公共管理学院	国家社会科学基金、后期资助项目
73	庄存与《尚书既见》《尚书说》《毛诗说》校注	辛智慧	人文学院	国家社会科学基金、后期资助项目
74	混合教学的理论体系建构及实证研究	韩锡斌	教育研究院	国家社会科学基金、教育学一般项目
75	学生身体活动全方位监测系统及评价标准的研究	刘静民	体育部	国家社会科学基金、教育学一般项目
76	南欧与西亚文化对南北朝隋唐艺术的影响	李静杰	美术学院	国家社会科学基金、艺术学一般项目
77	藏族传统制陶文化研究	邱耿钰	美术学院	国家社会科学基金、艺术学一般项目
78	手工艺传承人群的高校创新培养模式研究	杨佩璋	美术学院	国家社会科学基金、艺术学一般项目
79	20 世纪玻璃艺术现代性研究	李　静	美术学院	国家社会科学基金、艺术学青年项目
80	影视如何讲好中国故事：建构中国故事的影像修辞系统	张小琴	新闻与传播学院	国家社会科学基金、艺术学一般项目
81	生命树	潘　妙	美术学院	国家艺术基金项目
82	自然之静	李　静	美术学院	国家艺术基金项目
83	林中路之一 之二	张姗姗	美术学院	国家艺术基金项目

续表

序号	项目名称	负责人	承担部门	项目分类、类别
84	“江城”——当代版画创新实践	付　斌	美术学院	国家艺术基金项目
85	守望的身影——基于“城市独生子女家庭空巢状况”	王铁男	美术学院	国家艺术基金项目
86	简单图像奥秘——人工智能时代摄影图像的空间转换	邓　岩	美术学院	国家艺术基金项目
87	《当代中国南北石雕艺术研究与交流展览》系列活动	李　鹤	美术学院	国家艺术基金项目
88	中国近现代历史题材雕塑艺术创作与研究	王洪亮	美术学院	国家艺术基金项目
89	2018 新技艺——国际青年工艺美术作品展及学术研讨会	刘润福	美术学院	国家艺术基金项目
90	“从洛桑到北京”第十届国际纤维艺术双年展暨学术研讨会（桐乡展年）	洪兴宇	美术学院	国家艺术基金项目
91	丝路艺蕴——中欧女性艺术交流展	孙玉敏	美术学院	国家艺术基金项目
92	儿童互动装置艺术意大利展览	周艳阳	美术学院	国家艺术基金项目
93	麦积山雕塑艺术研究与创作人才培养	陈　辉	美术学院	国家艺术基金项目
94	面向冬奥会的艺术与科技创新人才培养	付志勇	美术学院	国家艺术基金项目
95	2018 清华大学艺术．设计学术月暨文创设计人才培养项目	王旭东	美术学院	国家艺术基金项目
96	“第十三届全国美术作品展暨庆祝中华人民共和国成立 70 周年全国美术作品展”综合材料绘画专题创作培训班	宋　克	美术学院	国家艺术基金项目
97	新时期初现实主义的基本美学问题研究	谢　俊	人文学院	教育部人文社会科学研究、规划基金项目
98	新时代背景下乡村文化振兴与环境设计对策研究	李朝阳	美术学院	教育部人文社会科学研究、规划基金项目
99	近代西方戏剧东传史料的汇编及研究	孙笛庐	人文学院	教育部人文社会科学研究、规划基金项目
100	双边平台定价模型的拓展研究——引入卖方自主定价、买卖各方异质性以及丰富合约形式	高　明	经济管理学院	教育部人文社会科学研究、规划基金项目
101	我国超大城市精细化治理能力研究	殷成志	公共管理学院	教育部人文社会科学研究、规划基金项目
102	基于社会影响力债券的我国政府购买社会服务创新机制研究：以政府购买预防型服务为例	李晓倩	公共管理学院	教育部人文社会科学研究、规划基金项目
103	基于创新网络的产学研协同创新机制构建及政策研究	张路蓬	公共管理学院	教育部人文社会科学研究、规划基金项目
104	互联网时代政府治理现代化的路径选择及其对策方案研究	曲　甜	社会科学学院	教育部人文社会科学研究、规划基金项目
105	网络互动视域下政府社会性监管的回应性研究	赵　娟	社会科学学院	教育部人文社会科学研究、规划基金项目
106	公共行政匠人精神的复兴研究	潘墨涛	公共管理学院	教育部人文社会科学研究、规划基金项目

续表

序号	项目名称	负责人	承担部门	项目分类、类别
107	国际规范传播的西方本位模式批判研究	张　旗	社会科学学院	教育部人文社会科学研究、规划基金项目
108	多维视角下中国器官捐献的技术社会学研究	王蒲生	深圳研究生院	教育部人文社会科学研究、规划基金项目
109	基于政策组合异构网络的政策组合演进分析研究	杨　超	公共管理学院	教育部人文社会科学研究、规划基金项目
110	“双一流”背景下拔尖人才培养效果指标体系和评估模型研究	阎　琨	教育研究院	教育部人文社会科学研究、规划基金项目
111	世界一流大学治理改革研究：基于案例分析的视角	朱贺玲	教育研究院	教育部人文社会科学研究、规划基金项目
112	默认模式网络 DMN 与正常老化的认知功能关系研究	郑美红	社会科学学院	教育部人文社会科学研究、规划基金项目（自筹）
113	基于 MATLABGUI 我国短跑运动员速度能力诊断与评价系统的设计与实现研究	李　庆	体育部	教育部人文社会科学研究、规划基金项目
114	基于虚拟现实技术的 VRET 方法对流动儿童社交焦虑干预研究	倪士光	深圳研究生院	教育部人文社会科学研究、规划基金项目
115	大数据背景下大气污染源排放数据动态评估及监管决策应用研究——以京津冀地区为例	肖翠翠	环境学院	教育部人文社会科学研究、规划基金项目
116	唐集诗题校证	李成晴	人文学院	教育部人文社会科学研究、后期资助项目
117	新形势下高校纪检监察机关履职能力提升路径研究	卢文超	公共管理学院	教育部人文社会科学研究、专项项目（廉政）
118	来源地理论视角下提升北京文化品牌国际竞争力的路径与对策研究	刘文静	经济管理学院	北京市社会科学基金项目
119	北京中轴线世界遗产价值阐释与北京老城文物保护单位保护与利用策略	吕　舟	建筑学院	北京市社会科学基金项目
120	中国北方冰雪运动历史研究	张小军	社会科学学院	北京市社会科学基金项目
121	后殖民主义、世界主义与中国文学的世界性研究	生安锋	外文系	北京市社会科学基金项目
122	反垄断经营者集中审查中附条件制度研究	张晨颖	法学院	北京市社会科学基金项目
123	“一带一路”倡议背景下首都职业教育服务企业“走出去”的路径探索	文　雯	教育研究院	北京市社会科学基金项目
124	《甲骨文数字化艺术设计与传播推广》体系研究	陈　楠	美术学院	北京市社会科学基金项目
125	基于社会生态学模型的青少年身体活动学校干预策略及应用研究	刘静民	体育部	北京市社会科学基金项目
126	中国传统柿漆染工艺研究	杨建军	美术学院	北京市社会科学基金项目
127	人工智能时代的刑事归责理论研究	王　钢	法学院	北京市社会科学基金项目
128	宏中观视角下北京中心城区老旧小区适老化改造研究	刘佳燕	建筑学院	北京市社会科学基金项目
129	基于“街道单元”提升城市韧性与居民福祉的北京中心城区生态基础设施优化模式研究	袁　琳	建筑学院	北京市社会科学基金项目
130	模态非良基演算研究	俞珺华	人文学院	北京市社会科学基金项目

续表

序号	项目名称	负责人	承担部门	项目分类、类别
131	斯宾诺莎的认识论研究：与笛卡尔认识论的关系和其系统困难	张伟特	新雅书院	北京市社会科学基金项目
132	新时代我国科技创新的理论和实践研究	陈　劲	经济管理学院	北京市社会科学基金项目
133	推进以科技创新为核心的全面创新研究	刘　立	马克思主义学院	北京市社会科学基金项目
134	习近平新时代中国特色社会主义经济思想的理论内涵和现实意义研究	张　新	公共管理学院	北京市社会科学基金项目
135	北京市教育国际合作现状与发展趋势研究	文　雯	教育研究院	北京市教育科学规划课题

（清华大学文科建设处刘金梅供稿）

北京师范大学

2018 年度承担国家级、省部级社会科学研究项目

序号	项目名称	负责人	承担部门	项目分类、类别	预期成果形式	计划完成时间
1	分两步走全面建设社会主义现代化国家的新目标研究	宋旭光	统计学院	国家社会科学基金、“十九大”专项课题	决策咨询报告	2020.03
2	新中国 70 年社会治理研究	魏礼群	中国社会管理研究院/社会学院	国家社会科学基金、重大委托项目	著作	2019.03
3	中国数字新媒体艺术创新研究	冯应谦	艺术与传媒学院	国家社会科学基金艺术学、重大项目	著作	2021.07
4	社会主义核心价值观融入新时期家庭法律制度问题研究	林艳琴	法学院	国家社会科学基金、“把社会主义核心价值观融入法治建设”重大研究专项项目	论文、工作简报	2021.08
5	新时代中国特色历史学基本理论问题研究	翟林东	历史学院	国家社会科学基金、“加快建构中国特色哲学社会科学学科体系学术话语体系”重大研究专项项目	论文、工作简报	2021.08
6	新时代中国特色哲学基本理论问题研究	韩　震	哲学学院	国家社会科学基金、“加快建构中国特色哲学社会科学学科体系学术话语体系”重大研究专项项目	论文、工作简报	2021.08
7	健全公共卫生领域安全风险治理体系研究	朱光明	中国社会管理研究院/社会学院	国家社会科学基金、“国家治理与全球治理”重大研究专项项目	论文、工作简报	2021.08
8	后“伊斯兰国”时代恐怖主义犯罪的防治对策研究	阴建峰	刑事法律科学研究院	国家社会科学基金、“防范化解重大风险”重大研究专项项目	论文、工作简报	2021.08
9	实现共同富裕的主要制度安排和推进路径	李　实	经济与工商管理学院	国家社会科学基金、“开启第二个百年新征程”重大研究专项	研究报告	2020.09
10	我国普惠性学前教育公共服务体系建设的路径和机制研究	刘　焱	教育学部	国家社会科学基金、重大项目	专著	2021.12

续表

序号	项目名称	负责人	承担部门	项目分类、类别	预期成果形式	计划完成时间
11	中国农村家庭数据库建设及其应用研究	李　实	经济与工商管理学院	国家社会科学基金、重大项目	专著	2021.12
12	国际统计标准测度问题挖掘与中国参与的方法论基础研究	邱　东	统计学院	国家社会科学基金、重大项目	专著	2021.12
13	中国古代都城文化与古代文学及相关文献研究	康　震	文学院	国家社会科学基金、重大项目	专著	2021.12
14	中国神话资源的创造性转化与当代神话学的体系建构	杨利慧	文学院	国家社会科学基金、重大项目	专著	2021.12
15	京津冀文脉谱系与“大京派”文学建构研究	刘　勇	文学院	国家社会科学基金、重大项目	专著	2021.12
16	人类命运共同体建构的社会文化心理机制研究	刘　力	心理学部	国家社会科学基金、重大项目	专著	2021.12
17	当代俄罗斯哲学研究	张百春	哲学学院	国家社会科学基金、重大项目	专著	2021.12
18	近现代中国价值观念史	张曙光	哲学学院	国家社会科学基金、重大项目	专著	2021.12
19	中国共产党百年民生思想发展史	唐任伍	政府管理学院	国家社会科学基金、重大项目	专著	2021.12
20	基于市场导向的创新体系中政府作用边界、机制及优化	章文光	政府管理学院	国家社会科学基金、重大项目	专著	2021.12
21	民生保障视角下农村地权结构调整的社会学研究	郑雄飞	政府管理学院	国家社会科学基金、重大项目	专著	2021.12
22	新时代公民道德建设研究	韩　震	哲学学院	国家社会科学基金、特别委托项目	著作或论文	2020.04
23	新时代中国绿色发展的内生动力与长效机制研究	韩　晶	经济与资源管理研究院	国家社会科学基金、重点项目	论文集、研究报告	2020.12
24	隋唐五代城市社会各阶层研究	宁　欣	历史学院	国家社会科学基金、重点项目	专著、其他	2022.12
25	“一战”西线战地环境与老兵记忆研究	贾　珺	历史学院	国家社会科学基金、重点项目	专著、译著	2023.03
26	基于不同类型国际资本流动视角的金融危机统计测定研究	石峻驿	统计学院	国家社会科学基金、重点项目	论文集、研究报告	2021.05
27	大数据个性化知识的本体论意义与认识论价值研究	董春雨	哲学学院	国家社会科学基金、重点项目	专著、论文集	2021.06
28	国家创新型试点城市的政府创新治理研究	章文光	政府管理学院	国家社会科学基金、重点项目	专著、研究报告	2021.04
29	中国公民境外活动文明规范入法研究	邢爱芬	法学院	国家社会科学基金、“把社会主义核心价值观融入法治建设”重大研究专项项目	论文、工作简报	2021.08
30	基于考古材料的《颛顼历》复原研究	武家璧	历史学院	国家社会科学基金、“冷门‘绝学’和国别史等研究专项”项目	著作	2021.08

续表

序号	项目名称	负责人	承担部门	项目分类、类别	预期成果形式	计划完成时间
31	农村留守儿童共情能力的评估研究	蔺秀云	教育学部	国家社会科学基金、重点项目	专著	2021.12
32	新时代好少年目标任务研究	檀传宝	教育学部	国家社会科学基金、特别委托项目	著作或论文	2019.03
33	基于产业链视角的中国工业系统生态效率评价与路径优化研究	张江雪	经济与资源管理研究院	国家社会科学基金、一般项目	专著	2021.08
34	人口结构转变的经济影响及其替代因素研究	王　颖	政府管理学院	国家社会科学基金、一般项目	论文集	2021.06
35	祖先崇拜与商周社会研究	罗新慧	历史学院	国家社会科学基金、一般项目	专著	2022.1.1
36	古代基督教神学与基督教史学的建构研究	刘林海	历史学院	国家社会科学基金、一般项目	专著	2022.06
37	东方国家整体崛起趋势下的外交史研究	陈奉林	历史学院	国家社会科学基金、一般项目	专著	2021.12
38	中国共产党基层组织弱化虚化边缘化问题调查与解决路径研究	张润枝	马克思主义学院	国家社会科学基金、一般项目	论文集、研究报告	2021.06
39	网络宗教对大学生的影响及对策研究	邢国忠	马克思主义学院	国家社会科学基金、一般项目	研究报告	2021.7.1
40	新时代全面从严治党与党的执政安全研究	马振清	马克思主义学院	国家社会科学基金、一般项目	专著	2021.06
41	中国社会工作服务机构管理者领导力实践模式研究与本土化理论建构研究	张　欢	社会发展与公共政策学院	国家社会科学基金、一般项目	论文集、研究报告	2020.12
42	中国居民家庭收入分配动态格局的统计测度与评价研究	孙永强	统计学院	国家社会科学基金、一般项目	论文集、研究报告	2021.06
43	古代晚期圣徒文学研究	张　欣	文学院	国家社会科学基金、一般项目	专著	2022.08
44	王阳明思想在西方的翻译、传播与影响研究	曹雷雨	外国语言文学学院	国家社会科学基金、一般项目	论文集	2022.09
45	西方文论的非再现转向研究	吕　黎	文学院	国家社会科学基金、一般项目	译著、论文集	2022.12
46	现当代散文的体类概念系统研究	黄开发	文学院	国家社会科学基金、一般项目	专著	2022.08
47	百年华人作家的文化中国情怀研究	沈庆利	文学院	国家社会科学基金、一般项目	专著	2022.12
48	遗产旅游与中国神话资源的创造性转化研究	杨利慧	文学院	国家社会科学基金、一般项目	专著	2023.07
49	网络社会资本对我国新型医患关系建构的影响研究	周　敏	新闻传播学院	国家社会科学基金、一般项目	研究报告	2021.06
50	构建中国特色反腐败国际追逃追赃长效机制研究	廖　明	刑事法律科学研究院	国家社会科学基金、一般项目	专著	2021.06

续表

序号	项目名称	负责人	承担部门	项目分类、类别	预期成果形式	计划完成时间
51	儒家核心价值观研究	李祥俊	哲学学院	国家社会科学基金、一般项目	专著	2021.12
52	金砖国家参与全球治理体系改革和建设研究	王　磊	政府管理学院	国家社会科学基金、一般项目	专著、研究报告	2020.12
53	高校图书馆吸引专业志愿服务的制度基础及管理机制研究	王　琼	政府管理学院	国家社会科学基金、一般项目	论文集、其他	2021.10
54	网络综合治理体系的战略建构及运行机制研究	孙　宇	政府管理学院	国家社会科学基金、一般项目	研究报告	2021.09
55	我国居民公共服务“获得感”理论内涵及其评价研究	尹栾玉	中国社会管理研究院/社会学院	国家社会科学基金、一般项目	专著、研究报告	2021.06
56	复合型邻避补偿政策设计及运行机制研究	刘　冰	中国社会管理研究院/社会学院	国家社会科学基金、一般项目	论文集、研究报告	2020.12
57	面向汉语国际教育的智能测试技术研究	胡韧奋	汉语文化学院	国家社会科学基金、青年项目	论文集、电脑软件	2020.12
58	农村精神贫困问题及其治理研究	刘　欣	经济与资源管理研究院	国家社会科学基金、青年项目	研究报告、其他	2020.06
59	中共早期留苏学生群体研究	孙会修	历史学院	国家社会科学基金、青年项目	专著	2020.12
60	日本足利学校藏宋刊本《周易注疏》整理与研究	谢炳军	历史学院	国家社会科学基金、青年项目	专著	2021.12
61	新时代我国社会主要矛盾变化与劳动关系演变研究	肖　潇	马克思主义学院	国家社会科学基金、青年项目	研究报告	2021.06
62	构建共享发展制度保障体系研究	王　丹	马克思主义学院	国家社会科学基金、青年项目	专著、论文集	2021.06
63	我国青少年足球发展的资源配置优化研究	刘天彪	体育与运动学院	国家社会科学基金、青年项目	论文集、研究报告	2021.05
64	理学语境中诗的话语力量以及朱子诗的美学境界赏析	刘思宇	文学院	国家社会科学基金、青年项目	论文集	2022.12
65	“方言—普通话”双语环境下的婴幼儿声调习得机制研究	曹梦雪	文学院	国家社会科学基金、青年项目	研究报告	2021.12
66	人工智能时代的刑法前瞻与应对研究	孙道萃	刑事法律科学研究院	国家社会科学基金、青年项目	专著	2020.12
67	互联网价值论研究	王小伟	哲学学院	国家社会科学基金、青年项目	专著	2021.12
68	简帛及传世文献中的兵家学派研究	洪德荣	珠海分校	国家社会科学基金、青年项目	其他	2021.12
69	中国故事的影像生产	陈晓云	艺术与传媒学院	国家社会科学基金艺术学、一般项目	著作	2021.12
70	前四史列传编纂与汉宋间史学的发展	曲柄睿	历史学院	国家社会科学基金、后期资助项目	专著	2019.09
71	从怀疑走向共识——英语世界的历史知识客观性问题研究	顾晓伟	历史学院	国家社会科学基金、后期资助项目	专著	2019.09

续表

序号	项目名称	负责人	承担部门	项目分类、类别	预期成果形式	计划完成时间
72	魏晋南北朝拟诗研究	郭晨光	文学院	国家社会科学基金、后期资助项目	专著	2019.09
73	《国语》名动关系研究	万　群	文学院	国家社会科学基金、后期资助项目	专著	2019.09
74	新中国工笔画中女性形象研究（1949-2010）	王　鹏	艺术与传媒学院	国家社会科学基金、后期资助项目	专著	2019.09
75	从主体的变迁到价值观启蒙：社会主义核心价值观研究	郑　伟	哲学学院	国家社会科学基金、后期资助项目	专著	2019.09
76	财政竞争与环境污染治理研究	王华春	政府管理学院	国家社会科学基金、后期资助项目	专著	2019.09
77	看懂中国 GDP（英文版）	陈　瑾	统计学院	国家社会科学基金、中华学术外译项目	著作	2021.12
78	钓鱼岛列岛归属考：事实与法理（日文版）	姜　弘	外国语言文学学院	国家社会科学基金、中华学术外译项目	著作	2021.12
79	《资本论》的哲学（英文版）	姜　莉	外国语言文学学院	国家社会科学基金、中华学术外译项目	著作	2021.12
80	人格权法（第二版）（韩文）	赵晓舒	法学院	国家社会科学基金、中华学术外译项目	著作	2021.12
81	习近平关于新时代中国特色社会主义教育的重要论述研究	顾明远	教育学部	国家社会科学基金、“十三五”规划教育学重大项目	著作、论文	2021.12
82	民办学校分类规范的法律制度研究	余雅风	教育学部	国家社会科学基金、“十三五”规划教育学一般项目	著作、论文	2021.12
83	中小学教师激励政策的合力效果研究	侯龙龙	教育学部	国家社会科学基金、“十三五”规划教育学一般项目	著作、论文	2021.12
84	新高考背景下高中生综合素质评价研究	杨玉春	教育学部	国家社会科学基金、“十三五”规划教育学一般项目	著作、论文	2021.12
85	大学教学现代化的战略愿景与理论创新研究	李　芒	教育学部	国家社会科学基金、“十三五”规划教育学一般项目	著作、论文	2021.12
86	从生产社会到消费社会：新时期劳动教育理论体系建构研究	班建武	教育学部	国家社会科学基金、“十三五”规划教育学一般项目	著作、论文	2021.12
87	中学生合作问题解决中认知互动与社会互动及其关系的实证研究	曹一鸣	数学科学学院	国家社会科学基金、“十三五”规划教育学一般项目	著作、论文	2021.12

续表

序号	项目名称	负责人	承担部门	项目分类、类别	预期成果形式	计划完成时间
88	教育神经科学视域下学生问题解决能力发展研究	郭　衎	数学科学学院	国家社会科学基金、“十三五”规划教育学青年项目	著作、论文	2021.12
89	形式与功能：中美芬数学课堂关键教学行为比较研究	于国文	数学科学学院	全国教育科学“十三五”规划、教育部青年项目	著作或论文	2021.12
90	我国基础教育质量影响因素模型验证研究	刘　浩	中国基础教育质量监测协同创新中心	全国教育科学“十三五”规划、教育部青年项目	著作或论文	2021.12
91	习近平关于新时代中国特色社会主义教师队伍建设的重要论述研究	朱旭东	教育学部	教育部人文社会科学研究、“十九大”专项任务项目	著作或论文	2018.12
92	正视教育领域主要矛盾，发展公平优质多样教育	钟秉林	教育学部	教育部人文社会科学研究、“十九大”专项任务项目	著作或论文	2018.12
93	中国共产党百年民生思想发展史	唐任伍	政府管理学院	教育部人文社会科学研究、“十九大”专项任务项目	著作或论文	2018.12
94	如何理解“坚持法治国家、法治政府、法治社会一体建设”	李晓西	经济与资源管理研究院	教育部人文社会科学研究、“十九大”专项任务项目	著作或论文	2018.12
95	习近平关于反腐败追逃追赃的重要论述研究	赵秉志	刑事法律科学研究院	教育部人文社会科学研究、“十九大”专项任务项目	著作或论文	2018.12
96	新时代国际宏观经济环境变化的趋势及对策	贺力平	经济与工商管理学院	教育部人文社会科学研究、“十九大”专项任务项目	著作或论文	2018.12
97	新时代中国特色社会主义的生产力特征与内涵	白暴力	经济与工商管理学院	教育部人文社会科学研究、“十九大”专项任务项目	著作或论文	2018.12
98	汉语方言传统吟诵调韵律研究	张维佳	文学院	教育部人文社会科学研究、规划基金项目	著作	2021.07
99	中国当代寻根文学批评研究及其研究史料选编	熊修雨	文学院	教育部人文社会科学研究、规划基金项目	著作	2021.07
100	“后学”视域中《安提戈涅》批评思潮研究	王　楠	外国语言文学学院	教育部人文社会科学研究、规划基金项目	论文	2021.07
101	北京周边地区中小学音乐教师素质提高培养研究	孙　琳	艺术与传媒学院	教育部人文社会科学研究、规划基金项目	论文	2021.07
102	从帝制到共和转型期传统政治精英的处境与抉择——以徐世昌为中心的考察研究	林辉锋	历史学院	教育部人文社会科学研究、规划基金项目	著作、论文	2021.07
103	人工智能生产力理论模型与经济应用研究	张永林	统计学院	教育部人文社会科学研究、规划基金项目	著作、论文	2021.07

续表

序号	项目名称	负责人	承担部门	项目分类、类别	预期成果形式	计划完成时间
104	基于行为经济学视角的反腐政策设计及其效果评估	何浩然	经济与工商管理学院	教育部人文社会科学研究、规划基金项目	论文	2021.07
105	新媒介环境中的社会性别意识传播研究	宋素红	新闻传播学院	教育部人文社会科学研究、规划基金项目	著作	2021.07
106	高校出版社持续做好主题出版工作研究	饶 涛	出版集团	教育部人文社会科学研究、规划基金项目	论文、咨询报告	2021.07
107	美国大学终身教职改革研究	李子江	教育学部	教育部人文社会科学研究、规划基金项目	论文	2021.07
108	教学活动机制与中小学课堂教学改革研究	郭 华	教育学部	教育部人文社会科学研究、规划基金项目	著作、论文	2021.07
109	STEM视角下跨学科学习的前瞻性研究	高潇怡	教育学部	教育部人文社会科学研究、规划基金项目	论文	2021.07
110	基于全面薪酬理论视角的农村教师供给意愿及其影响因素研究	杜 屏	教育学部	教育部人文社会科学研究、规划基金项目	论文、咨询报告	2021.07
111	幼儿教师核心职业素养养成机制研究	李兴洲	教育学部	教育部人文社会科学研究、规划基金项目	论文、咨询报告	2021.07
112	孤独症儿童象征性游戏的干预研究——基于提升动机操作	刘艳虹	教育学部	教育部人文社会科学研究、规划基金项目	著作、论文、视频文件等	2021.07
113	自我概念清晰性对疼痛感知的影响及其作用机制研究	蒋 奖	心理学部	教育部人文社会科学研究、规划基金项目	论文	2021.07
114	贫困对儿童执行功能的长期影响研究	黄四林	心理学部	教育部人文社会科学研究、规划基金项目	论文	2021.07
115	数字游戏批评的理论建构与话语实践研究	何 威	艺术与传媒学院	教育部人文社会科学研究、规划基金项目	论文	2021.07
116	国际汉语教材文本可读性智能评价方法研究	杨丽姣	中文信息处理研究所	教育部人文社会科学研究、规划基金项目	论文、咨询报告、语料库	2021.07
117	阿拉伯解释传统视野下的亚里士多德哲学研究	刘 鑫	哲学学院	教育部人文社会科学研究、青年基金项目	论文、术语对照表	2021.07
118	“法国文学史”写作与比较文学学科发展关系研究——以中法两国为例	冯 欣	文化创新与传播研究院	教育部人文社会科学研究、青年基金项目	著作、论文	2021.07
119	清代散文批评的理论演进及文献研究	诸雨辰	文学院	教育部人文社会科学研究、青年基金项目	著作、论文	2021.07
120	《点石斋画报》新材料与新问题研究	唐宏峰	艺术与传媒学院	教育部人文社会科学研究、青年基金项目	论文	2021.07
121	管理者道德行为的动机机制研究：基于道德认同和权力控制的二元逻辑	许志星	经济与工商管理学院	教育部人文社会科学研究、青年基金项目	论文、咨询报告	2021.07

续表

序号	项目名称	负责人	承担部门	项目分类、类别	预期成果形式	计划完成时间
122	移动媒体新闻消费行为特征及其影响因素研究	张　伦	艺术与传媒学院	教育部人文社会科学研究、青年基金项目	论文	2021.07
123	“一带一路”背景下的来华留学政策执行成效、问题及对策研究	刘水云	教育学部	教育部人文社会科学研究、青年基金项目	论文	2021.07
124	促进学习的高中语文核心素养评价与监测研究：以优秀诗文为例	李　倩	中国基础教育质量监测协同创新中心	教育部人文社会科学研究、青年基金项目	论文、咨询报告	2021.07
125	“实践”哲学视野下的中小学音乐创造教育研究	喻　意	教育学部	教育部人文社会科学研究、青年基金项目	著作、论文	2021.07
126	教师的心理控制对小学生学业成绩影响的追踪研究	李　勉	中国基础教育质量监测协同创新中心	教育部人文社会科学研究、青年基金项目	论文	2021.07
127	“MOOC+翻转课堂”体育教学模式的构建与应用研究	胡　惕	体育与运动学院	教育部人文社会科学研究、青年基金项目	论文	2021.07
128	新时代高校辅导员队伍建设研究	王显芳	辅导员培训和研修基地	教育部人文社会科学研究、专项任务项目（高校思想政治工作专项）	论文	2021.07
129	媒体融合视域下高校网络思政平台共建共享创新机制研究——以北京高校为例	祁雪晶	新闻传播学院	教育部人文社会科学研究、专项任务项目（高校思想政治工作专项）	论文、咨询报告	2021.07
130	习近平总书记关于以人民为中心的重要论述研究	王晓广	马克思主义学院	教育部人文社会科学研究、专项任务项目（中国特色社会主义理论体系研究）	论文	2021.07
131	习近平总书记关于国家治理现代化的重要论述理论逻辑与实践价值研究	袁　红	马克思主义学院	教育部人文社会科学研究、专项任务项目（中国特色社会主义理论体系研究）	著作、论文	2021.07
132	完善政府再分配职能研究	李　实	经济与工商管理学院	教育部人文社会科学研究、“十九大”专项任务项目	论文	2018.08
133	以人民为中心的发展观研究	吴向东	哲学学院	教育部人文社会科学研究、“十九大”专项任务项目	论文	2018.08
134	新时代全面开放新格局研究	熊晓琳	马克思主义学院	教育部人文社会科学研究、“十九大”专项任务项目	论文	2018.08
135	京津冀优质教育资源共享的体制机制研究	薛二勇	教育学部	北京市社会科学基金、重点项目	研究报告、系列论文、其他（咨询报告）	2020.12

续表

序号	项目名称	负责人	承担部门	项目分类、类别	预期成果形式	计划完成时间
136	汉语国际教育视野下的京味文化传播研究及数据库建设	李春雨	汉语文化学院	北京市社会科学基金、一般项目	专著	2022.07
137	京津冀优质教师资源共享的现状及改进策略研究	蔡永红	教育学部	北京市社会科学基金、一般项目	研究报告	2021.06
138	北京市中小学校园欺凌筛查指标与关键影响因素预警研究	任　萍	北京师范大学中国基础教育质量监测协同创新中心	北京市社会科学基金、一般项目	系列论文	2020.10
139	清代京津冀水资源利用与管理治理的协同规制研究	王培华	历史学院	北京市社会科学基金、一般项目	系列论文	2023.12
140	京津冀共享发展效果评价及对策研究	陈梦根	统计学院	北京市社会科学基金、青年项目	研究报告	2021.06
141	荀子的礼乐修养观及其心性论基础	王　楷	哲学学院	北京市社会科学基金、青年项目	系列论文	2021.06
142	首都地区课外负担与课外补习教育质量监测研究	王立东	北京师范大学中国基础教育质量监测协同创新中心	北京市社会科学基金、青年项目	系列论文	2021.07
143	北京市儿童社会情感技能的追踪测量及教育投资的因果效应研究	周金燕	教育学部	北京市社会科学基金、青年项目	系列论文	2022.06
144	改革开放40年北京社会福利建设的历史考察与基本经验研究	李小尉	历史学院	北京市社会科学基金、青年项目	专著	2020.12
145	讲述中国故事的方式：从京味小说到新世纪北京书写	孙海燕	文学院	北京市社会科学基金、青年项目	系列论文	2022.07
146	戏曲舞蹈语言学的体系构建研究	王　熙	艺术与传媒学院	北京市社会科学基金、研究基地项目（一般项目）	专著	2020.12
147	基于社会化媒体视域下北京市突发公共事件的传播规律与控制策略研究	袁　媛	文化与创新研究院	北京市社会科学基金、研究基地项目（一般项目）	系列论文	2020.07
148	首都文化建设视野中的北京原创动画电影剧作研究	陈文颖	北京文化发展研究基地	北京市社会科学基金、研究基地项目（重点项目）	专著	2021.07
149	北京社会文化变迁研究(1900—1949)	张昭军	北京文化发展研究基地	北京市社会科学基金、研究基地项目（一般项目）	专著	2021.08
150	“双一流”建设背景下北京高校教师薪酬改革与激励机制研究	胡咏梅	首都教育经济研究基地	北京市社会科学基金、研究基地项目（一般项目）	研究报告	2020.06
151	北京市义务教育阶段学生非认知能力的发展现状、影响因素及提升对策研究	郑　磊	首都教育经济研究基地	北京市社会科学基金、重点项目	研究报告	2021.06
152	教育扩展与我国城镇居民收入差距的演变研究	孟大虎	首都教育经济研究基地	北京市社会科学基金、一般项目	研究报告	2020.07

续表

序号	项目名称	负责人	承担部门	项目分类、类别	预期成果形式	计划完成时间
153	北京民办教育的可持续发展研究	周海涛	教育学部	北京市教育科学“十三五”规划年度项目、优先关注课题	研究报告、论文	2021.06
154	北京市中小学校本课程建设现状与发展趋势研究	胡定荣	教育学部	北京市教育科学“十三五”规划年度项目、优先关注课题	研究报告、论文	2021.06
155	北京市优质教育资源有效利用模式研究	成　刚	教育学部	北京市教育科学“十三五”规划年度项目、优先关注课题	研究报告、论文	2021.06
156	应用信息技术提高教学质量的实践案例研究	李　芒	教育学部	北京市教育科学“十三五”规划年度项目、优先关注课题	研究报告、论文	2021.06
157	自闭症儿童情绪能力干预研究	胡晓毅	教育学部	北京市教育科学“十三五”规划年度项目、重点课题	研究报告、论文	2021.06
158	北京市中小学人工智能课程的学习活动设计与评价研究——基于信息流的视角	郑兰琴	教育学部	北京市教育科学“十三五”规划年度项目、重点课题	研究报告、论文	2021.06
159	京津冀协同发展背景下义务教育经费投入与包容性增长的关系研究	张　勋	统计学院	北京市教育科学“十三五”规划年度项目、重点课题	研究报告、论文	2021.06
160	基于管办评分离的学区治理结构和机制研究	鲍传友	教育学部	北京市教育科学“十三五”规划年度项目、重点课题	研究报告、论文	2021.06
161	北京高校教师教学投入现状及影响机制研究	杜瑞军	教育学部	北京市教育科学“十三五”规划年度项目、重点课题	研究报告、论文	2021.06
162	高考改革背景下的高中生涯教育有效模式探讨——基于家庭、学校、社区的系统性干预	邓林园	教育学部	北京市教育科学“十三五”规划年度项目、重点课题	研究报告、论文	2021.06
163	研学旅行的教育基础理论问题研究	班建武	教育学部	北京市教育科学“十三五”规划年度项目、重点课题	研究报告、论文	2021.06
164	提升幼儿教师复原力的干预研究	傅　纳	教育学部	北京市教育科学“十三五”规划年度项目、重点课题	研究报告、论文	2021.06
165	北京市中小学校园欺凌预警评估指标体系研究：基于16区大样本数据分析	任　萍	北京师范大学中国基础教育质量监测协同创新中心	北京市教育科学“十三五”规划年度项目、重点课题	研究报告、论文	2021.06

续表

序号	项目名称	负责人	承担部门	项目分类、类别	预期成果形式	计划完成时间
166	微课学习模式下初中学生问题解决能力发展研究	郭 衎	数学学院	北京市教育科学“十三五”规划年度项目、青年专项课题	研究报告、论文	2021.06
167	社会变迁背景下家庭教育的变化及其对儿童适应状况的影响：十年对比研究	梁丽婵	北京师范大学中国基础教育质量监测协同创新中心	北京市教育科学“十三五”规划年度项目、青年专项课题	研究报告、论文	2021.06
168	中学语文教师教学素养表现特征及其效能研究	李 倩	北京师范大学中国基础教育质量监测协同创新中心	北京市教育科学“十三五”规划年度项目、青年专项课题	研究报告、论文	2021.06
169	监狱法修订研究	吴宗宪	刑事法律科学研究院	司法部法治建设与法学理论研究、部级科研项目	专著	2020.12
170	新疆地区青少年极端主义倾向生成机制定量研究	赵 军	法学院	司法部法治建设与法学理论研究、部级科研项目	论文	2020.12
171	正当程序视野下的刑事缺席审判法律制度研究	孟 军	法学院	司法部法治建设与法学理论研究、部级科研项目	专著	2020.12
172	数据竞争与算法竞争的反垄断规制	张江莉	法学院	司法部法治建设与法学理论研究、部级科研项目	论文	2020.12
173	刑事诉讼审前释放风险的调查、评估与控制机制研究	史立梅	刑事法律科学研究院	司法部法治建设与法学理论研究、部级科研项目	论文	2020.12

2018 年度北京师范大学青年基金项目

序号	项目名称	负责人	承担部门部门	计划完成时间
1	脂联素介导的海马神经再生在运动干预创伤后应激障碍中的作用及机制研究	孙丽娜	体育与运动学院	2020.10
2	校长引领校园足球特色学校发展的动力、困境与出路	杨献南	体育与运动学院	2020.10
3	2022 年北京冬奥会对京张地区城市发展影响的研究	许寒冰	体育与运动学院	2020.10
4	受贿罪定罪量刑标准问题研究	商浩文	刑科院	2020.10
5	洗钱犯罪研究	贾济东	刑科院	2020.10
6	网络服务提供者的刑事责任研究	邱 陵	刑科院	2020.10
7	科举考试与清季思想文化	贾 琳	历史学院	2020.10
8	秦汉魏晋户税研究	凌文超	历史学院	2020.10
9	荆州松柏汉墓综合研究	武家璧	历史学院	2020.10
10	巫术信仰视域下的汉代疾病与医疗	汗梓海	历史学院	2020.10
11	《逻辑研究》中的范畴直观概念探析	刘万瑚	哲学学院	2020.10
12	康德的自我意识理论与当代意识哲学	梁亦斌	哲学学院	2020.10
13	中国题材日本浮世绘的整理和研究	程 茜	外国语言文学学院	2020.10
14	中国民族民间舞蹈理论译介策略与模式研究	李文婕	外国语言文学学院	2020.10

续表

序号	项目名称	负责人	承担部门 部门	计划完成 时间
15	南非英语文学中成长小说的流变	胡笑然	外国语言文学学院	2020.10
16	喜心禅提升大学生感恩的效果与中介机制研究	曾祥龙	心理学部	2020.10
17	美国督导模型在中国临床心理咨询师培养过程中的应用及本土化特性分析	陈师韬	心理学部	2020.10
18	家长式领导对员工建言行为的影响机制的研究	王小华	心理学部	2020.10
19	基于社交网络大数据的用户心理压力分析	李　琦	心理学部	2020.10
20	我国环境治理中的公众参与：理论与实证研究	刘丽莉	政府管理学院	2020.10
21	基于纳米出版模式的中文学术论文的语义组织研究	李春秋	政府管理学院	2020.10
22	基于目标工作行为理论框架的工作繁荣研究	关晓宇	政府管理学院	2020.10
23	基于全球能力培养的“全球教育”的理论、实践和对策研究	李　健	教育学部	2020.10
24	美国课程理论早期发展历程研究	刘　幸	教育学部	2020.10
25	法国建构世界一流高校的组织治理创新研究	张梦琦	教育学部	2020.10
26	新高考改革的现实困境及策略选择的案例研究	王新凤	教育学部	2020.10
27	父母冲突、积极冲突解决和青少年情绪行为发展的机制	周　楠	教育学部	2020.10
28	家庭过度教养与学龄前儿童适应能力的关系	张和颐	教育学部	2020.10
29	主要国际组织参与全球教育治理的模式比较	丁瑞常	教育学部	2020.10
30	教师教育者如何定位与专家型教师的关系？以北京师范大学“国培计划——名师领航”项目为个案的研究	廖　伟	教育学部	2020.10
31	新型高校智库研究人才考核评价体系研究	金志峰	教育学部	2020.10
32	虚拟现实与国际理解教育融合模式的研究	林　可	教育学部	2020.10
33	文学批评与当代作家经典化关系研究	姜　肖	文学院	2020.10
34	本雅明思想中的“Aura”——德意志观念论和中国艺术精神的碰撞	李　莎	文学院	2020.10
35	孙犁与中国当代文学的民族化道路	张　莉	文学院	2020.10
36	体塑认知与汉语学习者身体隐喻识别研究	乔　赟	文学院	2020.10
37	基于深度学习算法的新闻视频情感识别研究	李连栋	新闻传播学院	2020.10
38	媒体信息透明和国内外社交视频网站上海外媒体可信度	朱毅诚	新闻传播学院	2020.10
39	后大众时代媒介消费模式变迁与媒体价值重构	曲　慧	新闻传播学院	2020.10
40	网络直播平台社交逻辑上的信任度评估研究	杨　雅	新闻传播学院	2020.10
41	汉语国际教育视野下的中国现当代作家作品研究	李春雨	汉语文化学院	2020.10
42	上古汉语体信息表达方式的类别及功能研究	焦一和	汉语文化学院	2020.10
43	促进我国老年人积极老龄化的有效途径探索研究	付媛媛	社会发展与公共政策学院	2020.10
44	基于计划行动理论研究辱虐管理和团队规范对员工反生产行为的影响	鞠　冬	经济与工商管理学院	2020.10
45	婚姻匹配与收入不平等研究	朱梦冰	经济与工商管理学院	2020.10
46	水—能源—土地 Nexus 与城市产业发展：基于北京动态多部门 CGE 模型的研究	崔　琦	经济与资源管理研究院	2020.10

续表

序号	项目名称	负责人	承担部门 部门	计划完成 时间
47	慢性病的经济影响	李亚男	经济与工商管理学院	2020. 10
48	中国影视叙事能力建设研究	杨乘虎	艺术与传媒学院	2020. 10
49	中国早期电影文化消费史（1896-1949）	陈　刚	艺术与传媒学院	2020. 10
50	交互式声音设计研究	赵晓雨	艺术与传媒学院	2020. 10
51	普契尼歌剧《群魔乱舞》的舞台呈现及研究	张艺耀	艺术与传媒学院	2020. 10
52	基于人工智能的高校协作钢琴课程教学研究	王　晨	艺术与传媒学院	2020. 10
53	中国传统民族民间舞舞台化再创作研究	武　萌	艺术与传媒学院	2020. 10
54	中国当代艺术的海外观察（欧美）	苏典娜	艺术与传媒学院	2020. 10
55	科学媒体化：科学与媒介之互动关系研究	史　林	艺术与传媒学院	2020. 10
56	功能游戏设计框架及其批评路径研究	蒋希娜	艺术与传媒学院	2020. 10
57	阮元（1764-1849）与嘉道时期（1796-1850）金文书法研究	陶淑慧	艺术与传媒学院	2020. 10
58	“艺术学”在现代中国的发生（1898-1927）	吴　键	艺术与传媒学院	2020. 10
59	习近平总书记关于教育工作的重要论述研究	黄建军	马克思主义学院	2020. 10
60	大学生网络宗教问题研究	邢国忠	马克思主义学院	2020. 10
61	从学生“认可”走向“融为一体”——运用感通之道提升高校思想政治教育的实效性研究	于　超	马克思主义学院	2020. 10
62	新中国参军动员工作研究（1949—1966）	刘进伟	马克思主义学院	2020. 10
63	中国传统文化中的生态思想及其当代价值研究	李　娟	马克思主义学院	2020. 10
64	新时代首都大学生成长发展的文化维度研究	王　振	马克思主义学院	2020. 10
65	民主革命时期中国共产党认识和对待乡村文化的进程和历史经验研究（1921-1949）	吴起民	马克思主义学院	2020. 10
66	唯物史观之辩：1927 年大革命失败后国、共、自的三方论争研究	金　梦	马克思主义学院	2020. 10
67	马克思主义哲学中的“条件”概念研究	周　阳	马克思主义学院	2020. 10
68	当代大学生文化认同的生成逻辑及培育机制研究	李天慧	马克思主义学院	2020. 10
69	共享发展视域下收入分配改革研究	王　丹	马克思主义学院	2020. 10
70	中华传统文化内容的教育转化与创新	王立刚	文化创新与传播研究院	2020. 10
71	休闲农业的体验性研究：基于美学经济的视角	邱　晔	文化创新与传播研究院	2020. 10

（北京师范大学社科处刘娜供稿）

中央民族大学

2018 年度承担国家级、省部级社会科学研究项目

序号	项目名称	负责人	承担部门	项目分类、类别	预期成果 形式	计划完成 时间
1	伊犁河流域厄鲁特人民间所藏托忒文文献搜集整理与研究	叶尔达	蒙古语言文学系	国家社会科学基金、重大项目	著作	2023. 11
2	中国阿尔泰语系诸民族民间文学比较研究	毕　桪	中国少数民族语言文学学院	国家社会科学基金、重大项目	著作	2023. 12

续表

序号	项目名称	负责人	承担部门	项目分类、类别	预期成果形式	计划完成时间
3	河西走廊民族语言的跨学科研究	苗东霞	中国少数民族语言文学学院	国家社会科学基金、重大项目	著作	2022.12
4	东北人口较少民族口头文学抢救性整理与研究	汪立珍	少数民族语言文学系	国家社会科学基金、重大项目	著作	2023.11
5	中华民族共同体意识研究	青　觉	中国民族理论与民族政策研究院	国家社会科学基金、重大项目	论文	2019.02
6	彝族古籍善本史诗文献翻译与研究	朱崇先	少数民族语言文学系	国家社会科学基金、重点项目	著作	2022.12
7	改革开放四十年中国民族理论发展研究	金炳镐	中国民族理论与民族政策研究院	国家社会科学基金、重点项目	著作	2021.06
8	毒品社会性成瘾的民族志研究	兰林友	民族学与社会学学院	国家社会科学基金、重点项目	著作	2020.12
9	习近平关于我国宗教坚持中国化方向的重要论述研究	宫玉宽	哲学与宗教学学院	国家社会科学基金、重点项目	著作	2022.07
10	东部地区中学生族际互动态度与民族团结教育对策研究	常永才	教育学院	国家社会科学基金项目	著作	2019.12
11	现实版全球化理论悖论与“一带一路”的创新发展	李曦辉	管理学院	国家社会科学基金项目	研究报告	2022.06
12	阿美语方言研究	郑仲桦	少数民族语言文学系	国家社会科学基金项目	著作	2021.06
13	布依语方言地理学研究	周国炎	少数民族语言文学系	国家社会科学基金项目	著作	2022.05
14	驻藏大臣制度研究	曾国庆	藏学研究院	国家社会科学基金项目	著作	2021.09
15	缅甸佛教徒—穆斯林冲突及其对“一带一路”建设的影响研究	王阳林	民族学与社会学学院	国家社会科学基金项目	研究报告	2021.07
16	西方多党制在应对地区-民族分离主义问题上的困境与挑战研究	庄晨燕	民族学与社会学学院	国家社会科学基金项目	研究报告	2021.12
17	东南亚国家华文教育动态数据库建设	曾小燕	国际教育学院	国家社会科学基金项目	研究报告	2021.12
18	海峡两岸岩画比较研究与文化认同	张嘉馨	民族学与社会学学院	国家社会科学基金项目	著作	2022.06
19	民族地区精准扶贫与人口发展互动机制的实证研究	郑　嘉	理学院	国家社会科学基金项目	研究报告	2020.12
20	“乌台诗案”牵连人员研究	王秀林	文学与新闻传播学院	国家社会科学基金项目	著作	2021.03
21	16—17世纪蒙藏关系藏文文献整理与研究	哈斯朝鲁	蒙古语言文学系	国家社会科学基金项目	研究报告	2021.09

续表

序号	项目名称	负责人	承担部门	项目分类、类别	预期成果形式	计划完成时间
22	基于小域估计的民族地区贫困和不平衡发展程度测度研究	于力超	理学院	国家社会科学基金项目	论文	2021. 12
23	元代畏兀儿家族及其文化变迁研究	尚衍斌	历史文化学院	国家社会科学基金项目	著作	2022. 06
24	“营改增”后增值税收入分享机制优化研究	汪　彤	经济学院	国家社会科学基金项目	研究报告	2020. 12
25	民族情怀与国际视野双重维度下新时代爱国主义教育创新研究	刘树宏	马克思主义学院	国家社会科学基金项目	著作	2021. 12
26	建国以来内蒙古农村医疗组织变迁研究	阿拉坦	民族学与社会学学院	国家社会科学基金项目	研究报告	2021. 07
27	中国墓葬人群与古代印第安人头骨体质特征的对比分析	戴成萍	民族学与社会学学院	国家社会科学基金项目	论文	2021. 06
28	汉语水平考试与欧洲语言共同参考框架连接研究	罗　莲	国际教育学院	国家社会科学基金项目	研究报告	2020. 12
29	民族地区困境儿童福利可及性与制度建设研究	金红磊	管理学院	国家社会科学基金项目	著作	2021. 09
30	少数民族地区命运共同体的建构研究	张　曦	民族学与社会学学院	国家社会科学基金项目	论文	2021. 09
31	对口援疆基层援助类型调查与差异化动态治理研究	何修良	管理学院	国家社会科学基金项目	研究报告	2021. 06
32	民族地区公民参与社会治理有序性的路径研究	周晓丽	管理学院	国家社会科学基金项目	著作	2020. 12
33	海外华语电视的本土内容生产与中华传统文化传播创新研究	梁悦悦	文学与新闻传播学院	国家社会科学基金项目	研究报告	2021. 06
34	明代州县军户的制度设计与群体身份变迁研究	彭　勇	历史文化学院	国家社会科学基金项目	著作	2021. 10
35	藏传佛教中国化的历史和现状研究	孙悟湖	哲学与宗教学学院	国家社会科学基金项目	著作	2023. 06
36	西方环境社会学理论新进展研究	柴　玲	民族学与社会学学院	国家社会科学基金项目	研究报告	2022. 12
37	缅甸克钦“民族分离主义”研究（1947—2017）	严　赛	历史文化学院	国家社会科学基金项目	研究报告	2022. 06
38	清代新疆地区的法律与秩序研究	宋　玲	法学院	国家社会科学基金项目	著作	2022. 12
39	我国跨界民族人口生育水平的比较研究	徐世英	理学院	国家社会科学基金项目	研究报告	2020. 12
40	近代藏族社会生活史研究	央　珍	藏学研究院	国家社会科学基金项目	著作	2023. 06
41	蒙汉说唱文学关系研究	好比斯嘎拉图	蒙古语言文学系	国家社会科学基金项目	著作	2021. 06

续表

序号	项目名称	负责人	承担部门	项目分类、类别	预期成果形式	计划完成时间
42	唐后期河朔军镇胡汉员属本土化现象研究	李鸿宾	历史文化学院	国家社会科学基金项目	著作	2022.06
43	民国边疆民族区域政治史研究	彭武麟	历史文化学院	国家社会科学基金项目	著作	2021.12
44	清代诗文集中的道教资料汇纂与研究	尹志华	哲学与宗教学学院	国家社会科学基金项目	著作	2022.12
45	梅棹忠夫内蒙古调查资料的整理与研究	苏日娜	蒙古语言文学系	国家社会科学基金项目	著作	2021.06
46	《红楼梦》清代刻本海外流布与影响研究	曹立波	文学与新闻传播学院	国家社会科学基金项目	著作	2021.12
47	现代汉语新闻语篇复杂结构研究	娄开阳	国际教育学院	国家社会科学基金项目	著作	2021.07
48	艺术符号学的本土化与自主创新研究	安　静	文学与新闻传播学院	国家社会科学基金项目	著作	2021.06
49	墨西哥新自由主义民族政策及其实践困境研究	张青仁	民族学与社会学学院	国家社会科学基金项目	研究报告	2022.06
50	中国近代区域性货币市场与信用机制研究（1840—1935）	许　晨	经济学院	国家社会科学基金项目	著作	2022.06
51	《爱丁堡评论》（1802-1929）与现代苏格兰文学问题研究	宋　达	外国语学院	国家社会科学基金项目	著作	2022.06
52	二语语调习得过程及训练研究	王　蓓	中国少数民族语言研究院	国家社会科学基金项目	论文	2021.12
53	中国民族志电影史	朱靖江	民族学与社会学学院	国家社会科学基金艺术学、一般项目	著作	2021.12
54	20世纪舞蹈人类学理论范式研究	刘　柳	舞蹈学院	国家社会科学基金艺术学项目	著作	2021.12
55	滇夷图所绘西南边界与民族研究	苍　铭	历史文化学院	国家社会科学基金、冷门绝学项目	论文	2018.09
56	彝文文献《玛牧特依》译注及语言学与哲学研究	胡素华	中国少数民族语言研究院	国家社会科学基金、冷门绝学项目	著作	2022.09
57	从非汉文史料论西域与祖国内地的空间一体性	钟　焓	历史文化学院	国家社会科学基金、冷门绝学项目	著作	2021.07
58	低碳经济转型下的中国碳排放交易体系	黄泰岩	经济学院	国家社会科学基金、中华学术外译项目	论文	2021.11
59	古汉语通论	金成兰	朝鲜语言文学系	国家社会科学基金、中华学术外译项目	著作	2021.12
60	文人与明清白话小说	傅承洲	文学与新闻传播学院	国家社会科学基金、后期资助项目	著作	2020.12
61	身份、记忆、反事实书写：隋唐时期幽州墓志研究	蒋爱花	历史文化学院	国家社会科学基金、后期资助项目	著作	2019.09

续表

序号	项目名称	负责人	承担部门	项目分类、类别	预期成果形式	计划完成时间
62	佛与他者：当代泰国宗教与社会研究	龚浩群	民族学与社会学学院	国家社会科学基金、后期资助项目	著作	2019.12
63	合唱《卡丽普赛达思》	刘洋洋	音乐学院	国家艺术基金项目	艺术成果	2019.12
64	室内乐《童话印象》	于　洋	音乐学院	国家艺术基金项目	艺术成果	2018.12
65	民乐小合奏《云中虹》	于　洋	音乐学院	国家艺术基金项目	艺术成果	2018.12
66	2018年国家艺术基金小型舞台剧民乐小合奏《追梦》	陈昌宁	音乐学院	国家艺术基金项目	艺术成果	2018.05
67	唐卡艺术作品巡展	刘成有	哲学与宗教学学院	国家艺术基金项目	成果转化	2019.12
68	群舞《梦·宣》	丛帅帅	舞蹈学院	国家艺术基金项目	艺术成果	2018.12
69	非物质文化遗产唐卡绘画技艺培训	刘成有	哲学与宗教学学院	国家艺术基金项目	鉴定成果	2018.12
70	舞蹈舞剧编导《在那东山顶上》	丁　宁	舞蹈学院	国家艺术基金项目	艺术成果	2018.12
71	舞蹈舞剧编导《牛铃》	牛嗣萱	舞蹈学院	国家艺术基金项目	艺术成果	2018.12
72	中国画创作《基诺族的节日-特懋克》	胡　扬	美术学院	国家艺术基金项目	艺术成果	2018.12
73	铸牢中华民族共同体意识研究	王　军	中国民族理论与民族政策研究院	教育部哲学社会科学研究、重大课题攻关项目	著作	2021.11
74	健全民族团结进步教育常态化机制研究	严　庆	中国民族理论与民族政策研究院	教育部哲学社会科学研究、重大课题攻关项目	研究报告	2021.11
75	卫拉特—阿拉善蒙古族音乐文化考察研究	崔玲玲	教育学院	教育部社科项目	著作	2021.09
76	基于计算分布格模型的儿童语法习得研究	朱海婷	外国语学院	教育部社科项目	论文	2021.07
77	基于认知神经科学的舞蹈音乐创作研究	亓　雯	舞蹈学院	教育部社科项目	论文	2021.07
78	藏文网络敏感信息的舆情分析关键技术研究	胥桂仙	信息工程学院	教育部社科项目	论文	2020.12
79	集群背景下高管团队异质性对双元性创新影响机制的实证研究	崔　瑜	管理学院	教育部社科项目	论文	2020.12
80	在线社交网络中民族用户群体内部的信息传播机制研究	王　辉	信息工程学院	教育部社科项目	论文	2020.06
81	马克思主义民族学与民族学中国学派的建设研究	杨圣敏	少数民族事业发展协同创新中心&中国少数民族研究中心	教育部社科项目	其他	2018.05
82	习近平新时代中国特色社会主义经济思想体系研究	黄泰岩	经济学院	教育部社科项目	论文	2018.04

续表

序号	项目名称	负责人	承担部门	项目分类、类别	预期成果形式	计划完成时间
83	民族语言调查·新疆塔城哈萨克语北部方言塔城土语	阿依努·艾比西	哈萨克语言文学系	教育部语言工程保护项目	研究报告	2018.12
84	中国语言资源保护工程专项任务·德昂语汝买方言广卡话	刘　岩	中国少数民族语言研究院	教育部语言工程保护项目	其他	2018.12
85	民族语言调查·贵州凯里苗语川黔滇方言罗泊河次方言东部土语	石德富	少数民族语言文学系	教育部语言工程保护项目	研究报告	2019.05
86	民族语言调查·广东吴川吉兆话	李锦芳	少数民族语言文学系	教育部语言工程保护项目	研究报告	2018.12
87	民族语言调查·四川冕宁彝语北部方言水田话	曲木铁西	学校办公室	教育部语言工程保护项目	其他	2018.12
88	民族语言调查·贵州贞丰苗语西部方言	周国炎	少数民族语言文学系	教育部语言工程保护项目	其他	2019.05
89	民族语言调查项目技术支撑	朱德康	中国少数民族语言研究院	教育部语言工程保护项目	其他	2019.05
90	民族语言调查·云南罗平布依语	朱德康	中国少数民族语言研究院	教育部语言工程保护项目	其他	2019.05
91	民族语言调查统筹与运作	宋　敏	理学院	教育部语言工程保护项目	其他	2018.12
92	民族语言调查四川会理彝语北部方言会理土语	陈国光	少数民族语言文学系	教育部语言工程保护项目	研究报告	2018.12
93	民族语言调查项目管理	丁石庆	少数民族语言文学系	教育部语言工程保护项目	其他	2018.12
94	民族语言调查·云南红河哈尼语豪白方言白宏话	李　浩	少数民族语言文学系	教育部语言工程保护项目	其他	2018.12
95	民族语言调查·湖南保靖土家语北部方言碗米坡话	田　静	少数民族语言文学系	教育部语言工程保护项目	其他	2018.12
96	民族语言调查云南临沧布朗语邦协土语	段海凤	少数民族语言文学系	教育部语言工程保护项目	其他	2018.12
97	民族语言调查·云南澜沧哈尼语哈雅方言雅尼话	李泽然	中国少数民族语言研究院	教育部语言工程保护项目	研究报告	2018.12
98	民族语言调查·西藏亚东藏语卫藏方言亚东土语	宗晓哲	中国少数民族语言文学学院	教育部语言工程保护项目	其他	2018.12
99	民族语言调查·四川木里史兴语	王保锋	中国少数民族语言研究院	教育部语言工程保护项目	其他	2018.12
100	民族语言调查·青海海西蒙古语卫拉特方言和硕特土语	韩国君	蒙古语言文学系	教育部语言工程保护项目	其他	2018.12
101	新时代扶贫攻坚的成就与经验研究	张春敏	经济学院	北京市社会科学基金项目	研究报告	2019.07
102	北京市新手教师道德学习的支持模式研究	傅淳华	教育学院	北京市社会科学基金项目	论文	2021.09
103	改革开放四十年北京高校翻译教育发展研究	覃俐俐	外国语学院	北京市社会科学基金项目	著作	2021.09

续表

序号	项目名称	负责人	承担部门	项目分类、类别	预期成果形式	计划完成时间
104	铸牢中华民族共同体意识研究	张京泽	学校办公室	北京市社会科学基金项目	研究报告	2020.07
105	习近平新时代中国特色社会主义思想的政治哲学逻辑研究	邹吉忠	学校办公室	北京市社会科学基金项目	论文	2020.07
106	新时代中国共产党的制度建设与创新研究	宫玉涛	马克思主义学院	北京市社会科学基金项目	研究报告	2019.08
107	北京市少数民族志愿者多语人才库建设	曹红梅	预科教育学院	北京市社会科学基金项目	其他	2021.06
108	北京萧太后河流域文化遗产保护与利用研究	龚浩群	民族学与社会学学院	北京市社会科学基金项目	研究报告	2020.06
109	当前制约中华民族共同体意识铸牢的错误思潮及观念研究	杨须爱	中国民族理论与民族政策研究院	国家民委民族问题研究项目	研究报告	2020.06
110	少数民族节日文化发展问题研究	陶　慧	民族学与社会学学院	国家民委民族问题研究项目	研究报告	2018.12
111	新时代民族地区乡村振兴、土地经营与嵌入式发展研究	黄志辉	民族学与社会学学院	国家民委民族问题研究项目	研究报告	2020.09
112	民族地区社会矛盾激化的发生机制以及社会应对措施的经验研究	郭伟和	民族学与社会学学院	国家民委民族问题研究项目	研究报告	2019.12
113	中国当代宗教民族志研究	张　咏	哲学与宗教学学院	国家民委民族问题研究项目	研究报告	2019.12
114	西部少数民族地区学前教育治理法治化研究	涂　卫	法学院	国家民委民族问题研究项目	研究报告	2019.12
115	改革开放40年中国特色社会主义民族理论体系的形成与发展	金炳镐	中国民族理论与民族政策研究院	国家民委民族问题研究项目	研究报告	2019.12
116	义务教育优质均衡发展背景下民族地区教师流动研究	袁　梅	教育学院	国家民委民族问题研究项目	研究报告	2019.12
117	链接与共生：新时代民族院校思政工作“系统教育力”的构建	王军杰	文学与新闻传播学院	国家民委民族问题研究项目	研究报告	2019.12
118	城市少数民族流动人口劳动权保障	赖力静	法学院	国家民委民族问题研究项目	研究报告	2018.12
119	现代维吾尔族人种及族源构成多源性研究	王　斌	生命与环境科学学院	国家民委民族问题研究项目	研究报告	2019.12
120	全面二孩政策与少数民族人口发展调查研究	雷明光	法学院	国家民委民族问题研究项目	研究报告	2019.12
121	新时代民族散杂居地区社会主要矛盾变化与经济发展研究	张　瑛	管理学院	国家民委民族问题研究项目	研究报告	2019.12

续表

序号	项目名称	负责人	承担部门	项目分类、类别	预期成果形式	计划完成时间
122	中国周边民族主义思潮对铸牢中华民族共同体意识挑战研究	吴月刚	中国民族理论与民族政策研究院	国家民委民族问题研究项目	研究报告	2019. 12
123	拉丁美洲的民族政策与民族问题——以墨西哥为例	张青仁	民族学与社会学学院	国家民委民族问题研究项目	研究报告	2019. 12
124	新时代城市民族工作体制机制建设实证研究	乔国存	人事处	国家民委民族问题研究项目	著作	2019. 12
125	习近平新时代中国特色社会主义思想指导民族院校学科调整与布局刍议	罗贤丽	发展规划处	国家民委民族问题研究项目	研究报告	2019. 12
126	民族优惠政策评估与完善研究	乌小花	中国民族理论与民族政策研究院	国家民委民族问题研究项目	研究报告	2019. 12
127	以进步促团结的巴楚现象研究	严　庆	中国民族理论与民族政策研究院	国家民委民族问题研究项目	研究报告	2020. 06
128	民族地区文化产业与扶贫研究	王　飞	经济学院	国家民委民族问题研究项目	研究报告	2018. 12
129	中国少数民族非物质文化遗产现状及可持续发展问题调查研究	林继富	民族学与社会学学院	国家民委民族问题研究项目	研究报告	2019. 12
130	改革开放四十年少数民族双语教育比较研究	马钟范	教育学院	国家民委民族问题研究项目	论文	2019. 12
131	小样本组合预测方法及其在民族区域经济分析中的应用	高　研	理学院	国家统计局科研项目	论文	2020. 09
132	多民族杂居乡村语言需求与语言服务现状及对策研究	田　静	少数民族语言文学系	国家语委科研项目	研究报告	2020. 10
133	边境贫困地区、高寒高海拔地区教育精准脱贫研究	苏德毕力格	教育学院	全国民族教育科研课题	研究报告	2020. 05
134	内高班预科与高中有效衔接教学策略研究	苏傲雪	理学院	全国民族教育科研课题	研究报告	2020. 07
135	新疆“民考汉”双语教育政策研究	海　路	期刊社	全国民族教育科研课题	研究报告	2020. 12
136	民族地区寄宿制学校问题研究	袁　梅	教育学院	全国民族教育科研课题	论文	2018. 08
137	高校民族语文专业人才培养模式及质量评价研究	白　华	教育学院	全国民族教育科研课题	研究报告	2020. 06
138	信息化时代民族地区双师教学模式的理论构建与典型案例研究	钟志勇	教育学院	全国民族教育科研课题	研究报告	2021. 08
139	2018 年民族教育舆情研究报告	许丽英	教育学院	全国民族教育科研课题	研究报告	2019. 01

续表

序号	项目名称	负责人	承担部门	项目分类、类别	预期成果形式	计划完成时间
140	新疆双语教师激励策略的调查及其对学生成长型思维模式的作用研究	何　伟	理学院	全国民族教育科研课题	研究报告	2020. 10

2018 年度校级社会科学研究项目

序号	项目名称	负责人	承担部门	项目分类、类别	预期成果形式	计划完成时间
1	“十九大”报告精神与文化志愿服务的新视野	良警宇	民族学与社会学学院	“十九大”精神研究专项	报刊文章、期刊论文	2018. 12
2	新时代民族文化产业转型升级研究	李　丽	民族学与社会学学院	“十九大”精神研究专项	报刊文章、期刊论文、资政报告	2018. 12
3	民族志视野中的政治经济学——马恩经典中民族研究的另一条道路	黄志辉	民族学与社会学学院	“十九大”精神研究专项	期刊论文	2018. 12
4	新时代中国特色社会主义视域的文化遗产——聚焦于批判遗产研究路径之“中国故事”述传	潘守永	民族学与社会学学院	“十九大”精神研究专项	期刊论文	2018. 12
5	新时代对外开放格局下边境民族地区加速发展研究——以广西防城港市为例	施　琳	民族学与社会学学院	“十九大”精神研究专项	资政报告	2018. 12
6	习近平“人类命运共同体”理念与全球化新路径研究	张青仁	民族学与社会学学院	“十九大”精神研究专项	期刊论文	2018. 12
7	美好旅行生活需要及旅游满意度分析——以云南瑞丽“一寨两国”景区游客为例	李海军	民族学与社会学学院	“十九大”精神研究专项	报刊文章	2018. 12
8	新时代民族地区社会治理研究与实践	任国英	民族学与社会学学院	“十九大”精神研究专项	期刊论文	2018. 12
9	长三角地区实施乡村振兴战略中的民族文化特色资源挖掘——以江苏省扬州市为例	王海舟	民族学与社会学学院	“十九大”精神研究专项	资政报告	2018. 12
10	习近平关于新时代民族工作的重要论述研究	关　凯	民族学与社会学学院	“十九大”精神研究专项	期刊论文	2018. 12
11	习近平关于新时代民族团结的重要论述研究	吴月刚	中国民族理论与民族政策研究院	“十九大”精神研究专项	期刊论文	2018. 12
12	中华民族共同体意识建设的路径研究	王冬丽	中国民族理论与民族政策研究院	“十九大”精神研究专项	期刊论文	2018. 12
13	新时代民族地区社会新矛盾的类型、特征与对策	王云芳	中国民族理论与民族政策研究院	“十九大”精神研究专项	报刊文章	2018. 12

续表

序号	项目名称	负责人	承担部门	项目分类、类别	预期成果形式	计划完成时间
14	加强各民族交往交流交融的机理、对策及实践效果评估研究	杨须爱	中国民族理论与民族政策研究院	“十九大”精神研究专项	期刊论文、资政报告	2018.12
15	边疆少数民族深度贫困地区均衡发展研究——以云南怒江傈僳族自治州为例	陈延斌	中国民族理论与民族政策研究院	“十九大”精神研究专项	报刊文章、期刊论文、资政报告	2018.12
16	新时代背景下少数民族文化自信问题研究	马东亮	中国民族理论与民族政策研究院	“十九大”精神研究专项	报刊文章、期刊论文	2018.12
17	新时代中国反民族分裂体系研究	程春华	中国民族理论与民族政策研究院	“十九大”精神研究专项	报刊文章、资政报告	2018.12
18	中央支持民族地区发展的税收政策研究	张冬梅	经济学院	“十九大”精神研究专项	期刊论文	2018.12
19	中国特色国家治理的“效率之谜”及其现代化路径研究	杨松武	经济学院	“十九大”精神研究专项	期刊论文	2018.12
20	“十九大”以“一带一路”建设为重点推动新时代形成全面开放新格局精神思想研究	王润球	经济学院	“十九大”精神研究专项	资政报告	2018.12
21	扶贫政策对民族地区收入差距的影响研究	姜　伟	经济学院	“十九大”精神研究专项	期刊论文	2018.12
22	习近平关于精准扶贫的重要论述对世界反贫困理论的贡献	吴本健	经济学院	“十九大”精神研究专项	期刊论文	2018.12
23	坚定文化自信，促进民族地区文化产业创新发展研究	罗　莉	经济学院	“十九大”精神研究专项	资政报告	2018.12
24	乡村振兴视角下深度贫困持续性退出问题研究	郭利华	经济学院	“十九大”精神研究专项	期刊论文	2018.12
25	绿色发展理念下民族地区文化产业发展研究	刘　红	经济学院	“十九大”精神研究专项	资政报告	2018.12
26	“何谓”与“何为”：现代财政的逻辑生成和理论体系构建研究	史锦华	经济学院	“十九大”精神研究专项	期刊论文	2018.12
27	文化自信视域下中华传统文化与民族文化共建推动力的路径研究	谢文心	经济学院	“十九大”精神研究专项	报刊文章、其他	2018.12
28	习近平新开放重要论述下边境地区开发格局的优化升级研究	田东霞	经济学院	“十九大”精神研究专项	报刊文章、期刊论文	2018.12
29	校企合作模式对推动民族地区职业教育发展的作用研究	陈旭清	管理学院	“十九大”精神研究专项	期刊论文	2018.12
30	边境地区少数民族从边境市场嵌入到竞争式市场嵌入的政治经济分析	傅景亮	管理学院	“十九大”精神研究专项	期刊论文	2018.12

续表

序号	项目名称	负责人	承担部门	项目分类、类别	预期成果形式	计划完成时间
31	“党领共治”背景下城市民族社区治理：能力评估与实践探索	车　峰	管理学院	“十九大”精神研究专项	期刊论文	2018.12
32	中国特色社会主义文化自信研究	李　泓	马克思主义学院	“十九大”精神研究专项	报刊文章或期刊论文	2018.12
33	习近平完善和发展中国特色社会主义制度的理论创新	张亮亮	马克思主义学院	“十九大”精神研究专项	期刊论文	2018.12
34	习近平关于人类命运共同体的重要论述研究	邵士庆	马克思主义学院	“十九大”精神研究专项	报刊文章或期刊论文	2018.12
35	十九大精神的思想灵魂和精髓要义研究	管前程	马克思主义学院	“十九大”精神研究专项	报刊文章	2018.12
36	新时代背景下解决少数民族地区经济社会发展不平衡不充分的路径探析	颜振超	马克思主义学院	“十九大”精神研究专项	期刊论文	2018.12
37	新时代完善民族地区基层干部培养模式研究	狄鸿旭	马克思主义学院	“十九大”精神研究专项	咨政报告	2018.12
38	边疆民族地区决胜全面建成小康社会的问题与路径研究	孟凡东	马克思主义学院	“十九大”精神研究专项	报刊文章	2018.12
39	新时代民族农业地区实现共同富裕的机制研究	陶　玉	马克思主义学院	“十九大”精神研究专项	期刊论文	2018.12
40	“十九大”生态文明建设思想及其在民族地区的实践路径	赵一君	马克思主义学院	“十九大”精神研究专项	期刊论文	2018.12
41	甘南藏族聚居区基层干部个人素质与新时代新要求相适应性研究	刘树宏	马克思主义学院	“十九大”精神研究专项	报刊文章	2018.12
42	上下贯通：当代中国国家文化、精英文化和大众文化的关系模式研究	刘　然	马克思主义学院	“十九大”精神研究专项	期刊论文	2018.12
43	少数民族地区基层党建的几个问题	颜杰峰	马克思主义学院	“十九大”精神研究专项	期刊论文	2018.12
44	习近平关于文化自信重要论述的内在逻辑与当代价值	师英杰	马克思主义学院	“十九大”精神研究专项	期刊论文	2018.12
45	新时代背景下新发展理念的实践机制研究	田志亮	马克思主义学院	“十九大”精神研究专项	咨政报告	2018.12
46	唯物史观事业中的“新时代研究”	王金磊	马克思主义学院	“十九大”精神研究专项	期刊论文	2018.12
47	新时代下红河哈尼族大学生人生价值的实现、创造与评价——“十九大”精神进思政课堂之少数民族学生人生	刘　寒	马克思主义学院	“十九大”精神研究专项	报刊文章	2018.12
48	桂林壮族聚集区中学生生态文明观的引领与培育研究——以十九大精神为指引	李清波	马克思主义学院	“十九大”精神研究专项	期刊论文	2018.12

续表

序号	项目名称	负责人	承担部门	项目分类、类别	预期成果形式	计划完成时间
49	“中蒙俄经济走廊”建设中跨界民族文化交流的可能性和影响因素分析	宝艳园	马克思主义学院	“十九大”精神研究专项	期刊论文	2018. 12
50	西双版纳生物多样性保护生态补偿机制研究	汤　洁	马克思主义学院	“十九大”精神研究专项	期刊论文	2018. 12
51	北京郊区民间叙事传统与民族文化自信建构研究	王卫华	文学与新闻传播学院	“十九大”精神研究专项	期刊论文	2018. 12
52	新时代跨境民族地区文化发展现状研究	高志强	文学与新闻传播学院	“十九大”精神研究专项	咨政报告	2018. 12
53	从“十九大”看习近平国学智慧	谢路军	哲学与宗教学学院	“十九大”精神研究专项	专著	2018. 12
54	中央民族大学践行习近平关于新时代高等教育重要论述的管理变革研究	夏仕武	教育学院	“十九大”精神研究专项	咨政报告	2018. 12
55	云南少数民族地区终身教育发展现状及实施路径研究	陈志伟	教育学院	“十九大”精神研究专项	期刊论文	2018. 12
56	中华民族伟大复兴背景下的美国华裔文学“认据中国”的转向研究	王　凯	外国语学院	“十九大”精神研究专项	期刊论文	2018. 12
57	中国特色对外话语体系的构建与语用策略研究	柴文竹	外国语学院	“十九大”精神研究专项	报刊文章或期刊论文	2018. 12
58	“十九大”精神对研究生辅导员工作的引领——以信息工程学院研究生辅导员工作为例	王利众	信息工程学院	“十九大”精神研究专项	期刊论文	2018. 12
59	新时代民族地区生态文明建设的法治保障研究——以习近平生态法治观为指导	文　晖	少数民族事业发展协同创新中心	“十九大”精神研究专项	期刊论文或咨政报告	2018. 12
60	民族院校深化改革与促进毕业生就业对策研究	马　欣	少数民族事业发展协同创新中心	“十九大”精神研究专项	咨政报告	2018. 12
61	用习近平关于新时代民族工作的重要论述指引对口援疆战略：以新疆塔什库尔塔吉克自治县为例	马衣努·沙那提别克	少数民族事业发展协同创新中心	“十九大”精神研究专项	期刊论文	2018. 12
62	民族事务治理法治化的实践研究	梁利华	期刊社	“十九大”精神研究专项	期刊论文	2018. 12
63	社会发展与治理研究工作坊	郭伟和	民族学与社会学学院	国家基金预研学术工作坊项目	获批国家级项目	2018. 12
64	乡村振兴与新时代民族社会文化发展机制研究	杨筑慧	民族学与社会学学院	国家基金预研学术工作坊项目	获批国家级项目	2018. 12
65	考古人类学研究工作坊	戴成萍	民族学与社会学学院	国家基金预研学术工作坊项目	获批国家级项目	2018. 12

续表

序号	项目名称	负责人	承担部门	项目分类、类别	预期成果形式	计划完成时间
66	世界民族问题研究工作坊	张青仁	民族学与社会学学院	国家基金预研学术工作坊项目	获批国家级项目	2018. 12
67	“命运共同体”与民族走廊的发展研究	张 曦	民族学与社会学学院	国家基金预研学术工作坊项目	获批国家级项目	2018. 12
68	习近平关于新时代民族团结进步的重要论述研究工作坊	乌小花	中国民族理论与民族政策研究院	国家基金预研学术工作坊项目	获批国家级项目	2018. 12
69	新时代民族工作与多民族国家建设研究	严 庆	中国民族理论与民族政策研究院	国家基金预研学术工作坊项目	获批国家级项目	2018. 12
70	羌族非物质文化遗产（口头文化）中的语言研究学术工作坊	阮宝娣	中国少数民族语言文学学院	国家基金预研学术工作坊项目	获批国家级项目	2018. 12
71	多语种古籍文献与蒙古族古典学	叶尔达	蒙古语言文学系	国家基金预研学术工作坊项目	获批国家级项目	2018. 12
72	蒙古民间文学研究学术工作坊	朝格吐	蒙古语言文学系	国家基金预研学术工作坊项目	获批国家级项目	2018. 12
73	蒙古及北方民族民间文学、民俗研究	那木吉拉	蒙古语言文学系	国家基金预研学术工作坊项目	获批国家级项目	2018. 12
74	朝鲜族文学学术工作坊	崔鹤松	朝鲜语言文学系	国家基金预研学术工作坊项目	获批国家级项目	2018. 12
75	中国朝鲜语语言事实学术工作坊	严成浩	朝鲜语言文学系	国家基金预研学术工作坊项目	获批国家级项目	2018. 12
76	藏族宗教历史研究工作坊	完麻加	藏学研究院	国家基金预研学术工作坊项目	获批国家级项目	2018. 12
77	藏族名人研究	供邱泽仁	藏学研究院	国家基金预研学术工作坊项目	获批国家级项目	2018. 12
78	藏族语言研究工作坊	才旺拉姆	藏学研究院	国家基金预研学术工作坊项目	获批国家级项目	2018. 12
79	《诗镜》诠释史研究	完代克	藏学研究院	国家基金预研学术工作坊项目	获批国家级项目	2018. 12
80	学术“双周讨论会”	张丽君	经济学院	国家基金预研学术工作坊项目	获批国家级项目	2018. 12
81	健康扶贫工作坊	时保国	经济学院	国家基金预研学术工作坊项目	获批国家级项目	2018. 12
82	“一带一路”倡议下国际经贸相关问题研究	喆 儒	经济学院	国家基金预研学术工作坊项目	获批国家级项目	2018. 12
83	国际经贸研究工作坊	周 英	经济学院	国家基金预研学术工作坊项目	获批国家级项目	2018. 12
84	发展金融研究工作坊	郭利华	经济学院	国家基金预研学术工作坊项目	获批国家级项目	2018. 12
85	民族文化遗产与旅游研究	张 瑛	管理学院	国家基金预研学术工作坊项目	获批国家级项目	2018. 12

续表

序号	项目名称	负责人	承担部门	项目分类、类别	预期成果形式	计划完成时间
86	中国资本市场财会、会计与审计研究工作坊	盛庆辉	管理学院	国家基金预研学术工作坊项目	获批国家级项目	2018. 12
87	人力资源与社会保障研究	申喜连	管理学院	国家基金预研学术工作坊项目	获批国家级项目	2018. 12
88	社会管理创新与法律变革	韩　铁	法学院	国家基金预研学术工作坊项目	获批国家级项目	2018. 12
89	中国共产党关于青年理想信念教育的历史发展及基本经验研究	孙　英	马克思主义学院	国家基金预研学术工作坊项目	获批国家级项目	2018. 12
90	马克思主义原理视域下的新时代中国特色社会主义思想研究工作坊	刘　然	马克思主义学院	国家基金预研学术工作坊项目	获批国家级项目	2018. 12
91	中国古代文学经典研究	傅承洲	文学与新闻传播学院	国家基金预研学术工作坊项目	获批国家级项目	2018. 12
92	民族新闻传播研究的可能性与想象力	赵丽芳	文学与新闻传播学院	国家基金预研学术工作坊项目	获批国家级项目	2018. 12
93	中国多民族文学共同发展研究	刘淑玲	文学与新闻传播学院	国家基金预研学术工作坊项目	获批国家级项目	2018. 12
94	宗教学学术工作坊	常　宏	哲学与宗教学学院	国家基金预研学术工作坊项目	获批国家级项目	2018. 12
95	马克思主义与宗教学术工作坊	刘　梅	哲学与宗教学学院	国家基金预研学术工作坊项目	获批国家级项目	2018. 12
96	战略与对策："中国与周边国家关系史"学术工作坊	彭　勇	历史文化学院	国家基金预研学术工作坊项目	获批国家级项目	2018. 12
97	时空视域下的中国古史问题考索	李鸿宾	历史文化学院	国家基金预研学术工作坊项目	获批国家级项目	2018. 12
98	少数民族教育理论与实践研究工作坊	苏　德	教育学院	国家基金预研学术工作坊项目	获批国家级项目	2018. 12
99	"比较文学与翻译研究"工作坊	宋　达	外国语学院	国家基金预研学术工作坊项目	获批国家级项目	2018. 12
100	中国少数民族原生态圆圈舞发展研究工作坊	徐小平	舞蹈学院	国家基金预研学术工作坊项目	获批国家级项目	2018. 12
101	中国舞蹈技术技巧舞台应用研究	马云霞	舞蹈学院	国家基金预研学术工作坊项目	获批国家级项目	2018. 12
102	中国少数民族舞蹈非物质文化遗产数据采集研究工作坊	杨　敏	舞蹈学院	国家基金预研学术工作坊项目	获批国家级项目	2018. 12
103	历史记忆不会随风消散——中央民族大学民族舞蹈学科的创建与发展口述史	车延芬	舞蹈学院	国家基金预研学术工作坊项目	获批国家级项目	2018. 12
104	现代舞身体语言与民族人才创新性研究	朱亚超	舞蹈学院	国家基金预研学术工作坊项目	获批国家级项目	2018. 12
105	2018 国家艺术基金申报工作坊	陈昌宁	音乐学院	国家基金预研学术工作坊项目	获批国家级项目	2018. 12

续表

序号	项目名称	负责人	承担部门	项目分类、类别	预期成果形式	计划完成时间
106	学校体育改革视域下的新疆青少年身心发展研究	董文梅	体育学院	国家基金预研学术工作坊项目	获批国家级项目	2018.12
107	中国职业足球管理研究工作坊	侯会生	体育学院	国家基金预研学术工作坊项目	获批国家级项目	2018.12
108	"一带一路"倡议与校园体育文化建设研究工作坊	宗雪飞	体育学院	国家基金预研学术工作坊项目	获批国家级项目	2018.12
109	汉语国际教育国家基金预研学术工作坊（三）	吴应辉	国际教育学院	国家基金预研学术工作坊项目	获批国家级项目	2018.12
110	服务国家对外战略的汉语国际教育专业人才培养实践研究	格桑央京	国际教育学院	国家基金预研学术工作坊项目	获批国家级项目	2018.12
111	少数民族预科生古典文学教学与实践工作坊	于玉蓉	预科教育学院	国家基金预研学术工作坊项目	获批国家级项目	2018.12
112	中国少数民族古籍整理研究工作坊	张铁山	中国少数民族语言研究院	国家基金预研学术工作坊项目	获批国家级项目	2018.12
113	习近平关于新时代边疆治理的重要论述研究	何修良	党委办公室、校长办公室	国家基金预研学术工作坊项目	获批国家级项目	2018.12
114	民族文物研究工作坊	郑喜淑	民族博物馆	国家基金预研学术工作坊项目	获批国家级项目	2018.12
115	我国社会主要矛盾变化背景下各民族共同繁荣发展理论与实践研究	青　觉	中国民族理论与民族政策研究院	科研创新团队计划项目	论文、内参、资政研究报告	2019.12
116	全国高校民族语文专业人才培养模式研究	曲木铁西	中国民族语言文字应用研究院	科研创新团队计划项目	省部级科研奖项 1 项	2019.12
117	中国的世界民族认知图景	关　凯	民族学与社会学学院	科研创新团队计划项目	论文	2019.12
118	乡村振兴战略下民族地区发展与治理的追踪调查和深度个案研究	郭伟和	民族学与社会学学院	科研创新团队计划项目	申报国家社会科学重大课题基金、智库报告、学术论文	2019.12
119	伊犁河流域民间所藏托忒文古籍研究	叶尔达	蒙古语言文学系	科研创新团队计划项目	争取国家级项目	2019.12
120	清以来西藏重大历史事件与重要历史人物研究	苏发祥	藏学研究院	科研创新团队计划项目	论文、课题	2019.12
121	中国少数民族地区精准扶贫研究创新团队	张丽君	经济学院	科研创新团队计划项目	国家级项目、研究报告、资政报告、论文	2019.12
122	新时代中国特色社会主义的理论创新与现实问题研究	宫玉涛	马克思主义学院	科研创新团队计划项目	论文、申报国家级课题或者省部级科研奖项、资政报告、论文	2019.12

续表

序号	项目名称	负责人	承担部门	项目分类、类别	预期成果形式	计划完成时间
123	活佛转世与藏区社会治理关系研究	刘成有	哲学与宗教学学院	科研创新团队计划项目	省部级及以上咨询报告、研究报告、国家级课题	2019. 12
124	我国民族教育热点与前沿问题研究	苏　德	教育学院	科研创新团队计划项目	核刊论文、国家级课题、调研报告、科研奖	2019. 12
125	中国北方民族史若干重要问题研究	达力扎布	历史文化学院	科研创新团队计划项目	论文或国家级项目立项	2019. 12
126	乌兰牧骑式社会主义文艺新传统与新时代民族音乐繁荣发展关系研究	包爱军	音乐学院	科研创新团队计划项目	调查报告、研究报告、乌兰牧骑作品及文献	2019. 12
127	汉语国际教育学科理论创新团队（二期）	吴应辉	国际教育学院	科研创新团队计划项目	论文、咨询报告、课题	2019. 12
128	乡村精英群体在精准扶贫中的角色与功能研究	杨　慧	民族学与社会学学院	青年教师科研能力提升计划项目	研究报告	2018. 12
129	传统中医海外高等教育发展现状研究——以澳大利亚墨尔本地区为例	韩俊红	民族学与社会学学院	青年教师科研能力提升计划项目	研究报告	2018. 12
130	大学生的完美主义、自尊与抑郁情绪	柴　玲	民族学与社会学学院	青年教师科研能力提升计划项目	期刊论文	2018. 12
131	云南楚雄黑井古镇空间格局变迁研究	张薇薇	民族学与社会学学院	青年教师科研能力提升计划项目	期刊论文	2018. 12
132	傣族村落社区文化资源的再整合与再生产：学前教育为途径	胡　琰	民族学与社会学学院	青年教师科研能力提升计划项目	研究论文	2018. 12
133	生命历程视角下个体早期不幸经经历对老年时期健康的影响机制研究	杨　磊	民族学与社会学学院	青年教师科研能力提升计划项目	论文集、研究报告	2018. 12
134	城市少数民族流动人口的社会适应与社会融入研究	杨青青	民族学与社会学学院	青年教师科研能力提升计划项目	论文	2018. 12
135	高校少数民族新生的文化适应及认同流变	林含章	民族学与社会学学院	青年教师科研能力提升计划项目	论文	2018. 12
136	布依语语言资源保护的理论与实践研究	朱德康	中国少数民族语言研究院	青年教师科研能力提升计划项目	调研报告、论文	2018. 12
137	四川彝族家谱文化研究	叶康杰	中国少数民族语言研究院	青年教师科研能力提升计划项目	学术论文	2018. 12
138	现代满通古斯语中的契丹语词语	卡　佳	中国少数民族语言研究院	青年教师科研能力提升计划项目	论文	2018. 12
139	黄栗树苗语元音系统调查研究及声学实验分析	杨　波	少数民族语言文学系	青年教师科研能力提升计划项目	研究报告	2018. 12

续表

序号	项目名称	负责人	承担部门	项目分类、类别	预期成果形式	计划完成时间
140	西藏佛教达隆噶举派与蒙古族关系研究	哈斯朝鲁	蒙古语言文学系	青年教师科研能力提升计划项目	研究报告	2018.12
141	DISC 行为风格理论在民族院校辅导员学生管理工作中的应用研究	彭亚华	朝鲜语言文学系	青年教师科研能力提升计划项目	论文、研究报告	2018.12
142	朝汉双语教学模式研究——以延边朝鲜族自治州为例	金 艳	朝鲜语言文学系	青年教师科研能力提升计划项目	研究报告	2018.12
143	维吾尔语零起点班听说课教学设计研究	祖农·纳司尔丁	维吾尔语言文学系	青年教师科研能力提升计划项目	研究报告	2018.12
144	回鹘文《金光明经》第一卷校勘研究	热孜亚·努日	维吾尔语言文学系	青年教师科研能力提升计划项目	论文	2018.12
145	回鹘文《金光明经》中的语气研究	阿依努·艾比西	哈萨克语言文学系	青年教师科研能力提升计划项目	专题论文	2018.12
146	哈萨克语助动词 jat -/otïr -/tur-/jür-的体功能研究	古丽海夏	哈萨克语言文学系	青年教师科研能力提升计划项目	论文	2018.12
147	哈汉谚语翻译中的文化差异及处理策略	阿依登	哈萨克语言文学系	青年教师科研能力提升计划项目	学术论文	2018.12
148	以名正身：吐蕃赞普的名号和名声	杨毛措	藏学研究院	青年教师科研能力提升计划项目	学术论文	2018.12
149	甘孜州木雅地区多语言情况的社会语言分析	达瓦卓玛	藏学研究院	青年教师科研能力提升计划项目	论文	2018.12
150	新疆农村女性创业型人才培养研究	苏莉亚·尼亚孜	藏学研究院	青年教师科研能力提升计划项目	调查报告	2018.12
151	民族地区社会保障支出的收入分配效应研究	蔡 萌	经济学院	青年教师科研能力提升计划项目	学术论文、政策咨询报告	2018.12
152	深度融入一带一路建设的民族地区陆路口岸典型调查研究	王 博	经济学院	青年教师科研能力提升计划项目	研究报告	2018.12
153	“以审判为中心”视角下未成年人社会调查制度实证研究	李 扬	法学院	青年教师科研能力提升计划项目	论文	2018.12
154	“一带一路”倡议与民族地区知识产权保护	熊文聪	法学院	青年教师科研能力提升计划项目	论文	2018.12
155	《共产党宣言》三个稿本的比较及其当代价值研究	王晓红	马克思主义学院	青年教师科研能力提升计划项目	论文、研究报告	2018.12
156	新闻创新视域下融合报道的职业理念研究	毛湛文	文学与新闻传播学院	青年教师科研能力提升计划项目	学术论文	2018.12
157	中国当代少数民族作家的民族叙事研究	毕 海	文学与新闻传播学院	青年教师科研能力提升计划项目	研究论文、研究报告	2018.12
158	吉尔吉斯斯坦宣教组织塔布里厄研究	李晓曈	哲学与宗教学学院	青年教师科研能力提升计划项目	论文	2018.12

续表

序号	项目名称	负责人	承担部门	项目分类、类别	预期成果形式	计划完成时间
159	中国化马克思主义宗教观理论体系的形成与发展	刘泳斯	哲学与宗教学学院	青年教师科研能力提升计划项目	专著	2018.12
160	杜鲁门政府时期美国核安全体系建构研究	胡　晔	历史文化学院	青年教师科研能力提升计划项目	论文、结项报告	2018.12
161	云南潞西三台山德昂族跨国通婚问题研究	严　赛	历史文化学院	青年教师科研能力提升计划项目	论文	2018.12
162	中古时期以城市为中心的历史文化传播：东南出海口的联动与延伸	廖靖靖	历史文化学院	青年教师科研能力提升计划项目	学术论文	2018.12
163	国际化视域下民族高校行政管理人员素养提升研究	张　莞	教育学院	青年教师科研能力提升计划项目	研究报告	2018.12
164	"跨语际小说"理论建构与身份认同研究	雷　静	外国语学院	青年教师科研能力提升计划项目	学术论文	2018.12
165	黔东南地区少数民族服饰刺绣工艺研究	魏　莉	美术学院	青年教师科研能力提升计划项目	论文、研究报告	2018.12
166	湘西傩面具艺术的保护与传承	曾　征	美术学院	青年教师科研能力提升计划项目	学术论文	2018.12
167	中国舞表演中双人舞技术的应用研究	苏娅菲	舞蹈学院	青年教师科研能力提升计划项目	工作坊、视频教材	2018.12
168	少数民族题材作品在钢琴演奏和教学中的应用研究	林　璐	音乐学院	青年教师科研能力提升计划项目	系列音乐会、研讨会	2018.12
169	"一带一路"背景下推广少数民族传统体育文化国际化研究	吴　非	体育学院	青年教师科研能力提升计划项目	研究报告	2018.12
170	外国留学生汉字习得跨群体对比研究	张海威	国际教育学院	青年教师科研能力提升计划项目	论文	2018.12
171	欧美影视剧在少数民族预科英语口语教学中的应用研究	张　蒂	预科教育学院	青年教师科研能力提升计划项目	加强学生口语交际能力	2018.12
172	中央民族大学科研成果（社科类期刊论文）查收查引研究（1998－2017）——基于CSSCI的统计分析	塔　娜	图书馆	青年教师科研能力提升计划项目	研究报告	2018.12
173	后扶贫时代的教育援藏政策研究：以"组团式"教育人才援藏项目为例	徐姗姗	期刊社	青年教师科研能力提升计划项目	研究论文	2018.12
174	新疆少数民族大学生内地就业预期分析	胡海倩	招生就业工作处	青年教师科研能力提升计划项目	调查报告、论文	2018.12
175	首都高校教师师德建设评估提升路径研究	张　姝	校工会	青年教师科研能力提升计划项目	研究报告、论文	2018.12
176	数字图像艺术中的技术与艺术研究	李　光	美术学院	青年文库项目	图书出版	2019.12
177	清末满汉关系研究（1901－1911）	王　宇	学校办公室	青年文库项目	图书出版	2019.12

续表

序号	项目名称	负责人	承担部门	项目分类、类别	预期成果形式	计划完成时间
178	少数民族非物质文化遗产的法律保护研究	李依霖	学校办公室	青年文库项目	图书出版	2019. 12

（中央民族大学科研处丁冉供稿）

中国政法大学

2018 年度承担国家级、省部级等社会科学研究项目

序号	项目名称	负责人	承担部门	项目分类、类别	预期成果形式	计划完成时间
1	个人同一性研究的当代发展	费多益	人文学院	国家社会科学基金、重大项目	研究报告、专著、系列论文	2023. 12
2	中国特色国家监察理论构建、制度创新与实践运行研究	解志勇	比较法学研究院	国家社会科学基金、重大项目	专著、论文集、研究报告	2021. 10
3	民法典编纂的内部与外部体系研究	李永军	民商经济法学院	国家社会科学基金、重大项目	专著	2022. 12
4	构建人类命运共同体基础理论研究	刘贞晔	全球化与全球问题研究所	国家社会科学基金、“十九大”专项项目	专著、研究报告	2019. 12
5	深化机构和行政体制改革的法治化研究	应松年	法治政府研究院	国家社会科学基金、“十九大”专项项目	专著、研究报告	2019. 12
6	全面推进国防和军队建设法治化研究	丛文胜	法学院	国家社会科学基金、“十九大”专项项目	专著	2019. 12
7	“一带一路”国际合作机制框架设计	孔庆江	国际法学院	国家社会科学基金、“十九大”专项项目	论文、研究报告	2019. 12
8	深化司法体制改革研究	杨宇冠	诉讼法学研究院	国家社会科学基金、“十九大”专项项目	专著、研究报告	2020. 01
9	推进诚信建设法制化研究	于　飞	民商经济法学院	国家社会科学基金、“十九大”专项项目	论文、研究报告	2019. 12
10	习近平总书记关于全球治理与国际法治的重要论述研究	卫　灵	马克思主义学院	国家社会科学基金、重点项目	研究报告、其他	2021. 12
11	对监察委员会的监督与制约体系研究	解志勇	比较法学院	国家社会科学基金、重点项目	论文集、研究报告	2020. 12
12	民法典分则立法的内在与外在体系研究	李永军	民商经济法学院	国家社会科学基金、重点项目	专著、研究报告	2020. 11
13	新时代“英语+法律”复合型外语人才培养体系构建与应用研究	张法连	外国语学院	国家社会科学基金、重点项目	专著、研究报告	2021. 03

续表

序号	项目名称	负责人	承担部门	项目分类、类别	预期成果形式	计划完成时间
14	《易传》与秦汉学术流变研究	刘　震	人文学院	国家社会科学基金、一般项目	专著	2021. 12
15	中国国家观的近代转变研究	张春林	政治与公共管理学院	国家社会科学基金、一般项目	专著、研究报告	2021. 06
16	基于中观研究范式的集体领导制理论与实践创新实证研究	吴新辉	政治与公共管理学院	国家社会科学基金、一般项目	专著	2020. 12
17	公文碑与中国古代行政权研究	李雪梅	法律古籍整理研究所	国家社会科学基金、一般项目	研究报告	2021. 12
18	互联网行政许可设定的法律问题研究	林　华	法治政府研究院	国家社会科学基金、一般项目	专著	2021. 07
19	正当当事人制度的理论与实践研究	肖建华	诉讼法学研究院	国家社会科学基金、一般项目	专著	2021. 12
20	民法典编纂中请求权基础的体系构建研究	吴香香	民商经济法学院	国家社会科学基金、一般项目	专著、研究报告	2021. 12
21	竞争政策视野下的互联网平台规制研究	戴　龙	国际法学院	国家社会科学基金、一般项目	研究报告	2021. 08
22	“燕京学派”的乡村社会转型研究理论与方法探析	杨清媚	社会学院	国家社会科学基金、一般项目	论文集、研究报告	2021. 02
23	18—19 世纪英国政治社会学与社会治理研究	王　楠	社会学院	国家社会科学基金、一般项目	专著	2021. 12
24	“郝建秀小组”研究	游正林	社会学院	国家社会科学基金、一般项目	专著、研究报告	2020. 12
25	我国公共文化服务机构的著作权问题及其对策研究	杨利华	民商经济法学院	国家社会科学基金、一般项目	专著	2020. 12
26	新时代体育和港澳居民国家认同建构路径研究	王理万	人权研究院	国家社会科学基金、一般项目	专著	2020. 12
27	近代中国的旗人民族认同研究	周增光	马克思主义学院	国家社会科学基金、青年项目	其他	2022. 12
28	新时代深化机构改革与职能转变的关系研究	高　红	政治与公共管理学院	国家社会科学基金、青年项目	专著、研究报告	2020. 12
29	非遗陶瓷手工艺法国传承范例研究	杜一雄	外国语学院	国家社会科学基金、艺术学项目	专著、研究报告、论文集	2021. 12
30	美国药品法研究	翟宏丽	民商经济法学院	国家社会科学基金、后期资助项目	专著	2019. 07
31	中美证券执法机制的比较研究	徐文鸣	法与经济研究院	国家社会科学基金、后期资助项目	专著	2019. 09
32	美国企业发展的历史演进：技术创新和产业迭代的视角	巫云仙	商学院	国家社会科学基金、后期资助项目	专著	2019. 12
33	俄罗斯反垄断法研究	刘继峰	民商经济法学院	国家社会科学基金、后期资助项目	专著	2019. 05
34	《思想道德准则》研究和草案初拟	秦奥蕾	法学院	国家社会科学基金、特别委托项目	研究报告	2019. 02

续表

序号	项目名称	负责人	承担部门	项目分类、类别	预期成果形式	计划完成时间
35	《中西法律语言与文化对比研究》（英文版）	张　清	外国语学院	国家社会科学基金、中华学术外译项目	译著	2019.12
36	《人格权法〈第二版〉》（俄文版）	王志华	比较法学院	国家社会科学基金、中华学术外译项目	译著	2019.12
37	近代救灾法律文献整理与研究	赵晓华	人文学院	教育部哲学社会科学研究、重大课题攻关项目	专著、工具书	2021.11
38	在人权法治建设视野下构建性骚扰防治机制研究	夏吟兰	人权研究院	教育部高校人文社会科学、重点研究基地重大项目	论文、调研报告、智库报告、建议稿等	2023.07
39	构建人类命运共同体的政治与法律基础	黄　进	国际法学院	教育部十九大精神专项任务、一般项目	论文	2018.04
40	完善国家机构组织法研究	马怀德	法治政府研究院	教育部十九大精神专项任务、一般项目	论文	2018.04
41	中国传统法理的传承与创新	张中秋	法律史学研究院	教育部十九大精神专项任务、一般项目	论文	2018.04
42	发展中国特色社会主义刑事程序法治理论研究	卞建林	诉讼法学研究院	教育部十九大精神专项任务、一般项目	论文	2018.08
43	科学标准在医疗损害赔偿鉴定中的应用研究	王　旭	证据科学研究院	教育部人文社会科学研究、一般项目	论文、咨询报告	2021.07
44	“一带一路”建设中人民币跨境流通法律问题研究	张西峰	国际法学院	教育部人文社会科学研究、一般项目	著作	2021.07
45	气候巨灾保险的法律制度研究：以保险作为准政府机制的正当性为中心	何启豪	比较法学研究院	教育部人文社会科学研究、一般项目	著作	2021.07
46	审判中心主义视角下的值班律师制度研究	肖沛权	刑事司法学院	教育部人文社会科学研究、一般项目	著作	2021.07
47	刑事错案中的科学证据问题研究	吴洪淇	证据科学研究院	教育部人文社会科学研究、一般项目	论文	2021.07
48	一事不再理与罪数论关系的重构研究	倪　润	诉讼法学研究院	教育部人文社会科学研究、一般项目	著作	2021.07
49	环评审批的行政法规制研究：以否决权装置为中心的考察	马　允	法学院	教育部人文社会科学研究、一般项目	论文	2021.07
50	构建气候治理的人类命运共同体的国际法研究	兰　花	国际法学院	教育部人文社会科学研究、一般项目	论文、咨询报告	2021.07

续表

序号	项目名称	负责人	承担部门	项目分类、类别	预期成果形式	计划完成时间
51	美国海外利益保护及对中国的启示研究	迟　永	全球化与全球问题研究所	教育部人文社会科学研究、一般项目	著作、论文、咨询报告	2021.07
52	中国语境下的案件事实叙事研究	张鲁平	外国语学院	教育部人文社会科学研究、一般项目	著作、论文	2021.07
53	西方基本收入运动的理论渊源及演进路径研究	成福蕊	商学院	教育部人文社会科学研究、一般项目	论文	2021.07
54	基于多样本个案访谈和实验法的高校思想政治教育测评实证研究	朱　林	校团委	教育部人文社会科学研究、一般项目	著作、论文、实验报告	2021.07
55	生命意义感促进预先应对的拓展机制及干预研究	苗　淼	社会学院	教育部人文社会科学研究、一般项目	论文	2021.07
56	汉语双及物构式历时演变及相关问题研究	张　文	人文学院	教育部人文社会科学研究、一般项目	著作	2021.07
57	司法语音鉴定证据评价体系研究	曹洪林	证据科学研究院	教育部人文社会科学研究、一般项目	论文	2021.07
58	教育部直属机关机构职能优化调整课题研究	石亚军	政治与公共管理学院	教育部、委托项目	研究报告	2018.08
59	行政长官的双重身份与香港特区管治	姚国建	法学院	香港、澳门基本法研究、特别委托项目	总报告、分报告	2020.06
60	港澳青年在内地发展政策措施研究	王理万	人权研究院	香港、澳门基本法研究、特别委托项目	总报告、分报告	2019.10
61	理性行动——康德实践哲学研究	宫　睿	人文学院	教育部哲学社会科学研究、后期资助项目	著作	2020.09
62	日本东洋法制史学史初编	赵　晶	法律古籍整理研究所	教育部哲学社会科学研究、后期资助项目	著作	2019.12
63	中国民法开山之作《大清民律草案》(详注版)德译与法史、法学术语研究	王　强	外国语学院	教育部哲学社会科学研究、后期资助项目	著作	2020.12
64	刑事诉讼电子数据证据规则研究	李小恺	刑事司法学院	霍英东教育基金项目	论文、著作	2020.05
65	中俄民法典编纂比较研究	王志华	比较法学研究院	北京市社会科学基金、重大项目	专著	2020.07
66	马克思与怀特海思想的共通性研究	张秀华	马克思主义学院	北京市社会科学基金、重大项目	专著	2021.06
67	政治哲学视域下民法上公权力之控制研究	易　军	民商经济法学院	北京市社会科学基金、重点项目	系列论文	2022.07
68	新时代中国特色社会主义法治体系建设的理论和实践研究	高浣月	学校办公室	北京市习近平新时代中国特色社会主义思想研究中心、重点项目	三报一刊理论文章、学术期刊论文	2020.09

续表

序号	项目名称	负责人	承担部门	项目分类、类别	预期成果形式	计划完成时间
69	新时代防范系统性金融风险研究	胡继晔	商学院	北京市习近平新时代中国特色社会主义思想研究中心、重点项目	三报一刊理论文章、学术期刊论文	2020.09
70	中国法治政府年度发展报告（2019）	郝　倩	法治政府研究院	北京市社会科学基金、研究基地重点项目	年度报告	2019.10
71	新时代中国政治文化建构与传播研究	万　蓉	光明新闻传播学院	北京市习近平新时代中国特色社会主义思想研究中心、一般项目	三报一刊理论文章、学术期刊论文	2019.09
72	中国共产党巡视巡察监督制度的创新与改革研究	李　莉	政治与公共管理学院	北京市习近平新时代中国特色社会主义思想研究中心、一般项目	三报一刊理论文章、学术期刊论文	2019.09
73	党委领导下的校长负责制正面清单、负面清单研究	胡　明	学校办公室	北京市两委一室委托项目（北京市教育科学项目）	专题调研报告	2018.10
74	中央金融监管与区域金融监管协调机制基础理论研究	李爱君	互联网金融法律研究院	北京市社会科学基金、一般项目	系列论文	2020.06
75	京津冀农地金融精准扶贫的法律障碍及克服	李　蕊	民商经济法学院	北京市社会科学基金、一般项目	研究报告	2021.06
76	新时代我国人口老龄化战略的法律保障机制研究	王显勇	民商经济法学院	北京市社会科学基金、一般项目	研究报告	2021.06
77	算法分发背景下首都移动公共新闻信息供给质量优化研究	王佳航	光明新闻传播学院	北京市社会科学基金、一般项目	研究报告	2020.09
78	当代意向性指称理论重大前沿问题研究	王建芳	人文学院	北京市社会科学基金、一般项目	系列论文	2021.07
79	北京市行政执法方式创新与变革研究	王青斌	法治政府研究院	北京市社会科学基金、研究基地一般项目	研究报告	2020.05
80	完善北京司法救助体系研究	袁　钢	法学院	北京市社会科学基金、研究基地一般项目	研究报告	2021.06
81	对虚假仲裁的查处与规制	胡思博	诉讼法学研究院	北京市社会科学基金、青年项目	系列论文	2022.07
82	国际知识产权保护制度与北京创新文化建设研究	佘力焓	民商经济法学院	北京市社会科学基金、青年项目	研究报告	2021.06
83	北京法院类案检索机制与统一裁判尺度问题研究	孙海波	比较法学研究院	北京市社会科学基金项目、青年项目	系列论文、研究报告	2020.06
84	民国北京女性婚姻诉讼档案整理与研究	张蓓蓓	法律古籍整理研究所	北京市社会科学基金、青年项目	研究报告	2022.06

续表

序号	项目名称	负责人	承担部门	项目分类、类别	预期成果形式	计划完成时间
85	北京疏解整治过程中主流话语权构建研究	聂书江	光明新闻传播学院	北京市社会科学基金、青年项目	研究报告	2021.07
86	英国脱欧后的中英关系研究	张　飚	政治与公共管理学院	北京市社会科学基金、青年项目	系列论文	2021.07
87	极端主义的群体心理学研究	马　皑	社会学院	司法部国家法治与法学理论研究、一般课题	专著	2020.12
88	人工智能产品法律责任研究	尹志强	法学院	司法部国家法治与法学理论研究、一般课题	论文	2020.12
89	中国当代民事习惯调查与司法裁判适用研究	刘智慧	法律硕士学院	司法部国家法治与法学理论研究、一般课题	论文	2020.12
90	国际投资仲裁案例的大数据分析：以《能源宪章条约》投资仲裁案件为视角	史晓丽	国际法学院	司法部国家法治与法学理论研究、一般课题	论文	2020.12
91	国际人权法对于引渡和遣返的影响	孙　萌	人权研究院	司法部国家法治与法学理论研究、一般课题	专著	2020.12
92	我国国有企业参与“一带一路”海外投资所面对的规则性障碍及对策研究	车路遥	国际法学院	司法部国家法治与法学理论研究、中青年课题	专著	2020.12

（中国政法大学科研处张蓉、乔璇、赵欣供稿）

2018年度重要横向课题（省部级单位委托研究项目）

序号	项目名称	负责人	承担部门	项目来源单位	预期成果形式	计划完成时间
1	地方政府依法治文制度性框架研究	戴佳嘉	外国语学院	文化部	研究报告	2018.12
2	国际文化规则研究——以“一带一路”文化规则为重点	范晓波	国际法学院	文化部	研究报告	2018.12
3	《知识产权基本法》基本原则与国家治理体系立法调研论证	冯晓青	民商经济法学院	国家知识产权局	研究报告	2019.10
4	新业态创新成果知识产权保护调查	冯晓青	民商经济法学院	国家知识产权局	研究报告	2018.11
5	《“十三五”能源立法规划》中期评估	胡继晔	商学院	国家能源局	研究报告	2018.12
6	外国留学生在华工作制度研究	霍政欣	国际法学院	国家外国专家局	研究报告	2018.11

续表

序号	项目名称	负责人	承担部门	项目来源单位	预期成果形式	计划完成时间
7	学习贯彻十九大精神　推进交通强国铁路篇立法保障	焦洪昌	法学院	国家铁路局	研究报告	2019.04
8	国际铁路运输公约（COTIF）适用性研究	孔庆江	国际法学院	国家铁路局	研究报告	2018.06
9	电子商务议题知识产权谈判支撑项目	来小鹏	民商经济法学院	商务部	研究报告	2018.06
10	商标异议中权利冲突解决机制研究	来小鹏	民商经济法学院	国家商标局	研究报告	2019.05
11	网络环境下商标侵权判定研究	来小鹏	民商经济法学院	国家商标局	研究报告	2019.05
12	国家卫生计生委关于梳理因违法生育被处理的原国家工作人员诉求研究项目	郎佩娟	法学院	国家卫生和计划生育委员会	研究报告	2018.12
13	国际贸易投资协定环境/可持续发展议题若干事项研究报告	李居迁	国际法学院	生态环境部	研究报告	2018.08
14	《铁路法》修订	李　媚	比较法学研究院	国家铁路局	研究报告	2019.09
15	铁路运输条例立法研究	李　媚	比较法学研究院	国家铁路局	研究报告	2019.12
16	破产行政管理制度研究	李曙光	民商经济法学院	国家发展和改革委员会	研究报告	2019.06
17	完善市场主体退出制度课题研究	李曙光	民商经济法学院	国家工商行政管理总局	研究报告	2018.12
18	《应急救援队伍建设和动员条例》制定	林鸿潮	法治政府研究院	应急管理部	研究报告	2018.12
19	北京市政务公开标准体系建设	林　华	法治政府研究院	北京市人民政府	研究报告	2019.12
20	共有财产执行问题研究（实体法部分）	刘保玉	法律硕士学院	最高人民法院	研究报告	2019.06
21	保护和规范当事人依法行使复议权	刘　飞	中欧法学院	国家市场监督管理总局	研究报告	2018.10
22	就业性别歧视问题研究	刘小楠	人权研究院	人力资源和社会保障部	研究报告	2018.06
23	《医疗损害鉴定管理办法》研究	刘　鑫	证据科学研究院	国家卫生健康委员会	研究报告	2018.12
24	铁路“七五”普法宣传（第二期）	刘　杨	法学院	国家铁路局	研究报告	2019.09
25	广深港高铁监管相关法律问题研究	罗晓军	法学院	国家铁路局	研究报告	2019.09
26	体育法修改中竞技体育部分基本框架及法律制度建设研究	马宏俊	法学院	国家体育总局	研究报告	2018.12

续表

序号	项目名称	负责人	承担部门	项目来源单位	预期成果形式	计划完成时间
27	森林资源产权制度改革研究	马　允	法学院	国家林业局	研究报告	2018. 12
28	商业预付卡管理办法修订调研	时建中	民商经济法学院、图书馆	商务部	研究报告	2018. 12
29	出口管制法配套法规规章研究	史晓丽	国际法学院	商务部	研究报告	2018. 12
30	对外投资立法	史晓丽	国际法学院	商务部	研究报告	2018. 12
31	指导性案例司法适用的现状与前景	孙海波	比较法学研究院	最高人民法院	论文	2018. 06
32	生态环境部行政许可标准化第三方评估	王灿发	民商经济法学院	环境保护部	研究报告	2019. 07
33	渔业资源和生态保护制度及其相关法律关系研究	王灿发	民商经济法学院	农业部	研究报告	2018. 12
34	渔业资源和生态保护制度及相关法律关系研究	王灿发	民商经济法学院	农业部	研究报告	2018. 12
35	行政诉讼行政复议法律咨询服务	王传丽	国际法学院	工业和信息化部	研究报告	2019. 12
36	法规译审词汇摘录与整理	王　芳	外国语学院	国务院法制办公室	著作	2018. 04
37	《市场准入负面清单》制度立法研究	王洪松	民商经济法学院	国家发展和改革委员会	研究报告	2018. 12
38	2018 年政务公开评估委托协议	王敬波	法治政府研究院	国务院办公厅	研究报告	2019. 09
39	法治海洋建设评价指标研究及试评价	王敬波	法治政府研究院	国家海洋局	研究报告	2018. 12
40	国家林业和草原局部门规章证明事项梳理与研究	王敬波	法治政府研究院	国家林业和草原局	研究报告	2018. 12
41	国家质量监督检验检疫法治质检建设重大问题研究	王敬波	法治政府研究院	国家质量监督检验检疫总局	研究报告	2019. 12
42	铁路行政许可绩效评估	王敬波	法治政府研究院	国家铁路局	研究报告	2018. 09
43	外交部门依法行政问题研究	王敬波	法治政府研究院	外交部	研究报告	2017. 11
44	邮政行政管理权力清单和责任清单修改研究	王敬波	法治政府研究院	国家邮政局	研究报告	2018. 09
45	国有科研机构专利权出资调研论证	王　军	公司法与投资保护研究所	国家知识产权局	研究报告	2018. 10
46	数字经济立法可行性研究	王立梅	网络法学研究院	国家互联网信息办公室	研究报告	2018. 11
47	能源行业依法治理基本方式研究	王青斌	法治政府研究院	国家能源局	研究报告	2018. 12

续表

序号	项目名称	负责人	承担部门	项目来源单位	预期成果形式	计划完成时间
48	国家治理现代化与重大行政决策程序立法研究	王万华	诉讼法学研究院	中共中央宣传部	研究报告	2020.12
49	故意传播艾滋病涉及和鉴定问题研究	王　旭	证据科学研究院	司法部	研究报告	2018.07
50	网络数据商用流通中的数据权属问题专题研究	席志国	民商经济法学院	国家互联网信息办公室	研究报告	2018.09
51	"一带一路"税收合作机制研究	徐　妍	比较法学研究院	国家税务总局	研究报告	2018.12
52	新形势下提升交通运输新闻宣传传播力影响力引导力公信力研究	姚泽金	光明新闻传播学院	交通运输部	研究报告	2019.07
53	农村集体产权制度改革试点评估	于　飞	民商经济法学院	农业部	研究报告	2019.09
54	《无线电频谱资源管理法》立法预研	于文轩	民商经济法学院	工业和信息化部	研究报告	2018.10
55	文化走出去规避国际经贸摩擦策略	余　丽	国际法学院	中共中央宣传部	研究报告	2018.04
56	2017年全国食品安全抽检监测核查处置案例分析	詹承豫	政治与公共管理学院	国家食品药品监督管理总局	研究报告	2018.12
57	北京市政治经济文化社会领域中重大问题和主要矛盾信息	张　力	法学院	北京市人大常委会	研究报告	2018.12
58	铁路运单物权化问题研究	张丽英	国际法学院	商务部	研究报告	2019.09
59	"谁执法谁普法"课题研究	张　莉	法治政府研究院	司法部	研究报告	2018.09
60	首都民意与治理研究	张　森	光明新闻传播学院	北京市人大常委会	研究报告	2018.12
61	《2017年国别人权报告》翻译	张　伟	人权研究院	中共中央宣传部	研究报告	2018.12
62	《构建人类命运共同体：南南人权发展的新机遇》英文版专项工作任务	张　伟	人权研究院	中共中央宣传部	研究报告	2018.12
63	联合国人权机制与我国参与联合国人权事务对策研究	张　伟	人权研究院	中共中央宣传部	教材	2019.12
64	联合国人权理事会第三次普遍定期审议影子报告撰写	张　伟	人权研究院	中共中央宣传部	研究报告	2017.12
65	规范快递市场秩序政策研究	郑佳宁	民商经济法学院	国家邮政局	研究报告	2019.05
66	快递加盟制内外法律关系及治理方式研究	郑佳宁	民商经济法学院	国家邮政局	研究报告	2019.02

续表

序号	项目名称	负责人	承担部门	项目来源单位	预期成果形式	计划完成时间
67	网络评论产品生产、传播与管理创新机制研究	郑满宁	光明新闻传播学院	国家互联网信息办公室	研究报告	2018. 12
68	社交平台电商监管研究	朱　巍	光明新闻传播学院	国家工商行政管理总局	研究报告	2018. 11
69	在线旅游经营服务监管研究	朱　巍	光明新闻传播学院	文化和旅游部	研究报告	2018. 11

（中国政法大学科研处韩冰供稿）

2018 年度校级社会科学研究项目

序号	项目名称	负责人	承担部门	项目分类、类别	预期成果形式	计划完成时间
1	基于核酸适配体和表面阻抗技术的毒品传感芯片表征研究	郝红霞	证据科学研究院	规划项目	专著、论文	2021. 07
2	清代官赈资料整理及研究	赵晓华	人文学院	规划项目	专著、论文	2021. 07
3	改革开放以来村干部群体的构成、流动和变迁研究	冯军旗	政治与公共管理学院	规划项目	专著、论文	2021. 07
4	中国古代户绝财产继承、流转与规制问题研究	张京凯	中国政法大学博士后流动站	规划项目	专著、论文	2021. 07
5	中国大气环境污染区域协同治理研究	于文轩	民商经济法学院	规划项目	专著、论文	2021. 07
6	供给侧改革背景下中国破产企业职工权益保障机制研究	陈夏红	中国政法大学学报编辑部	规划项目	专著、论文	2021. 07
7	数字业务战略、组织机构、信息技术的匹配及其对企业绩效的影响	朱晓武	商学院	规划项目	专著、论文	2021. 07
8	迈克尔·A. 莱博维奇的马克思主义思想研究	邰丽华	马克思主义学院	规划项目	专著、论文	2021. 07
9	宋代地方治理机制研究	屈超立	政治与公共管理学院	规划项目	专著、论文	2021. 07
10	构建“西太平洋地区经济与发展整体性合作框架”研究	任洪生	政治与公共管理学院	规划项目	专著、论文	2021. 07
11	规范性视野下的党内法规的功能与作用	王宏哲	法学院	规划项目	专著、论文	2021. 07
12	供需匹配视角下分享经济的O2O商业模式研究	葛建华	商学院	规划项目	专著、论文	2021. 07
13	公共服务社会化对政府机构的影响研究	吕　芳	政治与公共管理学院	规划项目	专著、论文	2021. 07
14	《气候变化巴黎协定》的实施机制：规则构建、问题与挑战	兰　花	国际法学院	规划项目	专著、论文	2021. 07
15	天下观与中华民族认同研究	刘丹忱	人文学院	规划项目	专著、论文	2021. 07
16	我国民法典编纂过程中的税法与私法制度协调研究	翁武耀	民商经济法学院	规划项目	专著、论文	2021. 07
17	文物知识产权法律制度研究	来小鹏	民商经济法学院	规划项目	专著、论文	2021. 07

续表

序号	项目名称	负责人	承担部门	项目分类、类别	预期成果形式	计划完成时间
18	联合国人权机制与中国实践研究	孙 萌	人权研究院	规划项目	专著、论文	2021.07
19	金融服务养老的理论框架、国际经验、中国路径研究	胡继晔	商学院	规划项目	专著、论文	2021.07
20	性别、权利与社会转型：民国女性婚内诉讼研究	张蓓蓓	法律古籍整理研究所	规划项目	专著、论文	2021.07
21	犯罪论中复数行为的统合与分断问题研究	曾文科	刑事司法学院	青年项目	专著、论文	2020.07
22	应对气候变化风险之保险法机制研究	何启豪	比较法学研究院	青年项目	专著、论文	2020.07
23	媒介化政治时代中社会抗争作为可沟通事件的传播机制与共意模式	邓 力	光明新闻传播学院	青年项目	专著、论文	2020.07
24	云计算环境下的法律信息安全隐私保护	韩 司	科学技术教学部	青年项目	专著、论文	2020.07
25	“人类命运共同体”理念的国际投资法律制度实现	车路遥	国际法学院	青年项目	专著、论文	2020.07
26	民事检察监督的技术规则研究	胡思博	诉讼法学研究院	青年项目	专著、论文	2020.07
27	《民法典·合同编》数字合同的规则建构与理论难点	金 晶	民商经济法学院	青年项目	专著、论文	2020.07
28	农民集体成员权、农民集体决议与乡村治理的实现	王 雷	民商经济法学院	青年项目	专著、论文	2020.07
29	职能转移中政府与社会组织的新型关系研究	高 红	政治与公共管理学院	青年项目	专著、论文	2020.07
30	可视分析驱动的深度神经网络压缩	周 果	科学技术教学部	青年项目	专著、论文	2020.07
31	“一带一路”知识产权协调保护的创新机制研究	佘力焓	民商经济法学院	青年项目	专著、论文	2020.07
32	我国法院副卷制度改革的实证研究	孙海波	比较法学研究院	青年项目	专著、论文	2020.07
33	历史社会学视野下的中国共产党农村调查传统再研究（1921-1943）	孟庆延	社会学院	青年项目	专著、论文	2020.07
34	多克特罗晚期作品中的历史与叙述的政治	唐 微	外国语学院	青年项目	专著、论文	2020.07
35	网络安全事件中的运营者民事责任研究	陶 乾	法律硕士学院	青年项目	专著、论文	2020.07
36	我国新能源产业扶持措施的WTO规则合规性问题研究	李伯轩	国际法学院	青年项目	专著、论文	2020.07
37	涉外法律人才非通用语种教学方案探究	杜一雄	外国语学院	青年项目	专著、论文	2020.07
38	湖南凤村苗族银饰的社会生命研究	田夏萌	外国语学院	青年项目	专著、论文	2020.07

续表

序号	项目名称	负责人	承担部门	项目分类、类别	预期成果形式	计划完成时间
39	日语动名词定语用法和谓语用法中的动、名两性问题研究	石立珣	外国语学院	青年项目	专著、论文	2020.07
40	文官选任与国家治理体系现代转型研究（1906-1928）	周增光	马克思主义学院	青年项目	专著、论文	2020.07

（中国政法大学科研处韩冰供稿）

中央财经大学

2018 年度承担国家级、省部级社会科学研究项目

序号	项目名称	负责人	承担部门	项目分类、类别	预期成果形式	计划完成时间
1	大数据法制立法方案研究	邢会强	法学院	国家社会科学基金、重大项目	研究报告	2021.12
2	中国特色现代文化产业体系和市场体系研究	魏鹏举	文化与传媒学院	国家社会科学基金、重大项目	专著、研究报告	2019.12
3	数字经济的市场与产业理论研究	李　涛	经济学院	国家社会科学基金、重点项目	专著	2022.12
4	中国绿色金融体系构建及发展实践研究	王　遥	财经研究院	国家社会科学基金、重点项目	专著、研究报告	2023.09
5	新能源汽车和燃油汽车竞争视角下城市配送车辆的通行政策研究	高咏玲	商学院	国家社会科学基金、一般项目	专著	2020.12
6	基于社会—商业双重属性的网约车平台治理研究	葛建新	商学院	国家社会科学基金、一般项目	论文集、研究报告	2021.12
7	中国保险服务价格指数编制方法研究	周　桦	中国精算研究院	国家社会科学基金、一般项目	论文集	2021.12
8	经济学语言转向的根源和影响研究	蔡　辉	外国语学院	国家社会科学基金、一般项目	专著	2021.12
9	人民币汇率波动、融资约束对中国企业出口的影响研究	李　杰	中国金融发展研究院	国家社会科学基金、一般项目	论文集	2020.09
10	环境治理绩效的评估体系与实施机制研究	郭冬梅	经济学院	国家社会科学基金、一般项目	专著、论文集	2021.06
11	连续并购行为的绩效持续性与管理层能力异质效应研究	翟进步	财政税务学院	国家社会科学基金、一般项目	论文集、研究报告	2021.12
12	国有文化企业社会效益评价考核体系研究	周正兵	文化与传媒学院	国家社会科学基金、一般项目	论文、研究报告	2016.12
13	人工智能对就业和收入分配的影响研究	惠　炜	中国财政发展协同创新中心	国家社会科学基金、青年项目	研究报告、论文集	2021.12
14	国家大数据战略下数据交易的合同法问题研究	武　腾	法学院	国家社会科学基金、青年项目	专著、论文集	2020.12
15	中国妇女队列生育水平及变动趋势研究	张现苓	社会与心理学院	国家社会科学基金、青年项目	研究报告	2021.09
16	土地财政与地方政府债务风险研究	路　乾	经济学院	国家社会科学基金、青年项目	专著、研究报告	2020.09

续表

序号	项目名称	负责人	承担部门	项目分类、类别	预期成果形式	计划完成时间
17	就业投入占用产出模型及应用	王会娟	统计与数学学院、数学教学部	国家社会科学基金、后期资助项目	专著	2018.12
18	汇率市场变化、跨境资本流动与金融风险防范	谭小芬	金融学院	国家自然科学基金、重点项目	论文	2021.12
19	O2O 商务模式下多源异构大数据的挖掘、融合与应用研究	李慧嘉	管理科学与工程学院	国家自然科学基金、面上项目	论文	2022.12
20	区域贸易协定下中间品贸易自由化与出口商品质量升级：影响机制、因果关系及福利效应	胡　翠	国际经济与贸易学院	国家自然科学基金、面上项目	论文	2022.12
21	区域文化差异与异地投资：动因、特征与经济后果	袁　淳	会计学院	国家自然科学基金、面上项目	论文	2022.12
22	股票市场开放与公司信息环境：基于互联互通机制分步实施的准自然实验	陈运森	会计学院	国家自然科学基金、面上项目	论文	2022.12
23	中国企业成本粘性的动因和后果研究：基于地区分权竞争视角的探索	梁上坤	会计学院	国家自然科学基金、面上项目	论文	2022.12
24	创新生态系统协同演化机制设计及实证研究	宋砚秋	管理科学与工程学院	国家自然科学基金、面上项目	论文	2022.12
25	数据驱动的在线供应链金融系统融合机制研究：基于行为运营的视角	晏妮娜	商学院	国家自然科学基金、面上项目	论文	2022.12
26	基于数据融合的重大基础设施项目风险决策动态元网络分析理论与实证研究	汪　涛	管理科学与工程学院	国家自然科学基金、面上项目	论文	2022.12
27	突发事件中政府信息发布对社会负面情绪感染—演化的影响机制研究	张　巍	信息学院	国家自然科学基金、面上项目	论文	2022.12
28	网络结构缺失数据基于空间回归模型的插补估计和大数据建模理论及应用	孙志猛	统计与数学学院	国家自然科学基金、面上项目	论文	2022.12
29	光滑动力系统的 Lyapunov 指数的相关问题研究	梁　超	统计与数学学院	国家自然科学基金、面上项目	论文	2022.12
30	多尺度视角下电子信息产业空间转移与价值链升级研究	高菠阳	管理科学与工程学院	国家自然科学基金、面上项目	论文	2022.12
31	金融化背景下国际原油市场多维信息含量研究——基于涟漪扩散双重网络结构	尹力博	金融学院	国家自然科学基金、面上项目	论文	2022.12
32	投资 Q 理论、投资者情绪与资本市场资产定价：大数据的视角	姜富伟	金融学院	国家自然科学基金、面上项目	论文	2022.12

续表

序号	项目名称	负责人	承担部门	项目分类、类别	预期成果形式	计划完成时间
33	带形上几类随机游动与扩散过程的局部时重整化极限关系	张美娟	统计与数学学院	国家自然科学基金、青年项目	论文	2021. 12
34	大数据时代重大公共政策社会稳定风险评估：理论模型与实证检验	李宇环	政府管理学院	国家自然科学基金、青年项目	论文	2021. 12
35	资本账户开放进程中外汇市场压力的动态测算与央行干预政策效果评估	赵　茜	国际经济与贸易学院	国家自然科学基金、青年项目	论文	2021. 12
36	地方公共服务均等化的资本化效应和福利再分配研究——以基础教育为例	邵　磊	财政税务学院	国家自然科学基金、青年项目	论文	2021. 12
37	基于领域知识的标签聚合学习问题研究及其在商务分析中的应用	孟　凡	管理科学与工程学院	国家自然科学基金、青年项目	论文	2021. 12
38	中国资本市场信号传递理论研究：上市公司承诺公告的发布动机与经济后果	李　晓	会计学院	国家自然科学基金、青年项目	论文	2021. 12
39	党组织嵌入与民营上市公司的治理决策：需求、渠道与后果	郑登津	会计学院	国家自然科学基金、青年项目	论文	2021. 12
40	独立财务顾问和公司并购——基于中介和监督双重作用的研究	朱　冰	会计学院	国家自然科学基金、青年项目	论文	2021. 12
41	分析师稳健性预测风格、信息环境与资本市场效应研究	李馨子	会计学院	国家自然科学基金、青年项目	论文	2021. 12
42	我国地方财政收支的结构性因果关系研究	郭　婧	财政税务学院	国家自然科学基金、青年项目	论文	2021. 12
43	一价定律偏离程度及其原因探究——基于大规模微观商品价格数据的理论与实证分析	刘　悦	国际经济与贸易学院	国家自然科学基金、青年项目	论文	2021. 12
44	房价上涨经历、风险收益预期及家庭投资决策	邱磊菊	互联网经济研究院	国家自然科学基金、青年项目	论文	2021. 12
45	生产要素间自由流动与合理配置的体制机制研究	路　乾	经济学院	国家自然科学基金、应急管理项目	论文	2019. 05
46	超大城市社区治理能力现代化成熟度评价及提升路径研究	李玉龙	管理科学与工程学院	北京市社会科学基金、一般项目	专著	2021. 06
47	《弘明集》的论证理论和实例研究	张立英	文化与传媒学院	北京市社会科学基金、一般项目	论文	2022. 07
48	北京民营企业党建的公司治理效应：理论分析与实证检验	徐　斌	会计学院	北京市社会科学基金、一般项目	论文	2020. 12

续表

序号	项目名称	负责人	承担部门	项目分类、类别	预期成果形式	计划完成时间
49	面向超大型居住区的北京市社会治理重心下移机制研究	程士强	社会与心理学院	北京市社会科学基金、青年项目	研究报告	2021.07
50	北京市社区居家养老风险评估及相关护理保险策略研究	吴 越	保险学院	北京市社会科学基金、青年项目	论文	2021.01
51	京津冀地区企业碳信息披露与媒体舆情监督机制研究	魏 紫	会计学院	北京市社会科学基金、青年项目	研究报告	2020.12
52	支持北京市高精尖结构建设的财税政策研究	陈 宇	财政税务学院	北京市社会科学基金、青年项目	研究报告	2021.06
53	习近平关于网络强国的重要论述研究	谢玉进	马克思主义学院	北京市社会科学基金、北京市习近平新时代中国特色社会主义思想研究中心项目	系列论文	2020.09
54	坚持和加强党的全面领导研究	朱家梅	马克思主义学院	北京市社会科学基金、北京市习近平新时代中国特色社会主义思想研究中心项目	系列论文	2020.09
55	总体国家安全指数构建研究	侯 娜	国防经济与管理研究院	北京市社会科学基金、北京市习近平新时代中国特色社会主义思想研究中心项目	专著	2020.09
56	首都高质量发展视角下的科技金融体系建设研究	王卉彤	财经研究院	北京市社会科学基金、基地项目	研究报告	2020.06
57	公众网络参与公共决策的机制及其有效性研究	王天梅	信息学院	北京市社会科学基金、基地项目	研究报告	2020.06
58	分享经济下个人征信体系构建与信用信息共建共享机制研究	张 巍	信息学院	北京市社会科学基金、基地项目	研究报告	2020.06
59	北京市政府购买学前教育服务模式创新的现实诉求和推进路径研究	赵国钦	财经研究院	北京市社会科学基金、基地项目	研究报告	2020.06
60	基于城市多维空间结构优化的北京城市治理路径研究	李姗姗	财经研究院	北京市社会科学基金、基地项目	研究报告	2020.06
61	社会化媒体虚假信息的特征识别、传播路径与治理策略研究	刘 倩	互联网经济研究院	北京市社会科学基金、基地项目	研究报告	2020.06
62	非常规突发事件中负面情绪的感染——演化机理与调适研究	张 巍	信息学院	北京市自然科学基金、面上项目	论文	2020.12
63	面向O2O智能商务的大数据挖掘、融合与应用研究	李慧嘉	管理科学与工程学院	北京市自然科学基金、面上项目	论文	2020.12
64	社会化商务信息共享平台中信息传播及用户购买行为预测模型构建	王 熙	信息学院	北京市自然科学基金、青年项目	论文	2019.12

续表

序号	项目名称	负责人	承担部门	项目分类、类别	预期成果形式	计划完成时间
65	高校分类支持研究	孙宝文	互联网经济研究院	北京市教育科学基金、特别委托项目	研究报告	2019. 12
66	亲社会行为对首都中学生获得感的影响与促进策略	傅鑫媛	社会与心理学院	北京市教育科学基金、青年专项	论文、咨询报告	2020. 12
67	气候变化背景下京津冀区域宜居风险与适应性管理研究	刘轶芳	经济学院	教育部人文社会科学研究、规划基金项目	论文、咨询报告	2020. 03
68	中国三大都市圈中心城市生产性服务业的空间溢出效应比较研究	陈红霞	政府管理学院	教育部人文社会科学研究、规划基金项目	论文	2021. 06
69	地理距离、制度距离与企业异地子公司进入模式与股权战略的联系研究	刘小元	商学院	教育部人文社会科学研究、规划基金项目	论文	2021. 06
70	品牌负面信息的意义迁移：代言人的中介作用以及迁移的边界研究	李　季	商学院	教育部人文社会科学研究、规划基金项目	论文	2021. 06
71	数据垄断的法律规制研究	马静远	法学院	教育部人文社会科学研究、青年基金项目	著作、论文	2021. 06
72	金融权力视角下我国国际金融战略与角色研究	白云真	政府管理学院	教育部人文社会科学研究、青年基金项目	论文、译著	2021. 06
73	多属性评分竞标中买方连续型信息披露决策建模与优化研究	钱　程	商学院	教育部人文社会科学研究、青年基金项目	论文	2021. 06
74	党组织制度化嵌入民营上市公司的治理效应研究：理论分析和实证检验	郑登津	会计学院	教育部人文社会科学研究、青年基金项目	著作、论文、咨询报告	2021. 06
75	数字经济背景下的就业问题研究——基于反映数字经济的新型就业投入占用产出模型	王会娟	统计与数学学院	教育部人文社会科学研究、青年基金项目	论文、咨询报告	2021. 06
76	多个大股东的合作效应——基于公司并购视角的研究	朱　冰	会计学院	教育部人文社会科学研究、青年基金项目	著作、论文	2021. 06
77	习近平新时代中国特色社会主义思想海外影响研究	王　奎	马克思主义学院	教育部人文社会科学研究、青年基金项目	论文、咨询报告	2021. 06
78	高管声音具有市场价值吗——基于中国 3C 会议的分析研究	张光利	商学院	教育部人文社会科学研究、青年基金项目	论文	2021. 06
79	从“分野”到“融合”：刑事违法的相对独立判断研究	简　爱	法学院	教育部人文社会科学研究、青年基金项目	论文	2021. 06

续表

序号	项目名称	负责人	承担部门	项目分类、类别	预期成果形式	计划完成时间
80	《民法总则》成年意定监护制度适用与体系完善研究	刘　建	行政机关	教育部人文社会科学研究、青年基金项目	著作、论文、咨询报告	2021.06
81	组织环境不确定视角下快递工人劳动过程研究	庄家炽	社会与心理学院	教育部人文社会科学研究、青年基金项目	著作、论文	2021.06
82	基于游戏化设计的公众科学用户贡献行为及学习成效研究	汤　健	信息学院	教育部人文社会科学研究、青年基金项目	论文	2021.06
83	新时代行政机构合署办公研究	刘　权	法学院	教育部专项课题	系列论文	2019.12
84	党的十九大精神引领的新全球化进程与新发展主义研究	杨　敏	社会与心理学院	教育部专项课题	系列论文	2019.12
85	新时代中国共产党的文化使命研究	冯秀军	马克思主义学院	教育部专项课题	论文	2019.12
86	新型农村社会养老保险的政策实践和社会经济影响	张川川	经济学院	教育部专项课题	论文	2021.03
87	CEO权力、股价崩盘与股价同步性	李小荣	财政税务学院	教育部专项课题	论文	2021.03
88	基于网络结构的高维数据降维及应用研究	杨　虎	信息学院	国家统计局科学研究项目	研究报告	2020.09
89	经济运行效率的测度	关　蓉	统计与数学学院	国家统计局科学研究项目	研究报告	2019.12
90	主要经济指标短期预测	姚东旻	中国财政发展协同创新中心	国家统计局科学研究项目	研究报告	2019.12
91	国家队各项事务媒体转播权益保护研究	马法超	体育经济与管理学院	国家体育总局科学研究项目	研究报告	2018.12
92	我国现代文化金融体系研究	魏鹏举	文化与传媒学院	全国艺术科学委托项目	研究报告	2020.05

（中央财经大学科研处供稿）

对外经济贸易大学

2018年度承担国家级、省部级社会科学研究项目

序号	项目名称	负责人	承担部门	项目分类、类别	预期成果形式	计划完成时间
1	构建新型国际关系的思想内涵与实现路径研究	戴长征	国际关系学院	国家社会科学基金、重大研究专项	论文、研究报告	2019.12
2	“一带一路”建设面临的主要风险识别、评价与控制研究	董秀成	国际经济贸易学院	国家社会科学基金、重大研究专项	研究报告	2021.08
3	推动绿色“一带一路”建设研究：理论、评价和战略	蓝庆新	国际经济贸易学院	国家社会科学基金、重大研究专项	研究报告	2020.09
4	中国—东盟海洋经贸合作与政策保障研究	赵忠秀	国际经济贸易学院	国家社会科学基金、重大研究专项	研究报告	2020.08

续表

序号	项目名称	负责人	承担部门	项目分类、类别	预期成果形式	计划完成时间
5	新时代加强中国中小微企业国际竞争力的模式与路径研究	林汉川	国际商学院	国家社会科学基金、重大项目	研究报告	2023.12
6	新时代下地方政府债务风险的新特征与监管研究	毛　捷	国际经济贸易学院	国家社会科学基金、重大项目	专著、研究报告	2023.12
7	标准推动“一带一路”沿线国家互联互通的战略与实施路径研究	杨杭军	国际经济贸易学院	国家社会科学基金、重大项目	论文集、研究报告	2021.12
8	经济全球化升级与WTO法改革的中国方案研究	陈卫东	法学院	国家社会科学基金、重点项目	专著	2021.07
9	文学达尔文主义与进化论批评思潮研究	金　冰	英语学院	国家社会科学基金、重点项目	专著、论文集	2022.12
10	就业扶贫的机制、效应与政策研究	李长安	公共管理学院	国家社会科学基金、重点项目	论文集、研究报告	2021.05
11	中国国际话语权的生成机制与构建战略研究	冯　峰	国际关系学院	国家社会科学基金、一般项目	论文集、研究报告	2020.12
12	《网络安全法》后移动应用程序APP个人信息保护研究	付　涛	英语学院	国家社会科学基金、一般项目	论文集	2020.12
13	“一带一路”沿线国家贸易便利化合作的理论逻辑与实现路径研究	李海莲	公共管理学院	国家社会科学基金、一般项目	专著、论文集	2020.12
14	财税政策推动供给体系质量提升研究	李　明	国际经济贸易学院	国家社会科学基金、一般项目	论文集	2021.06
15	长期性合同研究	宁红丽	法学院	国家社会科学基金、一般项目	研究报告	2020.10
16	我国经济“去杠杆”背景下的家庭负债与金融风险研究	孙艳梅	金融学院	国家社会科学基金、一般项目	研究报告	2021.06
17	大数据背景下金融与科技融合机理及风险管控研究	田秀娟	金融学院	国家社会科学基金、一般项目	研究报告	2021.12
18	习近平总书记国家安全观视域下的中国大数据安全战略构建研究	王海滨	国际关系学院	国家社会科学基金、一般项目	论文集、研究报告	2021.08
19	发挥社会保障制度的再分配功能研究	谢远涛	保险学院	国家社会科学基金、一般项目	专著	2020.12
20	特朗普执政后美国对华贸易摩擦的新形式与潜在政策工具研究	杨荣珍	中国世界贸易组织研究院	国家社会科学基金、一般项目	专著、论文集	2020.12
21	跨部门合作视角下社会服务的社区下沉机制与基层社会治理创新研究	张　毅	公共管理学院	国家社会科学基金、一般项目	论文集	2021.09
22	风险视角下的我国城镇居民家庭贫困脆弱性研究	祝　伟	保险学院	国家社会科学基金、一般项目	论文集	2021.06

续表

序号	项目名称	负责人	承担部门	项目分类、类别	预期成果形式	计划完成时间
23	亚里士多德《自然诸短篇》译注与研究	黄传根	马克思主义学院	国家社会科学基金、青年项目	译著、论文集	2021.12
24	“印太战略”框架下美印关系发展新趋势、影响与我国对策研究	邱昌情	国际关系学院	国家社会科学基金、青年项目	论文集、研究报告	2021.12
25	基层人大代表选举中的“代二代”现象研究	张　茜	国际关系学院	国家社会科学基金、青年项目	论文	2021.12
26	公投型分离运动在全球范围内的兴起、挑战与应对研究	庄吟茜	国际关系学院	国家社会科学基金、青年项目	专著	2021.12
27	古丝绸之路沿线阿拉伯地名考	葛铁鹰	外语学院	国家社会科学基金、研究专项	专著	2022.12
28	从长安到雅典——丝绸之路古代体育文化	李震宁	外语学院	国家社会科学基金、中华学术外译项目	译著	2021.01
29	从自由贸易区走向自由贸易港的海南行动研究	赵晋平	国家（北京）对外开放研究院	国家社会科学基金、特别委托项目	研究报告	2018.12
30	制度距离、创业投资异质性与企业创新效率	陈德球	国际商学院	国家自然科学基金、面上项目	论文、专著	2022.12
31	分享经济背景下互联网约租车参与主体间双向信任研究	程絮森	信息学院	国家自然科学基金、面上项目	论文、研究报告	2022.12
32	中国跨国企业的可持续外派管理与多层次绩效研究：基于能力—动机—机会理论框架	李自杰	国际商学院	国家自然科学基金、面上项目	论文、专著、研究报告	2022.12
33	全球价值链、创新驱动与制造业“低端锁定”破局：成因、机制及应对策略	吕　越	中国世界贸易组织研究院	国家自然科学基金、面上项目	论文、专著、研究报告	2022.12
34	新股发行上市中的投资者行为研究——基于交易账户数据的分析	邵新建	国际经济贸易学院	国家自然科学基金、面上项目	论文、专著、研究报告	2022.12
35	社会化媒体上的金融虚假消息识别、传播与影响研究	王茂斌	金融学院	国家自然科学基金、面上项目	论文、专著	2022.12
36	基于已实现测度和隐含信息期限结构的衍生品定价研究	王天一	金融学院	国家自然科学基金、面上项目	论文	2022.12
37	半参数时变系数预测回归模型的计量经济理论与应用	王　芸	国际经济贸易学院	国家自然科学基金、面上项目	论文	2022.12
38	宏观审慎监管下系统性风险测量、预警与管控研究	谢尚宇	金融学院	国家自然科学基金、面上项目	论文、专著	2022.12
39	基于环境规制的重污染企业环境战略选择及其协同演化研究—以钢铁企业为例	尹建华	国际商学院	国家自然科学基金、面上项目	论文、专著、研究报告	2022.12

续表

序号	项目名称	负责人	承担部门	项目分类、类别	预期成果形式	计划完成时间
40	竞争环境下的低碳供应链运作管理研究	赵映雪	国际经济贸易学院	国家自然科学基金、面上项目	论文、专著、研究报告	2022. 12
41	中国债券市场“信用利差之谜”研究	周荣喜	金融学院	国家自然科学基金、面上项目	论文、著作	2022. 12
42	财税政策对收入分配和财富不平等的影响：动态异质性代理人模型中的作用机制分析和实证检验	朱胜豪	国际经济贸易学院	国家自然科学基金、面上项目	论文、研究报告	2022. 12
43	连续状态分枝过程、随机树、系谱树相关问题研究	毕洪伟	保险学院	国家自然科学基金、青年科学基金项目	论文	2021. 12
44	自然资源政策在价值链上的传导作用机制研究：以稀土政策为例	谌　哲	国际经济贸易学院	国家自然科学基金、青年科学基金项目	论文、研究报告	2021. 12
45	新时代中国股票市场的风险和风险联动性研究——基于高频、高维金融数据的分析	董英杰	国际商学院	国家自然科学基金、青年科学基金项目	论文、研究报告	2021. 12
46	动态竞争下的最优创新激励机制：基于多场次竞赛模型	冯　欣	国际经济贸易学院	国家自然科学基金、青年科学基金项目	论文	2021. 12
47	银行区域内竞争的实体经济效应与金融稳定效应：基于微观数据的机制分析	宫　迪	金融学院	国家自然科学基金、青年科学基金项目	论文	2021. 12
48	全局博弈理论及在中央银行流动性救助和金融监管上的应用	李　昭	金融学院	国家自然科学基金、青年科学基金项目	论文、研究报告	2021. 12
49	上游市场管制的资源误置效应及微观机制研究	刘灿雷	国际经济研究院	国家自然科学基金、青年科学基金项目	论文	2021. 12
50	政府隐性担保、债券市场摩擦与中国信用债券定价	刘津宇	金融学院	国家自然科学基金、青年科学基金项目	论文、专著	2021. 12
51	融合图卷积网络文本特征的跨媒体情感分析研究	刘宁宁	信息学院	国家自然科学基金、青年科学基金项目	论文	2021. 12
52	国际贸易的公司治理趋同效应：基于上市公司进出口业务的实证研究	马黎珺	国际商学院	国家自然科学基金、青年科学基金项目	论文、研究报告	2021. 12
53	社会化媒体背景下企业沟通如何“以变应变”？面向社会化客户的在线沟通机制研究	屈启兴	信息学院	国家自然科学基金、青年科学基金项目	论文	2021. 12

续表

序号	项目名称	负责人	承担部门	项目分类、类别	预期成果形式	计划完成时间
54	央企“换帅”与控股上市公司盈余管理	石贝贝	国际经济贸易学院	国家自然科学基金、青年科学基金项目	论文、专著	2021. 12
55	跨国信息溢出效应及经济后果研究：供应链视角	孙泽钰	国际商学院	国家自然科学基金、青年科学基金项目	论文	2021. 12
56	贸易自由化与制造业企业储蓄率上升之谜	张国峰	国际经济贸易学院	国家自然科学基金、青年科学基金项目	论文集、论文	2021. 12
57	家族企业董事会配置效应研究	赵宜一	国际商学院	国家自然科学基金、青年科学基金项目	论文	2021. 12
58	创新扶持产业政策对企业创新规模和创新质量二元边际的影响研究	郑文平	国际经济贸易学院	国家自然科学基金、青年科学基金项目	论文、研究报告	2021. 12
59	社交媒体品牌发文的消费者契合研究	陈　可	国际商学院	教育部人文社会科学研究、规划基金项目	论文	2020. 12
60	扶贫支出的脱贫内生动力机制及动态福利效应研究	崔景华	公共管理学院	教育部人文社会科学研究、规划基金项目	论文	2020. 12
61	京津冀协同发展的语言服务基础设施需求与设计研究	崔启亮	英语学院	教育部人文社会科学研究、规划基金项目	专著	2021. 07
62	乾嘉《左传》训诂考据笔记整理与研究	符　渝	中国语言文学学院	教育部人文社会科学研究、规划基金项目	论文、专著	2021. 07
63	公共支出对中国家庭多维贫困的影响研究	李晓嘉	公共管理学院	教育部人文社会科学研究、规划基金项目	论文	2020. 03
64	中资在德企业跨文化管理研究	潘亚玲	外语学院	教育部人文社会科学研究、规划基金项目	专著	2021. 03
65	习近平总书记关于意识形态工作的重要论述研究	张小锋	马克思主义学院	教育部人文社会科学研究、规划基金项目	论文	2020. 10
66	我国海上运输有毒有害物质损害赔偿机制研究	董冰莹	法学院	教育部人文社会科学研究、青年基金项目	论文、研究报告	2020. 09
67	总体国家安全观背景下公民网络言论表达的刑法规制研究	冀　莹	法学院	教育部人文社会科学研究、青年基金项目	论文	2021. 07
68	城市中的保留地：当代美国印第安小说中的城市书写研究	李　靓	英语学院	教育部人文社会科学研究、青年基金项目	专著	2021. 06

续表

序号	项目名称	负责人	承担部门	项目分类、类别	预期成果形式	计划完成时间
69	早期儿童句法结构的获得研究	彭鹭鹭	英语学院	教育部人文社会科学研究、青年基金项目	论文	2021.05
70	策略能力对同声传译的影响机制研究	王　淳	英语学院	教育部人文社会科学研究、青年基金项目	专著	2021.12
71	“一带一路”倡议下中国出口信用保险发展：基于沿线国家异质性的贸易效应差异研究	章添香	保险学院	教育部人文社会科学研究、青年基金项目	论文	2020.12
72	我国网络诽谤法律规制体系的合宪性调控研究	郑海平	法学院	教育部人文社会科学研究、青年基金项目	论文、研究报告	2021.03
73	中国高端人才流动与集聚问题研究	黄海刚	中国开放经济与国际科技合作战略研究中心	教育部人文社会科学研究、后期资助项目	专著	2019.12
74	商务话语跨学科实证研究方法	王立非	英语学院	教育部人文社会科学研究、后期资助项目	专著	2022.07
75	支持多边贸易体制改革和建设的中国责任及中国方案研究	屠新泉	中国世界贸易组织研究院	教育部人文社会科学研究、专项任务项目	研究报告	2019.01
76	以“所有权”为标准的内外商投资管理体制的国别比较、有效性及未来改革方向研究	林桂军	国际经济贸易学院	教育部人文社会科学研究、专项任务项目	研究报告	2019.08
77	京津冀地区生态补偿标准与实施机制研究	魏巍贤	国际经济贸易学院	北京市社会科学基金、重大项目	研究报告	2020.10
78	北京提升跨境贸易营商环境的模式与路径研究	崔鑫生	公共管理学院	北京市社会科学基金、重点项目	研究报告	2020.03
79	北京高层次人才集聚与高精尖产业发展的协同效应研究	黄海刚	中国开放经济与国际科技合作战略研究中心	北京市社会科学基金、重点项目	研究报告	2021.12
80	中国企业海外发展报告 2019	张新民	国际商学院	北京市社会科学基金、重点项目	专著	2018.12
81	韩国近代作家的北京体验文学研究	崔玉山	外语学院	北京市社会科学基金、一般项目	论文	2021.08
82	基于知识图谱的北京公共危机事件风险预警研究	雷　擎	信息学院	北京市社会科学基金、一般项目	论文	2021.06
83	“一带一路”背景下越南涉华舆情与北京企业海外利益保护研究	聂　槟	外语学院	北京市社会科学基金、一般项目	研究报告	2020.12

续表

序号	项目名称	负责人	承担部门	项目分类、类别	预期成果形式	计划完成时间
84	北京市上市公司跨国并购的经济后果研究	王　珏	金融学院	北京市社会科学基金、一般项目	论文	2021.08
85	北京初创企业海外融资结构与创新绩效	许晓娟	国际商学院	北京市社会科学基金、一般项目	论文	2021.02
86	北京市政基础设施系统协调性测度及优化策略研究	苑德宇	国际经济贸易学院	北京市社会科学基金、一般项目	研究报告	2021.07
87	北京市零售业线上线下渠道间互动的动力与治理机制研究	张磊楠	国际商学院	北京市社会科学基金、一般项目	论文	2019.12
88	京津冀地区异质化产业体系低碳化发展模式研究	张旭路	学术刊物编辑部	北京市社会科学基金、一般项目	论文	2020.07
89	薪酬管制制度下京津冀地区国有企业高管薪酬与绩效研究	褚洪生	人力资源处	北京市社会科学基金、青年项目	论文	2021.06
90	京津冀一体化，财政协同及其福利效应研究	韩玉桃	国际经济贸易学院	北京市社会科学基金、青年项目	论文	2021.07
91	首都人工智能发展中的民事责任研究	刘　丽	英语学院	北京市社会科学基金、青年项目	论文	2021.07
92	“准共同诉讼”类型研究——以北京地区机动车交通事故审判实务为中心	卢　佩	法学院	北京市社会科学基金、青年项目	论文	2021.06
93	推动形成全面开放新格局研究	文　君	马克思主义学院	北京市习近平新时代中国特色社会主义思想研究中心、重大项目	研究报告	2020.09
94	新时代中国经济外交战略研究	王志民	马克思主义学院	北京市习近平新时代中国特色社会主义思想研究中心、重点项目	专著	2020.09
95	高校习近平新时代中国特色社会主义思想宣传教育研究	王宇航	马克思主义学院	北京市习近平新时代中国特色社会主义思想研究中心、一般项目	研究报告	2019.09
96	储能新技术和能源物联网背景下北京市能源结构优化升级与产业金融及支撑政策创新研究	宋国良	金融学院	北京市自然科学基金、面上项目	论文	2021.12
97	中国的经济结构转型及其对北京的启示：基于多部门动态一般均衡增长理论及其实证研究	王　犇	国际经济贸易学院	北京市自然科学基金、青年项目	论文	2019.12
98	大国首都比较研究	崔鑫生	公共管理学院/国家（北京）对外开放研究院	北京市首都高端智库决策咨询项目	研究报告	2020.01

续表

序号	项目名称	负责人	承担部门	项目分类、类别	预期成果形式	计划完成时间
99	北京减量发展研究	邓慧慧	国际经济研究院/国家（北京）对外开放研究院	北京市首都高端智库决策咨询项目	研究报告	2018. 12
100	北京市鼓励企业参与“一带一路”建设机制研究	洪俊杰	国际经济贸易学院/国家（北京）对外开放研究院	北京市首都高端智库决策咨询项目	研究报告	2020. 02
101	京津冀协同开放发展研究	林桂军	国际经济贸易学院/国家（北京）对外开放研究院	北京市首都高端智库决策咨询项目	研究报告	2020. 02
102	北京市优化营商环境研究	桑百川	国际经济研究院/国家（北京）对外开放研究院	北京市首都高端智库决策咨询项目	研究报告	2020. 12
103	北京市服务业扩大综合试点与上海自由贸易试验区、粤港澳大湾区比较研究	屠新泉	中国世界贸易组织研究院/国家（北京）对外开放研究院	北京市首都高端智库决策咨询项目	研究报告	2020. 02

2018 年度校级社会科学研究项目

序号	项目名称	负责人	承担部门	项目分类、类别	预期成果形式	计划完成时间
1	政府监管、机构博弈和市场效率学术创新团队	薛　熠	国际经济贸易学院	青年学术创新团队	论文专著	2020. 12
2	金融一般均衡模型研究团队	杨　军	国际经济贸易学院	青年学术创新团队	论文专著	2020. 12
3	全球化、数字化和移动社交背景下的品牌与消费者行为研究创新团队	郭晓凌	国际商学院	青年学术创新团队	论文专著	2020. 12
4	风险依赖与精算费率厘定系统研究创新团队	谢远涛	保险学院	青年学术创新团队	论文专著	2020. 12
5	风险冲击下的家庭经济脆弱性与风险规避研究创新团队	张　冀	保险学院	青年学术创新团队	论文专著	2020. 12
6	全球数字贸易治理体系发展趋向及其贸易影响研究创新团队	周念利	WTO 研究院	青年学术创新团队	论文专著	2020. 12
7	新经济背景下的统计测度方法的改革与创新学术创新团队	唐晓彬	统计学院	青年学术创新团队	论文专著	2020. 12
8	开放型经济视域下的语用学研究创新团队	孙　亚	英语学院	青年学术创新团队	论文专著	2020. 12

续表

序号	项目名称	负责人	承担部门	项目分类、类别	预期成果形式	计划完成时间
9	收入分配、财税政策与宏观经济	朱胜豪	国际经济贸易学院	青年学术创新团队	论文、专著、研究报告	2021.12
10	全面开放新格局与中国包容性增长：微观机制与宏观政策	裴建锁	国际经济贸易学院	青年学术创新团队	论文、专著、研究报告	2021.12
11	中美贸易摩擦升级下我国美债持有的策略研究	黄晓薇	金融学院	青年学术创新团队	论文、专著、研究报告	2021.12
12	大数据时代的法律问题研究	卢海君	法学院	青年学术创新团队	论文、专著、研究报告	2021.12
13	人工智能时代下的管理决策方法创新研究团队	倪耀东	信息学院	青年学术创新团队	论文、专著、研究报告	2021.12
14	共享经济背景下的电子商务创新管理研究团队	程絮森	信息学院	青年学术创新团队	论文、专著、研究报告	2021.12
15	人工智能时代的中国国家安全战略研究	王海滨	国际关系学院	青年学术创新团队	论文、专著、研究报告	2021.12
16	北京话在线数字化研究平台建设及研究	刘 云	中国语言文学学院	青年学术创新团队	论文、专著、研究报告	2021.12
17	数据科学前沿理论探讨与应用研究	白芳芳	统计学院	青年学术创新团队	论文、专著、研究报告	2021.12
18	健康大数据的统计创新研究	秦 磊	统计学院	青年学术创新团队	论文、专著、研究报告	2021.12
19	“逆全球化”背景下跨境电商与全球价值链重构：国际经验与“中国方案”	刘 斌	中国世界贸易组织研究院	青年学术创新团队	论文、专著、研究报告	2021.12
20	彼得·施塔姆文学作品研究	王正浩	外语学院	一般项目	论文	2021.12
21	特殊函数的几何性质研究	王利梅	统计学院	一般项目	论文	2021.12
22	“一带一路”背景下中亚地区民族宗教问题研究	尹绍伟	外语学院	一般项目	论文	2021.12
23	“双一流”背景下一流本科人才培养质量保障体系研究	孔 坤	教育与开放经济研究中心	一般项目	论文	2021.12
24	职场性骚扰法律规制研究	卢杰锋	法学院	一般项目	论文	2021.12
25	“互联网+”背景下作品保护同作品传播、利用的冲突与协调研究	卢海君	法学院	一般项目	论文	2021.12
26	可转股固定收益产品设计、定价与应用研究	冯建芬	金融学院	一般项目	论文	2021.12
27	机构投资者与中小投资者非理性行为比较研究	兰俊美	商学院	一般项目	论文	2021.12
28	网络虚拟财产的理论与实证	许 可	法学院	一般项目	论文	2021.12
29	基于语料库的企业上市话语评价研究	李小萌	国际学院	一般项目	论文	2021.12
30	基于非参数估计的下端风险投资组合管理研究	李 勇	金融学院	一般项目	论文	2021.12

续表

序号	项目名称	负责人	承担部门	项目分类、类别	预期成果形式	计划完成时间
31	中国期货时间序列动量、套利与对冲溢价	何超华	国际经济贸易学院	一般项目	论文	2021. 12
32	双一流建设背景下高校编制管理改革的方向及路径探究——基于制度变迁的视角	宋天祥	人力资源处	一般项目	论文	2021. 12
33	中国城市社区协商的动力机制研究	张　汉	国际关系学院	一般项目	论文	2021. 12
34	启蒙德语文学中的感知问题研究	陈　敏	外语学院	一般项目	论文	2021. 12
35	基于数据库的张家山汉简复音词研究	季　瑾	国际学院	一般项目	论文	2021. 12
36	我国烟税改革路径研究——基于烟草供给侧财务分析视角	郑　榕	国际经济贸易学院	一般项目	论文	2021. 12
37	多维度可持续性案例教学法实证研究	单凌云	英语学院	一般项目	论文	2021. 12
38	明清女性的文化认同——以闺塾师为例	赵崔莉	马克思主义学院	一般项目	论文	2021. 12
39	商业生态环境下我国音乐产业发展的竞争法问题研究	相　靖	国际经济研究院	一般项目	论文	2021. 12
40	次分数布朗运动的分形理论研究及其在股票市场分析中的应用	栾娜娜	保险学院	一般项目	论文	2021. 12
41	中国宏观审慎政策实施效果研究	郭红玉	金融学院	一般项目	论文	2021. 12
42	商务汉语话语标记成分研究	唐兴全	中国语言文学学院	一般项目	论文	2021. 12
43	《德意志意识形态》“费尔巴哈”章原始手稿的文献考据研究	梁　爽	马克思主义学院	一般项目	论文	2021. 12
44	语料库辅助的德国媒体 2008 北京奥运会报道中北京城市形象研究——兼 2022 北京冬奥外宣建议	韩　丁	外语学院	一般项目	论文	2021. 12
45	中美消费差评的语用对比研究：参与框架和面子管理与言语行为构建的关联	魏　明	英语学院	一般项目	论文	2021. 12
46	贷款出售与银行道德风险：理论与政策	危建行	金融学院	青年项目	论文	2021. 12
47	审计团队异质性对审计收费及质量的影响	刘雪娇	商学院	青年项目	论文	2021. 12
48	金融开放对中国房价的作用机制研究	施一宁	金融学院	青年项目	论文	2021. 12

续表

序号	项目名称	负责人	承担部门	项目分类、类别	预期成果形式	计划完成时间
49	中国家庭金融素养与不平等研究	徐 佳	金融学院	青年项目	论文	2021.12
50	信用卡支出、预防性储蓄与房价增长促进消费的信贷渠道	潘学峰	金融学院	青年项目	论文	2021.12
51	风险投资基金在资本市场上声誉建设机制的研究	王 丹	国际商学院	新进青年教师科研启动项目	论文	2021.12
52	大数据时代的法治政府建设研究	孔祥稳	法学院	新进青年教师科研启动项目	论文	2021.12
53	跨区域经营、信息成本与公司财务行为——基于地理分散度视角	刘思义	国际商学院	新进青年教师科研启动项目	论文	2021.12
54	高债务背景下货币政策与财政政策协调研究	刘哲希	国际经济贸易学院	新进青年教师科研启动项目	论文	2021.12
55	知识产权投资仲裁的新发展	李沣桦	法学院	新进青年教师科研启动项目	论文	2021.12
56	大城市收入差距更大吗?——基于中国情景的检验	李 静	国际经济贸易学院	新进青年教师科研启动项目	论文	2021.12
57	财政压力的多层级传递与应对——基于取消农业税改革的研究	吴 敏	国际经济贸易学院	新进青年教师科研启动项目	论文	2021.12
58	绿色全球价值链评价指标体系研究	何 琦	全球价值链研究院	新进青年教师科研启动项目	论文	2021.12
59	基于分层局部性的半监督机器学习方法研究	张 琦	信息学院	新进青年教师科研启动项目	论文	2021.12
60	中国民事诉讼处分原则之下的诉讼标的与既判力研究	陈晓彤	法学院	新进青年教师科研启动项目	论文	2021.12
61	知识跨国传递与企业创新	郑 玮	国际经济贸易学院	新进青年教师科研启动项目	论文	2021.12
62	文化话语视域下的企业危机公关	赵丹彤	英语学院	新进青年教师科研启动项目	论文	2021.12
63	《诗经》文学的贵族时代——两周之际《诗经》作品研究	赵运涛	中文学院	新进青年教师科研启动项目	论文	2021.12
64	巴金小说中的“城市”形象	赵 静	中文学院	新进青年教师科研启动项目	论文	2021.12
65	货币政策与股票定价效率——基于信息效率视角的分析	钟 凯	国际商学院	新进青年教师科研启动项目	论文	2021.12
66	马克思家庭思想研究	钟 路	马克思主义学院	新进青年教师科研启动项目	论文	2021.12
67	基于语料库的法律文本复杂性演化	宫明玉	英语学院	新进青年教师科研启动项目	论文	2021.12

续表

序号	项目名称	负责人	承担部门	项目分类、类别	预期成果形式	计划完成时间
68	熊式一《天桥》自译研究	陶欣尤	英语学院	新进青年教师科研启动项目	论文	2021. 12
69	资本主义精神与储蓄行为	黄小雨	金融学院	新进青年教师科研启动项目	论文	2021. 12
70	王维诗歌与美国诗歌的跨语际互文研究	曹培会	英语学院	新进青年教师科研启动项目	论文	2021. 12
71	贸易自由化与国有企业去杠杆：理论机制与经验证据	蒋灵多	国际经济贸易学院	新进青年教师科研启动项目	论文	2021. 12
72	商法思维与商事审判实践	楼秋然	法学院	新进青年教师科研启动项目	论文	2021. 12
73	高校科研成果转化与区域创新发展研究	薛新龙	教育与开放经济研究中心	新进青年教师科研启动项目	论文	2021. 12
74	公共政策——制定、执行与评估	王树文	公共管理学院	学术著作培育与出版资助专项	著作	2020. 12
75	再造媒介公共性	边　巍	中文学院	学术著作培育与出版资助专项	著作	2020. 12
76	Pragmatics for Beginners	向明友	英语学院	学术著作培育与出版资助专项	著作	2020. 12
77	全球价值链上的中国：开放战略与深度融合	刘　斌	中国 WTO 研究院	学术著作培育与出版资助专项	著作	2020. 12
78	先锋语境与中国当代小说叙事	张晓峰	中文学院	学术著作培育与出版资助专项	著作	2020. 12
79	全球气候金融的实践与启示	金仁仙	公共管理学院	学术著作培育与出版资助专项	著作	2020. 12

（对外经济贸易大学科研处供稿）

中国传媒大学

2018 年度承担国家级、省部级社会科学研究项目

序号	项目名称	负责人	承担部门	项目分类、类别	预期成果形式	计划完成时间
1	中国传媒体制机制创新研究	胡正荣	离任校领导	教育部人文社会科学研究、重点研究基地、重点项目	专著	2020. 01
2	国家语言文字工作专项项目（2018 年）	邹　煜	国家语言资源监测与研究有声媒体中心	国家语委科研项目	研究报告	2019. 12
3	语言文字国际高端专家来华交流项目	邹　煜	国家语言资源监测与研究有声媒体中心	国家语委科研项目	执行报告	2019. 12
4	红色影像：近期中国重大主题主旋律电影影像美学研究	李　力	中国传媒大学	广电总局科技研究、一般项目	专著	2020. 03
5	北京城市副中心城市城市形象塑造与传播研究	王润珏	国家传播创新研究中心	北京市社会科学基金、青年项目	专著	2019. 09

续表

序号	项目名称	负责人	承担部门	项目分类、类别	预期成果形式	计划完成时间
6	融媒体下的新闻视听语言理论及应用	张 丽	新闻学院	国家其他部委、一般项目	研究报告	2018.10
7	广播新闻宣传融合传播策略研究	孟 伟	传播研究院	广电总局社会科学研究、一般项目	研究报告	2020.09
8	新闻宣传融合传播策略研究	曾祥敏	电视学院	广电总局社会科学研究、一般项目	研究报告	2019.09
9	艺术科技融合与创新人才培养	段 鹏	校领导	北京文化艺术基金、一般项目	论文集、艺术作品、报告	2019.07
10	网络文艺批评人才培养	彭文祥	艺术研究院	北京文化艺术基金、一般项目	课程	2019.10
11	广播电视公益广告扶持项目效果评估研究	和群坡	广告学院	广电总局社会科学研究、一般项目	研究报告	2019.10
12	新时期中国电视剧/网络剧国际传播能力建设研究	张国涛	学术期刊中心	广电总局社会科学研究、一般项目	研究报告	2019.06
13	基于大数据的电视节目评价体系研究	宋 凯	戏剧影视学院	广电总局社会科学研究、一般项目	研究报告	2019.09
14	新时代文化建设背景下社会主义核心价值观动画创作研究	李文宁	宣传部	广电总局社会科学研究、其他项目	研究报告	2019.06
15	公益广告的运行机制与传播效果研究	初广志	广告学院	国家社会科学基金、后期资助、一般项目	专著	2020.10
16	融媒体背景下播音员主持人职业资格管理及教育培训研究	王宇红	播音主持艺术学院	广电总局社会科学研究、其他项目	研究报告	2018.10
17	媒体融合背景下我国广播电视创新发展研究	段 鹏	校领导	广电总局社会科学研究、其他项目	研究报告	2019.06
18	中国经典民间故事动漫创作研究	贾秀清	研究生院	广电总局社会科学研究、一般项目	研究报告	2019.10
19	我国广播电视公共服务提质增效研究——基于供给侧结构性改革的视角	金雪涛	经济与管理学院	国家其他部委、一般项目	研究报告	2019.10
20	融媒体时代高校广播影视创新人才培养研究	李 霞	人事处	广电总局社会科学研究、其他项目	研究报告	2019.06
21	新时代中国民众视觉艺术素养研究	赵风民	戏剧影视学院	国家社会科学基金艺术学、一般项目	专著	2022.09
22	中国剧本数据库构建及大数据智能剧本创作系统研究	李春芳	计算机与网络空间安全学院	国家社会科学基金艺术学、一般项目	数据库系统	2021.09
23	中国现代戏剧批评话语体系形成史	周靖波	人文学院	国家社会科学基金艺术学、一般项目	专著	2022.09
24	形态·基因·模式：网生内容发展动力及趋势研究	卜彦芳	经济与管理学院	国家社会科学基金艺术学、一般项目	专著	2021.09

续表

序号	项目名称	负责人	承担部门	项目分类、类别	预期成果形式	计划完成时间
25	乡村振兴战略中的文化建设路径研究	齐骥	文化产业管理学院	国家社会科学基金项目、青年项目	专著	2021.09
26	促进数字创意产业发展的政策研究	刘江红	文化产业管理学院	国家社会科学基金艺术学、一般项目	专著	2021.09
27	宋夏美术交流与中原风格的传播	邵军	戏剧影视学院	国家社会科学基金艺术学、一般项目	专著	2022.09
28	中国电视剧海外市场化推广研究	陈清洋	戏剧影视学院	广电总局社会科学研究、一般项目	研究报告	2019.10
29	新时代网络空间治理的实践创新研究	付晓光	电视学院	北京市社会科学基金、一般项目	专著	2021.09
30	国家音乐产业基地园区评价指标体系研究	赵志安	音乐与录音艺术学院	新闻出版署、一般项目	研究报告	2018.12
31	习近平关于新闻舆论工作的重要论述研究	高晓虹	电视学院	北京市社会科学基金、重点项目	研究报告	2020.09
32	新时代传承和弘扬中华美学精神研究	张晶	人文学院	北京市社会科学基金、重点项目	专著	2021.09
33	新时代电视文艺提升社会主义意识形态凝聚力引领力的路径研究	杜彩	人文学院	北京市社会科学基金、重点项目	专著	2021.09
34	习近平关于中国传统文化的重要论述研究	王韡	艺术研究院	北京市社会科学基金、一般项目	专著	2021.09
35	我国英文期刊现状及审批政策研究	周逵	电视学院	新闻出版署、一般项目	研究报告	2018.12
36	“一带一路”对外宣传及国际舆论引导问题研究	李继东	国家传播创新研究中心	国家社会科学基金重大项目、重点项目	专著	2022.09
37	京剧批评的发生与确立	周靖波	人文学院	北京市社会科学基金、一般项目	研究报告	2020.07
38	内容生态视角下首都自媒体产业运营与管理研究	马涛	广告学院	北京市社会科学基金、一般项目	研究报告	2021.10
39	国际视野下北京传媒产业转型与发展——基于影视 IP 开发与运营的研究	郎劲松	新闻学院	北京市社会科学基金、重点项目	研究报告	2021.10
40	面向人工智能的话语意义计算研究	宋凯	戏剧影视学院	国家其他部委、重点项目	研究报告	2019.09
41	全国文化中心建设中的网络舆论环境研究	宋凯	戏剧影视学院	北京市社会科学基金、一般项目	研究报告、论文	2020.08
42	中国传统鬼神戏研究	杨秋红	人文学院	国家社会科学基金、后期资助、一般项目	专著	2020.10
43	“智媒”时代首都智慧城市沟通机制研究	邵华冬	广告学院	北京市社会科学基金、一般项目	专著	2020.08

续表

序号	项目名称	负责人	承担部门	项目分类、类别	预期成果形式	计划完成时间
44	中国未来国际传播策略研究：基于中国方案的媒介化协商历史考察（1978—2017）	陆佳怡	新闻学院	教育部人文社会科学研究、青年基金项目	论文集	2021.12
45	博物馆情景化的传播效能研究	王　蕾	互联网信息研究院	教育部人文社会科学研究、青年基金项目	专著	2020.10
46	乡村振兴视野下的乡村春晚研究	龚伟亮	传播研究院	教育部人文社会科学研究、青年基金项目	专著	2020.10
47	高校科技成果转化的行动者网络构建与知识产权激励机制研究	张　寒	马克思主义学院	教育部人文社会科学研究、青年基金项目	专著	2021.10
48	光影信徒：中国当代电影摄影师研究	梁　明	戏剧影视学院	教育部人文社会科学研究、规划基金项目	专著	2021.10
49	基于增强现实的互动装置艺术在北京历史街区公共空间中的应用研究	曹凯中	戏剧影视学院	北京市社会科学基金、青年项目	专著、研究报告、系列论文	2020.12
50	中国广告40年研究	丁俊杰	广告学院	国家社会科学基金、一般项目	专著、研究报告	2021.09
51	移动互联网背景下主流媒体新闻视听传播变革研究	曾祥敏	电视学院	国家社会科学基金、重点项目	论文集、专著	2020.09
52	新时代中国特色社会主义新闻观念结构与演进研究	涂凌波	电视学院	国家社会科学基金、青年项目	专著、论文集	2021.09
53	习近平关于新闻舆论的重要论述研究	雷跃捷	传播研究院	国家社会科学基金、一般项目	专著、研究报告	2021.09
54	乐署与宋词演唱研究	董希平	人文学院	国家社会科学基金、一般项目	专著	2021.09
55	网络安全国际规范与我国战略选择研究	赵瑞琦	马克思主义学院	国家社会科学基金、一般项目	专著、论文集	2021.09
56	基于大数据的共享经济核算方法研究	刘延平	校领导	国家社会科学基金、一般项目	论文集、研究报告	2021.09
57	城市夜形象规划设计人才培养	张　林	戏剧影视学院	国家艺术基金、一般项目	研究报告	2018.12
58	“清真”标识的社会流通及传播效果研究	艾红红	新闻学院	国家其他部委、一般项目	研究报告	2019.12
59	漫画创作与新媒体应用人才培养	黄心渊	动画与数字艺术学院	国家艺术基金、一般项目	研究报告	2018.12
60	雄安文化管理人才培养	范　周	文化产业管理学院	国家艺术基金、一般项目	研究报告、作品	2018.12
61	民族语言调查·云南景洪基诺语补远方言	范丽君	人文学院	国家其他部委、其他项目	研究报告	2019.05

续表

序号	项目名称	负责人	承担部门	项目分类、类别	预期成果形式	计划完成时间
62	民族语言调查·四川丹巴尔龚语丹巴方言	李大勤	人文学院	国家其他部委、一般项目	研究报告	2018. 12
63	民族语言调查·西藏察隅藏语康方言察隅话	李大勤	人文学院	国家其他部委、一般项目	研究报告	2018. 12

2018 年度校级社会科学研究项目

序号	项目名称	负责人	承担部门	项目分类、类别	预期成果形式	计划结项日期
1	新闻出版广播影视业投融资问题研究	卜彦芳	经济与管理学院	一般项目	研究报告	2019. 10
2	改革开放四十年戏曲剧目及表导演艺术研究	赵　娟	戏剧影视学院	一般项目	研究报告	2018. 12
3	中国高校艺术类本科专业社会影响力排名研究	王保华	协同创新中心	一般项目	研究报告	2018. 12
4	创新与风控：提高影视剧制作企业竞争力的实证研究	宋　蕾	经济与管理学院	一般项目	论文	2019. 11
5	融媒体环境下我国影视人才培养的问题与对策研究	黄金华	戏剧影视学院	一般项目	论文	2019. 11
6	游牧服制的设计思想：帕米尔高原塔吉克族服饰功能及文化生态研究	李　楠	戏剧影视学院	一般项目	论文	2019. 11
7	对外传播视角下的“一带一路”文化符号提取与光媒介承载研究	张　林	戏剧影视学院	一般项目	论文	2019. 11
8	我国公共文化服务体系的投入产出绩效与供给侧结构性改革路径研究	金雪涛	经济与管理学院	一般项目	论文	2019. 11
9	中国现实题材电视剧的改革叙事研究	王利丽	戏剧影视学院	一般项目	论文	2019. 11
10	国家音乐产业基地园区评价指标体系研究（托举）	赵志安	音乐与录音艺术学院	一般项目	论文	2019. 11
11	宋代服饰形制文化研究	张　玲	戏剧影视学院	一般项目	论文	2019. 11
12	交互式技术与纪实影像的应用研究	李　智	电视学院	一般项目	论文	2019. 11
13	艺术融合时代下的传媒艺术理论建构	刘　俊	学术期刊中心	一般项目	论文	2019. 11
14	新网络社会增量建设与构筑新时代中国政治传播力研究	谢进川	政法学院	一般项目	论文	2019. 11
15	制度视野中的比较政治传播研究	苏　颖	政法学院	一般项目	论文	2019. 11
16	大数据与人工智能传播的法律规制体系研究	刘文杰	政法学院	一般项目	论文	2019. 11

续表

序号	项目名称	负责人	承担部门	项目分类、类别	预期成果形式	计划结项日期
17	中国音乐文化产业创新驱动路径与融合发展机制研究	张丰艳	音乐与录音艺术学院	一般项目	论文	2019. 11
18	技术视角下的音像制品研究	俞 镕	艺术教育中心	一般项目	论文	2019. 11
19	国内网络音乐发展现状分析与趋势研究	李小莹	音乐与录音艺术学院	一般项目	论文	2019. 11
20	中国当代电影声音创作者研究	王 珏	音乐与录音艺术学院	一般项目	论文	2019. 11
21	中韩流行音乐教育体系的比较研究	王 韡	艺术研究院	一般项目	论文	2019. 11
22	20 世纪戏曲“新编”历史与模式研究	施旭升	艺术研究院	一般项目	论文	2019. 11
23	吉尔·德勒兹艺术创造论美学研究	徐 辉	艺术研究院	一般项目	论文	2019. 11
24	国家文化政策与电影生态群落演进	马 潇	艺术研究院	一般项目	论文	2019. 11
25	香港广播史研究（1928—1997）	刘书峰	学术期刊中心	一般项目	论文	2019. 11
26	新时代网络短视频弘扬正能量创作生产研究	李文宁	校办	一般项目	论文	2019. 11
27	融媒语境下我国媒体“中央厨房”新闻生产流程再造实践研究	成文胜	新闻学院	一般项目	论文	2019. 11
28	新兴媒体语境下摄影形态的范式转变研究	罗 琳	新闻学院	一般项目	论文	2019. 11
29	智媒时代新闻生产的边界工作研究	仇筠茜	新闻学院	一般项目	论文	2019. 11
30	舆论学的本土化理论体系建构研究	王灿发	新闻学院	一般项目	论文	2019. 11
31	中国新闻漫画的传播效果与引导力研究	赵如涵	新闻学院	一般项目	论文	2019. 11
32	政治修辞与政治共识：政治宣传影像的影响力研究	邹 欣	新闻学院	一般项目	论文	2019. 11
33	新时代“人类命运共同体”传播评估体系研究	王锡苓	新闻学院	一般项目	论文	2019. 11
34	媒体融合背景下我国主流媒体短视频发展策略研究	匡 野	新媒体研究院	一般项目	论文	2019. 11
35	社交媒体时代事实核查新闻的生产、传播与功能研究	申金霞	高教传播与舆情监测研究基地	一般项目	论文	2019. 11
36	关于国家形象形成机制的多国对比双向实证研究	文春英	亚洲传媒研究中心	一般项目	论文	2019. 11
37	“一带一路”对外传播话语体系建构研究	王润珏	国家传播创新研究中心	一般项目	论文	2019. 11
38	新时期新闻评奖与中国特色新闻学理论体系建设研究	武 楠	团委	一般项目	论文	2019. 11

续表

序号	项目名称	负责人	承担部门	项目分类、类别	预期成果形式	计划结项日期
39	网络文艺的审美研究	朱传欣	戏剧影视学院	一般项目	论文	2019. 11
40	中国早期电影期刊研究（1921—1949）	陈清洋	戏剧影视学院	一般项目	论文	2019. 11
41	媒介融合环境下中国广播声音构成的新形态研究	姜　燕	戏剧影视学院	一般项目	论文	2019. 11
42	艺术电影院线的发展路径及平台建设研究	刘　亭	戏剧影视学院	一般项目	论文	2019. 11
43	新时代中国特色电影理论研究	张宗伟	戏剧影视学院	一般项目	论文	2019. 11
44	新时代扩大和提升文化消费路径研究——以 45 个文化消费试点城市为例	田　卉	文化产业管理学院	一般项目	论文	2019. 11
45	1922—1937 年中国现存电影文本全读解	袁庆丰	经济与管理学院	一般项目	论文	2019. 11
46	中、美英语报纸涉华报道之“话语图示”对比研究	任　玥	外国语言文化学院	一般项目	论文	2019. 11
47	中国电视剧创作与跨文化传播研究	杜莹杰	人文学院	一般项目	论文	2019. 11
48	丝绸之路上的《诗经》传播	李　颖	人文学院	一般项目	论文	2019. 11
49	中国文学批评“象喻”模式研究	刁生虎	人文学院	一般项目	论文	2019. 11
50	新时代电视文艺的社会主义意识形态情感认同研究	杜　彩	人文学院	一般项目	论文	2019. 11
51	外向型汉语新词语词典的编纂方案研究	高　玮	人文学院	一般项目	论文	2019. 11
52	《新刊韵略》及元代《礼部韵略》系韵书文献整理与研究	张民权	人文学院	一般项目	论文	2019. 11
53	19 世纪英国城乡文学关系研究	孙凌钰	人文学院	一般项目	论文	2019. 11
54	晋语和周边诸官话之关系的综合研究	范慧琴	人文学院	一般项目	论文	2019. 11
55	秦汉乐官制度与乐舞百戏研究	王克家	人文学院	一般项目	论文	2019. 11
56	认知形态学视角下的汉语词末指人语素构词研究	张未然	人文学院	一般项目	论文	2019. 11
57	魏晋南北朝生态思想研究	曹晓伟	马克思主义学院	一般项目	论文	2019. 11
58	以创造力为核心的创新型员工全面报酬机制研究	杨　悦	经济与管理学院	一般项目	论文	2019. 11
59	互联网时代的“中华老字号”品牌建设研究	孔清溪	经济与管理学院	一般项目	论文	2019. 11
60	基于区块链技术的共享经济平台研究	卢　威	经济与管理学院	一般项目	论文	2019. 11

续表

序号	项目名称	负责人	承担部门	项目分类、类别	预期成果形式	计划结项日期
61	“互联网+教育”推动我国城乡义务教育资源共享研究	高慧军	经济与管理学院	一般项目	论文	2019. 11
62	文化资本与中国经济增长动力研究	池建宇	经济与管理学院	一般项目	论文	2019. 11
63	数字内容产业创新人才培养机制研究	郑苏晖	经济与管理学院	一般项目	论文	2019. 11
64	价值共创视角下知识付费平台演化机制和发展模式研究	赵　丹	经济与管理学院	一般项目	论文	2019. 11
65	社交媒体传播主体责任伦理研究	张　燕	经济与管理学院	一般项目	论文	2019. 11
66	基于人工智能的剧本内容生产研究	宋　凯	戏剧影视学院	一般项目	论文	2019. 11
67	“一带一路”博物馆空间互联叙事及其传播效能研究	王　蕾	互联网信息研究院	一般项目	论文	2019. 11
68	中医药发展的舆情困局及对策	唐远清	新闻学院	一般项目	论文	2019. 11
69	维新派思想中蕴含的传播理论资源研究	张　磊	国家传播创新研究中心	一般项目	论文	2019. 11
70	后真相时代的网络流言传播	蔡　静	国际传媒教育学院	一般项目	论文	2019. 11
71	公益广告导向研究	和群坡	广告学院	一般项目	论文	2019. 11
72	电子游戏内容分析与分级方法研究	陈京炜	动画与数字艺术学院	一般项目	论文	2019. 11
73	“乡愁”与“尚未”：区域情感史视野下的台湾儿童电影创作历史研究	韩佳政	动画与数字艺术学院	一般项目	论文	2019. 11
74	基于社会化媒体的公益机构传播网络·从整体网到个体网	王筱卉	动画与数字艺术学院	一般项目	论文	2019. 11
75	新时代网络文化的话语转型、生态重塑与创新扩散研究	吴炜华	电视学院	一般项目	论文	2019. 11
76	文明互动视野中的互联网史论研究	崔　林	电视学院	一般项目	论文	2019. 11
77	多元语境下中国对东南亚国家传播研究	汤　璇	电视学院	一般项目	论文	2019. 11
78	情绪传播视域下网络舆情治理的路径与策略研究	田维钢	电视学院	一般项目	论文	2019. 11
79	突发热点舆情事件传播机制与应对研究	叶明睿	电视学院	一般项目	论文	2019. 11
80	新时代中国国际传播的理论与实践研究	张毓强	出版社	一般项目	论文	2019. 11
81	中国网络剧 IP 改编热的冷思考	黄金华	戏剧影视学院	一般项目	研究报告	2018. 11

续表

序号	项目名称	负责人	承担部门	项目分类、类别	预期成果形式	计划结项日期
82	大数据背景下智能媒体发展报告	邹　煜	国家语言资源监测与研究有声媒体中心	一般项目	研究报告	2018. 11
83	《构建中国电影学派：路径与实践》选题研究	史博公	戏剧影视学院	一般项目	专著	2018. 11
84	《中国青年动画学者论坛论文集》出版项目	刘书亮	戏剧影视学院	一般项目	著作	2018. 11
85	《智能媒体与泛娱乐化时代的数字创意行业变革》高峰论坛活动	崔蕴鹏	动画与数字艺术学院	一般项目	研究报告	2018. 11
86	安徽宣城徽商文化电视剧剧本孵化	宋　蕾	经济与管理学院	一般项目	研究报告	2018. 11
87	安徽宣城徽商文化采风调研	高　路	戏剧影视学院	一般项目	研究报告	2018. 11
88	情景式照明设计研究项目	黄心渊	动画与数字艺术学院	一般项目	研究报告	2018. 11
89	智能传播背景下的未来影像研究项目	宋　凯	戏剧影视学院	一般项目	研究报告	2018. 11
90	2018 年度中国传媒大学博士科研工作坊	郑苏晖	经济与管理学院	一般项目	研究报告	2018. 11
91	改革开放四十年国际文化市场高峰论坛	李怀亮	政法学院	一般项目	学术论坛、研究报告	2018. 10
92	2018 区域品牌发展国际论坛	文春英	亚洲传媒研究中心	一般项目	研究报告	2018. 11
93	口述历史国际周 2018	丁俊杰	广告学院	一般项目	研究报告	2018. 11
94	中国网络视频年度案例研究	王晓红	行政职能部门	一般项目	研究报告	2019. 11
95	教育质量评估与督导体系研究	王静冬	远程与继续教育学院	一般项目	研究报告	2019. 11
96	中国网络文学平台的版权运营研究（后期资助项目出版补助）	王晓丹	校办	一般项目	著作	2018. 10
97	庆祝改革开放四十周年展参展作品的设计与制作	宋东葵	戏剧影视学院	一般项目	作品展览	2018. 12
98	中国传媒大学少数民族学生工作的调查与研究	李静霞	马克思主义学院	一般项目	研究报告	2019. 10
99	党外人士发挥作用模式研究——以新媒体从业人员为研究对象	朱星辰	音乐与录音艺术学院	一般项目	研究报告	2019. 10
100	中国传媒大学特色班主任制及其在学生工作中发挥作用研究	敖缦云	外国语言文化学院	一般项目	研究报告	2019. 10
101	新媒体语境下传媒创新人才培养与发展研究	李飞雪	新闻学院	一般项目	研究报告	2019. 10

续表

序号	项目名称	负责人	承担部门	项目分类、类别	预期成果形式	计划结项日期
102	慕课背景下我校课堂教学模式研究	齐 骥	文化产业管理学院	一般项目	研究报告	2019.10
103	我校本科生外语学习状况调查与改进研究	刘秀文	外国语言文化学院	一般项目	研究报告	2019.10
104	雄安新区起步区基本公共文化服务体系规划	范 周	文化产业管理学院	一般项目	研究报告	2019.12
105	中国传媒大学学生阅读情况及图书馆使用情况调查	王锡苓	新闻学院	一般项目	研究报告	2019.10
106	高校学生党支部开展“不忘初心 牢记使命”主题教育实践与经验研究	王 博	马克思主义学院	一般项目	论文或研究报告	2019.07
107	微电影在思想政治理论课教学中的应用实效研究	马成瑶	马克思主义学院	一般项目	论文或研究报告	2019.07
108	态度视域下社会主义核心价值观认同长效机制研究	刘 鑫	马克思主义学院	一般项目	论文或研究报告	2019.07
109	高校“青马工程”的长效性培养机制研究	李淑文	马克思主义学院	一般项目	论文或研究报告	2019.07
110	中华传统廉文化与高校党风廉政建设研究	刁生虎	人文学院	一般项目	论文或研究报告	2019.07
111	习近平关于文艺的重要论述进教材进课堂进头脑研究	彭文祥	艺术研究院	一般项目	论文或研究报告	2019.07
112	新时期增强高校共青团的吸引力和凝聚力研究	陈莹峰	团委	一般项目	论文或研究报告	2019.07
113	新媒体技术在大学生心理危机预防与干预中的应用研究	张 静	学生工作部（武装部）	一般项目	论文或研究报告	2019.07
114	高校宣传习近平新时代中国特色社会主义思想的状况调查研究	储钰琦	党委宣传部	一般项目	论文或研究报告	2019.07
115	高校政治理论课教学内容创新效果研究	林 媛	马克思主义学院	一般项目	论文或研究报告	2019.07
116	吉尔·德勒兹艺术创造论美学研究	徐 辉	艺术研究院	一般项目	其他	2019.06
117	才子佳人题材与明清戏曲叙事	王永恩	戏剧影视学院	一般项目	其他	2019.06
118	网络电影、网络剧与网络综艺现状及发展研究	司 若	戏剧影视学院	一般项目	其他	2019.06
119	周贻白全集整理与年谱编修	丁明拥	戏剧影视学院	一般项目	其他	2019.06
120	移动传播时代新闻视听语言对舆论引导的效用研究	张 丽	新闻学院	一般项目	其他	2019.06
121	党报改革四十年的历程、成就和经验研究	张晓红	新闻学院	一般项目	其他	2019.06
122	我国风险传播中网络素养与社会安全问题研究	张 开	传播研究院	一般项目	其他	2019.06

续表

序号	项目名称	负责人	承担部门	项目分类、类别	预期成果形式	计划结项日期
123	新时代性别新闻生产与传播机制研究	张敬婕	媒介与女性研究中心	一般项目	其他	2019.06
124	网上正能量传播激励机制研究	薛宝琴	传播研究院	一般项目	其他	2019.06
125	新时代“人类命运共同体”全球传播能力和效果研究	王锡苓	新闻学院	一般项目	其他	2019.06
126	情绪传播视域下网络舆情治理的路径与策略研究	田维钢	电视学院	一般项目	其他	2019.06
127	国际社交媒体与新时代中国国际传播能力建设研究	任孟山	传播研究院	一般项目	其他	2019.06
128	全球传播背景下的新媒体国际传播机制创新及效果研究	康秋洁	传播研究院	一般项目	其他	2019.06
129	中苏新闻业交流研究（1917—1991）	贾乐蓉	传播研究院	一般项目	其他	2019.06
130	移动互联时代新闻作品著作权保护研究	成文胜	新闻学院	一般项目	其他	2019.06
131	舆情管理的大数据平台建设—大数据北京下跨屏传播舆情监管模式研究	孙振虎	电视学院	一般项目	研究报告	2019.07
132	媒介融合视域下新闻工作者的心理素质研究	陈　锐	新闻学院	一般项目	其他	2019.06
133	中国剧本数据库构建及大数据智能剧本创作系统研究（培育）	李春芳	计算机与网络空间安全学院	一般项目	其他	2019.06
134	新时代中国民众视觉艺术素养研究（培育）	赵风民	戏剧影视学院	一般项目	其他	2019.06
135	形态·基因·模式：网生内容发展动力及趋势研究（培育）	卜彦芳	经济与管理学院	一般项目	其他	2019.06
136	乡村振兴视野下的乡村春晚研究（培育）	龚伟亮	传播研究院	一般项目	其他	2019.06
137	光影信徒：中国当代电影摄影师研究（培育）	梁　明	戏剧影视学院	一般项目	其他	2019.06
138	中国现代戏剧批评话语体系形成史（培育）	周靖波	人文学院	一般项目	其他	2019.06
139	网络安全国际规范与我国战略选择研究（培育）	赵瑞琦	马克思主义学院	一般项目	其他	2019.06
140	高校内控体系研究	连长嵩	财务处	一般项目	其他	2019.06
141	20世纪中叶以来的西班牙语“侦探小说现象”研究	郑柳依	外国语言文化学院	一般项目	其他	2019.06
142	近年文艺创作与批评中的历史观问题研究	杨　杰	艺术研究院	一般项目	其他	2019.06

续表

序号	项目名称	负责人	承担部门	项目分类、类别	预期成果形式	计划结项日期
143	新时代中国大众传媒公信力研究	李　霞	人事处	一般项目	其他	2019.06
144	基于虚拟现实技术的影视创作与产业发展研究	杨洪涛	戏剧影视学院	一般项目	其他	2019.06
145	面向 2022 年北京冬奥会的体育传播创新研究	柳　帆	新闻学院	一般项目	其他	2019.06
146	基于知识去殖民化视角的当代加拿大反种族主义女性主义研究	唐觐英	媒介与女性研究中心	一般项目	其他	2019.06
147	新时代中国音乐产业园区建设发展研究	李小莹	音乐与录音艺术学院	一般项目	其他	2019.06
148	比较视野下的中国魔幻电影发展策略研究	刘思佳	戏剧影视学院	一般项目	其他	2019.06
149	中国广播抗战史研究	艾红红	新闻学院	一般项目	其他	2019.06
150	新时代全媒体语境下的中国英雄谱系塑造策略	张净雨	戏剧影视学院	一般项目	其他	2019.06
151	互联网时代背景下的当代中华文化认同问题研究	吕　欣	动画与数字艺术学院	一般项目	其他	2019.06
152	新时代中国网络视听新媒体业态环境发展及管理对策研究	王建华	新闻学院	一般项目	其他	2019.06
153	出版案例的选择、建构及出版案例教学的应用研究	李　频	传播研究院	一般项目	其他	2019.06
154	基于日本汉语教学史上典型教材语料的汉语字词二元机制研究	刘海燕	人文学院	一般项目	其他	2019.06
155	中国文学“象喻”批评研究	刁生虎	人文学院	一般项目	其他	2019.06
156	中、美英语报纸涉华报道之话语图示对比研究	任　玥	外国语言文化学院	一般项目	其他	2019.06
157	中国传统文化典籍英译与对外传播策略研究	马建丽	外国语言文化学院	一般项目	其他	2019.06
158	媒介融合影响下的奥运传播与产业开发研究	赵晓琳	体育部	一般项目	其他	2019.06
159	党建引领辖区共建社区体育综合体新模式的研究	王胜超	体育部	一般项目	其他	2019.06
160	高质量发展背景下文化产业政策效果评估研究	仇喜雪	经济与管理学院	一般项目	其他	2019.06
161	网络共享经济的市场现状、发展趋势及管理对策	杨雪睿	广告学院	一般项目	其他	2019.06
162	新世纪欧美艺术电影创作趋势研究	王　田	戏剧影视学院	一般项目	其他	2019.06
163	新媒体艺术创作中东方美学的运用研究	金　妹	戏剧影视学院	一般项目	其他	2019.06

续表

序号	项目名称	负责人	承担部门	项目分类、类别	预期成果形式	计划结项日期
164	中国独立游戏创作研究	陈京炜	动画与数字艺术学院	一般项目	其他	2019.06
165	媒介融合环境下的广播艺术发展研究	孟　伟	传播研究院	一般项目	其他	2019.06
166	"一带一路"背景下中国译制艺术发展与影视国际传播研究	麻争旗	外国语言文化学院	一般项目	其他	2019.06
167	农村民营艺术表演团体现状调查与研究	杨剑飞	文化产业管理学院	一般项目	其他	2019.06
168	设计思维支持下的文化产品交互式创新设计研究	刘丽华	经济与管理学院	一般项目	其他	2019.06
169	中国影视剧对非洲传播模式与路径研究	舒凌云	培训学院	一般项目	其他	2019.06
170	中国演播艺术家口述史	曾志华	播音主持艺术学院	一般项目	其他	2019.06
171	电子游戏的玩家体验分析	韩红雷	动画与数字艺术学院	一般项目	其他	2019.06
172	互联网听觉空间与听觉文化研究	隋　欣	亚洲传媒研究中心	一般项目	其他	2019.06
173	面向计算的现代汉语"把"字句研究	王璐璐	人文学院	一般项目	其他	2019.06
174	现代通俗文学中的"北京"书写	凌云岚	人文学院	一般项目	其他	2019.06
175	高校通识课程"从脑到心"的探索——以本科公共选修课《丰盛人生的根基》为例	高　玮	人文学院	一般项目	其他	2019.06
176	比较视域中的中美当代电视剧艺术创新研究	吕晓志	外国语言文化学院	一般项目	其他	2019.06
177	以丝绸之路为主题的德语图书研究	程　巍	外国语言文化学院	一般项目	其他	2019.06
178	新时期我国体育动漫的发展与促进体育文化传播相融合的研究	杨　奇	体育部	一般项目	其他	2019.06
179	社会主义核心价值观的博物馆传播教育研究	杨　倩	马克思主义学院	一般项目	其他	2019.06
180	移动互联网时代中国网络流言传播规律和治理策略	蔡　静	国际传媒教育学院	一般项目	其他	2019.06
181	中华经典诵读的美学研究	成　倍	播音主持艺术学院	一般项目	其他	2019.06
182	人工智能视域下的动画创作与文化传承研究	张启忠	动画与数字艺术学院	一般项目	其他	2019.06
183	当代中国校歌文化考察	魏晓凡	艺术研究院	一般项目	其他	2019.06

续表

序号	项目名称	负责人	承担部门	项目分类、类别	预期成果形式	计划结项日期
184	依托壮族地域特色文化推进社会主义核心价值体系大众认同研究	王冀中	动画与数字艺术学院	一般项目	其他	2019.06
185	中国体育题材影视剧研究	唐培林	戏剧影视学院	一般项目	其他	2019.06
186	多屏互动时代青年电视剧观众接受心理研究	秦俊香	戏剧影视学院	一般项目	其他	2019.06
187	基于行牧迁徙的新疆与中亚跨境民族衣饰传播关系调查研究	李　楠	戏剧影视学院	一般项目	其他	2019.06
188	媒介融合环境下广播“声音构成”的新形态研究	姜　燕	戏剧影视学院	一般项目	其他	2019.06
189	基于虚拟现实的交互叙事理论与艺术创作研究	黄　石	动画与数字艺术学院	一般项目	其他	2019.06
190	创新公共文化数字视听产品服务效能研究	赵　曦	电视学院	一般项目	其他	2019.06
191	中国影视产业的创新性发展与创造性转换	刘新鑫	亚洲传媒研究中心	一般项目	其他	2019.06
192	中国电视剧创作与跨文化传播研究	杜莹杰	人文学院	一般项目	其他	2019.06
193	中国电视剧“人民性”美学内涵研究	陈友军	人文学院	一般项目	其他	2019.06
194	结合大数据分析的网络剧版权价值评估实证研究	宋培义	经济与管理学院	一般项目	其他	2019.06
195	基于文化软实力建设的对外文化交流效果评估	方　英	经济与管理学院	一般项目	其他	2019.06
196	“互联网+”模式下我国电影产业绩效与融合创新研究	金雪涛	经济与管理学院	一般项目	其他	2019.06
197	中国诵读艺术发展史研究	王宇红	播音主持艺术学院	一般项目	其他	2019.06
198	传媒艺术时代中国高校美育建设研究	吉　也	艺术教育中心	一般项目	其他	2019.06
199	“一带一路”视域下国际化新闻传播人才培养机制研究	耿益群	传播研究院	一般项目	其他	2019.06
200	新媒体环境下国家核心价值观融入高校人才培养的长效机制研究	李巧针	马克思主义学院	一般项目	其他	2019.06

（中国传媒大学科学研究处供稿）

中国农业大学

2018 年度承担国家级、省部级社会科学研究项目

序号	项目名称	负责人	承担部门	项目分类、类别	预期成果形式	计划完成时间
1	打赢扶贫攻坚战跟踪评估研究	左　停	人文与发展学院	国家社会科学基金项目	专著、研究报告	2019.12
2	肉牛养殖废弃物资源化利用模式选择、利益分配与政策设计研究	王玉斌	经济管理学院	国家社会科学基金项目	论文集、研究报告	2021.06
3	乡村振兴视角下新媒体与乡村治理关系研究	李红艳	人文与发展学院	国家社会科学基金项目	研究报告	2021.12
4	基于循环经济视角的畜禽养殖废弃物治理模式与支持政策研究	乔　娟	经济管理学院	国家社会科学基金项目	研究报告	2021.08
5	基于空间经济理论的土地利用格局与我国区域收入不平衡的研究	王　健	资源与环境学院	国家社会科学基金项目	专著、研究报告	2021.06
6	国家监察权与其他监督权协调衔接法律制度研究	朱智毅	人文与发展学院	国家社会科学基金项目	论文集、研究报告	2021.12
7	我国粮食生产的水资源时空匹配及优化路径研究	穆月英	经济管理学院	国家社会科学基金项目	专著、研究报告	2023.12
8	土地流转配给与农户生产效率损失研究	朱俊峰	经济管理学院	教育部人文社会科学研究项目	论文	2020.06
9	寄宿制对我国农村地区基础教育阶段学生人力资本积累的影响研究	陈祁晖	经济管理学院	教育部人文社会科学研究项目	论文、咨询报告	2020.06
10	碳市场、碳减排与企业价值：基于我国七个碳试点市场参与企业的研究	许　骞	经济管理学院	教育部人文社会科学研究项目	论文	2020.06
11	益贫式增长及包容性发展视角下精准脱贫政策的效果评价研究	于乐荣	人文与发展学院	教育部人文社会科学研究项目	论文	2020.06
12	引用内容分析视角下科学家的学术传承研究	赵　勇	图书馆	教育部人文社会科学研究项目	论文	2020.06
13	我国居民应对环境污染的行为策略、影响因素及其作用机制研究	廖媛红	经济管理学院	教育部人文社会科学研究项目	论文	2020.06
14	中外合作办学高校思想政治教育工作研究	刘亚楠	国际学院	教育部人文社会科学高校思政专项	论文	2020.12
15	基于城乡融合视角的北京郊区农业众筹：理论探讨及实施路径	鞠荣华	经济管理学院	北京市社会科学基金项目	研究报告	2020.06
16	京津冀农民合作社减贫绩效及协同政策研究	冯开文	经济管理学院	北京市社会科学基金项目	研究报告	2020.06

续表

序号	项目名称	负责人	承担部门	项目分类、类别	预期成果形式	计划完成时间
17	京津冀农村人居环境协同治理研究	赵　霞	经济管理学院	北京市社会科学基金项目	研究报告	2020. 12
18	京津冀农村基层党组织组织力提升研究	陈东琼	马克思主义学院	北京市社会科学基金项目	研究报告	2020. 12
19	改革开放40年中国农村基层党组织建设的历程与经验研究	李桂华	马克思主义学院	北京市社会科学基金项目	系列论文	2021. 06
20	国际金融危机以来新自由主义思潮的新发展研究	王　娜	马克思主义学院	北京市社会科学基金项目	系列论文	2020. 07
21	乡村治理重心下移的主体和路径研究	饶　静	人文与发展学院	农业部软科学项目	研究报告	2018. 04
22	碳市场对企业价值的影响机制研究：理论建模、会计计量与实证检验	许　骞	经济管理学院	国家自然科学基金项目	研究报告	2021. 12
23	大数据吸收能力对我国农业企业突破式创新的影响机制研究	宋默西	经济管理学院	国家自然科学基金项目	研究报告	2021. 12
24	基于风险管控的粮食作物保险绩效研究：方法、水平与提升路径	任金政	经济管理学院	国家自然科学基金项目	研究报告	2022. 12
25	基于产品特性与供给结构调整的我国苜蓿种植业发展研究	王文信	经济管理学院	国家自然科学基金项目	研究报告	2022. 12

（中国农业大学科学技术发展研究院张颖供稿）

中国地质大学（北京）

2018年度承担国家级、省部级社会科学研究项目

序号	项目名称	负责人	承担部门	项目分类、类别	预期成果形式	计划完成时间
1	社会主要矛盾变化新要求下共享发展及其实现机制研究	魏志奇	马克思主义学院	国家社会科学基金、青年项目	专著、论文集	2021. 12
2	新时代生态文明建设思想研究	杨峻岭	马克思主义学院	教育部人文社科研究、专项任务项目	论文	2019. 10
3	不同心理韧性矿工对安全信息的注意偏向及影响机制研究	吴　祥	工程技术学院	教育部人文社科研究、青年项目	论文	2021. 12
4	非首都功能疏解下北京城市资源环境承载力动态演化研究	黄书培	经管学院	教育部人文社科研究、青年项目	论文	2020. 12

续表

序号	项目名称	负责人	承担部门	项目分类、类别	预期成果形式	计划完成时间
5	坚持人与自然和谐共生研究	杨峻岭	马克思主义学院	北京市习近平新时代中国特色社会主义思想研究中心暨北京市社会科学基金、重大项目	论文	2020.09
6	北京疏解腾退空间合理利用研究	赵华甫	土科学院	北京市社会科学基金、一般项目	论文	2021.12
7	自尊缓冲贫穷对北京市流动儿童身体健康的影响	卢焕华	马克思主义学院	北京市社会科学基金、青年项目	研究报告	2021.07
8	基于微信公众平台的思政课教学模式创新研究	卢焕华	马克思主义学院	首都大学生思想政治教育研究课题	研究报告、论文	2019.12
9	新时代理工科大学生工匠精神培育研究	申　健	马克思主义学院	首都大学生思想政治教育研究课题	研究报告、论文	2019.09
10	理工类高校青年教师思想、工作、生活状况调查研究——以中国地质大学（北京）为例	多宏宇	宣传部	首都大学生思想政治教育研究课题	研究报告、论文	2020.07
11	阶梯式推进大学生意识形态教育模式研究	王燕晓	马克思主义学院	首都大学生思想政治教育研究课题	研究报告、论文	2019.04

2018 年度校级社会科学研究项目（横向）

序号	项目名称	负责人	承担部门	项目分类、类别	预期成果形式	计划完成时间
1	中国在线教育质量保障体系	赵乐华	继教学院	企事业单位委托项目	研究报告	2018.12
2	新疆馆藏地质资料服务和利用综合分析评价研究	张淑平	土科学院	企事业单位委托项目	研究报告	2019.07
3	北京高校大学生社会主义核心价值观认同状况调查与分析	杨峻岭	马克思主义学院	企事业单位委托项目	论文、研究报告	2020.12
4	重点地区枯竭盐矿（井）资源现状及开发利用研究	张淑平	土科学院	企事业单位委托项目	研究报告	2019.12
5	雄安新区建设融资模式研究	董　普	经管学院	其他横向项目	研究报告	2018.09
6	张家口市草原天路总体旅游规划	王　炜	经管学院	其他横向项目	研究报告	2019.06
7	《2018 年北京民进会员思想政治状况调研》和《2018 年北京民进青年会员思想政治状况调研》	刘海燕	经管学院	其他横向项目	研究报告	2018.12
8	北京市海淀区人大代表建议办理工作评估方案设计与实施（2018 年度）	葛建平	经管学院	其他横向项目	研究报告	2018.12
9	第三轮矿产资源规划	牛建英	经管学院	其他横向项目	研究报告	2018.12

续表

序号	项目名称	负责人	承担部门	项目分类、类别	预期成果形式	计划完成时间
10	青年大学生创新创业意识培养模式探析	于清海	材料学院	其他横向项目	研究报告	2019. 11
11	祁连山地区水资源与能源的社会经济调查与核算	葛建平	经管学院	其他横向项目	研究报告	2019. 11
12	国土资源人才供需与专业指导目录编制——国土资源科技人才分类评价及应用研究	方 伟	经管学院	其他横向项目	研究报告	2018. 12
13	文献知识组织研究	方 伟	经管学院	其他横向项目	研究报告	2018. 12

2018 年度校级社会科学研究项目

序号	项目名称	负责人	承担部门	项目分类、类别	预期成果形式	计划完成时间
1	大学生志愿服务评价认证体系的构建	于海亮	地科学院	基科研费科研启动基金项目	论文、报告	2019. 10
2	大学生创新创业实践育人体系研究	吴海英	学工处	基科研费科研启动基金项目	论文、报告	2019. 10
3	习近平传统文化观融入“纲要”课教学研究	彭文峰	马克思主义学院	基科研费科研启动基金项目	论文、报告	2019. 10
4	中国传统音乐对当代大学生美育教育的影响机制研究	张翊滔	学工处	基科研费科研启动基金项目	论文、报告	2019. 10
5	中国传统文化中担当精神在新时期大学生思政教育中的探索——以中国地质大学（北京）为例	于清海	材料学院	基科研费科研启动基金项目	论文、报告	2019. 10
6	环境工程专业生产实习的现实困境与激励机制研究	张宝刚	水环学院	基科研费科研启动基金项目	论文、报告	2019. 10
7	本科生外语课程思政建设	隗雪燕	外语学院	基科研费科研启动基金项目	论文、报告	2019. 10
8	新时代研究生思政与职业生涯协同教育机制研究	薛思雅	地科学院	基科研费科研启动基金项目	论文、报告	2019. 10
9	当代大学生群体特征与中华优秀传统文化教育机制研究	张 莉	地科学院	基科研费科研启动基金项目	论文、报告	2019. 10
10	高校思想政治工作之实践育人探究	伊 然	地科学院	基科研费科研启动基金项目	论文、报告	2019. 10
11	“四个正确认识”融入《大学生职业生涯规划与就业指导（1）》课程的现实需求与路径探析	吕慧敏	信工学院	基科研费科研启动基金项目	论文、报告	2019. 10
12	高校党团班“三位一体”协同育人工作机制构建研究	余 茹	外语学院	基科研费科研启动基金项目	论文、报告	2019. 10
13	“纲要”课问题导向式专题教学提高当代大学生抵制历史虚无主义能力的探究	刘 芳	马克思主义学院	基科研费科研启动基金项目	论文、报告	2019. 10

续表

序号	项目名称	负责人	承担部门	项目分类、类别	预期成果形式	计划完成时间
14	新时代高校思想政治理论课教育探索——以自然辩证法课为例	王　巍	马克思主义学院	基科研费科研启动基金项目	论文、报告	2019. 10
15	新时代研究生师生关系探析	唐　旭	数理学院	基科研费科研启动基金项目	论文、报告	2019. 10

〔中国地质大学（北京）科技处崔永平供稿〕

北京科技大学

2018 年度承担国家级、省部级等社会科学研究项目

序号	项目名称	负责人	承担部门	项目分类、类别	预期成果形式	计划完成时间
1	北京市高校体育教师发展研究	钱娅艳	体育部	北京市教育科学规划项目、委托项目	研究报告	2018. 12
2	新时代青年马克思主义者培养机制创新研究	张红霞	马克思主义学院	共青团中央中国特色社会主义理论体系研究中心、委托项目	研究报告	2018. 11
3	理工科高校“生态文明”素养教育研究	毕　丞	马克思主义学院	北京市教工委、委托项目	研究报告、论文	2019. 12
4	高校思想政治理论课实践育人机制研究	李薇薇	马克思主义学院	北京市教工委、委托项目	论文	2019. 12
5	北京科技大学“微言大义”新媒体传播工作室	于成文	党校、机关党委	北京市教工委、委托项目	论文、视频	2020. 12
6	北京循环经济发展报告	朱晓宁	东凌经济管理学院	北京市社会科学基金、青年项目	专著	2019. 05
7	基于居民行为的北京城市生活垃圾能源化潜力研究	王　琛	东凌经济管理学院	北京市社会科学基金、青年项目	研究报告	2020. 12
8	区域异质性视角下京津冀绿色增长评价与实现路径研究	王晓岭	东凌经济管理学院	北京市社会科学基金、青年项目	研究报告	2021. 06
9	全球加氢站建设与运营及其对北京低碳交通发展的启示	葛泽慧	东凌经济管理学院	北京市社会科学基金、青年项目	研究报告	2020. 08
10	众创思维下北京市工业设计企业的创新模式研究	李英姿	东凌经济管理学院	北京市社会科学基金、一般项目	系列论文	2021. 06
11	中英双语者语音习得的统计学习规律之反拨优势效应	官　群	外国语学院	北京市社会科学基金、一般项目	研究报告、其他（语音感知软件和系列测量量表）	2022. 12
12	多目标下京津冀能源行业与环境优化模型与调控策略研究	陈　聪	东凌经济管理学院	北京市社会科学基金、青年项目	研究报告	2021. 06
13	面向时间维度的古代汉语开放型语料库的研究与建设	皇甫伟	计算机与通信工程学院	北京市社会科学基金、一般项目	其他（语料库软件）	2021. 06

续表

序号	项目名称	负责人	承担部门	项目分类、类别	预期成果形式	计划完成时间
14	大数据时代网络舆情的社会治理研究	潘建红	马克思主义学院	北京市社会科学基金、一般项目	研究报告	2020.03
15	中学生英语学习困难的脑机制研究	官 群	外国语学院	国家社会科学基金、一般项目	专著、研究论文、研究报告	2021.12
16	重构社区—社会网络视角下社区共治路径与机制研究	王 杨	马克思主义学院	国家社会科学基金、青年项目	专著	2019.06
17	晚晴日语译才培养机制与中国翻译文学近现代化进程关系研究	汪帅东	外国语学院	国家社会科学基金、青年项目	专著	2020.12
18	新时代中国特色政治话语的对外翻译和国际传播研究	赵 晶	外国语学院	国家社会科学基金、青年项目	专著	2021.08
19	我国学校体育、家庭体育和社区体育融合模式构建及实现机制研究	钱娅艳	体育部	国家社会科学基金、一般项目	研究报告	2021.08
20	关中地区战国时期冶铁技术研究	陈坤龙	科技史与文化遗产研究院	国家社会科学基金、青年项目	研究报告、其他	2021.06
21	全球关键信息基础设施网络安全保护体系比较与启示建议	陈红松	计算机与通信工程学院	国家社会科学基金、一般项目	论文集、研究报告	2021.06
22	多元文化背景下青少年马克思主义信仰培育研究	张红霞	马克思主义学院	国家社会科学基金、一般项目	专著、论文集	2019.12
23	建立健全与新时代社会主要矛盾新变化相适应的阳光信访工作制度研究	时立荣	文法学院	国家信访局、委托项目	研究报告	2019.03
24	博物馆藏品管理规范	陈坤龙	科技史与文化遗产研究院	国家文物局、委托项目	研究报告	2018.12
25	新时代中国特色政治话语对外翻译的基本原则和传播规律	赵 晶	外国语学院	中国外文出版发行事业局、委托项目	研究报告	2019.06
26	习近平关于科技创新重要论述术语库的建设与研究	赵秋荣	外国语学院	中国外文出版发行事业局、委托项目	研究报告	2019.12
27	2017年全国学生资助工作绩效考评	曲绍卫	文法学院	教育部全国学生资助管理中心、委托项目	研究报告	2019.02
28	高校思想政治工作中青年骨干队伍建设项目	于成文	党校、机关党委	教育部人文社会科学规划项目、高校思想政治工作中青年骨干队伍建设项目	研究报告、论文、读物	2020.12
29	新时代大学生社会实践“五位一体”模式质量提升工程	臧 勇	机械工程学院	教育部人文社会科学规划项目、高校思想政治工作精品项目	研究报告、网站系统	2020.09

续表

序号	项目名称	负责人	承担部门	项目分类、类别	预期成果形式	计划完成时间
30	关于加强“形势与政策”课教学实效性的对策研究	周　鑫	马克思主义学院	教育部人文社会科学规划项目、2018年度全国高校优秀中青年思想政治理论课教师择优资助计划	系列论文	2020. 12
31	网络社区意识形态论争的分类应对策略研究	李艳艳	马克思主义学院	教育部人文社会科学研究、一般项目	论文、咨询报告	2020. 07
32	结构突变下农产品期货市场风险传染与系统性风险测度研究	刘祥东	东凌经济管理学院	教育部人文社会科学研究、青年基金项目	著作、论文	2021. 12
33	应对与抵制历史虚无主义研究	魏　佳	马克思主义学院	教育部人文社会科学研究、青年基金项目	论文、咨询报告	2019. 12
34	应用改进的渗流模型研究股票价格波动的统计规律性质	牛红丽	东凌经济管理学院	教育部人文社会科学研究、青年基金项目	论文	2020. 12
35	轨道交通系统适灾韧性治理决策研究	王志如	东凌经济管理学院	教育部人文社会科学研究、青年基金项目	论文	2021. 12
36	可持续发展背景下城市生活垃圾管理模式研究	王　琛	东凌经济管理学院	教育部人文社会科学研究、青年基金项目	论文、电子出版物	2020. 12
37	质量强国战略下企业质量管理实践的影响与形成机制：基于地区差异的多层次模型	尹　奎	东凌经济管理学院	教育部人文社会科学研究、青年基金项目	论文	2020. 12
38	商事视域下动产担保物的收益及顺位规则研究	李　莉	文法学院	教育部人文社会科学研究、青年基金项目	著作、论文	2021. 02
39	具身统计学习视角下的故事词汇英汉双语对照参数数据库建立及实证研究	卢　超	外国语学院	教育部人文社会科学研究、青年基金项目	电子出版物	2021. 09
40	金融业开放下的货币政策与宏观审慎监管：基于开放经济 DSGE 模型的研究	雷文妮	东凌经济管理学院	教育部人文社会科学研究、青年基金项目	论文、咨询报告	2020. 12
41	新形势下加强意识形态工作阵地建设和管理研究	彭庆红	马克思主义学院	教育部人文社会科学研究、专项委托项目	论文	2018. 11
42	新形势下高校纪检监察机关履职能力提升路径研究	卢文超	马克思主义学院	教育部人文社会科学研究、青年基金项目	论文、咨询报告	2020. 06

2018 年度校级社会科学研究项目

序号	项目名称	负责人	承担部门	项目分类、类别	预期成果形式	计划完成时间
1	学生党支部、团支部协同工作机制与党建带团建工作研究	杨若环	国家材料服役安全科学中心	2018 党建研究课题	研究报告	2018. 12
2	高校辅导员“四个意识”现状分析和培养机制的探究	李　帅	材料科学与工程学院	2018 党建研究课题	调研报告	2018. 12
3	探索“党建+”模式，提升基层支部组织力的研究和实践——以资产管理工作为例	金仁东	党校、机关党委	2018 党建研究课题	论文、结题报告	2018. 12
4	高校非教学科研岗教工党员在学风建设中的作用探索——以教务处为例	李　虹	党校、机关党委	2018 党建研究课题	研究报告	2018. 12
5	以提升组织力为重点加强基层党组织建设研究	邓　波	文法学院	2018 党建研究课题	论文	2018. 12
6	高校建设高素质专业化干部队伍的实践机制研究	潘建红	马克思主义学院	2018 党建研究课题	论文、研究报告	2018. 12
7	学校党支部、团支部、班级协同工作机制研究	杨明明	计算机与通信工程学院	2018 党建研究课题	研究报告、期刊论文	2018. 12
8	基层党组织设置和活动方式创新研究·大学生“党建进宿舍”工作育人功能的实践探索	鲍　博	后勤服务集团、后勤党委	2018 党建研究课题	研究报告	2018. 12
9	高校共青团“第二课堂成绩单”制度实践效果研究——以化学与生物工程学院“第二课堂学生成长助力工程”为例	曹艳秋	化学与生物工程学院	2018 党建研究课题	课题报告	2018. 12
10	“双一流”建设背景下，高校青年教师思想动态与能力发展需求研究	张朝磊	材料科学与工程学院	2018 党建研究课题	调研报告、研究论文	2018. 12
11	“双培计划”学生的心理健康状况研究——以北京科技大学为例	臧伟伟	党校、机关党委	2018 党建研究课题	论文	2018. 12
12	基于大数据的高校基层党建探索	马忠贵	计算机与通信工程学院	2018 党建研究课题	研究论文、研究报告	2018. 12
13	高校党员树立正确世界观、人生观、价值观研究	李婉平	文法学院	2018 党建研究课题	论文	2018. 12
14	新时代高校教职工党支部组织力提升策略探究	顾钟杰	能源与环境工程学院	2018 党建研究课题	论文	2018. 12
15	基于“互联网+”视角下的高校大学生党员培养模式研究——以计算机与通信工程学院为例	杨　健	计算机与通信工程学院	2018 党建研究课题	研究报告	2018. 12
16	高校学生党支部、班级、团支部“三体并举”协同工作机制研究	郭　南	学生处	2018 党建研究课题	论文	2018. 12

续表

序号	项目名称	负责人	承担部门	项目分类、类别	预期成果形式	计划完成时间
17	高校基层党组织与学科建设的创新机制研究	黄国忠	土木与资源工程学院	2018 党建研究课题	课题研究报告	2018. 12
18	“卓越计划”学生思想特征及影响因素研究	王小宁	高等工程师学院	2018 党建研究课题	论文及研究报告	2018. 12
19	基于党支部书记述职工作的新时期学生党支部书记队伍建设方式探究	陈　雷	机械工程学院	2018 党建研究课题	结题报告及研究论文	2018. 12
20	党的十九大精神宣传教育工作的问题导向与实践创新研究	于国辉	马克思主义学院	2018 党建研究课题	研究报告、论文	2018. 12
21	借力环境工程学科建设，促进基层党支部发展	易红宏	能源与环境工程学院	2018 党建研究课题	研究论文及调研报告	2018. 12
22	“不忘初心、牢记使命”主题教育实践与经验研究	王宇航	数理学院	2018 党建研究课题	调研报告	2018. 12
23	高校学生社团党建工作的探索与研究	陈大鹏	党校、机关党委	2018 党建研究课题	调研报告	2018. 12
24	基层党支部在提升女性档案工作者职业幸福感中的作用	罗明书	党校、机关党委	2018 党建研究课题	课题结题报告	2018. 12
25	“不忘初心、牢记使命”主题教育实践与经验研究	金龙哲	土木与资源工程学院	2018 党建研究课题	研究报告、论文	2018. 12
26	基于360 环评体系，党员发展全面综合展示答辩机制探索与研究——以材料学院为例	高晓丹	材料科学与工程学院	2018 党建研究课题	研究报告	2018. 12
27	双一流建设背景下高校海归青年教师思想政治教育的困境及对策研究	吴春京	新材料技术研究院	2018 党建研究课题	分析报告、论文	2018. 12
28	高校共青团“第二课堂成绩单”制度时间效果研究	王　鹂	党校、机关党委	2018 党建研究课题	论文、调研报告	2018. 12
29	高等院校出国（境）交流人员留学期间党建工作机制与管理模式研究	纪洪广	土木与资源工程学院	2018 党建研究课题	论文	2018. 12
30	以自动化专业课为例探索课程思政建设	景　鹏	自动化学院	2018 党建研究课题	研究报告、论文	2018. 12
31	首都工业遗址文化功能的保护与再开发再利用研究——以首钢公司和718 联合厂（798 艺术区）为例	崔　睿	党办、校办	2018 年“双百行动计划”青年教师社会调研项目	研究报告	2018. 11
32	发挥“三山五园”中国精神传播作用——以圆明园服务蓝图为例	魏　东	机械工程学院	2018 年“双百行动计划”青年教师社会调研项目	研究报告	2018. 11
33	大学生志愿服务在国际交往中的机制构建	盛佳伟	党校、机关党委	2018 年“双百行动计划”青年教师社会调研项目	研究报告	2018. 11

（北京科技大学技术研究院李静供稿）

北京交通大学

2018 年承担国家级、省部级等社会科学研究项目

序号	项目名称	负责人	承担部门	项目分类、类别	预期成果形式	计划完成时间
1	共享经济下构建我国分级医疗体系研究	张润彤	经济管理学院	国家社会科学基金、重大项目	论文、研究报告、专著	2023.12
2	新时代技能人才工匠精神研究	叶 龙	经济管理学院	国家社会科学基金、重点项目	论文、研究报告	2020.12
3	21 世纪后马克思主义意识形态理论逻辑范式的激进转向及对我国的启示	赵 伟	马克思主义学院	国家社会科学基金、一般项目	专著	2021.06
4	我国高速铁路建设项目经济评价体系重构研究	陈佩虹	经济管理学院	国家社会科学基金、一般项目	研究报告	2020.12
5	自媒体时代中国主流意识形态的传播机制及策略研究	安 娜	马克思主义学院	国家社会科学基金、青年项目	专著、论文	2020.06
6	“一带一路”物流支撑体系构建	施先亮	经济管理学院	国家社会科学基金、后期资助项目	专著	2021.05
7	互联网竞争政策研究	方 燕	经济管理学院	国家社会科学基金、后期资助项目	专著	2019.03
8	基于 TOD 理念的城市轨道交通站域空间设计与评价研究	高 巍	建筑与艺术学院	教育部人文社会科学研究、一般项目	论文、研究报告	2021.12
9	“一带一路”框架下人力资源管理边界研究——基于劳动条件标准的视角	石美遐	经济管理学院	教育部人文社会科学研究、一般项目	论文、研究报告、专著	2021.03
10	先秦谏议思想研究	周 耿	马克思主义学院	教育部人文社会科学研究、青年项目	专著、论文	2021.10
11	新时代中国设计人类学理论与实践范式研究	耿 涵	建筑与艺术学院	教育部人文社会科学研究、青年项目	论文、研究报告、专著	2021.06
12	社交媒体中转基因的风险社会放大研究	黄彪文	语言与传播学院	教育部人文社会科学研究、青年项目	论文、研究报告	2021.07
13	社交网络舆情演进态势预测及引导方法研究	熊 菲	电子信息工程学院	教育部人文社会科学研究、青年项目	论文、专利	2021.08
14	新工科研究生创新创业能力跨学科培养体验式教育模式研究	屈晓婷	校内其他部门	教育部人文社会科学研究、专项任务项目	论文、研究报告	2020.05
15	新时代公平正义思想研究	王晓青	马克思主义学院	教育部人文社会科学研究、专项任务项目	论文	2020.03
16	京津冀创新驱动发展的路径及策略研究	张文松	经济管理学院	北京市社会科学基金、重点项目	专著	2020.12
17	首都网络舆情传播中的议程互动研究	苏林森	语言与传播学院	北京市社会科学基金、重点项目	研究报告	2021.07
18	面向高科技企业产品创新的产品架构成长机制研究	顾元勋	经济管理学院	北京市社会科学基金、一般项目	系列论文	2021.12

续表

序号	项目名称	负责人	承担部门	项目分类、类别	预期成果形式	计划完成时间
19	基于协同理论的京津冀地区旅游合作模式与机制研究	殷　平	经济管理学院	北京市社会科学基金、一般项目	研究报告	2021.06
20	京津冀协同发展中基于大数据的交通舆情研究	陈　杰	语言与传播学院	北京市社会科学基金、一般项目	研究报告	2022.07
21	北京特色文化衣食住行语词英译研究	卢明玉	语言与传播学院	北京市社会科学基金、一般项目	研究报告	2022.07
22	首都水利基础设施韧性评价及其强化策略研究	双　晴	经济管理学院	北京市社会科学基金、青年项目	研究报告	2022.06
23	北京城市物流装卸货停车位需求分析及策略研究	魏文超	经济管理学院	北京市社会科学基金、青年项目	研究报告	2020.12
24	京津冀高科技企业开放式创新模式及效果研究	杨叶飞	经济管理学院	北京市社会科学基金、青年项目	系列论文	2021.06
25	新时代习近平关于宣传工作的重要论述理论研究	陶蕾韬	马克思主义学院	北京市社会科学基金、青年项目	研究报告	2021.07
26	以“价值”为导向的北京冬奥会遗产利用研究	姚轶峰	建筑与艺术学院	北京市社会科学基金、青年项目	研究报告	2020.06
27	中国城市交通绿色发展指数研究报告（2019）	林晓言	经济管理学院	北京市社会科学基金研究基地、重点项目	研究报告	2019.12
28	北京市医药分开综合改革实施对北京医药物流产业的影响研究	张润彤	经济管理学院	北京市社会科学基金研究基地、重点项目	研究报告	2021.07
29	基于文本和仿真分析的北京市公共充电桩布局优化研究	刘世峰	经济管理学院	北京市社会科学基金研究基地、重点项目	研究报告	2021.07
30	区域价值链视角下京津冀产业升级研究	卜　伟	经济管理学院	北京市社会科学基金研究基地、重点项目	研究报告	2021.07
31	补贴退坡背景下北京市新能源汽车产业发展与政策效应研究	何　琳	经济管理学院	北京市社会科学基金研究基地、一般项目	研究报告	2021.07
32	基于交通公平的北京市公共交通服务均等化研究	佟　琼	经济管理学院	北京市社会科学基金研究基地、一般项目	研究报告	2021.07
33	北京市突发公共事件智慧应急物流联动体系研究	常　丹	经济管理学院	北京市社会科学基金研究基地、一般项目	研究报告	2021.07
34	新时代高校意识形态安全建设研究	王永凤	马克思主义学院	北京市社会科学基金研究基地、一般项目	论文集	2021.07
35	新时代中国网络意识形态安全研究	安　娜	马克思主义学院	北京市社会科学基金研究基地、一般项目	研究报告	2020.07

续表

序号	项目名称	负责人	承担部门	项目分类、类别	预期成果形式	计划完成时间
36	北京市文创产业对经济增长的贡献测度及发展研究	张 娜	经济管理学院	北京市社会科学基金研究基地、一般项目	研究报告	2021. 07
37	区域协同视角下首都文化产业与旅游业融合发展研究	陈怡宁	经济管理学院	北京市社会科学基金研究基地、一般项目	研究报告	2020. 06
38	北京物流信息化大数据研究报告（2019）	鲁晓春	经济管理学院	北京市社会科学基金研究基地、年度报告	专著	2019. 10
39	高铁数量经济研究	李 静	经济管理学院	国家铁路局委托课题	专著	2020. 06
40	高铁运输经济研究	李文兴	经济管理学院	国家铁路局委托课题	专著	2020. 06
41	高铁效应研究	肖 翔	经济管理学院	国家铁路局委托课题	专著	2020. 06
42	高铁产业经济研究	李红昌	经济管理学院	国家铁路局委托课题	专著	2020. 06
43	中国企业投资海外基础设施的政府违约风险防范与应对	张瑞萍	法学院	国家法治与法学理论研究、一般项目	专著	2020. 12
44	“两高”环境污染犯罪司法解释实施情况评估	陶 杨	法学院	生态环境部政策法规司环境法制专项课题	研究报告	2019. 06
45	影响检察公信力的若干因素实证研究	郑 飞	法学院	最高人民检察院检察理论研究课题	论文、研究报告	2019. 06
46	面向中长期（2035 年）的综合交通运输需求预测分析	崔永梅	经济管理学院	国家发展改革委基础产业司委托课题	研究报告	2018. 12
47	以知识产权为核心的经济发展空间引导目录探索编制	焦敬娟	经济管理学院	国家知识产权局委托项目	论文、研究报告	2019. 05
48	新时代背景下首都秩序类犯罪治理路径研究	高晓莹	法学院	北京市社会建设决策咨询研究项目	研究报告	2019. 05
49	首都社会治理创新与新型社会组织成长状况研究	郭 烁	法学院	北京市社会建设决策咨询研究项目	研究报告	2019. 05

2018 年度校级社会科学研究项目

序号	项目名称	负责人	承担部门	项目分类、类别	预期成果形式	计划完成时间
1	中国老年人社会参与的结构维度、测量体系及提升策略研究	彭兆祺	经济管理学院	基本科研业务费人文社科专项基金、重点培育项目	论文、课题	2020. 12
2	基于投建营一体化的中国铁路全产业链“走出去”商业模式创新研究	刘玉明	经济管理学院	基本科研业务费人文社科专项基金、重点培育项目	论文、课题	2020. 12

续表

序号	项目名称	负责人	承担部门	项目分类、类别	预期成果形式	计划完成时间
3	不确定条件下拥堵收费的拥堵缓解效果预测研究：通勤者出发时间选择行为响应的视角	王雅璨	经济管理学院	基本科研业务费人文社科专项基金、重点培育项目	论文、课题	2021.01
4	全产业链视域下我国网剧市场的网络自制剧定位及营销创新研究	闻　学	语言与传播学院	基本科研业务费人文社科专项基金、重点培育项目	论文、课题	2020.12
5	中国特色话语体系建设研究	刘立华	语言与传播学院	基本科研业务费人文社科专项基金、重点培育项目	论文、课题	2020.02
6	国际前沿美学视野下的中国电影视觉造型创新研究	王丽君	建筑与艺术学院	基本科研业务费人文社科专项基金、重点培育项目	论文、课题	2020.12
7	中华优秀传统文化与习近平新时代中国特色社会主义思想关系研究	李效东	马克思主义学院	基本科研业务费人文社科专项基金、重点培育项目	论文、课题	2021.01
8	中国铁路犯罪：回顾与反思	蔡曦蕾	法学院	基本科研业务费人文社科专项基金、自由探索项目	论文	2021.03
9	认罪认罚从宽背景下酌定不起诉制度再审视	郭　烁	法学院	基本科研业务费人文社科专项基金、自由探索项目	论文	2018.12
10	“图像时代”的城市记忆数据信息可视化设计研究	孙　媛	建筑与艺术学院	基本科研业务费人文社科专项基金、自由探索项目	专著	2019.12
11	“互联网+”环境下北京高科技企业的创新生态系统研究	曾德麟	经济管理学院	基本科研业务费人文社科专项基金、自由探索项目	论文、课题	2020.03
12	物联网大数据形势下企业管理机制研究：企业与社会监管视角	张　雄	经济管理学院	基本科研业务费人文社科专项基金、自由探索项目	论文	2019.12
13	管理层权力、公司治理与股价崩盘风险	陆　超	经济管理学院	基本科研业务费人文社科专项基金、自由探索项目	论文	2020.12
14	基于极值理论的金融风险度量研究	卯光宇	经济管理学院	基本科研业务费人文社科专项基金、自由探索项目	论文	2019.12
15	北京市地方政府治理体系现代化研究	蔡　芸	经济管理学院	基本科研业务费人文社科专项基金、自由探索项目	论文	2019.12
16	绿色电商物流网络规划设计与运营优化研究	黄　帝	经济管理学院	基本科研业务费人文社科专项基金、自由探索项目	论文	2019.12
17	虚拟品牌社区投入度理论研究——概念界定、量表开发与效度检验	刘海鑫	经济管理学院	基本科研业务费人文社科专项基金、自由探索项目	论文、课题	2020.12

续表

序号	项目名称	负责人	承担部门	项目分类、类别	预期成果形式	计划完成时间
18	新时代党的执政理念与社会主义生态文明研究	陶蕾韬	马克思主义学院	基本科研业务费人文社科专项基金、自由探索项目	论文、课题	2021.01
19	习近平新时代中国特色社会主义思想研究	郑士鹏	马克思主义学院	基本科研业务费人文社科专项基金、自由探索项目	论文	2020.12
20	先秦道家人性论研究	周　耿	马克思主义学院	基本科研业务费人文社科专项基金、自由探索项目	论文	2020.12
21	习近平新时代中国特色社会主义思想创新问题研究	王珊珊	马克思主义学院	基本科研业务费人文社科专项基金、自由探索项目	论文	2021.01
22	基于多语料库对比的语义分析动态模型算法研究	秦　琴	语言与传播学院	基本科研业务费人文社科专项基金、自由探索项目	论文	2020.12
23	多元文化语境下的美国当代犹太女作家研究	陈　娴	语言与传播学院	基本科研业务费人文社科专项基金、自由探索项目	论文	2020.12
24	集体主义的回归：传播学视角下的广场舞研究	刘晓燕	语言与传播学院	基本科研业务费人文社科专项基金、自由探索项目	论文	2021.02
25	“一带一路”背景下中国形象跨媒体传播的创新路径研究	张梓轩	语言与传播学院	基本科研业务费人文社科专项基金、自由探索项目	论文	2020.12
26	十九大以来主流媒体内容生产与价值观传播策略研究	李　冰	语言与传播学院	基本科研业务费人文社科专项基金、自由探索项目	论文	2020.12
27	“双一流”背景下理工类院校外语学科建设路径研究	赵　术	语言与传播学院	基本科研业务费人文社科专项基金、自由探索项目	论文	2019.12
28	网络恐怖信息的传播特点及中美应对策略研究	董媛媛	语言与传播学院	基本科研业务费人文社科专项基金、自由探索项目	论文	2020.03
29	高校定点扶贫模式创新研究	信　心	校内其他部门	基本科研业务费人文社科专项基金、专题项目	论文、政策建议、研究报告	2019.12
30	思想政治教育视域下行业特色高校的文化育人研究——以北京交通大学等校为例	王舒驰	校内其他部门	基本科研业务费人文社科专项基金、专题项目	论文	2020.09
31	专著《如此乌拉圭》	王珍娜	语言与传播学院	基本科研业务费人文社科专项基金、专题项目	专著	2020.08
32	专著《乌拉圭历史与文化概况》	张笑寒	语言与传播学院	基本科研业务费人文社科专项基金、专题项目	专著	2020.12

续表

序号	项目名称	负责人	承担部门	项目分类、类别	预期成果形式	计划完成时间
33	习近平新时代中国特色社会主义思想与党的十九大精神研究	韩振峰	马克思主义学院	基本科研业务费人文社科专项基金、专题项目	论文	2021. 01
34	内蒙古自治区科左后旗金融扶贫模式研究	邱　奇	经济管理学院	基本科研业务费人文社科专项基金、专题项目	论文、政策建议、研究报告	2019. 09
35	国有企业高管职业发展预期与经济决策特征	张霖琳	经济管理学院	基本科研业务费、人才基金	论文	2020. 09
36	基于博弈论的共享经济研究	曹志刚	经济管理学院	基本科研业务费、人才基金	论文	2020. 07
37	考虑共享机制的出行行为建模与分析	李　梦	经济管理学院	基本科研业务费、人才基金	论文	2020. 09
38	基于 5W1H 方法的在线购物影响因素分析	栾　静	经济管理学院	基本科研业务费、人才基金	论文	2020. 09
39	考虑用户需求和使用习惯的电动汽车充电站布局优化	宫大庆	经济管理学院	基本科研业务费、人才基金	论文	2020. 09
40	IFRS 采用对企业创新的影响——基于我国上市公司的实证研究	童丽静	经济管理学院	基本科研业务费、人才基金	论文	2020. 09
41	我国老年人社会参与测量体系、最优水平及提升策略研究	唐代盛	经济管理学院	基本科研业务费、人才基金	论文	2020. 09
42	我国影视公司价值评估的现状及估值模型研究	王　田	语言与传播学院	基本科研业务费、人才基金	专著	2020. 09
43	转型期棕地再开发中用地评价集成模型设计与应用	高　洁	建筑与艺术学院	基本科研业务费、人才基金	论文	2020. 09
44	城市形态的能量影响研究	周艺南	建筑与艺术学院	基本科研业务费、人才基金	论文	2020. 09
45	商业银行混合参股、银行贷款与贷款企业公司治理	米春蕾	经济管理学院	基本科研业务费、人才基金	论文	2020. 09
46	媒介中的女性主义话语	凌　绮	语言与传播学院	基本科研业务费、人才基金	论文	2020. 1
47	基于统计物理和复杂网络理论的金融系统性风险研究	肖　迪	经济管理学院	基本科研业务费、人才基金	论文	2020. 09
48	环保费改税的市场反应——来自中国重污染行业上市公司的经验证据	欧阳才越	经济管理学院	基本科研业务费、人才基金	论文	2020. 09
49	与社会经济地位相关的健康不平等研究——一种新的分解方法	蔡娇丽	经济管理学院	基本科研业务费、人才基金	论文	2020. 09
50	新员工的组织社会化研究	张明玉	经济管理学院	校科技基金、人才基金	论文	2020. 12

续表

序号	项目名称	负责人	承担部门	项目分类、类别	预期成果形式	计划完成时间
51	创新引领高质量发展和现代化经济体系研究	冯 华	经济管理学院	校科技基金、人才基金	论文、政策建议、研究报告	2019.04

（北京交通大学人文社会科学处李敏供稿）

首都师范大学

2018年度承担国家级、省部级社会科学研究项目

序号	项目名称	负责人	承担部门	项目分类、类别	预期成果形式	计划完成时间
1	习近平新时代中国特色社会主义思想对发展马克思主义的原创性贡献研究	郑 萼	马克思主义学院	国家社会科学基金、委托项目［习近平新时代中国特色社会主义思想研究中心（院）重大项目］	论文集、研究报告	2020.07
2	中国共产党与传统文化关系的百年历史考察与经验研究	黄延敏	马克思主义学院	国家社会科学基金、重大项目	专著	2023.09
3	京津冀协同发展背景下雄安新区整体性治理架构研究	赵新峰	管理学院	国家社会科学基金、研究阐释党的十九大精神专项课题	专著、研究报告	2020.03
4	汉藏语基本词词库建设	黄树先	文学院	国家社会科学基金、冷门“绝学”和国别史等研究专项项目	专著	2023.12
5	西夏文明史研究	李华瑞	历史学院	国家社会科学基金、重点项目	专著	2022.12
6	基于“行、知、言”三域理论的北京话虚词功能及其演变研究	史金生	文学院	国家社会科学基金、一般项目	论文集	2022.07
7	历代赋集序跋辑录、整理与研究	踪训国	文学院	国家社会科学基金、一般项目	专著	2021.12
8	家庭财产继承与近代早期英国社会转型研究	陈志坚	历史学院	国家社会科学基金、一般项目	专著	2021.12
9	默会知识的知识论研究	谭 笑	政法学院	国家社会科学基金、一般项目	专著	2021.12
10	现代新儒学话语研究	陈 鹏	政法学院	国家社会科学基金、一般项目	专著	2023.06
11	治理循环研究	程广云	政法学院	国家社会科学基金、一般项目	论文集、专著	2021.06
12	20世纪中后期日本诗论研究	金雪梅	外国语学院	国家社会科学基金、一般项目	专著、论文集	2022.07
13	生态科技微系统中电子游戏对儿童心理健康的影响与干预研究	刘肖岑	学前教育学院	国家社会科学基金、一般项目	论文集、研究报告	2020.12

续表

序号	项目名称	负责人	承担部门	项目分类、类别	预期成果形式	计划完成时间
14	中俄手风琴音乐比较研究	高　洁	音乐学院	国家社会科学基金、一般项目（艺术学）	专著	2021. 12
15	音乐家罗忠镕研究	吴春福	音乐学院	国家社会科学基金、一般项目（艺术学）	专著	2021. 12
16	傅抱石与中国故实画传统	张　鹏	美术学院	国家社会科学基金、一般项目（艺术学）	专著	2021. 12
17	基于空间与移民视角的新时期北京城市文学研究（1977—2017）	郑以然	文化研究院	国家社会科学基金、一般项目	专著、研究报告	2020. 12
18	甲申年（1644）文学研究	朱　雯	文学院	国家社会科学基金、青年项目	专著	2021. 07
19	赫梯节日中的国家治理和社会秩序研究	蒋家瑜	历史学院	国家社会科学基金、青年项目	专著	2021. 12
20	澳大利亚殖民地时期的农业发展与环境变迁研究（1788—1901）	乔　瑜	历史学院	国家社会科学基金、青年项目	专著	2022. 12
21	PHRONESIS 的实践效应转化及其内在构成性研究	袁　程	政法学院	国家社会科学基金、青年项目	专著	2022. 12
22	剩余价值转移及其世界经济发展不平衡效应研究	王智强	马克思主义学院	国家社会科学基金、青年项目	专著	2021. 07
23	中华传统家风家训涵养新时代青年价值观研究	韩文乾	马克思主义学院	国家社会科学基金、青年项目	论文集、研究报告	2020. 12
24	汉语的两种特殊“带宾被动句”及被动句的信息焦点选择与语义力度调节研究	毕罗莎	大学英语教研部	国家社会科学基金、青年项目	专著、论文集	2022. 07
25	后乌托邦语境中的莫斯科概念主义研究	刘胤逵	文学院	国家社会科学基金、后期资助项目	专著	2020. 12
26	青铜器铭文篇章结构与早期书写研究	姚苏杰	文学院	国家社会科学基金、后期资助项目	专著	2021. 12
27	汉代宫廷居住研究	宋　杰	历史学院	国家社会科学基金、后期资助项目	专著	2019. 09
28	汉语等韵学著作集成、数据库建设及系列专题研究	李　红	文学院	国家社会科学基金、重大项目子课题	宋元等韵图校注	2022. 12
29	百年‘龙学’学案（论文卷）	陶礼天	文学院	国家社会科学基金、重大项目子课题	专著、论文集	2022. 12
30	多卷本《中国文化域外传播百年史》（1807—1949）子课题	王广生	外国语学院	国家社会科学基金、重大项目子课题	著作	2022. 12

续表

序号	项目名称	负责人	承担部门	项目分类、类别	预期成果形式	计划完成时间
31	新时代加强教师队伍师德师风建设研究	孟繁华	教育学院	教育部哲学社会科学研究、重大课题攻关项目	论文、研究报告	2021.12
32	北魏社会经济制度研究	张金龙	历史学院	教育部哲学社会科学研究、后期资助重大项目	专著	2019.10
33	“中国近现代史纲要”专题教学指南研究	黄延敏	马克思主义学院	教育部高校示范马克思主义学院和优秀教学科研团队建设、重点项目	研究报告	2020.12
34	中日马克思主义翻译传播比较研究	方　红	外国语学院	教育部人文社会科学研究、规划基金项目	著作	2021.07
35	国外马克思主义拜物教批判及其方法论研究	李怀涛	马克思主义学院	教育部人文社会科学研究、规划基金项目	著作、论文	2020.12
36	新时代高校思想政治工作心理疏导的规律研究	杨芷英	马克思主义学院	教育部人文社会科学研究、规划基金项目	著作	2021.07
37	基于南北竹笛的频谱差异研究	肖武雄	音乐学院	教育部人文社会科学研究、规划基金项目	论文	2020.12
38	数据驱动的移动互联+农村教师专业发展模式建构与规模化应用研究	孙　众	信息工程学院	教育部人文社会科学研究、规划基金项目	论文、在线课程	2021.07
39	北宋前中期谏官与文学关系研究	张　贵	文学院	教育部人文社会科学研究、青年基金项目	著作	2021.07
40	辽宋夏金时期佛教影响下的墓葬艺术研究	于　博	历史学院	教育部人文社会科学研究、青年基金项目	著作	2020.06
41	中国成长小说的理论话语构建	沈宏芬	外国语学院	教育部人文社会科学研究、青年基金项目	著作	2021.06
42	方言区英语学习者的发音生理研究与可视化的语音教学应用研究	智　娜	外国语学院	教育部人文社会科学研究、青年基金项目	著作、论文	2021.07
43	农村幼儿教师关于游戏的实践性知识研究	李相禹	学前教育学院	教育部人文社会科学研究、青年基金项目	论文	2020.12
44	汉语二语者语言产出的任务复杂度效应研究	吴继峰	国际文化学院	教育部人文社会科学研究、青年基金项目	论文	2021.06
45	习近平总书记关于新时代中国特色社会主义文化建设的重要论述研究	郑　萼	马克思主义学院	教育部人文社会科学研究、专项委托项目	论文	2018.12

续表

序号	项目名称	负责人	承担部门	项目分类、类别	预期成果形式	计划完成时间
46	《巴黎手稿》与中国当代美学的论争及建构研究	李圣传	文学院	教育部霍英东基金项目	论文、书稿	2021. 03
47	丝绸之路形成时期新疆家养动物与古代人类研究	尤　悦	历史学院	教育部霍英东基金项目	专著、论文	2021. 03
48	基础理论和关键技术攻关开放课题（2018 年语言智能中心项目经费）	周建设	文学院	教育部语信司、一般项目	论文	2019. 07
49	高校行政管理领域“放管服”改革实践操作指南研究	张　爽	教育学院	教育部政策法规司、一般项目	研究报告	2019. 12
50	数学中考命题质量评估研究	王尚志	教师教育学院	教育部基础教育司、一般项目	报告	2018. 12
51	《（嘉庆）隆庆志》及《（万历）永宁县志》点校	王　铭	历史学院	教育部高校古籍、整理研究项目	古籍整理	2019. 12
52	普通高中历史课程标准修订	徐　蓝	历史学院	教育部教材局、一般项目	课标修订	2019. 12
53	普通高中音乐课程标准修订	郑　莉	音乐学院	教育部教材局、一般项目	课标修订	2019. 12
54	普通高中美术课程标准修订	尹少淳	美术学院	教育部教材局、一般项目	课标修订	2020. 12
55	普通高中数学课程标准修订	王尚志	教师教育学院	教育部教材局、一般项目	课标修订	2019. 05
56	智能辅助阅读系统关键技术研究及应用	周建设	文学院	国家语言文字委员会、重点项目	论文集、研究报告、电脑软件	2020. 01
57	基于自适应学习技术的 HSK 智能学习系统研发及资源建设	史金生	文学院	国家语言文字委员会、重点项目	电脑软件	2020. 12
58	新技术与新需求视角下的 2022 年冬奥会语言服务研究	李　艳	文学院	国家语言文字委员会、一般项目	研究报告、咨政报告	2021. 06
59	马克思主义意识形态理论与文化问题研究	杨生平	政法学院	中宣部、一般项目	系列论文、著作	2022. 12
60	新时代我国诚信文化建设研究	王淑芹	马克思主义学院	中宣部、一般项目	系列论文、对策建议提案	2023. 01
61	20 世纪中国美学理论建构问题研究	王德胜	美育研究中心	中宣部、一般项目	系列论文、著作	2021. 12
62	建筑工程抗震法律法规实施状况评估研究	崔俊杰	政法学院	住房和城乡建设部、一般项目	研究报告	2018. 12
63	新时代社会组织发展研究	石国亮	马克思主义学院	民政部、一般项目	研究报告	2019. 07
64	长城文化带研究	马保春	历史学院	北京市社会科学基金、重大项目	研究报告	2021. 12

续表

序号	项目名称	负责人	承担部门	项目分类、类别	预期成果形式	计划完成时间
65	国际大局视野中的新时代文艺工作研究	胡燕春	文学院	北京市社会科学基金、重点项目、北京市习近平新时代中国特色社会主义思想研究中心项目	研究报告	2020.09
66	习近平关于新时代的重要论述研究	李宏伟	马克思主义学院	北京市社会科学基金、一般项目、北京市习近平新时代中国特色社会主义思想研究中心项目	研究报告	2019.09
67	习近平关于全面从严治党重要论述的历史逻辑和理论创新研究	郑文涛	马克思主义学院	北京市社会科学基金、一般项目、北京市习近平新时代中国特色社会主义思想研究中心项目	研究报告	2019.09
68	改革开放40年北京基础教育课程教材的发展：成就、不足与对策	石　鸥	教育学院	北京市社会科学基金、一般项目（基地项目）	专著、研究报告	2021.06
69	公立中小学治理创新研究	王寰安	教育学院	北京市社会科学基金、一般项目（基地项目）	研究报告	2020.06
70	《乐府续集·元代卷》编纂及研究	郭　丽	文学院	北京市社会科学基金、一般项目	专著	2021.07
71	近卫内阁与日本侵华战争研究	殷志强	历史学院	北京市社会科学基金、一般项目	专著	2021.07
72	人工智能背景下教师功能空间研究	傅树京	教育学院	北京市社会科学基金、一般项目	研究报告	2022.06
73	道德动机问题研究	解本远	马克思主义学院	北京市社会科学基金、一般项目	研究报告	2020.07
74	我国经济较发达地区农村宅基地“三权分置”产权改革研究	程世勇	马克思主义学院	北京市社会科学基金、一般项目	专著	2020.07
75	中国古典舞“手舞”与“足蹈”的文化阐释	胡　伟	音乐学院	北京市社会科学基金、一般项目	专著	2020.07
76	调节聚焦与创造性关系的前因环境变量及中介机制研究	汪　玲	心理学院	北京市社会科学基金、一般项目	系列论文	2021.07
77	首都高校支持学校改进20年发展历程与实践创新案例研究	杨朝晖	教师教育学院	北京市社会科学基金、一般项目	研究报告	2020.07
78	改革开放40年中国外语教育政策发展研究	曹　迪	大学英语教研部	北京市社会科学基金、一般项目	系列论文	2021.12
79	甲骨背面刻辞的整理与研究	李爱辉	文学院	北京市社会科学基金、青年项目	研究报告	2021.10

续表

序号	项目名称	负责人	承担部门	项目分类、类别	预期成果形式	计划完成时间
80	新历史主义与当代中国文论话语转型研究	李圣传	文学院	北京市社会科学基金、青年项目	专著	2020. 03
81	旧大陆视野下京津冀史前细石器遗存谱系研究	陈宥成	历史学院	北京市社会科学基金、青年项目	系列论文	2021. 07
82	北京市民办教育分类管理的政府职能研究	安丽娜	政法学院	北京市社会科学基金、青年项目	研究报告	2020. 07
83	政治经济学批判视域中人的存在方式研究	黄志军	马克思主义学院	北京市社会科学基金、青年项目	专著	2021. 07
84	司马相如赋旧注疏证	踪训国	文学院	北京市教委重点项目、北京市社会科学基金、一般项目	专著	2020. 12
85	国家特殊管理股的法律规制——以北京试点企业为研究样本	吴高臣	政法学院	北京市教委重点项目、北京市社会科学基金、一般项目	专著	2020. 12
86	20世纪中国作曲家田丰创作研究	邵晓勇	音乐学院	北京市教委重点项目、北京市社会科学基金、一般项目	研究报告	2020. 12
87	儿童早期数字心理表征的策略运用与促进研究	许晓晖	学前教育学院	北京市教委重点项目、北京市社会科学基金、一般项目	研究报告	2020. 12
88	北京市中小学校园欺凌行为评估、预警与精准干预的示范性研究	肖　晶	心理学院	北京市教委重点项目、北京市社会科学基金、一般项目	论文集	2020. 12
89	唐代实用性书迹书写者及书法研究——以敦煌文书所见唐代实用书迹为中心	周　侃	中国书法文化研究院	北京市教委重点项目、北京市社会科学基金、一般项目	专著	2020. 12
90	国际化视野下北京市中小学STEM教育的实践模式与运行机制研究	徐　月	教师教育学院	北京市教委重点项目、北京市社会科学基金、一般项目	研究报告	2020. 12

2018年度校级社会科学研究项目

序号	项目名称	负责人	承担部门	项目分类、类别	预期成果形式	计划完成时间
1	交叉科研项目—美国生态批评中的自然科学取向研究	胡燕春	文学院	首都师范大学基本科研业务费项目（科研类）	论文、项目、研究报告	2018. 12
2	重大科研项目培育—中国古代文章学史及史料文献数据库建设	马自力	文学院	首都师范大学基本科研业务费项目（科研类）	项目	2018. 12
3	高校智库与社会服务能力建设—北京市文化产业园区种群关系与协同创新机制研究	徐海龙	文学院	首都师范大学基本科研业务费项目（科研类）	论文、项目、研究报告	2018. 12

续表

序号	项目名称	负责人	承担部门	项目分类、类别	预期成果形式	计划完成时间
4	高校智库与社会服务能力建设—城市人文形象建构下的窗口行业语言服务能力研究	李 艳	文学院	首都师范大学基本科研业务费项目（科研类）	论文、项目、专著、研究报告、其他	2018. 12
5	重大科研项目培育—中国佛教末法思想研究	刘 屹	历史学院	首都师范大学基本科研业务费项目（科研类）	项目	2018. 12
6	重大科研项目培育—古河济地区与中华文明起源研究	袁广阔	历史学院	首都师范大学基本科研业务费项目（科研类）	项目	2018. 12
7	青年哲学社会科学科研创新团队项目—冥界与乐土：唐宋墓葬仪制与佛教美术的交融互动	袁 泉	历史学院	首都师范大学基本科研业务费项目（科研类）	论文、项目、其他	2018. 12
8	高校智库与社会服务能力建设—为基础教育服务的世界史建设	晏绍祥	历史学院	首都师范大学基本科研业务费项目（科研类）	论文、项目、专著、研究报告、其他	2018. 12
9	科技创新平台—出土文献研究创新平台	刘乐贤	历史学院	首都师范大学基本科研业务费项目（科研类）	论文、项目、专著	2018. 12
10	交叉科研项目—北京“科技创新中心”的法律保障	杜强强	政法学院	首都师范大学基本科研业务费项目（科研类）	论文、项目、研究报告、其他	2018. 12
11	交叉科研项目—网络融资的非法集资红线研究	肖 怡	政法学院	首都师范大学基本科研业务费项目（科研类）	论文、项目	2018. 12
12	高校智库与社会服务能力建设—教育法团队科研与服务能力建设	李 昕	政法学院	首都师范大学基本科研业务费项目（科研类）	论文、项目、专著、研究报告、其他	2018. 12
13	高校智库与社会服务能力建设—信用修复法律制度研究	石新中	政法学院	首都师范大学基本科研业务费项目（科研类）	论文、项目、研究报告	2018. 12
14	科技创新平台—传统儒学的原创、诠释与现代转型	白 奚	政法学院	首都师范大学基本科研业务费项目（科研类）	论文、项目、专著	2018. 12
15	交叉科研项目—大数据时代教科书研究范式的转换	王攀峰	教育学院	首都师范大学基本科研业务费项目（科研类）	论文、项目、专著、研究报告	2018. 12
16	重大科研项目培育—中华优秀传统文化进教材之研究	石 鸥	教育学院	首都师范大学基本科研业务费项目（科研类）	项目	2018. 12
17	京津冀一体化建设研究项目—京津冀教育协同发展的治理机制研究	陈正华	教育学院	首都师范大学基本科研业务费项目（科研类）	论文、项目、专著、研究报告	2018. 12
18	青年哲学社会科学科研创新团队项目—当代中国价值观国际传播的话语提升策略研究	韩 华	马克思主义学院	首都师范大学基本科研业务费项目（科研类）	论文、项目、专著、研究报告	2018. 12

续表

序号	项目名称	负责人	承担部门	项目分类、类别	预期成果形式	计划完成时间
19	科技创新平台—诚信文化与德育创新平台	王淑芹	马克思主义学院	首都师范大学基本科研业务费项目（科研类）	论文、项目、研究报告	2018.12
20	科技创新平台—面向青少年的健康大数据价值发现与公共服务创新平台	彭　岩	管理学院	首都师范大学基本科研业务费项目（科研类）	论文、项目、研究报告、其他	2018.12
21	京津冀一体化建设研究项目—京津冀义务教育均衡化之小学教师教育比较研究	李玉华	初等教育学院	首都师范大学基本科研业务费项目（科研类）	论文、项目、研究报告	2018.12
22	高校智库与社会服务能力建设—小学教育发展决策研究中心的创建与运行机制研究	王智秋	初等教育学院	首都师范大学基本科研业务费项目（科研类）	论文、项目	2018.12
23	交叉科研项目—电子游戏对幼儿认知发展的影响	刘肖岑	学前教育学院	首都师范大学基本科研业务费项目（科研类）	论文、项目、研究报告、其他	2018.12
24	青年哲学社会科学科研创新团队项目—首都学前教育事业发展政策保障研究创新团队	沙　莉	学前教育学院	首都师范大学基本科研业务费项目（科研类）	论文、项目、专著、研究报告、其他	2018.12
25	交叉科研项目—来华留学生二语动机自我的动态机制	宫天然	国际文化学院	首都师范大学基本科研业务费项目（科研类）	论文、项目	2018.12
26	京津冀一体化建设研究项目—京津冀职前教师教学关键能力培养的协同发展策略研究	张颖之	教师教育学院	首都师范大学基本科研业务费项目（科研类）	论文、项目、其他	2018.12
27	高校智库与社会服务能力建设—U-D协作下的高端教师培养研究	刘晓玫	教师教育学院	首都师范大学基本科研业务费项目（科研类）	论文、项目、专著、研究报告	2018.12

（首都师范大学社科处李葱供稿）

首都经济贸易大学

2018年度承担国家级、省部级等社会科学研究项目

序号	项目名称	负责人	承担部门	项目分类、类别	预期成果形式	计划完成时间
1	中国主要城市群人口集聚与空间格局优化研究	童玉芬	劳动经济学院	国家社会科学基金、重大项目	专著、论文集	2021.12
2	新时代人民对社会公平正义要求的实证研究	麻宝斌	城市经济与公共管理学院	国家社会科学基金、重点项目	研究报告、其他	2021.06
3	创新创业背景下区块链金融对实体经济的支持及风险防控机制研究	杨龙光	金融学院	国家社会科学基金、青年项目	研究报告	2020.12
4	人工智能背景下规模报酬递增的经济增长新动能构建研究	章潇萌	经济学院	国家社会科学基金、青年项目	论文集	2021.06

续表

序号	项目名称	负责人	承担部门	项目分类、类别	预期成果形式	计划完成时间
5	约翰·厄普代克长篇小说叙事研究	任菊秀	外国语学院	国家社会科学基金、青年项目	专著	2021.12
6	金融周期框架下信用扩张的宏观结构效应与风险防范机制研究	袁梦怡	金融学院	国家社会科学基金、青年项目	研究报告	2021.06
7	乡村振兴战略下乡贤治村问题的法律对策研究	陈寒非	法学院	国家社会科学基金、青年项目	专著	2021.06
8	自贸区纠纷解决机制创新与临时仲裁的制度构建研究	陈　磊	法学院	国家社会科学基金、青年项目	专著	2021.12
9	习近平关于金融安全治理的重要论述与当代金融监管实践研究	祁敬宇	金融学院	国家社会科学基金、一般项目	研究报告	2020.12
10	“一带一路”对外投资项目保险模式及实施路径研究	王雅婷	金融学院	国家社会科学基金、一般项目	论文集	2020.12
11	战略科技人才素质结构与培养战略研究	陈小平	劳动经济学院	国家社会科学基金、一般项目	研究报告	2020.12
12	京津冀人口、产业绿色发展视域下的跨区域水资源环境协同治理机制研究	曾雪婷	劳动经济学院	国家社会科学基金、一般项目	专著	2020.12
13	组织即兴视角下的创业企业成长战略研究	张　晗	工商管理学院	国家社会科学基金、一般项目	研究报告	2021.06
14	中国推行党政机关办公用房租金制的理论、模式和路径研究	张　帆	城市经济与公共管理学院	国家社会科学基金、一般项目	专著	2021.06
15	基于价值链理论的企业质量成本管理与分担机制研究	李百兴	会计学院	国家社会科学基金、一般项目	研究报告	2021.06
16	应对国际贸易知识产权制度变革的中国方案研究	张　娜	法学院	国家社会科学基金、一般项目	论文集、研究报告	2021.06
17	新时代中国老龄化社会治理现代化研究	王永梅	劳动经济学院	国家社会科学基金、一般项目	研究报告	2021.06
18	新时代农业转移人口特征与市民化路径研究	齐明珠	劳动经济学院	国家社会科学基金、一般项目	论文集、研究报告	2021.06
19	艺术社会学视域下的中国艺术中介机制研究	王子琪	文化与传播学院	国家社会科学基金、一般项目	专著	2020.09
20	企业社会责任的法律实现机制研究	张世君	法学院	国家社会科学基金、后期资助项目	专著	2020.12
21	蒙太格语法视界下的类型转换机制与部分语句系统研究	崔佳悦	外国语学院	国家社会科学基金、后期资助项目	专著	2019.12
22	跨边界环境管理的理论与方法	郭荣星	信息学院	国家社会科学基金、后期资助项目	专著	2019.12
23	新时代企业家精神培育的双螺旋驱动机制、路径及对策研究	高　闯	工商管理学院	国家社会科学基金、专项项目	专著、论文	2019.12

续表

序号	项目名称	负责人	承担部门	项目分类、类别	预期成果形式	计划完成时间
24	全球价值链变迁视角下的碳排放格局与中国减排策略研究	蒋雪梅	经济学院	国家自然科学基金、面上项目	研究报告、论文	2022.12
25	人口学视角下风险态度、全要素生产率与金融资产收益率研究	朱　超	金融学院	国家自然科学基金、面上项目	研究报告、论文	2022.12
26	基于仿真优化的环保型交通管理策略协同设计	杨艳妮	信息学院	国家自然科学基金、青年项目	研究报告、论文	2021.12
27	带有时序特征的分布型符号数据的建模理论研究及其应用	陈梅玲	统计学院	国家自然科学基金、青年项目	论文	2021.12
28	高管政治晋升与国有企业创新：激励有效性与潜在机制	王茂林	会计学院	国家自然科学基金、青年项目	论文	2021.12
29	质量信息不完备条件下的市场行为决策与均衡理论研究	王　峥	国际经济管理学院	国家自然科学基金、青年项目	论文	2021.12
30	资产价格泡沫下的高维因子模型研究	陈　烨	国际经济管理学院	国家自然科学基金、青年项目	论文	2021.12
31	要素替代视角下电力行业节能减排机制与路径研究	高　静	国际经济管理学院	国家自然科学基金、青年项目	研究报告、论文	2021.12
32	国际原油价格波动对我国企业投资效率的影响及传导机理研究	曹　红	金融学院	国家自然科学基金、青年项目	研究报告、论文	2021.12
33	第10届计算交通科学国际研讨会	尚华艳	信息学院	国家自然科学基金、应急项目	科技活动	2018.07
34	供给侧改革背景下激发企业活力的法治保障机制研究	张世君	法学院	北京市习近平新时代中国特色社会主义思想研究中心、重大项目	专著	2021.12
35	新时代开展青年教育与培养时代新人研究	冯　培	党政办公室	北京市习近平新时代中国特色社会主义思想研究中心、重点项目	系列论文	2019.12
36	深化供给侧结构性改革的税收政策研究	何　辉	财政税务学院	北京市习近平新时代中国特色社会主义思想研究中心、重点项目	研究报告	2020.12
37	网络主流意识形态新情况及应对策略研究	郭嫒嫒	文化与传播学院	北京市习近平新时代中国特色社会主义思想研究中心、一般项目	研究报告	2021.06
38	人工智能对北京市就业的影响与应对措施研究	李雅楠	劳动经济学院	北京市社会科学基金、青年项目	研究报告	2021.07
39	京津冀发展报告（2019）——打造创新驱动经济增长新引擎	叶堂林	城市经济与公共管理学院	北京市社会科学基金、研究基地重点项目	专著	2019.08

续表

序号	项目名称	负责人	承担部门	项目分类、类别	预期成果形式	计划完成时间
40	国家治理现代化视角下的税收公共决策机制研究	曹静韬	财政税务学院	北京市社会科学基金、研究基地一般项目	研究报告	2021.06
41	京津冀基本公共服务存量差异测度及增量调整研究	李林君	财政税务学院	北京市社会科学基金、研究基地一般项目	研究报告	2021.06
42	税务行政复议与行政诉讼衔接问题研究	孙昊哲	党政办公室	北京市社会科学基金、研究基地一般项目	研究报告	2021.07
43	“互联网+”背景下的税收征管模式研究	丁　芸	财政税务学院	北京市社会科学基金、研究基地一般项目	研究报告	2020.12
44	中央商务区产业蓝皮书（2019）——以高水平开放推动区域发展	蒋三庚	金融学院	北京市社会科学基金、研究基地重点项目	专著	2019.12
45	北京高质量发展的理论探讨与测度分析研究	章　浩	城市经济与公共管理学院	北京市社会科学基金、研究基地一般项目	研究报告	2020.08
46	消费规律演变与CBD商业发展模式创新——基于大数据的分析	汪　洋	经济学院	北京市社会科学基金、研究基地一般项目	研究报告	2019.12
47	疏解非首都功能背景下，CBD金融功能的再定位与发展研究	周　晔	金融学院	北京市社会科学基金、研究基地一般项目	研究报告	2021.07
48	北京市智慧城市建设的法制保障研究	陶　盈	法学院	北京市社会科学基金、青年项目	研究报告	2021.06
49	基于企业主个体特征的北京市非公企业环境治理投入研究	王　凯	工商管理学院	北京市社会科学基金、青年项目	系列论文	2021.06
50	北京市国有企业推动构建“高精尖”经济结构的路径研究	范合君	工商管理学院	北京市社会科学基金、重点项目	专著	2020.12
51	北京市政府债务规模测算、结构分析与空间溢出效应研究	黄春元	财政税务学院	北京市社会科学基金、青年项目	研究报告	2021.06
52	复杂网络视角下首都金融系统性风险防控研究	陈　炜	信息学院	北京市社会科学基金、一般项目	系列论文	2021.06
53	京津冀大气污染源解析、防治效果评价及区域联防补偿机制研究	范庆泉	财政税务学院	北京市社会科学基金、青年项目	系列论文	2020.06
54	生态文明价值导向下的美国自然文学研究	石海毓	外国语学院	北京市社会科学基金、一般项目	研究报告	2022.07
55	新时代北京人口调控与城市可持续发展	童玉芬	劳动经济学院	北京市社会科学基金、重大项目	研究报告	2021.06

续表

序号	项目名称	负责人	承担部门	项目分类、类别	预期成果形式	计划完成时间
56	京津冀银行业对外开放：发展趋势、经济效应和提升策略	廉永辉	金融学院	北京市社会科学基金、青年项目	研究报告	2021. 06
57	近代中国语文转向期的北京话颜色词发展演变研究（1840—1949）	戴新月	文化与传播学院	北京市社会科学基金、青年项目	专著	2022. 06
58	北京市共享经济监管困境及其治理创新研究	宋心然	城市经济与公共管理学院	北京市社会科学基金、青年项目	研究报告	2021. 07
59	北京市老旧小区老年人居住环境与适老化改造路径研究	张航空	劳动经济学院	北京市社会科学基金、青年项目	研究报告	2021. 07
60	北京市积分落户新政对高学历外来人口生活预期的影响机制研究	胡　磊	信息学院	北京市社会科学基金、青年项目	系列论文	2020. 12
61	全球价值链嵌入对京津冀产业转移的影响与升级路径研究	闫云凤	经济学院	北京市社会科学基金、一般项目	研究报告	2021. 06
62	北京儿童公共服务供给的财政缺口与保障机制研究	蔡秀云	财政税务学院	北京市社会科学基金、重点项目	研究报告	2021. 06
63	“两翼”格局下北京主城区人口转移及演变趋势的计算机仿真研究	王传生	信息学院	北京市自然科学基金、面上项目	研究报告、论文	2020. 12
64	可压缩流体动力学方程解的适定性和渐进极限	窦昌胜	统计学院	北京市自然科学基金、面上项目	系列论文	2020. 12
65	个体—组织匹配视角下创新驱动型报酬对创新绩效的影响追踪研究	盛龙飞	劳动经济学院	北京市自然科学基金、青年项目	研究报告、论文	2019. 12
66	农户对龙头企业满意度调查研究	吴启富	统计学院	农业农村部、一般项目	研究报告	2018. 12
67	情感交换嵌入下民营上市公司大股东与经理人的竞合博弈模型研究	关　鑫	工商管理学院	教育部人文社会科学研究、规划项目	论文	2021. 09
68	新时代中期预算脆弱度分析与可持续路径选择研究	李红霞	财政税务学院	教育部人文社会科学研究、规划基金项目	论文	2021. 06
69	来华留学政策的有效执行研究——基于米特-霍恩政策执行系统模型的视角	周　磊	国际学院	教育部人文社会科学研究、青年基金项目	著作、论文	2022. 12
70	基于大数据分析的中国居民消费升级机理研究	汪　洋	经济学院	教育部人文社会科学研究、青年基金项目	论文、咨询报告	2020. 03
71	中国老龄产业政策支持体系研究	张航空	劳动经济学院	全国老龄办公室、青年基金项目	研究报告	2018. 09
72	实施区域协调发展战略政策创新研究	杨开忠	城市经济与公共管理学院	教育部人文社会科学研究、专项基金项目	研究报告	2018. 04

续表

序号	项目名称	负责人	承担部门	项目分类、类别	预期成果形式	计划完成时间
73	中国企业生存机制路径探寻及政策分析研究	张冬洋	经济学院	教育部人文社会科学研究、青年基金项目	论文、研究报告	2020. 12
74	京津冀协同发展战略下北京市建设用地减量发展的实施路径与机制研究	李　强	城市经济与公共管理学院	北京市教育委员会、重点项目	研究报告	2020. 12
75	北京市人口老龄化对经济发展的影响	徐　雪	经济学院	北京市教育委员会、重点项目	研究报告	2020. 12
76	执行和解与执行担保司法解释适用问题研究	翟业虎	法学院	最高人民法院、重点项目	研究报告	2019. 05
77	完善农村社会保障体系研究——乡村振兴背景下我国农村养老政策研究	李　慧	劳动经济学院	国务院第三次全国农业普查领导小组办公室、自选课题	研究报告	2018. 11
78	返乡创业融资问题研究：质量兴农战略政策体系研究	阎　竣	会计学院	农业农村部、自选课题	研究报告	2018. 09
79	首都发展核心要义	杨开忠	城市经济与公共管理学院	北京市委宣传部、重大项目	研究报告	2020. 07
80	大国首都比较研究	仇保兴	特大城市经济社会发展研究院	北京市委宣传部、重大项目	研究报告	2020. 07
81	北京构建全要素生产率统计监测体系研究	刘　强	统计学院	北京市委宣传部、重大项目	研究报告	2020. 07
82	新时代首都乡村治理体系研究	那鲲鹏	特大城市经济社会发展研究院	北京市委宣传部、重大项目	研究报告	2020. 07
83	基于生活便利性的北京公共服务均衡布局优化研究	吴　康	城市经济与公共管理学院	北京市委宣传部、重大项目	研究报告	2020. 07
84	北京减量发展研究	叶堂林	城市经济与公共管理学院	北京市委宣传部、重大项目	研究报告	2020. 07
85	领事协助中的法律问题研究	谢海霞	法学院	司法部、一般项目	研究报告	2020. 12
86	国际气候治理新形势《巴黎协定》实施和遵约机制研究	魏庆坡	法学院	司法部、青年项目	研究报告	2020. 12
87	“放管服”北京产业创新生态系统运行法治化问题研究	孙天承	法学院	司法部、专项委托	研究报告	2020. 12
88	农村空心化背景下京津冀养老机制博弈研究	杨艳红	信息学院	北京市教育委员会、一般项目	研究报告	2020. 12
89	北京市房价变动与企业创新能力研究	颜　燕	城市经济与公共管理学院	北京市教育委员会、一般项目	论文	2019. 12
90	北京市社区居家养老可持续发展的金融支持体系研究	刘妍芳	金融学院	北京市教育委员会、一般项目	研究报告	2019. 12

续表

序号	项目名称	负责人	承担部门	项目分类、类别	预期成果形式	计划完成时间
91	基于审计责任判定的审计师选择性披露行为研究	崔　春	会计学院	北京市教育委员会、一般项目	论文	2019.12
92	不确定多目标规划与智能优化算法研究	陈　炜	信息学院	北京市教育委员会、一般项目	论文、研究报告	2019.12
93	基于洛仑兹空间共形曲面论和渐近双曲流形等周问题研究	范林元	统计学院	北京市教育委员会、一般项目	论文	2020.12
94	基于原产国形象视角的企业负面曝光信息溢出效应研究	王　夏	工商管理学院	北京市教育委员会、一般项目	研究报告、论文	2019.12
95	薪酬激励制度、研发不确定性与研发投入研究	李盈璇	会计学院	北京市教育委员会、一般项目	研究报告、论文	2020.12
96	北京市碳排放权交易市场效率追踪研究	孙　静	会计学院	北京市教育委员会、一般项目	论文	2020.12
97	利用深度信念网络学习的北京市老年医疗服务体系发展研究	高　静	信息学院	北京市教育委员会、一般项目	研究报告、论文	2020.12
98	基于大数据视角下的扶贫瞄准精度提升及效率评价研究	卢　山	信息学院	北京市教育委员会、一般项目	研究报告、论文	2019.12
99	供给侧改革下基于作业成本的企业经营与管理的优化研究	李　刚	会计学院	北京市教育委员会、一般项目	研究报告、论文	2019.12
100	随机通胀率和随机利率下保险公司的最优投资与再保险策略研究	聂高琴	统计学院	北京市教育委员会、一般项目	论文	2019.12
101	京津冀协同发展下的区域信用一体化顶层设计、指标评价及其实现路径研究	梁万泉	金融学院	北京市教育委员会、一般项目	研究报告	2019.12
102	民主革命时期中国共产党思想政治工作历史与经验研究	连　欢	马克思主义学院	北京市教育委员会、一般项目	研究报告、论文	2019.12
103	包买制对于乡村工业化的促进机制研究	傅春晖	劳动经济学院	北京市教育委员会、一般项目	论文	2019.12
104	国际创新城市研发投入对比研究	叶堂林	城市经济与公共管理学院	北京市教育委员会、一般项目	研究报告	2019.04
105	京津冀科技创新与产业结构升级耦合机制研究	叶堂林	城市经济与公共管理学院	北京市教育委员会、一般项目	研究报告	2019.04
106	新时代中国人口老龄化治理现代化评估指标体系研究	王永梅	劳动经济学院	中国博士后科学基金会、特别资助项目	应用研究	2019.07

2018 年度校级社会科学研究青年项目

序号	项目名称	负责人	承担部门	预期成果形式	计划完成时间
1	基于语料库的语言与文化视角下的熟语研究	毕研婧	外国语学院	专著、论文	2021.01
2	面向金融大数据的比例标签学习问题与模型研究	陈振松	信息学院	研究报告、论文	2021.12
3	基于健康转移模型的老年健康状况研究	高　瑗	劳动经济学院	研究报告、论文	2021.12
4	企业“走出去”过程中技术写作规范研究	李双燕	外国语学院	研究报告、论文	2021.12
5	汉语方言定语标记的类型学研究	刘雪莹	文化与传播学院	研究报告、论文	2021.12
6	基于挖掘旅游评论的隐藏维度及方面评级分析的应用	罗　伊	工商管理学院	研究报告、论文	2021.12
7	非认知能力对 HR 创业倾向的影响效应与机制分析	毛宇飞	劳动经济学院	研究报告、论文	2021.12
8	金融发展、技术创新与产业结构升级	王陆雅	统计学院	研究报告、论文	2021.12
9	期权激励与公司并购：影响机制与经济后果	王姝勋	金融学院	研究报告、论文	2021.12
10	“讲好中国故事”背景下中华老字号的品牌故事构建	王　水	文化与传播学院	研究报告、论文	2021.12
11	基于 Grassmann 流形空间的视频分类方法研究	王玉萍	统计学院	研究报告、论文	2021.12
12	基于动态决策的灾后救灾物资分配问题研究	于丽娜	信息学院	研究报告、论文	2021.12
13	中国海外投资保护国际法体系现代化研究	张　建	法学院	研究报告、论文	2021.12
14	社会转型背景下基层团组织改革研究	张立龙	劳动经济学院	研究报告、论文	2021.12
15	考虑死亡率变迁的养老金体系长寿风险度量研究	赵　明	金融学院	研究报告、论文	2021.12
16	投资者行为与市场微观结构研究	赵　越	金融学院	研究报告、论文	2021.12

（首都经济贸易大学科研处刘佳供稿）

北京工商大学

2018 年度承担国家级、省部级等社会科学研究项目

序号	项目名称	负责人	承担部门	项目分类、类别	预期成果形式	计划完成时间
1	管资本背景下完善企业国有资产管理体制研究	毛新述	商学院	国家社会科学基金、重大项目	研究报告、成果要报	2019.12

续表

序号	项目名称	负责人	承担部门	项目分类、类别	预期成果形式	计划完成时间
2	乡村振兴战略下返乡劳动力创业质量研究	王　铁	经济学院	国家社会科学基金、重点项目	论文	2021.09
3	科研团队即兴能力开发与创新绩效提升研究	何　辉	商学院	国家社会科学基金、一般项目	研究报告	2021.07
4	电子化背景下票据法完善问题研究	吕来明	法学院	国家社会科学基金、一般项目	研究报告	2021.06
5	区块链技术驱动下的网络综合治理体系构建研究	毛典辉	计算机与信息工程学院	国家社会科学基金、一般项目	论文集	2021.06
6	共享经济下的企业资源贡献行为及企业间协同机制研究	孙永波	商学院	国家社会科学基金、一般项目	研究报告	2021.06
7	面向消费升级的新零售商业模式创新研究	刘文纲	商学院	国家社会科学基金、一般项目	研究报告	2021.06
8	美国当代小说家唐德里罗研究	史岩林	外国语学院	国家社会科学基金、一般项目	专著	2021.12
9	实体企业业绩承诺与金融风险机制、后果与防控研究	张继德	商学院	国家社会科学基金、一般项目	研究报告	2021.06
10	公共事件网络视频传播中的社会情绪管理机制研究	许　莉	艺术与传媒学院	国家社会科学基金、青年项目	研究报告	2021.12
11	网络创新社区中知识重混的影响因素和作用机制研究	谭　娟	商学院	国家社会科学基金、青年项目	研究报告	2020.06
12	政府创新补贴与企业创新质量提升研究	彭红星	商学院	国家社会科学基金、青年项目	专著	2021.06
13	系统性风险防控视角下中国股票市场反操纵机制研究	李梦雨	经济学院	国家社会科学基金、青年项目	研究报告	2021.06
14	古代小说日常物象描写的理论阐释	刘紫云	艺术与传媒学院	国家社会科学基金、后期资助项目	论著	2020.09
15	乡村振兴战略背景下我国农村数字普惠金融的发展机制及其风险治理研究	张正平	经济学院	国家自然科学基金、面上项目	系列论文	2022.12
16	具有优先联盟的博弈均衡与分配问题研究	孙红霞	商学院	国家自然科学基金、面上项目	论文	2022.12
17	地方政府债务与企业财务行为：内在动机及经济后果	刘　欢	商学院	国家自然科学基金、青年科学基金项目	学术论文、研究报告	2021.12
18	地方政府竞争视角下企业投资地域选择偏好	张　路	商学院	国家自然科学基金、青年科学基金项目	论文	2021.12
19	文本分析视角下衍生工具应用和信息披露的经济后果研究	王晓珂	商学院	国家自然科学基金、青年科学基金项目	论文	2021.12
20	国家自然科学基金、资助管理规范性文件修订研究	王　琦	法学院	国家自然科学基金、应急项目	研究报告	2020.12

续表

序号	项目名称	负责人	承担部门	项目分类、类别	预期成果形式	计划完成时间
21	区域经济协调发展战略视角的金融服务实体经济研究	杨德勇	经济学院	教育部哲学社会科学研究、后期资助项目	研究报告	2020.12
22	国家形象视域下数字广告对中国故事的承载路径与传播策略研究	张慧子	艺术与传媒学院	教育部人文社会科学研究项目	研究报告、论文	2021.06
23	人工智能时代新型民事法律责任规则研究	董　彪	法学院	教育部人文社会科学研究项目	专著	2021.08
24	是什么让员工沉默不语：中国组织情境下团队断层对员工建言行为影响机理的跨层次研究	仇　勇	商学院	教育部人文社会科学研究项目	论文、咨询报告	2021.08
25	突发事件下社交媒体信息传播机制研究	洪　莹	商学院	教育部人文社会科学研究项目	论文	2020.12
26	管理层风险认知态度、衍生工具应用与经济后果研究——基于上市公司会计文本分析的视角	王晓珂	商学院	教育部人文社会科学研究项目	著作、论文	2021.07
27	管理者能力视角下的企业创新研究	张　路	商学院	教育部人文社会科学研究项目	论文	2021.07
28	人性观视角下我国认罪认罚从宽制度研究	谢安平	法学院	教育部人文社会科学研究项目	著作	2021.07
29	大数据背景下网络舆情的动态预测机制研究	辛士波	经济学院	教育部人文社会科学研究项目	论文、咨询报告	2020.12
30	新零售时代北京零售企业商业模式创新路径研究	刘文纲	商学院	北京市社会科学基金、重点项目	研究报告	2020.06
31	基于时间分配视角的首都居民生活变迁研究	徐　玲	经济学院	北京市社会科学基金、重点项目	研究报告	2020.07
32	促进大学生积极情绪效益的运动干预研究	李鑫楠	体育与艺术教学部	北京市社会科学基金项目	论文	2020.12
33	京津冀高科技中小企业信用评级体系构建及应用效果研究	刘　婷	商学院	北京市社会科学基金项目	研究报告	2020.06
34	京津冀绿色金融协同发展的经济效应和提升机制研究	张　琳	经济学院	北京市社会科学基金项目	研究报告	2021.06
35	电商环境下北京市农产品流通体系优化研究	赵　川	商学院	北京市社会科学基金项目	系列论文	2021.06
36	平衡与发展视角下北京市家庭养老支持政策体系研究	王　雯	经济学院	北京市社会科学基金项目	研究报告	2021.07
37	京津冀突发事件协同应对应急资源保障体系优化设计	王　晶	商学院	北京市社会科学基金项目	研究报告	2021.06
38	北京地区“中华老字号”品牌激活研究	丛　珩	艺术与传媒学院	北京市社会科学基金项目	研究报告	2022.07

续表

序号	项目名称	负责人	承担部门	项目分类、类别	预期成果形式	计划完成时间
39	基于深度学习的集群式供应链突发事件风险预警预报研究	薛　红	计算机与信息工程学院	北京市社会科学基金项目	专著	2021. 06
40	北京老年人群养老模式偏好的成因与对策研究	蒯鹏洲	商学院	北京市教委科研计划、重点项目	研究报告	2020. 12
41	北京市食品安全基层监管能力提升研究	孙宁宁	经济学院	北京市教委科研计划、一般项目	研究报告	2020. 01
42	食品企业主动召回激励机制探索——基于北京消费者调查问卷的分析	郝　娜	经济学院	北京市教委科研计划、一般项目	研究报告	2019. 12
43	基于“产出导向法”理论的商务英语教学研究——以北京工商大学为例	赖　花	外国语学院	北京市教委科研计划、一般项目	论文	2019. 12
44	输入强化理论与输出驱动假设视角下大学生产出性词汇应用能力提升的研究	王秀珍	外国语学院	北京市教委科研计划、一般项目	专著	2019. 12
45	京津冀市场化债转股模式的比较研究	谢雪燕	经济学院	北京市教委科研计划、一般项目	论文或专著	2019. 12
46	网络空间中国主流意识形态话语面临的挑战与对策	李　金	马克思主义学院	北京市教委科研计划、一般项目	论文	2019. 12
47	探索并构建“双创”教育的社会反馈体系	周付安	文科实践中心	北京市教委科研计划、一般项目	论文	2019. 12
48	生存论视域中的文化自信研究	陆丽琼	马克思主义学院	北京市教委科研计划、一般项目	论文	2019. 12
49	基于顾客关系导向的北京现代服务业价值网络研究	武晓宇	商学院	北京市教委科研计划、一般项目	论文	2019. 12
50	北京新农村人居环境文化艺术建设研究	张　帆	艺术与传媒学院	北京市教委科研计划、一般项目	专著	2019. 12
51	中国企业海外知识产权保护状况调查	王　琦	法学院	各部级单位年度公开招标项目	研究报告	2020. 12
52	美国对“人类命运共同体”理念的舆论态势研究	连少英	艺术与传媒学院	各部级单位年度公开招标项目	研究报告	2019. 06
53	民族地区高质量发展的绿色金融支持研究	葛红玲	经济学院	各部级单位年度公开招标项目	研究报告	2019. 12
54	建设智慧城市背景下新生代农民工媒介素养现状及提升策略研究——以北京皮村为例	路　鹏	艺术与传媒学院	各部级单位年度公开招标项目	研究报告	2019. 10
55	主要国家食糖市场稳定政策跟踪（2018）	刘晓雪	经济学院	各部级单位年度公开招标项目	研究报告	2019. 03
56	关于优化营商环境的知识产权保护问题研究	王　琦	法学院	各部级单位年度公开招标项目	研究报告	2020. 12

续表

序号	项目名称	负责人	承担部门	项目分类、类别	预期成果形式	计划完成时间
57	大力实施消费扶贫促进易地搬迁后续脱贫的思路与举措研究	张运来	商学院	各部级单位年度公开招标项目	研究报告	2019.06
58	北京市网购食品安全及监管研究	杨浩雄	商学院	北京市科协资助项目	调研报告	2018.12
59	“一带一路”之巴基斯坦科技组织与经济贸易研究	张晓堂	经济学院	中国科协基金项目	研究报告	2020.08
60	“一带一路”之巴基斯坦科技与经济问题研究	张晓堂	经济学院	中国科协基金项目	研究报告	2019.08
61	中国特色社会主义总布局的辩证结构研究	袁　雷	马克思主义学院	北京市教工委项目	论文	2019.12
62	国家糖料产业技术体系岗位任务书（2018）	刘晓雪	经济学院	各部级非年度公开招标项目	研究报告	2019.12

2018年度校级社会科学研究项目

序号	项目名称	负责人	承担部门	项目分类、类别	预期成果形式	计划完成时间
1	互联网时代劳资关系的嬗变	王金秋	经济学院	人文社科类青年教师科研启动基金项目	论文	2020.06
2	混合所有制改革背景下国有企业公司治理结构与绩效评价	王　婕	经济学院	人文社科类青年教师科研启动基金项目	论文	2020.06
3	中国高质量发展阶段下金融与实体经济失衡研究	王爱萍	经济学院	人文社科类青年教师科研启动基金项目	论文	2020.06
4	区域金融生态环境视角下的民营中小企业发展研究	方盈赢	经济学院	人文社科类青年教师科研启动基金项目	论文	2020.06
5	基于机器学习的北京市房屋租赁虚假信息筛选研究	赵　江	经济学院	人文社科类青年教师科研启动基金项目	论文	2020.06
6	宏观经济政策与去杠杆改革困境——国有企业“准财政”性质与信贷资源产权错配的双重视角	贾君怡	经济学院	人文社科类青年教师科研启动基金项目	论文	2020.06
7	基于互联网统计的企业技术创新网络结构及创新动力源研究	王　康	经济学院	人文社科类青年教师科研启动基金项目	论文	2020.06
8	我国奶牛养殖规模化与生态环境协同发展研究	于海龙	经济学院	人文社科类青年教师科研启动基金项目	论文	2020.06

续表

序号	项目名称	负责人	承担部门	项目分类、类别	预期成果形式	计划完成时间
9	A股市场估值影响因素和定价效率研究	李惠璇	经济学院	人文社科类青年教师科研启动基金项目	论文	2020.06
10	东道国员工对跨国公司知识转移的影响研究——基于社会网络结构的视角	孙百惠	商学院	人文社科类青年教师科研启动基金项目	论文	2020.06
11	“健康中国”战略下北京公立医院医生过度劳动问题研究	刘贝妮	商学院	人文社科类青年教师科研启动基金项目	论文	2020.06
12	环保约谈与企业创新投资研究：影响、作用机理及其经济后果	张晨宇	商学院	人文社科类青年教师科研启动基金项目	论文	2020.06
13	中小企业质量管理对供应链融资的影响机制：基于信号理论的解释	卢　强	商学院	人文社科类青年教师科研启动基金项目	论文	2020.06
14	乡村振兴背景下“互联网+农业”的创新路径研究	龚媛媛	商学院	人文社科类青年教师科研启动基金项目	论文	2020.06
15	风险资本在帮助企业营造健康信息环境中的作用研究	曹雅丽	商学院	人文社科类青年教师科研启动基金项目	论文	2020.06
16	信息经济学视角下电子口碑对消费者偏好的影响机制研究	郑明赋	商学院	人文社科类青年教师科研启动基金项目	论文	2020.06
17	“一带一路”背景下京津冀港口物流运输系统优化研究	张笑菊	商学院	人文社科类青年教师科研启动基金项目	论文	2020.06
18	征税行为理论与制度实践研究	佘倩影	法学院	人文社科类青年教师科研启动基金项目	论文	2020.06
19	国家赔偿中的有利于被害人原则研究	张新宇	法学院	人文社科类青年教师科研启动基金项目	论文	2020.06
20	监察委员会职能问题研究	邱成梁	法学院	人文社科类青年教师科研启动基金项目	论文	2020.06
21	疾病叙事中的隐喻研究	王景云	外国语学院	人文社科类青年教师科研启动基金项目	论文	2020.06
22	基于大数据的网络视听用户互动研究	赵　璇	艺术与传媒学院	人文社科类青年教师科研启动基金项目	论文	2020.06

续表

序号	项目名称	负责人	承担部门	项目分类、类别	预期成果形式	计划完成时间
23	基于体验价值创造的北京老字号零售服务设计策略研究	崔　洋	艺术与传媒学院	人文社科类青年教师科研启动基金项目	论文	2020. 06
24	交往行为理论视域下大学生思政课获得感提升路径研究	赵慧杰	马克思主义学院	人文社科类青年教师科研启动基金项目	论文	2020. 06
25	欧林·赖特的马克思主义观研究	陈美灵	马克思主义学院	人文社科类青年教师科研启动基金项目	论文	2020. 06
26	农民财产权保障视角下的土地征收补偿制度研究	董　彪	法学院	人文社科类学术专著出版资助项目	专著	2020. 06
27	商业插画的融合与创新设计	庞　礴	艺术与传媒学院	人文社科类学术专著出版资助项目	专著	2020. 06
28	中国式环保行为管理：干预策略和作用机制的探索	李　杨	商学院	人文社科类学术专著出版资助项目	专著	2020. 06
29	服务雄安新区经济建设的京津冀流通业发展研究	陶晓波	北方工业大学	首都流通业研究基地开放课题申报项目	论文	2020. 06
30	北京市文化要素流通体系建设研究	罗青林	北京大学	首都流通业研究基地开放课题申报项目	论文	2020. 06
31	北京商贸流通企业绿色创新的动力机制、路径演化及效应研究	方　虹	北京航空航天大学	首都流通业研究基地开放课题申报项目	论文	2020. 06
32	区块链促进雄安新区物流业发展研究	徐　枫	北京联合大学	首都流通业研究基地开放课题申报项目	论文	2020. 06
33	超大城市现代流通体系构建研究	王先庆	广东财经大学	首都流通业研究基地开放课题申报项目	论文	2020. 06
34	京津冀港口物流能力与区域经济协同发展研究	郭子雪	河北大学	首都流通业研究基地开放课题申报项目	论文	2020. 06
35	京津冀与晋鲁蒙流通业协同发展研究	朱丽萍	山西财经大学	首都流通业研究基地开放课题申报项目	论文	2020. 06
36	北京市城市共同配送模式研究	张　倩	商学院	首都流通业研究基地内设课题	论文	2020. 06
37	首都鲜活农产品流通研究	张　浩	商学院	首都流通业研究基地内设课题	论文	2020. 06
38	首都现代物流规划建设研究	周永圣	商学院	首都流通业研究基地内设课题	论文	2020. 06
39	消费升级背景下北京老字号品牌化转型路径研究	张景云	商学院	首都流通业研究基地内设课题	论文	2020. 06

续表

序号	项目名称	负责人	承担部门	项目分类、类别	预期成果形式	计划完成时间
40	微信社交媒体营销情境下首都消费者对生鲜农产品的信任感知及购买决策机制研究	李　宁	商学院	首都流通业研究基地内设课题	论文	2020.06
41	北京市绿色物流发展的金融支持效率与模式创新研究	程　悦	经济学院	首都流通业研究基地内设课题	论文	2020.06
42	生鲜电商质量选择的影响因素分析与实证研究	高　扬	经济学院	首都流通业研究基地内设课题	论文	2020.06
43	北京市猪肉价格的短期预测及预警研究	樊鹏英	经济学院	首都流通业研究基地内设课题	论文	2020.06
44	北京有机农产品质量保证保险体系构建研究	许敏敏	经济学院	首都流通业研究基地内设课题	论文	2020.06
45	收益共享契约下首都鲜活农产品供应链博弈均衡研究	梁　鹏	经济学院	首都流通业研究基地内设课题	论文	2020.06
46	保险助力首都中高端消费培育研究	乔　杨	经济学院	首都流通业研究基地内设课题	论文	2020.06
47	中高端消费培育视角下商业健康保险发展研究	王　雯	经济学院	首都流通业研究基地内设课题	论文	2020.06

（北京工商大学科学技术处王葳供稿）

北京工业大学

2018 年度承担国家级、省部级等社会科学研究项目

序号	项目名称	负责人	承担部门	项目分类、类别	预期成果形式	计划完成时间
1	中国特色大学治理准则研究	王绽蕊	高等教育研究所	国家社会科学基金项目	研究报告	2021.01
2	新时代背景下跨层次公司社会网络对双元创新的影响研究	刘亭立	经管学院	国家社会科学基金项目	研究报告	2021.01
3	城市生活垃圾强制分类管理与主体行为协同机理研究	崔铁宁	经管学院	国家社会科学基金项目	研究报告、论文	2021.01
4	基于工程伦理规范的工匠精神及其重塑研究	张恒力	马克思主义学院	国家社会科学基金项目	研究报告、论文集	2021.01
5	中国特色社会主义制度公信力提升研究	陈洪玲	马克思主义学院	国家社会科学基金项目	研究报告	2021.01
6	城市居民参与“互联网+”再生资源回收的驱动机制研究	刘婷婷	材料学院	国家社会科学基金项目	研究报告	2021.01
7	全球治理观视域下体育赛事综合治理研究	韩新君	体育部	国家社会科学基金项目	论文集、研究报告	2021.01
8	中华学术外译项目《中国文学三十年》	顾　春	外语学院	国家社会科学基金项目	译著	2021.01

续表

序号	项目名称	负责人	承担部门	项目分类、类别	预期成果形式	计划完成时间
9	素材重构交互设计软件应用需求分析	刘　洋	艺术设计学院	国家重点研发计划项目	其他	2021.01
10	建筑部品与构配件优先尺寸系列及公差配合技术研究	李　桦	艺术设计学院	国家重点研发计划项目	研究报告	2021.01
11	乡村振兴战略下农民工返乡创业融资约束与信贷可得性研究：基于农地抵押品功能视角	李国正	经管学院	国家自然科学基金项目	研究报告	2021.01
12	我国废铅资源循环利用产业跨区域多主体协同发展研究	田　西	循环经济研究院	国家自然科学基金项目	研究报告	2021.01
13	中国与“一带一路”沿线国家间产业转移的节能减排效应	李艳梅	经管学院	国家自然科学基金项目	研究报告	2021.02
14	领导跨界行为的“双刃剑”效应：基于双重视角的纵贯研究	宋　萌	经管学院	国家自然科学基金项目	论文	2021.02
15	组织者与参与者协同视角下网络众包绩效提升机理研究	胡　锋	经管学院	国家自然科学基金项目	研究报告	2021.02
16	知识断裂带对 PE 投资决策的影响机理研究：基于任务网络理论	綦　萌	经管学院	国家自然科学基金项目	研究报告	2021.02
17	全球价值链重构下贸易保护的影响效应测度与治理体系构建	张鹏杨	经管学院	国家自然科学基金项目	研究报告	2021.02
18	基于本质安全理论的危险化学品库存控制与路径优化研究	李　健	经管学院	国家自然科学基金项目	研究报告	2021.02
19	世界一流大学治理改革研究：基于案例分析的视角	朱贺玲	高等教育研究所	教育部人文社会科学研究项目	研究报告	2021.02
20	“一带一路”海上丝绸之路之海捞瓷修复应用研究	钟　声	艺术设计学院	教育部人文社会科学研究项目	研究报告	2021.02
21	全面抗战前期国民政府以争取援助为核心的对英政策问题研究（1937—1939）	毕文静	马克思主义学院	教育部人文社会科学研究项目	论文、专著	2021.02
22	基于自动生成技术的建筑形体方案阶段环境性能评价研究	郭　聪	建规学院	教育部人文社会科学研究项目	研究报告	2021.02
23	地方高水平大学一流学科建设的逻辑理路、模式选择与实现路径研究	金保华	高等教育研究所	教育部人文社会科学研究项目	论文	2021.02
24	习近平总书记关于协商民主的重要论述研究	张丽琴	马克思主义学院	教育部人文社会科学研究项目	论文	2021.02
25	党的组织建设与党员理想信念教育关系研究	陈艳飞	马克思主义学院	教育部人文社会科学研究项目	研究报告	2021.02

续表

序号	项目名称	负责人	承担部门	项目分类、类别	预期成果形式	计划完成时间
26	乡村振兴战略下农民工返乡创业融资偏好、信贷可得性及支持政策研究	李国正	经管学院	教育部人文社会科学研究项目	研究报告	2021.02
27	中国组织情境下企业员工工作意义感：内涵、影响因素及影响效果	宋　萌	经管学院	教育部人文社会科学研究项目	研究报告	2021.02
28	基于复杂工程问题的迁移学习在创新性实践教学中的应用研究	郑　鲲	信息与通信工程学院	教育部人文社会科学研究项目	研究报告	2021.02
29	基于移动互联技术的思想政治理论课智慧课堂教学模式改革	沈　震	马克思主义学院	教育部人文社会科学研究项目	研究报告	2021.02
30	基于技术共生网络结构探测和演化的新兴趋势识别研究	刘俊婉	经管学院	北京市自然科学基金项目	研究报告	2020.12
31	团队断层视角下的北京高校科研团队成果提升研究	綦　萌	经管学院	北京市教育科学规划项目	研究报告	2021.01
32	海外高层次人才引进和高校人事制度改革研究——以北京市属本科高校为例	张优良	高等教育研究所	北京市教育科学规划项目	论文	2021.01
33	学习分析视角下基于学习行为轨迹的学习效果研究——以软件工程课程中学生建模行为为例	李　童	计算机学院	北京市教育科学规划项目	研究报告	2021.01
34	基于复杂任务驱动与学习数据分析的创新实践研究	郑　鲲	信息与通信工程学院	北京市教育科学规划项目	研究报告	2021.01
35	建设“设计之都”促进文化科技融合	刘　洋	艺术设计学院	北京市科委项目	其他	2021.01
36	历史虚无主义批判理论与话语体系建构研究	史　敏	马克思主义学院	北京市社会科学基金项目	研究报告	2021.01
37	“一带一路”倡议下的地方高水平工科院校国际交流与合作的理念重塑和策略研究	董晓梅	国际学院	北京市社会科学基金项目	研究报告、论文	2021.01
38	新形势下北京市国有企业的改革转型路径优化研究	钱　婷	经管学院	北京市社会科学基金项目	研究报告	2021.01
39	智能制造背景下北京现代制造企业成本管控研究	周文文	经管学院	北京市社会科学基金项目	研究报告	2021.01
40	超网络视角下北京市集成电路产业转型升级路径与政策研究	唐孝文	经管学院	北京市社会科学基金项目	研究报告	2021.01
41	基于住房市场长效调控机制构建的北京保障性住房供给研究	王　敏	人文学院	北京市社会科学基金项目	研究报告	2021.01
42	福利多元主义视域下的北京市社区居家养老治理模式创新研究	杨桂宏	人文学院	北京市社会科学基金项目	调查报告	2021.01

续表

序号	项目名称	负责人	承担部门	项目分类、类别	预期成果形式	计划完成时间
43	废旧动力电池回收利用模式研究	吴玉锋	循环经济研究院	北京市社会科学基金项目	研究报告	2021.01
44	基于金融结构优化视角的北京市制造业科技创新机制与路径研究	高　扬	经管学院	北京市社会科学基金项目	研究报告	2021.01
45	“一带一路”建设与国际产能合作关系的构建	邢李志	经管学院	北京市社会科学基金项目	研究报告	2021.01
46	信息权力对北京市网络社会治理的变革性影响研究	宋辰婷	人文学院	北京市社会科学基金项目	研究报告	2021.01
47	“新工科”背景下首都高校工科大学生学习观调查研究	苏林琴	高等教育研究所	北京市社会科学基金项目	研究报告	2021.01
48	信息权力对北京社会治理的影响研究	宋辰婷	人文学院	北京市委组织部项目	研究报告	2021.01
49	基于资源环境约束的北京现代制造业升级多目标优化研究	相　楠	经管学院	北京市委组织部项目	研究报告	2021.01

2018年度校级人文社会科学基金项目

序号	项目名称	负责人	所属单位	成果形式	计划完成时间
1	基于京津冀协同发展的区域化碳减排机制构建研究	刘建梅	经管学院	研究报告、论文	2020.12
2	年报问询函：制度环境、影响因素及其溢出效应	陈　硕	经管学院	研究报告、论文	2020.12
3	绿色发展视野下绿色生活方式实现路径研究	胡春立	马克思主义学院	论文	2020.11
4	原生资源与再生资源耦合配置的政策支撑体系研究	顾一帆	材料学院	研究报告、论文、计算机软件	2020.12
5	专利使用费过高定价的反垄断审查	刘自钦	文法学部	研究报告、论文	2020.12
6	基于民俗文化“北京话”的视觉设计语言研究与创作实践	胡安华	艺术学院	研究报告、设计作品、论文	2020.12
7	新时代党内政治文化的建设路径研究	苏超莉	马克思主义学院	学术论文	2019.12
8	服务外包对中国制造业企业生产率的效应和作用机制研究	刘维刚	经管学院	论文	2019.12
9	新媒体语境下大学生价值观引领培育探究	陈　卓	建工学院	论文	2020.12
10	改革开放四十年北京市女性劳动力市场的结构变迁	刘蔚玮	文法学部	论文	2020.12
11	北京环境治理与中国特色社会主义新型工业化道路研究的初期探索研究	赵　曼	马克思主义学院	研究报告	2019.12
12	混合式教学指导策略方法研究	徐世东	文法学部	论文、研究报告	2020.12
13	传统漆艺材料在当代艺术中的应用研究	武　非	艺术学院	论文、作品	2020.12
14	公共教育政策的收入再分配效应研究：微观机制与政策评估	何宗樾	经管学院	研究报告	2020.12
15	实体与数字设计融合视域下儿童交互产品设计研究	鲁　艺	艺术学院	专著	2020.12

续表

序号	项目名称	负责人	所属单位	成果形式	计划完成时间
16	基于文献计量学方法的学科热点及前沿研究——以水污染控制工程材料现状及热点前沿研究为例	但琼洁	图书馆	报告、论文	2019. 12
17	来华留学生教育背景与知识结构研究——以北京市高校留学生为调查对象	毛若苓	国际学院	论文	2020. 12
18	"文化自信"视域下的跨语言意识正迁移研究	胡文婷	文法学部	论文、研究报告	2020. 11
19	中国传统绘画艺术与动画创作的结合应用研究	张　朋	艺术学院	动画短片和绘画作品、论文	2021. 01
20	体育锻炼与本科生学习效率的关系研究	果　梅	体育部	研究报告、论文	2020. 12
21	产品设计中传统套色玻璃技术的工艺开发与创新设计	黄　赛	艺术学院	论文、专利	2020. 12
22	基于方法论视角的中·日·韩谚语比较研究	朱银花	文法学部	研究报告、论文	2020. 11
23	高校普通运动队现状与对策研究	杨　波	体育部	研究报告、论文	2020. 12
24	理工科院校素质教育中的舞蹈教育	杨　嵘	文法学部	研究报告	2019. 12
25	"校园犯罪"的犯罪资源量化研究——以北京工业大学为例	张　晟	文法学部	研究报告	2020. 11
26	"一带一路"背景下我校留学生中文语用互动能力的研究	张　蕾	文法学部	研究报告、论文	2020. 12
27	"双一流"建设背景下高校学生工作精细化管理体系建设研究	李佳斌	学生发展指导中心	论文、文件、调查报告	2020. 12
28	女性主义视角下先秦诸子引《诗》及翻译研究——以《荀子》引《诗》为个案	李一岚	文法学部	研究报告、论文、其他	2020. 12
29	我国新能源汽车企业技术创新效率及影响因素研究	王　芳	经管学院	论文	2020. 06
30	基于创新网络的技术创业型企业协同创新绩效研究	谭　睿	继续教育学院	研究报告、论文、其他	2020. 12

（北京工业大学科发院人文处张爱民供稿）

北京林业大学

2018 年度承担国家级、省部级社会科学研究项目

序号	项目名称	负责人	承担部门	项目分类、类别	预期成果形式	计划完成时间
1	社会心理建设：社会治理的心理学路径	吴建平	人文社会科学学院	国家社会科学基金、重大项目（子课题）	研究报告	2021. 12
2	"一带一路"视域下中国漆艺文化的传播、交流与复兴研究	邓志敏	人文社会科学学院	国家社会科学基金、一般项目	研究报告	2021. 08
3	新时代农村绿色发展的外溢效应测度及补偿政策研究	巩前文	马克思主义学院	国家社会科学基金、一般项目	研究报告	2021. 06
4	基于生态工程参与的贫困人口创业驱动机理与实现路径研究	陈建成	经济管理学院	国家社会科学基金、一般项目	论文集、研究报告	2021. 06

续表

序号	项目名称	负责人	承担部门	项目分类、类别	预期成果形式	计划完成时间
5	中国大学校园植物网的构建与示范Ⅱ北京林业大学校园植物网的构建和学生社团建设	韩静华	艺术设计学院	国家科技基础条件平台建设项目专题(子课题)	子课题汇报、信息统计等信息资料	2019.12
6	人际语用学视域下的信任研究	姚晓东	外语学院	教育部人文社科研究项目、一般项目	论文	2020.12
7	传统村落文化景观视觉量化评价研究	刘　伟	园林学院	教育部人文社科研究项目、一般项目	论文、咨询报告	2020.12
8	丝绸之路视野下中国园林艺术对西方园林艺术的影响机制研究	赵　晶	园林学院	教育部人文社科研究项目、一般项目	论文	2021.10
9	国内外市场整合视角下国际木材资源价格波动对中国木材资源安全的影响研究	印中华	经济管理学院	教育部人文社科研究项目、一般项目	论文	2020.10
10	中国生态文明建设发展报告(2018)	严　耕	人文社会科学学院	教育部人文社科研究项目、发展报告项目	专著	2018.12
12	创作出版《红松林之歌》绘本丛书及数字内容	韩静华	艺术设计学院	北京市科技专项项目	绘本、App、动画	2019.04
13	SOLOMO模式下的北京环境保护公众参与移动平台的设计创新与实践研究	李　健	艺术设计学院	北京市社会科学基金、一般项目	论文，软件著作权	2021.07
14	北京市公益林保险产品创新与运行模式优化	秦　涛	经济管理学院	北京市社会科学基金、一般项目	研究报告	2021.07
15	北京非物质文化遗产旅游体验价值评价及活化利用研究	李丽娟	园林学院	北京市社会科学基金、一般项目	研究报告、论文	2021.06
16	北京市土地“确权确股(利)”方式的立法规制与司法救济	魏　华	人文社会科学学院	北京市社会科学基金、一般项目	系列论文	2021.06
17	北京老城有机更新背景下社区营造途径的探索	郭　巍	园林学院	北京市社会科学基金、一般项目	研究报告	2020-12
18	北京居家养老居住类型及设计策略研究	朱　婕	材料科学与技术学院	北京市社会科学基金、青年项目	研究报告	2021.07
19	京津冀社会经济发展对森林破碎化的影响与协同管理对策	李凌超	经济管理学院	北京市社会科学基金、青年项目	系列论文	2020.06
20	北京中轴线的城市历史景观眺望系统研究	刘祎绯	园林学院	北京市社会科学基金、青年项目	系列论文	2020.12
21	京津冀协同推进林业绿色减贫路径及模式研究	侯一蕾	经济管理学院	北京市社会科学基金、青年项目	研究报告	2020.06
22	文化自觉视角下传统商业性历史街区文化空间构成与认同研究	向岚麟	园林学院	北京市社会科学基金、青年项目	系列论文	2021.06

续表

序号	项目名称	负责人	承担部门	项目分类、类别	预期成果形式	计划完成时间
23	国有林场森林疗养功能技术支撑研究	吴建平	人文社会科学学院	国家林业局林业软科学研究项目	研究报告	2019.12
24	中国省域生态文明建设评价完善研究（2018）	严　耕	人文社会科学学院	国家林业局林业软科学研究项目	专著	2018.12
25	林业行政许可实施规范	李媛辉	人文社会科学学院	国家林业局林业标准制修订项目	研究报告	2019.12
26	林业项目绩效报告编写指南	秦　涛	经济管理学院	国家林业局林业标准制修订项目	研究报告	2019.12
27	国有林管理体制改革研究	陈建成	经济管理学院	国家发改委委托项目	研究报告	2019.03
28	农业绿色发展水平测度与提升路径研究	巩前文	马克思主义学院	第三次全国农业普查研究课题	研究报告	2018.12
29	提高我国农业竞争力路径研究	庞新生	经济管理学院	第三次全国农业普查研究课题	研究报告	2018.11

2018年度校级社会科学研究项目

序号	项目名称	负责人	承担部门	项目分类、类别	预期成果形式	计划完成时间
1	马克思主义中国化的最新成果研究	巩前文	马克思主义学院	北京林业大学热点追踪项目	著作	2019.12
2	世界可持续性管理体系研究	朱永杰	经济管理学院	北京林业大学热点追踪项目	著作	2020.10
3	中国文学园林史研究	阎景娟	人文社会科学学院	北京林业大学热点追踪项目	专著	2021.12
4	美丽中国建设背景下的环境权制度研究	杨朝霞	人文社会科学学院	北京林业大学热点追踪项目	论文	2019.12
5	生态批评理论的跨学科性质：最新进展与发展趋势	南宫梅芳	外语学院	北京林业大学热点追踪项目	论文	2020.07
6	北京林业大学科研情报服务研究	郑　勇	图书馆	北京林业大学热点追踪项目	论文、研究报告	2019.12
7	中国学习者对英语动词论元结构的习得	范　莉	外语学院	北京林业大学热点追踪项目	论文	2019.12
8	基于层级理论的汉语动词词汇体研究	吴增欣	外语学院	北京林业大学热点追踪项目	论文	2019.12
9	基于产业扶贫理论的科尔沁前旗远新村生态农业产业发展规划与路径研究	胡明形	经济管理学院	北京林业大学热点追踪项目	研究报告	2019.05
10	破坏野生动物资源刑事案件研究	姚　贝	人文社会科学学院	北京林业大学热点追踪项目	论文和著作	2019.12
11	全球野生动物保护运动热点问题追踪研究	谢　屹	经济管理学院	北京林业大学热点追踪项目	论文、研究报告	2019.12

续表

序号	项目名称	负责人	承担部门	项目分类、类别	预期成果形式	计划完成时间
12	新时代一流大学制度改革与执行效力提升研究	杨金融	党政办公室	北京林业大学热点追踪项目	研究报告、论文	2019.12
13	南方集体林区乡村振兴定点监测与发展现状研究	贺 超	经济管理学院	北京林业大学科技创新计划项目	论文、研究报告等	2019.12
14	资本增殖与绿色发展的矛盾研究	兰俏枝	马克思主义学院	北京林业大学科技创新计划项目	论文、研究报告	2020.12
15	新时代高校党性教育有效性研究	牟文鹏	马克思主义学院	北京林业大学科技创新计划项目	论文	2020.12
16	唯物史观视域下生态学马克思主义绿色发展思想研究	张 婷	马克思主义学院	北京林业大学科技创新计划项目	论文	2020.12
17	19世纪英国博物学图文研究	朱欣慰	外语学院	北京林业大学科技创新计划项目	论文	2020.12
18	地方林业电子商务运作管理研究	张名扬	经济管理学院	北京林业大学科技创新计划项目	论文、研究报告	2020.12
19	森林资源资产负债表编制的探索——森林资源的分类问题	何 为	经济管理学院	北京林业大学科技创新计划项目	论文、研究报告	2020.12
20	中国城市街区的图像叙事与再现	辛贝妮	艺术设计学院	北京林业大学科技创新计划项目	论文	2020.10
21	国家现代化进程中的法学与法制：理论与实践的双向作用	刘 猛	人文社会科学学院	北京林业大学科技创新计划项目	论文	2020.12
22	大学生乒乓球运动等级标准优化及其课内外实施途径研究	张 毅	体育教学部	北京林业大学科技创新计划项目	论文、研究报告等	2019.12
23	语用信息句法化——从句子与名词短语来看	龚 锐	外语学院	北京林业大学科技创新计划项目	论文、专著	2019.12
24	《资本论》在日本的传播研究	刘笑非	外语学院	北京林业大学科技创新计划项目	论文	2020.12
25	语用的人际情感维度研究	姚晓东	外语学院	北京林业大学科技创新计划项目	论文	2019.12
26	基于木材资源安全视角的中国木材资源进口价格波动效应研究	印中华	经济管理学院	北京林业大学科技创新计划项目	论文、研究报告等	2019.12
27	森林城市的社会经济影响：经验梳理与量化分析	张英杰	经济管理学院	北京林业大学科技创新计划项目	论文、研究报告	2019.12
28	可持续生计视角的林业扶贫成效评价研究	李小勇	经济管理学院	北京林业大学科技创新计划项目	论文	2020.12
29	森林破碎化的社会经济影响因素与应对策略研究	李凌超	经济管理学院	北京林业大学科技创新计划项目	论文	2019.12
30	集体林地“三权分置”对林权流转影响的选择实验研究	贺 超	经济管理学院	北京林业大学科技创新计划项目	论文、研究报告等	2020.12

续表

序号	项目名称	负责人	承担部门	项目分类、类别	预期成果形式	计划完成时间
31	基于实验经济学的林区农户创业行为减贫效应及提升机制研究	李　劼	经济管理学院	北京林业大学科技创新计划项目	论文、研究报告等	2019.12
32	基于生态—产业共生关系的京津冀地区林业生态安全测度与预警	安　欣	经济管理学院	北京林业大学科技创新计划项目	论文	2019.12
33	外出务工农民工返乡就业决策机制及效应研究	王　刚	经济管理学院	北京林业大学科技创新计划项目	论文、研究报告等	2019.12
34	基于社会网络分析的国家公园利益相关者价值共创机制研究	李丽娟	园林学院	北京林业大学科技创新计划项目	期刊论文	2020.12
35	京津冀地区城市规模增长失衡的定量诊断及其形成机制研究	鲁莎莎	经济管理学院	北京林业大学科技创新计划项目	论文、研究报告等	2020.12
36	林工一体化企业环境会计确认、计量与报告研究	李辰颖	经济管理学院	北京林业大学科技创新计划项目	研究报告	2019.12
37	历史街区居民景观认知与行为交互的空间统计研究——以南锣鼓巷为例	向岚麟	园林学院	北京林业大学科技创新计划项目	论文	2019.12
38	儿童公共阅读空间的使用评价（POE）与优化设计策略研究	常　乐	材料科学与技术学院	北京林业大学科技创新计划项目	论文、研究报告	2019.12
39	居家养老适老化家具设计研究	朱　婕	材料科学与技术学院	北京林业大学科技创新计划项目	论文、研究报告	2019.12
40	习近平新时代京津冀协同发展区域战略观研究	赵　亮	马克思主义学院	北京林业大学科技创新计划项目	论文	2019.12
41	现当代英语儿童文学中的景观研究	武田田	外语学院	北京林业大学科技创新计划项目	论文	2019.12
42	面向新时代生态文明建设的环境哲学研究	周国文	马克思主义学院	北京林业大学科技创新计划项目	论文	2020.12
43	智慧城市公共空间的照明设施创新设计研究与应用	韩　鹏	艺术设计学院	北京林业大学科技创新计划项目	论文	2019.12
44	西北地区林业生态建设、科技支撑与生态扶贫研究	余吉安	经济管理学院	北京林业大学科技创新计划项目	论文、研究报告等	2019.12
45	林业众筹项目的融资绩效影响因素研究	尤薇佳	经济管理学院	北京林业大学科技创新计划项目	论文	2019.12
46	基于传统文化元素的家居产品创意设计与应用	冯　乙	艺术设计学院	北京林业大学科技创新计划项目	论文、专利	2019.12

续表

序号	项目名称	负责人	承担部门	项目分类、类别	预期成果形式	计划完成时间
47	“一带一路”视域下中国园林艺术对外输出的内容与途径研究	赵　晶	园林学院	北京林业大学科技创新计划项目	论文	2019.12
48	城市公共空间中的具有中国艺术精神的生态雕塑设计与应用	史钟颖	艺术设计学院	北京林业大学科技创新计划项目	论文、作品等	2020.12
49	“一带一路”建设的博物学文化研究	徐保军	马克思主义学院	北京林业大学科技创新计划项目	论文	2019.12
50	基于北林花卉的立体书籍设计构建与可视化研究	李湘媛	艺术设计学院	北京林业大学科技创新计划项目	论文、设计作品、专利	2020.12
51	基于绿色发展理念的企业绿色管理创新研究	李华晶	经济管理学院	北京林业大学科技创新计划项目	论文、研究报告等	2020.12
52	“一带一路”背景下中国林产品贸易与投资研究	李芳芳	经济管理学院	北京林业大学科技创新计划项目	论文	2019.12
53	唯物史观视域下人与自然关系问题研究	杨　哲	马克思主义学院	北京林业大学科技创新计划项目	论文	2019.12
54	园林要素中植物与山石的水彩表现途径探索	殷　亮	园林学院	北京林业大学科技创新计划项目	论文	2019.12
55	新型城镇化背景下农业转移人口市民化现状研究：以北京市通州区为例	袁薇薇	人文社会科学学院	北京林业大学科技创新计划项目	论文	2019.12
56	基于戏剧教学法提升商英专业本科生口语交际能力的研究	李　宇	外语学院	北京林业大学科技创新计划项目	论文	2019.12
57	绿色发展理念的理论溯源及实践意义	田　园	马克思主义学院	北京林业大学科技创新计划项目	期刊论文	2019.12
58	基于业务流程管理系统（BPMS）的森林经营空间智慧决策支持系统研究	王明天	经济管理学院	北京林业大学科技创新计划项目	论文	2019.12
59	产权安排、经营行为与集体林区农户福祉实现	侯一蕾	经济管理学院	北京林业大学科技创新计划项目	论文、研究报告	2019.12
60	普陀山寺村共生环境研究	孙漪南	艺术设计学院	北京林业大学科技创新计划项目	论文、作品	2019.12
61	鄢陵生态环境信息可视化设计研究	王　瑾	艺术设计学院	北京林业大学发展规划处专项资助项目	设计作品	2019.12

（北京林业大学科技处供稿）

首都体育学院

2018 年度承担国家级、省部级等社会科学研究项目

序号	项目名称	负责人	承担部门	项目分类、类别	预期成果形式	计划完成时间
1	基于社会生态理论的学前儿童体质健康促进模式研究	周志雄	体育教育训练学院	国家社会科学基金、一般项目	研究报告	2020. 12
2	冬残奥越野滑雪、冬季两项与轮椅冰壶项目运动员身体机能特征、专项体能及心理训练的关键技术研究	钟秉枢	运动科学与健康学院	科技部重点研发计划项目、子项目	研究报告	2022. 08
3	“主动健康和老龄化科技应对”专项“人体运动促进健康个体化精准指导方案关键技术研究”	陈晓红	运动科学与健康学院	科技部重点研发计划项目、子项目	研究报告	2022. 12
4	体育与健康学科传承中华优秀传统文化研究	钟秉枢	体育教育训练学院	国家社会科学基金、重大项目、子项目	研究报告	2018. 10
5	《中外学校体育思想史整理与研究》子课题《20 世纪以来国外学校体育思想史整理与研究》	刘海元	体育教育训练学院	国家社会科学基金、重大项目、子项目	研究报告	2021. 11
6	我国退役运动员转型培训班学员就业典型案例调研与分析	刘　沛	继续教育学院	国家社会科学基金、一般项目、子项目	案例报告	2018. 12
7	FUNDC1 在运动诱导骨骼肌线粒体自噬中的调控机制研究	刘晓然	运动科学与健康学院	国家自然科学基金、子项目	研究报告、论文	2018. 12
8	计算机化自适应测验中多维题目的在线难度识别	赖颖慧	运动科学与健康学院	国家自然科学基金、子项目	论文	2020. 12
9	迈向体育强国之路——体育对外交往改革与发展研究	钟秉枢	体育教育训练学院	体育总局政法司决策咨询研究项目	研究报告	2018. 10
10	中华武术对外传播的理论与实践创新研究	孟　涛	武术与表演学院	北京市教委创新团队项目	研究报告	2020. 12
11	马克思恩格斯国家职能思想的文本研究	李金花	马克思主义学院	教育部人文社会科学研究项目	论文、著作	2021. 07
12	供给侧改革视角下首都中小学体育教师专业发展路径研究	燕　凌	运动科学与健康学院	北京市社会科学基金、青年项目	研究报告、论文	2021. 06
13	冬奥背景下北京市青少年冰雪运动发展研究	刘平江	休闲与社会体育学院	北京市社会科学基金、一般项目	研究报告	2020. 12
14	2022 年冬奥会借鉴往届冬奥会成功经验研究	曹森孙	管理与传播学院	北京市社会科学基金、一般项目	研究报告	2019. 12
15	古丝绸之路“五方狮子舞”重建研究	王　锦	武术与表演学院	北京市社会科学基金、青年项目	研究报告	2021. 06
16	我国马拉松赛事的经济影响评估与“利用”策略研究	邢晓燕	管理与传播学院	北京市社会科学基金基地、一般项目	研究报告	2021. 06
17	备战东京奥运会田径竞走项目重点运动员高原训练（2018 年度）个性化研究与实践分析科技服务	吴　昊	运动科学与健康学院	国家体育总局科科教司、科技服务项目	研究报告	2018. 12

续表

序号	项目名称	负责人	承担部门	项目分类、类别	预期成果形式	计划完成时间
18	田径链球项目国家队叶奎刚组备战东京奥运会（2018 年度）科技服务	李建臣	体育教育训练学院	国家体育总局科科教司、科技服务项目	研究报告	2018. 12
19	竞走项目国家队备战 2020 年东京奥运会（2018 年度）技战术研究与训练科技服务保障	李厚林	体育教育训练学院	国家体育总局科科教司、科技服务项目	研究报告	2018. 12
20	国家队信息服务项目（情报信息）	张宏伟	管理与传播学院	国家体育总局科科教司、科技服务项目	分析报告	2019. 09
21	国家射击、射箭、飞碟队身体运动功能训练奥运科技服务	尹　军	体育教育训练学院	国家体育总局科科教司、科技服务项目	研究报告	2019. 09
22	2018 年国家艺术体操队备战东京奥运会成套动作技术诊断与分析	高　扬	武术与表演学院	国家体育总局科科教司、科技服务项目	结题报告	2018. 12
23	自由式滑雪 U 型场地项目运动员机能监控	吴　昊	运动科学与健康学院	国家体育总局科科教司、科技服务项目	研究报告	2019. 09
24	钢架雪车项目国家队运动员技能监控	吴　昊	运动科学与健康学院	国家体育总局科科教司、科技服务项目	研究报告	2019. 09
25	京津冀体育赛事协同创新发展研究	王庆伟	管理与传播学院	“长城学者”项目	研究报告	2020. 12
26	中国射箭队运动员身体运动功能训练理论与实践研究	付　全	运动科学与健康学院	“长城学者”项目	研究报告	2020. 12
27	田径投掷国家集训队综合科研攻关与服务研究	冯晓东	体育教育训练学院	中国残疾人联合会项目	研究报告	2018. 10

（首都体育学院科研处供稿）

外交学院

2018 年度承担国家级、省部级社会科学研究项目

序号	项目名称	负责人	承担部门	项目分类、类别	预期成果形式	计划完成时间
1	印太战略视域下南海问题新态势与我国应对策略研究	任远喆	外交学与外事管理系	国家社会科学基金、重大项目	论文	2021. 08
2	习近平外交思想研究	魏　玲	中国外交理论研究中心	国家社会科学基金、重大项目	文章、论文、宣讲、研究报告等	2020. 08
3	冷战时期中国对亚非国家统一战线政策研究（国家社科）	李潜虞	外交学与外事管理系	国家社会科学基金、一般项目	专著	2021. 12
4	印度布克奖小说研究	尹　晶	英语系	国家社会科学基金、一般项目	专著	2023. 06

续表

序号	项目名称	负责人	承担部门	项目分类、类别	预期成果形式	计划完成时间
5	新中国周边安全战略与中美关系研究（1977—1989）	樊　超	外交学与外事管理系	国家社会科学基金、青年项目	专著	2023. 03
6	基于定量分析的“一带一路”沿线国家对中国外交政策跟从研究	查　雯	国际关系研究所	北京市社会科学基金、重点项目	研究或咨询报告	2021. 07
7	习近平外交思想的历史逻辑与文明基础	苏　浩	外交学与外事管理系	北京市社会科学基金、重点项目	专著	2020. 12
8	“一带一路”基础设施建设的国际贸易效应研究	胡再勇	国际经济学院	北京市社会科学基金、一般项目	研究或咨询报告	2020. 06
9	北京市国际组织人才战略研究	牛仲君	外交学与外事管理系	北京市社会科学基金、一般项目	研究或咨询报告	2020. 06
10	新时代提升首都国际形象的城市外交话语战略研究	贺　刚	国际关系研究所	北京市社会科学基金、青年项目	研究或咨询报告	2021. 07
11	提升社会主义核心价值观的国际话语权研究	张明霞	基础教学部	北京市社会科学基金、青年项目	研究或咨询报告	2021. 06
12	中非合作论坛峰会的机制化问题研究	赵晨光	中国外交理论研究中心	北京市社会科学基金、青年项目	论文	2021. 07
13	“一带一路”背景下北京建设国际组织（机构）驻地研究	郦　莉	中国外交理论研究中心	北京市社会科学基金、青年项目	论文	2021. 07
14	经济数字化下国际税收规则的变革与我国税法的应对研究	张春燕	国际法系/国际法研究所	教育部人文社会科学研究、青年基金项目	专著	2021. 03
15	明清宫廷戏曲与外交研究	王春晓	基础教学部	教育部人文社会科学研究、青年基金项目	专著	2021. 05
16	乔纳森·斯威夫特在中国的传播与接受研究	蒋永影	基础教学部	教育部人文社会科学研究、青年基金项目	专著	2021. 06
17	印度的印太战略与中国的对策研究	吴　琳	亚洲研究所	教育部人文社会科学研究、青年基金项目	论文	2021. 07
18	中美亚太主导权竞争与亚太国家的战略选择	凌胜利	国际关系研究所	教育部、霍英东教育基金会项目	论文或研究报告	2021. 03
19	结合威尔逊十四点谈美国从大到强的经验与启示	魏　玲	中国外交理论研究中心	外交部项目	研究或咨询报告	2019. 01
20	大力加强理论创新　助力我国海外行动	魏　玲	中国外交理论研究中心	外交部项目	研究或咨询报告	2019. 07
21	我国环境保护诉讼案例实证研究	张春燕	国际法系/国际法研究所	其他部委项目	研究报告	2018. 12
22	美国边境税收相关热点问题研究	张春燕	国际法系/国际法研究所	其他部委项目	研究报告	2018. 12

2018 年度校级社会科学研究项目

序号	项目名称	负责人	承担部门	项目分类、类别	预期成果形式	计划完成时间
1	美国盟国管控机制的失灵与中国的战略应对	聂文娟	国际关系研究所	中央高校基本科研业务费专项资金项目、科研创新项目、重点项目	论文	2020. 12
2	领导集团更迭与外交政策再结盟	查　雯	国际关系研究所	中央高校基本科研业务费专项资金项目、科研创新项目、重点项目	专著	2020. 09
3	试点与对冲：中国参与全球治理的关系性制度设计	吴文成	学报编辑部	中央高校基本科研业务费专项资金项目、科研创新项目、重点项目	研究或咨询报告	2020. 05
4	西班牙语法律文本汉译策略及其教学实践研究	张红颖	外语系	中央高校基本科研业务费专项资金项目、科研创新项目、一般项目	研究或咨询报告	2019. 04
5	海洋划界的法律程序与方法研究	王　佳	国际法系/国际法研究所	中央高校基本科研业务费专项资金项目、科研创新项目、一般项目	研究或咨询报告	2019. 05
6	刑法解释的国际比较研究	焦　阳	国际法系/国际法研究所	中央高校基本科研业务费专项资金项目、科研创新项目、一般项目	研究或咨询报告	2019. 06
7	钓鱼岛“国有化”前后日本对华关系研究—以日本《外交蓝皮书》中日关系部分的语言分析为例	李占军	外语系	中央高校基本科研业务费专项资金项目、科研创新项目、一般项目	研究或咨询报告	2018. 12
8	外交外事人才的媒介素养培养研究	赵　冰	英语系	中央高校基本科研业务费专项资金项目、科研创新项目、一般项目	研究或咨询报告	2018. 11
9	欧盟对“一带一路”的认知与应对及其对中欧合作的影响——多重制度对接的视角	王振玲	英语系	中央高校基本科研业务费专项资金项目、科研创新项目、一般项目	论文	2018. 12
10	哥斯达黎加生态文学研究	孟夏韵	外语系	中央高校基本科研业务费专项资金项目、科研创新项目、青年项目	研究或咨询报告	2018. 12
11	乔纳森·斯威夫特与中国现代文学	蒋永影	基础教学部	中央高校基本科研业务费专项资金项目、科研创新项目、青年项目	研究或咨询报告	2018. 12

续表

序号	项目名称	负责人	承担部门	项目分类、类别	预期成果形式	计划完成时间
12	我国社会主要矛盾的变化和首都发展面临的新任务	张蕴之	图书馆	中央高校基本科研业务费专项资金项目、科研创新项目、青年项目	论文	2018.09
13	关系理论、外交行为与中美关系正常化研究	何　伟	英语系	中央高校基本科研业务费专项资金项目、科研创新项目、青年项目	论文	2018.11
14	中美贸易摩擦、投资者情绪与市场波动性	张文佳	国际经济学院	中央高校基本科研业务费专项资金项目、预研项目	论文	2020.05
15	宫崎骏作品中的中国意向研究	史兆红	外语系	中央高校基本科研业务费专项资金项目、预研项目	研究或咨询报告	2020.05
16	国际法院管辖权的初步反对程序研究	宋　岩	国际法系/国际法研究所	中央高校基本科研业务费专项资金项目、预研项目	研究或咨询报告	2020.05
17	生态翻译学视角下的中国当代小说在西语国家的译介研究	王晨颖	外语系	中央高校基本科研业务费专项资金项目、预研项目	研究或咨询报告	2020.07
18	冷战时期中国对亚非国家统一战线政策研究	李潜虞	外交学与外事管理系	中央高校基本科研业务费专项资金项目、预研项目	论文	2020.09
19	外交学院"双一流"学科建设人才培养项目	张东赞	基础教学部	院级科研项目、重点项目	论文	2018.12
20	提升社会主义核心价值观的国际话语权研究	张明霞	基础教学部	院级科研项目、重点项目	研究报告	2021.05

（外交学院科研处供稿）

北京物资学院

2018 年度承担国家级、省部级等社会科学研究项目

序号	项目名称	负责人	承担部门	项目分类、类别	预期成果形式	计划完成时间
1	北京物流企业"营改增"实施效果实证研究	许海晏	商学院	北京市社会科学基金、一般项目	研究报告	2020.12
2	基于大数据技术的北京市中小物流企业信用评级	刘若阳	物流学院	北京市社会科学基金、一般项目	论文	2020.07
3	基于区块链的物流业务新模式的研究	丁　毅	信息学院	北京市社会科学基金、一般项目	研究报告	2020.12
4	商品流通市场安全高效可持续运行的法律保障机制研究	李惠阳	法学院	北京市社会科学基金、一般项目	专著	2019.12

续表

序号	项目名称	负责人	承担部门	项目分类、类别	预期成果形式	计划完成时间
5	基于社会网络分析的北京市食品生产企业食品安全行为与监管研究	刘永胜	商学院	北京市社会科学基金、重点项目	研究报告	2021.06
6	基于大数据技术提升首都物流服务品质的策略研究	周　丽	信息学院	北京市社会科学基金、重点项目	论文	2020.12
7	京津冀水资源会计核算体系构建与运行机制研究	陈　波	商学院	北京市社会科学基金、一般项目	研究报告	2020.06
8	混合所有制改革背景下北京市国企并购重组绩效提升研究	董丽萍	商学院	北京市社会科学基金、一般项目	研究报告	2021.06
9	北京市食品安全监管体系建设	王可山	经济学院	北京市社会科学基金、一般项目	系列论文	2021.07
10	京津冀生鲜农产品协同物流模式研究	李　锋	信息学院	北京市社会科学基金、一般项目	研究报告	2021.06
11	京津冀现代农产品冷链物流需求及发展模式研究	张喜才	商学院	北京市社会科学基金、一般项目	研究报告	2020.07
12	区块链与物联网环境下的农产品信息溯源体系研究：以京津冀为例	刘同娟	信息学院	北京市社会科学基金、青年项目	研究报告	2020.12
13	“微信朋友圈”场域中大学生身份认同问题研究	刘金丽	马克思主义学院	北京市社会科学基金、青年项目	研究报告	2022.06
14	北京市产业疏解与对外经济辐射的协同效应研究	刘崇献	经济学院	北京市社会科学基金、一般项目	研究报告	2021.06
15	京津冀农业协同发展下的北京净菜供给研究	洪　岚	经济学院	北京市社会科学基金、一般项目	研究报告	2020.06
16	审计监督对健全党和国家监督体系的作用机制研究	顾　煜	商学院	北京市社会科学基金、一般项目	论文	2020.06
17	互联网新业态下非典型雇佣关系优化及制度创新	魏　巍	法学院	教育部人文社会科学研究、青年基金项目	研究报告	2020.12
18	分类治理视角下国有企业混合所有制最优机制设计研究	陈　霞	商学院	教育部人文社会科学研究、青年基金项目	论文	2020.12
19	去杠杆背景下家庭过度负债的识别、后果及其影响因素研究	吴　锟	经济学院	教育部人文社会科学研究、青年基金项目	论文	2020.12
20	进口与企业人力资本投资：基于产品技能含量的视角	李晓庆	经济学院	教育部人文社会科学研究、青年基金项目	研究报告	2020.06

续表

序号	项目名称	负责人	承担部门	项目分类、类别	预期成果形式	计划完成时间
21	基于多数据源集成的新兴产业技术机会识别与预测研究	马婷婷	物流学院	教育部人文社会科学研究、青年基金项目	论文	2021. 12
23	共享经济下电子商务创新模式与采纳研究	陈　蕾	信息学院	北京市教育委员会社科计划、一般项目	论文	2019. 12
24	北京市在京国企和疏解国企高管经济激励和政治激励效果研究	陈　霞	商学院	北京市教育委员会社科计划、一般项目	研究报告	2019. 12
25	循环经济视角下北京市居民电子废弃物处置行为研究	徐建国	商学院	北京市教育委员会社科计划、一般项目	论文	2019. 12
26	北京市水资源会计核算体系构建与政策应用研究	陈　波	商学院	北京市教育委员会社科计划、一般项目	论文	2019. 12
27	“一带一路”物流绩效与中国农产品贸易潜力研究	王贝贝	经济学院	北京市教育委员会社科计划、一般项目	研究报告	2019. 12
28	碎片化传播生态下高校思想政治教育话语体系的转换与重塑研究	张震环	马克思主义学院	北京市教育委员会社科计划、一般项目	专著	2019. 12
29	共享经济下北京市小微企业开放式融资模式研究	陈前前	商学院	北京市教育委员会社科计划、一般项目	研究报告	2019. 12
30	“北京产”网红绿色优质农产品标准化生产与精准帮扶科技示范	唐秀丽	物流学院	北京市科学技术委员会、重大项目	研究报告	2021. 6
31	京津冀物流一体化对非首都功能疏解效果测度与评价研究	郭　茜	信息学院	国家统计局、重点项目	研究报告	2020. 9
32	基于 OBE 教育理念的课程思政质量评价体系研究	宋晓欣	商学院	北京市委教育工作委员会、一般课题	研究报告	2020. 12

2018 年度校级社会科学研究项目

序号	项目名称	负责人	承担部门	项目分类、类别	预期成果形式	计划完成时间
1	京津冀地区绿色低碳供应链协调与成本分摊策略研究	于晓辉	物流学院	校级重大项目	论文	2018. 12
2	“一带一路”倡议下企业基础设施投资风险、效率与优化	顾　煜	商学院	校级重大项目	论文	2018. 12

续表

序号	项目名称	负责人	承担部门	项目分类、类别	预期成果形式	计划完成时间
3	碳审计促进低碳物流升级发展作用机理、动力机制和实现路径研究	陈炜煜	商学院	校级重大项目	论文	2018.12
4	生鲜农产品多渠道供应链协调研究	徐广姝	物流学院	校级重大项目	论文	2019.07
5	京津冀物流科技协同创新绩效评价研究	陈　霞	商学院	校级重大项目	论文	2019.01
6	国际多式联运枢纽动态监测评估体系构建研究	汪芸芳	物流学院	校级重大项目	论文	2019.12
7	电子商务环境下的城市共同配送运作机理和信息平台构建研究	王晓平	物流学院	校级重大项目	研究报告	2019.12
8	知识产权保护对中国企业进口贸易的影响	李晓庆	经济学院	校级青年项目	论文	2020.01
9	供给侧改革、经济杠杆率调整、与最优货币政策选择	赵成珍	经济学院	校级青年项目	论文	2020.01
10	鲜食农产品供应链利益均衡与优化机制研究	邓　磊	信息学院	校级青年项目	论文	2019.12
11	基于消费者异质性视角的零售竞争研究	黄雨婷	经济学院	校级青年项目	论文	2020.01
12	布兰顿推理主义语义学研究	王彬彬	马克思主义学院	校级青年项目	论文	2019.12
13	新时代文化自信背景下“大运河精神”研究	孙　杰	党委宣传部	大运河专项任务项目	论文	2018.07
14	京杭大运河通航物流价值研究及启示建议	温卫娟	物流学院	大运河专项任务项目	研究报告	2018.10
15	京杭大运河京津冀段河道重金属污染状况及潜在生态风险评估	沈　丽	物流学院	大运河专项任务项目	论文	2018.07
16	我国大运河研究的演进过程、前沿热点与关系结构分析	孙　静	商学院	大运河专项任务项目	论文	2018.10
17	大运河沿岸城市垃圾回收与河道治理协同机制研究	周三元	物流学院	大运河专项任务项目	研究报告	2018.07
18	大运河京津冀区段物流节点现状调研	周　丽	信息学院	大运河专项任务项目	论文	2018.07
19	打造新时代运河文化依托载体的可行性研究	齐　严	商学院	大运河专项任务项目	研究报告	2018.09
20	大运河保护与利用法律保障研究	白　硕	法学院	大运河专项任务项目	论文	2018.10
21	跨境物流与现代供应链研究	杜志平	物流学院	协同攻关团队项目	论文	2018.12

（北京物资学院科研处供稿）

北京印刷学院

2018 年度承担国家级、省部级等社会科学研究项目

序号	项目名称	负责人	承担部门	项目分类、类别	预期成果形式	计划完成时间
1	美国读者对中国人文社科图书的阅读和接受研究	孙万军	新闻出版学院	国家社会科学基金、一般项目	著作	2021.12
2	数字时代网络出版管理机制研究	宋嘉庚	新闻出版学院	国家社会科学基金、一般项目	研究报告	2021.07
3	印刷的图像：明代徽州版画研究	李啸非	设计艺术学院	国家社会科学基金艺术学、一般项目	著作	2021.12
4	明清外销瓷与海上丝绸之路的文化交流	滕晓铂	设计艺术学院	国家社会科学基金艺术学、一般项目	著作	2021.12
5	北京红色设计资源挖掘及其精神传承	张晓新	院机关	北京市社会科学基金、重点项目	专著	2020.12
6	基于"艺术城市"概念的大运河文化带（通州段）文化传承保护与产业发展研究	刘　彤	经济管理学院	北京市社会科学基金、重点项目	研究报告	2021.06
7	北京红色出版文化资源挖掘及其精髓凝练	崔恒勇	新闻出版学院	北京市社会科学基金、重点项目	研究报告	2020.06
8	供给侧改革视角下北京公共文化产品服务有效供给研究	蔡春霞	经济管理学院	北京市社会科学基金、一般项目	研究报告	2020.06
9	文化产业影响北京城市经济发展的机制、效果和对策研究	罗荣华	经济管理学院	北京市社会科学基金、一般项目	研究报告	2020.06
10	北京地区图书出版社社会效益评价体系研究	李德升	新闻出版学院	北京市社会科学基金、一般项目	研究报告	2020.06
11	出版企业社会责任成本研究	何志勇	经济管理学院	北京市社会科学基金、一般项目	研究报告	2020.07
12	北京古都文化资源挖掘与传承研究——以金中都为例	范文静	经济管理学院	北京市社会科学基金、青年项目	研究报告	2020.12
13	北京大兴国际机场京津冀物流协同枢纽系统构建研究	刘　硕	经济管理学院	北京市社会科学基金、青年项目	专著	2020.06
14	面向北京市 B2C 型共享汽车服务系统设计的限定性研究	赵　颖	设计艺术学院	北京市社会科学基金、青年项目	专著	2021.07
15	季羡林《清华园》与 20 世纪 30 年代大学教育研究	叶　新	新闻出版学院	教育部人文社会科学研究、规划基金项目	著作	2019.12
16	传统出版与现代出版融合发展的路径与对策研究	王关义	经济管理学院	北京市教委科研计划重点项目	著作	2020.12

续表

序号	项目名称	负责人	承担部门	项目分类、类别	预期成果形式	计划完成时间
17	推动新闻出版业高质量发展研究	衣凤鹏	经济管理学院	国家新闻出版广电总局公开招标项目	论文、著作	2019. 01
18	中国古代壁画复原展研究	张　彬	设计艺术学院	北京艺术基金	举办中国古代壁画复原展	2019. 07
19	《王重民全集》编纂（专题编）	王京山	新闻出版学院	国家社会科学基金子课题	著作	2022. 12

2018 年度校级社会科学研究项目

序号	项目名称	负责人	承担部门	项目分类、类别	预期成果形式	计划完成时间
1	木版水印技艺传承及其文化影响研究	滕晓铂	设计艺术学院	学校基础研究重点项目	论文、著作、研究报告	2019. 12
2	设计驱动创新研究	陶海鹰	设计艺术学院	学校基础研究重点项目	论文、著作、研究报告	2019. 12
3	俄罗斯民间（雕版印刷）传统图案研究	袁园	设计艺术学院	学校基础研究一般项目	论文、著作、研究报告	2018. 12
4	插画在北京市出版传媒产业应用创新团队	杨大禹	设计艺术学院	学校科研创新团队项目	论文、研究报告	2019. 12
5	基于复杂网络理论的物流供应链网络的节点重要性评估研究	田志虹	经济管理学院	学校基础研究一般项目	论文、著作、研究报告	2018. 12
6	物流产业发展不均衡性对区域经济发展影响研究	陈亮亮	经济管理学院	学校基础研究一般项目	论文、研究报告	2018. 12
7	馆藏特色资源的数字化集成及其应用研究	王亮	经济管理学院	学校研发计划项目	论文、研究报告	2019. 12
8	首都大学生微信朋友圈意识形态镜像表征研究	郭瑾	新闻出版学院	学校基础研究一般项目	论文、研究报告	2018. 12
9	媒体融合的平台构建及发展模式研究	刘千桂	新闻出版学院	学校研发计划项目	论文、研究报告	2019. 12
10	新媒体语境下以动漫为形式的自媒体内容研究	许歌	新媒体学院	学校基础研究重点项目	论文、研究报告	2019. 12
11	新媒体动画专业 3D 水墨动画技术创新团队建设	高妍玫	新媒体学院	学校科研创新团队项目	论文、研究报告	2019. 12
12	“博物馆展示设计与虚拟实现”区域创新团队建设	史民峰	新媒体学院	学校科研创新团队项目	论文、研究报告	2019. 12
13	新媒体动画影像播控系统研究	刘锋	新媒体学院	学校研发计划项目	论文、研究报告	2019. 12

（北京印刷学院宣传部供稿）

中央团校（中国青年政治学院）

2018 年度承担国家级、省部级社会科学研究项目

序号	项目名称	负责人	承担部门	项目分类、类别	预期成果形式	计划完成时间
1	新时代中国“两岸四地”青年认同研究	王建敏	科研部	国家社会科学基金、一般项目	研究报告	2021. 12
2	习近平关于马克思主义的重要论述研究	刘长军	马克思主义学院	北京市社会科学基金、重点项目	专著	2021. 07
3	改革开放 40 年青年发展与党的青年工作研究	吴　庆	习近平青年工作思想教研部	共青团中央中国特色社会主义理论体系研究中心、重大项目	专著	2019. 11
4	文化治理与社会思潮研究	荣　鑫	马克思主义学院	共青团中央中国特色社会主义理论体系研究中心、重点项目	专著	2019. 11
5	新时代以来党的全面深化改革理论研究	吴学凡	马克思主义学院	共青团中央中国特色社会主义理论体系研究中心、重点项目	专著	2019. 11
6	习近平关于青年工作的重要论述研究	王冬梅	习近平青年工作思想教研部	共青团中央中国特色社会主义理论体系研究中心、委托项目	专著	2019. 11

2018 年度校级社会科学科研项目

序号	项目名称	负责人	承担部门	项目分类	预期成果形式	计划完成时间
1	习近平关于青年工作的重要论述研究	倪邦文	学校领导	重点项目	专著	2020. 07
2	干部培养通用工具开发——谈话调研方法研究	陈树强	党的群众工作教研部	重点项目	专著	2020. 07
3	青年干部成长路径研究	倪邦文	学校领导	重点项目	专著	2020. 07
4	习近平关于全面深化改革的重要论述研究	吴学凡	马克思主义学院	一般项目	论文	2019. 07
5	习近平语言风格对青年工作中话语艺术性建构的启示研究	周　红	科研部	一般项目	论文	2019. 08
6	基于共青团高端智库建设的青年及共青团专题文献分析研究	邓克武	科研部	一般项目	论文、研究报告	2019. 09
7	全面依法治国思想引领下的青少年法治体系之完善	王　新	研究生部	一般项目	论文	2019. 07
8	“一带一路”倡议与当代青年责任研究	姜微微	研究生部	一般项目	专著、论文	2019. 07

续表

序号	项目名称	负责人	承担部门	项目分类	预期成果形式	计划完成时间
9	团校改革背景下团干部教育培训教学体系研究	韦平伟	教务部	一般项目	论文、研究报告	2019.07
10	大学生金融能力和金融风险研究：金融社会工作视角	周晓春	党的群众工作教研部	一般项目	论文	2019.07
11	中国青年舆情信息采集和即时反馈调查网建设方案研究	高 炜	马克思主义学院	一般项目	论文、研究报告	2019.03
12	我国团县委书记基本素质研究	周 军	党的群众工作教研部	一般项目	论文、研究报告	2020.07
13	贫困青少年发展资产及社会工作介入研究	李燕平	党的群众工作教研部	一般项目	论文	2019.09
14	协同治理视角下共青团与青年社会组织的互动关系研究	姜振华	党的群众工作教研部	一般项目	论文	2019.09
15	习近平青年观的主要内容	于 昆	马克思主义学院	一般项目	论文	2019.12
16	习近平对马克思主义基本理论的创新发展研究	刘长军	马克思主义学院	一般项目	论文、研究报告	2020.01
17	马克思主义大众化情感培育研究	张治银	习近平新时代中国特色社会主义思想教研部	一般项目	论文	2019.07
18	文化治理视野下当代社会思潮研究	荣 鑫	习近平新时代中国特色社会主义思想教研部	一般项目	论文	2019.12
19	基于受众视角的共青团新媒体传播效果研究——以共青团中央官方微信为例	王 娟	党群工作部（纪委办公室）	青年项目	论文、研究报告	2020.07
20	共青团品牌及活动推广中的“名人效应”	张 琳	科研部	青年项目	论文、研究报告	2020.06
21	圣战萨拉菲主义对欧洲青年的影响与应对	从培影	青年发展战略研究院	青年项目	论文	2020.07
22	团章中的从严治团研究	赵静姝	习近平新时代中国特色社会主义思想教研部	青年项目	论文	2020.06
23	知青习近平梁家河成长实践的价值意蕴研究	崔保锋	党委办公室（校长办公室）	青年项目	论文	2019.07
24	学员信息化管理体系建设研究	杨乃衡	轮训部	行政教辅项目	论文	2019.07
25	以科研、期刊体系为支撑的智库建设路径研究	郭俊杰	科研部	行政教辅项目	研究报告	2019.07
26	被引率视域下的青年研究期刊选题组稿策略研究——基于对5种期刊2014-2016年文献的分析	刘向宁	科研部	行政教辅项目	论文	2019.07
27	高校团员青年的志愿服务意愿研究——基于北京四所高校的分析	黄莉培	党群工作部（纪委办公室）	行政教辅项目	论文	2019.08

〔中央团校（中国青年政治学院）科研部郭俊杰供稿〕

中国劳动关系学院

2018 年度承担国家级、省部级社会科学研究项目

序号	项目名称	负责人	承担部门	项目分类、类别	计划完成时间
1	“一带一路”建设中企业社会责任研究	曹凤月	马克思主义学院	国家社会科学基金、一般项目	2021. 12
2	劳动者素质提升与产业优化升级的协同路径研究	张　勇	经济管理学院	国家社会科学基金、一般项目	2021. 12
3	多元协作参与下动态平衡的劳动关系协商协调体系研究	姜　颖	法学院	国家社会科学基金、一般项目	2021. 12
4	中央群团改革背景下的工会改革路径研究	闻效仪	劳动关系与人力资源学院	国家自然科学基金、一般项目	2021. 12
5	京津冀协同共享发展中的工人获得感与制度支持研究	赵祖平	公共管理学院	北京市社会科学基金、一般项目	2020. 12
6	京津冀普惠金融协同发展降低财富逆转移的路径分析及规模测度	周　超	经济管理学院	北京市社会科学基金、青年项目	2020. 12
7	以人民为中心的发展哲学研究	田　田	马克思主义学院	北京市社会科学基金、一般项目，北京市习近平新时代中国特色社会主义思想研究中心项目	2020. 12
8	习近平关于劳模精神的重要论述研究	彭维锋	马克思主义学院	北京市社会科学基金、一般项目，北京市习近平新时代中国特色社会主义思想研究中心项目	2020. 12
9	高校社会主义核心价值观教育引领机制研究——基于以劳模精神为载体的视角	李　珂	宣传部	教育部人文社会科学研究、青年基金项目	2020. 12
10	众包工作的法律调整路径与制度构建研究	肖　竹	法学院	教育部人文社会科学研究、规划基金项目	2020. 12
11	关于完善政府、工会、企业共同参与的协商协调机制问题研究	姜　颖	法学院	全国总工会项目	2018. 12
12	关于职工基层民主参与途径和载体问题研究	刘元文	工会学院	全国总工会项目	2018. 12
13	关于习近平新时代中国特色社会主义思想对工运理论和实践的指导作用研究	刘向兵	校领导	全国总工会项目	2018. 12
14	关于工会十六大以来工会工作的发展与经验研究	叶鹏飞	社会工作学院	全国总工会项目	2018. 12

续表

序号	项目名称	负责人	承担部门	项目分类、类别	计划完成时间
15	关于创新工会工作体制机制和方式方法问题研究	吴建平	社会工作学院	全国总工会项目	2018. 12
16	思想政治教育视域下工匠精神的培育与弘扬	刘向兵	校领导	北京市教工委、一般课题	2020. 12
17	当代大学生劳动价值观调查	李　珂	宣传部	北京市教工委、一般课题	2020. 12
18	影视美育在辅导员思想政治教育中的探索创新——以中国劳动关系学院影视美育工作坊为例	严芳芳	文化传播学院	北京市教工委、专项课题	2020. 12
19	习近平“劳动观”融入大学生思想政治教育探析	钟雪生	马克思主义学院	北京市教工委、支持课题	2020. 12
20	北京市高校学生心理健康教育工作薄弱环节调查研究	巴雅利格	法学院	北京市教工委、支持课题	2020. 12

（中国劳动关系学院科研处陈邓海供稿）

中国社会科学院

2018 年度承担部分国家社会科学基金项目

序号	项目批准号	项目名称	项目类别	负责人	承担单位
1	18ZDA162	中国社会学的起源、演进与复兴	重大项目	景天魁	社会学所
2	18ZDA164	中国社会景气与社会信心研究：理论与方法	重大项目	李汉林	社发院
3	18ZDA181	秦汉三辅地区建筑研究与复原	重大项目	刘　瑞	考古所
4	18ZDA191	西藏历史地图集	重大项目	孙宏年	边疆所
5	18ZDA259	中国近代日记文献叙录、整理与研究	重大项目	张　剑	文学所
6	18ZDA298	中国民族语言形态句法类型学研究	重大项目	黄成龙	民族所
7	18ZDA341	网络与数字时代增强中华文化全球影响力的实现途径研究	重大项目	江小涓	财经院
8	18AGJ010	未来 5—10 年中国周边安全的风险评估与防范研究	重点项目	张　洁	全球院
9	18AGL011	互联网平台型企业社会责任问题研究	重点项目	肖红军	工经所
10	18AGL016	促进能源转型的能源体制革命理论框架与实现机制研究	重点项目	朱　彤	工经所
11	18AJL006	综合集成模拟实验平台的设计与构建研究	重点项目	万相昱	数技经所
12	18AKG003	二里头遗址宫殿区考古发掘报告（2010—2017）	重点项目	赵海涛	考古所
13	18ASH003	“新生代”中国私营企业主的构成、态度与行动研究	重点项目	吕　鹏	社会学所
14	18AZD006	数字经济对中国经济发展的影响研究	重点项目	蔡跃洲	数技经所
15	18AZJ004	藏传佛教宗派历史与教理研究	重点项目	尕藏加	宗教所

续表

序号	项目批准号	项目名称	项目类别	负责人	承担单位
16	18AZS014	20世纪中国的政权鼎革与司法人员变动研究（1906—1956）	重点项目	李在全	近代史所
17	18AZS015	顾维钧抗战外交档案的整理与研究	重点项目	侯中军	近代史所
18	18AZW008	元代文学地图数字分析平台	重点项目	刘京臣	文学所
19	18AZX016	当代西方哲学中的“政治现实主义”流派研究	重点项目	陈德中	哲学所
20	18BFX081	司法改革与未成年人司法制度完善研究	一般项目	王雪梅	法学所
21	18BFX186	儿童本位的亲子关系立法研究	一般项目	薛宁兰	法学所
22	18BGJ006	后危机时期欧元区金融体系改革及其启示研究	一般项目	胡　琨	欧洲所
23	18BGJ025	新形势下全球经济治理改革困境及中国方案研究	一般项目	徐秀军	世经政所
24	18BGJ045	当代美国的“中国观”及其历史成因研究	一般项目	唐　磊	情报院
25	18BGJ051	美国对非政策研究	一般项目	刘中伟	西亚非所
26	18BGJ054	欧盟的创新系统模式及对我国的借鉴研究	一般项目	孙　艳	欧洲所
27	18BGJ061	西方国家在金融危机之后的制度反思研究	一般项目	魏南枝	美国所
28	18BGJ077	“一带一路”在东南亚促进民心相通的路径与举措研究	一般项目	周方冶	全球院
29	18BGJ087	中东欧国家的“中国观”构建研究	一般项目	鞠维伟	欧洲所
30	18BGL051	互联网情境下科技创业者社会关系网络与融资绩效关系研究	一般项目	王泽宇	经济所
31	18BGL141	“互联网+”背景下旅游共享经济发展路径及其风险管控研究	一般项目	任朝旺	社科大
32	18BGL197	我国长期护理保险体系建设研究	一般项目	张盈华	社发院
33	18BGL273	京津冀协同发展的阶段效果评价研究	一般项目	叶振宇	工经所
34	18BJL006	近代中国的外商股票市场研究	一般项目	朱海城	经济所
35	18BJL026	我国经济中长期增长趋势和国际赶超前景研究（2020—2050）	一般项目	武　鹏	经济所
36	18BJL108	中国经济时代与全球货币体系新格局下人民币国际化战略研究	一般项目	林　楠	金融所
37	18BJL123	教育阻断贫困代际传递的政策设计与评估研究	一般项目	闫　坤	农发所
38	18BJL129	制造业升级对我国就业和收入分配格局的影响研究	一般项目	宋　锦	世经政所
39	18BJY044	家庭结构变迁的收入分配效应研究	一般项目	邓曲恒	经济所
40	18BJY060	气候适应型城市多目标协同治理模式与路径研究	一般项目	郑　艳	城环所
41	18BJY101	全球价值链视角下中国装备制造业转型升级与绿色发展耦合研究	一般项目	冯　烽	数技经所
42	18BJY250	大数据时代科技与金融融合及风险管控研究	一般项目	李广子	金融所
43	18BKG024	甘肃南石窟寺的三维重建与虚拟展示	一般项目	刘建国	考古所
44	18BKG035	云南师宗县大园子墓地发掘资料的整理与研究	一般项目	杨　勇	考古所
45	18BKS049	葛兰西社会主义思想的时代解析	一般项目	潘西华	马研院

续表

序号	项目批准号	项目名称	项目类别	负责人	承担单位
46	18BKS104	空间视域下马克思恩格斯的生态观研究	一般项目	刘　燕	马研院
47	18BMZ003	中国共产党民族政策的初心与使命在红军长征中实践研究	一般项目	周竞红	民族所
48	18BMZ010	南北朝时期国家认同与中华意识研究	一般项目	彭丰文	民族所
49	18BMZ044	当代中国经济社会发展中的少数民族萨满教信仰研究	一般项目	宋小飞	民族所
50	18BRK025	城乡独居老人养老方式选择与变化研究	一般项目	王　磊	人口所
51	18BRK035	当代中国家庭转变对人力资本发展的影响研究	一般项目	牛建林	人口所
52	18BSH073	在健康社会决定因素框架下构建我国儿童健康行为测量指标体系	一般项目	周华珍	社科大
53	18BSH095	互联网发展背景下中产阶层消费模式研究	一般项目	朱　迪	社会学所
54	18BSH106	农业转型与西部农村公共产品供给机制的社会学研究	一般项目	荀丽丽	社会学所
55	18BSH137	四川藏区乡村社会治理特殊性的人类学研究	一般项目	郑少雄	社会学所
56	18BSH168	人口老龄化与中国特色城市社区养老服务体系建设研究	一般项目	赵一红	研究生院
57	18BSS016	美国太平洋商业扩张与太平洋国家身份建构研究（1783—1900）	一般项目	王　华	社科大
58	18BSS046	19 世纪末至今中美金融关系研究	一般项目	张红菊	世历所
59	18BWW075	文化冷战视域下的拉美文学与中国研究	一般项目	魏　然	外文所
60	18BYY046	闽南方言介词的语义演变研究	一般项目	陈伟蓉	语言所
61	18BYY141	基于语料库平台的字书俗字整理与研究	一般项目	李建廷	文献出版社
62	18BYY163	基于梵汉对勘的中古译经语法研究	一般项目	姜　南	语言所
63	18BYY202	西夏文佛典文献语法研究	一般项目	麻晓芳	语言所
64	18BZJ027	奥古斯丁哲学汉传文献整理与研究	一般项目	周伟驰	宗教所
65	18BZJ052	东北亚文化圈农耕文明视域下的中韩萨满教比较研究	一般项目	王　伟	宗教所
66	18BZS033	无名组卜辞合集	一般项目	刘义峰	历史所
67	18BZS039	汉魏辟除制度研究	一般项目	张　欣	历史所
68	18BZS067	明清时代六谕诠释史研究	一般项目	陈时龙	历史所
69	18BZS072	清代“藏哲（锡金）边界”研究	一般项目	张永攀	边疆所
70	18BZS079	蒋经国与国民党大陆政策研究（1972—1988）	一般项目	汪小平	近代史所
71	18BZS091	近代中国金融风潮中的非常与日常研究	一般项目	潘晓霞	近代史所
72	18BZS093	美台农业合作与农复会研究（1948—1979）	一般项目	程朝云	近代史所
73	18BZS159	高丽国王朝、世子人质及元丽文化交流研究	一般项目	乌云高娃	历史所
74	18BZW006	“文化研究”的中国化研究	一般项目	孟登迎	社科大
75	18BZW035	《尚书》经典化研究	一般项目	赵　培	文学所
76	18BZW187	川滇地区东巴史诗的搜集整理研究	一般项目	杨杰宏	民文所

续表

序号	项目批准号	项目名称	项目类别	负责人	承担单位
77	18BZW200	卡尔梅克韵文体民间文学资料集成与比较研究	一般项目	旦布尔加甫	民文所
78	18BZW201	满—通古斯语族史诗研究	一般项目	高荷红	民文所
79	18BZX012	书写当代中国马克思主义哲学研究的学术史（1978—2018）	一般项目	王海锋	杂志社
80	18BZX092	卢梭语言哲学文献的翻译与研究	一般项目	汪　炜	哲学所
81	18BZX097	福柯的知识考古学研究	一般项目	汤明洁	哲学所
82	18BZX114	意大利文艺复兴与转型伦理研究	一般项目	徐艳东	哲学所
83	18CDJ005	以建设马克思主义学习型政党推动建设学习大国研究	青年项目	韩小南	研究生院
84	18CDJ008	延安时期中国共产党干部教育与实践研究	青年项目	张忠山	当代所
85	18CFX015	国际裁决的合宪性问题研究	青年项目	孙南翔	国际法所
86	18CGJ007	“修昔底德陷阱”问题研究	青年项目	李隽旸	世经政所
87	18CGJ018	“多速欧洲”与中东欧国家的欧洲化进程研究	青年项目	鞠　豪	俄欧亚所
88	18CGJ022	日本印太战略研究	青年项目	朱清秀	日本所
89	18CJL020	区块链交易中的信任问题研究	青年项目	张延龙	农发所
90	18CJL033	人工智能、资本深化、技能溢价与区域不平衡研究	青年项目	胡安俊	数技经所
91	18CJY012	劳动力市场新变化对就业脱贫的影响及路径优化研究	青年项目	张彬斌	财经院
92	18CJY014	我国城乡居民的食品可持续消费行为研究	青年项目	全世文	农发所
93	18CJY022	绿色发展理念下多元参与的环境治理体系研究	青年项目	张彩云	经济所
94	18CJY032	新时代我国农地流转租金形成机理及影响因素研究	青年项目	李登旺	农发所
95	18CJY062	中国金融杠杆周期与金融风险的形成机制及对策研究	青年项目	张方波	财经院
96	18CJY063	保险系统性风险的形成演变、外溢效应及审慎监管研究	青年项目	王向楠	金融所
97	18CJY064	社会保险费征管体制改革的最优路径与效果评估	青年项目	刘柏惠	财经院
98	18CKG012	商周都邑制陶作坊研究	青年项目	王　迪	考古所
99	18CKG017	高昌石窟寺内容总录	青年项目	夏立栋	考古所
100	18CKG019	隋唐宋元时期瓦作遗存的建筑考古学研究	青年项目	王子奇	考古所
101	18CKS004	国外《资本论》研究新进展	青年项目	李连波	经济所
102	18CKS018	海外中国特色社会主义研究评析	青年项目	孙　帅	社科大
103	18CSH002	以西方社会思潮本土化为线索的民国时期的家庭社会学研究	青年项目	杭苏红	社会学所
104	18CSH062	医疗卫生制度与改革的国际比较研究	青年项目	梁金刚	社科大
105	18CWW008	梵语戏剧家跋娑作品研究	青年项目	张　远	外文所

续表

序号	项目批准号	项目名称	项目类别	负责人	承担单位
106	18CXW012	新时代中国特色新闻学视域下的乡村实践研究	青年项目	沙 垚	新闻所
107	18CXW032	中国网络视听新媒体治理体系的演化规律与效果实证研究	青年项目	张 琛	文献出版社
108	18CYY024	汉语特色词类与句法成分交互的认知神经机制研究	青年项目	罗颖艺	语言所
109	18CYY044	相邻语言单位的语义负载与语法化研究	青年项目	张 亮	语言所
110	18CZJ006	西夏佛典选译和西夏佛教史研究	青年项目	王 龙	宗教所
111	18CZJ019	敦煌道经的整理研究	青年项目	张 鹏	宗教所
112	18CZS014	北魏礼制变迁研究	青年项目	刘 凯	历史所
113	18CZW001	“怨”与中国文论的批判精神研究	青年项目	袁 劲	外文所
114	18CZW017	书籍文化视野下的明代书序文研究	青年项目	王润英	文学所
115	18CZW018	元明时期唐宋八大家散文经典化研究	青年项目	裴云龙	文学所
116	18CZW032	日本德川时期的中国《春秋》学研究	青年项目	张德恒	文献出版社
117	18CZX028	朱熹理学中“气”的思想研究	青年项目	赵金刚	哲学所
118	18CZX036	东亚“四书学”诠释研究	青年项目	张 捷	哲学所
119	18CZZ013	明清之际以来的两种“公”的观念及其对近现代中国政治思潮的影响研究	青年项目	刘九勇	政治学所
120	18CZZ015	基层人大代表选举中的“代二代”现象研究	青年项目	张 茜	政治学所
121	18FGJ011	“一带一路”建设国际多边合作背景下的东北亚地区战略博弈与中国角色研究	后期资助项目	李永强	全球院
122	18FGJ012	大国关系与东北亚安全	后期资助项目	邹治波	世经政所
123	18FJL015	日本泡沫经济再考	后期资助项目	张季风	日本所
124	18FMZ003	近代中华民族认同与台湾“原住民”	后期资助项目	贾 益	民族所
125	18FSS003	苏联东欧国家改革与社会稳定	后期资助项目	黄立茀	世历所
126	18FYY003	藏文古文献《拔协》文本标注与语法研究	后期资助项目	龙从军	民族所
127	18FZS006	先秦史跨学科研究的理论与实践	后期资助项目	晁天义	杂志社
128	18FZS026	甲午战后清政府的实政改革（1895—1899）	后期资助项目	张海荣	近代史所
129	18FZS027	蜀石经遗文考	后期资助项目	王天然	历史所
130	18FZW005	兵家还原	后期资助项目	杨 义	文学所
131	18FZW030	唐代赠序文研究	后期资助项目	杜文婕	文献出版社

2018 年度国情调研项目

序号	项目类别	项目名称	承担单位	主持人
1	重大	新时代社会主要矛盾认知状况调研	社发院	高 勇

续表

序号	项目类别	项目名称	承担单位	主持人
2	重大	创新生态系统建设视角下的城市经济内生增长动力调研	财经院	刘彦平
3	重大	深化国企国资和重点行业改革调研	工经所	肖红军
4	重大	欧洲贸易保护主义新动向及其对我国经济发展的影响	欧洲所	程卫东
5	重大	深入推进政府部门“放管服”改革调研——以深化商事制度改革为例	社会学所	田　丰
6	重大	法治国家、法治政府、法治社会一体建设调研	法学所	李　忠
7	重大	构建新型农业经营体系、促进乡村振兴调研	农发所	崔红志
8	重大	社会治理创新与新型社会组织成长状况调研	社会学所	吕　鹏
9	重大	西藏经济社会发展与守边固边治边稳藏调研——以林芝市为例	民族所	刘小珉
10	重大	依托“一带一路”发展民族经济促进延边周边共享繁荣稳定	亚太院	张　洁
11	重大	加快建立中国特色基本医疗卫生制度、医疗保障制度调研	经济所	朱恒鹏
12	重大	加快建立中国特色医疗保障制度调研	研究生院	薛在兴
13	重大	健全绿色低碳循环发展的经济体系调研	财经院	杜志雄
14	重大	健全绿色低碳循环发展的经济体系调研——战略路径、保障措施与地区差异性	数技经所	张友国、蒋金荷
15	重大	健全绿色低碳循环发展的经济体系调研	城环所	庄贵阳
16	院基地	民族地区老龄化特征与养老服务调查	人口所	钱　伟
17	院基地	黑龙江省历史遗迹的文化价值与旅游发展潜力分析	边疆所	邢广程
18	院基地	丝绸之路上古文明调查与研究（第一期）	历史所	田　波
19	院基地	宁夏全域旅游与精准扶贫	社会学所	赵克斌、王晓毅
20	院基地	西藏边境县市决胜全面建成小康社会相关重大现实问题调研	民族所	王剑峰
21	院基地	河南省农村一二三产业融合发展战略研究	农发所	廖永松
22	院基地	湖南省四大经济板块推进基本公共服务均等共享研究	数技经所	李　平、刘建武
23	院基地	建设“美丽中国”的江西探索——江西生态文明先行示范区建设国情调研	城环所	单菁菁
24	院基地	宁波落实十九大精神率先建成高水平全面小康社会调研	马研院	邓纯东
25	院基地	厦门企业社会成本调查研究	经济所	朱恒鹏
26	院基地	云南与周边国家跨境民族经济社会文化调查	宗教所	郑筱筠
27	考察	国家治理体系现代化中的任期制探索 · 上海篇	办公厅	林新海
28	考察	特色小镇与乡村振兴调研	科研局	马　援
29	考察	我国科研机构编制与岗位管理问题调研	人事局	高京斋
30	考察	新型养老方式情况考察	离退干局	刘　红
31	考察	婚姻习俗的性别影响与司法状况考察	机关党委	乌仁其其格
32	考察	发展农业绿色低碳循环经济，推动乡村振兴国情调研	机关党委	商　楠

续表

序号	项目类别	项目名称	承担单位	主持人
33	考察	国家监察体制改革背景下基层监督执纪实践考察	机关纪委	王晓霞
34	考察	我国基层医疗保障制度国情考察及社科院干部职工慢性病水平调查	服务局	叶聪岚
35	考察	国家哲学社会科学文献中心机构用户现状调研	图书馆	王 岚
36	考察	构造学术全媒体传播体系	杂志社	王利民
37	所基地	山东抗日根据地历史文化资源调研（以鲁西、鲁西北、鲁西南、鲁中为中心）	近代史所	高士华
38	所基地	现代化进程中传统文化、现代文化的基本状况——对甘肃文县的调研	世历所	汪朝光
39	所基地	孟中印缅经济走廊之宗教风险研究	宗教所	郑筱筠
40	所基地	绿色发展新理念在绩溪的实践探索	马研院	张小平、陈建波
41	所基地	新型社会组织健康发展状况调研系列之五——新型社会组织服务经济社会发展情况调研	马研院	余 斌
42	所基地	保定乡村振兴战略与农业农村现代化情况典型调查	经济所	隋福民
43	所基地	无锡“农民转居民”家庭经济情况典型调查数据库	经济所	赵学军
44	所基地	浙江省开化县环境治理经验考察	工经所	肖红军
45	所基地	营口市老边区汽保工业园区发展调研	工经所	刘戒骄、郭朝先
46	所基地	湖州市农地流转租金形成机制研究	农发所	李登旺
47	所基地	镇江市医改情况和农村居民健康条件调查	农发所	张延龙
48	所基地	中小银行金融科技应用调研	金融所	曾 刚
49	所基地	山东乳山金融生态环境状况考察	金融所	杨 涛
50	所基地	嘎鲁图嘎查村庄建设及村民生产生活状况	数技经所	李 青
51	所基地	新时代城市基层社区治理调研（全福街道基地）	数技经所	李 群
52	所基地	我国农村失能老人社区居家长期照护服务体系的构建——基于成都市郫都区（郫县）调研	人口所	王 桥
53	所基地	海宁制造业企业微观调查	人口所	曲 玥
54	所基地	北京东四街道城市更新状况调研	城环所	李国庆
55	所基地	典型城市碳排放总量控制政策案例调研	城环所	朱守先
56	所基地	浙江司法体制改革的关键性突破	法学所	田 禾、吕艳滨
57	所基地	以法治改进营商环境	法学所	陈 甦
58	所基地	泸水县贯彻新发展理念的法治保障	国际法所	黄 晋
59	所基地	人大代表作用的实现形式：乐清的实践	政治学所	韩 旭
60	所基地	云南省开远市城乡统筹发展状况与政府职能研究	政治学所	贠 杰

续表

序号	项目类别	项目名称	承担单位	主持人
61	所基地	科尔沁蒙古族萨满神祇调查研究	民族所	色　音
62	所基地	闽宁镇破解发展不平衡不充分的难点与应对	民族所	丁　赛
63	所基地	老年人日常照料的居家模式和市场机制	社会学所	赵克斌
64	所基地	江苏太仓基层社区治理创新与社会服务供给调研	社会学所	王春光
65	所基地	社区治理和服务创新实验区发展调研（2018）	社发院	葛道顺
66	所基地	中国社会转型期农村传播生态和地方文化建设研究	新闻所	赵天晓
67	所基地	“一带一路”与青岛胶州欧亚经贸合作产业园发展模式调研	世经政所	邹治波
68	所基地	金砖峰会后厦门城市国际化策略	欧洲所	黄　平
69	所基地	苏州工业园区产学研合作模式与前景	欧洲所	张　敏
70	所基地	“一带一路”框架下西游文化资源利用与连云港发展	西亚非所	李文刚、李新烽
71	所基地	广东与拉美经贸合作：中小企业现状与问题	拉美所	岳云霞
72	所基地	城市治理的历史、现状及未来——深圳经验	亚太院	郭立军
73	所基地	山东武城优秀传统文化传承与全面融入社会发展调研	图书馆	王玉巧
74	所基地	四川省雅安市荥经县天凤乡灾后重建及社会保障状况研究	研究生院	陈　涛
75	所基地	广西柳州汽车城企业创新与人才高地建设	研究生院	任朝旺
76	所基地	广东省自然村落历史人文调查项目推进情况调研	方志办	邱新立
77	所基地	临朐县史志办公室修志工作推进情况调研	方志办	刘玉宏
78	专项	甘肃河西地区实施乡村振兴战略的有益探索、问题挑战及对策建议	甘肃挂职团	樊建新、王荣军、张志强
79	专项	我国军民融合深度发展研究——基于四川绵阳军民融合实践	四川挂职团	胡　滨

（中国社会科学院科研局供稿、办公厅编辑）

中国社会科学院大学

2018 年度承担国家级、省部级社会科学研究项目

序号	项目名称	负责人	承担部门	项目分类、类别	预期成果形式	计划完成时间
1	内外贯通的审判执行与诉讼服务协同支撑技术研究	林　维	校领导	国家重点研发计划、重点专项	研究报告	2021.12
2	面向跨域立案的法律与司法业务知识库构建	刘晓春	政法学院	国家重点研发计划、重点专项课题	研究报告	2021.06
3	“一人多案”的法律理论和业务模型	李　静	政法学院	国家重点研发计划、重点专项课题	研究报告	2021.09

续表

序号	项目名称	负责人	承担部门	项目分类、类别	预期成果形式	计划完成时间
4	世界社会主义与资本主义前途命运暨当代国际形势研究	王伟光	校领导	国家社会科学基金、特别委托项目	专著	2021. 12
5	新时代中国特色文艺理论基本问题研究	张　江	校领导	国家社会科学基金、重大研究专项	专著	2021. 12
6	新时代中国特色美学基本理论问题研究	高健平	人文学院	国家社会科学基金、重大研究专项	专著	2021. 08
7	“互联网+”背景下旅游共享经济发展路径及其风险管控研究	任朝旺	学报编辑部	国家社会科学基金、一般项目	专著	2021. 12
8	“文化研究”的中国化研究	孟登迎	人文学院	国家社会科学基金、一般项目	专著、论文集	2022. 06
9	在健康社会决定因素框架下构建我国儿童健康行为测量指标体系	周华珍	马克思主义学院	国家社会科学基金、一般项目	专著、研究报告	2021. 12
10	人口老龄化与中国特色城市社区养老服务体系建设研究	赵一红	文法学院	国家社会科学基金、一般项目	论文集、研究报告	2020. 12
11	美国太平洋商业扩张与太平洋国家身份建构研究（1783—1900）	王　华	媒体学院	国家社会科学基金、一般项目	专著	2022. 06
12	中德诚信价值观教育比较研究	向　征	马克思主义学院	国家社会科学基金、青年项目	专著	2021. 12
13	海外中国特色社会主义研究评析	孙　帅	马克思主义学院	国家社会科学基金、青年项目	专著	2022. 12
14	中国网络内容治理与监管的现实问题与历史成因研究	杜智涛	媒体学院	国家社会科学基金、青年项目	研究报告	2023. 12
15	医疗卫生制度与改革的国际比较研究	梁金刚	管理学院	国家社会科学基金、青年项目	专著、研究报告	2020. 06
16	基于大数据技术分析民众对党的十九大精神的舆情认知研究	盖　赟	计算机教研部	教育部人文社会科学研究、青年基金项目	论文、咨询报告	2021. 07
17	参与视野下首都社会主义核心价值观有效传播机理研究	向　征	马克思主义学院	北京市社会科学基金、一般项目	研究报告	2020. 12
18	北京市儿童健康保障体系的构建与完善路程研究	庄　琦	管理学院	北京市社会科学基金、一般项目	系列论文	2021. 06
19	中国传统法律文化中的治理规范研究	马　岭	政法学院	北京市社会科学基金、一般项目	系列论文	2020. 06
20	整体性治理视域下京津冀协同发展评估及影响因素研究	蒋敏娟	管理学院	北京市社会科学基金、青年项目	研究报告	2020. 09
21	供给侧结构性改革与北京市养老金—养老服务供需平衡研究	郭　磊	管理学院	北京市社会科学基金、青年项目	研究报告	2022. 07
22	认罪认罚从宽程序中的量刑建议制度研究	李卫红	政法学院	最高人民检察院检察理论研究课题、自筹课题	论文	2018. 06

2018年度校级社会科学研究项目

序号	项目名称	负责人	承担部门	项目分类、类别	预期成果形式	计划完成时间
1	“一带一路”倡议下中国东盟国家语言政策对接研究	张　捷	公共外语教研部	卓越研究项目	专著	2019.12
2	儿童经济保障发展战略与路径研究	薛在兴	政法学院	卓越研究项目	专著	2019.12
3	大数据在社会治理中的应用机制研究	韩　芸	政法学院	卓越研究项目	专著	2019.12
4	地方政府隐性债务的规模、机理与治理研究	吉富星	经济学院	卓越研究项目	专著	2019.12
5	媒介文化：理论与批评实践	张　跣	人文学院	卓越研究项目	专著	2019.12
6	涉黑犯罪的法律适用问题研究	林　维	校领导	卓越研究项目	专著	2019.12
7	健康的社会决定因素对儿童健康行为测量指标体系的影响	周华珍	马克思主义学院	卓越研究项目	专著	2019.12
8	汉唐时期的“纪异”观念对文学的影响	李　俊	人文学院	卓越研究项目	专著	2019.12
9	郭象《庄子注》对《庄子》之诠释	刘国民	人文学院	卓越研究项目	专著	2019.12
10	中国当代文艺的类型理论建构	桂　琳	人文学院	卓越研究项目	专著	2019.12
11	中国基准收益率曲线的构建研究	李永森	经济学院	卓越研究项目	专著	2019.12
12	德国宪法诉讼类型研究	柳建龙	政法学院	卓越研究项目	专著	2019.12
13	风险投资对于创业企业的绩效影响研究	王艳茹	经济学院	卓越研究项目	专著	2019.12
14	我国公益市场的经济学研究	何　辉	经济学院	卓越研究项目	专著	2019.12
15	“或起诉或引渡原则”在国际法中的地位	秦一禾	政法学院	卓越研究项目	专著	2019.12
16	老年人犯罪一体化研究——以大数据为主要研究方法	李卫红	政法学院	卓越研究项目	专著	2019.12
17	协商民主视域下当代中国乡村治理体系与机制研究	高　旺	管理学院	卓越研究项目	专著	2019.12
18	新时代背景下女性劳动者权益保护研究	周宝妹	政法学院	卓越研究项目	专著	2019.12
19	近代太平洋贸易与“太平洋世界”的形成	王　华	媒体学院	卓越研究项目	专著	2019.12
20	我国个人所得税渐进式改革路径研究——基于公平和效率的视角	李为人	公共政策与管理学院	卓越研究项目	专著	2019.12
21	天然气人民币	黄晓勇	校领导	卓越研究项目	专著	2019.12
22	我国学生英语句法分析机制研究	高海龙	公共外语教研部	卓越研究项目	专著	2019.12
23	我国共享型旅游住宿业面临的机遇、挑战与对策研究	任朝旺	学报编辑部	拔尖研究项目	论文	2019.12
24	梁启超与新文化运动时期的文化保守派	魏万磊	人文学院	拔尖研究项目	论文	2019.12
25	整体性治理视域下京津冀协同发展的现状评估及影响因素研究	蒋敏娟	管理学院	拔尖研究项目	论文	2019.12
26	大学英语四级听力新题型应试策略	熊文莉	公共外语教研部	拔尖研究项目	论文	2019.12

续表

序号	项目名称	负责人	承担部门	项目分类、类别	预期成果形式	计划完成时间
27	大学生模拟联合国社团的思想政治教育功能	郑　伟	马克思主义学院	拔尖研究项目	论文	2019. 12
28	新中国成立以来基层党建的理论变迁与实践发展研究	刘文瑞	马克思主义学院	拔尖研究项目	论文	2019. 12
29	英国“文化研究”的理论创新之路——以斯图亚特·霍尔的学术实践为中心	孟登迎	人文学院	拔尖研究项目	论文	2019. 12
30	论义民旌表与明代乡村社会的秩序重建	向　静	人文学院	拔尖研究项目	论文	2019. 12
31	《九云梦》的叙述场景研究	李宏伟	人文学院	拔尖研究项目	论文	2019. 12
32	共同犯罪本质的规范理解	何庆仁	政法学院	拔尖研究项目	论文	2019. 12
33	租赁准则修订的理论分析和实务影响	刘泉军	经济学院	拔尖研究项目	论文	2019. 12
34	普惠金融视域下青年创业融资增信机制研究	韩　莉	经济学院	拔尖研究项目	论文	2019. 12
35	税法上的不确定概念——具体化与司法审查	汤洁茵	政法学院	拔尖研究项目	论文	2019. 12
36	以实践和创新为导向的艺术通识教育课程教学研究	陈学晶	人文学院	拔尖研究项目	论文	2019. 12
37	创新型国家建设中的政府与市场关系研究	李石强	经济学院	拔尖研究项目	论文	2019. 12
38	近十年社会变革下大学生情绪问题及发展趋势研究	周少贤	政法学院	拔尖研究项目	论文	2019. 12
39	仲裁协议效力的扩张	孔金萍	政法学院	拔尖研究项目	论文	2019. 12
40	世界贸易组织（WTO）裁判机构的困境与中国方案	李晓玲	政法学院	拔尖研究项目	论文	2019. 12
41	中国公民在欧洲人权法院行使申诉权问题研究	陈晓华	政法学院	拔尖研究项目	论文	2019. 12
42	国有金融机构人才队伍建设与发展问题研究	徐　明	管理学院	拔尖研究项目	论文	2019. 12
43	北京市社区治理多元共治机制研究	皇　娟	管理学院	拔尖研究项目	论文	2019. 12
44	对未成年人委托监护中受托人职责探析	于　晶	政法学院	拔尖研究项目	论文	2019. 12
45	服务型领导在政府中的情境适应性研究	徐　莉	管理学院	拔尖研究项目	论文	2019. 12
46	整体性治理视域中政府决策模式创新研究	彭　彦	管理学院	拔尖研究项目	论文	2019. 12
47	中国青年流动人口基本公共服务均等化的发展与实现	吴丽丽	管理学院	拔尖研究项目	论文	2019. 12
48	青年员工创新及其微观影响因素研究	马　灿	管理学院	拔尖研究项目	论文	2019. 12
49	新媒体视域下网络青年“丧文化”传播研究	刘朝霞	媒体学院	拔尖研究项目	论文	2019. 12

续表

序号	项目名称	负责人	承担部门	项目分类、类别	预期成果形式	计划完成时间
50	文化遗产与流行文化的冲突与融合——北京南锣鼓巷的个案研究	陈彤旭	媒体学院	拔尖研究项目	论文	2019. 12
51	新媒体和国家领导人形象构建研究	罗自文	媒体学院	拔尖研究项目	论文	2019. 12
52	《中国新闻》的框架和议题功能研究	李永健	媒体学院	拔尖研究项目	论文	2019. 12
53	开放数据背景下的数据新闻特征研究	刘英华	媒体学院	拔尖研究项目	论文	2019. 12
54	“网络化病人”：互联网对患病行为的影响研究	苏春艳	媒体学院	拔尖研究项目	论文	2019. 12
55	技术驱动下新闻生产的重构与伦理反思	宋双峰	媒体学院	拔尖研究项目	论文	2019. 12
56	政治传播系统理论的起源、争议与发展	杜　涛	媒体学院	拔尖研究项目	论文	2019. 12
57	大数据环境下网络社会生态的形成机理研究	杜智涛	媒体学院	拔尖研究项目	论文	2019. 12
58	媒介融合背景下法治节目主播培养模式	苏　媛	媒体学院	拔尖研究项目	论文	2019. 12
59	区块链：网络传播的一种可能	王凯山	媒体学院	拔尖研究项目	论文	2019. 12
60	新世纪长篇小说的经典化研究	刘继业	媒体学院	拔尖研究项目	论文	2019. 12
61	大学英语教学改革之“高级英语视听说”课堂教学实践研究	杨　春	国际关系学院	拔尖研究项目	论文	2019. 12
62	复合方式和路径意义的运动动词研究	马玉学	国际关系学院	拔尖研究项目	论文	2019. 12
63	民法典编纂背景下的合同法价值体系研究	张初霞	媒体学院	拔尖研究项目	论文	2019. 12
64	移动传播语境下新型主流媒体价值重构的实现路径	漆亚林	媒体学院	拔尖研究项目	论文	2019. 12
65	大学生英语语音能力提高途径之探讨	范慧玉	国际关系学院	拔尖研究项目	论文	2019. 12
66	从中英新闻语言差异探究其翻译方法	丁　莉	国际关系学院	拔尖研究项目	论文	2019. 12
67	基于全景拼接的铁路环境异物自动检测方法	蒋欣兰	计算机教研部	拔尖研究项目	论文	2019. 12
68	非英语专业本科生学术英语写作课堂的模式探究	李　蕊	国际关系学院	拔尖研究项目	论文	2019. 12
69	欧盟外来移民语言教育政策和策略研究	刘旭亮	国际关系学院	拔尖研究项目	论文	2019. 12
70	少数民族研究生三语习得特点的实证分析	赵洪宝	国际关系学院	拔尖研究项目	论文	2019. 12
71	新媒体语境中的立场研究	陈　敏	国际关系学院	拔尖研究项目	论文	2019. 12
72	抗战时期陕甘宁边区基层党组织与乡村治理研究	王彩霞	党委组织部（人事处）	拔尖研究项目	论文	2019. 12
73	利用大数据技术结合机器学习方法分析教务数据	鞠文飞	计算机教研部	拔尖研究项目	论文	2019. 12
74	MOOC 背景下视频优化设计方案研究	张　戈	计算机教研部	拔尖研究项目	论文	2019. 12

续表

序号	项目名称	负责人	承担部门	项目分类、类别	预期成果形式	计划完成时间
75	舞蹈瑜伽训练对改善身体形态的研究	庞　丁	体育教研部	拔尖研究项目	论文	2019. 12
76	时尚体育文化对青少年的影响及对策研究	王保勇	体育教研部	拔尖研究项目	论文	2019. 12
77	基于深度学习的行为识别	盖　赟	计算机教研部	青年英才项目	论文	2018. 10
78	海外中国特色社会主义话语结构研究	孙　帅	马克思主义学院	青年英才项目	论文	2019. 12
79	供给侧结构性改革背景下的养老保险制度重构	郭　磊	管理学院	青年英才项目	论文	2018. 10
80	大学生自主创业行为影响因素分析	祝　军	本科生工作处	青年英才项目	论文	2019. 12
81	经典的形成与阐释——以《百草园到三味书屋》为例	丁　文	人文学院	青年英才项目	论文	2018. 10
82	北京市住房保障体系研究	胡吉亚	经济学院	青年英才项目	论文	2019. 12
83	习近平关于中国共产党执政规律的理论与实践研究	史为磊	马克思主义学院	青年英才项目	论文	2019. 12
84	改革开放40年以来中国少数民族权利保护举措	田　捷	马克思主义学院	青年英才项目	论文	2019. 12
85	伦理幸福与沉思幸福的关系	李　涛	马克思主义学院	青年英才项目	论文	2019. 12
86	《左传》易例研究	孙亚丽	人文学院	青年英才项目	论文	2019. 12
87	德国文化哲学与宗白华的歌德研究	宋　溟	人文学院	青年英才项目	论文	2019. 12
88	青年与老年道德判断差异的研究	王　静	马克思主义学院	青年英才项目	论文	2019. 12
89	美国最高法院在美国政治极化中的作用	范暘沐	马克思主义学院	青年英才项目	论文	2019. 12
90	《琉球共和社会宪法》的思想研究	庄　娜	马克思主义学院	青年英才项目	论文	2019. 12
91	泰勒本真性伦理的逻辑脉络研究	王旭凤	马克思主义学院	青年英才项目	论文	2019. 12
92	刘白羽与八十年代军事文学的勃兴	陈华积	人文学院	青年英才项目	论文	2019. 12
93	区块链技术背景下的贸易新业态新模式培育问题研究	冯　明	经济学院	青年英才项目	论文	2019. 12
94	经济政策的不确定性影响企业的研发投入吗?	蒋　楠	经济学院	青年英才项目	论文	2019. 12
95	爱国动漫与二次元民族主义研究	赵　菁	人文学院	青年英才项目	论文	2019. 12
96	汉语作为二语学习者音韵编码计划广度对言语流利性的影响	冯丽娟	人文学院	青年英才项目	论文	2019. 12
97	记忆视角下的中国古代诗画关系研究	张宇慧	人文学院	青年英才项目	论文	2018. 10
98	环境刑事司法中预防性责任方式研究	姜文秀	政法学院	青年英才项目	论文	2018. 10
99	我国国际私法法规中的人权保护规则研究	王　艺	政法学院	青年英才项目	论文	2018. 10
100	检察机关提起反垄断公益诉讼的可行性分析及制度建构	谭　袁	政法学院	青年英才项目	论文	2018. 10

续表

序号	项目名称	负责人	承担部门	项目分类、类别	预期成果形式	计划完成时间
101	未遂教唆问题研究	方　军	政法学院	青年英才项目	论文	2018. 10
102	自然政治：卢梭政治思想的整体图景	张国旺	政法学院	青年英才项目	论文	2018. 10
103	少数民族学生文化适应策略研究——基于内地新疆高中班的全国抽样调查	杨蓉蓉	政法学院	青年英才项目	论文	2018. 10
104	消费升级与开放性消费生态的构建及机制研究	刘　慧	经济学院	青年英才项目	论文	2019. 12
105	行政举报诉讼原告资格的构造	伏创宇	政法学院	青年英才项目	论文	2018. 10
106	嵌入式治理下北京市养老服务驿站研究	周　悦	管理学院	青年英才项目	论文	2018. 10
107	健康资本建设视角下的医养结合发展现状及完善路径研究	庄　琦	管理学院	青年英才项目	论文	2018. 10
108	新媒体背景下的公众风险认知研究——基于微博评论大数据	李　璐	管理学院	青年英才项目	论文	2018. 10
109	基本医疗保险对医疗服务利用水平的影响研究——基于 2015 年 CHARLS 数据的实证分析	梁金刚	管理学院	青年英才项目	论文	2018. 10
110	行政伦理视域下的《贞观政要》研究	任　玥	管理学院	青年英才项目	论文	2018. 10
111	网络直播的知识产权问题研究	刘晓春	政法学院	青年英才项目	论文	2018. 10
112	新时代我国大学生价值观培育研究——基于大学生领导力开发理论	白　洁	管理学院	青年英才项目	论文	2018. 10
113	塞缪尔·约翰逊的道德观及其对青年的影响	夏晓敏	国际关系学院	青年英才项目	论文	2019. 12
114	由《菜根谭》译史看中国文化外译	管　宇	国际关系学院	青年英才项目	论文	2019. 12
115	影视动画符号的建构机制与意指路径	张　威	媒体学院	青年英才项目	论文	2018. 10
116	国家认同视域下纪实影像与集体记忆研究	贺鸣明	媒体学院	青年英才项目	论文	2018. 10
117	对外传播视角下如何讲好“一带一路”中国故事	张薇薇	媒体学院	青年英才项目	论文	2018. 10
118	青少年社交媒体使用类型对生命意义感的影响及机制研究	陈　爽	媒体学院	青年英才项目	论文	2018. 10
119	我国电视文化类节目的历史发展研究	毕　琳	媒体学院	青年英才项目	论文	2018. 10
120	“后期至上”在综艺节目中的创作指涉与理论纠偏	黄媛媛	媒体学院	青年英才项目	论文	2019. 12
121	在线教学平台的数据可视化分析研究	吴　蓓	计算机教研部	青年英才项目	论文	2018. 10
122	智慧旅游 AR 技术研究	朱　俭	计算机教研部	青年英才项目	论文	2018. 10
123	大数据时代科技与金融融合及风险管控研究	翟剑锋	计算机教研部	青年英才项目	论文	2018. 10

续表

序号	项目名称	负责人	承担部门	项目分类、类别	预期成果形式	计划完成时间
124	高等学校公众英语演讲学习者思辨能力发展研究	刘　禹	国际关系学院	青年英才项目	论文	2018. 10
125	高等教育供给侧改革背景下国际化人才培养模式研究	刘钊宏	国际关系学院	青年英才项目	论文	2018. 10
126	省直管县与地方政府治理模式调整	宋　翔	国际关系学院	青年英才项目	论文	2019. 12
127	培养“King'sChinese”：英国海峡殖民地华人英文教育的兴起与影响（1816—1860）	杨　博	国际关系学院	青年英才项目	论文	2019. 12
128	“双一流”建设视域下高校新型师生关系建构研究	常淑贞	党委组织部（人事处）	青年英才项目	论文	2019. 12
129	俄罗斯与欧盟在塞尔维亚的争夺	李　提	教务与科研处	青年英才项目	论文	2019. 12
130	中国特色一流文科大学人才培养体系建设研究	高迎爽	教务与科研处	青年英才项目	论文	2019. 12
131	改革开放40年高校人事制度改革发展研究	余中海	党委组织部（人事处）	青年英才项目	论文	2019. 12
132	“双一流”建设背景下的高校图书馆学科服务创新研究	田　杰	图书馆	青年英才项目	论文	2019. 12
133	高校图书馆阅读推广活动有效性的影响因素研究	王　蕾	图书馆	青年英才项目	论文	2019. 12
134	足球空气动力学特性的不确定度量化分析——基于混沌多项式展开模型	张　旋	体育教研部	青年英才项目	论文	2019. 12
135	滑雪运动对大学生社会化进程促进的研究	顾克娟	体育教研部	青年英才项目	论文	2019. 12
136	基于体育核心素养视域下高校田径课程教学内容构建研究	李贵森	体育教研部	青年英才项目	论文	2019. 12
137	新周期艺术体操AD（器械难度）的发展趋势	王　丹	体育教研部	青年英才项目	论文	2019. 12
138	中国国家治理体系的意涵及对社会组织的要求	赵　凡	教务与科研处	青年英才项目	论文	2019. 12
139	以一流师资队伍推进世界一流大学和一流学科建设	曹蓓蓓	党委组织部（人事处）	青年英才项目	论文	2019. 12
140	2018年本科生学科竞赛	张　波	教务与科研处	委托项目	论文	2019. 12
141	对人文社会研究机构复合型人才管理的初步探索	王　亮	马克思主义学院	研院项目	论文	2019. 12
142	探索建立创新创业教育体系提升本科生创新创业能力——以中国社会科学院大学为例	张洪磊	教务与科研处	教育管理研究项目	研究报告	2019. 12
143	新时代事业单位高层次人才引进后保障与激励机制研究	于　泯	党委组织部（人事处）	教育管理研究项目	研究报告	2019. 12

续表

序号	项目名称	负责人	承担部门	项目分类、类别	预期成果形式	计划完成时间
144	研究生各团队的知识分享研究	杨春辉	计算机教研部	教育管理研究项目	研究报告	2019.12
145	立足教学科研，构建文献资源保障体系——中国社会科学院大学图书馆纸本文献资源建设调研报告	杨 乐	图书馆	教育管理研究项目	研究报告	2019.12

（中国社会科学院大学科研处蒋甫玉供稿）

国务院发展研究中心

2018 年度承担国家级、省部级社会科学研究项目

序号	项目名称	负责人	承担部门	项目分类、类别	预期成果形式	计划完成时间
1	基于大数据的城市群空间演化特征与机制研究	兰宗敏	办公厅	国家自然科学基金、青年科学基金项目	论文、研究报告	2021.12
2	防范化解中美贸易战可能引发的金融风险研究	赵昌文	产业部	国家社会科学基金、应急管理项目	论文、研究报告	2021.12
3	太空视角下的城镇化—政治周期与边界效应	石 光	金融所	国家自然科学基金、青年科学基金项目	论文、研究报告	2020.12
4	全球价值链视角下的国内区域分工与市场一体化研究	李善同	发展战略和区域经济研究部	国家自然科学基金、重点项目	论文、研究报告	2022.12
5	雄安新区生态安全态势分析与保障机制研究	吴 平	资源与环境政策研究所	国家自然科学基金、应急管理项目	论文、研究报告	2018.10
6	雄安新区水安全及其治理策略研究	李维明	资源与环境政策研究所	国家自然科学基金、应急管理项目	论文、研究报告	2018.10
7	面向 2040 的工程科技需求分析方法与调查研究	吕 薇	创新经济研究部	国家自然科学基金、应急管理项目	论文、研究报告	2019.12
8	2040 中国工程科技的需求预测总体研究	吕 薇	创新经济研究部	国家自然科学基金、应急管理项目	论文、研究报告	2018.12
9	金融干预下的城镇化：机制、影响与对策	卓 贤	发展战略和区域经济研究部	国家自然科学基金、面上项目	论文、研究报告	2019.12
10	经济转型时期中国的区域间产业转移：观察、机制与政策	刘云中	发展战略和区域经济研究部	国家自然科学基金、面上项目	论文、研究报告	2018.12
11	创新经济体内生发展机制的理论与经验研究	程 郁	农村经济研究部	国家自然科学基金、面上项目	论文、研究报告	2018.12

（国务院发展研究中心办公厅科研处郭巍供稿）

中国宏观经济研究院

2018 年度院级重点课题

序号	课题名称	负责人	承担部门	预期成果形式	计划完成时间
1	促进高质量发展的路径研究	孙学工、郭春丽	经济研究所	研究报告	2018. 12
2	面向大数据时代的数字经济发展举措研究	成　卓、刘国艳	经济研究所	研究报告	2018. 12
3	全面提升对外开放水平研究	李大伟、金瑞庭	对外经济研究所	研究报告	2018. 12
4	促进福建 21 世纪海上丝绸之路核心区建设的路径与措施	王海峰	对外经济研究所	研究报告	2018. 12
5	发挥投资对优化供给结构的关键性作用研究	张长春、应晓妮	投资研究所	研究报告	2018. 12
6	加快建设实体经济、科技创新、现代金融、人力资源协同发展的产业体系研究	付保宗、盛朝迅	产业经济与技术经济研究所	研究报告	2018. 12
7	现代供应链国家战略研究	王佳元、洪群联	产业经济与技术经济研究所	研究报告	2018. 12
8	建设彰显优势、协调联动的城乡区域发展体系研究	张　燕、申　兵	国土开发与地区经济研究所	研究报告	2018. 12
9	生态产品价值实现问题研究	李　忠、刘　洋	国土开发与地区经济研究所	研究报告	2018. 12
10	建设体现效率、促进公平的收入分配体系研究	谭永生、李　璐	社会发展研究所	研究报告	2018. 12
11	关于社会民生领域新问题及对策研究	魏国学、顾　严	社会发展研究所	研究报告	2018. 12
12	建设和健全现代市场体系研究	刘泉红	市场与价格研究所	研究报告	2018. 12
13	构建现代化垄断环节价格监管体系研究	杨　娟	市场与价格研究所	研究报告	2018. 12
14	建设资源节约、环境友好的绿色发展体系研究	王仲颖、张有生	能源研究所	研究报告	2018. 12
15	经济社会高质量发展下交通运输变革研究	肖昭升、向爱兵	综合运输研究所	研究报告	2018. 12
16	建设交通强国重大问题研究	李连成、王杨堃	综合运输研究所	研究报告	2018. 12
17	建设充分发挥市场作用、更好发挥政府作用的经济体制研究	汪　海、王　喆	经济体制与管理研究所	研究报告	2018. 12
18	深化中央与地方财政事权与支出责任划分改革研究	银温泉、孙凤仪	经济体制与管理研究所	研究报告	2018. 12

（中国宏观经济研究院丁刚供稿）

北京市委党校

2018 年度承担国家级、省部级社会科学研究项目

序号	项目名称	负责人	承担部门	项目分类、类别	预期成果形式	计划完成时间
1	新时代加强地方党内法规建设研究	周悦丽	法学教研部	国家社会科学基金、重点项目	专著	2021.12
2	社区治理中的协商民主机制研究	谈小燕	社会学教研部	国家社会科学基金、一般项目	研究报告	2021.06
3	美国中国学百年流变及其影响研究（1900—2000）	侯且岸	退休	国家社会科学基金、一般项目	专著	2022.12
4	习近平总书记关于网络空间治理的重要论述及其实践路径研究	张文君	政治学教研部	国家社会科学基金、青年项目	专著	2021.12
5	新时代乡镇干部工作价值观研究	曾　荣	领导科学教研部	国家社会科学基金、青年项目	研究报告	2022.06
6	我国新时代反腐败斗争中的利益集团问题研究	王尘子	政治学教研部	国家社会科学基金、青年项目	专著	2022.12
7	公共服务动机与我国干部管理制度研究	杨晓曦	政治学教研部	国家社会科学基金、青年项目	专著	2021.07
8	北京市社区协商实践评价指标体系研究	杨守涛	领导科学教研部	北京市自然科学基金、青年项目	研究报告	2019.12
9	首都突发事件中基于社会情绪演变的政府回应机制与认同构建研究	庞　宇	领导科学教研部	北京市社会科学基金、青年项目	研究报告	2020.12
10	北京市共有产权房制度研究	傅　强	法学教研部	北京市社会科学基金、一般项目	研究报告	2021.12
11	习近平总书记经济建设重要论述的理论范式研究	张　勇	经济学教研部	北京市社会科学基金、一般项目	专著	2021.07
12	应对人口老龄化推动老城区老旧小区适老化改造研究	孔祥利	领导科学教研部	北京市社会科学基金、青年项目	研究报告	2021.03
13	改革开放 40 年干部队伍建设研究	江　文	领导科学教研部	北京市社会科学基金、青年项目	研究报告	2020.07
14	“空间—社会”有机更新视角下的北京老城棚户区改造研究	营立成	社会学教研部	北京市社会科学基金、青年项目	研究报告	2021.06
15	党内基层治理问题研究	刘汉峰	党史党建教研部	北京市社会科学基金研究基地、重点项目	研究报告	2022.06
16	新时代首都社会治理视域下党的社会性功能建构研究	王雪竹	党史党建教研部	北京市社会科学基金研究基地、一般项目	研究报告	2021.06
17	北京市基层社区治理模式研究——基于不同社区类型的实证研究	谈小燕	社会学教研部	北京市社会科学基金研究基地、一般项目	研究报告	2021.06

续表

序号	项目名称	负责人	承担部门	项目分类、类别	预期成果形式	计划完成时间
18	基于老年人口分布特征的北京市养老设施空间布局优化研究	闫　萍	社会学教研部	北京市社会科学基金研究基地、一般项目	专著	2021. 07
19	北京人口发展研究报告(2019)	马小红	社会学教研部	北京市社会科学基金研究基地、重点项目	专著	2019. 12
20	北京支持雄安新区高端服务业发展研究	孙玉秀	经济学教研部	北京市社会科学基金研究基地、重点项目	研究报告	2021. 12
21	新时代生态文明建设的观念与制度保障研究	李　劲	哲学与文化教研部	北京市习近平新时代中国特色社会主义思想研究中心、一般项目	研究报告	2019. 09
22	坚持制度治党、依规治党与推进党内治理法治化研究	周悦丽	法学教研部	北京市习近平新时代中国特色社会主义思想研究中心、重点项目	研究报告	2020. 09
23	新时代共同富裕的时代内涵和实现路径研究	杜保友	政治学教研部	北京市习近平新时代中国特色社会主义思想研究中心、重点项目	研究报告	2020. 09
24	新时代反腐败斗争语境下的“利益集团”问题研究	王尘子	政治学教研部	全国党校（行政学院）系统、重点调研课题	研究报告、论文	2019. 09
25	基层治理中执法机制改革研究	岳　琨	法学教研部	全国党校（行政学院）系统、重点调研课题	研究报告、论文	2019. 09
26	共有产权房制度完善路径研究	傅　强	法学教研部	全国党校（行政学院）系统、重点调研课题	研究报告、论文	2019. 09
27	我国产学研协同创新的机制与对策研究	陆园园	经济学教研部	全国党校（行政学院）系统、重点调研课题	研究报告、论文	2019. 09
28	环保社会组织法律问题研究	龚得君	图书馆	全国党校（行政学院）系统、重点调研课题	研究报告、论文	2019. 09
29	改革开放40年干部队伍建设研究	江　文	领导科学教研部	全国党校（行政学院）系统、重点调研课题	研究报告、论文	2019. 09

2018 年度校院级社会科学研究项目

序号	项目名称	负责人	承担部门	项目分类、类别	预期成果形式	计划完成时间
1	习近平新时代中国特色社会主义生态文明思想研究	李　劲	哲学与文化教研部	重点项目	研究报告、论文	2019. 12

续表

序号	项目名称	负责人	承担部门	项目分类、类别	预期成果形式	计划完成时间
2	习近平关于新时代中国特色社会主义政治建设的重要论述研究	黄小钫	政治学教研部	重点项目	研究报告、论文	2019.12
3	公共服务动机与干部管理制度研究	杨晓曦	政治学教研部	青年项目	研究报告、论文	2019.12
4	北京市乡镇领导干部容错纠错机制研究	江　文	领导科学教研部	青年项目	研究报告、论文	2019.12
5	习近平关于新时代中国特色社会主义法治的重要论述研究	金若山	法学教研部	青年项目	研究报告、论文	2019.12
6	北京市网络信息安全立法问题研究	岳　琨	法学教研部	青年项目	研究报告、论文	2019.12
7	涂尔干的社会主义思想研究	潘建雷	社会学教研部	青年项目	研究报告、论文	2019.12
8	城市治理中“街道吹哨，部门报到”的运行机制研究	吴　军	社会学教研部	青年项目	研究报告、论文	2019.12
9	社区异质性视角下的居家养老实践机制研究	营立成	社会学教研部	青年项目	研究报告、论文	2019.12
10	在视听视域下浅析如何利用新媒体平台进行意识形态理论普及和宣传	王晓冰	信息部	青年项目	研究报告、论文	2019.12
11	中国本土生态法治资源及其当代价值研究	龚得君	图书馆	青年项目	研究报告、论文	2019.12
12	近代维新派视域下孔佛耶三教的碰撞与融合	张凯作	哲学与文化教研部	学科建设项目	研究报告、论文	2019.12
13	孔子的鬼神观研究	龙　倩	哲学与文化教研部	学科建设项目	研究报告、论文	2019.12
14	习近平关于“人类命运共同体”重要论述的当代价值	盖艳梅	经济学教研部	学科建设项目	研究报告、论文	2019.12
15	我国战略性新兴产业崛起中的政府作用研究	李　中	经济学教研部	学科建设项目	研究报告、论文	2019.12
16	公务员激励效率提升研究	周美雷	政治学教研部	学科建设项目	研究报告、论文	2019.12
17	北京城市治理研究：基于国内外比较的分析	张曙光	政治学教研部	学科建设项目	研究报告、论文	2019.12
18	关于坚持“党是领导一切的”问题研究	黄　峰	党史党建教研部	学科建设项目	研究报告、论文	2019.12
19	当前北京市中青年领导干部自我认知的发展特点研究	孔祥利	领导科学教研部	学科建设项目	研究报告、论文	2019.12
20	“疏解整治促提升”背景下北京居民社会情绪调查	徐　乐	领导科学教研部	学科建设项目	研究报告、论文	2019.12
21	北京市基层行政执法体制改革研究	金国坤	法学教研部	学科建设项目	研究报告、论文	2019.12

续表

序号	项目名称	负责人	承担部门	项目分类、类别	预期成果形式	计划完成时间
22	超大型城市社区治理实践比较研究	王雪梅	社会学教研部	学科建设项目	研究报告、论文	2019.12
23	北京市养老服务供给侧改革研究	闫　萍	社会学教研部	学科建设项目	研究报告、论文	2019.12
24	冬奥背景下伤病中禁忌语的翻译原则初探	姜志伟	外语教研部	学科建设项目	研究报告、论文	2019.12
25	全球化进程中俄罗斯和中国的工业政策研究	王　昊	经济学教研部	国际合作交流项目	研究报告、论文	2019.12
26	推动构建中国—俄罗斯自贸区的策略与路径	马相东	校刊编辑部	国际合作交流项目	研究报告、论文	2019.12
27	领导科学研究	石云鸣	领导科学教研部	博士后研究项目	研究报告、论文	2019.12
28	国企党建研究	连铁源	党史党建教研部	博士后研究项目	研究报告、论文	2019.12
29	北京市改革开放四十周年成绩单及地区发展调研报告	钟　勇	经济学教研部	委托项目	研究报告	2019.12
30	《北京市情区情专题数据库》建设研究	于书平	图书馆	委托项目	研究报告	2020.12
31	北京红色教育资源专题数据库建设研究	谢　兰	图书馆	委托项目	研究报告	2020.12
32	李大钊与中国共产党的思想传统数据库建设研究	潘志宏	图书馆	委托项目	研究报告	2020.12
33	京津冀协同发展专题数据库建设研究	陈　晨	图书馆	委托项目	研究报告	2020.12

（北京市委党校林婧供稿）

北京市社会科学院

2018年度承担国家级、省部级社会科学研究项目

序号	项目名称	承担部门	负责人	项目分类、类别	预期成果形式	计划完成时间
1	当代德国美学前沿理论研究	文化所	杨　震	国家社会科学基金、一般项目	专著	2021.12
2	中国城市群生态环境治理效率评价及提升策略研究	管理所	杨　浩	国家社会科学基金、青年项目	研究报告	2020.07
3	中德诚信价值观教育比较研究	科社所	向　征	国家社会科学基金、青年项目	专著	2020.12
4	国际关系理论中的英国学派	外国所	刘　波	国家社会科学基金、后期资助	专著	2019.12
5	担保合同、担保权利设立与担保法体系建构研究	法学所	王伟伟	北京市社会科学基金、重点项目	专著	2021.12
6	环境案件中的刑行交叉疑难问题研究	综治所	张　苏	北京市社会科学基金、一般项目	专著	2019.07

续表

序号	项目名称	承担部门	负责人	项目分类、类别	预期成果形式	计划完成时间
7	北京市国际交往中心建设与“一带一路”倡议协同发展研究	外国所	刘　波	北京市社会科学基金、一般项目	研究报告	2020. 07
8	北京市中轴线城市空间叙事与文化功能研究	文化所	陈　镭	北京市社会科学基金、一般项目	研究报告	2019. 11
9	北京市旗人报史（1900—1949）	满学所	王鸿莉	北京市社会科学基金、青年项目	专著	2021. 07
10	世界级城市群视域下京津冀产业结构调整、污染防治与生态协同发展研究	市情调研中心	陆小成	北京市社会科学基金、基地重点项目	研究报告	2020. 06
11	新媒体视域下首都市民社会主义核心价值观网络认同的新特点、新趋势与建构思维研究	科社所	陈界亭	北京市社会科学基金、基地重点项目	研究报告	2021. 12
12	新时代北京城市治理体系与治理能力现代化研究	城市所	谭日辉	北京市社会科学基金、基地重点项目	研究报告	2020. 06
13	基于 GIS 的北京大型社区公共设施空间布局及优化对策研究	法学所	穆松林	北京市社会科学基金、基地一般项目	研究报告	2021. 07
14	习近平关于新时代首都建设的重要论述研究	院	杨　奎	北京市习近平新时代中国特色社会主义思想研究中心重大项目	专著	2020. 09
15	首都文化建设发展布局研究	传媒所	郭万超	北京市智库重大项目	研究报告	2018. 12
16	首都发展核心要义	市情调研中心	陆小成	北京市智库重大项目	研究报告	2018. 12
17	北京加快发展高精尖产业的重点、难点与路径研究	经济所	杨　松	北京市智库重大项目	研究报告	2018. 12
18	首都城市基层治理模式研究	城市所	于燕燕	北京市智库重大项目	研究报告	2018. 12
19	创新首都城市管理方式研究	城市所	齐　心	北京市智库重大项目	研究报告	2018. 12
20	北京市减量发展研究	院	赵　弘	北京市智库重大项目	研究报告	2018. 12

2018 年度院级社会科学研究项目

序号	课题名称	负责人	承担部门	项目类别	预期成果形式	计划完成时间
1	城市精细化管理长效机制研究	柴浩放	城市所	重点项目	研究报告	2018. 12
2	基于“四个中心”的首都文化生产与媒体战略研究	陈红玉	文化所	重点项目	研究报告	2018. 12

续表

序号	课题名称	负责人	承担部门	项目类别	预期成果形式	计划完成时间
3	社会思潮的首都网络舆情走向研究	陈界亭	科社所	重点项目	研究报告	2018. 12
4	文化遗产廊道视野下北京长城文化带发展战略研究	景俊美	其他	重点项目	研究报告	2018. 12
5	大疏解背景下北京经济发展新动能打造	李　茂	市情调研中心	重点项目	研究报告	2018. 12
6	北京在“一带一路”北方经济走廊中的地位和作用	刘　波	外国所	重点项目	研究报告	2018. 12
7	北京生态环境容量、发展趋势与生态城市研究	刘　薇	经济所	重点项目	研究报告	2018. 12
8	大运河文化带研究	刘仲华	历史所	重点项目	研究报告	2018. 12
9	北京特色小镇培育发展研究	陆小成	市情调研中心	重点项目	研究报告	2018. 12
10	强化“首都风范、古都风韵、时代风貌”城市特色研究	穆松林	城市所	重点项目	研究报告	2018. 12
11	如何加快构建中国特色哲学社会科学体系研究—以中外人文精神研究为视角	孙　伟	哲学所	重点项目	专著	2018. 12
12	京津冀城镇规模增长与次级城市群的培育研究	王德利	经济所	重点项目	研究报告	2018. 12
13	北京城市副中心历史文脉梳理与时代价值阐释	王建伟	历史所	重点项目	研究报告	2018. 12
14	电信网络诈骗犯罪管控的司法机制研究	王　洁	法学所	重点项目	研究报告	2018. 12
15	首都“共享经济”发展的道德治理研究	向　征	科社所	重点项目	研究报告	2018. 12
16	非首都功能疏解下北京市人口流向引导机制研究	鄢圣文	管理所	重点项目	研究报告	2018. 12
17	冬奥会对京张区域经济效应评估研究	杨维凤	经济所	重点项目	研究报告	2018. 12
18	新时期创新首都意识形态主导权实现路径研究	尤国珍	科社所	重点项目	研究报告	2018. 12
19	服务国家总体外交，加强北京国际交往功能建设研究	张　力	外国所	重点项目	研究报告	2018. 12
20	夫妻共同债务研究	缪　宇	法学所	青年项目	系列论文	2018. 12
21	北京市城市副中心行政体制改革实证研究	杨　浩	管理所	青年项目	系列论文	2018. 12
22	基层信访矛盾化解研究——基于对Y县进京上访人员的考察	邵　超	综治所	青年项目	系列论文	2018. 12

续表

序号	课题名称	负责人	承担部门	项目类别	预期成果形式	计划完成时间
23	“一带一路”对外文化传播研究	王　丽	传媒所	青年项目	系列论文	2018. 12
24	明清永定河流域城镇体系演变	王洪波	历史所	青年项目	系列论文	2018. 12
25	中外人文精神研究	程倩春	哲学所	皮书项目	系列论文	2018. 12
26	文化创意产业与新媒体论丛第五辑——文化创意产业前沿	郭万超	传媒所	皮书项目	系列论文	2018. 12
27	北京文化发展报告（2018—2019）	李建盛	文化所	皮书项目	系列论文	2018. 12
28	北京社会发展报告（2018—2019）	李伟东	社会学所	皮书项目	系列论文	2018. 12
29	北京法治发展论丛（2018—2019）	马一德	法学所	皮书项目	系列论文	2018. 12
30	《北京城市发展报告》研究论丛（2018）	齐　心	城市所	皮书项目	系列论文	2018. 12
31	北京公共服务发展报告（2018—2019）	施昌奎	管理所	皮书项目	系列论文	2018. 12
32	2018 年市情研究论丛	唐　鑫	市情调研中心	皮书项目	系列论文	2018. 12
33	北京史学 2018	王　岗	历史所	皮书项目	系列论文	2018. 12
34	马克思主义中国化研究论丛（第七辑）	杨　奎	科社所	皮书项目	系列论文	2018. 12
35	《北京经济发展报告》（2018—2019）	杨　松	经济所	皮书项目	系列论文	2018. 12
36	2018—2019 中国社区发展报告	于燕燕	城市所	皮书项目	系列论文	2018. 12
37	北京社会治理发展报告（2018—2019）	袁振龙	综治所	皮书项目	系列论文	2018. 12
38	中国区域经济发展报告（2018—2019）	赵　弘	院办	皮书项目	系列论文	2018. 12
39	满学论丛	常越男	满学所	皮书项目	系列论文	2018. 12
40	外国问题研究论丛（第七辑）	刘　波	外国所	皮书项目	系列论文	2018. 12
41	非首都功能转移视角下的人口疏解研究	赵　勇	城编	一般项目	系列论文	2018. 12
42	北京城市管理创新研究	冯　刚	社会学所	一般项目	系列论文	2018. 12
43	城市病治理、生态文明建设与空间优化研究	穆松林	城市所	一般项目	系列论文	2018. 12
44	雄安新区社会空间研究	谭日辉	城市所	一般项目	系列论文	2018. 12

续表

序号	课题名称	负责人	承担部门	项目类别	预期成果形式	计划完成时间
45	北京城市空间结构及评价研究	赵继敏	城市所	一般项目	系列论文	2018. 12
46	北京文化空间重塑与首都文化生态涵养研究	郭万超	传媒所	一般项目	系列论文	2018. 12
47	北京农村污染问题治理的思路对策研究	王朝华	经济所	一般项目	系列论文	2018. 12
48	电信诈骗犯罪管控的司法机制研究	王　洁	法学所	一般项目	系列论文	2018. 12
49	修正中的刑法若干问题研究	左袖阳	法学所	一般项目	系列论文	2018. 12
50	北京区域创新创业生态系统研究	毕　娟	管理所	一般项目	系列论文	2018. 12
51	北京市政府资助企业科技投入的影响因素研究	罗　植	管理所	一般项目	系列论文	2018. 12
52	北京市公共资源交易领域体制改革研究	施昌奎	管理所	一般项目	系列论文	2018. 12
53	中国三大城市群人口空间结构比较研究	王　婧	管理所	一般项目	系列论文	2018. 12
54	北京市企业新型学徒制试点绩效评估研究	鄢圣文	管理所	一般项目	系列论文	2018. 12
55	北京培育高精尖经济结构的方向与战略研究	邓丽姝	经济所	一般项目	系列论文	2018. 12
56	北京三大风口生态环境治理比较研究	丁　军	经济所	一般项目	系列论文	2018. 12
57	京津冀县域人口、土地与产业非农化协调度研究	方　方	经济所	一般项目	系列论文	2018. 12
58	以供给侧改革促进北京高精尖经济结构构建研究	刘　薇	经济所	一般项目	系列论文	2018. 12
59	供给侧改革背景下我国影视内容新生产研究	赵玉宏	传媒所	一般项目	系列论文	2018. 12
60	京津冀城市群协同发展面临的现实困境与突破重点研究	王德利	经济所	一般项目	系列论文	2018. 12
61	中国共产党发展理论的演进过程研究	刘冀瑗	科社所	一般项目	系列论文	2018. 12
62	北京市民主党派提案办理协商：问题和建议	孙照红	科社所	一般项目	系列论文	2018. 12
63	社会信任的价值观基础研究	向　征	科社所	一般项目	系列论文	2018. 12
64	当代中国分配制度变动的基本经验与现实思考	尤国珍	科社所	一般项目	系列论文	2018. 12
65	社区协商民主研究	张洪武	科社所	一般项目	系列论文	2018. 12

续表

序号	课题名称	负责人	承担部门	项目类别	预期成果形式	计划完成时间
66	民国文人与京剧艺术的发展	陈清茹	历史所	一般项目	系列论文	2018. 12
67	明清时期北京与天津商业空间比较研究	高福美	历史所	一般项目	系列论文	2018. 12
68	中国地名学史新编	孙冬虎	历史所	一般项目	系列论文	2018. 12
69	北京历史文脉研究	王　岗	历史所	一般项目	系列论文	2018. 12
70	北京西山区域的文脉梳理与内涵阐释	王建伟	历史所	一般项目	系列论文	2018. 12
71	清代北京金融与信贷研究	章永俊	历史所	一般项目	系列论文	2018. 12
72	大兴“新国门”历史文化资源挖掘与研究	赵雅丽	历史所	一般项目	系列论文	2018. 12
73	北京运河文化专题研究	郑永华	历史所	一般项目	系列论文	2018. 12
74	新史料与清代蒙古史若干问题研究	哈斯巴根	满学所	一般项目	系列论文	2018. 12
75	大数据背景下北京电视产业生态构建	景俊美	科研处	一般项目	系列论文	2018. 12
76	网络社会与人口流动	包路芳	社会学所	一般项目	系列论文	2018. 12
77	0—6 岁儿童社会化问题研究	陈学金	社会学所	一般项目	系列论文	2018. 12
78	社会发展视域下的发展性社会救助研究	江树革	社会学所	一般项目	系列论文	2018. 12
79	网络社会视域下农村养老模式趋势及特点分析	李金娟	社会学所	一般项目	系列论文	2018. 12
80	北京城市治理体系研究	李晓壮	社会学所	一般项目	系列论文	2018. 12
81	社区治理理论分析框架探索创新研究	刘　阳	社会学所	一般项目	系列论文	2018. 12
82	环京津贫困带农户生计发展能力与贫困的关系	何仁伟	市情调研中心	一般项目	系列论文	2018. 12
83	京津冀产业协同体系研究	李　茂	市情调研中心	一般项目	系列论文	2018. 12
84	世界级城市群低碳发展研究	陆小成	市情调研中心	一般项目	系列论文	2018. 12
85	基于 TOPSIS 法的旅游业上市公司成长性评价研究	赵雅萍	市情调研中心	一般项目	系列论文	2018. 12
86	国际关系理论中的英国学派	刘　波	外国所	一般项目	系列论文	2018. 12
87	北京能源安全保障研究	戚　凯	外国所	一般项目	系列论文	2018. 12
88	社交媒体传播研究	张　力	外国所	一般项目	系列论文	2018. 12
89	城市公共外交研究	张　丽	外国所	一般项目	系列论文	2018. 12
90	国际大都市的发展轨迹与特色内涵解析	张　暄	外国所	一般项目	系列论文	2018. 12

续表

序号	课题名称	负责人	承担部门	项目类别	预期成果形式	计划完成时间
91	新形势下首都的文化创新与生产	陈红玉	文化所	一般项目	系列论文	2018. 12
92	北京“互联网+”文化研究	陈　镭	文化所	一般项目	系列论文	2018. 12
93	近代北京文学文献资料的整理与研究	陈玲玲	文化所	一般项目	系列论文	2018. 12
94	北京全国文化中心建设的历史文脉	傅秋爽	文化所	一般项目	系列论文	2018. 12
95	北京剧场文化系列研究	高　音	文化所	一般项目	系列论文	2018. 12
96	网络环境下北京古都文化传播研究	黄仲山	文化所	一般项目	系列论文	2018. 12
97	鲁迅北京时期小说叙述形式研究	季剑青	文化所	一般项目	系列论文	2018. 12
98	全国文化中心视野下的首都文化研究	李建盛	文化所	一般项目	系列论文	2018. 12
99	北京新媒体产业促进政策研究	刘　瑾	文化所	一般项目	系列论文	2018. 12
100	供给侧结构性改革与文化新业态研究	王林生	文化所	一般项目	系列论文	2018. 12
101	媒介变迁语境中的大众文化研究	许苗苗	文化所	一般项目	系列论文	2018. 12
102	北京城市历史景观及其美学研究	晏　晨	文化所	一般项目	系列论文	2018. 12
103	新世纪德国美学前沿流派借鉴研究	杨　震	文化所	一般项目	系列论文	2018. 12
104	微时代社会心态及文化语境研究	刘　东	哲学所	一般项目	系列论文	2018. 12
105	从儒家义理解析《千字文》的文化密码	刘伟见	哲学所	一般项目	系列论文	2018. 12
106	荀子心论思想研究	孙　伟	哲学所	一般项目	系列论文	2018. 12
107	新柏拉图主义的亚里士多德作品注疏研究	王玉峰	哲学所	一般项目	系列论文	2018. 12
108	犯罪构成与刑事诉讼证明规则的关系研究	李会彬	综治所	一般项目	系列论文	2018. 12
109	北京市社区治理与社区安全建设思路与对策研究	马晓燕	综治所	一般项目	系列论文	2018. 12
110	公共知识分子专题研究	万　川	综治所	一般项目	系列论文	2018. 12
111	北京市基层社会治理体制机制创新拓展研究	殷星辰	综治所	一般项目	系列论文	2018. 12
112	平安建设与治安防控研究	袁振龙	综治所	一般项目	系列论文	2018. 12

续表

序号	课题名称	负责人	承担部门	项目类别	预期成果形式	计划完成时间
113	政府采购支持北京企业竞争力提高	孙天法	史志办	一般项目	系列论文	2018.12
114	北京市境外非政府组织的监管和服务体系研究	南　方	综治所	一般项目	系列论文	2018.12

（北京市社会科学院科研处朱霞辉供稿）

北京市档案局

2018 年度承担国家档案局、北京市档案局社会科学研究项目

序号	项目名称	负责人	承担部门	项目分类、类别	预期成果形式	计划完成时间
1	纸质城建档案资料保护方法研究	张　斌	北京市城建档案馆 北京市汉龙实业有限公司	国家档案局、北京市档案局项目	研究报告	2019.12
2	档案文化产品开发研究	王　贞	北京市档案馆	北京市档案局项目	研究报告	2019.12
3	民生档案数字资源信息共享研究	崔　伟	北京市档案馆	国家档案局、北京市档案局项目	研究报告	2019.12
4	北京市重点建设工程声像电子档案接收和管理方法工作研究	张　斌	北京市城建档案馆	北京市档案局项目	研究报告	2019.12
5	基于税收风险管理的音视频电子文件归档与电子档案管理研究	潘世萍 高文雄	北京联合大学应用文理学院 北京市地方税务局	北京市档案局项目	研究报告	2019.12
6	人工智能技术在工商档案管理中的应用研究	陈会明 金文光	北京市工商行政管理局档案中心 北京东方基业科技发展股份公司	国家档案局、北京市档案局项目	研究报告	2019.12
7	全媒体资源库下的视频档案共享互用模式研究	杨军昌	海淀区档案局	国家档案局、北京市档案局项目	研究报告	2019.12
8	海外汽车工厂档案管理和档案平台研究	陈　江 李金钢	北京汽车集团有限公司 北京汽车国际发展有限公司	北京市档案局项目	研究报告	2019.12

（北京市档案局科教处和晓兰供稿）

北京市委干部理论教育讲师团

2018年度承担国家级、省部级社会科学研究项目

序号	项目名称	负责人	项目分类、类别	预期成果形式	计划完成时间
1	习近平新时代中国特色社会主义思想宣传教育研究	梁家峰	北京市习近平新时代中国特色社会主义思想研究中心、一般项目	研究报告	2019.09
2	新时代理论传播智库建设研究	李志东	北京市社会科学基金、一般项目	研究报告	2019.12

（北京市委干部理论教育讲师团陈小强供稿）

· 获奖成果 ·

概　述

本栏目记述北京市第十三届优秀调查研究成果奖名单；记述北京地区部分高校、科研单位获国家、省部级人文社会科学研究成果奖获奖情况，以及获特等奖、一等奖成果简介。获奖成果的记述，包括成果名称、主要作者、奖项名称、颁奖单位、成果形式、获奖等级等内容。这些信息反映出北京地区社会科学研究领域的最新成果和理论贡献。

北京市优秀调查研究成果奖名单（2016—2017 年度）

序号	课题名称	主要作者	奖项名称	颁奖单位	成果形式	获奖等级
1	关于我市农村地区“闲人现象”的调查报告	王文水、朱柏成、张士功、刘　东、张　侃、王云锋、魏惠东	第十三届全市优秀调研成果奖	中共北京市委、北京市人民政府	调研报告	一等奖
2	本市机动车停车管理立法民意调查分析	黄　强、向建华、樊　斌、史　昊、黄　静	第十三届全市优秀调研成果奖	中共北京市委、北京市人民政府	调研报告	一等奖
3	北京房地产市场平稳健康发展长效机制研究	刘占兴、潘幸兴	第十三届全市优秀调研成果奖	中共北京市委、北京市人民政府	调研报告	一等奖
4	关于加大统筹力度疏解中心城区人口的专项监督意见建议	闫满成、刘仕博、边　健	第十三届全市优秀调研成果奖	中共北京市委、北京市人民政府	调研报告	一等奖
5	“小官贪腐”问题治理及长效机制研究	钱华杰、周庆林、付阿丽、王　乾	第十三届全市优秀调研成果奖	中共北京市委、北京市人民政府	调研报告	一等奖

续表

序号	课题名称	主要作者	奖项名称	颁奖单位	成果形式	获奖等级
6	北京市农村现代化路径研究	孙文锴、吴宝新、陈雪原、王海龙、李文超、卢宏升、胡小标、王洪雨、胡建华、李源茂	第十三届全市优秀调研成果奖	中共北京市委、北京市人民政府	调研报告	一等奖
7	关于北京市大运河文化带保护建设的研究思考	谈绪祥、宋世胜、田 杰、祁 莉、张 苗、李 芬	第十三届全市优秀调研成果奖	中共北京市委、北京市人民政府	调研报告	一等奖
8	北京服务业开放发展的着力点研究	闫立刚、申金升、刘梅英、车欣薇、张艳芳、申 玖、于风君、杨梦麟	第十三届全市优秀调研成果奖	中共北京市委、北京市人民政府	调研报告	一等奖
9	关于诉前多元调解与速裁、审判衔接机制的调研报告	吉罗洪、马 强、周晓冰、杨 艳、范跃如、张 华、段嘉芳、蒋垚森、高 楠、丁宇翔、陈 琳、韦盈盈、朱晋华	第十三届全市优秀调研成果奖	中共北京市委、北京市人民政府	调研报告	一等奖
10	关于首都公安大数据警务建设情况的调研报告	潘绪宏、徐暖保、龙显雷、张小辉	第十三届全市优秀调研成果奖	中共北京市委、北京市人民政府	调研报告	一等奖
11	深化首都民政事业和民政工作改革创新研究	李万钧、宋文星、侯新毅、万婷婷、任国锋、梁 朔、郝加海、王 华、王 伟	第十三届全市优秀调研成果奖	中共北京市委、北京市人民政府	调研报告	一等奖
12	关于供给侧结构性改革背景下的财政政策研究	李颖津、张宏宇、丁 霞、陈以勇、裴 赓、桂 光	第十三届全市优秀调研成果奖	中共北京市委、北京市人民政府	调研报告	一等奖
13	疏解整治促提升背景下促进农村劳动力转移就业研究	徐 熙、王明山、刘小军、陈 红、周立今、段 莉、冯 猛、赵金望、李庚申	第十三届全市优秀调研成果奖	中共北京市委、北京市人民政府	调研报告	一等奖
14	个人所得税改革方案及征管条件研究	杨志强、蒋 震	第十三届全市优秀调研成果奖	中共北京市委、北京市人民政府	调研报告	一等奖
15	北京市农业供给侧结构性改革面临的问题与对策分析	吴宝新、陶志强、赵友森、穆月英、赵安平	第十三届全市优秀调研成果奖	中共北京市委、北京市人民政府	调研报告	一等奖
16	关于做好核心区疏解整治促提升工作的思考	张家明、石利生	第十三届全市优秀调研成果奖	中共北京市委、北京市人民政府	调研报告	一等奖
17	关于西城区深入推进发展和管理转型全面提升城市品质的若干思考	卢映川、庞成立、侯玉明、邢旭东	第十三届全市优秀调研成果奖	中共北京市委、北京市人民政府	调研报告	一等奖
18	朝阳区“一绿”地区城市化试点的实践与思考	王 灏、刘亚晖、赵 莉、刁琳琳、张 帆、赵 俊、王 影、于超芳	第十三届全市优秀调研成果奖	中共北京市委、北京市人民政府	调研报告	一等奖
19	海淀区城市功能布局调整优化研究	于 军、李 泉、杨 颖、李星洲、李德平	第十三届全市优秀调研成果奖	中共北京市委、北京市人民政府	调研报告	一等奖

续表

序号	课题名称	主要作者	奖项名称	颁奖单位	成果形式	获奖等级
20	关于加强公共议题网络舆情回应的对策建议	庞　宇、杨　旎	第十三届全市优秀调研成果奖	中共北京市委、北京市人民政府	调研报告	一等奖
21	关于加强我市协管员力量整合的调研报告	胡雪峰、汪　亮、刘　涵、周子威	第十三届全市优秀调研成果奖	中共北京市委、北京市人民政府	调研报告	二等奖
22	近年来上海城市精细化管理启示	朱柏成、付承伟、易良琪、卓　杰	第十三届全市优秀调研成果奖	中共北京市委、北京市人民政府	调研报告	二等奖
23	关于本市“一日游”问题的研究报告	姜俊梅、刘文杰、王　玉	第十三届全市优秀调研成果奖	中共北京市委、北京市人民政府	调研报告	二等奖
24	关于培育农村新产业新业态的调研报告	安　钢、潘爱兵、赵家如	第十三届全市优秀调研成果奖	中共北京市委、北京市人民政府	调研报告	二等奖
25	深化背街小巷整治提升，提高城市精细化管理水平——背街小巷环境整治提升研究	李富生、芦先国	第十三届全市优秀调研成果奖	中共北京市委、北京市人民政府	调研报告	二等奖
26	从“都”“城”“群”的属性看国际一流的和谐宜居之都建设——基于国际比较的视角	李春荣、徐　静、普建波、李　宇、贺　飞、孙文健	第十三届全市优秀调研成果奖	中共北京市委、北京市人民政府	调研报告	二等奖
27	北京市政协民主监督职能建设研究	陈　煦、徐永利、王新尚	第十三届全市优秀调研成果奖	中共北京市委、北京市人民政府	调研报告	二等奖
28	关于加强城市管理优化提升首都核心功能的调研报告	程　静、石文斌、杨　旭	第十三届全市优秀调研成果奖	中共北京市委、北京市人民政府	调研报告	二等奖
29	党的十八大以来北京市党员干部违纪违法特点、规律和构建不能腐长效机制研究	刘振刚、刘永强、王志宇、东小明、蒋朝政	第十三届全市优秀调研成果奖	中共北京市委、北京市人民政府	调研报告	二等奖
30	从严管理监督干部　防止“带病提拔”问题研究	李世新、朱　洲、许爱军、曲　峰、禹春辉、苏　伟、王　昱、部文治	第十三届全市优秀调研成果奖	中共北京市委、北京市人民政府	调研报告	二等奖
31	北京市老旧工业厂房转型升级为文创园区公共文化设施调研报告	梅　松、邹璐巍、王　鹏、廖　旻、孙晓萌、李　典	第十三届全市优秀调研成果奖	中共北京市委、北京市人民政府	调研报告	二等奖
32	民主党派履行民主监督职能研究	周开让、周淑真、周景晓	第十三届全市优秀调研成果奖	中共北京市委、北京市人民政府	调研报告	二等奖
33	轻微刑事犯罪治理研究	邱水平、刘泽锋、张真理、熊　路	第十三届全市优秀调研成果奖	中共北京市委、北京市人民政府	调研报告	二等奖

续表

序号	课题名称	主要作者	奖项名称	颁奖单位	成果形式	获奖等级
34	信息化背景下政府职能管理相关研究	刘云广、闫冬冬、王加林、刘玉虹、孟庆国、李晓方	第十三届全市优秀调研成果奖	中共北京市委、北京市人民政府	调研报告	二等奖
35	政府购买社会组织服务实践探索与创新研究	赵济贵、岳金柱、杨柏生、刘　江、李燕宾	第十三届全市优秀调研成果奖	中共北京市委、北京市人民政府	调研报告	二等奖
36	全面加强新形势下北京高校党的建设研究	郑吉春、张　雪、李丽辉、赵学智、史立伟	第十三届全市优秀调研成果奖	中共北京市委、北京市人民政府	调研报告	二等奖
37	北京市职工队伍状况研究——2017 年北京市职工队伍状况调查总报告	韩世春、徐家湛、陈冬梅、张　磊、孙　越、付玲琦、张环宇、王　淇、朱　鹏	第十三届全市优秀调研成果奖	中共北京市委、北京市人民政府	调研报告	二等奖
38	首都经济运行规律及稳增长对策	杨旭辉、林恩全、位志宇、赵　茜、杨　丽、马彩彩	第十三届全市优秀调研成果奖	中共北京市委、北京市人民政府	调研报告	二等奖
39	北京智能制造发展战略研究	张伯旭、毛东军、耿　磊、李　辉、杨春辉、欧阳劲松、石镇山、王麟琨	第十三届全市优秀调研成果奖	中共北京市委、北京市人民政府	调研报告	二等奖
40	北京街道治理城市设计导则研究	张　维、陶志红、马红杰、王希希、李保炜、那伯识、叶　楠、郭　婧、吴尚霖、辛　萍	第十三届全市优秀调研成果奖	中共北京市委、北京市人民政府	调研报告	二等奖
41	北京棚户区改造工作体制机制研究	邹劲松、秦　虹、周　江、周　玮、王彬武、朱晓龙、王艳飞、管　昕、师旭辉、刘　寅	第十三届全市优秀调研成果奖	中共北京市委、北京市人民政府	调研报告	二等奖
42	首都重大活动城市运行服务保障分级分类管理研究	孙新军、堵锡忠、武　斌	第十三届全市优秀调研成果奖	中共北京市委、北京市人民政府	调研报告	二等奖
43	北京市大气污染治理力度比较研究	方　力、周扬胜、张　峰、王军玲、全昌明	第十三届全市优秀调研成果奖	中共北京市委、北京市人民政府	调研报告	二等奖
44	关于高校实验室、医疗机构危险化学品使用安全风险评估的情况报告	孟庆武、闵　军	第十三届全市优秀调研成果奖	中共北京市委、北京市人民政府	调研报告	二等奖
45	移动通信大数据下的人口动态监测研究	蒋力歌、郑　新、沈　青、杜明翠、李国娟、纪　宏、阮　敬、任　韬	第十三届全市优秀调研成果奖	中共北京市委、北京市人民政府	调研报告	二等奖
46	顺义区建设北京市服务业扩大开放综合试点示范区的路径研究	高　朋、张小军、李　伟	第十三届全市优秀调研成果奖	中共北京市委、北京市人民政府	调研报告	二等奖
47	大兴区农村集体经营性建设用地入市改革的理论内核与实证分析	谌利民、张华义、左乐恩、王皓田、任　宇、郝思思	第十三届全市优秀调研成果奖	中共北京市委、北京市人民政府	调研报告	二等奖

续表

序号	课题名称	主要作者	奖项名称	颁奖单位	成果形式	获奖等级
48	首都功能核心区重大活动服务保障和应急管理机制研究	单青生、盛继洪、罗守峰、鹿春江、姜　波、吴玲玲、张　文、徐唯燊、董　方	第十三届全市优秀调研成果奖	中共北京市委、北京市人民政府	调研报告	二等奖
49	北京城市副中心城市管理创新问题研究	丁　辉、王　峥、武霏霏	第十三届全市优秀调研成果奖	中共北京市委、北京市人民政府	调研报告	二等奖
50	北京市区域医疗服务体系整合的管理模式研究	张　柠、韩优莉、管仲军、薄云鹊、辛园园、戚森杰、邓　明、师云柯、叶小琴、崔积钰	第十三届全市优秀调研成果奖	中共北京市委、北京市人民政府	调研报告	二等奖
51	京沪两地城市管理领域立法对比研究	王荣梅、熊菁华、王爱声、李　贝、王传国、王婧娟	第十三届全市优秀调研成果奖	中共北京市委、北京市人民政府	调研报告	三等奖
52	关于保护北京中轴线的意见建议	张　庆、孔繁峙、王　岗、刘剑刚	第十三届全市优秀调研成果奖	中共北京市委、北京市人民政府	调研报告	三等奖
53	首都城市基层党建工作研究	张　革、徐　颖、单传华、李　萌	第十三届全市优秀调研成果奖	中共北京市委、北京市人民政府	调研报告	三等奖
54	市属主要新闻单位采编播管岗位人事制度改革调研报告	余俊生、齐慧超、闫　飞、仇　博、司文博	第十三届全市优秀调研成果奖	中共北京市委、北京市人民政府	调研报告	三等奖
55	法检“两院”领导班子配备党外干部问题研究	甄　贞	第十三届全市优秀调研成果奖	中共北京市委、北京市人民政府	调研报告	三等奖
56	首都重大决策社会稳定风险评估机制的调研	陆杰华	第十三届全市优秀调研成果奖	中共北京市委、北京市人民政府	调研报告	三等奖
57	新形势下机关党委工作方式研究	吕和顺、夏树军、林伟华、符孟侠、霍　光、赵环宇、刘从齐	第十三届全市优秀调研成果奖	中共北京市委、北京市人民政府	调研报告	三等奖
58	京津冀一体化背景下北京市促进农村劳动力转移就业现状及建议调研	马荣才、涂宏汉、龚　晶、程玉明、赵　姜、孙素芬、孟　鹤	第十三届全市优秀调研成果奖	中共北京市委、北京市人民政府	调研报告	三等奖
59	北京青年城市流动性调研报告	熊　卓、常　宇、郭文杰、王　赢、李雪红、高振亚	第十三届全市优秀调研成果奖	中共北京市委、北京市人民政府	调研报告	三等奖
60	北京市全职主妇与职业女性现状与需求对比调研报告	蔡淑敏、市妇联课题组	第十三届全市优秀调研成果奖	中共北京市委、北京市人民政府	调研报告	三等奖
61	做好新时代首都精神文明建设的调查与思考	滕盛萍、董爱军	第十三届全市优秀调研成果奖	中共北京市委、北京市人民政府	调研报告	三等奖

续表

序号	课题名称	主要作者	奖项名称	颁奖单位	成果形式	获奖等级
62	关于促进科技成果在京转化落地的报告	许　强、伍建民、刘卫华、徐传奇、王金勇、顾　华	第十三届全市优秀调研成果奖	中共北京市委、北京市人民政府	调研报告	三等奖
63	北京市商品住房限购政策研究	李荣庆、金耀东、赵　健、卡　丽、赵秀池	第十三届全市优秀调研成果奖	中共北京市委、北京市人民政府	调研报告	三等奖
64	关于加强首都城市市容环境精细化管理研究	柴文忠、堵锡忠、武　斌、李　娟	第十三届全市优秀调研成果奖	中共北京市委、北京市人民政府	调研报告	三等奖
65	推动北京市属国有企业深化供给侧结构性改革的有效路径研究	林抚生、白隽滢、陈　峰、邓如厅、韩志涛、石　磊	第十三届全市优秀调研成果奖	中共北京市委、北京市人民政府	调研报告	三等奖
66	关注信访反馈机制，创新北京城市治理	薛　澜、曹　峰、郑广淼、王　凯	第十三届全市优秀调研成果奖	中共北京市委、北京市人民政府	调研报告	三等奖
67	关于对当前专项行动中若干法律问题的分析报告	李富莹、魏　力	第十三届全市优秀调研成果奖	中共北京市委、北京市人民政府	调研报告	三等奖
68	关于少年法庭改革方向及路径的研究报告——以北京法院少年法庭路径选择为样本	安凤德、赵德云、宋　莹、郭　威、张农荣、单国钧、祁　欢、李　倩、陈　轶	第十三届全市优秀调研成果奖	中共北京市委、北京市人民政府	调研报告	三等奖
69	危害食品安全犯罪适用法律问题研究——侧重主观罪过认定分析	邢小兵、张仁杰、李德胜	第十三届全市优秀调研成果奖	中共北京市委、北京市人民政府	调研报告	三等奖
70	中关村国际人才港建设方案研究	翟立新、李志磊、孙　锐、郑金连、孙彦玲	第十三届全市优秀调研成果奖	中共北京市委、北京市人民政府	调研报告	三等奖
71	中关村新型创新服务平台发展模式及相关政策研究	赵慧君、孙晓峰、梁　杰、孙婷婷	第十三届全市优秀调研成果奖	中共北京市委、北京市人民政府	调研报告	三等奖
72	北京医药分开综合改革工作情况调研报告	雷海潮、钟东波、李德娟、经　通	第十三届全市优秀调研成果奖	中共北京市委、北京市人民政府	调研报告	三等奖
73	当前网络舆情传播及引导规律研究报告	黄少华、张晓家、郭玉松、焦　阳、王泱泱、董莉莉、谷　颖、金　婷、宁　洁、王　楠、周光君、周思畅	第十三届全市优秀调研成果奖	中共北京市委、北京市人民政府	调研报告	三等奖
74	北京市规模较大社会组织党建调研报告	温庆云、张　燕	第十三届全市优秀调研成果奖	中共北京市委、北京市人民政府	调研报告	三等奖
75	以党的十九大精神为引领不断开创首都司法行政工作新局面	苗　林	第十三届全市优秀调研成果奖	中共北京市委、北京市人民政府	调研报告	三等奖

续表

序号	课题名称	主要作者	奖项名称	颁奖单位	成果形式	获奖等级
76	推进京津冀协同发展的财政政策研究	李颖津、张宏宇、丁　霞、裴　赓、桂　光	第十三届全市优秀调研成果奖	中共北京市委、北京市人民政府	调研报告	三等奖
77	全面从严治党背景下加强流动人才党员教育管理服务的研究与思考	桂　生、刘俊京、陈永强、李　翔、戴吉惠、王　松	第十三届全市优秀调研成果奖	中共北京市委、北京市人民政府	调研报告	三等奖
78	京津冀文化协同发展调研报告	陈　冬、马　文、宋伟琦、孙　博、辛　鑫、周少勇、郑芳芳	第十三届全市优秀调研成果奖	中共北京市委、北京市人民政府	调研报告	三等奖
79	行政督查视角下的广渠路二期项目审计研究	马兰霞、张莉萍	第十三届全市优秀调研成果奖	中共北京市委、北京市人民政府	调研报告	三等奖
80	转变监管方式，完善“互联网+”监管机制，不断提升市场监管的智慧化水平	陈　永、邓慧敏、陈建平、张晓丽、焦万一、于洋跃、张砚哲、刘春哲、贾昊霖	第十三届全市优秀调研成果奖	中共北京市委、北京市人民政府	调研报告	三等奖
81	推动质量技术基础资源整合发展　服务中关村创新中心建设	苗立峰、姚　娉、宋同飞、周爱民、陈　勇、齐建国等	第十三届全市优秀调研成果奖	中共北京市委、北京市人民政府	调研报告	三等奖
82	媒体融合背景下加强新闻舆论工作的对策研究报告	杨　烁、王　志、李未柠、赵　晨	第十三届全市优秀调研成果奖	中共北京市委、北京市人民政府	调研报告	三等奖
83	城市建设中文物资源的内涵发掘——兼论北京城市副中心建设中路县古城遗址的保护展示	刘素凯、张剑葳	第十三届全市优秀调研成果奖	中共北京市委、北京市人民政府	调研报告	三等奖
84	立出全民健身良法　实现全民健身善治——《北京市全民健身条例》修订调研报告	卢宏泽、李华君、季淑娟	第十三届全市优秀调研成果奖	中共北京市委、北京市人民政府	调研报告	三等奖
85	京津冀区域产业升级及布局优化研究	庞江倩、朱燕南、李晓敏、肖京涛	第十三届全市优秀调研成果奖	中共北京市委、北京市人民政府	调研报告	三等奖
86	城市副中心园林绿化建设思路与对策研究	邓乃平、王　军、武　军、袁定昌	第十三届全市优秀调研成果奖	中共北京市委、北京市人民政府	调研报告	三等奖
87	金融业发展与“四个中心”城市战略定位的关系研究	张幼林、赵维久、苏　诚、吴　茜、胡静怡	第十三届全市优秀调研成果奖	中共北京市委、北京市人民政府	调研报告	三等奖
88	北京市企业“走出去”知识产权的现状分析及对策研究	汪　洪、李　钟、张飞虎、于立彪、余碧涛、胡长青、田　振、梁素平、郑少君	第十三届全市优秀调研成果奖	中共北京市委、北京市人民政府	调研报告	三等奖
89	北京农业文化遗产调查研究	郑　渝、阎晓军、闵庆文、张永勋、肖　勇、程晓仙、孟建洲、黄生斌、赵　朔、杨文淑、鲁书强、杜振东	第十三届全市优秀调研成果奖	中共北京市委、北京市人民政府	调研报告	三等奖

续表

序号	课题名称	主要作者	奖项名称	颁奖单位	成果形式	获奖等级
90	北京市食品药品安全社会舆论应对策略	从骆骆、周小丰、潘　山	第十三届全市优秀调研成果奖	中共北京市委、北京市人民政府	调研报告	三等奖
91	西城区开展民生工作民意立项工作的实践与思考	王少峰、庞成立、刘　青、黄爱莉、阳　斌、王春光、肖　林	第十三届全市优秀调研成果奖	中共北京市委、北京市人民政府	调研报告	三等奖
92	石景山区长期护理保险制度试点研究报告	文　献、迟志禹、齐　兵、谢立军、李保荣、张德俊、王　涛、田明将、李艾娟	第十三届全市优秀调研成果奖	中共北京市委、北京市人民政府	调研报告	三等奖
93	坚持生态立区　全面加快房山生态宜居示范区建设	陈　清、王建星、缪柏平、温　馨	第十三届全市优秀调研成果奖	中共北京市委、北京市人民政府	调研报告	三等奖
94	关于提升门头沟区生活性服务业发展水平的研究	付兆庚、聂淑芳、侯建国、于　超	第十三届全市优秀调研成果奖	中共北京市委、北京市人民政府	调研报告	三等奖
95	怀柔区试点“三权分置”盘活闲置农宅发展休闲养老社区的有益探索	常　卫、李凤春、董少波、孟令昆	第十三届全市优秀调研成果奖	中共北京市委、北京市人民政府	调研报告	三等奖
96	关于强化基层党组织政治引领功能的思考	李志军、马红寰、刘聪玲、刘远超、鲁　思	第十三届全市优秀调研成果奖	中共北京市委、北京市人民政府	调研报告	三等奖
97	打造反磁力“微中心”，有效疏解城六区人口	赵　莉、尹德挺、刁琳琳、于庆丰	第十三届全市优秀调研成果奖	中共北京市委、北京市人民政府	调研报告	三等奖
98	加快北京及京津冀市郊铁路建设的战略思考与对策建议	赵　弘、刘宪杰	第十三届全市优秀调研成果奖	中共北京市委、北京市人民政府	调研报告	三等奖
99	北京市城乡空巢老人家庭问题研究	陶　涛、刘雯莉	第十三届全市优秀调研成果奖	中共北京市委、北京市人民政府	调研报告	三等奖
100	北京郊区留守儿童问题研究	荀天来、毕宇珠、朱海楠、张士霞、王军强、王婷婷、何美丽、胡新萍、徐莉莉、彭　慧、杨为民	第十三届全市优秀调研成果奖	中共北京市委、北京市人民政府	调研报告	三等奖

（北京市委研究室冀淑萍供稿）

部分高校、科研单位获国家或省部级人文社会科学研究成果奖

北京大学

序号	成果名称	主要作者	奖项名称	颁奖单位	成果形式	获奖等级
1	光宅中原：拓跋至北魏的墓葬文化与社会演进	倪润安	全国民族研究优秀成果奖	国家民族事务委员会	专著	三等奖

（北京大学社科部供稿）

中国人民大学

序号	成果名称	主要作者	奖项名称	颁奖单位	成果形式	获奖等级
1	互联网时代的流通组织重构——供应链逆向整合视角	谢莉娟	商务部商务发展研究成果奖（2017）	商务部	论文类	一等奖
2	中国商品流通效率及其影响因素测度——基于非线性流程的 DEA 模型改进	王晓东	商务部商务发展研究成果奖（2017）	商务部	论文类	优秀奖
3	我国人口年龄结构变化对住房消费的影响研究	黄燕芬	商务部商务发展研究成果奖（2017）	商务部	论文类	优秀奖
4	市场营销学	郭国庆	商务部商务发展研究成果奖（2017）	商务部	论著类	优秀奖
5	北京市城乡空巢老人家庭问题研究	陶　涛	北京市第十三届优秀调查研究成果优秀奖	北京市政府	研究或咨询报告	优秀奖
6	重塑中华：近代中国“中华民族”观念研究	黄兴涛	第四届全国民族研究优秀成果奖	国家民族事务委员会	著作类	一等奖
7	中国流动人口的社会融入研究	杨菊华	第七届人口科学优秀成果奖	国家卫生健康委员会	论文类	一等奖
8	走进十四亿——中国第六次人口普查资料分析	宋　健	第七届人口科学优秀成果奖	国家卫生健康委员会	专著类	一等奖
9	中国老年人的空巢时间有多长？	陈　卫	第七届人口科学优秀成果奖	国家卫生健康委员会	论文类	一等奖
10	中国教育不平等的变动趋势：队列视角的考察	巫锡炜	第七届人口科学优秀成果奖	国家卫生健康委员会	论文类	二等奖
11	“全面两孩”政策下空巢老年人对子女生育二孩态度及影响因素——以北京市为例	陶　涛	第七届人口科学优秀成果奖	国家卫生健康委员会	论文类	二等奖
12	中国儿童人口变动基本事实和发展挑战	吕利丹	第七届人口科学优秀成果奖	国家卫生健康委员会	报告类	二等奖

续表

序号	成果名称	主要作者	奖项名称	颁奖单位	成果形式	获奖等级
13	城市化背景下农村留守儿童的家庭教育与学校教育	段成荣	第七届人口科学优秀成果奖	国家卫生健康委员会	论文类	二等奖
14	中国人口老龄化和老龄事业发展报告（2015）	孙鹃娟	第七届人口科学优秀成果奖	国家卫生健康委员会	专著类	二等奖
15	中国社会养老服务体系建设	张文娟	第七届人口科学优秀成果奖	国家卫生健康委员会	专著类	二等奖
16	生育与主观幸福感——基于生命周期和生命历程的视角	李　婷	第七届人口科学优秀成果奖	国家卫生健康委员会	论文类	二等奖
17	家庭财产影响因素研究	靳永爱	第七届人口科学优秀成果奖	国家卫生健康委员会	著作类	二等奖
18	选择性、传统还是适应：流动对农村育龄妇女男孩偏好的影响研究	杨　凡	第七届人口科学优秀成果奖	国家卫生健康委员会	论文类	二等奖
19	建设公正高效权威的社会主义司法制度研究（全四卷）	陈卫东	第四届中国出版政府奖图书奖	新闻出版广电总局	编著或教材	提名奖
20	低氧气调技术在纸质档案虫、霉防治与储藏保护中的应用研究	张美芳	国家档案局优秀科技成果奖	国家档案局	论文类	二等奖

特等奖、一等奖成果简介

《互联网时代的流通组织重构——供应链逆向整合视角》（论文）

中国人民大学　谢莉娟

《中国工业经济》　2015 年第 4 期

本文认为，供应链逆向整合是流通组织应对互联网时代的“脱媒”冲击、推动产业组织整体再造的新式路径。基于大型流通组织的全球供应链管理经验，本文首先提炼了零售制造商的基本模式和关键优势，进而结合其应用局限和供应链逆向整合过程中的再中间化需求，指出了流通内部分工与协同机制对于增强流通业逆向整合整体实力的价值和意义，阐释了由渠道视角到供应链视角的批发组织分化、转化与转型思路，并提出对补充、优化零售制造商模式和拓宽产业组织重构视野具有启示意义的流通制造商模式。

该文被人大复印报刊资料《贸易经济》全文转载，入选《中国工业经济》英文数字版（China Industrial Economics）。

谢莉娟，女，籍贯山东，1983 年 9 月生，2011 年毕业于中国人民大学，经济学博士，现任中国人民大学商学院副教授、博士生导师，兼任全国高校贸易经济教学研究会副秘书长。主要研究领域包括商业经济理论、国内市场与商品流通、网络经济与数字化零售等，在《管理世界》《财贸经济》《中国工业经济》《经济理论与经济管理》《中国人民大学学报》、*Frontiers of Business Research in China* 等中英文学术期刊发表论文 30 余篇，多篇研究成果被人大复印报刊资料、国务院发展研究中心信息网等全文转载。

《重塑中华：近代中国“中华民族”观念研究》（著作）

中国人民大学　黄兴涛

北京师范大学出版社　2017 年 10 月出版

该书是作者潜心十六年写成的厚重力作。它精心考证、明确勾勒和系统全面呈现了现代中华民族观念孕育、形成、确立、传播和普及的历史全过程，清晰地揭示了现代中华民族观念的内在结构与动态发展，在“自觉”的层面有力地丰富和推进了对中华民族的研究。在具体探索中，该书有两个特点很是突出：一是重视并深刻阐述了传统的“中国”和“中国人”认同在清代民国时期的历史延续、现代转换，及其对现代中华民族观念形成的直接影响和重要作用；二是重视并深度阐释了现代国际政治意义同人类学意义的“民族”概念之间的互动关系，并以此为线索，深度揭示了中华民族观念的现代性特征。在方法上，该书则试图将精英思想史和“新文化史”相结合，把观念呈现与国家体制、政党政策、关键政治人物和重大政治事件的影响分析联系起来，并突出了观念的社会化过程，颇具新意。全书资料扎实、视野广阔、立意高远，出版后受到学界的广泛好评。该书还得以入选中宣部推荐的“第八届优秀通俗理论读物”的九部著作之一。其推荐语强调其“既专业权威又生动深入，既有意义又有意思”“对构筑中华民族命运共同体具有重要的学术参考价值”。

黄兴涛，男，1965 年生，中国人民大学历史学院院长，教育部长江学者特聘教授，人文社会科学重点研究基地清史研究所学术委员会主任，兼任国家清史编纂委员会委员，北京大学历史系学术委员会委员，《历史研究》和《近代史研究》等刊编委，《新史学》召集人之一。主要研究领域为清史、民国史，重点研究方向为近代中国思想文化史、民族史、中外关系史等。曾出版《文化怪杰辜鸿铭》《“她”字的文化史：女性新代词符号的发明与认同研究》《文化史的追寻：以近世中国为视域》《中国文化通史·民国卷》（合著）等论著，主编《明清之际西学文本》《清帝逊位与民国肇建》《西方视野的中国形象译丛》《民国北京史研究丛书》，等等。

《中国流动人口的社会融入研究》（论文）

中国人民大学　杨菊华

《中国社会科学》　2015 年第 2 期

通过对 2013 年流动人口社会融合个人调查和社区调查数据的联合分析，得出结论：以经济整合、社会适应、文化习得和心理认同四个维度测量，流动人口的总体社会融入水平一般，且各维度的融入状况差别较大；制度约束和结构排斥使得经济和社会方面的融入进程严重落后于文化和心理方面的融入，凸显融入的差异性；乡—城流动人口的融入水平不如城—城流动人口的融入水平，表现出融入的分层性；良好的社区服务与接纳环境可有效推进融入进程，凸显融入的社区依赖性；流入地和流出地以及流动人口和本地市民的联接影响流动人口的融入进程，凸显融入的互动性。总之，流动人口的社会融入度存在城乡之别、内外之别和代际之别，且具有差异性、分层性、依赖性、互动性的特征。因此，推进流动人口的社会融入，除个人的先赋和后致要素的提升外，必须消除制度壁垒，打通结构幕墙，营造良好的制度环境和社区氛围。

《中国流动人口的社会融入研究》进一步完善了社会融合四维度理论和户籍制度的“双二属性”论，并利用全国性的大规模调查数据，对理论分析框架加以验证，用理论指导实证研究，用数据结果来检验和修正理论，对现有研究形成有益的补充。该论文被《人大复印报刊资料》全文转载，具有一定的学术影响力。

杨菊华，女，1963 年 9 月生，湖北武汉人，中国人民大学社会与人口学院老年学研究所教授、博士生导师。1984 年武汉大学历史学系硕士，2001 年美国辛辛那提大学社会学系硕士，2005 年美国布朗大学社会学系博士。2005 年中国人民大学人口系副教授，2008 年中国人民大学人口系教授。主要研究议题涵盖生育、迁移、老龄化等领域，研究成果丰硕：在本学科最优期刊（如：《中国社会科学》《社会学研究》《人口研究》《中国人口科学》《国家行政学院学报》《社会科学》，*ANNALS*、*Demographic Research* 等）发表论文 50 多篇（其中，A 类期刊 20 篇）；先后主持国家社科基金重大项目“全面二孩政策下城市地区 0—3 岁婴幼儿托育服务体系研究”、国家自然科学基金“‘普二新政下’家庭友好政策与女性工作—家庭平衡研究”课题、教育部哲学社会科学研究重大课题攻关项目“中国流动人口社会融合研究”；并主持其他国家社科基金、教育部、北京市社科基金、国家健康委员会、全国老龄委、世界卫生组织、福特基金会、全球发展组织、日本住友财团等数十项国内国际科研项目。

《走进十四亿——中国第六次人口普查资料分析》（专著）

中国人民大学　宋　健

中国人口出版社　2017 年 12 月出版

专著《走进十四亿——中国第六次人口普查资料

分析》是教育部人文社会科学重点研究基地重大项目最终成果。全书分为4篇14章，以人口转变、稳定人口等基础理论为指导，研究内容涵盖了从数据评估、人口状态到人口过程和人口社会经济特征等人口研究的每一个领域。该专著聚焦各领域的热点、难点问题，开发、分析、深入挖掘第六次全国人口普查数据，围绕四个专题全面揭示了新世纪10年来中国人口的发展变化态势。专著在多个方面有突破和创新，如系统梳理了国内外历次人口普查的经验，根据发达国家在普查制度和普查方式上的改革与探索，提出对中国第七次全国人口普查的建设性意见；辨析了“新生代农民工”概念可能引起的混淆，提出“二代流动人口”的概念，以适应新形势下我国人口迁移流动主体的实质特点；通过因素分解的方法解析了中国成年人口的预期寿命，揭示了未来中国人口死亡率进一步下降的前景和途径；首次分析了居住在中国大陆地区的港澳台及外籍人员的调查内容，等。该专著的学术贡献被业内专家广泛认可并高度评价，被中国人口出版社列入“十三五”国家重点图书出版规划项目“中国人口安全战略研究书系”；2018年9月7日被国家卫生健康委员会、中国人口学会评为第七届人口科学优秀成果奖（专著类）一等奖（省部级）。

宋健，女，1971年4月生，中国人民大学教授、博士生导师。主要研究领域：社会政策、婚姻家庭与性别、老龄化与养老问题等。承担《出生性别比失衡的生育选择机制研究》《中国“四二一”家庭结构现状与和谐社会构建》《中国家庭转变研究》等多项国家级和省部级课题；出版有《人口统计学》教材、《走进14亿——中国第六次人口普查资料分析》《和谐社会视域下的中国家庭发展》《社会性别视角下的中国社会政策》等著作；发表“中国生育政策的完善与善后”“‘四二一’结构家庭的养老能力与养老风险——兼论家庭安全与和谐社会构建”“中国出生人口性别比偏高问题的政策回应与效果——兼论县级层面社会政策协调的探索与启示”等核心期刊论文80余篇。多项成果获得省部级优秀奖。

《中国老年人的空巢时间有多长?》（论文）

中国人民大学　陈　卫、段媛媛

《人口研究》　2017年第5期

本论文通过计算空巢预期寿命对中国老年人处于空巢时间的长度进行了估计，具体估计了60岁及以上老年人的预期寿命和空巢预期寿命，及其性别、城乡和受教育程度差异。计算表明，中国老年人60岁时的平均余寿为22.7年，其中空巢预期寿命为13.8年，中国老年人的整个老年期中超过一半的余寿都处在空巢状态，60岁老年人的空巢预期寿命占其平均预期寿命的比例高达61%；至90岁时，老年人空巢预期寿命占比也仍然超过一半（52%）。女性老年人的空巢预期寿命（14.2年）高于男性老年人（13.4年），但其空巢预期寿命占余寿的比重（60%）低于男性老年人（62%）。农村老年人的空巢预期寿命（13.9年）及其占余寿比重（63%）均高于城市老年人（13.3年和54%）；而受教育水平越高，老年人空巢预期寿命也越长，其空巢预期寿命占余寿比重也较高。文盲和半文盲、小学、初中、高中及以上教育水平的60岁老年人空巢预期寿命分别为12.8年、13.5年、15.4年、17.5年，最低受教育程度（文盲和半文盲）与最高受教育程度（高中及以上）老年人的空巢预期寿命相差4.7年。不同老年群体的空巢预期寿命差异与其死亡率（丧偶率）、再婚率、居住偏好、人口流动、与子女的情感联系、对子女照料的需求及给子女提供帮助等的差异性有很大关系。本研究还将空巢预期寿命分为独居和夫妻合居预期寿命，分别进行了估计。60岁老年人独居和夫妻合居预期寿命分别为3.8年和10.1年。这些结果对于老龄政策的制定和完善具有重要参考价值。被中国社会科学网、澎湃网、新浪网等转载摘登。

陈卫，男，浙江人，1964年11月生，2004年澳大利亚国立大学人口与社会学系博士毕业，中国人民大学社会与人口学院教授，从事人口统计学、人口资源环境经济学的教学和研究工作，主要成果包括教材《社会研究方法概论》、专著《中国的人工流产》和论文“中国近10年来的生育水平与趋势”等。

段媛媛，女，河南人，1988年4月生，中国人民大学社会与人口学院、澳大利亚麦考瑞大学博士研究生。

（中国人民大学科研处李素萍供稿）

北京师范大学

序号	成果名称	主要作者	奖项名称	颁奖单位	成果形式	获奖等级
1	跨国公司研发外包活动的研究：中国的实证与新发现	郑飞虎、常　磊	2016、2017 商务发展研究成果奖	商务部	论文	二等奖
2	知识产权保护强度与中国的高新技术产品进口	魏　浩	2016、2017 商务发展研究成果奖	商务部	论文	二等奖
3	经济外部失衡指标体系构建研究	李　昕	2016、2017 商务发展研究成果奖	商务部	著作	三等奖
4	中国货物进口贸易的消费者福利效应测算研究	魏　浩、付　天	2016、2017 商务发展研究成果奖	商务部	论文	优秀奖
5	进口商品技术水平与中国工业经济发展方式转变	魏　浩、耿　园	2016、2017 商务发展研究成果奖	商务部	论文	优秀奖
6	教育扩展对提升少数民族教育获得的影响研究	孟大虎、欧阳任飞、孙永强	第四届全国民族研究优秀成果奖	国家民委	论文	二等奖
7	1927—1950 年中英两国关于西藏问题的较量与争论	张　皓	第四届全国民族研究优秀成果奖	国家民委	著作	二等奖
8	中国古典小说回目研究	李小龙	第八届胡绳青年学术奖	中国社会科学院	著作	提名奖

（北京师范大学社科处刘娜供稿）

中央民族大学

序号	成果名称	主要作者	奖项名称	颁奖单位	成果形式	获奖等级
1	当前西藏农牧区精准扶贫中亟待解决的问题	青　觉	全国民族研究优秀成果奖	国家民族事务委员会	调研报告	一等奖
2	中国特色马克思主义民族理论的新发展——习近平民族工作思想解读	乌小花	全国民族研究优秀成果奖	国家民族事务委员会	论文	一等奖
3	三江源地区生态移民的社会适应与社区文化重建研究	祁进玉	全国民族研究优秀成果奖	国家民族事务委员会	论文	一等奖
4	少数民族地区贫困户“脱贫摘帽”后可持续生计调查研究——以云南永仁县为例	马　博	全国民族研究优秀成果奖	国家民族事务委员会	调研报告	二等奖
5	海外少数民族华侨华人生存状况调查研究	丁　宏	全国民族研究优秀成果奖	国家民族事务委员会	调研报告	二等奖
6	记忆的多层性与中华民族共同体认同	麻国庆	全国民族研究优秀成果奖	国家民族事务委员会	论文	二等奖
7	中央支持少数民族地区税收政策效果评价与调整方向	张冬梅	全国民族研究优秀成果奖	国家民族事务委员会	论文	二等奖
8	马克思主义民族融合理论在新中国的发展及“民族交往交流交融”提出的思想轨迹	杨须爱	全国民族研究优秀成果奖	国家民族事务委员会	论文	二等奖

续表

序号	成果名称	主要作者	奖项名称	颁奖单位	成果形式	获奖等级
9	流动社会的秩序：珠三角彝人的组织与群体行为研究	刘东旭	全国民族研究优秀成果奖	国家民族事务委员会	著作	二等奖
10	中亚费尔干纳盆地的民族过程及相关问题研究	张　娜	全国民族研究优秀成果奖	国家民族事务委员会	著作	二等奖
11	中国少数民族地区扶贫进展报告（2017）	张丽君	全国民族研究优秀成果奖	国家民族事务委员会	著作	二等奖
12	当前民族高校少数民族大学生培养状况调查分析	宋　敏	全国民族研究优秀成果奖	国家民族事务委员会	调研报告	三等奖
13	藏汉双语教育政策成效的影响因素分析——基于四川甘孜州的调查	苏　德	全国民族研究优秀成果奖	国家民族事务委员会	调研报告	三等奖
14	民族整合的理念、格局与举措	严　庆	全国民族研究优秀成果奖	国家民族事务委员会	论文	三等奖
15	“嵌入”的多重面向——发展主义的危机与回应	黄志辉	全国民族研究优秀成果奖	国家民族事务委员会	论文	三等奖
16	交友、礼物与交换——西藏地区藏汉民众交往情况调查分析	苏发祥	全国民族研究优秀成果奖	国家民族事务委员会	论文	三等奖
17	德都蒙古史诗文化研究	萨仁格日勒	全国民族研究优秀成果奖	国家民族事务委员会	著作	三等奖
18	民族史视野下的北魏墓志研究	刘连香	全国民族研究优秀成果奖	国家民族事务委员会	著作	三等奖
19	蒙汉双语教育研究：从理论到实践	苏　德	全国民族研究优秀成果奖	国家民族事务委员会	著作	三等奖
20	贵州苗族侗族女性传统服饰传承研究	周　梦	全国民族研究优秀成果奖	国家民族事务委员会	著作	三等奖

特等奖、一等奖成果简介

《当前西藏农牧区精准扶贫中亟待解决的问题》（调研报告）

中央民族大学　青　觉

该研究报告发表在2017年7月中国藏学研究中心《藏事探索》，作者为青觉。为了准确把握当前精准扶贫政策在西藏农牧区基层执行的成效以及贫困农牧民的发展需求，课题组对西藏拉萨市、林芝市、那曲地区、日喀则市以及山南市的13个县、27个乡镇、65个行政村909户建档立卡贫困户的问卷调查与深度访谈发现：当前西藏农牧区精准扶贫工作存在瞄准机制不健全、精准扶贫项目投放时序错位、贫困人口发展机会不多、贫困农牧民对扶贫工作呼应不足等问题。这些问题在很大程度上制约着西藏农牧区精准扶贫工作的进一步推进。建议应在树立精准扶贫大格局的基础上，改进精准扶贫瞄准机制、优化精准扶贫项目投放机制、理顺农牧区基层扶贫工作机制、提高贫困农牧民人力资本储备，推进西藏农牧区精准扶贫工作再上新台阶。

该报告2017年7月10日被中国藏学研究中心《藏事探索》采用，并呈送中央有关部门。2017年7月16日被国务院副总理、中共中央政治局委员，前中央统战部部长孙春兰同志批示，报告部分内容被西藏自治区人民政府采纳。西藏自治区区政府主席齐扎拉责成区政府副秘书长丹增和扶贫办的负责人两次与作者沟通，征求意见并督促落实。

青觉，男，1957年生，甘肃天祝人，法学博士。

现任第十三届全国政协委员，中央民族大学中国民族理论与民族政策研究院院长，二级教授，博士生导师。2011年获国务院政府特殊津贴。担任教育部民族教育专家委员会副主任、中国民族理论学会副会长、中国世界民族学会副会长、中央统战部咨询专家、中国西藏智库特聘专家。主要从事民族理论与民族政治研究，出版过《马克思主义民族观的形成与发展》等个人专著20余部。自2000年以来，在《民族研究》《中国行政管理》《清华大学学报》《现代国际关系》《国家行政学院学报》《中国藏学》等期刊上发表论文200多篇。主持国家级和省部级课题20余项，个人科研成果先后获得10余项国家级和省部级奖励。

《中国特色马克思主义民族理论的新发展——习近平民族工作思想解读》（论文）

中央民族大学　乌小花　郝　囡

《民族研究》（CSSCI A类核心期刊）　2017年第4期

该文简洁、全面、客观地呈现习近平民族工作思想的理论内涵，并深入解读习近平民族工作思想的体系发展、时代特色与现实意义，对学术界存有的理论误读和认识偏颇进行回应，对现实的民族工作提供理论参考。也是较早阐述与分析习近平总书记关于民族工作的新理念新思想新战略的文章之一，为相关研究提供了一定的理论视角与学术价值，具有积极的社会影响。

该文发表后在短时间内被多次下载和引用，在多家学术网络媒体上被多次转发阅读，并被中国人民大学复印报刊资料2017年第12期全文转载，社会影响广泛。作者以此文为主要内容在中央民族大学、中央社会主义学院、内蒙古城川民族干部学院、北京市牛街街道办事处等多地面向各民族师生、部分少数民族人大代表和政协委员、各民族基层干部举办过数十次学术讲座，将文章中的学术研究成果与众多学者、干部等分享，引发广泛讨论，传播习近平总书记关于民族工作的新理念新思想新战略，推动民族工作理论与实践的统一和发展。

乌小花，蒙古族，法学博士，教授，博士生导师。曾任北京市第十届青联委员，现为中央民族大学党委委员，中央民族大学学术委员会委员兼秘书长，北京市政府智库专家，中国民族理论学会秘书长，中国民族政策研究会秘书长。主要从事民族理论与民族政策、世界民族问题、北方民族历史与文化等方向的教学与研究工作。已出版著作4部，发表核心期刊论文50余篇。2017年获得国家民委“全国民族工作优秀调研报告”一等奖，2018年获得第四届“全国民族研究优秀成果”一等奖。主持完成教育部、北京市、国家民委、国务院扶贫办等单位多项省部级以上课题的研究工作。2007年被授予宝钢教育基金“优秀教师”称号，2016年荣获国家民委首届民族问题研究“优秀中青年专家”称号，2018年入选国家民委第四批领军人才支持计划。

《三江源地区生态移民的社会适应与社区文化重建研究》（论文）

中央民族大学　祁进玉

《中央民族大学学报（哲学社会科学版）》

2015年第3期

三江源地区的生态移民采取异地城镇化修建移民社区定居安置等多种方式，其中跨县甚至跨州或（县）际城镇化异地安置的做法，引发移民群体对城镇化定居生活的社会和文化不适应、后续产业配置不配套等方面的问题。该论文基于民族学实地调查与参与式观察，重点探讨三江源自然保护区生态移民的“城镇化异地安置”模式及其对移民群体与移入地社区的综合影响。通过实地调查研究提出如下建议：第一，要重视移民社区的文化重建与社会、文化适应问题；第二，保护环境要兼顾后续产业的配置。

本文是祁进玉主持的国家社科基金一般项目——三江源自然保护区生态移民社会适应与社区文化重建研究（项目编号：12BMZ041）——的阶段性研究成果。该成果的部分实地调查报告获2014年度国家民委全国民族工作优秀调研报告三等奖；此外，该论文及相关研究成果的核心成果在《中国社会科学报》2017年10月25日第005版被刊登为《推进生态移民社区重建》一文。

祁进玉，男，1970年生，青海互助人，土族，中央民族大学民族学与社会学学院教授、民族学系主任、博士生导师，中国民族学学会常务副秘书长、中国民族学学会生态民族学专业委员会常务副主任兼秘书长；中国民族学学会东北亚民族文化研究会秘书长。2010年韩国庆南大学访问学者、2012年斯坦福大学访问学者、2014年韩国东北亚历史财团海外研究学者。2011年入选教育部新世纪优秀人才支持计划；2014 年入选国家民委中青年英才扶持计划。2018 年入选国家民委领军人才支持计划；2018 年入选青海省第三届高端创新人才千人计划。出版专著 4 部；主编《东北亚民族文化评论》等学术论文集 10 部。担任国家社科基金重大课题首席专家、主持国家社科基金一般项目 1 项、科技部国家软科学研究计划 1 项、省部级项目 6 项。

（中央民族大学科研处丁冉供稿）

中国政法大学

成果名称	主要作者	奖项名称	颁奖单位	成果形式	获奖等级
中国民族法制史纲	李　鸣	第四届全国民族研究优秀成果奖	国家民族事务委员会	著作	二等奖

（中国政法大学科研处闫立宇供稿）

中央财经大学

序号	成果名称	主要作者	奖励名称	颁奖单位	成果形式	奖励等级
1	全球军品贸易政策变迁及对我国的启示	唐宜红、齐先国	2017 年商务发展研究成果奖	商务部	论文	优秀奖
2	中国与“一带一路”主要国家贸易成本的测度与影响因素研究	孙　瑾、杨英俊	2017 年商务发展研究成果奖	商务部	论文	优秀奖
3	中国对外直接投资（OFDI）对人民币国际化影响的实证研究	张晓涛、杜　萌、杜广哲	2017 年商务发展研究成果奖	商务部	论文	优秀奖

（中央财经大学科研处供稿）

对外经济贸易大学

序号	成果名称	主要作者	奖项名称	颁奖单位	成果形式	获奖等级
1	新一轮对外开放：目标、布局与政策选择	桑百川、李玉梅、杨立强、李计广、蔡彤娟等	商务发展研究成果奖（2017 年）	商务部	著作	一等奖
2	新时期构建开放型经济新体制的理论宗旨、逻辑主线与主要内容	姜荣春	商务发展研究成果奖（2017 年）	商务部	论文	一等奖
3	论资本项目有管理可兑换	丁志杰等	商务发展研究成果奖（2017 年）	商务部	论文	三等奖
4	异质性企业与全球价值链嵌入：基于效率和融资的视角	吕　越、罗　伟、刘　斌	商务发展研究成果奖（2017 年）	商务部	论文	三等奖
5	制造业服务化与价值链升级	刘　斌、魏　倩、吕　越、祝坤福	商务发展研究成果奖（2017 年）	商务部	论文	三等奖
6	电子商务经济发展战略	陈　进等	商务发展研究成果奖（2017 年）	商务部	著作	优秀奖
7	我国服务贸易出口促进政策效果调研报告	庄　芮	商务发展研究成果奖（2017 年）	商务部	政策调研	优秀奖

续表

序号	成果名称	主要作者	奖项名称	颁奖单位	成果形式	获奖等级
8	经济波动中的中国地方政府与企业税负：以企业所得税为例	李　明、赵旭杰、冯　强	商务发展研究成果奖（2017 年）	商务部	论文	优秀奖
9	成品油价格管制能限制石油企业的垄断利润吗？	周　末、谢海滨等	商务发展研究成果奖（2017 年）	商务部	论文	优秀奖
10	少数民族人口流动特征与就业质量研究	苏丽锋	第四届全国民族研究优秀成果奖	国家民族事务委员会	论文	二等奖

特等奖、一等奖成果简介

《新一轮对外开放：目标、布局与政策选择》（著作）

对外经济贸易大学　桑百川等

人民日报出版社　2015 年出版

全书共分为八个部分。第一部分为总论，在分析我国对外开放环境变迁的基础上，提出新一轮对外开放的战略目标应定位于服务国内经济转型与构建全球战略并重，重点为生产性服务业开放、培育下一代出口产品、实施“外围突破”型知识产权战略以及提供“发展导向型”全球公共产品，积极参加制定国际经贸新规则。继而从七个方面详细论述了新一轮对外开放的战略布局和政策取向等一系列重大问题。其中，第二、三、四部分分别从加工贸易、进口战略和服务贸易三个方面研究新形势下提升我国国际贸易竞争力、建设贸易强国的发展战略和政策选择；第五、六部分分别从外商直接投资推动企业自主创新以及对外直接投资的区域选择和产业布局等两个层面考察我国提升利用外资的水平和效益，以及提高我国企业对外直接投资的能力和质量的路径选择；第七部分从金融的角度分析人民币跨境贸易结算和国际化的路径选择，为改善国际收支、推动国际贸易和国际投资发展提供金融支持；第八部分抓住区域合作中的重大课题，研究新时期我国与新兴市场国家的经贸关系。

桑百川，男，内蒙古赤峰市人，1966 年 2 月出生。曾就读于中国人民大学经济学院，获经济学博士学位。现任对外经济贸易大学国际经济研究院院长、教授、博士生导师。国家社科基金重大项目首席专家，全国社科规划办决策咨询点首席专家，国家社科基金评审委员会委员。中央电视台、中央人民广播电台特约评论员，新华社特聘专家，中国商务部国际投资专家委员会特聘专家。长期从事国际投资、国际贸易研究和教学工作，出版专著 20 余部，发表学术论文 360 余篇，主持 40 多项国家和省部级课题。三次获安子介国际贸易研究奖，两次获得中国外经贸研究成果奖，三次获得中国商务部商务发展研究成果奖，两次获北京市哲学社会科学研究成果奖，获首都劳动奖章，教育部新世纪优秀人才，享受国务院特殊津贴。

《新时期构建开放型经济新体制的理论宗旨、逻辑主线与主要内容》

对外经济贸易大学　姜荣春

《国际贸易》　2015 年第 2 期

该成果由姜荣春副教授独立完成，成果形式为论文。该文发表于 2015 年第 2 期《国际贸易》杂志，以姜荣春副教授应邀为中共中央党校求索网所做视频报告《全方位构建开放型经济新体制：发展转型与规则重构》的主要内容和核心观点为基础，通过对我国对外开放领域中涌现出的系列新举措新现象进行全面审视和系统梳理，进一步归纳概括和学理化，提炼总结出构建开放型经济新体制的理论宗旨、逻辑主线与主要内容，旨在为全面理解十八大以来的对外开放战略提供一个有前瞻性和参考价值的总体分析框架，丰富和发展中国特色开放型经济理论。

本文及其系列相关研究成果得到了我国对外开放主管部门和政策研究领域的广泛关注和高度肯定，产生了重大社会效益，获得了较好社会反响。2015 年 9 月 26 日，我国高端智库国务院发展研究中心主办中国智库网全文转载，文中核心观点曾被国务院发展研究中心主要领导在各种公开发言和讲话中直接或间接采用；2018 年 6 月，荣获中华人民共和国 2017 年度商务发展研究成果奖论文类一等奖；后续成果《深入学习习近平新时代对外开放重要思想 推动形成全面开放新格局》获第二十届安子介国际贸易研究成果奖。

姜荣春，女，山东德州人，吉林大学工学学士、经济学硕士，中国社会科学院研究生院经济学博士，对外经济贸易大学国际经济研究院副教授，国家留学基金委公派英国利兹大学商学院访问学者。

主要从事开放型经济政策、服务贸易与服务外包、对外直接投资与跨国并购等涉外经济问题研究，公开发表学术论文40余篇，专著或合著10余部，主持和参与国家级省部级课题10余项。多篇论文被人大复印资料、人民网理论频道、光明网学术频道、新华社瞭望智库、中国智库网等转载或刊用；多次荣获全国商务发展研究成果奖、安子介国际贸易研究奖、中国国际贸易学会论文奖等学术奖项。2014年8月，曾应邀为中共中央党校求索网主讲《全方位构建开放型经济新体制：发展转型与规则重构》的视频报告。

（对外经济贸易大学科研处供稿）

中国农业大学

序号	成果名称	主要作者	奖项名称	颁奖单位	成果形式	获奖等级
1	中国功能农业发展与政策研究	赵桂慎	农业部软科学优秀研究成果	农业农村部	研究报告	一等奖
2	农业补贴政策“黄转绿”问题研究	田志宏	农业部软科学优秀研究成果	农业农村部	研究报告	一等奖

（中国农业大学科学技术发展研究院张颖供稿）

首都经济贸易大学

序号	成果名称	主要作者	奖项名称	颁奖单位	成果形式	获奖等级
1	资源环境约束下的中国适度人口研究	童玉芬、王静文、梁 钊	第七届人口科学优秀成果奖	国家卫生健康委员会	论文	二等奖
2	寄宿对贫困地区农村儿童阅读能力的影响——基于两省5县137所农村寄宿制学校的经验证据	黎 煦、朱志胜、宋映泉、吴要武	第七届人口科学优秀成果奖	国家卫生健康委员会	论文	二等奖

（首都经济贸易大学科研处李艳杰供稿）

北京物资学院

序号	成果名称	主要作者	奖励名称	颁奖单位	成果形式	奖励等级
1	《商品流通法立法草案研究》报告	尚 珂	全国商务发展研究成果奖	商务部	研究或咨询报告	二等奖
2	中国城市农产品流通发展报告·2014、中国城市农产品流通发展报告·2015	洪 岚	商务发展研究成果奖（2017年）论著类优秀奖	商务部	论著	优秀奖
3	成品油价格管制能限制石油企业的垄断利润吗?	周 末、谢海滨、黄雨婷	商务发展研究成果奖（2017年）论文类优秀奖	商务部	论文	优秀奖

（北京物资学院科研处供稿）

外交学院

序号	成果名称	主要作者	奖励名称	颁奖单位	成果形式	奖励等级
1	技能、知识、实践：外交外事口译人才培养模式探索	孙吉胜、雷　宁、赫迎红、王振玲、杨　柳	北京市高等教育教学成果奖	北京市教委	音像软件等	一等奖
2	“亚太地区政治安全基本形势及其走向（2018）”子报告	苏　浩、任远喆、陈　实	教育部人文社会科学重点研究基地重大项目：“2018年APEC巴新会议咨询研究”	外交部国际经济司	研究或咨询报告	其他奖

（外交学院科研处供稿）

中国社会科学院

序号	成果名称	主要作者	奖励名称	颁奖单位	成果形式	奖励等级
1	中国蜀道	刘庆柱、王子今主编	第四届中国出版政府奖	国家新闻出版广电总局	专著	图书奖
2	中国历代边事边政通论	厉　声等著	第四届中国出版政府奖	国家新闻出版广电总局	专著	图书奖
3	世界佛教通史	魏道儒主编	第四届中国出版政府奖	国家新闻出版广电总局	专著	图书奖
4	钱锺书手稿集·外文笔记	钱锺书	第四届中国出版政府奖	国家新闻出版广电总局	专著	图书奖
5	马克思主义史学思想史	于　沛主编	第四届中国出版政府奖	国家新闻出版广电总局	专著	提名奖
6	抗日战争与中华民族复兴	步　平、邵铭煌沈　强总主编	第四届中国出版政府奖	国家新闻出版广电总局	丛书	提名奖
7	全球产业演进与中国竞争优势	金　碚、张其仔等著	第四届中国出版政府奖	国家新闻出版广电总局	专著	提名奖
8	中国历史上的腐败与反腐败（上、下册）	卜宪群主编	第四届中国出版政府奖	国家新闻出版广电总局	专著	提名奖
9	历史文化认同与中国统一多民族国家	瞿林东主编	第四届中国出版政府奖	国家新闻出版广电总局	专著	提名奖
10	西欧婚姻、家庭与人口史研究	俞金尧	第四届中国出版政府奖	国家新闻出版广电总局	专著	提名奖
11	中国方言民俗图典系列（第一辑）	侯精一、李守业、曹志耘主编	第四届中国出版政府奖	国家新闻出版广电总局	专著	提名奖
12	中国通史	卜宪群总撰稿	第四届中国出版政府奖	国家新闻出版广电总局	专著	提名奖

续表

序号	成果名称	主要作者	奖励名称	颁奖单位	成果形式	奖励等级
13	杨绛全集：全9卷	杨 绛	第四届中国出版政府奖	国家新闻出版广电总局	专著	提名奖
14	外国文学学术史研究	陈众议主编	第四届中国出版政府奖	国家新闻出版广电总局	专著	提名奖
15	普劳图斯：全3册	（古罗马）普劳图斯著、王焕生 译	第四届中国出版政府奖	国家新闻出版广电总局	译著	提名奖
16	汉字源流精解字典	曹先擢、苏培成主编人民教育出版社辞书研究中心 编	第四届中国出版政府奖	国家新闻出版广电总局	工具书	提名奖
17	近代汉语词典	白维国主编、江蓝生、汪维辉副主编	第四届中国出版政府奖	国家新闻出版广电总局	工具书	提名奖

特等奖、一等奖成果简介

《中国蜀道》（7卷10册）（专著）

中国社会科学院　刘庆柱　王子今主编

三秦出版社　2015年12月出版

《中国蜀道》是一套全方位、多角度、多学科介绍中国蜀道的大型人文地理学术著作，全面介绍了蜀道的历史沿革、人文地理、文化遗存及相关的诗词歌赋、书画艺术，涵盖考古学、历史地理学、建筑学、文学、艺术等方面的内容。在撰写过程中，整合了蜀道沿线各大城市的文物及科研单位的学者和专家资源，使本项目成为国内外该领域研究的代表性著作。这套学术著作的出版，不仅有着极高的学术研究价值，填补了学术空白，同时，将促进蜀道的深度开发，为提升蜀道的文化内涵奠定坚实的基础。

蜀道以险峻而著称于世。蜀道是中国古代一条凝聚着物质文明、精神文明以及政治文明的景观大道；蜀道是我国保存至今、人类历史上最早的大型交通遗存之一；蜀道在中国古代的政治、军事、经济和文化等方面曾经发挥过重要的作用，它的沿线遗存和相关文化现象具有珍贵的遗产价值。可以说，一条千年蜀道，半部中国历史。

刘庆柱，男，汉族，河南南乐人，1943年8月生于天津市。1967年毕业于北京大学历史系考古专业。曾任中国社会科学院西安研究室副主任、主任，汉唐研究室主任、中国社会科学院考古研究所研究员、所长、学术委员会主任、高级职称评审委员会主任、中国社会科学院研究生院考古系学位委员会主任、博士生导师、教授。国家级有突出贡献专家，享受国务院颁发的政府特殊津贴。《考古学报》主编、《考古学集刊》主编、《中国考古年鉴》主编。中国考古学会秘书长，中国史学会理事。现任郑州大学历史学院院长。主要代表作：《西汉十一陵》《长安春秋》《汉杜陵陵园遗址》《汉长安城未央宫》《中国古代都城考古学研究的几个问题》等。

王子今，男，1950年12月生于哈尔滨。1978年2月—1982年1月就学于西北大学历史系考古专业77级；1982年2月—1984年12月于西北大学历史系中国古代史专业攻读硕士学位研究生，1984年12月获历史学硕士学位；1985年3月—2003年3月任教于中共中央党校文史教研部，1993年10月起享受政府特殊津贴，1994年12月晋升为教授；2003年3月—2007年11月任北京师范大学历史系教授、博士生导师；2003年11月起，任中国人民大学国学院教授。发表学术论文352篇；发表其他文章193篇；出版译著7种（其中5种合译）；发表译文6篇（其中2篇合译）。其他著作有《改革史话》《简牍史话》《驿道驿站史话》《细说秦始皇》

《铁血长平》及合著《中国社会福利史》《秦汉魏晋南北朝史》，主编《汉景帝评传》《趣味考据》《历代竹枝词》等。

《中国边疆研究文库：中国历代边事边政通论》（套装 1-4 卷）（专著）

中国社会科学院　厉　声

黑龙江教育出版社有限公司　2015 年 8 月出版

《中国边疆研究文库：中国历代边事边政通论（套装 1-4 卷）》是在传统边疆研究的框架下，按照中国历史发展的脉络，以纪事本末体的形式，纵向叙述和研究中国统一多民族国家形成过程中历代中原王朝与边疆地区的相互关系，以历代中国重大边事边政为主线，承上启下、环环紧扣、由远及近、贯通古今，夹叙夹议，自成体系；探讨中原王朝的边疆大事和边疆施政的历史背景及其对中国边疆发展的影响，归纳历代中原王朝边疆政局发展变化的规律及边疆治理的经验教训。

该书以时间为脉络，系统地对中国历朝历代的边事、边政进行了深入、细致的研究，从学术意义上来看，具有很高的研究价值。

厉声，男，1949 年 8 月出生，1985 年毕业于西北大学历史系，获历史学硕士学位，1993—1997 年任新疆大学历史系主任、教授。1997 年 11 月调入中国社会科学院中国边疆史地研究中心，任中心副主任，现任中心主任、研究员。1998 年起任中国边疆史地研究中心副主任、研究员。2001 年起任中国边疆史地研究中心主任。现任中国社会科学院新疆发展研究中心理事长（代）、中央新疆工作协调小组办公室研究咨询小组特聘专家等职。主要研究方向为中国疆域历史、中俄关系历史、新疆历史等。著有《新疆对苏（俄）贸易史（1600—1990）》《中国新疆：历史与现状》《中俄伊犁交涉》等多部著作。

《世界佛教通史》（专著）

中国社会科学院　魏道儒主编

中国社会科学出版社　2015 年 12 月出版

《世界佛教通史》由中国社会科学院学部委员魏道儒主编、国内外 20 多位学者参与撰写，2015 年 12 月由中国社会科学出版社出版。《世界佛教通史》共 838 万字，历时 8 年完成，是中国社会科学院创新工程重大科研成果，论述佛教从起源到 20 世纪在世界范围内的兴衰演变主要过程，在国内外学术界属于首创。《世界佛教通史》由 14 卷 15 册构成。第一卷和第二卷叙述佛教在印度的起源、发展、兴盛、衰亡乃至在近现代复兴的全过程。第三卷到第八卷是对中国汉传、藏传和南传佛教的全面论述。第九卷到第十一卷依次是日本、韩国和越南的佛教通史。第十二卷分章阐述斯里兰卡和东南亚佛教的历史。第十三卷是对亚洲之外佛教，包括欧洲、北美洲、南美洲、大洋洲、非洲等五大洲主要国家佛教的全景式描述。第十四卷是世界佛教大事年表。从 2016 年开始，《世界宗教研究》《世界宗教文化》《中国宗教》《光明日报》《中华读书报》《中国社会科学报》《中国新闻出版广电报》《中国民族报》等报纸杂志发表十余篇书评和介绍文章，对《世界佛教通史》给予高度评价。转载书评的杂志和网站很多，《中国网》《人民网》《新华网》《中国社会科学网》等数十家网站转载各种评论文章和信息。

魏道儒，男，河北景县人，1955 年 10 月出生。中国社会科学院学部委员，中国社会科学院世界宗教研究所研究员，内蒙古师范大学佛学文化研究院院长，享受国务院特殊津贴。主要从事佛教研究，主要著作有《中国华严宗通史》《中华佛教史·宋元明清佛教史卷》《唐宋佛学》《华严学与禅学》《宋代禅宗文化》《禅宗无门关》《佛教史话》《坛经译注》等，合著有《中国禅宗通史》《佛教史》等，合译有《早期佛教与基督教》《宗教生活论》等，主编有《世界佛教通史》《普贤与中国文化》《佛教护国思想与实践》等，发表论文百余篇。正在主持的项目有中国社会科学院大型科研项目《中华思想通史》子课题《中华宗教思想通史》等。

《钱锺书手稿集·外文笔记》（专著）

中国社会科学院　钱锺书

商务印书馆　2014 年 5 月出版

《钱锺书手稿集·外文笔记》是由钱锺书创作的笔记。

钱锺书的读书笔记分为《容安馆札记》《中文笔记》和《外文笔记》三部分，3 册《容安馆札记》和 20 册《中文笔记》分别在 2003 年和 2011 年出版。《外文笔记》的篇幅相当于前两部分的总和，是现存钱锺书先生读书笔记中分量最重、内容最丰富、价值最可观的部分，约计3.5万页，共211个笔记本，涉及7种西方语言，内容包括哲学、语言学、文学作品、文学批评、文艺理论、心理学、人类学等众多领域。

钱锺书，男，1910年生于江苏无锡，1933年于清华大学外文系毕业，1935年赴牛津大学深造，获B. Litt.（Oxon）学位。后又至巴黎大学研究法国文学。归国后，曾任昆明西南联大外文系教授、国立师范学院英语系主任、上海暨南大学外语系教授、中央图书馆外文部总编纂等。

新中国成立后，任清华大学外文系教授。1953年转任中国科学院文学研究所研究员、哲学社会科学部学部委员。新时期又担任中国社会科学院文学研究所研究员和中国社会科学院副院长、特邀顾问，还曾任第六届全国政协委员，第七、八届全国政协常务委员。

（中国社会科学院办公厅刘玉杰供稿）

中国宏观经济研究院

序号	成果名称	主要作者	奖项名称	颁奖单位	成果形式	获奖等级
1	供给侧结构性改革的基本理论与政策框架	马晓河等	2017年度国家发展和改革委员会优秀研究成果奖	宏观经济研究院	研究报告	一等奖
2	促进经济中高速增长研究——路径与政策	张长春等	2017年度国家发展和改革委员会优秀研究成果奖	投资研究所	研究报告	一等奖
3	破除改革顶层设计与实际落地之间的梗阻研究	张林山等	2017年度国家发展和改革委员会优秀研究成果奖	经济体制与管理研究所	研究报告	二等奖
4	加快提高户籍人口城镇化率问题研究	顾　严等	2017年度国家发展和改革委员会优秀研究成果奖	社会发展研究所	研究报告	二等奖
5	新时期产业政策理论创新和我国产业政策转型研究	黄汉权等	2017年度国家发展和改革委员会优秀研究成果奖	产业经济与技术经济研究所	研究报告	二等奖
6	农民工群体差别化落户政策及实施方案研究	欧阳慧等	2017年度国家发展和改革委员会优秀研究成果奖	国土开发与地区经济研究所	研究报告	二等奖
7	构建有效保护产权的体制机制研究	银温泉等	2017年度国家发展和改革委员会优秀研究成果奖	经济体制与管理研究所	研究报告	三等奖
8	建立健全支撑“一带一路”建设的我国国际援助和开发合作体系研究	史玉龙等	2017年度国家发展和改革委员会优秀研究成果奖	国土开发与地区经济研究所等	研究报告	三等奖
9	重塑能源：面向2050年能源消费和生产革命路线图研究	戴彦德等	2017年度国家发展和改革委员会优秀研究成果奖	能源研究所	研究报告	三等奖
10	中国中长期节能减碳潜力、路径与政策研究	戴彦德等	2017年度国家发展和改革委员会优秀研究成果奖	能源研究所	研究报告	三等奖

续表

序号	成果名称	主要作者	奖项名称	颁奖单位	成果形式	获奖等级
11	我国应对 TPP 的策略研究	毕吉耀等	2017 年度国家发展和改革委员会优秀研究成果奖	对外经济研究所	研究报告	三等奖

（中国宏观经济研究院丁刚供稿）

北京市委党校

序号	成果名称	主要作者	奖项名称	颁奖单位	成果形式	获奖等级
1	超大城市人口调控困境的再思考	尹德挺	全国行政学院系统第四届优秀科研成果奖	国家行政学院	论文	一等奖
2	政务微博的运行机制	张　玲	全国行政学院系统第四届优秀科研成果奖	国家行政学院	著作	二等奖
3	传统忠德在现代行政伦理中的转化与创新	鄯爱红	全国行政学院系统第四届优秀科研成果奖	国家行政学院	论文	三等奖
4	大数据时代治理“城市病”的技术路径	梁　丽	全国行政学院系统第四届优秀科研成果奖	国家行政学院	论文	三等奖
5	中国特大城市行政执法类公务员管理机制研究	周美雷	全国行政学院系统第四届优秀科研成果奖	国家行政学院	专著	三等奖
6	关于加强公共议题网络舆情回应的对策建议	庞　宇	第十三届北京市优秀调研成果奖	中共北京市委员会、北京市人民政府	调研报告	一等奖
7	打造反磁力“微中心”，有效疏解城六区人口	赵　莉	第十三届北京市优秀调研成果奖	中共北京市委员会、北京市人民政府	调研报告	优秀奖
8	中国共产党政治代表观的嬗变及其评析	黄小钫	全国党校系统第十二届优秀科研成果奖	中央党校	论文	一等奖
9	阿尔都塞：“现实性”语境中的唯物辩证法	顾伟伟	全国党校系统第十二届优秀科研成果奖	中央党校	论文	二等奖
10	新世纪以来美国对当代中国研究的新态势	韦　磊	全国党校系统第十二届优秀科研成果奖	中央党校	论文	二等奖
11	人口分布、增长极与世界级城市群孵化——基于美国东北部城市群和京津冀城市群的比较	尹德挺	全国党校系统第十二届优秀科研成果奖	中央党校	论文	三等奖
12	非首都功能疏解中企业调整退出面临的困难及建议	刁琳琳	全国党校系统第十二届优秀决策咨询奖	中央党校	调研报告	一等奖
13	首都人口疏解的五大风险及应对策略	闫　萍	全国党校系统第十二届优秀决策咨询奖	中央党校	决策咨询报告	三等奖
14	关于优化中关村创新创业生态体系的对策建议	吴　军	全国党校系统第十二届优秀决策咨询奖	中央党校	决策咨询报告	三等奖

续表

序号	成果名称	主要作者	奖项名称	颁奖单位	成果形式	获奖等级
15	流动浪潮下的人口有序管理	尹德挺	第七届人口科学优秀成果奖	国家卫生健康委员会、中国人口学会	专著	一等奖
16	首都人口疏解应注意的几个问题	闫　萍	第七届人口科学优秀成果奖	国家卫生健康委员会、中国人口学会	研究报告	二等奖

特等奖、一等奖成果简介

《超大城市人口调控困境的再思考》（论文）

北京市委党校　尹德挺

《中国人口科学》　2016 年 8 月

基于人口普查、经济普查及统计年鉴等多源数据，本文以北京、上海、广州、深圳、重庆、天津等城市为例，在理论与实践相结合的层面上，探讨了超大城市人口调控的困境、原因、认识误区及应对思路。本文致力于寻求政府、市场、社会三者相协作、人口规模、结构、分布相协调的改革路径，以便于更好地在经济发展、民生关怀及人口调控之间找到平衡点，有效缓解“大城市病”。超大城市人口调控的复杂性在于既要“控规模”，又要“优分布”，还要“调结构”。我们始终认为，人口流动是时代进步的体现，是城市活力的象征。因此，本文最终的研究目的是在于通过人口的合理流动，实现超大城市及其都市圈内人口、资源、环境、经济、社会的可持续发展。

本文进一步丰富了大城市人口调控的理论思考，探索性地提出了大城市人口空间分布的三个阶段，进一步明确了近些年超大城市人口调控随着经济发展和城市化而发生的新形势和新变化，原创性地发现了北京与东京、多伦多在人口空间分布上的重大差异，从而进一步明确了北京市未来调整人口、产业、城市功能空间布局的重点区域。

尹德挺，男，1978 年生，湖南沅陵人，教授。2006 年博士毕业于北京大学人口研究所。现为中共北京市委党校（北京行政学院）社会学教研部主任、北京市人口研究所所长。研究方向为京津冀协同发展、流动人口管理、老年人口健康及人口学量化方法。在《中国人口科学》《人口研究》《北京日报》（理论周刊）等发表论文 100 余篇，荣获省部级科研奖励 10 余项，其中，由北京市人民政府颁发的科研一等奖 1 项、二等奖 3 项，由中央党校（国家行政学院）颁发的决策咨询奖一等奖 1 项、科研奖一等奖 1 项、科研奖二等奖 1 项。主持国家社科基金青年项目、北京市社科基金重点项目、北京市社科联重点课题、全国党校系统重点调研课题以及北京市发改委重点课题等科研项目 20 余项。7 篇决策咨询报告获中央及省部级领导的肯定性批示。

《关于加强公共议题网络舆情回应的对策建议》（调研报告）

北京市委党校　庞　宇

互联网时代公共议题成为社会的热点问题，极易引发公众情绪化表达，对政策产生误读和误解，形成网络舆论压力。2017 年北京大兴火灾后的安全隐患整治、清理牌匾行动，以及部分省区急推煤改气（电）项目等，引发了舆论的关注与热议，其中不乏批评和质疑。此时，如果官方引导与大众表达存在的差异较大，就容易造成政府舆情回应的失衡和错位。该课题在分析当前公共议题的网络舆情特点以及舆情回应存在的问题基础上，提出加大政策解读供给，进行动态舆论引导的价值整合与排序，加强舆论风险评估等对策建议，为今后在公共议题传播中把握好舆论调控尺度，推动党和政府与公众的顺畅沟通和良性互动，以及社会和网络空间的有效治理提供参考。

公共议题经过互联网的传播成为社会的热点问题，极易引发公众情绪化表达，对政策产生误读和误解，对政府形成网络舆论压力。官方回应需要进一步加强公共议题网络舆情回应的时、度、效，从而不断提升政府的公信力。

庞宇，女，1980 年生，中国人民大学传播学博士，国家行政学院博士后，研究方向为媒体沟通、应急管理等。现中共北京市委党校（北京行政学院）领导科学教研部副教授。

《中国共产党政治代表观的嬗变及其评析》（论文）

北京市委党校　黄小钫

《教学与研究》　2016 年 9 月

政党政治是现代民主政治的基本形式，政党是特定阶级利益的集中代表者，它同自己所代表的阶级、阶层或社会群体之间所形成的政治代表关系，实质上是政党政治代表关系，涉及三个方面的内容：代表者、被代表者和代表方式。中国共产党政治代表观是对马克思主义政党政治代表观的继承和发展，并在领导中国革命、建设和改革实践活动中产生和形成，经历了探索、形成、曲折发展与成熟等三个阶段。其中，“三个代表”重要思想的提出，标志着中国共产党政治代表观的成熟；以人民为中心的理念，是对执政党政治代表观的深化。

本文通过深入挖掘和研读党的第一手文献资料，回顾和梳理中国共产党政治代表观的形成和发展历程，分析和概括了中国共产党政治代表观的主要内容及其基本特征，指出中国共产党政治代表观是对马克思主义政党政治代表观的继承和发展。深刻阐述了中国共产党政治代表观的理论和实践意义，为执政党理顺与国家、人民、各民主党派等之间的关系提供了指导，同时，客观分析了社会组织兴起、问责机制缺失等因素对执政党政治代表观的挑战，提出了要明确代表对象、丰富代表内容，完善代表机制等建设性的对策建议。

黄小钫，男，1985 年生，江西赣县人，中国人民大学政治学博士，研究方向为当代中国政治制度，现任中共北京市委党校（北京行政学院）政治学教研部副教授。

《非首都功能疏解中企业调整退出面临的困难及建议》（调研报告）

北京市委党校　刁琳琳

在京津冀协同发展战略实施三年、产业疏解步入“深水区”的复杂情境下，报告选择大兴、丰台、顺义、通州等 12 家涉疏央属和市属国有重点企业、45 家已调整退出的一般性制造业企业，就“非首都功能疏解中存量企业调整退出面临的困境”开展专题调研，以期厘清当前企业疏解工作中存在的难点，审视和反思现有调整退出模式的不足，从而为破解困境提供应对之策，并对今后工作有所参考。

报告从五个方面提出当前北京市企业调整退出工作面临的五大困局及原因：一是产业退出执法之“困”，表现为企业强制性退出缺少上位法支撑，地方规范性文件难以替代法律法规成为执法依据；二是疏解承接落地之“困”，表现为承接地政府统筹引导缺位，产业“转不出，接不住，留不下”；三是“高精尖”产业再造之“困”，表现为市域产业对接机制松散、升级缓慢，结构调整的“阵痛”将阶段性持续存在；四是企业就地转型之“困”，表现为资金与土地“双捆绑”，阻碍企业就地转型升级的实现；五是腾退空间再利用之“困”，表现为“工业大院”土地关系难以理顺，二次开发配套政策滞后、审批流程复杂。

刁琳琳，女，1983 年生，山东青岛人，现任中共北京市委党校（北京行政学院）经济学教研部副教授，中国人民大学土地资源管理专业博士、英国剑桥大学土地经济系联合培养博士。先后主持美国林肯土地政策研究院研究基金项目（两次）、国家留学基金项目、全国行政学院科研合作课题、“十一五”国家科技支撑计划重点项目子课题等；获北京市社会科学理论著作出版基金资助等。

《流动浪潮下的人口有序管理》（专著）

北京市委党校　尹德挺

中国社会科学出版社　2016 年 6 月

随着人口流动浪潮的兴起，人口有序管理问题已经成为当前社会各界普遍关注的热点和难点问题。本书将“人口有序管理”放在学科交叉的视野下加以综合研究，运用定量和定性相结合的研究方法，系统地考察了影响人口有序管理的各种因素，并尝试性地提出了人口有序管理的基本要素和理论框架。与此同时，本书还聚焦人口管理的历史演变过程、城市改革实践以及国际发展趋势，探寻具有当代价值的人口有序管理经验，谋求未来我国人口有序管理的发展方向和改革路径，以期为政府决策提供参考。

尹德挺，男，1978 年生，湖南沅陵人，教授。2006 年博士毕业于北京大学人口研究所。现为中共北京市委党校（北京行政学院）社会学教研部主任、北京市人口研究所所长。研究方向为京津冀协同发展、流动人口管理、老年人口健康及人口学量化方法。在《中国人口科学》、《人口研究》、《北京日报》（理论周刊）等发表论文100余篇，荣获省部级科研奖励10余项，其中，由北京市人民政府颁发的科研一等奖1项、二等奖3项，由中央党校（国家行政学院）颁发的决策咨询奖一等奖1项、科研奖一等奖1项、科研奖二等奖1项。主持国家社科基金青年项目、北京市社科基金重点项目、北京市社科联重点课题、全国党校系统重点调研课题以及北京市发改委重点课题等科研项目20余项。7篇决策咨询报告获中央及省部级领导的肯定性批示。

（北京市委党校林婧供稿）

北京市档案局

序号	成果名称	主要作者	奖项名称	颁奖单位	成果形式	获奖等级
1	电子档案管理系统通用功能要求	陶水龙、薛四新、杜小勇、杨中营、李存才、温育忠、田　雷、薛哲妮、李　珍、田　里、钱丹红	国家档案局优秀科技成果奖	国家档案局	研究报告	二等奖
2	国家综合档案馆馆藏档案信息资源共享模式研究	王春清、安小米、张连星、梁　璐、张　一、周　颖	国家档案局优秀科技成果奖	国家档案局	研究报告	三等奖
3	工商企业登记电子档案网上查询研究和系统实现	陈会明、金文光、史爱丽、郭小丁、赵　华	国家档案局优秀科技成果奖	国家档案局	研究报告	三等奖

（北京市档案局科教处和晓兰供稿）

·学术活动·

概　述

本栏目记述2018年度北京地区哲学社会科学各大学科的重要学术活动简况，包括国内和国外的理论研讨会、纪念座谈会、学术年会、学术论坛、学术报告会、学术讲座以及调查研究、社科普及活动等学术活动。简介包括活动主题、主办协办单位、参与单位、主要出席人士、主要观点、主要成果等内容。

马克思主义　科学社会主义

新时代国家治理高端论坛　1月7日，由中国社会科学院社会政法学部、中国社会科学院国家治理研究智库主办，中国社会科学院社会发展战略研究院承办的新时代国家治理高端论坛在北京召开。中国社会科学院副院长、国家治理研究智库理事长李培林出席会议并发言。他指出，在新的阶段，必须加快推进城乡一体化进程，迅速提高劳动力素质，防范养老福利刚性增长与经济周期性波动的矛盾。同时，稳定百姓未来预期，提高当期消费可能性，从而促使消费进一步推动经济增长。中国社会科学院学部委员景天魁认为，我们应坚定文化自信，新时代的国家治理可以从我国优秀传统文化和治理经验中汲取营养。中国社会科学院信息情报院党委书记姜辉认为，在新时代背景下，应进一步加大内部学科资源和研究力量的整合力度，充分发挥各研究所的各自优势和集中优势，通过高端论坛的集中交流和更深度的集成融合，更好发挥跨研、跨所、跨学科综合研究的特色和优势，推出更多具有决策影响力的成果。中国社会科学院民族学与人类学研究所所长王延中、中国社会科学院社会学研究所所长陈光金、中国社会科学院新闻与传播研究所所长唐绪军、中国社会科学院社会发展战略研究院院长张翼等分别就自己的研究领域发了言。

会议研讨阶段结束后，召开了国家治理研究智库理事会会议。

（中国社会科学院办公厅刘玉杰供稿）

学习宣传贯彻习近平新时代中国特色社会主义思想系列研讨会　1月15日，学习宣传贯彻习近平新时代中国特色社会主义思想系列研讨会首场会议在京召开，中共中央政治局委员、中宣部部长黄坤明出席会议并讲话，强调要深刻把握习近平新时代中国特色社会主义思想的政治意义、历史意义、理论意义、实践意义，切实增强学习宣传贯彻的政治自觉、思想自觉、行动自觉。

黄坤明指出，习近平新时代中国特色社会主义思想充分彰显了马克思主义的真理力量和科学社会主义的时代价值，集中体现了我们党的政治意志、政治立场、政治主张，是新时代中国共产党人的思想旗帜，是指导我们党推进社会革命和自我革命的强大武器，为发展马克思主义作出了中国的原创性贡献，对中华民族发展和人类文明进步具有深远影响。

黄坤明指出，深入学习贯彻习近平新时代中国特色社会主义思想，是党的思想理论建设的核心内容，必须作为理论工作的重中之重，按照学懂、弄通、做实的要求，做到学思用贯通、知信行统一。要不断深化研究阐释，把学习研究成效转化为增强“四个意识”、坚定“四个自信”的高度自觉，转化为认识问题、研究问题、解决问题的立场和能力，转化为拥抱新时代、实现新作为的动力和热情。

（参见《光明日报》2018年1月16日第4版）

习近平新时代中国特色社会主义思想与《共产党宣言》研讨会 3月1日，研究世界社会主义的权威性报告《2017—2018世界社会主义黄皮书》在北京发布。会议由中国社会科学院世界社会主义研究中心、习近平新时代中国特色社会主义思想研究中心、社会科学文献出版社共同举办。研讨会的主题是“习近平新时代中国特色社会主义思想与《共产党宣言》”。

中国社会科学院院长、党组书记、学部主席团主席王伟光为大会发来书面主旨发言。中国社会科学院原副院长、世界社会主义研究中心主任、研究员李慎明，中共中央组织部原部长张全景分别作大会专题报告。

中组部、教育部、中联部、中央政策研究室、中央党校、中国社会科学院、中央编译局、中国人民解放军国防大学、清华大学、北京大学、中国人民大学、武汉大学、同济大学、山东大学、辽宁大学、兰州大学、福州大学、湘潭大学、中共上海市委党校、中共江苏省委党校、中共浙江省委党校、中共湖北省委党校等部委、研究机构和高校的近150名专家学者参加了研讨会。

此次出版的《世界社会主义黄皮书》从中国特色社会主义进入新时代入手，分析了党的十九大报告所具有的里程碑意义，阐明了习近平新时代中国特色社会主义思想是中国特色社会主义理论体系的最新成果，是马克思主义在当代中国的新发展。

（中国社会科学院办公厅刘玉杰供稿）

纪念马克思诞辰200周年学术研讨会 4月26日，由首都师范大学马克思主义学院、北京高校中国特色社会主义理论研究协同创新中心和北京市习近平新时代中国特色社会主义思想研究中心研究基地联合主办的“马克思与当代中国马克思主义的创新发展——纪念马克思诞辰200周年学术研讨会”在首都师范大学校本部举行。

出席研讨会的有校党委书记郑萼、校党委副书记徐志宏、校社科处处长王德胜、人民论坛记者郭思远、马克思主义学院院长陈新夏、院党委书记杜春丽、副院长黄延敏、沈永福、安铁岭，马克思主义学院全体教师及50余名在读研究生。

会议的上半场由陈新夏主持。陈新夏强调，此次会议是在马克思诞辰200周年，《共产党宣言》发表170周年，改革开放40周年之际召开的一次非常重要的会议，是纪念会，也是研讨会。在与会人员合唱《国际歌》的歌声中，研讨会拉开帷幕。

郑萼致辞中深情缅怀了马克思光辉伟大的一生，科学评价了马克思主义在人类文明进步中的历史地位和重大作用，深刻回答了新时代为什么高举以及如何高举马克思主义伟大旗帜的根本问题。郑萼指出，两个世纪过去了，人类社会发生了巨大而深刻的变化，但无论时代如何变迁，马克思的名字依然温暖而响亮，马克思主义仍然具有真理的力量指引我们前进。

王淑琴教授发言的主题是“马克思的资本野蛮性与文明化思想”，分析了资本的两重属性以及在新的历史条件下如何正确对待和运用资本。刁永祚教授发言的主题是“马克思的伟大功绩”，刁永祚纵观马克思的一生及其影响，精辟地概括出马克思的十大功绩。黄延敏教授发言的主题是“马克思主义经典文献与中国近现代史研究与教学”，结合教学实际，强调了研读经典文献的重要意义，探讨了经典文献对于思想政治理论课教学研究的意义。王洪波教授发言的主题是“深度研读马恩经典著作的双重路向”，结合自身研读文献的切身体会，提出针对不同专业背景、不同研究层次的学生如何正确使用经典文献问题。

会议的下半场由首师大马克思主义学院杜春丽书记主持。黄志军副教授发言的主题是“每个人的自由发展作为未来新时代的精神——基于《共产党宣言》的考察”，探讨了对于“每个人的自由发展”的认识。韩华副教授发言的主题是“新时代思想政治工作创新发展的马克思主义方法”，从三个角度阐释了新时代思想政治工作方法论的创新发展。韩文乾副教授发言的主题是“马克思和无产阶级国际主义精神”，分析了无产阶级国际主义精神的困境和出路。李基礼副教授发言的主题是“劳动的二重性及其对唯物史观的价值”，从三个角度进行了具体分析。祝志男副教授发言的主题是“新时代马克思主义执政党建设理论与实践创新”，阐释了新时代马克思主义执政党在六个方面的建设和创新。

（首都师范大学社科处李葱供稿）

纪念马克思诞辰 200 周年暨学习习近平新时代中国特色社会主义思想学术研讨会 4 月 27 日，由《中国高等教育》主办、北京林业大学承办的纪念马克思诞辰 200 周年暨学习习近平新时代中国特色社会主义思想学术研讨会在北京林业大学举行。北京林业大学党委副书记谢学文，副校长、马克思主义学院院长张闯，《中国高等教育》总编辑唐景莉，清华大学、中国人民大学、北京邮电大学、中国劳动关系学院等全国 20 余所高校和研究机构的专家学者，以及北京林业大学相关职能部门负责人、各分党委书记（副书记）、马克思主义学院全体师生、“青马班”和树人学校学员等学生代表 300 余人参加了会议。会议发布了《北京宣言》。研讨主题有：马克思主义经典著作研究；马克思主义在中国的传播及影响；当代中国马克思主义创新发展研究；习近平新时代中国特色社会主义思想的理论和实践研究；马克思主义党建理论与实践；新时代高校基层党建工作创新研究。

（北京林业大学科技处供稿）

纪念马克思诞辰 200 周年国际高端论坛 4 月 30 日，由中国人民大学马克思主义学院、21 世纪中国马克思主义研究协同创新中心、中国特色社会主义理论体系研究中心、马克思主义研究院联合举办的“马克思与现时代：纪念马克思诞辰 200 周年国际高端论坛”在中国人民大学举行。中国人民大学党委书记靳诺教授、校长刘伟教授出席论坛开幕式，党委副书记兼纪委书记吴付来教授主持开幕式。出席本次会议的国际嘉宾有：国际马克思恩格斯基金会秘书长、德国柏林-勃兰登堡科学院 MEGA 工作组总负责人格哈尔特·胡布曼，德国柏林-勃兰登堡科学院 MEGA 工作组成员、MEGA2 第 II 部分即“《资本论》及其手稿”部分总负责人卡尔-艾里希·福尔格拉夫，德国柏林-勃兰登堡科学院 MEGA 工作组成员、MEGA2 版《德意志意识形态》（2017 版）第一编者乌尔里希·帕格尔，柏林 MEGA 编辑促进会主席罗尔夫·海克尔，德国柏林自由大学哲学院教授弗里德里希·奥托·沃尔夫，德国恩格斯故居博物馆前馆长艾伯哈特·伊尔纳，奥地利格拉茨大学哲学院教授卢卡斯·迈耶尔，德国鲁尔大学哲学院荣休教授汉斯·马丁·萨斯，德国马克思主义政治经济学研究专家克劳斯·迪特·布洛克等。此外，中国人民大学郝立新、梁树发、李忠尚、秦宣、张新、张云飞教授等，中共中央党校侯才教授，中国社会科学院魏小萍研究员，北京大学聂锦芳教授，清华大学韩立新教授，中山大学马天俊教授，中央党史和文献研究院徐洋编审，人民出版社毕于慧副编审等专家学者和资深编辑参加了本次论坛。在为期两天的论坛研讨中，与会专家围绕“马克思的文本与思想研究”“当代国外马克思主义与社会主义发展研究”“当代中国马克思主义的发展与影响研究”等主题开展研讨。

（中国人民大学科研处李素萍供稿）

纪念马克思诞辰 200 周年重点图书出版座谈会 5 月 3 日，纪念马克思诞辰 200 周年重点图书出版座谈会在北京召开。座谈会由中宣部、中央党史和文献研究院主办。

今年是马克思诞辰 200 周年，也是贯彻党的十九大精神的开局之年。按照中央总体安排，中央党史和文献研究院组织编译了三种纪念马克思诞辰 200 周年重点图书，分别是《共产党宣言》《资本论》纪念版、《马克思恩格斯著作特辑》，以及《马克思画传》普及本，由人民出版社和重庆出版集团出版。

会议指出，党的十八大以来，以习近平同志为核心的党中央高度重视全党马克思主义基本理论的学习和运用，中央政治局多次围绕马克思主义基本理论和经典著作进行集体学习。习近平总书记强调，学习马克思主义基本理论是共产党人的必修课。广大党员、干部，特别是高级干部，要学好用好《共产党宣言》等马克思主义经典著作。此次编译出版纪念马克思诞辰 200 周年重点图书，对于推动广大干部群众以科学态度学习和运用马克思主义基本理论，从源头把握马克思主义的基本内容和精神实质，深刻了解马克思的光辉业绩和杰出贡献，深入学习贯彻习近平新时代中国特色社会主义思想和党的十九大精神，进一步坚定马克思主义科学信仰、共产主义远大理想和中国特色社会主义共同理想，具有重要意义。

（参见《光明日报》2018 年 5 月 4 日第 1 版）

纪念马克思诞辰 200 周年理论研讨会 5 月 4—6 日，中央宣传部、中央党校、中央党史和文献研究院、教育部、中国社会科学院、中央军委政治工作部在北京召开纪念马克思诞辰 200 周年理论研讨会。与会代表参加了党中央召开的纪念大会，聆听了习近平总书记的重要讲话。6 日上午，中共中央政治局常委、中央书记处书记王沪宁出席会议并讲话。他表示，要认真学习贯彻习近平总书记在纪念马克思诞辰

200周年大会上的重要讲话精神，加强马克思主义学习和研究，为夺取新时代中国特色社会主义伟大胜利提供理论支撑。

这次理论研讨会，是近年来马克思主义理论研究成果的一次集中展示。研讨会期间，代表们畅谈了学习习近平总书记重要讲话的体会，加深了对马克思光辉一生和伟大贡献的认识，加深了对马克思主义科学内涵和深远影响的认识，加深了对马克思主义中国化伟大历程和丰硕成果的认识，加深了对学习和实践马克思主义、坚持和发展新时代中国特色社会主义的认识，进一步明确了理论工作者的历史责任。

王沪宁表示，习近平新时代中国特色社会主义思想，是新时代我们党坚持和发展马克思主义的最新理论成果，以一系列原创性战略性的重大思想观点丰富和发展了马克思主义，是当代中国马克思主义、21世纪马克思主义。社科理论界要增强理论担当，潜心研究、勇攀高峰，努力把马克思主义学习和研究引向深入。要在研究阐释马克思主义基本理论上不断取得新进展，在研究阐释马克思主义中国化最新成果上不断取得新进展，在研究阐释党中央重大战略部署上不断取得新进展，在研究回答当今世界面临的重大问题和挑战上不断取得新进展。

中共中央政治局委员、中宣部部长黄坤明主持会议。

研讨会主办单位和有关方面负责同志、专家学者23人作了大会发言。中央有关部门负责同志、马克思主义理论研究和建设工程咨询委员会委员、专家学者代表、地方党委宣传部负责同志等，共230多人参加会议。

（参见《光明日报》2018年5月7日第1版）

纪念马克思诞辰200周年专题座谈会 5月4日，“纪念马克思诞辰200周年”专题座谈会在首都师范大学举行，校党委副书记徐志宏出席座谈会并讲话，座谈会由马克思主义学院党委书记杜春丽主持，各院系共70余名师生代表参加了座谈。

座谈会上，赴人民大会堂现场参会的师生及各院系师生代表分别结合自身学习和工作实际，就学习贯彻习近平总书记重要讲话精神分享了各自的心得和体会。

政法学院聂月岩教授表示，习近平总书记的讲话内容丰富，内涵深邃，是一篇马克思主义中国化的纲领性文献，高度概括了马克思的伟大人格、历史功绩、崇高精神和光辉思想。在新时代，我们要学习、坚持、发展、创新马克思主义理论，坚持马克思主义基本原理同中国具体实践相结合，推进马克思主义理论中国化和时代化。

政法学院程广云教授表示，此次大会是党和国家历史上专门纪念马克思及马克思主义的具有里程碑意义的大会，习总书记就马克思、马克思主义、马克思主义中国化及如何学习马克思主义给我们指明了重要方向。

马克思主义学院黄延敏教授表示，习近平总书记在纪念马克思诞辰200周年会议上的讲话高屋建瓴，视野宏大，思想深刻，内容丰富，是一篇光辉的马克思主义纲领性文献。讲话中提出了“学习马克思，就是要学习和实践马克思主义关于文化建设的思想”和关于“国家之魂，文以化之，文以铸之”的新论述。我们要扎扎实实读原文，结合中国实际、工作实际更好领悟马克思主义精髓，把马克思主义变成我们自己的语言，用更加鲜活的方式去广泛传播。

来自马克思主义学院、政法学院、历史学院的中青年教师代表刘春晓、陈迎、韩华、赵亮、李宏伟、李基礼、李慧琳、王智强、杜涛等纷纷发言。他们表示学习习近平总书记的重要讲话后，进一步深化了对“什么是马克思主义，怎样坚持和发展马克思主义”的认识。作为马克思主义理论学习者、研究者和一线教育者，更应该具备神圣的使命感和强烈的责任感，反复研读、认真领会、积极宣传，把马克思主义理论和思想解读好、传承好，将其融入自己的学习、科研、教学工作中。

徐志宏总结指出，马克思主义理论改变了中国，俄国十月革命一声炮响，送来了马克思主义这个强大的思想武器，为中国指明了方向和出路。纪念马克思，既表达了我们党对马克思这位思想巨人的无比崇敬之情，也说明了中国共产党是一个思想型政党，一个追求真理、追求科学的政党。作为马克思主义学习者，我们必须从整体把握马克思主义严密思想体系，结合今天的时代发展问题，用建设实践来丰富马克思主义，用马克思主义指导实践，继续开创新的伟大事业。历史证明，马克思主义仍是解决当代中国特色社会主义发展问题的重要理论武器和实践指南。无论时代如何变迁、科学如何进步，马克思主义依然显示出人类思想光谱中最具科学性的思想伟力，始终居于真理和正义的制高点，具有强大的理论与实践生命力。

（首都师范大学社科处李葸供稿）

第二届世界马克思主义大会　5月5—6日，第二届世界马克思主义大会在北京大学举行。大会以“马克思主义与人类命运共同体”为主题，下设10个分论坛和4个高端对话专场。大会由北京大学主办，北京大学马克思主义学院和北京大学习近平新时代中国特色社会主义思想研究院承办。此次大会是世界马克思主义者、马克思主义研究者的一次全球学术盛会，来自世界五大洲的120多位国际学者，以及中国的700多位学者与会。与会学者围绕“纪念马克思诞辰200周年”“马克思主义与人类文明进步”“马克思主义与当代全球合作和治理”“习近平新时代中国特色社会主义思想与当代马克思主义”等议题展开深入、广泛研讨。大会特别安排4个高端专场，由中外著名学者就“构建人类命运共同体”“中国方案与发展中国家现代化途径”等进行高峰对话。

（北京大学社会科学部供稿）

首都理论界学习贯彻习近平总书记在纪念马克思诞辰200周年大会上重要讲话精神座谈会　5月8日，首都理论界学习贯彻习近平总书记在纪念马克思诞辰200周年大会上重要讲话精神座谈会在京召开。北京市委常委、宣传部部长杜飞进出席并讲话。

会议由市委宣传部、市习近平新时代中国特色社会主义思想研究中心、市社科联、市社科院、北京日报、前线杂志社等单位主办。市属社科理论单位、首都高校等单位以及首都理论界的上百位代表参会。会上，来自中央党校、中央民族大学、首都师范大学、北京大学、清华大学、中国人民大学、市社科院、市社科联和前线杂志社等单位的九位专家围绕马克思主义的伟大时代价值，马克思主义中国化的经验启示，在新时代如何学习、阐释和发展马克思主义等方面展开讨论。

杜飞进要求，首都广大理论工作者和社科单位要深入学习领会习近平总书记关于坚持和发展马克思主义、加强马克思主义学习研究的重要论述，始终高扬伟大思想旗帜；深刻领会习近平新时代中国特色社会主义思想的重大意义和原创性贡献，不断开创当代马克思主义、21世纪马克思主义新境界；坚持以习近平总书记重要讲话精神为指引，切实担负起新时代学习研究和宣传阐释马克思主义的神圣使命。

（市社科联、市社科规划办理论研究部供稿）

北京市委党校学习贯彻习近平总书记在纪念马克思诞辰200周年大会上发表的重要讲话精神学术座谈会　近日，市委党校召开学习贯彻习近平总书记在纪念马克思诞辰200周年大会上发表的重要讲话精神学术座谈会。

与会专家分别从哲学、政治学、法学、历史学等多个角度对马克思的思想和习近平新时代中国特色社会主义思想进行了阐释和解读，就落实“四个全面”战略布局和“五位一体”总体布局过程中的问题进行了深入剖析。大家一致认为，习近平在纪念马克思诞辰200周年大会上的重要讲话为新时代马克思主义中国化进一步指引了方向。

专家指出，学习贯彻习近平在纪念马克思诞辰200周年大会上的重要讲话精神，需要重点把握三个“精髓”和一个“道理”，三个“精髓”分别是：“五四”讲话精神精髓、马克思主义精髓以及马克思主义中国化的精髓，一个“道理”即：对马克思最好的纪念就是把习近平新时代中国特色社会主义思想学习好。

（参见《北京日报》2018年5月21日第14版）

高校贯彻落实习近平新时代中国特色社会主义思想专题研讨班　5月25日，北京高校党委书记校长贯彻落实习近平新时代中国特色社会主义思想专题研讨班结业。86名高校党委书记、校长参加培训。市委常委、教工委书记林克庆出席结业式。

为深入学习贯彻习近平新时代中国特色社会主义思想，准确把握中央对高等教育改革发展的新精神、新要求、新部署，落实管党治党、办学治校主体责任，推动首都高等教育改革发展，服务北京“四个中心”建设，中央党校、教育部、北京市委于本月21日至25日联合举办专题研讨班，围绕习近平新时代中国特色社会主义思想解读、习近平新时代中国特色社会主义思想的北京实践、习近平新时代中国特色社会主义思想在高校贯彻落实等方面加强学习培训。

林克庆表示，学习贯彻习近平新时代中国特色社会主义思想关键要落实到行动上，最重要的是真抓实干、接力奋斗。希望北京高校党委书记、校长着力做好“转化”和“带动”工作，切实把这次研讨班上的收获，把学习交流的成果，转化为领导学校发展的能力、推动学校发展的举措；切实用自己学习思考的收获带动全校师生，凝聚共识，形成合力，推进习近平新时代中国特色社会主义思想在高校形成生动实践。

（参见《北京日报》2018年5月27日第2版）

学习《习近平新时代中国特色社会主义思想三十讲》宣讲活动 5月25日，市委讲师团、市直机关工委、市老干部局联合举办学习《习近平新时代中国特色社会主义思想三十讲》（以下简称“三十讲”）专题报告会，拉开了全市“三十讲”宣讲活动的帷幕。中国社会科学院马克思主义研究院马克思主义中国化研究部副主任、习近平新时代中国特色社会主义思想研究中心研究员陈志刚以《积极推动全面从严治党向纵深发展》为题作了辅导报告。市直机关党员干部、离退休老干部、全市理论宣讲示范基地基层党员群众、市委讲师团和宣讲家网站干部职工200余人现场聆听。

陈志刚从深刻认识新时代全面从严治党的意义和成效、积极推动全面从严治党向纵深发展、不断深化全面从严治党的规律性认识等三个方面进行了深刻解读。党员干部们听后深有感触，大家认识到党的十八大吹响了全面从严治党的号角，取得了巨大成就，但全面从严治党永远在路上，以习近平新时代中国特色社会主义思想指导党和国家建设发展意义重大。退休援藏干部叶如陵表示：“听了教授的报告，我对从严治党有了更加深刻的认识。过去就知道从严治党，现在知道了全面从严治党关键有三个词，第一个是‘全面’，第二个是‘严’，第三个是‘治’。只有全面从严治党，我们国家才能真正从站起来富起来到强起来。”

据悉，“三十讲”读本全国发行后，市委讲师团组建了由中央党校、高校和科研机构专家学者，国家部委、市属职能部门和哲学社科单位领导干部组成的宣讲队伍，迅速在全市掀起学习贯彻习近平新时代中国特色社会主义思想新高潮。宣讲队伍将为各区、各系统理论中心组扩大学习提供服务，并按照“七进”要求深入基层持续开展分层、分众、分类宣讲活动。另外，还将遴选优秀宣讲报告制作《理论家走基层精品集萃》，免费下发全市约600家单位，宣讲家网、《大讲堂》刊播优秀报告视频、讲稿、PPT，利用多种渠道、不同方式扩大宣讲覆盖面和受众。

（参见《北京日报》2018年5月27日第2版）

首都当代中国马克思主义论坛 6月7日，“首都当代中国马克思主义论坛·2018”在北京师范大学举办，本次论坛的主题是“不断开辟当代中国马克思主义新境界”。北京市委常委、宣传部部长、市习近平新时代中国特色社会主义思想研究中心主任杜飞进出席并作主旨发言。

杜飞进在发言中说，习近平新时代中国特色社会主义思想是当代中国马克思主义、21世纪马克思主义。这一思想书写了坚持和发展马克思主义的新篇章，坚持和发展中国特色社会主义的新篇章，为人民谋幸福、为民族谋复兴的新篇章，勇于自我革命、铸就千秋伟业的新篇章，贯通着历史、现实和未来，赋予马克思主义鲜明的时代特色、丰富的时代内涵、旺盛的时代活力，充分彰显了指引我们党牢记初心使命、带领人民实现中华民族伟大复兴的真理力量。

杜飞进说，面对“两个一百年”的奋斗目标，要继续高举马克思主义伟大旗帜，坚持以习近平新时代中国特色社会主义思想为指引，用鲜活、丰富的当代中国实践，不断开辟当代中国马克思主义新境界。

此次论坛由北京市习近平新时代中国特色社会主义思想研究中心与北京师范大学等单位联合举办。论坛主题发言阶段，6位专家学者分别以“21世纪马克思主义的理论特征和思想境界”“中国特色社会主义进入新时代的主要标志”等为题作了发言。

（参见《北京日报》2018年6月8日第2版）

学习习近平“五四”讲话学术研讨会 近日，北京市习近平新时代中国特色社会主义思想研究中心首都经济贸易大学研究基地，主办召开了学习习近平“五四”讲话学术研讨会，与会专家学者围绕新时代与马克思主义发展进行了深入学习和交流研讨。北京大学教授王东指出，习近平“五四”讲话的精髓是“新时代马克思主义观”，向大众鲜明地亮出了马克思主义旗帜。中央编译局原秘书长杨金海认为，马克思主义是可信的，社会主义和共产主义是可爱的，重建个人所有制是马克思的共产主义理想和目标，而不是让每个人变成无产者。

（参见《北京日报》2018年7月9日第14版）

纪念马克思诞辰200周年学术论坛 8月19日，北京林业大学马克思主义学院举办“纪念马克思诞辰200周年”学术论坛，来自北京林业大学、中央财经大学、大连理工大学、北京体育大学等高校的8名师生作了学术发言，并邀请相关专家进行了点评。论坛主要内容：马克思主义经典著作研究、马克思主义在中国的传播及影响、当代中国马克思主义创新发展研究、习近平新时代中国特色社会主义思想的理论和实践研究、马克思主义党建理论与实践、新时代高校基层党建工作创新研究。40 余人出席会议。

（北京林业大学科技处供稿）

改革开放 40 年与习近平新时代中国特色社会主义思想创新理论研讨会 9 月 6 日，由北京市习近平新时代中国特色社会主义思想研究中心主办、北京市习近平新时代中国特色社会主义思想研究中心首都师范大学研究基地承办的改革开放 40 年与习近平新时代中国特色社会主义思想创新理论研讨会在首都师范大学召开。来自中共中央宣传部、北京市委宣传部、北京市社科联、《人民日报》《光明日报》、北京市习近平新时代中国特色社会主义思想研究中心研究基地近 100 名专家学者参加了研讨会。

首都师范大学校长孟繁华教授致开幕辞，北京市社科联党组书记张淼讲话。中国人民大学哲学院郝立新教授、清华大学马克思主义学院肖贵清教授、北京大学马克思主义学院程美东教授、中国人民大学经济学院李义平教授、中国人民大学哲学院郭湛教授、北京市社会科学院杨奎研究员、北京交通大学马克思主义学院韩振峰教授、北京外国语大学马克思主义学院林建华教授、首都师范大学马克思主义学院王淑芹教授分别围绕“改革开放四十年实践与理论创新的良性互动及其规律”“科学评价当代中国的改革开放”“改革开放的动力机制”“改革开放的逻辑与继往开来的改革开放”“讲好中国改革开放的历史故事”“理论研究中的阐释和创造”“用发展的理论指导发展的实践”“习近平新时代中国特色社会主义思想是在一脉相承基础上的重大理论创新”“解放思想与改革开放四十年马克思主义中国化的接续推进”“习近平新时代法德共治思想”做主题发言。

首都师范大学党委副书记徐志宏教授、马克思主义学院院长陈新夏教授、马克思主义学院刁永祚教授分别主持了大会开幕式、第一场、第二场主题报告。北京市习近平新时代中国特色社会主义思想研究中心首都师范大学研究基地执行主任黄延敏教授作总结发言。

（首都师范大学社科处李蒽供稿）

习近平新时代中国特色社会主义思想对发展马克思主义的原创性贡献研究理论研讨会 9 月 17 日，由北京市新时代中国特色社会主义思想研究中心首都师范大学研究基地与首都师范大学马克思主义学院共同举办的“习近平新时代中国特色社会主义思想对发展马克思主义的原创性贡献研究”理论研讨会在首都师范大学召开。来自中央宣传部、清华大学、中国人民大学、吉林大学、北京航空航天大学、中国矿业大学（北京）近 30 位专家学者参加了研讨会。

首都师范大学党委书记、北京市新时代中国特色社会主义思想研究中心首都师范大学研究基地主任郑萼致开幕辞。党委宣传部常务副部长黄延敏、马克思主义学院副院长沈永福、王洪波教授、祝志男副教授、姜国权教授、韩文乾副教授分别围绕“习近平新时代中国特色社会主义思想对发展马克思主义的原创性贡献的研究现状、研究目标、研究思路”“习近平关于新时代中国特色社会主义文化的重要论述的理论创新”“习近平生态文明思想的原创性贡献”“习近平关于新时代党的建设重要论述的原创性贡献”“习近平经济思想的原创性贡献研究”“习近平关于新时代中国特色社会主义政治建设重要论述的原创性贡献研究”进行了专题发言。清华大学马克思主义学院郭建宁教授、北京航空航天大学马克思主义学院赵义良教授、中国人民大学马克思主义学院张云飞教授、中国人民大学马克思主义学院杨德山教授、首都师范大学李东明教授、吉林大学党委宣传部长韩喜平分别围绕专题发言进行了点评。

首都师范大学党委副书记徐志宏、马克思主义学院院长王淑芹分别主持了开幕式及专题发言。中宣部理论局原局长、新华社原副社长路建平作点评总结。

（首都师范大学社科处李蒽供稿）

将改革开放进行到底系列论坛（第一场） 10 月 25 日，为庆祝改革开放 40 周年，中央宣传部、中央和国家机关工委、教育部、中央军委政治工作部、北京市委联合举办“将改革开放进行到底”系列论坛第一场活动，邀请中央改革办、外交部、国家发展改革委、生态环境部、商务部等五部门负责人，畅谈相关领域改革发展成就，并与网民在线进行热烈交流。

改革开放 40 年来，我国经济社会发展取得了哪些成就？站在新的历史起点，又该如何继续将改革开放推向深入？中央改革办副主任穆虹回顾了改革开放走过的辉煌历程，强调全面深化改革只有进行时、没有完成时，要总结运用好改革开放 40 年特别是党的十八大以来形成的宝贵经验，继续高举改革开放旗帜，推动新时代中国特色社会主义伟大事业不断前进。

中国外交致力于维护国家主权、安全和发展利益，归根到底是为了维护人民的利益。外交部党委书记张业遂梳理了外交工作攻坚克难、砥砺前行的不平凡历程，总结了在国际风云变幻考验下，我国外交工作取得的丰硕成果，就如何更好地推动共建“一带一路”，怎么看待当前中美关系以及中国外交为普通百姓生活带来了哪些实实在在的好处等热点问题回应了网民关切。

每个人都是改革开放光辉历程的见证者、参与者，也都是伟大成就的分享者。国家发展改革委副主任连维良强调，改革成就和巨变，大家都“身在其中”。针对网民关注的如何进一步改善营商环境，加强产权保护，补齐教育、养老、医疗方面短板等问题，他一一作答，强调在改革发展中要不断增强群众的获得感。

生态环境保护是民生关注的焦点，更是全面深化改革的着力点。生态环境部副部长庄国泰指出我国生态环境保护从实践到认识发生了历史性、转折性、全局性变化，并结合回答网民关注的中央环保督察的部署安排、环境污染的举报渠道等问题，表明了打好污染防治攻坚战、完成新时代生态环境保护目标的坚定决心。

中国开放的大门不会关闭，只会越开越大。我国在全球的角色和地位发生了根本性变化，从最初的一名远离世界舞台中心的“观众”，到逐渐成为“前排观众”，再到成为经济全球化的积极参与者和重要贡献者，日益走近世界舞台中央。商务部国际贸易谈判代表兼副部长傅自应盘点了我国对外开放取得的重大成就，总结了40年的重要启示和宝贵经验，梳理了下一步的重点工作，并针对网民提问，介绍了中国国际进口博览会的相关情况。

“将改革开放进行到底”系列论坛是面向大众进行宣讲的创新安排，通过网络进行图文直播，与网民密切互动，联系实际、回应关切，浓墨重彩地展现改革开放40年来特别是党的十八大以来的生动实践、伟大成就和宝贵经验，引导广大干部群众深入学习习近平总书记关于改革开放的重要论述，深刻认识改革开放是新时代坚持和发展中国特色社会主义的必由之路，动员和激励全党全国各族人民更加紧密地团结在以习近平同志为核心的党中央周围，为决胜全面建成小康社会、夺取新时代中国特色社会主义伟大胜利、实现中华民族伟大复兴的中国梦而努力奋斗。

（参见《光明日报》2018年10月26日第3版）

第十届中国特色社会主义论坛　10月27日，为庆祝改革开放40周年，由中央党校（国家行政学院）习近平新时代中国特色社会主义思想研究中心，马克思主义学院、培训部和中国马克思主义研究基金会共同主办的第十届中国特色社会主义论坛暨中国马克思主义论坛2018（秋季）在北京举行，论坛主题为“改革开放40年与当代中国马克思主义”。

中央党校（国家行政学院）分管日常工作的副校（院）长何毅亭作题为《40年改革开放与中国特色社会主义》的主旨演讲。他指出，中国特色社会主义是改革开放40年来党的全部理论和实践的主题，整个改革开放的战略部署和重大举措都是围绕这个主题逐步深化的。中国特色社会主义与改革开放，二者相辅相成，同向共进，“中国特色社会主义在改革开放中产生，也必将在改革开放中发展壮大”。从回答“什么是社会主义、怎样建设社会主义”，到回答“建设什么样的党、怎样建设党”“实现什么样的发展、怎样发展”，再到回答“新时代坚持和发展什么样的中国特色社会主义、怎样坚持和发展中国特色社会主义”，中国共产党在带领中国人民不断回答时代之问、实践之问、人民之问的过程中实现了新的历史跨越，走上了实现国家富强、民族振兴、人民幸福的道路。

何毅亭说，改革开放铸就了中国特色社会主义的鲜明特点。这些特点表现为：中国特色社会主义是以经济建设为中心、解放和发展社会生产力的社会主义，是坚持共享发展、共同富裕的社会主义，是发展社会主义市场经济的社会主义，是彰显民主法治的社会主义，是持续开放的社会主义，是和平发展的社会主义。这些鲜明特点，体现了科学社会主义的基本原则，符合中国国情和时代要求，也揭示了21世纪社会主义的发展趋向。

中央农村工作领导小组办公室副主任、农业农村部党组副书记、副部长韩俊，国务院发展研究中心党组成员、副主任王一鸣，中央党史和文献研究院院务委员（副部长级）冯俊，中国社会科学院党组成员、副院长高培勇，原中央党校副校长李君如作主题演讲。

论坛上举行了中国马克思主义研究基金会第五届马克思主义研究优秀成果奖颁奖仪式。由中国马克思主义研究基金会主办的马克思主义研究优秀成果奖设立于2009年，是目前唯一全国性的关于马克思主义研究优秀成果的专项奖项，每两年举办一届。

中央党校（国家行政学院）副校（院）长王东京、甄占民，中国马克思主义研究基金会理事长、中央党校（国家行政学院）科学社会主义教研部主任刘海涛，中央党校（国家行政学院）培训部学员、各直属单位负责人、研究生代表，部分省级党校负责人及专家，部分重点高校马克思主义学院负责人，中国马克思主义研究基金会顾问、理事、荣誉理事，中国马克思主义研究基金会第五届马克思主义研究优秀成果奖获奖代表等600多人出席论坛。

（参见《光明日报》2018年10月28日第2版）

京津冀党校学习贯彻习近平新时代中国特色社会主义思想学术研讨会　10月30日，由北京市委党校主办“京津冀党校学习贯彻习近平新时代中国特色社会主义思想学术研讨会”在北京市委党校举办，参会人员150余人。

北京市委党校常务副校长王民忠在致辞中指出，党的十一届三中全会实现了党的历史上具有深远意义的伟大转折。40年来，我们党带领全国人民成功开创了中国特色社会主义，使中华民族迎来了从站起来到富起来、强起来的伟大飞跃。他强调，没有改革开放就没有中国的今天；只有改革开放才能发展中国，才能实现中华民族伟大复兴的中国梦。他希望党校，一是要根据时代变化和实践发展，加强理论总结和理论创新，为发展21世纪马克思主义、当代中国马克思主义作出努力；二是要聚焦党和国家中心工作、党委和政府重大决策部署、社会热点难点问题进行深入研究，提出有价值的对策建议；三是要成为党和国家重要智库。

北京市习近平新时代中国特色社会主义思想研究中心常务副主任、北京市社会科学界联合会党组书记张淼充分阐述了召开本次研讨会的历史背景和重大意义，他指出，改革开放是决定当代中国命运的关键一招，40年来的成功实践，塑造了改革开放这一鲜明的时代特点，塑造了改革创新这一突出的时代精神。他强调，当前中国特色社会主义已进入了新时代，我们社科理论界要深入学习贯彻习近平新时代中国特色社会主义思想，为党的理论创新作出应有的贡献。

中央党校（国家行政学院）科研部副主任刘宝东指出，纪念改革开放40周年，既是总结过去，更是展望未来。只有深入研究习近平新时代中国特色社会主义思想，才能更好地推进改革开放的伟大事业。他强调，党校姓党，党校要重点研究习近平主席关于改革开放重要论述和京津冀协同发展思想，为改革路上再出发，提出有价值的对策建议。

天津市委党校常务副校长刘中指出，改革开放创造了中国奇迹。没有改革开放，就没有京津冀协同发展的良好局面。他希望三地党校协同发展，在改革开放的浪潮中砥砺前行，坚定不移地发挥好改革开放推动机的作用，为京津冀协同发展，为改革再出发作出党校贡献。

（北京市委党校科研处供稿）

世界社会主义运动论坛　11月2—3日，中国社会科学院主办的第九届世界社会主义论坛在北京举行。论坛的主题是“世界格局、‘一带一路’与构建人类命运共同体”。论坛由中国社会科学院信息情报研究院、世界社会主义研究中心、习近平新时代中国特色社会主义思想研究中心等单位承办。

中国社会科学院副院长、党组副书记王京清同志出席大会并作题为《在改革开放伟大革命中不断谱写马克思主义新篇章》的主旨报告。中国社会科学院原副院长、世界社会主义研究中心主任李慎明同志作题为《科学判定时代方位，对中国特色社会主义和世界社会主义充满信心》的大会发言。

大会由中国社会科学院习近平新时代中国特色社会主义思想研究中心执行主任、世界社会主义研究中心副主任、信息情报研究院党委书记姜辉主持。

中央马克思主义理论研究和建设工程咨询委员会主任徐光春，全国政协常委、民族和宗教委员会主任王伟光，中央宣传部代表、理论局培训处处长田岩，中国社会科学院原副院长朱佳木，国防大学原政治委员赵可铭上将，国防大学原副政治委员李殿仁中将，中国社会科学院大学首席教授、中国社会科学院学部委员、学部主席团成员程恩富，中国社会科学院荣誉学部委员、世界历史研究所原所长陈之骅，中国社会科学院荣誉学部委员、世经政所原所长谷源洋，中国社会科学院荣誉学部委员徐世澄，中央党校科学社会主义教研部原主任、世界社会主义研究中心副主任严书翰教授，中国人民大学一级教授周新城等以及来自全国范围内宣传文化系统、科研单位、高校的180余位专家学者出席论坛。

参加论坛的还有来自俄罗斯、越南、古巴、老挝、德国、日本、意大利、澳大利亚、格鲁吉亚、哈萨克斯坦、巴西、土耳其等国家的近30位专家学者。

与会专家学者结合世界政治经济形势，围绕论坛主题探讨了三大议题：①“一带一路”倡议与新的经济全球化；②国际金融垄断、世界格局变化与发展中国家的前途和命运；③构建人类命运共同体是实现世界持久和平、最终实现每个人自由而全面发展的战略纲领。

（中国社会科学院办公厅刘玉杰供稿）

首届21世纪马克思主义论坛　日前，首届21世纪马克思主义论坛在京举行。围绕“改革开放40周年与新时代中国特色社会主义”的论坛主题，来自全国各地的100余位专家学者展开了深入研讨。论坛由教育部习近平新时代中国特色社会主义思想研究中心、清华大学习近平新时代中国特色社会主义思想研究院、北京大学习近平新时代中国特色社会主义思想研究院和中国人民大学习近平新时代中国特色社会主义思想研究院共同举办。据悉，这是教育系统内四家习近平新时代中国特色社会主义思想研究中心（院）首次联合举办的高端论坛。

教育部习近平新时代中国特色社会主义思想研究中心副主任兼秘书长、社科中心主任王炳林表示，改革开放深刻改变了中国，也深刻影响了世界，要从历史的、世界发展的、人类社会发展和改革等不同维度、不同视角来回顾40年改革开放进程，研究把握改革开放的经验启示。

清华大学习近平新时代中国特色社会主义思想研究院院长艾四林认为，改革开放最主要的成果是开创和发展了中国特色社会主义，为社会主义现代化建设提供了强大动力和有力保障。从改革开放历史经验中汲取智慧和力量，就要深刻把握改革开放以来我们党不断深化对共产党执政规律、社会主义建设规律、人类社会发展规律的认识，把对改革开放的总结和认识从经验例证层面上升到理性把握层面。

北京大学习近平新时代中国特色社会主义思想研究院副院长韩毓海指出，要以改革开放的姿态回望改革开放40年，在这个过程中要始终坚持历史唯物主义和辩证唯物主义的基本观点。

中国人民大学习近平新时代中国特色社会主义思想研究院副院长陶文昭表示，新时代是中国特色社会主义新时代，党要在新的历史方位上实现新时代的历史使命，最根本的就是要高举中国特色社会主义伟大旗帜。

与会专家还就改革开放以来马克思主义中国化的历史进程、基本经验，党的领导是改革开放成功的根本保证，全面深化改革与“四个自信”，改革开放以来高校意识形态工作研究，创新发展21世纪马克思主义、当代中国马克思主义等主题展开了广泛交流与深入讨论。

（参见《光明日报》2018年11月6日第8版）

将改革开放进行到底系列论坛（第二场）　11月6日，中央宣传部、中央和国家机关工委、教育部、中央军委政治工作部、北京市委联合举办“将改革开放进行到底”系列论坛第二场活动，邀请教育部、科学技术部、人力资源和社会保障部、农业农村部、国家卫生健康委员会等五部门负责人，畅谈相关领域改革发展成就，并与网民在线进行热烈交流。

教育既是改革开放的先行者，又是改革开放的受益者，更是改革开放的助力者。回顾改革开放40年来教育改革取得的巨大成就，教育部部长陈宝生总结了其中创造和积累的珍贵经验，表示将大力推进思想再解放、改革再深入、工作再落实，加快教育现代化，建设教育强国，办好人民满意的教育，培养德智体美劳全面发展的社会主义建设者和接班人。就近年来受到关注的高考改革、乡村教师队伍建设等热点问题，他与网民深入交流，用一系列切实举措回应社会关切。

改革开放40年来，我国走出了一条从人才强、科技强到产业强、经济强、国家强的创新发展路径。当前我国科技改革发展积累了哪些经验，还存在哪些短板，下一步改进的方向是什么，在激发科研人员积极性方面有哪些政策措施？科学技术部部长王志刚对此一一回应。他表示，我国已成为具有重要影响力的科技大国，接下来将制订新一轮中长期科技规划，深化科技体制改革，加强国家创新体系建设，加速科技成果转化，扩大科技开放合作。

就业是最大的民生，牵动着千家万户的生活；社会保障是民生安全网、社会稳定器，与人民幸福安康息息相关。面对网民纷纷提出的如何看待当前及今后一个时期的就业形势、如何确保养老金制度可持续发展、怎么解决当前技能人才缺乏的突出瓶颈等问题，人力资源和社会保障部副部长张义珍介绍了进一步实现更高质量和更充分就业的思路，列举了促进养老保险制度可持续发展的一系列举措，强调将改革完善技能人才评价制度，营造尊重劳动、崇尚技能的社会氛围。

改革开放40年来，农村改革星火燎原、波澜壮阔，取得了举世瞩目的伟大成就。中央农办副主任、农业农村部副部长韩俊指出，农村改革持续发力，极大地解放和发展了农村社会生产力，农业从传统走向现代，农村从封闭、贫穷走向开放、富足，农民生活从温饱不足走向全面小康。他回答了网民关心的农村人口外流、农村宅基地“三权分置”、农民增收等问题，表示将以实施乡村振兴战略为统领，坚定不移地推进新一轮农村改革，奋力谱写农村改革发展新篇章。

健康关系千家万户的幸福安康，关系人民群众最关心最直接最现实的利益。经过不懈努力，我国走出了一条符合国情的卫生健康发展道路，在新起点上开启了健康中国建设新征程。面对网民提问，国家卫生健康委员会副主任王贺胜列举了让群众看病更方便更省心的一系列工作安排，解答了当前计划生育工作的主要任务，介绍了未来三年健康扶贫的举措，并介绍当前正在加快制订促进全民健康的行动计划，准备实施一系列维护健康重大行动，努力全方位、全周期保障人民健康。

“将改革开放进行到底”系列论坛通过视频和图文直播，与网民密切互动，回应网民关切，全面系统地展现改革开放40年来特别是党的十八大以来的生动实践、伟大成就和宝贵经验。

（参见《光明日报》2018年11月7日第4版）

将改革开放进行到底系列论坛（第三场）　11月13日，中央宣传部、中央和国家机关工委、教育部、中央军委政治工作部、北京市委联合举办“将改革开放进行到底”系列论坛第三场活动，邀请中央纪委国家监委、中央组织部、中央宣传部、中央政法委、中国人民解放军军事科学院等五单位负责人，畅谈相关领域改革发展成就，并与网民在线进行热烈交流。

今年是改革开放40周年，也是党的纪律检察机关恢复重建40周年。在党中央坚强领导下，纪检监察机关与党和人民共奋进、与改革开放共命运。中央纪委常委、国家监委委员张春生回顾了纪检监察机关在推进中国特色社会主义伟大事业中走过的4个阶段，总结指出改革的行动指南就是党与时俱进的创新理论，特别是习近平新时代中国特色社会主义思想，改革的根本目的就是旗帜鲜明加强党对反腐败工作的统一领导，改革的方法路径就是坚持问题导向立行立改，改革的主要任务就是完善党和国家自我监督体系，改革的评判标准就是党长期执政的群众基础是否不断巩固。就下一步纪检监察体制改革的考虑、持续深化作风建设、整治群众身边腐败和作风问题等，张春生与网民深入交流，进行了系统深入的阐述。

严密的组织体系和强大的组织力是中国共产党的显著标志，是世界上任何其他政党都不可比拟的强大优势。回顾40年来党的建设和组织工作，中央组织部部务委员张建春从着力用马克思主义中国化最新成果武装党员干部头脑、全党共同奋斗的思想基础不断夯实，大力培养选拔党和人民需要的好干部、领导班子和干部队伍建设迈出重大步伐，持续加强基层党组织和党员队伍建设、党的执政根基不断巩固，着力做好知识分子和人才工作、为党和国家事业发展提供强大人才支撑等方面进行了系统总结。在与网民交流中，他进一步阐释了新时代党的组织路线，并介绍了激励干部新时代新担当新作为、加强党的组织体系建设等情况。

在改革开放40年波澜壮阔的历史进程中，宣传思想文化工作始终与时代发展同步伐、与党和国家事业共进步。中央宣传部常务副部长王晓晖指出，改革开放40年，是坚持不懈推动马克思主义中国化时代化大众化，全党全社会思想上的团结统一更加巩固的40年；是坚持不懈巩固壮大主流舆论，主旋律更加响亮、正能量更加强劲的40年；是坚持不懈激发全民族文化创新创造活力，推动社会主义文化繁荣兴盛的40年；是坚持不懈加强思想道德建设，人民思想道德素质和全社会文明程度显著提高的40年；是坚持不懈讲好中国故事、传播好中国声音，国家文化软实力和中华文化影响力大幅提升的40年。他还回应了网民关心的如何让国产电影更好看、如何提升社会道德风尚、如何营造积极健康的网络文化环境等问题。

作为全面深化改革、全面依法治国的重要组成部分，司法体制改革始终立足国情，贯穿以人民为中心的发展思想，为促进国家治理体系和治理能力现代化作出了重要贡献。党的十八大以来，司法改革有哪些落实举措，政法机关在保障安全、维护稳定方面有什么改革措施，在解决法院判决“执行难”问题方面有哪些办法？对这些人民群众关心的法治问题，中央政法委副秘书长景汉朝一一回应。他还回顾了改革开放40年来特别是党的十八大以来政法领域改革取得的历史性成就，指出下一步将以更大的决心、下更大的力气，全面深化政法领域改革，不断完善中国特色社会主义司法制度，为决胜全面建成小康社会、建设社会主义现代化强国提供更有力的法治保障。

改革开放40年来，人民军队在党的绝对领导下，圆满完成党和人民赋予的使命任务，已经成为基本实现机械化、加快迈向信息化的强大军队。特别是党的十八大以来，人民军队全面贯彻习近平强军思想，在中国特色强军之路上迈出坚定步伐，国防和军队建设进入了新时代。中国人民解放军军事科学院副院长曲爱国用“强大脑、壮筋骨、增活力”形象描述了党的十八大以来全面深化国防和军队改革，指出重点实施了领导指挥体制改革、规模结构和力量编成改革、军队政策制度改革三大战役。他还结合切身经历回应了党的十八大以来国防和军队改革的成效、军队建设的重大成果等网民关心的问题。

“将改革开放进行到底”系列论坛通过视频和图文直播，与网民密切互动，回应网民关切，全面系统地展现改革开放40年来特别是党的十八大以来的生动实践、伟大成就和宝贵经验。前两场活动已分别于10月25日、11月6日举行，本场为系列论坛最后一场。

（参见《光明日报》2018年11月14日第3版）

改革开放与中国特色社会主义发展道路研讨会 12月1日，以“改革开放与中国特色社会主义发展道路”为主题的学术研讨会在北京工业大学召开。研讨会由北京高校中国特色社会主义理论研究协同创新中心（北京工业大学）主办。北京市委教育工委宣教处的领导，各协同单位（北京工业大学、北京理工大学、北京市委党校、河北工业大学、天津工业大学、北京印刷学院、北京物资学院、北京石油化工学院）的专家学者，北京工业大学的领导和马克思主义学院教师、研究生，以及北京工业大学学生、青年马克思主义者培训班的学员等共160余人出席了学术研讨会。

国家教育行政学院原常务副院长、党委书记黄百炼教授以“改革开放是当代中国发展进步的活力之源”为题，阐述了三个方面的内容：一是改革开放来源于中国共产党的初心和使命，它使党的领导具有旺盛的生命力和战斗力；二是改革开放要求不断强化五种意识，形成了推动中国发展进步的强大精神动力；三是改革开放促进了物质力量和精神力量充分发挥作用并使之相互转化，催化了推动社会发展进步的强大中国力量。

中国宏观经济研究院、国家发展改革委国土开发与地区经济研究所所长高国力研究员以“改革开放40周年中国区域经济回顾与展望”为题，从实证角度回顾了改革开放40年来我国区域经济发展的基本历程，总结了40年区域经济发展取得的成效。他指出，40年来我国区域经济的发展差距逐步缩小，形成了一定数量的区域经济增长极，形成了珠三角、长三角、京津冀三大城市群。40年来在区域经济发展方面也凸显了一些问题，比如区域间的恶性竞争、重复建设、重复投资，绩效考核体系不科学、不合理、不完善，城乡统筹发展格局尚未形成。最后他从精准性、协同性、协调性、前瞻性、可持续性等基本原则出发，对未来我国区域经济的发展前景作了展望。

天津大学马克思主义学院院长颜晓峰教授以“全面建设社会主义现代化国家——马克思主义中国化的时代课题”为题，回顾了中国共产党在革命、建设、改革、发展的各个历史阶段，对社会主义现代化道路的探索。指出我国的现代化建设是包括政治、经济、文化、社会、生态、党的建设、国防、科技等领域的全面的现代化。推进国家治理体系和治理能力现代化要从理论、实证、道路、制度等多个层面全面展开。应不断加深对社会主义现代化的规律性认识，以推进中国社会主义现代化建设进程的顺利进行。

（北京工业大学科发院人文处张爱民供稿）

北京市委党校（行政学院）系统学习贯彻习近平新时代中国特色社会主义思想理论研讨会 12月6日，北京市委党校（行政学院）开展系统学习贯彻习近平新时代中国特色社会主义思想理论研讨会，全市党校系统共有200余人与会。

会议主题为“紧紧围绕习近平新时代中国特色社会主义思想和党的十九大精神，充分发挥党校系统党的理论研究宣传阐释的职能作用，不断提高全市党校系统的科研学术水平，为建设具有首善标准的首都党校而努力。”

北京市委党校常务副校长王民忠就两年多来全市党校系统的科研工作进行了全面系统的总结，并传达了市委蔡奇书记和市委常委会对党校工作的指示精神，还就全市党校系统如何以习近平新时代中国特色社会主义思想为指导，发挥好科研工作的支撑作用，努力推动党校科研工作迈上新的水平提出了明确要求，希望各单位会后认真学习领会并抓好具体落实。中央党校（国家行政学院）科研部副主任郑权教授，围绕“新时代全面从严治党”这一主题，为与会人员作了专业辅导。

经过一天的交流研讨，大家一致认为，新时代开启新征程，在推动习近平新时代中国特色社会主义思想在首都形成生动实践的过程中，全市党校系统承担着光荣的使命，肩负着重大的责任。作为新时代的党校人，要在政治上有更高站位、在业务上有更高追求，以责无旁贷、锐意进取的精气神，进一步聚焦市委市政府中心工作，以首善的标准积极发挥党校的职能作用，努力为推动新时代首都高质量发展作出应有的贡献。

（北京市委党校科研处供稿）

庆祝改革开放40周年理论研讨会　12月23—24日，中央宣传部、中央改革办、中央党校（国家行政学院）、中央党史和文献研究院、国家发展改革委、教育部、商务部、中国社会科学院、中央军委政治工作部在北京召开庆祝改革开放40周年理论研讨会。24日上午，中共中央政治局常委、中央书记处书记王沪宁出席会议并讲话。他表示，要认真学习贯彻习近平总书记在庆祝改革开放40周年大会上的重要讲话精神，加强对改革开放成功实践和宝贵经验的研究阐释，为将改革开放进行到底、夺取新时代中国特色社会主义伟大胜利提供理论支撑。

这次理论研讨会，是庆祝改革开放40周年活动的一项重要内容。研讨会期间，代表们围绕学习习近平总书记重要讲话进行了充分交流，深化了对党的十一届三中全会重大意义和深远影响的认识，深化了对改革开放40年光辉历程、伟大成就、宝贵经验、实践启示的认识，深化了对高举改革开放旗帜、把新时代改革开放引向深入的认识，进一步明确了理论工作者的历史责任。

王沪宁表示，新时代要继续将改革开放胜利推向前进，必须深入学习领会习近平总书记关于改革开放的重要论述，把思想和行动统一到党中央重大决策部署上来。理论界要强化责任感和使命感，增强“四个意识”、坚定“四个自信”、做到“两个维护”，潜心钻研、严谨治学、勇攀高峰，在服务党和国家事业发展中展现新作为。要在学习研究宣传习近平新时代中国特色社会主义思想上取得新进展，在研究总结改革开放和社会主义现代化建设实践经验上取得新进展，在深入回答新时代改革开放重大问题上取得新进展，在加快构建中国特色哲学社会科学上取得新进展，以理论创造的新成果推动改革开放事业实现新发展。

中共中央政治局委员、中宣部部长黄坤明主持会议。中央和国家机关有关部门、地方、企业负责同志和专家学者20人作了大会发言。研讨会主办单位负责同志、专家学者代表和部分理论研究机构、地方党委宣传部负责同志等，共约300人参加会议。

（参见《光明日报》2018年12月25日第3版）

首都理论界学习贯彻习近平总书记在庆祝改革开放40周年大会上重要讲话精神座谈会　12月26日，首都理论界学习贯彻习近平总书记在庆祝改革开放40周年大会上重要讲话精神座谈会在京召开。北京市委常委、宣传部部长杜飞进出席并讲话。

会议由市委宣传部、市习近平新时代中国特色社会主义思想研究中心、市社科联、市社科院、北京日报、前线杂志社等单位主办。座谈会上，专家学者一致认为习近平总书记的重要讲话深刻总结了改革开放的伟大成就和宝贵经验，明确提出不断把新时代改革开放继续推向前进的目标要求是新时代改革开放再出发的宣言书、动员令，为新时代全面深化改革、扩大对外开放提供了根本遵循路径。

北京市委常委、宣传部部长杜飞进要求首都广大理论工作者和社科单位要认真学习、深刻领会总书记重要讲话精神，认真汲取40年改革开放的理论和实践智慧，深刻认识总书记关于改革开放重要论述的原创性贡献，为新时代改革开放和中国特色社会主义事业贡献智慧和力量。

（市社科联、市社科规划办理论研究部供稿）

哲学（含自然辩证法、逻辑学、伦理学、美学）

海德格尔与解释学讲座　3月20日，北京林业大学人文学院邀请王庆节教授作海德格尔与解释学讲座，王庆节从解释学的发展历程出发，深入浅出地为大家讲解了海德格尔与解释学的缘起，使同学们了解了“如何解释”以及“什么是解释”。王庆节先从希腊神话出发，讲述了“解释”的缘起，又结合亚里士多德等西方哲学家的观点，进一步让同学们了解西方哲学发展历程。接着，王庆节整合了“狄尔泰”“伽达默尔”“施莱尔马赫”等西方近现代哲学家的观点，让同学们全面地理解解释学的含义和发展历程。30余人参加讲座。

（北京林业大学科技处供稿）

马克思主义文艺美学的现状与未来研讨会　6月15—17日，中国传媒大学文法学部组织召开了“马克思主义文艺美学的现状与未来”研讨会。会议邀请了陆贵山、党圣元、王杰、谭好哲、胡亚敏、李心峰、丁国旗、季水河、冯仲平等多位国内著名的马克思主义文艺理论家与会指导，中国传媒大学文法学部部长李怀亮教授、北京市习近平新时代中国特色社会主义思想研究中心中国传媒大学基地首席专家张晶教授以及中国传媒大学从事文艺美学教学研究的中青年教师杜寒风、李有兵、陈友军、王永、张一玮、杜彩、肖锋、杜莹杰和中国传媒大学文法学部中文系的研究生参加了此次研讨。

会议围绕“马克思主义的基本精神”和“马克思主义中国化的新发展”两大主题展开讨论。会议由文法学部中文系系主任陈友军教授主持，李怀亮教授致辞。李怀亮在致辞中指出，当今世界处于政治多极化、经济全球化、文化多样化以及社会信息化“四化”的大潮中，各个国家都面临着各种机遇与挑战，在这种国际形势之下，全国上下都在学习习近平新时代中国特色社会主义思想，这是马克思文艺美学发展的大好时机，马克思主义文艺美学也应该结合现实走出自己独立的发展道路。此外，李怀亮还结合中国传媒大学中文系学科的历史沿革，总结了中国传媒大学在马克思主义文艺美学上取得的成绩并指出学科建设中存在的不足之处，希望专家们为文法学部的建设建言献策。

（中国传媒大学科学研究处供稿）

《儒道佛三教关系简明通史》出版座谈会 6月15日，中央民族大学荣誉资深教授、著名中国哲学与中国宗教研究专家、中央民族大学中华文化研究院名誉院长牟钟鉴先生的新作《儒道佛三教关系简明通史》新书出版座谈会在学校知行堂举行。会议由中央民族大学与人民出版社联合主办，中央民族大学哲学与宗教学学院承办。全国众多高校和科研机构的著名学者、中央统战部、国家民委等相关部门的主要负责人、中国宗教界的多位领袖、部分民间学术团体的学术带头人、人民出版社的高级编辑，以及长期关注宗教文化领域的知名媒体等80余位嘉宾参加了本次会议。

北京大学楼宇烈教授、中国人民大学张立文教授、北京大学陈鼓应教授、中国宗教学学会会长卓新平研究员，南京大学孙亦平教授、深圳大学景海峰教授围绕三教关系与中华文化复兴的主题展开主旨发言。主旨发言环节由中华文化研究院副院长孙悟湖教授主持。各位教授对牟钟鉴先生的新书给予了高度肯定，认为三教互补是中华文化发展进程中的一大特色。儒道佛三教关系的历史，体现着中华文化交往交流、交融互鉴的独特价值。儒道佛三教关系史中所蕴藏的“多元通和”的理念，有可能为人类命运共同体的构建提供丰富的“中国经验”。

来自京内外的专家学者，围绕十几个专业的学术主题展开了广泛的交流。知名学者梁庭望教授、佟德富教授、班班多杰教授、魏道儒研究员、杨慧林教授、田辰山教授、俞学明教授、郑开教授、何建明教授、颜炳罡教授、强昱教授、乔清举教授、章伟文教授等专家学者分别从不同角度畅谈了三教关系的历史与现实意义，并为中华文化的复兴建言献策。

（中央民族大学科研处丁冉供稿）

第24届世界哲学大会 8月13日，第24届世界哲学大会开幕式在人民大会堂举行。大会由国际哲学团体联合会（FISP）、北京大学主办，来自世界近100个国家和地区的哲学家代表和哲学爱好者齐聚北京，在8天的时间里，以国家会议中心为活动半径，共享“学以成人”主题所带来的哲学思想和哲学精神的交流。

第24届世界哲学大会共设5场全会场次、10场专题场次、7场捐赠讲座、522场分组会议、72场邀请会议、130场圆桌会议、83场协会会议、162场学生会议以及9场其他会议。同时，主办方为全会报告和专题报告提供了英、法、德、西、俄、中6种官方语言的同声传译服务。大会期间共计举行会议场次1000场，8天内进行的学术报告总数达5019篇。

在世界哲学大会百余年的历史上，本次大会首次将中国哲学思想文化传统作为基本的学术架构，并首次将中国精神秩序中核心关注的自我、社群、自然、精神以及传统作为核心议题，以“学以成人”为主题展开全方位的哲学研讨。为纪念马克思诞辰200周年，本届世界哲学大会还特别增设了专场主题讲座。

国际哲学团体联合会前主席Dermot Moran和现任主席Luca M. Scarantino高度评价本次世界哲学大会的学术成就。他们和其他国际哲学团体联合会的委员一致认为“本届世界哲学大会是世界哲学大会发展史上的里程碑式事件，是今天国际哲学学科和哲学思想发展的关键性历史转折”。

（北京大学社会科学部供稿）

首届政治哲学和法哲学论坛　10月20日，由中国政法大学哲学系举办的首届“政治哲学和法哲学高端论坛”在中国政法大学昌平校区召开。北京大学哲学系韩水法、徐龙飞，北京大学德国研究中心谷裕，中国人民大学哲学院欧阳谦，华东师范大学哲学系应奇，商务印书馆陈小文，北京化工大学文法学院崔伟奇老师和中国政法大学哲学系的倪寿鹏、吴照玉老师分别作了发言。文兵教授与宫睿副教授分别主持了上下两半场的发言。中国政法大学人文学院费多益、胡小进、李璐等师生，天津理工大学李栋老师等参加了本次论坛。

韩水法报告的主题为“再论正当性与合法性”；徐龙飞针对“托马斯·阿奎那的法哲学与国家政治思想研究”进行了报告；谷裕通过三部德语戏剧来展现巴洛克时期国家哲学、政治哲学的种类和演化；倪寿鹏的发言主题是“马克思哲学视野下的正义理论”；欧阳谦的发言内容围绕“文化政治的正义逻辑”展开；应奇老师以“哲学的转型与法哲学的转型”为题展开了深入的论证；陈小文的题目为“实践理性第一原则与人工智能的未来”；崔伟奇的报告内容主要围绕科学技术的发展对法哲学和政治哲学所带来的挑战展开；吴照玉的报告主要是通过苏格兰的启蒙运动来分析分配正义的现代化转型问题。

与会人员对报告内容进行了研讨。

（中国政法大学科研处王培供稿）

第十三届中国公民道德论坛　9月21日，中宣部在京举办第十三届中国公民道德论坛。本次论坛的主要任务是，深入学习贯彻习近平新时代中国特色社会主义思想和党的十九大精神，贯彻落实全国宣传思想工作会议精神，以“培养时代新人、弘扬时代新风”为主题，探讨新时代公民道德建设的现实意义和使命任务，推动开创新时代公民道德建设新局面。

大家一致认为，党的十八大以来，习近平总书记站在党和国家事业发展全局的高度，就社会主义核心价值观建设和公民道德建设提出一系列新思想新观点新论断，构成了习近平新时代中国特色社会主义思想的“道德篇”，深刻回答了培养什么样的人、怎样培养人等一系列带有方向性、根本性的重大问题，为新时代公民道德建设指明了前进方向、提供了根本遵循。

大家认为，新时代公民道德建设要以习近平新时代中国特色社会主义思想和党的十九大精神为指导，着眼培养担当民族复兴大任的时代新人，在筑理想信念之基上下功夫，在立主流价值之魂上下功夫，在固尊德守德之本上下功夫，在树时代文明之风上下功夫，更好构筑中国精神、中国价值、中国力量，促进全体人民在理想信念、价值理念、道德观念上紧紧团结在一起，为全面建成小康社会、实现中华民族伟大复兴的中国梦提供强大精神力量。

大家认为，新时代公民道德建设要坚持立德树人、以文化人，培养能够担当民族复兴大任的时代新人。突出时代性，准确把握时代新人的内涵要求；彰显先进性，筑牢时代新人的精神之基；体现引领性，牢牢抓住社会主义核心价值观这个根本；把握实效性，不断提升培养时代新人的工作成效。要深入实施公民道德建设工程，激发全社会向上向善的磅礴力量。强化教育引导，发挥重点人群的示范带动作用；强化实践养成，发挥活动载体的熏陶锤炼作用；强化制度保障，发挥良法善治的保驾护航作用；强化改进创新，发挥基层阵地的夯基固本作用。

河南省委宣传部、浙江省台州市、湖南省郴州市、广东省佛山市顺德区、中国电子科技集团有限公司、华中科技大学负责同志，“时代楷模”、国家电网天津电力滨海供电运维检修部配电抢修班班长张黎明，中国人民大学教授冯玉军作交流发言。

（参见《光明日报》2018年9月22日第3版）

中外人文精神论坛年会　10月27—28日，由中国诠释学专业委员会和北京市社会科学院哲学所联合主办的“中外人文精神：对话与诠释——第三届中国诠释学青年论坛暨中外人文精神论坛年会”在北京召开。来自北京市社科院、山东大学、中国社科院、北京大学、中国人民大学、复旦大学、南京大学、吉林大学、中国政法大学、北京师范大学、首都师范大学、华北电力大学、中国石油大学（华东）、东北师范大学、曲阜师范大学、深圳大学等国内高校和科研机构的专家学者出席会议。北京大学哲学系胡军教授、中国政法大学人文学院院长文兵教授、复旦大学哲学学院林宏星教授、山东大学哲学与社会发展学院陈治国教授以及北京市社科院哲学所程倩春研究员和孙伟副研究员分别围绕生活中的逻辑分析与直觉思维、人文主义概念的发展和演变、孟子伦理学中的“推恩”问题、古典德性论、中外人文精神的研究以及中国哲学研究方法论等方面，做了精彩的主题演讲和主旨报告。10月27日下午至28日上午，论坛开始分组会议。各分论坛学者围绕中西哲学中的经典诠释和人文精神传统及其当代诠释、中外人文精神的比较和互鉴、诠释学视域下的文明互鉴与思想创新等方面展开了讨论。

（北京市社会科学院科研处朱霞辉供稿）

第五届思想与方法国际高端学术论坛 10月27—29日，第五届“思想与方法”国际高端学术论坛在北京师范大学举行。会议由北京师范大学文学院主办，文学院长江学者方维规教授和美国马萨诸塞大学传播系张正平教授联合召集。本届论坛的主题是“媒介哲学、认知科学与人文精神的未来”，邀请了来自美国、德国、英国、日本、韩国、中国的十六位学者，以英语作为会议语言展开讨论。他们各抒己见，有的偏重理论，从系谱学的角度重新理解媒介和艺术，有的关注如IMAX影院、人工智能设备等具体新兴的技术对体验的影响，有的则显示出科学家本色，向我们展示了脑扫描图提供的对人类心理理解的新可能。尽管具体的研究对象、学科规范有所不同，但与会学者都展现出强烈的跨学科意识，对封闭、僵化的学科观念保持批判，为连通科学与人文进行了富有创造性的探索与回应。全国各地数百名听众到场听会。

（北京师范大学社科处刘娜供稿）

首届现象学与法律国际研讨会 11月3—4日，由中国政法大学人文学院哲学系举办的“现象学与法律”国际研讨会在本校学院路校区召开。来自荷兰蒂尔堡大学、澳大利亚国立大学、奥地利萨尔茨堡大学、意大利帕多瓦大学和康帕尼亚大学、巴基斯坦哈比卜大学、爱尔兰都柏林大学学院、南京大学、中国社会科学院和本校的共20余位学者参加了研讨会。会议特邀3位国外学者做主旨报告。本次会议旨在为国外和国内学者、哲学与法学学者搭建一个交流与对话的平台，将国际上法律现象学的最新研究成果引入国内，进一步厘清现象学与法学（律）的关系，拓展现象学与法学的知识边界，并在主流的法学科学方法和法哲学方法之外，探寻一条相对独立的、并对二者具有补益作用的新型研究方法。

澳大利亚国立大学的Desmond Manderson教授做首场主旨报告，题目是“亲近的伦理学：论威廉·迪恩”；奥地利萨尔茨堡大学的Guillaume Frechette教授做了题为“犯罪动机的现象学”的报告；南京大学的Andera Baldini副教授做了题为“街头艺术、现象学与法律”的报告；荷兰蒂尔堡大学法学院的Bert van Roermund教授做了题为“法律及其第一人称”的主旨报告；巴基斯坦哈比卜大学的Sinkwan Cheng教授做了题为“以主体间的方式走近法律：现象学与德国观念论”的报告。

与会学者一致认为，不论是作为方法的现象学还是作为理论的现象学，至今仍有强劲的生命力，对法律研究具有十分重要的参考和借鉴意义，学术界应该加强现象学与法律的交流与对话，积极开展交叉研究，促进二者的深度融合。

（中国政法大学科研处王培供稿）

第二届北大医学人文国际会议 11月15—16日，第二届北大医学人文国际会议“叙述生命、衰老与死亡”在北京大学医学部召开，会议由北京大学医学人文研究院主办，合作刊物包括《医学与哲学》《中国医学伦理学》《叙事医学》《中国医学人文》《中国医学人文评论》等。本次会议旨在从跨学科视角出发讨论医学人文以及相关话题，探索不同文化表征下的生命、衰老和死亡话题，以促进多领域医疗健康事业的全面均衡发展。

此次国际会议共进行了7场主旨报告、6场专题报告和16组分论坛报告，中国科学技术协会名誉主席、中国科学院院士韩启德，国家卫健委医政医管局焦雅辉副局长，叙事医学概念的提出者、美国哥伦比亚大学Rita Charon教授等百余位国内外各领域专家学者聚焦叙事医学，就医学人文中的孕产、老龄化、临终关怀、死亡教育等一系列议题展开了讨论。会议采取线上直播互动的全新形式，线上观看总人数接近1.5万。

（北京大学社会科学部供稿）

马克思主义与法治中国学术研讨会 11月24日，为期两天的“马克思主义与法治中国”全国学术研讨会在北京召开。会议由中国政法大学主办，中国政法大学马克思主义学院、北京高校中国特色社会主义理论研究协同创新中心（中国政法大学）和北京市习近平新时代中国特色社会主义思想研究中心中国政法大学基地承办。北京大学中国道路与中国化马克思主义协同创新中心主任、教育部思想政治理论课教育指导委员会主任顾海良，中国法学会副会长、学术委员会主任张文显，北京市委教育工委副书记狄涛，中国政法大学终身教授李德顺，中国政法大学副校长冯世勇、马怀德、李树忠等出席会议。中国政法大学党委副书记兼马克思主义学院院长高浣月主持开幕式。

来自清华大学、北京大学、南开大学、中国政法大学、华东政法大学、西南政法大学、西北政法大学、中国社会科学院、《马克思主义研究》编辑部等数十所高等院校、科研机构、新闻媒体的专家学者参加会议。

顾海良首先做了题为“社会主要矛盾和新时代中国特色社会主义法治新课题”的发言；张文显以“马克思主义法学中国化的三次历史性飞跃”为主题进行发言；李德顺就“马克思的阶级观与社会主义法治观”作主题报告；《政法论坛》主编王人博以“中国法治：问题与难点”为主题进行了主旨发言。

本次研讨会为期两天，设立三个分论坛和研究生分论坛。与会学者围绕“马克思主义法学基础理论”“法治中国的理论与实践”“中国社会主义法治的历史与文化”等议题分组进行研讨和交流。研究生分论坛的开设，有利于发掘潜在的马克思主义人才，为青年学子提供高端的学术交流平台。

（中国政法大学科研处王培供稿）

政治学（含思想政治工作、党建、统战）

新时代中国人权的理论与实践学术研讨会　4月21日，由中国政法大学人权研究院、教育部人权教育与培训基地“人权与中国政治发展”课题组联合主办的“新时代中国人权的理论与实践”学术研讨会在京举行。来自中国政法大学、中国社会科学院、中国财政科学研究院、中国人民大学、中央民族大学、中国人民公安大学、北京航空航天大学、重庆大学、武汉大学、上海大学、西南政法大学等高校和研究机构的专家学者围绕“新时代中国人权的理论与实践”进行探讨，为中国人权的历史进程和发展提供多种维度的解读。研讨会以课题组研究成果为依托，来自中国政法大学与中央民族大学的专家组成评议组，就中国人权的理论和实践展开讨论。此次研讨会也是人权研究院“国家高端人权智库”培育单位的系列活动之一。

讨论环节分四个单元进行。第一单元主题为“中国人权的理论与话语”，第二单元主题为“人权与宪法变迁”，第三单元主题为“公民权利”，第四单元主题为“历史中的人权”。

（中国政法大学科研处王培供稿）

统一战线深入学习贯彻习近平新时代中国特色社会主义思想和中共十九大精神专题研讨班　6月4日，统一战线深入学习贯彻习近平新时代中国特色社会主义思想和中共十九大精神专题研讨班在京开班，中共中央政治局常委、全国政协主席汪洋出席开班式并讲话。他强调，中国特色社会主义进入新时代，统一战线肩负的使命更加繁重，地位和作用更加重要。要以习近平新时代中国特色社会主义思想凝心聚力，打牢共同思想政治基础，把中共的各项方针政策在统一战线贯彻落实下去，把各方面实现民族复兴的智慧力量凝聚起来，最大限度团结积极力量、争取中间力量、转化消极力量，奋力开创新时代统一战线事业发展新局面。

汪洋强调，统一战线是中国共产党领导的广泛政治联盟，是实现中华民族伟大复兴的重要法宝。要牢牢把握新时代统一战线的正确政治方向，在事关道路、制度、旗帜、方向等根本问题上立场不含糊、原则不动摇。要始终坚持中国共产党的领导，牢固树立“四个意识”，切实增进对中国共产党的政治认同、思想认同、理论认同、情感认同。要深刻认识中国新型政党制度的巨大优势和光明前景，切实增强“四个自信”，自觉做中国特色社会主义的亲历者、实践者、维护者、捍卫者。

汪洋强调，新时代统一战线发挥优势、彰显价值的舞台更加广阔。要善于运用好统一战线这个渠道和平台，让党外人士真正理解和认同党的方针政策，并通过他们引导所联系的界别群众团结在党的周围，最广泛凝聚共识和人心。要继承发扬“团结—批评—团结”等优良传统，在坚持求同存异、体谅包容和照顾同盟者利益的同时，帮助同盟者实现思想认识上的进步，提升统一战线的质量。要创新工作方式方法，坚持做代表性人士工作与做群众工作并重，依靠统战部门的专门力量与依托各方面力量并重，做好网络统战工作和做好线下统战工作并重。要改进统一战线工作作风，切实防止和纠正形式主义、官僚主义和庸俗之风。要加强参政党自身建设，努力提升履职尽责能力水平。

开班式由中共中央书记处书记、中央统战部部长尤权主持。万鄂湘、陈竺、丁仲礼、郝明金、蔡达峰、武维华、陈晓光、苏辉、郑建邦、辜胜阻、刘新成、何维、邵鸿、高云龙等各民主党派中央和全国工商联负责人，无党派人士代表，中央国家机关、司法机关和地方政府担任省部级领导职务的党外干部参加开班式。

（参见《北京日报》2018年6月5日第2版）

讲好马克思主义与中国道路故事学术讲座 6月14日，光明日报高级记者、《博览群书》杂志社社长兼主编董山峰来首都师范大学作“讲好马克思主义与中国道路故事——学习习近平在纪念马克思诞辰200周年大会上讲话的思考”学术讲座。马克思主义学院副院长黄延敏以及部分研究生、本科生共80余人参加讲座。社科处副处长郑文涛主持讲座。

董山峰围绕三个方面做了重点阐述：

一是新时代我们要讲述什么样的中国故事。重点要展现马克思主义与中国革命、建设和改革相结合的历史道路，展现马克思主义和我们党坚定的人民立场，展现马克思主义中国化给我们国家和民族带来的文明飞跃，展现中华民族伟大复兴的任重道远和光辉前景等。

二是讲好中国故事要防止三种倾向。空讲理论、不联系实际的故事不要讲；缺少新意、不贴近群众的故事不要讲；言之无物、充满空话套话的故事不要讲。

三是讲好中国故事要注重方式方法创新。一要在突出人民群众这一故事主角上持续创新；二要在突出群众喜闻乐见上持续创新；三要在传播科学化和形成舆论合力上持续创新；四要在突出媒体融合意识上持续创新；五要在提升理论宣传水平机制建设上持续创新。

董山峰说，讲马克思主义与中国道路的故事，天然就是一项高度创新性的工作。实践不断前进，理论不断前进，讲马克思主义与中国道路的故事，也必须结合实际不断创新。一个对讲好马克思主义与中国道路的故事有责任感的人，一定会结合自己的学习、观察与思考讲出有自身特色的故事，一定会满腔热情、随时随地学习借鉴他人讲故事的好方法，但也一定不会简单模仿他人，更不会反复重复自己，因为简单模仿和反复重复都会导致受众审美疲劳，都不会带来故事的生动与美感。

讲座结束后，董山峰回答了学生的提问，并寄语青年学生要在碎片化阅读的当下加强系统化阅读，在多题材阅读的当下加强经典阅读，在泛阅读流行的当下加强精深阅读；写任何一篇文章、做任何一次发言和交流都要有讲故事意识，做到目中有人、笔下有人、境界过人，让生活中充满“理情并茂”的交流和中国故事。最后，董山峰主编还向博士、硕士和本科生代表赠送了最新的《博览群书》杂志。

（首都师范大学社科处李葱供稿）

北京市全面从严治党专题培训班 7月2日，由北京市纪委、市监委和市委组织部联合举办的北京市全面从严治党专题培训班在清华大学公管学院开班。清华大学校党委书记陈旭在开班前会见张硕辅一行。北京市委常委、市纪委书记、市监委主任张硕辅，北京市委组织部副部长孙仕柱，北京市纪委常委陈名杰，继教处处长邓丽曼，公管学院副院长王亚华出席开班式。张硕辅在讲话中对参训学员提出六项要求：一是坚持新时代历史方位，准确把握全面从严治党新任务新要求；二是坚持以政治建设为统领，推动全面从严治党向纵深发展；三是坚持把握管党治党规律，切实担负全面从严治党政治责任；四是坚持以人民为中心发展思想，不断增强人民群众获得感幸福感安全感；五是坚持政治过硬、本领高强；六是坚持廉洁自律。62名来自北京市市级党政机关、区四套班子、区纪委区监委、市纪委市监委派驻纪检监察组、市属国有企事业单位纪委的局级领导干部将参加为期5天的脱产培训。5名来自河北廊坊市纪委市监委的领导干部参加了插班学习。自2013年起，清华大学公管学院每年承办一期市纪委、市委组织部组织的全面从严治党（原党风廉政建设）专题培训班。清华大学廉政与治理研究中心作为本项目的学术支撑机构提供教学资源和专家力量。

（清华大学文科建设处刘金梅供稿）

新时代思想政治教育创新发展高端论坛 7月7日，由马克思主义学院、北京高校中国特色社会主义理论研究协同创新中心和北京市习近平新时代中国特色社会主义思想研究中心研究基地联合主办的“新时代思想政治教育创新发展高端论坛”在京举行。来自清华大学、北京大学、中国人民大学、北京师范大学、武汉大学、复旦大学、东北师范大学、华中师范大学、中国社科院大学、上海交通大学、西南大学、华中师范大学、东北师范大学、广西师范大学、东北林业大学、福建农林大学、河北大学、河海大学、曲阜师范大学、上海大学、安徽财经大学等马克思主义学院院长和知名学者，及《教学与研究》《思想理论教育导刊》《思想理论教育》《思想教育研究》《红旗文稿》《学校党建与思想政治教育》等杂志编辑共近百名专家学者参加了论坛。北京市委宣传部理论处处长张际和市委教育工委宣教处副处长马聪出席了论坛。

会议开幕式由首都师范大学党委副书记徐志宏主持。首都师范大学党委书记郑萼，中国人民大学党委副书记、马克思主义学院院长吴付来，全国高校思想政治教育研究会学术委员会副主任、武汉大学原党委副书记骆郁廷教授，全国高校思想政治教育研究会学术委员会副主任、清华大学文科资深教授吴潜涛分别致辞。郑萼在致辞中简要介绍了首都师范大学马克思主义学院建设发展情况，强调学校将进一步推进马克思主义理论学科高水平发展，把学科优势和理论研究优势转化为人才培养和思想政治教育的优势，发挥好首都师范大学在北京市基础教育领域开展马克思主义理论宣传教育的示范作用，并期待各位专家对新时代思想政治教育创新发展方面进行深入研究与思考，对首都师范大学思想政治教育学科专业的建设和发展悉心指导，传经送宝，助力学院和马克思主义理论学科向更高的层次和水平发展。

大会主题发言共分为三场，分别由王淑芹、学院副院长黄延敏、思想政治教育系主任韩华主持。专家学者围绕"新时代思想政治教育创新发展"这一主题，就习近平新时代中国特色社会主义思想、思想政治教育基础理论重大问题、比较思想政治教育、思想政治教育心理、网络思想政治教育等议题展开探讨。每一场主题发言之后设有提问互动环节。

大会总结阶段由首都师范大学马克思主义学院党委书记杜春丽主持，学院副院长沈永福做大会总结发言。沈永福以历史观照、理论关切、心灵深处、比较视野、创新境界、现实关怀六个关键词概括了与会专家学者的发言内容。

（首都师范大学社科处李葸供稿）

中国共产党与中国道路——中国改革开放四十年国际学术研讨会　7月29日，由中国人民大学马克思主义学院、中国人民大学中共党史党建研究院主办的"中国共产党与中国道路——中国改革开放四十年国际学术研讨会"在中国人民大学召开。中国人民大学党委书记、中共党史党建研究院院长靳诺出席会议，中国人民大学党委副书记、纪委书记、马克思主义学院院长吴付来主持开幕式。会议围绕"改革开放与当代中国政治发展的模式和经验""改革开放与当代中国经济""改革开放与当代中国社会""改革开放与中国的文化发展""改革开放与执政党建设"等五个主题展开探讨。中央统战部、中国社科院、中央党史和文献研究院、中央党校、北京大学、中国人民大学、北京师范大学、复旦大学、上海交通大学、华东师范大学、中山大学、山东大学等国内高校和科研院所，以及美国加州大学伯克利分校、美国杜兰大学、日本横滨市立大学的80余名专家学者，人民日报、光明日报、中国社会科学报、中国教育报、北京日报、央视网、中青网、求是网等媒体人员与会。

（中国人民大学科研处李素萍供稿）

第八届"中山·黄埔·两岸情"论坛　9月16日，由民革中央、黄埔军校同学会共同主办的第八届"中山·黄埔·两岸情"论坛在北京举行，来自海内外的黄埔师生及亲友和各界嘉宾出席论坛。

本次论坛旨在以"两岸黄埔情·共圆中国梦"为核心内容，通过发扬中山精神，缅怀黄埔先烈，为爱国、革命的黄埔精神注入新的时代内涵，倡导海内外黄埔同学及亲友共同为振兴中华、强国富民而奋斗。

论坛上，两岸嘉宾代表分别发表了发扬中山、黄埔精神的主题演讲。中国台湾退役将领、知名黄埔后代代表、两岸知名专家学者等出席论坛。

首届"中山·黄埔·两岸情"论坛于2010年在中国台北举行，论坛现已成为特色较鲜明、社会影响较大的两岸民间交流平台，在弘扬黄埔精神、促进两岸交流交往方面发挥了独特作用。

（参见《人民日报》2018年9月17日第11版）

2018·北京人权论坛　9月18日，"2018·北京人权论坛"在京举行。中共中央政治局委员、中宣部部长黄坤明出席开幕式并致辞。

黄坤明指出，充分实现和享有人权是全人类共同追求的目标，尊重和保障人权是中国共产党和中国政府的一贯立场和主张。改革开放40年来，中国党和政府立足基本国情，把人权的普遍性原则与中国实际相结合，在改革开放和社会主义现代化建设进程中不断深化对人权的认识、拓展保障人权的实践，中国人权事业发展实现了前所未有的历史性进步，中国人民享有了比以往任何时候都更为充分的人权。他指出，消除贫困是各国人民追求幸福生活的基本权利，中国作为世界上最大的发展中国家，一直是世界减贫事业的积极倡导者和有力推动者。我们愿与世界人权领域的各方人士紧密合作，共同致力于消除贫困、保障人权，携手构建承载美好未来的人类命运共同体。

中国人权研究会会长向巴平措、中国人权发展基金会理事长黄孟复出席开幕式并致辞。

“北京人权论坛”创立于2008年，已成功举办8届。本届论坛以“消除贫困：共建一个没有贫困、共同发展的人类命运共同体”为主题，来自近50个国家、地区和国际组织的官员、专家学者、知名人士等200余人出席。

（参见《光明日报》2018年9月19日第4版）

第八届北京香山论坛 10月25日，第八届北京香山论坛在北京国际会议中心开幕，国务委员兼国防部长魏凤和出席开幕式，宣读了中国国家主席习近平向本届论坛专门发来的贺信。

魏凤和表示，习主席的贺信表达了中国和世界各国增进战略互信、加强安全合作的真诚意愿，彰显了中国坚定不移走和平发展道路、共筑人类命运共同体的坚定决心，引领着本届论坛，为高质量办好本届论坛指明了方向，提供了根本遵循。

魏凤和在主旨发言中说，中方倡议，坚持互利互惠、不搞零和博弈，坚持开放包容、不搞结盟对抗，坚持共商共建、不搞单边主义，坚持相互尊重、不搞以大欺小。中国一贯奉行积极防御的军事战略，中国军队秉持走和平发展道路坚定不移，捍卫国家主权、安全、发展坚定不移，维护国家海外利益安全坚定不移，维护世界和地区和平稳定坚定不移。中国军队愿与各国军队携手同行，努力推动亚太地区新的安全机制建设，深化同周边和发展中国家军事合作，加强与各国军队安全对话和磋商，构建国与国之间新型军事关系，共同为维护和平稳定发挥更大作用。

（参见《人民日报》2018年10月26日第3版）

新时代党的领导体制和领导方式理论与实践创新研讨会 11月30日—12月1日，由中国政法大学政治与公共管理学院主办、中国政法大学领导力与创新研究中心和“公共治理工具：新趋势与新问题”创新团队联合承办的“新时代党的领导体制和领导方式理论与实践创新”学术研讨会，在中国政法大学国际交流中心举办。

北京大学政府管理学院的萧鸣政教授和北京航空航天大学马克思主义学院的王春玺教授，作了题为《领导干部执政本领与新时代建设》和《改革开放40年来中央领导体制改革的成就和主要进展》的主题发言。

本次会议分为六个单元，分别为“改革开放40周年党的领导体制与领导方式经验总结”“新时代中国集体领导制的理论与实践创新”“新时代党的领导方式方法及制度改革与创新”“党的全面领导视域下的党的组织体系建设和执政本领提升”“党政机关和企事业单位党的领导实践以及干部选任和培养”“党的政治与思想建设及其他议题”。与会学者分别从不同的学科和领域视角展开研讨。

北京大学、北京航空航天大学、中国人民大学、中央党校（国家行政学院）、北京市委党校、上海市委党校、中南财经政法大学、中国人事科学研究院等京内外高校和科研机构，以及《领导科学》《行政论坛》《社会科学研究》等杂志社的60余位专家、学者参加了本次会议。

（中国政法大学科研处王培供稿）

纪念《世界人权宣言》发表70周年座谈会 12月10日，纪念《世界人权宣言》发表70周年座谈会在京举行。中共中央总书记、国家主席习近平发来贺信，中共中央政治局委员、中宣部部长黄坤明宣读了习近平的贺信并讲话。

与会同志探讨了《世界人权宣言》（以下简称《宣言》）的历史意义和时代价值。中国人权研究会会长向巴平措认为，《宣言》是国际社会第一份普遍性、综合性的人权文书，为《经济、社会和文化权利国际公约》等国际人权法律文件的出台奠定了坚实基础。

“《宣言》是国际人权发展的重要分水岭，标志着人权由地域性概念转变为全球性概念。《宣言》将人权规定为所有人民的权利，而不仅仅是西方人的权利；使人权的内容不再局限于公民和政治权利，而且拓展到经济、社会和文化权利；在规定权利享有的同时，强调了权利义务的统一；人权不再是绝对而不受限制的权利，人权的行使要受到道德、公共秩序和普遍福利的约束。”南开大学人权研究中心主任常健说。

常健指出，70年前人权概念的这种历史性转变，应当归功于起草过程中通过多元文化的交汇达成的共识。宣言起草委员会的成员既有来自欧美国家的代表，也有来自亚洲、拉美和社会主义国家的代表。特别值得指出的是，中国代表张彭春被选为宣言起草委员会的副主席，将中华文明中蕴含的丰富人权思想融入《宣言》，在起草过程中发挥了重要的作用。

正是在多元文化的对话与交汇中，人权概念成为能够被不同文化接受的价值共识，并被广泛传播。《宣言》被译成数百种语言和方言版本，并于2009年成为世界上被翻译最多的文件。

《宣言》发表的70年是国际人权理论和实践深入发展的70年。在抗击法西斯主义、军国主义、殖民主义和霸权主义的斗争中，发展中国家先后推动和参与制定了《发展权利宣言》《维也纳宣言和行动纲领》等一系列国际文书，确立了独立权、生存权、发展权等一系列人权，大大丰富了人权的内涵和外延。外交部国际司司长李军华认为，尤为重要的是，中国结合自身实践，形成了“以国情为基础、以人民为中心、以发展为要务、以法治为准绳、以开放为动力”的中国特色人权发展观，受到国际社会的广泛认同，为国际人权理论作出了重要贡献。

向巴平措总结，从新中国成立初倡导和平共处五项原则到提出构建人类命运共同体重大理念，中国坚持以和平促发展、以发展促人权，始终是世界和平的建设者、全球发展的贡献者、国际秩序的维护者。

《宣言》发表的70年是中国人权事业阔步前行的70年。习近平总书记在贺信中指出，中国发展成就归结到一点，就是亿万中国人民生活日益改善。改革开放40年来，中国7亿多人口脱贫，占全球总数的70%以上，创造了世界减贫史上的奇迹。中国为7.7亿人提供就业，建成世界最大规模的教育体系、最大规模的社保体系和最大规模的基层民主选举体系。这是最大的人权工程，也是最好的人权实践。“中国上个月参加联合国国别人权审议时，120多个国家代表高度评价、充分肯定中国取得的巨大成就，认为中国是‘过去30年发展最快的国家’，书写了‘生动的人权故事’。”李军华说。

（参见《光明日报》2018年12月11日第2版）

改革开放40年党的建设成就与经验理论研讨会 12月25日，全国党建研究会在北京召开“改革开放40年党的建设成就与经验理论研讨会”，深入学习贯彻习近平总书记在庆祝改革开放40周年大会上的重要讲话精神，回顾总结改革开放40年党的建设历程、成就和经验。全国党建研究会会长李景田作了主旨发言。

与会同志认为，改革开放40年来党的建设积累了丰富的经验，这些经验包括：必须紧紧围绕党的政治路线加强党的建设，以党的建设伟大工程推进党领导的伟大事业；必须坚持以马克思主义中国化最新成果为指导，始终坚持党的建设正确方向；必须把坚持和加强党的全面领导作为党的建设的根本原则，确保党始终成为中国特色社会主义的坚强领导核心；必须坚持以人民为中心，把实现好、维护好、发展好最广大人民的根本利益作为党的建设的出发点和落脚点；必须坚持把党的政治建设摆在首位，保证全党团结统一、步调一致向前进；必须打牢骨干队伍和基层组织这两个支撑点，确保我们党始终坚如磐石、永远立于不败之地；必须持之以恒正风肃纪、反腐倡廉，始终保持党的肌体纯洁健康。

与会同志一致表示，新时代运用改革开放40年党的建设经验推进党的建设新的伟大工程，要坚持用习近平新时代中国特色社会主义思想武装头脑，不断提高全党的马克思主义水平；全面贯彻落实新时代党的建设总要求，抓好各项重点任务的落实；坚持问题导向，着力破解新时代党的建设面临的新矛盾新问题；探索和把握新时代党的建设规律，不断推进党的建设理论创新、实践创新、制度创新；进一步落实管党治党政治责任，推动全面从严治党向纵深发展；充分发挥党建高端智库作用，扎实推进党建研究工作。

（参见《光明日报》2018年12月26日第3版）

经济学

第二十二届（2018年度）中国资本市场论坛 1月13日，第二十二届（2018年度）中国资本市场论坛在中国人民大学举办。论坛主题为“中国资本市场：股市与债市的协调发展”。论坛由中国人民大学金融与证券研究所（FSI）、华融证券股份有限公司和中国人民大学重阳金融研究院主办，教育部社会科学司特别指导。来自中央国家机关、著名高校、著名研究机构等有关负责人和著名专家学者，以及证券公司、基金公司、上市公司的嘉宾和新闻单位的代表等共计500余人参加此次论坛。中国金融学会名誉会长、一级教授黄达以93岁高龄连续22年出席论坛，中国人民大学学术委员会副主任、一级教授胡乃武出席开幕式。开幕式由中国人民大学财政金融学院院长庄毓敏主持。中国人民大学副校长、中国人民大学金融与证券研究所所长吴晓球代学校党委书记靳诺为本次大会致开幕词。华融证券股份有限公司董事长祝献忠代表主办方致欢迎词。吴晓球代表课题研究组发布题为“中国资本市场：股市与债市的协调发展”的2018年中国资本市场研究报告。

（中国人民大学科研处李素萍供稿）

义乌国际贸易综合改革研讨会 1月13日，“义乌国际贸易综合改革研讨会”在对外经济贸易大学召开。会议由对外经济贸易大学和义乌市政府联合主办，对外经济贸易大学和义乌创新研究院承办。中财办、国务院发展研究中心、国务院参事室、发改委、商务部、海关总署、质检总局、外汇总局、国家税务总局等部门的领导以及商务部研究院、浙江大学、复旦大学和对外经济贸易大学的专家围绕高质量建设义乌国际贸易综合配套改革试验区，高水平打造世界“小商品之都”，推动我国贸易迈向全球价值链的中高端，服务国家“一带一路”战略提出了指导性建议。义乌市委市政府、人大、政协以及各部门领导参加了会议。对外经济贸易大学党委书记蒋庆哲致欢迎词，对外经济贸易大学全球价值链研究院执行院长武雅斌主持会议。

近年来，对外经济贸易大学与义乌市在智库研究、人才培养等方面不断深化合作。2015年11月，对外经济贸易大学与义乌签署协议共建中国企业“走出去”协同创新中心。2016年11月，蒋庆哲带队赴义乌调研并在“2016中国（义乌）丝绸之路经济带城市国际论坛”发表主旨演讲。对外经济贸易大学全球价值链研究院新近成为“义乌创新研究院”的发起理事单位。此次对外经济贸易大学与义乌市联合主办“义乌国际贸易综合改革研讨会”，是学校建设新型智库，为地方政府提供智库服务的系列举措之一。

（对外经济贸易大学科研处供稿）

“一带一路”：全球化转型时代的中国方案研讨会 1月14日，由北京大学经济学院、国家开发银行研究院和北京大学出版社等单位联合举办的“‘一带一路’：全球化转型时代的中国方案”研讨会暨第120期北大博雅讲坛在北京大学经济学院举行。研讨会同时也是“回眸改革开放40周年，献礼北京大学120周年”系列庆祝活动之一。北京大学副校长王博、经济学院院长孙祁祥教授致辞。北京大学经济学院副院长张辉教授和国家发改委国际合作中心副主任刘建兴分别主持了上午和下午的研讨会。“一带一路”协同发展研究丛书系列的第三部《“一带一路”：区域与国别经济比较研究》正式发布。中国人民大学校长刘伟教授、原国家外经贸部副部长龙永图、国家开发银行首席经济学家兼研究院院长刘勇等发表主旨演讲。

（北京大学社会科学部供稿）

新时代·新主体·家庭农场学术研讨会 1月20日，由中国国外农业经济研究会、中国社会科学院农村发展研究所主办的“新时代·新主体·家庭农场学术研讨暨研究成果发布会（2017）”在北京召开。

中国社会科学院副院长蔡昉出席会议并作“突破农业农村现代化的瓶颈制约”的主旨发言。他指出，“乡村振兴战略”是党中央着眼于全面建成小康社会、全面建设社会主义现代化国家作出的重大战略决策部署；是加快“三农”发展、提升亿万农民获得感、幸福感的必由路径；是“五位一体”总体布局向乡村地区的扩展和延伸。

中国社会科学院财经战略研究院党委书记、中国国外农业经济研究会会长杜志雄认为，农村产业振兴是乡村振兴的基础之一。农村产业振兴要重点建设好农村产业生产体系、产业体系和经营体系。在众多新型农业生产经营主体中，家庭农场是最适合农业生产特点、最合中国农业现代化发展目标之意的主体，也是将小规模农户纳入农业现代化进程的重要力量之一。

中国社会科学院农村发展研究所所长魏后凯表示，新型农业主体既包含生产主体，也包含服务主体，应重视和加强新型农业服务主体培育，发挥新型服务主体对小农生产的引领作用。

研讨会上，中国农业银行总行三农政策与业务创新部副总经理王兆阳就农业银行服务“三农”以及农村普惠金融的发展情况做了总体介绍，并对金融支持家庭农场发展提出了政策建议。南京农业大学经济管理学院教授周应恒对现代农业经营体系构建的现实背景、制度逻辑、构建路径以及家庭农场在我国农业经营体系中的地位进行了阐述。农业部管理干部学院副院长朱守银、农业部农村经济研究中心研究员张照新围绕农业供给侧结构性改革中存在的偏差、构建合适小型规模化家庭农场的政策体系问题发表了看法和观点。

中国社会科学院、农业部、国务院发展研究中心、国家发展和改革委员会产业经济与技术经济研究所、中国农业银行、南京农业大学、山东师范大学、湖州师范学院等单位的50多位专家学者出席会议。

会议由中国社会科学院农村发展研究所土地经济与人力资源研究室承办，中国社会科学院学科建设登峰战略“农业现代化”重点学科协办。

（中国社会科学院办公厅刘玉杰供稿）

2018 年财政投融资新年论坛 1 月 20 日，由中财—鹏元地方财政投融资研究所主办的“2018 年财政投融资新年论坛”在中央财经大学举行。中央财经大学学术委员会主任委员李俊生教授、鹏元资信评估有限公司张忠红副总裁分别致辞，河北省任丘市委常委、常务副市长负广智提交了书面发言。李俊生表示，财政投融资是防范系统性金融风险的重要一环，我国在 PPP 的金融风险的分担问题上，还有很多问题亟待解决，表现在以下四点：第一是如何建立 PPP 项目的风险分担机制；第二是 PPP 各项条款的规定都是单方的；第三是缺乏系统性的思考；第四是对于系统性金融风险的思考有些脱离现实，没有站在更高的角度去思考问题。关于如何解决 PPP 的金融风险分担问题，李俊生指出应该从两个方面入手：一方面是认清 PPP 的实质，另一方面应该加强 PPP 立法。张忠红回顾了 2017 年中财-鹏元地方财政投融资研究所做的大量的工作，对中央财经大学能和鹏元资信评估有限公司有更进一步的合作进行了展望。来自财政部政研室、信达地产有限公司、鹏元资信评估有限公司、中央财经大学财政税务学院的专家学者及相关专业的研究生共 50 余人参加了会议。

（中央财经大学科研处供稿）

共拓“一带一路”策略机遇论坛 2 月 3 日，全国人大常委会委员长张德江在人民大会堂出席香港特别行政区政府和香港“一带一路”总商会联合举办的“国家所需、香港所长——共拓‘一带一路’策略机遇”论坛并发表主旨演讲。

张德江指出，习近平主席提出共建“一带一路”倡议 5 年来，在各方共同努力下，“一带一路”从理念转化为行动，从愿景转变为现实。政策沟通不断深入，国际影响与日俱增；设施联通不断加强，陆海天网立体发展；贸易畅通不断提升，合作纽带日益巩固；资金融通不断扩展，多元投融资支撑体系加快建设；民心相通不断深化，人文交流丰富多彩。成就有目共睹，前景鼓舞人心。当前，“一带一路”建设正进入全面推进阶段，在构建人类命运共同体、推动全球发展方面的意义和影响必将进一步彰显。

张德江表示，支持港澳参与和助力“一带一路”建设，是贯彻落实中共十九大精神，扩大对外开放、推动形成全面开放新格局的重要举措，也是支持港澳融入国家发展大局和与内地优势互补、共同发展的重要决策。希望香港各界人士和内地有关机构、企业在共同推进“一带一路”建设的过程中，瞄准国家所需，主动对接国家发展战略；发挥香港所长，合力提升优势互补效应；增强创新意识，不断打造多元合作平台；弘扬丝路精神，积极促进人文交流。

香港特别行政区行政长官林郑月娥在致辞中表示，习近平主席去年在达沃斯论坛上发表的演讲得到了国际社会普遍欢迎。“一带一路”建设是推动经济全球化的全方位举措、新历史坐标，香港将以“一国两制”为根，融入国家发展大局，充分发挥区位、先发、专业化服务和人文等优势，在金融与投资、基础设施建设与航运、经贸交流与合作、民心相通、推动粤港澳大湾区建设、加强对接合作与争议解决服务等方面担当重要角色，为推动“一带一路”建设和国家发展作出新贡献。特别行政区政府下一步将重点在建立和完善中央有关部门联席会议制度、对接企业需求、推动项目和资源落实、促进民心相通等方面加强工作，引导香港社会各界和企业与国家同心、与香港同行。

杨洁篪、王勇、陈元以及中央有关部门、部分内地企业负责人、商会组织代表出席了论坛和有关活动。

（参见《光明日报》2018 年 2 月 4 日第 2 版）

2018 年经济形势座谈会 2 月 24—25 日，“2018 年经济形势座谈会——十九大后的宏观经济”在北京召开。中国社会科学院院长、党组书记王伟光，副院长、党组成员李培林，党组成员张英伟出席开幕式。中国社会科学院副院长、党组成员蔡昉作主题发言和总结发言。中国社会科学院原副院长、经济学部主任、国家金融与发展实验室理事长李扬作了开幕式主题报告。

会议围绕“宏观经济分析”“财税与公共政策问题研究”“工业与技术经济进展”“区域与环境经济变化”“城市、三农和基层问题探讨”“金融与服务业发展”六个单元进行了分议题研讨。

中国社会科学院经济学部副主任、工业经济研究所研究员吕政，中国社会科学院世界经济与政治研究所副所长姚枝仲，中国社会科学院人口与劳动经济研究所所长张车伟，中国社会科学院经济研究所所长高培勇，中国社会科学院工业经济研究所所长黄群慧，中国社会科学院农村发展研究所所长魏后凯，中国社会科学院财经战略研究院副院长夏杰长等分别在会上发言。

会议由中国社会科学院经济学部、中国社会科学院科研局、中国社会科学院智库建设协调办公室主办，中国社会科学院经济研究所承办。

（中国社会科学院办公厅刘玉杰供稿）

第一届房地产税税制研究圆桌会议 3月17日，“房地产税制研究”项目组在中央财经大学举办了第一届房地产税税制研究圆桌会议。中央财经大学副校长马海涛教授，李俊生教授和美国西拉丘斯大学（Syracuse University）侯一麟教授分别为此次会议致辞并发表了对房地产税的未来展望。来自清华大学、复旦大学、上海财经大学、中央财经大学和山东财经大学等多所高校的学者，以及来自全国人大常委会预算工委、《税务研究》编辑社、中央财经大学学术期刊社和《中国财经报》的工作人员参加了此次圆桌会议。“房地产税制研究”项目于2011年设立，由林肯土地研究院和乔治亚大学基金会、研究生院斯及坦利-W-希尔顿教授基金支持。自2014年起，中央财经大学中国财政发展协同创新中心对项目研究进行支持，课题为“对居民住房开征房/地产税问题研究”。目前，该课题由马海涛和侯一麟担任项目负责人，成员包括中央财经大学等院校有相近研究兴趣的中青年学者。

（中央财经大学科研处供稿）

土地制度改革的内在逻辑、路径、历程与方向讲座 3月20日，北京林业大学人文学院邀请石凤友教授作土地制度改革的内在逻辑、路径、历程与方向讲座，石凤友提出：我们国家土地制度改革的路径和方向虽然城乡各异，但最终殊途同归。石凤友讲到，当前我们研究土地制度的首要任务便是尊重农民、理解农民、关爱农民。他谈到我们国家进行土地制度改革的原因，并强调我们国家的努力方向是走进新时代，构建新型城乡关系。在谈及我们国家土地制度改革的历史进程时，石凤友重点介绍了“农村土地承包经营权”的发展历程，并详细谈到了1949年新中国成立后“城市土地产权制度”的历史变迁。最后，石凤友引用了习近平总书记在2016年12月5日主持召开的中央全面深化改革领导小组工作会议上“四个有利于”的经典论述，高度赞扬了习近平总书记曾作出的“新形势下深化农村改革，主线仍然是处理好农民和土地的关系”这一重要指示。展望未来，石凤友提出，我国建立城乡统一建设用地使用权市场刻不容缓。20余人参加讲座。

（北京林业大学科技处供稿）

可持续发展目标面对面高端论坛 3月21日，由清华大学公管学院主办的“与联合国可持续发展目标面对面（Meet SDGs）”高端论坛第二期在公管学院报告厅举行。2001年诺贝尔经济学奖得主、哥伦比亚大学教授、清华大学公管学院名誉教授约瑟夫·斯蒂格利茨（Joseph E. Stiglitz）携最新力作《巨大的鸿沟》（*The Great Divide*）出席并发表题为《不平等、欧元危机以及特朗普时代下的全球化》（*Inequality, Euro Crisis, and Globalization in the Era of Trump*）的演讲。清华大学公管学院院长、全球可持续发展研究院院长薛澜主持本次活动。公管学院教授崔之元参与点评和讨论。约瑟夫·斯蒂格利茨助理、东方汇理资产管理公司亚太区首席经济学家纪沫，机械工业出版社华章书院董事总经理张敬柱，加州大学圣迭戈分校教授巴里·诺顿（Barry J. Naughton），清华大学国际处副处长孟波，公管学院副院长、全球可持续发展研究院执行院长朱旭峰，以及近300名校内外师生出席论坛。在主题演讲中，斯蒂格利茨分别围绕不平等、欧元危机及特朗普时代下的全球化三个主题发表见解。他指出，美国社会不平等现象导致了权利的不平等，中美不平等差异则是由于政策差异造成的；并进一步分析欧洲推动经济全球化失败的原因——缺少一个完善的市场经济规则，从而导致成果分配不均。他表示，当下政治煽动及对全球化的过度吹捧并不利于世界发展，反而将导致整体收入无法达到预期、贫富差距拉大等负面问题。此外，在谈到联合国可持续发展议程的问题上，斯蒂格利茨表示不支持美国退出《巴黎协定》，同时高度赞赏中国联合世界其他发达国家共同应对环境与气候变化问题及在落实联合国可持续发展目标（SDGs）过程中所做的努力。问答环节中，斯蒂格利茨还针对如何重新制定全球化规则，中国在全球化进程中的重要作用，倡导公民和社会推动促进新世界政府及新规则实现，推广电动车、绿色出行、打造全球交通系统以促进更好实现《巴黎协定》等方面与现场观众展开讨论。

（清华大学文科建设处刘金梅供稿）

全球化背景下的科技创新、供应链贸易及劳动者工作论文研讨会 3月22—23日，由对外经济贸易大学与中国发展研究基金会（CDRF）共同主办，Bill & Melinda Gates 基金会协办，对外经济贸易大学全球价值链研究院承办的主题为“全球化背景下的科技创新、供应链贸易及劳动者”《全球价值链发展报告2019》工作论文研讨会在北京举办。2001 年诺贝尔经济学奖得主 Michael Spence 教授出席并发表主旨演讲，商务部前部长陈德铭先生、WTO 首席经济学家 Robert Koopman 先生、中国发展论坛副秘书长卢迈先生、对外经济贸易大学副校长赵忠秀出席了开幕式并致辞。会议由对外经济贸易大学全球价值链研究中心主任王直教授主持。

研讨会就《全球价值链发展报告 2019》中的 16 篇工作论文进行了汇报和讨论，内容涉及全球价值链时代双边贸易的多边本质、全球价值链与劳动力市场两极分化现象加剧的联系、全球价值链对劳动力市场的影响、价值链视角下的中国区域融合、新科技对未来工作的影响等等。

（对外经贸大学科研处供稿）

中国发展高层论坛 2018 年年会　3 月 24—26 日，由国务院发展研究中心主办的中国发展高层论坛 2018 年年会在北京钓鱼台国宾馆举行，论坛主题为“新时代的中国”。来自国际组织、全球企业界、学术界、中央及地方政府部门共计 800 余人出席论坛。

中共中央政治局常委、国务院副总理韩正出席论坛开幕式并发表主旨演讲。国务院副总理刘鹤与出席论坛的外方工商界重要人士和国际组织负责人及知名学者分别举行座谈。国务院发展研究中心李伟主任担任本届论坛中方主席，在论坛开幕式致辞，并在欢迎晚宴上发表演讲，主持论坛第八单元“凝聚共识，共谋发展”，并作论坛总结发言。国研中心党组书记、副主任马建堂出席论坛开幕式，副主任、党组成员王安顺出席论坛。会议期间李伟会见了多位外方代表，感谢他们对论坛的长期支持与参与，并就加强双方交流与合作研究等议题交换意见。

国务院总理李克强 26 日上午在钓鱼台芳华苑会见来华出席中国发展高层论坛 2018 年年会的境外代表，就中美经贸关系、市场开放、人工智能和教育等问题和代表们进行座谈交流。来自世界 500 强企业的负责人、国际知名学术和研究机构的专家学者、主要国际组织和媒体的代表等 100 多人参加。李克强表示，对外开放是中国的基本国策。今年适逢中国改革开放 40 周年，在以习近平同志为核心的党中央领导下，中国将进一步深化改革，扩大开放。这既符合中国自身发展利益，也有利于维护自由贸易，促进全球化健康发展。中国作为最大的发展中国家，实现现代化还有很长的路要走。中国对外开放的大门将越开越大，我们愿意借鉴国外先进技术和管理经验，扩大产品、知识、技术、服务等领域合作，不断放宽外商投资市场准入，提供更加法治化、便利化的营商环境。与会外方代表表示，中国政府进一步深化改革、扩大开放的举措令人期待，相信中国的发展将为世界带来更多机遇。跨国公司愿积极参与中国改革开放进程，更好实现互利共赢。

（国务院发展研究中心郭巍供稿）

中国企业与中国企业家论坛　4 月 4 日，由国资委新闻中心、中国经济网主办的“中国企业与中国企业家”论坛在京举行，论坛主题为“新时代企业家精神”。国资委副秘书长彭华岗在论坛上表示，改革开放 40 年造就了一大批企业家，为经济社会发展作出了巨大贡献。目前中国经济正由高速增长阶段转向高质量发展阶段，在这一时期，需要创新体制机制，优化企业家成长环境，建立改革创新容错机制，更好调动企业家干事创业的积极性，发挥企业家作用和企业家精神。论坛期间，多位中央企业负责人、知名民营企业负责人及有关专家进行了研讨。

（参见《人民日报》2018 年 4 月 9 日第 19 版）

“一带一路”贸易投资论坛　4 月 12 日，由中国贸促会、中国国际商会与世界商会联合会联合主办的“一带一路”贸易投资论坛在北京举行，来自 70 多个国家的 700 余名嘉宾参加会议。本次论坛以“释放潜能，共享未来”为主题，与会代表围绕贸易与电子商务、基础设施建设与互联互通、金融合作与经济发展、法律服务与风险防范等议题，进行深入研讨。

会上，全国政协副主席、全国工商联主席高云龙表示，中方愿与各方一道，进一步做好战略对接，促进设施联通，深化经贸合作，加强资金融通，让共建“一带一路”更好造福各国人民。世界商会联合会主席彼得·米霍克在论坛上表示，希望通过此次论坛，推动构建起跨越各洲的共建“一带一路”合作网络，进一步深化各国互利合作，为世界经济发展作出积极贡献。

（参见《人民日报·海外版》2018 年 4 月 13 日第 3 版）

中国PPP行业发展论坛 4月26日，中国PPP（Public-Private-Partnevship）行业发展论坛暨《中国PPP行业发展报告（2017—2018）》发布会在中央财经大学举行。会议由中央财经大学政信研究院和社会科学文献出版社联合主办，国投信达（北京）投资基金集团有限公司协办。中央财经大学副校长马海涛、社会科学文献出版社社长谢寿光、中央财经大学政信研究院院长安秀梅、国投信达（北京）投资基金集团有限公司董事长裴棕伟及150多位PPP行业专家学者、PPP从业人士参会。《中国PPP行业发展报告（2017—2018）》由中央财经大学政信研究院主编，是专注于中国PPP行业创新发展领域研究的、具有公允性和权威性的综合研究报告。全书以构建中国PPP命运共同体为愿景，以创新驱动、规范发展为主题，对中国PPP发展的历史和现状进行了全景式分析，从法律、金融、财务、税务、合同管理、运营管理等维度分析了PPP行业项目运行中的风险及有效管控路径。展望了2018年度中国PPP行业发展的趋势，并对中国PPP行业创新驱动与规范发展中的热点问题进行了专题研讨，为中国政府和社会资本合作提供指引，为中国PPP从业人员提供理论和实践指导。

（中央财经大学科研处供稿）

中国农村经济形势分析与预测研讨会 4月20日，中国社会科学院农村发展研究所与社会科学文献出版社联合举办了“中国农村经济形势分析与预测研讨会暨《农村绿皮书（2017-2018年）》发布会”。会议围绕“乡村振兴战略”，针对当前中国农村经济形势以及未来的发展方向展开深入的学术讨论。中国社会科学院副院长李培林出席会议并作重要讲话，农发所党委书记闫坤主持会议，农发所所长魏后凯作总结发言。

李培林指出，当前中国农业农村发展取得了以下三个方面的成就：一是农业综合生产能力显著提高，农业转型发展初见成效；二是城乡收入差距缩小，农村贫困人口大幅减少；三是农村发展水平逐步提高，全面小康建设稳步推进。发布会上，国务院发展研究中心农村部部长叶兴庆、国家发展和改革委员会宏观经济研究院原副院长马晓河、国家统计局农村社会经济调查司司长黄秉信、中国人民大学农村发展研究所所长孔祥智、中国农业大学经济管理学院院长郭沛以及中国社会科学院学部委员张晓山就当前中国农村经济形势进行了分析，并对未来农村经济的发展走向提出了自己的看法。

魏后凯在会议总结中从五个方面阐述了当前农业农村面临的五大主要问题：一是流转土地非粮化带来的粮食安全问题；二是农业经营性收入对农民增收贡献较低，农民可持续性增收的问题；三是当前不同收入水平的农民之间和不同发展水平的村庄之间的收入差距不断扩大的问题；四是当前农业农村绿色发展面临巨大挑战的问题；五是我国常住人口城镇化率与户籍人口城镇化率仍有很大的差距，人口城镇化推进任务艰巨的问题。

（中国社会科学院办公厅刘玉杰供稿）

经济研究·高层论坛 5月17日，“经济研究·高层论坛——纪念改革开放40周年暨《经济研究》复刊40周年”在北京举行。第十二届全国政协副主席、中国人民银行原行长周小川出席论坛并致辞。中国社会科学院院长、党组书记谢伏瞻出席论坛并讲话。中央财经委员会办公室副主任杨伟民，中国社会科学院副院长、党组成员蔡昉分别作主旨演讲，中国社会科学院经济研究所所长、《经济研究》主编高培勇致欢迎词。

国内的财经院校、经济研究机构、学术期刊编辑出版单位、企业界嘉宾共500余人出席论坛。论坛期间，举办了以“改革开放新征程与高质量发展”和“中国特色社会主义经济学的理论构建与发展”为主题的两场圆桌论坛，国家经济体制改革委员会原副主任高尚全，全国人大农业与农村委员会主任委员陈锡文，国务院发展研究中心党组书记、副主任马建堂，国家金融与发展实验室理事长、中国社会科学院原副院长李扬等多位著名经济学家在圆桌论坛发言。

其间，还举办了“校长论坛——知识价值、人事分配与创新激励”以及十个主题论坛，分别是：“主题论坛一：改革开放40年中国经济理论与政策”“主题论坛二：中国特色社会主义政治经济学”“主题论坛三：现代化经济体系建设与高质量发展”“主题论坛四：新发展理念与中国经济转型升级”“主题论坛五：宏观审慎管理与风险防范”“主题论坛六：收入分配与扶贫攻坚”“主题论坛七：改革开放的世界意义与开放型经济新体制构建”“主题论坛八：现代经济学研究方法与中国故事”“主题论坛九：经济学教学与学科发展”“主题论坛十：新时代学术报刊发展的新思路”。

论坛由中国社会科学院经济研究所发起并主办、《经济研究》编辑部承办，中国社会科学出版社、社会科学文献出版社协办。

（中国社会科学院办公厅刘玉杰供稿）

第三届发展中国家金融领袖研讨活动　日前，第三届“发展中国家金融领袖研讨项目”在清华大学五道口金融学院拉开帷幕。来自联合国和23个发展中国家的26名学员相聚一堂，将在这里开启为期七天的研讨交流日程。

“发展中国家金融领袖研讨项目”由清华大学五道口金融学院、南南合作金融中心和南南教育基金会共同主办，旨在“一带一路”与南南合作的框架下，架起中国与南南国家、以及“一带一路”沿线国家之间金融分享与学习的桥梁，促进共同发展。该项目至今已成功举办两届，共吸引来自亚洲、非洲、美洲、欧洲39个发展中国家和地区的50名高级别财经官员、金融机构高管、国际组织代表参与。

清华大学五道口金融学院理事长兼院长吴晓灵表示，开办此项目的重要目的，是要响应中国“一带一路”倡议和对南南合作的支持，推动发展中国家金融教育和金融知识的普及，增强与南南国家的沟通和交流，共享“中国经验”。在接下来的学习研讨中，学员们将实地参访亚洲基础设施投资银行、丝路基金等知名金融机构，了解中国“一带一路”的金融政策。

（参见《北京日报》2018年5月23日第9版）

上合组织经济论坛　5月25日，由商务部国际贸易经济合作研究院主办的上海合作组织经济智库联盟成立大会暨上海合作组织经济论坛在北京举办。会上，青岛作为唯一受邀的中国城市，推介了城市改革开放带来的发展新机遇，倡议上海合作组织各国共创、共建中国/上合组织地方经贸合作示范区。

来自印度、吉尔吉斯斯坦、巴基斯坦、乌兹别克斯坦、阿富汗、白俄罗斯、蒙古、阿塞拜疆、土耳其等上合组织成员国、观察员国及对话伙伴国的经济智库专家代表，与中方智库代表共130余人参会。会议围绕推进上海合作组织区域贸易便利化与自由化制度安排、深化上海合作组织区域经济合作新方向等议题展开讨论，并签署《上海合作组织经济智库联盟合作框架》与《上海合作组织经济智库联盟北京共识》。青岛市商务局与商务部国际贸易经济合作研究院签署了《关于共同推动上海合作组织经济智库联盟支持开展地方经贸合作备忘录》。

青岛市市长孟凡利向与会人员介绍说，青岛与上海合作组织国家一直保持着密切的经贸往来和各领域合作，目前已与俄罗斯、哈萨克斯坦、吉尔吉斯斯坦、印度、巴基斯坦、白俄罗斯等6个上合组织成员国或观察员国的9个城市建立了经济合作伙伴关系。2018年上合组织元首峰会即将在青岛举办，为拓展青岛与上合组织国家的地方经贸合作带来重要机遇。

据了解，青岛作为中国沿海重要中心城市和滨海度假旅游城市、国际性港口城市、国家历史文化名城，近年来经济规模和城市综合竞争力不断提升。目前，青岛正在加快国际化城市建设，不断推进企业、市场、产业、园区、城市的国际化，加快构建全方位多层次立体式的全面开放新格局，推动青岛经济高质量发展。今年4月，商务部正式复函支持在青岛欧亚经贸合作产业园区建设中国/上合组织地方经贸合作示范区，园区将依托青岛口岸多式联运功能优势，进一步深化提升与上合组织国家之间的双向经贸合作，不断拓展合作新路径。

（参见《人民日报·海外版》2018年5月31日第10版）

“一带一路”背景下中国对外直接投资的新发展学术讲座　5月31日，香港中文大学经济学系杜巨澜副教授在外交学院沙河校区做了题为“一带一路背景下中国对外直接投资的新发展”的学术报告。

杜巨澜认为改革开放以来中国经济发展取得了巨大成就，中国对外直接投资快速发展，尤其是2013年“一带一路”倡议提出后，中国对外直接投资发展迅猛，但也遭遇了一些风险与质疑。他的研究表明，“一带一路”倡议有力地促进了中国对带路沿线国家的投资，尤其是基础设施投资；“一带一路”倡议对国有企业、非国有企业对外直接投资的行业选择、目标国家选择等方面都有不同的影响。杜教授还从人民币升值、资本外逃、国内营商环境影响、企业文化冲突等方面分析了中国对外直接投资新发展面临的风险和挑战。

杜巨澜认为，我国致力于把“一带一路”打造为顺应经济全球化潮流的最广泛国际合作平台，研究“一带一路”倡议对中国对外直接投资的政策效果具有十分重要的现实指导意义。

（外交学院科研处供稿）

上海合作组织工商论坛　6月6日，上合组织工商论坛在北京举行，与会代表围绕“搭建战略对接平台，推动互联互通合作”和“促进投资贸易便利化，助力中小企业创新发展”展开讨论，探讨上合组织国家在贸易、物流、基础设施、制造、创新等领域开拓合作的新机遇和新模式。

本次上合组织工商论坛由中国贸促会主办，来自俄罗斯、印度、巴基斯坦、哈萨克斯坦、乌兹别克斯坦、塔吉克斯坦、吉尔吉斯斯坦、阿塞拜疆等国商协会和企业家代表共约300人参会。

中国贸促会副会长陈洲认为，中方“一带一路”倡议与欧亚经济联盟、“光明之路”等发展战略高度契合，各成员国应充分发挥各自在资源禀赋、产业结构、技术、人才、资金等方面的互补性，大力推动区域贸易发展、互联互通建设和产能合作，共同开创上合地区互利合作新局面，为打造更加紧密的利益共同体和命运共同体作出更大贡献。

商务部欧亚司副司长王开轩介绍，上合组织是目前幅员最广、人口最多的综合性区域合作组织，是欧亚大陆上规模庞大的区域市场，蕴藏着巨大的发展潜力。17年来，在各方的共同努力下，上合组织树立了互利共赢的新兴区域经济合作典范，在贸易、投资和重大项目合作等方面成效显著。

6月9—10日，上合组织青岛峰会即将举行。青岛市副市长刘建军说，这为拓展青岛与上合组织国家的地方经贸合作带来重要的发展机遇。青岛将积极探讨和强化与上合组织国家地方政府、企业和民间机构的交流与合作，为促进各方的共同繁荣与发展作出积极的贡献。

（参见《人民日报》2018年6月7日第3版）

第十五届全球商务与经济发展协会国际会议　6月8—10日，“第十五届全球商务与经济发展协会国际会议”在对外经济贸易大学举办。会议由全球商务与经济发展协会和对外经济贸易大学商学院共同主办。会议以数字时代的商业模式平衡竞争与协作性力量为主题，跨工商管理学科各领域，汇聚了国内外可持续发展、知识管理与创新、财务管理与投资等领域的专家学者，就新兴国家跨国企业和上市公司面临的信息化挑战和机遇进行了讨论。

（对外经济贸易大学科研处供稿）

地方政府投融资平台转型发展研讨会　6月12日，地方政府投融资平台转型发展研讨会在中央财经大学举行。研讨会由中央财经大学中财-鹏元地方财政投融资研究所、财政税务学院联合主办，来自国家发改委投资研究所、中国现代集团、长城国瑞证券有限公司、鹏元资信评估有限公司的专家学者，以及财税学院部分师生、中财-鹏元地方财政投融资研究所的研究人员参加了研讨会。研讨会上，中国现代集团丁伯康总裁分析了地方政府投融资平台转型面临的问题与出路，他认为：资金短缺的瓶颈将长期存在，这将直接考验各级政府和投融资平台资源、资产、资金和资本的运作能力。因此，地方政府融资平台公司在城市基础设施的运营、管理和服务能力，需要快速提升。国家发改委投资研究所吴亚平主任阐述了如何推动地方投融资模式转型，如何促进融资平台规范发展，以及转型的方向、难点和重点等问题。他指出：平台转型要遵循目标导向，制定一个中长期的发展战略规划，并从向城市运营商转型、向园区综合服务商转型、向产业投资公司转型、向双创孵化器转型、引入战略投资者、向非经营性政府投资项目的建设管理机构转型等角度阐述了平台公司主要转型的方向。中央财经大学温来成教授进行了总结发言，他认为：现阶段投融资平台转型发展，需要凝聚共识、明确定位、规范发展，分阶段彻底解决这一问题。

（中央财经大学科研处供稿）

新兴市场管理研究高级研讨会　6月13日，“新兴市场管理研究高级研讨会”在对外经济贸易大学举办。会议由悉尼大学新兴市场企业国际化研究中心和对外经济贸易大学国际商学院共同主办。会议邀请Andrew Delios教授，Shige Makino教授，Ajaj Gaur教授、武常岐教授等国内外知名专家学者就相关前沿性理论与观点进行交流讨论。对外经济贸易大学国际商学院院长、科研处处长王永贵教授和悉尼大学商学院国际商务系系主任Vikas Kumar教授分别致辞。参会人数60余人。

会议以新兴市场企业国际化战略为主题，涵盖12份主题发言，汇聚了国际商务、新兴市场跨国企业等领域的专家学者，加强了该领域前沿性理论与观点的平等对话，深化了对新兴市场企业国际化战略以及跨国公司新兴市场本土化战略的了解，从而为国际商务学界课题研究与企业国际化战略决策提供助力。

（对外经济贸易大学科研处供稿）

全球能源安全智库论坛　6月18—19日，由中国社会科学院主办，数量经济与技术经济研究所承办的“2018（第七届）全球能源安全智库论坛”在北京举行。来自国际能源宪章、美国、欧洲、亚洲等20多个国家的专家学者及一些国家驻华使馆官员参加会议并演讲。中电联主席杨昆、能源宪章秘书长乌尔班·鲁斯奈克先生等到会讲话。

论坛发布了《中国能源前景2018—2050》报告。该报告提出，中国经济仍将保持较快增长，中国能源结构也将持续改善。同时，向清洁能源转变向我们提出了新的能源安全问题。如何避免2017年冬天这样的气荒再次出现，成为与会国际能源组织和专家关心的问题。会议期间专家们就世界能源安全面临的挑战、清洁能源、能源新技术、跨国能源投资等问题进行了深入研讨，与会专家和国际能源组织，均表示支持亚洲能源命运共同体的建设。加强亚洲地区天然气生产、输配、消费之间的互联互通、信息共享，加强中国和周边地区尤其是东北亚、东南亚之间的电力基础设施的互联互通，将大大加快亚洲能源命运共同体的进程，为全球和中国的能源安全作出贡献。

（中国社会科学院办公厅刘玉杰供稿）

第七次中欧经贸高层对话会　6月25日，　中共中央政治局委员、国务院副总理刘鹤在北京与欧盟委员会副主席卡泰宁共同主持第七次中欧经贸高层对话。双方围绕“支持和推动全球化，深化和扩大中欧合作”主题，进行了深入、务实、高效和富有成果的讨论，就完善全球经济治理，维护多边贸易体制，推动贸易投资自由化便利化，加强数字经济、电子商务、循环经济、防治白色污染、应对气候变化、农业、金融业合作等达成了一系列丰硕成果和共识，为第20次中欧领导人会晤经贸部分做了充分准备。双方共同认为，必须坚决反对单边主义和贸易保护主义，防止这种行为可能对世界经济产生的冲击和衰退性影响。双方承诺共同维护以世贸组织为核心、以规则为基础的多边贸易体制，推动更加开放、包容、普惠、平衡、互利共赢的经济全球化。

刘鹤表示，今年是中欧全面战略伙伴关系建立15周年，是中欧领导人会晤举办20周年，中欧经贸合作不断深化，给双方企业和人民带来了实实在在的利益。无论国际形势如何变化，中国将始终坚持与欧盟发展长期稳定、互利共赢的经贸关系。卡泰宁表示，欧方愿与中方一道，加强沟通协调、深化务实合作，推动中欧经贸关系不断发展，共同助力世界经济增长。对话后，刘鹤与卡泰宁共同会见了记者。

（参见《人民日报》2018年6月26日第2版）

商学和经济学第二届学术研讨会　6月25—26日，由中央财经大学、维多利亚大学联合主办的商学和经济学联合研究中心第二届学术会议在京召开。本届学术会议以“合作共赢”为主题，研究领域涉及国际经济与贸易、公共财政政策管理、能源与环境经济学、发展经济学、社会心理学、传媒经济学等。中央财经大学副校长史建平教授致辞表示，中央财经大学重视与维多利亚大学的合作，希望借此联合研究中心召开两校学术会议，进一步深化与维多利亚大学的科研与教学的合作。维多利亚大学原商学院院长 Colin Clark 教授、现任商学院院长 Mark Farrell 教授、联合研究中心主任李桂君教授、黎永强教授、中央财经大学财政税务学院院长白彦峰教授、国际经济与贸易学院副院长王立勇教授分别致开幕辞。维多利亚大学应用信息中心主任 Yanchuan Zhang 教授、中央财经大学经济学院院长陈斌开教授分别就大数据和医疗、农村税费改革与不平等做主题演讲。联合研究中心立足国际前沿和中澳经济社会发展的重大需求，以开放的国际视野开展合作研究工作，提高双方科研成果的产出水平和国际科研声誉，此次会议为两校教师提供了良好的学术交流与合作的平台。

（中央财经大学科研处供稿）

2018中国金融科技前沿论坛　6月28日，2018中国金融科技前沿论坛在北京国家会议中心召开。论坛的主题为“银行科技创新与发展”，由中央财经大学、全国金融系统青年联合会联合主办，兰州银行股份有限公司、中央财经大学金融学院和财经教育联合承办，中国银行业协会和中国支付清算协会支持。中央财经大学校长王瑶琪教授，中央金融团工委负责人、全国金融系统青年联合会副主席康华平，中国银行业协会秘书长黄润中，中国支付清算协会副秘书长王素珍分别致开幕辞。论坛围绕金融科技理论研究与应用实践、金融科技未来发展趋势展望及金融科技、监管科技与学科建设等问题进行三场主题演讲，分别由《金融时报》社党委书记、社长邢早忠，广西大学副校长范祚军教授，中央财经大学金融学院院长李建军教授主持；随后举行了中央财经大学-兰州银行股份有限公司金融科技创新联合实验室（CUFE-

BOLZ Fintech Lab）启动仪式；最后就金融科技应用实践、科技化金融发展的风险与监管、信息科技与普惠金融、科技化金融发展的风险与监管、金融科技发展的风险与监管科技、金融科技学术研究方向与学科建设等问题进行了6场圆桌讨论。来自工商银行、建设银行、中国银行、农业银行、邮政储蓄银行、兰州银行、微众银行、新网银行，腾讯、京东、华为、建信金融科技、兴业数字金融等金融科技标杆企业，麦肯锡、金融大数据研究室等研究机构，英国牛津大学、中国人民大学、南开大学、厦门大学、兰州大学、广西大学、对外经济贸易大学、西南财经大学等高等院校等近百家单位专家学者，以及中央财经大学师生等共400余人参加了本次论坛。

（中央财经大学科研处供稿）

第八届中国人民大学国际统计论坛 7月1—2日，第八届中国人民大学国际统计论坛举办。中国人民大学校长刘伟，一级教授、原常务副校长袁卫出席开幕式。论坛由中国人民大学和美国耶鲁大学、康涅狄格大学、乔治华盛顿大学、圣母大学联合主办，来自国内外的三百余名统计学界专家学者以及高校学生参加了论坛。两天的会议期间，美国密歇根大学教授何旭铭，美国密歇根大学教授Jack D. Kalbfleisch，耶鲁大学教授陈晓红，北京大学、美国普林斯顿大学教授鄂维南，美国圣母大学教授Scott E. Maxwell，中国人民大学、美国乔治华盛顿大学教授胡飞芳等六名国内外著名统计学专家在主会场分享了最新研究成果。分会场主题包括统计学理论、方法及应用，内容涵盖大数据分析、机器学习、金融、保险、生物统计、经济社会统计等多个领域，涉及数据科学技术、统计理论研究、统计实际应用、统计学国际前沿问题、统计学研究方法等各个方面。

（中国人民大学科研处李素萍供稿）

中国会计学会第十七届全国会计信息化年会 7月7日，由中国会计学会会计信息化专业委员会主办，中央财经大学会计学院、管理会计研究与发展中心承办的中国会计学会第十七届全国会计信息化年会在中央财经大学举行。财政部会计司副司长舒惠好、中国会计学会会计信息化专业委员会主任委员、上海国家会计学院副院长刘勤，中央财经大学副校长史建平、财政部会计司准则一处调研员冷冰、财政部会计司准则一处干部韩建书、中国会计学会赵静博士等出席本次会议。大会公布了2018年影响会计从业人员十大信息技术的评选结果，财务云、电子发票、移动支付、电子档案、在线审计、数据挖掘、数字签名、财务专家系统、移动互联网、身份认证这十项技术获评“2018年影响会计从业人员十大信息技术”。中央财经大学朱建明教授、埃森哲（中国）有限公司前董事、总经理陈琳、金蝶软件（中国）有限公司总监刘丹彤分别作了题为“人工智能、区块链技术与会计信息化”“财聚天下，智汇未来”“科技激活财务管理新世界”主题报告。与会专家就会计信息化教育与人才培养模式等话题进行了交流与讨论。

（中央财经大学科研处供稿）

数据驱动下的技能提升国际研讨会 7月7日，由中央财经大学商学院与德国捷孚凯协会（GfK Verein）联合举办的数据驱动下的技能提升国际研讨会在中央财经大学举行。中央财经大学商学院客座教授、德国捷孚凯协会副总经理Dr. Andreas Neus、捷孚凯中国总经理周启群、捷孚凯全球培训主管Phyllis Macfarlane、德高中国总经理齐梦然、市场总监申昕晨、车主邦创始人、董事长戴震、联合创始人兼CEO王阳特邀出席。齐梦然、戴震、Dr. Andreas Neus、中央财经大学商学院李季副教授分别作了题为“德高未来的家居广告”“大数据应用使得商用车节能降耗和净利润提高30%”“快速数字化时代的创新盲目性”“基于大数据的线上线下融合创新的提升”的主题发言。与会专家认为大数据与人工智能技术的迅速发展对促进世界经济增长具有重要意义，本次会议能够为推进大数据技术和产业发展带来启发，希望通过双方的不懈努力，共同为大数据产业和人工智能的发展和技术进步带来新的科学研究贡献和知识经验结晶，推动实体经济转型发展、促进世界经济繁荣。

（中央财经大学科研处供稿）

第二届最优保险和再保险国际研讨会 7月13—14日，中央财经大学中国精算研究院在京举办了第二届最优保险和再保险国际研讨会，美国伊利诺伊大学香槟分校、爱荷华大学、内布拉斯大学林肯分校、密歇根州立大学、加拿大滑铁卢大学、荷兰阿姆斯特丹大学、香港大学、香港中文大学、北京大学、中国科学院、中国人民大学、武汉大学、中国财产再保险股份有限公司等国内外大学、科研机构、保险公司的60余名专家学者参加了此次会议。会议邀请了中科院夏建明研究员、阿姆斯特丹大学 Tim Boonen 教授、香港大学 Ka Chun Cheung 教授、伊利诺伊大学 Alfred Chong 教授、滑铁卢大学 Mario Ghossoub 教授和王若度教授、中国财产再保险股份有限公司精算师李晓翾总精算师、密歇根州立大学 Haiyan Liu 教授、爱荷华大学 Ambrose Lo 教授、香港中文大学 Philip Yam 教授等 20 多位专家做了报告。报告内容涵盖了最优再保险、再保险定价、保险需求、再保险与融资、保险合同设计、风险评估、道德风险、系统性风险、投资策略、均衡分红策略、相依模型等问题。

（中央财经大学科研处供稿）

2018 国际货币论坛 7 月 14—15 日，由中国人民大学财政金融学院与中国财政金融政策研究中心联合主办，中国人民大学国际货币研究所（IMI）承办的“2018 国际货币论坛”在人民大学逸夫会堂举行。论坛主题为“改革开放新征程：历史与未来”，与会嘉宾围绕“‘一带一路’倡议下的自由贸易与金融开放新格局”“金融去杠杆与系统性风险防范”“结构变迁中的宏观政策国际协调”“金融科技助力实体经济转型与升级”“中美学生领袖金融对话”等五大主题进行为期两天的研讨。中国人民大学校长刘伟、副校长吴晓球，国务院发展研究中心副主任王一鸣，中国社会科学院副院长高培勇，丝路基金有限责任公司董事长金琦，中国银行原行长李礼辉，中国社保基金会原副理事长王忠民，华夏新供给经济学研究院首席经济学家、财政部财政科学研究所原所长贾康，卢森堡驻华大使俞博生（Marc Pierre Hübsch），货币金融机构官方论坛（OMFIF）主席戴维·马什（David Marsh）等来自欧、美、亚多个国家和地区的金融管理部门、科研院所以及金融实业界的数百位著名专家学者出席会议并发表演讲。

（中国人民大学科研处李素萍供稿）

2018 京津冀协同发展论坛 7 月 26 日，以“共建共融共享”为主题的 2018 京津冀协同发展论坛在北京开幕，论坛由人民日报社主办。全国人大常委会副委员长武维华、全国政协副主席辜胜阻出席开幕式并致辞。

武维华在致辞中强调，4 年来，京津冀协同发展坚持优势互补、互利共赢、扎实推进、奋力开拓，区域经济增长极正迸发蓬勃活力。在今后的工作中，要进一步认真学习领会党的十九大精神，以习近平新时代中国特色社会主义思想为指引，切实贯彻落实新发展理念，不断开拓创新，为把京津冀打造成新时代新的区域经济增长极奋力拼搏。要加大协同创新力度，提升产业整体竞争力，探索建立利益共享机制，调动企业等市场主体的积极性，推进诚信共享一体化建设，形成多元多方建设的合力，让老百姓从京津冀协同发展中增加实实在在的获得感。

辜胜阻在致辞中指出，京津冀协同发展的根本动力在于创新驱动，协同创新是实现协同发展的核心所在。京津冀地区经济实力雄厚、创新要素集聚、产业体系较为完备，具备推动协同创新的良好基础。全面提升京津冀协同创新合力，亟须探索新模式、融入新机制，要发挥中关村创新示范引领和辐射带动作用，优化协同创新平台布局，推进区域内部与跨区域产学研用一体化，健全创新人才吸引和激励机制，加大对科技金融的支持力度，完善创业创新文化“软环境”，多措并举推动京津冀建成高效运行而又充满活力的协同创新共同体。

人民日报社社长李宝善在致辞中说，新闻媒体既是京津冀协同发展的记录者、见证者，也是积极的参与者、推动者。作为党中央机关报，人民日报贯彻落实党中央重大决策部署，服务国家重大战略，始终关注、支持、推动京津冀协同发展。我们要提高政治站位，增强行动自觉；搭建合作平台，推动互助互鉴；汇聚社会合力，助力攻坚克难。希望通过举办本次论坛，进一步增强加快京津冀协同发展的自觉性、主动性、创造性，推动京津冀协同发展取得新突破。

人民日报社总编辑庹震主持开幕式。论坛上，“人民日报区域协同发展智库”宣布成立。据了解，论坛后将启动“京津冀协同发展调研行”，对京津冀协同发展成果进行全方位、立体化、全媒体报道。

（参见《光明日报》2018 年 7 月 28 日第 4 版）

海峡两岸新经济新脉动论坛 7 月 30 日，为贯彻落实“31 条惠台措施”，促进两岸青年交流，中华全国台湾同胞联谊会与中国国际贸易促进委员会在京共同举办“海峡两岸新经济新脉动论坛”暨“台湾青年新经济研习营交流分享汇”。两岸青年、提供参观及实习机会的企业代表、相关单位嘉宾等约 200 人参会。

论坛以“开启新时代，共享新机遇”为主题，以“电子商务和互联网+”新经济领域为重点，采取专家政策解读、嘉宾创业就业经验分享、研习营学生代表发言、台湾青年交流讨论等形式，旨在帮助台湾青年了解大陆“31条惠台措施”及支持台湾青年创业就业的政策，分享台湾青年在大陆创业创新的成功经验，探索更多创业创新领域和增长点。

全国台联与中国贸促会今年首度携手，在2018年全国台联第15届台胞青年千人夏令营中组建“台湾青年新经济研习营”。来自台湾大学、清华大学、政治大学、淡江大学等台湾高校的56名本科生和研究生参加了研习营。

在结束6天参访行程后，台湾青年在北京展开企业实习和电商实训，其中16名学生在旷视科技、中信出版社、中通快递等企业实习。另外41名学生接受为期两周的电商实训，通过专家讲解、实操培训、案例分享、交流互动等方式，了解和掌握电子商务有关知识与技能。授课讲师来自复旦大学、中国信息通信研究院等院校机构及京东、滴滴出行等企业。

（参见《人民日报·海外版》2018年7月31日第4版）

第8届物流、信息化与服务科学国际学术年会和第5届产业经济系统与产业安全工程国际学术年会　8月3—6日，经教育部批准，由北京交通大学信息管理理论与技术国际研究中心、中国产业安全研究中心和经济管理学院主办，加拿大多伦多大学以及中国科学院大学承办的“第8届物流、信息化与服务科学国际学术年会（LISS 2018）”和“第5届产业经济系统与产业安全工程国际学术年会（IEIS 2018）”举行。本届会议在加拿大多伦多大学和中国北京交通大学两个会场同步进行，来自10多个国家和地区的专家学者共180余人参会。

会议邀请物流、信息化、服务科学以及产业安全等相关领域5位著名学者做主题发言：提出实时决策的出现反映了一系列数字技术的融合；开发了一种快速有效的、利用扁平结构和增量学习的宽度学习算法，并给出了几种变异体的结构及其数学模型；探讨了行李费对美国乘客需求、机票价格和航空运营的影响；对气候安全给出了定义，并通过使用统计方法和多级模糊推理相结合的指标体系对其进行量化评估；讨论了设施选址问题中包含时间和不确定性的建模问题，重点研究了多周期随机规划模型。LISS 2018和IEIS 2018会议共收到来自全球19个国家和地区的学术论文446余篇，录用137余篇，两个会议的论文集将被收入IEEE数据库Xplore中。会议期间在两个会场将分别进行24个分组论文宣讲。

（北京交通大学人文社会科研处李敏供稿）

WTO现状及走向：对我国的影响及对策建议研讨会　8月31日，对外经济贸易大学国家对外开放研究院举办了“WTO现状及走向：对我国的影响及对策建议”项目中期研讨会。国务院研究室有关学者与对外经济贸易大学王强副教授、崔凡教授作为专家出席会议。国家对外开放研究院执行院长林桂军教授与课题组裴建锁副教授、余心玎副教授、包歌副教授、余颖博士参加了会议。

研讨结束，林桂军在总结发言中对课题下一步研究工作提出了几点要求：一要继续深入挖掘WTO改革的重要驱动因素；二要进一步判断WTO改革的目标；三要深入评估美国、欧盟针对WTO改革的重大关切和可能底线，做多种WTO未来走向场景的假设与预测；四要加强判断我国在WTO改革进程中面对的形势与困难，提出应对策略与具体措施。

（对外经济贸易大学科研处供稿）

经济增长与转型：中国40年之路英语讲座　9月7日，国务院发展研究中心国际局、市场所及英语俱乐部联合举办“经济增长与转型：中国40年之路”英语讲座，欢迎第三届欧洲国家青年领军者研修班学员到访并与中心研究人员交流。市场所王微所长主持会议，产业部赵昌文部长作专题讲座，系统介绍了中国经济增长的特点和模式，提出展望中国经济发展的理论框架；王微还就研修班学员提出的关于中国技术进步的可持续性、如何面对高房价低工资并存的矛盾、改革中的利益集团等问题进行了解答和交流。

第三届欧洲青年领军者研修班是由外交部组织，外交培训学院组织的国际交流活动，研修班学员来自欧洲20余个国家及欧盟机构的青年外交官，主要通过走访相关部门、访问相关企业和地方，学习和了解中国改革开放40年发展成就和新时期中欧关系发展前景，对让世界更好地了解中国、加强中欧合作具有重要意义。

（国务院发展研究中心郭巍供稿）

2018年中国财政投融资年会　9月8日，由中央财经大学中财-鹏元地方财政投融资研究所、中央财经大学财政税务学院、中国财政学会投融资研究专业委员会共同举办的2018年中国财政投融资年会，在中央财经大学学术会堂举行。来自财政部、国家发改委、联合国开发计划署、中国社会科学院、中国财政科学研究院、中国财政学会、中央党校、澳大利亚维多利亚大学、中国人民大学、中央财经大学、南开大学、上海财经大学、中南财经政法大学、天津财经大学、河北大学、辽宁大学、内蒙古财经大学、云南财经大学、安徽财经大学、山东财经大学、青岛理工大学、中国财经出版社、华夏幸福基业有限公司、鹏元资信评估有限公司的专家学者，以及中央财经大学财政税务学院的部分学生共 200 余人参加了本次年会。来自政府部门、国际机构、科研机构、高等院校和企业的专家学者们，阐述了各自的研究成果，探讨交流了最新的学术问题，包括中国社会科学院副院长高培勇教授、中国财政科学研究院刘尚希院长、国家发展和改革委员会财政金融司陈洪宛司长、联合国开发计划署助理国别主任万杨、澳大利亚维多利亚大学 Sardar M. N. Islam（Naz）教授、中国人民大学郭庆旺教授等。与会专家学者主要围绕政府债务问题、债务风险的控制、PPP 财政风险模式及风险控制、债券评级、债券发行流程及要点、市政债券发行和管理的国际比较、信息公开等问题作了研讨。

（中央财经大学科研处供稿）

经济学动态大型研讨会 2018　9 月 18 日，由中国社会科学院经济研究所主办，《经济学动态》编辑部承办的“经济学动态·大型研讨会 2018”在北京举行。会议主题是“改革开放与中国经济高质量发展新境界”。300 多位学界人士参会。

高培勇在致辞中表示，此次研讨会的宗旨是“以习近平新时代中国特色社会主义经济思想为指导，推进中国经济理论研究和理论体系的建设”。他指出，对改革开放 40 年进行系统总结、对社会主要矛盾变化进行经济学理论解释、研究新时代的中国宏观调控体系、研究中国特色社会主义政治经济学的构建问题，是党和国家关注的重大理论和现实问题，也是亟须经济理论工作者在深入研究基础上提供学理支撑和方法论支持的重大理论和现实问题。

蔡昉在“如何提高全要素生产率”的主题演讲中指出，中国经济从高速增长阶段转向高质量发展阶段，需要重视一个重要的评价指标——全要素生产率。蔡昉指出，劳动生产率的提高有三个源泉：提高资本劳动比、人力资本水平和全要素生产率。全要素生产率通过库兹涅茨效应、熊彼特效应、创新聚集要素效应三种机制得到提高，本质上是一种资源配置效率。

刘伟在“提升消费力转换新动能”的主题演讲中提出，转变增长新动能，转变发展方式，使消费成为真正推动经济增长新动能，是在经济运行机制，经济资源配置方式根本转变上的必然选择。中国已经进入中等收入阶段，中国国内需求规模在世界上居于领先地位。这些现实都为转换增长动能，转向消费拉动为主提供了深厚的基础。消费对经济增长贡献和拉动作用还有进一步提升的空间。

研讨会的圆桌论坛第一场围绕“改革开放 40 年：深化改革与建设现代化经济体系”主题展开讨论。中国财政科学研究院院长刘尚希研究员认为，应当从社会主义市场经济学角度出发研究经济学，理顺产权关系，让市场在资源配置中发挥决定性作用。中央民族大学校长黄泰岩教授认为，解放思想带来了两次理论创新，带来了经济发展的实践和巨大进步。

研讨会的圆桌论坛第二场以“中国经济高质量发展：赢得良好的外部环境”为主题展开讨论。清华大学中国经济社会数据研究中心主任许宪春教授认为，新经济的快速增长在推动着经济发展，在抵消着传统经济下行压力，也改变着人们生活方式。南开大学原副校长佟家栋教授认为，我国正处在国际经济政策环境不确定的时期走向相对确定时期的过渡阶段。

（中国社会科学院办公厅刘玉杰供稿）

人口结构变化对宏观经济的影响与应对专题国际研讨会　9 月 19 日，国务院发展研究中心宏观经济研究部与日本财务省综合政策研究所在北京共同举办“人口结构变化对宏观经济的影响与应对”专题国际研讨会。除了中日双方课题组成员以外，还有来自世界银行、IMF、全国政协人口资源环境委员会、中国社会科学院、中国人口与发展研究中心、北京大学、中国人民大学、华东师范大学、中国宏观经济研究院、中国财政科学研究院等机构的近三十位专家学者出席了研讨会，并从多个角度讨论了出生率、抚养比、劳动参与率、老龄人口比例等人口结构变量与劳动生产率、经济可持续增长、社会保障及财政可持续性之间的关系，为中日两国应对人口结构变化带来的挑战建言献策。

（国务院发展研究中心郭巍供稿）

农业研究的热点问题与主要方法讲座　9 月 20 日，北京林业大学经管学院邀请中国人民大学农业与农村发展学院仇焕广教授作农业研究的热点问题与主要方法讲座，仇焕广梳理了农业经济研究的主要内容，包括传统农业经济管理、资源与环境经济、农村发展、食品经济管理。并介绍了农业经济领域目前主流的研究方法。30 余人出席讲座。

（北京林业大学科技处供稿）

中美贸易摩擦的属性、影响与对策报告会 10 月 17 日，由北京工业大学经管学院主办的中美贸易摩擦的属性、影响与对策报告会在北京工业大学举办。中国人民大学经济学院王孝松教授在报告中指出，此次贸易摩擦是美国从战略上遏制中国的集中表现，不仅仅是经贸利益的争夺，而是美国冷战思维的蔓延和全面打压中国的第一步，未来贸易摩擦与争端将持久而严峻。中美之间技术差距不断缩小导致美国对中国高科技产业发展产生恐慌，也是此次争端中美方特别关注技术转移的原因。贸易摩擦还是在逆全球化背景下，美国试图改变现行多边贸易体系的运行方式、重构国际经贸规则的重要手段。如果中美贸易摩擦限定在 500 亿美元商品范围内，对中国的出口、经济增长和社会福利影响有限；限定在 2500 亿美元商品范围内，风险可控；但随着贸易摩擦加剧，中国的福利损失会不断增加，极端情况下负面影响将十分严重，因此要防止贸易摩擦升级。在应对贸易摩擦的过程中，要本着“坚守底线、消除误解、正视问题”的原则，妥善解决不同性质的分歧与冲突。贸易摩擦可以成为中国深化改革开放的外部推动力量，中国各界要审视自身存在的问题，未来深化改革、扩大开放。贸易摩擦极有可能引发国际经贸规则加速重构，中国要坚持多边原则，争取对自身有利的重构方案，不断提升国际话语权。中国未来还要加大科技研发投入，提高研发水平和效率，产出原创性领先技术。

（北京工业大学科发院人文处张爱民供稿）

生产经济学讲座 10 月 25 日，北京林业大学经管学院邀请尹润生教授作生产经济学讲座，尹润生讲授了生产力研究领域的基本概念和理论模型、经济学最新理论与前沿方法及其在中国现实问题研究中的应用，并带来了林业领域一流期刊《Forest Policy and Economics》的中国林权改革的特刊，为大家的研究答疑解惑。50 人参加讲座。

（北京林业大学科技处供稿）

第十七届 WTO 与中国学术年会 10 月 27 日，由对外经济贸易大学、中国 WTO 研究会、国际贸易与可持续发展中心主办，对外经济贸易大学中国 WTO 研究院承办，中国与全球化智库协办的第十七届 WTO 与中国学术年会在对外经济贸易大学举行。

本次年会有 WTO 副总干事 Yonov Frederick Agah，外交部原副部长、国务院侨务办公室原副主任何亚非，国际贸易与可持续发展中心主任 Ricardo Melendez-Ortiz，国务院发展研究中心副主任隆国强，中国 WTO 研究会副会长兼秘书长陈鹏，中国 WTO 研究会副会长王成安，国务院参事室参事、全球化智库主任王辉耀，欧洲政策研究中心高级研究员 Jacques Pelkmans，澳大利亚阿德莱德大学国际贸易研究所所长 Peter Draper，中国国际贸易学会专家委员会副主席李永，日本政策研究院大学教授田村晓彦，韩国对外经济政策研究院高级研究员 Jin Kyo Suh，日内瓦 LEDECO 执行主任卢先堃，新加坡管理大学法学院副教授高树超，澳大利亚新南威尔士大学法学院副教授王衡，国际贸易与可持续发展中心中国办公室主任成帅华等近 20 位嘉宾学者以及国内外各大高校、各研究机构的学者以及多国使馆工作人员近 200 人参会。参会嘉宾发表主旨演讲，并就“WTO 在中国改革开放中的作用”和“新时代中国的对外开放和国际经贸关系”两个议题发言，对未来的世界经济形势、新时代的开放与合作、多边贸易体系进行了全方位的探讨。

本次年会中多个国家和地区、不同大学和研究机构的嘉宾学者带来了最新的研究成果，并对 WTO 改革、中国改革开放、世界经济形势、多边合作体制等多个方面进行了交流和探讨。

（对外经济贸易大学科研处供稿）

我国林业产业发展的现状、前景和战略重点讲座 11 月 9 日，北京林业大学经管学院邀请中国林业产业联合会常务副会长封加平会长作我国林业产业发展的现状、前景和战略重点讲座，封加平介绍了我国林业产业发展取得的主要成就、存在的问题、林业产业发展的前景和战略重点，以及林业经济转型升级的四大支柱，对我国林业产业进行了全方位的、深入浅出的介绍和解读。100 人参加讲座。

（北京林业大学科技处供稿）

第二届区块链技术与应用研讨会 11 月 11 日，由北京工业大学经管学院、北京工业大学区块链研究中心联合主办，北京工业大学数理学院、北京工业大学信息学部、北京科学与工程计算研究院、北京工业大学教育基金会协办的北京工业大学第二届区块链技术与应用研讨会在北京工业大学举办。

研讨会主题为“国内区块链技术及应用的最新成果”。中国科学院大学数字经济与区块链研究中心主任、经济与管理学院魏先华教授，北京工业大学校长助理、经济与管理学院院长李国俊研究员，国家杰出青年科学基金获得者、北京化工大学经济管理学院余乐安教授，中国计算机学会区块链专委会秘书长、北京理工大学计算机学院祝烈煌教授，北京邮电大学区块链及安全技术联合实验室主任、网络空间安全学院马兆丰教授，燕山大学经济管理学院李泉林教授，中国人民大学信息学院陈晋川教授，北京工业大学信息学部张延华教授，北京工业大学数理学院副院长、北京科学与工程计算研究院副院长徐大川教授，北京工业大学信息学部副主任、计算机学院院长杨震教授等共计 30 多位专家学者出席此次研讨会。会议还吸引了 40 多位高校学生参加。

研讨会伊始，李国俊院长在致辞中强调，习近平总书记关于新一代信息技术加速突破提出了更高的要求，世界正在进入以信息产业为主导的经济发展时期。北京市对区块链也非常重视，对区块链在京津冀协同发展的应用研究有着紧迫的需求。

七位报告人分别从区块链在金融中的应用前景、产业生态现状、隐私保护、安全监督、排队论模型、智能合约设计、溯源机制等方面做了精彩报告。

（北京工业大学科发院人文处张爱民供稿）

中欧贸易与投资关系发展趋势研讨会　11 月 13 日，外交学院国际经济学院、经济外交研究中心在外交学院展览路校区召开“中欧贸易与投资关系发展趋势”研讨会。研讨会由刘曙光教授主持，商务部姚铃研究员、中国社科院赵俊杰研究员、北京交通大学纪寿文教授、首都经贸大学康增奎教授、《国际经济合作》许娜副主编、中国国际问题研究院石岩研究员、《外交评论》陈志瑞主编以及本院徐梅教授、张翠珍副教授、冯兴艳副教授等多位教师和研究生参加了研讨会。

专家们从各自的研究领域角度，对中欧贸易和投资关系发展及其课题组的研究报告提出了自己的看法。学者们提出：因为欧盟不同地区国家对于与中方经济合作的态度和侧重点不同，建议将欧盟进行进一步的区域划分或国别划分，做更具体研究。有学者认为研究中欧经贸关系要密切结合大的时代背景，还需考虑潜在的政治问题和社会问题。纪寿文教授则从交通和物流的角度介绍了目前中欧经贸情况及中欧班列的新发展和问题。还有学者指出，特朗普的激进贸易保护措施掩盖了欧盟日益凸显的贸易保护主义倾向。陈志瑞主编认为，中、美、欧对待市场的态度同大于异，各国都是基于自身利益作出考量。

（外交学院科研处供稿）

诺奖得主面对面学术讲座　11 月 14 日，北京大学经济学院“诺奖得主面对面”系列活动学术讲座在学院东旭学术报告厅举行。2000 年诺贝尔经济学奖得主、美国芝加哥大学讲席教授詹姆斯 · 赫克曼（James J. Heckman）以“以技术创造解决收入差距与社会流动性问题”为题发表了学术演讲。活动由北大经济学院副院长秦雪征教授主持，200 余位北京大学师生及校友参加活动。在演讲开始前，赫克曼与北大经济学院的部分教师代表交流，并为学院的学生题词，鼓励他们努力学习经济学知识并培养自己对已有理论的批判性思维能力。

（北京大学社会科学部供稿）

新时代金融发展论坛　11 月 17 日，由京津冀金融研究联盟、《管理世界》杂志社、首都经济贸易大学金融学院主办的京津冀金融研究联盟 2018 年年会暨新时代金融发展论坛在北京举办。

首都经济贸易大学校长付志峰出席会议，北京市地方金融监管局副局长张幼林、天津自贸试验区管委会专职副主任张忠东、国务院发展研究中心发展战略和区域经济研究部第四研究室主任卓贤、首都经济贸易大学金融学院院长尹志超等发表主旨演讲。

张幼林以北京市为例，指出优化营商环境是企业发展的需求，是提升北京城市形象的需求，也是优化北京城市治理的客观需要。张忠东做了题为《自贸区探索与京津冀金融创新发展》的主旨演讲，提出了要在产业协同框架下丰富金融业协同内容、注重前沿金融产业培育、加强金融风险防范的联防联控。卓贤分享了关于京津冀人口互动的几点思考，他认为，以企业为单位来看，京津冀地区未来在金融、资金协同发展方面有很大提升潜力。尹志超重点介绍了中国普惠金融的国际比较、微观测度与经济影响，并表示普惠金融的内涵是普与惠，中国普惠金融的发展与发达国家尚有距离，普惠金融对经济发展有非常积极的影响，未来需要进一步加大力度促进金融普惠。

随后学者们围绕“地方金融监管问题”“改革和开放问题”“京津冀金融研究联盟的人才培养、科学研究的互助合作”等问题展开讨论。

（首都经济贸易大学科研处李琳供稿）

第十二届期货论坛 11月17日，“北京物资学院第十二届期货论坛暨期货市场30年发展高峰论坛”在北京物资学院举行。论坛由北京物资学院经济学院、《中国证券期货》杂志社、北京物资学院期货研究所共同承办，一德期货有限公司、北京悟源资产管理有限公司、冠通期货有限公司协办。开幕式由经济学院院长赵娴教授主持。校长王文举教授致辞，表示2007年至今北京物资学院期货论坛已成功举办了十一届，论坛以期货、期权及相关衍生品为主题，涵盖大宗商品市场和证券市场，已经形成国内期货行业学术交流、理论探讨、实践和实务研究的综合性平台。

（北京物资学院科研处供稿）

新时代政府间财政关系研讨会 11月17日，由首都经济贸易大学财政税务学院和经济科学出版社联合主办的新时代政府间财政关系研讨会暨《牛津美国州与地方财政手册》中文版发布会在北京召开。

中国财政科学研究院副院长白景明研究员强调本译著对于“地方财政问题”文献意义重大。美国佐治亚州立大学安德鲁·扬政策研究学院高级研究员罗伯特作为《牛津美国州与地方财政手册》英文主编介绍了美国州与地方政府分权的基本情况，强调中央和各级地方政府间合作的重要性。南京审计大学副校长裴育分享了审计视角下的财政转移支付研究，包括项目安排和编制方法、专项资金使用不规范、一般转移支付和专项转移支付比例、专项资金清理和退出、中央和地方事权划分等问题。国家开发银行原副行长刘克崮分享了自己的研究体会，指出对税费方面基本制度的分析和判断应有历史的维度，处理好历史、现在和未来的关系。中央党校许正中教授建议将“社会弹性”概念运用于政府间关系的平衡，同时强调互联网时代下能力培育和信用管理将成为政府间管理的新政策工具。东北财经大学孙开教授分析了中国40年来政府间财政关系在理念、作为方面的一些变化，并提出重塑央地关系的设想。下午的主题发言上，与会代表分别围绕“分权改革历程”“公共服务均等化”“企业税费负担”“地方政府收支水分”“政府间转移支付”等问题展开交流和讨论。

来自美国佐治亚州立大学、中国人民大学、南开大学、中央财经大学、中南财经政法大学、西南财经大学、东北财经大学、首都经济贸易大学、中国社会科学院、中国财政科学研究院、中央党校、经济科学出版社、经济日报、第一财经日报、《经济研究参考》杂志社、《经济与管理研究》杂志社等30多所高校、科研单位及媒体界的60多位代表参加了本次会议。

（首都经济贸易大学科研处李琳供稿）

价格改革40周年研讨会 11月20日，价格改革40周年研讨会在中国人民大学召开，相关高校和研究机构的专家学者，国家发展改革委、市场监管总局、各地价格主管部门代表，曾在价格系统工作过的部分领导同志出席研讨会，共话价格改革40年。开幕式上，中国人民大学党委常务副书记张建明致辞，国家发展改革委副主任胡祖才作主旨发言。中国人民大学副校长刘元春主持开幕式。中国社会科学院经济研究所原所长张卓元、国家发展改革委原副主任彭森、原国有重点大型企业监事会主席赵小平、北京市发展改革委副主任李素芳等作了主题发言。与会嘉宾围绕“价格改革成就与经验”“价格预警与调控”“价格要素市场化改革”“农产品价格改革”“公共服务价格改革”和“能源价格改革与垄断行业价格监管”六大主题进行了专题研讨。研讨会由中国人民大学主办，中国人民大学国家发展与战略研究院承办。

（中国人民大学科研处李素萍供稿）

第八届中国商贸流通企业发展论坛 11月24日，“第八届中国商贸流通企业发展论坛暨人工智能下企业管理变革高峰会”在北京物资学院举行。论坛由北京物资学院商学院发起，北京物资学院商学院、北京物资学院校友会、北京物资学院商贸流通企业研究所和北京物资学院MBA教育中心主办，北京梧远科技有限公司、兰格钢铁网、北京中储华通商贸有限公司共同协办。论坛邀请了《中国流通经济》杂志、中国网、中国发展门户网、《现代物流报》《北京商报》等多家媒体到场报道。北京物资学院副校长翁心刚在论坛致辞中表示，人工智能技术是一种集合了移动互联网、大数据、超级计算、传感网、脑科学等新兴技术的集成化复杂技术，人工智能将成为经济发展的新引擎，新一轮产业变革的核心驱动力，人工智能的应用将重构生产、分配、交换、消费等社会再生产各环节，极大地提升经济活动的效率。信息化与传统产业的深度融合，推动了传统产业向现代产业转型。特别是在物流和流通领域，由于信息化的植入，传统物流与流通开始向现代物流、现代流通转变，也促成了流通新业态的出现。人工智能植入到物流和流通领域，将会给商贸企业管理变革带来新的技术支撑，成为商贸企业管理变革的驱动力。

（北京物资学院科研处供稿）

第十六届中国改革论坛　11 月 25 日，由国家发展改革委指导、中国经济体制改革研究会主办的第十六届中国改革论坛在北京举行，300 余名专家学者参加了会议。与会者围绕“新时代加快完善社会主义市场经济体制”的主题，深入探讨了民营企业发展、全面深化改革等问题。

会上，中国经济体制改革研究会会长彭森代表研究会发布了 10 条关于全面深化经济体制改革的政策建议：以深化重要领域国有企业混合所有制改革为突破口，促进各种所有制经济平等发展与结构优化；以要素市场和公共服务体制改革为重点，推动城乡要素平等交换、公共服务均衡配置和城乡一体化发展；以价格体制和盈利模式改革为突破口，加快垄断行业改革等。

（参见《人民日报》2018 年 11 月 28 日第 13 版）

中央商务区高质量发展论坛　11 月 29 日，由首都经济贸易大学、社会科学文献出版社共同主办的中央商务区蓝皮书发布暨商务区高质量发展论坛在北京举办。论坛正式发布了《中央商务区产业发展报告（2018）：CBD 推动区域高质量协调发展》蓝皮书，与会专家围绕中央商务区产业发展、北京金融营商环境等议题展开研讨。

由首经贸 CBD 发展研究基地主任蒋三庚教授组织撰写的《中央商务区产业发展报告（2018）：CBD 推动区域高质量协调发展》是中央商务区蓝皮书系列的第一部报告，这部报告以中央商务区产业发展为研究对象，分为总报告、指数评价篇、区域篇、专题篇四大部分。中国社会科学院学部委员张卓元、学校科研处处长姚东旭到会致辞祝贺，蒋三庚作为报告主编作了主旨发言。

蒋三庚介绍，研究报告构建了 CBD 发展指标体系，包括中央商务区综合发展指数研究、区域辐射指数研究、楼宇经济指数研究和营商环境指数研究，其中综合发展指数包含了经济发展、经济驱动、科技创新、社会发展、区域辐射五个分指数。研究表明，北京朝阳区、上海浦东新区和广州天河区综合发展指数位居一、二、三位。CBD 辐射能力和水平总体在提高，但也存在明显差异，一线城市 CBD 辐射能力和水平总体高于新一线城市，在新一线城市中天津滨海新区 CBD 的发展最为迅猛。研究发现，14 个中央商务区城区楼宇经济形成了不同层级的发展态势，其中深圳福田 CBD 拥有最多税收超亿元商务楼宇，上海浦东新区 CBD 和北京朝阳区 CBD 位列第二、三名。蒋三庚认为，CBD 有助于推进区域经济高质量协调发展，但也应加快服务业产业升级，开辟发展楼宇经济新路径，创新绿色智慧建设发展，创新治理结构，提升人才涵养质量。

北京市社会科学院杨松研究员、首经贸金融学院副院长高杰英，先后就北京中关村 40 年总结与展望、北京金融营商环境现状与展望、推进中央商务区高质量协调发展等作了主题演讲。

（首都经济贸易大学科研处李琳供稿）

会计实践与发展高峰论坛　12 月 1 日，会计实践与发展——纪念改革开放 40 周年高峰论坛在北京举行。论坛由首都经济贸易大学主办，六位来自实务界和企业界的专家、学者一起回顾和展望会计的未来和发展。全国政协常委、瑞华会计师事务所管理合伙人张连起作了题为《当前经济形势与注册会计师职业发展》的报告。张连起从中国经济的“六大现象”“打赢三大攻坚战”，讲到当前中国经济“稳”的基础，又从“专业、独立、守信”与“商业、逐利、失信”注册会计师角色冲突中，告诫同学们要做市场经济的啄木鸟、公众利益的守业人、社会公信力的风向标。中国医药集团总公司总会计师、中国中药有限公司董事长杨珊华作了“国有企业财务会计问题思考”的主题报告。杨珊华从国有企业会计目标谈起，介绍了国有企业会计信息披露的内容和要求，以及国有企业总会计师委派制度现状和问题，并对决算审计工作提出相关建议。国家审计署审计科研所副所长、中国审计学会副秘书长刘力云作了《我国国家审计的新形势和新要求》的主题报告。北京天道诚数据处理（北京）有限公司总经理郭伟作了题为“财务云的实践与发展”报告。

（首都经济贸易大学科研处李琳供稿）

第五届中国产业经济研究学术年会 12月8日，以“中国如何实现高质量增长”为主题的第五届中国产业经济研究学术年会在中国社会科学院大学举行。本届年会由中国电子信息行业联合会、中国社会科学院大学（研究生院）、电子工业出版社联合主办，中国社会科学院大学经济学院承办，《产业经济评论》《中国社会科学院研究生院学报》杂志社协办，学术团体香樟经济学术圈进行学术支持。

本届年会的主题为“中国如何实现高质量增长”。年会设置了“创新创业与企业理论”“环境治理与工业、新业态发展”“对外贸易与企业机遇”“国家、地区产业政策”四个分论坛。会上对2018年度中国产业经济优秀论文、《产业经济评论》年度最佳论文进行了颁奖。本次年会还进行了专业交流。

（中国社会科学院大学科研处蒋甫玉供稿）

纪念改革开放40年论坛 12月8日，北京大学经济学院主办的“纪念改革开放40年：与经济改革和开放同行的经济学院”论坛在北京大学经济学院举行。来自政府部门、高校、科研院所、产业界和媒体的代表、北大师生以及校友等400余人参加了论坛。论坛主要围绕改革开放40年来经济理论发展和改革开放实践两个方面，回顾辉煌历史，展望新时代宏伟篇章。主办方希望通过论坛的举办，在新时代新征程中，以习近平新时代中国特色社会主义思想为指导，为中国特色社会主义经济理论的构建、实践、探索和发展贡献更大力量，以中国特色和世界水平为标准，更出色地做好人才培养、科学研究和社会服务工作。论坛由上午的开幕式、主旨演讲、圆桌论坛和下午的十场平行主题论坛等环节组成。

（北京大学社会科学部供稿）

首都企业改革与发展研究会换届大会暨学术研讨会 12月12日，首都企业改革与发展研究会第六届第一次会员大会暨学术研讨会在北京召开。会议由北京师范大学经济与工商管理学院承办，首都经济贸易大学工商管理学院MBA教育中心协办，来自高校和企业界的近百名会员参加了会议。

会议分为换届大会、学术研讨两个环节。根据党的十九大精神，大会修改通过了研究会章程，增设第六届首都企业改革与发展研究会党建工作小组。根据北京市民政局、北京市社会科学界联合会关于社团法人的最新规定，首都企业改革与发展研究会第六届理事会由19名理事组成，监事会由3名监事组成。

研讨会以“企业改革发展四十年回顾与展望”为主题，首都经济贸易大学原副校长郑海航以小岗村农村改革和六家国有企业扩大所有权试点两大事件为例，提出新时代国企改革应以是否转换机制、增强活力为检验标准，在混改中贯彻“两个毫不动摇”，不应是“国进民退”，而是“国民融合”。中国社会科学院学部委员、工业经济研究所原所长金碚分析了现代经济的五种形态及其实现模式、均衡方式，认为改革开放四十年来，中国已经基本完成了对西方经济学、管理学从引进到消化吸收的历史进程，在实践与思想不断进步的背景下，未来路径与系统化的经济体系仍需不断探索，中国经济学家、企业家需不断“爬山”（立足经济学前沿）、“下海”（蓝海战略），在理论与管理实践中搭建桥梁，才能有益于中国改革开放的持续深化。北京丰收企业管理顾问有限公司董事长、研究会顾问陈惠湘结合对400多家企业的考察研究，对企业家精神进行了专题演讲。他指出，细究企业家群体，其诞生的背后因素离不开“风险担当”。在了解历史规律后，未来中国应继续深化改革，大力推广市场经济，弘扬企业家精神。

（首都经济贸易大学科研处李琳供稿）

大数据技术应用国际研讨会 12月13—14日，“购买力平价与国民福祉统计发展暨大数据技术应用国际研讨会”在北京物资学院举行。会议由北京物资学院、中国人民大学、意大利比萨大学、意大利佛罗伦萨大学联合主办，北京物资学院承办。会议汇集了全球购买力平价研究与实践前沿专家，是探索中国购买力平价问题与发展的年度论坛，同时也是世界统计大会购买力平价比较项目分论坛的预备会议。会议主题为购买力国民福祉、物流统计、大数据应用，旨在加强相关领域研究者的国际交流合作，分享理论研究和应用实践的最新成果、探讨国际发展动态和研究热点。大会邀请了来自意大利、美国、中国10所知名高校和政府机构，包括意大利比萨大学、佛罗伦萨大学、罗马大学、图西亚大学、美国罗格斯商学院、英国国家统计局、中国国家统计局、清华大学、中国人民大学、西南财经大学、北京理工大学、北京物资学院的专家学者到会交流报告。国内高校和研究机构的

30 余名代表出席本次大会。

本次大会共包括“购买力平价与国民福祉统计发展”“世界统计大会 PPP 分论坛筹备工作圆桌会议”“大数据技术应用”三个版块，同时，北京物资学院与意大利比萨大学进行了两校国际交流合作框架协议的洽谈。

（北京物资学院科研处供稿）

《改革开放 40 年：中国市场体系建立、发展与展望》专著首发式暨高层研讨会 12 月 15 日，由国务院发展研究中心市场经济研究所和中国发展出版社共同举办的《改革开放 40 年：市场体系建立、发展与展望》专著首发式暨高层研讨会在北京召开。该书回顾改革开放以来中国市场体系建设的历程，总结多年来取得的辉煌成就和宝贵经验，探讨在新时代建设现代化市场体系面临的机遇和主要任务，力图真实、客观记录我国市场体系发展的足迹，系统总结 40 年来市场体系的发展历程和取得的成就，认真分析存在的问题，并面向新时代对现代市场体系建设的前景进行分析和展望，系统思考市场体系高质量发展的目标和路径。

国务院发展研究中心党组书记、副主任马建堂在题为《张开双臂迎接改革开放新时代》的发言中指出，在迎来改革开放 40 周年之际，国务院发展研究中心市场经济研究所组织编撰了《改革开放 40 年：市场体系建立、发展与展望》，从一个侧面展示改革开放的光辉历程，这是对 40 年改革开放历程的纪念。他指出，改革开放的 40 年，是我们党对政府与市场关系的认识不断深化的 40 年，也是理论创新不断指导社会主义市场经济体制建立与实现跨越发展的 40 年。

国务院发展研究中心副主任、党组成员王安顺出席会议并主持开幕式。他表示，国务院发展研究中心作为直属于国务院的政策咨询研究机构，针对改革开放中的全局性、战略性、前瞻性、长期性，以及热点难点问题，展开政策研究和咨询，不断为改革开放贡献应尽之力。《改革开放 40 年：市场体系建立、发展与展望》是国务院发展研究中心深入贯彻落实习近平总书记重要讲话精神的具体行动。

著名经济学家、国务院发展研究中心研究员、市场经济研究所名誉所长吴敬琏教授给大会发来了书面发言和贺词。他表示，我国目前的市场体系须沿着市场化、法制化、民主化的方向，从政治、经济、法治等多方面着眼，围绕保护产权、厉行法治、改善监管、加强公平竞争、消费者保护等重点问题推进改革，尽快建设统一开放、竞争有序的市场体系。

（国务院发展研究中心郭巍供稿）

第六届金融风险高层论坛 12 月 15 日，由首都经济贸易大学、中国社会科学院财经战略研究院主办，金融风险研究院、金融学院、北京京华金融研究院、北京国际金融学会联合承办的第六届金融风险高层论坛暨《中国金融风险报告（2018）》蓝皮书发布会在北京举行。

中国社会科学院财经战略研究院院长何德旭，国务院研究室信息司司长刘应杰，中国人民银行货币政策司副司长谢光启，国家外汇管理局综合司副司长杨骏，国家发改委宏观经济研究院经济研究所副所长郭春丽，对外经济贸易大学副校长丁志杰等出席会议。

首都经济贸易大学金融学院院长尹志超重点介绍了金融风险蓝皮书的主要内容。他指出，蓝皮书共分为两大部分，第一部分是考察中国宏微观层面金融风险的 6 篇研究报告，第二部分辑录了最近一年研究人员在国内外权威期刊公开发表的 5 篇高水平学术论文。从具体内容上看，研究报告从六方面探讨了中国宏微观层面的金融风险，包括上市的商业银行、资产配置、保险、国际资本流动等方面。

蓝皮书发布会和金融风险高层论坛，吸引了 30 多名国内外知名学者和业界专家的参与，《财贸经济》编辑部主任王朝阳，《经济学动态》编辑部副主任李仁贵，《经济研究》编辑部孙三百，《世界经济》编辑部王徽，《经济学动态》编辑部何伟，《财经科学》编辑部代沁雯，以及来自新华网、环球日报等媒体记者参加了此次会议。

（首都经济贸易大学科研处李琳供稿）

COP24 后中国碳市场展望研讨会 12 月 18 日，由中央财经大学、北京环境交易所联合主办、北京绿色金融协会协办的“COP24 后中国碳市场展望”研讨会在中央财经大学举办。来自北京市重点排放单位、碳市场咨询机构、中央财经大学和北京环境交易所等机构 60 余位代表出席会议。中央财经大学法学院党总支书记吴韬和北京环境交易所总裁梅德文致辞，来自中外高校、碳市场政策研究机构和交易机构的 7 位专家作专题发言。荷兰格罗宁根大学教授斯特凡·魏斯哈尔（StefanWeishaar）教授分析了全球排放权交易体系的连接问题；清华大学中国碳市场研究中心段茂盛教授重点分析了有关《巴黎协定》第六条“市场机制条款”的指导细则未能出台的原因和谈判难点；国家气候战略研究中心助理研究员张敏思介绍了中国碳市场发展情况；中国政法大学曹明德教授从法律角度分析了现有碳交易规范体系存在的问题并对未来全国统一碳市场规制设计提出了多条立法建议；中央财经大学绿色金融国际研究院院长王遥就中国碳金融发展分享了自己的思考；中央财经大学张小平副教授就碳配额拍卖规则设计问题分享了自己的研究成果；北京环境交易所副总裁龚俊松介绍了北京碳市场机制设计及相关探索实践。七位专家的分享紧扣大会成果和中国碳市场未来发展，充分体现了中外学界对全球应对气候变化和中国碳市场发展的关注和思考，对推动未来全球应对气候变化谈判和中国碳市场建设具有积极意义。

（中央财经大学科研处供稿）

第十三届中国公司治理论坛　12月22日，“第十三届中国公司治理论坛——公司治理与民营经济发展研讨会暨《中国上市公司治理分类指数报告 No. 17（2018）》发布会”举办。国务院国有重点大型企业监事会原主席季晓南、中国投资协会副会长兼秘书长张永贵、国务院法制办工交商事法制司原司长张建华、中国社科院研究生院原院长刘迎秋、社会科学文献出版社社长谢寿光、中央企业智库联盟秘书长彭建国、中国人民大学长江学者特聘教授杨瑞龙、中国社科院经济研究所研究员剧锦文、中国社科院世经政所公司治理研究中心主任鲁桐、对外经济贸易大学长江学者特聘教授王永贵、北京师范大学经济与工商管理学院副院长张平淡、北京师范大学经济与工商管理学院教授戚聿东、北京上市公司协会秘书长余兴喜、中国中车股份有限公司董事会秘书谢纪龙、首都经济贸易大学工商管理学院教授吴少平、中国投资协会民营投资专业委员会常务副会长兼秘书长王旭东、恒泰艾普集团股份有限公司副董事长兼副总经理杨健全、厦门国际银行战略关系部总经理郑修建等专家和企业家近300人出席了本次会议，并围绕如何通过公司治理保证民营企业可持续发展问题进行了探讨。

会议发布了由北师大高明华教授主持完成的《中国上市公司治理分类指数报告 No. 17（2018）》，这是高明华主持完成的第17部中国上市公司治理分类指数年度报告。报告涵盖六类公司治理指数，分别是中小投资者权益保护指数、董事会治理指数、企业家能力指数、财务治理指数、自愿性信息披露指数和高管薪酬指数，并从总体、行业、地区、所有制、上市板块等角度分别进行了评估和比较分析。

（北京师范大学社科处刘娜供稿）

优化营商环境论坛　12月22日，由北京市侨联主办、北京市侨联智库和中国政法大学破产法与企业重组研究中心承办的优化营商环境主题论坛在京举行。

国家市场监管总局登记注册局、北京市知识产权局、北京市地方金融监管局、北京市经济和信息化局等有关部门负责人以及高校科研机构、侨资企业、律师事务所代表共150余人参加了论坛。

北京市侨联党组书记赵宏生在论坛上表示，当前，中国经济已进入高质量发展阶段，要吸引更多资源促进发展，必须在比服务、比效率、比环境上精准发力，打造营商环境新优势。侨联组织要向海外侨胞广泛宣传我国优化营商环境的政策法规，引导更多的海外优秀人才回国发展，为国服务；要积极搭建新侨企业与政府有关部门沟通交流的平台，通过各种形式，为企业发展提供更多的政策和信息支持；要履行侨联组织的参政议政职能，聚焦优化营商环境这一时代课题，加强调查研究，为建立优质营商环境建言献策。

据介绍，这次论坛旨在充分发挥北京市侨联智库的优势作用，为优化首都营商环境提供智力支撑。同时，搭建一个侨资企业与相关部门交流互动的平台，更好地推动新侨人才创新创业。

（参见《人民日报》2018年12月24日第3版）

改革开放与中国经济学发展研讨会暨《中国经济40年》出版座谈会　12月28日，由中国社会科学出版社主办的“改革开放与中国经济学发展研讨会暨《中国经济学40年》出版座谈会”在北京举行。中国社会科学院副院长、党组成员、学部委员高培勇出席会议并讲话。中国社会科学出版社党委书记、社长赵剑英致辞，中国社会科学院学部委员、经济研究所研究员张卓元做主旨发言。中国社会科学院财经战略研究院党委书记、研究员闫坤，中国社会科学院经济研究所副所长、研究员张晓晶，中国人民大学经济学院教授李义平，北京师范大学经济与资源管理研究院名誉院长李晓西，北京师范大学资源管理学院教授刘学敏，北京师范大学经济与工商管理学院教授戚聿东，首都经济贸易大学经济学院教授杨春学等出席会议。会议由中国社会科学出版社总编辑魏长宝主持。

《中国经济学 40 年》由中国当代经济学家、中国社会科学院学部委员张卓元教授领衔、组织中国社会科学院、中国人民大学、北京师范大学等科研院所和高校的知名专家学者撰写。《中国经济学 40 年》对中国改革开放 40 年来中国经济理论探索和创新进行系统归纳，系统地阐述了改革开放以来各个重要时期中国经济理论的突破与创新，并展望中国经济学的发展前景。该书内容涵盖了社会主义市场经济论、社会主义初级阶段理论、社会主义基本经济制度理论、企业理论、现代市场体系、价格改革、产业结构与产业组织、宏观经济管理理论、财税理论、金融理论、收入分配、经济发展观、三农、区域经济学、自然资源经济学、经济增长方式转变、对外开放、中国特色社会主义政治经济学。

《中国经济学 40 年》总结了中国经济研究工作者在中国特色社会主义经济理论的探索、发展和创新的过程中的四点经验。一是坚持马克思主义基本原理，坚持正确的政治方向，以发展的、中国化的马克思主义指导经济理论研究；二是热情投入和紧密联系中国改革开放与社会主义现代化建设的伟大实践，立足国情，立足当代，围绕经济发展这一中心，服务大局，以深入研究重大现实问题为主攻方向，在新的探索中积极推进理论突破、实践和创新；三是结合中国国情，吸收和借鉴人类社会创造的一切文明成果，和当今世界各国的一切反映现代社会化生产规律和市场经济运行规律的有用成果和方法；四是为世界增加新道路选择和中国发展的智慧。

（中国社会科学院办公厅刘玉杰供稿）

社会学（含人口学）

第二届健康管理与商业医疗保险论坛　近日，第二届健康管理与商业医疗保险论坛暨 PCIC 联盟成立大会在京举行。论坛以发展全科、促进医疗与商险融合、助力健康中国为主题，充分发挥官、产、学、研、媒不同角色价值优势。

以人为本的一体化服务（PCIC）联盟是全国首个由行业协会、名医名院、保险金融机构、健康产业机构与主流媒体及相关单位共同发起成立的跨界联合体。该联盟将按照公益愿景、市场机制、资源共享、自愿加盟的原则建立，目的是为实现名医、名院和院士专家的联合倡议：通过各种类型的帮扶工作，尽力带动基层医疗机构技术水平的提高，建立全科与专科之间的分工合作机制，改善民众就医感受。

（参见《人民日报·海外版》2018 年 1 月 27 日第 9 版）

中国诚信建设高峰论坛　1 月 31 日，由人民日报社指导，人民论坛杂志社、国家治理周刊、人民智库共同主办的中国诚信建设高峰论坛在人民大会堂召开。

与会嘉宾围绕“新时代中国诚信建设新使命”“诚信文化与中国精神”“社会诚信与法治”等议题进行了深入研讨及对话交流，深刻阐释了习近平总书记关于诚信文化思想的深刻内涵、重大意义，充分探讨了新时代中国特色社会主义诚信建设的路径。会上发布了“新时代最具价值的 20 个汉字”“中国公众的诚信观念与诚信意识”两项大型公共问卷调查的基本结论。调查显示，“诚”和“信”两个汉字都进入了两次大型公众调查的前十位，体现了新时代的价值取向。公众普遍认识到诚信对社会繁荣安定、实现民族复兴的重要作用。

全国政协原副主席张梅颖、人民日报社副社长张建星、中国人寿保险股份有限公司总裁林岱仁与会并致辞，300 余名嘉宾出席会议。

（参见《人民日报》2018 年 2 月 1 日第 9 版）

纪念“五一口号”发布 70 周年研讨会　4 月 13 日，中央社会主义学院在京召开纪念中共中央“五一口号”发布 70 周年理论研讨会。来自中央统战部、中央党校、八个民主党派中央和北京大学、中国人民大学等高校的 20 多位专家学者围绕“不忘合作初心、继续携手前进”的主题，就“五一口号”的历史贡献及现实意义、“五一口号”与新型政党制度的关系、创新多党合作理论等问题进行了深入探讨与交流。中央社会主义学院党组书记潘岳、民进中央副主席高友东出席。

中央社会主义学院副院长、中国政党制度研究中心主任袁莎在致辞中表示，“五一口号”的发布反映了各民主党派和所有爱国民主人士的政治主张，标志着各民主党派和无党派人士自觉接受中国共产党领导，成为我国新型政党制度产生的起点。进入新时代，我们要准确把握“五一口号”发布这一重要历史事件在新时代的地位与作用；要深刻理解习近平总书记提出新型政党制度重要论断的内涵，把握新型政党制度的本质特征，构建新型政党制度理论体系，把这一制度坚持好、维护好、完善好。

专家们认为，70年的实践充分证明，多党合作和政治协商制度是符合中国国情和实际，是各民主党派和无党派人士参政议政的重要途径和实现形式，是中国社会主义民主政治建设的重要制度载体。大家认为，中国的新型政党制度体现了世界政党制度共性与个性的统一，我们完全有理由自信、有责任坚持、有能力完善，这正是中国特色社会主义进入新时代对政党制度建设的新要求。

（参见《光明日报》2018年4月14日第4版）

2018智汇养老北京高峰研讨会 4月19日，“2018智汇养老北京高峰研讨会”在中国人民大学召开，来自政府、高校、社会智库、企业代表等系统的近百位专家学者围绕新时代养老事业的新格局、新动力、新技术、新跨越分享各项思想成果并提出多种建设性方案。中央统战部原副部长陈喜庆，中国人民大学校长、国家发展与战略研究院院长刘伟，政协北京市第十二届委员会副主席闫仲秋，全国老龄办党组成员、副主任吴玉韶，中国老年学和老年医学学会会长刘维林，北京市政协社会和法制委员会主任委员闫满成等嘉宾出席研讨会。本次研讨会由人大国发院、中国老年学和老年医学学会、中国民主建国会北京市委员会联合主办，意在充分发挥国家高端智库的智力资源优势，并结合中国特色多党合作与政治协商制度的优势及国家级学会组织的引领作用，推动政、产、学、研、用的结合，形成多种思想成果，为政府相关主管部门提供智力支持，同时引领养老事业和产业的发展。来自国家信息中心、国有大型企业监事会，北京市委改革办、社工委、民政局、北京市老龄办、老干部局等委办局，以及中国人民大学的部分师生共计400余人参加了研讨会。

（中国人民大学科研处李素萍供稿）

新时代劳模精神工匠精神与思想政治教育研讨会 4月22日，中国劳动关系学院在北京校区举办了新时代劳模精神工匠精神与思想政治教育研讨会暨全国劳模文化研究联盟第二届年会。中华全国总工会书记处书记、党组成员，组织部部长张茂华，北京市委教育工作委员会委员陈江华，首都经济贸易大学党委书记、教育部思政课教指委委员冯培教授，上海第二工业大学党委副书记、副校长吴沛东，中共中央党校科学社会主义教研部王怀超教授，清华大学马克思主义学院吴潜涛教授，中国人民大学马克思主义学院院长郝立新教授，学校党委书记屈增国，党委副书记、校长刘向兵研究员，副校长刘玉方教授出席会议。有关高等院校、研究院所、地方工会、工会干校的专家、学者，学校教师代表共200余人参加了会议。开幕式由刘玉方主持。

张茂华在讲话中指出，劳动模范是民族的精英、人民的楷模，是亿万职工的杰出代表。劳模精神和工匠精神作为民族精神与时代精神的重要内容，在价值取向、爱国情怀、文化传承、道德提升和教育导向方面与社会主义核心价值观具有高度的契合性和一致性，是增强高校思想政治教育工作时代感和实效性、培育和弘扬社会主义核心价值观、促进大学生成长成才的有效途径，大力弘扬新时代劳模精神和工匠精神是高校思想政治教育的重要内容和应有之义。

陈江华在讲话中指出，中国劳动关系学院是一所以劳动科学为特色、办学优势突出的高等学府，近年来在服务国家改革发展、服务首都“四个中心”建设中作出了重要贡献，在此举办此次会议具有高度的契合度。他对进一步弘扬新时代劳模精神工匠精神、做好思想政治教育工作提出三点意见：一是要深刻认识劳模精神工匠精神是实现中华民族伟大复兴中国梦不可或缺的强大精神力量；二是要坚持不懈把劳模精神工匠精神作为高校思想政治工作一以贯之的重要教育内容；三是青年学生要把劳模精神工匠精神作为服务国家、服务人民最为可贵的人生法宝。

屈增国在致辞中表示，学校作为一所具有鲜明“劳动特色”的高校，在加强思想政治工作方面进行了一些探索，取得了较好效果：一是设立专门研究机构——大国工匠和劳动模范研究所；二是充分发挥“劳动模范和大国工匠在校园”的优势，彰显劳模文化特色；三是创新思政课堂教学，开展劳动教育，培育劳动情怀，弘扬工匠精神。

刘向兵在总结讲话中表示，本次研讨会实现了五个融合，一是把宏观背景、时代背景与微观主题相融合；二是把历史追溯和现实关照相融合；三是把学术研究和实践探索相融合；四是把思想政治教育科研和思想政治教育教学相融合；五是把思想政治教育学科，与哲学、社会学、经济学、管理学、文化学、教育学等各个学科的研究相融合。

会上举行了全国劳模文化研究联盟轮值主席单位交接仪式、联盟单位授牌仪式以及《中国劳模口述史（第一辑）》《时代领跑者——上海劳模口述史》两部专著的首发式。

刘向兵、王怀超、吴潜涛、郝立新、吴沛东分别以《思想政治教育视域下工匠精神的培育与弘扬》《社会主义核心价值观是当代中国精神的集中体现》《劳模精神的时代价值》《新时代的中国精神》《当代大学生对劳模精神的认知分析与培育探索》为题作主旨发言。

本次会议由全国劳模文化研究联盟、中国劳动关系学院主办，中国劳动关系学院思想政治理论教学部、大国工匠与劳动模范研究所，上海市劳模文化研究中心承办，《中国高等教育》《思想理论教育导刊》《思想理论教育》《中国劳动关系学院学报》等学术期刊协办。

（中国劳动关系学院科研处陈邓海供稿）

第四期青年学者论坛　日前，中央党校习近平新时代中国特色社会主义思想研究中心、中央党校国家高端智库、中央党校科研部共同举办的“中央党校第四期青年学者论坛”在京召开。本期论坛的主题为“习近平新时代中国特色社会主义思想对马克思主义的原创性贡献”。

与会者指出，习近平新时代中国特色社会主义思想是具有原创性的当代中国马克思主义，开辟了马克思主义新境界、中国特色社会主义新境界、党治国理政新境界、管党治党新境界。这一重要思想对马克思主义的原创性贡献，从根本上说来自时代的呼唤、来自实践的要求。与会者从习近平新时代中国特色社会主义经济思想、关于党的自我革命思想、构建人类命运共同体思想等不同方面阐述了习近平新时代中国特色社会主义思想对马克思主义的重大原创性贡献。

（参见《人民日报》2018 年 4 月 27 日第 7 版）

习近平总书记给中国劳动关系学院劳模本科班学员重要回信学习研讨会　5 月 5 日，为深入学习宣传贯彻习近平总书记给中国劳动关系学院劳模本科班学员回信重要精神，中国劳动关系学院和光明日报社在北京校区联合举办“习近平总书记给中国劳动关系学院劳模本科班学员重要回信学习研讨会”。全国总工会书记处书记、党组成员、组织部部长张茂华，中宣部宣教局副局长常戍，教育部思政司副司长王光彦，光明日报副总编辑陆先高，清华大学马克思主义学院吴潜涛教授，中国人民大学党委副书记郑水泉教授，光明日报国内政治部副主任、高级编审邓凯，北京市委教育工委宣教处负责同志寇红江，学校党委书记屈增国，党委副书记、校长刘向兵等出席研讨会。来自中国政法大学、东北大学、上海第二工业大学、中国社会科学院等单位和学校的近 30 位专家学者参加了研讨。

张茂华宣读了习近平总书记给学校劳模本科班学员的回信，传达了全国总工会王东明主席、李玉赋书记的批示以及全国总工会就学习宣传贯彻习近平总书记回信精神下发的通知精神，并结合学校实际，提出五点要求：一是要把学习宣传贯彻总书记回信精神摆在首要位置，确保入脑入心；二是要学习贯彻总书记重要要求，切实关心关爱劳模班学员；三是要加强相关学科和课程建设，深入阐释劳模精神、工匠精神，提供学术支撑；四是要发挥自身师资力量优势和联系劳模优势，加大对总书记回信精神的宣讲力度；五是要认真学习贯彻总书记考察北京大学讲话精神，以党的政治建设为统领，落实主体责任，抓好各项工作。

陆先高指出，总书记的回信引发了社会各界的广泛关注，要将“干劲、闯劲、钻劲”落实到具体的实践工作中，努力营造“尊敬劳动模范，弘扬劳动精神”的社会氛围。

常戍表示，劳模精神是时代精神的主要内容，也是社会主义核心价值观的重要内容，弘扬和培育劳模精神的工作责无旁贷，也将是今后宣传教育工作的重点。

王光彦在讲话中指出，本次研讨会是贯彻落实总书记回信重要精神的重要安排和举措，体现了高度的政治责任感和很强的政治现实性，提出要聚焦主题主线、聚焦明理明道、聚焦落地落实、聚焦担当担责，大力弘扬新时代劳模精神，写好高校思想政治工作“奋进之笔”。

寇红江认为，回信表达了总书记对中国劳动关系学院、北京高校、广大师生的亲切关怀，阐明了劳模精神在实现中华民族伟大复兴的重要作用，指明了高校思想政治工作的重要着力点。

刘向兵在会议总结中着重强调，习近平总书记给学校劳模本科班学员的回信，充分体现了总书记对广大劳动者的亲切关怀，对新时代劳模精神的最高褒奖，把党对劳动、劳动者、劳模精神的认识上升到一个新高度，也为高校发挥多学科跨学科优势，加强劳模研究、改进劳模教育指明了方向。今后要加强研究，大力弘扬劳模精神，把我校打造成全国劳模教育和劳模精神研究的高地。

（中国劳动关系学院科研处陈邓海供稿）

社区规划与社区治理高端论坛 5月11—12日，清华大学建筑学院、社会科学学院联合主办的首届清华“社区规划与社区治理”高端论坛在建筑学院召开。论坛主题为“跨界·共营”，以当前的热点议题社区规划与社区治理为核心，邀请国内在相关理论研究与实践领域有突出成果的专家、学者和实务工作者，进行经验分享、跨界对话与深度研讨。11日下午，在建筑学院举办了“新时代的社区规划机制”工作坊，50余名来自全国各地长期参与社区规划实践工作的专家、学者和实务工作者，围绕社区规划、社区规划师及运行机制三个核心议题展开研讨；12日的论坛分为上午的大会主旨报告和下午的跨界对话专场，来自全国各地高校、科研院所、规划设计机构、政府部门、社会组织、基层社区、房地产开发和物业管理机构的300余名专家、学生和专业工作者，以及清华大学建筑学院、社会科学学院和公管学院的师生围绕社区规划与治理展开讨论与交流。论坛还举办了“社区规划与社区治理”研究与实践成果展，对来自全国各地的相关前沿成果进行展示。

（清华大学文科建设处刘金梅供稿）

北京市劳动和社会保障法学会2018年年会 5月12日，“北京市劳动和社会保障法学会第四次会员代表大会暨2018年年会”在北京召开。大会由北京市劳动和社会保障法学会主办，首都经济贸易大学法学院和劳动经济学院联合承办。

会员代表大会阶段，工会审议通过了第三届理事会的理事会工作报告、财务报告以及监事会的工作报告，通过无记名投票选举产生了新的理事会理事及监事。在年会论文发布阶段，北京市第一中级人民法院民六庭庭长赵悦、金诚同达律师事务所高级合伙人梁枫、中国劳动关系学院杨思斌、北京市第二中级人民法院原法官朱涛四位专家分别就《关于工伤保险赔偿案件的调查报告》《关于劳动合同效力法律规则的反思》《我国基本医疗保险法制化的困境与出路》《老年人护理假制度分析》四个主题研究进行演讲，王建平与郑尚元分别进行了点评。下午，与会专家围绕“新经济业态（“互联网+”与App平台）下的劳动关系与劳务关系的区分标准”与“企业年终奖金在审判实践中如何定性？标准及原则如何把握？”两个焦点问题进行了圆桌讨论。

来自高校、法院、仲裁院、企业、工会以及律师事务所的200多名嘉宾参加了此次年会。

（首都经济贸易大学科研处李琳供稿）

全国第九届好人论坛 5月19日，由中国好人网发起，中国残疾人联合会、中国残疾人事业新闻宣传促进会等单位联合主办的“全国第九届好人论坛”在中国盲文图书馆举办。

中国好人网创办人谈方表示，民间力量与政府机构的合作，体现了社会进步的多元化，好人应该更加团结和联合，来推动社会正能量的传播。本次论坛颁发了中国好人网十周年“十佳”感恩奖等奖项，并启动了全国第七届“帮好人万里行”活动。

（参见《人民日报·海外版》
2018年5月21日第2版）

发展中的治理学术研讨会 5月26—27日，改革开放四十年来，中国社会经历了前所未有的变化。相对于经济增长的巨大成就，社会发展滞后的问题逐渐显露出来，如何治理一种不同于过去的社会形态，在观念、理论、组织和方法方面，已经出现了全方位的严峻挑战。但有关的理念更新及知识准备仍十分有限。有鉴于此，北京大学社会学系、北京大学中国社会与发展研究中心联合举办“发展中的治理”学术研讨会，邀请学界同仁相聚北京大学就以上问题展开讨论。本次与会的嘉宾包括徐勇、曹正汉、吴忠民、朱苏力、李连江、刘守英、应星、张静、周雪光、郭志刚、李向平、朱维群、陈介玄、刘世定、邱泽奇、司晓。

（北京大学社会科学部供稿）

儿童体育与健康发展国际论坛 5月29—30日，为促进我国儿童动作技能与体质健康领域的研究和教育教学实践发展，儿童体育与健康发展国际论坛在首都体育学院举办。论坛主题为儿童运动与健康、动作技能发展，两天的论坛学习形式主要为理论课和实践课。本次论坛邀请了美国德州大学圣安东尼奥分校的殷泽农教授、姚万祥教授，以及美国儿童体育专家约翰斯通（Jill A. Johnstone）等担任主讲专家，分别分享了儿童粗大动作发展、美国幼儿体育的理念和实践前沿、动作技能发展的脑机制等最新的科研成果。本次论坛由首都体育学院身体运动功能训练研究所、幼儿体育研究所等主办的国际会议，来自北京市，河北、河南、山东等 11 个省市逾 220 人参加了此次论坛。

（首都体育学院科研处供稿）

第二届中国长期护理保险发展论坛 6 月 2 日，由人民网·人民健康主办，中国人保健康协办的“第二届（2018）中国长期护理保险发展论坛”在北京举行。本届论坛的主题为“探索机制加强保障 以人为本共建共享”。

当天的论坛上，来自全国老龄工作委员会、中国劳动和社会保障科学研究院、中国保险行业协会、北京大学、清华大学、国务院发展研究中心等机构的多位专家学者围绕长期护理保险的机制探索、多层次保障、创新模式等话题展开讨论，建言献策。

与会嘉宾认为，探索建立长期护理保险制度，是应对人口老龄化、促进社会经济发展的战略举措。目前，全国各个试点地区在探索建立长期护理保险制度方面已取得显著成效，但同时也还面临一些问题，迫切需要进一步加强制度设计和实践探索。

（参见《人民日报·海外版》2018 年 6 月 5 日第 3 版）

中日共同应对老龄化社会国际学术研讨会 6 月 9 日，中国社会科学院和日本学术振兴会主办、日本研究所承办的“中日共同应对老龄化社会：路径与未来”国际学术研讨会在北京举行。中国社会科学院副院长李培林、日本驻华大使馆经济部公使饭田博文、中国社会科学院日本研究所副所长刘玉宏、日本学术振兴会北京代表处所长广田薰出席开幕式并致辞。日本厚生劳动省、日本国立社会保障人口问题研究所、日本经济产业研究所、东京大学、中央大学、国家发展与改革委员会、民政部、中国社会科学院、全国日本经济学会、中国人民大学、清华大学、吉林大学、天津社会科学院等政府部门、大学、研究机构的专家学者以及中国养老护理第一线的经营管理者、媒体代表等共计 100 余人出席了会议。

中国社会科学院副院长李培林在致辞中指出，中日两国专家学者聚在一起共同探讨中日人口老龄化现状、课题与未来，共商解决人口老龄化问题的方案与路径，有很大的现实意义和学术意义。中国社会科学院世界社会保障研究中心主任郑秉文、日本国立社会保障人口问题研究所所长远藤久夫、中国人民大学副校长杜鹏分别做了《中国应对人口老龄化策略比较——兼论养老保障体系的中国方案》《超老龄化日本的医疗制度改革》《中国人口老龄化与可持续发展》的主旨演讲。中日两国专家学者分别从中日老龄化现状与问题、政策与应对、比较与借鉴、中日合作四个方面进行了探讨。

（中国社会科学院办公厅刘玉杰供稿）

中国人力资源开发研究会劳动关系分会第十一届年会 6 月 9—10 日，中国人力资源开发研究会劳动关系分会第十一届年会暨学术研讨会在北京召开。年会由中国人力资源开发研究会劳动关系分会主办，首都经济贸易大学劳动经济学院承办。大会以“新时代和谐劳动关系建构”为主题，重点围绕新时代和谐劳动关系理论与实践，新经济背景下劳动关系问题与对策研究，劳动力市场、工资和工时研究，劳动法律、争议解决与人力资源管理等话题进行了专题探讨，来自全国 100 多个高校和科研院所的 230 多名相关研究者参与了会议，交流思想、分享成果、共促发展。

主题发言环节里，中国人民大学劳动人事学院院长杨伟国、上海财经大学教授王全兴、北京大学教授刘爱玉、华东师范大学教授石云、山西财经大学副校长杨俊青、中国人力资源开发研究会劳动关系分会会长常凯针对经济范式转变对劳动关系影响、“网约工”权益保护问题、组织化脆弱就业、工资集体协商制度刚性研究、古典劳资关系理论应用、和谐劳动关系构建与政府规制特点分别进行了分享。

年会共设有五个分论坛，分别围绕劳动力市场，新时期和谐劳动关系问题、理论与“一带一路”研究，工人与工会，劳动法律、争议解决与人力资源管理研究，就业与劳动关系等话题开展了交流。

（首都经济贸易大学科研处李琳供稿）

中国幸福企业建设战略研讨会 6 月 20 日，清华大学社会科学学院和中铁四局合作举办的“首届中国幸福企业建设战略研讨会”在紫光国际交流中心召开。研讨会以中铁四局的幸福企业建设为范本，共同探讨新时代国企发展的新思路及幸福企业建设的新路径。国家发展和改革委员会就业和收入分配司副司长郭启民，中铁四局集团有限公司总经理、副董事长、党委副书记王传霖，清华大学社会科学学院院长、社会治理与发展研究院执行院长彭凯平等出席研讨会。郭启民在致辞中表示，党的十九大提出了以人民为中心的发展理念，核心要义就是要增加人民群众的安全感、获得感和幸福感。中国幸福企业建设是为解决我国社会主要矛盾的理论创新和实践探索，更是实现更高质量和更公平就业的良好平台，是收入与分配上体现效率、促进公平的重要载体，是建设多层次社会保障体系的有效补充，是具有强大生命力和现实意义的新生事物。彭凯平在致辞中表示，研讨会议题涵盖“幸福是不是社会主义企业的一个特色”“国企能否创造出中国特色的企业发展战略和管理经验”等对我国国企具有重要现实意义和长远影响的课题。他希望本次研讨会能够总结出一套具有中国特色的社会主义国企在企业管理和发展方面的全新思路和路径，尝试在世界管理体系中构建中国的话语体系，讲好中国的故事。王传霖结合中铁四局幸福企业建设实践作了分享。围绕“幸福企业”建设，中铁四局结合行业特征和自身实际，主要从几个方面开展了实践活动，即从文化方面塑造全员遵从的奋斗幸福观，从物质方面为幸福企业建设集蓄强劲势能，从顶层设计推动幸福企业建设实践落地，在探索实践中前行、一步步创造幸福企业美好未来。贯穿始终的，是关注员工的身心健康和幸福感的提升。随后，社会科学学院心理学系副主任孙沛和经管学院副教授张进分别作了题为《中国中铁四局幸福企业测评体系的构建》《构建中国式幸福企业：理论与实践》的学术报告。他们的报告有针对性地提出了企业发展的初步建议，从理论层面探讨了构建幸福企业值得参考的理论框架和成功企业的案例，为下一步深入开展幸福企业建设提供了科学理论指导和实践思路。本次研讨会由心理学系承办。社会科学学院、经管学院等单位的130名师生参加本次研讨会。

（清华大学文科建设处刘金梅供稿）

第十二届中国经济增长与周期论坛（2018） 6月30日—7月1日，由中国经济增长与周期研究中心、中国社科院经济研究所、首都经济贸易大学、经济研究杂志社、经济学动态杂志社、中国经济实验研究院、香港经济导报社、中欧金融与经济发展研究中心、社会科学文献出版社主办的第十二届“中国经济增长与周期高峰论坛”暨中国城市生活质量指数发布会在北京举行。论坛的主题是“迈向高质量发展与国家治理现代化”。

首都经济贸易大学经济学院院长郎丽华发布了2018年城市生活质量指数，该指数覆盖了主观满意度指数和客观社会经济数据指数。主观满意度指数是通过对35个城市居民的生活质量主观感受进行调查得到，今年的调查结果有12800多个有效样本，其中网络调查首次达到50%。2018年主观满意度指数指标体系包含消费者信心指数、教育质量、健康状况、医疗服务等四个方面。调查显示，2018年，全国35个城市消费者信心指数加权平均值为115.48，35个城市的消费者信心指数全部超过100，全国35个城市居民教育质量满意度指数加权平均值介于一般和满意之间。全国35个城市居民健康满意度指数加权平均值介于好和很好之间。全国35个城市居民医疗服务满意度指数加权平均值为介于一般和满意之间。城市生活质量客观指数即社会经济数据指数根据国家权威机构发布的35个城市的社会经济数据计算得出，包括生活水平指数、生活成本指数、人力资本指数、社会保障指数、生活感受指数等5个方面。2018年城市生活质量指数结果表明，宏观经济运行平稳，生活质量指数基本保持平稳，居民获得感强。但是，地区和城市间的生活质量存在较大差距，生活成本进一步上升，优质教育资源的相对短缺是当前面临的主要问题。论坛设三个分会场，分别为“国家治理现代化论坛”“中国经济高质量增长论坛”和“青年经济论坛”。来自中国社会科学院、首都经济贸易大学等机构的多名学者报告了自己的相关研究成果。

来自国内外研究机构、高等院校、政府部门的近200名专家和学者参会。

（首都经济贸易大学科研处李琳供稿）

第三届《中国特色社会主义研究》青年社会学者论坛 7月4日，由《中国特色社会主义研究》杂志编辑部和中国人民大学社会学理论与方法研究中心共同举办的第三届《中国特色社会主义研究》青年社会学者论坛在京召开。论坛的主题为“新时代中国社会学的使命与责任”。中国人民大学、中央财经大学、南开大学、中国公安大学、中国人民大学书报复印资料中心等高校和科研机构的青年学者参加了论坛。围绕会议主题，与会青年学者从中国社会结构转型与变迁、社会治理的中国道路实践、中华民族共同体意识培育、中国社会心态演变、创新发展与社会动力关系、中国社会保障制度、改革开放的社会共识、中国特色城镇化道路、道德共同体构建、社会主要矛盾转化与美好生活、风险社会与社会安全体系建设、健康中国与老龄化问题研究、乡村振兴等方面以及当前重要学术选题进行了研讨交流。青年社会学者论坛是《中国特色社会主义研究》杂志致力打造的品牌学术会议，希冀在搭建高端学术成果出版平台的同时推动相关领域学术研究的深入发展，有力推动实践基础上的理论创新和推出有实践指导意义、有决策参考价值的研究成果；同时也选取具备较高学术水平，选题新颖，观点具有创新性、理论性强的学术新作，培养扶持有发展潜力的学术新人。

（《中国特色社会主义研究》杂志编辑部供稿）

第二届人口迁移与可持续发展论坛　7月6—7日，由中央财经大学社会与心理学院主办的“第二届人口迁移与可持续发展论坛”在京召开。人口学领域的20多位专家学者就国内外人口迁移问题的最新研究动态和方法进行了研讨。亚洲人口学会副会长顾宝昌教授，国家卫计委流动人口司司长王谦，中国人口学会副秘书长庄亚儿研究员，美国纽约州立大学奥本尼分校梁在教授，中国社会科学院郑真真研究员，中国人民大学陈卫教授，华东师范大学高向东教授，西安交通大学悦中山副教授，中南财经政法大学石智雷副教授，天津社会科学院张银锋副研究员，中国人民大学李婷副教授、吕利丹博士、王记文、谢东虹，中国社会科学杂志社刘翔英，吉林大学祁静博士，以及中央财经大学社会与心理学院侯佳伟教授、王淼、吴楠、张亚锋、陈硕等专家学者应邀参会。与会人员围绕人口迁移研究前沿问题，流动人口调查，人口空间可达性，人口迁移对人口态势、亚人口、社会、经济和文化产生的影响作用等主题展开讨论，为人口迁移流动研究的进一步发展提供了方向，并对未来人口学的发展作出了展望。

（中央财经大学科研处供稿）

《中国农村发展报告》（2018）发布会暨中国乡村全面振兴高层论坛　7月25日，中国社会科学院农村发展研究所、中国社会科学出版社联合主办的《中国农村发展报告》（2018）（以下简称《报告》）发布会暨中国乡村全面振兴高层论坛在北京举行。中国社会科学院副院长蔡昉、中国社会科学出版社社长赵剑英分别致辞，发布会由中国社会科学院农村发展研究所党委书记、副所长闫坤主持，中国社会科学院农村发展研究所所长魏后凯主持论坛并发布《报告》。

《报告》认为，新时代背景下，要从根本上破解社会主要矛盾，就必须坚持农业农村优先发展，建立健全城乡融合的体制机制和政策体系。全面实施乡村振兴战略，走中国特色的乡村全面振兴之路，加快推进农业农村现代化进程。为此，应始终抓住国家粮食安全这根弦不放松，建立乡村振兴与新型城镇化的联动机制，构建可持续的农民增收长效机制，明确乡村全面振兴的标志和实施路径，采取分区分类的差别化推进策略。

《报告》指出，全国城乡融合发展程度保持持续提高的态势，但是进展速度呈减缓趋势；各领域城乡融合发展全面提升，特别是生态环境一体化成效显著；各地区城乡融合发展程度稳步提高，而且区域差距持续缩小。为此，《报告》提出要稳步提高人口城镇化水平，优先推进城乡融合发展中的城乡一样化内容，促进城乡要素自由流动，提升城乡基本公共服务均等化水平，以三产融合发展化解城乡二元经济，进一步加大美丽乡村建设力度。

《报告》强调，产业兴旺是实现乡村振兴的基石，但实现产业兴旺面临着农村产业高质量发展不充分、核心竞争力不强、农村经营主体去精英化、农业社会化服务体系不完善、体制机制障碍有待破除等问题。为此，应深化农业供给侧结构性改革，优化乡村产业区域布局和产业结构；提高物质技术装备支撑，实施科技助推战略和城乡融合发展战略；创新多元农业经营体系，促进小农户和新型农业经营主体互促共生；完善农业社会化服务体系，搭建农民和现代农业有机衔接的桥梁；加快推进农村体制机制改革，强化生产要素对产业发展的支撑。

《报告》建议，应该加强党组织在基层工作的思想引领作用，不断提高农民科学文化素质和思想道德水平；通过推进城乡教育平等，搭建立体式教育培训机制；健全农村社会养老保障体系，改善农村医疗卫生条件；加大农村公共文化设施建设，培育农村文化产业，丰富农民精神文化生活；培育优良家风乡风，打造新乡贤文化；弘扬和传承中华优秀传统文化，挖掘并保护民俗文化。

《报告》还发布了中国农村发展指数及中国农村发展指数测评报告。《报告》是由中国社会科学院农村发展研究所组织研究、中国社会科学出版社出版的“中社智库”系列之年度报告，《报告》包括1个总报告，及综合篇、经济发展篇、社会发展篇、生态环境篇等4篇17个专题研究报告。

（中国社会科学院办公厅刘玉杰供稿）

PPP精准扶贫课题研讨会　8月28日，中央财经大学政府和社会资本合作（PPP）治理研究院召开“PPP精准扶贫”课题研讨会。国务院扶贫办综合司、国务院扶贫办宣教中心、财政部PPP中心、商务部中国国际经济技术交流中心、贵州省毕节市财政局、贵州省毕节市大方县政府、中信集团业务协同部、阿里巴巴集团研究中心、恒大大方扶贫管理有限公司、比尔及梅琳达·盖茨基金会北京代表处及有关单位的领导、专家出席会议并发言。会议由研究院执行院长曹晓燕主持。PPP作为公共服务供给机制的改革，在扶贫领域能够发挥重要作用。中央财经大学PPP治理研究院主持的《PPP精准扶贫》课题研究将PPP模式与精准扶贫相结合，充分发挥PPP模式在扶贫中的作用，通过理论研究、项目调研、案例分析、国别对比等发现PPP扶贫的良好实践，形成可操作、可复制、可推广的PPP精准扶贫项目优化意见建议，为我国扶贫PPP事业发展贡献智力支持。中央财经大学PPP治理研究院院长曹富国在致辞中围绕PPP与精准扶贫的现有理论研究和近期调研实践进行了汇报，并就课题报告征求意见。周芬博士代表课题组进行的课题主要内容及工作进展情况进行汇报。与会领导、专家对课题研究的价值进行了充分的肯定，同时，各出席代表围绕"PPP精准扶贫"进行了深入探讨并提出了具有针对性、指导性的建议。与会专家指出，课题组要进一步学习理解扶贫政策整套体系的内涵，加强理论研究和良好实践协同发展，通过PPP模式实现农村生态价值链与资源价值链的有效对接，促进PPP扶贫的国际交流，让贫困人群更多地参与其中，实现脱贫攻坚、乡村振兴。

（中央财经大学科研处供稿）

国际青年人文对话2018年年会　9月21—23日，对外经济贸易大学举办了国际青年人文对话2018年年会，年会以"中国开放 世界共享"为主题。来自中外的学者、青年共同探讨了青年一代在全球开放发展中发挥的作用和扮演的角色。年会上发布了《引领国际青年成为全球开放发展生力军的北京倡议》。此次活动由对外经济贸易大学发起和主办，北京高校建设开放型经济强国的理论与实践研究协同创新中心、对外经济贸易大学马克思主义学院承办。年会由对外经济贸易大学马克思主义学院院长李景瑜主持。

9月23日，召开了"新时代的对外开放：新格局 新体制 新担当"的主题论坛。中央党校经济学部教研部教授李江涛、中国轻工企业投资发展协会理事长刘立华等专家学者重点阐释了新时代开放型经济强国建设的理论与实践，通过不同学科背景带来了不同的研究视角，构成了开放型经济强国建设的不同维度与理论。对外经济贸易大学马克思主义学院院长李景瑜、教授梁凯音和国际关系学院教授檀有志分别从开放发展的理论内涵、新时代中国青年拓展国际视野与国民意识构建的思考、全球开放发展中的网络空间与治理等主题谈了自己的看法。

（对外经济贸易大学科研处供稿）

第二届"一带一路"高校青年成长论坛　10月23日，第二届"一带一路"高校青年成长论坛在中国政法大学昌平校区国际交流中心举行。论坛由中国政法大学民商经济法学院、中国政法大学青年研究中心主办，主题为"思想交汇，共话成长"。论坛邀请了来自俄罗斯联邦金融大学、俄罗斯国立高等经济研究大学、圣彼得堡国立大学、亚盖隆大学、马来亚大学、拉曼大学、越南河内法律大学、以色列特拉维夫大学、印度金德尔全球大学及国内知名法学院校近70名师生代表参加。

第二届"一带一路"高校青年成长论坛是在"一带一路"倡议实施和高校"双一流"建设的背景下召开，旨在增强"一带一路"沿线国家高校青年学生间学术交流、思想融通、人文融合和情感互通，扩展法科学生的国际化视野，培养青年学生的国际交流能力，提升高校人才培养质量。

论坛共收到国内外论文65篇，经评审委员会评选，遴选获奖论文37篇，由中国政法大学常保国副校长为获奖学生代表颁奖。

（中国政法大学科研处王培供稿）

女性电影节对女性主义话题的影响讲座　10月25日，联合国教科文组织"媒介与女性"教席、中国传媒大学媒介与女性研究中心邀请山一国际女性电影展创始人杨婧为本校师生作了主题为"女性电影节对女性主义话题的影响"的讲座。

杨婧首先向同学们介绍了女性电影的概念，并对山一国际女性电影展的举办情况进行了详细介绍。山一国际女性电影展是目前中国唯一官方女性电影展，影展聚焦国际和国内的女性电影，以展映、论坛、创投会三种方式进行，致力于推动中国女性电影发展，提高女性电影人在电影行业的地位和话语权。

随后，杨婧梳理了女性电影节的发展历史，她指出，电影是一面巨大的镜子，反映着我们整个社会的文化并影响着社会公众的观念。女性电影节的举办能够对公众认知和电影创作产生积极影响，对社会文化具有重要意义。杨婧还与同学们分享了大女主、独立精神等近期社会上的热点话题。她以《延禧攻略》和《如懿传》为例，提出了自己对女主“大”和“小”的独特观点。杨婧解答了同学们的提问，使大家对于女性电影和女性话题有了进一步的认识。

联合国教科文组织“媒介与女性”教席成立于2005年9月，是联合国教科文组织在中国设立的首个也是唯一的信息传播领域教席。媒介与女性研究中心是教席的执行机构，本次讲座是“教席讲座”的系列之一。

（中国传媒大学科学研究处供稿）

第十四届首都高校红十字会高峰论坛　10月27日，第十四届首都高校红十字会高峰论坛在中国劳动关系学院北京校区举行。北京市红十字会志愿服务部部长冯克军、副部长李胜华，学校副校长刘丽红出席活动。来自北京70所高校红十字会的百余名学生参加了活动。

刘丽红在开幕式上介绍了学校的历史沿革、人才培养目标、发展特色、精神内涵，以及学校在红十字事业建设上的积极表现和优异成绩。她表示，一直以来，学校努力将红十字会工作建设成为同学们心中最阳光和最温暖的事业，希望同学们能够将人道、博爱、奉献的红十字精神牢记在心中，为红十字会事业贡献更多青春力量。

冯克军与刘丽红一起为首都高校隶属辖区联络员颁发证书。论坛中，来自北京大学医学部、首都医科大学、北京信息科技大学、北京中医药大学和学校的5名学生红十字会分会会长结合工作实际和个人成长经历，畅谈红十字故事，分享红十字经历。

闭幕式上，各分论坛从如何看待社会现象、承担红十字志愿者的责任、红十字活动对我们的影响以及如何创新志愿活动并使其永葆活力四个方面进行讨论。学校团委书记战帅和第十五届首都高校红十字高峰论坛承办单位、北京青年政治学院红会老师梁德利分别发言。

（中国劳动关系学院科研处陈邓海供稿）

第三届劳动经济学会年会　10月20日，第三届劳动经济学会年会在北京召开。年会主题为“创新驱动发展与人力资源开发”，由劳动经济学会和首都经济贸易大学共同主办，首都经济贸易大学劳动经济学院承办。

中国人民大学劳动人事学院教授、劳动经济学会副会长曾湘泉，罗格斯大学管理与产业关系学院院长伊顿教授，华夏基石管理咨询集团董事长、中国人民大学劳动人事学院彭剑锋教授，北京师范大学经济与工商管理学院教授、劳动经济学会副会长李实，首经贸劳动经济学院教授、人口研究所所长童玉芬，以及张车伟等6位学者就各自的研究成果先后作主题演讲。演讲的主题包括：大数据与劳动力市场分析及预测、美国的劳资合作、创新驱动与人力资源转型升级、解释中国收入差距的长期变动、全面二孩政策实施对我国劳动力市场的影响分析、创新经济与中国经济增长新动能。

年会设置了八个分论坛，20日下午，参会代表分别就“人力资源开发与管理”“人才发展”“劳动力市场与就业”“收入分配与人力资本”“劳动与社会保障”“人口与劳动力流动”“劳动关系与工会”等主题展开了广泛而深入的研讨，并在分论坛上举行了“人力资源分会”“人才发展分会”和“劳动关系分会”的成立仪式。

21日上午，中国人事科学研究院研究员王通讯，全球劳工组织负责人、中国人民大学荣誉教授、德国劳动研究所基金主任齐默尔曼，中国劳动和社会保障科学研究院副院长、研究员莫荣，以及北京师范大学经济与工商管理学院院长、劳动经济学会副会长赖德胜教授等4位学者就各自的研究成果先后作主题演讲。演讲的主题包括：人才工作创新发展的五个新途径、移民与福利、当前就业的新特点新要求、周期性外部冲击对我国就业的影响及其应对。

中国社会科学院人口与劳动经济研究所、中国人民大学劳动人事学院、北京师范大学经济与工商管理学院、中国劳动关系学院共同协办了本届年会，来自60多家单位的200余名专家、学者出席年会并参与研讨。

（首都经济贸易大学科研处李琳供稿）

首届中日养老服务业合作论坛　10月23日，由国家发改委和日本经济产业省联合主办的首届中日养老服务业合作论坛在北京举办。

据介绍，当前我国人口老龄化呈现出三个特点：一是总量大。2017年我国60岁以上老年人口已超2.4亿。二是增速快。2000—2017年，世界60岁以上老年人口比例提高约3个百分点，而同期我国老年人口比重提高了约7个百分点，是世界平均水平的2倍以上。三是不平衡。例如，我国最早和最迟进入人口老龄化的两个省份之间相差36年。

国家发改委社会发展司司长欧晓理介绍，未来将主要从以下几个方面推进养老服务业高质量发展。一是加强政策落实力度。要推动各地将投融资、土地、税费、人才支持等优惠政策落到实处，加强政策落实督促检查和跟踪分析力度，为社会力量参与养老服务业降成本、增便利。二是推动改革创新。加快养老行业信用体系建设，深入开展养老服务综合改革、公办养老机构改革等试点工作，及时总结各地典型经验和有益做法，推动形成示范效应。三是加大多元投入力度。据介绍，国家发改委将继续推进实施“十三五”社会服务兜底工程，安排中央预算内投资支持养老服务设施建设，提高兜底保障能力。同时，支持社会资本通过公建民营、发行养老产业专项债券等方式积极参与，持续扩大有效供给，满足多层次、多样化的养老服务需求。

开幕式上，国家发改委社会发展司副司长郝福庆表示，本次论坛适逢中日和平友好条约生效40周年，对于进一步加强中日养老服务业政策沟通和交流，推进企业间开展务实合作具有重要意义。

（参见《人民日报》2018年10月24日第11版）

青少年司法社会工作国际研讨会 10月27—28日，首都师范大学北京青少年社会工作研究院召开了“青少年司法社会工作国际研讨会”。首都师范大学党委书记郑萼、北京市社工委书记宋贵伦、中国社会工作教育协会会长徐永祥、联合国儿童基金会驻华办儿童保护处处长彭文儒、北京市高级人民法院原院长慕平等领导对研讨会的召开表示祝贺并致辞。研讨会开幕式由首都师范大学政法学院院长陈鹏主持。

在研讨会主题发言环节，来自美国、加拿大、英国、荷兰、瑞典、南非、津巴布韦、中国大陆及香港地区的九位专家学者，分别就各自社会工作在少年司法中的应用进行了详细介绍，与参会嘉宾分享了目前各自在青少年司法社会工作探索过程中的经验、挑战与期待，特色服务及研究成果，共同探讨青少年司法社会工作如何更好地发展。

专家发言环节，来自北京、上海、河南等地的民政局、检察院、法院、高等院校及社会组织近26位负责人和专家学者进行了发言。10位专家学者就发言内容进行了点评与讨论。美国天普大学比斯利法学院主席、美国青少年法律中心创始人兼荣誉执行主任Robert Schwartz教授提到，尽管大家来自不同的国家或地区，但目前大家在青少年司法社会工作领域的探索与实践中面临的问题与挑战都是相似的，包括如何整合少年司法与社会工作，如何提高青少年司法社会工作者的专业性等。

（首都师范大学社科处李葸供稿）

改革开放与中国扶贫国际论坛 11月1日，改革开放与中国扶贫国际论坛在京开幕。中共中央政治局委员、中宣部部长黄坤明出席开幕大会，宣读习近平主席贺信并发表主旨演讲。

黄坤明表示，习近平主席的贺信，充分表明了中国政府对本次论坛的高度重视，深刻揭示了中国减贫事业走过的不平凡历程、取得的宝贵经验，宣示了中国愿与国际社会一道为人类减贫事业作出新贡献的信念和决心。

黄坤明指出，改革开放以来，中国开启了人类历史上最为波澜壮阔的减贫进程。中共十八大以来，以习近平同志为核心的中共中央以前所未有的力度推进脱贫攻坚，取得历史性成就和决定性进展。中国党和政府坚持以人民为中心的工作导向，坚持精准扶贫精准脱贫基本方略，坚持扶贫与扶志扶智紧密结合，坚持加强党对扶贫事业的领导，走出了一条中国特色减贫道路。中国愿与各方一道，秉持人类命运共同体理念，加快推进全球减贫进程，携手共建没有贫困共同繁荣的美好世界。

联合国秘书长古特雷斯向论坛发来贺信。世界银行行长、联合国开发计划署署长、国际农发基金总裁等分别在开幕式上致辞。

本次论坛由中央宣传部、财政部、国务院扶贫办、世界银行主办，以“国际减贫合作：构建人类命运共同体”为主题。来自51个国家和11个国际组织的400余人参加。

（参见《人民日报》2018年11月2日第3版）

中国社会工作发展研讨会 11月1—2日，“中国社会工作发展暨北京大学社会工作专业重建三十年”研讨会在北京大学召开。研讨会由北京大学社会学系、香港理工大学应用社会科学系、北京大学-香港理工大学中国社会工作研究中心联合主办。来自美国、英国、意大利、越南、柬埔寨、老挝、哈萨克斯坦、中国内地和香港等不同国家和地区的300多名社会工作研究者、教育者和实务工作者参加了本次研讨会，共同回顾中国社会工作三十年来的成就，反思中国社会工作重建与发展过程中的经验与挑战，研讨未来专业发展和学科建设的方向。

（北京大学社会科学部供稿）

第六届反贫困与儿童早期发展国际研讨会　11月5日，由国务院发展研究中心指导、中国发展研究基金会主办的第六届反贫困与儿童早期发展国际研讨会在北京召开，会议主题为“迈向没有贫困的未来”。全国政协副主席李斌出席开幕式并作主旨演讲，国务院发展研究中心主任李伟致欢迎辞。教育部部长陈宝生，中央农村工作领导小组办公室副主任、农业农村部副部长韩俊，国家卫生健康委员会党组成员王建军等在开幕式上发言。

中国发展研究基金会副理事长兼秘书长卢迈主持开幕式并发言。他指出，基金会在反贫困与儿童发展领域中从孕期到就业阶段的试验和研究不仅使试验地区儿童直接受益，而且部分建议已变成国家政策。2018年，基金会的“一村一园”项目还获得了世界教育创新项目奖。基金会愿意配合相关部门，加紧制定和实施未来5年工作计划，助力攻坚脱贫。

研讨中，柬埔寨、基里巴斯、马尔代夫等国部长介绍了本国在反贫困和儿童发展方面的经验和做法，表达了对中国扶贫成绩和做法的肯定和赞赏，并希望未来能开展更多的儿童发展项目交流和合作。世界教育创新奖的获奖机构代表分享在解决反贫困和儿童发展方面的一些创新性做法。

为期两天的会议，围绕反贫困、2030可持续发展议程、人力资本、脑科学、儿童早期养育、营养、学前教育、儿童保护等议题展开了积极讨论。300多名中外代表参加此次会议。

（国务院发展研究中心郭巍供稿）

国有企业工会工作改革创新研讨会　11月3日，中国劳动关系学院在北京校区组织召开“工会十七大与国有企业工会工作改革创新”研讨会。学校党委副书记、校长兼劳动关系与工会研究中心主任刘向兵，中国铝业集团有限公司工会副主席乔桂玲，中国五矿集团有限公司工会副主席张珍荣，北京矿冶科技集团有限公司工会副主席顾洪枢，以及来自国家电网有限公司、中国中车集团有限公司、中国有色矿业集团有限公司、中核集团中核汇能有限公司工会部门的相关负责人和学校各院（系、部）专家学者共30余人参加会议。会议由党委常委、科研处处长兼劳动关系与工会研究中心执行主任燕晓飞教授主持。

刘向兵在讲话中指出，在工会十七大顺利闭幕之际组织召开此次研讨会，是学校学习贯彻落实工会十七大精神的新举动，充分彰显了国有企业推动工会工作改革创新的新风貌，充分体现了学校智库抓住机遇积极进取的新作为。他表示，此次专题研讨会的及时召开，对于推进新时代国有企业工会工作改革创新、促进学校的教学科研工作有着重要意义。

杨冬梅教授以《以习近平新时代中国特色社会主义思想为指导　认真学习贯彻中国工会十七大精神》为题作主旨发言，深入解读工会十七大精神。她认为，工会十七大的召开为我国的工会工作提出了新要求和新任务，各级工会要从严从实加强工会系统党的建设，深化工会干部队伍建设，驰而不息抓好工会自身建设。燕晓飞教授在总结发言中指出，研讨会聚焦工会十七大精神和主题，以提升为目的，交流、总结了企业工会实践工作中的经验和做法；以问题为导向，梳理、研讨了企业工会改革创新中遇到的问题和困难。通过召开此次研讨会，实现了企业与企业之间经验共享，促进了学校和企业之间良性互动，对于进一步促进企业工会工作改革创新、提升学校工会理论研究有很好的推动作用。

会上，国家电网有限公司工会办公室副主任马鹏飞围绕新时代民主管理工作的定位和规律作了发言。中国铝业集团有限公司工会副主席乔桂玲介绍了集团在职代会、产业工人队伍建设等方面的做法和经验，建议学校帮助央企集团研究工会领域的重大现实问题，进一步加强校企全面合作。中国铝业集团有限公司党群工作部群团工作处处长杜楠谈到，工会十七大提出的新要求，着重体现了群团工作应“去四化”“强三性”的要求，并扼要介绍了中铝集团“四步法”的职工维权实践。中国五矿集团有限公司工会副主席张珍荣从推进企业民主管理、提升劳动者素质、促进和谐企业建设三个方面作了发言。中国有色矿业集团有限公司工会综合服务处副处长李皎皎介绍了集团工会工作中的特色和亮点，希望学校进一步加强企业“走出去”的工会实践问题研究。北京矿冶科技集团有限公司工会副主席顾洪枢介绍了科研院所工会工作的特点，建议学校积极开展“院所工会”课题研究工作。中国中车集团有限公司原新闻发言人、企业文化部（党委宣传部、党委统战部）部长曹钢材认为，工会十七大中提出的弘扬工人阶级光荣传统非常重要，期待学校充分发挥学科特色优势，在该领域发挥更大作用。中核集团中核汇能有限公司工会负责人王义伟认为，工会工作应围绕企业发展和职工发展两方面进行，并指出工会工作在企业整体工作中的地位和作用还不够突出等问题。在交流讨论环节，学校张默教授、刘元文教授、乔健副教授、王明哲副教授等分享了学习工会十七大精神的感想和体会，并就国企工会工作与企业代表进行了互动交流。

（中国劳动关系学院科研处陈邓海供稿）

第四届身体运动功能训练国际高峰论坛暨第十一届首都青年学者运动训练论坛　11月17日，第四届身体运动功能训练国际高峰论坛暨第十一届首都青年学者运动训练论坛由首都体育学院体育教育训练学院、北京体能训练协会、北京体育科学学会共同主办，由身体运动功能训练研究所承办。

本次国际论坛以“运动训练理论与实践—整合、创新、应用”为主题，围绕身体运动功能训练发展新趋势、竞技体育训练实践创新、青少年身体运动功能训练方法、校园身体运动功能训练应用等领域进行了6场专题报告，以期达到搭建国内外身体运动功能训练理论和实践交流平台，进一步促进身体运动功能训练理论和方法应用于训练实践中，更好地提高运动表现和健康水平的目的。

（首都体育学院科研处供稿）

京津冀第二届跳绳高峰论坛暨教练员裁判员培训班　11月28日“京津冀第二届跳绳高峰论坛暨教练员、裁判员培训班”在北京落幕。该活动由京津冀体育健身休闲发展协同创新中心主办，北京市毽绳运动协会、首都体育学院体育教育训练学院、休闲与社会体育学院联合承办，体育教育训练学院体操教研室和京津冀体育健身休闲发展协同创新中心活动组协办。作为一项公益性项目，活动旨在总结跳绳运动发展过程中的实践经验，探索研讨适合京津冀地区跳绳运动发展的模式，论坛邀请了国内知名学者和业内专家做专题报告。

（首都体育学院科研处供稿）

纪念改革开放40周年暨社会建设研究学术研讨会　11月29日，由中国社会科学院社会学研究所、北京工业大学文法学部、陆学艺社会学发展基金会、中国社会学会社会建设研究专业委员会、北京社会管理研究基地、社会科学文献出版社主办的“纪念改革开放40周年暨社会建设研究学术研讨会”在北京工业大学召开。

本次研讨会分设“改革开放与社会发展”“社会结构与社会政策”“社会变迁与社会建设”“社会改革与经济发展”和“农民工与社会劳动”五个分论坛。来自北京工业大学、中国传媒大学、清华大学、北京大学、中国社会科学院社会发展战略研究院、中国社会科学院社会学研究所、中国社会科学院工业经济研究所、南开大学、南京师范大学、中央民族大学、中国政法大学、中国社会科学技术发展战略研究院、南京理工大学、北京科技大学等高校和科研机构的20余位专家学者进行了论坛发言。与会专家学者紧扣时代发展需要和中国社会现实发展要求，对我国社会建设事业发展进行了有益探讨。

（北京工业大学科发院人文处张爱民供稿）

第十四届中国青少年发展论坛　11月29—30日，以“改革开放40年与中国青年”为主题的第十四届中国青少年发展论坛在北京举办。共青团中央书记处第一书记贺军科出席论坛开幕式，并发表了主旨演讲。共青团中央书记处书记徐晓主持了开幕式。论坛由中国青少年研究中心、中国青少年研究会和中央团校共同主办，来自全国24个省（区、市）的青少年工作者和青少年研究者200余人到会。

论坛举行了团中央《中国青年发展报告》蓝皮书成果发布会。为落实中共中央、国务院2017年发布的《中长期青年发展规划（2016-2025）》，团中央每年围绕两个选题委托第三方研究机构持续发布《中国青年发展报告》蓝皮书。

论坛举办了“改革开放40年青年发展研究”“改革开放40年少年儿童发展研究”和“改革开放40年共青团工作创新研究”三个专题分论坛，与会专家学者进行了研讨。其中，“改革开放40年共青团工作创新研究”专题分论坛由本校具体负责筹办。本校习近平青年工作思想教研部主任吴庆教授主持论坛，与会专家学者围绕共青团工作创新研究的重要意义、路径方法、重点难点问题等进行了研讨交流。

中国青少年发展论坛迄今已举办了14届。每届论坛围绕青少年发展的某一个问题进行研讨，具有很强的针对性和现实性，已经成为全国青少年研究工作者的年度学术盛会。

〔中央团校（中国青年政治学院）科研部郭俊杰供稿〕

2018 女性领导力论坛 日前，由长江商学院与联合国促进性别平等和增强妇女权能署（简称联合国妇女署）联合举办的“2018 女性领导力论坛：世界因‘她’而变”在京召开。此次论坛聚焦女性在社会变革中的多重角色，探讨女性如何发挥自身优势，在全球视野、创新引领及全球担当层面推动商业进程和社会进步，助力解决全人类面对的共同问题。

论坛上，联合国妇女署亚太区域办公室战略合作专家、英国、澳大利亚驻华大使，还有来自 IBM、中国国际金融股份有限公司、轻松筹、上海真爱梦想公益基金会等企业和公益组织的女性代表围绕不同议题进行了讨论。据了解，长江商学院自 2013 年起举办首届女性领导力论坛，旨在打造分享女性成功事迹、赋能女性领导者、在职场中推动性别平等并且创造机会带来积极变革的平台。

（参见《人民日报·海外版》2018 年 12 月 4 日第 11 版）

青年学术期刊与青年发展研讨会 12 月 16 日，由《中国青年社会科学》编辑部主办的青年学术期刊与青年发展研讨会在中央团校（中国青年政治学院）召开。校党委书记倪邦文出席会议并致辞。校党委常委、副校长陆玉林主持会议。

专家们认为，在目前学术大势之下，学术期刊面临着激烈的竞争形势，青年学术期刊发展要明确定位、体现学术化，要坚持青年、研究青年、面向青年，关注青年心理、青年教育、青年职业发展、青年亚文化等问题；要立足青年，但不能仅限于青年，应该更加开放，打破学科边界、作者边界，并适当与国际接轨；要重视期刊评价，从评价中找到未来发展方向；要突出规范化意识，坚持高质量发展；要努力整合培育一批青年工作理论研究队伍，多视角多层次研究时代与青年的关系，加强对青年的政治引领和价值引领。

《中国青年社会科学》主编周晓燕表示，将认真听取与会专家们的建议，在办刊宗旨和办刊内容上作出调整，准确把握党中央、国务院关于青年发展的重大决策，准确把握当今青年发展的重大机遇，在推动青年研究领域的开拓和新的学科建设方面发挥重要作用，努力开辟一个更加广阔的学术天地，打造一个新的学术品牌。

〔中央团校（中国青年政治学院）科研部郭俊杰供稿〕

2018 中国幸福产业创新发展论坛 近日，由健康时报社、中国医学救援协会科普分会主办的“创新赋能·链接未来 2018（首届）中国幸福产业创新发展论坛”在北京举办。论坛围绕“养老、健康、医疗、运动、文化”五大主题，邀请了 300 余位产学研专家、学者对幸福产业发展进行深入探讨与经验分享。

据介绍，中国已进入老龄化社会，满足老人衣食住行还不够，还要让他们老有所医、老有所养、老有所为、老有所乐。只要老人身体健康，才能让“自己不遭罪，家人不受累，节省医药费，有利全社会”。而随着新技术、新业态、新商业模式不断涌现，正在拓宽幸福产业的发展渠道。越来越多科技创新成果被运用到旅游、文化、体育、健康、养老等五大幸福产业的创新发展需求之中，以满足人们日益增长的对幸福的需求。

（参见《人民日报·海外版》2018 年 12 月 22 日第 9 版）

改革开放 40 年中国体育外交改革与发展高层论坛 12 月 22 日，由中国体育科学学会国际交往工作委员会与首都体育学院共同举办的“改革开放 40 年中国体育外交改革与发展”高层论坛在首都体育学院召开。论坛围绕“人类命运共同体构建与体育对外交往”“一带一路倡议与体育人文交流”“体育强国建设与国际体育话语权”三个主题展开。新时代我国体育对外交往必将从国际国内两个大局出发，紧密围绕服务国家总体外交和助推体育强国建设，有效整合和利用体育资源。对内，以体育塑造公民的文化修养、合作精神、拼搏精神、控制能力、社会准则，通过把各阶层的人联系到一起而起到社会整合作用，培育更加开放、更加国际化、更加遵守国际规则的新型文明，以满足人民对美好生活的需要。

（首都体育学院科研处供稿）

新兴市场 30 国青年论坛 12 月 28 日，由北京师范大学新兴市场研究院举办的“新兴市场 30 国青年论坛”（Y30）在北京师范大学召开。北京大学、清华大学、中国人民大学、北方交通大学以及北京师范大学等 12 位“新兴市场 30 国”（E30）青年学生代表在论坛上发表演讲，并与北京师范大学新兴市场研究院“发展中国家硕士项目”留学生进行了研讨交流。参加此次论坛的 12 位青年学生代表是来自巴西、埃及、印度尼西亚、俄罗斯等新兴市场国家政府和业界的优秀青年。新兴市场研究院院长胡必亮教授在论坛致辞中表示，北京师范大学新兴市场研究院的研究重点是全球新兴市场和“一带一路”倡议，他分析了目前世界面临的大变局以及不稳定因素，包括反全球化势力抬头、区域性冲突和战争、恐怖主义、经济和金融危机等，而中国提出的“一带一路”倡议成为解决全球问题的中国方案，他指出当前机遇与挑战并存，“一带一路”倡议对全球发展具有重要意义，来参会的青年学生代表需加强交流，认清形势，抓住机会，迎接挑战。

共同探讨如何解决未来自身国家及全球可能面临的问题。“新兴市场”（Emerging Markets）这个概念，是由曾任世界银行经济学家的安东尼·范·阿格塔米于1981年首先提出的。但在西方话语体系中，“新兴市场”的基本概念及其内涵、外延等都比较模糊，不同机构所界定的新兴市场国家差别很大。鉴于此，北京师范大学新兴市场研究院从客观实际出发，运用发展经济学的基本原理，结合中国改革开放40年的发展实践以及世界各国的发展现实，通过发展理论及其相关分析指标体系构建与测算，对“新兴市场”概念进行了重新界定，并根据新的界定方法对新兴市场国家进行甄别和遴选，最终确定了30个新兴市场国家（E30）。“新兴市场30国”（E30）的总人口占全球近2/3、国土面积占近1/2、经济总量占1/3。

（北京师范大学社科处刘娜供稿）

“2018交大大讲堂”高层学术系列讲座　7—12月，北京交通大学人文社会科学处、科学技术处和北京交通大学国家经济安全研究院联合主办4场“2018交大大讲堂”高层学术讲座系列活动，活动在北京交通大学科学会堂开展，累计参加师生人数近200人。

中国工程院院士柴天佑作题为“制造流程智能化对人工智能的挑战”的报告，全面深入地阐述制造流程智能化的含义与愿景，提出了人工智能所面临的挑战；中国工程院院士钱锋作题为“流程工业制造系统智能化——人工智能与流程制造深度融合”的报告，探讨了以“智能制造+绿色制造→高端制造”为目标的智能优化制造的愿景，提出了围绕人工智能与流程制造深度融合实现智能优化制造凝练的相关工程科学问题；中国科学院院士包为民作题为“走向航天强国，向世界科技前沿进军”的报告，对我国航天事业发展现状，中国空间站的建设，世界航天发展动态作了详细阐释，并对中国航天未来发展作了展望；全国政协民族和宗教委员会委员、教育部原副部长鲁昕作题为“马克思主义政治经济学理论始终绽放思想光芒”的报告，回顾了中国改革开放40年来对马克思主义的实践以及理论发展和创新，深刻阐释了马克思主义政治经济学的理论内涵和思想基础，分析了中国共产党是如何坚持将马克思主义基本原理同中国具体实际相结合并创造性地形成中国特色社会主义经济理论，取得经济建设的伟大成就。

（北京交通大学人文社会科研处李敏供稿）

法　学

民法典物业服务合同立法研讨会　1月26日，由北京市法学会不动产法研究会主办，中央财经大学不动产法研究所、清华大学法学院不动产法研究中心承办的民法典物业服务合同立法研讨会在中央财经大学召开。中国人民大学、清华大学、中央财经大学、中国政法大学、国家行政学院、首都经济贸易大学等高校的学者，北京市高级人民法院、北京市住建委、北京市第一中级人民法院、第二中级人民法院、第三中级人民法院、第四中级人民法院、北京仲裁委员会、朝阳区人民法院、怀柔区人民法院以及物业服务机构、咨询机构、律师事务所等实务界专家共40余人参加了研讨会。全国人大常委会法制工作委员会民法室石宏副主任、李恩正副处长、孙艺超副处长、民法典编纂立法工作专班成员王灯，国务院法制办政府法制研究中心李富成副主任、国务院法制办农林城建资源环保法制司王斐副处长，住房与城乡建设部房地产司陈伟副司长、房地产司物业处陈勇处长、物业处干部卢苇，北京市住建委市场处倪娜处长等出席会议。中国法学会副会长、中国法学会民法学研究会会长、中国人民大学常务副校长王利明教授进行了主题发言，他指出在民法典的编纂中纳入物业服务合同是物权法区分所有制度必不可少的、事关老百姓切身利益的立法措施；同时还阐述了物业服务合同的主体、前期物业服务合同、一般物业服务合同、普通物业服务合同、业主的任意解除权等相关问题。与会专家、学者探讨了物业服务合同的若干重大疑难问题，对于我国民法典合同编物业服务合同章的编纂发挥积极的推动作用。

（中央财经大学科研处供稿）

网络游戏产业法律问题研讨会　1月20日，由清华大学法学院、中国知识产权法学研究会、中国民法学研究会主办的网络游戏产业法律问题研讨会在清华大学法学院召开。清华大学法学院院长申卫星、院党委副书记程啸、中央财经大学法学院知识产权研究中心主任杜颖以及《中国法学》期刊总编张新宝等专家、学者约 200 人参加研讨会。会议围绕“网络游戏直播画面的著作权保护及合理使用”“反不正当竞争法下的网络游戏竞争问题”“虚拟财产的民法保护”“网络游戏侵权行为”等主题展开研讨。

（清华大学文科建设处刘金梅供稿）

联合国国际贸易法委员会秘书长专题讲座 3 月 1 日，新任联合国国际贸易法委员会（United Nations Commission on International Trade Law，下称 UNCITRAL）秘书长、联合国法律事务厅国际贸易法司司长 Anna Joubin-Bret 女士莅临对外经济贸易大学，主讲“联合国国际贸易法委员会关于投资者与国家间争端解决（Investor-State Dispute Settlement，下称 ISDS）机制改革”的专题讲座。

讲座由对外经济贸易大学法学院院长石静霞教授主持。中国国际贸易促进委员会法律部副部长刘超、中国仲裁法学研究会副秘书长陈建等嘉宾以及来自最高人民法院民四庭、商务部条法司、中国国际贸易促进委员会、在京高校和律师事务所等单位的代表以及对外经济贸易大学师生共 150 余人参加讲座。

UNCITRAL 是国际商业法律现代化和协调进程中最重要的组织，至今已有五十余年的历史，其第三工作组自 2017 年 11 月以来，致力于 ISDS 机制的改革。Joubin-Bret 秘书长本次讲座主要围绕 UNCITRAL 对第三工作组的授权、UNCITRAL 第三工作组的工作方法、工作文件所反映的有关 ISDS 机制的关切以及改革的主要议题四个方面展开。

（对外经济贸易大学科研处供稿）

第七届中国消费者保护法论坛 3 月 9 日，第七届中国消费者保护法论坛在对外经济贸易大学召开。论坛由中国法学会消费者权益保护法学研究会、北京市第三中级人民法院、对外经济贸易大学法学院、对外经济贸易大学消费者保护法研究中心主办。来自中国法学会消费者权益保护法学研究会、北京大学、中国人民大学、中国政法大学、北京第二外国语学院、北京市高级人民法院、河南省高级人民法院、北京市第三中级人民法院、河南省郑州市中级人民法院、北京市东城区人民法院、北京市通州区人民法院、京东法律研究院等单位的专家、学者、法官共计 100 余人参加了此次论坛。

本届消法论坛围绕“消法与民法的关系及消法的特殊性”和“惩罚性赔偿制度的司法适用与立法完善”两大主题展开。

（对外经济贸易大学科研处供稿）

第二届法庭科学标准建设研讨会 5 月 8 日，由中国政法大学证据科学研究院、国家司法文明协同创新中心主办的第二届法庭科学标准体系建设研讨会在北京召开。公安部物证鉴定中心、司法部司法鉴定管理局、最高人民检察院司法鉴定中心、中国保险行业协会、世界卫生组织分类家族中国合作中心、中国 ICF 研究院、北京市公安司法鉴定中心、北京市人民检察院、北京司法鉴定业协会、中国政法大学、四川大学华西医学院、华中科技大学同济医学院、中央司法警官学院、中国人民大学、中国人民公安大学、西南政法大学、贵州医科大学、济宁医学院、江苏警官学院、辽宁警察学院、贵州警察学院、福建警察学院及部分司法鉴定机构、法庭科学相关企事业单位等代表共计 98 人参加研讨会。

研讨会分为上、下两场，上半场主题为“法庭科学标准化战略研讨”由中国政法大学证据科学研究院院长王旭主持，下半场主题为“法庭科学技术标准实践研讨”，由公安部物证鉴定中心副主任叶健主持。

（中国政法大学科研处王培供稿）

宪法学习宣传报告会（首场） 5 月 15 日，中央宣传部、中央和国家机关工委、全国人大常委会办公厅、教育部、司法部、全国普法办在京举办宪法学习宣传报告会首场报告，全国人大常委会副秘书长、机关党组副书记信春鹰作了“我国宪法修改的重点内容及其重大历史意义”的专题报告。

近日，中央宣传部、中央组织部、全国人大常委会办公厅、教育部、司法部、全国普法办联合印发通知，以“尊崇宪法、学习宪法、遵守宪法、维护宪法、运用宪法”为主题，通过举办报告会、各类群众性活动等多种形式，在全社会深入开展宪法学习宣传教育，大力弘扬宪法精神，弘扬社会主义法治精神，不断增强广大干部群众宪法意识，使全体人民成为宪法的忠实崇尚者、自觉遵守者、坚定捍卫者。

信春鹰在报告中指出，宪法是国家的根本法，是治国安邦的总章程，是党和人民意志的集中体现。十三届全国人大一次会议高票通过了宪法修正案，完成了宪法修改的重大历史任务，实现了我国宪法的又一次与时俱进。这次宪法修正案的核心要义和精神实质，主要体现在确立习近平新时代中国特色社会主义思想在国家政治和社会生活中的指导地位、调整充实中国特色社会主义事业总体布局和第二个百年奋斗目标的内容、完善依法治国和宪法实施举措、增加中国共产党领导是中国特色社会主义最本质特征的规定等方面。修改后的宪法，全面体现了党和人民在中国特色社会主义建设和改革实践中取得的重大理论创新、实践创新、制度创新的成果，体现了我们党依宪执政、依宪治国的理念，更好地适应了推进国家治理体系和治理能力现代化的要求，为动员和组织全国各族人民夺取新时代中国特色社会主义伟大胜利提供有力宪法保障。

在京党政机关干部和首都高校师生约 800 人参加了首场报告会。

（参见《光明日报》2018 年 5 月 16 日第 3 版）

网络文化消费法律问题研讨会　5 月 20 日，由清华大学法学院、中国民法学研究会、中国消费者权益保护法研究会主办的网络文化消费法律问题研讨会在清华大学法学院模拟法庭召开。来自高校、研究机构、司法机构、社会团体、网络公司、新闻媒体等各界学者、专家、记者等共 80 余人参加了研讨会。清华大学法学院院长申卫星与文化和旅游部文化市场司副司长李健分别致辞。法学院教授程啸主持研讨会开幕式。申卫星认为，在互联网时代，法学要将网络文化消费、大数据、云计算、区块链等新兴事物拓展为研究对象，计算法学学科的建设对于法学教育具有引领作用。李健指出，现阶段的文化市场监管的工作重点是推动网络文化行业的转型升级工作，完善市场的准入、退出机制，加强网络文化内容建设，支持和鼓励优先发展，弘扬社会主义核心价值观的网络文化产品和服务。中央财经大学法学院院长尹飞主持了本次研讨会的主题发言环节。中国人民大学常务副校长王利明在主题演讲中认为，随着我国互联网事业的快速发展，网络文化消费的法律问题亟待研究。《中国法学》总编辑张新宝认为，民法典应当通过人格权独立成编的方式，加强人格权的保护。腾讯研究院秘书长张钦坤介绍了我国网络文化消费市场的构成。酷狗音乐董事会秘书、法务总监董鹏认为，网络文化消费的纠纷主要包括未成年人使用监护人手机进行消费后要求退费等类型，现行法对这些纠纷类型还没有作出明确的规制，容易演变成为社会问题，应当进一步完善法律体系、加强执法监管。研讨会包括“网络文化消费合同法律问题”“网络文化消费服务平台提供者的法律责任”“网络文化消费与未成年人、消费者权益保护”“网络文化消费纠纷的解决与裁判”四个主题单元。与会专家学者探讨了网络文化消费中的合同法律问题、网络服务平台提供者的法律责任、未成年人和消费者权益保护以及司法裁判和纠纷解决等重要的议题。

（清华大学文科建设处刘金梅供稿）

宪法学习宣传报告会（第二场）　5 月 22 日，中央宣传部、中央和国家机关工委、全国人大常委会办公厅、教育部、司法部、全国普法办在京举办宪法学习宣传报告会第二场报告会，全国人大宪法和法律委员会副主任委员、全国人大常委会法制工作委员会主任沈春耀作了“中国宪法制度的若干问题”的专题报告。

沈春耀在报告中指出，我国宪法制度的历史发展，是中国近现代历史发展的一个缩影。紧密结合中国近现代历史特别是我们党团结带领人民长期奋斗的光辉历程、取得的辉煌成就、发生的历史巨变来开展宪法学习宣传教育，就能够使全党全国人民深刻认识我国宪法形成和发展的历史必然性，深刻认识我国宪法的深厚根基和丰富内涵，在历史的启迪和传承中弘扬宪法精神，坚定宪法自信，增强宪法自觉。宪法作为国家的根本法，在党和国家事业中发挥着极为重要的、独特的作用。习近平新时代中国特色社会主义思想特别是习近平总书记宪法重要论述为新时代全面依法治国、依宪治国，加强宪法实施和监督，指明了前进方向、提供了根本遵循。深入学习贯彻习近平总书记宪法重要论述，正确认识我国宪法实施的特点和经验，全面加强宪法实施和监督，对于推进全面依法治国、建设社会主义法治国家具有重要意义。

在京党政机关干部和首都高校师生约 800 人参加了报告会。

（参见《光明日报》2018 年 5 月 23 日第 3 版）

宪法学习宣传报告会（第三场）　5 月 25 日，中央宣传部、中央和国家机关工委、全国人大常委会办公厅、教育部、司法部、全国普法办在京举办第三场宪法学习宣传报告会，司法部党组书记、副部长袁曙宏作了“习近平总书记关于宪法的重要论述和我国宪法的修改”的专题报告。

袁曙宏在报告中指出，党的十八大以来，习近平总书记对宪法作出了一系列重要论述，立意高远、内涵丰富、思想深邃，构成了一个科学完整的宪法理论体系，为我国宪法的完善发展和实施监督指明了正确方向，为依宪治国、依宪执政提供了根本遵循和行动指南。在这些重要论述中，习近平总书记特别强调的、讲得最多的，就是坚持中国共产党的领导，强调党的领导是中国特色社会主义最本质的特征，是中国特色社会主义制度的最大优势，是社会主义法治最根本的保证。这是习近平新时代中国特色社会主义法治思想的精髓。一定要认真学习、深刻领会习近平总书记关于宪法的系列重要论述，将之作为学习宣传和贯彻实施宪法的纲领、旗帜和灵魂，牢固树立“四个意识”、坚定“四个自信”，坚决维护习近平总书记党中央的核心、全党的核心地位，坚决维护党中央权威和集中统一领导，带头做宪法的忠实崇尚者、严格遵守者、自觉运用者、坚定捍卫者。

在京党政机关干部和首都高校师生约 800 人参加了第三场报告会。

（参见《光明日报》2018 年 5 月 26 日第 2 版）

第五届中加法律研究国际论坛　6 月 1 日，第五届中加法律研究国际论坛在北京举行。会议由中国政法大学国际法学院、中加法律研究中心联合主办，北京理涵律师事务所、国和纺织链溯源科技（广州）有限公司协办，论坛主题为“电子商务和互联网金融——法律挑战和制度创新”，来自法院、律师事务所及国内外高校、研究中心的各界人士参与了论坛。

论坛开幕式由中国政法大学国际法学院院长孔庆江主持，校长黄进、最高人民法院中国应用法学研究所副所长曹守晔、加拿大蒙特利尔大学副校长 Guy Lefebvre 出席开幕式并致辞。

本次论坛共分为三个单元，第一单元会议议程由孔庆江院长主持，主题为“电子商务与互联网的现在和未来”。第二单元的主题为“在线争议解决机制”，由中国政法大学国际法学院国际经济法研究所副所长范晓波教授主持。第三单元的议程由 Vincent Gautrais 所长及北京理瀚律师事务所主任李强共同主持，主题为“电子商务实践与互联网金融的发展与创新”。

（中国政法大学科研处王培供稿）

民法典合同编立法研讨会　6 月 2—3 日，由北京市法学会不动产法研究会和中国法学会民法学研究会共同主办，清华大学法学院不动产法研究中心和中央财经大学不动产法研究中心共同承办的“民法典合同编立法研讨会”在中央财经大学举行。全国人大常委会法工委、最高人民法院、中国社会科学院、北京市怀柔区人民法院等单位的专家，北京大学、清华大学等高校的学者，以及北京仲裁委员会等法律实务部门的代表参加会议。民法典编纂工作启动以来，受到学界、业界专家学者的高度重视和积极响应，从事了大量的民法典总则以及各分编的研究和论证工作。此次研讨会，与会专家就债权让与问题、民事行为能力人通过互联网订立合同的法律效果、合同不完全履行的救济、买受人的检验义务和异议期间的法律效果、商事代理合同的地位与主要规则、商事居间人积极调查义务等问题进行了探讨。

（中央财经大学科研处供稿）

第五届中国政法大学-英国皇家国际事务研究所圆桌会议　6 月 2—3 日，“第五届中国政法大学-英国皇家国际事务研究所圆桌会议：国际法的新兴领域”在中国政法大学举行。此次圆桌会议由国际法学院和国家领土主权与海洋权益协同创新中心中国政法大学分中心与英国皇家国际事务研究所（Chatham House）共同举办，外交部条法司副司长马新民、国际海洋法法庭法官高之国、中国政法大学国际法学院院长孔庆江、国家领土主权与海洋权益协同创新中心中国政法大学分中心主任马呈元、国家领土主权与海洋权益协同创新中心研究员、国际法学院教授朱利江以及其他来自牛津大学、悉尼大学、马斯特里赫特大学、莱顿大学、北京大学、北京师范大学等国内外知名高校的教师、研究机构研究员等近 30 人参加了此次圆桌会议。

中国政法大学国际法学院朱利江教授和英国皇家国际事务研究所研究员 Harriet Moynihan 共同主持了本次会议开幕式，并介绍了英国皇家国际事务研究所与国家领土主权与海洋权益协同创新中心中国政法大学分中心合作产生的优秀成果。

（中国政法大学科研处王培供稿）

中国历史上的传统法治学术研讨会　6 月 16—17 日，由国际儒学联合会和中国政法大学联合主办的“中国历史上的传统法治学术研讨会”在北京召开。

此次研讨会共分为开幕式和主题发言、大会发言以及总结发言三个环节，出席会议的专家和学者来自北京大学、清华大学、人民大学、山东大学、中国政法大学、中国社会科学院、西南政法大学、北京外国语大学、山西大学等全国各地著名高校，部分中国政法大学的博士生、硕士生也旁听了会议。

16日上午9时，开幕式由国际儒学联合会秘书长牛喜平主持，中国政法大学副校长马怀德代表主办方致辞，中国政法大学终身教授张晋藩、西南政法大学教授俞荣根、山东大学教授武树臣分别做主题发言，国际儒学联合会会长滕文生做开幕式总结发言。

16日下午至17日上午共进行了三场大会发言。与会专家学者围绕“中国历史上的传统法治思想、法治制度与法治体系的建构”“中国历史上如何处理法治与德治的相互关系”“中国传统法治与西方法治的不同特点”“中国历史上的传统法治可以为当今中国的‘依法治国’‘以德治国’提供哪些有益的启示和借鉴”等议题展开深入交流和学术研讨。

（中国政法大学科研处王培供稿）

第三届国际法青年论坛　6月22日，外交学院国际法系、国际法研究所在外交学院展览路校区举办了第三届“国际法青年论坛”。本次与会者30余人，包括来自中国政法大学、北京师范大学、吉林大学、外交学院、中国社科院国际法研究所、红十字国际委员会等高等院校、研究机构和实务部门的青年学者及师生。外交学院国际法系主任许军珂教授参会并致开幕词。论坛包括两个主题：一是“难民与移民”问题。来自红十字国际委员会东亚办事处的马西利法律顾问、中国政法大学国际法学院的张彤博士生、吉林大学法学院的申天骄博士生以及北京师范大学的韩容研究生分别进行了主题发言，并由外交学院国际关系研究所曲博所长进行点评。二是“国际贸易冲突的义利观”问题。来自中国社科院国际法研究所的傅攀峰助理研究员、外交学院国际法系的张春燕讲师、中国人民大学法学院的周恒博士生、外交学院的孙舒博士生以及中国人民大学法学院的李贤森博士生分别进行了主题发言，并由外交学院国际法系张华副教授进行点评。

（外交学院科研处供稿）

司法大数据论坛　6月29日，由清华大学法学院主办的“首届司法大数据论坛——新一代信息技术如何助力司法责任制改革”在清华大学举行。论坛邀请到40余位来自司法界、网络行业和高校的专家学者参加。论坛开幕式由清华大学法学院党委副书记程啸主持。法学院院长申卫星、最高人民法院信息技术服务中心副主任孙福辉、北京华宇信息技术有限公司总经理黄福林发表致辞。中国法学会网络与信息法学研究会常务副会长、中国社会科学院法学研究所所长助理周汉华，全国人大宪法与法律委员会副主任委员、清华大学法学院周光权，最高人民法院司改办规划处处长何帆，杭州互联网法院院长杜前等发表主旨演讲。随后，论坛以信息技术全面应用下的司法责任制改革、智能司法中的学术研究方向、技术服务企业在司法改革下的探索等主题展开，与会嘉宾围绕主题进行理论和实践探讨。

（清华大学文科建设处刘金梅供稿）

环境司法国际研讨会　7月2日，由中华人民共和国最高人民法院和联合国环境署、欧洲环保协会共同举办的环境司法国际研讨会在北京举行。中华人民共和国首席大法官、最高人民法院院长周强，法国宪法委员会主席洛朗·法比尤斯，联合国副秘书长兼环境署执行主任埃里克·索尔海姆出席开幕式并致辞。

周强表示，在习近平生态文明思想指引下，中国不断完善环境立法，持续强化环境执法，切实加强环境司法，大力推进生态文明建设，不断满足人民群众日益增长的优美生态环境需要。把发展生态文明、建设美丽中国写入宪法，民法总则把有利于节约资源、保护生态环境确立为民事活动普遍遵循的基本原则。中国强调实行最严格的制度、最严密的法治，不断充实基层执法力量，推进联合执法、区域执法、交叉执法，依法严厉打击环境违法行为。各级法院把习近平生态文明思想贯彻到司法审判各领域、各环节，推进环境资源专门审判机构建设，加强环境资源案件审理，促进环境司法理论研究，推动中国环境司法不断向前发展。

会议通过了《环境司法国际研讨会共识》（以下简称《共识》）。《共识》指出，各方代表将致力于不断深化所在国家或者组织彼此间的司法交流与合作，推动完善国内和国际相关环境法治体系，协力构建各国环境司法之间的信息共享和协调合作机制，提升环境法官的职业水平和司法素养。

（参见《光明日报》2018年7月3日第3版）

“一带一路”法治合作国际论坛　7月2—3日，“一带一路”法治合作国际论坛在北京举行。作为会议重要成果，论坛发表《“一带一路”法治合作国际论坛共同主席声明》。

中国外交部副部长孔铉佑和中国法学会常务副会长陈冀平担任该论坛共同主席。

论坛发表的声明表示，要在共商、共建、共享原则基础上开展法治合作，为“一带一路”建设夯实法治之基；要遵守和完善有关国际规则体系，推进贸易、投资、金融、税收、知识产权、环境保护等各领域的法律协调与合作，为“一带一路”构建稳定、公正、透明、非歧视的规则和制度框架；要积极预防和妥善解决贸易、投资等有关争端，包括利用现有争端解决机制和探索建立新机制，为“一带一路”营造稳定公平透明、可预期的法治化营商环境；要深化“一带一路”法治交流，推进法律制度、法律文化、法律教育和法律服务等领域合作，加强法律信息和实践交流机制建设，促进法治能力建设和人才培养。

本次论坛是中国首次就“一带一路”法治合作举办高规格论坛。论坛以“共建‘一带一路’：规则与协调”为主题，围绕“一带一路”理念与国际法治、“一带一路”规则体系与条约法律保障、“一带一路”与国际争端解决、“一带一路”法律交流与合作四项分议题展开深入讨论。与会代表一致认为加强法治合作对推进“一带一路”建设具有重要意义，希望能够继续加强交流，开展合作，促进协调，共同为“一带一路”行稳致远、走深走实贡献力量。

“一带一路”参与国政府官员、国际组织代表、国内外专家学者和实务界代表共350余人参会。

（参见《人民日报》2018年7月4日第3版）

理论与实务国际圆桌会议　7月3日，由中国政法大学主办的“‘一带一路’法律对话：理论与实务”国际圆桌会议在中国职工之家举行，会议系“一带一路”法治合作国际论坛的边会活动。会议邀请了“一带一路”沿线国家的企业、高校、相关机构和国际组织代表约120人参会，共同研讨“一带一路”倡议中企业所面临的法律问题，并探索建设以解决实际法律问题为导向的跨国政产学研合作平台。

与会嘉宾在对话交流环节，围绕“一带一路”法治合作展开了讨论，并认为法治合作是“一带一路”倡议的重要内容，“一带一路”各参与方应协同建立法治合作平台，更好解决企业在“一带一路”倡议中面临的法律风险，共同推进“一带一路”法治建设。

（中国政法大学科研处王培供稿）

第七届两岸和平发展法学论坛　7月19日，主题为“两岸法学交流合作回顾与展望”的第七届两岸和平发展法学论坛暨两岸法学交流合作30周年纪念研讨会，在京开幕。本届论坛由中国法学会和东吴大学共同主办。

中国法学会会长王乐泉在致辞中指出，30年来，两岸法学交流合作取得丰硕成效，为服务两岸经贸发展、增进人民福祉作出了积极贡献，为加强两岸执法司法协作提供了重要支撑，成为两岸关系和平发展的重要保障。

中共中央台办、国务院台办主任刘结一在致辞中指出，两岸法学界人士要积极发挥专长，为深化两岸同胞交流合作提供优质法律服务和保障，共同传承中华法治文化优良传统，促进两岸同胞心灵契合。

东吴大学校长潘维大建议，两岸法学界加强在“一带一路”法制工作上合作，开展“一带一路”具体法律领域研究，推进形成融合中外的“一带一路”法制体系。

台湾法曹协会理事长苏永钦指出，大陆30年来的法治发展进步巨大，毫不逊色于经济发展。两岸法学都面临着立足于本土资源，回应现实挑战，建构更好规范体系，发掘法治核心精神的重大责任。两岸中国人一定能够在良法善治上作出更大超越，成为世界法治文明的领航者。

（参见《光明日报》2018年7月20日第3版）

首届中国特色军事法治理论学术研讨会　7月25日，为贯彻落实党的十九大精神，深入推进新时代依法治军研究创新发展，第一届中国特色军事法治理论学术研讨会在京举行。来自军委机关、各军兵种、军事科学院、国防大学、国防科技大学、武警部队以及中国法学会、中国社会科学院等军地单位的领导和专家代表参会。

此次研讨会由军事科学院军事法制研究院主办，主题是“深入贯彻落实习主席依法治军重要指示、加快构建中国特色军事法治体系”，旨在研讨交流国防和军队法治化建设重大理论和现实问题，打造军事法治研究交流合作平台，探索军事法治研究交流合作长效机制，共同推进中国特色军事法治理论研究创新发展。

与会专家学者还就“习近平强军思想法治篇”“构建完善中国特色军事法规制度体系”“中国特色军事法治实施、监督、保障理论与实践”三个专题展开深入研讨和广泛交流。

（参见《人民日报》2018年7月26日第11版）

庆祝《反垄断法》实施十周年学术研讨会　7月30日，由中国政法大学竞争法研究中心联合法制网主办的“庆祝《反垄断法》实施十周年学术研讨会”在北京召开。国内反垄断执法机构与司法机构代表、知名专家学者及社会各界人士参加研讨会。与会人员回顾我国《反垄断法》实施十周年的发展历程与成效，探讨《反垄断法》修改与完善的主要问题，并就互联网行业的反垄断法与经济学、公平竞争审查制度、数字经济的竞争与创新等议题进行讨论。同时，中国政法大学竞争法研究中心在研讨会上发布了“十大反垄断法治事件”“十大反垄断行政执法案件”“十大反垄断司法案件”的评选过程及最终评选结果。

闭幕式上，中国政法大学副校长、中国政法大学竞争法研究中心主任时建中教授作总结。时建中指出，2018年是《反垄断法》实施十周年，同时也是我国改革开放40周年。在此背景下，我们既要看到已经取得的成绩，又要看到未来面临的问题和挑战。为此我们应坚持问题导向，带着问题走向未来，迎接挑战，共同推动《反垄断法》在经济社会中发挥更大的作用。

（中国政法大学科研处王培供稿）

中日环境保护政策和法律国际研讨会（2018）　8月21日，为了纪念中日环境政策和法学交流40周年，国务院发展研究中心资源与环境政策研究所在北京举办中日“环境保护政策和法律国际研讨会（2018）”。

与会代表围绕气候变化应对、核污染防治、大气污染防治、土地污染防治、农用地保护、城市环境保护、自然和生物多样性保护、环境侵权责任、环境法基础理论等环境政策和法学的热点问题开展学术研讨。

日本人间环境问题学会派出的代表团，由13名学者组成，分别来自早稻田大学、东京国际大学、明治大学教授、上智大学、明海大学、中央大学、中部大学、帝京大学、新潟大学、明治大学和拓殖大学。中方共有来自国务院发展研究中心、中国社会科学院法学研究所、天津大学法学院、首都经济贸易大学、重庆大学法学院、中国政法大学经济法学院、北京林业大学法律系、中国农业大学法律系、中国地质大学文法学院、山东大学法学院、吉林大学法学院、湖南大学法学院、宁波大学法学院、天津工业大学法学院、湘潭大学法学院、温州医科大学环境科学系、贵州大学法学院、昆山杜克大学、内蒙古财经大学法学院、奥来国信（北京）检测技术有限责任公司、中石油环境评估中心等单位的40余名学者参加会议。

会议开幕式由国务院发展研究中心资源与环境政策研究所副所长常纪文研究员主持，国务院发展研究中心资源与环境政策研究所所长高世楫和早稻田大学大冢直教授致开幕辞。中国社会科学院荣誉学部委员马骧聪研究员、天津大学法学院院长孙佑海教授和日本拓殖大学奥田进一教授在闭幕式上先后致闭幕词。

（国务院发展研究中心郭巍供稿）

新时代体育法治的理论与实践国际研讨会　9月15日，在中国政法大学法学院迎来四十周年院庆之际，由中国政法大学法学院、中国政法大学体育法研究中心主办的“新时代体育法治的理论与实践国际研讨会”在国际交流中心举行，60余名国内外体育法学者以及中国政法大学校领导、国家体育总局政策法规司负责人，共论新时代背景下体育法治的理论与实践发展。

第一单元的研讨主题是“新时代体育法治的理论与实践”。第二单元主题是职业体育中面临的法律问题。

王小平教授在结语中表示：新时代下习近平总书记对体育提出依法治体的更高要求，我们应当为体育改革与创新服务，为体育内部治理和赛事运营及环境治理服务，为金牌服务，为全民健身和构建健康社会服务，为公民体育权利保障而服务，为体育人才的培养服务，同时要为北京冬奥会法治建设服务，为最终完成和实现习近平总书记提出的人民向往的美好生活的目标而服务。

（中国政法大学科研处王培供稿）

第一期人工智能与网络法学术沙龙　10月8日，以“人工智能时代的数据权利与数据安全”为主题的中央财经大学第一期人工智能与网络法学术沙龙在京举行。中国政法大学大数据和人工智能法律研究中心主任汪庆华教授作沙龙的主讲人。腾讯研究院法律研究中心副主任、首席蔡雄山，中国法学会网络与信息法学研究会副秘书长、《网络信息法学研究》执行主编周辉与嘉宾座谈。汪庆华教授首先介绍了政府信息大数据存在的相关问题，阐述了对欧盟的数据保护模式的认识，还对个人数据做了明确的界定。蔡雄山分析了人工智能与实践的应用、数据保护的模式。周辉认为对于数据保护最根本的是需要遵循同一规则，并且法律人要真正懂技术，要对产业有基本认识，对个人信息保护有必要做一个系统的规定，此外对我国已列入立法规划的《个人信息保护法》提出了许多富有建设性的意见。在互动环节，广东海洋大学法学院邓搴助理教授认为，我们需要明确清晰地界定数据的法律概念。中央财经大学法学院董新义副教授认为数据概念兼有私法和公法属性，私法层面是数据权利问题，公法层面是数据安全问题。汪庆华在回应董新义观点时指出，在人工智能背景下，我们应当告别部门化主义，推行跨界思维，超越公法私法的权限，使得数据权利保护体系化。

（中央财经大学科研处供稿）

中国“一带一路”倡议国际研讨会 10 月 9—10 日，由国际法学院主办，“一带一路”人才培养与法律研究院、萨里大学中国法中心（英国）和英国国际法和比较法研究所合办的中国“一带一路”倡议国际研讨会在北京举行。本次会议属于国际法学院与萨里大学和英国国际法和比较法研究所长期合作项目的一部分。

研讨会以“‘一带一路’倡议：理念、法律和政策”为主题，旨在为我国和各国专家学者深入交流“一带一路”倡议提供契机，同时为研究“一带一路”倡议的跨国合作搭建平台。英国萨里大学、英国国际法和比较法研究所、东京大学、伦敦大学学院、朴茨茅斯大学法学院、伯明翰大学、利物浦大学大学院、兰卡斯特大学法学院和亚洲基础设施投资银行（亚投行）的外籍专家学者，外交部条法司、清华大学法学院、对外经贸大学法学院、山东大学法学院、大连海事大学法学院、北京师范大学法学院、北京外国语大学法学院、浙江大学宁波理工学院及中国政法大学国际法学院的各位专家学者参与会议。30 多位专家学者围绕“一带一路”倡议相关的六个分主题进行了交流和研讨。

大连海事大学法学院院长初北平教授展示了《“一带一路”倡议下外国法查明的中国司法实践》，兰卡斯特大学的徐璐教授探讨了中国判例体系的建立和对“一带一路”倡议的作用，北京外国语大学法学院顾宾教授探讨了亚投行的非常驻董事制度和项目审批权改革，萨里大学的 Ira Lindsay 教授和 Mala Sharma 博士研究员分别介绍了“一带一路”倡议中的税收竞争和合作制度以及印度对中国“一带一路”倡议的理解，国际法学院的丁夏博士和丁如博士，分别探讨了“一带一路”倡议下投资仲裁面临的挑战和“一带一路”倡议下国有企业相关规则的制定。

（中国政法大学科研处王培供稿）

新兴（型）权利与法治中国学术研讨会 10 月 13—14 日，北京市委党校北京行政学院学报编辑部在京承办了第五届“新兴（型）权利与法治中国”学术研讨会，与会 120 余人。研讨会围绕新兴（型）权利一般理论问题、信息权与数据权、人身权、新型财产权、环境权与资源权、刑事领域新兴权利等内容，分设六个主题单元。

新兴权利领域知名专家、“长江学者”姚建宗教授认为本届“新兴（型）权利与法治中国”学术研讨会的学术论文总体上体现了四个特点：一是继续在一般法理意义上侧重体现新兴权利的政策，二是注重在新技术应用中对新兴权利展开理论和实践层面的研究，三是以法学中的多学科视角研究审视新兴权利，四是体现了国际视野和研究的开放性。姚建宗提出了三点研究建议：一是提升新兴权利概念的科学性和规范性，指出新兴权利不能强烈地予以类型化，应当对五年来新兴权利对应的义务等薄弱点增加关注；二是更加侧重从法律现实和法律实践的角度来研究新兴权利问题，以实践逻辑的弹性来克服立法中的僵化和局限，下一步的新兴权利研究应当是回应现实诉求，凝练思想、总结经验并深化理论；三是经过五届研讨会的召开，可尝试在总结经验的基础上开展专题研究。

《求是学刊》执行副主编李宏弢研究员认为学术期刊首先应做好学术传播，与学者、作者形成良性互动机制。在此基础上，学术期刊更应该有主体意识、问题意识和时代意识，为新思想的形成提供平台，在学术学派成长上发挥学术期刊的引领作用。正是基于这样的目的，11 家 C 刊以新兴权利这一问题为依托，并联合发起、成功举办了五届学术研讨，为学术共同体的形成和建设、为青年学者的成长贡献力量。

（北京市委党校科研处供稿）

2018年国际铁路运输法研讨会 10月26—27日，2018年国际铁路运输法研讨会在北京交通大学科学会堂召开，重点围绕国际铁路运输法进行研讨，为制订统一的铁路运输法律规范奠定基础。会议由北京交通大学法学院主办，国际铁路运输政府间组织、铁路合作组织、联合国欧洲经济委员会、欧盟委员会交通运输总公司、国际铁路运输委员会联合协办。铁路运输国际组织、中国铁路总公司、中国国家铁路局、中铁集装箱公司、中铁国际多式联运公司的代表以及北京交通大学师生200人出席开幕式。

与会专家指出目前中欧班列运行的情况、存在的问题以及下一步拟采取的措施和法律方面的思考，阐述了铁路货物运输组织和铁路合作组织对于国际铁路运输法发展的贡献，介绍了欧亚走廊无缝铁路货运的国际铁路运输委员会法律方案，介绍了欧洲单一铁路区在统一法律政策方面的经验和国际铁路运输公约大背景下统一的铁路法律中的部分内容，分享了对协调和统一国际铁路运输法的看法。

（北京交通大学人文社会科学处李敏供稿）

首届中国法律与商业创新论坛 10月29日，中国政法大学法治发展与教育研究中心主办，北京滴慧律师事务所承办的首届中国法律与商业创新论坛在北京举行。论坛以财智结合，法商融合为导向，共同研讨开拓法律与商业创新模式新格局，为推进依法治国战略和经济社会发展贡献力量。

本次论坛汇聚了中国政法大学终身教授江平，中国财政学会副会长兼秘书长、财政部财政科学研究所研究员贾康，《民主与法制》总编刘桂明，北京滴慧律师事务所创始人高度强，大成律师事务所终身名誉主席王忠德，北京市兰台律师事务所主任杨光，君合律师事务所创始人肖微，大成律师事务所全球副主席肖金泉，中国政法大学教授孙选中，中国政法大学法治发展与教育研究中心主任，校友办主任卢少华教授等近30位专家学者，与来自全国各地的律师事务所主任、高级合伙人、青年才俊律师、企业家代表就“商业文化的特征”“商业创新与律所管理模式”“新时代律师的新思维”“金融创新的七个趋势”等议题展开了研讨。

（中国政法大学科研处王培供稿）

改革开放四十年财税法理论研讨会 北京哲学社会科学国家税收法律研究基地（首经贸）在北京召开“北京市哲学社会科学国家税收法律研究基地国家税法史研究中心成立暨改革开放40年财税法理论研讨会”。

国家税法史研究中心副主任、中央财经大学马金华教授主持了中国财税法40年研讨会环节。原陕西《税收与社会》杂志社社长兼主编曹钦白做了《判若两人：改革开放四十年的中国税收》的发言；中国税务报社原总编辑刘佐回顾了中国税制改革40年历程；天津财经大学李炜光教授回顾了“税收法定”在我国被逐渐承认的过程；国家税务局科研所刘燕明副编审做了《我国税收征管法律制度的变迁及改革取向》的主题报告；全国人大代表、中南财经政法大学叶青教授总结了全国人大税收立法40年所经历的三个阶段四个特征。

中国财政科学研究院、国家税务总局科研所、中央财经大学、中南财经政法大学、东北财经大学、首都经济贸易大学、哈尔滨商业大学、天津财经大学、河北经贸大学、南京审计学院、河北金融学院、《税收与社会》杂志社、西安市国家税务总局科研所、《财政监督》杂志社等国内十余家高校、科研机构及媒体的50多位专家学者参加了此次研讨。

（首都经济贸易大学科研处李琳供稿）

侦查学学科建设与前沿理论高峰论坛 11月9—11日，由中国政法大学刑事司法学院主办，侦查学研究所承办的“侦查学学科建设与前沿理论高峰论坛——暨信息化、虚拟仿真等新技术在侦查教学与实务工作中的应用”学术研讨会在中国政法大学举行。甘肃政法学院副校长魏克强教授、华东政法大学刑事司法学院院长倪铁教授、西南政法大学侦查学院副院长贾治辉教授、西北政法大学公安学院副院长台治强教授、副院长闫小军教授、中南财经政法大学刑事司法学院实验室主任杨立云教授、中央财经大学法学院郭华教授、北京警察学院侦查系主任曹仁祥教授、副主任蒋丽华教授、辽宁警察学院犯罪理论教研室主任王晓楠等9所院校的40余名院校长、专家学者参加了论坛。

论坛第一单元为“侦查学学科发展与专业建设”主题报告，由魏克强主持。第二单元“侦查学理论研究前沿问题”由中国政法大学张力教授主持，与会专家学者围绕主题展开了研讨。

（中国政法大学科研处王培供稿）

第四届中德刑事法研讨会 11月16日，第四届中德刑事法研讨会——“中德缺席审理和速审程序之比较”在中国社会科学院大学举办。会议由中国社会科学院大学政法学院、新时代法治创新高等研究院主办，《中国社会科学院研究生院学报》、德国汉斯·赛德尔基金会支持。来自德国慕尼黑大学、德国帕绍大学、北京大学、中国人民大学、中国政法大学、浙江大学、华东师范大学等中德两国十余所高校与科研机构的专家、学者以及来自实务部门的人士共 70 余人参加。

（中国社会科学院大学科研处蒋甫玉供稿）

互联网法院案件审理问题研讨会　11 月 17 日，由清华大学法学院纠纷解决研究中心主办，中国法学会法治研究所、中国平安保险（集团）股份有限公司、北京清律律师事务所协办的“互联网法院案件审理问题”研讨会在清华大学召开。研讨会是全国首次围绕互联网法院案件审理程序、规则召开的学术会议。研讨会开始之前举行了清华大学法学院纠纷解决研究中心揭幕仪式。研讨会开幕式由纠纷解决研究中心主任陈杭平主持。北京大学法学院院长潘剑锋，清华大学法学院院长申卫星，平安集团副总经理、首席风险官叶素兰出席开幕式并致辞。潘剑锋首先祝贺了研究中心的成立，并在致辞中指出，在“互联网+”的大趋势下，讨论民事纠纷所受到的影响，需要深入思考两个基础性问题。一是互联网审判与传统民事诉讼的关系；二是民事司法与科学技术的关系。申卫星在致辞中指出，清华大学法学院是一所年轻而古老的法学院，既鼓励年轻人的发展，又希望搭建平台关注网络和现代化发展。此次研讨会就互联网法院案件审理问题展开，有助于提升法学教育研究的针对性，回应新型问题。叶素兰在致辞中指出，平安将与各地司法机关、仲裁机构展开合作，研发智能法律产品，打通当事人与律师间的信息壁垒，积极参与互联网法院的建立与完善。清华大学法学院教授程啸主持“主旨发言”环节。法学院教授王亚新、最高人民法院司改办规划处处长何帆分别作题为《互联网法院案件审理的若干观察和理论思考》《做好互联网法院建设的“加法”与“减法”》的主旨发言。研讨会还包括“互联网法院的案件管辖问题”“互联网法院案件审理中的证据与流程问题”“互联网法院案件审理中的诉讼规则问题”“圆桌会议”四个单元环节。与会专家学者围绕各个主题环节分享研究成果，并就相关问题进行交流探讨。在研讨会闭幕式上，清华大学法学院党委书记黎宏致辞。黎宏表示，技术的发展需要考虑法治的基本理念，即公平正义、照顾弱者。技术进步把每个人都浸在时代大潮中，但是怎样让每个人在技术进步当中感受到自己的存在感、地位、尊严，互联网下一步任重而道远。来自北京大学、中国人民大学、中国政法大学、中央财经大学、中南财经政法大学、对外经贸大学等高校的学者，来自全国人大法工委、最高人民法院、北京市高级人民法院、北京互联网法院、杭州互联网法院、广州互联网法院等单位的专家以及来自华为、小米、知产力等实务界人士共 180 余人参加了本次研讨会。

（清华大学文科建设处刘金梅供稿）

首届生态文明与自然资源法治学术研讨会　11 月 17 日，北京林业大学人文学院主办首届“生态文明与自然资源法治学术研讨会”，全国人大、最高人民法院、国家林业和草原局等 32 家管理机构、高等院校和社会组织 80 余人出席会议。与会专家共同研讨“依法治国”时代背景下的“生态文明与自然资源法治”，就生态文明与自然资源方面的权利设置、利益保护、制度构建、规则执行、法律适用、责任追究等实体和程序性规则进行了深入探讨，分享了不同研究领域的最新研究成果，搭建起理论与实务交流对话的平台，扩展了学术研究的视野，为法律实务提供了理论参考。会议第二阶段围绕四个议题分别在两个分会场进行交流。“环境和生态法治的基础理论与重要制度研究”议题的交流中，与会专家就生态文明建设中的环境监管体制、林业法、草原法、水法等自然资源法治建设与融合、环境法的逻辑起点、企业环境责任等问题进行探讨。“林权及自然资源物权研究”议题的交流中，与会专家分别介绍了农地、林地和草原权利研究的现状，以及划定公益林、保护野生动物、自然保护区内退出矿业权等情形的生态效益补偿机制的完善。“林业及草原行政执法问题研究”议题中，与会专家交流了各省林业行政执法中的现实困境、地方经验以及制度推进过程。“环境刑法和环境公益诉讼研究”议题中，与会专家分享了生态环境公益诉讼的最新发展和主要困难、林草保护类环境公益诉讼典型案例、环境犯罪的预防和环境犯罪“行刑”衔接等问题的思考和建议。

（北京林业大学科技处供稿）

马克思主义与法治中国学术研讨会　11 月 24 日，

为期两天的“马克思主义与法治中国”全国学术研讨会在北京召开。会议由中国政法大学主办，中国政法大学马克思主义学院、北京高校中国特色社会主义理论研究协同创新中心（中国政法大学）和北京市习近平新时代中国特色社会主义思想研究中心中国政法大学基地承办。北京大学中国道路与中国化马克思主义协同创新中心主任、教育部思想政治理论课教育指导委员会主任顾海良，中国法学会副会长、学术委员会主任张文显，北京市委教育工委副书记狄涛，中国政法大学终身教授李德顺，中国政法大学副校长冯世勇、马怀德、李树忠等出席本次会议。中国政法大学党委副书记兼马克思主义学院院长高浣月主持开幕式。清华大学、北京大学、南开大学、中国政法大学、华东政法大学、西南政法大学、西北政法大学、中国社会科学院、《马克思主义研究》编辑部等数十所高等院校、科研机构、新闻媒体的专家学者参加会议。

大会发言环节中，顾海良做了题为“社会主要矛盾和新时代中国特色社会主义法治新课题”的发言。张文显以“马克思主义法学中国化的三次历史性飞跃”为主题进行发言。李德顺就“马克思的阶级观与社会主义法治观”作报告。《政法论坛》主编王人博以“中国法治：问题与难点”为主题进行发言。

本次研讨会为期两天，设立三个分论坛和研究生分论坛。与会学者围绕“马克思主义法学基础理论”“法治中国的理论与实践”“中国社会主义法治的历史与文化”等议题，分组进行研讨和交流。研究生分论坛的开设，有利于发掘潜在的马克思主义人才，为青年学子提供高端的学术交流平台。

（中国政法大学科研处王培供稿）

法治中国论坛　11月25日，由中国政法大学、光明日报社、北京市习近平新时代中国特色社会主义思想研究中心、钱端升法学研究成果奖基金理事会主办的“法治中国论坛：改革开放四十周年与中国法治建设暨第七届钱端升法学研究成果奖颁奖大会”在京举行。来自各界的专家学者和中国政法大学师生200余人参加论坛。

颁奖大会结束后，中国法学会副会长、学术委员会主任、钱端升法学研究成果奖奖励委员会主任张文显发表“全面依法治国新理念新思想新战略的学理解读”演讲。中国政法大学终身教授、国家重大项目“创新发展中国特色社会主义法治理论体系研究”首席专家张晋藩发表“习近平新时代中国特色社会主义思想与中国法治”演讲。中国政法大学副校长马怀德发表“法治的痛点：滥用执法权与不作为”演讲。第七届钱端升法学研究成果奖一等奖获得者、中国人民大学法学院高圣平发表“改革开放40年农村土地法制的演讲与展望”演讲。

（中国政法大学科研处王培供稿）

2018国际经济法制研究领域热点问题研讨会　11月30日，中央财经大学国际商法研究中心“2018国际经济法制研究领域热点问题”研讨会暨新时代国际经济法制重大问题系列讲座在中央财经大学学术会堂举行。中南财经政法大学《法商研究》何艳副编审受邀主讲，中国政法大学《政法论坛》编审寇丽教授、中国社科院国际法研究所《环球法律评论》编辑廖凡研究员受邀与谈。何艳从作者、编审与读者三位一体的视角，以国际经济法的问题研究为切入点，就国际经济法研究领域的“七对问题”进行讲述，包括真问题与假问题、新问题与旧问题、理论问题与实践问题、大问题与小问题、主流问题与小众问题、国际法与国内法、中国问题和国外问题之间的关系与区别。尤其是中美贸易战背景下的技术转让、数据跨境以及国际贸易规则的改革或转型等热点问题发表了看法。寇丽作为与谈人，就国际法研究的现状、学术研究的生命力、研究方法发表了自己的见解，并从自己的视角对国际经济法研究领域的主要问题进行了梳理。廖凡结合自身的研究和编审经历，对国际经济法的理论研究，写作范式、选题和破题等进行了评析。与会学者分别从自身研究领域的问题以及研究的视角等与嘉宾进行了交流和互动。

（中央财经大学科研处供稿）

法学实践教学研讨会　12月1日，“北京市大学生模拟法庭竞赛十周年纪念暨法学实践教学”研讨会在中国政法大学召开。会议由中国政法大学教务处和中国政法大学刑事司法学院主办，来自最高人民检察院、北京市第一中级人民法院、北京市检察院第一分院、东城区人民法院、海淀区人民法院、中国政法大学、中国社会科学院、北京航空航天大学、中央民族大学、首都医科大学、中华女子学院、尚权律师事务所等单位的30余位来自实务部门的评委专家、竞赛指导教师参加了研讨会。

围绕会议主题，研讨会共分五个单元。第一单元竞赛指导经验与队员选拔标准，由中央民族大学李荣主持。第二单元竞赛评价体系与标准，由中国社会科学院程捷主持。第三单元模拟法庭竞赛对职业能力的影响，由北京市东城区人民法院杨晓琪法官主持。第四单元模拟法庭教学在实践教学中的作用，由中国政法大学王平主持。第五单元未来比赛模式创新与赛后争议处理，由北京交通大学郭烁主持。

本次研讨会恰逢第十届北京市大学生模拟法庭竞赛，与会专家回顾了十年来的竞赛历程，分享、交流了在竞赛中的经验教训，探讨了进一步完善竞赛制度的多种可能性，为高校法学专业理论与实务同步教学的探索提供了思路与方向。

（中国政法大学科研处王培供稿）

北京市金融服务法学研究会 2018 年年会　12 月 1 日，由北京市金融服务法学研究会主办，中央财经大学金融服务法研究中心承办，京东数字科技研究院协办的北京市金融服务法学研究会 2018 年年会在中央财经大学举行。主题为“金融科技与监管科技”。来自研究机构、实务界以及高校和科研机构的专家学者等共 80 余人出席了会议。与会专家紧密围绕监管科技的法律问题展开了交流与探讨，取得了丰硕成果。开幕式由北京市金融服务法研究会副会长兼秘书长、中央财经大学法学院教授邢会强主持。北京市法学会联络部负责人周远清，北京市金融服务法学研究会会长、中央财经大学法学院教授曾筱清，京东数字科技研究院法律政策研究中心负责人何海锋分别致辞。“专题研讨”环节，与会专家学者围绕宏观层面的“金融监管理论变革”“监管科技与金融监管”“区块链在金融监管中的运用”，微观层面的“监管沙盒”“智能投顾”“金融科技背景下的操纵证券市场行为”“区块链技术的具体运用”以及“金融信息安全评估问题”展开探讨。闭幕式上，邢会强通过监管科技和监管沙盒、人工智能和智能投顾、大数据和金融信息、区块链和“证券型代币发行”（STO）这四对关键词对会议的讨论进行了总结。

（中央财经大学科研处供稿）

改革开放四十年：国际法的发展研讨会　12 月 7 日，由外交学院国际法系主办的“改革开放四十年：国际法的发展”研讨会在外交学院展览路校区举行。外交部条约法律司、世界知识产权出版社等实务部门和中国政法大学、中国社会科学院、北京师范大学、天津大学、西南政法大学等京内外多所高校的专家学者参加了研讨会。

研讨会第一部分，中国政法大学国际法学院副院长朱利江教授、中国政法大学国际法学院冯霞教授、北京师范大学廖诗评副教授先后从国际公法、国际私法、国际经济法三个角度分别阐述了其个人对于改革开放四十年来国际法发展的体会，指出了国际法发展历程中存在的问题，并对未来国际法的发展提出建议。最后，外交部条约法律司胡镔处长进行评议，并提出了对于国际法发展的几点思考以及国际法学者今后应该关注的重点问题。

研讨会第二部分，世界知识出版社副编审王晓娟、北京外国语大学赵理智老师、中国社会科学院助理研究员魏妩媚老师、天津大学王蕾凡老师、西南政法大学夏丁敏老师、外交学院国际法系杨赟老师分别结合自己的实际经历，提出了目前国际法研究中存在的问题，并就国际法发展前景提出建议。最后，北方工业大学乔慧娟副教授、北京工商大学颜苏副教授分别进行评议。

（外交学院科研处供稿）

首届资产管理法治论坛　12 月 8 日，中央财经大学资产管理法治研究中心成立大会暨首届资产管理法治论坛在中央财经大学举行。论坛聚焦资产管理领域的理论与实务前沿，以“大资管时代的挑战与应对”为主题。来自政府机构、事业单位、高校和科研机构的专家学者以及企业代表共 50 余人出席会议。中国政法大学民商经济法学院王涌教授、北京大学法学院刘燕教授、上海锦天城律师事务所高级合伙人李宪明、中央财经大学法学院缪因知副教授、原中国民生信托有限公司副总裁解玉平分别作主题发言。王涌针对资管及信托当中有关 P2P 存在的巨大风险问题分享了看法。刘燕聚焦对资产管理法律关系的分析，以大资管回归本源为视角，具体分析了资产管理的三个层次、资管计划的名与实、信托与委托之争的意义与局限以及未来的研究方向等问题。李宪明从法律服务的角度分享了对金融监管的看法。缪因知具体分析了资产管理法治成为重要研究领域的因由，并强调司法机构和监管机构应对资管行业的稳健有序发展承担相应责任。解玉平从金融领域的发展历程谈资管，着重强调在金融领域如何理解信托的问题，并对行业中的标准化业务和非标准化业务进行了区分，阐述了资管作为新时代中的实战战略的真正含义。与会学者围绕

“大资管时代的新监管问题”“资管业务范围与资管行业转型”“刚性兑付的规制与反思”“不良资产的处置与管理”等问题展开了交流与研讨。

（中央财经大学科研处供稿）

第三届全国老龄法律论坛 12月15日，主题为“新时代中国特色社会主义老龄法治建设”的第三届全国老龄法律论坛暨首届京津冀老龄法律研讨会在北京召开。论坛由中国老龄协会指导，北京老龄法律研究会和首都经济贸易大学法学院共同主办。

与会专家学者围绕社区居家医养服务、政府购买居家养老服务、机构养老制度、老年法学、老龄金融、老年人公证、域外老年被害人保护、失独老人养老、老龄产业、成人监护、欧洲老龄平台、以房养老以及与当下老龄法治发展新趋势等有关的重难点和热点问题进行探讨。

国家部委和北京市机关近40余人与20余所高校的专家学者、律师、养老机构负责人、法学院师生等100余名代表参加论坛。

（首都经济贸易大学科研处李琳供稿）

历史学（含中共历史、中外史、考古）

学习贯彻党的十九大精神 反对历史虚无主义研讨会 日前，中共中央党史研究室召开“学习贯彻党的十九大精神 反对历史虚无主义”研讨会。会议的主题是，深入学习贯彻落实党的十九大精神，以习近平新时代中国特色社会主义思想为指导，旗帜鲜明反对历史虚无主义。来自中央国家机关、科研院所、高等院校等单位的专家学者70余人出席会议。

中央党史研究室主任曲青山指出，加强党对意识形态工作的领导，巩固马克思主义在意识形态领域的指导地位，巩固全党全国团结奋斗的共同思想基础，是党的十九大对思想文化建设提出的重要任务和要求。理论工作者、党史工作者要认真学习贯彻落实党的十九大精神，深入学习党的十九大报告蕴含的马克思主义历史观和方法论，深刻领会习近平新时代中国特色社会主义思想的历史思维、历史逻辑和历史智慧，切实提高反对历史虚无主义的能力和水平，坚持问题导向，完善相关机制，发挥合力作用。历史有血有肉，有过程有细节，有情感有温度，有智慧有规律。特别是党的历史中有宗旨有信仰，有意志有定力，有激励有警示。只有以习近平新时代中国特色社会主义思想为指引，不断提高思想认识和政治能力，深化理论和历史研究，探索规律，创新方式方法，以抓铁有痕、踏石留印的韧劲做实做细各项工作，才能赢得反对历史虚无主义斗争的胜利。

国防大学原副政委李殿仁、中央编译局副局长季正聚、中央文献研究室原巡视员曹应旺、中央党史研究室宣传教育局局长任贵祥、中央党史研究室原巡视员齐彪、中央网信办网络应急管理和网络舆情局副局长符雷、中央党校中共党史教研部副主任李庆刚、中央档案馆研究馆员齐得平、中国社会科学院当代中国研究所理论研究室主任宋月红、中共甘肃省委党史研究室主任刘正平等作了大会发言。大家围绕深入学习贯彻党的十九大精神和习近平新时代中国特色社会主义思想、掌握意识形态工作领导权、坚定“四个自信”、加强党史研究和宣传、注重网络信息安全等问题进行了研讨交流。

中央党史研究室副主任吴德刚在会议总结中指出，反对历史虚无主义是贯彻党的十九大精神的需要，是应对意识形态领域复杂斗争形势的需要，是落实中央对党史工作“一突出、两跟进”要求的需要，是理论工作者和历史工作者的重要政治任务。大家一定要清醒认识反对历史虚无主义的艰巨性、长期性，增强政治自觉，强化政治担当，以习近平新时代中国特色社会主义思想为指导，提高反对历史虚无主义的政治定力、政治鉴别力、战斗力和政策把控力，切实做好反对历史虚无主义工作。

（参见《光明日报》2018年1月3日第11版）

《西藏通史》出版学术研讨会 3月27日，中国藏学研究中心举办《西藏通史》出版学术研讨会暨“活佛转世”专题片发布会。会议由中国藏学研究中心总干事郑堆主持。

据悉，《西藏通史》是由中国藏学研究中心牵头承担的国家级重大科研课题，由中国藏学出版社出版。全书分8卷13册，共850余万字，从西藏地方历史研究领域的疑难点和空白点入手，利用文物考古资料及多种文字的史料记载，对石器时代至2015年的西藏政治、经济、社会制度、思想文化、宗教、军事、科技、交通、民族关系等方面进行了系统研究，集中体现了中国西藏历史研究的重大成就。《西藏通史》用扎实的史料、充分的证据雄辩地说明西藏自古以来就是中国领土不可分割的一部分，藏族是中华民族大家庭中的重要成员，西藏传统文化是中华多元文化的有机组成部分。该书面世以来受到藏学界的高度关注和肯定，引发学术界及社会各界的强烈反响。该书已获得第四届中国出版政府奖图书奖和第四届中国藏学研究珠峰奖特别奖。

“活佛转世”专题片时长 20 分钟，是“藏传佛教活佛转世专题展”数字化项目组成部分。该专题片以珍贵的文物、翔实的史料、简洁的语言和精美的画面展示藏传佛教活佛转世管理的形成与发展。

（参见《人民日报·海外版》2018 年 3 月 28 日第 2 版）

中国历史上的传统法治学术研讨会 6 月 16—17 日，由国际儒学联合会和中国政法大学联合主办的“中国历史上的传统法治学术研讨会”在北京召开。研讨会共分为开幕式和主题发言、大会发言以及总结发言环节，出席会议的专家和学者来自北京大学、清华大学、人民大学、山东大学、中国政法大学、中国社会科学院、西南政法大学、北京外国语大学、山西大学等全国各地著名高校，部分中国政法大学的博士生、硕士生也旁听了会议。

6 月 16 日上午国际儒学联合会秘书长牛喜平主持开幕式，中国政法大学副校长马怀德代表主办方致辞，中国政法大学终身教授张晋藩、西南政法大学教授俞荣根、山东大学教授武树臣分别做主题发言，国际儒学联合会会长滕文生做开幕式总结发言。

6 月 16 日下午至 17 日上午共进行了三场大会发言。与会专家学者围绕“中国历史上的传统法治思想、法治制度与法治体系的建构”“中国历史上如何处理法治与德治的相互关系”“中国传统法治与西方法治的不同特点”“中国历史上的传统法治可以为当今中国的‘依法治国’‘以德治国’提供哪些有益的启示和借鉴”等议题展开交流和学术研讨。

（中国政法大学科研处王培供稿）

西方史学理论前沿论坛 6 月 9-10 日，中国社会科学院世界历史研究所、《史学理论研究》编辑部和中国社会科学院史学理论研究中心联合主办的第三届“新世纪以来西方史学理论前沿问题论坛”在北京举行。论坛涉及当前西方史学研究的前沿问题，除了马克思主义史学研究外，还有全球史、后现代史学、历史哲学、新文化史、历史编纂、妇女史、大历史、信息史学、概念史、文明史、情感研究、空间研究等。中国社科院世界历史研究所研究员于沛、中国社科院世界历史研究所研究员陈启能、四川大学教授和平、中国社科院世界历史研究所研究员吴英、首都师范大学历史系教授刘文明等分别在会上发言。

从创新点看，在以下四个方面有所推进。一是对一些旧的问题从新的研究视角予以解读；二是对当前的一些研究倾向作出反思；三是对一些以前较少涉及的论题进行了初步探索；四是在对西方新思潮与流派充分介绍的基础上开始思考如何写出具有中国特色的新史学论著。

（中国社会科学院办公厅刘玉杰供稿）

世界中世纪史学术研讨会 6 月 23 日，由中国世界古代中世纪史研究会、世界中世纪史学会、首都师范大学历史学院联合主办的“纪念戚国淦先生百年诞辰暨世界中世纪史学术研讨会”在京举行。戚国淦先生夫人寿纪瑜先生，戚先生友人刘家和、马克垚、刘明翰、庞卓恒、陈曦文、田培栋以及世界中世纪史学会理事长侯建新教授等 80 余位来自国内高校和科研机构的学者与会。

会议第一个主题是“纪念戚国淦先生百年诞辰”。历史学院院长刘屹教授，世界中世纪史学会会长侯建新教授，商务印书馆郑殿华编审，中国社会科学院世界历史研究所徐建新研究员，以及首都师范大学世界史学科负责人晏绍祥教授先后致辞，从不同角度介绍了戚先生的学术贡献。

戚国淦先生的友人们追忆了与戚先生交往的点点滴滴。刘家和先生回忆了戚先生在中国史方面的造诣，以及戚先生的行事为人；马克垚先生从戚先生的学术研究领域、翻译工作、担任世界中世纪史学会会长三个方面赞誉了戚先生的治学精神；刘明翰先生展现了戚先生文人相亲的治学风气、儒雅淡泊的精神品质；庞卓恒先生带大家领略了戚先生清廉诚实的会风学风；当年与戚先生一起在北京师范学院共事的田培栋先生则介绍了戚先生在建校初期的工作和贡献。武汉大学陈勇教授、南开大学陈志强教授、北京大学朱孝远教授、中国人民大学孟广林教授、东北师范大学王晋新教授、三联书店常绍民副总编辑、天津师范大学张乃和教授、中国商务部李少义先生、华中师范大学江立华教授纷纷表达对戚先生为人和治学精神的感佩，涉及戚先生的厚学灌园与诗文唱和、知识分子的责任感和精神上的契合、戚先生作为“先师、先哲”的精神境界、戚先生与英国历史文献学研究、戚先生与欧洲中世纪史料学等主题。

第二个主题是“世界中世纪史学术研讨”。这个主题共收到27篇论文或摘要，大致可分为“欧洲思想文化”“欧洲社会经济”“英国史”三个专题。与会学者言简意赅地阐释了自己的观点，并就一些重大的议题进行了讨论。

侯建新在学术总结中指出，从资料的运用、研究的深度等方面来看，世界中世纪史的研究近年来的确取得了重大发展；但也存在不足，最明显的就是研究领域过于集中在欧洲，其他地区，特别是中国周边国家和地区的中世纪史很少有人进行研究，这种状况必须改变，期待新型人才的出现，期待在不久的将来有所突破。

（首都师范大学社科处李蒽供稿）

改革开放40年以来中国的史学理论研究学术研讨会 7月14日，中国社会科学院史学理论研究中心在北京举行“改革开放40年以来中国的史学理论研究”学术研讨会。研讨会从不同分支学科和不同研究领域提炼概括了这40年的具体发展，包括唯物史观研究，文明史、文化史研究，党史、国史和改革开放史研究，世界史、全球史研究，信息史学研究，中国近代史研究等，说明唯物史观的基本原理一定要和中国历史学实践相结合，才能为中国史学理论研究的学科发展和学术发展开辟更加广阔的空间。与会专家学者50余人。

（中国社会科学院办公厅刘玉杰供稿）

纪念改革开放40周年中国工运史专题研讨会 7月14日，为纪念改革开放40周年，迎接中国工会十七大的召开，中国劳动关系学院在北京校区举办纪念改革开放40周年中国工运史专题研讨会。中华全国总工会书记处书记、党组成员、组织部部长张茂华出席会议并讲话。学校党委书记屈增国，党委副书记、校长刘向兵，党委常委、当代工运研究所所长杨冬梅，以及来自中华全国总工会、中共中央党校（国家行政学院）、中国社会科学院、北京大学、北京市委党史研究室、中国工人出版社、学校及上海工会管理职业学院等多家科研机构与高校的知名专家学者30余人参加了会议。开幕式由刘向兵主持。

张茂华在讲话中指出，改革开放40年来，在党的坚强领导和全国各族人民的共同努力下，我们国家取得了举世瞩目的伟大成就，工会工作也取得了辉煌成绩。在这样一个重要的历史节点，学校召开此次研讨会，回顾与思考中国工运史事业的发展，梳理成绩，总结经验，把握规律，展望未来，对推进新时代工会改革创新具有重要意义。他强调，做好工运史的研究，对于我们更好地把握工运事业时代主题、深化工会改革创新、推进工运事业的发展有着重要的意义。他要求，研究中国工运史，必须以习近平新时代中国特色社会主义思想为指导，深入学习贯彻党的十九大精神和习近平总书记关于工人阶级和工会工作的重要论述，研究总结中国工人运动的光荣历史，特别是改革开放40年来中国工人阶级和工会工作的发展成就和经验，弘扬工人阶级和工会的优良传统，发挥工运史资政育人的作用，为新时代党的工运事业的发展服务。一是要抓好重大项目的立项和研究工作；二是要抓好培训和普及工作；三是要抓好研究平台搭建工作。

刘向兵在总结讲话中指出，这次研讨会是一个主题凝练、观点新颖、真知灼见相互呼应的会议，对中国工运史研究和学校工运史学科的发展具有重要意义：一是进一步提高了我们对于工运史研究重要性的认识。中国工会事业的发展，也需要从中国工运史中汲取智慧和力量。二是研究工运史要以习近平新时代中国特色社会主义思想为指导。党的十八大以来，习近平总书记对中国特色社会主义工会工作作出一系列重要论述，为工运史研究提供了切实的指导。三是进一步提高了学校对做好工运史研究的紧迫性和重要性的认识。学校在办学过程中形成了工会特色、劳动特色，工运史研究就是学校办学特色的重要体现，也是学校核心竞争力的重要组成部分。今后要在研究机构、学科建设、教学、工会干部培训等多方面加大对工运史研究的支持力度。四是学校要继续在全总的领导下参与学术界、理论界、实务界工运史的研究，推动建立工运史研究矩阵。

研讨会上，中华全国总工会研究室主任吕国泉、工运研究所所长闫宇平、中国社会科学院当代中国研究所副所长武力研究员、中央党校（国家行政学院）党史研究部程连升教授、北京大学马克思主义学院党委副书记冯雅新教授、学校王永玺教授、北京市委党史研究室副巡视员兼北京党史学会常务副会长刘岳、上海工会管理职业学院研究部教师孙岩、学校工会学院副院长叶鹏飞副教授和工运史教研室主任曹荣副教授分别围绕工运事业40年的发展与启示、中国劳动关系变迁40年、工业化和市场化双重推进下的工人运动、改革开放中工人阶级伟大作用回顾与展望、党建带工建促工建的思考、工会十六大以来工会工作的发展与经验、深化北京工运史研究、上海工运史研究、中国工运历史人物研究等内容发言。

（中国劳动关系学院科研处陈邓海供稿）

多元文化的碰撞与交融国际学术研讨会　7月21—23日，第六届“汉化·胡化·洋化：多元文化的碰撞与交融”国际学术研讨会在首都师范大学举行。会议由首都师范大学历史学院、台湾中正大学历史学系和北京师范大学历史学院联合主办，由首都师范大学历史学院承办。北京大学、中国人民大学、北京师范大学、武汉大学、浙江大学、南开大学、吉林大学、云南大学、南京师范大学、首都师范大学、中国社会科学院历史研究所、甘肃简牍博物馆、台湾中央大学、台湾中正大学、台湾中国文化大学、日本东京大学、日本中央大学等高校或研究机构的40余名著名学者参加了会议。首都师范大学孟繁华校长出席本次会议并致辞。会议开幕式由历史学院王铭副教授主持。

大会主题报告由台湾中央大学讲座教授汪荣祖主持，北京大学人文讲席教授、首都师范大学历史学院特聘教授李伯重做了题为“汉化、胡化、洋化还是全球化？——近代早期东亚世界的火铳”的报告。本次会议收到论文28篇，专家学者围绕“汉化·胡化·洋化：多元文化的碰撞与交融”这一主题，从民族史、中外关系史、文化史、社会史、经济史、历史文献学、考古学等角度展开了探讨。本次会议设置了严肃的学术批评环节。即一对一评议，要求评议人进行严谨的学术批评。与会学者本着学术自觉的态度展开批评讨论，启发了从不同的角度思考问题。

（首都师范大学社科处李葸供稿）

近代北京史研究的新起点学术研讨会　近日，“近代北京史研究的新起点”学术研讨会暨《北京史学》新闻发布会在北京召开。会议由北京市社会科学院历史研究所与中国人民大学民国史研究所共同主办，来自中共中央党校、中国社科院近代史研究所、北京大学、清华大学、北京师范大学、南开大学、华东师范大学、首都师范大学、南京师范大学等学术机构的学者共60余人参加。与会专家提交论文涉及近代北京的政治变革、城市景观、空间结构、经济兴衰、文化生态、高等教育、城乡互动、民间信仰、社会治理、城市书写与记忆等广泛议题。从研究视野来看，提交论文既有宏观叙事，又有微观下的细致考察。从研究时序上看，突出了对沦陷时期北平社会、文化、记忆等方面的思考，近代北京史研究中以往的短板得到的关注越来越多。

北京市社会科学院党组书记、院长王学勤，中国人民大学历史学院院长黄兴涛，北京市社科院历史所所长刘仲华等专家围绕如何看待近代北京史研究的现状与前景，如何跨越既有的城市史研究范式，在充分考虑北京城市特性的基础上，探寻一条更加符合近代北京实际的解释框架与思考路径等问题进行了研讨。大家认为，近代北京史是一个尚待开发的学术富矿，应该以一种更加开放、包容的态度，有效借鉴国内外其他城市史研究的成功做法，产生一批与北京城市地位相匹配的代表性学术成果。同时，近代北京史不应将自身限定在“地方史”范畴，应该在更加广阔的学术视野中，将近代北京放置在中与西、传统与现代、中央与地方等几重框架下深入考察，建立不同学科的对话平台，在进行“地方性知识”描述的同时，开掘出更具普遍意义的命题。

会议期间举行了《北京史学》集刊的新闻发布，该刊是在北京市社科院历史所2012年创办的《北京史学论丛》的基础上改版而来。

（参见《光明日报》2018年8月6日第14版）

抗日战争与近代中日关系文献数据平台上线发布会　9月2日，中国人民抗日战争胜利纪念日前夕，“抗日战争与近代中日关系文献数据平台”上线发布会在中国社会科学院近代史研究所举行。来自全国哲学社会科学工作办公室、中国社会科学院、国家图书馆、北京大学、华中师范大学、南开大学等单位的50余位专家学者参加了发布仪式和理论研讨。

让历史说话，用史实发言。习近平总书记强调，抗战研究要深入，就要更多通过档案、资料、事实、当事人证词等各种人证、物证来说话。要加强资料收集和整理这一基础性工作，全面整理我国各地抗战档案、照片、资料、实物等，同时要面向全球征集影像资料、图书报刊、日记信件、实物等。中国社会科学院副院长李培林，全国哲学社会科学工作办公室巡视员、副主任孙德立，国家图书馆馆长韩永进等介绍说，为贯彻落实习近平总书记重要讲话精神，2016年6月，全国哲学社会科学规划办公室（现“全国哲学社会科学工作办公室”）正式批准由中国社会科学院、国家图书馆及国家档案局牵头，中国社会科学院近代史研究所承担国家社科基金抗日战争研究专项工程“抗日战争与近代中日关系文献数据平台建设”。该平台依托近代史研究所馆藏资源，与国家图书馆、国内外多所高校等单位合作，整理上传文献资料，包含档案、书籍、期刊、报纸、照片、音视频等多种形式。截至 2018 年 8 月底，平台已上传图书 11000 余种，报纸近 400 种，期刊约 1000 种，总计近 1000 万页各类资料，业已成为抗日战争研究的重要资料来源。

据悉，从 2017 年 10 月上线试运行至今，抗战数据平台坚持“公益开放、免费服务”的理念，致力于汇集所有和抗日战争与近代中日关系有关的文献数据，并借助先进的互联网技术，向全球学术界、教育界以及民众提供永久免费服务。预计未来五年之内，平台将成为全球领先的抗日战争乃至近代中日关系研究的史料平台。同时，该数据平台还具有一大亮点，即红色文献专题数据库。平台推出了近两百种红色文献，其中既有抗战时期各根据地编印的图书，也有《红色中华》《解放日报》《晋绥日报》等著名的红色报刊。此外，平台征集到美国哥伦比亚大学东亚图书馆珍藏的“卡尔逊档案”的全部电子版，该档案充分展示了战时国际友人眼中所看到的中国共产党领导下的八路军在敌后开辟抗日根据地的真实状况。平台将不同种类的红色文献汇聚在一起，既方便研究者浏览和检索，同时也为研究者提供新的线索，有利于弘扬红色文化。

在理论研讨环节，与会专家围绕“公益、共享与抗战史”“抗日战争研究与数据库建设”“抗战文献数据平台的推广与运用”等主题展开深入讨论，并对平台建设提出了建议和期待。章百家、李伯重、马敏、王建朗、汪朝光等专家指出，对史料的掌握，是史学研究的根本。抗日战争史和近代中日关系史相关资料散落于国内以及海外各文献资料收藏单位和学术研究机构，资料获取和使用的不便制约了相关研究的进一步深化和拓展。抗战数据平台顺应了数字化时代的发展趋势，大大便利了学术资源的获取与共享，拉近了学者与史料的距离，必将推进我国抗日战争及近代中日关系史的研究。

（参见《光明日报》2018 年 9 月 11 日第 15 版）

天坛神乐署举办活动纪念“九·一八” 9 月 17 日，为纪念“九·一八”事变 87 周年，天坛公园在爱国主义教育基地神乐署侵华日军细菌部队遗址碑前，举行主题纪念活动，号召市民游客铭记历史，勿忘国耻、振兴中华。

纪念活动以“讲故事，诗朗诵，谈感受，做互动”的“微讲堂”形式展开。活动在天坛神乐署外广场北侧，布满绿色爬山虎的高大灰墙前进行。镌刻着“侵华日军细菌部队遗址”的白色牌匾下，公园游客服务中心的导游讲解员，向游客讲述了抗日民族英雄赵一曼的故事。

神乐署雅乐中心相关负责人说，此次活动在以往“看展览、听讲解”的传统模式基础上，通过“微课堂”互动，让参加活动的市民游客和小学生，更深入地了解抗日历史和先烈事迹，同时，神乐署作为中华历史文化的载体，保存了博大精深的民族文化遗产，在这里游客可以体会到中华文明对世界文明发展的重要影响，提升民族自豪感，更加热爱祖国。

（参见《北京日报》2018 年 9 月 18 日第 5 版）

北京市党史干部培训班 9 月 25—29 日，北京市党史干部培训班在国谊宾馆举办，各区党史部门、市公安局、首钢发展研究院、北京大学、清华大学和北京师范大学党史部门业务骨干，市委党史研究室全体干部共 90 余人参加。市委党史研究室主任李良、副巡视员范登生先后主持。市委党史研究室副巡视员刘岳作开班动员讲话。中央党史和文献研究院院务委员陈晋、冯俊，北京大学社会科学学部主任、教授杨河，当代中国研究所副所长、研究员武力，北京市社科院副院长、研究员赵弘，北京大学马克思主义学院副院长、教授程美东，海军装备部原航空军事代表局政委夏廷献，分别就中国共产党的“精神谱系”解读、学习贯彻习近平总书记关于党的历史重要论述精神、学习领会习近平新时代中国特色社会主义思想、改革开放的历史与逻辑、北京城市总体规划解读、新时代中共党史研究定位及方法路径、文章写作等专题为培训班学员授课。学员就党史部门如何深入贯彻落实习近平新时代中国特色社会主义思想和党的十九大精神、如何推进北京红色文化建设等问题进行分组讨论，并提出意见建议。此外，培训班还安排学员到中关村国家自主创新示范区展示中心进行现场教学。

（北京市委党史研究室高俊良供稿）

清北京学术研讨会 10 月 30 日，第八届北京文史论坛——“清北京学术研讨会”在北京市文史馆召开。北京市社科院党组书记、院长王学勤及历史所全体科研人员参加了学术研讨会。研讨会由北京市社会科学院及北京市文史研究馆、北京市政协文史学习委员会、北京市地方志办公室联合主办。市社科院原所长吴建雍阐述了清代北京中轴线的奠定及其文化内涵，说明了清代太和殿及西六宫的建置变化；研究员李宝臣以“清代京师物尽其用的日常饮食”为题，介绍了清代宫廷与百姓的食材保鲜技术与饮食习惯；历史所所长刘仲华分析了清代北京人口政策的变化，指出都城的发展离不开人口数量与质量的支撑；副所长王建伟结合大量老照片介绍了清末以来北京中轴线两侧的历史变迁，由此折射出了北京城市空间的演变过程。

（北京市社会科学院科研处朱霞辉供稿）

北京中轴线的历史文化内涵学术论坛　10月31日，北京古都学会联合北京市石刻艺术博物馆在五塔寺金石书院报告厅举办了社科普及系列讲座：“北京中轴线的历史文化内涵”学术论坛。论坛以“中轴线与北京古都文化”为主题，由北京史研究知名学者吴文涛主持，邀请了北京古都学会、北京史研究会、北京石刻艺术博物馆、中国书店出版社、北京联合大学、北京市社会科学院历史所等多家单位参加。此次论坛设置了六场主题学术报告，内容涉及北京中轴线由来、精神内涵、构成演变、文化高度等内容。

（北京市社会科学院科研处朱霞辉供稿）

第三届近代法律与社会转型学术研讨会　11月2—4日，由中国政法大学人文学院主办、中国政法大学人文学院历史研究所承办的“多元视域下的近世法律与中国社会”暨第三届近代法律与社会转型学术研讨会在北京举办。来自北京大学、中国社会科学院、中国人民大学、中央民族大学、复旦大学、陕西师范大学及中国政法大学等16所高校和科研机构的30余位学者参加了学术研讨会。

大会的小组发言共分为六场，每一场均有四位学者做主题报告，两位评议人点评。学者们分别从族群史与法律史、地方档案与法史研究、基层社会的法律实践、中西文化比较视野下的法史研究、区域社会史与法律史、近现代法制改革等不同视域，阐释了近世中国法律与社会转型议题。每场报告结束后，评议人及与会学者都围绕着研讨主题，从史学、法学、社会学等多学科的视野出发，就相关内容及所涉及的史料、方法进行了充分的交流。

（中国政法大学科研处王培供稿）

翦伯赞诞辰120周年纪念座谈会　11月4日，翦伯赞同志诞辰120周年暨《中国史纲要》出版55周年纪念座谈会在北京大学李兆基人文学苑举办，翦伯赞同志秘书、原国家教委社科研究中心研究员田珏，中国社会科学院民族学与人类学研究所研究员刘凤翥，中国社会科学院历史研究所所长卜宪群等领导和嘉宾出席了会议。北京大学校长郝平，社会科学部部长龚六堂，北京大学原党委副书记、副校长郝斌，北京大学原党委统战部部长张万仓，以及北大历史学系、考古与文博学院的相关负责人、教师等70余人参加了会议。会议由历史学系党委书记徐健主持。

纪念会包括两方面主题，首先围绕“翦伯赞同志与北京大学历史学科的发展”和“翦伯赞同志的学术成就和贡献”展开追忆纪念，进而在此基础上对“《中国史纲要》与中国古代史教材建设”展开研讨。郝平对翦伯赞同志的治学态度、学术成就和追求真理的高尚品质予以高度评价，并热切希望北大历史学科在新时代能够呈现新气象，取得新发展，在人文学科层面为中华民族伟大复兴作出卓越贡献。张传玺、马克垚、田珏等著名历史学家和与会专家学者追忆翦伯赞同志的辉煌成就，并呼吁人文学科要始终坚持马克思主义的指导地位，立足中国特色社会主义的成功实践，涵育学术、激活思想，融通中外、开拓创新，进一步构建中国特色哲学社会科学体系，为世界贡献中国智慧。

（北京大学社会科学部供稿）

庆祝改革开放40周年学术研讨会　11月28日，北京党史宣传月启动式暨庆祝改革开放40周年学术研讨会在北京国谊宾馆召开。会议由市委党史研究室、市中共党史学会、中国人民大学中共党史党建研究院共同举办，主办单位领导、各区党史部门负责人及市中共党史学会理事等80余人参加。本次研讨会标志着以“讴歌新北京　唱响新时代——庆祝改革开放40周年”为主题的2018年北京党史宣传月正式启动。2018年党史宣传月的工作重点是做好“六个一”，即编写一本著作，开展一次研讨，出版一期专刊，组织一场知识竞赛，举办一场电子展览，安排一次青年大学习大交流。这次研讨会是北京党史系统庆祝改革开放40周年的一项重要活动。与会者在发言中回顾总结改革开放特别是党的十八大以来我国经济、政治、文化、社会、生态和党的建设等方面的发展历程与宝贵经验。

（北京市委党史研究室高俊良供稿）

北京市党史网宣员、宣讲员、信息员培训班 11月28—30日，北京市网宣员、宣讲员、信息员培训班在北京国谊宾馆举办，各区党史部门及市委党史研究室相关人员共60余人参加。市委党史研究室副巡视员刘岳作开班动员讲话。中国社会科学院当代中国研究所理论研究室主任宋月红、市委党校党史党建教研部副教授韦磊、人民网舆情数据中心副主任单学刚等，就习近平新时代中国特色社会主义思想、改革开放史研究和宣传的若干问题、新时代网络舆情生态和舆情引导新范式等专题为培训班学员授课。学员就党史部门如何深入贯彻落实习近平新时代中国特色社会主义思想和党的十九大精神，如何推进北京党史网络宣传、党史宣讲、信息写作等问题进行讨论，并提出意见建议。此外，培训班安排学员到市委党校的党性教育基地进行现场教学。

（北京市委党史研究室高俊良供稿）

清代历史文化认同与中华民族共同体发展学术研讨会 12月22-23日，中国社会科学院主办、中国社会科学院历史研究所承办的“清代历史文化认同与中华民族共同体发展学术研讨会”在北京召开。复旦大学、南开大学、湖北大学、清华大学、中国人民大学、北京师范大学、中国政法大学、中央民族大学、故宫博物院、中国社会科学院、辽宁省社会科学院等10余所高校和科研机构的专家学者参加了研讨会。

中国社会科学院副院长、党组成员高翔出席会议开幕式并讲话。中国社会科学院科研局局长马援、中国社会科学院历史研究所所长卜宪群研究员、中宣部理论局曹守亮副处长，中国社会科学院学部委员、历史研究所原所长陈祖武研究员，文化部清史纂修与研究中心马大正研究员、李治亭研究员等参加会议。中国社会科学院历史研究所党委书记余新华主持开幕式。

大会主旨发言阶段，中国社会科学院学部委员、历史研究所原所长陈祖武研究员、辽宁省社会科学院张玉兴研究员、文化部清史纂修与研究中心马大正研究员、南开大学历史学院杜家骥教授、文化部清史纂修与研究中心李治亭研究员，南开大学历史学院教授、中国社会史学会会长常建华分别以《关于中华文化基本品格的思考》《倾覆南明的启示——清朝历史文化认同的初始成就》《中国边疆治理的当代价值》《清代蒙古与清中央的关系及清朝的国体问题》《清代“中国”辨析》《〈康熙出巡与国家认同〉前言》为题作大会发言。

与会学者围绕“清史研究的历史意义与当代价值”“清代的历史文化认同与阶段性特征”“清代中华民族共同体发展与统一多民族国家的形成”“清史研究的理论与方法论反思”等分议题展开研讨。

（中国社会科学院办公厅刘玉杰供稿）

纪念清史研究所建所40周年系列活动 日前，中国人民大学清史研究所为建所40周年举办了系列纪念活动。中国人民大学党委书记靳诺，副校长朱信凯，国家清史编纂委员会主任、清史研究所名誉所长戴逸，美国科学与人文学院院士唐纳德·沃斯特，日本大学副校长加藤直人，台湾“中研院”历史语言研究所所长王明珂，香港科技大学教授李中清，德国法兰克福歌德大学教授阿梅龙，文化和旅游部清史纂修与研究中心主任崔建飞，中国第一历史档案馆副馆长李国荣，北京大学人文讲席教授李伯重，中国社会科学院近代史所党委书记夏春涛，《历史研究》主编李红岩及海内外校友共200余人参加系列活动。

与会领导、嘉宾共同回顾了清史研究所40年来在学科建设、人才培养、科学研究、海外交流、社会服务等方面所取得的辉煌成绩。大家认为清史所形成了优良学术传统，尤其是在国家新修清史编纂工程中起到重要的倡导、组织和支撑作用，希望其继续弘扬严谨扎实的学风，为中国史学科建设与中国人民大学特色学科发展作出更大贡献。期间，还举行了清史所前所长、中国社会科学出版社前总编王俊义向清史所捐赠个人藏书、中国第一历史档案馆研究馆员安双成向清史所捐赠满文牌匾的仪式，并宣布正式启用清史所的新形象标识。与此同时，清史研究所还与该校博物馆联合举办了“清史研究所四十年教学与科研成果展”，与颐和园共同举办了“御宝璆琳——庆祝中国人民大学清史研究所成立四十周年”“颐和园申遗成功二十周年清宫旧藏玉器特展”等活动。

中国人民大学清史研究所是目前海内外规模最大的清史研究机构。其前身为1972年成立的清史研究小组。1978年，经教育部批准正式成立。2000年，入选教育部人文社会科学百所重点研究基地。清史研究所始终致力于学术研究与人才培养，拥有《清史研究》《新史学》两个专业核心刊物，为我国历史学科的建设与发展、为中国人民大学中国史学科进入世界一流学科建设行列作出了突出贡献。清史研究所是中华人民共和国成立后最大的文化工程——“清史纂修工程”的重要倡导者、推动者、承担者，也是近20年来推动国内史学新发展的重要力量，在海内外享有崇高的学术声誉。

（参见《光明日报》2018年12月24日第14版）

教育学　心理学

尊重学生学习风格的教学设计专题教学工作坊　4月11日，中国传媒大学人事处教师发展中心举办了“尊重学生学习风格的教学设计”专题教学工作坊，北京师范大学教师发展中心副主任魏红作为主讲嘉宾，带领老师们开展了以学生为中心教学设计的讨论和交流。

魏红介绍了逆向教学设计，其理论基础是Spady成果为本的教育理论，把教育系统中的一切都集中围绕着学生在学习结束时所能达到的目标去组织，确保所期望的学习最终能够发生。她结合自己教学授课的经历，讲述了教学情景的内涵。她还请现场的老师们做了学习风格量表测试，并解释了逆向教学“学生的学习结果”。她强调，反馈和评估是检验教学目的是否实现的方式，进行学习评估和评价，有利于提高学生的学习积极性，帮助学生及时自我调整学习方式。在介绍“教学策略和活动”方面的内容时，魏红从“课堂上玩手机”这一普遍现象引入，探讨如何针对数字化时代学生的新特点，改进教学方式。她表示，老师们面临很多挑战，必须发挥创造性，构建适应当前时代的教学方式，并请现场老师们分享了教学策略。随后，她介绍了国际上较为先进的教学策略：参与式的教学策略，包括PBL基于问题的学习、讨论式教学法、同伴教学法、角色扮演、项目教学法、案例教学法以及BOPPPS教学环节。

（中国传媒大学科学研究处供稿）

同伴教学法与创新人才培养讲座　4月18日，中国传媒大学人事处教师发展中心特邀北京师范大学物理系张萍教授，为中国传媒大学中青年教师做了“同伴教学法与创新人才培养”的主题讲座，来自学校各教学单位的20多位老师参加了讲座。张萍结合哈佛大学名师的名言表示，只有教师们自己接受并且愿意使用新教学法，新教学法才可能成功实施。借此，张教授分析了传统教学模式，教师处于主体地位、教学目标以内容为重、强调感染力的特点，解释了传统教学模式的弊端，明确指出什么情况才应该使用“讲课”模式。随后，张萍向老师们收集了传统教学中遇到的问题，并分享了她本人关于此的调研数据，引起了老师们的积极探讨。张萍对其中课堂注意力低、低水平学习、记忆保持少等几个问题进行了分析，借一个情景假设问题引出了创新能力培养的观点。根据美国大学教育七项原则：（1）鼓励学生与教师接触（2）鼓励学生间的合作（3）鼓励主动学习（4）及时反馈（5）强调时间的投入和有效的时间管理（6）表达高期望（7）尊重多才多艺和多种学习方法，张萍提出了翻转课堂教学模式：同伴教学法，介绍了教学法法则，向老师们收集了课堂教学中遇到的问题并给予解答。最后，张萍还展示了同伴教学法的实践与研究成果，按照布鲁姆的“教育目标分类法”对同伴教学法和传统教学法所能达到的效果进行了对比分析。

（中国传媒大学科学研究处供稿）

北京市教育系统学习贯彻习近平总书记考察北大重要讲话精神座谈会　5月3日，市委教育工委召开北京教育系统座谈会，深入学习贯彻习近平总书记考察北京大学重要讲话精神。市委常委、教育工委书记林克庆出席并讲话。

座谈会上，北京大学党委书记郝平回顾了总书记考察学校、与师生交流座谈的情况。清华大学校长邱勇等高校负责人以及师生代表在发言中表示，总书记的重要讲话体现了对教育工作的高度重视，对广大青年学生的深切关怀，学习后倍感鼓舞、备受感召，将按照总书记的要求和嘱托，不忘初心，牢记使命，勤奋学习，扎实工作，努力建设中国特色世界一流大学，加快提升科研创新能力，研究宣传贯彻好马克思主义，为实现中华民族伟大复兴的中国梦贡献力量。

林克庆要求，北京教育系统迅速行动，掀起学习宣传贯彻总书记重要讲话精神的热潮，组织干部师生扎实学，学深悟透讲话的精神内涵，要坚持加强和改进学校党建和思想政治工作，牢牢把握社会主义办学方向，围绕“四个中心”功能建设，推动高校的内涵式发展，以师德师风建设为重点，加强高素质教师队伍建设，聚焦服务成长成才，把新时代青年学生培养成社会主义的建设者和接班人。

（参见《北京日报》2018年5月4日第2版）

京津冀戏剧教育高峰论坛　5月25日，由首都师范大学主办，首都师范大学美育研究中心承办，首都师范大学文学院协办的京津冀戏剧教育高峰论坛在首都师范大学召开。首都师范大学纪委书记李中奇出席论坛并致辞。美育研究中心主任王德胜、美育研究中心常务副主任栗睿、校团委书记张琪、初等教育学院党委书记张润杰、文学院党委书记牛亚君、学生处副处长许虎等各院系、单位的领导老师出席了论坛。北京人民艺术剧院、中央戏剧学院、北京师范大学、北方工业大学、南开大学、河北大学、河北经贸大学、海淀区教师进修学校附属实验学校、首都师范大学附属中学第一分校、北京景山学校远洋分校、北京文汇中学、育英中学等三地多所高校、中学、小学的教师和学生代表参加了论坛。论坛由首都师范大学文学院党委副书记刘晓鑫主持。

在主题发言阶段，中央戏剧学院戏剧教育系主任周艳教授首先发言，指出戏剧教育的目标并不是把中小学生培养成为演员、导演、剧作家，而是要用戏剧的元素去辅导孩子成长，但目前在师资，教师资格证，教师学历等方面，还需要逐步完善和进步。

北京人民艺术剧院的刘小蓉为北京市金帆话剧团指导 13 年，她呼吁戏剧教育不要急功近利，一定要鼓励原创，多做原创。

海淀区教师进修学校附属实验学校校长董红军介绍了许多优秀的经验做法，该校将戏剧教育与学校教学课程紧密结合，形成了阅读原著，演讲交流，海报创作，创作片段，小品展演，剧目展演的完整体系。

首都师范大学美育研究中心主任、文学院教授王德胜认为学校戏剧教育如果能够成为教学活动的延伸，就会拥有无穷尽的发展力和延续力，同时，学校戏剧教育区分于专业戏剧教育，目的不在于演好戏，而在于通过戏剧活动，带动广大的受众群体，提高整体审美能力，使戏剧教育成为学生日常生活体验的深化场所。

交流发言部分，首都师范大学附属中学第一分校的甄丽分享了英文戏剧社的实践经验。北京景山学校远洋分校的郝英婕介绍了扬帆剧社从小学到初中、高中的一体化戏剧培养体系。随后，来自南开大学翔宇剧社、河北大学帐篷剧社、首都师范大学唳天剧社三所高校的剧社负责人分享和介绍了高校剧社发展的经验和收获。最后，北京剧萌文化发展有限责任公司的教学总监，同时也是唳天剧社的老社长李笑卓分享了她毕业以来从事戏剧教育工作的感悟。

（首都师范大学社科处李葸供稿）

人工智能与未来教育专题讲座 6 月 7 日，中国传媒大学人事处教师发展中心联合经管学部举办了“人工智能与未来教育”专题讲座，讲座特邀跃萌科技有限公司产品副总裁及合伙人、数字传播与营销专家霍尔查，为老师们讲解了当今人工智能的发展状况以及带给教育的机遇和挑战。

霍尔查引用了张泉灵的一句话：“时代抛弃你时，连句再见都不会说”，借此引出了人工智能的发展现状。他表示，人工智能的发展之快超乎人们的想象，人类的很大一部分工作已经能够被人工智能取代，并介绍了谷歌语音助手 Duplex、讯飞智医助理等人工智能研发成果。因此，人工智能的发展已经成为各行各业不得不关注的问题，掌握 AI，还是被 AI 掌握，是各行业需要面临的选择。随后，霍尔查讲解了当前教育面临的诸多挑战，包括技能教育与市场需求脱节、无法满足学生和企业双方的需求、对市场反应较慢、授课和考核方式单一等问题。同时，他也表示人工智能的发展给教育带来了机遇，包括制定个性化学习、建立以学生为中心的教育平台、研发新的教育场景模式等。接下来，他介绍了几项人工智能教学助手案例，例如 IBM Watson 运用人工智能解答学生的问题、Querium 对学生的解题进行个性化的指导并收集问题向教师反馈、科大讯飞的智能组卷功能等。另外还有基于商业化模式的 MOOC、付费 app 等。霍尔查表示，当代人对知识的需求越来越多，传统的灌输模式已经无法触动消费者的神经，社交认同感、品牌建立、优质内容等已经成为商业化运营成功的关键，而教育者也可以在此机会下将知识传输给更多人，满足消费者的需求，也能够建立自身品牌，尝试新时代的教育方式，抓住时代的脉搏。

（中国传媒大学科学研究处供稿）

目前语言教学定性研究的趋势讲座 6 月 15 日，北京林业大学外语学院邀请埃塞克斯大学语言与语言学系 Christina Gkonou 博士作目前语言教学定性研究的趋势讲座，Christina Gkonou 讨论语言教学研究的当前趋势和发展，特别关注定性研究方法和英语作为外语/第二语言的教学。反思为此目的使用定性研究设计的利弊，以及使用一种特定的定性数据收集工具，即叙述。根据不同类型的叙述的例子，用于语言学习和教学的研究，如访谈，短篇小说和重大事件，并讨论它们的结构，格式和适合语言学习者和语言教师的研究。80 余人参加讲座。

（北京林业大学科技处供稿）

实践型法学教育高端论坛　6 月 22 日，清华大学法学院举办第一届实践型法学教育高端论坛。论坛是清华大学第 25 次教育工作讨论会的组成部分。来自世界五百强企业、国内著名企业的总法律顾问、分管法务工作的高级管理人员及清华大学法学院教师等 50 余人参加。清华大学法学院院长申卫星出席研讨会并致辞。法学院教授程啸主持开幕式。申卫星在致辞时表示，当下中国法学教育到了变革的关键节点，实践型法学教育亟待发展，因此本次论坛的举办具有重要意义。他指出，法律人才的培养绝不仅仅是靠大学就足以完成的，以往的教育培养模式不能面向市场培养出解决实际问题、适销对路的法律人才。他呼吁法律实务界加入到创新法学人才培养模式的探索中来，通力合作形成法学教育的共同体。本届研讨会共分三个单元。第一单元的主题是“法学教育中如何处理好知识教学和实践教学的关系”，由清华大学法学院副教授王钢主持。第二个单元的主题是“优质实践教学资源引进高校的举措和建议”，由清华大学法学院副教授刘晗主持。第三单元主题是“如何加强法学教育和法治实际工作者的交流”，由清华大学法学院教授黎宏主持。每个单元都设有主题发言和自由发言环节。与会嘉宾分别围绕三个单元主题，结合自身的实务背景和经验，探讨了实践型法学教育中面临的方向性和具体问题并提出中肯的建议。

（清华大学文科建设处刘金梅供稿）

社会变迁中的家庭与儿童发展国际研讨会　6 月 23 日，由首都师范大学心理学院、初等教育学院、北京市“学习与认知”重点实验室、首都师范大学儿童发展研究中心共同主办的“社会变迁中的家庭与儿童发展”国际研讨会在首都师范大学东校区召开。研讨会以“社会变迁中的家庭与儿童发展”为主题，荷兰、美国、德国及国内知名专家就“社会变迁对家庭与儿童发展的影响”“多元文化背景下的家庭与儿童发展”“基于实证的父母养育干预”“0-3 岁婴幼儿发育与托幼看护质量研究”“儿童认知与语言发展”“家庭与儿童发展：追踪研究”等几方面进行主题报告，从研究前沿和临床实践多角度探讨了社会变迁背景下的儿童社会化目标、家庭和父母在儿童发展中的作用、“二孩时代”心理学如何帮助父母养育两个孩子、父母教养的跨文化比较、父母教养干预方案等重要问题。会议开幕式由心理学院院长王争艳教授主持。

首都师范大学校长孟繁华教授为本次国际研讨会致开幕词，指出作为国家“双一流”建设高校、北京市与教育部“省部共建”高校和北京市人才培养的重要基地，学校坚持国际化办学理念，并借助国家发展的战略平台加快攀登全球共同发展的更大舞台。当今世界正经历着社会文化环境和经济结构的深刻变化，本次国际研讨会的召开顺应了这一潮流与趋势。大家要以本次会议为新的起点和契机，不仅要“走出去”学习儿童心理学领域先进的知识和经验，还要努力“引进来”拓宽合作渠道，以更高的标准谋求合作，以更实的举措促进交流，用努力和实干，全面提升学校教师和学生境外合作与交流的水平，提升心理学专业人才培养的质量。

首都师范大学初等教育学院王美芳教授为本次国际研讨会致闭幕词，希望此次国际研讨会成为家庭与儿童发展研究领域国内外同行交流与合作的一个新起点，能够促进未来更加深入、更加广泛的国内外交流与合作，使家庭与儿童发展的研究提高到一个新的水平，迈上一个新的台阶，也让更多的家庭与儿童能够更好地共享国内外研究成果。

（首都师范大学社科处李葸供稿）

本科生学风建设论坛　6 月 28 日，首都体育学院为进一步加强和改进本科学生学风建设，引导学生端正学习态度、明确学习目标、激发学习动机、养成良好的学习习惯，营造“勤学苦练励志图强”的学习氛围和良好的学习环境，根据《关于开展 2018 年本科生“学风建设月”活动的通知》（首体院学字〔2018〕28 号）相关要求，学生工作处在实验楼报告厅举办了“学风建设论坛”活动。各学院学生班长、学习委员、校院学生会主席、学习部部长参加论坛。活动邀请运动科学与健康学院阎守扶教授作主报告。阎守扶教授从读书的视角进行阐述，他希望同学们超越欲望层面从寻求人生意义的角度出发去认识世界，通过读书深入思考自己、家庭、学校、社会、时间之间的关系。

（首都体育学院科研处供稿）

中小学书法教育学术论坛　7 月 1—2 日，“养德育美——中小学书法教育”学术论坛在京召开。论坛由首都师范大学主办、首都师范大学初等教育学院承办。来自全国各地高等院校的专家学者、北京市中小学书法教育的一线教师、书法教研员以及书法教材编辑、出版社的相关人士参与了研讨。

首都师范大学副校长李小娟致欢迎词，她指出，首都师范大学的书法教育自1986年欧阳中石教授创办书法专业以来，培养了众多高水平的书法人才。2011年8月教育部颁布《关于中小学开展书法教育的意见》以来，中小学书法进入课堂已经全面展开。现阶段书法师资不足是制约基础教育阶段书法教育的关键问题。据首都师范大学中小学书法教育研究中心的调研结果，北京市书法师资缺口约在1600人左右。为了适应新形势下北京市对书法教师的迫切需求，首都师范大学正在筹划于初等教育学院的“小学教育”专业下增设“小学书法教育”方向，面向北京市招生。

研讨会紧密围绕当下中小学书法教育实践中面临的问题展开研讨，旨在为当前书法教育提供沟通平台，共同促进中小学书法教育的可持续发展。

中国书法家协会秘书长郑晓华教授、首都师范大学社科处处长、美育研究中心主任王德胜教授、中国传媒大学书写中心主任刘守安教授、首都师范大学中国书法文化研究院常务副院长解小青教授、初等教育学院党委书记张润杰、中小学书法教育研究中心主任欧阳启名教授出席了研讨。

（首都师范大学社科处李葱供稿）

地方高水平大学战略研究基地建设与发展研讨会 9月29日，由教育部战略研究（培育）基地——地方高水平大学发展战略研究中心、北京工业大学文法学部高等教育研究院主办的地方高水平大学战略研究基地建设与发展研讨会在北京工业大学召开。

与会专家针对新形势下地方高水平大学与教育智库建设，开展了交流与讨论。重要观点包括：在全国高校争创双一流的背景下，地方高水平大学要明确自己新的课题和新的动作，对准国家战略做好自己的规定动作，做到规定动作做准，自选动作做新；地方高水平大学要牢牢抓住产学研协同创新的机遇，在应用基础研究上做到位，同时依托北京市政府、企业、高校，在北京模式下做好产学研的试点；要凝聚起应用基础研究的团队，增强团队的凝聚力与协作力；各个地方高水平大学也要成为协作共同体和利益共同体，同时做好分工和调研，找到地方大学的准确定位。

教育智库一要贴近学校，做好服务工作，既当写手又当参谋，为学校发展提出靠谱的管用的建议；二要贴近实际，做好为北京市的服务工作，体现自身的智库作用；三要贴近国家战略，了解国际前沿信息，明确基地的核心研究领域。教育智库的发展需要借制聚力，智比库更重要，应通过智力建策盘活资源；要开启战略思维做好人才培养，既要做得好调研，写得好提案，又要培养年轻一代敢于发声，勇于担当的家国情怀。

（北京工业大学科发院人文处张爱民供稿）

第四届现象学教育学国际学术讨论会 10月11—12日，第四届现象学教育学国际会议在首都师范大学国际文化大厦召开，来自英国、荷兰、德国、美国等国和国内的近50名专家学者和来自全国各地的近280名硕士、博士研究生参加。与会者围绕“现象学教育学的时代际遇：自识与反思”进行了研讨。会议由首都师范大学教育学院主办。

本次大会共有六场特邀报告，分别是现象学发源地德国洪堡大学 Malte Brinkmann 教授的报告《反思的身体：学习和具身化的现象学教育学之思》、现象学教育学发源地荷兰乌特勒支大学的 Bas Levering 教授《小秘密，大数据》、英国伦敦大学学院 Paul Standish 教授《现象学与写作技术》、美国田纳西大学 Talia Welsh 教授《梅洛-庞蒂在儿童心理学和教育学方面的工作》、国内哲学界著名学者同济大学孙周兴教授《现象学教育学何以可能》，国内教育哲学领军学者石中英教授《学生失败恐惧的现象学透视》。除特邀嘉宾的专题报告外，主论坛中还有华东师范大学刘良华教授、鞠玉翠教授、广州大学叶浩生教授、江苏师范大学高伟教授、东华大学顾瑜君教授、李维伦教授、天津师范大学金美福教授、湖南师范大学王卫华教授、青海师范大学蒋开君教授、首都师范大学朱晓宏教授、胡萨副教授和《教育研究》杂志社刘洁副编审等基于现象学和现象学教育学视角重新审视教育学和心理学领域中的理论与现实问题的报告。在分论坛部分，青年学者围绕现象学教育学与儿童成长、现象学教育学与教师专业发展、现象学方法论与教育研究及现象学教育学跨学科对话等主题展开对话。

（首都师范大学社科处李葱供稿）

教育信息化高峰论坛 10月13—14日，清华大学教育研究院在北京举办了第40届清华教育信息化高峰论坛。论坛以落实习近平总书记在党的十九大报告中所强调的“加快教育现代化，办好人民满意的教育”的思想为目标，以“信息技术促进教育教学真正变革”为主题展开探讨。来自全国90多所本科院校的150多位代表出席论坛。本届论坛也是清华大学教育技术学学科成立20周年的庆典活动之一。清华大学教育研究院教授程建钢主持论坛。清华大学校务委员会副主任、教育研究院院长谢维和围绕“信息技术的发展及对教育改革的影响和冲击”作大会报告，教育研究院党总支书记刘惠琴致开幕辞。学科带头人程建钢介绍了教育技术二十年的发展历程。教育研究院副院长韩锡斌系统全面地介绍了研究所在高校混合教学领域的研究成果及最新进展。论坛上，中央电化教育馆馆长王珠珠、中国教育学会会长钟秉林、江南大学人文学院教授陈明选、北京大学教育学院教授贾积有等就当前的信息化教学的热点问题进行解读和探讨。山东大学党委副书记张永兵、山东理工大学副校长魏修亭、安徽大学副校长薛照明分享了各自院校建设经验和成果。此外，华中师范大学教授吴砥介绍了华中师范大学的信息化建设方案及成果，该成果近期刚刚获得国家级教学成果奖特等奖。

（清华大学文科建设处刘金梅供稿）

小学教育专业认证学术研讨会　10月18—19日，由首都师范大学主办的京津冀小学教师教育协同发展暨“小学教育专业”认证学术研讨会在北京召开。教育部师范类专业认证专家委员会委员宋冬生教授、教育部高校教学评估中心专业评估处处长盛敏、首都师范大学副校长李小娟以及全国小学教师教育委员会理事长王智秋等出席了会议。天津师范大学、河北师范大学、沧州师范学院、河北民族师范学院、河北科技师范学院、邢台学院、张家口学院、保定学院、唐山幼儿师范高等专科学校、贵州省铜仁幼儿师范高等专科学校、迁安市教育教学研究与教师培训中心等80余人参加了研讨会。

开幕式由首都师范大学初等教育学院党委书记张润杰主持。李小娟在开幕式致辞中指出，首都师范大学重视教师教育工作，形成了高水平学科建设支撑高水平教师教育的格局和体系。小学教师教育作为京津冀一体化的重要内容，肩负着为三地培养义务教育师资的重任，愿与各兄弟院校一起，在初等教育学科建设、教师队伍建设、科学研究、人才培养、社会服务、文化引领等各方面加强合作，共同推动三地的小学教师教育发展，提升京津冀小学教育水平。

在专家报告会上，宋冬生以“紧扣认证标准，查证培养质量”为主题，盛敏以“以认促建，以认促改，以认促强——扎实开展评建工作，助推专业内涵发展”为题先后进行主题报告，引发了与会者的共鸣。

下午，各高校代表就京津冀小学教育专业发展状况进行了分享交流。首都师范大学初等教育学院副院长孙建龙、副教授李玉华，天津师范大学初等教育学院院长丰向日，河北师范大学小学教育系教授潘新民，沧州师范学院教育学院副院长何兰芝，唐山师范学院教育学院副院长李晓萍，张家口学院教学科研科科长王丽分别结合自身的小学教育专业建设与发展经验作了大会分享。

第二天日上午，与会者们围绕“京津冀小学教师教育协同发展规划”和“小学教育专业认证评估准备工作交流”两个主题进行了分组研讨。

（首都师范大学社科处李葸供稿）

清华大学体育部学术论文报告会　10月18日，清华大学体育部学术论文报告会在体育部多媒体教室开幕，体育部全体教师和研究生近100人参加会议。刘波主持主会场大会。刘波首先强调两年举办一次的学术论文报告会的重要性，要求全体师生在教学、训练和科研等工作中都能重视研究，共同营造良好的研究氛围。体育部副主任乔凤杰作为引言人对此次科报会的重要意义和作用，以及本次会议的安排和论文评审方式做了详细的介绍和说明。在大会主报告环节，公共管理学院副教授梅赐琪以体育部教师彭建敏参加国家青年教师教学基本功大赛并获一等奖的案例，论述了清华体育课堂中的科研之道；图书馆王媛作为专门为体育学科设置的学科馆员，为全体师生作题为《图书馆：你的科研好帮手》的报告；北京体育大学孔垂辉介绍了《北京体育大学学报》的稿件要求和投稿注意事项。主报告结束后，四个分会场进行了分组报告及讨论。此次学术论文报告会共收到论文68篇，涉及学校体育理论、体育课程与教学、学生体质健康、学校体育管理、师资队伍建设、课余训练与竞赛、校园体育文化建设、冬奥会相关问题等多方面的研究内容。

（清华大学文科建设处刘金梅供稿）

欧阳中石先生书法教育思想学术研讨会 10月27日，首都师范大学和中国书法家协会联合举办了“弘文焕采——欧阳中石先生书法教育思想学术研讨会”。

开幕式由首都师范大学党委副书记徐志宏主持，党委书记郑萼致欢迎辞，全国政协副主席邵鸿、教育部关工委主任李卫红、北京市副市长王宁、中国书法家协会主席苏士澍先后致辞，高度评价了欧阳中石先生为我国文化事业、书法繁荣以及中国书法教育作出的重要贡献，赞扬欧阳中石先生等老一辈知识分子严谨笃学、淡泊名利的敬业精神，以及为人为学、德艺双馨的优秀品质，寄语欧阳先生保重身体，继续为国家文化艺术和教育事业发挥重要作用。

出席研讨会开幕式还有北京市教育系统关工委主任张雪、北京市委教育工作委员会委员、北京市教委副主任黄侃，北京语言大学校长刘利，国家画院院长、中国美术家协会副主席杨晓阳，中央文史馆文史业务司司长耿识博等，以及首都师范大学党委副书记缪劲翔、副校长杨志成、李有增等一并出席了开幕式。

上午的研讨会，由中国书法文化研究院解小青教授主持。五位主报告人，陈洪武、周文彰、董琨、郭振有、言恭达诸先生，围绕欧阳中石先生的大书法文化观、基本教育观念、重要理论建说、学科建设历程等主题展开了研讨，阐明了欧阳先生书法教育思想的内涵与影响。

下午的研讨会，分别由书法院叶培贵、何学森教授主持，13人进行了主题发言。卜希旸、张同印、石彦伦等分享与欧阳先生共事多年的实践，阐幽发微，给人以启迪。杨炳延、宋民、董雁等结合自己的受学经历，与大家分享了总结与思考，薛夫彬、张以国、贺寅秋等还带来了自己早期学习书法时欧阳先生留下的珍贵墨迹，使大家有一份意外的惊喜和收获，大饱眼福。骆芃芃、刘石、李洪智、李逸峰等分享了自己对欧阳先生学术思想的感悟和近期研究的新课题，拓展了研讨会的维度。

中国书法家协会分党组副书记、秘书长郑晓华对大会做了总结发言，指出在不同年龄、不同经历、不同视角的不同感悟当中，欧阳中石教授的学术思想轮廓、脉络逐渐清晰，研讨会取得丰硕成果。高等书法教育，历史地、整体地改变了书法学科、书法行业的生态。当代高等书法教育，首都师范大学是旗舰，欧阳中石教授是领航人。前辈给我们开拓的路，我们要更好地走下去。来自海内外40余所高校的教师代表、专业领域同人、欧阳先生的学生代表等近300人参加了研讨会。

本次会议论文汇辑为《弘文焕采——欧阳中石先生书法教育思想研究文集》，已由首都师范大学出版社出版发行。

（首都师范大学社科处李葱供稿）

全国教育政策与法律研究分会2018年年会 10月27日，由北京教育法治研究基地首都师范大学基地、中国教育学会教育政策与法律研究分会、教育部教育发展研究中心共同主办的全国教育政策与法律研究分会2018年年会在北京举行。会议的主题是“民办教育的分类管理：规范、调适与发展”。来自全国70余名专家、学者、校长以及首师大师生参加了会议。

开幕式由首都师范大学教育学院院长蔡春教授主持，首都师范大学副校长杨志成教授、中国教育学会教育政策与法律研究分会秘书长余雅风教授、教育部教育发展研究中心主任陈子季主任分别致开幕词。

研讨会主题分为四个单元，共有11位专家发言。第一个单元是“价值与制度设计：民办教育分类管理的问题”，首都师范大学教育学院劳凯声教授做了题为《民办教育的分类管理：限制还是鼓励》的报告；教育部教育发展研究中心主任陈子季围绕《当前民办教育发展的政策逻辑》做了报告；全国人大原教科文卫教育室主任叶齐炼教授做了题为《贯彻实施民办教育促进法的思考》的报告。第二单元的主题是“多元化与价值重估：民办学校办学体制的冲突与出路”，西安外事学院校长黄藤教授做了题为《营利与非营利——政府的理想管理与民办学校的两难选择》的报告；浙江大学教育学院吴华教授做了题为《寻找发展民办教育的基本事实、观念基础和政策基石》的报告；北京师范大学教育学部刘复兴教授做了题为《教育行政执法中的民办学校分类监管问题》的报告。上午的发言结束后，与会人员分别就民办教育“公”与“私”的问题、民办教育是否能够促进教育公平等问题展开了热烈讨论。第三个单元的主题为“权力与责任：民办教育分类管理中的政府角色”。北京大学法学院湛中乐教授做了题为《民办教育分类管理中的政府职能》的发言；东北师范大学教育学院杨颖秀教授做了题为《民办教育的办学支持政策供给与落实》的报告；锦天城律师事务所高级合伙人何周律师做了题为《民办教育分类管理制度落地进程及实务困境》的报告。第四单元的主题为“公器与伦理：时代冲突中的民办教育与公办教育”。华南师范大学教育学院胡劲松教授做了题为《公办教育协调发展的制度保障》的报告；首都师范大学教育学院田汉族教授做了题为《超越公与私：民办教育分类管理的价值选择与制度创新》的报告。主要发言人的报告结束后，与会人员就政府权力的边界、权力配置等问题进行了探讨。

会议闭幕式上，劳凯声用四个收获进行了会议总结。第一个收获是会议对民促法修订以来一系列的政策和法律问题进行了深入的讨论，集合了全体会议人员的智慧；第二个收获是对当前政策法律中涉及的政府职能进行深入的探讨；第三个收获是对公办教育和民办教育的价值、地位以及相互关系进行了探讨；最后一个收获是讨论了民办教育分类管理的标准及其存在的问题。

（首都师范大学社科处李蒽供稿）

全国高等学校理论作曲学术研讨会　10月29—31日，由中国教育学会音乐教育分会与首都师范大学音乐学院共同主办的“2018年全国高等学校理论作曲学术研讨会”在首都师范大学召开。来自全国各地近50所高校长期潜心致力于作曲与作曲技术理论教研工作的专家学者以及学会代表共计190余人共同研讨如何加强高等学校理论作曲专业学科建设以及进一步推动高校理论作曲的学术研究与教学改革。首都师范大学副校长李小娟，中国教育学会音乐教育分会副理事长兼秘书长、人民音乐出版社莫蕴慧社长出席研讨会并分别致辞。我院德高望重的老教授姚思源、王安国先生以及原人民音乐出版社副总编杜晓十教授、中国海洋大学康建东教授等四位理论作曲学术委员会历任会长（主任）分别致辞并深情回顾了学会发展的历程，同时表达了他们各自对于学会今后蓬勃发展的殷切希望。音乐学院党委书记陈玉平、党委副书记李晓东等出席开幕式。会议开幕式由音乐学院院长蔡梦主持。

开幕式后是三场主题发言。王安国教授《高师理论作曲与基础音乐教育》的发言运用三个教学案例深入浅出地解读了高师理论作曲专业教学与音乐课堂的互联互通，从中充分体现了教育家对于当下基础音乐教育工作的宏观视野与深刻洞见；中国音乐学院高为杰教授在《音乐创作——情与理的博弈》的发言中，以“云”和“钟”作比，隐喻创作实践中感性与理性交织交融的状态，作曲家以自己本人的作品为例，深入诠释了其对音乐创作的独到见解与美学审思；蔡梦教授则用《以学科——专业一体化理念研制音乐教育人才培养方案》为题，分享了首师大音乐学院在学科建设、人才培养等方面的积极思考与实施策略，紧扣当前高等教育人才培养模式及教育教学改革与发展的要求和时代脉搏。

论文、作品的征集与评选是本学术委员会年会的常规内容。此次会议共收到论文40篇、作品49件。大会组委会筹备组邀请学会专家委员会在北京对所提交的论文与作品进行了严缜、细致的评审工作，评选出优秀论文及作品并整理成集，作为大会的一项重要学术成果在会议期间予以汇报和展示。为了更好地进行学术交流和研讨，会议于30日上午安排了三个会场，分教师科研组、教师教学组和学生组分别进行了宣讲。此次论文宣讲，涵盖作曲技术理论研究、音乐作品分析、理论作曲教学方法与课程结构、国外作曲理论课程教学体制与教材建设等几大类。

30日下午，与会代表分三组展开专题研讨。第一分组为理论作曲教学研讨，重点就此次研讨会的两个主要议题“高等学校理论作曲学科教学及研究现状分析与改革思路”和“理论作曲学科在新形势下音乐教师教育中的创新应用与发展策略”进行展开；第二分组为理论作曲科研研讨，针对本学会会员近两年来连续获批多项国家社科基金艺术学项目的实际情况，邀请几位项目主持人结合各自的申报经历与代表们交流经验，并就课题申报中所需要重点关注的事项进行了讨论；第三分组为研究生考试、学习与培养研讨，充分考量学生、老师的实际需求，就硕博研究生与青年教师普遍关心的交流访学、在线课程学习与教学等问题进行了专家答疑和建议指导。

31日上午，理论作曲学术委员会先后召开主任会议及全体学术委员会委员会议，按照规定和惯例对学会的组织机构进行了调整，产生了新一届学术委员会，音乐学院吴春福教授担任本学术委员会第五任主任委员，作曲系副主任张飞副教授当选新一届学术委员会委员。

（首都师范大学社科处李蒽供稿）

2018年中国教育经济学学术年会　11月2—4日，由中国教育学会教育经济学分会和北京师范大学主办的“2018年中国教育经济学学术年会”在北京举办。年会主题为“教育发展与经济发展：改革开放40年回顾与展望”。来自全国25个省市、96所高校及科研机构从事教育经济理论和教育经济实践改革的专家学者与研究生340余人参加了本次年会，共收到学术论文200余篇。开幕式上，北京师范大学副校长王守军代表学校致辞，教育部财务司处长吕东伟、中国教育学会副秘书长张东燕等领导发表讲话。国家教育咨询委员会委员、名誉理事长王善迈教授，理事长、北京师范大学教育学部杜育红教授，香港中文大学前教育学院院长钟宇平教授，北京大学教育学院丁小浩教授，北京师范大学经管学院赖德胜教授等作大会发言和主题报告。参会代表围绕基础教育财政与政策、教育与经济社会发展、高等教育财政及劳动力市场、教育公平和效率、教师发展、家庭教育投资等主题进行了讨论和交流。

（北京师范大学社科处刘娜供稿）

当代美育、艺术教育的观念与实践国际学术会议 11月9—11日，首都师范大学美育研究中心、中国高等教育学会美育专业委员会共同主办的“当代美育、艺术教育的观念与实践”国际学术会议在北京举行。

10日上午，北京大学、中国人民大学、北京师范大学、中国社会科学院、浙江大学、山东大学、西南大学、东北大学等国内90余所高校、科研机构以及俄罗斯、日本、美国、韩国等国家和台湾地区的130多位专家学者出席了会议开幕式。开幕式由首都师范大学美育研究中心主任王德胜教授主持。

首都师范大学党委书记郑萼、中国高教学会美育专业委员会常务副主任彭吉象、教育部高校社会科学发展研究中心副主任杨海英致辞，教育部国家艺术教育委员会主任、北京大学资深教授叶朗做了专题演讲。

郑萼指出，立足当下，面向发展，美育、艺术教育要兼顾传统与现代、历史与现实、中国与西方，有效激活当下文化建设的现代视角，不断探寻“以文化人”“以美育人”的实践途径。

叶朗强调，培养时代所需要的巨人，不能局限于专业知识和技能，要有高远的精神追求，高尚的人格修养，广阔的胸襟和丰富的文学、艺术、哲学、历史学素养以及深厚的人生感和历史感。

本次会议共收到与会学者提交的110多篇学术论文。会议期间，分别举行了两场大会发言及“美育、艺术教育观念的历史与当代”“当代美育、艺术教育的实践策略”“美育、艺术教育在大学教育中的功能与实施路径”三个平行会议。22位学者做了大会发言，近百位学者参加了平行会议讨论。与会学者聚焦当下、兼顾传统，从中外不同的视角，围绕“当代文化与艺术发展中的美育、艺术教育观念变革与实践发展”这一主题，进行了学术交流。与会学者认为，随着社会文化语境的历史性变迁，人的发展面临诸多现实问题和困境，当代美育和艺术教育的实践策略、发展路径乃至基本问题都进入到一个跨国界的对话和争论场域。从“实现中华民族伟大复兴”的时代总目标出发，不断完善和持续深化美育理论的当代建设，将美育实践具体引入当代人的发展现实之中，不仅凸显了当代美育、艺术教育“历史纵深感与现实针对性”相统一的理论建构需要，也反映了美育、艺术教育满足和完善人自身发展需要的实践本性。探讨美育、艺术教育的历史与当代问题，既要认真整理和研究中华美育精神，将之作为深化当代美育、艺术教育观念的重要组成部分，同时应直面当代美育、艺术教育的现实，包括当代艺术本身的转换实践及其美育功能迁移，在中外美育策略的比较借鉴中，发扬美育的实践传统，突出美育在人格培养领域的重要任务。

11日上午的会议闭幕式由首都师范大学美育研究中心常务副主任粟睿主持。王德胜在会议总结中指出，作为新时代以来举办的一次国际性美育、艺术教育学术交流活动，本次会议是首都师范大学具体贯彻落实党和国家全面加强和改进学校美育工作要求、着力搭建美育研究与实践经验交流平台的一项重要举措。学者们围绕美育、艺术教育观念变革及其实践发展所展开的多层次、多视角讨论，一方面促进了对美育问题的多元认识，另一方面也在历史与当下的学理审视中突显了美育、艺术教育观念建构的可能性，在现实与未来的发展维度上策略地揭示了美育、艺术教育的实践指向，从而为在新时代积极弘扬中华美育精神、深入探索未来中国美育发展路径，提供了积极而有益的启示。

（首都师范大学社科处李葸供稿）

新时代工会劳动教育工作调研课题研讨会 11月14日，中国劳动关系学院在北京校区召开“新时代工会劳动教育工作”调研课题研讨会。全国总工会宣传教育部部长王晓峰，学校党委副书记、校长刘向兵，全国总工会宣传教育部宣传处处长李奉明，劳动经济部技术协作与创新处处长杜文甫，教科文卫体工会教育工作部副部长张海港，校党委常委、科研处处长燕晓飞及课题组相关研究人员参加会议。会议由燕晓飞教授主持。

刘向兵在致辞中，向与会领导介绍了智库近期的研究成果以及该课题的研究背景，希望与全总有关部门紧密合作、协同攻关，全面落实领导批示，真正推动工会在劳动教育中发挥应有作用。

王晓峰对学校智库建设、取得的研究成果以及对全总的建言献策工作给予了高度评价和充分认可。他认为，该研究课题是贯彻落实习近平总书记系列重要讲话精神、全国教育大会精神、中国工会十七大精神的具体体现，在理论研究和实践操作两个方面都极具意义。他表示，全总宣传教育部将全力配合并支持课题组开展研究工作，并建议课题组对劳动教育的内涵外延作出明确界定，对劳动教育的现状问题进行调研分析，对工会推动劳动教育实施的政策建议进行深入研讨，为政府相关部门、企事业单位和各级工会组织提出具有较强操作性的意见建议。

会上，课题负责人戴文宪教授就课题的研究基础和指导思想、研究思路和创新之处、研究性质和成果形式等作了全面详尽的介绍。研讨中，李奉明建议课题组对标教育部、中宣部有关要求，扩大视野、提高站位，研究提出较高质量的政策建议，通过全国政协工会界别委员提出议案，更好发出智库声音。杜文甫详细介绍了部门和处室工作能够对课题研究提供的帮助，结合处室工作职责，提出希望智库能够为全总答复“两会”提案提供支持。张海港具体分析了教科文体卫工会在课题研究中能够发挥的作用，并建议课题组慎重考虑研究时间计划。学校彭维锋教授、李珂副研究员、陈邓海副研究员、曲霞博士、黄帅博士等课题组成员，从研究框架、研究方法、重点难点等方面提出了意见建议。

刘向兵在总结讲话中表示，研讨会的成功举办对顺利推进此次课题研究以及智库和学校的研究工作有很好的推动作用。他对课题研究提出三点要求：一是课题组要按照与会领导和专家的意见建议，对课题实施方案进行修订完善，进一步明确计划、明确分工、明确节点，抓紧落实、早出成果；二是课题组要进一步加强与全总有关部门的报告交流，将全总成熟宝贵的经验梳理总结并充实到课题研究当中，让研究报告更加鲜活、更具说服力、更有借鉴性；三是学校有关部门、院（系、部）和老师要大力支持课题研究，主动参与智库工作，形成研究、教学、智库的良性互动，更好地服务学生、服务全总、服务社会。

（中国劳动关系学院科研处陈邓海供稿）

第十二届中日创业教育国际研讨会　11 月 17 日，由中央财经大学商学院和日本大阪商业大学联合主办的“第十二届中日创业教育国际研讨会”在中央财经大学举行。中央财经大学商学院、商业领袖实训营和日本大阪商业大学的近 70 名师生以及来自北京水木九天科技有限公司董事长王晓庆、星展银行金融机构部总经理杨晓明和上海柔光出心文化创意有限公司联合创始人兼 CEO 孙丰川等企业家参加了研讨会。研讨会由中央财经大学商学院党委书记葛建新教授主持，中央财经大学商学院院长王瑞华教授致开幕辞，日本大阪商业大学综合经营学部长孙飞舟教授致辞并做了关于日本“劳动生产率”的报告。王晓庆作了跨界助力现代农业能源解决方案的主题演讲，探讨了利用人工智能管控逻辑优化能源成本、实现综合能耗成本降低的经验。在中日学生创业项目交流环节，12 名中日学生展示了自己的创业计划或创业案例，与会师生对作品展开讨论、交流和点评。在闭幕式上，中央财经大学商学院俞晨欣的《Comparative Analysis of Green Food, Organic Food and Pollution-free Agricultural Products》和大阪商业大学帖佐晴菜的《半定制鞋业务》获得本次研讨会的最佳展示奖。作为中央财经大学创业教育的重要活动，中日创业教育国际研讨会已经连续举办了十二届。

（中央财经大学科研处供稿）

第三届资产评估实验教学研讨会　11 月 18 日，全国资产评估高等教育实验教学研究会年会暨第三届资产评估实验教学研讨会在北京举办。研讨会由全国资产评估高等教育实验教学研究会主办，首都经济贸易大学财政税务学院和资产评估研究院承办。评估协会、评估机构及各高等院校的 60 多位代表参加了本次会议。

研讨会的主题报告分为四个阶段。主题演讲如下：东南大学实验室与设备管理处处长熊宏齐教授以“虚拟仿真实验项目建设及信息技术与实验教学深度融合的思考与实践”为题，在虚拟仿真教学设计中提出“重点实行基于问题、案例的互动式、探究式教学，倡导自主教学”的设想。广东财经大学财政税务学院郑慧娟副教授以“广东财经大学校内仿真实习研讨”为题，通过视频演示其校内仿真实习的成功案例，对广东财经大学仿真实习着力突破的三个重要环节“跨专业综合实验教学、校内仿真综合实习、校内创新创业实践”的内涵进行了解读。河北农业大学文管实验教学中心尉京红教授以“河北农业大学文管实验教学”为题，对其校内的文管实验教学中心的发展历程以及“311”人才培养模式进行了介绍，提出“基专结合、两综一创”的实践教学体系，针对专业基础进行分解，构建专业实践能力培养体系。

（首都经济贸易大学科研处李琳供稿）

民盟基础教育论坛　11月19日，由民盟北京市委主办、民盟北京师范大学委员会承办的“民盟基础教育论坛”——2018生态文明教育论坛在北师大举办。民盟中央教育委员会副主任、北京四中原校长刘长铭，民盟参政议政部调研处调研员杨安民，民盟北京市委专职副主委、北京市政协副秘书长宋慰祖，参政议政部部长徐荧、各教育委员会副主任，北京师范大学党委副书记孙红培、党委统战部常务副部长王立军，民盟各级机关干部、盟员，大学生、社会听众共100多人参加了论坛。论坛由民盟中央教育委员会秘书长、民盟北京市委职业教育委员会副主任、北师大农村教育与农村发展研究院项目专家肖淑贞博士主持。宋慰祖在致辞中指出，生态文明教育已成为摆在教育工作者面前的一道新课题。生态教育领域的很多议题包括建立与生态文明相适应的思想和文化体系、建立生态文明的教育体系、生态文明教育的要素和内涵，各级各类学校如何在课程和实践活动中贯彻落实生态文明教育、环境教育，绿色可持续发展教育如何在生态文明的视域下升华、提升等问题，亟待各界尤其是教育界进行持久、广泛、深入的探讨。王立军在致辞中指出，生态环境关乎民族未来、百姓福祉。习近平总书记在十九大报告中，就生态文明建设提出新论断，强调坚持人与自然和谐共生，是新时代中国特色社会主义建设基本方略的重要组成部分。生态文明的建设需要教育领域的积极参与，北京师范大学作为教育领域的排头兵，对引领、推进生态文明教育负有义不容辞的责任和义务，相信通过大家的共同探索和努力，一定会为我国的生态文明教育事业作出重要贡献。

国家行政学院生态文明研究中心主任张孝德教授，上海禾邻社联合创始人、执行长田晓耕，中国滋根乡村教育与发展促进会农村可持续发展教育中心主任李光对，浙江胥岭自然学校万小清，分享收获CSA项目创始人、中国社区支持农业（CSA）国际联盟联席主席石嫣博士等五位专家先后作主题发言，提出将培养公民的“生态素养”作为生态文明教育的核心，培养学生的“生态素养”，教育需要回归自然，回归传统文化，回归乡土；认为学生需具备生态的思维和生态的人格，才能与自然、与社会、与他人、与自己和谐共存，在这些有机的联系中，成为生命状态饱满的生态人。由民盟北京师范大学委员会承办的“民盟基础教育论坛”，迄今已连续举办10届，产生了较为广泛的社会影响，曾被北京市教育工委评为“心桥工程”十大品牌活动。

（北京师范大学社科处刘娜供稿）

教育技术核心期刊论文发表专题研讨会　12月19—21日，“［CSSCI对话SSCI］教育研究论文写作暨国内外教育技术核心期刊论文发表”专题研讨会在北京师范大学召开。会议由北师大教育学部教育技术学院主办，由数字学习与教育公共服务教育部工程研究中心、北京师范大学未来教育高精尖创新中心联合举办。大会以“爱上写论文·论文嘉年华”为主题，五位海峡两岸SSCI检索教育类期刊中具有丰富经验的知名学者、六位国内教育技术CSSCI检索期刊的主编或代表，全国100余位高校研究者（含研究生）及北师大200余位教师和研究生参加了此次大会。大会开幕式由未来教育高精尖创新中心主任余胜泉教授致辞，他从西式论文可借鉴之处与中式研究可继承之处切入，提出教育技术学研究从低到高的三个层次（注重新工具新技术在教育中的运用；构建理论框架，并且用证据支持和完善理论框架；努力创造颠覆性的发现，开创一个研究领域）。

国内六大教育技术类CSSCI检索核心期刊是《中国电化教育》《电化教育研究》《现代远程教育研究》《现代教育技术》《远程教育杂志》《开放教育研究》。

赵兴龙主任分享的《坚持立德树人、提升办刊温度》；郭炯副社长分享的《引领学科发展、解决真实问题》；田党瑞主编分享的《现代远程教育研究——2019学术导向》；焦丽珍老师分享的《教育技术期刊——你关注的和我关注的》；陶侃主编分享的《值得关注与研究的新议题》；徐辉富主编分享的《论文写作漫谈》。主编或期刊代表们从不同的视角，将刊物的选题方向和办刊责任，以及刊物所遵守的学术规划和自家特色全面地展现在参会者面前。CSSCI的主编和SSCI的两位主编进行了圆桌论坛，回应了如何促进教育技术学术研究的规范化与实证化等相关热点问题。大会还组织了代表与发言嘉宾的微型面对面的工作坊，就研究者写作中的具体问题进行了沟通与探讨。

（北京师范大学社科处刘娜供稿）

第五届中小学校长论坛　日前，第五届中小学校长论坛在北京一零一中学举办。700多名来自各地的专家、学者和校长参加。

论坛由北京圣陶教育发展与创新研究院主办、北京一零一中学承办、北京市教育学会高中教育研究分会等协办，以“走进课堂，提高质量”为主题，围绕教育信息化的浪潮、学校教育生态变革、课堂教学结构优化等议题展开。“课堂教学仍然是培养人才的主渠道。我们提倡学生参加丰富多彩的课外活动，目的是提高学生的学习兴趣，发展学生的特长，扩大学生的视野，是对课堂教学的有力补充，不能忽视课堂教学的主渠道作用。”中国教育学会名誉会长顾明远说。论坛同时举行了6场分论坛，分别聚焦“基于大数据的学生综合素质生成性评价”“深化博雅课程综合改革的实践研究”“小学数字化教学的实践探索”等主题。

（参见《人民日报》2018年11月22日第12版）

第五届卓越法治人才培养与法学教育研讨会　11月30日，由外交学院国际法系主办的第五届“卓越法治人才培养与法学教育”研讨会在外交学院展览路校区举行。最高人民法院、北京市第二中级人民法院、北京市海淀区人民检察院、北京市鼎鉴律师事务所等实务部门，北京大学、中国政法大学、南开大学、东南大学等京内外多所高校的专家学者与学院国际法系师生30余人参加了研讨会。

研讨会主题一为“法治人才培养机制的挑战与反思”：对外经贸大学法学院副院长龚红柳副教授、中国政法大学国际法学院副院长祁欢教授、东南大学法学院副院长李煜兴副教授、北京师范大学法学院副院长柴荣教授、北京理工大学法学院于鹏副教授、北京大学法学院院长助理阎天助理教授、北京邮电大学人文学院法律系罗楚湘教授先后做了发言，分享了各自学校的人才培养经验和困惑以及对于目前法治人才教育模式的建议。

主题二为“法律人才培养的现实展望”：最高法院民三庭原副庭长金克胜、北京科技大学文法学院党委书记魏增产副教授、南开大学法学院国际法教研室主任朱京安教授、北京市鼎鉴律师事务所主任曲海斌、北京市海淀区人民检察院检察官万磊、北京市第二中级人民法院法官管元梓先后做了发言，各法律实务部门同仁结合自身工作实践，提出了对法治人才的期望。

（外交学院科研处供稿）

新时代教育智库建设与发展论坛　12月11—12日，由教育部战略研究（培育）基地——地方高水平大学发展战略研究中心、北京工业大学文法学部高等教育研究院主办的“新时代教育智库建设与发展论坛”在北京工业大学举行。

与会专家结合各自所在院校、基地的情况，分享了教育智库建设与发展的成果和经验，将当前中国高等教育研究的现状、优势及问题引入对智库建设的思考，从搭建智库平台、发展定位、服务人才培养等方面介绍了智库的建设与发展，并提出了智库能力建设的发展方向。主要观点包括：①当前我国智库建设的趋势包括如下方面：智库建设的最高准则是习近平总书记对智库建设的重要论述、制度建设、智库体系内部生态建设、智库建设的体制机制阻碍、智库发展方向贴近实践和中国化发展；②主张当前一部分研究转入院校研究的背景下，智库建设应该更加重视现实需求；③在双一流建设的背景下，地方院校在转型发展过程中出现了定位混乱等问题，因此定位准确是发展的基础；④强调了数据库的重要性，认为数据库在院校和政府决策中起到了战略咨询作用；⑤主张北京市属高校联合发展、为智库平台的建设与发展共同努力。

（北京工业大学科发院人文处张爱民供稿）

教育促进农村转型研讨会　12月26日，由联合国教科文组织国际农村教育研究与培训中心主办的《跃向公平而有质量的教育：中国农村教育发展40年》书稿评议会暨“教育促进农村转型”研讨会在北京师范大学召开。联合国教科文组织国际农村教育研究与培训中心主任黄荣怀致辞，他从可持续发展的视角出发，回顾了改革开放40年以来中国农村教育波澜壮阔的发展历程，分析中国农村教育的发展经验在国际社会中的价值。农教中心项目霍君宇介绍了“中国农村教育发展40年”研究项目的目的、研究设计、研究框架以及前期研究的主要结论。教育部人文社科重点研究基地农村教育研究所学术委员会常务副主任袁桂林教授，中国农业大学人文与发展学院执行主任刘永功教授，北京师范大学中国民族教育与多元文化研究中心副主任张莉莉教授，西北师范大学教育技术学院副院长安富海教授，分别以“40年来农村学校教育价值的再认识”“改革开放以来我国农村教育的成就与经验”“可持续发展视域下的乡村教育与教师”“西北少数民族地区教师队伍建设及教师专业发展的困境与思考”为题发表了回顾农村教育发展演变的主题报告，从不同维度解读中国农村教育转型与发展的特征、意义与前景。与会嘉宾与代表充分肯定农教中心“农村教育发展40年”研究项目的意义与价值，认为中国农村教育发展的成就、经验与挑战值得在国际社会得以分享与传播，并为研究后期工作提出了建议。

（北京师范大学社科处刘娜供稿）

首都教育名家讲坛　2018年11月—2019年5月，由北京工业大学文法学部高等教育研究院主办的“首都教育名家讲坛”在北京工业大学举行了8场。

“首都教育名家讲坛”是高教院举办的围绕地方高水平大学发展战略研究、工程教育发展研究、院校研究，以及国内外教育热点问题的系列讲座，旨在构建首都教育学术交流平台，以期为北京工业大学师生提供拓展学术视野、提升教育教学素养的重要途径。讲坛分别邀请了德国知名教育学家泰西勒教授、日本广岛大学黄福涛教授、华中科技大学知名专家沈红教授、北京师范大学长江学者青年学者薛二勇教授、北京大学沈文钦教授等国内外知名专家学者，围绕“高等教育国际化的范式与挑战”“法人化及其对日本大学治理的影响”“中国本科生批判性思维能力现状与问题”“新时代教育改革的顶层设计与战略规划”“高等教育研究的起源与演进：基于学术期刊的视角”等主题开展学术讲座，与北京工业大学师生进行充分的学术研讨。通过讲坛不仅加深了师生对国内外高等教育的重要研究问题与前沿趋势的了解，更引导学生树立科研意识重视研究方法，增强了学术能力与科研热情。

（北京工业大学科发院人文处张爱民供稿）

民族学　宗教学

马克思主义民族理论与新时代民族工作学术研讨会
5月8日，在马克思诞辰200周年、《共产党宣言》发表170周年之际，国家民委研究室、中央民族大学联合举办了“经典阐释与中国实践：马克思主义民族理论与新时代民族工作”学术研讨会。

国家民委副主任、党组成员、研究室主任石玉钢在会上指出，新时代做好民族研究工作，要坚持高举新时代中国特色社会主义伟大旗帜，牢固树立马克思主义在民族研究中的指导地位；要坚持面向实践，运用马克思主义立场观点方法研究民族工作中的重大现实问题；要坚持与时俱进，不断推进马克思主义民族理论中国化进程。广大民族研究学者和民族工作者，要深入学习贯彻习近平总书记关于民族工作的新理念新思想新战略，勇担时代使命，为实现“中华民族一家亲，同心共筑中国梦”作出应有贡献。

国家民委专职委员、中央民族大学党委书记张京泽强调，习近平总书记关于民族工作的新理念新思想新战略是马克思主义民族理论中国化的最新成果，在民族研究领域进一步坚持马克思主义民族理论的指导，要在教学科研中始终坚持正确的立场和方向，要不断加强和深化对马克思主义的学习，要坚持马克思主义民族理论的科学性、人民性、实践性和开放性，要不断发展马克思主义民族理论，提升中国特色社会主义民族理论的影响力。

本校青觉、杨圣敏、金炳镐、麻国庆、乌小花、孙英、关凯和杨须爱以及来自中国社会科学院、中央党校、中国人民大学等单位的专家学者就马克思主义民族理论的基本原理、马克思主义中国化、新时代中国特色社会主义民族理论、新时代民族工作等问题进行了研讨。

（中央民族大学科研处丁冉供稿）

道教研究的新探索学术座谈会　5月29日，中国社会科学院道家与道教文化研究中心主办的“道教研究的新探索”学术座谈会在中国社会科学院世界宗教研究所召开。

座谈会由道家与道教文化研究中心主任戈国龙研究员主持。中国社科院荣誉学部委员马西沙，韩秉方研究员，世界宗教研究所党委书记赵文洪研究员，中国人民大学何建明教授，中国社科院哲学所研究员陈霞，中央民族大学教授尹志华，浙江大学教授孔令宏，中国社科院宗教所研究员曾传辉、陈进国等参与座谈。

座谈会上，马西沙指出，学术界要充分研究道家道教文化的重大价值，对道家道教的生存方式要充分关注。中华民族的道文化不可小视，其意义应该得到足够的表彰。道家的真精神即“自由”与“自然”。马西沙探讨了殷周之际巫文化与礼文化之间的关系。

从源头上来说，巫文化对中国文学产生了重大影响。《山海经》《离骚》等不朽作品有着深刻的巫文化背景。在马西沙看来，老子的追求一以贯之于一个“道”字上。这个道在人类社会的体现，即以德治理的社会。老子追求的不是以制度化了的道德治理社会的理想，而以风尚、习俗维系的社会。马西沙鼓励年青学者做学问要有大气魄，“六经皆史”，要有大眼光，要有担待，要写出不朽之著作。

世界宗教研究所党委书记赵文洪研究员对座谈会给予高度评价。戈国龙研究员做了总结。

（中国社会科学院办公厅刘玉杰供稿）

第二届北京宗教研究高端论坛　6月16日，第二届北京宗教研究高端论坛在北京西顶书院举行。论坛的主题为“北京的宗教历史与宗教民俗”，由中国社会科学院世界宗教研究所、中国宗教学会、北京西顶书院联合主办，原国家宗教事务局、北京市宗教局、中国道教协会、中国社会科学院、北京市社会科学院、中央民族大学、北京大学、中国人民大学、北京师范大学、北京联合大学、北京陶唐中医研究院、兰州交通大学、福建莆田学院、吉林天主教神哲学院等部门和机构的领导和专家学者参加会议。

中国社会科学院世界宗教研究所党委书记赵文洪、原国家宗教事务局宗教研究中心副主任雷丽华、北京市宗教局副局长刘先传、中国道教协会副会长黄信阳道长、北京西顶书院院长蔡真女士分别在会上致辞。

中国社会科学院世界宗教研究所研究员曾传辉、叶涛分别在会上做主题发言。

整个论坛分为三场研讨会：第一场研讨会主要侧重北京宗教的历史考据，包括寺庙、出土文物、人物等多个方面；第二场研讨会则涉及北京宗教文化的传承与发展；第三场研讨会论及的是佛教、道教、伊斯兰教、天主教以及儒家忠道精神在北京的历史与实践。

论坛的闭幕式由中国社会科学院世界宗教研究所陈进国研究员主持、王潇楠副研究员做总结发言。王潇楠对首届北京宗教研究高端论坛进行了回顾，然后总结了论坛的三个特点：第一是对北京宗教历史文化深层次的挖掘，第二是对北京宗教文化生活的具体呈现，第三是表现了北京的多元宗教文化广泛交流相容，而正是这三个特点构成了此次论坛的亮点。

（中国社会科学院办公厅刘玉杰供稿）

首届“一带一路”与亚洲佛教文化论坛　6月29—30日，由中国社会科学院世界宗教研究所、中国宗教学会主办，中国社会科学院世界宗教研究所宗教文化与艺术研究室和辽宁阜新海棠山普安寺承办的“首届一带一路与亚洲佛教文化论坛暨海棠山佛教专题论坛”在北京召开。

蒙古国科学院、印度新那烂陀大学、斯里兰卡比丘大学、孟加拉国吉大港大学、达卡大学、尼泊尔梵语大学、尼泊尔莲花研究中心、日本名古屋大学、韩国真觉大学、香港中文大学、浸会大学、北京大学、中央民族大学、兰州大学、陕西师范大学、西北大学、南京大学、青海民族大学、内蒙古财经大学、故宫博物院、内蒙古社会科学院、北京佛教居士林、雍和宫、山西玄中寺以及中国社会科学院等国内外高等院校、科研单位和佛教寺院的100余名代表参加会议。会议讨论、挖掘亚洲佛教文化的精神内涵以及海棠山摩崖造像的艺术意义。

会议开幕式由中国社会科学院世界宗教研究所王志远研究员主持。中国社会科学院世界宗教研究所郑筱筠研究员致开幕词。原国家宗教事务局局长叶小文、北京大学哲学系教授楼宇烈、蒙古国科学院哲学所研究员纷纷致辞。海棠山普安寺寺主一希仁波切向各位学者介绍了辽宁阜新海棠山摩崖造像的保存情况与文物意义。

印度、尼泊尔、孟加拉、斯里兰卡、蒙古国、日本、韩国等10余个国家与地区的专家学者和代表出席了论坛。

研讨会共收到学术论文70余篇，内容涵盖“一带一路与宗教文化交流”“蒙古地区佛教文化”“佛教与文化交流”“海棠山佛教文化与艺术”等诸多方面。

大会主题报告环节，斯里兰卡拉达纳悉利长老《法显大师与无畏山寺》、蒙古国朝·瓦·伊西道尔吉教授《论成吉思汗“得人心”用人之道》、日本立川武藏教授《宗喀巴对无自性的理解》、中央民族大学乌力吉巴雅尔教授《“一带一路”沿线上藏—蒙地区佛教文化遗迹》分别从不同的角度介绍一带一路与佛教文化传播的意义。

（中国社会科学院办公厅刘玉杰供稿）

现代中国宗教研究工作坊　6月29—30日，中国社会科学院世界宗教研究所、华中师范大学近代史研究所共同组织的第一届现代中国宗教研究工作坊在中国社会科学院世界宗教研究所举行。

来自法国的学者高万桑、戴文琛、汲喆和英国剑桥大学的周越、德国莱比锡大学的柯若朴、美国罗格斯大学的刘迅、中国人民大学的何建明、复旦大学的巫能昌、山东大学的刘家峰、华中师范大学的付海晏、北京师范大学的岳永逸、香港中文大学的学愚、中国社会科学院世界宗教研究所的周伟驰、李华伟、李建欣参加了工作坊。

通过研讨，大家认为，19 世纪中期以后，在“数千年未有之大变局”中，中国人的宗教观念与实践发生了极其深刻的变化。对于现代中国宗教现象的研究，是梳理中国现代性经验的不可或缺的一环，也有助于我们更准确地把握当代中国宗教发展的来龙去脉。

（中国社会科学院办公厅刘玉杰供稿）

敦煌道教文献研讨会 7 月 17 日，敦煌道教文献研讨会在北京举办。会议由中国社会科学院世界宗教研究所、中国宗教学会主办，北京大学、中国人民大学、北京师范大学、首都师范大学、中央美术学院、湖北汽车工业学院、四川大学、华中师范大学、山东师范大学、云南大学、福建师范大学、上海师范大学、天津外国语学院、宝鸡文理学院、长安大学、陕西省社会科学院、中国社会科学杂志社、社会科学文献出版社、中国社会科学院历史所、哲学所、宗教所等单位的专家学者 40 余人参加了会议。会议由世界宗教研究所道教与民间宗教研究室主任汪桂平研究员主持。中国社会科学院荣誉学部委员、道家与道教研究中心名誉主任、道教与民间宗教研究室原主任马西沙研究员，全国人大常委、中国社会科学院学部委员、中国宗教学会会长卓新平研究员，中国社会科学院学部委员、佛教研究中心主任、世界宗教研究所党委委员魏道儒研究员，中国敦煌吐鲁番学会会长、首都师范大学教授郝春文参加开幕式并致辞。

汪桂平就《敦煌道教文献合集》的整理与研究工作作了介绍。王宜峨、张广保、何建明等专家学者对《敦煌道教文献合集》在加强专业化的整理研究、专家审核、经费、版权、出版等方面的关键问题，提出了很有建设性的意见。

与会学者还就敦煌道教、中国道教研究的相关问题进行了研讨。

（中国社会科学院办公厅刘玉杰供稿）

中华民族共同体的形成与发展学术研讨会 11 月 9—10 日，“中华民族共同体的形成与发展”学术研讨会暨纪念费孝通先生“中华民族的多元一体格局”发表三十周年在中央民族大学召开，研讨会由中央民族大学主办，中央民族大学民族学与社会学学院、中国民族政策研究会、中央民族大学“一带一路”与民族发展研究院、中央民族大学出版社共同承办。

自 1988 年费孝通先生发表在国际学界引起巨大反响的著名论文《中华民族的多元一体格局》以来，学术界围绕这一理论进行了深入探讨，促使这一理论体系日臻完善。党的十九大报告中，习近平总书记提出的“铸牢中华民族共同体意识”，具有里程碑式的意义。在新时代的民族学研究中，如何结合中华民族共同体的历史与现实，把握民族工作的新方向，是推进铸牢中华民族共同体意识的学术基础。因此，本次研讨会的召开具有重要的理论和现实意义。

费孝通先生的外孙张喆深情回顾了老先生的学术研究脉络，并谈道：“外公为中国的民族研究倾注了毕生的精力和深刻的情感，他从学理、学术上理顺了中华各民族之间的关系，他把自己的学术旨趣与民族繁荣、国家富强和人类的前途命运联系起来。”

北京大学马戎教授、中国社会科学院王延中研究员、南京大学孙江教授、清华大学汪晖教授、广西民族大学徐杰舜教授、中山大学周大鸣教授、中央民族大学青觉教授、中国社会科学院李大龙研究员、中国社会科学院孙歌研究员先后在会上作大会主旨发言。北京大学、清华大学、复旦大学、中山大学、上海大学、四川大学、云南大学、兰州大学、西北民族大学、西藏民族大学等高校的知名专家学者，围绕文明进程与中华民族共同体、国家建设与中华民族共同体、中华文化与中华民族共同体三个议题进行了探讨和交流。来自中央统战部、教育部、国家民委等政府相关部门同志也参加此次会议。

（中央民族大学科研处丁冉供稿）

新时代民族理论与民族工作研习班 9 月 15—16 日，由教育部人文社会科学重点研究基地中央民族大学中国少数民族研究中心、中央民族大学中国民族理论与民族政策研究院、少数民族事业发展协同创新中心民族团结理论与政策研究平台联合主办的“新时代民族理论与民族工作”研习班在中央民族大学举行，中南民族大学、西昌学院、长江师范学院、宁夏回族自治区社科院等 31 所高校和研究机构的近 60 名学员参加了学习和研讨。

中央民族大学少数民族研究中心、少数民族事业发展协同创新中心教授杨圣敏作了题为“浅谈对当代几个民族问题的认识”专题讲座，通过对古今中外民族状况的分析，对我国当代的民族问题进行了探讨和分析。

中国社会科学院民族学与人类学研究所研究员周少青作了题为“世界民族问题发展的新趋势”的专题讲座，通过对具体案例进行详细解读，阐述了在全球化的时代背景下，西方社会传统民族分离主义、欧洲（极）右翼种族主义以及美国宗教民族主义在当前的发展趋势，有助于学员们对西方国家社会和族群等问题的深入理解。

中国社会科学院民族学与人类学研究所研究员王希恩作了“关于铸牢中华民族共同体意识中的认同问题”的专题讲座，中华民族共同体意识包括文化认同和政治认同两个方面，强调在铸牢中华民族共同体意识中，要凸显增强中华民族政治认同的作用。

十二届全国人大民委副主任委员，国家民委原副主任吴仕民作了题为“中国处理民族问题的宪法原则”的专题讲座，依法管理民族工作和依法治理民族关系是依法治国的必要要义之一，为此，全社会都应该树立法律意识，自觉维护国家统一和民族团结，处理民族问题和从事民族理论研究工作，都应该以国家法律为根本原则。

中央民族大学民族学与社会学学院、中国民族理论与民族政策研究院教授严庆作了题为“从多民族国情到新时期民族工作”的主题讲座，提出民族理论研究要重视田野调查，有了事实依据可以增强研究成果的可信度；他解释了我国强调多民族国情的四个重要原因，并从全球化中的国情、如何看待多民族现实国情和多民族历史国情三个维度对我国的多民族国情进行了详细解读。

（中央民族大学科研处丁冉供稿）

宗教学研究的传承与创新论坛　9月22—23日，中国社会科学院学部主席团主办，中国社会科学院世界宗教研究所和中国宗教学会联合承办的中国社会科学论坛（2018 · 宗教学）在北京召开。论坛的主题为“宗教学研究的传承与创新”，国内外近70位专家学者出席论坛。

中国社会科学院世界宗教研究所副所长、中国宗教学会常务副会长兼秘书长郑筱筠研究员主持了论坛的开幕式。世界宗教研究所党委书记赵文洪研究员和中国社会科学院学部委员、中国宗教学会会长卓新平研究员开幕致辞。

开幕式之后，卓新平、郑筱筠、《中国宗教》杂志社刘金光社长、中国社会科学院荣誉学部委员吴云贵研究员、山东大学犹太教与跨宗教研究中心傅有德教授、北京大学哲学系张志刚教授以及香港圣公会、澳大利亚查尔斯特大学魏克利教授等七位专家分别做了主旨发言。

论坛围绕“习近平新时代宗教理论和政策研究”“宗教学理论创新研究”“当代宗教变迁研究”“宗教艺术研究”“宗教思想研究”等五个主题，设立九个分论坛进行了专题发言和探讨。参与论坛讨论的学者来自中央统战部原国家宗教事务局、中国社会科学院世界宗教研究所、民族学与人类研究所、北京大学、中共中央党校、中国人民大学、中央民族大学、中国政法大学、复旦大学、华东师范大学、四川大学、山东大学、浙江大学、广州大学、青海师范大学、南京师范大学、西藏社会科学院、山西社会科学院、法国远东学院、蒙古国科学院、文莱大学、挪威卑尔根大学、美国埃默里大学、香港圣公会、澳大利亚查尔斯特大学等中外大学和研究机构。

（中国社会科学院办公厅刘玉杰供稿）

2018年《中国宗教报告》论坛　10月20日，2018年《中国宗教报告》论坛暨出版十周年座谈会在社会科学文献出版社举行。论坛由中国宗教学会、中国社会科学院世界宗教研究所和社会科学文献出版社联合主办，中央统战部、国务院发展研究中心、中国社会科学院、社会科学文献出版社、中国藏学研究中心、中央民族大学、北京大学、普世社会科学研究所、香港亚太宗教研究中心、上海社会科学院、复旦大学、四川大学、福建师范大学、中国民族报等机构的领导和专家学者40余人参加会议。会议回顾《中国宗教报告》出版十年来的成绩和经验，并对编辑方针和思路提出了建设性的意见。

论坛开幕式由世界宗教研究所叶涛研究员主持，中国社会科学院世界宗教研究所党委书记赵文洪研究员、中国社会科学院学部委员、世界宗教研究所魏道儒研究员、上海复旦大学国际政治系主任徐以骅教授、四川大学道教与宗教文化研究所所长盖建民教授分别致辞。

论坛分为“主旨发言”“回顾与展望”和“2019

年度组稿会”三个部分。在“主旨发言”环节，四川大学中国南亚研究中心副主任邱永辉研究员从宗教蓝皮书的面世和研创、宗教蓝皮书研创中的重大问题、“新时代”的宗教研究与政策建设等三个方面，对编撰工作做了继往开来的总结。

在“回顾与展望”环节中，围绕宗教蓝皮书的现实意义、宗教研究中人文科学面向与社会科学面向之关系、宗教研究的导向与立场等议题进行了讨论。

闭幕式由中国社会科学院世界宗教研究所王潇楠副研究员主持，全国人大常委、中国社会科学院学部委员、中国宗教学会会长卓新平研究员做总结发言。

（中国社会科学院办公厅刘玉杰供稿）

城市科学

首届京港两地建设与房地产管理研究生交流论坛 1月5—8日，由中央财经大学与香港理工大学联合主办的港澳与内地“万人计划”项目暨首届京港两地建设与房地产管理研究生交流论坛在中央财经大学举行。香港理工大学建设与环境学院副院长沈岐平在开幕式上致辞并作了题为“大型复杂建设项目价值管理的科研及实践”的专题报告。重点阐述了价值管理在政府投资项目中应用的重要性，介绍了“苏格兰议会大楼项目超支9倍”“香港某大型污水处理厂搬迁”等项目，论证了在政府投资的大型复杂的公共项目中，除了要应用价值管理的方法，捋清不同的利益相关者的利益诉求也至关重要。本次活动旨在推进两地师生在房地产管理研究领域的交流与合作，通过“成果研讨+实地考察+经验交流”等多种形式相结合，对北京市建设及房地产管理领域获得直观认识，进一步挖掘两地房地产研究的合作研究的切入点。论坛为期三天，进行了两场学术交流会，同时组织与会师生赴北京市新机场、北京住总国家住宅产业化基地、中国国学中心的北京市城市建设房地产项目等地进行实地考察。

（中央财经大学科研处供稿）

城市精细化管理论坛 1月18日，由北京城市管理学会、国家发改委中国城市和小城镇改革发展中心共同主办的“城市精细化管理论坛——智慧·治理·创新”研讨会在京举行。来自国家发改委、北京市编办、北京市城管执法局、北京市社科院等单位的专家学者共100余人参加了研讨会。

与会学者普遍认为，北京的快速发展对城市管理者提出了更高要求。北京城市学院研究员张耘认为，北京市已经进入新的历史发展阶段，城市管理呈现出“高度复杂、高度关联、快速变化、高度风险”四大特征，原有的科层治理模式已经不能适应城市管理的需要，精细化管理已经成为确保城市安全运行持续发展的基础和保障，而走向整体性治理已经成为历史必然。中国社科院城市发展与环境研究所翟文博士提出，在城市精细化管理系统中，城市治理、城市法律和城市财政共同构成了城市整体性制度，直接决定了城市在各项议题上的治理能力。

（参见《人民日报·海外版》
2018年1月19日第3版）

首场北京国际讲堂开讲 3月26日，首场“北京国际讲堂”在市政府开讲，谷歌公司大中华区总裁石博盟受邀以“让人工智能触手可及”为主题作讲座。市委副书记、市长陈吉宁参加。

“北京国际讲堂”是市委市政府创新设立的国际化、高水平、移动式智库，围绕“四个中心”的城市战略定位，邀请国际知名企业家、科学家、研究者等来京为市委市政府领导面对面讲课并交流互动，介绍国际前沿动态资讯，为北京发展提供咨询建议。在首场国际讲堂中，石博盟用丰富的数据、图片和案例，详细介绍了人工智能技术的最新发展趋势，以及在医疗保健、农业种植和动物保护等领域的应用。在交流座谈环节，市领导和相关部门负责人踊跃提问，大家围绕人工智能产业管理、硬件研发、使用成本等方面畅谈想法深入交流。

陈吉宁感谢石博盟带来的精彩演讲，他说，“北京国际讲堂”这一高端化、小型化的学习形式，为政府工作人员掌握新知识、把握新趋势提供了很好的平台。当今世界正处在深刻的科技革命和产业变革进程中，北京要落实新一版城市总体规划，实现城市高质量发展，政府工作人员必须了解世界前沿发展趋势，知道世界最好的科研机构和企业在想什么干什么，跟上新时代发展的步伐。科技创新是北京实现高质量发展的第一动力，政府部门要带头成为科技创新的推动者、使用者，大力推进具有全球影响力的科技创新中心建设，通过科技创新提升城市管理和服务水平，推进城市治理体系和治理能力现代化。

国际讲堂开讲前，陈吉宁会见了谷歌公司全球首席执行官桑德尔·皮猜一行。

市领导阴和俊、张建东、隋振江、王宁、殷勇、卢彦、王红，市政府秘书长靳伟参加。

（参见《北京日报》2018 年 3 月 27 日第 1 版）

全国生态文明建设与区域创新发展战略学术研讨会 5 月 18—20 日，北京林业大学人文学院主办全国生态文明建设与区域创新发展战略学术研讨会，主题为“创新绿色发展——新型城镇化与乡村振兴中的生态文明建设”，设立三个平行论坛，与会人员围绕“生态文明建设与区域经济发展”“绿色城镇化”和“乡村振兴与生态文明建设”等话题展开研讨。校党委书记王洪元致辞说，习近平总书记高度重视生态文明建设，“美丽”也已写入党章和宪法。生态文明正是这样一个新兴的交叉学科，也是一个需要更多创新和支持的前沿学科。来自全国高校和科研院所的不同学科背景的生态文明研究专家和学者，围绕共同关心的区域发展中的城乡生态文明建设开展深入研究、交流互鉴。北京林业大学正在深入学习贯彻党的十九大精神，以习近平新时代中国特色社会主义思想为指导，发挥林学、风景园林学一流学科、高精尖学科交叉优势，推动生态文明学科群建设，为绿色发展和美丽中国建设的理论研究、人才培养和社会服务等方面作出积极贡献。同专家学者一道，瞄准生态文明和美丽中国建设的根本任务和前沿问题深入学习研究，并把研讨会成果转化为教学、科研的新资源。我校多名师生参加了大会，并就“生态文明视野下的自然保护地体系建设”和“习近平生态文明思想发展历程与理论体系”作了大会交流。150 余人出席会议。

（北京林业大学科技处供稿）

首届中国城市经济学者论坛 6 月 10 日，首届“中国城市经济学者论坛”在北京召开，活动主题为“中国城市崛起与城市经济学新发展”。中国社会科学院副院长、党组成员蔡昉作题为“历史瞬间和特征化事实——中国特色城市化道路及其新内涵”的主旨演讲。中国社会科学院财经战略研究院院长何德旭、经济研究所副所长朱恒鹏致辞。

与会学者围绕会议主题进行了圆桌论谈。中国社会科学院城市与竞争力研究中心主任倪鹏飞、北京大学城市与环境学院院长贺灿飞、清华大学经济管理学院教授陆毅等分别在会上发言。

会议共收到 160 余篇论文，经过精心挑选，近 70 篇论文入选参会。主题会议阶段，与会学者围绕“城市空间结构”“人力资本与城市发展”“城市群与城市发展”“产业与城市发展”等议题展开研讨。

会议由中国社会科学院城市与竞争力研究中心、《经济研究》编辑部主办，中国社会科学院财经战略研究院、北京大学城市与环境学院、清华大学经济管理学院、南开大学经济学院、上海交通大学安泰经济与管理学院、美国麻省理工学院城市研究与规划系、《经济研究》编辑部联合发起。

（中国社会科学院办公厅刘玉杰供稿）

第十届计算交通科学国际研讨会 7 月 10 日，第十届计算交通科学国际研讨会（CTS-2018）暨中国管理科学与工程学会交通运输管理研究会 2018 年会在北京召开。会议以“多模式城市交通管理复杂性”为主题。美国、英国、澳大利亚、新加坡、香港地区以及国内知名高校和研究机构的 200 余名专家学者参加了会议。会议由国家自然科学基金委员会支持，中国管理科学与工程学会交通运输管理研究会主办，首都经济贸易大学信息学院承办。研讨会关注中国交通运输发展现状，集中探讨了城市交通发展和智能化进程中所面临的热点问题及国内外先进的经验和技术。

会议邀请了 14 位专家做大会报告，并安排了 7 个分会场报告。清华大学、华中科技大学、天津大学、同济大学、大连理工大学、对外经济贸易大学、合肥工业大学、中国矿业大学（徐州）、内蒙古大学等 20 多所高校的 39 位青年学者交流和分享了最新的学术观点。

（首都经济贸易大学科研处李琳供稿）

新时代的城镇化与高质量发展学术研讨会 10 月 12 日，国家金融与发展实验室主办的“新时代的城镇化与高质量发展”学术研讨会在北京举办。研讨会由国家金融与发展实验室理事长、中国社科院学部委员李扬主持。中国改革基金会国民经济研究所副所长王小鲁、中国社会科学院欧洲研究所所长黄平、国家发改委城市和小城镇改革发展中心主任史育龙、国家金融与发展实验室副主任张晓晶分别作主旨发言。

会议围绕当前中国城镇化进程中的重大理论与现实问题展开探讨，分析了中国城镇化的成就与进展、城镇化进程中亟待解决的问题、高质量发展对城镇化的新要求以及城镇化的发展趋势，并提出了实现高质量城镇化的可行路径。

与会专家对新型城镇化给出四点建议：一是“以人为中心”，转变政府职能；二是发挥市场合理配置土地资源的功能，促进城乡一体化发展；三是注重城市规模经济；四是重视政策公平，实现协调发展。会上同步发布的《中国的城镇化进程及其效率研究：基于中法比较的视角》研究成果，通过赴法实地调研的一手材料，对法国的城镇化进程进行了多角度研究，并以此为基础对中国城镇化进程中的若干重点问题进行了比较研究和实证分析。

（中国社会科学院办公厅刘玉杰供稿）

2018中国城市管理学科发展年会 10月13日，2018中国城市管理学科发展年会在北京召开。年会由中国区域科学协会城市管理专业委员会主办，首都经济贸易大学城市经济与公共管理学院承办。年会以“新时代城市管理创新：理论、制度、文化与技术”为主题，分为开幕式、主旨报告、分论坛、闭幕式等环节。

主旨报告环节，教育部公共管理教育指导委员会主任娄成武教授发表了题为“新时代公共管理学科发展前瞻及对城市管理专业建设的期望”的主旨报告。提出立足公共管理面临新时代的背景与机遇，城市管理学科建设要更加符合现实需求。北京市城市管理委员会党组书记孙新军主任发表了题为“城市复兴背景下的背街小巷”的主旨报告。提出要注重背街小巷对城市复兴的重要作用，根植体制机制创新，以背街小巷为对象推动城市的精细化治理。

下午的分论坛中，专家学者就“城市管理理论与新型城镇化”“城市公共品供给与民生福利”“城市病、城市安全与法治”“城市政府服务与文化建设”“智慧城市与精细化管理”“城市基层治理、社会参与和多元共治”“党员在城市治理中的作用研讨”等主题，分享了自己的研究成果。

北京大学、浙江大学、中国人民大学、中央财经大学、四川大学、首都经济贸易大学等近70所高校的专家学者以及学生共计600余人参会。

（首都经济贸易大学科研处李琳供稿）

第六届运输与时空经济论坛 10月13日，北京交通大学经济管理学院主办，重庆交通大学、中国铁道学会、中国技术经济学会、世界交通研究大会WCTR协办的第六届“运输与时空经济论坛”国际会议在北京交通大学举行，会议主题为“可持续城市交通”。北京市副市长杨斌，北京市政府副秘书长陈添，北京市交通委员会党组副书记、副主任方平以及100余名专家学者出席了开幕式。论坛以引领交通产业发展、服务区域经济为宗旨，聚焦可持续城市交通，从新型出行方式、物流创新、区域交通和土地使用、智能交通技术、环境和社会因素对交通和物流的影响，邀请国内外百余名知名专家学者就城市交通问题进行学术研讨，并针对北京城市交通政策建言献策。

会议的产业论坛专场邀请了来自交通运输企业、行业协会和海内外专家，高德地图、摩拜单车、嘀嗒出行、瓜子网车好多、交通赛文网等知名企业的高管进行了发言，与会嘉宾就可持续交通、智能交通等焦点问题进行了讨论。本次会议新增了世界交通研究大会WCTR专题研讨会环节，议题是“新型出行服务对社区和区域的影响”。此外，本次会议还特别设立了培训学校，邀请国际学者为与会师生讲授运输经济学的前沿研究问题与最新研究方法，对开展城市交通研究具有启发意义。

（北京交通大学人文社会科学处李敏供稿）

首都治理国际论坛 10月20日，“首都治理国际论坛”在中国人民大学举办。论坛由中国人民大学首都发展与战略研究院主办，中国人民大学国家发展与战略研究院、北京市对外人民友好协会、中国人民大学公共管理学院共同协办。中国人民大学校党委书记、首都发展与战略研究院院长靳诺，北京市社科联党组书记、首都高端智库理事会副理事长张淼分别致辞。中国人民大学副校长刘元春主持了论坛开幕式。中国、美国、英国、日本、澳大利亚、印度、印度尼西亚、墨西哥、巴基斯坦等9个国家近30位专家学者，围绕“精治、共治、法治”的主题，分享了各国首都城市治理的经验和智慧，为首都北京城市治理建言献策。北京市委宣传部、北京市城市管理委员会等北京市委市政府有关部门领导和中国社会科学院、北京大学、清华大学、同济大学、对外经贸大学、首都经贸大学等高校师生以及媒体记者共300余人参加了论坛。

（中国人民大学科研处李素萍供稿）

第三届中国收缩城市学术研讨会 11月3日，第三届中国收缩城市学术研讨会（SCRNC2018）暨“城市收缩 中国城市化的另一面”主题会议在北京举行。会议由中国收缩城市研究网络（SCRNC）和中国城市科学研究会发起，城市群决策模拟北京市重点实验室、特大城市经济社会发展研究院承办，首都经济贸易大学城市经济与公共管理学院、北京城市实验室（BCL）、清华大学建筑学院等单位协办。

与会专家分别就收缩城市的研究展望、文献计量、空间精细化表征、珠三角机器代人影响、收缩城市的复杂性科学认知、山地衰败城镇、城市空地、国土空间中的增长与收缩、资源型城市的人口收缩、人口守恒定律以及收缩城市的文化品牌重构等议题开展了主题报告。

清华大学、南京大学、中山大学、东南大学、重庆大学、东北师范大学、中国地质大学、中央财经大学、首都经济贸易大学等高校以及中国科学院地理资源所和东北地理所、中国城市规划设计研究院、国家发改委城镇中心规划院、中国建筑设计研究院等科研院所和规划院所的120余名专家学者围绕会议主题进行了对话讨论。

（首都经济贸易大学科研处李琳供稿）

北京“三个文化带”历史资源利用与城市文化空间建设研讨会　12月15日，北京市社会科学界联合会主办，北京市文艺学会、北京市社会科学院文化研究所承办的2018年学术前沿论坛专场，即《北京“三个文化带”历史资源利用与城市文化空间建设》研讨会在北京市社会科学院举办。北京文艺学学会会长、北京市社会科学院文化研究所所长李建盛研究员主持论坛。北京联合大学北京学研究基地首席专家李建平研究员、北京市社科院首都文化发展研究中心沈望舒研究员、中国社会科学院大学人文学院张跣教授、中国传媒大学文学院耿波副教授、北京市社会科学院王淑娇博士等围绕论坛主题发表主旨演讲。本论坛围绕“‘三个文化带’历史资源利用与城市文化空间建设”主题，研讨三个文化带历史资源传承与利用，三个文化带建设的战略发展，城市特色文化空间带建构以及协调可持续发展等问题。本论坛对于“三个文化带”在全国文化中心城市建设、北京城市总体文化空间建构，乃至京津冀文化空间协同发展、城市空间文化差异性、个体性和独特性打造等方面都具有重要的理论和实践意义。

（北京市社会科学院科研处朱霞辉供稿）

语言学　文学

如何做好口译讲座　5月9日，商务部外事司双语（英法）高级口译员陈超逸先生以“如何做好口译”为主题和中国传媒大学外国语学院各专业学生进行了分享。外国语学院教师代表洪丽老师、丁硕瑞老师和唐慧润老师参加了本次分享会。

在具体讲解口译过程中的核心要素时，陈超逸通过大量生动有趣的案例及视频让同学们深刻体会到了口译工作的趣味性和挑战性。他诚恳地分享了自己多年的翻译经验，为同学们介绍了同传笔记的记录方法。他还邀请同学上台翻译并当场点评，现场互动氛围轻松愉快。在最后的问答环节，同学们热情高涨，踊跃提问，陈老师逐个耐心地进行解答，并对同学们的未来表达了期许和祝福。

外国语学院目前共有18个语种专业，其中16个非通用语专业的双语教学（对象国语言+英语）一直是学院本科培养的特色。该教学模式历经十余年的实践，成效显著，为国家对外传播事业培养了大批精通双语的高级人才。这次分享活动进一步给同学们指引了方向，激发了学习的动力。

（中国传媒大学科学研究处供稿）

长篇小说《旧林故渊》读书研讨会　5月25日，中央民族大学“大学悦读，阅读大学”系列活动之一，长篇小说《旧林故渊》读书研讨会在学校知行堂举行。研讨会由中央民族大学主办，文学与新闻传播学院承办，作者吴仕民、文学评论人与师生代表等对《旧林故渊》一书进行研讨。

长篇小说《旧林故渊》是一部具有深刻现实意义和思想深度的作品，与当前国家正在推进的生态文明建设相呼应，体现了保护传统村落，振兴现代乡村的主旨。作者吴仕民同志长期致力于我国的民族团结进步事业，为我国的民族团结进步事业、民族理论与民族政策及民族学研究作出了重要贡献。

研讨会上，吴仕民阐述了这部长篇小说《旧林故渊》的创作动机和创作构思。他指出，文学即是人学，创作的关键点在于对人性的把握，《旧林故渊》的创作更多的是从人本的角度考虑主题和架构故事。他以陶渊明的诗歌作品和人生经历为例阐述了生活的本真应当是追求一种自由的境界。同时，他解读了作品中的许多细节都是来源于真实的生活和家乡的滋养。最后，他希望大家始终要保持对生活的热爱。

与会评论家、师生代表从各自的学术背景、生活阅历和阅读体验等方面对作品进行了研讨，在文本层面、社会层面、文化层面多角度展开解读，高度评价了小说的文学价值和时代意义。

（中央民族大学科研处丁冉供稿）

首届自然文学研究与生态文明建设硕博论坛　6月22日，由首都经济贸易大学外国语学院自然文学研究中心主办的首届“自然文学研究与生态文明建设硕博论坛”在北京举行。首都经济贸易大学党委副书记徐芳教授，教育部长江学者、上海交通大学人文艺术研究院院长王宁教授，首都经济贸易大学外国语学院自然文学研究中心学术指导程虹教授出席开幕式并致辞。

王宁指出，自然文学在中国的研究始于20世纪90年代中期，首经贸作为这一领域的拓荒者，是国内第一家成立自然文学研究中心的高校，在该领域具有前瞻性和引领作用。

程虹指出，自然文学是以文学的形式，唤起人们与生态环境和谐共存的意识，激励人们寻求高尚的精神境界，敦促人们采取既有利于身心健康，又造福于后人的新型生活方式。自然文学研究中心自成立以来，一直致力于自然文学、生态文学和生态文明等领域的研究，希望借此论坛同国内专家学者进行深入的学术交流和深度的思维碰撞，开阔学术视野，提升学术品位。

论坛共设四个分论坛，分别围绕地方与身体的回归、北美原住民自然思想、生态美学和土地伦理话题；科学、气候、生态、生命话题；生态批评、生态女性主义、自然文学中的“山”以及精神生态话题；身体疾病与自然环境、神性的自然书写、自然文学中的水世界以及城市化进程对精神的影响与塑造等话题展开。

清华大学、北京外国语大学、中国人民大学、南京大学等10余所高校和学术期刊自然文学、中西比较文学、生态批评、生态美学等领域的专家学者、硕博研究生共40余人参加论坛。

（首都经济贸易大学科研处李琳供稿）

汉语国际传播研究高端论坛　10月14日，汉语国际传播研究高端论坛在中央民族大学文华楼报告厅举行。论坛由中央民族大学国际教育学院语言教学、认知与习得开放研究中心主办，来自京内外多所高校的专家学者及师生共200余人参会，交流和分享了汉语国际传播领域的最新研究成果。

本次论坛的七场主旨报告紧密围绕汉语国际传播研究的主题，从不同角度展示了汉语国际传播研究的新发展和新成果。国家汉办马箭飞副主任分析了新时代汉语国际教育面临的新形势和新挑战，并指出汉语国际教育事业未来的工作重点。中国人民大学文学院李泉教授回顾了对外汉语40年的成就，分析了学科与事业之间的关系及存在的问题，提出应加强学科发展的顶层设计。中央民族大学研究生院院长吴应辉教授通过自建数据库对近三年汉语国际教育研究状况进行了量化研究，指出学术研究热点，并针对如何有效开展汉语国际教育相关研究提出了中肯建议。原北京语言大学校长崔希亮教授就当下世界所面临的重大威胁，阐述了汉语国际传播在人类命运共同体构建过程中所发挥的作用。北京大学对外汉语教育学院院长赵杨教授以美国为例说明了语言文化传播机制的建设问题，为中国文化的国际传播提供了非常有益的借鉴。中央民族大学国际教育学院刘玉屏教授系统梳理了汉语教师志愿者管理各环节的发展情况，概括出十几年来汉语教师志愿者管理的发展趋势，指出管理活动中存在的问题，并给出了富有建设性的建议。北京外国语大学中国语言文学学院王祖嫘副教授通过大量翔实的数据，以东南亚五国为例分析了汉语传播与上述国家民众中国形象认知的相关关系，并就如何通过汉语国际传播改善世界各国的中国形象认知提出建议。

（中央民族大学科研处丁冉供稿）

第四届出土文献与上古汉语研究学术研讨会　9月14—16日，中国社会科学院语言研究所主办，历史语言学研究一室承办的第四届“出土文献与上古汉语研究学术研讨会”在北京举行。会议围绕古文字考释、出土文献与传世文献对读、利用出土新材料解决字词释义，以及古汉语文字、语法、音韵、词汇训诂等方面的问题进行分组报告和讨论。中国社会科学院、北京大学、清华大学、商务印书馆等单位的20余位专家学者出席会议并作了专题发言。

（中国社会科学院办公厅刘玉杰供稿）

翻译批判：译者主体性的思考讲座　9月21日，北京林业大学外语学院邀请北京外国语大学英语学院教授、翻译系主任张威作“翻译批判：译者主体性的思考讲座”，张威在讲座中谈道：翻译批判是翻译实践和翻译理论有效衔接的中间环节，而译者主体因素往往成为翻译质量评估的关键因素。通过案例分析，我们发现译者主体性可以从文体学、社会学、心理学、阐释学等不同视角阐发，主要体现在材料选择、策略安排、效果评价、影响传播等要素中。80 余人参加讲座。

（北京林业大学科技处供稿）

历史语言学学术研讨会　10 月 20—21 日，中国语言学会历史语言学分会在首都师范大学召开了首届学术研讨会。

会议开幕式由首都师范大学文学院副院长洪波教授主持。首都师范大学副校长李晓娟教授、文学院院长马自力教授、中国社会科学院语言研究所所长刘丹青教授、中国语言学会历史语言学分会会长吴福祥教授分别致辞。闭幕式由中国语言学会历史语言学分会常务理事曾晓渝教授主持，中国语言学会历史语言学分会副会长兼秘书长杨永龙教授进行了大会总结。

中国社会科学院、北京大学、清华大学、复旦大学、香港中文大学、香港科技大学、台湾大学、台湾师范大学、法国国家科研中心、新加坡国立大学、葡萄牙国立米尼奥大学等国内外高校及科研院所共 80 余位专家学者参加了会议并宣读了论文。贝罗贝、戴庆厦、董志翘、冯胜利、黄德宽、黄天树、江蓝生、蒋绍愚、李兵、刘丹青、麦耘、潘悟云、汪维辉、吴安其、张敏、朱庆之（按音序排列）等 16 位学者作了大会报告。

报告内容涉及了历史语言学研究多个方面，既有理论、方法的宏观探索，也有语音、词汇等具体问题的剖析，举凡有关汉语史、方言、中国少数民族语言在语音、词汇、语法等各方面的历时演变均有论及。

（中国社会科学院办公厅刘玉杰供稿）

第 17 届中国当代语言学国际研讨会　10 月 26—28 日，中国社会科学院语言研究所《当代语言学》主办，北京理工大学外国语学院承办，香港中文大学语言学及现代语言系和《北京第二外国语学院学报》协办的第 17 届“中国当代语言学国际研讨会暨 2018 中国社会科学院社会科学论坛”在北京理工大学举行，同时进行第二届《当代语言学》“青年语言学家奖”入围报告和评奖活动。

大会强调句法语义研究以及跨语言和跨学科研究，邀请了多位国内外著名语言学家报告各领域最前沿的学术研究成果。两年一次的“中国当代语言学国际研讨会”是国内唯一由期刊编辑部主办、以期刊命名的一线综合性国际语言学学术会议。本届会议同时举办“论元结构和事件结构工作坊”和“手语语言学工作坊”。会议的主题是：句法语义研究；跨语言、跨方言比较研究；语言学与脑科学前沿交叉研究。

（中国社会科学院办公厅刘玉杰供稿）

20 世纪俄罗斯先锋主义文学国际研讨会　10 月 27 日，首都师范大学北京斯拉夫中心举办“20 世纪俄罗斯先锋主义文学”国际研讨会。俄罗斯、英国、美国的专家学者与国内的文学研究者们出席会议。

会议开幕式由首都师范大学外国语学院院长王宗琥教授主持，北京斯拉夫中心首席专家刘文飞教授、外国语学院党委书记朱平平分别致辞。俄罗斯科学院高尔基世界文学研究所维拉·尼古拉耶夫娜·捷廖欣娜教授、英国牛津大学迈克·尼克尔森教授、美国加州大学洛杉矶分校罗纳德·弗龙教授、俄罗斯国立师范大学亚历山大·阿尔卡季耶维奇·科布林斯基教授、俄罗斯科学院东方古文献研究所塔吉雅娜·利沃夫娜·尼科利斯卡娅教授、俄罗斯萨马拉国立大学塔吉雅娜·维克多罗夫娜·卡扎琳娜教授等外方学者，北京师范大学张冰教授、南开大学王丽丹教授、山东大学李建刚教授、哈尔滨工业大学谢春艳教授、南京大学赵杨副教授、首都师范大学汪民安教授、刘胤逵副教授等中方学者参加了会议并作主题发言。首都师范大学、北京语言大学、黑龙江大学等高校部分青年学者和博士、硕士研究生参与了研讨交流。

20 世纪俄罗斯先锋主义文学是俄罗斯文学发展史上一个重要而鲜亮的现象，它的出现不仅弥补了传统俄罗斯文学过于注重道德教化的不足，而且赋予新俄罗斯文学以深刻的现代性和丰富的哲学美学意蕴。以未来主义、现实艺术协会及莫斯科概念主义为代表的各先锋艺术流派通过一系列积极的语言实验和形式探索，拓展了语言的潜能和文学的外延，构建了一幅迥异于 19 世纪的、美轮美奂的现代文学图景。在此之前，国内尚未举办过俄罗斯先锋主义文学的学术研讨会。此次，首都师范大学举办的研讨会填补了该项空白，促进了国内外该领域研究者的交流，必将产生良好和深远的学术影响。

（首都师范大学社科处李蒽供稿）

“一带一路”民族文化、语言大数据智能服务国际会议　11 月 2—3 日，“一带一路”民族文化、语言大数据智能服务国际会议在京召开。会议由中央民族大学少数民族语言文学学院主办，中央民族大学“一带一路”民族文化大数据中心、中央民族大学中国少数民族语言研究院、国家语言资源监测与研究少数民族语言中心协办。中央民族大学副校长宋敏教授、石亚洲教授，北京语言大学原党委书记李宇明教授，中国社会科学院民族文学研究所党委书记朝克研究员，大英科学院院士、伦敦大学教授 Nicholas Sims-Williams，日本名古屋大学名誉教授西胁隆夫，美国爱荷华大学教授 Paul Dilley，上海复旦大学教授、长江学者纳日碧力戈，中央民族大学中国少数民族语言文学学院荣誉资深教授胡振华先生等来自中国、英国、美国、日本、哈萨克斯坦、蒙古六个国家在内的近 50 位专家学者出席会议。

会议展开了 7 场专题研讨，来自国家语言资源监测与研究少数民族语言中心的王志娟、孙媛、朱丽平、闫晓东、赵小兵等就《跨语言命名实体翻译对抽取的研究综述》《藏汉跨语言话题模型构建及对齐方法研究》《基于现代藏文的电码编码方法》《基于情感词典的藏文句子情感分类》《中国少数民族语言信息处理现状》等题目作学术报告，并与国内外知名专家学者围绕相关主题进行了研讨。

（中央民族大学科研处丁冉供稿）

第十三届国际汉语教学研讨会　11 月 8—9 日，第十三届国际汉语教学研讨会暨北京大学首届世界汉语研讨会在北京大学举行。大会主题为“新时代国际汉语教学研究与发展”，由世界汉语教学学会、孔子学院总部/国家汉办和北京大学联合主办，北京大学对外汉语教育学院和北京大学国际合作部承办。第九、第十届全国人大常委会副委员长、世界汉语学会会长许嘉璐先生，孔子学院总部副总干事、世界汉语教学学会副会长马箭飞教授等出席会议。来自 32 个国家和地区的代表约 340 人参加会议，共有 256 位学者报告了各自的研究成果。

第十三届国际汉语教学研讨会分为八个专题，在跨学科新理论视角、汉语评估标准、汉语教师本土化建设、课程设计和教学模式、汉字教学中的文化要素、中国文化与中国国情、新技术新媒体新思维的探索与应用等八个研究领域展开专题研讨。与此同时，北京大学首届世界汉语研讨会分为四个分论坛展开，分别为：语言传播在促进国家间关系和促进民间交往方面发挥的作用、语言传播规律和特点以及语言教学在促进文化交流方面发挥的作用、世界各地汉语教学与研究的进展、汉语学习心得以及对个人发展的影响。

（北京大学社会科学部供稿）

第十届法律语言学研讨会　11 月 17 日，中国英汉语比较研究会法律语言学专业委员会年会暨第十届法律语言学研讨会开幕式在中国政法大学昌平校区举行。国内 30 余所高校的 130 余名专家学者及实务界人士参会。

17 日下午，与会专家学者举行分论坛。专家学者围绕法律英语教学、法律翻译、法律语篇分析、法律语言学、法律文学与文化、法律语言实证研究等多个主题积极探讨、踊跃发言，提出了许多真知灼见。与会学者认为，法律语言学研究前景广阔、任重道远，需要进行多层次的研究、多领域的合作。同时 20 余位来自国内多所高校的研究生参加了研究生分论坛，为学术研究注入了新鲜血液。

18 日上午，大连理工大学陈海庆教授、中国政法大学张清教授、西北政法大学马庆林教授、中国政法大学张法连教授分别作了主题发言。闭幕式上，本次会议 16 个分论坛的主持人总结了各自小组的发言并由中原工学院外国语学院院长郭万群教授做大会总结。

（中国政法大学科研处王培供稿）

第二届舆情治理与传播法规研讨会　12 月 8—9 日，中国劳动关系学院主办的第二届“舆情治理与传播法规研讨会”在北京校区举行。学校党委副书记、校长刘向兵，中华全国总工会中国工人运动研究所所长阎宇平，中华全国总工会网络工作部副部长彭恒军出席开幕式并致辞。全国各地 30 余所高校和科研机构以及新闻传播业界的 110 余位嘉宾代表参加了会议。学校文化传播学院院长、中国职工舆情研究所所长李双教授主持开幕式。

刘向兵在致辞中指出，加强和创新社会治理是人民安居乐业、社会安定有序、国家长治久安的重要保障。打造共建、共治、共享的社会治理格局，是习近平总书记关于社会建设思想的重要内容。中国职工舆情研究所成立一年以来，联合社会各界的有识之士，对职工舆情尤其是网络舆情的新特点、新课题进行了研究探索，为实现职工舆情实时动态监测和分析决策打下了坚实基础。

学校文化传播学院新闻学专业主任、中国舆情研究所副所长吴麟副教授以《媒体与劳动关系研究：一个有待深垦的领域》为题做报告。北京师范大学新闻与传播学院副院长张洪忠教授以《舆情研究的新变量：社交机器人的研究路径》为题，中国传媒大学传媒法规政策研究中心总顾问、著名传播法学者魏永征教授以《媒体融合与舆论主导权——以官方政策为视角》为题，中央人民广播电台高级编辑、中国政法大学新闻传播学院徐迅教授以《中国传播禁载规范40年之沿革》为题，中国传媒大学政法学院法律系主任、媒体政策法规研究中心主任李丹林教授以《论数据权利保护与表达自由》为题分别发言。

（中国劳动关系学院科研处陈邓海供稿）

语言政策的研究话题与近期课题申报讲座　12月24日，北京林业大学外语学院邀请北京外国语大学教授、博士生导师戴曼纯作语言政策的研究话题与近期课题申报讲座，戴曼纯说：语言政策及规划无处不在，小到词语发音和使用，大到语言选择和学习。语言政策研究一切旨在改变言语社团语言行为的所作所为，语言规划超出了语言学范畴，是一门关注政策制定和实施，带有明显的社会政治色彩的跨学科。本次讲座围绕基本范围、类型、主要视角、指导思想和容易出现的问题等方面对语言政策及规划进行详细介绍。结合国家社科、国家语委和教育部语言研究科研课题，总结申请高级别科研课题的经验和提出具体建议。80余人参加讲座。

（北京林业大学科技处供稿）

文化　艺术（含民俗）

第三届中国时尚创新论坛　日前，第三届中国时尚创新论坛在北京开幕。来自文化主管部门官员、权威研究机构专家学者和文化时尚界代表，围绕“重塑丝路：文明互鉴与风尚互通”“生活美学：跨界潮流与创新”两个话题，进行了广泛探讨。

有数据显示，时尚已经成为一个城市经济社会发展的重要推动力。2016年全球时尚行业总价值约为2.4万亿美元，如果把时尚产业作为一个整体，全球时尚产业将成为第七大经济体。随着互联网、大数据、智能制造等新兴技术出现，消费者对时尚产品品质及其所附带文化内涵的要求提升，上述因素综合作用下，世界时尚产业正快速裂变。

该论坛是第三届北京国际时尚生活博览会的重要组成单元之一。本届博览会跨界“衣食住行”，来自20多个国家的129家企业、177名设计师和300多个品牌将呈现国际化、有创意、高品质、最时尚的原创设计品。本次论坛由中国恒天集团有限公司主办。

（参见《人民日报·海外版》2018年1月16日第3版）

现代白玉1990~2017年工艺与市场发展状况学术报告会　1月18日，台湾著名和田玉鉴赏家林子权先生来中国地质大学（北京）作学术报告。

林子权以现代台湾与大陆和田玉行业现状作为切入点，通过丰富多彩的玉雕作品展示，深入浅出地分析了古玉与仿古玉的鉴别、近十余年艺术品市场停滞不前的原因、和田玉的新创作等方面的问题。林子权指出在和田玉雕刻题材方面要因材施艺，对材质本身的利用是玉雕成败的关键所在，创新是玉雕艺术的生命力，此外，还应重视AI科技的发展对传统玉雕行业的冲击。

〔中国地质大学（北京）科技处崔永平供稿〕

首届中国地情论坛、首届全国名村论坛　近日，由中国地方志指导小组办公室（以下简称中指办）主办的首届中国地情论坛、首届全国名村论坛在北京人民大会堂开幕。来自各省（自治区、直辖市）地方志机构主要负责人，首批出版的27部名村志主编或有关领导及特邀专家学者等240余人与会。

中国社会科学院副院长、中国地方志指导小组常务副组长李培林表示，十九大报告指出，“推动中华优秀传统文化创造性转化、创新性发展”。“一体两翼”用志工程、中国名村志文化工程正是地方志以国家利益为导向、以经济社会发展为中心、以服务人民为宗旨的开拓创新，是传统方志文化的“创造性转化、创新性发展”，是地方志主动走进千家万户、与现实相融相通的积极尝试。当前和今后一个时期全国地方志系统的首要政治任务，就是学习贯彻十九大精神，为推动地方志“创造性转化、创新性发展”提供强大思想武器。方志连接着中华文化的过去、现在与未来，站在新的历史方位，要展现地方志事业的当代历史价值、社会价值和文化价值，就要在“四个全面”战略布局中找准定位，在全面建成小康社会和实现中华民族伟大复兴中国梦的进程中体现价值，在坚守优秀传统的同时，不断创新发展理念，转变发展思路，始终坚持修志为用，全面提升服务水平，推动地方志更加贴近群众，更接地气。

中国地方志指导小组秘书长、中指办主任冀祥德表示，最近一段时间，方志系统大事不断，成果不断：在贵州黔东南州西江千户苗寨举办了第二届全国名镇论坛；在深圳举办了首届全国年鉴论坛暨中国方志发展报告、中国年鉴发展报告出版座谈会；在济南召开了2018年全国地方志机构主任工作会议、启动了中国名山志文化工程。举办首届中国地情论坛，发布中国地情报告；举办首届全国名村论坛，推出首批中国名村志。这些标志着在地方志围绕服务经济社会中心工作、围绕走进千家万户开拓创新等方面迈出了扎实的步伐。

中指办副主任刘玉宏介绍了中国名村志文化工程阶段性工作成果。中国名村志文化工程是2016年11月正式启动的重大国家级文化工程。一年多来，通过成立高规格的领导机构、着力完善健全工作机制、创新手段扩大社会影响等多项举措，编纂工作取得重要阶段性成果，呈现出“五大亮点”：选择对象力求突出典型性、篇目设置力求因地制宜、内容记述力求突出“名”和“特”、功能定位力求提升社会效益、资料来源力求丰富多样。中指办副主任邱新立介绍了《中国地情报告（2017）》编辑出版情况，并发布了中国历史文化名镇保护性发展评估指数。会上，上海市金山区枫泾镇代表及江苏省《开弦弓村志》、湖南省《马头溪村志》编纂单位代表介绍了古镇古村保护开发情况，分享了村志编纂经验及文化建设成果。会议还向首批中国名村志编纂单位授牌并颁发证书。

（参见《光明日报》2018年1月19日第11版）

2018尼山新儒学论坛 近日，由尼山圣源书院、国际儒联等主办的“2018尼山新儒学论坛——儒学与东亚文化共同体”在北京召开。来自中日韩三国的30余位知名学者就儒学在东亚文化共同体重建过程中的作用与价值等问题进行了深入研讨，为东亚和平发展提供了学理的支撑与思想的启迪。

从东亚的历史背景出发，与会学者认为，当今时代东亚共同体的构建要充分地借鉴和参照以往的传统。其中，牟钟鉴教授回顾了东亚历史发展中的经验与教训，指出儒家传统思想中的“恕”概念对于今天东亚共同体的建构具有重要意义，并结合中国儒释道三教融合的过程来加以说明。牟钟鉴进一步指出，和平与发展是时代的主题，在西方文明已经显示出诸多问题的当下，对于东亚人来说构建一个文化上的共同体便成为各国面向未来的题中应有之义。王殿卿教授指出亚洲在今天的新变局。这个变局说明在现代东亚世界，优胜劣汰的社会丛林法则和西洋必将全胜的信念，以及以战争为主的扩张手段，早已经不适合中日韩三国人民的精神需求，东亚必须发展出自己的新的共同价值，这个价值便是以和合观为核心的共同价值。吴光教授指出，东亚世界的共同文化是儒学与佛教，而对于文化共同体的建设则应该以儒学中的仁义礼智信为主，这其中最值得重视的便是能体现儒学仁义礼智信的君子人格。在《论语》中，君子是以仁义、忠恕、敬畏、四德、爱民等品质出现的，在当代，我们只有修身立德才能成为新时代的君子，而这种君子修养也为整个东亚社会提供了一个共同的价值典范。

以东亚的共同学术传统为出发点，与会学者讨论了东亚文化中的诸多关键概念，通过对这些概念的新诠释，传统与现代、国家与共同体之间的过渡便有了理论上的可能性。韩国成均馆大学辛正根教授深入讨论了“儒学”概念的定义，指出因为儒学具有“一实多名”的复杂性，它往往会在不同的时代被赋予不同的名字，而现有的儒学定义又通常使用对普通人而言晦涩难懂的专业用语。因此，我们需要一个不依存于专业用语与特定人物的儒学的定义，同时这个定义还必须是一个使人们通过定义中使用的词汇便可以把握住儒学正体性的定义。韩国首尔大学郭沂教授指出，价值包含物质价值、社会价值、精神价值和信仰价值四种类型和四个层面。信仰价值表现为“安”，物质价值表现为“用”，这都是人类的共同价值。至于精神价值和社会价值，则具有明显的民族性。真、善、美代表了西方的精神价值，中华精神价值则为中、和、乐。作为道、儒、释三教核心价值的自然、仁义和慈悲则是中华社会价值。

以儒学为主的中国文化在东亚世界的展开，为我们在学理上提供了文化共同体构建的依据。与会学者通过对具体的中国经典、中国学派的思想史发展脉络的梳理，展示出中国在构建东亚共同体过程中的重要学术地位。张立文教授首先梳理了作为一个时代新儒学的朱子学，经藤原惺窝和林罗山等人的传播而在日本发展与退溪、栗谷等人的传播而在朝鲜发展。其次深入到朱子学思想的内部，比较朱子、退溪、栗谷思想的异同，说明朱子学在东亚发展过程中所产生的流变。最后借历史上朱子学的传播指出当今时代的中国人也要让中国文化“走出去”，向世界讲好中国故事。成均馆大学金圣基教授指出，《周易》不仅蕴含着一个以人类生活的再圣化为内容的普遍伦理的新方向，还具有一个以自然与人的和谐为内容的儒家普遍伦理之新起点。这些内容是以宇宙自然之道，即现象变化和综合作用的发现为前提完成的，而这个现象的变化就是宇宙的终极价值“生生”。作为终极价值，“生生之道”和“仁道”又一起组成了宇宙和人生的大和谐之道。日本一桥大学坂元弘子教授讨论了三教与其他近代思想融合的问题，说明中国思想若欲存于今日甚至未来，就不只应讲儒学与东亚文化，也需要注意到三教与其他近代思想的融合。通过严复、康有为、英国传教士李提摩太等人的著作可以知道近代初期全球化是如何向当代全球化过渡的。在这个过程中，建设东亚共同体的任务之一是构建一个和平共存的文化上的“一带一路”。

与会学者还结合当今中国国家发展实力与东亚各国政治经济格局等诸多现实情况，探讨了构建东亚文化共同体的既有问题和未来发展的可能性。中国人民大学张践教授指出，习近平总书记的大国外交思想不仅对中日韩三国的邦交与东亚文化共同体的建设具有重要意义，也分别体现了中国儒家思想中的忠恕之道、中庸之道、中和之道与内圣外王之道。这些悠久的儒家思想使得中国作为一个大国始终在强调各国发展共同利益的方面，并始终坚守着厚往而薄来的原则让其他国家可以搭上中国的顺风车，实现互利互惠的共赢局面。首尔大学梁一模教授对研究韩国儒教影响下的建国运动与民主化运动的著作《君子们的游行》做了介绍与评论。梁一模认为，韩国的民主和公民社会正在寻找新的方向，这本书充满了作者的真诚和努力，展现了儒家的潜力和可能性，为寻求韩国新民主主义和公民社会奠定了经典智慧和思想资源。

本次论坛充分反映了东亚世界儒学与文化共同体研究的最新成果，不仅展望了东亚共同体的发展趋势，也对加强中日韩三国间的学术交流起到了重要的推动作用。

（参见《光明日报》2018 年 2 月 3 日第 11 版）

“以水之道，行文化世”文化讲座　3 月 21 日，中华人民共和国文化部原副部长、全国妇联原副主席孟晓驷博士在中国传媒大学文法学部围绕“不忘本来、吸收未来、面向未来”作了题为“以水之道，行文化世——中华民族伟大复兴的文化担当”的文化讲座，讲座分为上中下三篇，分别从“文化之本”“文化之力”“文化之行”向听会者阐释了文化的本质内涵、文化的内在力量以及如何发展文化，逐步深入。在上篇“文化之本——以文化人，润物无声”中，孟晓驷就文化的含义、文化的三种形态、文化的基本要素以及文化在社会发展中的作用进行了解释，展示了文化之本如水润万物而不争之德。在中篇“文化之力——沟通心灵，至柔至坚”中，孟晓驷结合自己在文化部的工作经历重点讲述了文化软实力的重要性。在下篇中，孟晓驷指出发展国家的文化实力，就要做到继承创新，中华文化源远流长、博大精深，应在继承优秀传统文化的基础上实现符合时代发展要求的创新。

讲座由中国传媒大学文法学部学部长，教授，博士生导师李怀亮老师主持，百余名老师及学生参加了讲座，讲座由文法学部中文系主办。

（中国传媒大学科学研究处供稿）

古罗马与汉代中国文明研讨会　4 月 9—11 日，“帝国重现：古罗马与汉代中国文明”研讨会在北京大学考古文博学院举行。中外学者围绕“交流”“货币、贸易与经济”“帝国、都市化与手工业产品的转型”“物化的帝国意识”“中心与边缘：帝国整合及其局限性”五大议题，进行了演讲与互动，并与前来参加会议的学者和同学进行了交流。“帝国重现：古罗马与汉代中国文明”会议的召开，标志着北京大学考古文博学院和伦敦大学学院考古学院的合作上升到一个新的台阶。2003 年，北京大学考古文博学院和伦敦大学学院考古学院签订协议，展开课题、研究、人才等方面的多项合作。现今，北京大学和伦敦大学学院的合作平台进一步扩大、水平提高、研究范围拓展。

（北京大学社会科学部供稿）

清华文创讲座　4 月 29 日，“清华文创讲座第十二期——清华有礼：王国维与师友往来书信中的礼仪”在艺术博物馆举行。讲座由清华大学人文学院历史系教授彭林主讲，通过解读一封封书信，剖析一代国学大师王国维对当代人的礼仪启示。清华大学文化创意发展研究院执行院长胡钰主持讲座。讲座由文创院主办，清华大学出版社承办，清华大学中国礼学研究中心协办。《彭林说礼——重建当代日常礼仪（增补本）》新书发布仪式同期举行。胡钰在致辞中表示，在清华大学 107 岁校庆的特殊日子里，邀请彭林教授举办一场学术讲座，是重要的庆祝方式。他认为，

"礼"对中国来说，不仅是一个行为规范，更是一种人文精神。"礼"在当代中国文化的建构，甚至世界文化的建构中都起着重要作用，"现在世界文化的建构在'向后看'，回到人类文化的原点，在'向东看'，在看中国的文化。"清华大学出版社社长宗俊峰对彭林新书《彭林说礼——重建当代日常礼仪（增补本）》进行了介绍，并希望读者通过阅读这本书，可以系统了解中华礼仪的体系和精髓，掌握人际交往的一般原则，并应用到现实生活中。彭林向大家展示了"独上高楼·王国维诞辰140周年纪念展"中的书信写法，并对古代信函中的术语进行一一阐释，对书信格式的构成进行了分析。通过解读王国维与师友往来的书信礼仪，有助于重建现代社交礼仪之"风"，挖掘中华传统礼仪之"趣"。

（清华大学文科建设处刘金梅供稿）

公共文化与文化旅游产业融合发展研讨会　5月18日，首都师范大学文化研究院召开公共文化与文化旅游产业融合发展研讨会。校党委副书记徐志宏、文化和旅游部公共文化司政策规划处处长闫晓东出席并致辞。文化研究院常务副院长李焕喜主持研讨会。

徐志宏在致辞中指出，近几年，首都师范大学文化研究院在运行模式方面不断创新，为整合优质资源、推进新型智库建设，更好地发挥高校学术优势、服务社会作出了重要贡献。公共文化研究基地在公共文化司指导下工作开展有声有色，已经成为文化研究院的智库特色和品牌。他提出，在未来基地建设中，希望基地继续强化政策研究职能，完善管理，积极配合公共文化司各项工作，努力打造理论扎实、特色鲜明的研究基地。文化和旅游部公共文化司政策规划处处长闫晓东对学校的支持表示感谢，对公共文化与文化旅游产业融合发展的研究背景给予介绍，并对相关委托课题提出要求和建议。

专家们就公共文化与文化旅游产业融合发展的必要性、原则、路径、面临的问题以及政策保障措施等问题进行了探讨。国家行政学院文化政策与管理研究中心主任祁述裕、中国传媒大学文化产业研究院学术委员会主任齐勇锋、云南大学文化发展研究院院长李炎、北京联合大学中国旅游经济与政策研究中心主任曾博伟、朝阳区文化馆馆长徐伟等十余位专家先后发言。

李焕喜作总结发言指出，专家们从不同角度对公共文化与文化旅游产业融合发展问题进行阐述，提出了很多具有重要参考价值的建议。在文化和旅游部成立的背景下，对此问题进行深层次的交流与思考，对当前的文化政策研究有重要的意义。基地将认真总结本次研讨会成果，对重点问题开展深入调研，圆满完成公共文化司委托的课题任务。

（首都师范大学社科处李蒽供稿）

第三期文心论坛　5月21日，清华大学社会科学学院第三期"文心论坛"讲座在苏世民书院的达理礼堂举行。讲座主题是"面对宇宙：论'天地人合德'之奥义"，主讲人为美国夏威夷大学哲学系终身教授成中英。社会科学学院院长彭凯平主持讲座。彭凯平在致辞中表示，文化是一个社会的根本，心理是一个人的智慧，举办"文心论坛"，邀请各个方向的知名学者前来开设讲座，是要营造一个"文化"与"心理"亲密交融途径、"智慧"与"探索"紧密共振的平台；希望能在这样一个文化的现代化、科学化和国际化方面作出一些有益的贡献。讲座伊始，成中英提出"人在宇宙中的定位是什么?"。他认为，中国哲学从开始就面临着这样一个命题：天地人的合德；该命题用英文来表述，可以转化为对环境生态（Ecology）、经济协作（economy）和生命价值（Ethics）这三个方面的危机以及它们三者之间关系的探讨。成中英指出，近代西方的发展在过分追求权力与欲望中导致了当下种种问题的产生，而中国的易学体系作为中国文化与哲学的源头活水，它提供了一个宇宙与世界思考的框架，甚至其中的某些观点可以借鉴以解决世界的问题或寻求价值的完善。所以，这样思考的目的，是要重新认识中国文化和哲学的根源，不仅仅因为它是中国文化的基础，更是要在"恢复人性，拯救世界"的崇高目标下去认识中国文化中独特的部分。因此，我们要发现人类生命的根本问题，并且思考这些问题发生的原因与解决之道。成中英将这些问题都归之为生命哲学的问题，并强调这也是一种具有生命力的形而上学的方法论。最后，成中英将自己长期以来对人类生命哲学的思考带来与大家共同探讨：人类在面临如何结合现代化（普遍理性）与后现代化（个体存在），来面对人类的新科技与新智能（技术发明）时，如何认识人的生命为本体存在的问题。

（清华大学文科建设处刘金梅供稿）

品牌建设问题讲座　5月26日，中国传媒大学经管学部"2018实践导师系列讲座课（第一期）"在中国传媒大学博学楼拉开帷幕。中国商务广告协会会长李西沙、中国广播电影电视报刊协会会长梁刚建应邀分别进行了《关于品牌建设问题的讨论》《2018 电视生态》的主题分享，讲座由 MBA 联合会主席胡靖明主持，商学院 2017 级全体同学及往届校友 200 余人参加了讲座。

上午，李西沙结合自身多年丰富的广告从业经验，与同学们分享了对于品牌的深刻理解，他认为，品牌是态度和诚信，品牌反映了一个企业的情怀和价值观。他通过鲜活的案例生动诠释了品牌应该坚持的态度，提出了新形势下品牌建设与塑造的根本遵循，并强调了如何让企业品牌文化深入人心的关键要素。

下午，梁刚建从国务院机构改革入手，先后向同学们介绍了国家广电总局下大气力监管、审查广播电视与网络视听节目内容和质量的举措和实效；广电行业如何通过构建新媒体矩阵，实现节目内容生产流程再造等媒体融合方面的最新进展；综艺节目和电视剧市场的未来发展趋势，以及国家广电总局对广播电视节目创新创优的最新要求。

本次讲座使同学们对品牌文化有了更为清晰的认识，深刻领会了新时代下国家以自主创新推动品牌战略不断向前发展的新任务新要求。同时，了解到电视生态变革呈现的局面及产生的影响，深刻把握了广电行业对综艺节目、电视剧市场监管的新要求新方向，并加深了对广电行业媒体融合这一热门课题的了解，拓宽了行业认知，讲座内容成为 MBA 专业课程的有益补充，为 MBA 专业课程理论与实践搭建起平台。

（中国传媒大学科学研究处供稿）

国际文化贸易创新发展论坛　日前，国际文化贸易创新发展论坛在北京举行。来自法国、俄罗斯、德国、中国的中外学者、专家与企业家探讨“首都核心功能”背景下构建文化贸易新格局的有效路径，为中国文化“走出去”建言献策。专家们还进行了“一带一路文化贸易创新发展的实践与探索”圆桌对话，中外学者专家为“一带一路”文化贸易创新发展勾勒出具有实操性的发展蓝图，并纷纷表示对进一步就文化贸易创新加强合作充满期待。

论坛主办方北京市文化投资发展集团有限责任公司副总经理于爱晶表示，近年来，政府高度重视对外文化贸易工作，落实文化“走出去”国家发展战略，坚持以“文”为本。文投集团作为首都文化创意产业发展重要的投融资平台，在疏解非首都核心功能、京津冀协同发展、带动民间资本投资等方面进行了突破创新。

（参见《人民日报·海外版》2018 年 6 月 4 日第 7 版）

2018 中国古书画鉴定修复与保护国际高峰论坛　6 月 5 日，“世界因遗产而璀璨——2018 中国古书画鉴定修复与保护国际高峰论坛”在中国人民大学开幕。论坛由中国人民大学信息资源管理学院主办，中国人民大学文献书画保护与鉴定研究中心承办，英国剑桥大学文物鉴定研究中心、世界记忆项目北京学术中心协办，云庐艺社合作。中国人民大学校长刘伟、国家文物局原副局长张柏、国家档案局中央档案馆副局（馆）长付华等出席活动，国内外 100 余家博物馆、档案馆、图书馆专家、画家共计 200 余人参会。本次国际高峰论坛仍延续“鉴定”“修复”“保护”三个主题，一方面关注中国书画与中国精神文化的特殊性，一方面关注在现代视野下的中国传统修复技术与国际范围内科学方法的结合运用。且将展览、学术报告会、圆桌会议三种形式结合，以对人类共同之文化遗产的保护理念为出发点，呈现出展览交流、专业学术、研讨互动的国际学术盛会新形式。

（中国人民大学科研处李素萍供稿）

游戏功能与价值研讨会　6 月 8 日，由北京大学新媒体研究院、北京大学互联网发展研究中心主办的“从游戏到游戏学——游戏功能与价值研讨会”在北京大学英杰交流中心召开。数十位来自学界、业界的专家共同探讨游戏对社会的深刻影响与游戏学科发展的深远意义。研讨会由北京大学新媒体研究院副教授、北京大学互联网发展研究中心主任田丽主持。北京大学互联网发展研究中心研究员张华麟、胡璇、奇乐，中国社科院大学媒体学院杜智涛、吴玥分别作了主题演讲。

张华麟从“游戏是什么”“从游戏到游戏学”“游戏学的研究现状”“游戏学的研究框架”四个方面阐述游戏成为一个学科的实践基础和研究基础，提出“游戏学是系统地研究游戏行为与游戏现象的学科”。胡璇从游戏出发重点阐述了游戏已经成为国家文化软实力和国家名片的一部分，以及游戏在文化发展和文化传承中的作用。奇乐从游戏的社会功能与价值的角度，重点阐述了游戏在青少年树立规则意识、文化传承和减少数字鸿沟方面潜在的作用与功能。杜智涛重点分析了游戏被“妖魔化”的极端情况，提出要客观全面评价游戏，同时对游戏研究进行了详细的计量分析，指出当前涉及游戏研究的二十四个学科和七个研究类团，提出游戏学已经初步具备成为一个学科的条件，并建议从课程开设、学术共同体形成、期刊、会议，以及专著等方面积极开展工作。吴玥分享了在游戏领域的传播研究，阐释了网络游戏使用频率与线上行动方面的数据模型，介绍了涵化理论、期望状态理论在游戏传播研究当中的应用，并展示了在新闻游戏方面的游戏实践。

（北京大学社会科学部供稿）

新时代哲学社会科学出版暨中国社会科学出版社成立40周年座谈会 6月12日，“新时代哲学社会科学出版暨中国社会科学出版社成立40周年座谈会”在北京召开。中国社会科学院院长、党组书记谢伏瞻，中国出版协会理事长、原国家新闻出版总署署长、党组书记柳斌杰，中国社会科学院党组成员张英伟，中国社会科学院副院长、党组成员蔡昉、高培勇，中国社会科学院原党委书记、副院长王忍之，中国社会科学院原副院长汝信、丁伟志、龙永枢、朱佳木、武寅，中央党校原副校长杨春贵，中央纪委驻国务院港澳办、驻原国家新闻出版广电总局、驻中国社会科学院纪检组原组长李秋芳，中宣部对外推广局副巡视员赵顺国等出席会议。

会上发布了35卷的《当代中国学术思想史》丛书。中央有关部门领导，中国社会科学院学部委员、荣誉学部委员、所局领导和专家学者，高校、地方社科院、社科联等相关科研单位代表，新闻出版单位、合作单位代表及中国社会科学出版社职工代表等300余人参加了会议。

1978年6月14日，中国社会科学出版社成立。四十年来，中国社会科学出版社出版了2万余种图书。出版的图书中既有郭沫若、胡乔木、范文澜、胡绳、金岳霖、费孝通、钱锺书、吕叔湘、季羡林、刘国光等老一辈学术大师最具代表性的学术成果；又有改革开放后我国哲学社会科学领域各学科的学术大家和领军人物的创新成果。出版了如《中华人民共和国国家历史地图集》《中国历史地名大辞典》《新中国经济学史纲（1949-2011）》《商代史》《摩诃婆罗多》《世界佛教通史》《马克思主义史学思想史》《中国经学思想史》《破解中国经济发展之谜》《马克思主义哲学形态的演变》《中国的和平发展道路》等一批获得中国出版政府奖、中华优秀出版物奖、中国好书奖等的精品力作。

（中国社会科学院办公厅刘玉杰供稿）

满洲民族文化与历史文献记忆学术研讨会 6月22—24日，北京市社会科学院满学研究所主办的满学学术研讨会在北京召开。会议以“满洲民族文化与历史文献记忆”为主题，来自全国近20家高校及社科院、文博单位的50多名学者出席了会议，提交论文或论文摘要52篇。大会开幕式由北京市社会科学院满学研究所常越男所长主持。北京市社会科学院鲁亚副院长致开幕词。本次会议设有主旨报告和分组讨论两种研讨形式。主旨报告分为两场，共有12位学者作了大会发言，其他与会学者分为2个小组，分别进行了小组发言。发言内容主要涉及6个方面：八旗和旗人；档案文献与文本研究；官制和政治文化；满语文；民族关系；满族文学与教育。

（北京市社会科学院科研处朱霞辉供稿）

中国文化走出去效果评估论坛 6月24日，“中国文化走出去效果评估论坛”在中国传媒大学举行。该论坛基于国家重点社科项目“中国文化走出去效果评估体系建设研究”，由中国传媒大学文法学部主办，文法学部学部长李怀亮教授主持，文化部原副部长孟晓驷、商务部服务贸易和商贸服务业司副处长苗杨，以及来自学界、业界的50多位代表出席会议，并探讨了这一领域目前遇到的挑战及对策。

孟晓驷介绍了关于中俄、中法文化年的思考；中国人民大学金元浦教授认为，互联网文化产业有望成为文创高质量发展的典范；李怀亮认为，我国现行文化政策中有许多是不利于我国文化产品走出去的，应该制定国家层面的完整系统的走出去政策体系和走出去政策绩效评估体系；南京大学顾江教授收集了大量数据，对孔子学院、文化距离与中国文化产业出口战略进行了量化研究；北京外国语大学何明星教授介绍了该校中国文化走出去效果评估中心6年来的探索与实践；北京华韵尚德国际文化传播有限公司董事长王立滨分享了在海外拓展文化市场实战九年的经历和思考……此外，在分论坛环节，与会专家、学者介绍了中国电视剧、图书、音乐、电影等领域的海外传播效果研究。

（中国传媒大学科学研究处供稿）

第五届跨文化商务沟通高端论坛 7月14—15日，

第五届跨文化商务沟通高端论坛暨“一带一路”跨文化沟通研讨会在对外经济贸易大学召开。论坛由对外经济贸易大学英语学院主办，商务英语研究所承办，中国跨文化交际协会、《商务外语研究》、对外经济贸易大学国际暑期学校、外语教学与研究出版社与华东师范大学出版社协办。会议聚焦“一带一路”的跨文化沟通，涵盖跨文化商务沟通的理论与方法、策略、效果、问题及解决方案等诸多议题，150 多位国内外专家学者莅临参会。

闭幕式上商务英语研究所所长冯捷蕴教授总结了会议的两个特点：第一、会议讨论的主题丰富，涵盖的话题非常广泛，如，跨文化商务沟通的理论建构、“一带一路”跨文化培训、跨文化咨询、中国企业走出去、西方跨国公司在中国、中西方企业的新媒体营销等；第二、参会代表来自不同的领域，既有来自学术界的国内外知名专家，也有中国的政府官员以及中国和西方企业的高管，为跨界交流和合作提供了很好的平台。

（对外经济贸易大学科研处供稿）

汉学与当代中国座谈会　7 月 22 日，2018“汉学与当代中国”座谈会在北京开幕。来自 24 个国家的 28 位汉学家、中国问题研究专家和智库学者以及 11 位中方学者，围绕“改革开放 40 年——中国与世界”主题进行深入交流与对话。

座谈会由中国文化和旅游部、中国社会科学院共同主办，邀请中外知名专家学者就中国文化与汉学研究分享真知灼见。今年正值中国改革开放 40 周年，座谈会的议题就是“改革开放 40 年——中国与世界”，在此主题下分设了“中国发展新理念与国际合作新前景”“‘一带一路’与共同发展”“中国文化与人类命运共同体”三个议题。

“我们对中国的态度，早期来自于对中国神话或寓言故事的认知，继而来源于当代中国对世界的崇高使命感。”白俄罗斯文化部前任部长斯维特洛夫·鲍里斯说，“这种认知的形成在很大程度上得益于伟大的丝绸之路，它改变了世界对中国的态度，它将中国文化带到了我们身边。”据悉，与会中外学者的演讲稿将汇编成文集出版。

（参见《北京日报》2018 年 7 月 23 日第 14 版）

数字出版人才建设高峰论坛　7 月 24—26 日，主题为“融出版　新知识　享阅读”的第八届中国数字出版博览会在北京国际会议中心举行。博览会期间，北京印刷学院于 25 日主办了大会分论坛——“数字出版人才建设高端论坛”。

24 日，第八届中国数字出版博览会开幕。中宣部副部长、国家新闻出版署署长、国家版权局局长庄荣文出席博览会开幕式，并作题为《奋进新时代 展现新作为》主旨报告。北京印刷学院新闻出版学院部分师生参与了本次博览会。

博览会期间，为进一步促进数字出版产业发展，适应产业发展需要，提高高校数字出版人才培养水平，北京印刷学院联合武汉大学、中南大学等十余家“全国高校数字出版联盟”成员单位，携手社科文献出版社、高等教育出版社等十余家北京地区出版社人力资源管理负责人联谊会成员单位以及北大方正电子有限公司、北京（山东）斯麦尔数字出版有限公司等企业，于 25 日举办了大会分论坛——“数字出版人才建设高端论坛”。

论坛由北京印刷学院新闻出版学院执行院长陈丹主持，北京印刷学院校长罗学科致欢迎词。罗学科指出，数字出版企业急需“用得上，干得好，留得住”的专业人才，而高校培养的毕业生往往难以快速适应岗位需求。高校有困惑，企业也有需求。本次论坛的主旨就是要在一定程度上探索数字出版教育“为谁培养人”“培养什么人”“如何培养人”这些基本问题。

（北京印刷学院科研处供稿）

第三届博物学文化论坛　8 月 19 日，北京林业大学马克思主义学院主办第三届博物学文化论坛，主题为“自然写作与自然教育”，共设中国博物学资源与开发、中外博物学史、自然教育与校内课程连接、博物艺术与生活美学四个议题，100 余人参加论坛。

（北京林业大学科技处供稿）

首届传统文化艺术发展论坛　日前，由中国企业文化促进会主办、传统文化艺术委员会承办的“首届传统文化艺术发展论坛”在京举行。论坛以“传承、发展、创新”为主题，汇集业内权威机构的专业人士，探讨优秀传统文化艺术及其产业的发展。

面对互联网时代，传统文化艺术产业如何腾飞？与会专家表示，中国传统文化艺术产业要有互联网思维，要注重文化与科技的融合，与金融的结合。经济和文化是不分家的，在全球化的背景下，博大精深的中华文化，在全球传播中日益显示出深刻的内涵和魅力。专家认为，本次论坛展示了优秀传统文化艺术魅力，拓展了传统文化产业交流合作渠道，起到了共同推动优秀传统文化艺术繁荣发展的目的。

（参见《人民日报·海外版》2018年8月22日第3版）

故宫举办论坛 共商“古都文保” 9月17日，国际古迹遗址理事会委员会秘书长奥威尔·菲利普斯在“太和·世界古代文明保护论坛”上为北京中轴线申遗“支招”。

这场由故宫博物院和北京故宫文物保护基金会主办的论坛，邀请了国际组织及埃及、希腊、印度、伊朗、伊拉克、以色列、意大利、墨西哥、叙利亚、中国等10国文化遗产领域的专家，围绕“作为文化景观的古代文明遗产——古都文化的保护与传承”的主题，彼此借鉴经验，探讨古都文明遗产的可持续性发展问题。

论坛上，故宫博物院院长单霁翔分享了一组清华大学学生拍摄的照片。照片上，古老的城墙修缮时使用的是现代的红砖甚至水泥砖；泛舟颐和园昆明湖上，可以看到远处“闪闪发光”的现代建筑；一些城市标志性的古建筑下，肯德基、麦当劳等品牌招牌格外显眼……指着这些高楼林立的画面，单霁翔解说：“除了拍摄者，可能很少有人能自信地辨别出每一张照片是在哪儿拍摄的。这种‘千城一面’的情况，值得我们深思。”

“我们深刻认识到世界上各种文明无论产生于哪个地区、哪个国家、哪个民族的社会土壤之中，都是当地民众世世代代的文化传承，都应该受到尊重，得到珍惜。”单霁翔说，“这也是举办此次论坛的原因之一。”

当下，北京正在为中轴线申遗做准备。“这是一个持续的过程，要让7.8公里的城市轴线更加清晰壮美，成为北京历史文化保护的又一个里程碑。”北京市相关负责人表示，希望通过论坛，借鉴各国的成功经验。

奥威尔·菲利普斯直言，文物保护的观念要深入人心，“遗产保护没有万全良策，要尊重文化的整体。但并不是给文物造一个玻璃盒子，而要考虑到古建与现代城市的共存”。

各国专家分别从古都文化遗产的保护与现代城市建设、古都文化遗产的修复与传承、古都文化资源的利用与弘扬、考古视野下的古都古国与文化交流等四个方向进行探讨。

单霁翔介绍，论坛结束后，会将各方关于古都保护方面的建议汇总整理，集结成册。

（参见《北京日报》2018年9月18日第5版）

价值与文化学术研讨会 9月22—23日，“价值与文化：中国改革开放40年”学术研讨会在北师大召开。会议由北京师范大学价值与文化研究中心、社会主义核心价值观协同创新中心、哲学学院主办。中共中央党校（国家行政学院）、中国社会科学院、中国文学艺术界联合会、北京大学、中国人民大学、北京师范大学、吉林大学、南开大学、复旦大学、南京大学、中山大学、武汉大学、华中科技大学、上海大学、陕西师范大学等高校和科研机构的专家学者，以及新闻媒体出版界的编辑记者共百余人参会。

会议由北京师范大学社会主义核心价值观协同创新中心主任杨耕教授主持，北京师范大学副校长周作宇讲话，北京师范大学哲学学院院长、价值与文化研究中心主任吴向东致辞。全国政协教科卫体委员会主任、北京师范大学价值与文化研究中心学术委员会主任袁贵仁出席开幕式并作主旨报告。袁贵仁在报告中指出，40年来伴随着改革开放的推进，伴随着哲学问题的深入，哲学研究在新老几代专家的艰辛探索中，取得了多维度、多层面、多方面的历史性进展。其中，价值与文化无疑是不能不提的重要维度、层次和方面。他强调，在理论与实践结合上，接着40年前“实践是检验真理的唯一标准”这一哲学命题，可以提出先进的文化和正确的价值观，是变革时代、凝聚人心、面向未来的更基本、更深层、更持久的强大力量这样一个哲学命题。简言之，就是文化与价值是社会进步的强大动力。面向未来百年变局，如何研究价值与文化，需要从三个方面努力：第一，向文化与价值研究的深度努力，加强儒道佛融合研究；第二，向价值与文化研究的宽度努力，加强文史哲统一研究；第三，向价值与文化研究的高度努力，加强中西马哲学结合研究。

开幕式后，与会专家学者围绕中国价值哲学40年、价值与文化视野中的改革开放40年、社会主义核心价值观的理论与实践、当代科学技术中的价值问题、价值文化的对话融通与人类命运共同体的构建等议题做主题报告。与会专家学者还围绕本次会议议题，分组展开了讨论。经过交流、对话与探讨，表示以专家研讨会的方式纪念中国改革开放四十年，是很有意义的一件事。

（北京师范大学社科处刘娜供稿）

互联网时代新媒体艺术人才培养高峰论坛 10月11日，作为2018北京艺术毕业季“学术论坛”相关文化交流活动之一，“跨界·融合”互联网时代新媒体艺术人才培养高峰论坛在北京印刷学院举行，论坛由北京印刷学院新媒体学院、北京文化艺术基金2018年资助项目、全国高校艺术教育专家联盟、北京艺典典文化艺术传播有限公司共同主办。

论坛主要围绕互联网时代新媒体艺术的发展和融合，以国际视野导向对比中外文化的差异在艺术教育上的不同体现，引导大家开阔视野、丰富想象，寻找适合自己的发展方向。校内外的师生、专家学者一百余人参加了论坛活动。

论坛由北京印刷学院新媒体学院高妍玫教授、北京林业大学信息工程学院淮永健教授、中央美术学院城市设计学院院长王中、韩国朝鲜大学动漫学院金日兑教授、英国BBC广播公司国际部主任设计师范伟明教授、联合国教科文组织非遗大数据平台首席设计师柳科、北京艺术毕业季创始人王文超先后为大家带来七场专业学术讲座。

讲座结束后，学生与专家就“艺术引领城市创新”“文创产业版权保护与发展”等问题进行了更深层次的互动交流。

（北京印刷学院科研处供稿）

文化自信与当前外国文学研究讲座 10月12日，北京林业大学外语学院邀请中国社会科学院学部委员，外国文学研究所所长、研究员陈众议作文化自信与当前外国文学研究讲座，陈众议在讲座中介绍文化自信至少应当包含两个向度，一是对优秀民族文化的自信和自觉，二是对外国优秀文化的包容和借鉴。这其中优秀两个字最为紧要，至于何为优秀，这就牵涉到评价问题了，而首当其冲的是经典的界定和经典谱系的建构。在我心目中，它必得是既有内核，又有外延；既有历史传承，又有现实观照的同心圆。就外国文学研究而言，我们正在一个十字路口，何去何从亟待深长思之。80余人参加讲座。

（北京林业大学科技处供稿）

2018CAAI智能传媒学术峰会 10月13日，北京印刷学院办学60周年纪念活动之一2018CAAI智能传媒学术峰会召开。峰会由中国人工智能学会、北京市大兴区人民政府主办，北京印刷学院、中国传媒大学承办。北京邮电大学教授、中国人工智能学会原理事长钟义信，大兴区政协副主席、科委主任、知识产权局局长苏荣，大兴区网信办主任李德刚，北京印刷学院党委副书记赵盛伟，大兴区政府、高校、企业界的相关领导和人工智能领域的专家150余人出席学术峰会。开幕式由苏荣主持。赵盛伟在致辞中指出，在人工智能已经成为经济发展新引擎和核心驱动力的大背景下，北京印刷学院积极贯彻“建设特色鲜明高水平出版传媒大学”战略，承办此次智能传媒学术峰会。下午的峰会由曹立宏教授主持。新智元创始人兼CEO杨静、新华智云科技有限公司副总裁、首席新闻官商艳青、腾讯新闻算法总监Dreamwriter项目的技术负责人范欣、CAAI教育工作委员会主任、首都师范大学王万森教授等就人工智能在传媒行业的发展现状与前景进行了深入的讨论。会议期间，北京印刷学院还举办了人工智能实验平台及实践教学研讨会，信息工程学院党委书记曹少中主持研讨会。

（北京印刷学院科研处供稿）

第九届中国古文献与传统文化国际学术研讨会 10月13—14日，由北京师范大学历史学院、北京师范大学史学理论与史学史研究中心、中国社会科学院历史研究所和香港理工大学中国文化学系联合主办，北京师范大学历史学院、北京师范大学史学理论与史学史研究中心承办的“第九届中国古文献与传统文化国际学术研讨会”在京师大厦举办。日韩及两岸四地的近40位学者参加了大会。会议以“国际视野下的中国古文献学”为主题，与会学者围绕“传世文献与出土文献”“思想史与史学史”“域外汉籍与域外文化”“社会文化史”等专题发言讨论。

（北京师范大学社科处刘娜供稿）

第六届东亚史料研究编纂机构联席会议 10月15—16日，“档案修复及历史资料的数字化与研究：第六届东亚史料研究编纂机构联席会议”在中国社会科学院近代史研究所召开。会议由中国社会科学院近代史研究所主办、中国第二历史档案馆协办，日本东京大学史料编纂所、韩国国史编纂委员会分别派出代表出席，中国第一历史档案馆、中国第二历史档案馆、国家图书馆和故宫博物院的专家学者莅会交流经验。大会开幕式由近代史研究所杜继东研究员主持，中国社会科学院近代史研究所所长王建朗、日本东京大学史料编纂所所长保谷彻和韩国国史编纂委员会委员长赵珖分别致辞。与会学者就“专题文献资料数据库”“史料搜集整理与史学研究”“史料的保存与修复”等三个议题进行了讨论。

第一组的主题是“历史文献资料数据库的建设和利用”。韩国学中央研究院古文献管理学教授朴成镐通过介绍几大重要史料数据库的规模和使用方法，展现韩国历史资料数据库的开放性和对历史研究产生的积极影响。日本亚洲历史资料中心研究员浅井良亮介绍该中心自公布近现代日本与亚洲邻国相关的历史公文档案以来所面临的检索难题和解决方案。中国社会科学院近代史研究所研究员罗敏通过介绍“抗日战争与中日关系文献数据平台”的缘起、宗旨与特色，探讨大数据时代的史学研究与“数据”之间的关系。

第二组的主题是“历史资料的搜集整理与史学研究”。韩国国史编纂委员会研究员张龙经回顾了地域史料搜集从国史编纂的辅助手段转变为独立性工作的经过，探讨史料搜集对国家史的重大意义。东京大学史料编纂所教授榎原雅治指出，科学而系统地搜集地震史料将对揭开地震谜团、预报地震发生作出贡献。中国第二历史档案馆馆员孙莉详细对比了档案复制、仿真所使用的传统手工复制技术和数字化仿真技术。冲绳国际大学教授深泽秋人系统介绍旧琉球王国尚家文书的形成、流传、管理和公开经过。

第三组的主题是“史料的保存与修复”。东京大学史料编纂所技术专门职员高岛晶彦具体介绍日本修复史料的技术细节。中国第一历史档案馆馆员杨军介绍明清档案修复案例、社会购买服务、人才队伍建设。故宫博物院馆员李英介绍故宫藏书现状、常见病害、保护修复原则、修复方案，并展示了修复案例。国家图书馆副研究馆员朱振彬以馆藏“天禄琳琅”为例介绍善本古籍的修复工序。

三国学者共同交流了自己在数据库建构、历史资料运用和档案修复保护方面的经验和成果，分享了在研究方法、材料搜求等问题上的心得和体会。

（中国社会科学院办公厅刘玉杰供稿）

首届新时代中国学论坛举行　10月17日，首届新时代中国学论坛在人民日报社举行。本届论坛由人民日报海外网、“学习小组”微信公号主办，中国论坛网承办，论坛主题为“世界趋势与中国角色”。来自中央党校、中国人民大学、清华大学、复旦大学、外交学院、北京外国语大学、北京航空航天大学、中国社会科学院、中国现代国际关系研究院、全国台湾研究会、中国外文局等学术研究单位与高校的专家学者近百人出席论坛活动。

人民日报海外版党委书记、副总编辑李建兴在致辞中指出，随着中国特色社会主义进入新时代，中国前所未有地走近世界舞台中央。在此背景下，关于中国学的研究逐渐升温，这一概念也不断被赋予新的时代内涵。当下中国学研究不仅要回应我们这个时代的要求，更要回答中国发展新阶段所面临的一系列重大命题。为此，他提出三点建议：要讲述好新时代中国故事；要阐述好新时代中国理论；要传播好新时代中国情怀。

中国人民大学习近平新时代中国特色社会主义思想研究院院长、教授秦宣在致辞中指出，国际社会对于新时代中国的关注盛况空前，国外研究机构、学者迅速加入到了对习近平新时代中国特色社会主义思想的研究，《习近平谈治国理政》第一卷、第二卷在海外热销正说明这一点。不过，国际上对中国发展仍然存在误读。这些情况都需要我们予以重视。

在论坛开幕式上，人民日报海外网总经理、总编辑姚小敏向专家颁发了“人民日报海外网智库专家”聘书。

（参见《人民日报·海外版》2018年10月18日第2版）

太湖世界文化论坛　10月18日，太湖世界文化论坛第五届年会在北京开幕。中共中央政治局委员、全国人大常委会副委员长王晨出席开幕式，宣读习近平主席贺信并致辞。

王晨指出，习近平主席的贺信，深刻阐明了文明交流互鉴对促进人类文明进步和世界和平发展的重要作用，充分体现了中国愿同国际社会一道，推动不同文明相互尊重、和谐共处，携手分享发展机遇、应对共同挑战，建设更加美好世界的真诚愿望。

王晨指出，推动构建人类命运共同体，是中国为维护世界和平、促进共同发展，贡献中国智慧和中国方案的实际行动，得到国际社会的广泛认同和普遍支持。文化是人类的精神家园和智慧财富，文明交流互鉴是推动构建人类命运共同体的积极力量，要承认并尊重世界文明的多样性，以文明交流超越文明隔阂、文明互鉴超越文明冲突、文明共存超越文明优越，实现“各美其美，美人之美，美美与共，天下大同”。为此，提出四点倡议：始终坚持相互尊重、兼收并蓄；促进传统文化的创造性转化和创新性发展；加强文化交流，扩大民众参与；推进“一带一路”建设的文化相融。

太湖世界文化论坛是中国创立的一个高层次国际文化论坛，本届年会以“文化对话：构建人类命运共同体”为主题，有关国家政要、专家学者和知名人士等出席。

（参见《人民日报》2018 年 10 月 19 日第 3 版）

数字媒体融合学术论坛　10 月 19 日，由北京印刷学院新媒体学院承办的“跨界·融合·未来”数字媒体融合学术论坛暨数字媒体艺术重点实验室年会在北京印刷学院新实验楼召开。会议由科研处处长杜艳平与新媒体学院副院长、数字媒体艺术重点实验室主任严晨共同主持。

国家广播电视总局培训中心处长司留军，联合国教科文组织数字媒体首席教席、巴黎第八大学副校长、北京印刷学院特聘教授阿兹马赫，莫必斯国际多媒体大奖赛执行主席的马修，教育部动画与数字媒体教学指导委员会副主任、湖北美育研究会会长、武汉理工大学动画与公共艺术研究院院长朱明健教授，中国传媒大学艺术学部副部长贾秀清教授，中央美术学院动画系主任舒宵，北京工业大学信息学部院长助理司农，全国高校艺术教育联盟秘书长、北京艺术毕业季创始人王文超，中国大百科全书出版社新媒体中心主任、北京市媒体融合发展重点实验室主任张新智，北京黑弓文化传播有限公司创始人王志鸥，北京（山东）斯麦尔数字出版技术公司总经理郑铁男，北京印刷学院党委书记高锦宏以及北京市新闻广电出版局数字媒体领域专家、行业文创企业代表、北京印刷学院师生等 60 余人出席会议。

茜斯莲娜·阿兹马赫发表了“联合国教科文组织数字媒体研究现状”的主题报告，分享了新的教学模式，分析了未来数字媒体教育行业可能的发展前景。马修以“国际版权保护现状分析”为题作了详细报告，以知识产权的申请与保护为切入点，从知识产权国际化的发展趋势，知识产权的记录过程，知识产权的分类与限制三个方面与在座嘉宾和师生进行了交流。朱明健、贾秀清、司农等嘉宾也就论坛主题发表了相关演讲。

（北京印刷学院科研处供稿）

新时代中国文化产业创新管理与发展论坛　10 月 19 日，北京印刷学院办学 60 周年纪念活动之一，2018 新时代中国文化产业创新管理与发展学术论坛暨北京文化产业与出版传媒研究基地年会在学校学术交流中心召开。论坛由北京文化产业与出版传媒研究基地和北京印刷学院主办，北京印刷学院经济管理学院和文化产业安全研究院承办。中国人民大学文化创意产业研究所所长金元浦教授，中国社科院工业经济研究所原副所长、中国企业管理研究会会长黄速建教授，中国人民大学商学院院长毛基业教授，清华大学经管学院杨德林教授，北京师范大学出版集团吕建生总经理，清华大学出版社孙宇副总编，中国传媒大学人文社科学部部长李怀亮教授，北京印刷学院副校长王关义教授以及学校人事处、科研处负责人和经济管理学院、新闻出版学院、马克思主义学院师生代表 130 余人出席了论坛。论坛由经济管理学院院长李治堂教授主持。

论坛中，金元浦作了“新时代我国创意产业的高质量发展与管理”的报告，报告从八个方面阐述了如何实现习近平总书记关于推动文化产业高质量发展的讲话精神，以丰富和生动的案例展示了数字文化科技企业已经成了文创的领军产业。黄速建作了“国有企业高质量发展研究”的报告，介绍了国有企业的特征和高质量发展的内涵，提出了五好企业发展系统和三层价值实现模型的理论和实践途径。毛基业回顾了中国工商管理研究的四十年，并对当前国内工商管理研究现状和发展进行了点评和展望，提出在工商管理研究中坚持“科学方法+中国情景”，扎根中国大地企业管理实践做好中国的管理研究。王关义作了“高质量新时代出版产业发展的思考”的报告，从保证高质量、融合发展和人才培养的角度提出了对策建议。

（北京印刷学院科研处供稿）

技术创新与出版未来国际出版高端论坛　10 月 20 日，北京印刷学院办学 60 周年纪念活动之一“技术创新与出版未来”国际出版高端论坛在学校学术交流中心召开。论坛由北京印刷学院主办，北京印刷学院新闻出版学院、跨媒体出版北京市重点实验室承办，北京北大方正电子有限公司协办。

北京印刷学院校长罗学科，英国爱丁堡大学商学院教授 Ashley D. Lloyd，英国斯特灵大学艺术与人文学院副院长 Eddy Borges-Rey、行政院长 Elizabeth Robertson，北京北大方正电子有限公司副总裁刘长明，北京印刷学院新闻出版学院执行院长、教授陈丹，新加坡国立大学教授、北京印刷学院特聘教授周立颖，浙江传媒学院学院教授崔波以及出版传媒领域相关专家、返校校友、英国斯特灵大学代表、北京北大方正电子有限公司代表、学校师生代表等100余人参加了本次活动。论坛由北京印刷学院新闻出版学院副院长李德升主持。

罗学科在致辞中指出随着信息技术与互联网的迅猛发展，虚拟现实、大数据、云计算、人工智能等技术在包括出版传媒在内的各个领域广泛应用。借助这些技术，必将拓展出版形态以及传播渠道的多样化，给出版生态将带来新的定义，这种转变影响着每一个北印人。在这一转变过程中，学校做了很多贡献，人才培养定位也正在由服务传统出版业向服务现代出版传媒业的转变，希望每一个同学、每一个老师都要进一步适应社会发展需求，熟悉并掌握印刷、出版、新媒体的各类创新技术，成为复合型出版传媒人才，更好地描绘出版传媒行业的未来。各位专家学者围绕“技术创新与出版未来”的主题作主题演讲。

（北京印刷学院科研处供稿）

珠宝再生及道德金工对个人创作的影响学术讲座 10月22日，美国弗吉尼亚联邦大学（VCU）艺术学院Susie Ganch教授应中国地质大学（北京）珠宝学院张卫峰副教授邀请做《珠宝再生及道德金工对个人创作的影响》为主题的学术讲座。

Susie教授以她与Christina Miller创立了一个名为Radical Jewelry Makeover的项目开始了讲座，希望透过这个回收珠宝再设计的项目激发人们对于珠宝消费、甚至珠宝生产环境的深层思考。演讲内容全面、生动，让听众了解到珠宝回收再创作对设计和人们社会生活的影响。

Susie教授通过其近期的作品 深入浅出的向听众展示她作为一个艺术家在制作作品时，对人生与生命意义的思考，并通过对自己生命的变化，联想到珠宝也会渐渐分解，最终留下一些孤独的钻石和宝石。作为一名艺术家，她提出设计者需要为未来的新一代负责，我们会创作出什么，留下什么。

〔中国地质大学（北京）科技处崔永平供稿〕

纪念郑振铎先生诞辰120周年学术研讨会 10月30日，中国社会科学院文哲学部、国家文物局联合举办的“国学研究论坛·纪念郑振铎先生诞辰120周年学术研讨会”在北京举行。会议研讨的主要问题有“郑振铎先生生平回顾”“郑振铎先生对中国考古事业及文物保护所作出的贡献”“郑振铎先生对于中国现代文学及文化的贡献”“郑振铎藏书的保持及使用情况”等。

中国社会科学院文学所党委书记张伯江研究员主持会议。中国社会科学院文学所所长刘跃进研究员、国家文物局人事司彭冰冰副司长、考古所副所长朱岩石研究员等出席大会并致辞。上海外国语大学陈福康教授、国家图书馆颜彦馆员出席会议并作学术报告。

刘跃进致辞谈到，郑振铎曾任国家文物局局长，兼任中国科学院文学研究所和考古研究所的第一任所长，其筹建文学所、考古所时，尽心竭力延揽人才，为国聚才。郑振铎先生古籍收藏“以专为主，精中求全”，主持文学所期间，和何其芳合作，也是以此思路建成文学所图书馆，使此后学术工作受益无穷。在郑振铎的积极推动下，国家成立了古籍整理规划小组，统筹全国的古籍整理出版工作。

彭冰冰、朱岩石介绍了郑振铎对中国考古事业及文物保护所作出的重大贡献，他以一人之力编印《中国版画史图录》《中国历史参考图谱》等重要参考资料，在美术考古等方面作出开拓性研究。在文物的保护、勘查和馆藏展览方面，也探索了一系列卓有成效的方案。

陈福康全面介绍了郑振铎对于中国现代文学及文化的贡献。他认为郑振铎是文艺遗产的保存者、开拓者和建设者，他在新旧文化的转型期起到重要作用，充分体现出其在文化上的高瞻远瞩和为中国而学术的广博胸怀。郑振铎一生的工作，真正体现了用学术服务社会，服务人民的初衷。

（中国社会科学院办公厅刘玉杰供稿）

瑜伽与中印文化讲座 10月31日，北京大学姜景奎教授在中国传媒大学以“瑜伽与中印文化”为题作了“亚非研究前沿”系列讲座第一讲。讲座由本校外国语言文化学院亚非语系主办，外国语言文化学院师生与来自北京第二外国语学院、北京外国语大学等兄弟院校的学生共70余人参加了本次讲座。

姜景奎主要从“瑜伽的定义”“瑜伽的起源及发展”“瑜伽之于印度”“瑜伽之于中国”和“瑜伽的未来”等五个方面详细阐释了瑜伽文化。对于印度而言，瑜伽是印度文化的基石和标志，虽然在中国得到广泛接受，但什么是真正的瑜伽，需要更多专家学者去深入探究和传播。姜景奎认为，瑜伽并不是单一的印度教或印度文化中产生的一种现象，瑜伽中具有很强的中国元素。瑜伽的发源圣地就在我国西藏境内的冈仁波齐和玛旁雍错。藏文化与印度文化在瑜伽中产生的互动就是中印文化交流的一个例证，也是学术研究中应当进一步关注和深入探析的课题。姜景奎鼓励学生，在学好外语的同时要加强对中国传统文化的学习，只有学好中国文化才能准确解读好世界文化现象中的中国元素。

（中国传媒大学科学研究处供稿）

中国广播电视国际化与跨文化传播讲座　11 月 2 日，中国传媒大学外国语言文化学院邀请到国家广播电视总局国际合作司闫成胜副司长对学院英语及相关专业的本科生和研究生作了题为“中国广播电视国际化与跨文化传播”的主题讲座。讲座由外国语言学院金海娜副教授主持。

闫成胜结合自身近三十年的广播影视交流工作经验，对中国广播电视国际化的演进过程进行了概述。他提出，改革开放以来，中国的国际地位和国际影响力显著提高，人民物质生活水平和精神面貌得到极大提高，其中的文化因素引起国际社会的广泛关注。这是国家进行广播电视国际化与跨文化传播的坚实基础，也是做好跨文化传播的必要条件。闫成胜从跨文化传播的目的、动力和主要障碍等方面对广播电视跨文化传播的主要特征进行了剖析。他指出，通过对广播电视跨文化传播的内容、渠道和经营的本土化与国际化，可有效地拉近与国外受众的距离，有效跨越文化障碍。

最后，闫成胜就中国广播电视国际化与跨文化传播中如何克服文化差异、实现提质增效发表了看法。他指出，在中国文化海外传播的过程中，应该把握好跨文化传播的主要特征和规律，尽最大努力越过意识形态和文化差异的壁垒，通过深化合作、扩大开放，进一步提升中国广播电视国际化与跨文化传播的质量和水平。

（中国传媒大学科学研究处供稿）

第六届世界汉学大会　11 月 3 日，由孔子学院总部、国家汉办和中国人民大学共同主办的第六届世界汉学大会在中国人民大学开幕，近百名中外学者围绕“理解中国：包容的汉学与多元的文明（Understanding China: Inclusive Sinologies and Diverse Civilizations）”主题，结合汉学的发展与中西文化交流展开了对话。中国人民大学校长刘伟，国家汉办党委书记、孔子学院总部副总干事、国家汉办副主任马箭飞，国家汉办副主任、孔子学院总部副总干事静炜，世界汉学大会理事会主席杨慧林等 18 位理事出席开幕式。中国人民大学副校长杜鹏主持开幕式。本届大会根据世界汉学大会理事会的建议，力图缩小规模、凝练议题，着重于更充分的对话和交流。为此，本届大会的全部发言都采取中外学者直接对话的方式。在三场主旨发言之后，大会设有“汉学的译介与对话”“汉学的传统与现代转型”“汉学与跨学科研究”“汉学发展与人才培养”“海外汉学与本土学术”等五场专题会议，30 余位海外学者，40 多位参加“孔子新汉学计划”的海外博士生以及近 30 位来自中国大陆的学者，围绕这些前沿议题进行一对一的学术交流。

（中国人民大学科研处李素萍供稿）

性别与文化论坛　11 月 3—4 日，由首都师范大学文学院、校中国女性文化研究中心主办的“性别与文化论坛暨改革开放四十年：性别意识的兴起与拓展”学术研讨会在北京举行。来自北京大学、清华大学、北京师范大学、中国人民大学、中国社科院、中央戏剧学院、南开大学、武汉大学、澳大利亚翻译学院、台湾淡江大学等国内外众多高校、研究机构的知名学者与作家，以及人民网、中国新闻网、中国网、凤凰网、《文艺报》《妇女报》的媒体代表共计百余人参加了论坛。论坛由首都师范大学中国女性文化研究中心主任、《中国女性文化》学刊主编艾尤主持。

首都师范大学党委副书记徐志宏、北京市妇联副巡视员孙凤兰、中国当代文学研究会会长白烨、文学院党委书记牛亚君、教学副院长孙士聪分别致开幕辞。

北京大学陈晓明教授、北京师范大学刘勇教授，中国人民大学杨联芬教授、中国社科院赵稀方研究员、北京师范大学张清华教授、中国现代文学馆刘慧英研究员，以及著名作家卢新华、徐小斌等，分别就性别意识与文学理论研究、文学创作等相关问题作了主题演讲。3 日下午的分论坛，近 60 位专家学者就“性别理论与本土化处境”“华文文学中的性别书写”等主题作了学术报告。当晚举行了“时代与性别”青年文化沙龙，30 余名青年学者就性别视野下青年学者的现实处境、大众文化场域、社会热点事件中的性别意识和性别议题展开了热议。4 日上午论坛闭幕式上，赵稀方作了学术总结，他高度评价这次论坛打破了学科藩篱，引领了性别文化研究跨学科、跨专业、跨研究领域发展的新方向。

首都师范大学中国女性文化研究中心成立于2000年6月，并于2017年4月开始挂靠文学院。艾尤表示，未来，中心将进一步整合国内及海外华文女性文学及文化研究资源，逐步提升刊物《中国女性文化》的学术水平和影响力，打造具有特色的学术品牌和研究平台。同时，加强与妇联和相关机构的合作，将中心的研究成果服务于当代女性的现实需要。

（首都师范大学社科处李蒽供稿）

首届丝绸之路传统文化国际学术年会　11月15—17日，中国社会科学院“一带一路”国际智库、中国社会科学院亚太与全球战略研究院、中国社会科学院民族文学研究所联合主办的“中国社会科学院丝绸之路文化研究中心筹备成立大会暨首届丝绸之路传统文化国际学术年会”在北京召开。俄罗斯、匈牙利、蒙古国、哈萨克斯坦、波兰、德国、芬兰、日本、韩国等国家以及北京、内蒙古、新疆、甘肃等国内各省、市、自治区的近100位专家学者出席会议。

五年前，习近平主席提出“一带一路”倡议。五年来，“一带一路”倡议正在成为我国推动构建人类命运共同体的中国方案。习近平主席指出：“古丝绸之路不仅是一条通商易货之道，更是一条知识交流之路”。为贯彻落实习主席指示精神，为促进丝绸之路沿线国家和地区的文化交流，增进民心相通，中国社会科学院相关智库、研究院与研究所决定加强丝绸之路文化研究，每年举办“丝绸之路传统文化国际学术年会”，出版《丝绸之路文化研究》学刊，并筹备成立“中国社会科学院丝绸之路文化研究中心”，旨在发扬丝路精神，营造包容开放、互学互鉴的学术环境，积极探索智库合作新途径新模式，扩大不同国家、不同文化之间的人文交流与平等对话，以充分彰显人类社会共同理想和美好追求，为“一带一路”建设作出积极贡献，为世界和平发展增添新的正能量。

会议以《江格尔》及史诗学为主题，分“丝绸之路文化研究”“《江格尔》及史诗学研究”“巴·布林贝赫史诗学与诗学思想研究”等三个单元进行，各单元的研讨主题一脉相承，涵盖着丰富的内容，显示着深远的学术意义。中央民族大学、内蒙古师范大学和中国《江格尔》研究会分别参与主办不同单元的研讨会议。

（中国社会科学院办公厅刘玉杰供稿）

2018鲁迅文化论坛　12月3日，2018鲁迅文化论坛在全国政协礼堂举行。本次论坛由中国文联指导，鲁迅文化基金会、延安大学、北京外国语大学联合主办。“鲁迅文化论坛”作为鲁迅文化基金会年度大型品牌活动，自2012年创建以来，已成功举办六届。今年是鲁迅小说《狂人日记》发表100周年，也是延安鲁艺成立80周年。本届论坛的主题为“鲁迅情怀、延安精神与文化自信”。

出席论坛的主要嘉宾有全国政协常委，中国文学艺术界联合会党组成员、副主席、书记处书记李前光，国务院参事、中国作家协会副主席张抗抗，光明日报社总编辑张政，延安鲁艺学员代表、96岁高龄的孟于，原东北鲁迅文艺学院学员、全国政协教科文卫体委员会原副主任、中国音乐家协会名誉主席傅庚辰，鲁迅先生长孙、鲁迅文化基金会会长周令飞，北京外国语大学校长彭龙，延安大学党委书记薛义忠，北京市西城区委书记卢映川，绍兴市委书记马卫光，上海市虹口区委常委、宣传部部长吴强，北京鲁迅博物馆（北京新文化运动纪念馆）党委书记、副馆长李游，中国延安鲁艺校友会会长马海莹，文明杂志社社长兼总编辑娄晓琪。各主办单位代表，中国延安鲁艺校友会代表，北京、上海、绍兴等鲁迅足迹城市代表，全国鲁迅研究界和鲁迅学校校际交流会的代表等也参加了本次论坛。

在开幕式致辞中，李前光充分肯定了本次论坛对传承鲁迅情怀、延安精神，彰显文化自信的积极作用。张抗抗认为，鲁迅先生是永远的灯塔和火炬，照亮我们前行之路。张政强调，在新时代，鲁迅精神依然是激发民族精神和时代精神的宝贵财富，是推动建设社会主义文化强国的巨大动力。习近平总书记把鲁迅著作视为中华文化的重要组成部分，并高屋建瓴地回答了鲁迅资源的当代价值和传承方式。我们要深刻认识鲁迅精神的现实意义和当代价值，进一步增强文化自觉和文化自信。光明日报也一直把鲁迅精神与鲁迅作品作为研究和报道的重要资源。傅庚辰认为，文化是民族的精神支柱，鲁迅是中国文化的旗帜。彭龙讲述了北外的延安传统、鲁迅与北外的渊源。薛义忠回顾了延安大学的建校历史，以及学校为传承鲁迅精神、彰显鲁迅情怀所做的工作。

周令飞发表了题为《弘扬鲁迅精神 彰显文化自信》的主旨演讲，他说，鲁迅的思想和精神是推动中华民族前进的重要精神源泉。鲁迅的爱国情怀、“立人”思想、“拿来主义”、对“韧性战斗”的坚持、对中华民族奋发崛起的追求，都是延安精神的重要组成部分。

论坛还举行了鲁迅文化基金会创二代传承基金的授牌仪式。

（参见《光明日报》2018 年 12 月 4 日第 9 版）

从共建共享走向融合开放学术研讨会　12 月 4-5 日，为纪念中国高等教育文献保障系统（China Academic Library and Information System，CALIS）项目建设 20 周年，由 CALIS 管理中心举办的"从共建共享走向融合开放"学术研讨会暨 2018 CALIS 年会在北京大学英杰交流中心举行。来自高校图书馆、学术界、出版界等领域的专家学者 400 余人参加了会议。会议设置了"新时代高校图书馆建设暨 CALIS 创新发展""'双一流'背景下的高校图书馆资源与服务创新实践""机构库建设与科学数据暨 CHAIR 年会""新一代图书馆平台建设国际论坛暨 FOLIO Day"等分论坛，从新时代高校图书馆建设理念与发展战略出发，专家学者以"新时代高校图书馆可持续发展的全局性问题"为题，围绕"升级资源建设""提升新型服务能力建设""新一代图书馆平台建设"等问题进行了交流，为高校图书馆基础业务升级与创新服务发展提出了建设性方案。

（北京大学社会科学部供稿）

文物修复和保护国际学术研讨会　12 月 15—16 日，文物修复和保护国际学术研讨会在清华大学美术学院举办。本次研讨会是在文化和旅游部科技教育司指导下，由传统工艺与材料研究文化和旅游部重点实验室、上海大学文化遗产保护基础科学研究院联合主办，清华大学美术学院作为学术支持单位，工艺美术系和艺术史论系联合承办，并得到了清华大学艺术博物馆的大力支持。本次大会从供需两侧对文物修复和保护人才培养提出了期望和建议，并探讨了相关领域的合作可能性。15 日上午，研讨会在清华大学艺术博物馆 4 层学术报告厅开幕。开幕式由传统工艺与材料研究文化和旅游部重点实验室常务副主任陈岸瑛主持。清华大学校长助理彭刚、上海大学党委副书记段勇等出席开幕式。彭刚在致辞中讲到，清华大学与文物保护和研究事业有着深厚渊源，出土文献研究、古建筑研究在学界都产生了重要影响，清华大学美术学院多年来向故宫博物院、国家博物馆等重点文物单位输送人才，在文物数字化保护、博物馆展示设计研究方面也成绩斐然。段勇代表联合主办方上海大学致辞，表示上海大学高度重视和支持文化遗产保护工作的发展，在文化遗产保护方向全面开展人才培养工作，也与国内外多家文化遗产保护单位建立了良好的合作关系，加大了平台建设、队伍建设、人才培养力度，并将此列为推动"双一流"建设学科增长点的重点，现已组成上海市文化遗产保护的重点创新团队，跨系统、跨单位、跨院系的将各个学科的专家汇聚到一起。专家代表俄军在致辞中谈到期待这个论坛展现高科技和传统工艺修复方法的结合，以此使承载着国家历史和民族技艺的文物得到更好的保存。清华大学美术学院党委副书记吴琼表示，对传统工艺和材料的研究是文物修复的基础，2016 年 12 月清华大学获批成立了传统工艺与材料研究文化和旅游部重点实验室，以传统工艺振兴和弘扬中华优秀传统文化为目标，建设成为综合的工艺实践和学术研究平台，完成了多项国家级课题、申请技术发明专利、举办高质量的学术论坛。来自国内外文博界、高等院校、行业协会的专家，清华文物修复专业研究生和荆州传统工艺工作站研修班学员等参加开幕式。研讨会包括两场专题发言，主题分别为"传统技艺与文物修复""材料与博物馆学研究"。在圆桌论坛上，发言嘉宾分别围绕"中国文物保护现状与发展趋势""文物修复保护人才培养与院校教育""修复保护技术与理念"议题展开研讨。

（清华大学文科建设处刘金梅供稿）

2018 全球化与当代中国文化发展学术论坛　12 月 16 日，由北京市社会科学界联合会、中国历史唯物主义学会、首都师范大学主办，中国历史唯物主义学会人的发展研究会、首都师范大学全球化与文化研究中心、校政法学院承办的"2018 全球化与当代中国文化发展"论坛在首都师范大学实验楼学术报告厅举行。中国社会科学院、中央编译局、中国人民大学、清华大学、内蒙古大学等科研院所和高校学者、首都师范大学师生以及相关的媒体记者 80 余人参加了论坛。论坛开幕式由中国历史唯物主义学会副会长兼人的发展研究会会长、首都师范大学全球化与文化研究中心主任杨生平主持。首都师范大学党委副书记徐志宏、北京市哲学社会科学规划办公室主任崔新建、首都师范大学政法学院院长陈鹏分别在开幕式上致辞。

专家学者紧紧围绕"全球化背景下人类命运共同体的建构"这一主题，内蒙古大学叶险明教授、首都师范大学徐志宏教授、中国人民大学郝立新教授、北京市哲学社会科学规划办公室崔新建教授、清华大学邹广文教授、中国社会科学院李鹏程研究员、中央编译局杨金海研究员、首都师范大学杨生平教授分别做了题为“关于‘人类命运共同体’意识的复杂性问题”“人类命运共同体建构的理论基础和基本原则”“全球化与现代化对中国文化发展的双重挑战——兼谈中国文化选择”“构建人类命运共同体的文化基础”“民族文化个性与人类命运共同体”“近代以来全球化过程中西方几位思想家关于‘人类文明共同体’的话语遗产及其在现今时代的意义”“‘世界历史’视野下的人类命运共同体”“全球化背景下人类命运共同体构建的几个基础理论问题”专题报告。

此次论坛立足全球化背景，学者们阐述了人类命运共同体建构的基本问题、文化视角的人类命运共同体相关问题以及西方思想家关于人类命运共同体建构的理论与实践问题，回答了人类命运共同体建构“是什么”“为什么”和“怎么样”等基础理论问题，明晰了全球化背景下的人类命运共同体建构的理论实质与实践路径。“全球化与当代中国文化发展论坛”自2009年第一届举办至今已经成功举办五届。

（首都师范大学社科处李葱供稿）

2018中国品牌论坛　12月26日，由人民日报社主办的2018中国品牌论坛在京举行，本届论坛主题为“改革新动力，品牌新未来”。

人民日报社社长李宝善在致辞中指出，一个国家的经济发展，根本上要靠供给侧推动。在消费升级的大趋势下，在日益激烈的市场竞争中，如何实现“中国制造向中国创造转变，中国速度向中国质量转变，中国产品向中国品牌转变”，是无法回避的时代课题，是一道必须迈过的坎。为此，他提出三点建议：提高“品牌强国”的认识站位；增强“品牌兴企”的行动自觉；强化“品牌为民”的责任担当。

近百家知名企业负责人以及中国国际经济交流中心、中国品牌建设促进会等单位的专家学者共300多人齐聚一堂，围绕改革开放40年品牌发展历程，共商品牌建设良策，共绘品牌发展远景，为“品牌大国”向“品牌强国”跨越聚合力、增动力、添活力。本届论坛还启动编制中国品牌发展指数，公布了“新时代品牌强国计划”新入选企业，同时发布了新书《中国品牌强中国》。

（参见《光明日报》2018年12月27日第10版）

管理学（含人才学、信息学）

新时代金融发展与金融人才培养研讨会　1月6日，外交学院国际经济学院、国际金融研究中心在国际交流中心举办“新时代金融发展与金融人才培养研讨会”。

会上，彭兴韵教授介绍了十九大报告提出的货币政策与宏观审慎双支柱调控体系；温彬首席研究员重点讨论了银行业在新监管政策下所面临的压力及转型的方向；殷红副所长以绿色金融为切入点，介绍了银行业开展绿色金融并服务“一带一路”建设的做法；施华强副总经理分析了我国银行业经营环境的四个重大变化；管圣义副总经理介绍了我国银行业的理财转型与支持实体经济发展的主要经验，并讨论了资产管理行业的发展趋势及对人才培养的要求；宋效军主任则根据建设银行经验重点分析了新时代银行的三个变化；张春子副总经理分析了我国实体经济的现状与问题，以及新时代银行业如何服务实体经济进行创新和转型。

此外，金融如何助力全面开放新格局并实现金融强国的主题也引发了普遍关注。万泰雷主任从债券市场的对外开放角度分析建设更高层次开放型资本市场的进展及遇到的挑战；赵庆明副院长分析了金融强国的基本特征，以及建设金融强国所需的内在动力与外部保障；中国改革基金会副秘书长刘云龙以长期资本战略金融改革为切入点，立足中国特色宏观金融学的建设，分析了我国金融改革的基本路径和建设金融强国的着力点；国际经济学院胡再勇教授以人民币汇率的三要素模型为基础，分析了新时期人民币汇率的波动态势。

（外交学院科研处供稿）

第三届亚太公共政策网络年会　3月30日—4月1日，第三届亚太公共政策网络年会在清华大学举办。年会主题为“跨越鸿沟：亚太地区的公共政策研究、教育与实践”。来自海内外百余名学者出席此次年会。开幕式上，《比较政策分析》杂志主编、加拿大西蒙弗莱泽大学荣休教授艾丽斯·格瓦·梅（Iris Geva-May），国家“千人计划”专家、北京市组织学习与城市治理创新研究中心主任、清华大学公管学院教授蓝志勇分别做主题发言。艾丽斯·格瓦·梅的发言主题为“比较政策分析的研究发展”，她基于二十年来比较政策研究的趋势分析，指出了比较政策研究对于人类共同经验的意义。蓝志勇则从中国传统文化出发，以“政策学习和基于网络的创新”为题，整合不同视角，探讨了政策学习的不同形式以及网络创新对政策学习的重要意义。大会由清华大学公管学院副教授梅赐琪主持。年会共收录研究论文90余篇，分成18个分论坛进行主题讨论。研究论文涉及政策与政治、环境治理、电子政务、社会政策、反腐问题、府际关系、公民参与、政策设计以及亚太地区公共政策合作等不同研究内容。来自14个不同国家和地区的公共政策学者在两天半的会期内进行了论文报告和讨论。公共政策教育是本次年会的重要议题。年会特设亚太公共政策教育海报展，亚太地区共计19所高校参展。1日上午，来自中国大陆、中国香港、新加坡、泰国、澳大利亚的九所学校在全体会议上推介了各校开设的公共政策与管理硕士教育项目，并就共同面临的挑战以及推动区域内合作等问题进行了大会讨论。在圆桌论坛上，各国学者分别围绕《公共政策分析》和《公共政策工具》两门课程的大纲设计、教材选择和内容构成等主题进行了讨论。学者们在如何合理设计教学方法，有效利用慕课资源，以及在未来进一步加强课程教学合作研究等问题上达成了共识，并制定了具体的行动计划。

（清华大学文科建设处刘金梅供稿）

第五届中美物流教育与研究论坛　4月16日，第九届中美物流会议暨第五届中美物流教育与研究论坛在北京物资学院召开。主办单位为北京物资学院、中美物流联合会，承办单位为中美物流教育与研究中心。中美物流界各级专家、学者围绕“供应链模式创新与国际化物流人才培养”，共同搭建建设蓝图，共同研讨如何培养物流业高精尖人才。北京物资学院党委书记李石柱、副校长何明珂、中国物流采购联合会会长何黎明、国务院发展研究中心市场经济研究所所长王微、中美物流联合会会长理查德·克拉克、中美物流联合会执行董事谭润忠、加州州立大学终身教授吴浩然，以及来自各企业和高校的精英学者200余人参加论坛。论坛聚焦“供应链模式创新与国际化物流人才培养”。李石柱指出，2018年，是中国改革开放40周年。在这40年间，中国发展成为了国际模式，中国物流业也在互联网的强大驱动下快速发展。2017年10月，国务院办公厅发布了《关于积极推进供应链创新与应用的指导意见》，明确将“加快培养多层次供应链人才”列为重要保障措施。对于北京物资学院，这既是机遇，更是挑战。中美物流教育与研究合作论坛，不断深化中美两国教育机构与行业的合作交流，真正形成了产学研的良性循环，与跨国企业的合作平台发挥了重要作用，为北京物资学院大学生就业提供了更多更好的岗位。希望在中美双方战略合作框架下，成功培养出更多国际化实战型物流人才。相信通过几代人的共同努力，北京物资学院与中美物流联合会的合作，必将成为中美两国学术合作交流的典范。

（北京物资学院科研处供稿）

中国地方政府治理研讨会　5月3—6日，中国地方政府治理研讨会暨第13届ANSLoC年会在清华大学举行。共有来自韩国、新加坡、中国的20余名学者及研究生参加。与会学者围绕中国地方政府治理这一主题，分别宣讲最新的研究成果，内容涉及基层民主、区域合作、精准扶贫、医保改革、环境治理等重要议题。会议期间，与会学者和清华大学公管学院师生进行了讨论，促进了参会者对中国地方政府的理解。5日，部分参会学者前往阿里集团北京总部和位于通州区的北京城市副中心参观考察。在阿里中心，与会学者与阿里研究院副院长杨健等负责人进行座谈，就中国的信息经济、产业发展、互联网治理等主题展开了讨论。在北京城市副中心，与会学者参访了位于商务中心区的市政服务综合管廊和城市副中心规划展馆，副中心新城建管委副主任张逢等陪同参观。在与政府工作人员的交流中，学者们了解到中国城市规划与建设的最新进展，为北京城市副中心的未来发展提出了期望和建议。

（清华大学文科建设处刘金梅供稿）

战略管理理论与实务讲座　5月10日，北大纵横高级副总裁、股东合伙人贾晓东先生走进中国传媒大学经管学部，从实战的角度与同学们分享《战略管理理论与实务》。

贾晓东深入浅出的从战略管理对企业生存与发展的重要意义、战略规划的程序以及战略管理的体系建立及运作流程三个维度与同学们分享了企业战略管理的实战经验。他介绍的战略规划的“21步法”使同学们对如何为企业做战略规划有了更深入的认识。同时，贾晓东也向同学们介绍了北大纵横管理咨询公司。他提到，北大纵横目前咨询队伍中MBA占比78%，进一步强调了MBA教育的意义和重要性。

（中国传媒大学科学研究处供稿）

文化艺术档案见证北京文化发展讲座 5月22—23日，由北京市档案学会文化艺术档案工作学术委员会主办的“文化艺术档案见证北京文化发展”主题系列活动在国家大剧院艺术资料中心举行。活动包括三场讲座、两场参观：22日，北京人民艺术剧院戏剧博物馆原馆长刘章春、国家大剧院剧目制作部部长韦兰芬分别做了题为“档案见证北京人艺的那些事儿”和“国家大剧院剧目制作中的艺术档案”的讲座，学会组织参观了《回眸经典——国家大剧院原创与制作剧目展》；23日，著名提琴制作大师、中央音乐学院郑荃教授做了题为“提琴档案的建立和使用”的讲座，大家参观了国家大剧院艺术档案库房，工作人员介绍了大剧院艺术档案的类别、收集与整理方法、档案管理相关制度等，展示了大剧院原创歌剧《赵氏孤儿》的整套艺术档案，使大家进一步了解了大剧院极具特色的艺术档案管理工作。学会文化艺术档案工作学术委员会委员以及来自部分市属机关、区档案局（馆）、高校和企事业单位的档案工作者共200余人参加了活动。

（北京市档案局科教处和晓兰供稿）

中社智库论坛2018 5月25日，“中社智库论坛2018：新时代、新挑战、新作为——加强中国特色新型智库建设”研讨会在北京举行。吉林省政协主席江泽林，中国社会科学院副院长蔡昉，国务院发展研究中心副主任王一鸣，中国社会科学院“一带一路”国际智库专家委员会、蓝迪国际智库项目专家委员会主席赵白鸽出席会议并作主旨发言。江泽林围绕扶贫话题作主旨发言。蔡昉就改革开放40年和“一带一路”作主旨发言。王一鸣的主旨发言围绕污染防治攻坚战展开。

中国社会科学院、中共中央党校、中国宏观经济研究院、北京大学、中国人民大学、中山大学、南京大学等高端智库的60余位专家学者，就如何建设高水平智库，如何让智库成果在市场竞争中脱颖而出，在智库成果“走出去”当中如何用当地的语言讲好中国故事、传播中国声音等作了发言，并提出了切实中肯的建议。会议主办方还为参会的中社智库专家委员会委员颁发了聘书。

（中国社会科学院办公厅刘玉杰供稿）

支付清算理论与政策论坛 6月1日，“《中国支付清算发展报告（2018）》发布暨支付清算理论与政策高层论坛”在北京举办。论坛由中国社会科学院金融研究所和国家金融与发展实验室联合主办、中国支付清算协会协办。国家金融与发展实验室理事长、中国社科院学部委员李扬和中国人民银行支付结算司副司长樊爽文先后致辞。中国社科院、中国人民银行、中国支付清算协会、中国银联、交通银行、互联网金融协会等部门和机构以及新闻媒体的80余人参加会议。

会议认为，《中国支付清算发展报告（2018）》系统分析了国内外支付清算行业与市场的发展状况，充分把握国内外支付清算领域的制度、规则和政策演进，深入发掘了支付清算相关变量与宏观经济、金融及政策变量之间的内在关联，动态跟踪了国内外支付清算研究的理论前沿。为支付清算行业监管部门、自律组织及其他经济主管部门提供了重要的决策参考，为支付清算组织和金融机构的相关决策提供了基础材料，为支付清算领域的研究者提供了文献素材。

与会人员认为，支付清算市场发展的核心问题，就是如何处理好效率与安全的“跷跷板”。一方面，在不断加强金融监管、防范系统性风险的大背景下，加强支付清算的监管将是未来几年的政策基调，支付市场规范发展也是一项长期性的任务。另一方面，伴随着新技术的快速发展，支付清算体系也迎来了日新月异的变化，尤其是在零售支付工具领域，各种创新令人眼花缭乱，不断改变着老百姓的日常生活。作为交易环节的“最后一公里”，“支付+”的探索越发受到关注。

（中国社会科学院办公厅刘玉杰供稿）

数字经济与政府监管国际学术研讨会 6月2日，由中央财经大学法学院主办的“数字经济与政府监管”国际学术研讨会在北京召开。会议由深圳市军民融合发展协会、深圳市军民融合发展协会区块链产业发展委员会、深圳市大数据研究与应用协会、香港区块链学会协办。来自政府监管部门、行业协会、各院校研究机构的专家学者以及中央财经大学师生共150余人参加会议。开幕式由深圳市军民融合发展协会区块链产业发展委员会执行秘书长黄俊浩主持。会上，国内外理论界与实务界的专家学者围绕区块链金融科技监管展望、行业自律与法律监管以及区块链产业未来发展趋势等发表演讲。中国法学会网络和信息法学研究会常务副会长周汉华致辞，强调数字经济具有一定公共物品属性，依据其具有的平台经济的特征思考建立新的监管理念与监管模式十分重要。中央财经大学法学院副院长李伟副教授表示，对于区块链这个新生事物，需要通过行业、产业、技术、监管、学术等不同语言交流，促使其健康发展。中央财经大学法治与发展研究中心主任高秦伟教授提到，针对技术的中立性，如何在鼓励创新和审慎监管、人文关怀与科技发展之间实现平衡，是会议的主题思想之一。会议的召开对深化数字经济的认识，推动我国数字经济的建设具有重要意义。中国法学会网络和信息法学研究会对会议提供学术支持。

（中央财经大学科研处供稿）

第十届“档案日”外国档案专家主题学术讲座　6月9日，国际档案日暨北京市第十届“档案馆日”外国档案专家主题学术讲座活动在市档案局举行，市档案局相关领导代表郭飞出席、陈立新主持。德国海德堡市档案馆馆长彼得·布鲁姆博士、瑞士当代历史档案馆副馆长丹尼尔·纳利斯博士、西班牙桑坦德市坎塔布里亚自治区政府庭审和司法部中央档案和文献馆协调员鲁伊斯女士应邀做了专题演讲。三位专家分别以“档案工作者的安全意识及日常风险”“文化遗产是国际性的!”和“西班牙档案馆一日畅游——国际档案日庆祝活动”为题与大家分享了多年从事档案工作的心得，介绍了国外档案工作概况。国家档案局政策法规司原司长王岚、中国人民大学信息资源管理学院院长助理王健教授以及来自市属单位、区档案馆和本局（馆）的部分档案工作者100余人参加了活动。

（北京市档案局科教处和晓兰供稿）

第七届中国公共部门人力资源管理论坛　6月9—10日，由全国公共管理专业学位研究生（MPA）教育指导委员会主办、中国政法大学政治与公共管理学院承办的第七届中国公共部门人力资源管理论坛在北京召开。论坛以习近平新时代中国特色社会主义思想为指导，以“公共部门人力资源管理新时代：激励与赋能”为主题，大会分论坛研讨围绕公共部门人力资源管理新时代：激励与赋能、公共部门人力资源管理与创新、公共部门人力资源管理问题与对策、公共部门人力资源与公共政策、新时代公务员与干部管理、公共部门组织行为与领导力、公共部门工作动机与激励和公共部门人力资源管理实务等八个主题展开。本次论坛传承了前六届会议的基本原则与精神，参会代表120余人，分别来自中国人民大学、北京大学、清华大学、中国政法大学、中国人事科学研究院、中国行政管理学会、中国行政管理杂志社、华中科技大学出版社和中国人事科学杂志社等51家国内知名院校、学术机构和企事业单位。

（中国政法大学科研处王培供稿）

网络安全和信息化工作座谈会　6月11日，中央统战部在北京召开网络人士学习贯彻全国网络安全和信息化工作会议精神座谈会，50余名互联网企业和组织负责人、新媒体和自媒体平台负责人、网络“大V”、网络作家等参加会议。

此次会议是统一战线贯彻全国网络安全和信息化工作会议精神，加强网络人士统战工作的重要举措，旨在引导网络人士把思想和行动统一到党中央关于网信工作的战略部署上来，进一步增强投身网络强国建设的责任感、使命感，在维护国家网络安全、促进信息化建设、弘扬正能量等方面发挥积极作用，努力开创网络人士统战工作新局面。

会议强调，要认真学习领会习近平总书记网络强国战略思想，特别是构建网上网下同心圆的重要要求，进一步加强网络人士统战工作。希望广大网络人士坚定政治立场，努力做中国特色社会主义事业的优秀建设者；积极创新创造，努力做我国经济高质量发展的有力推动者；勇担社会责任，努力做社会主义核心价值观的模范践行者；坚持正面发声，努力做网络社会正能量的积极传播者，为建设网络强国作出更大贡献。

与会人士结合实践经历，畅谈心得体会。大家表示，自身成长和事业发展离不开党中央的正确领导和重视支持，将主动承担新时代赋予的责任使命，在习近平总书记网络强国战略思想指导下，不断增进思想共识，积极发挥优势作用，为加强网络安全、净化网络空间、构建网上网下同心圆贡献力量。

（参见《光明日报》2018年6月12日第3版）

第九届中美公共管理国际学术研讨会　6月15-17日，由中国人民大学公共管理学院主办，美国罗格斯大学公共事务与管理学院、中国行政管理学会、美国公共行政学会和萨福克大学公共服务研究院合办的第九届中美公共管理国际学术研讨会在中国人民大学举行，美国、德国、加拿大、新加坡等国内外公共管理领域的430余名专家、学者、在校师生参加会议。会议的主题是“迈向善治的公共政策”。美国美利坚大学教授、国家“千人计划”外国专家David Rosenbloom，北京大学政府管理学院院长俞可平，美国科罗拉多大学教授、美国公共行政学会前主席Mary E. Guy，中国人民大学公共管理学院院长、国家“千人计划”专家杨开峰分别以“Public Administration and the‘Erosion’of Law?”“善治和幸福”“How Public Administration Evolves in the Pursuit of Good Governance”“中国地方治理：能力与效果”为主题作演讲。

（中国人民大学科研处李素萍供稿）

北京中青年社科理论人才“百人工程”学者论坛 6月30日，第十二届北京中青年社科理论人才“百人工程”学者论坛在北京交通大学科学会堂举行。论坛以“续写马克思主义中国化新篇章”为主题展开研讨交流。

本届论坛由北京市委宣传部、北京市习近平新时代中国特色社会主义思想研究中心、北京市社会科学界联合会、北京市哲学社会科学规划办公室联合主办，北京交通大学承办。北京市社会科学界联合会主席沈宝昌，北京市习近平新时代中国特色社会主义思想研究中心北京交通大学基地主任、北京交通大学党委书记曹国永出席论坛并致辞。

北京市委宣传部常务副部长、北京市习近平新时代中国特色社会主义思想研究中心常务副主任赵卫东主持开幕式，北京市社会科学界联合会党组书记、常务副主席，北京市习近平新时代中国特色社会主义思想研究中心常务副主任张淼主持主题发言。

论坛特邀5位专家学者结合各自多年研究成果，从不同角度聚焦新时代背景下如何续写马克思主义新篇章这一重大主题，深入研讨了马克思主义理论，马克思主义对中国的深刻影响，世界社会主义进程中的中国方案，党的十九大精神和习近平新时代中国特色社会主义思想等系列重大理论、现实问题，提出了许多新思路、新方法和新观点。

中央马克思主义理论研究和建设工程咨询委员会主任、中国社会科学院习近平新时代中国特色社会主义思想研究中心学术顾问徐光春作了题为《谈马克思主义在中国的伟大胜利》的演讲；中央马克思主义理论研究和建设工程咨询委员会委员、原中央党史研究室副主任李忠杰教授作了题为《伟大的历史起点》的演讲；中央马克思主义理论研究和建设工程咨询委员会委员、北京师范大学哲学思维与战略发展研究中心主任、首批北京中青年社科理论人才“百人工程”项目入选者韩震教授作了题为《马克思主义何以能够改变中国》的演讲；中央马克思主义理论研究和建设工程首席专家，中国人民大学习近平新时代中国特色社会主义思想研究院院长、首批北京中青年社科理论人才“百人工程”项目入选者秦宣教授作了题为《中国道路：世界社会主义的中国版》的演讲；中央马克思主义理论研究和建设工程首席专家，北京交通大学马克思主义学院院长韩振峰教授作了题为《全面理解把握习近平新时代中国特色社会主义思想》的演讲。

为加强首都中青年社科理论学科带头人和学术骨干的培养工作，推动首都哲学社会科学事业的繁荣和发展，市委市政府自1995年启动北京市中青年社科理论人才“百人工程”人才培养项目。2007年推出北京中青年社科理论人才“百人工程”学者论坛，交流学术研究成果，研讨理论和重大现实问题，至今已成功举办12届。本届论坛北京市习近平新时代中国特色社会主义思想研究中心首度纳入论坛主办方行列。

北京市人大常委会副秘书长、北京市哲学社会科学规划办公室主任崔新建，北京市社会科学界联合会副主席、北京市习近平新时代中国特色社会主义思想研究中心执行副主任李翠玲等领导，北京市委宣传部、北京市社会科学界联合会、北京市哲学社会科学规划办公室、北京市习近平新时代中国特色社会主义思想研究中心工作人员，北京市习近平新时代中国特色社会主义思想研究中心研究基地代表，各相关高校“百人工程”学者和宣传部负责人，北京交通大学师生代表以及首都各媒体记者200余人参加论坛。

（市社科联、市社科规划办学术活动部供稿）

第九届中国技术未来分析论坛 7月14—15日，第九届中国技术未来分析论坛在北京中国科技会堂召开。论坛以“发展质量、老龄社会与大国竞争环境下的科技创新”为主题，由北京工业大学经济与管理学院、中国科学学与科技政策研究会技术预见专业委员会、中国技术经济学会MOT专业委员会、北京现代制造业发展研究基地、中国企业管理研究会新兴技术管理专业委员会（筹）主办。来自中国科学院大学、清华大学、哈尔滨工业大学、华中科技大学、国防科技大学、中国科学技术大学、上海交通大学、华南理工大学、哈尔滨工程大学、郑州大学、中国科学院文献情报中心、合肥工业大学、军事科学院、北京理工大学、中国农业科学院、北京交通大学、河海大学等38所高校的老师和学生，国务院发展研究中心、中国社会科学院工业经济研究所、中国科学院科技战略咨询研究院、中国科学技术信息研究所、中国科协创新研究院、上海市科委、上海市科学学研究所、海尔集团等18所研究机构和5家企业的学者、专家和学生200余人参加了会议。

黄鲁成教授在介绍会议背景时指出，这是一个快速发展的时代，也是高质量发展不平衡的时代；这是一个和平共处的时代，也是一个贸易摩擦高悬的时代；这是一个青年人大显身手的时代，也是社会老龄化快速发展的时代；这是一个创新发展的时代，也是遭遇短板制约的时代；这是一个充满希望的时代，也是具有挑战的时代；这是一个实践创新的时代，也是需要新知识与大智慧的时代。第九届中国技术未来分析论坛正是在这样背景下召开的。

北京工业大学校长助理、总会计师兼经济与管理学院院长李国俊研究员致欢迎辞，本次论坛由北京工业大学黄鲁成教授、清华大学陈劲教授、上海市科学学研究所李万研究员、中国科学技术大学刘志迎教授共同主持大会学术报告。论坛内容涵盖了国际竞争新环境下的我国科技创新战略、创新质量、创新评价体系、创新政策、老龄社会的科技创新、技术未来分析的理论、方法与工具等主题。中国科学院原党组副书记、全国人大原常委、中国科学院大学公共管理学院原院长，第三世界科学院院士，中国科学学与科技政策研究会名誉理事长方新教授作了题为“仰望星空，脚踏大地”的报告，从科学力量、全球视野、制度体系建设三个方面详细解读了当代中国科技创新；中国科学院创新发展研究中心主任、中国科学学与科技政策研究会理事长穆荣平研究员作了题为“从追赶到引领，不仅是能力的提升”的报告，以两个格局，一个体系，一个转变展示了我国创新发展历程与新趋势；中国社会科学院工业经济研究所所长、中国企业管理研究会理事长黄群慧研究员以中美贸易摩擦为背景，作了题为“贸易摩擦下中国制造业的发展”的报告，详细阐述了中国制造业面临的挑战和发展战略；国务院发展研究中心创新发展部原部长吕薇研究员作了题为“新时期创新政策的趋势”的报告，对我国新时代的创新政策发展的新趋势作了介绍和展望；中国科学技术信息研究所党委书记，科技部国家新一代人工智能发展研究中心主任赵志耘研究员作了“人工智能与未来产业展望”的报告，详细阐述了我国人工智能产业发展历程和人工智能与未来产业融合发展的新趋势；哈尔滨工业大学管理学院原院长于渤教授作了“企业技术跨越过程中创新能力的演化机理”的报告；华中科技大学管理学院院长、中国技术经济学会副理事长王宗军教授作了“全球创新指数解析与我国一线城市创新活力评价”的报告；北京工业大学经济与管理学院黄鲁成教授作了“机器学习与创新预测及面向老龄社会的创新”的报告；清华大学经济管理学院杨德林教授作了“‘互联网+’与创业孵化服务平台建设研究”的报告；中国科协创新研究院副院长陈锐研究员作了“基于适应性决策方法论的创新预见研究”的报告；中国科学院科技战略咨询研究院王小梅研究员作了“科学图谱方法进展与实践”的报告；海尔集团HOPE开发创新平台万新民总工作了“互联网时代海尔开放式创新的实践与思考”的报告；北京工业大学经济与管理学院徐硕副教授作了“Overlapping thematic structures extraction withmixed-membership stochastic blockmodel ”的报告；北京工业大学经济与管理学院李欣副研究员作了“identifying and monitoring the development trendsof emerging technologies based on multi-source heterogenous data”的报告。

（北京工业大学科发院人文处张爱民供稿）

用户导向的信息服务国际学术研讨会　10月24—25日，为“纪念北京大学图书馆建馆120周年，北京大学图书馆在北京大学英杰交流中心和沙特国王图书馆北大分馆举办了“纪念北京大学图书馆建馆120周年·用户导向的信息服务国际学术研讨会”。来自海内外100余家机构、北京大学各院系和相关职能部门的专家学者350余人出席了会议。北京大学校长郝平在开幕式上致辞。他表示，120年来，北大图书馆作为北大的重要部分，创造了超越图书馆职能的历史性成就。他期望北大图书馆能加强传统优势学科、新兴学科、国家发展战略急需学科的文献信息资源建设，在文献信息、学者和人才培养之间建立良性互动；适应教学科研的新需求，主动将服务前移和深化，嵌入到教学科研的第一线；立足北大，放眼世界，开放办馆。

多伦多大学图书馆馆长拉瑞·阿尔福德（Larry P. Alford）和北京大学图书馆馆长陈建龙分别发表题为“图书馆向何处去：走向衰亡抑或再创辉煌”和

“大学图书馆的本来、外来和未来”的主题报告。多位海内外馆长、专家就“高校图书馆的本来、外来和未来”“高校图书馆的服务与管理转型”“‘双一流’建设与师生信息需求、信息行为新变化”“新时代图书馆员职业素养和用户信息素养培育”“高校图书馆用户导向的信息服务”等有关的最新研究成果、实践经验以及发展趋势进行了交流和专题讨论。

（北京大学社会科学部供稿）

2018年中国离散系统仿真技术及其应用学术年会 11月24日，2018中国离散系统仿真技术及其应用学术年会在北京举办。年会由中国仿真学会离散系统仿真专业委员会主办，首都经济贸易大学承办。大会分为主题演讲和分会场讨论两个部分。

主题演讲阶段，专家对所研究领域的主要仿真成果做了展示报告。华中科技大学现代化管理研究所所长胡斌介绍了运用突变论和定性仿真，从文本数据流中挖掘群体行为突变机制，并运用多Agent仿真和离散事件模拟，测试管理组织的性能。首都经济贸易大学马峻教授针对安全管理中存在的风险关联、人群疏散的建模与仿真研究进行了介绍。北京科技大学计算机与通信工程学院副院长王建萍教授针对第四次工业革命的机遇与在革命中存在的颠覆性技术挑战进行了介绍。《铁道学报》执行主编王德针对多栖化无人驾驶智能载运工具群控仿真技术进行介绍并对其应用前景进行了阐述，为无人驾驶提供新想法新思路。北京航空航天大学邓修权教授基于北航经管学院多主体仿真研究中心，对企业多主体仿真进行研究汇报，表明在理论上企业多主体仿真是有价值的。北京市交通信息中心副主任汪波对轨道交通运营管理中的大数据技术及其应用进行了介绍，为轨道交通运行管理拓宽了思路。中国航信研发中心运价系统开发部负责人杨永凯针对航空客运定价技术的发展及互联网时代的挑战和应对进行介绍，提出新的航空定价方法。北京创时能咨询部高工张媛介绍了创时能公司主推的FlexSim仿真系统，并结合实例对基于FlexSim系统仿真新技术及智能制造中的应用进行了介绍。

（首都经济贸易大学科研处李琳供稿）

“一带一路”建设中的投资管理研讨会（2018） 11月24日，“一带一路”建设中的投资管理研讨会（2018）在中央财经大学学术会堂举行，国家开发银行研究院、国家发展改革委投资研究所、亚洲开发银行、中国出口信用保险公司国别研究中心、中国社会科学院西亚非洲研究所、大成律师事务所、长江三峡集团、北京基业长青管理咨询股份有限公司、中央财经大学管理科学与工程学院等单位的专家和学者围绕“一带一路”投资与建设中的相关问题发言。研讨会由中央财经大学管理科学与工程学院副院长刘志东教授主持。与会学者对“一带一路”投资建设中的面临的深层次问题从不同角度进行了分析，提出了许多新的见解，主题包括“‘一带一路’的投资方向与重点”“‘一带一路’中的风险管控”“‘一带一路’：加强投融资规则与模式研究”“面向可持续发展的国际基础设施投资”“‘一带一路’与结构性融资：出口信保的角色”“‘一带一路’倡议与中非产能合作”“带路项目的融资与合规”“混合融资在‘一带一路’投资中应用探讨”“‘一带一路’建设工程项目风险管理方法框架”“国际化工程公司的人才发展”。

（中央财经大学科研处供稿）

非洲信息通讯业发展研讨会 11月29日，非洲信息通讯业发展项目组在外交学院展览路校区举办了一场以非洲信息通讯业发展为主题的研讨会。中国信息通信研究院通信技术标准研究所、华为技术有限公司、中兴通讯、国际海事卫星组织、北京邮电大学、外交学院等20几位学者和学生参加。外交学院南非籍教授Martin介绍了非洲的外商投资现状及非洲信息通讯业的巨大发展需求与潜力，进而指出了中国企业在非洲投资的优势与应考虑的问题。来自中国信息通信研究院的杨崑高级工程师介绍了网信企业在非洲落实数字经济合作的现状，并分析了我国信息通迅企业在非洲投资所面临的问题。曾在华为公司海外办事处工作的刘钢分享了他对埃塞俄比亚、肯尼亚、南非通信市场的感受及见闻。来自中兴通讯的王晓鹏结合一带一路的背景分析了目前信息通讯企业海外投资中面临的挑战。有阿尔卡特朗讯二十年工作经历、多年拉美工作经验的钮华荣分享了拉美市场的感受，并指出中国企业海外投资过程中不能一味迁就对方的要求，需要坚持底线。国际海事卫星组织的王世伟就海事卫星组织在世界通信业中的角色与未来发展发言。外交学院国际法系张华教授就企业进入非洲电信产业的形式及保护发言。

（外交学院科研处供稿）

第五届科学监管与监管科学论坛　12月1日，第五届科学监管与监管科学论坛暨纪念改革开放40周年市场监管研究学术研讨会在北京举行。论坛由首都经济贸易大学、中国市场监督管理学会联合主办，首都经济贸易大学城市经济与公共管理学院、工商行政与市场监管研究所承办，《中国行政管理》杂志社协办。

论坛主题是“监管改革与监管科学的新时代”。共分主旨演讲、主题报告、分论坛报告和研究生报告四部分。在主旨演讲部分，国家市场监督管理总局副司长郑冠兰、中国社科院法学所研究员周汉华、中央党校（国家行政学院）政法部副主任杨小军、北京师范大学戚聿东教授分别就“市场监管的核心价值”“网络市场协同监管体系”“执法监管中的避险与易为规则”“数字经济与规制转型”发表演讲。

在主题报告部分，中央党校（国家行政学院）邱霈恩教授，南开大学宋华琳教授，对外经济贸易大学王树文教授、张国山教授，中国政法大学刘俊生教授，中国人民大学刘鹏教授、路磊教授，中央党校（国家行政学院）胡颖廉副教授、中国政法大学杨炳霖副教授分别就行政执法、食品药品以及其他市场监管理论与实践问题做报告。

第三部分为平行论坛，首都经济贸易大学、国家市场监管总局、北京市市场监管局各区分局等10余位中青年学者和实践工作者分别围绕“监管新理念、新价值与新方法”“监管新理论、新形势与中国探索”“监管的协同共治与职能优化”三个主题进行发言和讨论。

（首都经济贸易大学科研处李琳供稿）

第五届政治传播与社会发展论坛　12月2日，由中国社会科学院大学主办的第五届“政治传播与社会发展”论坛和第二届“政治与传播”研究生论坛在北京举行。来自清华大学、北京大学、复旦大学、北京师范大学、中国传媒大学、中国社会科学院大学、南京大学、华中科技大学、上海财经大学、中山大学等高校和科研院所及《求是》杂志、人民网、《光明日报》等媒体的专家学者和研究生参加了此次论坛，围绕“新媒体场景下的政治传播”这一主题展开研讨。

会议期间，三场分论坛同时举行，在政治传播史论、新媒体与政治参与、新媒体与政府治理等议题方面展开了纵深的探讨。在“政治与传播”研究生论坛上，27位博士、硕士研究生通过论文遴选，发表了学术报告。来自中国传媒大学政治传播研究所的博士研究生于淑婧与来自南京师范大学新闻与传播学院的硕士研究生王娜分别获得本次论坛优秀学术论文博士组和硕士组一等奖。中国社会科学院大学媒体学院副院长杜智涛副教授主持了颁奖仪式以及之后为志愿者颁发服务证书仪式。

（中国社会科学院大学科研处蒋甫玉供稿）

档案见证北京文化系列讲座　2018年，北京市档案学会为大力宣传档案文化，每月15日在东城区图书馆进行“档案见证北京”文化系列讲座，全年举办12场，听众达1700余人。讲堂重点围绕深入宣传贯彻党的十九大精神、全国文化中心建设、“三个文化带”建设和城市副中心建设等方面精心策划讲座选题，充分发挥档案部门丰富的档案文化资源优势。其中“毛泽东藏印的故事”详细介绍毛泽东用过的印章，厘清社会上流传的有关毛泽东印章的谬误，从一个独特视角走近并了解真实的伟人毛泽东；“魅力北京中轴线”通过介绍北京中轴线的起源、设计和规划，展现“首都风范、古都风韵、时代风貌”的城市特色；“北平有战事——我写《北平硝烟》”，通过介绍创作《北平硝烟》文学作品的主要经过，从不同侧面再现了北平抗日的历史真实；“佛教文化在中国宫廷的碰撞与交融”回眸佛教在皇权掌控下时长时消的历史走向，探寻佛教在王朝兴替过程中留下的独特历史烙印，从而揭示古代中国这一特有的政治文化现象；“故宫博物院原副院长、顾问单士元的档案人生”通过讲述单士元的一生事迹、档案情怀，阐释了单士元的人格魅力、大家风范和工匠精神；“北京的水”通过介绍北京的水资源、水环境、水生态、水安全及水文化等五个方面内容，让我们更加认识到人水和谐、保护和利用好水资源的重要性。“保护建设‘三个文化带’推进全国文化中心建设”介绍了“一核一城三带两区”的内涵、提出背景和意义，全国文化中心建设的空间载体“一城三带”的相互关系和历史演进，“三个文化带”的地位价值、保护建设目标与路径。“档案记录航天辉煌”讲述了中国航天科技工业60多年艰难曲折、波澜壮阔的发展历程和取得的辉煌成就。“北京的公共交通发展史”介绍了北京公共交通发展的历史以及政府围绕北京城市的发展以及满足人们日常出行的需求，大力发展公共交通、解决交通拥堵等大城市病所做的不懈努力和取得的成果。“首都‘三个文化带’建设的历史灵感”撷取明清两代丰富多彩的历史图卷片段，揭示了“三个文化带”深厚的历史文化内涵。“北京的路和桥”介绍了北京城区棋盘式的道路格局和城市干路的发展演变，以及北京城市道路和桥梁建设的有关故事。“清朝帝后的饮食与养生”通过研究清朝帝后膳食和日常起居档案，介绍了帝后们的饮食特点及养生之道。专家学者的讲座，贴近时代要求，贴近百姓需求，让尘封的历史档案文献走出档案馆，激发大家进一步了解北京、热爱北京、建设北京，为把北京建成国际一流和谐宜居之都贡献自己智慧和力量的自觉性和使命感。

（北京市档案局科教处和晓兰供稿）

综合（含新闻、国际关系、其他）

面向新时代的中国学术研究展望论坛　1月16日，光明日报理论部、学术月刊编辑部和中国人民大学书报资料中心在北京联合召开2017年度中国十大学术热点发布会暨面向新时代的中国学术研究展望论坛，正式发布了2017年度中国十大学术热点，“习近平新时代中国特色社会主义思想研究”排在首位。

2017年度中国十大学术热点分别是：“习近平新时代中国特色社会主义思想研究”“人类命运共同体与全球治理的中国方案”“民法总则的制度创新与理论阐释”“《资本论》的历史地位与当代价值”“人工智能对社会发展的影响与挑战”“IP产业发展与网络文艺新形态”“海昏侯墓考古发掘与历史文化研究”“未来教育与未来学校的发展图景”“中国特色社会主义政治经济学理论体系构建”“共享发展理念推动下的共享经济模式研究”。

习近平新时代中国特色社会主义思想从理论和实践结合上系统回答了新时代坚持和发展什么样的中国特色社会主义、怎样坚持和发展中国特色社会主义这个重大时代课题，是马克思主义中国化最新成果，是中国特色社会主义理论体系的重要组成部分。2017年，学术理论界从整体性研究、分领域研究、分专题研究三个基本维度，对习近平新时代中国特色社会主义思想进行研究，深刻把握习近平新时代中国特色社会主义思想的政治意义、历史意义、理论意义、实践意义。

中国十大学术热点评选活动迄今已连续举办15届。该活动旨在通过严格规范的评审程序，总结梳理出年度中国哲学社会科学领域的重点、亮点、创新点以及中国特色哲学社会科学的最新研究成果，力求客观准确反映我国学术发展脉络，营造社会关注学术、学术贴近社会的理论创新氛围。目前，该活动已成为我国学术界具有较大影响力和较高权威性的学术品牌活动，受到社会各界广泛关注和高度认可，对于推动学术出版履行使命，培育学术发展新动能，启迪中国学术发展方向，扩大中国特色哲学社会科学学术影响力发挥了积极作用。

（参见《光明日报》2018年1月17日第1版）

新时代上海合作组织新发展国际智库论坛　3月26日，中国社会科学院主办的“新时代上海合作组织新发展”国际智库论坛在北京举行。中国社科院副院长李培林、上合组织秘书长阿利莫夫等出席论坛并致辞。来自上合组织成员国、观察员国、对话伙伴国的智库机构、国际组织等相关部门的近百名代表和专家参加会议。会议围绕“新时代”“新发展”两大主题，就经济发展、开放共赢、地区稳定、综合安全、上海精神、命运共同体等议题进行了交流。与会专家认为，欧亚地区具有丝绸之路的合作基因，该组织所在区域集聚着世界主要的资源和人口潜力，无论是具有的经济能力，还是对世界政治的影响程度，都决定了它正在成为21世纪国际合作的主要平台。与此同时，各国也面临破解经济社会结构性难题等重任，继续加强区域合作是解决问题的一把钥匙，这需要各国和各界有效利用国内和国际两种资源，努力找出有助于进一步深化多边合作的新的突破口，制定惠及长远的举措。

（中国社会科学院办公厅刘玉杰供稿）

《世界形象地图——中国网民眼中的多元世界》系列报告　4月3日，由北京师范大学新闻传播学院和光明日报智库研究与发布中心联合主办的“京师中国传媒智库发布第17期《世界形象地图——中国网民眼中的多元世界》系列报告”在北京师范大学京师大厦举行。系列报告共分为三个部分，分别为中国互联网国际舆论与国别研究报告、基于互联网舆论的国别形象研究报告，以及“一带一路”国际媒体合作发展研究报告。发布会由北京师范大学新闻传播学院执行院长喻国明教授主持，报告发布人有：人民网舆情数据中心副主任、人民在线副总经理单学刚、人民网新媒体智库高级研究员、人民在线副总编辑刘鹏飞、人民网新媒体智库研究员、智库中心研究部副主任张力，以及人民网新媒体智库研究员、主编助理杨卫娜。该研究报告对互联网国际舆论特点、规律和趋势走向进行了解读，并就如何提升国际传播能力、实现民心相通给出了一些新的见解和意见。报告认为，目前互联网国际舆论呈现出从传统媒体转向社交媒体、从舆论被动转向主场与主动等主要特点。同时，虽然不断取得新成果和长足的进步，但"西强我弱"的总体基本格局远未改变，目前国际传播仍存在薄弱环节。因此需要通过进一步加强境外媒体布局、加强境外舆论场本土化力量、生产适销对路的传播内容、支持国内社交媒体走出去、建设国际传播的效果评估、加快培养多语种传播人才等方式提高中国的海外传播能力。

（北京师范大学社科处刘娜供稿）

人类命运共同体愿景与"一带一路"建设国际工作坊 4月21—22日，由教育部区域与国别研究基地北京师范大学俄罗斯研究中心举办"俄罗斯学"系列国际工作坊，本年度工作坊主题为"新时代、新视野：人类命运共同体愿景与'一带一路'建设"。俄罗斯科学院 А. В. Смирнов 院士，俄罗斯联邦驻华大使馆一等秘书、俄罗斯教育与科学部驻华代表 И. А. Поздняков，圣彼得堡大学孔子学院 Ю. С. Мыльникова 院长，圣彼得堡大学东方学院汉语系副主任 А. Г. Сторожук 教授，俄罗斯国立人文大学东方学院 И. С. Смирнов 院长，俄罗斯国立人文大学孔子学院 Т. В. Ивченко 院长，中国俄罗斯东欧中亚学会会长李永全，北京大学李明滨教授，南开大学阎国栋教授，天津师范大学李逸津教授，山东大学李建刚教授，中国国际问题研究所研究员石泽，中国石油大学庞昌伟教授及俄罗斯研究中心的各位专家们参加了本年度工作坊。И. А. Поздняков 先生及李永全会长致开幕辞，北京师范大学外国语言文学学院分党委书记、俄罗斯研究中心主任刘娟教授担任主持人。

本年度工作坊以发言、讨论两个环节为主。共有16位国内外知名专家、学者从哲学、历史、文学、政治、法律、教育、翻译、电影、戏剧等角度出发对新时期下"人类命运共同体"愿景及"一带一路"建设进行探讨。俄罗斯研究中心学术委员会主席李兴教授对本年度"俄罗斯学"工作坊进行总结指出，老中青三代中俄学者从不同侧重点进行探讨、求同存异，并将科研成果与社会服务相结合，为"一带一路"建设及人类命运共同体群策群力。

（北京师范大学社科处刘娜供稿）

新时代背景下的中国对外政策与对外关系研讨会 4月23日，"新时代背景下的中国对外政策与对外关系——从'走出去'战略到'带路'倡议"主题研讨会在外交学院展览馆路校区举办。外交学院、北京大学、中国社会科学院等高校和研究机构的15位学者参加了研讨会。研讨会由外交学院科研处主办，外交学院外交学与外事管理系协办。会议共分为三个部分，从三个不同角度出发来探讨新时代中国对外政策与对外关系的演变特点与方向。在研讨会第一部分，来自外交学院的苏浩教授、北京大学国际关系学院的于铁军教授、外交学院的樊超博士和李潜虞副教授分别从各自的研究领域和视角，阐释了中国自20世纪80年代以来至今的对外政策、对外关系演变特点与发展方向。第二部分，中国国际问题研究所的崔洪建研究员总结和归纳了21世纪初至今中欧关系发展特点，指出中国对外政策目标、实现路径要根据对象地区和关键国家的反应以及地区乃至全球格局的变化，作出相应的调整。第三部分由北京大学国际关系学院的孔凡君教授首先发言，他结合具体的案例，形象地介绍了中国在中东欧地区进行投资合作的现状以及未来要注意的具体事项。中国社会科学院欧洲研究所的贾瑞霞副研究员从科技创新的角度出发，对比了中国与中东欧国家科研创新的状况，为"带路"倡议如何在该地区的具体落实提供了一种新的视角。

（外交学院科研处供稿）

锐实力舆论背景下的公共外交座谈会 5月2日，外交学院公共外交研究中心举办了以"锐实力"舆论背景下的公共外交为题的座谈会。中国公共外交协会的驻会副会长龚建忠大使，全国人大外事委员会办公室副主任鲁世巍参赞，北京师范大学新闻与传播学院院长喻国明教授，北京外国语大学公共外交研究中心周鑫宇秘书长，对外经济贸易大学外交学系主任檀有志教授，外交学院公共外交研究中心的熊炜、任远喆、欧亚、周加李、陈雪飞等和一些学生参与了座谈研讨。与会人员表示，美国传统基金会针对中国炒作"锐实力"的概念是"中国威胁论"的传统论调在新形势下的再现，中国除了短期内的积极应对之外，还应该考虑到这一论调的反复性，从而从根本上加强我国公共外交的综合能力。比如从宏观层面来说，应建立有实际权力的统筹机构促进各部门的协作力，特别是灵活调配社会资源的能力；从微观层面来说，应加强专业人员统筹国内外两个大局的外交力、公共外交的理论力以及具体的实践力，比如外语交流、跨文化沟通、媒体应对、项目管理等方面的能力。

（外交学院科研处供稿）

第三届中非地方政府合作论坛　5月8日，国家副主席王岐山在京出席第三届中非地方政府合作论坛开幕式并致辞。

王岐山表示，中国特色社会主义进入新时代，中华民族迎来了从站起来、富起来到强起来的伟大飞跃。在习近平新时代中国特色社会主义思想指引下，实现中华民族伟大复兴，中国将坚定不移实施互利共赢的对外开放战略。中国依然是一个发展中国家，发展不平衡不充分是我们面对的主要矛盾。打赢精准脱贫攻坚战，让贫困人口同全国人民一道迈入全面小康，任务和挑战依然十分艰巨。

王岐山指出，中非历来患难与共、相互支持。中国愿以自身发展助力非洲发展。在中非合作论坛框架下，双方地方政府聚焦“摆脱贫困与可持续发展”开展交流合作，有助于推动中非全面战略合作伙伴关系落地生根。

王岐山还分别会见了来华出席论坛的尼日尔总理拉菲尼和坦桑尼亚前总理、坦中友好协会主席萨利姆。

（参见《人民日报》2018年5月9日第1版）

2018北京自然科学界和社会科学界联席会议高峰论坛　5月19日，2018北京自然科学界和社会科学界联席会议高峰论坛在中国国际展览中心召开。论坛由北京市社会科学界联合会、北京市科学技术协会、北京市贸促会共同主办，北京市社科联党组书记、常务副主席张淼主持会议，北京市科协党组成员、副主席田文，北京市贸促会党组书记、主任张永明分别致辞，两界顾问蔡曙山、雷家骕、杨家本、习五一、张明国等知名专家学者，北京市科协党组书记、常务副主席马林、北京市社科联副主席李翠玲，首都自然科学界和社会科学界学会、研究机构的学者、新闻媒体代表参加论坛。

本届论坛正式纳入第二十一届中国北京国际科技产业博览会平台，以“人工智能：技术理性与社会发展”为主题，邀请6位专家结合各自领域实践，从不同视角就人工智能与现代生活发展的诸多方面进行研讨交流。

中国工程院院士、清华大学教授、国家CIMS工程技术研究中心主任吴澄以《人工智能驱动的自动化经济——对经济、社会的重要影响》为题作了基调报告。他从三个方面论述了人工智能驱动的自动化经济对经济、社会产生的根本性影响：一是人类环境从物理世界进入信息物理融合的世界，对物理世界的智能感知和认知将广泛应用；二是人类的社会分工和职业将面临重大调整；三是人类社会各种层面的治理能力将会有质的提高，从“有没有”“能不能”走向“好不好”。因此，人工智能的发展远不是单纯的技术问题，它带来很多需要深入分析、求解的人文挑战。

首都师范大学原副校长、北京语言智能研究基地主任周建设，北京语言智能研究基地特聘教授、北京成像技术高精尖中心高级科学家李太豪，中国社会科学院哲学所研究员段伟文，北京理工大学教授马宏宾，北京大学副教授王彦晶围绕论坛主题，分别从人工智能与教育深度融合、情感计算前沿技术研究、人工智能时代的价值反思与伦理调节、人工智能及其风险的大众认知、后人工智能时代的挑战与机遇等不同层面作了主题报告。内容既包括了人工智能的技术新趋势，也涵盖了人工智能与经济社会各领域融合发展的新方向，同时还探讨了人工智能所带来的价值反思和伦理挑战。

两界联席会议机制自2003年在全国率先启动。作为两界联席会议的重要标志性活动，论坛自设立以来，始终坚持聚焦首都发展中全局性、战略性、前瞻性问题，先后围绕循环经济、奥运准备、创新驱动、京津冀协同发展等主题邀请两界专家学者研讨交流、协同攻关，已经成为北京自然科学和社会科学高端对话的有效机制，成为服务市委市政府科学决策的创新型综合智库平台。

张淼在总结中指出，当前，我国经济发展进入新常态，深化供给侧结构性改革任务艰巨，一方面我们既要紧紧抓住人工智能发展带来的新机遇，培育壮大人工智能产业，为经济发展注入新动能；另一方面也要密切关注人工智能带来的伦理新风险和社会新挑战，积极开展前瞻性应对研究。两界联席会议要紧紧围绕北京政治中心、文化中心、国际交往中心、科技创新中心“四个中心”城市战略定位，努力提升“四个服务”水平，积极发挥协同创新的研究优势，形成自然科学和社会科学两界同向合力，构筑科技、文化、政策相互支撑的人工智能良性发展新格局。

（市社科联、市社科规划办学术活动部供稿）

深化北京国际交往中心建设研讨会　5月24日，北京市社会科学院外国所与北京市政府外办在北京市社科院举办了“深化北京国际交往中心建设”研讨会。北京市政府外办信息中心主任姜伟、首都信息发展公司车燕、首都之窗网站英文编辑王琳、湖南省外办新闻文化处黄礼等出席了本次座谈会。北京市社科院外国所所长刘波介绍了北京国际交往中心建设的研究成果与思路，通过介绍北京国际交往中心的建设历程，与世界各国际交往中心进行对比分析，介绍了北京国际交往中心的发展方向。王琳介绍了政府网站城市形象宣传调研报告进展，说明了现阶段网站建设存在的问题。姜伟介绍了为智库提供知识分析的应用工具，通过数据挖掘为国际问题研究提供新视野。

（北京市社会科学院科研处朱霞辉供稿）

中俄智库高端论坛　5月29-30日，主题为“中国与俄罗斯：新时代的合作”的中俄智库高端论坛（2018）在北京举行。原国务委员、中俄友好、和平与发展委员会中方主席戴秉国，中国社会科学院院长、党组书记、中国社会科学院中俄战略协作高端合作智库理事长谢伏瞻，俄罗斯外交部原部长、俄罗斯国际事务委员会主席伊万诺夫等出席论坛开幕式并致辞。中俄友好、和平与发展委员会专家理事会主席，中国社会科学院原副院长武寅主持开幕式。

论坛由中国社会科学院和俄罗斯国际事务委员会主办，中国社会科学院俄罗斯东欧中亚研究所与中国社会科学院中俄战略协作高端合作智库承办。中俄智库、文化界、企业界、政府部门及相关机构的350余名代表与会。与会代表围绕中俄在变化世界中的协作、地方合作潜力、安全领域合作、能源和基础设施领域合作状况与前景、全球经济发展态势下的中俄经济关系、中俄人文合作六大议题进行研讨。

（中国社会科学院办公厅刘玉杰供稿）

2018学术前沿论坛　6月2日，由北京市社会科学界联合会和北京师范大学联合主办、北京文化发展研究院承办的“2018学术前沿论坛”，在北京师范大学京师学堂举行。论坛以“新时代·新使命·新思路——推进全国文化中心建设”为主题，多学科、多角度聚焦新时代全国文化中心建设的重大理论、现实问题，研讨如何坚定文化自信，更好发挥北京文化凝聚荟萃、辐射带动、创新引领、展示交流和服务保障功能，彰显中华文化魅力，推动北京朝着世界文化名城、世界文脉标志的目标迈进，为全面建成社会主义现代化强国和实现中华民族伟大复兴的中国梦作出更大贡献，为实现全面建成小康社会贡献首都社科界的智慧和力量。

北京市委宣传部常务副部长赵卫东、北京市社科联党组书记张淼、北京师范大学副校长郝芳华等领导出席论坛，来自北京大学、北京师范大学、南京大学、北京社会科学院、北京国际城市发展研究院等单位的专家学者、各学会代表、师生代表近400人参加论坛。

论坛开幕式上，赵卫东在致辞中指出，坚持和强化北京作为全国文化中心的核心功能，是以习近平总书记为核心的党中央着眼于世界和全国作出的重要战略定位。党的十八大以来，北京市紧紧围绕“四个中心”的城市战略定位，统筹各方力量扎实推进全国文化中心建设，首都文化建设开创了全新的局面。本次学术前沿论坛聚焦全国文化中心建设这个主题，目的就在于深入学习贯彻习近平新时代中国特色社会主义思想和党的十九大精神，针对新时代全国文化中心的重大理论和现实问题，研讨如何坚定文化自信，把北京更好地建设成为社会主义文化强国的文化中心、满足人民日益增长的美好生活需要的文化中心、代表先进文化生产力的文化中心、面向世界展示中国的文化中心。充分彰显中华文化魅力，为全面建成社会主义现代化强国和实现中华民族伟大复兴中国梦作出北京的贡献。

郝芳华在致辞中指出，国家之魂，文以化之，文以铸之。作为首都，全国文化中心是北京的命定之职，首都文化则是全国文化中心建设最重要的篇章。北京已经形成以源远流长的古都文化、丰富厚重的红色文化、特色鲜明的京味文化和蓬勃兴起的创新文化为主要内容的首都文化，构成了北京立于全国乃至世界的独特的精神标识。新时代赋予首都文化建设以更高的要求、更新的使命，要坚定文化自信、坚持改革创新，以更宽阔的视野、更科学的谋划、更精准的举措，写好首都文化这篇大文章。

主论坛上，5位知名专家围绕全国文化中心建设做了专题报告。

北京市社会科学院研究员、北京满学会会长、中国紫禁城学会副会长阎崇年，作了题为“北京文化研究的学术前沿与学术创新”的演讲。阎崇年提出，学术的本质和学者的使命就是学术创新，北京作为首善之区和全国文化中心，理应在学术创新方面走在前面。国家文化中心建设要有一流的学术人才队伍、一流的学术平台、一流的智库，并建立科学的评价机制，以开阔的学术视野，严谨的学术态度，不断拓展新的研究领域。

北京师范大学哲学思维与战略发展研究中心主任、原北京外国语大学党委书记韩震教授，从意识形态的作用、意识形态安全的隐忧、文化自信动摇的成因、当前的意识形态环境，以及改革意识形态安全的思考几方面进行分析。指出当前中国的意识形态工作存在三大陷阱与悖论：一是“塔西佗陷阱”；二是“托克维尔悖论”；三是“齐泽克悖论”。在全球化进程加快、社会分化、信息化导致碎片化和公共领域不断扩展的情况下，加强意识形态工作，需要重建自信心，理直气壮地抓意识形态工作，加快构建中国特色哲学社会科学，改进话语体系、创新传播形式与手段，用科学方法和历史性进步超越思想悖谬。

北京大学博雅讲席教授、教育部“长江学者”特聘教授、中央文史研究馆馆员陈平原的演讲主题是“看得见的风景与看不见的城市”。陈平原从风景之文野、高楼的迷思、下水道的启示、城市需要文学、博物馆的故事、居民与游客六个层面总结了城市景观的文化意义，剖析了城市景观建设中的文化迷失，提出了城市文化建设应该关注的重点问题。

北京国际城市发展研究院院长、北京市朝阳区政协副主席连玉明教授提出，推动首都高质量发展，首先要把握好首都战略定位，建设一个“以人民为中心，以文化为核心的高品质的首都”。强化首都发展优势，在京津冀协同发展中，建设以首都为核心的世界级城市群，将首都建设成为社会主义先进文化的窗口区、中国传统优秀文化的集中展示区、全国文化和世界文化的传播交流区。

南京大学哲学系教授、马克思主义学院院长、青年“长江学者”胡大平提出，城市的空间扩张应该关注“场所精神”。城市的空间建构要有一种关于活性的、灵性的坚守，强调生命质量、生活品位和生存意义。必须从现实的人的生存意义上来思考北京的城市建设与文化构建，使之成为古老文明的新生、中国特色社会主义的创造与世界新文明的探索的有机统一。在保持文化张力中重建北京的文化存在：一是文化中心与中心文化。前者指北京成为互联网时代的文化集散地与文化后勤站。后者指北京成为崇高理想与共同理想的认同中心。二是文化圣地与圣地文化。前者要延续千年文脉，展现北京的史诗感与英雄气质，后者要培育以人民为中心的文化，构建精致的文化氛围。

（市社科联、市社科规划办学术活动部供稿）

“一带一路”与和谐劳动关系构建研究成果发布会

6月10日，民心相通：“一带一路”与和谐劳动关系构建研究成果发布会在中华全国总工会机关大楼举行。国家电网公司工会副主席王海啸，中国劳动关系学院党委副书记、校长、劳动关系与工会研究中心主任刘向兵，党委常委、科研处处长（兼）、劳动关系与工会研究中心执行主任燕晓飞，中国人民大学重阳金融研究院执行院长王文出席会议。学校和来自国网国际发展有限公司、商务部中国对外承包工程商会、中国人民大学、北京交通大学、中国社科院、北京外国语大学、中华女子学院、国家发展改革委国际合作中心、中央党史和文献研究院等单位的领导、专家、学者共60余人参加会议。发布会由学校劳动关系与工会研究中心和中国人民大学重阳金融研究院共同举办，中国人民大学重阳金融研究院院长王文主持。

发布会上，中国劳动关系学院劳动关系与工会研究中心和中国人民大学重阳金融研究院的5位专家进行了成果发布。劳动关系与工会研究中心学术委员会主任乔健以《中资企业投资“一带一路”国家劳动关系风险防范研究》为题作研究成果报告，认为劳动关系合规管理、形成完善的劳动关系协调机制和风险预警机制，在企业管理中植入中国特色和谐劳动关系的理念和做法，是实现企业可持续发展和“民心相通”的重要保障。研究员李文沛以《“一带一路”倡议下我国境外劳动者权益保护法律问题研究》为题作报告，提出三类适用于不同“一带一路”沿线国家和地区的法律合作模式，以调和在与“一带一路”沿线各国和地区劳务交往过程中的矛盾冲突。同时，为丰富法律合作模式的内容，以三方协调机制为借鉴对象，形成政府、工会、企联三方主体的模式运行建议。研究员张原以《就业与减贫：“一带一路”民心相通的基础》为题作报告，指出中国对沿线国家的投资能够带来正向就业效应，并且与投资领域、各国产业结构及“一带一路”倡议推动有关；中国对“一带一路”投资与援助具有显著的减贫效应，应进一步加强与沿线国家的双向投资协作，提升合作开发的就业和减贫作用，夯实“一带一路”民心相通的社会基础。

中国人民大学重阳金融研究院院委兼宏观研究部

主任、首席研究员贾晋京发布了《“一带一路”民心相通报告》以及《乘风破浪 行稳致远：上海合作组织十七年进展评估》两个成果报告，详细阐述了上海合作组织成立以来取得的不凡成就以及面临的诸多挑战，并为保障上海合作组织平稳发展提出政策建议。宏观研究部研究员刘英发布了《“一带一路”与上海合作组织：关联、实践与走向》的报告，论述了上海合作组织的发展历程、“一带一路”的内在联系与实践、成员国间共建“一带一路”的总体情况、与“一带一路”在安全、经贸、人文等方面的合作，并就“一带一路”如何促进上海合作组织开创新格局提出政策建议。

在随后进行的圆桌论坛环节，国家电网公司工会副主席王海啸，国网国际发展有限公司工会主席、副总经理王子建，商务部中国对外承包工程商会副秘书长兼劳务合作部主任张翔如，中国人民大学劳动人事学院院长杨伟国教授，中国人民大学国际关系学院王义桅教授，北京交通大学管理学院石美遐教授，中国社科院法学所科研与外事处处长、研究员谢增毅教授，中国人民大学重阳金融研究院院委兼宏观研究部主任、首席研究员贾晋京分别从中国企业走出去的现实情况和需求、全球化和人民命运共同体的战略高度、工会与劳动关系风险问题、集体劳动关系风险、不同国家法律体系的对接等方面进行了交流。

（中国劳动关系学院科研处陈邓海供稿）

2018“一带一路”记者组织论坛　6月20日，2018“一带一路”记者组织论坛在北京举行，论坛通过《“一带一路”记者组织合作共识》。

中宣部副部长、国务院新闻办公室主任蒋建国在论坛开幕致辞中说，“一带一路”建设凝结着方方面面的智慧与力量。过去几年，“一带一路”沿线国家媒体机构、记者组织的交往越来越频繁、合作越来越紧密，打开了人文交流的新窗口，书写了民心相通的新篇章。新形势下，各国新闻界人士应该更加主动作为、精诚协作，助推“一带一路”建设取得新的更大的成就。

中国记协主席张研农表示，“一带一路”务实合作已经成为新闻富矿，媒体相关报道踊跃。而媒体报道积极正面，又推动务实合作进展顺利。未来相关国家应携手促进记者组织的多边与双边合作，共同商讨短期项目与长期规划，努力满足各国媒体业与记者发展需求。

东盟记联主席德差勇认为，当今世界正在经历前所未有的变化，困难与挑战需各国合作共同应对。中国提出的“一带一路”倡议是各国实现合作共赢的新平台，受到普遍欢迎。媒体应当发挥应有作用，为共建“一带一路”提供支持，确保各国可以从中获益。

俄罗斯记联主席弗拉基米尔·索罗夫耶夫、非洲记联主席阿卜杜瓦西德·奥都西勒等6位外方代表也分别致辞。

论坛通过了《“一带一路”记者组织合作共识》，认为“一带一路”倡议的提出，赋予了古丝绸之路新内涵，为各国交流合作提供了新平台、注入了新动力；加强“一带一路”沿线及延伸国家记者组织间的交流合作，将促进各国新闻媒体、编辑记者间的沟通互鉴，促进各国人民间的友好往来，共享发展新机遇。

为建立和完善相关合作机制，论坛商定，在中国记协设立“一带一路”记者组织论坛秘书处，并着手筹建“一带一路”记者组织联盟。中国记协还与20多个国家和地区的记者组织签署“一带一路”新闻合作交流协议。

本次论坛主题为“构建‘一带一路’新闻合作交流新格局”，由中国记协主办，共有47个国家和地区的近百名记者组织负责人和媒体代表与会。在分论坛环节，与会嘉宾围绕“媒体融合发展，搭建沟通新渠道”“金砖国家新闻界交流合作新机遇”“中非国家新闻界交流合作新机遇”“中俄地方记者组织和媒体交流合作”等议题展开讨论。

（参见《人民日报》2018年6月21日第3版）

第四届中非媒体合作论坛　6月26日，由中国国家广播电视总局主办的第四届中非媒体合作论坛在京举行。本届论坛共有来自中非政府部门、媒体机构的400多名代表参加。代表围绕“中非媒体政策”“中非媒体话语权建设”“中非媒体数字化和内容产业发展”等议题进行了深入讨论。中非媒体签署了12项合作协议，通过了《第四届中非媒体合作论坛关于进一步深化交流合作的共同宣言》。

论坛旨在配合将于9月在京召开的2018年中非合作论坛北京峰会，进一步落实2015年中非合作论坛约翰内斯堡峰会成果，扩大中非媒体领域的交流与合作。

（参见《人民日报》2018年6月27日第6版）

2018年UIBE暑期国际问题研讨会　7月15日，对外经济贸易大学国际关系学院主办了2018年UIBE暑期国际问题研讨会“构建新型国际关系的世界意义与实践价值”。

对外经济贸易大学副校长赵忠秀教授致开幕词。他认为，当前世界正处于复杂多变的态势之中，出现了贸易保护主义重新抬头等新问题，未来的世界走势还有待进一步观察。今年以新型国际关系为主题探讨中国外交政策和世界格局，具有特别重要的意义。

研讨会共分为四个板块：“新型国际关系的概念取向”“实践中的新型国际关系”“中国外交与新型国际关系”和“评估新型国际关系”。多位来自国内外的专家和学者围绕这四个版块的主题做了演讲和点评。

对外经济贸易大学国际关系学院院长戴长征教授在闭幕总结发言中表示，学术界需要把新型国际关系理念放入中国外交政策的历史演进脉络中进行深入研究，同时应该积极探讨中国如何具体实践新型国际关系理念，如何成为构建新型国际关系的表率，以及如何使新型国际关系理念真正取得实效并让世界各国参与其中并从中受益。

（对外经济贸易大学科研处供稿）

中古两党第三届理论研讨会　9月17日，中古两党第三届理论研讨会在京举行。研讨会由中共中央对外联络部主办，以“改革、发展与党的建设”为主题。

中共中央对外联络部部长宋涛出席开幕式并发表主旨演讲，古巴共产党中央书记处书记、国际关系部部长巴拉格尔在会上致辞。

宋涛表示，在习近平总书记和劳尔第一书记的亲自关心和大力推动下，两党交往已经形成多层次、宽领域合作的崭新局面。今年是中国改革开放40周年，中古两国的社会主义建设事业都处在继往开来的新阶段，此次研讨会主题契合了双方面临的现实挑战和发展任务。宋涛强调，中国共产党愿同古巴共产党加强深入交流，互学互鉴，不断促进各自党和国家的建设，共同推动中古两党两国关系再上新台阶。

会前，宋涛会见了巴拉格尔率领的古巴共产党代表团。

（参见《人民日报》2018年9月18日第3版）

中国“一带一路”倡议国际研讨会　10月9—10日，由中国政法大学国际法学院主办，“一带一路”人才培养与法律研究院、萨里大学中国法中心（英国）和英国国际法和比较法研究所合办的中国“一带一路”倡议国际研讨会在北京举行。

研讨会以“‘一带一路’倡议：理念、法律和政策”为主题，来自英国萨里大学、英国国际法和比较法研究所、东京大学、伦敦大学学院、朴茨茅斯大学法学院、伯明翰大学、利物浦大学大学院、兰卡斯特大学法学院和亚洲基础设施投资银行（亚投行）的外籍专家学者，同时邀请到了来自外交部条法司、清华大学法学院、对外经贸大学法学院、山东大学法学院、大连海事大学法学院、北京师范大学法学院、北京外国语大学法学院、浙江大学宁波理工学院及中国政法大学国际法学院的各位专家学者参与会议。30多位专家学者围绕“一带一路”倡议相关的六个分主题进行了交流和研讨。

大连海事大学法学院院长初北平教授展示了《“一带一路”倡议下外国法查明的中国司法实践》，兰卡斯特大学的徐璐教授探讨了中国判例体系的建立和对“一带一路”倡议的作用，北京外国语大学法学院顾宾教授探讨了亚投行的非常驻董事制度和项目审批权改革，萨里大学的Ira Lindsay教授和Mala Sharma博士研究员分别介绍了“一带一路”建设中的税收竞争和合作制度以及印度对中国“一带一路”倡议的理解，国际法学院的丁夏博士和丁如博士，分别探讨了“一带一路”倡议下投资仲裁面临的挑战和“一带一路”倡议下国有企业相关规则的制定。

（中国政法大学科研处王培供稿）

边疆发展中国论坛　10月13—14日，由中央民族大学和国家民委国际交流司联合举办的“边疆发展中国论坛2018”国际学术研讨会在中央民族大学举办，来自24个国家的160多名专家学者近日在中央民族大学围绕“人类命运共同体：共生、共建、共享”主题开展交流，论坛设有“生态·史地”“社会·文化”“扶贫·脱贫”与“发展·治理”4个分论坛，同时还开展了20场专题研讨，与会者分享各自发展领域的最新研究成果，探讨如何共建“人类命运共同体”以应对当前全球性挑战。

此次学术交流邀请了来自阿富汗、巴基斯坦、老挝、澳大利亚、伊朗、越南等多国政府的20名代表。在主旨演讲阶段，国务院扶贫办、中国社科院、美国波士顿大学、中央民族大学等政府部门、高校及研究机构的专家学者围绕中国减贫经验和启示、边疆发展以及构建人类命运共同体等话题展开交流。

（中央民族大学科研处丁冉供稿）

北京大学新闻学研究会成立 100 周年学术研讨会　10 月 14 日，“百年中国新闻教育：传承与发展——暨北京大学新闻学研究会成立 100 周年学术研讨会”在北京大学英杰交流中心举行。新华社副社长刘思扬，人民日报社原副总编辑梁衡，中宣部新闻局副局长黄强，北京大学党委书记郝平，北大党委常委、副校长王博，北大党委常委、宣传部长蒋朗朗等出席会议。来自全国高校及新闻学研究机构的百余名专家学者、青年学子共同探讨百年来中国新闻教育的光辉历史、传承现状和发展前景。本次研讨会由北京大学新闻与传播学院、北京大学新闻学研究会主办。

研讨会围绕“中国新闻教育与新闻学研究的历史沿革”“新时代中国新闻教育的挑战与机遇”“中国新闻教育与新闻学研究的未来展望”“北京大学新闻学研究会复会十周年暨新书发布”“新闻教育的历史性与生命传播：媒介·权力·诚真”五个主题设分论坛讨论。1918 年 10 月 14 日，北京大学新闻研究会，1919 年 2 月更名为“北京大学新闻学研究会”，开启了中国新闻学教育和新闻学研究的新纪元。2008 年 4 月 15 日，北京大学新闻学研究会正式恢复，在开展新闻史论研究的同时，努力关照社会现实，以学术研究服务于新闻人才的培养。此次学术研讨会时值北京大学新闻学研究会成立百周年、复会十周年之际，以学术研讨传承光荣传统，以回溯历史砥砺奋进前行。

（北京大学社会科学部供稿）

第五届京津冀协同发展研讨会　10 月 18 日，由北京、天津、河北三地社科联主办，天津市社科联承办的以“新时代·新引擎·新突破”为主题的第五届京津冀协同发展研讨会在天津召开。天津市社科联主席薛进文、北京市社科联副主席李翠玲、河北省社科联常务副主席曹保刚、天津滨海高新区管委会负责同志出席会议并致辞。首都经济贸易大学副校长杨开忠教授等 8 位专家作主题演讲，来自京津冀三地社科联和社科界的专家学者 100 余人参加会议。会议由天津市社科联党组书记、常务副主席靳方华主持。

薛进文代表天津市社会科学界联合会对各位来宾和专家表示欢迎。并指出，京津冀三地社科联共同发起的“京津冀协同发展研讨会”，已连续举办了五届，在京津冀协同发展的重大理论和实践问题研究方面取得了一系列丰硕的成果，为三地党委和政府提供了许多有价值的对策建议。希望三地社科界的专家学者进一步增强服务京津冀协同发展的自觉性、主动性，继续为京津冀协同发展建言献策。一是提高政治站位，强化使命担当。要自觉担负起习近平新时代中国特色社会主义思想和京津冀协同发展重要论述的学习、研究、阐释和宣传工作。二是融入创新实践，多出精品力作。要进一步深入基层、深入一线、融入时代、融入实践，坚持问题导向深入研究，力争推出更多的精品力作。三是强化合作交流，推动互学互鉴。要围绕雄安新区建设、大运河文化带建设、非首都功能疏解、推动高质量发展等问题，加强合作研究，努力为党委、政府提供高水平的决策咨询建议。

研讨会上，首都经济贸易大学副校长杨开忠教授、天津财经大学马克思主义学院院长丛屹教授、河北经贸大学会计学院董丽英教授等 8 位专家学者和实际工作部门的领导围绕雄安新区建设、京津冀世界级产业集群发展、科技金融平台构建、大运河文化带建设等内容发表了主题演讲。此外，在专题研讨阶段，三地专家 30 余人围绕承接北京非首都功能疏解的产业选择、智能制造、大数据产业、自由贸易区建设以及大运河文化带旅游产业发展等专题进行了研讨交流。

（市社科联、市社科规划办学术活动部供稿）

第五届北阁对话年会　10 月 19—21 日，北京大学“北阁对话”第五届年会召开。“北阁对话”由北京大学国际战略研究院主办，邀请了澳大利亚前总理陆克文（Kevin Rudd），美国前常务副国务卿约翰·内格罗蓬特（John Negroponte），美国哈佛大学教授约瑟夫·奈（Joseph Nye，Jr.），英国前外交大臣大卫·米利班德（David Miliband）等 12 位具有丰富政治经验、深厚学术修养和长远战略眼光的国内外前政要及知名专家，共同探讨国际形势和大国关系的前景。今年的主题是“亚欧地缘战略竞争与中美关系”。面对错综复杂、难以预测的国际形势，如何在大国之间、特别是中美之间管控战略分歧、避免战略对抗，是本次会议讨论的中心议题。与会嘉宾就稳定大国关系和地区局势、避免对抗和冲突、促进国际合作交换了意见，提出了许多有价值的思路和建议。

（北京大学社会科学部供稿）

媒体多元化时代的新闻消费讲座 10月24日，美国西北大学新闻学助理教授 Stephanie Edgerly 为中国传媒大学新闻学院师生作题为“媒体多元化时代的新闻消费”讲座，新闻学院副院长曹培鑫教授主持本次讲座。Stephanie Edgerly 教授与新闻学院师生分享了她针对美国青年人新闻消费的两项研究：一是研究在信息多元化的时代，美国青年人了解新闻的渠道有哪些；另一项研究旨在了解如何让人们对新闻感兴趣。讲座结束后，Stephanie Edgerly 教授回答了在座同学的提问，并详细向同学们介绍了如何在研究中使用质化与量化研究方法，以及如何将学术研究应用于实际生活之中。

Stephanie Edgerly 目前是美国西北大学新闻学助理教授。她的研究领域涉及受众洞察、受众如何消费媒体和新媒体如何影响政治参与，目前，她正在研究促成“虚假新闻”判断的因素以及人们用来验证新闻观点的策略等课题。

（中国传媒大学科学研究处供稿）

首届中日第三方市场合作论坛 10月26日，国务院总理李克强上午在人民大会堂与日本首相安倍晋三共同出席第一届中日第三方市场合作论坛并致辞。

李克强表示，务实合作是中日关系的“压舱石”和“推进器”。今年5月，我访问日本期间，同安倍首相就共同开展第三方市场合作达成共识。双方已经开创了不少成功合作的范例。此次论坛期间，两国地方政府、金融机构、企业之间签署了50余项合作协议，金额超过180亿美元。这充分说明，两国开展第三方市场合作潜力巨大、前景广阔，必将成为中日务实合作的新支柱。

李克强强调，中日之间还建立了创新对话机制。创新合作需要更大的市场，市场需求也可以倒逼创新合作。中国是一个巨大的世界性市场，我们将坚定不移进一步自主扩大对外开放，推进更加公正的监管，严格保护知识产权，营造市场化、法治化、国际化的营商环境。欢迎日本企业抓住中国新一轮对外开放的契机，来中国投资兴业。我们也愿通过本币互换等加强金融合作，为双方企业合作提供支撑。

李克强表示，中国是最大的发展中国家，发展经济、改善民生仍然是中国政府的首要任务。中国经济长期向好的基本面没有变，特别是新动能正在加速成长，这为中日合作提供了新的机遇。希望中日两国工商界携起手来，开拓更大的合作空间，取得更加丰硕的成果。

安倍晋三表示，日中合作有悠久的历史和传统，面对当前地区和世界面临的各种课题，日中两国需要相互配合、协同发力，共同应对。日方愿同中方一道遵循开放、透明和市场化原则，在第三方市场开展符合东道国需求和国际准则的合作项目，实现互利双赢和多赢，为地区和世界的发展作出贡献。

来自两国各界1500多名嘉宾出席论坛。

王毅、何立峰出席活动。

（参见《光明日报》2018年10月27日 第2版）

打造更加紧密的中非命运共同体研讨会 10月30日，《打造更加紧密的中非命运共同体》学术研讨会在外交学院沙河校区举行。作为中非联合研究交流计划“2018非洲法语国家学者访华团”项目的重要组成部分，出席研讨会的有来自喀麦隆、多哥、突尼斯、马里、中非、科特迪瓦、马达加斯加、塞内加尔、贝宁、加蓬、几内亚等11个法语非洲国家高校、研究机构、智库的18名非洲学者与专家，来自中国国际友人研究会、北京外国语大学、北京语言大学以及外交学院等国内学术单位的学者代表，以及外交学院外语系的部分师生。研讨会共分三个板块，主题分别为：“一带一路”——共同的意愿与观点的交汇；中非命运共同体——概念、路径与前景；非洲发展与中非合作——收获与期待。外交学院非洲研究中心主任、外语系主任、本项目负责人李旦教授主持了研讨会。

（外交学院科研处供稿）

中国-斯洛文尼亚冰雪运动发展高峰论坛 11月7日，由首都体育学院、斯洛文尼亚卢布尔雅那大学和斯洛文尼亚驻华大使馆共同举办的“中斯友谊·冰雪之缘”中国-斯洛文尼亚冰雪运动发展高峰论坛在首都体育学院召开。

首都体育学院校长钟秉枢教授作题为“冬奥背景下的冰雪人才培养”的主题报告。斯洛文尼亚滑雪协会主任 FRANCIPETEK 博士作题为“斯洛文尼亚冬季运动与中国合作的潜力”的主题报告。2022年冬奥组委体育部副部长杨阳作题为“2022年冬奥会竞赛组织”的主题报告。国家体育总局冬季运动管理中心副主任洪平研究员作题为“冬奥与科技”的主题报告。报告为2022冬奥会筹办、冰雪人才培养、科技助力冬奥发展提供了新思路。

（首都体育学院科研处供稿）

互联网发展是否会使传统外交过时学术讲座　11月9日，外交学院英语系邀请联合国秘书长数字合作高级别小组执行主任和联合主席助理约万·库尔巴利亚教授（Dr. Jovan Kurbalija）以“互联网发展是否会使传统外交过时”为主题在外交学院沙河校区图书馆报告厅举办讲座。讲座由英语系主任石毅教授主持，英语系部分本科生、研究生及教师参加了讲座。

约万是外交基金会（Diplo Foundation）创会董事，日内瓦互联网平台主任，前外交官。他在国际法、外交和信息技术等领域拥有丰富的经验和学术背景。

约万从三个角度分析了数字化发展对外交和国际关系带来的影响：外交活动的新地缘政治格局和地缘经济环境、外交议程中的新数字化议题（网络安全、数据流量、电商等）以及新的数字化外交工具（社交网络、大数据、人工智能等）。约万强调，在数据时代，未来的外交官将无法避免地与互联网议题打交道，建议大家在语言学习的空隙中涉猎一些互联网话题相关的专业知识。他还特别指出，中国传统文化在着手解决互联网问题时具有重要的意义。讲座结束后，约万教授还就人工智能的道德问题、传统外交等学生关心的话题与英语系同学们进行了互动。

（外交学院科研处供稿）

第二届中国“三农”传播高端论坛　11月10日，第二届中国“三农”传播高端论坛在中国农业大学举办。论坛以“乡村振兴：政策话语与国家传播”为主题，由全球修辞学会、国家传播学会、农村话语研究院主办，农大人发学院（媒体传播系）承办，塔里木大学人文学院协办。

中国农业大学校党委副书记宁秋娅对论坛的召开表示祝贺，她说，“三农”问题一直是党和国家工作的重中之重。实施乡村振兴战略，是习近平总书记在党的十九大报告中作出的重大决策部署。在乡村振兴背景下，新闻传播学学界与业界共同探讨“三农”传播问题，有着极为重要的意义。乡村振兴战略的部署与全面推进为“三农”传播的研究与实践提出了诸多新的问题与挑战，也提供了更广阔的舞台和发展的空间。中国农业大学愿意为此作出努力，也支持通过学术交流等方式搭建“三农”传播多方合作的平台，共同投身中国乡村振兴的伟大社会实践。

开幕式上，中国教育电视台总编辑、中国电视艺术家协会副主席、国务院学位委员会新闻传播学学科评议组召集人胡正荣教授在致辞中指出，解决“三农”问题是中国发展的一个根基，十九大提出实施乡村振兴战略，今年的中央一号文件也对此进行了全面的规划与部署。他认为新闻传播学科应有所作为。期待学界有更多的学者研究“三农”传播问题，有更多创新点出现。他指出媒体与教育、媒体与农业之间的关系，并没有想象得那么密切，所以要搭好这个平台，共同为中国的新闻传播的学术繁荣、农业的繁荣、教育繁荣出力。

全球修辞学会会长、国家传播学会会长、北京大学新闻与传播学院陈汝东教授认为，“三农”传播是国家传播的重要组成部分，中国乡村文明话语体系的建构，是国家话语体系建构的主要领域。乡村文明话语体系的建构，离不开广大“三农”传播学界和业界的共同努力。这次高端论坛，为各方专家、学者的交流与合作建立了良好的桥梁和纽带，为塑造“三农”传播研究的新气象，讲好新时代中国故事注入新的活力！

论坛围绕“乡村振兴：政策话语与国家传播”这一主题，对实施乡村振兴战略背景下的新闻传播学科发展和“三农”传播研与实践展开研讨：胡正荣、陈汝东授、中国人民大学周小普教授、中国农业大学人发学院李红艳教授分别作了主题发言。与会学者、专家在四个学术分论坛中分别就“乡村治理与政策互动”“乡村传播与话语建构”“乡村文化复兴与传播”“新媒体背景下的乡土变迁”等话题进行了探讨。论坛还专门设置了“乡村振兴与‘三农’传播实践业界圆桌会议”，来自人民日报、农民日报、中国农业电影电视中心、湖北长江垄上传媒集团、河南广播电视台新农村频道、北京市农林科学院信息与经济研究所影视中心、光明网、今日头条等十余家媒体的业界人士针对国家战略需求，讨论了“三农”传播的新机遇、新挑战、交流了各自媒体的“三农”传播实践经验与面对的问题、探讨建立“三农”传播合作机制的必要性和可能性。

（中国农业大学科学技术发展研究院张颖供稿）

中美贸易争端问题研讨会　11月14日，外交学院国际经济学院、经济外交研究中心于外交学院展览路校区组织了题为“中美贸易争端问题”的学术研讨会。本次研讨会由张翠珍、刘曙光共同主持，美国华盛顿大学（圣路易斯）David Meyer教授作主旨发言。中国商务部、中央党校、中国国际问题研究院、《外交评论》、外交学院国际关系研究所、外交学院国际经济学院等十余位学者和研究生参加了研讨会。

Meyer 教授分享了他对中国“一带一路”倡议的理解，表达了对“一带一路”倡议的肯定和期望，并在此基础上对中美经贸形势进行了分析，提出了对中美贸易战的理解和趋势判断。

与会学者围绕中美贸易摩擦形势、美国对中国“一带一路”倡议的看法等一系列问题进行了探讨。Meyer 教授结合美国国情、政治形势和经济结构对学者所提出的问题进行了回应。

（外交学院科研处供稿）

新时代中国周边外交与安全学术研讨会 11 月 17 日，由中国政法大学政治与公共管理学院、中国政法大学中国周边安全研究中心和中国国际关系女学人论坛联合主办的“新时代中国周边外交与安全”学术研讨会在中国政法大学学院路校区举办。来自中国社会科学院、中国现代国际关系研究院、中国国际问题研究院、军事科学院、海军研究院等研究机构，以及国防大学、国防科技大学、中国人民大学、国际关系学院、吉林大学、外交学院、北京第二外国语学院、广西民族大学和中国政法大学等京内外多所大学的专家、学者们参与了研讨。

本次会议分为三个单元，分别为“印太战略与大国外交”“中国周边小多边合作机制研究”“非传统安全挑战与中国周边安全”。

（中国政法大学科研处王培供稿）

中国新闻学百年学术研讨会 11 月 24 日，中国新闻学百年暨中国社会科学院新闻与传播研究所成立四十周年学术研讨会在北京举行。中国社会科学院院长谢伏瞻，中国记协主席张研农，原新闻出版总署署长、清华大学新闻与传播学院院长柳斌杰，中国社会科学院副院长李培林，中国人民大学荣誉一级教授方汉奇等出席会议。中国社会科学院新闻与传播研究所党委书记、副所长赵天晓主持开幕式。

唐绪军所长回顾了新闻与传播研究所四十年来的发展历程，梳理了新闻与传播研究所对我国新闻传播学科发展作出的重要贡献，介绍了该所在打造创新型学术平台方面形成的“两鉴一刊一摘两皮书，两室一基一选两中心”的格局，以及在践行党中央“三个定位”要求中取得的成果。他表示，四十年砥砺奋进成果丰硕，新时代守正创新责任重大，要不忘初心、牢记使命，坚持为人民做学问，继续为我国新闻传播事业和学术研究贡献智慧。

开幕式期间举行了聘任仪式，求是杂志社原社长、中国社会科学院大学媒体学院名誉院长李捷等 8 位资深专家，受聘担任中国社会科学院新闻与传播研究所马克思主义新闻学专家顾问。

开幕式后，赵玉明、陈崇山、郑保卫、崔士鑫等专家学者回顾了百年新闻学发展，致敬新闻与传播研究所的学术贡献。陈力丹、童兵、魏永征、余清楚、白贵、刘卫东、严三九等学者深情讲述了自己同新闻与传播研究所的故事。专题期间还举行了向离退休老同志献花的致敬仪式，颁发了 2018 年中国社会科学院新闻与传播研究所优秀科研成果奖。

随后进行了题为“中国新闻学百年与马克思主义新闻观的发展”“改革开放与中国新闻传播学的发展”“新时代中国新闻传播学的新担当”的专题研讨。中国人民大学、华中科技大学、南京大学、上海大学、郑州大学、中山大学、中国社会科学院大学等数十所高校新闻传播学院的院长、教授及地方社科院的 40 位专家学者分享了自己的研究成果。

（中国社会科学院办公厅刘玉杰供稿）

中俄能源商务论坛 11 月 29 日，中俄能源商务论坛在北京钓鱼台国宾馆开幕。中共中央政治局常委、国务院副总理韩正出席开幕式，宣读习近平主席贺信并致辞。

韩正表示，举办中俄能源商务论坛，是中俄两国元首达成的重要共识。中国国家主席习近平对本次论坛高度重视，专门发来贺信。能源合作是中俄全面战略协作伙伴关系的重要组成部分，是中俄务实合作中分量最重、成果最多、范围最广的领域之一。在两国元首的亲自关注下，经过两国政府和企业的共同努力，中俄能源合作持续积极发展，取得了丰硕的成果。

韩正指出，中俄同为具有重要全球影响的大国，承担着合作保障全球能源安全、推动全球能源可持续发展的重要使命。中俄两国能源合作具有显著的互补优势和协同优势，是长期、稳定、深入的合作。

（参见《人民日报》2018 年 11 月 30 日第 1 版）

第八届中美司法与人权研讨会 12 月 3—5 日，由中国人权发展基金会和美中关系全国委员会共同主办的第八届中美司法与人权研讨会在北京举行。

中央宣传部副部长蒋建国出席开幕式并致辞。他指出，坚持以人民为中心，不断提升人权保障水平、推动实现人的全面发展，是中国共产党的坚定意志和不懈追求。改革开放特别是中共十八大以来，中国走出了一条中国特色人权发展道路，中国人民的各项基本权利和自由得到更加切实保障。他表示，中美两国元首日前在布宜诺斯艾利斯举行了成功会晤，达成重要共识，为今后一个时期中美关系发展指明了方向。希望中美在人权领域的交流对话能顺应大势、着眼大局，尊重差异、平等交流，深化合作、增进互信，为促进两国人权事业、推动中美关系健康发展发挥独特作用。

中国人权发展基金会理事长黄孟复在致辞中表示，中美司法与人权研讨会自 2009 年创办以来，已成为两国非政府组织机制化人权交流的重要平台，有效增进了对彼此的正确认知，体现了双方通过民间沟通交流为中美关系发展助力的良好愿望。希望双方坚持平等尊重、求同存异、互学互鉴、共同进步的原则，利用好研讨会这个平台，继续多做增进两国社会沟通与理解的工作。

美中关系全国委员会会长欧伦斯表示，美中即将迎来建交 40 周年，美中关系非常重要，当前正处于特殊时期。经过双方的共同努力，本届研讨会成功举办，希望能对两国关系发展产生积极影响，我们要对美中关系的前景充满信心。

来自中美两国的 50 余名专家学者参加本届研讨会，就以审判为中心的刑事诉讼制度与美国诉辩交易、政府监察与透明度建设、移民及反恐方面的人权保障问题、特定群体权利保障等议题进行了深入研讨。双方均认为此次交流坦诚、专业、具有建设性。12 月 5 日，美方代表还访问了最高人民法院，参观了北京互联网法院。

（参见《人民日报》2018 年 12 月 7 日第 21 版）

中国改革开放 40 周年与中国经济外交研讨会　12 月 8 日，由外交学院国际经济学院、经济外交研究中心、中国国际关系学会经济外交研究会共同举办的“中国改革开放 40 周年与中国经济外交”学术研讨会在外交学院国际交流中心举办。中国前外交官联谊会副会长兼秘书长、中国驻前津巴布韦共和国特命全权大使、中国前驻纳米比亚共和国特命全权大使忻顺康大使，中国地质调查局发展研究中心陈秀法高级工程师分别就“经济外交中的大使角色”“境外地质调查国际合作现状与思考”做主旨发言。商务部国际贸易经济合作研究院竺彩华教授、复旦大学经济外交研究中心主任宋国友教授、对外经贸大学经济外交研究中心执行主任王宏禹副教授、《国际经济合作》许娜副主编、外交学院国际关系研究所所长曲博副教授、外交与外事管理系雷建锋副教授、国际经济学院刘曙光教授、欧明刚教授等专家学者分别围绕“中国改革开放 40 年与构建全面开放新格局”“改革开放 40 年与中美关系新发展”“欧盟经济形势与中欧经贸合作新趋势”“国际等级制的错觉与中美俄关系的博弈演进”“单极体系下中国的对外经济政策”“新形势下中国货币金融外交的重点与策略”“中国自贸区战略发展与国内经济改革”等问题展开发言和研讨。

（外交学院科研处供稿）

2018 年国际形势与中国外交研讨会　12 月 11 日，国务委员兼外交部长王毅出席由中国国际问题研究院、中国国际问题研究基金会在京举办的 2018 年国际形势与中国外交研讨会开幕式并发表演讲。

王毅表示，2018 年，国际形势最显著的特点是充满不确定性。面对百年未有之大变局，在以习近平同志为核心的党中央坚强领导下，在习近平外交思想正确指引下，中国外交全面贯彻落实党的十九大精神和战略部署，保持定力、沉着应对，主动运筹、积极进取，展现了新气象，体现了新作为，取得了新成果。如果用几个关键词来概括，就是：开放、合作、稳进、引领、担当、坚守。

王毅指出，2019 年将迎来新中国成立 70 周年。我们将紧紧围绕党和国家中心工作，继续高举构建人类命运共同体旗帜，全力办好第二届“一带一路”国际合作高峰论坛，全面推进与世界各国友好合作，积极维护本地区及世界的稳定安宁，深入参与和引领全球治理，更加主动服务国内改革发展，开创中国特色大国外交的新征程。

（参见《人民日报》2018 年 12 月 12 日第 3 版）

中韩人文交流政策论坛　12 日 12 日，由中国社会科学院和韩国经济人文社会研究会共同主办、中国社会科学院信息情报研究院承办的 2018 年“中韩人文交流政策论坛”在北京召开。

中国社会科学院副院长蔡昉和韩国经济人文社会研究会理事长成炅隆出席开幕式并分别致欢迎词和开幕词。中国外交部亚洲司参赞方坤、韩国驻华使馆公使白龙天出席开幕式并致辞。蔡昉在致辞中指出，中韩两国文化交流源远流长，在数千年的文化交流过程中，两国形成了同源相通的文化传统，两国人民结下了深厚密切的友谊，两国都为世界文化和文明的发展作出了各自独特的贡献。中韩人文交流政策论坛有助于推动中韩两国人文与文化领域更广泛、更深入、更高层次的交流与合作，为巩固和夯实两国战略合作伙伴关系作出新的贡献。在当前形势下，中韩两国作为本地区的重要国家，在维护地区和平与稳定方面有着广泛的共同利益，需要携手共同应对面临的问题和挑战。希望中韩两国通过人文交流合作，增进理解与互信，通过人文纽带，强化共识，为人类文明的新发展，为全面促进和深化中韩人文领域的交流合作作出积极贡献。

中国社会科学院学部委员何星亮与韩国首尔大学教授梁一模分别作了以“智能革命与文明变迁”“中韩知识分子的知识文化空间”为题的基调报告。中国社会科学院和中国高校、韩国经济人文社会研究会的60多位专家学者围绕论坛主题“新文明与人类社会发展”，分议题“文化创新与社会发展”“未来社会与人文科学”“促进中韩人文交流的方案与建议”等展开了研讨和交流。

（中国社会科学院办公厅刘玉杰供稿）

第三届“一带一路”中巴科技与经济合作学术论坛 12月15日，在北京工商大学举办了第三届“一带一路”中巴科技与经济合作学术论坛。北京工商大学党委书记谭向勇、巴基斯坦伊姆兰汗基金会董事会主席哈米德·扎曼、巴基斯坦空军大学校长法兹·埃米尔、巴基斯坦驻华大使馆一等秘书拉赫·塔里克、北京市科学技术协会国际联络部部长曾福林出席了本次论坛并发表致辞。来自北京大学、中国人民大学、对外经济贸易大学、中国社会科学院、国家发展和改革委员会、中国科学技术协会和北京市科学技术协会、《世界经济》编辑部和《光明日报》理论部等近40家单位的产学研专家以及北京工商大学巴基斯坦科技与经济研究中心成员、国际交流与合作处和经济学院师生150余人参会。开幕式由北京工商大学巴基斯坦科技与经济研究中心主任张晓堂主持。

主旨演讲阶段，巴基斯坦空军大学校长法兹·埃米尔以“南亚安全及战略形势及其对中巴经济走廊的影响”、中国社会科学院世界经济与政治研究所副所长邹治波以“发生质变的中美关系与‘一带一路’建设”、中国扶贫基金会国际部主任伍鹏以“中国NGO走出去——以中国扶贫基金会为例”、北京大学南亚研究中心常务副主任王旭以“中巴经贸合作的现状及问题”、对外经济贸易大学经济学部主任洪俊杰以“中国与开放型世界经济”、贵州财经大学副校长杨勇以“‘一带一路’背景下巴基斯坦税制对我国‘走出去’企业的影响分析”、中央财经大学中国互联网商务金融研究院院长张云起以“商务信用的互联互通是‘一带一路’的‘五通’基础”、北京工商大学巴基斯坦科技与经济研究中心教授杨宏恩以“巴基斯坦农产品在中国市场的竞争力分析”、国家发展和改革委员会国际合作中心副主任刘建兴以“中巴经济走廊建设在‘一带一路’建设中的引领和示范作用”为主题分别作了大会发言。

下午主旨演讲阶段，北京大学经济学院副院长张辉以“‘一带一路’：共建新型全球化”、国家发展和改革委员会能源所副所长高世宪以“新时代中巴能源合作的几点思考”、察哈尔学会高级研究员成锡忠以“经济走廊建设引领巴基斯坦走向繁荣稳定”、西华师范大学巴基斯坦研究中心执行主任杨洪贵以“从互补煤电项目看地方政治势力对中巴经济走廊的影响”、北方民族大学经济学院院长尹忠明以“双边关系视角下巴基斯坦制度风险与中国在巴直接投资的关系研究”、北京第二外国语学院国际贸易系教授倪晓宁以“从中巴急救走廊建设看‘一带一路’建设的深入”、北京工商大学巴基斯坦科技与经济研究中心副教授邸玉娜以“‘一带一路’贸易网络的演变趋势及影响因素”、中国人民大学中国经济改革与发展研究院副院长陈甬军以“‘一带一路’五年回顾与发展展望”、郑州财经学院经济研究所所长徐可以“从郑州到青岛：巴基斯坦与上合组织对当前‘一带一路’的影响”、西华师范大学巴基斯坦研究中心副主任兰江以“旁遮普省中巴能源合作项目的成功经验”、江苏师范大学巴基斯坦研究中心讲师郑迪以“中巴经济走廊建设：进展与挑战”、巴基斯坦阿卜杜勒·瓦力汗大学助理教授、河南大学博士后阿布杜尔·卡马尔以“中巴自由贸易协定与贸易不平衡——以巴基斯坦出口中国失败为例”为主题分别作了大会发言，从科技、经济、制度、社会等多个视角、不同维度为中巴两国合作交流建言献策。

本届论坛还特别开设“青年论坛”环节。来自北京工商大学、北京第二外国语学院、北方工业大学、北京邮电大学等多所院校的研究生在青年论坛上汇报了在中巴科技与经济合作方面的研究成果，哈米德·扎曼、法兹·埃米尔进行了点评，并结合青年论坛发布的研究成果以微讲座的形式与论坛师生进行了观点交流和信息分享。

（北京工商大学科学技术处供稿）

人民共和国党报论坛　12 月 16 日，以“改革开放四十年与党报”为主题的“人民共和国党报论坛”第十五届（2018）年会在中国传媒大学举行。

本届党报学术年会由中国传媒大学党报党刊研究中心、天津师范大学新闻传播学院、河北大学新闻传播学院联合主办，由厦门市格灵生物技术有限公司和中国传媒大学广告学院的内容银行重点实验室、国双-中传融媒体大数据实验室、《媒介》杂志协办。来自中国记协和人民日报、新华社、中央电视台、经济日报、光明日报、北京日报等 23 家媒体的专家，以及来自中国传媒大学、天津师范大学、河北大学、南开大学、西北政法大学等 12 所高校的百余位学者参加了论坛。

中国传媒大学党委书记陈文申致辞。全国人大社会建设委员会委员、人民日报社原副总编辑、中国传媒大学博士生导师谢国明，中国传媒大学学术委员会副主任、中国传媒大学广告学院院长、党报党刊研究中心主任、博士生导师丁俊杰，天津师范大学舆情与社会治理研究中心主任孙瑞祥，河北大学新闻传播学院院长韩立新，中国传媒大学党报党刊研究中心常务副主任、博士生导师张晓红在全体会上演讲，新华社《中国记者》杂志值班主编陈国权在全体会上点评。全国政协委员、中华全国新闻工作者协会党组书记、常务副主席胡孝汉，人民日报社原副社长、中国传媒大学博士生导师何崇元等出席会议。

围绕年会主题，与会专家联系工作实际、教学实例、社会实践，在改革开放四十年的历史大背景中，结合当前传播环境与传媒技术大变革的时代特征，就党报改革、党报创新、党报作为等问题进行了探讨。

（中国传媒大学科学研究处供稿）

新闻工作者增强“四力”专题评议会　12 月 18 日，中国记协新闻道德委员会在京召开新闻工作者增强“四力”专题评议会，引导新闻工作者按照习近平总书记提出的增强“脚力、眼力、脑力、笔力”要求，锻造过硬素质、过硬本领、过硬作风，展现新时代新气象新作为。

与会委员结合新闻界践行“四力”的先进人物、优秀作品，评议新闻工作者增强“四力”的重要性，以及如何增强“四力”。大家一致认为，习近平总书记在全国宣传思想工作会议上强调“四力”要求，并将之上升为对新形势下宣传思想战线队伍建设的总要求，集中反映了党中央对宣传思想工作队伍政治素质、理论水平、业务能力、工作作风的高标准和严要求。广大新闻工作者要紧紧围绕宣传思想工作举旗帜、聚民心、育新人、兴文化、展形象的使命任务，更好履行新闻舆论工作职责使命。

围绕新闻工作者如何增强“四力”，大家认为，“四力”内涵深刻、生动形象，构成了紧密联系、相辅相成的有机整体。要在增强“脚力”上下功夫，就要走出办公室、走出互联网，发扬“光着脚板跑新闻”的好传统，上高原、下矿井，访农家、进社区，更好认识世情、国情、党情、民情；要在增强“眼力”上下功夫，就要深入基层一线“抓活鱼”，从火热实践中发掘素材，从群众生产生活中发现选题，察百态、辨是非、分真假、断美丑；要在增强“脑力”上下功夫，就要心中有人民、胸中有大局，多思善谋、综合研判，善于由小见大、由点及面，善于发现问题、研究问题、回答问题；要在增强“笔力”上下功夫，就要学好用好群众语言，用群众乐于接受的方式阐述观点，平等交流、平易近人，把脚力所到之处、眼力发现之美、脑力思考之深诉诸笔端、镜头、话筒，努力做到写得实、写得新、写得活。

围绕新闻战线增强“四力”，中国记协下一步将在教育培训、行业自律、维权服务、国际交流等工作各方面突出“四力”主题和内容，推动新闻工作者提高政治能力，提高专业本领，锐意创新创造，培养优良作风，为开创新闻舆论工作新局面提供坚实保障。

中国记协党组书记、新闻道德委员会主任委员胡孝汉主持会议并讲话。新华社国内部央采中心政文采访室副主任吴晶、《人民铁道》报副社长兼总编辑毕锋结合自身工作实践，就如何增强和践行“四力”发言。20 余名中国记协新闻道德委员会委员就新闻战线如何增强“四力”发表评议意见。

（参见《光明日报》2018 年 12 月 19 日 第 5 版）

亚洲视角下的媒介研究讲座　12 月 18 日、21 日，中国传媒大学新闻学院“新院国际前沿”系列讲座分别邀请了亚洲新闻与传播协会（AIJC）主席 Ramon Tuazon 和美国纽约州立大学传播系教授洪俊浩与学院师生进行分享。两场讲座由新闻学院副院长曹培鑫教授主持。

Ramon Tuazon 教授作了题为“亚洲视角下的媒介研究”讲座。他介绍，菲律宾官方媒体面临两方面的困境。一是在互联网，特别是社交媒体上，公众的发言非常随意，社交平台上充满了仇恨和攻击言语，政府需要采取措施管理网络传播行为，提高网民的互联网素养。二是官方媒体与公众之间沟通不畅，电视台、电台、通讯社时常出现错误，没有发挥其应有的作用。目前，出现了利用人际传播替代官方信息发布的制度，但是相较于大众传播，人际传播非常低效。

与会人员与 Ramon Tuazon 教授就记者的人身安全、商业媒体主导的国家中信息娱乐化等问题进行了讨论。Ramon Tuazon 教授目前担任亚洲新闻与传播协会（AIJC）主席、亚洲信息与传播中心（AMIC）秘书长等职。他曾以多种身份为联合国教科文组织服务，并带队参加有关大众媒体、儿童权利等领域的国际研究。

洪俊浩作了题为“‘后冷战时代’的国际传播与国际政治：新格局和新特点”讲座。洪俊浩首先以互动提问的方式明确了国际传播领域，接着以一战为起点，对国际传播的起源和历史进行了分析。此外，他介绍了当下新的传播格局，并以 CNN 和 CGTN 的移动端为例，说明新媒体的介入对国际传播内容产生的影响。他剖析了中国在国际传播领域面临的两大挑战，一是语种范围狭窄，二是话语权分量轻。

最后，洪俊浩分享了自己关于如何讲好中国故事的看法。

（中国传媒大学科学研究处供稿）

欧亚地区形势研讨会　日前，由中国社会科学出版社出版，复旦大学国际问题研究院副院长冯玉军所著的《欧亚新秩序》（三卷本）在北京首发。该书系统研究了苏联解体以来俄罗斯—欧亚国家的政治、经济、社会、对外关系与安全战略转型。

中国社会科学出版社社长赵剑英在新书首发式暨“欧亚地区形势研讨会”上表示，《欧亚新秩序》（三卷本）学理性强、视野开阔，是一部理解俄罗斯—欧亚国家转型过程的上乘之作，实现了历史与逻辑的统一、学术研究同政策研究的结合。

该书作者冯玉军表示，新著是他从事俄罗斯—欧亚问题研究近 30 年的一个小结。他说，俄罗斯 400 年来对中国的安全、发展包括制度都产生了至关重要的影响，其对于中国的意义非常巨大，“只有将研究俄罗斯—欧亚研究放在由国际、历史发展和中国国家利益三个坐标轴共同构成的立体框架下，才能真正把握住这些国家走向，把握住它们在整个世界体系中的地位和意义，也才能把握住这些国家的变化对于中国的价值和对中国的影响”。

中国现代国际关系研究院原院长陆忠伟表示，通过冯玉军的著述，深感其长期服务于智库和大学，深受战略文化、决策文化的熏陶，对形势观察敏锐，对区域国别研究专深，继承了前辈的剑锋与笔锋，称得起“起自学术，终及国家”。

《欧亚新秩序》（三卷本）是迄今为止国内由单一作者对俄罗斯—欧亚国家转型进行全方位深入研究的唯一专著，其三卷分别为第一卷《俄罗斯转型：国家治理与社会变迁》，第二卷《俄罗斯转型：对外政策与中俄关系》，第三卷《欧亚转型：地缘政治与能源安全》。

（参见《光明日报》2018 年 12 月 24 日第 12 版）

北京市委研究室决策研究　2018 年，在市委坚强领导下，市委研究室全体同志坚持以习近平新时代中国特色社会主义思想为指导，深入贯彻党的十九大和十九届二中、三中全会精神，深入贯彻习近平总书记对北京重要讲话精神，围绕全市中心工作，认真履职、埋头苦干，较好地完成了年度各项任务，服务市委科学决策的能力水平有了新的提高。全年完成重要文稿、决策参考、调研报告共计 619 篇，文字总量超过 1500 万字。积极发挥市调查研究工作协调联席会议办公室作用，2018 年全市重点课题立项 154 个，对全市决策研究系统的 90 多名干部进行了专题业务培训，开展第十三届全市调查研究工作先进单位和优秀调研成果评审表彰工作，评出调查研究工作先进单位 25 个，优秀调研成果 100 篇，并以市委市政府名义进行了表彰。搭建决策研究成果转化平台，围绕全市重点工作，全年编发《北京调研》12 期，《决策参考》73 期，共计 140 余万字，其中《决策参考》有 35 期得到市领导批示，批示率达 48%。

全面推动深化改革，围绕“出谋划策、统筹协调、督察落实”的职责定位，不断完善工作机制，为推动全市各领域改革取得突破性进展发挥了积极作用。一是站在更高起点加强改革整体谋划。协助市委编办做好深化机构改革工作，研究制订深改委工作规则、专项小组工作规则和改革办工作细则，更好发挥深改委议事协调作用。主动对标党的十九大作出的改革新部署新要求，制订贯彻党的十九大精神坚定不移将首都改革推向深入的实施意见及任务分解方案和实施规划，明确了未来五年我市改革的任务书、路线图、时间表。二是大力度统筹协调改革推进。健全完善中央深改委会议议题对接落实机制，确保改革任务不落空。研究制订关于全面深化改革、扩大开放重要举措的行动计划，部署了117条重要举措。三是抓好改革督察落实。健全市委深改督察组工作机制，推动市委领导带队督察重点改革任务落实情况和实施效果的做法常态化、机制化。35项市级年度重点督察事项和各专项小组各区181项督察事项已全部实施，基本实现了对重点领域、重点部门改革举措的督察全覆盖。四是切实加强改革宣传引导。围绕改革开放40周年做好宣传工作，通过中央电视台新闻联播、北京日报、北京电视台等媒体，以全媒体融合形式宣传我市改革创新亮点、典型做法和经验成效。形成16期“一把手抓改革”等系列改革专报。完成“将改革开放进行到底”论坛首场节目准备工作。加强改革信息报送，出台117条改革开放重要举措行动计划、多元调节发展促进会打造“枫桥经验”升级版等一批改革经验被中央改革办刊发。全年编发改革信息刊物112期，向中央改革办报送专报18期，有5篇被刊发。

（北京市委研究室冀淑萍供稿）

北京市社科联社科普及活动综述

一、2018年全市社科普及工作会议

2018年5月9日，市委宣传部、市社科联共同召开2018年全市社会科学普及工作会议，总结去年、部署今年全市社科普及工作。会议还就开展北京社科普及基地认定工作，加强基地建设，维护阵地意识形态安全作了部署。市社科联党组书记张淼就做好今年社科普及工作提了要求。密云区委宣传部、通州区图书馆、北京市成人教育学会、“青年教育社科普及基层行”教师代表在会上做了工作经验交流。各区委宣传部主管副部长、部分社科普及基地、社科类社会组织代表，市社科联部室负责同志参加会议。

二、2018·北京社会科学普及周

2018年9月17日，“2018·北京社会科学普及周”开幕式在北京市西城区大观园隆重举行。本次科普周由中共北京市委宣传部、市委社会工委、市科委、市科协、团市委、市地方志办、市社科联、西城区委区政府等单位联合举办，主题为“普及人文社科知识 建设全国文化中心”。市委宣传部常务副部长赵卫东、西城区委书记卢映川分别致辞，市政协原副主席、市社科联主席沈宝昌致辞并宣布开幕。来京参加2018年华北五省（区、市）社科联协作会议的津冀晋内蒙古社科联主要领导和同志，各主办、承办、协办单位主要或主管领导、部分区委宣传部主管领导及相关同志出席了开幕式。首都300余名市民群众参加了开幕式活动。开幕式由市社科联党组书记、常务副主席张淼主持。

科普周围绕党的十九大精神、习近平新时代中国特色社会主义思想、中华优秀传统文化等内容开展了“习近平总书记视察北京重要讲话精神和北京新总规解读”专家讲座、“一城三带”与全国文化中心建设专家谈和“我身边的红墙故事”“奋斗青春 放飞梦想”主题宣讲等活动，举办了十六区社科普及活动展、“我身边的运河故事”征集发布活动精品图片展、北京景观今昔对比展等十二项展览。科普周主会场活动于21日结束，通州区图书馆、东城区第一图书馆、北京民俗博物馆等社科普及基地也举办了丰富多彩的分会场活动。科普周充分发挥人文之光网、“京社科”微信号等自办新媒体普及方式新、传播速度快、覆盖范围广等优势，为群众打造了一场有深度、有趣味、有温情的社科普及盛宴。

三、北京周末社区大讲堂、系列科普讲座

2018年，市社科联紧紧抓住学习宣传贯彻习近平新时代中国特色社会主义思想这条主线，围绕党的十九大、习总书记视察北京重要讲话、社会主义核心价值观、中华优秀传统文化特别是北京文化等重点内容，扎实举办各类讲座。北京周末社区大讲堂全年累计举办讲座450余场，全年资助21家学会举办系列科普讲座214场，资助5家社科普及基地开展社科普及讲座79场。

四、“我身边的运河故事”征集发布活动

2018年3月9日，“我身边的运河故事”征集发布活动工作推进会在通州区图书馆举办，“我身边的运河故事”征集发布活动主页面在人文之光网正式上线。截至11月，活动共征集各类作品586篇，在“一网一微”发布稿件400余篇次，在新浪网、千龙网、今日头条、北京时间等12家支持媒体发布稿件475篇次，总点击量超过百万，影响带动了大运河文化宣传普及在整个运河沿线的蓬勃开展。

五、“小普带你看大运河文化带”科普动漫短片推广

2018年6月20日，“小普带你看大运河文化带”

(5集)科普动漫短片通过北广传媒移动电视、地铁电视和城市电视上线推广，推广时间共持续5周。

六、北京市社科联社科普及进基层活动

2018年6月25日，“社科普及进社区暨机关第一党支部、西河沿社区党委联合党日”活动在西河沿社区举办。市社科联党组副书记、机关党委书记荣大力，市社科联机关第一党支部全体党员、社科普及部全体成员，西河沿社区党员代表共80余人参加活动，活动由西河沿社区党委书记张莉主持。

七、北京市社科联社科普及进校园活动（一）

2018年10月30日，北京市社会科学界联合会与所属社会组织北京农民工教育促进会走进打工子弟学校——西城区兴华小学，共同举办社科普及进校园活动，向孩子们赠送优秀传统文化图书，邀请社科普及专家作主题讲座，受到学校师生的热烈欢迎。市社科联副巡视员傅彦泽出席本次活动。

八、北京市社科联社科普及进校园活动（二）

2018年12月6日，市科联社科普及进校园活动走进顺义区空港第二小学，邀请社科专家为学校师生做社科普及讲座，并向学校赠送了社科普及图书。市社科联党组副书记、副主席荣大力出席活动并致辞。空港第二小学校长刘强及学校100余名师生参加了此次活动。

九、“京社科”微信公众号

2018年，社科普及微信公众号“京社科”全年推送图文650余篇，开设“十九大精神”“纪念改革开放40周年”“北京新气象”等7个热点系列专题，推出了“我身边的运河故事”征文选登、“中国文化亮点”“社科小普说二十四节气”H5秀等特色专栏，采写报道了2018年“学术前沿论坛”“首都当代中国马克思主义论坛”等重点会议。线上线下有序互动，粉丝量已发展为6000多人，图文阅读总人数为12万$^{+}$。

十、人文之光网

2018年，人文之光网围绕主线紧扣热点，全年共更新稿件1750余篇，制作社科图表52个，H5动画12个。继续维护好学习宣传贯彻习近平新时代中国特色社会主义思想和党的十九大精神、“新时代·新气象·新作为”两个大型专题，加强“薪火相传·中国范”和“运河缘·中国梦”等重点专题，推出“生活与法”“中华好诗词”“镇馆之宝”等专栏，持续更新社科卡片、人文北京、社科资讯服务站等栏目。网站影响力不断提升，网页浏览量达31万，访客数达21万。

（市社科联、市社科规划办科普工作部供稿）

· 机　　构 ·

概　　述

本栏目记述了 2018 年北京地区高等学校中 3 所院校的简介，在已刊机构介绍中，记述了 7 所高等学校新增机构介绍，1 所高等学校领导成员变更情况。

部分高等学校简介

北京工业大学

学校概况

北京工业大学创建于 1960 年，是一所以工为主，工、理、经、管、文、法、艺术、教育相结合的多科性市属重点大学。1981 年成为国家教育部批准的第一批硕士学位授予单位，1985 年成为博士学位授予单位，1996 年通过国家“211 工程”预审，正式跨入国家二十一世纪重点建设的百所大学的行列。2017 年 9 月，学校正式进入国家一流学科建设高校行列。

学校本部位于北京市朝阳区平乐园 100 号，东临东四环南路，西邻西大望路，南抵双龙路，北望平乐园小区；另有中蓝、管庄、花园村、琉璃井、惠新东街和通州 6 个校区；占地面积 96.0151 万平方米。

学校现有二级教学科研机构 27 个，包括信息学部、城建学部（由建筑工程学院、环境与能源工程学院、建筑与城市规划学院、城市交通学院等 4 个二级教学科研机构组建）、文法学部、材料与制造学部（由材料科学与工程学院、固体微结构与性能研究所、机械工程与应用电子技术学院、激光工程研究院、北京古月新材料研究院等 5 个二级教学科研机构组建）、应用数理学院、经济与管理学院、生命科学与生物工程学院、艺术设计学院、继续教育学院、体育教学部、马克思主义学院、国际学院、北京-都柏林国际学院、樊恭烋荣誉学院、创新创业学院、北京智慧城市研究院、北京未来网络科技高精尖创新中心、京津冀绿色发展研究院、北京科学与计算工程研究院、北京人工智能研究院。

目前已覆盖工学、理学、经济学、管理学、文学、法学、艺术学、教育学等 8 个学科门类；拥有 3 个国家重点学科、21 个北京市重点学科、18 个北京市重点建设学科；20 个一级学科博士学位授权点、33 个一级学科硕士学位授权点；另拥有 18 个博士后流动站以及工程硕士、工商管理、建筑学、城市规划、应用统计、社会工作、教育、艺术、公共管理、金融、法律 11 个类别的专业学位硕士授予权，其中工程硕士包含 17 个培养领域；64 个本科专业（其中 2 个为北京市属高校一流专业）。7 个学科跻身 2019

年 QS 世界大学排行榜前 500，在 QS 发布的 2019 年中国大陆大学排名中位居第 33 名，化学、材料科学、工程、环境与生态 4 个学科进入 ESI 前 1%。

学校建有国家工程实验室 2 个、“111 计划”引智基地 3 个、国家级产学研中心 1 个、国际合作研究中心 1 个、教育部工程研究中心 2 个、教育部重点实验室 5 个、教育部战略研究中心 1 个、省部共建国家级重点实验室培育基地 1 个、北京市级科研基地 45 个、行业重点实验室 4 个。

教职工 3201 人，其中，专任教师 1916 人，包括正高职称 393 人、副高职称 699 人，博士生导师 346 人，硕士生导师 1171 人，外籍教师 88 人；享受政府特殊津贴专家 45 人，科学院院士 1 人，工程院院士 9 人，国家杰出青年基金获得者 13 人，国家高层次人才特殊支持计划（简称“万人计划”）入选者 6 人，百千万人才工程国家级入选者 12 人，“国家自然科学基金优秀青年科学基金”获得者 16 人。

在校生 24442 人，其中，学历教育学生中全日制研究生 7450 人（博士生 1275 人，硕士生 6175 人），非全日制研究生 677 人，普通本专科生 14050 人，成人教育本专科生 1847 人，非计划招生高等教育学生中在职人员攻读博士硕士学位 418 人。在校留学生 1072 人。

建校 59 年来，学校秉持“不息为体，日新为道”的校训精神，牢记大学使命，坚守大学理想，以创新面对未来，以改革把握机遇，已逐步发展成为培养高素质创新人才的重要基地，成为推动区域社会经济发展不可或缺的智库力量，成为展现北京市属高校发展建设成果的示范窗口，16 万余名毕业生在社会各条战线上正发挥着骨干作用。

科研（教研）机构

经济与管理学院

北京工业大学经济与管理学院成立于 1997 年。目前学院学科包括管理学、经济学两大门类，设有管理科学与工程学科部、应用经济学科部、工商管理学科部及北京经济社会发展研究院、北京工业大学知识产权研究中心、中国经济转型研究中心、能源政策研究中心等研究机构，还设有北京现代制造业发展研究基地、技术与研发管理实验室、商务智能实验室、企业管理模拟与仿真实验室、电子商务实验室、MBA 实验基地和研究生创新基地等实验设施。

学院现有应用经济学和管理科学与工程两个一级学科博士学位授权点与工商管理一级学科硕士学位授权点，工商管理硕士（MBA）、公共管理硕士（MPA）专业学位授权点及工业工程、物流工程和项目管理三个工程硕士领域，设有管理科学与工程博士后流动站。管理科学与工程为北京市重点学科、国际贸易学与数量经济学为北京市重点建设学科。

文法学部

北京工业大学文法学部于 2017 年 9 月 8 日正式成立，由原人文社会科学学院、外国语学院、高等教育研究所、北京知识产权学院/北京知识产权研究院整合组建而成。培养社会学、社会工作、法学和英语专业本科生，培养社会学、外国语言文学和教育学学术型硕士研究生以及社会工作、法律和教育专业硕士研究生；还承担全校大学生英语、研究生公共英语及其他人文社会类公共选修课教学。

办学定位：遵循“不息为体，日新为道”的校训，以立德树人为根本，以人文情怀、社会责任为引领，以立足北京、服务北京、关心国家、面向世界为原则，以首都特色、国内一流、世界前列为目标，秉持文法交融、知行合一、锐意进取、追求卓越的办学理念，整体成为高水平的人文社会科学教学研究机构，为学生成长和学校发展提供优质的外语类和人文类的公共教育和通识教育以及社会学、法学、教育学、外国语言文学的专业教育和学术成果，为首都及国家的社会进步和文化繁荣作出积极而独特的贡献。

发展思路：立足学科类型多、层次差别大的实际，注重分类要求和分类指导，坚定不移地走内涵式发展道路，以特色型和差异化为重要遵循，理顺体制、优化结构、整合资源、搭建平台，强化专业和学科间的相互融合和彼此支撑，积极进行国际化路径的探索和信息化手段的使用，重点关注并积极推进青年教师的发展和成长以及学术领军人才的培养和引进等工作，以人才培养为基础、科学研究为动力、学科建设为引领、社会服务为支撑、对外合作为桥梁，努力建设高水平的专业和学科，成为北京工业大学一流学科群建设进程中的重要力量。

师资队伍：学部现有专任教师 171 人，其中有教育部高等学校专业教学指导委员会委员、北京市高层次创新创业人才支持计划哲学社会科学和文化艺术领军人才、北京市宣传文化系统“四个一批”人才 1 人，北京市新世纪社科理论人才百人工程人选 2 人，北京市青年海聚人才 1 人，北京市属高校青年拔尖人才 5 人，北京市属高校人才强教中青年骨干人才 5 人，北京市委组织部优秀人才 2 人，共青团北京市委

“圆明园学者”1人。

科学研究：学部在社会建设与社会治理、地方大学的改革与发展、知识产权的战略与应用等领域或方向的研究具有一定特色和优势；获批了首都社会建设研究、地方大学教学改革研究2个省部级学术创新团队。近年来，学部先后承担包括国家社科基金重大项目、北京社科基金重大项目、教育部人文社科项目等一批高水平课题，到校科研经费从“十五”期间的年均43万元、“十一五”期间的年均187万元发展到“十二五”期间的386万元；获得教育部高等学校科学研究优秀成果奖（人文社会科学）一等奖1项、二等奖1项，北京市哲学社会科学优秀成果奖一等奖1项、二等奖1项。

艺术设计学院

北京工业大学艺术设计学院目前设有工业设计系、环境艺术设计系、视觉传达设计系、数字媒体艺术设计系、工艺美术系、服装与服饰设计系、美术系等7个教学系14专业方向和艺术与设计理论研究所教学研究机构。现有教师115人，其中教授12人占10.4%，副教授32人占27.8%，讲师69人占60%；教师中北京市“海聚工程”入选者1人。学院实验中心下设金工数控实验室、木工实验室、陶艺实验室、摄影实验室、数字动画实验室、网印实验室、漆艺实验室、首饰实验室、服装实验室、雕塑实验室等10个专业实验室，并拥有“博物馆展陈与空间实现北京市重点实验室”和“民间美术博物馆”、视觉艺术馆等教学科研平台。

马克思主义学院

北京工业大学马克思主义学院成立于2011年3月，下设马克思主义原理、中国特色社会主义、中国近现代史、德育和自然辩证法等五个教研室和一个行政办公室。学院现任院长李东松，副院长丁云，副书记兼副院长高峰。马克思主义学院与人文学院原同属人文学院分党委，2017年9月，学校对部分基层党组织进行调整，成立了中共北京工业大学马克思主义学院总支部委员会，李东松任党总支书记，高峰任党总支副书记兼副院长。马克思主义学院承担着全校思想政治理论课教育教学、科学研究、马克思主义理论学科建设及研究生培养任务。截至2017年底，马克思主义学院（校本部）共有教职工45人，其中专职教师40人。专职教师中正高职称7人，副高职称19人，具有博士学位的教师26人，占全体教师的65%。本年度获得全国“高校思想政治理论课教师2016年度影响力人物”荣誉称号1人；获得北京高校思想政治理论课特级教授称号1人，获得特级教师称号2人；获得全国高校思想政治理论课教学能手称号2人。有1项教学成果获得2017年北京工业大学教育教学成果特等奖，有2项成果被推荐参加北京市优秀教育教学成果评选。2017年马克思主义学院新增北京市级以上科研项目6项。其中教育部人文社科项目3项，北京市教工委课题3项，横向课题2项。另外新增校级人文社科项目3项。本年度我院教师以第一作者身份共发表论文26篇，其中CSSCI期刊论文10篇，北大核心期刊论文12篇，一般期刊论文4篇。共编著出版教学研究著作6部，其中专著3部，参编著作3部。科研获奖3项，其中省部级奖项1项。彭宏伟副教授的专著《资本总体性——关于马克思资本哲学的新探索》于2017年8月获得北京市第十四届哲学社会科学优秀成果二等奖。

学术团体

北京现代制造业发展研究基地

北京现代制造业发展研究基地于2004年正式成立，经历着四个时期的建设与发展，取得了辉煌的成绩。

基地建设目标：以北京现代制造业发展为中心，结合相关的热点问题、难点问题以及急需解决的重大问题，展开一系列的研究，为北京市领导决策提供强有力的支持，为首都经济可持续发展提供科学、合理的建设性方案。建设目标是将“基地”建设成综合研究北京现代制造业发展战略、建设规划、产业结构优化及其与高新技术协调发展的、国内一流的研究机构；成为拥有大量基础数据和核心资料的情报信息中心；成为吸引、聚集国内外优秀专家学者的研究基地；成为培养北京现代制造业高层次复合型研究人才的教育园地；成为政府和企事业单位的高级智囊。

基地研究方向：基地研究方向是随着时代、环境的变化，围绕建设目标，进行着动态的调整。一期建设研究方向（2005-2007年）：北京现代制造业的定位、发展战略和可持续发展研究；北京现代制造业的产业结构、产业链优化及制度与政策研究；北京现代制造业的信息化及其与高新技术产业协调发展研究。二期建设研究方向（2008-2010年）：资源环境约束下北京现代制造业的发展及战略；技术创新和成果转化对制造业发展以及产业转型的作用；商务智能及信息化与北京现代制造业融合发展。三期建设主要研究方向（2011-2013）：探讨北京现代制造业的发展战略；研究战略性新兴产业、高端装备业、产业集群和产业链优化问题；研究企业内部或企业所在的供应链内部信息化、智能化、数字化以及与服务业融合发展等问题。四期建设主要研究方向（2014-2016）：京津冀制造业协同发展十三五战略规划；京津冀制造业产业对接路径与实施；京津冀区域一体化产业聚集与产业链优化。

基地研究内容：宏观层面：从低碳经济，循环经济，区域经济和产业经济视角，结合结构调整、产业升级，探讨北京制造业的发展战略；中观层面：在四大产业的基础上，结合高新技术，研究战略性新兴产业、高端装备业、产业集群、产业链优化以及生产性服务业深度融合问题；微观层面：在企业内部或企业所在的供应链内部，研究数字化、信息化、智能化发展等问题。

北京社会管理研究基地

2012年经北京市社科规划办、北京市教委批准为“北京市级哲学社会科学基地”。基地以北京工业大学人文社会科学学院为主，统筹社会学、社会工作、法学、哲学、管理学等学科力量，围绕北京市社会建设与社会管理的重大实践问题开展研究工作，促进首都社会管理体制与机制创新。基地在总体定位上“立足北京、辐射全国”，在研究方向和研究内容的设计上，既考虑到当前北京市社会管理中亟待解决的现实问题，又考虑到未来将要面临的问题；既有应用性的对策研究，也有基础性的理论研究。基地的总体目标是经过一段时间的建设，把基地建设成为北京社会管理研究的阵地，北京社会管理相关课题研究的孵化器，社会管理人才队伍的培养中心，社会管理学术交流的平台，北京市委、市政府推进社会管理改革与创新的决策咨询库。

地方高水平大学发展战略研究中心

2013年8月13日，北京工业大学地方高水平大学发展战略研究中心正式获批教育部战略研究培育基地，实现我校文科类教育部重点实验室建设新突破。北京工业大学地方高水平大学发展战略研究中心是目前唯一一个落户在地方大学的教育部战略研究培育基地，基地主任由校长郭广生担任。自2006年教育部启动战略研究基地的建设工作，截至目前教育部战略研究基地共15个（含培育基地）。北京工业大学地方高水平大学发展战略研究中心于2012年6月正式揭牌成立；2012年12月，组织召开“地方高水平大学发展峰会”，来自全国各地的30余所地方大学参加会议并一致通过《地方高水平大学发展峰会宣言》，为地方高水平大学发展战略研究中心的组建奠定了组织、运行机制方面的基础。

主要研究方向：地方高水平大学发展战略研究、地方高水平大学科技创新与区域经济互动研究、区域创新人才培养模式与机制研究、地方高水平大学科技创新的体制机制研究。

首都工程教育发展研究基地

2011年10月，在北京市教委指导下，基于首都经济社会发展对工程技术和人才的需求，依托北京工业大学，联合北京邮电大学、北京交通大学、华北电力大学、北京信息科技大学、北京石油化工学院等单位，成立了“首都高等工程教育研究中心”，这是一个跨学科、跨单位合作，专门从事高等工程教育理论与实践研究工作的科学研究机构。“首都高等工程教育研究中心”在机制方面的有效运转、良好的科研合作关系，为筹备“首都工程教育发展研究基地”奠定了坚实的基础。

2014年2月24日，北京市哲学社会科学规划办公室、北京市教育委员会联合发布了“关于建立首都工程教育发展研究基地的决定”（京社科规划文【2014】9号），标志着以北京工业大学为依托单位建立的“首都工程教育发展研究基地”正式成为北京市哲学社会科学研究基地。

“首都工程教育发展研究基地”获批，为北京工业大学乃至首都搭建了提高工程教育质量、综合理工科优势推动人文社科发展的研究平台和基地。

主要研究方向为：工程人才培养模式研究、工程教育评价与国际研究、工程教育实践研究等。

北京市习近平新时代中国特色社会主义思想研究中心研究基地

研究基地依托2016年获批成立的北京高校中国特色社会主义理论研究协同创新中心（北京工业大学）。该中心是北京市获批成立的11个同类别协同创新中心之一，本基地也是北京市获批成立的19个研究基地之一。协同创新中心以北京工业大学为牵头单位，由北京工业大学、北京理工大学、中共北京市委党校、河北工业大学、天津工业大学、北京印刷学院、北京物资学院、北京石油化工学院（2017年1月由理事会讨论通过加入）等8所院校组成，研究主题是“‘四个全面’与中国特色社会主义发展道路”。基地研究重点集中在中国特色社会主义新型工业化道路与北京“创新之都”建设、习近平关于新时代全面从严治党重要论述、新时代中国特色社会主义现代化重要论述等三个方向。

全国管理科学与工程学会

2002年起，在李京文院士的倡议下，由北京工业大学经管学院牵头，全国近百所拥有管理科学与工程学科的院校以“中国管理科学与工程论坛”为平台开展了大量学术活动，先后举办了6届管理科学与工程论坛，成为管理科学与工程学科建设、人才培养和学术研究的良好平台。2007年初，又倡议在“中国管理科学与工程论坛”基础上，成立国家一级学会“管理科学与工程学会”，这项倡议受到了近百所院校学者的积极响应，而尤为重要的是得到了民政部和教育部的大力支持和帮助。2009年教育部同意作为主管方管理和指导“管理科学与工程学会”的工作，而民政部亦发函同意筹备成立“管理科学与工程学会”。2009年6月27日在北京工业大学正式召开了学会的成立大会。全国开设有管理科学与工程专业硕、博士点的172所高校中有156所高校各委派一名官方代表，作为单位会员参加了成立大会，并完成了所有选举程序。李京文院士以100%的得票率当选为学会第一任理事长，并一致同意将学会的秘书处放在本校。2010年6月23日，国家民政部正式发文同意和认可该学会的成立。

全国管理科学与工程学会秘书处承担着学会的日常管理和联系工作，负责每年年会的召集工作，负责与国务院管理科学与工程学科评议组以及国家教育部管理科学与工程学科教学指导小组的沟通工作，同时也承担了学会期刊的申报工作，是我国管理科学与工程学科建设和科研工作的协调、指导和交流中心。

（北京工业大学科发院人文处张爱民供稿）

北京工商大学

学校概况

北京工商大学是北京市重点建设的多科性大学，1999年6月经教育部批准由北京轻工业学院与北京商学院合并，机械工业管理干部学院并入组建而成。北京商学院先后隶属商业部、国内贸易部，前身是中华全国供销合作总社干部学校和中央商业干部学校。中华全国供销合作总社干部学校建于1950年初，中央商业干部学校建于1953年，1958年中华全国供销合作总社干部学校合并到中央商业干部学校。1959年商业部经国务院批准成立中央商学院，1960年更名为北京商学院，中央商业干部学校与北京商学院合并。1969年北京商学院因“文化大革命”停办，1978年经国务院批准恢复招生。北京商学院是我国新中国成立后建立较早的专门培养经济管理人才的高等院校之一，是国务院批准的全国首批硕士学位授予单位。北京轻工业学院创建于1958年，是我国最早建立的一所轻工业高等学校。1970年迁入陕西省咸阳市，1978年经国务院批准在北京原址重建，先后隶属于轻工业部和中国轻工总会，主要面向轻工行业培养高级专门人才。机械工业管理干部学院建于1982年，隶属于机械工业部，主要是面向机械工业行业培养管理干部。迄今学校已为国家培养了十万余名各级各类专门人才。

合并组建后的北京工商大学步入了新的发展时期，综合实力显著增强，现已发展成为理、工、经、管、文、法、艺等学科相互支撑、协调发展的多科性大学，并将按照“特色、内涵、规范、质量”八字方针，努力实现特色鲜明的高水平研究型大学发展目标。

2003年8月，经国务院学位委员会第20次会议审核批准，学校成为联合培养博士研究生单位，2004年起与中央财经大学联合招收和培养会计学专业博士研究生。2007年6月，学校接受教育部全国普通高校本科教学工作水平评估。2008年3月，教育部召开全国普通高等学校本科教学工作评估专家委员会全体委员会议，经全体委员投票确定：北京工商大学本科教学工作的评估结果为“优秀”。2012年12月，学校食品（含保健食品）添加剂与安全成为“服务国家特殊需求博士人才培养项目”，授予学位学科名称为“食品科学与工程”。2014年9月，“食品科学与工程”学科获批新设博士后科研流动站。2018年5月，经国务院学位委员会第三十四次会议批准，学校成为博士学位授予单位，应用经济学、食品科学与工程获批一级学科博士学位授权点。

学校现设11个学院、1个教学部；拥有2个国家级检测中心、1个国家级实验教学示范中心、2个国家级虚拟仿真实验教学中心、1个国家工程实验室、1个科技部中国-加拿大联合实验室、1个北京市高精尖中心、4个北京市重点实验室、1个北京市实验室、1个北京高等学校工程研究中心、1个北京市工程技术研究中心、2个北京市研究基地、1个省部级协同创新中心、4个北京市高校实验教学示范中心；学校现有一级学科博士学位授权点2个，“服务国家特殊需求博士人才培养项目”1个，联合培养博士学位授权点1个，一级学科硕士学位授权点16个、硕士专业学位授权点19个（其中工程硕士专业领域7个）、本科专业51个；拥有北京市重点学科4个，北京市重点建设学科6个，国家级特色专业建设点5个，北京市特色专业建设点8个，国家级本科专业综合改革试点1个，北京市专业群建设与改革试点1个，北京市专业综合改革试点3个；北京市属高校首批一流专业2个。学校现有博士后13人（含联合培养6人），博士生35名，硕士生2410名，全日制普通高等教育本科生11510名，成人学历教育学生1280名。

学校总占地面积82万平方米（合1230.6亩），其中阜成路校区21万平方米，良乡校区61万平方米。总建筑面积45.68万平方米，其中阜成路校区19.88万平方米，良乡校区25.80万平方米。固定资产总值28.53亿元。图书馆馆舍总面积25793.1平方米，截至目前，图书馆纸质文献178.2万册、中外文期刊904种、报纸65种、电子图书198.8万余册、数据库107个。

“十五”时期以来，抢抓机遇，积极拓展办学空间，不断完善基本条件，完成了阜成路校区改造和良乡校区一期等北京市重点工程建设项目，良乡校区新建面积达25.8万平方米，2004年10月，8千余名学生顺利入驻，良乡校区一期工程的建成，为莘莘学子的健康成长提供了良好的学习环境，为学校新时期跨越式发展奠定了坚实的物质基础。“十一五”及“十二五”时期，学校逐步完善阜成路校区和良乡校区的基础设施条件。2017年12月29日，良乡校区二期新建工程举行开工奠基仪式，“十三五”期间完成良乡校区二期新建工程建设，实现“整合校园资源、优化办学空间、提升条件保障”的目标。

历任主要负责人

党委书记：林少岩、王守法、孙尧东、谭向勇、黄先开

校长：苏志平、沈愉、谭向勇、孙宝国

现任行政、党委主要负责人：

党委书记：黄先开

党委副书记：张德玉、董竹娟

校长：孙宝国

副校长：谢志华、张耘、郑文红、贾英民、方德英

（北京工商大学科学技术处供稿）

北京印刷学院

学校概况

北京印刷学院隶属于北京市，是由北京市人民政府和原国家新闻出版总署共建的全日制普通高等院校。学校的前身是1958年文化部建立的文化学院；1961年文化学院撤销，其印刷工艺系并入中央工艺美术学院；1978年，经国务院批准，在中央工艺美术学院印刷工艺系基础上组建北京印刷学院，由原国家出版事业管理局管理；2000年，学校划归北京市。经过60年的建设和发展，已经成为在印刷与包装、出版与传播、设计与艺术三个领域具有明显优势和特色，工、文、艺、管协调发展，国内唯一专门为出版传媒全产业链培养人才的多科性高等院校。

学校现有13个二级学院（教学部），分别是印刷与包装工程学院、新闻出版学院、设计艺术学院、新媒体学院、机电工程学院、信息工程学院、经济管理学院、马克思主义学院、职业与继续教育学院、国际教育学院、基础部、外语部、体育部。学校共有27个本科专业招生，其中有2个国家级特色专业建设点、4个北京市特色专业建设点、印刷工程专业被评为北京市首批一流本科建设专业；有17部国家级精品和规划教材；拥有国家级实验教学示范中心、国家级大学生校外实践教育基地等。

学校现有教职工806人，其中专任教师507人，高级职称教师占专任教师比例57.14%。形成了以国家“千人计划”特聘教授、北京“海聚工程”特聘教授、国务院政府特殊津贴专家、北京市人才强校计划高层次人才等为代表的高层次人才团队；以全国和北京市新闻出版行业领军人才、中国出版政府奖、毕昇印刷杰出成就奖获得者等为代表的行业领军人才团队；以北京市科技新星、青年拔尖人才等为代表的青年人才团队；以全国优秀教师、北京市优秀教师等为代表的优秀教学人才团队。

学校坚持特色发展，以特色学科建设提升核心竞争力。学校现有12个一级学科硕士学位授权点，5个专业学位授权点，4个北京市重点建设学科，2个北京高校高精尖学科。学校有国家绿色印刷包装产业协同创新基地、北京市印刷电子工程技术研究中心、国家数字复合出版系统工程实验室、数字媒体艺术北京市重点实验室、新闻出版领域关键技术应用研究与服务综合实验室、高端印刷装备信号与信息处理北京市重点实验室、北京文化产业与出版传媒研究基地等

11个省部级重点实验室。2018年，学校获批北京市新增博士学位授予立项建设单位。

历任党委书记：王里、吴英禄、张伯海、田胜立、崔文志、郑吉春、刘超美

历任院长：王里、周兴华、田胜立、曲德森、王永生

现任主要负责人：党委书记高锦宏，校长、党委副书记罗学科，党委副书记赵盛伟、彭红，副校长蒲嘉陵、王关义、田忠利，纪委书记杨虹，党委常委刘尊忠，校长助理张养志

科研（教研）机构

新闻出版学院

新闻出版学院以出版传播为特色，现有新闻传播学、新闻与传播、出版三个硕士点，其中新闻传播学是北京市重点建设学科，全国第三轮学科评估名列第九，全国第四轮学科评估为C+；现有编辑出版学、数字出版、广告学、传播学、新闻学五个本科专业，编辑出版学是国家级特色专业，数字出版专业在全国高校中最先开办，在2017年1月12日中国科学评价研究中心发布的《中国大学及学科专业评价报告》中，编辑出版专业在全国开办该专业的高校中排名第一。

新闻出版学院以应用型高级出版传播人才为培养定位，在众多出版传媒集团建立了实习基地，构建了完备的实践教学体系。“出版应用人才培养体系的构建与实践”获北京市教学成果一等奖、国家教学成果二等奖，“卓越出版人才培养模式探索与实践”获北京市教学成果二等奖。学院毕业生专业功底扎实、动手能力强，得到用人单位的普遍青睐。

主要行政负责人：新闻出版学院执行院长陈丹

设计艺术学院

设计艺术学院具有教育部批准的参照独立设置本科艺术院校招生资格，是全国13所具有此资格院校之一。根据国家新闻出版、文化创意产业对艺术设计人才的需求，学院于1989年在全国率先开展艺术设计教育，为行业培养了大量领军人才。

学院现有四个本科专业（视觉传达设计、绘画、工业设计、艺术与科技），两个一级学科硕士学位授予点（设计学、美术学），一个艺术专业硕士授权点，具有接收美术学、设计艺术学博士后资格。

在教育部2012年学科评估中，设计学排名全国第八位，美术学名列第十一位。设计艺术学为北京市重点建设学科，视觉传达设计专业为北京市特色专业，拥有北京市学术创新团队。

学院拥有国家级教学实验示范中心、北京市重点实验室、北京市市级校内创新实践基地以及包括国家新媒体产业基地在内的校外实习实践基地等教学实践平台。

学院曾获中国新闻出版署教学成果一等奖、国家级教学成果奖二等奖，北京市教育教学成果奖一等奖，北京市精品教材，获多项北京市高等教育教学成果奖，获批多项国家社会科学基金艺术学项目；理论专著获“北京市第十一届哲学社会科学优秀成果奖一等奖”；设计作品获德国红点“至尊奖”、联合国教科文组织图书特奖、第十二届国家图书奖、“中国包装之星”金奖、国际商标双年展金奖、第43届世界广告大会金奖、第十一届全国版画展金奖、第十一届全国美术作品展览银奖等多项国内外重要奖项。

主要行政负责人：设计艺术学院执行院长张彬

新媒体学院

新媒体学院组建于2016年7月6日，是学校第一个多学科交叉融合的二级学院，致力于新媒体创意策划、新媒体艺术设计、新媒体技术实现、新媒体传播运营以及新媒体产业政策等领域的教学科研和人才培养。

学院拥有设计学、美术学一级学科硕士学位授权点，数字媒体艺术、影视动漫艺术二级学科硕士学位授权点，数字媒体艺术中心为北京市重点实验室，数字艺术与创新设计实验教学中心为国家级实验教学示范中心，并拥有国家新媒体产业基地动漫创作及人才培训中心和多媒体艺术设计国家级教学团队等。

学院专业涉及艺术学、工学、文学三个学科门类，包括数字媒体艺术、动画、摄影、数字媒体技术、网络与新媒体五个本科专业。其中，动画和网络与新媒体专业每年都招收双培生，合作高校为人民大学和中国传媒大学；数字媒体艺术和数字媒体技术专业每年均招收外培生，合作高校为美国鲍尔州立大学和英国伦敦艺术大学。旨在构建内容策划编辑、艺术设计表现、数字技术支撑，三位一体、交叉融合的学科专业人才培养体系。

主要行政负责人：新媒体学院党委书记王晓林

经济管理学院

学校20世纪80年代初开始管理高等教育，面向印刷出版行业培养专门管理人才。经济管理学院根据学校第三次党代会提出的建设特色鲜明、高水平出版传媒大学的奋斗目标，确立了建设国内一流传媒管理

学院的发展愿景，努力为国家新闻出版行业和首都文化创意产业发展培养德智体美全面发展、具有社会责任感、创新精神和实践能力的复合应用型管理专业人才。

学院现有财务管理、市场营销、信息管理与信息系统、文化产业管理、物流管理5个本科专业，其中文化产业管理、物流管理为北京市双培计划专业。现有工商管理一级学科硕士授予点、会计硕士专业学位（MPAcc）、传媒经济与管理二级学科硕士授予点和出版硕士（出版产业与管理方向）等。学院科研平台有北京市哲学社会科学研究基地—北京文化产业与出版传媒研究基地。

学院拥有北京市级优秀教学团队1个，北京市教学名师1人，北京市拔尖创新人才1人，北京市中青年骨干教师6人，北京高校青年拔尖人才1人，北京高校青年英才2人，国家新闻出版行业领军人才1人，首都新闻出版行业领军人才1人，北京市宣传文化系统“四个一批”人才1人。学院获国家级教学成果二等奖1项，国家“十二五”规划教材1部，北京市教学成果奖一等奖1项，二等奖1项，北京市精品课程1门，北京市精品教材奖5部。

主要行政负责人：经济管理学院执行院长李治堂

数字出版与传媒研究院

研究院的主导方向为新闻出版在互联网时代的理论与实践应用，主要学科为数字出版与数字传播。

作为在我国高等院校中为数不多以数字出版研究为主的研究性机构，北京印刷学院数字出版与传媒研究院以开拓的精神、专业的厚度以及学术的深度为产业发展提供有价值的理论与实践指导。研究院以创新驱动为引领，结合当前产业发展，对数字出版领域进行理论创新与总结，力图建立完整的数字出版学科体系。通过北京印刷学院内部各院系、研究院与企业之间，科研人员与企业生产者之间密切合作，围绕国家重大战略要求解决行业关键和生产实际中的重大问题，在科研和技术开发商取得突破创新。研究院着力于加强研究人才的引进与培养，并为之提供良好的软硬件科研条件，给予人才充分的发展空间，大力培养数字出版领域的领军人物。研究院也将利用好印刷学院的师资力量与教学资源，加强对数字出版行业人才的输送与培训。

主要行政负责人：北京印刷学院数字出版与传媒研究院院长、首席研究员、博士生导师郝振省

北京文化安全研究基地

“北京文化安全研究基地”成立于2014年，是北京市哲学社会科学规划办公室和北京市教育委员会依托北京印刷学院成立的北京市专门开展文化安全研究的机构。北京印刷学院副校长王关义教授担任基地首席专家，北京印刷学院经济管理学院执行院长刘益教授担任基地负责人。基地的其他专家主要来自清华大学、北京大学、北京联合大学和其他北京地区的高校和科研院所。基地以我校现有的经济管理、新闻传播等学科为基础，以传媒文化、传媒管理、传媒科技、传媒艺术等特色学科为支撑，主要依托经济管理学院、文化产业安全研究院及校内相关研究机构，以实现国家文化安全为目标，以文化产业安全与文化产业创新管理的理论和实践问题为主要研究领域。基地的三个主要研究方向分别为：文化安全与文化产业安全研究、文化产业创新管理研究和文化产业数字化发展研究。

（北京印刷学院科研处供稿）

已刊机构补充介绍

北京大学领导人调整

10月23日，中共中央组织部在北京大学宣布了中共中央、国务院的任免决定，邱水平任北京大学党委书记（副部长级），郝平由北京大学党委书记转任校长；林建华不再担任北京大学校长职务。

中国人民大学

2018年新增机构

习近平新时代中国特色社会主义思想研究院

中国人民大学习近平新时代中国特色社会主义思想研究院是根据中央领导指示精神和中宣部关于成立首批习近平新时代中国特色社会主义思想研究机构的

要求而成立的综合性研究机构。研究院成立于 2018 年 1 月。研究院主要从事如下工作：一是认真学习宣传研究贯彻党的十九大精神，深入推进习近平新时代中国特色社会主义思想学习宣传研究工作；二是积极推进习近平新时代中国特色社会主义思想进教材、进课堂、进头脑工作；三是积极开展习近平新时代中国特色社会主义思想的学科建设和人才培养工作；四是积极开展习近平新时代中国特色社会主义思想的国际交流和传播。

研究院设理事会，党委书记靳诺、校长刘伟担任理事长；研究院聘请徐光春、欧阳淞、顾海良担任学术顾问；研究院设学术委员会，陈先达担任主任，张雷声、郝立新担任副主任；研究院现院长为秦宣，副院长有王义桅、王向明、冯玉军、邱海平、陶文昭。

研究院是跨部门、跨学科、跨区域的综合研究机构，有专兼职人员近 70 人，专职研究人员主要来自于中国人民大学马克思主义学院、哲学院、经济学院、国际关系学院等学院。兼职研究人员主要来自国内高校、科研机构知名专家。中心首批聘请了中央党校校务委员、副教育长兼科研部主任韩庆祥，中国社会科学院马克思主义研究院原党委书记兼院长邓纯东研究员，中国社会科学院马克思主义研究院现党委书记兼院长姜辉研究员，中国社会科学院信息情报研究院副院长辛向阳研究员，清华大学马克思主义学院院长艾四林教授，北京大学马克思主义学院执行院长孙熙国教授，北京师范大学马克思主义学院院长王树荫教授为校外兼职研究员。

研究院成立来，主要做了以下工作：一是积极开展党的十九大精神和习近平新时代中国特色社会主义思想的宣讲工作，研究院专兼职研究员作了近百场宣讲报告；二是围绕党的十九大报告和习近平新时代中国特色社会主义思想撰写近 100 篇深度解读文章；三是研究院有十余位教授参加了中央马克思主义理论研究与建设工程组织的教材修订工作；四是举办了四次习近平新时代中国特色社会主义思想高端论坛；五是承办了四次大型国际学术交流活动。

（中国人民大学科研处朱红霞供稿）

中央民族大学

2018 年新增的科研（教研）机构

缅甸研究中心

缅甸研究中心成立于 2018 年 11 月，是国家民委“一带一路”国别与区域研究中心之一。研究中心依托中央民族大学中国少数民族史博士、硕士点及世界史硕士点，以马克思主义唯物史观、世界史观、全球史观为指导，通过凝练历史文化学院已有的研究专长，整合校内外各种优势资源，以中缅边界及两国关系史、中缅跨境民族、缅甸历史教科书中的中国为研究方向，注重中国西南边疆民族史与世界史学术团队的深度融合和优势互补，是一个既立足于中国民族问题，又具有国际眼光，重点突出、特色鲜明的学术平台。

中心负责人苍铭教授主持国家社科基金冷门“绝学”和国别史研究重大项目《滇夷图所绘西南边界与民族研究》、严赛主持国家社科基金一般项目《缅甸克钦“民族分离主义”研究（1947-2017）》，中心教师发表相关研究论文数篇。

蒙古国教育研究中心

蒙古国教育研究中心成立于 2018 年 11 月，系国家民委“一带一路”国别与区域研究中心之一，中心研究领域涉及蒙古国教育制度、蒙古国教育国际化现状、中蒙教育交流合作的现状与前瞻性制度设计等。中心负责人为国务院特殊津贴专家、教育部高等学校教育学类教学指导委员会委员、国家社科基金重大项目首席专家、二级教授、博士生导师苏德教授。研究中心有教授 1 人、副教授 1 人、讲师 2 人、博士后 1 人；在读蒙古国留学生 3 人，其中博士 1 人，硕士 2 人。

中心负责人苏德教授主持的国家社科基金重大项目“蒙古族教育史（1947-2017）”、林玲讲师主持的国家社科基金一般项目“基于文化批判视角的民族地区双语教师培训研究”、袁梅讲师主持的国家社科基金一般项目“义务教育均衡发展背景下民族地区师资保障研究”等项目正在推进。

目前研究中心紧紧依托国家民委人文社会科学重点研究基地“中国少数民族教育研究基地”和中央民族大学“双一流”建设项目，研究分析蒙古国当前的教育状况并帮助我国政府从文化和教育的角度对蒙古国施加积极影响，同时为新时代中蒙教育合作关系的发展提供现实依据和政策咨询服务，从而推动我国民族教育事业繁荣发展。

中南半岛经济研究中心

中南半岛经济研究中心成立于 2018 年 11 月，以国家民委中国民族地区经济发展研究基地为依托，对中南半岛各国经济社会开展相关研究。重点研究中国与中南半岛经济贸易合作的历史、现状，中南半岛对外经济贸易合作的政策和变化趋向，中国与中南半岛经济贸易合作的利益基础、利益关系和合作共赢的利益实现机制。

中心负责人张春敏教授主要研究政治经济学理论，曾获得霍英东基金会高等学校优秀青年教师奖、国家民委优秀社会科学成果奖。近年来，多次参加教育部高等学校社会科学研究中心、中国社会科学院、中国人民大学、中国《资本论》研究会、世界政治学经济学学会以及中国政治经济学年会等组织的学术会议，并就国有企业改革、劳动价值论、国际金融危机与世界经济体系等发表大量文章和评论。

中心研究基础雄厚，对中国与中南半岛各国在通道建设、贸易、产业、金融、文化、地缘经济与政治等领域的交流合作情况以及面临的相关问题进行了研究，并基于政治经济学中经济发展理论讨论了中国—中南半岛经济走廊建设和发展的基础，出版了《中国——中南半岛经济走廊》等多本相关专著。

发展中国家社会文化研究中心

发展中国家社会文化研究中心成立于 2018 年 11 月，是为更好地服务国家“一带一路”倡议，发挥中央民族大学在民族学、人类学、社会学方面的学科优势和研究特色，深化和拓展世界民族与海外社会文化研究而由国家民委批准设立的国家民委“一带一路”国别和区域研究中心。中心负责人为麻国庆教授。

中心的主要研究方向是发展中国家的社会文化及其对“一带一路”建设的影响，重点研究区域包括东南亚、南亚、中亚、中东、非洲和拉美等。中心的建设目标是打造一个以发展中国家为研究重点，在科学研究、人才培养、国际交流和社会服务等方面都具有一定国际影响力的世界民族与海外社会文化教学科研基地。

中心成立以来，积极拓展对外联系，已与亚非拉地区发展中国家和欧美发达国家的 20 多所学术机构建立了学术合作关系，并多次派师生赴海外进行田野调查和学术交流。2018 年，中心成功申报“校级 111 计划”基地——“‘一带一路’与发展中国家民族问题”学科创新引智基地（2018-2022），并获批校级创新型人才国际合作培养项目——“研究生海外社会文化研究国际合作培养项目”（2018-2020）。

拉丁美洲社会文化研究中心

中央民族大学“拉丁美洲社会文化研究中心”成立于 2018 年 11 月，是由国家民委批准设立的国家民委“一带一路”国别和区域研究中心。中心负责人为张青仁副教授。

中心以拉美国家社会文化状况、中国企业与文化走出去、拉美国家民族问题治理为核心议题，旨在打造一个集科学研究、文化交流、人才培养、学科发展和政府智库五位一体的、国内一流并在国际有一定影响力的高水平研究机构。

中心成立以来已与墨西哥、阿根廷、巴西、秘鲁、多米尼加、古巴等多个拉美国家的大学和科研院所建立了实质性的合作关系，并派出师生到墨西哥、阿根廷、秘鲁、巴西、古巴等国进行田野研究和学术交流。中心还邀请了墨西哥社会人类学高等研究院、秘鲁天主教大学、巴西利亚大学、阿根廷布宜诺斯艾利斯大学、美国德州大学奥斯丁分校等机构的拉美研究学者来校访问，并成功完成了古巴第一夫人丽斯·奎斯塔来校访问、多米尼加驻华代表吴玫瑰来校访问等多项外事接待任务。

中心已与中国社科院拉丁美洲研究所、中国现代国际关系研究院、南开大学拉美研究中心等国内拉美研究机构建立了密切的合作关系，形成了科学研究、人才培养、成果发表的联动合作机制。

（中央民族大学科研处供稿）

中国政法大学

2018 年新成立新型研究机构

法治经济研究院

2018 年 1 月 7 日，中国政法大学批准成立中国政法大学法治经济研究院，首任院长时建中教授。

研究院性质：研究院是由中国政法大学设立的集科学研究、人才培养、学科建设和社会服务为一体的新型在编研究机构，不设行政级别。

宗旨和定位：在习近平新时代中国特色社会主义思想的指导下，贯彻新发展理念，研究院将建设成为服务现代化经济体系、完善社会主义市场经济法治体系新型高端智库，承接相关重大、热点、急需项目，开展跨学科研究的基地。

建设目标：聚焦中国法治经济建设的重大战略问题和基础理论问题，充分整合校内学术资源，积极拓展、利用校外和社会资源，在第一个 4 年建设周期内，在科学研究、智库建设以及人才培养等方面取得突破性进展，将法治经济研究院打造成在国内有较大影响力的智库型研究机构。在第二个 4 年建设周期内，将研究院建设成国内一流并具有有较大国际影响力的高端智库型研究机构。

国家法律援助研究院

2018 年 1 月 8 日，中国政法大学批准成立中国政法大学国家法律援助研究院，首任院长吴宏耀教授。

研究院性质：是由中国政法大学设立的集科学研究、人才培养、学科建设和社会服务为一体的新型在编研究机构，不设行政级别。

建设目标：研究院在建设过程中，将积极发挥学术研究团队的专长，根据司法部相关职能部门委托合作项目的规定，制定具体的学术研究计划、明确研究进度和项目分工，有计划、有组织地逐步推动法律援助制度的理论研究工作。

研究院第一个建设周期的建设目标是：

（1）用一年的时间，根据合作协议，组建一支相对稳定的学术研究团队，积极推动相关委托事项的理论研究，早出成果、出好成果。同时，积极拓展合作、研究领域，探索与司法部相关职能部门合作的新模式新机制。

（2）用三年的时间，结合法律援助制度发展完善的现实需要，逐步推出一批有影响的学术研究成果，将研究院建设成为法律援助制度的理论研究中心，并逐步与周边国家及联合国相关研究组织建立较为稳定的合作交流关系，逐步在亚太地区法律援助研究领域发挥主导和引领者作用。

（3）第一个建设周期内，积极参与司法部相关职能部门的工作，充分发挥法律援助研究智库的作用，并在国际法律援助研究领域产生一定的影响。

国际法治研究院

2018 年 1 月 8 日，中国政法大学批准成立中国政法大学国际法治研究院，首任院长孔庆江教授。

研究院性质：是由中国政法大学设立的集科学研究、人才培养、学科建设和社会服务为一体的新型在编研究机构，不设行政级别。

建设目标：

（1）研究院将建设成为我国有关国际法治建设实践的一流智库平台。研究院将以推进“一带一路”倡议的法律保障为建设重点，将研究院打造成为服务“一带一路”倡议的国际法高端智库平台。同时，以全球治理体系变革的国际法需求和国际法治构建路径作为研究重点，将研究院打造成为中国国际法治建设的高端智库平台。

（2）研究院为国际法学院的科学研究提供有力支撑，协助国际法学院现有学科建设、科学研究进行有效组织、实施和保障，针对国家重大招标项目、国家部委及法学会等重大课题申报开展专项工作。

（3）研究院承担并致力于新型国际法治高端创新型人才培养。从满足中国参与和引领国际法治的需要出发，创新人才培养模式，包括与国际组织和相关国家机关进行对接，量身定制高端创新型法治人才的培养。

（4）强化国际交流和社会服务。以国内国际社会资源吸引国内外高端研究人员参与研究，并以高层次、高质量的智力成果提供社会服务，同时为研究院的发展和国际法学院的人才培养提供有力支撑。

（中国政法大学科研处满学惠供稿）

对外经济贸易大学

科研（教学）机构

北京语言与文化研究中心

宗旨：以马克思主义思想为指导，立足中国传统优秀文化的传承与创新，以北京语言和文化的保护传承为主线，对北京语言和文化进行调查、保护和研究，服务首善之都的文化建设。

主要任务：组织和推动北京语言和文化问题的研究；搭建和完善北京语言和文化研究的交流平台；组织北京语言和文化研究领域的课题研究及成果出版；推动中外相关学术领域的交流与合作，举办学术研讨等多形式的学术活动。

主要内容：组建北京语言与文化研究领域的专业科研团队，以传承推广北京优秀文化为己任，进行相关学术研究。组织北京语言与文化研究领域的各种项目申报，课题研究及相关科研成果的出版。组织学术研讨、会议等多形式的学术活动以推动中外相关学术领域的交流与合作，以及中外高等教育的交流与合作。

负责人：周晨萌

中国文学国际传播研究中心

宗旨：以马克思主义思想为指导，服务国家“中国文化走出去”战略，立足中国传统优秀文化的传承与创新，以中国文学的海外传播为主线，研究中国文学与文化的海外影响及中国国际形象的建构，彰显在文明交流与互鉴中的中国文学与文化的世界性意义。

主要任务：组织和推动中国文学国际传播问题的研究；搭建和完善中外文学与文化交流的平台，推动建设中外高等教育合作交流的平台；组织中国文学国际传播研究领域的课题研究及成果出版；推动中外相关学术领域的交流与合作，举办学术研讨等多形式的学术活动；

主要内容：组建中国文学国际传播相关问题研究的专业科研团队，以国际视野探究中国文学在海外的传播轨迹与路径，进行相关学术研究并实践国家“中国文化走出去”战略。组织中国文学国际传播研究领域的各种项目申报，课题研究及相关科研成果的出版。组织学术研讨、会议等多形式的学术活动以推动中外相关学术领域的交流与合作，以及中外高等教育的交流与合作。

负责人：邓如冰

销售与营销战略研究中心

宗旨：立足于中国企业在21世纪所面临的商业环境的重大变化，联合学术界与业界的力量，基于全球化和跨学科领域的视野，致力于发现、探讨和研究销售与营销战略领域的重要问题，以期建立一个对企业决策、营销知识创造、研究生培养和职业教育都有裨益的高质量研究平台，做持续而有意义的研究，促进现代营销知识的理论构建和实践发展，提高商学院和对外经济贸易大学在市场营销学科的影响力。

研究方向：1）服务营销，主要涉及客户关系管理与顾客价值管理、服务失败和服务补救管理、顾客参与和服务创新管理、服务营销的国际比较与服务国际化以及服务相关的消费者行为的研究。2）销售与渠道关系管理，主要涉及B2B营销、销售人员管理、线上线下渠道整合与协调，以及跨文化背景下的渠道关系管理的相关研究。3）战略品牌营销，主要包括战略品牌领域中品牌资产、品牌定位、品牌延伸、品牌危机等构念对营销绩效、营销创新的影响研究。4）营销建模，主要涉及实证建模，即将营销的实际应用，采用应用经济学、计量经济学和统计学的方法进行构建和验证，主要应用于研究消费者选择和购买行为，以及开发和应用大规模实验（尤其是自然实验和实地实验）、高维统计、应用计量经济学和大数据方法来解决营销相关问题。

名誉主任：王永贵

主任：Rob W. Palmatier，薛佳奇

副主任：龚诗阳

长期价值投资研究中心

宗旨：建设理论结合实际的长期价值投资研究机构，重点开展在价值链研究基础上的长期价值投资研究，以及由这一理念引导下的各个行业特别是钻石黄金行业的战略布局、股权投资与创业投资（VC/PE）等直接投资方式的引导和分析、“一带一路”沿线国家企业与中国企业的投资合作战略规划和可行性研究，推动产业升级、创新创业，以及培养发现创新型、复合型人才。邀请国内外国际经贸和投资领域及行业知名专家组成专家团队，立足于行业尤其是钻石黄金等大宗商品领域的全球价值链分析以及实际需求确定研究课题，发挥学术优势，建设长期价值投资领域的新型智库，并通过与企业的合作，促进研究成果的推广。积极开展与企业、相关政府主管部门以及行业组织的合作研究；积极组织和参加学术交流研讨活动；加强国际学术交流，组织国际论坛和会议；致力于成为我校科研人员进修及研究生学习和科研的教学实践基地。

研究领域：1）“一带一路”倡议投资；2）钻石、黄金行业产业布局和价值链研究；3）长期股权投资和创业投资（VC/PE）；4）企业战略性投资（CVC）；5）中国企业品牌国际化。

负责人：武雅斌

（对外经济贸易大学科研处供稿）

北京科技大学

科研机构变化和学科发展

2018年7月，北京科技大学科学研究与发展部，正式更名为科学技术研究院，以下简称“科研院”，其主要工作包括各类科研项目的策划、组织和管理，省部级以上科研基地/平台的申报和运行管理，与地方、企业的项目推广及合作，科研成果管理，科研财务管理，知识产权管理等。科研院内设机构包括：纵向科研办公室、重大专项办公室、基地基金办公室、地企合作办公室、先进技术装备管理办公室、综合管理办公室。

学校两个人文学科分别获批（新增）博士、硕士学位一级学科。国务院学位委员会印发《关于下达2017年审核增列的博士、硕士学位授权点名单的通知》，公布了批准的授权学科和专业学位类别名单。北京科技大学已有博士学位授权二级学科马克思主义

理论新增为博士学位授权一级学科，已有硕士学位授权二级学科设计学新增为硕士学位授权一级学科。学校现有 20 个一级学科博士授权点，30 个一级学科硕士授权点，另有 MBA（含 EMBA）、MPA、法律硕士、会计硕士、翻译硕士、社会工作、文物与博物馆和工程硕士 8 个专业学位授权点。

马克思主义理论学科依托于马克思主义学院建设，在发展中逐渐形成历史积淀深厚，教育体系完备、教学科研团队实力较雄厚、资源平台充足等三大优势；设计学学科源于 2000 年成立的工业设计专业，2003 年获得二级学科硕士学位授予权。目前已经形成交互设计与信息艺术设计、工业设计、视觉传达与媒体设计三个稳定并具特色的研究方向，在设计理论与方法、视觉传达设计、交互设计、信息艺术设计、数字影像与数字媒体、新产品开发、智慧产品与智能家居、文化遗产与创意产业等领域的人才培养、学术研究、设计服务方面取得了重要成果。

北京科技大学东凌经济管理学院顺利通过 AACSB 国际认证。2018 年 2 月 20 日，经过 AACSB 的初始认证委员会的决议，东凌经济管理学院正式通过 AACSB 国际认证，认证期限为 5 年。这标志着北京科技大学成为大陆地区第 19 家，北京第 5 家通过 AACSB 认证的大学。通过 AACSB 认证，标志着东凌经济管理学院国际化工作取得标志性成果和重大进展。

AACSB 是世界上拥有百年历史，会员最多、认证内容最全面的商学院联合认证机构，最早由哈佛大学、康奈尔大学等 17 所知名大学商学院联合发起，于 1916 年成立于美国，旨在促进已获认证和申请认证的学校通过提高学生入学标准和师资及管理水准不断提升自身的创新和影响力。目前，全世界不到 5% 的商学院取得了这项认证。

科学技术史学科在学科评估中排名 A+。2017 年 12 月 28 日，全国第四轮学科评估结果出炉，我校科学技术史继续保持国内领先，在 21 所参评高校中排名 A+（前两名）。

科学技术史是横跨于自然科学与社会科学之间的一门综合性学科。20 世纪 90 年代，北京科技大学科学技术史学科获得硕士点和博士点；2007 年，该学科被评为国家重点学科一级学科，在 2008 年与 2012 年的两次学科评估中蝉联第一。为了做大做强，团队在保持原来自然科学理性思想的同时，也正发生其人文学科转向，更加关注人类生存发展的生态环境，更加关注历史背后的社会文化背景。坚持培养文理交叉的特色人才，注重培养学生的实践能力，是研究院的人才培养目标。

（北京科技大学科学研究与发展部李静供稿）

北京交通大学

近年新增机构

北京市习近平新时代中国特色社会主义思想研究中心北京交通大学研究基地

北京市习近平新时代中国特色社会主义思想研究中心北京交通大学研究基地成立于 2018 年 1 月，是由北京市委宣传部、北京市习近平新时代中国特色社会主义思想研究中心批准，依托北京交通大学建立的北京市习近平新时代中国特色社会主义思想研究中心 19 个研究基地之一。2018 年 7 月 20 日，北京交通大学举行北京市习近平新时代中国特色社会主义思想研究中心北京交通大学研究基地揭牌仪式暨工作推进会。习近平新时代中国特色社会主义思想研究中心北京交通大学研究基地坚持把研究宣传阐释习近平新时代中国特色社会主义思想和十九大精神作为首要任务、主攻方向，充分发挥北京交通大学马克思主义理论和相关学科的研究优势，汇聚校内外马克思主义理论研究和习近平新时代中国特色社会主义思想研究的高层专家学者，努力打造马克思主义理论和习近平新时代中国特色社会主义思想研究的协同创新中心和高层智库，更好地推进 21 世纪马克思主义、当代中国马克思主义研究，努力建设国内一流的马克思主义中国化最新成果研究传播平台和基地，同时积极开展学科建设和人才培养，更好的肩负起在新时代争取新作为，奋力为国家、民族的发展贡献力量，更好地服务党和国家思想理论建设的时代使命与担当。

单位地址：北京市海淀区西直门外上园村 3 号

邮政编码：100044

联系电话：51684571

国家经济安全预警工程北京实验室

国家经济安全预警工程北京实验室于 2017 年 10 月 30 日获北京市教育委员会批准建立，是全国第一家社会科学与自然科学交叉学科的计算机实验室。本实验室由北京交通大学牵头，依托于北京交通大学国家经济安全研究院，与北京信息科技大学计算机学院、中国航天科工集团北京仿真中心等联合共建、密切交流，并寻求国际合作，形成“多元、融合、共赢”的协作创新团队。

国家经济安全预警工程北京实验室以北京实验室服务国家和北京市经济社会发展的重大需求为出发点，围绕国家经济安全预警的现实需求，突破基于高度非线性社会模型的经济安全预警等技术，结合重大科研需求和国际学术研究热点问题，就国家经济安全监测、预测、预警、政策模拟等方面进行深入研究，力求突破经济安全领域复杂技术难题，实现国家重大政策出台前及重大工程投资前的模拟仿真，真正实现经济安全预警目标，服务社会、服务国家决策。

实验室现有学术研究人员共52人，其中院士2人，教授和高级工程师29人，副教授及研究员等21人。研究方向为：1. 国家经济安全理论体系研究；2. 国家经济安全监测、预测和预警方法及技术研；3. 国家经济安全模拟仿真方法及技术研究；4. 国家经济安全预警工程建设及应用技术研究。

单位地址：北京市海淀区上园村3号
邮政编码：100044
联系电话：（010）51684566
电子信箱：naessr@ bjtu. edu. cn
单位网址：http：//naes. bjtu. edu. cn/

（北京交通大学社会科学处供稿）

首都经济贸易大学

2018年新增机构

中欧金融与经济发展研究中心

为加强国际交流合作，推动经济学学科发展，经3月27日校长办公会讨论通过，决定与中国国家金融与发展实验室、意大利罗马第二大学联合成立“中欧金融与经济发展研究中心”。

高等财经研究院

为加强学科建设，促进科研创新，提高服务社会能力，经学校研究决定，9月14日经学校校长办公会审议通过，决定成立高等财经研究院。聘任张寿全为高等财经研究院执行院长；聘任祝合良为高等财经研究院常务副院长。

国学与艺术中心

经9月25日学校校长办公会审议通过，决定成立首都经济贸易大学国学与艺术中心，中心依托于文化与传播学院，学生处、团委、教务处等相关部门配合工作。

（首都经济贸易大学科研处李艳杰供稿）

· 大　事　记 ·

2018

1月

3 日　全国宣传部长会议在京召开。中共中央政治局常委、中央书记处书记王沪宁出席会议并讲话。他表示，要坚持以习近平新时代中国特色社会主义思想为指导，增强政治意识、大局意识、核心意识、看齐意识，紧紧围绕学习宣传贯彻党的十九大精神这条主线，扎实做好宣传思想文化工作，为在新的历史起点上进行伟大斗争、建设伟大工程、推进伟大事业、实现伟大梦想提供坚强思想保证和强大精神力量。

王沪宁表示，党的十八大以来，宣传思想文化工作之所以取得历史性成就、发生历史性变革，根本就在于以习近平同志为核心的党中央坚强领导，在于习近平新时代中国特色社会主义思想科学指引。习近平总书记对宣传思想文化工作作出一系列重要论述，深刻回答了宣传思想文化工作的一系列方向性、全局性、战略性重大问题，把我们党对宣传思想文化工作的规律性认识提升到新的高度，是做好新时代宣传思想文化工作的根本遵循，我们一定要深入学习领会、抓好贯彻落实。

王沪宁指出，做好今年宣传思想文化工作，重中之重是落实用习近平新时代中国特色社会主义思想武装头脑的战略任务。要按照学懂、弄通、做实的要求，深化学习教育和宣传阐释，推动习近平新时代中国特色社会主义思想深入人心，引导干部群众增强维护习近平总书记核心地位、维护党中央权威和集中统一领导的自觉性与坚定性。要牢牢把握正确政治方向、舆论导向、价值取向，坚持立破并举，突出工作重点，建设具有强大凝聚力和引领力的社会主义意识形态。要加强党对宣传思想文化工作的全面领导，坚持以党的政治建设为统领，落实好意识形态工作责任制，加强干部和人才队伍建设。

中共中央政治局委员、中宣部部长黄坤明主持会议并作工作部署，强调要增强做好新时代宣传思想文化工作的自信自觉，把学习宣传贯彻习近平新时代中国特色社会主义思想和十九大精神引向深入，着眼深入人心，坚持用习近平新时代中国特色社会主义思想武装全党、教育人民；着眼凝心聚力，营造决胜全面建成小康社会的浓厚舆论氛围；着眼以文化人，繁荣发展社会主义文化；着眼成风化俗，提高人民文明素养和全社会文明程度；坚持和加强党对意识形态工作的全面领导，牢牢掌握工作领导权。落实全面从严治党要求，加强宣传思想文化战线党的建设，把以习近平同志为核心的党中央开创的宣传思想文化工作大好局面巩固好、发展好，不断谱写新的时代篇章。

（摘自《光明日报》2018 年 1 月 4 日第 3 版）

同日　“税收法律高端论坛暨北京哲学社会科学国家税收法律研究基地颁牌仪式”在首都经济贸易大学学术报告厅举办。最高人民法院院长周强，国家税务总局副局长孙瑞标，北京市委常委、市委教育工委书记林克庆，全国人大财经委副主任、首经贸教授郝如玉，首经贸党委书记冯培、校长付志峰、副校长杨开忠等出席会议。此次的颁牌仪式，标志着首经贸国家税收法律研究基地正式获批北京市哲学社会科学研究基地。

2017 年 3 月 30 日，国家税收法律研究基地由最高人民法院院长周强、国家税务总局局长王军和首经贸教授郝如玉共同揭牌成立。这是首经贸与国家法官学院发挥各自优势、实现强强联合、共同建立的税收法律研究机构。研究基地的设立，实现了税收立法、执法和司法的统一，将经济学、法学、管理学有机融合在一起。研究基地成立以来，深入开展了大量的调查研究工作，取得了丰硕的研究成果。2017 年 12 月，国家税收法律研究基地正式被北京市教委、北京市社科规划办确定为北京市哲学社会科学研究基地。这是我国税收法律研究领域第一个获批省部级研究基地的研究机构。

全国政协经济委员会副主任闫冰竹，全国人大财经委委员徐如俊，北京市教委副主任叶茂林，北京市社科规划办副主任张庆玺，最高人民法院办公厅主任于厚森，国家法官学院院长黄永维、副院长李晓民，国家税务总局科研所所长李万甫，国家税务总局办公厅副主任郭顺民、政策法规司副司长张学瑞、所得税司副司长叶霖儿及来自北京大学、中国人民大学、中央财经大学等高校的数十位专家学者参加了此次论坛和颁牌仪式。

（首都经济贸易大学科研处李琳供稿）

5 日　北京食品安全政策与战略研究基地在中国农业大学成立。北京市哲学社会科学规划办副主任张庆玺，农大副校长、基地主任辛贤，北京工商大学党委书记、基地学术委员会主任谭向勇，国家食药总局保健食品审评中心副主任樊红平等共同为该研究基地揭牌。

北京市哲学社会科学规划办公室研究基地工作处刘军处长介绍，为贯彻落实党的十九大精神和国家、北京市关于加强食品安全的决策部署，构建食品安全体系，北京市哲学社会科学规划办公室、北京市教育委员会依托中国农业大学，建立北京食品安全战略与政策研究基地。

该研究基地聘请经管学院教授、教育部青年长江学者白军飞为首席专家，研究团队由经济管理、人文与发展、食品科学与营养工程、植物保护、马克思主义等 5 个学院的 30 位专家组成，同时还聘请农业部农产品质量评估中心、中国标准化研究院、农大 MBA 教育中心、北京工商大学经济学院相关专家为特邀研究员。

（中国农业大学科学技术发展研究院张颖供稿）

6 日　北京市高等教育学会美育研究会 2017 年年会暨美育高峰论坛在北京科技大学举行。北京市教育委员会委员王定东，北京市高等教育学会美育研究会会长吴付来，副会长李军锋，监事长徐春生，秘书长王建，副秘书长刘晓勇、刘欣欣等出席会议。

在论坛环节中，中国文艺评论家协会副主席张德详做“走进十九大——文化自信与新时代文艺创作”专题报告，强调应从传统文化中挖掘出更加灿烂的文化特质，使中华文化迸发出强大的生命力，树立文化自信。中国音乐教育学会理事长吴斌进行“美育中的音乐教育”主题讲座，从音乐教育的角度发现美育工作的成功与问题。北京市高等教育学会美育研究会副会长周星进行“美育观念的嬗变与传统坚守”专题讲座，分析了国内美育观念的历史演进，并对目前国内美育观念以及教育观念进行深刻剖析。

（北京科技大学科学技术研究院李静供稿）

同日　2018 北京新经济组织发展年会暨非公企业履行社会责任发布会在首都经济贸易大学举办。会议由中共北京市委社会工作委员会和首都经济贸易大学主办，主题是“新时代、新发展、新使命”。

首都经济贸易大学校长付志峰主持了大会开幕式。校党委书记冯培表示在企业界的紧密合作下，通过政、产、学、研间协同互动、资源整合、全力推进，北京新经济组织发展研究院将发展成为北京新经济组织领域的重要智库，为首都新经济组织发展提供决策咨询和智力支持，助力北京新经济组织更好地发展。北京市委社会工委书记、市社会办主任宋贵伦在讲话中表示，北京新经济组织发展年会暨非公企业履行社会责任发布会是认真贯彻落实党的十九大精神、中央经济工作会议精神和市委十二届四次全会精神的具体举措，今后将继续推动新经济组织制度化、机制化发展，并期待有更多企业参与到履行社会责任的工作中来。

北京市委社会工委委员、市社会办副主任赵济贵、卢建、赵学刚，北京市委社会工委相关处室、部分市级枢纽型社会组织、部分区委社会工委负责人，北京新经济组织发展研究院理事会成员单位、北京新经济组织发展研究院执行机构领导成员以及首都经贸大学部分师生代表参加会议。

（首都经济贸易大学科研处李琳供稿）

7 日　国务院发展研究中心和世界银行在京共同召开《中国水治理研究》联合研究项目成果发布会，国务院发展研究中心副主任、项目领导小组组长王一鸣，世界银行副行长、项目领导小组共同组长维多利亚·克瓦到会并致辞。资环所副所长、项目中方首席专家谷树忠主持会议并简要介绍项目成果。世界银行水务全球发展实践局高级局长詹妮弗·萨拉、世界银行中国局局长郝福满、世界银行东亚与太平洋地区水务局副局长苏迪特等与会；来自水利部、自然资源部、农业农村部、财政部及中国环境科学研究院的领导、专家参会并点评成果；来自资环所和中国水利水电科学研究院、中国科学院地理科学与资源研究所、水利部发展研究中心等单位的项目组成员，以及人民日报、光明日报、人民政协报、中国自然资源报、中国经济时报、中国水利报等媒体参会。

（国务院发展研究中心郭巍供稿）

10日　纪念胡绳同志诞辰100周年座谈会在京举行。全国政协主席俞正声出席座谈会，并在会前会见了胡绳同志亲属。

胡绳同志是我国著名的马克思主义理论家、历史学家，是中国共产党第十二届中央委员，曾任第七届、八届全国政协副主席。

中共中央政治局委员、中宣部部长黄坤明在座谈会上缅怀了胡绳同志为中国革命、建设、改革事业不懈奋斗的光辉一生，强调要学习他的革命精神、优良作风和崇高风范，像他那样坚定理想、不忘初心，一心向党、对党忠诚，坚持真理、不懈求索，扎根中国、潜心治学，修身律己、品德高尚，为实现中华民族伟大复兴的中国梦而不懈奋斗。

全国政协副主席兼秘书长张庆黎主持座谈会。

（摘自《光明日报》2018年1月11日第3版）

11日　中国广告博物馆第十四次发起人会议在中国传媒大学召开。会议通过了中国广告协会、中国商务广告协会和中国广告主协会正式加入中国广告博物馆。这标志着中国广告行业的三大广告协会从此将与中国广告博物馆一起责任共担，携手同行，也标志着中国广告博物馆成为行业重要的资源凝聚平台。

会议由中国传媒大学资深教授、中国广告博物馆馆长黄升民主持，中国传媒大学广告学院院长丁俊杰致欢迎辞。出席会议的有中国广告行业三大协会领导：中国广告协会会长张国华，中国商务广告协会会长李西沙，中国广告主协会副秘书长汤渊；博物馆的各位发起人：国家工商行政管理总局广告监管司原司长刘保孚，北京电通广告有限公司副董事长姜弘，中国商务广告协会原常务副会长、《国际品牌观察》杂志社原社长刘立宾，广东省广告股份有限公司董事长陈钿隆，北京广告有限公司董事长胡纪平等。

（中国传媒大学科学研究处供稿）

12日　北京市中关村口述史资料（一期）捐赠仪式暨座谈会在北京市档案馆举行，市政协副主席闫仲秋出席并讲话，市档案局局长程勇、副局长马素萍、李立军，市政协科技委员会主任申建军、专职副主任郭文莉出席。会议由马素萍主持。市政协科技委员会将中关村口述史资料（一期）成果，包括《中关村创业史话》专题片、12位口述人的原始视频素材及其所编图书各两套，分别赠予北京市档案馆和海淀区档案馆。现场签订了捐赠协议，颁发了捐赠证书。闫仲秋在讲话中强调指出，今年是改革开放40周年，中关村的发展史是北京改革开放的一个缩影，今天将中关村口述史资料（一期）成果捐赠档案馆是尊重历史的具体表现。希望市政协与档案部门共同组织、开展好中关村口述史二、三期的采集工作。

（北京市档案局科教处和晓兰供稿）

同日　中国国情网开通仪式在国家方志馆举行。中国社会科学院院长、党组书记、中国地方志指导小组组长王伟光，中国社会科学院副院长、党组副书记王京清，中国社会科学院党组成员张英伟，中指组秘书长、中国地方志指导小组办公室党组书记、主任冀祥德共同按下启动球，中国国情网正式开通。

中国国情网是全国信息方志与数字方志建设工程“三网一馆两平台”（中国国情网、中国地情网、中国方志网，国家数字方志馆，全国地方志综合办公平台、全国地方志新媒体传播平台）的重要内容，定位是国情信息展示平台、国情信息检索平台和国情资料收集平台。中国国情网建设以习近平新时代中国特色社会主义思想和党的十九大精神为指导，以国家的层面和视角，依托中国政府网、新华网、人民网、中国社会科学网等国家级综合性网站以及各部委网站、国家数字方志馆等的国情资源，按照经济建设、政治建设、文化建设、社会建设、生态文明建设“五位一体”战略布局收集、展示、研究国情，实现国情信息的汇集、整合和检索，面向党政机关、社会团体和人民群众提供国情信息的咨询、服务和教育，为编修中华人民共和国国志储备国情资料。

（中国社会科学院办公厅刘玉杰供稿）

同日　国家方志馆开馆暨“魅力中国”展览开展仪式举行。中国社会科学院院长、党组书记、中国地方志指导小组组长王伟光，中国社会科学院副院长、党组副书记王京清，中国社会科学院党组成员张英伟，中国社会科学院副院长、党组成员蔡昉等共同为国家方志馆揭幕。

国家方志馆是一家集收藏保护、展览展示、编纂研究、专业咨询、信息服务、开发利用、宣传教育、业务培训、文化交流等九大功能于一身的国家级公共文化服务机构，担负着普及国情知识，宣传方志文化，延续文化血脉，助力实现中华民族伟大复兴中国梦的重要使命。“魅力中国”展览是国家方志馆展览展示项目的重要组成部分，分“锦绣山河”“悠久文明”“今日辉煌”“走向未来”四部分。

（中国社会科学院办公厅刘玉杰供稿）

同日　北京市习近平新时代中国特色社会主义思想研究中心在市委449会议室召开第一次研究基地主任联席会。市委宣传部常务副部长赵卫东主持会议并讲话。市社科联党组书记、研究中心常务副主任张淼，市委宣传部理论处处长、研究中心秘书长张际分别介绍研究中心有关工作情况。研究基地负责同志就各自开展的工作和下一步工作计划作交流发言。市社科联副主席、研究中心执行副主任李翠玲就发表理论文章进行了说明。市社科规划办副主任张庆玺、市委教育工委宣教处副处长寇红江、市社科联中国特色社会主义理论研究部主任许星及研究中心工作人员共40多人参加了会议。

（市社科联、市社科规划办理论研究部供稿）

同日　中国国际关系学会在北京召开2017年年会。年会主题为“落实十九大报告精神，开创新时代中国特色大国外交新局面”，外交部、中国国际问题研究院、上海国际问题研究院、中国社会科学院、北京大学、人民大学、国际关系学院、同济大学、南开大学、察哈尔学会等单位的120余位代表出席会议。陶坚副会长主持，外交部党委书记张业遂做形势政策报告，张业遂对十八大以来中国外交所取得的成就进行了全面总结，并结合十九大的胜利召开，强调要深刻理解和领会中国外交的新使命、新目标和新部署；秦亚青常务副会长做学会年度工作报告，在过去的一年中，学会通过举办各类学术会议以及进行首届年度优秀论文评奖和召开首届青年学者论坛等活动，积极发挥引领作用，扩大学会活动辐射范围，跟踪重大热点问题研究，培育青年才俊，切实推动中国国际关系学科的全面发展；韩方明、戚振宏、陈东晓、贾庆国和朱锋五位副会长分别进行了主旨发言，就中国特色大国外交、新型大国关系和国际形势新变化等议题进行了阐述；学会分别以“新型国际关系与中国特色大国外交”和“构建人类命运共同体与全球治理”为主题进行了分组讨论会。

（外交学院科研处供稿）

13日　中国人民大学习近平新时代中国特色社会主义思想研究院揭牌仪式暨新时代中国特色社会主义高端论坛在中国人民大学举行。全国人大常委会委员、中共党史学会会长、中共党史研究室原主任欧阳淞，教育部社科司司长刘贵芹等有关领导及部分高校和科研机构的负责人出席揭牌仪式。校领导刘伟、张建明、吴付来、洪大用、郑水泉、刘元春，一级教授卫兴华、陈先达、周新城出席活动。揭牌仪式由校党委副书记、纪委书记吴付来主持。

（中国人民大学科研处李素萍供稿）

同日　中国劳动关系学院和社会科学文献出版社联合在京召开《中国职工状况研究报告（2017）》暨中国职工状况指数发布会。校党委副书记、校长刘向兵，社会科学文献出版社社长谢寿光，国家发展改革委员会社会发展研究所所长杨宜勇，中华全国总工会网络工作部副部长彭恒军，中华全国总工会研究室副主任王娇萍，首都经济贸易大学劳动经济学院院长冯喜良教授，北京大学经济学院王大树教授，中国社会科学院人口与劳动经济研究所人口资源环境经济学研究室主任王智勇研究员，对外经济贸易大学李长安教授出席发布会。中国劳动关系学院相关教师和新闻媒体记者共计30余人参加发布会。

发布会上，“中国职工状况研究”课题组负责人、校党委常委、科研处处长、经济管理系主任（兼）燕晓飞教授以“从职工状况指数看中国职工状况的新变化”为题作成果发布。她介绍，《中国职工状况研究报告》推出的“中国职工状况指数”，通过对总体性指标、均衡性指标和增长性指标等三个维度的指标体系进行测算，不仅从职工就业、收入分配、家庭消费、生产安全与职业卫生、劳资关系、工会发展等多方面综合考察了中国职工状况发展变化的情况和未来演化趋势，同时也揭示了影响中国职工状况进一步改善的因素，为相关问题的学术研究提供了新视角，也为相关的政策制定提供了新参考。“中国职工状况研究”报告负责人李洪坚、郭鹏也分别围绕职工的就业状况和养老保险状况进行了成果介绍。

（中国劳动关系学院科研处陈邓海供稿）

14日　2018年首场清华五道口金融家大讲堂在清华大学举行。世界银行前副行长、牛津大学全球化与发展学院教授伊恩·高登发表“全球大趋势对中国和世界的意义”的主题演讲。清华大学国家金融研究院院长、国际货币基金组织（IMF）原副总裁朱民出席并与伊恩·高登进行交流。伊恩认为，目前全球呈现出技术革新、人类寿命延长以及城镇化三大趋势。互联网技术的革新和发展加速了各类思想与技术的传播，城镇化带动了教育、健康、就业等领域的发展。

同时，全球化也带来了发展不均衡、不公平、金融系统性风险和公地效应等问题；随后，伊恩围绕人类寿命延长、生育率下降、经济发展三项议题展开阐述。他认为人口老龄化、低生育率推迟了退休计划，影响了消费、教育等领域的发展；国家对基础设施等方面进行建设，有利于经济的大幅度提高。伊恩表示，从1984年第一次访问北京到年年到访中国，中国的发展趋势是开放、全球一体化、转型的过程。就经济增速而言，中国在巨大的经济体量基础上，重视发展质量、节能降耗的同时，GDP增速稳定在6%左右已是不易；此外，充足的外汇储备、领导人的学识水平也保证了中国未来发展的前景和全球领导力的提升。同时他还对如何改善GDP统计质量提出了自己的看法。在互动中，伊恩还详细地解释了技术变化、亚洲崛起、人口老龄化等问题，并就如何判断技术好坏、甄别信息真假等问题作出回应。

（清华大学文科建设处刘金梅供稿）

16日　推进"一带一路"建设工作会议在北京召开。国务院副总理张高丽主持会议并讲话。会议深入学习贯彻党的十九大和中央经济工作会议精神，贯彻落实习近平总书记重要讲话和指示精神，总结推进"一带一路"建设工作进展情况，讨论有关文件，研究部署下一步重点工作。

中共中央政治局常委、中央书记处书记王沪宁出席会议。

张高丽表示，党中央、国务院高度重视"一带一路"建设。习近平总书记在党的十九大报告中强调，积极促进"一带一路"国际合作，努力实现政策沟通、设施联通、贸易畅通、资金融通、民心相通，打造国际合作新平台，增添共同发展新动力。李克强总理也提出工作要求。在党中央、国务院的坚强领导下，各地区各部门各单位主动作为、扎实工作，"一带一路"建设取得了显著成效。下一步，要认真贯彻党的十九大和中央经济工作会议精神，以习近平新时代中国特色社会主义思想为指导，坚持稳中求进工作总基调，推动"一带一路"建设取得新的更大进展。

张高丽强调，要凝聚更加广泛的合作共识，加强战略对接、规划对接、机制平台对接，增强共建"一带一路"的国际感召力。要加强互联互通合作，大力推进基础设施"硬联通"和政策规则标准"软联通"，继续实施好一批示范项目。要提升经贸投资合作水平，深化国际产能合作，增添沿线国家共同发展新动力。要创新金融产品和服务，发挥好各类金融机构作用，提高金融服务"一带一路"建设水平。要拓展人文交流合作，夯实"一带一路"建设的民意基础。要积极履行社会责任，加强生态环境保护，共同建设绿色丝绸之路。要继续做好风险评估和应急处置等工作，强化"一带一路"建设安全保障。

张高丽表示，要牢固树立"四个意识"，坚定"四个自信"，抓好统筹协调，强化督促检查，加强宣传引导，进一步把"一带一路"建设各项工作抓实抓好抓出成效。

刘鹤、杨洁篪、杨晶和推进"一带一路"建设领导小组成员、领导小组办公室以及有关部门负责同志参加了会议。

（摘自《光明日报》2018年1月17日第3版）

18日　国家档案局副局长付华带领经科司有关负责人检查指导京张高铁工程建设项目档案工作，北京市档案局局长程勇、副局长马素萍一同参加检查。与会人员观看了宣传片，实地察看了工程建设进度，听取了工程建设概况及档案工作情况汇报，抽查了部分案卷，并现场反馈了整改意见。付华在讲话中充分肯定了市档案局在重点建设项目档案业务指导工作中的好经验、好做法，并对有关单位提出三点希望：一是项目参建单位要把好档案收集关口，把住安全底线，努力打造精品档案、智能档案；二是项目主管各相关单位要密切协作，形成合力，为档案工作开展提供组织保障；三是各单位要依职责做好档案服务工作，为工程建设保驾护航。程勇肯定了该项目档案工作取得的成绩，并提出三点建议：一是强化精品意识，高质量、高水平做好档案工作；二是强化安全意识，确保档案实体与信息的绝对安全；三是强化资政利用意识，保证档案为今后高铁运行管理、社会查考等工作提供完整依据。京张城际铁路有限公司董事长马侃彦表示，要以此次检查为契机，专题研究和部署档案工作，抓好各方面工作的落实，在建精品工程的同时，争创一流档案工作。铁路总公司档案史志中心、中国铁路北京局集团有限公司档案馆、河北省张家口市城建档案馆有关负责人一同参加了检查活动。项目设计、施工、监理单位有关人员共计30余人到场迎检。

（北京市档案局科教处和晓兰供稿）

同日　中国社会科学院科研局召开"贯彻落实习近平总书记关于大兴调查研究之风重要批示精神座谈会"。中国社会科学院副院长、党组成员李培林传达了习近平总书记关于大兴调查研究之风、做好调查研究工作的重要批示精神，并就在全院科研工作中特别是在推进国情调研工作中如何贯彻落实好习近平总书记批示精神提出了相关要求。

中国社会科学院工业经济研究所党委书记史丹，数量经济与技术经济研究所所长李平，人口与劳动经济研究所所长张车伟，城市发展与环境研究所所长潘家华等分别在会上发言。他们结合各自单位的科研情况，交流调查研究工作尤其是国情调研的心得体会，并就如何做好调查研究工作提出建议。

中国社会科学院国情调研专家委员会成员、国情调研项目承担人代表、院属单位科研管理部门负责人等50余人参加会议。

（中国社会科学院办公厅刘玉杰供稿）

19日　京南大学联盟“绿色大学行动”主题研讨会在北京印刷学院召开。北京石油化工学院副校长、大兴区政协副主席韩占生、北京建筑大学党委副书记张启鸿、首都师范大学科德学院院长王万良等院校领导以及各校联盟工作组成员、部分大兴区政协常委、委员莅临出席。北京印刷学院党委副书记赵盛伟主持研讨会。

赵盛伟在致辞中表示，京南大学联盟作为首都地区较有影响力的高校合作组织，近年来服务地方经济社会发展，加强互利合作作出了一定贡献。围绕贯彻落实党的十九大关于建设绿色学校和北京市政府“垃圾分类从我做起，美丽北京共建共享”倡议，北京印刷学院在第三次党代会报告中提出了“绿色发展战略”，并建立起校内协同推进机制。同时也希望借助京南大学联盟的平台整体推进“绿色大学”行动计划，联盟五校携手推进绿色大学建设，共同开展绿色教育，共同促进绿色学术，共同建设绿色校园，共同发展绿色文化，全面对接大兴区的绿色发展战略，落实十九大报告提出的绿色校园行动。

（北京印刷学院科研处供稿）

同日　中国社会科学院主办，中国社会科学院科研局、中国社会科学院中国廉政研究中心、社会科学文献出版社共同承办的中国社会科学院创新工程2017年度重大成果系列发布会——《反腐倡廉蓝皮书：中国反腐倡廉建设报告 No. 7》发布会在北京举行。中国社会科学院党组成员、《反腐倡廉蓝皮书》主编张英伟出席会议并致辞。

（中国社会科学院办公厅刘玉杰供稿）

同日　北京市习近平新时代中国特色社会主义思想研究中心在市委380会议室举行揭牌成立大会。北京市委常委、宣传部部长、市习近平新时代中国特色社会主义思想研究中心主任杜飞进出席大会并发表讲话。杜飞进为研究中心学术顾问颁发聘书，并和与会领导一起为研究中心揭牌。市委宣传部常务副部长赵卫东主持会议，市委宣传部副部长、研究中心常务副主任韩昱介绍成立北京市习近平新时代中国特色社会主义思想研究中心的有关情况。研究中心常务副主任、社科联党组书记张淼宣读学术顾问、特约研究员、首批研究基地名单。中央党校原副校长李君如，清华大学马克思主义学院院长艾四林，首都经贸大学党委书记冯培，市委党校党组书记、常务副校长王民忠等作为代表发言。市研究中心执行副主任、社科联副主席李翠玲，市委宣传部理论处处长、研究中心秘书长张际，市研究中心副秘书长、市社科联中国特色社会主义理论研究部主任许星，市委教育工委有关同志，首都专家学者和研究基地代表，媒体记者、研究中心办公室工作人员共100多人参加了揭牌成立大会。

（市社科联、市社科规划办理论研究部供稿）

22日　由全国预算与会计研究会和中央财经大学新市场财政学研究所联合举办的全国政府预算与会计研究智库成立大会在中央财经大学举行。全国预算与会计研究会会长王光坤、新市场财政学研究所所长李俊生、教育部财务司预算处处长陈淑梅、国家行政学院冯俏彬教授、中国社科院财经战略研究院院长高培勇、中国人民大学郭庆旺、赵西卜教授、中央财经大学发展规划处处长林光彬、科研处副处长张舰、财政部国库司副司长王绍双、财政部预算司制度处调研员王法忠、中南财经政法大学王银梅教授、《预算管理与会计》主编张立宪等出席成立仪式。王光坤、李俊生分别致辞，强调成立全国预算与会计研究智库是为了响应党的十九大提出的我国未来发展的新的战略部署和习近平新时代中国特色社会主义思想。十九大对财政工作提出了具体和明确的要求和时间表，要求加快建立财政制度，建立权力清晰、透明规范的预算制度；而智库需要积极承担，做好预算会计制度的研究，创立智库是希望以中央财经大学为学术依托，以新市场财政学研究所为专业平台，邀请业界精英与学界专家共同参与，同心协力贯彻和实现十九大的战略设计。

（中央财经大学科研处供稿）

23日　北京大学习近平新时代中国特色社会主义思想研究院成立大会暨学术研讨会在北京大学英杰交流中心举办。

北京大学习近平新时代中国特色社会主义思想研究院是经党中央批准的10家习近平新时代中国特色社会主义思想研究中心（院）之一。该研究院是北京大学学术实体机构，挂靠北京大学马克思主义学院。研究院的基本职责是整合学校各院系学科资源、汇集海内外研究力量，突出跨学科、交叉学科的性质，聚焦当代中国面临的重大理论和现实问题，高起点、多学科、多角度研究和阐释习近平新时代中国特色社会主义思想的丰富内涵、精神实质与科学体系，不断推动新时代马克思主义中国化、大众化和时代化。研究院将发挥北大优势，突出北大特色，建设习近平新时代中国特色社会主义思想的研究高地；为党和国家提供原创性和重大影响力的思想理论成果，建设国家级思想库。

（北京大学社会科学部供稿）

同日　北京市习近平新时代中国特色社会主义思想研究中心在市社科联举行人民日报社理论部与首都专家座谈会。人民日报社理论部部务委员、经济社会室主编、研究中心特约研究员张怡恬介绍理论部主要情况及近期重点选题。研究中心常务副主任、市社科联党组书记张淼出席会议并讲话。研究中心执行副主任、市社科联副主席李翠玲出席会议。研究中心秘书长、市委宣传部理论处处长张际介绍研究中心有关工作情况。韩振峰、田丰、杨生平、郇雷、栗峥、梁凯音、颜杰峰、杨云成、顾伟伟、郭万超、唐鑫、柴尚金、许海等专家就各自研究工作和关注的理论问题作交流发言。市委宣传部理论处副处长安世绿，研究中心副秘书长、市社科联中国特色社会主义理论研究部主任许星及研究中心工作人员共20多人参加了会议。

（市社科联、市社科规划办理论研究部供稿）

26日　由中国工程院联合中国农业科学院发起的中国农业发展战略研究院在北京成立。研究院第一届理事长由中国工程院院长周济院士和中央农村工作领导小组办公室主任韩俊担任，院长由中国农业科学院院长唐华俊院士兼任。

据介绍，中国农业发展战略研究院的主要任务包括承接中国工程院农业农村经济和农业科技领域发展战略咨询研究项目，研究制定国家“三农”发展的总体战略、发展路线和周期性规划，围绕农业农村发展重大战略问题等重点领域开展研究，为国家及政府有关部门战略决策提供咨询服务；联合国内农业领域主要的科研院所、高等学校、涉农企业建立协同创新战略联盟，探索农业科技创新联盟紧密合作发展的新机制和新模式；推动农业国际交流与合作，培养具有全局意识和国际视野的农业领军人才和高层次战略研究人员，等等。

（摘自《人民日报》2018年1月27日第6版）

27日　中国环境报社发布2017年国内十大环境新闻：党的十九大提出建设富强民主文明和谐美丽的社会主义现代化强国；改革举措密集出台，生态文明制度体系加快形成；中办、国办通报甘肃祁连山国家级自然保护区生态环境问题；中央环保督察实现31个省（区、市）全覆盖；“大气十条”5年目标任务圆满完成；多部法律法规相继出台，环境立法进展明显；禁止洋垃圾入境推进固体废物进口管理制度改革；国务院批准重点流域水污染防治规划，形成全国地表水“一盘棋”管理；塞罕坝林场建设者获“地球卫士奖”，中国生态文明建设得到世界肯定；国家地表水采测分离工作全面启动，确保数据“真准全”。

同时评出的还有国际十大环境新闻：第三届联合国环境大会提出打造“零污染地球”；“一带一路”国际合作高峰论坛倡议建立绿色发展国际联盟；美国宣布退出《巴黎协定》受到国际社会广泛批评等入选。

（摘自《人民日报》2018年1月31日第16版）

28日　“2017十大经济年度人物”榜单在京揭晓。小米公司创始人、董事长兼CEO雷军，三胞集团创始人、董事长袁亚非，科大讯飞董事长刘庆峰，360集团创始人兼CEO周鸿祎，中国路桥工程有限责任公司董事长、党委书记卢山，爱奇艺创始人、CEO龚宇，泰康保险集团创始人、董事长兼CEO陈东升，广药集团党委书记、董事长李楚源，蔚来创始人、董事长李斌，海信集团董事长周厚健等10人当选“2017十大经济年度人物”。

此外，中原银行董事长窦荣兴，商汤科技联合创始人、CEO徐立摘得“2017经济年度人物新锐奖”。

本次评选由人民日报客户端、新浪财经、吴晓波频道联合出品，主题为“致敬时代驱动力”，从去年8月10日开始，历经区域评选、网友投票、评委评审等环节，从“创新性、颠覆性、前瞻性、成长性、持续性”五大维度出发，得出最终榜单。

国务院国资委新闻中心是本次活动重要战略合作伙伴，北大光华管理学院是唯一学术指导机构。

（摘自《人民日报》2018年1月30日第9版）

30日　教育部发布《普通高等学校本科专业类

教学质量国家标准》（以下简称“国标”），这是我国向全国、全世界发布的第一个高等教育教学质量国家标准，与全世界重视人才培养质量的发展潮流相一致，对建设中国特色、世界水平的高等教育质量标准体系具有重要的标志性意义。

据悉，此次发布的“国标”涵盖了普通高校本科专业目录中全部92个本科专业类、587个专业，涉及全国高校5.6万多个专业点。“国标”明确了各专业类的内涵、学科基础、人才培养方向等。对适用专业范围、培养目标、培养规格、师资队伍、教学条件、质量保障体系建设都作了明确要求。特别对各专业类师资队伍数量和结构、教师学科专业背景和水平、教师教学发展条件等提出定性和定量相结合的要求。同时，明确了各专业类的基本办学条件、基本信息资源、教学经费投入等要求。“国标”还列出了各专业类知识体系和核心课程体系建议。

下一步，教育部将推动“国标”的应用，以标促改、以标促建、以标促强。“国标”发布后，各地、各相关行业部门要根据“国标”研究制定人才评价标准；各高校要根据“国标”修订人才培养方案，培养多样化、高质量人才。教育部将把“国标”实施与“一流本科、一流专业、一流人才”建设紧密结合，对各高校专业办学质量和水平进行监测认证，适时公布“成绩单”。

（摘自《人民日报》2018年1月31日第12版）

2月

2日　在纪念马克思诞辰200周年、《共产党宣言》公开发表170周年之际，“马克思主义在中国早期传播陈列馆”免费向公众开放，以大量历史图片、珍贵文物、文献资料和艺术作品展现马克思主义在中国早期传播的历程。

由中央编译局和国家文物局共同主办的开馆仪式在北京鲁迅博物馆（北京新文化运动纪念馆）北大红楼馆区举行。陈列馆由序厅、东方欲晓——马克思主义在中国广泛传播、思想奠基——中国共产党的创建等单元组成，全面展示马克思主义在中国早期传播的艰辛，以及早期马克思主义者在探寻救国之道时的坚定信念和不懈追求。

据介绍，陈列馆展览时间为每周二至周日，观众可免费参观。

（摘自《光明日报》2018年2月3日第2版）

同日　中国社会科学院习近平新时代中国特色社会主义思想研究中心在北京召开理论座谈会，与会专家学者围绕会议主题“学习习近平总书记2018年‘1·5’重要讲话精神、纪念《共产党宣言》发表170周年”进行探讨和交流。中国社会科学院院长、党组书记，习近平新时代中国特色社会主义思想研究中心主任王伟光作主旨发言。中国社会科学院副院长、党组副书记，习近平新时代中国特色社会主义思想研究中心第一副主任王京清主持会议。马克思主义理论研究和建设工程咨询委员会主任徐光春，中央统战部原常务副部长、全国政协民族和宗教委员会主任朱维群，中国社会科学院原副院长汝信，中央政策研究室原副主任郑科扬，中央党史研究室原副主任沙健孙，中国社会科学院原副院长李慎明，中央政策研究室原副主任方立，中信集团原董事长、中信改革发展研究基金会理事长孔丹，中纪委原副部级巡视专员王怀臣等30多位专家学者参加了座谈会。

（中国社会科学院办公厅刘玉杰供稿）

8日　商务部新闻发言人高峰介绍，2017年，我国文化产品和服务进出口总额1265.1亿美元，同比增长11.1%。其中，文化产品进出口总额971.2亿美元，同比增长10.2%；文化服务进出口总额293.9亿美元，同比增长14.4%。

在文化产品方面，出口实现快速增长。文化产品出口881.9亿美元，同比增长12.4%；进口89.3亿美元，同比下降7.6%。顺差792.6亿美元，规模较去年同期扩大15.2%。

出口结构趋于优化。文化产品出口的技术含量有所提升，具有较高附加值的游艺器材和娱乐用品、广播电影电视设备出口同比增长19.4%，占比提升2个百分点至34.5%。

国际市场更加多元。美国、中国香港、荷兰、英国和日本为中国文化产品进出口前五大市场，合计占比为55.9%，较上年下降1.8个百分点。我国与“一带一路”沿线国家进出口额达176.2亿美元，同比增长18.5%，占比提高1.3个百分点至18.1%；与金砖国家进出口额43亿美元，同比增长48%。

高峰介绍，文化服务方面，进口增势明显，出口结构不断优化。文化服务进口232.2亿美元，同比增长20.5%，其中视听及相关产品许可费、著作权等研发成果使用费进口分别同比增长52.1%、18.9%。

文化服务出口61.7亿美元，同比下降3.9%；其中，处于核心层的文化和娱乐服务、研发成果使用费、视听及相关产品许可费等三项服务出口15.4亿美元，同比增长25%，占比提升5.7个百分点至24.9%，出口结构呈持续优化态势。

（摘自《人民日报》2018年2月9日第11版）

9日　教育部语言文字信息管理司与中国传媒大学共建国家语言资源监测与研究有声媒体中心续约签字仪式在教育部北楼201会议室举行。共同参加续约签字仪式的还有北京师范大学中国文字整理与规范研究中心、北京大学中国文字设计与研究中心、鲁东大学汉语辞书研究中心。教育部语言文字应用管理司、语言文字信息管理司司长田立新对于与中国传媒大学共建的国家语言资源监测与研究有声媒体中心在媒体语言资源积累、语言工具开发、语言数据应用、语言工程建设以及语言监测成果为国家服务、为社会服务等方面取得的成就，以及即将开启的第三建设周期的发展规划均给予了充分的肯定。

（中国传媒大学科学研究处供稿）

同日　教育部印发《关于全面落实研究生导师立德树人职责的意见》。意见以条文形式强化了研究生导师基本素质要求，提出政治素质过硬、师德师风高尚、业务素质精湛是研究生导师必须满足的三大基本素质要求。

意见明确了研究生导师立德树人的职责，包括提升研究生思想政治素质、培养研究生学术创新能力、培养研究生实践创新能力、增强研究生社会责任感、指导研究生恪守学术道德规范、优化研究生培养条件、注重对研究生人文关怀七个方面。意见同时提出，明确表彰奖励机制，研究生培养单位要将研究生导师立德树人评价考核结果，作为人才引进、职称评定、职务晋升、绩效分配、评优评先的重要依据。意见还要求，对于未能履行立德树人职责的研究生导师，研究生培养单位视情况采取约谈、限招、停招、取消导师资格等处理措施，对有违反师德行为的，实行一票否决。

（摘自《光明日报》2018年2月10日第11版）

26日　中共中央办公厅、国务院办公厅印发了《关于分类推进人才评价机制改革的指导意见》，并发出通知，要求各地区各部门结合实际认真贯彻落实。

人才评价是人才发展体制机制的重要组成部分，是人才资源开发管理和使用的前提。建立科学的人才分类评价机制，对于树立正确用人导向、激励引导人才职业发展、调动人才创新创业积极性、加快建设人才强国具有重要作用。当前，我国人才评价机制仍存在分类评价不足、评价标准单一、评价手段趋同、评价社会化程度不高、用人主体自主权落实不够等突出问题，亟须通过深化改革加以解决。为深入贯彻落实《中共中央印发〈关于深化人才发展体制机制改革的意见〉的通知》，创新人才评价机制，发挥人才评价指挥棒作用。

（摘自《光明日报》2018年2月27日第1版）

27日　中共中央办公厅、国务院办公厅印发了《关于加强知识产权审判领域改革创新若干问题的意见》，并发出通知，要求各地区各部门结合实际认真贯彻落实。

知识产权保护是激励创新的基本手段，是创新原动力的基本保障，是国际竞争力的核心要素。人民法院知识产权审判工作，事关创新驱动发展战略实施，事关经济社会文化发展繁荣，事关国内国际两个大局，对于建设知识产权强国和世界科技强国具有重要意义。为深入贯彻实施创新驱动发展战略和国家知识产权战略，强化知识产权创造、保护、运用，破解制约知识产权审判发展的体制机制障碍，充分发挥知识产权审判激励和保护创新、促进科技进步和社会发展的职能作用。

（摘自《光明日报》2018年2月28日第1版）

同日　北京市党建研究会党建智库成立大会召开。全国党建研究会副会长高世琦，全国人大民族委员会副主任委员、北京市党建研究会会长杜德印出席会议并讲话。

会议通报了首都党建智库理事会第一次会议、学术委员会第一次会议召开情况并为专家颁发聘书。首都党建智库理事会成员孙文锴、首席专家姚桓、特聘专家代表戴焰军作交流发言。

会议指出，成立北京市党建研究会党建智库，是贯彻落实习近平新时代中国特色社会主义思想和党的十九大精神的重要举措；是落实全面从严治党要求、提高首都党的建设质量的现实需要；是完善中国特色新型党建智库体系的必然要求。建设首都党建智库要坚持以习近平新时代中国特色社会主义思想为指导，充分发挥首都党建智库重要作用，深入开展党建课题研究，有效发挥咨政建言作用，主动加强宣传舆论引导，大力聚集培养党建人才。要坚持从严标准，打造过硬队伍，努力建设一流智库，努力推动首都党的建设再上新台阶，为首都率先全面建成小康社会、加快建设国际一流的和谐宜居之都提供强大智力支持和坚强组织保障。

市委常委、组织部部长魏小东出席并讲话。

（摘自《北京日报》2018年2月28日第2版）

2月　北京市委党史研究室、市档案局（馆）合作编写的《图说“一五”时期的北京》一书由中央文献出版社出版。全书分古都春晓、谋划新篇、发展生产、改造大潮、城市新颜、事业兴旺、政通人和、党建引领等章节，以400余幅历史图片为主，将图片与大事记、历史链接等内容有机融合，图文并茂、直观鲜活，增强了史书的可视感和可读性，使读者能够全面系统地了解和把握“一五”时期北京发展脉络。

（北京市委党史研究室高俊良供稿）

3月

1日　中共中央在人民大会堂举行座谈会，纪念周恩来同志诞辰120周年。中共中央总书记、国家主席、中央军委主席习近平发表重要讲话强调，新时代中国特色社会主义的航线已经明确，中华民族伟大复兴的巨轮正在乘风破浪前行。周恩来同志青年时代曾经写下这样的寄语：“愿相会于中华腾飞世界时。”今天，我们可以告慰周恩来同志等老一辈革命家的是：近代以来久经磨难的中华民族迎来了从站起来、富起来到强起来的伟大飞跃。周恩来同志生前念兹在兹的中国现代化的宏伟目标，一定能够在不远的将来完全实现。

中共中央政治局常委李克强主持座谈会，中共中央政治局常委栗战书、汪洋、王沪宁、赵乐际、韩正出席座谈会。

座谈会上，中央文献研究室主任冷溶，中央党史研究室主任曲青山，国务院副秘书长丁学东，全国政协副秘书长潘立刚，中央军委委员、中央军委政治工作部主任苗华，江苏省委书记娄勤俭先后发言。

部分中共中央政治局委员、中央书记处书记，部分全国人大常委会、国务院、全国政协、中央军委领导同志，中央党政军群有关部门、北京市、江苏省委负责同志，周恩来同志亲属、生前友好、原身边工作人员和家乡代表等出席了座谈会。

（摘自《光明日报》2018年3月2日第1版）

2日　中宣部命名第四批50个全国学雷锋活动示范点和50名全国岗位学雷锋标兵。

此次命名的全国学雷锋活动示范点和岗位学雷锋标兵，是全社会模范传承雷锋精神、带头践行社会主义核心价值观的突出代表，他们或以无私的奉献，或以平凡的感动，或以正义的力量，或以执着的坚守，续写雷锋故事，光大雷锋精神，一次次温暖人心，一次次感动社会，照亮了新时代的道德星空。

中宣部要求，各地各有关部门要以命名第四批全国学雷锋活动示范点和岗位学雷锋标兵为契机，坚持贴近实际、贴近生活、贴近群众，坚持宣传教育、示范引领、实践养成相结合，保持工作力度、完善工作机制，扎实深入开展岗位学雷锋活动。

（摘自《光明日报》2018年3月3日第11版）

5日　为贯彻落实党的十九大关于深化机构改革的决策部署，十九届中央委员会第三次全体会议研究了深化党和国家机构改革问题。

党和国家机构职能体系是中国特色社会主义制度的重要组成部分，是我们党治国理政的重要保障。提高党的执政能力和领导水平，广泛调动各方面积极性、主动性、创造性，有效治理国家和社会，推动党和国家事业发展，必须适应新时代中国特色社会主义发展要求，深化党和国家机构改革。因此，全会通过了关于深化党和国家机构改革的决定，并于3月5日公布。

（摘自《光明日报》2018年3月5日第1版）

8日　首都高端智库理事会召开第一次会议，北京市委常委、宣传部部长杜飞进出席并讲话。

会议审议通过了《首都高端智库理事会议事规则》，通报了2018年度首都高端智库年度研究任务安排。今年，北京大学首都发展研究院等本市14家高端智库将围绕首都发展要义、大国首都比较研究、“街乡吹哨、部门报到”工作机制、北京市改革开放40年历史成就和经验等命题开展研究。

杜飞进要求，首都高端智库要提高政治站位，紧紧围绕深入学习贯彻好习近平总书记对北京重要讲话精神，推动习近平新时代中国特色社会主义思想在京华大地落地生根、形成生动实践这个根本任务，聚焦京津冀协同发展、疏解非首都功能、办好北京冬奥会和冬残奥会等重大理论和现实问题深入开展研究，为市委市政府科学决策提供有力支撑。参与首批试点的首都高端智库，都是研究基础扎实、研究成果丰硕、社会影响较大的高校与科研单位，下一步，要坚持用成果说话，全面提升智库的综合影响力。首都高端智库理事会要切实发挥统筹协调作用，加强工作宏观指导和督促推动，切实把市委市政府的要求和部署落到实处。

（市社科联、市社科规划办智库工作部供稿）

9日　“我身边的运河故事”征集发布活动工作推进会在通州区图书馆举办，“我身边的运河故事”

征集发布活动主页面在人文之光网正式上线。截至2018年11月，活动共征集各类作品586篇，在“一网一微”发布稿件400余篇次，在新浪网、千龙网、今日头条、北京时间等12家支持媒体发布稿件475篇次，总点击量超过百万，影响带动了大运河文化宣传普及在整个运河沿线的蓬勃开展。

（市社科联、市社科规划办科普工作部供稿）

同日　北京市档案工作会议在市委二层报告厅召开。会议传达学习了丁薛祥同志到中央档案馆、国家档案局调研时的重要讲话精神，总结了2017年全市档案工作，部署了2018年工作任务。市委常委、秘书长崔述强，国家档案局副局长王绍忠出席会议并讲话。市政府副秘书长王芳主持会议。

（北京市档案局科教处和晓兰供稿）

同日　由北京大学外国语学院法语系与北京大学国际合作部共同主办的“同文之后：法语文化在中国——法语文化日”举行。法语文化日是北京大学120周年校庆系列活动之一，同时也是“北大因你，百廿又新”北京大学第十五届国际文化节的开幕活动，由“对话”“展览”“讲座”“歌曲鉴赏”四场活动组成，为北大师生呈现了一场集文学、语言、历史、音乐于一身的中法文化盛宴。

上午，北京大学副校长王博在英杰交流中心会见了出席此次活动的法国总统马克龙特派全球法语代表、荣获法国最负盛名的文学奖龚古尔奖的年轻女作家蕾拉·斯利马尼女士，就北大与法国的历史渊源、教育合作交往进行了交流。瑞士驻华大使戴尚贤、中国教科文全委会秘书长杜越、北京大学外国语学院院长宁琦陪同会见。会见后，斯利马尼女士、戴尚贤大使与中国老中青三代法语教育界精英举行对话活动——“同文之后：法语文化在中国”。北京大学外国语学院法语系主任、法兰西学士院法语国家联盟金奖获得者、法兰西学院通讯院士董强教授全程用法语主持了整场活动。

下午，“中法大学与北大”主题展览在北京大学塞克勒博物馆开幕。开幕式结束后，社会科学院世界历史研究所法国史研究员端木美与法国哲学家、艺术批评家、“艺术8”合作创始人佳玥一道，为北大师生带来了题为“源远流长：中法大学”的历史讲座。

（北京大学社会科学部供稿）

12日　北京市副市长王宁到首都师范大学考察调研。市政府副秘书长尹培彦，市教委主任刘宇辉陪同。王宁一行首先参观校学习与认知实验室、教科书博物馆（筹）和高精尖中心成果展，随后召开座谈会。党委书记郑萼，党委副书记、校长孟繁华，党委副书记缪劲翔、徐志宏，副校长杨志成、李有增及相关职能部门、院系负责人参加了座谈会。座谈会由郑萼主持。

孟繁华代表学校就学校事业发展情况进行了汇报。校社科处处长王德胜、教师教育学院院长田国秀分别汇报了学校服务文化中心建设情况和服务首都基础教育情况。

王宁对首都师范大学近年来所取得的成绩和对首都基础教育事业作出的贡献给予充分肯定。他谈了四点感受：一是学校把立德树人做为根本任务，在教学改革、人才培养方面建立了首都特色的教师教育人才培养体系，撑起了北京基础教育的一片天；二是学校围绕教学特色，抓质量提升，优势学科发展势头良好；三是学校整合资源，发挥优势，平台建设工作出色；四是学校党建工作方面有好的传统和做法，党建工作走在高校前列。同时，他对学校的发展建设提出四点要求：一是按照市委、市政府的要求，进一步明确办学方向和育人目标，培养广学博识的优秀人才；二是要抓好师资培养，借助学科优势形成品牌特色，更好地服务基础教育；三是学校要发挥智库作用，做好平台建设，为服务北京“四个中心”建设作出重要贡献；四是要充分深化改革，树立超前意识，整合社会资源，既服务国家改革发展大局，又要推动自身改革创新。

（首都师范大学社科处李葸供稿）

15日　中国劳动关系学院与香港管理学院合作备忘录签约仪式在中国劳动关系学院北京校区举行。香港管理学院执行院长王玮，校党委副书记、校长刘向兵，副校长刘玉方出席签约仪式。香港管理学院培训及发展总监陈娟娟和中国劳动关系学院党政办公室、研究生处负责人参加仪式。

会上，刘向兵与王玮分别代表双方签署合作备忘录，刘玉方主持签署仪式并介绍合作备忘录有关情况。备忘录确定，双方将在香港地区合作举办公共管理硕士研究生教育，共同致力于推动两校在师生交流培训、课题研究和课程开发等方面进行合作。

（中国劳动关系学院科研处陈邓海供稿）

16日　由中国传媒大学、东京艺术大学、韩国艺术综合大学联合实施的“亚洲校园计划”（Campus ASIA）春季学期学生交换项目在中国传媒大学拉开帷幕。

在中国传媒大学动画与数字艺术学院，举行了2018年春季学期中日韩“亚洲校园计划”项目在中国传媒大学的第一项日程——交换生导师见面会。中国传媒大学研究生院副院长舒笑梅，中国传媒大学艺术学部副学部长贾秀清，动画与数字艺术学院高薇华、张慧临、艾胜英、于海燕、刘书亮等十二位导师，来自韩国艺术综合大学的五名同学及来自东京艺术大学的一名同学参与了此次见面会。

（中国传媒大学科学研究处供稿）

同日　经中央军委批准，中央军委办公厅印发《关于在全军开展“传承红色基因、担当强军重任”主题教育的意见》。

《意见》指出，要把学习贯彻习近平新时代中国特色社会主义思想作为核心内容和根本任务，贯彻学懂弄通做实的要求，认真组织学习教育、开展实践活动、加强检查督导等，切实拎起教育的魂和纲，在高举思想旗帜、培育时代新人上取得扎实成效。要突出学好习近平强军思想，牢固确立在国防和军队建设中的指导地位，学习贯彻全面推进国防和军队现代化的战略部署，增强投身强军事业的政治自觉和行动自觉。

《意见》强调，要紧密结合新的形势任务要求，抓住事关永葆我军性质宗旨本色、有效履行新时代军队使命任务的根本性和全局性问题，抓住官兵关注的重大理论和现实问题，聚焦备战打仗，设置专题加强针对性教育和思想引导。

《意见》强调，要以更高标准、更严要求抓好党员干部特别是团以上领导干部的学习教育，严格组织生活制度，从严查纠党员队伍中存在的思想不纯、组织不纯、作风不纯等突出问题，着力纠治形式主义和官僚主义，彻底肃清郭伯雄、徐才厚的流毒影响。构建积极健康的党内政治文化，培育争做“四个合格”党员的新风尚。坚持党建带团建，教育引导广大团员青年放飞青春梦想、勇担强军重任。

《意见》要求，各级要切实把主题教育摆在突出位置，加大领导和统筹力度，认真筹划设计，加强具体指导，把严实要求贯穿教、学、做各个环节，抓实思想调查，坚持领导带头，改进创新教育形式方法，推动教育展现新风新貌。严格检查督导，确保教育落到实处。

（摘自《光明日报》2018年3月17日第1版）

20日　由对外经济贸易大学“一带一路”能源贸易与发展研究中心与中国石油企业协会联合编撰的《中国油气产业发展分析与展望报告蓝皮书（2017—2018）》在北京正式向社会发布。对外经济贸易大学副校长赵忠秀教授和国际经济贸易学院董秀成教授参加了发布会。

《蓝皮书》由对外经济贸易大学党委书记、国际经济贸易学院蒋庆哲教授和中国石油企业协会常务副会长高潮洪担任主编，董秀成、中国石油企业协会原常务副会长彭元正、中国石化出版社社长王子康担任编写顾问。

该《蓝皮书》是目前我国公开出版的一部全面分析和研究油气产业发展现状和趋势展望的专著，强调逻辑性、高度性、概括性和权威性，力求以全方位、高层次视角，反应和解构油气产业发展概貌、问题和趋势。全书共36万字，分为国际篇、国内篇、合作篇、专题篇和附件五大部分。

（对外经济贸易大学科研处供稿）

22日　教育部下发《关于公布2017年度普通高等学校本科专业备案和审批结果的通知》，批准中国人民大学增设“马克思主义理论”本科专业，批准中国人民大学“数据科学与大数据技术”专业授予理学学位。截至目前，中国人民大学共有本科专业81个，分布在哲学、经济学、文学、史学、法学、管理学、理学、工学、艺术学等9个学科门类30个专业大类。其中，基本目录专业64个，特设专业10个，国家控制布点专业7个。

（中国人民大学科研处李素萍供稿）

同日　纪念陶大镛诞辰100周年座谈会在北京举行。全国人大常委会副委员长、民盟中央主席丁仲礼出席座谈会并讲话。

丁仲礼指出，陶大镛是我国著名经济学家、教育家、社会活动家。他学贯中西，著述丰硕，终生从事教育工作，培养了一大批德才兼备的教学、科研人才；他尽职尽责地当好中国共产党的“诤友”，为国家经济社会发展，为中国共产党领导的多党合作事业作出了卓越贡献。

丁仲礼说，作为一位与中国共产党共同经历过风雨岁月的民盟前辈，陶大镛的学识、人品、政治智慧和爱国情操，都是值得我们学习继承的宝贵财富。时代在进步，事业在发展，但民盟前辈留下的财富永不过时，并激励着我们传续薪火，奋力前行。

（摘自《光明日报》2018年3月23日第4版）

同日　市党建研究会召开第七届理事会第三次全体会议。全国党建研究会会长李景田，全国人大常委、农业与农村委员会副主任、全国党建研究会副会长、北京市党建研究会会长杜德印出席。

会议传达了全国党建研究会六届三次理事会议主要精神，审议通过了市党建研究会七届三次理事会议工作报告和2017年度财务工作报告，通报了有关人事事项决定，表彰了2017年度调研课题优秀成果，对开展2018年度课题研究工作作出了部署。市委教育工委、市国资委和海淀区委的三位同志作交流发言。李景田肯定了市党建研究会一年来取得的成绩，对做好新时代党建研究工作提出了指导意见。

市委常委、组织部部长魏小东在讲话中指出，要始终坚持以习近平新时代中国特色社会主义思想为指导，确保党建研究工作的正确政治方向。要立足新时代、把握新要求，在贯彻中央重大决策部署、破解党建难题和打造“北京经验”上实现新突破，不断推动首都党的建设理论创新和实践创新。要以首都党建智库为依托，着力打造开放的党建研究平台，积极创新工作机制，加强党建研究人才队伍建设，切实提升全市党建研究工作水平。希望全市党建研究部门和广大党建研究工作者，不忘初心、牢记使命，勇于创新、矢志奋斗，切实做好首都党建研究工作，为谱写新时代中华民族伟大复兴的北京篇章作出新的更大贡献。

市党建研究会副会长叶青纯主持会议。

（摘自《北京日报》2018年3月24日第3版）

23日　国务院发展研究中心和壳牌国际（DRC-Shell）联合发布最新研究报告——“全球能源转型背景下的中国能源革命”，建议通过体制机制等8个方面的改革和创新，从能源节约、散煤替代和清洁化、传统能源和清洁能源协调发展、加强电力生产、构建智慧能源系统和改善全球能源治理等六个方面着力、进一步推动能源革命的进程。

报告创新性地指出，中国能源革命，并不一定是能源体系的某一方面出现颠覆式、革命性变化，而更多是指在能源体系的清洁低碳、经济高效和安全可靠三个维度都有不断改善和提高，是能源体系的全面改善。报告指出，中国能源革命的主要方向是实现从数量增长到质量跨越。当前，应重点从六个方面推进能源革命：一是按照节约优先的理念促进能源消费效率的持续提高；二是以推动散煤替代和电气化发展为重点促进能源消费清洁化；三是建立传统能源高效化发展和集中式与分布式相结合的清洁能源生产方式；四是逐步形成以电力为转换中心的能源供给结构；五是构建“互联网+”智慧能源系统；六是在改善全球能源治理中提高中国能源安全。

要保障能源革命顺利推动，离不开强有力的体制改革和政策支持，报告提出应着重改革和完善的八个方面：通过加强顶层设计全面推进中国能源体制革命；构建一个全国统一的、充满活力的碳市场；建设统一高效灵活的电力市场；改革完善新能源补贴政策；构建油气管理运营新体制；深化煤炭体制改革；加快推进国有能源企业改革创新；全面提升中国参与全球能源治理的水平。

国务院发展研究中心和壳牌开展能源领域的合作研究已有八年，从2011年开始，积累了比较丰富的经验，同时还具有密切、互补的比较优势。壳牌对于全球能源变化的历史、规律等，对主要国家能源发展中面临的问题等都有深入的了解。国务院发展研究中心有对中国国情了解比较深，对经济社会发展总体把握比较好，理论水平和政策站位比较高的优势，强强联合，产生了非常的强有力的研究成果。2011—2013年双方联合开展了“中国中长期能源发展战略的研究”，2013—2015年开展“中国天然气发展战略的第二期研究”。2016—2017年开展“全球能源转型背景下的中国能源革命第三期研究”。本次发布会主要发布第三期的研究成果。

（国务院研究发展中心郭巍供稿）

同日　中共中央政治局委员、中宣部部长黄坤明同宣传思想文化系统学习贯彻习近平新时代中国特色社会主义思想和党的十九大精神第一期培训班学员座谈时强调，要下大功夫、真功夫、细功夫，持之以恒、久久为功，推动习近平新时代中国特色社会主义思想深入人心、落地生根，凝聚民族复兴的坚定意志和磅礴力量。

黄坤明指出，要深刻认识习近平新时代中国特色社会主义思想是新时代中国共产党人的思想旗帜、国家政治生活和社会生活的根本指针，是取得历史性成就和变革的根本引领、推进社会革命和自我革命的强大武器，是党和国家长治久安的精神之基、实现“两个一百年”奋斗目标和民族复兴中国梦的力量之源。在新时代的长征路上，坚持以习近平新时代中国特色社会主义思想为指引，中国共产党必将更加坚强有力、朝气蓬勃，中国特色社会主义必将展现更加强大、更有说服力的真理力量。

黄坤明强调，宣传思想文化工作的主线和首要任务，就是坚持不懈用科学理论武装全党、教育人民，坚持学思用相结合、知信行相统一，做实大学习、抓好大普及、推动大践行。要创新形式载体，融入日常生活，激发群众活力，讲好精彩故事，让科学理论入耳入脑入心，切实转化为人们的自觉行动和生动的社会实践。

（摘自《北京日报》2018 年 3 月 25 日第 3 版）

24—25 日 “新时代高素质专业化创新型特殊教育师资队伍建设研讨会”在北京师范大学召开。此次会议由学校教育学部特殊教育系、教育部高等学校特殊教育教师培养教学指导委员会、北京百度公益基金会共同发起。

（北京师范大学社科处刘娜供稿）

26 日 北京市委市政府邀请专家学者座谈，就“防范化解重大风险”听取意见建议。市委书记蔡奇主持座谈会并讲话，市委副书记、市长陈吉宁，市人大常委会主任李伟，市政协主席吉林出席。

防范化解重大风险，是党中央确定的三大攻坚战之一，也是这次座谈会的主题。会上，仇保兴、张兴凯、薛澜、宋守信、周学东、周皓、祝华新、李伟从各自研究领域，就城市运行、应急管理、风险防范等发言。专家们的发言既有理论高度，又有很强的针对性和可操作性。每次发言后，蔡奇都与发言的专家互动交流。

蔡奇感谢大家提出的真知灼见。他说，防范化解重大风险，关系到首都安全稳定和国家长治久安。北京作为首都，各项工作具有代表性、指向性。要自觉从党和国家大局出发，主动扛起责任，从根本上提高风险防控能力，为全国作表率。要把维护首都政治安全作为首要政治责任，确保万无一失。要把不发生系统性金融风险作为必须守住的底线，在主动应对上下功夫，确保首都金融安全。要把防范公共安全风险放在更加突出位置，将安全理念贯穿于城市规划、建设、发展各方面，着力补齐短板、堵塞漏洞、消除隐患，不断增强人民群众的安全感。要把防范社会安全风险作为基础工作抓紧抓好，进一步完善社区和乡村治理体系，加强源头治理，确保首都社会大局和谐稳定。要做好应急管理工作，全面提升城市综合防灾减灾救灾能力，防范自然灾害风险，确保人民群众生命财产安全。要走好群众路线，有事与大家商量，及时回应社会关切。

市领导张延昆、杜飞进，市政府秘书长靳伟出席了座谈会。

（市社科联、市社科规划办智库工作部供稿）

同日 国务院总理李克强在北京会见出席中国发展高层论坛 2018 年年会的外方代表并同他们座谈。来自世界五百强企业的负责人、国际知名学术研究机构的专家学者、主要国际组织代表等近百人参加。

苹果公司首席执行官库克、株式会社日立制作所取缔役会长中西宏明、史带投资集团董事长格林伯格、谷歌公司首席执行官皮猜、剑桥大学校长杜思齐和教授诺兰、高通公司首席执行官莫伦科夫等发言，就他们关心的问题向李克强提问。李克强一一作答，并同他们深入交流。

李克强表示，对外开放是中国的基本国策。今年适逢中国改革开放 40 周年，在以习近平同志为核心的中共中央领导下，中国将进一步深化改革，扩大开放。这既符合中国自身发展利益，也有利于维护自由贸易，促进全球化健康发展。中国作为最大的发展中国家，实现现代化还有很长的路要走。中国对外开放的大门将越开越大，我们愿意借鉴国外先进技术和管理经验，扩大产品、知识、技术、服务等领域合作，不断放宽外商投资市场准入，提供更加法治化、便利化的营商环境。

李克强指出，中美经贸规模发展到今天的体量，靠的是市场力量和商业规则，本质上是互利共赢的。打贸易战没有赢家，对别人关上门也挡住了自己的路。对于存在的贸易不平衡问题，中美双方应本着务实、理性的态度，通过做大增量促进贸易平衡，坚持谈判协商化解分歧摩擦，否则对两国、对世界都不利。在当前世界经济不确定因素较多的背景下，国际社会应共同维护以自由贸易为基石的多边贸易体系，明确反对保护主义和单边主义做法，共同努力促进世界经济和国际贸易持续复苏。

李克强强调，“中国制造 2025”是在开放的环境中推进的，对内外资企业一视同仁。我们不会强制要求外国企业转让技术，将进一步加大知识产权保护力度，严厉打击侵权行为。欢迎更多有竞争力的国际优秀企业来华合作，同中方共创共享发展机遇。

李克强还回答了与会代表关于人工智能、创新、教育等方面的提问。

与会外方代表表示，中国政府进一步深化改革、扩大开放的举措令人期待，相信中国的发展将为世界带来更多机遇。跨国公司愿积极参与中国改革开放进程，更好实现互利共赢。

何立峰等出席上述活动。

（摘自《人民日报》2018 年 3 月 27 日第 4 版）

30日　在北京市委教育工委、北京市教委的指导下，中国人民大学北京高校思想政治理论课高精尖创新中心、习近平新时代中国特色社会主义思想研究院举办“习近平新时代中国特色社会主义思想研讨会暨北京高校思想政治理论课高精尖创新中心课程资源平台开通仪式”。北京市委副秘书长郑登文，北京市委教育工委常务副书记郑吉春，中国人民大学党委书记、中心实施计划领导小组组长靳诺，中国人民大学党委副书记、纪委书记、中心主任吴付来，中国人民大学学术委员会主任、一级教授、中心学术委员会主任陈先达等出席。北京高校马克思主义学院院长（思政部主任）、北京高校思想政治理论课特级教授和特级教师、北京高校思想政治理论课高精尖创新中心共建单位代表约180余人参加。吴付来主持开通仪式，并对北京高校思想政治理论课程资源平台进行简单介绍。郑登文、郑吉春、靳诺、陈先达共同启动课程资源平台。习近平新时代中国特色社会主义思想研讨会由中国人民大学习近平新时代中国特色社会主义思想研究院院长秦宣主持。

（中国人民大学科研处李素萍供稿）

同日　新时代中小学校长学习创新研讨会在北京师范大学召开。会议由北师大心理学部、中芬联合学习创新研究院主办，中国高等教育学会学习科学研究分会、中国人才研究会超常人才专业委员会以及中国高等教育学会招生考试研究分会联合协办。

（北京师范大学社科处刘娜供稿）

31日　北京市中共党史学会第九届会员大会在北京展览馆宾馆召开。会长杨凤城作第八届理事会工作报告，全面回顾五年来的工作情况，总结主要经验与不足，明确下一步努力的方向。副会长王树荫作关于修改《北京市中共党史学会章程》的报告。会议审议通过第八届理事会工作报告、关于修改章程的报告、财务报告和监事会工作报告，以无记名投票方式，选举产生第九届理事会理事、监事会监事及负责人。杨凤城当选会长，刘岳当选常务副会长兼秘书长，王树荫、关海庭、肖贵清、张太原当选副会长，许放当选监事长。会议聘请邵维正、陈明显、姜华宣、江长仁为顾问。

（北京市委党史研究室高俊良供稿）

3月　由北京市委党史研究室和市档案馆合编的《北京市重要文献选编1980》由中央文献出版社公开出版。该书历经精心选稿、层层审稿和开放鉴定等程序，最终付梓出版，是一部以文献形式记录北京改革开放史的权威资料性著作。自2001年起，多卷本、编年体党史文献丛书《北京市重要文献选编》共出版21部，较好发挥了党的文献对党史研究、党和政府决策的重要参考作用。

（北京市委党史研究室高俊良供稿）

4月

1日　由北京市委党史研究室编写的《北京市推进京津冀协同发展战略大事记（2014.2—2018.2）》一书由中共党史出版社出版。该书贯彻落实中央关于党史工作“一突出、两跟进”要求，2014年2月习近平总书记视察北京发表重要讲话为起点，收录四年来党中央、国务院制定并推动京津冀协同发展战略的重大决策部署；京津冀协同发展领导小组、国家发改委等部门的重大工作部署；中央领导同志围绕京津冀协同发展主题，在北京开展视察和调研活动的情况；北京市委关于贯彻落实京津冀协同发展战略、《京津冀协同发展规划纲要》的决策部署、重要举措和阶段性大事要事；北京市贯彻落实京津冀协同发展战略，在疏解非首都功能、城市副中心规划建设、新机场建设和筹办冬奥会等方面的重要举措和重大进展，北京市在推动交通一体化、大气污染治理、产业协同发展等京津冀协同发展重点领域取得率先突破，以及在公共服务共建共享方面的进展情况等。重点反映北京市贯彻落实以习近平同志为核心的党中央关于京津冀协同发展的重大政策和部署，推动京津冀协同发展的重要举措和取得的主要成就。

（北京市委党史研究室高俊良供稿）

2日　庆祝中国社会科学院工业经济研究所建所40周年大会暨改革开放40年学术研讨会在北京召开。中国社会科学院院长、党组书记谢伏瞻出席并讲话。谢伏瞻深刻阐释了改革开放的重大意义，充分肯定了工业经济研究所40年来所取得的成绩，并对工业经济研究所的工作提出明确要求。中国社会科学院副院长、党组副书记王京清，中国社会科学院副院长、党组成员李培林，国务院副秘书长江小涓，中共中央政策研究室原副主任郑新立出席会议。中国社会科学院原副院长、经济学部主任李扬，中国社会科学院工业经济研究所所长黄群慧致辞。中国社会科学院工业经济研究所党委书记史丹主持会议。

庆祝大会开幕前，谢伏瞻等参观了工业经济研究所建所40周年“求索　求实　求真”历史展览。

（中国社会科学院办公厅刘玉杰供稿）

同日　来自东盟十国的20余位驻华参赞、一等秘书等外交官及新闻媒体记者来到中国传媒大学，参加为期一天的“东盟十国驻华使馆新媒体工作坊”。中国传媒大学媒介与公共事务研究院院长、国防部原新闻发言人杨宇军出席开班仪式并致辞，中国传媒大学继续教育学部副学部长、培训学院执行院长邹细林主持开班仪式。

此次工作坊为全英文授课，中国传媒大学中国东盟教育培训中心主任、媒介与公共事务研究院学术委员会主任董关鹏教授向学员讲授了《全媒体时代国家品牌管理》，来自新浪、腾讯等业界专家就如何用好微博、微信开展公众传播进行了分享。

本次工作坊由中国东盟中心主办，中国传媒大学中国东盟教育培训中心、媒介与公共事务研究院公共外交研究所、北京企鹅新媒体学院等单位承办。

（中国传媒大学科学研究处供稿）

3日　国务院新闻办公室发表《中国保障宗教信仰自由的政策和实践》白皮书。

白皮书约8000字，除前言和结束语外共包括五个部分，分别是保障宗教信仰自由的基本政策、宗教信仰自由权利的法律保障、宗教活动有序开展、宗教界的作用得到充分发挥、宗教关系积极健康。

白皮书指出，中国是共产党领导的社会主义国家。中国始终坚持从本国国情和宗教实际出发，实行宗教信仰自由政策，保障公民宗教信仰自由权利，构建积极健康的宗教关系，维护宗教和睦与社会和谐。

白皮书说，党的十八大以来，在以习近平同志为核心的党中央坚强领导下，中国全面推进依法治国，把宗教工作纳入国家治理体系，用法律调节涉及宗教的各种社会关系，宗教工作法治化水平不断提高。信教公民和不信教公民相互尊重、和睦相处，积极投身改革开放和社会主义现代化建设，共同为实现中华民族伟大复兴的中国梦贡献力量。

白皮书指出，中国结合宗教发展变化和宗教工作实际，汲取国内外正反两方面的经验，走出了一条依法保障宗教信仰自由、促进宗教关系和谐、发挥宗教界积极作用的成功道路。中国共产党第十九次全国代表大会报告明确指出，全面贯彻党的宗教工作基本方针，坚持宗教的中国化方向，积极引导宗教与社会主义社会相适应。中国将一如既往地尊重和保障公民的宗教信仰自由，努力建设富强民主文明和谐美丽的社会主义现代化强国。

（摘自《光明日报》2018年4月4日第1版）

同日　北京市委书记蔡奇到首都师范大学考察指导工作。蔡奇对学校教材建设，师范生教育，研究生学讲用理论的优良传统等给予肯定。此次视察工作，对学校深入学习宣传贯彻习近平新时代中国特色社会主义思想和党的十九大精神，坚持社会主义办学方向，加强党对高校的全面领导，落实立德树人根本任务提供了指引，为首都师范大学准确把握好首都发展需求，做好师大姓“师”发展定位，坚持内涵、特色、差异化发展，服务好国家“一带一路”倡议，不断推动自身发展指明了方向。

（首都师范大学社科处李葸供稿）

7-8日　第三届“奔向莫斯科”2018俄语奥林匹克竞赛在北京师范大学举办。此次活动由北京师范大学和莫斯科国立师范大学联合主办，教育部区域和国别研究培育基地俄罗斯研究中心与学校外国语言文学学院俄语系联合承办，北京师范大学国际交流与合作处协办。

（北京师范大学社科处刘娜供稿）

10日　第十届中英政党对话在北京开幕。中共中央总书记、国家主席习近平和英国保守党领袖、政府首相特雷莎·梅分别致贺信。

中联部部长宋涛宣读习近平贺信并发表主旨讲话。宋涛表示，习近平主席和特雷莎·梅首相分别向政党对话10周年发来贺信，给予政党对话充分肯定和大力支持，凸显政党对话成果显著，影响力日益上升。中英正日益成为共同实现各自发展愿景的伙伴、务实合作潜力无限的伙伴、共担更多全球责任的伙伴、促进东西方文明和合共生的伙伴。两国政党、政治家应以战略眼光加强政治引领、以开拓精神推动互利合作、以全球视野加强对话沟通、以开放态度加强交流互鉴。希望双方充分利用本届对话，坦诚深入进行沟通交心，凝聚共识，为中英关系“黄金时代”作出新贡献，共创中英关系更加美好的未来。

英国内阁办公厅大臣利丁顿宣读特雷莎·梅的贺信并讲话。他表示，脱欧进程中的英国视中国为更加重要的伙伴。希望英中关系“黄金时代”取得丰硕成果并不断延续，希望英中政党对话更好发挥政治对话平台作用，增进英中政治互信，助力双方加强贸易、投资、社会、文化等各方面合作，实现英中互利共赢发展。

第十届中英政党对话主题为“共同打造新时期中英关系‘黄金时代’”，双方代表共50余人参加对话。宋涛还在对话开幕前会见了利丁顿一行。

（摘自《人民日报》2018年4月11日第2版）

同日　2017 年度全国十大考古新发现公布，分别是：

1. 新疆吉木乃通天洞遗址

新疆境内发现第一个旧石器时代洞穴遗址，完整保存着从旧石器时代到 3500 年前古人类生活、居住的遗存。这里还发现了 5000 年前小麦等植物遗存，而这里很可能是小麦传播到内地的必经之地。

2. 山东章丘焦家遗址

被称为城市，至少要有社会分化、贫富差距被拉开、出现等级等等。考古工作者在黄河下游找到了寻找多年的城市雏形。这座“城”的年代不会晚于大汶口晚期，是目前发现的海岱地区年代最早的城址。

3. 陕西高陵杨官寨遗址

偏洞室墓的历史至少往前推进了千年。这里共发现史前墓葬 343 座。墓地内墓葬排列有序，无任何叠压打破关系，方向均为东西向，应经过严格的规划。其中，偏洞室墓数量最多，占墓葬总数的 80% 以上。这也是国内首次确认的庙底沟文化大型成人墓地，为研究人种学、婚姻状况、人群血缘关系、社会组织状况等课题积累了珍贵的实物材料。

4. 宁夏彭阳姚河塬西周遗址

西周的版图“扩大”了，不再是以往认为的宝鸡，而是绵延到了更西北的宁夏地区。这也是宁夏南部泾水上游地区首次发现的大型西周遗址，弥补了文献的不足，证明西周王朝对西部疆域的管理采用的也是“分封诸侯，藩屏王室”模式。这里还出土卜骨和卜甲计共 7 块，其中有文字的 2 块，总计发现文字 50 余字。目前，甲骨文正在试读中。

5. 河南新郑郑韩故城遗址

春秋战国时期城门的构造被揭秘。此次考古发掘还印证了史书中对郑国“渠门”的记载，起到证史、校史作用。同时，这里还发现了战国时期带有防御体系的瓮城城墙，这在中原地区东周时期王城遗址中也是首次发现。全国最大型的车马坑也在这里重现。其中，郑公大墓共有葬车 48 辆，马 124 匹以上。

6. 陕西西安秦汉栎阳城遗址

秦王的浴室什么样？御膳房怎么布局？逐渐明朗。栎阳城更是秦献公、秦孝公时期、秦楚之际塞王司马欣时期，汉初刘邦的都城所在。这里是商鞅变法发生之地。在三号古城发现的半地下建筑、浴室、壁炉等设施，空心砖踏步、巨型筒瓦、瓦当等遗物是迄今为止在秦考古发掘中年代最早的遗物。可以判断的是，相当多的秦汉建筑制度均应始于栎阳城。

7. 河南洛阳东汉帝陵考古调查与发掘

唯一不是靠“挖”完成的考古项目，却明确了东汉帝陵墓冢的基本特征。东汉王朝共有 12 座帝陵，其中 11 座帝陵均位于河南洛阳境内，分布于邙山和洛南两个陵区。国家文物局早就明确不主动挖掘皇陵，因此此次考古历时十余年，以地面调查为主，找到了东汉帝陵墓冢的基本特征——封土平面为圆形，墓葬为长斜坡墓道“甲”字形明券墓，墓道为南向。

8. 江西鹰潭龙虎山大上清宫遗址

这里是我国迄今发掘规模最大、等级最高的明清皇家道教建筑。目前，已揭露出大上清宫核心区域上清宫中轴线以东的范围 5000 平方米，建筑基址有龙虎门、玉皇殿、后土殿、三清阁、三官殿、五岳殿、天皇殿、文昌殿、明清碑亭、东厢房等，周边环绕砖砌院墙。

9. 吉林安图金代长白山神庙遗址

这里是金代最重要的建筑群之一，是中原以外首次发现的国家山祭遗存，对研究金王朝的边疆经略、探索我国统一多民族国家的形成与发展也具有重要意义。显然，金代的一些祭祀效仿汉制。遗址建筑轴线的南向延长线正对长白山主峰，建筑组群的布局及规制与以中岳庙、西岳庙等为代表的宋金时期皇家山岳祠庙非常相似，地望与规模也与文献记载相合。

10. 四川彭山江口明末战场遗址

这片水域共出水各类文物 3 万余件，包括属于张献忠大西政权的金封册，“西王赏功”金币、银币和“大顺通宝”铜币，铭刻“大西”国号和年号的银锭等。此外还有属于明代藩王府的金银封册、金银印章以及戒指、耳环、发簪等各类金银首饰，铁刀、铁剑、铁矛和铁箭镞等兵器。这些文物从时代上看，从明代中期延续至明代晚期；从地域上看，这些文物的来源北至河南，南至两广，西到四川，东到江西，涵盖了明代的大半个中国，实证了张献忠江口沉银的传说。

（摘自《北京日报》2018 年 4 月 11 日第 10 版）

12 日　北京大学区域与国别研究院揭牌仪式在英杰交流中心举行。北京大学校长林建华为研究院院长钱乘旦颁发了聘书。北京大学区域与国别研究院是北京大学开展区域与国别研究的综合性学术平台，是一个集学术研究、人才培养和智库功能等为一体的建制单位。研究院以各院系相关学科的研究基础为依托，充分尊重和利用历史资源和现有条件，动员北京大学多样化的学科力量和长期积累的国内外联系，整合和盘活各院系相关研究领域的学术团队与物质要素，充分激发不同学科的教师和学生的积极性，做到既面向国家需要，也面向学术的发展和未来人才的培养，拓展加深各学科的研究能力和潜力，构筑跨学科、全方位、多层次、有活力、协同合作、共同攻关的学科新布局。

（北京大学社会科学部供稿）

同日 高校思想政治理论课教学工作有了统一标准。教育部印发《新时代高校思想政治理论课教学工作基本要求》，明确思政课课前、课中、课后全流程管理，规范学分设置、教务安排、教研管理、教学方法、考核评价等教学工作，强化其价值引领功能。

此外，教育部高校思想政治理论课教学指导委员会要适时开展思想政治理论课教学情况督查，推动各方面把教学管理责任落到实处。

（摘自《光明日报》2018年4月27日第8版）

同日 记者从在京举行的“一带一路”贸易投资论坛上获悉：2013年至2017年，中国与“一带一路”沿线国家货物贸易额累计超过5万亿美元，对外直接投资超过700亿美元，中国企业在沿线国家推进设75个经贸合作区，上缴东道国的税费22亿美元，创造就业岗位21万个。

（摘自《人民日报》2018年4月13日第9版）

17日 “京师中国传媒智库发布”第18期《网民对图书奖项的认知与评价调查报告》在北京师范大学京师大厦举行。《报告》发布会由北京师范大学新闻传播学院执行院长喻国明教授主持，国家新闻出版广电总局重点实验室“新闻出版大数据用户行为跟踪与分析实验室”执行主任、北京师范大学新闻传播学院教授秦艳华发布。互动专家有北京市新闻出版广电局副局长张苏，线装书局总经理兼总编辑、中国出版协会副秘书长王利明，国家新闻出版广电总局中国ISLI注册中心主任、北京师范大学兼职教授唐贾军，北京师范大学新闻传播学院院长助理万安伦教授等。参加会议的还有北京师范大学新闻传播学院副院长张洪忠、北京中启智源数字信息技术有限责任公司总经理曹仁杰等。

秦艳华介绍，本报告重点考察了网民对国内外35个有影响力和代表性的图书奖项的认知以及对中国图书奖项和对图书奖项推荐评选方式的评价，由实验室科研团队在数据挖掘和分析的基础之上撰写而成。网民对图书奖项的认知在一定程度上影响其阅读行为，加强对图书奖项的宣传力度，提高各大图书奖项的知名度，有助于形成全民阅读的社会风气。另外，还要关注受众的差异性，图书评选不能“一刀切”，应根据网民群体特点评选出不同类型的书籍。

（北京师范大学社科处刘娜供稿）

同日 中国关工委学习贯彻习近平新时代中国特色社会主义思想培训班在中国人民大学举办。十届全国人大常委会副委员长、中国关工委主任顾秀莲出席开班式并作题为《以习近平新时代中国特色社会主义思想为指引，推动关心下一代事业创新发展》的专题报告。校党委书记靳诺会见顾秀莲一行，并向顾秀莲主任汇报了学校近期事业发展情况。开班仪式上，中国人民大学校长刘伟以《贯彻新发展理念，建设现代化经济体系》为主题作专题报告。校党委常务副书记张建明致辞。来自31个省区市，8个副省级城市和部分中央国家机关有关部委（集团公司）关工委的负责同志，共计80余人参加培训。

（中国人民大学科研处李素萍供稿）

18日 美国人文与科学院正式公布了2018年当选的院士名单，共有177位院士和36位外籍院士当选。其中，北京大学中国语言文学系资深教授袁行霈当选为该院外籍院士。美国人文与科学院（全称American Academy of Arts and Sciences）1780年成立，是美国历史最悠久的独立学术团体和政策研究中心。该院现有院士4900名、外籍院士600名，均是来自科学、技术、人文、教育、社会政策、艺术等领域的杰出学者。袁行霈，字春澍，1936年生。北京大学中文系资深教授、国学研究院院长、国际汉学家研修基地主任，中央文史研究馆馆长，著名古典文学专家。第八、九届全国政协常委，第十届全国人大常委。第八、九届中国民主同盟中央副主席。著作有《中国诗歌艺术研究》《中国文学概论》《陶渊明研究》《中华文明史》四卷本（主编之一）等。

（北京大学社会科学部供稿）

18—20日 北京市人大常委会和专委会组成人员履职学习班传达学习了习近平总书记在十九届中央政治局第四次集体学习时的重要讲话、栗战书委员长在十三届全国人大专门委员会负责同志会议上的讲话，全国人大常委会法工委副主任郑淑娜和全国人大财经委副主任委员尹中卿分别围绕学习贯彻实施宪法以及地方人大常委会的地位、职权和作用作专题报告，副市长隋振江围绕首都城市战略定位，抓好“三件大事”，打好“三大攻坚战”作专题报告，市人大制度理论研究会专家围绕地方人大专门委员会的性质、职能和作用作专题报告。与会人员还就如何做好市人大立法、监督等工作进行了研讨交流。市人大常委会主任李伟作开班动员。

（北京市人大常委会研究室王柏林供稿）

19 日　历时 5 年编纂，以整体性视角编写的大型马克思主义辞书《马克思主义大辞典》在京举行首发式。首发式暨出版座谈会由中共湖北省委宣传部、湖北省新闻出版广电局、武汉大学联合举办，武汉大学马克思主义理论与中国实践协同创新中心、长江传媒·崇文书局联合承办。

“《马克思主义大辞典》共有 2094 个条目，是一部全面系统的，集马克思主义思想、理论、人物、著作、事件、背景之大成的大辞典。”首发式上，《马克思主义大辞典》主编、中央马克思主义理论研究和建设工程咨询委员会主任徐光春介绍，大辞典分为“马克思主义”“列宁主义”“毛泽东思想”“中国特色社会主义理论体系”四编，具体条目涵盖了包括马克思主义、列宁主义、毛泽东思想、中国特色社会主义理论体系特别是习近平新时代中国特色社会主义思想在内的马克思主义成果，包含了马克思主义的各个主要组成部分，即马克思主义哲学、政治经济学、科学社会主义的基本理论。

据介绍，作为马克思诞辰 200 周年的献礼书，大辞典由武汉大学马克思主义理论与中国实践协同创新中心组织编纂，汇集了 44 家单位的近百位专家学者之力，被确立为国家社科基金重大委托项目、“十三五”国家重点图书出版规划项目、国家出版基金项目、湖北省繁荣发展哲学社会科学重点项目等。

（摘自《光明日报》2018 年 4 月 20 日第 1 版）

同日　新闻联播、新华社播发《中共中央办公厅、国务院办公厅印发〈中央团校改革方案〉》。4 月 20 日，《人民日报》《中国青年报》头版刊发《中办国办印发〈中央团校改革方案〉》。

为了全面贯彻习近平总书记关于加强中央团校建设的重要指示精神、深入贯彻落实《方案》要求，4 月 20 日下午，学校召开改革动员大会。校领导倪邦文、陆玉林、张泽民出席动员大会。全校教职工参加大会。

党委书记倪邦文作动员讲话。他表示，中央团校改革是着眼于党的青年工作大局，为新时代党的青年群众工作提供人才智力支持的必然要求；是深入推进共青团改革，培养心系青年、心向青年的团干部的紧迫需要；是学校适应新形势新任务、聚焦主责主业、实现健康发展的重大机遇。

〔中央团校（中国青年政治学院）科研部郭俊杰供稿〕

20 日　北京大学“一带一路”书院启动仪式在北大英杰交流中心举行。

2018 年是中国改革开放 40 周年，是北京大学建校 120 周年，也是“一带一路”倡议提出 5 周年。在此背景下，光华管理学院发起成立“一带一路”书院。书院依托光华的学术机构优势，汇集北大一流的人文社会等多学科资源，肩负起为“一带一路”相关国家培养政商领袖、以研究与教育贡献新型全球化的时代使命。全国政协副主席郑建邦，北京大学光华管理学院名誉院长厉以宁，推进“一带一路”建设工作领导小组办公室综合组组长、国家发展改革委西部开发司司长赵艾，教育部教师工作司司长王定华出席并致辞。北京大学党委书记郝平到会祝贺，区域与国别研究院院长钱乘旦，以及学校相关职能部门领导出席了本次大会。北京大学副校长王博代表学校致欢迎辞。

（北京大学社会科学部供稿）

20—21 日　全国网络安全和信息化工作会议在北京召开。中共中央总书记、国家主席、中央军委主席、中央网络安全和信息化委员会主任习近平出席会议并发表重要讲话。他强调，信息化为中华民族带来了千载难逢的机遇。我们必须敏锐抓住信息化发展的历史机遇，加强网上正面宣传，维护网络安全，推动信息领域核心技术突破，发挥信息化对经济社会发展的引领作用，加强网信领域军民融合，主动参与网络空间国际治理进程，自主创新推进网络强国建设，为决胜全面建成小康社会、夺取新时代中国特色社会主义伟大胜利、实现中华民族伟大复兴的中国梦作出新的贡献。

中共中央政治局常委、国务院总理、中央网络安全和信息化委员会副主任李克强主持会议。中共中央政治局常委、全国人大常委会委员长栗战书，中共中央政治局常委、全国政协主席汪洋，中共中央政治局常委、中央纪委书记赵乐际，中共中央政治局常委、国务院副总理韩正出席会议。中共中央政治局常委、中央书记处书记、中央网络安全和信息化委员会副主任王沪宁作总结讲话。

（摘自《人民日报》2018 年 4 月 22 日第 1 版）

23 日　中共中央政治局就《共产党宣言》及其时代意义举行第五次集体学习。中共中央总书记习近平在主持学习时强调，学习马克思主义基本理论是共产党人的必修课。我们重温《共产党宣言》，就是要深刻感悟和把握马克思主义真理力量，坚定马克思主义信仰，追溯马克思主义政党保持先进性和纯洁性的理论源头，提高全党运用马克思主义基本原理解决当代中国实际问题的能力和水平，把《共产党宣言》蕴含的科学原理和科学精神运用到统揽伟大斗争、伟大工程、伟大事业、伟大梦想的实践中去，不断谱写新时代坚持和发展中国特色社会主义新篇章。

中央编译局研究员王学东同志就这个问题作了讲解，并谈了意见和建议。

（摘自《北京日报》2018 年 4 月 25 日第 1 版）

24 日　中国劳动关系学院大国工匠与劳动模范研究所、工会干部培训学院与铁人学院合作协议签约仪式在校本部办公楼举行。学校党委书记屈增国，大庆油田党委副书记、工会主席、油田党校校长、铁人学院院长王昆，学校党委常委杨冬梅出席签约仪式。大庆油田、铁人学院和学校相关部门负责人参加签约仪式。

屈增国简要介绍了学校的基本情况，希望学校与大庆油田建立合作关系，充分发挥各自资源优势，探索产业工人队伍建设的培训、培养工作，积极开展理论研究成果的转化与应用，为大力弘扬劳模精神和工匠精神，推动产业工人队伍建设研究作出更大贡献。

铁人学院是服务中国工业企业产业工人队伍建设的专门研训基地。该院以“造就一支有理想守信念、懂技术会创新、敢担当讲奉献的宏大的产业工人队伍”为目标，面向全国产业工人队伍中的劳动模范、技能专家、基层班/队长和党支部书记等核心骨干，努力打造精神教育的示范基地、高级工匠的成长摇篮、职业素养的锤炼熔炉、队伍建设的研究智库。

（中国劳动关系学院科研处陈邓海供稿）

25 日　北京市人大常委会教科文卫体办公室召开非遗立法专家顾问座谈会，邀请全国人大、文化与旅游部、国家非遗保护专家委员会、中国非遗保护中心、首师大、北京工美集团等单位的非遗立法专家顾问参加座谈会，专家顾问对本市非遗立法提出了意见建议。市人大常委会副主任侯君舒出席座谈会并讲话。

（北京市人大常委会研究室王柏林供稿）

同日　纪念马克思诞辰 200 周年暨《马克思主义发展史》出版座谈会在中国人民大学召开。中国人民大学党委书记、《马克思主义发展史（十卷本）》编委会主任靳诺，校长刘伟，党委副书记、纪委书记、《马克思主义发展史（十卷本）》编委会副主任吴付来，人民出版社总编辑辛广伟，原新闻出版广电总局出版管理司副司长许正明，国际马克思恩格斯基金会秘书长格哈尔特·胡布曼，学校一级教授、《马克思主义发展史（十卷本）》顾问陈先达等出席。会议由吴付来主持。

（中国人民大学科研处李素萍供稿）

27 日　教育部印发《教育部关于加强新时代高校“形势与政策”课建设的若干意见》，从“谁开课、怎么开、教什么、用什么教、谁来教、怎么教、怎么评、怎么管”八个方面对新时代高校“形势与政策”课建设提出明确要求，指出要将“形势与政策”课纳入学校教学计划，严格落实学分，保证本、专科学生在校学习期间开课不断线。其中，本科每学期不低于 8 学时，共计 2 学分；专科每学期不低于 8 学时，共计 1 学分。

此外，《意见》还要求要注重考核学生对马克思主义中国化最新成果的掌握水平和对新时代中国特色社会主义实践的了解情况。各地各高校要组织教师及时关注形势与政策变化，学深悟透习近平新时代中国特色社会主义思想，把“形势与政策”课打造成推动党的理论创新最新成果第一时间进课堂的示范课。

（摘自《光明日报》2018 年 4 月 28 日第 3 版）

30 日　在“五一”国际劳动节来临之际，中共中央总书记、国家主席、中央军委主席习近平给中国劳动关系学院劳模本科班学员回信，向他们并向全国所有劳动模范、全国广大劳动者致以节日的问候。

（中国劳动关系学院科研处陈邓海供稿）

5月

3 日　在“五四”青年节来临之际，中共中央总书记、国家主席、中央军委主席习近平委托工作人员，向中国政法大学民商经济法学院 1502 班团员青年致以节日的问候，对同学们立志“不忘初心，用一生来践行跟党走的理想追求”予以充分肯定，勉励他们坚定信仰、砥砺品德，珍惜时光、勤奋学习，努力成长为有理想、有本领、有担当的社会主义建设者和接班人，为法治中国建设、为实现中华民族伟大复兴中国梦贡献智慧和力量。

（摘自《光明日报》2018 年 5 月 4 日第 1 版）

同日　由中央民族大学主要负责开设的《习近平新时代中国特色社会主义思想研究》市级思想政治理论课之《坚持人民当家作主》系列课程，在文华楼西区开课。中央民族大学党委书记张京泽以“铸牢中华民族共同体意识，做维护人民当家作主的坚定守护者”为主题，为200余名各族学子讲授了第一课。

张京泽结合中央民族大学在党和国家民族团结进步事业中的重要地位以及建校70余年来作出的突出贡献，从人民当家作主的内涵与要求，人民当家作主的历史、理论与实践逻辑，中华民族共同体意识与人民当家作主的关系等方面，通过详实的数据、鲜活的案例、平实的语言，生动而详尽地阐释了我们为什么必须坚持人民当家作主、如何坚持人民当家作主，以及铸牢中华民族共同体意识与坚持人民当家作主在逻辑上的递进关系。

（中央民族大学科研处丁冉供稿）

同日　团中央书记处书记傅振邦在首都师范大学党委书记郑萼、副校长方复全的陪同下到数学科学学院2015级师范班团支部参加“青年大学习”主题团日活动，与团支部成员共同围绕习近平总书记5月2日视察北京大学重要讲话展开学习和讨论，同青年大学生一起共度五四青年节。

本次团日活动以“青春正当时，奋斗更美丽”为主题，由首师大团支部书记唐嘉豪主持。支部成员们结合学习习近平总书记5月2日重要讲话，围绕“爱国”“励志”“力行”“求真”等几个方面分享了心得体会。学院团委书记李静以“青春当示范”为主题，分享了“育人自育”的感悟，号召同学们为国家的教育事业作出积极贡献。支部成员阿布来提·艾比同学是学校“青春榜样”获得者，他结合北京对新疆和田的援建和自己从边远农村来到首都读大学的历程，表示要“吃水不忘挖井人”。支部成员徐涛同学分享了本校数学学科进入“双一流”学科建设行列的思考与感悟。支部成员石百睿同学是本校晨曦社社长，结合“联系实际、知行合一”要求，介绍了自己参与支教活动不同阶段的不同感受。生命科学学院本科四年级学生王帅雨同学作为兼职团干部，就本校共青团“第二课堂成绩单”制度的建设完善等团学改革重点工作谈了心得体会。

（首都师范大学社科处李葱供稿）

5日　意大利前总理、欧盟委员会前主席、太湖世界文化论坛名誉主席普罗迪访问中国社会科学院大学，并发表题为《不只有经济，还有文化》的专题演讲。十一届全国政协副主席、太湖世界文化论坛名誉主席张梅颖出席活动，中国社会科学院副院长、党组成员蔡昉在演讲会上致辞。

在演讲中，普罗迪表示，当前世界局部冲突和热点问题此起彼伏，世界经济中的风险和不确定性不断加剧，逆全球化思潮和保护主义情绪正在升温。种种紧张局势反映出国际格局中不同政治力量对比发生了巨大变化，世界正朝着多极化趋势发展。面对这种复杂局势，各国需要进行平等协商、加强多边合作，为推动解决世界性问题共同作出努力。

普罗迪对近年来中国扩大开放的一系列重大举措给予高度评价。他说，习近平主席在博鳌亚洲论坛2018年年会开幕式上的主旨演讲充分强调了自由贸易的重要性，在世界面前彰显了中国坚持促进经济全球化的风范。中国提出的“一带一路”倡议不仅意味着伙伴国家之间在基础设施上的合作共建，更意味着政治、经济、文化上的互联互通，对推进中欧合作具有重大而深远的意义。

（中国社会科学院办公厅刘玉杰供稿）

同日　“真理的力量——纪念马克思诞辰200周年主题展览”开幕式在国家博物馆举行。中共中央政治局委员、中宣部部长黄坤明出席开幕式。

“真理的力量——纪念马克思诞辰200周年主题展览”由中宣部、中央党史和文献研究院、中国文联共同主办，中央编译局、中国美术家协会、国家博物馆承办。

展览主办单位、承办单位及中央党校（国家行政学院）、教育部、中央军委政治工作部、中央宣传文化单位、北京市委宣传部负责同志，首都各界群众代表以及国外出借展品机构代表等约600人参加开幕式。据悉，展览将持续到8月5日。

（摘自《光明日报》2018年5月6日第3版）

同日　由外交学院外交学系及学院战略与和平研究中心与韩国韩中思想库网络共同举办的题为《中美朝韩互动与东北亚和平建构》年度对话会于外交学院国际交流中心举行。改革开放论坛、国际问题研究院、国务院发展研究中心世界发展研究所等单位的学者和学院部分教师，以及韩国退役将军、韩国国家安全战略研究所、首尔大学、东国大学、东国女子大学的学者与会。会议由苏浩教授和李泰桓（Lee Tai Hwan）博士共同主持。苏浩教授在开幕词中指出，在当前朝鲜半岛非常关键和重要的时刻，希望中韩双方可以毫无保留地直接把存在分歧的观点提出来以寻求诸多问题的答案。会议就以下三个议题展开对话和讨论：“半岛南北峰会、韩美互动及朝鲜无核化问题”“中美、中朝、美朝问题与东北亚和平建构”和

"半岛和平机制建构进程中的中韩合作"。

（外交学院科研处供稿）

近日　中共中央印发了《社会主义核心价值观融入法治建设立法修法规划》（以下简称《规划》），并发出通知，要求各地区各部门结合实际认真贯彻落实。

《规划》强调，要以习近平新时代中国特色社会主义思想为指导，坚持全面依法治国，坚持社会主义核心价值体系，着力把社会主义核心价值观融入法律法规的立改废释全过程，确保各项立法导向更加鲜明、要求更加明确、措施更加有力，力争经过5到10年时间，推动社会主义核心价值观全面融入中国特色社会主义法律体系，筑牢全国各族人民团结奋斗的共同思想道德基础，为决胜全面建成小康社会、夺取新时代中国特色社会主义伟大胜利、实现中华民族伟大复兴的中国梦、实现人民对美好生活的向往，提供坚实制度保障。

《规划》指出，推动社会主义核心价值观入法入规，必须遵循的原则是：坚持党的领导，坚持价值引领，坚持立法为民，坚持问题导向，坚持统筹推进。

《规划》明确了六个方面的主要任务。一是以保护产权、维护契约、统一市场、平等交换、公平竞争等为基本导向，完善社会主义市场经济法律制度。健全以公平为核心原则的产权保护制度，推进产权保护法治化。加快推进民法典各分编的编纂工作，用社会主义核心价值观塑造民法典的精神灵魂，推动民事主体自觉践行社会主义核心价值观。二是坚持和巩固人民主体地位，推进社会主义民主政治法治化。充分发挥宪法在中国特色社会主义法律体系中的统帅作用，在宪法中体现社会主义核心价值观要求。把社会主义核心价值观融入立法体制，从源头上确保鲜明的价值导向。全面推进以司法责任制为核心的司法体制改革，完善司法管理体制和司法权力运行机制，努力让人民群众在每一个司法案件中感受到公平正义。三是发挥先进文化育人化人作用，建立健全文化法律制度。完善公共文化服务和文化产业法律体系，建立健全有利于中华优秀传统文化传承发展的法律制度，完善互联网信息领域立法。四是着眼人民最关心最直接最现实的利益问题，加快完善民生法律制度。以保障和改善民生为重点，健全社会建设方面的法律制度，推动基本公共服务标准化、均等化、法定化。制定基本医疗卫生方面的法律，建立公平、可及、高效的基本医疗卫生服务体系。完善社会组织立法，积极规范和引导各类社会组织健康发展。五是促进人与自然和谐发展，建立严格严密的生态文明法律制度。加快建立绿色生产和消费的法律制度，把生态文明建设纳入制度化、法治化轨道。制定完善粮食安全等方面的法律法规，推动厉行勤俭节约，倡导珍惜粮食、节俭消费理念。六是加强道德领域突出问题专项立法，把一些基本道德要求及时上升为法律规范。制定英雄烈士保护方面的法律，形成崇尚、捍卫、学习、关爱英雄烈士的良好社会风尚。探索完善社会信用体系相关法律制度，研究制定信用方面的法律，健全守法诚信褒奖机制和违法失信行为联合惩戒机制。探索制定公民文明行为促进方面的法律制度，引导和推动全民树立文明观念，推进移风易俗，倡导文明新风。

（摘自《光明日报》2018年5月8日第1版）

11日　第十八届万寿论坛在中国人民大学举行，论坛由中共中央对外联络部和中国人民大学共同主办，中国人民大学习近平新时代中国特色社会主义思想研究院承办。论坛主题聚焦"21世纪马克思主义与习近平新时代中国特色社会主义思想"，纪念马克思诞辰200周年，交流马克思主义中国化和马克思主义南非化最新理论成果。论坛开始前，教育部党组成员、副部长田学军，中国人民大学党委书记、全国妇联副主席（兼）靳诺会见南非共产党总书记布莱德·恩齐曼迪。中共中央党史研究室原副主任李忠杰，中联部研究室主任栾建章，中国人民大学党委副书记、纪委书记吴付来，中联部四局副局长周国辉出席会见活动。布莱德·恩齐曼迪、靳诺、李忠杰、吴付来、周国辉等出席开幕式，南非共产党考察团、相关领域中国学者以及中国人民大学师生代表参加开幕式。

（中国人民大学科研处李素萍供稿）

近日　市委党校召开学习贯彻习近平总书记在纪念马克思诞辰200周年大会上的重要讲话精神研讨交流会。中国人民大学马克思主义学院教授侯衍社解读讲话精神，市委党校部分进修班、研修班学员以及教师代表近百人参会并展开热烈讨论。

交流会上，侯衍社深入解读习近平总书记在纪念马克思诞辰200周年大会上的重要讲话精神，并从八个方面阐述如何研读习近平总书记眼中的马克思和马克思主义。来自市委党校、石景山区委党校和大兴区委党校的教师代表结合各自研究领域和教学工作交流学习心得，并就新时代如何研究好、传播好、发展好马克思主义分享经验。

前来参会的进修班和研修班学员代表则结合在党校期间的理论学习与各自工作实际，交流了学习感受。大家一致认为，习近平总书记的讲话是一篇闪耀着马克思主义光辉的纲领性文献，阐释了马克思主义对当代中国发展的深远影响，对新时代中国共产党坚持和发展马克思主义作出重要部署。学员们表示，要深刻把握马克思主义的科学性、时代性和实践性，以习近平新时代中国特色社会主义思想为指导，不忘初心、坚守信仰，用实际行动向真理致敬。

近期，市委党校还组织了微视频进课堂、讲话全文进教材和知名专家作报告等不同教学活动，按照“多形式、分层次、全覆盖”的要求，学习贯彻习近平总书记在纪念马克思诞辰200周年大会上的重要讲话精神。

（摘自《北京日报》2018年5月12日第3版）

12日　中国社会科学院“一带一路”国际智库正式在北京启动。全国政协副主席、中国社会科学院“一带一路”国际智库专家委员会名誉主席梁振英，中国社会科学院院长、党组书记谢伏瞻出席启动仪式并致辞。

谢伏瞻强调，中国社会科学院愿与国内外智库加强合作与交流，相互支持、相互借鉴、不断创新、共同发展，聚焦“一带一路”国际合作的重大理论和实践问题，开展联合攻关，推进前瞻性与现实性、战略性与政策性、综合性与专题性的重大课题研究，为共建“一带一路”倡议建言献策、凝聚共识，为推动“一带一路”建设行稳致远，迈向更加美好的未来，作出应有的贡献。

中共中央对外联络部副部长徐绿平，重庆市原市长黄奇帆，联合国原副秘书长、中巴友好协会会长沙祖康，巴基斯坦驻华大使马苏德·哈立德，斯里兰卡驻华大使卡鲁纳塞纳·科迪图瓦库也在会上致辞。

（中国社会科学院办公厅刘玉杰供稿）

14日　2018年度国家社科基金项目评审工作会议在北京召开。会议表彰了2017年度《国家哲学社会科学成果文库》入选作品。

《国家哲学社会科学成果文库》于2010年由全国哲学社会科学规划领导小组批准设立，旨在充分发挥哲学社会科学优秀成果和优秀人才的示范引领作用，推进学科体系、学术观点、科研方法创新，鼓励广大专家学者以优良学风打造更多精品力作，推动我国哲学社会科学进一步繁荣发展。《成果文库》每年评审一次，全国哲学社会科学规划办公室按照“统一标识、统一封面、统一版式、统一标准”的方式组织出版入选作品。

2017年度入选作品共39部（目前已出版36部），是从426项申报成果中，经过专家评审和社会公示等程序遴选确定的。这些作品运用马克思主义立场、观点、方法，深入研究改革开放和社会主义现代化建设中的重大理论和现实问题，积极探索哲学社会科学发展中的基础理论和学术前沿问题，体现了我国哲学社会科学研究相关领域的较高水平。作品涵盖15个学科，既有传统学科的研究成果，又有新兴学科、前沿学科、交叉学科的研究成果；既有国家社科基金项目成果，又有非国家社科基金项目成果。作者来自中国社会科学院、北京大学、中国人民大学、浙江大学等28家科研单位。人民出版社、科学出版社、社科文献出版社、商务印书馆、中华书局等16家出版社承担了入选作品的出版任务。

（摘自《光明日报》2018年5月15日第11版）

同日　2018北京师范大学“教育部对台教育交流重点项目”台湾师范类高校学生大陆实习暨两岸教师教育研究中心交流项目启动仪式在北京师范大学京师学堂举行。

（北京师范大学社科处刘娜供稿）

15日　由国家文物局指导，北京市文物局、天津市文物局、河北省文物局、故宫博物院、中国国家博物馆、恭王府博物馆、北京鲁迅博物馆等单位主办，中国传媒大学、京津冀博物馆协同发展推进工作办公室、北京8家名人故居纪念馆、北京高校博物馆专业委员会等单位承办的“京津冀博物馆协同创新发展合作协议签约暨5·18国际博物馆日系列活动启动仪式”在中国传媒大学举行。北京市文物局副局长于平主持启动仪式。

此次会议是中国传媒大学首次承办国家级文博盛会，对加强学校与文博行业的交流与合作，扩大中国传媒大学的社会影响，促进校博物馆以及文博教育注入新的动力。

（中国传媒大学科学研究处供稿）

16日　中共中央总书记、国家主席、中央军委主席习近平视察军事科学院，代表党中央和中央军委，对军事科学院第八次党代表大会的召开表示热烈的祝贺，向军事科学院全体同志致以诚挚的问候。他强调，军事科学是指导军事实践、引领军事变革的重要力量。要深入贯彻新时代党的强军思想，坚持政治建军、改革强军、科技兴军、依法治军，坚持面向战场、面向部队、面向未来，坚持理技融合、研用结合、军民融合，加快发展现代军事科学，努力建设高水平军事科研机构。

军事科学院是中国人民解放军的重要科研机构，几十年来为国防和军队建设作出了重大贡献。在这次深化国防和军队改革中，军事科学院进行了重塑，习近平去年7月向重新组建的军事科学院授予军旗并致了训词。

（摘自《光明日报》2018年5月17日第1版）

同日 第十轮中美工商领袖和前高官对话在北京落下帷幕。在为期两天的对话中，双方围绕中美经贸关系问题展开坦诚交流，涉及中美贸易摩擦及双方未来政策走向，“一带一路”国际合作及数字经济、能源、农业、工业等议题。

中方代表指出，当前中美经贸关系处在重要的历史时刻，平等互利的经贸关系是两国关系的“压舱石”。对于中美经贸问题，对话和磋商是解决问题的唯一出路，“零和博弈”“冷战思维”和单边主义的做法都不可能奏效。

美方代表表示，美中经贸合作的互补性强，高关税等贸易保护主义做法不利于美中经贸关系发展。双方应采取积极务实态度，妥善解决当前美中经贸关系存在的问题。美国工商界将继续致力于推动两国贸易、投资合作，促进双边经贸关系稳定健康发展。

中美工商领袖和前高官对话由中国国际经济交流中心和美国全国商会联合举办。对话以凝聚双方共识、加强战略互信、推动建立健康、稳定、可持续的中美关系为使命，搭建中美工商领袖、前高官及智库学者之间沟通交流平台，是两国经贸领域重要的第二轨道交流机制。

（摘自《人民日报》2018年5月17日第3版）

17日 习近平新时代中国特色社会主义思想文库在中国社会科学院举行揭牌仪式。中国社会科学院院长、党组书记谢伏瞻，中宣部宣传舆情研究中心副主任、思想政治工作研究所副所长范希春共同为习近平新时代中国特色社会主义思想文库揭牌。院党组成员张英伟出席揭牌仪式并致辞。

中国社会科学院图书馆联合社科院习近平新时代中国特色社会主义思想研究中心，积极谋划，精心安排，经过努力寻索，多方采集，较为系统地收集了党的十八大前习近平总书记在期刊上发表的文章和学术论文100余篇，专著14部，党的十八大后习近平总书记讲话单行本55本，习近平新时代中国特色社会主义思想相关图书1600余种3000余册，期刊100余种，报纸3000余份，方志、年鉴70余种，在全国率先建成了习近平新时代中国特色社会主义思想文库。

（中国社会科学院办公厅刘玉杰供稿）

同日 中共中央宣传部组织编写的《习近平新时代中国特色社会主义思想三十讲》一书，由学习出版社出版，即日起在全国各地新华书店发行。

《习近平新时代中国特色社会主义思想三十讲》，全面贯彻党的十九大和十九届一中、二中、三中全会精神，紧紧围绕新时代坚持和发展什么样的中国特色社会主义、怎样坚持和发展中国特色社会主义这个重大时代课题，分三十个专题，全面、系统、深入阐释了习近平新时代中国特色社会主义思想的重大意义、科学体系、丰富内涵、精神实质、实践要求，强调习近平新时代中国特色社会主义思想是党和国家必须长期坚持的指导思想，号召进一步兴起学习贯彻习近平新时代中国特色社会主义思想新高潮，更加自觉地用习近平新时代中国特色社会主义思想武装头脑、指导实践、推动工作。同时，中共中央宣传部发出关于认真组织学习《习近平新时代中国特色社会主义思想三十讲》的通知。

（摘自《光明日报》2018年5月18日第1版）

18日 已故著名出版家宋木文珍贵手稿史料捐赠仪式暨出版思想座谈会在中国印刷博物馆召开，家属代表将宋木文生前遗留下的大批珍贵史料实物捐献给正在筹建中的中国出版博物馆。柳斌杰、于友先等新闻出版界知名人士和专家学者出席捐赠座谈活动。

中国出版博物馆筹备办专职副主任章泽锋介绍，作为原国家版权局局长，新时期中国著作权法律制度的创建者、亲历者和领导者，宋木文在数十年工作中留下了大量的文献资料。这批资料包括手稿、信札、笔记、文献资料、历史档案、藏书及大量历史照片，已整理1067件套。其中，仅单件套的日记就有112本，是研究当代出版史不可或缺的重要史料。

另据记者了解，中国出版博物馆是国家“十二五”规划重大文化设施建设项目，也是列入国家新闻出版广播影视“十三五”发展规划的重点项目。伴随着这项工作的展开推进，出版文物的征集和史料的抢救工作也在有序进行，目前已接收王益、方厚枢、邵益文等老一代出版家捐赠的史料近600件套，示范作用进一步显现。

（摘自《光明日报》2018年5月29日第9版）

18—19 日　全国生态环境保护大会在北京召开。中共中央总书记、国家主席、中央军委主席习近平出席会议并发表重要讲话。他强调，要自觉把经济社会发展同生态文明建设统筹起来，充分发挥党的领导和我国社会主义制度能够集中力量办大事的政治优势，充分利用改革开放 40 年来积累的坚实物质基础，加大力度推进生态文明建设、解决生态环境问题，坚决打好污染防治攻坚战，推动我国生态文明建设迈上新台阶。

中共中央政治局常委、国务院总理李克强在会上讲话。中共中央政治局常委、全国政协主席汪洋，中共中央政治局常委、中央书记处书记王沪宁，中共中央政治局常委、中央纪委书记赵乐际出席会议。中共中央政治局常委、国务院副总理韩正作总结讲话。

习近平在讲话中强调，生态文明建设是关系中华民族永续发展的根本大计。中华民族向来尊重自然、热爱自然，绵延 5000 多年的中华文明孕育着丰富的生态文化。生态兴则文明兴，生态衰则文明衰。党的十八大以来，我们开展一系列根本性、开创性、长远性工作，加快推进生态文明顶层设计和制度体系建设，加强法治建设，建立并实施中央环境保护督察制度，大力推动绿色发展，深入实施大气、水、土壤污染防治三大行动计划，率先发布《中国落实 2030 年可持续发展议程国别方案》，实施《国家应对气候变化规划（2014-2020 年）》，推动生态环境保护发生历史性、转折性、全局性变化。

（摘自《北京日报》2018 年 5 月 20 日第 1 版）

19—20 日　由中国藏学研究中心主办的第五次全国藏学工作协调会在北京召开。全国 80 多家相关科研机构、高等院校及相关部门的专家学者与会。与会专家认为，我国藏学研究工作要以为现实服务为出发点，要基础研究和应用研究并重，以推动科研创新、促进成果转化为核心，以健全牵头协调机制、发挥涉藏智库作用为基础，加强牵头协调，深化团结协作，同心同德，锐意进取，努力谱写新时代中国藏学的新华章。

会议回顾总结第四次全国工作协调会以来的工作情况，分析研判当前藏学发展形势，研究部署下一阶段重点工作，进一步推动全国藏学事业繁荣发展。

中央西藏工作协调小组办公室副主任斯塔出席会议。他对近年来中国藏学界取得的成就给予充分肯定，并结合新时代西藏工作的形势任务，要求广大藏学研究工作者深入贯彻落实中央涉藏工作部署，牢牢把握藏学研究的正确政治方向，加强藏学人才队伍建设，推出更多更好的精品力作，努力开拓新时代藏学研究事业的新格局。

中国藏学研究中心总干事郑堆作工作报告，提出藏学研究工作四条工作体会：必须始终把坚持正确政治方向作为推进藏学研究工作的首要前提；必须始终把为现实服务作为藏学事业创新发展的基本导向；必须始终把加强人才队伍建设作为藏学事业持续发展的根本保障；必须始终把发挥牵头协调作用作为服务涉藏工作大局的重要责任。希望全国藏学研究工作者以更高的标准、更好的精神状态投入到藏学事业中。

会议期间还举行了第四届中国藏学研究珠峰奖颁奖仪式、《中华大藏经》（藏文部分）电子版暨《东噶·洛桑赤列——从活佛到教授》画册首发式以及中国藏学网新版上线仪式。据介绍，作为中国藏学研究领域的最高国家级奖项，珠峰奖每四年评选一次。为发现、培养和凝聚青年藏学研究人才，本届珠峰奖还首次设立了青年优秀成果奖。

（摘自《光明日报》2018 年 5 月 21 日第 3 版）

21 日　北京科技大学与英国德蒙福特大学共同召开了第四届 USTB. DMU 孔子学院理事会视频会议。德蒙福特大学常务副校长暨孔子学院外方院长 Andy Collop 教授，主管外事副校长 James Gardner，公共事务部部长 Mark Charlton，孔院行政助理 Harriet Pole，北京科技大学副校长吕昭平等参加了会议。

两校理事会成员一致认同，USTB. DMU 孔子学院 2017 年成果丰硕，通过汉语教学和文化活动传播了中华文化，为德蒙福特大学师生、莱斯特地区市民打开了了解中国的窗户。孔子学院作为北科大和德蒙福特大学之间的桥梁，促进了两校相互理解和信任，为两校广泛、深入地开展合作打下了良好的基础。双方就 2018 年孔子学院工作计划、两校中长期的合作策略和措施等进行了讨论。

（北京科技大学科学技术研究院李静供稿）

近日　中共中央办公厅印发了《关于进一步激励广大干部新时代新担当新作为的意见》，并发出通知，要求各地区各部门结合实际认真贯彻落实。

《通知》指出，《意见》深入贯彻习近平新时代中国特色社会主义思想和党的十九大精神，对建立激励机制和容错纠错机制，进一步激励广大干部新时代新担当新作为提出明确要求。《意见》的制定实施，对充分调动和激发干部队伍的积极性、主动性、创造性，教育引导广大干部为决胜全面建成小康社会、夺取新时代中国特色社会主义伟大胜利、实现中华民族伟大复兴的中国梦不懈奋斗，具有十分重要的意义。

《通知》强调，各级党委（党组）要大力加强干部思想教育，引导和促进广大干部强化“四个意识”，坚定“四个自信”，切实增强政治担当、历史担当、责任担当，努力创造属于新时代的光辉业绩。要落实好干部标准，大力选拔敢于负责、勇于担当、善于作为、实绩突出的干部，鲜明树立重实干重实绩的用人导向。要完善干部考核评价机制，改进考核方式方法，充分发挥考核对干部的激励鞭策作用。要全面落实习近平总书记关于“三个区分开来”的重要要求，宽容干部在工作中特别是改革创新中的失误和错误，旗帜鲜明为敢于担当的干部撑腰鼓劲。要围绕建设高素质专业化干部队伍，强化能力培训和实践锻炼，同时把关心关爱干部的各项措施落到实处。要大力宣传改革创新、干事创业的先进典型，激励广大干部见贤思齐、奋发有为，撸起袖子加油干，凝聚形成创新创业的强大合力。

《通知》要求，各地区各部门在贯彻《意见》中的重要情况和建议，要及时报告党中央。

（摘自《光明日报》2018 年 5 月 21 日第 1 版）

22 日　北京市妇女儿童发展研究基地签约暨北京市妇女儿童发展研究专家库建立仪式在中华女子学院举行，首都师范大学党委副书记徐志宏、社科处处长王德胜、心理学院副院长王争艳教授、家庭教育研究中心主任康丽颖教授等 7 名专家出席会议。

为了更好地推动北京市妇女儿童发展规划的实施，加强妇女儿童理论研究工作，促进妇女儿童全面发展，北京市妇儿工委办公室和首都师范大学决定共同建立北京市妇女儿童发展研究基地。基地重在开展妇女儿童工作理论和政策研究，为北京市妇儿工委办公室组织的培训、评估、咨询、论证等相关工作提供专家支持。

（首都师范大学社科处李蒽供稿）

23 日　由北京市社会科学院及社会科学文献出版社共同召开的《北京蓝皮书：北京社会治理发展报告（2017—2018）》新闻发布会在北京市社会科学院举行。社会科学文献出版社副总编蔡继辉、北京市社会科学院副院长鲁亚参加会议并讲话，来自人民网、中国网、中新网、中青网、北京青年报、北京晚报、新京报、北京晨报等媒体记者，社会科学文献出版社皮书分社社长邓泳红，副社长陈雪，总编助理郑庆寰，北京市社会科学院科研处、图书信息中心、外宣办、综治所全体同志参加发布会。发布会由北京社会治理发展报告（2017—2018）主编殷星辰研究员主持，综治所所长、研究员袁振龙重点介绍了总报告的内容和社会组织治理栏目的主要内容，马晓燕、南方、邵超、殷星辰、李会彬研究人员分别介绍人口问题治理、网络社会治理、社会矛盾治理、基层社会治理和违法犯罪治理栏目的主要内容。

（北京市社会科学院科研处朱霞辉供稿）

24—25 日　北京市地方志办公室组织召开了《北京抗日战争志》专题培训会。中共中央党史研究室研究员李蓉、北京中国抗日战争史学会会长谢荫明、军事科学院军事历史研究所抗日战争研究组组长岳思平、国防大学军队党史党建研究中心教授刘波和首都博物馆研究员李铁虎分别做了“中国共产党在中国抗日战争中的地位和作用”“北京地区抗日战争的几个特点”“关于抗日战争研究的若干学术和热点问题”“对中共敌后抗战历史叙述的新思考”以及“关于北京抗战”的专题讲座。北京市档案局副局长马素萍出席培训会，并代表局（馆）与市地方志办签订编纂协议。

（北京市档案局科教处和晓兰供稿）

25 日　“中社智库论坛 2018：新时代、新挑战、新作为——加强中国特色新型智库建设”研讨会在北京举行。吉林省政协主席江泽林、中国社会科学院副院长蔡昉、国务院发展研究中心副主任王一鸣、“一带一路”国际智库和蓝迪国际智库主席赵白鸽出席会议并作主旨发言。中国社科院、中央党校、中国宏观经济研究院、北京大学、人民大学、中山大学、南京大学等高端智库 60 余位专家学者参会。

开幕式后，中国社会科学院经济研究所所长高培勇、国际合作局局长王镭、社会发展战略研究院院长张翼、欧洲研究所所长黄平、世界经济与政治研究所所长张宇燕、中国宏观经济研究所所长银温泉等作为代表，在肯定“中社智库”的品牌影响力、社会影响力和国际影响力的同时，就如何建设高水平智库，如何让智库成果在市场竞争中脱颖而出，在智库成果“走出去”当中如何用当地的语言讲好中国故事、传播中国声音等做了发言，提出了建议。

（中国社会科学院办公厅刘玉杰供稿）

同日　北京诗词学会第五次会员代表大会在京民大厦召开，中华诗词学会常务副会长范诗银、北京市民政局副巡视员李全喜、北京市社会团体管理办公室二处处长宋学懂以及来自各诗社和诗词组织的近 100

名代表和嘉宾出席了大会。大会由北京诗词学会会长张桂兴主持。常务副会长李增山代表第四届理事会作工作报告。

大会通过无记名投票的方式进行了等额选举，选举产生由丁志才等53人组成的理事会，由武俊哲等3人组成的监事会。理事会、监事会分别通过无记名投票的方式选出常务理事会23人、监事长1人。北京市人大常委会原副秘书长李福祥当选为会长，常务副会长、法人由中国地质大学（北京）教授褚宝增担任，李葆国、张力夫、张谷一、张脉峰、赵发洪、赵安民、赵清甫、董澍、韩倚云当选为副会长；马旭升当选为秘书长。经无记名投票，表决通过了会费管理办法。

（北京诗词学会陆奇供稿）

28日　由中国共产党举办、各国共产党参加的纪念马克思诞辰200周年专题研讨会在深圳开幕。中共中央总书记、国家主席习近平向会议致贺信。

习近平表示，值此纪念马克思诞辰200周年专题研讨会开幕之际，我谨代表中国共产党，并以我个人的名义，向会议的召开表示衷心的祝贺，向出席会议的各国共产党领导人和同志们表示热烈的欢迎。

习近平指出，马克思是马克思主义的主要创始人，马克思主义是人类历史上的伟大创造。在人类思想史上，就科学性、真理性、影响力、传播面而言，没有一种思想理论能达到马克思主义的高度，也没有一种学说能像马克思主义那样对世界产生了如此巨大的影响。中国共产党人始终坚持以科学的态度对待科学，以真理的精神追求真理，锲而不舍推进马克思主义中国化、时代化、大众化，形成了系列理论创新成果，推动中国特色社会主义进入了新时代，彰显了科学社会主义在21世纪的强大生机活力。

习近平表示，中国共产党正在新时代中国特色社会主义思想指引下，团结带领全国各族人民为决胜全面建成小康社会、夺取新时代中国特色社会主义伟大胜利而努力奋斗。我们愿同包括共产党在内的世界各国政党和政治组织一道，加强对话、深化交流、开展合作，为推动构建人类命运共同体、建设更加美好的世界贡献智慧和力量。预祝研讨会圆满成功。

纪念马克思诞辰200周年专题研讨会由中共中央对外联络部主办，是在中国共产党与世界政党高层对话会框架下，首次举办的中国共产党与世界各国共产党及左翼政党专题研讨会。本次研讨会的主题是“21世纪马克思主义与世界社会主义未来”，共有来自50个国家75个共产党的100余位领导人和代表参会。

（摘自《北京日报》2018年5月29日第1版）

29日　经中共中央批准，中共中央党史和文献研究院编辑的《十八大以来重要文献选编》下册，已由中央文献出版社出版，并在全国发行。

《十八大以来重要文献选编》下册，收入自2015年10月党的十八届五中全会后至2017年10月党的十九大召开前这段时间内的重要文献，共72篇，约63万字。其中，习近平总书记的文稿34篇，其他中央领导同志的文稿16篇，中共中央、国务院的有关文件22篇。有19篇重要文献是第一次公开发表。

《十八大以来重要文献选编》下册与之前出版的上册、中册形成一个完整系列，为全党深入学习贯彻习近平新时代中国特色社会主义思想和党的十九大精神提供了重要教材，对于全党进一步统一思想、振奋精神、锐意进取、埋头苦干，决胜全面建成小康社会，夺取新时代中国特色社会主义伟大胜利，为实现中华民族伟大复兴的中国梦不懈奋斗，具有重要意义。

（摘自《光明日报》2018年5月30日第1版）

6月

1日　由国务院新闻办公室主办的上海合作组织首届媒体峰会在北京开幕。中共中央政治局委员、中宣部部长黄坤明在开幕式上宣读习近平主席贺信并发表主旨演讲。

本次峰会以“弘扬上海精神　开启媒体合作新时代”为主题，发布了《上海合作组织首届媒体峰会关于加强媒体交流合作的倡议》，签署了一系列媒体交流合作协议和备忘录。来自上合组织各国的新闻事务部门和主流媒体负责人及有关方面代表共260余人出席开幕式。

（摘自《光明日报》2018年6月2日第1版）

4—6日　北京市十五届人大代表履职学习班在京举办。520余名市人大代表学习了习近平新时代中国特色社会主义思想，特别是关于坚持和完善人民代表大会制定的重要思想，围绕提高履职能力和水平进行了交流。北京市人大常委会主任李伟作开班讲话。

（北京市人大常委会研究室王柏林供稿）

7日　中共中央政治局委员、中宣部部长黄坤明在同宣传思想文化领域高层次人才学习贯彻习近平新时代中国特色社会主义思想和党的十九大精神专题研修班学员座谈时强调，要深入学习领会习近平新时代中国特色社会主义思想，树立高度的政治自觉和坚定的文化自信，切实担负起新的文化使命，推动社会主义文化繁荣兴盛。

黄坤明强调，习近平新时代中国特色社会主义思想，是我们拥抱新时代、创造新作为的思想引领和行动纲领。肩负起党和人民赋予的崇高责任，最重要最关键的是深入学习贯彻习近平新时代中国特色社会主义思想，切实把学习成果转化为高度的政治觉悟、坚定的“四个自信”、鲜明的人民立场、强烈的责任担当、过硬的能力本领，在多姿多彩的实践创造中进行文化创造，在波澜壮阔的历史进步中实现文化进步。

黄坤明强调，要把人才队伍建设放在更加突出的位置，深入实施文化名家暨“四个一批”人才工程等重点工程和计划，造就更多德才兼备的名家大师和领军人才；发现和培养一批政治素质好、专业能力强、发展潜力大的优秀青年人才，为他们更好更快成长创造有利条件；扎实做好知识分子工作，把各方面优秀人才团结凝聚到党的宣传思想文化事业中来。

（摘自《北京日报》2018年6月8日第2版）

8日　由教育部委托中国传媒大学承办的2018年度“未来之星——香港传媒专业大学生国情课程班”结业典礼在中国传媒大学举行。

教育部港澳台事务办公室主任刘锦，中央统战部三局巡视员覃菊华，香港特区驻京办事处署理副主任黄敏，香港大公文汇传媒集团副总经理、“互联网+主题团”荣誉团长江正银，香港大公文汇传媒集团青少年交流中心主任、未来之星同学会专职副主席、“互联网+主题团”团长李华敏，香港大公文汇传媒集团北京新闻中心主任、未来之星同学会副主席、“互联网+主题团”团长秦占国等领导与嘉宾出席结业典礼，校党委副书记姜绪范出席典礼并致辞。结业典礼由校港澳台事务办公室副主任张龙主持。

今年恰逢我国改革开放40周年，香港回归21周年，中国传媒大学从2007年起，就受教育部委托开始承办“未来之星——香港传媒专业大学生国情课程班”活动，至今已经连续成功举办了十二届。

（中国传媒大学科学研究处供稿）

9日　北京市档案局局长程勇会见德国、瑞士和西班牙的3位档案专家并进行座谈。程勇与德国海德堡市档案馆馆长彼得·布鲁姆博士、瑞士当代历史档案馆副馆长丹尼尔·纳利斯博士和西班牙桑坦德市坎塔布里亚自治区政府庭审和司法部中央档案和文献馆协调员鲁伊斯女士围绕档案国际合作、档案馆数字化建设、档案应急管理、档案宣传与利用等内容进行了交流。

（北京市档案局科教处和晓兰供稿）

同日　由清华大学美术学院主办的国家艺术基金——面向冬奥会的艺术与科技人才培养项目启动仪式暨论坛在清华大学美术学院举行。论坛共分两个主题论坛。在第一个主题论坛环节，清华大学工程物理系副研究员、辰安科技负责人陈涛向大会作题为《北京冬奥的挑战与科技需求》的主旨演讲，阐述了科技冬奥部署的主要任务和科技冬奥的最新进展；韩国平昌冬奥建设支持单位代表孔成珍作题为《高科技助力平昌冬奥会K-ICT馆》的主旨演讲，展示了平昌冬奥会K-ICT体验馆为大众提供的先进信息通信技术的奥运服务体验。在主题为“冰雪运动体育产业发展现状、机制与生态”的圆桌论坛上，美术学院副院长马赛等五位嘉宾围绕主题展开讨论。第二个主题论坛环节，黑弓团队品牌总监于博分享了《“冬奥8分钟”平昌冬奥会闭幕式演出核心团队参与全程创作》。美国卡耐基·梅隆大学教授皮特·司库佩里作题为《令人向往的奥运设计》的演讲，以未来设计思维的视角展开了对冬奥会未来发展的设计的思考。在主题为“艺术与科技融合的创意、设计与实践”圆桌论坛上，论坛嘉宾介绍了国家推动体育文化的需求与举措，要求项目以体育为核心，跨界人才培养不忘初心，重点加强项目和赛事的体育文化建设与体育文化的研究和IP打造。来自国家体育总局、清华大学、卡耐基·梅隆大学、浙江大学、郑州大学、中国高校创新创业教育联盟、歌华集团、必胜国际、新浪体育、黑弓团队等国内外的嘉宾参加了本次活动。

（清华大学文科建设处刘金梅供稿）

10日　中国劳动关系学院劳动关系与工会研究中心与中国人民大学重阳金融研究院战略合作签约仪式在中华全国总工会机关大楼举行。中华全国总工会书记处书记、党组成员、组织部部长张茂华，国家电网公司党组成员、职工董事、工会主席刘广迎，中国人民大学常务副校长王利明教授，中华全国总工会国际部部长安建华，中华全国总工会研究所所长闫宇平，国家电网公司工会副主席王海啸，学校党委书记、劳动关系与工会研究中心理事长屈增国，党委副书记、校长、劳动关系与工会研究中心主任刘向兵教授出席签约仪式。中国人民大学重阳金融研究院执行院长王文以及来自国网国际发展有限公司、商务部中国对外承包工程商会、中国人民大学、北京交通大学、中国社科院、北京外国语大学、中华女子学院、国家发展改革委国际合作中心、中央党史和文献研究院和中国劳动关系学院等单位的领导、专家、学者共60余人参加了签约仪式。签约仪式由刘向兵主持。

学校劳动关系与工会研究中心与中国人民大学重阳金融研究院牵手合作，有利于实现优势互补、联合攻关，共同推动“一带一路”与和谐劳动关系构建等领域的研究创新，推动中国劳动关系学院智库更快更好地发展，用一流的学术成果和智库成果，支持劳动关系学院特色一流大学建设，推动校劳动关系和工会领域国内一流、国际知名大学目标的实现。

（中国劳动关系学院科研处陈邓海供稿）

同日　国务院办公厅印发《进一步深化“互联网+政务服务”推进政务服务“一网、一门、一次”改革实施方案》（以下简称《方案》），就加快推进政务服务“一网通办”和企业群众办事“只进一扇门”“最多跑一次”等作出部署。

《方案》明确了实现上述目标的主要任务和工作措施。一是以整合促便捷，推进线上“一网通办”。加快构建以国家政务服务平台为枢纽、以各地区各部门网上政务服务平台为基础的全流程一体化在线服务平台。除法律法规另有规定或涉密等外，原则上各级政务服务事项均应纳入网上政务服务平台办理，实现政务服务“一次登录、全网通办”。二是以集成提效能，推进线下“只进一扇门”。大力推行政务服务集中办理，实现“多门”变“一门”，促进政务服务线上线下集成融合。除因安全等特殊原因外，原则上不再保留各地政府部门单独设立的服务大厅。三是以创新促精简，让企业和群众“最多跑一次”。梳理必须到现场办理事项的“最多跑一次”目录，大力推进减材料、减环节，推动政务服务入口全面向基层延伸。四是以共享筑根基，让“数据多跑路”。建立完善全国数据共享交换体系，加快完善政务数据资源体系，做好政务信息系统改造对接，推进事中事后监管信息“一网通享”，强化数据共享安全保障。

（摘自《光明日报》2018年6月23日第3版）

11日　北京市委市政府邀请专家学者座谈，就“把城市副中心打造成北京重要一翼”听取意见和建议。市委书记蔡奇主持座谈会并讲话，市委副书记、市长陈吉宁，市人大常委会主任李伟出席。

参加座谈会的8位专家学者陆大道、杨保军、魏后凯、申兵、郭继孚、尹稚、吴唯佳、杨开忠先后发言，就合理规划空间布局、打造世界级城市群、统筹产业发展、完善城市功能体系、交通系统建设、文化遗产保护与绿色发展等方面提出意见和建议。

在专家发言过程中，蔡奇就有关问题和大家进行了互动探讨。他感谢各位专家学者为首都发展提出的真知灼见，表示市里要研究吸纳，以利科学决策，更好推动工作。蔡奇说，党中央确立京津冀协同发展战略，核心是要疏解北京非首都功能，治理“大城市病”，提升首都功能。城市副中心与雄安新区作为北京新的两翼，都承担疏解北京非首都功能重要任务，也是建设京津冀世界级城市群的战略支点，必须把这两翼打造好。城市副中心要向雄安新区看齐。

蔡奇指出，新一版北京城市总规划明确了副中心要建成国际一流的和谐宜居之都示范区、新型城镇化示范区、京津冀区域协同发展示范区。从这个定位出发，打造北京新的这一翼，必须突出服务首都功能，紧紧围绕落实首都城市战略定位、加强“四个中心”功能建设、提高“四个服务”水平来谋划和推进。突出两翼齐飞，副中心和雄安新区都要坚持世界眼光、国际标准、中国特色、高点定位，都要体现最先进理念、最高标准、最好质量，坚持错位发展、互为促进。突出以人为本，全面提升城市综合承载力与吸引力，着眼未来没有“城市病”这个目标，坚持低密度建设，大力发展公共交通，解决好职住平衡问题，提升老城品质，增强群众获得感。突出生态绿色，坚持大尺度绿化，营造自然宜人的滨水环境，持之以恒抓好环境污染治理，让蓝绿交织成为副中心底色。突出古今同辉，加强文化传承保护，促进历史文化创造性转化和创新性发展。突出协同发展，通州区要与廊坊北三县坚持统一规划、统一政策、统一管控，逐步推动交通基础设施、公共服务乃至产业向北三县延伸布局。同时，强化交界地区规划建设管理，保护潮白河流域，遏制贴边发展。

蔡奇表示，要把高质量发展贯穿到各个方面，创造“副中心质量”。规划上，突出和谐宜居，进一步提高标准。建设上，注重运用现代信息技术，大力建设智慧城市、数字城市。管理上，推进体制机制改革，加强政策集成和创新。发展上，坚持三大主导功能，加上科技创新，推动高端资源要素在副中心布局，构建高精尖经济结构，打造北京发展新高地。

（市社科联、市社科规划办智库工作部供稿）

12日　国家主席习近平2018年6月10日在上海

合作组织成员国元首理事会第十八次会议上的讲话《弘扬“上海精神”构建命运共同体》单行本，已由人民出版社出版并在全国新华书店发行。

（摘自《光明日报》2018年6月13日第1版）

14日　第五届“政法系统新媒体应用案例”推选活动颁奖仪式暨研讨交流会在京举行。会上，“优秀新媒体案例奖”和“最具影响力新媒体奖”揭晓，并为获奖单位代表颁奖；光明舆情发布《2017年政法系统新媒体应用蓝皮书》以及“政法大数据舆情分析系统”“政法新媒体监测系统”。

本次活动由光明日报社、公安部宣传局、最高人民检察院新闻办、最高人民法院新闻局、中央网信办移动网络管理局指导，光明网主办，新浪微博、今日头条、清博大数据提供数据支持。光明日报副总编辑陆先高、公安部宣传局副局长王志勇、最高人民检察院新闻办网宣处处长殷毅、最高人民法院新闻局网络处处长朱世亮先后致辞，光明网总裁、总编辑杨谷，中央网信办移动网络管理局微传播处处长张琳等出席。

在全国政法系统的大力支持下，经过大数据分析和研判、网络投票、评审委员会审议，江苏省南京市公安局江宁分局、河南省人民检察院、山东省高级人民法院、上海市公安局等45家单位在评选中脱颖而出，荣获2017全国政法系统“优秀新媒体案例奖”和“最具影响力新媒体奖”。

与往年相比，本届活动充分运用了大数据分析手段，通过分析2017年度政法系统新媒体运营传播数据，由光明舆情对公检法新媒体建设情况进行全面评估，形成了《2017年政法系统新媒体应用蓝皮书》。同时，光明网还为政法部门打造了大数据舆情分析产品——“政法大数据舆情分析系统”和“政法新媒体监测系统”，前者有助于建立高效有序的舆情应对工作机制，后者可一站式获知政法新媒体传播矩阵的宣传效果。（获奖名单详见光明网）

（摘自《光明日报》2018年6月15日第3版）

15日　在人民日报创刊70周年之际，中共中央总书记、国家主席、中央军委主席习近平发来贺信，代表党中央表示热烈的祝贺，向报社全体新闻工作者和离退休同志致以诚挚的问候。

习近平在贺信中指出，人民日报是党中央机关报。70年来，在党中央坚强领导下，人民日报坚持政治家办报和党性原则，与党和人民同心同德，深入宣传党的理论和路线方针政策，热情报道人民的伟大实践，在革命、建设、改革各个历史时期发挥了十分重要的作用，创造了光荣历史。

习近平强调，当前，中国特色社会主义进入了新时代，全面建设社会主义现代化强国新征程已经开启。人民日报要深入学习贯彻新时代中国特色社会主义思想和党的十九大精神，忠实履行党的新闻舆论工作职责使命，坚持正确政治方向，弘扬优良传统，深化改革创新，加强队伍建设，改进宣传报道，讲好中国故事，构建全媒体传播格局，不断提升传播力、引导力、影响力、公信力，为实现“两个一百年”奋斗目标、实现中华民族伟大复兴的中国梦作出新的更大贡献。

15日上午，人民日报社举行庆祝创刊70周年大会。中共中央政治局委员、中宣部部长黄坤明出席大会并讲话。他说，要认真学习贯彻习近平总书记重要指示精神，坚持以习近平新时代中国特色社会主义思想为指导，增强“四个意识”，坚定“四个自信”，牢牢把握正确舆论导向，推动党的创新理论深入人心，壮大主流舆论，传播主流价值，做宣传新时代、记录新时代、讴歌新时代的排头兵。

会上宣读了习近平的贺信，人民日报社负责人和老职工、青年记者编辑代表先后发言。

1948年6月15日，人民日报在河北省平山县里庄创刊。1949年8月1日，中共中央决定人民日报为中共中央机关报。经过70年发展，人民日报社现拥有报纸、杂志、网站、客户端等10多种载体，400多个发布终端，覆盖用户总数达7.86亿。

（摘自《光明日报》2018年6月16日第1版）

日前　中央军委印发《传承红色基因实施纲要》。《纲要》全面贯彻习近平新时代中国特色社会主义思想和党的十九大精神，深入贯彻习近平强军思想，明确了传承红色基因的指导思想、基本原则、着力重点和主要工作，是新时代传承红色基因、弘扬优良传统的重要指导性文件。

《纲要》指出，大力传承红色基因，是新时代政治建军的战略任务和基础工程，对于激励官兵铭记历史、不忘初心、牢记使命、不懈奋斗，奋力实现党在新时代的强军目标、把人民军队全面建成世界一流军队，具有重要意义。要着眼培养“四有”革命军人、锻造“四铁”过硬部队，扭住强固精神支柱、对党绝对忠诚这个根本，把握突出固根铸魂、聚力备战打仗、强化问题导向、注重融入实践、坚持创新发展的基本原则，深扎信仰之根，以史鉴今育人，用好红色资源，强化实践砥砺，推动红色基因融入官兵血脉，确保我军血脉永续、根基永固、优势永存，为推进新时代强军事业提供政治滋养和强大动力。

《纲要》明确，传承红色基因要着力锻造维护核心、听党指挥的绝对忠诚，坚定社会主义、共产主义的理想信念，强化勇于改革、敢于突破的创新意识，培育一不怕苦、二不怕死的战斗精神，严明高度自觉、令行禁止的革命纪律，巩固爱民为民、军民团结的特有优势。要抓好科学理论武装、开展党史军史宣传教育、加强存史编史研史、开展重要纪念活动、建好用好军史场馆、开发红色革命文化，让红色基因永葆活力、彰显威力。

《纲要》要求，各级要强化责任落实，把传承红色基因摆上重要位置，纳入部队全面建设，主要领导要当好第一责任人，分管领导要站在一线抓落实，各级政治工作机关要加强具体指导，机关其他部门积极配合。要完善工作机制，加强队伍建设，加大保障力度，采取有力措施帮助部队解决传承工作中遇到的实际困难。

（摘自《光明日报》2018 年 6 月 19 日第 1 版）

19 日　民营企业参与乡村振兴战略倡议活动在京举行。全国政协副主席、全国工商联主席高云龙出席活动并讲话。

高云龙指出，实施乡村振兴战略是以习近平同志为核心的党中央着眼党和国家事业全局、顺应亿万农民对美好生活的向往作出的重大决策部署，参与乡村振兴是民营企业加快自身转型升级发展的重要机遇，是弘扬优秀企业家精神的重要载体。民营企业参与乡村振兴，一要处理好乡村振兴与脱贫攻坚的关系。二要把握好积极作为与遵循市场规律的关系，发挥市场在资源配置中的决定性作用，走互惠互利、共建共赢的可持续发展之路。三要切实保护农民利益。民营企业要弘扬“义利兼顾、以义为先”的光彩精神，不打擦边球、不踩政策红线，积极践行亲清新型政商关系，创造性地将企业发展与促进乡村振兴有机结合，努力实现双赢、共富。

（摘自《人民日报》2018 年 6 月 20 日第 9 版）

20 日　首都师范大学中国基础教育教材研究院成立大会暨学术研讨会在校本部召开。教育部教材局、教育部课程教材研究所、各协作大学院校、广东教育出版社的领导、专家以及领导、师生出席了本次会议。

大会由首都师范大学副书记缪劲翔主持。首都师范大学孟繁华校长代表首都师范大学向到会的嘉宾表示欢迎，并指出，首都师范大学中国基础教育教材研究院的成立是学校发展中的大事，是推进“双一流”建设的重要举措。近年来，首都师范大学教科书研究团队在教科书收藏和研究方面取得了丰硕的成果，国务院副总理刘延东、教育部司长王定华、北京市委书记蔡奇等领导多次到首都师范大学校教科书博物馆参观指导。未来五年，中国基础教育教材研究院将着力打造教材专业平台、教材政策支持平台、教材质量监测平台、教材数据分析平台、教材研究专业人才平台，开创我国课程教材建设的新局面和新气象。

缪劲翔宣读《首都师范大学关于设立首都师范大学中国基础教育教材研究院的通知》。教育部教材局申继亮巡视员与孟繁华为中国基础教育教材研究院揭牌。

（首都师范大学社科处李蒽供稿）

同日　来自 47 个国家和地区的近百名记者组织负责人和媒体代表共同参加中国传媒大学承办的 2018 年“一带一路”记者组织论坛。论坛主题为“构建‘一带一路’新闻合作交流新格局”。这是我国首次举办的国别最多、级别最高的记者组织负责人国际会议，近百名与会者来自 47 个国家和地区，其中包括 24 位地区性和全国性记者组织的主席和副主席。

中宣部副部长、国务院新闻办公室主任蒋建国出席并致辞。中国记协主席张研农、俄罗斯记联主席弗拉基米尔·索罗夫耶夫、东盟记联主席德差勇、非洲记联主席阿卜杜瓦西德·奥都西勒分别致辞，中央广播电视总台国际广播电台副台长胡邦胜、中国传媒大学党委书记陈文申、泰国记协副主席、保加利亚记协主席、苏丹记协主席、墨西哥头版俱乐部主席做了演讲。

“一带一路”记者组织论坛由中国记协主办、中央广播电视总台国际广播电台协办、中国传媒大学承办。

（中国传媒大学科学研究处供稿）

21 日　国家主席习近平在钓鱼台国宾馆会见来华出席“全球首席执行官委员会”特别圆桌峰会的知名跨国企业负责人，并同他们座谈交流。

与会企业家代表围绕“开放·合作·共赢”的峰会主题，先后就“一带一路”、创新智造、绿色发展、全球治理等议题发表看法。习近平认真听取他们的发言，并一一回应他们的意见和建议。

习近平指出，中国向世界打开大门、实行改革开放已有40年历史。在座各家公司都是中国改革开放的重要参与者、见证者、贡献者、受益者，同中国结下了不解之缘。40年里，中国发生了巨大的变化，中国经济持续高速增长，7亿多人实现联合国标准的脱贫。眺望新征程，我们对改革开放更加有信心，更加相信对外开放是中国发展的关键一招。

习近平强调，外资在中国经济发展和深化改革进程中发挥了积极而重要的作用。过去40年中国经济发展是在开放条件下取得的，未来中国经济实现高质量发展也必须在更加开放的条件下进行。中国开放的大门不会关闭，只会越开越大。中国将继续大幅度放宽市场准入，继续创造更具吸引力的投资环境，加强知识产权保护，主动扩大进口，为国内外企业家投资创业营造更加宽松有序的环境。

与会企业家代表高度评价中国改革开放取得的伟大成就，赞赏中国为推动世界经济增长作出的重要贡献。他们强调，跨国公司很高兴亲历了中国40年来的改革进程，在为中国发展作出自己贡献的同时，也从中国的长期发展中受益。世界应当增进对中国文化、对中国共产党执政的认识和理解。经济全球化是不可逆转的历史潮流。中国坚定支持全球化并反对贸易保护主义令人赞赏。现在，广大跨国公司在中国享有着不断发展的空间。中国在推动达成气候变化《巴黎协定》等方面作出的贡献，体现了在建设人类命运共同体方面的领导作用。中方的“一带一路”倡议符合时代要求，这一倡议为沿线地区带来发展和繁荣。跨国公司愿积极参与共建“一带一路”，扩大同中方在创新智造、绿色发展、全球治理等领域的交流合作，实现企业更大发展，继续与中国经济共同成长。

刘鹤、杨洁篪、王毅、何立峰等参加上述活动。

（摘自《光明日报》2018年6月22日第1版）

同日　北京市社会科学院与社会科学文献出版社联合举办《北京文化发展报告（2017—2018）》新闻发布会暨学术研讨会。社会科学文献出版社杨群总编辑出席并致辞，中国艺术研究院王列生研究员、北京师范大学文学院刘勇教授、北京联合大学北京学研究基地首席专家李建平研究员、北京市社会科学院鲁亚副院长、《北京文化发展报告》研究团队及相关科研人员以及来自北京市社会科学院科研处、社科文献出版社、《北京晚报》等新闻媒体的相关人员出席新闻发布会暨学术研讨会。《北京蓝皮书·北京文化发展报告》主编、北京市社会科学院文化研究所所长李建盛研究员，《北京蓝皮书·北京文化发展报告》副主编、北京市社会科学院文化研究所陈红玉副研究员发布蓝皮书的主要新闻观点。

（北京市社会科学院科研处朱霞辉供稿）

22—23日　中央外事工作会议在北京召开。中共中央总书记、国家主席、中央军委主席习近平在会上发表重要讲话强调，我国对外工作要坚持以新时代中国特色社会主义外交思想为指导，统筹国内国际两个大局，牢牢把握服务民族复兴、促进人类进步这条主线，推动构建人类命运共同体，坚定维护国家主权、安全、发展利益，积极参与引领全球治理体系改革，打造更加完善的全球伙伴关系网络，努力开创中国特色大国外交新局面，为全面建成小康社会、进而全面建设社会主义现代化强国创造有利条件、作出应有贡献。

中共中央政治局常委、国务院总理李克强主持会议。中共中央政治局常委、全国人大常委会委员长栗战书，中共中央政治局常委、全国政协主席汪洋，中共中央政治局常委、中央书记处书记王沪宁，中共中央政治局常委、中央纪委书记赵乐际，中共中央政治局常委、国务院副总理韩正，国家副主席王岐山出席会议。

（摘自《北京日报》2018年6月24日第1版）

24日　首届京台茶文化交流会在北京千禧大酒店举办，来自中国大陆和台湾地区的茶文化界、学术界、艺术界及知名茶人等近百人出席此次活动。本次交流活动由北京海峡两岸民间交流促进会、北京中道公益基金会与台湾中华茶文化学会共同主办。

“海峡两岸有法缘、血缘、文脉多重关系，茶文化是海峡两岸炎黄子孙共同的情感纽带。”在交流会上，全国政协委员、中国佛教协会驻会副会长宗性法师一席话点明两岸交流的深远情谊。

这次交流会上，京台两地茶人围绕“京台茶文化交流的历史与未来”“中华茶艺发展的现状、流派与传播”等话题展开深入对话。交流会上还设有“京台三十茶席联展”，特邀多位享有盛誉的海峡两岸茶人精心设计30座茶席，每席都有不同的理念、主题和寓意，展现两岸茶人对茶文化的独特理解，并组织专家进行精彩点评。

（摘自《人民日报·海外版》2018年6月26日第4版）

25日　由北京市委教工委、光明日报社联合主办的北京高校高层次人才发展党员工作现场会在清华大学举行。北京市委教工委、光明日报社、清华大学相关负责人出席会议。

习近平总书记指出："要以识才的慧眼、爱才的诚意、用才的胆识、容才的雅量、聚才的良方，广开进贤之路，把各方面知识分子凝聚起来，聚天下英才而用之。"党的十九大报告提出，要注重从产业工人、青年农民、高知识群体中和在非公有制经济组织、社会组织中发展党员。高层次人才是科技创新、知识创新的核心力量，是高校教师中的骨干中坚，是学校改革发展的领军群体。做好高层次人才发展党员工作，直接关系到学校事业发展，直接关系到"立德树人"这一根本任务，具有重大战略意义。

会上，清华大学党委书记陈旭介绍了清华以高度的政治责任感坚持做好高层次人才发展党员工作的先进经验：一是强化思想引领，着力构建全方位的教师思想政治工作体系，实施新教师导引计划，举办青年教师"大学精神与文化"专题研讨班、马克思主义理论研讨班、主题社会实践活动等，引领高层次人才先登上爱国主义、社会主义的思想台阶，再迈上共产主义的理想台阶；二是加强三级联动，学校、院系、党支部协同做好在高层次人才中发展党员工作；三是助力全面成长，通过成立教师发展中心，构建全周期教师职业发展体系，提供师德思政、教学发展、科研发展和组织领导力一体化培训、咨询、交流和研究等方式，将引导青年教师思想进步和职业成长紧密结合起来。

（摘自《光明日报》2018 年 6 月 26 日第 1 版）

26 日　2018 年《北京公共服务发展报告》发布暨学术研讨会在北京市社科院举行，该书是北京市社会科学院蓝皮书系列丛书之一，由管理所负责编撰完成，施昌奎研究员任主编，庞世辉、毕娟、罗植为副主编。北京市社科院副院长赵弘、社科文献出版社皮书分社副总编郑庆寰、社科文献出版社皮书分社副社长陈雪，及北京市社科院科研处、外宣办、管理所、经济所等部门的相关人员和千龙网、中国网、中青网、北京晚报等媒体参加了发布会。北京市社科院副院长赵弘主持会议。社科文献出版社皮书分社副总编郑庆寰对《北京公共服务发展报告》（2017—2018）的出版情况进行了介绍。随后管理所所长施昌奎研究员介绍了《北京公共服务发展报告》（2017—2018）的主要内容和整体情况，罗植、鄢圣文、杨浩、王婧、吴向阳等分别介绍了该书中各板块的重要观点。

（北京市社会科学院科研处朱霞辉供稿）

同日　北京市马克思主义理论学科授权点调研督查组专家对北京林业大学马克思主义理论学科硕士点建设情况进行督查。与会专家围绕马克思主义理论学科硕士点的招生状况、培养过程及课程设置、思政课教学改革以及学院教师队伍建设等内容与参会人员进行了提问交流，并查阅了学院研究生的培养方案、课程资料、学位论文、实践报告等资料，考察了学院主要办公场所。督查专家还就学科研究方向的设置、研究生培养与思政课师资队伍建设等内容与学院教师代表进行了座谈，就课程体系、学生科研情况等内容与研究生代表进行了交流。

（北京林业大学科技处供稿）

同日　第三届社会力量参与文物保护论坛暨文物保护与利用社会组织联盟成立大会在北京举行。在论坛上，专家、学者和业内人士共享文物活化利用的经验，探讨文物活化利用的有关政策理论问题，探索社会组织参与文物活化利用的新路径，推进文物合理利用，让文物保护成果融入社区和人民生活，传承弘扬中华优秀传统文化。论坛上，文物保护与利用社会组织联盟也正式成立。

据悉，文物保护与利用社会组织联盟是由中国文物保护基金会、中国敦煌石窟保护研究基金会等 9 家文保组织发起，国内各地参与文物保护利用的组织、机构和团队自愿加入的公益性的非法人机构。在之前召开的一次主席团会议上，审议通过了联盟章程，审核了入会资格，71 个社团组织成为联盟首批成员，中国文物保护基金会理事长励小捷被推举为首任轮值主席。

（摘自《人民日报》2018 年 6 月 28 日第 12 版）

近日　中央宣传部、中央网信办、中央文明办、中央党史和文献研究院、教育部、文化和旅游部、全国总工会、共青团中央、全国妇联联合印发通知，决定在全国城乡广泛组织开展群众性主题宣传教育活动，为隆重庆祝改革开放 40 周年营造团结奋进的浓厚社会氛围。

（摘自《光明日报》2018 年 6 月 26 日第 3 版）

28 日　"一带一路"国家驻华大使体育论坛——中国与斯里兰卡体育近日在首都体育学院举办。

本次活动获得斯里兰卡驻华大使馆的大力支持。斯里兰卡驻华大使卡鲁纳塞纳·科迪图瓦库来到学校，与首都体育学院校长钟秉枢就斯里兰卡与中国体育进行了深入的探讨。卡鲁纳塞纳大使提到，排球和板球是斯里兰卡最受欢迎的体育运动，希望通过这两种运动的交流进一步增进双方的友谊。

（首都体育学院科研处供稿）

同日　由中国中共党史学会、中国中共文献研究会、中国现代史学会、中国出版集团公司主办，中国中共党史学会艺术专业委员会、北京市中共党史学会、新华书店总店等承办的“不忘初心　砥砺奋进”美术作品展在北京中共党史美术馆（筹）开幕。展览设“不忘初心　伟人足迹”“民族先锋　国家栋梁”“缅怀先烈　继承传统”“两弹一星　功勋人物”“人民公仆　时代楷模”5个专题，共展出百余幅党史题材美术作品，生动呈现中国共产党艰苦卓绝、波澜壮阔的奋斗历程，讴歌为中国革命、建设、改革作出重大贡献的毛泽东、周恩来、刘少奇、朱德、邓小平、陈云等老一辈革命家，讴歌为建立、捍卫、建设新中国而英勇牺牲的革命先烈，讴歌为实现中华民族伟大复兴的中国梦而无私奉献、不懈奋斗的时代楷模，进一步激发人们爱党爱国爱军情怀，坚定永远跟党走的信心和决心，奋力夺取新时代中国特色社会主义伟大胜利。

（北京市委党史研究室高俊良供稿）

同日　由清华大学美术学院基础教研室发起的第五次设计形态学系列研讨会在美术学院举行，本次“微沙龙”是基于“设计形态学”的第五次学术研讨会，主要针对“数学”与“形态”的内在关联性，以及数学形态未来的可能性展开讨论。来自清华大学美术学院、数学系，及部分高校教师及研究生共计30余人参加本次微沙龙。与会教师先后分享了自己的近期研究成果，并对“数学与设计形态学”展开研讨。针对本次微沙龙主题，教师们围绕两种不同的思维方式——自下而上与自上而下，讨论了研究中的各种思维模式。

（清华大学文科建设处刘金梅供稿）

同日　今年是全面贯彻党的十九大精神的开局之年，是改革开放40周年。在习近平新时代中国特色社会主义思想指引下，全党同志正满怀豪情、意气风发，奋力书写实现中华民族伟大复兴中国梦的新篇章。为大力表彰宣传信念坚定、对党忠诚、担当作为、干事创业的新时代典型，激励和引导广大党员干部进一步把思想和行动统一到习近平新时代中国特色社会主义思想和党的十九大精神上来，不忘初心、牢记使命，见贤思齐、锐意进取，努力创造无愧于时代、无愧于人民、无愧于历史的业绩，党中央决定，追授郑德荣、钟扬、李泉新、许帅、姜仕坤、张进、张超7名同志“全国优秀共产党员”称号。

（摘自《光明日报》2018年6月29日第1版）

29日　中共中央政治局召开会议，审议《关于适应新时代要求大力发现培养选拔优秀年轻干部的意见》。中共中央总书记习近平主持会议。

会议强调，发现、培养和选拔优秀年轻干部是加强领导班子和干部队伍建设的一项基础性工程，是关系党的事业后继有人和国家长治久安的重大战略任务。党的十八大以来，我们坚决落实好干部标准，破除唯年龄偏向，改进后备干部工作，优化干部成长路径，推动落实常态化配备目标，年轻干部工作取得了显著成效。

会议指出，当前，中国特色社会主义进入新时代，我们党团结带领人民进行伟大斗争、建设伟大工程、推进伟大事业、实现伟大梦想，关键在于建设一支高素质专业化干部队伍，归根到底在于培养选拔一批又一批优秀年轻干部接续奋斗。新时代新使命要求我们切实增强责任感和紧迫感，以更长远的眼光、更有效的举措，及早发现、及时培养、源源不断选拔使用适应新时代要求的优秀年轻干部，为党和国家事业发展注入新的生机活力。要按照做好新时代年轻干部工作的总体思路、目标任务、政策措施，统一思想、提高认识，进一步推进年轻干部工作制度化、规范化、常态化。

会议强调，要着眼“两个一百年”奋斗目标，着眼推进国家治理体系和治理能力现代化，着眼党的事业后继有人、兴旺发达，努力建设一支忠实贯彻习近平新时代中国特色社会主义思想、全心全意为人民服务，适应新使命新任务新要求、经得起风浪考验，数量充足、充满活力的高素质专业化年轻干部队伍。

（摘自《光明日报》2018年6月30日第1版）

同日　中国社会科学院与中国国家博物馆战略合作框架协议签署仪式在北京举行。中国社会科学院院长、党组书记谢伏瞻，文化和旅游部部长雒树刚出席签署仪式，中国社会科学院副院长、党组副书记王京清，中国国家博物馆馆长王春法分别代表中国社会科学院与中国国家博物馆签署了战略合作框架协议。

根据协议，中国社会科学院与中国国家博物馆将联合开展学术研究，包括合作开展藏品研究、合作举办学术会议、聘请兼职研究馆员、接受访问学者；联合开展人才培养，包括合作培养研究生、互聘合作导师、发挥实习基地作用；联合举办高水平展览，包括发布年度考古发现、共享展厅资源、共同举办境外展览、建立借展机制、参与展览策划。

（中国社会科学院办公厅刘玉杰供稿）

同日　中共中央政治局就加强党的政治建设举行第六次集体学习。中共中央总书记习近平在主持学习时强调，马克思主义政党具有崇高政治理想、高尚政治追求、纯洁政治品质、严明政治纪律。如果马克思主义政党政治上的先进性丧失了，党的先进性和纯洁性就无从谈起。这就是我们把党的政治建设作为党的根本性建设的道理所在。党的政治建设是一个永恒课题。要把准政治方向，坚持党的政治领导，夯实政治根基，涵养政治生态，防范政治风险，永葆政治本色，提高政治能力，为我们党不断发展壮大、从胜利走向胜利提供重要保证。

中央组织部臧安民就这个问题作了讲解，并谈了意见和建议。

（摘自《人民日报》2018 年 7 月 1 日第 1 版）

同日　中央组织部、中央宣传部印发《关于在广大知识分子中深入开展“弘扬爱国奋斗精神、建功立业新时代”活动的通知》，对在广大知识分子中深入开展“弘扬爱国奋斗精神、建功立业新时代”活动作出部署。

《通知》指出，近年来，习近平总书记对弘扬爱国奋斗精神作出一系列重要指示，深刻阐明了爱国奋斗精神对当代中国的重大意义，对在全社会弘扬爱国奋斗精神提出了明确要求。在广大知识分子中深入开展“弘扬爱国奋斗精神、建功立业新时代”活动，是贯彻落实习近平总书记重要指示精神、加强团结引领服务知识分子的重要举措，对于把各方面优秀知识分子集聚到党和人民的伟大奋斗中来，形成不懈奋斗、团结奋斗的生动局面，具有深远意义。

《通知》强调，各地区各部门各单位要全面加强宣传解读，在广大知识分子中迅速兴起学习弘扬爱国奋斗精神的热潮。要组织深入学习研讨，切实增强对新时代爱国奋斗精神、党和国家奋斗目标的思想认同、情感认同、价值认同。要抓好专题研修培训，将爱国奋斗精神作为知识分子国情研修、业务培训的重要内容，列入研修培训大纲和课程模块。要发挥典型引导作用，积极开展践行爱国奋斗精神先进群体和个人选树工作，用身边事教育身边人。要开展岗位践行活动，把开展活动与激发知识分子创新创造活力、服务经济社会发展结合起来，最大限度地激发广大知识分子的奋斗激情，引导广大知识分子扎根人民、奉献国家。

《通知》要求，各地区各部门各单位要按照《通知》精神制定具体实施方案，加强组织领导，明确主体责任，注重分类指导，加强督促检查，确保活动取得实效。

（摘自《光明日报》2018 年 8 月 1 日第 1 版）

30 日　中国人民大学数学学院成立大会暨揭牌仪式在世纪馆举行。中国人民大学党委书记靳诺、校长刘伟，常务副校长王利明，国务院学位委员会办公室副主任、教育部学位管理与研究生教育司司长洪大用，教育部高等教育司副司长徐青森，中国科学院院士、北京大学副校长、北京国际数学研究中心主任田刚，中国科学院院士、北京大学数学科学学院教授文兰，中国科学院院士、北京航空航天大学数学与系统科学学院教授郑志明，中国科学院院士、中国科学院数学与系统科学研究院研究员周向宇，中国人民大学党委副书记郑水泉，副校长、党委组织部部长杜鹏等出席大会。靳诺为国家杰出青年科学基金获得者、受聘校数学学院首任院长郑志勇教授颁发聘书。王利明主持大会。

（中国人民大学科研处李素萍供稿）

7月

2 日　中共中央总书记、国家主席、中央军委主席习近平在中南海同团中央新一届领导班子成员集体谈话并发表重要讲话，他强调，青年一代有理想、有本领、有担当，国家就有前途、民族就有希望。代表广大青年、赢得广大青年、依靠广大青年是我们党不断从胜利走向胜利的重要保证。中华民族伟大复兴的中国梦终将在一代代青年的接力奋斗中变为现实。新时代的青年工作要毫不动摇坚持党的领导，坚定不移走中国特色社会主义群团发展道路，紧紧围绕、始终贯穿为实现中国梦而奋斗的主题，让广大青年敢于有梦、勇于追梦、勤于圆梦。

中共中央政治局常委、中央书记处书记王沪宁参加集体谈话。

会上，共青团十八届中央书记处第一书记贺军科汇报了共青团第十八次全国代表大会和十八届一中全会的召开情况，团中央书记处书记汪鸿雁、徐晓、傅振邦、尹冬梅、奇巴图、李柯勇分别作了发言。

丁薛祥、陈希、郭声琨、尤权参加谈话。

（摘自《光明日报》2018 年 7 月 3 日第 1 版）

同日　全国工商联智库成立大会在京举行。全国政协副主席、全国工商联主席高云龙出席并讲话。

高云龙指出，建立全国工商联智库是开创新时代工商联事业新局面的需要，是非公有制经济统战工作领域贯彻习近平新时代中国特色社会主义思想和中共十九大精神的具体举措。工商联作为党和政府联系非公有制经济人士的桥梁纽带、政府管理和服务非公有制经济的助手，要坚持政治建会、团结立会、服务兴会、改革强会，需要强大的智力支撑；要在更高水平上履行职能发挥作用，需要加强智库建设，打造富有自身特色的“思想库”和“智囊团”。

会上，高云龙为钱颖一、贾康等34位专家颁发了全国工商联智库委员会委员聘书。

（摘自《人民日报》2018年7月3日第6版）

3—4日　全国组织工作会议在北京召开。中共中央总书记、国家主席、中央军委主席习近平出席会议并发表重要讲话。他强调，中国特色社会主义进入新时代，我们党一定要有新气象新作为，关键是党的建设新的伟大工程要开创新局面。伟大斗争、伟大工程、伟大事业、伟大梦想，其中起决定性作用的是党的建设新的伟大工程。要把新时代坚持和发展中国特色社会主义这场伟大社会革命进行好，我们党必须勇于进行自我革命，把党建设得更加坚强有力。

习近平强调，组织路线对坚持党的领导、加强党的建设、做好党的组织工作具有十分重要的意义。新时代党的组织路线是：全面贯彻新时代中国特色社会主义思想，以组织体系建设为重点，着力培养忠诚干净担当的高素质干部，着力聚集爱国奉献的各方面优秀人才，坚持德才兼备、以德为先、任人唯贤，为坚持和加强党的全面领导、坚持和发展中国特色社会主义提供坚强组织保证。新时代党的组织路线是理论的也是实践的，要在推进党的建设新的伟大工程、落实全面从严治党的实践中切实贯彻落实。

中共中央政治局常委、中央书记处书记王沪宁，中共中央政治局常委、中央纪委书记赵乐际出席会议。

（摘自《光明日报》2018年7月5日第1版）

4日　中共中央总书记、国家主席、中央军委主席习近平致信祝贺党中央机关刊《求是》暨《红旗》创刊60周年，代表党中央向杂志社全体工作人员表示热烈祝贺，提出殷切希望。

习近平在贺信中指出，《求是》杂志是党中央指导全党全国工作的重要思想理论阵地。长期以来，同志们坚持党刊姓党、政治家办刊原则，积极宣传阐释党的基本理论、基本路线、基本方略，深入宣传阐释党中央重大决策部署，及时宣传党的最新理论成果，在党的理论研究和宣传方面作出了艰辛探索和不懈努力，为推动马克思主义中国化时代化大众化，用新时代中国特色社会主义思想武装全党、教育人民、指导实践作出了重要贡献。

习近平强调，希望同志们深入贯彻落实党的十九大精神，高扬党的理论旗帜，增强“四个意识”，坚定“四个自信”，自觉在思想上、政治上、行动上同党中央保持高度一致，牢牢把握正确政治方向和舆论导向，坚持理论联系实际，锐意进取，改革创新，不断提高理论宣传水平，更好地服务党和国家工作大局，为巩固马克思主义在意识形态领域的指导地位、巩固全党全国各族人民团结奋斗的共同思想基础作出新的更大的贡献。

《求是》杂志前身为中共中央主办的《红旗》杂志，1958年创刊。1988年7月，《求是》杂志出版第1期，沿用原《红旗》杂志的邮发代号。目前杂志年度发行量超过180万份。

（摘自《人民日报》2018年7月5日第1版）

7日　纪念全民族抗战爆发81周年仪式在中国人民抗日战争纪念馆举行。中共中央政治局委员、北京市委书记蔡奇主持纪念仪式。

中央有关部门、北京市和中央军委政治工作部负责同志，参加过抗日战争的老战士代表、抗战烈士遗属代表，首都各界群众代表等约500人参加仪式。

（摘自《光明日报》2018年7月8日第2版）

10日　中国——阿拉伯国家合作论坛第八届部长级会议在北京举行。国务委员兼外交部长王毅同阿方主席、沙特外交大臣朱拜尔共同主持。

王毅表示，习近平主席在会议开幕式上提出，中阿要在携手共建“一带一路”进程中，增进战略互信、实现复兴梦想、实现互利共赢、促进包容互鉴，共同打造中阿命运共同体，进而为构建人类命运共同体作出贡献。我们愿与阿方共同努力，朝着这一目标不断迈进。

王毅指出，中阿双方在本次论坛会议上同意建立全面合作、共同发展、面向未来的战略伙伴关系，翻开了中阿关系的新篇章。中阿要以建立战略伙伴关系为契机，增进政治互信；以共建“一带一路”为平台，对接发展战略；以共同、综合、合作和可持续的安全观为引领，维护好中东地区的和平稳定，共同为世界的长治久安作出努力。

其他与会部长表示，阿方愿同中方一道认真落实会议成果，欢迎中方在中东地区事务中发挥更大的作用，热切期待参与“一带一路”建设。

会议通过并签署了《北京宣言》《论坛 2018 年至 2020 年行动执行计划》和《中阿合作共建“一带一路”行动宣言》等 3 份重要成果文件。

（摘自《人民日报》2018 年 7 月 11 日第 3 版）

11 日　全国妇联在北京举办庆祝改革开放 40 周年——首场“将改革开放进行到底”百姓宣讲活动，以“巾帼心向党·建功新时代”为主题，组织全国三八红旗手代表走进基层。中央广播电视总台少儿频道主持人、栏目制片人鞠萍，中国科学院大学教授、九三学社中央常委杨佳，中国农业科学院研究员、北京中环易达设施园艺科技有限公司董事长魏灵玲，北京知识产权法院副院长、全国妇联兼职副主席宋鱼水进行了精彩的宣讲。

现场聆听宣讲的有巾帼志愿者代表、社区居民代表、“最美家庭”代表等，观众朱艳芳说：“为这些优秀的女性点赞，她们把个人梦融入中国梦，是改革开放的见证者和实践者。”

（摘自《光明日报》2017 年 7 月 12 日第 3 版）

同日　《北京经济发展报告》（2017—2018）蓝皮书新闻发布会暨学术研讨会在北京市社科院召开。会议由北京市社科院副院长赵弘研究员主持。社会科学文献出版社副社长梁艳玲、皮书分社副总编郑庆寰、社科文献出版社学术传播中心媒体主管胡晓莎等参加了会议。担任点评专家的是首经贸大学原校长文魁教授和市委研究室赵毅研究员。北京市社科院科研处朱霞辉副处长及经济蓝皮书课题组部分成员参加了会议。北京经济蓝皮书主编杨松介绍了《北京经济发展报告》（2017—2018）的编纂思路，发布了十三条北京经济蓝皮书中的核心观点。两位专家对北京经济蓝皮书进行了点评。来自人民日报（海外版）、经济日报、新京报、北京晨报、中新社、中国网、21 世纪经济报道、千龙网、社科网等媒体记者参加了新闻发布会。

（北京市社会科学院科研处朱霞辉供稿）

14 日　第五届“郭沫若中国历史学奖”新闻发布会在北京召开。中国社会科学院副院长、第五届“郭沫若中国历史学奖”评奖委员会副主任李培林和中国社会科学院历史研究所所长、第五届“郭沫若中国历史学奖”评奖委员会委员兼秘书长卜宪群，第五届“郭沫若中国历史学奖”评奖委员会委员及媒体记者 40 余人参加新闻发布会。

李培林指出，本届“郭沫若中国历史学奖”是贯彻落实习近平总书记在哲学社会科学工作座谈会上的重要讲话精神、繁荣和发展中国历史学研究的重大举措。通过评奖来纪念一代史学宗师，进一步鼓励广大史学工作者继承和发展老一辈马克思主义史学家开创的中国历史学研究事业，培养更多的史学大家，为弘扬中华优秀传统文化作出贡献。

卜宪群对《第五届郭沫若中国历史学奖章程》和评奖委员会组成作了说明，并介绍了评奖工作办公室筹备工作相关情况。

（摘自《光明日报》2018 年 7 月 23 日第 14 版）

18 日　北京市教委在北京会议中心举行了北京高校学科共建签约仪式，会议由北京市教委科技与研究生处承办。市委常委、市委教工委书记林克庆，副市长王宁，市委教工委常务副书记郑吉春，市委教工委副书记、市教委主任刘宇辉等出席大会。会议由市教委主任刘宇辉主持。北京市属高校和共建高校单位代表共计 100 余人参加了签约仪式。首都体育学院钟秉枢校长与北京体育大学党委书记曹卫东完成了学科共建的签约，研究生部主任郑晓鸿陪同参加。

（首都体育学院科研处供稿）

同日　以“京杭大运河调研成果发布暨 2018 年夏季报告会”为主题的首届中国大运河智库论坛在北京物资学院举行。中国大运河智库论坛是中国大运河智库联盟发起和设立的国内第一家专门针对大运河研究的新型智库论坛。本次论坛集中发布了中国京杭大运河文化带建设现状的调研总报告和多份专题报告。论坛由北京物资学院大运河研究院、中国大运河智库联盟秘书处联合承办，中共中央党校经济学部主任韩保江、北京市社科联党组书记、常务副主席张淼、国务院发展研究中心公共管理与人力资源研究所所长李建伟、国家发展改革委中国经济导报社总编辑焦玉良、天津财经大学党委副书记孙全胜、光明日报智库发布中心副主任、智库版主编王斯敏、国研智库副总裁孙超、南京邮电大学大运河研究中心主任沙勇、天津财经大学大运河智库研究中心主任丛屹、河南财经政法大学大运河研究院教授叶光、枣庄学院大运河文化研究院研究员陶道强、北京市社科联社科基金部主任刘亦文、北京物资学院党委副书记沈小静、北京物资学院特聘教授、大运河研究院院长王佳宁等出席论坛活动。

（北京物资学院科研处供稿）

19 日　由北京市社会科学院和社科文献出版社共同举办的《中国区域经济发展报告（2017—2018）》新闻发布会暨学术研讨会在北京市社科院召开。研讨会由北京市社科院赵弘副院长主持，中国社会科学院工业经济研究所陈耀研究员、北京师范大学吴殿廷教授作为特邀点评专家出席了会议。社科文献出版社总编辑杨群、皮书分社社长邓泳红、皮书分社副总编郑庆寰、皮书分社副社长陈雪，科研处朱霞辉、俞音、马京莎，经济所所长杨松，区域蓝皮书编委会成员以及新华网、中国网、经济日报、经济参考报、中国经济时报、南方日报、21世纪经济报道等媒体记者参加了会议。《报告》对2018年我国区域经济发展趋势进行展望。

（北京市社会科学院科研处朱霞辉供稿）

22日 《英藏敦煌社会历史文献释录》（1—15卷）出版发布会在北京举行。首都师范大学孟繁华校长、历史学院郝春文教授、刘屹院长、全国哲学社会科学工作办公室孙璐女士，以及北京大学、北京师范大学、中国社会科学院历史研究所、中国人民大学、南开大学、浙江大学、武汉大学、吉林大学、中央民族大学、云南大学、甘肃简牍博物馆、台湾中央大学、台湾中正大学、台湾中国文化大学、日本东京大学、日本中央大学的50多位专家学者出席了发布会。

郝春文介绍了《英藏敦煌社会历史文献释录》（1—15卷）的编纂情况。他指出《英藏敦煌社会历史文献释录》（1—15卷）是国家社科基金重大招标项目“英藏敦煌社会历史文献整理与研究”的阶段性成果，这个项目是国家社科基金面向基础研究的第一批重大招标项目，也是我国敦煌学界和首都师范大学的第一个国家社科基金重大项目，它的最终目标是收录英国国家图书馆收藏的全部敦煌社会历史文献，第1至15卷收录S. 10号至S. 3330号中有关社会历史文献写本1087号，1259件文书，总字数540万。预计全部完成是30卷，一千多万字。

（首都师范大学社科处李蒽供稿）

24日 中国社会科学院院长、党组书记谢伏瞻会见到访的日本众议长大岛理森一行。中国社会科学院副院长、党组副书记王京清陪同会见。

谢伏瞻指出，当今世界正处于大发展大变革大调整时期。中日两国同为大国，在全球事务中发挥着重要作用，也面临着一些共同问题，如日本在经济发展过程中遇到的日美经贸摩擦、人口老龄化等，中国也陆续迎来了同类挑战。面对这些问题，加强两国学术交流、分享知识经验、共同应对挑战，符合双方利益。中国社会科学院与日本学术界长期保持友好交往，希望未来能够进一步加深与日本高校、研究机构及相关政府部门的交流合作，推动两国关系持续沿着正常轨道向前发展。

大岛理森表示，李克强总理今年5月到访日本，开启了双方合作的新篇章。当前，中日两国关系正呈现出互学互鉴、良性竞争的发展态势。日本众议院愿与中国社会科学院共同努力，推动学术交流与合作，为日中关系发展发挥积极作用。

（中国社会科学院办公厅刘玉杰供稿）

25日 由北京市金融发展中心主办、首都经济贸易大学信息学院量化金融研究中心承办的“智能重构金融生态 开放引领首都未来”专题培训暨北京金融发展指数发布会在北京举办，北京市金融工作局副局长郝硕博，中国人民银行数字货币研究所运营总监李红岗，北京市金融发展促进中心主任周超，北京大学经济学院金融系主任、金融创新与发展研究中心主任王一鸣，首都经济贸易大学信息学院院长张军等出席活动。

培训紧紧围绕北京市金融发展和智能金融科技展开。郝硕博在讲话中分析了国内外量化金融发展历史和本土化应用情况，并提出了关注金融科技前景的几点考虑。王一鸣在会上发布并解读了“2017年北京金融发展指数”。李红岗就培训主题发表讲话。

下午，培训就金融科技和智能金融发展，邀请白贵华、量化金融研究中心研究员康跃和孙建波分别作“运用智能金融体系防范金融风险”“量化金融技术与实践”“智能投顾与资产管理智能评价体系构建”主题演讲。

北京金融各区金融办、各行业协会代表以及首经贸信息学院量化金融研究中心的教师和研究生等200余人参加了此次活动。

（首都经济贸易大学科研处李琳供稿）

26日 中央统战部召开党外知识分子学习习近平总书记在两院院士大会上重要讲话精神座谈会，启动党外院士与留学人员国情考察服务团活动。中共中央书记处书记、中央统战部部长尤权主持座谈会并讲话。

在认真听取党外院士和留学人员代表发言后，尤权指出，党的十八大以来，以习近平同志为核心的党中央坚持“聚天下英才而用之”战略思想，高度重视知识分子和知识分子工作。习近平总书记在今年两院院士大会上的重要讲话，深刻分析了当前科技创新面临的机遇挑战，对广大科技工作者把握大势、迎难而上，引领科技发展方向提出了殷切期望。希望广大党外知识分子认真贯彻习近平总书记重要讲话精神，坚定“四个自信”，把个人理想融入国家发展伟业，为建设世界科技强国、实现中华民族伟大复兴中国梦贡献力量。

党外院士与留学人员服务活动始于 2011 年。今年由 36 名党外两院院士和“千人计划”专家组成服务团，将赴青海就生态环保、新能源、教育、医疗卫生等开展服务。

（摘自《人民日报》2018 年 7 月 27 日第 6 版）

27 日　中国记协新媒体专业委员会在京成立。这是中国记协深化改革、建设新时代“记者之家”的创新举措，是团结引领新媒体及其从业人员的重要抓手。新媒体专业委员会将以习近平新时代中国特色社会主义思想为指导，按照“四向四做”的要求，延伸服务手臂，拓展服务范围，团结引领新媒体及其从业人员唱响主旋律、传播正能量，在新时代展现新气象新作为，为党的新闻事业作出新的更大贡献。

新媒体专业委员会作为中国记协所属专门工作机构和服务于新媒体新闻信息传播的专业性组织，将强化政治引领，推动行业自律，打造工作平台，加强联络服务。第一届 150 多名委员来自新闻宣传管理部门、新闻单位、新闻行业组织、高校新闻院系、新闻研究机构等。

中国记协主席张研农主持会议。中宣部副部长蒋建国出席成立大会并讲话。中国记协党组书记、常务副主席胡孝汉当选第一届主任委员。大会通过了《中国记协新媒体专业委员会规则》。

（摘自《人民日报》2018 年 7 月 28 日第 6 版）

近日　中共中央办公厅、国务院办公厅印发了《关于实施革命文物保护利用工程（2018—2022 年）的意见》，并发出通知，要求各地区各部门结合实际认真贯彻落实。

（摘自《北京日报》2018 年 7 月 30 日第 4 版）

31 日　光明日报和京东集团党建共建又有新成果——“光明・京东非公党建展览馆”在京东集团总部揭幕，同日还举行了“互联网党建座谈会”，腾讯公司、京东集团、喜马拉雅、视觉中国等互联网企业代表发言，交流了互联网党建的经验和做法。

“光明・京东非公党建展览馆”包括“党的精神展示馆”、“非公党建展览馆”、企业共建展馆、楼道连廊等多个展示区，总面积超过 1000 平方米，通过互联网、多媒体等现代技术手段，多维度介绍党建成果，展示非公企业党组织在新时代的新气象、新作为。

光明日报副总编辑张碧涌表示，新兴业态和互联网从业人员中有大量知识分子，光明日报作为中央主办的思想文化大报，肩负着党和政府团结联系广大知识分子的重要使命。光明日报将通过党建共建等机制创新，凝聚各方面的力量，推动互联网党建理论和实践有机结合，不断总结规律，形成创新成果，助力新时代党的建设不断开创新局面。

中央和国家机关工委组织部、北京市委组织部等相关部门负责同志参加了座谈会。

（摘自《光明日报》2018 年 8 月 1 日第 3 版）

8月

1 日　中宣部、军委政治工作部和共青团中央在京联合举行军地英模和优秀青年代表学习海军海口舰的先进事迹座谈会。

座谈会上，大家一致认为，学习海军海口舰的先进事迹和崇高精神，就要像他们那样把维护核心、对党忠诚作为最大忠诚来坚守，用信仰灯塔照亮奋进航程，以高度的政治自觉和强烈的使命担当，落实推进各项工作；像他们那样把勇为人先、转型创新作为奋斗目标来追求，用创新精神战胜一切险阻，任何时候都不畏难不惧险，勇挑重担，勇往直前；像他们那样把比肩一流、开放自信作为使命责任来担当，用杰出业绩书写精彩华章，拼搏奋进、扎实作为，努力为实现中华民族伟大复兴的中国梦贡献智慧力量。

（摘自《光明日报》2018 年 8 月 2 日第 3 版）

日前　为充分发挥通俗理论读物在宣传普及党的理论创新成果，用习近平新时代中国特色社会主义思想武装全党、教育人民、指导实践，增强干部群众政治认同、思想认同、情感认同等方面的重要作用，中央宣传部组织开展了第八届优秀通俗理论读物推荐活动，经过初评和终评，最终确定了 9 种入选图书。

这 9 种入选图书分别是：《习近平新时代中国特色社会主义思想三十讲》（学习出版社）、《新时代面对面：理论热点面对面・2018》（学习出版社、人民出版社）、《马克思画传：马克思诞辰 200 周年纪念版》（重庆出版社）、《伟大也要有人懂：小目标　大目标　中国共产党一路走来》（中国少年儿童出版社）、《读懂中国经济》（中信出版社）、《文化自信中的传统与当代》（北京师范大学出版社）、《顶天立地谈信仰：原来党课可以这么上》（人民出版社）、《红船精神问答》（浙江人民出版社）、《重塑中华：近代中国“中华民族”观念研究》（北京师范大学出版社）。

（摘自《光明日报》2018年8月3日第4版）

6日　国务院办公厅印发《关于规范校外培训机构发展的意见》（以下简称《意见》），对群众反映强烈的“补习热”再出重拳。

《意见》对校外培训机构专项治理活动的各项政策都给予了细化。《意见》指出，鼓励发展以培养中小学生兴趣爱好、创新精神和实践能力为目标的培训，重点规范语文、数学、英语及物理、化学、生物等学科知识培训，坚决禁止应试、超标、超前培训及与招生入学挂钩的行为。

《意见》针对当前校外培训机构存在的安全隐患、证照不全、超前培训、超标培训等突出问题，从规范校外培训机构的关键环节入手提出了一系列措施，对于推动各地健全校外培训机构设置标准，加强校外培训机构日常监管，规范校外培训市场秩序，减轻学生过重课外负担具有重要意义。

（摘自《光明日报》2018年8月23日第8版）

9日　印度梵门阁智库代表团到访中国社会科学院，双方就共同关心的话题进行座谈。中国社会科学院副院长蔡昉出席座谈会。

双方围绕如何深化中印经济合作进行研讨。印方高度评价中国近年来的发展成就，赞赏中国政府提出的卓有成效的政策，如“双创”政策、高质量发展战略等，认为中国是思想政策上的引领者。中国的成功为印度提供了诸多借鉴经验，印方学者就改革发展中的具体问题与中方学者积极探讨，如发展创新金融与数字经济，在农村地区推广电商模式，中国对印度投资的条件与障碍，打破高价西药在中国的垄断局面等。印方表示，中印两国作为世界经济大国，未来合作潜力巨大，双方应加强沟通，通过对话方式处理解决现存的争议。中国的成功为印度的发展树立了榜样，印方希望中国在不断强大的同时能为印度提供更多的发展机遇。

（中国社会科学院办公厅刘玉杰供稿）

13日　由国际哲学团体联合会和北京大学联合主办的第二十四届世界哲学大会在北京开幕，来自121个国家和地区的6000多名哲学家代表及哲学爱好者参会。

世界哲学大会始创于1900年，每五年召开一次，首届大会在法国巴黎举行，是目前世界上规模最大的哲学学术会议。据第二十四届世界哲学大会中国组委会介绍，本届大会是世界哲学大会历史上第一次以中国哲学思想文化传统作为基础学术架构，第一次将中国精神秩序中核心关注的自我、社群、自然、精神及传统作为核心议题，以“学以成人”为主题展开全方位的哲学研讨。

据了解，13日至20日，将举办超过1000场次不同类型的学术活动，包括全体大会、专题论坛、邀请讲座、分组会议、圆桌会议、特邀会议及学生专场等。大会已收到5000多篇论文投稿，涵盖了哲学及以哲学为中心的人文社会科学研究各领域。

据介绍，从参会人数、投稿论文数量及会议场次等不同角度来看，本次大会都是世界哲学大会有史以来规模最大的一次盛会。

（摘自《人民日报》2018年8月14日第6版）

14日　中国地方志指导小组印发《关于谢伏瞻同志担任第五届中国地方志指导小组组长的通知》（中指组字〔2018〕8号）：经国务院同意，谢伏瞻同志担任第五届中国地方志指导小组组长。

（中国社会科学院办公厅刘玉杰供稿）

近日　中共中央党史和文献研究院会同国务院扶贫办编辑的《习近平扶贫论述摘编》一书，由中央文献出版社出版，在全国发行。

坚决打赢脱贫攻坚战，确保到2020年我国现行标准下农村贫困人口实现脱贫，贫困县全部摘帽，让贫困人口和贫困地区同全国一道进入全面小康社会，是我们党的庄严承诺，是对中华民族、对整个人类都具有重大意义的伟业。党的十八大以来，习近平总书记站在全面建成小康社会、实现中华民族伟大复兴中国梦的战略高度，把脱贫攻坚摆到治国理政突出位置，提出一系列新思想新观点，作出一系列新决策新部署，推动中国减贫事业取得巨大成就，对世界减贫进程作出了重大贡献。《习近平扶贫论述摘编》的出版发行，对于国内外读者学习研究习近平关于扶贫的重要论述和中国脱贫攻坚的伟大实践，推动全面建成小康社会、共建人类命运共同体，具有十分重要的意义。

（摘自《光明日报》2018年8月16日第1版）

20日　由国务院新闻办公室和国家新闻出版署主办，中国社会科学出版社、兰培德国际学术出版集团、世哲出版集团、“中国图书对外推广计划”工作小组办公室联合承办的2018年“中国图书对外推广计划”外国专家座谈会在北京召开。与会专家学者围绕“国际学术出版：分享中国改革发展的经验与智慧”的主题展开充分交流。中共中央宣传部副部长蒋建国、中国社会科学院副院长蔡昉出席座谈会并致辞。

兰培德国际学术出版集团总裁凯丽·佘吉尔、美国东方瞭望信息服务公司战略合作总监罗伯特·李也在会上发言。

座谈会上，兰培德国际学术出版集团、世哲出版集团、施普林格·自然集团、帕斯国际出版有限公司的4位资深出版人被聘为“中国图书对外推广计划”外国专家。中国社会科学院、中国新闻出版研究院、中国人民大学、中华书局和法国波城大学、古巴图书委员会等研究和出版机构的专家学者围绕“用学术出版讲述中国改革发展的故事”“学术出版的新趋势新特点”等议题进行了研讨和交流互动。

（中国社会科学院办公厅刘玉杰供稿）

21日　“这个奖的意义，不仅在于肯定了各国翻译家、出版家在传播中国文化方面作出的贡献，更意味着即使在信息化、产业化的新时代，书籍的意义也没有退化。”站在第12届“中华图书特殊贡献奖”（以下简称“特贡奖”）颁奖仪式的台上，年逾八十的匈牙利翻译家姑兰发出了这样的感言。和她一起荣获本届“特贡奖”的获奖者共有15位，包括12名“特贡奖”获得者和3名青年成就奖获得者。他们当中有6位作家、6位翻译家和3位出版家。乌兹别克斯坦、吉尔吉斯斯坦、尼泊尔、伊朗、摩洛哥5国首次有人当选。

12名“特贡奖”获得者分别是阿尔巴尼亚出版家布雅尔·胡泽里、法国作家玛丽安娜·巴斯蒂·布吕吉埃（女）、匈牙利翻译家姑兰（女）、日本作家荒川清秀、吉尔吉斯斯坦作家库勒塔耶娃·乌木特（女）、拉脱维亚翻译家史莲娜（女）、摩洛哥作家法塔拉·瓦拉卢、尼泊尔翻译家孙达尔·纳特·巴特拉伊、波兰出版家安杰伊·卡茨佩尔斯基、罗马尼亚翻译家白罗米（女）、俄罗斯出版家季马林·奥·亚和乌兹别克斯坦翻译家卡尔什波夫·穆尔塔扎。

3名青年成就奖获得者分别是柬埔寨青年作家谢莫尼勒、伊朗青年作家孟娜（女）和英国青年翻译家米欧敏（女）。

设立于2005年的“特贡奖”作为中国出版业面向海外的最高奖项，主要授予在海外介绍中国、推广中华文化和中国出版物等方面作出突出贡献的外籍及外裔作家、翻译家和出版家。此前已成功举办11届，共奖励了英国、法国、俄罗斯、德国、美国等44个国家的108位作家、翻译家和出版家，在国际社会产生了广泛的影响，成为推动中华文化走向世界的重要品牌活动和有效手段。

（摘自《光明日报》2018年8月22日第9版）

21—22日　全国宣传思想工作会议在北京召开。中共中央总书记、国家主席、中央军委主席习近平出席会议并发表重要讲话。他强调，完成新形势下宣传思想工作的使命任务，必须以新时代中国特色社会主义思想和党的十九大精神为指导，增强“四个意识”、坚定“四个自信”，自觉承担起举旗帜、聚民心、育新人、兴文化、展形象的使命任务，坚持正确政治方向，在基础性、战略性工作上下功夫，在关键处、要害处下功夫，在工作质量和水平上下功夫，推动宣传思想工作不断强起来，促进全体人民在理想信念、价值理念、道德观念上紧紧团结在一起，为服务党和国家事业全局作出更大贡献。

中共中央政治局常委、中央书记处书记王沪宁主持会议。

（摘自《光明日报》2018年8月23日第1版）

22日　北京市委市政府召开第四次专家学者座谈会，就“构建减量发展体制机制”听取意见和建议。市委书记蔡奇主持会议并讲话，市委副书记、市长陈吉宁，市人大常委会主任李伟，市政协主席吉林出席。

参加座谈会的8位专家学者陈文玲、张亚雄、傅志华、白重恩、张杰、林桂军、邵春福、赵弘先后发言，就减量发展下实现高质量发展、构建“高精尖”产业体系、加强城市规划、创新交通管理等方面提出意见和建议。

在专家发言过程中，蔡奇就有关问题与大家进行了互动探讨。在听了各位专家发言后，蔡奇讲话，他指出，北京发展到现阶段，减量发展是个重要特征，要由聚集资源求增长向疏解功能谋发展转变，为创新发展、高质量发展腾出空间，更好地落实首都城市战略定位，满足人民日益增长的美好生活需要。

蔡奇强调，减量发展要求实现要素资源在京津冀更大范围的合理配置，构建“一核两翼”的联动发展、跨区域要素流动、激励共享等机制，是一场发展方式的重要变革。完成这项任务，根本上要靠深化改革，创新体制机制，完善相关制度保障。要按照新版北京城市总体规划要求，守住底线。实行增减挂钩，统筹安排城乡建设用地供应与减量腾退的时序和数量，并落实到分区规划中。坚持集约高效，强化人均产出、地均产出等效益指标，突出提高全要素生产率的目标导向，推进低效闲置土地再利用。严格产业准入，既要有序疏存量，也要严格控增量，实施“负面清单”管理，发展与首都功能定位相匹配的产业。推进腾笼换鸟，把有限空间腾出来，用于优化提升首都功能、构建“高精尖”经济结构，增加民生有效供给。实施战略留白，给未来留空间。

市领导张工、杜飞进、崔述强、隋振江，市政府秘书长靳伟出席了座谈会。

（市社科联、市社科规划办智库工作部供稿）

23日　中共中央政治局委员、中宣部部长黄坤明在参观第25届北京国际图书博览会时强调，要坚持以习近平新时代中国特色社会主义思想为指导，认真贯彻落实全国宣传思想工作会议精神，坚持正确出版导向，牢固树立精品意识，着力加强内容建设，积极推进改革创新，深化国际交流合作，努力实现出版业高质量发展，加快推动我国从出版大国向出版强国迈进。

黄坤明指出，出版工作是社会主义文化事业的重要组成部分。要始终坚持正确政治方向、出版导向和价值取向，始终保持高度文化自信，以学习宣传贯彻习近平新时代中国特色社会主义思想为首要任务，以社会主义核心价值观为引领，以传承和发展中华优秀传统文化、革命文化、社会主义先进文化为重点，努力推动我国出版业健康蓬勃发展。要牢固树立以人民为中心的发展思想，把满足人民日益增长的美好精神文化生活需要作为出发点和落脚点，把社会效益放在首位，推出更多能够启迪思想、温润心灵、受群众欢迎的优秀图书，不断增强人民的文化获得感幸福感。要强化精品意识、坚持质量第一，以推进出版领域供给侧结构性改革为主线，提高原创能力，培育发展新型出版业态，着力打造思想精深、艺术精湛、制作精良的好书力作。

（摘自《光明日报》2018年8月25日第3版）

同日　由中国人才研究会超常人才专业委员会主办，北京师范大学、北京工业大学承办，《中小学管理》杂志社、《教学研究》杂志社协办的中国人才研究会超常人才专业委员会第十四届超常教育年会暨“中国超常教育四十年”庆典在北京师范大学京师学堂召开。

（北京师范大学社科处刘娜供稿）

24日　中共中央总书记、国家主席、中央军委主席、中央全面依法治国委员会主任习近平主持召开中央全面依法治国委员会第一次会议并发表重要讲话。他强调，全面依法治国具有基础性、保障性作用，在统筹推进伟大斗争、伟大工程、伟大事业、伟大梦想，全面建设社会主义现代化国家的新征程上，要加强党对全面依法治国的集中统一领导，坚持以全面依法治国新理念新思想新战略为指导，坚定不移走中国特色社会主义法治道路，更好发挥法治固根本、稳预期、利长远的保障作用。

中共中央政治局常委、中央全面依法治国委员会副主任李克强、栗战书、王沪宁出席会议。

会议审议通过了《中央全面依法治国委员会工作规则》、《中央全面依法治国委员会2018年工作要点》，审议了《中华人民共和国人民法院组织法（修订草案）》、《中华人民共和国人民检察院组织法（修订草案）》，研究部署了委员会近期工作。

（摘自《光明日报》2018年8月25日第1版）

24-25日　由北京印刷学院、中国少年儿童报刊工作者协会、梦想人科技和融智库联合主办的“数字化专业委员会研讨会”暨全国优秀AR数字少儿报刊制作大赛启动仪式在北京印刷学院举行。北京印刷学院校长罗学科，原国家新闻出版广电总局数字出版司科技与标准管理处处长武远明，中国少年儿童报刊工作者协会会长李学谦，大地出版社执行总经理张新新，梦想人科技总裁、北印特聘教授周志颖以及来自全国少儿期刊社的近200名代表参会。罗学科、武远明和李学谦分别为大会致辞。

全国优秀AR数字少儿报刊制作大赛于8月至12月期间举行，为期四个月。大赛以少儿刊物、少儿读物为单位，为责任编辑匹配制作人员组成制作团队，面向编辑进行AR出版知识与工具培训，并制作实施。最后评选出优秀作品参加颁奖典礼。

本次研讨会以“新技术在少儿报刊中的应用”为主题，邀请业内专家就新媒体技术的应用和产品运营做了精彩的专题报告，并与参会人员现场互动，详细解答了学员的提问。最后，在新实验楼进行了AR图书制作实际上机培训，北京印刷学院AR数字出版实验室及梦想人科技技术团队为学员讲解演练，并为培训学员颁发了结业证书。在会议现场报名参加本次大赛的有100余家少儿报刊社。

（北京印刷学院科研处供稿）

26日　根据中共中央办公厅、国务院办公厅《关于建立“一带一路”国际商事争端解决机制和机构的意见》，最高人民法院国际商事专家委员会在京成立，特聘32名中外专家为国际商事专家委员会首批专家委员。中华人民共和国首席大法官、最高人民法院院长周强为专家委员代表颁发了聘书。

该专家委员会的成立，旨在加强国际交流与合作，保障与促进国际商事法庭审判工作的顺利开展，支持调解、仲裁、诉讼等多元方式解决国际商事纠纷。首批专家委员来自不同法系、不同国家、不同地区，包括重要国际机构负责人、法学专家、知名学者、资深法官、资深律师等，在地域上和职业上具有广泛的代表性。

国际商事专家委员会成立后，在当事人自愿基础上受国际商事法庭委托调解国际商事纠纷，就人民法院审理国际商事纠纷案件所涉专门性法律问题提供咨询意见，就国际商事法庭的规则修订及发展规划、最高人民法院制定相关司法解释及司法政策提供意见和建议。

最高人民法院第一、第二国际商事法庭已于 6 月 29 日分别在深圳、西安挂牌成立。

（摘自《光明日报》2018 年 8 月 27 日第 5 版）

近日　中共中央印发了修订后的《中国共产党纪律处分条例》（以下简称《条例》），并发出通知，要求各地区各部门认真遵照执行。

通知指出，2015 年 10 月中共中央印发的《中国共产党纪律处分条例》，对维护党章和其他党内法规、严肃党的纪律、坚持从严管党治党发挥了重要作用。党的十九大将纪律建设纳入新时代党的建设总体布局，在党章中充实完善了纪律建设相关内容。党中央决定根据新的形势、任务和要求，对条例予以修订和完善。

通知强调，《条例》全面贯彻习近平新时代中国特色社会主义思想和党的十九大精神，以党章为根本遵循，将党的纪律建设的理论、实践和制度创新成果，以党规党纪形式固定下来，着力提高纪律建设的政治性、时代性、针对性。严明政治纪律和政治规矩，把坚决维护习近平总书记党中央的核心、全党的核心地位，坚决维护党中央权威和集中统一领导作为出发点和落脚点，将党章和《关于新形势下党内政治生活的若干准则》等党内法规的要求细化和具体化。坚持问题导向，针对管党治党存在的突出问题扎紧笼子，实现制度的与时俱进，使全面从严治党的思路举措更加科学、更加严密、更加有效。

通知要求，各级党委（党组）要牢固树立政治意识、大局意识、核心意识、看齐意识，担负起全面从严治党政治责任，抓好《条例》的学习宣传和贯彻落实。要切实加强纪律教育，把学习《条例》纳入党委（党组）理论学习中心组学习内容和党校（行政学院）教育课程，使铁的纪律真正转化为党员干部的日常习惯和自觉遵循。要巩固发展执纪必严、违纪必究常态化效果，下大气力建制度、立规矩、抓落实、重执行，强化日常管理和监督，充分发挥纪律建设标本兼治的利器作用。各级纪委（纪检组）要认真履行党章赋予的职责，强化监督执纪问责，把执纪和执法贯通起来，坚持纪严于法、纪法协同，让制度“长牙”、纪律“带电”，努力取得全面从严治党更大战略性成果。

各级党委（党组）和纪委（纪检组）要加强对学习宣传、贯彻执行《条例》的监督检查，纳入巡视巡察和派驻监督重点，对贯彻执行不力的，要批评教育、督促整改，严肃追责问责，推动《条例》各项规定落到实处。

（摘自《光明日报》2018 年 8 月 27 日第 1 版）

27 日　中共中央总书记、国家主席、中央军委主席习近平在北京人民大会堂出席推进“一带一路”建设工作 5 周年座谈会并发表重要讲话强调，共建“一带一路”顺应了全球治理体系变革的内在要求，彰显了同舟共济、权责共担的命运共同体意识，为完善全球治理体系变革提供了新思路新方案。我们要坚持对话协商、共建共享、合作共赢、交流互鉴，同沿线国家谋求合作的最大公约数，推动各国加强政治互信、经济互融、人文互通，一步一个脚印推进实施，一点一滴抓出成果，推动共建“一带一路”走深走实，造福沿线国家人民，推动构建人类命运共同体。

中共中央政治局常委、国务院副总理、推进“一带一路”建设工作领导小组组长韩正主持座谈会。

座谈会上，全国政协副主席、国家发展改革委主任何立峰，国务委员、外交部部长王毅，上海市市长应勇，浙江省委书记车俊，重庆市市长唐良智，四川省省长尹力，招商局集团有限公司董事长李建红，浙江吉利控股集团有限公司董事长李书福，中国宏观经济研究院研究员史育龙先后发言。他们结合实际就推进“一带一路”建设工作介绍了情况，谈了意见和建议。

丁薛祥、刘鹤、杨洁篪、胡春华、肖捷出席座谈会。

推进“一带一路”建设工作领导小组成员单位主要负责同志，中央纪委国家监委、最高人民法院负责同志，各省区市和新疆生产建设兵团推进“一带一路”建设工作领导小组组长，有关企业负责人和专家学者代表等参加座谈会。

（摘自《人民日报》2018年8月28日第1版）

同日 《通用规范汉字表》公布5周年座谈会在北京召开。与会人员回顾了《字表》研制的经过，分享了研制的经验和体会，总结了《字表》公布5年来的贯彻与应用情况，讨论了《字表》配套的字形、字音等规范问题。

对于《字表》研制过程中所涉关键问题的处理方式以及颁布后在推动规范汉字运用中的作用，与会学者表示充分肯定。清华大学教授、中国文字学会会长黄德宽表示，《字表》发布后在海内外影响都比较大，体现出很好的顶层设计，从课题入手再到规范研制，呼应了时代的需求。《字表》制定本着科学的规范研制原则，尊重传统，尊重历史，有着国际化的视野和厚实的民意基础。

（摘自《光明日报》2018年8月28日第8版）

28日 2018年“一带一路”知识产权高级别会议在北京开幕，国家主席习近平向会议致贺信。

习近平指出，中国发扬丝路精神，提出共建“一带一路”倡议，得到有关国家和国际社会广泛认同和热情参与，取得了丰硕成果。我们愿同各方继续共同努力，本着共商共建共享原则，将“一带一路”建设成为和平之路、繁荣之路、开放之路、创新之路、文明之路，让丝路精神发扬光大。

习近平强调，知识产权制度对促进共建“一带一路”具有重要作用。中国坚定不移实行严格的知识产权保护，依法保护所有企业知识产权，营造良好营商环境和创新环境。希望与会各方加强对话，扩大合作，实现互利共赢，更加有效地保护和使用知识产权，共同建设创新之路，更好造福各国人民。

（摘自《光明日报》2018年8月29日第1版）

30日 中共中央总书记、国家主席、中央军委主席习近平给中央美术学院8位老教授回信，向他们致以诚挚的问候，并就做好美育工作，弘扬中华美育精神提出殷切期望。

习近平在回信中指出，长期以来，你们辛勤耕耘，致力教书育人，专心艺术创作，为党和人民作出了重要贡献。耄耋之年，你们初心不改，依然心系祖国接班人培养，特别是周令钊等同志年近百岁仍然对美育工作、美术事业发展不懈追求，殷殷之情令我十分感动。我谨向你们表示诚挚的问候。

习近平强调，美术教育是美育的重要组成部分，对塑造美好心灵具有重要作用。你们提出加强美育工作，很有必要。做好美育工作，要坚持立德树人，扎根时代生活，遵循美育特点，弘扬中华美育精神，让祖国青年一代身心都健康成长。

习近平指出，值此中央美术学院百年校庆之际，希望学院坚持正确办学方向，落实党的教育方针，发扬爱国为民、崇德尚艺的优良传统，以大爱之心育莘莘学子，以大美之艺绘传世之作，努力把学院办成培养社会主义建设者和接班人的摇篮。

中央美术学院的前身——国立北京美术学校创建于1918年，是由我国著名教育家蔡元培倡导建立的中国第一所现代形态的美术专门学校。近日，周令钊、戴泽、伍必端、詹建俊、闻立鹏、靳尚谊、邵大箴、薛永年8位中央美术学院老教授给习近平总书记写信，表达老一代艺术家和艺术教育家对中华民族伟大复兴的坚定决心，对进一步加强美育，培养德智体美全面发展的社会主义建设者和接班人的心声。

（摘自《人民日报》2018年8月31日第1版）

31日 教育部举行新闻发布会，公布2018年度全国教书育人楷模名单。

在投票基础上，按照师德表现、教书育人工作实绩等衡量标准，经推选委员会充分讨论酝酿和无记名投票，最终推选出10位全国教书育人楷模，他们是：南开大学周其林、河北省保定市阜平县阜平镇大元村大园小学张建华（女）、上海市杨浦区本溪路幼儿园应彩云（女）、江西陶瓷工艺美术职业技术学院朱辉球、山东省青岛市平度市朝阳中学吕文强、河南省南阳市镇平县高丘镇黑虎庙小学张玉滚、海南省商业学校卢桂英（女）、陕西省商洛市特殊教育学校党红妮（女）、青海省西宁市大通回族土族自治县第二中学杨毛吉（女，藏族）、新疆大学于炯。

10位全国教书育人楷模涵盖高等教育、职业教育、基础教育、学前教育、特殊教育等各级各类教育，全部获得过省部级以上奖励，在师德师风、教书育人等方面均有突出表现。他们的先进事迹集中体现了新时代广大教师师德高尚、潜心育人，争做党和人民满意的“四有”好老师的新形象新风貌。

（摘自《光明日报》2018年9月1日第9版）

同日 中国农村改革40年学术研讨会暨中国社会科学院农村发展研究所建所40周年庆祝大会在北京召开。全国政协副主席杨传堂，中国社会科学院院长、党组书记谢伏瞻出席会议并发表讲话。

吉林省政协主席江泽林，国务院发展研究中心原副主任陆百甫，国务院参事、国家发展和改革委员会原副主任杜鹰，中央纪委驻国务院港澳事务办公室纪检组组长潘盛洲，国务院研究室副主任郭玮，中国社会科学院副院长、党组成员，学部委员，经济研究所所长高培勇，国务院参事、国务院参事室原副主任方宁，原农业部政策法规司司长郭书田，中国社会科学院学部委员汪同三，中国社会科学院学部委员、农村发展研究所原所长张晓山等出席会议。

（中国社会科学院办公厅刘玉杰供稿）

8月　北京市委党史研究室编写的《国民经济调整时期的北京》一书由中央文献出版社出版。全书分严重困难局面与明确调整方向、经济领域的全面调整、政治及社会关系的调整、全民思想政治教育与党的建设、“左”的错误的发展和调整任务的完成等章节，并附录北京国民经济调整研究述评、统计资料和大事记。全书以经济领域调整为主线，深入到政治、文化、教育、军事、党的建设等各个方面的调整，以准确丰富的史实、清晰简明的图表揭示出 20 世纪 60 年代初期北京国民经济调整的全面性、总体性、系统性。

（北京市委党史研究室高俊良供稿）

9月

1日　依据《中国社会科学院学部章程》和《中国社会科学院学部委员增选工作实施细则》等规定，2018 年中国社会科学院开展学部委员增选工作。经提名、评审、公示和院外学术评鉴，最后由学部委员大会选举产生 12 名学部委员。经中国社会科学院党组批准，公布了 2018 年中国社会科学院新增选学部委员名单为（按姓名笔画排序）：冯时、邢广程、刘跃进、孙宪忠、张宇燕、陈众议、陈星灿、陈甦、赵汀阳、彭卫、谢伏瞻、潘家华等 12 人。

（中国社会科学院办公厅刘玉杰供稿）

2日　国家主席习近平夫人彭丽媛同南非总统夫人莫采佩来到首都师范大学学前教育学院。两位夫人观看了婴幼儿眼动实验、脑电成像实验演示和皮影故事表演，聆听了学生们演唱的中文歌曲，并在小花园里欣赏了学生们自编自演的节目。通过此次领导夫人来访，有力的扩大了首都师范大学学前教育的社会影响力，对进一步推动首都师范大学基础教育学科建设，为做好国家“一带一路”倡议服务奠定了良好基础。

（首都师范大学社科处李葸供稿）

3日　中非合作论坛北京峰会在人民大会堂隆重开幕。中国国家主席习近平出席开幕式并发表主旨讲话，强调中非要携起手来，共同打造责任共担、合作共赢、幸福共享、文化共兴、安全共筑、和谐共生的中非命运共同体，重点实施好产业促进、设施联通、贸易便利、绿色发展、能力建设、健康卫生、人文交流、和平安全“八大行动”。

习近平指出，中非双方基于相似遭遇和共同使命，在过去的岁月里同心同向、守望相助，走出了一条特色鲜明的合作共赢之路。在这条道路上，中国始终秉持真实亲诚理念和正确义利观，同非洲各国团结一心、同舟共济、携手前进。中国在合作中坚持真诚友好、平等相待，坚持义利相兼、以义为先，坚持发展为民、务实高效，坚持开放包容、兼收并蓄。中国坚持做到“五不”，即：不干预非洲国家探索符合国情的发展道路，不干涉非洲内政，不把自己的意志强加于人，不在对非援助中附加任何政治条件，不在对非投资融资中谋取政治私利。中国希望各国都能在处理非洲事务时做到这“五不”。

习近平强调，非洲发展不可限量，非洲未来充满希望，中非友好合作前景广阔，中非全面战略合作伙伴关系发展大有可为。中国永远是非洲的好朋友、好伙伴、好兄弟。中非合作好不好，只有中非人民最有发言权。任何人都不能破坏中非人民的大团结，任何人都不能阻挡中非人民振兴的步伐，任何人都不能以想象和臆测否定中非合作的显著成就，任何人都不能阻止和干扰国际社会支持非洲发展的积极行动。

（摘自《人民日报》2018 年 9 月 4 日第 1 版）

4日　中非合作论坛北京峰会圆桌会议在人民大会堂举行。国家主席习近平和论坛共同主席国南非总统拉马福萨分别主持第一阶段和第二阶段会议。会议通过《关于构建更加紧密的中非命运共同体的北京宣言》和《中非合作论坛——北京行动计划（2019—2021 年）》。

与会各方重点就推进中非关系、深化各领域合作、构建更加紧密的中非命运共同体、共建“一带一路”以及共同关心的国际和地区问题发表了看法。

（摘自《人民日报》2018 年 9 月 5 日第 1 版）

6日　中国印刷艺术设计双年展在北京亦创国际会展中心开幕。展览由北京印刷学院和中国印刷技术协会联合主办，此次展览是国家新闻出版署首次举办的 2018 中国印刷业创新大会的重要同期活动之一。中共中央宣传部印刷发行局司长刘晓凯，中国印刷技术协会理事长王岩镔，北京印刷学院党委书记高锦宏，中共中央宣传部印刷发行局印刷复制处处长路洲，中共大兴区委宣传部常务副部长潘郁峰，北京冬奥组委文化活动部景观处负责人姚俊飞，以及北京国际设计周组委会、科印传媒、中国印协、北京设计协会、北京绿色设计促进会、东道品牌创意集团有限公司、始创国际企划有限公司、方正字库、北京良奇海德印刷股份有限公司、《艺术设计》等单位负责人，北京印刷学院设计艺术学院、科研处、宣传部、团委负责人，北京印刷学院师生代表及社会各界人士参加了展览开幕式。北京印刷学院党委副书记彭红主持开幕式。

（北京印刷学院科研处供稿）

7日　北京市委副书记、市长陈吉宁走访慰问了首都师范大学一线教职员工，并开展专题调研。他勉励大家要以习近平新时代中国特色社会主义思想统筹指导教育工作，研究吸收中外先进教育理念，做好学生成长成才的引路人，共同推动首都教育事业新发展。陈吉宁的调研工作为首都师范大学坚决贯彻党的教育方针，全面落实立德树人根本任务，把培养教师作为师范学校的首要任务，着力培养一大批真正热爱教育、热爱学生、让党和人民满意的好老师明确了目标。

（首都师范大学社科处李葸供稿）

同日　首届中日女诗人交流活动“灵魂的自由与女性的星空”在首都师范大学举行。活动由首都师范大学中国诗歌研究中心和日本城西国际大学联合主办，首都师范大学副校长李小娟教授、诗歌中心主任赵敏俐教授、副主任吴思敬教授、孙晓娅教授，诗歌中心专职研究员雍繁星、李辉，日本城西大学本部事务局次长篠崎佳代、田原教授、王岩教授、史密斯教授，以及中日女诗人平田俊子、蜂饲耳、新井高子、神野纱希、蓝蓝、梅尔、周瓒、张清华、灵焚、雁西、爱斐儿、安琪、杜杜、苏笑嫣、杨碧薇等出席了此次活动。

交流活动由孙晓娅和田原主持。主要由三部分构成：第一场“灵魂的自由与女性性”诗学研讨会，第二场“中日女诗人创作交流”对话会，第三场“灵魂的自由与女性的星空”中日诗人朗诵会。

研讨会上中日女诗人和学者就女性诗歌写作经验、存在问题等前沿诗学问题展开研讨。平田俊子和周瓒分别就日本和中国古代的“女流诗人”“闺阁诗人”，蓝蓝就希腊诗人的词意来源论述女性诗人的性别归属和社会归属，神野纱希和孙晓娅从日本战后的“厨房俳句”，中国非物质文化遗产“女书”探讨“女性的星空”的现实含义与精神指征，女诗人与男批评家以“灵魂的自由”为切入点就女诗人对女性身份的超越和可能性等问题进行了碰撞。

（首都师范大学社科处李葸供稿）

8—9日　主题为“聚焦智能化”的“2018中国印刷业创新大会”在北京亦创国际会展中心举办。大会由国家新闻出版署主办，是我国目前唯一一个由政府主导的推动印刷业创新发展的政策性、前瞻性、引领性、公益性协同创新平台。大会旨在深入学习宣传贯彻习近平新时代中国特色社会主义思想和党的十九大精神，全面贯彻落实全国宣传思想工作会议精神，加强阵地建设和管理，推动印刷业更好地服务我国社会主义文化繁荣兴盛，引领印刷业高质量发展，加快印刷强国建设。

作为国内唯一专门为出版传媒全产业链培养人才的全日制普通高等学校，北京印刷学院是本次大会的协办单位，与其他相关高校发起成立“中国印刷高等教育联盟”，主办“印刷教育与产学研协同创新论坛”，联合各印刷院校主办“中国印刷教育专题展”，与中国印刷技术协会联合主办“首届中国印刷艺术设计双年展”，并为本次大会提供志愿者服务。

（北京印刷学院科研处供稿）

11日　市委书记蔡奇来到市委党校就党校工作进行调研。他强调，要切实履行好党校的基本职能，坚持把党校姓党贯穿工作始终，努力把党校建设成在全国有一定影响力的思想阵地和研究高地。

这是蔡奇第四次来到市委党校。他详细了解了党校历史沿革和学科建设情况。

在座谈会上，蔡奇强调，党校姓党是做好党校工作的根本遵循。要牢固树立“四个意识”，切实做到“两个坚决维护”。党校一切教学、科研、办学活动都要坚持党性原则，旗帜鲜明地讲马克思主义、中国特色社会主义、共产主义，旗帜鲜明地讲党的性质、党的宗旨、党的传统、党的作风。要严守党的政治纪律和政治规矩，始终做政治上的明白人。

蔡奇强调，要切实履行好党校的基本职能。发挥干部教育培训的主渠道作用，突出党的理论教育和党性教育的主业主课地位，深入学习习近平新时代中国特色社会主义思想，引导学员读原著、学原文、悟原理，在学懂弄通做实上下功夫。围绕加强“四个中心”功能建设、提高“四个服务”水平、抓好“三件大事”、打好“三大攻坚战”、统筹改革发展稳定和改善民生各项工作，抓好学习培训，不断提高领导干部适应新形势、解决新问题的能力。发挥思想理论研究的重要阵地作用，认真研究、宣传、阐述党的基本理论。发挥首都高端智库的决策咨询作用，为市委科学决策提供有益参考。发挥思想舆论的引领作用，壮大主流思想。

蔡奇要求，着力抓好党校师资队伍建设。积极落实人才强校战略，推进“名师工程”，研究制定中青年教师的培养计划。要以从严治党促进从严治校。校党委要切实担负起主体责任，严肃党内政治生活，巩固巡视整改成果，推动形成良好的学风、教风、校风。加强和改善对党校的领导，严格落实领导干部到党校讲课制度。相关部门要积极给予支持，共同把党校办好。

座谈会上，教师代表作了发言，学员代表汇报了学习体会。

（摘自《北京日报》2018 年 9 月 12 日第 1 版）

近日　中共中央办公厅、国务院办公厅印发了《关于加强国有企业资产负债约束的指导意见》，并发出通知，要求各地区各部门结合实际认真贯彻落实。

（摘自《光明日报》2018 年 9 月 14 日第 1 版）

15 日　委内瑞拉总统马杜罗一行访问国务院发展研究中心，并出席中委发展经验交流座谈会。座谈会由国务院发展研究中心主任李伟主持。马杜罗和李伟分别致辞并作总结发言。

这是国务院发展研究中心成立以来第一次接待到访现任总统。14 日下午，在习近平主席和马杜罗总统见证下，李伟代表国务院发展研究中心与委内瑞拉经济与财政部签署合作备忘录。这标志着国务院发展研究中心又增加一项国家层面的部级国际合作机制。

李伟在致辞中对马杜罗总统一行的到访表示热烈欢迎，并简要介绍了国务院发展研究中心的职能和工作情况。在随后的专题发言环节，李伟介绍了新中国现代化进程中的有关改革开放、价格闯关、税收与汇率改革，以及中国如何处理发展、改革、稳定三者关系的基本经验。他说，中国之所以能够成功应对各种挑战，并取得现代化的辉煌成就，现在，又在以习近平同志为核心的党中央领导下，迈入了中国特色社会主义新时代，朝着“两个一百年”的宏伟目标稳步前进。一条很重要的经验就是坚持“发展是硬道理”的理念，能够正确处理改革、发展和稳定的关系。发展是解决一切问题的基础和关键，没有发展，一切都无从谈起；只有通过改革，才能解除束缚生产力发展的制度约束，增强发展的动力；只有保持政治和社会的稳定，才能推进改革，推动发展。

马杜罗总统全程认真聆听了中方的介绍，他在总结发言中高度评价此次座谈会。他表示，今天的经验交流非常重要，也正逢其时，中国朋友的介绍非常精彩，是中方为委方提供的非常特别的精神食粮，对推动委经济复苏、增长和繁荣计划以及探索符合本国国情的发展道路具有重大借鉴意义。当前，委面临内外部挑战和经济压力，但委有丰富的石油、天然气、黄金和矿石、水资源等自然资源优势，委有能力推进经济的恢复与繁荣计划。中国在不同发展阶段，积累重要的发展经验，对委应对挑战是适宜的，希望 DRC 为委推进新的发展计划、实现经济平衡等提供帮助，实践将证明，中国的发展知识、经验完全适用委内瑞拉。欢迎 DRC 尽快派代表团访问委内瑞拉。

（国务院发展研究中心郭巍供稿）

同日　“教育部关工委家庭教育中心揭牌仪式暨家庭教育交流研讨会”召开，教育部关工委家庭教育中心正式落户首都师范大学。党和国家高度重视家庭教育，习近平总书记一系列关于家庭教育的重要论述，把家庭教育提升到前所未有的国家发展战略高度，为推动家庭教育工作指明方向。依托首都师范大学教育学科建设的资源优势，把家庭教育建设成为教育学科的特色和优势研究方向，使家庭教育成为首都师范大学校教育学新的学科增长点。

（首都师范大学社科处李葱供稿）

同日　经北京师范大学党委常委会研究，决定成立北京师范大学“一带一路”学院。

（北京师范大学社科处刘娜供稿）

17 日　北京市学位委员会下发《北京市学位委员会关于博士硕士学位授予立项建设单位的通知》（京学位〔2018〕7 号），首都体育学院被确定为博士学位授予立项建设单位。

学校自 2012 年获批“青少年身体运动功能训练”国家特殊需求博士人才培养项目以来，认真贯彻国务院学位委员会提出的“服务需求、突出特色、创新模式、严格标准”的指导思想，积极推进博士人才培养项目建设，设立了博士项目建设专门机构，加大经费投入，配备“国内外导师组”师资，建立高水平博士研究生联合培养基地，学习借鉴国内外经验，构建了身体运动功能训练的高层次、复合型、应用型人才为导向的博士研究生培养体系和质量保障体系，为博士学位授予单位立项建设奠定了坚实基础。

（首都体育学院科研处供稿）

18日　中国社会科学院大学高等研究院成立大会暨揭牌仪式在北京良乡校区阶梯教室举行。会上宣读了《关于成立中国社会科学院大学高等研究院的决定》。根据这个决定，学校成立21世纪当代中国马克思主义高等研究院、阐释学高等研究院、公共政策与经济高等研究院、中俄关系高等研究院、“一带一路”高等研究院、思想政治教育高等研究院、新时代法治创新高等研究院、国家城市群空间战略研究院8所高等研究院。

中国社会科学院原党组书记、院长王伟光为高等研究院揭牌，各高等研究院的代表出席揭牌仪式。中国社会科学院大学国际关系学院院长李永全教授代表本次成立的高等研究院发言。

（中国社科院大学科研处蒋甫玉供稿）

19—21日，第4届“北京社会公益汇”活动在北京展览馆举办。活动由中共北京市委社会工作委员会、北京市社会建设工作领导小组办公室主办。

“北京社会公益汇”立足北京、辐射津冀，是集中、全面展示社会公益成果、对接社会服务资源的综合性平台。本届活动的主题是“社会公益、汇聚力量，有你有我、共建共享”。

市委社会工委书记、市社会办主任宋贵伦，市委社会工委委员、市社会办副主任卢健，中华慈善总会秘书长边志伟，中国扶贫基金会常务副秘书长陈洪涛，中国志愿服务基金会副秘书长刘霞，北京知诚民营企业财税与金融服务促进会会长任壮等出席了活动。

（北京诗词学会陆奇供稿）

20—21日　由中国政法大学与联合国贸易和发展会议（以下简称“联合国贸发会”）联合主办，中国国际反垄断和投资研究中心、中国政法大学竞争法研究中心以及乔治华盛顿大学法学院联合承办的“中国政法大学/联合国贸发会第三届年会”在京召开。本次会议的主题是“中国竞争政策及反垄断执法前沿问题”，来自各个国家和地区、国际组织的反垄断执法官员、高校专家学者、协会、律师和公司法务100余名嘉宾参加了此次盛会。

会议第一部分是主旨演讲，由中国政法大国际法学院副院长、国际经济法研究所所长、中国国际反垄断和投资研究中心中方主任祁欢主持。中国政法大学副校长时建中教授、联合国贸易与发展会议法律事务官员 Pierre Horna 博士、中国世贸组织研究会竞争政策与法律专业委员会主任尚明先生、欧盟驻华代表团公使衔参赞 Ulrich Weigl 先生、欧盟委员会竞争总署E部主任 Paul Csiszar 先生、国家市场监督管理总局反垄断局副局长徐乐夫先生分别致辞。会议第二部分是主题研讨，与会专家学者在两天时间里围绕九个专题展开了研讨。

（中国政法大学科研处王培供稿）

25日　首届京师家庭教育高峰论坛在北京师范大学举行。论坛由中国基础教育质量监测协同创新中心、北师大儿童家庭教育研究中心主办。海峡两岸家庭教育领域的知名专家和全国家庭教育先进区域教育主管部门领导、教科研机构研究人员、中小学校长、教师和家长代表等共计300余人参加论坛。

（北京师范大学社科处刘娜供稿）

26日　北京教育法治研究基地工作推进会在北京市教育委员会举行。北京市教育委员会、北京市人大常委会法制办、市人大常委会教科文卫体办、市人民政府法制办的有关领导，北京师范大学、中国人民大学、中国政法大学、北京外国语大学、北京教育学院、北京教育科学研究院、首都师范大学、首都经济贸易大学校主管领导及基地负责人、联络人参加了本次会议。北师大基地副主任袁治杰介绍了北京师范大学基地在上年度的基本建设情况。北京教育法治研究基地（北京师范大学）作为北京教育法治研究基地秘书处所在单位，承担《北京教育法治年度报告（2017）》撰写任务、“北京市中小学依法治校工作基本标准”研制工作与“北京教育依法治校体制机制研究”研究项目，目前多项任务已完成并提交至北京市教委。在2017—2018年度建设中，北京师范大学基地举办了多次讲座论坛，发表专著一本、论文十余篇，通过专题报告的形式参与培训大、中、小学校长近千人，基地研究员出版了《正义岛儿童法治教育绘本》。

北京市人大常委会法制办公室副巡视员姜俊梅、市人大常委会教科文卫体办公室副主任任佩文、北京市人民政府法制办法制二处副处长郭文姝及市教委副主任李奕为第二批基地所在学校校领导授基地标牌，并与八个基地校领导签署并交授2018—2019年度基地建设任务书。北京师范大学科研院常务副院长范立双代表北京师范大学承接下一年度基地建设任务书。

（北京师范大学社科处刘娜供稿）

27日　新中国成立以来第58个全国少数民族参观团走进中央民族大学参观考察并观看音乐会演出。

本次参观团成员分别来自全国 31 个省、自治区、直辖市和新疆生产建设兵团，以及解放军和武警部队，共有 214 人、54 个民族，其中少数民族成员 207 人，占 97%，县及县以下基层代表 199 人，占 93%。参观团各族成员都是所在地、本民族的杰出代表。组织全国少数民族参观团，是我国民族工作的一项优良传统，充分体现了党中央、国务院对民族工作的高度重视。早在 1950 年，周恩来总理就代表中央人民政府邀请 159 名来自少数民族地区的代表到北京参加国庆大典，向他们宣传新中国的民族政策。几十年来，参观团活动在实践中不断发展创新，在全社会营造了各民族和睦相处、和衷共济、和谐发展的良好氛围，成为促进各民族交往交流交融的重要制度性安排，在铸牢中华民族共同体意识、增强中华民族凝聚力方面，发挥了不可替代的特殊作用。

（中央民族大学科研处丁冉供稿）

28—29 日　北京师范大学刑事法律科学研究院、联合国毒品和犯罪问题办公室预防恐怖主义办联合主办的“共建人类命运共同体、打击恐怖主义犯罪国际研讨会暨联合国毒罪办反恐教育论坛”在学校召开，此次会议得到了北京乐通律师事务所的支持。

（北京师范大学社科处刘娜供稿）

28 日　由中国社会科学院中国廉政研究中心与社会科学文献出版社共同主办的《反腐倡廉蓝皮书：中国反腐倡廉建设报告 NO. 8》发布会在北京举行。

中国社会科学院副院长、党组副书记、中国廉政研究中心理事长王京清，原中央纪委驻中国社会科学院纪检组组长、中国廉政研究中心首任理事长李秋芳，中央纪委国家监委驻中国社会科学院纪检监察组组长、院党组成员邓中华出席会议。中国社会科学院有关部门、中央纪委国家监委国际合作局、贵州省纪委监委等单位领导和专家 100 余人参加会议。

王京清指出，《反腐倡廉蓝皮书》以纪实方式客观记录了十八大之前和之后全面从严治党的发展变迁过程，具有非常珍贵的历史价值。《反腐倡廉蓝皮书》的研创要继续坚持传统特色，客观全面记录和研究全面从严治党的新进程和新成效。要继续跟踪全面深化改革的重大决策部署，研究全面从严治党新实践和新进展，继续采用定点跟踪调查和随机抽样相结合的方式开展城乡居民和专门人员问卷调查，继续运用国情调研获取第一手素材，综合运用多种方法全面客观、真实生动地描绘出全面从严治党的“全景图”。

（中国社会科学院办公厅刘玉杰供稿）

30 日　中国社会科学院学部委员大会在北京举行。中国社会科学院院长、党组书记、学部委员谢伏瞻，副院长、党组成员、学部委员李培林、蔡昉、高培勇，原副院长、学部委员江蓝生、李扬出席会议。李培林、蔡昉先后主持会议。

会议进行了学部机构的换届选举工作，产生了新一届学部主任、副主任和学部主席团成员，选举出新一届学部主席团成员。学部主席团会议选举谢伏瞻为中国社会科学院新一届学部主席团主席，任命蔡昉为秘书长。

（中国社会科学院办公厅刘玉杰供稿）

同日　国家艺术基金人才培养资助项目《新型城镇化建设创意设计人才培养项目》成果汇报展在清华大学美术馆开幕。国家艺术基金评审专家、清华大学美术学院相关领导、授课教师以及全体学员参加了开幕式。2017 年国家艺术基金“新型城镇化建设创意设计人才培养项目”项目由清华大学美术学院策划并主办，国家艺术基金资助，旨在基于“艺术与科学”的理念，通过新型城镇化与新生活方式、设计思维与创新、“生态 · 人文 · 艺术 · 科学”三个模块的授课和围绕课题开展的调研、探讨与创作实践，为中国新型城镇化建设创意设计人才培养探索新途径。“新型城镇化建设”是中国发展进程中的重大命题，是新时期中国全面建成小康社会的核心战略。清华大学主持实施《新型城镇化创意设计人才培养项目》是对这一重大战略的思考、探索及服务，力求为国家城乡发展大计培育更多创新实践。

（清华大学文科建设处刘金梅供稿）

10 月

12 日　由北京市委党史研究室、党史人物研究会井冈红军人物研究分会等单位共同主办的“不忘初心、追忆革命前辈故事系列讲座”，在中华世纪坛举办第 7 讲。该系列讲座自 4 月 17 日开讲以来，坚持一月一讲，至今已经举办了 7 场，分别是杨秋华讲述“我的父亲杨得志”，孙东宁讲述“永远的长征——孙继先”，何继明副会长讲述“政治建军、党铸军魂、奠基于三湾的历史研究”，刘建将军讲述“我眼中的爷爷朱德”，李生雨讲述“为理想信念奋斗终生的共产党员——我的父亲李聚奎”，钱泓讲述“忠诚信仰——我的爷爷钱壮飞”，王延讲述“回忆我的父亲‘金身将军’王政柱”。由于讲座多是后人讲述父辈的故事，讲述者的真情和激情，极具感召力和说服力，听众反响强烈。

（北京市委党史研究室高俊良供稿）

13 日　中央财经大学中国精算研究院、金融学院联合零壹财经在北京召开 2018 中国金融科技创想峰会暨中国金融科技创新发展指数发布会。中国保监会原副主席魏迎宁、中国工程院院士倪光南、中关村管委会原副主任刘卓军教授等嘉宾出席。中央财经大学校长助理李涛教授致辞，中央财经大学保险学院院长李晓林、金融学院副院长谭小芬、中国精算研究院副院长周明、北京航空航天大学金融系主任赵尚梅以及零壹财经创始人柏亮、新网银行首席运营官刘波等新金融行业代表出席会议。中国精算研究院金融科技中心负责人张宁发布基于大数据和人工智能平台的金融科技创新发展指数、面向金融的人工智能平台金融脑（Finance Brain）以及中央财经大学金融科技书系。基于指数评价结果，峰会还颁发了面向金融企业的金融科技创新奖和面向金融科技公司的金融科技综合服务创新奖。中国科学院数学与系统科学研究院原副院长、原中关村管委会副主任刘卓军、金融学院副院长谭小芬、保险学院院长李晓林、新网银行首席运营官刘波、中国精算研究院金融科技中心主任张宁、副主任陈辉、FintureLabs 区块链实验室院长阙小耕分别作了主题演讲。

（中央财经大学科研处供稿）

14 日　中共中央党史和文献研究院编辑的习近平同志《论坚持推动构建人类命运共同体》一书，由中央文献出版社出版并在全国发行。

这部专题文集以 2013 年 1 月 28 日习近平同志主持中共十八届中央政治局第三次集体学习时讲话的要点《更好统筹国内国际两个大局，夯实走和平发展道路的基础》为开卷篇，以 2018 年 6 月 22 日习近平同志在中央外事工作会议上讲话的要点《坚持以新时代中国特色社会主义外交思想为指导，努力开创中国特色大国外交新局面》为收卷篇，收入习近平同志论述坚持推动构建人类命运共同体的重要文稿 85 篇，约 32 万字。

（摘自《光明日报》2018 年 10 月 15 日第 1 版）

15 日　国家副主席王岐山在人民大会堂会见出席第六届中法青年领导者论坛的双方代表。

王岐山表示，当前人类社会面对许多共同机遇、风险和挑战，没有国家能够独善其身，经济全球化是大势所趋。中法都是拥有深厚历史文化积淀的伟大国家，今年 1 月，习近平主席和马克龙总统为新时期中法关系发展规划了蓝图，双方应加强各层面各领域的了解、对话与合作，把蓝图变为现实，共同推动构建人类命运共同体。希望两国青年不断加强往来、增进了解、深化合作，为打造更加富有活力、可持续发展的中法关系作出贡献。

论坛代表表示，中法青年领导者论坛是两国青年交流的重要平台，将继续致力于凝聚共识、促进合作，推动中法关系和世界和平发展不断取得新的进步。

（摘自《人民日报》2018 年 10 月 16 日第 1 版）

同日　智慧融媒体联合实验室和区域融媒体传播研究中心签约及揭牌仪式在中国传媒大学新闻传播学部电视学院举行。校长廖祥忠、北京北大方正电子有限公司执行总裁郑伟、北京北大方正电子有限公司副总裁刘长明、北京北大方正电子有限公司通用产品事业部总经理刘静华、北京歌华有线电视网络股份有限公司总经理助理姜宏志、校务委员会副主任胡芳、电视学院学术委员会主任赵淑萍、综合办公室主任程素琴、电视学院教授秦瑜明等领导嘉宾出席仪式。

（中国传媒大学科学研究处供稿）

16 日　中国——挪威工商峰会在北京开幕。全国政协副主席辜胜阻与挪威国王哈拉尔五世共同出席开幕式并发表主旨演讲。

辜胜阻指出，中方始终重视发展与挪威的关系，期待双方不断增信释疑，共同为两国传统友谊和务实合作注入新的动力。中挪两国经贸合作优势互补、互利共赢，中方愿与挪方共享市场与发展红利，共推贸易与投资自由化便利化，共建数字经济与网络安全。

本次峰会以“引领可持续发展解决方案”为主题。中挪两国政府部门、商协会组织和企业家代表近千人参会。

（摘自《人民日报》2018 年 10 月 17 日第 3 版）

17 日　由北京市社会科学院承办的华北地区社科院第三十五届科研管理联席会在北京国际会议中心召开。会议由北京市社科院党组成员、副院长鲁亚主持，院党组书记、院长王学勤及其他有关院领导，研究所、行政处室负责同志参加了本次会议。天津市社会科学院党组书记、院长史瑞杰，河北省社会科学院党组书记、院长康振海，山西省社会科学院党组书记、院长李中元，内蒙古自治区社会科学院副院长毅松分别带队出席会议。会议同时邀请黑龙江省社会科学院科研处臧鸿、四川省社会科学院科研（外事）处副处长柴剑峰作为特邀嘉宾，北京市委宣传部理论处副处长安世绿出席会议。联席会从学术原创、话语体系、学术规范和科研管理体制等方面共同探讨哲学社会科学的发展前景，其中新型智库建设已经成为地方社科院努力的方向、工作的重点和共同的话题。交流研讨阶段，各代表分享了有关新型智库建设、科研管理创新等方面的经验与做法。

（北京市社会科学院科研处朱霞辉供稿）

19 日　由中国社会科学院和中国社会科学评价研究院主办、经济日报社中国经济趋势研究院协办的第一届中国智库建设与评价高峰论坛在中国社会科学院召开。会上公布了中国智库奖的评选结果，北京市哲学社会科学国家税收法律研究基地（首都经贸大学）的研究报告《我国房地产税立法的难点及对策》，被评为中国智库咨政建言“国策奖”，基地主任曹静韬教授参加会议并代表国家税收法律研究基地领取奖项。《我国房地产税立法的难点及对策》是由国家税收法律研究基地首席专家郝如玉教授和曹静韬经过多年调查研究形成的探究报告。

（首都经济贸易大学科研处李艳杰供稿）

同日　2018 年中国新三板年度风云榜暨投资者保护指数发布会在京举行，这是北京工商大学连续第九次发布中国上市公司投资者保护指数，第三次发布华财新三板投资者保护指数。会议围绕上市公司投资者保护、新三板投融资、区块链应用等问题进行报告与研讨。

（北京工商大学科学技术处供稿）

20 日　“传承创新　内涵发展”北京印刷学院办学 60 周年创新发展大会举行。

第十三届全国政协文化文史和学习委员会副主任、中国版权协会理事长阎晓宏，原国家新闻出版总署副署长、中国新闻文化促进会理事长李东东，原国家新闻出版广电总局副局长、第十三届全国政协委员、中国音像与数字出版协会理事长孙寿山，原国家新闻出版广电总局副局长、第十三届全国政协委员、中国期刊协会会长吴尚之，中宣部出版局局长郭义强等部分政府部门领导，美国东华盛顿大学、亨德森州立大学、国家教育行政学院、中国传媒大学等 51 家海内外高校负责人，印度平版印刷协会、韬奋基金会、中国编辑学会、中国印刷及设备器材工业协会等 50 余家企业单位领导，以及学校离退休老领导、老同志，校友代表、教师代表、学生代表，共计 2000 余人参加大会。会议由北京印刷学院党委书记高锦宏主持。

（北京印刷学院科研处供稿）

20—21 日　由北京大学历史学系、中国法国史研究会、北京大学人文学部共同主办的“纪念张芝联先生百年诞辰暨法国史国际研讨会”在北京大学举行。来自北京大学、复旦大学、浙江大学、武汉大学、中国社科院、华中师范大学、华南师范大学、法兰西科学院人文及政治学院、法国巴黎一大、法国鲁昂大学、英国布里斯托尔大学等国内外高校和科研院所的 60 余位专家学者参会。与会学者围绕张芝联先生的学思历程和学术贡献，以及法国大革命史、早期近代法国的文化与政治、启蒙时代的文化与思想等法国史专题展开学术讨论。

张芝联（1918—2008）是我国法国史学科的主要奠基人之一，在法国史尤其是以法国大革命为中心的法国近现代史研究上有着独特的造诣，为中国人认识法国、了解法兰西历史文化打开了一扇窗口，大大推动了中法文化交流和中西文明对话。不仅如此，他还是新中国世界史学科的主要奠基人之一，是北大历史系世界史专业的主要组建者。

新中国成立后，我国法国史学科基础薄弱，1979 年张芝联积极推动中国法国史研究会的创建，并利用这一学术交流平台，把全国各高校和科研机构的法国史学者组织起来，群策群力推动中国的法国史学科的发展。张芝联始终注意法国史研究梯队的培养，从 1978 年起开始招收法国史方向的研究生。学术研究方面，我国史学界的年鉴学派方法和政治文化史研究，都与当时张芝联的引进和倡导密不可分。

（摘自《光明日报》2018 年 11 月 12 日第 14 版）

21 日　北京印刷学院办学 60 周年纪念活动之一，“奥运印刷文化艺术研究论坛”在学校学术交流中心举行，“奥运印刷艺术研究中心”同时揭牌。论坛由北京印刷学院与北京奥运城市发展促进会联合主办，也是北京奥运城市发展促进会主导的“新时代　新奥运　新发展”高校系列巡回论坛之一。论坛以北京 2022 年冬奥会为契机，聚焦奥林匹克文化与艺术，邀请国内外奥运设计专家共同探讨奥运印刷文化艺术实践与研究的内涵、价值与意义。北京 2022 年冬奥会组委会文化活动部长赵卫，北京奥运城市发展促进会副秘书长高云超，北京市政协常委宋慰祖，北京印刷学院校长罗学科、党委副书记彭红等领导以及设计界、印刷界专家学者、学校师生代表等 100 余人参加论坛。设计艺术学院执行院长张彬主持学术论坛。

（北京印刷学院科研处供稿）

22 日　联合国教科文组织国际农村教育研究与

培训中心、北京师范大学教育学部与斯里兰卡教育部合作，在北京师范大学举办主题为“建设高质量的乡村学校教师队伍”的国际研修班。斯里兰卡教育部的教师教育官员以及该国19所国家教育学院的25名院长和副院长参加。

（北京师范大学社科处刘娜供稿）

25日 教育部社会科学委员会哲学（含宗教学、逻辑学）学部2018年学科建设研讨会在中国人民大学召开。会议的主题为“新时代我国哲学创建一流学科中的问题和对策”。副校长贺耀敏与会并致辞。研讨会由教育部社会科学委员会哲学学部主办，中国人民大学哲学院承办。来自中国人民大学、北京大学、复旦大学、北京师范大学、清华大学、武汉大学、中国政法大学、东南大学等10多所高校的教育部社会科学委员会哲学学部委员和特邀专家近50人与会。会议就当前我国哲学创建一流学科的若干重要问题达成了共识，哲学学部以本次会议的研讨结果为基础向教育部递交哲学学科建设的相关报告。

（中国人民大学科研处李素萍供稿）

25—28日 第二届中国北京国际语言文化博览会在中国国际展览中心举办。本届语博会以“语言：让世界更和谐，文明更精彩”为主题，作为第十三届中国北京国际文化创意产业博览会的重要组成部分。本届语博会由国家语言文字工作委员会、中国联合国教科文组织全国委员会支持，北京市语言文字工作委员会、孔子学院总部、中国国际贸易促进委员会北京市分会、北京语言大学、首都师范大学、中国翻译协会承办。

展会包括成就展区、企业展区和中小学展区。成就展区集中展现了改革开放40年来中国语言文字事业取得的突出成就。企业展区汇聚了科大讯飞、声望听力、同济大学、方正电子、清华美院、南京艺术学院、商务印书馆、外研社、语文出版社、北京联合大学、首都师范大学中国语言智能研究中心和出版社等语言企业和语言文化机构在语言科技、汉字创意、语文出版等领域的最新成果。中小学展区展示了北京市中小学的语言文化建设成果。

本届语博会举办以“语言服务与人类生活”为主题的国际语言文化论坛，并设立系列论坛，包括人工智能时代的语言科技论坛、“一带一路”语言文化高峰论坛、“一带一路”语言文化共兴发展论坛和第二届中国语言康复论坛。

科大讯飞总裁刘庆峰教授、奥运会语言项目专家组美国专家丹尼尔·格朗教授、中国语言智能研究中心首席专家李太豪教授、法国斯特拉斯堡大学语言科学院首席专家鲁道夫·索克教授分别以“让世界聆听我们的声音”“语言之间的选择”“情感计算前沿技术研究”“言语作为可行的运动——感觉关系”为题发表主旨演讲。

（首都师范大学社科处李葱供稿）

27—28日 第五届教育监测与评估国际研讨会在北京师范大学第二附属中学举行。会议由教育部基础教育质量监测中心、北京师范大学中国基础教育质量监测协同创新中心主办，中国教育与社会发展研究院协办。

（北京师范大学社科处刘娜供稿）

29—30日 “国际比较项目成立50周年：成就与展望”国际学术会议在北京师范大学举行。会议由北京师范大学国民核算研究院主办，世界银行、经济合作与发展组织、国家统计局、美国经济分析局等国际组织和统计机构以及北京师范大学、清华大学、北京航空航天大学、美国宾夕法尼亚大学、英国牛津大学、澳大利亚昆士兰大学等国内外知名高校的50余位专家参加会议。

（北京师范大学社科处刘娜供稿）

30日 “京师中国传媒智库发布”第21期《舆情观察：现阶段职务犯罪的现状、特征与预防》在北京师范大学京师大厦举行。活动由北师大新闻传播学院及光明日报智库研究与发布中心主办。由北师大新闻传播学院直属党支部书记郑伟主持，执行院长喻国明发布，中国传媒大学韩运荣教授、北师大新闻传播学院丁汉青教授作为互动专家出席活动。发布人喻国明介绍，报告以2017年1月1日至2018年8月1日腐败犯罪规律与特点的过程数据与结果数据为基础，开展子课题专项“反腐传播对策体系”研究，发现与甄别腐败分子与评估腐败态势、识别和预警腐败风险以及预防腐败发生的方法、模型与技术措施。

（北京师范大学社科处刘娜供稿）

11月

1日 中共中央总书记、国家主席、中央军委主席习近平在京主持召开民营企业座谈会并发表重要讲话。他强调，公有制为主体、多种所有制经济共同发展的基本经济制度，是中国特色社会主义制度的重要组成部分，也是完善社会主义市场经济体制的必然要求。非公有制经济在我国经济社会发展中的地位和作用没有变，我们毫不动摇鼓励、支持、引导非公有制经济发展的方针政策没有变，我们致力于为非公有制经济发展营造良好环境和提供更多机会的方针政策没有变。在全面建成小康社会、进而全面建设社会主义现代化国家的新征程中，我国民营经济只能壮大、不能弱化，而且要走向更加广阔的舞台。

中共中央政治局常委、全国政协主席汪洋，中共中央政治局常委、中央书记处书记王沪宁，中共中央政治局常委、国务院副总理韩正出席座谈会。

座谈会上，刘积仁、鲁伟鼎、王小兰、孙飘扬、卢勇、汤晓鸥、刘汉元、谈剑锋、刘屹、耿哲 10 位企业家代表先后发言，就新形势下支持民营企业发展提出意见和建议。发言过程中，习近平不断提问和插话，就一些问题同民营企业家们深入交流，并要求有关部门认真研究、妥善解决。现场气氛热烈活跃。

（摘自《人民日报》2018 年 11 月 2 日第 1 版）

同日　改革开放与中国扶贫国际论坛在北京开幕，国家主席习近平致信祝贺，全文如下：

值此改革开放与中国扶贫国际论坛开幕之际，我谨代表中国政府和中国人民，并以我个人的名义，对论坛的举办表示热烈的祝贺！向出席论坛的国际组织、金融机构、智库代表和各界人士表示诚挚的欢迎！

中国作为世界上人口最多的发展中国家，一直是全球减贫事业的积极倡导者和有力推动者。新中国成立近 70 年来，中国共产党领导人民自力更生、艰苦奋斗，为解决贫困问题付出了艰辛努力。特别是 40 年前，中国开启了改革开放的伟大历程，同时也开启了人类历史上最为波澜壮阔的减贫进程。过去 40 年来，中国人民积极探索、顽强奋斗，实现 7 亿多贫困人口摆脱绝对贫困，创造了人类减贫史上的奇迹。

让贫困人口和贫困地区同全国一道进入全面小康社会，是中国确定的庄严目标。我们将坚持以人民为中心的发展思想，大力实施精准扶贫、精准脱贫，发挥中国制度优势，坚持政府主导，深化东西部协作，动员全社会参与，把扶贫同扶志扶智相结合，开发式扶贫同保障性扶贫相统筹，确保到 2020 年消除绝对贫困。

中国愿同各方一道，为推进世界减贫事业发展、实现联合国 2030 年可持续发展议程确定的减贫目标作出努力。希望各位嘉宾畅所欲言、互学互鉴、凝聚共识，加强减贫经验交流，促进国际减贫合作，为推动构建人类命运共同体贡献智慧和力量。

预祝论坛取得圆满成功！

（摘自《光明日报》2018 年 11 月 2 日第 1 版）

2 日　首都体育学院师生代表在钟秉枢校长和骆秉全副校长的带领下赴北京冬奥组委首钢办公区参加了北京 2022 年冬奥会和冬残奥会培训基地授牌仪式，钟秉枢代表学校接受了基地授牌。

北京冬奥组委 2018 年第 15 次副主席专题会议审议通过，首都体育学院和清华大学、北京大学等并列成为首批 11 个北京 2022 年冬奥会和冬残奥会培训基地之一。

（首都体育学院科研处供稿）

3 日　“中国工业经济学会 2018 年会暨马洪产业发展研究奖设立仪式”在对外经济贸易大学召开。年会围绕“中国经济高质量发展”主题进行了研讨。中国社会科学院院长、党组书记、学部主席团主席谢伏瞻，国务院发展研究中心副主任隆国强，第十三届全国人大常委、社会建设委员会副主任委员、国务院原副秘书长江小涓，中国国际交流中心副理事长、中央政策研究室原副主任、中国工业经济学会原会长郑新立，中国企业联合会、中国企业家协会常务副会长兼理事长，工信部原党组成员、总工程师朱宏任等出席会议。

（中国社会科学院办公厅刘玉杰供稿）

同日　中国工业经济学会 2018 年会暨中国经济高质量发展研讨会在对外经济贸易大学召开。中国社会科学院院长、党组书记、学部主席团主席、学部委员谢伏瞻；国务院发展研究中心副主任隆国强；第十三届全国人大常委、社会建设委员会副主任委员、国务院原副秘书长江小涓研究员；中国国际交流中心副理事长、中央政策研究室原副主任、中国工业经济学会原会长郑新立；中国企业联合会、中国企业家协会常务副会长兼理事长，工信部原党组成员、总工程师朱宏任；中国工业经济学会理事长、中国社会科学院工业经济研究所党委书记史丹研究员；对外经济贸易大学党委书记蒋庆哲、校长王稼琼等出席大会开幕式。

此次会议是在改革开放 40 年和中国工业经济学会成立 40 周年背景下由中国工业经济学会与对外经济贸易大学联合举办，会议充分回顾了中国工业经济学会成立 40 周年的发展历程，展望了未来发展的方向，对学会知名学者的学术成就进行了总结。会议成立了中国工业经济学会国际市场与投资专业委员会。

（对外经济贸易大学科研处供稿）

10 日　中国传媒大学广告专业教育创办三十周

年庆典在校广告博物馆举行。温故而知新，既是对三十年来中国传媒大学广告专业教育的历史性回顾；也是数字时代背景下中国传媒大学广告专业教育砥砺前行的新起点。庆典活动包括纪念仪式、学术研讨会、校友联谊以及广告博物馆“三十而立　春华秋实——中国传媒大学广告专业教育创办三十周年纪念展览”等。廖祥忠校长、张树庭副校长出席会议并讲话。

（中国传媒大学科学研究处供稿）

12日　首轮中加经济财金战略对话在北京举行。国务委员王勇与加拿大财政部长莫诺、国际贸易多元化部长卡尔共同主持。

王勇表示，近年来中加关系保持良好发展势头，两国高层交往密切，经贸合作成效显著。通过本次对话，双方达成了一系列丰硕成果，共同发出携手并进、捍卫多边体系和经济全球化、推动两国和世界经济增长的积极信号。希望双方切实落实好两国领导人达成的重要共识，进一步加强宏观经济政策协调，丰富中加经济关系内涵，共推“一带一路”倡议落实，推进完善全球经济治理，加快推动中加经济务实合作再上新水平。

莫诺和卡尔表示，加拿大非常重视发展与中国的关系。两国经济互补性强，合作潜力巨大。加方愿不断深化与中方的贸易与投资合作，推动两国经济持续稳定增长。加方愿同中方一道，共同支持和完善以规则为基础的多边贸易体制，加强在全球经济治理中的合作，协同应对全球性挑战。

本次对话双方就宏观经济形势和全球经济治理、贸易与投资合作、金融合作等议题进行了深入讨论，共达成50多项互利共赢成果。

（摘自《人民日报》2018年11月13日第3版）

13日　“伟大的变革——庆祝改革开放40周年大型展览”开幕式在国家博物馆举行。中共中央政治局常委、中央书记处书记王沪宁发表讲话并宣布展览开幕。

王沪宁在讲话中表示，改革开放40年来，中国人民用双手书写了国家和民族发展的壮丽史诗，党的面貌、国家的面貌、人民的面貌、军队的面貌、中华民族的面貌发生了前所未有的巨大变化。党的十八大以来，以习近平同志为核心的党中央全力推进全面深化改革，推动党和国家事业取得历史性成就、发生历史性变革，改革开放翻开了新的历史篇章。

王沪宁表示，举办大型展览，就是要展示40年来中国人民在中国共产党领导下，开辟中国特色社会主义道路的伟大成就，在历史创造性实践中迸发出的巨大精神力量，为人类和平与发展崇高事业作出的巨大贡献。进入新时代，要坚持以习近平新时代中国特色社会主义思想为指导，增强“四个意识”，坚定“四个自信”，更加紧密地团结在以习近平同志为核心的党中央周围，高举新时代改革开放旗帜，以更坚定的信心、更有力的措施把改革开放不断推向深入。

黄坤明主持开幕式。孙春兰、蔡奇、郝明金、陈晓光、何立峰出席开幕式。

中央党政军有关部门和北京市负责同志、驻京部队官兵和首都各界群众代表等约1000人参加开幕式。

展览设计了关键抉择、壮美篇章、历史巨变、大国气象、面向未来等主题展区，运用历史图片、文字视频、实物场景、沙盘模型、互动体验等多种手段和元素，充分展示40年来特别是党的十八大以来，人民群众生产生活发生的伟大变迁，中华民族迎来了从站起来、富起来到强起来的伟大飞跃。

（摘自《光明日报》2018年11月14日第3版）

近日　中共中央组织部印发《关于进一步发挥全国党建研究会党建高端智库作用的意见》，对进一步发挥全国党建研究会党建高端智库作用提出明确要求、作出全面部署。

发挥党建高端智库作用，是贯彻落实习近平总书记重要指示精神的实际举措。2016年3月，习近平总书记就全国党建研究会第六次会员代表大会召开作出重要指示强调，希望全国党建研究会坚持正确政治方向，发挥党建高端智库作用，发扬成绩，发挥优势，围绕协调推进“五位一体”总体布局和“四个全面”战略布局，深入研究党建理论和实际问题，深入总结全面从严治党实践经验，为构建中国化的马克思主义党建理论体系，为加强和改善党的领导、确保党始终成为中国特色社会主义事业的坚强领导核心作出新的更大的贡献。发挥党建高端智库作用，是落实全面从严治党要求、提高党的建设质量的现实需要。

《意见》指出，要做好党建咨询服务工作，为党的建设决策当好参谋助手。要深入研究长期未得到解决的难点问题和干部群众普遍关注的热点问题，向党中央及有关部门报送研究成果，提供对策建议。要为地方党委和基层党组织开展党建工作提供智力支持，根据地方和基层党建工作的理论和实践需求，有针对性地开展调查研究，提供理论指导和对策建议。

（摘自《光明日报》2018年11月14日第1版）

17日　北京大学整合理学部、医学部、人文和社会科学学部的科学研究力量，由北京大学哲学系宗教学系、博古睿研究院主办，在北京大学李兆基人文学苑成立了“北京大学哲学与人类未来研究中心”。

“哲学与人类未来研究中心”是以新技术革命背景之下的人类与未来为核心关切，充分发挥北京大学在人文社科、基础理科、生物医学及新型工科等领域中学科门类齐全、研究广度与深度俱佳的学术优势，汇通不同学科的研究力量，致力于推动跨学科的前沿交叉研究。中心将围绕智能、生命及数字人文等不同主题展开具体的研究，真正使新技术革命成为推动学科发展、学术研究并激活思想的动力，也让哲学反思成为回应技术变革、开创人类未来的重要方式。

（北京大学社会科学部供稿）

18 日　中国城市发展研究会第七届代表大会在北京召开。中国城市发展研究会第六届理事会理事长程安东，中国社会科学院副院长、党组成员高培勇分别在开幕式上讲话。有关部委领导和城市市长在大会上作了发言。

会议进行了换届改选工作，举办了城市创新发展论坛，并且举行了《中国城市百科全书》的新书首发式。

全国人大、全国政协、中直机关、国家有关部委、北京市政府和中国社会科学院的领导，以及来自全国各地的城市代表、企业代表、专家学者 400 余人出席了大会。代表们听取了中国城市发展研究会第六届理事会的工作报告；审议并通过了修改后的章程；审议通过了中国城市发展研究会第七届理事会常务理事名单；选举了新一届理事长、副理事长、秘书长；礼聘了总顾问、顾问、名誉理事长、名誉副理事长。大会选举北京市原副市长洪峰为中国城市发展研究会第七届理事会理事长，洪峰在大会上作了讲话。

在会议期间举办的论坛上，专家学者围绕“中国城市经济高质量发展转型”“决策创新引领城市未来——透视全球巨变时代的城市与产业发展机会”“文创空间拓展与城市更新发展”“城市创新发展与城市品牌塑造”“国际绿色范例新城倡议：促进我国城市从数量型增长向质量型可持续发展转变”等主题进行了主旨发言。乌兰察布市市长、绥芬河市市长、乌海市政协主席等作为城市代表分享了城市创新发展经验。

（中国社会科学院办公厅刘玉杰供稿）

21 日　由中国传媒大学经济与管理学院主办、中国传媒大学创新创业教育中心承办的“2018 中国传媒大学双创论坛暨创新创业联盟成立大会”在国际交流中心召开。刘延平副校长出席并致辞。来自学界和业界的专家学者共同探讨传媒领域创新创业教育现状及行业未来趋势等有关问题。

（中国传媒大学科学研究处供稿）

23 日　由清华大学美术学院基础教研室主任邱松发起的第六次“设计形态学系列研讨会”在清华大学美术学院举行，本次“微沙龙”主要针对“形态学”与“人工智能”的内在关联性，以及相关的前沿性研究和设计应用的讨论。在“微沙龙”上半场，清华大学美术学院副教授米海鹏以“机器智能时代的设计形态问题”为题，通过人工智能机器人的技术与形态设计的发展现状向大家介绍目前机器人的功能与形态设计分类，提出机器人的设计形态是传统设计形态所没有涉及的。他通过人工智能案例向大家展示了人工智能的发展程度与外来的可能性。参与“数字未来工作营”的 4 位同学分享了“ICD 智能材料探索”“气动服装之跨界设计”“如何进行整体化构建”等研究成果。针对本次微沙龙主题，下半场展开了“设计形态学”与“人工智能”的研讨，与会师生围绕主题进行了深入的思考与探讨。清华大学美术学院、湖北文理学院美术学院、北方工业大学等院校的教师、在校博士生和硕士生共计 30 余人参加本次微沙龙。

（清华大学文科建设处刘金梅供稿）

24 日　对外经济贸易大学在国际交流大厦举行纪念改革开放 40 周年系列活动暨学术研讨会。原商务部部长、中国外商投资企业协会会长陈德铭，商务部政研室副主任刘日红，中国国际贸易促进委员会（中国国际商会）原副会长董松根，中粮集团原董事长周明臣，国际商报社原副社长兼副总编王学文，对外经济贸易大学党委书记蒋庆哲、校长王稼琼等学校领导出席了大会。学校党委书记蒋庆哲、商务部政研室副主任刘日红致辞。

改革开放 40 周年系列活动暨学术研讨会由第二十届安子介国际贸易研究奖颁奖典礼、《中国参与经济全球化四十年：四十位亲历者笔谈》和《中国对外贸易通史》新书发布会、主旨演讲、UIBE 对外开放展览馆开馆仪式和学术研讨会等活动组成。

（对外经济贸易大学科研处供稿）

25 日　由中国政法大学、光明日报社、北京市习近平新时代中国特色社会主义思想研究中心、钱端升法学研究成果奖基金理事会主办的“法治中国论坛：改革开放四十周年与中国法治建设暨第七届钱端升法学研究成果奖颁奖大会”在京举行。来自各界的专家学者和中国政法大学师生200余人参加论坛。

颁奖大会结束后，中国法学会副会长、学术委员会主任、钱端升法学研究成果奖奖励委员会主任张文显发表“全面依法治国新理念新思想新战略的学理解读”主旨演讲。中国政法大学终身教授、国家重大项目“创新发展中国特色社会主义法治理论体系研究”首席专家张晋藩发表“习近平新时代中国特色社会主义思想与中国法治”主旨演讲。中国政法大学副校长马怀德发表“法治的痛点：滥用执法权与不作为”主旨演讲。第七届钱端升法学研究成果奖一等奖获得者、中国人民大学法学院高圣平发表“改革开放40年农村土地法制的演讲与展望”主旨演讲。

（中国政法大学科研处王培供稿）

近日 中共中央印发了《中国共产党支部工作条例（试行）》，并发出通知，要求各地区各部门认真遵照执行。

通知指出，党支部是党的基础组织，是党在社会基层组织中的战斗堡垒，是党的全部工作和战斗力的基础，担负直接教育党员、管理党员、监督党员和组织群众、宣传群众、凝聚群众、服务群众的职责。党的十八大以来，以习近平同志为核心的党中央高度重视党支部建设，要求把全面从严治党落实到每个支部、每名党员，推动全党形成大抓基层、大抓支部的良好态势，取得明显成效。当前，推进伟大斗争、伟大工程、伟大事业、伟大梦想，必须贯彻落实新时代党的组织路线，把党支部建设放在更加突出的位置，加强党支部标准化、规范化建设，不断提高党支部建设质量。

（摘自《光明日报》2018年11月26日第1版）

近日 中共中央办公厅印发了《干部人事档案工作条例》，并发出通知，要求各地区各部门认真遵照执行。

通知指出，《条例》全面贯彻习近平新时代中国特色社会主义思想和党的十九大精神，深入落实全国组织工作会议精神，坚持和加强党的全面领导，坚持党要管党、全面从严治党，坚持从严管理干部，总结吸收党的十八大以来从严管理干部人事档案工作的新经验和新成果，对干部人事档案工作的体制机制、内容建设、日常管理、利用审核、纪律监督等加以规范完善，是今后一个时期全国各级各类干部人事档案工作的基本遵循。

（摘自《光明日报》2018年11月29日第1版）

12月

1日 “北京市大学生模拟法庭竞赛十周年纪念暨法学实践教学”研讨会在中国政法大学召开。

本次会议由中国政法大学教务处和中国政法大学刑事司法学院主办，来自最高人民检察院、北京市第一中级人民法院、北京市检察院第一分院、东城区人民法院、海淀区人民法院、中国政法大学、中国社会科学院、北京航空航天大学、中央民族大学、首都医科大学、中华女子学院、尚权律师事务所等单位的三十余位实务部门的评委专家、竞赛指导教师参加了研讨会。研讨会共分五个单元。第一单元围绕竞赛指导经验与队员选拔标准展开，由中央民族大学李荣主持。第二单元围绕竞赛评价体系与标准展开，由中国社会科学院程捷主持。第三单元围绕模拟法庭竞赛对职业能力的影响展开，由北京市东城区人民法院杨晓琪法官主持。第四单元围绕模拟法庭教学在实践教学中的作用展开，由中国政法大学王平主持。第五单元围绕未来比赛模式创新与赛后争议处理展开，由北京交通大学郭烁主持。

本次研讨会恰逢第十届北京市大学生模拟法庭竞赛举办。与会专家深入回顾了十年来的竞赛历程，分享、交流了在竞赛中的经验教训，探讨了进一步完善竞赛制度的多种可能性。为高校法学专业理论与实务同步教学的探索提供了思路与方向。

（中国政法大学科研处王培供稿）

同日 由中国大百科全书出版社、民盟中央教育委员会等指导，华宝斋富翰文化有限公司、北京古话今语文化有限公司主办，以“让古籍活下来”为主题的“第三届中华藏书文化论坛”在北京举行。论坛上，《中华善本百部经典再造》首发。

《中华善本百部经典再造》是中央文化企业国有资产监督管理领导小组办公室立项支持的“藏书文化传播体系建设项目”的重点子项目。已经完成的《中华善本百部经典再造》按经、史、子、集分类，经部10种、史部10种、子部40种、集部42种，共计102种。在版本层面，选自国家图书馆、国家博物馆、辽宁图书馆等馆珍藏善本，全部为国家特级、一级文物。在印制层面，使用高仿真影印技术，并用矿物颜料代替化学油墨。

（摘自《人民日报》2018年12月4日第11版）

3日　在完成满文朱批奏折整理到件、图像扫描的基础上，经过两年多图像识别加工，可通过满文的拉丁字母转写进行全文检索的满文朱批奏折全文检索数据库，在中国第一历史档案馆馆内档案信息化管理平台正式上线，对公众开放利用。

该数据库突破了以往检索只能依据著录题名检索档号或责任者的局限，可以检索档案全文信息，大大提高检索效率。

（摘自《光明日报》2018年12月7日第4版）

7日　《国务院办公厅关于推进政务新媒体健康有序发展的意见》（以下简称《意见》）公布。《意见》明确，到2022年，要建成以中国政府网政务新媒体为龙头，整体协同、响应迅速的政务新媒体矩阵体系，全面提升政务新媒体传播力、引导力、影响力、公信力，打造一批优质精品账号，建设更加权威的信息发布和解读回应平台、更加便捷的政民互动和办事服务平台，形成全国政务新媒体规范发展、创新发展、融合发展新格局。

截至目前，全国各级行政机关、承担行政职能的事业单位开设政务新媒体共17.87万个，基本实现了国务院部门、省、市、县、乡全覆盖。除微博、微信、移动客户端外，今日头条、抖音等也成为各级政府和部门推进政务公开、优化政务服务的新载体。但同时，一些政务新媒体还存在功能定位不清晰、信息发布不严谨、建设运维不规范、监督管理不到位等突出问题，“僵尸”“睡眠”“雷人雷语”“不互动无服务”等现象时有发生，对政府形象和公信力造成不良影响。

《意见》所称政务新媒体，是指各级行政机关、承担行政职能的事业单位及其内设机构在微博、微信等第三方平台上开设的政务账号或应用以及自行开发建设的移动客户端等。《意见》要求，对发现的假冒政务新媒体，要求第三方平台立即关停，并通报有关部门依法依规处置。严禁购买“粉丝”等数据造假行为，不得强制要求群众下载使用移动客户端等或点赞、转发信息。

（摘自《光明日报》2018年12月28日第3版）

8日　“对外经济贸易大学北京语言与文化研究中心”成立仪式暨学术研讨会在对外经济贸易大学举行。对外经济贸易大学王强副校长、北京大学中文系陆俭明教授、北京语言大学原校长崔希亮、北京大学出版社副总编辑杨立范、中国现代文学馆研究院于润琦、北京外国语大学中文学院王继红教授、北京大学出版社编审杜若明、北京大学出版社汉语及语言学编辑部主任邓晓霞、《北京晨报》文化副刊部主任蔡辉与会。各高校师生共60余人参加会议。

（对外经济贸易大学科研处供稿）

同日　北京科技大学科学技术与文明研究中心理事会与学术委员会第三届第五次会议在本校举办。中心理事会理事长、校党委书记武贵龙出席会议并作总结讲话。出席此次会议的校外理事和学术委员有北京大学、清华大学、中国科学院自然科学史研究所、中国国家博物馆、中国钱币博物馆、中国科学技术馆，以及英国李约瑟研究所等20余位教授。学校相关部处负责人、学院师生参加会议。会议由中心学术委员会主任梅建军教授主持。

科技史与文化遗产研究院院长潜伟教授以“双一流”学科建设和全国高校学科评估A+为背景，介绍了中心2018年度在学科建设、师资队伍、人才培养、科学研究、学术交流、国际合作等领域取得的成绩和不足，并就未来一年的工作重点做了规划和展望。随后，教师代表分别以“冶金考古新进展”“高句丽墓葬壁画原址保护”“科技与文化研究的新进展”为题汇报各自科研进展。

（北京科技大学科学技术研究院李静供稿）

9日　第十届中国人力资本指数发布暨人力资本国际研讨会在京召开。本次发布会由中央财经大学人力资本与劳动经济研究中心主办。会上发布中英版《中国人力资本报告2018》，这是我国最新人力资本指数估算结果，也是人力资本与劳动经济研究中心连续第十年发布人力资本指数报告。国务院发展研究中心副主任隆国强、国际收入与财富研究协会执行主任Andrew Sharpe、中央财经大学副校长史建平出席发布会。本次发布会由俄亥俄州立大学教授、中央财经大学人力资本与劳动经济研究中心特聘教授Belton Fleisher主持，美国佐治亚理工大学教授、中央财经大学特聘教授李海峥、Jorgenson-Fraumeni计算法创始人芭芭拉·弗拉梅尼教授、美国西北大学凯洛格商学院讲座教授Benjamin F. Jones等在会上作了发言。围绕第十届中国人力资本指数发布会，学者们就人力资本相关研究进行为期两天的交流和讨论，举行十三场平行分会。来自美国、韩国、英国等高校的六名教授做了会议发言。《中国人力资本报告2018》计算全国层面及所有省份（澳门除外）1985—2016的年度分城乡人力资本的多种度量指标，提供了最新的、更准确的人力资本估算结果。

（中央财经大学科研处供稿）

9—10 日，由中共中央对外联络部和德国科尔伯基金会共同举办的第 169 届“山村对话”在北京举行。会议主题为“全球秩序演变中的中欧关系”。

中国宋庆龄基金会主席王家瑞在开幕式致辞中说，“山村对话”自创立以来，积极致力于促进世界各国之间相互了解和理解。中方高度重视中欧关系，希望与会代表通过深入对话沟通增进相互了解，推动中欧全面战略伙伴关系持续稳定发展。

来自中方以及欧盟、德国、英国、法国、俄罗斯、波兰、印度、日本、韩国、澳大利亚等地区和国家政要、政府官员、智库学者等约 60 人与会。“山村对话”由德国科尔伯基金会 1961 年开始举办，旨在通过对话促进相互了解和理解。

（摘自《人民日报》2018 年 12 月 12 日第 3 版）

10 日　纪念《世界人权宣言》发表 70 周年座谈会在京举行。中共中央总书记、国家主席习近平发来贺信，强调《世界人权宣言》是人类文明发展史上具有重大意义的文献，对世界人权事业发展产生了深刻影响。中国人民愿同各国人民一道，秉持和平、发展、公平、正义、民主、自由的人类共同价值，维护人的尊严和权利，推动形成更加公正、合理、包容的全球人权治理，共同构建人类命运共同体，开创世界美好未来。

习近平在贺信中指出，人民幸福生活是最大的人权。中国共产党从诞生那一天起，就把为人民谋幸福、为人类谋发展作为奋斗目标。中华人民共和国成立近 70 年特别是改革开放 40 年来，中华民族迎来了从站起来、富起来到强起来的伟大飞跃。中国发展成就归结到一点，就是亿万中国人民生活日益改善。

习近平强调，时代在发展，人权在进步。中国坚持把人权的普遍性原则和当代实际相结合，走符合国情的人权发展道路，奉行以人民为中心的人权理念，把生存权、发展权作为首要的基本人权，协调增进全体人民的经济、政治、社会、文化、环境权利，努力维护社会公平正义，促进人的全面发展。

习近平要求，我国人权研究工作者要与时俱进、守正创新，为丰富人类文明多样性、推进世界人权事业发展作出更大贡献。

中共中央政治局委员、中宣部部长黄坤明在座谈会上宣读了习近平的贺信并讲话。

中国人权研究会会长向巴平措、中国人权发展基金会理事长黄孟复在座谈会上发言。

纪念《世界人权宣言》发表 70 周年座谈会由中国人权研究会和中国人权发展基金会共同举办。来自国家人权行动计划联席会议机制成员单位有关负责人和人权专家学者等约 150 人出席座谈会。

（摘自《人民日报》2018 年 12 月 11 日第 1 版）

同日　以“网络诚信　美好生活”为主题的 2018 中国网络诚信大会在京举行。大会由国家互联网信息办公室、商务部、国家市场监督管理总局指导，中国网络社会组织联合会、中国互联网发展基金会联合主办，人民网、人民视频承办，旨在进一步凸显网络诚信理念，加强互联网行业自律，营造依法办网、诚信用网的网络环境，助力网络强国建设。

中央网信办副主任、国家网信办副主任刘烈宏表示，做好新形势下网络诚信建设，要在教育引导方面持续加强网络诚信宣传，使之成为广大网民内化于心、外化于行的价值理念；要在实践养成方面引导网民坚决抵制网络失信行为，形成依法用网、诚信上网的良好习惯；要在制度保障方面加快网络诚信制度化建设，构建“守信受益、失信难行”的网络环境。

全国人大社会建设委员会副主任委员、中国网络社会组织联合会会长任贤良表示，加强网络诚信建设，需要党委领导、政府管理、企业履责、社会监督、网民自律等多主体参与，网络社会组织在其中大有可为。

今年大会主要聚焦电子商务领域的诚信建设，会上重点发布《中国电子商务诚信发展报告》，归纳了近年来我国在构建电子商务诚信体系方面的具体情况。

当天，来自政府机构、互联网企业、网络社会组织等 200 余人参会。阿里巴巴集团、京东集团、苏宁控股集团作为电商平台代表发言；与会企业代表和专家还围绕“电子商务诚信与平台责任”“电子商务诚信与商业模式创新”两个主题展开讨论。据了解，2018 中国网络诚信大会系首次举办，以后将每年举办一次，且主题聚焦于不同领域。

（摘自《光明日报》2018 年 12 月 11 日第 2 版）

11 日　财政部“会计名家培养工程”成果报告会在对外经济贸易大学召开。会议由中国会计学会主办，对外经济贸易大学国际商学院和对外经济贸易大学国际财务与会计研究中心承办。报告会由 2014 年财政部“会计名家培养工程”入选者中国人民大学商学院会计系戴德明教授和对外经济贸易大学副校长张新民教授做主题报告。

中国会计学会副秘书长田志心，首都经贸大学原党委副书记兼纪委书记杨世忠教授，长江学者特聘教授、北京大学光华管理学院陆正飞教授，长江学者特聘教授、中国人民大学商学院王化成教授，中央财经大学会计学院孟焰教授以及对外经济贸易大学的教师学生、校外企业人士约100人出席报告会。报告会由对外经济贸易大学国际商学院执行院长陈德球教授主持。

（对外经济贸易大学科研处供稿）

同日　中共中央党史和文献研究院编辑的《习近平谈“一带一路”》一书，由中央文献出版社出版并在全国发行。

这部专题文集以2013年9月7日习近平同志在哈萨克斯坦纳扎尔巴耶夫大学演讲的一部分《共同建设“丝绸之路经济带”》为开卷篇，以2018年7月10日习近平同志在中阿合作论坛第八届部长级会议开幕式上讲话的一部分《加强战略和行动对接，携手推进“一带一路”建设》为收卷篇，收入习近平同志论述“一带一路”建设的重要文稿42篇，约13万字。

（摘自《人民日报》2018年12月12日第1版）

同日　第七届吴玉章人文社会科学终身成就奖在中国人民大学颁奖。本届终身成就奖分别授予著名历史学家、教育家、华中师范大学教授章开沅和著名马克思主义经济学家、中国人民大学教授吴易风。原中共中央政治局委员、原国务院副总理、吴玉章基金委员会主任马凯为获奖者颁奖并讲话。马凯向吴玉章人文社会科学终身成就奖获得者章开沅和吴易风颁奖。由于身体原因，章开沅委托马敏代为领奖。中国人民大学党委书记、吴玉章基金委员会副主任靳诺，中国人民大学校长刘伟，中国史学会会长、求是杂志社原社长李捷，著名人口学家、中国人民大学一级教授邬沧萍，著名新闻史学家、中国人民大学一级教授方汉奇，中国人民大学一级教授吴易风、刘大椿，华中师范大学校长赵凌云、原党委书记马敏，中国人民大学原党委书记程天权、原常务副校长冯惠玲，中国人民大学党委副书记、纪委书记吴付来，副校长贺耀敏、刘元春、朱信凯，原副校长林岗，中国人民大学教授郭庆光，北京大学教授王奇生，北京外国语大学教授秦惠民，以及华中师范大学等兄弟高校代表出席典礼。

（中国人民大学科研处李素萍供稿）

13日　为了让首都社科专家掌握北京冬奥会筹备进展情况，市委宣传部、市社科联组织首都社科专家前往北京冬奥组委开展调研活动，并围绕冬奥会筹办、可持续发展、新闻宣传等内容与冬奥组委有关部门进行座谈。

首都社科专家一行30多人参观了北京冬奥组委办公区及有关展览和首钢“四块冰”训练基地，并前往国家速滑馆工地，了解了工程进展情况和建设亮点。在座谈会上，专家们观看了北京冬奥会筹备工作宣传片，听取了冬奥组委工作人员工作汇报。冬奥组委新闻宣传部负责人就宣传和可持续发展工作与专家进行了交流，并回答了专家提出的问题。

市社科联负责人表示，这次在冬奥组委的调研活动很有意义，很有必要。通过了解北京冬奥会的理念、机遇和重点工作开展情况，对专家的课题研究起到了支撑作用，更便于成果转化。今后，首都社科专家要保持与北京冬奥组委各个部门的联系，将针对性研究与筹备工作同步推进，与冬奥组委重点工作相结合，加强冬奥工作的对策性研究，加强国际交流交往的研究，进一步推动首都人文社科事业的发展。

（摘自《北京日报》2018年12月15日第8版）

14日　北京大学新结构经济学研究院成立大会在北京大学英杰交流中心举行。北京大学校长郝平、教育部社科司司长刘贵芹、国家国际发展合作署国际合作司负责人田林、埃塞俄比亚总理特别顾问阿尔卡贝·奥克贝、诺贝尔经济学奖得主罗杰·梅森和埃德蒙·费尔普斯，以及来自清华大学、复旦大学、普林斯顿大学、斯坦福大学、剑桥大学等国内外兄弟院校和有关政府部门、国际机构、企业和媒体的400多名代表，共同见证北京大学新结构经济学研究院的成立。贝宁总统帕特里斯·塔隆、波兰总理马蒂乌斯茨·莫拉维茨基、塞内加尔总统马基·萨勒发来贺信。

（北京大学社会科学部供稿）

14—15日　纪念艾特玛托夫诞辰90周年：“世界文化语境中的艾特玛托夫”国际学术研讨会暨新书发布会在中国人民大学举办。研讨会由中国人民大学和吉尔吉斯共和国驻华大使馆共同主办，中国人民大学文学院和亚洲研究中心承办，中国出版集团华文出版社协办。会前，中国人民大学党委书记靳诺、校长刘伟与吉尔吉斯共和国前总统萝扎·奥通巴耶娃、吉尔吉斯共和国驻华特命全权大使乌谢诺夫、艾特玛托夫国际基金会会长、艾特玛托夫之子埃尔达尔·艾特玛托夫，中国出版集团公司副总裁李岩、华文出版社社长宋志军、华文出版社丝路文化出版中心总经理杨平会见。开幕式在国学馆报告厅举行。刘伟、萝扎·奥通巴耶娃、乌谢诺夫、埃尔达尔·艾特玛托夫、上合组织副秘书长艾扎达·苏巴阔若耶娃、李岩、宋志军等出席，国家文化和旅游部和塔吉克斯坦、乌兹别克斯坦、俄罗斯、阿塞拜疆、白俄罗斯、格鲁吉亚、土库曼斯坦、乌克兰8个国家驻华使馆分别派代表参加。开幕式由文学院院长陈剑澜主持。来自中国、吉尔吉斯斯坦、俄罗斯的几代学者、翻译家、作家、话剧《查密莉雅》剧组的演职人员等百余位嘉宾共同纪念艾特玛托夫诞辰90周年。

（中国人民大学科研处李素萍供稿）

近日　庆祝改革开放40周年“百城百县百企”调研丛书由人民出版社、社会科学文献出版社出版。丛书精选中宣部今年组织开展的庆祝改革开放40周年“百城百县百企”调研活动优秀成果164篇，分《改革开放与中国城市发展》《改革开放与中国县域发展》《改革开放与中国企业发展》3种9卷。

丛书从一个个城市、一个个县区、一家家企业发展变迁的视角，以点带面梳理总结改革开放40年的光辉历程、伟大成就和宝贵经验，突出展示党的十八大以来以习近平同志为核心的党中央带领全国各族人民推动改革开放和社会主义现代化建设取得的历史性成就、党和国家事业发生的历史性变革，为回顾研究改革开放提供了重要文献资料，对讲好改革开放故事、凝聚改革开放共识、坚定改革开放再出发的信心和决心具有重要意义，是一部中国特色社会主义和中国梦宣传教育的鲜活教材。

（摘自《光明日报》2018年12月14日第8版）

日前　为庆祝改革开放40周年，人民出版社携手全国各人民出版社出版了《中国改革开放全景录》丛书。

该丛书是中宣部确定的庆祝改革开放40周年重点出版物，由中央党史和文献研究院与人民出版社共同组织编写，由人民出版社和全国各人民出版社出版。该丛书共32卷，以习近平新时代中国特色社会主义思想为指导，牢牢把握改革开放40年历史的主题、主线、主流和本质，全景式生动地展现了我国改革开放40年所取得的辉煌成就。

14日在京举行的《中国改革开放全景录》丛书出版座谈会上，专家表示，该丛书具有系统性、完整性、准确性和生动性等特点，不仅记录了改革开放波澜壮阔的历史进程，总结了改革开放的历史经验，发挥党史资政作用，更能够通过改革开放的历史激励人民、教育人民、启迪人民，增进改革共识。

（摘自《光明日报》2018年12月15日第2版）

16日　第三届“读懂中国”国际会议在北京开幕。中共中央政治局委员、中央外事工作委员会办公室主任杨洁篪出席开幕式，宣读习近平主席贺信并致辞。

杨洁篪表示，习近平主席贺信展示了中国将继续致力于全面深化改革和扩大开放的坚定决心，强调中国将继续与世界各国加强交流互鉴、促进共同发展，充分体现了对本届“读懂中国”国际会议的高度重视和期待。

杨洁篪指出，当今世界正在发生深刻变革，当代中国正处于民族复兴关键时期。国际社会可以从中国始终坚持和平发展、推动合作共赢、秉持公平正义、倡导普遍安全、讲求和而不同等方面来读懂中国。改革开放40年来，中国实现了伟大飞跃，走出了一条中国特色社会主义道路。随着自身不断发展，中国将继续为世界和平发展提供稳定基石、为全球经济增长注入不竭动力、为各国合作共赢搭建重要平台、为消除贫困落后树立成功样板、为解决热点问题贡献东方智慧、为维护国际秩序提供坚定支持。

（摘自《光明日报》2018年12月17日第3版）

同日　“成就与经验：中国改革开放40年高端论坛会议”在中国人民大学举办。改革开放40年的亲历者和见证者、相关领域的学术大家和著名学者以及“成就与经验：中国改革开放40年”征文活动的获奖作者代表共同回顾历史、见证未来。《东方风来满眼春》作者、《深圳特区报》原总编辑、1961级校友陈锡添，中国人民大学党委书记靳诺，校长刘伟，党委常务副书记张建明，常务副校长王利明，党委副书记郑水泉，副校长刘元春、朱信凯，中国人民大学一级教授张立文等出席会议。靳诺宣读颁奖决定。为纪念改革开放40年所取得的伟大成就，中国人民大学面向全国开展了“成就与经验：中国改革开放40年”征文活动。通过个人投稿、学术期刊推荐，经专家评审，最终40篇论文获优秀论文奖。颁奖仪式上，陈锡添、靳诺、刘伟、张建明、王利明、郑水泉、朱信凯共同为优秀论文获奖作者代表颁奖。刘元春主持会议。在主题报告环节，中国社会科学院副院长高培勇、中国宏观经济研究院研究员马晓河、北京师范大学教授李实、中国人民大学经济学院教授杨瑞龙分别做主题报告。来自中共中央政策研究室、中共中央党校（国家行政学院）、中国社会科学院、清华大学、北京大学、北京师范大学、南开大学、复旦大学、南京大学、华东师范大学、武汉大学等有关部门单位和兄弟院校的领导和专家学者，以及中国人民大学师生代表参加会议。

（中国人民大学科研处李素萍供稿）

17 日　首都师范大学外国语人文教育研究院成立仪式举办并启动“外国语人文教育学术沙龙系列”活动。首场沙龙以“英语专业教育的专业性和人文性”为主题，邀请上海外国语大学英语学院院长、国家重点学科负责人查明建教授作主旨发言。研究院院长封一函教授主持本次活动。

沙龙系列研讨主题有：“守望学科之家、语言之家、思想之家”（王文斌，北京外国语大学教授、中国外语与教育研究中心主任）、“英语专业的危机、人文教育与质量管理”（张剑，北京外国语大学教授、英语学院院长、英语文学研究会会长）、“论英语专业教育的专业性与人文性”（查明建，上海外国语大学教授、英语学院院长、比较文学研究所所长）、“外语专业人文教育：整体外语教育视角”（韩宝成，北京外国语大学教授、中国外语与教育研究中心副主任）、“外语学科的人文内涵”（郭英剑，中国人民大学“杰出学者”特聘教授、外国语学院院长）、“新时代英语专业的人文内涵”（封一函，首都师范大学外国语学院教授、首都师范大学外国语人文教育研究院院长）、“翻译专业本科课程设置的理念与实现”（张威，北京外国语大学教授、英语学院翻译研究中心主任）、“北京大学的文学阅读类课程教学理念”（高峰枫，北京大学教授、外国语学院英语系主任）、“超级译者的跨文化意识”（钟勇，新南威尔士大学研究员）。

（首都师范大学社科处李葱供稿）

20 日　以“智创未来　聚势而为”为主题的中国传媒大学 MBA 创孵基地落成仪式暨“科技文创+”产业论坛在北京超级蜂巢举行。中国传媒大学副校长张树庭，战略合作方梦东方集团执行董事兼副总裁杨蕾，中国传媒大学工会常务副主席、中传 MBA 校友会名誉会长薛永斌，校友工作办公室主任、中国传媒大学校友会秘书长李伟，经济与管理学院党委副书记毛建国、副院长郑苏晖，超级蜂巢负责人王粟，超级蜂巢运营中心总经理王伟，中国传媒大学 MBA 校友会会长张明君，常务副会长王林群、秘书长康笑冬，签约创业代表以及中传 MBA 校友、兄弟院校 MBA 校友，多家媒体和各界人士共一百余人出席落成仪式。

（中国传媒大学科学研究处供稿）

同日　中央民族大学和“一带一路”沿线国家艺术类高等院校以及相关高校艺术类院系在中央民族大学知行堂举行了“一带一路”民族艺术教育联盟成立大会暨“一带一路”民族艺术发展论坛。

其中，音乐专业委员会成员单位有中央音乐学院、上海音乐学院、天津音乐学院、西安音乐学院、四川音乐学院、沈阳音乐学院、哈尔滨音乐学院、西藏大学艺术学院、内蒙古师范大学、新疆师范大学、中央民族大学音乐学院；舞蹈专业委员会成员单位有北京舞蹈学院、南京艺术学院、首都师范大学、内蒙古艺术学院、东北师范大学、新疆艺术学院、中南民族大学、西南民族大学、西北民族大学、中央民族大学舞蹈学院；美术专业委员会成员单位有中央美术学院、中国美术学院、中国传媒大学、北京电影学院、北京服装学院、北京印刷学院、鲁迅美术学院、广西艺术学院、中央民族大学美术学院。

未来，“一带一路”民族艺术教育联盟将以“共商、共享、共建”为主题，举办一系列高等院校学术交流、民族艺术论坛、民族艺术研讨会，进行科研合作、创作展演，努力加强人才培养，积极搭建高校艺术教育平台的建设。

（中央民族大学科研处丁冉供稿）

21 日　民盟北京市委在中国劳动关系学院北京校区举办纪念“五一口号”——民盟先贤肖像巡回展启动仪式。全国政协常委、民盟中央副主席、北京市政协副主席、民盟北京市委主委程红，中华全国总工会党组成员、经费审查委员会主任李晓钟，学校党委副书记、校长刘向兵，民盟北京市委专职副主委宋慰祖，民盟北京市委秘书长严为，民盟中央委员、民盟北京市委常委、民盟海淀区委主委、海淀区政协副主席、北京师范大学语言学与应用语言学研究所所长张维佳，学校党委副书记、纪委书记成国一等领导出席开幕式。民盟中国劳动关系学院支部成员、民盟北京市委、海淀区委的盟员代表、学校民革、九三学社等民主党派代表和无党派代表人士、劳模本科班学员代表、师生代表等 80 余人参加了启动仪式并观看展览。启动仪式由宋慰祖主持。

（中国劳动关系学院科研处陈邓海供稿）

22 日　由中国国际经济交流中心和新华社国家高端智库联合主办的“2018—2019 中国经济年会”在京召开。

本届年会聚焦“深化新时代改革开放，为高质量发展注入强大动力”主题，围绕深化供给侧结构性改革、推动高质量发展、推动区域经济协调发展、加快推进创新驱动发展、加快建设高水平开放型经济新体系等议题进行了讨论。

会议认为，今年以来国际环境变化错综复杂，全球经济延续复苏势头，但分化较为明显。以中国为代表的新兴经济体保持稳定增长，但面临的风险挑战和下行压力突出。对此，我们应坚定信心，辩证分析当前国际形势，深刻认识中央经济工作会议关于我国仍处于重要战略机遇期的判断。既要看清面临的“危”，未雨绸缪；也要发现蕴藏的“机”，主动开拓。

会议指出，要抓住机遇、迎难而上，紧扣重要战略机遇新内涵，加快经济结构优化升级，提升科技创新能力，深化改革开放，加快绿色发展，参与全球经济治理体系变革，变压力为加快推动经济高质量发展的动力，以砥砺奋进的精神面貌和经济社会发展优异成绩迎接中华人民共和国成立70周年。

（摘自《光明日报》2018年12月23日第5版）

同日　由中国传媒大学发起成立的中国新闻史学会博物馆与史志传播研究委员会（以下简称博物馆与史志传播研究委员会）第一届全体会员大会在中国传媒大学中国广告博物馆召开。

会议选举出了委员会的15名常务理事和常务理事单位，推选出了黄升民任会长，刘英华为秘书长。中国传媒大学作为发起单位是博物馆与史志传播研究委员会首届会长、秘书长单位，学会秘书处设在中国广告博物馆。下午的研讨会由两个分论坛构成，主题分别为“博物馆建设与史志传播”和“记录与传播——改革开放四十年”。

（中国传媒大学科学研究处供稿）

同日　北京工商大学MBA十周年庆典暨第三届京津港创新创业论坛·北京工商大学MBA论坛在北京工商大学举行。京津港地区代表、北京MBA联盟代表与北京工商大学MBA校友代表、广大学子齐聚一堂，聚焦三地协同发展，共同见证北工商MBA十年发展成果。庆典活动由北京工商大学商学院副院长兼MBA中心主任杨浩雄主持，与会者100多人。

（北京工商大学科学技术处供稿）

26日　北京市社会科学院是北京市习近平新时代中国特色社会主义思想研究中心下设的19家研究基地之一，为了科学谋划本院研究基地2019年工作，北京市社科院召开了2018年习中心研究基地工作会议。研究基地主任、首席专家和核心团队成员20余人参加会议，通报建设情况、交流思想、探讨思路、凝聚共识、明晰路径，对2018年基地工作进行深入总结，并对2019年工作进行分析、研讨和谋划。本研究基地2018年度在“人民日报”“光明日报”“经济日报”和“求是”发表9篇研究阐释重头理论文章，在《前线》《北京日报理论周刊》发表20篇研究阐释文章。

（北京市社会科学院科研处朱霞辉供稿）

28日　第八届“胡绳青年学术奖”在京揭晓，评选出获奖作品6项、提名奖作品6项以及苏州研究特别奖获奖作品、提名奖作品各1项。颁奖仪式在中国社会科学院举行。

本届“胡绳青年学术奖”获奖作品有：陈君著《东汉社会变迁与文学演进》、李子君著《〈增修互注礼部韵略〉研究》、王皓月著《析经求真：陆修静与灵宝经关系新探》、杨洪源著《政治经济学的形而上学——〈哲学的贫困〉与〈贫困的哲学〉比较研究》、孙靖国著《桑干河流域历史城市地理研究》、周施廷著《信仰与生活——16世纪德国纽伦堡的改革》。苏州研究特别奖获奖作品为：张建宇著《枕带林泉：苏州园林之宅园关系研究》。

“胡绳青年学术奖”是中国社会科学院主管的我国哲学社会科学界高层次青年学术成就奖项，1997年由胡绳倡议并率先捐款设立，每3年评选一次，奖励对象为40岁以下青年学者。

（摘自《光明日报》2018年12月29日第4版）

同日　2018人民网人工智能合作伙伴大会上，人民网宣布正式成立人工智能研究院，将结合科研、投资与传媒业务，为人工智能产业、科研和相关部门决策搭建沟通桥梁，提供智力支持。

据介绍，人民网人工智能研究院将充分发挥资源整合优势，搭建行业研究平台，利用人民网的影响力和传播力，广泛聚集各界专家，深入科研院所、产业一线开展调研，定期组织学术交流和专题研讨，剖析我国人工智能发展状况，让技术更好地服务于经济和社会发展。

在当天举行的人民网人工智能合作伙伴大会上，与会专家围绕人工智能在经济发展、社会进步等方面发挥的作用进行讨论，分享了前沿技术，探讨和展望了商业应用和产业发展前景。

（摘自《人民日报》2018年12月29日第10版）

同日　由中宣部、教育部和共青团中央共同组织开展的“改革先锋进校园”活动走进中央民族大学，在庆祝改革开放 40 周年大会上受到表彰的两位“改革先锋”称号获得者库尔班·尼亚孜和张黎明为近 800 名各族师生员工做了一场精彩的宣讲报告。

报告会上，两位宣讲人为大家分享了参加庆祝改革开放 40 周年大会的感受和激动的心情，结合各自的工作和生活经历讲述了对我国改革开放 40 年来经济社会发生的巨大变化的深切体会以及生活在这样一个伟大的时代的幸福和幸运，表达了珍惜荣誉、再接再厉、不忘初心、继续前进的决心。

（中央民族大学科研处丁冉供稿）

29 日　中共中央党史和文献研究院编辑的习近平同志《论坚持全面深化改革》一书，由中央文献出版社出版并在全国发行。

这部专题文集以 2012 年 12 月 7 日至 11 日习近平同志在广东考察工作时讲话的要点《改革不停顿，开放不止步》为开卷篇，以 2018 年 12 月 18 日习近平同志《在庆祝改革开放四十周年大会上的讲话》为收卷篇，收入习近平同志论述坚持全面深化改革的重要文稿 72 篇，约 31 万字。其中部分文稿是首次公开发表。

（摘自《光明日报》2018 年 12 月 30 日第 1 版）

同日　“礼赞科学家精神——中国科协甲子华诞特别奉献”专题活动在京举行。活动现场，中组部、中宣部、教育部、中国科协共同发布了《爱国奋斗精神学习读本》。

全国政协副主席、中国科协主席万钢在专题活动的致辞中指出，在伟大的时代进程中，要润物无声、春风化雨般高扬爱国奋斗主旋律，让爱国奋斗为核心的中国科学家精神和伟大的改革开放精神同频共振、相互激荡。

2018 年 6 月，中组部、中宣部联合印发通知，在广大知识分子中深入开展“弘扬爱国奋斗精神、建功立业新时代”活动。根据相关工作部署，中国科协组织编写了《爱国奋斗精神学习读本》，作为加强知识分子和青年学生思想政治教育、职业道德建设和科研道德培养的重要读物。

《爱国奋斗精神学习读本》为系列丛书，本次先期出版理论篇和榜样篇。其中，理论篇共收录人民日报、新华社、光明日报等主流媒体评论文章 10 篇，收录知识分子代表署名文章 37 篇。榜样篇共收录钱学森、邓稼先、郭永怀等“两弹一星”元勋和黄大年、李保国、南仁东、钟扬等新时代优秀知识分子典型事迹 7 篇，收录西安交通大学“西迁人”为代表的老一辈知识分子典型群体事迹 1 篇。

（摘自《光明日报》2018 年 12 月 30 日第 4 版）

·附　　录·

概　　述

本栏目记述2018年北京地区16所高等院校、1所党校和1所科研单位人文社会科学研究基本情况统计，包括研究人员情况、课题研究情况和研究成果情况。

北京地区社科研究单位（部分）2018年人文社会科学研究基本情况统计表

北京大学2018年度人文社会科学研究基本情况统计表

学科门类	研究人员情况						课题研究情况				研究成果情况		
	合计	教授	副教授	讲师	助教	初级	合计	基础研究	应用研究	其他	出版著作	发表论文	获奖成果（省部级及以上）
合计	1463	583	545	301	34	0	1346	811	535	0	401	3000	3
管理学	94	41	32	18	3	0	155	53	102	0	23	210	0
马克思主义	22	11	8	2	1	0	59	57	2	0	27	167	0
哲学	67	40	20	2	5	0	43	38	5	0	49	190	0
逻辑学	6	4	1	0	1	0	0	0	0	0	0	0	0
宗教学	14	9	3	1	1	0	7	6	1	0	0	11	0
语言学	159	40	79	38	2	0	28	23	5	0	23	120	0
中国文学	72	41	28	3	0	0	49	44	5	0	42	217	0
外国文学	128	38	43	45	2	0	29	29	0	0	11	107	0
艺术学	29	20	6	3	0	0	32	24	8	0	6	145	0
历史学	83	46	22	9	6	0	46	43	3	0	39	171	0
考古学	49	23	17	9	0	0	86	47	39	0	31	144	1
经济学	190	75	72	39	4	0	193	66	127	0	11	505	1

续表

学科门类	研究人员情况						课题研究情况				研究成果情况		
	合计	教授	副教授	讲师	助教	初级	合计	基础研究	应用研究	其他	出版著作	发表论文	获奖成果（省部级及以上）
政治学	80	31	34	15	0	0	126	114	12	0	18	73	0
法学	121	52	34	35	0	0	146	62	84	0	64	252	1
社会学	67	34	20	12	1	0	85	59	26	0	17	179	0
民族学	1	0	1	0	0	0	4	2	2	0	7	7	0
新闻学与传播学	26	13	10	2	1	0	58	44	14	0	7	134	0
图书、情报、文献学	140	33	50	54	3	0	71	56	15	0	10	169	0
教育学	44	21	21	2	0	0	106	30	76	0	16	189	0
统计学	9	3	5	1	0	0	0	0	0	0	0	0	0
心理学	7	2	4	1	0	0	0	0	0	0	0	0	0
体育学	55	6	35	10	4	0	23	14	9	0	0	10	0

（北京大学社会科学部供稿）

中国人民大学 2018 年度人文社会科学研究基本情况统计表

学科门类	研究人员情况						课题研究情况				研究成果情况		
	合计	教授	副教授	讲师	助教	初级	合计	基础研究	应用研究	其他	出版著作	发表论文	获奖成果（省部级及以上）
合计	1651	644	671	310	26	0	5418	2037	3336	45	345	3654	34
管理学	249	86	106	50	7	0	1206	249	941	16	39	438	1
马克思主义	31	17	12	2	0	0	232	160	64	8	22	171	0
哲学	81	49	25	6	1	0	193	153	40	0	26	203	0
逻辑学	0	0	0	0	0	0	0	0	0	0	0	0	0
宗教学	16	7	7	2	0	0	37	23	14	0	0	20	0
语言学	90	13	44	31	2	0	82	64	18	0	9	49	0
中国文学	73	33	25	15	0	0	110	95	15	0	8	76	0
外国文学	13	7	4	2	0	0	10	9	1	0	5	43	0
艺术学	38	5	22	11	0	0	45	35	10	0	4	73	0
历史学	92	41	32	19	0	0	214	149	65	0	24	210	2
考古学	16	5	6	5	0	0	77	53	24	0	1	22	0
经济学	387	181	149	57	0	0	1281	339	932	10	76	1089	3
政治学	71	33	28	10	0	0	163	95	68	0	17	156	0
法学	133	63	54	16	0	0	480	187	289	4	51	283	12

续表

学科门类	研究人员情况						课题研究情况				研究成果情况		
	合计	教授	副教授	讲师	助教	初级	合计	基础研究	应用研究	其他	出版著作	发表论文	获奖成果（省部级及以上）
社会学	70	26	37	5	2	0	491	157	329	5	22	194	14
民族学	0	0	0	0	0	0	2	1	1	0	0	3	0
新闻学与传播学	63	26	29	8	0	0	183	66	117	0	14	177	0
图书、情报、文献学	85	18	33	32	2	0	155	56	99	0	10	171	2
教育学	62	12	17	22	11	0	172	58	114	0	5	76	0
统计学	38	16	13	8	1	0	214	50	162	2	8	128	0
心理学	16	4	9	3	0	0	42	17	25	0	2	60	0
体育学	27	2	19	6	0	0	29	21	8	0	2	12	0

（中国人民大学科研处李素萍供稿）

北京师范大学2018年度人文社会科学研究基本情况统计表

学科门类	研究人员情况						课题研究情况				研究成果情况		
	合计	教授	副教授	讲师	助教	初级	合计	基础研究	应用研究	其他	出版著作	发表论文	获奖成果（省部级及以上）
合计	1222	408	423	391	0	0	7079	2474	1483	3122	210	2912	11
管理学	77	27	27	23	0	0	579	215	129	235	17	218	0
马克思主义	36	11	13	12	0	0	245	81	11	153	12	141	0
哲学	41	22	10	9	0	0	237	99	16	122	6	116	0
逻辑学	2	0	1	1	0	0	1	1	0	0	0	0	0
宗教学	2	1	1	0	0	0	23	5	0	18	2	16	0
语言学	103	27	44	32	0	0	288	70	58	160	14	146	0
中国文学	70	30	20	20	0	0	337	116	26	195	20	175	0
外国文学	23	7	11	5	0	0	57	24	0	33	2	31	0
艺术学	82	22	26	34	0	0	376	101	42	233	18	215	0
历史学	65	27	21	17	0	0	331	123	16	192	30	162	1
考古学	5	2	2	1	0	0	27	19	1	7	1	6	0
经济学	91	32	25	34	0	0	479	185	121	173	10	163	7
政治学	19	8	5	6	0	0	55	34	8	13	2	11	0
法学	98	36	33	29	0	0	491	203	120	168	13	155	1
社会学	42	13	18	11	0	0	305	121	46	138	10	128	0

续表

学科门类	研究人员情况						课题研究情况				研究成果情况		
	合计	教授	副教授	讲师	助教	初级	合计	基础研究	应用研究	其他	出版著作	发表论文	获奖成果（省部级及以上）
民族学	6	1	2	3	0	0	32	11	9	12	1	11	1
新闻学与传播学	24	10	4	10	0	0	114	38	26	50	1	49	0
图书、情报、文献学	17	3	9	5	0	0	93	19	16	58	1	57	0
教育学	257	71	93	93	0	0	2213	808	577	828	47	781	0
统计学	17	4	8	5	0	0	123	61	14	48	2	46	1
心理学	97	39	28	30	0	0	575	109	231	235	1	234	0
体育学	48	15	22	11	0	0	98	31	16	51	0	51	0

（北京师范大学社科处刘娜供稿）

中国政法大学 2018 年度人文社会科学研究基本情况统计表

学科门类	研究人员情况						课题研究情况				研究成果情况		
	合计	教授	副教授	讲师	助教	初级	合计	基础研究	应用研究	其他	出版著作	发表论文	获奖成果（省部级及以上）
合计	903	312	365	211	14	1	3038	497	2541	0	104	768	4
管理学	36	15	12	9	0	0	138	12	126	0	5	31	0
马克思主义	24	4	11	9	0	0	61	16	45	0	4	55	0
哲学	33	13	15	5	0	0	33	19	14	0	5	43	0
逻辑学	0	0	0	0	0	0	0	0	0	0	0	0	0
宗教学	5	2	0	3	0	0	3	1	2	0	0	1	0
语言学	92	15	46	28	2	1	86	17	69	0	7	21	0
中国文学	14	2	5	7	0	0	12	7	5	0	4	15	0
外国文学	7	1	2	3	1	0	5	2	3	0	3	2	0
艺术学	7	3	3	1	0	0	11	3	8	0	2	6	0
历史学	18	2	10	6	0	0	29	17	12	0	1	21	0
考古学	0	0	0	0	0	0	1	1	0	0	0	0	0
经济学	45	14	20	11	0	0	87	11	76	0	3	48	0
政治学	53	23	20	10	0	0	114	30	84	0	5	66	0
法学	441	200	175	66	0	0	2250	331	1919	0	63	400	4
社会学	21	4	9	8	0	0	48	16	32	0	0	15	0
民族学	0	0	0	0	0	0	0	0	0	0	0	1	0

续表

学科门类	研究人员情况						课题研究情况				研究成果情况		
	合计	教授	副教授	讲师	助教	初级	合计	基础研究	应用研究	其他	出版著作	发表论文	获奖成果（省部级及以上）
新闻学与传播学	28	6	11	9	2	0	124	11	113	0	1	20	0
图书、情报、文献学	46	4	8	27	7	0	2	0	2	0	0	0	0
教育学	3	0	1	2	0	0	29	3	26	0	0	19	0
统计学	0	0	0	0	0	0	3	0	3	0	0	0	0
心理学	0	0	0	0	0	0	0	0	0	0	0	0	0
体育学	30	4	17	7	2	0	2	0	2	0	1	4	0

（中国政法大学科研处谭义供稿）

对外经济贸易大学2018年度人文社会科学研究基本情况统计表

学科门类	研究人员情况						课题研究情况				研究成果情况		
	合计	教授	副教授	讲师	助教	初级	合计	基础研究	应用研究	其他	出版著作	发表论文	获奖成果（省部级及以上）
合计	1093	225	326	471	70	1	1034	277	757	0	101	1276	17
管理学	241	46	66	107	21	1	270	70	200	0	17	280	3
马克思主义	51	7	7	26	11	0	27	13	14	0	4	28	0
哲学	1	0	1	0	0	0	3	3	0	0	0	1	0
逻辑学	0	0	0	0	0	0	0	0	0	0	0	0	0
宗教学	0	0	0	0	0	0	0	0	0	0	0	1	0
语言学	163	17	56	78	12	0	57	36	21	0	27	69	0
中国文学	19	2	13	4	0	0	18	18	0	0	0	32	0
外国文学	37	6	9	17	5	0	15	13	2	0	1	16	0
艺术学	4	0	1	2	1	0	1	0	1	0	1	9	0
历史学	1	0	0	1	0	0	6	5	1	0	1	3	0
考古学	0	0	0	0	0	0	0	0	0	0	0	1	0
经济学	368	105	112	145	6	0	411	45	366	0	37	542	13
政治学	38	8	16	12	2	0	24	9	15	0	0	59	0
法学	78	26	16	32	4	0	96	31	65	0	8	86	1
社会学	1	0	1	0	0	0	13	3	10	0	0	19	0
民族学	0	0	0	0	0	0	0	0	0	0	0	3	0
新闻学与传播学	8	0	3	4	1	0	19	10	9	0	0	29	0
图书、情报、文献学	22	1	4	16	1	0	2	0	2	0	0	3	0

续表

学科门类	研究人员情况						课题研究情况				研究成果情况		
	合计	教授	副教授	讲师	助教	初级	合计	基础研究	应用研究	其他	出版著作	发表论文	获奖成果（省部级及以上）
教育学	12	2	1	6	3	0	32	11	21	0	3	60	0
统计学	26	5	9	12	0	0	38	9	29	0	1	31	0
心理学	0	0	0	0	0	0	0	0	0	0	0	0	0
体育学	23	0	11	9	3	0	2	1	1	0	1	4	0

（对外经济贸易大学科研处供稿）

中国传媒大学 2018 年度人文社会科学研究基本情况统计表

学科门类	研究人员情况						课题研究情况				研究成果情况		
	合计	教授	副教授	讲师	助教	初级	合计	基础研究	应用研究	其他	出版著作	发表论文	获奖成果（省部级及以上）
合计	1341	250	406	608	68	9	508	273	235	0	115	1159	8
管理学	184	27	61	83	12	1	28	20	8	0	4	33	0
马克思主义	13	4	4	4	1	0	18	10	8	0	1	21	0
哲学	11	2	6	3	0	0	1	1	0	0	4	7	0
逻辑学	1	0	0	1	0	0	0	0	0	0	0	0	0
宗教学	0	0	0	0	0	0	0	0	0	0	1	1	0
语言学	163	23	46	83	11	0	17	5	12	0	7	49	0
中国文学	45	7	25	13	0	0	6	5	1	0	2	41	0
外国文学	16	2	4	10	0	0	2	1	1	0	18	7	0
艺术学	427	86	105	205	27	4	181	96	85	0	37	413	5
历史学	6	3	1	2	0	0	2	2	0	0	0	9	0
考古学	0	0	0	0	0	0	0	0	0	0	0	0	0
经济学	24	5	10	7	2	0	18	7	11	0	2	7	0
政治学	15	5	3	7	0	0	4	3	1	0	1	6	0
法学	21	2	6	12	0	1	7	3	4	0	0	7	0
社会学	7	1	1	5	0	0	2	1	1	0	1	4	0
民族学	2	1	0	1	0	0	2	1	1	0	0	4	0
新闻学与传播学	351	76	120	138	14	3	200	106	94	0	36	513	3
图书、情报、文献学	14	0	6	8	0	0	4	3	1	0	0	0	0
教育学	31	4	8	18	1	0	15	8	7	0	1	28	0
统计学	0	0	0	0	0	0	0	0	0	0	0	7	0
心理学	0	0	0	0	0	0	1	1	0	0	0	0	0
体育学	10	2	0	8	0	0	0	0	0	0	0	2	0

（中国传媒大学科学研究处供稿）

北京科技大学 2018 年度人文社会科学研究基本情况统计表

学科门类	研究人员情况						课题研究情况				研究成果情况		
	合计	教授	副教授	讲师	助教	初级	合计	基础研究	应用研究	其他	出版著作	发表论文	获奖成果（省部级及以上）
合计	446	67	178	201	0	0	739	409	326	4	23	272	0
管理学	77	21	31	25	0	0	255	165	86	4	5	101	0
马克思主义	35	5	15	15	0	0	98	52	46	0	6	49	0
哲学	10	1	5	4	0	0	9	5	4	0	0	6	0
逻辑学	0	0	0	0	0	0	0	0	0	0	0	0	0
宗教学	0	0	0	0	0	0	0	0	0	0	0	0	0
语言学	85	7	30	48	0	0	43	39	4	0	2	11	0
中国文学	3	0	3	0	0	0	1	1	0	0	1	24	0
外国文学	22	2	6	14	0	0	5	5	0	0	1	13	0
艺术学	23	1	7	15	0	0	14	4	10	0	0	2	0
历史学	8	1	3	4	0	0	21	19	2	0	1	11	0
考古学	16	5	4	7	0	0	70	12	58	0	0	3	0
经济学	59	13	30	16	0	0	77	48	29	0	5	20	0
政治学	3	0	1	2	0	0	8	1	7	0	0	4	0
法学	26	5	10	11	0	0	53	12	41	0	1	7	0
社会学	10	2	6	2	0	0	30	14	16	0	0	12	0
民族学	0	0	0	0	0	0	2	1	1	0	0	0	0
新闻学与传播学	0	0	0	0	0	0	2	2	0	0	0	1	0
图书、情报、文献学	21	1	6	14	0	0	3	1	2	0	0	0	0
教育学	10	1	1	8	0	0	40	24	16	0	1	4	0
统计学	1	0	1	0	0	0	1	0	1	0	0	3	0
心理学	2	0	1	1	0	0	2	2	0	0	0	1	0
体育学	35	2	18	15	0	0	5	2	3	0	0	0	0

（北京科技大学科学研究与发展部李静供稿）

北京交通大学 2018 年度人文社会科学研究基本情况统计表

学科门类	研究人员情况						课题研究情况				研究成果情况		
	合计	教授	副教授	讲师	助教	初级	合计	基础研究	应用研究	其他	出版著作	发表论文	获奖成果（省部级及以上）
合计	1001	203	327	415	30	26	1428	680	746	2	37	420	0
管理学	367	104	119	122	12	10	407	153	253	1	5	71	0
马克思主义	34	10	10	12	1	1	66	54	12	0	3	58	0
哲学	12	3	5	1	3	0	10	8	2	0	1	31	0

续表

学科门类	研究人员情况						课题研究情况				研究成果情况		
	合计	教授	副教授	讲师	助教	初级	合计	基础研究	应用研究	其他	出版著作	发表论文	获奖成果（省部级及以上）
逻辑学	0	0	0	0	0	0	1	1	0	0	0	0	0
宗教学	0	0	0	0	0	0	0	0	0	0	0	0	0
语言学	131	11	49	63	7	1	32	21	11	0	6	22	0
中国文学	3	0	2	0	1	0	5	5	0	0	0	0	0
外国文学	10	2	2	5	1	0	1	1	0	0	0	0	0
艺术学	86	10	21	54	1	0	197	100	97	0	11	83	0
历史学	3	1	2	0	0	0	3	1	2	0	0	0	0
考古学	0	0	0	0	0	0	7	1	6	0	0	0	0
经济学	137	30	48	57	0	2	474	213	261	0	6	82	0
政治学	21	5	10	6	0	0	20	14	6	0	0	1	0
法学	43	7	17	15	1	3	72	36	36	0	2	16	0
社会学	8	3	1	3	1	0	45	20	24	1	1	11	0
民族学	1	0	1	0	0	0	3	3	0	0	0	0	0
新闻学与传播学	19	1	4	13	0	1	37	19	18	0	2	31	0
图书、情报、文献学	45	2	10	30	0	3	5	3	2	0	0	0	0
教育学	25	8	9	6	1	1	16	10	6	0	0	0	0
统计学	7	2	1	3	1	0	10	7	3	0	0	5	0
心理学	12	2	2	6	0	2	13	6	7	0	0	9	0
体育学	37	2	14	19	0	2	4	4	0	0	0	0	0

（北京交通大学人文社会科学处李敏供稿）

首都师范大学 2018 年度人文社会科学研究基本情况统计表

学科门类	研究人员情况						课题研究情况				研究成果情况		
	合计	教授	副教授	讲师	助教	初级	合计	基础研究	应用研究	其他	出版著作	发表论文	获奖成果（省部级及以上）
合计	1093	199	416	435	24	19	1103	661	442	0	82	661	0
管理学	38	6	15	16	0	1	57	11	46	0	7	34	0
马克思主义	28	3	15	8	2	0	50	35	15	0	7	55	0
哲学	40	13	12	11	2	2	44	32	12	0	4	37	0
逻辑学	0	0	0	0	0	0	0	0	0	0	0	0	0
宗教学	1	0	0	1	0	0	1	0	1	0	0	0	0
语言学	204	18	69	114	2	1	92	66	26	0	8	63	0
中国文学	82	25	34	23	0	0	146	126	20	0	0	0	0

续表

学科门类	研究人员情况						课题研究情况				研究成果情况		
	合计	教授	副教授	讲师	助教	初级	合计	基础研究	应用研究	其他	出版著作	发表论文	获奖成果（省部级及以上）
外国文学	55	13	9	33	0	0	21	20	1	0	0	0	0
艺术学	169	32	67	59	11	0	84	51	33	0	12	72	0
历史学	73	26	27	17	2	1	135	113	22	0	21	92	0
考古学	8	3	1	4	0	0	23	19	4	0	0	12	0
经济学	20	1	13	5	0	1	20	5	15	0	2	12	0
政治学	18	5	7	6	0	0	28	16	12	0	1	13	0
法学	27	4	11	12	0	0	46	23	23	0	1	17	0
社会学	16	2	8	4	0	2	38	11	27	0	1	11	0
民族学	0	0	0	0	0	0	0	0	0	0	0	1	0
新闻学与传播学	8	0	5	3	0	0	6	2	4	0	0	7	0
图书、情报、文献学	37	1	13	21	1	1	6	6	0	0	0	5	0
教育学	190	35	81	63	3	8	264	111	153	0	16	168	0
统计学	0	0	0	0	0	0	0	0	0	0	0	0	0
心理学	50	11	23	14	0	2	37	14	23	0	1	59	0
体育学	29	1	6	21	1	0	5	0	5	0	1	3	0

（首都师范大学社科处李蒽供稿）

首都经济贸易大学2018年度人文社会科学研究基本情况统计表

学科门类	研究人员情况						课题研究情况				研究成果情况		
	合计	教授	副教授	讲师	助教	初级	合计	基础研究	应用研究	其他	出版著作	发表论文	获奖成果（省部级及以上）
合计	830	162	293	343	32	0	1681	229	1452	0	89	574	1
管理学	187	37	67	75	8	0	644	58	586	0	35	173	0
马克思主义	15	3	7	5	0	0	30	17	13	0	2	36	0
哲学	7	2	3	2	0	0	12	10	2	0	1	1	0
逻辑学	0	0	0	0	0	0	0	0	0	0	0	0	0
宗教学	0	0	0	0	0	0	0	0	0	0	0	0	0
语言学	57	5	10	40	2	0	14	9	5	0	3	10	0
中国文学	18	3	7	8	0	0	14	11	3	0	1	6	0
外国文学	8	1	2	4	1	0	7	7	0	0	2	2	0
艺术学	6	0	1	5	0	0	4	0	4	0	0	2	0
历史学	0	0	0	0	0	0	0	0	0	0	0	0	0

续表

学科门类	研究人员情况						课题研究情况				研究成果情况		
	合计	教授	副教授	讲师	助教	初级	合计	基础研究	应用研究	其他	出版著作	发表论文	获奖成果（省部级及以上）
考古学	0	0	0	0	0	0	0	0	0	0	0	0	0
经济学	322	77	127	111	7	0	617	52	565	0	28	198	1
政治学	4	1	2	1	0	0	11	3	8	0	0	0	0
法学	52	13	14	23	2	0	112	34	78	0	9	64	0
社会学	20	7	6	7	0	0	77	7	70	0	1	21	0
民族学	0	0	0	0	0	0	0	0	0	0	0	0	0
新闻学与传播学	25	4	10	8	3	0	27	7	20	0	3	10	0
图书、情报、文献学	23	1	10	7	5	0	4	0	4	0	1	3	0
教育学	28	0	7	17	4	0	32	6	26	0	1	21	0
统计学	32	6	12	14	0	0	65	4	61	0	1	22	0
心理学	0	0	0	0	0	0	0	0	0	0	0	0	0
体育学	26	2	8	16	0	0	11	4	7	0	1	5	0

（首都经济贸易大学科研处蔡万江供稿）

北京工商大学 2018 年度人文社会科学研究基本情况统计表

学科门类	研究人员情况						课题研究情况				研究成果情况		
	合计	教授	副教授	讲师	助教	初级	合计	基础研究	应用研究	其他	出版著作	发表论文	获奖成果（省部级及以上）
合计	671	74	231	292	74	0	705	89	616	0	33	566	0
管理学	147	20	45	65	17	0	257	23	234	0	9	161	0
马克思主义	23	2	12	6	3	0	18	8	10	0	3	41	0
哲学	11	1	2	6	2	0	2	1	1	0	0	10	0
逻辑学	0	0	0	0	0	0	0	0	0	0	0	0	0
宗教学	0	0		0	0	0	0	0	0	0	0	0	0
语言学	70	2	19	40	9	0	11	5	6	0	1	66	0
中国文学	10	0	6	3	1	0	9	4	5	0	0	20	0
外国文学	5	0	1	4	0	0	4	4	0	0	1	5	0
艺术学	51	1	16	27	7	0	55	5	50	0	1	24	0
历史学	0	0	0	0	0	0	0	0	0	0	0	0	0
考古学	0	0	0	0	0	0	0	0	0	0	0	0	0
经济学	162	33	63	59	7	0	192	16	176	0	6	112	0
政治学	4	0	0	4	0	0	0	0	0	0	0	0	0

续表

学科门类	研究人员情况						课题研究情况				研究成果情况		
	合计	教授	副教授	讲师	助教	初级	合计	基础研究	应用研究	其他	出版著作	发表论文	获奖成果（省部级及以上）
法学	56	8	20	21	7	0	64	16	48	0	4	31	0
社会学	0	0	0	0	0	0	0	0	0	0	0	0	0
民族学	0	0	0	0	0	0	0	0	0	0	0	0	0
新闻学与传播学	32	4	15	10	3	0	60	3	57	0	3	46	0
图书、情报、文献学	41	0	7	22	12	0	1	1	0	0	0	1	0
教育学	16	1	5	8	2	0	13	1	12	0	1	22	0
统计学	11	1	7	3	0	0	12	1	11	0	0	7	0
心理学	1	0	0	0	1	0	1	0	1	0	1	0	0
体育学	31	1	13	14	3	0	6	1	5	0	3	20	0

（北京工商大学科学技术处王葳供稿）

北京工业大学2018年度人文社会科学研究基本情况统计表

学科门类	研究人员情况						课题研究情况				研究成果情况		
	合计	教授	副教授	讲师	助教	初级	合计	基础研究	应用研究	其他	出版著作	发表论文	获奖成果（省部级及以上）
合计	715	64	227	382	42	0	620	188	432	0	39	395	0
管理学	125	17	45	55	8	0	159	48	111	0	8	130	0
马克思主义	48	8	18	20	2	0	32	20	12	0	2	33	0
哲学	4	0	1	3	0	0	6	5	1	0	1	3	0
逻辑学	0	0	0	0	0	0	0	0	0	0	0	0	0
宗教学	0	0	0	0	0	0	0	0	0	0	0	0	0
语言学	108	1	27	72	8	0	24	16	8	0	0	15	0
中国文学	6	0	3	2	1	0	2	2	0	0	1	5	0
外国文学	4	1	2	0	1	0	6	3	3	0	0	0	0
艺术学	144	12	41	86	5	0	88	15	73	0	9	51	0
历史学	0	0	0	0	0	0	2	2	0	0	0	1	0
考古学	0	0	0	0	0	0	0	0	0	0	0	0	0
经济学	71	9	27	32	3	0	82	22	60	0	6	68	0
政治学	1	0	0	1	0	0	1	0	1	0	0	1	0
法学	34	2	8	21	3	0	11	2	9	0	0	2	0
社会学	29	6	12	11	0	0	99	27	72	0	5	44	0

续表

学科门类	研究人员情况						课题研究情况				研究成果情况		
	合计	教授	副教授	讲师	助教	初级	合计	基础研究	应用研究	其他	出版著作	发表论文	获奖成果（省部级及以上）
民族学	1	0	0	0	1	0	0	0	0	0	1	0	0
新闻学与传播学	15	1	4	10	0	0	6	1	5	0	2	4	0
图书、情报、文献学	46	2	10	29	5	0	5	1	4	0	0	4	0
教育学	29	4	7	14	4	0	86	22	64	0	3	31	0
统计学	6	0	2	4	0	0	4	0	4	0	0	2	0
心理学	2	0	0	2	0	0	4	0	4	0	0	0	0
体育学	42	1	20	20	1	0	3	2	1	0	1	1	0

（北京工业大学科发院人文处张爱民供稿）

北京林业大学 2018 年度人文社会科学研究基本情况统计表

学科门类	研究人员情况						课题研究情况				研究成果情况		
	合计	教授	副教授	讲师	助教	初级	合计	基础研究	应用研究	其他	出版著作	发表论文	获奖成果（省部级及以上）
合计													
管理学	77	17	41	19			71	18	53		1	7	
马克思主义	32	5	18	9			10	8	2		2	23	
哲学	10	2	7	1			9	5	4			9	
逻辑学													
宗教学													
语言学							7	6	1				
中国文学							2	2					
外国文学	60	6	28	26			2	2			9	45	0
艺术学	54	8	31	15	0	0	23	3	20		0	1	0
历史学							2		2				
考古学													
经济学	38	13	20	5			12		11	1			
政治学							1	1					
法学	15	1	10	4			12	6	6		1	7	
社会学							5	2	3				
民族学							2	2					

续表

学科门类	研究人员情况						课题研究情况				研究成果情况		
	合计	教授	副教授	讲师	助教	初级	合计	基础研究	应用研究	其他	出版著作	发表论文	获奖成果（省部级及以上）
新闻学与传播学													
图书、情报、文献学							1	1					
教育学							2		2				
统计学								1	2				
心理学	17	3	10	4					1		8	25	
体育学	33	6	22	5				1					

（北京林业大学科技处供稿）

北京物资学院2018年度人文社会科学研究基本情况统计表

学科门类	研究人员情况						课题研究情况				研究成果情况		
	合计	教授	副教授	讲师	助教	初级	合计	基础研究	应用研究	其他	出版著作	发表论文	获奖成果（省部级及以上）
合计	439	79	166	178	15	1							
管理学	170	44	66	56	4		37		37		22	153	
马克思主义	25	5	9	10	1		2		2			7	
哲学	3			3			1		1		1		
逻辑学													
宗教学													
语言学	56	3	22	30	1						1	17	
中国文学	12	1	4	7							4	21	
外国文学													
艺术学	3		1	2									
历史学	4		1	3									
考古学													
经济学	83	18	34	29	2		9		9		1	95	2
政治学	3			1	2							1	1
法学	26	3	8	13	2		2		2		4	14	
社会学	4		1	3							1		
民族学							1		1				
新闻学与传播学	2			1	1								
图书、情报、文献学	1					1						9	

续表

学科门类	研究人员情况						课题研究情况				研究成果情况		
	合计	教授	副教授	讲师	助教	初级	合计	基础研究	应用研究	其他	出版著作	发表论文	获奖成果（省部级及以上）
教育学	14	2	3	8	1							12	
统计学	8	1	4	3			1		1		2	4	
心理学	4		2	2								9	
体育学	21	2	11	7	1						1		

（北京物资学院科研处供稿）

北京印刷学院 2018 年度人文社会科学研究基本情况统计表

学科门类	研究人员情况						课题研究情况				研究成果情况		
	合计	教授	副教授	讲师	助教	初级	合计	基础研究	应用研究	其他	出版著作	发表论文	获奖成果（省部级及以上）
合计	360	46	123	157	27	7	202	53	149	0	56	210	0
管理学	60	9	18	22	4	7	37	6	31	0	11	49	0
马克思主义	17	1	6	3	1	6	1	0	1	0	0	7	0
哲学	7	1	5	1	0	0	0	0	0	0	0	0	0
逻辑学	0	0	0	0	0	0	0	0	0	0	0	0	0
宗教学	0	0	0	0	0	0	0	0	0	0	0	0	0
语言学	39	2	12	21	4	0	1	1	0	0	2	5	0
中国文学	12	0	5	7	0	0	5	3	2	0	3	7	0
外国文学	8	2	0	5	1	0	0	0	0	0	0	1	0
艺术学	97	13	37	39	8	0	65	17	48	0	14	47	0
历史学	7	1	2	4	0	0	3	3	0	0	0	6	0
考古学	0	0	0	0	0	0	0	0	0	0	0	0	0
经济学	14	0	4	10	0	0	14	2	12	0	2	4	0
政治学	3	0	1	1	1	0	1	0	1	0	0	4	0
法学	7	1	1	3	2	0	1	0	1	0	0	0	0
社会学	3	0	0	3	0	0	1	0	1	0	0	0	0
民族学	0	0	0	0	0	0	0	0	0	0	0	0	0
新闻学与传播学	54	13	18	20	2	1	68	19	49	0	23	59	0
图书、情报、文献学	5	1	1	3	0	0	4	1	3	0	0	0	0
教育学	9	0	3	3	3	0	1	1	0	0	0	15	0
统计学	1	1	0	0	0	0	0	0	0	0	0	0	0
心理学	0	0	0	0	0	0	0	0	0	0	0	0	0
体育学	24	1	10	12	1	0	0	0	0	0	1	6	0

（北京印刷学院宣传部供稿）

中国社会科学院大学2018年度人文社会科学研究基本情况统计表

学科门类	研究人员情况						课题研究情况				研究成果情况		
	合计	教授	副教授	讲师	助教	初级	合计	基础研究	应用研究	其他	出版著作	发表论文	获奖成果（省部级及以上）
合计		46	100	129	13		220	194	26		24	276	
管理学	29	2	7	14	6		26	24	2		5	23	
马克思主义	6		3	3			9	9			2	10	
哲学	8	2	2	4			4	4				5	
逻辑学	0						0						
宗教学	0						0						
语言学	22	4	7	11			14	14			2	13	
中国文学	34	5	19	10			9	9			2	30	
外国文学	14		5	9			9	9			2	3	
艺术学	0						0						
历史学	5	2	1	2			3	3			2	11	
考古学	0						0						
经济学	37	8	14	15			38	30	8		6	53	
政治学	8	2	3	3			8	5	3			21	
法学	46	12	18	14	2		37	29	8		2	47	
社会学	19	4	4	11			15	10	5		1	22	
民族学	0						7	7					
新闻学与传播学	30	5	10	15			25	25				29	
图书、情报、文献学	11		1	8	2		3	3				1	
教育学	5		1	2	2		7	7				7	
统计学	0						0						
心理学	2			1	1		0						
体育学	12		5	7			6	6				1	

（中国社会科学院大学科研处蒋甫玉供稿）

北京市委党校、北京行政学院2018年度人文社会科学研究基本情况统计表

学科门类	研究人员情况						课题研究情况				研究成果情况		
	合计	教授	副教授	讲师	助教	初级	合计	基础研究	应用研究	其他	出版著作	发表论文	获奖成果（省部级及以上）
哲学与文化	17	3	8	6	0	17	0	0	0	0	15	2	
经济学	17	3	11	3	0	17	0	0	0	0	13	3	
政治学	15	1	6	8	0	15	0	0	0	0	14	1	
党史党建	13	3	6	4	0	13	0	0	0	0	9	4	

续表

学科门类	研究人员情况						课题研究情况				研究成果情况		
	合计	教授	副教授	讲师	助教	初级	合计	基础研究	应用研究	其他	出版著作	发表论文	获奖成果（省部级及以上）
公共管理	14	5	4	5	0	14	0	0	0	0	7	7	
领导科学	9	1	4	4	0	9	0	0	0	0	8	1	
法学	15	3	6	6	0	15	0	0	0	0	11	3	
社会学	17	6	6	5	0	17	0	0	0	0	16	0	
语言文学	8	2	4	2	0	7	1	0	0	0	2	5	
历史学	1	1	0	0	0	1	0	0	0	0	0	1	
图书、情报、文献学	17	0	3	14	0	14	3	0	0	0	0	13	
计算机工程	12	0	1	8	3	8	4	0	0	0	0	3	
其他学科	5	0	1	3	1	2	3	0	0	0	0	0	

（北京市委党校、北京行政学院林婧供稿）

北京市社会科学院 2018 年度人文社会科学研究基本情况统计表

学科门类	研究人员情况						课题研究情况				研究成果情况		
	合计	教授	副教授	讲师	助教	初级	合计	基础研究	应用研究	其他	出版著作	发表论文	获奖成果（省部级及以上）
合计	150	26	69	55	0	0	134	34	100	0	36	503	0
文化所	14	5	6	3	0	0	19	4	15	0	6	81	0
历史所	18	6	7	5	0	0	12	5	7	0	5	65	0
哲学所	9	1	5	3	0	0	6	5	1	0	2	20	0
经济所	17	0	10	7	0	0	14	0	14	0	1	56	0
科社所	10	0	7	3	0	0	11	9	2	0	1	34	0
社会学所	11	1	3	7	0	0	8	0	8	0	4	29	0
城市所	13	3	7	3	0	0	10	1	9	0	5	40	0
外国所	8	1	4	3	0	0	10	2	8	0	1	27	0
满学所	6	0	2	4	0	0	3	3	0	0	1	8	0
管理所	12	1	8	3	0	0	11	0	11	0	1	37	0
综治所	10	3	3	4	0	0	9	1	8	0	2	20	0
市情调研中心	9	2	2	5	0	0	9	1	8	0	2	54	0
法学所	11	2	4	5	0	0	7	3	4	0	4	24	0
传媒所	2	1	1	0	0	0	5	0	5	0	1	8	0

（北京市社会科学院科研处朱霞辉供稿）

·索 引·

本索引采取主题索引，又称内容分析索引法编纂。主题词（标目）以《北京社会科学年鉴》（2019卷）正文出现的文章作者名、文章名、著作名、学科名、科研课题名、获奖成果名、科研活动名、机构名为主。本年鉴包括文章体和条目体，故将文章体的检索与条目体的检索相互结合。

一、本索引基本按汉语拼音音序排列，汉字打头的标目，按首字的音序调依次排列，首字相同时，则以第二字排序，依次类推。以阿拉伯数字打头的主题词，排在最前面；以英文字母打头的主题词，列于其后。

二、除“大事记”外，年鉴的其他基本栏目均列入索引范围，以便检索使用。

三、本索引的文字部分为标目，标目之后的阿拉伯数字表示该标目所在的页码。

四、年鉴的目录文章名为索引标目或重要题目，用黑体字标明，其他标目用宋体字编排。

五、为反映索引栏目间的上下级关系，对于二级、三级等类目，采取在一级栏目下设置数字标号的编排形式，之后再按汉语拼音音序排列；为反映索引类目间社会科学学科结构、同一单位内容的完整性，采取相同内容合并，之后再按各个内容先后顺序排列。

阿拉伯数字

B

G

H

J

K

L

M

R

Q

S

T

W

X

Y